J. von Staudingers
Kommentar zum Bürgerlichen Gesetzbuch
mit Einführungsgesetz und Nebengesetzen
Buch 2 · Recht der Schuldverhältnisse
§§ 613a–619a
(Betriebsübergang, Zahlung der Vergütung, Arbeitsschutz, Arbeitnehmerhaftung)

Kommentatorinnen und Kommentatoren

Dr. Karl-Dieter Albrecht
Vorsitzender Richter am Bayerischen Verwaltungsgerichtshof a. D., München

Dr. Christoph Althammer
Professor an der Universität Regensburg

Dr. Georg Annuß, LL.M.
Rechtsanwalt in München, Außerplanmäßiger Professor an der Universität Regensburg

Dr. Christian Armbrüster
Professor an der Freien Universität Berlin, Richter am Kammergericht a. D.

Dr. Arnd Arnold
Professor an der Universität Trier, Dipl.-Volksw.

Dr. Markus Artz
Professor an der Universität Bielefeld

Dr. Marietta Auer, S.J.D.
Professorin an der Universität Gießen

Dr. Martin Avenarius
Professor an der Universität zu Köln

Dr. Ivo Bach
Professor an der Universität Göttingen

Dr. Wolfgang Baumann
Notar in Wuppertal, Professor an der Bergischen Universität Wuppertal

Dr. Winfried Bausback
Professor a. D. an der Bergischen Universität Wuppertal, bayerischer Staatsminister der Justiz a. D., Mitglied des Bayerischen Landtags

Dr. Roland Michael Beckmann
Professor an der Universität des Saarlandes, Saarbrücken

Dr. Dr. h. c. Detlev W. Belling, M.C.L.
Professor an der Universität Potsdam

Dr. Andreas Bergmann
Professor an der Fernuniversität Hagen

Dr. Falk Bernau
Richter am Bundesgerichtshof, Karlsruhe

Dr. Marcus Bieder
Professor an der Universität Osnabrück

Dr. Werner Bienwald
Professor an der Evangelischen Fachhochschule Hannover, Rechtsanwalt in Oldenburg

Dr. Tom Billing
Rechtsanwalt in Berlin

Dr. Claudia Bittner, LL.M.
Außerplanmäßige Professorin an der Universität Freiburg i. Br., Richterin am Hessischen Landessozialgericht

Dr. Eike Bleckwenn
Rechtsanwalt in Hannover

Dr. Reinhard Bork
Professor an der Universität Hamburg

Dr. Jan Busche
Professor an der Universität Düsseldorf

Dr. Georg Caspers
Professor an der Universität Erlangen-Nürnberg

Dr. Dr. h. c. Tiziana Chiusi
Professorin an der Universität des Saarlandes, Saarbrücken

Dr. Michael Coester, LL.M.
Professor an der Universität München

Dr. Dr. h. c. Dagmar Coester-Waltjen, LL.M.
Professorin an der Universität Göttingen

Dr. Thomas Diehn
Notar in Hamburg

Dr. Katrin Dobler
Richterin am Oberlandesgericht Stuttgart

Dr. Heinrich Dörner
Professor an der Universität Münster

Dr. Werner Dürbeck
Richter am Oberlandesgericht Frankfurt a. M.

Dr. Anatol Dutta, M. Jur.
Professor an der Universität München

Dr. Christina Eberl-Borges
Professorin an der Universität Mainz

Dr. Dres. h. c. Werner F. Ebke, LL.M.
Professor an der Universität Heidelberg

Dr. Jan Eickelberg, LL.M.
Professor an der Hochschule für Wirtschaft und Recht, Berlin

Jost Emmerich
Richter am AG München

Dr. Volker Emmerich
Professor an der Universität Bayreuth, Richter am Oberlandesgericht Nürnberg a. D.

Dipl.-Kfm. Dr. Norbert Engel
Ministerialdirigent a. D., Rechtsanwalt in Erfurt

Dr. Cornelia Feldmann
Rechtsanwältin in Freiburg i. Br.

Dr. Timo Fest, LL.M.
Professor an der Universität zu Kiel

Dr. Karl-Heinz Fezer
Professor an der Universität Konstanz, Honorarprofessor an der Universität Leipzig, Richter am Oberlandesgericht Stuttgart a. D.

Dr. Philipp S. Fischinger, LL.M.
Professor an der Universität Mannheim

Dr. Holger Fleischer
Professor am Max-Planck-Institut, Hamburg

Dr. Robert Freitag, Maître en droit
Professor an der Universität Erlangen-Nürnberg

Dr. Jörg Fritzsche
Professor an der Universität Regensburg

Dr. Tobias Fröschle
Professor an der Universität Siegen

Dr. Susanne Lilian Gössl, LL.M.
Akad. Rätin a. Z. an der Universität Bonn

Dr. Beate Gsell, Maître en droit
Professorin an der Universität München, Richterin am Oberlandesgericht München

Dr. Karl-Heinz Gursky
Professor an der Universität Osnabrück

Dr. Thomas Gutmann, M. A.
Professor an der Universität Münster

Dr. Martin Gutzeit
Professor an der Universität Gießen

Dr. Martin Häublein
Professor an der Universität Innsbruck

Dr. Johannes Hager
Professor an der Universität München

Dr. Felix Hartmann, LL.M.
Professor an der Freien Universität Berlin

Dr. Wolfgang Hau
Professor an der Universität München

Dr. Rainer Hausmann
Professor an der Universität Konstanz

Dr. Stefan Heilmann
Vorsitzender Richter am Oberlandesgericht Frankfurt, Honorarprofessor an der Frankfurt University of Applied Sciences

Dr. Jan von Hein
Professor an der Universität Freiburg i. Br.

Dr. Christian Heinze
Professor an der Universität Hannover

Dr. Stefan Heinze
Notar in Köln

Dr. Tobias Helms
Professor an der Universität Marburg

Dr. Dr. h. c. mult. Dieter Henrich
Professor an der Universität Regensburg

Dr. Carsten Herresthal, LL.M.
Professor an der Universität Regensburg

Christian Hertel, LL.M.
Notar in Weilheim i. OB.

Dr. Stephanie Herzog
Rechtsanwältin in Würselen

Joseph Hönle
Notar in München

Dr. Ulrich Hönle
Notar in Waldmünchen

Dr. Clemens Höpfner
Professor an der Universität Münster

Dr. Bernd von Hoffmann †
Professor an der Universität Trier

Dr. Dr. h. c. Heinrich Honsell
Professor an der Universität Zürich, Honorarprofessor an der Universität Salzburg

Dr. Norbert Horn
Professor an der Universität zu Köln, Vorstand des Arbitration Documentation and Information Center e.V., Köln

Dr. Rainer Hüttemann
Professor an der Universität Bonn

Dr. Martin Illmer, MJur
Richter am Landgericht Hamburg, Privatdozent an der Bucerius Law School

Dr. Florian Jacoby
Professor an der Universität Bielefeld

Dr. Rainer Jagmann
Vorsitzender Richter am Oberlandesgericht Karlsruhe a. D.

Dr. Ulrich von Jeinsen
Rechtsanwalt und Notar in Hannover, Honorarprofessor an der Universität Hannover

Dr. Joachim Jickeli
Professor an der Universität zu Kiel

Dr. Dagmar Kaiser
Professorin an der Universität Mainz

Dr. Bernd Kannowski
Professor an der Universität Bayreuth

Dr. Rainer Kanzleiter
Notar a. D. in Ulm, Honorarprofessor an der Universität Augsburg

Dr. Christoph A. Kern, LL.M.
Professor an der Universität Heidelberg

Dr. Sibylle Kessal-Wulf
Richterin des Bundesverfassungsgerichts, Karlsruhe

Dr. Christian Kesseler
Notar in Düren, Honorarprofessor an der Universität Trier

Dr. Fabian Klinck
Professor an der Universität Bochum

Dr. Frank Klinkhammer
Richter am Bundesgerichtshof, Karlsruhe, Honorarprofessor an der Universität Marburg

Dr. Steffen Klumpp
Professor an der Universität Erlangen-Nürnberg

Dr. Jürgen Kohler
Professor an der Universität Greifswald

Dr. Sebastian Kolbe
Professor an der Universität Bremen

Dr. Stefan Koos
Professor an der Universität der Bundeswehr München

Dr. Rüdiger Krause
Professor an der Universität Göttingen

Dr. Heinrich Kreuzer
Notar in München

Dr. Lena Kunz, LL.M.
Akad. Mitarbeiterin an der Universität Heidelberg

Dr. Arnold Lehmann-Richter
Professor an der Hochschule für Wirtschaft und Recht Berlin

Dr. Saskia Lettmaier
Professorin an der Universität Kiel

Stefan Leupertz
Richter a. D. am Bundesgerichtshof, Honorarprofessor an der TU Dortmund

Johannes Liebrecht
Wiss. Referent am Max-Planck-Institut, Hamburg

Dr. Martin Löhnig
Professor an der Universität Regensburg

Dr. Dr. h. c. Manfred Löwisch
Professor an der Universität Freiburg i. Br., Rechtsanwalt in Lahr (Schw.), vorm. Richter am Oberlandesgericht Karlsruhe

Dr. Dirk Looschelders
Professor an der Universität Düsseldorf

Dr. Stephan Lorenz
Professor an der Universität München

Dr. Katharina Lugani
Professorin an der Universität Düsseldorf

Dr. Ulrich Magnus
Professor an der Universität Hamburg, Affiliate des MPI für ausländisches und internationales Privatrecht, Hamburg, Richter am Hanseatischen Oberlandesgericht zu Hamburg a. D.

Dr. Peter Mankowski
Professor an der Universität Hamburg

Dr. Heinz-Peter Mansel
Professor an der Universität zu Köln

Dr. Peter Marburger †
Professor an der Universität Trier

Dr. Wolfgang Marotzke
Professor an der Universität Tübingen

Dr. Sebastian A. E. Martens
Professor an der Universität Passau

Dr. Dr. Dr. h. c. mult. Michael Martinek, M.C.J.
Professor an der Universität des Saarlandes, Saarbrücken, Honorarprofessor an der Universität Johannesburg, Südafrika

Dr. Annemarie Matusche-Beckmann
Professorin an der Universität des Saarlandes, Saarbrücken

Dr. Gerald Mäsch
Professor an der Universität Münster

Dr. Jörg Mayer †
Honorarprofessor an der Universität Erlangen-Nürnberg, Notar in Simbach am Inn

Dr. Dr. Detlef Merten
Professor an der Deutschen Universität für Verwaltungswissenschaften Speyer

Dr. Tanja Mešina
Staatsanwältin, Stuttgart

Dr. Rudolf Meyer-Pritzl
Professor an der Universität zu Kiel, Richter am Schleswig-Holsteinischen Oberlandesgericht in Schleswig

Dr. Morten Mittelstädt
Notar in Hamburg

Dr. Peter O. Mülbert
Professor an der Universität Mainz

Dr. Dirk Neumann
Vizepräsident des Bundesarbeitsgerichts a. D., Kassel, Präsident des Landesarbeitsgerichts Chemnitz a. D.

Dr. Hans-Heinrich Nöll
Rechtsanwalt in Hamburg

Dr. Jürgen Oechsler
Professor an der Universität Mainz

Dr. Hartmut Oetker
Professor an der Universität zu Kiel, Richter am Thüringer Oberlandesgericht in Jena

Wolfgang Olshausen
Notar a. D. in Rain am Lech

Dr. Dirk Olzen
Professor an der Universität Düsseldorf

Dr. Sebastian Omlor, LL.M., LL.M.
Professor an der Universität Marburg

Dr. Gerhard Otte
Professor an der Universität Bielefeld

Dr. Lore Maria Peschel-Gutzeit
Rechtsanwältin in Berlin, Senatorin für Justiz a. D. in Hamburg und Berlin, Vorsitzende Richterin am Hanseatischen Oberlandesgericht zu Hamburg i. R.

Dr. Frank Peters
Professor an der Universität Hamburg, Richter am Hanseatischen Oberlandesgericht zu Hamburg a. D.

Dr. Christian Picker
Professor an der Universität Konstanz

Dr. Andreas Piekenbrock
Professor an der Universität Heidelberg

Dr. Jörg Pirrung
Richter am Gericht erster Instanz der Europäischen Gemeinschaften i. R., Honorarprofessor an der Universität Trier

Dr. Dr. h. c. Ulrich Preis
Professor an der Universität zu Köln

Dr. Maximilian Freiherr von Proff zu Irnich
Notar in Köln

Dr. Thomas Raff
Notarassessor, Kandel

Dr. Manfred Rapp
Notar a. D., Landsberg am Lech

Dr. Dr. h.c. Thomas Rauscher
Professor an der Universität Leipzig, Professor h.c. an der Eötvös Loránd Universität Budapest, Dipl.Math.

Dr. Peter Rawert, LL.M.
Notar in Hamburg, Honorarprofessor an der Universität Kiel

Eckhard Rehme
Vorsitzender Richter am Oberlandesgericht Oldenburg i. R.

Dr. Wolfgang Reimann
Notar a. D., Honorarprofessor an der Universität Regensburg

Dr. Tilman Repgen
Professor an der Universität Hamburg

Dr. Dieter Reuter †
Professor an der Universität zu Kiel, Richter am Schleswig-Holsteinischen Oberlandesgericht in Schleswig a. D.

Dr. Christoph Reymann, LL.M. Eur.
Notar in Neustadt b. Coburg, Professor an der Privaten Universität Liechtenstein

Dr. Reinhard Richardi
Professor an der Universität Regensburg, Präsident des Kirchlichen Arbeitsgerichtshofs der Deutschen Bischofskonferenz, Bonn

Dr. Volker Rieble
Professor an der Universität München, Direktor des Zentrums für Arbeitsbeziehungen und Arbeitsrecht

Daniel Rodi
Wiss. Mitarbeiter an der Universität Heidelberg

Dr. Anne Röthel
Professorin an der Bucerius Law School, Hamburg

Dr. Christian Rolfs
Professor an der Universität zu Köln

Dr. Dr. h. c. Herbert Roth
Professor an der Universität Regensburg

Dr. Ludwig Salgo
Apl. Professor an der Universität Frankfurt a. M.

Dr. Renate Schaub, LL.M.
Professorin an der Universität Bochum

Dr. Martin Josef Schermaier
Professor an der Universität Bonn

Dr. Gottfried Schiemann
Professor an der Universität Tübingen

Dr. Eberhard Schilken
Professor an der Universität Bonn

Dr. Peter Schlosser
Professor an der Universität München

Dr. Martin Schmidt-Kessel
Professor an der Universität Bayreuth

Dr. Günther Schotten
Notar a. D. in Köln, Honorarprofessor an der Universität Bielefeld

Dr. Robert Schumacher, LL.M.
Notar in Köln

Dr. Roland Schwarze
Professor an der Universität Hannover

Dr. Andreas Schwennicke
Rechtsanwalt und Notar in Berlin

Dr. Maximilian Seibl, LL.M.
Oberregierungsrat im Bayerischen Staatsministerium für Gesundheit und Pflege, München

Dr. Stephan Serr
Notar in Ochsenfurt

Dr. Reinhard Singer
Professor an der Humboldt-Universität Berlin, vorm. Richter am Oberlandesgericht Rostock

Dr. Dr. h. c. Ulrich Spellenberg
Professor an der Universität Bayreuth

Dr. Sebastian Spiegelberger
Notar a. D. in Rosenheim

Dr. Ansgar Staudinger
Professor an der Universität Bielefeld

Dr. Malte Stieper
Professor an der Universität Halle-Wittenberg

Dr. Markus Stoffels
Professor an der Universität Heidelberg

Dr. Michael Stürner
Professor an der Universität Konstanz

Burkhard Thiele
Präsident des Oberlandesgerichts Rostock, Präsident des Landesverfassungsgerichts Mecklenburg-Vorpommern

Dr. Christoph Thole
Professor an der Universität zu Köln

Dr. Karsten Thorn
Professor an der Bucerius Law School, Hamburg

Dr. Gregor Thüsing, LL.M.
Professor an der Universität Bonn

Dr. Judith Ulshöfer
Notarassessorin in Ludwigshafen am Rhein

Dr. Barbara Veit
Professorin an der Universität Göttingen

Dr. Bea Verschraegen, LL.M., M.E.M.
Professorin an der Universität Wien, adjunct professor an der Universität Macao

Dr. Klaus Vieweg
Professor an der Universität Erlangen-Nürnberg

Dr. Markus Voltz
Notar in Offenburg

Dr. Reinhard Voppel
Rechtsanwalt in Köln

Dr. Christoph Weber
Akad. Rat a. Z. an der Universität München

Dr. Johannes Weber, LL.M.
Notarassessor, Geschäftsführer des Deutschen Notarinstituts, Würzburg

Gerd Weinreich
Vorsitzender Richter am Oberlandesgericht Oldenburg a. D., Rechtsanwalt in Oldenburg

Dr. Matthias Wendland, LL.M.
Privatdozent an der Universität München

Dr. Domenik H. Wendt
Professor an der Frankfurt University of Applied Sciences

Dr. Olaf Werner
Professor an der Universität Jena, Richter am Thüringer Oberlandesgericht Jena a. D.

Dr. Daniel Wiegand, LL.M.
Rechtsanwalt in München

Dr. Wolfgang Wiegand
Professor an der Universität Bern

Dr. Peter Winkler von Mohrenfels
Professor an der Universität Rostock, Richter am Oberlandesgericht Rostock a. D.

Dr. Felix Wobst
Notarassessor

Dr. Hans Wolfsteiner
Notar a. D., Rechtsanwalt in München

Heinz Wöstmann
Richter am Bundesgerichtshof, Karlsruhe

Redaktorinnen und Redaktoren

Dr. Christian Baldus
Dr. Dr. h. c. mult. Christian von Bar, FBA
Dr. Michael Coester, LL.M.
Dr. Heinrich Dörner
Dr. Hans Christoph Grigoleit
Dr. Johannes Hager
Dr. Dr. h. c. mult. Dieter Henrich
Dr. Carsten Herresthal, LL.M.
Sebastian Herrler
Dr. Dagmar Kaiser
Dr. Dr. h. c. Manfred Löwisch
Dr. Ulrich Magnus
Dr. Peter Mankowski
Dr. Heinz-Peter Mansel
Dr. Peter O. Mülbert
Dr. Gerhard Otte
Dr. Lore Maria Peschel-Gutzeit
Dr. Peter Rawert, LL.M.
Dr. Volker Rieble
Dr. Christian Rolfs
Dr. Dr. h. c. Herbert Roth
Dr. Markus Stoffels
Dr. Wolfgang Wiegand

J. von Staudingers Kommentar zum Bürgerlichen Gesetzbuch mit Einführungsgesetz und Nebengesetzen

Buch 2
Recht der Schuldverhältnisse
§§ 613a–619a
(Betriebsübergang, Zahlung der Vergütung, Arbeitsschutz, Arbeitnehmerhaftung)

Neubearbeitung 2019
von
Georg Annuß
Philipp S. Fischinger
Hartmut Oetker
Reinhard Richardi

Redaktor
Volker Rieble

Sellier – de Gruyter · Berlin

Die Kommentatorinnen und Kommentatoren

Neubearbeitung 2019
§ 613a: Georg Annuss
§§ 614, 615, 619a: Reinhard Richardi/ Philipp S. Fischinger
§§ 616–619: Hartmut Oetker

Neubearbeitung 2016
§ 613a: Georg Annuss
§ 614, 615, 619a: Reinhard Richardi/ Philipp S. Fischinger
§§ 616–619: Hartmut Oetker

Neubearbeitung 2011
§ 613a: Georg Annuss
§§ 614, 615, 619a: Reinhard Richardi/ Philipp S. Fischinger
§§ 616–619: Hartmut Oetker

Neubearbeitung (2002/2005)
§ 613a: Georg Annuss (2005)
§§ 614–615: Reinhard Richardi (2005)
§§ 616–619a: Hartmut Oetker (2002)

Dreizehnte Bearbeitung
§ 613a: Reinhard Richardi/Georg Annuss (1999)
§§ 614, 615: Reinhard Richardi (1999)
§§ 616–619: Hartmut Oetker (1999)

Sachregister

Dr. Andreas Pichlmeier, Regensburg

Zitierweise

Staudinger/Annuss (2019) § 613a Rn 1

Zitiert wird nach Paragraph bzw Artikel und Randnummer.

Hinweise

Das Abkürzungsverzeichnis befindet sich auf www.staudingerbgb.de.

Der **Stand der Bearbeitung** ist Februar 2019.

Am Ende eines jeden Bandes befindet sich eine Übersicht über den aktuellen Stand des „Gesamtwerk Staudinger“.

MIX
Papier aus verantwortungsvollen Quellen
FSC www.fsc.org FSC® C016439

Die Deutsche Nationalbibliothek verzeichnet diese Publikation in der Deutschen Nationalbibliografie; detaillierte bibliografische Daten sind im Internet über http://dnb.dnb.de abrufbar.

ISBN 978-3-8059-1290-7

Satz: jürgen ullrich typosatz, Nördlingen.

Druck und Bindearbeiten: Hubert & Co., Göttingen.

Umschlaggestaltung: Bib Wies, München.

∞ Gedruckt auf säurefreiem Papier, das die DIN ISO 9706 über Haltbarkeit erfüllt.

Inhaltsübersicht

* Zitiert wird nicht nach Seiten, sondern nach Paragraph bzw Artikel und Randnummer; siehe dazu auch „Zitierweise“.

§ 613a
Rechte und Pflichten bei Betriebsübergang

(1) Geht ein Betrieb oder Betriebsteil durch Rechtsgeschäft auf einen anderen Inhaber über, so tritt dieser in die Rechte und Pflichten aus den im Zeitpunkt des Übergangs bestehenden Arbeitsverhältnissen ein. Sind diese Rechte und Pflichten durch Rechtsnormen eines Tarifvertrags oder durch eine Betriebsvereinbarung geregelt, so werden sie Inhalt des Arbeitsverhältnisses zwischen dem neuen Inhaber und dem Arbeitnehmer und dürfen nicht vor Ablauf eines Jahres nach dem Zeitpunkt des Übergangs zum Nachteil des Arbeitnehmers geändert werden. Satz 2 gilt nicht, wenn die Rechte und Pflichten bei dem neuen Inhaber durch Rechtsnormen eines anderen Tarifvertrags oder durch eine andere Betriebsvereinbarung geregelt werden. Vor Ablauf der Frist nach Satz 2 können die Rechte und Pflichten geändert werden, wenn der Tarifvertrag oder die Betriebsvereinbarung nicht mehr gilt oder bei fehlender beiderseitiger Tarifgebundenheit im Geltungsbereich eines anderen Tarifvertrags dessen Anwendung zwischen dem neuen Inhaber und dem Arbeitnehmer vereinbart wird.

(2) Der bisherige Arbeitgeber haftet neben dem neuen Inhaber für Verpflichtungen nach Absatz 1, soweit sie vor dem Zeitpunkt des Übergangs entstanden sind und vor Ablauf von einem Jahr nach diesem Zeitpunkt fällig werden, als Gesamtschuldner. Werden solche Verpflichtungen nach dem Zeitpunkt des Übergangs fällig, so haftet der bisherige Arbeitgeber für sie jedoch nur in dem Umfang, der dem im Zeitpunkt des Übergangs abgelaufenen Teil ihres Bemessungszeitraums entspricht.

(3) Absatz 2 gilt nicht, wenn eine juristische Person oder eine Personenhandelsgesellschaft durch Umwandlung erlischt.

(4) Die Kündigung des Arbeitsverhältnisses eines Arbeitnehmers durch den bisherigen Arbeitgeber oder durch den neuen Inhaber wegen des Übergangs eines Betriebs oder eines Betriebsteils ist unwirksam. Das Recht zur Kündigung des Arbeitsverhältnisses aus anderen Gründen bleibt unberührt.

(5) Der bisherige Arbeitgeber oder der neue Inhaber hat die von einem Übergang betroffenen Arbeitnehmer vor dem Übergang in Textform zu unterrichten über:

1. **den Zeitpunkt oder den geplanten Zeitpunkt des Übergangs,**
2. **den Grund für den Übergang,**
3. **die rechtlichen, wirtschaftlichen und sozialen Folgen des Übergangs für die Arbeitnehmer und**
4. **die hinsichtlich der Arbeitnehmer in Aussicht genommenen Maßnahmen.**

(6) Der Arbeitnehmer kann dem Übergang des Arbeitsverhältnisses innerhalb eines Monats nach Zugang der Unterrichtung nach Absatz 5 schriftlich widersprechen. Der Widerspruch kann gegenüber dem bisherigen Arbeitgeber oder dem neuen Inhaber erklärt werden.

Materialien: § 123 RegEntw eines BetrVG, BT-Drucks 6/1786, 27 f, 59, 67; Bericht des BT-Ausschusses für Arbeit und Sozialordnung, BT-Drucks 6/2729, 64, zu BT-Drucks 6/2729, 35 – Art 1 Nr 4 RegEntw eines Arbeitsrechtlichen EG-Anpassungsgesetzes, BT-Drucks 8/3317, 4 f, 11; Bericht des BT-Ausschusses für Arbeit und Sozialordnung, BT-Drucks 8/4259, 5 f, 9; RegEntw eines Gesetzes zur Änderung des Seemannsgesetzes und anderer Gesetze, BR-Drucks 831/01; Beschlussempfehlung und Bericht des Ausschusses für Arbeit und Sozialordnung, BT-Drucks 14/8128.

Schrifttum ab 1989

Zum Schrifttum vor 1989 vgl 12. Auflage.

Altenburg/Leister, Der Widerspruch des Arbeitnehmers beim umwandlungsbedingten Betriebsübergang, NZA 2005, 15
vAlvensleben, Die Rechte der Arbeitnehmer bei Betriebsübergang im Europäischen Gemeinschaftsrecht (1992)
Andelewski, Betriebsübergang – Auflösung des Arbeitsverhältnisses, DB 2005, 2083
Annuss, Der Betriebsübergang nach „Ayse Süzen", NZA 1998, 70
ders, Der Betriebsübergang in der neuesten Rechtsprechung des Bundesarbeitsgerichts, BB 1998, 1582
ders, Der Betriebsübergang in der Insolvenz – § 613a BGB als Sanierungshindernis?, ZInsO 2001, 49
ders, Das richtig gewordene Unterrichtungsschreiben, NZA 2017, 976
Annuss/Lembke, Aktienoptionspläne der Konzernmutter und arbeitsrechtliche Bindungen, BB 2003, 2230
Ascheid, Die betriebsbedingte Kündigung § 1 KSchG – § 54 AGB DDR – § 613a Abs 4 Satz 2 BGB, NZA 1991, 873
Aszmons/Beck, Der Wiedereinstellungsanspruch auf einen Blick – Rechtlicher Umgang und praktische Umsetzung, NZA 2015, 1098
Bachner, Der Betriebsübergang nach § 613a BGB, AiB 1996, 291
Baeck/Lingemann, Auftragsübergang als Betriebsübergang? – Neues vom EuGH, NJW 1997, 2492
Bahnsen, Die Übertragung von Versorgungsverbindlichkeiten bei Unternehmensspaltungen, NJW 2005, 3328
Bauer, Kein Widerspruchsrecht der Arbeitnehmer bei Betriebsübergang, NZA 1990, 881
ders, Nochmals – Kein Widerspruchsrecht, NZA 1991, 139
ders, Outsourcing out?, BB 1994, 1433
Bauer/Göpfert/vSteinau-Steinrück, Aktienoptionen bei Betriebsübergang, ZIP 2001, 1129
Bauer/Günther, Bezugnahmeklauseln bei Verbandswechsel und Betriebsübergang – Ein Irrgarten?, NZA 2008, 6
Bauer/vMedem, Betriebsübergang: Beschränkt kollektivrechtliche Fortgeltung nach § 613a Abs 1 S 2 BGB, DB 2010, 2560
Bauer/vSteinau-Steinrück, Neuregelung des Betriebsübergangs: Erhebliche Risiken und viel mehr Bürokratie!, ZIP 2002, 457
Bayreuther, Die Anordnung eines Betriebsübergangs bei Vergabe von Verkehrsdienstleistungen nach § 131 III GWB, NZBau 2016, 459
ders, Vorbehaltlose dynamische Bezugnahmeklauseln nach einem Betriebsübergang – Neues vom EuGH, NJW 2017, 2158
Belling/Müsgen, Arbeitsrechtliche Aspekte der Sanierung von Betrieben in den neuen Bundesländern, NZA Beil 1 1991, 7
Bepler, Betriebsübergänge unter Beteiligung kirchlicher Träger, in: FS Willemsen (2018) 33
Bergwitz, Betriebsübergang und Insolvenz nach der neuen EG-Richtlinie zur Änderung der Betriebsübergangsrichtlinie, DB 1999, 2005
Berscheid, Personalabbau vor und in der Insolvenz unter Berücksichtigung des Betriebsübergangs, AnwBl 1995, 8
ders, Gerichtsstandsbestimmung bei Streit über das Vorliegen eines Betriebsübergangs, BB 1996, 2414
Berthold, Dynamische Geltung von Kollektivnormen nach Betriebsübergang, EuZA 2010, 119

Betz, Das Schicksal der Gesamtbetriebsvereinbarungen beim Betriebsübergang (2006)
Birk, Der EuGH und das Widerspruchsrecht des Arbeitnehmers beim Betriebsinhaberwechsel nach § 613a BGB, EuZW 1993, 156
Birkholz, Betriebsübergang nach § 613a BGB in der Insolvenz (1995)
Birnbach, Outsourcing: Abgrenzung von Betriebsübergang zu bloßer Funktionsnachfolge bei betriebsmittelarmen Tätigkeiten (2008)
Blanke, Die Weitergeltung von Tarifvereinbarungen und das Widerspruchsrecht der Arbeitnehmer gegen den Übergang ihres Arbeitsverhältnisses bei Privatisierungen, PersR 1995, 463
Boecken, Unternehmensumwandlungen und Arbeitsrecht (1996)
Bolck, Personalrechtliche Probleme bei der Ausgliederung von Teilbereichen des öffentlichen Dienstes und Überführung in eine private Rechtsform, ZTR 1994, 14
Bonanni/Niklas, Der Wiedereinstellungsanspruch bei überraschendem Betriebsübergang, DB 2010, 1826
Bork, Arbeitnehmerschutz bei der Betriebsaufspaltung, BB 1989, 2181
Bossmann, Die Auswirkungen von Betriebsübergang nach § 613a auf die Wettbewerbsverbote der Arbeitnehmer (1993)
Braun, Die Fortgeltung von Betriebsvereinbarungen beim Betriebsübergang (2007)
Brösske, Übernahme eines „nach Zahl und Sachkunde wesentlichen Teils des Personals" als Voraussetzung des Betriebsübergangs, BB 1997, 1412
Brune/Schmitz-Scholemann, Die Erweiterung des Entlassungsbegriffs bei Massenentlassungen, in: FS Willemsen (2018) 55
Buchner, Verlagerung betrieblicher Aufgaben als Betriebsübertragung iS von § 613a BGB?, DB 1994, 1417
ders, Lösung der Kontroverse um den Betriebsübergang – Eine konsensfähige Entscheidung des EuGH (Ayse Süzen), NZA 1997, 408
ders, Die Ausgliederung von betrieblichen Funktionen (Betriebsteilen) unter arbeitsrechtlichen Aspekten, GmbHR 1997, 377, 434
Bunte, Nichtigkeit eines Erlassvertrags zur Umgehung der Rechtsfolgen des § 613a Abs 1 BGB, NZA 2010, 319
Busch/Gerlach, Anpassungsmöglichkeiten bei dynamischer Verweisung auf Tarifvertrag, BB 2018, 1780
vCampenhausen, Zur Geltung der Vorschriften zum Betriebsübergang bei der Veränderung von kirchlichen Verwaltungsstrukturen, in: FS Richardi (2007) 861
Carl, § 613a BGB – eine Norm im Spannungsfeld zwischen Insolvenz- und Europarecht, AuA 1993, 293
Commandeur, Die Bedeutung des § 613a BGB im Bereich der ehemaligen DDR, NZA 1991, 705
ders, Betriebsübergang in den neuen Bundesländern, AuA 1992, 169
ders, Individualrechtliche Probleme des Widerspruchs des Arbeitnehmers beim Betriebsübergang, NJW 1996, 2537
Commandeur/Kleinebrink, Gestaltungsgrundsätze im Anwendungsbereich des § 613a BGB, NJW 2008, 3467
Dahms, Das Widerspruchsrecht der Arbeitnehmer im Rahmen des Umwandlungsrechts (2003)
Daub, Das Erwerberkonzept: Arbeitsrechtliche Aspekte von Erwerberkonzepten bei der übertragenden Sanierung (2013)
Däubler, Das Widerspruchsrecht des Arbeitnehmers bei Betriebsübergang – ein Verstoß gegen das EG-Recht?, NZA 1991, 134
ders, Der Erwerb deutscher Betriebe durch ausländische Unternehmen, in: FS Kissel (1994) 119
ders, Das Arbeitsrecht im neuen Umwandlungsgesetz, RdA 1995, 136
ders, Tarifliche Betriebsverfassung und Betriebsübergang, DB 2005, 666
Deinert, Arbeitsrechtliche Rahmenbedingungen und Folgen nationaler und transnationaler Umstrukturierungen von Betrieben und Unternehmen in Deutschland, RdA 2001, 368
ders, Abweichung vom Tarifvertrag durch verdrängte Vertragsabrede oder Vorratsvereinbarung, in: FS Zachert (2010) 521
Deneke, Die betriebsbedingte Kündigung im Rahmen der übertragenden Sanierung (2009)
Depenheuer, Betriebsübergänge in öffentlichen Theaterbetrieben, ZTR 1997, 492
Dikomey, Das ruhende Arbeitsverhältnis (1991)

DÖPNER, Die Veräußererkündigung auf Erwerber-Konzept beim Betriebsübergang (2013)
DÖRNER, Das Arbeitsrecht im Referentenentwurf des Gesetzes zur Reform des Insolvenzrechts, NZA 1991, 94
DÜWELL, Das Schicksal von Betriebsvereinbarungen bei Übergang von Betrieben und Umwandlung von Unternehmen, in: Betriebsvereinbarung (1995) 117
DZIDA, Die Verwirkung des Widerspruchsrechts als Korrektiv zur uferlosen Unterrichtungspflicht beim Betriebsübergang?, NZA 2009, 641
ders, Verwirkung des Widerspruchsrechts beim Betriebsübergang, DB 2010, 167
DZIDA/WAGNER, Vertragsänderungen nach Betriebsübergang, NZA 2008, 571
EICHLER, Das Widerspruchsrecht des Arbeitnehmers beim Betriebsübergang nach § 613a BGB (2002)
EKKENGA, Die Überleitung von Arbeitsverhältnissen kraft rechtsgeschäftlicher Funktionsnachfolge, ZIP 1995, 1225
ELKING, Der „Nichtvertragliche Arbeitgeber" – Leiharbeit im Betriebsübergang auf Entleiherseite (2014)
ders, Zuordnungsentscheidung und Versetzung vor Betriebsübergang, NZA 2014, 295
ders, BAG: Widerspruch bei mehreren Betriebsübergängen, BB 2015, 384
ELKING/ASZMONS, Nicht zuzuordnende Arbeitsverhältnisse beim Betriebsübergang – Neue Rechtsprechung, Theorie und Praxisempfehlung, BB 2014, 373
dies, Die Unterrichtung der Arbeitnehmer über die rechtlichen, wirtschaftlichen und sozialen Folgen des Betriebsübergangs, BB 2014, 2041
ENDE, Das Recht des Arbeitnehmers auf Beendigung seines Arbeitsverhältnisses bei Betriebsübergang im EG-Recht, NZA 1994, 494
ENGESSER-MEANS/CLAUSS, Eintritt in Altersteilzeitvertrag bei Arbeitgeberwechsel, NZA 2006, 293
ENGESSER-MEANS/KLEBECK, Sperrzeit durch Widerspruch bei Betriebsübergang, NZA 2008, 143
EYLERT/SPINNER, Sozialauswahl nach Widerspruch des Arbeitnehmers gegen einen (Teil-) Betriebsübergang, BB 2008, 50
FEUDNER, Kündigungsschutz von Betriebsräten bei Betriebsübergang, DB 1994, 1570
ders, Deutsches Arbeitsrecht und Standort Deutschland – Zum Schutzzweck des § 613a BGB, DB 1996, 830
ders, Grenzüberschreitende Anwendung des § 613a BGB?, NZA 1999, 1184
FLISS, Keine Erweiterung der Haftung des Betriebsinhabers beim Betriebsübergang anlässlich eines Vergabeverfahrens, NJW 2010, 485
FLOCKENHAUS, Alles bleibt anders – Dynamische Bezugnahmeklauseln und Betriebsübergang nach Asklepios, RdA 2017, 316
FORST, Leiharbeiter im Betriebsübergang, RdA 2011, 228
ders, Betriebsübergang: Ende der Dynamik einer arbeitsvertraglichen Bezugnahme auf einen Tarifvertrag?, DB 2013, 1847
FRAHM, Betriebsteilübergang gemäß § 613a BGB und die Zuordnung der übergehenden Arbeitsverhältnisse (2007)
FRANZEN, Der Betriebsinhaberwechsel nach § 613a BGB im internationalen Arbeitsrecht (1994)
ders, Entwicklungstendenzen im europäischen und nationalen Recht des Betriebsübergangs, DZWIR 1996, 397
ders, Die Richtlinie 98/50/EG zur Änderung der Betriebsübergangsrichtlinie 77/187/EWG und ihre Auswirkungen auf das deutsche Arbeitsrecht, RdA 1999, 361
ders, Informationspflichten und Widerspruchsrecht beim Betriebsübergang nach § 613a Abs 5 und 6 BGB, RdA 2002, 258
FUCHS, Betriebliche Sozialleistungen beim Betriebsübergang (2000)
BJÖRN GAUL, Beteiligungsrechte von Wirtschaftsausschuss und Betriebsrat bei Umwandlung und Betriebsübergang, DB 1995, 2265
ders, Die aktuelle Entwicklung zum Betriebs- und Unternehmensübergang, AuR 1995, 119
ders, Die Privatisierung von Dienstleistungen als rechtsgeschäftlicher Betriebsübergang (§ 613a BGB) Teil I und Teil II, ZTR 1995, 344, 387
ders, Neues zum nachvertraglichen Wettbewerbsverbot, DB 1995, 874
ders, Kehrtwende der Rechtsprechung zum Betriebsübergang im Dienstleistungsbereich, ZTR 1998, 1

ders, Das Arbeitsrecht der Betriebs- und Unternehmensspaltung (2002)
ders, Sozialauswahl nach Widerspruch gegen Betriebsübergang, NZA 2005, 730
ders, Änderung oder Beendigung einer als Inhalt des Arbeitsverhältnisses fortgeltenden Betriebsvereinbarung nach Betriebsübergang, in: FS Bauer (2010) 338
ders, Betriebsübergang: Grenzen der Unterrichtungspflicht in Bezug auf Tarifverträge und Betriebsvereinbarungen, RdA 2015, 206
Gaul/Krause, Sorgfalt wird (endlich) belohnt: Zur ordnungsgemäßen Unterrichtung über den Betriebsübergang nach § 613a Abs 5 BGB, RdA 2013, 39
Gaul/Ludwig, Betriebsübergang: Auswirkungen auf Vereinbarungen über nachvertragliche Wettbewerbsverbote, NZA 2013, 489
Gaul/Naumann, Rechtsfolgen eines Betriebsübergangs für unternehmens- und konzernspezifische Sonderleistungen, NZA 2011, 121
Gaul/Niklas, Wie gewonnen, so zerronnen: Unterrichtung, Widerspruch und Verwirkung bei § 613a BGB, DB 2009, 452
Gaul/Otto, Unterrichtsanspruch und Widerspruchsrecht bei Betriebsübergang und Umwandlung, DB 2002, 634
dies, Das Spiel über die Bande – Der Wechsel in Beschäftigungsgesellschaften zur Vermeidung von § 613a BGB, ZIP 2006, 644
dies, Unterrichtungsverpflichtung nach § 613a BGB in Bezug auf Betriebsvereinbarungen und Tarifverträge, in: FS Willemsen (2018) 105
Gaul/Mückl, Off-Shoring – Freier Gestaltungsspielraum oder § 613a BGB?, DB 2011, 2318
Gaul, Dieter, Betriebsübergang und Arbeitnehmererfindung, GRUR 1990, 163
ders, Das Widerspruchsrechts des Arbeitnehmers beim Betriebsübergang und seine Rechtswirkungen, ZfA 1990, 87
ders, Die Rechtsposition der vom Betriebsübergang betroffenen Betriebsratsmitglieder, ZTR 1990, 13
ders, Schranken der Bezugnahme auf einen Tarifvertrag, ZTR 1993, 355
ders, Die Arbeitnehmererfindung nach dem Betriebsübergang, GRUR 1994, 1
Gelhaar, Widerspruch gegen Betriebsübergang nach Verfügung über das Arbeitsverhältnis, BB 2009, 1182
Gentges, Arbeitsrechtliche Probleme bei der Beendigung eines Konzessionsvertrages, RdE 1994, 222
ders, Die Zuordnung von Arbeitsverhältnissen beim Betriebsübergang, RdA 1996, 266
Gerauer, Betriebsratsamt und Betriebsübergang, BB 1990, 1127
Giesen, Die Unterrichtung über den Betriebsübergang nach § 613a Abs 5 BGB, JbArbR 46, 41 (2009)
Göpfert/Giese, „Aggressives“ Erwerberverhalten im Betriebsübergang – Folgen für die Unterrichtung nach § 613a BGB, NZA 2017, 966
Göpfert/Siegrist, Verwirkung des Widerspruchsrechts nach § 613a Abs 6 BGB, BB 2007, 506
Göttling, Betriebsübergang vor dem Arbeitsgericht – Verfahrensrechtliche Aspekte, in: FS Willemsen (2018) 133
Graef, Das Widerspruchsrecht nach § 613a Abs 6 BGB beim umwandlungsbedingten Erlöschen des übertragenden Rechtsträgers, NZA 2006, 1078
Gräf, Tarifpluralität und Tarifeinheit nach Betriebs(teil)übergang – Das Zusammenspiel von § 4a TVG und § 613a BGB, NZA 2016, 327
Grau, Unterrichtung und Widerspruchsrecht der Arbeitnehmer bei Betriebsübergang gem § 613a Abs 5 und 6 BGB (2005)
ders, Unterrichtung der Arbeitnehmer und ihrer Vertreter gemäß Art 7 der Betriebsübergangsrichtlinie 2001/23/EG und die Umsetzung der europäischen Vorgaben im deutschen Recht, ZfA 2005, 647
Grau/Schaut, Neuere Entwicklungen bei den Anforderungen an § 613a BGB-Unterrichtungsschreiben, NZA 2018, 216
Greiner, „Tarifsozialplan“ bei Betriebsübergang?, NZA 2008, 1274
ders, Zwischen Kücük, Albron Catering, Della Rocca und Cartesio, NZA 2014, 284
Grobys, Die Neuregelung des Betriebsübergangs in § 613a BGB, BB 2002, 726
Gulbins, Unternehmensspezifische Vergütungsregelungen beim Betriebsübergang (Diss Heidelberg 2005)

Gussen, Zur Weitergeltung von Vereinbarungen des Konzernbetriebsrates beim Betriebsübergang nach § 613a BGB, in: FS Leinemann (2006) 207

ders, Das Widerspruchsrecht des Arbeitnehmers nach § 613a Abs. 6 BGB, FA 2017, 133

Gussen/Dauck, Die Weitergeltung von Betriebsvereinbarungen und Tarifverträgen bei Betriebsübergang und Umwandlung (1997)

Haas, Die Auswirkungen des Betriebsübergangs insbesondere bei der Fusion von Kapitalgesellschaften auf Betriebsvereinbarungen (Diss Mainz 1994)

Haas/Salamon/Hoppe, Beseitigung des Widerspruchs gegen den Betriebsübergang: Auswirkungen der Verletzung von Informationspflichten des Arbeitgebers, NZA 2011, 128

Hamer, Übergang der Arbeitsverhältnisse im öffentlichen Dienst bei Verwaltungs- und Gebietsreformen in den neuen Ländern, PersR 1992, 291

Hanau, Arbeitsrecht und Mitbestimmung in Umwandlung und Fusion, ZGR 1990, 548

ders, Aktuelle Fragen zu § 613a BGB, in: FS Gaul (1992) 287

ders, Zur Frage, unter welchen Voraussetzungen die Übertragung von bisher vom übertragenden Betrieb wahrgenommenen Aufgaben auf eine Fremdfirma einen Teilbetriebsübergang darstellt, ZIP 1994, 1038

ders, EU-Richtlinienentwurf zum Betriebsübergang, ZIP 1994, 1568

ders, Perversion und Prätention bei § 613a BGB, ZIP 1998, 1817

Hanau/Kania, Die Bezugnahme auf Tarifverträge durch Arbeitsvertrag und betriebliche Übung, in: FS Schaub (1996) 239

Hanau/Strauss, Die neue Rechtsprechung zur Kündigung von Tarifverträgen nach Betriebsübergang, in: FS Bepler (2012) 207

Hartmann, Die privatautonome Zuordnung von Arbeitsverhältnissen nach Umwandlungsrecht, ZfA 1997, 21

ders, Unternehmensaufspaltung und Betriebsübergang, AuA 1997, 16

Felix Hartmann, Die Vertragsfreiheit des Betriebserwerbers als Grenze für dynamische Wirkungen arbeitsvertraglicher Bezugnahmeklauseln, EuZA 2017, 521

Henning Hartmann, Die Weitergeltung von firmentariflichen Regelungen im Fall des Betriebsübergangs nach § 613a BGB (2008)

Hauck, Neueste Entwicklung der Rechtsprechung zu § 613a BGB, NZA 2004 Sonderbeil Heft 18, 17

Hausch, Gestaltungsmittel im Asset Deal-Unternehmenskauf im Hinblick auf § 613a BGB, BB 2008, 1392

Heckelmann, Europarecht und richterliche Fortbildung nationalen Rechts – Das Widerspruchsrecht des Arbeitnehmers beim Betriebsübergang nach § 613a BGB, in: GS Grabitz (1995) 141

Heimann, Der Verzicht des Arbeitnehmers auf das Widerspruchsrecht nach § 613a Abs. 6 BGB – Mechanismus, Wirkung, Ausübungsmodalitäten und rechtliche Grenzen des Verzichts (2015)

Heinlein, Statik statt Dynamik beim Betriebsübergang?, NJW 2008, 321

Heinze, Arbeitsrechtliche Fragen bei der Übertragung und Umwandlung von Unternehmen, ZfA 1997, 1

ders, Ausgewählte Rechtsfragen zu § 613a BGB, in: FS Schaub (1998) 275

ders, Betriebsübergang und Sozialplanpflichtigkeit, ArbRGgwart 28 (1990) 79

ders, Missverständnisse zu § 613a BGB, in: FS Henckel (1995) 401

ders, Probleme bei der Umstrukturierung von Unternehmen, DB 1998, 1862

Heither, Zum Widerspruchsrecht der Arbeitnehmer bei Betriebsübergang, NZA 1991, 136

ders, Verfahrenskoordination bei der Auslegung der EG-Richtlinie über den Betriebsübergang, RdA 1996, 96

Henckel, Haftung für Altverbindlichkeiten eines insolventen Unternehmens wegen Betriebsübergangs, in: FS Heinsius (1991) 261

Henssler, Aufspaltung, Ausgliederung und Fremdvergabe, NZA 1994, 294

ders, Aktuelle Rechtsprobleme des Betriebsübergangs, NZA 1994, 913

ders, Unternehmensumstrukturierung und Tarifvertrag, in: FS Schaub (1996) 311

Hergenröder, Betriebsübergang – Widerspruchsrecht, AR-Blattei ES 500 Nr 96

ders, Fristgemäßer Widerspruch nach § 613a

Abs 6 BGB – Unterrichtung nach § 613a BGB Abs 5 BGB, Blattei ES 500 Nr 200
HIDALGO/KOBLER, Die betriebsverfassungsrechtlichen Folgen des Widerspruchs bei einem Betriebsübergang, NZA 2014, 290
HILL, Betriebliche Altersversorgung im Betriebsübergang aus arbeits-, handels- und steuerrechtlicher Sicht, BetrAV 1993, 133
dies, Das neue Umwandlungsrecht und seine Auswirkungen auf die betriebliche Altersversorgung, BetrAV 1995, 114
HITZFELD, § 613a BGB im System der europäischen Rechtsprechung, BB 1991, 199
HOFFMANN, Rechtsmissbrauch und die Verwirkung bei Widerspruch gegen den Übergang des Arbeitsverhältnisses nach § 613a BGB (2013)
HOFFMEISTER, Soziale Auswahl nach Widerspruch bei Betriebs(teil)übergang, ArbuR 1995, 132
HOHENSTATT, Die Fortgeltung von Tarifnormen nach § 613a BGB Abs 1 S 2 BGB, NZA 2010, 23
ders, Nach „Asklepios": Sechs Thesen zum Schicksal von Bezugnahmeklauseln beim Betriebsübergang, in: FS Willemsen (2018) 187
HOHENSTATT/GRAU, Arbeitnehmerunterrichtung beim Betriebsübergang, NZA 2007, 13
HOHENSTATT/MÜLLER-BONANNI, Auswirkungen eines Betriebsinhaberwechsels auf Gesamtbetriebsrat und Gesamtbetriebsvereinbarung, NZA 2003, 766
HOHENSTATT/SCHUSTER, Auswirkungen des Tarifeinheitsgesetzes auf Umstrukturierungen, ZIP 2016, 5
HOHNER, Der Übergang von Arbeitsverhältnissen wider Willen bei einer Unternehmensumwandlung (2004)
vHOYNINGEN-HUENE, Betriebsübergang und soziale Auswahl bei betriebsbedingter Kündigung, AR-Blattei ES 1020. 1. 2. Nr 1
HROMADKA, Tarifvertrag und Arbeitsvertrag bei der Ausgründung von Betriebsteilen, DB 1996, 1872
HROMADKA/MASCHMANN/WALLNER, Der Tarifwechsel (1996)
HUKE, Die Unterrichtung der von einem Betriebsübergang betroffenen Arbeitnehmer gem § 613a Abs 5 BGB, FA 2002, 263
INGELFINGER, Widerspruch des Arbeitnehmers beim Betriebsübergang und Sozialauswahl bei anschließender betriebsbedingter Kündigung, ZfA 1996, 591
JACOBS, Die arbeitsvertragliche Bezugnahme auf Tarifverträge bei Betriebsübergang, in: FS Birk (2008) 243
ders, Gesamtbetriebsvereinbarung und Betriebsübergang, in: FS Konzen (2006) 345
JACOBS/FRIELING, Keine dynamische Weitergeltung von kleinen dynamischen Bezugnahmeklauseln nach Betriebsübergängen, EuZW 2013, 737
dies, Zum Dialog zwischen dem Vierten Senat, dem Generalanwalt Yves Bot und dem Europäischen Gerichtshof in der Rechtssache Asklepios – Oder: Wie man das Brett an der dünnsten Stelle durchbohrt, in: FS Willemsen (2018) 197
JACOBSEN/MENKE, Arbeitgeber auf Abruf? Zum Inhalt von Unterrichtungsschreiben nach § 613a BGB und zur Verwirkung des Widerspruchsrechts beim Betriebsübergang, NZA-RR 2010, 393
JAEGER, Die Unterrichtungspflicht nach § 613a Abs 5 BGB in der Praxis der Betriebsübernahme, ZIP 2004, 433
ders, Die Unterrichtungspflicht nach § 613a Abs 5 BGB in der Praxis der Betriebsübernahme, ZIP 2004, 433
JANKOWIAK, Das behördliche Betriebsübergangsverlagern nach Art 4 Abs 5 Verordnung (EG) Nr 1370/2007 bei der Vergabe von Aufträgen im öffentlichen Personennahverkehr (2012)
JOCHUMS, Betriebsübergang: Der EuGH auf Abwegen?, NJW 2005, 2580
ders, Gemeinschaftsbetrieb als Betrieb im Sinne des § 613a BGB (2010)
JOOST, Der Widerspruch des Arbeitnehmers beim Betriebsübergang und das europäische Recht, ZIP 1991, 220
ders, Der Widerspruch des Arbeitnehmers beim Betriebsübergang – nunmehr europaweit?, ZIP 1993, 178
ders, Betriebsveräußerung durch die Arbeitnehmer?, in: FS Kraft (1998) 281
JOUSSEN, Kirchliche Arbeitsvertragsinhalte beim Betriebsübergang, NJW 2006, 1850
ders, Gleichbehandlung und Loyalitätspflicht beim Betriebsübergang, ZMV 2006, 57

A Junker, Grenzüberschreitender Betriebsinhaberwechsel, in: Betriebsübergang (§ 613a BGB) 1994, 229
ders, Die Voraussetzungen eines Betriebsübergangs (§ 613a BGB) nach der „Klarenberg"-Entscheidung des EuGH, SAE 2010, 113
ders, Rechtsfragen grenzüberschreitender Betriebsverlagerung, NZA-Beil 2012, 8
ders, Der identitätswahrende Übergang einer wirtschaftlichen Einheit als Voraussetzung des Betriebsübergangs, EuZA 2019, 45
M Junker, Die auf einer Betriebsvereinbarung beruhende Altersversorgung beim Betriebsübergang, RdA 1993, 203
Kallmeyer, Die Reform des Umwandlungsrechts, DB 1993, 367
ders, Spaltung nach dem neuen Umwandlungsgesetz – Anwendung des 133 UmwG auf Arbeitnehmeransprüche?, ZIP 1995, 550
Kamanabrou, Europarechtliche Bedenken gegen die Klagefrist bei Kündigungen wegen Betriebsübergangs, NZA 2004, 950
Kamlah, Bestandsschutz und Ablösung von Kollektivverträgen bei Betriebsübergang (Diss Bonn 1996)
Thomas Kania, Überlassung von Maschinen mit Bedienungspersonal, NZA 1994, 871
ders, Tarifeinheit beim Betriebsübergang?, DB 1994, 529
ders, Tarifbindung bei Ausgliederung und Aufspaltung eines Betriebs, DB 1995, 624
ders, Tarifpluralität und Industrieverbandsprinzip, DB 1996, 1921
ders, Betriebsübergang beim Wechsel des Betreibers von Flüchtlingsunterkünften?, NZA 2016, 1441
Marcus Kania, Grenzüberschreitende Betriebsübergänge aus europarechtlicher Sicht (2012)
Karlsfeld, Das Widerspruchsrecht der Arbeitnehmer beim Betriebsübergang nach dem Umwandlungsgesetz (2001)
Karthaus, Betriebsübergang als interessenausgleichspflichtige Maßnahme nach der Richtlinie 2002/14/EG, ArbuR 2007, 114
Kästle/Schmoll, Arbeitnehmererfindungen bei M&A-Transaktionen und Umstrukturierungen, BB 2018, 820
Kempen, Betriebsübergang und Tarifvertrag, BB 1991, 2006
ders, Betriebsübergang und Tarifvertrag, in: Arbeitsrechtsfragen bei der Umstrukturierung und Sanierung von Unternehmen (1992) 165
Kemper, Rechtsfragen beim Zusammentreffen unterschiedlicher Versorgungsregelungen anlässlich eines Betriebsübergangs, BetrAV 1990, 7
ders, Zusammentreffen unterschiedlicher Versorgungsregelungen anlässlich eines Betriebsübergangs, BB 1990, 785
Kempter, Der Betriebsübergang in der Insolvenz, NZI 1999, 93
Kirmse, Kein Widerspruchsrecht nach § 613a Abs 6 BGB bei gesetzlich angeordnetem Übergang des Arbeitsverhältnisses, NJW 2006, 3325
Kisters-Kölkes, Informationspflichten beim Betriebsübergang, in: FS Kemper (2005) 227
Klein, Die Weitergeltung von kollektivvertraglichen Normen nach der Betriebsübergangsrichtlinie, EuZA 2014, 325
Kleinebrink/Commandeur, Der Übergang einer wirtschaftlichen Teileinheit als Betriebsänderung, NZA 2007, 113
Klocke, Die Vermutung aufklärungsrichtigen Verhaltens bei fehlerhafter Information nach § 613a Abs. 5 BGB, RdA 2017, 311
Klose, Das Schicksal des Erholungsurlaubs beim Betriebsübergang, in: FS Willemsen (2018) 249
Klosterkemper, Fernwirkungen und Fehlwirkungen der arbeitsgerichtlichen Rechtsprechung – Wie sich gewollter Arbeitnehmerschutz in sein Gegenteil verkehrt, ZfA 2010, 427
Kohte, Betriebsübergang im öffentlichen Dienst, BB 1997, 1738
ders, Stillegung und Übergang eines Betriebsteils, BB 1996, 1506
Krahl, Arbeitsrechtliche Folgen des rechtsgeschäftlichen Betriebsübergangs, AuA 1990, 211
Krause, Das Übergangsmandat des Betriebsrats im Lichte der novellierten Betriebsübergangsrichtlinie, NZA 1998, 1201
ders, Die tatsächliche Betriebsführung als konstitutives Erfordernis des Betriebsübergangs, ZfA 2001, 67

ders, Kollektiver Widerspruch beim Betriebsübergang – Rechtsmissbrauch wegen zu Grunde liegender Zweckverfolgung, RdA 2006, 229
ders, Individualvertragliche Verweisungen auf kollektivvertragliche Arbeitsbedingungen und unternehmerische Freiheit im europäischen Recht, in: FS Willemsen (2018) 257
KREFT, Normative Fortgeltung von Betriebsvereinbarungen nach einem Betriebsübergang, in: FS Wissmann (2005) 347
KREITNER, Kündigung beim Betriebsübergang, FA 1998, 2
ders, Kündigungsrechtliche Probleme beim Betriebsinhaberwechsel (1989)
KREUDER, Betriebs(teil)übergang und Betriebsaufgabe, BetrR 1994, 4
KREUTZ, Normative Fortgeltung von Betriebsvereinbarungen nach einem Betriebsteilübergang, in: FS 50 Jahre BAG (2004) 993
KRIEGER/EVA MARIA WILLEMSEN, Der Wiedereinstellungsanspruch nach Betriebsübergang, NZA 2011, 1128
KRINGS, Der Betriebsübergang gem § 613a BGB im kirchlichen Arbeitsrecht (2009)
KRÜGER, Die umwandlungsrechtliche Haftungsregelung bei der Betriebsaufspaltung und ihre Analogiefähigkeit (2001)
KÜHN, Der Betriebsübergang bei Leiharbeit, NJW 2011, 1408
LAMBRICH, Weitergeltung und Ablösung von Tarifverträgen nach Betriebsübergang, in: FS Ehmann (2005) 169
LANGENBUCHER, Der Wiedereinstellungsanspruch des Arbeitnehmers beim Betriebsübergang, ZfA 1999, 299
LANGER-STEIN, Betriebsübergang im Gesamtvollstreckungsverfahren, EuZW 1992, 505
LANGNER, Betriebsübergang: Form und Sprache der Unterrichtung gem § 613a Abs 5 BGB, DB 2008, 2082
LATZEL, Unternehmerische Freiheit als Grenze des Arbeitnehmerschutzes – vom Ende dynamischer Bezugnahmen nach Betriebsübergang, RdA 2014, 110
LAUX, Betriebsveräußerungen im Konkurs (1993)
LEINHAS, IT-Outsourcing und Betriebsübergang im Sinne des § 613a BGB (2008)
LERCH, Auswirkungen von Betriebsübergängen und unternehmensinternen Umstrukturierungen auf Betriebsvereinbarungen (2006)
LIEB, Betriebsübergang bei zentraler Unternehmensorganisation, ZfA 1994, 229
LEMBKE, Unterrichtungspflicht und Widerspruchsrecht beim Betriebsübergang im Lichte der neuesten Rechtsprechung, ZIP 2007, 310
LETZAS, Die Fortgeltung von Einzel- und Gesamtbetriebsvereinbarungen beim Betriebsübergang (2008)
LIEDTKE, Das rechtliche Schicksal des Datenschutzbeauftragten im Falle der Betriebsveräußerung, NZA 2005, 390
LINDEMANN/WOLTER-ROTEUTSCHER, Die Informationsverpflichtung nach § 613a Abs 5 BGB – Rechtsgutachten oder plausible Entscheidungshilfe für den Arbeitnehmer?, BB 2007, 938
LIPINSKI, Sonderkündigungsschutz (2001)
ders, Reichweite der Kündigungskontrolle durch § 613a IV 1 BGB, NZA 2002, 75
LIPINSKI/MELMS, Die Gewährung von Aktienoptionen durch Dritte, zB eine Konzernmutter – von Dritten geleistetes Arbeitsentgelt?, BB 2003, 150
LOBINGER, EuGH zur dynamischen Bezugnahmeklausel von Tarifverträgen beim Betriebsübergang, NZA 2013, 945
LOHKEMPER, Die Bedeutung des neuen Insolvenzrechts für das Arbeitsrecht, KTS 1996, 1
LORENZ, Neuvergabe von Dienstleistungsaufträgen beim Betriebsübergang?, ZIP 1997, 531
LORENZEN, Inhaltskontrolle beim Betriebsübergang (2009)
LORITZ, Der Tatbestand des § 613a BGB, ZfA 1991, 585
LOUVEN, Der Fall der Christel Schmidt, JuS 1995, 677
LÖW, Die Betriebsveräußerung im europäischen Arbeitsrecht (1992)
ders, Steht das europäische Recht einem Widerspruchsrecht des Arbeitnehmers bei Betriebsübergang entgegen?, DB 1991, 546
LÖWISCH, Unvereinbarkeit von Nachträglichkeit und Rückwirkung des Widerspruchs nach § 613a Abs 6 BGB mit der Richtlinie 01/23/EG, in: FS Birk (2008) 541
LÖWISCH/GÖPFERT/SIEGRIST, Verwirkung des

Widerspruchsrechts beim Betriebsübergang, DB 2007, 2538
LÖWISCH/NEUMANN, Betriebserwerber als richtiger Kündigungsschutz-Beklagter bei vor Betriebsübergang ausgesprochener Kündigung, DB 1996, 474
LÜTZELER, Aktienoptionen bei einem Betriebsübergang (2007)
LUNK, Widerspruch gegen Betriebsübergang und Sozialauswahl, NZA 1995, 711
ders, Schadensersatz wegen Verstoßes gegen die Unterrichtungspflicht bei einem Betriebsübergang gem § 613a Abs 5 BGB, RdA 2009, 48
MANKOWSKI, Wichtige Klärungen im Internationalen Arbeitsrecht, IPRax 1994, 88
MATTHEY/KLUTH/FRÖNDHOFF, Ungeplanter Betriebsübergang bei Miete und Pacht von Gewerbeimmobilien, NZM 2005, 1
MECHLEM/MELMS, Verfall- und Rückzahlungsklauseln bei Aktienoptionsplänen, DB 2000, 1614
MEDLA, Befugnisse und Rechte von Sprecherausschüssen im Rahmen des § 613a BGB, in: FS Leinemann (2006) 243
MEILICKE, EuGH zu § 613a BGB – Widerspruch des Arbeitnehmers hindert nicht Übergang des Arbeitsverhältnisses, DB 1990, 1770
ders, Widerspruchsrecht des Arbeitnehmers bei Betriebsübergang – Wirkungen des Europarechts, DB 1991, 1326
MEIMANN, Die kollektivrechtliche Fortgeltung von Betriebsvereinbarungen beim Betriebsübergang (2004)
MELOT DE BEAUREGARD, Der kollektive Widerspruch der Arbeitnehmer beim Betriebsübergang, BB 2005, 826
ders, Kein Betriebsübergang bei bloßer Auftragsnachfolge – Stilllegung eines an einem Gemeinschaftsbetrieb beteiligten Betriebs, BB 2007, 2746
MENZE, Das Widerspruchsrecht der Arbeitnehmer beim Betriebsübergang (2000)
MEYER, Modifikation von Tarifrecht durch Betriebsvereinbarungen beim Betriebsübergang, NZA 2001, 751
ders, Die Unterrichtung der Arbeitnehmer vor Betriebsübergang (2007)
ders, Transformierende Betriebsvereinbarungen bei Betriebsübergang, NZA 2007, 1408
ders, Das Rechtsgeschäft gem § 613a BGB als möglicher Vertrag zugunsten Dritter, SAE 2007, 9
ders, Unterrichtungspflichten des Arbeitgebers und Widerspruch des Arbeitnehmers, NZA Beilage 2008, Nr 4, 173
ders, Vertragsänderungen bei Betriebsübergang – insbesondere auch nach § 613a Abs 1 Satz 4 zweite Alternative BGB, SAE 2009, 110
ders, Kollektiv- und individualrechtliche Überleitungsverträge bei Betriebsübergang, DB 2009, 1350
ders, Erlassvertrag bei Betriebsübergang, SAE 2010, 105
ders, Betriebsübergang: Neues zur Transformation gem § 613a BGB Abs 1 S 2 BGB, DB 2010, 1404
ders, Regelungsfragen zumutbarer Weiterbeschäftigung beim Betriebsübergang, NJW 2002, 1615
ders, Personalanpassung des Betriebsveräußerers auf Grund eines Erwerberkonzeptes, NZA 2003, 244
ders, Unterrichtungspflicht und Widerspruchsrecht beim Betriebsübergang, BB 2003, 1010
ders, Korrektur fehlerhafter Unterrichtungen bei feindlichem Betriebsübergang, NZA 2017, 960
MOLKENBUR, Voraussetzungen für Einschränkungen von betrieblichen Altersversorgungszusagen, Gehaltsanpassung (1994) 234
MOLL, Betriebsübergang und Arbeitsverhältnisse, AnwBl 1991, 282
ders, Betriebsübergang und Funktionsnachfolge, AuA 1996, 270
ders, Die Rechtsstellung des Arbeitnehmers nach einem Betriebsübergang, NJW 1993, 2016
ders, Kollektivvertragliche Arbeitsbedingungen nach einem Betriebsübergang, RdA 1996, 275
ders, Bedeutung und Voraussetzungen des Betriebsübergangs im Wandel, RdA 1999, 233
ders, Betriebsübergang und Nebenleistungen, in: FS 50 Jahre BAG (2004) 59
ders, Fortgeltung von Tarifverträgen bei Betriebsübergang, RdA 2007, 48
MOLL/HENKE, Widerspruchsrecht bei gesetzlich angeordnetem Übergang eines Arbeitsverhältnisses, AP Nr 25 zu § 419 BGB Funktionsnachfolge
MOLL/KATERNDAHL, Unterrichtung und Wi-

derspruchsrecht der Arbeitnehmer bei mehreren Betriebsübergängen, RdA 2017, 324
Möller, Zeitdynamische Bezugnahmeklauseln (2007)
Morell, Wird das Personal mit dem Stromnetz übernommen?, Städtetag (1993) 297
Mückl, Das Problem mangelnder Kooperationsbereitschaft der beteiligten Rechtsträger im Rahmen der Unterrichtung nach § 613a Abs 5 BGB, RdA 2008, 343
ders, Der Betriebsübergang nach § 613a BGB in der Insolvenz – jetzt erst recht ein Sanierungshindernis?, ZIP 2012, 2373
Müller, Umwandlung des Unternehmensträgers und Betriebsvereinbarung, RdA 1996, 287
Müller/Thüsing, Die Zuordnung von Arbeitsverhältnissen beim Betriebsübergang, ZIP 1997, 1869
Müller-Bonanni, Der Betriebsinhaberwechsel im Rahmen des UmwG (2003)
ders, Kündigungsschutz nach einem Betriebsübergang, RdA 2008, 114
ders, Zentrale Fragen des Betriebsübergangs im Spiegel der jüngsten Rechtsprechung und Reformen, RdA 2016, 270
ders, Wider das Widerspruchsrecht – Unkonventionelle konzeptionelle Überlegungen zum Widerspruchsrecht gemäß § 613a Abs. 6 BGB, in: FS Willemsen (2018) 331
Müller-Bonanni/Mehrens, Ablösung der tariflichen Vergütungsordnung nach Betriebsübergang auf einen nicht tarifgebundenen Erwerber, NZA 2012, 1194
Müller-Bonanni/Nieroba, Arbeitsrechtliche Aspekte konzernweiter Aktienoptionsprogramme, Der Konzern 2010, 143
Müller-Ehlen, Der Übergang von Arbeitsverhältnissen im Umwandlungsrecht (1999)
Müller-Glöge, Bestandsschutz beim Betriebsübergang nach § 613a BGB, NZA 1999, 449
Naber, Sinn und Unsinn von § 613a V BGB – Plädoyer für ein neues Verständnis der Unterrichtung über Betriebsübergänge, in: FS Willemsen (2018) 339
Neef, Betriebsübergang und Betriebsänderung, NZA 1994, 97
Nehls, Die Neufassung des § 613a BGB – Bewertung und Gestaltungsmöglichkeiten, NZA 2003, 822
Nicolai, Die Kündigung widersprechender Arbeitnehmer nach Betriebsübergang, BB 2006, 1162
Niessen/Geis, Auswirkungen der „Scattolon"-Entscheidung auf das Ablöseprinzip beim Betriebsübergang und Hinweise zur Gestaltungspraxis, Der Konzern 2013, 465
Niklas, „Übernahme" des nach Zahl und Sachkunde wesentlichen Personals, BB 2013, 2165
Niklas/Mückl, Auswirkungen eines Betriebsübergangs auf betriebsverfassungsrechtliche Ansprüche, DB 2008, 2250
Niksova, Grenzüberschreitender Betriebsübergang (2014)
dies, Grenzüberschreitender Betriebsübergang, ecolex 2013, 53
Oberhofer, Der Wiedereinstellungsanspruch, RdA 2006, 92
Oetker, Das Widerspruchsrecht der Arbeitnehmer bei Betriebsübergang und die Rechtsprechung des EuGH, NZA 1991, 137
ders, Die Vorgaben der Betriebsübergangsrichtlinie für die Beteiligungsrechte des Betriebsrats, NZA 1998, 1193
Olbertz/Ungnad, Zeitliche Grenzen des Widerspruchsrechts nach § 613a Abs 6 BGB im Falle fehlerhafter Unterrichtung der Arbeitnehmer, BB 2004, 213
Opitz, Individualarbeitsrechtliche und sozialversicherungsrechtliche Probleme des arbeitnehmerseitigen Widerspruchs beim Betriebsübergang (2000)
Otto, „Betriebsübergang" auf gesetzlicher Grundlage im Arbeits- und Beamtenrecht, in: FS Richardi (2007) 317
Pauly, Zur Sozialauswahl nach Widerspruch des Gekündigten gegen den Betriebsübergang – Neue Rechtsprechung des BAG, ZTR 2009, 63
Pfefferle, Der Betriebsübergang (§ 613a BGB) als Dealbreaker? (2009)
Pfeiffer, Der Übergang von Arbeitsverhältnissen bei der Umstrukturierung von Unternehmen (Diss Regensburg 1999)
Pfrogner/Serr, Betriebsübergang im hauptberuflichen Notariat, BB 2015, 501
Picot/Schnitker, Arbeitsrecht bei Unternehmenskauf und Umstrukturierung (2001)

Pietzko, Rechtsgeschäftliche Gestaltungsmöglichkeiten der Arbeitnehmer beim Betriebsübergang, ZIP 1990, 1105
Pils, Der Verzicht auf das Widerspruchsrecht nach § 613a Abs 6 BGB, BB 2014, 185
Plander, Die Betriebsstillegung aus gesellschafts- und arbeitsrechtlicher Sicht, NZA 1999, 505
Pohr, Ablösung, Änderung, Anpassung – Die Möglichkeiten des Erwerbers zur Schaffung einheitlicher Arbeitsbedingungen nach einem Betriebsübergang (2014)
Pomberg, Betriebsteilübergang: § 613a BGB als Hemmnis für Neueinstellungen in dem verbleibenden Restbetrieb, DB 2003, 2177
Pottmeyer, Praktische Probleme im Zusammenhang mit dem Widerspruchsrecht des Arbeitnehmers beim Betriebsinhaberwechsel (§ 613a BGB), ZfA 1989, 239
Preis/Richter, Grenzen der normativen Fortgeltung von Betriebsvereinbarungen beim Betriebsübergang, ZIP 2004, 925
Preis/Steffan, Neue Konzepte des BAG zum Betriebsübergang nach § 613a BGB, DB 1998, 309
dies, Zum Schicksal kollektivrechtlicher Regelungen beim Betriebsübergang, in: FS Kraft (1998) 477
Pröpper, Unbefristetes Widerspruchsrecht bei Unterrichtungsfehlern über den Betriebsübergang nach § 613a BGB?, DB 2003, 2011
Quecke, Sozialauswahl nach Widerspruch gegen Teilbetriebsübergang?, ZIP 2007, 1846
Rebhahn, Probleme der Ausführung der Betriebsübergangsrichtlinie in Kontinentaleuropa, RdA 2006, Sonderbeilage zu Heft 6, 4
Rebhahn/Kietaibl, Die Auswirkungen des Einsatzes von Subunternehmern auf die Anwendbarkeit des Betriebsübergangsrechts, ZfA 2007, 325
Reichel/Böhm, Überkreuzablösung kollektivrechtlich begründeter Pensionszusagen bei einem Betriebsübergang, BetrAV 2008, 359
Reichold, Neues zum grenzüberschreitenden Betriebsübergang, in: FS Birk (2008) 687
ders, Sozialplanpflicht bei Neugründung kraft Betriebsübergang, RdA 2007, 373
ders, Rechtsfragen des Systemwechsels zwischen weltlichem und kirchlichem Arbeitsrecht am Beispiel des § 613a BGB, in: FS Richardi (2007) 943
ders, Zur „Dynamik“ einer kirchlichen Bezugnahmeklausel bei „Verweltlichung“ kraft § 613a BGB, in: FS Willemsen (2018) 371
Reinecke, Die Sicherung der Tarifgeltung beim Betriebsübergang (2016)
Reiser, Umgehung des § 613a BGB durch Aufhebungsvereinbarung und Neuvertrag (2015)
Reuter, Rechtsprechungsübersicht – Kündigung wegen Betriebsübergang, JuS 1991, 430
Richardi, Die Anwendbarkeit des § 613a BGB bei Betriebserwerb und Neugründung von Unternehmen in den neuen Bundesländern, NZA 1991, 289
ders, Betriebsübergang und Arbeitsvertrag, in: Arbeitsrechtsfragen bei der Umstrukturierung und Sanierung von Unternehmen (1992) 143
ders, Geltung des kirchlichen Arbeitsrechts bei Umstrukturierungen, Arbeitsgemeinschaft Arbeitsrecht im Deutschen Anwaltverein, in: FS zum 25-jährigen Bestehen (2006) 673
Richter, Probleme beim grenzüberschreitenden Betriebsübergang, AuR 1992, 65
Richter/Nacewicz, Haftungsbegrenzung beim Betriebsübergang in der Insolvenz, ZIP 2008, 256
Rieble, Betriebsverfassungsrechtliche Folgen der Betriebs- und Unternehmensumstrukturierung, NZA 2003 Sonderbeil zu Heft 16, 62
ders, Widerspruch nach § 613a VI BGB – die (ungeregelte) Rechtsfolge, NZA 2004, 1
ders, Betriebsführungsvertrag als Gestaltungsinstrument, NZA 2010, 1145
Rieble/Gutzeit, Betriebsvereinbarungen nach Unternehmensumstrukturierung, NZA 2003, 233
Rinck, Kollision von fortwirkenden Tarifnormen und Bezugnahmeklauseln und Betriebsübergang, RdA 2010, 216
Röder, Der Betriebsübergang, AiB 193, 110
Rolfs, Die Betriebliche Altersversorgung beim Betriebsübergang, NZA Beilage 2008, Nr 4, 164
Ronnenberg, Folgen des Widerspruchs beim Betriebsübergang, in: FS Stege (1997) 165
Rudkowski, Das „ewige“ Widerspruchsrecht des Arbeitnehmers nach § 613a Abs 4 BGB und seine Grenzen, NZA 2010, 739

Rüthers/Bakker, Arbeitnehmerentsendung und Betriebsinhaberwechsel im Konzern, ZfA 1990, 245
Sagan, Die aktuelle Rechtsprechung des EuGH zum Recht der Gleichbehandlung und des Betriebsübergangs, ZESAR 2011, 412
ders, Das Verschlechterungsverbot bei Ablösung von Kollektivverträgen nach einem Betriebsübergang, EuZA 2012, 247
ders, Die kollektive Fortgeltung von Tarifverträgen und Betriebsvereinbarungen nach § 613a Abs 1 Sätze 2–4 BGB, RdA 2011, 163
ders, Die Fortgeltung von Firmentarifverträgen nach einer Verschmelzung: Expansion vs. Sukzession, in: FS Willemsen (2018) 417
Salamon, Das Schicksal von Gesamtbetriebsvereinbarungen bei Betriebs- und Betriebsteilveräußerungen (2006)
ders, Die Fortgeltung von Gesamtbetriebsvereinbarungen beim Betriebsübergang, RdA 2007, 103–109
ders, Die Konzernbetriebsvereinbarung beim Betriebsübergang, NZA 2009, 471–475
ders, Der Betriebsteilbegriff des § 613a BGB, NZA 2012, 482
Salamon/Hoppe, Die Maßgabe der fortbestehenden Organisationsstrukturen für den Betriebsteilübergang nach „Klarenberg", NZA 2010, 989
Scharff, BAG: Adressat des Widerspruchs bei mehreren Betriebsübergängen, BB 2015, 640
Schaub, Arbeitsrechtliche Fragen bei der Privatisierung öffentlicher Betriebe und Einrichtungen, WiB 1996, 97
ders, Der arbeitsrechtliche Betriebsübergang im Recht der Gesamtrechtsnachfolge, in: FS Wlotzke (1996) 103
ders, Einführung in das Recht der Betriebsnachfolge, AuA 1991, 225
ders, Probleme der Tarif- und Betriebsautonomie in der Rechtsprechung des Bundesarbeitsgerichts, BB 1996, 2298
Schiefer, Arbeitsrechtliche Voraussetzungen und Folgen des Betriebsübergangs gemäß § 613a BGB, RdA 1994, 83
ders, Rechtsfolgen des Betriebsübergangs nach § 613a BGB, NJW 1998, 1817
ders, Tarifvertragswechsel beim Betriebsübergang – neue Möglichkeiten?, DB 2003, 390
Schiefer/Worzalla, Unterrichtungspflicht beim Betriebsübergang nach § 613a Abs 5 BGB, NJW 2009, 558
Schinz/Eylert, Dynamische Bezugnahmeklauseln beim Betriebsübergang im Spannungsfeld zwischen nationalen und europäischen Regelungen, RdA 2017, 140
Schipp, Arbeitsrechtliche Probleme bei der Privatisierung öffentlicher Einrichtungen, NZA 1994, 865
Schlachter, Die Rechtsstellung des widersprechenden Arbeitnehmers bei Betriebsübergang, NZA 1995, 705
ders, Betriebsübergang bei „eigenwirtschaftlicher Nutzung" von Betriebsmitteln des Auftraggebers, NZA 2006, 80
Schleifenbaum, Gesellschafterwechsel als Betriebsübergang bei der Gesellschaft bürgerlichen Rechts, BB 1991, 1705
Schmädicke, Sozialauswahl bei der Veräußererkündigung nach Erwerberkonzept, NZA 2014, 515
Schmitt, EuGH – Unternehmensübergang und Neuvergabe von Reinigungsarbeiten, WiB 1997, 594
Schmitt-Rolfes, Die Überleitung von Tarifnormen beim Betriebsübergang, in: FS Buchner (2009) 817
Schneider, Die Wirkung arbeitsvertraglicher Bezugnahmeklauseln nach einem Betriebsübergang i.S.d. § 613a BGB (2017)
Schneider/Sittard, Annahmeverzug des Arbeitgebers bei Widerspruch gegen den Betriebsübergang, BB 2007, 2230
Schnitker/Grau, Übergang und Anpassung von Rechten aus Aktienoptionsplänen bei Betriebsübergang nach § 613a BGB, BB 2002, 2497
dies, Arbeitsrechtliche Aspekte von Unternehmensumstrukturierungen durch Anwachsung von Gesellschaftsanteilen, ZIP 2008, 394
Schmitz-Scholemann, Restrukturierung, NZA-Beil 3/2015, 107
Schröer, Arbeitgeberhaftung bei der Spaltung von Rechtsträgern (2001)
Schubert, Dynamische Bezugnahmeklauseln auf AVR und die Folgen des Betriebsübergangs der kirchlichen Einrichtung auf einen weltlichen Arbeitgeber, RdA 2018, 367
dies, Die Bindung des Erwerbers an kleine dy-

namische Bezugnahmeklauseln beim Betriebsübergang und ihre Vereinbarkeit mit dem Unionsrecht, ZESAR 2018, 8
dies, Kollektivverträge und kleine dynamische Bezugnahmeklausel beim Betriebsübergang – zum widersprüchlichen Umgang mit kollektiv geregelten Arbeitsbedingungen, in: FS Willemsen (2018) 363
Schuhmacher-Mohr/Urban, Sozialauswahl im Veräußerungsbetrieb nach Widerspruch gegen Betriebsübergang, NZA 2008, 513
Schwanda, Der Betriebsübergang in § 613a BGB (1992)
Seidel, Übergang der Arbeitsverhältnisse bei Rechtsträgerwechsel im öffentlichen Dienst, PersR 1992, 12
Sieg/Maschmann, Unternehmensumstrukturierung (2010)
Siegfanz-Strauss, Tarifrecht im Betriebsübergang (2015)
Sittard/Flockenhaus, „Scattolon" und die Folgen für die Ablösung von Tarifverträgen und Betriebsvereinbarungen nach einem Betriebsübergang, NZA 2013, 652
Smid, Arbeitsverträge in der Insolvenz, AuA 1991, 361
Sprenger, Kündigung wegen Betriebsübergangs. Ist § 13 Abs 3 KSchG europarechtskonform?, AuR 2005, 175
Staufenbiel, Transfergesellschaften im Insolvenzverfahren, ZInsO 2010, 497
Steffan, Neues vom EuGH zum Betriebsübergang: Was folgt aus „Scattolon"?, NZA 2012, 473
Steinacker, Der Wiedereinstellungsanspruch des Arbeitnehmers (2017)
Studt, Der umwandlungsrechtliche Interessenausgleich nach § 323 Abs. 2 UmwG (2002)
Sutschet, Werhof Reloaded, RdA 2013, 28
vStebut, Der arbeitsrechtliche Eingliederungsvertrag, in: FS Kissel (1994) 1135
vSteinau-Steinrück, Haftungsrechtlicher Arbeitnehmerschutz (1994)
Tappert, Auswirkungen eines Betriebsübergangs auf Aktienoptionsrechte von Arbeitnehmern, NZA 2002, 1188
Targan, Der richtige Zeitpunkt des Betriebsübergangs, in: Betriebsübergang (§ 613a BGB) 1994, 179
Tempelmann, Arbeitsrechtliche Probleme bei Spaltungen nach dem Umwandlungsgesetz (2001)
Thienemann, Der Umgehungsbegriff im Arbeitsrecht unter besonderer Berücksichtigung einzelner Umgehungsmodelle im Zusammenhang mit § 613a BGB (2017)
vTiling, Die Rechtsfolgen des Betriebsübergangs im Spannungsfeld von Kirchenfreiheit und staatlicher Arbeitsrechtsordnung (2004)
Trittin, Der EuGH bestätigt die umstrittene Christel Schmidt-Entscheidung, DB 1997, 1333
Trümner, Probleme beim Wechsel vom öffentlich-rechtlichen zum privatrechtlichen Arbeitgeber infolge von Privatisierungen öffentlicher Dienstleistungen, PersR 1993, 473
Tupay, Kündigung im Zusammenhang mit einem Betriebsübergang, in: Betriebsübergang (§ 613a BGB) 1994, 97
Uhlig, Die Dreiecksbeziehung der Arbeitnehmerüberlassung im Betriebsübergang des Entleiherbetriebs (2016)
Villinger, Vergütungsansprüche des Arbeitnehmererfinders bei Gesamtrechtsnachfolge und Betriebsinhaberwechsel, GRUR 1990, 169
Voss, Funktionsnachfolge als Betriebsübergang iS von § 613a BGB?, NZA 1995, 205
Vossen, Betriebsübergang und Kündigungsschutzprozess, in: FS Leinemann (2006) 273
Waas, Betriebsübergang durch „Funktionsnachfolge"?, EuZW 1994, 528
ders, Tarifvertrag und Betriebsübergang (1999)
ders, Zur Konsolidierung des Betriebsbegriffs in der Rechtsprechung von EuGH und BAG zum Betriebsübergang, ZfA 2001, 377
Waas/Johanns, Die Änderung der Richtlinie zum Betriebsübergang, EuZW 1999, 458
Wagner, Individualarbeitsrechtliche Vereinbarungen beim Betriebsübergang (2002)
Wahlig/Brune, Entdynamisierung von Bezugnahmeklauseln nach Betriebsübergang, NZA 2018, 221
Wank, Der Übergang „durch Rechtsgeschäft" beim Betriebsübergang, DB 1997, 1229
Waquet, Die Anwendung der EG-Richtlinie über den Betriebsübergang durch den französischen Richter, RdA 1996, 91
Warmbein, Der Betriebsübergang nach § 613a

BGB – ein Sanierungshindernis in der Insolvenz?, DZWIR 2003, 11
WEIMAR/ALFES, Neuregelung des § 613a BGB für die neuen Bundesländer, DB 1991, 1830
WEINMANN, Praktische Probleme der Mitbestimmung bei Betriebsänderung und Betriebsübergang, ZfA 1991, 73
WENDELING-SCHRÖDER, Outsourcing out?, AuR 1995, 126
WETH/WERN, Vom weltlichen zum kirchlichen Betrieb – Probleme des Betriebsübergangs, NZA 1998, 118
WIEDEMANN, Dynamische Bezugnahmeklauseln und ein Gesetzesvorschlag zur Betriebsübertragung, BB 2016, 1400
EVA MARIA WILLEMSEN, Die arbeitsvertragliche Bezugnahme auf den Tarifvertrag bei Tarifwechsel (2009)
WILLEMSEN, Der Grundtatbestand des Betriebsübergangs nach § 613a BGB, RdA 1991, 204
ders, Arbeitsrechtliche Aspekte der Reform des Umwandlungsrechts, RdA 1993, 133
ders, Einbeziehung nicht-arbeitsrechtlicher Verträge in das Arbeitsverhältnis – Zum Geltungsumfang des Arbeitsrechts und zu den Grenzen vertraglicher Gestaltungsfreiheit, in: FS Wiedemann (2002) 645
ders, Aktuelle Tendenzen zur Abgrenzung des Betriebsüberganges, DB 1995, 924
ders, Arbeitsrechtliche Fragen der Privatisierung und Umstrukturierung öffentlicher Rechtsträger, in: FS 50 Jahre BAG (2004) 287
ders, Erneute Wende im Recht des Betriebsübergangs – ein „Christel Schmidt II"-Urteil des EuGH?, NZA 2009, 289
ders, Erosion des Arbeitgeberbegriffs nach der Albron-Entscheidung des EuGH?, NJW 2011, 1546
ders, Aktuelle Rechtsprechung des EuGH zum Arbeits- und Sozialrecht, RdA 2012, 291
ders, Aufhebungsverträge bei Betriebsübergang – ein „Erfurter Roulette"?, NZA 2013, 242
ders, Mehr Klarheit nach „Klarenberg"!, NZA 2014, 1010
ders, „Freikauf durch Einkauf?" – Vermeidung des § 613a BGB durch Austausch wesentlicher Betriebsmittel, NZA 2017, 953
WILLEMSEN/ANNUSS, Neue Betriebsübergangsrichtlinie – Anpassungsbedarf im deutschen Recht?, NJW 1999, 2073
dies, Auftragsnachfolge – jetzt doch ein Betriebsübergang?, DB 2004, 134
WILLEMSEN/GRAU, Zurück in die Zukunft – Das europäische Aus für dynamische Bezugnahmen nach Betriebsübergang?, NJW 2014, 12
WILLEMSEN/KROIS/MEHRENS, Entdynamisierung von Tarifverträgen nach einem Betriebsübergang – Kommunikationsprobleme zwischen Luxemburg und Erfurt, RdA 2018, 151
WILLEMSEN/LEMBKE, Die Neuregelung von Unterrichtung und Widerspruchsrecht der Arbeitnehmer beim Betriebsübergang, NJW 2002, 1159
WILLEMSEN/SAGAN, Der Tatbestand des Betriebsübergangs nach „Klarenberg", ZIP 2010, 1205
WINDT, Die Neukonstruktion des Tatbestands des Betriebsübergangs (2005)
WITSCHEN, Ablösung von Kollektivverträgen nach einem Betriebsübergang – Die Befristung des Verschlechterungsverbots, EuZA 2017, 534
WISSMANN, Der Begriff des Betriebsübergangs in der Rechtsprechung des Bundesarbeitsgerichts und Europäischen Gerichtshofs, Betriebsübergang (§ 613a BGB) 1994, 13
WITTE, Leiharbeit beim Betriebsübergang (2015)
WITTENBERG, Der Bestandsschutz von Arbeitsverhältnissen im Umwandlungsrecht (2002)
WOLF, Asklepios/Alemo Herron/Werhof – Bezugnahme auf Tarifverträge kollektivrechtlich denken, in: FS Willemsen (2018) 641
WOLLENSCHLÄGER, Betriebsverfassungsrechtliche Fragen des Betriebsüberganges nach § 613a BGB unter Berücksichtigung des Rechtes der Europäischen Union, in: FS Gitter (1995) 1067
WOLLENSCHLÄGER/FRÖHLICH, Kündigungsschutz nach § 613a beim grenzüberschreitenden Betriebsübergang, AuR 1990, 314
WOLLENSCHLÄGER/POLLERT, Rechtsfragen des Betriebsübergangs nach § 613a BGB unter Berücksichtigung betriebsverfassungsrechtlicher Fragen und des Rechtes der Europäischen Union, ZfA 1996, 547
WORZALLA, Neue Spielregeln bei Betriebsübergang – Die Änderungen des § 613a BGB, NZA 2002, 353

ZERRES, Fortgeltung tarifvertraglicher Regelungen beim Betriebsübergang im Falle arbeitsvertraglicher Bezugnahme, NJW 2006, 3533
ZEUNER, Verfahrensrechtliche Folgen des Betriebsübergangs nach § 613a BGB, in: FS Heinz Schwab (1990) 575
ZIEMONS, EuGH-Rechtsprechung versus unternehmerische Entscheidungsfreiheit, ZIP 1995, 987
ZÖLLNER, Veränderung und Angleichung tarifvertraglich geregelter Arbeitsbedingungen nach Betriebsübergang, DB 1995, 1401.

Systematische Übersicht

Alphabetische Übersicht

A. Bedeutung der Norm im System des bürgerlichen Rechts

I. Entstehungsgeschichte und Vorgeschichte der Gesetzesregelung

1. Entstehungsgeschichte

Bei der Novellierung des Betriebsverfassungsgesetzes 1972 wurde § 613a in das BGB eingefügt. Die heutigen Abs 1 S 1, Abs 2 und Abs 3 wurden durch § 122 BetrVG geschaffen und sind mit dem BetrVG 1972 am 19. 1. 1972 in Kraft getreten (§ 132 BetrVG). Die Bestimmung verdankt ihre Entstehung der Forderung, den Betriebsübergang als solchen der Mitbestimmung des Betriebsrats zu unterwerfen. Man sah aber davon ab, ihn als nach § 111 BetrVG beteiligungspflichtige Betriebsänderung zu erfassen, sondern wollte mit der Einfügung eines neuen Paragraphen in das BGB die Rechtsfolgen eines Betriebsübergangs für die Arbeitsverhältnisse allgemein regeln (Begründung des RegEntw, BT-Drucks 6/1786, 59). 1

Zur Angleichung der Rechtsvorschriften der Mitgliedstaaten über die Wahrung von Ansprüchen der Arbeitnehmer beim Übergang von Unternehmen, Betrieben oder Betriebsteilen erging die EG-Richtlinie vom 14. 2. 1977 (77/187/EWG, abgedruckt in ABl EG Nr L 61 vom 5. 3. 1977, 26, vgl dazu näher Rn 31 f). Ihr wurde in Deutschland mit dem Gesetz über die Gleichbehandlung von Männern und Frauen am Arbeitsplatz und über die Erhaltung von Ansprüchen bei Betriebsübergang (Arbeitsrechtliches EG-Anpassungsgesetz) vom 13. 8. 1980 (BGBl I 1308), in Kraft getreten am 21. 8. 1980, Rechnung getragen. Neu angefügt wurden durch Art 1 Nr 5 dieses Gesetzes die Sätze 2 bis 4 in Abs 1 und der Abs 4. § 613a BGB beschränkt sich seitdem nicht auf die Bestimmung, dass bei einem durch Rechtsgeschäft veranlassten Betriebsübergang oder Übergang eines Betriebsteils der neue Inhaber in die Rechte und Pflichten der im Zeitpunkt des Übergangs bestehenden Arbeitsverhältnisse eintritt, sondern regelt auch die Rechtsfolgen, die sich aus dem Übergang für die Rechtsnormen eines Tarifvertrags oder einer Betriebsvereinbarung ergeben. Außerdem stellt er klar, dass eine Kündigung durch den Arbeitgeber wegen des Übergangs unwirksam ist. Der dritte Absatz der Vorschrift wurde im Zusammenhang mit der Neubekanntmachung des Umwandlungsgesetzes mit Wirkung zum 1. 1. 1995 durch Art 2 des 2. Umwandlungsrechtsbereinigungsgesetzes vom 28. 10. 1994 (BGBl I 3210) neu gefasst. Nach Änderung der Betriebsübergangsrichtlinie durch RL 98/50/EG vom 29. 6. 1998 (ABl EG Nr L 201/88) und Neubekanntmachung der Betriebsübergangsrichtlinie als RL 2001/23/EG vom 12. 3. 2001 (ABl EG Nr L 82/16) wurden in § 613a BGB mit Wirkung zum 1. 4. 2002 durch Art 4 des Gesetzes zur Änderung des Seemannsgesetzes und anderer Gesetze vom 23. 3. 2002 (BGBl I 2002, S 1163) die 2

Absätze 5 und 6 angefügt. Für das in Art 3 des Einigungsvertrages vom 31. 8. 1990 (BGBl II 885) bezeichnete Gebiet war nach Art 232 § 5 Abs 2 EGBGB die Vorschrift des § 613a BGB bis zum 31. 12. 1998 nur eingeschränkt anwendbar.

2. Vorgeschichte

3 § 613a BGB enthält die Regelung eines **Vertragsübergangs kraft Gesetzes.** Er beantwortet damit eine alte Streitfrage über das Schicksal der Arbeitsverhältnisse beim rechtsgeschäftlichen Betriebsinhaberwechsel. Die Bestimmung ist in mehrfacher Hinsicht systemwidrig. Das BGB regelt nur die Abtretung einzelner Forderungen und die Übernahme einzelner Schulden, nicht die Übertragung eines ganzen Schuldverhältnisses; es kennt nicht die Vertragsübernahme. Trotz vereinzelter Bedenken hat sich aber die Auffassung durchgesetzt, dass auch eine Vertragsübernahme möglich ist, wenn alle Beteiligten zustimmen (vgl Pieper, Vertragsübernahme und Vertragsbeitritt [1963]; weitere Nachweise bei MünchKomm/Bydlinski vor § 414 Rn 7 f; Bamberger/Roth/Hau/Poseck/Rohe § 414 Rn 26; abweichend aber noch Staudinger/Nipperdey/Mohnen[11] § 613 Rn 18). Vor der Einfügung des § 613a BGB kam demnach beim Betriebsinhaberwechsel ein Übergang der Arbeitsverhältnisse nur auf rechtsgeschäftlichem Wege in Betracht. Dennoch nahm ein ständig wachsender Teil des Schrifttums mit unterschiedlicher Begründung an, dass ein Übergang des Arbeitsverhältnisses sich auch ohne Zustimmung der Parteien kraft Gesetzes vollziehen könne, wenn der Betrieb, in dem der Arbeitnehmer beschäftigt ist, übertragen werde (so vor allem Nikisch I 657 ff; Bötticher, in: FS Nikisch [1958] 3 f; Brecher, in: FS Schmidt-Rimpler 227, 234; Dietz, BetrVG [4. Aufl 1967] § 1 Rn 69). Die Rechtsprechung und die hL waren allerdings gegenteiliger Meinung (vgl BAG 26. 5. 1955, AP Nr 1 zu § 613 BGB; BAG 18. 2. 1960, AP Nr 1 zu § 419 BGB Betriebsnachfolge; BAG 29. 11. 1962, AP Nr 6 zu § 419 BGB Betriebsnachfolge; Hueck/Nipperdey I 516 und die dort in Fn 13 zitierte Literatur; siehe zur Rechtslage vor 1972 auch Kreitner, Kündigungsrechtliche Probleme 96 ff).

II. Formulierung und Zweck der Bestimmung

1. Gesetzestext

4 Die Bestimmung ist **rechtsdogmatisch fehlerhaft formuliert.** Ein Betrieb oder Betriebsteil ist kein Gegenstand, der als solcher durch Rechtsgeschäft übertragen werden kann. Für den Tatbestand ist nicht einmal notwendig, dass überhaupt ein Gegenstand auf einen anderen Inhaber rechtsgeschäftlich übertragen wird. Es genügt nämlich die Einräumung eines dinglichen oder auch nur schuldrechtlich begründeten Nutzungsrechts, das es dem Berechtigten ermöglicht, die den Betrieb oder Betriebsteil bildende Arbeitsorganisation im eigenen Namen fortzuführen.

5 Der für § 613a BGB wesentliche Gesichtspunkt liegt darin, dass ein anderer „durch Rechtsgeschäft“ die tatsächliche Dispositionsmöglichkeit über eine arbeitstechnische Organisationseinheit erhält. Sie selbst kann aber nicht Gegenstand eines Rechtsgeschäfts sein. Demnach kann streng genommen auch ihr Übergang nicht durch Rechtsgeschäft eintreten, sondern ausschlaggebend ist, ob aufgrund privatautonomer Gestaltung ein anderer das für die Anerkennung der Identität einer arbeitstechnischen Organisationseinheit maßgebliche Substrat (sächliche oder immaterielle Betriebsmittel sowie die betriebliche Struktur) für eine eigene unternehmerische

Zielsetzung nutzen kann (beachte aber zu Fällen der Gesamtrechtsnachfolge unten Rn 120 ff). Die Voraussetzung eines Übergangs „durch Rechtsgeschäft" darf man deshalb nicht nach dem herkömmlichen rechtsdogmatischen Verständnis interpretieren. Der Begriff des Rechtsgeschäfts steht hier für die privatautonome Gestaltung von Rechtsverhältnissen, die rechtstatsächlich zur Folge hat, dass ein Betrieb oder Betriebsteil auf einen anderen Inhaber übergeht.

2. Normzweck

Nach ihrem Zweck soll die Bestimmung eine **Lücke im Kündigungsschutzsystem** 6
schließen. Sie soll gewährleisten, dass dem Arbeitnehmer der Arbeitsplatz erhalten bleibt, wenn die Dispositionsbefugnis über die Arbeitsorganisation, in die er eingefügt ist, auf einen anderen übergeht. Keineswegs ist sein Zweck aber, dass der Erwerber von Gegenständen des Betriebsvermögens neue Arbeitsplätze einrichten muss, um die Arbeitnehmer zu beschäftigen, deren Arbeitssubstrat bisher die von ihm erworbenen Gegenstände waren. § 613a BGB setzt nicht voraus, dass ein Arbeitnehmer für sein Arbeitsverhältnis bereits Kündigungsschutz genießt.

Die Bestimmung dient neben der Erhaltung der Arbeitsplätze auch dem Ziel der 7
Aufrechterhaltung durch Kollektivvereinbarung begründeter Rechte sowie dem Ziel der Verteilung des **Haftungsrisikos zwischen dem alten und neuen Arbeitgeber**. Das mit der Vorschrift des § 613a BGB bewirkte **„Verbot der Negativauslese"** anlässlich eines Betriebsübergangs ist nicht selbst unmittelbarer Zweck der Norm, sondern notwendige Folge des von ihr bewirkten Schutzes jedes im Rahmen eines Betriebs oder Betriebsteils auch nach dem Übergang strukturell unverändert fortbestehenden Arbeitsplatzes sowie des dazugehörenden Arbeitsverhältnisses (ähnlich Pietzko, Tatbestand 34).

Soweit häufig als weiterer Zweck die Sicherung der Kontinuität des Betriebsrats 8
genannt wird (BT-Drucks VI/1786, 59; BAG 17. 1. 1980, AP Nr 18 zu § 613a BGB; ErfK/Preis, § 613a Rn 2; Seiter, Betriebsinhaberwechsel 29 f; Richardi RdA 1976, 56 [57]; Wiedemann/Willemsen RdA 1979, 419 ff; so auch noch Staudinger/Richardi/Annuss [1999] § 613a Rn 10; vgl auch Hergenröder AR-Blattei SD 500. 1 Rn 54 mwNw, der daneben als weiteren Zweck den der Rechtssicherheit und Rechtsklarheit identifiziert), erscheint das nicht zutreffend, weil das Schicksal des Betriebsrats (anders möglicherweise als dasjenige von Gesamt- oder Konzernbetriebsrat; vgl auch Rn 371) grundsätzlich nicht durch Veränderungen auf Rechtsträgerebene, sondern nur durch Änderungen der Betriebsorganisation berührt werden kann und somit eine Frage des Betriebsverfassungsrechts ist, wie nicht zuletzt § 1 Abs 2 Nr 2 BetrVG beweist (zustimmend Jochums, Gemeinschaftsbetrieb 47).

III. Verfassungsmäßigkeit der Vorschrift

Der gesetzlich angeordnete Übergang des Arbeitsverhältnisses bedeutet eine **Ein-** 9
schränkung der Vertragsfreiheit für die von ihm betroffenen Personen. Dabei ist wesentlich, dass die Gesetzesregelung sich auf die Interessen des Arbeitnehmers, des Arbeitgebers und des Betriebserwerbers unterschiedlich auswirkt. Dabei wird der Vertragsfreiheit der betroffenen Arbeitnehmer durch Einräumung eines Widerspruchsrechts gemäß Abs 5 Rechnung getragen.

10 Sowohl für den **bisherigen** als auch für den **neuen Betriebsinhaber** bedeutet dagegen die gesetzliche Überleitung der Arbeitsverhältnisse eine **Schranke der Vertragsfreiheit**. Dennoch werden dadurch ebenso wenig das Grundrecht der Handlungsfreiheit (Art 2 Abs 1 GG) und das Grundrecht der Berufsfreiheit (Art 12 Abs 1 GG) verletzt wie durch den Kündigungsschutz. Auch die Eigentumsgarantie des Art 14 GG wird nicht beeinträchtigt. Zwar wird durch sie auch die Verfügungsbefugnis über den Eigentumsgegenstand geschützt; der Gesetzgeber kann aber Inhalt und Schranken bestimmen, um insoweit eine Sozialbindung festzulegen (Art 14 Abs 1 S 2 GG). Die hier festgelegte Sozialbindung widerspricht nicht der Eigentumsgarantie. Sie ist eine zulässige Ausgestaltung des Sozialstaatsprinzips. Auch im Schrifttum werden deshalb nahezu einhellig keine verfassungsrechtlichen Bedenken geäußert (Soergel/Raab § 613a Rn 9; Posth, Betriebsinhaberwechsel 44 f; Seiter, Betriebsinhaberwechsel 37; Neumann-Duesberg BB 1971, 969 [971]; K Schmidt BB 1971, 1199 ff; Becker-Schaffner BlStSozArbR 1975, 305 [310]; WHSS/Willemsen G 22 ff; zweifelnd Galperin, Der Regierungsentwurf eines neuen Betriebsverfassungsgesetzes 11; vgl zur Frage, ob bei einer Rundfunkanstalt das Grundrecht der Rundfunkfreiheit einem Übergang nach § 613a entgegensteht, verneinend BVerfG 19. 7. 2000, AP Nr 12 zu Art 5 Abs 1 GG Rundfunkfreiheit).

11 Einer besonderen verfassungsrechtlichen Rechtfertigung bedarf die Belastung des neuen Inhabers mit den Rechtsfolgen des § 613a BGB allerdings auch im Verhältnis zu dessen **Wettbewerbern:** Rechtfertigungsbedürftig ist, weshalb derjenige, der einen bestehenden Betrieb oder Betriebsteil übernimmt, mit den darin bestehenden Arbeitsverhältnissen belastet wird, während derjenige, der einen Betrieb oder Betriebsteil selbst errichtet, bei der Auswahl der Arbeitnehmer und der Ausgestaltung ihrer Arbeitsbedingungen grundsätzlich frei ist. Ineiner freiheitlichen Wettbewerbsordnung kann diese Beschränkung der Vertragsfreiheit im Verhältnis zu einem Wettbewerber nur dadurch gerechtfertigt werden, dass dem Betriebs(teil)erwerber aus der Übernahme des Betriebs oder Betriebsteils ein ausreichend gewichtiger wirtschaftlicher Vorteil erwächst (vgl zu diesem Gedanken auch Willemsen NZA 2017, 953 [958]). Diese Rechtfertigungsdimension hat für die Konkretisierung des Tatbestands des § 613a BGB zentrale Bedeutung (vgl Rn 49).

IV. Anwendungsbereich des § 613a

1. Keine betriebsverfassungsrechtliche Norm

12 Auch wenn § 613a BGB durch § 122 BetrVG 1972 in das BGB eingefügt wurde, ist für seine Anwendung unmaßgeblich, ob das Betriebsverfassungsgesetz Anwendung findet und ob der Betrieb gemäß § 1 BetrVG betriebsratsfähig ist.

13 Keine Rolle spielt auch, ob es sich um ein **Tendenzunternehmen** handelt (ebenso BAG 7. 11. 1975, AP Nr 3 zu § 99 BetrVG 1972; vgl auch BAG 7. 9. 1995, AP Nr 131 zu § 613a; Richardi/Forst, BetrVG § 118 Rn 168; Galperin/Löwisch, BetrVG § 118 Rn 85; Neumann-Duesberg NJW 1973, 268; Weth/Wern NZA 1998, 118; **aA** Mayer-Maly BB 1973, 761 [769]). Soweit bisweilen vertreten wird, § 613a BGB finde auf **private Haushalte** generell keine Anwendung (so Hergenröder AR-Blattei SD 500. 1 Rn 72), erscheint das zweifelhaft; allerdings dürfte insoweit regelmäßig kein Übergang einer wirtschaftlichen Einheit in Betracht kommen (vgl Rn 39 ff).

2. Geltung für Körperschaften des öffentlichen Rechts

§ 613a BGB gilt auch, wenn der bisherige oder neue Betriebsinhaber der Staat oder sonst eine Körperschaft, Anstalt oder Stiftung des öffentlichen Rechts ist (BAG 6. 2. 1980, AP Nr 21 zu § 613a BGB; BAG 7. 9. 1995, AP 131 zu § 613a BGB; BAG 22. 5. 2014, AP Nr 452 zu § 613a BGB; BAG 26. 3. 2015 NZA 2015, 866). Allerdings kommt § 613a BGB nach Ansicht des BAG im öffentlichen Dienst grundsätzlich nur bei der Übertragung wirtschaftlicher Tätigkeiten zur Anwendung. Als wirtschaftlich gelten dabei auch solche Tätigkeiten, die im allgemeinen Interesse und ohne eigenen Erwerbszweck erbracht werden, wenn sie im Wettbewerb mit erwerbsorientierten Unternehmen stehen (BAG 26. 3. 2015, NZA 2015, 866; BAG 22. 5. 2014, AP Nr 452 zu § 613a BGB). Dabei hat der EuGH betont, „dass der Umstand, dass der Übergang auf einseitigen Entscheidungen staatlicher Stellen und nicht auf einer Willensübereinstimmung beruht, die Anwendung der Richtlinie 2001/23 nicht ausschließt" (EuGH 29. 7. 2010 – UGT-FSP, NZA 2010, 1014; EuGH 6. 9. 2011 – *Scattolon,* AP Nr 9 zu Richtlinie 2001/23/EG; EuGH 20. 7. 2017 – *Piscarreta Ricardo,* NZA 2017, 1175). Im Bereich des **öffentlichen Personennahverkehrs** soll der öffentliche Auftraggeber gem § 131 Abs 3 GWB verlangen, „dass bei einem Wechsel des Betreibers der Personenverkehrsleistung der ausgewählte Betreiber die Arbeitnehmerinnen und Arbeitnehmer, die beim bisherigen Betreiber für die Erbringung dieser Verkehrsleistung beschäftigt waren, übernimmt und ihnen die Rechte gewährt, auf die sie Anspruch hätten, wenn ein Übergang gemäß § 613a BGB des Bürgerlichen Gesetzbuchs erfolgt wäre" (dazu Bayreuther NZBau 2016, 459; vgl auch Art 4 Abs 5 EG-VO 1370/2007; dazu Bayreuther NZA 2009, 582; Jankowiak, Das behördliche Betriebsübergangsverlangen nach Art 4 Abs 5 Verordnung [EG] Nr 1370/2007 bei der Vergabe von Aufträgen im öffentlichen Personennahverkehr [2012]). Strukturbedingte **Verlagerungen hoheitlicher Tätigkeiten** stellen hingegen keinen Betriebsübergang dar (BAG 26. 3. 2015, NZA 2015, 866; BAG 22. 5. 2014, AP Nr 452 zu § 613a BGB; BAG 26. 6. 1997, AP Nr 165 zu § 613a BGB; BAG 20. 3. 1997, AP Nr 24 zu Art 13 Einigungsvertrag; vgl auch EuGH – *Henke,* Slg 1996, 4989 [5020 f] Rn 17 = EuZW 1996, 734; siehe dazu Kohte BB 1997, 1738 ff sowie EuGH – *Redmond Stichting,* Slg 1992, 3189 ff = NZA 1994, 207; EuGH 14. 9. 2000 – *Collino Chiappero,* Slg 2000, 6659 [6702 Rn 31] = NZA 2000, 1279; vgl dazu Art 1 Abs 1 lit c RL 2001/23/EG: „Diese Richtlinie gilt für öffentliche und private Unternehmen, die eine wirtschaftliche Tätigkeit ausüben, unabhängig davon, ob sie Erwerbszwecke verfolgen oder nicht. Bei der Übertragung von Aufgaben im Zuge einer Umstrukturierung von Verwaltungsbehörden oder bei der Übertragung von Verwaltungsaufgaben von einer Behörde auf eine andere handelt es sich nicht um einen Übergang im Sinne dieser Richtlinie"; diese Bestimmung fand erst durch die RL 98/50/EG vom 29. 6. 1998 Eingang in den Richtlinientext; vgl ferner EuGH 11. 11. 2004 – *Delahaye,* AP Nr 37 zu EuGH-Richtlinie Nr 77/187 mwNw; EuGH 6. 9. 2011 – *Scattolon,* AP Nr 9 zu Richtlinie 2001/23/EG; EuGH 20. 7. 2017 – *Piscarreta Ricardo,* NZA 2017, 1175). 14

Demgemäß wurde im Hinblick auf die Übertragung des ehemaligen DDR-Rundfunkvermögens auf den Mitteldeutschen Rundfunk (BAG 20. 3. 1995, AP Nr 24 zu Art 13 Einigungsvertrag) oder den Übergang einer Schule von einem öffentlichen Rechtsträger auf einen anderen auf der Grundlage einer Verwaltungsvereinbarung (BAG 7. 9. 1995, AP Nr 131 zu § 613a BGB) die Anwendbarkeit des § 613a BGB bejaht (vgl ferner BAG 23. 9. 1999 – 8 AZR 750/98, nv [Jugendwohnheim]; BAG 27. 4. 2000 – 8 AZR 260/99, nv [Truppenübungsplatz]; BAG 25. 9. 2003, AP Nr 261 zu § 613a BGB [Schießplatz]; BAG 25. 1. 2001, AP Nr 215 zu § 613a BGB [Berliner Bäder Betriebe]; vgl zu einer privatrechtlichen Gesellschaft, deren einziger Gesellschafter ein öffentlich-rechtlicher Sozialhilfeverband ist, EuGH 26. 5. 2005 – 15

C-297/03; vgl allgemein zu Rechtsfragen im Zusammenhang mit der Privatisierung öffentlicher Einrichtungen WILLEMSEN, in: FS 50 Jahre BAG 287 ff). Zu beachten ist in diesem Zusammenhang allerdings, dass ein **unmittelbar durch Gesetz** herbeigeführter Rechtsträgerwechsel der Arbeitsverhältnisse nicht „durch Rechtsgeschäft" erfolgt und § 613a BGB deshalb nicht anwendbar ist (vgl Rn 111, 127), soweit das nicht in dem betreffenden Gesetz ausdrücklich angeordnet ist (vgl etwa § 147 Abs 2 S 5 SGB V). Einiges spricht dafür, dass diese überkommene deutsche Sicht mit den Vorgaben der RL 2001/23/EG nicht vereinbar ist (FGO/WINTER Rn 38 ff; vgl auch EuGH 29. 7. 2010 – UGT-FSP, NZA 2010, 1014; EuGH 6. 9. 2011 – *Scattolon,* AP Nr 9 zu Richtlinie 2001/23/EG; EuGH 20. 7. 2017 – *Piscarreta Ricardo,* NZA 2017, 1175; vgl dazu STEFFAN NZA 2012, 473). Eine richtlinienkonforme Auslegung dürfte jedoch nicht in Betracht kommen, sodass sich die Frage einer Direktanwendung gegenüber der öffentlichen Hand stellt (FGO/WINTER Art 1 RL 2001/23/EG Rn 42; für richtlinienkonforme Auslegung hingegen PS/GRAU/HARTMANN, § 15 Rn 29).

3. Personenkreis

16 Bei Übernahme eines Betriebs oder Betriebsteils tritt der Erwerber nur „in die Rechte und Pflichten aus den im Zeitpunkt des Übergangs bestehenden Arbeitsverhältnissen ein" (Abs 1 S 1). Daraus folgt, dass der Vertragsübergang **nur für ein Arbeitsverhältnis, nicht für ein anderes Schuld- oder sonstiges Rechtsverhältnis angeordnet ist.**

17 Nach der überkommenen Rechtsprechung des EuGH ist durch Art 3 I RL 2001/23/EG nicht gefordert, den für § 613a BGB maßgeblichen **Begriff des Arbeitsverhältnisses bzw des Arbeitnehmers** nach gemeinschaftsrechtlichen Grundsätzen zu bestimmen. Die Betriebsübergangsrichtlinie nehme auf dem von ihr geregelten Gebiet nur eine teilweise Harmonisierung vor, indem sie sich im Wesentlichen darauf beschränke, den durch die Rechtsvorschriften der einzelnen Mitgliedstaaten bereits gewährten Arbeitnehmerschutz auch im Falle eines Betriebsübergangs zu gewährleisten. Daraus folge, dass sich auf die RL 2001/23/EG nur solche Personen berufen könnten, die nach den Rechtsvorschriften des jeweiligen Mitgliedstaats geschützt sind (vgl nur EuGH 11. 7. 1985 – Danmols, Slg 1985, 2639 [2653] Rn 27; EuGH 20. 7. 2017 – *Piscarreta Ricardo,* NZA 2017, 1175; vgl auch die Erläuterungen der Kommission KOM[97]85 endg, 4 f; siehe auch BAG 16. 5. 2012, AP Nr 66 zu § 138 BGB). Diese Auffassung erscheint angesichts des mit der Richtlinie verfolgten Zwecks, bei Betriebsübergängen zugunsten der Arbeitnehmer einen gewissen Mindestschutz sicherzustellen (vgl KOM[97]85 endg, 3), wenig überzeugend, weil sie den Mitgliedstaaten einen Weg eröffnet, die Reichweite des europäischen Arbeitnehmerschutzes zu bestimmen. Gründe für eine derartige Relativierung des europäischen Schutzstandards bei Betriebsübergängen sind nicht ersichtlich. Es erschiene daher vorzugswürdig, den Mindestanwendungsbereich der Richtlinie durch den einheitlich und autonom zu bestimmenden europarechtlichen Arbeitnehmerbegriff zu definieren (ebenso vALVENSLEBEN, Die Rechte der Arbeitnehmer 164 ff). Dieser wäre wegen des Gebots der richtlinienkonformen Auslegung als Mindeststandard auch für § 613a BGB maßgeblich (**aA** ohne nähere Begründung Löw, Betriebsveräußerung 59). Die vorstehende Kritik ist allerdings nur noch rechtspolitischer und nicht mehr rechtsdogmatischer Natur, seitdem die Linie des EuGH durch die Änderungsrichtlinie 98/50/EG vom 29. 6. 1998 als **Legaldefinition** in den heutigen Art 2 Abs 1 lit d RL 2001/23/EG Eingang gefunden hat. Dies hat der EuGH in

jüngeren Entscheidungen erneut betont, dabei jedoch – nicht ganz bruchlos – gleichzeitig darauf hingewiesen, dass „nach dem Willen des Unionsgesetzgebers eine vertragliche Beziehung nicht unter allen Umständen dafür erforderlich ist, dass den Arbeitnehmern der durch die Richtlinie 2001/23 gewährte Schutz zugute kommen kann" (EuGH 21. 10. 2010 – *Albron,* NZA 2010, 1225; vgl auch EuGH 6. 3. 2014 – *Amatori,* NZA 2014, 423; EuGH 25. 1. 2015 – C-688/13 – *Gimnasio Deportivo;* vgl auch die europarechtliche Überformung des Arbeitnehmerbegriffs trotz Verweis auf das nationale Recht bei EuGH 17. 11. 2016 – *Ruhrlandklinik,* NZA 2017, 41).

§ 613a BGB findet keine Anwendung auf **freie Dienstnehmer** (BAG 13. 2. 2003, AP Nr 249 zu § 613a BGB) und damit nach hL generell auch nicht auf die **Organmitglieder** einer juristischen Person (BAG 13. 2. 2003, AP Nr 24 zu § 611 BGB Organvertreter [GmbH-Geschäftsführer]; OLG Celle 15. 6. 1977, OLGZ 78, 199; ERMAN/EDENFELD § 613a Rn 42; Löw, Betriebsveräußerung 59; SEITER, Betriebsinhaberwechsel 56 f; GAUL BB 1979, 1666 [1668]; ebenso GROSS, Das Anstellungsverhältnis des GmbH-Geschäftsführers im Zivil-, Arbeits-, Sozialversicherungs- und Steuerrecht [1987] 347 ff, obwohl er Fremdgeschäftsführer typischerweise für Arbeitnehmer hält [S 248 f]; **aA** ANNUSS ZInsO 2001, 344 [346 f]), jedenfalls wenn der Dienstvertrag mit der juristischen Person besteht. Sofern bei Organpersonen allerdings ein verdecktes (ruhendes) Arbeitsverhältnis anzunehmen ist (vgl dazu BAG 18. 12. 1996, AP Nr 3 zu § 2 ArbGG 1979 Zuständigkeitsprüfung; BAG 10. 12. 1996, AP Nr 4 zu § 2 ArbGG 1979 Zuständigkeitsprüfung), wird dieses auch von § 613a BGB erfasst (ebenso DIKOMEY, Das ruhende Arbeitsverhältnis 205 f; ERMAN/EDENFELD § 613a Rn 43; vgl auch BAG 18. 12. 2003, AP Nr 263 zu § 613a BGB; **aA** vSTEINAU-STEINRÜCK/THEES, in: HÖLTERS, Unternehmenskauf Kap 6 Rn 96). 18

Besteht ein Arbeitsverhältnis, so spielt keine Rolle, welchen Aufgabenbereich der Arbeitnehmer hat. Auch **leitende Angestellte** fallen unter § 613a BGB (BAG 13. 2. 2003, AP Nr 249 zu § 613a BGB). Aus § 5 Abs 3 Satz 1 BetrVG ergibt sich nichts anderes. Denn die dort enthaltene Anordnung, dass „dieses Gesetz" auf leitende Angestellte keine Anwendung finde, soweit nicht ausdrücklich etwas anderes bestimmt sei, gilt nur für das BetrVG selbst. Sie hat deshalb keine Bedeutung für solche Bestimmungen, die wie § 613a BGB Bestandteil eines anderen Gesetzes sind, auch wenn die Einfügung durch das BetrVG 1972 erfolgt ist (ebenso BAG 22. 2. 1978, AP Nr 11 zu § 613a BGB; abweichend nur KÜCHENHOFF, dort in der Anm). 19

Ebenfalls unerheblich ist, ob es sich um Sonderformen eines Arbeitsverhältnisses handelt. § 613a BGB gilt daher auch für Arbeitnehmer, die in einem **Berufsausbildungsverhältnis** stehen (§ 10 Abs 2 BBiG; BAG 13. 7. 2006, AP Nr 1 zu § 613a BGB Widerspruch; BAG 25. 10. 2007 – 8 AZR 919/06, nv). Aber auch soweit für Personen, die zur Berufsbildung eingestellt werden, kein Arbeitsverhältnis vereinbart ist, findet § 613a Anwendung (§ 26 iVm § 10 Abs 2 BBiG; ebenso SEITER, Betriebsinhaberwechsel 57; HEINZE DB 1980, 205 [209]). Hingegen gilt er nicht für Personen, die gemäß § 16d SGB II im Rahmen einer Arbeitsgelegenheit tätig werden (vgl § 16d Abs 7 S 2 SGB II). 20

Schwierigkeiten können sich ergeben, wenn die Arbeitgeberfunktion auf verschiedene Personen verteilt ist. Bei einem **Leiharbeitsverhältnis** findet § 613a BGB Anwendung, wenn der Verleiher seinen Betrieb veräußert (ebenso SEITER, Betriebsinhaberwechsel 58; vgl auch Art 2 Abs 2 lit c RL 2001/23/EG; zum Ganzen WITTE, Leiharbeit beim Betriebsübergang [2015]). Ein Betriebs(teil)übergang soll auch dann nur vorliegen können, 21 wenn „ein Teil des Verwaltungspersonals und ein Teil der Leiharbeitnehmer zu einem anderen Leiharbeitsunternehmen wechseln, um dort die gleichen Tätigkeiten im Dienst derselben Kunden auszuüben“ (EuGH 13. 9. 2007 – C-458/05 – *Jouini,* NZA 2007, 1151 [1153]; vgl auch Rn 56). Kein Fall des § 613a BGB liegt hingegen vor, wenn der Entleiherbetrieb den Inhaber wechselt (so auch vSteinau-Steinrück/Thees, in: Hölters, Unternehmenskauf Kap 6 Rn 102). Das gilt uneingeschränkt jedenfalls, wenn der Verleiher eine arbeitstechnische Organisation unterhält, in die der Arbeitnehmer eingegliedert ist, zB wenn ein Arbeitnehmer vorübergehend zur Beschäftigung in ein anderes Konzernunternehmen abgeordnet wird, ohne dass dadurch das Stammarbeitsverhältnis zum herrschenden Unternehmen des Konzerns aufgehoben wird. Möglich ist allerdings auch, dass der Arbeitnehmer seine Arbeitsleistung dauerhaft im Dienst eines Entleihers erbringen soll, also vertragliche Arbeitgeberstellung und tatsächliche Ausübung des Weisungsrechts dauerhaft auseinanderfallen. Jedenfalls für Konstellationen, in denen Arbeitnehmer bei einem konzerninternen Verleihunternehmen angestellt sind und bestimmungsgemäß dauerhaft bei einem anderen Konzernunternehmen (Entleiher) im Wege der Arbeitnehmerleihe eingesetzt sind, hat der EuGH angenommen, dass es auch hinsichtlich der Leiharbeitnehmer zu einem Betriebsteilübergang im Sinne der Richtlinie 2001/23/EG kommt, wenn der Entleiher den Organisationsbereich, in dem die Leiharbeitnehmer dauerhaft eingesetzt sind, auf einen anderen überträgt (EuGH 21. 10. 2010 – *Albron,* NZA 2010, 1225; dazu wohlwollend Forst RdA 2011, 228 [230]; Kühn NJW 2011, 1408 [1409]; kritisch Willemsen NJW 2011, 1546 [1548]; zum Ganzen Elking, Der „Nichtvertragliche Arbeitgeber“ – Leiharbeit im Betriebsübergang auf Entleiherseite [2014]; auf ähnlichen Erwägungen dürfte die – freilich zu einem nicht vergleichbaren Sachverhalt ergangene – Entscheidung des BAG vom 21. 5. 2008, AP Nr 354 zu § 613a BGB, beruhen; in eine andere Richtung allerdings BAG 23. 9. 2010 – 8 AZR 567/09). Diese Entscheidung verdient keine Zustimmung, und sie ist nicht auf andere Fälle als dauerhafte Arbeitnehmerüberlassung im Konzern auszuweiten (wie hier PS/Grau/Hartmann § 15 Rn 64; Greiner NZA 2014, 284, 288; ErfK/Preis § 613a Rn 67; Sagan ZESAR 2011, 412, 421; **aA** Elking, Der „Nichtvertragliche Arbeitgeber“ [2014] S 199 ff; Uhlig, Die Dreiecksbeziehung [2016]; differenzierend FGO/Winter Art 2 RL 2001/23/EG Rn 12).

22 **§ 613a BGB gilt** nur für das Arbeitsverhältnis, **nicht für das Ruhestandsverhältnis**. Versorgungsansprüche der bereits aus dem Arbeitsverhältnis ausgeschiedenen Arbeitnehmer werden von einem Betriebsübergang nicht betroffen (ebenso BAG 11. 3. 2008, AP Nr 1 zu § 131 UmwG; BAG 22. 2. 2005, AP Nr 1 zu § 168 UmwG; BAG 23. 3. 2004, AP Nr 265 zu § 613a BGB; 24. 3. 1977, AP Nr 6 zu § 613a BGB; BAG 15. 3. 1979, AP Nr 15 zu § 613a BGB; BAG 24. 3. 1987, AP Nr 1 zu § 26 HGB; Posth, Betriebsinhaberwechsel 127 ff; Seiter, Betriebsinhaberwechsel 60; Wiedemann/Willemsen RdA 1979, 418 [423]; Heinze DB 1980, 205 [210]; **aA** vor allem Säcker/Joost DB 1978, 1030 ff, 1070 ff; vgl auch Art 3 Abs 4 lit a RL 2001/23/EG). In Betracht kommt allerdings eine Haftung des Erwerbers nach § 25 HGB unter den dort genannten Voraussetzungen (ebenso BAG 24. 3. 1977, AP Nr 6 zu § 613a; BAG 24. 3. 1987, AP Nr 1 zu § 26 HGB; vgl auch BAG 23. 3. 2004, AP Nr 265 zu § 613a BGB).

23 Nicht unter § 613a BGB fallen **Heimarbeiter, Hausgewerbetreibende** und **sonstige arbeitnehmerähnliche Personen**; denn sie stehen nicht in einem Arbeitsverhältnis. Die Bestimmung findet auf sie auch nicht entsprechend Anwendung (ebenso BAG 3. 7. 1980, AP Nr 23 zu § 613a BGB sowie BAG 24. 3. 1998, AP Nr 178 zu § 613a BGB; Bauer, Unternehmensveräußerung 50; Lepke BB 1979, 526 [529 f]; Schmidt NZA 1989, 126 [127]; **aA** Borngräber, Betriebsübergang 62 ff; Kracht, Kündigungsverbot 77 ff; Seiter, Betriebsinhaber-

wechsel 57; Herschel DB 1977, 1185 [1189]; Heinze DB 1980, 205 [209]; KR/Treber § 613a BGB Rn 13).

Altersteilzeitverhältnisse werden auch dann von § 613a BGB erfasst, wenn sie sich bereits in der Freistellungsphase des Blockmodells befinden (BAG 31. 1. 2008, AP Nr 340 zu § 613a BGB; BAG 30. 10. 2008, AP Nr 357 zu § 613a BGB; Küttner/Kreitner, Betriebsübergang Rn 3; ErfK/Preis § 613a Rn 67; **aA** Hanau RdA 2003, 230 [231]; offengelassen in BAG 19. 10. 2004, NZA 2005, 527). 24

V. Norm zwingenden Rechts

§ 613a BGB ist zum Schutz der betroffenen Arbeitnehmer zwingendes Recht. Eine gegen § 613a BGB verstoßende Vereinbarung ist nach § 134 BGB unwirksam (so ausdrücklich BAG 29. 10. 1975, AP Nr 2 zu § 613a BGB; BAG 19. 3. 2009, AP Nr 369 zu § 613a BGB). Durch Vertrag zwischen dem alten und dem neuen Betriebsinhaber kann der Übergang eines Arbeitsverhältnisses nicht ausgeschlossen werden. Aber auch die sonstigen gesetzlich angeordneten Folgen eines Betriebsübergangs für die davon betroffenen Arbeitnehmer können Veräußerer und Erwerber eines Betriebes nicht durch Vereinbarung untereinander ausschließen oder auch nur modifizieren, zB den Eintritt des neuen Inhabers in die vor Betriebsübergang entstandenen Verpflichtungen des bisherigen Arbeitgebers (vgl nur BAG 19. 3. 2009, AP Nr 369 zu § 613a BGB). 25

Hingegen ist es dem betroffenen Arbeitnehmer grundsätzlich möglich, auf den durch § 613a BGB gewährten Schutz zu verzichten (ErfK/Preis § 613a Rn 82). Von einem wirksamen **Verzicht** in diesem Sinne darf nach Ansicht des BAG allerdings nur ausgegangen werden, wenn gewährleistet ist, dass er jeweils aufgrund einer freien Willensentschließung erklärt wird (das lässt sich dem Kontext der insoweit einschlägigen Entscheidungen entnehmen; vgl etwa BAG 28. 4. 1987, AP Nr 5 zu § 1 BetrAVG Betriebsveräußerung; BAG AP Nr 56 zu § 1 TVG Tarifverträge: Einzelhandel; vgl auch EuGH 16. 12. 1992 – *Katsikas,* Slg 1992, 6577 ff = AP Nr 97 zu § 613a BGB). Im Übrigen können Arbeitnehmer und Veräußerer oder Erwerber darin übereinkommen, das Arbeitsverhältnis nicht fortzusetzen (BAG 29. 10. 1975, AP Nr 2 zu § 613a BGB; BAG 23. 11. 2006, AP Nr 1 zu § 613a BGB Wiedereinstellung; siehe näher unten Rn 408). Soweit eine nach Abs 1 S 1 an sich unverändert übergeleitete Regelung der Disposition der Arbeitsvertragsparteien unterliegt, kann sie daher durch Vereinbarung sowohl mit dem alten als auch mit dem neuen Arbeitgeber geändert werden; ausdrücklich dahingestellt sein ließ der 5. Senat die Frage, ob dies auch für die Änderung von Versorgungsversprechen gilt (sehr deutlich in diese Richtung BAG 7. 11. 2007, AP Nr 329 zu § 613a BGB: „Aus § 613a BGB lassen sich keine weitergehenden Einschränkungen der Privatautonomie ableiten"; s dazu auch die wohl zu großzügige Rezeption bei HWK/Willemsen/Müller-Bonanni § 613a Rn 247, 266; vgl auch BAG 19. 12. 2007, NZA 2008, 464; einschränkend jedoch BAG 21. 5. 2008, AP Nr 354 zu § 613a BGB; BAG 19. 3. 2009, AP Nr 369 zu § 613a BGB; vgl auch unten Rn 160). Ebenfalls zulässig ist, dass sie über Ansprüche des Arbeitnehmers aus dem übergegangenen Arbeitsverhältnis durch Rechtsgeschäft disponieren, soweit dem nicht zwingendes Recht (insbes Abs 1 S 2) entgegensteht. Nach Ansicht des BAG soll zum Schutz der arbeitnehmerischen Selbstbestimmung aber eine **Änderung materieller Arbeitsbedingungen** zum Nachteil der Arbeitnehmer nur dann wirksam sein, wenn es hierfür sachliche Gründe gibt, insbesondere wenn dadurch Arbeitsplätze erhalten werden können (BAG 18. 8. 1976, AP Nr 4 zu § 613a BGB; BAG 26. 1. 1977, AP Nr 5 zu § 613a BGB; 26

BAG 21. 5. 2008, AP Nr 354 zu § 613a BGB; BAG 19. 3. 2009, AP Nr 369 zu § 613a BGB; großzügiger BAG 7. 11. 2007, AP Nr 329 zu § 613a BGB; **abl** KRAFT, in: FS 25 Jahre BAG 299 [312 f]; SEITER, Anm AP Nr 5 zu § 613a BGB). Diesen Anforderungen müsse auch eine Vereinbarung genügen, wonach der Arbeitnehmer auf arbeitsvertragliche Ansprüche ausdrücklich auch für den Fall verzichtet, dass es zu einem Betriebs(teil)übergang auf einen anderen Inhaber kommt (BAG 19. 3. 2009, AP Nr 369 zu § 613a BGB). Kritisch hiergegen zu Recht PIETZKO (Tatbestand 182), der die vom BAG in Anspruch genommene Inhaltskontrolle stets für unzulässig hält, wenn sich die Arbeitnehmer mit der Vertragsänderung einverstanden erklären (ähnlich BIRKHOLZ, Betriebsübergang 74 f; KOTTHAUS, Der arbeitsrechtliche Aufhebungsvertrag 23; vgl näher unten Rn 160, 406 ff). Jedenfalls gegenüber einem (potentiellen) Betriebserwerber befinden sich die Arbeitnehmer nämlich nicht in einer anderen Position als bei Fortsetzung des Arbeitsverhältnisses mit dem bisherigen Inhaber. Deshalb sind auch höhere Anforderungen an die Wirksamkeit einer Vertragsänderung als im gewöhnlich fortbestehenden Arbeitsverhältnis nicht zu rechtfertigen (nicht ganz so weitgehend wohl THIENEMANN, Der Umgehungsbegriff 268; siehe auch Rn 161). Zulässig ist es insbesondere, im Rahmen eines Insolvenzverfahrens die materiellen Arbeitsbedingungen durch Vereinbarung zwischen Insolvenzverwalter und jedem einzelnen Arbeitnehmer zu ändern, um einen Betrieb oder Betriebsteil überhaupt erst verkaufsfähig zu machen (vgl zum Betriebsübergang in der Insolvenz Rn 356 ff).

27 **Nicht zulässig ist, dass in einem Arbeitsvertrag** für den Fall eines Betriebsinhaberwechsels **der Übergang des Arbeitsverhältnisses von vornherein ausgeschlossen wird** (ebenso SEITER, Betriebsinhaberwechsel 98; **aA** KREJCI, Betriebsübergang 248; POSTH, Betriebsinhaberwechsel 62 f; D GAUL BB 1979, 1666 [1668]). Das gilt jedoch nur für solche Sachverhalte, die zum Zeitpunkt des Vertragsschlusses nicht derart bestimmt oder bestimmbar sind, dass dem Arbeitnehmer eine informierte Entscheidung über seinen Vertragsarbeitgeber nicht möglich ist (ebenso KREITNER, Kündigungsrechtliche Probleme 193).

28 Der Betriebs(teil)übergang bildet als solcher keinen anerkennenswerten sachlichen Grund für eine Befristung des Arbeitsvertrags oder für eine auflösende Bedingung (BAG 30. 10. 2008, AP Nr 359 zu § 613a BGB).

VI. Betriebs(teil)übergang und Betriebsänderung

29 Der Betriebs(teil)übergang als solcher stellt keine Betriebsänderung iSd § 111 BetrVG dar (vgl nur BAG 4. 12. 1979, AP Nr 6 zu § 111 BetrVG 1972; BAG 25. 1. 2000, AP Nr 137 zu § 112 BetrVG 1972; BAG 31. 1. 2008, AP Nr 2 zu § 613a BGB Unterrichtung; BAG 15. 12. 2011, AP Nr 424 zu § 613a BGB; **aA** DKKW/DÄUBLER, BetrVG, § 111 Rn 125; KARTHAUS AuR 2007, 114 ff; vgl RICHARDI/ANNUSS, BetrVG § 111 Rn 124; siehe näher unten Rn 371). Allerdings kann mit einem Betriebs(teil)übergang eine Betriebsänderung verbunden sein (nur dies meint auch der 8. Senat, wenn er in unzureichender Trennschärfe formuliert: „Ein Betriebsübergang kann allerdings dann eine Betriebsänderung iSd § 111 BetrVG sein, wenn er sich nicht allein in dem Wechsel des Betriebsinhabers erschöpft, sondern wenn gleichzeitig Maßnahmen ergriffen werden, welche einen oder mehrere Tatbestände des § 111 BetrVG erfüllen"; BAG 31. 1. 2008, AP Nr 2 zu § 613a BGB Unterrichtung). Kommt es im Zusammenhang mit dem Betriebsübergang beispielsweise zu einer **Betriebsverlagerung**, so kann dies eine sozialplanpflichtige Betriebsänderung iSd § 111 Satz 3 Nr 2 BetrVG darstellen, sofern keine Betriebsstill-

legung vorliegt (vgl dazu Rn 374). Sind die Pläne des Betriebserwerbers schon vor der Betriebsveräußerung ausreichend bestimmt und hat der Veräußerer von ihnen Kenntnis, muss bereits dieser mit dem Betriebsrat die Sozialplanverhandlungen führen und kann insoweit nicht auf den Betriebserwerber verweisen. Nach dem Betriebsübergang tritt allerdings der Betriebserwerber ohne Weiteres an die Stelle des Betriebsveräußerers und hat etwaige laufende Verhandlungen oder Verfahren auf dem jeweiligen Stand fortzuführen (siehe näher Rn 380 f). Hat der Veräußerer keine genaue Kenntnis über die Absichten des Erwerbers, so muss er, da die Übertragung der bloßen Fortführungsmöglichkeit für das Vorliegen eines Betriebsübergangs nicht ausreicht (vgl dazu näher Rn 67), von einer Betriebsstilllegung ausgehen und für diesen Fall ggf einen Sozialplan aufstellen. Kommt es sodann während des Laufs der Kündigungsfristen wider Erwarten doch noch zu einem Betriebsübergang, wird die Geltung eines bereits aufgestellten Sozialplans davon nicht unmittelbar berührt. Allerdings kann es hierdurch zu einem Wegfall der Geschäftsgrundlage kommen, sodass der abgeschlossene Sozialplan – ggf über die Einigungsstelle – an die veränderten Umstände anzupassen ist (BAG 28. 8. 1996, AP Nr 104 zu § 112 BetrVG 1972).

Nicht zu den im Rahmen eines Sozialplans **ausgleichspflichtigen Nachteilen** gehören 30
Verschlechterungen, die sich allein aus dem Betriebsübergang als solchem ergeben (BAG 18. 3. 2008, AP Nr 66 zu § 111 BetrVG 1972), wie insbesondere der Wechsel in ein für die Arbeitnehmer ungünstigeres Tarifregime (vgl näher Rn 199 ff, 235 ff).

VII. § 613a und Gemeinschaftsrecht der EU

Bedeutung und Reichweite des § 613a BGB können nicht ohne Rückgriff auf die 31
Vorschriften des Gemeinschaftsrechts und insbesondere die Bestimmungen der RL 2001/23/EG vom 12. 3. 2001 (ABl EG v 22. 3. 2001 Nr L 82/16) erfasst werden. Die europarechtlichen Vorgaben sind in der Praxis vor allem im Rahmen der Auslegung des § 613a BGB zu beachten, und insoweit spielen die durch den EuGH zur Konkretisierung der Richtlinie aufgestellten Grundsätze eine wesentliche Rolle (vgl zum Erfordernis der richtlinienkonformen Auslegung Schlachter ZfA 2007, 249 [259 ff]). Zu berücksichtigen ist stets, dass die Richtlinie ausweislich Art 8 RL 2001/23/EG **nur Mindestbedingungen** enthält, weshalb nationale Abweichungen zugunsten der Arbeitnehmer auch im Anwendungsbereich der Richtlinie zulässig sind. Schwierigkeiten könnte insoweit die Frage bereiten, ob eine im Vergleich zum Geltungsbereich der Richtlinie erweiterte Anwendbarkeit des § 613a BGB stets als günstiger zu betrachten ist. Immerhin sind in der Rechtsprechung – insbesondere mit Blick auf Sozialplanleistungen und sonstige Abfindungen – Fälle bekannt, in denen sich die Annahme eines Betriebsübergangs zu Ungunsten der betroffenen Arbeitnehmer ausgewirkt hat (EuGH 7. 3. 1996 – *Merckx,* Slg 1996, 1253 = AP Nr 9 zu EWG-Richtlinie 77/187; BAG 5. 2. 1997, AP Nr 112 zu § 112 BetrVG 1972; BAG 15. 2. 2007, AP Nr 320 zu § 613a BGB; BAG 21. 2. 2008, AP Nr 343 zu § 613a BGB). Allerdings gilt die in Art 8 RL 2001/23/EG verankerte **Günstigkeitssperre** nur innerhalb des durch die Rechtsprechung des EuGH konkretisierten Anwendungsbereichs der Richtlinie (vAlvensleben, Die Rechte der Arbeitnehmer 264 f [296]). Aus diesem Grunde sind stets solche nationalen Vorschriften zulässig, die einen Übergang der Arbeitsverhältnisse unter erleichterten Bedingungen vorsehen als die Bestimmungen der Richtlinie und damit über deren Anwendungsbereich hinausgehen (EuGH 28. 1. 2015 – C-688/13, *Gimnasio Deportivo*). Deshalb bestand beispielsweise keine Vorlagepflicht nach dem heutigen Art 267 AEUV, soweit das

BAG früher in ständiger Rechtsprechung (Nachweise in Rn 67) die Ansicht vertreten hat, für die Annahme eines Betriebsübergangs reiche die auf den Erwerber übergehende bloße Fortführungsmöglichkeit aus, wohingegen nach Auffassung des EuGH die tatsächliche Fortführung des bisherigen Betriebes erforderlich war (näher dazu ANNUSS NZA 1998, 70 [73 ff]; ders BB 1998, 1582 [1583]), da die Auffassung des BAG einen weit über den durch die Rechtsprechung des EuGH konkretisierten Anwendungsbereich der Richtlinie hinausreichenden Bestandsschutz gewährleistete.

32 Nach langwierigen Vorarbeiten (vgl bereits Kommissionsentwurf vom 8. 9. 1994 – KOM 94 [300] endg [dazu ZIEMONS ZIP 1994, 1805 ff]) wurde die Betriebsübergangsrichtlinie 77/187/EWG vom 14. 2. 1977 (ABl EG Nr L 61/26) durch die RL 98/50/EG vom 29. 6. 1998 (ABl EG Nr L 201/88) in zahlreichen Punkten geändert. Im Wesentlichen war der Wortlaut der Richtlinie damit nur an die ständige Praxis des EuGH angeglichen worden, sodass in Deutschland kaum Anpassungsbedarf bestand. Allerdings brachte sie auch echte Neuerungen, etwa hinsichtlich des Übergangsmandats des Betriebsrats (Art 5 Abs 1 UA 4) oder hinsichtlich der Information der Arbeitnehmer (Art 6 Abs 6), die im deutschen Recht zumindest teilweise Anpassungsbedarf geschaffen hatten (vgl dazu allgemein OETKER NZA 1998, 1193 ff; KRAUSE NZA 1998, 1201 ff; vgl auch unten Rn 256 ff). Die Richtlinie 77/187/EWG wurde schließlich durch die Richtlinie 2001/23/EG vom 12. 3. 2001 (ABl EG Nr L 82/16) abgelöst.

VIII. International-privatrechtliche Anwendung des § 613a

33 Für die Frage der international-privatrechtlichen Anwendbarkeit (vgl dazu ausführlich HERGENRÖDER AR-Blattei SD 500. 3 Rn 12 ff) ist weder auf das am Ort der Betriebsstätte anwendbare Recht (so aber BIRK RdA 1984, 129 [130] mwNw) noch auf das Recht des Übernahmevertrages abzustellen, sondern allein an das **Arbeitsvertragsstatut** (Art 8 Rom I-VO) anzuknüpfen (ebenso BAG 29. 10. 1992, AP Nr 31 zu Internat Privatrecht Arbeitsrecht, PIETZKO, Tatbestand 215 ff; PESCH KSzW 2012, 114 [117]; sowie grundlegend GAMILLSCHEG, Internationales Arbeitsrecht [1959] 237; auch MANKOWSKI IPRax 1994, 88 [98]; **aA** LAG Hamburg 22. 10. 1979, IPRax 1981, 157; Nachweise zur Gegenansicht bei MANKOWSKI IPRax 1994, 88 [96]).

34 § 613a BGB findet an sich nur Anwendung, **wenn der Betrieb oder Betriebsteil** sowohl vor als auch nach dem Übergang **deutschem Recht untersteht** (**aA** FEUDNER NZA 1999, 1184 [1187]; vgl auch HERGENRÖDER AR-Blattei SD 500. 3 Rn 44 ff, der in Rn 49 annimmt, „daß das ursprüngliche Arbeitsvertragsstatut auch bei gleichzeitiger und zeitnaher Verlagerung und Übertragung des Betriebs maßgeblich ist und bleibt“; **aA** auch BAG 26. 5. 2011, AP Nr 409 zu § 613a BGB; THIENEMANN, Der Umgehungsbegriff 214; HWK/WILLEMSEN/MÜLLER-BONANNI Rn 378). Auf dem Wege richtlinienkonformer Auslegung (dazu, dass die RL 2001/23/EG auch grenzüberschreitende Betriebsübergänge innerhalb ihres räumlichen Anwendungsbereichs erfasst, KANIA, Grenzüberschreitende Betriebsübergänge 72, 134; NIKSOVA ecolex 2013, 53, 54; FGO/WINTER Art 1 RL 2001/23/EG Rn 109; **aA** JUNKER NZA-Beil 2012, 8 [15]: „dass den materiellen Vorschriften über den Betriebsübergang eine ungeschriebene Inlandsbegrenzung innewohnt“) ist § 613a BGB jedoch auch auf solche Sachverhalte anzuwenden, in denen ein Betrieb oder Betriebsteil unter Wahrung seiner Identität aus einem anderen Mitgliedstaat (oder EWR-Staat) von einem neuen Inhaber in Deutschland übernommen und tatsächlich fortgeführt wird (siehe dazu allgemein NIKSOVA, Grenzüberschreitender Betriebsübergang [2014]). Hingegen ist § 613a BGB hinsichtlich seiner Bestandsschutzfunktion auch nicht im Wege richtlinienkonformer Auslegung für solche Sachverhalte zu beachten, in denen ein Betrieb oder Betriebsteil in das Ausland veräußert und erst dort unter Wahrung seiner Identität (vgl zur Frage, inwieweit eine Identitätswahrung bei räumlicher Verlagerung überhaupt in Betracht kommt unten Rn 83) fortgeführt wird (anders wohl BAG 16. 5. 2002, AP Nr 237 zu § 613a BGB: „Demgemäß könnte [...] von einem geplanten Betriebsübergang ausgegangen werden, wenn die Organisation der übernommenen Produktion [...] in Österreich fortgeführt werden sollte"; vgl auch BAG 20. 4. 1989, AP Nr 81 zu § 613a BGB, allerdings noch unter Anwendung der überholten „Theorie der Fortführungsmöglichkeit"; anders auch DEINERT RdA 2001, 368 [347]; vgl dazu unten Rn 67). Wohl aber wird man in diesen Fällen über eine Anwendung jener Teile des § 613a BGB im Wege richtlinienkonformer Auslegung nachdenken müssen, die sich an den bisherigen Inhaber richten, wie das etwa bei Abs 4 der Fall ist (so wohl auch FGO/WINTER Art 1 RL 2001/23/EG Rn 112). Andererseits kann § 613a BGB (auch) hinsichtlich seiner Bestandsschutzfunktion in richtlinienkonformer Auslegung auf solche Fälle anwendbar sein, in denen ein Betrieb(steil) aus dem EU-Ausland (bzw EWR-Ausland) erworben und in Deutschland im Wesentlichen unverändert fortgeführt wird. Insoweit bleibt das vor dem Übergang geltende Arbeitsvertragsstatut zunächst unverändert, sodass eine ggf erforderliche Anpassung der arbeitsvertraglichen Bedingungen nach dem bisherigen Arbeitsvertragsstatut vorzunehmen ist (vgl Art 8 Abs 2 Rom I-VO; entsprechend spiegelbildlich gilt dies bei Betriebs[teil]übergängen aus Deutschland in das EU-/EWR-Ausland; wie hier zum Ergebnis wohl BAG 26. 5. 2011, AP Nr 409 zu § 613a BGB; ebenso KR/WEIGAND, Int ArbeitsvertragsR Rn 106; vgl zum Ganzen weiter GAUL/MÜCKL DB 2011, 2318; PS/GRAU/HARTMANN § 11, 8, 68; KANIA, Grenzüberschreitende Betriebsübergänge 78 ff; NIKSOVA, Grenzüberschreitender Betriebsübergang 68 ff; FGO/WINTER Art 1 RL 2001/23/EG Rn 110 ff).

B. Voraussetzungen des gesetzlichen Übergangs des Arbeitsverhältnisses

Der gesetzliche Übergang der Arbeitsverhältnisse ist nach Abs 1 S 1 davon abhängig, dass ein Betrieb oder Betriebsteil durch Rechtsgeschäft auf einen anderen Inhaber übergeht. Demnach müssen drei Voraussetzungen erfüllt sein: 35

(1) Übergehen muss ein Betrieb oder Betriebsteil.

(2) Durch den Übergang muss ein Wechsel des Betriebs(teil)inhabers eintreten.

(3) Der Übergang muss durch Rechtsgeschäft erfolgen.

I. Betrieb oder Betriebsteil als Gegenstand des Übergangs

Gegenstand des Übergangs durch Rechtsgeschäft muss ein Betrieb oder Betriebsteil 36
sein. Beide Begriffe werden nicht definiert, sondern als bekannt vorausgesetzt. Was als **Betrieb oder Betriebsteil** anzusehen ist, **muss** deshalb **nach dem Zweck der Vorschrift** (ebenso BAG 25. 6. 1985, AP Nr 23 zu § 7 BetrAVG; kritisch zu einer rein schutzzweckorientierten Auslegung etwa SCHWANDA, Betriebsübergang 157 f), der primär in der **Schließung einer Lücke im Kündigungsschutzsystem** besteht, sowie unter Berücksichtigung der verfassungsrechtlichen Vorgaben (vgl dazu Rn 9 ff) bestimmt werden. Dabei ist der Bestandsschutzgedanke als solcher für die Bestimmung des Tatbestands von § 613a BGB und damit auch für die Konkretisierung des Betriebs(teil)begriffs ohne Aussagekraft (anders WINDT, Die Neukonstruktion des Tatbestands des Betriebsübergangs 162 f),

weil er keine Anhaltspunkte dafür liefert, unter welchen Voraussetzungen der Gesetzgeber dem Bestandsschutz zum Durchbruch verhelfen möchte. Für die Konkretisierung des Tatbestands ist vielmehr danach zu fragen, bei Vorliegen welcher Bedingungen die Rechtsfolgenordnung des § 613a BGB gerechtfertigt ist. Der tragende Grund für die Rechtsfolgenanordnung des § 613a BGB liegt darin, dass derjenige Erwerber, der sich den in einer bestehenden Arbeitsorganisation wurzelnden wirtschaftlichen Vorteil dadurch zu eigen macht, dass er die bestehende Arbeitsorganisation fortführt und auf diese Weise – verglichen mit der Situation beim gänzlichen Neuaufbau der Arbeitsorganisation – einen wirtschaftlichen Vorteil erlangt (sich also „ins gemachte Bett legt", so BAG 6. 4. 2006, AP Nr 303 zu § 613a BGB), auch die mit der Arbeitsorganisation verbundenen Lasten in Form der in ihr bestehenden Arbeitsverhältnisse zu übernehmen hat. (Nur) insoweit kann davon gesprochen werden, dass § 613a BGB „einen gerechten Ausgleich zwischen den Interessen der Arbeitnehmer einerseits und denen des Erwerbers andererseits gewährleisten (soll)" (EuGH 18. 7. 2013 – *Alemo-Herron,* NZA 2013, 835; siehe auch EuGH 11. 9. 2014 – *Österreichischer Gewerkschaftsbund,* NZA 2014, 1092; es ist nicht überzeugend, wenn REGINE WINTER meint, Zielsetzung der Richtlinie sei allein der Arbeitnehmerschutz FGO/WINTER Grundlagen RL 2001/23/EG Rn 11, da jede Schutzgesetzregelung zugunsten einzelner auch hinsichtlich ihrer etwaigen belastenden Auswirkungen auf andere Personen gerechtfertigt sein muss und es gerade unter Berücksichtigung der anderen betroffenen Rechtspositionen die Reichweite des Arbeitnehmerschutzes zu bestimmen gilt).

1. Begriff des Betriebes

a) Betrieb als Arbeitsorganisation

37 Mit dem Begriff des Betriebes erfasst die Bestimmung wie auch sonst im arbeitsrechtlichen Sprachgebrauch die **Arbeitsorganisation eines Unternehmens**. Der Begriff wird als bekannt vorausgesetzt, obwohl es bisher nicht gelungen ist, ihn objektiv zu definieren (vgl APS/STEFFAN § 613a Rn 13 f). Er hat zentrale Bedeutung für die Bestimmung der Reichweite von § 613a BGB. Der Gesetzgeber hat die Rechtsfolgenanordnung des § 613a BGB nicht an die **bloße Übernahme einer Geschäftschance**, eines Auftrags (so das weiter ausgreifende Konzept der Service Provision Change nach dem Recht des Vereinigten Königreichs, vgl nur UK Employment Appeal Tribunal 3. 3. 2017 – UKEAT 0173_16_0303 – *Tees ESK & Wear Valleys NHS Foundation Trust v Harland & Ors & Anor*) oder einer bestimmten Marktpositionierung geknüpft, sondern an den Übergang eines Betriebs oder Betriebsteils (Gleiches gilt für das EU-Recht; vgl Art 1 Abs 1 lit b RL 2001/23/EG, wonach es auf den Übergang einer wirtschaftlichen Einheit ankommt, die als „[organisierte] Zusammenfassung von Ressourcen zur Verfolgung einer wirtschaftlichen Haupt- oder Nebentätigkeit" zu verstehen ist).

b) Die frühere Rechtsprechung des BAG

38 Das BAG nahm früher zur Bestimmung des für § 613a BGB maßgeblichen Betriebsbegriffs bei dem auf JACOBI (Betrieb und Unternehmen als Rechtsbegriffe [1926]) zurückgehenden **„allgemeinen Betriebsbegriff"** seinen Ausgangspunkt, wonach unter Betrieb jede organisatorische Einheit zu verstehen ist, innerhalb derer ein Unternehmer allein oder in Gemeinschaft mit seinen Mitarbeitern bestimmte arbeitstechnische Zwecke fortgesetzt verfolgt (so offenbar auch heute noch KREBBER, Unternehmensübergreifende Arbeitsabläufe im Arbeitsrecht 136). Dabei sollte nach früherer Rspr unter Schaffung eines insoweit **„eingeschränkten Betriebsbegriffs"** (PIETZKO, Tatbestand 4)

für § 613a BGB nur auf die sächlichen und immateriellen Betriebsmittel abzustellen sein. Ohne Beachtung blieben hingegen die Arbeitnehmer, da der Übergang der mit ihnen bestehenden Arbeitsverhältnisse nach früherer Ansicht des BAG zur Rechtsfolgenseite des § 613a BGB gehörte und die Arbeitnehmer deshalb auf Tatbestandsseite unberücksichtigt bleiben mussten (sog „Konfusionsargument"; vgl nur BAG 25. 2. 1981, AP Nr 24 zu § 613a BGB; BAG 27. 9. 1984, AP Nr 39 zu § 613a BGB; BAG 9. 2. 1994, AP Nr 104 zu § 613a BGB). Jedoch war nach neuerer Auffassung des BAG in der Übernahme von Arbeitnehmern wenigstens ein Indiz für das Vorliegen eines Betriebsübergangs zu erblicken (BAG 9. 2. 1994, AP Nr 104 zu § 613a BGB). Im Übrigen erschien der Betriebsbegriff aber merkwürdig konturlos und war kaum Gegenstand der rechtsdogmatischen Aufarbeitung.

c) Der Betriebsbegriff in der Rechtsprechung des EuGH

Der EuGH hatte zur Bestimmung des Betriebsbegriffs iSd Art 1 Abs 1 RL 77/187/ 39
EWG frühzeitig einen terminologisch deutlich von der deutschen Rechtspraxis abweichenden Weg eingeschlagen und aufgrund teleologischer Betrachtung das **Kriterium der wirtschaftlichen Einheit** in den Vordergrund gerückt (vgl nur EuGH 18. 3. 1986 – *Spijkers,* Slg 1986, 1119 [1128 Rn 11 f]; EuGH 25. 7. 1991 – *d'Urso,* AP Nr 1 zu EWG-Richtlinie Nr 77/187 Rn 8). Als entscheidend für den Übergang eines Betriebs im Sinne der Richtlinie sah der EuGH seit jeher an, „ob die fragliche Einheit ihre Identität bewahrt" (EuGH 18. 3. 1986 – *Spijkers,* Slg 1986, 1119 [1128 Rn 11 f]; EuGH 12. 11. 1992 – *Watson Rask,* AP Nr 5 zu EWG-Richtlinie Nr 77/187 Rn 19; vgl im Übrigen nur EuGH 19. 5. 1992 – *Redmond Stichting,* Slg 1992, 3189, [3320 Rn 23]; EuGH 7. 3. 1996 – *Merckx,* AP Nr 9 zu EWG-Richtlinie Nr 77/187 Rn 16), was durch die Änderungsrichtlinie 98/50/EG vom 29. 6. 1998 schließlich in Art 1 Abs 1 lit b der Betriebsübergangsrichtlinie Eingang gefunden hat und heute auch noch gilt (Art 1 Abs 1 lit b RL 2001/23/EG). Danach gilt als Übergang im Sinne der Richtlinie „der Übergang einer ihre Identität bewahrenden wirtschaftlichen Einheit im Sinne einer organisierten Zusammenfassung von Ressourcen zur Verfolgung einer wirtschaftlichen Haupt- oder Nebentätigkeit" (siehe aus jüngster Zeit etwa EuGH 6. 3. 2014 – *Amatori,* NZA 2014, 423; EuGH 26. 11. 2015 – *Aira Pascual,* NZA 2016, 31; EuGH 7. 8. 2018 – *Sigüenza,* NZA 2018, 1123; EuGH 6. 9 2011 – *Scattolon,* AP Nr 9 zu Richtlinie 2001/23/EG; EuGH 20. 11. 2003 – *Abler,* AP Nr 34 zu EWG-Richtlinie Nr 77/187 Rn 29; dazu Jochums NJW 2005, 2580; zur Entwicklung Junker EuZA 2019, 45). Entscheidend sei, dass die funktionelle Verknüpfung der Wechselbeziehung und gegenseitigen Ergänzung zwischen den übertragenen Faktoren erhalten bleibt und es dem Erwerber dadurch ermöglicht wird, diese Faktoren zu nutzen, um derselben oder einer gleichartigen wirtschaftlichen Tätigkeit nachzugehen (EuGH 20. 7. 2017 – *Piscarreta Ricardo,* NZA 2017, 1175; EuGH 9. 9. 2015 – *Ferreira da Silva,* EuZW 2016, 111; grundlegend EuGH 12. 2. 2009 – *Klarenberg,* NZA 2009, 251).

Wodurch die wirtschaftliche Einheit im Einzelnen bestimmt wird, beantwortet der 40
EuGH nicht isoliert, sondern in untrennbarem Zusammenhang mit der Frage danach, ob die wirtschaftliche Einheit übergegangen ist. Die Basis dafür bildet eine **„7-Punkte-Prüfung"**. Zu berücksichtigen seien „namentlich die Art des betreffenden Unternehmens oder Betriebes, der etwaige Übergang der materiellen Betriebsmittel wie Gebäude und bewegliche Güter, der Wert der immateriellen Aktiva im Zeitpunkt des Übergangs, die etwaige Übernahme der Hauptbelegschaft durch den neuen Inhaber, der etwaige Übergang der Kundschaft sowie der Grad der Ähnlichkeit zwischen den vor und nach dem Übergang verrichteten Tätigkeiten und die

Dauer einer eventuellen Unterbrechung dieser Tätigkeiten" (EuGH 24. 1. 2002 – *Temco,* AP Nr 32 zu EWG-Richtlinie Nr 77/187 Rn 24; sowie – aus einer langen Reihe vorangehender Entscheidungen – EuGH 18. 3. 1986 – *Spijkers,* Slg 1986, 1119 [1129 Rn 13]; EuGH 19. 5. 1992 – *Redmond Stichting,* Slg 1992, 3189 [3220 Rn 24]; EuGH 11. 3. 1997 – *Süzen,* AP Nr 14 zu EWG-Richtlinie Nr 77/187 Rn 14; EuGH 20. 11. 2003 – *Abler,* AP Nr 34 zu EWG-Richtlinie Nr 77/187 Rn 33; EuGH 15. 12. 2005 – *Güney Görres,* AP Nr 291 zu § 613a BGB; EuGH 9. 9. 2015 – *Ferreira da Silva,* EuZW 2016, 111; EuGH 26. 11. 2015 – *Aira Pascual,* NZA 2016, 31; EuGH 19. 10. 2017 – *Securitas,* NZA 2017, 1379; EuGH 11. 7. 2018 – *Somoza,* NZA 2018, 1053; EuGH 7. 8. 2018 – *Sigüenza,* NZA 2018, 1123). Allerdings betont der EuGH stets, dass diese sieben Punkte weder einen abschließenden Katalog darstellten noch isoliert betrachtet, sondern stets nur als Teilaspekte einer **umfassenden Gesamtbetrachtung** verstanden werden dürften, die sämtliche für den betreffenden Vorgang kennzeichnenden Tatsachen zu berücksichtigen habe (vgl nur EuGH 11. 7. 2018 – *Somoza,* NZA 2018, 1053; EuGH 19. 10. 2017 – *Securitas,* NZA 2017, 1379; EuGH 26. 11. 2015 – *Aira Pascual,* NZA 2016, 31; EuGH 20. 11. 2003 – *Abler,* AP Nr 34 zu EWG-Richtlinie Nr 77/187 Rn 34 mwNw; EuGH 15. 12. 2005 – *Güney Görres,* AP Nr 291 zu § 613a BGB). Dabei könne den verschiedenen Kriterien „je nach der ausgeübten Tätigkeit und auch nach den Produktions- oder Betriebsmethoden, die in dem betreffenden Unternehmen, Betrieb oder Betriebsteil angewendet werden, unterschiedliches Gewicht" zukommen (EuGH 20. 11. 2003 – *Abler,* AP Nr 34 zu EWG-Richtlinie Nr 77/187 Rn 35 mwNw). In die Betrachtung seien sämtliche zur Erreichung des betrieblichen Zwecks eingesetzten Betriebsmittel einzubeziehen, unabhängig davon, ob sie vom Betriebsinhaber zu eigenwirtschaftlichen Zwecken genutzt werden können oder nicht (EuGH 15. 12. 2005 – *Güney Görres,* NZA 2006, 29 [30]; ebenso EuGH 26. 11. 2015 – *Aira Pascual,* NZA 2016, 31).

41 Eine wirtschaftliche Einheit kann nach Ansicht des EuGH **auch ohne relevante materielle oder immaterielle Betriebsmittel** bestehen, und so könne in Branchen, in denen es im Wesentlichen auf die menschliche Arbeitskraft ankomme, „eine Gesamtheit von Arbeitnehmern, die durch eine gemeinsame Tätigkeit dauerhaft miteinander verbunden sind, eine wirtschaftliche Einheit darstellen" (EuGH 24. 1. 2002 – *Temco,* AP Nr 32 zu EWG-Richtlinie Nr 77/187 Rn 26; in der Sache ebenso etwa auch EuGH 11. 3. 1997 – *Süzen,* AP Nr 14 zu EWG-Richtlinie Nr 77/187 Rn 21). Dementsprechend könne eine wirtschaftliche Einheit auch in einer **Gesamtheit von Arbeitnehmern** liegen, „denen eine gemeinsame Aufgabe eigens auf Dauer zugewiesen ist [...], ohne daß weitere Betriebsmittel vorhanden sind" (EuGH 24. 1. 2002 – *Temco,* AP Nr 32 zu EWG-Richtlinie Nr 77/187 Rn 26; EuGH 10. 12. 1998 – *Hernandez Vidal,* Slg 1998, 8179 [8231 Rn 27]). Identitätsprägend sei insoweit der nach Zahl und Sachkunde wesentliche Teil des Personals (EuGH 24. 1. 2002 – *Temco,* AP Nr 32 zu EWG-Richtlinie Nr 77/187 Rn 26; EuGH 11. 3. 1997 – *Süzen,* AP Nr 14 zu EWG-Richtlinie Nr 77/187 Rn 21). Allerdings dürfe auch bei weitgehendem Fehlen von Betriebsmitteln eine Einheit **keinesfalls als bloße Tätigkeit** verstanden werden. Vielmehr ergebe sich ihre Identität in solchen Konstellationen „auch aus anderen Merkmalen wie ihrem Personal, ihren Führungskräften, ihrer Arbeitsorganisation, ihren Betriebsmethoden und ggf den ihr zur Verfügung stehenden Betriebsmitteln" (EuGH 11. 3. 1997 – *Süzen,* AP Nr 14 zu EWG-Richtlinie Nr 77/187 Rn 15; EuGH 20. 1. 2011 – *CLECE,* AP Nr 8 zu Richtlinie 2001/23/EG Rn 41; EuGH 20. 7. 2017 – *Piscarreta Ricardo,* NZA 2017, 1175). Für den EuGH ist die formale Organisation einer wirtschaftlichen Einheit allerdings weitgehend ohne Bedeutung, da ihre Identität letztlich allein durch die funktionelle Verknüpfung zwischen jenen Faktoren definiert wird, die notwendig sind, um der mit ihr entfalteten oder einer gleichartigen wirtschaftlichen Tätigkeit nachzugehen (EuGH 12. 2. 2009 – *Klarenberg,* NZA 2009, 251 [253]; EuGH 9. 9. 2015 – *Ferreira da Silva,* EuZW 2016, 111; EuGH 20. 7. 2017 – *Piscarreta Ricardo,* NZA 2017, 1175).

d) Die neuere Rechtsprechung des BAG

Das BAG hat die Terminologie des EuGH in der Folge des Ayse-*Süzen*-Urteils vom 11. 3. 1997 (AP Nr 14 zu EWG-Richtlinie Nr 77/187) im wesentlichen wortlautgleich übernommen (vgl erstmals BAG 22. 5. 1997, AP Nr 154 zu § 613a BGB) und den Begriff des Betriebes gem § 613a BGB mit demjenigen der **wirtschaftlichen Einheit** gleichgesetzt. Damit einher ging eine – bis heute nicht vollständig abgeschlossene – grundsätzliche Neuausrichtung der Rechtsprechung. Ältere Entscheidungen haben für die heutige Rechtspraxis deshalb in vielen Fällen nur noch begrenzten Wert. Das BAG ist mit der nach dem Ayse-*Süzen*-Urteil gefundenen Linie insbesondere von dem früher vertretenen **„Konfusionsargument"** abgerückt und erkennt seither in der zwischen den Arbeitnehmern eines Betriebs bestehenden Verbundenheit ein den materiellen bzw immateriellen Betriebsmitteln im herkömmlichen Sinne grundsätzlich gleichwertiges Merkmal (vgl die ausdrückliche Aufgabe der früheren Rechtsprechung durch BAG 22. 5. 1997, AP Nr 154 zu § 613a BGB). Als Betrieb iSd § 613a BGB sei mithin jede „organisierte Gesamtheit von Personen und Sachen zur Ausübung einer wirtschaftlichen Tätigkeit mit eigener Zielsetzung" (vgl nur BAG 26. 6. 1997, AP Nr 165 zu § 613a BGB; BAG 13. 11. 1997, AP Nr 170 zu § 613a BGB; BAG 11. 9. 1997, AP Nr 16 zu EWG-Richtlinie Nr 77/187; BAG 30. 10. 2008, AP Nr 358 zu § 613a BGB; BAG 17. 12. 2009, AP Nr 383 zu § 613a BGB; BAG 22. 8. 2013, AP Nr 444 zu § 613a BGB) anzusehen, sodass die zwischen den Arbeitnehmern bestehende Verbundenheit, nicht hingegen einzelne Arbeitsverhältnisse, auch auf Tatbestandsseite Berücksichtigung finden (dazu näher Annuss BB 1998 1582 f; ablehnend Joost, in: FS Kraft 281 [284 ff]). Insoweit ist insbesondere keine Beschränkung auf Arbeitnehmer mit besonderem Fachwissen vorzunehmen (BAG 11. 12. 1997, AP Nr 172 zu § 613a BGB; BAG 14. 5. 1998 – 8 AZR 418/96, nv). Dabei wird das Vorliegen einer wirtschaftlichen Einheit auf Ebene der Betriebsorganisation nicht dadurch ausgeschlossen, dass der Rechtsträger nur einen ideellen Zweck verfolgt (vgl EuGH 19. 5. 1992 – *Redmond Stichting,* Slg 1992, 3189 [3220 Rn 22 ff]). Insbesondere eine Gewinnerzielungsabsicht ist nicht erforderlich (KR/Treber § 613a Rn 18: Erwerbszweck nicht erforderlich). 42

Die **Identität der wirtschaftlichen Einheit** wird nach Ansicht des BAG nicht erst durch sämtliche **Mittel** bestimmt, die zur Verfolgung des jeweiligen arbeitstechnischen Zweckes eingesetzt werden, sondern bereits durch jene, **die erforderlich sind, um** bei wertender Betrachtung **eine im Wesentlichen unveränderte Fortführung des bisherigen Betriebes zu ermöglichen** (vgl BAG 27. 7. 1994, AP Nr 118 zu § 613a BGB; BAG 27. 4. 1995, AP Nr 128 zu § 613a BGB; st Rspr seit BAG 29. 10. 1975, AP Nr 2 zu § 613a BGB; ebenso der EuGH in ständiger Rechtsprechung, vgl Rn 39 ff) und mithin dessen Identität beizubehalten. 43

Welche **betrieblichen Merkmale** in diesem Sinne **identitätsbildend** sind, lässt sich nicht abstrakt beantworten, sondern erfordert eine auf den jeweiligen Einzelfall bezogene **konkrete Beurteilung** im Wege einer umfassenden Gesamtbetrachtung, welche die Eigenheiten des Sachverhalts zu berücksichtigen hat. 44

So wird bei **Produktionsbetrieben** den Produktionsanlagen, den etwa erforderlichen Konstruktionszeichnungen und Plänen sowie darüber hinaus generell den sächlichen

Betriebsmitteln typischerweise besondere Bedeutung zukommen (beachte jedoch Annuss BB 1998, 1587 [1583]), wohingegen bei **Handels- und Dienstleistungsbetrieben** regelmäßig die immateriellen Betriebsmittel ausschlaggebende Bedeutung haben (s näher allerdings Rn 49 ff). Diese Unterscheidung hilft jedoch bei betriebsmittellos ausgeführten und nur wenig qualifizierten Dienstleistungen (wie zB bei Reinigungstätigkeit) nicht weiter, da hier oftmals die schlichte Tätigkeit als solche bzw das Personal die einzigen betriebsindividualisierenden Merkmale zu sein scheinen. Indes vermag die **bloße Tätigkeit oder Funktion** nach zutreffender Ansicht von EuGH und BAG keine wirtschaftliche Einheit zu konstituieren. Vielmehr kann sich die Identität einer tätigkeitsgeprägten wirtschaftlichen Einheit immer erst aus anderen Merkmalen, wie ihrem Personal, ihrer Arbeitsorganisation, ihren Betriebsmethoden und ggf den ihr zur Verfügung stehenden Betriebsmitteln (so zutreffend BAG 11. 9. 1997, AP Nr 16 zu EWG-Richtlinie 77/187 = EzA § 613a BGB Nr 153 m Anm Willemsen/Annuss; siehe ferner beispielhaft BAG 22. 5. 1997, AP Nr 154 zu § 613a BGB; BAG 13. 11. 1997, AP Nr 169 zu § 613a BGB; BAG 11. 12. 1997, AP Nr 171 zu § 613a BGB; BAG 11. 12. 1997, AP Nr 172 zu § 613a BGB; BAG 15. 2. 2007, AP Nr 320 zu § 613a BGB; BAG 22. 1. 2009, AP Nr 367 zu § 613a BGB; BAG 17. 12. 2009, AP Nr 383 zu § 613a BGB; BAG 27. 1. 2011, AP Nr 402 zu § 613a BGB; BAG 15. 12. 2011, AP Nr 423 zu § 613a BGB; BAG 24. 1. 2013 – 8 AZR 706/11; BAG 23. 5. 2013, AP Nr 441 zu § 613a BGB; BAG 18. 9. 2014, AP Nr 455 zu § 613a BGB; BAG 21. 5. 2015 – 8 AZR 409/13; BAG 25. 8. 2016, AP Nr 466 zu § 613a BGB; beachte daneben die Nachweise zur Rechtsprechung des EuGH in Rn 39 f. Entgegen der ganz überwiegenden Auffassung in der Literatur dürfte auch die berühmte und in ihrer Bedeutung zumeist überschätzte „Christel-Schmidt-Entscheidung" des EuGH – 14. 4. 1994, AP Nr 106 zu § 613a BGB – nicht anders zu verstehen sein; so im Ansatz bereits Willemsen DB 1995, 924 [929] mwNw und ausdrücklich Annuss NZA 1998, 70 ff; für eine Anwendung des § 613a auf Funktionsverlagerungen im Konzerninteresse allerdings Silberberger, Weiterbeschäftigungsmöglichkeit und Kündigungsschutz im Konzern 102 ff; vgl zur Auftragsnachfolge näher unten Rn 123) ergeben. Mit Blick auf den Betriebsbegriff kommt in derartigen Fällen zwar nicht einzelnen Arbeitsplätzen und den darauf beschäftigten Arbeitnehmern konstitutive Bedeutung zu, wohl aber unter Umständen der durch ein spezifisches Verhältnis der Arbeitnehmer zueinander begründeten Struktur (= „Gesamtheit der Arbeitnehmer"; zu den Anforderungen hieran Wank SAE 1998, 209 [213]; BAG 22. 5. 1997, AP Nr 154 zu § 613a BGB; BAG 11. 9. 1997 AP Nr 16 zu EWG-Richtlinie 77/187 = EzA § 613a BGB Nr 153 m Anm Willemsen/Annuss). Die Übernahme von Personal hat somit für das Vorliegen eines Betriebsübergangs prinzipiell gleiche Bedeutung wie die anderen Kriterien (BAG 11. 12. 1997, AP Nr 172 zu § 613a BGB).

45 Die **„strukturorientierte Betrachtungsweise"** von EuGH und BAG legt somit einen **zweigliedrigen Betriebsbegriff** zugrunde, welcher Ausdruck der Erkenntnis ist, dass die Unterscheidung zwischen einer bloßen Ansammlung von Betriebsmitteln und der übergangsfähigen wirtschaftlichen Einheit nur getroffen werden kann, wenn auf die zwischen den Arbeitnehmern oder Betriebsmitteln bestehende Verknüpfung zur Herstellung der am Markt angebotenen Leistung, mithin den zur Wertschöpfung bestehenden Funktionszusammenhang, abgestellt wird. Deshalb sind sowohl die Struktur bzw das Strukturkonzept als auch die aufgrund dessen in einer bestimmten Weise angeordneten individuellen betrieblichen Merkmale („Betriebsmittel") jeweils notwendige, nicht hingegen als solche auch hinreichende Bestandteile eines Betriebs oder Betriebsteils (vgl bereits Annuss BB 1998, 1582 f). Daraus ergeben sich insbesondere zwei Ableitungen: Einerseits kann die bloße Funktion oder Tätigkeit, weil ihr keine die Rechtsfolgenordnung des § 613a BGB rechtfertigende Koordinierungsleistung innewohnt, als solche nicht die Identität der wirtschaftlichen Einheit prägen (insoweit zutreffend zuletzt BAG 25. 8. 2016, AP Nr 466 zu § 613a BGB; BAG 17. 12. 2009, AP Nr 383 zu § 613a BGB; BAG 22. 1. 2009, AP Nr 367 zu § 613a BGB). Andererseits sind auch bei betriebsmittelgeprägten Betrieben die einzelnen materiellen Betriebsmittel als solche nicht identitätsprägend, sondern nur eine in ihrer Mehrheit bzw Gesamtheit zum Ausdruck kommende Strukturierungsleistung (vgl BAG 27. 7. 2007, AP Nr 324 zu § 613a BGB).

e) Das Wesen des Betriebs iSd § 613a

46 Das Wesen des Betriebs iSd § 613a BGB (sowie im Sinne der RL 2001/23/EG) ist nicht unter Rückgriff auf andere Normzusammenhänge zu bestimmen, sodass insbesondere die **Betriebsbegriffe des BetrVG** (so zutreffend Seiter, Betriebsinhaberwechsel 49) **und des KSchG nichts zur Konkretisierung des § 613a BGB beitragen**. Beispielsweise sind Konstellationen denkbar, in denen die Voraussetzungen eines Betriebs iSd BetrVG vorliegen und dennoch kein Betrieb oder Betriebsteil iSd § 613a BGB gegeben ist.

47 Angesichts der verfassungsrechtlichen Vorgaben (vgl Rn 9) kann ein Betrieb iSd § 613a BGB nur eine organisatorische Einheit sein, die dem Übernehmer einen wirtschaftlichen Vorteil von solcher Qualität vermittelt, dass seine Belastung mit den Rechtsfolgen des § 613a BGB gerechtfertigt ist. Dafür ist die formale Betriebsaufbauorganisation genauso irrelevant wie die räumliche Zusammenfassung einzelner Betriebsmittel. Dies hat der europäische Normgeber klar erkannt, wenn er in Art 1 Abs 1 lit b RL 2001/23/EG formuliert, dass der neue Inhaber eine „[wirtschaftliche] Einheit im Sinne einer organisierten Zusammenfassung von Ressourcen zur Verfolgung einer wirtschaftlichen Haupt- oder Nebentätigkeit" übernehmen müsse. Betrieb iSd § 613a BGB ist deshalb jede „funktionelle Verknüpfung zwischen Produktionsfaktoren, um einer wirtschaftlichen Tätigkeit nachzugehen" (in Anlehnung an EuGH 12. 2. 2009 – *Klarenberg*, NZA 2009, 251), mithin **nichts anderes als ein Wertschöpfungszusammenhang**. Ob ein solcher Wertschöpfungszusammenhang in einer formal abgrenzbaren Betriebsabteilung organisiert ist oder sich – wie insbesondere bei der Projektorganisation in **Matrixstrukturen** – über mehrere Betriebsabteilungen oder gar Rechtsträger hinweg erstreckt, ist gleichgültig.

48 Das BAG hat diesen spezifischen Charakter des Betriebsbegriffs iSd § 613a BGB bislang nicht erfasst und deshalb erheblich zur Verunsicherung der Rechtspraxis beigetragen. Im Anschluss an die terminologisch zwar unglückliche, inhaltlich aber zutreffende *Klarenberg*-Entscheidung des EuGH (12. 2. 2009, NZA 2009, 251) formulierte das BAG in einer Entscheidung vom 17. 12. 2009 (8 AZR 1019/08), „der übertragene Unternehmens- oder Betriebsteil [müsse beim neuen Inhaber] seine organisatorische Selbständigkeit [...] nicht vollständig bewahren, es genügt, dass dieser die funktionelle Verknüpfung zwischen den übertragenen Produktionsfaktoren beibehält, und es ihm derart ermöglicht wird, diese Faktoren zu nutzen, um derselben oder einer gleichartigen wirtschaftlichen Tätigkeit nachzugehen" (ähnlich BAG 7. 4. 2011, AP Nr 406 zu § 613a BGB; BAG 13. 10. 2011, AP Nr 415 zu § 613a BGB; BAG 15. 11. 2012, AP Nr 439 zu § 613a BGB; BAG 23. 5. 2013, AP Nr 441 zu § 613a BGB; BAG 22. 8. 2013, AP Nr 444 zu § 613a BGB; BAG 21. 8. 2014, AP Nr 454 zu § 613a BGB; BAG 22. 1. 2015, NZA 2015, 1325; BAG 21. 5. 2015 – 8 AZR 409/13). Danach scheint es, als sei der Betrieb (bzw Betriebsteil) mehr als ein bloßer Wertschöpfungszusammenhang (gleiches gilt für die Darstellung

bei HWK/WILLEMSEN Rn 119 ff; mit etwas anderer Tendenz hingegen HAUCK, in: FS Bauer 401 [406]), der übernommen werden müsse, um einen Betriebs(teil)übergang zu begründen. Ein derartiges Verständnis ist jedoch mit dem Wortlaut des § 613a BGB nicht vereinbar, wonach der Betrieb (bzw Betriebsteil) und nicht nur ein Teil davon auf den neuen Inhaber übergehen muss, um die Rechtsfolgen des § 613a BGB auszulösen. Überdies ergäben sich bei einem solchen Verständnis verfassungsrechtliche Bedenken, weil nicht erkennbar ist, weshalb die Erlangung wirtschaftlicher Vorteile durch den neuen Inhaber infolge der Übernahme des von einem anderen geschaffenen Wertschöpfungszusammenhangs unterschiedlich behandelt werden sollte, je nachdem, welche weitere formale Organisationsstruktur sich beim bisherigen Inhaber um den übergegangenen Wertschöpfungszusammenhang gerankt hat.

49 Der letztlich allein entscheidende Prüfstein für die Bestimmung des Betriebsbegriffs ist mithin die Frage danach, worin die **Strukturierungsleistung des bisherigen Betriebsinhabers** liegt, die es gestattet, von einem Wertschöpfungszusammenhang zu sprechen, und die dem Inhaber des Wertschöpfungszusammenhangs einen die Rechtsfolgenanordnung des § 613a BGB rechtfertigenden Vorteil gegenüber jenem gewährt, der die gleichen Zwecke unter der Voraussetzung verfolgen muss, dass er dafür auf bislang unverbunden nebeneinander existierende Ressourcen zurückgreift und die zur Schaffung des Wertschöpfungszusammenhangs notwendige Koordinierungsleistung selbst erbringt. Zu fragen ist danach, was „bei wertender Betrachtungsweise den eigentlichen Kern des zur Wertschöpfung erforderlichen Funktionszusammenhangs ausmacht" (so zutreffend BAG 2. 3. 2006, AP Nr 302 zu § 613a BGB; vgl im Weiteren nur BAG 25. 6. 2009, AP Nr 373 zu § 613a BGB). Worin dieser Kern besteht, lässt sich nicht abstrakt definieren, zumal dieser Kern auch bei einem gegebenen Betrieb nicht eindeutig bestimmbar ist. So ist denkbar, dass aus den in der wirtschaftlichen Einheit insgesamt vorhandenen Betriebsmitteln mehrere einander überschneidende Kreise von Betriebsmitteln gebildet werden können, die jeweils den identitätsprägenden Kern der wirtschaftlichen Einheit ausmachen. Für die praktische Rechtsanwendung verdient es daher Beifall, wenn der EuGH und das BAG die identitätsprägenden Merkmale der wirtschaftlichen Einheit nicht isoliert positiv feststellen, sondern in Form einer **„Vorher-Nachher-Betrachtung"** danach fragen, ob die wirtschaftliche Einheit bei dem neuen Inhaber ihre Identität gewahrt habe (dennoch wäre es nicht richtig, einen Einheitstatbestand anzunehmen, in dem die Elemente Betriebs[teil] und Übergang unterscheidungslos ineinander verschmelzen; so aber WINDT, Neukonstruktion 132 ff). Zutreffend hat das BAG neuerdings mehrfach darauf hingewiesen, dass sächliche Betriebsmittel nicht schon allein deshalb den Kern des Wertschöpfungszusammenhangs ausmachen, weil sie für die jeweilige betriebliche Tätigkeit erforderlich sind (BAG 15. 12. 2011, AP Nr 423 zu § 613a BGB; allerdings finden sich in anderen Entscheidungen gegenläufige Aussagen, vgl nur BAG 23. 5. 2013, AP Nr 441 zu § 613a BGB; vgl auch EuGH 19. 10. 2017 – *Securitas,* NZA 2017, 1379).

50 Die Identität des Betriebs iSd § 613a BGB kann nur durch solche Umstände geprägt werden, die in den zur Herstellung eines bestimmten Arbeitsprodukts bestehenden Wertschöpfungszusammenhang einbezogen sind. Mit anderen Worten: Nur Gegenstände, „mit" denen der Inhaber das Arbeitsprodukt herstellt, sind für die Identität der übergangsfähigen wirtschaftlichen Einheit bedeutsam. Deshalb sind insbesondere solche Gegenstände außer Betracht zu lassen, „an" denen der Inhaber seine am Markt angebotene Leistung verwirklicht (ebenso MünchKomm/MÜLLER-GLÖGE § 613a

Rn 31; Willemsen, in: FS Richardi 476 [481 ff]); sie liegen jenseits des vom Betriebsinhaber betriebenen Wertschöpfungszusammenhangs (sowie des mit ihm geschaffenen Arbeitsprodukts) und können seine Identität daher nicht prägen.

Die Realisierung einer Marktchance hat für § 613a BGB ebenfalls keine Bedeutung. 51 Der Betrieb iSd § 613a BGB „endet" in jedem Fall an der **„Grenze zum Markt"**. Dies lässt sich einfach am Beispiel einer Nachfolge in den Bewachungsauftrag für einen bestimmten Gebäudekomplex verdeutlichen: Damit ein Unternehmer sich um den Bewachungsauftrag bewerben kann, benötigt er einen Wertschöpfungszusammenhang, der auf die ordnungsgemäße Erledigung der Bewachungsaufgabe ausgerichtet ist; die bewachten Objekte sind nicht selbst Teil des Wertschöpfungszusammenhangs, sondern bilden nur das Ziel des in dem Wertschöpfungszusammenhang hergestellten Arbeitsprodukts (= Bewachungsleistung). Aus dem gleichen Grund haben etwaige vom Auftraggeber gemachte Vorgaben für die Durchführung des Auftrags hinsichtlich des Betriebs(teils) des Auftragnehmers keine identitätsprägende Kraft (zutreffend HWK/Willemsen § 613a Rn 109), weil auch sie jenseits der vom Auftragnehmer betriebenen Arbeitsorganisation liegen. Für die Bestimmung der identitätsprägenden betrieblichen Merkmale ist allein danach zu fragen, welche Organisation der Auftragnehmer benötigt, um den Vorgaben des Auftraggebers entsprechen, sich also um den Auftrag bewerben zu können.

Die Schnittstelle zum Markt als äußerste Grenze des von einem Betriebsinhaber 52 geführten Wertschöpfungszusammenhangs weist den Weg zu einer bislang weder in der Rechtsprechung von EuGH und BAG noch im maßgeblichen Schrifttum ausreichend diskutierten Erkenntnis: Betriebsmittel, die der Auftraggeber stellt und mit denen der Auftragnehmer seinen Auftrag ausführen muss, liegen außerhalb der dem Auftragnehmer zurechenbaren Betriebsorganisation. Die Arbeitsorganisation des Auftragnehmers ist lediglich darauf ausgerichtet, den vom Auftraggeber erteilten Auftrag unter Nutzung der von ihm gestellten Betriebsmittel zu erledigen. Die **vom Auftraggeber gestellten Betriebsmittel** haben deshalb keine Bedeutung für die Identität des vom Auftragnehmer geführten Betriebs (in diesem Sinne wohl auch MünchKomm/Müller-Glöge § 613a Rn 31 f). Deshalb verdient Widerspruch, dass das BAG in einer Entscheidung vom 13. 6. 2006 (AP Nr 305 zu § 613a BGB – „Personenkontrolle am Flughafen") die vom Auftraggeber zur Auftragserledigung zwingend zur Verfügung gestellten technischen Geräte und Anlagen als Teil des vom Auftragnehmer betriebenen Wertschöpfungszusammenhang qualifiziert hat. Entsprechendes gilt, soweit das BAG in einer Entscheidung vom 23. 5. 2013 (AP Nr 441 zu § 613a BGB – „Alarmmanagementsystem BIS") die Anwendung des § 613a BGB wesentlich darauf gestützt hat, dass der Nachfolger in einen Bewachungsauftrag – in gleicher Weise wie sein Vorgänger – zwingend ein vom Auftraggeber zur Verfügung gestelltes Alarmmanagementsystem nutzen musste. In beiden Fällen waren die vom Auftraggeber zwingend vorgegebenen Betriebsmittel nicht in die von den Auftragnehmern getragenen Wertschöpfungszusammenhänge einbezogen. Zu diesen gehörten allein solche Umstände, die von den Auftragnehmern gewährleistet werden mussten, damit diese die Bewachungsaufträge in der konkret ausgeschriebenen Form – einschließlich der Nutzung der vom Auftraggeber zwingend vorgegebenen Betriebsmittel – übernehmen konnten (zu widersprechen ist deshalb auch der Entscheidung des EuGH vom 26. 11. 2015 – *Aira Pascual,* NZA 2016, 31).

53 Ohne Bedeutung für das Vorliegen eines Betriebs ist, ob die tatsächlich fortgeführte Betriebsstruktur **auf Dauer angelegt** ist oder nur einen zeitlich begrenzten Zweck verfolgt. § 613a BGB zielt auf einen Gleichlauf von Arbeitsplatz und Arbeitsverhältnis in allen Fällen ab, in denen der konkrete Arbeitsplatz – wenn auch bei einem anderen Inhaber – in der bisherigen organisatorischen Teileinheit fortbesteht, ohne dass es darauf ankommt, wie lange der Arbeitsplatz erhalten bleibt (problematisch daher EuGH 19. 9. 1995 – Rygaard, Slg 1995, 2745 [2765] Rn 20; EuGH 11. 3. 1997 – *Süzen*, Slg 1997, 1259 [1274] Rn 15 = AP Nr 14 zu EWG-Richtlinie Nr 77/187; kritisch dazu Annuss NZA 1998, 70 [75 f]; beachte aber auch EuGH 2. 12. 1999 – *Allen*, ZIP 1999, 2107; BAG 8. 8. 2002, NZA 2003, 315 [317]; irreführend auch BAG 22. 5. 2014, AP Nr 452 zu § 613a BGB; BAG 21. 8. 2014, AP Nr 454 zu § 613a BGB; wie hier Kempter NZI 1999, 93 [95]; tendenziell **aA** Moll RdA 1999, 233 [239]; siehe zum Kriterium der Dauerhaftigkeit auch die nicht überzeugenden Ausführungen von Generalanwalt Tanchev in den Schlussanträgen vom 6. 12. 2017 in der Sache *Siguenza* [C-472/16]). Allein entscheidend ist, dass der neue Inhaber die von einem anderen erbrachte Koordinationsleistung zu eigenwirtschaftlichen Zwecken nutzt und dadurch einen unternehmerischen Vorteil gegenüber demjenigen hat, der die Organisation selbst aufbaut. Allerdings ist bei zeitlich begrenzten Aufgaben besonders sorgfältig zu prüfen, ob die Voraussetzungen einer Teilorganisation erfüllt sind (HWK/Willemsen § 613a Rn 17).

2. Begriff des Betriebsteils

54 Bei § 613a BGB ist der Betriebsteilbegriff strukturell identisch mit dem Betriebsbegriff, da auch insoweit nur danach zu fragen ist, ob eine wirtschaftliche Einheit im Sinne eines Wertschöpfungszusammenhangs vorliegt (vgl nur BAG 16. 5. 2002, AP Nr 237 zu § 613a BGB; BAG 17. 12. 2009 BAG Nr 383 zu § 613a BGB; BAG 27. 1. 2011, AP Nr 402 zu § 613a BGB; BAG 15. 12. 2011, AP Nr 423 zu § 613a BGB; BAG 21. 6. 2012, AP Nr 430 zu § 613a BGB; BAG 24. 1. 2013 – 8 AZR 706/11; BAG 22. 8. 2013, AP Nr 444 zu § 613a BGB; BAG 20. 3. 2014, AP Nr 450 zu § 613a BGB; BAG 22. 1. 2015, NZA 2015, 1325; ebenso ErfK/Preis Rn 8; siehe demgegenüber zu in der Vergangenheit vertretenen alternativen Betriebsteilbegriffen Staudinger/Richardi/Annuss [1999] Rn 49). Für § 613a BGB ist deshalb nur die Bestimmung der Reichweite und Grenzen von Wertschöpfungszusammenhängen bedeutsam. Nicht erforderlich ist, dass der Betriebsteil die Voraussetzungen des § 4 BetrVG erfüllt (beachte aber Krebber, Unternehmensübergreifende Arbeitsabläufe im Arbeitsrecht 136); denn dort ist nur festgelegt, unter welchen Voraussetzungen ein Betriebsteil als selbständiger Betrieb für die Bildung eines Betriebsrats gilt (ebenso BAG 2. 10. 1974, AP Nr 1 zu § 613a BGB; BAG 16. 10. 1987, AP Nr 69 zu § 613a BGB; anders zT jene Autoren, die § 613a BGB aufgrund seiner Einfügung durch § 122 BetrVG 1972 als betriebsverfassungsrechtliche Norm ansehen, vgl Bulla RdA 1976, 233 [236 f] mwNw; vgl auch BAG 12. 12. 2013 dazu zu Recht kritisch ErfK/Preis § 613a Rn 8). Verfehlt ist daher die in neuesten Entscheidungen des BAG wieder anzutreffende Anlehnung des Betriebsteilbegriffs iSd § 613a BGB an § 4 Abs 1 S 1 Nr 2 BetrVG (BAG 7. 4. 2011, AP Nr 406 zu § 613a BGB). Auch die Übernahme eines Betriebsteils, der betriebsverfassungsrechtlich als Betrieb gilt, also entweder räumlich weit vom Hauptbetrieb entfernt (§ 4 Abs 1 S 1 Nr 1 BetrVG) oder bei räumlicher Nähe durch Aufgabenbereich und Organisation eigenständig ist (§ 4 Abs 1 S 1 Nr 2 BetrVG) begründet nicht stets die Anwendung des § 613a BGB auf den gesamten Betriebsteil iSd § 4 Abs 1 S 1 BetrVG. Irrelevant ist ferner, ob es sich um einen Betriebsteil iSv § 111 Satz 3 BetrVG oder § 15 Abs 5 KSchG handelt (BAG 16. 10. 1987, AP Nr 69 zu § 613a BGB).

Kein Abgrenzungsmerkmal ist im Übrigen, ob der Betriebsteil **Gegenstand einer rechtsgeschäftlichen Veräußerung** sein kann (so aber BAG 2. 10. 1974, AP Nr 1 zu § 613a BGB; BAG 16. 10. 1987, AP Nr 69 zu § 613a BGB), denn es unterliegt der Vertragsfreiheit, was als Gegenstand eines schuldrechtlichen Veräußerungsvertrags in Betracht kommt (ebenso KRAFT, in: 25 Jahre BAG 299 [303 f]; zust SEITER, Betriebsinhaberwechsel 52; HENSSLER NZA 1994, 913 [914]). 55

Für die Anwendbarkeit des § 613a BGB ist unschädlich, wenn die übertragene betriebliche Einheit im Betrieb des Veräußerers nur von untergeordneter Bedeutung ist (EuGH 14. 4. 1994 – Schmidt, Slg 1994, 1311 [1325] Rn 14 = AP Nr 106 zu § 613a BGB; ebenso BAG 25. 9. 2003, AP Nr 261 zu § 613a BGB; abweichend BAG 22. 5. 1985, AP Nr 42 zu § 613a BGB; BAG 29. 9. 1988, AP Nr 76 zu § 613a BGB; BAG 30. 6. 1994, AP Nr 1 zu Art 22 Einigungsvertrag, wo die Wahrnehmung unerheblicher Hilfsfunktionen nicht für ausreichend gehalten wurde) oder wenn es sich um eine untergeordnete Hilfsfunktion handelt (BAG 26. 8. 1999, AP Nr 196 zu § 613a BGB, abweichend allerdings noch BAG 22. 5. 1985, AP Nr 42 zu § 613a BGB; BAG 9. 9. 1988, AP Nr 75 zu § 613a BGB). Entscheidend ist allein, ob ein **abgrenzbarer Wertschöpfungszusammenhang** vorliegt, der auf einen Dritten übertragen werden kann und diesen in die Lage versetzt, die in der Organisation des Wertschöpfungszusammenhangs liegende Koordinierungsleistung für eigene Zwecke zu nutzen. Eine weitergehende organisatorische Selbständigkeit ist daneben nicht erforderlich (in dieser Hinsicht zutreffend BAG 25. 1. 2018, AP Nr 474 zu § 613a BGB: „wirtschaftliche Einheit im Sinne einer organisierten Zusammenfassung von Ressourcen zur Verfolgung einer wirtschaftlichen Haupt- oder Nebentätigkeit"; EuGH 12. 2. 2009 – *Klarenberg,* NZA 2009, 251 [253]; ähnlich EuGH 6. 3. 2014 – *Amatori,* NZA 2014, 423; vgl dazu bereits oben Rn 47; zutreffend SIEG/MASCHMANN, Unternehmensumstrukturierung [2. Aufl 2010] Rn 41: Die funktionelle Verknüpfung der Wechselbeziehung und gegenseitigen Ergänzung der Produktionsfaktoren „ist es, die eine lose Anhäufung von materiellen und immateriellen Betriebsmitteln sowie Personal (mindestens) zu einem Betriebsteil werden lässt"; im Ansatz ähnlich SALAMON/HOPPE NZA 2010, 989 [990 f]; nicht überzeugend hingegen die Kritik bei WILLEMSEN NZA 2009, 289 ff; WILLEMSEN/SAGAN ZIP 2010, 1205 ff; SALAMON NZA 2012, 482; WILLEMSEN NZA 2014, 1010; HWK/WILLEMSEN § 613a Rn 128a ff). 56

Zutreffend betont das BAG, ein selbständig übergangsfähiger Betriebsteil werde nicht dadurch ausgeschlossen, dass nach dessen Abtrennung keine lebensfähige organisatorische Einheit zurückbleibt (siehe nur BAG 13. 11. 1997, AP Nr 170 zu § 613a BGB; BAG 16. 5. 2002, AP Nr 237 zu § 613a BGB; BAG 24. 8. 2006, AP Nr 315 zu § 613a BGB; BAG 7. 4. 2011, AP Nr 406 zu § 613a BGB). Denn „[d]er Betriebsübergang folgt aus der Wahrung der Identität des übernommenen Betriebs beim Erwerber und nicht aus dem Untergang der früheren Identität des Gesamtbetriebs" (BAG 24. 8. 2006, AP Nr 315 zu § 613a BGB). Diese Grundsätze gelten in strukturell gleicher Weise für die Identifizierung eines übergangsfähigen Betriebsteils bei **Leiharbeitsunternehmen**. Nicht überzeugend ist deshalb die Ansicht des BAG, bei Leiharbeitsunternehmen müsste mangels einer abgrenzbaren Organisationsstruktur eine besondere Prüfung erfolgen (BAG 12. 12. 2013, AP Nr 447 zu § 613a BGB; in der Sache nimmt das BAG sodann allerdings – richtiger Weise – strukturell keine andere Betrachtung vor als sonst für die Identifizierung von Betriebsteilen; vgl auch Rn 21). 57

Die **formale Betriebsorganisation** des Veräußerers ist für die Identifizierung eines Betriebsteils ebenso irrelevant (vgl oben Rn 47) wie etwaige **Kostenstellenzuordnungen** 58 oder die Zuordnung zu **Profitcentern** (vgl hinsichtlich letzterer die im Ergebnis allerdings fragwürdige Entscheidung BAG 21. 5. 2015 – 8 AZR 409/15). Für das BAG ist die Unterscheidung zwischen Funktionsbereich und Betriebsteil wesentlich. Die bloß funktionale Abgrenzbarkeit begründe nur einen „Arbeitsbereich“, während für das Vorliegen eines Betriebs(teils) darüber hinaus eine organisatorische Abgrenzbarkeit erforderlich sei (BAG 17. 4. 2003, AP Nr 253 zu § 613a BGB; vgl auch bereits BAG 23. 9. 1999 – 8 AZR 650/98, nv). Eine solche organisatorische Abgrenzbarkeit könne ggf durch eine eigene Leitung begründet werden (BAG 30. 10. 2008, AP Nr 358 zu § 613a BGB; vgl auch BAG 13. 10. 2011, AP Nr 415 zu § 613a BGB; die dagegen erhobene Verfassungsbeschwerde wurde nicht zur Entscheidung angenommen [BVerfG 15. 1. 2015 – 1 BvR 499/12]).

59 Nach Ansicht des BAG genügt für die Bejahung der organisatorischen Abgrenzbarkeit die Existenz einer Vorgesetztenposition nicht ohne Weiteres, sofern nicht weitere Anhaltspunkte für eine gewisse Selbständigkeit des betrachteten Arbeitsbereichs hinzukommen (BAG 16. 2. 2006, AP Nr 300 zu § 613a BGB). Im Übrigen liege eine organisatorische Abgrenzbarkeit nicht schon ohne Weiteres dann vor, wenn bestimmte Betriebsmittel auf Dauer zur Erreichung eines bestimmten Teilzwecks eingesetzt werden, auch wenn dies stets durch dieselben Arbeitnehmer erfolgt (BAG 26. 8. 1999, AP Nr 196 zu § 613a BGB). Für eine selbständige Teileinheit soll es allerdings sprechen, wenn Aufträge fest an bestimmte Betriebsmittel gebunden sind und die Arbeitnehmer bestimmte Arbeiten als Spezialisten arbeitsteilig ausführen (BAG 26. 8. 1999, AP Nr 196 zu § 613a BGB). Diese Rechtsprechung ist für die Bestimmung der organisatorischen Einheit des Wertschöpfungszusammenhangs wenig aussagekräftig. Für die organisatorische Abgrenzung entscheidend ist die Identifikation einer Stelle, bei der die Entscheidungen über die Ausgestaltung und die Durchführung des Wertschöpfungszusammenhangs zusammenlaufen, und das ist regelmäßig **der für die Steuerung des Wertschöpfungszusammenhangs verantwortliche Fachvorgesetzte**.

60 Ein selbständig übergangsfähiger Betriebsteil kann auch die Beteiligung eines Arbeitgebers an einem **gemeinsamen Betrieb** mehrerer Unternehmen als solche sein. Auch wenn keine klare organisatorische Abgrenzbarkeit der Arbeitgebersphären möglich ist, kann mithin ein Betriebsteil im Sinne des § 613a BGB in der von einem beteiligten Arbeitgeber in den gemeinsamen Betrieb eingebrachten Arbeitsorganisation liegen.

61 Bildet eine Betriebsmittelmehrheit beim bisherigen Inhaber **keine organisatorische Teileinheit** im Sinne eines Wertschöpfungszusammenhangs, liegt insoweit kein Betriebsteil vor, sodass im Falle ihrer Übertragung auf einen neuen Inhaber der Tatbestand des Abs 1 S 1 nicht erfüllt ist (BAG 25. 9. 2003, AP Nr 261 zu § 613a BGB; vgl BAG 3. 9. 1998, NZA 1999, 147 [149]). Es genügt somit nicht, wenn der neue Inhaber aus den übernommenen Betriebsmitteln erst seinerseits eine organisatorische Einheit formt (BAG 13. 10. 2011, AP Nr 415 zu § 613a BGB; BAG 15. 12. 2011, AP Nr 423 zu § 613a BGB; BAG 15. 11. 2012, AP Nr 439 zu § 613a BGB; BAG 23. 5. 2013, AP Nr 441 zu § 613a BGB; ebenso bereits BAG 22. 7. 2004, NZA 2004, 1383; BAG 26. 8. 1999, AP Nr 196 zu § 613a BGB; BAG 11. 9. 1997, AP Nr 16 zu EWG-Richtlinie Nr 77/187; vgl auch Willemsen NZA 2014, 1010). Jedoch steht nach zutreffender Ansicht des LAG Hamm (15. 4. 1999 – 8 Sa 2302/98, nv) nicht entgegen, wenn die abgrenzbare Organisation erst unmittelbar vor einem bevorstehenden Betriebs(teil)übergang geschaffen wird. Allerdings wird in solchen Fällen besonders sorgfältig zu prüfen sein, ob durch die Maßnahme tatsächlich eine ausreichend verfestigte Organisationsstruktur errichtet worden ist.

3. Betriebs(teil)inhaber

Für die Beantwortung der Frage nach dem **Betriebs(teil)inhaber** ist allein darauf 62
abzustellen, **wer die materiellen und immateriellen Betriebsmittel sowie die sonstigen betrieblichen Merkmale** zur Verfolgung des jeweiligen arbeitstechnischen Zwecks im eigenen Namen **koordiniert** (ebenso BAG 18. 3. 1999, AP Nr 190 zu § 613a BGB). Keine Rolle spielt daher, auf welche Rechtsgrundlage die Koordinationsfunktion gestützt wird, sodass für die Bejahung der Betriebsinhaberstellung insbesondere kein Eigentum bzw keine Inhaberschaft an den Betriebsmitteln erforderlich ist (BAG 18. 3. 1999, AP Nr 190 zu § 613a BGB). So ist unschädlich, wenn der Betriebsinhaber seine Nutzungsberechtigung an den Gegenständen und Rechten beispielsweise aus Anwartschaften, Leasing-, Pacht- oder Lizenzverträgen ableitet (vgl Pietzko, Tatbestand 47; Backhaus DB 1985, 1131). Ausschlaggebend ist lediglich, dass der Betriebsinhaber mit den identitätsbildenden betrieblichen Merkmalen eine Arbeitsorganisation im eigenen Namen unterhalten kann, wofür die Befugnis zur Veräußerung der Betriebsmittel im eigenen Namen nicht erforderlich ist (HWK/Willemsen § 613a Rn 40). Da im Rahmen des § 613a BGB allein auf den betrieblichen Funktionszusammenhang abzustellen ist, bleibt es ferner ohne Bedeutung, ob der Betriebsinhaber die jeweiligen Betriebszwecke auf eigene oder fremde Rechnung verfolgt, solange er nur die Betriebsorganisation in eigenem Namen führt (vgl BAG 11. 12. 1997, AP Nr 171 zu § 613a BGB). Irreführend ist es insoweit, wenn das BAG formuliert, es komme „nicht allein darauf an, wer im Verhältnis zur Belegschaft als Inhaber auftritt, sondern auf die umfassende Nutzung des Betriebs nach außen“ (BAG 10. 5. 2012, AP Nr 426 zu § 613a BGB); entscheidend ist allein, in wessen Namen der Wertschöpfungszusammenhang koordiniert wird. Betriebsinhaber iSd § 613a BGB ist deshalb auch, wer wirtschaftlich für die Aufrechterhaltung des Wertschöpfungszusammenhangs verantwortlich ist und zu diesem Zweck gegenüber den Arbeitnehmern im eigenen Namen auftritt, selbst wenn die Betriebsorganisation im Außenverhältnis zu Dritten im Namen und auf Rechnung eines anderen geführt wird (unzutreffend daher BAG 25. 1. 2018, AP Nr 474 zu § 613a; wie hier zu RL 2001/23/EG wohl EuGH 7. 8. 2018 – *Sigüenza,* NZA 2018, 1131, wonach es darauf ankomme, dass diejenige Person wechselt, „die für den Betrieb des Unternehmens verantwortlich ist und insoweit gegenüber den in dem Unternehmen beschäftigten Arbeitnehmern die Arbeitgeberverpflichtungen eingeht“; siehe zum Betriebsführungsvertrag auch Rn 105).

II. Betriebsinhaberwechsel durch Übergang des Betriebes oder Betriebsteils

1. Übergang des Betriebes oder Betriebsteils auf einen anderen Inhaber

a) Grundlegung

Nach dem Gesetz ist Voraussetzung, dass der Betrieb oder Betriebsteil auf einen 63
„anderen Inhaber“ übergeht; § 613a BGB verlangt also einen Inhaberwechsel. Erforderlich ist demnach, dass derjenige wechselt, der innerhalb des Betriebs oder Betriebsteils den Einsatz der betrieblichen Merkmale zur Verfolgung des jeweiligen arbeitstechnischen Zwecks im eigenen Namen koordiniert (zur Koordinationsfunktion Willemsen/Annuss DB 1997, 1875 [1877] und Annuss BB 1998, 1582 [1585]). Notwendig dafür ist eine **Übertragung des wesentlichen Teils des Wertschöpfungszusammenhangs,**

sodass es nicht ausreicht, wenn isoliert einzelne betriebliche Merkmale übergehen oder eine Vielfalt betrieblicher Merkmale ohne betriebsorganisatorischen Zusammenhang übertragen werden (WILLEMSEN RdA 1991, 204 [206 ff]). Ohne Bedeutung ist, ob der neue Inhaber Eigentümer der Betriebsmittel wird. Einem Betrieb sind Betriebsmittel auch dann zuzurechnen, wenn sie auf Grund einer Nutzungsvereinbarung zur Erfüllung der Betriebszwecke eingesetzt werden können. Die Nutzungsmöglichkeit setzt die vollständige Übertragung des Besitzes voraus (BAG 15. 12. 2005, AP Nr 294 zu § 613a BGB; BAG 31. 1. 2008, AP Nr 339 zu § 613a BGB). Die Nutzungsvereinbarung kann als Pacht, Nießbrauch oder auch als untypischer Vertrag ausgestaltet sein (BAG 6. 4. 2006, AP Nr 299 zu § 613a BGB; BAG 31. 1. 2008, AP Nr 339 zu § 613a BGB; vgl Rn 105 ff). „Wesentlich" ist der übernommene Teil des Wertschöpfungszusammenhangs, wenn der neue Inhaber dadurch die von dem bisherigen Inhaber erbrachte unternehmerische Koordinierungsleistung in einem Umfang nutzt, dass es gerechtfertigt ist, ihm die mit der Anwendung des § 613a BGB verbundenen Lasten aufzuerlegen (vgl Rn 11, 49).

64 Bei einer Personengesellschaft **führt ein Gesellschafterwechsel** nach überwiegender Ansicht **nicht zu einem Wechsel des Betriebsinhabers**; denn er berührt nicht die Identität der Gesellschaft bzw Gesamthand (BAG 12. 7. 1990, AP Nr 87 zu § 613a BGB; BAG 14. 8. 2007, AP Nr 326 zu § 613a BGB; BAG 21. 2. 2008, AP Nr 342 zu § 613a BGB; ErfK/PREIS § 613a Rn 43; vgl dazu SCHIEFER RdA 1994, 83 [84]; **aA** SCHLEIFENBAUM DB 1991, 1705). Sind bei einer Personengesellschaft allerdings nur zwei Gesellschafter vorhanden und scheidet einer von ihnen aus, übernimmt der verbleibende Gesellschafter das Gesamthandsvermögen von Gesetzes wegen nach dem Anwachsungsprinzip (§ 738 Abs 1 S 1 BGB), sodass es auch in diesem Fall zu einem Inhaberwechsel kommt; § 613a BGB findet auf die Anwachsung dennoch keine Anwendung (vgl Rn 125).

65 Auch bei einer Kapitalgesellschaft begründet ein Wechsel in der Gesellschafterstellung keinesfalls die Anwendung des § 613a BGB. Deshalb sind Unternehmensveräußerungen im Wege eines **Anteilsverkaufs** keine Betriebsübergänge iSd § 613a BGB (BAG 27. 4. 2017, AP Nr 469 zu § 613a BGB; BAG 23. 3. 2017, AP Nr 468 zu § 613a BGB).

66 In einer **Funktionsnachfolge** liegt kein Betriebs(teil)übergang, solange nicht der Wertschöpfungszusammenhang unter Wahrung seiner Identität übertragen wird. Es genügt also keineswegs, dass Aufgaben, die in einem Betrieb oder Betriebsteil wahrgenommen werden, einem anderen Inhaber übertragen werden (vgl BAG 6. 9. 1978, AP Nr 13 zu § 613a BGB; BAG 22. 5. 1997, AP Nr 154 zu § 613a BGB; BAG 13. 5. 2004, AP Nr 273 zu § 613a BGB; BAG 22. 7. 2004, AP Nr 274 zu § 613a BGB; BAG 22. 1. 2009, AP Nr 367 zu § 613a BGB; BAG 17. 12. 2009, AP Nr 383 zu § 613a BGB; BAG 15. 12. 2011, AP Nr 424 zu § 613a BGB; BAG 10. 5. 2012, AP Nr 426 zu § 613a BGB; BAG 21. 6. 2012, AP Nr 430 zu § 613a BGB; BAG 15. 11. 2012, AP Nr 439 zu § 613a BGB; BAG 24. 1. 2013 – 8 AZR 706/11; BAG 23. 5. 2013, AP Nr 441 zu § 613a BGB; BAG 22. 8. 2013, AP Nr 444 zu § 613a BGB; BAG 21. 8. 2014, AP Nr 454 zu § 613a BGB; BAG 22. 1. 2015 NZA 2015, 1325; BAG 19. 3. 2015 – 8 AZR 150/14; BAG 21. 5. 2015 – 8 AZR 409/13; BAG 25. 8. 2016, AP Nr 466 zu § 613a BGB sowie EuGH 11. 3. 1997 – *Süzen,* Slg 1997, 1259 [1274] Rn 15 = AP Nr 14 zu EWG-Richtlinie Nr 77/187; verfehlt etwa LAG Hamm 11. 10. 1994 LAGE § 613a BGB Nr 37 und ArbG Hamburg 4. 7. 1994 BB 1994, 1501 aufgrund eines Missverständnisses von EuGH 14. 4. 1994 – *Schmidt,* Slg 1994, 1311 ff = AP Nr 106 zu § 613a BGB. Etwas anderes ergibt sich auch nicht aus EuGH 20. 11. 2003 – *Abler,* AP Nr 34 zu EWG-Richtlinie Nr 77/187 [vgl dazu WILLEMSEN/ANNUSS DB 2004, 134]). Auch wenn zu diesem Zweck

Arbeitnehmer im Rahmen einer **Aufgabenverlagerung im Konzern** in einen anderen Betrieb versetzt werden, liegt darin kein Betriebs(teil)übergang (vgl LAG Frankfurt 30. 10. 1984, DB 1985, 1486), sofern mit dem Übergang der Arbeitsverhältnisse keine Übertragung von identitätsbildenden betrieblichen Merkmalen einhergeht. Hingegen wird ein Betriebs(teil)übergang nicht dadurch ausgeschlossen, dass der Betriebs(teil)erwerber und der bisherige Betriebsinhaber die bisherige betriebliche Organisation unverändert in Form eines **gemeinsamen Betriebs mehrerer Unternehmen fortführen** (ebenso Henssler NZA 1994, 294 [298]; **aA** Belling/Collas NJW 1991, 1919 [1920]; Peters DB 1990, 424 [428]; siehe auch BAG 15. 2. 2007, AP Nr 2 zu § 613a BGB Widerspruch; vgl auch § 1 Abs 2 Nr 2 BetrVG; vgl auch Rn 100, 367). Übernimmt der neue Inhaber hingegen keine Betriebsteile, sondern tritt er lediglich unter unveränderter Fortführung der Betriebsorganisation in einzelne nicht zu einem Wertschöpfungszusammenhang verbundene Funktionen ein, so kommt es nicht zu einem Betriebsteilübergang (vgl BAG 27. 9. 2007, AP Nr 332 zu § 613a BGB; siehe auch Rieble NZA 2010, 1145 [1147]), wohl aber zur Entstehung eines gemeinsamen Betriebs mehrerer Unternehmen.

Entgegen der früheren Rechtsprechung des BAG genügt für die Annahme eines Betriebs(teil)übergangs nicht, dass sämtliche betriebsindividualisierenden Merkmale auf den Erwerber übergehen und dieser dadurch die Möglichkeit erlangt, den bisherigen Betrieb oder Betriebsteil im Wesentlichen unverändert fortzuführen (so die **„Theorie der Fortführungsmöglichkeit“**, wonach es gerade nicht darauf ankommen sollte, ob der Erwerber sich diese Möglichkeit auch tatsächlich zunutze macht; vgl nur BAG 12. 2. 1987, AP Nr 67 zu § 613a BGB; BAG 9. 2. 1994, AP Nr 104 zu § 613a BGB; BAG 27. 4. 1995, AP Nr 128 zu § 613a BGB; BAG 16. 7. 1998, NZA 1998, 1233 f; Schwanda, Betriebsübergang 175 f und passim; Wank SAE 1998, 209 [212]). Anderenfalls würde jedes Abgrenzungsmerkmal zur Betriebs(teil)stilllegung verlorengehen, da es gerade deren Kennzeichen sein kann, dass der Betriebs(teil)inhaber den Funktionszusammenhang zwar aufrechterhalten könnte, sich jedoch in freier unternehmerischer Entscheidung dazu entschlossen hat, die Fortführungsmöglichkeit nicht zu realisieren (vgl dazu näher Annuss NZA 1998, 70 [73 ff]). Da im Übrigen die Rechtsfolgenanordnung des Abs 1 S 1 nur gerechtfertigt erscheint, wenn der Erwerber sich die unternehmerische Koordinierungsleistung des bisherigen Inhabers zueigen macht, ist ein Betriebs(teil)übergang nur anzunehmen, wenn der Übernehmer die Organisationseinheit **tatsächlich fortführt** (so auch das BAG in mittlerweile st Rspr, vgl nur BAG 18. 3. 1999, AP Nr 189 zu § 613a BGB; BAG 18. 3. 1999, AP Nr 190 zu § 613a BGB; BAG 23. 9. 1999 – 8 AZR 750/98, nv; BAG 13. 7. 2006, AP Nr 313 zu § 613a BGB; BAG 21. 2. 2008, AP Nr 343 zu § 613a BGB; BAG 17. 12. 2009, AP Nr 383 zu § 613a BGB; BAG 27. 1. 2011, AP Nr 402 zu § 613a BGB; BAG 10. 5. 2012, AP Nr 426 zu § 613a BGB; BAG 15. 11. 2012, AP Nr 439 zu § 613a BGB; vgl in diesem Zusammenhang auch bereits BAG 11. 9. 1997, NZA 1998, 31 [32]; BAG 12. 11. 1998, AP Nr 186 zu § 613a BGB; Willemsen RdA 1991, 204 [208 ff]; Henssler NZA 1994, 913 [915]; Annuss NZA 1998, 70 [73 ff]; ErfK/Preis § 613a Rn 50 ff; MünchArbR/Wank § 142 Rn 42 ebenso die st Rspr des EuGH; vgl nur EuGH 18. 3. 1986 – *Spijkers,* Slg 1986, 1119 [1127] Rn 11; allerdings erscheint das Kriterium der tatsächlichen Fortführung in der Rspr des EuGH nicht als unverzichtbares Kriterium für die Annahme eines Betriebs(teil)übergangs, vgl nur EuGH 2. 12. 1999 – Allen, AP Nr 28 zu EWG-Richtlinie Nr 77/187 Rn 23: „... was *namentlich* dann zu bejahen ist, wenn der Betrieb tatsächlich weitergeführt oder wiederaufgenommen wird“ [Hervorhebung hier]; EuGH 9. 9. 2015 – *Ferreira da Silva,* EuZW 2016, 111; EuGH 20. 7. 2017 – *Piscarreta Ricardo,* NZA 2017, 1175; insoweit unzutreffend noch die Interpretation des EuGH bei Annuss NZA 1998, 70 [73 f]; die *Klarenberg*-Entscheidung des EuGH vom 12. 2. 2009, NZA 2009, 251 [253]) verlangt in dieser Hinsicht keine 67

Neuausrichtung – ebenso HWK/Willemsen § 613a Rn 58; zu Unrecht zweifelnd Wissmann/Schneider BB 2009, 1126; **aA** Bieder EuZA 2009, 513 [520]).

68 Letztlich ist für die Beantwortung der Frage, ob eine wirtschaftliche Einheit vom neuen Inhaber unter Wahrung ihrer Identität fortgeführt wird, nach grundsätzlich zutreffender Auffassung des BAG eine **wertende Gesamtbetrachtung** vorzunehmen. Zu den im Rahmen der Gesamtbewertung zu beachtenden – allerdings keineswegs abschließenden (zu Recht wird darauf hingewiesen, dass eine vorzeitige Verengung des Blicks zu vermeiden ist FGO/Winter Art 1 RL 2001/23/EG Rn 69) – Umständen zählen nach mittlerweile ständiger Rechtsprechung des BAG (vgl zur Vorreiterrolle des EuGH insoweit oben Rn 47 ff), „insbesondere die Art des betreffenden Betriebs, der Übergang der materiellen Betriebsmittel wie Gebäude und bewegliche Güter sowie deren Wert und Bedeutung, die Übernahme der immateriellen Betriebsmittel und der vorhandenen Organisation, der Grad der Ähnlichkeit mit der Betriebstätigkeit des bisherigen Inhabers, die Weiterbeschäftigung der Hauptbelegschaft, der Übergang von Kundschaft und Lieferantenbeziehungen sowie die Dauer einer eventuellen Unterbrechung der Betriebstätigkeit“ (BAG 30. 10. 2003, AP Nr 261 zu § 613a BGB; vgl ansonsten nur BAG 18. 12. 2003, AP Nr 263 zu § 613a BGB; BAG 22. 7. 2004, AP Nr 274 zu § 613a BGB; BAG 23. 9. 2010, AP Nr 389 zu § 613a BGB; BAG 27. 1. 2011, AP Nr 402 zu § 613a BGB; BAG 10. 5. 2012, AP Nr 426 zu § 613a BGB; BAG 21. 6. 2012, AP Nr 430 zu § 613a BGB; BAG 24. 1. 2013 – 8 AZR 706/11; BAG 25. 8. 2016, NZA-RR 2017, 123). Auch hier ist allerdings wesentlich, dass in die Gesamtbetrachtung nur solche Umstände einzubeziehen sind, die den Wertschöpfungszusammenhang, in den die jeweils betrachteten Arbeitsplätze eingebunden sind, insofern spezifisch prägen, als sie in dem unternehmerischen Gestaltungsbereich des bisherigen Inhabers wurzeln und für den Markterfolg des im Rahmen des relevanten Wertschöpfungsprozesses erzielten Produkts bedeutsam sind (insofern scheint die Kritik an den Begriffen „identitätsprägend“ und „Kern des Wertschöpfungszusammenhangs“ bei FGO/Winter Art 1 RL 2001/23/EG Rn 87 zumindest im Hinblick auf die hier verwendeten Begriffsinhalte unzutreffend). Grundsätzlich irrelevant sind daher **„Sowieso-Vorteile“**, die in keinem spezifischen Zusammenhang mit dem jeweiligen Wertschöpfungsprozess stehen, wie beispielsweise bloße Lagevorteile und der damit verbundene Eintritt in Kundenbeziehungen zur Laufkundschaft des vormaligen Inhabers (ebenso nun wohl BAG 18. 9. 2014, AP Nr 455 zu § 613a BGB; **aA** HWK/Willemsen § 613a Rn 93) oder eine unabhängig vom Betrieb existente Infrastruktur (vgl BAG 22. 8. 2013, AP Nr 444 zu § 613a BGB).

69 So ist bei Einzelhandelsgeschäften die Übernahme der „nackten“, nicht auf die spezifischen Bedürfnisse des jeweiligen Wertschöpfungszusammenhangs zugeschnittenen, Immobilie kein Umstand, der einen Betriebsübergang begründen kann (insoweit im Ergebnis richtig BAG 22. 5. 1997, AP Nr 154 zu § 613a BGB, allerdings auf der Grundlage eines nicht zutreffenden Ansatzes) oder auch nur im Rahmen der notwendigen Gesamtbetrachtung für einen Betriebsübergang spricht (vgl dazu unten Rn 93). Dass der neue Inhaber denselben Kundenkreis bedient wie der bisherige Inhaber, ist als solches kein für das Vorliegen eines Betriebs(teil)übergangs relevantes Merkmal. Die **Kundenbeziehungen** sind generell nicht Teil des Wertschöpfungszusammenhangs, sondern bilden sein Resultat (in diese Richtung auch ErfK/Preis § 613a Rn 31). Der Eintritt in Kundenbeziehungen kann daher die Fortführung des bisherigen Wertschöpfungszusammenhangs nicht begründen, sondern er ist allenfalls ihr Symptom. Zutreffend formuliert das BAG: „Im Zusammenhang mit dem Eintritt des Übernehmers in

Kundenbeziehungen kommt es darauf an, ob die Grundlagen für die Erhaltung der Kundenbeziehungen bestehen bleiben" (BAG 22. 10. 2009, AP Nr 16 zu § 115 SGB IX). Die Kundenbeziehungen als solche gehören also nicht selbst zu den Betriebsgrundlagen (sowohl auch BAG 18. 9. 2014, AP Nr 455 zu § 613a BGB). Dies gilt für Produktions- wie Vertriebstätigkeiten gleichermaßen (**aA** hinsichtlich letzterer HWK/Willemsen § 613a Rn 152). Richtigerweise sagt deshalb in Fällen der Auftragsnachfolge der planmäßige vollständige Eintritt in die Kundenbeziehung zum Auftraggeber nichts über das Vorliegen eines Betriebs(teil)übergangs aus. Die Kundenbeziehungen unterscheiden sich damit im Hinblick auf § 613a BGB fundamental von den Lieferantenbeziehungen (diesen Unterschied verkennt BAG 14. 8. 2007, AP Nr 326 zu § 613a BGB), deren Aufrechterhaltung eine erhebliche Erleichterung des Wertschöpfungsprozesses darstellen kann (insoweit zutreffend die Überlegungen bei BAG 15. 12. 2011, AP Nr 424 zu § 613a BGB; BAG 21. 6. 2012, AP Nr 430 zu § 613a BGB; BAG 24. 1. 2013 – 8 AZR 706/11). Wohl aber können Kontaktdaten und damit insbesondere eine **Kundendatei** und **Kundenkorrespondenz** als identitätsbildende Merkmale Bedeutung haben (BAG 15. 12. 2011, AP Nr 424 zu § 613a BGB; BAG 24. 8. 2006, AP Nr 315 zu § 613a BGB; HWK/Willemsen § 613a Rn 152).

Maßgeblicher Beurteilungszeitpunkt für das Vorliegen eines Betriebs(teil)übergangs 70
ist prinzipiell der **Übergang der betrieblichen Leitungsmacht**. Allerdings ist eine gewisse Subjektivierung dahingehend vorzunehmen, dass es ausreicht, wenn der neue Inhaber im Zeitpunkt der Erlangung der tatsächlichen Herrschaftsmacht beabsichtigt, die organisatorische Einheit – ggf nach einer zu Umbauzwecken eingelegten Betriebspause – unter Wahrung ihrer Identität tatsächlich fortzuführen (HWK/Willemsen § 613a Rn 76). Schwierigkeiten bereitet die Behandlung solcher Fälle, in denen der Erwerber der Betriebsmittel im Zeitpunkt der Erlangung der tatsächlichen Herrschaftsmacht die wirtschaftliche Einheit nicht tatsächlich weiterführen möchte, sondern sich erst später dazu entschließt. Sofern die Identität der wirtschaftlichen Einheit bei der späteren Wiederaufnahme der Tätigkeit gewahrt bleibt, wird man einen Betriebs(teil)übergang in dem Zeitpunkt annehmen müssen, in dem sich der neue Inhaber für eine tatsächliche Fortführung entscheidet (ähnlich insoweit Krause ZfA 2001, 67 [88 f]; ErfK/Preis § 613a Rn 50 ff; HWK/Willemsen § 613a Rn 77 f; abweichend etwa noch Annuss BB 1998, 1582 [1584]; Willemsen/Annuss, Anm zu BAG, AP Nr 189 zu § 613a BGB).

§ 613a BGB bezweckt eine Sicherung der vorhandenen Arbeitsplätze, wenn mit der 71
Übernahme des sachlichen und immateriellen Substrats die Dispositionsbefugnis über die Betriebsorganisation auf einen anderen übergeht, der deshalb die Arbeitnehmer weiterbeschäftigen kann. Er gewährleistet aber keineswegs, dass ein Arbeitsplatz geschaffen wird, wenn nach Auflösung der bisherigen Arbeitsorganisation die Gegenstände des Betriebsvermögens veräußert werden (**aA** ErfK/Preis § 613a Rn 52). Das gilt auch, wenn bereits vor Stilllegung des Betriebes dort beschäftigte Arbeitnehmer geschult werden, um in dem neugegründeten Betrieb eine Aufgabe übernehmen zu können (ebenso BAG 22. 5. 1985, AP Nr 42 zu § 613a BGB). Dabei darf allerdings die Stilllegung nicht vorgeschoben werden, um die Rechtsfolgen eines Betriebsübergangs zu vermeiden; denn bei Vorliegen eines Umgehungstatbestandes ist der Fall so zu behandeln, als wäre keine Betriebsstilllegung, sondern ein Betriebsübergang erfolgt.

b) Wahrung der Identität der wirtschaftlichen Einheit im Einzelnen

72 Erforderlich für einen Übergang der wirtschaftlichen Einheit ist, dass der neue Inhaber sich die vom bisherigen Inhaber erbrachte, in der Betriebsorganisation verkörperte Koordinierungsleistung zu eigen macht und dadurch für eine Rechtfertigung der Rechtsfolgenordnung des § 613a BGB ausreichende unternehmerische Vorteile im Vergleich zu einem gänzlichen „Neustart" erzielt. Es ist also danach zu fragen, ob der neue Inhaber einen in dem betreffenden Wertschöpfungszusammenhang „angelegten" **Betriebszweck** tatsächlich realisiert (so bereits Annuss NZA 1998, 70 [74]).

73 Ein **Betriebs(teil)übergang liegt nicht vor**, wenn die ursprüngliche wirtschaftliche Einheit beim bisherigen Inhaber im wesentlichen unverändert fortbesteht (in diesem Sinne hat auch das BAG angenommen, dass ein Betriebs[teil]übergang nicht vorliege, wenn der bisherige Inhaber seine wirtschaftliche Betätigung in dem Betrieb oder Betriebsteil nicht einstellt: BAG 18. 3. 1999, AP Nr 189 zu § 613a BGB; BAG 13. 12. 2007, AP Nr 338 zu § 613a BGB; BAG 21. 2. 2008, AP Nr 343 zu § 613a BGB; BAG 30. 10. 2008, AP Nr 358 zu § 613a BGB). Nicht richtig ist deshalb die Annahme des BAG, ein Betriebs(teil)übergang könne auch vorliegen, wenn der bisherige Inhaber sämtliche Arbeitnehmer eines Betriebsteils mit deren Zustimmung auf eine Verleihgesellschaft transferiert und sie sodann von dort entleiht, um die Tätigkeit in dem Betriebsteil im eigenen Namen unverändert fortzusetzen (BAG 21. 5. 2008, AP Nr 354 zu § 613a BGB, mit abl Anm Hamann). In diesem Fall hat kein Inhaberwechsel stattgefunden (ebenso Kast BB 2009, 901 [902]; HWK/Willemsen § 613a Rn 56), sondern eine einvernehmliche Überleitung der Arbeitsverhältnisse auf den Verleiher außerhalb von § 613a BGB. Im Übrigen ist der Tatbestand des § 613a BGB dahingehend zu reduzieren, dass ein Betriebs(teil)übergang selbst bei Übergang der wesentlichen Elemente eines Wertschöpfungszusammenhangs nicht gegeben ist, solange der bisherige Inhaber versucht, den von ihm geführten Wertschöpfungszusammenhang aufrechtzuerhalten. Demgemäß wird insbesondere typisches Wettbewerbsverhalten vom Tatbestand des § 613a BGB nicht erfasst, **solange der bisherige Betriebsinhaber den Betriebszweck mit einer möglichst unveränderten Betriebsorganisation tatsächlich fortzuführen versucht**. Errichtet daher beispielsweise ein anderer Rechtsträger in der Nähe eines bestehenden Betriebes eine im Wesentlichen identische Betriebsstätte und bewirbt sich – etwa wegen einer wirtschaftlichen Notlage – ein Großteil der in dem bestehenden Betrieb beschäftigten Arbeitnehmer erfolgreich beim Konkurrenten, so ist kein Betriebsübergang anzunehmen, solange und soweit der bisherige Inhaber tatsächlich versucht, die bei ihm bestehenden Wertschöpfungszusammenhänge aufrechtzuerhalten. Das gilt auch dann, wenn die Auftraggeber sich fortan an den Konkurrenten wenden, weil dieser zu günstigeren Bedingungen anbietet oder zuverlässiger erscheint.

74 **Am Übergang der wirtschaftlichen Einheit fehlt es immer dann**, wenn zwar beim neuen Inhaber ein im wesentlichen gleicher Wertschöpfungszusammenhang besteht, dieser jedoch nicht aus einer Übernahme vom bisherigen Inhaber, sondern daraus resultiert, dass der neue Inhaber ihn selbst geschaffen hat. Kein Betriebsteilübergang liegt daher vor, wenn der neue Inhaber mit den übernommenen Betriebsmitteln einen neuen Wertschöpfungszusammenhang eigenständig errichtet. Dies ist insbesondere der Fall, wenn der neue Inhaber einen von ihm unverändert geführten Organisationszusammenhang lediglich um einzelne Funktionen erweitert (dementsprechend hat auch das BAG angenommen, dass ein Lizenzgeber bei Ende des Lizenzvertrags

jedenfalls dann kein Betriebsmittel in Gestalt des mit der Lizenz verbundenen Nutzungsrechts übernehme, wenn er parallel zum Lizenznehmer schon bislang das Recht zur Eigennutzung innehatte; BAG 21. 5. 2007, AP Nr 335 zu § 613a BGB) oder einen wesentlich anderen, in dem bisherigen Wertschöpfungszusammenhang nicht „angelegten" **Betriebszweck** verfolgt (vgl nur BAG 16. 5. 2002, AP Nr 327 zu § 613a BGB; BAG 4. 5. 2006, AP Nr 304 zu § 613a BGB; BAG 13. 7. 2006, AP Nr 313 zu § 613a BGB; BAG 29. 3. 2007, AP Nr 331 zu § 613a BGB; BAG 17. 12. 2009, AP Nr 383 zu § 613a BGB; BAG 23. 9. 2010 – 8 AZR 567/09; BAG 21. 6. 2012, AP Nr 430 zu § 613a BGB; BAG 15. 11. 2012, AP Nr 439 zu § 613a BGB; BAG 23. 5. 2013, AP Nr 441 zu § 613a BGB) oder die Organisation des Wertschöpfungszusammenhangs wesentlich verändert (vgl dazu BAG 6. 4. 2006, AP Nr 303 zu § 613a BGB; BAG 30. 10. 2008, AP Nr 359 zu § 613a BGB; BAG 21. 6. 2012, AP Nr 430 zu § 613a BGB; BAG 22. 8. 2013, AP Nr 444 zu § 613a BGB; vgl dazu auch Müller-Bonanni NZA-Beil 1/2009, 13 [17 f]). Ferner ist kein Betriebs(teil)übergang gegeben, wenn der neue Inhaber die von ihm übernommenen betrieblichen Merkmale in einen bei ihm vorhandenen Wertschöpfungszusammenhang **eingliedert** und dadurch die bei ihm vorhandene Betriebsstruktur lediglich ausdehnt (BAG 25. 9. 2003, AP Nr 261 zu § 613a BGB; BAG 16. 5. 2002, AP Nr 237 zu § 613a BGB; in diese Richtung auch BAG 22. 5. 1997, AP Nr 154 zu § 613a BGB; vgl dazu auch BAG 21. 6. 2012, AP Nr 430 zu § 613a BGB; BAG 22. 8. 2013, AP Nr 444 zu § 613a BGB). In diesem Fall erlangt der neue Inhaber durch die Übernahme keinen derartigen betriebsorganisatorischen Vorteil, dass er die Rechtsfolgenordnung des § 613a BGB rechtfertigen könnte, da es letztlich nur um die Übernahme einzelner Produktionsfaktoren, nicht aber um die Fortführung der von einem anderen erbrachten produktbezogenen Strukturierungsleistung geht. Dabei ist allerdings auf die richtige Abgrenzung des Wertschöpfungszusammenhangs zu achten. Entscheidend ist allein der auf die Verfolgung eines arbeitstechnischen Zwecks gerichtete Wertschöpfungszusammenhang, nicht auch dessen weitere Einbindung in die Unternehmensstruktur. So kann es an der Wahrung der bisherigen Betriebsidentität insbesondere fehlen, wenn der Übernehmer eines Geschäftslokals bereits an anderen Orten über eine Reihe von gleichartigen (Filial-)Geschäften verfügt und mit der neuen Filiale lediglich die bisherige Betriebstätigkeit erweitert wird (ähnlich im Ergebnis BAG 6. 4. 2006, AP Nr 303 zu § 613a BGB; soweit in diesem Zusammenhang BAG 22. 5. 1997, AP Nr 154 zu § 613a BGB herangezogen wird, ist zu beachten, dass diese Entscheidung eine solch weitgehende Aussage nicht stützt, weil es dort um die Übernahme eines „nackten" Verkaufsgeschäfts ohne Personal und Geschäftseinrichtung ging, das der neue Inhaber nach eigenen Vorstellungen umgebaut hatte); regelmäßig macht der Erwerber sich in einer solchen Konstellation keinen von einem anderen geschaffenen Wertschöpfungszusammenhang zueigen, sondern erstreckt er nur die von ihm aus eigener Kraft aufgebaute unternehmerische Organisation auf weitere Filialen. Nicht überzeugend ist, wenn für den gleichsam spiegelbildlich gelagerten Fall des Ausscheidens eines Geschäftslokals aus einer „Kette" von Franchise- oder Systembetrieben ohne Weiteres ein Verlust der Identität der wirtschaftlichen Einheit angenommen wird (so HWK/Willemsen § 613a Rn 130). Auch in diesen Fällen wird man vielmehr stets danach fragen müssen, inwieweit die in der konkreten arbeitsorganisatorischen Teilstruktur verkörperte Koordinierungsleistung nach einem Ausscheiden aus der Kette unternehmerisch genutzt wird. Dies erscheint im Falle eines ähnlichen Geschäftszwecks zumindest bei Übernahme der wesentlichen Geschäftsausstattung sowie des wesentlichen Teils des Personals denkbar. Eine identitätszerstörende Eingliederung in die beim neuen Inhaber vorhandene Betriebsorganisation ist im Übrigen nicht schon dann gegeben, wenn eine beim bisherigen Inhaber bestehende Betriebsabteilung nicht als formal abgegrenzte organisatorische Einheit fortgeführt wird (in diesem Sinne wurde die bisherige Rechtsprechung des BAG [vgl nur BAG 13. 12. 2007, AP Nr 341 zu § 613a BGB; BAG 6. 4. 2006 AP Nr 303 zu § 613a BGB; BAG 25. 9. 2003, AP Nr 261 zu § 613a BGB] verstanden; **aA** hinsichtlich der Einordnung der BAG-Rechtsprechung Willemsen/Sagan ZIP 2010, 1205 ff). Vielmehr ist auch insoweit allein auf den Erhalt des Wertschöpfungszusammenhangs und nicht auf denjenigen einer darüber hinausgehenden organisatorischen Selbständigkeit abzustellen (zutreffend EuGH 12. 2. 2009 – *Klarenberg,* NZA 2009, 251 [253]; EuGH 9. 9. 2015 – *Ferreira da Silva,* EuZW 2016, 111; EuGH 20. 7. 2017 – *Piscarreta Ricardo,* NZA 2017, 1175; grundsätzlich auch BAG 17. 12. 2009 NZA 2010, 499 [502]; BAG 27. 1. 2011, AP Nr 402 zu § 613a BGB; geradezu frappierend falsch hingegen BAG 28. 5. 2009, AP Nr 370 zu § 613a BGB: „... ist die Entscheidung des EuGH vom 12. 2. 2009 für den Streitfall nicht einschlägig. Die vom EuGH entschiedene Rechtsfolge betrifft nämlich nur die Fälle, in denen der übertragene Unternehmens- oder Betriebsteil seine organisatorische Selbständigkeit beim Übernehmer nicht bewahrt"; Hauck, in: FS Bauer 401 [406]; vgl dazu bereits oben Rn 50 ff). Ein Betriebs(teil)übergang iSd des § 613a BGB ist daher auch dann anzunehmen, wenn die bislang formal in einer Betriebsabteilung zusammengefassten identitätsbildenden Merkmale beim neuen Inhaber unter Aufrechterhaltung des auf das Arbeitsergebnis ausgerichteten Wertschöpfungszusammenhangs in unterschiedlichen Betriebsabteilungen angesiedelt werden, sodass sich der im wesentlichen unveränderte Wertschöpfungszusammenhang beim neuen Inhaber über mehrere Betriebsabteilungen erstreckt.

75 In der Rechtsprechung des BAG hat die Unterscheidung zwischen betriebsmittelgeprägten und nicht betriebsmittelgeprägten wirtschaftlichen Einheiten für die Beantwortung der Frage, welche betrieblichen Merkmale zur Begründung eines Betriebs(teil)übergangs auf einen anderen Inhaber übergehen müssen, immer noch eine zentrale Bedeutung (vgl BAG 10. 5. 2012, AP Nr 426 zu § 613a BGB; BAG 21. 6. 2012, AP Nr 430 zu § 613a BGB; BAG 24. 1. 2013 – 8 AZR 706/11; BAG 23. 5. 2013, AP Nr 441 zu § 613a BGB; BAG 22. 8. 2013, AP Nr 444 zu § 613a BGB; BAG 21. 8. 2014, AP Nr 454 zu § 613a BGB; BAG 22. 1. 2015 NZA 2015, 1325 vgl auch EuGH 26. 11. 2015 – *Aira Pascual,* NZA 2016, 31; BAG 21. 8. 2008, AP Nr 353 zu § 613a BGB; siehe auch MünchKomm/Müller-Glöge § 613a Rn 26). Danach gilt:

76 – Werde ein Betrieb **im Wesentlichen durch die menschliche Arbeitskraft geprägt**, so könne ein Betriebsteilübergang vorliegen, wenn der neue Betriebsinhaber den nach Zahl und Sachkunde wesentlichen Teil des Personals übernehme und mit diesen Mitarbeitern die beim bisherigen Inhaber ausgeführte Tätigkeit fortsetzt (siehe die zusammenfassende Darstellung bei BAG 15. 12. 2011, AP Nr 423 zu § 613a BGB; siehe auch BAG 21. 6. 2012, AP Nr 430 zu § 613a BGB; BAG 24. 1. 2013 – 8 AZR 706/11; BAG 22. 1. 2015 NZA 2015, 1325; BAG 25. 8. 2016, AP Nr 466 zu § 613a BGB; vgl bereits BAG 13. 11. 1997, AP Nr 169 zu § 613a BGB; BAG 18. 3. 1999, NZA 1999, 706 [707]). Dabei soll es sogar unerheblich sein, ob der neue Inhaber die Arbeitnehmer als solche oder nur in der Stellung als freie Mitarbeiter weiterbeschäftigt (BAG 18. 2. 1999, AP Nr 5 zu § 325 ZPO; Müller-Glöge NZA 1999, 449 [450]).

77 Nach Ansicht des BAG reiche bei einfachen Tätigkeiten ohne erhebliche Befähigungsunterschiede bei den Mitarbeitern die Übernahme von 75 % der Belegschaft nicht aus, um den Übergang des Wertschöpfungszusammenhangs annehmen zu können (BAG 10. 12. 1998, NZA 1999, 420 [422]; ablehnend Waas ZfA 2001, 377 [392]; vgl auch BAG 24. 5. 2005, NZA 2006, 31). Hingegen reiche unter sonst gleichen Voraus-

setzungen die Übernahme von 85% der Arbeitnehmer aus (BAG 11. 12. 1997, NZA 1998, 534 ff). Ist allerdings die Sachkunde der betroffenen Arbeitnehmer unterschiedlich, so kann auch die Übernahme von weniger als der Hälfte der Belegschaft für die Begründung der Anwendbarkeit des § 613a BGB genügen, wenn in den übernommenen Arbeitnehmern das zur Aufrechterhaltung des Wertschöpfungszusammenhangs notwendige Strukturwissen verkörpert ist und deshalb der in dem Wertschöpfungszusammenhang liegende wirtschaftliche Vorteil auch nach Wiederauffüllung der Belegschaft mit neu eingestellten Mitarbeitern im Wesentlichen aufrechterhalten werden kann (vgl BAG 21. 6. 2012, AP Nr 430 zu § 613a BGB; siehe weitere Prozentangaben bei Küttner/Kreitner, Stichwort „Betriebsübergang" Rn 16; vgl auch Ahlborn ZfA 2005, 109 [147 f]). Unter Umständen kann sogar die Übernahme der zahlenmäßig im Verhältnis zur Gesamtbelegschaft relativ wenigen Schlüsselkräfte des Betriebs(teils) ausreichen, um einen Betriebs(teil)übergang zu begründen (ebenso HWK/Willemsen § 613a Rn 129). Sofern nur im Hinblick auf die Aufrechterhaltung des Wertschöpfungszusammenhangs die übernommenen Arbeitnehmer einen die Rechtsfolgenordnung des § 613a BGB rechtfertigenden unternehmerischen Vorteil bedeuten, steht es der Annahme eines Betriebs(teil)übergangs nicht entgegen, „wenn die übernommenen Mitarbeiter – aufbauend auf dem bereits vorhandenen Wissen und Können – noch weiter geschult werden müssen, um die schwierigen und komplexen neuen Aufgaben bei dem Betriebsübernehmer erfüllen zu können" (BAG 25. 6. 2009, AP Nr 373 zu § 613a BGB; vgl auch BAG 14. 5. 1998, NZA 1999, 483; BAG 21. 1. 1999 – 8 AZR 680/97, nv; BAG 18. 2. 1999, NZA 1999, 648 [649]; BAG 18. 3. 1999, AP Nr 44 zu § 4 KSchG 1969; BAG 23. 9. 1999 – 8 AZR 614/98, nv). Nicht überzeugend ist hingegen, wenn das BAG meint, auch in Betrieben, die nicht wesentlich durch sächliche Betriebsmittel geprägt sind, könne „die Übertragung von sächlichen Betriebsmitteln von nicht unbedeutenden Wert […] ein weiteres Indiz für einen Betriebsübergang darstellen" (BAG 21. 6. 2012, AP Nr 430 zu § 613a BGB).

Die Rechtsprechung des BAG zur Bedeutung der Übernahme von Personal in 78
betriebsmittelarmen Betrieben hat noch nicht in allen Fällen die Frage in den Mittelpunkt gerückt, ob der neue Inhaber sich infolge der Übernahme des Personals die von einem anderen erbrachte unternehmerische Leistung in einer Weise zueigen macht, die seine Belastung mit den Rechtsfolgen des § 613a BGB rechtfertigt. So kann es entgegen der Annahme des BAG (BAG 11. 12. 1997, NZA 1998, 534) bei einfachen Tätigkeiten ohne erhebliche Befähigungsunterschiede der Mitarbeiter an einem Eingreifen des § 613a BGB auch bei Übernahme von mehr als 90 oder 95% der Belegschaft fehlen, sofern der neue Inhaber dadurch keinen unternehmerisch relevanten Vorteil erlangt. Dies ist etwa anzunehmen, wenn eine ausreichende Zahl der benötigten Arbeitnehmer auf dem freien Arbeitsmarkt vorhanden sind und der neue Inhaber den von ihm geführten Wertschöpfungszusammenhang im Wesentlichen unverändert auch ohne die Übernahme von Arbeitnehmern vom bisherigen Inhaber betreiben könnte. Umgekehrt kann die wesentliche Strukturierungsleistung des bisherigen Inhabers, die der neue Inhaber sich zueigen macht, womit er die Anwendbarkeit des § 613a BGB begründet, gerade darin liegen, dass eine ausreichende Zahl von Mitarbeitern gewonnen wurden, um den Wertschöpfungszusammenhang überhaupt erst betreiben zu können. Im letzteren Fall kann beispielsweise auch bei einfachen Dienstleistungen ohne wesentliche Befähigungsunterschiede der Mitarbeiter die Übernahme von

60% der Belegschaft ausreichen, wenn der neue Inhaber ohne sie den von ihm geführten Wertschöpfungszusammenhang nicht betreiben könnte (so hätte das BAG in der Entscheidung vom 25. 8. 2016, NZA 2017, 123 einen Betriebsübergang wohl richtigerweise annehmen müssen, weil der neue Inhaber nicht in der Lage war, den Rettungsdienst ohne Übernahme des beim vorherigen Inhaber beschäftigten Personals – und damit der vom bisherigen Inhaber insoweit erbrachten unternehmerischen Strukturierungsleistung – zu betreiben).

79 – Werde ein Betrieb hingegen **wesentlich durch materielle oder immaterielle Betriebsmittel geprägt**, so könne ein Betriebs(teil)übergang auch ohne Übernahme von Personal ausgelöst werden. Sachliche Betriebsmittel sind nach Ansicht des BAG in diesem Sinne wesentlich, wenn sie bei „wertender Betrachtungsweise den eigentlichen Kern des zur Wertschöpfung erforderlichen Funktionszusammenhangs ausmachen" (BAG 22. 1. 2009, AP Nr 367 zu § 613a BGB; BAG 23. 5. 2014, AP Nr 441 zu § 613a BGB; vgl auch BAG 2. 3. 2006, AP Nr 302 zu § 613a BGB; BAG 6. 4. 2006, AP Nr 299 zu § 613a BGB; BAG 13. 6. 2006, AP Nr 305 zu § 613a BGB; BAG 15. 2. 2007, AP Nr 320 zu § 613a BGB). Auch bei betriebsmittelgeprägten Betrieben darf man sich von den bisweilen noch allzu sehr auf die einzelnen Betriebsmittel abstellenden Formulierungen des BAG indes nicht von der richtigen Spur abbringen lassen (siehe auch die Kritik bei FGO/Winter Art 1 RL 2001/23/EG Rn 69), dass die Übernahme der Betriebsmittel als solche für die Frage nach dem Vorliegen eines Betriebs(teil)übergangs irrelevant ist, da es auch hier allein auf die Übertragung des Wertschöpfungszusammenhangs ankommt. Deshalb darf die Prüfung sich auch bei betriebsmittelgeprägten Betrieben nicht damit begnügen, nur die Übernahme des wesentlichen Teils der Betriebsmittel festzustellen, sondern sie hat weiter danach zu fragen, ob der die Betriebsmittel verbindende Wertschöpfungszusammenhang im wesentlichen unverändert übertragen wird. Die Übernahme des wesentlichen Teils der Betriebsmittel kommt lediglich die Bedeutung eines Indizes für das Vorliegen eines Betriebsteilübergangs zu. In diesem Sinne hat das BAG zutreffend entschieden, dass die Übernahme des gesamten Fuhrparks eines Transportunternehmens durch ein anderes Transportunternehmen für sich die Anwendbarkeit des § 613a BGB nicht begründen könne (BAG 26. 8. 1999, AP Nr 196 zu § 613a BGB).

80 Auch umgekehrt gilt: Schafft der neue Betriebsinhaber die wesentlichen materiellen Betriebsmittel neu an, kann bei Nachfolge in die Auftrags- und Arbeitsverhältnisse dennoch ein Betriebsübergang vorliegen, wenn sich die Neuanschaffung als bloßer **Ersatz verschlissener Produktionsmittel** darstellt (vgl dazu BAG 3. 7. 1986, AP Nr 53 zu § 613a BGB einerseits sowie BAG 25. 8. 2016, AP Nr 466 zu § 613a BGB andererseits) und der neue Inhaber sich trotz Austauschs der materiellen Betriebsmittel die vom bisherigen Inhaber hinsichtlich des Wertschöpfungszusammenhangs erbrachte Strukturierungsleistung in einem solchen Ausmaß zu eigen macht, dass die Rechtsfolgenordnung des § 613a BGB gerechtfertigt ist.

81 Damit erweist sich, dass hinsichtlich der an das Vorliegen eines Betriebs(teil)übergangs zu stellenden Anforderungen **zwischen betriebsmittelgeprägten und betriebsmittelarmen Betrieben kein struktureller Unterschied** besteht (im Ergebnis ebenso Jochums, Gemeinschaftsbetrieb 52) und dass auch für Mischbetriebe, deren Identität sowohl durch Betriebsmittel als auch durch die zwischen den Mitarbeitern bestehende Verbundenheit geprägt wird, nichts anderes gilt. Stets kommt es allein darauf an, ob der neue Inhaber von dem bisherigen Inhaber eine unternehmerische Strukturierungsleistung in Gestalt eines wirtschaftlich verwertbaren Wertschöpfungszusammenhangs übernimmt und dadurch einen solchen wirtschaftlichen Vorteil erlangt, dass die Auferlegung der mit § 613a BGB verbundenen Lasten gerechtfertigt ist. Zu fragen ist deshalb insbesondere danach, ob der neue Inhaber den Wertschöpfungszusammenhang ohne wesentlichen zusätzlichen Aufwand auch dann führen könnte, wenn er die Betriebsmittel nicht vom bisherigen Inhaber übernimmt, sondern die Betriebsmittel von einem Dritten erwerben oder selbst schaffen würde und dies auch konkret möglich ist. Ist das zu bejahen, kann die Übernahme der Betriebsmittel einen Betriebs(teil)übergang nicht begründen (keine Zustimmung verdient deshalb die Entscheidung BAG 25. 8. 2016, NZA-RR 2017, 123 – „Rettungsdienst", wo ein Betriebs[teil]übergang im Wesentlichen deshalb abgelehnt wurde, weil der Erwerber die Krankenfahrzeuge nicht von dem bisherigen Inhaber übernommen, sondern – was ihm unschwer möglich war – von einem Dritten neu erworben hatte; in der Nutzung der einzelnen Krankenfahrzeuge verwirklichte sich keine spezifische unternehmerische Strukturierungsleistung des Inhabers, weshalb die Krankenfahrzeuge als solche nicht zum Kern des Wertschöpfungszusammenhangs gehörten; ablehnend auch ErfK/Preis § 613a Rn 21; Willemsen NZA 2017, 953 [959]). Ist das hingegen zu verneinen, liegt in der Übernahme der Betriebsmittel das Einrücken in eine vom bisherigen Inhaber erbrachte unternehmerische Strukturierungsleistung, was ein Argument für die Anwendung des § 613a BGB liefert. Das mag etwa der Fall sein, wenn es sich um Betriebsmittel handelt, die auf dem Markt nicht verfügbar sind und vom bisherigen Inhaber zur Herstellung bestimmter Produkte entwickelt und hergestellt wurden. Dieser Erkenntnis entspricht die Rechtsprechung des BAG zu betriebsmittelgeprägten Betrieben nicht in ausreichendem Maß. Mitunter wird allzu schnell aus der Bejahung des Übergangs der wesentlichen Betriebsmittel auf den Übergang der wirtschaftlichen Einheit geschlossen, ohne die Bedeutung der möglicherweise in der Belegschaft verkörperten Strukturierungsleistung ausreichend zu würdigen (vgl etwa die insoweit verfehlten Entscheidungen BAG 22. 7. 2004, AP Nr 274 zu § 613a BGB; BAG 13. 6. 2006, AP Nr 305 zu § 613a BGB). Allerdings ist in neueren Entscheidungen des BAG immerhin erkennbar, dass es letztlich nicht auf die Betriebsmittel als solche, sondern nur auf den sie verbindenden Wertschöpfungszusammenhang ankommt (vgl BAG 25. 9. 2008, AP Nr 355 zu § 613a BGB). Zur Erläuterung mag eine handwerkliche Herstellung mit hoher Fertigungstiefe dienen, in deren Rahmen in 200 Arbeitsschritten unter Zuhilfenahme einfacher – auf dem Markt jeweils ohne Weiteres erhältlicher – Betriebsmittel bestimmte Produkte hergestellt werden. Hier steckt die Strukturierungsleistung nicht in den einzelnen Betriebsmitteln, sondern in dem Wissen des Betriebs(teil)inhabers darüber, welche Betriebsmittel für den gesamten Herstellungsprozess erforderlich sind und wie die Betriebsmittel miteinander zu verknüpfen sind, um einen Wertschöpfungszusammenhang zu begründen.

Für die Erzielung zutreffender Ergebnisse ist es essentiell, die in einem Betrieb vorhandenen unterschiedlichen **Wertschöpfungszusammenhänge richtig abzugrenzen**. So ist es zwar richtig, dass die Erteilung einer höchstpersönlichen **behördlichen Erlaubnis** an den Nachfolger des bisherigen Erlaubnisinhabers als solche keinen Betriebsteilübergang begründet. Damit ist jedoch noch nichts über einen Betriebs(teil)übergang hinsichtlich der von dem jeweiligen Erlaubnisinhaber geführten Betriebsorganisation gesagt. Vielmehr ist danach zu fragen, ob in der vom Erlaubnisinhaber geführten Betriebsorganisation separierbare Wertschöpfungszusammenhänge beste- 82 hen, die der Nachfolger übernommen hat. Deshalb ist es beispielsweise nicht richtig, wenn angenommen wird, dass die Unübertragbarkeit der luftverkehrsrechtlichen Betriebsgenehmigung einen Betriebs(teil)übergang hinsichtlich des Flugbetriebs von vornherein ausschließe (so LAG Hessen 13. 7. 2005 – 17 Sa 2299/04; zutreffend hingegen LAG Berlin-Brandenburg 1. 9. 2010 – 17 Sa 836/10 und EuGH 9. 9. 2015 – C-160/14, *TAP/AlA*) bzw dass die Nichtübertragbarkeit der Notarbefugnis einen Betriebs(teil)übergang hinsichtlich des Kanzleipersonals verhindere (so BAG 26. 8. 1999, AP Nr 197 zu § 613a BGB; Pfrogner/Serr BB 2015, 501 [504]). Vielmehr ist es denkbar, dass der neue Erlaubnisinhaber die von seinem Vorgänger zur Ausübung des erlaubten Geschäftsbetriebs geschaffene Betriebsorganisation unter Aufrechterhaltung des in ihr verkörperten Wertschöpfungszusammenhangs übernimmt, und insoweit kommt es dann auch zur Anwendung des § 613a BGB (grundsätzlich zutreffend insoweit BAG 19. 3. 1998, AP Nr 177 zu § 613a BGB; zu undifferenziert hingegen Wiebauer NZA 2010, 733). Auch die Dezernate einzelner Rechtsanwälte in einer Anwaltskanzlei können jeweils für sich übergangsfähige Betriebsteile im Sinne des § 613a BGB sein (**aA** BAG 30. 10. 2008 wonach es sich bei einer Anwaltskanzlei grundsätzlich um eine „einheitliche Organisation" handelt – angesichts der Struktur moderner Anwaltskanzleien erscheint das geradezu weltfremd; zustimmend dennoch Willemsen, Anm AP Nr 358 zu § 613a BGB; zutreffend hingegen in der Tendenz zu einer Arztpraxis BAG 22. 6. 2011, AP Nr 408 zu § 613a BGB).

83 Der Umstand, dass der Erwerber den Betrieb an einem **anderen Ort** fortführen will, führt nicht in jedem Fall zur Verneinung eines Betriebsübergangs (unklar BAG 12. 2. 1987, AP Nr 67 zu § 613a BGB; vgl zur Auswirkung auf die Arbeitsverträge in solchen Fällen Rn 210). Stets ist zu fragen, inwieweit der Wertschöpfungszusammenhang trotz der räumlichen Verlagerung aufrechterhalten bleibt. Demgemäß kann in der räumlichen Verlagerung der betrieblichen Tätigkeit eine Stilllegung (vgl näher Rn 85 ff) mit anschließender Neuerrichtung eines Betriebes zu erblicken sein, wenn infolge der Verlagerung der bisherige Wertschöpfungszusammenhang zerstört wird (vgl BAG 26. 5. 2011, AP Nr 409 zu § 613a BGB; BAG 16. 5. 2002, AP Nr 237 zu § 613a BGB; BAG 20. 4. 1989, AP Nr 81 zu § 613a BGB; LAG Nürnberg 26. 8. 1996 LAGE § 613a BGB Nr 51; siehe auch BAG 12. 2. 1987, AP Nr 67 zu § 613a BGB). Die bloße Verlagerung um 25 km (vgl LAG Nürnberg 26. 8. 1996 LAGE § 613a BGB Nr 51; beachte auch LAG Düsseldorf 16. 2. 1995 LAGE § 613a BGB Nr 45) reicht dafür bei einem Produktionsbetrieb allerdings grundsätzlich ebenso wenig aus wie der Umstand, dass (einzelne) Arbeitnehmer innerhalb eines mit dem ursprünglichen Inhaber fortbestehenden Arbeitsverhältnisses nicht an den neuen Ort hätten versetzt werden können (in diese Richtung aber LAG Berlin 18. 9. 1998 – 6 Sa 53/98, nv; vgl insoweit im Hinblick auf die Abgrenzung von einer Betriebsstilllegung Hergenröder AR-Blattei SD 500. 1 Rn 183). Ebenso wenig wird ein Betriebs(teil)übergang dadurch ausgeschlossen, dass der Wertschöpfungszusammenhang am neuen Ort zur Adressierung eines gänzlich neuen Kundenkreises genutzt wird; entscheidend ist allein, ob der neue Inhaber infolge der Übernahme des Wertschöpfungszusammenhangs den neuen Kundenkreis am anderen Ort in einer Weise leichter erschließen kann, dass die Anwendung des § 613a BGB gerechtfertigt ist (**aA** BAG 2. 12. 1999 NZA 2000, 369; ErfK/Preis § 613a Rn 34). Steht die Betriebsverlagerung bereits bei Abschluss der zum Betriebsübergang führenden Rechtsgeschäfte fest und führt der Erwerber den Betrieb am bisherigen Ort überhaupt nicht fort, so handelt es sich um eine **vom Veräußerer geplante Betriebsänderung**, weshalb dieser die Interessenausgleich- und Sozialplanverhandlungen zu führen hat (**aA** wohl BAG 20. 4. 1989, AP Nr 81 zu § 613a BGB, wonach die Verlagerung durch den Erwerber, nicht jedoch durch den Veräußerer erfolge).

Ein Betriebsübergang kann auch vorliegen, wenn das Pachtobjekt im unmittelbaren Anschluss an die Beendigung des Vertrags erneut verpachtet wird und sodann der neue Pächter die wesentlichen betrieblichen Merkmale identitätswahrend tatsächlich nutzen will (vgl bereits EuGH 10. 2. 1988 – *Daddy's Dance Hall,* Slg 1988, 739 [753] Rn 11 = EAS Nr 4 zu Art 1 RL Nr 77/187/EWG; BAG 25. 2. 1981, AP Nr 24 zu § 613a BGB; BAG 3. 7. 1986, AP Nr 53 zu § 613a BGB). Dabei kommt es, sofern der Verpächter den Betrieb zwischenzeitlich nicht selbst tatsächlich fortzuführen beabsichtigt, nicht zu einem **„Zwischenübergang"** auf den Verpächter (aA etwa Ekkenga ZIP 1995, 1225 [1233] mwNw). Eine zeitliche Lücke zwischen den Pachtverträgen steht der Annahme eines Betriebsübergangs entgegen, sofern dadurch die Identität der wirtschaftlichen Einheit verloren geht (vgl auch BAG 27. 4. 1995, AP Nr 128 zu § 613a BGB), was allerdings nur selten anzunehmen sein dürfte (vgl Rn 92 ff). 84

2. Abgrenzung des Übergangs von der Stilllegung eines Betriebs oder Betriebsteils

a) Stilllegung als Auflösung der zwischen Arbeitgeber und Arbeitnehmer bestehenden Betriebs- und Produktionsgemeinschaft

Stilllegung ist die Auflösung der die Einheit des Betriebs oder Betriebsteils gestaltenden Organisation, die ihre Veranlassung und zugleich ihren unmittelbaren Ausdruck darin findet, dass der Unternehmer, den mit dem Betrieb oder Betriebsteil verfolgten Zweck einstellt. Das BAG sieht das wesentliche Element in der „Auflösung der zwischen Arbeitgeber und Arbeitnehmer bestehenden Betriebs- und Produktionsgemeinschaft" (BAG 17. 9. 1957, AP Nr 8 zu § 13 KSchG; bestätigt durch BAG 6. 11. 1959, AP Nr 15 zu § 13 KSchG; BAG 23. 4. 1980, AP Nr 8 zu § 15 KSchG 1969; BAG 14. 10. 1982, AP Nr 1 zu § 1 KSchG 1969 Konzern; BAG 27. 9. 1984, AP Nr 39 zu § 613a BGB; st Rspr zuletzt BAG 9. 2. 1994, AP Nr 105 zu § 613a BGB; BAG 22. 5. 1997, AP Nr 154 zu § 613a BGB). Die bloße Produktionseinstellung bedeutet noch keine Betriebsstilllegung, auch wenn der Unternehmer durch sie zu erkennen gibt, dass er den Betriebszweck endgültig aufgibt. Notwendig ist vielmehr die **Auflösung der dem Betriebszweck dienenden Organisation**, wozu neben einer tatsächlichen Einstellung der betrieblichen Tätigkeit zumindest auch der Ausspruch von Kündigungen gegenüber den Arbeitnehmern oder der Abschluss von Aufhebungsverträgen gehört (BAG 27. 4. 1995, AP Nr 128 zu § 613a BGB; BAG 16. 5. 2002, AP Nr 237 zu § 613a BGB; BAG 11. 11. 2010 – 8 AZR 169/09). Ob der Arbeitgeber Inhaber der zum Betriebsvermögen gehörenden Gegenstände bleibt oder diese veräußert oder einem anderen zur Nutzung überlässt, spielt dagegen keine Rolle (vgl BAG 22. 5. 1997, AP Nr 154 zu § 613a BGB). 85

Betriebsstilllegung ist die **endgültige Auflösung der** zwischen dem Arbeitgeber und den Arbeitnehmern bestehenden **Betriebs- und Produktionsgemeinschaft** (vgl bereits RAG 19. 9. 1928, BenshSlg 4, 71 [72]). Sie muss deshalb für eine unbestimmte, nicht unerhebliche Zeitspanne erfolgen, weil anderenfalls nur eine Betriebspause oder Betriebsunterbrechung vorliegt (so bereits RAG 19. 9. 1928, BenshSlg 4, 71 [72]; ebenso BAG 27. 9. 1984, AP Nr 39 zu § 613a BGB; BAG 20. 1. 1994, NZA 1994, 653 [654]; BAG 27. 6. 1995, AP Nr 7 zu § 4 BetrVG 1972; Schmalenberg NZA 1989, Beil 3, 14 [19]; Kracht, Kündigungsverbot 134; vgl dazu im Einzelnen Rn 92 ff). Entscheidend ist die vollständige und endgültige Zerschlagung des Wertschöpfungszusammenhangs. Nicht ohne Weiteres zutreffend ist allerdings die Annahme, dass es nach einer vollständigen Betriebs(teil)stilllegung hinsichtlich der betreffenden Einheit nicht mehr zu einem Betriebs(teil)übergang 86 kommen kann (so aber BAG 16. 2. 2012, AP Nr 188 zu § 1 KSchG 1969 Betriebsbedingte Kündigung, in Fortsetzung ständiger Rechtsprechung, wonach Betriebsübergang und Betriebsstilllegung einander ausschlössen; siehe auch BAG 21. 5. 2015 – 8 AZR 409/13; Thienemann, Der Umgehungsbegriff 220 f; HWK/Willemsen § 613a Rn 71, anders jedoch Rn 169). Auch wenn nach einer Stilllegung eines Betriebs(teils) Betriebsmittel oder Arbeitnehmer auf einen anderen Inhaber übergehen, ist stets danach zu fragen, ob dieser den bisherigen Wertschöpfungszusammenhang im Wesentlichen unverändert fortführt. Ist das zu bejahen, so kommt es auch nach einer zunächst erfolgten Stilllegung noch zu einem Betriebs(teil)übergang (= Wiederaufnahme der betrieblichen Tätigkeit).

87 Die Frage, ob eine Betriebs(teil)stilllegung vorgelegen hat, ist daher letztlich nicht für § 613a BGB relevant, sondern allein dafür, ob der bisherige Betriebsinhaber betriebsbedingte Kündigungen wirksam aussprechen kann. Dies ist nämlich – soweit die Kündigung auf die Betriebsstilllegung gestützt werden soll – nach Ansicht des BAG nicht rechtswirksam möglich, solange der Arbeitgeber noch in Verhandlungen über eine Betriebs(teil)veräußerung steht oder sich um einen Nachfolgeauftrag bewirbt, damit er die Betriebsorganisation ggf selbst fortführen kann (vgl BAG 13. 2. 2008, AP Nr 173 zu § 1 KSchG 1969 Betriebsbedingte Kündigung; BAG 30. 10. 2008, AP Nr 358 zu § 613a BGB). Dabei sei zu beachten, dass bei alsbaldiger Wiedereröffnung des Betriebes eine Vermutung gegen eine ernsthafte Stilllegungsabsicht spreche (vgl nur BAG 27. 9. 1984, AP Nr 39 zu § 613a BGB; BAG 20. 1. 1994 NZA 1994, 653 [654]; BAG 22. 5. 1997, AP Nr 154 zu § 613a BGB). Diese Auffassung ist freilich einerseits mit dem rechtstatsächlichen Befund nicht vereinbar, dass ein Unternehmer ohne Weiteres den endgültigen Beschluss gefasst haben kann, einen Betrieb nicht weiter zu betreiben und dennoch – zum Wohle seiner Beschäftigten – bis zur tatsächlichen Stilllegung nach einem Erwerber sucht (vgl bereits RAG 19. 9. 1928, BenshSlg 4, 71 [72]: „Betriebsstillegung deckt sich also nicht notwendig mit der Dauerauflösung des Betriebs. Mit ihr sind vielmehr der Wille, den Betrieb nach Wegfall der Stillegungsgründe wieder zu eröffnen und die Hoffnung auf baldigen Eintritt der Wiedereröffnungsmöglichkeit sehr wohl vereinbar"). Andererseits kann dies insbesondere bei unsicherer Verkaufsprognose zu einer wirtschaftlich unvertretbaren Hinauszögerung der notwendigen betriebsbedingten Kündigungen führen, was den bisherigen Betriebsinhaber zu einer mit Blick auf den Bestandsschutz kontraproduktiven frühzeitigen Einstellung bzw Unterlassung sämtlicher Veräußerungsversuche bewegen kann (vgl auch Birkholz, Betriebsübergang 82 ff).

88 Werden wegen einer beschlossenen Betriebs(teil)stilllegung betriebsbedingte Kündigungen ausgesprochen, so ist zu beantworten, ob den Arbeitnehmern ein **Wiedereinstellungsanspruch** zusteht, sofern es während des Laufs der jeweils individuellen Kündigungsfristen doch noch zu einem Betriebs(teil)übergang kommt (vgl zum Wiedereinstellungsanspruch nur BAG 27. 2. 1997, AP Nr 1 zu § 1 KSchG 1969 Wiedereinstellung; BAG 6. 8. 1997, AP Nr 2 zu § 1 KSchG 1969 Wiedereinstellung; BAG 4. 12. 1997, AP Nr 4 zu § 1 KSchG 1969 Wiedereinstellung; BAG 13. 11. 1997, AP Nr 169 zu § 613a BGB; BAG 25. 10. 2007, AP Nr 2 zu § 613a BGB Wiedereinstellung; BAG 21. 8. 2008, AP Nr 353 zu § 613a BGB; Willemsen ZIP 1986, 477 [484]; modifizierend Loritz RdA 1987, 65 [71]; ablehnend Birkholz, Betriebsübergang 86 f; Hillebrecht NZA 1989 Beil 4, 10 [16]; Pietzko, Tatbestand 69 f; Langer NZA 1991 Beil 3, 23 ff; Otto, in: FS Kraft 451 [464]; Ricken NZA 1998, 460 ff; abwägend Kreitner, Kündigungsrechtliche Probleme 185 ff; zum Wiedereinstellungsanspruch allgemein Aszmons/Beck NZA 2015, 1098; Bonanni/Niklas DB 2010, 1827; Bram/Rühl NZA 1990, 753 ff; Krieger/E Willemsen NZA 2011, 1128; vStein RdA 1991, 85 ff; ders, in: FS Willemsen 575 ff; Steinacker, Der Wiedereinstellungsanspruch des Arbeitnehmers [2017]; WALKER SAE 1998, 103 ff; vgl auch KR/TREBER § 613a Rn 101 ff).

Der zumindest grundsätzlich von der ganz hM anerkannte Wiedereinstellungsanspruch (vgl allgemein BOEWER NZA 1999, 1121 ff, 1177 ff; gegen jeden Wiedereinstellungsanspruch ANNUSS, Betriebsbedingte Kündigung und arbeitsvertragliche Bindung 377 ff) kann sich sowohl gegen den Veräußerer als auch gegen den Erwerber richten (BAG 27. 2. 1997, AP Nr 1 zu § 1 KSchG 1969 Wiedereinstellung). Nach überwiegender Auffassung soll ein Wiedereinstellungsanspruch jedenfalls dann in Betracht kommen, wenn sich die Prognose über den wegen der beabsichtigten Betriebsstilllegung eintretenden Wegfall des Beschäftigungsbedarfs noch während des Laufs der jeweils individuellen Kündigungsfristen als unzutreffend erweist (ebenso BAG – 7. Senat – 4. 12. 1997, AP Nr 2 zu § 1 KSchG 1969 Wiedereinstellung; in diese Richtung auch BAG – 2. Senat – 6. 8. 1997, AP Nr 1 zu § 1 KSchG 1969 Wiedereinstellung; CASPERS, Personalabbau Rn 214; vSTEIN RdA 1991, 85 [91]). Umstritten ist hingegen, ob ein Wiedereinstellungsanspruch auch dann entstehen kann, wenn die Weiterbeschäftigungsmöglichkeit nach Ablauf der individuellen Kündigungsfrist entsteht. Während der 2. Senat dies verneint (BAG 6. 8. 1997, AP Nr 1 zu § 1 KSchG Wiedereinstellung), hält der 8. Senat das grundsätzlich, wenngleich nur ausnahmsweise, für möglich. Ein solcher Ausnahmefall könne insbesondere dann gegeben sein, wenn es zu einem Betriebsteilübergang nach § 613a BGB komme (BAG 25. 10. 2007, AP Nr 2 zu § 613a BGB Wiedereinstellung; BAG 21. 8. 2008, AP Nr 353 zu § 613a BGB; BAG 25. 9. 2008, AP Nr 355 zu § 613a BGB; offengelassen BAG 19. 10. 2017, NZA 2018, 436). Auch nach Ansicht des 8. Senats könne ein Wiedereinstellungsanspruch nach Ablauf der individuellen Kündigungsfrist im eröffneten Insolvenzverfahren jedoch keinesfalls entstehen (BAG 13. 5. 2004, AP Nr 264 zu § 613a BGB; BAG 16. 2. 2012, AP Nr 188 zu § 1 KSchG 1969 Betriebsbedingte Kündigung). 89

Auch auf dem Boden der Auffassung des 2. Senats kann ein Wiedereinstellungsanspruch bestehen, wenn der Erwerber erst **nach dem Auslaufen sämtlicher Kündigungsfristen** die betriebliche Leitungsmacht übernimmt, soweit hierüber noch während des Laufs der Kündigungsfristen eine verbindliche Abrede getroffen wurde (BAG 25. 10. 2007, AP Nr 2 zu § 613a BGB Wiedereinstellung). In einem solchen Fall hat sich die Prognose bereits mit Zustandekommen der Vereinbarung als unrichtig erwiesen, sodass in diesem Augenblick Wiedereinstellungsansprüche erwachsen, die nach dem Betriebs(teil)übergang bis an die Grenze der Verwirkung auch gegen den Erwerber geltend gemacht werden können. Dabei könne der Arbeitgeber sogar zu einem rückwirkenden Abschluss eines Arbeitsvertrags verurteilt werden (BAG 25. 10. 2007, AP Nr 2 zu § 613a BGB Wiedereinstellung). 90

Erlangt der Arbeitnehmer nach Erhalt einer wirksamen betriebsbedingten Kündigung Kenntnis von den tatsächlichen Umständen, die einen Betriebs(teil)übergang begründen, so musste der Arbeitnehmer nach früherer Ansicht des BAG sein Fortsetzungs-/Wiedereinstellungsverlangen gegenüber dem Betriebserwerber „unverzüglich“ geltend machen (BAG 12. 11. 1998, AP Nr 5 zu § 1 KSchG 1969 Wiedereinstellung). Abweichend davon formuliert das BAG in jüngerer Zeit: „Entsprechend der Frist zur Ausübung des Widerspruchsrechts muss auch das Wiedereinstellungs- und Fortsetzungsverlangen binnen einer Frist von einem Monat geltend gemacht werden, da der Zweck des Bestandsschutzes Phasen vermeidbarer Ungewissheit über das Zustandekommen eines Arbeitsverhältnisses nicht rechtfertigt“ (BAG 21. 8. 2008, AP 91

Nr 353 zu § 613a BGB; BAG 25. 10. 2007, AP Nr 2 zu § 613a BGB Wiedereinstellung; BAG 27. 1. 2011, AP Nr 402 zu § 613a BGB ohne Auseinandersetzung mit diesen Entscheidungen sind Bonanni/Niklas DB 2010, 1826 [1828] der Ansicht, dass „weiterhin eine Frist von drei Wochen maßgeblich [ist]"; vgl auch MünchKomm/Müller-Glöge § 613a Rn 47: Der Wiedereinstellungsanspruch sei unverzüglich ab Kenntnis der den Betriebsübergang ausmachenden Umstände zu erheben). Für den Fristbeginn sei auf die Kenntniserlangung von den tatsächlichen Umständen des Übergangs abzustellen (BAG 27. 1. 2011, AP Nr 402 zu § 613a BGB). Wird allerdings gegen die Informationspflicht nach Abs 5 dergestalt verstoßen, dass über den Betriebsübergang überhaupt nicht unterrichtet wird bzw wurde, so beginnt nach Ansicht des BAG auch für ein Fortsetzungsverlangen der betroffenen Arbeitnehmer keine Frist zu laufen, sodass allein die Grundsätze der Verwirkung eingreifen (BAG 27. 1. 2011, AP Nr 402 zu § 613a BGB); dabei dürfte das BAG so zu verstehen sein, dass es für den Anlauf der Monatsfrist ab Kenntnis ausreicht, wenn zumindest einzelne betroffene Arbeitnehmer gemäß Abs 5 unterrichtet wurden; eine Unterrichtung derjenigen Arbeitnehmer, die Wiedereinstellung verlangen, ist hingegen nicht erforderlich (vgl auch Rn 266).

b) Unterscheidung zwischen Betriebsstilllegung und Betriebspause

92 Die Abgrenzung zwischen Betriebsstilllegung und Betriebspause hat die Rechtsprechung vielfach beschäftigt. Für Zwecke des § 613a BGB ist die Abgrenzung letztlich nur retrospektiv möglich (vgl Rn 86 ff) und – entgegen der Ansicht des BAG – ohne Bedeutung, weil es für § 613a BGB allein darauf ankommt, ob der neue Inhaber den bisherigen Wertschöpfungszusammenhang im Wesentlichen unverändert fortführt (Rn 87). Für das BAG definiert die Unterscheidung zwischen Betriebsstilllegung und Betriebspause allerdings weiterhin die Grenze des Anwendungsbereichs von § 613a BGB.

93 Beispielsweise hat das BAG trotz achtmonatiger Betriebseinstellung bei gleichzeitig erfolgenden Renovierungsarbeiten eine Betriebsstilllegung abgelehnt (BAG 27. 4. 1995, AP Nr 128 zu § 613a BGB, vgl auch BAG 3. 7. 1986, AP Nr 53 zu § 613a BGB, wonach eine Unterbrechung von knapp vier Monaten jedenfalls dann kein Indiz gegen einen Betriebs[teil]übergang darstellt, wenn von vornherein eine Fortführungsabsicht bestanden hat), andererseits jedoch bei einem **Einzelhandelsgeschäft** (Modefachgeschäft) eine Unterbrechung von neun Monaten als so erheblich angesehen, dass von einer bloßen Betriebspause keine Rede mehr sein könne (BAG 22. 5. 1997, AP Nr 154 zu § 613a BGB; vgl auch EuGH 11. 3. 1997 – *Süzen*, Slg 1997, 1259 ff = AP Nr 14 zu EWG-Richtlinie Nr 77/187), da modebewusste Kunden ihren Bedarf in solchen Fällen regelmäßig anderweitig deckten (vgl auch LAG Berlin 17. 11. 1986, LAGE § 1 KSchG Betriebsbedingte Kündigung Nr 9: 10 Monate sind erheblich). Bei **Gaststätten** kann nach Ansicht des BAG eine Unterbrechung von etwas mehr als fünf Monaten jedenfalls dann ausreichen, um die betriebliche Einheit zu zerschlagen, wenn es gleichzeitig zu einem Wechsel des Betriebszwecks kommt (BAG 11. 9. 1997, EzA § 613a BGB Nr 153 m Anm Willemsen/Annuss). Bei einer **Kindertagesstätte** soll bereits eine dreimonatige Schließung genügen können (LAG Köln 2. 10. 1997 NZA-RR 1998, 290; hingegen reichten vier Monate bei einer Bowlingbahn nicht, vgl BAG 3. 7. 1986, AP Nr 53 zu § 613a BGB). Bei Saisonbetrieben sind insoweit besondere Maßstäbe anzulegen (EuGH 17. 12. 1987 – C-287/86, *Ny Mølle Kro*).

94 Letztlich kommt es allein auf die mit Rücksicht auf die Besonderheiten des jeweiligen Einzelfalles zu entscheidende – und auch andere Kriterien in den Blick nehmende – Frage an, ob die Identität der bisherigen wirtschaftlichen Einheit untergeht. Die Frage danach, ob trotz der Unterbrechung der bisherige Kundenkreis gehalten werden kann, erscheint dafür nicht als richtiger Ausgangspunkt. Richtigerweise ist vielmehr danach zu fragen, ob der bisherige Wertschöpfungszusammenhang im Falle der Wiedereröffnung zur Erlangung des Markterfolgs weiterhin genutzt wird (vgl EuGH 9. 9. 2015 – *Ferreira da Silva,* EuZW 2016, 111; EuGH 7. 8. 2018 – *Sigüenza,* NZA 2018, 1123). Dies kann insbesondere auch der Fall sein, wenn mit Hilfe der bisherigen organisatorischen Abläufe und des in der bisherigen Belegschaft vorhandenen Know-hows ein relevanter Vorteil gegenüber einem „Neustart" im Hinblick auf die Rückgewinnung des früheren Kundenstamms oder den Aufbau neuer Kundenbeziehungen realisiert werden kann. Bagatellpausen können daher in keinem Fall zur Nichtanwendung des § 613a BGB führen (vgl BAG 22. 5. 1985, AP Nr 53 zu § 613a BGB: 14 Tage; LAG Thüringen 14. 11. 2000, NZA-RR 2001, 121). Die Länge der im konkreten Fall einzuhaltenden Kündigungsfristen ist irrelevant, da sie in keiner Beziehung zum Wertschöpfungszusammenhang steht (vgl aber BAG 22. 5. 1997, AP Nr 154 zu § 613a BGB).

3. Einzelfälle

Entsprechend den vorstehend herausgearbeiteten Grundsätzen erweisen sich die 95
verschiedensten Fallgestaltungen als Betriebs(teil)übergänge, sofern nur der Erwerber jeweils tatsächlich in die bislang vom Veräußerer ausgeübte betriebliche Leitungsmacht einrückt. Dies soll im Folgenden durch die Darstellung verschiedener Einzelfälle verdeutlicht werden (vgl ergänzend die alphabetische Aufzählung in Rn 110). Dabei ist zu berücksichtigen, dass auch dann, wenn ein Betriebs(teil)übergang vorliegt, stets in einem weiteren Schritt danach zu fragen ist, ob der Übergang der Betriebsinhaberstellung durch Rechtsgeschäft erfolgt ist (vgl dazu unten Rn 111 ff).

Die bloße **Auftragsnachfolge** als solche vermag keinen Betriebs(teil)übergang zu 96
begründen (vgl Rn 123). Wird dem Nachfolger allerdings auch die wesentliche Betriebseinrichtung zur Erledigung des Auftrags zur Verfügung gestellt, damit er diese bei der Erzielung seines Arbeitsergebnisses und seiner Wertschöpfung einsetzen kann, so kann es nach Ansicht der Rechtsprechung durchaus zum Übergang einer wirtschaftlichen Einheit iSd § 613a BGB kommen, und zwar unabhängig davon, ob die Betriebseinrichtung vom Auftraggeber oder vom bisherigen Auftragnehmer überlassen wird. Wird eine **Kantine** mit der wesentlichen Betriebseinrichtung an einen neuen Pächter verpachtet, welcher mit der Kantineneinrichtung ein im wesentlichen unverändertes Speisenangebot erstellt, so kann § 613a BGB anwendbar sein; dies dürfte allerdings – entgegen der Auffassung des EuGH – nur anzunehmen sein, wenn der Pächter selbst entscheiden darf, ob er die Kantineneinrichtung übernimmt oder wenn dem Pächter die Verwertung der hergestellten Speisen nicht strikt vorgegeben ist (weiter EuGH 20. 11. 2003 – *Abler,* AP Nr 34 zu EWG-Richtlinie Nr 77/187; vgl dazu Willemsen/Annuss DB 2004, 134; vgl dazu Rn 68). Sind die Betriebsmittel des Veräußerers hingegen nur behandeltes Objekt, wird der Auftragnehmer also nicht „mit ihnen", sondern „an ihnen" tätig, so begründet die Neuvergabe keinen Betriebs(teil)übergang (vgl dazu BAG 11. 12. 1997, AP Nr 171 zu § 613a BGB; BAG 25. 5. 2000 – 8 AZR 337/99, nv). Eine zur Negierung eines Betriebsübergangs führende wesentliche Veränderung des Betriebszwecks liegt nach Ansicht des BAG vor, wenn die Speisen vom neuen Inhaber nicht mehr – wie zuvor – frisch zubereitet, sondern lediglich

aufgewärmt werden (BAG 17. 12. 2009, AP Nr 383 zu § 613a BGB; allerdings entsteht der Eindruck, dass das BAG die Betriebsteilabgrenzung hier nicht ausreichend trennscharf vorgenommen hat; vgl Rn 69).

97 Allein der Übergang eines **Bewachungsauftrags** führt nicht zur Anwendung des § 613a BGB (BAG 14. 5. 1998, NZA 1999, 483; BAG 25. 9. 2008, AP Nr 355 zu § 613a BGB). Bei den Wachgebäuden, der Telefonanlage und der Alarmanlage handelt es sich nicht um identitätsprägende materielle Betriebsmittel, welche die Identität der wirtschaftlichen Einheit ausmachen (BAG 25. 9. 2008, AP Nr 355 zu § 613a BGB); in offenem Widerspruch dazu steht allerdings ein nicht überzeugendes Urteil des BAG vom 23. 5. 2013 (AP Nr 441 zu § 613a BGB – „Alarmmanagementsystem BIS").

98 Dem Übergang einer wirtschaftlichen Einheit steht bei einem **Auslieferungslager für medizinische Hilfsmittel** nach Ansicht des BAG ebenso wenig wie bei einer **Apotheke** entgegen, dass der Vertrieb für die Krankenkassen jeweils einer Kassenzulassung bedarf (BAG 18. 12. 2003, AP Nr 263 zu § 613a BGB; BAG 19. 3. 1998, AP Nr 177 zu § 613a BGB).

99 Bei einer EDV-Servicegesellschaft kommt der Übernahme der Führungskräfte und der IT-Servicemitarbeiter besondere Bedeutung zu. Für einen Betriebsübergang spreche in diesem Fall auch die Übernahme der Kundenkartei; hingegen komme den sächlichen Betriebsmitteln eine vergleichsweise geringe Bedeutung zu (BAG 21. 6. 2012, AP Nr 430 zu § 613a BGB; BAG 24. 1. 2013 – 8 AZR 706/11).

100 Bei **Einzelhandelsgeschäften** sind für eine Fortführung des Wertschöpfungszusammenhangs nach Ansicht des BAG insbesondere die Lage des Geschäftslokals sowie die Kundenbeziehungen und das den Kundenkreis maßgeblich bestimmende Warensortiment (BAG 2. 12. 1999, AP Nr 188 zu § 613a BGB) relevant, wohingegen die Ladeneinrichtung sowie – je nach Einzelfall – ein Eintritt in die Lieferantenbeziehungen nur von untergeordneter Bedeutung seien (BAG 30. 10. 1986, AP Nr 58 zu § 613a BGB; BAG 26. 2. 1987, AP Nr 63 zu § 613a BGB; BAG 2. 12. 1999, AP Nr 188 zu § 613a BGB; vgl auch BAG 15. 12. 2011, AP Nr 424 zu § 613a BGB). Wörtlich führt das BAG aus: „Lieferanten- und Kundenbeziehungen machen [...] das Substrat und den spezifischen Charakter des Einzelhandelsbetriebs aus" (BAG 2. 12. 1999, AP Nr 188 zu § 613a BGB). Dies weckt Zweifel, weil damit nicht an die Betriebsorganisation angeknüpft, sondern unternehmensbezogene Aspekte in den Mittelpunkt gerückt werden, die allenfalls eine sehr mittelbare Indizwirkung entfalten können. Es soll nach abzulehnender Auffassung des BAG sogar ausreichen, wenn der Erwerber in der Lage ist, sich das gleiche Warensortiment wie sein Vorgänger alsbald zu beschaffen und hiervon Gebrauch zu machen (vgl BAG 30. 10. 1986, AP Nr 58 zu § 613a BGB; diese Entscheidung erscheint freilich als Resultat der verfehlten „Theorie der Fortführungsmöglichkeit" und dürfte daher nicht mehr dem gegenwärtigen Stand der Rechtsprechung entsprechen; vgl Rn 67). Hingegen könne ein grundlegender Wechsel des Sortiments und der Warenpräsentation bei einem Einzelhandelsgeschäft durchaus zu einem Verlust der Identität der wirtschaftlichen Einheit führen (so BAG 2. 12. 1999, AP Nr 188 zu § 613a BGB). Auch insoweit ist aber wesentlich, dass es nicht auf die unternehmerische Ausrichtung ankommt, sondern darauf, ob der neue Inhaber die betriebsorganisatorische Koordinierungsleistung des bisherigen Inhabers zu eigenen wirtschaftlichen Zwecken nutzt.

Beim Tätigwerden sog **Fortführungsgesellschaften** (insbesondere zur Abwendung einer Insolvenz oder im Insolvenzfalle) hängt es von der jeweiligen konkreten Ausgestaltung ab, ob ein Betriebsübergang vorliegt. Typischerweise wird dies für eine Beschäftigungs- und Qualifizierungsgesellschaft (schon wegen eines grundlegenden Wechsels des Betriebszwecks; vgl näher Rn 408) zu verneinen, für eine Betriebsübernahme- oder Auffanggesellschaft hingegen zu bejahen sein (dazu näher SCHWANDA, Betriebsübergang 268 ff). 101

Kein Betriebsübergang liegt in der Beteiligung eines Arbeitgebers an einem **gemeinsamen Betrieb mehrerer Unternehmen** (BAG 26. 8. 1999 – 8 AZR 588/98, nv; BAG 24. 2. 2000 – 8 AZR 162/99, nv) oder in dem Rückzug aus einem gemeinsamen Betrieb (ebenso HWK/WILLEMSEN § 613a Rn 45; vgl auch Rn 66, 371), sofern die Zuordnung der Betriebsorganisation zum jeweiligen Rechtsträger unverändert bleibt (vgl auch WHSS/WILLEMSEN G 114). Kommt es hingegen zu einer veränderten Rechtsträgerzuordnung von Betriebsmitteln, ist denkbar, dass es innerhalb eines fortbestehenden gemeinsamen Betriebs mehrerer Unternehmen – oder bei seiner Gründung – zu einem Betriebsteilübergang kommt (BAG 15. 2. 2007, AP Nr 2 zu § 613a BGB Widerspruch); ebenso kann § 613a BGB anwendbar sein, wenn die gesamte Organisation eines gemeinsamen Betriebs mehrerer Unternehmen bei einem Unternehmen zusammengefasst wird (BAG 16. 2. 2006, AP Nr 301 zu § 613a BGB; zum Ganzen auch JOCHUMS, Gemeinschaftsbetrieb). 102

Die Tätigkeit der **Hausverwaltung** stellt nach Ansicht des BAG eine Dienstleistung dar, bei der es vor allem auf die menschliche Arbeitskraft ankomme. Die dazu erforderlichen materiellen Betriebsmittel seien demgegenüber von untergeordneter Bedeutung (BAG 15. 11. 2012, AP Nr 439 zu § 613a BGB). 103

Bei Eröffnung des **Insolvenzverfahrens** kommt es gem § 80 Abs 1 InsO zwar zu einem Übergang der Betriebsinhaberstellung, doch geschieht dies nicht durch Rechtsgeschäft, sodass § 613a BGB keine Anwendung findet (MünchKomm/MÜLLER-GLÖGE § 613a Rn 69; für den Fall der Konkurseröffnung bereits ebenso SOERGEL/RAAB § 613a Rn 66 sowie die Nachweise bei JAEGER/HENCKEL, KO § 6 Rn 54). Gleiches gilt für den vorläufigen Insolvenzverwalter im Falle des § 22 Abs 1 S 1 InsO (zur [entsprechenden] Anwendbarkeit von § 613a im Falle einer **Freigabe durch den Insolvenzverwalter nach § 35 Abs 2 S 1 InsO** BAG 21. 11. 2013, NZA 2014, 276 mwNw [offengelassen]). Ebenso kommt es bei **Testamentsvollstreckung** zwar zu einem Betriebsübergang, doch fehlt es auch hier an einer rechtsgeschäftlichen Übertragung. 104

Bei **typischen Pachtverhältnissen**, bei denen der Pächter im eigenen Namen und auf eigene Rechnung handelt, kann ein Betriebsübergang vorliegen, wohingegen die bloße „Innenpacht", bei welcher der „Pächter" auf eigene Rechnung, aber in fremdem Namen handelt, nicht ausreicht (vgl MünchArbR/WANK § 142 Rn 90 f; KARAMARIAS RdA 1983, 353 [355]). Die Rückgabe eines verpachteten Betriebs an den Verpächter kann nur dann einen Betriebsübergang darstellen, wenn der Verpächter den Betrieb tatsächlich selbst weiterführt (BAG 18. 3. 1999, AP Nr 189 zu § 613a BGB; anders noch BAG 27. 4. 1995, AP Nr 128 zu § 613a BGB; vgl auch Rn 84). Der Abschluss eines echten **Betriebsführungsvertrages** begründet keinen Betriebsübergang, sofern der Führende sowohl im Namen als auch auf Rechnung des Betriebsinhabers auftritt (vgl dazu BAG 24. 2. 2000 – 8 AZR 162/99, nv; BAG 11. 12. 1997, AP Nr 171 zu § 613a BGB; vgl auch BAG 14. 5. 1998 – 8 AZR 328/96, nv). Zur richtigen Einordnung von Betriebsführungsverträgen, die in unter- 105 schiedlichsten Gestaltformen vorkommen, ist allerdings wichtig, den Ankerpunkt der Betrachtung richtig zu bestimmen. Entscheidend ist nicht, ob der Betriebsführer im Außenverhältnis zu den Kunden des Auftraggebers in dessen Namen und auf dessen Rechnung auftritt (so aber BAG 25. 1. 2018, AP Nr 474 zu § 613a BGB), sondern es kommt allein darauf an, ob der Betriebsführer den vom Auftraggeber geschaffenen Wertschöpfungszusammenhang zur Realisierung eigener wirtschaftlicher Ziele nutzt. Verpflichtet sich daher der Betriebsführer gegenüber dem Auftraggeber, dessen Betrieb gegen Zahlung einer Betriebsführungsvergütung mit alleiniger Verantwortung für die Betriebsorganisation zu führen und übernimmt er zu diesem Zweck den Wertschöpfungszusammenhang, so findet § 613a BGB Anwendung, und zwar auch dann, wenn die Betriebsfortführung gleichzeitig auf die Erreichung der vom Auftraggeber im Verhältnis zu seinen Kunden verfolgten unternehmerischen Ziele im Namen und für Rechnung des Auftraggebers verwirklicht. Hingegen führt ein typischer **Nießbrauch** zum Übergang der betrieblichen Leitungsmacht auf den Nießbraucher.

106 Die Übertragung von **Patent- und Gebrauchsmusterrechten** vermag als solche ebenso wenig einen Betriebsübergang zu begründen wie die Übertragung von **Warenzeichen**. Sie kann allerdings im Rahmen der Gesamtbewertung berücksichtigt werden (vgl Hergenröder AR-Blattei SD 500. 1 Rn 190; ErfK/Preis § 613a Rn 23; vgl auch BAG 15. 5. 1985, AP Nr 41 zu § 613a BGB; BAG 25. 6. 1985, AP Nr 23 zu § 7 BetrAVG; BAG 13. 11. 1997, AP Nr 170 zu § 613a BGB). Nach Ansicht des BAG kann die Fortführung einer Etablissement-Bezeichnung zur Ausnutzung des damit verbundenen Goodwills für einen Betriebsübergang sprechen (BAG 11. 9. 1997, AP Nr 16 zu EWG-Richtlinie Nr 77/187).

107 Die Veräußerung eines **Seeschiffs** kann nach Auffassung des BAG einen Betriebs(teil)übergang darstellen (BAG 18. 3. 1997, AP Nr 16 zu § 1 BetrAVG Betriebsveräußerung). Die bloße **Nachfolge in einen Bereederungsvertrag**, bei dem das Schiff nur als Objekt der zu erbringenden Leistung erscheint, ist hingegen kein Anwendungsfall des § 613a BGB (unzutreffend BAG 2. 3. 2006, AP Nr 302 zu § 613a BGB).

108 Bei **Transportbetrieben** stellt der einzelne Lkw ebenso wenig einen übergangsfähigen Betriebsteil dar wie eine größere Anzahl von Lkws aus einer einheitlich organisierten Gesamtheit von Lkws (BAG 26. 8. 1999, AP Nr 196 zu § 613a BGB).

109 In einer **treuhänderischen Übertragung** der wesentlichen betrieblichen Merkmale auf einen Dritten liegt ein Betriebsübergang, wenn der Dritte – sei es auch nur befristet – im Außenverhältnis (mindestens gegenüber den Arbeitnehmern) in die Betriebsinhaberstellung einrückt (BAG 20. 11. 1984, AP Nr 38 zu § 613a BGB; vgl auch Rn 105 und BAG 25. 1. 2018, NZA 2018, 933). Welchen Bindungen der Treuhänder im Innenverhältnis zum Treugeber unterliegt, ist ohne Bedeutung (ebenso Willemsen Anm AP Nr 38 zu § 613a BGB; Bauer/vSteinau-Steinrück/Thees, in: Hölters, Unternehmenskauf V Rn 86). Bleibt hingegen der Treugeber – wie etwa bei der Sicherungsübereignung der wesentlichen Betriebsmittel – weiterhin zur Betriebsführung im eigenen Namen befugt, liegt kein Betriebs(teil)übergang vor (BAG 20. 3. 2003, NZA 2003, 1338).

4. Entscheidungsregister

110 Die wesentlichen neueren Entscheidungen des BAG zum Tatbestand des Betriebsübergangs sind:

Abwasserbeseitigung: 7. 4. 2011 – 8 AZR 730/09, AP Nr 406 zu § 613a BGB; Anwaltskanzlei: 30. 10. 2008 – 8 AZR 397/07, AP Nr 358 zu § 613a BGB; **Anzeigengeschäft**: 28. 5. 2009 – 8 AZR 273/08, AP Nr 370 zu § 613a BGB; **Apotheke**: 19. 3. 1998 – 8 AZR 139/97, AP Nr 177 zu § 613a BGB; **Armaturenhersteller**: 25. 5. 2000 – 8 AZR 335/99, nv; **Arztpraxis**: 22. 6. 2011 – 8 AZR 187/10, AP Nr 408 zu § 613a BGB; **Auslieferungslager**: 18. 12. 2003 – 8 AZR 621/02, AP Nr 263 zu § 613a BGB; **Berliner Bäder-Betriebe**: 25. 1. 2001 – 8 AZR 336/00, AP Nr 215 zu § 613a BGB; **Betriebsführungsvertrag**: 25. 1. 2018 – 8 AZR 309/16; **Bewachung**: 22. 1. 1998 – 8 AZR 775/96, AP Nr 174 zu § 613a BGB; 14. 5. 1998 – 8 AZR 418/96, NZA 1999, 483; 25. 9. 2008 – 8 AZR 607/07, AP Nr 355 zu § 613a BGB; 15. 12. 2011 – 8 AZR 197/11, AP Nr 441 zu § 613a BGB; 23. 5. 2013 – 8 AZR 207/12, AP Nr 441 zu § 613a BGB; 22. 1. 2015 – 8 AZR 139/14 NZA 2015, 1325; **Bistrowagen**: 4. 6. 2006 – 8 AZR 249/04, AP Nr 303 zu § 613a BGB; **Buchhaltung**: 11. 12. 1997 – 8 AZR 699/96, ArbuR 1998, 202; **Callcenter**: 25. 6. 2009 – 8 AZR 258/08, AP Nr 373 zu § 613a BGB; **Catering**: 11. 12. 1997 – 8 AZR 426/94, AP Nr 171 zu § 613a BGB; 25. 5. 2000 – 8 AZR 337/99; 17. 12. 2009 – 8 AZR 1019/08, AP Nr 383 zu § 613a BGB; **Dachdeckerbetrieb**: 26. 7. 2007 – 8 AZR 769/06, AP Nr 324 zu § 613a BGB; **Druckerei**: 10. 12. 1998 – 8 AZR 763/97; 18. 3. 1999 – 8 AZR 306/98, AP Nr 44 zu § 613a BGB; 15. 12. 2005 – 8 AZR 202/05, AP Nr 294 zu § 613a BGB; **Druckservice**: 6. 4. 2006 – 8 AZR 222/04, AP Nr 299 zu § 613a BGB; **Druckweiterverarbeitung**: 26. 8. 1999 – 8 AZR 588/98; **EDV-Dienstleistung**: 24. 4. 1997 – 8 AZR 848/94, NZA 1998, 253; 21. 6. 2012, AP Nr 430 zu § 613a BGB; 24. 1. 2013 – 8 AZR 706/11; **Einzelhandel**: 22. 5. 1997 – 8 AZR 101/96, AP Nr 154 zu § 613a BGB; 12. 11. 1998 – 8 AZR 282/97, AP Nr 186 zu § 613a BGB; 2. 12. 1999 – 8 AZR 796/98, AP Nr 188 zu § 613a BGB; 13. 7. 2006 – 8 AZR 331/05, AP Nr 313 zu § 613a BGB; **Flughafen (Bodendienste)**: 16. 5. 2007 – 8 AZR 693/06, AP Nr 64 zu § 613a BGB; **Flughafen (Personen- und Handgepäckkontrolle)**: 13. 6. 2006 – 8 AZR 271/05, AP Nr 305 zu § 613a BGB; **Forschungsschiff**: 2. 3. 3006 – 8 AZR 147/05, AP Nr 302 zu § 613a BGB; **Frauenhaus**: 4. 5. 2006 – 8 AZR 299/05, AP Nr 304 zu § 613a BGB; **Frischelager**: 14. 8. 2007 – 8 AZR 803/06, AP Nr 326 zu § 613a BGB; **Gefahrstofflager**: 22. 7. 2004 – 8 AZR 350/03, AP Nr 274 zu § 613a BGB; **Getränkehandel**: 14. 12. 2000 – 8 AZR 220/00; **Grundstücksverwaltung**: 18. 3. 1999 – 8 AZR 196/98, AP Nr 190 zu § 613a BGB; **Hafenbetrieb**: 22. 8. 2013 – 8 AZR 521/13, AP Nr 444 zu § 613a BGB; **Hausverwaltung**: 15. 11. 2012 – 8 AZR 683/11, AP Nr 439 zu § 613a BGB; **Heeresinstandsetzung**: 30. 10. 2008 – 8 AZR 855/07, AP Nr 359 zu § 613a BGB; **Hol- und Bringdienst**: 10. 12. 1998 – 8 AZR 676/97, AP Nr 187 zu § 613a BGB; **Hotelbetrieb**: 14. 12. 2000 – 8 AZR 694/99; 21. 2. 2008 – 8 AZR 77/07, AP Nr 343 zu § 613a BGB; **Jugendwohnheim**: 23. 9. 1998 – 8 AZR 750/98, RzK 5e Nr 122; **Kfz-Handel**: 18. 3. 1999 – 8 AZR 159/98, AP Nr 189 zu § 613a BGB; **Kindertagesstätte**: 20. 3. 2014, AP Nr 450 zu § 613a BGB; **Kommissionierbetrieb**: 29. 6. 2000 – 8 AZR 520/99; **Krankenhaus**: 25. 5. 2000 – 8 AZR 416/99; AP Nr 209 zu § 613a BGB **Lagerbetrieb**: 17. 4. 2003 – 8 AZR 253/02, AP Nr 253 zu § 613a BGB; 13. 12. 2007 – 8 AZR 937/06, AP Nr 341 zu § 613a BGB; **Landesbetrieb Krankenhäuser Hamburg**: 8. 5. 2001 – 9 AZR 95/00, AP Nr 219 zu § 613a BGB; **Maschinenbau**: 23. 9. 2010 – 8 AZR 567/09, AP Nr 389 zu § 613a BGB; **Leiharbeit**: 12. 12. 2013, AP Nr 447 zu § 613a BGB; **Mess- und Regeltechnik**: 13. 10. 2011 – 8 AZR 455/10, AP Nr 415 zu § 613a BGB; **Müllsortieranlage**: 27. 9. 2007 – 8 AZR 941/06, AP Nr 332 zu § 613a BGB; **Notariat**: 26. 8. 1998 – 8 AZR 827/98, AP Nr 197 zu § 613a BGB; **Öffentlicher Dienst**: 22. 5. 2014 – 8 AZR 1069/12, AP Nr 452 zu § 613a BGB; **Privatschule**: 21. 1. 1999 – 8 AZR 680/97; 18. 2. 1999 –

8 AZR 485/97, AP Nr 5 zu § 325 ZPO; **Reinigung**: 13. 11. 1997 – 8 AZR 295/95, AP Nr 169 zu § 613a BGB; 11. 12. 1997 – 8 AZR 729/96, AP Nr 172 zu § 613a BGB; 10. 12. 1998, AP Nr 187 zu § 613a BGB; 24. 5. 2005 – 8 AZR 333/04, NZA 2006, 31; **Reiseagentur**: 15. 12. 2011 – 8 AZR 692/10, AP Nr 424 zu § 613a BGB; **Restaurant**: 11. 9. 1997 – 8 AZR 555/95, AP Nr 16 zu EWG-Richtlinie Nr 77/187; **Rettungsdienst**: 10. 5. 2012 – 8 AZR 434/11, AP Nr 426 zu § 613a BGB; 25. 8. 2016 – 8 AZR 53/15; **Schlachthof**: 15. 2. 2007 – 8 AZR 431/06, AP Nr 320 zu § 613a BGB; **Schuhproduktion**: 16. 5. 2002 – 8 AZR 319/01, AP Nr 237 zu § 613a BGB; **Service GmbH**: 21. 5. 2008 – 8 AZR 481/07, AP Nr 354 zu § 613a BGB; **Spedition**: 26. 8. 1999 – 8 AZR 718/98, AP Nr 196 zu § 613a BGB; 21. 5. 2015 – 8 AZR 409/13; **Stabsfunktion**: 13. 11. 1997 – 8 AZR 375/96, AP Nr 170 zu § 613a BGB; **Tankstelle**: 18. 9. 2014 – 8 AZR 733/13, AP Nr 455 zu § 613a BGB; **Technische Dienstleistung**: 14. 8. 2007 – 8 AZR 1043/06, AP Nr 325 zu § 613a BGB; 22. 1. 1998 – 8 AZR 243/95, AP Nr 173 zu § 613a BGB; 22. 1. 2009 – 8 AZR 158/07, AP Nr 367 zu § 613a BGB; **Tiernahrung**: 23. 9. 1999 – 8 AZR 650/98; **Treuhandanstalt**: 24. 8. 2006 – 8 AZR 317/05, AP Nr 152 zu § 613a BGB; **Truppenübungsplatz**: 27. 4. 2000 – 8 AZR 260/99, AP Nr zu § 613a BGB, 25. 9. 2003 – 8 AZR 421/02, AP Nr 261 zu § 613a BGB; **Verkaufsinnendienst**: 21. 8. 2014 – 8 AZR 648/13, AP Nr 454 zu § 613a BGB; **Verwaltung**: 26. 6. 1997 – 8 AZR 426/95, AP Nr 165 zu § 613a BGB; 21. 1. 1999 – 8 AZR 298/98, ZinsO 1999, 361; 23. 9. 1999 – 8 AZR 650/098, AP Nr zu § 613a BGB; 8. 8. 2002 – 8 AZR 583/01, NZA 2003, 315; 24. 8. 2006, AP Nr 315 zu § 613a BGB; **Warenauslieferung**: 23. 4. 1998 – 8 AZR 665/96; **Warenzeichen**: 28. 4. 1988 – 2 AZR 623/87, AP Nr 74 zu § 613a BGB; **Weiterverarbeitung**: 27. 1. 2011 – 8 AZR 326/09, AP Nr 402 zu § 613a BGB; **Zeitungsdruckerei**: 10. 12. 1998 – 8 AZR 763/87; **Zeitungszustelldienst**: 19. 3. 2015 – 8 AZR 150/14; **Zementhersteller**: 3. 11. 1998 – 3 AZR 484/97.

III. Betriebsübergang durch Rechtsgeschäft

1. Bedeutung des Tatbestandsmerkmals

111 Von § 613a BGB werden nur solche Betriebsübergänge erfasst, die „durch Rechtsgeschäft" erfolgen. Bei der Auslegung dieses Tatbestandsmerkmals ist zu beachten, dass die Gesetzesformulierung rechtsdogmatisch fehlerhaft ist, weil ein Betrieb oder Betriebsteil kein Gegenstand ist, der als solcher durch Rechtsgeschäft übertragen werden kann. Im Übrigen ist für den Tatbestand des Abs 1 nicht einmal notwendig, dass überhaupt ein Gegenstand des Betriebsvermögens auf einen anderen Inhaber übertragen wird, weshalb sich das Erfordernis eines rechtsgeschäftlichen Übergangs auch nicht auf die einzelnen Gegenstände des Betriebsvermögens, sondern nur auf den jeweiligen Wertschöpfungszusammenhang beziehen kann. Entscheidend ist demnach allein, ob der neue Inhaber die Dispositionsbefugnis über die identitätsbildenden betrieblichen Merkmale und damit die Herrschaft über den Wertschöpfungszusammenhang „durch Rechtsgeschäft" erhält. Dafür genügt der bloße Erwerb der Leitungsmacht über die identitätsbildenden betrieblichen Merkmale nicht, sondern **wesentlich ist ihre Erlangung durch den neuen Inhaber aufgrund eines zumindest tatsächlichen Konsenses mit dem bisherigen Inhaber**, die als solche nicht durch Rechtsgeschäft, sondern allenfalls anlässlich eines oder mehrerer privatautonomer Gestaltungsakte erfolgen kann. Mit anderen Worten drückt dieses Tatbestandsmerkmal nur aus, dass es sich um einen derivativen Erwerb der Betriebsinhaberstellung handeln muss (so bereits Willemsen ZIP 1986, 477 [486]; ebenso BAG 18. 8. 2011, AP Nr 412 zu § 613a

BGB). Erforderlich ist also neben einem finalen Willen des Erwerbers zur Übernahme eines intakten Wertschöpfungszusammenhangs ein zumindest tatsächliches Einverständnis des bisherigen Betriebsinhabers mit der Abgabe seiner Leitungsmacht (enger noch STAUDINGER/ANNUSS [2005] Rn 107), sodass dieser seine Tätigkeit in dem betreffenden Betrieb oder Betriebsteil einstellen muss (BAG 13. 12. 2007, AP Nr 338 zu § 613a BGB; BAG 21. 2. 2008, AP Nr 343 zu § 613a BGB; BAG 21. 8. 2008, AP Nr 353 zu § 613a BGB).

Im Einzelfall kann die Abgrenzung zum Tatbestandsmerkmal des Betriebs*übergangs* 112
Schwierigkeiten bereiten. Jedenfalls soll das Erfordernis einer Übertragung durch Rechtsgeschäft zum Ausdruck bringen, dass **niemandem die Betriebsinhaberstellung gegen seinen Willen aufgezwungen werden kann**. Darüber hinaus soll auch die Entsitzung des bisherigen Betriebsinhabers ohne dessen Einverständnis verhindert werden (problematisch daher BAG 18. 8. 1976, AP Nr 4 zu § 613a BGB). Es greift deshalb zu kurz, dem Tatbestandsmerkmal „durch Rechtsgeschäft" allein erwerberschützende Wirkung beizulegen (so aber MÜLLER/PETERS, Anm AP Nr 14 zu § 3 TVG Verbandszugehörigkeit) und dementsprechend lediglich auf das Vorliegen einer freien Willensbetätigung des Erwerbers abzustellen (so LAUX, Betriebsveräußerungen 58; PIETZKO, Tatbestand 134 f). Daher kann auch bei Dienstleistungsbetrieben ein Übergang „durch Rechtsgeschäft" nicht allein deshalb angenommen werden, weil der „Erwerber" mit dem wesentlichen Teil der Belegschaft neue Arbeitsverträge abgeschlossen hat (so jedoch BAG 11. 12. 1997, AP Nr 172 zu § 613a BGB; kritisch dazu ANNUSS BB 1998, 1582 [1585]; JOOST, in: FS Kraft 281 [286 ff]; wie hier tendenziell WAAS ZfA 2001, 377 [392 Fn 82]). Hinzukommen muss vielmehr, dass der bisherige Inhaber sich in den Übergang des Wertschöpfungszusammenhangs auf den neuen Inhaber zumindest fügt; ist dies allerdings der Fall, brauchen auch bei im Wesentlichen durch die menschliche Arbeitskraft geprägten Betriebsteilen keine neuen Arbeitsverträge mit den Arbeitnehmern geschlossen zu werden, sondern genügt es, wenn der wesentliche Teil der Arbeitnehmer die Übernahme der betrieblichen Leitungsmacht durch den neuen Inhaber dulden (vgl NIKLAS BB 2013, 2165 ff).

Im Schrifttum wird die Auffassung vertreten, Rechtsgeschäft iSd § 613a BGB könne 113
nur das Verpflichtungsgeschäft sein (so vor allem SEITER, Betriebsinhaberwechsel 41). Diese Auffassung ist jedoch weder mit dem Gesetzestext noch mit dem Gesetzeszweck vereinbar. § 613a BGB knüpft die Rechtsfolgen an den Übergang des Betriebs oder Betriebsteils; sie treten also nicht schon ein, wenn jemand sich durch Vertrag zur Übernahme eines Betriebs oder Betriebsteils verpflichtet. Entscheidend ist der Zeitpunkt, in dem der Erwerber in die Organisation eintritt und deren Leitung übernimmt (so zutreffend SOERGEL/RAAB § 613a Rn 52 f). Bei einer Betriebsveräußerung erfolgt deshalb der Übergang selbst (erst) durch konsensuale Übertragung der rechtlich begründeten Leitungsmacht über die einzelnen zum Betrieb gehörenden Gegenstände.

Das Tatbestandsmerkmal „durch Rechtsgeschäft" setzt nicht voraus, dass zwischen 114
bisherigem und neuem Inhaber eine rechtsgeschäftliche Verpflichtung begründet ist, einen Betrieb oder Betriebsteil oder die identitätsbildenden Betriebsmittel zu übernehmen. Das Bestehen einer derartigen rechtsgeschäftlichen Verpflichtung bedeutet nur, dass ein Übergang iSd § 613a BGB eindeutig durch Rechtsgeschäft erfolgt. Ausreichend ist es bereits, wenn der Erwerber rechtstatsächlich im Einvernehmen mit dem bisherigen Inhaber oder nach Beendigung der diesem die Betriebsinhaber-

stellung vermittelnden Rechtsgeschäfte in die Arbeitsorganisation des Betriebs oder Betriebsteils eintritt und damit deren Leitung nach außen übernimmt.

115 Ein Übergang durch Rechtsgeschäft kann auch anzunehmen sein, wenn das ihm zugrunde liegende Rechtsgeschäft sich nicht auf die Veräußerung oder Verpachtung eines Betriebes oder Betriebsteils bezieht. Insoweit ist ebenfalls allein entscheidend, dass durch den Einsatz des rechtsgeschäftlichen Instrumentariums eine Regelung herbeigeführt wird, durch die ein anderer in einem Betrieb oder Betriebsteil im tatsächlichen Einvernehmen mit dem bisherigen Inhaber an dessen Stelle tritt (zustimmend HWK/Willemsen § 613a Rn 197; vgl dazu bereits Annuss BB 1998, 1582 [1585]). Selbst das tatsächliche Einigwerden ist nicht erforderlich, wenn die Rechtsgeschäfte, die dem bisherigen Inhaber die Herrschaftsmacht über den Betrieb oder Betriebsteil vermittelt haben, enden (HWK/Willemsen § 613a Rn 202; im Ergebnis auch ErfK/Preis § 613a Rn 60; EuGH 5. 5. 1988, EzA § 613a Nr 89 BGB).

116 Diese Voraussetzung ist nicht nur erfüllt, wenn ein Rechtsgeschäft sich nach seinem Inhalt auf die Übernahme eines Betriebs oder Betriebsteils bezieht, sondern auch dann, wenn jemand durch entsprechende einvernehmliche Gestaltung die Dispositionsbefugnis über die einem Betrieb oder Betriebsteil gewidmeten Vermögensgegenstände erlangt und deshalb innerhalb einer noch bestehenden Arbeitsorganisation betriebliche Leitungsmacht ausüben kann. Ein Rechtsgeschäft iSd Abs 1 S 1 ist daher „auch dann gegeben, wenn der Übergang des Betriebs oder Betriebsteils durch eine **Vielzahl von Rechtsgeschäften** vermittelt wird, der Erwerber also den Betrieb oder Betriebsteil über eine Kette oder ein Bündel von Rechtsgeschäften erlangt, und wenn diese Rechtsgeschäfte auf den Übergang eines funktionsfähigen Betriebs gerichtet sind" (BAG 22. 5. 1985, AP Nr 43 zu § 613a BGB; BAG 26. 8. 1999, AP Nr 197 zu § 613a BGB; BAG 22. 7. 2004, AP Nr 274 zu § 613a BGB; BAG 21. 8. 2008, AP Nr 353 zu § 613a BGB; BAG 21. 6. 2012, AP Nr 430 zu § 613a BGB; BAG 21. 8. 2014, AP Nr 140 zu § 613a BGB Haftung des Arbeitnehmers). Vertragliche Beziehungen zwischen altem und neuem Inhaber sind dafür nicht erforderlich (ebenso im Hinblick auf Art 1 RL 2001/23/EG EuGH 24. 1. 2002 – *Temco,* Rn 30 ff mwNw, AP Nr 32 zu EWG-Richtlinie Nr 77/187; allerdings soll nach Ansicht des EuGH das Fehlen vertraglicher Beziehungen zwischen bisherigem und neuem Inhaber ein Indiz gegen das Vorliegen eines Übergangs im Sinne der Richtlinie darstellen können, vgl EuGH 25. 1. 2001 – *Liikenne,* AP Nr 31 zu EWG-Richtlinie Nr 77/187; EuGH 19. 10. 2017 – *Securitas,* NZA 2017, 1379; zuletzt EuGH 11. 7. 2018 – *Somoza,* NZA 2018, 1053: „die Anwendung der Richtlinie 2001/23 [setzt] nicht voraus, dass zwischen Veräußerer und Erwerber unmittelbar vertragliche Beziehungen bestehen; die Übertragung kann auch unter Einschaltung eines Dritten erfolgen"). Deshalb kann ein rechtsgeschäftlicher Übergang auch dann vorliegen, wenn der Betriebs(teil)inhaber im Rahmen eines **öffentlichen Vergabeverfahrens** wechselt (vgl BAG 13. 6. 2006, AP Nr 305 zu § 613a BGB; vgl auch EuGH 25. 1. 2001 – Liikenne – AP Nr 31 zu EWG-Richtlinie Nr 77/187). Erforderlich ist jedoch stets ein derivativer, vom bisherigen Inhaber tatsächlich konsentierter oder ein durch die Beendigung der Betriebsinhaberstellung des bisherigen Inhabers per Rechtsgeschäft vermittelter Übergang der Leitungsmacht. Allerdings genügt es, wenn die zur Fortführung des Betriebs(teils) notwendigen betrieblichen Merkmale dem neuen Inhaber ohne Weiteres tatsächlich zur Nutzung überlassen werden (HWK/Willemsen § 613a Rn 206, s näher Rn 67).

117 Keine Voraussetzung ist, dass das Rechtsgeschäft, das den Übergang des Betriebs oder Betriebsteils veranlasst, zwischen dem bisherigen und dem neuen Inhaber abgeschlossen wird (ebenso BAG 22. 5. 1985, AP Nr 43 zu § 613a BGB; BAG 11. 12. 1997, AP Nr 172 zu § 613a BGB; BAG 26. 8. 1999, AP Nr 197 zu § 613a BGB; BAG 22. 7. 2004, AP Nr 274 zu § 613a BGB; BAG 21. 8. 2008, AP Nr 353 zu § 613a BGB; Bracker, Betriebsübergang und Betriebsverfassung 37; vHoyningen-Huene/Windbichler RdA 1977, 329 [330]; Schreiber RdA 1982, 137 [143]; Backhaus DB 1985, 1131 [1133]; **aA** HJ Weber BB 1983, 1536 [1537]). Es genügt, wenn die den Betriebsablauf sowie die betriebliche Einheit steuernde Person überhaupt im Rahmen rechtsgeschäftlicher Handlungen wechselt (BAG 26. 8. 1999, AP Nr 197 zu § 613a BGB; BAG 18. 8. 2011, AP Nr 412 zu § 613a BGB). Zutreffend formuliert das BAG, dass es keiner „besonderen Übertragung einer irgendwie gearteten Leitungsmacht" bedürfe (BAG 22. 7. 2004, AP Nr 224 zu § 613a BGB; BAG 13. 12. 2007, AP Nr 341 zu § 613a BGB; BAG 21. 8. 2008, AP Nr 353 zu § 613a BGB). Nicht überzeugend ist es daher, soweit das BAG im Fehlen einer direkten vertraglichen Beziehung zwischen altem und neuem Inhaber ein Indiz gegen das Vorliegen eines Betriebs(teil)übergangs erblicken will (BAG 21. 8. 2008, AP Nr 353 zu § 613a BGB).

2. Rechtswirksamkeit des Rechtsgeschäfts

Der neue Betriebsinhaber muss die Befugnis zur Betriebsführung zwar aus einem 118 Rechtsgeschäft herleiten; sie wird aber nicht durch Rechtsgeschäft übertragen. Ein Betriebsübergang kann deshalb auch dann vorliegen, wenn das ihm zugrunde liegende Rechtsgeschäft unwirksam ist oder angefochten wird (ebenso BAG 6. 2. 1985, AP Nr 44 zu § 613a BGB; Bracker, Betriebsübergang und Betriebsverfassung 38; Seiter, Betriebsinhaberwechsel 47 f; Bauer, Unternehmensveräußerung 31; Heckelmann ZfA 1973, 425 [474]; Heinze DB 1980, 205 [208]; Willemsen ZIP 1986, 477 [486]; **aA** Borngräber, Arbeitsverhältnis bei Betriebsübergang 56 ff, der den Schutz der Arbeitnehmer dadurch sicherstellen will, dass er die Grundsätze über das fehlerhafte Arbeitsverhältnis anwendet, dabei aber übersieht, dass die Arbeitsverhältnisse nicht fehlerhaft sind; so auch Seiter, Betriebsinhaberwechsel 48; Bauer, Unternehmensveräußerung 31; Loritz RdA 1987, 65 [74]). Auch der Nichteintritt einer im Rechtsgeschäft vereinbarten aufschiebenden Bedingung steht der Anwendbarkeit des § 613a BGB nicht entgegen, sofern der neue Inhaber die Herrschaft über den Betrieb bzw Betriebsteil im tatsächlichen Einvernehmen mit dem bisherigen Inhaber erlangt (BAG 31. 1. 2008, AP Nr 339 zu § 613a BGB; ebenso BAG 15. 12. 2005, AP Nr 294 zu § 613a BGB: „Es kommt auch nicht darauf an, ob das Rechtsgeschäft, das Grundlage für den Betriebsübergang ist, bedingt oder mit einem Rücktrittsrecht versehen ist. Dadurch verliert es nicht seine Eignung als taugliche Grundlage des allein anhand tatsächlicher Umstände und der Übernahme der Leitungsmacht durch den Betriebserwerber zu bestimmenden Übergangs des Betriebs auf einen anderen Inhaber"; bestätigt durch BAG 13. 12. 2007, AP Nr 338 zu § 613a BGB). Vor diesem Hintergrund ist es geradezu selbstverständlich, dass die bloße Einräumung eines **vertraglichen Rücktrittsrechts** das Vorliegen eines Betriebs(teil)übergangs nicht hindert, sofern es tatsächlich zu einem Wechsel der Herrschaftsmacht kommt (BAG 15. 12. 2005, AP Nr 294 zu § 613a BGB).

Sobald sich herausstellt, dass der neue Betriebsinhaber infolge der Nichtigkeit oder 119 Anfechtung des Rechtsgeschäfts die Befugnis zur Betriebsführung verliert und die tatsächliche Betriebsführung zurückübertragen wird, tritt der bisherige Inhaber in die Rechte und Pflichten aus dem Arbeitsverhältnis ein (ebenso Seiter, Betriebsinhaberwechsel 48; Bauer, Unternehmensveräußerung 32). Ob der Betriebserwerber als „bisheriger Arbeitgeber" iSd § 613a Abs 2 BGB haftet, kann nicht ohne den Zweck der Norm geklärt werden, die zur Nichtigkeit oder Anfechtung des Rechtsgeschäfts geführt hat.

Das ist insbesondere zu beachten, wenn er **geschäftsunfähig** oder **beschränkt geschäftsfähig** war; denn der Schutz dieses Personenkreises hat Vorrang vor dem Verkehrsschutz. Danach ist auch zu entscheiden, ob die Arbeitsverhältnisse, die mit dem neuen Betriebsinhaber begründet wurden, bei der Rückgabe des Betriebs auf den bisherigen Betriebsinhaber übergehen (grundsätzlich bejahend SEITER, Betriebsinhaberwechsel 48; nur für den Fall, dass der neue Inhaber die Nichtigkeit oder Anfechtbarkeit des Rechtsgeschäfts nicht kannte, POSTH, Betriebsinhaberwechsel 83). Generell greift § 613a BGB nicht ein, wenn dessen Rechtsfolgen mit dem höherwertigen Schutz Geschäftsunfähiger vor ihren nachteiligen Rechtshandlungen nicht vereinbart werden können (ebenso MünchArbR/WANK § 142 Rn 95; vgl auch KR/TREBER § 613a Rn 45; SCHRÖDER NZA 1986, 286).

3. Rechtsgeschäft und Gesamtrechtsnachfolge

120 Darüber hinaus ist dem Tatbestandsmerkmal „durch Rechtsgeschäft" zu entnehmen, dass **sämtliche Fälle der Gesamtrechtsnachfolge** (BAG 25. 2. 1981, AP Nr 24 zu § 613a BGB; BAG 14. 10. 1982, AP Nr 36 zu § 613a BGB; BAG 26. 8. 1999, AP Nr 197 zu § 613a BGB; LANGENBUCHER SAE 1998, 145 [149 Fn 37] mwNw; LIPINSKI, Sonderkündigungsschutz 21; RÜTHERS/BAKKER ZfA 1990, 245 [253]; **anders** jedoch BAG 21. 2. 2008 AP Nr 342 zu § 613a BGB) und der Übertragung durch **Hoheitsakt** (BAG 26. 8. 1999, AP Nr 197 zu § 613a BGB; vgl dazu allerdings oben Rn 14) von § 613a BGB nicht erfasst werden (BAG 13. 11. 2002, AP Nr 2 zu § 1 AVR Caritasverband), wohingegen der Umkehrschluss, dass jeder Übergang einer betrieblichen Organisationseinheit auf einen neuen Inhaber außerhalb der Gesamtrechtsnachfolge bzw der Übertragung durch Hoheitsakt den Tatbestand des § 613a BGB erfüllt, angesichts der vorstehenden Ausführungen unzulässig ist (vgl dazu näher vHOYNINGEN-HUENE, Anm AP Nr 41 zu § 613a BGB). Soweit demgegenüber die unmittelbare Anwendbarkeit des § 613a BGB auf alle Fälle der Gesamtrechtsnachfolge einschließlich des Erbfalls bei gesetzlicher Erbfolge behauptet wird (vgl BOECKEN, Unternehmensumwandlungen Rn 56 ff; MÜLLER/PETERS, Anm AP Nr 14 zu § 3 TVG Verbandszugehörigkeit; TEMPELMANN, Arbeitsrechtliche Probleme 69 ff), lässt sich dies mit dem unter Beachtung des gesetzgeberischen Willens zu interpretierenden Wortlaut der Vorschrift nicht vereinbaren. Zwar ist die Passage in der Begründung zum Regierungsentwurf, wonach in Fällen der Universalsukzession „eine derartige Vorschrift nicht erforderlich" ist, sowohl hinsichtlich des kontextuellen Bezuges als auch hinsichtlich der Reichweite unklar (BOECKEN, Unternehmensumwandlungen Rn 40 ff), doch zeigt der Begründungszusammenhang, dass vom heutigen Abs 1 S 1 nur solche Konstellationen erfasst werden sollen, in denen es nach der bis zu seiner Einführung einschlägigen Rechtsprechung allein wegen des Betriebsübergangs zu einer Beendigung der Arbeitsverhältnisse gekommen war (vgl nur BAG 2. 10. 1974, AP Nr 1 zu § 613a BGB). Die schließlich in Abs 1 S 1 konstitutiv verankerte Bestandsgewährleistung war in allen Fällen nicht erforderlich, in denen der neue Betriebsinhaber als Rechtsnachfolger ohnehin kraft Gesetzes in die Arbeitsverhältnisse sowie – wegen der gleichzeitigen automatischen Übertragung sämtlicher Betriebsmittel – in den betrieblichen Funktionszusammenhang eintrat. Lediglich zu Klarstellungszwecken wurde dennoch Abs 3 in das Gesetz eingeführt, da man offensichtlich befürchtete, dass anderenfalls Diskussionen über eine – rechtstechnisch freilich kaum begründbare – Analogiefähigkeit des § 613a BGB in Fällen der Gesamtrechtsnachfolge entstehen könnten.

121 Der die sämtlichen Konstellationen der Gesamtrechtsnachfolge ausklammernde Anwendungsbereich des § 613a BGB wurde auch durch die Ergänzung des Absatzes 1 um die Sätze 2 bis 4 im Jahre 1980 (BGBl I 1308) nicht erweitert. Zwar existiert somit eine entsprechende Fortgeltungsanordnung für die Fälle der Gesamtrechtsnachfolge – sieht man einmal von § 324 UmwG ab – nicht, sodass es insoweit – verglichen mit der Rechtslage bei Singularsukzession – tatsächlich zu Nachteilen für die betroffenen Arbeitnehmer kommen kann (vgl Müller/Peters, Anm AP Nr 14 zu § 3 TVG Verbandszugehörigkeit). Indes ist eine Korrektur dieses Ergebnisses im Wege einer rein **schutzzweckorientierten Interpretation** nicht möglich, weil dadurch der Tatbestand des § 613a BGB alle Konturen verlieren würde. Schließlich sind auch außerhalb der Gesamtrechtsnachfolge in Fällen der Inhaberkontinuität Konstellationen denkbar, in denen die Arbeitnehmer hinsichtlich des Fortbestandes kollektiver Rechte gleichermaßen schutzbedürftig sind wie bei einem Betriebs(teil)übergang (beispielsweise eine Eingliederung in einen anderen Betrieb unter dem Dach eines unverändert fortbestehenden Rechtsträgers). Zwar mag die Erstreckung insbesondere der Sätze 2 bis 4 auch auf diese Fälle erstrebenswert sein, doch ist eine derartige Erweiterung dem Gesetzgeber vorbehalten.

Angesichts der vorstehend bestimmten Reichweite des Tatbestandsmerkmals „durch Rechtsgeschäft" **findet § 613a BGB auf die gesellschaftsrechtliche Gesamtrechtsnachfolge keine unmittelbare Anwendung**, obwohl sie jeweils auf einem Rechtsgeschäft beruht (letzteres erkennen zutreffend Pietzko, Tatbestand 128 und K Schmidt AcP 191 [1991] 495 [515]). In diesen Fällen ist auch keine analoge Anwendung möglich, da **§ 613a BGB auf Grund seiner Entstehungsgeschichte weder auf Tatbestands- noch auf Rechtsfolgenseite analogiefähig ist** (BAG 13. 7. 1994, AP Nr 14 zu § 3 TVG Verbandszugehörigkeit; Kempen BB 1991, 2006 [2011]; in diesem Sinne beispielsweise auch BAG 6. 4. 2006, AP Nr 259 zu § 613a BGB, wonach Fälle der Gesamtrechtsnachfolge erfasst werden; **anders** BAG 5. 10. 1993, AP Nr 42 zu § 1 BetrAVG Zusatzversorgungskassen; Hanau, in: FS Gaul 302 f; Wiedemann/Müller Anm AP Nr 42 zu § 1 BetrAVG Zusatzversorgungskassen; Willemsen RdA 1993, 133 [134]). Soweit damit angesichts des Wortlauts von Art 1 Abs 1 der früheren RL 77/87/EWG vorübergehend ein Umsetzungsdefizit für die Fälle der Verschmelzung eingetreten war (Wiedemann/Müller Anm AP Nr 42 zu § 1 BetrAVG Zusatzversorgungskassen), ist diese Lücke mit dem Inkrafttreten des Umwandlungsgesetzes am 1. 1. 1995 durch § 324 UmwG zumindest teilweise geschlossen worden. Wenn auch der Wortlaut dieser Norm äußerst verunglückt ist, kann angesichts der Entstehungsgeschichte kein Zweifel daran bestehen, dass Abs 1 und 4–6 in den dort genannten Umwandlungsfällen anwendbar sein sollen (vgl nur BT-Drucks 12/7850, 145 sowie Wlotzke DB 1995, 40), und diese Anordnung kann unter Berücksichtigung der vorstehenden Ausführungen nur konstitutiv wirken (ebenso Kressel BB 1995, 925 [928]; Bachner NJW 1995, 2881 [2882]; vgl zur Gegenauffassung Boecken, Unternehmensumwandlungen Rn 65 ff; **aA** etwa BAG 25. 5. 2000, AP Nr 209 zu § 613a BGB;). Gleichzeitig beweist die Tatsache der Schaffung einer Sondervorschrift für Unternehmensumwandlungen, dass § 613a BGB nur auf die in § 324 UmwG beschriebenen Konstellationen innerhalb des dort definierten Rahmens Anwendung finden soll. Sofern nämlich § 613a BGB nach dem Willen des Gesetzgebers grundsätzlich auch auf Fälle der Gesamtrechtsnachfolge zu erstrecken wäre, hätte dies in Kenntnis der wissenschaftlichen Diskussion und der unsicheren Rechtsprechung des BAG ohne Weiteres durch eine entsprechende Änderung seines Wortlauts klargestellt werden können, was jedoch gerade nicht erfolgt ist (anders wohl ErfK/Preis § 613a Rn 58). 122

4. Einzelfälle

a) Auftragsvergabe und Auftragsnachfolge

123 Die erstmalige Auftragsvergabe bzw die unmittelbare Auftragsnachfolge kann das Tatbestandsmerkmal „durch Rechtsgeschäft" ausfüllen, doch liegen die Hauptprobleme bei der Frage, ob überhaupt ein Betriebsübergang angenommen werden kann (vgl nur BAG 18. 10. 1990, AP Nr 88 zu § 613a BGB; tendenziell anders wohl BAG 14. 7. 1994, NZA 1995, 27; 18. 2. 1999 – 8 AZR 500/97, nv; vgl im Übrigen BAG 11. 12. 1997, AP Nr 171 zu § 613a BGB; BAG 24. 2. 2000 – 8 AZR 162/99, nv; BAG 6. 4. 2006, AP Nr 259 zu § 613a BGB; BAG 13. 6. 2006, AP Nr 305 zu § 613a BGB; EuGH 14. 4. 1994 – *Schmidt,* Slg 1994, 1311 [1325 f] Rn 14 ff = AP Nr 106 zu § 613a BGB; EuGH 19. 9. 1995 – *Rygaard,* Slg 1995, 2745 [2763 ff] Rn 15 ff = AP Nr 133 zu § 613a BGB; EuGH 7. 3. 1996 – *Merckx,* Slg 1996, 1253 [1273 ff] Rn 16 ff = AP Nr 9 zu EWG-Richtlinie Nr 77/187; EuGH 11. 3. 1997 – *Süzen,* Slg 1997, 1259 [1273 ff] Rn 14 ff = AP Nr 14 zu EWG-Richtlinie Nr 77/187; EuGH 20. 11. 2003 – *Abler,* AP Nr 34 zu EWG-Richtlinie Nr 77/187/EWG; EuGH 15. 12. 2005 – *Güney Görres,* AP Nr 291 zu § 613a BGB).

b) Erbfolge und Vermächtnisanspruch

124 Die Rechtsfolgen des § 613a BGB werden bei **Erbfolge** nicht ausgelöst, und zwar auch dann nicht, wenn die Erbeinsetzung auf einem Rechtsgeschäft (Testament, Erbvertrag) beruht (zustimmend HWK/Willemsen § 613a Rn 186, allerdings mit abweichendem Begründungsansatz; hinsichtlich der auf Testament oder Erbvertrag beruhenden Erbfolge müsste das BAG angesichts der Entscheidung vom 21. 2. 2008 [AP Nr 342 zu § 613a BGB] konsequenterweise zu einem anderen Ergebnis gelangen). Hingegen findet § 613a BGB Anwendung, wenn der Erbe in Erfüllung eines (schuldrechtlichen) **Vermächtnisanspruchs** den Betrieb oder Betriebsteil im Wege der Singularsukzession auf den Vermächtnisnehmer überträgt (HWK/Willemsen § 613a Rn 186; vgl bereits Erman/Küchenhoff [6. Aufl 1975] § 613a Rn 23; Seiter, Betriebsinhaberwechsel 42; MünchArbR/Wank § 142 Rn 76).

c) Gesellschaftsrechtliche Anwachsung

125 Die gesellschaftsrechtliche Anwachsung gem § 738 BGB wird von § 613a BGB nicht – auch nicht in analoger Anwendung – erfasst (**aA** BAG 21. 2. 2008, AP Nr 342 zu § 613a BGB; LAG Baden-Württemberg AiB 2008, 607; LAG Köln 14. 5. 2001 MDR 2001, 1175; LAG Schleswig-Holstein 30. 8. 1999, nv; Schnitker/Grau ZIP 2008, 394 [397]; ErfK/Preis § 613a Rn 181; HWK/Willemsen § 613a Rn 191). Bei ihr handelt es sich um eine vom Regelungsbereich des § 613a BGB ausgeschlossene Gesamtrechtsnachfolge (vgl Rn 64). Angesichts der Gesetzeshistorie ist auch eine richtlinienkonforme Extension ausgeschlossen (vgl auch BAG 6. 4. 2006, AP Nr 299 zu § 613a BGB: „Rechtsgeschäftlicher Betriebsinhaberwechsel bedeutet, dass die zum Betrieb gehörenden materiellen und immateriellen Betriebsmittel durch besondere Übergangsakte – und nicht durch Gesamtrechtsnachfolge oder Hoheitsakt – auf den neuen Inhaber übertragen werden").

d) Gesellschaftsrechtliche Einbringung

126 Ein Betriebs(teil)übergang durch Rechtsgeschäft liegt vor, wenn ein Betrieb oder Betriebsteil als Sacheinlage in eine Gesellschaft eingelegt wird (ErfK/Preis § 613a Rn 60).

e) Öffentlich-rechtlicher Organisationsakt

127 Mangels Vorliegens eines Rechtsgeschäfts ist § 613a BGB nicht einschlägig, wenn es in der öffentlichen Verwaltung im Rahmen eines (schlichten) **Organisationsakts** zur

Funktionsübertragung auf einen anderen Verwaltungsträger kommt (vgl BAG 7. 9. 1995, AP Nr 131 zu § 613a BGB und BAG 20. 3. 1997, AP Nr 24 zu Art 13 Einigungsvertrag; auch die RL 2001/23/EG findet auf Hoheitsakte keine Anwendung, vgl EuGH 15. 10. 1996, NZA 1996, 1279 – *Henke;* s ergänzend aber auch Rn 14) oder wenn die **Notarbefugnis** verliehen wird (BAG 26. 8. 1999, AP Nr 197 zu § 613a BGB; dies gilt allerdings nur für den Notar selbst und nicht auch für die von ihm geführte Organisation, vgl Rn 82). Ebenso wenig ist § 613a BGB einschlägig bei der **gesetzlichen Ausgliederung** von Betrieben aus dem Vermögen eines Landes auf eine Anstalt des öffentlichen Rechts (BAG 8. 5. 2001, AP Nr 219 zu § 613a BGB; BAG 22. 10. 2002, AP Nr 2 zu § 2 RuhegeldG Hamburg; BAG 2. 3. 2006, AP Nr 297 zu § 613a BGB; BAG 18. 12. 2008, AP Nr 366 zu § 613a BGB; BAG 14. 7. 2010 – 10 AZR 84/09, nv; siehe ferner BAG 15. 3. 2012, AP Nr 425 zu § 613a BGB; BAG 18. 9. 2012, AP Nr 38 zu § 1 TVG Tarifverträge: Deutsche Bahn; vgl aber auch BAG 25. 1. 2001, AP Nr 215 zu § 613a BGB; siehe zum Ganzen Kirmse NZA 2006, 3325; Otto, in: FS Richardi 317 ff). Nach Ansicht des BAG ist § 613a BGB ferner nicht anwendbar, sofern der Inhaberwechsel aufgrund eines staatskirchenrechtlichen Vertrags erfolgt (BAG 13. 11. 2002, AP Nr 2 zu § 1 AVR Caritasverband). Zur Frage des Betriebs(teil)übergangs beim Wechsel des Betreibers einer **Flüchtlingsunterkunft** Kania NZA 2016, 1441.

f) Öffentlich-rechtlicher Vertrag

128 § 613a BGB ist im Hinblick auf § 62 S 2 VwVfG entsprechend anwendbar, wenn der Betriebs(teil)inhaber auf der Grundlage eines öffentlich-rechtlichen Vertrags wechselt (etwa Boecken RdA 2001, 240 [241]; vgl auch Kohte DB 1997, 1738 [1741]; KR/Treber § 613a Rn 43). Auf dem Boden der Rechtsprechung ist allerdings zu beachten, dass ein Vertrag zwischen bisherigem und neuem Inhaber für die Anwendbarkeit des § 613a BGB nicht erforderlich ist. Demgemäß muss auch bei Vorliegen eines öffentlich-rechtlichen Vertrags zwischen bisherigem und neuem Inhaber § 613a BGB unter Anwendung der vom BAG entwickelten Grundsätze unmittelbar anwendbar sein, wenn das Merkmal „durch Rechtsgeschäft" bereits durch sonstige auf dem Gebiet des Zivilrechts liegende Umstände (etwa Abschluss neuer Arbeitsverträge mit dem wesentlichen Teil des Personals) verwirklicht wird.

g) Sicherungseigentum

129 Erlangt ein Kreditgeber Sicherungseigentum an einzelnen oder den gesamten Betriebsmitteln, so liegt kein Betriebsübergang vor, wenn die Organisationsgewalt beim bisherigen Inhaber verbleibt (vgl BAG 20. 3. 2003, NZA 2003, 1338 [1339]; BAG 14. 8. 2007, AP Nr 326 zu § 613a BGB). Gleiches gilt auch dann, wenn sich der Betriebsinhaber im Innenverhältnis zum Sicherungsnehmer dahingehend bindet, dass diesem bei unternehmerischen Entscheidungen ein Mitbestimmungsrecht eingeräumt wird (Willemsen, Anm zu BAG AP Nr 38 zu § 613a BGB). Denn diese Bindung ändert nichts daran, dass die rechtlich begründete betriebliche Leitungsmacht (vgl zu diesem Erfordernis BAG 26. 3. 1996, AP Nr 148 zu § 613a BGB) allein beim Sicherungsgeber liegt und dieser ohne Weiteres rechtswirksame Anordnungen treffen kann, die im Widerspruch zu den mit dem Sicherungsnehmer bestehenden Absprachen stehen.

130 Geht allerdings die Stellung des Sicherungsnehmers über das bloße Eigentum an den Betriebsmitteln hinaus und führt dieser – rechtlich begründet – den Betrieb im eigenen Namen selbst fort, so ist § 613a BGB anwendbar. Auch hier ist jedoch zu beachten, dass die Betriebsinhaberstellung derivativ vom bisherigen Inhaber erlangt worden sein muss, weshalb die bloße, auf Grund Rechtsgeschäfts (Sicherungsver-

trag) herbeigeführte, Organisationsgewalt über die einzelnen Betriebsmittel als solche nicht ausreicht. Es genügt daher keinesfalls, wenn der Sicherungsgeber dem Sicherungsnehmer kraft seiner Rechtsmacht die Herrschaft über die Betriebsmittel entzieht, ohne dass ein Konsens über seinen Eintritt in die betriebliche Leitungsmacht erzielt wird.

h) Umwandlung nach UmwG

131 Für Konstellationen, in denen es im Rahmen einer Unternehmensumwandlung nach dem UmwG zu einem Rechtsträgerwechsel kommt, ordnet § 324 UmwG an, dass § 613a Abs 1, 4 bis 6 BGB durch die Wirkungen der Eintragung einer Verschmelzung, Spaltung oder Vermögensübertragung unberührt bleibt. § 324 UmwG enthält keine Rechtsfolgen-, sondern eine **Rechtsgrundverweisung**, sodass auch bei Rechtsträgerwechseln im Rahmen einer Unternehmensumwandlung stets zu fragen ist, ob die Voraussetzungen des § 613a BGB vorliegen (BAG 25. 5. 2000, AP Nr 209 zu § 613a BGB; BAG 6. 10. 2005, AP Nr 150 zu § 102 BetrVG 1972; BAG 19. 10. 2017, NZA 2018, 370; KR/Spilger §§ 322–324 UmwG Rn 30; MünchKomm/Müller-Glöge § 613a Rn 63; ErfK/Preis § 613a Rn 181; **aA** im Sinne einer Rechtsfolgenverweisung; Kressel BB 1995, 928; Salje RdA 2000, 126; vgl auch BAG 24. 6. 1998, AP Nr 1 zu § 20 UmwG; Hartmann ZfA 1997, 24). Die Bedeutung des § 324 UmwG erschöpft sich mithin darin, dass der grundsätzliche Ausschluss der Anwendung des § 613a BGB auf Fälle der Gesamtrechtsnachfolge (vgl Rn 120) für Fälle der übertragenden Umwandlungen aufgehoben wird. Dies bedeutet gleichzeitig, dass die Zeitpunkte des Wirksamwerdens der Umwandlung und des Betriebs(teil)übergangs auseinanderfallen können (BAG 25. 5. 2000, AP Nr 209 zu § 613a BGB). Insbesondere kann der Zeitpunkt des Betriebs(teil)übergangs vor dem Wirksamwerden der Umwandlung liegen, wenn dem neuen Inhaber bereits zuvor das tatsächliche Einrücken in die Stellung als Betriebs(teil)inhaber ermöglicht wird (vgl zum Ganzen näher unten Rn 348 ff).

i) Vermietung, Verpachtung und Nießbrauch

132 Die Schwierigkeiten mit Blick auf die Anwendung des § 613a BGB liegen in den Fällen der Verpachtung sowie der Nießbrauchsbestellung oftmals nicht beim Tatbestandsmerkmal „durch Rechtsgeschäft“, sondern bereits bei der Frage nach dem Vorliegen eines Betriebsübergangs (vgl dazu oben Rn 105). § 613a BGB ist unanwendbar, wenn Gegenstand des Pachtvertrages oder Nießbrauchs nicht die Überlassung der betriebswesentlichen Merkmale ist, sondern die betriebsindividualisierende Struktur vom neuen Inhaber ohne Zutun oder Duldung des alten Inhabers selbst errichtet wird (vgl dazu BAG 3. 7. 1986, AP Nr 53 zu § 613a BGB). Dies wird bei einem Mietvertrag tendenziell eher anzunehmen sein als bei Verpachtung oder Nießbrauchsbestellung (in diese Richtung BAG 22. 5. 1997, AP Nr 154 zu § 613a BGB), wenngleich sich eine schematische Betrachtung verbietet, weil stets das möglicherweise vorhandene Bündel von Rechtsgeschäften und sonstigen Willensübereinstimmungen zwischen den Beteiligten zu bewerten ist. Sofern allerdings auf der Grundlage eines Miet- oder Pachtvertrages bzw auf Grund einer Nießbrauchsbestellung die betriebliche Struktur übergeht, erfolgt dies durch Rechtsgeschäft. Dabei spielt für dieses Tatbestandsmerkmal keine Rolle, ob es sich um die erstmalige Verpachtung oder Vermietung durch den Eigentümer (BAG 15. 11. 1978, AP Nr 14 zu § 613a BGB; BAG 30. 10. 1986, AP Nr 58 zu § 613a BGB) oder um eine unmittelbare Weiterverpachtung durch den Verpächter handelt (BAG 25. 2. 1981, AP Nr 24 zu § 613a BGB; BAG 3. 7. 1986, AP Nr 53 zu § 613a BGB; BAG 21. 8. 2008, AP Nr 353 zu § 613a BGB; ebenso BGH 23. 3. 2006, AP

Nr 18 zu § 307 BGB). Sogar die ordnungsgemäße Vertragsbeendigung durch Zeitablauf oder Aufhebungsvertrag kann genügen (insoweit zutreffend BAG 26. 2. 1987, AP Nr 59 zu § 613a BGB; BAG 27. 4. 1995, AP Nr 128 zu § 613a BGB), doch scheitert in diesen Fällen die Anwendbarkeit des § 613a BGB meist am Merkmal des Betriebsübergangs (vgl dazu oben Rn 105), sofern nicht der Verpächter oder Vermieter die übernommene Struktur zu eigenen betrieblichen Zwecken tatsächlich nutzt (vgl EuGH 17. 12. 1987 – *Ny Mølle Kro*, Slg 1987, 5465 [5484] Rn 18).

k) Zwangsvollstreckung in das Betriebsvermögen

Ein Betrieb oder Betriebsteil als solcher kann nicht Gegenstand der Zwangsvollstreckung sein, sondern diese erfolgt nur in die darin jeweils zusammengefassten Betriebsmittel. Im Einzelnen ist jedoch zwischen den verschiedenen Formen der Zwangsvollstreckung zu unterscheiden. 133

aa) Zwangsversteigerung

Bei einer Zwangsversteigerung des Betriebsgrundstücks erwirbt der Ersteher mit dem Zuschlag nur das Eigentum am Grundstück und den Gegenständen, auf die sich die Zwangsversteigerung erstreckt hat (§ 90 Abs 1, § 90 Abs 2 iVm §§ 20 Abs 2, 21, 55 ZVG § 1120 BGB). Dabei handelt es sich um einen originären Eigentumserwerb kraft Hoheitsakt, auf den § 613a BGB keine Anwendung findet. Zunächst findet bereits kein Übergang des Betriebs oder Betriebsteils statt, weil es im Rahmen der Zwangsvollstreckung ausschließlich zu einer Übertragung je isolierter Betriebsmittel kommt. Darüber hinaus liegt auch kein Rechtsgeschäft vor (zustimmend HWK/Willemsen § 613a Rn 208). Die Bestimmung findet auch keine entsprechende Anwendung auf Übertragungen durch **Hoheitsakt**, und zwar selbst dann, wenn dieser ein Rechtsgeschäft ersetzt (ebenso MünchArbR/Wank § 142 Rn 79; Birkholz, Betriebsübergang 103; **anders** Staudinger/Richardi[12] Rn 87). Auch der in § 57 ZVG iVm § 566 BGB angeordnete Eintritt des Erstehers in bestehende Miet- und Pachtverträge kann nicht auf Arbeitsverhältnisse erstreckt werden und damit eine analoge Anwendung des § 613a BGB rechtfertigen. Während § 566 BGB objektgebunden ist und die Fortsetzung der Miet- bzw Pachtverhältnisse dem Ersteher keine weiteren Handlungen abverlangt, ist eine Überleitung der Arbeitsverhältnisses entsprechend § 613a BGB mit der Tatsache, dass die Zwangsversteigerung als solche nur zu einem bloßen Betriebsmittelerwerb führt, nicht vereinbar. Da § 613a BGB den Übergang einer Organisationsstruktur verlangt und die Übertragung einzelner Gegenstände im Gegensatz zu § 566 BGB nicht ausreichen lässt, fehlt eine tragfähige Grundlage für die entsprechende Anwendung des § 613a BGB im Falle der Zwangsversteigerung eines Grundstücks (vgl dazu BAG 14. 10. 1982, AP Nr 36 zu § 613a BGB; Richardi RdA 1976, 56 [59]; Borngräber, Betriebsübergang 55 f; Seiter, Betriebsinhaberwechsel 140). Ein Betriebsübergang kann daher nur vorliegen, wenn die betriebsindividualisierenden Betriebsmittel nicht in den im Rahmen der Zwangsversteigerung veräußerten Gegenständen zu erblicken sind und der Betriebsinhaber diese betriebskonstitutiven Merkmale zusätzlich – außerhalb der Zwangsvollstreckung – durch Rechtsgeschäft auf den Ersteher überträgt (Erman/Edenfeld § 613a Rn 36; **aA** Mohrbutter NZA 1985, 105 [108 f]). 134

bb) Zwangsverwaltung

Die Anordnung der Zwangsverwaltung eines Betriebsgrundstücks führt nicht zur Beschlagnahme des Betriebs als solchem (vgl §§ 146, 148, 151 ZVG; ebenso BAG 135

9. 1. 1980, AP Nr 19 zu § 613a BGB m Anm Vollkommer; Richardi RdA 1976, 56 [60]; LAG Bremen 6. 2. 1987, BB 1987, 1606). Nach der Rechtsprechung und der hL im Schrifttum darf ein Zwangsverwalter aber den Betrieb, der auf dem beschlagnahmten Grundstück ausgeübt wird, fortführen (vgl RG 12. 2. 1932, RGZ 135, 197 [201 f]; MünchArbR/Wank § 142 Rn 80; vgl die Darstellung des Meinungsstandes bei Birkholz, Betriebsübergang 108 ff; **aA** LAG Hamm 17. 10. 1986 ZIP 1987, 91 [99]). Macht er von diesem Recht Gebrauch, so übernimmt er die Funktion als Arbeitgeber im Verhältnis zu den dort beschäftigten Arbeitnehmern. Es liegt jedoch stets im pflichtgemäßen Ermessen des Zwangsverwalters, ob er den Betrieb fortführt, wenn der Schuldner wegen der Beschlagnahme nicht mehr in der Lage ist, ihn selbst zu betreiben. Wenn er ihn nicht selbst fortführt, sondern an einen Dritten verpachtet, findet § 613a BGB unmittelbar Anwendung (ebenso ArbG Lübeck 17. 8. 1978, BB 1979, 989 mit zust Anm Dauenheimer; Seiter, Betriebsinhaberwechsel 141; Richardi RdA 1976, 56 [60 Fn 28]; Heinze DB 1980, 205 [209]; Vollkommer, Anm zu AP Nr 19 zu § 613a BGB). Nichts anderes kann gelten, wenn der Zwangsverwalter den Betrieb selbst fortführt (BAG 18. 8. 2011, AP Nr 412 zu § 613a BGB; kritisch Drasdo NZA 2012, 239 ff). Dazu ist er wegen der Beschränkung seines Amts auf das Grundstück und die in den Haftungsverband fallenden sonstigen Gegenstände allerdings nur mit Zustimmung des Schuldners befugt (BAG 9. 1. 1980, AP Nr 19 zu § 613a BGB mit insoweit abl Anm Vollkommer; MünchArbR/Wank § 142 Rn 80). Erst durch diese Zustimmung wird im Übrigen das Tatbestandsmerkmal „durch Rechtsgeschäft" erfüllt, da die bloß einseitige Willensentschließung des Übernehmers hierfür nicht ausreicht (vgl oben Rn 107; **anders** Staudinger/Richardi[12] Rn 91). Bei Fortführung des Betriebs durch den Zwangsverwalter findet deshalb § 613a BGB Anwendung (ebenso BAG 9. 1. 1980, AP Nr 19 zu § 613a BGB; BAG 18. 8. 2011, NZA 2012, 267; Borngräber, Betriebsübergang 56; Seiter, Betriebsinhaberwechsel 141; Richardi RdA 1976, 56 [60 f]).

C. Rechtsfolgen bei durch Rechtsgeschäft veranlasstem Betriebsübergang

I. Eintritt des neuen Betriebsinhabers in die Arbeitsverhältnisse

136 Sind die Tatbestandsvoraussetzungen erfüllt, so tritt der neue Inhaber des Betriebs oder Betriebsteils „in die Rechte und Pflichten aus den im Zeitpunkt des Übergangs bestehenden Arbeitsverhältnissen ein" (Abs 1 S 1). Der bisherige Arbeitgeber haftet nur noch neben dem neuen Inhaber für Verpflichtungen, „soweit sie vor dem Zeitpunkt des Übergangs entstanden sind und vor Ablauf von einem Jahr nach diesem Zeitpunkt fällig werden, als Gesamtschuldner" (Abs 2 S 1).

1. Rechtsdogmatische Einordnung des Arbeitgeberwechsels

137 Der neue Inhaber tritt kraft Gesetzes in die arbeitsvertraglichen Rechte und Pflichten des bisherigen Arbeitgebers ein. Während § 566 BGB für das Mietverhältnis bei der Veräußerung des vermieteten Grundstücks ausdrücklich anordnet, dass der Erwerber „an Stelle des Vermieters" in das Mietverhältnis eintritt, fehlt hier diese Klarstellung im Gesetzestext. Aus Abs 2 S 1 ergibt sich aber eindeutig, dass der „bisherige Arbeitgeber" nicht neben dem neuen Inhaber Partei des Arbeitsverhältnisses bleibt, sondern aus dem Arbeitsverhältnis ausscheidet. Es wird also auf der Arbeitgeberseite die Arbeitsvertragspartei von Gesetzes wegen ausgewechselt (ebenso BAG 2. 10. 1974, AP Nr 1 zu § 613a BGB; BAG 18. 8. 1976, AP Nr 4 zu § 613a BGB; BAG

22. 2. 1978, AP Nr 11 zu § 613a BGB; BAG 22. 6. 1978, AP Nr 12 zu § 613a BGB; Soergel/Raab § 613a Rn 73; Seiter, Betriebsinhaberwechsel 32).

138 Demnach handelt es sich um den **gesetzlichen Übergang eines Vertragsverhältnisses auf Arbeitgeberseite**. Der neue Inhaber wird nicht bloß Gläubiger iS einer cessio legis (§ 412 BGB) und Schuldner gem dem Modell der in §§ 414 ff BGB geregelten befreienden Schuldübernahme, sondern es handelt sich um die Sondernachfolge in die Rechtsstellung des Arbeitgebers mit allen Rechten und Pflichten (ebenso Seiter, Betriebsinhaberwechsel 32 f; Heinze DB 1980, 205, allerdings zu eng, soweit es dort nur heißt, „Sonderrechtsnachfolge in die Gesamtheit der aus der Arbeitgeberstellung des Betriebsinhabers fließenden Rechte"). Der Übergang beschränkt sich nicht auf die Vertragsrechtsstellung; der Erwerber tritt auch insoweit in die Rechte und Pflichten ein, als sie nicht auf dem Arbeitsvertrag, sondern auf einem Tarifvertrag oder einer Betriebsvereinbarung beruhen (vgl Rn 199 ff). Der Wechsel der Arbeitgeberstellung gilt nicht nur für die Zukunft, sondern grundsätzlich auch für die Vergangenheit. Die Vorschrift hat deshalb „auch die Funktion einer Haftungsnorm in Gestalt eines gesetzlich angeordneten Schuldbeitritts" (Wiedemann/Willemsen RdA 1979, 418 [421 f]).

139 Da der neue Inhaber von Gesetzes wegen in die Rechte und Pflichten aus den im Zeitpunkt des Übergangs bestehenden Arbeitsverhältnissen eintritt, erhält auch der Arbeitnehmer einen neuen Vertragspartner, der den Anspruch auf die Dienste hat und Schuldner der sich aus dem Arbeitsverhältnis ergebenden Verpflichtungen wird. Die Zustimmung des Arbeitnehmers ist nicht erforderlich; sein Widerspruch verhindert aber nach hL den Übergang des Arbeitsverhältnisses auf den neuen Betriebsinhaber (vgl ausführlich Rn 302 ff).

2. Eintritt in die bestehenden Arbeitsverhältnisse

140 Der Wechsel der Arbeitsvertragspartei auf der Arbeitgeberseite **bezieht sich ausschließlich auf bestehende Arbeitsverhältnisse**. Zu den Arbeitsverhältnissen zählen nicht nur solche, die im gesetzlichen Normalfall durch Kündigung aufgelöst werden, also auf unbestimmte Zeit eingegangen sind, sondern auch befristete Arbeitsverhältnisse und Berufsausbildungsverhältnisse. Keine Rolle spielt, ob es sich um Vollzeit- oder Teilzeitarbeitsverhältnisse handelt (zu Leiharbeitsverhältnissen oben Rn 21).

141 Das Arbeitsverhältnis muss im Zeitpunkt des Übergangs bestehen. Unerheblich ist, ob es **bereits gekündigt** ist. Wird der Arbeitnehmer noch nach Ablauf der Kündigungsfrist weiterbeschäftigt, so kann dies verschiedene Gründe haben. Beruht die Weiterbeschäftigung auf einem Widerspruch des Betriebs- oder Personalrats (§ 102 Abs 5 BetrVG, § 79 Abs 2 BPersVG), so besteht das Arbeitsverhältnis auch rechtlich fort; es wird auch bei Rechtswirksamkeit der Kündigung erst mit Rechtskraft des Urteils, das die Kündigungsschutzklage abweist, aufgelöst, sodass in diesen Fällen ein Übergang nach § 613a BGB möglich ist. Wird der Arbeitnehmer freiwillig fortbeschäftigt, so ist ebenfalls eine Vertragsgrundlage vorhanden. Sie fehlt aber, wenn der Arbeitnehmer im Zeitpunkt des Betriebsübergangs zur Sicherung seines Arbeitsplatzes auf Grund des richterrechtlich eingeräumten Weiterbeschäftigungsanspruchs beschäftigt wird. Wird die Kündigungsschutzklage abgewiesen, so steht fest, dass bei Übertragung der betrieblichen Leitungsmacht kein Arbeitsverhältnis mehr bestanden hat. Dennoch muss man auch in einem derartigen Fall annehmen, dass

der Betriebsinhaber bis zum rechtskräftigen Abschluss des Kündigungsverfahrens in die Rechtstellung des bisherigen Arbeitgebers eintritt (zu fehlerhaften Arbeitsverhältnissen Rn 143).

142 Obwohl § 613a BGB eine Lücke im Kündigungsschutzsystem schließt, ist es **unerheblich, ob und in welchem Umfang die betroffenen Arbeitnehmer Kündigungsschutz genießen** (ebenso BAG 31. 1. 1985, AP Nr 40 zu § 613a BGB). Für die Wartezeit zum Erwerb des Kündigungsschutzes nach § 1 Abs 1 KSchG ist die Dauer der beim Veräußerer verbrachten Betriebszugehörigkeit dem Erwerber gegenüber anzurechnen. Ist das Arbeitsverhältnis bereits gekündigt, so geht es für die Restzeit bis zum Ablauf der Kündigungsfrist auf den neuen Betriebsinhaber über (BAG 22. 2. 1978, AP Nr 11 zu § 613a BGB). War gegenüber dem bisherigen Betriebsinhaber eine Kündigungsschutzklage anhängig, so wird das Verfahren nach § 265 ZPO mit Wirkung gegen den Erwerber vom Veräußerer fortgesetzt (vgl BAG 15. 12. 1976, AP Nr 3 zu § 611 BGB Arzt-Krankenhaus-Vertrag; BAG 24. 8. 2006, AP Nr 314 zu § 613a BGB, jedenfalls sofern die Klage nach Betriebs[teil]übergang liegt; vgl Rn 380).

143 Der Begriff des bestehenden Arbeitsverhältnisses schließt nicht solche **Arbeitsverhältnisse** ein, **die fehlerhaft begründet** sind; bei ihnen besteht kein Arbeitsvertrag, der gem Abs 1 S 1 auf den neuen Inhaber übergeleitet werden kann, doch ist möglich, dass mit dem neuen Inhaber erneut ein fehlerhaftes Arbeitsverhältnis begründet wird (**aA** Bearbeitung 2016 Rn 140 und die hM; kritisch dazu Uhlig, Die Dreiecksbeziehung 108 f).

144 Ruht ein Arbeitsverhältnis – beispielsweise wegen Krankheit (BAG 21. 2. 2006, AP Nr 58 zu § 16 BetrAVG) – oder ist es nur vorübergehend nicht aktiv, tritt der neue Inhaber in die Rechte und Pflichten ein (Borngräber, Betriebsübergang 63 f; Schwanda, Betriebsübergang 141). Deshalb können sich grundsätzlich auch Arbeitnehmer in Mutterschutz oder Elternzeit und Arbeitnehmer in der Freistellungsphase ihrer Altersteilzeit (BAG 31. 1. 2008, AP Nr 340 zu § 613a BGB; BAG 30. 10. 2008, AP Nr 357 zu § 613a BGB) sowie dauerhaft freigestellte Arbeitnehmer (BAG 31. 1. 2008, AP Nr 340 zu § 613a BGB) auf den Übergang ihrer Arbeitsverhältnisse berufen. Entsprechendes gilt für während einer Auslandsentsendung ruhend gestellte Arbeitsverhältnisse (BAG 14. 7. 2005, AP Nr 4 zu § 611 BGB Ruhen des Arbeitsverhältnisses). Diese Arbeitnehmer haben typischerweise keine Veranlassung, den Übergang vor ihrer Rückkehr besonders geltend zu machen, weshalb bis dahin im Regelfall keine Verwirkung angenommen werden kann.

145 Ausgeschlossen sind dagegen **bereits beendete Arbeitsverhältnisse** (BAG 11. 3. 2008 AP Nr 1 zu § 131 UmwG); für Ansprüche der Arbeitnehmer aus früheren Arbeitsverhältnissen haftet der Erwerber nicht. Dies gilt auch für Provisionsansprüche, selbst wenn das provisionspflichtige Geschäft erst vom Erwerber ausgeführt wird und damit der Provisionsanspruch erst durch dessen Handlung entsteht (ebenso BAG 11. 11. 1986, AP Nr 60 zu § 613a BGB). Der Übergang erstreckt sich auch nicht auf Ruhestandsverhältnisse, soweit mit dem Eintritt in den Ruhestand wie im Regelfall das Arbeitsverhältnis aufgelöst wird (vgl Rn 22). Allerdings können Verpflichtungen aus betrieblicher Altersversorgung gegenüber ausgeschiedenen Arbeitnehmern umwandlungsrechtlich zugeordnet werden, ohne dass § 4 BetrAVG (§ 132 UmwG) entgegensteht (BAG 22. 2. 2005 – 3 AZR 499/03 [A]; BAG 11. 3. 2008, AP Nr 1 zu § 131 UmwG; **aA** AG Hamburg 1. 7. 2005, ZIP 2005, 1249).

3. Zuordnung eines Arbeitsverhältnisses zum übergegangenen Wertschöpfungszusammenhang

Die Zuordnung bereitet keine Schwierigkeiten, wenn ein Unternehmen nur aus einem Wertschöpfungszusammenhang besteht und dieser vollständig auf einen neuen Inhaber übergeht, da in diesem Fall ohne Weiteres sämtliche Arbeitsverhältnisse übergeleitet werden. Zuordnungsprobleme treten ebenfalls nicht auf, soweit Veräußerer und Erwerber mit den Arbeitnehmern insoweit eine einvernehmliche (rechtsgeschäftliche) Lösung herbeiführen, was ohne Weiteres zulässig ist (vgl BAG 20. 7. 1982, AP Nr 31 zu § 613a BGB; dazu KREITNER NZA 1990, 429). Hingegen kann es zu Unsicherheiten kommen, wenn der veräußernde Rechtsträger über mehrere Wertschöpfungszusammenhänge verfügt, die untereinander organisatorisch oder funktional verknüpft sind, da hier einzelne Arbeitnehmer (gleichzeitig) für mehrere Wertschöpfungszusammenhänge tätig sein können. 146

Der EuGH stellt für die Lösung des Zuordnungsproblems in ständiger Rechtsprechung eine strukturorientierte Betrachtung an und fragt danach, **ob der betreffende Arbeitnehmer in den übergegangenen Betrieb oder Betriebsteil tatsächlich eingegliedert war**, sodass es insbesondere nicht ausreicht, dass er Tätigkeiten *für* den übertragenen Teil verrichtet hat, ohne in dessen Struktur eingebunden gewesen zu sein (EuGH 7. 2. 1985 – *Botzen,* Slg 1985, 519 [528] Rn 16; EuGH 16. 12. 1992 – *Katsikas,* Slg 1992, 6577 [6607] Rn 21 = AP Nr 97 zu § 613a BGB). Dagegen hat das BAG die Zuordnungsfrage ursprünglich ohne weitere Differenzierung „regelmäßig nach der Funktion des Arbeitsplatzes" insbesondere danach beantwortet, „für welchen Betrieb oder Betriebsteil der Arbeitnehmer vor der Betriebsveräußerung überwiegend tätig war", sodass auf den objektiven Tätigkeitsschwerpunkt abgestellt wurde (BAG 20. 7. 1982, AP Nr 31 zu § 613a BGB; BAG 25. 6. 1985, AP Nr 23 zu § 7 BetrAVG). Die Literatur war dem überwiegend gefolgt und hatte sich ebenfalls zu einer solchen mit dem Sinn des § 613a BGB nicht vereinbaren funktionsakzessorischen Zuordnung bekannt (BGB-RGRK/ASCHEID § 613a Rn 21; MünchArbR/WANK [1. Aufl 1993] § 120 Rn 114; KREITNER NZA 1990, 429 ff). In der Folge des Ayse-*Süzen*-Urteils des EuGH ist das BAG allerdings auf die Linie des EuGH eingeschwenkt und lässt es jetzt nicht mehr genügen, dass Arbeitnehmer, ohne dem übertragenen Betriebsteil anzugehören, lediglich bestimmte Tätigkeiten mit Betriebsmitteln des übergehenden Betriebsteils verrichtet haben und damit *für* diesen tätig gewesen sind (vgl nur BAG 11. 9. 1997, AP Nr 16 zu EWG-Richtlinie 77/187 = EzA § 613a BGB Nr 153 m Anm WILLEMSEN/ANNUSS; BAG 13. 11. 1997, AP Nr 170 zu § 613a BGB). Entscheidend sei, „daß der betroffene Arbeitnehmer dem übertragenen Betriebsteil angehört" (BAG 21. 1. 1999, ZInsO 1999, 361; sodann auch BAG 23. 9. 1999 – 8 AZR 650/98, nv; BAG 8. 8. 2002 NZA 2003, 315 [317 f]; BAG 13. 2. 2003, AP Nr 245 zu § 613a BGB; BAG 17. 6. 2003 AP Nr 260 zu § 613a BGB; BAG 25. 9. 2003, AP Nr 256 zu § 613a BGB; BAG 24. 8. 2006, AP Nr 315 zu § 613a BGB; BAG 7. 4. 2011, AP Nr 406 zu § 613a BGB). Dies verdient Zustimmung, da nur hierdurch eine **Synchronisation mit dem Betriebs(teil)übergangsbegriff** (vgl dazu Rn 67 f) erreicht wird, welcher den Übergang einer organisierten Einheit verlangt und die Übertragung einer bloßen Funktion nicht genügen lässt. Deshalb ist auch insoweit die frühere Auffassung des BAG mit dem der Bestimmung des § 613a BGB zugrundeliegenden Normzweck, lediglich den Gleichlauf des Arbeitsverhältnisses mit dem in seiner Struktur an sich unveränderten Arbeitsplatz sicherzustellen, nicht vereinbar. Aus dem gleichen Grund sind sämtliche Versuche, insbesondere die sog „mittelbar übergangsbetroffenen Arbeitsverhältnis- 147 se" im Wege einer zweistufigen Betrachtungsweise zuzuordnen (dazu näher LIEB ZfA 1994, 229 ff; GENTGES RdA 1996, 269 ff), abzulehnen. Gegen sie spricht neben den allgemein gegen eine funktionsakzessorische Lösung vorgebrachten Argumenten auch, dass sie § 613a BGB systemwidrig zu einer Norm mit Solidarbezug machen.

148 Auf Basis dieser strukturorientierten Betrachtungsweise bereitet die Zuordnung all jener Arbeitsverhältnisse keine Schwierigkeiten, die – wie insbesondere für Overhead- und Querschnittspositionen typisch – nur funktional mit dem übergehenden Wertschöpfungszusammenhang verbunden sind, ohne in ihn einbezogen zu sein (**„mittelbar übergangsbetroffene Arbeitsverhältnisse"**): Sie gehen nach § 613a BGB nur über, wenn der Erwerber (auch) jenen Wertschöpfungszusammenhang übernimmt, in dessen Struktur sie eingebunden sind (ebenso MÜLLER/THÜSING ZIP 1997, 1869 [1875]; ANNUSS BB 1998, 1582 [1586]). Dies entspricht auch der neueren Rechtsprechung des BAG und hat beispielsweise die außerordentlich wichtige Konsequenz, dass ein Erwerber, der nur die Produktionsbereiche eines anderen Unternehmens übernimmt und die mit diesen im Zusammenhang stehenden Verwaltungstätigkeiten künftig in seiner bereits vorhandenen Verwaltung auszuführen beabsichtigt, nur die in der Produktion des Veräußerers beschäftigten Arbeitnehmer zu übernehmen braucht. Hingegen können sich die in den Verwaltungsbereichen beschäftigten Arbeitnehmer nicht auf einen Übergang ihrer Arbeitsverhältnisse berufen, auch wenn sie ausschließlich für die übergegangenen Bereiche tätig gewesen sein sollten (BAG 18. 4. 2002, AP Nr 232 zu § 613a BGB; BAG 24. 8. 2006, AP Nr 315 zu § 613a BGB; BAG 21. 2. 2013, AP Nr 440 zu § 613a BGB; unklar ist, wie sich dazu die Entscheidung BAG 22. 7. 2004, NZA 2004, 1383 verhält; ebenso ErfK/PREIS § 613a Rn 72; KR/TREBER § 613a Rn 103; vgl auch ELKING/ASZMONS BB 2014, 373, 374). Die Zuordnung längerfristig freigestellter Arbeitnehmer hat nach dem zuletzt innegehabten Arbeitsplatz zu erfolgen (BAG 31. 1. 2008, AP Nr 340 zu § 613a BGB).

149 Problematisch ist hingegen die Behandlung solcher Fälle, in denen **Arbeitsverhältnisse in verschiedene betriebliche Teilstrukturen eingegliedert** sind und lediglich ein Ausschnitt der den konkreten Arbeitsplatz prägenden Teilstruktur übertragen wird. Da hier auch eine strukturorientierte Betrachtung nicht weiterhilft, ist eine **quantitative Beurteilung** geboten, sodass das Arbeitsverhältnis dem absoluten oder – sofern ein solcher nicht festgestellt werden kann – relativen Arbeitsplatzschwerpunkt folgt (vgl dazu näher BAG 22. 7. 2004, NZA 2004, 1383; ANNUSS NZA 1998, 70 [76 f]). Allerdings kann auch auf diesem Wege keine Zuordnung mehr erfolgen, sobald sich ein absoluter oder wenigstens relativer Arbeitsplatzschwerpunkt nicht mehr ermitteln lässt. Die Ansätze zur Lösung des sich dann ergebenden Problems reichen vom vollständigen Ausschluss eines Übergangs des Arbeitsverhältnisses (KREITNER NZA 1990, 429 [432]; MOLL RdA 1999, 233 [240]; vgl auch LAG Düsseldorf 18. 4. 1996 LAGE § 613a BGB Nr 47) über die Anerkennung eines Wahlrechts des Arbeitnehmers (LAG Thüringen 14. 11. 2011 – 6 Sa 41/11; vHOYNINGEN-HUENE/WINDBICHLER RdA 1977, 329 [334]; HERGENRÖDER AR-Blattei SD 500. 1 Rn 284; MÜLLER/THÜSING ZIP 1997, 1869 [1873 f]; KR/TREBER § 613a Rn 56; wohl auch BOECKEN, Unternehmensumwandlungen Rn 77) bis zur Zuweisung eines einseitigen Zuordnungsrechts an den Arbeitgeber (BAUER, Unternehmensveräußerung 47; ANNUSS NZA 1998, 70 [77]). Das zutreffende Ergebnis dürfte sich erschließen, wenn man berücksichtigt, dass der gesamte Vorgang des Betriebs(teil)übergangs mit Blick auf die Auswahl der übergehenden Betriebsmittel allein der Organisationsgewalt des Arbeitgebers unterliegt, sodass dieser in Ausnutzung seiner grundrechtlich geschützten Unternehmerfreiheit als „Herr des Verfahrens" erscheint. In Anbetracht dessen wird man dem Arbeitgeber in Anerkennung dieser auch von § 613a BGB respektierten Organisationshoheit bei Vorliegen eines echten Zweifelsfalles ein originäres Zuweisungsrecht einräumen müssen, welches nicht auf § 106 GewO/§ 315 BGB gestützt zu werden braucht (so jedoch Bauer, Unternehmensveräußerung 47; ErfK/Preis § 613a Rn 72; Soergel/Raab § 613a Rn 75; vgl auch Elking NZA 2014, 295 ff), sondern sich unmittelbar aus § 613a BGB ergibt (vgl Annuss NZA 1998, 70 [77]; zur Zuordnung im Falle des § 323 Abs 2 UmwG vgl Rn 308 ff). Diese Zuordnung kann auch einvernehmlich mit dem Arbeitnehmer und/oder zwischen dem früheren und künftigen Inhaber erfolgen; allerdings ist es irreführend, wenn gesagt wird, die Zuordnung richte sich in erster Linie nach dem Willen der Arbeitsvertragsparteien (so BAG 17. 10. 2013, AP Nr 446 zu § 613a BGB; ErfK/Preis § 613a Rn 72; HWK/Willemsen/Müller-Bonanni § 613a Rn 227); treffen sie eine von der Rechtsfolgenanordnung des § 613a BGB abweichende Vereinbarung, kann es sich allenfalls um eine von § 613a BGB unabhängige rechtsgeschäftliche Vereinbarung handeln.

In der Praxis stellt sich häufig die Frage, inwieweit durch kurzfristige Umsetzungen von Mitarbeitern vor dem Zeitpunkt eines Betriebs(teil)übergangs der Kreis der übergehenden Arbeitsverhältnisse beeinflusst werden kann. Richtigerweise wird man darauf abzustellen haben, welche Arbeitnehmer bei einer auf den Zeitpunkt des Übergangs bezogenen Betrachtung „regelmäßig" in dem übergehenden Betriebsteil beschäftigt werden, sodass eine ähnliche Wertung wie etwa bei §§ 1, 99 BetrVG vorzunehmen ist. Deshalb können durchaus auch kurzfristig vor dem Betriebs(teil)übergang erfolgte, ernst gemeinte Umsetzungen den Kreis der übergangsbetroffenen Arbeitsverhältnisse verändern (ebenso Kreitner, in: FS Küttner 399 [413 f]; MünchKomm/Müller-Glöge § 613a Rn 87). Dient die Umsetzung allerdings primär dem Zweck – etwa weil der zurückbleibende Betrieb kurzfristig stillgelegt werden soll – eine Sozialauswahl entsprechend § 1 Abs 3 KSchG zu vermeiden („zu umgehen"), so ist die Zuordnungsentscheidung unwirksam (im Ergebnis ebenso Elking NZA 2014, 295; vgl auch BAG 21. 2. 2013, AP Nr 440 zu § 613a BGB). 150

Hat ein Arbeitnehmer dem Übergang seines Arbeitsverhältnisses widersprochen, so wird er damit nicht ohne Weiteres in die beim bisherigen Inhaber zurückbleibende Organisation eingegliedert und von einem ggf erfolgenden weiteren Betriebs(teil)übergang erfasst. Vielmehr bedarf es nach dem Widerspruch einer zumindest konkludenten Zuordnungsentscheidung durch den Arbeitgeber (BAG 13. 2. 2003, AP Nr 245 zu § 613a BGB; BAG 25. 9. 2003, AP Nr 256 zu § 613a BGB). 151

4. Zeitpunkt des Übergangs

Der Betriebsinhaberwechsel vollzieht sich nach dem Gesetzestext „im Zeitpunkt des Übergangs", womit der Übergang des Betriebs oder Betriebsteils gemeint ist (Abs 1 S 1). Daraus folgt, dass nicht schon der Zeitpunkt ausschlaggebend ist, in dem der bisherige Betriebsinhaber sich durch Rechtsgeschäft zur Übertragung des Betriebs oder Betriebsteils verpflichtet (vgl Rn 113). Maßgebend ist allerdings auch nicht der Vollzug der einzelnen Übertragungsgeschäfte. Entscheidend ist vielmehr, wann der Erwerber die **rechtlich begründete tatsächliche Leitungsmacht** über den Wertschöpfungszusammenhang erlangt (BAG 6. 2. 1985, AP Nr 44 zu § 613a BGB; BAG 26. 3. 1996, AP Nr 148 zu § 613a BGB; BAG 31. 1. 2008, AP Nr 338 zu § 613a BGB; Erman/Edenfeld § 613a 152

Rn 41; MünchKomm/Müller-Glöge § 613a Rn 59; Seiter, Betriebsinhaberwechsel 75 f; vgl auch EuGH 26. 5. 2005 – *Celtec,* AP Nr 1 zu Richtlinie Nr 77/187/EWG). Dabei ist für den Übergang der Leitungsmacht nicht erforderlich, dass diese bereits tatsächlich ausgeübt wird, sondern insoweit ist allein auf die rechtlich begründete Möglichkeit hierzu abzustellen, sofern der Erwerber den Wertschöpfungszusammenhang nur überhaupt fortführen möchte (vgl BAG 23. 7. 1991, AP Nr 11 zu § 1 BetrAVG Betriebsveräußerung; BAG 12. 11. 1991, AP Nr 12 zu § 1 BetrAVG Betriebsveräußerung; BAG 16. 2. 1993 AP Nr 15 zu § 1 BetrAVG Betriebsveräußerung; vgl näher ErfK/Preis § 613a Rn 53). Nicht in die Irre leiten lassen darf man sich durch die Aussage des BAG, der Erwerber könne durch Vereinbarung einer aufschiebenden Bedingung gezielt steuern, wann es zum Betriebs(teil)übergang komme (BAG 4. 7. 1989, AP Nr 1 zu § 1 BetrAVG Betriebsveräußerung). Denn letztlich kommt es nicht auf die rechtliche Wirksamkeit der Vereinbarungen, sondern auf den tatsächlichen Eintritt in die Leitungsmacht an (vgl Rn 118). Werden die Betriebsmittel **schrittweise übertragen**, erfolgt der Betriebsübergang, sobald der Erwerber über die wesentlichen Elemente des Wertschöpfungszusammenhangs disponieren kann (BAG 16. 2. 1993, AP Nr 15 zu § 1 BetrAVG Betriebsveräußerung, BAG 27. 10. 2005, AP Nr 292 zu § 613a BGB).

II. Rechtsstellung des Arbeitnehmers gegenüber dem neuen Betriebsinhaber bei Übergang des Arbeitsverhältnisses

1. Eintritt in die Rechte und Pflichten aus dem Arbeitsverhältnis

153 Mit dem Wirksamwerden des Betriebs(teil)übergangs tritt der Betriebserwerber von Gesetzes wegen „in die Rechte und Pflichten" aus dem Arbeitsverhältnis ein, wohingegen der Betriebsveräußerer aus dem Arbeitsverhältnis ausscheidet, sodass er nicht mehr Pflichten- sondern nur noch Haftungsadressat ist (vgl Abs 2). Anders als der etwas zu enge Gesetzeswortlaut vermuten lässt, ist der Eintritt des Erwerbers in die Arbeitgeberstellung ein „totaler", weshalb sich fortan auch die beim Veräußerer begründeten Anwartschaften der übernommenen Arbeitnehmer gegen den Erwerber richten und von diesem ein etwa von den Arbeitnehmern erworbener Besitzstand zu beachten ist. Darüber hinaus muss der neue Inhaber sich generell solche Gegebenheiten zurechnen lassen, die als Tatbestandsmerkmale für spätere Rechtsfolgen von Bedeutung sind (BAG 11. 12. 2008, AP Nr 362 zu § 613a BGB). Dies gilt insbesondere für die von der Dauer der **Unternehmens- oder Betriebszugehörigkeit** abhängigen Rechtspositionen (vgl Art 6 des Vorschlags der EG-Kommission; abgedruckt in BT-Drucks 7/2312) wie den allgemeinen Kündigungsschutz (vgl § 1 Abs 1 KSchG; BAG 20. 2. 2014 AP Nr 28 zu § 1 KSchG 1969 Wartezeit), die gesetzlich oder tarif- bzw einzelvertraglich verlängerten Kündigungsfristen (vgl § 622 Abs 2 BGB; BAG 18. 9. 2003, AP Nr 62 zu § 622 BGB; s auch EuGH 6. 4. 2017 – *Unionen,* NZA 2017, 585), die Unverfallbarkeitsfristen bei der betrieblichen Altersversorgung (vgl dazu näher Rn 171 ff) sowie die Wartezeit beim Urlaub (§ 4 BUrlG) und bei der Entgeltfortzahlung im Krankheitsfall (§ 3 Abs 3 EFZG) (ebenso Soergel/Raab § 613a Rn 80; Seiter, Betriebsinhaberwechsel 86; vgl zum europarechtlichen Hintergrund EuGH 6. 9. 2011 – *Scattolon,* AP Nr 9 zu Richtlinie 2001/23/EG; FGO/Winter Art 3 RL 2001/23/EG Rn 18). Dies gelte auch dann, wenn im Zeitpunkt des Betriebs(teil)übergangs das Arbeitsverhältnis kurzfristig unterbrochen gewesen sei, sofern die Beschäftigungszeiten in einem engen zeitlichen Zusammenhang stehen (BAG 18. 9. 2003, AP Nr 62 zu § 622 BGB). Dies heißt jedoch nicht, dass die beim bisherigen Inhaber zurückgelegten Betriebszugehörigkeitszeiten ohne Weiteres auch zu berücksichtigen sind, soweit beim neuen Inhaber zu gewährende Leistungen an die Betriebszugehörigkeit oder Beschäftigungszeit anknüpfen. Vielmehr ist jeweils durch Auslegung der beim neuen Inhaber geltenden Regelungen zu ermitteln, was sie unter Betriebszugehörigkeit oder Beschäftigungszeit versteht. So ist nach Ansicht des BAG für Zwecke einer Jubiläumsgabe die bei einem früheren Betriebs(teil)inhaber zurückgelegte Dienstzeit nicht zwingend zu berücksichtigen (BAG 26. 9. 2007, NZA 2007, 1426; vgl zu Beschäftigungszeiten im Hinblick auf tarifliche Eingruppierung auch BAG 19. 9. 2007 – 4 AZR 714/06; BAG 17. 10. 2007, AP Nr 40 zu § 1 TVG; BAG 2. 7. 2008, AP Nr 47 zu § 1 TVG; vgl auch BAG 12. 9. 2013, AP Nr 4 zu § 1 TVÜ; vgl dazu auch die unerfreulich undeutliche *Scattolon*-Entscheidung des EuGH vom 6. 9. 2011, NZA 2011, 1077), und aus dem gleichen Grund braucht der Erwerber bei der Anwendung einer bei ihm bestehenden Versorgungsordnung nur die bei ihm zurückgelegte Betriebszugehörigkeit zu berücksichtigen (HWK/Willemsen/Müller-Bonanni § 613a Rn 236). In einer Betriebsvereinbarung zur betrieblichen Altersversorgung können solche Arbeitnehmer vom persönlichen Geltungsbereich ausgenommen werden, deren Arbeitsverhältnisse gem § 613a BGB auf den Arbeitgeber übergegangen sind (BAG 19. 1. 2010 NZA-RR 2010, 356). Ist das Arbeitsverhältnis befristet, so geht es bis zum Ablauf der Befristung auf den neuen Inhaber über; ein Anspruch auf Entfristung gegenüber dem neuen Inhaber besteht selbst dann nicht, wenn in Fällen eines mit einer Auftragsnachfolge verbundenen Betriebsteilübergangs der bisherige Inhaber die Befristungsdauer auf die Dauer des Auftrags abgestimmt hatte (BAG 22. 1. 2015, NZA 2015, 1325).

Entsprechend der Schutzrichtung des § 613a BGB beschränkt sich der Eintritt des 154
Erwerbers auf die im Arbeitsverhältnis begründeten Rechte und Pflichten, weshalb solche Rechtsverhältnisse nicht kraft Gesetzes auf den neuen Betriebsinhaber übergeleitet werden, die auf einem besonderen Rechtsakt beruhen. Diese bleiben entweder mit dem Betriebsveräußerer bestehen oder erlöschen – wie regelmäßig **Prokura und Handlungsvollmacht**, bei denen grundsätzlich von einer an den Fortbestand des Arbeitsverhältnisses geknüpften Erteilung auszugehen ist – automatisch mit dem Betriebs(teil)übergang (für die Vollmacht ebenso BGB-RGRK/Ascheid § 613a Rn 145; vSteinau-Steinrück/Thees, in: Hölters, Unternehmenskauf Kap 6 Rn 178; Hergenröder AR-Blattei SD 500. 1 Rn 658, unter Hinweis auf § 168 BGB; Schwerdtner, in: FS G Müller 557 [573]; Köhler BB 1979, 912 ff; Seiter, Betriebsinhaberwechsel 77; APS/Steffan § 613a Rn 98; **aA** D Gaul, Betriebsübergang 182; Gaul, Unternehmensspaltung § 13 Rn 147). Der Eintritt beschränkt sich allerdings nicht auf Ansprüche, die ihren Rechtsgrund im Arbeitsvertrag haben, sondern er gilt auch für Ansprüche aus unerlaubter Handlung oder ungerechtfertigter Bereicherung, sofern sie mit dem Arbeitsverhältnis in Zusammenhang stehen.

Da der Erwerber nur in die Rechtsposition als Arbeitgeber einrückt, tritt er im 155
originären Anwendungsbereich des § 613a BGB insbesondere nicht in eine etwa bestehende **Tarifbindung des Veräußerers** ein, und zwar unabhängig davon, ob es sich um einen Verbands- oder einen Firmentarifvertrag handelt (vgl dazu – sowie zum Eintritt in Betriebsvereinbarungen – näher unten Rn 204 ff). In keinem Fall kann § 613a BGB zu einer **Umgestaltung der übergehenden Arbeitsverträge** führen, auch wenn es unmittelbar durch den Betriebs(teil)übergang zu Veränderungen kommt, die zwar die Identität der wirtschaftlichen Einheit unberührt lassen, aber dennoch vom individuellen Arbeitsvertrag nicht gedeckt sind. Dies ist etwa der Fall, wenn der neue Inhaber den

Betrieb(steil) an einem anderen Ort fortführt, soweit die Arbeitsverträge keine Versetzungsklauseln enthalten. In solchen Fällen ist eine Veränderung des Arbeitsvertragsinhalts mit dem allgemeinen Änderungsinstrumentarium erforderlich (ebenso Hergenröder AR-Blattei SD 500. 1 Rn 185; vgl in anderem Zusammenhang auch ders AR-Blattei SD 500. 3 Rn 61: „Die Verlegung des Betriebs ändert nichts an dem *arbeitsvertraglichen* Leistungsort"; ErfK/Preis § 613a Rn 34; **aA** noch Staudinger/Annuss [2005] Rn 210; zwei neuere Entscheidungen des EuGH [21. 10. 2010, NZA 2010, 1225 – *Albron*] und des BAG [21. 5. 2008, AP Nr 354 zu § 613a BGB] zu Sonderfällen lassen sich allerdings nur sinnvoll einordnen, wenn man in ihnen das Votum für eine Vertragsinhaltsgestaltung durch Betriebs[teil]übergang sieht; vgl in diesem Zusammenhang auch bereits BAG 20. 4. 1989, AP Nr 81 zu § 613a BGB).

156 Die Möglichkeit des Arbeitnehmers, sich auf den Übergang seines Arbeitsverhältnisses zu berufen, kann **verwirkt** werden (BAG 8. 8. 2002, NZA 2003, 315 [316]; BAG 18. 9. 2003, AP Nr 263 zu § 613a BGB). Dazu müssen sowohl ein entsprechendes Zeit- als auch ein entsprechendes Umstandselement vorliegen. Das BAG hat immerhin erwogen, einen Zeitraum von nicht ganz fünf Monaten für das Zeitmoment ausreichen zu lassen (BAG 18. 9. 2003, AP Nr 263 zu § 613a BGB; vgl ferner BAG 22. 7. 2004, AP Nr 274 zu § 613a BGB; vgl auch Rn 91).

2. Rechte des Arbeitgebers

157 Der neue Betriebsinhaber erhält mit dem Übergang des Arbeitsverhältnisses vor allem den Anspruch auf die Dienste (zur Veränderung der Loyalitätspflichten des Arbeitnehmers Joussen ZMV 2006, 57). Abs 1 S 1 ist insoweit eine Sonderregelung gegenüber § 613 S 2 BGB. Da der Vertragsübergang kraft Gesetzes erfolgt, ist hinsichtlich der Gläubigerstellung die Rechtslage ebenso zu beurteilen wie bei der Übertragung einer Forderung kraft Gesetzes: gem § 412 BGB finden in diesem Fall die Vorschriften der §§ 399 bis 404, 406 bis 410 BGB entsprechende Anwendung (ebenso Seiter, Betriebsinhaberwechsel 77 f). Der neue Inhaber rückt allgemein in die Stellung als Gläubiger aus dem Arbeitsverhältnis ein, sodass ihm auch Rückzahlungsansprüche wegen überzahlter Vergütung und Schadensersatzansprüche wegen der Verletzung arbeitsvertraglicher Pflichten zustehen (BAG 21. 8. 2014, AP Nr 140 zu § 613a BGB Haftung des Arbeitnehmers).

3. Pflichten des Arbeitgebers

158 Mit dem Übergang des Arbeitsverhältnisses tritt der neue Betriebsinhaber in alle Pflichten des bisherigen Arbeitgebers ein. Er hat insbesondere für die Arbeit das mit dem bisherigen Arbeitgeber vereinbarte Arbeitsentgelt zu zahlen. Ist dieses durch Tarifvertrag oder Betriebsvereinbarung geregelt, so gelten die kollektivvertraglichen Normen kraft gesetzlicher Anordnung fort, sofern nicht ohnehin eine kollektivrechtliche Fortgeltung anzunehmen ist (vgl Rn 203 ff). Übertarifliche Arbeitsentgelte sind weiterhin zu erbringen.

159 Das Gleiche gilt für sonstige Leistungen, auf die der Arbeitnehmer Anspruch hat, zB Fortzahlung des Arbeitsentgelts im Krankheitsfall und Urlaubsgewährung (vgl dazu Leinemann/Lipke DB 1988, 1217 ff), oder zusätzliche Sozialleistungen (wie Gratifikationen und Jubiläumszuwendungen), auch wenn sie auf betrieblicher Übung beruhen (BAG 3. 11. 2004 – 5 AZR 73/04, nv; vgl hinsichtlich der Anrechnung von Vordienstzeiten insoweit oben Rn 153). Nicht notwendig ist, dass ein Anspruch des Arbeitnehmers bereits entstanden ist, sondern es genügt, dass der Rechtsgrund hierfür geschaffen wurde.

Eine **Abänderung der** individualvertraglich begründeten **Arbeitsbedingungen** im Zusammenhang mit dem Betriebs(teil)übergang ist nach Ansicht des BAG nur bei Vorliegen eines sachlichen Grundes zulässig, der insbesondere im Erhalt von Arbeitsplätzen liegen könne (so etwa BAG 18. 8. 1976, AP Nr 4 zu § 613a BGB; BAG 26. 1. 1977, AP Nr 5 zu § 613a BGB; BAG 4. 3. 1993, AP Nr 101 zu § 613a BGB; BAG 10. 12. 1998, AP Nr 185 zu § 613a BGB; BAG 18. 8. 2005, AP Nr 31 zu § 613a BGB Aufhebungsvertrag; BAG 19. 3. 2009, AP Nr 369 zu § 613a BGB; prinzipiell zustimmend Birk/Deffner, Anm zu BAG EzA § 613a BGB Nr 11; Konzen ZfA 1978, 451 [503]; vgl auch Moll NJW 1993, 2016 [2022] mwNw; vgl auch die weiteren Nachweise in Rn 26). Indes lässt sich eine solche allgemeine Veränderungssperre der Bestimmung des § 613a BGB, die in Abs 1 S 2 und Abs 4 ansonsten durchaus Beschränkungen der privatautonomen Gestaltungsfreiheit kennt, nicht entnehmen (ebenso Wagner, Individualarbeitsrechtliche Vereinbarungen 22 ff, 32 ff; wie hier auch BAG 12. 9. 2013, AP Nr 4 zu § 1 TVÜ). Auch europarechtlich ist sie nicht geboten (vgl EuGH 10. 2. 1988 – *Daddy's Dance Hall,* Slg 1988, 739 [753 Rn 13, 17]; vgl auch EuGH 14. 9. 2000 – *Collino/Chiappero,* Slg 2000, 6659 [6708 Rn 52]). Wertungsmäßig ist zu bedenken, dass § 613a BGB die Rechte der übergehenden Arbeitnehmer prinzipiell nur sichern, nicht aber verbessern will. **160**

Auch zeigt ein Vergleich mit der Situation in einem mit demselben Arbeitgeber fortbestehenden Arbeitsverhältnis, dass sich ein spezifisches Rechtfertigungserfordernis von Vertragsänderungen zum Nachteil des Arbeitnehmers im Zusammenhang mit einem Betriebs(teil)übergang nicht begründen lässt. Denn hier steht der Arbeitnehmer unter keinem anderen „Veränderungsdruck" als dort. Insbesondere kann der Arbeitnehmer dem Änderungswunsch in beiden Fällen ohne Weiteres sein schlichtes „Nein" entgegensetzen (wie hier Annuss ZinsO 2001, 49 [57 f]; Gaul, Unternehmensspaltung § 21 Rn 21 ff; Kraft, in: FS 25 Jahre BAG 299 [312 ff]; Pietzko, Tatbestand 182; WHSS/Willemsen G 211; ähnlich BAG 7. 11. 2007, AP Nr 329 zu § 613a BGB, dazu Dzida/Wagner NZA 2008, 571; vgl auch BAG 19. 12. 2007, NZA 2008, 464; vgl zur Wirksamkeit eines Erlassvertrags im Zusammenhang mit einem Betriebs[teil]übergang BAG 19. 3. 2009, AP Nr 369 zu § 613a BGB; dazu Bunte NZA 2010, 319; siehe weitergehend Rn 26). **161**

Der neue Betriebsinhaber hat nicht nur die nach dem Zeitpunkt des Übergangs entstehenden Ansprüche zu erfüllen, sondern er tritt auch in die vorher entstandenen Pflichten des Arbeitgebers ein, sodass er insbesondere rückständigen **Lohn** zu zahlen hat (zur Rechtslage bei Insolvenz des bisherigen Betriebsinhabers siehe jedoch Rn 356 ff). Auch wenn die Anordnung in Abs 1 S 1, wonach der neue Betriebsinhaber in die Pflichten aus dem Arbeitsverhältnis eintritt, auf den ersten Blick recht klar zu sein scheint, stellt sie den Rechtsanwender im Einzelfall vor erhebliche Probleme (vgl dazu die richtungsweisenden Beiträge von Moll, in: FS 50 Jahre BAG 59 ff; Willemsen, in: FS Wiedemann 646 ff). Die Rechtsprechung hat sich dahingehend geäußert, dass **nicht zum Inhalt des Arbeitsverhältnisses gehört**, was auf einem vom Arbeitsverhältnis unabhängigen, eigenständigen Rechtsgrund beruht, auch wenn er mit Rücksicht auf das Arbeitsverhältnis geschaffen wurde (BAG 21. 1. 1999 – 8 AZR 373/97, nv; BAG 23. 2. 1999, NZA 1999, 1212 ff; vgl BAG 12. 2. 2003, AP Nr 243 zu § 613a BGB; BAG 3. 5. 2006 NZA-RR 2006, 582). Indes mag man fragen, wann ein in diesem Sinne eigenständiger Rechtsgrund vorliegt. So meint Willemsen, in jedem Einzelfall müsse „sorgfältig geprüft werden, **162** ob eine nicht arbeitsvertragstypische Rechtsbeziehung, die ein Arbeitgeber mit seinem Arbeitnehmer eingeht, entweder insgesamt oder in einzelnen Beziehungen Bestandteil des Arbeitsverhältnisses ist oder ‚unverbunden' neben diesem steht" (WILLEMSEN, in: FS Wiedemann 645 [648]). Werde dem Arbeitnehmer eine Vergünstigung auf Basis eines gesonderten Rechtsgrunds gerade *wegen* des Arbeitsverhältnisses gewährt, was dann der Fall sei, „wenn sie nach dem Empfängerhorizont des Arbeitnehmers als Bestandteil eines ‚Gesamtpakets' in die Gegenleistung für erbrachte Arbeitsleistung integriert ist" (WILLEMSEN, in: FS Wiedemann 645 [648]), dürfe der Arbeitnehmer davon ausgehen, dass der Arbeitgeber ihm den über den gesonderten Rechtsgrund vermittelten wirtschaftlichen Vorteil „auf der rechtlichen Grundlage [...] des Arbeitsverhältnisses zuwenden will" (WILLEMSEN, in: FS Wiedemann 645 [649]; ähnlich für Arbeitgeberdarlehen MOLL, in: FS 50 Jahre BAG 59 [63 f]). Nur dieses mit der nicht arbeitsrechtlichen Vertragsbeziehung verbundene Zuwendungselement könne in Form einer Verschaffungspflicht Bestandteil des Arbeitsverhältnisses sein (WILLEMSEN, in: FS Wiedemann 645 [650]). Die von WILLEMSEN vorgenommene Kategorisierung verdient prinzipiell Zustimmung, da nur zum Inhalt des Arbeitsverhältnisses iSd Abs 1 S 1 zählen kann, was auch Gegenstand des Synallagmas ist.

163 Fraglich mag erscheinen, ob es auch solche Verpflichtungen des früheren Inhabers gibt, die zwar Bestandteil des Arbeitsverhältnisses im vorstehend beschriebenen Sinne sind, aber dennoch nicht nach Abs 1 S 1 auf den neuen Inhaber übergehen. Dies lässt sich nicht generell beantworten, sondern verlangt nach einer differenzierenden Betrachtung, die beim Inhalt des jeweiligen Zuwendungsversprechens ansetzen muss. So ist denkbar, dass das Zuwendungsversprechen des Arbeitgebers vom Fortbestand bestimmter tatsächlicher Umstände abhängig ist, diese also nicht nur zur Geschäftsgrundlage zählen, sondern **unmittelbar den Versprechensinhalt bestimmen** (dazu FUHLROTT/FABRITIUS BB 2013, 1592 ff). Dies kann insbesondere der Fall sein, wenn den Arbeitnehmern Produkte des Arbeitgebers unentgeltlich oder zu vergünstigten Konditionen überlassen werden. Hier dürfte den Umständen regelmäßig zu entnehmen sein, dass der Arbeitgeber die Zuwendung nur gewähren will, solange er die Produkte selbst unmittelbar herstellt (vgl BAG 7. 9. 2004, NZA 2005, 941; BAG 11. 12. 2006, AP Nr 5 zu § 611 BGB Sachbezüge; BAG 13. 12. 2006, AP Nr 20 zu § 611 BGB Sachbezüge; BAG 19. 9. 2007, AP Nr 328 zu § 613a BGB; vgl zu solchen „unternehmensspezifischen Leistungen" näher MOLL, in: FS 50 Jahre BAG 59 [67 ff]; dort insbesondere auch zu dem überwiegend wohl für relevant gehaltenen Aspekt der Umgehung des Kündigungsschutzes; beachte auch die Übersicht bei GAUL/NAUMANN NZA 2011, 121 ff). Unsicher ist derzeit, ob bei Wegfall des Leistungsanspruchs ein finanzieller Ausgleich zu leisten ist (verneinend FUCHS, Betriebliche Sozialleistungen beim Betriebsübergang 131; letztlich unentschieden BAG 7. 9. 2004, AP Nr 285 zu § 613a BGB). Jedenfalls soweit es nicht zu einem Eingriff in den Kern des Arbeitsverhältnisses kommt, die wegfallende Leistung also nicht mehr als 25 % der Gesamtvergütung beträgt, dürfte das zu verneinen sein. Gegen die Wirksamkeit solcher auflösend bedingten Vergünstigungen lassen sich im Hinblick auf Abs 1 S 1 jedenfalls vor dem Hintergrund des Art 3 Abs 1 RL 2001/23/EG keine durchgreifenden Bedenken erheben. Denn nicht der Wechsel des Arbeitgebers als solcher führt hier zum Wegfall der Vergünstigung, sondern der Umstand, dass der neue Arbeitgeber die Leistungen aus tatsächlichen Gründen nicht mehr wie bislang erbringen kann. Dies aber kann sich in gleicher Weise ergeben, wenn das Anstellungsverhältnis mit dem bisherigen Arbeitgeber fortbesteht (im Ergebnis ähnlich BAG 7. 9. 2004, AP Nr 285 zu § 613a BGB). Die Frage, ob die Gewährung einer unternehmensspezifischen Leistung im vorstehenden Sinne auflösend bedingt ist, ist bei Fehlen ausdrücklicher Abreden durch Auslegung zu beantworten. Im Anwendungsbereich der Vorschriften über die AGB-Kontrolle gehen dabei etwaige Auslegungszweifel zu Lasten des Verwenders (§ 305c Abs 2 BGB).

Fraglich ist, was gilt, wenn Rechte des Arbeitnehmers gegen den bisherigen Inhaber **164** nach dem Übergang des Arbeitsverhältnisses nicht nach den vorangehend geschilderten Grundsätzen erlöschen, sondern gegen den neuen Inhaber fortbestehen, dieser aber – etwa, weil der neue Inhaber nicht über die beim bisherigen Inhaber bestehenden Sozialeinrichtungen verfügt oder weil infolge des Übergangs die bislang versprochenen sonstigen Leistungen nicht mehr ohne Weiteres gewährt werden können (vgl dazu Moll, in: FS 50 Jahre BAG 59 [72 ff]) – zu einer Erfüllung dieser Ansprüche nicht oder nur nach erheblichem Mehraufwand in der Lage ist. In diesen Fällen wird der Arbeitnehmer regelmäßig einen **Schadensersatzanspruch** gem § 280 Abs 1 BGB gegen den neuen Inhaber haben (Moll, in: FS 50 Jahre BAG 59 [72 f]; **aA** DFL/Bayreuther § 613a Rn 48, der allerdings verkennen dürfte, dass auch Schadensersatzansprüche aus dem Arbeitsverhältnis gem Abs 1 S 1 BGB übergehen). Daneben sind auch Fälle denkbar, in denen die Erfüllung bestimmter Pflichten durch den neuen Inhaber zwar möglich bleibt, aber zu von den Arbeitsvertragsparteien erkennbar nicht gewollten Ergebnissen führt, etwa weil es zu einer grundlegenden Veränderung der Bemessungsgrundlagen bestimmter Leistungen kommt (zu denken ist etwa an unternehmensgewinnabhängige Tantiemen). Insoweit ist ein Wegfall bzw eine Störung der Geschäftsgrundlage nach § 313 Abs 1 BGB möglich, was zur Anpassung der Vertragsabrede zwingen würde.

4. Einzelfälle

a) Aktienoptionen

Zu unterscheiden ist zwischen dem Anspruch auf die Gewährung von Aktienoptionen und der Verwertung bereits gewährter Aktienoptionen. Wird der Aktienoptionsplan nicht vom Vertragsarbeitgeber aufgelegt, sondern von einer **Konzernobergesellschaft**, so gehören die daraus resultierenden Ansprüche der Arbeitnehmer nach ganz überwiegender Ansicht nicht zu den Rechten aus dem Arbeitsverhältnis iSd Abs 1 S 1 (BAG 12. 2. 2003, AP Nr 243 zu § 613a BGB; für „carried interest" ebenso BAG 3. 5. 2006 NZA-RR 2006, 582; LAG Hessen 3. 3. 1998 – 15 Sa 944/97, nv; LAG Hessen 19. 11. 2001 NZA-RR 2003, 316; LAG München 20. 11. 2002 – 8 Sa 202/01; Annuss/Lembke BB 2003, 2230 [2231]; Schnitker/Grau BB 2002, 2497 [2498 f]; HWK/Willemsen/Müller-Bonanni § 613a Rn 233; **aA** Tappert NZA 2002, 1188 [1191 ff]; Lipinski/Melms BB 2003, 150 [154]). **165**

Besteht hingegen ein Anspruch auf Gewährung von Aktienoptionen **gegen den jeweiligen Vertragsarbeitgeber**, so ist zwar nicht der Gewährungsvertrag als solcher Bestandteil des Arbeitsverhältnisses, wohl aber die mit dem Abschluss eines solchen Gewährungsvertrages gewährte Zuwendung (Moll, in: FS 50 Jahre BAG 59 [62]; Schnitker/Grau BB 2002, 2497 [2498 f]; **aA** Bauer/Göpfert/von Steinau/Steinrück ZIP 2001, 1129 [1130]). Diese ist jedoch regelmäßig an die Zugehörigkeit des Arbeitnehmers zum ausgebenden Unternehmen geknüpft, sodass der Anspruch nur existiert, solange das Arbeitsverhältnis mit dem Unternehmer besteht (vgl Rn 163; der Berufung auf einen Wegfall der Geschäftsgrundlage bedarf es regelmäßig nicht; so aber etwa Gaul, Unternehmensspaltung § 13 Rn 41 ff; HWK/Willemsen/Müller-Bonanni § 613a Rn 233; siehe allgemein zum **166**

Schicksal erfolgsbezogener Vergütungsformen beim Betriebsübergang GRIMM/WALK BB 2003, 677 ff; siehe zu Aktienoptionen auch MÜLLER-BONANNI/NIEROBA Der Konzern 2010, 143).

b) Annahmeverzug

167 Hat der Arbeitnehmer gegenüber dem früheren Inhaber Maßnahmen zur Begründung von Annahmeverzug ergriffen, so wirken sie auch gegenüber dem neuen Inhaber (BAG 11. 12. 2008, AP Nr 362 zu § 613a BGB).

c) Arbeitgeberdarlehen

168 „Arbeitgeberdarlehen" sind Bestandteil des Arbeitsverhältnisses und gehen auf den neuen Inhaber über, wenn sie nicht auf einem **gesonderten Darlehensvertrag** beruhen, sondern nur einen Gehaltsvorschuss des Arbeitgebers, mithin eine Regelung über das von ihm zu erbringende Entgelt darstellen (so auch BAG 21. 1. 1999 – 8 AZR 373/97, nv). Schließen die Arbeitsvertragsparteien hingegen einen gesonderten Darlehensvertrag, so steht dieser rechtlich selbständig neben dem Arbeitsvertrag (BAG 23. 2. 1999, NZA 1999, 1212 [1213]). Das gilt selbst dann, wenn ein solches Darlehen als „betriebliche Sozialleistung" gewährt wird (ebenso MünchKomm/MÜLLER-GLÖGE § 613a Rn 91; **aA** STAUDINGER/RICHARDI/ANNUSS [1999] Rn 153; GAUL, Unternehmensspaltung § 13 Rn 71; APS/STEFFAN § 613a Rn 90; vgl auch LAG Köln 18. 5. 2000 NZA-RR 2001, 174 ff). Unbedenklich sind Bestimmungen, nach denen das Darlehen bei Übergang des Arbeitsverhältnisses auf einen neuen Inhaber sofort zur Rückzahlung fällig ist. Wird allerdings das Darlehen zu vergünstigten Konditionen gewährt, so ist das in der Gewährung liegende Zuwendungselement regelmäßig Bestandteil des Arbeitsverhältnisses und kann nicht auflösend bedingt durch den Übergang des Arbeitsverhältnisses auf einen neuen Inhaber ausgestaltet werden. Der neue Inhaber ist daher verpflichtet, dem betroffenen Arbeitnehmer ein Darlehen zu gleichen Bedingungen zu verschaffen.

d) Arbeitnehmererfindungen

169 Bei Ansprüchen auf Grund des Arbeitnehmererfindungsgesetzes handelt es sich um Ansprüche aus dem Arbeitsverhältnis, sodass § 613a BGB Anwendung findet (ebenso BARTENBACH/VOLZ Rn 62; GAUL, Unternehmensspaltung § 13 Rn 109; vSTEINAU-STEINRÜCK/THEES, in: HÖLTERS, Unternehmenskauf Kap 6 Rn 202; KÄSTLE/SCHMOLL BB 2018, 820 [822]). Deshalb richten sich etwaige Ansprüche auf Erfindervergütung ab dem Zeitpunkt des Betriebsübergangs gegen den Erwerber, und auch für die Inanspruchnahme gem § 6 ArbNErfG kommt es allein auf das Verhalten des neuen Inhabers an.

e) Ausschlussfristen

170 Ausschlussfristen sind Bestandteil des Arbeitsverhältnisses. Sie gehen daher nach Abs 1 S 1 über und laufen, sofern sie bereits vor dem Übergang begonnen haben, beim neuen Inhaber weiter (GAUL, Unternehmensspaltung § 13 Rn 144; MünchKomm/MÜLLER-GLÖGE § 613a Rn 89). Kommt es bei einer zweistufigen Ausschlussfrist nach außergerichtlicher Geltendmachung zu einem Übergang des Arbeitsverhältnisses, ist die auf der zweiten Stufe erforderliche Leistungsklage gegen den neuen Inhaber zu richten (BAG 21. 3. 1991, AP § 615 BGB Nr 49). Sofern der bisherige Inhaber für nach Abs 1 S 1 übergegangene Pflichten gem Abs 2 einzustehen hat, ist wesentlich, dass das Arbeitsverhältnis zum früheren Inhaber mit dem Übergang des Arbeitsverhältnisses auf den neuen Inhaber endet, sodass insoweit eine an die Beendigung des Arbeitsverhältnisses anknüpfende Ausschlussfrist zu laufen beginnt (BAG 10. 8. 1994, NZA 1995, 742 f). Für die Geltendmachung gegen alten und neuen Inhaber können

daraus unterschiedliche Bedingungen resultieren. Sofern der Arbeitnehmer den Betriebs(teil)übergang nicht erkennen kann, kann in der Berufung des Arbeitgebers auf die Ausschlussfrist ein Verstoß gegen Treu und Glauben liegen (BAG 13. 2. 2003, AP Nr 244 zu § 613a BGB; BAG 11. 12. 2008, AP Nr 362 zu § 613a BGB; BAG 22. 8. 2012, AP Nr 435 zu § 613a BGB; vgl auch BAG 1. 12. 2004, AP Nr 12 zu § 1 TVG Tarifverträge: Maler). Bei einer zweistufigen Ausschlussfrist kann es ausreichen, wenn die erste Stufe gegenüber dem Veräußerer und die zweite Stufe gegenüber dem Erwerber gewahrt wird (BAG 22. 8. 2012, AP Nr 435 zu § 613a BGB).

f) Betriebliche Altersversorgung

Zu den Rechtsfolgen des Arbeitgeberwechsels gehört, dass der neue Betriebsinhaber Schuldner der mit dem bisherigen Arbeitgeber begründeten Versorgungsanwartschaften wird, soweit das Arbeitsverhältnis noch besteht (ebenso etwa BAG 24. 3. 1977, AP Nr 6 zu § 613a BGB; BAG 5. 5. 1977, AP Nr 7 zu § 613a BGB; BAG 22. 6. 1978, AP Nr 12 zu § 613a BGB; BAG 15. 3. 1979, AP Nr 15 zu § 613a BGB; BAG 17. 1. 1980, AP Nr 18 zu § 613a BGB; BAG 24. 7. 2001, AP Nr 18 zu § 1 BetrAVG Betriebsveräußerung; BAG 13. 2. 2003, AP Nr 245 zu § 613a BGB; BAG 15. 6. 2010 – 3 AZR 334/06). Der Eintritt in die Verpflichtungen aus Versorgungsanwartschaften kann sich dabei unterschiedlich vollziehen, je nachdem, ob diese auf einer Betriebsvereinbarung (bzw einem Tarifvertrag) oder einer individualrechtlichen Zusage beruhen (vgl dazu M Junker RdA 1993, 203 ff; vgl zur Änderung von Versorgungszusagen im Zusammenhang mit einem Betriebsübergang Gaul/Kühnreich NZA 2002, 495 ff). Liegt eine Betriebsvereinbarung zugrunde, gelten zunächst die unten (Rn 201 ff) dargestellten allgemeinen Grundsätze für Betriebsvereinbarungen nebst einigen ergänzenden Überlegungen (vgl Rn 240 f). Basiert der Anspruch auf betriebliche Altersversorgung hingegen auf einer Individualzusage, so erfolgt die Überleitung auf den Betriebserwerber nach Abs 1 S 1, wobei es keine Rolle spielt, ob sich die Anwartschaft aus einer ausdrücklichen vertraglichen Absprache oder aus einer entsprechenden betrieblichen Übung bzw dem Gleichbehandlungsgrundsatz ergibt. 171

Wenn der Arbeitnehmer bereits aus dem Arbeitsverhältnis ausgeschieden ist, findet Abs 1 S 1 keine Anwendung. Er gilt also insbesondere nicht für das **Ruhestandsverhältnis** (zuletzt BAG 23. 3. 2004, AP Nr 265 zu § 613a BGB). Aber auch wenn der Versorgungsfall noch nicht eingetreten ist, gehen die nach § 1b BetrAVG unverfallbar gewordenen Versorgungsanwartschaften ausgeschiedener Arbeitnehmer nicht auf den neuen Betriebsinhaber über (ebenso BAG 24. 3. 1977, AP Nr 6 zu § 613a BGB; BAG 15. 3. 1979, AP Nr 15 zu § 613a BGB; Hill BetrAV 1990, 133; Kemper BetrAV 1990, 7 = BB 1990, 785). Schuldner bleibt der Arbeitgeber, mit dem das Arbeitsverhältnis bestanden hat (vgl ausführlich Gockel, Übergang von Ansprüchen und Anwartschaften aus einer betrieblichen Altersversorgung nach § 613a Abs 1 S 1 BGB 74 ff). Nichts anderes gilt, wenn der Versorgungsfall bereits eingetreten ist und der Arbeitnehmer nach Beendigung des rentenbegründenden Arbeitsverhältnisses bei seinem bisherigen Arbeitgeber als geringfügig beschäftigter Arbeitnehmer weiterhin tätig wird. Im Falle eines Betriebs(teil)übergangs kommt es dann nur zu einem Übergang des geringfügigen Beschäftigungsverhältnisses. Die Versorgungsverbindlichkeiten ausgeschiedener Arbeitnehmer können angesichts § 4 Abs 1 BetrAVG grundsätzlich nicht schuldbefreiend auf den neuen Inhaber übertragen werden. 172

Bei Übergang des Arbeitsverhältnisses auf den neuen Betriebsinhaber spielt keine Rolle, ob die Versorgungsanwartschaft bereits nach § 1 BetrAVG unverfallbar ist 173 (ebenso BAG 8. 2. 1983, AP Nr 35 zu § 613a BGB; Binz/Rauser BB 1980, 897 [900]; Gaul, Unternehmensspaltung § 13 Rn 43; vgl aber die Kritik bei Kort SAE 2003, 27 [30]). Der Arbeitgeberwechsel hat daher nicht zur Folge, dass eine verfallbare Versorgungsanwartschaft erlischt; sie geht vielmehr ebenfalls auf den neuen Betriebsinhaber über. Soweit der Eintritt der Unverfallbarkeit von der Dauer der Betriebszugehörigkeit abhängt (§ 1b BetrAVG), werden die Beschäftigungszeiten beim alten und beim neuen Betriebsinhaber zusammengerechnet (BAG 19. 12. 2000, AP Nr 10 zu § 1 BetrAVG Unverfallbarkeit; BAG 19. 4. 2005 AP Nr 15 zu § 1 BetrAVG Unverfallbarkeit). Allerdings ist der neue Inhaber „nicht verpflichtet, bei der Gewährung und Berechnung von Versorgungsleistungen aufgrund einer eigenen Versorgungszusage solche Beschäftigungszeiten anzurechnen, die von ihm übernommene Arbeitnehmer bei einem früheren Betriebsinhaber zurückgelegt haben. Er ist bei der Aufstellung von Berechnungsregeln frei, Vorbeschäftigungszeiten als wertbildende Faktoren außer Ansatz zu lassen" (BAG 19. 12. 2000, AP Nr 10 zu § 1 BetrAVG Unverfallbarkeit). Grundsätzlich Gleiches gilt im Hinblick auf anspruchsausschließende Wartezeiten (BAG 19. 4. 2005, AP Nr 15 zu § 1 BetrAVG Unverfallbarkeit).

174 Besonderheiten ergeben sich in den Fällen sog **„mittelbarer Versorgungszusagen"** (Unterstützungs- und Pensionskassen, Pensionsfonds bzw Direktversicherung), da hier zwischen dem unmittelbar in der Arbeitsvertragsbeziehung verankerten „Grundverhältnis" (vgl § 1 Abs 1 S 3 BetrAVG) einerseits und dem Deckungsverhältnis gegenüber dem mittelbaren Versorgungsträger andererseits zu unterscheiden ist. Für diese Konstellationen gilt allgemein, dass die Rechte und Pflichten aus dem Grundverhältnis gem Abs 1 S 1 bzw nach den für die Überleitung von Kollektivnormen einschlägigen Bestimmungen auf den Erwerber übergeleitet werden (Diller BetrAV 2011, 348 [350]; siehe zur Problematik eines beim neuen Inhaber erforderlich werdenden Wechsels des Leistungsplans Gaul, Unternehmensspaltung § 35 Rn 49). Hingegen geht der mittelbare Versorgungsträger bzw gehen die Rechtsverhältnisse zu ihm nicht kraft Gesetzes auf den Erwerber über (BAG 15. 11. 1978, AP Nr 14 zu § 613a BGB; BAG 8. 11. 1988, AP Nr 6 zu § 1 BetrAVG Betriebsveräußerung; Hill BetrAV 1993, 133 [136]), so dass dieser im Zeitpunkt des Betriebsübergangs befreit wird und die Rückdeckungszusage erlischt, falls nicht die Einstandspflicht des mittelbaren Versorgungsträgers durch vertragliche Absprache besonders geregelt ist. Entfällt aufgrund des Betriebsübergangs die Möglichkeit, den in der Versorgungszusage vorgesehenen Durchführungsweg einzuhalten, trifft den neuen Betriebs(teil)inhaber die Pflicht, die Versorgungsansprüche durch Erbringung gleichwertiger Leistungen zu erfüllen (BAG 15. 2. 2011, AP Nr 66 zu § 1 BetrAVG).

175 So werden etwa der Veräußerer und eine bei ihm zur Abwicklung der Versorgungszusagen bestehende **Unterstützungskasse** unbeschadet der aus Abs 2 resultierenden Nachhaftung im Zeitpunkt des Betriebsübergangs von der Belastung mit den Versorgungsanwartschaften befreit, sofern nicht der Erwerber durch vertragliche Regelung mit dem Veräußerer zum Trägerunternehmen der Unterstützungskasse wird. Allerdings bleiben Veräußerer (subsidiär) und Unterstützungskasse in jedem Falle Versorgungsschuldner der bei Betriebsübergang vorhandenen Rentner sowie der mit unverfallbarer Anwartschaft Ausgeschiedenen (BAG 18. 2. 1989, AP Nr 20 zu § 1 BetrAVG Unterstützungskassen; Hill BetrAV 1993, 133 [136]; Höfer/Reinhard, BetrAVG Kap 9 Rn 128).

Bei **Pensionskassen** ergibt sich typischerweise das Problem, dass der Erwerber der Pensionskasse nicht angeschlossen ist und ihr wegen ihres satzungsmäßig beschränkten Zwecks auch nicht angeschlossen werden kann. Auch hier geht daher regelmäßig allein die Grundverpflichtung auf den Betriebserwerber über, der sodann – wie bei der Unterstützungskasse – wählen kann, ob er die versprochenen Leistungen im Wege einer Direktzusage, Direktversicherung oder über eine eigene Pensionskasse erbringen will (vgl Hill BetrAV 1993, 133 [137]). Bei Durchführung der betrieblichen Altersversorgung über einen **Pensionsfonds** gilt nichts anderes (Höfer/Reinhard, BetrAVG, Kap 9 Rn 125; vgl auch Gaul, Unternehmensspaltung § 35 Rn 61 ff). Rechtspraktisch relevante Fragen ergeben sich bei Pensionskassen und Pensionsfonds im Falle eines Betriebs(teil)übergangs daraus, dass der Arbeitnehmer einen Direktanspruch gegen Pensionskasse bzw Pensionsfonds hat, der durch den Übergang seines Arbeitsverhältnisses unberührt bleibt (dazu Diller BetrAV 2011, 348 [350]). 176

Ebenso tritt der Erwerber bei einer durch den Veräußerer in Form der **Direktversicherung** versprochenen Altersversorgung in die arbeitsvertraglichen Pflichten ein und wird in Gestalt einer unmittelbaren Versorgungszusage direkt verpflichtet, sofern er nicht auch in die Versicherungsnehmerstellung einrückt (BAG 8. 11. 1988, AP Nr 6 zu § 1 BetrAVG Betriebsveräußerung); dies kann nur durch gesonderte Vereinbarung zwischen altem und neuem Inhaber geschehen (Höfer/Reinhard, BetrAVG Kap 9 Rn 123). 177

Erfolgt die betriebliche Altersversorgung über **kommunale oder kirchliche Zusatzversorgungskassen** (ZVK) oder die **Versorgungsanstalt des Bundes und der Länder** (VBL), so geht auch nur die jeweils darunter liegende arbeitsvertragliche Grundverpflichtung auf den neuen Inhaber über (vgl dazu BAG 5. 10. 1993, AP Nr 42 zu § 1 BetrAVG Zusatzversorgungskassen; BAG 29. 8. 2000, NZA 2001, 163 ff; BAG 18. 9. 2001, AP Nr 230 zu § 613a BGB). Ob und unter welchen Voraussetzungen der neue Inhaber die betriebliche Altersversorgung bei den ZVK bzw der VBL fortführen kann, richtet sich nach deren jeweiliger Satzung (vgl zu dieser Problematik näher Gaul, Unternehmensspaltung § 35 Rn 67 ff). 178

Eine Vereinbarung, wonach der Veräußerer eines Betriebs gegenüber jenen Arbeitnehmern, deren Arbeitsverhältnisse nach Abs 1 S 1 übergehen, alleiniger Schuldner aller Versorgungsverpflichtungen bleibt, verstößt gegen § 613a BGB bzw – bei unverfallbaren Anwartschaften – auch gegen § 4 BetrAVG. Sie soll selbst dann nichtig sein, wenn die versorgungsberechtigten Arbeitnehmer zustimmen (BAG 14. 7. 1981, AP Nr 27 zu § 613a BGB; Kemper BetrAV 1990, 7 = BB 1990, 785). Gleiches soll gelten, wenn die Arbeitnehmer unter Hinweis auf eine geplante Betriebsveräußerung und die Gewährung von Arbeitsplatzgarantien durch den neuen Inhaber veranlasst werden, ihre Arbeitsverhältnisse mit dem bisherigen Inhaber selbst zu kündigen oder Auflösungsverträgen zuzustimmen (BAG 29. 10. 1985, AP Nr 4 zu § 1 BetrAVG Betriebsveräußerung), um danach mit dem neuen Inhaber andere Arbeitsverträge abzuschließen. 179

Für die Anpassungsprüfung gem § 16 BetrAVG ist hinsichtlich der übergegangenen Arbeitsverhältnisse allein auf die Verhältnisse beim Erwerber abzustellen (BAG 25. 4. 2006 NZA-RR 2007, 310 [314]). 180

Nach Ansicht des BAG ist eine unterschiedliche Behandlung solcher Arbeitnehmer, die nach einem bestimmten Stichtag vom Unternehmen neu angestellt werden und 181 solcher Mitarbeiter, die nach dem Stichtag aufgrund eines Betriebs(teil)übergangs hinzukommen, im Hinblick auf die Anwendbarkeit einer Betriebsvereinbarung über betriebliche Altersversorgung nicht grundsätzlich zu beanstanden. Im Falle eines Betriebs(teil)übergangs sei insbesondere nicht von vornherein erkennbar, welche Regeln für die übernommenen Arbeitnehmer gelten und welche Unterschiede zu den anderen Arbeitnehmern bestehen. Deshalb sei es nicht zu beanstanden, wenn die beim neuen Inhaber geltenden Betriebsvereinbarungen über betriebliche Altersversorgung sich nicht ohne Weiteres auf die Arbeitnehmer erstrecken, deren Arbeitsverhältnis gem § 613a BGB auf den neuen Inhaber übergeht (19. 1. 2010, AP Nr 49 zu § 77 BetrVG 1972 Betriebsvereinbarung).

g) Gestaltungsrechte

182 Der Eintritt des Erwerbers in die Arbeitgeberstellung gewährt ihm auch die Befugnis zur Ausübung von im Arbeitsverhältnis begründeten Gestaltungsrechten wie Kündigung oder Anfechtung (Soergel/Raab § 613a Rn 79; Seiter, Betriebsinhaberwechsel 85; Lepke BB 1979, 26 [27]). Dabei laufen die jeweils einzuhaltenden Erklärungsfristen (vgl §§ 626 Abs 2, 121, 123 BGB) ohne Unterbrechung weiter (MünchKomm/Müller-Glöge § 613a Rn 100). Zu beachten ist allerdings, dass für § 626 BGB im Falle einer vom Veräußerer nicht mehr ausgesprochenen Kündigung darauf abzustellen ist, ob auch dem Erwerber die Fortsetzung des Arbeitsverhältnisses unzumutbar ist. Eine außerordentliche Kündigung, die auf beim Veräußerer geschaffene Gründe gestützt wird, ist daher nur wirksam, wenn diese beim Erwerber fortwirken (Bauer, Unternehmensveräußerung 76; Posth, Betriebsinhaberwechsel 119 ff).

h) Gleichbehandlungsgrundsatz

183 Führt der neue Inhaber die gem § 613a BGB übernommenen Arbeitsbedingungen fort und ergibt sich dadurch eine unterschiedliche Behandlung der bei ihm bereits zuvor beschäftigten Arbeitnehmer einerseits und der übernommenen Arbeitnehmer andererseits, so ist das im Hinblick auf den Gleichbehandlungsgrundsatz unbedenklich (**aA** ErfK/Preis § 613a Rn 75, falls die übernommene Betriebsorganisation „vollständig aufgelöst und […] die übernommenen AN unterschiedslos in den Stammbetrieb integriert [werden]"). Den Übernehmer trifft in diesen Fällen auch nach langer Zeit keine Pflicht zur Anpassung der Entgeltbedingungen aus dem arbeitsrechtlichen Gleichbehandlungsgrundsatz (BAG 31. 8. 2005, AP Nr 288 zu § 613a BGB; BAG 14. 3. 2007, NZA 2007, 981; **aA** HWK/Willemsen/Müller-Bonanni § 613a Rn 246; ErfK/Preis § 613a Rn 75). Damit ist freilich noch nichts darüber gesagt, ob der neue Inhaber auch gegenüber den übernommenen Arbeitnehmern zur Anwendung einer im Betrieb geltenden Vergütungsordnung (§ 87 Abs 1 Nr 10 BetrVG) verpflichtet sein kann (vgl BAG 8. 12. 2009 – Müller-Bonanni/Mehrens NZA 2012, 1186). Gewährt der neue Inhaber nach Betriebs(teil)übergang Leistungen an seine Arbeitnehmer – trifft er also eine eigene Verteilungsentscheidung –, hat er den Gleichbehandlungsgrundsatz hinsichtlich beider Arbeitnehmergruppen zu beachten; eine unterschiedliche Behandlung ist daher nur zulässig, soweit dies durch die unterschiedliche Vergangenheit gerechtfertigt ist und es nicht nur um die jeweils systemkonforme getrennte Fortentwicklung bestehender unterschiedlicher Vergütungssysteme geht. Einer Rechtfertigung bedarf daher die Gewährung unterschiedlicher Vergünstigungen an die Mitarbeiter je nach dem für sie geltenden Vergütungssystem (BAG 14. 3. 2007, AP Nr 204 zu § 242 BGB Gleichbehandlung). Im Vorfeld eines konkret bevorstehenden Betriebs(teil)übergangs kann es gerechtfertigt sein, wenn der Arbeitgeber solche Arbeitnehmer, die auf-

grund des Betriebs(teil)übergangs aus seinen Diensten ausscheiden, von solchen Leistungen ausnimmt, durch die die Mitarbeiter zu einer besseren Zusammenarbeit mit ihm in der Zukunft motiviert werden sollen (BAG 14. 2. 2007, AP Nr 264 zu § 611 BGB Gratifikation). Mit dem Gleichbehandlungsgrundsatz vereinbar ist es auch, wenn beim aufnehmenden Arbeitgeber die im Rahmen eines Betriebs(teil)übergangs auf ihn übergegangenen Arbeitnehmer von einer Versorgungsordnung ausgenommen werden, sonst neu eintretende Arbeitnehmer jedoch nicht (BAG 19. 1. 2010, AP Nr 49 zu § 77 BetrVG 1972 Betriebsvereinbarung).

i) Kündigungsschutz

Der im Arbeitsverhältnis mit dem Betriebsveräußerer aufgrund der Zahl der beschäftigten Arbeitnehmer bestehende allgemeine Kündigungsschutz geht nicht auf den neuen Inhaber über. Der Arbeitnehmer genießt daher beim neuen Inhaber nur dann den allgemeinen Kündigungsschutz, wenn beim neuen Inhaber die Voraussetzungen des § 23 Abs 1 KSchG erfüllt sind (BAG 15. 2. 2007, AP Nr 38 zu § 23 KSchG 1969). Für die Berechnung der Wartezeit gem § 1 Abs 1 KSchG ist die beim bisherigen Betriebs(teil)inhaber zurückgelegte Wartezeit grundsätzlich zu berücksichtigen (BAG 20. 2. 2014, AP Nr 28 zu § 1 KSchG 1969 Wartezeit). § 323 Abs 1 UmwG ist auf einen Betriebsteilübergang im Wege der Einzelrechtsnachfolge nicht analog anwendbar (BAG 15. 2. 2007, AP Nr 38 zu § 613a BGB). **184**

Nach Ansicht des BAG muss ein schwerbehinderter Mensch dem neuen Inhaber keinen Bescheid über seine Schwerbehinderung vorlegen, um den Sonderkündigungsschutz gem §§ 168 ff SGB IX zu erhalten (BAG 1. 3. 2007, AP Nr 2 zu § 90 SGB IX; BAG 11. 12. 2008, AP Nr 362 zu § 613a BGB mit umfangreichen Nachweisen, auch zur Gegenansicht). Auf eine vor dem Betriebsübergang durch den bisherigen Inhaber beantragte und nach dem Betriebsübergang an ihn zugestellte Zustimmung zur Kündigung eines schwerbehinderten Arbeitnehmers iSd § 168 SGB IX kann der neue Betriebsinhaber sich nicht berufen (BAG 15. 11. 2012, AP Nr 12 zu § 85 SGB IX). Ob der neue Betriebsinhaber sich im Hinblick auf eine von ihm ausgesprochene Kündigung auf eine Zustimmung des Integrationsamtes berufen kann, die dem bisherigen Inhaber vor Betriebsübergang bereits erteilt war, ließ das BAG ausdrücklich offen. **185**

k) Lohnpfändung Dritter

Nach Ansicht des LAG Hessen bleiben die Pfandverstrickung sowie die Rangfolge von Lohnpfändungen erhalten. Es sei nicht erforderlich, neue Pfändungs- und Überweisungsbeschlüsse gegen den Betriebserwerber zu erwirken (LAG Hessen 22. 7. 1999, AP Nr 6 zu § 832 ZPO; LAG Hamm 29. 9. 1975, DB 1976, 440). **186**

l) Mitarbeitervergünstigungen

Gewährt der bisherige Inhaber seinen Mitarbeitern im Hinblick auf die von ihm hergestellten Produkte Vergünstigungen (Flugvergünstigungen, Haustrunk, Jahreswagen, etc), so ist grundsätzlich davon auszugehen, dass ein etwaiger Anspruch auf solche Vergünstigungen mit dem Übergang des Arbeitsverhältnisses erlischt, sofern der neue Inhaber den Anspruch nicht mit von ihm hergestellten Produkten befriedigen kann (vgl oben Rn 163). **187**

m) Sozialversicherungsbeiträge/Lohnsteuer/Schadensersatzpflichten

188 Der Betriebserwerber übernimmt nach § 613a BGB keine rückständigen Pflichten zur Leistung von **Sozialversicherungsbeiträgen** oder zur Abführung von **Lohnsteuer**, da es sich bei ihnen nicht um Ansprüche aus dem Arbeitsverhältnis handelt (ebenso ErfK/Preis § 613a Rn 81; beachte allerdings BSG 18. 9. 1997, NZS 1998, 297; dazu Pietrek DB 2003, 2065). Gleiches gilt für **Schadensersatzansprüche** Dritter gegen den bisherigen Inhaber, auch wenn sie auf einer ihm zurechenbaren Handlung eines übergehenden Arbeitnehmers beruhen (HWK/Willemsen/Müller-Bonanni § 613a Rn 235).

n) Urlaubsansprüche

189 Der Erwerber tritt in vollem Umfang in die Pflicht zur Urlaubsgewährung ein. Der Arbeitnehmer kann nach erfolgtem Betriebsübergang keine Urlaubsansprüche mehr gegen den Veräußerer geltend machen (ebenso Gaul, Unternehmensspaltung § 13 Rn 23). Ebenso richten sich sowohl Urlaubsentgelt- als auch Urlaubsabgeltungsanspruch, soweit sie nicht vor dem Betriebs(teil)übergang entstanden waren, allein gegen den Erwerber (vgl näher Klose, in: FS Willemsen 249 ff; Arnold/Tillmanns/Zimmermann, § 1 BUrlG Rn 81 ff; Leinemann/Linck § 1 BUrlG Rn 155 ff; zum Ausgleich zwischen Betriebsveräußerer und -erwerber BGH 25. 3. 1999, NZA 1999, 817; dazu sehr kritisch Leinemann/linck § 1 BUrlG Rn 166; vgl zu tariflichen Urlaubsansprüchen BAG 2. 12. 1999, AP Nr 202 zu § 613a BGB). Zur Behandlung von Urlaubsansprüchen beim Betriebs(teil)übergang aus dem eröffneten Insolvenzverfahren Rn 368.

o) Versicherungen

190 Hat der Arbeitgeber als Versicherungsnehmer zugunsten des Arbeitnehmers einen Versicherungsvertrag mit einem Drittunternehmen geschlossen, so ist dieser Vertrag nicht Bestandteil des Arbeitsverhältnisses. Anderes gilt hingegen für das in dem Versprechen gegenüber dem Arbeitnehmer, eine Versicherung abzuschließen, liegende Zuwendungselement (vgl Rn 162).

p) Vollmachten

191 Vgl zur Behandlung von Vollmachten bei Übergang des Arbeitsverhältnisses Rn 154.

q) Werkswohnungen

192 Bei Werkswohnungen muss man unterscheiden, ob es sich um Werkdienstwohnungen (§ 576b BGB) oder Werkmietwohnungen (§§ 576, 576a BGB) handelt. Die Überlassung einer Werkdienstwohnung gehört zum Inhalt des Arbeitsverhältnisses; § 613a BGB findet daher Anwendung (MünchKomm/Müller-Glöge § 613a Rn 99; Seiter, Betriebsinhaberwechsel 79; HWK/Willemsen/Müller-Bonanni § 613a Rn 233; **aA** Bauer/vSteinau-Steinrück/Thees, in: Hölters, Unternehmenskauf V Rn 200; Posth, Betriebsinhaberwechsel 144 f). Bei Werkmietwohnungen ist dagegen die Wohnung nur mit Rücksicht auf das Bestehen eines Arbeitsverhältnisses vermietet. Hier besteht neben dem Arbeits- ein Mietverhältnis, auf das § 613a BGB keine Anwendung findet (vgl Gaul, Unternehmensspaltung § 13 Rn 73; Posth, Betriebsinhaberwechsel 144 ff). Davon ist zu unterscheiden, ob der Arbeitgeber aus dem Arbeitsverhältnis verpflichtet ist, dem Arbeitnehmer Wohnraum zu vermieten. Eine derartige Pflicht geht auch auf den Erwerber über (ebenso Gaul, Unternehmensspaltung § 13 Rn 74; Seiter, Betriebsinhaberwechsel 79; HWK/Willemsen/Müller-Bonanni § 613a Rn 231).

r) Wettbewerbsverbote

Soweit der Arbeitnehmer auf Grund der dem Arbeitsverhältnis immanenten Treuepflicht zur Unterlassung von Wettbewerb verpflichtet ist (vgl § 60 HGB), tritt der neue Betriebsinhaber grundsätzlich auch insoweit an die Stelle des bisherigen Arbeitgebers. Dabei hat man aber zu beachten, dass Inhalt und Reichweite des Wettbewerbsverbots sich nicht nach der Eigenart des Betriebs, sondern nach der des Unternehmens richten (GAUL, Unternehmensspaltung § 13 Rn 30; D GAUL NZA 1989, 697 [698]; WHSS/WILLEMSEN G 182; HWK/WILLEMSEN/MÜLLER-BONANNI § 613a Rn 242; unzutreffend daher BOSSMANN, Wettbewerbsverbote 53 f, der für die Fälle der von ihm so bezeichneten „fortführenden Betriebsübernahme" Auswirkungen des Betriebsübergangs auf das vertragsimmanente Wettbewerbsverbot nicht für möglich hält). Verfolgt der neue Betriebsinhaber einen anderen Unternehmenszweck, kann sich daraus eine Änderung im Inhalt der Unterlassungspflicht und möglicherweise auch deren Ausweitung ergeben (ebenso BORNGRÄBER, Betriebsübergang 71), da die dem vertragsimmanenten Wettbewerbsverbot zugrundeliegende Treuepflicht nur gegenüber dem Betriebserwerber geschuldet wird. So kann der Arbeitnehmer nach dem Übergang berechtigt sein, zum Nebenerwerb das Gewerbe seines bisherigen Betriebsinhabers zu betreiben, ohne dadurch seine Pflichten aus dem Arbeitsverhältnis zu verletzen (**aA** für Fälle des konzerninternen Betriebsteilübergangs HENSSLER, Der Arbeitsvertrag im Konzern 179). Hingegen darf er grundsätzlich keine Nebentätigkeit ausüben, durch die er dem neuen Betriebsinhaber Konkurrenz macht. **193**

Noch in der 13. Bearbeitung (STAUDINGER/RICHARDI/ANNUSS [1999] § 613a Rn 158) wurde vertreten, dass der vorangehend dargestellte Grundsatz einer Einschränkung bedürfe, wenn der Arbeitnehmer auf den Fortbestand der tatsächlichen Verhältnisse beim Veräußerer vertraut und **vor dem Betriebsübergang einen Nebenerwerb aufgenommen** hat, der in den Geschäftszweig des Erwerbers fällt. Für diesen Fall wurde angenommen, dass der Arbeitnehmer einen solchen Nebenerwerb fortsetzen könne, ohne dadurch gegen das Wettbewerbsverbot zu verstoßen (so SOERGEL/RAAB § 613a Rn 86). Daran kann nicht festgehalten werden. Die Reichweite des vertragsimmanenten Wettbewerbsverbots bestimmt sich nach dem unternehmerischen Tätigkeitsbereich des Vertragsarbeitgebers und kann daher auch innerhalb der zum selben Arbeitgeber fortbestehenden Arbeitsvertragsbeziehung Schwankungen unterliegen. Das vertragsimmanente Wettbewerbsverbot fordert vom Arbeitnehmer hingegen grundsätzlich, sich mit der Wettbewerbsunterlassung nach der jeweiligen Situation seines Arbeitgebers zu richten, so dass dieser bei Änderung seines Tätigkeitsbereichs auch auf dem neuen Gebiet die Einhaltung des Wettbewerbsverbots durch den Arbeitnehmer verlangen kann. Sofern diesem die Nebentätigkeit gestattet wurde, kann die **Gestattung widerrufen** und nach Wirksamwerden des Widerrufs Wettbewerbsunterlassung verlangt werden (vgl in diesem Zusammenhang auch BOSSMANN, Wettbewerbsverbote 67 ff; **aA** offenbar MünchKomm/MÜLLER-GLÖGE § 613a Rn 101; ErfK/PREIS § 613a Rn 80). Auch bei Fehlen eines ausdrücklichen Vorbehalts dürfte sich die Widerruflichkeit im Regelfall aus den Umständen der Genehmigung ergeben (**aA** GAUL, Unternehmensspaltung § 13 Rn 92, der dann allerdings eine Teilkündigung zulassen will). Ändert sich die unternehmerische Tätigkeit und damit die Reichweite des Wettbewerbsverbots im Rahmen eines Betriebs(teil)übergangs, so gilt nichts anderes, so dass der Arbeitnehmer – ggf nach Widerruf der Genehmigung – sogleich zur Wettbewerbsunterlassung verpflichtet ist. Die Bindung der Rechtsausübung an Treu und Glauben schränkt dies allerdings insoweit ein, als Wettbewerbsunterlassung erst ab dem Zeit- **194** punkt verlangt werden kann, zu welchem dem Arbeitnehmer die Unterlassung auch unter Berücksichtigung etwaiger rechtlicher Bindungen billigerweise zugemutet werden kann (ähnlich GAUL, Unternehmensspaltung § 13 Rn 92; WHSS/WILLEMSEN G 183). Im Einzelfall kann dies uU auch zu dem Ergebnis führen, dass keine Wettbewerbsunterlassung gefordert werden kann, was etwa dann in Betracht kommen mag, wenn der Arbeitnehmer zum Zwecke der Nebentätigkeit ein eigenes Handelsgewerbe gegründet hat (so STAUDINGER/RICHARDI[12] Rn 152).

195 Hat der alte Betriebsinhaber wegen Verletzung des Wettbewerbsverbotes einen Schadensersatzanspruch gegen den Arbeitnehmer, so geht dieser Anspruch auf den neuen Betriebsinhaber über, auch wenn ihm gegenüber das Wettbewerbsverbot nicht mehr besteht (ebenso BORNGRÄBER, Betriebsübergang 71).

196 Existiert mit dem Arbeitnehmer eine Wettbewerbsabrede für den Fall des Ausscheidens aus dem Arbeitsverhältnis (§ 110 GewO, §§ 74 ff HGB), so tritt der neue Betriebsinhaber insoweit an die Stelle des bisherigen Arbeitgebers (**aA** NÄGELE BB 1989, 1481; dagegen zutreffend BAUER/DILLER, Wettbewerbsverbote Rn 986 ff). Scheidet der Arbeitnehmer nach Betriebsübergang aus dem Arbeitsverhältnis aus, so ist der neue Arbeitgeber berechtigt und verpflichtet. Probleme können sich in diesem Zusammenhang dann ergeben, wenn die Reichweite des Wettbewerbsverbots nicht dynamisiert ist, sondern statisch – etwa bezogen auf eine bestimmte Branche – vereinbart wurde (dazu BAUER/DILLER, Wettbewerbsverbote Rn 992). Ist das **nachvertragliche Wettbewerbsverbot** dynamisch ausgestaltet, so bestimmt sich seine Reichweite prinzipiell nach den Verhältnissen beim neuen Inhaber (BAUER/DILLER, Wettbewerbsverbote Rn 993; GAUL/LUDWIG NZA 2013, 489 f; **aA** HEYMANN/HENSSLER § 74 Rn 36: „Der Übergang kann aber nicht zu einer inhaltlichen Erweiterung des Wettbewerbsverbots führen"). Im Hinblick auf eine vom Arbeitnehmer bereits im Zeitpunkt des Übergangs ausgeübte Tätigkeit gelten auch insoweit die in Rn 194 dargestellten Grundsätze. Der Arbeitnehmer hat **kein (isoliertes) Widerspruchsrecht** gegen den Übergang der Wettbewerbsabrede (ebenso MünchArbR/WANK § 142 Rn 152; SEITER, Betriebsinhaberwechsel 80). Da die Rechte aus der Wettbewerbsabrede auf den neuen Betriebsinhaber übergehen, kann der bisherige Arbeitgeber sich nicht auf sie berufen, wenn der Arbeitnehmer ihm nach Betriebsübergang Konkurrenz macht (HWK/WILLEMSEN/MÜLLER-BONANNI § 613a Rn 243). Will er dies verhindern, muss er mit dem Arbeitnehmer eine zusätzliche Wettbewerbsabrede treffen (ebenso GAUL, Unternehmensspaltung § 13 Rn 97 f; SEITER, Betriebsinhaberwechsel 80).

197 Ist der Arbeitnehmer, mit dem das nachvertragliche Wettbewerbsverbot vereinbart war, bereits vor dem Betriebsübergang aus dem Arbeitsverhältnis ausgeschieden, findet Abs 1 S 1 unmittelbar keine Anwendung. Er gilt auch nicht entsprechend, und zwar selbst dann nicht, wenn der neue Betriebsinhaber den bisherigen Unternehmenszweck unverändert fortsetzt und der bisherige Inhaber seine unternehmerische Tätigkeit vollständig eingestellt hat. In diesen Fällen fehlt es an einer Vergleichbarkeit der Interessenlage mit der in § 613a BGB geregelten, da diese Bestimmung – entsprechend dem ihr zugrundeliegenden Arbeitnehmerschutzgedanken – nur den Fortbestand der beim bisherigen Inhaber im Zeitpunkt des Übergangs vorhandenen Arbeitsverhältnisse sichern will (im Ergebnis ebenso LAG Hessen 3. 5. 1993, NZA 1994, 1033 [1034]; BAUER/DILLER, Wettbewerbsverbote Rn 1001 ff; GAUL, Unternehmensspaltung Rn 107 ff; GAUL/LUDWIG NZA 2013, 489 [491]; SOERGEL/RAAB § 613a Rn 88; BORNGRÄBER, Betriebsübergang 73 f; POSTH, Betriebsinhaberwechsel 138; BAUER DB 1983, 713 [717]; D GAUL NZA 1989, 697 [699];

Heinze DB 1980, 205 [210]; für eine generelle analoge Anwendung hingegen Bossmann, Wettbewerbsverbote 220 ff; differenzierend MünchKomm/Müller-Glöge § 613a Rn 102: analoge Anwendung; ErfK/Preis § 613a Rn 80; MünchArbR/Wank § 142 Rn 153; Seiter, Betriebsinhaberwechsel 80 f; Becker/Schaffner BlStSozArbR 1975, 305 [307]). Ein Wettbewerbsverbot zugunsten des Erwerbers ist daher nur anzuerkennen, wenn dies gesondert vereinbart wird (vgl nur LAG Hessen 3. 5. 1993, NZA 1994, 1033 [1034]; vgl auch BAG 28. 1. 1966, AP Nr 18 zu § 74 HGB; BAG 24. 10. 1972, AP Nr 31 zu § 74 HGB). Nach einer starken Auffassung soll dies sogar bereits in der Wettbewerbsvereinbarung selbst möglich sein (Bauer/Diller, Wettbewerbsverbote Rn 1006). Ohne eine solche neue Absprache besteht das Wettbewerbsverbot nur zugunsten des bisherigen Inhabers, so dass es inhaltslos wird, wenn dieser in dem von der Wettbewerbsvereinbarung erfassten Bereich nicht mehr unternehmerisch tätig ist (im Ergebnis ebenso vSteinau-Steinrück/Thees, in: Hölters, Unternehmenskauf Kap 6 Rn 202).

Hat der Arbeitnehmer dem Übergang seines Arbeitsverhältnisses **widersprochen** und 198
besteht das Arbeitsverhältnis daher mit dem bisherigen Inhaber fort, so hat der Arbeitnehmer unter dem Gesichtspunkt einer vertragsimmanenten Wohlverhaltenspflicht gegenüber seinem Arbeitgeber jedenfalls dann Wettbewerbshandlungen im Sachbereich des übergegangenen Betriebs(teils) zu unterlassen, wenn der bisherige gegenüber dem neuen Inhaber insoweit durch ein Wettbewerbsverbot gebunden ist. Für die Zeit nach Beendigung des Arbeitsvertrags mit dem bisherigen Inhaber ist eine einvernehmliche Übertragung des nachvertraglichen Wettbewerbsverbots auf den neuen Inhaber jedenfalls dann ohne Weiteres zulässig, wenn dieser sich zur Einhaltung der §§ 74 ff HGB verpflichtet.

III. Auswirkungen eines Betriebsinhaberwechsels auf Tarifverträge, Betriebs- und Dienstvereinbarungen

1. Vorgeschichte der besonderen Gesetzesregelung in Abs 1 S 2 bis 4

Die besondere Regelung in Abs 1 S 2 bis 4 wurde durch Abs 1 Nr 5 des Arbeits- 199
rechtlichen EG-Anpassungsgesetzes vom 13. 8. 1980 (BGBl I 1308) eingefügt; sie ist am 21. 8. 1980 in Kraft getreten (umfassend Reinecke, Die Sicherung der Tarifgeltung [2016]; Siegfanz-Strauss, Tarifrecht im Betriebsübergang [2017]). Mit ihr hat der Gesetzgeber auf Art 3 Abs 2 der EG-Richtlinie vom 14. 2. 1977 (RL 77/187/EWG; heute Art 3 Abs 3 RL 2001/23/EG) reagiert, welcher den Mitgliedstaaten zur Pflicht gemacht hatte, beim Übergang von Unternehmen, Betrieben oder Betriebsteilen auf einen anderen Inhaber die kollektivvertraglichen Arbeitsbedingungen aufrechtzuerhalten. Ob die Richtlinie mit dieser Regelung ausreichend umgesetzt worden ist (bejahend Debong, EG-Richtlinie 36 ff; Kamlah, Bestandsschutz 74; **aA** vAlvensleben, Rechte der Arbeitnehmer 306 ff; Löw, Betriebsveräußerung 78), hängt einerseits von der Auslegung des Art 3 Abs 3 RL 2001/23/EG und andererseits von der Interpretation des § 613a Abs 1 S 2 BGB ab (vgl dazu Rn 201 ff).

Die Gesetzesregelung ist missglückt, da sie auf Grund ihres unklaren Wortlauts 200
erhebliche Rechtsunsicherheit schafft. Vor Inkrafttreten des Abs 1 S 2 bis 4 war es herrschende Ansicht, dass ein Betriebsinhaberwechsel Geltung und Rechtscharakter einer Betriebsvereinbarung nicht berührte, sofern die Identität des Betriebs gewahrt blieb (BAG 19. 7. 1957 Nr 1 zu § 52 BetrVG; Seiter DB 1980, 877). Entspre-

chend nahm man trotz einer fehlenden Rechtsgrundlage für das Einrücken des Erwerbers in die Position der Tarifvertragspartei vielfach an, dass ein Firmentarifvertrag in den veräußerten Betrieben infolge einer „offenen Rechtsfortbildung" kollektivrechtlich fortgalt, wenn die Betriebe – sogar bei Unternehmensteilveräußerungen – als selbständige Organisationseinheiten erhalten blieben (Wiedemann/Stumpf [5. Aufl 1977] TVG § 3 Rn 73; siehe auch die Übersicht bei Borngräber, Betriebsübergang 100). Probleme ergaben sich jedoch bei Verbandstarifverträgen, da hier auch schon damals nach allgemeinen tarifrechtlichen Grundsätzen maßgebend war, ob trotz des Betriebsinhaberwechsels die gesetzlichen Voraussetzungen für die Tarifgebundenheit bestehen blieben (vgl §§ 3, 5 TVG). Wichtigste Bedingung für eine kollektivrechtliche Fortgeltung war insoweit, abgesehen von der Allgemeinverbindlicherklärung, stets, dass der neue Betriebsinhaber ebenfalls Mitglied in einem Arbeitgeberverband war, der den beim Veräußerer geltenden Tarifvertrag (mit-)abgeschlossen hatte.

2. Fortgeltung kollektiver Bestimmungen kraft normativer Anordnung

201 Die Vorschrift des Abs 1 S 2 ordnet an, dass Rechte und Pflichten, die im Zeitpunkt des Betriebsübergangs beim Veräußerer durch Rechtsnormen eines Tarifvertrags oder durch eine Betriebsvereinbarung geregelt sind, zum „Inhalt des Arbeitsverhältnisses" mit dem neuen Inhaber werden. **Der Wortlaut des Gesetzes ist** dabei ebenso **irreführend** wie die unter Berufung auf ihn oftmals vertretene Auffassung, § 613a Abs 1 S 2 BGB bewirke eine „individualrechtliche Fortgeltung" (vgl nur Hanau/Vossen, in: FS Hilger/Stumpf 271 [272]; Henssler, in: FS Schaub 311 [317] sowie BAG 13. 9. 1994 E 77, 353 [359] = AP Nr 11 zu § 1 TVG Rückwirkung und BAG 16. 5. 1995, AP Nr 15 zu § 4 TVG Ordnungsprinzip). Denn hierdurch würde es nicht lediglich wie bei § 613a Abs 1 S 1 BGB zur Überleitung einer privatautonom ausgehandelten Vertragsbeziehung, sondern zu einer heteronomen Vertrags(inhalts)gestaltung kommen, die mit den Grundprinzipien der geltenden Privatrechtsordnung nicht vereinbar wäre. Darüber hinaus ist das in Abs 1 S 2 für die Dauer eines Jahres vorgesehene Verschlechterungsverbot mit der Vorstellung einer individualrechtlichen Fortgeltung ebenso wenig vereinbar wie das in Abs 1 S 3 verankerte Ablösungsprinzip (vgl Gamillscheg, Kollektives Arbeitsrecht I 780). Der Fortgeltungsanordnung gem Abs 1 S 2 kann nach Ansicht des BAG grundsätzlich nicht der Einwand des Wegfalls der Geschäftsgrundlage erfolgreich entgegengehalten werden. Geschäftsgrundlage der Transformation sei allein die normative Geltung beim bisherigen Inhaber; die Geschäftsgrundlage der aufrechterhaltenen Norm selbst sei hingegen nicht von Bedeutung (BAG 22. 4. 2009, AP Nr 371 zu § 613a BGB; BAG 26. 8. 2009, AP Nr 376 zu § 613a BGB). Allerdings sei beispielsweise denkbar, dass die Aufrechterhaltung von Normen eines Firmen-Sanierungstarifvertrags gem Abs 1 Satz 2 dadurch verhindert werde, dass die Geltung des Sanierungstarifvertrags unter die auflösende Bedingung der fortbestehenden Inhaberschaft des tarifschließenden Arbeitgebers gestellt werde (BAG 26. 8. 2009, AP Nr 376 zu § 613a BGB).

202 Abs 1 S 2 beinhaltet daher keine Anordnung einer individualrechtlichen Fortgeltung. Vielmehr ist in **Abs 1 S 2 eine normative Fortgeltungsanordnung** im Hinblick auf die kollektivrechtlichen Bestimmungen unter Aufrechterhaltung ihrer jeweiligen Rechtsnatur (vgl nur BAG 12. 9. 2013, AP Nr 4 zu § 1 TVÜ; BAG 12. 2. 2014, AP Nr 36 zu § 4 TVG; kritisch dazu Meyer ZfA 2015, 385 [390 ff]) zu erblicken, die hinsichtlich verschlechternder Regelungen für die Dauer eines Jahres zwingendes Recht enthält, soweit sich nicht aus Abs 1 S 3 oder 4 etwas anderes ergibt (vgl nur BAG 22. 4. 2009, AP Nr 371 zu § 613a BGB; wie hier auch HWK/Willemsen/Müller-Bonanni § 613a Rn 250; HMB/Grau Teil 15 Rn 49 und im Ergebnis die mittlerweile herrschende Meinung; ähnlich Heinze DB 1998, 1861 [1862]; Lambrich, in: FS Ehmann 169 [177 ff]; MünchKomm/Müller-Glöge § 613a Rn 131; Siegfanz-Strauss, Tarifrecht im Betriebsübergang 126 und passim; Zöllner DB 1995, 1401 f; vgl auch Moll RdA 1996, 275 [279] sowie Wiedemann, in: FS Fleck 447 [455]; Reinecke, Die Sicherung der Tarifgeltung beim Betriebsübergang 32 ff; im Ergebnis ähnlich ErfK/Preis § 613a Rn 112; Sagan RdA 2011, 163, 167, die unter dem von ihnen so bezeichneten „Sukzessionsmodell" allerdings eine „Rechtsnachfolge des Erwerbers in die kollektivrechtlichen Bindungen des Veräußerers" verstehen; **aA** allerdings Wiedemann/Oetker, TVG § 3 Rn 247 ff; Sieg/Maschmann, Unternehmensumstrukturierung [2. Aufl 2010] Rn 283). Der Wortlaut steht nicht entgegen, da Abs 1 S 2 lediglich besagt, dass die Rechte und Pflichten zum Inhalt des Arbeitsverhältnisses (nicht: Arbeits*vertrages)* mit dem Betriebserwerber werden, ohne deutlich zu machen, auf welche Weise dies geschieht (das Argument wird offenbar missverstanden von Siegfanz-Strauss, Tarifrecht im Betriebsübergang 70). Eine vergleichbare Terminologie findet sich etwa in § 1 Abs 1 TVG. Gleichwohl scheint der Wortlaut verunglückt, was von einer unzureichenden Durchdringung der Problematik durch den Gesetzgeber zeugt. Aus der normativen Aufrechterhaltung der Tarifbedingungen folgt allerdings nicht, dass bei einem Verzicht auf tarifvertraglich begründete Rechte § 4 Abs 4 S 1 TVG zu beachten ist (so aber BAG 12. 2. 2014, AP Nr 36 zu § 4 TVG; kritisch dazu Meyer ZfA 2015, 385 [387]). Auch kann eine Fortgeltung tarifvertraglicher Bedingungen gemäß Abs 1 S 2 keine Tarifpluralität iSd § 4a TVG begründen (ErfK/Franzen § 4a TVG Rn 5; Hohenstatt/Schuster ZIP 2016, 5 [10]; Löwisch/Rieble § 4a TVG Rn 63; Müller-Bonanni RdA 2016, 270 [273 f]; ErfK/Preis § 613a Rn 124; HWK/Willemsen/Müller-Bonanni § 613a Rn 250; **aA** Gräf NZA 2016, 327 [330 f]).

Zweifelhaft ist, ob die normative Fortgeltungsanordnung des Abs 1 S 2 auch dann **203** eingreift, wenn die kollektivrechtlichen Bestimmungen nach allgemeinen Grundsätzen – etwa wegen Mitgliedschaft des Erwerbers in dem auch für den Veräußerer tarifzuständigen Arbeitgeberverband – kollektivrechtlich (fort)gelten würden. Dies wird bisweilen unter Hinweis darauf bejaht, dass Abs 1 S 2 eine abschließende Regelung enthalte, weshalb in seinem Anwendungsbereich die **kollektivrechtliche Weitergeltung** von Betriebsvereinbarungen und Tarifverträgen ausgeschlossen sei. So werde aus der Entstehungsgeschichte deutlich, dass sich der Gesetzgeber vor der Wahl zwischen kollektiv- und individualrechtlicher Lösung bewusst für letztere entschieden habe (MünchArbR/Wank [1. Aufl 1993] § 120 Rn 190 [für Betriebsvereinbarungen]; ders NZA 1987, 505 [507 f]; Falkenberg BB 1987, 328 [329]; M Junker RdA 1993, 203 [205]; Röder DB 1981, 1980 mwNw; Wiesner BB 1986, 1636). Indes zeigt die Begründung des Regierungsentwurfs, dass Abs 1 S 2 nur Auffangcharakter für jene Fälle haben sollte, in denen nicht „die kollektivrechtlichen Verpflichtungen wie üblich vorgehen" (BT-Drucks 8/3317, 11), so dass Abs 1 S 3 lediglich als Ausdruck eines weiterreichenden allgemeinen Gedankens erscheint. Demgemäß ist von einer kollektivrechtlichen Fortgeltung überall dort auszugehen, wo nicht gerade der Rechtsträgerwechsel als solcher diese Fortgeltung verhindert (im Ergebnis ebenso HMB/Grau Teil 15 Rn 31; Hromadka/Maschmann/Wallner, Tarifwechsel Rn 337; Hanau/Vossen, in: FS Hilger/Stumpf 271 [272]; Henssler NZA 1994, 913 [918]; Jung RdA 1981, 360 [362]; Kania DB 1995, 625; Letzas, Fortgeltung 68; Moll NJW 1993, 2016 [2019]; ders RdA 1996, 275; MünchKomm/Müller-Glöge § 613a Rn 129; Preis/Steffan, in: FS Kraft 477 [478 f]; Siegfanz-Strauss, Tarifrecht im Betriebsübergang 157; nunmehr auch MünchArbR/Wank § 142 Rn 178 ff; vgl für Betriebsvereinbarungen BAG 5. 2. 1991, AP Nr 89 zu § 613a BGB; BAG 27. 7. 1994, AP Nr 118 zu § 613a BGB; BAG 18. 9. 2002, NZA 2003, 671 [673]; **aA** nun auch ErfK/Preis § 613a Rn 113, unter Anknüpfung an Sagan RdA 2011, 163, 170 ff, wonach die Fortgeltungsanordnung des Abs 1 S 2 als „lex specialis" anderen Rechtsgrundlagen vorgehe).

204 Eine derartige kollektivrechtliche Weitergeltung ist allerdings nur anzunehmen, **wenn auch beim neuen Inhaber jeweils sämtliche Geltungsvoraussetzungen gegeben sind**, so dass bei einem Verbandstarifvertrag die Mitgliedschaft des Erwerbers in einer Tarifvertragspartei und bei einem Firmentarifvertrag das Einrücken des Erwerbers in die Stellung als Vertragspartei erforderlich ist (für Haustarifverträge ausdrücklich BAG 15. 3. 2006, AP Nr 9 zu § 2 TVG Firmentarifvertrag; BAG 10. 6. 2009, AP Nr 372 zu § 613a BGB; BAG 26. 8. 2009, AP Nr 376 zu § 613a BGB; BAG 18. 1. 2012, AP Nr 33 zu § 1 BetrVG 1972 Gemeinsamer Betrieb; siehe auch BAG 7. 7. 2010 – 4 AZR 1023/08; BGB-RGRK/Ascheid § 613a Rn 185; Gussen/Dauck, Weitergeltung Rn 200; Hromadka/Maschmann/Wallner, Tarifwechsel Rn 337; Seiter, Betriebsinhaberwechsel 91; MünchArbR/Wank § 142 Rn 178 ff; **aA** Kamlah, Bestandsschutz 134 ff; Kempen BB 1991, 2006 [2008]; Moll NJW 1993, 2016 [2020]; vgl auch Däubler RdA 2002, 303; **aA** ErfK/Preis § 613a Rn 118 auf der Grundlage des von ihm vertretenen Sukzessionsmodells; vgl auch HMB/Grau Teil 15 Rn 42). Ein automatischer Eintritt des Erwerbers in einen Firmentarifvertrag kommt weder hinsichtlich des normativen noch hinsichtlich des schuldrechtlichen Teils in Betracht. Zu beachten ist allerdings, dass der neue Inhaber nach Ansicht des BAG auch dann, wenn die normative Tarifgeltung für die übergehenden Arbeitnehmer endet, betriebsverfassungsrechtlich gehalten sein kann, das beim bisherigen Inhaber geltende tarifliche Entgeltschema mit dem bei Übergang bestehenden Inhalt als für den Betrieb im Sinne des § 87 Abs 1 Nr 10 BetrVG maßgebliche Entgeltstruktur fortzuführen (BAG 8. 12. 2009, AP Nr 380 zu § 613a BGB).

205 Besondere Grundsätze für die Fortgeltung von Tarifverträgen gelten bei Betriebsinhaberwechsel durch **Gesamtrechtsnachfolge**. Eine kollektivrechtliche Fortgeltung von **Verbandstarifverträgen** kommt auch hier nur in Betracht, wenn der übernehmende Rechtsträger Mitglied im tarifvertragsschließenden Arbeitgeberverband ist. Die Mitgliedschaft kann mit Rücksicht auf §§ 38, 40 BGB nicht im Wege der Umwandlung qua (partieller) Gesamtrechtsnachfolge auf den übernehmenden Rechtsträger übergeleitet werden, soweit nicht in der Satzung etwas anderes geregelt ist (BAG 24. 6. 1998, AP Nr 1 zu § 20 UmwG). Hingegen wird für **Firmentarifverträge** überwiegend angenommen, dass sie in Umwandlungsfällen als solche auf den übernehmenden Rechtsträger übergehen können (BAG 24. 6. 1998, AP Nr 1 zu § 20 UmwG; BAG 21. 11. 2012, AP Nr 1 zu § 123 UmwG; LAG Baden-Württemberg 1. 3. 2005 – 8 TaBV 3/04, nv; WHSS/Hohenstatt E 110 ff; Mengel, Umwandlungen im Arbeitsrecht 182 mit zahlreichen Nachweisen auch zur Gegenansicht; Kallmeyer/Willemsen § 324 Rn 27; **aA** etwa Gussen/Dauck, Weitergeltung Rn 367 ff, die allerdings annehmen, dass eine Zuweisung der Stellung als Partei eines Firmentarifvertrags im Umwandlungsvertrag/-plan eine „gesonderte rechtsgeschäftliche Übernahme" der Parteistellung begründen könne [Rn 371]). Zweifelhaft ist aber, inwieweit sich infolge der Umwandlung der Anwendungsbereich des Firmentarifvertrags verändern und er sich beim übernehmenden Rechtsträger ggf auch auf Arbeitnehmer erstrecken kann, die bislang nicht von ihm erfasst waren. Teilweise wird angenommen, dass eine „Erstreckung des übernommenen Firmentarifvertrags auf die anderen Unternehmensteile […] über den Gedanken einer Gesamtrechtsnachfolge weit hinausgeht" (HANAU/VOSSEN, in: FS Hilger/Stumpf 271 [297]), weshalb in solchen Konstellationen eine kollektivrechtliche Fortgeltung prinzipiell ausgeschlossen sei und es bei der Fortgeltungsanordnung des Abs 1 S 2 bleiben müsse (HANAU/VOSSEN, in: FS Hilger/Stumpf 271 [297]; HANAU ZGR 1990, 548 [554 f]; B GAUL NZA 1995, 717 [722 ff]; weitere Nachweise bei MENGEL, Umwandlungen im Arbeitsrecht 183 Fn 781, die allerdings selbst anderer Auffassung ist). Demgegenüber erscheint es richtig, durch Auslegung des jeweiligen Firmentarifvertrages zu beantworten, ob und inwieweit er auch die Arbeitnehmer des übernehmenden Rechtsträgers erfasst (WIEDEMANN/OETKER, TVG § 3 Rn 210). Zu undifferenziert erscheint dabei die Annahme, im Wege der Auslegung ergebe sich stets eine Beschränkung auf die beim übertragenden Unternehmen beschäftigten Arbeitnehmer (so etwa KALLMEYER/WILLEMSEN § 324 Rn 27; wohl auch WHSS/HOHENSTATT E 110 ff, dessen Ausführungen in E 95 Fn 333 allerdings auf gewisse Inkonsistenzen in seinem Ansatz schließen lassen, da nicht einsichtig ist, weshalb es bei einer Verschmelzung hinsichtlich einer Erstreckung der Wirkung von Firmentarifverträgen zu unterschiedlichen Ergebnissen kommen kann, je nachdem, ob der übertragende oder der übernehmende Rechtsträger tarifgebunden ist. Vielmehr geht es in beiden Fällen um das gleiche Auslegungsproblem; vgl auch LAG Baden-Württemberg 1. 3. 2005 – 8 TaBV 3/04, nv; vgl auch SAGAN, in: FS Willemsen 417 [426], wonach „der übernehmende Rechtsträger gegenüber seiner Stammbelegschaft niemals an Firmentarifverträge gebunden [wird], die vom übertragenden Rechtsträger herrühren"). Besondere Schwierigkeiten ergeben sich dabei, wenn auch der übernehmende Rechtsträger unmittelbar tarifgebunden ist.

Bei **Spaltungen** wird nicht etwa jeder an der Spaltung beteiligte Rechtsträger Partei 206
des Firmentarifvertrags (so aber etwa DÄUBLER RdA 1995, 136 [142]; KEMPEN/ZACHERT, TVG § 3 Rn 51; MENGEL, Umwandlungen im Arbeitsrecht 185; vgl auch WELLENHOFER-KLEIN ZfA 1999, 239, 262), sondern nur derjenige, dem die Tarifbindung im Spaltungsvertrag oder Spaltungsplan zugeordnet worden ist (GAUL, Unternehmensspaltung 881 ff; WHSS/HOHENSTATT E 111 ff; LÖWISCH/RIEBLE, TVG § 2 Rn 155). Eine „Weiterbindung" des Rechtsträgers, dem die Parteistellung nicht zugeordnet wird, entsprechend § 3 Abs 3 TVG (so BOECKEN, Unternehmensumwandlungen Rn 208), kommt nicht in Betracht (vgl dazu WIEDEMANN/OETKER, TVG § 3 Rn 213). Die Zuordnung im Spaltungsvertrag bzw Spaltungsplan ist auch dann hinzunehmen, wenn sie im Ergebnis dazu führt, dass die Tarifbindung bei dem betreffenden Rechtsträger – etwa mangels Beschäftigung von Arbeitnehmern – faktisch leerläuft. Allerdings wird man zu erwägen haben, ob in solchen Fällen die Zuordnungsentscheidung eine Verletzung der Pflichten aus dem Tarifvertrag darstellt (vgl in diesem Zusammenhang die – freilich anders gelagerte – „Goethe-Institut-Entscheidung" des BAG 11. 9. 1991, AP Nr 29 zu Internat Privatrecht Arbeitsrecht).

Zur **kollektivrechtlichen Fortgeltung von Betriebsvereinbarungen** kommt es, wenn der 207
bisherige Betrieb nach dem Übergang seine Identität wahrt. Gleiches gilt nach neuerer Rechtsprechung aber auch dann, wenn ein übertragener Betriebsteil zwar nicht mit dem beim früheren Inhaber bestehenden Betrieb identisch ist, beim neuen Inhaber jedoch als selbständige betriebsratsfähige Einheit geführt wird (BAG 18. 9. 2002, NZA 2003, 671 [675], diese Entscheidung des BAG wurde häufig kritisiert; vgl die Nachweise in Rn 204 sowie bei LETZAS, Fortgeltung 140 ff; LETZAS nimmt an, dass bei Verlust der Betriebsidentität eine kollektivrechtliche Fortgeltung von Betriebsvereinbarungen als solchen nur in Betracht komme, „wenn der Gestaltungsbereich im Ausgangsbetrieb auf einen abgegrenzten Betriebsteil beschränkt war und dieser Betriebsteil auch beim Erwerber in Bezug auf den Regelungsgegenstand der Betriebsvereinbarung weiter abgrenzbar fortbesteht" LETZAS, Fortgeltung 161; siehe auch die Kritik an der Rechtsprechung des BAG bei BRAUN, Fortgeltung; siehe zum Ganzen auch GAUL, in:

FS Bauer 338 ff; bestätigt nunmehr jedoch durch BAG 5. 5. 2015, NZA 2015, 1331; BAG 8. 7. 2015 – 4 AZR 111/14; BAG 27. 1. 2016, NZA-RR 2016, 366; BAG 24. 1. 2017, NZA-RR 2017, 413). Werde im Falle des Identitätsverlusts nach dem Übergang beim neuen Inhaber kein Betriebsrat gebildet und sei auch das Übergangsmandat nach § 21a BetrVG ausgelaufen, so könne der Arbeitgeber die Wirkung der kollektivrechtlichen Fortgeltung dadurch beenden, „dass er einheitlich gegenüber allen betroffenen Arbeitnehmern des Betriebs die Kündigung der Betriebsvereinbarung erklärt" (BAG 18. 9. 2002, NZA 2003, 671 [674]). Hingegen könne auf Arbeitnehmerseite nur der Betriebsrat kündigen, so dass eine Kündigung nicht in Betracht komme, solange ein solcher nicht gebildet worden ist. Hingegen kommt jedenfalls dann keine kollektivrechtliche Fortgeltung, sondern nur eine Aufrechterhaltung nach Abs 1 S 2 in Betracht, wenn der Betrieb oder Betriebsteil in einen anderen Betrieb eingegliedert oder mit anderen Einheiten zu einem neuen Betrieb zusammengefasst wird (Bauer/vMedem DB 2010, 2560; Salamon RdA 2007, 153 [158 f]; **aA** etwa Letzas, Fortgeltung 161). Im Übrigen spricht nichts dagegen, beim bisherigen Inhaber geltende Betriebsvereinbarungen im Hinblick auf einen bevorstehenden Betriebs(teil)übergang durch Vereinbarung mit dem Betriebsrat abzuändern oder so zu modifizieren, dass die Betriebsvereinbarung für den übergehenden Betriebsteil ab dem Betriebsteilübergang nicht mehr gelten soll (vgl LAG 26. 9. 2018 – 3 Sa 224/17; Revision anhängig unter 4 AZR 500/18).

208 Auch **Gesamtbetriebsvereinbarungen** (dazu Jacobs, in: FS Konzen 345) sollen nach einem Betriebs(teil)übergang gem Abs 1 S 1 beim neuen Inhaber nach einer heftig umstrittenen Entscheidung des BAG kollektivrechtlich fortgelten können (BAG 18. 9. 2002, NZA 2003, 671 ff, mit ausführlicher Darstellung des Streitstandes auf S 673; siehe ferner BAG 5. 5. 2015, NZA 2015, 1331; BAG 27. 1. 2016 NZA-RR 2016, 366; BAG 24. 1. 2017 NZA-RR 2017, 413; in der Tendenz anders noch BAG 29. 10. 1985, AP § 1 BetrAVG Betriebsveräußerung Nr 4; die bislang geäußerte Kritik krankt an einer unzureichenden Aufarbeitung des Geltungsgrundes von Betriebsvereinbarungen, weshalb sie nicht zum Kern der Problematik vorstößt; vgl etwa Grobys BB 2003, 1391; Hohenstatt/Müller-Bonanni NZA 2003, 766 ff; Preis/Richter ZIP 2004, 925 ff; Rieble NZA 2003 Sonderbeil zu Heft 16, 62 ff; vgl auch Rieble/Gutzeit NZA 2003, 233 ff; nicht überzeugend auch Letzas, Fortgeltung 226 ff). Diese komme unabhängig davon in Betracht, ob der Gesamtbetriebsrat beim neuen Inhaber fortbesteht oder nicht (ob und unter welchen Voraussetzungen ein Übergang des Gesamtbetriebsrats möglich ist, hat das BAG bislang offen gelassen; vgl BAG 5. 6. 2002, NZA 2003, 336; BAG 18. 9. 2002, NZA 2003, 671 [674 f]). Dabei unterscheidet das BAG zwischen einer kollektivrechtlichen Fortgeltung der Gesamtbetriebsvereinbarung „als solcher" und der Fortgeltung „als Einzelbetriebsvereinbarung". Für erstere reiche es aus, dass aus dem Kreis der bislang von der Gesamtbetriebsvereinbarung erfassten Betriebe eine gesamtbetriebsratsfähige Anzahl von Betrieben oder Betriebsteilen ausscheide „und von einem bislang betriebs(rats)losen Unternehmen übernommen wird" (BAG 18. 9. 2002, NZA 2003, 671 [675]). Inwieweit gleiches auch dann gilt, wenn der neue Inhaber im Zeitpunkt des Übergangs einen oder mehrere eigene Betriebe mit Betriebsrat führt und ein Gesamtbetriebsrat ggf schon gebildet ist, hat das BAG ausdrücklich offen gelassen (BAG 18. 9. 2002, NZA 2003, 671 [675]). Hingegen gelte eine Gesamtbetriebsvereinbarung beim neuen Inhaber jedenfalls dann „als Einzelbetriebsvereinbarung" fort, wenn dieser im Zeitpunkt des Übergangs keinen eigenen Betrieb besaß und nur einen einzigen Betrieb übernimmt. Sie stünde dann auch einer Änderung durch den neuen Inhaber und den in dem betreffenden Betrieb gebildeten Betriebsrat offen (BAG 18. 9. 2002, NZA 2003, 671 [674]). Allerdings könne eine Fortgeltung der Gesamtbetriebsvereinbarung „als solche" oder in Form einer Einzelbetriebsvereinbarung im Einzelfall daran scheitern, „daß die betreffende Regelung nach ihrem Inhalt die Zugehörigkeit zum bisherigen Unternehmen zwingend voraussetzt und nach dem Betriebsübergang gegenstandslos ist" (BAG 18. 9. 2002, NZA 2003, 671 [674]; BAG 5. 5. 2015, NZA 2015, 1331; BAG 24. 1. 2017 NZA-RR 2017, 413; eine beeindruckende Verteidigung der Rechtsprechung des BAG findet sich bei KREFT, in: FS Wißmann 347 ff; vgl auch BAG 8. 7. 2015 – 4 AZR 111/14; zustimmend BRUNE/SCHMITZ-SCHOLEMANN, in: FS Willemsen 65 [95]). Soweit PREIS meint, bei Zugrundelegung des von ihm vertretenen „Sukzessionsmodells" sei der Streit um die Fortgeltung von Gesamtbetriebsvereinbarungen hinfällig (ErfK/PREIS § 613a Rn 115), ist dies für die besonders praxisrelevanten Fälle, in denen es gerade um die Erstreckung einer Gesamtbetriebsvereinbarung auf nach dem Betriebsübergang neu eintretende Arbeitnehmer geht (vgl nur BAG 5. 5. 2015, NZA 2015, 1331), unzutreffend.

Ausgeschlossen ist in jedem Fall die Erstreckung von Gesamtbetriebsvereinbarungen des Veräußerers auf ursprünglich nicht von ihnen erfasste Betriebe des Erwerberunternehmens (KREFT, in: FS Wißmann 347 [362]; RICHARDI/KORTSTOCK RdA 2004, 167 [175]). 209

Ob die vorstehend geschilderten Überlegungen des BAG auch auf **Konzernbetriebsvereinbarungen** anzuwenden sind, hat das BAG bislang nicht entschieden, doch lassen die Begründungserwägungen kein anderes Ergebnis zu (in diesem Sinne auch ErfK/PREIS § 613a Rn 115; HWK/WILLEMSEN/MÜLLER-BONANNI § 613a Rn 259). Zweifelhaft mag allenfalls erscheinen, ob sich Besonderheiten daraus ergeben, dass der Konzernbetriebsrat anders als der Gesamtbetriebsrat nicht zwingend zu errichten ist. Letztlich ist das zu verneinen (ebenso SALAMON NZA 2009, 471 [475]; MEYER, Special zu BB 2005, Heft 50, 5 [8]). 210

Eine kollektivrechtliche Fortgeltung der Betriebsvereinbarungen ist ausgeschlossen, wenn der Erwerber nicht den Bestimmungen des BetrVG unterliegt, also entweder dem **öffentlichen Dienst** angehört (vgl § 130 BetrVG) oder eine Religionsgemeinschaft iSd § 118 Abs 2 BetrVG ist (GUSSEN/DAUCK, Weitergeltung Rn 89; HWK/WILLEMSEN/MÜLLER-BONANNI § 613a Rn 261). Ebenso ausgeschlossen ist eine Fortwirkung von **kirchlichen Arbeitsrechtsregelungen** des „Dritten Wegs" und Vereinbarungen nach dem kirchlichen Mitarbeitervertretungsrecht, da sie jeweils nicht normativ wirken (vgl Rn 234, 250). 211

Auf **Dienstvereinbarungen** nach den Personalvertragsgesetzen sowie auf mit dem Sprecherausschuss vereinbarte **Richtlinien gem § 28 Abs 2 S 1 SprAuG** finden die vorstehenden Grundsätze entsprechende Anwendung, so dass auch hier zwischen kollektiv- und individualrechtlicher Fortgeltung zu unterscheiden ist (ebenso HERGENRÖDER AR-Blattei SD 500. 1 Rn 506 f; zu **Inklusionsvereinbarungen** gem § 166 SGB IX Beck-OKArbR/GUSSEN § 613a Rn 230a f). Bei Privatisierungen ist eine kollektivrechtliche Fortgeltung daher ausgeschlossen, sofern der neue Inhaber dem Anwendungsbereich des BetrVG unterfällt (ebenso HWK/WILLEMSEN/MÜLLER-BONANNI § 613a Rn 261). 212

Neben der Fortgeltung gemäß Abs 1 S 2 BGB ist zu bedenken, dass es in dem übernommenen Betrieb oder selbständig fortgeführten Betriebsteil – unabhängig von der Existenz einer entsprechenden Betriebsvereinbarung – zu einem Fortbe- 213 stand der betrieblichen Vergütungsordnung kommt, von der nach Ansicht des BAG bei Existenz eines Betriebsrats nur unter Beachtung des Mitbestimmungsrechts gem § 87 Abs 1 Nr 10 BetrVG abgewichen werden darf. Neu eingestellte Arbeitnehmer sind jeweils gemäß § 99 BetrVG in die fortbestehende Vergütungsordnung einzugruppieren (BAG 14. 8. 2013, AP Nr 62 zu § 99 BetrVG 1972 Eingruppierung; vgl auch Müller-Bonanni/Mehrens NZA 2012, 1194).

214 Die vorstehenden Überlegungen gelten in gleicher Weise für in Gestalt von Betriebsvereinbarungen abgeschlossene Überleitungsvereinbarungen, worin die Rechtsposition der übergehenden Arbeitnehmer näher ausgestaltet wird und ggf spezifische Schutzbestimmungen vereinbart werden. Dabei ist jedoch zu beachten, dass solche Überleitungsvereinbarungen nur wirksam sind, wenn sie sich innerhalb des Kompetenzrahmens des Betriebs- bzw Personalrats halten (insoweit bestehen im Bereich des öffentlichen Dienstes enge Grenzen, vgl BAG 13. 12. 2017, NZA 2018, 793).

3. Gegenstand der normativen Fortgeltung

215 Die durch Abs 1 S 2 gesetzlich angeordnete **Fortgeltung bezieht sich nur auf den normativen Teil**, nicht auch auf den schuldrechtlichen Teil eines Tarifvertrages (BAG 26. 8. 2009, NZA 2010, 238; BAG 24. 8. 2011, AP Nr 225 zu § 1 TVG Auslegung). Gleiches gilt für eine Betriebsvereinbarung, sofern man bei ihr überhaupt für möglich hält, dass neben dem normativen auch ein schuldrechtlicher Teil besteht (vgl dazu Richardi, BetrVG § 77 Rn 59 f; vgl auch Heinze DB 1998, 1861 [1864], nach dessen Ansicht nur Betriebsvereinbarungen im Bereich der erzwingbaren Mitbestimmung nach Abs 1 S 2 fortgelten können). Deshalb werden insbesondere die lediglich schuldrechtlich wirkenden Regelungsabreden von Abs 1 S 2 nicht erfasst (Schaub ZIP 1984, 272 [278]; Seiter, Betriebsinhaberwechsel 93; für analoge Anwendung hingegen Röder DB 1981, 1980 [1981]). Bei einer Regelungsabrede wird aber möglicherweise die ihr entsprechende tatsächliche Gestaltung der mitbestimmungspflichtigen Angelegenheit durch betriebliche Übung auch gegenüber den Arbeitnehmern verbindlich, so dass es zu einer Weitergeltung nach Abs 1 S 1 kommt. Abs 1 S 2 erfasst auch solche Tarifverträge, die beim Veräußerer nur gem § 4 Abs 5 TVG nachwirken (BAG 27. 11. 1991, AP Nr 22 zu § 4 TVG Nachwirkung; vgl auch EuGH 11. 9. 2014 – *Österreichischer Gewerkschaftsbund,* EUZW 2014, 820; Gussen/Dauck, Weitergeltung Rn 143; Moll RdA 1996, 275 [278]; **aA** Heinze DB 1998, 1861 [1862] mwNw; ders, in: FS Schaub 275 [277 ff]). Voraussetzung ist aber, dass der Tarifvertrag bei Betriebsübergang für die betreffenden Arbeitsverhältnisse bereits gegolten hat (BAG 16. 5. 2012, AP Nr 431 zu § 613a BGB; ErfK/Preis § 613a Rn 112; **aA** Siegfanz-Strauss, Tarifrecht im Betriebsübergang 180 f, 290 ff).

216 Inhalt des Arbeitsverhältnisses können nur solche Rechtsnormen werden, die Rechte und Pflichten aus dem Arbeitsverhältnis regeln (zum Ganzen Siegfanz-Strauss, Tarifrecht im Betriebsübergang 193 ff). **Es muss sich also grundsätzlich um Inhaltsnormen handeln**, aber auch Abschluss- oder Beendigungsnormen kommen in Betracht (vgl BAG 16. 5. 2012, AP Nr 431 zu § 613a BGB; unklar HMB/Grau Teil 15 Rn 56: „Gesamtbestand der […] normativ auf das Arbeitsverhältnis einwirkenden Inhaltsnormen"). Hingegen fallen Betriebs- und Betriebsverfassungsnormen (insoweit ist die mit einer Fortgeltung nach Abs 1 S 2 notwendig verbundene Vereinzelung des Regelungsinhalts prinzipiell nicht hinzunehmen; wie hier Gaul, Unternehmensspaltung § 24 Rn 25; Waas, Tarifvertrag und Betriebsübergang 47 ff; **aA** Lambrich, in: FS Ehmann 169 [192]; ErfK/Preis § 613a Rn 118; HWK/Willemsen/Müller-Bonanni § 613a Rn 264) sowie Normen über gemeinsame Einrichtungen der Tarifvertragsparteien nicht unter die normative Anordnung der Weitergeltung (ebenso MünchArbR/Wank § 142 Rn 198; ders NZA 1987, 505 [506]; Hanau/Vossen, in: FS Hilger/Stumpf 271 [289 f]; **aA** Kempen BB 1991, 2006 [2009]; Moll RdA 1996, 275 [277]; Röder DB 1981, 1980 [1981]). Gleiches gilt entsprechend bei einer Betriebsvereinbarung.

Diese im vorstehenden Sinne beschränkte Fortgeltungsanordnung ist auch nicht mit Blick auf Art 3 Abs 3 RL 2001/23/EG im Wege einer richtlinienkonformen Auslegung des Abs 1 S 2 zu korrigieren. Abgesehen davon, dass Abs 1 S 2 einer derartigen Auslegung angesichts seines eindeutigen Wortlauts nicht zugänglich ist (vAlvensleben, Die Rechte der Arbeitnehmer 308), entspricht er insoweit auch inhaltlich voll den durch die Richtlinie gestellten Anforderungen (hinsichtlich der Erfüllung des Umsetzungsgebots ebenso Debong, EG-Richtlinie 36 ff; Kamlah, Bestandsschutz 74; **aA** vAlvensleben, Die Rechte der Arbeitnehmer 306 ff; Löw, Betriebsveräußerung 78; Seiter DB 1980, 877 [880]). Dem Begriff der „in einem Kollektivvertrag vereinbarten Arbeitsbedingungen" in Art 3 Abs 3 RL 2001/23/EG ist nämlich kein anderer Bedeutungsgehalt beizulegen als der in Art 3 Abs 1 RL 2001/23/EG gebrauchten Formulierung „Rechte und Pflichten", wie insbesondere der zugrundeliegende Richtlinienvorschlag der EG-Kommission (BT-Drucks 7/2312) sowie die dazu vom Wirtschafts- und Sozialausschuss abgegebene Stellungnahme (ABl EG Nr C 225 vom 7. 11. 1975, 25) beweisen (vgl auch Debong, EG-Richtlinie 42 ff; in der Tendenz auch FGO/Winter Art 3 RL 2001/23/EG Rn 48 ff mwNw). Demnach weisen auch die Bestimmungen der Richtlinie ausschließlich Individualbezug auf, weshalb eine Fortgeltung der Solidarnormen europarechtlich nicht geboten ist. 217

Die gesetzlich angeordnete Weitergeltung der Kollektivnormen beschränkt sich auf die **Arbeitsverhältnisse, die im Zeitpunkt des Betriebsübergangs bestehen**. Danach begründete Arbeitsverhältnisse werden von ihr nicht erfasst (ebenso Seiter, Betriebsinhaberwechsel 92; Moll RdA 1996, 275 [277]; Wank NZA 1987, 505 [506]). 218

4. Rechtswirkungen der normativen Fortgeltung

Die **normative Fortgeltungsanordnung wirkt grundsätzlich nur statisch**, so dass Änderungen der fortgeltenden Kollektivnormen im Bereich des alten Arbeitgebers vom Betriebserwerber nicht beachtet werden müssen (BAG 13. 11. 1985, AP Nr 46 zu § 613a BGB; BAG 1. 4. 1987, AP Nr 64 zu § 613a BGB; BAG 22. 4. 2009, AP Nr 371 zu § 613a BGB; BAG 12. 9. 2013, AP Nr 4 zu § 1 TVÜ; Kania DB 1994, 529 [530]; Moll NJW 1993, 2016 [2020]; Wank NZA 1987, 505 [506]; **aA** Scholz, in: FS G Müller 509 [516 f], der den Betriebserwerber an innerhalb der Jahresfrist erfolgende Änderungen des Tarifvertrags zugunsten der Arbeitnehmer binden will), und zwar selbst dann, wenn sie mit Rückwirkung erfolgen (BAG 10. 11. 1993, AP Nr 13 zu § 3 TVG Verbandszugehörigkeit; BAG 13. 9. 1994, AP Nr 11 zu § 1 TVG Rückwirkung; Soergel/Raab § 613a Rn 115; Moll RdA 1996, 275 [279]). Bisweilen wird allerdings eine Ausnahme für den – insbesondere bei Sozialplänen relevanten – Fall gemacht, dass eine Kollektivnorm zum Zeitpunkt des Betriebsübergangs zwar noch nicht abgeschlossen war, aber abgeschlossen werden musste (Hanau/Vossen, in: FS Hilger/Stumpf 271 [287]), doch begegnet diese Auffassung wegen ihrer rechtskonstruktiven Schwierigkeiten erheblichen Bedenken. Nicht erfasst werden daher grundsätzlich auch solche Tarifverträge, die vor dem Betriebsübergang abgeschlossen wurden, aber erst danach in Kraft treten (BAG 16. 5. 2012, AP Nr 431 zu § 613a BGB; **aA** Siegfanz-Strauss, Tarifrecht im Betriebsübergang 180 f, 290 ff). Zu einer statischen Fortgeltung der bei Übergang des Arbeitsverhältnisses maßgeblichen Tarifbedingungen kommt 219 es auch dann, wenn in dem normativ geltenden Tarifvertrag dynamisch auf einen anderen Tarifvertrag verwiesen wird. Mithin geht die in der Verweisung liegende Dynamisierung verloren (BAG 20. 6. 2001, AP Nr 229 zu § 613a BGB; BAG 29. 8. 2001, AP Nr 226 zu § 613a BGB; BAG 26. 8. 2009, AP Nr 375 zu § 613a BGB). Fraglich ist, ob die statische Fortgeltung **eine in der fortgeltenden Norm selbst angelegte Dynamik** in dem Sinne, dass darin bereits eine Regelung für künftige Zeiträume getroffen ist, aufrecht erhält, so dass vor dem Betriebsübergang etwa vereinbarte zukünftige Lohn- und Gehaltssteigerungen auch vom Betriebserwerber zu gewähren sind (ablehnend Schiefer NJW 1998, 1817 [1821]; HWK/Willemsen/Müller-Bonanni § 613a Rn 265). Im Ergebnis ist das zu bejahen (ebenso Lambrich, in: FS Ehmann 169 [193]; BAG 19. 9. 2007, AP Nr 328 zu § 613a BGB; BAG 14. 11. 2007, AP Nr 334 zu § 613a BGB; BAG 22. 4. 2009, AP Nr 371 zu § 613a BGB; BAG 21. 4. 2010, BB 2010, 2965 m Anm Wellhöner/Höveler; BAG 16. 5. 2012, AP Nr 431 zu § 613a BGB; wohl auch Picot/Schnitker, Arbeitsrecht bei Unternehmenskauf und Umstrukturierung 106; ErfK/Preis § 613a Rn 113). Eine in der aufrechterhaltenen Norm selbst angelegte Dynamik bleibt also erhalten. Das umfasst bereits vereinbarte künftige Abschmelzungen ebenso wie bereits vereinbarte künftige Erhöhungen und aufschiebende oder auflösende Bedingungen (BAG 22. 4. 2009, AP Nr 371 zu § 613a BGB).

220 Sofern eine kollektive Bestimmung beim Veräußerer **individualdispositiven Charakter** hat, bleibt dieser auch im Rahmen des Abs 1 S 2 erhalten (BAG 22. 4. 2009, AP Nr 371 zu § 613a BGB; ErfK/Preis § 613a Rn 117; im Ergebnis wohl auch DDZ/Zwanziger § 613a Rn 117). Nach ständiger Rechtsprechung des BAG werden die gem Abs 1 S 2 aufrechterhaltenen Kollektivbedingungen „nicht in weiterem Umfang geschützt, als wenn sie kollektiv-rechtlich gelten würden" (BAG 22. 4. 2009, AP Nr 371 zu § 613a BGB für Tarifverträge; BAG 18. 11. 2003, AP Nr 15 zu § 77 BetrVG Nachwirkung für Betriebsvereinbarungen; ähnlich BAG 13. 3. 2012, AP Nr 27 zu § 77 BetrVG 1972 Tarifvorbehalt). Nach Ansicht des BAG führt eine nach Betriebsteilübergang eintretende Beendigung des Tarifvertrags ohne Nachwirkung beim Erwerber zu einer unmittelbaren Änderung der Arbeitsbedingungen (BAG 22. 4. 2009, AP Nr 371 zu § 613a BGB); allerdings hat das BAG dabei offensichtlich nur den Fall eines vor dem Übergang bereits gesetzten Beendigungstatbestands im Blick, wie die gleichzeitig getroffene Aussage zeigt, dass sich nachträgliche Veränderungen des Inhalts der beim bisherigen Inhaber weitergeltenden Normen nicht auf den Inhalt der übergegangenen Normen auswirken (BAG 22. 4. 2009, AP Nr 371 zu § 613a BGB).

221 Nicht zutreffend ist die Auffassung, wonach die normative Fortgeltungsanordnung des Abs 1 S 2 sich allgemein auch auf solche Tarifverträge erstrecke, die im Zeitpunkt des Betriebsübergangs nach dem tarifrechtlichen Spezialitätsgrundsatz verdrängt werden, so dass ihre Geltung nach dem Ende des spezielleren Tarifvertrags wieder auflebe (so ErfK/Preis § 613a Rn 113a; Sagan RdA 2011, 163, 170; Sieg/Maschmann, Unternehmensumstrukturierung Rn 295). Der verdrängte allgemeine Tarifvertrag regelt zum Zeitpunkt des Betriebsübergangs keine Rechte und Pflichten aus dem Arbeitsverhältnis, so dass insoweit die Tatbestandsvoraussetzungen des Abs 1 S 2 nicht vorliegen (vgl dazu BAG 16. 5. 2012, AP Nr 431 zu § 613a BGB). Aus dem gleichen Grund kann ein nach § 4a TVG verdrängter Tarifvertrag nicht Gegenstand der Fortgeltung gem Abs 1 S 2 sein (**aA** ErfK/Preis § 613a Rn 113a; HWK/Willemsen/Müller-Bonanni § 613a Rn 262 f; vgl auch Müller-Bonanni RdA 2016, 270 [274], allerdings ohne Beantwortung der Frage, ob seine Position mit Abs 1 S 4 vereinbar ist; Hohenstatt/Schuster ZIP 2016, 5 [8 f]).

Allerdings spricht Einiges dafür, dass bei befristeten Abweichungen von allgemeinen Tarifverträgen (etwa in Gestalt von Sanierungstarifverträgen) nach Ende des befristeten Tarifvertrags die bei Übergang des Arbeitsverhältnisses geltenden – allerdings durch die Regelungen des spezielleren Tarifvertrags verdrängten – Bedingungen der allgemeinen Tarifverträge gem Abs 1 S 2 fortgelten. Die Kündigung eines Tarifvertrags beim bisherigen Betriebs(teil)inhaber hat auf die gem Abs 1 S 2 fortgeltenden Tarifbedingungen indes keinen unmittelbaren Einfluss (ebenso HMB/Grau Teil 15 Rn 70 ff).

Bei **mehrfach nacheinander stattfindenden Betriebsübergängen** ist zweifelhaft, auf welche Weise die normativ fortgeltenden Bedingungen auf den weiteren Betriebserwerber übergehen. Das BAG wollte insoweit zunächst Abs 1 S 1 anwenden (BAG 20. 4. 1994, AP Nr 108 zu § 613a BGB; zustimmend Soergel/Raab § 613a Rn 125; Nicolai SAE 1995, 204, Letzas, Fortgeltung 190; so auch aktuell Wiedemann/Oetker, TVG § 3 Rn 264), was jedoch mit der in den Sätzen 2 bis 4 angelegten Systematik nicht vereinbar ist und eine Regelungslücke reißt, die zur analogen Anwendung von Abs 1 S 3, 4 zwingt (vgl dazu etwa Soergel/Raab § 613a Rn 125). Geht man hingegen davon aus, dass Abs 1 S 2 eine normative Fortgeltungsanordnung enthält, so wird deutlich, dass solche Kollektivnormen, die ihre unmittelbare Wirkung durch einen Betriebsübergang verlieren, kraft gesetzlicher Anordnung auch bei weiteren Betriebserwerbern gelten, bis sie entsprechend den in Abs 1 S 2–4 aufgestellten Grundsätzen durch andere Bestimmungen abgelöst werden (ebenso ErfK/Preis § 613a Rn 113). Die Jahresfrist rechnet dabei allein von dem ersten Betriebs(teil)übergang an (ErfK/Preis § 613a Rn 113; HWK/Willemsen/Müller-Bonanni § 613a Rn 276; **aA** Sagan RdA 2011, 163, 171). Dieser Linie folgt nunmehr auch das BAG, wenn es betont, dass die transformierten Normen zwar in das Arbeitsverhältnis zwischen Erwerber und Arbeitnehmer eingingen, sie jedoch auch beim neuen Inhaber ihren kollektivrechtlichen Charakter behielten, so dass aus ihnen kein Vertragsinhalt werde (BAG 22. 4. 2009, AP Nr 371 zu § 613a BGB). Die in Abs 1 S 3 enthaltene Anordnung des Ablöseprinzips sei „nur dann erklärbar, wenn auch die transformierten Normen kollektiv-rechtlichen Charakter haben und gerade nicht einzelvertraglicher Natur sind“ (BAG 22. 4. 2009, AP Nr 371 zu § 613a BGB; wie hier letztlich Bepler RdA 2009, 65 [70]). 222

Unsicherheit besteht darüber, ob die gem Abs 1 S 2 normativ angeordnete Fortgeltung seitens des Arbeitgebers einseitig **unter Beachtung der** für die jeweilige Kollektivnorm geltenden **Kündigungsfrist beendet** werden kann. Hanau/Vossen haben bereits frühzeitig die Auffassung vertreten, Abs 1 S 2 wolle „nur eine Veränderung des *Status quo* der Arbeitnehmer verhindern, sie aber nicht besser stellen als bei ihrem bisherigen Arbeitgeber“ (Hanau/Vossen, in: FS Hilger/Stumpf 271 [284]; dies entspricht auch der vom BAG verfolgten Linie, vgl BAG 22. 4. 2009, AP Nr 371 zu § 613a BGB; BAG 18. 11. 2003 AP Nr 15 zu § 77 BetrVG 1972 Nachwirkung). Auch Burghard Kreft hält es für klärungsbedürftig, ob nicht „die Reichweite von § 613a Abs 1 S 2 BGB stets im Hinblick auf den kollektiven Ursprung der ins Arbeitsverhältnis transformierten Regelungen bestimmt werden muß“ (Kreft, in: FS Wißmann 347, 356). Auf dieser Basis plädieren Hanau/Vossen dafür, die gem Abs 1 S 2 fortgeltende Kollektivnorm unter Beachtung der für sie jeweils maßgeblichen Kündigungsbestimmungen als jederzeit kündbar anzusehen. Die Kündigung sei dabei gegenüber den Arbeitnehmern auszusprechen, die von der Fortgeltungsanordnung des Abs 1 S 2 erfasst würden (Hanau/Vossen, in: FS Hilger/Stumpf 271 [284]). Ferner meint Peter Kreutz, dass die 223

Veränderungssperre keine Bedeutung mehr habe, wenn – was KREUTZ für zutreffend hält – Abs 1 S 2 im Sinne einer normativen Fortgeltungsanordnung verstanden werde (KREUTZ, in: FS 50 Jahre BAG 993 [1004]).

224 Der Argumentation von PETER KREUTZ mag man entgegen halten, dass die Kombination einer normativen Fortgeltungsanordnung mit einem prinzipiellen einjährigen Bestandsschutz sinnvoll sein könne, um jenen Arbeitnehmern, die im Zusammenhang mit dem Übergang ihrer Arbeitsverhältnisse des Schutzes durch das Kollektiv verlustig gehen, für die Dauer eines Jahres die Aufrechterhaltung des bisherigen Schutzstandards zu gewährleisten. Auch Abs 1 S 4 scheint zunächst gegen die Ansicht von KREUTZ zu sprechen, weil er darauf hinzudeuten scheint, dass jenseits des Ablösungsprinzips eine verschlechternde Änderung der nach Abs 1 S 2 fortgeltenden Kollektivbedingungen innerhalb der Jahresfrist nur in Betracht kommt, wenn die betreffende Kollektivnorm beim bisherigen Inhaber nicht mehr gelten (auch die Entwurfsverfasser folgten offenbar dieser Vorstellung; vgl RegE, BT-Drucks 8/3317, S 11, wonach für Abs 1 S 4 entscheidend sei, „dass der Tarifvertrag oder die Betriebsvereinbarung auch bei dem bisherigen Arbeitgeber nicht mehr gegolten hätten").

225 Indes können unter Zugrundelegung der zutreffenden Ansicht, wonach Abs 1 S 2 nur eine Auffangfunktion für den Fall hat, dass die Bedingungen für eine Weitergeltung der Kollektivnorm als solche nicht erfüllt sind (vgl Rn 203), konsistente Ergebnisse nur bei Annahme einer freien Kündbarkeit der aufrechterhaltenen Kollektivbedingungen nach den für sie maßgebenden Regeln auch innerhalb der Jahresfrist des Abs 1 S 2 erzielt werden.

226 Legt man zugrunde, dass Abs 1 Satz 2 nicht eingreift, wenn die Betriebsvereinbarung bereits nach allgemeinen Grundsätzen als solche normativ fortgilt und berücksichtigt man, dass in diesem Fall eine Kündigung der Betriebsvereinbarung ohne Weiteres nach den für sie geltenden Bedingungen möglich ist, kann bei einer Fortgeltung gem Abs 1 S 2 nichts anderes gelten, da sich andernfalls eine nicht gerechtfertigte Verschiedenbehandlung der Arbeitnehmer je nachdem ergäbe, ob es (zufällig) zu einer unveränderten Fortgeltung der Kollektivnorm als solcher oder zu einer Aufrechterhaltung gem Abs 1 S 2 kommt. Demnach ist davon auszugehen, dass gem Abs 1 S 2 fortgeltende Kollektivbestimmungen ohne Weiteres nach den für sie maßgeblichen Beendigungsregelungen beendet werden können (in diesem Sinne auch FRANZEN ZfA 2012, 553, 550; vgl zur Kündigung von aufrechterhaltenen tariflichen Bedingungen allerdings Rn 215). Gem Abs 1 S 2 fortgeltende freiwillige Betriebsvereinbarungen, in denen weder eine besondere Kündigungsfrist noch eine Nachwirkung vereinbart worden ist, können somit **jederzeit** unter Beachtung der dreimonatigen Kündigungsfrist gem § 77 Abs 5 BetrVG mit der Folge **gekündigt werden**, dass ihre Wirkung unter Umständen bereits vor Ablauf der Jahresfrist des Abs 1 S 2 endet (prinzipiell ablehnend aber GUSSEN/DAUCK, Weitergeltung Rn 174 ff; anders auch noch STAUDINGER/RICHARDI/ANNUSS [1999] Rn 183). Die Anforderungen der Betriebsübergangsrichtlinie stehen einer solchen Interpretation des Abs 1 S 2 nicht entgegen (vgl EuGH 6. 11. 2003 – *Martin* ua, AP Nr 35 zu EWG-Richtlinie Nr 77/187). Denn auch Art 3 Abs 3 RL 2001/23/EG verlangt eine Aufrechterhaltung der in einem Kollektivvertrag vereinbarten Arbeitsbedingungen nur „bis zur Kündigung […] des Kollektivvertrags"; so dass jedenfalls bei einer kollektivrechtlichen Fortgeltung der Norm nach allgemeinen Grundsätzen eine Bestandsschutzverstärkung innerhalb des ersten Jahres nach dem Betriebs(teil)über-

gang unter Berufung auf die Richtlinie nicht begründbar ist (im Ergebnis ebenso FGO/Winter Art 3 RL 2001/23/EG Rn 58). Für die gem Abs 1 S 2 aufrechterhaltenen Kollektivbedingungen gilt nichts anderes, schon weil dem europäischen Recht die in Deutschland vorgenommene Unterscheidung zwischen einer kollektivrechtlichen Weitergeltung nach allgemeinen Grundsätzen und der Aufrechterhaltung gem Abs 1 S 2 nicht bekannt ist.

Der kollektivrechtliche Ursprung der gem Abs 1 S 2 fortgeltenden Normen wirkt auch insofern fort, als die Kündigung arbeitgeberseitig nur im Verhältnis zu sämtlichen Arbeitnehmern, deren Arbeitsverhältnisse von der Fortgeltungsanordnung des Abs 1 S 2 erfasst werden, einheitlich möglich ist. Die Kündigung von Betriebsvereinbarungen kann, sofern beim neuen Inhaber ein Betriebsrat besteht, nur ihm gegenüber erklärt werden (ebenso ErfK/Preis § 613a Rn 117; vgl auch Bauer/vMedem DB 2010, 2560 [2563]). Ist kein Betriebsrat vorhanden, ist die Kündigung gegenüber sämtlichen betroffenen Arbeitnehmern einheitlich zu erklären. Auf Arbeitnehmerseite hat nur ein beim neuen Inhaber bestehender Betriebsrat ein Kündigungsrecht. Entsprechendes gilt bei Tarifverträgen, so dass die arbeitgeberseitige Kündigung der gem Abs 1 S 2 fortgeltenden Tarifbedingungen gegenüber der tarifvertragsschließenden Gewerkschaft zu erfolgen hat und umgekehrt nur die tarifvertragsschließende Gewerkschaft gegenüber dem neuen Betriebs(teil)inhaber kündigen kann. Dies gilt gleichermaßen für Verbands- wie Haustarifverträge (nur hinsichtlich letzterer im Ergebnis ebenso HMB/Grau Teil 15 Rn 76; Sagan RdA 2011, 163, 170 f; vgl auch Hanau/Strauss, in: FS Bepler [2012] 207 ff; **aA** BAG 26. 8. 2009, AP Nr 376 zu § 613a BGB; vgl auch Rn 239). Nach Beendigung der normativ angeordneten Fortgeltung gem Abs 1 S 2 erscheint bei Betriebsvereinbarungen eine Weitergeltung entsprechend § 77 Abs 6 BetrVG prinzipiell ausgeschlossen. Hingegen schließt sich eine in der Betriebsvereinbarung vereinbarte Nachwirkung der normativen Fortgeltung gem Abs 1 S 2 an, und bei Tarifverträgen dürfte prinzipiell § 4 Abs 5 TVG entsprechend anzuwenden sein (insoweit zutreffend Bauer/vMedem DB 2010, 2560 [2561]; HMB/Grau Teil 15 Rn 76). Bei einer Abänderung sind insbesondere etwaige Mitbestimmungsrechte des Betriebsrats sowie der Tarifvorbehalt des § 77 Abs 3 BetrVG zu beachten. Abweichungen von gem Abs 1 S 2 fortwirkenden Tarifbedingungen zum Nachteil der Arbeitnehmer sind nach Ablauf der Jahresfrist bzw bei Vorliegen der Voraussetzungen des Abs 1 S 4 auch durch Individualvereinbarung möglich. Das Günstigkeitsprinzip gem § 4 Abs 3 TVG setzt neben dem Schutzsystem gem Abs 1 S 2 – 4 keine weitere allgemeine Grenze (unklar BAG 12. 12. 2012, AP Nr 22 zu § 1 TVG Bezugnahme auf Tarifvertrag; wie hier wohl BAG 3. 7. 2013, AP Nr 443 zu § 613a BGB; Müller-Bonanni/Mehrens NZA 2012, 1194, 1198). 227

5. Verhältnis zu anderen Kollektivnormen

Die normativ angeordnete Fortgeltung der Kollektivnormen tritt nicht ein, wenn die Rechte und Pflichten bei dem neuen Inhaber durch Rechtsnormen eines anderen Tarifvertrages oder durch eine andere Betriebsvereinbarung geregelt werden (Abs 1 S 3). Dadurch wird die Bedeutung der normativ angeordneten Fortgeltung noch weiter eingeschränkt und zugleich der Vorrang des Kollektivrechts betont (zur Bedeutung des § 613a Abs 1 S 3 bei Unternehmensumwandlungen Th Müller RdA 1996, 287 ff). Keine Rolle spielt, ob die bisherige Regelung für den Arbeitnehmer günstiger war (ebenso Gussen/Dauck, Weitergeltung Rn 106 ff, 156 ff; Seiter, Betriebsinhaberwechsel 94; Henssler, in: FS Schaub 311 [319]; Kania DB 1994, 529 [530]; Wank NZA 1987, 505 [509]). 228

Es gilt also nicht das Günstigkeits-, sondern das **Ablösungsprinzip** (vgl zum Ganzen Pohr, Ablösung, Änderung, Anpassung [2014]). Bestanden dagegen günstigere Individualvereinbarungen mit dem bisherigen Arbeitgeber, so gelten sie nach Abs 1 S 1 weiter; insoweit bleibt es bei der Geltung des Günstigkeitsprinzips (ebenso Wank NZA 1987, 505 [505]). Nicht erforderlich ist, dass die ablösende Kollektivvereinbarung bereits bei Übergang des Betriebs(teils) besteht, so dass es auch genügt, wenn sie erst später entsteht (BAG 18. 11. 2003, AP Nr 15 zu § 77 BetrVG 1972 Nachwirkung; BAG 13. 3. 2012, AP Nr 27 zu § 77 BetrVG 1972 Tarifvorbehalt). Die nicht durch das Günstigkeitsprinzip beschränkte Geltung des Ablösungsprinzips ist angesichts der Überlegungen des EuGH in der *Scattolon*-Entscheidung (EuGH 6. 9. 2011, AP Nr 9 zu Richtlinie 2001/23/EG) zweifelhaft geworden. Darin heißt es, dass die in Art 3 Abs 3 RL 2001/23/EG vorgesehene Möglichkeit, die bislang durch Tarifvertrag geregelten Rechte und Pflichten ohne Weiteres durch die beim neuen Inhaber geltenden Tarifbedingungen zu ersetzen, nicht zum Ziel oder zur Folge haben dürfe, dass für die Arbeitnehmer insgesamt schlechtere Arbeitsbedingungen als vor dem Übergang gelten. Die *Scattolon*-Entscheidung bricht in nicht zu rechtfertigender Weise mit Grundprinzipien des Betriebsübergangsrechts, wie sie auch in Art 3 Abs 3 RL 2001/23/EG Anerkennung gefunden haben. Sie ist daher zu Recht ganz überwiegend auf Ablehnung gestoßen (vgl PS/Grau/Hartmann § 11 Rn 124; Mückl ZIP 2012, 2373, 2375; Niessen/Geis Der Konzern 2013, 465, 467 f; Sagan EuZA 2012, 247, 253 ff; Sittard/Flockenhaus NZA 2013, 652; Steffan NZA 2012, 473; Willemsen RdA 2012, 291, 303; siehe zum Ganzen auch FGO/Winter Art 3 RL 2001/23/EG Rn 66 f; vgl zur Nichtanerkennung von **Vorbeschäftigungszeiten** für tarifvertragliche Ansprüche BAG 12. 9. 2013, AP Nr 4 zu § 1 TVÜ). Diese Kritik ist unverändert berechtigt, auch wenn der EuGH die in der *Scattolon*-Entscheidung niedergelegten Überlegungen jüngst in der Unionen-Entscheidung (6. 4. 2017, NZA 2017, 585; dazu Witschen EuZA 2017, 534 [538 ff]) bestätigt hat.

229 Trotz des Wortlauts von Abs 1 S 3, der das Ablösungsprinzip **jeweils nur für Kollektivvereinbarungen gleicher Art** anerkennt (Boecken, Unternehmensumwandlungen Rn 193; **aA** Döring/Grau BB 2009, 158 ff; Henssler, in: FS Schaub 311 [321] mwNw; gegen das Wortlautargument auch Siegfanz-Strauss, Tarifrecht im Betriebsübergang 495), wird im Schrifttum fast einhellig davon ausgegangen, dass eine Ablösung fortgeltender Kollektivvereinbarungen nach Abs 1 S 2 jeweils auch durch eine Kollektivvereinbarung anderer Art (sog **„Überkreuzablösung"**) erfolgen kann (BGB-RGRK/Ascheid § 613a Rn 225; Bauer/vMedem DB 2010, 2560 [2562]; Erman/Edenfeld § 613a Rn 87; Boecken, Unternehmensumwandlungen Rn 171, 193; BeckOKArbR/Gussen § 613a Rn 256; Gussen/Dauck, Weitergeltung Rn 26 unter unzutreffendem Verweis auf BAG 20. 4. 1994, AP Nr 108 zu § 613a BGB; Kania DB 1995, 625 [626]; Meyer NZA 2001, 751 ff; Moll RdA 1996, 275 [283]; Röder DB 1981, 1980 [1981]; Schiefer DB 2003, 390; Zöllner DB 1995, 1401 [1405]; **aA** wohl Kempen BB 1991, 2006; kritisch B Gaul NZA 1995, 717 [722]; **offen gelassen** BAG 1. 8. 2001, AP Nr 225 zu § 613a BGB; vgl aber das obiter dictum in BAG 29. 8. 2001, DB 2002, 431 [432]; sehr kritisch gegenüber der Möglichkeit einer Überkreuzablösung BAG 22. 3. 2005, AP Nr 26 zu § 4 TVG Geltungsbereich. Jedenfalls außerhalb des Bereichs der erzwingbaren Mitbestimmung des Betriebsrats scheidet eine Überkreuzablösung der Rechtsnormen eines Tarifvertrags durch Regelungen einer Betriebsvereinbarung nach Ansicht des BAG aus. In diesen Fällen fehle es an der notwendigen Kongruenz der Regelungsmacht der Tarifvertragsparteien einerseits und der Betriebsparteien andererseits – BAG 6. 11. 2007, AP Nr 337 zu § 613a BGB mit zustimmender Anmerkung Wiese [siehe dazu auch Reichel/Böhm BetrAV 2008, 359]; BAG 13. 11. 2007, AP Nr 336 zu § 613a BGB; dazu Bepler RdA 2009, 65, 72: „liest man die […] Urteile unbefangen, kann man ihnen möglicherweise eine Tendenz dahin entnehmen, ‚Über-Kreuz-

Ablösungen' im Rahmen der S 2 und 3 des § 613a Abs 1 BGB insgesamt auszuschließen"; BAG 21. 4. 2010, AP Nr 387 zu § 613a BGB; BAG 3. 7. 2013, AP Nr 443 zu § 613a BGB; kritisch zum BAG Meyer ZfA 2015, 385 [398 ff]), was im wesentlichen mit dem auch im Gesetzgebungsverfahren anerkannten (BT-Drucks 8/3317, 11) Vereinheitlichungsinteresse des Erwerbers begründet wird (vgl nur Boecken, Unternehmensumwandlungen Rn 171; Moll RdA 1996, 275 [283]). Die Ablösung eines Tarifvertrages durch Betriebsvereinbarungen sei jedoch nur insoweit möglich, als der Abschluss einer Betriebsvereinbarung beim Erwerber unter Berücksichtigung der §§ 77 Abs 3, 87 BetrVG überhaupt zulässig sei (Boecken, Unternehmensumwandlungen Rn 196; Däubler NZA 1996, 225 [233]; Henssler, in: FS Schaub 311 [321]; ders NZA 1994, 294 [300]; Kania DB 1995, 625 [626 f]; Lambrich, in: FS Ehmann 169 [215]; Moll RdA 1996, 275 [283 f]). Demgegenüber ist wesentlich, dass tarifvertragliche Regelungen einerseits und Betriebsvereinbarungen andererseits unterschiedlichen Ordnungen der Gruppenautonomie entspringen, die nebeneinander stehen und nicht gegeneinander austauschbar sind. Dieser grundlegenden Unterscheidung trägt auch Abs 1 S 3 Rechnung und daher schließt er die Geltung des Abs 1 S 2 nicht etwa generell aus, „soweit die Rechte und Pflichten beim Betriebserwerber durch Rechtsnormen eines Tarifvertrags oder eine Betriebsvereinbarung geregelt werden", sondern eben nur, soweit die Regelung in einer „anderen" Betriebsvereinbarung oder in einem „anderen" Tarifvertrag enthalten ist (im Ergebnis wie hier Fitting § 1 Rn 143; **aA** BAG 6. 11. 2007, AP Nr 337 zu § 613a BGB; Döring/Grau BB 2009, 158 [160]). Eine Überkreuzablösung ist daher nicht möglich (wie hier ErfK/Preis § 613a Rn 126, allerdings mit nicht überzeugendem Hinweis auf Art 3 Abs 3 RL 2001/23/EG; gegen die Relevanz von Art 3 Abs 3 RL 2001/23/EG auch FGO/Winter Art 3 RL 2001/23/EG Rn 63; im Ergebnis auch Braun/Wisskirchen/Thees, Konzernarbeitsrecht, Teil I Rn 50; gegen die Zulässigkeit einer verschlechternden Überkreuzablösung Siegfanz-Strauss, Tarifrecht im Betriebsübergang 495 f; **aA** Döring/Grau BB 2009, 158 ff; HMB/Grau Teil 15 Rn 98; Sieg/Maschmann, Unternehmensumstrukturierung [2. Aufl 2010] Rn 327; HWK/Willemsen/Müller-Bonanni § 613a Rn 274 mit dem zweifelhaften Argument, dass die These von der Unzulässigkeit der Überkreuzablösung mit der neueren Rechtsprechung des BAG zur Bindung des Erwerbers an die „tarifvertraglich begründete betriebliche Vergütungsordnung des Veräußerers" nicht vereinbar sei, denn rechtlich spricht nichts dagegen, eine nach Abs 1 S 2 fortgeltende Vergütungsordnung neben der beim Erwerber bestehenden allgemeinen Vergütungsordnung aufrechtzuerhalten; siehe auch Moll/Krahforst Anm zu AP Nr 387 zu § 613a BGB; Müller-Bonanni/Mehrens NZA 2012, 1194 [1198]; für europarechtliche Unbedenklichkeit der Überkreuzablösung PS/Grau/Hartmann § 11 Rn 121). Einer Fortgeltung von Betriebsvereinbarungen beim Erwerber nach Abs 1 S 2 steht selbst bei Existenz oder Üblichkeit einer entsprechenden tarifvertraglichen Regelung weder § 87 Abs 1 noch § 77 Abs 3 BetrVG entgegen (**aA** HWK/Willemsen/Müller-Bonanni § 613a Rn 274, unter nicht begründet erscheinender Berufung auf BAG 13. 3. 2012, NZA 2012, 990).

Zur Ablösung nach Abs 1 S 3 kommt es nur, soweit sich die Regelungsgegenstände **230**
decken und eine Erstreckung auf die neu hinzukommenden Arbeitnehmer dem Regelungswillen der Normgeber im übernehmenden Betrieb entspricht (vgl nur BAG 20. 4. 1994, AP Nr 108 zu § 613a BGB). Die somit erforderliche **Identität der Regelungsgegenstände** verlangt nicht nach einer punktuellen Deckungsgleichheit, sondern es genügt, wenn erkennbar ist, dass für dieselbe Sachgruppe beim Betriebsveräußerer und beim Erwerber jeweils ein unterschiedliches Regelungssystem existiert (BGB-RGRK/Ascheid § 613a Rn 224; Erman/Edenfeld § 613a Rn 91; Moll RdA 1996, 275 [284]; vgl zu den dabei im Einzelfall auftretenden Schwierigkeiten die Darstellung und zutreffenden Erwägungen bei Lambrich, in: FS Ehmann 169 [200 ff]), was insbesondere dann zweifelhaft

sein kann, wenn eine bestimmte Frage keine ausdrückliche Regelung erfahren hat (BAG 22. 1. 2003, AP Nr 242 zu § 613a BGB; vgl auch BAG 1. 8. 2001, AP Nr 225 zu § 613a BGB; BAG 3. 7. 2013, AP Nr 445 zu § 613a BGB).

231 Hinsichtlich einer beim Erwerber bestehenden Kollektivvereinbarung kann der Regelungswille insbesondere dann beschränkt sein, wenn sie auf konkrete Umstände des bisherigen Betriebs zugeschnitten ist und für eine größere Einheit nicht ohne Weiteres in gleicher Weise abgeschlossen worden wäre (Erman/Edenfeld § 613a Rn 91; Kemper BB 1990, 785 [790]; vgl für Betriebsvereinbarungen auch Gussen/Dauck, Weitergeltung Rn 102; vgl allerdings auch oben Rn 201).

232 Zweifelhaft ist, ob die Ablösungswirkung auch durch eine reine **Negativregelung** herbeigeführt werden kann, die lediglich feststellt, dass eine bestimmte Regelung beim Erwerber nicht besteht. Zwar verlangt Abs 1 S 3 eine „Regelung" der Rechte und Pflichten, wovon nur gesprochen werden kann, wenn auf Grund kollektivrechtlicher Vereinbarungen die Arbeitsbedingungen tatsächlich gestaltet werden (in diese Richtung für den Fall der betrieblichen Altersversorgung M Junker RdA 1993, 203 [209]). Wesentlich ist indes, dass eine Inhaltskontrolle der gem Abs 1 S 3 ablösenden Norm generell nicht in Betracht kommt, so dass es dieser Bestimmung nur um einen formalen Vorbehalt zugunsten der jeweiligen kollektiven Macht geht. Dies wird auch daran erkennbar, dass eine Aufhebung der fortgeltenden Norm ohne Weiteres durch Vereinbarung zwischen den zuständigen Kollektivparteien möglich ist. Legt man die Prämisse zugrunde, dass Abs 1 S 2 keine Verstärkung der kollektiven Rechte herbeiführt, wird man daher auch die „Ablösung" im Sinne einer Beendigung durch eine reine Negativregelung zulassen müssen.

233 Der Anwendungsbereich des Abs 1 S 3 ist auf Kollektivvereinbarungen beschränkt, so dass dieser Bestimmung für **vertragliche Einheitsregelungen** nichts zu entnehmen ist. In diesen Fällen gilt Abs 1 S 3 auch nicht analog (**aA** Erman/Edenfeld § 613a Rn 92). Vielmehr gehen vertragliche Einheitsregelungen nach Abs 1 S 1 auf den Erwerber über und können von diesem nach den allgemeinen Grundsätzen abgeändert werden. Dem Sinn des Abs 1 S 3 entsprechend, die einheitliche Anwendung beim Erwerber normativ geltender Kollektivvereinbarungen zu sichern, ist nicht erforderlich, dass die ablösende Kollektivnorm im Zeitpunkt des Betriebsübergangs bereits bestanden hat, sondern es genügt gleichermaßen deren spätere Inkraftsetzung (vgl nur BAG 19. 3. 1986, AP Nr 49 zu § 613a BGB, BAG 20. 4. 1994, AP Nr 108 zu § 613a BGB; BAG 16. 5. 1995, AP Nr 15 zu § 4 TVG Ordnungsprinzip; BAG 14. 8. 2001, AP Nr 85 zu § 77 BetrVG 1972; Hromadka/Maschmann/Wallner, Tarifwechsel Rn 358 mwNw; Moll RdA 1996, 275 [282]; Zöllner DB 1995, 1401 [1403]; enger MünchKomm/Schaub [3. Aufl 1996] § 613a Rn 180, der eine Regelung „aus Anlaß des Betriebsübergangs" verlangt, sowie Henssler NZA 1994, 913 [919], der einen „erkennbaren zeitlichen Zusammenhang zum Betriebsübergang" fordert).

234 **Kirchliche Arbeitsrechtsregelungen** des „Dritten Weges" (vgl dazu BAG 20. 3. 2002 AR-Blattei 960 Kirchenbedienstete Nr 67 m Anm Annuss) und Vereinbarungen nach dem kirchlichen Mitarbeitervertretungsrecht (**aA** Richardi, Arbeitsrecht in der Kirche § 15 Rn 59; vTiling, Rechtsfolgen 363 ff mwNw) stehen mangels normativer Wirkung nicht gleich (ebenso Bepler, in: FS Willemsen 33 [35 ff]; Krings, Betriebsübergang 80 ff; siehe auch Richardi, in: FS 25 Jahre ArbG Arbeitsrecht im DAV 673 ff; zu arbeitsvertraglichen Bezugnahmen auf kirchliche Arbeitsrechtsregelungen BAG 21. 6. 2018, NZA 2018, 1413).

a) Besonderheiten bei Tarifverträgen

Bei Tarifverträgen erfolgt eine Ablösung unproblematisch dann, wenn entweder die 235 beim Erwerber zu beachtenden Tarifverträge für **allgemeinverbindlich** erklärt worden sind (§ 5 TVG) oder eine unmittelbare Tarifgeltung kraft beiderseits einschlägiger Organisationszugehörigkeit vorliegt. Sofern die Tarifverträge nicht für allgemeinverbindlich erklärt worden sind, ergeben sich Schwierigkeiten in Fällen inkongruenter Tarifbindung, wenn also entweder nur beim Arbeitnehmer oder nur beim Arbeitgeber eine Bindung an die bei diesem relevanten Tarifverträge vorliegt. Diese Situation tritt immer dann ein, wenn beim Erwerber ein anderer Tarifvertrag gilt als beim Veräußerer und entweder der Arbeitgeber oder der einzelne Arbeitnehmer keinem insoweit tarifschließenden Verband angehört.

Nach überwiegender Ansicht **greift das in Abs 1 S 3 verankerte Ablösungsprinzip nur** 236 **bei beiderseitiger und kongruenter Tarifbindung ein** (BAG 20. 4. 1994, AP Nr 108 zu § 613a BGB; BAG 30. 8. 2000, AP Nr 12 zu § 1 TVG Bezugnahme auf Tarifvertrag; BAG 21. 2. 2001, AP Nr 16 zu § 1 TVG Bezugnahme auf Tarifvertrag; BAG 1. 8. 2001, AP Nr 225 zu § 613a BGB; BAG 29. 8. 2001, AP Nr 229 zu § 613a BGB; BAG 15. 3. 2006, AP Nr 9 zu § 2 TVG Firmentarifvertrag; BAG 26. 8. 2009, AP Nr 376 zu § 613a BGB; BGB-RGRK/Ascheid § 613a Rn 220; ErfK/Preis § 613a Rn 123; MünchArbR/Wank § 142 Rn 189; Boecken, Unternehmensumwandlungen Rn 194; Gamillscheg, Kollektives Arbeitsrecht I 782; D Gaul, Betriebsübergang 323; Gussen/Dauck, Weitergeltung Rn 233 ff; Jacobs, Tarifeinheit und Tarifkonkurrenz 324 ff; Kania DB 1994, 529 [530]; ders DB 1995, 625 [626]; Preis/Steffan, in: FS Kraft 477 [486]; Waas, Tarifvertrag und Betriebsübergang 64 ff; Wiedemann, in: FS Fleck 447 [454]), wohingegen andere für Abs 1 S 3 unter Berufung auf dessen Regelungszweck bereits eine einseitige Bindung des Erwerbers für ausreichend ansehen wollen (Buchner GmbHR 1997, 377, 434 [439]; Heinze, in: FS Schaub 275 [290]; ders DB 1998, 1861 [1866]; Henssler, in: FS Schaub 311 [319 ff]; Lambrich, in: FS Ehmann 169 [204 ff]; Moll RdA 1996, 275 [280 ff]; Röder DB 1981, 1980 [1982]; Zöllner DB 1995, 1401 [1403]; vgl die umfassende Diskussion bei WHSS/Hohenstatt E 136 ff). Eine vermittelnde Auffassung hält die einseitige Tarifgebundenheit des Erwerbers jedenfalls dann für ausreichend, wenn auf Arbeitnehmerseite sowohl beim Veräußerer als auch beim Erwerber jeweils eine DGB-Gewerkschaft tarifbeteiligt ist (Hanau/Kania, in: FS Schaub 239 [256 f]; Kania DB 1996, 1921 [1923]).

Mit der vorherrschenden Ansicht ist davon auszugehen, dass eine Ablösung nur bei 237 kongruenter Tarifbindung in Betracht kommt, da dem Arbeitnehmer anderenfalls der durch Abs 1 S 2 gewährleistete Kollektivschutz entzogen würde, ohne dass er einem anderen Kollektivsystem unterfiele. Der damit einhergehende ersatzlose Fortfall der bislang kollektiv geregelten Arbeitsbedingungen würde im Übrigen ein Loch in das Regelungsgeflecht des Arbeitsverhältnisses reißen (so auch Hromadka DB 1996, 1872 [1876]; Zöllner DB 1995, 1401 [1405]), für dessen Ausfüllung keinerlei Anhaltspunkte zu finden sind (vgl zu dem damit angesprochenen Problem der Tarifeinheit auch BAG 28. 5. 1997, AP Nr 26 zu § 4 TVG Nachwirkung). Ferner zeigt der Vergleich mit dem Wortlaut des Abs 1 S 2, dass nur eine kongruente Tarifbindung die Rechtsfolgen des Abs 1 S 3 auslösen kann (vgl auch ArbG Stuttgart 17. 7. 1998 NZA-RR 1998, 550; kritisch zum Wortlautargument WHSS/Hohenstatt E 145 ff; Kamanabrou SAE 2002, 26, 27).

Vgl zur Berufung des neuen Inhabers auf den Wegfall der Geschäftsgrundlage zur 238 Negierung der Fortgeltung gem Abs 1 S 2 sowie zur Möglichkeit des Abschlusses eines auf den Inhaberwechsel auflösend bedingten Firmentarifvertrags Rn 201 ff.

239 Die Kündigung eines Tarifvertrags ist nur gegenüber dem ursprünglichen Betriebs(teil)inhaber als Partei des Tarifvertrags möglich. Eine solche Kündigung bleibt jedoch – abgesehen von Abs 1 S 4 (dazu Rn 242 ff) – grundsätzlich ohne Bedeutung im übergegangenen Arbeitsverhältnis (BAG 26. 8. 2009, AP Nr 376 zu § 613a BGB; vgl aber auch BAG 22. 4. 2009, AP Nr 371 zu § 613a BGB). Gegenüber dem neuen Inhaber kann die Gewerkschaft die nach Abs 1 Satz 2 BGB aufrechterhaltenen tariflichen Normen kündigen (siehe näher Rn 219; **aA** BAG 26. 8. 2009, AP Nr 376 zu § 613a BGB; Staudinger/Annuss [2010] Rn 231). Auch eine Teilkündigung des Arbeitsverhältnisses im Hinblick auf die gem Abs 1 Satz 2 aufrechterhaltenen Tarifbedingungen komme jedenfalls dann nicht in Betracht, wenn sie nicht vertraglich vorbehalten wurde (BAG 26. 8. 2009, AP Nr 376 zu § 613a BGB).

b) Besonderheiten bei Betriebsvereinbarungen

240 Soweit Regelungsidentität besteht, werden beim Betriebsveräußerer geltende betriebliche Normen gem Abs 1 S 3 grundsätzlich ohne Weiteres durch die Bestimmungen einer beim Erwerber anwendbaren Betriebsvereinbarung abgelöst, wobei es jeweils keine Rolle spielt, ob es sich um eine gewöhnliche Betriebsvereinbarung bzw eine Gesamt- oder Konzernbetriebsvereinbarung handelt.

241 Wesentlich dringender als bei Tarifverträgen stellt sich bei Betriebsvereinbarungen die Frage, ob das Ablösungsprinzip uneingeschränkt gilt, wodurch es zu einem **Eingriff auch in sog „wohlerworbene Rechte"** kommen könnte. Besonders deutlich wird dies bei Betriebsvereinbarungen über betriebliche Altersversorgung, wo eine strikte Anwendung des Ablösungsprinzips in bereits erdiente Versorgungsanwartschaften eingreifen und Versorgungserwartungen der übernommenen Arbeitnehmer beeinträchtigen könnte (vgl M Junker RdA 1993, 203 [207]). Gleichwohl haben einige Autoren die uneingeschränkte Anwendung des Ablösungsprinzips bejaht, da dem Vereinheitlichungsinteresse des Erwerbers Vorrang vor der Wahrung der erdienten Versorgungsanwartschaften sowie den Zukunftserwartungen gebühre (so wohl Lorenz DB 1980, 1745 [1747]; Seiter DB 1980, 877 [878]). Demgegenüber erscheint es unter Berücksichtigung des in § 613a BGB zum Ausdruck gelangenden Arbeitnehmerschutzgedankens zutreffend, entsprechend den von der Rechtsprechung bei Rechtsträgerkontinuität mit dem sog „Drei-Stufen-Modell" im Recht der betrieblichen Altersversorgung vorgenommenen Einschränkungen des Ablösungsprinzips (Höfer/Küpper, BetrAVG, Kap 5 Rn 301 ff) Vertrauensschutz zu gewähren und die beim Erwerber bestehenden Betriebsvereinbarungen über betriebliche Altersversorgung erst ab dem Zeitpunkt des Betriebsübergangs mit ex-nunc-Wirkung eingreifen zu lassen (Falkenberg BB 1987, 328 [329]; Hanau/Vossen, in: FS Hilger/Stumpf 271 [278]; Henssler NZA 1994, 913 [920]; Junker RdA 1993, 203 [207 ff]; nur im Ergebnis ebenso Kemper BB 1990, 785 [788 ff]). Dabei ist zu unterscheiden zwischen den im Rahmen des Abs 1 S 3 „ablösungsfesten" erdienten Anwartschaften sowie der erdienten Dynamik einerseits und den bloßen „dienstzeitabhängigen" zukünftigen Versorgungserwartungen andererseits. Während in erstere auch im Rahmen des Abs 1 S 3 nur bei Vorliegen dringender oder triftiger Gründe eingegriffen werden kann, ist eine lediglich für die Zukunft wirkende verschlechternde Ablösung beim Betriebserwerber zu Zwecken der Vereinheitlichung ohne Weiteres möglich, da das Vereinheitlichungsinteresse des Arbeitgebers insoweit einen sachlich-proportionalen Grund darstellt (BAG 29. 7. 2003, AP Nr 45 zu § 1 BetrAVG Ablösung; im Ergebnis ebenso M Junker RdA 1993, 203 [208 f]; HWK/Willemsen/Müller-Bonanni § 613a Rn 236; vgl auch BAG 12. 12. 2006 – 3 AZR 475/05, nv). Allerdings kann der

Arbeitnehmer nicht in jedem Fall eine Kumulierung des beim Veräußerer erworbenen Besitzstandes und der beim Erwerber erlangten weiteren Anwartschaften fordern. Zutreffend weist das BAG darauf hin, dass bei Erlangung von über den beim Veräußerer erworbenen geschützten Besitzstand hinausgehenden Ansprüchen die übergegangenen Arbeitnehmer nicht zusätzlich auch noch den bis zum Übergang erdienten Besitzstand verlangen können (BAG 24. 7. 2001, AP Nr 27 zu § 6 BetrAVG).

6. Ablösung der normativ fortgeltenden Bedingungen vor Ablauf der Jahresfrist

Bereits vor Ablauf der Jahresfrist können die Rechte und Pflichten geändert werden, wenn der Tarifvertrag oder die Betriebsvereinbarung nicht mehr gilt oder bei fehlender beiderseitiger Tarifgebundenheit im Geltungsbereich eines anderen Tarifvertrags dessen Anwendung zwischen dem neuen Inhaber und dem Arbeitnehmer vereinbart wird (Abs 1 Satz 4). 242

Die Rechte und Pflichten, für die eine Fortgeltung normativ angeordnet ist, können gem Abs 1 Satz 4, 1. Alt geändert werden, wenn der Tarifvertrag oder die Betriebsvereinbarung beim bisherigen Arbeitgeber (Rinck RdA 2010, 216, 225; vgl auch Begr RgE, BT-Drucks 8/3317, S 11; **aA** maßgeblich sei Verlust der zwingenden Wirkung beim Erwerber Bauer/vMedem DB 2010, 2560, 2564; ErfK/Preis § 613a Rn 121; Sagan RdA 2011, 163, 167) „nicht mehr gilt". Nach Ansicht des BAG entspricht die durch Abs 1 S 4, 1. Alt gewährte Absicherung derjenigen des § 3 Abs 3 TVG. Demgemäß gelte ein Tarifvertrag beim Veräußerer auch bereits dann nicht mehr iSd Abs 1 S 4, 1. Alt, wenn er inhaltlich abgeändert wurde, weil dann auch die Weitergeltung nach § 3 Abs 3 TVG ende (BAG 22. 4. 2009, AP Nr 371 zu § 613a BGB). Überdies gilt der Tarifvertrag auch dann nicht mehr in diesem Sinne, wenn er lediglich nach § 4 Abs 5 TVG nachwirkt (BAG 22. 4. 2009, AP Nr 371 zu § 613a BGB). Der Anwendungsbereich dieser Bestimmung ist sehr eng. Sie greift insbesondere dann nicht ein, wenn ein Tarifvertrag oder eine Betriebsvereinbarung befristet bzw vor dem Betriebsübergang gekündigt worden ist und die Wirkung auf Grund dessen ohne Nachwirkung binnen eines Jahres nach Betriebsübergang endet; in diesem Fall erlischt die normativ angeordnete Fortgeltung ohne Weiteres (BAG 22. 4. 2009, AP Nr 371 zu § 613a BGB; Siegfanz-Strauss, Tarifrecht im Betriebsübergang 386; **aA** Moll RdA 1996, 275 [284]; siehe ferner zu den Folgen einer Kündigung oben Rn 215 ff). Führen erst nach dem Betriebsübergang liegende Ereignisse in dem beim bisherigen Inhaber verbliebenen Betrieb zu einer Beendigung der Normwirkung, so führt das nicht unmittelbar zum Wegfall der Fortgeltung gem Abs 1 S 2 (BAG 3. 7. 2013, AP Nr 443 zu § 613a BGB; etwas anderes kann sich nach Ansicht des BAG allenfalls ergeben, wenn die Nachwirkung des fortgeltenden Tarifvertrags ausgeschlossen ist, vgl BAG 22. 4. 2009, AP Nr 371 zu § 613a BGB; siehe im Übrigen Rn 213, 219), doch ist in diesen Fällen eine individualvertragliche Änderung der Arbeitsbedingungen – und damit auch eine unterschiedliche Behandlung jener Arbeitsverhältnisse, die von Abs 1 S 2 erfasst werden – ohne Weiteres nach Abs 1 S 4 möglich. 243

Nach Abs 1 S 4, 2. Alt ist eine Änderung zum Nachteil des Arbeitnehmers innerhalb der Jahresfrist auch dann möglich, wenn die Arbeitsvertragsparteien die vollumfängliche (vgl ErfK/Preis § 613a Rn 122) Geltung des mangels beiderseitiger Tarifgebundenheit nicht unmittelbar anwendbaren Tarifvertrages vereinbaren, der bei unmittelbarer Tarifwirkung für das Arbeitsverhältnis gelten würde. Diese Möglichkeit 244 besteht sowohl dann, wenn weder der Betriebserwerber noch der Arbeitnehmer den tarifzuständigen Organisationen angehören, als auch dann, wenn nur entweder der Arbeitnehmer oder der Betriebserwerber nicht tarifgebunden ist (Soergel/Raab § 613a Rn 136; MünchArbR/Wank § 142 Rn 179; Boecken, Unternehmensumwandlungen Rn 170; Seiter, Betriebsinhaberwechsel 96; Kania DB 1994, 529 [531]; ders DB 1996, 1921 [1923]; Wank NZA 1987, 505 [509]; **aA** vSteinau-Steinrück/Thees, in: Hölters, Unternehmenskauf Kap 6 Rn 380; Röder DB 1981, 1980 [1982]). Entgegen manch anderen Stimmen in der Literatur (vgl Staudinger/Richardi[12] Rn 179; MünchArbR/Wank § 142 Rn 179; Moll RdA 1996, 275 [284]) ist der Wortlaut des Abs 1 S 4, 2. Alt insoweit eindeutig, als eine als terminus technicus bekannte „beiderseitige Tarifgebundenheit" (vgl § 4 Abs 1 TVG) schon immer dann „fehlt", wenn eine Arbeitsvertragspartei keiner tarifschließenden Organisation angehört (ebenso Kania DB 1996, 1921 [1923]). Ist der Arbeitnehmer nicht bereit, eine solche Bezugnahme zu vereinbaren, bleibt dem Arbeitgeber allein der (schwierige) Weg über die Änderungskündigung (vgl dazu näher Lambrich, in: FS Ehmann 169 [197 ff] mwNw, der allerdings mit seiner großzügigen Wertung der Änderungskündigung deren Wesen verkennt [zu diesem Annuss NZA 2005, 443 ff]). Allerdings muss es trotz des scheinbar entgegenstehenden Wortlauts auch genügen, wenn eine generelle Bezugnahme auf den jeweils sachlich einschlägigen Tarifvertrag (sog **große dynamische Bezugnahmeklausel)** nach Abs 1 S 1 zum Gegenstand auch des Arbeitsverhältnisses mit dem Erwerber wird (vgl Rn 240). Der Wortlaut steht nicht entgegen, weil die Problematik der großen dynamischen Bezugnahmeklauseln vom Gesetzgeber offenbar nicht bedacht wurde. Für dieses Verständnis spricht insbesondere die Entwurfsbegründung, die erkennen lässt, dass für Abs 1 S 4, 2. Alt nicht der Zeitpunkt der Bezugnahmevereinbarung entscheidend sein soll, sondern jede materielle Kollision zwischen nach Abs 1 S 2 fortgeltenden und den aufgrund einer individualvertraglichen Abrede anwendbaren, beim Erwerber einschlägigen Tarifbedingungen zugunsten letzterer aufzulösen sei (BT-Drucks 8/3317, 1: „Satz 4 läßt eine Änderung der nur individualrechtlich geltenden Rechte und Pflichten vor Ablauf der Jahresfrist zu, wenn […] aufgrund einer Vereinbarung ein anderer – allerdings nur der einschlägige – Tarifvertrag auf das Arbeitsverhältnis angewendet wird"). Das europäische Recht verlangt nichts anderes, und auch eine Analyse des mit Abs 1 S 4, 2. Alt verfolgten Zwecks spricht für die hier vertretene Auffassung. Abs 1 S 4 beruht nämlich auf dem Gedanken, dass es bei Vorliegen der darin bezeichneten Voraussetzungen des in Abs 1 S 2 angeordneten Arbeitnehmerschutzes nicht bedarf und daher die Gestaltung des Arbeitsverhältnisses der individualautonomen Vereinbarung überlassen werden kann. Mit diesen am materiellen Schutzniveau orientierten Erwägungen wäre es nicht vereinbar, wenn man entscheidend auf das lediglich formale Kriterium des Zeitpunkts der Bezugnahmevereinbarungen abstellen wollte (wie hier Annuss ZfA 2005, 405 [453]; Bauer/Günther NZA 2008, 611; HMB/Grau Teil 15 Rn 88; Hanau NZA 2005, 489 [492]; Haussmann DB 2001, 1839 [1840]; Henssler, in: FS Wißmann 133 [154 f]; Preis/Preis, Der Arbeitsvertrag II V 40 Rn 112 ff; Reinecke, Die Sicherung der Tarifgeltung 53 ff; Siegfanz-Strauss, Tarifrecht im Betriebsübergang 401 f;Rinck RdA 2010, 216 [223]; ebenso wohl Zöllner DB 1995, 1401 [1405]; in der Tendenz zustimmend auch Bepler RdA 2009, 65 [71]; ablehnend ErfK/Franzen § 3 TVG Rn 41a; Jacobs, Anm zu BAG AP Nr 34 zu § 4 TVG Nachwirkung; MünchKomm/Müller-Glöge § 613a Rn 138; Reichel, Die arbeitsvertragliche Bezugnahme auf den Tarifvertrag 203 f; Schliemann NZA 2003 Sonderbeil zu Heft 16, 3 [11]; Thüsing/Lambrich RdA 2002, 193 [212]; Lambrich, in: FS Ehmann 169 [234]; vgl auch BAG 16. 10. 2002, AP Nr 22 zu § 1 TVG Bezugnahme auf Tarifvertrag). Nicht zu folgen ist im Übrigen jener Auffassung, die unter Berufung auf die *Scattolon*-Entscheidung des EuGH (6. 9. 2011 AP Nr 9 zu Richtlinie 2001/23/EG) meint,

Abs 1 S 4, 2. Alt finde aufgrund seiner gebotenen teleologischen Reduktion „nur Anwendung, wenn der Besitzstand gewahrt wird" (Klein EuZA 2014, 325, 340).

Für die Zeit **nach Ablauf der Jahresfrist** setzt Abs 1 S 2 der individuellen Vertragsfreiheit keine Grenzen. Deshalb kann bereits während der Jahresfrist auch eine für den Arbeitnehmer ungünstigere Regelung für die Zeit nach Ablauf der Jahresfrist wirksam vereinbart werden (HWK/Willemsen/Müller-Bonanni § 613a Rn 267). 245

7. Bezugnahme auf einen Tarifvertrag

a) Grundlegung

Eine unmittelbare Anwendung von Abs 1 S 2 – 4 auf arbeitsvertragliche Bezugnahmen auf Tarifverträge scheidet aus; denn nur bei ursprünglicher normativer Tarifgeltung kommt es zu der in Abs 1 S 2 normativ angeordneten Fortgeltung. Auch eine entsprechende Anwendung des Abs 1 S 3 (so Henssler, in: FS Schaub 311 [322 f]; Schipp NZA 1994, 865 [869]; Wank NZA 1987, 505 [509]; **aA** Hanau/Vossen, in: FS Hilger/Stumpf 271 [294]; Hromadka/Maschmann/Wallner, Tarifwechsel Rn 414 ff; Mengel, Umwandlungen 181; Kania DB 1995, 625 [628]; Moll RdA 1996, 275 [286]) kommt nicht in Betracht (BAG 17. 11. 2010, AP Nr 391 zu § 613a BGB; BAG 16. 11. 2011, AP Nr 95 zu § 1 TVG Bezugnahme auf Tarifvertrag; BAG 14. 12. 2011, AP Nr 105 zu § 1 TVG Bezugnahme auf Tarifvertrag). Für die nicht tarifgebundenen Arbeitnehmer gilt daher nur Abs 1 S 1 (BAG 10. 11. 2011, AP Nr 15 zu § 613a BGB Unterrichtung; BAG 20. 6. 2012, AP Nr 433 zu § 613a BGB), so dass ihnen – sofern beim Veräußerer keine allgemeinverbindlichen Tarifregelungen galten – der Inhaltsschutz des Abs 1 S 2 nicht zugute kommt (anders für Fälle sog Gleichstellungsabreden Wiedemann, in: FS Fleck 447 [454]; wie hier die ganz herrschende Meinung, vgl nur BAG 28. 5. 1997, AP Nr 6 zu § 1 TVG Bezugnahme auf Tarifvertrag; BAG 17. 11. 2010 – 4 AZR 391/09, nv; Soergel/Raab § 613a Rn 130; Hanau/Vossen, in: FS Hilger/Stumpf 271 [294]; Seiter, Betriebsinhaberwechsel 94 f; Hromadka DB 1996, 1872 [1876]; Wank NZA 1987, 505 [509]; Zöllner DB 1995, 1401 [1406]; zum Ganzen Hohenstatt/Kuhnke RdA 2009, 107; Jacobs, in: FS Birk 243 ff, und umfassend Schneider, Die Wirkung arbeitsvertraglicher Bezugnahmeklauseln [2017]; E Willemsen, Bezugnahme 198 ff). 246

Die Behandlung individualrechtlicher Bezugnahmen auf einen Tarifvertrag im Rahmen eines Betriebsübergangs ist je nach dem Inhalt der konkreten Bezugnahmeklausel, der im Wege der Auslegung zu ermitteln ist, verschieden. 247

Zu unterscheiden sind „zeitlich-dynamische" und „zeitlich-statische" Bezugnahmen einerseits sowie „sachlich-dynamische" und „sachlich-statische" Bezugnahmen andererseits (Begriffsbildung im Anschluss an Säcker/Oetker ZfA 1993, 1 [15]; vgl zum möglichen Inhalt von Bezugnahmeklauseln beispielhaft Hromadka/Maschmann/Wallner, Tarifwechsel Rn 76 ff), wobei gewisse Kombinationen dieser Grundformen denkbar sind. Neben diesen unmittelbaren Verweisungen auf Tarifinhalte ist auch eine mittelbare Verweisung in der Form möglich, dass nur eine Gleichstellung mit den kraft beiderseits einschlägiger Tarifgebundenheit unmittelbar tarifunterworfenen Arbeitnehmern vereinbart wird. Dabei ist es einerseits denkbar, dass die Gleichstellung nur mit den im Zeitpunkt des Abschlusses der Gleichstellungsabrede unmittelbar tarifunterworfenen Arbeitnehmern erfolgen soll und sich auf den Geltungsbereich des dann unmittelbar einschlägigen Tarifvertrages beschränkt (vgl BAG 21. 2. 2001, AP Nr 20 zu § 4 TVG; BAG 16. 10. 2002, AP Nr 247 zu § 613a BGB). Vorstellbar ist andererseits, dass die Gleichstellungsklausel zusätzlich in Form einer „Tarifwechselklausel" ausgestaltet 248 ist, wobei zwei Varianten in Betracht kommen: Die Gleichstellungs- und Tarifwechselklausel kann zum einen nur eine Gleichstellung mit den im Zeitpunkt des Abschlusses der Gleichstellungsvereinbarung unmittelbar tarifgebundenen Arbeitnehmern bedeuten, dies allerdings auch für den Fall, dass für diese im Laufe der Zeit andere Tarifwerke einschlägig werden. Zum anderen kommt in Betracht, dass die kombinierte Gleichstellungs- und Tarifwechselklausel nicht eine Gleichstellung mit den jeweils unmittelbar tarifunterworfenen Arbeitnehmern sichern soll, so dass im Falle eines Tarifwechsels die danach geltenden Bedingungen selbst dann Gegenstand des Arbeitsvertrags werden können, wenn die betreffenden Tarifverträge mit anderen Gewerkschaften abgeschlossen sind.

249 Bei Betriebsübergängen führt die schlichte **Gleichstellungsabrede** dazu, dass bei fehlender oder anderweitiger Tarifbindung des neuen Inhabers nicht die für diesen sachlich einschlägigen Tarifverträge in Bezug genommen werden, sondern dass die beim früheren Inhaber maßgeblichen Bedingungen in gleicher Weise weiter anzuwenden sind wie sie für die beim bisherigen Inhaber unmittelbar tarifgebundenen Arbeitnehmer gem der normativen Fortgeltungsanordnung des Abs 1 S 2 gelten (vgl in diesem Zusammenhang BAG 27. 11. 2002, AP Nr 28 zu § 1 TVG Bezugnahme auf Tarifvertrag; anders aber wohl BAG 4. 8. 1999, AP Nr 14 zu § 1 TVG Tarifverträge: Papierindustrie). Das Gleiche ergebe sich bei einer Gleichstellungs- und Tarifwechselklausel, sofern der neue Inhaber nicht tarifgebunden sei.

250 Sofern dem Arbeitsvertrag im Wege der Auslegung eine uneingeschränkte Bezugnahme auf den für das Arbeitsverhältnis hypothetisch maßgeblichen Tarifvertrag (sog „große dynamische Bezugnahme“) entnommen werden kann (vgl zu den insoweit auftretenden Schwierigkeiten Preis/Steffan, in: FS Kraft 477 [489]; zur Inhaltskontrolle solcher Bezugnahmeklauseln Reinecke BB 2006, 2637; vgl auch BAG 22. 7. 2010 – 6 AZR 170/08, nv), bedeutet dies, dass die Verweisungsklausel gem Abs 1 S 1 unverändert in das Arbeitsverhältnis mit dem Erwerber Einzug findet und dort fortan auf den nunmehr maßgeblichen Tarifvertrag verweist (vgl nur Säcker/Oetker ZfA 1993, 1 [15]; zur Zulässigkeit derartiger Generalverweisungen insgesamt kritisch Preis, Grundfragen der Vertragsgestaltung im Arbeitsrecht 391 ff). Solche Klauseln entfalten auch für jene Arbeitnehmer Wirkung, deren unmittelbare Tarifbindung mit dem Betriebsübergang verloren geht, da sie dann auf die nunmehr einschlägigen Tarifverträge verweisen und damit die nach Abs 1 S 2 fortgeltenden Bestimmungen gem Abs 1 S 4, 2. Alt verdrängen (ebenso wohl Zöllner DB 1995, 1401 [1405]; Gamillscheg, Kollektives Arbeitsrecht I 785: „gewissermaßen vorweggenommene Vereinbarung gem S 4“; **aA** Heinze, in: FS Schaub 275 [293]). Hingegen verweisen sog „kleine dynamische Bezugnahmeklauseln“, die ein konkret bezeichnetes Tarifregime in seiner jeweiligen Fassung in Bezug nehmen, auch nach dem Übergang des Arbeitsverhältnisses unabhängig von der Tarifbindung des neuen Inhabers auf die gesamten Tarifverträge in ihrer jeweiligen Fassung. Dieses Ergebnis verstößt weder gegen europäisches Recht (unklar insoweit die recht unverständig wirkende Entscheidung des EuGH vom 9. 3. 2006 – *Werhof,* NZA 2006, 376) noch gegen deutsches Verfassungsrecht (zutreffend BAG 24. 2. 2010, NZA-RR 2010, 530; BAG 6. 7. 2011, AP Nr 91 zu § 1 TVG Bezugnahme auf Tarifvertrag; ebenso Bepler RdA 2009, 65 [73]; FGO/Winter Art 3 RL 2001/23/EG Rn 33 ff; **aA** Hartmann EuZA 2015, 203 ff; Latzel RdA 2014, 110 ff; Mückl ZIP 2014, 207 ff; vgl auch die lesenswerten Ausführungen bei Möller, Zeitdynamische Bezugnahmeklauseln 38 ff, dem allerdings nicht zu folgen ist, soweit er die Anwendbarkeit von Art 3 Abs 3 RL 2001/ 23/ EG auf lediglich vertraglich einbezogene Tarifverträge bejaht [68 ff; 220 ff]; zu Betriebs-

[teil]übergängen **von einem weltlichen auf einen kirchlichen Träger** auch Bepler, in: FS Willemsen 34, [39 f], und zum umgekehrten Fall 40 ff; vgl dazu auch Reichold, in: FS Willemsen 371 ff). Allerdings hatten die Entscheidung des EuGH *„Alemo-Herron"* (EuGH 18. 7. 2013, AP Nr 10 zu RL 2001/23/EG; siehe dazu nur Elking/Aszmons BB 2014, 2041; Forst DB 2013, 1847; Jacobs/Frieling EuZW 2013, 737; Lobinger NZA 2013, 945; Rebhahn DRdA 2014, 407; Sutschet RdA 2013, 28; Willemsen/Grau NJW 2014, 12) und eine missglückte Aussage des EuGH zu Art 3 Abs 3 RL 2001/23/EG in der Entscheidung *„Österreichischer Gewerkschaftsbund"* (EuGH 11. 9. 2014, NZA 2014, 1092) die durch die Werhof-Entscheidung geschaffene Unsicherheit weiter vertieft (zum Ganzen Schneider, Die Wirkung arbeitsvertraglicher Bezugnahmeklauseln 98 ff), weshalb das BAG dem EuGH die Behandlung großer dynamischer Bezugnahmeklauseln erneut zur Entscheidung vorgelegt hatte (BAG 17. 6. 2015 – 4 AZR 61/14 [A]). Der EuGH antwortete darauf am 27. 4. 2017 (NZA 2017, 571 – *Asklepios*) mit der Feststellung, dass die dynamische Fortgeltung einer arbeitsvertraglichen Bezugnahmeklausel nach dem Betriebs(teil)übergang gem Abs 1 S 1 weder gegen Art 16 GRCh noch gegen Art 3 RL 2001/ 23/ EG verstoße, wenn dem neuen Inhaber eine Änderung der Bezugnahmeklausel möglich sei, wofür der EuGH die Möglichkeit von Änderungsvereinbarungen oder Änderungskündigungen ausreichen ließ. Darauf aufbauend hielt das BAG an seiner bisherigen Rechtsprechung fest (BAG 30. 8. 2017, NZA 2018, 255; BAG 30. 8. 2017, NZA 2018, 363; insbesondere liege keine Gesetzeslücke vor, die durch eine analoge Anwendung von Abs 1 S 3 zu schließen sei; vgl auch BAG 16. 5. 2018, NZA 2018, 1489), doch hat das bislang – wegen der recht oberflächlichen Auseinandersetzung des EuGH mit den einschlägigen rechtlichen Fragen in der Asklepios-Entscheidung – nicht zu einem Verstummen der Diskussion geführt (vgl Bayreuther NJW 2017, 2158; Busch/Gerlach BB 2018, 1780; Flockenhaus RdA 2017, 316; Jacobs/Frieling, in: FS Willemsen 197 ff; Hartmann EuZA 2017, 521; Hohenstatt, in: FS Willemsen 187 ff; Krause, in: FS Willemsen 257 ff; Schinz/Eylert RdA 2017, 140; Schubert RdA 2018, 367; dies ZESAR 2018, 8; dies, in: FS Willemsen 363 ff; Wahlig/Brune NZA 2018, 221; Willemsen/Krois/Mehrens RdA 2018, 151; Wissmann/Niklas NZA 2017, 697; Wolf, in: FS Willemsen 641 ff; vgl auch den Vorschlag für eine Ergänzung des § 613a bei Wiedemann BB 2016, 1400; zu **arbeitsvertraglichen Bezugnahmen auf kirchliche Arbeitsrechtsregelungen** BAG 21. 6. 2018, NZA 2018, 1413; BAG 23. 11. 2017, NZA 2018, 296; BAG 23. 11. 2017, NZA 2018, 301).

b) Tarifwechselklausel und Betriebsverfassungsrecht

Enthalten die Arbeitsverträge eine Tarifwechselklausel und unterliegt der neue **251** Inhaber einem anderen Tarifregime, so ist zu berücksichtigen, dass der Austausch des Bezugnahmeobjekts durch den mit dem Betriebs(teil)übergang verbundenen Tarifwechsel eine mitbestimmungspflichtige Änderung des betrieblichen Vergütungssystems iSv von § 87 Abs 1 Nr 10 BetrVG bedeuten kann (vgl dazu nur BAG 22. 6. 2010, AP Nr 136 zu § 87 BetrVG 1972 Lohngestaltung; siehe auch BAG 14. 8. 2013, AP Nr 62 zu § 99 BetrVG Eingruppierung; vgl dazu auch Müller-Bonanni/Mehrens NZA 2012, 1194).

c) Die Auslegung arbeitsvertraglicher Bezugnahmeklauseln durch das BAG

In welchem Sinne die im Einzelfall vereinbarten arbeitsvertraglichen Bezugnahme- **252** klauseln zu verstehen seien, bildete den Gegenstand einer lang andauernden Kontroverse (dazu Staudinger/Annuss [2005] Rn 292 und Annuss ZfA 2005, 405 ff), die das BAG für die Praxis mit Urteil vom 18. 4. 2007 entschieden hat (BAG 18. 4. 2007, AP Nr 53 zu § 1 TVG Bezugnahme auf Tarifvertrag; sodann BAG 22. 4. 2009, AP Nr 38 zu § 99 BetrVG 1972 Eingruppierung; BAG 24. 2. 2010, NZA-RR 2010, 530; s auch bereits BAG 14. 12. 2005, AP Nr 39 zu § 1 TVG Bezugnahme auf Tarifvertrag; dazu Zerres NJW 2006, 3533).

253 Für die Praxis ist wesentlich, dass das BAG arbeitsvertragliche Bezugnahmen auf Tarifverträge seit der Entscheidung vom 18. 4. 2007 (AP Nr 53 zu § 1 TVG Bezugnahme auf Tarifvertrag) grundsätzlich unterschiedlich interpretiert je nachdem, ob die Bezugnahmeklausel vor oder ab dem 1. 1. 2002 vereinbart worden ist (zum Ganzen im Zusammenhang mit Betriebsübergängen näher HMB/Grau Teil 15 Rn 119 ff).

aa) Maßgebliche Rechtslage für vor dem 1. 1. 2002 vereinbarte Bezugnahmeklauseln

254 Zentrale Bedeutung für die Auslegung arbeitsvertraglicher Bezugnahmeklauseln, die vor dem 1. 1. 2002 vereinbart wurden, hat die Unterscheidung danach, ob der Arbeitgeber im Zeitpunkt der Bezugnahmevereinbarung unmittelbar tarifgebunden war oder nicht. War der Arbeitgeber unmittelbar tarifgebunden, so erschöpfe sich der Gehalt einer auf den für den Arbeitgeber geltenden Tarifvertrag oder ein für ihn geltendes Tarifvertragswerk verweisenden Bezugnahmeklausel regelmäßig darin, dass das Arbeitsverhältnis den in Bezug genommenen Tarifverträgen in der jeweils gültigen Fassung einschließlich etwaiger Ergänzungen unterstellt wird, soweit und solange der Arbeitgeber daran gebunden ist (BAG 30. 8. 2000, AP Nr 12 zu § 1 TVG Bezugnahme ab Tarifvertrag; BAG 29. 8. 2001, AP Nr 17 zu § 1 TVG Bezugnahme auf Tarifvertrag). Allerdings sei die Auslegung einer auf bestimmte Tarifverträge verweisenden Bezugnahmeklausel dahingehend, dass anstelle der darin bezeichneten Tarifverträge die nach einem Tarifwechsel einschlägigen anderen Tarifverträge anzuwenden seien, nur möglich, wenn die Bezugnahmeklausel nicht nur als Gleichstellungsabrede zu verstehen sei, sondern überdies „bei Abschluss des Arbeitsvertrages besondere Umstände vorliegen, aus denen zu schließen ist, dass die Parteien des Arbeitsvertrages den Arbeitsvertrag anderen – nicht benannten – Tarifverträgen unterstellen wollen, falls der Arbeitgeber in den Geltungsbereich anderer Tarifverträge wechselt" (BAG 25. 10. 2000, AP Nr 13 zu § 1 TVG Bezugnahme auf Tarifvertrag). Keine vom Wortlaut der Bezugnahmeklausel im vorstehenden Sinne abstrahierende Auslegung als Gleichstellungsklausel, sondern eine wortlautentsprechende Interpretation sei hingegen grundsätzlich erforderlich, wenn der Arbeitgeber bei Vereinbarung der Bezugnahmeklausel an die in Bezug genommenen Tarifbedingungen nicht selbst (als Mitglied einer zuständigen Tarifvertragspartei) unmittelbar tarifgebunden gewesen sei. Allerdings liege abweichend von diesem Grundsatz eine Gleichstellungsabrede bei einem „tarifgebietsübergreifenden Unternehmen" auch dann vor, wenn im Anstellungsvertrag generell auf die sachlich einschlägigen Tarifverträge eines bestimmten Tarifgebiets verwiesen werde; dadurch sollten auch die Arbeitnehmer anderer Tarifgebiete den in dem betreffenden Tarifgebiet beschäftigten tarifgebundenen Arbeitnehmern gleichgestellt, nicht aber die Geltung der tariflichen Bestimmungen unabhängig von der Tarifbindung des Arbeitgebers im Arbeitsvertrag festgeschrieben werden (BAG 21. 8. 2002, AP Nr 21 zu § 157 BGB; BAG 25. 9. 2002, AP Nr 26 zu § 1 TVG Bezugnahme auf Tarifvertrag). Im Ergebnis gelangt das BAG für „Altfälle" mithin zu einer unterschiedlichen Auslegung wortlautidentischer Bezugnahmeklauseln je nachdem, ob der Arbeitgeber bei ihrer Vereinbarung durch Mitgliedschaft in einer tarifschließenden Tarifvertragspartei unmittelbar tarifgebunden war oder nicht. Dabei soll es nach Ansicht des BAG sogar unerheblich sein, ob der Arbeitnehmer von der (fehlenden) Tarifgebundenheit des Arbeitgebers Kenntnis hat oder nicht (BAG 26. 9. 2001, AP Nr 21 zu § 1 TVG Bezugnahme auf Tarifvertrag).

bb) Maßgebliche Rechtslage für ab dem 1. 1. 2002 vereinbarte Bezugnahmeklauseln

Für ab dem 1. 1. 2002 vereinbarte arbeitsvertragliche Bezugnahmen auf Tarifverträge unterscheidet das BAG grundsätzlich nicht mehr nach der Tarifgebundenheit des Arbeitgebers. Vielmehr hält sich das BAG nunmehr grundsätzlich an den Wortlaut der jeweiligen Bezugnahmeklausel. Nur wenn von den Parteien „weitere Tatsachen vorgetragen werden oder sonst ersichtlich sind, die Zweifel an der wortgetreuen Auslegung der Vertragsklausel begründen können, weil sie für beide Seiten erkennbar den Inhalt der jeweils abgegebenen Willenserklärungen in einer sich im Wortlaut nicht niederschlagenden Weise beeinflusst haben, besteht Anlass, die Wortauslegung in Frage zu stellen. Die möglichen Motive der Vertragsparteien können dabei für sich genommen keinen entscheidenden Einfluss auf die Auslegung der Verweisungsklausel haben" (BAG 18. 4. 2007, AP Nr 53 zu § 1 TVG Bezugnahme auf Tarifvertrag; siehe ferner BAG 24. 2. 2010, NZA -RR 2010, 530; BAG 16. 5. 2012, AP Nr 111 zu § 1 TVG Bezugnahme auf Tarifvertrag). 255

d) Altvertrag oder Neuvertrag?

Angesichts der Rechtsprechung des BAG ist für die Praxis von herausragender Bedeutung, ob arbeitsvertragliche Bezugnahmen vor oder ab dem 1. 1. 2002 abgeschlossen worden sind. Schwierigkeiten bereitet mitunter die Beantwortung der Frage, ob im Falle einer Änderung des Arbeitsvertrags ab dem 1. 1. 2002 auch eine im Vertrag enthaltene arbeitsvertragliche Bezugnahmeklausel fortan nach den für Neuverträge geltenden Grundsätzen der Rechtsprechung des BAG zu behandeln ist. Nach Ansicht des BAG sei dies nur dann der Fall, wenn die Vertragsklausel „zum Gegenstand der rechtsgeschäftlichen Willensbildung der Vertragsparteien gemacht worden ist" (BAG 18. 11. 2009, AP Nr 70 zu § 1 TVG Bezugnahme auf Tarifvertrag; vgl zuletzt auch BAG 24. 2. 2016, NZA 2016, 557; BAG 7. 12. 2016, NZA 2017, 597). Allerdings ist hinsichtlich des zeitlichen Aspekts auch dann, wenn sich im Wortlaut der Bezugnahmeklausel kein ausdrücklicher Anhaltspunkt findet, grundsätzlich nicht von einer statischen, sondern von einer dynamischen Verweisung auszugehen. 256

IV. System der Haftung für Verbindlichkeiten aus der Zeit vor Betriebsübergang

1. Haftung des neuen Betriebsinhabers

Der neue Betriebsinhaber tritt von Gesetzes wegen in die Rechte und Pflichten aus den Arbeitsverhältnissen mit dem bisherigen Betriebsinhaber ein (Abs 1 S 1). Das gilt für die gesamte Rechts- und Pflichtenstellung des bisherigen Arbeitgebers, also auch für Ansprüche der Arbeitnehmer, die vor dem Übergang des Arbeitsverhältnisses entstanden und fällig geworden sind (ebenso BAG 18. 8. 1976, AP Nr 4 zu § 613a BGB; BAG 24. 3. 1977, AP Nr 6 zu § 613a BGB; BAG 22. 6. 1978, AP Nr 12 zu § 613a BGB; Seiter, Betriebsinhaberwechsel 34 f). Abs 1 S 1 enthält keine Einschränkung, dass der neue Betriebsinhaber nur für die Zukunft in die Rechtsposition des Arbeitgebers eintritt. Aus Abs 2 S 1 ergibt sich eindeutig, dass das Fehlen einer Einschränkung nicht auf einem Versehen beruht, denn dort ist ausdrücklich bestimmt, dass der bisherige Arbeitgeber „neben dem neuen Inhaber" haftet, dieser also auch für die Verbindlichkeiten einzustehen hat, die vor Betriebsübergang entstanden und fällig geworden sind. Der Betriebsinhaberwechsel führt also nicht zur Beendigung des Arbeitsver- 257 hältnisses mit anschließender Neubegründung (ebenso BAG 22. 6. 1978, AP Nr 12 zu § 613a BGB).

258 Der neue Betriebsinhaber haftet nicht nur für rückständigen Lohn (BAG 18. 8. 1976, AP Nr 4 zu § 613a BGB), sondern er tritt auch in die Versorgungsanwartschaften der übernommenen Belegschaft ein (vgl Rn 171 ff). Voraussetzung ist aber, dass das Arbeitsverhältnis im Zeitpunkt des Betriebsübergangs noch bestand; war es bereits beendet, findet Abs 1 S 1 keine Anwendung (ebenso BAG 24. 3. 1977, AP Nr 6 zu § 613a BGB; vgl auch Rn 140 f). Der Wortlaut des Abs 1 S 1 ist insoweit eindeutig, aber auch eine analoge Anwendung kommt nicht in Betracht; denn die Bestimmung dient der Erhaltung von Arbeitsplätzen und sichert nur zu diesem Zweck, dass der neue Betriebsinhaber an die Stelle des bisherigen Arbeitgebers tritt. Ist der Arbeitnehmer dagegen bereits ausgeschieden, besteht kein Anlass, dass er für seine Ansprüche einen neuen Schuldner erhält (ebenso BAG 24. 3. 1987, AP Nr 1 zu § 26 HGB). In Betracht kommt deshalb nur ein gesetzlicher Schuldbeitritt nach § 25 HGB (vgl BAG 24. 3. 1977, AP Nr 6 zu § 613a BGB; BAG 24. 3. 1987, AP Nr 1 zu § 26 HGB).

259 **Der neue Betriebsinhaber haftet** für die vor Betriebsübergang entstandenen Verpflichtungen nicht nur subsidiär, sondern **primär**; er kann neben dem bisherigen Arbeitgeber unbeschränkt in Anspruch genommen werden. Eine teleologische Reduktion seiner Haftung ist nur insoweit geboten, als ein Betrieb oder Betriebsteil im Rahmen eines Insolvenzverfahrens veräußert wird (vgl Rn 356 ff). Außerdem ist möglich, dass der neue Betriebsinhaber mit dem Arbeitnehmer einen Erlass rückständiger Forderungen vereinbart; hierfür müssen nach der Rechtsprechung aber sachliche Gründe vorliegen, weil sonst der Schutzzweck des § 613a BGB vereitelt werde (vgl BAG 18. 8. 1976, AP Nr 4 zu § 613a BGB; vgl näher Rn 160). Ein genereller Verzicht des Arbeitnehmers auf die Haftung des Erwerbers im Vorfeld eines Betriebsübergangs ist jedenfalls dann unzulässig, wenn dieser noch nicht konkret bestimmt ist (ebenso BGB-RGRK/Ascheid § 613a Rn 245; Erman/Edenfeld § 613a Rn 102).

2. Haftung des bisherigen Arbeitgebers

260 Der bisherige Arbeitgeber haftet neben dem neuen Betriebsinhaber für die Verpflichtungen aus dem Arbeitsverhältnis, soweit sie vor dem Zeitpunkt des Übergangs entstanden sind und vor Ablauf von einem Jahr nach diesem Zeitpunkt fällig werden (Abs 2 S 1). Der Arbeitgeberwechsel soll nicht zur Folge haben, dass der bisherige Arbeitgeber von seinen Verbindlichkeiten gegenüber den Arbeitnehmern befreit wird. Auf Empfehlung des Bundesrats wurde die Haftungsbegrenzung des Abs 2 S 2 eingefügt (vgl BT-Drucks 6/1786, 67, BT-Drucks 6/2729, 35). Werden Verpflichtungen **erst nach dem Zeitpunkt des Übergangs fällig**, so haftet der bisherige Arbeitgeber für sie nur in dem Umfang, der dem im Zeitpunkt des Übergangs abgelaufenen Teil ihres Bemessungszeitraums entspricht. Der bisherige Arbeitgeber soll grundsätzlich nicht für die Vergütung von Leistungen der Arbeitnehmer haften, die erst nach Übergang des Betriebes erbracht worden sind (so die Begründung des BT-Ausschusses für Arbeit und Sozialordnung, BT-Drucks 6/2729, 35).

261 Nach dem Gesetzeswortlaut bezieht sich die Mithaftung des bisherigen Arbeitgebers auf alle Verpflichtungen, die „vor dem Zeitpunkt des Übergangs entstanden sind und vor Ablauf von einem Jahr nach diesem Zeitpunkt fällig werden". Obwohl nicht

ausdrücklich bestimmt, erfasst sie auch die Verbindlichkeiten, die vor Betriebsübergang bereits fällig waren (ebenso SOERGEL/RAAB § 613a Rn 164; SEITER, Betriebsinhaberwechsel 102; BECKER-SCHAFFNER BlStSozArbR 1975, 305 [308]). Die Haftung des früheren Arbeitgebers entfällt demnach für alle Verpflichtungen, die nach Betriebsübergang entstanden und fällig geworden sind, und darüber hinaus für alle Verbindlichkeiten, die zwar vor Betriebsübergang entstanden sind, aber später als ein Jahr nach Betriebsübergang fällig werden. Dies gilt grundsätzlich auch in Fällen der Betriebsaufspaltung im steuerrechtlichen Sinn (vgl dazu näher vSTEINAU-STEINRÜCK, Betriebsaufspaltung 48 ff mit Darstellung des Meinungsstandes).

Für Ansprüche, **die bei Betriebsübergang bereits fällig waren**, haftet der bisherige Arbeitgeber seinen Arbeitnehmern in voller Höhe. Für Ansprüche, die zwar vor Betriebsübergang entstanden, aber im Laufe eines Jahres nach dem Betriebsübergang fällig werden, haftet er dagegen „nur in dem Umfang, der dem im Zeitpunkt des Übergangs abgelaufenen Teil ihres Bemessungszeitraums entspricht" (Abs 2 S 2). Derartige Ansprüche muss der bisherige Inhaber also nur erfüllen, soweit der „Bemessungszeitraum" vor dem Betriebsübergang liegt (vgl BAG 22. 6. 1978, AP Nr 12 zu § 613a BGB). Wird ein 13. Monatsgehalt gewährt, so haftet der frühere Arbeitgeber nur in Höhe des halben 13. Monatsgehalts, wenn der Betrieb in der Jahresmitte auf einen neuen Inhaber übergeht (vgl zur Frage der Urlaubsabgeltung BGH 4. 7. 1985, AP Nr 50 zu § 613a BGB). Sind gegenüber dem früheren Arbeitgeber **Ausschlussfristen** einzuhalten, die mit der Beendigung des Arbeitsverhältnisses anlaufen, so beginnt die Frist im Zeitpunkt des Betriebsübergangs, da in diesem Augenblick die Arbeitsvertragsbeziehung mit dem Veräußerer beendet wird (BAG 10. 8. 1994, AP Nr 126 zu § 4 TVG Ausschlussfristen; zu Unrecht kritisch gegenüber dieser Entscheidung HWK/WILLEMSEN/MÜLLER-BONANNI § 613a Rn 298; vgl auch Rn 170). 262

3. Gesamtschuldverhältnis zwischen dem bisherigen und dem neuen Arbeitgeber

Soweit die Haftung des bisherigen Arbeitgebers reicht, haftet er neben dem neuen Betriebsinhaber als Gesamtschuldner (Abs 2 S 1): Die §§ 421–426 BGB finden daher Anwendung. Der Arbeitnehmer kann die Leistung nach seinem Belieben von jedem, also dem bisherigen oder dem neuen Arbeitgeber, verlangen. 263

Wer im **Innenverhältnis** zwischen dem bisherigen und dem neuen Arbeitgeber die Schuld zu tragen hat, beurteilt sich in erster Linie nach den zwischen ihnen abgeschlossenen Verträgen, die die Grundlage für den Übergang des Betriebs oder Betriebsteils bilden. Fehlt eine Bestimmung, so gilt zwar nach § 426 Abs 1 S 1 BGB, dass die Gesamtschuldner im Verhältnis zueinander zu gleichen Anteilen verpflichtet sind; im Regelfall ist aber durch Vertragsauslegung zu ermitteln, wer die Schuld zu tragen hat. Handelt es sich um rückständigen Lohn, so ist davon auszugehen, dass ihn im Verhältnis zum neuen Betriebsinhaber der bisherige Arbeitgeber trägt. Handelt es sich um Verpflichtungen, die nach dem Betriebsübergang fällig werden, so kann man davon ausgehen, dass Abs 2 S 2 auch für das Verhältnis der Gesamtschuldner zueinander die richtige Abgrenzung trifft. Hat der neue Betriebsinhaber die Leistung erbracht, so kann er gegen den bisherigen Arbeitgeber Rückgriff nehmen, soweit dieser dem Arbeitnehmer haftet (vgl BGH 4. 7. 1985, AP Nr 50 zu § 613a BGB; BGH 25. 3. 1999, NZA 1999, 817; dagegen OLG Frankfurt 264

17. 2. 1983, MDR 1983, 666; Leinemann/Lipke DB 1988, 1217 [1221 f]; vgl auch zu Urlaubsansprüchen Rn 189).

265 Soweit gem § 613a BGB Verpflichtungen aus der Zeit vor dem Betriebs(teil)übergang auf den neuen Inhaber übergeleitet werden, für die der bisherige Inhaber nicht als Gesamtschuldner nach Abs 2 einzustehen hat, ist besondere Vorsicht geboten. Eine weitergehende Haftung des früheren Inhabers gegenüber den Arbeitnehmern und dem neuen Inhaber, als in Abs 2 vorgesehen, kommt bei Fehlen entsprechender vertraglicher Regelungen grundsätzlich nicht in Betracht. Demgemäß kann der neue Inhaber beispielsweise jenseits des engen Anwendungsbereichs von Abs 2 vom bisherigen Inhaber keinen wirtschaftlichen Ausgleich für die Belastung mit vor dem Betriebs(teil)übergang begründeten Versorgungsverbindlichkeiten verlangen, sofern keine entsprechende vertragliche Regelung besteht. Insbesondere kommt ein Konditionsanspruch mangels rechtsgrundloser Bereicherung des bisherigen Inhabers nicht in Betracht (BGH 19. 3. 2009, AP Nr 356 zu § 613a BGB; dazu Fliss NJW 2010, 485).

D. Unterrichtung der Arbeitnehmer

I. Normhintergrund

266 Abs 5 wurde durch Art 4 des Gesetzes zur Änderung des Seemannsgesetzes und anderer Gesetze vom 23. 3. 2002 (BGBl I 1163) mit Wirkung zum 1. 4. 2004 an § 613a BGB angefügt. Eine Übergangsregelung wurde nicht vorgesehen, so dass die Bestimmung für alle Betriebs(teil)übergänge ab dem 1. 4. 2002 gilt. Ausweislich der Begründung des Regierungsentwurfs dient Abs 5 der Umsetzung europarechtlicher Vorgaben, namentlich der in Art 7 Abs 6 RL 2001/23/EG vom 12. 3. 2001 vorgesehenen Informationspflicht.

267 Deutschland hat sich im Hinblick auf die Unterrichtungspflicht prinzipiell nicht für das „Grundmodell" der Art 7 Abs 1 und 2 RL 2001/23/EG entschieden, wonach die Arbeitnehmervertreter sowohl des Veräußerers als auch des Erwerbers bei jedem Betriebsübergang zu informieren sind. Vielmehr macht Deutschland von dem in Art 7 Abs 3 RL 2001/23/EG geregelten **„Ausnahmemodell"** Gebrauch, wonach die Mitgliedstaaten die Unterrichtungsverpflichtung gegenüber der Arbeitnehmervertretung auf solche Fälle beschränken können, in denen mit dem Betriebs(teil)übergang eine Betriebsänderung einhergeht, die wesentliche Nachteile für einen erheblichen Teil der Arbeitnehmer zur Folge haben kann. Zusätzlich verlangt die Richtlinie für das Ausnahmemodell, dass die Vertreter der Arbeitnehmer im Zusammenhang mit solchen Betriebsänderungen eine Schiedsstelle anrufen können, um eine Entscheidung über hinsichtlich der Arbeitnehmer zu treffende Maßnahmen zu erhalten. Art 7 Abs 5 RL 2001/23/EG ermöglicht den Mitgliedstaaten, die Verpflichtung nach Art 7 Abs 3 RL 2001/23/EG auf solche Unternehmen oder Betriebe zu beschränken, die hinsichtlich der Zahl der beschäftigten Arbeitnehmer die Voraussetzungen für die Wahl oder Bestellung eines Kollegiums als Arbeitnehmervertretung erfüllen.

268 Die deutsche Ausgestaltung der **Betriebsratsbeteiligung** in Fällen einer mit einem Betriebs(teil)übergang verbundenen Betriebsänderung genügt im Wesentlichen den

von der Richtlinie an das Ausnahmemodell gestellten Anforderungen, weil dafür nicht erforderlich ist, dass schon der Interessenausgleich erzwingbar ist (so aber GAUL, Unternehmensspaltung § 28 Rn 106; GRAU, Widerspruchsrecht 59 ff), sondern die Erzwingbarkeit des Sozialplans genügt (wie hier OETKER NZA 1998, 1193 [1197]). Entgegen GRAU (Widerspruchsrecht 61 ff) lässt der Wortlaut der Richtlinie durchaus eine Unterscheidung zwischen den vom Arbeitgeber „in Aussicht genommenen Maßnahmen" (die Gegenstand des Interessenausgleichsverfahrens sind) und den von der Arbeitnehmervertretung erzwingbaren, „hinsichtlich der Arbeitnehmer zu treffende(n) Maßnahmen" (die Gegenstand des Sozialplans sind) zu. Ein **Umsetzungsdefizit** ist aber insoweit zu konstatieren, als das Sozialplanprivileg nach § 112a Abs 2 BetrVG eine Erzwingung des Sozialplans durch die Einigungsstelle verhindert (OETKER NZA 1998, 1193 [1198 f]) und der Begriff der Betriebsänderung in § 111 BetrVG wegen dessen enumerativen Charakters enger als der Begriff der Betriebsänderung nach Art 7 Abs 3 RL 2001/23/EG ist (OETKER NZA 1998, 1193 [1197]; zu unkritisch insoweit noch WILLEMSEN/ANNUSS NJW 1999, 2073 [2079]).

Unauflösbare Wertungswidersprüche schuf der europäische Normgeber mit der Einführung des heutigen Art 7 Abs 6 RL 2001/23/EG durch die Richtlinie 98/50/EG vom 29. 6. 1998 (ABlEG Nr L 201/88; dazu WILLEMSEN/ANNUSS NJW 1999, 2073 [2080]). Nach dieser Bestimmung müssen die Mitgliedstaaten vorsehen, „daß die betreffenden Arbeitnehmer für den Fall, daß es unabhängig von ihrem Willen in einem Unternehmen oder in einem Betrieb keine Vertreter der Arbeitnehmer gibt, vorher zu informieren sind über den Zeitpunkt bzw den geplanten Zeitpunkt des Übergangs, den Grund für den Übergang, die rechtlichen, wirtschaftlichen und sozialen Folgen des Übergangs für die Arbeitnehmer [sowie] die hinsichtlich der Arbeitnehmer in Aussicht genommenen Maßnahmen". Der deutsche Gesetzgeber hat dies zum Anlass genommen, eine generelle Informationspflicht der an einem Betriebs(teil)übergang beteiligten Arbeitgeber gegenüber jedem vom Übergang betroffenen (vgl dazu allerdings Rn 270) Arbeitnehmer vorzusehen. Die vorstehend dargelegten Umsetzungsdefizite im Hinblick auf die Unterrichtung der Arbeitnehmervertretungen werden dadurch allerdings nicht beseitigt, weil die Richtlinie keine allgemeine Ersetzung der Unterrichtung der Arbeitnehmervertretungen durch eine unmittelbare Information der Arbeitnehmer zulässt. Darüber hinaus genügt die deutsche Regelung auch den Anforderungen des Art 7 Abs 6 RL 2001/23/EG nicht vollständig. Denn diese Bestimmung verlangt nicht nur wie § 613a Abs 5 BGB eine Information der übergehenden, sondern aller sowohl beim bisherigen als auch beim neuen Inhaber vom Betriebs(teil)übergang betroffenen Arbeitnehmer (FRANZEN RdA 2002, 258 [261]; GRAU, Widerspruchsrecht 36; WILLEMSEN/ANNUSS NJW 1999, 2073 [2079 f]; anders wohl – allerdings ohne Begründung – BAG 23. 7. 2009, AP Nr 11 zu § 613a BGB Unterrichtung). 269

II. Adressaten der Unterrichtung

Nach Abs 5 sind die von „einem Übergang betroffenen Arbeitnehmer" zu unterrichten, wozu angesichts der Gegenüberstellung von bisherigem Arbeitgeber und neuem Inhaber im Satzeingang nur diejenigen Arbeitnehmer zählen, deren Arbeitsverhältnisse in dem übergehenden Betrieb oder Betriebsteil bestehen und daher gem Abs 1 S 1 auf den neuen Inhaber übergehen, sofern der betreffende Arbeitnehmer nicht widerspricht (FRANZEN RdA 2002, 258 [261]; ErfK/PREIS § 613a Rn 90; WILLEMSEN/LEMBKE NJW 2002, 1159 [1161]; weitere Nachweise bei GRAU Widerspruchsrecht 42). Die Un- 270 terrichtungspflicht ist eine **Individualverpflichtung gegenüber den betroffenen Arbeitnehmern**; sie besteht unabhängig von der Betriebs- bzw Unternehmensgröße und unabhängig von der Existenz einer betrieblichen Interessenvertretung, weshalb sie auch nicht durch eine Information des Betriebsrats ersetzt werden kann (Gaul, Unternehmensspaltung § 11 Rn 12; Willemsen/Lembke NJW 2002, 1159 [1161]).

III. Informationsverpflichtete

271 Abs 5 sagt lediglich, dass der „bisherige Arbeitgeber oder der neue Inhaber" mit der Unterrichtungspflicht belastet wird, ohne nähere Aussagen über das Verhältnis der Informationsverpflichteten zueinander zu machen. Die Pflicht zur Unterrichtung trifft den bisherigen und den neuen Inhaber gleichermaßen, so dass sie insoweit **Gesamtschuldner** iSd § 421 BGB und gegenüber den berechtigten Arbeitnehmern jeweils zur vollständigen Erfüllung verpflichtet sind (siehe nur BAG 27. 11. 2008, AP Nr 363 zu § 613a BGB; BAG 9. 12. 2010, AP Nr 394 zu § 613a BGB; Franzen RdA 2002, 258 [264]; Grau, Widerspruchsrecht 88 ff mwNw; Hauck NZA 2004, Sonderbeil Heft 18, 17 [23]; KR/Treber § 613a Rn 67; Rupp NZA 2007, 301; APS/Steffan § 613a Rn 203; HWK/Willemsen/Müller-Bonanni § 613a Rn 318; **aA** Worzalla NZA 2002, 353 [354], wonach bisheriger und neuer Inhaber darüber entscheiden dürfen, wer die Unterrichtung zu leisten hat; im Ergebnis ähnlich Warmbein DZWIR 2003, 11 [14]; siehe zu den aus mangelnder Kooperationsbereitschaft der beteiligten Arbeitgeber resultierenden Schwierigkeiten Mückl RdA 2008, 343). Kann ein Verpflichteter die Unterrichtung mangels ausreichender eigener Tatsachenkenntnis nicht vornehmen, dürfte die Verpflichtung im Umfang der subjektiven **Unmöglichkeit gem § 275 Abs 1 BGB** entfallen (anders Grau, Widerspruchsrecht 106 ff; Meyer BB 2003, 1010, 1012; KR/Treber § 613a Rn 67; zur Zulässigkeit des Unvermögenseinwandes näher Mückl RdA 2008, 343 [344 ff]). Etwas anderes wird man angesichts der Notwendigkeit einer richtlinienkonformen Interpretation des Abs 5 allerdings annehmen müssen, sofern zwar nicht der bisherige oder der neue Inhaber, wohl aber ein herrschendes Unternehmen entsprechende Kenntnisse hat. Nach Art 7 Abs 4 Satz 2 RL 2001/23/EG darf nämlich der Einwand, dass die Information dem Verpflichteten von einem beherrschenden Unternehmen vorenthalten worden sei, keine Berücksichtigung finden (vgl dazu BAG 30. 3. 2004, AP Nr 3 zu § 5 EBRG; BAG 29. 6. 2004, AP Nr 6 zu § 5 EBRG; EuGH 29. 3. 2001 – *bofrost,* AP Nr 2 zu EWG-Richtlinie Nr 94/45; EuGH 13. 1. 2004 – *Kühne & Nagel,* AP Nr 3 zu EWG-Richtlinie Nr 94/45; EuGH 15. 7. 2004 – *ADS Anker,* AP Nr 5 zu § 5 EBRG; vgl Gaul, Das Arbeitsrecht der Betriebs- und Unternehmensspaltung § 11 Rn 20). Der Einwand der Geheimhaltungsbedürftigkeit greift gegenüber den nach Abs 5 erforderlichen Informationen nicht durch, da die Norm die Abwägung zwischen Geheimhaltungsinteresse der beteiligten Unternehmen und dem Informationsinteresse der Arbeitnehmer selbst zugunsten des Letzteren entschieden hat (im Ergebnis wie hier Grau, Widerspruchsrecht 113; **aA** Bauer/vSteinau-Steinrück ZIP 2002, 457 [461 f]; Franzen RdA 2002, 258 [265]; Hauck NZA 2004 Sonderbeil Heft 18, 17 [24]; Hohner, Übergang 83 f).

272 Nicht erforderlich ist, dass sowohl der bisherige als auch der neue Inhaber ihrer jeweiligen Informationspflicht im vollen Umfang gesondert nachkommen, sondern es genügt, wenn sich eine **ordnungsgemäße Information erst aus der Gesamtschau** der von dem bisherigen und dem neuen Inhaber gewährten Informationen ergibt (Bauer/vSteinau-Steinrück ZIP 2002, 457 [463]; Grau, Widerspruchsrecht 219; ErfK/Preis § 613a Rn 90; Rupp NZA 2007, 301). Sind die dem Arbeitnehmer gegebenen Informationen in einem für Abs 5 relevanten Punkt **widersprüchlich**, so ist zu unterscheiden: Erfolgt zunächst

eine ordnungsgemäße Unterrichtung und wird sie erst durch nachfolgende Ergänzungen widersprüchlich, so ist die Unterrichtungspflicht gleichwohl ordnungsgemäß erfüllt. Eine nachträglich entstandene Widersprüchlichkeit oder Unklarheit kann aber zu einem Schadensersatzanspruch des Arbeitnehmers gem § 280 Abs 1 BGB führen (zutreffend Rupp NZA 2007, 301 [302 f]; **aA** Staudinger/Annuss [2005] Rn 152). Gehen indes eine richtige sowie eine unzutreffende Unterrichtung gleichzeitig zu oder erfolgt die richtige Unterrichtung nach einer vorangegangenen falschen Unterrichtung und ist für den Empfänger nicht zweifelsfrei erkennbar, welche Unterrichtung zutreffend ist, so ist die Unterrichtungspflicht nach Abs 5 nicht erfüllt (Rupp NZA 2007, 301 [302]).

IV. Form und Zeitpunkt der Unterrichtung

Die Unterrichtung hat nach Abs 5 in Textform zu erfolgen. Zwar handelt es sich bei 273 der Unterrichtung nicht um eine Willens-, sondern um eine **Wissenserklärung** (ebenso BAG 10. 11. 2011, AP Nr 15 zu § 613a BGB Unterrichtung), doch ist § 126b BGB hier entsprechend anwendbar. Die Erklärung muss daher in **Textform** nicht nur abgegeben werden, sondern auch zugehen (Grau, Widerspruchsrecht 201), weshalb der bloße Aushang im Betrieb nicht genügt (ebenso Grau, Widerspruchsrecht 201; **aA** Huke FA 2002, 263 [265]; Wulff AiB 2002, 594). Erforderlich ist, dass die Erklärung in einer Urkunde niedergelegt ist oder in einer Weise vorliegt, dass sie dauerhaft durch Schriftzeichen wiedergegeben werden kann (Palandt/Ellenberger § 126b Rn 3). Daher reicht auch die Übermittlung einer Kopie bzw eines Telefaxes oder einer E-Mail aus, nicht hingegen eine Voicemail. Eine Unterschrift ist nicht erforderlich, doch müssen die Personen des Erklärenden und der Abschluss des Dokuments – etwa durch Grußformel, Datum oder Unterschriftsfaksimile – erkennbar sein (Palandt/Ellenberger § 126b Rn 4 f). Die Rechtsprechung hat bislang nicht abschließend zu der Frage Stellung genommen, ob die Unterrichtung für Mitarbeiter, die keine ausreichenden Deutschkenntnisse haben, übersetzt werden muss (dazu Langner DB 2008, 2082). Richtig dürfte es sein, dass eine Übersetzung jedenfalls dann nicht erforderlich ist (so generell HWK/Willemsen/Müller-Bonanni § 613a Rn 321 unter Verweis auf die Gesetzessystematik und § 2 Abs 5 WOBetrVG), wenn die Vertragssprache deutsch ist.

Das Gesetz sagt in Abs 5 nur, dass die Information vor dem Betriebs(teil)übergang 274 zu erfolgen hat, ohne weitergehende Vorgaben hinsichtlich des **Zeitpunktes** zu machen. Die Information kann daher unter Umständen auch weit vor dem Übergang erfolgen. Eine Grenze ergibt sich aber daraus, dass die Unterrichtung frühestens in Betracht kommt, sobald die nach Abs 5 erforderlichen Angaben möglich sind. Ist dies der Fall, so ist eine frühzeitige Unterrichtung auch dann nicht treuwidrig, wenn nicht ausgeschlossen werden kann, dass sich die mit dem Übergang verbundenen Folgen für die Arbeitnehmer oder die insoweit in Aussicht genommenen Maßnahmen vor dem Übergang ändern, allerdings noch keine konkreten Planungen bestehen (tendenziell anders HWK/Willemsen/Müller-Bonanni § 613a Rn 322). Wird die Unterrichtungspflicht nicht vor dem Übergang erfüllt, so besteht sie darüber hinaus fort, so dass die Widerspruchsfrist im Falle einer späteren Unterrichtung erst mit dieser zu laufen beginnt (BAG 21. 8. 2008, AP Nr 348 zu § 613a BGB; Gaul/Niklas DB 2009, 452 [457]; Grau, Widerspruchsrecht 229 f mit zahlreichen wN; ErfK/Preis § 613a Rn 93; Willemsen/Lembke NJW 2002, 1159 [1163 f]; vgl auch Begr RegE, BT-Drucks 14/7760, S 20; **aA** Bauer/vSteinau-Steinrück ZIP 2002, 457 [459], nach deren Auffassung die Widerspruchsfrist nur zu laufen beginnt, wenn die Unterrichtung vor dem Übergang erfolgt).

275 Maßgeblich für die Beurteilung der Richtigkeit der Unterrichtung ist der Zeitpunkt ihrer Vornahme. Demgemäß richtet sich der Inhalt der Unterrichtung nach den Verhältnissen und dem Kenntnisstand von Veräußerer und Erwerber bei Unterrichtung (BAG 13. 7. 2006, AP Nr 312 zu § 613a BGB; BAG 14. 12. 2006, AP Nr 318 zu § 613a BGB; BAG 23. 7. 2009, AP Nr 11 zu § 613a BGB Unterrichtung). Auch bei einer Änderung der Verhältnisse nach Unterrichtung sei grundsätzlich keine Neu- oder Nachunterrichtung erforderlich. Etwas anderes könnte sich nach Ansicht des BAG „allenfalls dann ergeben, wenn es sich nicht mehr um denselben Betriebsübergang handelt, beispielsweise weil der Betrieb auf einen anderen Erwerber übergeht" (BAG 13. 7. 2006, AP Nr 312 zu § 613a BGB; Reinhard NZA 2009, 63 [68 f]; weitergehend Göpfert/Giese NZA 2017, 966 [969], deren Überlegungen jedoch allenfalls eine Nachunterrichtungspflicht bei Veränderung der tatsächlichen Verhältnisse während noch laufender Widerspruchsfrist begründen können; vgl auch Meyer NZA 2017, 960 [961 f]).

V. Inhalt der Unterrichtung

276 Die Umschreibung des Unterrichtungsinhalts in Abs 5 ist wortlautgleich mit der deutschen Fassung von Art 7 Abs 6 RL 2001/23/EG. Für die Auslegung ist wesentlich, dass der deutsche Gesetzgeber die Unterrichtung in untrennbaren Zusammenhang mit dem Widerspruchsrecht nach Abs 6 gestellt hat (vgl dazu auch Begr RegE, BT-Drucks 14/7760, 20, wo es heißt, dass „die Informationspflicht des Arbeitgebers gegenüber den Arbeitnehmern und das Widerspruchsrecht des Arbeitnehmers in wechselseitigem Bezug stehen"), so dass die Reichweite der Informationspflicht in erster Linie durch das Hilfskriterium der Wesentlichkeit für eine informierte Entscheidung über die Ausübung des Widerspruchsrechts bestimmt wird (zustimmend ErfK/Preis § 613a Rn 85, BAG 13. 7. 2006, AP Nr 312 zu § 613a BGB; BAG 14. 12. 2006, AP Nr 318 zu § 613a BGB; BAG 21. 2. 2008, AP Nr 348 zu § 613a BGB; BAG 26. 3. 2015, NZA 2015, 866; siehe zum Ganzen Naber, in: FS Willemsen 339 ff) und somit durchaus weiter sein kann als nach der Richtlinie (vgl zur Möglichkeit eines Vorabentscheidungsverfahrens bei überschießender Umsetzung im Hinblick auf das Erfordernis einer richtlinienkonformen Auslegung Franzen RdA 2002, 258 [265]). Deshalb ist gegenüber jener Auffassung Zurückhaltung geboten, die alleine aus der Wortlautidentität zwischen Abs 5 und Art 7 Abs 6 RL 2001/23/EG auf die Identität des Inhalts der Unterrichtungspflicht schließt (so etwa WHSS/Willemsen G 215; in diese Richtung allerdings auch Begr RegE, BT-Drucks 14/7760, 19).

277 Auch wenn verschiedene Arbeitnehmer oder Arbeitnehmergruppen durch den Betriebs(teil)übergang unterschiedlich betroffen werden, kann die Unterrichtung in einem einheitlichen Standardschreiben erfolgen. Notwendig ist allerdings, dass jeder Arbeitnehmer aufgrund der Unterrichtung die für ihn relevanten Besonderheiten erkennen kann (BAG 13. 7. 2006, AP Nr 312 zu § 613a BGB; BAG 14. 12. 2006, AP Nr 318 zu § 613a BGB; BAG 26. 3. 2015, NZA 2015, 866, 868). Nach Ansicht des BAG können die unterrichtungspflichtigen Arbeitgeber sich zur Begründung der Ordnungsmäßigkeit der Unterrichtung keinesfalls darauf berufen, die Arbeitnehmer hätten (später) die zutreffenden Tatsachen auf andere Weise erfahren, soweit es sich nicht um eine ergänzende Unterrichtung durch die beteiligten Arbeitgeber unter Wahrung der Textform handele (BAG 23. 7. 2009, AP Nr 11 zu § 613a BGB Unterrichtung). Auch soweit eine ergänzende Unterrichtung außerhalb des „eigentlichen" Unterrichtungsschreibens die Form des Abs 5 beachte, könne sie nach nicht überzeugender Ansicht des BAG nur dann eine ordnungsgemäße Unterrichtung begründen, wenn sie ausdrück-

lich als Vervollständigung der Unterrichtung bezeichnet werde, „damit die Arbeitnehmer vom nunmehrigen Beginn der Widerspruchsfrist Kenntnis erlangen" (BAG 23. 7. 2009, AP Nr 10 zu § 613a BGB Unterrichtung). Noch weitergehend verlangt Preis, dass die berichtigte Information einen (erneuten) Hinweis auf die Widerspruchsmöglichkeit enthalten müsse (ErfK/Preis § 613a Rn 92).

Die durch Abs 5 an eine ordnungsgemäße Unterrichtung gestellten Anforderungen 278
sind im Einzelnen wenig klar. Das BAG hat sich in zahlreichen Entscheidungen um eine Konkretisierung bemüht, ohne allerdings bislang für die Praxis eine verlässliche Leitlinie entwickeln zu können. Wesentlich ist zunächst, dass nach Ansicht des BAG die Unterrichtung hinsichtlich aller durch Abs 5 geforderten Unterrichtungsgegenstände vollständig und richtig sein muss. Dafür genüge es nicht, dass die Unterrichtung nur „im Kern richtig ist"; vielmehr dürfe sie keinerlei juristische Fehler enthalten (BAG 13. 7. 2006, AP Nr 312 zu § 613a BGB; BAG 14. 12. 2006, AP Nr 318 zu § 613a BGB; BAG 20. 3. 2008, NZA 2008, 1354 [1357]; BAG 23. 7. 2009, AP Nr 11 zu § 613a BGB Unterrichtung; BAG 26. 5. 2011, AP Nr 407 zu § 613a BGB; kritisch zu den Anforderungen etwa Gaul/Krause RdA 2013, 39, 41: „Kaum noch zu bewältigende Anforderung"; Schmitz-Scholemann NZA-Beil 3/2015, 107 [112]; Gussen FA 2017, 133 [135]: schädlich seien nur solche Fehler, „die das Arbeitsverhältnis des Arbeitnehmers betreffen"). Legt man diese vom BAG entwickelten Prinzipien zugrunde, kann ihre Geltung nicht auf juristische Angaben beschränkt bleiben, sondern sind sie in gleicher Weise für tatsächliche Angaben zu beachten. Eine gewisse Erleichterung gewährt das BAG lediglich insofern, als eine Unterrichtung gem Abs 5 über „komplexe Rechtsfragen" dann nicht fehlerhaft sei, „wenn der Arbeitgeber bei angemessener Prüfung der Rechtslage die ggf die Einholung von Rechtsrat über die höchstrichterliche Rechtsprechung beinhaltet, rechtlich vertretbare Positionen gegenüber dem Arbeitnehmer kundtut" (BAG 13. 7. 2006, AP Nr 312 zu § 613a BGB; BAG 10. 11. 2011, AP Nr 15 zu § 613a BGB Unterrichtung; BAG 26. 3. 2015, NZA 2015, 866; kritisch dazu Willemsen NJW 2007, 2065; siehe aus der sehr umfangreichen Literatur überdies Gaul/Niklas DB 2009, 452; Hohenstatt/Grau, NZA 2007, 13; Lembke/Oberwinter ZIP 2007, 310; Meyer NZA-Beil 2008, 173; Schiefer/Worzalla NJW 2009, 558). Der gebotene Inhalt der Unterrichtung richtet sich dabei nach dem Kenntnisstand von Veräußerer und Erwerber zum Zeitpunkt der Unterrichtung (BAG 10. 11. 2011, AP Nr 15 zu § 613a BGB Unterrichtung). Eine neuere Entscheidung des 2. Senats könnte dahin zu verstehen sein, dass umstrittene Rechtspositionen gegenüber dem Arbeitnehmer als solche offengelegt werden müssen (BAG 26. 3. 2015, NZA 2015, 866, 869: „fehlte ein Hinweis darauf, dass Ansprüche aus dem Tarifvertrag nach dem Betriebsübergang womöglich nicht mehr entstehen könnten"; im Ergebnis zustimmend – soweit es sich um entscheidungserhebliche rechtliche Risiken handelt – Annuss NZA 2017, 976 [978]; kritisch dazu Schmitz-Scholemann NZA-Beil 3/2015, 107, 113). Vielmehr genügt es, wenn im Unterrichtungsschreiben ohne Weiteres eine vertretbare Rechtsposition mitgeteilt wird. Irrelevant ist nach Ansicht des BAG, ob der Unterrichtungsfehler für die Nichtausübung des Widerspruchsrechts kausal sein kann (BAG 22. 1. 2009, AP Nr 4 zu § 613a BGB Unterrichtung; BAG 20. 3. 2008, NZA 2008, 1354). Selbst ein noch so abgelegener Unterrichtungsmangel, der auf die Entscheidung des Arbeitnehmers über die Ausübung seines Widerspruchsrechts nachweislich keinerlei Einfluss hat, hindert nach Ansicht des BAG also den Anlauf der Widerspruchsfrist gem Abs 6. Allerdings kann auch nach Ansicht des BAG **keine umfassende Rechtsberatung** des Arbeitnehmers durch die beteiligten Arbeitgeber verlangt werden. Wörtlich formuliert das BAG: „Die Unterrichtung nach § 613a Abs 5 BGB dient nicht dazu, den Arbeitnehmer über alle ihn möglicherweise

treffenden individuellen Folgen des Betriebsübergangs zu informieren. Sie soll ihn lediglich in die Lage versetzen, sich auf ihrer Grundlage ggf weiter zu informieren oder beraten zu lassen. Es obliegt dem Arbeitnehmer, die Aufgaben des Arbeitgebers – und sei es nach weiteren Erkundigungen – in sein persönliches Arbeitsverhältnis umzusetzen" (BAG 26. 3. 2015, NZA 2015, 866, 868; vgl auch bereits BAG 10. 11. 2011, AP Nr 15 zu § 613a BGB Unterrichtung; BAG 14. 11. 2013, AP Nr 449 zu § 613a BGB).

279 Obwohl in Abs 5 nicht ausdrücklich angesprochen, ist selbstverständlich in erster Linie über die **Person des neuen Inhabers** in einer Weise zu informieren, dass dessen rechtliche Identität vom Arbeitnehmer unzweifelhaft festgestellt werden kann. Es reicht daher nicht aus, wenn nur der Hinweis darauf erfolgt, dass der neue Inhaber „ein Unternehmen des XY-Konzerns" sei. Das BAG formuliert, dass eine ausreichende Information des Arbeitnehmers über die Identität des Betriebsübernehmers „die Angabe des Namens oder der Firma des Erwerbers nebst Anschrift erfordert" (BAG 13. 7. 2006, AP Nr 312 zu § 613a BGB; BAG 21. 2. 2008, AP Nr 348 zu § 613a BGB; BAG 18. 3. 2010, BB 2010, 2108). Indes dürfte die Angabe der Anschrift nicht erforderlich sein, wenn auch ohne sie kein Zweifel über den neuen Inhaber besteht. Eine Auswechslung des Übernehmers nach erfolgter Unterrichtung löst insgesamt eine neue Informationspflicht aus (ebenso Grau, Widerspruchsrecht 251 f). Die Unterrichtung über die Person des Betriebserwerbers ist unvollständig und unwirksam, wenn die entsprechende juristische Person mit den genannten Angaben im Handelsregister bei Aushändigung des Unterrichtungsschreibens noch nicht eingetragen ist (BAG 14. 11. 2013, AP Nr 449 zu § 613a BGB); dennoch ist eine ordnungsgemäße Unterrichtung in solchen Fällen möglich, wenn die sonstige Umschreibung des neuen Inhabers im Unterrichtungsschreiben seine eindeutige Identifizierung erlaubt (Grau/Schaut NZA 2018, 216 [217], dort auch zum Fall der beabsichtigten Umfirmierung des Erwerbers). Die bloße Angabe der Konzernzugehörigkeit genügt dafür nicht. Ferner ist über den Gegenstand des Übergangs zu informieren, so dass die übergehende wirtschaftliche Einheit zu umschreiben ist (BAG 13. 7. 2006, AP Nr 312 zu § 613a BGB). Nach Ansicht des BAG ist darüber hinaus die Nennung der gesetzlichen Vertreter des neuen Inhabers erforderlich oder, „sofern eine vollständige gesetzliche Vertretung nicht angegeben wird oder angegeben werden kann, die Nennung einer identifizierbaren natürlichen Person mit Personalkompetenz als Ansprechpartner des Betriebserwerbers dazu" (BAG 23. 7. 2009, AP Nr 10 zu § 613a BGB). Indes lässt sich die Notwendigkeit der Angabe des gesetzlichen oder eines sonstigen Vertreters des neuen Inhabers nicht sachlich begründen (anders offenbar ErfK/Preis § 613a Rn 88: „Der Erwerber muss mithin konkret identifizierbar sein"). Soweit die beteiligten Unternehmen in Konzernstrukturen eingebunden sind, ist darauf zu achten, dass Informationen in dem Unterrichtungsschreiben jeweils eindeutig auf bestimmte Unternehmen bezogen sind und nicht offenbleibt, welches von mehreren Unternehmen jeweils gemeint ist (BAG 23. 7. 2009, AP Nr 10 zu § 613a BGB Unterrichtung).

1. Zeitpunkt oder geplanter Zeitpunkt des Übergangs (Abs 5 Nr 1)

280 Zeitpunkt des Übergangs ist derjenige, in dem der neue Inhaber die rechtlich begründete tatsächliche Leitungsmacht über die wirtschaftliche Einheit erlangt (vgl Rn 73). Allerdings lässt Abs 5 Nr 1 auch die Angabe des geplanten Übergangszeitpunkts genügen. Dies ist insbesondere von Bedeutung, wenn der Übergang der Arbeitsverhältnisse im Wege einer Unternehmensumwandlung gem § 324 UmwG iVm § 613a BGB erfolgt und der Stichtag des Wirksamwerdens sowie die erst dann beabsichtigte tatsächliche Übernahme der Leitungsmacht durch den neuen Inhaber (vgl dazu oben Rn 67) im Hinblick auf das Eintragungserfordernis nicht sicher vorhergesagt werden können. In diesem Fall genügt es, das **geplante Datum der Eintragungsanmeldung** beim Registergericht mitzuteilen und darauf hinzuweisen, dass die Leitungsmacht erst mit dem Wirksamwerden der Umwandlung übergehen soll. Weitere Spekulationen darüber, innerhalb welcher Frist nach Antragstellung die Eintragung tatsächlich erfolgen wird, sind dann nicht erforderlich (ebenso GAUL, Unternehmensspaltung § 11 Rn 13; **aA** GRAU, Widerspruchsrecht 131; JAEGER ZIP 2004, 433 [439]). Gleichermaßen dürfte es genügen, dass nur ein **Zeitraum** mitgeteilt wird, innerhalb dessen die Eintragung und der Übergang der Leitungsmacht unter Zugrundelegung allgemeiner Erfahrungen voraussichtlich erfolgen werden (ebenso GAUL, Unternehmensspaltung § 11 Rn 13; **aA** GRAU, Widerspruchsrecht 131).

Aber auch wenn der Zeitpunkt des Übergangs aus anderen Gründen im Voraus nicht exakt festgelegt werden kann, etwa weil die Erfüllung von Vorbedingungen für den Übergang („Closing-Conditions“) in zeitlicher Hinsicht nicht feststeht, reicht die Angabe eines voraussichtlichen Datums des Übergangs oder eines gewissen Zeitraums, innerhalb dessen sich der Übergang vollziehen soll, aus. Zu eng dürfte es sein, vom Vorliegen einer ausreichenden Planung iSd Abs 5 Nr 1 nur zu sprechen, wenn sich der voraussichtliche Zeitpunkt des Übergangs auf einen Zeitraum von einem Monat eingrenzen lässt (in diese Richtung aber GRAU, Widerspruchsrecht 131 f). Der **Begriff der Planung** iSd Abs 5 Nr 1 ist vielmehr dahin zu verstehen, dass bei gewöhnlichem Lauf der Dinge zu einem bestimmten Zeitpunkt mit dem Übergang zu rechnen ist. Solange dieser gewöhnliche Lauf der Dinge nicht abgebrochen und durch eine neue Planung ersetzt wird, ist deshalb auch dann keine neue Unterrichtung erforderlich, wenn sich der tatsächliche Übergang später erheblich verzögert (enger GRAU, Widerspruchsrecht 252 mwNw mit der wenig überzeugenden Überlegung, bei „ganz erheblichem“ Auseinanderfallen von mitgeteiltem und tatsächlichem Übergangsstichtag könne den beteiligten Unternehmen eine Berufung auf die bereits erfolgte Unterrichtung nach den Grundsätzen der Verwirkung verwehrt sein). **281**

2. Grund für den Übergang (Abs 5 Nr 2)

Nach einer in der Literatur vertretenen Auffassung ist in Abs 5 Nr 2 mit dem „Grund für den Übergang“ nur der Rechtsgrund der Übertragung als solcher angesprochen, weshalb unternehmerische Gesichtspunkte, welche die beteiligten Unternehmen zur Übertragung der wirtschaftlichen Einheit bewogen haben, nicht mitzuteilen seien (GAUL, Unternehmensspaltung § 11 Rn 14; JAEGER ZIP 2004, 433 [439]; WORZALLA NZA 2002, 353 [354]; weitere Nachweise bei GRAU, Widerspruchsrecht 132 Fn 389). Andere meinen, die Angabe des zugrundeliegenden Rechtsgeschäfts reiche nicht aus, sondern zusätzlich sei eine schlagwortartige Bezeichnung des dem Übergang zugrundeliegenden unternehmerischen Motivs erforderlich (DAHMS, Widerspruchsrecht 87 ff; FRANZEN RdA 2002, 258 [265]; GRAU, Widerspruchsrecht 134 ff mwNw auf S 133 Fn 393; APS/STEFFAN § 613a Rn 208; WHSS/WILLEMSEN G 215a; HWK/WILLEMSEN/MÜLLER-BONANNI § 613a Rn 324; DDZ/ZWANZIGER § 613a Rn 75; dagegen ErfK/PREIS § 613a Rn 87). Der Wortlaut ist insoweit nicht eindeutig, doch trägt ein Blick in Art 7 Abs 6, 2. Spiegelstrich RL 2001/23/EG zur Klärung bei. Zwar wird in der deutschen Version der Richtlinie ebenfalls nur vom „Grund für den Übergang“ gesprochen, doch offenbaren die fremdsprachigen Fassungen, was ge- **282** meint ist. So ist im Englischen vom „reason for the transfer“, im Französischen vom „motif de transfert“, im Italienischen von „motivi del trasferimento“, im Spanischen von „motivos del traspaso“ und im Portugiesischen von „motivos de transferência“ die Rede. Vor diesem Hintergrund wird man auch die deutsche Bestimmung des Abs 5 Nr 2 dahin verstehen müssen, dass nicht über den rechtlichen Grund für den Übergang als solchen unterrichtet zu werden braucht (**aA** ErfK/Preis § 613a Rn 87), sondern allein über **die zum Übergang führenden unternehmerischen Erwägungen**. Eine detaillierte Darstellung der unternehmerischen Entscheidungsfindung ist dazu nicht erforderlich (Dahms, Widerspruchsrecht 90; Hohner, Übergang 80), doch wird man verlangen müssen, dass wenigstens stichwortartig beschrieben wird, weshalb sich der bisherige Inhaber von der übergehenden wirtschaftlichen Einheit trennen möchte und welche Gründe den neuen Inhaber zu ihrer Übernahme veranlasst haben (**aA** Gaul/Otto DB 2002, 634 [635]; Kania/Joppich, in: FS Küttner 383 [387 f]). **Das BAG verlangt im Gegensatz dazu** sowohl eine Bezeichnung des dem Betriebs(teil)übergang zugrundeliegenden Rechtsgeschäfts als auch eine zumindest schlagwortartige Mitteilung jener unternehmerischen Gründe, „die sich beim Betriebserwerber, im Falle eines Widerspruchs beim Betriebsveräußerer auf den Arbeitsplatz auswirken können“ (BAG 23. 7. 2009, AP Nr 10 zu § 613a BGB Unterrichtung, vgl auch bereits BAG 13. 7. 2006, AP Nr 312 zu § 613a BGB; prinzipiell zustimmend Hohenstatt/Grau NZA 2007, 13 [15]; abweichend offenbar MünchKomm/Müller-Glöge § 613a Rn 107; ErfK/Preis § 613a Rn 87, die nur solche Umstände für mitteilungsbedürftig halten, die sich im Falle eines Widerspruchs des Arbeitnehmers auf den Arbeitsplatz auswirken können).

3. Die rechtlichen, wirtschaftlichen und sozialen Folgen des Übergangs für die Arbeitnehmer (Abs 5 Nr 3)

283 Nach der Begründung des Regierungsentwurfs ergeben sich die rechtlichen, wirtschaftlichen und sozialen Folgen des Übergangs iSd Abs 5 Nr 3 vor allem aus den Regelungen der Abs 1 bis 4 (BT-Drucks 14/7760, 19), doch können sie nicht auf diese beschränkt werden. In Abgrenzung zu Abs 5 Nr 4 erfasst Abs 5 Nr 3 nur solche Folgen, die sich ohne Weiteres aus dem Betriebsübergang als solchem ergeben. Sekundärfolgen werden von Abs 5 Nr 3 selbst dann nicht erfasst, wenn sie im unmittelbaren Zusammenhang mit dem Übergang der wirtschaftlichen Einheit geplant sind (so aber BAG 26. 3. 2015, NZA 2015, 886, wo als Beispiel freilich eine unmittelbare rechtliche Folge genannt wird; BAG 14. 11. 2013, NZA 2014, 610; HWK/Willemsen/Müller-Bonanni § 613a Rn 330; WHSS/Willemsen G 223; Grau, Widerspruchsrecht 144 ff). Bestätigt wird dies nicht zuletzt durch die Begründung des Regierungsentwurfs (vgl BT-Drucks 14/7760, 19), wo nur unmittelbar auf dem Übergang beruhende rechtliche Folgen beispielhaft erläutert werden. Demgegenüber werden im Zusammenhang mit dem Übergang stehende Planungen ausschließlich von Abs 5 Nr 4 erfasst.

284 Zu unterrichten ist nach dem Wortlaut von Abs 5 Nr 3 nur über die Folgen des Übergangs „für die Arbeitnehmer“. Umstritten ist, ob davon auch die hinsichtlich der Arbeitnehmervertretungen eintretenden Konsequenzen erfasst werden. Teilweise wird dies insbesondere unter Hinweis auf den abweichenden Wortlaut in § 5 Abs 1 Nr 9 bzw § 126 Abs 1 Nr 11 UmwG, wo von den Folgen der Spaltung „für die Arbeitnehmer und ihre Vertretung“ die Rede ist, verneint (vgl etwa Gaul, Unternehmensspaltung § 11 Rn 17; WHSS/Willemsen G Rn 217, der sich auf einen Umkehrschluss beruft). Ein **Vergleich mit den umwandlungsrechtlichen Bestimmungen** ist indes wenig überzeugend, da Abs 5 Nr 3 weniger in Abgrenzung zu diesen denn vielmehr als Umsetzung von Art 7 Abs 6, dritter Spiegelstrich RL 2001/23/EG, gesehen werden muss. Nicht zuletzt angesichts des in Art 6 RL 2001/23/EG besonders betonten Repräsentationsgedankens spricht viel dafür, die **Folgen für die Arbeitnehmervertretungen** ebenfalls als erfasst anzusehen (ebenso Dahms, Widerspruchsrecht 100; Franzen RdA 2002, 258 [265]; ErfK/Preis § 613a Rn 88b; vgl auch Grau, Widerspruchsrecht 183 ff; zweifelnd HWK/Willemsen/Müller-Bonanni § 613a Rn 331). Auch insoweit sind aber in jedem Fall nur solche Folgen gemeint, die sich unmittelbar aus dem Übergang der wirtschaftlichen Einheit als solchem ergeben. Hierzu kann etwa der Verlust bzw ein Wechsel in der Repräsentation der Arbeitnehmer in einem Aufsichtsrat (insoweit **aA** Grau, Widerspruchsrecht 186; wie hier hingegen Dahms, Widerspruchsrecht 101) bzw einem Konzern- oder Gesamtbetriebsrat gehören, nicht jedoch der Verlust der Repräsentation durch den bisherigen Betriebsrat, da dieser – sieht man einmal von einem Wechsel aus dem privatrechtlichen in den öffentlich-rechtlichen Bereich und umgekehrt ab – nicht durch den Rechtsträgerwechsel als solchen, sondern nur aufgrund einer damit im Zusammenhang stehenden Betriebsänderung erfolgen kann (zu der Frage, inwieweit darüber gem Abs 5 Nr 4 zu informieren ist, Rn 293 ff).

Die Arbeitnehmer sind im Einzelnen insbesondere darauf hinzuweisen, dass der **285** neue Inhaber **kraft Gesetzes** in die Rechte und Pflichten aus dem Arbeitsverhältnis **eintritt** und dieses zu unveränderten Bedingungen fortführen muss. Wird daher der Eindruck erweckt, der neue Inhaber unterbreite freiwillig Weiterbeschäftigungsangebote oder wird suggeriert, dass der Abschluss eines neuen Anstellungsvertrags oder eines Änderungsvertrags notwendig sei, um die Überleitung des Arbeitsverhältnisses herbeizuführen, ist die Unterrichtung fehlerhaft (vgl BAG 24. 7. 2008, AP Nr 345 zu § 613a BGB).

Daneben ist über die **haftungsrechtlichen Folgen** des Abs 2 bzw der §§ 133, 134 **286** UmwG zu informieren. Die Information über das Haftungssystem des Abs 2 müsse „vollständig" sein, wozu auch eine Darstellung der begrenzten gesamtschuldnerischen Nachhaftung gem Abs 2 gehöre (BAG 23. 7. 2009, AP Nr 11 zu § 613a BGB Unterrichtung). So sei die Unterrichtung über das Haftungsregime fehlerhaft, wenn nicht hinreichend klar zum Ausdruck gebracht werde, dass mit dem Eintritt des neuen Inhabers in die Arbeitsverhältnisse grundsätzlich die Haftung des bisherigen Inhabers beendet werde, das Gesetz „also eine gesamtschuldnerische Haftung von Betriebsveräußerer und Betriebserwerber nur in engen Grenzen vorsieht" (BAG 23. 7. 2009, AP Nr 12 zu § 613a BGB Unterrichtung). Allerdings brauche die Unterrichtung über die Haftungsfolgen nicht detaillierter zu erfolgen, als notwendig ist, um die Arbeitnehmer in die Lage zu versetzen, „gegebenenfalls näheren Rat einzuholen, wer in welchem Umfang für welche Ansprüche haftet" (BAG 23. 7. 2009, AP Nr 11 zu § 613a BGB Unterrichtung; vgl auch AP Nr 4 zu § 613a BGB Unterrichtung). Die Rechtsprechung des BAG ist in dieser Frage bislang nicht ausreichend durchdacht. Richtig dürfte sein, eine ordnungsgemäße Unterrichtung über das Haftungsregime schon immer dann anzunehmen, wenn in der Unterrichtung der Wortlaut des Abs 2 zutreffend wiedergegeben ist (**aA** BAG 26. 5. 2011, AP Nr 407 zu § 613a BGB, wobei offen bleibt, wie die haftungsrechtlichen Folgen präziser als durch Wiedergabe des Wortlauts von § 613a Abs 2 beschrieben werden können; wie hier allerdings im Ergebnis BAG 10. 11. 2011, AP Nr 15 zu § 613a BGB Unterrichtung). Der Arbeitnehmer hat dann allen Anlass, sich über den Bedeutungsgehalt der gesetzlichen Regelung – soweit er sich dem Arbeitnehmer nicht ohnehin erschließt – nähere Erkundungen bei sachverständigen Beratern einzuholen (in diesem Sinne wohl auch BAG 27. 11. 2008, AP Nr 361 zu § 613a BGB; **aA** Schiefer/Worzalla NJW 2009, 558).

287 Zu beschreiben sind etwaige beim neuen Inhaber im Hinblick auf bestimmte unternehmensbezogene (nicht hingegen betriebsbezogene) **Schwellenwerte** sich ergebende Änderungen. Auch kann der Hinweis auf den Verfall von Aktienoptionen (siehe dazu Bauer/Göpfert/vSteinau-Steinrück ZIP 2001, 1129 ff; Lembke BB 2001, 1469 [1474]) oder den Verlust von Leistungen, die von der Konzernmutter als Gegenleistung für die Konzernzugehörigkeit gewährt werden (dazu Annuss/Lembke BB 2003, 2230 ff) oder die ihrer Art nach an die Unternehmenszugehörigkeit geknüpft sind (vgl Rn 162 ff), notwendig sein.

288 Zu informieren ist auch über einen etwaigen Verlust der kollektivrechtlichen **Fortgeltung von Tarifverträgen oder Betriebsvereinbarungen**, was bei Letzteren namentlich im Bereich der betrieblichen Altersversorgung eine Rolle spielen kann. Zu unterrichten ist also darüber, ob die Kollektivbedingungen wegen Erhalts ihrer Gestaltungsvoraussetzungen als solche kollektivrechtlich weitergelten oder ob sie gem Abs 1 S 2 aufrechterhalten werden (BAG 13. 7. 2006, AP Nr 312 zu § 613a BGB; BAG 23. 7. 2009, AP Nr 10 zu § 613a BGB Unterrichtung; BAG 10. 11. 2011, AP Nr 15 zu § 613a BGB Unterrichtung; dagegen ErfK/Preis § 613a Rn 88a; Sagan ZIP 2011, 1461; dazu allgemein Gaul/Otto, in: FS Willemsen 105 ff; Mohnke/Betz BB 2008, 498). Gleiches gilt für den Verlust der Sozialplanpflicht im Hinblick auf § 112a Abs 2 BetrVG (BAG 14. 11. 2013, AP Nr 449 zu § 613a BGB; ErfK/Preis § 613a Rn 88b; dagegen Elking/Aszmons DB 2014, 2041, 2045; Sagan Anm zu AP Nr 449 zu § 613a BGB) oder die Ablösung bestehender kollektiver Rechte nach Abs 1 S 3 (vgl dazu Rn 228 ff). Nicht nötig ist dafür nach Ansicht des BAG eine „detaillierte Bezeichnung einzelner Tarifverträge oder Betriebsvereinbarungen […], da sich der Arbeitnehmer – insoweit nach Erhalt der in Textform zu erteilenden Informationen – selbst näher erkundigen kann" (BAG 13. 7. 2006, AP Nr 312 zu § 613a BGB; BAG 23. 7. 2009, AP Nr 10 zu § 613a BGB Unterrichtung; BAG 10. 11. 2011, AP Nr 15 zu § 613a BGB Unterrichtung; dem Wortlaut nach enger allerdings BAG 24. 7. 2008, AP Nr 347 zu § 613a BGB; BAG 27. 11. 2008, AP Nr 6 zu § 613a BGB Unterrichtung, wonach in der Unterrichtung zu beantworten sei „die Frage, inwieweit beim Veräußerer geltende Tarifverträge und Betriebsvereinbarungen durch beim Erwerber geltende Tarifverträge abgelöst werden"). Allerdings ist zu verlangen, dass in dem Unterrichtungsschreiben etwaige durch den Wechsel der kollektiven Bedingungen bewirkte materielle Änderungen der Arbeitsbedingungen in einer Weise umschrieben werden, dass der Arbeitnehmer sich aufgrund dessen zur Einholung weiterer Informationen veranlasst sehen kann (vgl BAG 26. 3. 2015, NZA 2015, 866; dazu kritisch Gaul RdA 2015, 206; strenger Jaeger ZIP 2004, 433 [441]; differenzierend HWK/Willemsen/Müller-Bonanni § 613a Rn 327, die eine Darstellung der Änderungen im Einzelnen nur im Hinblick auf Betriebsvereinbarungen, nicht hingegen auch im Hinblick auf Tarifverträge anerkennen wollen; gegen eine Verallgemeinerungsfähigkeit der Entscheidung Grau/Schaut NZA 2018, 216 [218]). Über den **Fortfall der Sozialplanpflicht** (§ 112a Abs 2 BetrVG) ist unabhängig davon zu unterrichten, ob eine Betriebsänderung konkret geplant ist (BAG 14. 11. 2013, AP Nr 449 zu § 613a BGB; anders HWK/Willemsen/Müller-Bonanni § 613a Rn 330; Grau/Schaut NZA 2018, 216 [218]). Im Hinblick auf arbeitsvertragliche Bezugnahmen auf Tarifverträge brauchen unter Berücksichtigung der neuen Rechtsprechung des BAG zur notwendigen Konkretisierungstiefe der Unterrichtung (BAG 10. 11. 2011, AP Nr 15 zu § 613a BGB Unterrichtung) die Wirkungen im

Einzelnen und insbesondere ein etwaiger Verlust der Dynamik nicht beschrieben zu werden (aA Latzel RdA 2014, 110, 117; Willemsen/Grau NJW 2014, 12, 16); vielmehr genügt der Hinweis darauf, dass der Bezugnahmegegenstand sich nach dem Inhalt der arbeitsvertraglichen Regelung richtet.

Darüber hinaus ist auch ein Hinweis auf das dem Arbeitnehmer nach Abs 6 zustehende **Widerspruchsrecht** erforderlich, da es sich hierbei um eine Rechtsposition handelt, die dem Arbeitnehmer als unmittelbare rechtliche Folge des (bevorstehenden) Übergangs zuwächst (ebenso BAG 20. 3. 2008, NZA 2008, 1354 [1357]; BAG 27. 11. 2008, AP Nr 6 zu § 613a BGB Unterrichtung; Grau, Widerspruchsrecht 173 f; Hohner, Übergang 86 f; APS/Steffan § 613a BGB Rn 210; juris-PK/Kliemt/Teusch § 613a Rn 231; Worzalla NZA 2002, 353 [355]; aA Bauer/vSteinau-Steinrück ZIP 2002, 457 [463]; Gaul, Unternehmensspaltung § 11 Rn 16; Jaeger ZIP 2004, 433 [442]; HWK/Willemsen/Müller-Bonanni § 613a Rn 332). Dabei müsse auf die erforderliche Schriftform, die Frist sowie darauf hingewiesen werden, dass als Adressaten des Widerspruchs sowohl bisheriger als auch neuer Arbeitgeber in Betracht kommen (BAG 20. 3. 2008, NZA 2008, 1354, 1357; BAG 24. 7. 2008, AP Nr 345 zu § 613a BGB). Über vom bisherigen Inhaber nach etwaigen Widersprüchen **geplante betriebsbedingte Kündigungen** ist zwar nicht nach Abs 5 Nr 3, wohl aber nach Abs 5 Nr 4 zu unterrichten (im Ergebnis auch BAG 10. 11. 2011, AP Nr 15 zu § 613a BGB, allerdings unklar hinsichtlich der tatbestandlichen Anknüpfung; aA Grau, Widerspruchsrecht 176), da auch die Widersprechenden zu den vom Übergang betroffenen Arbeitnehmern gehören und sich aus dem Wortlaut des Abs 5 Nr 4 – nicht zuletzt vor dem Hintergrund einer insoweit unzureichenden Richtlinienumsetzung (vgl dazu oben Rn 269) keine Beschränkung auf vom neuen Inhaber in Aussicht genommene Maßnahmen ergibt (anders Grau, Widerspruchsrecht 176; HWK/Willemsen/Müller-Bonanni § 613a Rn 332), über den Stand etwaiger Rentenanwartschaften braucht hingegen nicht informiert zu werden (BAG 22. 5. 2007, AP Nr 5 zu § 1 BetrAVG Auskunft). 289

Zu informieren ist nicht nur über mit dem Übergang der wirtschaftlichen Einheit verbundene Änderungen, sondern über alle **rechtlichen, wirtschaftlichen und sozialen Folgen** des Übergangs. Soweit die Situation beim Erwerber gegenüber der beim früheren Inhaber bestehenden unverändert bleibt, kann dies aber auch durch die Angabe geschehen, dass die Arbeitsverhältnisse zu unveränderten Bedingungen und unter unveränderten Rahmenbedingungen vom neuen Inhaber fortgesetzt werden, „soweit nicht in diesem Informationsschreiben etwas anderes mitgeteilt wird". Auch im Hinblick auf das Kündigungsschutzgesetz braucht somit nicht in jedem Fall ausdrücklich zu seiner Anwendbarkeit beim Erwerber Stellung genommen zu werden, sondern nur dann, wenn sich insoweit gegenüber der Situation beim früheren Inhaber Veränderungen ergeben. 290

Nach Ansicht des BAG erstreckt sich die Unterrichtungspflicht nicht nur auf die unmittelbar mit dem Betriebsteilübergang verbundenen Rechtsfolgen, sondern auch auf nur mittelbar durch ihn ausgelöste Konsequenzen (BAG 10. 11. 2011, AP Nr 15 zu § 613a BGB Unterrichtung; BAG 14. 11. 2013, AP Nr 449 zu § 613a BGB; BAG 26. 3. 2015, NZA 2015, 866). So müsste beispielsweise über eine im Falle eines Widerspruchs drohende Kündigung und etwaige dem Arbeitnehmer dann zustehende Sozialplanansprüche unterrichtet werden (BAG 13. 7. 2006, AP Nr 311 zu § 613a BGB). Im Ergebnis ist das nicht überzeugend. Ein Vergleich mit Nr 4 zeigt, dass nach Nr 3 keine Unterrichtung über bloß mögliche Folgen des Betriebs(teil)übergangs erforderlich sein kann. Des- 291 halb kann die Unterrichtungspflicht nach Nr 3 nicht solche rechtlichen Konsequenzen umfassen, die sich erst aufgrund eines Verhaltens Dritter oder des betroffenen Arbeitnehmers – insbesondere seines Widerspruchs – selbst ergeben (zustimmend MünchKomm/Müller-Glöge § 613a Rn 108; hinsichtlich der rechtlichen Folgen nicht weiterführend ist daher die Formulierung bei Reinhard NZA 2009, 63 [68], informiert werden solle „über unmittelbare Konsequenzen für das Arbeitsverhältnis nach dem Betriebsübergang, auch wenn diese nur mittelbar auf diesen zurückzuführen sind"). Auch hinsichtlich der wirtschaftlichen und sozialen Folgen kann es nicht um die Mitteilung sämtlicher Eventualitäten gehen, sondern nur um die Unterrichtung über solche Umstände, die sich angesichts der Rahmenbedingungen bei gewöhnlichem Verlauf der Dinge infolge der mit dem Betriebs(teil)übergang herbeigeführten Änderungen ergeben werden. Eine Unterrichtung über die wirtschaftliche Situation des neuen Inhabers ist daher nur insoweit erforderlich, als sich aus ihr absehbare Konsequenzen für den Arbeitnehmer ergeben. Demgemäß ist eine allgemeine Stellungnahme zur Bonität des Erwerbers ebenso wenig notwendig wie die Mitteilung allgemeiner Prognosen zur wirtschaftlichen Entwicklung des Erwerbers (insoweit zutreffend Reinhard NZA 2009, 63 [68]). Dieser Linie folgt grundsätzlich auch das BAG, wenn es darauf hinweist, dass „das wirtschaftliche Potential des Betriebserwerbers im Allgemeinen nicht Gegenstand der Informationspflicht ist" (BAG 31. 1. 2008, AP Nr 2 zu § 613a BGB Unterrichtung). Etwas anderes hingegen gelte, „wenn die wirtschaftliche Notlage des Betriebserwerbers offensichtlich ist" oder – allgemein – angesichts einer deutlichen Verringerung der Haftungsmasse die Durchsetzung von Arbeitnehmeransprüchen nach dem Betriebsteilübergang deutlich erschwert sein könnte, etwa weil der neue Inhaber das Betriebsgrundstück nicht zu Eigentum erwirbt (BAG 31. 1. 2008, AP Nr 2 zu § 613a BGB Unterrichtung; BAG 14. 11. 2013, AP Nr 449 zu § 613a BGB). Soweit das BAG allerdings meint, mitzuteilen sei auch, wenn eine große Zahl von für den betreffenden Betriebsteil wesentlichen „Schlüsselpatenten" nicht auf den neuen Inhaber übertragen würden (BAG 23. 7. 2009, AP Nr 11 zu § 613a BGB Unterrichtung), ist das nur unter der weiteren Voraussetzung zutreffend, dass infolge der Nichtübertragung der Patente unmittelbare Folgen für die Arbeitnehmer feststehen oder konkret zu erwarten sind. Insgesamt ist festzustellen, dass dem BAG eine überzeugende Umsetzung der vorstehend dargestellten Grundsätze in der praktischen Rechtsanwendung bislang nicht immer gelingt (siehe die Kritik bei Lunk RdA 2009, 48; vgl auch LAG München 1. 7. 2008 – 8 Sa 26/08; LAG München 25. 6. 2008 – 9 Sa 825/07).

292 Als **allgemeine Leitlinie** für die Konkretisierung der Nr 3 mag die Überlegung taugen, dass es dieser Bestimmung nicht um die Begründung einer Pflicht der beteiligten Arbeitgeber zur Rechtsberatung des Arbeitnehmers geht, sondern darum, dem Arbeitnehmer eine ausreichende Grundlage für eine eigenverantwortliche Entscheidung über die Ausübung seines Widerspruchsrechts zu geben. Dem wird bereits dann ausreichend Rechnung getragen, wenn die Unterrichtung dem Arbeitnehmer die Möglichkeit eröffnet, „sich weitergehend zu erkundigen und gegebenenfalls beraten zu lassen und dann auf dieser Grundlage über einen Widerspruch gegen den Übergang seines Arbeitsverhältnisses zu entscheiden" (so zutreffend BAG 31. 1. 2008, AP Nr 2 zu § 613a BGB Unterrichtung BAG 10. 11. 2011, AP Nr 15 zu § 613a BGB Unterrichtung). Die Rechtsprechungspraxis scheint diese Leitlinie allerdings nicht immer zu befolgen (siehe auch die Kritik bei Meyer, Anm zu AP Nr 2 zu § 613a BGB Unterrichtung).

4. Die hinsichtlich der Arbeitnehmer in Aussicht genommenen Maßnahmen (Abs 5 Nr 4)

Zu informieren ist über sämtliche hinsichtlich der vom Übergang betroffenen Arbeitnehmer in Aussicht genommenen Maßnahmen. Dies erfasst sowohl die vom neuen Inhaber hinsichtlich der übergehenden als auch die vom bisherigen Inhaber hinsichtlich der widersprechenden Arbeitnehmer in Aussicht genommenen Maßnahmen. Hierzu gehören nach der Begründung des Regierungsentwurfs insbesondere Weiterbildungsmaßnahmen im Zusammenhang mit geplanten Produktionsumstellungen oder Umstrukturierungen und andere Maßnahmen, welche die berufliche Entwicklung der Arbeitnehmer betreffen (BT-Drucks 14/7760, 19). Gleiches gilt aber auch für etwaige betriebsorganisatorische Änderungen als solche, wie namentlich Personalabbaumaßnahmen, Betriebsspaltungen oder die Änderung von Arbeitsabläufen. Dass die Schwelle des § 111 BetrVG erreicht wird, ist nicht erforderlich, sondern ausschlaggebend ist, ob die Maßnahme für die Entscheidung des jeweils betroffenen Arbeitnehmers, seine Beschäftigung beim neuen Inhaber fortzusetzen, bedeutsam ist. 293

Zweifelhaft erscheint, wann eine Maßnahme **„in Aussicht genommen"** ist. Sprachlich ist dies jedenfalls deutlich weiter als der Begriff der „geplanten Maßnahme". Das beruht erkennbar nicht auf einem Versehen, sondern ist durch Art 7 Abs 6, 4. Spiegelstrich RL 2001/23/EG vorgegeben, wie nicht zuletzt ein Blick in die fremdsprachigen Fassungen der Richtlinie bestätigt (**aA** HWK/Willemsen/Müller-Bonanni § 613a Rn 335). Zurückhaltung ist daher gegenüber jenen Auffassungen geboten, die den Begriff der „in Aussicht genommenen Maßnahmen" ohne Weiteres mit demjenigen der Planung in § 111 BetrVG gleichsetzen wollen (so etwa Bauer/vSteinau-Steinrück ZIP 2002, 457 [463]; Franzen RdA 2002, 258 [265]; Grobys BB 2002, 726 [728]; Gaul, Unternehmensspaltung § 11 Rn 19; Jaeger ZIP 2004, 433 [442]; Grau, Widerspruchsrecht 188; Willemsen/Lembke NJW 2002, 1159 [1163]). Dem Wortlaut der Bestimmung wird demgegenüber nur ausreichend Rechnung getragen, wenn man die Informationspflicht auch auf solche Maßnahmen erstreckt, deren Durchführung noch nicht konkret geplant, sondern Gegenstand unternehmerischer Überlegungen ist. Erforderlich ist aber, dass die unternehmerischen Überlegungen sich bereits auf eine bestimmte Maßnahme konkretisiert haben (vgl BAG 13. 7. 2006, AP Nr 311 zu § 613a BGB). Eine Information ist daher nicht erforderlich, soweit alternative Maßnahmen noch gleichermaßen ernsthaft erwogen werden. 294

5. Folgen unterbliebener oder unvollständiger Information

Ist die Information nach Abs 5 nicht ordnungsgemäß erfolgt, so läuft die einmonatige Widerspruchsfrist nach Abs 6 nicht an (BAG 13. 7. 2006, AP Nr 312 zu § 613a BGB; BT-Drucks 14/7760, 19; Gaul/Otto DB 2002, 634 [638 f]; Franzen RdA 2002, 258 [267]; APS/Steffan § 613a Rn 215; **aA** Pröpper DB 2003, 2011 [2012], der bei lediglich unvollständiger Unterrichtung einen Fristanlauf für möglich hält). Die Ordnungsmäßigkeit der Unterrichtung unterliegt in vollem Umfang der **gerichtlichen Überprüfung**. Das BAG hat einen nachträglichen Anlauf der Widerspruchsfrist angenommen, wenn nicht über das Sozialplanprivileg des Erwerbers unterrichtet wurde, sobald die Vierjahresfrist des § 112a Abs 2 BetrVG abgelaufen ist und der Erwerber fortan ebenso der Sozialplanpflicht unterliegt wie der Veräußerer (BAG 15. 12. 2016, AP Nr 467 zu § 613a BGB). Diese 295

Überlegungen lassen sich konsistent nicht auf den nachträglichen Wegfall des Sozialplanprivilegs begrenzen, so dass sie stets zu beachten sein dürften, wenn die Lebenswirklichkeit sich nach Unterrichtung in einer Weise verändert, dass sie der Angabe in dem ursprünglich fehlerhaften Unterrichtungsschreiben entspricht (**„Richtig gewordenes Unterrichtungsschreiben"**; wie hier Grau/Schaut NZA 2018, 216 [219]; vgl auch Wiedebusch/Vollmann BB 2017, 2047). Allerdings ist es nicht überzeugend, dass bei Zusammenfallen von Lebenswirklichkeit und Inhalt des Unterrichtungsschreibens die Widerspruchsfrist des Abs 6 anlaufen soll. Richtiger erscheint es, zur Lösung solcher Fallgestaltungen das Verbot rechtsmissbräuchlichen Verhaltens heranzuziehen (vgl Annuss NZA 2017, 976).

296 Bei der Informationspflicht nach Abs 5 handelt es sich nicht nur um eine Obliegenheit (so Bauer/vSteinau-Steinrück ZIP 2002, 457 [458]; Grobys BB 2002, 726 [727]; zur bisherigen Rechtslage auch BAG 22. 4. 1993, AP Nr 102 zu § 613a BGB; BAG 22. 4. 1993, AP Nr 103 zu § 613a BGB), sondern um eine **echte Rechtspflicht**, deren Verletzung nach § 280 Abs 1 BGB (soweit Franzen RdA 2002, 258 [267] die anspruchsbegründende Norm gegenüber dem neuen Inhaber in § 311 Abs 2 Nr 3 BGB erblickt, dürfte das unzutreffend sein, da auch im Falle der darin aufgeführten Schuldverhältnisse § 280 Abs 1 BGB die Anspruchsnorm ist) Schadensersatzansprüche des fehlerhaft oder unzureichend informierten Arbeitnehmers begründen kann (ebenso BAG 31. 1. 2008, AP Nr 2 zu § 613a BGB Unterrichtung; BAG 21. 1. 2010, AP Nr 13 zu § 613a BGB Widerspruch; Franzen RdA 2002, 258 [262]; KR/Treber § 613a Rn 68; ErfK/Preis § 613a Rn 94; HWK/Willemsen/Müller-Bonanni § 613a BGB Rn 338; abgeschwächt: Meyer BB 2003, 1010 [1013 ff]). Bei Verletzung der Unterrichtungspflicht wird Verschulden nach § 280 Abs 1 S 2 BGB vermutet (BAG 9. 12. 2010, AP Nr 393 zu § 613a BGB). Der Arbeitnehmer muss vortragen und ggf beweisen, dass ihm infolge der unterbliebenen oder fehlerhaften Unterrichtung ein Schaden entstanden ist. Dies verlangt die Darlegung, dass der Arbeitnehmer bei ordnungsgemäßer Unterrichtung frühzeitig widersprochen hätte und dass dann der geltend gemachte Schaden nicht eingetreten wäre (BAG 21. 1. 2010, AP Nr 13 zu § 613a BGB Widerspruch). Kann hingegen der Arbeitnehmer den geltend gemachten Schaden durch die Ausübung des Widerspruchsrechts noch verhindern, fehlt es an der notwendigen Kausalität zwischen Falschinformation und geltend gemachtem Schaden (BAG 20. 3. 2008, NZA 2008, 1297 [1301]; BAG 24. 7. 2008 – 8 AZR 109/07, nv; BAG 27. 11. 2008, AP Nr 8 zu § 613a BGB Unterrichtung; BAG 21. 1. 2010, AP Nr 13 zu § 613a BGB Widerspruch; BAG 11. 11. 2010 – 8 AZR 169/09). Demgemäß kann ein Arbeitnehmer, der sein Widerspruchsrecht nicht ausübt, nicht verlangen, im Wege der Naturalrestitution so gestellt zu werden, wie wenn er das Widerspruchsrecht ausgeübt hätte (BAG 11. 11. 2010 – 8 AZR 169/09; kritisch dazu ErfK/Preis § 613a Rn 94; vgl auch Sagan ZIP 2011, 1641). Ein späteres Abweichen von den in der Unterrichtung zutreffend angegebenen Planungen begründet keinen Schadensersatzanspruch (MünchKomm/Müller-Glöge § 613a Rn 114). Hat der Arbeitnehmer sein Widerspruchsrecht verwirkt, so kann er nicht unter Berufung auf den Schadensersatzanspruch verlangen, wirtschaftlich so gestellt zu werden, als hätte er den Widerspruch wirksam ausgeübt, vgl Rn 321.

297 Wurde ein Arbeitnehmer über den Übergang seines Arbeitsverhältnisses nicht informiert und hat der Betriebserwerber das Vorliegen eines Betriebsübergangs zurückgewiesen, so ist es dem Betriebserwerber unter dem Gesichtspunkt des Rechtsmissbrauchsverbots verwehrt, sich auf die Versäumung der **Ausschlussfristen** aus dem übergegangenen Arbeitsverhältnis zu berufen (BAG 22. 8. 2012, AP Nr 435 zu § 613a BGB).

Ein **Schadensersatzanspruch** trifft nur denjenigen Informationsverpflichteten, der die Pflichtverletzung iSd § 276 BGB zu vertreten hat, was unter Beachtung auch des § 425 BGB nach allgemeinen Grundsätzen zu beantworten ist (vgl dazu auch Grau, Widerspruchsrecht 316 ff; Klocke RdA 2017, 311). Die Zurechnung des Vertretenmüssens eines beherrschenden Unternehmens (vgl dazu Rn 271) ist im Hinblick auf die Schadensersatzverpflichtung europarechtlich nicht gefordert. Der Schadensersatzanspruch kann in Form der Naturalrestitution zur Begründung eines Arbeitsverhältnisses zu bisherigen Bedingungen gegen den neuen Inhaber führen, wenn der Arbeitnehmer dem Übergang seines Arbeitsverhältnisses infolge der nicht ordnungsgemäßen Unterrichtung widersprochen hat. Voraussetzung dafür ist allerdings, dass der Widerspruch nicht durch Anfechtung wegen arglistiger Täuschung (§ 123 BGB) oder wegen Irrtums über eine wesentliche Eigenschaft des neuen Inhabers (§ 119 Abs 2 BGB) beseitigt worden ist (vgl dazu näher Grau, Widerspruchsrecht 304 ff). Erfolgt die Unterrichtung nicht bis zum Zeitpunkt des Übergangs, so kann Verzug nach § 286 Abs 2 Nr 4 BGB ohne vorherige Mahnung eintreten (ebenso KR/Treber § 613a Rn 68). Bemerkenswert – im Ergebnis allerdings unzutreffend – ist eine Entscheidung des LAG Berlin (29. 4. 2004, NZA-RR 2005, 125), wonach ein Arbeitgeber, der die Unterrichtungspflicht nach Abs 5 verletzt und dadurch den Widerspruch eines Arbeitnehmers verursacht hat, sich auf das Fehlen einer Beschäftigungsmöglichkeit für den widersprechenden Arbeitnehmer im verbleibenden Betrieb nach Treu und Glauben nicht berufen kann (zutreffend hingegen BAG 24. 5. 2005, AP Nr 284 zu § 613a BGB). 298

6. Klageweise Geltendmachung und Verzicht auf die Unterrichtung

Der Informationsanspruch kann vom Arbeitnehmer klageweise geltend gemacht und ggf nach § 888 ZPO vollstreckt werden, wobei sich ein Informationsverpflichteter angesichts Art 7 Abs 4 UA 1 RL 2001/23/EG dann nicht darauf berufen kann, dass nicht er, sondern nur ein ihn beherrschendes Unternehmen die Unterrichtung vornehmen bzw vervollständigen könne, wenn man der Rechtsprechung folgt (vgl Rn 271). 299

Beruft der Arbeitnehmer sich auf einen Mangel in der Unterrichtung, die formal ordnungsgemäß erfolgt und nicht offensichtlich fehlerhaft ist, muss der Arbeitnehmer nach den Grundsätzen abgestufter Darlegungs- und Beweislast zunächst einen Mangel näher darlegen. Erst danach ist es Sache der Unterrichtungsverpflichteten, die Einwände des Arbeitnehmers mittels entsprechender Darlegungen und Beweisantritte zu entkräften (BAG 14. 2. 2006, AP Nr 318 zu § 613a BGB; BAG 21. 2. 2008 AP Nr 348 zu § 613a BGB; BAG 24. 7. 2008 – 8 AZR 1020/06, nv; BAG 10. 11. 2011, AP Nr 15 zu § 613a BGB Unterrichtung). 300

Die Arbeitnehmer können auf die Unterrichtung durch den Arbeitgeber verzichten (ebenso ErfK/Preis § 613a Rn 102; vgl aus der älteren Rechtsprechung des BAG 15. 2. 1984, AP Nr 37 zu § 613a BGB; BAG 19. 3. 1998, AP Nr 177 zu § 613a BGB), was nicht gleichbedeutend mit dem Verzicht auf das Widerspruchsrecht ist (vgl dazu Rn 341 ff). In diesem Fall beginnt die Widerspruchsfrist mit dem Zugang des keiner besonderen Form bedürftigen Verzichts beim bisherigen oder beim neuen Inhaber. Eine Aufgabe des Unterrichtungsanspruchs ohne Ansehung eines konkreten Betriebs(teil)übergangs kommt nicht in Betracht. Man wird vielmehr verlangen müssen, dass dem Verzichtenden der 301 geplante Zeitpunkt des Übergangs bekannt ist und er über die Identität des neuen Inhabers wenigstens in Form seiner Konzernzugehörigkeit orientiert ist. Ein solcher Verzicht wirkt im Regelfall gegenüber sämtlichen Informationsverpflichteten (vgl dazu GRAU, Widerspruchsrecht 285). Ein formularmäßiger Verzicht der Arbeitnehmer dürfte üblicherweise an § 307 Abs 2 Nr 1 BGB scheitern. Auch eine Abbedingung der Unterrichtungspflicht durch Tarifvertrag oder Vereinbarung mit dem Betriebsrat kommt nicht in Betracht.

E. Widerspruchsrecht des Arbeitnehmers

I. Verhinderung des Arbeitgeberwechsels durch Widerspruch des Arbeitnehmers

302 Der Übergang, der einem übertragenen Betrieb oder Betriebsteil zuordenbaren Arbeitsverhältnisse tritt kraft Gesetzes ein, ohne dass es einer Zustimmung der betroffenen Arbeitnehmer bedarf. Das BAG und die ihm überwiegend folgende Literatur (vgl die Nachweise bei GRAU, Widerspruchsrecht 12; ablehnend aber etwa TEMPELMANN, Arbeitsrechtliche Probleme 114 ff) hielten schon vor Anfügung des Abs 6 eine vom Wortlaut des § 613a BGB abweichende Interpretation dahingehend für erforderlich, dass jeder einzelne Arbeitnehmer den Übergang seines Arbeitsverhältnisses durch Widerspruch verhindern könne. Es wäre sowohl mit der durch Art 12 Abs 1 GG **verfassungsrechtlich gewährleisteten Vertragsfreiheit** des Arbeitnehmers als auch mit dem durch Art 1 und 2 Abs 1 GG gewährleisteten Verbot, Menschen kraft staatlicher Anordnung zum bloßen Objekt eines bestimmten Tuns zu machen, unvereinbar, Arbeitnehmern gegen ihren Willen einen neuen Arbeitgeber zu oktroyieren (BAG 2. 10. 1974, AP Nr 1 zu § 613a BGB; BAG 21. 7. 1977, AP Nr 8 zu § 613a BGB; BAG 21. 5. 1992, AP Nr 96 zu § 613a BGB; BAG 22. 4. 1993, AP Nr 103 zu § 613a BGB; BAG 19. 3. 1998, NZA 1998, 750; vgl auch BAG 30. 9. 2004, AP Nr 275 zu § 613a BGB; kritisch BVerfG 25. 1. 2011, AP Nr 146 zu Art 12 GG; vgl dazu auch BAG 26. 9. 2013, AP Nr 1 zu § 6c SGB II; BAG 19. 11. 2015, NZA 2016, 647; BAG 8. 1. 2016 – 8 AZR 493/14; BAG 21. 12. 2017 – 8 AZR 99/17; BAG 28. 6. 2018 – 8 AZR 100/17).

303 Die **Europarechtskonformität** eines solchen Widerspruchsrechts steht für die Rechtspraxis außer Zweifel, seitdem der EuGH nach anfänglicher Unsicherheit (EuGH 5. 5. 1988 – Berg/Busschers, Slg 1988, 2559 [2582] Rn 12; vgl dazu vALVENSLEBEN, Die Rechte der Arbeitnehmer 235 ff; vgl auch STAUDINGER/RICHARDI/ANNUSS [1999] Rn 118) nicht nur die Vereinbarkeit der deutschen Rechtspraxis mit europäischem Recht festgestellt, sondern darüber hinaus die Einräumung eines solchen Widerspruchsrechts – wenn auch nicht notwendigerweise mit den in Deutschland angenommenen Rechtsfolgen – als Gebot der Gemeinschaftsgrundrechte angesehen hat (EuGH 16. 12. 1992 – *Katsikas,* Slg 1992, 6577 [6610] Rn 37 = AP Nr 97 zu § 613a BGB; EuGH 7. 3. 1996 – *Merckx,* Slg 1996, 1253 [1277] Rn 34 = AP Nr 9 zu EWG RL 77/187; ebenso MOLL, Anm zu BAG AP Nr 103 zu § 613a BGB; unverständlich angesichts dieser Entscheidungen des EuGH BAG 22. 2. 2005 – 3 AZR 499/03[A]; **anders** offenbar COMMANDEUR NJW 1996, 2537; unzutreffend NEEF/SCHRADER NZA 1998, 804 [806], die lediglich von Vereinbarkeit sprechen; ähnlich MENZE, Widerspruchsrecht 15). Dem Europarecht wäre allerdings schon dann entsprochen, wenn dem Arbeitnehmer im Falle der Überleitung auf den neuen Inhaber ein Recht zur sofortigen Lösung zuerkannt würde; ein Verbleib des Arbeitsverhältnisses beim bisherigen

Inhaber ist europarechtlich hingegen nicht gefordert (BAG 18.12.2008, AP Nr 366 zu § 613a BGB).

Der deutsche Gesetzgeber hat sich zwischenzeitlich mit der ausdrücklichen Regelung des Widerspruchsrechts in dem durch Art 4 des Gesetzes zur Änderung des Seemannsgesetzes und anderer Gesetze vom 23. 3. 2002 mit Wirkung zum 1. 4. 2002 angefügten Abs 6 der herrschenden Auffassung angeschlossen. In der Begründung des RegE findet sich dabei unter Anknüpfung an die Rechtsprechung des BAG die Annahme, „daß es mit der Würde des Menschen, dem Recht auf freie Entfaltung der Persönlichkeit und dem Recht auf freie Arbeitsplatzwahl (Artikel 1, 2 und 12 des Grundgesetzes) unvereinbar wäre, wenn ein Arbeitnehmer verpflichtet würde, für einen Arbeitgeber zu arbeiten, den er nicht frei gewählt hat“ (BT-Drucks 14/7760, 20). 304

In neuerer Zeit sind allerdings Bedenken an der grundrechtlichen Ableitung des Widerspruchsrechts laut geworden (BAG 25. 1. 2001, AP Nr 215 zu § 613a BGB; BAG 8. 5. 2001, AP Nr 219 zu § 613a BGB; Rieble NZA 2004, 1 ff). Auch wenn man den grundrechtlichen Bezug des Widerspruchsrechts nicht leugnen kann (vgl dazu BAG 18. 12. 2008, AP Nr 366 zu § 613a BGB), zwingen grundrechtliche Erwägungen nicht zur Anerkennung eines Widerspruchsrechts in der in Abs 6 ausgestalteten Form (BAG 26. 9. 2013, AP Nr 1 zu § 6c SGB II; **aA** Staudinger/Annuss [2005] Rn 178). Zwar sind angesichts des umfassenden Weisungsrechts des Arbeitgebers gem § 106 GewO die Person des Arbeitgebers und damit einhergehend die Vertragspartnerwahlfreiheit des Arbeitnehmers von herausragender Bedeutung für die personale Verwirklichung des Arbeitnehmers im Rahmen seiner beruflichen Tätigkeit (ebenso im Ergebnis Grau, Widerspruchsrecht 345 ff). Dies verlangt aber nicht nach einem Widerspruchsrecht, dessen Ausübung zur Aufrechterhaltung des Arbeitsverhältnisses mit dem bisherigen Arbeitgeber führt. Den grundrechtlichen Anforderungen kann auch durch die Anerkennung des Arbeitgeberwechsels als wichtiger Grund zur Kündigung des übergeleiteten Arbeitsverhältnisses Rechnung getragen werden (so im Ergebnis auch BAG 18. 12. 2008, AP Nr 366 zu § 613a BGB; BAG 2. 3. 2006, AP Nr 25 zu § 419 BGB Funktionsnachfolge; vgl auch BAG 2. 10. 1974, AP Nr 1 zu § 613a BGB). 305

Das Widerspruchsrecht besteht mangels Betriebs(teil)übergangs „durch Rechtsgeschäft“ (vgl Rn 111) nicht bei Betriebs(teil)übergängen, die im Wege der Gesamtrechtsnachfolge kraft Gesetzes vollzogen werden, sofern nicht in dem betreffenden Gesetz ein Widerspruchsrecht ausdrücklich vorgesehen ist; ist ein Arbeitnehmer mit der Überleitung seines Arbeitsverhältnisses in diesen Fällen nicht einverstanden, kann er – mit der Folge des Arbeitsplatzverlusts – außerordentlich fristlos kündigen (BAG 18. 12. 2008, AP Nr 366 zu § 613a BGB). 306

II. Rechtsnatur des Widerspruchsrechts

Rechtsdogmatisch handelt es sich bei dem Widerspruchsrecht um ein **Gestaltungsrecht** (vgl nur BAG 27. 11. 2008, AP Nr 360 zu § 613a BGB), durch das der Arbeitnehmer beim Übergang eines Betriebs oder Betriebsteils den Wechsel seines Vertragspartners verhindern bzw rückgängig machen kann (abweichend Staudinger/Annuss [2005] Rn 175; vgl auch das abweichende Verständnis bei BAG 27. 11. 2008, AP Nr 360 zu § 613a BGB; BAG 30. 10. 2003 AP Nr 262 zu § 613a BGB). Es handelt sich um eine grds bedingungsfeindliche (ebenso Grau, Widerspruchsrecht 269 mit zahlreichen wN) **einseitige empfangs-** 307

bedürftige Willenserklärung, die vom Arbeitnehmer nach Zugang beim Erklärungsadressaten nicht einseitig widerrufen werden kann (BAG 30. 10. 2003, AP Nr 262 zu § 613a BGB). Ein vom Arbeitnehmer einseitig mit dem Widerspruch verbundener Widerrufsvorbehalt ist unwirksam (Grau, Widerspruchsrecht 271; ErfK/Preis § 613a Rn 97; entgegen Commandeur/Kleinebrink, Betriebs- und Firmenübernahmen, Rn 565, wird man im Regelfall allerdings nicht zu einer Gesamtunwirksamkeit des mit einem Widerrufsvorbehalt versehenen Widerspruchs, sondern nur zur Unwirksamkeit des Vorbehalts gelangen). Eine Anfechtung des Widerspruchs ist jedoch nach allgemeinen Grundsätzen möglich (BAG 15. 2. 2007, AP Nr 2 zu § 613a BGB Widerspruch; BAG 15. 12. 2011, AP Nr 16 zu § 613a BGB Unterrichtung, vgl auch Haas/Salamon/Hoppe NZA 2011, 128). Unterrichtet ein Arbeitgeber bewusst fehlerhaft in der Absicht, den Arbeitnehmer zum Widerspruch gegen den Übergang seines Arbeitsverhältnisses zu bewegen, so können die Voraussetzungen einer arglistigen Täuschung iSd § 123 Abs 1 BGB erfüllt sein (BAG 15. 12. 2011, AP Nr 16 zu § 613a BGB Unterrichtung).

III. Form und Adressat des Widerspruchs

308 Der Widerspruch **braucht nicht ausdrücklich erklärt zu werden**. In jedem Fall aber ist gem Abs 6 Satz 1 die schriftliche Form einzuhalten, so dass dem Empfänger des Widerspruchs ein vom Arbeitnehmer unterzeichnetes Schreiben im Original zugehen muss (vgl § 126 BGB), sofern dieser sich nicht ausnahmsweise der elektronischen Form iSd § 126a BGB bedient. Ein wirksamer Widerspruch kann unter der Geltung von Abs 6 S 1 daher keinesfalls darin erblickt werden, dass der Arbeitnehmer ohne Weiteres nicht mehr an seinen (übergegangenen) Arbeitsplatz zurückkehrt. Hingegen kann ein Widerspruch darin liegen, dass der Arbeitnehmer das Arbeitsverhältnis wegen des Übergangs schriftlich oder – formunwirksam (vgl § 623 BGB) – in elektronischer Form kündigt (BAG 21. 7. 1977, AP Nr 8 zu § 613a BGB); denn darin kann gleichzeitig die Erklärung zu erblicken sein, dass der Arbeitnehmer mit der Fortsetzung seines Arbeitsverhältnisses mit einem neuen Arbeitgeber nicht einverstanden ist. Der Schriftform ist genügt, wenn sich der Widerspruch aus formentsprechenden Dokumenten nach den Grundsätzen der sog Andeutungstheorie entnehmen lässt (BAG 13. 7. 2006, AP Nr 1 zu § 613a BGB Widerspruch; BAG 15. 2. 2007, AP Nr 320 zu § 613a BGB). Es genügt aber jedenfalls nicht, wenn in einem die Schriftform wahrenden Dokument ohne Vorliegen einer festen körperlichen Verbindung nur inhaltlich auf ein die Schriftform nicht wahrendes Widerspruchsschreiben Bezug genommen wird (BAG 12. 11. 2009, AP Nr 11 zu § 613a BGB Widerspruch). Eine **Begründung** des Widerspruchs ist nicht erforderlich (BAG 15. 2. 2007, AP Nr 2 zu § 613a BGB Widerspruch; BAG 19. 2. 2009, AP Nr 368 zu § 613a BGB; ErfK/Preis § 613a Rn 99; HWK/Willemsen/Müller-Bonanni § 613a Rn 351; vgl auch BAG 19. 3. 1998, AP Nr 177 zu § 613a BGB; BAG 30. 10. 2003, AP Nr 262 zu § 613a BGB). Auch ist seine Wirksamkeit nicht an das Vorliegen eines sachlichen Grundes gebunden (BAG 19. 2. 2009, AP Nr 368 zu § 613a BGB).

309 Ein formunwirksam erklärter Widerspruch ist gem § 125 S 1 BGB **nichtig**. Für die Einhaltung der Form ist der Arbeitnehmer verantwortlich, den Arbeitgeber trifft für den Fall der Nichteinhaltung keine Hinweispflicht (unentschieden HWK/Willemsen/Müller-Bonanni § 613a Rn 349).

310 Abs 6 S 2 stellt nunmehr ausdrücklich klar, dass der Widerspruch sowohl gegenüber dem bisherigen Arbeitgeber als auch gegenüber dem neuen Inhaber erklärt werden

kann. Inwieweit diese einander zur Unterrichtung über den Widerspruch verpflichtet sind, ergibt sich aus den zwischen ihnen bestehenden Rechtsbeziehungen; aus dem Gesetz resultiert eine solche wechselseitige Pflicht zur Unterrichtung nicht (aA ErfK/Preis § 613a Rn 99). Bei mehreren aufeinander folgenden Betriebs(teil)übergängen soll der Widerspruch sich nach Ansicht des BAG nur gegen den letzten Übergang richten dürfen (BAG 19. 11. 2015, NZA 2016, 647; BAG 24. 4. 2014, AP Nr 451 zu § 613a BGB; BAG 21. 8. 2014, AP Nr 453 zu § 613a BGB; BAG 16. 10. 2014, NZA 2015, 433; BAG 13. 11. 2014 – 8 AZR 776/13; BAG 11. 12. 2014, NZA 2015; 481; zustimmend Grau/Schaut NZA 2018, 216 [221]; Moll/Katerndahl RdA 2017, 324 [326]; dagegen ErfK/Preis § 613a Rn 99, auch Elking BB 2015, 384; Scharff BB 2015, 640), weil es sich um ein Gestaltungsrecht handele und nur ein bestehendes Rechtsverhältnis gestaltet werden könne.

IV. Widerspruchsfrist und Verwirkung des Widerspruchsrechts

Die Ausübung des Widerspruchsrechts kann gem Abs 6 Satz 1 (vgl zur früheren Rechts- 311
lage Staudinger/Richardi/Annuss [1999] Rn 124) nur **innerhalb eines Monats** erfolgen. Eine weitere Einschränkung dahingehend, dass der Widerspruch innerhalb der Monatsfrist auch unverzüglich auszuüben ist, kennt das Gesetz nicht. Ursprünglich hatte der RegE in Anlehnung an § 4 KSchG und die vormalige Rechtsprechung des BAG eine lediglich dreiwöchige Widerspruchsfrist vorgesehen (BT-Drucks 14/7760, 20). Sie wurde auf Anregung des Rechtsausschusses durch die nunmehr geltende Monatsfrist ersetzt, um „dem von einem Betriebsübergang betroffenen Arbeitnehmer ausreichend Zeit [zu] geben, die Konsequenzen des Übergangs seines Arbeitsverhältnisses auf den neuen Inhaber oder des Verbleibs beim bisherigen Arbeitgeber abzuwägen und zu entscheiden, ob er von seinem Widerspruchsrecht Gebrauch machen will" (BT-Drucks 14/8128, 6).

Der **Fristbeginn** richtet sich nach § 187 Abs 1 BGB, der Fristablauf nach § 188 Abs 2, 312
1. Alt BGB. Die Widerspruchsfrist beginnt erst mit vollständig ordnungsgemäßer Unterrichtung nach Abs 5 (BAG 21. 1. 2010, AP Nr 13 zu § 613a BGB Widerspruch; BAG 11. 11. 2010 – 8 AZR 169/09; BAG 14. 11. 2013, AP Nr 449 zu § 613a BGB; BAG 21. 8. 2008, AP Nr 348 zu § 613a BGB; vgl auch Rn 276) zu laufen, unabhängig davon, wann diese erfolgt. Die beteiligten Unternehmen haben es somit in der Hand, durch frühzeitige Information ein Ablaufen der Widerspruchsfrist bereits im Vorfeld des Betriebs(teil)übergangs herbeizuführen. Erfolgt die Unterrichtung weniger als einen Monat vor oder gar erst nach dem Betriebs(teil)übergang, so läuft auch die Widerspruchsfrist erst nach dem Betriebs(teil)übergang ab. Eine Höchstfrist für den Fall der nicht ordnungsgemäßen Unterrichtung existiert nicht (vgl BAG 20. 5. 2010, AP Nr 23 zu § 613a BGB Widerspruch). Nach unzutreffender Ansicht des BAG kann das Widerspruchsrecht auch noch nach (angenommener) Beendigung des Arbeitsverhältnisses mit dem Erwerber geltend gemacht werden (vgl näher Rn 318).

Läuft die Frist des Abs 6 nicht an, so gibt es auch keine starre Begrenzung durch 313
eine **Höchstfrist**. Vorschläge, eine sechsmonatige Ausschlussfrist vorzusehen, sind nicht Gesetz geworden (vgl Beschlussempfehlung und Bericht des Ausschusses für Arbeit und Sozialordnung, BT-Drucks 14/8128, 4 f). Eine Regelungslücke liegt nicht vor, weshalb auch eine entsprechende Anwendung des § 5 Abs 3 S 2 KSchG (dafür Erman/Edenfeld § 613a Rn 51; Worzalla NZA 2002, 353 [357]) nicht in Betracht kommt (wie hier Dahms, Widerspruchsrecht 133; Franzen RdA 2002, 258 [266]; Grau, Widerspruchsrecht 293 f; ErfK/Preis

§ 613a BGB Rn 100). Eine Grenze zieht somit (zum nachträglichen Richtigwerden des Unterrichtungsschreibens wegen einer Veränderung der tatsächlichen Verhältnisse Rn 295) – allein das allgemeine Rechtsinstitut der **Verwirkung** (so auch BAG 15. 2. 2007, AP Nr 320 zu § 613a BGB; BAG 22. 4. 2010, AP Nr 14 zu § 613a BGB Widerspruch; BAG 20. 5. 2010, AP Nr 23 zu § 613a BGB Widerspruch; BAG 9. 12. 2010, AP Nr 393 zu § 613a BGB; Bauer/vSteinau-Steinrück ZIP 2002, 457 [464]; Franzen RdA 2002, 258 [266]; Grau, Widerspruchsrecht 295 ff mit zahlreichen wN; Gaul, Unternehmensspaltung § 11 Rn 54 ff; Olbertz/Ungnad BB 2004, 213 [214 ff]; zum Ganzen Hofmann, Rechtsmissbrauch und die Verwirkung bei Widerspruch gegen den Übergang des Arbeitsverhältnisses nach § 613a BGB [2013]; vgl auch Rn 152). Faktisch hat das BAG nun allerdings eine Höchstfrist für die Ausübung des Widerspruchsrechts von sieben Jahren angenommen, sofern nur eine – wenngleich fehlerhafte – Unterrichtung des Arbeitnehmers über den Betriebsübergang in Textform stattgefunden hat (BAG 24. 8. 2017, NJW 2018, 647; BAG 21. 12. 2017 – 8 AZR 99/17; BAG 28. 6. 2018, AP Nr 475 zu § 613a BGB; vgl Rn 317).

314 Besonderheiten gelten nach Ansicht des BAG bei **mehreren nacheinander erfolgenden Betriebsübergängen**. So erlösche das Recht, einem vorangehenden Übergang zu widersprechen, regelmäßig, wenn „der Arbeitnehmer von den in § 613a V BGB genannten Personen im Rahmen einer Unterrichtung nach § 613a V BGB die grundlegenden Informationen erhalten hat, dh [er] über den mit dem letzten und dem vorangegangenen Betriebsübergang verbundenen jeweiligen Übergang seines Arbeitsverhältnisses unter Mitteilung des Zeitpunktes oder des geplanten Zeitpunktes sowie des Gegenstandes des jeweiligen Betriebsübergangs und des jeweiligen Betriebsübernehmers in Kenntnis gesetzt wurde, er dem in Folge des vorangegangenen Betriebsübergangs eingetretenen Übergang seines Arbeitsverhältnisses nicht binnen einer Frist von einem Monat nach Zugang der Unterrichtung über den mit dem letzten Betriebsübergang verbundenen Übergang seines Arbeitsverhältnisses widersprochen hat und diese Monatsfrist ihrerseits noch vor dem letzten Betriebsübergang ablief. Darauf, ob die Unterrichtungen über den in Folge des vorangegangenen und weiteren Betriebsübergangs eintretenden Übergang des Arbeitsverhältnisses auf den jeweiligen neuen Inhaber im Übrigen ordnungsgemäß iSv § 613a Abs 5 BGB sind, kommt es insoweit nicht an" (BAG 19. 11. 2015, NZA 2016, 647 [651]; dazu Moll/Katerndahl RdA 2017, 324).

315 Die **Verwirkung** stellt nach allgemeiner Auffassung einen Unterfall des prinzipiellen Verbots widersprüchlichen Verhaltens dar. Demgemäß kann das Widerspruchsrecht nur verwirken, wenn der Arbeitnehmer sich in einer Weise verhalten hat, dass bei den beteiligten Arbeitgebern in zurechenbarer Weise ein schutzwürdiges Vertrauen auf die Nichtausübung des Widerspruchsrechts hervorgerufen wurde. Deshalb können die beteiligten Arbeitgeber sich nicht auf Verwirkung berufen, wenn sie sich selbst unredlich verhalten und dadurch eine frühere Erklärung des Widerspruchs verhindert haben (BAG 12. 11. 2009, AP Nr 381 zu § 613a BGB).

316 Zutreffend weist das BAG darauf hin, dass die Verwirkung des Widerspruchsrechts nicht allein an den Ablauf einer bestimmten Zeit („Zeitmoment") geknüpft sei, sondern überdies notwendig sei, dass der Arbeitnehmer „unter Umständen tätig geblieben [ist], die den Eindruck erweckten, dass er sein Recht nicht mehr geltend machen wolle, so dass der Verpflichtete sich darauf einstellen dürfte, nicht mehr in Anspruch genommen zu werden (Umstandsmoment)" (BAG 23. 7. 2009, AP Nr 10 zu

§ 613a BGB Widerspruch; BAG 20. 5. 2010, AP Nr 23 zu § 613a BGB Widerspruch). Da es bei der Verwirkung darum geht, wann das Interesse des Anspruchsgegners, nicht mehr in Anspruch genommen zu werden, das Interesse des Anspruchsinhabers an einer Durchsetzung seines Anspruchs überwiegt, können für die Erfüllung des Zeitmoments keine festen zeitlichen Grenzen bestimmt werden (BAG 24. 2. 2011, AP Nr 401 zu § 613a BGB). Allgemein lässt sich lediglich sagen, dass im Rahmen der **Interessenabwägung** wesentlich zu berücksichtigen ist, innerhalb welches Zeitraums ein durchschnittlicher Arbeitnehmer in der konkreten Situation sein Recht üblicherweise geltend machen würde (Staudinger/Looschelders/Olzen [2015] § 242 Rn 305). Zum Zeitablauf hinzu kommen müssen allerdings Umstände, welche die beteiligten Arbeitgeber darin bestärken, dass sie nicht mehr mit einer Ausübung des Widerspruchsrechts durch den Arbeitnehmer rechnen müssen. Dieses Umstandsmoment ist nur erfüllt, wenn sich die späte Geltendmachung des Widerspruchsrechts als mit Treu und Glauben nicht zu vereinbarende Illoyalität des Arbeitnehmers darstellt bzw für die beteiligten Arbeitgeber unzumutbar ist (Staudinger/Looschelders/Olzen [2015] § 242 Rn 306). Dafür ist nicht zwingend erforderlich, dass der Arbeitgeber eine konkret feststellbare Vermögensdisposition im Vertrauen auf die Nichtausübung des Widerspruchsrechts getroffen hat (BAG 22. 6. 2011, AP Nr 17 zu § 613a BGB Unterrichtung). Da Bezugspunkt für die Beurteilung der Verwirkung die Ausübung des Widerspruchsrechts ist, haben die Schwere des Unterrichtungsfehlers und das Gewicht des Informationsinteresses des Arbeitnehmers im Zeitpunkt der Unterrichtung insoweit keine Bedeutung (**aA** ErfK/Preis § 613a Rn 101a; Sagan ZIP 2011, 1641, 1647 f; verfehlt auch die Perspektive bei BAG 17. 10. 2013, AP Nr 448 zu § 613a BGB: „Das Widerspruchsrecht muss den Arbeitnehmern nicht unbegrenzt, sondern nur so lange erhalten bleiben, wie es für eine effektive und verhältnismäßige Sanktionierung des Unterrichtungsfehlers geboten ist"). Es entspricht allgemeiner Ansicht, dass Zeit- und Umstandsmoment in einer **Wechselwirkung** miteinander stehen („Kommunizierende Röhren", vgl BAG 15. 3. 2012, AP Nr 29 zu § 613a BGB Widerspruch; BAG 21. 12. 2017 – 8 AZR 99/17; BAG 28. 6. 2018 – 8 AZR 100/17). Deshalb kann der für die Annahme einer Verwirkung notwendige Zeitraum der Nichtausübung des betreffenden Rechts um so kürzer sein, je gravierender die Umstände sind, die dem Verpflichteten suggerieren, dass er nicht mehr mit einer Rechtsausübung rechnen müsse (Staudinger/Looschelders/Olzen [2015] § 242 Rn 306). In Übereinstimmung damit formuliert das BAG, dass das Verhältnis zwischen Zeit- und Umstandsmoment nicht abstrakt bestimmt werden könne. Vielmehr sei auf die konkreten Umstände des Einzelfalles abzustellen und davon auszugehen, „dass bei schwierigen Sachverhalten die Rechte des Arbeitnehmers erst nach längerer Untätigkeit verwirken können. Außerdem ist die Länge des Zeitablaufs in Wechselwirkung zu dem ebenfalls erforderlichen Umstandsmoment zu setzen. Je stärker das gesetzte Vertrauen oder die Umstände, die eine Geltendmachung für den Anspruchsgegner unzumutbar machen, sind, desto schneller kann ein Anspruch verwirken. Es müssen letztlich besondere Verhaltensweisen sowohl des Berechtigten als auch des Verpflichteten vorliegen, die es rechtfertigen, die späte Geltendmachung des Rechts als mit Treu und Glauben unvereinbar und für den Verpflichteten als unzumutbar anzusehen" (BAG 15. 2. 2007, AP Nr 320 zu § 613a BGB; BAG 20. 5. 2010, AP Nr 23 zu § 613a BGB Widerspruch; BAG 15. 3. 2012, AP Nr 29 zu § 613a BGB Widerspruch). Daraus leitet das BAG ab, dass **die für das Zeitmoment wesentliche Frist** nicht erst mit der umfassenden Unterrichtung des Arbeitnehmers über den Betriebsübergang und seine Folgen zu laufen beginnt. Vielmehr beginne im Falle einer fehlerhaften Unterrichtung das Zeitmoment bereits mit der Zuleitung des Unterrichtungsschreibens an den Arbeitnehmer, weil der Arbeitgeber damit grundsätzlich zu erkennen gebe, dass er die Widerspruchsfrist in Gang setzen will und nach Fristablauf die Erklärung von Widersprüchen nicht mehr erwartet (BAG 23. 7. 2009, AP Nr 10 zu § 613a BGB Widerspruch; BAG 22. 4. 2010 – 8 AZR 982/07, nv; BAG 20. 5. 2010, AP Nr 23 zu § 613a BGB Widerspruch). Zwar ist es richtig, dass das Zeitmoment nicht erst mit Vorliegen einer in jeder Hinsicht umfassenden Unterrichtung des Arbeitnehmers zu laufen beginnt. Auch ist die positive Kenntnis des Arbeitnehmers von der Fehlerhaftigkeit der Unterrichtung als solche keine Voraussetzung für die Annahme des Zeitmoments (insoweit zutreffend BAG 21. 1. 2010 – 8 AZR 977/07, nv). Allerdings kann von einer Verwirkung im Sinne einer illoyalen Nichtausübung des Widerspruchsrechts frühestens ausgegangen werden, nachdem der Arbeitnehmer Kenntnis von den für seine Widerspruchsentscheidung bei wertender Betrachtung relevanten Tatsachen hat, sofern er nicht zu erkennen gibt, dass er unabhängig von diesen Umständen das Arbeitsverhältnis mit dem Erwerber fortsetzen möchte. Hat der Arbeitnehmer keine Kenntnis von Tatsachen, die für seine Entscheidung darüber, ob er den Arbeitgeberwechsel hinnimmt oder ihm widerspricht, von wesentlicher Bedeutung sind, wie beispielsweise von dem Eingreifen des Sozialplanprivilegs gem § 112a Abs 2 BetrVG oder einer unweigerlich in die Insolvenz des neuen Inhabers führenden wirtschaftlichen Gesamtsituation, so bedeutet es keine illoyal verspätete Rechtsausübung, wenn der Arbeitnehmer zunächst beim neuen Inhaber arbeitet und erst nach Kenntniserlangung von den für seine Entscheidung relevanten Tatsachen innerhalb angemessener Frist dem Übergang seines Arbeitsverhältnisses widerspricht (in diese Richtung wohl auch BAG 24. 7. 2008, NZA-RR 2009, 294). Dies gilt umso mehr, als die beteiligten Arbeitgeber nicht schutzwürdig sind, da der Unterrichtungsmangel ihrer Sphäre entstammt. Demgemäß kann auch die schlichte Weiterarbeit bei dem neuen Inhaber in Kenntnis der für die Widerspruchsentscheidung relevanten Umstände eine Verwirkung des Widerspruchsrechts gem Abs 6 begründen. Hat der Arbeitnehmer hingegen von den für seine Widerspruchsentscheidung relevanten Umständen Kenntnis erlangt, wird man für den Regelfall annehmen können, dass der Arbeitnehmer sich prinzipiell innerhalb von drei Monaten erklären muss, um eine Verwirkung des Widerspruchsrechts zu vermeiden (enger: Franzen RdA 2002, 258 [266], der unter Rückgriff auf die Wertungen des Abs 6 eine Überlegungsfrist von einem Monat für ausreichend hält; ähnlich wie hier Bauer/vSteinau-Steinrück ZIP 2002, 457 [464]; Dahms, Widerspruchsrecht 133, will regelmäßig jedenfalls dann zwei Monate ausreichen lassen, wenn die Unterrichtung inhaltlich ordnungsgemäß war, aber nicht der Textform genügte; vgl auch BAG 23. 7. 2009, AP Nr 384 zu § 613a BGB: „Der Zeitraum von über einem Jahr zwischen der Unterrichtung über den Betriebsübergang und der Erklärung des Widerspruchs ist nach der Rechtsprechung des Senats grundsätzlich geeignet, das Vorliegen des Zeitmoments zu bejahen"; vgl für Konstellationen, in denen es nicht um das Recht zum Widerspruch, sondern um die Geltendmachung sonstiger Rechte aus dem Arbeitsverhältnis ging, BAG 22. 2. 2012 – 4 AZR 580/12 [13 Monate nicht ausreichend]; BAG 22. 2. 2012, AP Nr 110 zu § 1 TVG Bezugnahme auf Tarifvertrag [32 Monate nicht ausreichend]; BAG 15. 3. 2012, AP Nr 29 zu § 613a BGB Widerspruch [bei sechseinhalb Jahren sei „von einem besonders schwerwiegend verwirklichten Zeitmoment" auszugehen]).

317 Hingegen kann ein Arbeitnehmer ohne Kenntnis der für seine Widerspruchsentscheidung relevanten Umstände sein Widerspruchsrecht nicht allein deshalb verwirken, weil er zunächst widerspruchslos beim neuen Inhaber weiterarbeitet und von diesem die Arbeitsvergütung bezieht (insoweit zutreffend BAG 24. 7. 2008, AP Nr 347 zu § 613a BGB; BAG 27. 11. 2008, AP Nr 364 zu § 613a BGB; BAG 20. 5. 2010, AP Nr 23 zu § 613a

BGB Widerspruch; BAG 11. 11. 2010, AP Nr 390 zu § 613a BGB; BAG 21. 12. 2017 – 8 AZR 99/17; BAG 28. 6. 2018 – 8 AZR 100/17; hingegen kann die schlichte Weiterarbeit nach Kenntniserlangung von den widerspruchsrelevanten Umständen im Einzelfall durchaus Verwirkung begründen; in diesem Sinne auch Dzida NZA 2009, 641 [645]; zu undifferenziert daher Gaul/Niklas DB 2009, 452 [456]). Abzulehnen ist die neue Rechtsprechung des BAG, wonach auch die bloße widerspruchslose Weiterarbeit beim neuen Inhaber Verwirkung begründen könne, sofern der Arbeitnehmer zumindest – wenngleich fehlerhaft – in Textform über den Übergang unterrichtet wurde und seit der Unterrichtung sieben Jahre vergangen sind (BAG 24. 8. 2017, NJW 2018, 647; BAG 28. 6. 2018, AP Nr 475 zu § 613a BGB; kritisch auch ErfK/Preis § 613a Rn 102).

Ebenso wenig können Vereinbarungen mit dem neuen Inhaber, durch die einzelne **318**
Arbeitsbedingungen geändert werden, zur Begründung der Verwirkung herangezogen werden, solange der Arbeitnehmer keine Kenntnis von den für seine Widerspruchsentscheidung relevanten Umständen hat (vgl BAG 20. 5. 2010, AP Nr 23 zu § 613a BGB Widerspruch; BAG 26. 5. 2011, AP Nr 407 zu § 613a BGB). Kein Umstandsmoment begründe allein die Erhebung einer Kündigungsschutzklage gegen eine vom Erwerber ausgesprochene Kündigung (BAG 26. 5. 2011, AP Nr 407 zu § 613a BGB). Hingegen soll nach Ansicht des BAG das Umstandsmoment erfüllt sein können, wenn ein Arbeitnehmer eine vom neuen Inhaber ausgesprochene Kündigung nicht angreift (BAG 24. 7. 2008, AP Nr 347 zu § 613a BGB; BAG 2. 4. 2009, AP Nr 9 zu § 613a BGB Widerspruch; BAG 22. 4. 2010, AP Nr 15 zu § 613a BGB Widerspruch; das Umstandsmoment sei allerdings nicht erfüllt, wenn der Arbeitnehmer innerhalb der Frist des § 4 KSchG dem Übergang des Arbeitsverhältnisses widerspricht; dadurch lasse der Arbeitnehmer die vom neuen Betriebs[teil]inhaber ausgesprochene Kündigung zu einem Zeitpunkt ins Leere gehen, zu dem noch die Möglichkeit zu einer gegen den neuen Inhaber zu richtenden Kündigungsschutzklage besteht – so BAG 9. 12. 2010, AP Nr 395 zu § 613a BGB). Das ist nicht in jeder Hinsicht überzeugend. Gleiches gilt für die allgemeine Annahme des BAG, das Umstandsmoment sei regelmäßig gegeben, wenn der Arbeitnehmer über den Bestand seines Arbeitsverhältnisses gegenüber dem Betriebserwerber disponiert hat (BAG 20. 3. 2008, NZA 2008, 1354; BAG 27. 11. 2008, AP Nr 363 zu § 613a BGB; BAG 22. 4. 2010, AP Nr 16 zu § 613a BGB Widerspruch; BAG 20. 5. 2010, AP Nr 23 zu § 613a BGB Widerspruch). Nach Ansicht des BAG stellen sich als Disposition über den Bestand des Arbeitsverhältnisses „nur solche Vereinbarungen oder Verhaltensweisen des Arbeitnehmers dar, durch welche es zu einer Beendigung des Arbeitsverhältnisses kommt […] oder durch welche das Arbeitsverhältnis auf eine völlig neue rechtliche Grundlage gestellt wird" (BAG 11. 11. 2010, AP Nr 390 zu § 613a BGB; vgl auch BAG 23. 7. 2009, AP Nr 10 zu § 613a BGB Widerspruch; BAG 24. 2. 2011, AP Nr 398 zu § 613a BGB; BAG 26. 5. 2011, AP Nr 407 zu § 613a BGB; vgl auch BAG 17. 10. 2013, AP Nr 448 zu § 613a BGB). Auch bei Vorliegen solcher Dispositionen ist allerdings richtigerweise stets im Einzelfall zu prüfen, ob bei nachträglicher Kenntniserlangung von für die Widerspruchsentscheidung relevanten Informationen möglicherweise gerade auch der vom Arbeitnehmer über den Bestand des Arbeitsverhältnisses getroffenen Disposition die Grundlage entzogen wird. Ist dies der Fall, so wird das Umstandsmoment durch die Disposition nicht erfüllt. Fest steht bei Zugrundelegung der hier vertretenen ex-nunc-Wirkung des Widerspruchs (vgl Rn 305) lediglich, dass der Widerspruch nach Beendigung des Arbeitsverhältnisses nicht mehr ausgeübt werden kann (**aA** BAG 20. 3. 2008, NZA 2008, 1354; BAG 24. 7. 2008, AP Nr 349 zu § 613a BGB; BAG 21. 1. 2010, AP Nr 13 zu § 613a BGB Widerspruch; wie hier Rieble NZA 2004, 1 [6 f]; Willemsen, in: FS Küttner 417 [432]; HWK/Willemsen/Müller-Bonanni § 613a Rn 348).

319 Im Einzelnen hat das BAG Verwirkung in folgenden Fällen angenommen (siehe ergänzend die Zusammenstellung bei JACOBSEN/MENKE NZA-RR 2010, 393 [396 ff], sowie die Überlegungen bei LÖWISCH/GÖPFERT/SIEGRIST DB 2007, 2538):

- Der Arbeitnehmer wurde am 29. 8. 2005 über den Übergang seines Arbeitsverhältnisses mit Wirkung zum 1. 10. 2005 (fehlerhaft) unterrichtet. Er schloss sodann am 8. 8. 2006 mit dem Erwerber einen Aufhebungsvertrag ab und widersprach dem Übergang seines Arbeitsverhältnisses am 27. 10. 2006 (BAG 20. 5. 2010, AP Nr 23 zu § 613a BGB Widerspruch).

- Der Arbeitnehmer wurde mit Schreiben vom 22. 10. 2004 über einen Übergang seines Arbeitsverhältnisses gem § 613a BGB mit Wirkung zum 1. 11. 2004 (fehlerhaft) unterrichtet. Die Erwerberin kündigte das auf sie übergegangene Arbeitsverhältnis am 27. 8. 2005 mit Wirkung zum Ablauf des 30. 11. 2005. Der Arbeitnehmer widersprach dem Übergang seines Arbeitsverhältnisses mit Schreiben vom 25. 1. 2006 (BAG 21. 1. 2010, AP Nr 13 zu § 613a BGB Widerspruch, vgl auch BAG 22. 4. 2010 – 8 AZR 982/07, nv).

- Die Erwerberin kündigte mit Schreiben vom 10. 12. 2004 mit Wirkung zum Ablauf des 30. 6. 2005. Ein im Kündigungsschutzprozess abgeschlossener Beendigungsvergleich wurde von der Erwerberin am 26. 4. 2005 widerrufen. Der Arbeitnehmer rügte mit Schreiben vom 4. 7. 2005 die fehlerhafte Unterrichtung und widersprach am 20. 7. 2005 (BAG 24. 2. 2011, AP Nr 398 zu § 613a BGB).

- Erklärung des Prozessbevollmächtigten des Arbeitnehmers im Gütetermin, dass sein Mandant einem Übergang des Arbeitsverhältnisses nicht widersprochen habe und Erklärung des Widerspruchs erst mehr als vierzehn Monate später (BAG 15. 2. 2007, AP Nr 320 zu § 613a BGB).

- Inanspruchnahme des bisherigen Arbeitgebers ausdrücklich nur aufgrund der Nachhaftung gem Abs 2 S 1 und nicht als Arbeitgeber und danach Zuwarten bis zur Ausübung des Widerspruchs für die Dauer von dreieinhalb Monaten (BAG 24. 7. 2008, AP Nr 346 zu § 613a BGB).

- Aufforderung zur Ergänzung der gewährten Informationen, um „eine Entscheidung über [den] Widerspruch treffen zu können" mit Schreiben vom 24. 6. 2005; Eigenkündigung der Arbeitnehmerin am 30. 8. 2005 mit Wirkung zum 30. 11. 2005. Rüge einer falschen Unterrichtung durch Anwaltsschreiben mit angehängtem Widerspruchsschreiben, den beteiligten Arbeitgebern zugegangen am 12. 4. 2006 (BAG 12. 11. 2009, AP Nr 11 zu § 613a BGB Widerspruch).

- Hinnahme einer vom Betriebserwerber ausgesprochenen Kündigung und Abschluss eines zur Beendigung des Arbeitsverhältnisses mit dem Betriebserwerber führenden dreiseitigen Vertrages mit dem Arbeitgeber sowie einer Beschäftigungs- und Qualifizierungsgesellschaft sowie Zuwarten von mehr als fünf Monaten nach Eintritt in die Beschäftigungs- und Qualifizierungsgesellschaft (BAG 12. 11. 2009, AP Nr 382 zu § 613a BGB).

- Abschluss einer dreiseitigen Vereinbarung, worin die Aufhebung des Arbeitsverhältnisses mit dem bisherigen Betriebs(teil)inhaber und gleichzeitig die Begründung eines Arbeitsverhältnisses mit einer Drittfirma vereinbart und von dem neuen Betriebs(teil)inhaber eine Abfindung gezahlt wird, die auch die Zeit beim bisherigen Betriebs(teil)inhaber berücksichtigt (BAG 18. 3. 2010, AP Nr 14 zu § 613a BGB Unterrichtung).

- Abschluss eines gerichtlichen Vergleichs mit dem Betriebs(teil)erwerber, wonach mit ihm nie ein Arbeitsverhältnis bestanden habe am 26. 4. 2011, nachdem der Kläger von seinem bisherigen Arbeitgeber am 12. 11. 2010 über einen Betriebsübergang auf den Betriebs(teil)erwerber zum 1. 1. 2011 unterrichtet worden war (BAG 17. 10. 2013, AP Nr 448 zu § 613a BGB).

Ist das Widerspruchsrecht verwirkt, so kann sich ein beteiligter Arbeitgeber unab- 320
hängig davon auf die Verwirkung berufen, ob er das Vorliegen der Verwirkungsvoraussetzungen jeweils im Einzelnen kennt (BAG 27. 11. 2008, AP Nr 363 zu § 613a BGB; BAG 21. 1. 2010, AP Nr 13 zu § 613a BGB Widerspruch; BAG 22. 4. 2010, AP Nr 15 zu § 613a BGB Widerspruch; BAG 20. 5. 2010, AP Nr 23 zu § 613a BGB Widerspruch). Feststehen muss lediglich, dass einem der beteiligten Arbeitgeber das Verhalten des Arbeitnehmers derart bekannt geworden ist, dass Verwirkung eintreten konnte (BAG 27. 11. 2008, AP Nr 63 zu § 613a BGB; BAG 21. 1. 2010, AP Nr 13 zu § 613a BGB Widerspruch; BAG 18. 3. 2010, AP Nr 14 zu § 613a BGB Unterrichtung; BAG 20. 5. 2010, AP Nr 23 zu § 613a BGB Widerspruch; BAG 11. 11. 2010, AP Nr 390 zu § 613a BGB; BAG 9. 12. 2010, AP Nr 394 zu § 613a BGB; BAG 24. 2. 2011, AP Nr 400 zu § 613a BGB zustimmend Gaul/Niklas DB 2009, 452).

Hat ein Arbeitnehmer sein Widerspruchsrecht verwirkt, so kann er nicht verlangen, 321
unter Berufung auf einen Schadensersatzanspruch wegen eines Unterrichtungsmangels im Wege der Naturalrestitution so gestellt zu werden – und sei es auch nur wirtschaftlich – als hätte er den Widerspruch wirksam ausgeübt (BAG 12. 11. 2009, AP Nr 12 zu § 613a BGB Widerspruch; vgl auch BAG 2. 4. 2009, AP Nr 6 zu § 613a BGB Widerspruch).

V. Rechtsfolgen des Widerspruchs

Der Gesetzgeber hat die Rechtsfolgen eines erklärten Widerspruchs nicht geregelt 322
(vgl dazu die Kritik bei Rieble NZA 2004, 1 [3]). Wird der Widerspruch vor dem Übergang des Arbeitsverhältnisses erklärt, so geht das Arbeitsverhältnis nicht auf den neuen Inhaber über (für eine Neukonzeption des Widerspruchsrechts im Sinne eines außerordentlichen Lösungsrechts Müller-Bonanni, in: FS Willemsen 331 [336 f]).

Wird der Widerspruch erst nach dem Betriebs(teil)übergang erklärt, sind die Rechts- 323
folgen umstritten. Nach ständiger Rechtsprechung des BAG und der ganz herrschenden Literaturauffassung wirkt ein nach dem Betriebs(teil)übergang erklärter Widerspruch auf den Zeitpunkt des Betriebs(teil)übergangs zurück (s nur BAG 27. 11. 2008, AP Nr 360 zu § 613a BGB; BAG 14. 12. 2006, AP Nr 318 zu § 613a BGB; BAG 13. 7. 2006, AP Nr 312 zu § 613a BGB; BAG 22. 4. 1993, AP Nr 103 zu § 613a BGB; BAG 30. 10. 1986, AP Nr 55 zu § 613a BGB; Franzen RdA 2002, 258 [270]; Gaul/Otto DB 2002, 634 [638]; MünchKomm/Müller-Glöge § 613a Rn 122; Sieg/Maschmann, Unternehmensumstrukturierung [2. Aufl 2010] Rn 189; Worzalla NZA 2002, 353 [358]). Daher könne ein erst nach dem Betriebs(teil)übergang wirksam erklärter Widerspruch rückwirkend Annahmeverzugsansprüche des

widersprechenden Arbeitnehmers gegen seinen bisherigen Arbeitgeber haben (BAG 27. 11. 2008, AP Nr 360 zu § 613a BGB). Überdies könne ein Arbeitnehmer einer durch den neuen Betriebs(teil)inhaber ausgesprochenen Kündigung den Boden entziehen, wenn er nach Kündigungsausspruch dem Übergang seines Arbeitsverhältnisses auf den neuen Betriebs(teil)inhaber wirksam widerspricht (BAG 9. 12. 2010, AP Nr 395 zu § 613a BGB; zustimmend Göttling, in: FS Willemsen 133 [145]). Abweichend davon wurde noch in der Neubearbeitung 2005 (Staudinger/Annuss [2005] Rn 186) die Ansicht vertreten, dass bis zum Ablauf der Widerspruchsfrist bzw bis zum Eintritt der Verwirkung nur ein aufschiebend bedingter Übergang des Arbeitsverhältnisses erfolge, so dass dieses bis dahin mit dem bisherigen Inhaber fortbestehe. Demgegenüber nimmt Volker Rieble an, dass ein nach dem Betriebs(teil)übergang erklärter Widerspruch nur ex nunc wirkt. Dies entspreche dem allgemeinen Grundsatz, dass Rechtswirkungen von Rechtsakten nur ex nunc einträten, sofern nicht gesetzlich eindeutig etwas anderes geregelt sei (Rieble NZA 2004, 1 [4 f]; zustimmend Löwisch, in: FS Birk 541 ff; im Ausgangspunkt ähnlich Willemsen NJW 2007, 2065 [2072 f]).

324 Grundrechtlich scheint die Notwendigkeit einer Rückwirkung des erklärten Widerspruchs nicht begründbar, da es ausreicht, wenn der Arbeitnehmer sich der Unterordnung unter einen neuen Arbeitgeber entziehen kann, sobald er von dessen Einrücken in die Arbeitgeberstellung Kenntnis hat. Erlangt der Arbeitnehmer von dem Einrücken eines neuen Inhabers in die Arbeitgeberstellung zunächst keine Kenntnis, ist eine Rückwirkung des Widerspruchs ebenfalls nicht grundrechtlich geboten (im Ergebnis anderer Ansicht auf Basis der von ihm angestellten Kompromissüberlegungen Willemsen NJW 2007, 2065 [2072 f]). Nicht die Überleitung der Vertragsbeziehung auf ein anderes Rechtssubjekt ist grundrechtsrelevant, sondern allenfalls eine dem Willen des Arbeitnehmers zuwiderlaufende persönliche Unterordnung unter einen Dritten. Zu ihr kommt es jedoch erst, wenn der neue Inhaber gegenüber dem Arbeitnehmer im eigenen Namen als Arbeitgeber auftritt, und dann kann der Arbeitnehmer sich sogleich durch eine außerordentliche fristlose Kündigung aus der persönlichen Abhängigkeit von einem ihm nicht genehmen Dritten befreien. In Anbetracht dessen lässt sich gegen die ex nunc-Wirkung des Widerspruchs auch nicht einwenden, dass der Arbeitnehmer sich bis zur Ausübung des Widerspruchsrechts gestaltende Entscheidungen des neuen Inhabers gefallen lassen muss (Jochums/Klumpp JuS 2006, 687 [688]). Diese Konsequenz erscheint nämlich geradezu folgerichtig und ist nicht zu beanstanden, solange der Arbeitnehmer den Widerspruch nicht erklärt hat und er damit den neuen Inhaber als Arbeitgeber duldet. Dies ändert freilich nichts daran, dass die Annahme der ex-nunc-Wirkung des Widerspruchs zwar einige praktische Probleme vermeidet, die mit der Annahme einer ex-tunc-Wirkung verbunden sind, in einzelnen Bereichen aber dennoch einen nicht einfach zu bewältigenden Anpassungsbedarf schafft (vgl insbesondere zu betriebsrentenrechtlichen Fragen Neufeld/Beyer NZA 2008, 1157).

325 Hält man das Widerspruchsrecht für grundrechtlich geboten, so muss es in Form eines „einseitigen Lösungsrechts" (kritisch zu dieser Begrifflichkeit Hohner, Übergang 120) **auch dann bestehen, wenn der bisherige Rechtsträger erlischt**, was nur bei einer Vollverschmelzung sowie bei einer Aufspaltung (vgl §§ 2, 123 Abs 1 UmwG) praktisch relevant wird (wie hier Lutter/Joost UmwG § 324 Rn 67; Bauer/Lingemann NZA 1994, 1057 [1061]; Boecken ZIP 1994, 1087 [1092]; ders, Unternehmensumwandlungen Rn 85; Dahms, Widerspruchsrecht 148 ff; Däubler RdA 1995, 136 [140]; Grau, Widerspruchsrecht 342 ff; Hennsler, in:

FS Kraft 219 [228]; HOHNER, Übergang 119; KARLSFELD, Widerspruchsrecht 176 f; MENZE, Widerspruchsrecht 45; MERTENS AG 1994, 66 [73]; RIEBLE ZIP 1997, 301 [306]; im Ergebnis auch ALTENBURG/LEISTER NZA 2005, 15 [29]). Sofern demgegenüber die Auffassung vertreten wird, in diesen Fällen gehe das Widerspruchsrecht „ins Leere" (HENNRICHS, Formwechsel und Gesamtrechtsnachfolge bei Umwandlungen 130 ff; KRESSEL BB 1995, 925 [930]; MünchKomm/MÜLLER-GLÖGE § 613a Rn 219; WEIMAR/ALFES NZA 1991, 833 [835]; WILLEMSEN/LEMBKE NJW 2002, 1159 [1165]; WLOTZKE DB 1995, 40 [43]; so im Ergebnis auch BAG 21. 2. 2008, NZA 2008, 815, unter Verweis auf die Möglichkeit einer Kündigung aus wichtigem Grund; vgl auch Begr RegE, BT-Drucks 14/7760, 20: „Keinen Ansatz für ein Widerspruchsrecht gibt es, wenn das übertragende Unternehmen in Folge der Umwandlung erlischt"), ist dem schon der Wortlaut des § 324 UmwG entgegenzuhalten, welcher die Geltung von Abs 6 für alle Fälle der Umwandlungen ohne Einschränkung anordnet.

Erlischt der Rechtsträger bereits im Zeitpunkt des Betriebsübergangs und wird der Widerspruch zulässigerweise erst nachträglich ausgeübt, so besteht in der Zwischenzeit (ausschließlich) ein voll gültiges Arbeitsverhältnis (aA STAUDINGER/ANNUSS [2005] Rn 188) das nach den allgemeinen Grundsätzen zu behandeln ist. 326

Zu den Auswirkungen des Widerspruchs auf das **vertragsimmanente Wettbewerbsverbot** vgl BOSSMANN, Wettbewerbsverbote 111 ff und D GAUL NZA 1989, 697 (700 ff). Eine tarifliche Ausschlussfrist zur gerichtlichen Geltendmachung von Ansprüchen gegen den bisherigen Arbeitgeber, die vom Widerspruch abhängen, läuft grundsätzlich erst ab dem Zugang des Widerspruchs (BAG 16. 4. 2013, AP Nr 203 zu § 4 TVG Ausschlussfristen). 327

Der widersprechende Arbeitnehmer ist grundsätzlich nicht in besonderer Weise vor solchen **faktischen und rechtlichen Nachteilen** geschützt, die mit dem Widerspruch verbunden sein können (BAG 30. 10. 2003, AP Nr 262 zu § 613a BGB). Wenn der Arbeitnehmer sein Widerspruchsrecht ausübt und dadurch den gesetzlichen Übergang des Arbeitsverhältnisses verhindert, riskiert er insbesondere, dass der Arbeitgeber das Arbeitsverhältnis durch ordentliche Kündigung auflöst, weil er den Arbeitnehmer wegen der Übertragung des Betriebs oder Betriebsteils nicht beschäftigen kann. Eine derartige Kündigung fällt, obwohl der Gesetzestext entgegenzustehen scheint, nicht unter Abs 4 Satz 1 (BAG 8. 5. 2014, AP Nr 205 zu § 1 KSchG 1969 Betriebsbedingte Kündigung; BAG 25. 5. 2000, AP Nr 209 zu § 613a BGB; vgl Rn 375 ff sowie grundlegend KREITNER, Kündigungsrechtliche Probleme 152 ff; WILLEMSEN ZIP 1983, 411 [417]; aA BLANK ua, Arbeitnehmerschutz bei Betriebsaufspaltung und Unternehmensteilung 256 f). Kann der bisherige Inhaber den widersprechenden Arbeitnehmer nicht beschäftigen, so muss dieser sich regelmäßig in Minderung seines Annahmeverzugsanspruchs gem § 615 Satz 2 BGB anrechnen lassen, was er bei dem neuen Inhaber auf seinem bisherigen Arbeitsplatz verdienen könnte, falls der neue Inhaber ihm eine Tätigkeit auf dem unveränderten Arbeitsplatz anbietet (vgl BAG 24. 7. 2008, AP Nr 345 zu § 613a BGB: „Zwar ist ein böswilliges Unterlassen des Erwerbs beim neuen Betriebsinhaber iSv § 615 Satz 2 BGB nicht schon deswegen ausgeschlossen, weil das Widerspruchsrecht zulässigerweise ausgeübt wurde. Umgekehrt begründet aber auch allein ein zulässigerweise ausgeübter Widerspruch noch nicht ein böswilliges Unterlassen iSv § 615 Satz 2 BGB"; siehe auch SCHNEIDER/SITTARD BB 2007, 2230). Eine Beschäftigung auf diesem Arbeitsplatz ist dem Arbeitnehmer regelmäßig zumutbar (BAG 5. 2. 1997, AP Nr 112 zu § 112 BetrVG 1972; BAG 19. 3. 1998, AP Nr 177 zu § 613a BGB). Annahmeverzug setzt kein Angebot der Arbeitsleistung durch den Arbeitnehmer voraus, wenn der Veräußerer vor 328 dem Betriebsübergang erklärt hat, dass er den Arbeitnehmer im Falle eines Widerspruchs nicht weiterbeschäftigen wird (BAG 20. 5. 2010, AP Nr 19 zu § 613a BGB Widerspruch). Auch eine Änderungskündigung, um den widersprechenden Arbeitnehmer auf seinem bisherigen Arbeitsplatz im Wege einer Arbeitnehmerüberlassung beschäftigen zu können, kann gerechtfertigt sein (BAG 29. 3. 2007, NZA 2007, 855 [856]). Arbeitsverhältnisse von widersprechenden Arbeitnehmern fallen nicht automatisch in den vom Arbeitgeber eventuell weitergeführten und einem weiteren Betriebsübergang zugänglichen Bereich, sondern nur dann, wenn insoweit eine Zuordnung erfolgt (BAG 21. 2. 2013, AP Nr 440 zu § 613a BGB).

329 Infolge des Widerspruchs bleibt das Arbeitsverhältnis mit dem bisherigen Arbeitgeber zu unveränderten Bedingungen bestehen bzw wird – sofern der Widerspruch nach dem Übergang erfolgt – mit ihm fortgeführt, so dass insbesondere auch die Schutzvorschriften des Kündigungsschutzgesetzes Anwendung finden, soweit der bisherige Betriebsinhaber (vgl zur unternehmensbezogenen Interpretation des Betriebsbegriffs bei § 23 Abs 1 KSchG BVerfG 27. 1. 1998, AP Nr 17 und 18 zu § 23 KSchG 1969) weiterhin regelmäßig mehr als 10 Arbeitnehmer beschäftigt (vgl § 23 Abs 1 S 3 KSchG). Daher kann der widersprechende Arbeitnehmer nach herrschender Ansicht wegen des in § 1 Abs 2 S 2 KSchG zum Ausdruck gelangenden allgemeinen Grundsatzes „Versetzung vor Beendigungskündigung" infolge Wegfalls seines bisherigen Wirkungsbereichs verlangen, auf einem etwaigen freien anderweitigen Arbeitsplatz desselben oder eines anderen Betriebs des Unternehmens beschäftigt zu werden (BAG 25. 4. 2002, NZA 2003, 605 [608]; BAG 15. 8. 2002, NZA 2003, 430 [431]; BGB-RGRK/Ascheid § 613a Rn 170; Soergel/Raab § 613a Rn 158; MünchArbR/Wank § 142 Rn 1116; Kreitner, Kündigungsrechtliche Probleme 156 f; Ingelfinger ZfA 1996, 591 [601]; Moll NJW 1993, 2016 [2017]; Oetker DZWIR 1993, 136 [142]; Schlachter NZA 1995, 705 [707]; **aA** Pietzko, Tatbestand 302 ff [304], der widersprechenden Arbeitnehmern jedenfalls keinen unternehmensbezogenen Kündigungsschutz zugesteht; vgl zur Annahme der hM eines grundsätzlich unternehmensbezogenen Kündigungsschutzes die Fundamentalkritik bei Annuss, Betriebsbedingte Kündigung und arbeitsvertragliche Bindung 113 ff).

330 Das BAG hat dem Arbeitgeber gegenüber einem widersprechenden Arbeitnehmer die Berufung auf das **Fehlen einer Weiterbeschäftigungsmöglichkeit** auf einem anderen Arbeitsplatz versagt, wenn der bisherige Inhaber nach Unterrichtung über den Betriebsteilübergang – aber noch vor Ausübung des Widerspruchsrechts – einen zumutbaren freien Arbeitsplatz anderweitig besetzt und deshalb für einen später widersprechenden Arbeitnehmer keinen Beschäftigungsbedarf mehr hat (BAG 15. 8. 2002, NZA 2003, 430 [431]). Zur Begründung beruft sich das BAG auf den in § 162 BGB „normierten Rechtsgedanken". Ausdrücklich offen gelassen hat das BAG in dieser Entscheidung, inwieweit dem Arbeitgeber die Berufung auf das Fehlen einer Weiterbeschäftigungsmöglichkeit auch dann versagt sein kann, wenn der anderweitige Arbeitsplatz bereits vor oder erst deutlich nach der Unterrichtung des später widersprechenden Arbeitnehmers über den Betriebs(teil)übergang besetzt worden ist. Die Entscheidung ist missglückt, da allein die abstrakte Möglichkeit, dass Arbeitnehmer von ihrem Widerspruchsrecht Gebrauch machen, den Arbeitgeber nicht zur vorsorglichen Offenhaltung freier Arbeitsplätze zwingen kann, um im Falle des Widerspruchs dem Einwand der Treuwidrigkeit zu entgehen. Die Unmöglichkeit der Weiterbeschäftigung beruht hier nicht auf gezielt zur Beseitigung der Weiterbeschäftigungsmöglichkeit führenden Handlungen des Arbeitgebers, sondern wesentlich auf der

Zurückweisung der gesetzlichen Regelfolge des Abs 1 S 1 durch den Arbeitnehmer (ähnlich Franzen, Anm BAG AP Nr 241 zu § 613a BGB). Nichts anderes wird im Regelfall sogar dann gelten, wenn ein Sachgrund für den Widerspruch (vgl dazu Rn 332) anzuerkennen ist. Richtig dürfte es sein, das Treuwidrigkeitsargument des BAG – sofern man es in diesem Zusammenhang überhaupt für tragfähig hält (vgl dazu vHoyningen-Huene/Linck/Krause, KSchG § 1 Rn 788 ff) – von vornherein auf solche Konstellationen zu beschränken, in denen der Arbeitgeber einen an sich für eine Weiterbeschäftigung des widersprechenden Arbeitnehmers in Betracht kommenden Arbeitsplatz nach dem Widerspruch anderweitig besetzt hat (im Ergebnis wie hier Franzen, Anm BAG AP Nr 241 zu § 613a BGB; ablehnend auch Pomberg DB 2003, 2177 [2178 f]).

Nach Ansicht des BAG sind unter der seit dem 1. 1. 2004 geltenden Fassung des § 1 **331**
Abs 3 KSchG Arbeitnehmer, die einem Übergang ihres Arbeitsverhältnisses auf einen Betriebserwerber gem Abs 6 BGB widersprochen haben, prinzipiell unmodifiziert in eine beim bisherigen Inhaber im Hinblick auf betriebsbedingte Kündigungen – auch wenn sie erst durch den Widerspruch einzelner Arbeitnehmer ausgelöst wurden – durchzuführende **Sozialauswahl** einzubeziehen. Insbesondere dürften die Gründe für den Widerspruch im Rahmen der Sozialauswahl regelmäßig nicht berücksichtigt werden und bestehe grundsätzlich kein berechtigtes Interesse des bisherigen Betriebsinhabers iSv § 1 Abs 3 S 2 KSchG, die nicht widersprechenden Arbeitnehmer aus der Sozialauswahl auszunehmen (BAG 31. 5. 2007, AP Nr 94 zu § 1 KSchG 1969 Soziale Auswahl; vgl dazu Eylert/Spinner BB 2008, 50; Quecke ZIP 2007, 1846; ErfK/Preis § 613a Rn 108). Demgegenüber hatte das BAG sich zur alten Rechtslage noch in einer Entscheidung vom 18. 3. 1999 (AP Nr 41 zu § 1 KSchG 1969 Soziale Auswahl) dafür ausgesprochen, hinsichtlich widersprechender Arbeitnehmer auch bei Fehlen eines anerkennenswerten sachlichen Grundes für den Widerspruch die Notwendigkeit einer Sozialauswahl nicht von vornherein auszuschließen. Vielmehr könne der Arbeitnehmer sich grundsätzlich auch dann auf eine mangelhafte Sozialauswahl nach § 1 Abs 3 KSchG berufen, wenn der Verlust des Arbeitsplatzes darauf beruhe, dass er dem Übergang seines Arbeitsverhältnisses widersprochen habe. Allerdings seien die Gründe für den Widerspruch bei der Prüfung der sozialen Gesichtspunkte mit der Maßgabe zu berücksichtigen, dass sie für die Begründung eines Vorrangs des widersprechenden Arbeitnehmers bei der Sozialauswahl umso gewichtiger sein müssten, je geringer sein Vorsprung in der sozialen Schutzbedürftigkeit gegenüber den ohnehin beim bisherigen Betriebsteilinhaber weiterbeschäftigten Arbeitnehmern im Übrigen sei (BAG 18. 3. 1999, AP Nr 41 zu § 1 KSchG 1969 Soziale Auswahl; bestätigt BAG 24. 2. 2000, AP Nr 204 zu § 613a BGB; 22. 3. 2001, NZA 2002, 1349 [1357]; BAG 22. 4. 2004, AP Nr 67 zu § 1 KSchG 1969 Soziale Auswahl; kritisch zu dieser Rechtsprechung ErfK/Preis § 613a Rn 107, da sie die Sozialauswahl mit einem weiteren Unsicherheitsfaktor belaste). Angesichts § 1 Abs 3 KSchG, wonach der Arbeitgeber bei der Sozialauswahl nur die Dauer der Betriebszugehörigkeit, das Lebensalter, die Unterhaltspflichten und die Schwerbehinderung des Arbeitnehmers zu berücksichtigen hat, konnte an dieser Rechtsprechung nicht festgehalten werden, weil § 1 Abs 3 KSchG keinen Raum für weitere bei der Sozialauswahl zwingend zu berücksichtigende Kriterien lässt (ebenso MünchKomm/Müller-Glöge § 613a Rn 128; vgl dazu auch Lunk/Möller NZA 2004, 9 [13 f]). Dennoch ist es nicht überzeugend, wenn das BAG in einer Entscheidung vom 31. 5. 2007 (AP Nr 94 zu § 1 KSchG 1969 Soziale Auswahl) meint, dass auch in allen Fällen des Widerspruchs eine „gewöhnliche" Sozialauswahl durchzuführen sei (Gaul NZA 2005, 730 [733]; vgl zum alten Recht Helpertz DB 1990, 1562 [1564]; Jaeger BB 1988, 1036 [1040]; differenzierend Henssler NZA 1994,

913 [922]). Wesentlicher Grund für das Erfordernis der Sozialauswahl bei betriebsbedingter Kündigung ist nämlich die Erkenntnis, dass es dem kraft gesetzlicher Anordnung in § 1 Abs 3 KSchG für die Beendigung des Arbeitsverhältnisses zum Maßstab erhobenen Prinzip der Verteilungsgerechtigkeit am besten entspricht, wenn die Auswirkungen des allein aus der Sphäre des Arbeitgebers stammenden Kündigungsgrundes nach sozialen Kriterien innerhalb der Belegschaft alloziert werden. Dieses Ziel würde verfehlt, wenn sich auch solche Arbeitnehmer ohne Weiteres auf die Notwendigkeit einer Sozialauswahl berufen könnten, welche die Notwendigkeit einer betriebsbedingten Kündigung erst durch ihr Verhalten heraufbeschworen haben, so dass die Kündigung bei wertender Betrachtung nicht in der Sphäre des Arbeitgebers, sondern in derjenigen des widersprechenden Arbeitnehmers wurzelt und damit der innere Grund für die Vornahme einer Sozialauswahl nicht gegeben ist (im Ergebnis ebenso Franzen RdA 2002, 258 [269]). Allerdings erscheint es auch nicht richtig, widersprechende Arbeitnehmer generell aus der Sozialauswahl auszunehmen (so etwa Lipinski, Sonderkündigungsschutz 89).

332 Zutreffend dürfte es sein, **nur** in eine Sozialauswahl einzutreten, **dann aber in vollem Umfang**, wenn ein sachlicher Grund für den Widerspruch vorliegt, er also unter dem Gesichtspunkt der sozialen Sicherung gerechtfertigt und durch den Betriebs(teil)übergang provoziert ist (ebenso Hohner, Übergang 136 ff; MünchKomm/Müller-Glöge § 613a Rn 128; Oetker DZWIR 1993, 136 [143 f]; vgl auch BAG 7. 4. 1993, AP Nr 22 zu § 1 KSchG 1969 Soziale Auswahl; LAG Hamm 21. 6. 1994, NZA 1995, 471; Tschöpe, Rechtsfolgen eines arbeitnehmerseitigen Widerspruchsrechts beim Betriebsinhaberwechsel [1984] 55 ff; unzutreffend Gaul NZA 2005, 730 [731], soweit er meint, die Versagung der Sozialauswahl sei mit dem Maßregelungsverbot des § 612a nicht zu vereinbaren). Wird ein Widerspruch durch die Rahmenumstände des Betriebs(teil)übergangs provoziert, kann der Ursprung einer aufgrund des Widerspruchs ausgesprochenen betriebsbedingten Kündigung bei wertender Betrachtung nämlich durchaus in der Sphäre des Arbeitgebers verankert werden, so dass der tragende Grund für das Sozialauswahlerfordernis auch hier einschlägig ist. Als sachliche Gründe in diesem Sinne kommen nur solche Umstände in Betracht, die der Unternehmensebene zuzuordnen sind, voraussichtlich unmittelbar im Anschluss an den Betriebsübergang eintreten werden und nicht schon durch § 613a BGB abschließend geregelt sind. Hingegen reichen nicht näher konkretisierbare Erwartungen ebenso wenig aus wie subjektive Präferenzen des betroffenen Arbeitnehmers. Als erheblich ist daher insbesondere anzusehen, wenn im neuen Unternehmen das Kündigungsschutzgesetz keine Anwendung findet (Lunk NZA 1995, 711 [717]), der Inhaber illiquide, gewerberechtlich unzuverlässig oder insolvenzgefährdet ist (LAG Hamm 21. 6. 1994, NZA 1995, 471 [473]; Henssler NZA 1994, 913 [922]; Lunk NZA 1995, 711 [717]) oder wenn der Arbeitsplatz beim Erwerber durch eine bereits konkret geplante Betriebsänderung gefährdet ist (Busche DZWIR 1994, 117; Henssler NZA 1994, 913 [922]; Neef NZA 1994, 97 [102]; Oetker DZWIR 1993, 136 [143]; vgl auch BAG 24. 11. 1993, AP Nr 39 zu § 1 TVG Tarifverträge: Einzelhandel; Soergel/Raab § 613a Rn 159). Ebenso wird man den Verlust der Sozialplanpflichtigkeit (zum Unternehmensbezug dieses Umstands Richardi/Annuss, BetrVG § 111 Rn 17 f) – auch nach § 112a BetrVG – als sachlichen Grund anerkennen können (**aA** Lunk NZA 1995, 711 [716]; wohl auch Neef/Schrader NZA 1998, 804 [808]; vgl auch BAG AP Nr 112 zu § 112 BetrVG 1972). Hingegen reichen die bloße Nichtexistenz eines Betriebsrats in dem (betriebsratsfähigen) Betrieb des Erwerbers (LAG Hamm 21. 6. 1994 NZA 1995, 471 [474]; Henssler NZA 1994, 913 [922]; Lunk NZA 1995, 711 [716]; **aA** Berscheid Wprax 6/1994, 37) oder die lediglich tat-

sächliche Verringerung der Basis für die Sozialauswahl (Lunk NZA 1995, 711 [716]; **aA** LAG Hamm 21. 6. 1994, NZA 1995, 471 [473 f]; Neef NZA 1994, 97 [102]) sowie schlichte Lästigkeiten wie die Verlängerung der Anfahrtswege (Letzteres zeigt die Wertung des § 2 KSchG; **aA** Preis/Steffan, Anm EzA § 1 KSchG Soziale Auswahl Nr 30) ebenso wenig aus wie der Verlust der Betriebsratsfähigkeit als solcher. Nicht genügend ist ferner – wie die dem Abs 1 S 3 zugrunde liegende Wertung beweist – generell der Verlust kollektiver Rechte (Meyer NJW 2002, 1615 [1619]). Vielmehr bleibt es der Eigeninitiative der Arbeitnehmer überlassen, solche Rechte auch beim Erwerber zu erwirken.

Die vom BAG zu Weiterbeschäftigungspflicht und Sozialauswahl im gemeinsamen Betrieb mehrerer Unternehmen entwickelten Grundsätze (dazu Annuss NZA-Sonderheft 2001, 12 ff; Annuss/Hohenstatt NZA 2004, 420) gelten nach Ansicht des BAG auch bei Widerspruch eines Arbeitnehmers gegen den Übergang seines Arbeitsverhältnisses bei einem Betriebsteilübergang innerhalb des fortbestehenden gemeinsamen Betriebs (BAG 15. 2. 2007, AP Nr 2 zu § 613a BGB Widerspruch). **333**

Besondere Schwierigkeiten ergeben sich beim **Widerspruch ordentlich unkündbarer Arbeitnehmer** (vgl zu den verschiedenen Fallgestaltungen Kreitner, Kündigungsrechtliche Probleme 168 ff), da deren Sonderkündigungsschutz grundsätzlich auch im Falle eines Widerspruchs aufrechterhalten bleibt (ebenso Wickler, Arbeitgeberkündigung 122 f; anders für Betriebsratsmitglieder bei einem Übergang des gesamten Betriebs Kreitner, Kündigungsrechtliche Probleme 168; Feudner DB 1994, 1570 [1572]; Gerauer BB 1990, 1127). Allerdings können sich die besonders kündigungsgeschützten Arbeitnehmer bei Fehlen eines sachlichen Grundes für den Widerspruch auf den Sonderkündigungsschutz nicht berufen, sofern deswegen anderen, nicht besonders kündigungsgeschützten Arbeitnehmern gekündigt werden müsste (Hohner, Übergang 145 ff; Soergel/Raab § 613a Rn 161; vgl auch Oetker DZWIR 1993, 136 [144]; **aA** HWK/Willemsen/Müller-Bonanni § 613a Rn 359; beachte auch BAG 17. 9. 1998, AP Nr 148 zu § 626 BGB; **aA** auch BAG 29. 3. 2007, AP Nr 4 zu § 613a BGB Widerspruch, wonach den Arbeitgeber vor der „außerordentlichen ordentlichen Kündigung" eines ordentlich nicht kündbaren Arbeitnehmers auch nach einem Widerspruch des Arbeitnehmers gegen den Übergang seines Arbeitsverhältnisses die Pflicht trifft, alle zumutbaren, eine Weiterbeschäftigung ermöglichenden Mittel auszuschöpfen). Dass nach richtiger Auffassung Arbeitnehmer mit Sonderkündigungsschutz im Allgemeinen nicht in die Sozialauswahl nach § 1 Abs 3 KSchG einzubeziehen sind und sich der Sonderkündigungsschutz damit außerhalb der durch sachlich unbegründete Widersprüche erzeugten Konstellationen durchaus faktisch zum Nachteil der anderen Arbeitnehmer auswirken kann, steht nicht entgegen. Diese Konstellation unterscheidet sich von der hier betrachteten nämlich wesentlich dadurch, dass in ihr der Kündigungsgrund aus der Sphäre des Arbeitgebers stammt, was in Fällen der Auslösung einer betriebsbedingten Kündigung durch einen Widerspruch bei wertender Betrachtung gerade nicht der Fall ist. Bei Betriebsratsmitgliedern gilt eine Besonderheit insofern, als es sich nicht um eine nach § 103 BetrVG zustimmungsbedürftige außerordentliche Kündigung, sondern um eine in Anwendung des § 15 Abs 5 Satz 2 iVm Abs 4 KSchG ausnahmsweise zulässige ordentliche Kündigung handelt (Annuss DB 1999, 798; Feudner DB 1994, 1570; vgl auch BAG 18. 9. 1997, AP Nr 35 zu § 113 BetrVG 1972; BAG 25. 5. 2000, AP Nr 209 zu § 613a BGB; Gerauer BB 1990, 1127; Kraft, Anm EzA § 15 KSchG nF Nr 46). Der Wille zur Erhaltung des Betriebsratsamts ist dabei kein sachlicher Grund für den Widerspruch (Feudner BB 1994, 1570 f; **aA** LAG Düsseldorf 25. 11. 1997 LAGE § 15 KSchG Nr 16), da der Arbeitgeberwechsel als solcher keinen Einfluss auf den Fortbestand des Betriebsratsmandats hat. **334**

335 Vor Ausspruch der Kündigung gegenüber dem widersprechenden Arbeitnehmer ist – sofern erforderlich – dem **Anhörungserfordernis des § 102 BetrVG** zu genügen. Anzuhören ist jedoch allenfalls der im Betrieb des Veräußerers – und sei es im Übergangsmandat gem § 21a BetrVG (hingegen kommt ein Restmandat gem § 21b BetrVG insoweit nicht in Betracht) – fortbestehende Betriebsrat, so dass insbesondere weder der nach dem Betriebsübergang beim Erwerber existierende Betriebsrat noch ein beim Veräußerer gebildeter Gesamtbetriebsrat zuständig ist (vgl BAG 8. 5. 2014, AP Nr 205 zu § 1 KSchG 1969 Betriebsbedingte Kündigung; BAG 24. 5. 2012, AP Nr 194 zu § 1 KSchG 1969 Betriebsbedingte Kündigung; BAG 16. 8. 1983, AP Nr 5 zu § 50 BetrVG 1972; BAG 27. 2. 1997, AP Nr 89 zu § 102 BetrVG 1972; vgl auch BAG 24. 9. 2015, NZA 2016, 366; ferner dazu Hidalgo/Kobler NZA 2014, 290 ff).

336 Widerspricht ein **Mitglied der Personalvertretung** dem Übergang seines Arbeitsverhältnisses, so scheidet es nach einer Entscheidung des BAG aus der Personalvertretung aus. Diese sei bei einer Kündigung des betreffenden Arbeitsverhältnisses auch dann nicht zu beteiligen, wenn der Arbeitnehmer aufgrund einer Arbeitnehmerüberlassung in der übergegangenen Einheit weiterbeschäftigt wird (BAG 25. 5. 2000, AP Nr 209 zu § 613a BGB).

337 Wird ein Arbeitnehmer infolge seines Widerspruchs betriebsbedingt gekündigt, so zieht das nicht ohne Weiteres eine **Sperrzeit** für den Bezug von Arbeitslosengeld gem § 159 SGB III nach sich (BSG 8. 7. 2009 – B 11 AL 17/06 E; dazu im Einzelnen Klumpp NZA 2009, 354 ff mwNw; vgl auch die Überlegungen bei Engesser-Means/Klebeck NZA 2008, 143).

338 Wenn nicht nur einzelne Arbeitnehmer das Widerspruchsrecht ausüben, sondern ein **erheblicher Teil der Belegschaft**, wird der bisherige Betriebsinhaber mittelbar gezwungen, eine Betriebsänderung vorzunehmen, weil er wegen der Übertragung des Arbeitssubstrats die Arbeitnehmer nicht mehr wie bisher beschäftigen kann. Die widersprechenden Arbeitnehmer sind dabei für die Beantwortung der Frage, ob eine mitbestimmungspflichtige Betriebsänderung iSd § 111 S 3 Nr 1 BetrVG vorliegt, mitzuzählen (vgl BAG 10. 12. 1996, AP Nr 32 zu § 113 BetrVG 1972). Soweit die Voraussetzungen des § 111 BetrVG gegeben sind, ist der Betriebsrat zu beteiligen (vgl zur Mitbestimmung bei Betriebsänderungen unten Rn 371 ff). Im Übrigen wird man zwar nicht bereits die **Sozialplanpflichtigkeit** einer durch Widersprüche beim Veräußerer notwendig gewordenen Betriebsänderung verneinen dürfen (so aber Henssler NZA 1994, 913 [922]), doch können widersprechende Arbeitnehmer unter Berücksichtigung des in § 112 Abs 5 S 2 Ziff 2 BetrVG zum Ausdruck gelangenden allgemeinen Gedankens regelmäßig von solchen Sozialplan- oder tariflichen Leistungen ausgeschlossen werden, die wegen des Arbeitsplatzverlustes gewährt werden, sofern kein sachlicher Grund für den Widerspruch bestanden hat (ebenso BAG 15. 12. 1998, AP Nr 126 zu § 112 BetrVG 1972; Neef NZA 1994, 97 [101]; HWK/Willemsen/Müller-Bonanni § 613a Rn 361). Im Zweifel dürfte davon sogar bei Fehlen einer ausdrücklichen Regelung im Sozialplan auszugehen sein, sofern der Sozialplan vor der Ausübung von Widerspruchsrechten der betroffenen Arbeitnehmer aufgestellt worden ist. Nach Ansicht des BAG (10. 12. 1996, AP Nr 32 zu § 113 BetrVG 1972) sollen sie jedoch Nachteilsausgleichsansprüche gemäß § 113 BetrVG geltend machen können, wenn der Arbeitgeber die Kündigungen vor Durchführung des in § 112 Abs 1 bestimmten Verfahrens ausspricht.

339 Die Ausübung des Widerspruchsrechts einer relevanten Zahl von Arbeitnehmern kann zur Folge haben, dass die **Geschäftsgrundlage des Unternehmenskaufvertrags** gem § 313 BGB entfällt.

VI. Ausschluss des Widerspruchs

340 Das Widerspruchsrecht des Arbeitnehmers ist wie das Recht zum Abschluss eines Arbeitsvertrages ein Recht, das ausschließlich individualrechtlich wahrgenommen werden kann. Deshalb unterliegt es weder der Zuständigkeit des Betriebsrats noch jener der Tarifvertragsparteien, den Widerspruch zu erklären oder ihn durch Zustimmung zu ersetzen bzw das Widerspruchsrecht auszuschließen. Eine **Betriebsvereinbarung** oder eine tarifliche Regelung mit einem die Zustimmung aller Arbeitnehmer ersetzenden oder das Widerspruchsrecht ausschließenden Inhalt ist daher unwirksam (ebenso BAG 2. 10. 1974, AP Nr 1 zu § 613a BGB; Seiter, Betriebsinhaberwechsel 73; Falkenberg DB 1980, 783 [786]).

341 Zweifelhaft ist, unter welchen Voraussetzungen der Arbeitnehmer auf das Widerspruchsrecht verzichten kann. Da das Widerspruchsrecht den Arbeitnehmer davor bewahren soll, mit der Übertragung eines Betriebs oder Betriebsteils „mitverkauft“ oder „mitverpachtet“ zu werden, kann dieses Recht nicht generell im Arbeitsvertrag ausgeschlossen werden, so dass ein **„blinder Verzicht“** (Pietzko, Tatbestand 295; Kania NZA 1994, 871 [875]) unwirksam ist (Franzen RdA 2002, 258 [268]; Gaul, Unternehmensspaltung § 11 Rn 49; Grau, Widerspruchsrecht 352 mwNw; Soergel/Raab § 613a Rn 162; Pietzko, Tatbestand 295; ders ZIP 1990, 1105 [1116]; **aA** Bauer/vSteinau-Steinrück/Thees, in: Hölters, Unternehmenskauf V Rn 156; Pottmeyer ZfA 1989, 239 [250]; Pröpper DB 2000, 2322 ff). In Betracht kommt lediglich, dass der Arbeitnehmer im Hinblick auf einen bereits bestimmten oder zumindest bestimmbaren Betriebsübergang auf sein Widerspruchsrecht verzichtet (BAG 30. 10. 2003, AP Nr 262 zu § 613a BGB; ausführlich Heimann, Der Verzicht des AN 59 ff).

342 An die Konkretisierung des neuen Inhabers sind hier die gleichen Anforderungen zu stellen wie im Hinblick auf einen wirksamen Verzicht auf die Unterrichtung (vgl Rn 290). Daher muss der Arbeitnehmer zwar nicht volle Kenntnis von der Person des neuen Inhabers haben, doch muss dieser wenigstens in groben Zügen erkennbar sein, so dass die Kenntnis der Konzernzugehörigkeit ebenso genügt wie diejenige des Kreises der möglichen neuen Inhaber (ähnlich Franzen RdA 2002, 258 [268]; großzügiger ErfK/Preis § 613a Rn 104).

343 Ein **formularmäßiger Verzicht** auf das Widerspruchsrecht verstößt nicht gegen § 309 Nr 10 BGB (so jedoch Grau, Widerspruchsrecht 353 f), und ist grundsätzlich auch nicht wegen einer unangemessenen Benachteiligung des Arbeitnehmers nach § 307 Abs 1 iVm Abs 2 Nr 1 BGB unwirksam (Pils BB 2014, 185, 190 f; **aA** Staudinger/Annuss [2010] Rn 328). Das gilt auch dann, wenn dem Arbeitnehmer ein vorformuliertes Antwortschreiben vorgelegt wird, in dem er verschiedene Antwortalternativen durch Ankreuzen wählen kann (vgl aber Gaul, Unternehmensspaltung § 11 Rn 23).

344 In der Literatur wird vielfach die Ansicht vertreten, der **Verzicht** auf das Widerspruchsrecht bedürfe derselben **Form** wie dessen Ausübung, so dass er ebenfalls nur schriftlich erfolgen könne (Franzen RdA 2002, 258 [268]; Gaul, Unternehmensspaltung § 11

Rn 49, 51; JAEGER ZIP 2004, 433 [443]; MünchKomm/MÜLLER-GLÖGE § 613a Rn 121, 115; OLBERTZ/UNGNAD BB 2004, 213 [218]; ErfK/PREIS § 613a Rn 104). Dem ist zu widersprechen (im Ergebnis wie hier DFL/BAYREUTHER § 613a Rn 144; TSCHÖPE/BESELER, Anwaltshandbuch Arbeitsrecht, 2 G Rn 140; PILS BB 2014, 185, 190 f; SEMLER/STENGEL/SIMON UmwG § 324 Rn 59; HWK/WILLEMSEN/MÜLLER-BONANNI § 613a Rn 362). Eine analoge Anwendung des Abs 6 auf den Verzicht auf das Widerspruchsrecht kommt schon deshalb nicht in Betracht, weil die Interessenlage grundsätzlich verschieden ist: Während es beim Widerspruch um ein Abweichen von der gesetzlichen Regelfolge geht, führt der Verzicht auf das Widerspruchsrecht gerade zu deren Realisierung, was regelmäßig auch einen erheblichen wertungsmäßigen Unterschied widerspiegelt. Denn der Verzicht führt regelmäßig zur Sicherung des bisherigen Arbeitsverhältnisses, während der Widerspruch ihn typischerweise unmittelbar gefährdet (zustimmend PILS BB 2014, 185, 188 f; HWK/WILLEMSEN/MÜLLER-BONANNI § 613a Rn 362).

345 Vereinbaren der bisherige Inhaber und der Arbeitnehmer einen Verzicht des Arbeitnehmers auf das Widerspruchsrecht, so handelt es sich nicht etwa um einen Vertrag zu Lasten des neuen Inhabers (BAG 19. 3. 1998, AP Nr 177 zu § 613a BGB), so dass dieser an der Verzichtsvereinbarung auch nicht beteiligt zu werden braucht.

346 Auch das Widerspruchsrecht unterliegt den allgemeinen Schranken der Rechtsordnung, so dass ein Widerspruch unbeachtlich ist, wenn er **rechtsmissbräuchlich** erfolgt und damit gegen **Treu und Glauben** verstößt. Als rechtsmissbräuchlich erscheint der Widerspruch insbesondere dann, wenn er von einem Teil der Belegschaft koordiniert (kollektiv) ausgeübt wird, um damit Zwecke zu verfolgen, die sich nicht in der Sicherung des vertragsrechtlichen Status quo erschöpfen (ebenso BAG 30. 9. 2004, AP Nr 275 zu § 613a BGB; BAG 23. 7. 2009, AP Nr 11 zu § 613a BGB Unterrichtung; ERMAN/EDENFELD § 613a Rn 55; EICHLER, Das Widerspruchsrecht des Arbeitnehmers beim Betriebsübergang nach § 613a BGB 164 f; MünchArbR/WANK § 142 Rn 115; PIETZKO, Tatbestand 320 ff; D GAUL ZfA 1990, 87 [91]; vgl demgegenüber auch GAUL, Unternehmensspaltung § 11 Rn 59; SOERGEL/RAAB § 613a Rn 163). Allein der Umstand, dass der Widerspruch **kollektiv ausgeübt** wird, ändert an dessen Wirksamkeit hingegen nichts (so auch BAG 30. 9. 2004, AP Nr 275 zu § 613a BGB). Zutreffend stellt das BAG insoweit fest: „Ist die Ausübung eines Rechts individuell erlaubt, wird diese Ausübung noch nicht allein dadurch unzulässig, dass sie durch eine Mehrheit von Rechtssubjekten erfolgt" (BAG 30. 9. 2004, AP Nr 275 zu § 613a BGB; BAG 23. 7. 2009, AP Nr 112 zu § 613a BGB Unterrichtung). Hingegen könne Rechtsmissbräuchlichkeit dann anzunehmen sein, wenn der kollektive Widerspruch „von der Motivation getragen ist, den Betriebsübergang als solchen zu verhindern oder aber Vergünstigungen zu erzielen, auf die die Arbeitnehmer keinen Rechtsanspruch haben" (BAG 30. 9. 2004, AP Nr 275 zu § 613a BGB; BAG 19. 2. 2009, AP Nr 368 zu § 613a BGB; BAG 23. 7. 2009, AP Nr 11 zu § 613a BGB Unterrichtung). Im Übrigen liegt Rechtsmissbrauch nach Ansicht des BAG nicht allein darin, dass der Arbeitnehmer mit dem Widerspruch nicht in erster Linie den Wechsel des Arbeitgebers verhindern wolle, sondern den Widerspruch als faktisches Mittel einsetzt, um mit dem neuen Inhaber günstigere Arbeitsvertragsbedingungen auszuhandeln (BAG 19. 2. 2009, AP Nr 368 zu § 613a BGB).

VII. Rechtsbindung an den Widerspruch

347 Hat der Arbeitnehmer seinen Widerspruch wirksam erklärt (§ 130 BGB), so kann er ihn nicht einseitig widerrufen oder nachträglich mit einem Vorbehalt versehen (BAG

30. 10. 2003, AP Nr 262 zu § 613a BGB). Jedenfalls nach Übergang des Betriebs oder Betriebsteils auf den neuen Betriebsinhaber kann daher eine Überleitung des Vertrags nur noch durch dreiseitige Vereinbarung zwischen Arbeitnehmer, bisherigem und neuem Betriebsinhaber erfolgen (ebenso SEITER, Betriebsinhaberwechsel 74). Bedenken begegnet hingegen die Auffassung des BAG, die Beseitigung der Rechtsfolgen des erklärten Widerspruchs verlange auch vor dem Übergang des Betriebs oder Betriebsteils die Zustimmung des (künftigen) neuen Betriebs(teil)inhabers, so dass eine zweiseitige Vereinbarung zwischen dem Noch-Betriebs(teil)inhaber und dem Arbeitnehmer nicht genüge (BAG 30. 10. 2003, AP Nr 262 zu § 613a BGB; ebenso MünchKomm/MÜLLER-GLÖGE § 613a Rn 115). In einer solchen Vereinbarung erblickt das BAG einen unzulässigen Vertrag zu Lasten Dritter, weil sie darauf gerichtet sei, den zuvor durch den unwirksam erklärten Widerspruch verhinderten Übergang des Arbeitsverhältnisses auf den künftigen Betriebs(teil)inhaber eintreten zu lassen und diesen dadurch mit der Entgeltzahlungs- und Beschäftigungspflicht zu belasten (BAG 30. 10. 2003, AP Nr 262 zu § 613a BGB). Viel spricht demgegenüber dafür, bis zum Übergang des Betriebs(teils) auch insoweit die alleinige Verfügungsmacht der Arbeitsvertragsparteien über das Arbeitsverhältnis und seinen Inhalt anzuerkennen. Dass sich daraus faktische Folgen für den künftigen Betriebsinhaber ergeben können, ist in der Automatik des § 613a BGB angelegt und taugt nicht als Gegenargument.

F. § 613a bei Unternehmensumwandlungen

Die zuletzt durch Art 2 UmwBerG geänderte Bestimmung des Abs 3 erweist sich als „Brücke" zum Umwandlungsgesetz und lässt erkennen, dass § 613a BGB in Fällen der übertragenden Umwandlung grundsätzlich Anwendung findet. Weitergehende Schlüsse lassen sich aus dieser Vorschrift angesichts der missglückten systematischen Abstimmung (ausführlich WILLEMSEN RdA 1993, 133 [138]) dieser im Wesentlichen lediglich redaktionellen Neufassung (DÄUBLER RdA 1995, 136; WLOTZKE DB 1995, 40 [43]) mit den Vorschriften des Umwandlungsgesetzes allerdings nicht ziehen (anders SOERGEL/RAAB § 613a Rn 173). Deshalb erschöpft sich die Bedeutung des Abs 3 in der Selbstverständlichkeit, dass eine Nachhaftung des mit dem Betriebsübergang erlöschenden bisherigen Arbeitgebers nicht in Betracht kommt. Gleichzeitig scheint Abs 3 jedoch vorauszusetzen, dass Abs 2 in sonstigen Fällen der Umwandlung Anwendung findet (**aA** unter offensichtlicher Verkennung des Wortlauts von Abs 3: BAUMANN DStR 1995, 888 [890]), wodurch es zu einem Konflikt nicht nur mit § 324 UmwG kommt, der lediglich Abs 1 und 4 benennt (**aA** hinsichtlich der Bedeutung des § 324 UmwG insoweit KALLMEYER ZIP 1995, 550 [551]; aufgegeben allerdings in KALLMEYER/KALLMEYER/SICKINGER UmwG § 133 Rn 11), sondern auch mit den umwandlungsrechtlichen Haftungsnormen der §§ 133, 134 UmwG. 348

Dieser Konflikt ist jedoch nur ein scheinbarer, da die §§ 133, 134 UmwG eine umfassende Sonderregelung enthalten, die Abs 2 verdrängt (ebenso LUTTER/JOOST UmwG § 324 Rn 80 ff; KALLMEYER/KALLMEYER/SICKINGER UmwG § 133 Rn 10; SOERGEL/RAAB § 613a Rn 179; HWK/WILLEMSEN/MÜLLER-BONANNI § 613a Rn 301; JOOST, in: LUTTER, Verschmelzung 297 [323 ff]; BAUMANN DStR 1995, 888 [890]; BOECKEN ZIP 1994, 1087 [1094]; HERBST AiB 1995, 513; WLOTZKE DB 1995, 40 [43]; für eine Verdrängung [nur] des § 133 UmwG durch § 613a Abs 2 hingegen nunmehr BOECKEN, Unternehmensumwandlungen Rn 228; offen gelassen von WILLEMSEN NZA 1996, 791 [800]). Aus dem Schutzzweck des § 613a BGB ergibt sich, dass mit dieser Bestimmung nur ein gewisser Mindeststandard gesichert, nicht jedoch die Anwen- 349 dung günstigerer allgemeiner Vorschriften ausgeschlossen werden soll, **weshalb § 613a BGB gegenüber § 133 UmwG jedenfalls keine verdrängende Wirkung entfalten kann** (so insbesondere LUTTER/JOOST UmwG § 324 Rn 80 ff; **aA** SCHRÖER, Arbeitgeberhaftung 77 ff). Auch eine Anspruchs(normen)konkurrenz (dafür wohl BAUER/LINGEMANN NZA 1994, 1057 [1062]; DÄUBLER RdA 1995, 136 [142]; KALLMEYER ZIP 1995, 550 [553]; KRESSEL BB 1995, 925 [928]) scheidet aus, da sich dann aus Abs 2 Satz 2 unlösbare Probleme ergäben (vgl allerdings KALLMEYER ZIP 1995, 550 ff). In jedem Fall eindeutig ist die Spezialität des § 134 UmwG gegenüber Abs 2 (vgl nur BOECKEN, Unternehmensumwandlungen Rn 246 ff; SCHRÖER, Arbeitgeberhaftung 228 für eine Einschränkung durch § 613a Abs 2 Satz 2 freilich BAUMANN DStR 1995, 888 [891]). Neben den §§ 133, 134 UmwG sind auch die allgemeinen Schutzbestimmungen der §§ 22, 45 UmwG (ggf iVm § 125 UmwG) zu beachten, die insbesondere für im Zeitpunkt des Betriebsübergangs mit unverfallbarer Anwartschaft Ausgeschiedene oder Pensionsberechtigte mit Blick auf § 16 BetrAVG Bedeutung gewinnen können (vgl dazu näher BOECKEN, Unternehmensumwandlungen Rn 213 ff), da den Pensionssicherungsverein aG keine Anpassungspflicht trifft und insoweit der Anspruch auf Sicherheitsleistung daher nicht wegen Vorhandenseins einer anderweitigen Deckungsmasse gem § 22 Abs 2 UmwG ausgeschlossen ist.

350 Eine weitere für § 613a BGB unmittelbar relevante Sondervorschrift ist **§ 323 Abs 2 UmwG**, wonach die **Zuordnung einzelner Arbeitnehmer**, die im Rahmen einer Verschmelzung, Spaltung oder Vermögensübertragung in einem Interessenausgleich einem bestimmten nach der Umwandlung bestehenden Betrieb oder Betriebsteil zugeordnet werden, durch das Arbeitsgericht nur noch auf grobe Fehlerhaftigkeit überprüft werden kann. Diese Bestimmung fand „in letzter Minute" Eingang in das Umwandlungsgesetz und ist nicht zuletzt Ausdruck der Entscheidung gegen die in § 126 des Referentenentwurfs vom 15. 4. 1992 vorgesehene freie Zuordenbarkeit der Arbeitsverhältnisse im Spaltungsplan (WILLEMSEN RdA 1993, 133 [135 ff]). Sie lehnt sich ausweislich der Begründung des Rechtsausschusses an § 125 InsO an (vgl BT-Drucks 12/7850, 145). § 323 Abs 2 UmwG ist im Zusammenhang mit § 126 Abs 2 Nr 9 UmwG zu sehen, wonach Betriebe und Betriebsteile im Spaltungsplan den übernehmenden Rechtsträgern zugeordnet werden können. Diese Bestimmung ist ihrerseits vor dem Hintergrund der europarechtlich vorgegebenen zwingenden Arbeitnehmerschutzbestimmung des Abs 1 S 1 dahin zu interpretieren, dass durch eine vertragliche Zuordnung die Rechtsfolgen des Abs 1 S 1 nicht beeinflusst werden können, weshalb auch einer namentlichen Zuweisung von Arbeitnehmern im Spaltungs- und Übernahmevertrag im Anwendungsbereich des Abs 1 S 1 nur deklaratorische Bedeutung zukommen kann (vgl Begr RegEntw § 126, BT-Drucks 12/6699, 118; BOECKEN ZIP 1994, 1087 [1091]; ders, Unternehmensumwandlungen Rn 67 ff; DÄUBLER RdA 1995, 136 [142]; zum Referentenentwurf bereits ebenso WILLEMSEN RdA 1993, 133 [137]), so dass insoweit gerade nicht von einer freien Zuordnungsmöglichkeit gesprochen werden darf. Allerdings kann der Arbeitgeber die ihm bei objektiv nicht zuordenbaren Arbeitnehmern eingeräumte Zuordnungskompetenz (Rn 149) bereits im Spaltungsplan ausüben.

351 Demgegenüber scheint der Wortlaut des § 323 Abs 2 UmwG darauf hinzudeuten, dass er eine von Abs 1 S 1 abweichende **konstitutive Zuordnung** von Arbeitsverhältnissen ermöglicht (so im Ergebnis tatsächlich KALLMEYER ZIP 1994, 1746 [1757]). Die Bestimmung steht somit angesichts ihres Wortlauts in einem Spannungsverhältnis zu § 613a BGB, das nur zu Lasten einer dieser beiden Vorschriften aufgelöst werden kann (vgl Rn 354).

352 Die Bestimmung des § 323 Abs 2 UmwG wirkt insgesamt nicht recht durchdacht, da einerseits die Beschränkungen des Tatbestandes auf die Benennung der Arbeitnehmer in einem Interessenausgleich nicht verständlich erscheint und andererseits sowohl die Wirkungsweise der „Zuordnung" als auch das Tatbestandsmerkmal der groben Fehlerhaftigkeit erhebliche Schwierigkeiten bereitet. Der Grundgedanke des § 323 Abs 2 UmwG ist allerdings klar und einleuchtend: Die Bestimmung will den sachnahen Betriebsparteien die beschränkte Kompetenz zur Beurteilung der Richtigkeit einer bestimmten Zuordnung übertragen, um auf diese Weise die Planungssicherheit zu erhöhen. Während es im Kündigungsrecht durchaus sinnvoll erscheint, eine solche letztlich zu einer Begünstigung des Arbeitgebers führende Beschränkung der richterlichen Entscheidungsmacht auf Fälle zu beschränken, in denen wesentliche Änderungen der Betriebsorganisation anstehen und daher die kündigungsrechtlichen Probleme (insbesondere mit Blick auf die erforderliche Sozialauswahl) typischerweise schwieriger zu bewältigen sind als bei einzelnen Kündigungen (**aA** Kappenhagen NZA 1998, 968 ff, der für § 1 Abs 5 KSchG einen freiwilligen Interessenausgleich genügen lässt), sind Gründe, die bei Unternehmensumwandlungen eine ähnliche Beschränkung rechtfertigen könnten, nicht ersichtlich. Denn die allein auf Unternehmensebene angesiedelte Zuordnungsproblematik ist von der Betriebsebene gänzlich unabhängig (vgl zur Trennung von Betriebs- und Unternehmensebene grundlegend Willemsen NZA 1996, 791 [795 ff]), was deutlich daraus zu ersehen ist, dass eine Rechtsträgerzuordnung hinsichtlich der Arbeitsverhältnisse bei einer Betriebsteilübertragung auch dann zu erfolgen hat, wenn die konkrete Betriebsorganisation unverändert bleibt, weil sich Veräußerer und Erwerber entschließen, einen gemeinsamen Betrieb zu führen. Angesichts der in § 323 Abs 2 UmwG enthaltenen grundsätzlichen Privilegierung von Betrieb(teil)übertragungen wäre es demnach systematisch stimmiger gewesen, den Betriebsparteien unabhängig vom Vorliegen der Voraussetzungen des § 111 BetrVG eine Entscheidungsprärogative zuzugestehen und dementsprechend eine „Zuordnung" der Arbeitnehmer zu den beteiligten Rechtsträgern durch freiwillige Betriebsvereinbarung zuzulassen (so bereits de lege lata wohl Hohenstatt NZA 1998, 846 [854]). Die Vorschrift erscheint somit insgesamt verfehlt, und sie dürfte auf einer Verkennung des Unterschieds zwischen Unternehmens- und Betriebsebene beruhen. Um die Vorschrift nicht so gut wie jeder praktischen Bedeutung zu berauben, wird man ihren Zweck jedenfalls innerhalb des durch den Wortlaut abgesteckten Rahmens vor allem auf die Rechtsträgerzuordnung bei § 613a BGB beziehen müssen (vgl die Nachweise in Rn 312; **aA** Dahms, Widerspruchsrecht 45 ff; Mengel, Umwandlungen 109 ff [126]; Hartmann ZfA 1997, 21 [36 ff]).

353 Unklar erscheint die **rechtliche Wirkungsweise** eines nach § 323 Abs 2 UmwG zustande gekommenen **Interessenausgleichs** (zum Ganzen Studt, Der umwandlungsrechtliche Interessenausgleich [2002]). Ausgangspunkt der Überlegungen muss dabei die Feststellung sein, dass die „Zuordnung" nicht unmittelbar „durch" den Interessenausgleich erfolgt, da diesem einerseits keine privatrechtsgestaltende normative Wirkung eignet (vgl Willemsen NZA 1996, 791 [799]; **aA** Matthes, in: FS Wlotzke 393 [397]) und andererseits ein Vergleich mit dem Normvorbild des § 125 InsO zeigt, dass es auch in § 323 Abs 2 UmwG lediglich um eine Beschränkung der richterlichen Prüfungskompetenz und nicht um eine Gestaltung der materiellen Rechtslage geht (ähnlich Hohenstatt NZA 1998, 846 [853]; anders Kallmeyer/Willemsen § 324 Rn 55). Hat man dies erkannt, wird ersichtlich, dass die Einigung der Betriebsparteien in Form eines Interessenausgleichs die notwendig vom bisherigen Arbeitgeber vorzunehmende Zuordnung

der Arbeitsverhältnisse in bestimmtem Umfang der gerichtlichen Überprüfung entzieht.

354 Beschränkt man die Bedeutung des § 323 Abs 2 UmwG auf Zweifelsfälle, in denen eine eindeutige Zuordnung nach allgemeinen Grundsätzen nicht möglich ist, so scheint es, als bliebe für diese Vorschrift neben der bei Fehlen objektiver Zuordnungskriterien dem Arbeitgeber ohnehin zustehenden originären Zuordnungsbefugnis (dazu Annuss NZA 1998, 70 [77]) kein eigenständiger Anwendungsbereich, da in echten Zweifelsfällen eine Zuordnung niemals „grob fehlerhaft" sein kann (anders wohl Willemsen NZA 1996, 791 [799]). Allerdings **weist § 323 Abs 2 UmwG über „echte Zweifelsfälle" hinaus**, so dass die von einer namentlichen Benennung im Interessenausgleich gedeckte Zuordnungsentscheidung des Arbeitgebers nur in beschränktem Umfang daraufhin überprüft werden kann, ob sie nicht als offensichtlich unvertretbar erscheint (vgl Soergel/Raab § 613a Rn 176 a; Bauer/Lingemann NZA 1994, 1057 [1061]; Lutter/Joost UmwG § 323 Rn 40 f, ders, in: Lutter, Umwandlungsrecht 297 [321]; Kallmeyer/Willemsen UmwG § 324 Rn 60; Hartmann ZfA 1997, 21 [40 f]; Willemsen NZA 1996, 791 [799]). Im Ergebnis bedeutet diese Begrenzung der richterlichen Prüfungskompetenz, dass es in Grenzfällen zu Resultaten kommen kann, die von der in § 613a BGB vorgesehenen Rechtsfolge abweichen. Das **Spannungsverhältnis** zwischen § 613a BGB und § 323 Abs 2 UmwG **ist mithin zu Lasten des § 613a BGB aufzulösen** (**aA** offenbar BAG 19. 10. 2017, AP Nr 470 zu § 613a BGB: „unter systematischen Gesichtspunkten spricht daher alles dafür, dass die Kriterien und Vorgaben des § 613a Abs 1 Satz 1 BGB auch für Zuordnungen in einem Interessenausgleich maßgeblich sind und dass § 323 Abs 2 UmwG nicht – umgekehrt – die zwingende und vorrangig anzuwendende Bestimmung des § 613a Abs 1 Satz 1 BGB inhaltlich modifiziert oder verdrängt"; vgl auch Rn 351). Ein solch lediglich „verfahrensrechtlicher Vorrang" dürfte auch mit den europäischen Vorgaben vereinbar sein (**aA** KR/Treber § 613a Rn 38; nicht eindeutig insoweit FGO/Winter Art 1 RL 2001/23/EG Rn 47).

355 § 324 UmwG nimmt auch die Regelung über das Widerspruchsrecht in Bezug, so dass in allen Fällen, in denen im Zusammenhang mit einer Unternehmensumwandlung die Tatbestandsvoraussetzungen des § 613a BGB gewahrt sind, auch ein Widerspruchsrecht besteht, das bei Erlöschen des bisherigen Rechtsträgers zu einer Beendigung des Arbeitsverhältnisses mit Wirksamwerden der Umwandlung bzw – bei späterer Erklärung – mit Erklärung des Widerspruchs führt (**aA** BAG 21. 2. 2008, AP Nr 342 zu § 613a BGB: außerordentliches Kündigungsrecht des Arbeitnehmers, dort auch zur Möglichkeit der Umdeutung eines Widerspruchs in eine außerordentliche Kündigung; **aA** auch Staudinger/Annuss [2005] Rn 187 auf Basis einer grundrechtlichen Begründung der ex-tunc-Wirkung des Widerspruchs). Siehe im Übrigen zur Fortgeltung von Tarifverträgen Rn 201 ff.

G. Betriebs(teil)übergang in der Insolvenz des Arbeitgebers

I. Anwendbarkeit des § 613a in der Insolvenz

356 Die Anwendbarkeit des § 613a BGB bei einer Betriebs(teil)veräußerung im Insolvenzverfahren war lange Zeit außerordentlich umstritten. Während eine als „konkursrechtliche Auffassung" bezeichnete Meinung die Anwendung des § 613a BGB im laufenden Konkursverfahren nach der mit Ablauf des 31. 12. 1998 außer Kraft getretenen Konkursordnung strikt ablehnte (vgl nur Laux, Betriebsveräußerungen 51 ff;

Kretschmer KTS 1977, 137 [144]; Uhlenbruck KTS 1974, 1 [4 ff]; vgl auch Berscheid AnwBl 1995, 8 [16] sowie LAG Baden-Württemberg 22. 11. 1976, DB 1977, 826 und LAG Hamm 17. 12. 1981, NJW 1983, 242), ging die „arbeitsrechtliche Auffassung" davon aus, dass § 613a BGB auch insoweit unmodifiziert zu beachten sei (vgl nur Derleder AuR 1976, 129 [130 ff]; Grunsky RdA 1978, 174 [176]; Heinze DB 1980, 205 [213]). Beide Ansichten trugen den unterschiedlichen Schutzzwecken der Norm (vgl dazu Richardi RdA 1976, 56 ff) nicht ausreichend Rechnung und übersahen, dass in Insolvenzfällen eine differenzierte Betrachtung erforderlich ist. So sind der Grundsatz der gleichmäßigen Gläubigerbefriedigung (par conditio creditorum) einerseits und die auch im Insolvenzverfahren zu beachtende Bestandsschutzfunktion des § 613a BGB andererseits im Wege einer **teleologischen Interpretation und Reduktion** zum Ausgleich zu bringen (BAG 17. 1. 1980, AP Nr 18 zu § 613a BGB; BAG 23. 7. 1991, AP Nr 11 zu § 1 BetrAVG Betriebsveräußerung; BAG 12. 11. 1991, AP Nr 12 zu § 1 BetrAVG Betriebsveräußerung; BAG 16. 2. 1993, AP Nr 15 zu § 1 BetrAVG Betriebsveräußerung; BAG 20. 6. 2002, AP Nr 10 zu § 113 InsO; BAG 18. 12. 2003, AP Nr 271 zu § 613a BGB; BAG 19. 10. 2004, NZA 2005, 527; BAG 19. 10. 2004, ZIP 2005, 457; grundlegend: Richardi RdA 1976, 56 ff und Wiedemann/Willemsen RdA 1979, 419 ff sowie Willemsen ZIP 1983, 411 [417 f]; ebenso statt aller Lohkemper KTS 1996, 1 [26] mit zahlreichen weiteren Nachweisen).

Hinsichtlich der **Bestandsschutzfunktion ist eine Anwendung des § 613a BGB auch in der Insolvenz** geboten. Insoweit lässt sich seit dem vorzeitigen Inkrafttreten der arbeitsrechtlichen Bestimmungen der Insolvenzordnung am 1. 10. 1996 die „konkursrechtliche Auffassung" nicht mehr vertreten. § 128 InsO setzt die Anwendbarkeit des § 613a BGB unter Verwerfung der anders lautenden Forderungen des sog Gravenbrucher Kreises (vgl nur ZIP 1989, 468 ff; ZIP 1993, 625 ff; ZIP 1994, 585 ff) notwendig voraus. Der Gesetzgeber hat also Klarheit darüber geschaffen, dass jedenfalls die Bestandsschutzfunktion des § 613a BGB uneingeschränkt auch in Fällen der Arbeitgeberinsolvenz zu beachten ist (so Lohkemper KTS 1996, 1 [28]). Das europäische Recht steht einer Anwendung des § 613a BGB in der Insolvenz nicht entgegen. Zwar sind die Individualschutzbestimmungen der Art 3, 4 RL 2001/23/EG in der Insolvenz ausweislich Art 5 RL 2001/23/EG nicht anzuwenden (vgl zur früheren Rechtslage etwa EuGH 7. 2. 1985 – *Wendelboe,* Slg 1985, 457 [465] Rn 10; 7. 2. 1985 – *Abels,* Slg 1985, 469 [483 f] Rn 14 f; 11. 7. 1985 – *Danmols,* Slg 1985, 2639 [2649] Rn 9; 25. 7. 1991 – *d'Urso,* Slg 1991, 4105 [4145] Rn 23; 12. 3. 1998 – *Dethier,* Slg 1998 1061 [1087] Rn 21; zustimmend vAlvensleben, Betriebsübergang 214 ff; vgl aus neuester Zeit auch EuGH 11. 6. 2009, EuZW 2009, 648; siehe aber zu Insolvenzplanverfahren Rn 363), doch sind die Mitgliedstaaten außerhalb des Anwendungsbereichs der Richtlinie nicht – auch nicht mittelbar – an deren Regelungen und Wertungen gebunden und können somit ohne Weiteres einen über sie hinausgehenden Arbeitnehmerschutz vorsehen (vgl dazu vAlvensleben, Die Rechte der Arbeitnehmer 265 f, 296). Unzutreffend ist daher die Annahme, im Rahmen richtlinienkonformer Auslegung sei stärker als früher zu berücksichtigen, dass § 613a BGB zur Erhaltung verbleibender Arbeitskräfte diene und deshalb „nicht kontraproduktiv, sondern sanierungsfreundlich und damit sanierungsfördernd angewendet werden soll" (so LAG Hamm 4. 4. 2000, DZWIR 2000, 240 [243]; ablehnend Franzen DZWIR 2000, 248 [249]; zum Ganzen auch Bergwitz DB 1999, 2005 [2010]; Franzen RdA 1999, 361 [368]; Waas/Johanns EuZW 1999, 458 [460]). 357

Im Gegensatz zur Bestandsschutzfunktion **scheidet eine uneingeschränkte Anwendung der in § 613a BGB angelegten Haftung des Erwerbers im Insolvenzverfahren aus**, da ein Betriebserwerber anderenfalls die Pflicht zur uneingeschränkten Haftungs- 358 übernahme über den Kaufpreis ausgleichen und damit zugunsten der Arbeitnehmer die Masse schmälern würde, was mit dem Grundsatz der gleichmäßigen Gläubigerbefriedigung nicht vereinbar wäre. Deshalb haftet der Erwerber jedenfalls nicht für solche Ansprüche, die bei Insolvenzeröffnung bereits entstanden waren, da insoweit die Verteilungsgrundsätze des Insolvenzverfahrens Vorrang haben (vgl etwa BAG 17. 1. 1980, AP Nr 18 zu § 613a BGB; BAG 20. 11. 1984, AP Nr 38 zu § 613a BGB; BAG 4. 12. 1986, AP Nr 56 zu § 613a BGB; BAG 13. 11. 1986, AP Nr 57 zu § 613a BGB; BAG AP Nr 11 zu § 1 BetrAVG Betriebsveräußerung; BAG 12. 11. 1991, AP Nr 12 zu § 1 BetrAVG Betriebsveräußerung; BAG 16. 2. 1993, AP Nr 15 zu § 1 BetrAVG Betriebsveräußerung; vgl allerdings nun das Vorabentscheidungsersuchen an den EuGH BAG 16. 10. 2018 – 3 AZR 139/17 [A], mit dem insbesondere die europarechtliche Zulässigkeit des Ausschlusses der Erwerberhaftung für vor Insolvenzeröffnung erdiente Anwartschaften auf betriebliche Altersversorgung geklärt werden soll). In neueren Entscheidungen hat das BAG neben der zeitlichen Abgrenzung insbesondere die Qualität des Anspruchs in den Vordergrund gerückt: Während der Erwerber für einfache Insolvenzforderungen nicht einzustehen brauche, träfen ihn Masseverbindlichkeiten unbeschränkt (BAG 15. 1. 2002, NZA 2002, 1034 [1036]; BAG 18. 11. 2003, AP Nr 271 zu § 613a BGB; BAG 19. 10. 2004, NZA 2005, 527; BAG 19. 10. 2004 ZIP 2005, 457; BAG 19. 5. 2005, AP Nr 283 zu § 613a BGB; BAG 22. 12. 2009, NZA 2010, 568). Der Gesetzgeber hat sich mit der Neufassung des § 27 Nr 1 ArbNErfG durch Art 56 EGInsO offenkundig der Ansicht des BAG angeschlossen.

359 Für gem § 613a BGB auf den neuen Inhaber übergegangene Masseverbindlichkeiten muss neben diesem auch die Masse nach Abs 2 einstehen (BAG 19. 5. 2005, AP Nr 283 zu § 613a BGB).

360 Eine teleologische Reduktion des § 613a BGB hinsichtlich der Haftungsfunktion ist nur möglich, wenn ein **Insolvenzverfahren tatsächlich eröffnet** worden ist, so dass die Vorschrift insbesondere bei Ablehnung der Insolvenzeröffnung mangels Masse uneingeschränkte Anwendung findet (BAG 20. 11. 1984, AP Nr 38 zu § 613a BGB unter Aufgabe von BAG 3. 7. 1980, AP Nr 22 zu § 613a BGB). Bedenklich ist die Auffassung des BAG, eine teleologische Reduktion der Haftungsfunktion könne auch dann erforderlich sein, wenn der vorläufige Verwalter vor Insolvenzeröffnung Eilmaßnahmen treffe, die bei wirtschaftlicher Betrachtung als Masseverwertung im Interesse der Gläubiger erscheinen (BAG 28. 4. 1987, AP Nr 5 zu § 1 BetrAVG Betriebsveräußerung; offen gelassen sodann jedoch von BAG 23. 7. 1991, AP Nr 11 zu § 1 BetrAVG Betriebsveräußerung; BAG 12. 11. 1991, AP Nr 12 zu § 1 BetrAVG Betriebsveräußerung; vgl auch BAG 21. 2. 1990, AP Nr 85 zu § 613a BGB; zu diesen Problemen allgemein – freilich unter Verkennung des Streitstands – Göpfert DB 1992, 1727 ff). Ist das Insolvenzverfahren allerdings erst einmal eröffnet worden, vermag auch eine nach Betriebs(teil)veräußerung erfolgende Einstellung mangels Masse an der Haftungsbeschränkung nichts mehr zu ändern (BAG 11. 2. 1992, AP Nr 13 zu § 1 BetrAVG Betriebsveräußerung; ebenso vSteinau-Steinrück/Thees, in: Hölters, Unternehmenskauf Kap 6 Rn 278 f; Soergel/Raab § 613a Rn 95).

361 Die durch Insolvenzeröffnung eintretende Zäsur führt dazu, dass solche Ansprüche der Arbeitnehmer, die erst nach Insolvenzeröffnung fällig werden, jedoch sowohl vor als auch nach diesem Datum verdient worden sind, anteilig gegen die Masse und den Erwerber zu richten sind. Dies gilt allerdings nicht, wenn die Ansprüche nicht zeitanteilig entstehen, sondern bereits insoweit an einen bestimmten Stichtag angeknüpft wird (BAG 11. 10. 1995, AP Nr 132 zu § 613a BGB).

Generell kann die mit der **Haftungsbeschränkung** des Erwerbers einhergehende Verweisung der Arbeitnehmer an die Insolvenzmasse **nur für solche Ansprüche** gelten, **die zur Insolvenztabelle angemeldet werden können**. Zu beachten ist aber, dass auch nicht auf Geld gerichtete Forderungen nach einer Umwandlung gem § 45 InsO zur Insolvenztabelle angemeldet werden können, sofern keine unvertretbare Handlung vorliegt, die sich nicht gegen das Vermögen des Schuldners, sondern gegen den Schuldner persönlich richtet (BAG 18. 11. 2003, AP Nr 271 zu § 613a BGB; BAG 22. 12. 2009, NZA 2010, 568). 362

Die Beschränkungen der Haftungsfolgen sind ebenfalls zu beachten, wenn ein Betriebsteil im Rahmen eines **Insolvenzplanverfahrens** (§§ 217 ff InsO) veräußert wird, sofern das Insolvenzverfahren mit einem von den Gläubigern akzeptierten und gerichtlich bestätigten Insolvenzplan endet. Der Erwerber haftet auch hier nur für die ab Insolvenzeröffnung entstehenden Ansprüche der Arbeitnehmer (so noch zur VerglO BAG 4. 7. 1989, AP Nr 10 zu § 1 BetrAVG Betriebsveräußerung; vgl zur Anwendbarkeit des § 613a im Vergleichsverfahren im Übrigen BGH 10. 2. 1981, AP Nr 26 zu § 613a BGB). Der Erwerber steht somit bei einer Übernahme im laufenden Insolvenzplanverfahren besser, als wenn er dessen Abschluss abwartet, da in diesem Fall die Altverbindlichkeiten in Höhe der Quote (§ 254 InsO) gem Abs 1 S 1 auf ihn übergehen. Allerdings besteht insoweit gegenwärtig eine **beträchtliche Rechtsunsicherheit**, nachdem der EuGH jüngst betont hat, dass Art 5 Abs 1 RL 2001/ 23/ EG nur den Ausschluss solcher Verfahren ermöglicht, die „zum Zweck der Auflösung des Vermögens des Veräußerers eröffnet wurde[n]“. Diese Voraussetzung werde durch „ein Verfahren, das auf die Fortführung der Geschäftstätigkeit des Unternehmens abzielt, […] nicht erfüllt“ (EuGH 22. 6. 2017 – *Federatie Nederlands Vakvereinigung,* NZA 2017, 843; vgl auch BAG 16. 10. 2018 – 3 AZR 139/ 17 [A]). Für die Praxis ergibt sich daraus die Gefahr, dass im Falle eines Betriebs(teil)übergangs aus einem Insolvenzplanverfahren keine Haftungsbeschränkung zugunsten des neuen Inhabers eingreift und der neue Inhaber deshalb für sämtliche in der Vergangenheit begründeten Verbindlichkeiten aus den übernommenen Arbeitsverhältnissen einzustehen hat. 363

Hat der Insolvenzverwalter gem § 208 Abs 1 S 1 InsO Masseunzulänglichkeit eingewandt und kommt es danach zu einem Betriebs(teil)übergang, so hat der neue Inhaber nur für die Neumasseverbindlichkeiten iSd § 209 Abs 2 InsO einzustehen (offen gelassen BAG 19. 5. 2005, AP Nr 283 zu § 613a BGB). 364

II. Einzelfälle

1. Altersteilzeit

Wird die Altersteilzeit nach dem Blockmodell durchgeführt, so sind die vor Insolvenzeröffnung erdienten Wertguthaben nach Ansicht des BAG lediglich Insolvenzforderungen, für die der Erwerber nicht einzustehen brauche. Vielmehr hafte er nur für die nach Insolvenzeröffnung erdienten Ansprüche (BAG 19. 10. 2004, NZA 2005, 527; BAG 19. 10. 2004, ZIP 2005, 457; BAG 23. 2. 2005, AP Nr 1 zu § 108 InsO), weshalb er während der Freistellungsphase nur „spiegelbildlich“ den während der Arbeitsphase nach Insolvenzeröffnung erdienten Teil als Masseverbindlichkeit zu erfüllen habe (BAG 19. 12. 2006, AP Nr 16 zu § 55 InsO; BAG 30. 10. 2008, AP Nr 357 zu § 613a BGB). Wird das Insolvenzverfahren hingegen erst während der Freistellungsphase eröffnet, so seien 365 sämtliche nach der Eröffnung zu leistenden Zahlungen Insolvenzforderungen, die sich auch nach einem Betriebs(teil)übergang aus dem eröffneten Insolvenzverfahren nicht gegen den Erwerber richten (vgl zu der Frage, ob Altersteilzeitarbeitsverhältnisse in der Freistellungsphase überhaupt gem Abs 1 S 1 auf den neuen Inhaber übergehen, Rn 24).

2. Betriebliche Altersversorgung

366 Die vorstehend dargestellte modifizierte Anwendung des § 613a BGB bei Betriebsübergängen im Insolvenzverfahren findet auch mit Blick auf Versorgungszusagen Anwendung, so dass der Erwerber zwar in die Versorgungszusagen eintritt, im Versorgungsfall jedoch nicht die volle Betriebsrente schuldet (vgl nur BAG 17. 1. 1980, AP Nr 18 zu § 613a BGB; BAG 16. 2. 1993, AP Nr 15 zu § 1 BetrAVG Betriebsveräußerung; BAG 20. 6. 2002, AP Nr 10 zu § 113 InsO; BAG 18. 11. 2003, AP Nr 271 zu § 613a BGB; BAG 22. 12. 2009, NZA 2010, 568), sondern nur den nach Insolvenzeröffnung zeitanteilig erdienten Teil (vgl LAG Düsseldorf 20. 1. 2017 NZI 2017, 980, wonach der Erwerber bei einem Betriebsübergang in der Insolvenz auch nicht für die zum Zeitpunkt der Insolvenzeröffnung bereits erdiente endgehaltsbezogene Dynamik hafte; beachte dazu auch BAG 16. 10. 2018 – 3 AZR 139/17 [A]). Ist die Anwartschaft bei Insolvenzeröffnung bereits gesetzlich unverfallbar (§ 1b Abs 1 S 1 BetrAVG), haftet für den anderen Teil der Pensionssicherungsverein (PSV) nach § 7 Abs 2 BetrAVG (vgl dazu nur BAG 16. 2. 1993, AP Nr 15 zu § 1 BetrAVG Betriebsveräußerung, allerdings mit nicht hinreichend präzisen Formulierungen). **Die Beschränkung der Erwerberhaftung gilt auch dann, wenn die Anwartschaften noch nicht unverfallbar waren**. Da in diesen Fällen der PSV nicht einstandspflichtig ist, können solche Anwartschaften nur im Insolvenzverfahren geltend gemacht werden (ebenso BAG 29. 10. 1985, AP Nr 4 zu § 1 BetrAVG Betriebsveräußerung; grundlegend Wiedemann/Willemsen RdA 1979, 418 [426 f]; vgl auch BGB-RGRK/Ascheid § 613a Rn 158). An dieser „Aufspaltung" der Versorgungsanwartschaften ändert sich auch dann nichts, wenn sie beim Erwerber später unverfallbar werden.

367 Der PSV ist für eine unverfallbare Anwartschaft auch einstandspflichtig, wenn Veräußerer und Erwerber den Betriebsübergang bewusst bis nach Insolvenzeröffnung hinauszögern (LAG Köln 29. 6. 1990, ZIP 1990, 1283 ff; offen gelassen von BAG 4. 7. 1989, AP Nr 10 zu § 1 BetrAVG Betriebsveräußerung).

3. Erholungsurlaub

368 Urlaubsansprüche könnten nach einer Umwandlung gem § 45 InsO zur Insolvenztabelle angemeldet werden. Allerdings lassen sie sich nach Ansicht des BAG keinem bestimmten Zeitraum im Jahr zuordnen, weil sie nicht von einer Arbeitsleistung im Kalenderjahr abhängen und damit nicht monatlich anteilig verdient würden. Deshalb komme keine Zuordnung zu einem bestimmten Zeitraum vor oder nach Insolvenzeröffnung in Betracht (BAG 18. 11. 2003, AP Nr 271 zu § 613a BGB). Daraus resultiere, dass sämtliche noch nicht verfallenen Urlaubsansprüche sich gegen den Erwerber richten, der sich nicht darauf berufen kann, dass nur ein Teil der Urlaubsansprüche nach Insolvenzeröffnung „erdient" worden ist (BAG 18. 11. 2003, AP Nr 271 zu § 613a BGB). Eine Änderung dieser Rechtsprechungslinie ist trotz grundsätzlicher Neuausrichtung der Rechtsprechung zum Urlaubsabgeltungsanspruch (dazu ErfK/Gallner § 7 BUrlG Rn 73) nicht erforderlich.

4. Sozialplanansprüche

369 In der Praxis ist die Frage von besonderer Bedeutung, ob ein Betriebserwerber für Abfindungsansprüche aus vor oder in einem eröffneten Insolvenzverfahren aufgestellten Sozialplänen einstehen muss, wenn das Arbeitsverhältnis noch im gekündigten Zustand auf den neuen Betriebs(teil)inhaber übergeht. Da der Anspruch regelmäßig erst mit Beendigung des Arbeitsverhältnisses entsteht, würde man hier zu einer Einstandspflicht des neuen Inhabers gelangen, wenn man nur darauf abstellen wollte, ob der Anspruch vor oder nach Insolvenzeröffnung entstanden ist. Diesen Weg ist das BAG in einer Entscheidung zum früheren Sozialplankonkursgesetz indes nicht gegangen, sondern es hat eine Einstandspflicht des neuen Inhabers hinsichtlich der durch noch vom Konkursverwalter ausgesprochene Kündigungen begründeten, allerdings erst nach Betriebs(teil)übergang entstandenen Ansprüche abgelehnt (BAG 15. 1. 2002, NZA 2002, 1034 [1036]). Das BAG berief sich dabei maßgeblich darauf, dass Ansprüche aus einem im eröffneten Konkursverfahren aufgestellten Sozialplan gem § 4 SozplKonKG nur Konkurs- und keine Masseforderungen waren. Unter der Geltung der Insolvenzordnung ist eine andere Bewertung nicht deshalb erforderlich, weil Ansprüche aus Insolvenzsozialplänen nunmehr gem § 123 Abs 2 S 1 InsO zu den Masseverbindlichkeiten zählen. Die Zuordnung zu den Masseverbindlichkeiten ist ausweislich § 123 Abs 2 InsO rein formaler Natur, so dass die vom BAG in der Entscheidung vom 15. 1. 2002 angestellten inhaltlichen Erwägungen weiterhin Geltung beanspruchen. In Anknüpfung an die Entscheidung vom 15. 1. 2002 hat das BAG unter der Geltung der InsO entschieden, dass vor Eröffnung des Insolvenzverfahrens vom Schuldner individuell vereinbarte Abfindungen auch dann nur als Insolvenzforderungen nach § 38 InsO geltend gemacht werden können, wenn der Anspruch auf sie erst nach der Insolvenzeröffnung mit der Beendigung des Arbeitsverhältnisses entsteht (BAG 27. 9. 2007, AP Nr 5 zu § 38 InsO). Anders ist es hingegen, wenn vor Insolvenzeröffnung ein **Retention-Bonus** vereinbart wird, der stets auch im Falle einer betriebsbedingten Kündigung zu zahlen ist, sofern der Ablauf der Kündigungsfrist nach Insolvenzeröffnung liegt. Gilt der im Insolvenzverfahren aufgestellte Sozialplan beim neuen Inhaber fort, greift eine Haftungsbegrenzung allerdings nur ein, soweit der Insolvenzverwalter den Grund für die Abfindungsverpflichtung gelegt, also wenigstens bereits die Kündigungen ausgesprochen hat.

III. Sondervorschriften für den Betriebsübergang in der Insolvenzordnung

370 Im Vorgriff auf die am 1. 1. 1999 im gesamten Bundesgebiet in Kraft getretene Insolvenzordnung waren deren arbeitsrechtliche Bestimmungen (§ 113, §§ 120 bis 122 und §§ 125 bis 128 InsO) im Geltungsbereich der Konkursordnung durch Art 6 des arbeitsrechtlichen Beschäftigungsförderungsgesetzes (BGBl I 1996, 1476) bereits zum 1. 10. 1996 wirksam geworden. § 128 Abs 2 InsO enthält für den Fall der namentlichen Bezeichnung der zu entlassenden Arbeitnehmer in einem Interessenausgleich eine Vermutung dahingehend, dass die Kündigung der Arbeitsverhältnisse nicht wegen Betriebsübergangs erfolgt. Der Sinn der Vermutung bleibt dunkel, da der Arbeitnehmer schon nach allgemeinen Grundsätzen darzulegen und zu beweisen hat, dass die Kündigung wegen des Betriebsübergangs erfolgt ist. In jedem Fall ist nunmehr klargestellt, dass jene Auffassung, die in Abs 4 eine Vermutung zu Lasten des Arbeitgebers „hineinlesen" will (vgl nur vALVENSLEBEN, Betriebsübergang 315), je-

denfalls im Anwendungsbereich des § 128 Abs 2 InsO nicht mit dem gesetzlichen Regelungsplan vereinbar ist (ebenso LOHKEMPER KTS 1996, 1 [30]; vgl dazu ausführlich CASPERS, Personalabbau und Betriebsänderung im Insolvenzverfahren Rn 306 ff).

H. Beteiligungsrechte und Schicksal der betriebsverfassungsrechtlichen Vertretungen

371 Entsprechend der grundsätzlichen Trennung zwischen Unternehmens- und Betriebsebene **hat der bloße Wechsel des Betriebs(teil)inhabers keine Auswirkungen auf die betriebliche Organisation** und löst daher **keine Beteiligungsrechte** des Betriebsrats gemäß den §§ 111 ff BetrVG aus (vgl nur BAG 4. 12. 1979, AP Nr 6 zu § 111 BetrVG 1972; BAG 21. 10. 1980, AP Nr 8 zu § 111 BetrVG 1972; BAG 16. 6. 1987, AP Nr 19 zu § 111 BetrVG 1972; BAG 10. 12. 1996, AP Nr 110 zu § 112 BetrVG 1972; BAG 31. 1. 2008, AP Nr 2 zu § 613a BGB Unterrichtung; BAG 15. 12. 2011, AP Nr 424 zu § 613a BGB; SCHWANDA, Betriebsübergang 281 mit zahlreichen weiteren Nachweisen in Fn 132; JAEGER BB 1988, 1036; kritisch zu Unrecht FGO/WINTER Art 7 RL 2001/23/EG Rn 17, auch wenn ihre dortigen Überlegungen zu Art 7 Abs 3 RL 2001/23/EG und RL 2002/14/EG bedenkenswert sind; vgl bereits Rn 29 f). So liegt etwa bei Übergang des gesamten Betriebs typischerweise keine mitbestimmungspflichtige Betriebsänderung, namentlich keine Betriebsaufgabe beim bisherigen Inhaber, vor (ebenso statt aller WIEDEMANN, in: FS Fleck 447 [463]; **aA** DKKW/DÄUBLER § 111 BetrVG Rn 125; GK-BetrVG/FABRICIUS [6. Aufl] § 111 Rn 267; KARTHAUS AuR 2007, 114 ff; KITTNER, Anm zu AP Nr 9 zu § 111 BetrVG 1972). Dementsprechend führt auch der schlichte Rechtsträgerwechsel nach § 613a BGB nicht zu einem Entfall des bestehenden Betriebsrats, da dessen Existenz ausschließlich an den Fortbestand der betrieblichen Identität gebunden ist (vgl zur Frage des Fortbestands solcher Betriebsräte, die auf einem Tarifvertrag gem § 3 BetrVG beruhen, DÄUBLER DB 2005, 666). Geht ein Betrieb unter Wahrung seiner bisherigen Identität auf einen neuen Inhaber über, tritt dieser also betriebsverfassungsrechtlich an die Stelle des bisherigen Inhabers; Gleiches soll nach Ansicht des BAG gelten, wenn ein Betriebsteil unter Wahrung seiner Identität von einem neuen Inhaber fortgeführt wird (BAG 8. 12. 2009, AP Nr 380 zu § 613a BGB, wobei im Einzelnen freilich unklar bleibt, unter welchen Voraussetzungen ein Betriebsteil seine Identität wahrt und wie dies betriebsverfassungsrechtlich relevant sein kann; möglicherweise meint das BAG nur den in der Entscheidung besonders angesprochenen Fall des Betriebsteilübergangs mit anschließender betriebsverfassungsrechtlich unveränderter Fortführung der Betriebsorganisation als gemeinsamer Betrieb mehrerer Unternehmen). Wird bei einem Betriebsteilübergang die Veränderung auf Rechtsträgerebene in der Betriebsorganisation nicht nachvollzogen, kommt es zur Entstehung eines gemeinsamen Betriebs, was auch in § 1 Abs 2 Nr 2 BetrVG seinen Widerhall findet; in diesem Fall liegt daher keine Betriebsänderung gem § 111 BetrVG vor (**aA** offenbar MünchKomm/MÜLLER-GLÖGE § 613a Rn 74, unter unzutreffender Berufung auf BAG 13. 3. 2008 – 1 ABR 77/06, wo lediglich – zutreffend – vorausgesetzt wird, dass es im Zusammenhang mit einem Betriebsteilübergang zu einer Betriebsspaltung kommen kann; vgl auch Rn 66, 102).

372 Geht ein ganzer Betrieb im betriebsverfassungsrechtlichen Sinne unter Wahrung seiner Identität über, so richten sich etwaige vor dem Übergang begründete Freistellungsansprüche nach § 40 Abs 1 BetrVG ab dem Übergang gegen den neuen Betriebsinhaber (BAG 20. 8. 2014, AP Nr 111 zu § 40 BetrVG 1972).

Anders als der Betriebsrat, der weder nach § 80 Abs 2 S 1 BetrVG noch gem §§ 2, 74 Abs 1 BetrVG zu unterrichten ist (vgl RICHARDI/RICHARDI/MASCHMANN, BetrVG § 2 Rn 20; **aA** ErfK/PREIS § 613a Rn 132; vgl im Übrigen vALVENSLEBEN, Betriebsübergang 329 ff), muss der Wirtschaftsausschuss von einer geplanten Betriebs(teil)veräußerung jedenfalls nach § 106 Abs 3 Nr 10 BetrVG rechtzeitig und umfassend unterrichtet werden (siehe dazu auch WEINMANN ZfA 1991, 73 [77 ff]). Daneben ist ein ggf bestehender Sprecherausschuss gem § 32 Abs 1 SprAuG zu unterrichten (vgl zu den Befugnissen von Sprecherausschüssen im Zusammenhang mit einem Betriebsübergang allgemein MEDLA, in: FS Leinemann 243 ff). Darüber hinaus kann ein europäischer Betriebsrat nach § 32 Abs 2 Nr 1 EBRG bzw der SE-Betriebsrat zu unterrichten sein. **373**

Rechtstatsächlich geht – insbesondere bei Betriebsteilübergängen – allerdings mit einem Rechtsträgerwechsel nach § 613a BGB oftmals eine Betriebsänderung iSd § 111 BetrVG einher, die neben der Pflicht zum Eintritt in Verhandlungen über Interessenausgleich und Sozialplan auch Folgen für den Fortbestand des Betriebsrats haben kann (BAG 31. 1. 2008, AP Nr 2 zu § 613a BGB Unterrichtung; BAG 13. 3. 2008 – 1 ABR 77/06). **374**

Bei der Aufstellung eines Sozialplans sind entsprechend der strikten Trennung von Unternehmens- und Betriebsebene **nur solche Nachteile ausgleichspflichtig, die nicht auf den Wechsel des Unternehmensträgers zurückzuführen sind** (BAG 18. 3. 2008, AP Nr 66 zu § 111 BetrVG 1972), so dass die Rechtslage nicht anders ist als bei einer rechtsträgerinternen Betriebsänderung (vgl dazu JAEGER BB 1988, 1036 [1039] mwNw). Deshalb sind Nachteile, die auf einer Änderung der unternehmensbezogenen Rahmenbedingungen beruhen, wie eine unsicher erscheinende wirtschaftliche Zukunft, eine Verringerung der Haftungsmasse, eine allein durch den Rechtsträgerwechsel herbeigeführte Verschlechterung der Tarifbedingungen oder der befristete Verlust der Sozialplanpflichtigkeit nach § 112a Abs 2 BetrVG, nicht geeignet, eine Ausgleichspflicht zu begründen (BAG 10. 12. 1996, AP Nr 110 zu § 112 BetrVG 1972 sowie BAG 24. 7. 1979, DB 1980, 164; **aA** WENDELING-SCHRÖDER AiB 1983, 58 [59]). **375**

Nach verbreiteter Auffassung soll im Falle der eingliedernden Betriebsteilübernahme im aufnehmenden Betrieb **kein Mitbestimmungsrecht gem § 99 BetrVG** unter dem Gesichtspunkt der Einstellung bestehen (BAG 7. 11. 1975, AP Nr 3 zu § 99 BetrVG 1972; LAG Düsseldorf 23. 1. 2003 – 11 TaBV 73/02, nv), und Gleiches müsste konsequenterweise für den abgebenden Betrieb im Hinblick auf das Mitbestimmungsrecht wegen Versetzung gelten. Zur Begründung hat das BAG ausgeführt: Mit der Schaffung des § 613a BGB „sollte die Vertragsfreiheit des Arbeitgebers eingeschränkt werden, indem er einen Betrieb oder Betriebsteil nur mit einer etwa vorhandenen ‚sozialen Belastung' erwerben und nicht mehr die Übernahme einzelner Arbeitnehmer ablehnen konnte. Wenn aber die Arbeitsverhältnisse unabhängig von einem eigenen Willensentschluss des neuen Betriebsinhabers auf diesen kraft Gesetzes übergehen, so kann für diesen Vorgang auch keine Beteiligung des Betriebsrats in Frage kommen" (BAG 7. 11. 1975, AP Nr 3 zu § 99 BetrVG 1972). Ob dies hinsichtlich der Einstellung zutreffend ist, muss noch einmal genau überdacht werden, da auch die Begründung der Arbeitsverhältnisse mit dem Erwerber gem Abs 1 S 1 letztlich auf dem Willen des neuen Inhabers beruht. Jedenfalls ist diese Rechtsprechung dann nicht zu berücksichtigen, wenn alter und neuer Inhaber – und sei es nur vorübergehend – einen gemeinsamen Betrieb führen und erst später den erworbenen Betriebsteil in einen **376** anderen Betrieb eingliedern. Legt man den Ansatz des BAG zugrunde, so dürfte auch kein Mitbestimmungsrecht gem § 87 Abs 1 Nr 10 BetrVG bestehen, wenn in dem übernommenen Betriebsteil andere Vergütungsgrundsätze gelten als im aufnehmenden Betrieb und fortan zwei unterschiedliche Entgeltsysteme im Betrieb des Erwerbers geführt werden sollen. Wie dieses Ergebnis dogmatisch zu rechtfertigen ist, ist angesichts der prinzipiellen Trennung zwischen bloßem Rechtsträgerwechsel und betriebsorganisatorischen Änderungen im Zusammenhang mit einem Betriebsteilübergang noch genauer zu untersuchen (vgl im Übrigen zur Fortgeltung einer beim bisherigen Inhaber bestehenden Vergütungsordnung – gleichgültig ob auf tariflicher oder sonstiger Grundlage – als vom neuen Inhaber zu beachtende betriebliche Vergütungsordnung im Sinne des § 87 Abs 1 Nr 10 BetrVG BAG 8. 12. 2009, AP Nr 380 zu § 613a BGB).

377 Der auf Unternehmensebene angesiedelte **Betriebsübergang** nach § 613a BGB **beeinflusst die betriebsverfassungsrechtliche Stellung eines in dem Betrieb bestehenden Betriebsrats nicht unmittelbar** (BAG 11. 10. 1995, AP Nr 2 zu § 21 BetrVG 1972). Hinsichtlich des Schicksals des Betriebsrats bei einer im Zusammenhang mit einem Betriebs(teil)übergang durchgeführten Betriebsänderung gelten die allgemeinen Grundsätze. Deshalb besteht der Betriebsrat nur fort, wenn die Betriebsidentität gewahrt bleibt (BAG 28. 9. 1988, AP Nr 55 zu § 99 BetrVG 1972; BAG 5. 2. 1991, AP Nr 89 zu § 613a BGB; siehe zum Begriff der Selbständigkeit in Art 6 RL 2001/23/EG EuGH 29. 7. 2010, NZA 2010, 1014). Scheiden Arbeitnehmer aus der fortbestehenden betrieblichen Einheit aus, gilt § 24 Abs 1 Ziff 3 iVm § 13 Abs 2 Ziff 3 BetrVG, und darüber hinaus sind allgemein die Beendigungsgründe des § 13 Abs 2 BetrVG zu beachten (vgl Soergel/Raab § 613a Rn 139 ff). Wird ein Betrieb oder Betriebsteil durch eine Änderung der Betriebsorganisation im Zusammenhang mit einem Betriebs(teil)übergang betriebsratslos, kommt dem bisherigen Betriebsrat ein Übergangsmandat gem § 21a BetrVG zu (beachte in diesem Zusammenhang auch Art 5 RL 77/187/EWG sowie dazu Krause NZA 1998, 1201 [1204]). Geht der übertragene Betrieb beispielsweise infolge Eingliederung in einen beim Erwerber vorhandenen Betrieb unter, so kann daneben hinsichtlich des untergegangenen Betriebes ein Restmandat gem § 21b BetrVG bestehen.

378 Zweifelhaft ist, inwieweit beim Veräußerer gebildete **Gesamt- oder Konzernbetriebsräte** nach Übergang einer Mehrzahl von Betrieben auf einen neuen Inhaber fortbestehen können. Eindeutig ist lediglich, dass kein Übergang der Gremien auf den neuen Inhaber in Betracht kommt, wenn beim bisherigen Inhaber weiterhin die Voraussetzungen für die Errichtung eines Gesamt- bzw Konzernbetriebsrats vorliegen. Nicht geteilt werden kann daher die mit Blick auf das Schicksal des Gesamtbetriebsrats bisweilen in der Literatur geäußerte Ansicht, dass der Gesamtbetriebsrat immer dann beim neuen Inhaber fortbestehe, „wenn sich die bei dem bisherigen Inhaber anzutreffenden Betriebsratsstrukturen im Anschluss an den Übergang ohne wesentliche Änderung bei dem neuen Inhaber wiederfinden“ (Hohenstatt/Müller-Bonanni NZA 2003, 766 [768]; sehr kritisch zu derartigen Überlegungen zu Recht Rieble/Gutzeit NZA 2003, 233 [237]), mit anderen Worten sich also die „Identität des bisherigen Unternehmens“ beim neuen Inhaber fortsetze (vgl zur Argumentation mit der „Unternehmensidentität“ auch LAG Schleswig-Holstein 18. 9. 2001 – 6 TaBV 6a/01). Spiegelbildlich dazu müsse „beim bisherigen Betriebsinhaber […] das Amt des Gesamtbetriebsrats enden, wenn infolge des betriebsübergangsbedingten Ausscheidens von Betrieben bei diesen nicht mehr vom Erhalt der bisherigen betrieblichen Strukturen gesprochen werden kann" (HOHENSTATT/MÜLLER-BONANNI NZA 2003, 766 [768]). Diese Auffassung ist mit den zwingenden organisationsrechtlichen Bestimmungen des BetrVG nicht vereinbar, wonach der Gesamtbetriebsrat ein Dauerorgan mit wechselnder Größe und Mitgliedschaft ist, das keine begrenzte Amtszeit hat, sondern erst erlischt, wenn nicht mehr mindestens zwei Betriebsräte – gleichgültig, wie klein die Betriebe sind – im Unternehmen bestehen. „Kristallisationspunkt" für den Gesamtbetriebsrat ist also nicht unmittelbar die Betriebsorganisation, sondern der Rechtsträger, solange bei ihm mindestens zwei Betriebsräte bestehen.

Der 7. Senat des BAG hat angenommen, dass ein Gesamtbetriebsrat jedenfalls dann **379** nicht fortbestehen könne, „wenn nicht sämtliche Betriebe eines Unternehmens auf den neuen Inhaber übertragen werden oder das übernehmende Unternehmen bereits einen oder mehrere Betriebe hat und sich die betrieblichen Strukturen im übernehmenden Unternehmen durch Integration der neuen Betriebe in das Unternehmen entsprechend ändern" (BAG 5. 6. 2002, AP Nr 11 zu § 47 BetrVG 1972). Übernehme allerdings ein bislang betriebsratsloses Unternehmen alle Betriebe des bisherigen Inhabers, so „könnten vergleichbare Gründe wie beim Inhaberwechsel in einem Betrieb dafür sprechen, vom Fortbestand nicht nur der einzelnen Betriebsräte, sondern auch vom Fortbestand des von den Betriebsräten errichteten Gesamtbetriebsrats auszugehen" (BAG 5. 6. 2002, AP Nr 11 zu § 47 BetrVG 1972; mit viel Sympathie aufgegriffen von BAG 18. 9. 2002, AP Nr 7 zu § 77 BetrVG 1972). Eine Ausnahme für diesen Fall erscheint jedoch kaum begründbar, so dass ihr erhebliche Skepsis entgegenzubringen ist (**aA** GIESEN SAE 2003, 217 [219 f]). Die vorstehenden Erwägungen können im Ausgangspunkt auch zur Beantwortung der Frage nach einem Fortbestand des Konzernbetriebsrats herangezogen werden.

J. Prozessuale Folgen

I. Passivlegitimation

Erfolgt nach Rechtshängigkeit ein Arbeitgeberwechsel infolge eines Betriebs **380** (teil)übergangs, so hat dies **auf einen Individualrechtsstreit zwischen den Arbeitsvertragsparteien keinen Einfluss**. Der Arbeitnehmer kann deshalb einen Prozess gegen seinen bisherigen Arbeitgeber auch dann fortsetzen, wenn der Anspruch nur durch den neuen Arbeitgeber zu erfüllen ist; § 265 Abs 2 ZPO findet entsprechend Anwendung (ebenso BAG 15. 12. 1976, AP Nr 3 zu § 611 BGB Arzt-Krankenhaus-Vertrag; zuletzt BAG 4. 3. 1993, AP Nr 101 zu § 613a BGB; BAG 20. 3. 1997, AP Nr 30 zu § 9 KSchG 1969; BAG 24. 8. 2006, AP Nr 314 zu § 613a BGB; BAG 9. 12. 2008, AP Nr 356 zu § 613a BGB; BAG 18. 5. 2010, AP Nr 102 zu § 256 ZPO 1977; BAG 22. 2. 2012 – 4 AZR 580/10). Das Urteil wirkt für und gegen den Rechtsnachfolger (§ 325 Abs 1 ZPO; vgl BAG 9. 7. 2003, AP Nr 158 zu § 611 BGB Lehrer, Dozenten). Der obsiegende Arbeitnehmer kann sich nach §§ 727, 731 ZPO eine vollstreckbare Ausfertigung des Urteils gegen den Rechtsnachfolger des Arbeitgebers besorgen (BAG 15. 12. 1976, AP Nr 1 zu § 325 ZPO; LAG Düsseldorf 10. 7. 1995 NZA-RR 1996, 242; LAG Hessen 30. 10. 2012 – 13 Sa 928/12; HERGENRÖDER AR-Blattei SD 500. 1 Rn 772 mwNw; ErfK/PREIS § 613a Rn 180). Eine Rechtskrafterstreckung kommt hingegen nicht in Betracht, wenn der Betriebs(teil)übergang vor Rechtshängigkeit eingetreten ist (vgl BAG 18. 2. 1999 AP Nr 5 zu § 325 ZPO; BAG 18. 3. 1999, AP Nr 44 zu § 4 KSchG 1969). Wird auf Feststellung des Bestehens eines Arbeitsverhältnisses geklagt und kommt es während des Prozesses (in zweiter Instanz) zu einem Betriebsteilübergang, so kann der Kläger den Feststellungsantrag auf den Zeitraum bis zum Betriebsteilübergang begrenzen (BAG 9. 7. 2003, AP Nr 158 zu § 611 BGB Lehrer, Dozenten). Stützt ein Arbeitnehmer eine Kündigungsschutzklage gegen seinen (früheren) Arbeitgeber auf die Behauptung, der Betrieb sei bereits vor der Kündigung auf den Erwerber übergegangen, so führt das nach Ansicht des BAG zur Unschlüssigkeit der Klage (BAG 20. 3. 2003, NZA 2003 1338 [1339]; BAG 15. 12. 2005, AP Nr 294 zu § 613a BGB). Auf dem Boden der Rechtsprechung des BAG zur ex-tunc-Wirkung des Widerspruchs (vgl Rn 323) erscheint dies nicht in jeder Hinsicht überzeugend. Umgekehrt wird bei Zugrundelegung der Rückwirkung des Widerspruchs entsprechend der verfehlten Rechtsprechung des BAG (oben Rn 323) eine Kündigungsschutzklage gegen eine vom Erwerber ausgesprochene Kündigung unschlüssig, wenn der Arbeitnehmer vorträgt, dem Übergang seines Arbeitsverhältnisses nach Abs 6 widersprochen zu haben (LAG Nürnberg 5. 10. 2011 – 2 Sa 765/10). Ein mit dem Veräußerer geschlossener Beendigungsvergleich wirkt jedenfalls dann für und gegen den Erwerber, wenn dieser ihn genehmigt hat (BAG 24. 8. 2006, AP Nr 314 zu § 613a BGB).

381 Kommt es während eines Beschlussverfahrens zu einem Übergang des Betriebs, so soll der neue Inhaber anstelle des bisherigen Inhabers Beteiligter des Verfahrens werden, wobei ein solcher Beteiligtenwechsel stets von Amts wegen zu beachten sei (BAG 28. 9. 1988, NZA 1989, 188 f; BAG 20. 11. 2005, AP Nr 2 zu § 85 BetrVG 1972; vgl auch BAG 20. 8. 2014, AP Nr 111 zu § 40 BetrVG 1972), jedenfalls wenn der Betriebsübergang zwischen sämtlichen Beteiligten unstreitig sei (BAG 9. 12. 2008, AP Nr 356 zu § 613a BGB). Allerdings ist jeweils erforderlich, dass die Identität des Betriebs beim neuen Inhaber gewahrt bleibt. Ist ein Beschlussverfahren im Zeitpunkt des Übergangs bereits rechtskräftig abgeschlossen, soll die Rechtskraft auch gegenüber dem neuen Inhaber wirken, wenn der Betrieb auch nach dem Übergang seine ursprüngliche Identität behält (BAG 5. 2. 1991, NZA 1991, 639).

382 Eine Klage des Arbeitnehmers auf Feststellung, dass das Arbeitsverhältnis nicht durch die Kündigung aufgelöst ist, muss nach Ansicht des BAG stets gegen den Arbeitgeber gerichtet werden, der gekündigt hat. Ist einem Arbeitnehmer vor Betriebsübergang gekündigt worden, so soll deshalb der bisherige Arbeitgeber auch dann passivlegitimiert sein, wenn die Rechtshängigkeit erst nach Betriebsübergang eingetreten ist (ebenso BAGE 43, 13 [16] = 26. 5. 1983, AP Nr 34 zu § 613a BGB; BAG 20. 3. 1997, AP Nr 30 zu § 9 KSchG 1969; BAG 24. 5. 2005 AP Nr 282 zu § 613a BGB; Bauer/vSteinau-Steinrück/Thees, in: Hölters, Unternehmenskauf, V Rn 398; Göttling, in: FS Willemsen 133 [136]; **aA** – wohl zutreffend – Kreitner FA 1998, 2 [3]; Löwisch/Neumann DB 1996, 474; Zeuner, in: FS Schwab 575 [589 f]; zur entsprechenden Anwendung der §§ 265 Abs 2, 325 Abs 1 ZPO Göttling, in: FS Willemsen 133 [136 f]). Möglich ist allerdings auch nach Auffassung des BAG, dass der Arbeitnehmer gleichzeitig Klage auf Feststellung gegen den (vermeintlich) neuen Inhaber erhebt, dass er von Gesetzes wegen in das Arbeitsverhältnis eingetreten ist (BAG 25. 4. 1996, AP Nr 1 zu § 59 ZPO; BAG 24. 6. 2004, AP Nr 278 zu § 613a BGB; vgl zur Möglichkeit des Veräußerers, den Erwerber insoweit durch Drittwiderklage in den Prozess mit einem klagenden Arbeitnehmer einzubeziehen die in ihrer Weite zweifelhafte Entscheidung des LAG Köln 26. 3. 1998 NZA-RR 1998, 398); beide sind dann einfache Streitgenossen gem § 59 ZPO (BAG 24. 6. 2004, AP Nr 278 zu § 613a BGB). Haben bisheriger und (vermeintlich) neuer Inhaber verschiedene allgemeine Gerichtsstände, ist das zuständige Gericht nach § 36 Abs 1 Nr 3 ZPO zu bestimmen (BAG 25. 4. 1996

AP Nr 1 zu § 59 ZPO; vgl zum Ganzen auch MÜLLER-GLÖGE NZA 1999, 449 [456]). Ein solches Vorgehen kann insbesondere dann sinnvoll sein, wenn für den Arbeitnehmer nicht sicher erkennbar ist, ob das Arbeitsverhältnis tatsächlich gem Abs 1 S 1 übergegangen ist. Eine bedingte subjektive Klagenhäufung wird allerdings nicht für zulässig gehalten (BAG 11. 12. 1997, AP Nr 172 zu § 613a BGB; zulässig ist demgegenüber eine unbedingte subjektive Klagenhäufung, BAG 13. 12. 2012, AP Nr 166 zu § 102 BetrVG 1972; siehe auch BAG 12. 11. 1998, AP Nr 5 zu § 1 KSchG 1969 Wiedereinstellung; siehe ferner BAG 24. 9. 2015, NZA 2016, 366; zum ganzen auch KDZ/DÄUBLER/ZWANZIGER § 613a BGB Rn 228 f; zur „Betriebsübergangs-Feststellungsklage" gegen Veräußerer und Erwerber näher GÖTTLING, in: FS Willemsen 133 [140 ff]; vgl auch BAG 24. 9. 2015, NZA 2016, 366).

Der **Auflösungsantrag** des Arbeitnehmers gem § 9 KSchG kann nach Betriebsübergang nur noch gegen den Betriebserwerber gerichtet werden (BAG 20. 3. 1997, AP Nr 30 zu § 9 KSchG 1969). Hingegen könne ein Arbeitgeber, der eine Kündigung vor einem Betriebsübergang ausgesprochen hat und gegen den der Kündigungsschutzprozess deshalb weitergeführt wird, jedenfalls dann einen Auflösungsantrag stellen, wenn der Auflösungszeitpunkt zeitlich vor dem Betriebsübergang liegt (BAG 24. 5. 2005, AP Nr 282 zu § 613a BGB). **383**

Begründet der Arbeitnehmer die Rechtsunwirksamkeit der Kündigung damit, dass sie wegen des Betriebsübergangs erklärt worden sei, so ist Streitgegenstand einer Feststellungsklage gleichwohl im Allgemeinen nicht die Unwirksamkeit der Kündigung wegen des Betriebsübergangs, sondern die Rechtswirksamkeit der Kündigung schlechthin. Auch bei der Kündigungsschutzklage ist nach herrschendem Verständnis Streitgegenstand nicht die Sozialwidrigkeit der Kündigung, sondern generell deren Rechtswirksamkeit (BAG 24. 6. 1955, AP Nr 4 zu § 66 BetrVG [1952]; BAG 13. 11. 1958, AP Nr 17 zu § 3 KSchG; BAG 13. 11. 1958, AP Nr 18 zu § 3 KSchG). Wird nur Kündigungsschutzklage gegen den bisherigen Inhaber erhoben, so kann er den (vermeintlich) neuen Inhaber ggf durch Streitverkündung in das Verfahren einbeziehen. **384**

II. Beweislast

Macht der **Arbeitnehmer** geltend, dass infolge des Übergangs eines Betriebs oder Betriebsteils ein Arbeitgeberwechsel eingetreten ist, so **trägt er die Beweislast** (vgl dazu näher BGB-RGRK/ASCHEID § 613a Rn 265 ff). Nach Ansicht des BAG soll es jedoch bereits genügen, wenn der Arbeitnehmer darlegt und beweist, dass der in Anspruch genommene Betriebserwerber die wesentlichen Betriebsmittel nach Einstellung des Geschäftsbetriebs des bisherigen Geschäftsinhabers verwendet, um einen gleichartigen Geschäftsbetrieb zu führen, da in diesem Fall der erste Anschein dafür spreche, dass der Eintritt des Erwerbers durch Rechtsgeschäft im Sinne von § 613a BGB erfolgt sei (BAG 3. 7. 1986, AP Nr 53 zu § 613a BGB; BAG 25. 9. 2008, AP Nr 355 zu § 613a BGB; zustimmend SOERGEL/RAAB § 613a Rn 72; BAG 15. 5. 1985, AP Nr 41 zu § 613a BGB m abl Anm vHOYNINGEN-HUENE, der demgegenüber noch verlangt hat, dass der Arbeitnehmer darüber hinaus Übernahmeverhandlungen zwischen altem und neuem Betriebsinhaber nachweist). **385**

K. Kündigung wegen des Übergangs eines Betriebs oder Betriebsteils

I. Rechtsdogmatische Grundlagen

1. Entstehungsgeschichte

386 Die in Absatz 4 enthaltene Regelung ist erst durch das Arbeitsrechtliche EG-Anpassungsgesetz vom 13. 8. 1980 (BGBl I 1308) in § 613a BGB eingefügt worden. Der Gesetzgeber hat damit der Richtlinie des Rates der Europäischen Gemeinschaft vom 14. 2. 1977 (Nr 77/187/EWG) Rechnung getragen. Diese nunmehr in Art 4 Abs 1 RL 2001/23/EG fortwirkende Bestimmung lautet wie folgt (Änderungen durch die RL 98/50/EG v 29. 6. 1998 sind durch Klammerzusatz gekennzeichnet): „Der Übergang eines Unternehmens, Betriebs oder Betriebsteils stellt als solcher (für den Veräußerer oder den Erwerber) keinen Grund zur Kündigung dar. Diese Bestimmung steht etwaigen Kündigungen aus wirtschaftlichen, technischen oder organisatorischen Gründen, die Änderungen im Bereich der Beschäftigung mit sich bringen, nicht entgegen."

387 Diese Formulierung hätte den Gesetzgeber nicht dazu gezwungen, ein Kündigungsverbot in der nunmehr vorliegenden Fassung zu schaffen (ebenso Seiter, Betriebsinhaberwechsel 111). Der RegEntw hatte für Satz 2 die Bestimmung vorgesehen: „Eine Kündigung iSd Satz 1 ist nicht gegeben, wenn die Kündigung wegen dringender betrieblicher Erfordernisse erfolgt, die einer Weiterbeschäftigung des Arbeitnehmers in diesem Betrieb entgegenstehen" (BT-Drucks 8/3317, 5). Da diese Fassung aber missverständlich gewesen wäre, man insbesondere befürchtete, sie könnte „der unzutreffenden Ansicht Vorschub leisten, der Betriebsübergang als solcher könne im Einzelfall ein dringendes betriebliches Erfordernis sein, das einer Weiterbeschäftigung des Arbeitnehmers entgegenstehe", hat der BT-Ausschuss für Arbeit und Sozialordnung die Fassung des Satzes 2 vorgeschlagen, wie sie schließlich Gesetz wurde (BT-Drucks 8/4259, 9; vgl ausführlich zur Entstehungsgeschichte Wickler, Arbeitgeberkündigung 24 ff).

2. Gesetzeszweck

388 Abs 4 ergänzt die bereits durch § 122 BetrVG 1972 geschaffene Regelung in Abs 1. Er hat insoweit eine **Komplementärfunktion**; er soll als spezialgesetzliche Regelung des allgemeinen Umgehungsverbots nur verhindern, dass der in Abs 1 angeordnete Bestandsschutz durch eine Kündigung unterlaufen wird (so grundlegend Willemsen ZIP 1983, 411 [413]; zust BAG 26. 5. 1983, AP Nr 34 zu § 613a BGB; ebenso BAG 28. 4. 1988, AP Nr 74 zu § 613a BGB; BAG 19. 5. 1988, AP Nr 75 zu § 613a BGB; BAG 12. 7. 1990, AP Nr 87 zu § 613a BGB; BAG 18. 7. 1996, AP Nr 147 zu § 613a BGB). Der Anwendungsbereich deckt sich mit dem des Abs 1, so dass insbesondere kein weiter ausgreifender Betriebsübergangsbegriff gilt (BAG 12. 7. 1990, AP Nr 87 zu § 613a BGB; vgl allerdings BAG 21. 7. 1994, AP Nr 8 zu Art 13 Einigungsvertrag: analoge Anwendung bei Überführung einer [Teil-]Einrichtung nach dem Einigungsvertrag). Abs 4 findet nur Anwendung, wenn das Arbeitsverhältnis vom Betriebs(teil)übergang erfasst wird oder erfasst würde (BAG 17. 6. 2003, AP Nr 260 zu § 613a BGB). Wenig überzeugend ist die Überlegung, das in Abs 4 enthaltene Kündigungsverbot müsse vor dem Hintergrund der verfassungsrechtlich geschützten **Kirchenautonomie** „um den Vorbehalt einer Änderungskündigung durch kirchliche Betriebserwerber" ergänzt werden (vTiling, Rechtsfolgen 144).

3. Rechtsdogmatische Einordnung in das Kündigungsschutzsystem

Abs 4 S 1 enthält ein **eigenständiges Kündigungsverbot** (erstmals BAG 31. 1. 1985, AP Nr 40 zu § 613a BGB; ebenso BAG 5. 12. 1985, AP Nr 47 zu § 613a BGB; BAG 18. 7. 1996, AP Nr 147 zu § 613a BGB; BAG 22. 5. 1997, AP Nr 154 zu § 613a BGB; KR/Treber § 613a Rn 85; Soergel/Raab § 613a Rn 185; Eich NJW 1980, 2329 [2334]; Kreitner, Kündigungsrechtliche Probleme 45 ff; Schreiber RdA 1982, 137 [147 f]; Willemsen ZIP 1983, 411 [414]). Im Schrifttum herrschte dagegen zunächst die Meinung vor, die Vorschrift habe keinen eigenständigen Regelungsgehalt, sondern stelle nur klar, dass der Betriebsübergang selbst kein dringendes betriebliches Erfordernis sei. Demnach sollte Abs 4 nur anwendbar sein, wenn das KSchG eingreift (so vor allem Bauer, Unternehmensveräußerung 83; Gröninger, in: FS Herschel 163 [167 f]; Wickler, Arbeitgeberkündigung 33 ff; Berkowsky DB 1983, 2683 [2685]; Schaub ZIP 1984, 272 [275]; Seiter, Betriebsinhaberwechsel 110 ff; vermittelnd Hanau ZIP 1984, 141 ff; Henckel ZGR 1984, 225 [235 f]). 389

Nach seinem klaren Wortsinn kann **Abs 4 S 1 nicht als Unterfall einer Sozialwidrigkeit iSd § 1 KSchG** interpretiert werden. Aus der Verankerung im BGB ergibt sich, dass keine Rolle spielt, ob der Arbeitnehmer unter den Geltungsbereich des KSchG fällt und ob er die für den allgemeinen Kündigungsschutz vorgesehene Wartezeit des § 1 Abs 1 KSchG erfüllt hat, denn § 613a BGB will die Rechtsfolgen eines Betriebsübergangs umfassend und allgemein für sämtliche betroffenen Arbeitnehmer regeln (vgl BT-Drucks 6/1786, 59; ebenso Kreitner, Kündigungsrechtliche Probleme 47 mwNw; **aA** Wickler, Arbeitgeberkündigung 34). Vgl zum **Wiedereinstellungsanspruch** nach wirksamer Kündigung oben Rn 88 ff. 390

II. Inhalt des Kündigungsverbots

1. Kündigung „wegen des Übergangs eines Betriebs oder eines Betriebsteils“

Die Kündigung ist unwirksam, wenn sie wegen des Übergangs eines Betriebs oder eines Betriebsteils ausgesprochen wird (Abs 4 S 1). Veräußerer und Erwerber sollen davon abgehalten werden, den Betriebsübergang dazu zu benutzen, sich bestimmter Arbeitnehmer zu entledigen (ebenso BAG 26. 5. 1983, AP Nr 34 zu § 613a BGB; vgl umfassend Lipinski, Sonderkündigungsschutz [2001]; ders NZA 2002, 75 ff). Das Recht zur Kündigung des Arbeitsverhältnisses aus anderen Gründen wird dadurch aber nicht berührt (Abs 4 S 2). In dieser Bestimmung kommt mithin das „Verbot der Negativauslese“ besonders deutlich zum Ausdruck, doch reicht ihre Bedeutung weit darüber hinaus. 391

Abs 4 S 2 soll sicherstellen, dass sich die Wirksamkeit von Kündigungen allein nach den Vorschriften über das Recht der ordentlichen und außerordentlichen Kündigung richtet, soweit nicht Abs 4 S 1 Anwendung findet (vgl BT- Drucks 8/4259, 9). Mit der gegenüber dem Regierungsentwurf (BT-Drucks 8/3317, 5) veränderten Fassung wird deutlich gemacht, dass nicht nur sozial gerechtfertigte Kündigungen aus Anlass eines Betriebsübergangs wirksam sind, sondern darüber hinaus generell solche, die nicht gegen das punktuelle Kündigungsverbot des Abs 4 Satz 1 verstoßen und nach den sonst anwendbaren allgemeinen Vorschriften zulässig sind. Abs 4 S 2 enthält somit nur eine an sich selbstverständliche ergänzende Klarstellung zu Satz 1 ohne eigenen Regelungsgehalt (ebenso Kreitner, Kündigungsrechtliche Probleme 102). 392

393 Für das Beitrittsgebiet wurde Abs 4 S 2 bis zum Ablauf des 31. 12. 1998 durch Art 232 § 5 Ziff 2 EGBGB dahingehend modifiziert, dass S 2 „das Recht zur Kündigung aus wirtschaftlichen, technischen oder organisatorischen Gründen, die Änderungen im Bereich der Beschäftigung mit sich bringen, unberührt läßt". Diese Vorschrift hatte, worauf bereits ihr Wortlaut, dem keine Relativierung des Abs 4 Satz 1 zu entnehmen war, hindeutet, lediglich klarstellenden Charakter und unterschied sich daher im Ergebnis nicht von der Grundbestimmung des Abs 4 S 1 (ebenso Soergel/Raab § 613a Rn 186; MünchKomm/Schaub [3. Aufl 1996] § 613a Rn 71; MünchArbR/Wank [1. Aufl 1993] § 120 Rn 166; Belling/Müsgen NZA 1991, Beil 1, 7 [17]; ebenso wohl BGB-RGRK/Ascheid § 613a Rn 264; ders NZA 1991, 873 [878]; **aA** Staudinger/Rauscher [1996] Art 232 § 5 EGBGB Rn 34; Commandeur NZA 1991, 704 [705]; Weimar/Alfes DB 1991, 1830 [1831]).

394 Da Abs 4 S 2 keine Hinweise für die Tatbestandseingrenzung des Abs 4 S 1 entnommen werden können, ist dessen Reichweite autonom zu bestimmen. „Wegen" des Betriebsübergangs erfolgt eine Kündigung nur, wenn dieser sowohl (objektiv) Ursache als auch (subjektiv) unmittelbarer, nicht weiter mediatisierter Beweggrund für die Kündigung war (vgl dazu – insbesondere zu Beweisfragen – Kreitner, Kündigungsrechtliche Probleme 80 ff; **aA** etwa Schaub ZIP 1984, 272 [276]; wie hier KR/Treber § 613a Rn 91; Hillebrecht NZA 1989, Beil 1, 10 [14]). Es werden daher **nur solche Fälle erfasst, in denen der Inhaberwechsel als solcher zum Anlass für eine Kündigung genommen wird**, ohne dass eine eigene Unternehmerentscheidung des Veräußerers zugrunde liegt (ähnlich Willemsen ZIP 1983, 411 [413]; vgl auch BAG 17. 6. 2003, AP Nr 260 zu § 613a BGB: Erforderlich sei, dass der Betriebsübergang „die überwiegende Ursache der Kündigung bildet. Der Betriebsübergang muß der Beweggrund für die Kündigung gewesen sein"; s ferner BAG 28. 10. 2004, AP Nr 69 zu § 1 KSchG 1969 Soziale Auswahl: § 613a Abs 4 „verbietet es nur, gerade den Betriebsübergang zum Anlass für eine Kündigung zu nehmen […]. Eine Kündigung erfolgt aber nur dann wegen des Betriebsübergangs, wenn dieser der tragende Grund, nicht nur der äußere Anlass für die Kündigung ist"). Dies ist etwa anzunehmen, wenn einzelnen Arbeitnehmern nur deswegen gekündigt wird, weil der Erwerber trotz Fehlens ausreichender Gründe iSd § 1 Abs 1 KSchG nicht bereit ist, sie weiter zu beschäftigen; das gilt selbst dann, wenn der Interessent den Erwerb von der Kündigung dieser Arbeitnehmer abhängig macht. Anderenfalls würde faktisch der vor dem Inkrafttreten des § 613a BGB geltende Rechtszustand einer freien Ablehnungsbefugnis des Erwerbers wiederhergestellt (grundlegend Willemsen ZIP 1983, 411 [414]; im Anschluss an ihn BAG 26. 5. 1983, AP Nr 34 zu § 613a BGB; BAG 18. 7. 1996, AP Nr 147 zu § 613a BGB; vgl auch Soergel/Raab § 613a Rn 188 und MünchArbR/Wank § 142 Rn 11 ff; **aA** Hanau, 54. DJT E 40; ders ZIP 1984, 141 [144]; Vossen BB 1984, 1557 [1558] mwNw). In jedem Fall könne Abs 4 nur anwendbar sein, „wenn die den Betriebsübergang ausmachenden Tatsachen zum Zeitpunkt der Kündigung bereits feststehen oder zumindest greifbare Formen angenommen haben" (BAG 26. 4. 2007, AP Nr 323 zu § 613a BGB). Ein enger zeitlicher Zusammenhang zwischen Betriebs(teil)übergang und Kündigung ist nicht erforderlich. Das Kündigungsverbot gem Abs 4 kann sogar dann noch eingreifen, wenn die Kündigung nach dem Betriebs(teil)übergang ausgesprochen wird (BAG 27. 10. 2005, AP Nr 292 zu § 613a BGB).

395 Das **Kündigungsverbot greift nicht ein**, wenn ein sachlicher Grund vorhanden ist, der „aus sich heraus" die Kündigung zu rechtfertigen vermag (BAG 26. 5. 1983, AP Nr 34 zu § 613a BGB; BAG 5. 12. 1985, AP Nr 47 zu § 613a BGB; BAG 19. 5. 1988, AP Nr 75 zu § 613a BGB; BAG 18. 7. 1996, AP Nr 147 zu § 613a BGB; BAG 28. 10. 2004, AP Nr 69 zu § 1 KSchG 1969 Soziale

Auswahl; BAG 20. 9. 2006, AP Nr 316 zu § 613a BGB; in diesem Sinne auch zu Art 4 RL 2001/23/EG EuGH 7. 8. 2018 – *Sigüenza,* NZA 2018, 1123), denn die Bestandsschutzfunktion des § 613a BGB enthält keine Arbeitsplatzgarantie in der Form, dass er die Arbeitnehmer vor solchen (abstrakten) Risiken schützen will, die sich auch ohne Betriebsübergang in einer Kündigung realisieren könnten (BAG 26. 5. 1983, AP Nr 34 zu § 613a BGB; BAG 18. 7. 1996 AP Nr 147 zu § 613a BGB; Ascheid NZA 1991, 873 [878]; Willemsen ZIP 1983, 411 [413]). Dementsprechend sind jedenfalls solche Kündigungen zulässig, die auf vom Veräußerer selbst gewonnenen und von ihm im Betriebsablauf zu verwirklichenden Erkenntnissen beruhen (BAG 18. 7. 1996, AP Nr 147 zu § 613a BGB). Daher fallen betriebsbedingte Kündigungen auch dann nicht unter Abs 4 Satz 1, wenn das zugrundeliegende Konzept ausschließlich dazu dient, den Betrieb „verkaufsfähig“ zu machen (Hillebrecht ZIP 1985, 263 [264]; ders NZA 1989, Beil 4, 10 [14]), so dass insbesondere eine „klassische Sanierungskündigung“ im Rahmen eines Betriebsübergangs zulässig ist (Ascheid NZA 1991, 873 [878]).

Außerordentlich umstritten war lange Zeit, ob eine Kündigung von der Nichtigkeitsfolge des Abs 4 S 1 erfasst wird, wenn sie nur den Zweck verfolgt, eine den Wünschen des potentiellen Erwerbers entsprechende Betriebsstruktur herbeizuführen (sog **„Veräußererkündigung auf Erwerberkonzept“**; offen gelassen von BAG 26. 5. 1983, AP Nr 34 zu § 613a BGB; BAG 18. 7. 1996, AP Nr 147 zu § 613a BGB; im Grundsatz – wenn auch jeweils mit Unterschieden hinsichtlich der konkreten Ausgestaltung – für die Zulässigkeit solcher Kündigungen Soergel/Raab § 613a Rn 189; Seiter, Betriebsinhaberwechsel 113; Commandeur NZA 1991, 705 [708]; Hilger ZGR 1984, 258 [260]; Hillebrecht NZA 1989, Beil 4, 10 [14 f]; Meyer NZA 2003, 244; ErfK/Preis § 613a BGB Rn 169; Vossen BB 1984, 1557 [1560]; Willemsen ZIP 1983, 411 [416]; **dagegen** jedoch LAG Köln 17. 6. 2003, ZIP 2003, 2042 [2043]; Hanau ZIP 1984, 141 [143]; Hüper, Der Betrieb im Unternehmerzugriff 79, der danach fragt, wer die Kündigung *im eigenen Interesse* plant; Richardi NZA 1991, 289 [292] sowie Staudinger/Richardi[12] Rn 215; zum Ganzen Daub, Das Erwerberkonzept: Arbeitsrechtliche Aspekte von Erwerberkonzepten bei der übertragenden Sanierung [013]; Döpner, Die Veräußererkündigung auf Erwerber-Konzept beim Betriebsübergang [2013]). 396

Grundsätzlich bestehen keine Bedenken gegen die Zulässigkeit einer „Kündigung auf Erwerberkonzept“, da der Veräußerer im Zeitpunkt der Verwirklichung des Erwerberkonzepts durch den Ausspruch von Kündigungen bereits keine fremden Vorstellungen mehr verwirklicht, sondern sein eigenes Modell, wofür ihm das Erwerberkonzept lediglich als Vorbild gedient hat. Bringt der Veräußerer auf diese Weise zum Ausdruck, dass er sich die Vorüberlegungen des Erwerbers vollumfänglich zu eigen macht, so unterscheiden sich die daraufhin ausgesprochenen Kündigungen strukturell nicht von sonstigen betriebsbedingten Kündigungen, da nach dem Motiv für eine bestimmte Unternehmerentscheidung grundsätzlich nicht gefragt wird. Aus diesem Grund kann in solchen Fällen auch nicht als weitere Voraussetzung verlangt werden, dass der Übergang auf den die Unternehmerentscheidung durch sein Konzept veranlassenden Erwerber bereits konkrete Formen angenommen hat (so aber KR/Rachor § 1 KSchG Rn 613; KR/Treber § 613a Rn 96; Soergel/Raab § 613a Rn 189; Willemsen ZIP 1983, 411 [416]; vgl auch BAG 18. 7. 1996, AP Nr 147 zu § 613a BGB). Vielmehr kommt einer derartigen Verfestigung lediglich die Rolle einer Indiztatsache dafür zu, dass der Veräußerer sich das Erwerberkonzept zu Eigen gemacht und eine eigene, zum Ausspruch der Kündigungen berechtigende Unternehmerentscheidung getroffen hat. 397

398 Dem Erfordernis einer ernsthaften (eigenen) Unternehmerentscheidung ist auch dann genügt, wenn der Veräußerer selbst den Betrieb mit der geänderten Konzeption nicht fortführen möchte; denn die durch § 613a BGB partiell angeordnete Fiktion der Rechtsträgerkontinuität ist nur sinnvoll, wenn auch die Arbeitgeberseite durchgehend handlungsfähig bleibt, was gerade nicht der Fall wäre, wenn der Veräußerer sich nicht ein Konzept zu eigen machen dürfte, welches erst der Erwerber ausführen möchte. Ziel des § 613a BGB ist es nämlich nicht, eine Lähmung der aus Unternehmersicht notwendigen Maßnahmen herbeizuführen (BAG 26. 5. 1983, AP Nr 34 zu § 613a BGB; BAG 18. 7. 1996, AP Nr 147 zu § 613a BGB) und das Arbeitsverhältnis nur um den Ablauf der Kündigungsfrist „künstlich zu verlängern", wenn feststeht, dass der neue Inhaber eine Kündigung aussprechen wird (BAG 20. 3. 2003, NZA 2003, 1027 [1029]; BAG 20. 9. 2006, AP Nr 316 zu § 613a BGB; beachte die Formulierung bei ErfK/Preis § 613a Rn 170: „Letztlich erreicht die Schutzfunktion des § 613a I die betroffenen An nicht, da der Bestandsschutz [...] nur vorübergehend eingreift").

399 Aus der Tatsache, dass der Veräußerer sich das Erwerberkonzept zu eigen gemacht haben muss, folgt ohne Weiteres, dass prinzipiell nur ein solches Erwerberkonzept den Ausspruch betriebsbedingter Kündigungen durch den Veräußerer rechtfertigen kann, welches von diesem auch bei einer Betriebsfortführung umgesetzt werden könnte (ebenso BAG 26. 5. 1983, AP Nr 34 zu § 613a BGB; **dagegen** Soergel/Raab § 613a Rn 189). Anderenfalls könnte es zu einer Benachteiligung der beim Veräußerer beschäftigten Arbeitnehmer dadurch kommen, dass diese die beim Erwerber vorhandenen Umstände als Grundlage der Unternehmerentscheidung gegen sich gelten lassen müssten, ohne gleichzeitig in den Genuss einer übergreifenden Sozialauswahl zu kommen, was im Ergebnis zu einer Begünstigung der beim Erwerber bereits beschäftigten Arbeitnehmer und gleichzeitig zu einer „Negativauslese" beim Veräußerer führen würde.

400 Ausnahmsweise wird man eine Kündigung auf Erwerberkonzept jedoch auch in den praktisch seltenen Fällen der **fehlenden Verwirklichungsmöglichkeit** für den Veräußerer zulassen müssen, in denen der Betriebs(teil)übergang zwischen Veräußerer und Erwerber bereits verbindlich fixiert ist. Das BAG hat dies in seiner Entscheidung vom 20. 3. 2003 für einen Betriebsübergang aus der Insolvenz aufgegriffen, wenn es eine betriebsbedingte Kündigung in solchen Fällen zulässt, in denen zwar der bisherige Inhaber das Konzept nicht realisieren kann, aber ein verbindliches Konzept oder ein verbindlicher Sanierungsplan des neuen Inhabers vorliegt, „dessen Durchführung im Zeitpunkt des Zugangs der Kündigungserklärung bereits greifbare Formen angenommen hat" (BAG 20. 3. 2003, NZA 2003, 1027 [1029]; vgl auch BAG 26. 5. 1983, AP Nr 34 zu § 613a BGB. Nicht um eine solche „echte Kündigung auf Erwerber-Konzept" handelte es sich in der Entscheidung des BAG 27. 1. 2011, AP Nr 187 zu § 1 KSchG 1969 Betriebsbedingte Kündigung; dort waren vielmehr die vorstehend in Rn 399 beschriebenen Voraussetzungen erfüllt). Das BAG hat nicht ausdrücklich zu der Frage Stellung genommen, ob nicht nur das der Kündigung zugrundeliegende Konzept, sondern auch der Betriebs(teil)übergang selbst fixiert sein muss (vgl näher Annuss/Stamer NZA 2003, 1247 [1248]). Im Ergebnis dürfte das zu bejahen sein, wofür etwa ein ausreichend konkreter Vorvertrag oder ein aufschiebend bedingter Übernahmevertrag erforderlich ist (ebenso WHSS/Willemsen H 117; grundlegend bereits ders ZIP 1983, 411 [416]). Das BAG hat in der Entscheidung vom 20. 3. 2003 die Zulässigkeit einer solchen Kündigung auf Erwerberkonzept noch auf die Fälle des insolventen bisherigen Inhabers beschränkt. Es sind allerdings keine sachlichen Gründe vorhanden, die einer Erstreckung auf außerhalb der Insolvenz erfolgende Betriebs(teil)übergänge entgegenstehen.

Weitgehend ungeklärt sind bislang die mit der Zulassung einer „Kündigung auf Erwerberkonzept" verbundenen Folgefragen in solchen Fällen, in denen der bisherige Inhaber das Konzept selbst nicht realisieren könnte, insbesondere im Hinblick auf den für die **Weiterbeschäftigungspflicht** gem § 1 Abs 2 KSchG und die **Sozialauswahl** gem § 1 Abs 3 KSchG maßgeblichen Bezugsrahmen. Teilweise wird angenommen, man habe „in bezug auf die Sozialauswahl gem § 1 Abs 3 KSchG und für die Berücksichtigung der Versetzungsmöglichkeit auf andere, freie Arbeitsplätze, die bei *diesem* [dem Erwerber] maßgeblichen betriebs- und unternehmensbezogenen Verhältnisse zugrunde zu legen" (WHSS/Willemsen H 116, Hervorhebung im Original; ähnlich Bütefisch, Die Sozialauswahl 99; Gaul/Bonanni/Naumann DB 2003, 1902 [1905]; Wittenberg, Bestandsschutz 79 f). Andere wollen hingegen stets auf die Verhältnisse beim kündigenden Arbeitgeber abstellen, so dass nur die bei ihm bestehenden Weiterbeschäftigungsmöglichkeiten zu berücksichtigen seien und sich die Sozialauswahl auf den bisherigen Beschäftigungsbetrieb beschränke (so Erman/Edenfeld § 613a Rn 114; Henkel ZGR 1984, 225 [234 f]; Picot/Schnitker Teil I Rn 398; Lipinski NZA 2002, 75 [79]; Meyer NZA 2003, 244 [248]; Sieger/Hasselbach DB 1999, 430 [434 f]; Vossen BB 1984, 1557 [1560]), oder bei Eingliederung in einen Betrieb des neuen Inhabers eine übergreifende Sozialauswahl vornehmen (ErfK/Preis § 613a Rn 172; Schmädicke NZA 2014, 515 ff). Für die Lösung dieses Problems dürfte der Ausgangspunkt bei der Feststellung zu nehmen sein, dass eine „Kündigung auf Erwerberkonzept" nicht allein wegen des Rechtsträgerwechsels anders beurteilt werden kann als eine durch den Arbeitgeber bei fortbestehender Rechtsträgeridentität im Rahmen der Zusammenführung von Betrieben oder Betriebsteilen ausgesprochene Kündigung. Zugrunde zu legen sind daher unter Beachtung des Prognoseprinzips grundsätzlich die Verhältnisse im Zeitpunkt des Ablaufs der Kündigungsfrist. Nur wenn daher auch die gekündigten Arbeitnehmer zunächst in den Betrieb des neuen Inhabers als dessen Arbeitnehmer übernommen werden, richten sich die Weiterbeschäftigungspflicht und Sozialauswahl nach den bei ihm maßgeblichen Verhältnissen (vgl auch Annuss/Stamer NZA 2003, 1247 [1249]). 401

2. Kündigung durch den bisherigen Arbeitgeber oder durch den neuen Betriebsinhaber

Keine Rolle spielt, ob eine Kündigung „wegen des Übergangs" durch den bisherigen oder durch den neuen Betriebsinhaber erklärt wird. Man hat hier aber zu beachten, dass § 613a BGB den Arbeitsplatz nur in seiner jeweiligen Ausgestaltung schützt, also keine darüber hinausgehende Bindung des Betriebserwerbers begründet (vgl BAG 25. 8. 1976, AP Nr 41 zu § 242 BGB Gleichbehandlung). Unter Abs 4 Satz 1 fallen deshalb nicht solche Kündigungen, die der Erwerber auf Grund einer eigenen Unternehmerentscheidung – sei es auch im Zusammenhang mit dem Betriebsübergang – durchführt. Bei eingliedernden Betriebs(teil)übernahmen sind in solchen Fällen sämtliche in dem neuen einheitlichen Betrieb beschäftigten Arbeitnehmer in die Sozialauswahl einzubeziehen, so dass es keinen Unterschied macht, ob diese ursprünglich beim Veräußerer oder beim Erwerber beschäftigt waren (ebenso Soergel/Raab § 613a Rn 192; **aA** Kreitner, Kündigungsrechtliche Probleme 115 ff mwNw). 402

3. Kündigung wegen Betriebsübergangs im Insolvenzverfahren

403 Abs 4 gilt auch im Insolvenzverfahren (ebenso BAG 26. 5. 1983 AP Nr 34 zu § 613a BGB; vgl ausführlich Rn 356 ff), da das Kündigungsverbot den Bestand des Arbeitsverhältnisses sichert und deshalb nicht zu dem Teil der Norm gehört, für den eine teleologische Reduktion geboten ist (zu § 128 InsO vgl Rn 358).

III. Unwirksamkeit der Kündigung

404 Nach Abs 4 S 1 ist die Kündigung unwirksam. Auch die Unwirksamkeit gem Abs 4 ist nach § 4 S 1 KSchG innerhalb von drei Wochen nach Zugang der Kündigung durch Klage beim Arbeitsgericht geltend zu machen (§§ 13 Abs 3, 23 Abs 1 KSchG), um den Eintritt der Fiktionswirkung des § 7 KSchG zu vermeiden (europarechtliche Bedenken gegen die Richtlinienkonformität der Erstreckung der Klagefrist auf den Unwirksamkeitsgrund des § 613a Abs 4 bei KAMANABROU NZA 2004, 950 ff; SPRENGER AuR 2005, 175 ff).

405 Zweifelhaft ist, inwieweit sich auch der Arbeitgeber auf die Unwirksamkeit einer gegenüber dem Arbeitnehmer unter Verstoß gegen § 613a Abs 4 ausgesprochenen Kündigung berufen kann. Hierbei geht es um einen Ausfluss des allgemeinen Verbots widersprüchlichen Verhaltens (vgl BAG 27. 6. 1995, AP Nr 7 zu § 4 BetrVG 1972; BAG 11. 7. 1995, AP Nr 56 zu § 1 TVG Tarifverträge: Einzelhandel; vgl näher dazu SOERGEL/RAAB § 613a Rn 192a f), so dass es auf die Umstände des Einzelfalls ankommt.

IV. Vertragsbeendigung und Änderung der Arbeitsbedingungen

406 Entsprechend dem Charakter des Abs 4 S 1 als Verbotsnorm iSd § 134 BGB sind Rechtsgeschäfte, die den Normzweck dieser Bestimmung zu umgehen versuchen, unwirksam (vgl zur Umgehungsproblematik allgemein BIRKHOLZ, Betriebsübergang 71 ff; KREITNER, Kündigungsrechtliche Probleme 176 ff). Ein Versuch der Umgehung des § 613a BGB soll insbesondere vorliegen, wenn die Arbeitnehmer gegenüber dem Veräußerer in Absprache mit diesem Beendigungskündigungen aussprechen oder Aufhebungsverträge abschließen, um sodann mit dem Erwerber neue Arbeitsverhältnisse zu geänderten Bedingungen einzugehen (sog **„Lemgoer Modell"**; vgl BAG 28. 4. 1987, AP Nr 5 zu § 1 BetrAVG Betriebsveräußerung; BAG 29. 11. 1988, AP Nr zu § 1 BetrAVG Betriebsveräußerung; BAG 12. 5. 1992, AP Nr 14 zu § 1 BetrAVG Betriebsveräußerung; BAG 11. 7. 1995, AP Nr 56 zu § 1 TVG Tarifverträge: Einzelhandel; vgl zu dem Konzept STÜCKEMANN BB 1977, 1711; siehe auch BAG 10. 12. 1998, AP Nr 16 zu § 134 BGB; BAG 18. 8. 2005, AP Nr 31 zu § 620 BGB Aufhebungsvertrag; BAG 19. 3. 2009, AP Nr 369 zu § 613a BGB). Entgegen der Rechtsprechung des BAG sowie der herrschenden Auffassung in der Literatur (vgl nur DEBONG NZA 1986, 665 ff; HENCKEL ZIP 1980, 2 [4]; KREITNER, Kündigungsrechtliche Probleme 196; SCHWANDA, Betriebsübergang 268; WILLEMSEN Anm EzA § 613a BGB Nr 67) wird man nicht grundsätzlich eine Unwirksamkeit solcher auf privatautonomer Gestaltung der Arbeitnehmer beruhender Konstruktionen annehmen können (vgl auch bereits Rn 160). § 613a BGB geht es allein darum, eine Trennung von Arbeitsplatz und Arbeitsverhältnis aufgrund einseitiger Tatsachengestaltung durch den Arbeitgeber zu verhindern. Er bezweckt daher nur, den Betriebs(teil)erwerber an Bestand und Inhalt der vorhandenen Arbeitsverhältnisse in gleicher Weise zu binden, wie der Veräußerer gebunden war (problematisch daher EuGH 6. 11. 2003 – *Martin*, AP Nr 35 zu EWG-Richtlinie 77/187, Rn 42: „Der Unternehmensübergang als solcher stellt jedoch keinesfalls einen Grund für eine

solche Änderung dar"; die darin anklingende Analogie zur Behandlung von Kündigungen ist verfehlt, weil der Arbeitnehmer es bei einvernehmlichen Gestaltungen ohne weiteres selbst in der Hand hat, eine Änderung der Vertragsbedingungen durch eine schlichte Konsensverweigerung zu verhindern. Richtig ist demgegenüber die in der gleichen Entscheidung an späterer Stelle [Rn 43] zu findende Überlegung: „Die Richtlinie steht einer [...] Änderung des Arbeitsverhältnisses nicht entgegen, wenn das anwendbare innerstaatliche Recht eine solche Änderung unabhängig von einem Unternehmensübergang zulässt"; vgl auch EuGH 14. 9. 2000 – *Collino Chiappero,* AP Nr 29 zu EWG-Richtlinie Nr 77/187, Rn 53; EuGH 10. 2. 1988 – *Daddy's Dance Hall,* Slg 1988, 739 [753 Rn 13, 17]).

Änderungsvereinbarungen im Zusammenhang mit einem Betriebs(teil)übergang sind daher prinzipiell nur unwirksam, wenn sich das aus allgemeinen Regeln oder besonderen Verbotsgesetzen ergibt (ebenso im Ergebnis Birkholz, Betriebsübergang 88 ff; Pietzko ZIP 1990, 1105 ff; Weimar/Alfes NZA 1993, 155 [161]; vgl zur Problematik einer Änderung des Arbeitsvertrages im Zusammenhang mit einem Betriebsübergang Rn 160) oder wenn sie Vorschriften zu umgehen versuchen, die den inhaltlichen Schutz des Arbeitsverhältnisses bezwecken (Pietzko ZIP 1990, 1105 ff). Vor diesem Hintergrund kann sich die Kombination von Aufhebungsvertrag und Abschluss eines neuen Arbeitsvertrages mit dem Erwerber insbesondere dann als unwirksamer Versuch der Umgehung erweisen, wenn ihre Anerkennung den durch Abs 1 S 2 gewährten Arbeitnehmerschutz beseitigen würde (siehe auch Hanau ZIP 1998, 1817 [1817 f]). 407

Das BAG tut sich bislang sehr schwer mit der Entwicklung einer klaren Linie für die Beantwortung der Frage, unter welchen Voraussetzungen Modifikationen des Arbeitsvertragsgefüges im sachlichen Zusammenhang mit einem Betriebs(teil)übergang zulässig sind. Neben den Überlegungen zu den Anforderungen an unwirksame Änderungsverträge (siehe Rn 160) und zum Lemgoer Modell steht die in jüngerer Zeit besonders akzentuierte Feststellung, dass Vereinbarungen zwischen Arbeitnehmer und Arbeitgeber auch im Zusammenhang mit einem (bevorstehenden) Betriebs(teil)übergang ohne das Vorliegen sachlicher Gründe wirksam möglich sind, wenn sie auf das **endgültige Ausscheiden des Arbeitnehmers** aus dem Betrieb gerichtet sind (BAG 11. 12. 1997 ZInsO 1998, 191; BAG 10. 12. 1998, AP Nr 185 zu § 613a BGB; BAG 18. 8. 2005, AP Nr 31 zu § 620 BGB Aufhebungsvertrag; BAG 23. 11. 2006, AP Nr 317 zu § 613a BGB; BAG 25. 10. 2007, AP Nr 333 zu § 613a BGB; BAG 18. 8. 2011, AP Nr 414 zu § 613a BGB; BAG 25. 10. 2012, AP Nr 436 zu § 613a BGB; vgl zum Ganzen Reiser, Umgehung des § 613a BGB [2015]). Entsprechendes gelte für angesichts eines Betriebsübergangs **arbeitgeberseitig veranlasste Eigenkündigungen** der Arbeitnehmer (BAG 27. 9. 2012, AP Nr 438 zu § 613a BGB). Zu den grundlegenden Prinzipien unseres Rechtssystems – so formuliert das BAG – gehöre die Vertragsfreiheit und damit auch die Abschlussfreiheit. Ein Anspruch des Arbeitnehmers gegen den Arbeitgeber, mit ihm im Anschluss an eine wirksame Beendigung seines Arbeitsverhältnisses einen neuen Arbeitsvertrag zu schließen, sei gesetzlich nicht vorgesehen. Aus der negativen Vertragsfreiheit des Arbeitgebers folge vielmehr, dass er grundsätzlich frei entscheiden kann, ob er den bisherigen Arbeitnehmern ein neues Angebot zum Abschluss eines Arbeitsvertrags macht oder dessen Angebot annimmt (BAG 23. 11. 2006, AP Nr 317 zu § 613a BGB; vgl auch BAG 23. 11. 2006, AP Nr 1 zu § 613a BGB Wiedereinstellung). Damit hat das BAG insbesondere den Weg frei gemacht für das vielfach praktizierte Modell der übertragenden Sanierung unter Einschaltung einer **Transfergesellschaft** (siehe dazu näher Annuss/Lembke/Hangarter, Arbeitsrechtliche Umstrukturierung in der Insolvenz S 203 ff; Staufenbiel 408

ZInsO 2010, 497; ablehnend gegenüber dem BAG allerdings LAG Düsseldorf 28. 4. 1997 LAGE § 613a BGB Nr 61; LAG Hamm 29. 10. 1998 – 8 Sa 2337/97, nv; LAG Bremen 26. 8. 2004, ZIP 2004, 2452; ablehnend neuerdings auch LAG Niedersachsen 28. 2. 2010 – 7 Sa 779/09). Der dreiseitige Vertrag zwischen Arbeitgeber, Arbeitnehmer und Transfergesellschaft, mit dem das bisherige Arbeitsverhältnis beendet und ein neues Arbeitsverhältnis zwischen Transfergesellschaft und Arbeitnehmer begründet wird, sei nicht wegen Umgehung des § 613a BGB gem § 134 BGB nichtig. § 613a BGB gewähre keinen Schutz vor einer einvernehmlichen Beendigung des Arbeitsverhältnisses ohne sachlichen Grund, sondern nur einen Schutz vor einer Veränderung des Vertragsinhalts ohne sachlichen Grund (BAG 23. 11. 2006, AP Nr 317 zu § 613a BGB; BAG 18. 8. 2005, AP Nr 31 zu § 620 BGB Aufhebungsvertrag; ebenso BAG 18. 8. 2011, AP Nr 414 zu § 613a BGB; vgl dazu auch Gaul/Otto ZIP 2006, 644 ff). Eine Umgehung könne daher nur angenommen werden, „wenn der Aufhebungsvertrag die Beseitigung der Kontinuität des Arbeitsverhältnisses bei gleichzeitigem Erhalt des Arbeitsplatzes bezweckt, weil zugleich ein neues Arbeitsverhältnis vereinbart oder zumindest verbindlich in Aussicht gestellt werde“ (BAG 23. 11. 2006, AP Nr 317 zu § 613a BGB; BAG 18. 8. 2011, AP Nr 414 zu § 613a BGB). Damit in der Zwischenschaltung der Transfergesellschaft kein Umgehungsversuch liege, komme es „vor allem darauf an, dass der Arbeitnehmer freiwillig einen Aufhebungsvertrag abschließt, die (Transfergesellschaft) zwischengeschaltet ist und der Arbeitnehmer keine sichere Aussicht darauf hat, bei dem Erwerber eingestellt zu werden“ (BAG 23. 11. 2006, AP Nr 317 zu § 613a BGB). Nach der Überführung der Arbeitnehmer in eine Transfergesellschaft sei der neue Inhaber nicht verpflichtet, beendete Arbeitsverhältnisse neu aufleben zu lassen, und zwar „selbst wenn er bewusst zugewartet hat, bis diese seitens des früheren Arbeitgebers beendet worden sind“ (BAG 23. 11. 2006, AP Nr 317 zu § 613a BGB; vgl auch BAG 23. 11. 2006, AP Nr 1 zu § 613a BGB Wiedereinstellung; BAG 18. 8. 2005, AP Nr 31 zu § 620 BGB Aufhebungsvertrag). Dabei sei es sogar legitim, wenn der neue Inhaber von vornherein plant, den Betrieb nur eine „logische Sekunde“ nach Wirksamwerden der Aufhebungsverträge zu übernehmen (BAG 23. 11. 2006, AP Nr 317 zu § 613a BGB). Besonders zu achten ist in der Praxis somit darauf, dass den Arbeitnehmern im Zusammenhang mit dem Abschluss des dreiseitigen Vertrags „reiner Wein eingeschenkt wird“ (BAG 23. 11. 2006, AP Nr 317 zu § 613a BGB; vgl zu einem Spezialproblem in diesem Zusammenhang ArbG Freiburg 26. 6. 2008 – 13 Ca 378/07; vgl auch Fuhlrott NZA 2012, 549 ff). Eine unzulässige Umgehung des § 613a BGB liege nicht nur dann vor, wenn den Arbeitnehmern bei Abschluss des Aufhebungsvertrags mit dem bisherigen Betriebs(teil)inhaber der Abschluss eines neuen Arbeitsvertrags rechtlich verbindlich in Aussicht gestellt wird, sondern schon dann, wenn der Betriebs(teil)erwerber eine Verlosung der von ihm übernommenen Arbeitsplätze unter den bislang betriebs(teil)zugehörigen Arbeitnehmern verspricht (BAG 18. 8. 2011, AP Nr 414 zu § 613a BGB) oder sonst eine Situation schafft, in der die betroffenen Arbeitnehmer nach den Gesamtumständen berechtigter Weise annehmen dürfen, dass sie vom Betriebs(teil)erwerber weiterbeschäftigt werden (BAG 25. 10. 2012, AP Nr 436 zu § 613a BGB; kritisch zum Ansatz des BAG Willemsen NZA 2013, 242, der statt dessen auf das Vorliegen einer „funktionswidrigen Verknüpfung von Aufhebungs- und neuem Arbeitsvertrag“ abstellt).

§ 614
Fälligkeit der Vergütung

Die Vergütung ist nach der Leistung der Dienste zu entrichten. Ist die Vergütung nach Zeitabschnitten bemessen, so ist sie nach dem Ablauf der einzelnen Zeitabschnitte zu entrichten.

Materialien: E I § 560, II § 555, III § 607; Mot II 461; Prot II 279.

Systematische Übersicht

Alphabetische Übersicht

I. Rechtsdogmatische Einordnung

1. Keine Anspruchsnorm

1 Die Bestimmung enthält den **Grundsatz der Vorleistungspflicht des Dienstverpflichteten**. Anspruchsnorm für die Entrichtung der Vergütung ist aber nicht sie, sondern § 611 Abs 1 BGB. Die Vorschrift sieht nur eine von § 271 BGB abweichende Bestimmung der Leistungszeit vor und enthält damit eine bloße **Fälligkeitsregelung** (vgl auch Staudinger/Löwisch [2014] § 271 Rn 3). Daher trifft es rechtsdogmatisch auch nicht zu, dass sich aus ihr der Grundsatz ergeben soll: „Ohne Arbeit kein Lohn" (so aber BAG 21. 3. 1958 – 1 AZR 555/56, AP Nr 1 zu § 614 BGB; BeckOGK/Maties [15. 10. 2018] § 614 Rn 6; MünchKomm/Müller-Glöge § 614 Rn 1: nicht Grundlage, aber „Ausdruck"). Dieses Prinzip beruht vielmehr darauf, dass nach dem Inhalt des rechtsgeschäftlichen Leistungsversprechens zwischen Arbeitsleistung und Entgelt ein Gegenseitigkeitsverhältnis besteht (so zutreffend Hueck/Nipperdey I 324; wie hier BGB-RGRK/Hilger § 614 Rn 3; HWK/Krause § 614 Rn 1; ErfK/Preis § 614 Rn 4; ArbRBGB/Schliemann § 614 Rn 3). Indem S 2 anordnet, dass die Vergütung nach Ablauf des einzelnen Zeitabschnitts zu leisten ist, soll er zugleich sicherstellen, dass der Arbeitnehmer durch regelmäßige Lohnzahlungen in der Lage ist, seinen Lebensunterhalt zu bestreiten (LAG Düsseldorf 22. 10. 2003 – 12 [15] Sa 1205/03, juris Rn 22).

2. Entstehungsgeschichte

Die Bestimmung entspricht Art 624 des Dresdener Entwurfs: „Der Dienstherr ist, sofern nicht etwas Anderes vereinbart oder üblich ist, den Lohn erst nach der Beendigung der Dienstleistung zu entrichten verpflichtet" (vgl Jakobs/Schubert, Die Beratung des BGB – §§ 433 bis 651 [1980] 760). Auf Empfehlung von Windscheid wurde sie durch die Vorschrift ergänzt, die nunmehr S 2 enthält (vgl Mot II 461). Vorbild war die frühere Regelung über die Fälligkeit des Mietzinses (vgl § 551 Abs 1 aF; s Mot II 461; Jakobs/Schubert 760 f); im Mietrecht hat der Gesetzgeber allerdings zur Anpassung an die ohnehin geübte Vertragspraxis zwischenzeitlich eine 180 Grad-Kehrtwendung hin zu einer Vorleistungspflicht des Mieters vollzogen (§ 556b Abs 1 BGB, vgl BT-Drucks 14/4553, 52). 2

3. Abdingbarkeit

Die Bestimmung hat nur dispositiven Charakter (BAG 15. 1. 2002 – 1 AZR 165/01, juris Rn 37; vgl auch Prot II 279). Ausdrücklich oder stillschweigend kann etwas anderes ausgemacht werden, wobei insbesondere die Verkehrssitte heranzuziehen ist (vgl Prot II 279). Auch aus der Art der Vergütung kann sich ergeben, dass etwas von § 614 BGB Abweichendes gilt, zB bei Gewährung von Unterkunft und Naturalverpflegung. Im Bereich freier Dienstverträge kann der Abdingbarkeit in **AGB** aber durch § 307 Abs 2 Nr 1, Abs 1 BGB Grenzen gesetzt sein, zB wenn durch eine Jahresvorleistungsklausel dem Dienstberechtigten jegliche Möglichkeit genommen wird, die Leistungsfähigkeit der erbrachten Dienstleistung zu überprüfen und ggf rechtzeitig Druck auf den Dienstverpflichteten auszuüben (OLG Düsseldorf 21. 12. 1994 – 15 U 181/93, NJW-RR 1995, 1015; vgl auch OLG Frankfurt 4. 12. 2008 – 6 U 186/07, juris Rn 42; LG Hamburg 17. 7. 2009 – 324 O 1041/08, juris Rn 19). 3

Handelt es sich um ein **Arbeitsverhältnis**, so ist die Fälligkeit des Arbeitsentgelts weitgehend durch Kollektivvertrag – Tarifvertrag oder Betriebsvereinbarung – geregelt. Außerdem bestehen für bestimmte Berufsgruppen und Vergütungsformen gesetzliche Sondervorschriften (vgl §§ 64, 65, 87c HGB, § 11 BBiG; s auch Rn 41 ff). Eine Abbedingung kommt auch durch betriebliche Übung in Betracht (MünchKomm/Müller-Glöge § 614 Rn 2). Abweichende Regelungen, die den Arbeitnehmer durch Vorverlegung oder Schaffung von Ansprüchen auf Abschlagszahlungen besser stellen, sind in **AGB** unproblematisch möglich, wenn sie – wie praktisch immer (vgl auch § 310 Abs 3 Nr 1 BGB) – vom Arbeitgeber gestellt wurden; eine den Arbeitnehmer gegenüber S 1 benachteiligende Regelung ist angesichts seiner Vorleistungspflicht schlechterdings nicht vorstellbar. Denkbar ist allenfalls eine Abbedingung des S 2 zu Lasten des Arbeitnehmers; gegen § 307 Abs 2 Nr 1 BGB verstößt das aber nur, wenn es nicht durch sachliche Gründe gerechtfertigt ist. Zur Vermeidung überbordenden Verwaltungsaufwands zulässig ist daher zB eine Abrede, dass ein nach Stunden oder Tagen bemessener Arbeitslohn immer erst am Wochenende ausgezahlt wird (s Rn 13); da dem Arbeitgeber eine wochenweise Lohnzahlung zumutbar ist, wäre hingegen eine Formularabrede, nach der der wochenweise bemessene Lohn erst am Monatsende auszuzahlen ist, wegen Verstoß gegen § 307 Abs 2 Nr 1 BGB unwirksam. 4

Bei **Arbeitszeitkonten** (dazu Staudinger/Richardi/Fischinger [2016] § 611 Rn 1079 ff) wird § 614 BGB ebenfalls abbedungen. Dass bei Kurzzeitkonten im Zeitpunkt des Ver- 5 tragsschlusses nicht immer feststeht, ob der Fälligkeitszeitpunkt – bezogen auf die Arbeitsleistung in einem konkreten Zeitabschnitt – vorverlagert oder hinausgeschoben wird, weil dies davon abhängt, ob das Konto gerade „negativ" oder „positiv" ist, ist unschädlich (zum negativen Arbeitszeitkonto vgl auch Rn 52). Nicht zu beanstanden sind auch **Lang-** und **Lebensarbeitszeitkonten**, obwohl mit ihnen eine – oft jahrelange – Verschiebung des Fälligkeitszeitpunkts erfolgt (vgl Heide, Lebensarbeitszeitkonten aus arbeitsrechtlicher Sicht [2008] 55 f).

6 Soweit keine zwingende gesetzliche oder tarifvertragliche Regelung besteht, hat der Betriebsrat über die **Zeit und Art der Auszahlung des Arbeitsentgelts mitzubestimmen** (§ 87 Abs 1 Nr 4 BetrVG). Gleiches gilt im öffentlichen Dienst für die Personalvertretung (vgl im Bund § 75 Abs 3 Nr 2 BPersVG). § 614 BGB ist, obwohl er dispositiv ist, eine Schranke der Mitbestimmung; denn Mitbestimmungstatbestand ist nur die *Zeit der Entgeltzahlung,* nicht die *Vorleistungspflicht* des Arbeitnehmers (vgl LAG Köln 18. 5. 2012 – 5 TaBV 53/11, juris Rn 29; Richardi, in: Richardi, BetrVG § 87 Rn 446; ebenso Krause, MünchArbR § 69 Rn 9; HWK/Krause § 614 Rn 4; MünchKomm/Schaub [3. Aufl 1997] § 614 Rn 2; ArbRBGB/Schliemann § 614 Rn 4). Das Mitbestimmungsrecht bezieht sich aber auf die Bestimmung der Zeiträume, nach deren Ablauf das Entgelt zu leisten ist (vgl BAG 15. 1. 2002 – 1 AZR 165/01, NZA 2002, 1112 [LS]). Daraus ergibt sich mittelbar eine Auswirkung auf die Vorleistungspflicht des Arbeitnehmers. Diese kann aber im Mitbestimmungsverfahren nicht geändert werden. Ein Arbeitgeber kann daher nach § 87 Abs 1 Nr 4 BetrVG nicht verpflichtet werden, Abschlagszahlungen auf das Arbeitsentgelt zu leisten (vgl Richardi, in: Richardi, BetrVG § 87 Rn 427; **aA** Fitting, BetrVG, § 87 Rn 181). Deshalb kommt insoweit nur eine freiwillige Betriebsvereinbarung in Betracht.

II. Inhalt der Bestimmung

1. Vorleistungspflicht des Dienstverpflichteten

7 Nach S 1 ist die Vergütung nach der Leistung der Dienste zu entrichten. Die Bestimmung setzt voraus, dass ohne Arbeitsleistung keine Vergütung zu entrichten ist. Dieser Grundsatz ist aber nicht hier niedergelegt, sondern ergibt sich aus dem Gegenseitigkeitsverhältnis zwischen Arbeitsleistung und Arbeitsentgelt (s Rn 1). Hat der Arbeitnehmer zwar eine Schlechtleistung erbracht, aber dennoch geleistet, steht S 1 einer Lohnzahlung nicht entgegen (vgl für den Bereich des Profifußballs Breucker NJW-Aktuell 2010, Nr 47, 10).

8 Von dem Grundsatz, dass nur die **wirklich geleistete Arbeit bezahlt** wird, bestehen zahlreiche **Ausnahmen**, vor allem wenn es sich um ein Arbeitsverhältnis handelt. In diesen Fällen erhält der Dienstverpflichtete die Vergütung auch ohne Arbeitsleistung und ohne Verpflichtung zu einer Nachleistung der Arbeit. Es handelt sich insbesondere um die folgenden Fälle:

- Hat der Dienstberechtigte zu vertreten, dass die Arbeitsleistung nicht erbracht werden kann, so behält der Dienstverpflichtete den Lohnanspruch (**§ 326 Abs 2 BGB**).

- Ist der Dienstverpflichtete für eine verhältnismäßig nicht erhebliche Zeit durch einen in seiner Person liegenden Grund ohne sein Verschulden an der Dienstleistung verhindert, so behält er nach **§ 616 BGB** in den dort vorgesehenen Grenzen den Vergütungsanspruch. Außerdem haben Arbeitnehmer nach **§§ 3 ff EFZG** Anspruch auf Entgeltfortzahlung im Krankheitsfall (vgl Staudinger/Oetker § 616 Rn 170 ff). Keine Ausnahme enthalten die §§ 2, 3 PflegeZG, die dem Arbeitnehmer nur ein Leistungsverweigerungsrecht bzw einen Anspruch auf Freistellung geben, aus denen aber kein Entgeltfortzahlungsanspruch erwächst (näher Staudinger/Richardi/Fischinger [2016] § 611 Rn 1116).

- Bei **Annahmeverzug** des Dienstberechtigten kann der Dienstverpflichtete für die infolge des Verzugs nicht geleisteten Dienste die vereinbarte Vergütung verlangen **(§ 615 S 1 BGB)**. Hierzu zählt auch der Fall einer **Betriebsstörung**, die weder Arbeitgeber noch Arbeitnehmer zu vertreten haben (s § 615 Rn 196 ff).

- Für Arbeitnehmer gilt des Weiteren, dass sie Anspruch auf Fortzahlung ihres Arbeitsentgelts haben, wenn die Arbeitszeit infolge eines gesetzlichen **Feiertags** ausfällt (s Staudinger/Richardi/Fischinger [2016] § 611 Rn 1563 ff). Zudem haben sie in jedem Kalenderjahr Anspruch auf bezahlten **Erholungsurlaub** (§ 1 BUrlG; Staudinger/Richardi/Fischinger [2016] § 611 Rn 1821 ff). Schließlich gibt es eine Vielzahl von Beurlaubungen, bei denen während der Urlaubszeit der Vergütungsanspruch des Arbeitnehmers bestehen bleibt (s Staudinger/Richardi/Fischinger [2016] § 611 Rn 1562, 1821 ff).

Wenn man von der Fälligkeitsregelung für das Urlaubsentgelt in § 11 Abs 2 BUrlG absieht, findet S 1 auch in diesen Fällen Anwendung. **9**

2. Keine Regelung des Verhältnisses von Leistung und Gegenleistung

Dass die Vergütung nach der Leistung der Dienste zu entrichten ist, sichert den Dienstberechtigten vor der Gefahr einer Zahlung ohne Arbeitsleistung ab. Soweit etwas anderes gilt, muss man unterscheiden, ob es sich um Ausnahmen von dem Prinzip handelt, dass die Leistung der Dienste und deren Vergütung in einem Gegenseitigkeitsverhältnis stehen, oder ob nur abweichend von § 614 BGB der Zahlungszeitpunkt festgelegt wird. Im ersteren Fall braucht keine Ausnahme von § 614 BGB vorzuliegen, dass die Vergütung des Dienstberechtigten postnumerando zu leisten ist. Erhält der Dienstverpflichtete die Vergütung auch ohne Arbeitsleistung, so ist sie nach dem hier ausgesprochenen Prinzip ebenfalls erst nachträglich zu entrichten (ebenso Soergel/Kraft § 614 Rn 1). Etwas anderes gilt nur, wenn vereinbart ist, dass die Vergütung pränumerando zu zahlen ist. **10**

Soweit abweichend von § 614 BGB der Zahlungszeitpunkt festgelegt wird, geht es daher nicht um eine Durchbrechung des Grundsatzes „Ohne Arbeitsleistung keine Vergütung". Es wird auch **keine andere Gefahrtragungsregelung für die Vergütung** festgelegt, sondern es wird dem Dienstberechtigten nur das Risiko auferlegt, dass er zahlen muss, bevor er die Dienstleistung erhalten hat. Werden die Dienste nicht entrichtet, so hat er **Anspruch auf Rückzahlung**, sofern er nicht das Vergütungsrisiko für die Nichterbringung der Dienstleistung trägt. **11**

3. Zahlungszeit der Vergütung

12 § 614 BGB regelt den **Zeitpunkt der Fälligkeit** für die vom Dienstberechtigten geschuldete Vergütung. Die in dieser Regelung für den Dienstverpflichteten liegende Kreditgefahr bedeutet **nicht**, dass die ihm auferlegte Vorleistung eine Kreditierung oder **Stundung der Vergütungsverpflichtung im Rechtssinne** darstellt. Durch § 614 BGB wird vielmehr die Fälligkeit der Vergütung festgelegt. Eine Stundung liegt daher nur vor, wenn der Dienstverpflichtete in einen *besonderen* Aufschub der Entrichtung der fälligen Vergütung einwilligt, wenn er also (im landläufigen Sinne) das Geld beim Arbeitgeber stehen lässt (so schon Lotmar I 375). § 614 BGB entspricht daher § 641 Abs 1 BGB im Werkvertragsrecht; er hat also eine andere Bedeutung als die dort in § 641 Abs 2 BGB enthaltene Bestimmung.

13 Der Anspruch auf die Vergütung wird erst nach der Leistung der Dienste fällig (S 1). Ist die **Vergütung nach Zeitabschnitten** bemessen, so ist sie nach dem Ablauf der einzelnen Zeitabschnitte zu entrichten (S 2). Diese Regelung hat vor allem für Arbeitsverhältnisse Bedeutung (s Rn 41 ff). Ist die Vergütung nach Monaten bemessen, so besteht der Anspruch nach Ablauf des Monats und ist mithin am ersten Tag des Folgemonats fällig (BGH 10. 7. 2014 – IX ZR 192/13, juris Rn 35); Verzugszinsen sind damit ab dem zweiten Tag des Folgemonats geschuldet (BAG 15. 5. 2001 – 1 AZR 672/00, AP Nr 176 zu § 242 BGB Gleichbehandlung). Ist der Fälligkeitstag ein Samstag, Sonn- oder Feiertag, verschiebt er sich auf den nächsten Werktag (BAG ebd; siehe auch Rn 21). Ist die Vergütung nach Tagen oder Stunden bemessen, so ist – entgegen dem Wortlaut des § 614 S 2 BGB – in der Regel nach der Verkehrssitte erst am Wochenschluss zu zahlen (ebenso auch Hueck/Nipperdey I 286 Fn 104); alles andere würde zudem zu einem völlig unverhältnismäßigen bürokratischen Aufwand führen, der den Vorstellungen der Vertragsparteien bei Vertragsschluss nicht entspräche.

14 Bei **leistungsbezogenen Entgelten** (zB Akkord, Prämienlohn oder Provision) ist die Vergütung nicht nach Zeitabschnitten bemessen. Deshalb findet S 1, nicht aber S 2, Anwendung. Sofern nichts anderes bestimmt ist, wird das Entgelt erst nach Feststellung der Bezugsgröße fällig, von der abhängt, ob und in welchem Umfang das Entgelt verdient ist. Beim Akkord- und Prämienlohn ist auf die Feststellung des Arbeitsergebnisses abzustellen (ebenso Hueck/Nipperdey I 286). Auch wenn keine besondere Regelung vorliegt, entspricht es der Verkehrssitte, dass Vorschüsse und Abschlagszahlungen geleistet werden, die unter Zugrundelegung eines bestimmten Stundenlohnes berechnet werden (s Rn 26 ff).

15 Betrifft der Dienstvertrag eine **Geschäftsbesorgung**, so kann der Dienstverpflichtete nicht eher Vergütung der Dienste fordern, als er hierüber ordnungsmäßig Rechnung gelegt hat (vgl RG JW 1907, 479).

16 Die für eine **Mehrheit von Diensten vereinbarte Gesamtvergütung** kann vor Abschluss der gesamten Tätigkeit zu einem verhältnismäßigen Teil gefordert werden, wenn die einzelnen Dienste eine Trennung nach gewissen Abschnitten ohne Schwierigkeit gestatten.

III. Rechtsfolgen

1. Keine Einrede des nicht erfüllten Vertrags

Soweit die Vorleistungspflicht des Dienstverpflichteten reicht, steht diesem wegen der noch nicht erhaltenen Vergütung die Einrede des nicht erfüllten Vertrags (§ 320 Abs 1 BGB) **nicht** zu. § 614 BGB enthält also eine Sonderregelung nicht nur gegenüber § 271 BGB, sondern auch gegenüber § 320 Abs 1 BGB. Dagegen findet § 320 Abs 2 BGB Anwendung (vgl schon LOTMAR I 373). Danach darf der Arbeitgeber, wenn der Arbeitnehmer teilweise geleistet hat, die Gegenleistung insoweit nicht verweigern, als die Verweigerung nach den Umständen, insbesondere wegen verhältnismäßiger Geringfügigkeit des rückständigen Teils der Arbeitsleistung, gegen Treu und Glauben verstoßen würde. 17

Ist die Vergütung nach Zeitabschnitten bemessen (S 2), so ist auch wegen einer **rückständig gebliebenen Vergütung** die Einrede des nicht erfüllten Vertrags nach § 320 BGB für den Arbeitnehmer nicht gegeben; denn bei der jetzigen Dienstverweigerung handelt es sich nicht mehr um die frühere, sondern um die laufende Dienstleistung, und für diese ist die Gegenleistung erst nachträglich fällig (ebenso ErfK/PREIS § 614 Rn 17; ArbRBGB/SCHLIEMANN § 614 Rn 33; **aA** HWK/KRAUSE § 614 Rn 14; SÖLLNER ZfA 1973, 1 [7 ff]). 18

Wohl aber steht dem Dienstverpflichteten nach § 273 Abs 1 BGB ein **Zurückbehaltungsrecht** zu (ebenso BAG 25. 10. 1984 – 2 AZR 417/83, AP Nr 3 zu § 273 BGB; ErfK/PREIS § 614 Rn 17; ArbRBGB/SCHLIEMANN § 614 Rn 33; HUECK/NIPPERDEY I 222). Auf Grund dieses Zurückbehaltungsrechts ist der Dienstverpflichtete in einem derartigen Fall, wenn sich nicht ausnahmsweise etwas anderes aus dem Schuldverhältnis ergibt, berechtigt, jede weitere Leistung zu verweigern; denn er ist zu ihr aus demselben rechtlichen Verhältnis verpflichtet, dem sein fälliger Lohnanspruch entspringt. Eine derartige Verweigerung ist keine vertragswidrige oder unbefugte Arbeitsverweigerung, wenn sie unter Beachtung des Grundsatzes von Treu und Glauben erfolgt. Deshalb darf er zB wegen verhältnismäßig geringfügiger oder kurzfristiger Lohnrückstände die Arbeitsleistung nicht verweigern; ein Rückstand von 60% bzw 90% eines Monatsgehalts ist dabei nicht mehr als geringfügig anzusehen (zutreffend LAG Thüringen 28. 1. 1999 – 5 Sa 895/97, LAGE § 273 BGB Nr 1; LAG Baden-Württemberg 20. 4. 1983 – 2 Sa 170/82, BB 1984, 785). Das Zurückbehaltungsrecht scheidet auch aus, wenn dem Arbeitgeber dadurch ein relativ hoher Schaden entstehen würde oder der Lohnanspruch auf andere Art und Weise gesichert ist (BAG 25. 10. 1984 – 2 AZR 417/83, AP Nr 3 zu § 273 BGB; vgl BAG 9. 5. 1996 – 2 AZR 387/95, NZA 1996, 1085 [1087]; s auch STAUDINGER/RICHARDI/FISCHINGER [2016] § 611 Rn 1119). Beruft sich der Arbeitnehmer irrtümlich auf das in Wahrheit nicht bestehende Zurückbehaltungsrecht, verletzt er seine arbeitsvertragliche Pflicht; geschieht dies beharrlich, kann eine verhaltensbedingte (außer-)ordentliche Kündigung in Betracht kommen (vgl zB LAG Schleswig-Holstein 17. 10. 2013 – 5 Sa 111/13, LAGE § 626 BGB 2002 Nr 46). 19

Ist (ausnahmsweise) vereinbart, dass der Lohn **pränumerando zu zahlen** ist, so kann der Dienstverpflichtete bis zur Lohnzahlung die Arbeitsleistung nach § 320 Abs 1 BGB verweigern. 20

2. Schuldnerverzug

21 Bei der Bemessung des Lohnes nach Zeitabschnitten tritt mit dem Ende des Abschnitts die Entlohnungspflicht für die in diesem Abschnitt geleistete Arbeit ohne Weiteres ein (S 2; s Rn 13). Es handelt sich um eine kalendermäßig fixierte Leistungszeit. Einer Mahnung seitens des Dienstverpflichteten (Arbeitnehmers) bedarf es nicht. Der am Ende des Zeitabschnitts nicht zahlende Dienstberechtigte (Arbeitgeber) kommt ohne Weiteres in Schuldnerverzug (§ 286 Abs 2 Nr 1 BGB; vgl LG Köln JW 1924, 224 [225]). Allerdings leistet der Arbeitgeber iSv § 286 Abs 1 Satz 1 bereits dann rechtzeitig, wenn er die **Erfüllungshandlung** (dh in der Praxis die Überweisungsanordnung) rechtzeitig vornimmt; allein ein eventuell verspätet eintretender Leistungserfolg vermag demgegenüber keinen Schuldnerverzug zu begründen (vgl LAG Rheinland-Pfalz 26. 4. 2018 – 2 Sa 258/17, FD-ArbR 2018, 410881; vgl auch BGH 5. 10. 2016 – VIII ZR 222/15, NJW 2017, 1596). Der Verzugszins richtet sich bei Arbeitsverhältnissen nach § 288 Abs 1 S 2 BGB (s Staudinger/Richardi/Fischinger [2016] § 611 Rn 129). Auch im Arbeitsverhältnis ist (selbstverständlich) die Verzugskostenpauschale des § 288 Abs 5 mangels Bereichsausnahme für das Arbeitsrecht anwendbar. Dem steht auch nicht § 12a ArbGG, der einen ganz anderen Regelungsgehalt hat, entgegen (ebenso LAG Baden-Württemberg 13. 10. 2016 – 3 Sa 34/16, ArbRAktuell 2016, 579; LAG Berlin-Brandenburg 22. 3. 2017 – 15 Sa 1992/16). Bei Verzug mit mehreren Monatslöhnen ist die Pauschale für jeden Monat zu zahlen (LAG Berlin-Brandenburg 22. 3. 2017 – 15 Sa 1992/16, ArbRAktuell 2017, 341; LAG Baden-Württemberg 9. 10. 2017 – 4 Sa 8/17, GWR 2017, 440).

3. Sicherung des Dienstverpflichteten vor der Gefahr der Nichtzahlung des Arbeitsentgelts

22 Die dem Dienstverpflichteten durch § 614 BGB auferlegte Vorleistung ist zwar nicht rechtsdogmatisch, aber im ökonomischen Sinne eine Kreditierung oder Stundung der Vergütungsverpflichtung (s Rn 12); denn dieser trägt die Gefahr, „daß *nachdem* er die Arbeit geleistet und damit Mühe und vielleicht auch Kosten aufgewandt hat, er die nun fällige Vergütung nicht erhält oder die Vergütungsforderung nicht realisierbar ist" (Lotmar I 377).

23 Diese Gefahr wird durch die **Unsicherheitseinrede** gem § 321 BGB abgeschwächt (vgl Erl zu § 321). Danach steht dem Arbeitnehmer selbst bei Vorleistungspflicht ein Zurückbehaltungsrecht zu, wenn nach dem Abschluss des Vertrags erkennbar wird, dass sein Anspruch auf die Gegenleistung durch mangelnde Leistungsfähigkeit des Arbeitgebers gefährdet wird; allein die Eröffnung des Insolvenzverfahrens begründet diese Unsicherheitseinrede aber noch nicht (vgl Staudinger/Schwarze [2015] § 321 Rn 15).

24 Schutz gegen die Insolvenz des Arbeitgebers bietet ferner das **Insolvenzgeld**, §§ 165 ff SGB III. Ein etwaiger Anspruch darauf steht der Geltendmachung des Leistungsverweigerungsrechts aber nicht entgegen (BAG 25. 10. 1984 – 2 AZR 417/83, AP Nr 3 zu § 273 BGB).

25 Schließlich kann die mehrfache Säumnis bzw der wiederholte Verzug mit der Lohnzahlungspflicht ein Grund zur **außerordentlichen Kündigung** (§ 626 BGB) sein; es ist aber in aller Regel eine vorherige Abmahnung erforderlich (näher Staudinger/Preis [2019] § 626 Rn 245).

IV. Vorschuss- oder Abschlagszahlungen

1. Begriffliche Abgrenzung vom Darlehen

Vorschüsse (oder Vorschusszahlungen) sind Geldleistungen, die **vor Fälligkeit der Vergütung** erfolgen (vgl BAG 11. 2. 1987 – 4 AZR 144/86, BAGE 55, 44 [49]; BAG 13. 12. 2000 – 5 AZR 334/99, AP Nr 31 zu § 394 BGB [negatives Arbeitszeitkonto, s Rn 52]; BAG 19. 12. 2006 – 9 AZR 230/06, BB 2007, 1281 [1283]). Sie können Ganzzahlung oder Teilzahlung sein (vgl Lotmar I 387). **Abschlagszahlungen** sind dagegen Geldleistungen auf den **bereits verdienten, aber noch nicht berechneten Lohn** (vgl auch BAG 19. 12. 2006 – 9 AZR 230/06, BB 2007, 1281, wo aber nicht zutreffend vom „fälligen" [statt „verdienten"] Arbeitsentgelt die Rede ist; s auch BGB-RGRK/Hilger § 614 Rn 30 und dort Fn 25). Die Abschlagszahlung ist daher eine Teilzahlung. Vorschuss- und Abschlagszahlungen werden bei der endgültigen Lohnberechnung in Abzug gebracht. 26

Vorschuss- und Abschlagszahlungen sind **keine Arbeitgeberdarlehen**, da die Zahlung hier nicht *obligandi animo*, sondern *solvendi animo* geschieht (so zutreffend schon Lotmar I 393 f; vgl zum Arbeitgeberdarlehen näher Staudinger/Richardi/Fischinger [2016] § 611 Rn 1533 ff). Die Abgrenzung kann im Einzelfall Schwierigkeiten bereiten. Maßgebend ist nicht, ob die Vertragsparteien Vorschuss- oder Abschlagszahlungen als Darlehen bezeichnen, sondern es ist darauf abzustellen, ob durch die Geldzahlung eine vorzeitige Leistung erbracht wird. In diesem Fall handelt es sich nicht um ein Darlehen, sondern um eine Vorschuss- oder Abschlagszahlung auf die Entrichtung der Vergütung. Eine Darlehenshingabe ist regelmäßig anzunehmen, wenn ein größerer, die jeweiligen Lohnzahlungen erheblich übersteigender Betrag zur Erreichung eines Zweckes hingegeben wird, zu dessen Befriedigung auch sonst üblicherweise Kreditmittel aufgenommen werden (vgl LAG Düsseldorf 14. 7. 1955 – 2a Sa 158/55, AP Nr 1 zu § 614 BGB Gehaltsvorschuss mit krit Anm von Larenz; LAG Bremen 21. 12. 1960 – 1 Sa 147/60, DB 1961, 243; ArbG Frankfurt 25. 7. 1968 – 5 Ca 268/68, DB 1968, 1544; MünchKomm/Müller-Glöge § 614 Rn 22; HWK/Krause § 614 Rn 18). Allerdings besteht in solchen Fällen kein Automatismus, es kann also nicht ausgeschlossen werden, dass der Arbeitgeber – insbesondere bei auf längere Dauer angelegten Dienstverhältnissen – die Geldleistung als Vorschuss erbracht hat, also *animo solvendi* geleistet hat (vgl auch Staudinger/Nipperdey/Mohnen[11] § 614 Rn 17). 27

2. Vorschusszahlungen

Auf Vorschüsse für noch nicht geleistete Arbeit besteht, soweit nicht etwas anderes vereinbart ist (oder sich aus Tarifvertrag oder Betriebsvereinbarung ergibt), **kein Rechtsanspruch**. Der Arbeitnehmer soll nicht vom Lohn leben, den er noch nicht voll verdient hat. In wirklich dringenden Fällen (Todesfall, schwere Erkrankung, Entbindung usw) ist jedoch auf Grund der Fürsorgepflicht ein Anspruch auf Gewährung von Vorschüssen oder Abschlagszahlungen in angemessenem Umfang zu bejahen (ebenso ErfK/Preis § 614 Rn 19; MünchKomm/Müller-Glöge § 614 Rn 16; Herschel BB 1954, 98; BeckOGK/Maties [15. 10. 2018] § 614 Rn 59). Eine derartige Rechtspflicht ist aber nur anzuerkennen, wenn die finanzielle Notlage sich als Auswirkung aus dem Arbeitsverhältnis darstellt (so zutreffend ArbRBGB/Schliemann § 614 Rn 26). Aber auch in diesem Fall handelt es sich nur um eine Vorschussleistung; es kann nicht verlangt 28 werden, dem Arbeitnehmer einen von vornherein verlorenen Zuschuss zu gewähren (ebenso HWK/KRAUSE § 614 Rn 19).

29 Von Gesetzes wegen besteht ein **Vorschussrecht** für die auf Provisionsbasis angestellten Handlungsgehilfen (§ 65 iVm § 87a Abs 1 S 2 HGB). Im Übrigen müssen sich beide Parteien **einig** sein, dass es sich um einen Vorschuss handelt, der bei der nächsten Lohnabrechnung verrechnet wird (LAG Hamm 21. 4. 2006 – 10 Sa 2044/05, juris Rn 42; s auch Rn 30). Weil die Regelung von Vorschüssen in AGB, die mit später fällig werdenden Vergütungsansprüchen verrechnet werden, keine von Rechtsvorschriften abweichende Bestimmung ist, findet nur eine eingeschränkte Inhaltskontrolle derartiger Absprachen auf ihre Transparenz hin statt, § 307 Abs 3 S 2, Abs 1 S 2 BGB (vgl BAG 9. 6. 2010 – 5 AZR 332/09, NZA 2010, 877 [880 f]). Bestimmt ein Tarifvertrag, dass bestimmte Bezüge „bis auf weiteres vorschussweise" gezahlt werden, so bedeutet dies, dass der Arbeitgeber zwar verpflichtet ist, diese Bezüge zu zahlen, dass er sie aber nur als Vorschuss zu gewähren braucht. Nach Ansicht des BAG hat eine derartige Tarifklausel nicht zur Folge, dass auf Grund des Tarifvertrags geleistete Zahlungen ohne Weiteres als Vorschuss zu beurteilen sind – also auch dann, wenn der Arbeitgeber bei der Auszahlung nichts dergleichen erklärt hat (BAG 11. 7. 1961 – 3 AZR 216/60, BAGE 11, 188 [191 f]; krit GUMPERT BB 1961, 1008; s auch BAG 22. 2. 1962 – 5 AZR 126/61, AP Nr 1 zu § 8 UrlaubsG Berlin). Dass der Arbeitgeber berechtigt ist, Bezüge nur als Vorschuss zu gewähren, bedeutet noch nicht, dass die Entrichtung einer Vergütung – auch wenn sie vor Fälligkeit erbracht wird – nur eine Vorschusszahlung darstellt; denn der Schuldner kann auch vor Fälligkeit die Leistung bewirken (§ 271 Abs 2 BGB). Das bloße Bestehen einer Vorschussklausel genügt also nicht, dass der Arbeitgeber ohne Weiteres berechtigt ist, überzahlte Beträge als Vorschüsse zu verrechnen; denn sonst würde man dem Arbeitnehmer die Einrede des Wegfalls der Bereicherung (§ 818 Abs 3 BGB) nehmen, obgleich die bloße Existenz der Tarifklausel ihn nicht bösgläubig iSv § 819 BGB macht (so zutreffend BAG 11. 7. 1961 – 3 AZR 216/61, BAGE 11, 188 [192]; ebenso HWK/KRAUSE § 614 Rn 24).

30 Vorschüsse kann der Arbeitgeber als vorweggenommene Lohnzahlung bei der nächsten Abrechnung ohne Aufrechnungserklärung **verrechnen** (LAG Hamm 21. 4. 2006 – 10 Sa 2044/05, juris Rn 54). Da § 394 BGB nicht gilt, sind hierbei die Pfändungsgrenzen nicht zu beachten (BAG 13. 12. 2000 – 5 AZR 334/99, NZA 2002, 390 [391]; LAG Hessen 4. 9. 1995 – 16 Sa 215/95, NZA 1996, 482), allerdings muss dem Arbeitnehmer immer ein zur Lebensführung ausreichender Betrag im Sinne des § 850d ZPO verbleiben (so zu Recht ErfK/PREIS § 614 Rn 21; **aA** MünchKomm/MÜLLER-GLÖGE § 614 Rn 18).

3. Abschlagszahlungen

31 Abschlagszahlungen unterscheiden sich von Vorschusszahlungen dadurch, dass sie nach Erbringung der Arbeit geleistet werden, bevor der verdiente Lohn endgültig berechnet ist. Es handelt sich daher bei ihnen um **Teilzahlungen** (vgl LOTMAR I 388). Der Dienstverpflichtete braucht – wenn es nicht ausgemacht worden ist – die Teilzahlung nicht anzunehmen, ohne in Annahmeverzug zu geraten; denn der Schuldner ist zu Teilleistungen nicht berechtigt (§ 266 BGB; ebenso LOTMAR I 388 f). Das gilt auch bei Fälligkeit der Vergütung.

Abschlagszahlungen werden auf den verdienten Lohn entrichtet. Sie werden daher bei der Lohnabrechnung in Abzug gebracht, ohne dass es einer Aufrechnung bedarf (ebenso HWK/Krause § 614 Rn 21; MünchKomm/Müller-Glöge § 614 Rn 20; ErfK/Preis § 614 Rn 22; ArbRBGB/Schliemann § 614 Rn 25). 32

4. Rückgewähr von Vorschüssen und Abschlagszahlungen

Wer Geld als Vorschuss annimmt, verpflichtet sich damit zugleich vertraglich, den Vorschuss dem Vorschussgeber zurückzuzahlen, wenn und soweit eine bevorschusste Forderung gegen den Vorschussgeber nicht oder nicht zeitgerecht entsteht (BAG 10. 3. 1960 – 5 AZR 426/58, AP Nr 2 zu § 138 BGB; BAG 31. 3. 1960 – 5 AZR 441/57, BAGE 9, 137 [140]; BAG 11. 7. 1961 – 3 AZR 216/60, BAGE 11, 188 [191]; BAG 16. 2. 1962 – 5 AZR 211/61, AP Nr 1 zu § 87a HGB; BAG 28. 6. 1965 – 3 AZR 86/65, AP Nr 3 zu § 614 BGB Gehaltsvorschuss). Gleiches gilt bei einer Abschlagszahlung, wenn sich bei der endgültigen Lohnabrechnung herausstellt, dass der Auszahlungsbetrag den verdienten Lohn übersteigt. Da es sich um eine vertragliche Rückzahlungsverpflichtung handelt, ist § 818 Abs 3 BGB nicht anwendbar (ErfK/Preis § 614 Rn 26). 33

Dafür, dass es sich bei der Geldleistung nur um einen Vorschuss oder eine Abschlagszahlung gehandelt hat, ist aber der Dienstberechtigte **darlegungs- und beweispflichtig** (ebenso MünchKomm/Müller-Glöge § 614 Rn 21); denn er kann auch vor Eintritt der Fälligkeit bereits die Vergütung entrichten (§ 271 Abs 2 BGB). Streiten dagegen die Parteien über die Höhe des Vergütungsanspruchs, so trifft den Dienstverpflichteten die Beweislast für diejenigen Umstände, von denen die Höhe seines Vergütungsanspruchs abhängt (so ausdrücklich für den Provisionsanspruch eines Handelsvertreters BAG 28. 6. 1965 – 3 AZR 86/65, AP Nr 3 zu § 614 BGB Gehaltsvorschuss). 34

Möglich ist, dass durch die Gewährung einer Vorschuss- oder Abschlagszahlung eine **Garantie** übernommen wird. Das kann vor allem bei der Akkordentlohnung eine Rolle spielen. 35

Kann eine **Überzahlung** wegen des Fehlens einer entsprechenden rechtsgeschäftlichen Abrede nicht als Vorschuss oder Abschlagszahlung angesehen werden, so scheidet eine Lohnverrechnung aus. Entsteht die Überzahlung, weil der Dienstberechtigte die Vergütung gewährt hat, obwohl auf sie nach § 326 Abs 1 BGB kein Anspruch bestand, so kann das Geleistete nach den §§ 346 bis 348 BGB zurückgefordert werden (§ 326 Abs 4 BGB). Bei fehlerhafter Berechnung der Vergütung kann ein Anspruch aus ungerechtfertigter Bereicherung (§ 812 Abs 1 S 1 BGB) bestehen (vgl BAG 18. 9. 1986 – 6 AZR 517/83, AP Nr 5 zu § 812 BGB). Im Einzelfall kann es sein, dass der Arbeitnehmer gegen Treu und Glauben verstößt, wenn er seinem Arbeitgeber eine Überzahlung nicht erstattet (zu weitgehend aber BAG 31. 3. 1960 – 5 AZR 441/57, BAGE 9, 137 [140 f], wenn es heißt, die sich aus dem Arbeitsvertragsverhältnis ergebende Treuepflicht mache es, wenn Treuepflichten überhaupt einen Sinn haben sollen, dem Arbeitnehmer an sich und dem Grunde nach zur Pflicht, Zuvielzahlungen seinem Arbeitgeber zu erstatten; doch wird dort zugleich betont, dass damit noch nichts darüber gesagt sei, was der Arbeitnehmer der Höhe nach zu erstatten habe, und insoweit festgestellt, dass – wie bei Beamten – ein Arbeitnehmer „nur nach Bereicherungsrecht zur Erstattung verpflichtet ist"). 36

Erfolgt die Überzahlung nur, um bei Wechsel des Arbeitsplatzes einen Rückforde- 37 rungsanspruch entstehen zu lassen, so handelt es sich nicht um einen Vorschuss oder eine Abschlagszahlung, sondern es wird ein erhöhtes Arbeitsentgelt unter der auflösenden Bedingung gewährt, dass der Arbeitnehmer nicht oder nicht vor einem vom Arbeitgeber für angemessen gehaltenen Zeitpunkt ausscheidet. Die Zahlung von Arbeitslohn unter einer derartigen auflösenden Bedingung ist als mit Art 12 GG nicht zu vereinbarende Kündigungserschwerung unzulässig (ebenso ArbG Bochum 1. 4. 1970 – 1 Ca 265/70, DB 1970, 1545 [1545 f]; HWK/Krause § 614 Rn 25).

5. Vorschuss- und Abschlagszahlungen bei Lohnpfändung

38 Bei der Lohnpfändung (s Staudinger/Richardi/Fischinger [2016] § 611 Rn 1585) sind **Vorschüsse** auf den unpfändbaren Teil des später fällig werdenden Arbeitsentgelts anzurechnen (vgl BAG 9. 2. 1956 – 1 AZR 329/55, BAGE 2, 322 [324]; BAG 11. 2. 1987 – 4 AZR 144/86, AP Nr 11 zu § 850 ZPO; MünchKomm/Müller-Glöge § 614 Rn 19; **aA** ArbG Hannover 22. 3. 1967 – 5 CA 55/67, BB 1967, 586; Zöller/Herget ZPO § 850e Rn 2: Ein vor Einkommenspfändung geleisteter Lohnvorschuss wird für die Berechnung des in einem Lohnzahlungszeitraum pfändbaren Arbeitseinkommens nach Pfändung nicht mitgerechnet). Der pfändbare Betrag ist daher ohne Berücksichtigung der Vorschusszahlungen nach dem ursprünglich geschuldeten Betrag zu berechnen. Deshalb ist es möglich, dass bei einer Pfändung der Schuldner unter das Existenzminimum absinken kann. Dem Dienstverpflichteten muss aber ein Betrag verbleiben, der auch bei Unterhaltspfändungen unpfändbar ist (§ 850d ZPO; ebenso HWK/Krause § 614 Rn 26; ErfK/Preis § 614 Rn 24; MünchKomm/Schaub [3. Aufl 1997] § 614 Rn 26; ArbRBGB/Schliemann § 614 Rn 29; **aA** MünchKomm/Müller-Glöge § 614 Rn 19).

39 Bei **Abschlagszahlungen** muss beachtet werden, dass der Lohn bereits verdient, aber noch nicht endgültig berechnet ist. Im Gegensatz zu einem Vorschuss muss daher bei einer Abschlagszahlung beachtet werden, dass hier nach Entstehung der Forderung geleistet wurde. Deshalb ist in ihrer Höhe die Forderung des Arbeitnehmers bereits gemäß § 362 BGB erloschen, sodass sie von der Pfändung nicht mehr erfasst werden kann (so auch – ohne Differenzierung, wie sie hier vertreten wird – Soergel/Kraft § 614 Rn 9).

40 **Nach einer Pfändung** kann der Arbeitgeber weitere **Vorschüsse und Abschlagszahlungen** an den Arbeitnehmer zahlen. Er kann dadurch aber nicht das Pfändungspfandrecht vereiteln und muss deshalb dem Pfändungsgläubiger den gepfändeten Teil des Arbeitsentgelts zahlen (ebenso HWK/Krause § 614 Rn 27; MünchKomm/Müller-Glöge § 614 Rn 19 f; ArbRBGB/Schliemann § 614 Rn 29).

V. Besondere Fälligkeitsvorschriften für Arbeitsverhältnisse

1. Grundsatz

41 Für einzelne Gruppen von Arbeitnehmern und für bestimmte Entgeltarten gelten abweichend von § 614 BGB Sonderregeln (s Rn 43 ff). Für das **Urlaubsentgelt** bestimmt § 11 Abs 2 BUrlG, dass es vor Antritt des Urlaubs auszuzahlen ist, sofern ein auf das Arbeitsverhältnis anwendbarer Tarifvertrag keine abweichende Bestimmung trifft (§ 13 BUrlG). § 11 Abs 2 BUrlG wird in der betrieblichen Praxis meist missachtet (ErfK/Gallner § 11 BUrlG Rn 27). Das hat zur Folge, dass der Arbeitgeber in Schuldnerverzug gerät. Nun sind zwar die Verzugszinsen (§ 288 Abs 1, s Staudin-

GER/RICHARDI/FISCHINGER [2016] § 611 Rn 128 f) angesichts der Geringfügigkeit der Beträge meist ohne praktische Bedeutung. „Interessant" kann aber die 40-Euro-Verzugspauschale des § 288 Abs 5 BGB für den Arbeitnehmer sein, insbesondere wenn § 11 Abs 2 BUrlG mehrfach verletzt wird (zB mehrere Kurzurlaube), gilt § 288 Abs 5 BGB doch dann für jede einzelne Forderung (vgl allgemein MünchKomm/ERNST § 288 Rn 31).

Besondere Fälligkeitsregelungen können sich aus einem **Tarifvertrag**, einer (freiwilligen) Betriebsvereinbarung und aus einer Vereinbarung im **Arbeitsvertrag ergeben** (s auch Rn 50 ff). 42

2. Gesetzliche Sonderregelungen

a) Gesetzlicher Mindestlohn

Seit dem 1. 1. 2015 gilt in Deutschland ein allgemeiner gesetzlicher Mindestlohn, §§ 1 Abs 1, 2 Abs 1 MiLoG. Für dessen Fälligkeit enthält **§ 2 MiLoG** eine spezielle Regelung (näher dazu sowie zum MiLoG allgemein STAUDINGER/RICHARDI/FISCHINGER [2016] § 611 Rn 1365 ff). Weil der gesetzliche Mindestlohnanspruch nicht nur für Bezieher von Mindestlöhnen gilt, sondern als Sockelbestandteil nunmehr in jedem Entgeltanspruch enthalten ist, gilt § 2 MiLoG für jeden im Inland beschäftigten (§ 20 MiLoG) Arbeitnehmer. 43

b) Handlungsgehilfen

Die Zahlung des dem Handlungsgehilfen (zu diesen STAUDINGER/RICHARDI/FISCHINGER [2016] § 611 Rn 323) zukommenden Gehalts hat am Schluss jeden Monats zu erfolgen (§ 64 S 1 HGB). Diese Regelung ist insoweit zwingend, als eine Vereinbarung, nach der die Zahlung des Gehalts später erfolgen soll, nichtig ist (§ 64 S 2 HGB, s auch BAG 7. 11. 2007 – 5 AZR 910/06, NZA-RR 2008, 399). Dieses Verbot bezieht sich aber nur auf die festen, **laufenden Bezüge** des Handlungsgehilfen, nicht auf sonstige Einkünfte wie Gratifikationen und Gewinnbeteiligungen (ebenso MünchKomm/MÜLLER-GLÖGE § 614 Rn 4). Das Verbot schließt auch nicht aus, dass der Handlungsgehilfe nach Fälligkeit das Gehalt stundet (vgl LAG Baden-Württemberg 28. 4. 1949 – Sa 44/49, AP 1951 Nr 165). Ohne Weiteres zulässig ist, dass durch Tarifvertrag, Betriebsvereinbarung oder Einzelarbeitsvertrag die Fälligkeit der Entrichtung der Vergütung zeitlich vorverlegt wird, also insbesondere bestimmt wird, dass das Gehalt pränumerando zu zahlen ist. 44

Für Handlungsgehilfen und Handelsvertreter wird der Anspruch auf Provision am letzten Tag des Monats fällig, in dem nach § 87c Abs 1 HGB über den Anspruch abzurechnen ist (§§ 65, 87a Abs 4 HGB). Eine für den Handlungsgehilfen oder Handelsvertreter nachteilige Vereinbarung kann nicht getroffen werden (§§ 65, 87a Abs 5 HGB). Der Unternehmer hat die Provision, auf die der Handlungsgehilfe oder Handelsvertreter Anspruch hat, monatlich abzurechnen; der Abrechnungszeitraum kann auf höchstens drei Monate erstreckt werden (§§ 65, 87c Abs 1 S 1 HGB). 45

c) Gewinnbeteiligung

Der Anspruch auf Gewinnbeteiligung (oder Tantieme) wird fällig, sobald die Bilanz festgestellt ist oder bei ordnungsgemäßem Geschäftsgang hätte festgestellt werden 46 können (vgl BAG 3. 6. 1958 – 2 AZR 406/55, BAGE 5, 317 [320]; BAG 10. 12. 1973 – 3 AZR 318/73, AP Nr 7 zu § 196 BGB; LAG Baden-Württemberg 31. 3. 1969 – 4 Sa 4/69, DB 1969, 1023; LAG Berlin 7. 10. 1975 – 4 Sa 62/75, DB 1976, 636). Endet das Arbeitsverhältnis während des laufenden Kalenderjahres, besteht in der Regel kein Anspruch auf gesonderte Zwischenbilanz; der dem Arbeitnehmer zustehende Betrag wird anteilig gekürzt (BAG 3. 6. 1958 – 2 AZR 406/55, AP Nr 9 zu § 59 HGB).

d) Seeleute

47 Für den Lohn der Seeleute (Heuer) gilt die besondere Regelung der §§ 37 ff SeeArbG. Nach § 38 Abs 2 S 1 SeeArbG ist die Grundheuer (zum Begriff BAG 3. 11. 1976 – 5 AZR 557/75, AP Nr 1 zu § 31 SeemG) mit Ablauf eines jeden Kalendermonats oder bei Beendigung des Heuerverhältnisses fällig. Variable Bestandteile der Heuer werden mit Ablauf des Kalendermonats fällig, in dessen Verlauf sie erstmals der Höhe nach feststehen oder billigerweise festgestellt werden können, § 38 Abs 2 S 2 SeeArbG. Für Anteile an Fracht, Gewinn oder Erlös, die bei Ablauf des Kalendermonats noch nicht feststehen, kann eine Abschlagszahlung in ungefährer Höhe des bis dahin verdienten Anteils der Heuer verlangt werden, § 38 Abs 2 S 3 SeeArbG.

e) Arbeitnehmer auf Binnenschiffen

48 Wenn über die Zeit der Lohnzahlung nichts anderes vereinbart ist, kann der Schiffsmann am Schluss jeder zweiten Woche die Auszahlung des verdienten Lohnes verlangen (§ 24 BinSchG).

f) Ausbildungsverhältnisse

49 Die Ausbildungsvergütung ist nach § 18 Abs 2 BBiG spätestens am letzten Arbeitstag des Monats zu zahlen.

3. Fälligkeit bei flexibler Arbeitszeit

50 Erhält der Arbeitnehmer bei einer flexiblen Arbeitszeitregelung eine monatlich gleichbleibende Vergütung, so kommt es zu einer **Entkoppelung von Arbeitsleistung und Fälligkeit der Vergütung** (vgl auch ArbRBGB/Schliemann § 614 Rn 17). Eine derartige Fälligkeitsverlagerung ist zulässig, wenn sie den Arbeitnehmer nicht unangemessen benachteiligt (vgl § 307 BGB). Keine Bedenken bestehen, wenn die Regelung dem Interesse des Arbeitnehmers dient. Insoweit ist eine Regelung für Handlungsgehilfen auch mit § 64 HGB vereinbar.

51 Ein **negatives Guthaben auf einem Arbeitszeitkonto** (s Rn 5; dazu näher Staudinger/Richardi/Fischinger [2016] § 611 Rn 1079 ff) stellt einen Lohn- oder Gehaltsvorschuss dar, den der Arbeitgeber bei Vertragsbeendigung mit Vergütungsansprüchen verrechnen kann, wenn kein rechtzeitiger Zeitausgleich erfolgt ist (vgl BAG 13. 12. 2000 – 5 AZR 334/99, AP Nr 31 zu § 394 BGB).

52 Eine Fälligkeitsverlagerung ist zB bei der **Altersteilzeit** und der **betrieblichen Altersvorsorge** zulässig (vgl auch ArbRBGB/Schliemann § 614 Rn 20). Bei der betrieblichen Altersversorgung ergibt sich eine Fälligkeitsverschiebung insbesondere bei der Entgeltumwandlung nach § 1 Abs 2 Nr 3 BetrAVG. Betriebsrenten sind – vorbehaltlich einer abweichenden Vereinbarung – entsprechend dem Rechtsgedanken des § 614 BGB erst nach Ablauf des Zeitraums, für die sie zu leisten sind, fällig; daher kann

auch erst ab diesem Zeitpunkt Schuldnerverzug eintreten (BAG 31. 7. 2007 – 3 AZR 372/06, juris Rn 37). Auch bei sonstigen Teilzeitmodellen kann die Fälligkeit abweichend geregelt werden (zB kann bei einem „8/12-Teilzeitmodell" mit vier Freimonaten im Jahr vereinbart werden, dass die anteilige Vergütung auf alle zwölf Monate verteilt gezahlt wird, vgl LAG Berlin-Brandenburg 13. 5. 2016 – 6 Sa 174/16, ArbRAktuell 2016, 436).

VI. Selbständige Dienstverträge, insbesondere freie Berufe

§ 614 BGB gilt nicht nur für Arbeitsverträge, sondern auch für selbständige Dienstverträge. Der Anspruch eines Telekommunikationsanbieters beispielsweise wird daher erst nach Erbringung der Dienste fällig. Für die praktisch besonders relevanten **freien Berufe** treffen allerdings die einschlägigen Honorar- und Gebührenordnungen zum Teil besondere Regelungen (für Architekten § 8 HOAI, für Ärzte § 12 GOÄ, für Rechtsanwälte § 8 RVG, für Steuerberater § 7 StBGebV). Mit im Detail leicht abweichender Diktion setzen diese Vorschriften stets mindestens die Erledigung des Auftrags voraus. Das ist nach einem zutreffenden Urteil des OLG Düsseldorf bei Steuerberatern erst der Fall, wenn dem Auftraggeber die Arbeitsergebnisse verfügbar gemacht werden (22. 11. 2011 – I-23 U 205/10, juris Rn 9); dabei spielt es keine Rolle, ob der Steuerberatervertrag als Dienst- oder als Werkvertrag qualifiziert wird, weil bei beiden Vorleistungspflicht besteht (§ 614 BGB bzw § 641 BGB). Zum Teil erfordern diese Vorschriften über die Erledigung des Auftrags hinaus noch eine Abrechnung (zB § 12 GOÄ). Entsprechend wird beispielsweise der Anspruch auf das Arzthonorar erst nach ordnungsgemäßer Abrechnung fällig und es beginnt erst mit ihr die Verjährung zu laufen (AG München 28. 9. 2010 – 213 C 18634/10, juris Rn 13); dem daraus resultierenden Problem praktisch unverjährbarer Ansprüche ist nur mit dem Instrument der Verwirkung beizukommen. 53

Für den **Krankenhausvertrag** existiert keine § 12 GOÄentsprechende Sondervorschrift. Daher findet insoweit § 614 BGB mit der Folge Anwendung, dass der Anspruch auf Zahlung der Behandlungskosten sofort nach Ende der Behandlung fällig wird; daran ändert § 8 Abs 9 KHEntG richtigerweise nichts, weil die Vorschrift keine explizite Fälligkeitsbestimmung trifft, eine solche mit Blick auf Rechtssicherheitsaspekte – vor allem im Hinblick auf die Bestimmung des Verjährungsbeginns – aber erforderlich wäre (LG Köln 13. 7. 2011 – 25 S 6/11, KHE 2011/128). 54

Weil der Arzt nach dem **medizinischen Behandlungsvertrag** (§ 630a BGB) nur ein Tätigwerden, aber keinen Erfolg schuldet, wird mit erbrachter Behandlung der Anspruch auf das Arzthonorar auch dann fällig, wenn die Behandlung mangelhaft war; etwas anderes kommt nur in Betracht, wenn die Behandlung völlig unbrauchbar ist (OLG München 10. 6. 2010 – 1 U 2376/10, juris Rn 4). 55

Bei den freien Berufen besteht teilweise ein gesetzlicher Anspruch auf **Vorschuss** (zB § 9 RVG); im Übrigen wird ein solcher häufig im Dienstvertrag vereinbart. 56

Ein kein Erfolgsversprechen enthaltender **Adoptionsvermittlungsvertrag** ist als Dienstvertrag zu qualifizieren. In Ermangelung einer gesetzlichen Sonderregelung ist daher nach § 614 BGB die Vergütung grundsätzlich erst nach Erbringung der Leistung zu zahlen. AGB des Vermittlers, nach denen die gesamte Vergütung im Voraus zu entrichten und sie bei vorzeitigem Vertragsende nicht einmal anteilig zurückzuerstat- 57 ten ist, verstoßen gegen §§ 308 Nr 7, 307 Abs 2 BGB und sind deshalb unwirksam (OLG Koblenz 21. 8. 2013 – 5 U 1138/12, NJW-RR 2014, 566).

§ 615
Vergütung bei Annahmeverzug und bei Betriebsrisiko

Kommt der Dienstberechtigte mit der Annahme der Dienste in Verzug, so kann der Verpflichtete für die infolge des Verzugs nicht geleisteten Dienste die vereinbarte Vergütung verlangen, ohne zur Nachleistung verpflichtet zu sein. Er muss sich jedoch den Wert desjenigen anrechnen lassen, was er infolge des Unterbleibens der Dienstleistung erspart oder durch anderweitige Verwendung seiner Dienste erwirbt oder zu erwerben böswillig unterlässt. Die Sätze 1 und 2 gelten entsprechend in den Fällen, in denen der Arbeitgeber das Risiko des Arbeitsausfalls trägt.

Materialien: Zu S 1 und 2: E I § 561, II § 557, III § 609; Mot II 461 ff; Prot II 279 f – zu S 3: Art 1 Nr 36a E-SMG nach den Beschlüssen des Rechtsausschusses, BT-Drucks 14/7052, 64, 204; Initiative durch den Bundesrat, BT-Drucks 14/6857, 11, 48 = Canaris, Schuldrechtsmodernisierung 2002 (2002) 522, 944, 1006, 1115.

Schrifttum

1. Allgemein zu § 615

Beuthien, Zweckerreichung und Zweckstörung im Schuldverhältnis (1970)
ders, Das Nachleisten versäumter Arbeit, RdA 1972, 20
Boer, Leistungsunmöglichkeit und Annahmeverzug, Gruchot 54 (1910) 493
Chang, Die Abdingbarkeit der Regel des Annahmeverzuges und des Betriebsrisikos zu Lasten des Arbeitnehmers (Diss Göttingen 1999)
Dehmel, Das Leistungsverweigerungsrecht des Arbeitnehmers an seiner Arbeitsleistung (Diss Bayreuth 2008)
Fabricius, Leistungsstörungen im Arbeitsverhältnis (1970)
Fischer, Annahmeverzug bei Ablehnung einer Änderungskündigung und Widerspruch gegen einen Betriebsübergang, in: FS Hromadka (2008) 83
Francois, Annahmeverzug des Arbeitgebers unter besonderer Berücksichtigung eines Prozessbeschäftigungsverhältnisses (Diss Trier 2012)
Fritz/Erren, Der Zumutbarkeitsbegriff im Sinne von § 615 S. 2 BGB, § 11 Nr. 2 KSchG und seine Auswirkungen auf die Praxis, NZA 2009, 1242
Groeger, Die Geltendmachung des Annahmeverzugslohnanspruchs, NZA 2000, 793
Hüffer, Leistungsstörungen durch Gläubigerhandeln (1976)
Kalb, Rechtsgrundlage und Reichweite der Betriebsrisikolehre (1977)
Kamann, Böswillig unterlassener Erwerb im Annahmeverzug des Arbeitgebers (Diss Köln 2014)
Kisch, Die Wirkungen der nachträglich eintretenden Unmöglichkeit der Erfüllung bei gegenseitigen Verträgen nach dem Bürgerlichen Gesetzbuche für das Deutsche Reich (1900)
Köhler, Unmöglichkeit und Geschäftsgrundlage bei Zweckstörungen im Schuldverhältnis (1971)
Kohler, Der Gläubigerverzug, ArchBürgR 13 (1897) 149
Krause, Strömungen des Annahmeverzugs im Arbeitsverhältnis, ZfA 2018, 126
Kühn, Zur Methode der Anrechnung anderweitigen Erwerbs nach § 615 S 2 BGB (Diss Berlin 2007)
Lostermann, Die Erwerbsanrechnung beim Annahmeverzug des Arbeitgebers (Diss Berlin 2011)

LÜDERITZ/PAWLAK, Das Annahmeverzugsrisiko des Arbeitgebers, NZA 2011, 313
LUKE, § 615 S 3 BGB – Neuregelung des Betriebsrisikos?, NZA 2004, 244
NASSAUER, „Sphärentheorien“ zu Regelungen der Gefahrtragungshaftung in vertraglichen Schuldverhältnissen (1978)
NIKISCH, Annahmeverzug des Arbeitgebers und fristlose Entlassung, RdA 1967, 241
NIERWETBERG, § 615 BGB und der Fixschuldcharakter der Arbeitspflicht, BB 1982, 995
OERTMANN, Leistungsunmöglichkeit und Annahmeverzug, AcP 116 (1918) 1
PICKER, Betriebsrisikolehre und Arbeitskampf, JZ 1979, 285
ders, Fristlose Kündigung und Unmöglichkeit, Annahmeverzug und Vergütungsgefahr im Dienstvertragsrecht, JZ 1985, 641, 693
ders, Richterrecht oder Rechtsdogmatik – Alternativen der Rechtsgewinnung?, JZ 1988, 1, 62
RICHARDI, Die Bedeutung der Entgeltrisikozuweisung für den Dienst- und Werkvertrag, in: FS Georgiades (2005) 349
RICKEN, Ende des Annahmeverzugs – Arbeitsaufforderung – fehlende Leistungsbereitschaft, AP Nr 128 zu § 615 BGB
RICKEN, Annahmeverzug – böswilliges Unterlassen anderweitigen Erwerbs, AP Nr 8 zu § 11 KSchG 1969
RÜCKERT, Unmöglichkeit und Annahmeverzug im Dienst- und Arbeitsvertrag, ZfA 1983, 1
SCHNEIDER/SITTARD, Annahmeverzug des Arbeitgebers bei Widerspruch gegen den Betriebsübergang, BB 2007, 2230
SCHREIBER, Der Annahmeverzug des Arbeitgebers, Jura 2009, 592
SÖLLNER, Ohne Arbeit kein Lohn, AcP 167 (1967) 132
STEHL, Annahmeverzug nach fristloser Entlassung, AuR 1967, 44
vSTEBUT, Leistungsstörungen im Arbeitsverhältnis, RdA 1985, 66
TAMM, Die Entwicklung der Betriebsrisikolehre und ihre Rückführung auf das Gesetz (2001)
TILLMANNS, Strukturfragen des Dienstvertrages (Habilitation 2007)
TITZE, Zur Risikofrage im Arbeitsverhältnis, JW 1922, 548
TRAUTMANN, Unmöglichkeit der Leistung und Annahmeverzug beim Arbeitsvertrage, Gruchot 59 (1915) 434
WAAS, Rechtsfragen des Annahmeverzugs bei Kündigung durch den Arbeitgeber, NZA 1994, 151
ders, Annahmeverzug und Schadensersatz bei Schwerbehinderung des Arbeitnehmers, SAE 2007, 72
WILDHAGEN, Böswilliges Unterlassen anderweitigen Erwerbs des Arbeitnehmers im Annahmeverzug des Arbeitgebers (Dissertation Hannover 2013).

Weitere Nachw zum älteren Schrifttum (bis 1988) s STAUDINGER/RICHARDI[12].

2. Zur Betriebsrisikolehre und zum Arbeitskampfrisiko

AUKTOR, Der Wellenstreik im System des Arbeitskampfrechts (2002)
BALLERSTEDT, Arbeitskampf und Lohnrisiko, AuR 1966, 225
BIEDENKOPF, Die Betriebsrisikolehre als Beispiel richterlicher Rechtsfortbildung (1970)
BLETZ, Abschied von der Betriebsrisikolehre? Zurück zum BGB?, JR 1985, 228
EHMANN, Betriebsrisikolehre und Kurzarbeit (1979)
ders, Das Lohnrisiko bei Smog-Alarm, NJW 1987, 401
EISEMANN, Betriebsrisiko und Aussperrung, AuR 1981, 357
GRÄF/RÖGELE, Zusammentreffen von Betriebs- und Wegerisiko, NZA 2013, 1120
HANAU, HANS, Wirtschaftsrisiko und Spielräume für Flexibilisierung, ZfA 2014, 131
JAHNKE, Betriebsrisiko und Mitbestimmung des Betriebsrats, ZfA 1984, 69
JORNS, Das Betriebsrisiko unter Berücksichtigung der Rechtsprechung nach dem 2. Weltkrieg (1957)
KALB, Rechtsgrundlage und Reichweite der Betriebsrisikolehre (1977)
ders, Tarifpluralität und Arbeitskampfrisiko, in: FS Gerhard Etzel (2011), 213
KASKEL, Lohnanspruch Arbeitswilliger bei Betriebsstockungen, NZfAR 1922 Sp 1
KISSEL, Arbeitskampfrecht (2002)

Lieb, Fernwirkungen von Arbeitskämpfen, in: FS 25 Jahre Bundesarbeitsgericht (1979) 327
ders, Die (gegenwärtige und) künftige Verteilung des Arbeitskampfrisikos, in: Lieb/vStebut/Zöllner (Hrsg), Arbeitskampfrecht, Symposion Hugo Seiter zum Gedächtnis (1990) 163
ders, Zum gegenwärtigen Stand der Arbeitskampfrisikolehre, NZA 1990, 289
Löwisch, Zur Frage des Anspruchs auf Arbeitsentgelt bei Betriebsstörungen infolge von Arbeitskämpfen, DB 1963, 899
ders, Lohnansprüche bei Arbeitsausfall infolge von Arbeitskämpfen, RdA 1967, 45
Mayer-Maly/Nipperdey, Risikoverteilung in mittelbar von rechtmäßigen Arbeitskämpfen betroffenen Betrieben (1965)
Möller, Freiheit und Schutz im Arbeitsrecht: Das Fortwirken des römischen Rechts in der Rechtsprechung des Reichsgerichts (1990)
Nassauer, „Sphärentheorien“ zu Regelungen der Gefahrtragungshaftung in vertraglichen Schuldverhältnissen (1978)
Nikisch, Anstellungsvertrag und Betriebsrisiko, NZfAR 1933 Sp 57
Oertmann, Leistungsunmöglichkeit und Annahmeverzug, AcP 116 (1918) 1
ders, Lohnanspruch der Arbeitswilligen?, NZfAR 1922 Sp 461
Ossenbühl/Richardi, Neutralität im Arbeitskampf (1987)
Otto, Arbeitskampf- und Schlichtungsrecht (2006)
Picker, Betriebsrisikolehre und Arbeitskampf, JZ 1979, 285
ders, Richterrecht oder Rechtsdogmatik – Alternativen der Rechtsgewinnung?, JZ 1988, 1 (hier zur Betriebsrisikolehre auf S 62)
ders, Auswirkungen des Arbeitskampfes auf Drittunternehmen, in: FS Locher (1990) 477
ders, Arbeitsvertragliche Lohngefahr und dienstvertragliche Vergütungsgefahr, in: FS Kissel (1994) 813
ders, Arbeitskampfrisiko, in: Ergänzbares Lexikon des Rechts V (1994)
ders, Betriebsstillstand und Lohngefahrtragung, in: GS Hofmeister (Wien 1996) 549
ders, Lohngefahrtragung als Substratsgefahrtragung, in: FS Honsell (2002) 385
ders, Die Lohngefahrtragung im Dienst- und Arbeitsvertrag nach der Schuldrechtsreform oder zur Wiederkehr von Rechtsirrtümern, in: FS Huber (2006)
Reichold, Betriebsrisiko als „Substratsgefahrtragung“, ZfA 2006, 223
Richardi, Gefahrtragungsregelung und Abwehrrecht bei arbeitskampfbedingten Betriebsstörungen, in: FS Strasser (Wien 1983) 451
ders, Die Bedeutung des zivilrechtlichen Haftungssystems für den Arbeitskampf, ZfA 1985, 101
ders, Lohn oder Kurzarbeitergeld bei Smog-Alarm, NJW 1987, 1231
Seel, Rechtsfragen beim Wellenstreik unter besonderer Berücksichtigung der Verteilung des Lohnrisikos (Diss Münster 2002)
Seiter, Die neue Betriebsrisiko- und Arbeitskampfrisikolehre, DB 1981, 578
ders, Staatsneutralität im Arbeitskampf (1987)
Spielberger, Die Arbeitskampfrisikolehre und das Ende der Tarifeinheit, NJW 2011, 264
Tamm, Die Entwicklung der Betriebsrisikolehre und ihre Rückführung auf das Gesetz (2001)
Titze, Zur Risikofrage im Arbeitsverhältnis, JW 1922, 548
Trautmann, Unmöglichkeit der Leistung und Annahmeverzug beim Arbeitsvertrage, Gruchot 59 (1915) 434
Weingarth, Entgeltregelungen und Wirtschaftsrisiko (Diss München)
Weiss, Arbeitskampfbedingte Störungen in Drittbetrieben und Lohnanspruch der Arbeitnehmer, AuR 1974, 37.

Weitere Nachw zum älteren Schrifttum (bis 1988) s Staudinger/Richardi[12].

Systematische Übersicht

Alphabetische Übersicht

I. Normzweck und Entstehungsgeschichte der Bestimmung

1. Grundsatzregelung des Dienstvertragsrechts

1 Die Bestimmung enthält ein Grundprinzip des Dienstvertragsrechts. Sie entspricht der Besonderheit der Dienstleistungsschuld, die in der Erbringung einer zeitbezogenen Leistung besteht (s STAUDINGER/RICHARDI/FISCHINGER [2016] § 611 Rn 1037, 1064). Kommt der Dienstberechtigte mit der Annahme der Dienste in Verzug, so behält der Dienstverpflichtete den Anspruch auf die vereinbarte Vergütung, ohne zur Nachleistung verpflichtet zu sein. Das Gesetz berücksichtigt damit, dass die Nachleistung eine andere als die ursprünglich geschuldete Dienstleistung darstellt (so treffend BEUTHIEN, Zweckerreichung und Zweckstörung im Schuldverhältnis [1969] 247).

2 Da für die Pflicht zur Lohnzahlung allein die Voraussetzungen des Annahmeverzuges maßgebend sind, trifft die Bestimmung zugleich eine **Gefahrtragungsregelung**. Sie geht davon aus, dass die mangelnde Mitwirkung des Gläubigers zugleich die Möglichkeit der Leistungserbringung beseitigt. Da das BGB von einem Verschulden des Gläubigers als einer Voraussetzung des Annahmeverzuges absieht, bleibt der Anspruch auf die vereinbarte Vergütung auch bestehen, wenn den Dienstberechtigten kein Verschulden daran trifft, dass er die Dienstleistung nicht annehmen kann. Für die Vergütungsgefahr enthält deshalb § 615 BGB eine **Ausnahme von § 326 Abs 1 BGB** (ebenso zu § 323 aF PICKER JZ 1979, 285 [293]; RICHARDI NJW 1987, 1231 [1234 f]; MünchKomm/HENSSLER § 615 Rn 1). Die darin liegende Durchbrechung des Grundsatzes „ohne Arbeit kein Lohn“ dient dem Schutz des Dienstverpflichteten, der regelmäßig nicht in der Lage ist, seine Arbeitsleistung anderweitig zu verwerten.

2. Entstehungsgeschichte

Die Bestimmung beruht auf **Art 625 des Dresdener Entwurfs**, der in seinem S 1 folgenden Wortlaut hatte: „Können die Dienste durch Verschulden des Dienstherrn oder wegen eines in dessen Person eingetretenen Zufalls nicht oder nur theilweise geleistet werden, während der Dienstverdinger zu der Dienstleistung bereit war, so ist der Dienstherr verpflichtet, dem Dienstverdinger neben der Entrichtung des vertragsmäßigen Lohnes auch die von ihm gemachten, nicht im Lohne begriffenen Auslagen zu erstatten" (Jakobs/Schubert, Die Beratung des BGB, §§ 443–651 [1980] 767). Die **Verfasser des BGB** wollten durch die Regelung sicherstellen, dass das **für die Sachmiete geltende Prinzip**, nach dem der Mieter von der Entrichtung des Mietzinses nicht dadurch befreit wird, dass er durch einen in seiner Person liegenden Grund an der Ausübung des ihm zustehenden Gebrauchsrechts verhindert wird (§ 537 Abs 1 S 1 BGB), **auch für den Dienstvertrag gilt** (Mot II 461; s auch Jakobs/Schubert 769). Sie erkannten, dass das gleiche Prinzip für den Dienstvertrag keineswegs als selbstverständlich erachtet werden könne, da der Dienstverpflichtete nicht zur Bereithaltung, sondern zur Erbringung der Dienstleistung verpflichtet sei. Deshalb schloss man sich nicht der Auffassung an, „daß der Arbeiter, welcher seine Dienste Demjenigen, dem er sie versprochen hat, zur Disposition stellt, seine Verbindlichkeit *erfüllt* hat" (Windscheid HeidelbKritZ 2 [1855] 138 f). 3

Wegen des Unterschieds zur Sachmiete **verwarf man die Erfüllungskonstruktion**. 4
Wenn Gleiches wie bei der Sachmiete gelten soll, dürfe nicht gesagt werden, die Dienstleistung sei erfolgt, sondern es dürfe „nur davon die Rede sein, die Dienstleistung *gelte* alsdann als bewirkt" (Jakobs/Schubert 769). Da man aber eine Fiktion nicht für passend hielt, sondern die „an die Fiktion sich knüpfenden Folgen" hervorheben wollte, traf man die Bestimmung, dass der Dienstverpflichtete den Anspruch auf die vertragsmäßige Vergütung hat, ohne zur Nachleistung der Dienste verpflichtet zu sein. Dieses in Rede stehende Recht des Dienstverpflichteten hänge, wie es heißt, „einleuchtend davon ab, daß er zur Vorleistung fertig und bereit war und daß er rechtzeitig und ordnungsmäßig sich zur Erfüllung erboten habe"; es handele sich um Erfordernisse, die bei näherer Betrachtung „mit denen des Annahmeverzugs von Seiten des Dienstberechtigten zusammenfielen" (Jakobs/Schubert 769 f). Man war deshalb der Meinung, dass das Gesetz entschieden an Einfachheit und Verständlichkeit gewinne, wenn man den Anspruch des Dienstverpflichteten von den Erfordernissen des Annahmeverzugs des Dienstberechtigten abhängig macht (vgl auch Mot II 463).

Im Dienstvertragsrecht sollten demnach für die Pflicht zur Entgeltfortzahlung allein 5
die Voraussetzungen des *Annahmeverzugs* maßgeblich sein. Dabei war von Bedeutung, dass man, wie es dem geltenden Recht entspricht, von einem Verschulden des Gläubigers als einer Voraussetzung des Annahmeverzugs absah. Es genügt vielmehr, wie es in den Gesetzesmaterialien heißt, „die nackte Thatsache der Nichtannahme der angebotenen Leistung seitens des Gläubigers" (Mot II 69). Damit hat man in das BGB rezipiert, dass wie nach bisherigem Recht „der Dienstverpflichtete seines Anspruches auf die Gegenleistung nicht verlustig geht, wenn er seinerseits die Dienste zu leisten bereit und im Stande ist, der Dienstberechtigte aber die selben nicht annehmen will oder, wenn auch ohne seine Schuld, nicht annehmen kann" (Mot II 462). Bei Scheitern des Erfüllungsversuches durch einen auf Seiten des

Gläubigers liegenden Grund wird daher nicht zwischen der personen- und substratsbedingten Verhinderung unterschieden (vgl Picker JZ 1985, 641, 693 [698]; ders JZ 1988, 1, 62 [64]; Richardi NJW 1987, 1231 [1234 f]).

6 Das **Schuldrechtsmodernisierungsgesetz 2001** hat die Bestimmung nicht geändert, sondern nur einen **S 3 angefügt**, der pauschal anordnet, dass die Sätze 1 und 2 entsprechend in den Fällen gelten, in denen der Arbeitgeber das Risiko des Arbeitsausfalls trägt. Nach seiner Zielsetzung dient er – wie auch die amtliche Überschrift der Bestimmung „Vergütung bei Annahmeverzug und bei Betriebsrisiko" verdeutlicht – nur der Klarstellung, dass keine Änderung der Rechtslage eintritt, soweit der Arbeitgeber das Risiko des Arbeitsausfalls trägt (vgl BT-Drucks 14/6867, 48; 14/7052, 204). S 3 ist völlig nichtssagend, denn er regelt nicht, wann der Arbeitgeber das Risiko des Arbeitsausfalls trägt (vgl Krause ZfA 2018, 126 [145]). Die Rechtsprechung soll, wie es in der Begründung der Bundesregierung heißt, „diesen Grundsatz wie bisher konkretisieren und den Besonderheiten der denkbaren Fallgestaltungen Rechnung tragen" (BT-Drucks 14/6857, 48). Obwohl jede tatbestandliche Ausformung fehlt, wird S 3 im Schrifttum häufig Sinn eingehaucht: Durch S 3 würden die „Rechtsprechungsgrundsätze jedenfalls in ihren Kernaussagen" gebilligt, sodass Lösungsansätze des Schrifttums, die diesen Kernaussagen widersprechen, nicht mehr im Einklang mit dem geltenden Recht stünden (MünchKomm/Henssler § 615 Rn 89); durch den hier erstmals im Gesetz verwendeten Begriff „Risiko des Arbeitsausfalls" sei die entsprechende Rechtsprechung „als in den gesetzgeberischen Willen aufgenommen anzusehen" (Kissel, Arbeitskampfrecht § 33 Rn 5); S 3 bestätige (wenn auch ohne Problembewusstsein) die in der Wissenschaft ohnehin im Vordringen begriffene Auffassung, die den Lohnfortzahlungsanspruch aus der Grundentscheidung des S 1 ableiten wolle; durch S 3 erkenne der Gesetzgeber das Betriebsrisiko als eine eigene Fallgruppe einer Leistungsstörung neben dem Annahmeverzug und der Unmöglichkeit an (Luke NZA 2004, 244 [247]); aus S 3 sei der Umkehrschluss zu ziehen, dass S 1 die „Fälle der Substratsgefahrtragung nicht mehr unmittelbar erfaßt" (HWK/Krause § 615 Rn 10, 113). Diese widersprüchlichen Thesen bestätigen, dass S 3 eine Leerformel im Gesetz verankert hat; denn wenn die Pflicht zur Entgeltfortzahlung auf S 1 gestützt werden kann, ist S 3 überflüssig, und sollte man dies – im Gegensatz zur hier vertretenen Auffassung – nicht teilen, so geht die Rechtsfolgenanordnung ins Leere, solange offen bleibt, ob der Arbeitgeber das Risiko des Arbeitsausfalls teilt.

II. Rechtsdogmatische Einordnung der Bestimmung

1. Rechtsnatur des Anspruchs

7 Die Bestimmung enthält eine Ausnahme von dem Grundsatz, dass der Anspruch auf das Arbeitsentgelt nur bei Erbringung der realen Dienstleistung besteht (Hueck/Nipperdey I 325; MünchKomm/Henssler § 615 Rn 1; ArbRBGB/Matthes § 615 Rn 3). Sie bedeutet nicht, dass das Arbeitsentgelt bereits durch die bloße Bereitstellung der Arbeitsleistung verdient ist, sondern sie regelt eine Leistungsstörung und bestätigt damit durch ihre Existenz das Synallagma von Arbeit und Lohn als Grundprinzip des geltenden Arbeitsvertragsrechts.

8 Der Anspruch geht auf die **vertragsmäßige Vergütung**. Es handelt sich daher um den vertragsmäßigen **Leistungsanspruch, nicht** um einen **Schadensersatzanspruch** (ebenso

BGH 14. 11. 1966 – VII ZR 112/64, NJW 1967, 248; BAG 5. 9. 2002 – 8 AZR 702/01, AP Nr 1 zu § 280 nF BGB; BeckOGK/Bieder [1. 8. 2018] § 615 Rn 2; MünchKomm/Henssler § 615 Rn 1; Hueck/Nipperdey I 326; Nikisch I 278; so schon Crome, Die Partiarischen Rechtsgeschäfte [1897] 197; **aA** Lotmar I 148, II 309 ff). Auf ihn kann daher § 254 BGB nicht entsprechend angewandt werden (BGH 14. 11. 1966 – VII ZR 112/64, NJW 1967, 248; RAG ARS 30, 120; MünchKomm/Henssler § 615 Rn 1; ErfK/Preis § 615 Rn 75).

§ 615 BGB enthält **keine eigenständige Anspruchsgrundlage**, sondern hält den ur- 9
sprünglichen Vergütungsanspruch im Fall des Annahmeverzugs nur aufrecht (vgl BAG 5. 9. 2002 – 8 AZR 702/01, AP Nr 1 zu § 280 BGB nF; BAG 15. 9. 2011 – 8 AZR 846/09, NZA 2012, 377 [380]; BAG 24. 9. 2014 – 5 AZR 593/12, NZA 2015, 35 [37]; MünchKomm/Henssler § 615 Rn 1; HWK/Krause § 615 Rn 4; ErfK/Preis § 615 Rn 1). Er ist eine Schutzvorschrift zugunsten des Dienstverpflichteten. Soweit es um dessen Leistungspflicht geht, haben die Gesetzesverfasser es absichtlich vermieden, auszusprechen, dass bei Annahmeverzug die Dienstleistung erfolgt sei oder als bewirkt gelte (Mot II 462; s auch Rn 3 f). Das Gesetz geht aber davon aus, dass eine nachträgliche Annahme der Arbeitsleistung im Prinzip eine andere Leistung darstellt. Deshalb hat der Dienstverpflichtete den Anspruch auf die Vergütung, ohne zur Nachleistung verpflichtet zu sein. § 615 BGB positiviert damit eine **Gefahrtragungsregel** (vgl Picker JZ 1979, 285 [292 f]; ders JZ 1985, 641, 693 [698 ff]; ders, in: FS Kissel [1994] 813 [816 ff]; s ausführlich hier Rn 19 ff).

2. Abdingbarkeit der Bestimmung

§ 615 BGB ist **keine Vorschrift des zwingenden Rechts**. Das folgt aus allgemeinen 10
Erwägungen (Prinzip der Vertragsfreiheit), namentlich aber aus § 619 BGB, der § 615 BGB nicht aufführt. Auch der Charakter des § 615 BGB als Ausnahmevorschrift führt ebenso wenig wie bei § 324 BGB und § 616 BGB dazu, zwingendes Recht anzunehmen (st Rspr; vgl BAG 6. 2. 1964 – 5 AZR 93/63, BAGE 15, 258 = AP Nr 24 zu § 615 BGB; BAG 6. 11. 1968 – 4 AZR 186/68, AP Nr 16 zu § 615 BGB Betriebsrisiko; BAG 8. 12. 1982 – 4 AZR 134/80, AP Nr 58 zu § 616 BGB; BAG 10. 1. 2007 – 5 AZR 84/06, NZA 2007, 384 [386]; BeckOGK/Bieder [1. 8. 2018] § 615 Rn 133 ff; Hueck/Nipperdey I 328; **aA** namentlich Lotmar II 314 ff). Das gilt auch für S 3 (MünchKomm/Henssler § 615 Rn 10).

Bei einem **Arbeitsverhältnis** ergibt sich eine **Grenze für die Abbedingung** aber daraus, 11
dass der Arbeitgeber nicht generell das ihn treffende Arbeitsentgeltrisiko auf den Arbeitnehmer verlagern darf (ebenso MünchKomm/Henssler § 615 Rn 11; ArbRBGB/Matthes § 615 Rn 102; ErfK/Preis § 615 Rn 8; vgl auch LAG Düsseldorf 19. 8. 2014 – 8 Sa 764/13, juris Rn 152). Da § 615 BGB einen weiten Anwendungsbereich hat, indem er jede personen- und substratsbedingte Verhinderung des Arbeitgebers ohne Rücksicht auf dessen Verschulden erfasst, wäre es mit der dieser Norm zugrunde liegenden elementaren Gerechtigkeitsvorstellung nicht vereinbar, würde man zulassen, dass durch einen Ausschluss des § 615 BGB eine diametral entgegengesetzte Entgeltrisikogestaltung vereinbart werden kann. Daher ist es zum Beispiel unzulässig, dass sich ein Arbeitnehmer dazu verpflichtet, bei einem Mangel an Aufträgen unbezahlten Urlaub zu nehmen (vgl LAG Nürnberg 30. 3. 2006 – 6 Sa 111/06, NZA-RR 2006, 511 [512]). Strengere Maßstäbe müssen wegen § 307 Abs 2 Nr 1 BGB in Allgemeinen Geschäftsbedingungen gelten (ErfK/Preis § 615 Rn 8, 129). So hat das BAG eine Klausel über Arbeit auf Abruf, nach der der Arbeitgeber einseitig mehr als 25 % der vereinbarten wöchentlichen Mindestarbeitszeit abrufen kann, als mit § 307 Abs 2 Nr 1

BGB nicht zu vereinbarende Verlagerung des Wirtschaftsrisikos auf den Arbeitnehmer gewertet (BAG 7. 12. 2005 – 5 AZR 535/04, NZA 2006, 423 [426 ff]; s auch LAG München 2. 4. 2008 – 11 Sa 917/07). Hingegen hat das BAG eine Formularabrede gebilligt, nach der das Arbeitsverhältnis einer Gebäudereinigerin während der Schulferien ruhend gestellt wurde, auch wenn damit zugleich Ansprüche auf Annahmeverzugslohn abbedungen wurden (BAG 10. 1. 2007 – 5 AZR 84/06, NZA 2007, 384 [385]; **aA** LAG Mecklenburg-Vorpommern 28. 6. 2005 – 5 Sa 376/04). Eine Verschiebung des Arbeitskampfrisikos zu Lasten des Arbeitgebers ist zulässig, soweit der Arbeitgeber dem freiwillig zustimmt; erstreikbar ist das aber nicht (so auch MünchKomm/Henssler § 615 Rn 122; Otto, Arbeitskampf- und Schlichtungsrecht [2006] § 16 Rn 53).

12 Zwingende Wirkung hat § 615 BGB im Bereich der **gewerbsmäßigen Arbeitnehmerüberlassung**, für die § 11 Abs 4 S 2 AÜG ausdrücklich bestimmt, dass das Recht des Leiharbeitnehmers auf Vergütung bei Annahmeverzug des Verleihers nicht durch Vertrag aufgehoben oder beschränkt werden kann.

13 Soll durch Tarifvertrag, Betriebsvereinbarung oder Einzelarbeitsvertrag eine Regelung getroffen werden, dass kein Lohnanspruch besteht, wenn der Arbeitgeber ohne sein Verschulden in Annahmeverzug gerät oder wenn ein Fall des Betriebsrisikos (s Rn 196 ff) vorliegt, so muss das **eindeutig und klar** geschehen (BAG 4. 7. 1958 – 1 AZR 559/57, AP Nr 5 zu § 615 BGB Betriebsrisiko). Eine Klausel, dass „nur geleistete Arbeit bezahlt" werde, schließt im Zweifel nur den Lohnanspruch nach § 616 BGB in Fällen der persönlichen Verhinderung des Arbeitnehmers an der Dienstleistung aus, bedeutet aber nicht eine Abbedingung des Lohnanspruchs bei Annahmeverzug des Arbeitgebers nach § 615 BGB und auch keine Regelung des Betriebsrisikos (ebenso BAG 8. 3. 1961 – 4 AZR 223/59, AP Nr 13 zu § 615 BGB Betriebsrisiko; MünchKomm/Henssler § 615 Rn 10; HWK/Krause § 615 Rn 107; ArbRBGB/Matthes § 615 Rn 101; Hueck/Nipperdey I 328 Fn 15 mwNw aus der Rspr des RAG). Enthält ein gerichtlicher Vergleich, durch den der Streit über offene Lohnansprüche erledigt werden soll, eine allgemeine Ausgleichsklausel, wird damit grundsätzlich aber auch § 615 S 1 BGB ausgeschlossen (BAG 10. 5. 1978 – 5 AZR 97/77, AP Nr 25 zu § 794 ZPO).

14 Eine von § 615 BGB abweichende Regelung ist im Prinzip nur zulässig, soweit es sich um bestimmte Fälle handelt, in denen bei Eintritt des Annahmeverzugs kein Anspruch auf das Arbeitsentgelt bestehen soll. Eine Ausnahme gilt jedoch selbst hier, soweit der Annahmeverzug durch den Arbeitgeber vorsätzlich herbeigeführt wurde; ein Ausschluss der Lohnzahlungspflicht scheitert dann an einer entsprechenden Anwendung des § 276 Abs 3 BGB (ebenso MünchKomm/Henssler § 615 Rn 11). Wird bei langfristigen und hochbezahlten Verträgen vereinbart, dass der Arbeitnehmer bei vorzeitiger Kündigung eine feste Entschädigung erhalten soll, so kann darin eine Abbedingung des § 615 BGB liegen (vgl RG WarnR 1913 Nr 137). Möglich ist weiterhin die Vereinbarung einer unbezahlten Freistellung, wenn Arbeitnehmer, die noch nicht urlaubsberechtigt sind, während des Betriebsurlaubs nicht beschäftigt werden (BAG 2. 10. 1974 – 5 AZR 507/73, BAGE 26, 312 [319] = AP Nr 2 zu § 7 BUrlG Betriebsferien; unter der Einschränkung, dass die Parteien zuvor die beiderseitige Interessenlage gehörig abgewogen haben, BAG 30. 6. 1976 – 5 AZR 246/75, AP Nr 3 zu § 7 BUrlG Betriebsferien).

15 Die Bestimmung des § 615 BGB ist nicht abdingbar, soweit die vertragliche Abmachung zu einer **Umgehung von zwingenden Kündigungsvorschriften** führt. Ist bei-

spielsweise bedungen, dass im Fall unbegründeter sofortiger Entlassung eine Entschädigung nicht stattfindet oder nur gewährt wird, soweit ein Schaden nachgewiesen ist, so ist diese Vereinbarung unwirksam, da sie im praktischen Ergebnis zu einer Umgehung des Rechts der außerordentlichen Kündigung führt (ebenso LAG Nürnberg 30. 5. 2006 – 6 Sa 111/06, NZA-RR 2006, 511 [512]; MünchKomm/Henssler § 615 Rn 11; ErfK/Preis § 615 Rn 8; bereits Kaskel [3. Aufl 1928] 129).

16 Die **Darlegungs- und Beweislast** dafür, dass § 615 BGB abbedungen wurde, trifft immer denjenigen, der die für ihn günstige Abweichung vom Gesetz behauptet (für eine Abweichung von S 2 vgl BAG 6. 2. 1964 – 5 AZR 93/63, BAGE 15, 258 [260] = AP Nr 24 zu § 615 BGB).

3. Verhältnis zu § 11 KSchG

17 Gerät ein Arbeitgeber in Annahmeverzug, weil die von ihm erklärte Kündigung rechtsunwirksam ist und daher nach der Entscheidung des Arbeitsgerichts das Arbeitsverhältnis fortbesteht, so gilt für die Anrechnung nicht § 615 Satz 2 BGB, sondern als lex specialis § 11 KSchG. Anspruchsgrundlage ist aber auch in diesem Fall § 611 Abs 1 BGB iVm § 615 S 1 BGB (vgl BAG 10. 4. 1963 – 4 AZR 95/62, AP Nr 23 zu § 615 BGB; BAG 6. 9. 1990 – 2 AZR 165/90, AP 47 zu § 615 BGB). Deshalb richtet sich nach § 615 S 1 BGB, ob und in welcher Höhe der Anspruch auf das Arbeitsentgelt besteht (s dazu ausführlich Rn 134 ff). Möglich ist insbesondere auch, dass die Arbeitsvertragsparteien insoweit eine abweichende Regelung getroffen haben (s zur Abdingbarkeit Rn 10 ff). Soweit der Anspruch besteht, ist die Anrechnung auf den entgangenen Zwischenverdienst aber abweichend von § 615 S 2 BGB durch § 11 KSchG zwingend geregelt (s ausführlich Rn 149 f).

4. Anwendungsbereich

18 S 1 und 2 gelten nicht nur für Arbeits-, sondern auch für Dienstverträge, unabhängig davon, ob es sich im konkreten Fall um ein Dauerschuldverhältnis oder um ein auf einen kurzfristigen Leistungsaustausch gerichteten Vertrag handelt. Hingegen findet S 3 nur auf Arbeitsverträge Anwendung. Ob der Dienst bereits angetreten wurde, ist irrelevant (MünchKomm/Henssler § 615 Rn 9; BeckOGK/Bieder [1. 8. 2018] § 615 Rn 9). Bei einem fehlerhaften Arbeitsverhältnis gilt § 615 BGB, solange nicht die Unwirksamkeit – mit Wirkung ex nunc – geltend gemacht wurde (s näher Rn 47, 109 f). Auf Berufsausbildungsverträge ist er nach § 10 Abs 2 BBiG anwendbar. Hingegen ist er auf Heimarbeitsverträge zumindest dann nicht anwendbar, wenn diesen ein Werk- oder Werklieferungsvertrag zugrunde liegt (ErfK/Preis § 615 Rn 9). Wird wirksam Kurzarbeit angeordnet oder der Arbeitnehmer wirksam suspendiert, scheidet Annahmeverzug aus (s Rn 181 ff und Rn 119 ff).

III. Reichweite der Bestimmung, insbesondere Abgrenzung zur Unmöglichkeit

1. Verkennung der Annahmeverzugskonstruktion als Voraussetzung für die Annahme einer nicht vorhandenen Regelungslücke

19 Die Annahmeverzugskonstruktion hat die Reichweite der Norm verdeckt und daher vor allem bei der Betriebsrisikotragung zu Fehlinterpretationen geführt (s Rn 196 ff).

Man hat nicht erkannt, dass man mit ihr eine **Gefahrtragungsregel** übernommen hat, die bereits im 19. Jahrhundert Anerkennung gefunden hatte (Mot II 462; vgl PICKER JZ 1979, 285 [290 ff]; ders, in: Gedschr Hofmeister [Wien 1996] 549 [564 ff]).

20 Bei Inkrafttreten des BGB hat die Erkenntnis, dass bei einer Betriebsstörung die Erbringung der Arbeitsleistung unmöglich wird, zu der Auffassung geführt, dass ein Annahmeverzug ausgeschlossen sei und daher für den Lohnanspruch nicht § 615 BGB, sondern § 323 BGB (seit 1. 1. 2002: § 326 Abs 1 BGB) gelte (vgl TITZE, Die Unmöglichkeit der Leistung nach deutschem bürgerlichen Recht [1900] 24 f; RÜMELIN, Dienstvertrag und Werkvertrag [1905] 81; LOTMAR II 282; so auch heute noch EHMANN NJW 1987, 401 [405]). Diese Annahme stieß aber bereits damals auf den zutreffenden Einwand, der Gläubiger könne „dem Schuldner die Unmöglichkeit nicht entgegenhalten, die zuerst ihn und erst per consequens den Schuldner trifft"; sei der Gläubiger in der Unmöglichkeit, die Fabrikeinrichtungen zu liefern, also das Sachsubstrat zu stellen, so könne er seinen Annahmeverzug „nicht mit der Motivierung ablehnen, daß der Schuldner infolge dieser Umstände nicht in der Erfüllungsmöglichkeit war" (J KOHLER ArchBürgR 13 [1897] 149 [200 f]; ebenso BOER Gruchot 54 [1910] 493 [514 ff]).

21 Den richtigen Begründungsansatz fand TRAUTMANN (Gruchot 59 [1915] 434 [450 ff]): Die Vorschrift des § 615 BGB sei nur die an sich selbstverständliche Folge des Grundsatzes, dass der Gläubiger die Gefahr der Unmöglichkeit seiner Mitwirkungshandlung trage. „Arbeitskraft, die mit ihrer Nichtverwendung auch für den Schuldner dahin ist", müsse daher von dem Gläubiger bezahlt werden, der nicht in der Lage sei, „die ihm nach dem Vertrag obliegende Mitwirkungshandlung seinerseits zu vollbringen, dh dem Dienstpflichtigen das Substrat seiner Arbeitsbetätigung zur Verfügung zu stellen" (ebd 452; ähnl OERTMANN AcP 116 [1918] 1 [47] mit dem Hinweis, bei „zeitlich individualisierten Leistungen" führe die Annahme- oder Mitwirkungsunfähigkeit des Gläubigers, Vornahme des etwa erforderlichen Angebots vorausgesetzt, „zum Freiwerden des Schuldners unter Erhaltung seines Rechts auf die Gegenleistung"; zust unter Aufgabe seiner gegenteiligen Meinung TITZE JW 1922, 548 [549]).

22 Trotz der Erkenntnis, dass bei § 615 BGB die Leistung infolge des Annahmeverzuges unmöglich wird (OERTMANN AcP 116 [1918] 1 [47]), hat man den Blick vornehmlich darauf gerichtet, die Besonderheit dieses Falles in einen Gegensatz zur Unmöglichkeit zu stellen, auf die § 326 Abs 1 BGB Anwendung findet. Die materielle Bedeutung der durch § 615 BGB rezipierten Gefahrtragungsregelung wurde und wird auch heute noch durch die Bemühungen einer Abgrenzung des Annahmeverzugs von der Unmöglichkeit verdeckt. Für die Reichweite des § 615 BGB wird deshalb nicht klar herausgearbeitet, dass nach Sinn und Zweck dieser Norm der Dienstberechtigte die Sachsubstratsgefahr trägt, sondern man sucht das Heil in der richtigen Abgrenzung der Unmöglichkeit der Leistung, die nur dann vorliegen soll, „wenn die nach dem Vertrage dem Schuldner obliegende Leistung derart unmöglich ist, dass auch unter der Voraussetzung der bereits erfolgten vertragsmäßigen Mitwirkung des Gläubigers eine Erfüllung unmöglich sein würde" (TRAUTMANN Gruchot 59 [1915] 434 [450]).

23 Deshalb erkennt man nicht, dass für die Gefahrtragung die durch einen Streik verursachte Betriebsstörung einen besonderen Tatbestand darstellt, nachdem der Arbeitskampf als ein im Prinzip rechtmäßiges Geschehen Anerkennung gefunden hatte (vgl Rn 215 ff). Da man denselben Leistungsstörungstatbestand wie bei einer durch ein Unglück herbeigeführten Betriebsstörung zugrunde legte, sich aber zugleich von der elementaren Gerechtigkeitsvorstellung leiten ließ, dass der Arbeitgeber bei einer durch einen Teilstreik im Betrieb herbeigeführten oder durch den Streik in einem anderen Betrieb verursachten Störung im Leistungsvollzug des Arbeitsverhältnisses nicht zur Fortzahlung des Arbeitsentgelts verpflichtet ist (vgl Oertmann NZfAR 1922 Sp 461 [464 f] unter Beschränkung auf den Teilstreik; dagegen auch bei einer durch den Streik in einem anderen Betrieb verursachten Störung Titze JW 1922, 548 [550]), suchte man die Begründung in einer für jede Betriebsstörung einheitlich geltenden Gefahrtragungsregel (s auch Kaskel NZfAR 1922 Sp 1 ff).

Das Bemühen, die **diametral entgegengesetzte Entgeltrisikozuweisung** bei einer arbeitskampfbedingten und bei einer sonstigen, durch Zufall herbeigeführten Betriebsstörung mit einer **einzigen Rechtsfigur** zu erfassen, verstellte den Blick für die Reichweite der Annahmeverzugskonstruktion (so zutreffend Picker JZ 1988, 1, 62 [69]). Das RG kam deshalb in dem für die Betriebsrisikolehre grundlegenden Kieler Straßenbahnerfall zu der in dieser Allgemeinheit nicht zutreffenden Feststellung, dass die Problematik der Lohnzahlung bei Betriebsstörungen nicht mit den Mitteln der bürgerlich-rechtlichen Dogmatik überzeugend gelöst werden könne (RG 6. 2. 1923 RGZ 106, 272 [275 f]). Das RAG und auch das BAG haben in der maßgeblichen Ausgangsentscheidung für die Betriebsrisikolehre eine Lücke im Gesetz konstatiert (RAG ARS 3, 116 [120 f]; BAG 8. 2. 1957 – 1 AZR 338/55, BAGE 3, 346 [348] = AP Nr 2 zu § 615 BGB Betriebsrisiko; ebenso Hueck/Nipperdey I 350). 24

Diese **Regelungslücke** ist, soweit es um die Sachsubstratsgefahr geht, eine **richterrechtliche Erfindung** (vgl dazu Picker JZ 1988, 62 ff). Zu ihrer Schließung hat man eine Vielzahl von Regeln ersonnen. Sie reichen von einer entsprechenden Anwendung des § 645 BGB (Söllner AcP 167 [1967] 132 [141 ff, insbesondere 143]; vgl auch Fabricius, Leistungsstörungen im Arbeitsverhältnis [1970] 72 f, 83; Richardi ZfA 1974, 3 [140]; s dazu Rn 213) über die vom BGB abgelehnte Erfüllungstheorie, dass der Arbeitnehmer seine Verpflichtung erfülle, solange seine Arbeitskraft dem Arbeitgeber tatsächlich zur Verfügung stehe, auch wenn dieser keinen Gebrauch von ihr mache und infolgedessen keine Arbeit geleistet werde (Nikisch JherJb 80, 1 [6]; vgl auch ders, Arbeitsrecht I 270 ff, 599), bis zu überhaupt nicht mehr zivilrechtsdogmatisch abgesicherten Freirechtsschöpfungen wie der Sphärentheorie (s Rn 206 f, 211, 219) und dem Arbeitnehmerschutzprinzip (s Rn 225). Der durch das Schuldrechtsmodernisierungsgesetz eingefügte S 3 regelt nicht, ob der Arbeitgeber das Risiko des Arbeitsausfalls trägt (s Rn 6). 25

2. Dogma der Alternativität von Annahmeverzug und Unmöglichkeit

Die Verkennung des § 615 BGB beruht auf der Prämisse, Annahmeverzug und Unmöglichkeit schlössen sich begrifflich wie der Sache nach aus (vgl RG 6. 2. 1923 RGZ 106, 272 [276]; BGH 11. 4. 1957 – VII ZR 280/56, BGHZ 24, 91 [96] mit bemerkenswerten Einschränkungen; bereits Lotmar II 128, 284, 341; weiterhin Enneccerus/Lehmann § 57 II 1b; Kalb, Betriebsrisikolehre 91 ff; Ehmann NJW 1987, 405; s auch Staudinger/Feldmann [2014] Vorbem 5 ff zu §§ 293–304). Dieser Auffassung trat man nicht mit dem Argument entgegen, dass die Dienstleistungsschuld wegen ihrer spezifischen Beschaffenheit immer schon mit und wegen der Nichtannahme unmöglich wird. Ein Teil des Schrifttums begrenzte die **Leistungspflicht des Schuldners** vielmehr auf den **ihm obliegenden** 26

Anteil an der Leistungshandlung, ohne das Dogma selbst in Frage zu stellen (vgl Oertmann AcP 116 [1918] 1 [23]; ebenso im Ergebnis Kaskel/Dersch, Arbeitsrecht [5. Aufl 1957] 169; s auch Nikisch I 270 ff, 599).

27 Das Problem lässt sich nicht mit dem Hinweis aus der Welt schaffen, der Dienstverpflichtete habe seine Leistung erbracht, wenn er dem Dienstberechtigten mit seiner Arbeitskraft zur Verfügung stehe (ebenso MünchKomm/Henssler § 615 Rn 5). Wäre dies nämlich richtig, so hätte er den Anspruch auf das Arbeitsentgelt schon deshalb, weil er seine Leistung erbracht hätte. § 615 BGB wäre überflüssig (so folgerichtig für den von ihm als Anstellungsvertrag bezeichneten Arbeitsvertrag Nikisch JherJb 80, 1 [95 f]; ders NZfAR 1933 Sp 57 [63]). Kann die Arbeitsleistung infolge einer Betriebsstörung nicht erbracht werden, so ist Ausgangspunkt für die rechtliche Beurteilung die *Unmöglichkeit der Arbeitsleistung*. Es geht ausschließlich um die Frage, wer die Gegenleistungsgefahr zu tragen hat. Der dafür maßgebliche Grundsatz ist zwar in § 326 Abs 1 BGB enthalten; er beruht aber ausschließlich auf dem Dogma der Alternativität von Annahmeverzug und Unmöglichkeit, wenn man daraus die Konsequenz zieht, dass § 615 BGB keine Anwendung findet (so Ehmann, Betriebsrisikolehre 115; ders NJW 1987, 401 [407]; dagegen Richardi NJW 1987, 1231 [1234]).

28 Der Verlust des Lohnanspruchs in diesem Fall ist, wie man nahezu einhellig anerkennt, sachlich nicht gerechtfertigt. Nicht berücksichtigt wird die Besonderheit, dass der Leistungsvollzug an einem auf Seiten des Gläubigers liegenden Grund scheitert. Da bei fehlender Annahmebereitschaft § 615 BGB Anwendung findet, wird die Unterscheidung zwischen freiwilliger Nichtannahme und Mitwirkungsunvermögen zum Kriterium, obwohl in der Rechtswirklichkeit gleitende Übergänge bestehen, die eine klare Zäsur ausschließen, zB wenn die Mitwirkung wegen einer nicht ganz leichten Erkrankung des Gläubigers unterbleibt (so zutreffend Picker JZ 1985, 641, 693 [700]). Vor allem widerspricht die Differenzierung dem Konzept, das nach den Vorstellungen der Gesetzesverfasser der Regelung des Annahmeverzuges zugrunde liegt. Das BGB sieht von einem Verschulden des Gläubigers als einer Voraussetzung des Annahmeverzuges ab; es genügt, wie es in den Gesetzesmaterialien heißt, „die nackte Thatsache der Nichtannahme der angebotenen Leistung seitens des Gläubigers" (Mot II 69).

3. Abgrenzung unter Einschränkung der Leistungsstörungsfigur der Unmöglichkeit

29 Das Dogma der Alternativität von Unmöglichkeit und Annahmeverzug bleibt im Prinzip aufrechterhalten, wenn man eine den Annahmeverzug ausschließende Unmöglichkeit für den Fall verneint, dass dem Schuldner die Leistung möglich wäre, sofern nur der Gläubiger es an seiner Mitwirkung nicht fehlen ließe (sog **Abstrahierungsformel**; grundlegend Trautmann Gruchot 59 [1915] 434 [450]; vgl auch Staudinger/Löwisch/Feldmann [2014] Vorbem 9 zu §§ 293–304). Das **BAG** unterscheidet für die Abgrenzung von Annahmeverzug und Unmöglichkeit danach, ob der Arbeitgeber die ihm *mögliche* Annahme der Arbeitsleistung verweigert (dann: Annahmeverzug), oder ob – bei unterstellter Annahmebereitschaft des Arbeitgebers – die Arbeitsleistung dem Arbeitnehmer unmöglich ist (BAG 24. 11. 1960 – 5 AZR 545/59 und 18. 8. 1961 – 4 AZR 132/60, AP Nr 18 und 20 zu § 615 BGB). Es lässt sich aber nicht bestreiten, dass in all diesen Fällen eine Unmöglichkeit der Leistung vorliegt (vgl Beuthien, Zweckerreichung und Zweckstörung im Schuldverhältnis [1969] 230 ff). Mit der Abstrahierungsformel wird aber der Weg in die richtige Richtung beschritten, dass Annahmeverzug vorliegt, wenn es ausschließlich am Gläubiger liegt, dass die Leistung des Schuldners nicht erbracht werden kann (Picker JZ 1985, 641, 693 [701]).

Vom Ansatz her zu billigen ist daher auch die Auffassung, dass § 326 Abs 1 BGB eine *verdeckte Regelungslücke* enthalte, soweit die Leistungsunmöglichkeit darauf zurückzuführen sei, dass das Leistungssubstrat nicht zur Verfügung stehe (Kalb, Betriebsrisikolehre 97 ff). Es handle sich um „eine von dem Normaltatbestand des § 323 Abs 1 BGB [seit 1. 1. 2002: § 326 Abs 1 BGB] abweichende Art der zufälligen Leistungsunmöglichkeit"; denn anders als beim schlichten Austauschvertrag, wo der Sachleistungsschuldner dem Gläubiger sozusagen „mit leeren Händen" gegenübertrete, bleibe er hier weiter leistungsbereit und könne nur deswegen nicht pflichtgemäß tätig werden, weil das Leistungssubstrat nicht zur Verfügung stehe (Kalb 98). Diese Regelungslücke soll „mit einer Gesamtanalogie zu den gesetzlichen Lohnfortzahlungsvorschriften" geschlossen werden, weil durch sie das arbeitsrechtliche Schutzprinzip als Äquivalent für die Verfügbarkeit der Arbeitskraft verwirklicht werde (Kalb 102 f im Anschluss an Wiedemann, Das Arbeitsverhältnis als Austausch- und Gemeinschaftsverhältnis [1966] 16 f; s auch hier Rn 225). 30

Wie die Annahme einer offenen Regelungslücke ist auch hier die Konstruktion einer verdeckten Regelungslücke nur das Ergebnis einer Fehlinterpretation des § 615 BGB, die auf der Antithese von Unmöglichkeit und Annahmeverzug beruht. Die Konsequenz, die daraus gezogen wird, hat hier aber geradezu eine rechtszerstörerische Dimension erlangt; denn es wird nicht auf die zur Schließung der vermeintlichen Regelungslücke naheliegende Bestimmung des § 615 BGB zurückgegriffen, sondern eine auf das Arbeitsverhältnis beschränkte Sonderkonstruktion gewählt, die das Prinzip der Gegenseitigkeit von Arbeitsentgelt und realer Dienstleistung preisgibt (s auch Rn 225). 31

4. Nachholbarkeit der Dienstleistung als Kriterium für den Annahmeverzug

Wegen der Abgrenzung des Annahmeverzugs von der Unmöglichkeit wird die Auffassung vertreten, dass § 615 BGB unmittelbar nur den Fall der „auf der fehlenden Mitwirkung des Dienstberechtigten beruhenden *Verzögerung* der Leistung" betreffe (Larenz, Schuldrecht I [14. Aufl 1987] 314). Kriterium ist die Nachholbarkeit der Leistung. Demnach findet § 615 BGB nur Anwendung, wenn die Erbringung der Arbeitsleistung *möglich* bleibt. Da aber die Dienstleistungsschuld im Regelfall Fixschuldcharakter hat, wird mit dieser Begründung der Weg zu § 615 BGB verschlossen (vgl Tamm, Betriebsrisikolehre 83 ff, 480 f). 32

Man hat daher versucht, das Problem durch eine Ausweitung des § 324 Abs 1 BGB (seit 1. 1. 2002: § 326 Abs 2 BGB) zu lösen, den man entgegen seinem Wortlaut und Sinn als Zuweisung einer umfassenden Risikosphäre deutet (Beuthien, Zweckerreichung und Zweckstörung im Schuldverhältnis [1969] 251; gegen diese Deutung aber BGH 30. 11. 1972 – VII ZR 239/71, BGHZ 60, 14 [16]; Picker JZ 1985, 641, 693 [702] mwNw in Fn 135; Tamm, Betriebsrisikolehre 73 ff). Andere schließen durch eine Gesamtanalogie zu §§ 552, 615 BGB die vermeintliche Regelungslücke (vgl Köhler, Unmöglichkeit und Geschäftsgrundlage bei Zweckstörungen im Schuldverhältnis [1971] 55 ff). 33

34 Sieht man das Kriterium der Abgrenzung des Annahmeverzuges von der Unmöglichkeit in der Nachholbarkeit der Leistung, so hat bei Festhalten am Dogma der Alternativität von Annahmeverzug und Unmöglichkeit § 615 BGB bei *Verhinderung des Gläubigers* zur Annahme der Dienstleistung praktisch keine Bedeutung. Er würde nicht nur keine Anwendung finden, wenn die Dienste im faktisch-naturalistischen Sinne undurchführbar geworden sind (zB bei Untergang eines nicht substituierbaren Arbeitssubstrats), sondern auch dann, wenn die Dienstleistung nach dem konkreten Vertragsinhalt zeitlich fixiert ist. Da beim Arbeitsverhältnis in der Regel die Lage der Arbeitszeit feststeht, liefe eine zentrale Norm des Dienstvertragsrechts leer.

35 Sieht man in der Nachholbarkeit der Dienstleistung das Kriterium für die Abgrenzung des Annahmeverzugs von der Unmöglichkeit, so wird die **Bedeutung des § 615 BGB für das Dienstvertragsrecht im Prinzip verkannt**. Sinn der Bestimmung, dass der Dienstverpflichtete die vereinbarte Vergütung verlangen kann, ohne zur Nachleistung verpflichtet zu sein, war ausschließlich, dass der ursprüngliche Ausdruck „die Dienste gelten als geleistet" Anstoß erregte, obwohl der ihr zugrunde liegende Gedanke Anerkennung fand (Jakobs/Schubert, Die Beratung des BGB, §§ 433–651 [1980] 768 f). Der Ausschluss der Nachleistungspflicht sollte außerdem dem Umstand Rechnung tragen, dass der Dienstleistungsschuld „regelmäßig die Eigenschaft einer Art von Fixgeschäft beiwohne" (Jakobs/Schubert 770; s auch Mot II 461). Er stellt damit zugleich außer Zweifel, dass ein Nachleisten von Diensten „nur eine Art Naturalersatz, nicht aber die ursprüngliche Leistung" ist, und bringt damit das Prinzip zum Ausdruck, „daß jede zeitlich festgelegte Dienstleistung eine *Speziesschuld* darstellt" (Picker JZ 1985, 641, 693 [699 Fn 113]).

36 Der **Ausschluss der Nachleistungspflicht** bedeutet daher nicht, dass die Nachholbarkeit der Leistung Voraussetzung für die Anwendung des § 615 BGB ist. Er beruht vielmehr darauf, dass für die Erbringung der vereinbarten Dienstleistung „die Mitwirkung des Gläubigers zu einem bestimmten Zeitpunkt unerläßliche Voraussetzung ihrer Erfüllbarkeit ist" (Picker JZ 1985, 641, 693 [699]). Der Annahmeverzug bewirkt „logisch wie sachlich immer *zugleich* die Unmöglichkeit der Leistung des Schuldners" (Picker ebd). Nur wenn man diesen Zusammenhang erkennt, lässt sich § 615 BGB zutreffend interpretieren. Das für die Sachmiete geltende Prinzip (§ 537 Abs 1 BGB) soll auch für den Dienstvertrag gelten. Diesem Zweck gilt die Klarstellung in § 615 BGB, weil der Dienstverpflichtete seine Verbindlichkeit nicht schon dadurch erfüllt, dass er dem Dienstberechtigten zur Verfügung steht, sondern die reale Dienstleistung zu erbringen hat und deshalb insoweit auf die Mitwirkung des Dienstberechtigten angewiesen ist. Deshalb soll er den Anspruch auf die Gegenleistung nicht verlieren, wenn er seinerseits die Dienste zu leisten bereit und imstande ist, der Dienstberechtigte sie aber „nicht annehmen will oder, wenn auch ohne seine Schuld, nicht annehmen kann" (Mot II 462).

37 Damit ist zugleich klargestellt, dass § 615 BGB nur insoweit eingreift, als nach dem konkreten Vertrag die Leistung der versprochenen Dienste eine **durch die Zeit individualisierte Spezialleistung** darstellt (vgl Picker, in: FS Kissel [1994] 813 [822]). Soweit der Dienstberechtigte Zeitpunkt und Zeitaufwand für die Erbringung der Dienstleistung festlegen kann (zB bei flexibler Arbeitszeitgestaltung im Arbeitsverhältnis), wechselt man von der „zeitlichen Speziesschuld" zur „begrenzten zeitlichen

Gattungsschuld“, nämlich zu einer durch den zeitlichen Spielraum limitierten „zeitlichen Vorratsschuld“ (so Picker ebd). Bei zeitweiliger Unerbringbarkeit kann daher in der Nachholbarkeit der Dienstleistung die Erfüllung des Dienstleistungsversprechens liegen. Der Dienstberechtigte kommt deshalb nicht in Annahmeverzug, wenn er von seiner Befugnis Gebrauch macht, die Arbeitszeit zu verlegen. Bei Nichterbringung der Dienstleistung handelt es sich in diesem Fall um eine Unmöglichkeit, die nicht durch die Nichtannahme der angebotenen Leistung seitens des Gläubigers, sondern ausschließlich durch die Nichtleistung seitens des Schuldners eintritt. Gleiches muss auch gelten, wenn der Dienstverpflichtete bei der Leistung der versprochenen Dienste Zeitsouveränität hat.

5. Abbruch und Unterbrechung der Dienstleistungsbeziehung als Kriterium

Rückert (ZfA 1983, 1 [15 ff]) versucht für ein Vollzeitdienstverhältnis auf Dauer den **38** nach seiner Meinung „grundlegenden Dualismus der Störungsregeln für Verzug und Unmöglichkeit“ durch eine Entsprechung in den Störungsformen der bloß temporären „Unterbrechung“ und dem endgültigen „Abbruch“ der Dienstleistungsbeziehung aufrechtzuerhalten: Im ersteren Fall soll § 615 BGB, im letzteren § 326 Abs 1 BGB gelten. Richtig erkennt er, dass das Kriterium der Nachholbarkeit in eine Sackgasse führt. Das gilt aber nicht nur, wie er fehlerhaft meint, für den Vertragstyp des Vollzeitdienstverhältnisses auf Dauer, sondern in der Regel für jeden Dienstvertrag.

Die auf einen Sonderfall abgestellte **Freirechtsschöpfung** ist daher **keine gesetzes-** **39** **konforme Interpretation** des § 615 BGB. Die Differenzierung lässt sich auch nicht aus den Figuren des Annahmeverzuges und der Unmöglichkeit heraus interpretieren. Das ihr zugrunde liegende Kriterium ist darüber hinaus mit Wertungen des geltenden Rechts nicht vereinbar; es öffnet der Willkür Tür und Tor, weil es letztlich vom Willen des Arbeitgebers abhängt, ob er einen zerstörten Betrieb wieder aufbaut (abl daher auch Tamm, Betriebsrisikolehre 337 ff; Picker JZ 1985, 641, 698 [693 Fn 60]; vStebut RdA 1985, 66 [71]).

Verfehlt ist auch der Ansatz von Bletz (JR 1985, 228 ff), der danach differenzieren **40** will, ob der Arbeitgeber dauerhaft oder nur vorübergehend an seiner Mitwirkung gehindert ist, die Dienstleistung anzunehmen. Im ersteren Fall soll, weil dem Arbeitnehmer seine Leistungsverpflichtung mangels Nachholbarkeit unmöglich geworden sei, § 326 Abs 1 BGB Anwendung finden; im letzteren Fall erlösche dagegen die Leistungsverpflichtung nicht durch Unmöglichkeit infolge Zeitablaufs, sondern gemäß der Bestimmung des § 615 S 1 HS 2. Die Bedeutung des § 615 BGB soll deshalb für diesen Fall darin liegen, dass er die Unanwendbarkeit des § 326 Abs 1 BGB bewirke. Greife er aber nicht ein, so bleibe „der durch den Arbeitsvertrag begründete Vergütungsanspruch bestehen“, ohne dass es insoweit des § 615 BGB bedürfe. Der Inhalt dieser Bestimmung soll sich darin erschöpfen, dass die Pflicht zur Nachleistung der Dienste ausgeschlossen wird; sie enthalte weder eine von § 326 Abs 1 BGB abweichende Gefahrverteilungsregel noch eine Anspruchsgrundlage für den Vergütungsanspruch (Bletz JR 1985, 228 [230]).

Auch dieser Erklärungsversuch ist nicht gesetzeskonform; er beruht auf der ver- **41** fehlten Entgegensetzung von Annahmeverzug und Unmöglichkeit und lässt eine nach den Vorstellungen der Gesetzesverfasser zentrale Norm des Dienstvertragsrechts leerlaufen. Soweit er zwischen einer Dauerstörung und einer vorübergehenden Störung differenziert, bestehen gegen ihn die gleichen sachlichen Bedenken wie gegen den Erklärungsversuch RÜCKERTS (s Rn 39; ebenso TAMM, Betriebsrisikolehre 341 f).

6. Abschließende Würdigung

42 Die Bestimmung des § 615 BGB beruht darauf, dass die Dienstleistungsschuld eine *zeitbezogene Leistung* darstellt. Die mangelnde Mitwirkung des Gläubigers beseitigt zugleich die Möglichkeit der Leistungserbringung. Deshalb kann der Arbeitnehmer beim Annahmeverzug seines Arbeitgebers die vereinbarte Vergütung verlangen, ohne zur Nachleistung verpflichtet zu sein. Diese für den Dienstvertrag maßgebliche Entgeltrisikozuweisung unterscheidet den Dienstvertrag vom Werkvertrag, der durch die Erfolgsbezogenheit des Leistungsversprechens bestimmt wird. Aber selbst für den Werkvertrag ist, da auch er einen Vertrag auf eine Dienstleistung darstellt, das erfolgsbezogene Gestaltungsprinzip durch die Anerkennung der Substratsgefahrtragung in § 645 BGB durchbrochen; es handelt sich insoweit um ein „Zugeständnis an das dienstvertragliche Element auch der Werkverträge" (PICKER JZ 1985, 641, 693 [695]; weiterhin ders, in: FS Honsell [2002] 385 [393 ff]).

43 Die Bestimmung des § 615 BGB soll sicherstellen, dass das für die Sachmiete geltende Prinzip (§ 537 Abs 1 BGB) auch auf die Dienstleistungsschuld Anwendung findet, wobei in der Positivierung dem Umstand Rechnung getragen wird, dass der Dienstverpflichtete die ihm obliegende Leistung nicht schon dann erbracht hat, wenn er zur Arbeit bereit und in der Lage ist, dem Dienstberechtigten also zur Verfügung steht, sondern seine Verbindlichkeit erst *erfüllt* hat, wenn er die *reale* Dienstleistung bewirkt hat. Das Problem der Entgeltrisikozuweisung wird also nicht durch eine fiktionsweise Verkürzung des Leistungsinhalts gelöst, sondern durch die Aufstellung einer besonderen Norm für den Fall, dass der Leistungsvollzug an einem Umstand auf Seiten des Dienstberechtigten scheitert. Die Bestimmung zieht die Konsequenz daraus, dass für die Erbringung der vereinbarten Dienstleistung die Mitwirkung des Gläubigers zu einem bestimmten Zeitpunkt unerlässliche Voraussetzung ihrer Erfüllbarkeit ist. Soweit dies der Fall ist, kann die Dienstleistung nicht nachgeholt werden, ohne dass dadurch das Dienstleistungsversprechen in seinem Inhalt geändert wird. Die nachgeholte Dienstleistung ist daher nicht die ursprünglich zugesagte, sondern eine *andere Leistung*. Die Bestimmung entspricht in ihrer Wertung § 326 Abs 2 S 1 Alt 2 BGB, hat aber gleichwohl einen eigenständigen Regelungsinhalt. Die dort enthaltene Regelung ist auf eine Sachleistung zugeschnitten; sie weist dem Gläubiger „auch noch die Risiken zu, die erst aus *zusätzlichen,* außerhalb der Gläubigersphäre liegenden Umständen drohen" (PICKER JZ 1985, 641, 693 [698]). Bei § 615 BGB geht es aber gerade um den Fall, dass „die angebotene, aber nicht abgenommene Arbeitsleistung nach den konkreten Umständen oder Zwecken nicht nachgeholt werden *kann*" (PICKER JZ 1985, 641 [693, 699]).

44 Die hier vertretene, von PICKER (JZ 1979, 285 [292 ff]) begründete Auffassung wird im Schrifttum als **Lehre von der Annahmeunmöglichkeit** bezeichnet; sie wird zunehmend für richtig erachtet (vgl MünchKomm/HENSSLER § 615 Rn 8; ErfK/PREIS § 615 Rn 7; HUBER, Leistungsstörungen [1999] I 281). Der durch das Schuldrechtsreformgesetz eingefügte S 3 gibt keine Veranlassung, diese Interpretation des S 1 preiszugeben (ebenso NK-BGB/Klappstein § 615 Rn 4; Picker, in: FS Huber [2006] passim; **aA** HWK/Krause § 615 Rn 10, 113; s auch Rn 6).

IV. Voraussetzungen des Annahmeverzuges

1. Übersicht

Voraussetzungen des Annahmeverzuges sind ein **wirksamer Dienstvertrag** (s Rn 46 f), ein **Angebot der Leistung durch den Dienstverpflichteten** (s Rn 48 ff), die **Leistungsmöglichkeit des Dienstverpflichteten** (s Rn 79 ff) und die **Nichtannahme des Dienstberechtigten** (s Rn 94 ff). 45

2. Wirksamer Dienstvertrag

Grundvoraussetzung ist zunächst, dass ein rechtswirksamer Dienstvertrag vorliegt; denn besteht keine Leistungspflicht des Schuldners, so kommt auch kein Gläubigerverzug in Betracht (vgl statt aller BAG 1. 9. 2010 – 5 AZR 700/09, NZA 2010, 1409). Die Regeln über den Annahmeverzug haben nämlich zum Gegenstand, wie es sich auf ein Schuldverhältnis auswirkt, dass eine für die Erfüllung notwendige Mitwirkung des Gläubigers unterbleibt. Entsprechend scheidet Annahmeverzug aus, solange nur die Fiktion einer Annahme nach § 894 ZPO vorliegt (BAG 19. 10. 2011 – 7 AZR 672/10, AP Nr 58 zu § 307 BGB). Nun ist es zwar möglich, zu einem späteren Zeitpunkt das Dienstverhältnis **rückwirkend** auf einen früheren Zeitpunkt zu begründen. Hat der Dienstverpflichtete aber in der Vergangenheit – wie es in der Regel der Fall sein dürfte – nicht für den Dienstgeber tatsächliche Dienstleistungen erbracht, so scheidet ein Anspruch auf Lohnzahlung aus. Auch § 615 S 1 BGB hilft hier nicht weiter, weil vor Abschluss des Dienstvertrags keine Obliegenheit des Dienstgebers bestand, die Dienstleistung des Dienstnehmers anzunehmen (vgl BAG 19. 1. 2015 – 5 AZR 975/13, NJW 2015, 3678; 27. 1. 2016 – 5 AZR 9/15; BeckOGK/Bieder [1. 8. 2018] § 615 Rn 9, 13; Steffan NZA 2016, 608, 613; ErfK/Preis § 615 Rn 10; anders Boecken/Jungbauer RdA 2017, 216). 46

Handelt es sich um ein **Arbeitsverhältnis**, so kommt in Betracht, dass – gemäß der Lehre vom fehlerhaften Arbeitsverhältnis – nach Aufnahme der Arbeit die *Nichtigkeit eines Arbeitsvertrags* nicht mit rückwirkender Kraft geltend gemacht werden kann und die Anfechtung wegen eines Willensmangels nur für die Zukunft wirkt (s Staudinger/Richardi/Fischinger [2016] § 611 Rn 688 ff, 701 ff). Solange der Arbeitnehmer zur Erbringung der Dienstleistung verpflichtet ist, hat er in diesen Fällen, wenn der Arbeitgeber mit der Annahme der zugesagten Dienste in Verzug kommt, den Anspruch auf das Arbeitsentgelt (s Rn 109 f). Ein weiterer Sonderfall ergibt sich aus der *Mitbestimmung des Betriebs- oder Personalrats bei Einstellungen und Versetzungen* (§ 99 BetrVG). Zwar darf der Arbeitgeber bei einem Verstoß den Arbeitnehmer nicht auf dem vorgesehenen Arbeitsplatz beschäftigen, der Arbeitsvertrag ist aber dennoch wirksam, sodass er in Annahmeverzug kommen kann (vgl zB BAG 2. 7. 1980 – 5 AZR 1241/79, BAGE 34, 1; BAG 21. 2. 2017 – 1 AZR 367/15, juris Rn 22). Schließlich kann der Arbeitgeber bei einer Kündigung auch noch nach Ablauf der Kündigungsfrist in Annahmeverzug kommen, wenn er betriebsverfassungs- oder personalvertretungsrechtlich zur *Weiterbeschäftigung* verpflichtet ist (s Rn 111 ff). Keinen Einfluss auf die Voraussetzungen des Anspruchs nach § 615 BGB hat dagegen der richterrechtlich 47 entwickelte Weiterbeschäftigungsanspruch während des Kündigungsrechtsstreits (s Rn 116).

3. Angebot der Dienstleistung

48 **Weitere Voraussetzung** des Annahmeverzuges ist das **Angebot der Arbeitsleistung**. Der Dienstverpflichtete muss sie dem Dienstberechtigten so anbieten, wie sie vertraglich geschuldet ist. Für das Leistungsangebot gelten die §§ 294–296 BGB. Sie finden auch auf ein Arbeitsverhältnis Anwendung.

a) Gegenstand des Dienstleistungsangebots

49 Dem Dienstberechtigten muss die Leistung so angeboten werden, wie sie zu bewirken ist (§ 294 BGB). Nur dann kommt er in Verzug, wenn er sie nicht annimmt (§ 293 BGB). Voraussetzung ist daher, dass die **vertraglich geschuldete Leistung** vom richtigen Schuldner dem richtigen Gläubiger am richtigen Ort zur richtigen Zeit angeboten wird (BAG 27. 4. 1960 – 4 AZR 584/58, AP Nr 10 zu § 615 BGB; BAG 3. 7. 1985 – 5 AZR 79/84, NZA 1986, 131).

50 Bei einem **Arbeitsverhältnis** ist zu beachten, dass die Leistungspflicht des Arbeitnehmers im Arbeitsvertrag regelmäßig nur rahmenmäßig umschrieben ist und daher der Arbeitgeber durch Ausübung seines Weisungsrechts konkretisiert, welche Dienstleistung zu erbringen ist (s Staudinger/Richardi/Fischinger [2016] § 611 Rn 955 ff). Der Arbeitnehmer muss daher die Leistung anbieten, zu der er nach der Ausgestaltung des Arbeitsverhältnisses durch Kollektivnorm und Vertragsabrede sowie durch zulässige Ausübung des Direktionsrechts unter Beachtung des Mitbestimmungsrechts verpflichtet ist (vgl BAG 27. 4. 1960 – 4 AZR 584/58, AP Nr 10 zu § 615 BGB). Die durch das Weisungsrecht in zulässiger Weise konkretisierte Arbeitsaufgabe ist die vom Arbeitnehmer vertraglich geschuldete Leistung. (Selbstverständlich) liegt kein annahmeverzugsbegründendes Angebot vor, wenn ein von einer krankheitsbedingten Arbeitsunfähigkeit genesener Arbeitnehmer lediglich an einem Wiedereingliederungsverhältnis (s dazu Staudinger/Richardi/Fischinger [2016] § 611 Rn 342) interessiert ist; lehnt der Arbeitgeber die Begründung eines solchen ab, schuldet er mangels dahingehend bestehender Verpflichtung auch keinen Schadensersatz (BAG 6. 12. 2017 – 5 AZR 815/16 [juris Rn 13 f, 19]).

b) Tatsächliches Angebot (§ 294)

51 Für den Regelfall gilt, dass die Leistung dem Gläubiger so, wie sie zu bewirken ist, tatsächlich angeboten werden muss (§ 294 BGB). Sofern der Dienstverpflichtete, wie im Regelfall, die Dienste in Person zu leisten hat (§ 613 S 1 BGB; s Staudinger/Richardi/Fischinger [2016] § 613 Rn 3 ff), ist ein tatsächliches Angebot seiner Dienstleistung zur richtigen Zeit am Leistungsort notwendig. Es genügt daher nicht, dass ein anderer in seinem Auftrag die Dienste anbietet. Beim tatsächlichen Angebot handelt es sich um einen **Realakt**, die Vorschriften über Willenserklärungen sind daher nicht anwendbar (Staudinger/Feldmann [2014] § 294 Rn 14).

52 Auch ein Arbeitnehmer muss daher seine Arbeit tatsächlich zur rechten Zeit, am rechten Ort und in der rechten Weise anbieten (so die verbreitete Formel; vgl Erman/Belling/Riesenhuber § 615 Rn 13; MünchKomm/Henssler § 615 Rn 18; HWK/Krause § 615 Rn 27). Er muss sich grundsätzlich **zu Dienstbeginn** am Arbeitsplatz zur Erbringung

seiner Arbeitsleistung einfinden. Kommt er zu spät, so kann die Verzögerung des Angebots zur Folge haben, dass dem Arbeitgeber nicht mehr zugemutet werden kann, den Arbeitnehmer noch zu beschäftigen, zB weil inzwischen der Beton hart geworden ist (so MünchKomm/Schaub[3] § 615 Rn 13). Ein „Angebot auf Vorrat" ist kein tatsächliches Angebot im Sinne von § 294 BGB, weil es am richtigen Leistungszeitpunkt fehlt (LAG Schleswig-Holstein 23. 5. 2007 – 6 Sa 362/06). Ebenso wenig ist § 294 BGB genügt, wenn der Arbeitnehmer seine Arbeitskraft zu einem Zeitpunkt anbietet, zu dem noch gar niemand anwesend ist (LAG Köln 12. 4. 2002 – 11 Sa 1327/01, NZA-RR 2003, 128), oder wenn er die Arbeit bei einer streikbedingten Betriebsblockade einem Gewerkschaftsvertreter anbietet (LAG Bremen 19. 5. 1980 – 3 Sa 172/79, Nr 1099 zu FHArbSozR 26). Besteht Streit über die vertragliche Dauer der Arbeitszeit, stellen Erscheinen am Arbeitsplatz und Arbeitsaufnahme nicht zwangsläufig ein tatsächliches Angebot dar. Es genügt aber, dass der Arbeitnehmer erklärt, er wolle in bestimmtem Umfang über die angeordnete Arbeitszeit hinaus arbeiten (BAG 25. 4. 2007 – 7 AZR 95/06, NZA 2007, 803).

Ein gegenüber dem Veräußerer begründeter Annahmeverzug wirkt nach dem **Betriebsübergang** gegen den Erwerber fort; ein nochmaliges Angebot ist also nicht erforderlich (BAG 21. 3. 1991 – 2 AZR 577/90, NZA 1991, 726 [727]; BAG 22. 10. 2009 – 8 AZR 766/08, AP Nr 16 zu § 115 SGB X; LAG Berlin 11. 10. 2002 – 6 Sa 961/02, NJ 2003, 110; zur Situation beim Widerspruch gegen den Betriebsübergang vgl auch Rn 178). Widerspricht der Arbeitnehmer dem Betriebsübergang, bleibt das Arbeitsverhältnis mit dem bisherigen Arbeitgeber fortbestehen. Wurde der Arbeitnehmer zwischenzeitlich für den Erwerber tätig, muss er seine Arbeitsleistung dem Veräußerer erneut anbieten, um ihn in Annahmeverzug setzen zu können (so zu Recht Rieble NZA 2004, 1 [7]; MünchKomm/Henssler § 615 Rn 19; **aA** LAG Düsseldorf 15. 11. 2006 – 7 [18] Sa 287/06; Franzen RdA 2002, 258 [271]). In Übertragung seiner Rechtsprechung zur Kündigung (dazu Rn 71 f) hält das BAG ein Angebot aber nach § 296 BGB für entbehrlich, wenn der Arbeitgeber dem Arbeitnehmer schon vor dem Betriebsübergang mitgeteilt hat, dass wegen Wegfall des Arbeitsplatzes keine Weiterbeschäftigungsmöglichkeit mehr besteht (BAG 27. 11. 2008 – 8 AZR 1021/06, ZInsO 2009, 1715; LAG München 19. 8. 2010 – 4 Sa 311/10, juris Rn 58). Im Übrigen kann das Angebot bei nicht ordnungsgemäßer Unterrichtung (§ 613a Abs 5 BGB) nach § 162 BGB entbehrlich sein, wenn die unterbliebene/fehlerhafte Unterrichtung kausal war für die verspätete Widerspruchsausübung und das tatsächliche Angebot (BAG 13. 7. 2006 – 8 AZR 382/05, NZA 2006, 1406 [1411]). 53

Leiharbeitnehmer müssen ihre Leistung dem Verleiher anbieten, ist doch dieser ihr Arbeitgeber. Grundsätzlich genügt es aber, dass der Leiharbeitnehmer ein Angebot gegenüber dem Entleiher abgibt. Etwas anderes gilt nur, wenn der Arbeitnehmer die Leistung gegenüber dem Entleiher verweigert, weil dessen Betrieb unmittelbar von einem Arbeitskampf betroffen ist (§ 11 Abs 5 AÜG); dann ist ein Angebot an den Verleiher notwendig (ErfK/Preis § 615 Rn 20). Keines Angebots bedarf es, wenn der Verleiher seiner Obliegenheit, den fortlaufenden Einsatz seines Arbeitnehmers zu planen, nicht nachkommt (LAG Rheinland-Pfalz 22. 5. 2007 – 1 Sa 141/07). 54

Für die Beantwortung der Frage, *wie* das tatsächliche Angebot auszusehen hat, kommt es entscheidend darauf an, ob und wieweit der Arbeitgeber die zur Bewirkung der vertraglich geschuldeten Leistung notwendigen Mitwirkungshandlungen vorgenommen hat. Davon kann abhängen, ob überhaupt ein tatsächliches Angebot 55 erfolgen muss (s Rn 70 ff). Aber auch soweit es notwendig ist, spielt eine Rolle, wieweit der Arbeitgeber die ihm obliegenden Mitwirkungshandlungen vorgenommen hat, also insbesondere durch Ausübung seines Weisungsrechts die Voraussetzungen dafür geschaffen hat, dass der Arbeitnehmer eine bestimmte Dienstleistung erbringen kann (vgl BAG 19. 5. 2010 – 5 AZR 162/09, NZA 2010, 1119 [1120]; LAG Köln 6. 11. 2013 – 3 Sa 423/13, juris Rn 53). Hat der Arbeitgeber den Arbeitnehmer über dessen Aufgabe und Verantwortung sowie über die Art seiner Tätigkeit und ihre Einordnung in den Arbeitsablauf des Betriebs noch nicht unterrichtet (§ 81 BetrVG), so genügt als tatsächliches Angebot, dass der Arbeitnehmer zum Betrieb kommt und sich dort bereit erklärt, eine ihm in den Grenzen des Arbeitsvertrags zulässig zugewiesene Arbeitsleistung zu beginnen; denn hier scheitert die reale Dienstleistung ausschließlich daran, dass der Arbeitgeber eine ihm obliegende Mitwirkungshandlung versäumt.

c) Wörtliches Angebot (§ 295)

56 Kein tatsächliches Angebot ist erforderlich, sondern es genügt ein wörtliches Angebot des Schuldners, wenn der Gläubiger ihm erklärt hat, dass er die Leistung nicht annehmen werde (§ 295 S 1 BGB). Gleiches gilt, wie es im Gesetzestext heißt, „wenn zur Bewirkung der Leistung eine Handlung des Gläubigers erforderlich ist" (§ 295 S 1 BGB), wobei in diesem Fall dem Angebot der Leistung die Aufforderung an den Gläubiger gleichsteht, die erforderliche Handlung vorzunehmen (§ 295 S 2 BGB). Ist für die Mitwirkungshandlung eine Zeit nach dem Kalender bestimmt, so bedarf es sogar überhaupt keines Angebots, wenn der Gläubiger die Handlung nicht rechtzeitig vornimmt (§ 296 S 1 BGB).

57 Daraus folgt zweierlei: Ein **wörtliches Angebot** ersetzt ein tatsächliches Angebot als Voraussetzung eines Annahmeverzuges nur in engen Grenzen (s Rn 58 ff). Überhaupt **kein Angebot** ist erforderlich, wenn die zur Erfüllung notwendige Mitwirkungshandlung des Gläubigers nach dem Kalender bestimmt ist und zu dem vorgesehenen Zeitpunkt unterbleibt (s Rn 70 ff).

58 **aa)** Das **wörtliche Angebot** und die ihm gleichstehende Aufforderung an den Gläubiger, die zur Bewirkung der Leistung erforderliche Mitwirkungshandlung vorzunehmen, sind dazu bestimmt, die **Leistungsbereitschaft zur Kenntnis des Gläubigers** zu bringen. Obwohl sie kein Rechtsgeschäft darstellen und daher auch keine Willenserklärungen sind, findet auf sie § 130 BGB Anwendung; sie werden als geschäftsähnliche Rechtshandlungen aufgefasst (BAG 21. 3. 1985 – 2 AZR 201/84, NZA 1985, 778 [779]; Staudinger/Feldmann [2014] § 295 Rn 26). Wie eine Willenserklärung kann daher auch ein wörtliches Angebot ausdrücklich oder konkludent erklärt werden (vgl Staudinger/Feldmann [2014] § 295 Rn 18).

59 **bb)** Schwierigkeiten bereitet die Frage, welche Anforderungen an das wörtliche Angebot zu stellen sind, wenn der Dienstvertrag sich nicht in Erbringung einer bestimmten Dienstleistung erschöpft, es sich also um ein Dauerschuldverhältnis, insbesondere ein **Arbeitsverhältnis** handelt. § 295 S 1 BGB geht davon aus, dass das wörtliche Angebot nach der Ablehnung der Leistung durch den Arbeitgeber erfolgt. Die Ablehnung kann ihrerseits ausdrücklich oder konkludent erklärt werden (ebenso MünchKomm/Henssler § 615 Rn 20); nach Wortlaut und Sinn des § 295 S 1 BGB muss aber ein wörtliches Angebot der Arbeitsleistung *nach* der Erklärung des

Gläubigers erfolgen (BAG 10. 7. 1969 – 5 AZR 323/68, BAGE 22, 111 [116] = AP Nr 2 zu § 615 BGB Kurzarbeit).

Rechtsprechung und Lehre haben deshalb versucht, unbefriedigende Ergebnisse der gesetzlichen Regelung dadurch zu vermeiden, dass man in der **bisherigen Dienstleistung** zugleich auch das **Angebot zukünftiger Dienstleistung** erblickt (BAG [GS] 26. 4. 1956 – GS 1/56, BAGE 3, 66 [74] = AP Nr 5 zu § 9 MuSchG; BAG 8. 3. 1961 – 4 AZR 223/59, BAGE 11, 34 [41] = AP Nr 13 zu § 615 BGB Betriebsrisiko; BAG 7. 12. 1962 – 1 AZR 134/61, AP Nr 14 zu § 615 BGB Betriebsrisiko; Hueck/Nipperdey I 218; so auch heute noch Staudinger/Feldmann [2014] § 295 Rn 20). Die bisherige Dienstleistung bildet aber nicht den Sachverhalt, den man als Angebot zukünftiger Dienstleistung deuten kann. Die Unterstellung eines konkludent zustande gekommenen Angebots ist eine Fiktion, mit der man den Tatbestand beiseite schiebt, dass ein Angebot *fehlt*. Dennoch ist das Ergebnis richtig, dass ein Angebot des Arbeitnehmers unterbleiben kann, wenn der Arbeitgeber wie in den entschiedenen Fällen wegen Absatzmangels eine Feierschicht einlegt (BAG 8. 3. 1961 – 4 AZR 223/59, BAGE 11, 34) oder die Arbeit wegen einer Inventaraufnahme ausfallen lässt (BAG 7. 12. 1962 – 1 AZR 134/61, AP Nr 14 zu § 615 BGB Betriebsrisiko). Wenn nämlich der Arbeitgeber die Arbeit an einzelnen Tagen im ganzen Betrieb oder in den einzelnen Betriebsabteilungen ausfallen lässt, liegt in dieser Maßnahme nicht nur die Erklärung, er nehme die Arbeitsleistung des einzelnen betroffenen Arbeitnehmers nicht an, sondern zugleich unterlässt er auch die für den Leistungsvollzug notwendigen Mitwirkungshandlungen, die durch die Festlegung der Arbeitszeit konkretisiert sind. Es ist daher in diesen Fällen überhaupt kein Angebot erforderlich (§ 296 BGB; ebenso BAG 10. 7. 1969 – 5 AZR 323/68, BAGE 22, 111 [117] = AP Nr 2 zu § 615 BGB Kurzarbeit). **60**

Die Deutung, in der bisherigen Erfüllung das Angebot weiterer Arbeitsleistung zu sehen, versagt, auch wenn man sich über die hier genannten Bedenken hinwegsetzt, von vornherein bei einer **Kündigung des Arbeitsverhältnisses**. Da es bei Rechtswirksamkeit der Kündigung aufgelöst ist, kann man ein verzugbegründendes Angebot nicht in der bisherigen Erfüllung erblicken, sondern das Arbeitsangebot muss, sofern man es für notwendig hält, in einer anderen Form zum Ausdruck kommen. Da es im Arbeitsleben widersinnig erscheint, dem kündigenden Arbeitgeber ein von vornherein zur Ablehnung verurteiltes Arbeitsangebot zu unterbreiten, ließ man genügen, dass der Arbeitnehmer in irgendeiner Form gegen die Kündigung protestiert, und erblickte darin ein wörtliches Angebot (BAG [GS] 26. 4. 1956 – GS 1/56, BAGE 3, 66 [74] = AP Nr 5 zu § 9 MuSchG; BAG 24. 11. 1960 – 5 AZR 545/59, BAGE 10, 202 [205] = AP Nr 18 zu § 615 BGB; Hueck/Nipperdey I 218). Das BAG sah daher in der Erhebung der Kündigungsschutzklage ein wörtliches Angebot, wenn der Arbeitnehmer arbeitsfähig und arbeitswillig war, im Fall der fristlosen Kündigung für den Zeitraum nach deren Zugang (BAG 18. 1. 1963 – 5 AZR 200/62, BAGE 14, 31 [34] = AP Nr 22 zu § 615 BGB), für die ordentliche Kündigung für den Zeitraum nach Ablauf der Kündigungsfrist (BAG 10. 4. 1963 – 4 AZR 95/62, BAGE 14, 156 = AP Nr 23 zu § 615 BGB; bestätigt durch BAG 26. 8. 1971 – 2 AZR 301/70 und 27. 1. 1975 – 5 AZR 404/74, AP Nr 26 und 31 zu § 615 BGB). Entsprechend hat man bei einem befristeten Arbeitsvertrag verlangt, dass der Arbeitnehmer deutlich zum Ausdruck bringt, dass er die Befristung für unwirksam hält, um durch ein derart konkludent zustande gekommenes Angebot den Arbeitgeber in Annahmeverzug zu versetzen (LAG Köln 18. 1. 1984 – 5 Sa 1209/83, EzA § 615 BGB Nr 41). **61**

62 Folgt man dieser Rechtsprechung, so kommt der Arbeitgeber erst in Annahmeverzug, wenn ihm die Kündigungsschutzklage zugestellt wird, sofern der Arbeitnehmer nicht in anderer Weise zum Ausdruck bringt, dass er die Kündigung nicht hinnimmt (vgl LAG Frankfurt aM 21. 1. 1980 – 11 Sa 972/79, EzA § 615 BGB Nr 38; LAG Köln 18. 1. 1984 – 5 Sa 1209/83, EzA § 615 BGB Nr 41; LAG Köln 28. 2. 1984 – 1 Sa 1443/83, EzA § 615 BGB Nr 42). Vor allem wegen dieses Ergebnisses stieß die Rechtsprechung auf Kritik (vgl Nikisch RdA 1967, 241 [241 ff]; Stehl AuR 1967, 44 [44 ff]; Blomeyer, Anm zu BAG 26. 8. 1971 – 2 AZR 301/70, AP Nr 26 zu § 615 BGB und BAG 27. 1. 1975 – 5 AZR 404/74, AP Nr 31 zu § 615 BGB; Eisemann ArbRGegw 19 [1982] 33 [33 ff]). In der Erhebung der Kündigungsschutzklage ein wörtliches Angebot der Arbeitsleistung zu sehen, ist eine Fiktion; sie führt bei einer außerordentlichen Kündigung außerdem zu dem sachlich nicht gerechtfertigten Ergebnis, dass der Arbeitnehmer für einige Tage das Arbeitsentgelt verliert. Vor allem versagt die Konstruktion, wenn der Arbeitnehmer infolge einer Krankheit arbeitsunfähig ist; denn ein tatsächliches oder wörtliches Angebot begründet keinen Annahmeverzug des Gläubigers, wenn der Schuldner überhaupt nicht in der Lage ist, die Leistung zu bewirken (§ 297 BGB, s Rn 83 ff).

63 Das BAG hat daher seine **Rechtsprechung, nach der ein wörtliches Angebot des Arbeitnehmers erforderlich ist, aufgegeben** (BAG 9. 8. 1984 – 2 AZR 374/83, BAGE 46, 234 = AP Nr 34 zu § 615 BGB; BAG 21. 3. 1985 – 2 AZR 201/84, AP Nr 35 zu § 615 BGB; s auch Rn 70 ff).

64 Ist das Zustandekommen eines **Aufhebungsvertrags** streitig, ist zur Begründung des Annahmeverzugs des Arbeitgebers in der Regel ein tatsächliches Angebot durch den Arbeitnehmer erforderlich. Denn anders als bei einer Kündigung beendete der Arbeitgeber das Arbeitsverhältnis nicht einseitig (BAG 7. 12. 2005 – 5 AZR 19/05, NZA 2006, 435; Richardi/Annuss NJW 2000, 1231 [1233]).

65 **cc)** Sofern ein Angebot überhaupt erforderlich ist (s Rn 70 ff), genügt ein wörtliches Angebot nur, wenn der **Dienstberechtigte** ausdrücklich oder konkludent **erklärt** hat, dass er die **Leistung nicht annehmen werde** (§ 295 S 1 BGB). Das wörtliche Angebot muss hier nach der Ablehnung der Leistung durch den Arbeitgeber erfolgen (RGZ 50, 208 [210]; s zur Besonderheit beim Arbeitsverhältnis aber Rn 59 ff und Rn 71 ff).

66 Für den Dienstvertrag von Bedeutung ist vor allem, dass ein wörtliches Angebot auch genügt, wenn zur Bewirkung der Leistung eine **Handlung des Gläubigers erforderlich** ist (§ 295 S 1 BGB). Aus der Besonderheit des Dienstleistungsversprechens ergibt sich nämlich, dass die reale Erbringung der Dienstleistung im Allgemeinen nicht ohne Mitwirkung des Dienstberechtigten erfolgen kann. Bei einem Arbeitsverhältnis hängt der Leistungsvollzug davon ab, dass der Arbeitgeber dem Arbeitnehmer einen funktionsfähigen Arbeitsplatz zur Verfügung stellt und ihm die Arbeit zuweist (vgl BAG 10. 7. 1969 – 5 AZR 323/68, BAGE 22, 111 [117 f] = AP Nr 2 zu § 615 BGB Kurzarbeit; BAG 9. 8. 1984 – 2 AZR 374/83, BAGE 46, 234 [243 f] = AP Nr 34 zu § 615 BGB; BAG 16. 2. 2012 – 8 AZR 242/11, NZA 2012, 1307 [1311]; s auch Rn 71 ff). Aber auch bei einem selbständigen Dienstvertrag hängt die Erbringung der realen Dienstleistung im Allgemeinen davon ab, dass der Dienstberechtigte entsprechende Vorkehrungen trifft; denn im Gegensatz zum Werkvertrag schuldet der Dienstverpflichtete nicht den Arbeitserfolg.

Welche Handlung des Gläubigers zur Bewirkung der Dienstleistung erforderlich ist, ergibt sich aus dem Dienst- oder Arbeitsvertrag. Nach ihm richtet sich, ob und inwieweit die zu einer bestimmten Arbeitsleistung erforderlichen **Räume, Rohstoffe, Werkzeuge oder sonstigen Arbeitsmittel**, zu denen auch Hilfspersonen gehören können, vom Dienstberechtigten oder Dienstverpflichteten zu beschaffen oder bereitzustellen sind. Das BGB hat bewusst von einer besonderen Vorschrift abgesehen, wer in Ermangelung einer Vertragsabrede den mit der Dienstleistung verbundenen Aufwand zu tragen und die zum Zweck der Dienstleistung erforderlichen Werk- und Fahrzeuge zu stellen hat (Mot II 459). Die Aufnahme einer derartigen Vorschrift erschien teils wegen Selbstverständlichkeit als entbehrlich, teils im Hinblick auf die Mannigfaltigkeit und Verschiedenheit der in Betracht kommenden Fälle als bedenklich. 67

Soweit keine besondere Vertragsabrede getroffen ist, muss man den Umständen, 68 insbesondere der Natur des Schuldverhältnisses entnehmen, wer die Hilfsmittel zu stellen hat. Wer zur Vorbereitung eines Festessens in seinem Haus eine Köchin heranzieht, hat ihr die eingerichtete Küche zu stellen. Lässt man dagegen einen Schlosser holen, der Reparaturen durchführen soll, so setzt man mit Recht voraus, dass er die erforderlichen Werkzeuge selbst mitbringt. Wer im Handwerk Dienste leistet, erbringt sie im Allgemeinen mit eigenem Werkzeug. Auch bei höheren Diensten gilt, wenn sie selbständig erbracht werden, dass der Dienstverpflichtete die erforderliche Sachausstattung und das Hilfspersonal zur Erbringung seiner Dienstleistung selbst stellt. Vielfach entscheidet sich die Beschaffungsfrage auch nach dem Ort der Dienstleistung. Ein Klavierlehrer, der einem Kind im elterlichen Haus Unterricht zu geben hat, kann und muss voraussetzen, dass dort auch das nötige Klavier steht. Er selbst muss es aber stellen, wenn er den Unterricht in seinen eigenen Wohnräumen gibt.

Handelt es sich um ein **Arbeitsverhältnis**, so ist zu beachten, dass der Arbeitnehmer 69 im Allgemeinen in eine **fremdbestimmte Arbeitsorganisation** eingegliedert ist und daher Ort und Zeit seiner Arbeitsleistung nicht frei bestimmen kann. Bei Leistung abhängiger Arbeit erstrecken sich daher die dem Arbeitgeber obliegenden Mitwirkungshandlungen auf das Bereitstellen der Arbeitsräume, der Rohstoffe, der Energie, der Werkzeuge und der sonstigen Arbeitsgeräte sowie der Einhaltung der öffentlich-rechtlichen Arbeitnehmerschutzbestimmungen, da der Arbeitnehmer nur unter den vom Gesetz vorgeschriebenen Bestimmungen zu arbeiten hat (s auch Staudinger/Richardi/Fischinger [2016] § 611 Rn 1731 f). Verstößt der Arbeitgeber bei seiner Mitwirkungshandlung gegen öffentlich-rechtliche oder privatrechtliche Arbeitnehmerschutzvorschriften oder verletzt er dabei das Mitbestimmungsrecht des Betriebsrats, so kann der Arbeitnehmer ein Leistungsverweigerungsrecht haben; durch wörtliches Angebot kann ein Annahmeverzug hier nur begründet werden, wenn auf die verletzte Fürsorgepflicht hingewiesen wird (BAG 7. 6. 1972 – 5 AZR 563/72, AP Nr 28 zu § 615 BGB; MünchKomm/Henssler § 615 Rn 22). Da bei einem Arbeitsverhältnis wegen der Festlegung der Arbeitszeit die Mitwirkungshandlung des Arbeitgebers kalendermäßig bestimmt ist, tritt hier der Annahmeverzug auch **ohne ein wörtliches Angebot** ein, wenn der Dienstberechtigte die Handlung nicht rechtzeitig vornimmt (§ 296 S 1 BGB; s Rn 71 ff).

d) Entbehrlichkeit des Angebots (§ 296)

70 **aa)** Ist für die vom Dienstberechtigten vorzunehmende **Mitwirkungshandlung** (s Rn 66 ff) eine **Zeit nach dem Kalender bestimmt**, so bedarf es des Angebots nur, wenn der Dienstberechtigte die Handlung rechtzeitig vornimmt (§ 296 S 1 BGB). Schließt der Arbeitgeber die Tore seines Betriebes vor Beginn der Arbeit oder führt er in einer Betriebsabteilung Kurzarbeit ein, so kommt er in Annahmeverzug, ohne dass es noch eines irgendwie gearteten Angebots der Arbeitsleistung durch den Arbeitnehmer bedarf (BAG 10. 7. 1969 – 5 AZR 323/68, BAGE 22, 111 = AP Nr 2 zu § 615 BGB Kurzarbeit; s auch Rn 60).

71 **bb)** Bei einem **Arbeitsverhältnis** hängt die Erbringung der realen Dienstleistung im Allgemeinen davon ab, dass der Arbeitgeber dem Arbeitnehmer einen **funktionsfähigen Arbeitsplatz** zur Verfügung stellt und ihm die **Arbeit zuweist** (s Rn 66). Diese Mitwirkungshandlung ist bei einem Arbeitsverhältnis schon durch die Festlegung der Lage der Arbeitszeit nach dem Kalender bestimmt. Deshalb bedarf es nach § 296 S 1 BGB eines Angebots des Arbeitnehmers nur, wenn der Arbeitgeber die Handlung rechtzeitig vornimmt. Kündigt dieser aber das Arbeitsverhältnis, so gibt er dem Arbeitnehmer den entgegengesetzten Willen zu erkennen. Daher gerät der Arbeitgeber bei einer von ihm erklärten **unwirksamen Kündigung** in Annahmeverzug, **ohne dass es eines Arbeitsangebots durch den Arbeitnehmer bedarf** (so BAG seit BAG 9. 8. 1984 – 2 AZR 374/83, BAGE 46, 234 = AP Nr 34 zu § 615 BGB; BAG 21. 3. 1985 – 2 AZR 201/84, AP Nr 35 zu § 615 BGB; BAG 19. 4. 1990 – 2 AZR 591/89, BAGE 65, 98 [104] = AP Nr 45 zu § 615 BGB; BAG 24. 10. 1991 – 2 AZR 112/91, AP Nr 50 zu § 615 BGB; BAG 21. 1. 1993 – 2 AZR 309/92, AP Nr 53 zu § 615 BGB; BAG 24. 11. 1994 – 2 AZR 179/94, BAGE 78, 333 [337 f] = AP Nr 60 zu § 615 BGB; BAG 19. 1. 1999 – 9 AZR 679/97, BAGE 90, 329 [332 f] = AP Nr 79 zu § 615 BGB; BAG 15. 9. 2011 – 8 AZR 846/09, NZA 2012, 377 [379]; zust Erman/Belling/Riesenhuber § 615 Rn 20; ArbRBGB/Matthes § 615 Rn 39; Soergel/Schubel § 295 Rn 11; Tillmanns, MünchArbR § 76 Rn 25; Konzen, Anm zu BAG 9. 8. 1984 – 2 AZR 374/83, AP Nr 34 zu § 615 BGB und BAG 21. 3. 1985 – 2 AZR 201/84, AP Nr 35 zu § 615 BGB; **abl** Staudinger/Feldmann [2014] § 296 Rn 5; Zöllner/Loritz/Hergenröder § 21 IV 1b; kritisch auch MünchKomm/Henssler § 615 Rn 27; HWK/Krause § 615 Rn 39).

72 § 295 S 1 BGB verlangt zwar ein wörtliches Angebot des Schuldners, wenn der Gläubiger ihm erklärt hat, dass er die Leistung nicht annehmen werde. Diese Bestimmung ist aber nicht mit § 296 BGB abgestimmt, wonach das Angebot entbehrlich ist, wenn für die vom Gläubiger vorzunehmende Handlung eine Zeit nach dem Kalender bestimmt ist und der Gläubiger die Handlung nicht rechtzeitig vornimmt. Beachtet man den Sachverhalt, wie er bei einer **außerordentlichen Kündigung** vorliegt, so kann nicht erwartet werden, dass der Arbeitnehmer eine gesonderte Erklärung abgibt, dass er trotzdem zur Erbringung der Dienstleistung fähig und bereit sei. Dem BAG ist deshalb zu folgen, dass der Arbeitgeber in Annahmeverzug gerät, wenn er dem Arbeitnehmer unberechtigterweise fristlos kündigt, ohne dass es eines Arbeitsangebots des Arbeitnehmers bedarf (BAG 9. 8. 1984 – 2 AZR 374/83, BAGE 46, 234 = AP Nr 34 zu § 615 BGB). Wenn man insoweit § 296 BGB heranzieht, muss folgerichtig Gleiches bei einer **ordentlichen Kündigung** für die Zeit nach Ablauf der Kündigungsfrist gelten (so BAG 21. 3. 1985 – 2 AZR 201/84, AP Nr 35 zu § 615 BGB; bestätigt BAG 19. 4. 1990 – 2 AZR 591/89, BAGE 65, 98 [101] = AP Nr 45 zu § 615 BGB). Der Arbeitnehmer muss aber zum Zeitpunkt der fristlosen Kündigung bzw bei Ablauf der Kündigungsfrist **leistungsbereit** und **leistungsfähig** sein; denn nach § 297 BGB kommt der Gläubiger

nicht in Verzug, wenn der Schuldner zu der für die Handlung des Gläubigers bestimmten Zeit außerstande ist, die Leistung zu bewirken.

War der Arbeitnehmer **arbeitsunfähig krank**, so kommt daher der Arbeitgeber nicht 73
in Annahmeverzug. Es ist hier aber zu beachten, dass bei Rechtsunwirksamkeit der Kündigung der Anspruch auf Gehalts- oder Lohnfortzahlung nach den dafür maßgeblichen Gesetzesvorschriften besteht, sofern deren Voraussetzungen erfüllt sind (vgl BAG 9. 8. 1984 – 2 AZR 374/83, BAGE 46, 234 [237 f] = AP Nr 34 zu § 615 BGB). Der Anspruch scheitert nicht daran, dass der Arbeitnehmer von einer **Mitteilung seiner Arbeitsbereitschaft** für den Fall, dass er arbeitsfähig wäre, absieht; denn bei Arbeitsfähigkeit gerät der Arbeitgeber in Annahmeverzug, ohne dass es eines Arbeitsangebots des Arbeitnehmers bedürfe. Es genügt deshalb, dass ein Arbeitnehmer seiner Anzeige- und Nachweispflicht nach § 5 EFZG nachgekommen ist. Mit Eintritt seiner Arbeitsfähigkeit treten die Verzugsfolgen ein, ohne dass er dem Arbeitgeber den Beginn seiner Leistungsbereitschaft mitteilen muss (ebenso BAG 19. 4. 1990 – 2 AZR 591/89, BAGE 65, 98 = AP Nr 45 zu § 615 BGB unter Aufgabe insoweit gegenteiliger Auffassung in BAG 9. 8. 1984 – 2 AZR 374/83, BAGE 46, 234 = AP Nr 34 zu § 615 BGB; BAG 21. 3. 1985 – 2 AZR 201/84, AP Nr 35 zu § 615 BGB; bestätigt BAG 24. 10. 1991 – 2 AZR 112/91, AP Nr 50 zu § 615 BGB; BAG 24. 11. 1994 – 2 AZR 179/94, BAGE 78, 333 = AP Nr 60 zu § 615 BGB). Das BAG verlangt jedoch, dass der Arbeitnehmer dem Arbeitgeber durch Erhebung einer Kündigungsschutzklage oder sonstigen Widerspruch gegen die Kündigung seine weitere Leistungsbereitschaft deutlich gemacht hat (BAG 24. 10. 1991 – 2 AZR 112/91, AP Nr 50 zu § 615 BGB). Dies steht jedoch nicht im Zusammenhang mit § 296 BGB (so zutreffend Ramrath, Anm zu BAG 24. 11. 1994 – 2 AZR 179/94, AP Nr 60 zu § 615 BGB). War der Arbeitnehmer zum Zeitpunkt der Kündigung infolge Krankheit befristet arbeitsunfähig geschrieben, so genügt es, dass der Arbeitnehmer die ihm nach § 5 EFZG obliegende Anzeige- und Nachweispflicht erfüllt. Gleiches muss auch gelten, wenn der Arbeitnehmer zum Zeitpunkt der Kündigung und danach infolge Krankheit mehrfach befristet arbeitsunfähig geschrieben wird (so der Fall in BAG 24. 10. 1991 – 2 AZR 112/91, AP Nr 50 zu § 615 BGB). War dagegen der Arbeitnehmer zum Zeitpunkt der Entlassung auf unbestimmte Zeit arbeitsunfähig erkrankt, so kann nicht mehr davon ausgegangen werden, dass die Mitwirkungsobliegenheit des Arbeitgebers kalendermäßig bestimmt ist. § 296 BGB kann in diesem Fall keine Anwendung finden (**aA** BAG 24. 11. 1994 – 2 AZR 179/94, BAGE 78, 333 = AP Nr 60 zu § 615 BGB mit insoweit abl Anm von Ramrath). Der Arbeitnehmer muss daher – um die Verzugsfolgen zu begründen – dem Arbeitgeber den Beginn seiner Leistungsbereitschaft mitteilen und ihn auffordern, ihm eine Arbeit zuzuweisen. Nach § 295 S 2 BGB steht diese Aufforderung an den Gläubiger, die Mitwirkungshandlung vorzunehmen, einem Angebot gleich (insoweit zutreffend BAG 9. 8. 1984 – 2 AZR 374/83, BAGE 46, 243 [244] = AP Nr 34 § 615 BGB).

Die gleiche Rechtslage wie bei Arbeitsunfähigkeit infolge einer Erkrankung tritt ein, 74
wenn der **Leistungsvollzug eines Arbeitsverhältnisses durch Urlaub oder Arbeitskampf unterbrochen** ist oder der Arbeitgeber **rechtswidrig Kurzarbeit** angeordnet hat (BAG 27. 1. 1994 – 6 AZR 541/93, NZA 1995, 134 [135]).

Dieselben Grundsätze gelten, wenn es sich um einen **befristeten Arbeitsvertrag** han- 75
delt, bei dem der Arbeitnehmer die Unzulässigkeit der Befristungsabrede geltend macht, sowie dann, wenn bereits die Existenz eines Arbeitsverhältnisses umstritten ist (ebenso MünchKomm/Henssler § 615 Rn 23).

76 Dagegen **gelten diese Grundsätze nicht** während des **Laufs der Kündigungsfrist** oder wenn sich die vom Arbeitgeber mit fehlerhafter Kündigungsfrist ausgesprochene ordentliche Kündigung als solche zum richtigen Termin auslegen lässt (BAG 15. 5. 2013 – 5 AZR 130/12, NZA 2013, 1076 [1078]). Vor allem gelten sie auch nicht im **ungekündigten Arbeitsverhältnis**, vielmehr ist hier regelmäßig ein tatsächliches oder wörtliches Angebot erforderlich (BAG 25. 4. 2007 – 5 AZR 504/06, NZA 2007, 801 [803]; BAG 18. 11. 2009 – 5 AZR 774/08, AP Nr 2 zu § 4 ArbZG; BAG 16. 4. 2013 – 9 AZR 554/11, NZA 2013, 849 [850]; so auch, wenn der Arbeitnehmer nur irrtümlich glaubt, gekündigt worden zu sein, s LAG Mecklenburg-Vorpommern 14. 12. 2006 – 1 Sa 84/06). Das ist ausnahmsweise anders, wenn sich der Arbeitgeber zur Abholung von Montagearbeitern verpflichtet, dies dann aber unterlässt (ErfK/Preis § 615 Rn 42) oder wenn er dem Arbeitnehmer erklärt, er stimme einer Wiederaufnahme der Tätigkeit erst nach Vorlage eines die Arbeitsfähigkeit bejahenden Attests zu (LAG Schleswig-Holstein 6. 9. 2007 – 4 Sa 204/07; für ein weiteres Beispiel s BAG 8. 10. 2008 – 5 AZR 715/07). Ferner ist das Angebot entbehrlich, wenn der Gläubiger auf seiner Weigerung, die geschuldete Leistung anzunehmen, beharrt (BAG 24. 9. 2014 – 5 AZR 611/12, juris Rn 12; BAG 24. 5. 2017 – 5 AZR 251/16, juris Rn 25). Hat der Arbeitgeber eine Kündigung noch vor Ablauf der Kündigungsfrist wieder zurückgezogen und dem Arbeitnehmer die nahtlose Fortsetzung des Arbeitsverhältnisses angeboten, gerät er ohne ein tatsächliches Angebot des Arbeitnehmers nicht in Annahmeverzug; § 296 BGB findet hier keine Anwendung (LAG Berlin-Brandenburg 11. 2. 2010 – 25 Sa 2061/09).

77 Keine Anwendung finden die obigen Grundsätze auf die Kündigung eines (freien) **Dienstvertrages**; ist die Kündigung des Anstellungsvertrages unwirksam, muss ein abberufener Geschäftsführer seine Arbeitsleistung daher tatsächlich oder wörtlich anbieten (BAG 13. 3. 1986 – 20 U 290/85, NJW-RR 1986, 794 [795 f]).

e) Darlegungs- und Beweislast

78 Der **Dienstverpflichtete** hat darzulegen und zu beweisen, dass dem Dienstberechtigten die Leistung ordnungsmäßig angeboten, diese von ihm aber nicht angenommen wurde. Er ist also auch dafür darlegungs- und beweispflichtig, dass im konkreten Fall ein wörtliches Angebot genügt hat oder ein Angebot überhaupt entfallen kann, weil für die Mitwirkungshandlung des Dienstberechtigten eine Zeit nach dem Kalender bestimmt ist. Bei einem Arbeitsverhältnis wirkt sich aber auf die Darlegungs- und Beweislast aus, dass der Arbeitnehmer eine fremdbestimmte Leistung erbringt und es daher Sache des Arbeitgebers ist, ihm einen funktionsfähigen Arbeitsplatz zur Verfügung zu stellen und ihm Arbeit zuzuweisen. Der Arbeitnehmer genügt daher seiner Darlegungs- und Beweislast, wenn er behauptet und nachweist, dass diese Mitwirkungshandlung unterblieb, zB eine Kündigung erfolgt ist (s Rn 71 f).

4. Leistungsfähigkeit und Leistungsbereitschaft

79 **Zweite Voraussetzung** des Annahmeverzuges ist, dass der Dienstverpflichtete im Zeitpunkt des Angebots (bzw im Fall des § 296 BGB zu der für die Mitwirkungshandlung des Dienstberechtigten bestimmten Zeit) **in der Lage** ist, die **Arbeitsleistung zu bewirken**; denn ist er dazu außerstande, so kommt der Dienstberechtigte gemäß § 297 BGB nicht in Verzug. Das gilt mangels eindeutiger anderweitiger Abrede auch bei Freistellung des Arbeitnehmers (BAG 23. 1. 2008 – 5 AZR 393/07, NZA 2008, 595 [595 f]; s auch Rn 119 ff). Dass bei fehlender Leistungsfähigkeit des Schuld-

ners ein Annahmeverzug ausscheidet, weil das Angebot einen leeren Schein darstellt, bildet die Grundlage des herrschenden Dogmas der Alternativität von Unmöglichkeit und Annahmeverzug (s Rn 26). Es muss daher zu einer Fehlinterpretation des § 615 BGB kommen, wenn man nicht beachtet, dass die Dienstleistung stets schon mit und wegen der Nichtannahme unmöglich wird (so zutreffend PICKER JZ 1985, 641 [693, 699]; s auch Rn 42 ff). Fehlt es an der nach § 297 BGB erforderlichen Leistungsfähigkeit, besteht auch dann kein Anspruch auf Annahmeverzugslohn, wenn dieser Zustand bei einem zweckbefristeten Arbeitsverhältnis in der Phase zwischen Zweckerreichung und Ablauf der Zweiwochenfrist des § 15 Abs 2 TzBfG eintritt (zutreffend BAG 23. 9. 2015 – 5 AZR 146/14, NJW 2016, 1608 [1609]; näher FISCHINGER NJW 2016, 1610; unzutreffend LAG Nürnberg 9. 1. 2014 – 5 Sa 517/12, BeckRS 2016, 65966).

a) Problem der Annahmeunmöglichkeit

Die Unmöglichkeit der Leistung schließt den Annahmeverzug nur aus, wenn sie nicht durch einen Umstand auf Seiten des Gläubigers herbeigeführt wird (s Rn 19 ff). Aus der Gestaltung der Regeln über den Annahmeverzug ergibt sich, dass für dessen Eintritt kein tatsächliches Angebot erforderlich ist, wenn zur Bewirkung der Leistung eine Mitwirkungshandlung des Gläubigers erforderlich ist. Unterbleibt sie, so genügt ein wörtliches Angebot oder ist, wenn für sie eine Zeit nach dem Kalender bestimmt ist, sogar überhaupt kein Angebot erforderlich, um den Annahmeverzug herbeizuführen, wobei kein Verschulden auf Seiten des Dienstberechtigten vorliegen muss. Da § 615 BGB die Lohnzahlungspflicht an die Voraussetzungen des Annahmeverzugs knüpft, wird das Prinzip, dass es für den Annahmeverzug keine Rolle spielt, ob der Gläubiger die fehlende Mitwirkung zu vertreten hat, aufgegeben, wenn man gleichwohl die durch die fehlende Mitwirkung des Gläubigers herbeigeführte Unmöglichkeit der Leistung als einen Fall begreift, bei dem der Schuldner außerstande ist, die Leistung zu bewirken. Dadurch wird eine der Gestaltung der Annahmeverzugsregelung widersprechende Risikoverlagerung zu Lasten des Schuldners vorgenommen. 80

Der Fehler zeigt sich bei der Anwendung des § 326 Abs 1 BGB, der folgendes Prinzip festlegt: Braucht der Schuldner nach § 275 Abs 1 bis 3 BGB nicht zu leisten, so entfällt der Anspruch auf die Gegenleistung. § 326 Abs 2 S 1 BGB bestimmt zwar, dass er ihn behält, wenn der Gläubiger für den Umstand, auf Grund dessen der Schuldner nach § 275 Abs 1 bis 3 nicht zu leisten braucht, allein oder weit überwiegend verantwortlich ist oder dieser vom Schuldner nicht zu vertretende Umstand zu einer Zeit eintritt, zu welcher der Gläubiger im Verzug der Annahme ist. Für die Dienstleistungsschuld ergibt sich daraus keine eindeutige Beantwortung der Frage, ob bei einer Annahmeunmöglichkeit ein Verzug der Annahme vorliegt. Hier kommt man nur zu einem richtigen Ergebnis, wenn man beachtet, dass der Gläubiger sich gegen die Wirkungen des Annahmeverzugs „nicht durch den Nachweis mangelnder Verschuldung, insbesondere zufälliger Verhinderung an der Annahme" schützen kann (Mot II 68). Diese Feststellung gilt auch, wenn die Leistung wegen ihrer spezifischen Beschaffenheit schon mit und wegen der Nichtannahme unmöglich wird. 81

Für die Interpretation der Voraussetzung, ob der Schuldner iS des § 297 BGB außerstande ist, die Leistung zu bewirken, muss man diesen Zusammenhang beachten. Vor allem bei § 615 BGB soll für den Eintritt des Annahmeverzugs genügen, dass der Dienstverpflichtete seine Arbeitskraft bereit hielt, um bei Mitwirkung des 82

Dienstberechtigten die reale Dienstleistung zu erbringen (s Rn 3 ff und 19 ff). Kann ein Arbeitnehmer wegen einer Betriebsstörung nicht beschäftigt werden, so scheitert der Leistungsvollzug ausschließlich an einem Umstand auf Seiten des Gläubigers. Daher findet **§ 297 BGB keine Anwendung**. Der Arbeitgeber kommt vielmehr in Annahmeverzug. Der Arbeitnehmer behält den Lohnanspruch, ohne zur Nachleistung der Arbeit verpflichtet zu sein (ebenso MünchKomm/Henssler § 615 Rn 28; ArbRBGB/Matthes § 615 Rn 42; **aA** HWK/Krause § 615 Rn 60; s ausführlich zum Betriebsrisiko Rn 196 ff).

b) Mangelnde Fähigkeit zur Erbringung der Dienstleistung

83 Der Dienstverpflichtete ist außerstande, die Leistung zu bewirken, wenn ein **subjektives, rechtliches** oder **objektives Leistungshindernis** besteht.

84 **aa)** Ist der Schuldner – wie im Regelfall – zur Dienstleistung persönlich verpflichtet (§ 613 S 1 BGB), so ist er außerstande, sie zu bewirken, wenn er infolge einer Krankheit **arbeitsunfähig** ist; die bloß subjektive Annahme des Dienstverpflichteten, arbeitsfähig zu sein, ändert daran nichts (BAG 29. 10. 1998 – 2 AZR 666/97, NZA 1999, 377 [379 f]). Der Dienstberechtigte kann aber nicht ohne Weiteres ein Arbeitsangebot zurückweisen, weil – infolge der Stellung eines Antrags auf Berufs- oder Erwerbsunfähigkeitsrente – Zweifel an der Arbeitsfähigkeit bestehen (vgl BAG 10. 5. 1973 – 5 AZR 493/72, AP Nr 27 zu § 615 BGB); die Vorlage einer entsprechenden Arbeitsfähigkeitsbescheinigung kann grundsätzlich nicht verlangt werden (MünchKomm/Henssler § 615 Rn 31).

85 Ist der Arbeitnehmer aus Gründen, die in seiner Person liegen, nicht mehr in der Lage, alle Arbeiten zu verrichten, die zu den vertraglich vereinbarten Tätigkeiten gehören, so ist zu unterscheiden: Gehört die Tätigkeit, die der Arbeitnehmer weiterhin verrichten kann, zum Kreis derjenigen Arbeiten, auf die sich die Arbeitspflicht bereits konkretisiert hatte, so kommt der Arbeitgeber dadurch, dass er es unterlässt, dem Arbeitnehmer diese leidensgerechte und vertragsmäßige Arbeit zuzuweisen, in Annahmeverzug (BAG 8. 11. 2006 – 5 AZR 51/06, AP Nr 120 zu § 615 BGB). Anders verhält es sich dagegen, wenn der Arbeitnehmer, dessen Tätigkeit im Arbeitsvertrag nur rahmenmäßig umschrieben ist, die vom Arbeitgeber auf Grund seines Weisungsrechts näher bestimmte, bislang ausgeübte Tätigkeit aus in seiner Person liegenden Gründen in der Zukunft nicht mehr ausüben kann, jedoch in der Lage wäre, eine andere, von der arbeitsvertraglichen Rahmenbeschreibung gedeckte Tätigkeit zu verrichten (BAG 19. 5. 2010 – 5 AZR 162/09, NZA 2010, 1119 [1121 f]). Hier begründet sein Angebot, einer „leidensgerechten Arbeit" nachzugehen, keinen Annahmeverzug nach § 294 BGB, weil nicht die durch die vorherige Ausübung des Weisungsrechts zu bewirkende Arbeitsleistung betroffen ist. In solchen Situationen kann der Arbeitnehmer den Arbeitgeber nicht in Annahmeverzug versetzen, solange dieser nicht durch eine Neuausübung seines Direktionsrechts die im Sinne des § 294 BGB zu bewirkende Arbeitsleistung bestimmt hat (missverständlich BAG 27. 8. 2008 – 5 AZR 16/08, NZA 2008, 1410; klargestellt durch BAG 19. 5. 2010 – 5 AZR 162/09, NZA 2010, 1119); jedoch macht sich der Arbeitgeber unter Umständen nach §§ 280 Abs 1, 241 Abs 2 BGB schadensersatzpflichtig, wenn er dem Arbeitnehmer nicht durch Neuausübung seines Direktionsrechts einen leidensgerechten Arbeitsplatz zuweist (BAG 19. 5. 2010 – 5 AZR 162/09, NZA 2010, 1119). Wäre für die Zuweisung eines anderen Arbeitsplatzes gar eine Vertragsänderung erforderlich, scheidet ein Annahmeverzug erst Recht aus, da der Arbeitgeber zu einer Vertragsänderung nicht verpflichtet ist (zB BAG 4. 10. 2005 – 9 AZR 632/04, NZA 2006, 442 [443 f]); allerdings kann sich der Arbeitgeber schadensersatzpflichtig machen (BAG 4. 10. 2005 – 9 AZR 632/04, NZA 2006, 442 [444 f]; BAG 27. 8. 2008 – 5 AZR 16/08, NZA 2008, 1410). Etwas anderes gilt allerdings wiederum, wenn der Arbeitgeber eine Krankenschwester, die an sich arbeitsfähig ist, aber aus medizinischen Gründen nicht nachts arbeiten darf, deshalb irrtümlich als arbeitsunfähig einstuft und von der Ausübung seines Weisungsrechts dahingehend, dass er ihr eine ihr mögliche Dienstleistung zuweist, absieht; in diesem Fall liegt ein ordnungsgemäßes Angebot iSv §§ 294, 295 BGB vor, wenn die Krankenschwester ihre Arbeitsleistung mit der Beschränkung auf Tagesschichten anbietet (BAG 9. 4. 2014 – 10 AZR 637/13, NZA 2014, 719 [721]).

Kann die Arbeit infolge einer Krankheit nicht erbracht werden, so kann ein Anspruch auf die Vergütung nach **§ 616 BGB** bestehen; für Arbeitnehmer gelten die Bestimmungen über die Fortzahlung des Arbeitsentgelts im Krankheitsfall (**§§ 3 ff EFZG**; s Staudinger/Oetker § 616 Rn 170 ff; zum Annahmeverzug im Fall einer unwirksamen Arbeitgeberkündigung bei Arbeitsunfähigkeit des Arbeitnehmers infolge einer Krankheit s Rn 73). Um Annahmeverzugsansprüche geltend machen zu können, muss der Arbeitnehmer im laufenden Arbeitsverhältnis seine Leistungsfähigkeit nach Genesung anzeigen (MünchKomm/Henssler § 615 Rn 31a; zur Situation im gekündigten Arbeitsverhältnis vgl oben Rn 73). 86

Kann der Arbeitnehmer die Arbeitsleistung aus **Gewissensgründen** nicht erbringen, greift § 275 Abs 3 BGB ein; ein Annahmeverzug scheitert an § 297 BGB (BAG 24. 5. 1989 – 2 AZR 285/88, NZA 1990, 144). Ebenfalls kein Annahmeverzug besteht, wenn der Arbeitnehmer die Arbeitsleistung wegen Verbüßung einer **Freiheitsstrafe** nicht erbringen kann. 87

bb) Das subjektive Leistungshindernis kann auch darin begründet sein, dass der Dienstverpflichtete **aus rechtlichen Gründen außerstande** ist, die Leistung zu bewirken, zB weil einem Arzt die Approbation fehlt (vgl BAG 6. 3. 1974 – 5 AZR 313/73, AP Nr 29 zu § 615 BGB; BeckOGK/Bieder [1. 8. 2018] § 615 Rn 51), einem Auslieferungsfahrer die Fahrerlaubnis entzogen ist (vgl BAG 18. 12. 1986 – 2 AZR 34/86, AP Nr 2 zu § 297 BGB; das kann auch nicht dadurch „umgangen" werden, dass ein Freund als Fahrer herangezogen wird; das gilt auch, wenn die Entziehung auf einem ausländischen Rechtsakt beruht, selbst wenn dieser kraft Völkergewohnheitsrecht nicht der deutschen Gerichtsbarkeit unterliegt, BAG 23. 9. 2015 – 5 AZR 146/14, NZA 2016, 293 [294]), einer kirchlichen Lehrkraft wegen einer nach Kirchenrecht ungültigen Eheschließung die missio canonica entzogen ist (vgl BAG 25. 5. 1988 – 7 AZR 506/87, AP Nr 36 zu Art 140 GG), ein – nach seiner Regelung – eindeutiges öffentlich-rechtliches Beschäftigungsverbot besteht (BAG 15. 6. 2004 – 9 AZR 483/03, NZA 2005, 462 [463 ff]; BAG 18. 3. 2009 – 5 AZR 192/08, NZA 2009, 611; Boemke RdA 2017, 192 [193 f]) oder die nach § 284 SGB III oder §§ 4 Abs 3, 18, 39 ff AufenthG erforderliche Arbeitserlaubnis fehlt (vgl Staudinger/Richardi/Fischinger [2016] § 611 Rn 629 ff). Der Annahmeunmöglichkeit (s Rn 80) steht es aber gleich, wenn ein Arbeitgeber einen Arbeitnehmer nicht wegen Verletzung des Mitbestimmungsrechts bei dessen Einstellung oder Versetzung beschäftigen darf (§ 101 BetrVG); hier besteht daher ein Anspruch aus §§ 611, 615 S 1 BGB (BAG 2. 7. 1980 – 5 AZR 56/79, AP Nr 5 zu § 101 BetrVG 1972). Aus rechtlichen Gründen zur Leistungserbringung außerstande ist der Arbeitnehmer ferner, wenn ein auf das Arbeitsverhältnis anwendbar Tarifvertrag an bestimmten Tagen – im vom BAG entschiedenen Fall: 24. und 31. Dezember – eine Beschäftigung 88 ganz oder über einen bestimmten Umfang hinaus verbietet (vgl BAG 29. 6. 2016 – 5 AZR 617/15).

89 Ist der Dienstverpflichtete nur deshalb außerstande, die Leistung zu bewirken, weil er während des Annahmeverzugs **eine andere Stelle angetreten** hat, die ihn voll ausfüllt, so wird die dadurch eingetretene Unmöglichkeit der Arbeitsleistung im Rahmen von § 297 BGB nicht berücksichtigt, es tritt daher dennoch Annahmeverzug ein (vgl BAG 16. 5. 2012 – 5 AZR 251/11, NZA 2012, 971 [972]; BAG 20. 6. 2013 – 2 AZR 379/12, NZA 2014, 139 [143]). Im Antritt einer anderen Stelle liegt auch keine Beendigung des Annahmeverzugs (s Rn 132), sondern hier setzt die Sonderregel des § 615 S 2 BGB ein (s auch Rn 148 ff).

90 **cc)** Kein Annahmeverzug liegt weiterhin vor, wenn der Dienstverpflichtete wegen eines **objektiven Leistungshindernisses** außerstande ist, die Leistung zu bewirken. Nicht erfasst werden dadurch aber Umstände auf Seiten des Gläubigers (s Rn 80 ff); es muss sich vielmehr um Leistungshindernisse handeln, die ihre Ursache nicht in dem vom Dienstberechtigten bereitzustellenden Sachsubstrat oder der von ihm zu regelnden Arbeitsorganisation haben; denn die Betriebsstörung fällt unter § 615 BGB. Eine Leistungsunmöglichkeit iS des § 297 BGB ist deshalb nur anzuerkennen, wenn es sich darum handelt, dass der Dienstverpflichtete nicht in der Lage ist, dem Dienstberechtigten seine Arbeitskraft zur Verfügung zu stellen, zB bei einem Ausfall öffentlicher Verkehrsmittel, bei Verkehrssperren oder bei Eisglätte (Wegerisiko; vgl auch den Zusammenbruch des Flugverkehrs nach Ausbruch des Vulkans „Eyjafjallajökull", dazu Gutzeit NZA 2010, 618 [620]); das gilt auch, wenn ein Arbeitnehmer von einem im Auftrag des Arbeitgebers eingesetzten Werksbus von seinem Wohnort zum Betrieb befördert wird und der Werksbus wegen Eisglätte nicht verkehren kann (BAG 8. 12. 1982 – 5 AZR 316/81, BAGE 41, 122 [131 f] = AP Nr 58 zu § 616 BGB). Auch eine Alkoholisierung kann der Leistungsfähigkeit entgegenstehen, nicht aber die Gefahr der Alkoholrückfälligkeit eines sich in der Vergangenheit einer Entziehungskur unterziehenden Arbeitnehmers (vgl BAG 20. 12. 2012 – 2 AZR 32/11, NZA-RR 2013, 627 [631 f]). Ein an den Arbeitnehmer gerichtetes, aus seiner Sphäre resultierendes **Hausverbot** eines Kunden seines Arbeitgebers kann sein Unvermögen iSv § 297 BGB bedingen, weil der Arbeitnehmer aufgrund des ihm erteilten Hausverbots zumindest rechtlich gehindert ist, an die Arbeitsstelle zu gelangen und die dort geschuldete Arbeitsleistung zu erbringen (BAG 28. 9. 2016 – 5 AZR 224/16, NZA 2017, 124 [126]; vgl schon BAG 18. 9. 2008 – 2 AZR 1060/06). Kann der Arbeitgeber den Arbeitnehmer dagegen nur deshalb bei einem bestimmten Kunden nicht einsetzen, weil er diesem vertraglich ein Mitspracherecht bei der Auswahl der einzusetzenden Arbeitnehmer eingeräumt hat und sich der Kunde dem Einsatz eines bestimmten Arbeitnehmers widersetzt hatte, liegt keine Leistungsunfähigkeit vor; Annahmeverzug scheidet hier nur aus, wenn dem Arbeitgeber nach Treu und Glauben die Annahme der Arbeitsleistung unzumutbar ist (BAG 28. 9. 2016 – 5 AZR 224/16, NZA 2017, 124 [126]).

91 Bei **Smog-Alarm** gilt § 326 Abs 1 BGB, nicht § 615 BGB, wenn die Arbeitnehmer infolge von Verkehrsverboten ihren Arbeitsplatz nicht erreichen können (ebenso Ehmann NJW 1987, 401 [403]). Können sie dagegen nur infolge eines Betriebsverbotes nicht ihre Arbeitsleistung erbringen, so handelt es sich um eine Betriebsstörung, für die der Arbeitgeber das Betriebsrisiko trägt (vgl Richardi NJW 1987, 1231 [1231 ff]; **aA** Ehmann NJW 1987, 401 [403 ff]; s auch hier Rn 239).

c) Leistungsbereitschaft

Über die Leistungsfähigkeit hinaus ist erforderlich, dass der Arbeitnehmer leistungsbereit (leistungswillig) ist (BAG 19. 5. 2004 – 5 AZR 434/03, AP Nr 108 zu § 615 BGB; BAG 17. 8. 2011 – 5 AZR 251/10, NZA-RR 2012, 342), wobei sich diese Bereitschaft entweder auf die im Arbeitsvertrag ohnehin schon genau spezifizierte oder – wenn sie im Arbeitsvertrag nur rahmenmäßig umschrieben wurde – auf die vom Arbeitgeber in Wahrnehmung seines Direktionsrechts näher bestimmte Tätigkeit erstrecken muss (BAG 22. 2. 2012 – 5 AZR 249/11, NZA 2012, 858 [860]). Den offenkundigsten Fall fehlender Leistungswilligkeit stellt die Streikteilnahme dar, bei der deshalb (selbstverständlich) kein Anspruch auf Annahmeverzugslohn besteht (BAG 17. 7. 2012 – 1 AZR 563/11, NZA 2012, 1432). Die Leistungsbereitschaft muss überdies unbedingt sein; nicht leistungsbereit ist daher ein Arbeitnehmer, der seine Arbeitsleistung nur unter der Bedingung anbietet, dass der Arbeitgeber auf die Wirkungen der Kündigung verzichtet (BAG 13. 7. 2005 – 5 AZR 578/04, NZA 2005, 1348 [1351]; **aA** LAG Hamm 11. 2. 2010 – 8 Sa 1395/09 [aufgehoben durch BAG 17. 8. 2011 – 5 AZR 251/10, AP Nr 125 zu § 615 BGB]); Gleiches gilt, wenn eine Arbeitnehmerin sich nur unter der Bedingung, ihren Säugling mitbringen und am Arbeitsplatz stillen zu können, zur Arbeit bereit erklärt, die tatsächlichen Verhältnisse im Betrieb derartiges aber nicht zulassen (BAG 3. 7. 1985 – 5 AZR 79/84, NZA 1986, 131). Bei einem tatsächlichen Angebot ist die Leistungsbereitschaft zu vermuten (BAG 10. 5. 1973 – 5 AZR 493/72, AP Nr 27 zu § 615 BGB), nicht aber, wenn – gar über einen längeren Zeitraum hinweg – nur ein wörtliches Angebot vorliegt (BAG 18. 12. 1974 – 5 AZR 66/74, AP Nr 30 zu § 615 BGB). Eine fehlende Leistungsbereitschaft lässt sich nicht daraus ableiten, dass der Arbeitnehmer gegen die vom Arbeitgeber ausgesprochene Kündigung keine Kündigungsschutzklage erhoben, keine Weiterbeschäftigung beantragt (s Rn 112) oder Antrag auf Auflösung des Arbeitsverhältnisses nach § 9 KSchG gestellt hat (ErfK/Preis § 615 Rn 47). An der Leistungsbereitschaft fehlt es aber, wenn der Arbeitnehmer davon ausgeht, dass das Arbeitsverhältnis wirksam beendet wurde; etwas anderes gilt wiederum, wenn der Arbeitgeber zuvor auf die Arbeitsleistung verzichtet hat (LAG Rheinland-Pfalz 24. 2. 2006 – 8 Sa 927/05). War der Arbeitnehmer vor Ausspruch der Kündigung leistungsunwillig, muss er einen wieder gefassten Leistungswillen nach außen kundtun, wofür ein bloßes „Lippenbekenntnis" nicht genügt; vielmehr ist ein tatsächliches Angebot erforderlich (BAG 22. 2. 2012 – 5 AZR 249/11, NZA 2012, 858 [860 f]). An der Leistungsbereitschaft kann es auch fehlen, wenn der Arbeitnehmer eine vom Arbeitgeber angebotene, zumutbare Beschäftigung nicht annimmt; die Nichtaufnahme der Tätigkeit führt dann nicht nur zur Anrechnung nach § 615 S 2 BGB oder § 11 Nr 2 KSchG (BAG 17. 8. 2011 – 5 AZR 251/10, NZA-RR 2012, 342 [342 f]). Für eine derartige Aufforderung durch den Arbeitgeber besteht auch keine „Ankündigungsfrist", der Arbeitnehmer muss also jederzeit damit rechnen, dass der Arbeitgeber ihn zur Arbeit heranzieht (BAG 16. 5. 2012 – 5 AZR 251/11, NZA 2012, 971 [972]). Bloße Zweifel an der Arbeitsfähigkeit des Arbeitnehmers schließen dessen Leistungswillen jedoch nicht aus. Ebenso wenig muss der Arbeitnehmer ständig abrufbereit sein, ein Auslandsaufenthalt oder die Aufnahme eines Studiums lässt den Leistungswillen daher nicht automatisch entfallen (BAG 11. 7. 1985 – 2 AZR 106/84, AP Nr 35a zu § 297 BGB; MünchKomm/Henssler § 615 Rn 34). 92

d) Darlegungs- und Beweislast

Die Darlegungs- und Beweislast, dass der Dienstverpflichtete die Leistung nicht erbringen kann, trifft den Dienstberechtigten (BAG 5. 11. 2003 – 5 AZR 562/02, AP Nr 106 93 zu § 615 BGB; BAG 18. 9. 2008 – 2 AZR 1060/06; BAG 17. 8. 2011 – 5 AZR 251/10, NZA-RR 2012, 342 [343]; BAG 27. 5. 2015 – 5 AZR 88/14, NZA 2015, 1053 [1054]). Zwar genügt es nicht, dass der Arbeitgeber Tatsachen „ins Blaue hinein" behauptet, trägt er aber ausreichende Indizien vor, die die Arbeitsunfähigkeit des Arbeitnehmers ergeben können, muss sich der Arbeitnehmer substantiiert einlassen und ggf die behandelnden Ärzte von der Schweigepflicht entbinden (BAG 22. 2. 2012 – 5 AZR 249/11, NZA 2012, 858 [859 f]); erst wenn auch unter Ausschöpfung dieser Mittel der Sachverhalt nicht aufgeklärt werden kann, geht das zu Lasten des Arbeitgebers (BAG NZA 2012, 858). Bei einem tatsächlichen Angebot ist die Leistungsbereitschaft – anders als bei einem bloß wörtlichen – indiziert (BAG 10. 5. 1973 – 5 AZR 493/72, AP Nr 27 zu § 615 BGB).

5. Nichtannahme der Dienstleistung

94 Die **dritte Voraussetzung** des Annahmeverzuges ist die **Nichtannahme der dem Dienstverpflichteten möglichen Arbeitsleistung durch den Dienstberechtigten**.

a) Nichtvornahme der dem Dienstberechtigten obliegenden Mitwirkungshandlung

95 **aa)** Bei der Dienstleistungsschuld nimmt der Gläubiger die ihm angebotene Leistung nicht an, wenn er die seinerseits erforderliche Mitwirkung unterlässt. Keine Rolle spielt, ob er die Dienste nicht **annehmen will** oder nicht **annehmen kann** (s Rn 80 ff). Insbesondere ist daher auch nicht erforderlich, dass die Nichtannahme ausdrücklich erklärt wird. Es ist überhaupt kein positiver Akt der Ablehnung erforderlich, sondern es genügt das *tatsächliche Unterbleiben* der Annahme (vgl Mot II 69; Enneccerus/Lehmann § 57 II 3; missverständlich daher, soweit man annimmt, die Nichtannahme könne ausdrücklich oder stillschweigend durch konkludente Handlung erfolgen, so Staudinger/Nipperdey/Mohnen[11] § 615 Rn 15; wie hier MünchKomm/Henssler § 615 Rn 35; HWK/Krause § 615 Rn 61; ErfK/Preis § 615 Rn 55). Nimmt der Dienstberechtigte die Dienste nur zum Teil entgegen, gerät er teilweise in Annahmeverzug (BAG 7. 11. 2002 – 2 AZR 742/00, NZA 2003, 1139 [1140]). Nichtannahme liegt zB vor, wenn der Arbeitgeber unrechtmäßig und eigenmächtig die Arbeitszeit verlegt, rechtswidrig Kurzarbeit anordnet, den Arbeitnehmer rechtswidrig aussperrt, den Arbeitnehmer einseitig (unwirksam) von der Arbeit freistellt (zB BAG 26. 6. 2013 – 5 AZR 432/12, AP Nr 132 zu § 615 BGB) oder die Arbeitsleistung nicht im Umfang der sich aus Arbeits- oder Tarifvertrag ergebenden Sollarbeitszeit ausschöpft (BAG 26. 1. 2011 – 5 AZR 819/09, NZA 2011, 640 [641 f]). Eine Nichtannahme liegt ferner vor, wenn der Arbeitgeber dem Arbeitnehmer nur eine andere, nach dem Arbeitsvertrag nicht geschuldete Beschäftigung zu übertragen bereit ist (vgl zB BAG 3. 3. 1964 – 1 AZR 209/63, AP Nr 1 zu § 324 BGB). Auch die Anordnung von Pausen ohne Wahrung des Mitbestimmungsrechts aus § 87 Abs 1 Nr 2 BetrVG führt zu einer Nichtannahme der Arbeitsleistung, und zwar selbst dann, wenn die Pausen § 4 ArbZG entsprechen (LAG Köln 9. 10. 2013 – 5 Sa 202/13).

96 Keine Rolle spielt, ob den Gläubiger ein **Verschulden** trifft. Der Annahmeverzug tritt deshalb auch ein, wenn der Dienstberechtigte, ohne dass er oder seine Hilfspersonen dies zu vertreten haben, die Dienste nicht annehmen kann (vgl Mot II 68 f). Irrelevant ist dementsprechend auch, dass der Arbeitgeber sich über die Arbeitsfähigkeit des Arbeitnehmers irrt und daher die Arbeitsleistung nicht annimmt (BAG 10. 5. 1973 – 5 AZR 493/72, AP Nr 27 zu § 615 BGB). Keine Rolle spielt weiter, dass die mangelnde Mitwirkung des Gläubigers zugleich die Möglichkeit der Leistungs-

erbringung beseitigt. Bei einer Betriebsstörung trägt daher der Arbeitgeber das Arbeitsentgeltrisiko (s Rn 196 ff). Bei einem **Internatsvertrag** kommen die Eltern als Gläubiger in Annahmeverzug und sind daher zur Zahlung der vereinbarten Vergütung verpflichtet, wenn der Leistungsvollzug daran scheitert, dass der Schüler aus Gründen, die das Internat nicht zu vertreten hat, vorzeitig die Schule verlässt, zB wegen der Gefahr eines Selbstmordversuchs oder auf Grund einer Relegation wegen wiederholter grober Disziplinlosigkeit des Schülers. Der BGH hat dagegen im ersten Fall den Eltern das Recht zur außerordentlichen Kündigung wegen eines wichtigen Grundes iS des § 626 BGB eingeräumt (BGH 24. 5. 1984 – IX ZR 149/83, NJW 1984, 2091 ff); im zweiten Fall hat er der Anstalt, die den Internatsvertrag fristlos gekündigt hatte, die Vergütung als Ersatz des ihr durch die vorzeitige Aufhebung des Dienstverhältnisses entstandenen Schadens nach § 628 Abs 2 BGB zugesprochen (BGH 24. 5. 1984 – IX ZR 149/83, NJW 1984, 2091 [2093 f]). Er übersah, dass in beiden Fällen das Rechtsproblem in der Frage der Gefahrtragung für das Entgelt bestand (vgl Picker JZ 1985, 641 ff, 693 ff).

bb) Der **Dienstberechtigte** kommt **nicht in Annahmeverzug**, wenn er **berechtigt** ist, 97
die **Dienstleistung abzulehnen**. Ein Grund zur Ablehnung liegt regelmäßig vor, wenn die angebotene Leistung dem Vertrag nicht entspricht oder das Angebot unter solchen dem Schuldner zuzurechnenden Umständen erfolgt, dass der Gläubiger nach Treu und Glauben nicht anzunehmen braucht (BAG [GS] 26. 4. 1956 – GS 1/56, BAGE 3, 66 [74 f] = AP Nr 5 zu § 9 MuSchG). Kein Annahmeverzug liegt daher vor, wenn einem Arbeitgeber die **Weiterbeschäftigung** unter Berücksichtigung der **dem Arbeitnehmer zuzurechnenden Umstände nach Treu und Glauben nicht zuzumuten** ist (BAG [GS] 26. 4. 1956 – GS 1/56, BAGE 3, 66 [74 f] = AP Nr 5 zu § 9 MuSchG; BAG 11. 11. 1976 – 2 AZR 457/75, BAGE 28, 233 [245] = AP Nr 8 zu § 103 BetrVG 1972; BAG 29. 10. 1987 – 2 AZR 144/87, AP Nr 42 zu § 615 BGB). Deshalb ist es möglich, dass der Arbeitgeber auch bei einer **unwirksamen Kündigung** ausnahmsweise nicht in Annahmeverzug gerät, wenn er es ablehnt, den gekündigten Arbeitnehmer zu beschäftigen. Dieser Ausnahmefall kann aber nur vorliegen, wenn die Kündigung wegen eines Kündigungsverbots – etwa wegen § 9 MuSchG oder § 103 BetrVG – nicht wirksam ist. Aber auch in diesem Fall kann nicht bei jedem Verhalten des Arbeitnehmers, das zur außerordentlichen Kündigung berechtigt, der Arbeitgeber die Arbeitsleistung ablehnen, es muss sich vielmehr um einen ungewöhnlich schweren Verstoß gegen allgemeine Verhaltenspflichten handeln (BAG 16. 4. 2014 – 5 AZR 739/11, NZA 2014, 1082 [1083]). Notwendig ist vielmehr, dass bei Annahme der Leistung (strafrechtlich geschützte) Rechtsgüter des Arbeitgebers, seiner Familienangehörigen oder anderer Arbeitnehmer gefährdet werden, deren Schutz Vorrang vor den Interessen des Arbeitnehmers an der Erhaltung seines Verdienstes hat (BAG [GS] 26. 4. 1956 – GS 1/56, BAGE 3, 66 [74 f] = AP Nr 5 zu § 9 MuSchG; BAG 29. 10. 1987 – 2 AZR 144/87, AP Nr 42 zu § 615 BGB m Anm von Konzen/Weber; abl in der Begründung mit dem Hinweis, in einem derartigen Fall sei § 297 gegeben); entscheidend ist dabei allein das (zu erwartende) objektive Verhalten des Arbeitnehmers, auf sein Verschulden kommt es nicht an (BAG 16. 4. 2014 – 5 AZR 739/11, NZA 2014, 1082 [1082 f]). So ist beispielsweise bei Verdacht des sexuellen Missbrauchs die Annahme der angebotenen Arbeitsleistung eines Erziehers für die Kindertagesstätte unzumutbar (LAG Berlin 27. 11. 1995 – 9 Sa 85/95, NZA-RR 1996, 283 [285]). Teile der Literatur nehmen in Situationen, in denen dem Arbeitgeber die Beschäftigung unzumutbar ist, an, dass schon kein Angebot des Arbeitnehmers vorliegt (zB ErfK/Preis § 615 Rn 21, 62); das überzeugt nicht, da dann der Arbeitnehmer

die Beweislast für die Zumutbarkeit tragen würde, die richtigerweise aber dem Arbeitgeber aufzubürden ist.

98 Für das Ablehnungsrecht, das einen Annahmeverzug ausschließt, genügt nicht, dass den Arbeitgeber **keine Beschäftigungspflicht** trifft (s zu dieser Pflicht STAUDINGER/RICHARDI/FISCHINGER [2016] § 611 Rn 1694 ff). Er kommt auch in Annahmeverzug, wenn er den Arbeitnehmer nicht zu beschäftigen braucht; denn selbst bei einer Betriebsstörung, bei der die Arbeitsleistung nicht erbracht werden kann, trägt der Arbeitgeber das Arbeitsentgeltrisiko (s Rn 196 ff). Kein Grund, der die Ablehnung rechtfertigt, sind daher **Betriebsferien**. Deshalb kommt der Arbeitgeber in Annahmeverzug, wenn er nicht urlaubsberechtigte, jedoch arbeitsbereite Arbeitnehmer während der Betriebsferien nicht beschäftigt; gegenüber neu eintretenden Arbeitnehmern kann aber etwas anderes vereinbart werden (BAG 2. 10. 1974 – 5 AZR 504/73, BAGE 26, 312 [318 f] = AP Nr 2 zu § 7 BUrlG Betriebsferien; BAG 30. 6. 1976 – 5 AZR 246/75, AP Nr 3 zu § 7 BUrlG Betriebsferien).

b) Nichtannahme bei Angebot der Weiterbeschäftigung während der Ungewissheit über das Bestehen eines Arbeitsverhältnisses

99 **aa)** Nach der Rechtsprechung ist eine Annahme nur zu bejahen, wenn der Arbeitgeber die Dienstleistung als Erfüllung der aus dem Arbeitsverhältnis resultierenden Dienstverpflichtung annimmt. Dementsprechend liegt keine Annahme der Dienste vor, wenn der Arbeitgeber nach einer Kündigung des Arbeitsverhältnisses **nur bereit** ist, den Arbeitnehmer für die **Dauer des Kündigungsrechtsstreits** bis zu dessen rechtskräftigem Abschluss bei unveränderten Arbeitsbedingungen zu beschäftigen (vgl BAG 14. 11. 1985 – 2 AZR 98/84, BAGE 50, 164 = AP Nr 39 zu § 615 BGB). Bereits das RG hat angenommen, dass der Dienstberechtigte den nach der Kündigung eines Dienstverpflichteten eingetretenen Annahmeverzug nur beendigen könne, wenn er klar zu erkennen gebe, dass die Kündigung zu Unrecht erfolgt sei (RG Gruchot 58, 929 [930]). Problematisch ist das nur, wenn die Kündigung unwirksam ist, wird bei einer wirksamen Kündigung doch das Arbeitsverhältnis unmittelbar (§ 626 BGB) bzw nach Ablauf der Kündigungsfrist beendet.

100 Entsprechend nimmt daher auch das BAG an, dass der Annahmeverzug, in den der Arbeitgeber im Anschluss an eine von ihm ausgesprochene unwirksame Kündigung komme, nicht beendet werde, wenn er **nur zur Überbrückung der Ungewissheit über die Rechtswirksamkeit der Kündigung** bereit sei, die **Dienstleistung entgegenzunehmen**. Dies hat es zunächst für den Fall entschieden, dass der Arbeitgeber sich bereit erklärt, den Arbeitnehmer ohne vertragliche Übergangsregelung lediglich im Rahmen eines **faktischen Arbeitsverhältnisses** „zur Vermeidung von Verzugslohn" längstens bis zur erstinstanzlichen Entscheidung weiterzubeschäftigen (BAG 21. 5. 1981 – 2 AZR 95/79, BAGE 35, 324 = AP Nr 32 zu § 615 BGB). Das BAG hat dies sodann aber auch für den Fall anerkannt, dass der Arbeitgeber dem Arbeitnehmer **vorsorglich** einen für die Dauer des Kündigungsrechtsstreits **befristeten neuen Arbeitsvertrag** zu den bisherigen Bedingungen oder eine durch die rechtskräftige Feststellung der Wirksamkeit der Kündigung **auflösend bedingte Fortsetzung des Vertrags** anbietet und der Arbeitnehmer dieses Angebot ablehnt (BAG 14. 11. 1985 – 2 AZR 98/84, BAGE 50, 164 = AP Nr 39 zu § 615 BGB; bestätigt BAG 7. 11. 2002 – 2 AZR 650/00, AP Nr 98 zu § 615 BGB; BAG 19. 9. 2012 – 5 AZR 627/11, NZA 2013, 101 [103]; ebenso BERKOWSKY DB 1981, 1569 f; ders BB 1982, 374 ff; ders DB 1982, 904 f; ders BB 1984, 216 ff; DENCK NJW 1983, 255 ff; PETER DB

1982, 488 ff; WEBER SAE 1982, 94 [97]; bereits STAUDINGER/NIPPERDEY/MOHNEN[11] § 615 Rn 24; s auch die Kritik am BAG von **aA** MünchKomm/HENSSLER § 615 Rn 42; HWK/KRAUSE § 615 Rn 70; SCHÄFER DB 1982, 902; ders NZA 1984, 105 [110 ff]; LÖWISCH DB 1986, 2433 ff).

bb) Annahme ist die **Entgegennahme der Leistung als Erfüllung** (so zutreffend STAUDINGER/FELDMANN [2014] § 293 Rn 14). Auch wenn man keine Einigung über die Erfüllungswirkung der Leistung fordert, sondern der Theorie der realen oder doch finalen Leistungsbewirkung folgt (vgl zu den Erfüllungstheorien STAUDINGER/OLZEN [2011] Vorbem 9 ff zu §§ 362 ff), kann man nicht außer Betracht lassen, dass der Schuldner ein Bestimmungsrecht hat, welches Schuldverhältnis er mit der Leistung tilgt. Angebot und Annahme der Leistung können für die Begründung wie die Beendigung des Annahmeverzugs nicht losgelöst von der der Leistung zugrunde liegenden Verbindlichkeit gesehen werden (so zutreffend BAG 14. 11. 1985 – 2 AZR 98/84, BAGE 50, 164 [172] = AP Nr 39 zu § 615 BGB). Der Gläubiger kommt deshalb in Annahmeverzug, wenn er es ablehnt, die zur Erfüllung der bestehenden Verbindlichkeit angebotene Leistung des Schuldners als Erfüllung dieser Verbindlichkeit anzunehmen, und daran der Leistungsvollzug scheitert. Der Schuldner braucht sich nicht darauf einzulassen, dass der Gläubiger zur Vermeidung des Annahmeverzugs die Leistung entgegennimmt, zugleich aber bestreitet, dass der Schuldner durch sie seine Verbindlichkeit erfüllt. Auch in diesem Fall hat er die Leistung nicht angenommen. Handelt es sich um ein Dauerschuldverhältnis, so ist daher wesentlich, dass der Gläubiger die Leistung als dessen Erfüllung entgegennimmt. 101

Für das Arbeitsverhältnis ergibt sich daraus, dass eine **Annahme des Arbeitgebers nur** vorliegt, wenn er die **Dienstleistung als Erfüllung des** mit dem Arbeitnehmer **abgeschlossenen Arbeitsvertrags entgegennimmt**. Bestreitet er das Bestehen eines Arbeitsverhältnisses, so ist die Bereitschaft, die Dienstleistung entgegenzunehmen, keine Annahme als Erfüllung. Das gilt auch dann, wenn der Arbeitgeber dem Arbeitnehmer das Angebot macht, den bisherigen Vertrag auflösend bedingt bis zum rechtskräftigen Abschluss des Kündigungsrechtsstreits fortzusetzen; denn auch in diesem Fall soll die Arbeitsleistung „nicht als Erfüllung des bisherigen, sondern eines geänderten Vertrages angenommen werden“ (BAG 14. 11. 1985 – 2 AZR 98/84, BAGE 50, 164 [173]). Der Arbeitnehmer würde, wie das BAG im Anschluss an PETER (DB 1982, 488 [491]) sagt, „faktisch einem Vertragszwang unterworfen, weil er sich auf eine Vertragsänderung einlassen müßte, um nicht seinen Vergütungsanspruch zu verlieren, selbst wenn er seinen Kündigungsprozess gewinnen würde und somit feststünde, dass sein bisheriges Arbeitsverhältnis unverändert fortbesteht“ (ebenso DENCK NJW 1983, 255 [258]). 102

Nach LÖWISCH (DB 1986, 2433) hat das **Weiterbeschäftigungsangebot** einen *doppelten Erklärungswert,* nämlich für den Fall der Wirksamkeit der Kündigung die Fortsetzung des Arbeitsverhältnisses bis zum rechtskräftigen Abschluss des Kündigungsrechtsstreits und für den Fall der Unwirksamkeit der Kündigung das Angebot zur Weiterbeschäftigung nicht nur bis zum rechtskräftigen Urteil des Arbeitsgerichts, sondern auch darüber hinaus; das sei „nichts anderes als das Angebot der weiteren Erfüllung des ursprünglichen Arbeitsvertrages“. Nicht zutreffend leitet LÖWISCH daraus aber ab, dass ein derartiges Angebot den Annahmeverzug ausschließt. Er übersieht, dass der Arbeitgeber hier die vertraglich geschuldeten Dienste nur unter dem Vorbehalt annimmt, dass der Arbeitnehmer sich auf das von ihm erklärte 103

Angebot einlässt. Die Annahme steht also unter einer Bedingung. Es stellt sich daher die Frage, ob der Arbeitnehmer auf sie eingehen muss. Für die Beantwortung dieser Frage ist entscheidend, dass derjenige, der ein Gestaltungsrecht ausübt, auch das Risiko dafür tragen muss, ob die von ihm vorgenommene Gestaltung wirksam ist. Kündigt der Arbeitgeber, so trägt er das Risiko, dass die Kündigung unwirksam ist. Lässt man den Annahmeverzug entfallen, wenn er eine befristete oder auflösend bedingte Beschäftigung anbietet, so wird das nach der gesetzlichen Wertung von ihm zu tragende Risiko auf den Arbeitnehmer verlagert. Darauf braucht der Arbeitnehmer nicht einzugehen, zumal er das Risiko trägt, dass kein Annahmeverzug besteht, wenn rechtskräftig festgestellt wird, dass die Kündigung rechtswirksam war.

104 Mit dem BAG ist daher davon auszugehen, dass der Arbeitgeber auch dann in Annahmeverzug gerät, wenn er dem Arbeitnehmer den **Abschluss eines durch die rechtskräftige Beendigung des Kündigungsrechtsstreits auflösend bedingten Arbeitsverhältnisses** anbietet. Der Arbeitnehmer behält daher gemäß § 615 S 1 BGB seinen Vergütungsanspruch, sofern er leistungsbereit und -willig ist, sich aber nicht auf das Weiterbeschäftigungsangebot einlässt, sondern die Rücknahme der Kündigung verlangt. Allerdings muss er sich nach § 615 S 2 BGB den Wert desjenigen **anrechnen** lassen, was er durch anderweitige Verwendung seiner Dienste erwirbt oder zu erwerben böswillig unterlässt (s Rn 148 ff). Diese Voraussetzung kann auch dann erfüllt sein, wenn ihm der bisherige Arbeitgeber eine Arbeit in seinem Betrieb anbietet (BAG 10. 4. 1963 – 4 AZR 95/62, BAGE 14, 156 = AP Nr 23 zu § 615 BGB; BAG 3. 12. 1980 – 5 AZR 477/78, AP Nr 4 zu § 615 BGB Böswilligkeit). Macht er ihm das Weiterbeschäftigungsangebot in einem Reservearbeitsverhältnis, so kann die Ablehnung des Weiterbeschäftigungsangebots ein böswilliges Unterlassen anderweitigen Erwerbs iS des § 615 S 2 BGB darstellen, wenn dem Arbeitnehmer die befristete Weiterbeschäftigung während des Kündigungsrechtsstreits zumutbar war (vgl BAG 14. 11. 1985 – 2 AZR 98/84, BAGE 50, 164 [177 f] = AP Nr 39 zu § 615 BGB; s auch Rn 175 ff).

c) Nichtannahme bei fehlender Vorleistungspflicht des Dienstverpflichteten

105 Grundsätzlich ist die Vergütung nach der Leistung der Dienste zu entrichten (§ 614 S 1 BGB). Soweit etwas anderes bestimmt ist, kommt der Dienstberechtigte bereits in Verzug, wenn er zwar die angebotene Leistung anzunehmen bereit ist, die verlangte Gegenleistung aber nicht anbietet (§ 298 BGB).

d) Vorübergehende Annahmeverhinderung

106 Eine Ausnahme von dem Grundsatz, dass der Dienstberechtigte bereits durch die Nichtannahme der Dienste in Verzug gerät, besteht nach § 299 BGB, wenn die Leistungszeit nicht bestimmt ist oder der Dienstverpflichtete berechtigt ist, vor der bestimmten Zeit zu leisten. Der Dienstberechtigte kommt in diesem Fall nicht dadurch in Verzug, dass er vorübergehend an der Annahme der angebotenen Leistung verhindert ist, es sei denn, dass der Dienstverpflichtete ihm die Leistung eine angemessene Zeit vorher angekündigt hat. Die Bedeutung im Arbeitsrecht ist begrenzt (MünchKomm/Henssler § 615 Rn 43).

107 Soweit der Arbeitgeber berechtigt ist, den Arbeitnehmer zur Arbeitseinteilung zu einzelnen Schichten zu bestimmen, deren zeitliche Lage durch Tarifvertrag oder Betriebsvereinbarung festgelegt ist, kommt er nicht dadurch in Annahmeverzug, dass er vorübergehend nicht in der Lage ist, den Arbeitnehmer sofort zu beschäftigen, sondern zur folgenden Schicht wieder bestellen muss (vgl LAG Bremen 12. 6. 1963 – 1 Sa 114/62, AP Nr 1 zu § 611 BGB Hafenarbeiter).

e) Darlegungs- und Beweislast

Für die Nichtannahme ist der **Dienstverpflichtete** darlegungs- und beweispflichtig. 108

6. Annahmeverzug in einem fehlerhaft begründeten Arbeitsverhältnis

Bei einer Nichtigkeit des Arbeitsvertrags oder dessen Anfechtung hängt die Beur- 109
teilung davon ab, ob die Nichtigkeitswirkung auf die Vergangenheit beschränkt ist (s Staudinger/Richardi/Fischinger [2016] § 611 Rn 688 ff, 701 ff). Nur wenn dies der Fall ist, kann der Arbeitgeber in Annahmeverzug kommen, solange die Lossagung von dem nichtigen Arbeitsvertrag oder die Anfechtung nicht erklärt ist (ebenso MünchKomm/Henssler § 615 Rn 14; HWK/Krause § 615 Rn 12; vgl auch für den Fall, dass der Arbeitnehmer nach dem nichtigen Arbeitsvertrag verpflichtet war, dem Arbeitgeber „zur Verfügung zu stehen", aber nicht beschäftigt wurde, BAG 15. 11. 1957 – 1 AZR 189/57, BAGE 5, 58 [64 f] = AP Nr 2 zu § 125 BGB).

In der Nichtannahme der Dienste kann allerdings die Berufung auf die Fehlerhaftig- 110
keit der Vertragsgrundlage liegen, sodass auch aus diesem Grund ein Annahmeverzug ausscheidet (vgl HWK/Krause § 615 Rn 12). Ein Annahmeverzug liegt daher nur vor, wenn der Arbeitnehmer ein Dienstleistungsangebot gemacht hat, das der Arbeitgeber nicht annahm, ohne die Nichtigkeit des Arbeitsvertrages geltend zu machen bzw die Anfechtung zu erklären. Er wird aber ex nunc beendet, sobald der Arbeitgeber dies nachholt.

7. Weiterbeschäftigungsverhältnis

a) Vorläufiger Bestandsschutz des Arbeitsverhältnisses

Kann der Arbeitnehmer bei einer ordentlichen Kündigung nach Ablauf der Kün- 111
digungsfrist Weiterbeschäftigung nach § 102 Abs 5 BetrVG (oder nach einer entsprechenden personalvertretungsrechtlichen Vorschrift) verlangen (s Staudinger/Richardi/Fischinger [2016] § 611 Rn 1714 f), so kommt der Arbeitgeber in Annahmeverzug, wenn er den Arbeitnehmer nicht beschäftigt (ebenso ArbRBGB/Matthes § 615 Rn 58). Das gilt auch, wenn er letztlich im Kündigungsschutzprozess obsiegt (ebenso LAG Düsseldorf 21. 6. 1974 – 15 Sa 633/74, EzA § 102 BetrVG 1972 Nr 3 = DB 1974, 2112). Durch den Weiterbeschäftigungsanspruch ist nämlich dem gekündigten Arbeitnehmer ein Gestaltungsrecht eingeräumt, durch das er die Rechts*wirkungen* einer Kündigung bis zum rechtskräftigen Abschluss des Rechtsstreits suspendieren kann: Die Kündigung verliert ihre Auflösungswirkung; das Arbeitsverhältnis wird mit dem bisherigen Vertragsinhalt fortgesetzt und ist durch die rechtskräftige Abweisung der Kündigungsschutzklage auflösend bedingt (s Staudinger/Richardi/Fischinger [2016] § 611 Rn 1715).

Für den **Eintritt eines Annahmeverzuges durch Nichtbeschäftigung nach Ablauf der** 112
Kündigungsfrist (s Rn 61 ff und 71 ff) spielt es keine Rolle, ob der sog betriebsverfassungsrechtliche oder personalvertretungsrechtliche Weiterbeschäftigungsanspruch besteht. Auch wenn der Arbeitnehmer das ihm eingeräumte Gestaltungsrecht nicht ausübt, kommt der Arbeitgeber in Annahmeverzug, wenn er den Arbeitnehmer

nicht beschäftigt (ebenso BAG 14. 11. 1985 – 2 AZR 98/84, BAGE 50, 164 [175] = AP Nr 39 zu § 615 BGB; Heinze, Personalplanung, Einstellung und Kündigung [1982] Rn 622–625). Die Voraussetzung, dass der Arbeitnehmer leistungsbereit und -willig sein muss, wird nicht schon dadurch ausgeschlossen, dass er nicht nach § 102 Abs 5 BetrVG Weiterbeschäftigung verlangt. Er ist vielmehr in seiner Entscheidung frei, ob er das ihm dort eingeräumte Gestaltungsrecht ausübt. Macht er von ihm aber nicht Gebrauch, so trägt er nicht nur das Risiko, dass ein Annahmeverzug schon deshalb ausscheidet, weil die Kündigung rechtswirksam war, sondern er muss sich auch anrechnen lassen, was er durch die Erwerbsmöglichkeit auslässt, sofern sie nach den Umständen des Einzelfalls für ihn zumutbar war (§ 615 S 2 BGB; s auch hier Rn 104 und 175 ff).

113 Wird ein Arbeitnehmer bei Ablauf der Kündigungsfrist nicht beschäftigt, so muss man daher unterscheiden, ob der Leistungsvollzug nur wegen der Kündigung abgebrochen wird. Da der Arbeitgeber in diesem Fall regelmäßig in Annahmeverzug gerät, ohne dass es eines Arbeitsangebots des Arbeitnehmers bedarf (s Rn 71), hat ein Weiterbeschäftigungsverlangen im Allgemeinen den objektiven Erklärungswert, dass der Arbeitnehmer von dem ihm in § 102 Abs 5 BetrVG eingeräumten Gestaltungsrecht Gebrauch macht. Ist er dagegen bei Ablauf der Kündigungsfrist arbeitsunfähig, so kann in einer nach Eintritt der Arbeitsfähigkeit erfolgten Aufforderung, ihm eine Arbeit zuzuweisen, lediglich die Erklärung liegen, dass er iS des § 297 BGB leistungsfähig und -bereit sei (s Rn 73). Für den Regelfall ist dies aber nicht anzunehmen, weil durch ein Weiterbeschäftigungsverlangen die Auflösungswirkung der Kündigung bis zum rechtskräftigen Abschluss des Kündigungsrechtsstreits suspendiert wird.

114 Der Arbeitgeber kann den **Annahmeverzug nicht dadurch beenden**, dass er sich **bereit erklärt, den Arbeitnehmer nach § 102 Abs 5 BetrVG weiterzubeschäftigen**. Gegen dessen Willen kann der Arbeitgeber eine Weiterbeschäftigung unter den materiellen Voraussetzungen des § 102 Abs 5 BetrVG nicht durchsetzen; denn diese Norm hat nur dem Arbeitnehmer, nicht aber dem Arbeitgeber ein Gestaltungsrecht eingeräumt. Bietet daher der Arbeitgeber dem Arbeitnehmer die Weiterbeschäftigung nach § 102 Abs 5 BetrVG an, so liegt darin keine Annahme der Dienste, die zur Beendigung des Annahmeverzugs führt. Der Arbeitnehmer wird durch § 102 Abs 5 BetrVG keinem Kontrahierungszwang unterworfen (so zutreffend BAG 14. 11. 1985 – 2 AZR 98/84, BAGE 50, 164 [175] = AP Nr 39 zu § 615 BGB; ebenso HWK/Krause § 615 Rn 71; s auch Rn 99 ff).

115 Von der **Verpflichtung zur Weiterbeschäftigung nach § 102 Abs 5 BetrVG** kann der Arbeitgeber durch **einstweilige Verfügung des Arbeitsgerichts entbunden** werden (§ 102 Abs 5 S 2 BetrVG). Mit der Entbindung endet aber nur der vorläufige Bestandsschutz für das Arbeitsverhältnis; sie **beendet nicht** einen **Annahmeverzug des Arbeitgebers**. Wenn der Arbeitnehmer im Kündigungsschutzrechtsstreit obsiegt, hat er deshalb auch bei Entbindung des Arbeitgebers von der Weiterbeschäftigungspflicht für die Dauer des Kündigungsrechtsstreits den Anspruch auf das Arbeitsentgelt nach § 615 BGB, sofern die sonstigen Voraussetzungen für den Eintritt des Annahmeverzugs erfüllt sind (ebenso LAG Rheinland-Pfalz 11. 1. 1980 – [7] 6 Sa 657/79, BB 1980, 415; Tillmanns, MünchArbR § 76 Rn 19).

b) Weiterbeschäftigung auf der Grundlage des allgemeinen Beschäftigungsanspruchs

Besteht nach den richterrechtlichen Grundsätzen, die der Große Senat des BAG entwickelt hat, eine auf den allgemeinen Beschäftigungsanspruch des Arbeitnehmers gestützte Weiterbeschäftigungspflicht des Arbeitgebers (BAG [GS] 27. 2. 1985 – GS 1/84, BAGE 48, 122 = AP Nr 14 zu § 611 BGB Beschäftigungspflicht; s STAUDINGER/RICHARDI/FISCHINGER [2016] § 611 Rn 1716 ff), so führt hier die Nichtbeschäftigung nur dann zu einem Annahmeverzug des Arbeitgebers, wenn dessen Kündigung rechtsunwirksam ist. Deshalb wird erst bei rechtskräftigem Abschluss des Kündigungsrechtsstreits die Ungewissheit behoben, ob der Arbeitgeber in Annahmeverzug geraten ist, weil er den Arbeitnehmer trotz eines Arbeitsangebots nicht beschäftigt hat. Der allgemeine Weiterbeschäftigungsanspruch bleibt daher ohne Auswirkungen auf die Annahmeverzugsvoraussetzungen. 116

8. Annahmeverzug und besonderer Kündigungsschutz im Rahmen der Betriebsverfassung und der Personalvertretung

Der besondere Kündigungsschutz im Rahmen der Betriebsverfassung und Personalvertretung ist dadurch gekennzeichnet, dass die im Prinzip nur zulässige außerordentliche Kündigung des Mitglieds eines Betriebsrats, einer Personalvertretung oder einer Jugend- und Auszubildendenvertretung der Zustimmung des Betriebsrats bzw der zuständigen Personalvertretung bedarf (§ 103 BetrVG, §§ 47 Abs 1, 108 Abs 1 BPersVG). Gleiches gilt für die Kündigung des Mitglieds eines Wahlvorstands oder eines Wahlbewerbers. Wird die Zustimmung verweigert, so kann das Arbeitsgericht bzw Verwaltungsgericht sie auf Antrag des Arbeitgebers ersetzen, wenn die außerordentliche Kündigung unter Berücksichtigung aller Umstände gerechtfertigt ist. Der Arbeitgeber kann die außerordentliche Kündigung erst dann wirksam aussprechen, wenn der Beschluss über die Zustimmungsersetzung rechtskräftig ist; eine vor diesem Zeitpunkt erklärte Kündigung ist nicht nur schwebend unwirksam, sondern unheilbar nichtig (vgl BAG 11. 11. 1976 – 2 AZR 457/75, BAGE 28, 233 [237 ff] = AP Nr 8 zu § 103 BetrVG 1972; BAG 30. 5. 1978 – 2 AZR 637/76, BAGE 30, 320 [326] = AP Nr 4 zu § 15 KSchG 1969). 117

Solange die Zustimmung des Betriebsrats bzw der Personalvertretung nicht erteilt oder rechtskräftig ersetzt ist, hat der Arbeitnehmer die Rechte und Pflichten aus dem Arbeitsverhältnis. Er hat deshalb auch den Anspruch auf Beschäftigung. Der Arbeitgeber ist zwar bei überwiegenden schutzwürdigen Interessen von einer Beschäftigung des Arbeitnehmers befreit; das gilt aber nur für seine Pflicht zur tatsächlichen Beschäftigung. Davon ist zu unterscheiden, ob er darüber hinaus auch berechtigt ist, die Entgegennahme der Arbeitsleistung als Erfüllung abzulehnen, sodass er nicht in Annahmeverzug kommt und deshalb auch von der Fortzahlung des Arbeitsentgelts befreit ist. Dass der Arbeitgeber die Arbeitsleistung ablehnen kann, wenn ihm die Weiterbeschäftigung unter Berücksichtigung der dem Arbeitnehmer zuzurechnenden Umstände nach Treu und Glauben nicht zuzumuten ist (s Rn 97), gilt im Grundsatz auch für den vorliegenden Fall, bevor die Zustimmung des Betriebsrats erteilt oder rechtskräftig ersetzt worden ist (BAG 11. 11. 1976 – 2 AZR 457/75, BAGE 28, 233 [245 f] = AP Nr 8 zu § 103 BetrVG 1972). Das BAG hat offen gelassen, ob der Annahmeverzug bei Rechtsunwirksamkeit der Kündigung nur dann ausgeschlossen ist, wenn der Arbeitgeber eine gerichtlich bestätigte Suspendierung vor- 118 genommen hat, oder ob es genügt, dass eine besonders schwerwiegende Pflichtverletzung vorliegt, die eine Weiterbeschäftigung als schlechthin unzumutbar erscheinen lässt. Der Arbeitgeber ist aber nicht schon dann von seiner Pflicht zur Weiterbeschäftigung und zur Fortzahlung der Vergütung befreit, sobald ein Gericht die Zustimmung zur Kündigung ersetzt und damit einen wichtigen Grund zur außerordentlichen Kündigung anerkannt hat (BAG 11. 11. 1976 – 2 AZR 457/75, BAGE 28, 233 [246]). Der Beschluss über die Zustimmungsersetzung muss vielmehr **Rechtskraft** erlangt haben.

9. Annahmeverzug und Freistellung

119 Für die Auswirkung einer Freistellung von der Arbeitsverpflichtung auf den Annahmeverzug ist zu unterscheiden:

120 Stellt der Arbeitgeber den Arbeitnehmer **einseitig** von der Arbeit frei, so ist das in der Regel nicht anders zu bewerten, als wenn er den Arbeitnehmer von der Arbeit nach Hause schickt, weil er ihn nicht beschäftigen will. Zur Begründung des Annahmeverzugs bedarf es dann weder eines tatsächlichen noch eines wörtlichen Angebots (BAG 6. 9. 2006 – 5 AZR 703/05, NZA 2007, 36 [38]); die übrigen Voraussetzungen des Annahmeverzugs müssen aber vorliegen (vgl BAG 29. 9. 2004 – 5 AZR 393/07, AP Nr 1 zu § 611 BGB Freistellung, dessen Ausführungen insoweit auf die einseitige Freistellung zu übertragen sind). Erfolgt die Freistellung *unwiderruflich* und fordert der Arbeitgeber den Arbeitnehmer auf, während der Dauer der Freistellung den verbleibenden Urlaub zu nehmen, so kann dadurch einerseits der Urlaubsanspruch erfüllt werden, andererseits eine Anrechnung nach S 2 auf das Urlaubsentgelt ausscheiden (Bauer NZA 2007, 409 [410]). Voraussetzung ist aber, dass der Arbeitgeber die Urlaubserteilung ausreichend klargestellt und entweder den Urlaubszeitraum konkret bestimmt oder dem Arbeitnehmer das Recht einräumt, dies selbst zu tun (BAG 6. 9. 2006 – 5 AZR 703/05, AP Nr 118 zu § 615 BGB; BAG 14. 5. 2013 – 9 AZR 760/11, DB 2013, 2155 [2156]; ErfK/Preis § 611a Rn 567); anderenfalls ist die Urlaubserteilung unwirksam, der Arbeitgeber schuldet Annahmeverzugslohn und der Arbeitnehmer kann ggf nach der rechtlichen Beendigung des Arbeitsverhältnisses Urlaubsabgeltung verlangen, § 7 Abs 4 BUrlG. Gleiches gilt, wenn der Arbeitgeber die Urlaubsvergütung vor Antritt des Urlaubs weder zahlt noch dies vorbehaltlos zusagt (BAG 10. 2. 2015 – 9 AZR 455/13, NZA 2015, 998 [999 f]). Erfolgt die Freistellung nur *widerruflich,* so erlischt zwar der Urlaubsanspruch nicht, jedoch ist ggf eine Anrechnung nach S 2 vorzunehmen.

121 Bei einer **einvernehmlichen** Freistellung wird dem Arbeitnehmer – meist unter Aufrechterhaltung des Lohnanspruchs – die Pflicht zur Arbeitsleistung erlassen (§ 397 BGB). Annahmeverzugsansprüche scheiden daher mangels erfüllbaren Anspruchs auf Arbeitsleistung aus (BAG 19. 3. 2002 – 9 AZR 16/01, NZA 2002, 1055 = juris Rn 29 f; BAG 17. 10. 2012 – 10 AZR 809/11, NZA 2013, 207 [210]; LAG Nürnberg 11. 2. 2015 – 4 Sa 638/13, nv; anders BAG 29. 9. 2004 – 5 AZR 393/07, AP Nr 1 zu § 611 BGB Freistellung, wo trotz einer Freistellungsvereinbarung Annahmeverzug angenommen wird). Dementsprechend kommt eine Anrechnung nach S 2 nicht in Betracht. Eine Anrechnung kann sich hier nur aus der Freistellungsvereinbarung ergeben, das BAG verlangt hier aber faktisch einen ausdrücklichen Vorbehalt (BAG 19. 3. 2002 – 9 AZR 16/01, NZA 2002, 1055 = juris Rn 39; BAG 17. 10. 2012 – 10 AZR 809/11, NZA 2013, 207 [210]; kritisch Bauer NZA 2007, 409 [411]).

Zu beachten ist, dass eine einvernehmliche Freistellung auch ohne ausdrückliche Vereinbarung erfolgen kann. Stellt der Arbeitgeber den Arbeitnehmer unwiderruflich frei, so kann das als Angebot auf Abschluss eines Erlassvertrages einzustufen sein, das der Arbeitnehmer durch Fernbleiben von der Arbeit nach § 151 BGB annehmen kann (BAG 19. 3. 2002 – 9 AZR 16/01, NZA 2002, 1055 = juris Rn 31 ff; ErfK/Preis § 615 Rn 87; **aA** MünchKomm/Henssler § 615 Rn 73); ob dies gewollt ist, ist durch Auslegung des Arbeitnehmerverhaltens zu bestimmen. Widerspricht der Arbeitnehmer, kommt ein solcher Erlassvertrag nicht zustande, der Arbeitgeber ist dann im Annahmeverzug (Nägele NZA 2008, 1039). In einer widerruflichen Freistellung ist hingegen typischerweise kein Angebot auf Abschluss eines Erlassvertrages zu sehen, der Arbeitgeber ist daher unabhängig von einem Widerspruch des Arbeitnehmers im Annahmeverzug. 122

V. Beendigung des Annahmeverzuges

Der Annahmeverzug des Dienstberechtigten endet für die Zukunft (ex nunc), wenn er bereit ist, die geschuldete Dienstleistung als Erfüllung entgegenzunehmen (s Rn 124 ff), oder wenn das Dienst- oder Arbeitsverhältnis beendet wird (s Rn 127 ff). Eine Beendigung des Annahmeverzuges kann auch dadurch eintreten, dass der Dienstverpflichtete seine Leistungsbereitschaft aufgibt oder die Fähigkeit verliert, die Leistung zu bewirken; im letzteren Fall darf die Unmöglichkeit aber nicht die Folge des Annahmeverzuges sein (s Rn 80 ff). Der Annahmeverzug endet schließlich, wenn die Parteien eine Freistellung des Arbeitnehmers von der Arbeitspflicht vereinbaren (s Rn 121). 123

1. Nachträgliche Annahme der Arbeitsleistung

Das Gesetz enthält keine ausdrückliche Bestimmung darüber, wie der Annahmeverzug beendet wird. Man hielt sie für überflüssig (vgl Staudinger/Feldmann [2014] § 293 Rn 23). Bei einem Dienstvertrag hat man zu beachten, dass die Dienstleistung wegen ihrer spezifischen Beschaffenheit immer schon *mit* und *wegen* der Nichtannahme unmöglich wird (s Rn 142 ff). Eine *nachträgliche* Annahme der Arbeitsleistung kann daher nur eine Rolle spielen, wenn die Dienstleistung ausnahmsweise nachholbar ist. Sieht man von diesem Fall ab, so kann es bei ihr nur darum gehen, dass bei einem durch den Dienstvertrag begründeten Dauerschuldverhältnis der Dienstberechtigte nachträglich die erforderliche Mitwirkungshandlung vornimmt, damit der Dienstverpflichtete die reale Dienstleistung erbringen kann. Der Annahmeverzug wird in diesem Fall *für die Zukunft* erst beseitigt, wenn der Dienstberechtigte sich gegenüber dem Dienstverpflichteten zur Annahme der Leistung bereit erklärt. Treu und Glauben gebieten allerdings, dass der Gläubigerverzug nicht schon mit dem Zugang der Bereitschaftserklärung endet, sondern erst mit dem Ablauf des Zeitraums, den der Schuldner unter normalen Umständen benötigt, um die Leistung nunmehr zu erbringen (s Staudinger/Feldmann [2014] § 293 Rn 25). Ist er ein neues Arbeitsverhältnis eingegangen, ist ihm eine angemessene Frist zu dessen Auflösung einzuräumen (MünchKomm/Henssler § 615 Rn 49). 124

Der Dienstverpflichtete muss sich daher, wenn er nicht seinerseits fristlos kündigt, grundsätzlich zur Verfügung des Dienstberechtigten halten (BAG 16. 5. 2012 – 5 AZR 251/11, NZA 2012, 971 [972]). Ist der Arbeitgeber nach Ausspruch einer unwirksamen 125

Kündigung in Annahmeverzug geraten, ändert die Beendigung des Rechtsstreits über die Wirksamkeit der Kündigung nichts am Annahmeverzug; will der Arbeitgeber diesen beenden, muss er daher die versäumte Arbeitsaufforderung nachholen (BAG 16. 5. 2012 – 5 AZR 251/11, NZA 2012, 971 [972]). Ein Arbeitgeber kann durch „Rücknahme" einer Kündigung einen zuvor begründeten Annahmeverzug nur beenden, wenn er den Arbeitnehmer mit „hinreichender Dringlichkeit" auffordert, zu einer bestimmten Zeit an einem bestimmten Ort die Arbeit wieder aufzunehmen (BAG 24. 5. 2017 – 5 AZR 251/16, juris Rn 25); nicht erforderlich ist es aber, bereits bei der Arbeitsaufforderung den konkreten Inhalt der vom Arbeitnehmer zu leistenden Dienste zu benennen (BAG 19. 1. 2016 – 2 AZR 449/15, NZA 2016, 1144 [1147]).

126 Macht der Arbeitgeber dem Arbeitnehmer ein Angebot anderweitiger Beschäftigung, so liegt darin keine Annahme der Dienste. Der Annahmeverzug wird hier also nicht dadurch beendet, dass der Arbeitnehmer es ablehnt, sich darauf einzulassen. Selbst wenn der Arbeitgeber sich bereit erklärt, die vertraglich geschuldete Dienstleistung entgegenzunehmen, liegt darin keine Annahme, wenn er sie nicht **als Erfüllung des Arbeitsvertrags** aus dem bestehenden Arbeitsverhältnis entgegennimmt, sondern die Annahme von der Begründung eines Reservearbeitsverhältnisses abhängig macht. Bei Kündigung eines Arbeitsverhältnisses wird daher der Annahmeverzug nicht dadurch beseitigt, dass der Arbeitgeber dem Arbeitnehmer vorsorglich einen für die Dauer des Kündigungsrechtsstreits befristeten neuen Arbeitsvertrag zu den bisherigen Bedingungen oder eine durch die rechtskräftige Feststellung der Wirksamkeit der Kündigung auflösend bedingte Fortsetzung des Vertrages anbietet und der Arbeitnehmer dieses Angebot ablehnt (vgl BAG 14. 11. 1985 – 2 AZR 98/85, BAGE 50, 164 = AP Nr 39 zu § 615 BGB; zur Problematik ausführlich Rn 99 ff). Hingegen führt die einvernehmliche Rücknahme der Kündigung zur Beendigung des Annahmeverzugs (BAG 17. 4. 1986 – 2 AZR 308/85, NZA 1987, 17 [18]), nicht aber die gerichtliche Feststellung der Unwirksamkeit der Kündigung, denn die Bereitschaft des Arbeitgebers, die Arbeitsleistung (wieder) entgegenzunehmen, muss dem Arbeitnehmer bekannt sein (MünchKomm/Henssler § 615 Rn 49).

2. Beendigung des Dienst- oder Arbeitsverhältnisses

127 Da der Annahmeverzug eine Verpflichtung zur Erbringung der Dienstleistung voraussetzt, endet er mit der rechtlichen Beendigung des Dienst- oder Arbeitsverhältnisses. Es entfällt aber nicht rückwirkend ein bereits eingetretener Annahmeverzug, sondern es kann nur kein (weiterer) Annahmeverzug mehr eintreten (vgl MünchKomm/Henssler § 615 Rn 47; HWK/Krause § 615 Rn 72).

128 Kann man eine unwirksame außerordentliche Kündigung in eine ordentliche Kündigung umdeuten (vgl Staudinger/Preis [2019] § 626 Rn 260), so ist für den Fall, dass die ordentliche Kündigung rechtswirksam ist, das Arbeitsverhältnis zum Zeitpunkt des nächstzulässigen Kündigungstermins aufgelöst, und damit endet auch der Annahmeverzug (ebenso MünchKomm/Henssler § 615 Rn 47; HWK/Krause § 615 Rn 72; ErfK/Preis § 615 Rn 71). Hat der Arbeitgeber in dem Rechtsstreit über die außerordentliche Kündigung sich aber nicht darauf berufen, dass die Kündigung zugleich als ordentliche anzusehen sei, so hindert ihn die Rechtskraft des der Klage stattgegebenen Urteils daran, nachträglich Tatsachen vorzubringen, die eine Umdeutung der außerordentlichen in eine ordentliche Kündigung begründen könnten (BAG 18. 6. 1965 –

5 AZR 351/64, AP Nr 2 zu § 615 BGB Böswilligkeit; vgl auch BAG 14. 8. 1974 – 5 AZR 497/73, AP Nr 3 zu § 13 KSchG 1969; siehe aber auch BAG 31. 5. 1979 – 2 AZR 473/77, AP Nr 50 zu § 256 ZPO). Der Ablauf der (hypothetischen) Kündigungsfrist hat in diesem Fall nicht zur Folge, dass der Annahmeverzug beendet ist (ebenso BAG 18. 6. 1965 – 5 AZR 351/64, AP Nr 2 zu § 615 BGB Böswilligkeit).

Wenn der Arbeitnehmer im Kündigungsschutzprozess obsiegt, inzwischen aber ein 129 neues Arbeitsverhältnis eingegangen ist, kann er nach **§ 12 KSchG** die Fortsetzung innerhalb einer Woche nach der Rechtskraft des Urteils gegenüber dem „alten" Arbeitgeber verweigern; in diesem Fall endet ein eventuell bestehender Annahmeverzugsanspruch rückwirkend an dem Tag, an dem er in das neue Arbeitsverhältnis eingetreten ist (§ 12 S 4 KSchG), womit allerdings nicht der Tag des Vertragsschlusses, sondern der der Arbeitsaufnahme gemeint ist. Der Annahmeverzug wird aber nicht bereits dadurch beendet, dass ein Arbeitnehmer nach § 9 KSchG den Auflösungsantrag stellt (vgl BAG 18. 1. 1963 – 5 AZR 200/62, AP Nr 22 zu § 615 BGB). Die gerichtliche Festsetzung des Auflösungszeitpunkts nach **§ 9 Abs 2 KSchG** hat allerdings zur Folge, dass ein Annahmeverzug nur bis zu diesem Zeitpunkt bestehen kann und daher möglicherweise rückwirkend entfällt (vgl BAG 16. 5. 1984 – 7 AZR 280/82, AP Nr 12 zu § 9 KSchG 1969; zur Verfassungsmäßigkeit BVerfG 29. 1. 1990 – 1 BvR 42/82, NZA 1990, 535). Da eine an sich unwirksame Kündigung mit Versäumnis der Klageerhebungsfrist ex tunc wirksam wird (§ 7 KSchG), fällt der Annahmeverzug rückwirkend weg; etwas anderes gilt bei erfolgreicher nachträglicher Klagezulassung nach § 5 KSchG (BAG 24. 11. 1994 – 2 AZR 179/94, NZA 1995, 263 [265]). Ein **Betriebsübergang** beendet den Annahmeverzug nicht, da sich der Eintritt des Erwerbers in die Rechte und Pflichten nach § 613a Abs 1 S 1 BGB auch auf tatsächliche Begebenheiten wie das annahmeverzugsbegründende Angebot bezieht (BAG 21. 3. 1991 – 2 AZR 577/90, NZA 1991, 726 [726 f]).

Ein eventuell bestehender Annahmeverzug endet nicht dadurch, dass eine Arbeit- 130 nehmerin, die dem Arbeitgeber zuvor eine Schwangerschaft angezeigt hat, nicht unverzüglich Mitteilung von deren vorzeitigen Ende macht. Die schuldhafte Verletzung dieser Pflicht begründet zwar Schadensersatzansprüche des Arbeitgebers, mit denen dieser gegebenenfalls aufrechnen kann, der zu ersetzende Schaden umfasst allerdings nicht das auf Grund des Annahmeverzugs geschuldete Entgelt (BAG 18. 1. 2000 – 9 AZR 932/98, NZA 2000, 1157 [1158 ff]; BAG 13. 11. 2001 – 9 AZR 590/99, AP Nr 37 zu § 242 BGB Auskunftspflicht).

3. Nachträgliche Unmöglichkeit zur Erbringung der Dienste

Der Annahmeverzug des Arbeitgebers endet schließlich, wenn die Arbeitsleistung 131 nachträglich unmöglich wird, ex nunc mit dem Eintritt der Unmöglichkeit der Leistung (BAG 18. 8. 1961 – 4 AZR 132/60, AP Nr 20 zu § 615 BGB; MünchKomm/Henssler § 615 Rn 50; ArbRBGB/Matthes § 615 Rn 65; Hueck/Nipperdey I 328; verneinend Staudinger/Nipperdey/Mohnen[11] § 615 Rn 27). Auch hier geht es darum, dass der Annahmeverzug nicht mehr eintritt, wenn der Schuldner außerstande ist, die Leistung zu bewirken (§ 297 BGB). Der Annahmeverzug endet aber nicht, wenn der Leistungsvollzug an einem Umstand auf Seiten des Arbeitgebers scheitert (s Rn 80 ff). Wird also die Unmöglichkeit durch die Nichtannahme der Dienstleistung herbeigeführt, so bleibt der Annahmeverzug bestehen. Daher hat ein Arbeitnehmer auch den Anspruch auf

Zahlung des Arbeitsentgelts, wenn er die Verbüßung einer Haftstrafe freiwillig im Hinblick auf den Annahmeverzug des Arbeitgebers angetreten hat, während er sie sonst im Wochenendvollzug verbüßt hätte (BAG 18. 8. 1961 – 4 AZR 132/60, AP Nr 20 zu § 615 BGB).

132 Schließt der Arbeitnehmer während des Annahmeverzugs des Arbeitgebers einen neuen Arbeitsvertrag mit einem Dritten ab, so wird damit weder das alte Arbeitsverhältnis ohne Weiteres beseitigt noch liegt darin eine Kündigung des alten Arbeitsverhältnisses. Dieser Fall führt auch nicht zu einer Beendigung des Annahmeverzugs (vgl RAG ARS 11, 363 [365]; s auch Rn 198 ff).

4. Darlegungs- und Beweislast

133 Für die Beendigung des Annahmeverzuges trifft den **Dienstberechtigten** die Darlegungs- und Beweislast.

VI. Rechtswirkungen des Annahmeverzuges

1. Vergütungsanspruch

a) Rechtsnatur

134 Ist der Dienstberechtigte im Annahmeverzug, so kann der Dienstverpflichtete für die infolge des Verzugs nicht geleisteten Dienste die vereinbarte Vergütung verlangen, ohne zur Nachleistung verpflichtet zu sein (S 1). Die Gesetzesverfasser haben die Pflicht des Dienstberechtigten zur Entgeltfortzahlung an die Voraussetzungen des Annahmeverzugs gebunden, um dadurch der Besonderheit der Dienstleistungsschuld Rechnung zu tragen, dass ihr „regelmäßig die Eigenschaft einer Art von Fixgeschäft beiwohne" (Jakobs/Schubert, Die Beratung des BGB, §§ 433–651 [1980] 770; s auch Rn 35). Der Anspruch auf Fortzahlung ist ein Erfüllungsanspruch, kein Schadensersatzanspruch; dementsprechend kommt ein anspruchsminderndes Mitverschulden (§ 254 BGB) nicht in Betracht (s Rn 8).

b) Lohnausfallprinzip

135 Der Dienstverpflichtete kann die **vereinbarte Vergütung** verlangen. Er hat Anspruch auf die Vergütung, die er erhalten hätte, wenn der Dienstberechtigte nicht in Annahmeverzug geraten wäre. Für die Berechnung gilt daher das Lohnausfallprinzip (ebenso MünchKomm/Henssler § 615 Rn 51; HWK/Krause § 615 Rn 79; ArbRBGB/Matthes § 615 Rn 70). Der Dienstverpflichtete muss sich jedoch den Wert desjenigen anrechnen lassen, was er infolge des Unterbleibens der Dienstleistung erspart oder durch anderweitige Verwendung seiner Dienste erwirbt oder zu erwerben böswillig unterlässt (S 2; s ausführlich Rn 148 ff).

136 Zur vereinbarten Vergütung gehört bei einem Arbeitnehmer nicht nur das Gehalt oder der Lohn im engeren Sinn, sondern die **gesamte Gegenleistung** des Dienstberechtigten (s Staudinger/Richardi/Fischinger [2016] § 611 Rn 1307 ff). Nicht notwendig ist auch, dass die Gegenleistung in einem Gegenseitigkeitsverhältnis zur Arbeitsleistung steht; es genügt, dass sie den Charakter einer Gegenleistung hat. Zu zahlen sind deshalb auch Sozialzulagen, Leistungszulagen, wie zB eine Gefahrenzulage (BAG 18. 6. 1958 – 4 AZR 590/55, AP Nr 6 zu § 615 BGB), Zeitzuschläge und auch Gratifikationen, die ein Arbeitnehmer ohne Annahmeverzug des Arbeitgebers von ihm erhalten hätte (BAG 18. 1. 1963 – 5 AZR 200/62, AP Nr 22 zu § 615 BGB). Nicht unter die Fortzahlungspflicht fallen dagegen die Leistungen, die nur dem Ersatz von Auslagen dienen, wie Fahrtkostenersatz, Schmutzzulagen, Beköstigungszulagen sowie Trinkgelder (vgl BAG 18. 6. 1958 – 4 AZR 590/55, AP Nr 6 zu § 615 BGB; LAG Hamburg 13. 2. 2008 – 5 Sa 69/07). Bestandteil des Arbeitsentgelts ist dagegen eine Aufwandsentschädigung, wenn der Arbeitnehmer mit ihr praktisch nach Belieben verfahren und sie auch zur Anhebung seines allgemeinen Lebensstandards verwenden kann (OLG Stuttgart 1. 8. 1986 – 2 U 13/86, BB 1986, 2419).

Bei einer **zeitbezogenen Vergütung** kommt es regelmäßig nur darauf an, für welchen Zeitraum der Dienstberechtigte in Annahmeverzug geraten ist (vgl HWK/Krause § 615 Rn 80). Hätte ein Arbeitnehmer während dieser Zeit Überstunden geleistet, so gehört die Mehrarbeitsvergütung zum Verzugslohn, auch wenn die ihr zugrunde liegende Arbeitszeit arbeitszeitrechtlichen Vorschriften widerspricht (BAG 18. 9. 2001 – 9 AZR 307/00, AP Nr 37 zu § 611 BGB Mehrarbeitsvergütung). Soweit das **Arbeitsentgelt leistungsbezogen** ist (s Staudinger/Richardi/Fischinger [2016] § 611 Rn 1411 ff), hat der Arbeitnehmer Anspruch auf den Geldbetrag, den er während des Annahmeverzuges mutmaßlich verdient hätte; hier ist ggf zu schätzen, § 287 Abs 2 ZPO (BAG 18. 9. 2001 – 9 AZR 307/00, NZA 2002, 268 [270]; ErfK/Preis § 615 Rn 77). Abgestellt werden kann auf den verdienten Leistungslohn eines vergleichbaren Arbeitnehmers; haben sich die Verhältnisse nicht wesentlich geändert, so kann auch der Durchschnittsverdienst eines zurückliegenden Zeitraums von im Regelfall drei Monaten zugrunde gelegt werden (so ArbRBGB/Matthes § 615 Rn 74). 137

Besteht die Vergütung in **Naturalleistungen** (s zum Naturallohn Staudinger/Richardi/Fischinger [2016] § 611 Rn 1398 ff), so ist sie ebenfalls wie bisher nach Art und Umfang zu gewähren. Es kann Ersatz in Geld begehrt werden, wenn ohne Dienstannahme die Naturalleistung nicht durchführbar ist. Für die Berechnung gilt § 17 Abs 1 S 1 Nr 1 SGB IV iV mit der Sozialversicherungsentgeltverordnung 2014 entsprechend (ebenso MünchKomm/Henssler § 615 Rn 59; ArbRBGB/Matthes § 615 Rn 78). Ist dem Arbeitnehmer ein Dienstwagen zur Privatnutzung überlassen (dazu auch Staudinger/Richardi/Fischinger [2016] § 611 Rn 942, 1405 ff, 1499, 1581) und entzieht der Arbeitgeber ihm diese Nutzung unberechtigt, ist nicht über §§ 611, 615 S 1 BGB, sondern über § 280 Abs 1, 3 iVm § 283 BGB zu verfahren (so auch BAG 23. 6. 1994 – 8 AZR 537/92, AP Nr 34 zu § 249 BGB; offen gelassen von BAG 5. 9. 2002 – 8 AZR 702/01, NZA 2003, 973 [975]; ArbG Lörrach 22. 8. 1975 – 1 Ga 9/75, DB 1975, 2186; BeckOK-BGB/Fuchs/Baumgärtner § 615 Rn 30; **aA** [für Anwendung der §§ 611, 615 S 1] hingegen MünchKomm/Henssler § 615 Rn 59); eine Bemessung in Form von 1 % des Listenpreises des Firmenwagens pro Monat begegnet dabei keinen Bedenken (BAG 19. 12. 2006 – 9 AZR 294/06, AP Nr 21 zu § 611 BGB Sachbezüge). 138

Der Vergütungsanspruch unterliegt den Bestimmungen, die für die **Zahlung des Arbeitsentgelts** aufgestellt sind. Ist der Dienstverpflichtete Arbeitnehmer, so hat er – wenn nicht ausnahmsweise eine Nettolohnvereinbarung getroffen wurde – nur Anspruch auf Auszahlung des um die gesetzlichen Lohnabzüge gekürzten Arbeitsentgelts (vgl BAG 15. 1. 1997 – 7 AZR 873/95, NZA 1997, 897; s auch Staudinger/Richardi/Fischinger [2016] § 611 Rn 1629 ff). Es gelten weiterhin die Bestimmungen über die Sicherung des Arbeitsentgelts (s Staudinger/Richardi/Fischinger [2016] § 611 Rn 1579 ff). Der Anspruch wird fällig, wie wenn die Dienste tatsächlich erbracht worden wären 139

(BAG 10. 4. 1963 – 4 AZR 95/62, AP Nr 23 zu § 615 BGB), und zwar auch bei Betriebsübergang (BAG 13. 2. 2003 – 8 AZR 236/02, AP Nr 244 zu § 613a BGB). Ab Fälligkeit können Verjährungs- und Ausschlussfristen zu laufen beginnen (zur Anwendung der regelmäßigen Verjährungsfrist auf den Anspruch aus § 615 vgl BAG 11. 10. 2017 – 5 AZR 694/16, NZA 2018, 390 [391]). Durch klageweise Geltendmachung des Zahlungsanspruchs wird der Fristlauf gehemmt (§ 204 Abs 1 Nr 1 BGB), grundsätzlich aber nicht durch Kündigungsschutzklage (BAG 1. 2. 1960 – 5 AZR 20/58, AP Nr 1 zu § 209 BGB; BAG 11. 10. 2017 – 5 AZR 694/16, NZA 2018, 390 [391]). Etwas anderes gilt, wenn Ansprüche betroffen sind, die vom Ausgang des Kündigungsschutzverfahrens abhängen (BAG 26. 4. 2006 – 5 AZR 403/05, NZA 2006, 845; BAG 19. 3. 2008 – 5 AZR 429/07, NZA 2008, 757 [759 f]; BAG 17. 11. 2009 – 9 AZR 745/08; BAG 24. 6. 2015 – 5 AZR 509/13); diese Grundsätze sind allgemein auf Klagen zu übertragen, mit denen der Bestand des Arbeitsverhältnisses geltend gemacht wird (BAG 23. 9. 2009 – 5 AZR 518/08, NZA 2010, 781 [783 f]). Im Übrigen hilft die Erhebung einer Kündigungsschutzklage nicht, soweit es um die Wahrung der zweiten Stufe einer zweistufigen Ausschlussfrist geht; hingegen ist in ihr regelmäßig die schriftliche Geltendmachung iS der ersten Stufe zu sehen (BAG 19. 3. 2008 – 5 AZR 429/07, NZA 2008, 757 [759]). Eine Klausel in einer Betriebsvereinbarung, die von den Arbeitnehmern verlangt, bereits während eines laufenden Kündigungsschutzprozesses Ansprüche auf Annahmeverzug, die vom Ausgang des Verfahrens abhängen, gerichtlich geltend zu machen, ist als unverhältnismäßige Belastung der Arbeitnehmer unwirksam (BAG 12. 12. 2006 – 5 AS 19/05, NZA 2006, 453 [455 ff]).

c) Erlöschen durch Verzicht

140 Der Vergütungsanspruch kann **erlassen** werden (§ 397 BGB). Handelt es sich aber um ein **Arbeitsverhältnis**, so hängt die Zulässigkeit davon ab, ob und inwieweit § 615 S 1 BGB abdingbar ist (s Rn 10 ff). Die Festlegung der Unabdingbarkeit hat hier nämlich denselben Zweck, wie das für Rechte aus einem Tarifvertrag oder einer Betriebsvereinbarung festgelegte Prinzip, dass unverzichtbar ist, was unabdingbar ist. Soweit – wie im Regelfall – § 615 S 1 BGB abdingbar ist, stellt sich die Frage, ob ein Erlass auch tarifliche Rechte oder Rechte aus einer Betriebsvereinbarung erfasst; denn der Verzicht auf entstandene tarifliche Rechte ist nur in einem von den Tarifvertragsparteien gebilligten Vergleich zulässig (§ 4 Abs 4 S 1 TVG). Auch ein Verzicht auf die durch eine Betriebsvereinbarung eingeräumten Rechte kann nur mit Zustimmung des Betriebsrats erfolgen (§ 77 Abs 4 S 2 BetrVG; s auch Staudinger/Richardi/Fischinger [2016] § 611 Rn 805 ff). Da kein Verzicht auf diese durch Kollektivnorm eingeräumten Rechte vorliegt, wenn der Arbeitnehmer sich mit einer Verkürzung der Arbeitszeit oder sogar mit einer Beurlaubung einverstanden erklärt, muss es auch möglich sein, dass der Arbeitgeber, soweit § 615 S 1 BGB abdingbar ist, nachträglich mit dem Arbeitnehmer vereinbart, dass die Nichtannahme der Dienste keinen Annahmeverzug darstellt (ebenso MünchKomm/Henssler § 615 Rn 53). Eine derartige Abrede gilt aber nicht gegenüber der Bundesagentur für Arbeit, soweit der Entgeltanspruch als Folge einer cessio legis (§ 115 SGB X) bereits auf sie übergegangen ist (vgl BAG 17. 4. 1986 – 2 AZR 308/85, AP Nr 40 zu § 615 BGB).

2. Nachleistung der Dienste

141 Der Dienstverpflichtete hat den Anspruch auf die vereinbarte Vergütung, ohne zur Nachleistung der nicht geleisteten Dienste verpflichtet zu sein. Darin kommt zum Ausdruck, dass die Dienstleistungsschuld eine zeitbestimmte Leistung zum Gegenstand hat. Die **Nachholung der Dienste** ist eine **andere Leistung als die ursprünglich geschuldete Dienstleistung** (s auch Rn 36, 43).

Aus dem Dienstvertrag kann sich aber ergeben, dass der Dienstverpflichtete die Dienstleistung nachholen muss. Dies bedeutet aber nicht, dass er für die Zeit des Annahmeverzuges keinen Anspruch auf die vereinbarte Vergütung hat. Ein derartiger Ausschluss besteht vielmehr nur, soweit § 615 BGB abbedungen ist. Soweit dies nicht erfolgt oder nicht zulässig ist, hat der Dienstverpflichtete den Anspruch auf die vereinbarte Vergütung während des Annahmeverzuges sowie auf eine entsprechende Vergütung für die nachgeleistete Dienstleistung. 142

3. Urlaubsanspruch und Annahmeverzug

Die **Dauer des Annahmeverzuges** kann man nicht nachträglich auf den Urlaub eines Arbeitnehmers anrechnen. Selbst eine eindeutige Erklärung des Arbeitgebers, der Arbeitnehmer solle eine bestimmte Zeit zu Erholungszwecken verwenden, ist keine rechtswirksame Erteilung des Urlaubs, wenn der Arbeitgeber nicht gleichzeitig Urlaubsentgelt zahlt (BAG 9. 1. 1979 – 6 AZR 647/77, AP Nr 4 zu § 1 BUrlG). 143

Der **Anspruch auf Urlaubserteilung** besteht aber grundsätzlich nur im Urlaubsjahr (s Staudinger/Richardi/Fischinger [2016] § 611 Rn 1846 ff). Das gilt auch, wenn der Arbeitgeber im Annahmeverzug ist (BAG 1. 12. 1983 – 6 AZR 299/80, BAGE 44, 278 [283 f] = AP Nr 15 zu § 7 BUrlG Abgeltung). Ein Arbeitnehmer muss daher seinen Urlaubsanspruch auch während des Annahmeverzugs seines Arbeitgebers geltend machen; denn nur durch eine entsprechende Aufforderung kann er nach der Rechtsprechung des BAG den Arbeitgeber in Schuldnerverzug setzen, sodass auch nach Ablauf des Urlaubsjahres, also dem Eintritt der Unmöglichkeit, dem Arbeitnehmer dieser Anspruch jedenfalls als Schadensersatzanspruch erhalten bleibt (BAG 1. 12. 1983 – 6 AZR 299/80, BAGE 44, 278 [284]; s auch Staudinger/Richardi/Fischinger [2016] § 611 Rn 1847). Die Erhebung einer Kündigungsschutzklage hat grundsätzlich nicht die Geltendmachung von Urlaubsansprüchen des Arbeitnehmers zum Inhalt (BAG 1. 12. 1983 – 6 AZR 299/80, BAGE 44, 278 [282]). 144

4. Andere Rechtsbehelfe

Der Dienstverpflichtete ist nicht gezwungen, den Verzug nach § 615 BGB geltend zu machen. Er kann uU auch bei seinen anderen Rechtsbehelfen stehenbleiben, die ihm die Regeln über den Annahmeverzug gewähren. So kann er nach § 304 BGB Ersatz der Mehraufwendungen für das erfolglose Angebot verlangen. 145

Bei einem Arbeitgeber kann in der Nichtannahme der Dienste zugleich eine Verletzung seiner Beschäftigungspflicht liegen (s zur Beschäftigungspflicht Staudinger/Richardi/Fischinger [2016] § 611 Rn 1694 ff). Hat er sie zu vertreten und befindet er sich im Schuldnerverzug, so hat der Arbeitnehmer Anspruch auf Schadensersatz (ebenso MünchKomm/Henssler § 615 Rn 61; Hueck/Nipperdey I 384); einer Mahnung bedarf es nicht, wenn die Leistung kalendermäßig bestimmt ist (§ 286 Abs 2 Nr 1 BGB). Geltend machen kann der Arbeitnehmer auch Zinsansprüche wegen des Annahmeverzugslohns (§§ 280 Abs 2, 286, 288, 291 BGB), wobei sich die Zinsen aus dem Bruttolohn berechnen (s Staudinger/Richardi/Fischinger [2016] § 611 Rn 1685). 146

5. Gerichtliche Geltendmachung

147 Der Arbeitnehmer muss einen bezifferten Klageantrag stellen, wozu auch gehört, dass der anzurechnende Betrag hinreichend bestimmt wird (BAG 15. 11. 1978 – 5 AZR 199/77, AP Nr 14 zu § 613a BGB). Der Leistungsantrag auf Anspruch aus Annahmeverzug kann mit der Kündigungsschutzklage in kumulativer Klagehäufung geltend gemacht werden; hängt die Entscheidung über die Annahmeverzugsklage von der Wirksamkeit der Kündigung ab und ist die Wirksamkeit der Kündigung Gegenstand eines anhängigen Revisionsverfahrens, so ist der Rechtsstreit bis zur Entscheidung des BAG auszusetzen (§ 148 ZPO) oder alternativ die Revision zuzulassen (BAG 11. 1. 2006 – 5 AZR 125/05, NZA 2006, 313 [315]). Der Annahmeverzug ist kein Rechtsverhältnis iSd § 256 Abs 1 ZPO, ein Feststellungsantrag scheidet daher aus (BGH 31. 5. 2000 – XII ZR 41/98, NJW 2000, 2663 [2664]; LAG Berlin 20. 1. 2005 – 13 Sa 2210/04, juris Rn 23). Eine einstweilige Verfügung auf Vergütungsfortzahlung kommt nur in Notfällen in Betracht und ist auf die Höhe des Existenzminimums begrenzt (LAG Hamburg 6. 5. 1986 – 1 Ta 7/86, DB 1986, 1629; MünchKomm/Henssler § 615 Rn 127).

VII. Anrechnung anderweitigen Verdienstes*

1. Grundsatz

148 **a)** Der Dienstverpflichtete soll keine Vorteile dadurch erlangen, dass er die vereinbarte Vergütung verlangen kann, ohne zur Nachleistung der nicht geleisteten Dienste verpflichtet zu sein. Er muss sich deshalb auf den Annahmeverzugslohn anrechnen lassen, was er infolge des Unterbleibens der Dienstleistung **erspart** oder durch **anderweitige Verwendung seiner Dienste erwirbt oder zu erwerben böswillig unterlässt** (§ 615 S 2 BGB). Umgekehrt soll der Arbeitnehmer zwar durch den Annahmeverzug weder schlechter noch besser stehen, wie wenn er beim Arbeit-

* **Schrifttum**: Bayreuther, Böswilliges Unterlassen eines anderweitigen Erwerbs im gekündigten Arbeitsverhältnis, NZA 2003, 1365; Boecken, Berücksichtigung anderweitigen Erwerbs gem § 615 S 2 BGB, NJW 1995, 3218; Bonn, Die Fälle der Anrechnung im Dienstvertrag nach BGB und GewO (1905); Bork, Abberufung des Fremdgeschäftsführers, NZA 2015, 199; Fritz/Erren, Der Zumutbarkeitsbegriff im Sinne von § 615 S 2 BGB, § 11 Nr 2 KSchG und seine Auswirkungen auf die Praxis, NZA 2009, 1242; Gumpert, Anrechnung von anderweitigem Erwerb des Arbeitnehmers während des Kündigungsschutzprozesses, BB 1964, 1300; Kamann, Böswillig unterlassener Erwerb im Annahmeverzug des Arbeitgebers (2014); Kühn, Zur Methode der Anrechnung anderweitigen Erwerbs nach § 615 Satz 2 BGB (2008); Lostermann, Die Erwerbsanrechnung beim Annahmeverzug des Arbeitgebers (2011); Nägele, Freistellung und anderweitiger Erwerb, NZA 2008, 1039; Nübold, Die Methode der Anrechnung anderweitigen Verdienstes nach § 615 Satz 2 BGB, RdA 2004, 31; Oertmann, Die Vorteilsausgleichung (1901); Ricken, Annahmeverzug und Prozessbeschäftigung während des Kündigungsrechtsstreits, NZA 2005, 323; Sandmann, Böswilliges Unterlassen anderweitigen Verdienstes während des Annahmeverzugs des Arbeitgebers, RdA 2004, 247; Schirge, Böswilliges Unterlassen anderweitigen Erwerbs nach § 615 Satz 2 im gekündigten Arbeitsverhältnis, DB 2000, 1278; Spirolke, Der – böswillig unterlassene – anderweitige Erwerb iS der § 615 BGB, § 611 KSchG, NZA 2001, 707; Wildhagen, Böswilliges Unterlassen anderweitigen Erwerbs des Arbeitnehmers im Annahmeverzug des Arbeitgebers (2013); s zum älteren Schrifttum auch die Nachw von Staudinger/Richardi[12] § 615 Fn vor Rn 133.

geber gearbeitet hätte. Die Anrechnung beschränkt sich aber nicht auf einen Vorteilsausgleich, sondern erfolgt selbst bei Eintritt eines Nachteils, wenn der Dienstverpflichtete es böswillig unterlassen hat, durch anderweitige Verwendung seiner Dienste eine Vergütung zu erwerben. Die Bestimmung entspricht §§ 326 Abs 2 S 2, 616 S 2, 617 Abs 1 BGB sowie § 74c HGB (vgl STAUDINGER/SCHWARZE [2015] § 326 Rn C 89). S 2 enthält eine bloße **Obliegenheit** des Arbeitnehmers, seine Arbeitskraft anderweitig einzusetzen, statuiert aber keine Pflicht hierzu (MünchKomm/HENSSLER § 615 Rn 62).

b) Bei einem **Arbeitsverhältnis** verdrängt **§ 11 KSchG als lex specialis** in seinem Anwendungsbereich die Anrechnungsvorschrift des § 615 S 2 BGB (s Rn 17). Er unterscheidet sich nur dadurch, dass im Gegensatz zu § 615 S 2 BGB nicht anzurechnen ist, was der Arbeitnehmer infolge des Unterbleibens der Arbeitsleistung erspart. Der RegE zum KSchG hatte insoweit noch eine Anrechnungspflicht vorgesehen; der BT-Ausschuss für Arbeit hat diese Vorschrift aber im Hinblick auf die Geringfügigkeit der in Betracht kommenden Beträge gestrichen, um „nicht kleinlich zu verfahren“ (vgl HUECK KSchG [1951] § 9 Rn 6); mit Art 3 Abs 1 GG ist diese Unterscheidung nicht zu vereinbaren (MünchKomm/HENSSLER § 615 Rn 65; die vom LAG Nürnberg 9. 3. 2010 – 7 Sa 430/09, DB 2010, 1070 angestrengte Richtervorlage hat das BVerfG als unzulässig verworfen [24. 6. 2010 – 1 BvL 5/10]). Außerdem ist festgelegt, dass der Arbeitnehmer sich anrechnen lassen muss, was ihm an öffentlich-rechtlichen Leistungen infolge Arbeitslosigkeit aus der Sozialversicherung, der Arbeitslosenversicherung, der Sicherung des Lebensunterhalts nach dem Zweiten Buch Sozialgesetzbuch oder der Sozialhilfe für die Zwischenzeit gezahlt worden ist (§ 11 Nr 3 KSchG; s auch Rn 155). Bezieht ein Arbeitnehmer während des Annahmeverzugs Arbeitslosengeld und unterlässt er zugleich böswillig einen möglichen und ihm zumutbaren Erwerb, erfolgt eine proportionale Zuordnung der Anrechnung nach § 11 S 1 Nr 1 und Nr 2 KSchG (BAG 11. 1. 2006 – 5 AZR 125/05, NZA 2006, 313 [314]). **149**

Die Anrechnungsvorschrift des § 11 KSchG gilt unmittelbar nach ihrem gesetzessystematischen Zusammenhang nur bei einer ordentlichen Kündigung, deren Rechtsunwirksamkeit das Arbeitsgericht gemäß § 4 KSchG feststellt. Kraft gesetzlicher Verweisung gilt § 11 KSchG aber auch nach einer außerordentlichen Kündigung, deren Rechtsunwirksamkeit gemäß § 13 Abs 1 S 2 KSchG nach Maßgabe des § 4 KSchG geltend gemacht wird (§ 13 Abs 1 S 5 KSchG). Die Verweisung auf § 11 KSchG gilt – obwohl überflüssig – weiterhin bei einer sittenwidrigen Kündigung (§ 13 Abs 2 KSchG) und bei der Rechtsunwirksamkeit einer Kündigung gem § 15 KSchG (§ 16 S 2 KSchG). Sie findet zudem analog auf den **Urlaubsanspruch** Anwendung, wenn ein Arbeitnehmer, dem ordentlich gekündigt wurde, nach Ablauf der Kündigungsfrist nicht weiterbeschäftigt wird und der daher in der Lage ist, ein zweites Arbeitsverhältnis einzugehen, dort zu arbeiten, und ihm in dessen Rahmen Erholungsurlaub gewährt wird (BAG 21. 2. 2012 – 9 AZR 487/10, NZA 2012, 793 [795]). § 11 KSchG findet hingegen keine Anwendung, wenn die Arbeitsvertragsparteien die Beendigung des Arbeitsverhältnisses im Wege eines Prozessvergleiches geregelt haben (BAG 24. 2. 2016 – 5 AZR 425/15, NZA 2016, 687 [688]). **150**

Die Anrechnung ist **keine Aufrechnung** oder Zurückbehaltung. Der Dienstberechtigte hat keinen selbständigen Anspruch, sondern nur ein Leistungsverweigerungsrecht (s STAUDINGER/RICHARDI/FISCHINGER [2016] § 611 Rn 1636 f). Die Kürzung findet ohne **151**

Rücksicht auf die in §§ 850 ff ZPO festgelegten Pfändungsgrenzen statt, weil der Arbeitnehmer die entsprechenden Leistungen schon erhalten hat (MünchKomm/Henssler § 615 Rn 63; Nikisch I 439). Hat der Dienstberechtigte in Unkenntnis von dem anderweitigen Verdienst die Anrechnung nicht vorgenommen, so hat er einen **Rückforderungsanspruch** unter dem Gesichtspunkt der ungerechtfertigten Bereicherung (§ 812 Abs 1 S 1 Alt 1 BGB; vgl RG 12. 7. 1904 RGZ 58, 402 [405]; BAG 6. 2. 1964 – 5 AZR 93/63, BAGE 15, 258 [261] = AP Nr 24 zu § 615 BGB; BAG 29. 7. 1993 – 2 AZR 110/93, BAGE 74, 28 [35] = AP Nr 52 zu § 615 BGB; MünchKomm/Henssler § 615 Rn 64). Diesen Anspruch hat er auch, wenn er rechtskräftig zur Zahlung der Vergütung verurteilt wurde (vgl BAG 29. 7. 1993 – 2 AZR 110/93, BAGE 74, 28 [34 f]).

152 **c)** Da es sich bei S 2 nicht um einen selbständigen Gegenanspruch handelt, ist er nur anwendbar, wenn sich der Arbeitgeber im Annahmeverzug befindet. Bedeutung hat das vor allem bei der einvernehmlichen Freistellung (s näher Rn 121).

153 **d)** Wie § 615 S 1 BGB ist die Anrechnungsbestimmung des S 2 grundsätzlich **abdingbar** (BAG 6. 2. 1964 – 5 AZR 93/63, BAGE 15, 258 [259] = AP Nr 24 zu § 615 BGB). Richtet sich die **Anrechnung** aber **nach § 11 KSchG**, so ist diese Bestimmung **insoweit zwingend**, als von ihr **nicht zu Lasten des Arbeitnehmers abgewichen** werden kann (ebenso MünchKomm/Hergenröder KSchG § 11 Rn 2; HWK/Krause § 615 Rn 87; **aA** Schaub AR-Blattei SD 80 Rn 3). Aber auch soweit § 615 S 2 BGB Anwendung findet, kann er bei **gewerbsmäßiger Arbeitnehmerüberlassung** nicht durch eine erweiterte Anrechnungsregelung zu Lasten des Leiharbeitnehmers verschärft werden. Dass gem § 11 Abs 4 S 2 HS 2 AÜG § 615 S 2 BGB unberührt bleibt, ist nur eine Klarstellung im Zusammenhang mit der im HS 1 getroffenen Anordnung, dass das Recht des Leiharbeitnehmers auf Vergütung bei Annahmeverzug des Verleihers (§ 615 S 1 BGB) nicht durch Vertrag aufgehoben oder beschränkt werden kann. Lediglich die Anrechnung in den Grenzen des § 615 S 2 BGB ist zulässig, nicht aber eine Verschärfung der Anrechnungsregelung durch Vertrag. Soweit keine besondere Vorschrift einschlägig ist, ist S 2 zwar auch zu Lasten des Arbeitnehmers abdingbar, der Arbeitgeber darf aber nicht generell durch eine Verschärfung der Anrechnungsregelung das ihn treffende Arbeitsentgeltrisiko auf den Arbeitnehmer verlagern (s Rn 11 f). Eine Abbedingung zu Gunsten des Arbeitgebers ist hingegen zulässig.

2. Gegenstand der den Anspruch mindernden Anrechnung

a) Ersparnisse

154 Anzurechnen ist der Wert des durch die Nichtleistung der Dienste Ersparten, zB Bahnfahrten und Arbeitskleidung sowie Kosten für Gehilfen. Zwischen den **ersparten Aufwendungen** und der **zu erbringenden Arbeitsleistung** muss aber ein **unmittelbarer Zusammenhang** bestehen. Er ist nicht gegeben, wenn der Arbeitnehmer während der beschäftigungslosen Zeit seine Hausangestellte entlassen und die Hausarbeit selbst verrichtet hat (vgl LAG Düsseldorf 23. 6. 1956 – 5 Sa 100/56, DB 1956, 920).

155 Soweit § 11 KSchG Anwendung findet (s Rn 149 f), sind die Ersparnisse nicht anzurechnen; denn § 11 KSchG kennt insoweit keine Anrechnungspflicht, mit Art 3 Abs 1 GG ist diese Unterscheidung nicht vereinbar (s Rn 149).

b) Anderweitiger Erwerb

Der Dienstverpflichtete muss sich weiterhin den **Wert des Erwerbs** anrechnen lassen, den er dadurch erzielt hat, dass er statt der versprochenen Dienste **anderweitig Dienste geleistet** und dazu Arbeitskraft verwendet hat. Der anderweitige Erwerb muss aber **kausal durch das Freiwerden der Arbeitskraft** erst ermöglicht worden sein und darauf beruhen (s Rn 162). 156

Dem anderweitigen Erwerb steht es gleich, wenn der Dienstverpflichtete es böswillig unterlässt, von der Möglichkeit anderweitigen Erwerbs Gebrauch zu machen (s ausführlich Rn 166 ff). 157

Der Anrechnung unterliegt nur, was der Dienstverpflichtete durch **Verwendung seiner Dienste** anderweitig erworben hat. Erhält er während des Annahmeverzugs zu seiner Unterstützung von anderer Seite Leistungen, so sind sie nicht anzurechnen; denn derartige Leistungen sollen dem Dienstverpflichteten, nicht dem Dienstberechtigten zugutekommen. 158

Soweit § 11 KSchG Anwendung findet (s Rn 149 f), muss ein Arbeitnehmer sich aber anrechnen lassen, was ihm an **öffentlich-rechtlichen Leistungen** infolge Arbeitslosigkeit aus der Sozialversicherung, der Arbeitslosenversicherung, der Sicherung des Lebensunterhalts nach dem Zweiten Buch Sozialgesetzbuch oder der Sozialhilfe für die Zwischenzeit gezahlt worden ist (§ 11 Nr 3 KSchG). Diese Beträge hat der Arbeitgeber der Stelle zu erstatten, die sie geleistet hat (§ 11 Nr 3 S 2 KSchG). § 615 S 2 BGB enthält keine dem § 11 Nr 3 KSchG entsprechende Bestimmung. Sie ist auch überflüssig; denn nach § 115 SGB X geht, soweit der Arbeitgeber den Anspruch des Arbeitnehmers auf Arbeitsentgelt nicht erfüllt und deshalb ein Leistungsträger öffentlich-rechtliche Sozialleistungen (einschließlich Arbeitslosengeld und Arbeitslosenhilfe) erbracht hat, der Anspruch des Arbeitnehmers gegen den Arbeitgeber auf den Leistungsträger bis zur Höhe der erbrachten Sozialleistungen über. Für eine Anrechnung fehlen daher die Voraussetzungen, weil ein gesetzlicher Forderungsübergang stattfindet (ebenso MünchKomm/Henssler § 615 Rn 72; ArbRBGB/Matthes § 615 Rn 96; ErfK/Preis § 615 Rn 94). 159

3. Umfang der den Anspruch mindernden Anrechnung

a) Die Bestimmung des § 615 S 2 BGB kann ihrem Wortsinn nach nur dahingehend verstanden werden, dass die **ganze Zeit**, für die die Dienste noch zu leisten waren und nicht angenommen sind, in Betracht gezogen werden muss und dass dem Anspruch des Dienstverpflichteten auf die vereinbarte Vergütung für diese Zeit gegenüberzustellen ist, was er **während dieser Zeit erspart bzw anderweitig erwirbt oder zu erwerben böswillig unterlässt** (**Prinzip der Gesamtberechnung**; vgl RG 12. 7. 1904 RGZ 58, 402 ff; BAG 29. 7. 1993 – 2 AZR 110/93, BAGE 74, 28 [33] = AP Nr 52 zu § 615 BGB; BAG 24. 8. 1999 – 9 AZR 804/98, AP Nr 1 zu § 615 BGB Anrechnung; BAG 22. 11. 2005 – 1 AZR 407/04, NZA 2006, 736 [738]; zu § 11 KSchG BAG 1. 3. 1958 – 2 AZR 533/55, BAGE 5, 217 [218 f] = AP Nr 1 zu § 9 KSchG 1951; BAG 16. 5. 2012 – 5 AZR 251/11, NZA 2012, 971 [973]; BAG 24. 2. 2016 – 5 AZR 425/15, NZA 2016, 687 [688]). Von einer Anrechnung nach einzelnen Zeitabschnitten ist im Gesetz keine Rede (ebenso Tillmanns, MünchArbR § 76 Rn 68; HWK/Krause § 615 Rn 89; MünchKomm/Schaub[3] § 615 Rn 64; **aA** LAG Düsseldorf 1. 9. 2005 – 5 Sa 212/05, DB 2005, 2585; ArbRBGB/Matthes § 615 Rn 95; Kühn, Methode der Anrechnung 160

[2008], passim; ErfK/Preis § 615 Rn 92; Gumpert BB 1964, 1300 [1301]; BeckOGK/Bieder [1. 8. 2018] § 615 Rn 77; Boecken NJW 1995, 3218 ff; Nübold RdA 2004, 31 [32 ff]). Damit wird sichergestellt, dass der Arbeitnehmer keinen Vorteil aus dem Annahmeverzug zieht (s zu diesem Zweck Rn 148). Relevant wird das, wenn der Verdienst des Arbeitnehmers in manchen Zeitabschnitten den Annahmeverzug übersteigt, in anderen aber dahinter zurückbleibt.

161 Ein **anderweitiger Verdienst des Dienstverpflichteten** ist also auf die **Vergütung für die gesamte Dauer des Annahmeverzuges anzurechnen** und nicht nur auf die Vergütung für den Zeitabschnitt, in dem der anderweitige Erwerb (pro rata temporis) gemacht wurde. Entsprechend ist zunächst die Vergütung für die infolge des Verzuges nicht geleisteten Dienste zu ermitteln und diese Gesamtvergütung mit dem zu vergleichen, was der Arbeitnehmer in der betreffenden Zeit anderweitig verdient hat (BAG 16. 5. 2012 – 5 AZR 251/11, NZA 2012, 971 [973]). In die Ermittlung der Gesamtvergütung werden auch solche Ansprüche des Dienstverpflichteten einbezogen, die erloschen sind, weil er sie nicht rechtzeitig geltend gemacht hat (vgl BAG 24. 8. 1999 – 9 AZR 804/98, AP Nr 1 zu § 615 BGB Anrechnung). Erteilt der Dienstverpflichtete keine hinreichende Auskunft über die von ihm anderweitig erzielten Einkünfte, so kann der Dienstberechtigte zur Milderung der ihn treffenden Darlegungs- und Beweislast in entsprechender Anwendung von **§ 74c Abs 2 HGB Anspruch auf Auskunft** über die tatsächlichen Umstände verlangen, die nach S 2 das Erlöschen seiner Zahlungsverpflichtung bewirken (s näher Rn 179). Erteilt der Dienstverpflichtete die verlangte Auskunft nicht, so kann der Dienstberechtigte die Fortzahlung des Arbeitsentgelts verweigern. Eine Klage des Dienstverpflichteten ist als zur Zeit unbegründet abzuweisen (vgl BAG 29. 7. 1993 – 2 AZR 110/93, BAGE 74, 28 [32] = AP Nr 52 zu § 615 BGB; BAG 24. 8. 1999 – 9 AZR 804/98, AP Nr 1 zu § 615 BGB Anrechnung). Die Auskunftspflicht bezieht sich aber nicht auf einen Verdienst, den er in späteren als den bisher eingeklagten Zeitabschnitten erworben hat (BAG 24. 8. 1999 – 9 AZR 804/98, AP Nr 1 zu § 615 BGB Anrechnung). Da erst der beendete Annahmeverzug den für die Gesamtberechnung erforderlichen Vergleich ermöglicht, hat der Dienstberechtigte bei einem zu gering angerechneten Zwischenverdienst einen Anspruch auf Rückzahlung nach § 812 Abs 1 S 1 Alt 1 BGB (RGZ 58, 402 [405]; BAG 29. 7. 1993 – 2 AZR 110/93, BAGE 74, 28 [34 f]). Das gilt auch, wenn der Dienstberechtigte rechtskräftig verurteilt ist, für einen bestimmten Zeitraum des Annahmeverzuges die vereinbarte Vergütung zu zahlen und später von einem anrechenbaren Verdienst des Arbeitnehmers in dieser Zeit erfährt (BAG 29. 7. 1993 – 2 AZR 110/93, BAGE 74, 28 [34 f]).

162 **b)** Der Dienstverpflichtete braucht sich nicht alles anrechnen zu lassen, was er überhaupt durch seine Arbeitskraft erwirbt, sondern nur dasjenige, was er durch anderweitige **Verwertung desjenigen Teils seiner Arbeitskraft** erwirbt, den er dem Dienstberechtigten **zur Verfügung zu stellen verpflichtet** war, um die reale Dienstleistung zu erbringen (vgl RGZ 58, 402 ff; BAG 1. 3. 1958 – 2 AZR 533/55, BAGE 5, 217 [219 f] = AP Nr 1 zu § 9 KSchG 1951). Nebeneinnahmen, die auch bei Leistung der Arbeit hätten erzielt werden können, sind nicht anzurechnen. Daher fällt unter die Anrechnung nicht das Arbeitsentgelt für eine Nebentätigkeit, die der Arbeitnehmer auch bei Erfüllung seiner Arbeitspflicht nach Feierabend erbringt (BAG 14. 8. 1974 – 5 AZR 497/73, AP Nr 3 zu § 13 KSchG 1969). Auch Kapitaleinkünfte sind grundsätzlich nicht anzurechnen; ein anderes hält das BAG nur für möglich, wenn der Arbeitnehmer seine gesamte Arbeitszeit ausschließlich dafür verwendet (BAG 27. 3. 1974 – 5 AZR 258/

73, AP Nr 15 zu § 242 BGB Auskunftspflicht). Keine Rolle spielt aber für die Anrechnung anderweitigen Verdienstes, ob deren Unterlassung böswillig gewesen wäre. Der Dienstverpflichtete muss sich deshalb einen anderweitigen Verdienst auch anrechnen lassen, wenn er diesen durch eine Arbeit erzielt hat, die er nicht hätte annehmen müssen, aber dennoch angenommen hat (**aA** Bayreuther NZA 2003, 1365 [1368 f]).

c) Muss der Arbeitnehmer **Aufwendungen** tätigen, um der anderweitigen Beschäftigung nachgehen zu können, so ist strittig, ob diese vom Anrechnungsbetrag abzuziehen sind (MünchKomm/Henssler § 615 Rn 68; ErfK/Preis § 615 Rn 90) oder ob dem Arbeitnehmer ein selbständiger Aufwendungsersatzanspruch aus §§ 683, 677, 670 BGB zusteht (dafür LAG Düsseldorf 1. 9. 2005 – 5 Sa 212/05, DB 2005, 2825 [2826]). Weil es Sinn der Anrechnungsvorschrift ist, sicherzustellen, dass der Arbeitnehmer nicht besser, aber auch nicht schlechter steht, als wenn er während des Annahmeverzugszeitraums beim Arbeitgeber gearbeitet hätte (s Rn 148), ist der Literaturauffassung der Vorzug zu geben. **163**

d) Gleichgültig ist, ob der anderweitige Erwerb durch eine gleichartige oder eine **andersgeartete Arbeit** beschafft wird, als es gerade die vertragsmäßig vereinbarten Dienste waren (vgl LAG Düsseldorf 1. 9. 2005 – 5 Sa 212/05, DB 2005, 2825 [2826]; ebenso HWK/Krause § 615 Rn 90; Hueck/Nipperdey I 326; Nikisch I 278; Lotmar I 269; Bonn, Fälle der Anrechnung [1905] 12). Gehalt und Tantieme aus einer neuen Stellung sind auf Gehalt und Tantieme der früheren Stellung anzurechnen. Die anderweitige Verwertung kann auch darin liegen, dass der Dienstverpflichtete seine Arbeitskraft auf eigene Rechnung, zB durch Errichtung eines **eigenen Erwerbsgeschäfts**, nutzbringend anlegt (ebenso RAG ARS 40, 231; MünchKomm/Henssler § 615 Rn 71; HWK/Krause § 615 Rn 90; Hueck/Nipperdey I 326; Nikisch I 278; **aA** OLG Karlsruhe DJZ 1900, 363). **164**

Ein Erwerb liegt aber nicht vor, wenn die Erwerbstätigkeit im Ganzen einen Verlust brachte. Die Feststellung, ob ein soeben gegründetes eigenes Geschäft Gewinn erbracht hat, ist angesichts des hier im Allgemeinen in Betracht kommenden kurzen Zeitraums vielfach schwer zu treffen, da sich sichere Geschäftsergebnisse erst nach längeren Zeiträumen feststellen lassen. Der Richter muss hier in analoger Anwendung von § 287 ZPO unter Würdigung aller Umstände, insbesondere der voraussichtlichen Entwicklung des Geschäfts, nach freier Überzeugung entscheiden, ob ein Gewinn erzielt ist, und ggf die Gewinnhöhe schätzen (vgl RAG ARS 40, 231; LAG Düsseldorf 23. 6. 1956 – 5 Sa 100/56, DB 1956, 920). Einkünfte, die dem Dienstverpflichteten erst nach dem Annahmeverzug zufließen, werden nicht angerechnet. Grundsätzlich spielt auch keine Rolle, ob sie nur deshalb erzielt wurden, weil der Dienstverpflichtete sich während des Annahmeverzuges auf die neue Tätigkeit vorbereiten konnte. Etwas anderes soll aber gelten, wenn sie auf Tätigkeiten im Verzugszeitraum beruhen (BAG 16. 6. 2004 – 5 AZR 508/03, NZA 2004, 1155 [1157]; **aA** ErfK/Preis § 615 Rn 93); daher wird eine Provision angerechnet, wenn die Vermittlungstätigkeit während des Annahmeverzugs erfolgte, der Geschäftsabschluss, der den Anspruch zum Entstehen bringt, aber erst danach getätigt wurde (vgl OLG Düsseldorf 30. 12. 1971 – 8 U 160/71, DB 1972, 181). Einkünfte aus Kapitaleinsatz oder Unternehmensbeteiligungen ohne Mitarbeit sind grundsätzlich nicht anzurechnen. Etwas anderes gilt, wenn die Vermögensverwaltung die Arbeitskraft in erheblichem Umfang in Anspruch nimmt; hier ist die fiktive Vergütung eines Vermögensverwalters anzurechnen (MünchKomm/Henssler § 615 Rn 71). **165**

4. Böswillige Unterlassung anderweitigen Erwerbes

166 **a)** Der Dienstverpflichtete muss sich anrechnen lassen, was er durch **anderweitige Verwendung seiner Dienste zu erwerben böswillig unterlässt**. Es genügt also nicht, dass er seine Arbeitskraft anderweitig hätte verwerten können, sondern erforderlich ist hier wie nach § 326 Abs 2 S 2 BGB, dass er dies böswillig unterlassen hat. Dem Dienstverpflichteten muss ein Vorwurf daraus gemacht werden können, dass er während des Annahmeverzuges des Dienstberechtigten untätig geblieben ist, obwohl eine **Möglichkeit zum Tätigwerden** bestand und die Tätigkeit für ihn unter Berücksichtigung aller Umstände des Einzelfalles **zumutbar** war (BAG 18. 10. 1958 – 2 AZR 291/58, BAGE 6, 306 [308 f] = AP Nr 1 zu § 615 BGB Böswilligkeit; BAG 18. 1. 1963 – 5 AZR 200/62, BAGE 14, 31 [36 f] = AP Nr 22 zu § 615 BGB; BAG 10. 4. 1963 – 4 AZR 95/62, BAGE 14, 156 [163] = AP Nr 23 zu § 615 BGB; BAG 18. 6. 1965 – 5 AZR 351/64, AP Nr 2 zu § 615 BGB Böswilligkeit; BAG 14. 11. 1985 – 2 AZR 98/84, BAGE 50, 164 [176 f] = AP Nr 39 zu § 615 BGB; BAG 19. 3. 1998 – 8 AZR 139/97, BAGE 88, 196 [204] = AP Nr 177 zu § 613a BGB; BAG 30. 9. 2003 – 13 Sa 570/03, AP Nr 9 zu § 615 BGB Böswilligkeit).

167 **b)** Der **Begriff der Böswilligkeit** lässt sich nur richtig bestimmen, wenn man den rechtssystematischen Zusammenhang beachtet. Der Anspruch des Dienstverpflichteten ist kein Schadensersatzanspruch, auch kein solcher auf Leistung des Erfüllungsinteresses, sondern er ist der Anspruch auf Bewirkung der geschuldeten Gegenleistung (vgl Mot II 209). Er besteht, weil der Dienstverpflichtete das seinerseits Erforderliche getan hat und die Erbringung der realen Dienstleistung nur daran scheitert, dass der Dienstberechtigte die zur Erfüllung notwendige Mitwirkungshandlung nicht vorgenommen hat. Bei den Beratungen zu § 615 BGB sah man sich daher mit der Auffassung konfrontiert, dass „diejenigen, welche das Bereithalten der Dienste der Erfüllung gleichstellen, von ihrem Standpunkte aus keine Rücksicht darauf nehmen, ob der Dienstverpflichtete seine Arbeitskraft anderweit hätte verwerthen können, und höchstens dann einen Abzug als gerechtfertigt anerkennen, wenn der Dienstverpflichtete etwa aus reiner Chikane die Gelegenheit eines Erwerbs abgewiesen haben sollte“ (Mot II 463). Die Gesetzesverfasser entschieden sich aber dafür, hier die gleiche Regelung wie in § 324 Abs 1 S 2 BGB (seit 1. 1. 2002: § 326 Abs 2 S 2 BGB) zu treffen. Die Ausdehnung der Anrechnung „auf den Erwerb, welchen der Schuldner böswillig, also in der Absicht, dem Gläubiger zu schaden, versäumt hat, entspricht sichtbar der Billigkeit und den Grundsätzen von Treu und Glauben, wonach böswillig versäumter Erwerb als wirklich gemachter zu behandeln ist“ (so Mot II 209 zu § 324 Abs 1 S 2 BGB). Noch im Plenum des Reichstags bei der Verabschiedung des BGB war deshalb der Antrag gestellt worden, die Worte „oder zu erwerben böswillig unterlässt“ zu streichen; denn diese Bestimmung stelle den Arbeitnehmer weit schlechter als den vertragsbrüchigen Arbeitgeber und würde zu zahlreichen Streitigkeiten Anlass geben (Jakobs/Schubert, Die Beratung des BGB, §§ 433–651 [1980] 772 f).

168 Die Anrechnung eines Verdienstes, den der Dienstverpflichtete überhaupt nicht erworben hat, ist eine **Durchbrechung des Grundsatzes**, dass der Dienstverpflichtete bei einem Annahmeverzug des Dienstberechtigten nicht seinen **Anspruch auf die Erbringung der Gegenleistung** verliert. Sie kann auch nicht mit dem Gedanken der Vorteilsausgleichung gerechtfertigt werden, dass der Dienstverpflichtete infolge des Annahmeverzuges des Dienstberechtigten keine finanziellen Vorteile haben soll,

sondern es geht hier eindeutig darum, dass durch die Anrechnung für den Dienstverpflichteten ein Nachteil eintritt. Deshalb ist sie **nur sachlich gerechtfertigt**, wenn es **böswillig** war, dass der Dienstverpflichtete untätig blieb, er also **wider Treu und Glauben** gehandelt hat. Für die Bestimmung der Voraussetzungen ist in diesem Zusammenhang wesentlich, dass die Freiheit der Arbeitsplatzwahl durch Art 12 Abs 1 GG grundrechtlich garantiert ist (so zutreffend G Hueck, Anm zu LAG Frankfurt aM 18. 6. 1965 – 5 AZR 351/64, AP Nr 2 zu § 615 BGB; zust BAG 20. 1. 1967 – 3 AZR 253/66, AP Nr 1 zu § 74c HGB). Sie darf nicht dadurch eingeschränkt werden, dass man den Arbeitnehmer durch eine im Wege der weiten Auslegung des § 615 S 2 BGB begründete Ausdehnung der Anrechenbarkeit des unterlassenen Erwerbes zur Annahme einer Stellung nötigt, die er bei vernünftiger Würdigung der gesamten Umstände nicht annehmen würde (so im Anschluss an G Hueck bereits Staudinger/Nipperdey/Mohnen[11] § 615 Rn 41).

c) **Böswilligkeit** liegt vor, wenn der Dienstverpflichtete **in Kenntnis der objektiven Umstände – Arbeitsmöglichkeit, Zumutbarkeit der Arbeit und Nachteilsfolge für den Dienstberechtigten – dennoch untätig bleibt oder die Aufnahme der Arbeit verhindert** (BAG 18. 10. 1958 – 2 AZR 291/58, BAGE 6, 306 [309] = AP Nr 1 zu § 615 BGB Böswilligkeit; weiterhin BAG 18. 1. 1963 – 5 AZR 200/62, BAGE 14, 31 [36 f] = AP Nr 22 zu § 615 BGB; BAG 18. 6. 1965 – 5 AZR 351/64, AP Nr 2 zu § 615 BGB Böswilligkeit; BAG 14. 11. 1985 – 2 AZR 98/84, BAGE 50, 164 [176 f] = AP Nr 39 zu § 615 BGB; BAG 19. 3. 1998 – 8 AZR 139/97, BAGE 88, 196 [204] = AP Nr 177 zu § 613a BGB). Es genügt also **nicht** ein nur **fahrlässiges Verhalten**. Die Anrechnung ist eine Ausnahme von dem Grundsatz, dass der Dienstberechtigte bei Annahmeverzug nicht von der Lohnzahlung befreit wird. Es ist andererseits aber auch **nicht erforderlich**, dass der Dienstverpflichtete die **Absicht** verfolgt, durch sein Untätigwerden den Dienstberechtigten zu **schädigen** (so BAG 16. 5. 2000 – 9 AZR 203/99, NZA 2001, 26 [27]; LAG Frankfurt aM 18. 6. 1956 – II LA 25/26, AP Nr 2 zu § 615 BGB mit abl Anm von G Hueck), sondern es genügt, dass der Dienstverpflichtete **vorsätzlich** grundlos Arbeit ablehnt oder vorsätzlich verhindert, dass ihm Arbeit angeboten wird (vgl BAG 18. 10. 1958 – 2 AZR 291/58, BAGE 6, 306 [309 f] = AP Nr 1 zu § 615 BGB Böswilligkeit; BAG 19. 3. 1998 – 8 AZR 139/97, BAGE 88, 196 [204] = AP Nr 177 zu § 613a BGB; BAG 16. 5. 2000 – 9 AZR 203/99, BAGE 94, 343 [346] = AP Nr 7 zu § 615 BGB Böswilligkeit; LAG Niedersachsen 30. 9. 2003 – 13 Sa 570/03, AP Nr 9 zu § 615 BGB Böswilligkeit; MünchKomm/Henssler § 615 Rn 74; ArbRBGB/Matthes § 615 Rn 91; Hueck/Nipperdey I 327). 169

Die **vorsätzliche Untätigkeit** muss **vorwerfbar** sein (LAG Niedersachsen 30. 9. 2003 – 13 Sa 570/03, AP Nr 9 zu § 615 BGB Böswilligkeit). Das ist nicht der Fall, wenn eine angebotene oder sonst mögliche Arbeit nach den konkreten Umständen für den Dienstverpflichteten unzumutbar ist. Kriterium ist daher die Zumutbarkeit der anderweitigen Arbeit, die in § 11 Nr 2 KSchG ausdrücklich angesprochen wird. Da S 2 und § 11 KSchG trotz der Unterscheidung in ihrem Wortlaut inhaltlich deckungsgleich sind (s Rn 17), gilt auch hier, dass sich der Dienstverpflichtete anrechnen lassen muss, „was er hätte verdienen können, wenn er es nicht böswillig unterlassen hätte, eine ihm zumutbare Arbeit anzunehmen“ (§ 11 Nr 2 KSchG). 170

Die **Frage der Zumutbarkeit** ist unter Berücksichtigung aller Umstände **nach Treu und Glauben aus Sicht des Arbeitnehmers zu bestimmen** (BAG 18. 6. 1965 – 5 AZR 351/64, AP Nr 2 zu § 615 BGB Böswilligkeit; BAG 14. 11. 1985 – 2 AZR 98/84, BAGE 50, 164 [176 f] = AP Nr 39 zu § 615 BGB; LAG Niedersachsen 30. 9. 2003 – 13 Sa 570/03, AP Nr 9 zu § 615 BGB 171

Böswilligkeit; BAG 9. 9. 2010 – 2 AZR 582/09, AP Nr 1 zu § 15 AVR Caritasverband). Die Unzumutbarkeit kann sich aus der Art der Arbeit, den sonstigen Arbeitsbedingungen (Zeit, Gefährlichkeit, Ort – zu streng bzgl Letzterem LAG Köln 21. 6. 2005 – 13 [5] Sa 179/05, NZA-RR 2006, 14) oder der Person des Arbeitgebers ergeben. So ist einem Akkordlohnarbeiter die Aufnahme von Zeitarbeit zumutbar, umgekehrt gilt dies aber nicht. Kein böswilliges Unterlassen liegt vor, wenn der Arbeitnehmer trotz eines Widerspruchs des Betriebsrates gegen die Kündigung keine Weiterbeschäftigung nach § 102 Abs 5 BetrVG verlangt oder ein Weiterbeschäftigungsurteil nicht vollstreckt (BAG 22. 2. 2000 – 9 AZR 194/99, AP Nr 2 zu § 11 KSchG 1969; MünchKomm/Henssler § 615 Rn 75). Auf Kurzarbeit muss sich der Arbeitnehmer nicht einlassen (LAG Rheinland-Pfalz 7. 10. 1996 – 9 Sa 703/96, NZA-RR 1997, 331). Gleiches gilt für direkte Streikarbeit (BAG 27. 7. 1957 – 1 AZR 194/56, AP Nr 3 zu § 615 BGB Betriebsrisiko; für Leiharbeitnehmer vgl auch § 11 Abs 5 AÜG).

172 Die Grundsätze, die für die Zumutbarkeit der Zuweisung einer Beschäftigung nach **§ 140 SGB III** maßgebend sind, können hier **nicht** entsprechend herangezogen werden; denn es geht dort um den Schutz der Versichertengemeinschaft, während hier das Verhältnis zum Arbeitgeber maßgebend ist (ebenso BAG 7. 2. 2007 – 5 AZR 422/06, NZA 2007, 561 [562]; MünchKomm/Henssler § 615 Rn 76). Der Arbeitnehmer braucht daher, wenn der Arbeitgeber in Annahmeverzug ist, grundsätzlich keine völlig anders geartete, insbesondere geringwertigere Tätigkeit aufzunehmen. Andererseits ist es aber auch nicht böswillig, wenn er eine andere Tätigkeit insbesondere auch eine **geringwertigere Tätigkeit** übernimmt. Der Arbeitnehmer darf bei der Wahl eines neuen Arbeitsplatzes seine Interessen an die erste Stelle setzen. Die Arbeitsplatzwahl muss nur vernünftigen Überlegungen gerecht werden, was beispielsweise der Fall ist, wenn der Arbeitnehmer eine Arbeit aufnimmt, die seiner beruflichen und allgemeinen Weiterentwicklung förderlich ist, auch wenn er dort bei tarifgerechter Entlohnung und voller Beschäftigung weniger verdient als in einer anderen Stelle (BAG 20. 1. 1967 – 3 AZR 253/66, AP Nr 1 zu § 74c HGB).

173 **d)** Ein Arbeitnehmer ist grundsätzlich gehalten, sich unverzüglich bei der **zuständigen Agentur für Arbeit** als **beschäftigungssuchend zu melden** (ebenso MünchKomm/Henssler § 615 Rn 75 [Treu und Glauben]; Bayreuther NZA 2003, 1365 [1366 f]; Sandmann RdA 247 [248] unter Verweis auf § 37b SGB III aF; **aA** BAG 16. 5. 2000 – 9 AZR 203/99, BAGE 94, 343 = AP Nr 7 zu § 615 BGB Böswilligkeit). Es genügt jedoch, dass er den Antrag auf Zahlung des Arbeitslosengeldes gestellt hat; denn nur wer den Vermittlungsbemühungen der Agentur für Arbeit zur Verfügung steht (Verfügbarkeit), hat Anspruch auf Arbeitslosengeld (vgl §§ 136 ff SGB III). Den Vermittlungsbemühungen der Agentur für Arbeit steht aber nur zur Verfügung, wer arbeitsfähig und seiner Arbeitsfähigkeit entsprechend arbeitsbereit ist (§ 138 Abs 5 SGB III). Unterlässt der Arbeitnehmer eine rechtzeitige Meldung bei der Agentur für Arbeit, so liegt darin nur eine böswillige Unterlassung, wenn ihm die Agentur für Arbeit eine ihm „zumutbare Arbeit“ iS des § 11 Nr 2 KSchG nachgewiesen hätte (vgl auch Bayreuther NZA 2003, 1365 [1366 f]).

174 Ein Arbeitnehmer braucht sich nur dann **nicht beschäftigungslos zu melden**, wenn er **versucht, sich selbständig zu machen**; denn grundsätzlich ist jeder berechtigt, an Stelle der Aufnahme einer abhängigen Tätigkeit den Aufbau eines eigenen Geschäftes zu versuchen (vgl BAG 18. 1. 1963 – 5 AZR 200/62, BAGE 14, 31 [36 f] = AP Nr 22 zu § 615 BGB).

Ein böswilliges Unterlassen einer anderweitigen Verwendung der Dienste kommt hier nur in Betracht, wenn ein solches Vorhaben völlig unrealistisch ist (so BAG 18. 1. 1963 – 5 AZR 200/62, BAGE 14, 31 [37]). Leitlinie muss dabei sein, dass die grundrechtlich gewährleistete Freiheit der Arbeitsplatzwahl nicht durch eine zu weite Auslegung des § 615 S 2 BGB gefährdet werden darf (s Rn 168). Besondere Anstrengungen zur Erlangung einer anderen Verdienstmöglichkeit können vom Dienstverpflichteten nicht verlangt werden (LAG Düsseldorf 23. 6. 1956 – 5 Sa 100/56, AP Nr 1 zu § 615 BGB; Hueck/Nipperdey I 327). Ihm kann grundsätzlich auch nicht entgegengehalten werden, dass er gegen eine zu geringe Vergütung tätig geworden ist (s Rn 171).

5. Ablehnung eines Arbeitsangebots des bisherigen Arbeitgebers als böswillige Unterlassung anderweitigen Erwerbes

Böswilligkeit kann vorliegen, wenn ein Arbeitnehmer eine anderweitige Verwen- 175
dung seiner Dienste durch den Arbeitgeber ablehnt (vgl BAG 10. 4. 1963 – 4 AZR 95/62, BAGE 14, 156 [163] = AP Nr 23 zu § 615 BGB; BAG 3. 12. 1980 – 5 AZR 477/78, AP Nr 4 zu § 615 BGB Böswilligkeit; BAG 14. 11. 1985 – 2 AZR 98/84, BAGE 50, 164 [176 f] = AP Nr 39 zu § 615 BGB; BAG 22. 2. 2000 – 9 AZR 194/99, AP Nr 2 zu § 11 KSchG; BAG 24. 9. 2003 – 5 AZR 500/02, AP Nr 4 zu § 11 KSchG 1969; BAG 17. 11. 2011 – 5 AZR 564/10, NZA 2012, 260 [261]). Dabei hat man allerdings zu beachten, dass wegen § 297 BGB schon die **Voraussetzungen des Annahmeverzugs** und damit der Lohnzahlungspflicht **fehlen**, wenn der Arbeitnehmer die Zuweisung einer Arbeit ablehnt, die unter die **vertraglich vereinbarte Leistungspflicht** fällt (BAG 17. 11. 2011 – 5 AZR 564/10, NZA 2012, 260 [261]; **aA** Meyer NZA-RR 2012, 337 [340 f]). Handelt es sich aber um eine durch **Überschreitung der Grenzen des Direktionsrechts** zugewiesene Tätigkeit, so wurde der Arbeitnehmer bisher als berechtigt angesehen, sie abzulehnen, weil ein der Sicherung vertraglicher Rechte dienendes Verhalten des Arbeitnehmers nicht gleichzeitig böswillig iS des § 615 S 2 BGB ist (BAG 3. 12. 1980 – 5 AZR 477/78 AP Nr 4 zu § 615 BGB Böswilligkeit). Allerdings hat das BAG die Kriterien für den Arbeitnehmer jüngst dadurch verschärft, dass es ein böswilliges Unterlassen auch für denkbar hält, wenn der Arbeitnehmer eine vom Arbeitgeber angebotene, vertraglich nicht geschuldete Tätigkeit ablehnt (BAG 7. 2. 2007 – 5 AZR 422/06, NZA 2007, 561 [562]; BAG 17. 11. 2011 – 5 AZR 564/10, NZA 2012, 260 [261]); auch wenn hierfür angeführt werden kann, dass dogmatisch zwischen der vertraglichen Verpflichtung und der Obliegenheit im Rahmen des S 2 unterschieden werden kann, dürfen hier keine zu strengen Maßstäbe angelegt werden, weil andernfalls der Arbeitnehmer faktisch genötigt wird, vertragswidrige Arbeit zu leisten (so auch MünchKomm/Henssler § 615 Rn 76).

Dass die Ablehnung eines Beschäftigungsangebots des Arbeitgebers ein böswilliges 176
Unterlassen anderweitigen Erwerbs darstellen kann, kommt deshalb im Allgemeinen nur in Betracht, wenn nach einer **Kündigung** oder bei einem **befristeten Arbeitsvertrag** nach Zeitablauf zwischen den Arbeitsvertragsparteien ungewiss ist, ob ein Arbeitsverhältnis noch besteht (vgl BAG 10. 4. 1963 – 4 AZR 95/62, BAGE 14, 156 [163] = AP Nr 23 zu § 615 BGB; BAG 14. 11. 1985 – 2 AZR 98/84, BAGE 50, 164 [176 f] = AP Nr 39 zu § 615 BGB; Heinze, Personalplanung, Einstellung und Kündigung [1982] Rn 626; Denck NJW 1983, 255 [259]; verneinend Peter DB 1982, 488 [494]). Ein böswilliges Unterlassen anderweitigen Erwerbs kann vorliegen, wenn der Arbeitgeber dem Arbeitnehmer vorsorglich einen für die Dauer des Kündigungsrechtsstreits befristeten neuen Arbeitsvertrag zu den bisherigen Bedingungen oder eine durch die rechtskräftige

Feststellung der Wirksamkeit der Kündigung auflösend bedingte Fortsetzung des Vertrags anbietet und der Arbeitnehmer dieses Angebot ablehnt (vgl zum Problem, ob der Arbeitgeber in diesem Fall überhaupt in Annahmeverzug ist, Rn 99 ff). Entscheidend ist, ob die **vorläufige Weiterbeschäftigung dem Arbeitnehmer zumutbar** ist. Dabei kommt es auf die Umstände des Einzelfalls an, namentlich auch auf die Art und Weise des vorangegangenen Verhaltens des Arbeitgebers, das den Annahmeverzug herbeigeführt hat (vgl BAG 14. 11. 1985 – 2 AZR 98/84, BAGE 50, 164 [176 f] = AP Nr 39 zu § 615 BGB).

177 **Folgende Gesichtspunkte** sind bei der Beurteilung zu beachten: Nicht zumutbar ist dem Arbeitnehmer, für eine allein vom Wohlwollen des Arbeitgebers abhängige kurze Zeit für eine noch festzulegende Tätigkeit nur vorübergehend dem Arbeitgeber zur Verfügung zu stehen (BAG 14. 11. 1985 – 2 AZR 98/84, BAGE 50, 164 [177] = AP Nr 39 zu § 615 BGB). Auf eine dauerhafte Änderung der Arbeitsbedingungen muss sich der Arbeitnehmer nicht einlassen (BAG 11. 1. 2006 – 5 AZR 98/05, NZA 2006, 314 [316]); etwas anderes gilt nach einer Änderungskündigung (BAG 16. 6. 2004 – 5 AZR 508/03, NZA 2004, 1155 [1156 f]; BAG 26. 9. 2007 – 5 AZR 870/06, NZA 2008, 1063 [1065]; s auch BAG 11. 10. 2006 – 5 AZR 754/05, AP Nr 119 zu § 615 BGB; LAG Köln 15. 10. 2007 – 14 Sa 150/07). Bietet der Arbeitgeber ihm aber die befristete Weiterbeschäftigung während des Kündigungsrechtsstreits zu den bisherigen Arbeitsbedingungen an, so ist, wie sich nicht zuletzt mittelbar aus § 102 Abs 5 BetrVG ergibt, bei einer betriebsbedingten Kündigung dem Arbeitnehmer die vorläufige Weiterbeschäftigung in der Regel zumutbar (BAG 14. 11. 1985 – 2 AZR 98/84, BAGE 50, 164 [177]; so auch Heinze, Personalplanung, Einstellung und Kündigung [1982] Rn 626; Denck NJW 1983, 255 [259]; vgl auch LAG Köln 14. 12. 1995 – 6 Sa 933/95, AP Nr 6 zu § 615 BGB Böswilligkeit). Gleiches gilt bei personenbezogenen Kündigungen sowie im Prinzip auch dann, wenn zwischen den Arbeitsvertragsparteien zweifelhaft ist, ob eine Befristungsabrede rechtswirksam ist. Handelt es sich dagegen um eine außerordentliche Kündigung oder wird eine ordentliche Kündigung auf verhaltensbedingte Gründe gestützt, so sprach dieser Umstand eher für die Unzumutbarkeit der vorläufigen Weiterarbeit für den Arbeitnehmer im Betrieb (ebenso BAG 14. 11. 1985 – 2 AZR 98/84, BAGE 50, 164 [178]; möglicherweise strenger nun aber BAG 24. 9. 2003 – 5 AZR 500/02, NZA 2004, 90). Für die Zumutbarkeit spricht aber auch bei verhaltensbedingten Kündigungen, wenn entweder der Arbeitnehmer im Kündigungsschutzprozess selbst Antrag auf Weiterbeschäftigung gestellt hat oder aber der zur Kündigung berechtigende Sachverhalt unstreitig ist (BAG 24. 9. 2003 – 5 AZR 500/02, NZA 2004, 90; LAG München 9. 5. 2001 – 9 Sa 1207/00, NZA-RR 2001, 414). Ein Arbeitsangebot des Arbeitgebers, das die Rückkehr an den bisherigen Arbeitsplatz gefährden dürfte, kann der Arbeitnehmer ausschlagen, ohne eine Anrechnung befürchten zu müssen (BAG 18. 6. 1965 – 5 AZR 351/64, AP Nr 2 zu § 615 Böswilligkeit).

6. Ablehnung einer Weiterbeschäftigung beim Betriebserwerber

178 Widerspricht bei einem rechtsgeschäftlich veranlassten Betriebsübergang der Arbeitnehmer dem Übergang seines Arbeitsverhältnisses (§ 613a Abs 6 BGB), so bleibt das Arbeitsverhältnis zum bisherigen Arbeitgeber fortbestehen, der in Annahmeverzug kommt, wenn er die ihm angebotene Arbeitsleistung nicht annehmen kann (S 1, näher oben Rn 53). Wenn dem Arbeitnehmer eine Weiterarbeit an demselben Arbeitsplatz mit derselben Tätigkeit und zu denselben Arbeitsbedingungen

möglich ist, hat er anderweitigen Erwerb iS des S 2 böswillig unterlassen (vgl BAG 19. 3. 1998 – 8 AZR 139/97, BAGE 88, 196 [203 ff] = AP Nr 177 zu § 613a BGB).

7. Darlegungs- und Beweislast; Auskunftspflicht

Der **Dienstberechtigte** ist für die Voraussetzungen der Anrechnung darlegungs- und beweispflichtig (BAG 18. 6. 1965 – 2 AZR 291/58, BAGE 6, 306 [310] = AP Nr 2 zu § 615 BGB Böswilligkeit; BAG 26. 10. 1971 – 1 AZR 113/68, BAGE 23, 484 [511] = AP Nr 44 zu Art 9 GG Arbeitskampf; BAG 18. 1. 1963 – 5 AZR 200/62, BAGE 14, 31 [37] = AP Nr 22 zu § 615 BGB; BAG 19. 7. 1978 – 5 AZR 748/77, AP Nr 16 zu § 242 BGB Auskunftspflicht; LAG Rheinland-Pfalz 23. 7. 2014 – 4 Sa 71/14, nv). Der Dienstverpflichtete ist aber in entsprechender Anwendung von § 74c Abs 2 HGB verpflichtet, **Auskunft über seinen anderweiten Erwerb** zu erteilen (BAG 27. 3. 1974 – 5 AZR 351/73, BAGE 26, 89 = AP Nr 15 zu § 242 BGB Auskunftspflicht). Richtigerweise kann der Arbeitgeber den Auskunftsanspruch nicht nur im Rahmen einer gegen ihn gerichteten Klage auf Zahlung von Annahmeverzugslohn geltend machen, sondern ihn auch selbständig einklagen; Bedeutung hat das vor allem, weil der Arbeitgeber auf diese Weise eine Klage auf Rückzahlung (§ 812 Abs 1 S 1 Alt 1 BGB) vorbereiten kann, wenn er erst nachträglich vom anderweitigen Erwerb des Arbeitnehmers erfährt (BAG 29. 7. 1993 – 2 AZR 110/93, AP Nr 52 zu § 615 BGB; ErfK/Preis § 615 Rn 110). Diese Auskunftspflicht bezieht sich jedoch **grundsätzlich** nur auf die **Höhe des anderweitigen Arbeitsverdienstes** (BAG 19. 7. 1978 – 5 AZR 748/77, AP Nr 16 zu § 242 BGB Auskunftspflicht). Sie besteht nur, wenn eine Anrechnung nicht dem Grunde nach ausgeschlossen ist. Da es Sache des Arbeitgebers ist, die Voraussetzungen für die Anrechnung darzulegen und zu beweisen, ist es deshalb zunächst seine Sache, Tatsachen vorzutragen und im Bestreitensfall zu beweisen, die darauf schließen lassen, dass der Arbeitnehmer einer Erwerbstätigkeit nachgegangen ist, die kausal auf dem Freiwerden von der bisherigen Arbeitsleistung beruht (BAG 6. 9. 1990 – 2 AZR 165/90, AP Nr 47 zu § 615 BGB; LAG Köln 10. 12. 2007 – 14 Sa 1148/07). Erst dann ist eine Auskunftspflicht über die Höhe des erzielten Verdienstes gegeben (so BAG 19. 7. 1978 – 5 AZR 748/77, AP Nr 16 zu § 242 BGB Auskunftspflicht). Bestehen Zweifel an der Richtigkeit der Angaben, hat der Arbeitnehmer Verdienstbescheinigungen oder Steuerbescheide vorzulegen; auch hat der Arbeitgeber – soweit der Auskunftsanspruch reicht – Anspruch auf eine **eidesstattliche Versicherung** des Arbeitnehmers (BAG 29. 7. 1993 – 2 AZR 110/93, AP Nr 52 zu § 615 BGB). Bezieht der Dienstverpflichtete das anderweitige Einkommen aus selbständiger unternehmerischer Betätigung, genügt er dem Auskunftsanspruch, wenn er anbietet, seinen Einkommensteuerbescheid vorzulegen; die Einsicht in die Bilanz nebst Gewinn- und Verlustrechnung kann nicht verlangt werden (BAG 25. 2. 1975 – 3 AZR 148/74, AP Nr 6 zu § 74c HGB; kritisch Danne SAE 1994, 237 [239]). Solange der Dienstverpflichtete die Auskunft nicht erteilt hat, kann er auch nicht die Zahlung der entgangenen Vergütung verlangen; denn der Anspruch besteht nur unter Anrechnung des anderweitigen Verdienstes (ebenso unter nicht zutreffender Annahme eines Leistungsverweigerungsrechts nach § 320 Abs 1 S 1 BAG 14. 5. 1969 – 3 AZR 137/68, BAGE 22, 6 [16] = AP Nr 23 zu § 133 f GewO; BAG 27. 3. 1974 – 5 AZR 351/73, BAGE 26, 89 [101] = AP Nr 15 zu § 242 BGB Auskunftspflicht). **179**

Macht der Dienstverpflichtete geltend, dass man eine von § 615 S 2 BGB abweichende Regelung zu seinen Gunsten getroffen hat, behauptet er insbesondere eine Abbedingung der Anrechnung, so trägt er dafür die Darlegungs- und Beweislast (BAG 6. 2. 1964 – 5 AZR 93/63, BAGE 15, 258 [260] = AP Nr 24 zu § 615 BGB; s auch Rn 153). **180**

VIII. Kurzarbeit und Annahmeverzug

1. Einführung von Kurzarbeit

181 Von Kurzarbeit spricht man, wenn die **Arbeitszeit eines Arbeitnehmers vorübergehend verkürzt** wird. Erfasst wird nicht nur eine Verkürzung der täglichen Arbeitszeit, sondern auch die Einlegung einer Freischicht. Kurzarbeit liegt auch vor, wenn ein ganzer Wochentag arbeitsfrei gestellt wird oder der Arbeitsausfall für mehrere Wochen vorgesehen ist, sofern es sich dabei um eine vorübergehende Maßnahme handelt. Die Einführung von Kurzarbeit bezweckt eine Suspendierung der Arbeitspflicht unter entsprechendem Wegfall des Vergütungsanspruchs. Der Arbeitgeber kann sie daher nicht einseitig anordnen; es bedarf vielmehr einer **besonderen Rechtsgrundlage** (s Staudinger/Richardi/Fischinger [2016] § 611 Rn 1075). Sie kann in einem Tarifvertrag, einer Betriebsvereinbarung oder im Arbeitsvertrag enthalten sein. Bei einer **tariflichen Regelung** handelt es sich richtigerweise um eine Betriebsnorm, die daher auch für Außenseiter gilt (§ 3 Abs 2 TVG; wie hier MünchKomm/Henssler § 615 Rn 83; Gamillscheg Kollektives Arbeitsrecht I [1997] 594; Farthmann RdA 1974, 65 [71]; **aA** KR/Weigand § 19 KSchG Rn 28); sie ist wegen Verstoß gegen zwingendes Kündigungsschutzrecht unwirksam, wenn sie die Einführung von Kurzarbeit zulässt, ohne die dafür erforderlichen Voraussetzungen im Tarifvertrag zu regeln (BAG 28. 5. 2009 – 6 AZR 144/08, AP Nr 184 zu § 611 BGB Lehrer, Dozenten). Berechtigt zur Anordnung von Kurzarbeit ist der Arbeitgeber auch nach einer entsprechenden Ermächtigung durch die Agentur für Arbeit (s Rn 192 ff).

182 Ordnet der Arbeitgeber Kurzarbeit an, ohne hierzu berechtigt zu sein, gerät er in **Annahmeverzug**; umgekehrt scheidet bei berechtigter Anordnung ein Annahmeverzug im Umfang der zulässigen Arbeitszeitreduzierung aus (BAG 22. 4. 2009 – 5 AZR 310/08, NZA 2009, 913; BAG 25. 1. 2012 – 5 AZR 671/10, AP Nr 337 zu § 1 TVG Tarifverträge: Bau). Kann der Arbeitgeber die Belegschaft wegen einer arbeitskampfbedingten Betriebsstörung nicht beschäftigen oder wird die Fortsetzung seines Betriebes wegen eines arbeitskampfbedingten Auftrags- oder Absatzmangels wirtschaftlich sinnlos, so hat er bei Paritätsrelevanz der Störung aber ein Recht zur Nichtbeschäftigung und Arbeitsentgeltverweigerung (s ausführlich Rn 242 ff).

2. Mitbestimmung des Betriebsrats

183 Besteht im Betrieb ein Betriebsrat, so hat er über die **vorübergehende Verkürzung der betriebsüblichen Arbeitszeit** mitzubestimmen (§ 87 Abs 1 Nr 3 BetrVG). Der Arbeitgeber kann deshalb, auch wenn er dazu auf Grund des Arbeitsvertrags berechtigt ist, nicht einseitig Kurzarbeit einführen, wenn der Mitbestimmungstatbestand vorliegt. Er bedarf der Zustimmung des Betriebsrats, die durch den Spruch einer regelmäßig erst zu diesem Zweck gebildeten Einigungsstelle ersetzt werden kann (§ 87 Abs 2 BetrVG). Bekommt er den Betriebsrat „ins Boot", kann nach zutreffender hM aber durch Betriebsvereinbarung mit unmittelbarer und zwingender Wirkung für die Arbeitnehmer Kurzarbeit angeordnet werden (BAG 15. 12. 1969 – 2 AZR 415/90, AP Nr 4 zu § 615 BGB Kurzarbeit; BAG 5. 3. 1973 – 1 ABR 28/73, BAGE 26, 60 [64 ff]; BAG 14. 2. 1991 – 2 AZR 415/90, NZA 1991, 607; ErfK/Kania § 87 BetrVG Rn 35 f; **aA** Boecken RdA 2000, 7 [11 f]; Waltermann NZA 1993, 679).

Unter der **betriebsüblichen Arbeitszeit** ist nach dem Wortsinn die regelmäßige betriebliche Arbeitszeit zu verstehen. Mit ihr ist nicht die im Betrieb häufigste Arbeitszeit gemeint, sondern es wird auf die im Betrieb für bestimmte Arbeitsplätze und Arbeitnehmergruppen geltende Arbeitszeit abgestellt (BAG 13. 6. 1989 – 1 ABR 15/88, AP Nr 36 zu § 87 BetrVG Arbeitszeit; BAG 16. 7. 1991 – 1 ABR 69/90, AP Nr 44 zu § 87 BetrVG 1972 Arbeitszeit). Daher kann es auch für teilzeitbeschäftigte Arbeitnehmer eine betriebsübliche Arbeitszeit geben (BAG 16. 7. 1991 – 1 ABR 69/90, AP Nr 44 zu § 87 BetrVG 1972 Arbeitszeit; BAG 23. 7. 1996 – 1 ABR 13/96, AP Nr 68 zu § 87 BetrVG 1972 Arbeitszeit). Deren **vorübergehende Verkürzung** unterliegt entsprechend ebenso der Mitbestimmung des Betriebsrats. Wie sich aus der gesetzlichen Abgrenzung des Mitbestimmungstatbestands ergibt, setzt das Beteiligungsrecht einen kollektiven Tatbestand voraus, greift also nicht bei individuellen Regelungen ohne kollektiven Bezug ein. Möglich ist jedoch, dass die betriebsübliche Arbeitszeit nur einen Arbeitnehmer betrifft. Das BAG sieht es als entscheidend an, ob es sich um ein generelles Regelungsproblem handelt, das von der Person und den individuellen Wünschen einzelner Arbeitnehmer unabhängig ist (BAG 18. 11. 1980 – 1 ABR 87/78, AP Nr 3 zu § 87 BetrVG 1972 Arbeitszeit; BAG 2. 3. 1982 – 1 ABR 74/79, BAGE 38, 96 [102] = AP Nr 6 zu § 87 BetrVG 1972 Arbeitszeit; BAG 21. 12. 1982 – 1 ABR 14/81, BAGE 41, 200 [204] = AP Nr 9 zu § 87 BetrVG 1972 Arbeitszeit; BAG 8. 11. 1983 – 1 ABR 57/81, BAGE 44, 226 [232] = AP Nr 11 zu § 87 BetrVG 1972 Arbeitszeit; BAG 10. 6. 1986 – 1 ABR 61/84, BAGE 52, 160 [169] = AP Nr 18 zu § 87 BetrVG 1972 Arbeitszeit). 184

Der Mitbestimmung unterliegt, ob und wie die betriebsübliche Arbeitszeit vorübergehend verkürzt werden soll. Soweit es um die Arbeitszeitverteilung geht, ergibt sich das Mitbestimmungsrecht bereits auch aus § 87 Abs 1 Nr 2 BetrVG. Die Besonderheit der Nr 3 liegt vor allem darin, dass die Mitbestimmung auch die materielle Seite umfasst (vgl BAG 5. 3. 1974 – 1 ABR 28/73, BAGE 26, 60 [66] = AP Nr 1 zu § 87 BetrVG 1972 Kurzarbeit; BAG 13. 7. 1977 – 1 AZR 336/75, AP Nr 2 zu § 87 BetrVG 1972 Kurzarbeit). 185

Kein Mitbestimmungsrecht besteht, wenn der Arbeitgeber die Kurzarbeitszeit aufhebt und dadurch die vorübergehende Änderung der betriebsüblichen Arbeitszeit beseitigt (vgl BAG 25. 10. 1977 – 1 AZR 452/74, AP Nr 1 zu § 87 BetrVG; BAG 21. 11. 1978 – 1 ABR 67/76, AP Nr 2 zu § 87 BetrVG 1972 Arbeitszeit). 186

Das Mitbestimmungsrecht besteht, wie in den sonstigen Fällen des § 87 Abs 1 BetrVG, nicht nur als Zustimmungsrecht, sondern auch als **Initiativrecht** (BAG 4. 3. 1986 – 1 ABR 15/84, BAGE 51, 187 = AP Nr 3 zu § 87 BetrVG 1972 Kurzarbeit). Nicht nur der Arbeitgeber, sondern auch der Betriebsrat kann das Mitbestimmungsverfahren einleiten. Können Arbeitgeber und Betriebsrat sich nicht einigen, so entscheidet auch in diesem Fall eine regelmäßig zu diesem Zweck gebildete Einigungsstelle verbindlich (§ 87 Abs 2 BetrVG). 187

Unter den Mitbestimmungstatbestand fällt auch ein Arbeitsausfall als **Folge eines Arbeitskampfes**. Soweit der Arbeitgeber nach der vom BAG entwickelten Arbeitskampfrisikolehre zur Nichtbeschäftigung und Arbeitsentgeltverweigerung berechtigt ist (s Rn 254 ff), kann er aber mitbestimmungsfrei entscheiden, ob die betriebsübliche Arbeitszeit verkürzt wird; jedoch hat der Betriebsrat mitzubestimmen, soweit es um die Frage geht, wie eine nach den Grundsätzen der Arbeitskampfrisikolehre zulässige Arbeitszeitverkürzung verteilt werden soll (vgl BAG 22. 12. 1980 – 1 ABR 2/79, BAGE 188

34, 331 = AP Nr 70 zu Art 9 GG Arbeitskampf; BAG 22. 12. 1980 – 1 ABR 76/79, BAGE 34, 355 = AP Nr 71 zu Art 9 GG Arbeitskampf; s Rn 270 ff).

189 Der Betriebsrat hat **nur mitzubestimmen**, soweit **keine tarifvertragliche Regelung** besteht (§ 87 Abs 1 BetrVG). Ein Tarifvertrag, der abgelaufen ist und nur noch nachwirkt (§ 4 Abs 5 TVG), hat für das Mitbestimmungsrecht des Betriebsrats aber keine Sperrwirkung (vgl BAG 13. 7. 1977 – 1 AZR 336/75, AP Nr 2 zu § 87 BetrVG 1972 Kurzarbeit; BAG 24. 2. 1987 – 1 ABR 18/85, AP Nr 21 zu § 77 BetrVG 1972). Der Tarifvertrag muss die Angelegenheit regeln; es genügt nicht, dass er dem Arbeitgeber ein Gestaltungsrecht einräumt.

190 **Verletzt der Arbeitgeber das Mitbestimmungsrecht** des Betriebsrats, so ist die **Einführung von Kurzarbeit** insoweit **unwirksam**, als durch sie Einzelansprüche der Arbeitnehmer vereitelt oder geschmälert werden (vgl BAG 13. 7. 1977 – 1 AZR 336/75, AP Nr 2 zu § 87 BetrVG 1972 Kurzarbeit). Das gilt auch, wenn der Arbeitgeber auf Grund einer Tarifnorm oder des Arbeitsvertrags berechtigt ist, sie einzuführen. Er kommt in **Annahmeverzug** und ist nach § 615 BGB zur Fortzahlung des Arbeitsentgelts verpflichtet (ebenso BAG 13. 7. 1977 – 1 AZR 336/75, AP Nr 2 zu § 87 BetrVG 1972 Kurzarbeit). Solange eine mitbestimmte Regelung nicht vorliegt, kann der Betriebsrat vom Arbeitgeber verlangen, dass er eine Anordnung von Kurzarbeit rückgängig macht. Er hat in diesem Fall einen **Anspruch auf Unterlassung** (ebenso BAG 23. 7. 1996 – 1 ABR 13/96, AP Nr 68 zu § 87 BetrVG 1972 Arbeitszeit).

191 Soll eine vorübergehende Verkürzung der betriebsüblichen Arbeitszeit unmittelbare Wirkung auf die Arbeitsverhältnisse der Arbeitnehmer entfalten, so ist das Mitbestimmungsrecht durch den Abschluss einer **Betriebsvereinbarung** auszuüben. Die Anordnung von Kurzarbeit fällt nicht unter das Direktionsrecht des Arbeitgebers (s Rn 187). Nur soweit der Arbeitgeber auf Grund einer Tarifnorm oder einer Absprache im Arbeitsvertrag berechtigt ist, Kurzarbeit einzuführen, genügt eine formlose Betriebsabsprache (vgl BAG 14. 2. 1991 – 2 AZR 415/90, AP Nr 4 zu § 615 BGB Kurzarbeit).

3. Ermächtigung zur Kurzarbeit durch die Bundesagentur für Arbeit

192 Bei Massenentlassungen kann die Bundesagentur für Arbeit unter den Voraussetzungen des § 19 Abs 1 KSchG die Einführung von Kurzarbeit zulassen. Gemäß § 17 KSchG anzeigepflichtige Entlassungen werden nämlich vor Ablauf eines Monats nach Eingang der Anzeige bei der Agentur für Arbeit nur mit deren Zustimmung wirksam (§ 18 Abs 1 KSchG). Die Agentur für Arbeit kann im Einzelfall bestimmen, dass die Entlassungen nicht vor Ablauf von längstens zwei Monaten nach Eingang der Anzeige beim Arbeitsamt wirksam werden (§ 18 Abs 2 KSchG). Wenn der Arbeitgeber nicht in der Lage ist, die Arbeitnehmer bis zu dem vorgesehenen Zeitpunkt voll zu beschäftigen, kann die Bundesagentur für Arbeit zulassen, dass er für die Zwischenzeit Kurzarbeit einführt (§ 19 Abs 1 KSchG); hierfür genügt es, dass dem Arbeitgeber die Fortführung des Betriebes im bisherigen Umfang wirtschaftlich unzumutbar ist (KR/Weigand § 19 KSchG Rn 7). Der Arbeitgeber ist in diesem Fall berechtigt, **Lohn** oder Gehalt der mit verkürzter Arbeitszeit beschäftigten Arbeitnehmer **entsprechend zu kürzen**; die Kürzung des Arbeitsentgelts wird jedoch erst von dem Zeitpunkt an wirksam, zu dem das Arbeitsverhältnis nach den allgemeinen gesetzlichen oder den vereinbarten Bestimmungen enden würde (§ 19 Abs 2 KSchG). Die praktische Bedeutung dieser gesetzlichen Ermächtigung ist deshalb gering (vgl MünchKomm/Hergenröder KSchG § 19 Rn 2).

Das gilt umso mehr, als die Ermächtigung, Kurzarbeit einzuführen, nicht das **Mitbestimmungsrecht des Betriebsrats** beseitigt (vgl Richardi, in: Richardi, BetrVG § 87 Rn 376 mwNw aus dem Schrifttum). Durch das Mitbestimmungsrecht kann aber nicht verhindert werden, dass der Arbeitgeber die ihm in § 19 KSchG eingeräumte Ermächtigung ausübt; denn die mit der Einführung der Kurzarbeit eingeführte Kürzung des Arbeitsentgelts wird erst von dem Zeitpunkt an wirksam, zu dem das Arbeitsverhältnis nach den allgemeinen gesetzlichen oder den vereinbarten Bestimmungen enden würde (§ 19 Abs 2 KSchG). Das Mitbestimmungsrecht bezieht sich deshalb nur auf die Modalitäten der Arbeitszeitregelung. Eine Ausnahme gilt nur, wenn die Einführung der Kurzarbeit sich nicht auf die von der Massenentlassung betroffenen Arbeitnehmer beschränkt. **193**

4. Kurzarbeitergeld

Die Bundesagentur für Arbeit gewährt nach §§ 95 ff SGB III (bis zum 31. 12. 1997: §§ 63 ff AFG, bis zum 31. 3. 2012: §§ 169 ff SGB III) Kurzarbeitergeld. Der Arbeitsausfall ist bei der Agentur für Arbeit, in deren Bezirk der Betrieb liegt, schriftlich anzuzeigen. Die Anzeige kann nur vom Arbeitgeber oder der Betriebsvertretung erstattet werden; im ersten Fall ist ihr eine Stellungnahme der Betriebsvertretung beizufügen (§ 99 Abs 1 S 2 und 3 SGB III). **194**

Mitversichert ist der **arbeitskampfbedingte Arbeitsausfall**. Durch § 100 SGB III wird aber sichergestellt, dass die **Neutralität der Bundesagentur für Arbeit bei Arbeitskämpfen** gewahrt bleibt (vgl Ossenbühl/Richardi, Neutralität im Arbeitskampf [1987] 53 ff; zur Vereinbarkeit mit dem Grundgesetz BVerfG 4. 7. 1995 – 1 BvF 2/86, BVerfGE 92, 365 ff = AP Nr 4 zu § 116 AFG). Widerruft die Agentur für Arbeit die Gewährung des Kurzarbeitergeldes, bleibt der vertragliche Vergütungsanspruch des Arbeitnehmers in Höhe des Kurzarbeitergeldes erhalten (BAG 11 . 7. 1990 – 5 AZR 557/89, AP Nr 32 zu § 615 BGB Betriebsrisiko). **195**

IX. Arbeitsentgeltrisiko bei Arbeitsausfall infolge von Betriebsstörungen (Betriebsrisikolehre)

1. Problem

a) Abgrenzung Betriebs- und Wirtschaftsrisiko

Kann der Arbeitgeber die Belegschaft ohne sein Verschulden aus betriebstechnischen Gründen nicht beschäftigen, so stellt sich die Frage, ob er im Rahmen des § 615 BGB dieses **Betriebsrisiko** trägt. Der durch das Schuldrechtsmodernisierungsgesetz eingefügte S 3 beantwortet diese Frage nicht, es bleibt daher bei den von der Rechtsprechung entwickelten Grundsätzen (s Rn 6). Es handelt sich um Fälle, in denen zum Beispiel wegen einer zufallsbedingten Unterbrechung in der Energieversorgung, der Einwirkung von Naturereignissen, dem Ausbleiben von Rohstoffen oder dem Auftreten von Maschinenschäden der Betrieb eingestellt oder eingeschränkt werden muss und deshalb keine Arbeit geleistet werden kann. Keinen Fall **196** des Betriebsrisikos stellt es dagegen dar, wenn ein Arbeitnehmer wegen eines ihm erteilten Hausverbots durch einen Kunden seines Arbeitgebers seine Arbeitsleistung beim Kunden nicht mehr erbringen kann (BAG 28. 9. 2016 – 5 AZR 224/16, NZA 2017, 124 [126]).

197 Von diesen Betriebsrisikofällen sind die Fälle zu unterscheiden, in denen die **Fortsetzung des Betriebs zwar technisch möglich, wegen Auftrags- oder Absatzmangels aber wirtschaftlich sinnlos** ist. Bei ihnen kann der Arbeitnehmer die reale Dienstleistung erbringen. Der Arbeitgeber kommt wie jeder Gläubiger in Annahmeverzug, wenn er die Leistung nicht annimmt. Dass er sie nicht verwerten kann, gibt ihm kein Recht, die Gegenleistung zu verweigern. Er trägt, wie man hier sagt, das **Wirtschaftsrisiko** (vgl BAG 22. 12. 1980 – 1 ABR 2/79, BAGE 34, 331 [337 f] = AP Nr 70 zu Art 9 GG Arbeitskampf; BAG 11. 7. 1990 – 5 AZR 557/89, BAGE 65, 260 [262]; BAG 23. 6. 1994 – 6 AZR 853/93, BAGE 77, 123 [125] = AP Nr 56 zu § 615 BGB; nicht klar genug zwischen Betriebs- und Wirtschaftsrisiko trennend BAG 22. 10. 2009 – 8 AZR 766/08, NZA-RR 2010, 660 [661]; MünchKomm/Henssler § 615 Rn 91; ArbRBGB/Matthes § 615 Rn 29; Hueck/Nipperdey I 348 f; Nikisch I 608 f; Richardi, in: FS Strasser [1983] 451 [454, 456 f]; Picker JZ 1979, 285 [293]).

198 Dem Unterschied zwischen Betriebsrisiko und Wirtschaftsrisiko entspricht ein **wesensverschiedener Tatbestand**: Nur in den Betriebsrisikofällen liegt eine Leistungsstörung vor. Die Arbeitsleistung ist unmöglich, sodass es ausschließlich um den Anspruch auf das Arbeitsentgelt trotz Nichtleistung der Arbeit geht. Dagegen fehlt bereits der Tatbestand einer Leistungsstörung, wenn die Arbeitsleistung erbracht werden kann, der Arbeitgeber an ihr aber kein Interesse hat, weil er die Produktion nicht absetzen kann und daher die Fortsetzung des Betriebs für ihn wegen eines Auftrags- oder Absatzmangels wirtschaftlich sinnlos wird. Der Arbeitgeber kann hier mit dieser Begründung das Arbeitsentgelt ebenso wenig verweigern wie die Bezahlung seiner Lieferanten oder sonstigen Gläubiger. Aus der Gestaltung des Zivilrechts ergibt sich, dass er das Wirtschaftsrisiko trägt. Dieser Begriff bezeichnet aber keine Gefahrtragung iS der Zivilrechtsdogmatik; denn „gestört ist nicht der vom Arbeitnehmer geschuldete Leistungsvollzug, das störende Moment liegt viel mehr außerhalb des Austauschverhältnisses" (Ballerstedt AuR 1966, 225 [227]). Nimmt deshalb der Arbeitgeber die Leistung nicht an, so tritt erst durch die Nichtannahme die Leistungsstörung ein. Der Arbeitnehmer hat daher den Anspruch auf das Arbeitsentgelt, ohne zur Nachleistung der Dienste verpflichtet zu sein.

199 Beim **Betriebsrisiko** geht es dagegen um ein **Problem der Gefahrtragung**, wenn die Arbeitsleistung infolge einer Betriebsstörung, die weder vom Arbeitgeber noch vom Arbeitnehmer zu vertreten ist, nicht erbracht werden kann. Ausgangspunkt ist hier also die **Unmöglichkeit der Arbeitsleistung**, und es ist deshalb hier nur die Frage zu beantworten, wer die Gegenleistungsgefahr zu tragen hat. Es handelt sich um einen wesensverschiedenen Tatbestand.

200 Das Betriebsrisiko ist **zivilrechtlich** ein **Unterfall der Substratsgefahr**. Durch § 615 BGB hat man rezipiert, dass der Dienstberechtigte sie trägt (s Rn 19 ff). Verdeckt wurde diese Reichweite der Annahmeverzugskonstruktion nur deshalb, weil das Dogma, dass Annahmeverzug und Unmöglichkeit sich ausschließen, ihr Verständnis verschloss (s Rn 26 ff). Dennoch hat man nach anfänglicher Irritation klar herausgearbeitet, dass § 615 BGB Anwendung findet, wenn der Leistungsvollzug am feh-

lenden Arbeitssubstrat scheitert (grundlegend TRAUTMANN Gruchot 59 [1915] 434 ff; OERTMANN AcP 116 [1918] 1 ff; zust TITZE, Das Recht des kaufmännischen Personals [1918] 200).

b) Abgrenzung zum Arbeitskampfrisiko

Die rechtsdogmatische Klärung der individualrechtlichen Gefahrtragung verlor ihre Konturen, als sich das Problem stellte, wie die **durch einen Arbeitskampf verursachte Betriebsstörung** zu beurteilen ist. In Abweichung von dem für das Fehlen des Arbeitssubstrats maßgeblichen Grundsatzes sollte die Lohnzahlung nicht gerechtfertigt sein, wenn der Arbeitsausfall auf ein aus der Sphäre der Arbeiterschaft kommendes Ereignis wie Teilstreik oder Streik in einem fremden Betrieb zurückzuführen ist (so für den ersteren Fall OERTMANN NZfAR 1922 Sp 461 [464 f]; für beide Fälle TITZE JW 1922, 548 [550]). Hier bahnte sich an, dass man zwei heterogene Störungstatbestände mit ein und derselben Gefahrtragungsregelung zu erfassen versuchte. Man beschränkte sich aber nicht auf eine *individualrechtliche Begründung,* sondern hat in die Gefahrtragungsregel die *kampfrechtliche Paritätsproblematik* einbezogen (s Rn 208 f). Für deren Lösung ist es aber nicht sachlich gerechtfertigt, die Fernwirkung von Arbeitskämpfen in drittbetroffenen Unternehmen je nachdem unterschiedlich zu beurteilen, ob sie die Abnehmer betreffen und damit eine Arbeitsunmöglichkeit wegen Fehlens notwendiger Rohstoffe oder Energie herbeiführen oder ob sie die Zulieferer betreffen, sodass die Produktion zwar möglich bleibt, aber wirtschaftlich sinnlos wird (s Rn 250). 201

Für die kampfrechtliche Parität spielt der **Unterschied zwischen dem Betriebs- und Wirtschaftsrisiko keine Rolle** (s Rn 256). Gibt man in beiden Fällen bei einer Paritätsrelevanz des Arbeitsausfalls dem Arbeitgeber das Recht zur Nichtbeschäftigung und Arbeitsentgeltverweigerung, so verlässt man aber den rechtsdogmatischen Begründungsrahmen des Rechts der Leistungsstörungen, das nicht an kampfrechtlichen Zuordnungskriterien orientiert ist. Die Ordnungsgrundsätze des bürgerlichen Rechts werden durch die Festlegung eines besonderen Störungstatbestandes und eine auf ihn bezogene Sonderregelung ersetzt (s Rn 260 ff). 202

2. Betriebsrisikolehre

Die Betriebsrisikolehre beantwortet die Frage, wer bei einer Betriebsstörung das Betriebsrisiko zu tragen hat, losgelöst von den Regeln des BGB. 203

a) Grundlegend für die Betriebsrisikolehre war die Entscheidung des **Reichsgerichts** vom 6. 2. 1923 (RGZ 106, 272 ff). Gegenstand war der Lohnzahlungsanspruch Kieler Straßenbahner, die wegen eines Streiks im stadteigenen Kraftwerk nicht hatten arbeiten können. Mit der These, man dürfe, um zu einer befriedigenden Lösung des Problems zu gelangen, überhaupt **nicht** von den **Vorschriften des BGB** ausgehen, sondern müsse den Gedanken der **sozialen Arbeits- und Betriebsgemeinschaft** zugrunde legen, kam das Reichsgericht zu folgender Feststellung: Da der Arbeitnehmer insbesondere wegen der Mitbestimmungsregelung im Betriebsrätegesetz vom 4. 2. 1920 „nicht mehr ein bloßes Werkzeug des Unternehmers, sondern ein lebendiges Glied der Arbeitsgemeinschaft" sei, sollen die Folgen, „wenn die Arbeitsgemeinschaft aus Gründen, die nicht vom Unternehmer ausgehen, versagt", nicht nur diesen treffen, sondern es sei selbstverständlich, „daß, wenn infolge von Handlungen der Arbeiterschaft der Betrieb stillgelegt wird und die Betriebseinnahmen versiegen, es dem Unternehmer nicht zugemutet werden kann, für die Lohnzahlun- 204 gen aus anderen Mitteln zu sorgen" (RG 6. 2. 1923 RGZ 106, 272 [275 f]). Das Reichsgericht kam deshalb zur Verneinung des Lohnanspruches, stieß mit seiner Begründung aber zunächst auf erhebliche Kritik. Ihm scholl entgegen: „Das BGB stirbt, und das Reichsgericht ist sein Totengräber" (Oppermann ArbR 1925 Sp 255 [259]; vgl zur Kritik des Urteils im Einzelnen A Hueck, in: Dersch/Flatow/Hueck/Nipperdey, Die Rechtsprechung des RG zum Arbeitsrecht I 340 ff).

205 Einen weiteren Schritt auf dem Weg dieser von den Regeln des BGB unabhängigen Entwicklung des Betriebsrisikoproblems tat das **Reichsarbeitsgericht** in seiner Entscheidung vom 20. 6. 1928 (RAG ARS 3, 116 ff). Während das RG noch der Meinung war, dass sich das aus dem Wesen der Betriebsgemeinschaft gefolgerte Ergebnis auch ohne Schwierigkeiten in die Vorschriften des BGB einfügen lasse und dementsprechend eine weitere Begründung für seine Entscheidung aus der Vorschrift des § 323 BGB herleitete (RG 6. 2. 1923 RGZ 106, 272 [276]), zog das RAG einen klaren Trennungsstrich. Es nahm eine echte **Lücke im Gesetz** an und maß den Regeln des BGB nur noch insofern Bedeutung bei, als aus ihnen der allgemeine Rechtsgedanke entnommen werden könne, dass die Folgen von Ereignissen, die eine Betriebsstörung verursachen, den treffen, der diese Ereignisse zu vertreten habe (ARS 3, 121). Zu vertreten habe aber jeder Teil nicht nur sein Verschulden, sondern auch „alles, was in den Kreis der von ihm zu tragenden Gefahr fällt".

206 Darauf stützte das RAG Richtlinien, die man unter dem Begriff der **Sphärentheorie** zusammengefasst hat. Es hat sich in der Begründung völlig von dem Fall einer streikbedingten Störung losgelöst und über diesen Fall hinaus für jede Betriebsstörung **Richtlinien** aufgestellt (ARS 3, 116 [122]):

(1) Die Gefahr solcher Ereignisse, die auf dem Verhalten der Arbeitnehmerschaft selbst beruhen, müsse von den Arbeitnehmern, auch soweit sie an ihnen nicht beteiligt seien, getragen werden. Hierher gehöre der Fall des Teilstreiks.

(2) Aus der Betriebsverbundenheit folge, dass solche Ereignisse, die nicht nur die Führung des Betriebs, sondern dessen Bestand beeinträchtigten, den Betrieb vernichteten oder längere Zeit lahmlegten, regelmäßig die Arbeitnehmerschaft mitträfen. Hierher gehörten insbesondere die Umstände, die von außerhalb auf den Betrieb einwirkten, wie zB Naturereignisse oder fremde Gewalt.

(3) Vom Arbeitgeber allein zu vertreten seien solche Ereignisse, die nicht den Bestand des Betriebs träfen, sondern in seine Führung eingriffen. Der Arbeitgeber müsse unter anderem dafür einstehen, dass rechtzeitig ausreichende Betriebsstoffe beschafft würden; er werde auch Störungen, die im Allgemeinen oder unter den besonderen Verhältnissen des Betriebs öfters vorzukommen pflegten, tragen müssen, insofern er sie, wenn auch nicht vermeiden, so doch von vornherein in Rechnung stellen könne.

Diese Risikozuweisung an den Arbeitgeber soll dann nicht gelten, wenn die Betriebsstörungen so schwerwiegende wirtschaftliche Nachteile zur Folge haben, dass der Betrieb sie ohne Gefährdung seines Bestandes nicht zu ertragen vermag. In solchen Fällen sei das Ereignis ebenfalls mit in den Kreis der von der Arbeitnehmerschaft zu vertretenden Umstände zu rechnen.

Damit war die Sphärentheorie geboren, die seitdem die Rechtsprechung beherrscht hat und auch nach Erlass des Arbeitsordnungsgesetzes bestimmend blieb (vgl STAUDINGER/NIPPERDEY/MOHNEN[11] § 615 Rn 60a; s dazu auch die ausführliche Analyse der Rechtsprechung von BIEDENKOPF, Die Betriebsrisikolehre als Beispiel richterlicher Rechtsfortbildung [1970] 5 ff). 207

b) Das **Bundesarbeitsgericht** hat ebenfalls in der maßgeblichen Ausgangsentscheidung für die Betriebsrisikolehre vom 8. 2. 1957 eine **Lücke im Gesetz** konstatiert und den Grundsatz, dass der Arbeitgeber in erster Linie das Betriebsrisiko trage, damit begründet, „daß der Arbeitgeber, der den Betrieb und die betriebliche Gestaltung organisiert, leitet, die Verantwortung trägt und die Erträge bezieht, seinen Arbeitnehmern dafür einstehen muss, daß der Betriebsorganismus in Funktion bleibt und die Arbeitsmittel zur Verfügung stehen, die dem Arbeitnehmer die Arbeit und damit die Erzielung des Lohnes ermöglichen" (BAG 8. 2. 1957 – 1 AZR 338/55, BAGE 3, 346 [348] = AP Nr 2 zu § 615 BGB Betriebsrisiko mit Anm von A HUECK). Bemerkenswert ist aber in diesem Zusammenhang, dass es den Verlust des Anspruchs auf das Arbeitsentgelt bei einer arbeitskampfbedingten Betriebsstörung bereits auf *spezifisch arbeitskampfrechtliche Gesichtspunkte* gestützt hat: „Das Prinzip der Kampfparität oder Waffengleichheit würde gestört, wenn Angehörige des den Arbeitskampf nicht betreibenden Sozialpartners zu Leistungen gezwungen werden könnten, für die sie nur auf Grund von Kampfmaßnahmen des anderen Sozialpartners keine Gegenleistungen erhalten" (BAG 8. 2. 1957 – 1 AZR 338/55, BAGE 3, 346 [350]). 208

Trotzdem hielt das BAG bis zu den Beschlüssen seines 1. Senats vom 22. 12. 1980 (BAG 22. 12. 1980 – 1 ABR 2/79, BAGE 34, 331 [337 ff] = AP Nr 70 zu Art 9 GG Arbeitskampf; BAG 22. 12. 1980 – 1 ABR 76/79, BAGE 34, 355 [360] = AP Nr 71 zu Art 9 GG Arbeitskampf) an der **Einheit der Betriebsrisikolehre** fest. Noch in den Aussperrungsentscheidungen vom 10. 6. 1980 berief es sich auf die Verteilung des Betriebsrisikos bei Arbeitskämpfen, um mit ihr zu begründen, dass die Arbeitgeberseite nicht die Befugnis zur Abwehraussperrung benötige, wenn bei einem Teilstreik die angreifende Gewerkschaft durch die Abgrenzung des Kampfrahmens bei einem Minimum an Aufwand ein Maximum an Schaden verursachen könne (BAG 10. 6. 1980 – 1 AZR 822/79, BAGE 33, 140 [170 f] = AP Nr 64 zu Art 9 GG Arbeitskampf; BAG 10. 6. 1980 – 1 AZR 168/79, AP Nr 65 zu Art 9 GG Arbeitskampf). 209

3. Kritik der Betriebsrisikolehre

a) Vermengung der individualrechtlichen Gefahrtragungsproblematik mit der kollektivrechtlichen Paritätsproblematik

Die Betriebsrisikolehre vermengt zwei heterogene Störungstatbestände (so zutreffend PICKER JZ 1988, 1, 62 [69]). Darauf beruht, dass man ihre Verankerung in § 615 BGB übersieht, soweit es um das Risiko *unglücksbedingter Störungen* geht, zugleich aber der Illusion erliegt, dass mit ihr das Lohnverweigerungsrecht bei *arbeitskampfbedingten Betriebsstörungen* begründet werden kann. 210

Mit der Sphärentheorie gelingt es nicht, die maßgeblichen Gesichtspunkte auf eine rechtsdogmatisch tragfähige Begründung zu stützen. Bereits unstimmig ist es, dass man trotz der vermeintlichen Lücke im BGB an der Dogmatik des bürgerlichen Rechts insoweit festhält, als man die richterrechtliche Kreation auf einen Tatbestand 211 beschränkt, der in der zivilrechtlichen Dogmatik den Anknüpfungspunkt für die Gefahrtragungsregelung bildet: die Unmöglichkeit zur Erbringung der Arbeitsleistung. Begründet man wie das BAG die Abweichungen von dem Grundsatz, dass der Arbeitgeber das Betriebsrisiko trägt, mit dem Prinzip der Kampfparität (so bereits BAG 8. 2. 1957 – 1 AZR 338/55, BAGE 3, 346 [350] = AP Nr 2 zu § 615 BGB Betriebsrisiko; BAG 22. 12. 1980 – 1 ABR 2/79, BAGE 34, 331 [342] = AP Nr 70 zu Art 9 GG Arbeitskampf), so verwendet man kollektivrechtliche Zuordnungskriterien, für die nicht schlüssig ist, dass sie nur bei einer Arbeitsunmöglichkeit, nicht aber bei einem Absatz- oder Auftragsmangel gelten, der durch den Arbeitskampf herbeigeführt wird (zur Beziehungslosigkeit der kollektivrechtlichen Zurechnungskriterien zum zivilrechtlichen Störungstatbestand der Betriebsrisikolehre grundlegend PICKER JZ 1979, 285 [288 ff]; vgl OSSENBÜHL/RICHARDI, Neutralität im Arbeitskampf [1987] 79). Die Einbeziehung der kampfrechtlichen Paritätsproblematik führt daher folgerichtig zur Preisgabe des Unterschieds zwischen Betriebsrisiko und Wirtschaftsrisiko (s Rn 250 ff). Da man die kampfbedingte Störung mit der unglücksbedingten Störung vermengt, ist es zur Vermischung zwischen dem Betriebs- und dem Wirtschaftsrisiko auch außerhalb der Arbeitskampfproblematik gekommen (so auch noch BAG 23. 6. 1994 – 6 AZR 853/93, BAGE 77, 123 [125] = AP Nr 56 zu § 615 BGB).

b) Betriebsrisiko als Unterfall der zivilrechtlichen Substratsgefahr

212 Nicht aus der richterrechtlichen Schließung einer Regelungslücke, sondern unmittelbar aus der durch **§ 615 BGB rezipierten Substratsgefahrtragung des Dienstberechtigten** ergibt sich, dass der Arbeitgeber die Gefahr trägt, wenn die Ereignisse, die die Arbeitsleistung unmöglich machen, aus seinem Bereich kommen, zB Unterbrechung der Strom- oder Gasversorgung, Mangel an Kohlen oder Rohmaterial, Brand einer Fabrik, Bruch einer Maschine, Überschwemmung, übermäßiger Frost. Durch die Annahmeverzugskonstruktion sind ihm die Risiken zugewiesen, die durch die besondere Art des Betriebs bedingt sind (s Rn 19 ff). Es trifft daher nicht zu, dass das BGB keine Entscheidung in dieser Frage getroffen habe (so aber BAG 8. 2. 1957 – 1 AZR 338/55, BAGE 3, 346 [348] = AP Nr 2 zu § 615 BGB Betriebsrisiko).

213 Im Schrifttum hat man auf die **Gefahrtragungsnorm in § 645 BGB** hingewiesen; sie sei auf den Dienstvertrag entsprechend anwendbar (so vor allem SÖLLNER AcP 167 [1967] 132 [141 ff]; vgl auch FABRICIUS, Leistungsstörungen im Arbeitsverhältnis [1970] 72 f, 83 und RICHARDI ZfA 1974, 3 [14 f]). Doch geht es eigentlich nicht darum, die in § 645 BGB positivierte Maxime auch für den Dienstvertrag zu legitimieren, sondern die werkvertragliche Vorschrift ist „gerade umgekehrt als Ausstrahlung eines spezifisch dienstvertraglichen Prinzips zu begreifen" (PICKER JZ 1985, 641 [693, 698]; s auch Rn 42).

214 Die Betriebsrisikolehre beruht also **nicht** auf **spezifisch arbeitsrechtlichen Gesichtspunkten**, sondern gehört zum **Grundbestand der Zivilrechtsordnung** (ebenso ZÖLLNER/LORITZ/HERGENRÖDER § 21 V 1c; vor allem PICKER, in: FS Kissel [1994] 813 ff; s auch die rechtshistorischen Untersuchungen von PICKER JZ 1979, 285 [290 ff]; ders, in: Gedschr Hofmeister [1996] 549 ff; RÜCKERT ZfA 1983, 1 ff). Für Österreich ergibt sich dies unmittelbar aus § 1155 Abs 1 ABGB, nach dem auch für Dienstleistungen, die nicht zustande gekommen sind, dem Dienstnehmer das Entgelt gebührt, wenn er zur Leistung bereit war und durch Umstände, die auf Seite des Dienstgebers liegen, daran verhindert worden ist (vgl RICHARDI, in: FS Strasser [1983] 451 [456]; PICKER, in: Gedschr Hofmeister [1996] 549 [554 f, 584 ff]). Auch das BGB hat diese Grundsatzfrage nicht offengelassen, sondern durch

§ 615 BGB entschieden (grundlegend PICKER JZ 1979, 285 [292 f]; ders JZ 1985, 641, 693 [698]; ders JZ 1988, 1, 62 [67 ff]; ebenso MünchKomm/HENSSLER § 615 Rn 100; BGB-RGRK/MATTHES § 615 Rn 26; ErfK/PREIS § 615 Rn 7; TILLMANNS, MünchArbR § 76 Rn 83; RICHARDI, Anm zu BAG 22. 12. 1980 – 1 ABR 2/79, AP Nr 70 zu Art 9 GG Arbeitskampf und BAG 22. 12. 1980 – 1 ABR 76/79, AP Nr 71 zu Art 9 GG Arbeitskampf Bl 5 R, 6; ders, in: FS Strasser [1983] 451 [455 f]; EISEMANN AuR 1981, 357 [359 ff]; COLNERIC, in: DÄUBLER, Arbeitskampfrecht [2. Aufl 1987] Rn 606 ff; s hier Rn 3 ff und 19 ff).

c) Ausschluss der Substratsgefahrtragung bei arbeitskampfbedingten Betriebsstörungen

215 Mit der Zulassung von Arbeitskämpfen als Mittel einer Tarifauseinandersetzung stieß zugleich die Gefahrtragung des Dienstberechtigten auf Ablehnung, wenn der Leistungsstörungsfall durch einen Arbeitskampf herbeigeführt wird. Dass die Gefahr nicht den Arbeitgeber treffen kann, wenn angesichts eines von der Rechtsordnung zugelassenen finalen Eingriffs kein *casus* vorliegt (vgl PICKER JZ 1979, 285 [294]), ist das Gerechtigkeitspostulat, auf dem die Entscheidung des Reichsgerichts im Kieler Straßenbahnerfall beruht (RG 6. 2. 1923 RGZ 106, 272 ff; s Rn 204). Dass diese Beurteilung sachlich richtig ist, haben vor allem auch diejenigen vertreten, die den Betriebsstörungsfall trotz der Unmöglichkeit des Arbeitsvollzugs dogmatisch unter die Figur des Annahmeverzugs subsumierten (OERTMANN NZfAR 1922 Sp 461 [464 f]; TITZE JW 1922, 548 [550]).

216 Herrschend in Rechtsprechung und Schrifttum wurde daher die Auffassung, dass eine Rechtsordnung, die den Arbeitskampf zulässt, es **nicht** bei der **Gefahrtragungsregelung zu Lasten des Arbeitgebers** belassen kann. Versucht man, diese Einschränkung der Substratsgefahrtragung auf Gesichtspunkte zu stützen, die den Begründungsrahmen der Zivilrechtsdogmatik einhalten, so hat man dabei anzusetzen, ob die Risikoüberwälzung auf den Arbeitgeber, die mit der Substratsgefahrtragung verbunden ist, auch dann gerechtfertigt ist, wenn der Betrieb durch einen Arbeitskampf lahmgelegt wird. Der Fall unterscheidet sich nämlich grundlegend von den sonstigen Betriebsrisikofällen, wie Unterbrechung der Strom- oder Gasversorgung, Bruch einer Maschine, Überschwemmung oder Mangel an Rohmaterial. Beruht die Störung auf diesen Quellen, so hat der Arbeitgeber im Allgemeinen die rechtlich gesicherte Möglichkeit, darauf Einfluss zu nehmen, dass die Quelle der Störung behoben wird, oder er kann sich darauf verlassen, dass deren Behebung im Allgemeininteresse liegt.

217 Beruht die Störung dagegen auf einem Arbeitskampf, so ist Quelle hier ein **im Prinzip rechtlich zulässiges Geschehen**. Der Zulassung des Arbeitskampfes als einer Institution des Tarifvertragssystems steht nicht entgegen, dass er Störungen in den Rechtsbeziehungen kampfunbeteiligter Personen verursacht. Damit ist aber unvereinbar, dem Arbeitgeber das Risiko für die Funktionsfähigkeit seines Betriebs aufzuerlegen, wenn die Störung durch einen Arbeitskampf verursacht wird; denn nicht er hat die Möglichkeit des Eingriffs, sondern umgekehrt bestimmen die *Kampfparteien* über die Arbeitsmittel. Darin liegt, wie PICKER gezeigt hat, eine von den Ordnungsgrundsätzen des Zivilrechts materiell gedeckte Erklärung für die Nichtleistung des Arbeitsentgelts bei kampfbedingten Betriebsstörungen (PICKER JZ 1979, 285 [293]; ebenso MAYER-MALY BB 1979, 1305 [1309]; RICHARDI, in: FS Strasser [1983] 451 [459]; ders ZfA 1985, 101 [115 f]; zust auch BAUMANN, Arbeitskampf, Staatsneutralität und Arbeitslosen-

versicherung [1986] 29). Rechtsdogmatisch bedeutet dies, dass bei **arbeitskampfbedingten Betriebsstörungen der sonst durch die Betriebsrisikotragung verdrängte § 326 Abs 1 BGB** Anwendung findet (Picker JZ 1979, 285 [293]; **aA** für § 615 Eisemann AuR 1981, 357 [361 f]; Colneric, in: Däubler, Arbeitskampfrecht [2. Aufl 1987] Rn 614).

218 Nicht geklärt ist damit aber die **Grenzziehung**. Da man in der Kampfparität den materiellen Grund für den Ausschluss der Substratsgefahrtragung bei arbeitskampfbedingten Betriebsstörungen sieht, sollen arbeitskampfbedingte Betriebsstörungen in Betrieben außerhalb des Kampfgebiets zu dem vom Arbeitgeber zu tragenden Betriebsrisiko gehören (so ArbRBGB/Matthes § 615 Rn 236). Prinzipiell anders sind dagegen die Konsequenzen, die Picker aus einer kollektivrechtlich konzipierten Arbeitskampfrisikolehre zieht (vgl Picker, in: FS Locher [1990] 477 [484 ff]). Da die Suspension der Lohnzahlungspflicht und damit mittelbar auch die Nichterfassung der Substratsgefahrtragung durch § 615 BGB ihren materiellen Grund in einer Gefährdung des Verhandlungsgleichgewichts von Arbeitgebern und Arbeitnehmern als Grundvoraussetzung eines funktionsfähigen Tarifvertragssystems habe, sei von dort her der Störungstatbestand und entsprechend das Recht zur Lohnverweigerung zu bestimmen. Dem Arbeitgeber sei „unabhängig von den Regeln und Figuren des zivilrechtlichen Leistungsstörungsrechts, unabhängig namentlich von einer ‚Unmöglichkeit' oder ‚wirtschaftlichen Sinnlosigkeit' der Betriebsfortführung ein Lohnverweigerungsrecht als kollektivrechtliches Verteidigungsinstrument zu gewähren" (Picker 490; s auch Rn 263). Folgt man dagegen den Ordnungsgrundsätzen des bürgerlichen Rechts, so kann man zwar begründen, dass auf eine arbeitskampfbedingte Betriebsstörung nicht § 615 BGB, sondern § 326 Abs 1 BGB Anwendung findet. Soweit man aber kampfrechtliche Kriterien heranzieht, um zu einer Risikoentlastung des Arbeitgebers zu gelangen, hier insbesondere auch zur Einbeziehung des Wirtschaftsrisikofalls in ein Lohnverweigerungsrecht, kann man nicht von einer Bestimmung der Paritätsrelevanz absehen und die Paritätsgefährdung auch dann noch unterstellen, wenn ein Arbeitgeber fernwirkungsbetroffen ist (so aber Picker, Arbeitskampfrisiko [1994] C I).

d) Solidarität der Arbeitnehmer als Zurechnungsgrund

219 Rechtsdogmatisch nicht haltbar ist dagegen die Sphärentheorie, die mit der **Solidarität der Arbeitnehmer** begründet, dass der Arbeitgeber bei einer streikbedingten Betriebsstörung nicht das Arbeitsentgelt zu zahlen braucht (BAG 8. 2. 1957 – 1 AZR 338/55, BAGE 3, 346 [349] = AP Nr 2 zu § 615 BGB Betriebsrisiko; BAG 25. 7. 1957 – 1 AZR 194/56, AP Nr 3 zu § 615 BGB Betriebsrisiko; Hueck/Nipperdey I 352; Boehmer, Grundlagen der bürgerlichen Rechtsordnung II/2 [1952] 190; so auch der entscheidende Gesichtspunkt in RG 6. 2. 1923 RGZ 106, 272 [275 f]; RAG ARS 3, 116 [122]). Mit der Vorstellung einer Solidarität aller Arbeitnehmer wird ein Rechtsprinzip eingeführt, das sonst dem Arbeitsrecht nicht bekannt ist. Nur soweit ein Arbeitnehmer sich in der Gewerkschaft organisiert, haben die im Arbeitskampf erstrittenen Tarifverträge für ihn unmittelbar Rechtsgeltung. Bei einer durch Streik bedingten Betriebsstörung kann deshalb einem arbeitswilligen Arbeitnehmer nicht der Gedanke der Solidarität entgegengehalten werden, um seinen Lohnanspruch abzuwenden. Etwas anderes kann, wenn man von kollektivrechtlichen Zuordnungskriterien ausgeht, nur bei einem gewerkschaftlichen Streik in Erwägung gezogen werden, wenn der Arbeitnehmer, der nicht beschäftigt werden kann, Mitglied der streikführenden Gewerkschaft ist (so Jorns, Das Betriebsrisiko [1957] 155 ff; Biedenkopf, Die Betriebsrisikolehre als Beispiel richterlicher

Rechtsfortbildung [1970] 20 f; RICHARDI RdA 1970, 65 [70]). Mit dieser Differenzierung setzt man sich aber in Widerspruch zu dem für das Arbeitskampfrecht maßgeblichen Grundsatz, dass eine Aussperrung, die gezielt nur die Mitglieder einer streikführenden Gewerkschaft erfasst, nichtorganisierte Arbeitnehmer jedoch verschont, die positive Koalitionsfreiheit der organisierten Arbeitnehmer und den Bestandsschutz der Gewerkschaften verletzt und daher nach Art 9 Abs 3 S 2 GG rechtswidrig ist (vgl BAG 10. 6. 1980 – 1 AZR 168/79, BAGE 33, 195 = AP Nr 66 zu Art 9 GG Arbeitskampf).

Die Vorstellung der **Solidarität aller Arbeitnehmer** unabhängig von der Gruppenzugehörigkeit und jeder Interessenverschiedenheit ist **kein Zurechnungsprinzip** (BAG 22. 12. 1980 – 1 ABR 2/79, BAGE 34, 331 [340 f] = AP Nr 70 zu Art 9 GG Arbeitskampf; BIEDENKOPF, Die Betriebsrisikolehre als Beispiel richterlicher Rechtsfortbildung [1970] 18 ff; SEITER, Streikrecht und Aussperrungsrecht [1975] 310; KALB, Rechtsgrundlage und Reichweite der Betriebsrisikolehre [1977] 64 ff; BERTELSMANN, Aussperrung [1979] 169 ff; EHMANN, Betriebsrisikolehre und Kurzarbeit [1979] 49 ff, 112; RAMM RdA 1968, 412 [416]; WIEDEMANN RdA 1969, 321 [326, 333]; RICHARDI RdA 1970, 65 [70]; WEISS AuR 1974, 37 [40]; PICKER JZ 1979, 285 [287]). 220

e) Partizipation der Arbeitnehmer als Zurechnungsgrund

Man hat daher im Schrifttum versucht, eine individuelle Zurechenbarkeit kollektiver Kampfmaßnahmen mit der **Einflussmöglichkeit** der mittelbar betroffenen Arbeitnehmer auf das Kampfgeschehen zu begründen (vgl RICHARDI RdA 1970, 65 [70]; vor allem KALB, Rechtsgrundlage und Reichweite der Betriebsrisikolehre [1977] 115 ff). Man gerät damit aber ebenfalls in einen Gegensatz zu dem Prinzip, dass die Verschonung nichtorganisierter Arbeitnehmer von den Auswirkungen eines Arbeitskampfes gegen die positive Koalitionsfreiheit verstößt (s Rn 219). 221

Den Kern des Problems trifft auch nicht der Gesichtspunkt der **potenziellen Begünstigung** der mittelbar betroffenen Arbeitnehmer (so zutreffend BAG 22. 12. 1980 – 1 ABR 2/79, BAGE 34, 331 [341 f] = AP Nr 70 zu Art 9 GG Arbeitskampf; PICKER JZ 1979, 285 [287 f]; **aA** OTTO, Arbeitskampf- und Schlichtungsrecht [2006] § 16 Rn 7, 18 f). Nach Ansicht des BAG sind die Vorteile eines Arbeitskampfes, von bestimmt gelagerten Situationen abgesehen, außerhalb des Tarifgebiets nur schwer nachweisbar und von vielen Zufälligkeiten abhängig (BAG 22. 12. 1980 – 1 ABR 2/79, BAGE 34, 331 [341 f] = AP Nr 70 unter Hinweis auf SEITER, Streikrecht und Aussperrungsrecht [1975] 313; WEISS AuR 1974, 37 [42]). Man kann nicht die Sphärentheorie durch die Partizipationstheorie ersetzen; denn „geht man von der im Grundsatz anerkannten Maxime aus, dass die persönliche Entscheidung des Arbeitnehmers gegen eine Teilnahme an dem Streik und – so beim Außenseiter – gegen eine Teilnahme an jeder gewerkschaftlichen Betätigung überhaupt als Akt seiner Selbstbestimmung zu respektieren ist, so wird von dieser Theorie eine noch weit gewaltsamere Zurechnung praktiziert als von den Lehren, die sich auf die angebliche Einwirkungsmöglichkeit oder Solidarität der Arbeitnehmer berufen" (PICKER JZ 1979, 285 [288]). 222

4. Risikoverteilung nach den Zurechnungselementen der abstrakten Beherrschbarkeit, der Absorptionsmöglichkeit und der arbeitsteiligen Veranlassung

Nach KOLLER ist die Risikoverteilung auf Grund des von ihm entwickelten Systems einer Zurechnung nach den Gedanken der abstrakten Beherrschbarkeit, der Ab- 223 sorptionsmöglichkeit und der arbeitsteiligen Veranlassung eines Risikos vorzunehmen (Koller, Die Risikozurechnung bei Vertragsstörungen in Austauschverträgen [1979] 390 ff, 423 ff, allgemein zu dem Risikoverteilungssystem 77 ff). Beim Dienstvertrag soll sich aus diesen Gesichtspunkten ergeben, dass bei vorhersehbaren Störungen die Preisgefahr dem Dienstberechtigten zuzurechnen ist, wenn die Störungsquelle in der Sphäre des Dienstberechtigten liegt (Koller 297 ff). Entsprechend nimmt Koller daher auch für ein **Arbeitsverhältnis** an, dass der Arbeitgeber bereits nach allgemeinen Grundsätzen bei vorhersehbaren Störungen das Betriebsrisiko trägt (423 f). Darüber hinaus soll sich aber aus dem **arbeitsrechtlichen Schutzgedanken** ergeben, dass selbst dort, wo der Betrieb durch ein unvorhersehbares, aus der neutralen Sphäre stammendes Ereignis blockiert wird, die Störung also iS der für normale Austauschverträge konzipierten Zurechnungsprinzipien weder beherrschbar noch absorbierbar war, der Arbeitgeber den Lohn fortzuzahlen hat (390 f, 425 ff).

224 Koller bleibt eine Antwort auf die Frage schuldig, warum die Betriebsrisikofälle nicht unter § 615 BGB zu subsumieren sind (so zutreffend Colneric, in: Däubler, Arbeitskampfrecht [2. Aufl 1987] Fn 21 auf S 457). Die von ihm genannten Gesichtspunkte bedeuten für den Dienstvertrag im Wesentlichen nur, dass der Gesetzgeber sachgerecht gehandelt hat, als er durch § 615 BGB die Substratsgefahr dem Dienstberechtigten zuwies. Die Gefahrtragung beschränkt sich aber nicht auf vorhersehbare Störungen, sondern umfasst auch eine Störung, mit der ein Dienstberechtigter nicht rechnen kann. Es genügt „die nackte Tatsache der Nichtannahme der angebotenen Leistung seitens des Gläubigers“ (Mot II 69; s auch Rn 28 aE).

225 Soweit mit dem **spezifisch arbeitsrechtlichen Schutzgedanken** begründet wird, dass der Arbeitgeber das Betriebsrisiko trägt (Koller 425; so auch Wiedemann, Das Arbeitsverhältnis als Austausch- und Gemeinschaftsverhältnis [1966] 88 f; Kalb, Rechtsgrundlage und Reichweite der Betriebsrisikolehre [1977] 99 ff), handelt es sich um **keine rechtsdogmatisch tragfähige Begründung** (ebenso Picker JZ 1979, 285 [286 f]; ders JZ 1988, 1, 62 [66 f]). Mit dem Arbeitnehmerschutzprinzip wird dem Arbeitgeber die Pflicht auferlegt, das Arbeitsentgelt nur deshalb zu leisten, weil der Arbeitnehmer mit der Bereitstellung seiner Arbeitskraft seine wirtschaftliche Selbständigkeit verliert (so Wiedemann 88). Damit wird das Problem praktisch negiert, weil bei dieser Begründung keine Leistungsstörung vorliegt, solange dem Arbeitgeber die Arbeitskraft des Arbeitnehmers zur Verfügung steht (so folgerichtig Nikisch JherJb 80, 1 [108]). Der Preis, den man für dieses Ergebnis zahlt, ist hoch und bedeutet einen Systembruch; denn der Arbeitsvertrag wandelt sich vom echten Dienst- zum eigentlichen Unterhalts- und Versorgungsvertrag (so zutreffend Picker JZ 1988, 1, 62 [67]).

5. Reichweite der Annahmeverzugskonstruktion bei Betriebsstörungen (Zusammenfassung)

226 Nach den **Ordnungsgrundsätzen des bürgerlichen Rechts** ist der **Unterschied zwischen dem Betriebsrisiko und dem Wirtschaftsrisiko vorgegeben**: Nur in den Betriebsrisikofällen liegt eine Leistungsstörung vor. Die Arbeitsleistung ist unmöglich, sodass es ausschließlich um den Anspruch auf das Arbeitsentgelt trotz Nichtleistung der Arbeit geht *(Betriebsrisiko)*. Dagegen fehlt bereits der Tatbestand einer Leistungsstörung, wenn die Arbeitsleistung erbracht werden kann, der Arbeitgeber an ihr aber kein Interesse hat, weil die Fortsetzung des Betriebs wegen Auftrags- oder Absatzmangels wirtschaftlich sinnlos wird *(Wirtschaftsrisiko)*. Beschäftigt er die Arbeitnehmer nicht, so kommt er in Annahmeverzug und muss deshalb das Arbeitsentgelt fortzahlen. Daraus folgt, dass er wie auch sonst das Wirtschaftsrisiko trägt. In den Fällen des S 3 muss der Arbeitnehmer die Arbeitsleistung dem Arbeitgeber nicht anbieten (ErfK/Preis § 615 Rn 122).

Die Annahmeverzugskonstruktion des § 615 BGB umfasst auch den Fall, dass der 227
Leistungsvollzug an einer Betriebsstörung scheitert (s Rn 19 ff). Die durch sie rezipierte Substratsgefahrtragung des Dienstberechtigten findet aber keine Anwendung, wenn die Betriebsstörung final durch einen Arbeitskampf herbeigeführt wird. Rechtsdogmatisch bedeutet dies, dass bei arbeitskampfbedingten Betriebsstörungen der sonst durch die Betriebsrisikotragung verdrängte § 326 Abs 1 BGB Anwendung findet (s Rn 217 f und 260 ff).

Der Besonderheit des Problems trägt nicht Rechnung, wer den Arbeitskampf wie 228
einen casus behandelt, der dem Arbeitgeber unmöglich macht, das Arbeitssubstrat zur Verfügung zu stellen (so aber Schwerdtner, Arbeitsrecht I [1976] 96 f; Ramm, in: FS Abendroth [1968] 275 [294]; Eisemann AuR 1981, 357 [361 f]; Colneric, in: Däubler, Arbeitskampfrecht [2. Aufl 1987] Rn 614). Hält man nach bürgerlichrechtlichen Grundsätzen den Arbeitgeber für verpflichtet, das Arbeitsentgelt zu zahlen, so kann ein Recht zur Leistungsverweigerung nur aus kollektivrechtlichen Zurechnungskriterien abgeleitet werden. Folgerichtig ist es daher, den Arbeitgeber auf die Aussperrung zu verweisen, wenn er nicht das Arbeitsentgelt zahlen will (Schwerdtner, Arbeitsrecht I [1976] 96 f; Ramm, in: FS Abendroth [1968] 275 [294]). Darin liegt eine konsequent arbeitskampfrechtliche Lösung des Problems; jedoch hat das BAG diesen Weg durch die Begrenzung der Abwehraussperrung verbaut (vgl BAG 10. 6. 1980 – 1 AZR 822/79, BAGE 33, 140 = AP Nr 64 zu Art 9 GG Arbeitskampf; BAG 10. 6. 1980 – 1 AZR 168/789, BAGE 33, 185 = AP Nr 65 zu Art 9 GG Arbeitskampf; s auch Staudinger/Richardi/Fischinger [2016] § 611 Rn 1329 ff). Das BAG hat aber mit der von ihm entwickelten Arbeitskampfrisikolehre einen Ersatz geschaffen (vgl BAG 22. 12. 1980 – 1 ABR 2/79, BAGE 34, 331 [337 ff] = AP Nr 70 zu Art 9 GG Arbeitskampf; BAG 22. 12. 1980 – 1 ABR 76/79, BAGE 34, 355 [360] = AP Nr 71 zu Art 9 GG Arbeitskampf; s dazu ausführlich Rn 254 ff).

6. Gefahrtragungsregelung bei unglücksbedingten Betriebsstörungen

a) Grundsatz

Der Arbeitgeber trägt bei unglücksbedingten Betriebsstörungen das Arbeitsentgelt- 229
risiko; denn er trägt die Verantwortung für den Betrieb und seine Organisation. Darin liegt, wie das BAG zutreffend annimmt, der materielle Geltungsgrund der Gefahrtragungsregel (BAG 8. 2. 1957 – 1 AZR 338/55, BAGE 3, 346 [348] = AP Nr 2 zu § 615 BGB). Doch ist es nicht richtig, dass es eine Lücke im Gesetz annimmt (s Rn 215). Es handelt sich nicht um eine spezifisch arbeitsrechtliche Lösung des Risikoproblems, sondern es ist diese Grundsatzfrage vom BGB durch § 615 BGB entschieden (so vor allem Picker JZ 1979, 285 [290 ff]; ders, in: FS Kissel [1994] 813 ff; ders, in: Gedschr Hofmeister [1996] 549 ff; s dazu ausführlich Rn 212 ff).

b) Opfergrenze

Eine Ausnahme von dem Grundsatz, dass der Arbeitgeber das Betriebsrisiko trägt, 230
soll nur dann gelten, wenn die Betriebsstillegung den Betrieb so schwer trifft, dass

bei Zahlung der vollen Löhne die Existenz des Betriebs gefährdet wird (BAG 30. 5. 1963 – 5 AZR 282/62, AP Nr 15 zu § 615 BGB Betriebsrisiko; bestätigt BAG 9. 3. 1983 – 4 AZR 301/80, BAGE 42, 94 [99] = AP Nr 31 zu § 615 BGB; BAG 23. 6. 1994 – 6 AZR 853/93, BAGE 77, 123 [125] = AP Nr 56 zu § 615 BGB; ausdrücklich noch offen gelassen in BAG 8. 2. 1957 – 1 AZR 338/55, BAGE 3, 346 [348] = AP Nr 2 zu § 615 BGB Betriebsrisiko; so bereits aber RAG ARS 3, 116 [122]; 41, 43 [50]; 43, 21 [24]; strenger aber BAG 28. 9. 1972 – 2 AZR 506/71, AP Nr 28 zu § 615 BGB Betriebsrisiko, wonach eine Gefährdung des *Unternehmens* erforderlich ist). Diese Einschränkung beruht auf der Vorstellung von der sozialen Betriebs- und Arbeitsgemeinschaft zwischen Arbeitgeber und Arbeitnehmer (vgl RAG ARS 3, 116 [120 ff]; in der nationalsozialistischen Zeit begründet „aus der Betriebsverbundenheit zwischen dem Unternehmer und den Gefolgschaftsmitgliedern [§ 1 AOG] und aus dem Treuegedanken [§ 2 Abs 2 AOG] sowie aus dem allgemeinen Volksinteresse an der Erhaltung der Betriebe [§ 1 AOG]“ RAG ARS 41, 43 [50]).

231 **Mit dem geltenden Recht** ist diese Auffassung **nicht vereinbar**. Da mit dem Arbeitsvertrag keine gesellschaftliche oder unternehmensbezogene Beteiligung am Erfolg unternehmerischer Tätigkeit verbunden ist, kann man es nicht sachlich rechtfertigen, die Arbeitnehmer am Risiko unternehmerischer Tätigkeit zu beteiligen (so zutreffend Biedenkopf, Die Betriebsrisikolehre als Beispiel richterlicher Rechtsfortbildung [1970] 16; ErfK/Preis § 615 Rn 126; **aA** MünchKomm/Henssler § 615 Rn 98; so auch Hueck/Nipperdey I 354; für den Fall, dass die Betriebsstörung auf Umständen außerhalb des Risikobereichs des Arbeitgebers beruht und die Fortzahlung der Löhne zu einer Gefährdung der Existenz des Unternehmens führen würde, Jorns, Das Betriebsrisiko [1957] 144 ff; weiterhin Wiedemann, Das Arbeitsverhältnis als Austausch- und Gemeinschaftsverhältnis [1966] 90 ff; Koller, Die Risikozurechnung bei Vertragsstörungen in Austauschverträgen [1979] 430 f).

c) Einzelfälle

232 Die ältere Rechtsprechung enthält eine Vielzahl von Einzelfällen einer unglücksbedingten Betriebsstörung, deren Entscheidungen auch heute noch von Bedeutung sind. In der Rechtsprechung des BAG dominiert dagegen die streikbedingte Betriebsstörung.

aa) Störungen in der Energieversorgung

233 Bei Arbeitsausfall infolge Versagens des Kraftstroms hat bereits das RAG in der Regel den Lohnanspruch bejaht (so ARS 4, 131 [Stilllegung von Webstühlen]; 5, 34; 7, 305 [Stilllegung der Maschinen]; 8, 413; 10, 437; abweichend RAG ARS 5, 38, wo bei Ausbleiben des Lichtstroms und der zur Arbeit erforderlichen Pressluft infolge von Naturereignissen [Senkung des Wasserspiegels durch anhaltenden Ostwind und dadurch verursachte Unterbrechung der zur Krafterzeugung erforderlichen Wasserzufuhr] der Lohnanspruch verneint wird; abl dazu die Anm von A Hueck).

234 Kohlenmangel fällt ebenfalls unter das Betriebsrisiko des Arbeitgebers (vgl RAG ARS 5, 366; 7, 415; 8, 407 [starke Winterkälte sei kein außergewöhnliches, von außen her auf den Betrieb und seine Stilllegung einwirkendes Ereignis]; vgl jedoch auch RAG ARS 3, 116 und 7, 467, wo der Lohnanspruch verneint wurde, weil der Kohlenmangel die Folge eines in einem anderen Betrieb ausgebrochenen Streiks war, sowie BAG 8. 2. 1957 – 1 AZR 338/55, BAGE 3, 346 = AP Nr 2 zu § 615 BGB Betriebsrisiko, wo eine Backwarenfabrik ihren Betrieb einstellen musste, weil der Gasdruck wegen eines Streiks in den Versorgungsbetrieben der Stadt unzureichend wurde). Der Arbeitgeber trägt weiterhin das Risiko für eine Betriebsstörung, wenn die Ölheizung

wegen Paraffinierung des Heizöls ausfällt (BAG 9. 3. 1983 – 4 AZR 301/80, BAGE 42, 94 = AP Nr 31 zu § 615 BGB Betriebsrisiko).

bb) Maschinenschäden und Rohstoffmangel

Der Arbeitgeber trägt das Arbeitsentgeltrisiko bei Arbeitsstörungen infolge von Maschinenschäden: RAG ARS 4, 149; 5, 41 (Versagen der Heizungsanlage im Arbeitsraum); 8, 260 (Versagen des Hauptmotors); 10, 523 (Maschinenschaden infolge Fahrlässigkeit des Maschinisten); 15, 350 (Beschädigung einer Maschine durch einen von mehreren dort beschäftigten Arbeitern, ohne dass sich feststellen ließ, wen die Schuld traf). Dagegen wurde ein Fall des Betriebsrisikos nicht als vorliegend erachtet bei einem Betrieb, dessen Maschinen in regelmäßigen Zeitabständen mit der Folge der zeitweiligen Stilllegung des Betriebs überholt werden; hier wurde dahin erkannt, dass bei einem entsprechend organisierten Betrieb hinsichtlich der notwendigen Überholpausen die Arbeitsleistung des Arbeitnehmers von vornherein unmöglich sei, sodass für die ausfallende Zeit keine Lohnforderung zur Entstehung gelange (BAG 21. 12. 1954 – 2 AZR 5/53, BAGE 1, 241 = AP Nr 2 zu § 611 BGB Lohnanspruch). **235**

Ein Lohnanspruch wurde bejaht bei kurzzeitigem Rohstoffmangel: RAG ARS 14, 363 (verspätetes Eintreffen von Palmkernen); bei einer Betriebsstockung wegen eines Brands in einer Strumpffabrik (BAG 28. 9. 1972 – 2 AZR 506/71, AP Nr 28 zu § 615 BGB Betriebsrisiko; vgl auch LAG Köln 26. 7. 2010 – 5 Sa 485/10, BeckRS 2010, 74303). **236**

cc) Betriebsstörung infolge von Naturereignissen oder auf Grund behördlicher Maßnahmen

Bereits das RAG hat bei Arbeitsausfall als Folge der Einwirkung von Naturereignissen in der Regel dem Arbeitgeber die Betriebsgefahr auferlegt: RAG ARS 3, 119 (anhaltende Regengüsse verhindern Arbeit in einer Ziegelei); 5, 110 (Stilllegung einer Baggerei wegen Eisgang); 10, 150 (Frostwetter im Baugewerbe; hier ist aber zu beachten, dass gerade im Baugewerbe häufig abweichende Regelungen bestehen, die für die Verteilung der Betriebsgefahr in erster Linie entscheidend sind; so auch schon ARS 10, 150, 567; 13, 168). Auch wenn die Arbeit allein deshalb ausfällt, weil der Arbeitgeber sich auf Grund witterungsbedingter Umstände dazu entscheidet, den Betrieb (teilweise) einzustellen, fällt das unter das vom Arbeitgeber zu tragende Betriebsrisiko (BAG 9. 7. 2008 – 5 AZR 810/07, NZA 2008, 1407 [1409]). **237**

Entsprechend hat daher auch das BAG anerkannt, dass der Arbeitgeber das Betriebsrisiko trägt, wenn auf Grund eines plötzlichen Kälteeinbruchs die Ölheizung wegen Paraffinierung des Heizöls ausfällt (BAG 9. 3. 1983 – 4 AZR 301/80, BAGE 42, 94 = AP Nr 31 zu § 615 BGB Betriebsrisiko). Wenn dagegen Arbeitnehmer wegen einer Eisglätte im Winter ihren Betrieb nicht erreichen können, liegt kein Annahmeverzug des Arbeitgebers vor; bei einer derartigen Fallgestaltung besteht gemäß § 326 Abs 1 BGB keine Lohnzahlungspflicht *(Wegerisiko;* BAG 8. 12. 1982 – 4 AZR 134/80, BAGE 41, 123 = AP Nr 58 zu § 616 BGB). Soweit ersichtlich noch nicht höchstrichterlich entschieden sind Konstellationen, in denen durch das gleiche Ereignis – zB eine Überschwemmung – der Arbeitnehmer den Betrieb nicht mehr erreichen kann, dieser aber ohnehin nicht fortgeführt werden könnte. Preis (in: ErfK § 615 Rn 133) will hier einen Lohnanspruch unter Anwendung von § 615 S 3 BGB anerkennen. Das überzeugt jedoch nicht, fehlt es doch an dem annahmeverzugsbegründenden Angebot **238** der Arbeitsleistung (ebenso Gräf/Rögele NZA 2013, 1120; Bauer/Opolony NJW 2002, 3503 [3508]; MünchKomm/Henssler § 615 Rn 34).

239 Bei einem **Smogalarm** tragen die Arbeitnehmer das Arbeitsentgeltrisiko, wenn sie infolge von Verkehrsverboten ihren Arbeitsplatz nicht erreichen können *(Wegerisiko;* ebenso Ehmann NJW 1987, 401 [403]; Richardi NJW 1987, 1231 f; Gleiches gilt, wenn die Arbeitnehmer zB wegen Zusammenbruch des Flugverkehrs ihren Arbeitsplatz nach Urlaubsende nicht mehr erreichen können, vgl Gutzeit NZA 2010, 618 [620]). Der Arbeitgeber trägt aber das Arbeitsentgeltrisiko, wenn die Arbeitnehmer infolge eines Betriebsverbots ihre Arbeitsleistung nicht erbringen können (Richardi NJW 1987, 1231 ff; Dossow BB 1988, 2455 [2459]; **aA** Ehmann NJW 1987, 401 [403 ff]).

240 Nach der Rechtsprechung trägt der Arbeitgeber auch das Betriebsrisiko, wenn die Betriebstätigkeit aus rechtlichen Gründen, insbesondere auf Grund einer behördlichen Maßnahme, vorübergehend eingestellt wird, so zB beim **Ausfall von Musikveranstaltungen wegen Landestrauer** (so nach Hindenburgs Tod RAG ARS 23, 219; LAG Hannover ARS 22, 169; ArbG Kaiserslautern ARS 21, 224 [beim gleichen Tatbestand Zubilligung des halben Lohns]; Landestrauer wegen eines Brandunglücks in Nürnberg BAG 30. 5. 1963 – 5 AZR 282/62, AP Nr 15 zu § 615 BGB Betriebsrisiko; Ausfall von musikalischen Darbietungen am Heiligabend ArbG Bremen ARS 26, 23; LAG Berlin-Brandenburg 29. 10. 2014 – 17 Sa 285/14 bei behördlichem Beschäftigungsverbot).

7. Berufsausbildungsverhältnisse

241 Für Berufsausbildungsverhältnisse ist **§ 19 Abs 1 Nr 2 lit a BBiG** zu beachten, nach dem Auszubildende für die Dauer von sechs Wochen ihren Vergütungsanspruch behalten, wenn sie sich zur Berufsausbildung bereithalten, diese aber ausfällt. Das umfasst insbesondere Betriebsrisikofälle (ErfK/Schlachter § 19 BBiG Rn 5; BeckOK-ArbR/Hagen § 19 BBiG Rn 9). Nach Ablauf der Sechswochenfrist greift § 615 BGB (so auch LAG Sachsen 11. 5. 2005 – 2 Sa 620/04, juris Rn 62 ff).

X. Arbeitsentgeltrisiko bei Arbeitsausfall infolge von Arbeitskämpfen

1. Problem

242 Da Arbeitsleistung und Arbeitsentgelt in einem Gegenseitigkeitsverhältnis stehen, haben Arbeitnehmer, die sich an einem Streik beteiligen, für die Zeit der Arbeitsniederlegung keinen Anspruch auf das Arbeitsentgelt. Das gilt nicht nur bei einem rechtswidrigen, sondern auch bei einem rechtmäßigen Streik (s Staudinger/Richardi/Fischinger [2016] § 611 Rn 1327). Aber auch wenn Arbeitnehmer ausgesperrt werden, hat die Kampfbeteiligung zur Folge, dass sie den Anspruch auf das Arbeitsentgelt verlieren, wenn die Aussperrung rechtmäßig ist (s Staudinger/Richardi/Fischinger [2016] § 611 Rn 1336 f).

243 Beschränkt sich ein Streik auf einen Teil des Betriebs, so wird es dem Betriebsinhaber regelmäßig unmöglich, arbeitswillige Arbeitnehmer wie bisher zu beschäftigen. Wegen der Verflochtenheit der Wirtschaft hat jeder Arbeitskampf darüber hinaus regelmäßig zur Folge, dass Störungen auch in Unternehmen auftreten, die nicht unmittelbar vom Arbeitskampf betroffen sind, aber mit kampfbetroffenen

Unternehmen eng kooperieren. Bleiben infolge des Arbeitskampfes betriebsnotwendige Materialien oder Halbfertigprodukte aus oder stockt der Absatz, so wird die weitere Produktion unmöglich oder wirtschaftlich sinnlos. Deshalb stellt sich die Frage, wer in diesen Fällen das Arbeitskampfrisiko trägt.

2. Begründung mit der Betriebsrisikolehre

a) Seit dem grundlegenden Kieler Teilstreik-Urteil des Reichsgerichts vom 6. 2. 1923 (RGZ 106, 272 ff) herrscht Einigkeit darüber, dass die Last der Beschäftigungs- und Lohnzahlungspflicht bei Teil- und Schwerpunktstreiks dem von ihnen betroffenen Arbeitgeber nicht uneingeschränkt aufgebürdet werden kann. Die rechtliche Begründung suchte man ursprünglich in der Betriebsrisikolehre (s Rn 203 ff). Dieser Begründungsansatz hatte nicht nur zur Folge, dass man für das Gefahrtragungsproblem bei Betriebsstörungen fehlerhaft eine Lücke im Gesetz konstatierte, sondern es gelang vor allem auch nicht, für das spezifische Problem des Arbeitsentgeltrisikos bei Arbeitsausfall infolge von Arbeitskämpfen eine rechtsdogmatisch schlüssige Begründung zu geben. Der Versuch, trotz diametral entgegengesetzter Entgeltrisikozuweisung die arbeitskampfbedingte Störung mit der auf anderen Ursachen beruhenden Betriebsstörung in einer einzigen Rechtsfigur zusammenzufassen, verengte das Problem; denn trotz der Abkehr von der Dogmatik des bürgerlichen Rechts hielt man an ihr insoweit fest, als man die Besonderheit der Auswirkungen eines Arbeitskampfes auf einen Tatbestand beschränkte, der in der Zivilrechtsdogmatik den Ausgangspunkt für die Gefahrtragungsregelung bildet: die Unmöglichkeit zur Erbringung der Arbeitsleistung. 244

Nur für diesen Leistungsstörungstatbestand der Zivilrechtsdogmatik sollte eine Ausnahme von dem Grundsatz der Betriebsrisikotragung des Arbeitgebers gelten, weil die Unmöglichkeit der Beschäftigung auf das Verhalten von Arbeitnehmern zurückzuführen sei (so ausdrücklich BAG 25. 7. 1957 – 1 AZR 194/56, AP Nr 3 zu § 615 BGB Betriebsrisiko, Bl 3). Dabei spielte es nach der Rechtsprechung keine Rolle, ob die Betriebsstörung durch einen Teilstreik im eigenen Betrieb (so schon der Fall in RG 6. 2. 1923 RGZ 106, 272; weiterhin BAG 25. 7. 1957 – 1 AZR 194/56, AP Nr 3 zu § 615 BGB Betriebsrisiko) oder durch einen Streik der Arbeitnehmer eines anderen Betriebs veranlasst war (so der Fall in BAG 8. 2. 1957 – 1 AZR 338/55, BAGE 3, 346 = AP Nr 2 zu § 615 BGB Betriebsrisiko) und ob es sich um einen wilden Streik handelte (BAG 25. 7. 1957 – 1 AZR 194/56, AP Nr 3 zu § 615 BGB Betriebsrisiko, Bl 3 R). 245

b) Das BAG hat bereits in seinem grundlegenden Urteil zur Betriebsrisikolehre vom 8. 2. 1957 seine Auffassung, dass bei einer arbeitskampfbedingten Betriebsstörung die Arbeitnehmer den Anspruch auf das Arbeitsentgelt verlieren, auf **spezifisch arbeitskampfrechtliche Gesichtspunkte** gestützt (BAG 8. 2. 1957 – 1 AZR 338/55, BAGE 3, 346 [350] = AP Nr 2 zu § 615 BGB Betriebsrisiko). Das Prinzip der Kampfparität würde gestört, wenn einer Kampfpartei ein Teil des Kampfrisikos dadurch abgenommen würde, dass durch den Streik in anderen Betrieben nicht gearbeitet werden könne und deshalb Lohnausfälle entstünden. Begründet man aber die Abweichung von dem Grundsatz, dass der Arbeitgeber das Betriebsrisiko trägt, mit der Abwehr einer Störung der Kampfparität, so kann man die Lösung des Gefahrtragungsproblems nicht mehr im Sphärengedanken der Betriebsrisikolehre sehen. 246

247 Man kommt außerdem zu völlig unangemessenen Ergebnissen, wenn man bei Betriebsstörungen auf Grund eines Arbeitskampfes in einem fremden Betrieb danach unterscheiden will, ob die Störung durch einen Streik oder durch eine **Aussperrung** ausgelöst wurde (so aber BAG 8. 2. 1957 – 1 AZR 338/55, BAGE 3, 346 [350] in einem obiter dictum, nach dem der Arbeitgeber das Betriebsrisiko trage, wenn wegen der Aussperrung in einem anderen Betrieb die Arbeit ohne Verschulden der Arbeitsvertragsparteien nicht geleistet werden könne; zust Ballerstedt, AuR 1966, 225 [231]; im Ergebnis ebenso Brox/Rüthers, Arbeitskampfrecht [1965] 270 ff, die den Sphärengedanken durch das Veranlassungsprinzip konkretisieren, nach dem jede Seite mit den Folgen der von ihrer Kampfpartei eingesetzten Kampfmittel zu belasten sei, also bei der Beantwortung eines Streiks durch die Abwehraussperrung der Arbeitgeber, wenn erst durch sie die Betriebsstörung eintrete; vgl auch Säcker, Gruppenparität und Staatsneutralität als verfassungsrechtliche Grundprinzipien des Arbeitskampfrechts [1974] 78).

248 Eine **Differenzierung zwischen Streik und Aussperrung** bei der Beantwortung, wer das Arbeitskampfrisiko trägt, ist **weder praktikabel noch sachgerecht**. Mayer-Maly und Nipperdey haben deshalb bei rechtmäßigen Arbeitskämpfen ein einheitliches Risikoverteilungsprinzip aufgestellt: „Nach ihm ist das Lohnrisiko im Grundsatz vom Arbeitnehmer und das Risiko der durch den Arbeitskampf verursachten wirtschaftlichen Verluste und der Gefährdung des Unternehmensbestandes vom Arbeitgeber zu tragen" (Mayer-Maly/Nipperdey, Risikoverteilung in unmittelbar von rechtmäßigen Arbeitskämpfen betroffenen Betrieben [1965] 43; ähnlich bereits Löwisch DB 1963, 899 [900 f]). Dabei handelt es sich aber mehr um ein rechtspolitisches Konzept als eine rechtsdogmatische Begründung. Insbesondere bleibt offen, wie hier die Grenzen zu ziehen sind.

249 Geht es um die **Abwehr einer drohenden Verschiebung der Kampfparität**, so ist vor allem nicht einzusehen, dass das Ordnungsproblem nur bei einer *Unmöglichkeit* der Leistungserbringung besteht. Die Kampfparität kann vielmehr auch dann gestört sein, wenn eine Beeinträchtigung **unabhängig vom Tatbestand einer zivilrechtlichen Unmöglichkeit** eintritt (vgl Ossenbühl/Richardi, Neutralität im Arbeitskampf [1987] 79; zur Beziehungslosigkeit der kollektivrechtlichen Zurechnungskriterien zum zivilrechtlichen Störungstatbestand der Betriebsrisikolehre grundlegend Picker JZ 1979, 285 [288 ff]; s auch ders JZ 1988, 1, 62 [69]).

3. Störungstatbestand bei Arbeitsausfall infolge von Arbeitskämpfen

250 Da das Tarifvertragssystem ohne das Konfliktregulierungsinstrument des Arbeitskampfes nicht funktionieren kann, ist der in der Tarifautonomie wurzelnde Grundsatz der Kampfparität ein Rechtsprinzip, das sich nicht nur auf die Ausgestaltung der Kampfmittel selbst, sondern auch auf die Verteilung der durch einen Arbeitskampf verursachten Störungen auswirkt (vgl auch BAG 22. 12. 1980 – 1 ABR 2/79, BAGE 34, 331 [342] = AP Nr 70 zu Art 9 GG Arbeitskampf). Geht es um die Abwehr einer drohenden Verschiebung der Kampfparität, so kann daher für den Wegfall des Arbeitsentgelts bei Arbeitsausfall infolge eines Arbeitskampfes **keine Rolle** spielen, ob die **Arbeit technisch unmöglich oder wegen eines Auftrags- oder Absatzmangels wirtschaftlich sinnlos** ist (so bereits Löwisch DB 1963, 899 [901] und RdA 1967, 45 [69 f]; weiterhin Lieb, in: FS 25 Jahre BAG [1979] 327 [331]). Die finanziellen Auswirkungen sind bei einem Auftrags- oder Absatzmangel die Gleichen wie in Fällen technischer Betriebsstörungen.

251 Dennoch hat man **zunächst** wegen der Verankerung in der Betriebsrisikolehre den **Lohnverlust nur für eine streikbedingte Betriebsstörung** anerkannt. Scheiterte der Leistungsvollzug lediglich daran, dass der Arbeitgeber die Arbeitsleistung nicht verwerten konnte, so galt für den Arbeitskampf keine Sonderregelung; der Arbeitgeber trug vielmehr wie auch sonst das Wirtschaftsrisiko (vgl Hueck/Nipperdey I 348 f; Nikisch I 608 f). Noch im Urteil vom 1. 2. 1973 kam daher das BAG zu dem Ergebnis, dass Personal-Leasing-Unternehmen das Lohnrisiko tragen, wenn bei ihnen angestellte Arbeitnehmer infolge eines Streiks in einem Drittbetrieb dort nicht beschäftigt werden können (BAG 1. 2. 1973 – 5 AZR 382/72, BAGE 25, 28 = AP Nr 29 zu § 615 BGB Betriebsrisiko). Das BAG stellt in der Begründung darauf ab, dass bei einem derartigen Unternehmen, dessen Betriebszweck sich darin erschöpfe, eigene Arbeitskräfte an Dritte zur Wahrnehmung fremder betrieblicher Zwecke auszuleihen, nicht der Tatbestand einer Betriebsstörung vorliege, wenn bei ihm angestellte Arbeitnehmer infolge eines Streiks in einem Entleiherbetrieb nicht beschäftigt werden können. Bei einem derart gestalteten Arbeitsverhältnis gehöre es „von vornherein zum allgemeinen Wirtschaftsrisiko des Arbeitgebers, ob er die für ihn ständig bereit gehaltene Arbeitskraft nutzen kann oder nicht“ (BAG 1. 2. 1973 – 5 AZR 382/72, BAGE 25, 28 [33]). Das gilt „uneingeschränkt auch dann, wenn Arbeitskämpfe die wirtschaftliche Bewegungsfreiheit eines Personal-Leasing-Unternehmens behindern“.

252 Die **Grenzziehung zwischen dem Betriebsrisiko und dem Wirtschaftsrisiko** ging bei **arbeitskampfbedingten Störungen** in der Rechtsprechung des BAG erst durch das Urteil vom 7. 11. 1975 verloren (BAG 7. 11. 1975 – 5 AZR 61/75, BAGE 27, 311 = AP Nr 30 zu § 615 BGB Betriebsrisiko; vgl dazu Ehmann, Betriebsrisikolehre und Kurzarbeit [1978] 91 ff). Ein Unternehmen des Rohrleitungs- und Heizungsbaus hatte seinen Monteur nicht beschäftigen können, weil der Betrieb bestreikt worden war, in dem es eine Rohrverlegungsarbeit auszuführen hatte. Das BAG kam wie im Personal-Leasing-Urteil zu dem Ergebnis, dass der Arbeitgeber auch in diesem Fall das Lohnrisiko trägt. Gemein ist beiden Fällen nur, dass der Arbeitnehmer nicht im eigenen Betrieb des Arbeitgebers tätig war. Während aber im ersten Fall die Unmöglichkeit der Beschäftigung im Drittbetrieb für das Arbeitsverhältnis nicht den Tatbestand der Unmöglichkeit der Leistungserbringung erfüllte und daher keine Betriebsstörung vorlag, handelt es sich hier um einen Fall des sog Betriebsrisikos (so ausdrücklich BAG 7. 11. 1975 – 5 AZR 61/75, BAGE 27, 311 [312]). Dieser Tatsache misst das BAG aber keine Bedeutung mehr zu; es stellt vielmehr für die Risikoabgrenzung allein darauf ab, dass das Lohnrisiko den Arbeitnehmer nur in solchen Fällen treffen dürfe, „in denen der vom Arbeitskampf mittelbar betroffene Betrieb seines Arbeitgebers sich in einer der Lage der im Kampfbetrieb vergleichbaren Situation befindet und der Arbeitgeber daher mit einem entsprechenden Risiko belastet ist“ (BAG 7. 11. 1975 – 5 AZR 61/75, BAGE 27, 311 [314]). Für die Vergleichbarkeit der Situation mit der Lage im Kampfbetrieb spielt es aber letztlich keine Rolle, ob die durch einen Arbeitskampf herbeigeführte Auswirkung zu einer Betriebsstörung oder lediglich zu einem Absatz- oder Auftragsmangel führt, der eine weitere Produktion sinnlos macht (vgl auch Ossenbühl/Richardi, Neutralität und Arbeitskampf [1987] 80 f).

253 Das BAG sieht es daher in seiner **grundlegenden Entscheidung zur Arbeitskampfrisikolehre als unerheblich** an, ob es sich um einen **Betriebsrisiko-** oder um einen **Wirtschaftsrisiko-Fall** handelt (BAG 22. 12. 1980 – 1 ABR 2/79, BAGE 34, 331 [339] = AP Nr 70 zu Art 9 GG Arbeitskampf). Vom allgemeinen Betriebs- und Wirtschaftsrisiko im

Grundsatz scharf zu unterscheiden sei das „besondere Risiko, das legitime Arbeitskämpfe darstellen (Arbeitskampfrisiko)". Mit dieser Gleichstellung hat das BAG eine Abgrenzung aufgegeben, die zu den Grundlagen des zivilrechtlichen Haftungssystems gehört. Dass es nicht mehr danach differenziert, ob der Arbeitgeber die Belegschaft aus betriebstechnischen Gründen nicht beschäftigen kann oder ob die Fortsetzung des Betriebs für ihn wegen eines Auftrags- oder Absatzmangels nur wirtschaftlich sinnlos wird, ist **sachlich gerechtfertigt**, soweit es um die **Abwehr einer drohenden Verschiebung der Kampfparität** geht. Zugleich steht damit aber auch fest, dass ein derartiger Störungstatbestand ein **völlig anderer Sachverhalt** ist, als er bei dem individualrechtlichen Problem der Zuweisung einer Leistungsstörung besteht (so auch Picker, Arbeitskampfrisiko [1994] C I 1; s auch Rn 250).

4. Arbeitskampfrisikolehre des BAG

254 **a)** Die Paritätsrelevanz für die Kampfparteien ist nach Auffassung des BAG der materielle Gesichtspunkt, weshalb Arbeitnehmer bei Fernwirkungen eines Streiks das Arbeitskampfrisiko tragen (BAG 22. 12. 1980 – 1 ABR 2/79, BAGE 34, 331 [344 ff] = AP Nr 70 zu Art 9 GG Arbeitskampf). Sie erfordert die Festlegung eines **besonderen Störungstatbestandes**, der für die Zuweisung von Abwehrmaßnahmen an die Arbeitgeberseite *kampfrechtlichen Kriterien* entsprechen muss. Die Arbeitgeberseite erhält – neben dem Recht zur finalen Abwehr durch Aussperrung – zur Begrenzung der Auswirkungen eines Arbeitskampfes auf das Verhandlungsgleichgewicht der Tarifvertragsparteien das **Recht zur Nichtbeschäftigung und Lohnverweigerung**, wenn infolge eines Arbeitskampfes die **Fortsetzung des Betriebs ganz oder teilweise unmöglich oder wirtschaftlich unzumutbar** geworden ist (BAG 22. 12. 1980 – 1 ABR 2/79, BAGE 34, 331 [LS 2]). Da das BAG insoweit von einer Leistungsstörung ausgeht, wird das von ihm entwickelte Recht als Gefahrtragungsregelung angesehen. Das BAG hat die Arbeitskampfrisikolehre durch die **Befugnis zur Stilllegung** ergänzt, die dem Arbeitgeber das Recht gibt, den bestreikten Betrieb oder Betriebsteil für die Dauer des Streiks ganz stillzulegen, sodass die beiderseitigen Rechte und Pflichten aus dem Arbeitsverhältnis suspendiert werden und insoweit auch arbeitswillige Arbeitnehmer ihren Lohnanspruch verlieren, ohne dass der für die Arbeitskampfrisikolehre maßgebliche Störungstatbestand vorliegen muss (s Staudinger/Richardi/Fischinger [2016] § 611 Rn 1713).

255 Das BAG begründet das Recht zur Nichtbeschäftigung und Lohnverweigerung ebenso wie das Recht zur Aussperrung mit dem **Grundsatz der Kampfparität**. Für seine Anerkennung sieht es den tragenden Grund darin, dass auch die Fernwirkungen in Drittbetrieben das Verhandlungsgleichgewicht der Tarifvertragsparteien wesentlich beeinflussen können. Es meint, sie seien weitgehend vorhersehbar und beim Einsatz der beiderseitigen Kampfmittel bis zu einem gewissen Grad kalkulierbar (BAG 22. 12. 1980 – 1 ABR 2/79, BAGE 34, 331 [342]). Deshalb sei es verständlich, dass die Gewerkschaften von „kalten Aussperrungen" sprechen. Den Gegensatz zur Abwehraussperrung erblickt das BAG darin, dass die betroffenen Arbeitgeber keinen *kampftaktischen Entscheidungsspielraum* haben (BAG 22. 12. 1980 – 1 ABR 2/79, BAGE 34, 331 [343]). Dieser Unterschied ändert aber nichts daran, dass das Recht auf Nichtbeschäftigung und Lohnverweigerung als *Abwehrrecht* nur deshalb eingeräumt wird, weil sich sonst ein wesentlicher kampftaktischer Vorteil für die Gewerkschaften ergäbe.

Dieser Zweckbestimmung entspricht die **Festlegung des Störungstatbestandes.** Es geht nicht um das individualrechtliche Problem der Gefahrtragung für eine Leistungsstörung, sondern um das **kollektivrechtliche Problem einer Sicherung der Kampfparität.** Denkbar wäre, dem Arbeitgeber insoweit das Recht zur Abwehraussperrung einzuräumen (so Picker JZ 1979, 285 [293]). Da das BAG aber das Recht zur Abwehraussperrung begrenzt hat (BAG 10. 6. 1980 – 1 AZR 822/79, BAGE 33, 140 = AP Nr 64 zu Art 9 GG Arbeitskampf; BAG 10. 6. 1980 – 1 AZR 168/79, BAGE 33, 185 = AP Nr 65 zu Art 9 GG Arbeitskampf), muss ein Abwehrrecht, das sich von der Aussperrung unterscheiden soll, an Voraussetzungen gebunden werden, die einen kampftaktischen Entscheidungsspielraum ausschließen. Zugleich wird dadurch verhindert, dass ein Arbeitgeber zur Aussperrung greifen muss, wenn er sich nicht am Arbeitskampf beteiligen will. Bei einer Grenzziehung unter dem Aspekt der Kampfparität ist eine Lohnverweigerung nicht nur sachlich gerechtfertigt, wenn eine **Betriebsstörung** eintritt, sondern die gleiche Interessenlage besteht, wenn die **Fortsetzung des Betriebs** wegen eines arbeitskampfbedingten Auftrags- oder Absatzmangels **wirtschaftlich sinnlos** wird. Ein Recht zur Nichtbeschäftigung und Lohnverweigerung gibt auch in diesem Fall einem Arbeitgeber noch nicht die Möglichkeit, sich aktiv am Arbeitskampf zu beteiligen. Doch ist es unter dem Aspekt der Paritätsrelevanz zu eng, den Tatbestand auf eine Unmöglichkeit der Leistungserbringung zu begrenzen, entscheidend ist vielmehr, dass der Arbeitgeber in seinem Marktverhalten von den Unternehmen abhängt, die in den Arbeitskampf einbezogen sind. Darauf beruht, dass das Recht zur Nichtbeschäftigung und Arbeitsentgeltverweigerung auch in Betracht kommt, wenn die Produktion zwar möglich bleibt, aber wirtschaftlich sinnlos wird. 256

b) Der Arbeitgeber hat bei einer arbeitskampfbedingten Betriebsstörung oder Absatzschwierigkeit das Recht zur Nichtbeschäftigung und Arbeitsentgeltverweigerung, wenn die Störung eine **Paritätsrelevanz für die Kampfparteien** hat. Nach Ansicht des BAG ist entscheidend, „wie die Position der im Kampf befindlichen sozialen Gegenspieler beeinflußt wird“ (BAG 22. 12. 1980 – 1 ABR 2/79, BAGE 34, 331 [344]). Darauf beruht seine Feststellung, dass eine Durchbrechung des allgemeinen Betriebs- und Wirtschaftsrisikos zugunsten kampfrechtlicher Grundsätze insoweit gerechtfertigt sei, **„wie die Fernwirkungen eines Arbeitskampfes unmittelbar oder mittelbar zu einer Störung des Kräfteverhältnisses führen können“** (BAG 22. 12. 1980 – 1 ABR 2/79, BAGE 34, 331 [346]). Eine derartige Störung zieht das BAG nicht nur innerhalb des Tarifgebiets in Betracht, sondern vor allem auch außerhalb des Tarifgebiets, wobei es als entscheidend ansieht, ob der mittelbar betroffene Betrieb zu derselben Branche gehört, ob die mittelbar betroffene Belegschaft von derselben Gewerkschaft vertreten wird, die auch den Arbeitskampf führt, und ob der Arbeitgeberverband, dessen Mitglied der Arbeitgeber ist, in einem Gesamtverband organisiert ist, dem auch der unmittelbar kampfbeteiligte Arbeitgeberverband angehört und der die Kampftaktik und die Verhandlungspolitik innerhalb der Branche koordiniert (BAG 346 f). Soweit diese Voraussetzungen erfüllt sind, hält das BAG eine Paritätsrelevanz für gegeben. 257

Für die Bestimmung des Arbeitsentgeltrisikos bei Arbeitskämpfen hat keine Rolle gespielt, ob die **Bundesagentur für Arbeit den Verlust des Lohnanspruchs durch Lohnersatzleistungen finanziell kompensiert** (ebenso Löwisch DB 1987, 1351 [1355 f]). Das BAG ist vielmehr im Gegenteil davon ausgegangen, dass bei Paritätsrelevanz für die Kampfparteien die Arbeitnehmer für die Dauer einer arbeitskampfbedingten 258

Betriebsstörung oder Absatzschwierigkeit keine Beschäftigungs- und Vergütungsansprüche haben und deshalb dadurch in die gleiche Lage wie bei einer Aussperrung geraten (vgl BAG 10. 6. 1980 – 1 AZR 822/79, BAGE 33, 140 [171] = AP Nr 64 zu Art 9 GG Arbeitskampf). Das BAG will durch diese Risikozuweisung verhindern, „daß die kampfführende Gewerkschaft die entstandenen Fernwirkungen kampftaktisch nutzen kann" (BAG 22. 12. 1980 – 1 ABR 2/79, BAGE 34, 331 [347]).

259 **c)** Keine Rolle spielt, ob die kampfbedingte Störung auf einem rechtmäßigen Streik oder einer **rechtmäßigen Abwehraussperrung** beruht (BAG 22. 12. 1980 – 1 ABR 76/79, BAGE 34, 355 [362] = AP Nr 71 zu Art 9 GG Arbeitskampf; so bereits Löwisch DB 1963, 899 [900 f]; Mayer-Maly/Nipperdey, Risikoverteilung in mittelbar von rechtmäßigen Arbeitskämpfen betroffenen Betrieben [1965] 17 ff).

5. Verhältnis der Arbeitskampfrisikolehre zur individualrechtlichen Entgeltrisikozuweisung

260 **a)** Nach der **Arbeitskampfrisikolehre des BAG** hängt das Recht zur Nichtbeschäftigung und Arbeitsentgeltverweigerung von **kampfrechtlichen Zuordnungskriterien** ab. Es dient der Abwehr einer drohenden Verschiebung der Kampfparität durch einen *Binnendruck* auf die Kampfparteien (vgl Seiter, Staatsneutralität im Arbeitskampf [1987] 23 f). Bei der Arbeitskampfrisikolehre handelt es sich nicht bloß darum, dass der Grundsatz der Kampfparität sich „auch auf das Recht der Leistungsstörungen auswirkt" (so BAG 22. 12. 1980 – 1 ABR 2/79, BAGE 34, 331 [342] = AP Nr 70 zu Art 9 GG Arbeitskampf), sondern es wird das **Recht der Leistungsstörungen** insgesamt durch die **Festlegung eines besonderen Störungstatbestandes** und eine **auf ihn bezogene Sonderregelung ersetzt** (Richardi, in: FS Strasser [1983] 451 [460 ff]; ders ZfA 1985, 101 [116 f]).

261 **Betriebs- und Arbeitskampfrisikolehre** sind daher nach Geltungsgrund und Ordnungsfunktion **völlig verschiedene Rechtsfiguren** (so zutreffend Picker, Arbeitskampfrisiko [1994] C I 1). Der für das bürgerliche Recht wesentliche Unterschied zwischen dem Betriebsrisiko und dem Wirtschaftsrisiko wird aus kollektivrechtlichen Gründen preisgegeben, dem Arbeitgeber aber damit zugleich für die Fälle des Wirtschaftsrisikos ein Gestaltungsrecht eingeräumt, das sich aus dem bürgerlichen Recht nicht begründen lässt; denn der Gläubiger trägt das Risiko, dass er die ihm geschuldete Leistung wirtschaftlich verwerten kann. Wenn einem Gläubiger dies infolge eines Arbeitskampfes nicht möglich ist, handelt es sich nicht um eine Leistungsstörung aus dem Schuldverhältnis. Gibt man für das Arbeitsverhältnis dem Arbeitgeber gleichwohl ein Leistungsverweigerungsrecht, so handelt es sich um eine Erweiterung, die nicht zum individualrechtlichen Leistungsstörungsrecht gehört (vgl auch Seiter, Staatsneutralität und Arbeitskampf [1987] 138 f).

262 Für die Fälle des Betriebsrisikos begrenzt dagegen die Arbeitskampfrisikolehre die bisher anerkannte Gefahrtragungsregelung. Die bei Verursachung durch einen Arbeitskampf entwickelte Ausnahme von der Substratsgefahrtragung des Arbeitgebers soll nur noch bei Paritätsrelevanz für die Kampfparteien verbindlich sein. Damit wird in den Betriebsrisiko-Fällen die bisher anerkannte Gefahrtragungsregelung begrenzt, streng genommen aufgehoben, weil der Arbeitgeber auch bei einer technischen Betriebsstörung nur noch das kampfrechtlich strukturierte Gestaltungsrecht zur Suspendierung seiner Beschäftigungs- und Lohnzahlungspflicht hat (vgl Richardi,

in: FS Strasser [1983] 451 [459, 462]; Ossenbühl/Richardi, Neutralität im Arbeitskampf [1987] 87; Seiter, Staatsneutralität im Arbeitskampf [1987] 139).

b) Da das BAG seine **Arbeitskampfrisikogrundsätze für legitime Arbeitskämpfe** entwickelt hat, bleibt **offen**, welche Rechtsfolgen bei mittelbarer Betroffenheit durch **rechtswidrige Kampfmaßnahmen** eintreten. Aber auch bei einem rechtmäßigen Arbeitskampf stellt sich die Frage nach den **Kriterien der Paritätsrelevanz**. Die vom BAG genannten Gesichtspunkte für die Kampfbetroffenheit des konfliktexternen Arbeitgebers, von der ein Binnendruck auf die Kampfparteien abhängen soll (s Rn 257), sind zu unbestimmt, um zu einer zweifelsfreien Abgrenzung zu gelangen. Außerdem ist die paritätsgefährdende Abhängigkeit zwischen der kämpfenden und der mittelbar betroffenen Arbeitgebergruppe nicht auf die vom BAG genannten Fälle beschränkt (vgl Picker, in: FS Locher [1990] 477 [487 ff]). Da die Ordnungsfunktion der Arbeitskampfrisikolehre darin besteht, die Kampfparität der Parteien zu sichern, diese aber bei Fernwirkungen eines Arbeitskampfes nicht nur gefährdet ist, wenn beim mittelbar kampfbetroffenen Arbeitgeber die Voraussetzung einer „Unmöglichkeit" oder „wirtschaftlichen Sinnlosigkeit" erfüllt ist, gelangt Picker zu dem Ergebnis, dass dem Arbeitgeber unabhängig von den Regeln und Figuren des zivilrechtlichen Leistungsstörungsrechts, unabhängig namentlich von einer „Unmöglichkeit" oder „wirtschaftlichen Sinnlosigkeit" der Betriebsfortführung ein Lohnverweigerungsrecht als kollektivrechtliches Verteidigungsinstrument auch dann zu gewähren ist, wenn eine Paritätsrelevanz für die Kampfparteien sich nicht konkret bestimmen lässt; es sei auch die nur mittelbare Kampfbetroffenheit als paritätsrelevanter und deshalb kampfrechtlich abwehrbarer Eingriff zu qualifizieren (Picker 489 f). 263

c) Die sachgerechte Regelung zur Abwehr einer drohenden Verschiebung der Kampfparität lässt das **individualrechtliche Problem der Gefahrtragung ungelöst**, wenn durch die Fernwirkungen eines Arbeitskampfes eine Leistungsstörung im Arbeitsverhältnis eintritt. Soweit Picker das zivilrechtliche Leistungsstörungsrecht zur Lösung mittelbar arbeitskampfbedingter betrieblicher Störungen für *unzuständig* hält (Picker, in: FS Locher [1990] 477 [484 ff]), ist dies nur richtig, soweit es um die Einräumung eines Lohnverweigerungsrechts als Reaktion auf eine paritätsgefährdende Kampfbetroffenheit kampfunbeteiligter Arbeitgeber geht. Mit ihm im Ansatz übereinstimmend hat auch Matthes Bedenken gegen die Arbeitskampfrisikolehre des BAG (ArbRBGB § 615 Rn 232 ff). Er kommt aber zu einem diametral entgegengesetzten Ergebnis, wenn er ein arbeitskampfrechtliches Lohnverweigerungsrecht außerhalb des Kampfgebiets ablehnt und es im Kampfgebiet auf den Fall beschränkt, dass die Arbeitsleistung von Arbeitnehmern allein deswegen unmöglich wird, weil andere Arbeitnehmer des Betriebes streiken. 264

Die Meinungsverschiedenheit über die Zuweisung eines Lohnverweigerungsrechts zur Sicherung der Kampfparität ändert aber nichts daran, dass ein **Leistungsstörungstatbestand** vorliegen kann, für den sich die Frage stellt, ob und inwieweit § 615 BGB Anwendung findet. Nach Matthes trägt der Arbeitgeber, wenn man vom Fall des Teilstreiks im Betrieb absieht, im Rahmen seines Betriebsrisikos das Risiko arbeitskampfbedingter Betriebsstörungen (ArbRBGB Rn 240, 241 f). Der Fall einer arbeitskampfbedingten Betriebsstörung bildet aber im Vergleich zu den sonstigen Betriebsrisiko-Fällen, wie eine Unterbrechung der Produktion durch Überschwemmung oder einer sonstigen, durch Naturereignisse herbeigeführten, Störung in der Energiever- 265 sorgung oder im Beschaffen von Rohstoffen, einen **besonderen Tatbestand**. Deshalb hat man, solange man sich mit ihm beschäftigte, anerkannt, dass für ihn nicht die sonst maßgebliche Substratsgefahrtragung des Arbeitgebers gilt, sondern § 323 BGB Anwendung findet (so schon RG 6. 2. 1923 RGZ 106, 272 [276]; s vor allem die Ausgangsentscheidung des BAG zur Betriebsrisikolehre in BAG 8. 2. 1957 – 1 AZR 338/55, BAGE 3, 346 = AP Nr 2 zu § 615 BGB Betriebsrisiko, in der es bei einer Paritätsrelevanz für die Kampfparteien den Lohnanspruch der nichtbeschäftigten Arbeitnehmer hätte anerkennen müssen; vgl Seiter DB 1981, 578 [581]; Richardi, in: FS Strasser [1983] 451 [463 f]).

266 Die **Einräumung eines auf kampfrechtlichen Zurechnungskriterien beruhenden Rechts zur Nichtbeschäftigung und Arbeitsentgeltverweigerung** genügt **nicht**, um eine **für das bürgerliche Recht geltende Gefahrtragungsregelung außer Kraft** zu setzen. Für sie ist aber der materielle Grund für die Durchbrechung der sonst geltenden Regelung für die Substratsgefahrtragung nicht die *Beeinflussungsmöglichkeit* im konkreten Arbeitskampf, sondern die Institutionalisierung des Arbeitskampfes als eines rechtmäßigen Geschehens mit *Eingriffsmöglichkeit in fremde Rechtssphären* (s Rn 217). Deshalb bildet die arbeitskampfbedingte Betriebsstörung einen besonderen Tatbestand. Die Besonderheit ist keineswegs auf den Fall beschränkt, dass die Fernwirkungen eines Streiks das Kräfteverhältnis der kampfführenden Parteien beeinflussen können. Darauf kommt es überhaupt nicht an; denn die Paritätsrelevanz ist für das individualrechtliche Problem, wem die Leistungsstörung zuzuweisen ist, wenn keiner der Vertragspartner sie herbeigeführt hat, ohne jede Bedeutung.

267 Nicht die Beeinflussungsmöglichkeit, sondern umgekehrt die Tatsache, dass die Kampfparteien in den eingerichteten und ausgeübten Gewerbebetrieb eingreifen, wenn durch eine Fernwirkung des Arbeitskampfes eine Betriebsstörung eintritt, ist für das individualrechtliche Problem, wem die Leistungsstörung zuzuweisen ist, rechtsdogmatisch der maßgebliche Gesichtspunkt: Die **Nichtstellung des Arbeitssubstrats kann nicht mehr dem Gläubiger zugerechnet** werden, wenn die **Einwirkungsmöglichkeit wie bei einem Streik rechtlich institutionalisiert** ist. Auf die Paritätsrelevanz für die Kampfparteien kann es für die Gefahrtragungsregelung bei einem durch sie verursachten Eingriff in den Leistungsvollzug eines Arbeitsverhältnisses nicht ankommen.

6. Arbeitskampfrisiko und Aufgabe des Grundsatzes der Tarifeinheit

268 Nach Aufgabe des Grundsatzes der Tarifeinheit (BAG 7. 7. 2010 – 4 AZR 549/08, NZA 2010, 1068) stellt sich die Frage, wie es sich auf die Arbeitskampfrisikolehre auswirkt, wenn faktisch der gesamte Betrieb durch die Bestreikung von „Schlüsselpositionen“ lahm gelegt wird (s Henssler RdA 2011, 65 [69]; Hanau RdA 2008, 98 [104]; Giesen NZA 2009, 11 [15]; Greiner NZA 2007, 1023 [1027]; ders, Anm LAGE Nr 80 zu Art 9 GG Arbeitskampf; Spielberger NJW 2011, 264; Willemsen/Mehrens NZA 2010, 1313 [1320 f]). Streiken Piloten oder Lokführer, können die Stewardessen bzw Zugbegleiter zwar noch ihre Arbeitskraft anbieten, der Arbeitgeber hat für die Dauer des Arbeitskampfes aber regelmäßig keine sinnvolle Verwendung für sie. Stützte man die Versagung des Lohnanspruchs Nichtstreikender auf den Partizipationsgedanken, ginge man also davon aus, dass ihr Anspruch nur entfällt, wenn sie voraussichtlich vom angestrebten Tarifvertrag profitieren werden (so Giesen NZA 2009, 11 [15], der allerdings auch die mit dem Paritätsgedanken argumentierende Gegenposition für vertretbar hält), wäre in diesen Konstellationen regelmäßig ein Lohnanspruch zu bejahen, weil die übrigen Arbeitnehmergruppen des Betriebs meist nicht vom Spezialistentarifvertrag erfasst werden und durch diesen auch keine mittelbaren Vorteile erhalten. Für die Verteilung des Arbeitskampfrisikos ist aber der Partizipationsgedanke richtigerweise irrelevant, im Zentrum steht vielmehr der vom BAG entwickelte Paritätsgedanke (s Rn 246 ff). Legt man diesen zugrunde, hat man in den hier diskutierten Fallgruppen das Entgeltrisiko aber den nichtstreikenden Arbeitnehmern zuzuweisen und einen **Lohnanspruch zu verneinen**, wenn ihre Beschäftigung dem Arbeitgeber wegen des Streiks unmöglich oder unzumutbar ist. Denn wenn schon bei Fernwirkung auf einen anderen Betrieb der Lohnanspruch entfällt, ist das erst recht in Bezug auf im gleichen Betrieb/Unternehmen Beschäftigte anzunehmen (ebenso Willemsen/Mehrens NZA 2010, 1313 [1320 f]; Henssler RdA 2011, 65 [69]; Hanau RdA 2008, 98 [104]). Für diese Ansicht spricht auch, dass sie den Druck auf die im Betrieb vertretenen Gewerkschaften erhöht, Arbeitskämpfe zeitlich zu koordinieren, was insbesondere bei Betrieben, die unmittelbar für die Allgemeinheit wichtig sind, volkswirtschaftlich und gesamtgesellschaftlich wünschenswert ist. Unter Umständen zu gleichen Ergebnissen kommt Greiner, der zunächst – allerdings über § 615 S 3 BGB – das Entgeltrisiko beim Arbeitgeber belassen, diesem dafür aber erweiterte Reaktionsmöglichkeiten eröffnen will; so plädiert er „jedenfalls bei einem lang andauernden Spezialisten- und Spartenstreik" für ein Recht zur lösenden Aussperrung (Greiner NZA 2007, 1023 [1027]). Das überzeugt schon deshalb nicht, weil dieser Weg mit der Unsicherheit behaftet ist, wann der Streik ausreichend lange dauert, um dem Arbeitgeber die Aussperrung zu ermöglichen; überdies ist es mit den tradierten Grundsätzen zur Verteilung von Betriebs- und Arbeitskampfrisiko nicht zu vereinbaren.

Von der Frage nach arbeitsrechtlichen Entgeltansprüchen ist die Problematik der **269**
Möglichkeit eines **Arbeitslosengeldanspruchs während eines Arbeitskampfes** zu unterscheiden. Weil nach § 160 Abs 3 S 3 SGB III der Anspruch nur ruht, wenn der umkämpfte Tarifvertrag für den jeweiligen Arbeitnehmer gilt oder zumindest auf ihn (va mittels Bezugnahmeklausel) angewandt wird, können zB die nichtstreikenden Stewardessen durchaus in den Genuss von Arbeitslosengeldansprüchen kommen. Das widerspricht jedoch nicht der hier vertretenen Auffassung, beruhen doch die Regeln über die Lohnzahlungspflicht des Arbeitgebers mit dem Paritätsgedanken auf einer ganz anderen dogmatischen Grundlage als die mit dem Neutralitätsgrundsatz des Staates zu begründende Regelung des § 160 SGB III (Willemsen/Mehrens NZA 2010, 1313 [1321]).

7. Mitbestimmung des Betriebsrats

Die Mitbestimmungsrechte des Betriebsrats nach § 87 Abs 1 Nr 2 und Nr 3 BetrVG **270**
können in Arbeitskämpfen eingeschränkt sein. Hierbei ist nach Inhalt und Umfang der Mitbestimmung zu unterscheiden: Können die Fernwirkungen eines Arbeitskampfes das Kräfteverhältnis der kampfführenden Parteien beeinflussen und tragen deshalb nach Auffassung des BAG beide Seiten das Arbeitskampfrisiko, so sind Voraussetzungen und Umfang der Arbeitszeitverkürzung (ihr „Ob") nicht von der Zustimmung des Betriebsrats abhängig, sondern der Mitbestimmung unterliegt nur die *Regelung der Modalitäten* (das „Wie"), sofern insoweit ein Regelungsspielraum besteht. Das gilt erst Recht in unmittelbar ganz/zum Teil bestreikten Betrieben. Der Betriebsrat hat daher nur darüber mitzubestimmen, wie eine nach den Grundsätzen

der Arbeitskampfrisikolehre zulässige Arbeitzeitverkürzung **verteilt** werden soll (vgl BAG 22. 12. 1980 – 1 ABR 2/79, BAGE 34, 331 [349 ff] = AP Nr 70 zu Art 9 GG Arbeitskampf; BAG 22. 12. 1980 – 1 ABR 76/79, BAGE 355 [363 ff] = AP Nr 71 zu Art 9 GG Arbeitskampf). Er hat das Mitbestimmungsrecht aber nur, soweit ein Regelungsspielraum besteht.

271 Einen derartigen **Regelungsspielraum** hat der Arbeitgeber im Allgemeinen, wenn durch den Arbeitskampf keine Betriebsstörung eintritt, sondern die Fortsetzung des Betriebs für ihn wegen Auftrags- oder Absatzmangels nur wirtschaftlich sinnlos wird (Wirtschaftsrisiko). Aber auch, wenn er infolge des Arbeitskampfes die Belegschaft aus betriebstechnischen Gründen nicht beschäftigen kann (Betriebsrisiko), braucht noch nicht der Tatbestand der Unmöglichkeit eingetreten zu sein. Da der Arbeitgeber bereits dann, wenn die Fortsetzung des Betriebs für ihn wirtschaftlich sinnlos wird, von den Rechten Gebrauch machen kann, die ihm die Arbeitskampfrisikolehre einräumt (im Gegensatz zum Gefahrtragungsproblem nach der Betriebsrisikolehre, vgl Rn 260 ff), hat der Arbeitgeber auch hier im Allgemeinen einen Regelungsspielraum. Wenn er im Vorfeld einer Arbeitsunmöglichkeit Einfluss darauf nehmen kann, wie er die Betriebsstörung bewältigt, ob bis zur Erschöpfung der Vorräte oder bis zur Grenze der Lagerkapazität voll gearbeitet wird und danach diejenigen Arbeitnehmer auf Beschäftigung und Lohn verzichten müssen, die gerade auf den vorübergehend funktionslosen Arbeitsplätzen tätig waren, oder ob er insoweit durch Einführung von Kurzarbeit und Versetzung die Lasten der Nichtbeschäftigung und den damit verbundenen Lohnausfall gleichmäßig und sozial innerhalb der Belegschaft verteilt, hat der Betriebsrat über Lage und Verteilung der Arbeitszeitverkürzung mitzubestimmen.

272 **Bestreitet der Betriebsrat**, dass die vom Arbeitgeber behaupteten **Fernwirkungen eines Arbeitskampfes** vorliegen oder eine Arbeitszeitverkürzung in dem vom Arbeitgeber gewünschten Umfang rechtfertigen, so darf er nicht die Zustimmung aus diesem Grund verweigern, sondern kann insoweit nur eine **gerichtliche Entscheidung** dieser Rechtsfrage herbeiführen. Er kann, wie das BAG feststellt, eine einstweilige Verfügung erwirken, die dem Arbeitgeber die Einführung von Kurzarbeit aus Rechtsgründen verbietet; er ist aber nicht berechtigt, seine Mitwirkung nur deshalb zu verweigern, weil er die rechtlichen Voraussetzungen der geplanten Maßnahme bestreitet, sondern er muss über die Modalitäten der Kurzarbeit, gegebenenfalls unter dem Vorbehalt ihrer Rechtmäßigkeit, mitbestimmen (BAG 22. 12. 1980 – 1 ABR 2/79, BAGE 34, 331 [351] = AP Nr 70 zu Art 9 GG Arbeitskampf).

273 **Meinungsverschiedenheiten über die Lage und die Verteilung der Arbeitszeitverkürzung** betreffen dagegen Regelungsfragen und müssen, wenn zwischen dem Arbeitgeber und dem Betriebsrat keine Einigung erzielt wird, im verbindlichen **Einigungsverfahren** geklärt werden (so BAG 22. 12. 1980 – 1 ABR 2/79, BAGE 34, 331 [351] = AP Nr 70 zu Art 9 GG Arbeitskampf). Die Mitbestimmung entfällt nicht deshalb, weil es sich um einen Eilfall handelt. Der Arbeitgeber ist verpflichtet, soweit die Zeit noch ausreicht, sich um eine Einigung mit dem Betriebsrat zu bemühen. Auch dieser muss ebenfalls alles unternehmen, um eine Einigung herbeizuführen. Kommt sie nicht zustande, so ist der Erlass einer einstweiligen Verfügung im Beschlussverfahren zulässig; denn der Betriebsrat hat nicht nur das Recht, sondern er hat auch die Pflicht zur Mitbestimmung. Die Einräumung einer paritätischen Mitbestimmung begründet nicht nur für den Arbeitgeber, sondern auch für den Betriebsrat die Pflicht zum Zusammenwirken.

Erfüllt der Betriebsrat sie nicht, so ist auch insoweit ein einstweiliger Rechtsschutz anzuerkennen (vgl zur Streitfrage, ob für eine Regelungsstreitigkeit eine einstweilige Verfügung erlassen werden kann, den Nachw bei RICHARDI/MASCHMANN, in: RICHARDI, BetrVG § 76 Rn 34).

Verletzt der Arbeitgeber das Mitbestimmungsrecht des Betriebsrats, so kommt er in Annahmeverzug, wenn er die Arbeitnehmer nicht beschäftigt. Er ist daher nach § 615 BGB zur **Fortzahlung des Arbeitsentgelts** verpflichtet. 274

§ 616
Vorübergehende Verhinderung

Der zur Dienstleistung Verpflichtete wird des Anspruchs auf die Vergütung nicht dadurch verlustig, dass er für eine verhältnismäßig nicht erhebliche Zeit durch einen in seiner Person liegenden Grund ohne sein Verschulden an der Dienstleistung verhindert wird. Er muss sich jedoch den Betrag anrechnen lassen, welcher ihm für die Zeit der Verhinderung aus einer auf Grund gesetzlicher Verpflichtung bestehenden Kranken- oder Unfallversicherung zukommt.

Materialien: E I § 562, II § 557, III § 609; Mot II 280 ff; Prot II 463 f; zuletzt geändert durch Ges v 26. 5. 1994 (BGBl I 1068); neugefasst durch Bek v 2. 1. 2002 (BGBl I 42); vgl STAUDINGER/BGB-Synopse 1896–2000 § 616.

Schrifttum

1. Allgemein zu § 616

AMMERMÜLLER, Freistellung von der Arbeit bei Erkrankung des Kindes, DB 1974, 187
BAYER, Erkrankungen von Vorstandsmitgliedern, in: FS Hommelhoff (2012) 87
BECK, Gewissenskonflikt und Arbeitsverhältnis (Diss Darmstadt 1995)
BERTERMANN, Der Einfluß eines Abgeordnetenmandats auf Dienst-, Arbeits- und Gesellschaftsverträge, BB 1967, 270
BRILL, Persönliche Arbeitsverhinderung, AR-Blattei, Arbeitsausfall IV (1973)
ders, Arztbesuche während der Arbeitszeit, NZA 1984, 281
BRÖTZMANN/TILLY, Arbeitsausfälle bei Smog-Wetterlagen, BB 1986, 1843
BULLA, Lohn trotz Nichtleistung von Arbeit, DB 1965, 1517, 1555
BÜRGE, Überlegungen zum normativen Schaden am Beispiel der Lohnfortzahlung, in: FS Lange (1992) 413
DEBUS, Wandlungen in der Auslegung des § 616 BGB, AuR 1959, 129
DERSCH, Wechselwirkungen zwischen Arbeitsrecht und Sozialversicherung auf dem Gebiet der Leistungen, RdA 1952, 53
ders, Schadensersatz und Lohnanspruch bei Körperverletzung eines Arbeitnehmers durch Verschulden eines Dritten, BB 1952, 891
DIEKHOFF, Gehaltsfortzahlung bei Beschäftigungsverbot wegen Ansteckungsgefahr, DB 1967, 383
DILLER/KRIEGER, Streik im Kindergarten – Wer zahlt das Gehalt der Eltern, in: FS Leinemann (2006) 65
EHMANN, Das Lohnrisiko bei Smogalarm, NJW 1987, 401
ERASMY, Arbeitsrechtliche Auswirkungen der Neuregelung des Kinderkrankengeldes in § 45 SGB V, NZA 1992, 921
FISCHER, Wer trägt die Beweislast dafür, dass

die Krankheit des Arbeitnehmers verschuldet bzw unverschuldet ist?, DB 1961, 1226

Forst, Verlust des Lohnanspruchs durch Aschewolke, BB 2010, 1213

Grabau, Die Wahrnehmung religiöser Pflichten, BB 1991, 1257

Greiner, Ideelle Unzumutbarkeit (2004)

Gumpert, Einzelvertragliche Regelung der Entgeltfortzahlung bei Arbeitsausfall, BB 1963, 519

Gutzeit, Das arbeitsrechtliche System der Lohnfortzahlung (2000)

ders, Aschestaub und Arbeitsrecht, NZA 2010, 618

Haase, Der Anspruch des Geschäftsführers einer GmbH auf Fortzahlung seiner Vergütung im Krankheitsfall, GmbHR 2005, 1260

Hendel, Das sogenannte Verschulden gegen sich selbst im Arbeitsverhältnis (Diss Köln 1971)

Hofmann, Zum Problem des Verschuldens bei krankheitsbedingter Arbeitsunfähigkeit, ZfA 1979, 275

vHoyningen-Huene, Arbeitsentgelt ohne Arbeit – Die Durchbrechung des Synallagma im Arbeitsrecht, in: FS Adomeit (2008) 291

Isele, Zum Lohnfortzahlungsanspruch des Arbeitnehmers nach § 616 BGB, JuS 1961, 87

Kamanabrou, Der Entgeltanspruch bei gewissensbedingter Arbeitsverweigerung, in: GS Zachert (2010) 400

Kempen, Persönliche Leistungsverhinderung und Grundrechte im Arbeitsverhältnis, ArbRGegW 25 (1988) 75

Kohte, Gewissenskonflikte am Arbeitsplatz, NZA 1989, 161

Kollhosser, Lohnfortzahlung und Regressinteressen beim Unfall eines Angestellten, AcP 166 (1966) 277

Konzen/Rupp, Gewissenskonflikte im Arbeitsverhältnis (1990)

Krasney, Zur Beweislast für die Erkrankung ohne Verschulden im Sinne des § 1 LohnFG, DOK 1971, 57

Küchenhoff, Lohnfortzahlung bei sozial bedingter Arbeitsverhinderung, SGb 1981, 89

Lepke, Die Beweislast für das Verschulden bei Krankheit des Arbeitnehmers, DB 1972, 922

Löwisch, Zum Anspruch auf bezahlte Arbeitsbefreiung zur Pflege eines erkrankten Kindes, DB 1979, 209

Majerski, Entgeltfortzahlung im Falle der Arbeitsverhinderung wegen Pflege des erkrankten Kindes?, SozSich 1982, 10

Marburger, Gehaltsfortzahlung und Krankengeld bei Erkrankung eines Kindes, NJW 1978, 1677

Maurer, Arbeitsbehinderung für verhältnismäßig unerhebliche Zeit, AuR 1955, 214

Mertens, Gehaltsfortzahlung und Krankengeld bei Erkrankung eines Kindes, NJW 1978, 1677

Moll, Dienstvergütung bei persönlicher Verhinderung, RdA 1980, 138

Münkel, Das Verschulden im System der Entgeltfortzahlungsregeln (1989)

Neumann/Duesberg, Der Lohn- und Gehaltsanspruch des Arbeitnehmers bei der vom Arbeitgeber verschuldeten Arbeitsunfähigkeit, DB 1969, 261, 305

Palme, Lohnzahlung bei unverschuldeter Arbeitsverhinderung, BlStSozArbR 1963, 283

Picker, Betriebsstillstand und Lohngefahrtragung, in: GS Hofmeister (1996) 549

Reinecke, Der Anspruch auf Entgeltfortzahlung beim Zusammentreffen mehrerer Verhinderungsgründe, DB 1991, 1168

ders, Entgeltfortzahlung bei Arztbesuchen, AuA 1996, 329

Richardi, Lohn oder Kurzarbeitergeld bei Smog-Alarm, NJW 1987, 1231

Schäcker, Die Ausübung staatsbürgerlicher Pflichten und Lohnausfallvergütung, DB 1962, 905

Schaub, Der Entgeltfortzahlungsanspruch des GmbH-Geschäftsführers, WiB 1994, 637

Schimana, Lohnzahlung bei Arbeitsverhinderung des Arbeitnehmers, AuR 1956, 321

Schneck, Die Beweislast für das Verschulden bei Krankheit des Arbeitnehmers, DB 1972, 926

Schneider, Entgeltfortzahlung und Konkurrenzen (2014)

Schnorbus/Klormann, Erkrankung eines Vorstandsmitglieds – Grundlagen und Gestaltungen in der Praxis, WM 2018, 1069, 1113

Schulz, Entgeltfortzahlung bei Erkrankung von Kindern von Arbeitnehmern, DB 2006, 838

Schumacher, Arbeitsversäumnis infolge Smog-Alarms, ZTR 1987, 140

Schwegmann, Zur Dogmatik des § 616 BGB (Diss Münster 1962)

SELB, Schadensbegriff und Regressmethoden (1963)
SIBBEN, Vergütungspflicht des Arbeitgebers für die Freistellung zur Meldung beim Arbeitsamt, DB 2003, 826
SIEBERT, Schadensersatz und Lohnfortzahlung, in: FS H Lehmann II (1956) 670
SIEG, Schadensersatz und Versorgung, JZ 1954, 337
ders, Die Beweislast beim sogen Lohnfortzahlungsanspruch, zugleich ein Beitrag zur Beweislasttheorie, JZ 1963, 162
SOWKA, Freistellungspflichten des Arbeitgebers zur Ermöglichung der Pflege eines kranken Kindes, RdA 1993, 34
THOME, Lohnfortzahlung bei Arbeitsverhinderung (1987)
TRIESCHMANN, Lohnzahlung bei Dienstleistungsverhinderung des Arbeitnehmers im Falle des § 616 BGB, DB 1955, 800
WALK, § 616 BGB und Leistungshindernisse in neutraler Sphäre (Diss Tübingen 1997).
Weitere Nachweise zum älteren Schrifttum s auch die 10./11. Auflage.

2. Allgemein zur Entgeltfortzahlung im Krankheitsfall

ACKERMANN, Entgeltfortzahlungsgesetz (2006)
ALEWELL/NELL, Die Entgeltfortzahlung im Krankheitsfall als gesetzliche Sozialleistung, in: Hamburger Jahrbuch für Wirtschafts- und Gesellschaftspolitik 45 (2000) 145
BAUER/LINGEMANN, Probleme der Entgeltfortzahlung nach neuem Recht, BB 1996 Beil 17, 8
BAUER/RÖDER/LINGEMANN, Krankheit im Arbeitsverhältnis (2. Aufl 1996)
BECHER, Entgeltfortzahlung im Krankheitsfalle (3. Aufl 1994)
BELLING/HARTMANN, Ausschluss der Entgeltfortzahlung durch hypothetische Nichtleistung, ZfA 1994, 519
BERENZ, Aktuelle Probleme bei der Entgeltfortzahlung im Krankheitsfall, DB 1995, 2166
BIRK, Lohnfortzahlungsgesetz und Auslandsbeziehungen, DB 1973, 1551
ders, Entwicklung und Reform der Fortzahlung des Arbeitsentgelts bei Krankheit des Arbeitnehmers aus rechtsvergleichender Sicht, in: FS 50-jährigen Bestehen der Arbeitsgerichtsbarkeit in Rheinland-Pfalz (1999) 37
BIRK/PRÜTTING/SPRANG/STECKHAN, Gemeinschaftskommentar zum Entgeltfortzahlungsrecht (Loseblatt, eingestellt 1993)
BIRK ua, Lohnfortzahlung im Krankheitsfall – Vergleichender Überblick über das Recht der EG-Staaten, Österreich und der Schweiz, ZIAS 1987, 45, 159
BISPINCK, Der Streit um die Lohnfortzahlung – Eine Untersuchung zum tariflichen Schutz von Karenztagen, SozSich 1992, 234
BOECKEN, Probleme der Entgeltfortzahlung im Krankheitsfall, NZA 1999, 673
BOERNER, Das Krankheitsrisiko des Arbeitnehmers im deutschen Arbeits- und Sozialversicherungsrecht, ZESAR 2003, 266
BRECHT, Lohnfortzahlung, Lohnfortzahlung für Arbeiter (3. Aufl 1979)
ders, Entgeltfortzahlung an Feiertagen und im Krankheitsfall (2. Aufl 2000)
CHO, Einkommenssicherung im Krankheitsfalle nach koreanischem und deutschem Recht (Diss Bonn 1993)
DENECKE, Krankheit im Arbeitsverhältnis, BB 1951, 58
DOETSCH/SCHNABEL/PAULSDORFF, Gesetz über die Fortzahlung des Arbeitsentgelts im Krankheitsfall (6. Aufl 1983)
DUDEK, Lohnfortzahlung und Kündigung von Arbeitsverhältnissen (Diss Würzburg 1981)
EICH, Rechtsfragen bei Krankheit des Arbeitnehmers, BB 1988, 197
FEICHTINGER, Lohn- und Gehaltsfortzahlung im Krankheitsfalle (1989)
ders, Krankheit des Arbeitnehmers, AR-Blattei SD 1000.1 (2001)
ders, Anzeige- und Nachweispflichten bei Arbeitsunfähigkeit, AR-Blattei SD 1000.2 (2003)
ders, Entgeltfortzahlung im Krankheitsfall, AR-Blattei SD 1000.3 (1999)
ders, Entgeltfortzahlung im Krankheitsfall (1999)
ders/MALKMUS (Hrsg), Entgeltfortzahlungsrecht – Handkommentar (2. Aufl 2010)
FELDGEN, Das neue Entgeltfortzahlungsgesetz, DB 1994, 1289
FROEHMER, Karenztag und Kurzzeiterkrankungen, ZBlSozVers 1992, 281

Gaul, Aspekte der krankheitsbedingten Arbeitsunfähigkeit, DB 1992, 2189
Geyer/Knorr/Krasney, Entgeltfortzahlung, Krankengeld, Mutterschaftsgeld, Loseblatt (7. Aufl 1996)
Giesen, Das neue Entgeltfortzahlungs- und Urlaubsrecht, RdA 1997, 193
Göppner, Die Lohnfortzahlung im Krankheitsfalle unter besonderer Berücksichtigung des Verhältnisses zur öffentlichen Krankenversicherung (Diss Würzburg 1971)
Gola, Krankheit im Arbeitsverhältnis, BB 1987, 538
ders, Das neue Entgeltfortzahlungsgesetz, RiA 1995, 1
ders, Entgeltfortzahlungsgesetz (2. Aufl 1998)
Gotthardt/Greiner, Leistungsbefreiung bei Krankheit des Arbeitnehmers nach § 275 Abs 1 oder 3 BGB, DB 2002, 2106
Hallmann, Das Entgeltfortzahlungsgesetz, BKK 1994, 609
Hanau, Lohnfortzahlung, Haftung und „Direktanspruch" bei einer von Angehörigen des Arbeitnehmers zu vertretenden Krankheit, BB 1968, 1044
ders, Ergänzende Hinweise zur Neuregelung der Entgeltfortzahlung im Krankheitsfall, RdA 1997, 205
Harth, Die Neuregelung der Entgeltfortzahlung im Krankheitsfall (2000)
Hartung, Lohnfortzahlung im Krankheitsfall und bilanzielle Herstellungskosten, BB 1991, 872
Helml, Entgeltfortzahlungsgesetz (1995)
Herder/Dorneich/Niederfahrenhorst/Gerdelmann, Systemanalyse und Problemgeschichte der arbeitsrechtlichen und versicherungsrechtlichen Lösung sozialer Aufgaben (1973)
Hessel/Marienhagen, Krankheit im Arbeitsrecht (4. Aufl 1980)
Höfer, Zum handels- und steuerbilanziellen Ausweis von Lohnfortzahlungsverpflichtungen im Krankheitsfall, BB 1992, 1753
Hofmann, Grenzen gesetzlicher Unabdingbarkeitsnormen im Arbeitsrecht, in: 25 Jahre Bundesarbeitsgericht (1979) 217
ders, Lohnfortzahlung in Fällen mit Auslandsberührung, in: FS Zajtay (1982) 233
Hold, Das neue Entgeltfortzahlungsgesetz, AuA 1994, 193
A Hueck, Fortzahlung des Lohnes bei Erkrankung, RdA 1955, 291
Hunold, Krankheit des Arbeitnehmers (2. Aufl 1990)
Jedzig, Der Bestandsschutz des Arbeitsverhältnisses im Krankheitsfall (1984)
Kaiser/Dunkl/Hold/Kleinsorge, Die Entgeltfortzahlung im Krankheitsfalle (5. Aufl 2000)
Kehrmann, Fragen des Lohnfortzahlungsgesetzes, ArbRGegW Bd 8 (1971) 55
ders, Die Lage des Arbeitnehmers im Krankheitsfall, RdA 1978, 313
ders, Neues Recht der Entgeltfortzahlung bei Krankheit und an Feiertagen, AiB 1994, 322
Kehrmann/Pelikan, Lohnfortzahlungsgesetz (2. Aufl 1973)
Kleinsorge, Gesetz über die Zahlung des Arbeitsentgelts an Feiertagen und im Krankheitsfall (Entgeltfortzahlungsgesetz), NZA 1994, 640
vKoppenfels, Die Entgeltfortzahlung im Krankheitsfall an der Schnittstelle von Arbeits- und Sozialrecht, NZS 2002, 241
Köster, Wie teuer ist die Lohnfortzahlung?, Arbgeb 1982, 596
Kunz/Wedde, Entgeltfortzahlungsrecht (2. Aufl 2005)
Lepke, Die Arbeitsunfähigkeit des Arbeitnehmers, in: Deutsches Anwaltsinstitut eV (Hrsg), Brennpunkte des Arbeitsrechts 1993 (1993) 159
ders, Kündigung bei Krankheit (16. Aufl 2018)
Marburger, Zu den Auswirkungen der Lohn- und Gehaltsfortzahlung im Krankheitsfalle auf die Bereiche der sozialen Sicherung, BB 1973, 851
ders, Zur neueren Rechtsentwicklung im Bereich der Lohnfortzahlung und Gehaltsfortzahlung im Krankheitsfalle, BB 1976, 1079
ders, Die neuere Rechtsprechung zur Entgeltfortzahlung an Arbeitnehmer insbesondere nach dem Lohnfortzahlungsgesetz, DB 1987, 2566
ders, Neu geregelt: Entgeltfortzahlung im Krankheitsfall, BB 1994, 1417
ders, Neuregelung der Entgeltfortzahlung und ihre Auswirkungen auf den öffentlichen Dienst, DÖD 1995, 217

ders, Entgeltfortzahlung im Krankheitsfall (10. Aufl 2012)
Marienhagen/Künzl, Entgeltfortzahlung – Kommentar (Loseblatt, Stand: Mai 2001)
Matthes, Das Lohnfortzahlungsgesetz in der Rechtsprechung, DB 1971 Beil 6
vMaydell, Die arbeitsrechtliche Lohnsicherung im Krankheitsfall, DB 1973 Beil 15
Mayerhofer, Karenztage und versicherungsrechtliche Lösung, NZA 1993, 400
E Müller/Berenz, Entgeltfortzahlungs- und Aufwendungsausgleichsgesetz (1. Aufl 2006)
G Müller/F Gamillscheg (Hrsg), 9. Kongreß der Internationalen Gesellschaft für das Recht der Arbeit und der sozialen Sicherung (1979)
Müller-Glöge, Aktuelle Rechtsprechung zum Recht der Entgeltfortzahlung im Krankheitsfall, RdA 2006, 105
Naendrup, Rechtliche und tatsächliche Probleme um Krankenstand und Lohnfortzahlung, ZfA 1984, 383
Noordam, Die Lohnfortzahlung im Krankheitsfall zwischen Sozialleistung und Arbeitgeberpflicht: Die neue Gesetzgebung in den Niederlanden, ZIAS 1997, 53
Olderog, Rechtsfragen bei Krankheit im Arbeitsverhältnis, BB 1989, 1684
Ortlepp, Neuere Probleme der Lohnfortzahlung, BlStSozArbR 1976, 149
Pallasch, Das Entgeltfortzahlungsgesetz, JA 1995, 897
Pieper, Entgeltfortzahlung im Krankheitsfall neu geregelt, PersR 1995, 471
Plocher, Entgeltfortzahlung im Krankheitsfall und Handlungsoptionen bei Zweifeln an der Arbeits(un)fähigkeit, DB 2015, 1597
Raatz, Die objektiven Anspruchsvoraussetzungen der gesetzlichen Entgeltfortzahlung im Krankheitsfalle (Diss Göttingen 1963)
Reinhard ua, Entgeltfortzahlungsgesetz (2006)
Ruhnke, Die Entgeltfortzahlung im Krankheitsfall und die Möglichkeiten des Arbeitgebers, gegen einen etwaigen Missbrauch dieses Rechts vorzugehen (Diss Konstanz 2004)
Schäfer, Pflicht zu gesundheitsförderndem Verhalten?, NZA 1992, 529
Schaub, Rechtsprobleme der Arbeitsverhinderung, AuA 1996, 82
Schelp/Trieschmann, Das Arbeitsverhältnis im Krankheitsfalle (1958)
Schliemann, Neues und Bekanntes im Entgeltfortzahlungsgesetz, AuR 1994, 317
Schmitt, Der Mißbrauch der Lohnfortzahlung – Ursachen und Bekämpfungsmöglichkeiten, ZTR 1990, 223
ders, Lohnfortzahlungsgesetz (1992)
ders, Der Beitrag der Arbeitsgerichte zur Beseitigung von Ungleichbehandlungen zwischen Arbeitern und Angestellten im Entgeltfortzahlungsrecht, in: FS Kissel (1994) 1015
ders, Die Neuregelung der Entgeltfortzahlung im Krankheitsfall, RdA 1996, 5
ders, Die Auswirkungen der Schuldrechtsmodernisierung auf das Recht der Entgeltfortzahlung im Krankheitsfall, in: GS Heinze (2005) 785
ders (Begr), Entgeltfortzahlungsgesetz Aufwendungsausgleichsgesetz (8. Aufl 2018)
Schneider, Neuregelung der Entgeltfortzahlung ab 1. 6. 1994, ZBlSozVers 1994, 257
Schulte/Mimberg/Sabel, Rechtsprechung zur Entgeltfortzahlung im Krankheitsfalle (3. Aufl 1991)
Schulz, Die Entgeltfortzahlung heute, ZRP 2005, 227
Seffen, Einkommenssicherung bei Krankheit in westlichen Industrieländern (1980)
ders, Entgeltfortzahlung und Krankengeld – ein internationaler Vergleich, Die Ersatzkasse 1981, 235, 275
Sieg, Versicherungsabdeckung und Arbeitgeberaufwendungen nach dem Lohnfortzahlungsgesetz, SGb 1979, 249
Sielck, Ist § 616 Abs 1 BGB neben dem Lohnfortzahlungsgesetz anwendbar?, AuR 1970, 206
Stahlhacke, Das Lohnfortzahlungsgesetz in der Rechtsprechung, BlStSozArbR 1971, 193
Stückmann, Kostensenkung bei Entgeltfortzahlung im Krankheitsfalle?! (1997)
Stumpf/Trümner, Entgeltfortzahlung im Krankheitsfall und bei Kur, in: Kittner/Zwanziger/Deinert/Heuschmid (Hrsg), Arbeitsrecht-Handbuch für die Praxis (9. Aufl 2017) § 39, S 863 ff
Subatzus, Das Fehlverhalten des Arbeitnehmers bei Arbeitsunfähigkeit (2006)

Töns, Die wirtschaftliche Sicherung der Arbeitnehmer bei Arbeitsunfähigkeit (1970)
Treber, Entgeltfortzahlungsgesetz (2. Aufl 2007)
Viethen, Die Neuregelung der Entgeltfortzahlung, DZWir 1993, 479
ders, Entgeltfortzahlungsgesetz (3. Aufl 1999)
Vogelsang, Entgeltfortzahlung (2003)
Vossen, Entgeltfortzahlung, in: Leinemann (Hrsg), Handbuch zum Arbeitsrecht, Gruppe 2.2 (2. Aufl 2000)
Walter, Die Rechtsprechung des Bundesarbeitsgerichts zum Lohnfortzahlungs-Gesetz, ArbRGegW 10 (1973) 37
Wank, Reform des Lohnfortzahlungsrechts, BB 1992, 1993
ders, Arbeiter und Angestellte (1992) 139
Wedde/Kunz, Entgeltfortzahlungsgesetz (4. Aufl 2015)
Weiland, Probleme der Lohnfortzahlung (Diss Gießen 1981)
P Westermann, Gesetzesauslegung im Arbeitsrecht, beispielsweise dargestellt anhand von Entscheidungen des Bundesarbeitsgerichts zur Lohnfortzahlung im Krankheitsfall (Diss Göttingen 1964)
Willemsen, „Anstandspflichten" des erkrankten Arbeitnehmers, DB 1981, 2619
Worzalla/Süllwald, Entgeltfortzahlung – Kommentar für die Praxis (1995)
Zetl, Krankenbezüge für Arbeiter, PersV 1989, 111
Zeuner, Begrenzung der Lohnfortzahlungspflicht als Problem der Risikotragung, AuR 1975, 300
D Zöllner, Die Situation des Arbeitnehmers im Falle der Krankheit, RdA 1978, 304.

Weitere Nachweise bei den jeweiligen Einzelerläuterungen sowie zum älteren Schrifttum s auch Staudinger/Nipperdey/Mohnen/Neumann[11].

Systematische Übersicht

Alphabetische Übersicht

A. Vergütung bei persönlicher Dienstverhinderung (§ 616)

I. Entstehungsgeschichte

1 Die Pflicht des Dienstberechtigten zur Fortzahlung der Vergütung in § 616 S 1 BGB enthielt bereits der Entwurf der I. Kommission, wobei die Motive auf verwandte Vorschriften (§ 60 ADHGB, Art 341 des schweizerischen Obligationenrechts) sowie gemeinrechtliche Grundsätze verweisen (s Mugdan II 258; zu den rechtsgeschichtlichen Fundamenten Mayer/Maly RdA 1975, 61 f; Moll RdA 1980, 142 ff, mwNw sowie HKK/Rückert § 616 Rn 3 ff, Rn 26 ff; Walk 88 ff, 93, 121 ff).

2 Der **personelle Anwendungsbereich** des § 616 BGB fand bei der Schaffung des Bürgerlichen Gesetzbuches erst relativ spät seine nunmehr geltende Reichweite. Die von der **I. Kommission** ursprünglich befürwortete Beschränkung auf **dauernde Dienstverhältnisse**, die die Erwerbstätigkeit des Dienstverpflichteten vollständig oder hauptsächlich in Anspruch nehmen, die später für § 617 Abs 1 BGB aufgegriffen wurde (s unten § 617 Rn 1), ließ bereits die Vorkommission des Reichsjustizamtes fallen (vgl Jakobs/Schubert 774 f sowie HKK/Rückert § 616 Rn 12).

3 Den Vorschlag der **II. Kommission** zur Beschränkung des personellen Anwendungsbereiches auf solche Dienstleistende, deren **Vergütung nach Zeitabschnitten** bemessen ist (vgl Mugdan II 899), verwarf die **XII. Kommission des Reichstages** auf Grund eines Antrages der sozialdemokratischen Abgeordneten Frohme und Stadthagen. Es sollte deutlich zum Ausdruck gebracht werden, dass die Vergütungspflicht auch dann fortbesteht, wenn der Dienstberechtigte die Vergütung nicht nach Zeitab-

schnitten, sondern in Form eines Stücklohns schuldet (vgl MUGDAN II 1286 sowie JAKOBS/SCHUBERT 777 f).

In den **Beratungen der II. Kommission** wurde ferner beantragt, diejenigen Dienstverpflichteten aus dem Anwendungsbereich der Norm herauszunehmen, „auf welche sich die gesetzliche Verpflichtung zur Krankenversicherung oder Unfallversicherung" bezieht (vgl MUGDAN II 899). Begründet wurde dies vor allem mit dem Zweck der **Arbeiterversicherungsgesetze**, nach denen die durch Krankheit oder Unfall eintretenden Nachteile von speziellen Einrichtungen (Verbände bzw Kassen) getragen werden sollten, nicht hingegen von dem einzelnen Arbeitgeber (s MUGDAN II 900). Diesem Standpunkt schloss sich die **Mehrheit der II. Kommission** nicht an, da es nicht das Ziel der Versicherungsgesetze gewesen sei, weitergehende privatrechtliche Ansprüche auszuschließen. Die Anrechnungsvorschrift in § 616 S 2 BGB verhindere ausreichend, dass der Dienstverpflichtete infolge der Krankheit oder des Unfalls einen Gewinn erlangt (s MUGDAN II 900 f; s auch FUCHS, Zivilrecht und Sozialrecht [1992] 61). 4

Auf eine **Konkretisierung**, welche **Zeit** als **„verhältnismäßig nicht erheblich"** im Sinne des § 616 S 1 BGB zu gelten habe, verzichtete die I. Kommission wegen der Verschiedenartigkeiten der in Betracht kommenden Verhinderungsgründe und überantwortete die weitere Präzisierung der Rechtsprechung (vgl MUGDAN II 258). Die in den Beratungen der XII. Kommission des Reichstages zT geforderte Ergänzung der Norm durch Beispiele wurde im späteren Gesetzgebungsverfahren nicht aufgegriffen (vgl JAKOBS/SCHUBERT 777). 5

Kontroverse und für die Dogmatik der Leistungsstörungen im Dienstvertragsrecht grundlegende Diskussionen (statt aller STAUDINGER/RICHARDI/FISCHINGER [2016] § 615 Rn 19 ff) löste das **Verhältnis zwischen § 616 und § 615 BGB** aus. In den **Beratungen der II. Kommission** wurde insoweit ein Antrag mehrheitlich verworfen, nach dem § 616 BGB durch den Verzicht auf die Worte „durch einen in seiner Person liegenden Grund" im Verhältnis zu § 615 BGB den Charakter eines Auffangtatbestandes erlangt hätte (s MUGDAN II 899). Für die Ablehnung des Antrags war die Überlegung maßgebend, dass bei einer vom Dienstverpflichteten unverschuldeten Verhinderung keineswegs stets ein Annahmeverzug des Dienstberechtigten vorliege. Wenn der Dienstverpflichtete infolge Zufalls nicht in der Lage sei, die vertraglich geschuldeten Dienste zu erbringen, sollte nach Auffassung der Antragsteller nicht Annahmeverzug, sondern Unmöglichkeit vorliegen, sodass ein Vergütungsanspruch entfalle (so auch MOMMSEN, Beiträge zum Obligationenrecht I [1853] 362 f); diese Rechtsfolge widerspreche jedoch der Billigkeit (s MUGDAN II 899 f). 6

Die **Mehrheit der II. Kommission** schloss sich diesem Antrag nicht an, wobei die Protokolle die tiefgreifenden Unterschiede hinsichtlich der dogmatischen Einordnung der vorübergehenden Dienstverhinderung offenbaren. Ein Teil der Mehrheitsauffassung lehnte den Antrag bereits deshalb ab, weil der von den Antragstellern unterstellte Verlust des Vergütungsanspruches nicht eintreten könne. Nach der Natur des Dienstvertrages liege der Grund für die Verhinderung entweder in der Person des Dienstverpflichteten oder es trete ein Annahmeverzug des Dienstberechtigten ein, da § 615 BGB auch den Fall der sog Annahmeunmöglichkeit erfasse (vgl MUGDAN II 900; s auch STAUDINGER/RICHARDI/FISCHINGER § 615 Rn 19 ff). Die Protokolle 7 lassen indes nicht erkennen, ob diese rechtliche Würdigung der zeitweiligen Unmöglichkeit der Dienstleistung in den Beratungen der II. Kommission eine mehrheitliche Unterstützung fand, denn ein Teil der Vertreter, die eine Ablehnung des in Rn 6 genannten Antrages befürwortete, billigte zwar die grundsätzliche Rechtsansicht der Antragsteller, dass der Vergütungsanspruch des Dienstverpflichteten bei einer infolge Zufalls eintretenden Dienstverhinderung aus Gründen der Unmöglichkeit entfalle, also nicht von § 615 BGB erfasst werde, hielt dieses Resultat aber für angemessen (vgl Mugdan II 900 sowie zu den Beratungen der I. Kommission HKK/Rückert § 616 Rn 18 ff).

8 Durch **Art 56** des **Pflege-Versicherungsgesetzes** v 26. 5. 1994 (BGBl I 1068) erhielt § 616 BGB wieder die Fassung, die die Vorschrift bereits bei Inkrafttreten des Bürgerlichen Gesetzbuches besaß. Die zwischenzeitlich eingefügten Absätze 2 und 3 (zu ihrer Entwicklung Staudinger/Oetker[12] § 616 Rn 132 f sowie unten Rn 172 f) hob die vorgenannte Bestimmung des Pflege-Versicherungsgesetzes wieder auf und ersetzte diese vollständig durch die Regelungen des Entgeltfortzahlungsgesetzes (§§ 3 ff EFZG). In den verschiedenen Vorschlägen zu einer Kodifizierung des Arbeitsvertragsrechts wird stets auch der Regelungsgehalt des § 616 BGB aufgegriffen (s zuletzt § 58 des von Henssler/Preis vorgelegten Diskussionsentwurfs, NZA 2007, Beil 1).

II. Normzweck und Dogmatik der Vorschrift

1. Normzweck

9 Nach **tradierter Vorstellung** ist die Aufrechterhaltung des Vergütungsanspruches trotz Nichtleistung in § 616 S 1 BGB auf die **Fürsorgepflicht** des Dienstberechtigten zurückzuführen (BGH 22. 6. 1956 – VI ZR 140/55, BGHZ 21, 114 f; BAG 24. 2. 1955 – 2 AZR 10/54, AP BGB § 616 Nr 2; BAG [GS] 18. 12. 1959 – GS 8/58, AP BGB § 616 Nr 22 sowie bereits RAG 30. 10. 1940 – RAG 187/39, ARS 40, 286; für das Schrifttum zB Erman/Belling/Riesenhuber § 616 Rn 2; BeckOGK/Bieder [1. 1. 2019] § 616 Rn 4; Hueck/Nipperdey I § 44 III 1; Soergel/Kraft § 616 Rn 2; Staudinger/Mohnen/Neumann[10/11] § 616 Rn 3; Nikisch I § 43 I 1; Schimana AuR 1956, 321 f; Thome 13 f; ähnlich MHdB ArbR/Tillmanns § 77 Rn 3). In diese Richtung weisen bereits die **Motive**, die den Fortbestand des Vergütungsanspruches auf „sozialpolitische Rücksichten" sowie auf „Gründe der Humanität" stützten (s Mugdan II 258). Auch die **II. Kommission** ließ sich von dieser Einschätzung leiten und wertete die Aufrechterhaltung des Vergütungsanspruches trotz Nichtleistung als Ausdruck der dem Dienstberechtigten obliegenden Fürsorge (s Mugdan II 901).

10 Nicht zuletzt die dogmatische Ableitung des § 616 S 1 BGB aus der Fürsorgepflicht verursachte erhebliche Unsicherheiten bei der Konkretisierung der **Rechtsnatur des** dem Dienstverpflichteten zustehenden **Anspruches**. Es wurde insbesondere in Frage gestellt, ob die fortgewährte Vergütung ein Lohnanspruch oder ein Anspruch sui generis sei. In die letztgenannte Richtung gingen auch die Überlegungen von Lotmar, der in § 616 BGB einen Entschädigungsanspruch erblickt (Lotmar I 148 f), und von Sieg, nach dessen Auffassung der Arbeitnehmer seinen Lohnanspruch verliert und stattdessen einen Anspruch mit Versorgungscharakter erhält (Sieg JZ 1954, 338).

11 Der **tradierten dogmatischen Ableitung** des § 616 S 1 BGB aus einer dem Dienstberechtigten auferlegten Fürsorgepflicht ist **zu widersprechen**; sie verstellt den Blick auf

eine systemkonforme Integration der Vorschrift in das Gefüge des Bürgerlichen Rechts. Ungeachtet der allgemeinen Bedenken gegenüber der rechtlichen Legitimation der **Fürsorgepflicht** für die Pflichtenstruktur des Arbeitsverhältnisses (hierzu Staudinger/Richardi/Fischinger [2016] § 611 Rn 1686 ff sowie MHdB ArbR/Reichold § 91 Rn 1 ff) hellt sie den Sinngehalt des § 616 BGB aus zwei Gründen nicht überzeugend auf (ablehnend auch HKK/Rückert § 616 Rn 74).

12 **Erstens** ist die Fürsorgepflicht eine Rechtsfigur, die auf die spezifischen **Besonderheiten des Arbeitsverhältnisses** reagiert. Da § 616 BGB bei allen Dienstverhältnissen anzuwenden ist (s unten Rn 31 ff) und der personelle Anwendungsbereich der Vorschrift – im Unterschied zu § 617 BGB und dem von der I. Kommission unterbreiteten Vorschlag (oben Rn 2) – nicht nur „dauernde" Dienstverhältnisse umfasst, liefert die Fürsorgepflicht **keinen universellen** und für alle Dienstverhältnisse gleichermaßen zutreffenden **Erklärungsansatz** (zustimmend BeckOK ArbR/Joussen § 616 BGB Rn 2; HWK/Krause § 616 BGB Rn 1; s auch BAG [GS] 18. 12. 1959 – GS 8/58, AP BGB § 616 Nr 22; treffend hebt Göppner 13 hervor, dass hierdurch der soziale Charakter der Vorschrift „verwischt" wurde).

13 **Zweitens** ist es mit dem überragenden Charakter, der der Fürsorgepflicht nach überkommener Vorstellung für das Arbeitsverhältnis beigemessen wird, nur schwer vereinbar, dass § 619 BGB zwar die §§ 617, 618 BGB, die nach den Vorstellungen des historischen Gesetzgebers ebenfalls der Fürsorgepflicht entspringen sollen (s unten § 617 Rn 5, § 618 Rn 7 ff), in den Rang **zwingender Rechtssätze** erhebt, hiervon für § 616 BGB aber abgesehen wurde (zustimmend AR/Kamanabrou § 616 BGB Rn 2; HWK/Krause § 616 BGB Rn 1; Schneider, Entgeltfortzahlung und Konkurrenzen [2014] 97; dies korrigiert Dersch RdA 1952, 56, da er § 616 Abs 1 wegen seines Zwecks zwingende Wirkung beilegt).

14 Einen von der tradierten teleologischen Erklärung abweichenden Ansatz leitet Kempen aus der Prämisse ab, dass die Vertragsfreiheit nicht zur Aufhebung der **persönlichen und politischen Autonomie der Vertragsparteien** führen dürfe und dies durch § 616 BGB gesichert werde (Kempen ArbRGegW 25 [1988] 81 ff, 87; im Grundansatz auch HKK/Rückert § 616 Rn 75). Dieser Überlegung steht entgegen, dass es auch die Prämisse der persönlichen und politischen Autonomie nicht zwingend rechtfertigt, den Vergütungsanspruch für die Dauer der Dienstverhinderung aufrechtzuerhalten; ihr würde – die Richtigkeit der Ausgangsthese unterstellt – bereits ausreichend entsprochen, wenn dem Dienstverpflichteten ein Anspruch auf unbezahlte Freistellung zusteht (**aA** HKK/Rückert § 616 Rn 75 f).

15 Überzeugender ist der Versuch, die Auswirkungen einer persönlichen Dienstverhinderung für eine „verhältnismäßig nicht erhebliche Zeit" auf den Vergütungsanspruch und die hierfür in § 616 BGB vorgesehene Problemlösung **mittels allgemeiner Grundsätze des Bürgerlichen Gesetzbuches** zu legitimieren. Bereits Kisch (Die Wirkungen der nachträglich eintretenden Unmöglichkeit der Erfüllung bei gegenseitigen Verträgen nach dem Bürgerlichen Gesetzbuch für das deutsche Reich [1901] 182 Anm 40) äußerte die These, dass § 616 S 1 BGB einen zu verallgemeinernden Rechtssatz enthält. Seiner Annahme, dieser habe nur für den Dienstvertrag normative Gestalt erlangt, ist bei näherer Betrachtung der einschlägigen Vorschriften des Bürgerlichen Gesetzbuches zur Zeit seines Inkrafttretens jedoch nicht beizupflichten. Es ist als eines der charakteristischen Struk-

turelemente des Schuldrechts zu werten, dass der Vergütungsanspruch in Anlehnung an die **Rechtsregel „minima non curat praetor"** ungekürzt bleibt, wenn die geschuldete Leistung ein Defizit aufweist, das bei wertender Betrachtung „unerheblich" ist. Im Bürgerlichen Gesetzbuch wurde dieser zunächst verbreitet ausdrücklich festgehalten (s noch die §§ 459 Abs 1 S 2, 498 Abs 2 S 2, 537 Abs 1 S 2, 634 Abs 2, 348 S 2 BGB [jeweils aF]), kommt heute jedoch nur noch in den §§ 320 Abs 2, 323 Abs 5 S 2, 119 Abs 1 BGB zum Ausdruck. Für den Dienstvertrag ließ sich dieser Rechtsgedanke wegen des Verzichts auf spezielle Gewährleistungsbestimmungen nur dadurch umsetzen, dass „für eine verhältnismäßig nicht erhebliche Zeit" eine Verringerung des Vergütungsanspruchs ausgeschlossen wurde.

16 Die Entstehungsgeschichte der vorgenannten Bestimmungen liefert für den hier vertretenen Begründungsansatz eine Bestätigung. Neben den Protokollen, die für die kaufrechtlichen Gewährleistungsvorschriften unter Berufung auf die parallele Rechtslage bei der Anfechtung die Geltung der Rechtsregel „minima non curat praetor" ausdrücklich bekräftigten (vgl Mugdan II 658), wiesen bereits die Motive zu § 320 Abs 2 BGB darauf hin, dass der Einrede des nicht erfüllten Vertrages bei einer „verhältnismäßigen Geringfügigkeit des quantitativen oder qualitativen Mangels" der Einwand der exceptio doli entgegensteht (Mugdan II 112). Dieser Ansatz rechtfertigte auch den erst später in das Bürgerliche Gesetzbuch aufgenommenen § 537 Abs 1 S 2 aF, der die bereits zuvor allgemein befürwortete Auffassung, die Berufung auf geringfügige Mängel verstoße gegen Treu und Glauben, in das Recht der Miete transformierte (s RegBegr BT-Drucks IV/806, 8).

17 Diese Überlegung beansprucht für Dienstverträge gleichermaßen Gültigkeit (zustimmend ua MünchKomm/Henssler § 616 Rn 2; BeckOK ArbR/Joussen § 616 BGB Rn 3; AR/Kamanabrou § 616 BGB Rn 2; vKoppenfels NZS 2002, 242; HWK/Krause § 616 Rn 1; Schneider, Entgeltfortzahlung und Konkurrenzen [2014] 97; **aA** HKK/Rückert § 616 Rn 73 sowie im Anschluss BeckOGK/Bieder [1. 1. 2019] § 616 Rn 4), da der Dienstberechtigte bei verständiger Würdigung in Rechnung stellen muss, dass die Dienstleistung an die Person des Schuldners gebunden ist, sodass die Nichtleistung aus Gründen in der Person des Dienstverpflichteten bei einer geringfügigen Dauer vorhersehbar ist (s bereits Planck/Gunkel § 616 Anm 2b sowie Hueck/Nipperdey I § 44 III 1). Bereits Mommsen räumte insoweit ein, dass die Vertragsparteien kürzere Unterbrechungen regelmäßig schon bei der Festlegung der Vergütungshöhe berücksichtigt hätten, sodass sich aus diesem Grund ein Abzug von der vereinbarten Vergütung verbiete (Mommsen, Beiträge zum Obligationenrecht I [1853] 363 Fn 12). Diese Seh- und Wertungsweise lag, wie die Vorlagen für die I. Kommission belegen, auch den späteren Gesetzesberatungen zugrunde (s Schubert [Hrsg], Die Vorlagen der Redaktoren für die erste Kommission zur Ausarbeitung des Entwurfs eines Bürgerlichen Gesetzbuchs – Recht der Schuldverhältnisse Teil 2 [1980] 611 f), die sich zudem im Einklang mit einer verbreiteten Strömung in der gemeinrechtlichen Doktrin befand (s Walk 88 ff mwNw). Dementsprechend ist die „verhältnismäßig nicht erhebliche" Dienstverhinderung aus persönlichen Gründen wertungsmäßig mit geringfügigen Mängeln des Kaufgegenstandes oder der vermieteten Sache vergleichbar und die Aufrechterhaltung des Vergütungsanspruches in § 616 S 1 BGB deshalb **Ausdruck eines allgemeinen Prinzips** (so im Ansatz auch Schwegmann 22). Die in den Motiven ausgeführten **Schutzerwägungen** (s oben Rn 1) werden zwar durch § 616 S 1 BGB befriedigt, zeigen aber nicht das bürgerlich-rechtliche Fundament der Norm auf. Das gilt entsprechend für den tradierten **Rückgriff auf die Fürsorgepflicht**; er erweist sich bei dem hiesigen Verständnis als **überflüssig** und verschleiert das dogmatische Fundament der Norm mehr als er zu dessen Aufhellung beiträgt. Allerdings neigt die **neuere Gesetzgebung** verstärkt dazu, sich von der Rechtsregel „minima non curat praetor" zu verabschieden. Vor allem die mit dem **Schuldrechtsmodernisierungsgesetz** für den Kaufvertrag und den Werkvertrag neugefassten Bestimmungen zum Begriff des Sach- bzw Rechtsmangels, die bewusst auf einen Geringfügigkeitsvorbehalt verzichten und auch in dieser Konstellation eine Minderung des Gegenleistungsanspruchs ermöglichen (vgl §§ 433 Abs 1, 633 Abs 2 BGB nF sowie BT-Drucks 14/6040, 216 f), sind als derartige Durchbrechungen zu bewerten, die in dem Reisevertragsrecht (§ 651c aF) einen Vorläufer finden. Die Beibehaltung des Geringfügigkeitsvorbehalts im Rahmen des **Mietrechtsreformgesetzes** (s § 536 Abs 1 S 3 BGB) sowie der Ausschluss des Rücktrittrechts bei „unerheblichen Pflichtverletzungen" (§ 323 Abs 5 S 2 BGB; s dazu Staudinger/Otto/Schwarze [2015] § 323 Rn C 24 ff) zeigen aber, dass von einer generellen Preisgabe des allgemeinen Grundsatzes nicht die Rede sein kann.

2. Systematische Stellung der Norm

18 Auf dem Boden des in Rn 15 bis 17 entwickelten Normverständnisses, aber auch bei einer Rückführung auf die Fürsorgepflicht ist § 616 BGB eine **Abweichung** von den §§ 275 Abs 1, 326 Abs 1 S 1 BGB, die den Grundsatz **„Ohne Arbeit kein Lohn"** (zum Synallagma des Arbeitsvertrages mit Nachdruck BAG [GS] 17. 12. 1959 – GS 2/59, AP BGB § 616 Nr 21; BAG 8. 10. 1959 – 2 AZR 503/56, AP BetrVG § 56 Nr 14; BAG 30. 6. 1960 – 5 AZR 48/59, AP HGB § 63 Nr 13) durchbricht und die allgemeine Vorschrift des **§ 326 Abs 1 S 1 BGB** im Anwendungsbereich des § 616 BGB **ausschließt**. Diesen systematischen Zusammenhang hoben bereits die Motive (§§ 237 Abs 2, 368 Abs 1 BGB des Entwurfs) hervor (Mugdan II 258) und er entspricht heute der einhelligen Ansicht (zB BGH 22. 6. 1956 – VI ZR 140/55, BGHZ 21, 114; RAG 29. 1. 1930 – RAG 407/29, ARS 8, 185; BAG [GS] 18. 12. 1959 – GS 8/58, AP BGB § 616 Nr 22; BAG 22. 1. 2009 – 6 AZR 78/08, AP TVöD § 29 Nr 2; Erman/Belling/Riesenhuber § 616 Rn 2; BeckOGK/Bieder [1. 1. 2019] § 616 Rn 2; NK-GA/Boecken § 616 BGB Rn 3; BeckOK BGB/Fuchs/Baumgärtner § 616 Rn 1; Planck/Gunkel § 616 Anm 1; MünchKomm/Henssler § 616 Rn 2; BeckOK ArbR/Joussen § 616 BGB Rn 4; AR/Kamanabrou § 616 BGB Rn 1; Soergel/Kraft § 616 Rn 2; HWK/Krause § 616 BGB Rn 1; Kunz/Wedde, EFZR [2. Aufl 2005] § 616 BGB Rn 3; Larenz, Schuldrecht II/1 [13. Aufl 1986] § 52 II b; Schaub/Linck, Arbeitsrechts-Handbuch [17. Aufl 2017] § 97 Rn 2; Löwisch/Caspers/Klumpp, Arbeitsrecht [11. Aufl 2017] Rn 354; Jauernig/Mansel § 616 Rn 1; ArbR-BGB/Matthes § 616 Rn 2; Schimana AuR 1956, 321; Schneider, Entgeltfortzahlung und Konkurrenzen [2014] 96; Sieg JZ 1954, 338; MHdB ArbR/Tillmanns § 77 Rn 4 ff; Treber, EFZG [2. Aufl 2007] § 616 BGB Rn 2; Esser/Weyers, Schuldrecht II/1 [8. Aufl 1998] § 29 II 3).

19 Mit der systematischen Stellung der Norm ist es unvereinbar, § 616 BGB zu einem eigenständigen Leistungsverweigerungsrecht aufzuwerten, das zugleich regeln soll, ob der Dienstverpflichtete zur Verweigerung seiner Dienstleistung berechtigt ist (so aber Greiner, Ideelle Unzumutbarkeit [2004] 148 f; ihm folgend Tillmanns, Strukturfragen des Dienstvertrages [2007] 368 f). Gegen dieses Verständnis sprechen sowohl der ausschließlich auf die Vergütung bezogene Wortlaut als auch der systematische Zusammenhang mit § 615 BGB. Ob der Dienstverpflichtete zur Verweigerung einer nicht bereits aus tatsächlichen oder rechtlichen Gründen unmöglichen Leistung berechtigt ist, beurteilt sich ausschließlich nach § 275 Abs 3 BGB sowie – wenn die Norm nicht als abschließende Regelung bewertet wird – nach § 242 BGB. Ungeachtet dessen

handelt es sich bei den von § 616 S 1 BGB erfassten Hindernissen um solche, die auch nach § 275 Abs 3 BGB zur Verweigerung der Leistung berechtigten, wenn sie nicht sogar dazu führen, dass die Dienstleistung unmöglich und der Dienstverpflichtete hierdurch kraft Gesetzes nach § 275 Abs 1 BGB von seiner Leistungspflicht befreit worden ist. Zudem besteht zwischen § 275 Abs 3 BGB und § 616 S 1 BGB auch in tatbestandlicher Hinsicht kein Gleichlauf, da § 616 S 1 BGB ausschließlich eingreift, wenn die Dienstverhinderung „in der Person" des Dienstverpflichteten begründet liegt, während § 275 Abs 3 BGB auf diese Einschränkung für das Leistungsverweigerungsrecht verzichtet.

20 Der **systematische Zusammenhang zwischen § 616 S 1 und § 326 Abs 1 S 1 BGB** bietet insbesondere eine hier nicht zu vertiefende **Interpretationshilfe** für die von § 616 S 1 BGB erfassten Dienstverhinderungen (s unten Rn 46 ff). Nur wenn die Dienstverhinderung weder vom Dienstverpflichteten noch vom Dienstberechtigten zu vertreten ist, kommt der Wegfall einer Vergütungspflicht in Betracht, die durch § 616 S 1 BGB aufrechterhalten wird (Erman/Belling/Riesenhuber § 616 Rn 2; BeckOK ArbR/Joussen § 616 BGB Rn 5). Die Vorschrift greift wegen dieses systematischen Kontextes nicht ein, wenn die Nichterbringung der Dienstleistung bzw die Dienstverhinderung wegen einer Unmöglichkeit (§ 275 Abs 1 BGB) oder einer berechtigten Leistungsverweigerung (§ 275 Abs 2 und 3 BGB) ohne § 616 S 1 BGB allein oder weit überwiegend **vom Dienstberechtigten zu verantworten** ist. In diesen Fällen beurteilt sich das rechtliche Schicksal des Vergütungsanspruches **ausschließlich** nach **§ 326 Abs 2 BGB** (BAG 17. 12. 1968 – 5 AZR 149/68, AP BGB § 324 Nr 2; Erman/Belling/Riesenhuber § 616 Rn 2; GK-EFZG/Birk § 1 LFZG Rn 8; AK-BGB/Derleder § 616 Rn 2; Fabricius, Leistungsstörungen im Arbeitsverhältnis [1970] 106; Geyer/Knorr/Krasney § 3 EFZG Rn 154; MünchKomm/Henssler § 616 Rn 4; BeckOK ArbR/Joussen § 616 BGB Rn 5; AR/Kamanabrou § 616 BGB Rn 1; HWK/Krause § 616 BGB Rn 3; Vogelsang, Entgeltfortzahlung Rn 877, 901; Palandt/Weidenkaff § 616 Rn 3; s auch Neumann/Duesberg DB 1969, 261 ff, 305 ff; abweichend MHdB ArbR/Tillmanns § 77 Rn 9 sowie für den Krankheitsfall vMaydell DB 1973 Beil 15, 9, der für eine Abwicklung nach den Entgeltfortzahlungsregelungen plädiert). **§ 104 SGB VII** steht einer Aufrechterhaltung des Vergütungsanspruches durch § 326 Abs 2 BGB jedoch entgegen, wenn dem Arbeitgeber hinsichtlich des Arbeitsunfalls lediglich Fahrlässigkeit vorzuwerfen ist (ebenso Löwisch/Caspers/Klumpp, Arbeitsrecht [11. Aufl 2017] Rn 452; **aA** BeckOK ArbR/Joussen § 616 BGB Rn 5; HWK/Krause § 616 BGB Rn 3; ArbR-BGB/Matthes § 616 Rn 96 sowie bereits zu § 636 RVO Neumann/Duesberg DB 1969, 306 ff). Liegt ein durch die gesetzliche Unfallversicherung abgedeckter Versicherungsfall vor, so erhält der verletzte Arbeitnehmer im Fall der Arbeitsunfähigkeit Verletztengeld (§§ 45 ff SGB VII), was denknotwendig voraussetzt, dass er infolge der Arbeitsunfähigkeit seinen vertraglichen Vergütungsanspruch verliert. Da der „Ersatz des Personenschadens" im Sinne des § 104 Abs 1 SGB VII auch den Verdienstausfall umfasst, verbleibt für eine Aufrechterhaltung des Vergütungsanspruches durch § 326 Abs 2 BGB lediglich bei einem vorsätzlichen Verhalten des Arbeitgebers sowie solchen Sachverhalten Raum, die nicht als Arbeitsunfall im Sinne der gesetzlichen Unfallversicherung zu qualifizieren sind. Ist die Nichterbringung der Dienstleistung **vom Dienstverpflichteten zu vertreten**, so scheidet § 616 S 1 BGB regelmäßig aus, weil das Tatbestandsmerkmal „ohne sein Verschulden" (dazu unten Rn 109 ff) nicht erfüllt ist (zustimmend BeckOK ArbR/Joussen § 616 BGB Rn 5).

3. Rechtsnatur des fortzuzahlenden Entgelts

§ 616 S 1 BGB schafft **keinen** eigenständigen, auf der Fürsorgepflicht beruhenden **Vergütungsanspruch** (in dieser Richtung noch BAG 24. 2. 1955 – 2 AZR 10/54, AP BGB § 616 Nr 2) und keinen geldwerten **Anspruch sui generis** (hiergegen auch Erman/Belling/Riesenhuber § 616 Rn 11 sowie bereits Siebert, in: FS H Lehmann II [1956] 680 ff), sondern bewirkt die **Aufrechterhaltung der** vertraglich geschuldeten **Gegenleistung** (= Vergütung) für den Zeitraum, in dem die Dienstleistung nicht erbracht wurde (ebenso BAG 22. 1. 2009 – 6 AZR 78/08, AP TVöD § 29 Nr 2; Erman/Belling/Riesenhuber § 616 Rn 11; BeckOGK/Bieder [1. 1. 2019] § 616 Rn 2; NK-GA/Boecken § 616 BGB Rn 3, 24; MünchKomm/Henssler § 616 Rn 3; Hueck/Nipperdey I § 44 III 1 b; Hromadka/Maschmann, Arbeitsrecht 1 [7. Aufl 2018] § 8 Rn 109; Junker, Grundkurs Arbeitsrecht [18. Aufl 2019] Rn 275; AR/Kamanabrou § 616 BGB Rn 1; Soergel/Kraft § 616 Rn 6; HWK/Krause § 616 BGB Rn 2; Schaub/Linck, Arbeitsrechts-Handbuch [17. Aufl 2017] § 97 Rn 2; Schmitt/Schmitt, EFZG/AAG [8. Aufl 2018] § 616 BGB Rn 1; Schwegmann 24 ff; Treber, EFZG [2. Aufl 2007] § 616 BGB Rn 2; MHdB ArbR/Tillmanns § 77 Rn 31; Vogelsang, Entgeltfortzahlung Rn 878; Palandt/Weidenkaff § 616 Rn 11; so bereits auch Oertmann Anm 2; für den Krankheitsfall s unten Rn 187 ff; **aA** tw Greiner, Ideelle Unzumutbarkeit [2004] 145, da § 616 eine besondere Kategorie von Leistungsstörungen regeln und ein eigenständiges Leistungsverweigerungsrecht begründen soll). Nur dieses dogmatische Verständnis der Norm ist mit dem Gesetzeswortlaut vereinbar. Da § 616 S 1 BGB ausdrücklich anordnet, dass der Dienstverpflichtete seinen Anspruch auf die Vergütung nicht verliert, kann hiermit nur der im **Vertrag begründete Vergütungsanspruch** gemeint sein, den § 616 S 1 BGB aufrechterhält und dessen Untergang abweichend von § 326 Abs 1 S 1 BGB verhindert wird. 21

Wegen des systematischen Standorts des **§ 616 S 1 BGB** weist die Norm **nicht** die Qualität einer eigenständigen **Anspruchsgrundlage** auf (zustimmend BeckOGK/Bieder [1. 1. 2019] § 616 Rn 2; NK-GA/Boecken § 616 BGB Rn 3, 24; BeckOK ArbR/Joussen § 616 BGB Rn 4; **aA** anscheinend BAG 18. 1. 2001 – 6 AZR 492/99, AP BAT § 52 Nr 8). Ebenso wie die früheren Bestimmungen zur Entgeltfortzahlung im Krankheitsfall (vor allem § 3 Abs 1 S 1 EFZG aF sowie zuvor § 1 Abs 1 S 1 LFG; zu ihnen unten Rn 188) ordnet § 616 S 1 BGB lediglich an, dass der Berechtigte seinen **Anspruch auf die Vergütung nicht verliert.** Die Vorschrift begründet deshalb nicht – wie dies die Legaldefinition in § 194 BGB voraussetzt – zugunsten des Dienstverpflichteten ein Recht, von dem Dienstberechtigten ein Tun oder Unterlassen zu verlangen. **Anspruchsgrundlage für die Vergütung** während der Dienstverhinderung ist ausschließlich der **Vertrag** (§ 611 Abs 1 BGB; ebenso Erman/Belling/Riesenhuber § 616 Rn 11; MünchKomm/Henssler § 616 Rn 3; Hromadka/Maschmann, Arbeitsrecht 1 [7. Aufl 2018] § 8 Rn 109; Vogelsang, Entgeltfortzahlung Rn 878). § 616 S 1 BGB bewirkt lediglich, dass der hierdurch begründete Vergütungsanspruch nicht gemäß § 326 Abs 1 S 1 BGB untergeht. 22

Wegen der in Rn 21 f dargelegten Rechtsnatur unterliegt die nach § 616 S 1 BGB fortzuzahlende Vergütung uneingeschränkt den **allgemeinen Vorschriften für das Arbeitsentgelt**, insbesondere den vollstreckungsrechtlichen Regelungen zum **Schutz des Arbeitseinkommens** (§§ 850 ff ZPO). Entsprechendes gilt für die **Verjährung** des Anspruches; diese bemisst sich nach der dreijährigen Regelverjährung des § 195 BGB. **Tarifliche Ausschlussfristen** sind ebenfalls anwendbar (BAG 24. 5. 1973 – 5 AZR 21/73, AP TVG § 4 Ausschlussfristen Nr 52; BAG 15. 11. 1973 – 5 AZR 226/73, AP TVG § 4 Ausschlussfristen Nr 53). 23

4. Auslegungsmaximen

24 Der Sinnzusammenhang zwischen § 616 S 1 BGB und dem allgemeinen Leistungsstörungsrecht (dazu oben Rn 18) prägt auch die **Auslegung der einzelnen Tatbestandsmerkmale** der Vorschrift. So rückte die Rechtsprechung des Bundesarbeitsgerichtes zunächst noch die fürsorgerechtliche Fundierung der Norm in den Vordergrund und ging davon aus, dass die Bestimmung als solche und für sich auszulegen ist (BAG 24. 2. 1955 – 2 AZR 10/54, AP BGB § 616 Nr 2). Im Anschluss an den grundlegenden Beschluss des Großen Senats des Bundesarbeitsgerichtes v 18. 12. 1959 (BAG [GS] 18. 12. 1959 – GS 8/58, AP BGB § 616 Nr 22) und den dort hervorgehobenen Ausnahmecharakter der Vorschrift (hiergegen noch BAG 24. 2. 1955 – 2 AZR 10/54, AP BGB § 616 Nr 2) favorisierte die höchstrichterliche Rechtsprechung indes die (methodisch fragwürdige) Maxime einer „engen" Auslegung (BAG 25. 4. 1960 – 1 AZR 16/58, AP BGB § 616 Nr 23; BAG 25. 10. 1973 – 5 AZR 156/73, AP BGB § 616 Nr 43; ebenso ArbR-BGB/Matthes § 616 Rn 8; zweifelnd Hueck Anm zu BAG AP BGB § 616 Nr 23; s auch Wiedemann, Das Arbeitsverhältnis als Austausch- und Gemeinschaftsverhältnis [1966] 51 f). Mit diesem Auslegungsgrundsatz brach ohne nähere Begründung das nachfolgende Urteil des Vierten Senats v 8. 12. 1982 (BAG 8. 12. 1982 – 4 AZR 134/80, AP BGB § 616 Nr 58). Nach Sinn und Zweck der Vorschrift soll eine extensive Auslegung geboten und üblich sein; eine vertiefte Begründung für diesen Paradigmenwechsel ist der Entscheidung nicht zu entnehmen.

III. Normkonkurrenzen

25 **§ 616 S 1 BGB** findet aus Gründen der Gesetzeskonkurrenz **keine Anwendung**, solange und soweit **spezialgesetzliche Vorschriften** für einzelne Dienstverhältnisse den in § 616 S 1 BGB genannten Sachverhalt strukturieren. Bis zu ihrer Aufhebung durch die Art 58 und 59 des Pflegeversicherungs-Gesetzes v 26. 5. 1994 kamen als spezialgesetzliche Vorschriften vor allem **§ 63 Abs 1 S 1 HGB** und **§ 133c S 1 GewO** in Betracht, da sich deren Anwendungsbereiche durch die Formulierung „unverschuldetes Unglück" nicht mit dem „in seiner Person liegenden Grund" (§ 616 S 1 BGB) deckten (näher Staudinger/Oetker [1996] § 616 Rn 24).

26 Für **Auszubildende** wird § 616 BGB durch **§ 19 Abs 1 Nr 2 lit b BBiG** verdrängt (Schmitt/Schmitt, EFZG/AAG [8. Aufl 2018] § 616 BGB Rn 6). Die Vorschrift gilt nicht nur bei einer **Berufsausbildung** im Sinne des **§ 1 Abs 3 BBiG**, sondern auch für andere Personen, die eingestellt werden, um berufliche Kenntnisse, Fertigkeiten oder Erfahrungen zu erwerben **(§ 26 BBiG)**. Ebenso wie § 616 S 1 BGB verlangt § 19 Abs 1 Nr 2 lit b BBiG für den Fortbestand des Vergütungsanspruches einen „in seiner Person liegenden Grund". Die Regelung im Berufsbildungsgesetz weist im Vergleich zu § 616 S 1 BGB jedoch die Besonderheit auf, dass die Vergütung nicht nur für Dienstverhinderungen fortzuzahlen ist, die „eine verhältnismäßig nicht erhebliche Zeit" in Anspruch nehmen, sondern § 19 Abs 1 Nr 2 BBiG erhält die Vergütung „bis zur Dauer von sechs Wochen" aufrecht und geht damit über § 616 S 1 BGB hinaus (ErfKomm/Schlachter § 19 BBiG Rn 5; Vogelsang, Entgeltfortzahlung Rn 931; zur Problematik der zeitlichen Grenze bei Berufsausbildungsverhältnissen s auch unten Rn 98).

27 Da § 616 S 1 BGB ohne Einschränkungen alle „in der Person des Dienstverpflichteten liegenden Gründe" erfasst, ist die Vergütung nach dieser Vorschrift auch im **Krankheitsfall** fortzuzahlen (s unten Rn 55 f). Im Unterschied zu § 616 Abs 3 aF fehlt in

§ 616 BGB eine ausdrückliche Regelung für das Konkurrenzverhältnis zu den speziellen Vorschriften für die Entgeltfortzahlung im Krankheitsfall. Gleichwohl sind die **Vorschriften des Entgeltfortzahlungsgesetzes** bzw die diesbezügliche Norm des **Seearbeitsgesetzes (§ 104 SeeArbG) vorrangig** (ebenso PALANDT/WEIDENKAFF § 616 Rn 3), diese sind nach ihrem Zweck **abschließende Sonderregelungen** für den dort erfassten Verhinderungsgrund „Krankheit", deren speziellen Wertungen nicht durch einen Rückgriff auf die lex generalis in § 616 BGB unterlaufen werden dürfen. Zweifelhaft ist indes – ebenso wie zur früheren Rechtslage – die **konkrete Reichweite** des Spezialitätsverhältnisses. Es erstreckt sich – entsprechend der zu § 616 Abs 3 aF vorherrschenden Ansicht (s STAUDINGER/OETKER[12] § 616 Rn 154 mwNw) – nur auf **zur Arbeitsunfähigkeit führende Erkrankungen**; eine zur Arbeitsverhinderung führende Erkrankung, die nicht zugleich die Arbeitsunfähigkeit des Arbeitnehmers bewirkt, unterliegt nicht § 3 Abs 1 S 1 EFZG (s unten Rn 223), sodass die lex specialis in derartigen Fallgestaltungen nicht den Rückgriff auf § 616 S 1 BGB versperrt (BeckOK ArbR/JOUSSEN § 616 BGB Rn 10; HWK/KRAUSE § 616 BGB Rn 21).

Neben den generalklauselartig formulierten Grundtatbeständen in § 616 S 1 BGB und § 19 Abs 1 Nr 2 lit b BBiG sehen zahlreiche Spezialbestimmungen für **bestimmte Gründe einer Dienstverhinderung besondere Regelungen** vor, die den Dienstberechtigten abweichend von der allgemeinen Vorschrift des § 326 Abs 1 S 1 BGB ebenfalls zur Fortzahlung der Vergütung verpflichten, obwohl der Dienstverpflichtete keine Dienstleistung erbringt. Im Einzelfall kann die Feststellung einer verdrängenden Wirkung durch eine „lex specialis" jedoch mit schwer lösbaren Auslegungsproblemen verbunden sein (exemplarisch BAG [GS] 17. 12. 1959 – GS 2/59, AP BGB § 616 Nr 21). 28

Will die **spezielle Gesetzesbestimmung** den Lebenssachverhalt abschließend regeln, so verdrängt diese den Grundtatbestand in § 616 S 1 BGB vollständig und nicht nur soweit diese günstiger ist; im Verhältnis zwischen verschiedenen Gesetzen findet **kein Günstigkeitsvergleich** statt (BAG [GS] 17. 12. 1959 – GS 2/59, AP BGB § 616 Nr 21). Andernfalls könnte der Gesetzgeber eine bestehende allgemeine gesetzliche Regelung nur zugunsten der Normunterworfenen durch spezielle Vorschriften korrigieren (treffend BAG [GS] 17. 12. 1959 – GS 2/59, AP BGB § 616 Nr 21, unter Bezugnahme auf das Ordnungsprinzip). Die verdrängende Wirkung der lex specialis greift indes nur ein, soweit im Hinblick auf den von ihr strukturierten Lebenssachverhalt ihr gegebenenfalls im Wege der Auslegung zu ermittelnder **Anwendungsbereich** reicht. In den übrigen Fällen einer persönlichen Dienstverhinderung bleibt § 616 S 1 BGB uneingeschränkt anwendbar. 29

Neben den Bestimmungen zur Entgeltfortzahlung im Krankheitsfall (hierzu unten Rn 170 ff) sind vor allem folgende **Spezialvorschriften** zu beachten, die für den jeweils umschriebenen Lebenssachverhalt nach ihrer Zielsetzung den Charakter einer abschließenden Regelung haben und den subsidiären Rückgriff auf die allgemeinen Grundtatbestände in § 616 S 1 BGB und § 19 Abs 1 Nr 2 lit b BBiG ausschließen: 30

- §§ 1 und 2 EFZG für die **Entgeltfortzahlung an Feiertagen**;
- § 3a Abs 1 EFZG für die infolge einer **Organ-, Gewebe- oder Blutspende** zur Arbeitsunfähigkeit führende Arbeitsverhinderung;

– **Mindesturlaubsgesetz** für Arbeitnehmer;

– Freistellungsansprüche wegen der **Wahrnehmung gesetzlich definierter Aufgaben und Befugnisse** (zB Betriebsratstätigkeit [§ 37 Abs 2, 6 und 7 BetrVG], Personalratstätigkeit [§ 46 Abs 2 BPersVG bzw entsprechende landesrechtliche Bestimmungen], Wahl von Betriebs- und Personalräten [§ 20 Abs 3 S 2 BetrVG, § 24 Abs 2 S 2 BPersVG], Betriebsärzte und Fachkräfte für Arbeitssicherheit [§§ 2 Abs 2, § 5 Abs 3 ArbSichG], Vertrauensperson der schwerbehinderten Menschen [§ 179 Abs 4 SGB IX]);

– **Gesundheitsschutz** (zB ärztliche Untersuchungen bei Jugendlichen [§ 43 JArbSchG] und im Rahmen der Mutterschaftshilfe [§ 7 Abs 1 MuSchG], Beschäftigungsverbote bei werdenden Müttern [§ 16 MuSchG]);

– **Aus- und Fortbildung** (zB Bildungsurlaubsgesetze der Bundesländer [Baden-Württemberg, Berlin, Brandenburg, Bremen, Hamburg, Hessen, Mecklenburg-Vorpommern, Niedersachsen, Nordrhein-Westfalen, Rheinland-Pfalz, Saarland, Sachsen-Anhalt, Schleswig-Holstein, Thüringen], **Berufsschulunterricht** und **Prüfungsteilnahme** [§ 19 Abs 1 Nr 1 BBiG iVm § 15 BBiG, §§ 9 und 10 JArbSchG]);

– **Öffentlich-rechtliche Pflichten** (zB freiwillige Wehrübungen und entsprechende Meldepflichten [§§ 1 Abs 2, 10, 14 Abs 1 ArbPlSchG]).

IV. Voraussetzungen der Vergütungsfortzahlung

1. Dienstverhältnis

31 Die Durchbrechung des Grundsatzes in § 326 Abs 1 S 1 BGB ordnet § 616 S 1 BGB unabhängig von der konkreten (sozialen) Schutzbedürftigkeit für **alle Dienstverhältnisse** an. In den Anwendungsbereich der Vorschrift sind in erster Linie diejenigen Personen einbezogen, die nicht dem personellen Schutzbereich arbeitsrechtlicher Bestimmungen unterliegen. Den Vergütungsanspruch erhält § 616 S 1 BGB insbesondere bei **freien Mitarbeitern** (ebenso BGH 6. 4. 1995 – VII ZR 36/94, LM BGB § 632 Nr 17 = NJW 1995, 2629; BeckOGK/Bieder [1. 1. 2019] § 616 Rn 8; NK-GA/Boecken § 616 BGB Rn 6; BeckOK ArbR/Joussen § 616 BGB Rn 14; NK-BGB/Klappstein § 616 Rn 2; Soergel/Kraft § 616 Rn 7; ErfKomm/Preis § 616 BGB Rn 1; Schmitt/Schmitt, EFZG/AAG [8. Aufl 2018] § 616 BGB Rn 9; Vogelsang, Entgeltfortzahlung Rn 879; **aA** BeckOK BGB/Fuchs/Baumgärtner § 616 Rn 2) sowie **arbeitnehmerähnlichen Personen** (NK-GA/Boecken § 616 BGB Rn 6; Göppner 71 f; BeckOK ArbR/Joussen § 616 BGB Rn 14; NK-BGB/Klappstein § 616 Rn 2; Soergel/Kraft § 616 Rn 7; HWK/Krause § 616 BGB Rn 8; Kunz/Wedde, EFZR [2. Aufl 2005] § 616 BGB Rn 6; ErfKomm/Preis § 616 BGB Rn 1; Schmitt/Schmitt, EFZG/AAG [8. Aufl 2018] § 616 BGB Rn 9; Vogelsang, Entgeltfortzahlung Rn 879; ausf Schubert, Der Schutz arbeitsnehmerähnlicher Personen [2004] 325 ff) aufrecht. Entsprechendes gilt für **geschäftsführende Organmitglieder** einer juristischen Person im Hinblick auf den von ihnen mit dieser regelmäßig abgeschlossenen **Anstellungsvertrag**, insbesondere für den **GmbH-Geschäftsführer** (Baums, Der Geschäftsleitervertrag [1987] 57 f; Boemke ZfA 1998, 215, 225; Fleck, in: FS Hilger/Stumpf [1983] 217; Gissel, Arbeitnehmerschutz für den GmbH-Geschäftsführer [1987] 133 f; Haase GmbHR 2005, 1264 f; BeckOK ArbR/Joussen § 616 BGB Rn 14; NK-BGB/Klappstein § 616 Rn 2; Soergel/Kraft § 616 Rn 7; HWK/Krause § 616

BGB Rn 8; PAEFGEN, in: ULMER/HABERSACK/LÖBBE [Hrsg], GmbH-Gesetz [2. Aufl 2014] § 35 Rn 387; SCHMITT/SCHMITT, EFZG/AAG [8. Aufl 2018] § 616 BGB Rn 9; SCHOLZ/SCHNEIDER/SCHNEIDER/HOHENSTATT, GmbH-Gesetz [11. Aufl 2013] § 35 Rn 413; TREBER, EFZG [2. Aufl 2007] § 616 BGB Rn 4; BAUMBACH/HUECK/ZÖLLNER/NOACK, GmbH-Gesetz [21. Aufl 2017] § 35 Rn 177; iE auch BGH 13. 5. 1953 – II ZR 157/52, BGHZ 10, 52 f) unabhängig davon, ob es sich um einen Gesellschafter-Geschäftsführer oder einen Fremdgeschäftsführer handelt. Auch für das **Vorstandsmitglied einer Aktiengesellschaft** ist die Aufrechterhaltung des Vergütungsanspruches durch § 616 BGB mit Recht allgemein anerkannt (so für den Krankheitsfall DAUNER-LIEB, in: HENSSLER/STROHN [Hrsg], Gesellschaftsrecht [4. Aufl 2019] § 84 AktG Rn 21; FLEISCHER, in: SPINDLER/STILZ [Hrsg], AktG [4. Aufl 2019] § 84 Rn 47; KORT, in: GroßKomm AktG [5. Aufl 2015] § 84 Rn 415; MERTENS/CAHN, in: ZÖLLNER/NOACK [Hrsg] Kölner Komm AktG [3. Aufl 2010] § 84 Rn 62; SEIBT, in: K SCHMIDT/LUTTER [Hrsg], AktG [3. Aufl 2015] § 84 Rn 30; SCHNORBUS/KLORMANN WM 2018, 1113 [1119 f]; SEYFARTH, Vorstandsrecht [2016] § 4 Rn 70; SPINDLER, in: MünchKomm AktG [5. Aufl 2019] § 84 Rn 95; THÜSING, in: FLEISCHER [Hrsg], Handbuch des Vorstandsrechts [2006] § 4 Rn 78; WEBER, in: HÖLTERS [Hrsg], AktG [3. Aufl 2017] § 84 Rn 47).

Eine entsprechende Anwendung des § 616 BGB auf **Werkverträge** kommt nicht in Betracht (ebenso MünchKomm/HENSSLER § 616 Rn 11; SOERGEL/KRAFT § 616 Rn 7; allg KONZEN/RUPP 132), anders ist bei **typengemischten Verträgen** hinsichtlich des dienstvertraglichen Elements zu entscheiden (s zB BAG 19. 4. 1956 – 2 AZR 416/54, AP BGB § 616 Nr 5 für den Heuerlingsvertrag). 32

Beruht die Dienstleistung auf einer **gesellschaftsrechtlichen Grundlage**, so ist eine entsprechende Anwendung des § 616 BGB allenfalls dann zu erwägen, wenn die Dienstleistung mit einer von der Gesellschaft gezahlten Gegenleistung korrespondiert (SCHNORR v CAROLSFELD, in: FS Hueck [1959] 274). Allein die in dem Gesellschaftsvertrag bzw der Satzung begründete Pflicht zur Erbringung einer Tätigkeit für die Gesellschaft erfüllt diese Voraussetzung nicht. 33

Bei **Handelsvertreterverträgen** ist § 616 BGB nicht anwendbar, wenn als **Vergütung ausschließlich** eine **Provision** geschuldet ist, da die Durchbrechung des Synallagmas in § 616 S 1 BGB nicht mit dem vergütungsrechtlichen Leitbild des Handelsvertreterrechts vereinbar ist (STAUB/EMDE, HGB [5. Aufl 2008] Vor § 84 Rn 59). Eine abweichende Würdigung kommt auch bei einer **atypischen Vergütungsabrede** in Gestalt eines monatlichen Fixums nicht in Betracht, da dieses unabhängig von der Tätigkeit gezahlt wird und deshalb nach seinem Zweck bei einer vorübergehenden Dienstverhinderung nicht gekürzt werden darf. Diese Rechtsfolge resultiert jedoch nicht aus § 616 S 1 BGB, sondern aus einer teleologischen Auslegung der Vergütungsabrede (iE wie hier HEYMANN/KÖTTER, HGB [4. Aufl 1971] § 86 Anm 1; SCHUBERT, Der Schutz arbeitnehmerähnlicher Personen [2004] 326; im Grundsatz auch KÜSTNER, Das Recht des Handelsvertreters [1979] Rn 91, der jedoch Bezirksvertreter iSv § 87 Abs 2 HGB in den Anwendungsbereich des § 616 einbezieht; ebenso LÖWISCH, in: EBENROTH/BOUJONG/JOOST/STROHN, HGB [3. Aufl 2014] § 84 Rn 66; generell für die Anwendung des § 616 bei einer Festvergütung STAUB/EMDE, HGB [5. Aufl 2008] Vor § 84 Rn 59; kritisch auch BeckOGK/BIEDER [1. 1. 2019] § 616 Rn 9.1; ohne Stellungnahme BGHZ 41, 133). 34

Nach dem Gesetzeswortlaut erfasst § 616 BGB auch **Arbeitsverhältnisse**, jedoch verdrängen bei ihnen häufig spezielle arbeitsrechtliche Bestimmungen § 616 BGB nach 35 allgemeinen Konkurrenzgesichtspunkten (s oben Rn 29 f). Das betrifft insbesondere die zur Arbeitsunfähigkeit führende krankheitsbedingte Arbeitsverhinderung; insoweit ist vor allem auf die für alle Arbeitnehmer einschließlich der Auszubildenden geltenden §§ 3 ff EFZG hinzuweisen (zum Konkurrenzverhältnis oben Rn 25 ff). Die früheren Sonderregeln für **Angestellte des Bergbaus** hob das am 1. 1. 1982 in Kraft getretene Bundesberggesetz auf; stattdessen sind im Krankheitsfall die Bestimmungen des Entgeltfortzahlungsgesetzes auch bei diesen Arbeitnehmern anzuwenden. Erfüllt die Arbeitsverhinderung nicht die Voraussetzungen der spezialgesetzlichen Normen, so ist im Wege der Auslegung zu ermitteln, ob die Spezialregelung den Lebenssachverhalt abschließend ordnet und damit den Rückgriff auf die allgemeine Vorschrift des § 616 S 1 BGB ausschließt.

36 Mit Ausnahme der zur Arbeitsunfähigkeit führenden Erkrankung (s §§ 3 ff EFZG) ist § 616 BGB **bei Arbeitsverhältnissen ohne Einschränkungen** anzuwenden. Das gilt auch bei Arbeitsverhältnissen mit **Arbeit auf Abruf** bzw **kapazitätsorientierter variabler Arbeitszeit** (§ 12 TzBfG), wenn die Arbeitsleistung bereits abgerufen, aber noch nicht erbracht wurde (ebenso BeckOGK/Bieder [1. 1. 2019] § 616 Rn 13. 1; MünchKomm/Henssler § 616 Rn 12; Annuss/Thüsing/Jacobs, TzBfG [3. Aufl 2012] § 12 Rn 36; BeckOK ArbR/Joussen § 616 BGB Rn 15; Heyn, in: Meinel/Heyn/Herms, TzBfG [5. Aufl 2015] § 12 Rn 53; AR/Kamanabrou § 616 BGB Rn 5; HWK/Krause § 616 BGB Rn 10; Laux/Schlachter, TzBfG [2. Aufl 2011] § 12 Rn 108; MHdB ArbR/Schüren § 45 Rn 63; MHdB ArbR/Tillmanns § 77 Rn 16). Für eine in den übrigen Fällen eingreifende fiktive Dienstverhinderung fehlt eine tragfähige Rechtsgrundlage, solange das vertraglich geschuldete Arbeitszeitvolumen noch realisiert werden kann (MünchKomm/Henssler § 616 Rn 12; BeckOK ArbR/Joussen § 616 BGB Rn 15; AR/Kamanabrou § 616 BGB Rn 5; HWK/Krause § 616 BGB Rn 10; Löwisch/Schüren BB 1984, 930; Marienhagen/Künzl § 3 EFZG Rn 25; iE auch BeckOGK/Bieder [1. 1. 2019] § 616 Rn 13. 1; Laux/Schlachter, TzBfG [2. Aufl 2011] § 12 Rn 108; weitergehend jedoch Meyer, Kapazitätsorientierte Variable Arbeitszeit [1989] 128 ff; Vogelsang, Vergütungsschutz bei flexibler variabler Arbeitszeit [2014] 74 f; ArbG Elmshorn 22. 10. 1993 – 2a Ca 1156/93, BB 1994, 360; krit auch Schwerdtner NZA 1985, 583). Es ist deshalb nicht zu beanstanden, wenn der Arbeitgeber die Arbeit so abruft, dass eine Kollision zwischen persönlichen Pflichten und Arbeitspflicht vermieden wird (treffend zB Annuss/Thüsing/Jacobs, TzBfG [3. Aufl 2012] § 12 Rn 36; Laux/Schlachter, TzBfG [2. Aufl 2011] § 12 Rn 108; MHdB ArbR/Schüren § 45 Rn 62). Beim **jobsharing** (§ 13 TzBfG) findet § 616 BGB uneingeschränkt Anwendung, lediglich die Unzumutbarkeit der Dienstleistung (unten Rn 48 f) wird bei dieser Ausgestaltung des Arbeitsverhältnisses häufig fehlen (s Danne, Das Job-sharing [1986] 79 f; Schüren, Job Sharing [1983] Rn 325 f, jeweils zu Art 1 § 5 BeschFG 1985 sowie näher Zietsch NZA 1997, 526 ff). Wegen fehlender spezieller Vorschriften im Seearbeitsgesetz gilt § 616 BGB auch für **Besatzungsmitglieder** (Schmitt/Schmitt, EFZG/AAG [8. Aufl 2018] § 616 BGB Rn 5), sofern bezüglich dieser Arbeitnehmergruppe nicht die Sonderregelungen zur Entgeltfortzahlung im Krankheitsfall (§ 104 SeeArbG) eingreifen.

37 Bei in **Heimarbeit** Beschäftigten verdrängt § 10 EFZG die allgemeine Bestimmung des § 616 BGB (Erman/Belling/Riesenhuber § 616 Rn 10; MünchKomm/Henssler § 616 Rn 6; Soergel/Kraft § 616 Rn 7; Thome 12 f; MHdB ArbR/Tillmanns § 77 Rn 15). Das gilt nicht nur für eine Verhinderung der Arbeitsleistung infolge **Krankheit**, sondern für **alle Sachverhalte**, in denen der Heimarbeiter seine Dienstleistung aus persönlichen Gründen nicht erbringen kann (ebenso AR/Kamanabrou § 616 BGB Rn 4; HWK/Krause

§ 616 BGB Rn 8; TREBER, EFZG [2. Aufl 2007] § 616 BGB Rn 5; **aA** MHdB ArbR/TILLMANNS § 77 Rn 15).

38 Bei Arbeitsverhältnissen sind neben gesetzlichen Vorschriften zusätzlich **tarifvertragliche Bestimmungen** zu beachten, die nicht nur die Entgeltfortzahlung im Krankheitsfall ausgestalten, sondern vor allem die „verhältnismäßig nicht erheblichen" Dienstverhinderungen konkretisieren (s unten Rn 154 f).

39 Die Vergütungspflicht erhält § 616 S 1 BGB bei jedem Dienstverhältnis aufrecht. Es muss – wie sich im Umkehrschluss aus § 617 Abs 1 S 1 BGB sowie der Entstehungsgeschichte (s oben Rn 2) ergibt – **nicht** die besondere Qualität eines **„dauernden" Dienstverhältnisses** aufweisen (BeckOK ArbR/JOUSSEN § 616 BGB Rn 14; AR/KAMANABROU § 616 BGB Rn 4; HWK/KRAUSE § 616 BGB Rn 8; MEDICUS/LORENZ, Schuldrecht II [18. Aufl 2018] § 31 Rn 30; PALANDT/WEIDENKAFF § 616 Rn 2). Ebenso ist der **zeitliche Umfang der Dienstleistung** für § 616 BGB unerheblich (zustimmend BeckOK ArbR/JOUSSEN § 616 BGB Rn 14; AR/KAMANABROU § 616 BGB Rn 4; HWK/KRAUSE § 616 BGB Rn 8; MHdB ArbR/TILLMANNS § 77 Rn 16). Die Vorschrift erfasst deshalb auch solche Arbeitsverhältnisse, die die **sozialversicherungsrechtliche Geringfügigkeitsgrenze** (§ 8 SGB IV) oder eine wöchentliche Arbeitszeit von 8 bzw 10 Stunden nicht überschreiten. Eine Beschränkung der Norm auf Dienstverhältnisse, die die Erwerbstätigkeit des Dienstverpflichteten vollständig oder hauptsächlich in Anspruch nehmen, wurde entgegen den Vorschlägen der I. Kommission nicht in das Gesetz aufgenommen (s oben Rn 2), sie erfuhr nur in § 617 Abs 1 S 1 BGB eine normative Anerkennung. Auf **Art und Form der Vergütung** kommt es – wie die Entstehungsgeschichte der Vorschrift belegt (oben Rn 3) – für die Anwendbarkeit der Norm nicht an (ebenso RAG 20. 1. 1937 – RAG 219/36, ARS 29, 8).

40 Zweifelhaft ist die Anwendung des § 616 BGB bei Dienstverträgen, die auf **Einzelleistungen** gerichtet sind (s zB ERMAN/BELLING/RIESENHUBER § 616 Rn 16; LARENZ, Schuldrecht II/1 [13. Aufl 1986] § 52 II b; MEDICUS/LORENZ, Schuldrecht II [18. Aufl 2018] § 31 Rn 30; ESSER/WEYERS, Schuldrecht II/1 [8. Aufl 1998] § 29 II 3). Solange die **Leistung pro rata temporis** (zB bei Unterrichtsstunden) und kein zeitunabhängiges Tätigwerden geschuldet wird, können derartige Dienstverhältnisse – wie die Entstehungsgeschichte (oben Rn 3) zeigt – nicht aus dem Anwendungsbereich der Norm ausgeschlossen werden. Deshalb kann bei Unterrichtsstunden die volle Vergütung verlangt werden, wenn die Stunde mit einer geringfügigen Verspätung beginnt (ebenso ERMAN/BELLING/RIESENHUBER § 616 Rn 54), nicht hingegen, wenn die für den Zeitraum vorgesehene Unterrichtsleistung vollständig ausbleibt (wie hier iE auch BeckOK BGB/FUCHS/BAUMGÄRTNER § 616 Rn 2). In Erwägung zu ziehen ist allerdings, dass die Pflicht zur Vergütungsfortzahlung konkludent (zB durch die Art der Vergütung) abbedungen wurde (s unten Rn 156).

41 § 616 BGB beruht – wie die Entstehungsgeschichte (s oben Rn 2) sowie § 613 S 1 BGB zeigt – auf der Grundannahme, dass eine **natürliche Person** zur Dienstleistung verpflichtet ist. Abweichend von § 613 S 1 BGB können jedoch auch **juristische Personen** und **rechtsfähige Personengesellschaften** auf Grund eines Dienstvertrages zur Dienstleistung verpflichtet sein (STAUDINGER/RICHARDI/FISCHINGER [2016] § 611 Rn 123). In diesem Fall trifft die Vertragspflicht nicht eine natürliche Person, sondern die jeweilige Organisation (s STAUDINGER/RICHARDI/FISCHINGER [2016] § 613 Rn 123), die ihrerseits intern für die Erfüllung der versprochenen Dienstleistung Sorge zu tragen hat.

Ist eine hierzu ausgewählte Person aus einem an sich von § 616 BGB erfassten Umstand nicht in der Lage, dann berührt dies nicht die Verpflichtung der juristischen Person oder rechtsfähigen Personengesellschaft zur Erbringung der Dienstleistung. Sie hat durch interne Maßnahmen für Ersatz zu sorgen. Das gilt auch wenn die Dienstleistung durch Gesellschafter einer rechtsfähigen Personengesellschaft zu erbringen ist (zB in einer OHG zusammengeschlossene Dienstleister). Sind diese hierzu aus einem in § 616 BGB genannten Sachverhalt außer Stande, dann entfällt hierdurch für sich allein nicht die Verpflichtung der rechtsfähigen Personengesellschaft zur Dienstleistung, so dass es keiner mit § 326 Abs 1 BGB korrespondierenden Norm bedarf, die den Vergütungsanspruch des Dienstverpflichteten aufrechterhält.

42 § 616 S 1 BGB erhält die Vergütungspflicht nur aufrecht, wenn zwischen den Parteien im **Zeitpunkt des Verhinderungsfalles** ein Dienstverhältnis besteht. Mit dessen **Beendigung** scheidet eine Aufrechterhaltung des Vergütungsanspruches auch dann aus, wenn der Verhinderungsgrund fortbesteht, da § 616 S 1 BGB nur verhindert, dass ein an sich bestehender Vergütungsanspruch wegen der Verhinderung entfällt (MünchKomm/Henssler § 616 Rn 14; Soergel/Kraft § 616 Rn 11; MHdB ArbR/Tillmanns § 77 Rn 15; Palandt/Weidenkaff § 616 Rn 11). Unterbleibt eine Vergütung wegen der Beendigung des Dienstverhältnisses, so kann kein Vergütungsanspruch aufrechterhalten werden. Eine Ausnahme gilt nur, wenn die **Dienstverhinderung infolge einer Erkrankung** eintritt. In diesem Fall verlängert **§ 8 EFZG** für die von dieser Norm erfassten **Arbeitsverhältnisse** (s auch § 104 Abs 1 SeeArbG) die Pflicht des Arbeitgebers zur Vergütungsfortzahlung (näher hierzu unten Rn 415 ff). Diese Durchbrechung des allgemeinen Grundsatzes beruht auf dem spezifischen Zweck der Vergütungsfortzahlung im Krankheitsfall (s unten Rn 418) und ist bei **anderen persönlichen Dienstverhinderungen** nicht entsprechend anwendbar.

43 Wurde das Dienstverhältnis **fehlerhaft begründet**, so ist dieses bis zu einer Beendigungserklärung wie ein wirksam entstandenes Vertragsverhältnis zu behandeln. § 616 BGB gilt deshalb auch bei fehlerhaften Dienst- und Arbeitsverhältnissen bis zu deren Beendigung (Erman/Belling/Riesenhuber § 616 Rn 19; BeckOGK/Bieder [1. 1. 2019] § 616 Rn 7; NK-GA/Boecken § 616 BGB Rn 7; MünchKomm/Henssler § 616 Rn 14; Hromadka/Maschmann, Arbeitsrecht 1 [7. Aufl 2018] § 8 Rn 113; BeckOK ArbR/Joussen § 616 BGB Rn 14; NK-BGB/Klappstein § 616 Rn 3; AR/Kamanabrou § 616 BGB Rn 5; Jauernig/Mansel § 616 Rn 2; ArbR-BGB/Matthes § 616 Rn 8; MHdB ArbR/Tillmanns § 77 Rn 15).

44 Wird der Arbeitnehmer **während eines Kündigungsschutzprozesses** beschäftigt, so ist nach den verschiedenen **Rechtsgrundlagen** für die Weiterbeschäftigung zu differenzieren. Erfolgt diese nach **§ 102 Abs 5 BetrVG**, so bleibt § 616 BGB anwendbar (Erman/Belling/Riesenhuber § 616 Rn 20; NK-GA/Boecken § 616 BGB Rn 6; MünchKomm/Henssler § 616 Rn 15; Hromadka/Maschmann, Arbeitsrecht 1 [7. Aufl 2018] § 8 Rn 113; AR/Kamanabrou § 616 BGB Rn 6; Soergel/Kraft § 616 Rn 7; HWK/Krause § 616 BGB Rn 12; MHdB ArbR/Tillmanns § 77 Rn 17). Das gilt auch, wenn der Arbeitgeber auf Grund eines **allgemeinen Weiterbeschäftigungsanspruches** zur Beschäftigung verpflichtet ist und hierfür mit dem Arbeitnehmer ausdrücklich oder konkludent einen durch den rechtskräftigen Verfahrensabschluss **auflösend bedingten Arbeitsvertrag** abschließt (Erman/Belling/Riesenhuber § 616 Rn 20; NK-GA/Boecken § 616 BGB Rn 6; MünchKomm/Henssler § 616 Rn 15; Hromadka/Maschmann, Arbeitsrecht 1 [7. Aufl 2018] § 8 Rn 113; AR/

Kamanabrou § 616 BGB Rn 6; HWK/Krause § 616 BGB Rn 12; MHdB ArbR/Tillmanns § 77 Rn 17).

Beschäftigt der Arbeitgeber den Arbeitnehmer zur **Abwendung einer angedrohten Zwangsvollstreckung** ohne vertragliche Grundlage, so differenziert das Bundesarbeitsgericht nach dem späteren **Ausgang des Kündigungsschutzprozesses.** Wird rechtskräftig festgestellt, dass die Kündigung das **Arbeitsverhältnis nicht beendete**, so stand dem Arbeitnehmer wegen des uneingeschränkt fortbestehenden Arbeitsverhältnisses der Vergütungsanspruch auch bei einer persönlichen Dienstverhinderung zu (NK-GA/Boecken § 616 BGB Rn 6; MünchKomm/Henssler § 616 Rn 15; MHdB ArbR/Tillmanns § 77 Rn 17). Das gilt jedoch nicht bei einer **rechtskräftigen Abweisung der Kündigungsschutzklage.** Nach Ansicht des Bundesarbeitsgerichtes liegt in diesem Fall für die tatsächlich erbrachte **Arbeitsleistung kein Rechtsgrund** vor, sodass die Rechtsbeziehungen **ausschließlich** nach **Bereicherungsrecht rückabzuwickeln** sind (so seit BAG 10. 3. 1987 – 8 AZR 146/84, AP BGB § 611 Weiterbeschäftigung Nr 1, näher dazu Staudinger/Richardi/Fischinger [2016] § 611 Rn 1726). Vergütung in Gestalt des Wertersatzes (§ 818 Abs 2 BGB) schuldet der Arbeitgeber nach diesem konzeptionellen Ansatz nur für tatsächlich erbrachte Arbeitsleistungen, sodass während **Zeiten krankheitsbedingter Arbeitsverhinderung** kein Anspruch auf Wertersatz entsteht (so in der Konsequenz zB Barton/Hönsch NZA 1987, 725; Berkowsky BB 1986, 798; Feichtinger, Entgeltfortzahlung Rn 30; R Geffert, Beschäftigung wider Willen [1994] 193 ff; MünchKomm/Henssler § 616 Rn 15; Konzen, in: FS Hyung-Bae Kim [1995] 82; HWK/Krause § 616 BGB Rn 12; Lieb/Jacobs, Arbeitsrecht [9. Aufl 2006] Rn 391; R Schulz, Rechtliche Folgeprobleme der Entscheidung des Großen Senats des Bundesarbeitsgerichts zum Allgemeinen Weiterbeschäftigungsanspruch [1993] 210 f; Stahlhacke/Preis/Vossen, Kündigung und Kündigungsschutz im Arbeitsverhältnis [11. Aufl 2015] Rn 2278; MHdB ArbR/Tillmanns § 77 Rn 17; Walker DB 1988, 1599; **aA** jedoch Gamillscheg, in: FS Dieterich [1999] 200; Schwerdtner, in: Brill/Schwerdtner, Aktuelle Rechtsfragen zum Weiterbeschäftigungsanspruch gekündigter Arbeitnehmer [1986] 77; iE auch MHdB ArbR/Rachor § 131 Rn 51 iVm Rn 44 sowie bereits Beuthien RdA 1969, 171). Für die **persönliche Dienstverhinderung** im Sinne des **§ 616 S 1 BGB** kann kein anderes Resultat gelten (so ausdrücklich Erman/Belling/Riesenhuber § 616 Rn 20; Bengelsdorf SAE 1987, 265; Hromadka/Maschmann, Arbeitsrecht 1 [7. Aufl 2018] § 8 Rn 113; AR/Kamanabrou § 616 BGB Rn 6; Soergel/Kraft § 616 Rn 7; Pallasch, Der Beschäftigungsanspruch des Arbeitnehmers [1993] 133; MHdB ArbR/Tillmanns § 77 Rn 17). Diejenigen Stimmen im Schrifttum, die bei einer erzwungenen Weiterbeschäftigung für ein „faktisches" Arbeitsverhältnis plädieren, gelangen indes zur Anwendung des § 616 S 1 BGB (so zB MünchKomm/Schaub [2. Aufl 1988] § 616 Rn 10; ebenso iE Büring, Die Rechtsfolgen des allgemeinen Weiterbeschäftigungsanspruchs [Diss Münster 1995] 135 ff; MHdB ArbR/Wank [3. Aufl 2009] § 99 Rn 106, die die Rechtsfolgen aus § 102 Abs 5 BetrVG [hierzu oben Rn 44] entnehmen). 45

2. Verhinderungstatbestand

a) Dienstverhinderung

Das Gesetz erhält den Vergütungsanspruch nur aufrecht, wenn der Dienstverpflichtete „an der Dienstleistung verhindert ist". Eine Dienstverhinderung liegt nach dem Gesetzeswortlaut stets vor, wenn der Dienstverpflichtete seine Dienstleistung nicht erbringen kann, obwohl er hierzu vertraglich verpflichtet ist. Sie entfällt deshalb, wenn der in der Person des Arbeitnehmers liegende Grund während einer sog 46

Gleitzeit eintritt (BAG 16. 12. 1993 – 6 AZR 236/93, AP BAT § 52 Nr 5; BAG 22. 1. 2009 – 6 AZR 78/08, AP TVöD § 29 Nr 2; LAG Köln 10. 2. 1993 – 8 Sa 894/92, LAGE § 616 BGB Nr 7).

47 Bei grammatikalischer Betrachtung umfasst die „Dienstverhinderung" im Sinne des § 616 S 1 BGB zunächst die Sachverhalte einer **tatsächlichen Unmöglichkeit** der Arbeitsleistung (Erman/Belling/Riesenhuber § 616 Rn 22; BeckOGK/Bieder [1. 1. 2019] § 616 Rn 11; NK-GA/Boecken § 616 BGB Rn 8; MHdB ArbR/Boewer [3. Aufl 2009] § 70 Rn 11; BeckOK ArbR/Joussen § 616 BGB Rn 16; Soergel/Kraft § 616 Rn 13; ErfKomm/Preis § 616 BGB Rn 3; Thome 41 f). In dieser Konstellation wird der Dienstverpflichtete von seiner Leistungspflicht frei (§ 275 Abs 1 BGB); den Untergang des Vergütungsanspruches nach § 326 Abs 1 S 1 BGB verhindert § 616 S 1 BGB.

48 Rechtsprechung und Literatur beschränken den Anwendungsbereich des § 616 BGB nicht auf die Fälle einer tatsächlichen Unmöglichkeit, sondern gehen von einem **weiten Verständnis der Dienstverhinderung** aus, das auch alle sonstigen Sachverhalte umfasst, in denen dem Dienstverpflichteten die **Erbringung der Dienstleistung** während des vertraglich vorgesehenen Zeitraums wegen einer Kollision mit höherrangigen rechtlichen oder sittlichen Pflichten **unzumutbar** ist (BAG 25. 4. 1960 – 1 AZR 16/58, AP BGB § 616 Nr 23; BAG 17. 11. 1960 – 2 AZR 97/59, AP HGB § 63 Nr 21; BAG 24. 2. 1961 – 1 AZR 165/59, AP HGB § 63 Nr 22; BAG 25. 10. 1973 – 5 AZR 156/73, AP BGB § 616 Nr 43; BAG 19. 4. 1978 – 5 AZR 834/76, AP BGB § 616 Nr 48; BAG 8. 9. 1982 – 5 AZR 283/80, AP BGB § 616 Nr 59; BAG 8. 12. 1982 – 4 AZR 134/80, AP BGB § 616 Nr 58; BAG 29. 2. 1984 – 5 AZR 92/82, AP TVG § 1 Tarifverträge: Metallindustrie Nr 22; Ammermüller DB 1974, 189; Erman/Belling/Riesenhuber § 616 Rn 25; BeckOGK/Bieder [1. 1. 2019] § 616 Rn 11; NK-GA/Boecken § 616 BGB Rn 8; Fabricius, Leistungsstörungen im Arbeitsverhältnis [1970] 107; MünchKomm/Henssler § 616 Rn 16; Hromadka/Maschmann, Arbeitsrecht 1 [7. Aufl 2018] § 8 Rn 114; BeckOK ArbR/Joussen § 616 BGB Rn 16; Konzen/Rupp 128 ff, 131 ff; Soergel/Kraft § 616 Rn 13; HWK/Krause § 616 BGB Rn 13; Kunz/Wedde, EFZR [2. Aufl 2005] § 616 BGB Rn 7; Schaub/Linck, Arbeitsrechts-Handbuch [17. Aufl 2017] § 97 Rn 7; ArbR-BGB/Matthes § 616 Rn 9; Nikisch I § 43 I 2; ErfKomm/Preis § 616 BGB Rn 3; Schimana AuR 1956, 322 f; Schnorr v Carolsfeld Anm zu BAG AP BGB § 616 Nr 43; MHdB ArbR/Tillmanns § 77 Rn 19; Treber, EFZG [2. Aufl 2007] § 616 BGB Rn 5; Vogelsang, Entgeltfortzahlung Rn 880).

49 Dieser Ausdehnung des Anwendungsbereiches ist im Grundsatz zuzustimmen, allerdings bleibt der konstruktive Begründungsansatz klärungsbedürftig. Während Teile des Schrifttums für eine Anknüpfung an das Tatbestandsmerkmal „ohne sein Verschulden" plädieren (so zB Schnorr v Carolsfeld Anm zu BAG AP BGB § 616 Nr 43), liefert ein teleologisches und systematisches Verständnis der „Dienstverhinderung" einen dogmatisch überzeugenderen Zugang zur Konkretisierung des Tatbestandsmerkmals. Der Begriff der Dienstverhinderung umfasst nach seinem natürlichen Wortsinn alle Sachverhalte, in denen der Dienstverpflichtete seine Dienstleistung nicht erbringt und dies an sich dazu führt, dass er den Vergütungsanspruch gemäß § 326 Abs 1 S 1 BGB verliert. Bis zum Inkrafttreten des Schuldrechtsmodernisierungsgesetzes ergab sich dies aus § 323 Abs 1 aF, da der Anspruch auf die Gegenleistung nicht nur im Falle einer Unmöglichkeit entfiel, sondern auch bei einer Unzumutbarkeit, insbesondere dann, wenn der Schuldner die Unmöglichkeit auf Grund einer Kollision mit höherrangigen Pflichten willentlich herbeigeführt hat und die Kollisionslage für den Dienstverpflichteten nicht abwendbar war (Staudinger/Löwisch [1995] § 276 Rn 10 ff sowie allg Henssler AcP 190 [1990] 538 ff; Konzen/Rupp 138 ff

mwNw). Im Grundsatz beansprucht dieses Verständnis auch nach der Umgestaltung des Leistungsstörungsrechts durch das Gesetz zur Modernisierung des Schuldrechts Gültigkeit, da der Vergütungsanspruch des Dienstverpflichteten nach § 326 Abs 1 S 1 BGB nicht nur bei einer Unmöglichkeit der Dienstleistung, sondern auch dann entfällt, wenn dem Dienstverpflichteten ein Leistungsverweigerungsrecht im Sinne des § 275 Abs 2 und 3 BGB zusteht und er dieses ausgeübt hat (iE auch NK-BGB/Klappstein § 616 Rn 5). Die Fälle der zur Unzumutbarkeit führenden Leistungshindernisse werden nunmehr in § 275 Abs 3 BGB ausdrücklich erfasst, sodass die bislang notwendige Integration der Unzumutbarkeitsmaxime in den Unmöglichkeitsbegriff entbehrlich ist (im Grds auch MünchKomm/Henssler § 616 Rn 16; ferner zur Abgrenzung von § 275 Abs 1 Schmitt, in: GS Heinze [2005] 787 ff). Ob neben § 275 Abs 3 BGB noch Raum für eine auf § 242 BGB zu stützende Unzumutbarkeit und die hieraus folgende Anwendung des § 616 BGB bleibt, hängt von der tatbestandlichen Reichweite des § 275 Abs 3 BGB ab. Wird diese eng definiert, dann ist die Anwendung von § 242 BGB nicht per se von der Hand zu weisen (so zB MünchKomm/Henssler § 616 Rn 16).

Da die Unzumutbarkeit der Dienstleistung auch im Rahmen von § 275 Abs 3 BGB **50**
aus einer Kollision mit höherrangigen Pflichten resultiert (s Staudinger/Caspers [2014] § 275 Rn 109), geht eine **generelle Ausdehnung** des Normprogramms durch den Rückgriff auf eine **„grundrechtsgeleitete Interpretation"**, die auch die Ausübung grundrechtlich geschützter Positionen als eine Dienstverhinderung im Sinne des § 616 S 1 BGB begreift (hierfür Kempen ArbRGegW 25 [1988] 87 ff sowie zu § 275 Abs 3 Greiner, Ideelle Unzumutbarkeit [2004] 319 ff), über den Zweck der Vorschrift hinaus (ablehnend auch LAG Schleswig-Holstein 18. 1. 1995 – 3 Sa 568/94, LAGE § 611 BGB Abmahnung Nr 39; Erman/Belling/Riesenhuber § 616 Rn 29; BeckOK ArbR/Joussen § 616 BGB Rn 16; HWK/Krause § 616 BGB Rn 15). Es stünde nicht mehr die Kollision von Pflichten im Vordergrund, sondern die Pflicht zur Dienstleistung kollidiert mit der Wahrnehmung grundrechtlich verbürgter Rechtspositionen. Dies mag im Einzelfall zu einem Anspruch aus der arbeitsvertraglichen Interessenwahrungspflicht (§ 241 Abs 2 BGB) auf unbezahlte Freistellung führen, rechtfertigt aber nicht die Durchbrechung des arbeitsvertraglichen Synallagmas (iE auch BeckOGK/Bieder [1. 1. 2019] § 616 Rn 32; **aA** Greiner, Ideelle Unzumutbarkeit [2004] 319 ff, der im Rahmen von § 275 Abs 3 BGB generell auch grundrechtlich geschützte Rechtsgüter in die Abwägung einbezieht und hierdurch ein Leistungsverweigerungsrecht begründen will). Für **kurzzeitige Gewissenskonflikte** gilt das ebenfalls (s unten Rn 73).

Wegen des Rückgriffs auf das Leistungsverweigerungsrecht in § 275 Abs 3 BGB **51**
(oben Rn 49) kann die Unzumutbarkeit der Dienstleistung nicht isoliert im Hinblick auf die Bedeutung des Anlasses für den Dienstverpflichteten ermittelt werden. Erforderlich ist vielmehr eine **Abwägung**, die sich nicht einseitig an den Belangen des Dienstverpflichteten orientieren darf, sondern in die auch das Interesse des Dienstberechtigten an der Dienstleistung einzubeziehen ist (so mit Recht hervorgehoben von BAG 25. 4. 1960 – 1 AZR 16/58, AP BGB § 616 Nr 23; Soergel/Kraft § 616 Rn 17) und das in Ausnahmefällen auch überwiegen kann (s Staudinger/Caspers [2014] § 275 Rn 111 sowie Greiner, Ideelle Unzumutbarkeit [2004] 343 ff). Diese Abwägung ist nicht mit der Frage zu verwechseln, ob dem Dienstverpflichteten ein vertraglicher Anspruch auf unbezahlte Freistellung von der Pflicht zur Dienstleistung zusteht (BAG 13. 11. 1969 – 4 AZR 35/69, AP BGB § 616 Nr 41).

52 Zweifelhaft ist der rechtliche **Stellenwert anderweitiger Ansprüche auf bezahlte Freistellung** von der Dienstleistung (zB Erholungsurlaub bei Arbeitsverhältnissen) für die Abwägung, wenn deren Geltendmachung dazu führt, dass der Dienstverpflichtete in gleicher Weise seine rechtlichen oder sittlichen Pflichten erfüllen könnte (kritisch schon Meisel SAE 1979, 93; s auch Beitzke SAE 1980, 5). Solange allein darauf abgestellt wird, ob die Erbringung der Dienstleistung wegen der Erfüllung höherrangiger Pflichten unzumutbar ist, scheint für eine Einbeziehung dieser Ansprüche kein Raum zu verbleiben. Im Hinblick auf die besondere Rechtsfolge des § 616 S 1 BGB ist jedoch zu erwägen, dass eine zur Vergütungsfortzahlung nach dieser Vorschrift führende Unzumutbarkeit im Sinne des § 275 Abs 3 BGB nur vorliegt, wenn die Geltendmachung anderweitiger Ansprüche auf bezahlte Freistellung von der Dienstleistung für den Dienstverpflichteten nicht zumutbar ist (ebenso Erman/Belling/Riesenhuber § 616 Rn 25, die die Zumutbarkeit der finanziellen Lastenzuweisung hervorheben und hierfür auch auf anderweitige Freistellungsansprüche verweisen; in dieser Richtung auch BeckOGK/Bieder [1. 1. 2019] § 616 Rn 12; vHoyningen-Huene, in: FS Adomeit [2008] 305 f).

53 Wegen der systematischen Verknüpfung zwischen § 616 S 1 BGB und § 326 Abs 1 S 1 BGB ist nicht jedwede Dienstverhinderung in den Anwendungsbereich des § 616 S 1 BGB einzubeziehen, die ihre Ursache in den persönlichen Verhältnissen des Dienstverpflichteten hat. Da § 616 BGB die Grundnorm in § 326 Abs 1 S 1 BGB durchbricht, kommen nur solche Dienstleistungshindernisse in Betracht, die **vom Dienstverpflichteten** bei einer ausschließlichen Anwendung des § 326 Abs 1 S 1 **nicht zu vertreten** sind. Das gilt sowohl für die Fälle der Unmöglichkeit als auch für diejenigen der Unzumutbarkeit, da ein Leistungsverweigerungsrecht regelmäßig ausscheidet, wenn der Schuldner das Leistungshindernis zu vertreten hat. § 616 soll nur solche Vergütungsansprüche aufrechterhalten, die andernfalls nach der Grundregel des § 326 Abs 1 S 1 BGB entfallen würden. Geht der Vergütungsanspruch nach § 326 Abs 1 S 1 BGB unter, weil der **Dienstverpflichtete** die Dienstverhinderung **zu vertreten** hatte, so wird der Vergütungsanspruch nicht über § 616 S 1 BGB aufrechterhalten (GK-EFZR/Birk § 1 LFZG Rn 7; ebenso Palandt/Weidenkaff § 616 Rn 3). Dies folgt neben einem systematischen Normverständnis aus der tatbestandlichen Voraussetzung des § 616 S 1 BGB, dass der Dienstverpflichtete „ohne sein Verschulden" an der Dienstleistung verhindert sein muss.

b) Personaler Zusammenhang

aa) Allgemeines

54 Die Vergütungspflicht des Dienstberechtigten erhält § 616 S 1 BGB nur aufrecht, wenn die Dienstverhinderung in der **persönlichen Sphäre** des Dienstverpflichteten begründet liegt. Ein Zusammenhang mit seinen **persönlichen Eigenschaften** ist **nicht erforderlich** (BAG 19. 4. 1978 – 5 AZR 834/76, AP BGB § 616 Nr 48; BAG 8. 12. 1982 – 4 AZR 134/80, AP BGB § 616 Nr 58; BeckOGK/Bieder [1. 1. 2019] § 616 Rn 14; Planck/Gunkel § 616 Anm 2b; MünchKomm/Henssler § 616 Rn 17; Hromadka/Maschmann, Arbeitsrecht 1 [7. Aufl 2018] § 8 Rn 115; Hueck/Nipperdey I § 44 III 1 a bb Fn 21; BeckOK ArbR/Joussen § 616 BGB Rn 18; AR/Kamanabrou § 616 BGB Rn 8; NK-BGB/Klappstein § 616 Rn 4; Soergel/Kraft § 616 Rn 13; Misera SAE 1983, 152; ErfKomm/Preis § 616 BGB Rn 3; Schimana AuR 1956, 322; Stumpf/Trümner, in: Kittner/Zwanziger/Deinert/Heuschmid [Hrsg], Arbeitsrecht [9. Aufl 2017] § 38 Rn 3; Treber, EFZG [2. Aufl 2007] § 616 BGB Rn 6; Vogelsang, Entgeltfortzahlung Rn 881), steht der Anwendung des § 616 S 1 BGB aber auch nicht entgegen (ebenso

HWK/Krause § 616 BGB Rn 17; Vogelsang, Entgeltfortzahlung Rn 881). Zu weit geht eine „grundrechtsgeleitete Interpretation des Person-Begriffs“ in § 616 S 1 BGB (hierfür Kempen ArbRGegW 25 [1988] 87 ff), da diese nicht mehr an die Person, sondern an die Grundrechtsausübung anknüpft. Sofern nicht spezielle gesetzliche (oben Rn 30) oder tarifvertragliche Vorschriften (s unten Rn 154 f) für einzelne Sachverhalte den Anspruch auf die Vergütung aufrechterhalten, kommt § 616 S 1 BGB vor allem bei folgenden Verhinderungsgründen in Betracht:

bb) Krankheit des Dienstverpflichteten

Die Erkrankung des Dienstverpflichteten und die hieraus folgende Unmöglichkeit oder Unzumutbarkeit im Hinblick auf die vertraglich geschuldete Dienstleistung ist stets ein in der Person liegender Grund und bildete ursprünglich den Hauptanwendungsfall der Vorschrift (Gamillscheg, Arbeitsrecht I [8. Aufl 2000] 365; MünchKomm/Henssler § 616 Rn 20; Soergel/Kraft § 616 Rn 12; Schmitt/Schmitt, EFZG/AAG [8. Aufl 2018] § 616 BGB Rn 14; Schulin ZfA 1978, 229). Während das Entgeltfortzahlungsgesetz (hierzu unten Rn 170 ff) diesen Verhinderungsgrund für Arbeitsverhältnisse spezialgesetzlich weitgehend abschließend strukturiert, hat § 616 S 1 BGB diesbezüglich für solche Dienstverhältnisse seinen vornehmlichen Anwendungsbereich, die nicht die Rechtsnatur eines Arbeitsverhältnisses aufweisen (exemplarisch für freie Mitarbeiter BGH 6. 4. 1995 – VII ZR 36/94, LM BGB § 632 Nr 17 = NJW 1995, 2629 f sowie Erman/Belling/Riesenhuber § 616 Rn 5, 23; BeckOGK/Bieder [1. 1. 2019] § 616 Rn 19; NK-GA/Boecken § 616 BGB Rn 16; MünchKomm/Henssler § 616 Rn 20; NK-BGB/Klappstein § 616 Rn 8; HWK/Krause § 616 BGB Rn 20; für den GmbH-Geschäftsführer Fleck, in: FS Hilger/Stumpf [1983] 217; Haase GmbHR 2005, 1264 ff; Paefgen, in: Ulmer/Habersack/Löbbe [Hrsg], GmbH-Gesetz [2. Aufl 2014] § 35 Rn 387; zum Vorstandsmitglied einer Aktiengesellschaft s oben Rn 31). Allerdings erhält § 616 S 1 BGB den Vergütungsanspruch nur bei solchen Erkrankungen aufrecht, die nur für „eine verhältnismäßig nicht erhebliche Zeit“ zu einer Dienstverhinderung führen (s unten Rn 103, 195). 55

Nach dem Gesetzeswortlaut sowie dem Normzweck ist § 616 S 1 BGB nicht auf die zur Arbeitsunfähigkeit führende Erkrankung des Dienstverpflichteten beschränkt. Gegebenenfalls rechtfertigt die Erkrankung die Anwendung des § 616 S 1 BGB, wenn die Dienstleistung bei fortbestehender Arbeitsfähigkeit infolge eines **Arztbesuches** oder einer **stationären oder ambulanten Behandlung** nicht erbracht wird (für Tarifverträge BAG 23. 10. 1963 – 4 AZR 33/63, AP BGB § 616 Nr 37; BAG 7. 3. 1990 – 5 AZR 189/89, AP BGB § 616 Nr 83; LAG Niedersachsen 8. 2. 2018 – 7 Sa 256/17, NZA-RR 2018, 296 sowie allg Erman/Belling/Riesenhuber § 616 Rn 28; BeckOGK/Bieder [1. 1. 2019] § 616 Rn 19; NK-GA/Boecken § 616 BGB Rn 16; Brill NZA 1984, 281 ff; MünchKomm/Henssler § 616 Rn 22; BeckOK ArbR/Joussen § 616 BGB Rn 28; NK-BGB/Klappstein § 616 Rn 9; Schmitt/Schmitt, EFZG/AAG [8. Aufl 2018] § 616 BGB Rn 14 ff sowie unten Rn 223). Allerdings bedarf es bei derartigen Sachverhalten stets der Prüfung, ob die **Dienstleistung** zu dem vertraglich festgelegten Zeitraum tatsächlich **unzumutbar** ist. Dies ist zu verneinen, wenn der Arztbesuch auch **außerhalb der Arbeitszeit möglich und zumutbar** ist (ebenso BAG 29. 2. 1984 – 5 AZR 92/82, AP TVG § 1 Tarifverträge: Metallindustrie Nr 22; LAG Niedersachsen 8. 2. 2018 – 7 Sa 256/17, NZA-RR 2018, 296; Erman/Belling/Riesenhuber § 616 Rn 28; GK-EFZR/Birk § 1 LFZG Rn 33; NK-GA/Boecken § 616 BGB Rn 8, 16; MünchKomm/Henssler § 616 Rn 22; BeckOK ArbR/Joussen § 616 BGB Rn 28; AR/Kamanabrou § 616 BGB Rn 10; NK-BGB/Klappstein § 616 Rn 9; Soergel/Kraft § 616 Rn 15; Kunz/Wedde, EFZR [2. Aufl 2005] § 616 BGB Rn 13; ErfKomm/Preis § 616 BGB Rn 7; Schaub AuA 1996, 83; Schmitt/ 56

Schmitt, EFZG/AAG [8. Aufl 2018] § 616 BGB Rn 18; MHdB ArbR/Tillmanns § 77 Rn 21; Vogelsang, Entgeltfortzahlung Rn 893), insbesondere der Dienstleistungsverpflichtete die Lage der Arbeitszeit flexibel gestalten kann. Sollte der Arztbesuch außerhalb der Arbeitszeit nicht möglich sein, so genießt die **freie Arztwahl** den Vorrang (BAG 29. 2. 1984 – 5 AZR 92/82, AP TVG § 1 Tarifverträge: Metallindustrie Nr 22; NK-GA/Boecken § 616 BGB Rn 16; MünchKomm/Henssler § 616 Rn 22; AR/Kamanabrou § 616 BGB Rn 10; NK-BGB/Klappstein § 616 Rn 9; Kunz/Wedde, EFZR [2. Aufl 2005] § 616 BGB Rn 13; ErfKomm/Preis § 616 BGB Rn 7; Schmitt/Schmitt, EFZG/AAG [8. Aufl 2018] § 616 BGB Rn 18; Vogelsang, Entgeltfortzahlung Rn 893).

cc) Erkrankte und pflegebedürftige Familienangehörige und Lebenspartner

57 Die **Erkrankung von Familienangehörigen** kann ebenfalls zu einer den persönlichen Verhältnissen zuzurechnenden und damit von § 616 S 1 BGB erfassten Verhinderung führen (s allg Ammermüller DB 1974, 187 ff; Erman/Belling/Riesenhuber § 616 Rn 27; GK-EFZR/Birk § 1 LFZG Rn 36 ff; MünchKomm/Henssler § 616 Rn 30 ff, 34; Löwisch DB 1979, 209 ff; Mertens NJW 1978, 1677 ff; ErfKomm/Preis § 616 BGB Rn 8; Schmitt/Schmitt, EFZG/AAG [8. Aufl 2018] § 616 BGB Rn 21). Auch in diesem Fall steht die Wertungsfrage im Vordergrund, ob dem Dienstverpflichteten die **Dienstleistung** infolge der Erkrankung von Familienangehörigen **unzumutbar** ist. Das kann nicht stets, sondern allenfalls bejaht werden, wenn der Familienangehörige auf die **Hilfe und Pflege** durch den Dienstverpflichteten **angewiesen** und das **Näheverhältnis** zwischen ihm und dem pflegebedürftigen Familienangehörigen so eng ist, dass seine Pflicht zur Hilfe und Pflege gegenüber der Pflicht zur Dienstleistung den Vorrang genießt (s BAG 19. 4. 1978 – 5 AZR 834/76, AP BGB § 616 Nr 48). Die strafrechtliche Garantenstellung (s Schönke/Schröder/Stree/Bosch, StGB [30. Aufl 2019] § 13 Rn 17 ff [enge persönliche Verbundenheit]) liefert hierfür einen Anhaltspunkt, da die Grenze der Unzumutbarkeit im Hinblick auf die Pflicht zur Dienstleistung stets dann erreicht ist, wenn der Dienstverpflichtete zur Erfüllung der Vertragspflicht strafrechtlich bewehrte Verhaltenspflichten verletzen müsste.

58 Das notwendige Näheverhältnis liegt regelmäßig nur vor, wenn der **pflegebedürftige Angehörige in den Haushalt** des Dienstverpflichteten **integriert** ist (ebenso MünchKomm/Henssler § 616 Rn 34; AR/Kamanabrou § 616 BGB Rn 11; ErfKomm/Preis § 616 BGB Rn 8; Schmitt/Schmitt, EFZG/AAG [8. Aufl 2018] § 616 BGB Rn 22; **aA** BeckOGK/Bieder [1. 1. 2019] § 616 Rn 22; BeckOK ArbR/Joussen § 616 BGB Rn 29; Stumpf/Trümner, in: Kittner/Zwanziger/Deinert/Heuschmid [Hrsg], Arbeitsrecht [9. Aufl 2017] § 36 Rn 4). Zu weit ginge es deshalb, allein auf die Pflegebedürftigkeit eines nahen Angehörigen abzustellen (so aber Stumpf/Trümner, in: Kittner/Zwanziger/Deinert/Heuschmid [Hrsg], Arbeitsrecht [9. Aufl 2017] § 38 Rn 4; wohl auch NK-GA/Boecken § 616 BGB Rn 15). In diesem Fall begründen zwar die §§ 2, 3 PflegeZG Freistellungsansprüche, ohne dass hieraus aber zugleich folgt, dass die Erbringung der Dienstleistung unzumutbar im Sinne des § 275 Abs 3 BGB ist. Dementsprechend stellt § 2 Abs 3 PflegeZG ausdrücklich klar, dass mit dem Anspruch auf Freistellung nicht zugleich eine Verpflichtung des Arbeitgebers zur Fortzahlung der Vergütung verbunden ist. Ein Rückgriff auf § 616 S 1 BGB kann dieses Defizit nur partiell ausgleichen (s ErfKomm/Gallner § 2 PflegeZG Rn 4; Joussen NZA 2009, 70 f; Preis/Nehring NZA 2008, 732 f; **aA** NK-GA/Boecken § 616 BGB Rn 15). Eine mit der Erkrankung vergleichbare **Betreuungsbedürftigkeit** kommt jedoch in Betracht, wenn eine anderweitig bestehende Betreuungsmöglichkeit (zB infolge eines Streiks) unvorhergesehen ausfällt (s näher Diller/Krieger, in: FS Leine-

mann [2006] 68 ff; ebenso NK-GA/BOECKEN § 616 BGB Rn 6) und eine ersatzweise Betreuung nicht mehr rechtzeitig organisiert werden kann.

Eine gegenüber der Verpflichtung zur Dienstleistung als höherrangig zu wertende Pflicht zur Pflege erkrankter Familienangehöriger besteht aus diesem Grunde nur **gegenüber Eheleuten** (BAG 20. 7. 1977 – 5 AZR 325/76, AP BGB § 616 Nr 47 für Ausbildung an Heim-Dialysegerät), **Abkömmlingen** (BAG 19. 4. 1978 – 5 AZR 834/76, AP BGB § 616 Nr 48; BAG 20. 6. 1979 – 5 AZR 361/78, AP BGB § 616 Nr 50), den **Eltern** sowie den **Geschwistern** (weitergehend AR/KAMANABROU § 616 BGB Rn 12). Eine feste **Altersgrenze** lässt sich für die Pflege erkrankter **Kinder** aus § 616 S 1 BGB nicht ableiten, insbesondere entfaltet die Altersobergrenze in **§ 45 Abs 1 S 1 SGB V** (vollendetes 12. Lebensjahr) **keine verbindliche Ausstrahlung** auf § 616 S 1 BGB (ebenso BeckOK BGB/FUCHS/BAUMGÄRTNER § 616 Rn 7; MünchKomm/HENSSLER § 616 Rn 30; BeckOK ArbR/JOUSSEN § 616 BGB Rn 31; NK-BGB/KLAPPSTEIN § 616 Rn 10; HWK/KRAUSE § 616 BGB Rn 23; KUNZ/WEDDE, EFZR [2. Aufl 2005] § 616 BGB Rn 16; ErfKomm/PREIS § 616 BGB Rn 8; SCHMITT/SCHMITT, EFZG/AAG [8. Aufl 2018] § 616 BGB Rn 24; STUMPF/TRÜMNER, in: KITTNER/ZWANZIGER/DEINERT/HEUSCHMID [Hrsg], Arbeitsrecht [9. Aufl 2017] § 38 Rn 4). 59

Familienangehörigen gleichzustellen sind **Lebenspartner** im Sinne des § 1 Abs 1 S 1 LPartG (ebenso MünchKomm/HENSSLER § 616 Rn 34a; NK-BGB/KLAPPSTEIN § 616 Rn 10; HWK/KRAUSE § 616 BGB Rn 23; SCHAUB/LINCK, Arbeitsrechts-Handbuch [17. Aufl 2017] § 97 Rn 11; SCHMITT/SCHMITT, EFZG/AAG [8. Aufl 2018] § 616 BGB Rn 25; TREBER, EFZG [2. Aufl 2007] § 616 BGB Rn 16); sie sind einander zu wechselseitiger Fürsorge und Unterstützung verpflichtet (§ 2 S 1 LPartG) und gelten als Familienangehöriger des Lebenspartners (§ 11 Abs 1 LPartG). Eine weitere Ausdehnung auf **Partner anderer Lebensgemeinschaften** ist abzulehnen, da zwischen ihnen keine vergleichbaren gesetzlich ausgeformten Beistands- und Unterstützungspflichten bestehen (ebenso HWK/KRAUSE § 616 BGB Rn 23; **aA** AR/KAMANABROU § 616 BGB Rn 12; SCHMITT/SCHMITT, EFZG/AAG [8. Aufl 2018] § 616 BGB Rn 26: Einbeziehung nichtehelicher Lebensgemeinschaften; ebenso BeckOGK/BIEDER [1. 1. 2019] § 616 Rn 22, der zusätzlich auch Schwiegereltern einbeziehen will). Aus diesem Grunde kann für den maßgeblichen Personenkreis auch nicht auf die Legaldefinition des „nahen Angehörigen" in § 7 Abs 3 PflegeZG zurückgegriffen werden (ErfKomm/GALLNER § 2 PflegeZG Rn 4; iE auch BeckOGK/BIEDER [1. 1. 2019] § 616 Rn 22; **aA** STUMPF/TRÜMNER, in: KITTNER/ZWANZIGER/DEINERT/HEUSCHMID [Hrsg], Arbeitsrecht [9. Aufl 2017] § 38 Rn 4). 60

Der **Angehörige** muss aus ärztlicher Sicht auf die **Hilfe und Pflege** seitens des Dienstverpflichteten **angewiesen** sein. Insbesondere bei erkrankten Kindern hängt dies von deren Alter ab. Oberhalb der Altersgrenze in § 45 Abs 1 S 1 SGB V (vollendetes 12. Lebensjahr) kommt die Angewiesenheit auf die Pflege nur in Ausnahmefällen (zB schweren Erkrankungen, Behinderung) in Betracht (ebenso MünchKomm/HENSSLER § 616 Rn 30). Die **Möglichkeit anderweitiger Versorgung** lässt die Pflicht aus § 616 S 1 BGB zur Fortzahlung der Vergütung – entsprechend der in § 45 Abs 1 SGB V zum Ausdruck gelangten Wertung – nicht entstehen (BAG 19. 4. 1978 – 5 AZR 834/76, AP BGB § 616 Nr 48; BAG 20. 6. 1979 – 5 AZR 361/78, AP BGB § 616 Nr 50; ERMAN/BELLING/RIESENHUBER § 616 Rn 27; AR/KAMANABROU § 616 BGB Rn 13; HWK/KRAUSE § 616 BGB Rn 24; ErfKomm/PREIS § 616 BGB Rn 8; SCHMITT/SCHMITT, EFZG/AAG [8. Aufl 2018] § 616 BGB Rn 28; MHdB ArbR/TILLMANNS § 77 Rn 21). Im Unterschied zu § 45 Abs 1 SGB V ist hierfür nicht erforderlich, dass die anderweitige Versorgung durch Personen er- 61 bracht wird, die im Haushalt des Dienstverpflichteten leben (ebenso HWK/Krause § 616 BGB Rn 24).

62 Bei einer **Berufstätigkeit beider Elternteile** steht ihnen ein **Wahlrecht** zu, wer von ihnen die Pflege des erkrankten Kindes übernimmt (BAG 20. 6. 1979 – 5 AZR 361/78, AP BGB § 616 Nr 50; Erman/Belling/Riesenhuber § 616 Rn 27; BeckOGK/Bieder [1. 8. 2018] § 616 Rn 22. 1; Däubler, Arbeitsrecht 2 [12. Aufl 2009] Rn 853b; MünchKomm/Henssler § 616 Rn 31; BeckOK ArbR/Joussen § 616 BGB Rn 31; NK-BGB/Klappstein § 616 Rn 10; Soergel/Kraft § 616 Rn 16; HWK/Krause § 616 BGB Rn 24; Kunz/Wedde, EFZR [2. Aufl 2005] § 616 BGB Rn 16; ErfKomm/Preis § 616 BGB Rn 8; Schmitt/Schmitt, EFZG/AAG [8. Aufl 2018] § 616 BGB Rn 29; MHdB ArbR/Tillmanns § 77 Rn 21; kritisch Löwisch DB 1979, 211). Sind diese bei **demselben Dienstberechtigten** beschäftigt, haben sie jedoch auf dessen berechtigten Interessen an der Erbringung der jeweiligen Dienstleistung Rücksicht zu nehmen (MünchKomm/Henssler § 616 Rn 31; Schaub/Linck, Arbeitsrechts-Handbuch [17. Aufl 2017] § 97 Rn 12; Schmitt/Schmitt, EFZG/AAG [8. Aufl 2018] § 616 BGB Rn 29).

63 Im Unterschied zu § 616 S 1 BGB begründet **§ 45 Abs 3 S 1 SGB V** nur einen **Anspruch auf unbezahlte Freistellung** (BeckOGK/Bieder [1. 1. 2019] § 616 Rn 21), die Gewährung von Krankengeld (§ 44 SGB V) gleicht den Vergütungsausfall aus (hierzu zB Marburger RdA 1993, 31). Die Pflicht nach § 616 S 1 BGB oder vergleichbaren Vorschriften zur Fortzahlung der Vergütung ist gegenüber dem Anspruch auf Freistellung aus § 45 SGB V vorrangig (§ 45 Abs 3 S 1 SGB V). Das schließt nicht aus, dass ein Tarifvertrag einen Anspruch auf bezahlte Freistellung zur Pflege erkrankter Kinder nur vorsieht, wenn kein Anspruch auf Krankengeld besteht und damit den in § 45 Abs 3 S 1 SGB V normierten Vorrang der bezahlten Freistellung umkehrt (in dieser Richtung auch Schaub AuA 1996, 83). In vergleichbarer Weise gilt dies bei pflegebedürftigen nahen Angehörigen (Schmitt/Schmitt, EFZG/AAG [8. Aufl 2018] § 616 BGB Rn 33). Die **§§ 2 und 3 PflegeZG** begründen zu deren Gunsten lediglich einen Anspruch auf unbezahlte Freistellung, was § 2 Abs 3 PflegeZG für die Fälle einer kurzzeitigen Arbeitsverhinderung ausdrücklich klarstellt (iE auch BeckOGK/Bieder [1. 1. 2019] § 616 Rn 21; NK-BGB/Klappstein § 616 Rn 10).

dd) Pflege erkrankter Tiere

63a Ist der Dienstverpflichtete wegen der Pflege erkrankter Tiere an der Erbringung der Dienstleistung gehindert, wird ein Anwendungsfall von § 616 S 1 BGB selbst dann verneint, wenn es sich hierbei um ein Haustier handelt (so ausdrücklich BeckOGK/Bieder [1. 1. 2019] § 616 Rn 26; offener LAG Nürnberg 21. 7. 2016 – 5 Sa 59/16, BeckRS 2016, 116129, jedoch ohne abschließende Stellungnahme). Dem steht die in § 2 Nr 1 TierSchG normierte und an den Tierhalter adressierte Pflicht gegenüber, das Tier seiner Art und seinen Bedürfnissen entsprechend angemessen zu pflegen, wozu ggf auch die Notwendigkeit gehört, das Tier in tierärztliche Behandlung zu geben (s Hirt/Maisack/Moritz, TierSchG [3. Aufl 2016] § 2 TierSchG Rn 27; Lorz/Metzger, Tierschutzgesetz – Kommentar [6. Aufl 2008] § 2 TierSchG Rn 32, 34). Selbst unter Berücksichtigung des verfassungsrechtlich anerkannten Tierschutzes (Art 20a GG) folgt hieraus noch nicht die Unzumutbarkeit der Dienstleistung, da ein mit erkrankten und pflegebedürftigen nahen Angehörigen vergleichbares persönliches Näheverhältnis selbst bei Haustieren nicht anzuerkennen ist. Eine aus § 241 Abs 2 BGB abzuleitende Pflicht zur unbezahlten Freistellung des Dienstverpflichteten ist hierdurch nicht ausgeschlossen, kommt jedoch allenfalls in Betracht, wenn die Kollision mit der Verpflichtung zur Dienstleistung aus dem Dienstvertrag nicht anders abgewendet werden kann.

ee) Familienereignisse

64 Die **Teilnahme an besonderen Familienereignissen** kann **im Einzelfall** den Vorrang gegenüber der vertraglichen Pflicht zur Dienstleistung genießen. Allerdings muss die Anwesenheit des Dienstverpflichteten nicht nur wünschenswert, sondern nach allgemeiner Anschauung von so großer Bedeutung sein, dass ein **Fernbleiben** des Dienstverpflichteten **als anstößig** gilt und deshalb die Erfüllung der vertraglichen Pflicht zur Erbringung der Dienstleistung auch unter Berücksichtigung der Interessen des Dienstberechtigten unzumutbar ist.

65 Für **Todesfälle und Begräbnisse** kann die Unzumutbarkeit der Dienstleistung bei **nahen Familienangehörigen** (Eltern, Kindern oder Geschwistern) stets bejaht werden, bei **anderen Familienangehörigen** hingegen nur, wenn sie **im Haushalt** des Dienstverpflichteten **lebten** (MünchKomm/Henssler § 616 Rn 39; ErfKomm/Preis § 616 BGB Rn 4). Beim Tod des **Lebenspartners** (§ 1 Abs 1 S 1 LPartG) sind die Grundsätze für nahe Familienangehörige entsprechend anzuwenden (zustimmend MünchKomm/Henssler § 616 Rn 39; HWK/Krause § 616 BGB Rn 25); dieser gilt nach § 11 Abs 1 LPartG als Familienangehöriger. Bei zuvor im Haushalt des Dienstverpflichteten lebenden **anderen Personen** kommt eine zur Fortzahlung der Vergütung führende Unzumutbarkeit der Dienstleistung nur in Betracht, wenn neben der Wohn- auch eine **Lebensgemeinschaft** bestand (Erman/Belling/Riesenhuber § 616 Rn 27; BeckOGK/Bieder [1. 1. 2019] § 616 Rn 24; MünchKomm/Henssler § 616 Rn 39; Stumpf/Trümner, in: Kittner/Zwanziger/Deinert/Heuschmid [Hrsg], Arbeitsrecht [9. Aufl 2017] § 38 Rn 4).

66 Eine persönliche Dienstverhinderung im Sinne des § 616 S 1 BGB ist in Ausnahmefällen auch für **Familienfeiern** anzuerkennen, bei denen die Anwesenheit des Dienstverpflichteten gesellschaftlich allgemein erwartet wird. Das gilt nicht nur bei der eigenen (BAG 14. 2. 1962 – 4 AZR 37/61, AP BGB § 616 Nr 35; für tarifliche Regelungen BAG 27. 4. 1983 – 4 AZR 506/80, AP BGB § 616 Nr 61), sondern auch bei der **Hochzeit** der Kinder und gegebenenfalls auch bei der der eigenen Eltern, nach Auffassung des Bundesarbeitsgerichtes sogar bei der goldenen Hochzeit der Eltern, nicht jedoch bei anderen Familienfeiern (BAG 25. 10. 1973 – 5 AZR 156/73, AP BGB § 616 Nr 43 mit kritischer Anm Schnorr v Carolsfeld; hiervon ebenfalls ausgehend BAG 25. 8. 1982 – 4 AZR 1064/79, AP BGB § 616 Nr 55). Der Hochzeit gleichzustellen ist die **Begründung der Lebenspartnerschaft** im Hinblick auf die in gleichzeitiger Anwesenheit vor der zuständigen Behörde abzugebenden Erklärungen (§ 1 Abs 1 LPartG), wenn eine Kollisionslage mit der vertraglichen Pflicht zur Dienstleistung unvermeidbar ist (zustimmend BeckOGK/Bieder [1. 1. 2019] § 616 Rn 23; MünchKomm/Henssler § 616 Rn 37 aE; AR/Kamanabrou § 616 BGB Rn 14; Linck BB 2008, 2741; ErfKomm/Preis § 616 BGB Rn 4).

67 Die **Niederkunft** begründet zumindest für den **Ehemann** eine gegenüber der Verpflichtung zur Dienstleistung höherrangige Beistands- und Fürsorgepflicht gegenüber der Ehefrau. Bei **nichtehelichen Kindern** gilt dies grundsätzlich nicht (**aA** Erman/Belling/Riesenhuber § 616 Rn 27; BeckOGK/Bieder [1. 1. 2019] § 616 Rn 25), es sei denn, die Eltern leben in einer **nichtehelichen Lebensgemeinschaft** (BeckOGK/Bieder [1. 1. 2019] § 616 Rn 25; NK-GA/Boecken § 616 BGB Rn 11; MünchKomm/Henssler § 616 Rn 40; AR/Kamanabrou § 616 BGB Rn 14; NK-BGB/Klappstein § 616 Rn 6; HWK/Krause § 616 BGB

Rn 25; ArbR-BGB/MATTHES § 616 Rn 22; STUMPF/TRÜMNER, in: KITTNER/ZWANZIGER/DEINERT/HEUSCHMID [Hrsg], Arbeitsrecht [9. Aufl 2017] § 38 Rn 4; VOGELSANG, Entgeltfortzahlung Rn 882; abweichend aber zu § 52 BAT BAG 25. 2. 1987 – 8 AZR 430/84, EzA Art 3 GG Nr 21 und BAG 18. 1. 2001 – 6 AZR 492/99, EzA Art 3 GG Nr 92; LAG Brandenburg 31. 3. 1999 – 6 Sa 794/98, ZfSH/SGB 2000, 351 ff; hiergegen ArbG Frankfurt/Oder 7. 10. 1998 – 6 Ca 1637/98, NZA-RR 1999, 89 ff; zum Tatbestand einer nichtehelichen Lebensgemeinschaft BVerfG 17. 11. 1992 – 1 BvL 8/87, BVerfGE 87, 264; s ferner auch BVerfG 8. 1. 1998 – 1 BvR 1872/94, NJW 1998, 2043 f, das die Annahme einer Verfassungsbeschwerde gegen die höchstrichterliche Rechtsprechung zu § 52 BAT ablehnte).

ff) Öffentliche Einrichtungen

68 Der Kontakt mit öffentlichen **Ämtern und Gerichten** liegt zwar regelmäßig in den persönlichen Verhältnissen des Dienstverpflichteten begründet, die Pflicht zur Dienstleistung tritt aber nur zurück, wenn der Dienstverpflichtete aus rechtlichen oder tatsächlichen Gründen gezwungen ist, diese **während der Arbeitszeit aufzusuchen** (ERMAN/BELLING/RIESENHUBER § 616 Rn 26; ErfKomm/PREIS § 616 BGB Rn 6; VOGELSANG, Entgeltfortzahlung Rn 884). Hierzu zählt zB auch die Pflicht zur persönlichen Meldung bei der Agentur für Arbeit (§ 38 Abs 1 S 1 SGB III), sofern der Arbeitnehmer der Meldepflicht nicht auch außerhalb seiner individuellen Arbeitszeit nachkommen kann (**aA** wohl NK-BGB/KLAPPSTEIN § 616 Rn 7). Entsprechendes gilt für andere Behördenbesuche, wenn der Dienstverpflichtete Öffnungszeiten außerhalb der eigenen Arbeitszeit wahrnehmen kann. Eine Dienstverhinderung aus in der Person liegenden Gründen kommt ferner in Betracht, wenn ein Gericht das **persönliche Erscheinen** des Dienstverpflichteten (zB als Zeuge oder Sachverständiger) **angeordnet** hat (LAG Hamm 2. 12. 2009 – 5 Sa 710/09; s ferner zuvor LAG Hamm 24. 11. 1971 – 8 Ta 78/71, BB 1972, 177, das sich jedoch nur zu einem Anspruch auf Freistellung äußert; wie hier auch DÄUBLER, Arbeitsrecht 2 [12. Aufl 2009] Rn 847). Die Gewährung einer Entschädigung (zB § 22 JVEG) steht dem nicht grundsätzlich entgegen, da diese den tatsächlich eintretenden Verdienstausfall nicht stets vollständig kompensiert (s unten Rn 132).

69 Die **Teilnahme an Prüfungen**, deren zeitliche Lage nicht dem Einfluss des Dienstverpflichteten unterliegt (s RAG 25. 3. 1931 – RAG 551/30, ARS 11, 544), kann eine Dienstverhinderung im Sinne des § 616 S 1 BGB begründen. Der Rückgriff auf die private Lebenssphäre (hierfür ArbR-BGB/MATTHES § 616 Rn 11; MHdB ArbR/TILLMANNS § 77 Rn 19; wohl auch AR/KAMANABROU § 616 BGB Rn 15 sowie BAG 16. 12. 1960 – 1 AZR 204/59, AP BGB § 616 Nr 30, das allerdings eine Tarifbestimmung auszulegen hatte) verdeckt den zutreffenden dogmatischen Ansatz, der in dem Wegfall der Pflicht zur Arbeitsleistung und dem hierdurch an sich nach § 326 Abs 1 S 1 BGB eintretenden Verdienstausfall begründet liegt (so noch sehr deutlich BAG 25. 4. 1960 – 1 AZR 16/58, AP BGB § 616 Nr 23). Anders ist zu entscheiden, wenn der zur Dienstleistung Verpflichtete die zeitliche Lage der Prüfung beeinflussen und diese auch außerhalb der individuellen Arbeitszeit ablegen kann.

70 Zweifelhaft ist die rechtliche Einordnung der erlittenen **Untersuchungshaft** (offengelassen zu § 63 HGB von BAG 16. 3. 1967 – 2 AZR 64/66, AP HGB § 63 Nr 31). In den zeitlichen Grenzen der Verhältnismäßigkeit ist dieser Sachverhalt als persönliche Dienstverhinderung zu bewerten (ebenso BAG 11. 8. 1988 – 8 AZR 721/85, AP BGB § 611 Gefährdungshaftung des Arbeitgebers Nr 7; ERMAN/BELLING/RIESENHUBER § 616 Rn 22; HROMADKA/MASCHMANN, Arbeitsrecht 1 [7. Aufl 2018] § 8 Rn 115; ErfKomm/PREIS § 616 BGB Rn 6; VOGEL-

SANG, Entgeltfortzahlung Rn 883), wobei jedoch stets zu prüfen ist, ob der Dienstverpflichtete den zur Untersuchungshaft führenden Grund schuldhaft herbeigeführt hat (BAG 11. 8. 1988 – 8 AZR 721/85, AP BGB § 611 Gefährdungshaftung des Arbeitgebers Nr 7; ERMAN/BELLING/RIESENHUBER § 616 Rn 22). Deshalb kommt eine zur Vergütungsfortzahlung führende Dienstverhinderung nur bei einer **unschuldig erlittenen Untersuchungshaft** in Betracht. Auch in diesem Fall erhält § 616 S 1 BGB den Vergütungsanspruch aber nur aufrecht, wenn die Untersuchungshaft eine „verhältnismäßig nicht erhebliche Zeit" nicht überschreitet (s unten Rn 95 ff).

Die gelegentliche Inanspruchnahme durch **öffentliche Ehrenämter** soll ebenfalls dazu führen, dass die Pflicht zur Vertragserfüllung zurücktritt, ohne dass der Vergütungsanspruch entfällt (BAG 8. 12. 1982 – 4 AZR 134/80, AP BGB § 616 Nr 58; für eine Tarifnorm: BAG 9. 3. 1983 – 4 AZR 62/80, AP BGB § 616 Nr 60; BAG 20. 6. 1995 – 3 AZR 857/94, AP BGB § 616 Nr 94 sowie schon RAG 11. 12. 1929 – RAG 242/1929, ARS 8, 5). Das gilt hingegen nicht für die **Kandidatur zu öffentlichen Ämtern** (ERMAN/BELLING/RIESENHUBER § 616 Rn 9; BeckOGK/BIEDER [1. 1. 2019] § 616 Rn 29; MünchKomm/HENSSLER § 616 Rn 42; NK-BGB/KLAPPSTEIN § 616 Rn 7; ErfKomm/PREIS § 616 BGB Rn 5; TREBER, EFZG [2. Aufl 2007] § 616 BGB Rn 21; VOGELSANG, Entgeltfortzahlung Rn 885; STUMPF/TRÜMNER, in: KITTNER/ZWANZIGER/DEINERT/HEUSCHMID [Hrsg], Arbeitsrecht [9. Aufl 2017] § 36 Rn 5) oder die **Ausübung eines Abgeordnetenmandates** (ERMAN/BELLING/RIESENHUBER § 616 Rn 9; BERTERMANN BB 1967, 272; BeckOGK/BIEDER [1. 1. 2019] § 616 Rn 29; MünchKomm/HENSSLER § 616 Rn 42; NK-BGB/KLAPPSTEIN § 616 Rn 7; AR/KAMANABROU § 616 BGB Rn 15; HWK/KRAUSE § 616 BGB Rn 28; ErfKomm/PREIS § 616 BGB Rn 5). Demgegenüber führt die Tätigkeit als **Schöffe** oder **ehrenamtlicher Richter** der Arbeits- oder anderer Gerichtsbarkeiten zur Unzumutbarkeit der Dienstleistung (BAG 22. 1. 2009 – 6 AZR 78/08, AP TVöD § 29 Nr 2 [ausdrücklich offen gelassen noch von BAG 25. 8. 1982 – 4 AZR 1147/79, AP ArbGG 1979 § 26 Nr 1]; LAG Berlin-Brandenburg 6. 9. 2007 – 26 Sa 577/07, EzTöD 100 § 29 TVöD – AT Nr 1; ebenso ERMAN/BELLING/RIESENHUBER § 616 Rn 26; BeckOGK/BIEDER [1. 1. 2019] § 616 Rn 28; AK-BGB/DERLEDER § 616 Rn 5; GRUNSKY Anm zu BAG AP ArbGG 1979 § 26 Nr 1; MünchKomm/HENSSLER § 616 Rn 41; HROMADKA/MASCHMANN, Arbeitsrecht 1 [7. Aufl 2018] § 8 Rn 115; NK-BGB/KLAPPSTEIN § 616 Rn 7; HWK/KRAUSE § 616 BGB Rn 28; ArbR-BGB/MATTHES § 616 Rn 31; MHdB ArbR/TILLMANNS § 77 Rn 23; **aA** SIEG SAE 1983, 45; für Zeiten der Akteneinsicht bejahend LAG Bremen 14. 6. 1990 – 3 Sa 132/89, LAGE § 616 BGB Nr 5). Allerdings muss die Inanspruchnahme durch öffentliche Ehrenämter stets zu einer nicht anders auflösbaren Pflichtenkollision zwischen der Ausübung des Ehrenamtes und den Verpflichtungen aus dem Dienstverhältnis führen. Gerade dies rechtfertigt es, bei Kandidaturen zu öffentlichen Ämtern die Unzumutbarkeit der Dienstleistung zu verneinen, sie bei der Wahrnehmung öffentlicher Ehrenämter hingegen zu bejahen, wenn der Dienstverpflichtete den Zeitpunkt der Amtstätigkeit nicht beeinflussen kann (s auch BAG 22. 1. 2009 – 6 AZR 78/08, AP TVöD § 29 Nr 2). An einer Pflichtenkollision kann es indes auch in diesem Fall bei flexiblen Arbeitszeitmodellen fehlen, wenn der Arbeitnehmer sowohl über die Lage als auch die Dauer der Arbeitszeit entscheiden und hierdurch den Eintritt einer Kollisionslage vermeiden kann (s BAG 22. 1. 2009 – 6 AZR 78/08, AP TVöD § 29 Nr 2). 71

gg) Religion, Gewerkschaften und Gewissenskonflikt

Die **Erfüllung religiöser Pflichten** kann in Ausnahmefällen gegenüber der Pflicht zur Dienstleistung vorrangig sein (so BAG 27. 4. 1983 – 4 AZR 506/80, AP BGB § 616 Nr 61, wenn nach Kirchenrecht andernfalls keine rechtswirksame Eheschließung vorliegt; zu weitgehend GRABAU BB 1991, 1262; generell ablehnend ERMAN/BELLING/RIESENHUBER § 616 Rn 27; GAMILLSCHEG, 72

Arbeitsrecht I [8. Aufl 2000] 364; zurückhaltend auch BeckOGK/Bieder [1. 1. 2019] § 616 Rn 31; BeckOK ArbR/Joussen § 616 BGB Rn 25). Für die **Wahrnehmung gewerkschaftlicher Ämter** gilt dies nicht (Erman/Belling/Riesenhuber § 616 Rn 28; BeckOGK/Bieder [1. 1. 2019] § 616 Rn 29; MünchKomm/Henssler § 616 Rn 43; AR/Kamanabrou § 616 BGB Rn 15; NK-BGB/Klappstein § 616 Rn 7; HWK/Krause § 616 BGB Rn 29; Schaub/Linck, Arbeitsrechts-Handbuch [17. Aufl 2017] § 97 Rn 6; ArbR-BGB/Matthes § 616 Rn 33; ErfKomm/Preis § 616 BGB Rn 5; Treber, EFZG [2. Aufl 2007] § 616 BGB Rn 21; Vogelsang, Entgeltfortzahlung Rn 885; s auch BAG 13. 8. 2010 – 1 AZR 173/09, AP GG Art 9 Nr 141 = NZA-RR 2010, 640 f). Insbesondere bezüglich der letztgenannten Fallgruppe begründen Tarifverträge teilweise jedoch eine Pflicht zur bezahlten Freistellung (zB für Mitglieder der Tarifkommissionen und Mandatsträger, vgl BAG 11. 9. 1985 – 4 AZR 147/85, AP BGB § 616 Nr 67; BAG 20. 4. 1999 – 3 AZR 352/97, AP TVG § 1 Tarifverträge: Rundfunk Nr 28).

73 Wenn ein **Gewissenskonflikt** den Dienstverpflichteten zur Verweigerung der Dienstleistung berechtigt (s Staudinger/Richardi/Fischinger [2016] § 611 Rn 1103), ist die hierfür teilweise befürwortete Anwendung des § 616 S 1 BGB (Greiner, Ideelle Unzumutbarkeit [2004] 153 f; Henssler AcP 190 [1990] 567 f; AR/Kamanabrou § 616 BGB Rn 16; dies, in: Gedschr Zachert [2010] 406 ff; MHdB ArbR/Tillmanns § 77 Rn 20; Wege, Religion im Arbeitsverhältnis [2007] 183 f; mit Beschränkung auf unvorhersehbare Gewissenskonflikte Otto, Personale Freiheit und soziale Bindung [1978] 129 sowie Beck, Gewissenskonflikt und Arbeitsverhältnis [Diss Darmstadt 1995] 108 ff) kaum mit der Seh- und Wertungsweise des historischen Gesetzgebers zu vereinbaren, da die Norm nur bei solchen Sachverhalten anwendbar sein sollte, bei denen nicht bereits die Dienstleistung selbst die Dienstverhinderung veranlasste (ebenfalls ablehnend wenn auch mit unterschiedlichen Begründungen Erman/Belling/Riesenhuber § 616 Rn 29; Kohte NZA 1989, 167; Konzen/Rupp 138 ff; Soergel/Kraft § 616 Rn 14; Kraft/Raab Anm zu BAG AP BGB § 611 Gewissensfreiheit Nr 1 zu; Reuter BB 1986, 389; Vogelsang, Entgeltfortzahlung Rn 889). Übt der Dienstverpflichtete unter den Voraussetzungen des § 275 Abs 3 BGB sein Leistungsverweigerungsrecht aus, dann entfällt der Vergütungsanspruch nach § 326 Abs 1 S 1 BGB (s Ulber JuS 2012, 1073); § 616 S 1 BGB ist keine Universalnorm, die den Vergütungsanspruch in allen Fallgestaltungen aufrechterhält, die nach § 326 Abs 1 S 1 BGB zum Untergang des Anspruches auf die Gegenleistung führen (s oben Rn 6; treffend insoweit auch BeckOGK/Bieder [1. 8. 2018] § 616 Rn 32). Dem Problem, dass die Übertragung einer Dienstleistung zu einem nicht auflösbaren Gewissenskonflikt führt, ist vielmehr durch § 315 BGB bzw § 106 S 1 GewO Rechnung zu tragen. Überschreitet der Dienstberechtigte die danach bestehenden Schranken, so gerät er bei einer Arbeitsverweigerung regelmäßig in Annahmeverzug und ist aus diesem Grunde nach § 615 S 1 BGB zur Fortzahlung der Vergütung verpflichtet (treffend MHdB ArbR/Tillmanns § 77 Rn 20).

hh) Umzug und häusliche Arbeiten

74 Der **Umzug eines Dienstverpflichteten** kann als in der persönlichen Sphäre begründete Dienstverhinderung angesehen werden, führt aber nur in extrem gelagerten Ausnahmefällen dazu, dass dem Dienstverpflichteten die Dienstleistung unzumutbar im Sinne des § 275 Abs 3 BGB ist und infolgedessen die Vergütungspflicht des Dienstberechtigten nach § 326 Abs 1 S 1 BGB erlöschen würde. Dem Dienstverpflichteten ist es grundsätzlich zuzumuten, einen Umzug an arbeitsfreien Tagen durchzuführen (so mit Recht BAG 25. 4. 1960 – 1 AZR 16/58, AP BGB § 616 Nr 23; Erman/Belling/Riesenhuber § 616 Rn 28; MünchKomm/Henssler § 616 Rn 51; BeckOK ArbR/Jous-

SEN § 616 BGB Rn 37; MHdB ArbR/TILLMANNS § 77 Rn 21; TREBER, EFZG [2. Aufl 2007] § 616 BGB Rn 27) oder hierfür anderweitige Freistellungsansprüche zu realisieren (ebenso ERMAN/BELLING/RIESENHUBER § 616 Rn 28). Tarifverträge sehen diese häufig auch für den Fall des Umzugs vor. Die vorstehenden Grundsätze gelten entsprechend für sich regelmäßig wiederholende **häusliche Arbeiten** (RAG 27. 2. 1942 – RAG 141/41, ARS 44, 157; MünchKomm/HENSSLER § 616 Rn 51).

ii) Beschäftigungsverbote

Ein Beschäftigungsverbot im Sinne der **§§ 5, 6, 11 und 12 MuSchG** rechtfertigt nicht 75
die Anwendung des § 616 S 1 BGB, da die Ursache der Arbeitsverhinderung nicht in der Person der Arbeitnehmerin, sondern in der betrieblichen Arbeitszeitgestaltung liegt (BAG 24. 6. 1960 – 1 AZR 96/58, AP MuSchG § 8 Nr 1). Das gilt nicht für ein Tätigkeitsverbot nach **§ 31 IfSG**, da die vom Dienstverpflichteten ausgehende Gefahr das eigentliche Hindernis für die Erbringung der Dienstleistung ist (MünchKomm/HENSSLER § 616 Rn 23; ebenso zu den früheren Bestimmungen im Bundesseuchengesetz BGH 30. 11. 1978 – III ZR 43/77, AP BSeuchG § 49 Nr 1; ERMAN/BELLING/RIESENHUBER § 616 Rn 26; LEPKE NZA-RR 1999, 62).

kk) Stellensuche und Meldepflicht

Die Notwendigkeit der Stellensuche kann nicht nur einen **Anspruch auf Freistellung** 76
begründen (§ 629 BGB), sondern kommt auch als Grund einer persönlichen Dienstverhinderung im Sinne des § 616 S 1 BGB in Betracht (so bereits RAG 2. 5. 1928 – RAG 4/28, ARS 3, 23 f; im Grundsatz auch BAG 11. 6. 1957 – 2 AZR 15/57, AP BGB § 629 Nr 1; BAG 13. 11. 1969 – 4 AZR 35/69, AP BGB § 616 Nr 41; ERMAN/BELLING/RIESENHUBER § 616 Rn 28; MHdB ArbR/BENECKE § 35 Rn 26; BeckOK ArbR/JOUSSEN § 616 BGB Rn 38; SOERGEL/KRAFT § 616 Rn 13; STAUDINGER/PREIS [2019] § 629 Rn 22 ff; MHdB ArbR/TILLMANNS § 77 Rn 23; TREBER, EFZG [2. Aufl 2007] § 616 BGB Rn 25; VOGELSANG, Entgeltfortzahlung Rn 888). Eine auf § 616 S 1 BGB gestützte Pflicht zur Fortzahlung der Vergütung besteht allerdings nur, wenn die Dienstverhinderung infolge der Stellensuche unvermeidbar ist und zudem lediglich eine verhältnismäßig nicht erhebliche Zeit beansprucht. Der nach **§ 629 BGB** begründete **Freistellungsanspruch** indiziert die Erfüllung dieser Voraussetzung nicht (BAG 13. 11. 1969 – 4 AZR 35/69, AP BGB § 616 Nr 41; ERMAN/BELLING/RIESENHUBER § 616 Rn 28; MHdB ArbR/BENECKE § 35 Rn 26; AR/KAMANABROU § 616 BGB Rn 17; STAUDINGER/PREIS [2019] § 629 Rn 22; TREBER, EFZG [2. Aufl 2007] § 616 BGB Rn 25; VOGELSANG, Entgeltfortzahlung Rn 888; weitergehend AK-BGB/DERLEDER § 616 Rn 5; SCHAUB AuA 1996, 84, die eine Pflicht zur Vergütungsfortzahlung stets bejahen). Der Grund für die Beendigung des Dienstverhältnisses berührt grundsätzlich nicht das Vorliegen einer in der Person des Dienstverpflichteten liegenden Dienstverhinderung; er ist jedoch im Rahmen der Verschuldensprüfung zu berücksichtigen.

Die vorstehenden Grundsätze gelten entsprechend im Hinblick auf die Pflicht zur 77
persönlichen Meldung bei der Agentur für Arbeit nach **§ 38 Abs 1 S 1 SGB III**. Aus der Pflicht des Arbeitgebers zur Freistellung (§ 2 Abs 2 Nr 3 SGB III) folgt zwar keine Pflicht zur Fortzahlung der Vergütung, wohl aber kommt eine das Eingreifen von § 616 BGB rechtfertigende Pflichtenkollision in Betracht, sofern keine verdrängenden Abreden einschlägig sind (s SIBBEN DB 2003, 826 ff; **aA** wohl NK-BGB/KLAPPSTEIN § 616 Rn 7) und der Arbeitnehmer seinen Meldepflichten ausschließlich während der individuellen Arbeitszeit nachkommen kann.

ll) Objektive Leistungshindernisse

78 Bei **allgemeinen (objektiven) Leistungshindernissen** wird der Vergütungsanspruch **nicht** durch § 616 S 1 BGB **aufrechterhalten** (BAG 8. 9. 1982 – 5 AZR 283/80, AP BGB § 616 Nr 59; BAG 8. 12. 1982 – 4 AZR 134/80, AP BGB § 616 Nr 58; Erman/Belling/Riesenhuber § 616 Rn 34; BeckOGK/Bieder [1. 1. 2019] § 616 Rn 18; NK-GA/Boecken § 616 BGB Rn 9; Fikentscher/Heinemann, Schuldrecht [11. Aufl 2017] Rn 1172; BeckOK BGB/Fuchs/Baumgärtner § 616 Rn 6; Gamillscheg, Arbeitsrecht I [8. Aufl 2000] 365; MünchKomm/Henssler § 616 Rn 52; Hromadka/Maschmann, Arbeitsrecht 1 [7. Aufl 2018] § 8 Rn 115; Hueck/Nipperdey I § 44 III 1 a bb; BeckOK ArbR/Joussen § 616 BGB Rn 19; Junker, Grundkurs Arbeitsrecht [18. Aufl 2019] Rn 276; AR/Kamanabrou § 616 BGB Rn 8; NK-BGB/Klappstein § 616 Rn 4; Soergel/Kraft § 616 Rn 18; HWK/Krause § 616 BGB Rn 17; Kunz/Wedde, EFZR [2. Aufl 2005] § 616 BGB Rn 7; Lieb/Jacobs, Arbeitsrecht [9. Aufl 2006] Rn 172; Schaub/Linck, Arbeitsrechts-Handbuch [17. Aufl 2017] § 97 Rn 15; Löwisch/Caspers/Klumpp, Arbeitsrecht [11. Aufl 2017] Rn 357; Jauernig/Mansel § 616 Rn 3; ArbR-BGB/Matthes § 616 Rn 11; Misera SAE 1983, 152; Nikisch I § 43 I 3; Picker ZfA 1981, 451; ErfKomm/Preis § 616 BGB Rn 3; Schimana AuR 1956, 323 f; Schmitt/Schmitt, EFZG/AAG [8. Aufl 2018] § 616 BGB Rn 10; Stumpf/Trümner, in: Kittner/Zwanziger/Deinert/Heuschmid [Hrsg], Arbeitsrecht [9. Aufl 2017] § 38 Rn 3; Thome 121 ff; MHdB ArbR/Tillmanns § 77 Rn 18, 23; Treber, EFZG [2. Aufl 2007] § 616 BGB Rn 7; Vogelsang, Entgeltfortzahlung Rn 881; Zöllner/Loritz/Hergenröder, Arbeitsrecht [7. Aufl 2015] § 21 Rn 35 sowie Oertmann § 616 Anm 1c, mwNw; iE auch Walk 126 ff, der „neutrale" Hindernisse aus dem Anwendungsbereich des § 616 S 1 ausklammert, in der Abgrenzung jedoch darauf abstellt, in wessen Sphäre sich das betreffende Leistungshindernis auswirkt und die „Einschlagstelle" des Zufalls für maßgeblich erachtet; **aA** Moll RdA 1980, 138 ff; kritisch auch Däubler, Arbeitsrecht 2 [12. Aufl 2009] Rn 846).

79 Bereits die **Entstehungsgeschichte** spricht dagegen, § 616 S 1 BGB im Sinne einer allgemeinen Gefahrtragungsregel zu verstehen, die einen Auffangtatbestand zu § 615 BGB bildet (so mit Recht auch Picker ZfA 1981, 451). Entsprechende Regelungsvorschläge, die auf eine Korrektur des Gesetzeswortlauts abzielten, wurden von der II. Kommission mehrheitlich verworfen (s oben Rn 6 f). Auch der **Gesetzeswortlaut** verlangt ausdrücklich einen ursächlichen Zusammenhang zwischen der Dienstverhinderung und der Person des zur Dienstleistung Verpflichteten. Hiermit ist es unvereinbar, in § 616 S 1 BGB eine allgemeine Gefahrtragungsregel zu erblicken, die auch bei allgemeinen oder objektiven Hindernissen eingreift (hierfür aber Moll RdA 1980, 138 ff). Mit der herrschenden Meinung ist vielmehr zu verlangen, dass die Dienstverhinderung **in den persönlichen Verhältnissen des Dienstverpflichteten** begründet liegt.

80 Die bewusste Wertentscheidung des Gesetzes, das dem Dienstberechtigten nicht die Gefahrtragung für allgemeine Leistungshindernisse überantwortet, darf nicht im Wege einer entsprechenden Anwendung des § 616 S 1 BGB unterlaufen werden. Die Pflicht zur Fortzahlung der vertraglich geschuldeten Vergütung folgt bei allgemeinen (objektiven) Leistungshindernissen stattdessen teilweise aus § 615 S 1 bzw S 3 BGB (hierzu allg Staudinger/Richardi/Fischinger [2016] § 615 Rn 196 ff; speziell für das Lohnrisiko bei Smogalarm einerseits Ehmann NJW 1987, 405 ff; andererseits Richardi NJW 1987, 1234 f), andernfalls entfällt der Vergütungsanspruch nach § 326 Abs 1 S 1 BGB.

81 **Allgemeine (objektive) Leistungshindernisse**, die den Dienstberechtigten nicht gemäß § 616 S 1 BGB zur Fortzahlung der Vergütung verpflichten, liegen vor, wenn das Ereignis nicht nur den Dienstverpflichteten, sondern eine nicht notwendig **unbestimmte Vielzahl anderer Personen** in gleicher Weise betrifft (zustimmend NK-BGB/

Klappstein § 616 Rn 4). Gegebenenfalls genügen wenige Personen (Nikisch I § 43 I 3 Fn 11). Ein objektives Leistungshindernis ist zB zu bejahen, wenn ein Dienstverpflichteter wegen **witterungsbedingter Straßenverhältnisse** bzw einem hierauf beruhenden **Fahrverbot** seinen Arbeitsplatz nicht erreichen kann (BAG 8. 9. 1982 – 5 AZR 283/80, AP BGB § 616 Nr 59; NK-BGB/Klappstein § 616 Rn 4; Waltermann, Arbeitsrecht [19. Aufl 2018] Rn 218). Des Weiteren zählen **behördliche Betriebsverbote** – Landestrauer, Smog-Alarm (Brötzmann BB 1986, 1843 f; Ehmann NJW 1987, 403; ErfKomm/Preis § 616 BGB Rn 3; Schumacher ZTR 1987, 141) –, **Vernichtung des Arbeitsplatzes** (Brand etc) und **Verkehrshindernisse** (Verkehrsstau, Ausfall der Nahverkehrsmittel, Demonstrationen, Flugverbot) zu den allgemeinen (objektiven) Leistungshindernissen (BeckOGK/Bieder [1. 1. 2019] § 616 Rn 16; NK-BGB/Klappstein § 616 Rn 4). Das gilt auch, wenn der Dienstverpflichtete auf Grund **erhöhter UV-Strahlung** seine Dienstleistung nicht ohne Gefährdung seiner Gesundheit erbringen kann, da die UV-Strahlung nicht nur ihn, sondern eine Vielzahl anderer Personen in gleicher Weise trifft.

Der Ausschluss eines allgemeinen (objektiven) Leistungshindernisses aus dem Anwendungsbereich des § 616 S 1 BGB greift nicht ein, wenn das Ereignis auf die persönlichen Lebensverhältnisse des Dienstverpflichteten ausstrahlt und ihn **zu Maßnahmen** zwingt, die ausschließlich **in seinen persönlichen Umständen** begründet liegen (BAG 8. 9. 1982 – 5 AZR 283/80, AP BGB § 616 Nr 59; Erman/Belling/Riesenhuber § 616 Rn 34; BeckOGK/Bieder [1. 1. 2019] § 616 Rn 16. 1; NK-GA/Boecken § 616 BGB Rn 9; MünchKomm/Henssler § 616 Rn 53; Hueck/Nipperdey I § 44 III 1 a bb mit Fn 21; BeckOK ArbR/Joussen § 616 BGB Rn 21; AR/Kamanabrou § 616 BGB Rn 8; NK-BGB/Klappstein § 616 Rn 5; HWK/Krause § 616 BGB Rn 18; ArbR-BGB/Matthes § 616 Rn 11; Schimana AuR 1956, 323; Stumpf/Trümner, in: Kittner/Zwanziger/Deinert/Heuschmid [Hrsg], Arbeitsrecht [9. Aufl 2017] § 38 Rn 3; Treber, EFZG [2. Aufl 2007] § 616 BGB Rn 7; kritisch Soergel/Kraft § 616 Rn 19). Das ist zu bejahen, wenn die allgemeinen (objektiven) Leistungshindernisse für den Dienstberechtigten mit höherrangigen rechtlichen oder sittlichen Pflichten **kollidieren**. In Betracht kommen zB auch Naturkatastrophen (zB Hochwasser), die eine Pflicht des Dienstverpflichteten zur persönlichen Hilfeleistung begründen oder Maßnahmen zur Abwendung eines Schadens von seinem Eigentum erfordern. 82

c) Zeitpunkt der Dienstverhinderung

Der **Zeitpunkt der Dienstverhinderung** ist für die Aufrechterhaltung des Vergütungsanspruches nach § 616 S 1 BGB **unerheblich** (Soergel/Kraft § 616 Rn 12). Entscheidend ist allein, dass im Zeitpunkt des zur Dienstverhinderung führenden Ereignisses ein **Dienstverhältnis bestand** und der Dienstverpflichtete während dieses Zeitraums nach dem Vertrag verpflichtet war, dem Dienstberechtigten seine Dienstleistung zur Verfügung zu stellen (zur Problematik der Gleitzeit BAG 16. 12. 1993 – 6 AZR 236/93, AP BAT § 52 Nr 5; LAG Köln 10. 2. 1993 – 8 Sa 894/92, LAGE § 616 BGB Nr 7). 83

Die Aufrechterhaltung eines Vergütungsanspruches durch § 616 S 1 BGB kommt auch in Betracht, wenn die Dienstverhinderung bereits **vor dem erstmaligen Beginn der Dienstleistung eingetreten** ist und **bei** dem **beabsichtigten Beginn** der Dienstleistung **noch fortdauert** (RAG 16. 1. 1940 – RAG 140/39, ARS 38, 145; Erman/Belling/Riesenhuber § 616 Rn 41; BeckOK BGB/Fuchs/Baumgärtner § 616 Rn 5; Hueck/Nipperdey I § 44 III 1 a aa; Soergel/Kraft § 616 Rn 12; Jauernig/Mansel § 616 Rn 2). Lag der Grund der Dienstverhinderung jedoch bereits **bei Abschluss des Arbeitsvertrages** vor, so kann der Einwand des Rechtsmissbrauchs (§ 242 BGB) dem Vergütungsanspruch entge- 84 genstehen (Soergel/Kraft § 616 Rn 12; Jauernig/Mansel § 616 Rn 2; iE auch BeckOK BGB/Fuchs/Baumgärtner § 616 Rn 5; MünchKomm/Henssler § 616 Rn 14; NK-BGB/Klappstein § 616 Rn 3; HWK/Krause § 616 BGB Rn 18; MHdB ArbR/Tillmanns § 77 Rn 15: kein Anspruch; zur krankheitsbedingten Arbeitsverhinderung unten Rn 240, 384). Dieser ist allerdings auf die Ausnahmesituation beschränkt, dass der **Dienstverpflichtete** bereits bei Vertragsschluss von dem Eintritt der Dienstverhinderung **Kenntnis** hatte.

85 Für den **Krankheitsfall** weicht § 3 Abs 3 EFZG zumindest teilweise von den Grundsätzen in Rn 84 ab, da der Anspruch auf Entgeltfortzahlung erst nach **vierwöchiger ununterbrochener Dauer** des Arbeitsverhältnisses entsteht (näher hierzu unten Rn 305 ff). Da das Entgeltfortzahlungsgesetz bezüglich dieses in der Person des Arbeitnehmers liegenden Verhinderungsgrundes lex specialis ist (s oben Rn 26), scheidet ein Rückgriff auf § 616 S 1 BGB aus, um während der Wartezeit in § 3 Abs 3 EFZG den Vergütungsanspruch aufrechtzuerhalten (ebenso Erman/Belling/Riesenhuber § 616 Rn 41; s auch unten Rn 290). Allerdings muss für diesen Fall der zur Dienstleistung Verpflichtete Arbeitnehmer im Sinne des Entgeltfortzahlungsgesetzes sein und die Krankheit zur Arbeitsunfähigkeit führen. Außerhalb des personellen und sachlichen Anwendungsbereiches des Entgeltfortzahlungsgesetzes gelangt § 616 BGB auch im Krankheitsfalle uneingeschränkt zur Anwendung, sodass der Vergütungsanspruch (s oben Rn 55 f) bereits ab Beginn des Dienstverhältnisses durch § 616 S 1 BGB aufrechterhalten wird. Die fehlende Abstimmung des § 3 Abs 3 EFZG mit § 616 BGB führt zu der teleologisch unbefriedigenden Rechtslage, dass die wirtschaftliche Absicherung im Krankheitsfall bei freien Mitarbeitern und arbeitnehmerähnlichen Personen zumindest in den ersten vier Wochen nach Beginn eines Dienst- bzw Arbeitsverhältnisses besser als bei Arbeitnehmern ist.

86 Auch wenn die **Dienstverhinderung** vor Beginn der Dienstleistung eintritt, muss diese die **alleinige Ursache** für den Wegfall der Vergütung sein. Entfällt die Dienstleistungspflicht bereits zuvor aus anderen Gründen, erhält auch § 616 S 1 BGB den Vergütungsanspruch nicht aufrecht (näher zur Kausalität unten Rn 89 ff).

d) Spezielle Generalklauseln

87 Die Voraussetzung eines „in der Person liegenden Grundes" für die Aufrechterhaltung des Vergütungsanspruches in § 616 BGB kehrt mit gleichen Worten in **§ 19 Abs 1 Nr 2 lit b BBiG** wieder. Deshalb gelten hinsichtlich dieses Tatbestandsmerkmals dieselben Auslegungsgrundsätze wie zu § 616 S 1 BGB (MünchKomm/Henssler § 616 Rn 7; ErfKomm/Schlachter § 19 BBiG Rn 5).

88 Die früher für Handlungsgehilfen und technische Angestellte geltenden Sonderregelungen in **§ 63 S 1 HGB aF** und **§ 133c S 1 GewO aF**, die den Anspruch auf die vertragsmäßige Vergütung aufrechterhielten, wenn die Dienstverhinderung infolge eines „Unglücks" eintrat, wurden durch die Art 58 und 59 des Pflege-Versicherungsgesetzes v 26. 5. 1994 (BGBl I 1068, 1069) aufgehoben (zur früheren Rechtslage und der Konkurrenz zu § 616 Staudinger/Oetker[12] § 616 Rn 60 ff).

3. Kausalität

89 Zwischen dem in der persönlichen Sphäre des Dienstverpflichteten liegenden **Leistungshindernis und** der **Dienstverhinderung** muss ein **ursächlicher Zusammenhang**

bestehen (Erman/Belling/Riesenhuber § 616 Rn 35; BeckOGK/Bieder [1. 1. 2019] § 616 Rn 33; NK-GA/Boecken § 616 BGB Rn 17; BeckOK BGB/Fuchs/Baumgärtner § 616 Rn 8; MünchKomm/Henssler § 616 Rn 55; BeckOK ArbR/Joussen § 616 BGB Rn 39; Soergel/Kraft § 616 Rn 8; HWK/Krause § 616 BGB Rn 36; ArbR-BGB/Matthes § 616 Rn 12; MHdB ArbR/Tillmanns § 77 Rn 24; ebenso zu der aufgehobenen Regelung in § 133c GewO BAG 22. 6. 1961 – 5 AZR 236/60, AP GewO § 133c Nr 4). Da § 616 S 1 BGB den Vergütungsanspruch aufrechterhält, setzt die Vorschrift voraus, dass der Dienstverpflichtete ohne das in seiner Person begründete Hindernis seine Dienstleistung hätte erbringen können bzw müssen und dementsprechend ein Vergütungsanspruch entstanden wäre.

Der in der persönlichen Sphäre des Dienstverpflichteten liegende Grund muss die **alleinige Ursache** für die Dienstverhinderung sein (BeckOGK/Bieder [1. 1. 2019] § 616 Rn 34; NK-GA/Boecken § 616 BGB Rn 17; MünchKomm/Henssler § 616 Rn 55; NK-BGB/Klappstein § 616 Rn 11; HWK/Krause § 616 BGB Rn 36; Schmitt/Schmitt, EFZG/AAG [8. Aufl 2018] § 616 BGB Rn 37; MHdB ArbR/Tillmanns § 77 Rn 24). Ist der Dienstverpflichtete auch beim Hinwegdenken des persönlichen Leistungshindernisses nicht in der Lage, die Dienstleistung zu erbringen, so sichert ihm § 616 S 1 BGB seinen Vergütungsanspruch nicht (BAG 22. 6. 1961 – 5 AZR 236/60, AP GewO § 133c Nr 4; BAG 11. 1. 1966 – 5 AZR 383/65, AP BUrlG Nachurlaub § 1 Nr 1; BeckOK BGB/Fuchs/Baumgärtner § 616 Rn 8; MünchKomm/Henssler § 616 Rn 55; Hueck/Nipperdey I § 44 III 1 b; HWK/Krause § 616 BGB Rn 36; MHdB ArbR/Tillmanns § 77 Rn 24; **aA** Gutzeit 96 ff). Ob der Vergütungsanspruch fortbesteht, beurteilt sich ausschließlich nach den Vorschriften für die jeweiligen Diensthindernisse. Das gilt entsprechend, wenn die Pflicht zur Arbeitsleistung bereits aus anderen Rechtsgründen ruht (Erman/Belling/Riesenhuber § 616 Rn 18; MünchKomm/Henssler § 616 Rn 55; Soergel/Kraft § 616 Rn 8). 90

Eine nach § 616 S 1 BGB zur Fortzahlung der Vergütung führende persönliche Dienstverhinderung liegt nicht vor, wenn die **Dienstleistungspflicht** infolge eines zuvor angetretenen **Erholungsurlaubs**, einer **Schulungsveranstaltung** (zB § 37 Abs 6 BetrVG oder Bildungsurlaubsgesetze der Länder) oder einer vor der Dienstverhinderung erfolgten **Beteiligung an einem Arbeitskampf ruhte** (MünchKomm/Henssler § 616 Rn 55; Soergel/Kraft § 616 Rn 8). 91

Bei **Beschäftigungsverboten nach dem Mutterschutzgesetz** ist dies nicht der Fall (**aA** Soergel/Kraft § 616 Rn 8), da diese die beiderseitigen Hauptpflichten nicht ipso iure suspendieren, sondern lediglich die tatsächliche Beschäftigung untersagen (vgl Buchner/Becker, MuSchG/BEEG [8. Aufl 2008] Vorbem zu §§ 3–8 Rn 21). Deshalb kann während der Zeit eines Beschäftigungsverbotes ein Fall der persönlichen Dienstverhinderung insbesondere in Gestalt der Eigenerkrankung eintreten, wenn die Arbeitnehmerin trotz des Beschäftigungsverbots ihre Arbeitsleistung erbringt (näher hierzu unten Rn 251 f). Kann der Arbeitnehmer wegen eines **fehlenden Aufenthaltstitels** und hieraus folgender fehlender Arbeitserlaubnis sowie des damit eingreifenden Beschäftigungsverbotes (§ 4 Abs 3 AufenthaltsG, § 284 Abs 1 S 1 SGB III; dazu näher MHdB ArbR/Wissmann § 30 Rn 8 ff) nicht beschäftigt werden, dann ist die Erkrankung regelmäßig nicht die alleinige Ursache für die Arbeitsverhinderung (s auch BAG 26. 6. 1996 – 5 AZR 872/94, AP EntgeltFG § 3 Nr 2). 92

Das Erfordernis eines monokausalen Zusammenhanges, das auch bei anderen Bestimmungen gilt, die in Durchbrechung der allgemeinen Regelung in § 326 Abs 1 S 1 93

BGB den Fortbestand des Vergütungsanspruches vorschreiben, führt zu Schwierigkeiten, wenn **mehrere Gründe** für die Dienstverhinderung **ursächlich** sind (**multipler Kausalzusammenhang**; allg hierzu Gutzeit 96 ff; Reinecke DB 1991, 1168 ff). Eine zeitliche Betrachtungsweise bewirkt in diesen Konstellationen regelmäßig eine sachgerechte Problemlösung. Maßgeblich ist stets die **erste Ursache** (ebenso BeckOGK/Bieder [1. 1. 2019] § 616 Rn 34; NK-GA/Boecken § 616 BGB Rn 17; MünchKomm/Henssler § 616 Rn 55; BeckOK ArbR/Joussen § 616 BGB Rn 40; Soergel/Kraft § 616 Rn 10; HWK/Krause § 616 BGB Rn 36; Schmitt/Schmitt, EFZG/AAG [8. Aufl 2018] § 616 BGB Rn 37; MHdB ArbR/Tillmanns § 77 Rn 24; **aA** Gutzeit 104). Solange diese fortbesteht, richtet sich die Pflicht zur Fortzahlung der Vergütung ausschließlich nach den hierfür vorgesehenen gesetzlichen Bestimmungen. Tritt eine **weitere Ursache** hinzu, für die ein anderes Gesetz ebenfalls die Vergütungspflicht des Dienstberechtigten aufrechterhält, so begründet die spätere Ursache erst dann die Fortdauer des Vergütungsanspruches, wenn die erste Ursache entfällt (BAG 3. 3. 1961 – 1 AZR 76/60, AP HGB § 63 Nr 27).

94 Eine zeitliche Betrachtungsweise versagt jedoch als Problemlösungsmechanismus, wenn **mehrere Ursachen zeitgleich** und für einen identischen Zeitraum eintreten. Eine uneingeschränkte Anwendung des Erfordernisses eines monokausalen Zusammenhanges würde in derartigen Konstellationen dazu führen, dass der Lohnanspruch gänzlich entfällt. Dem Zweck der jeweils einschlägigen Entgeltfortzahlungsvorschriften entspricht das nicht (ebenso Soergel/Kraft § 616 Rn 10; **aA** Erman/Belling/Riesenhuber § 616 Rn 35, der einen Lohnanspruch verneint, wenn allgemeine und persönliche Hindernisse zusammentreffen). Stattdessen bietet es sich an, den Zweck der jeweiligen Gesetzesbestimmungen heranzuziehen, die den vertraglichen Vergütungsanspruch bezüglich des Verhinderungsfalles aufrechterhalten bzw an deren Stelle ersatzweise einen neuen Vergütungsanspruch begründen (s Gutzeit 104 ff, der dies als allgemeinen Mechanismus vorschlägt; **aA** BeckOGK/Bieder [1. 1. 2019] § 616 Rn 34). Ob hierbei die Grundregel gilt, dass der Arbeitgeber jeweils nur das geringste Risiko zu tragen hat (so Gutzeit 105; ders NZA 2003, 84), ist angesichts der gegenläufigen Regelung in § 4 Abs 2 EFZG zweifelhaft (ablehnend BeckOGK/Bieder [1. 1. 2019] § 616 Rn 34).

4. Dauer der Verhinderung

95 Die Pflicht zur Fortzahlung der Vergütung ist nach § 616 S 1 BGB untrennbar mit einer **zeitlichen Begrenzung des Verhinderungsgrundes** verbunden. Das Gesetz knüpft an den Grund der Verhinderung an, der nicht länger als eine „verhältnismäßig nicht erhebliche Zeit“ dauern darf. Bei Verhinderungsgründen, die die **Verhältnismäßigkeitsgrenze überschreiten**, fehlt ein für die Anwendung des § 616 S 1 BGB erforderliches **Tatbestandsmerkmal**.

96 In dieser Konstellation entfällt die Pflicht des Dienstberechtigten zur Fortzahlung der **Vergütung vollständig** und nicht nur hinsichtlich des Zeitraumes, der die Verhältnismäßigkeitsschwelle überschreitet (BAG [GS] 18. 12. 1959 – GS 8/58, AP BGB § 616 Nr 22; BAG 11. 8. 1988 – 8 AZR 721/85, AP BGB § 611 Gefährdungshaftung des Arbeitgebers Nr 7; BGH 30. 11. 1978 – III ZR 43/77, AP BSeuchG § 49 Nr 1; Erman/Belling/Riesenhuber § 616 Rn 55; BeckOGK/Bieder [1. 1. 2019] § 616 Rn 35; NK-GA/Boecken § 616 BGB Rn 18; BeckOK BGB/Fuchs/Baumgärtner § 616 Rn 9; Planck/Gunkel § 616 Anm 2b; MünchKomm/Henssler § 616 Rn 61; Hromadka/Maschmann, Arbeitsrecht 1 [7. Aufl 2018] § 8 Rn 119; BeckOK ArbR/Joussen § 616 BGB Rn 45; NK-BGB/Klappstein § 616 Rn 12; Soergel/Kraft § 616 Rn 24;

HWK/Krause § 616 BGB Rn 37; Larenz, Schuldrecht II/1 [13. Aufl 1986] § 52 II b Fn 36; Schaub/Linck, Arbeitsrechts-Handbuch [17. Aufl 2017] § 97 Rn 18; Jauernig/Mansel § 616 Rn 11; ArbR-BGB/Matthes § 616 Rn 18; Nikisch I § 43 II 2; Oertmann § 616 Anm 1g; ErfKomm/Preis § 616 BGB Rn 10; Schmitt/Schmitt, EFZG/AAG [8. Aufl 2018] § 616 BGB Rn 44; MHdB ArbR/Tillmanns § 77 Rn 28; Treber, EFZG [2. Aufl 2007] § 616 BGB Rn 29; Esser/Weyers, Schuldrecht II/1 [8. Aufl 1998] § 29 II 3; Vogelsang, Entgeltfortzahlung Rn 895 sowie bereits RAG 9. 9. 1926 – RAG 102/29, ARS 6, 589 f; RAG 29. 1. 2930 – RAG 407/29, ARS 8, 186; RAG 7. 6. 1939 – RAG 246/38, ARS 36, 175; RAG 21. 9. 1940 – RAG 56/40, ARS 40, 222; RAG 9. 3. 1943 – RAG 148/42, ARS 46, 250; **aA** noch BAG 24. 2. 1955 – 2 AZR 10/54, AP BGB § 616 Nr 2; BAG 19. 4. 1956 – 2 AZR 416/54, AP BGB § 616 Nr 5; BAG 7. 12. 1956 – 3 AZR 393/54, AP BGB § 616 Nr 7 sowie im Schrifttum Däubler, Arbeitsrecht 2 [12. Aufl 2009] Rn 852a; AK-BGB/Derleder § 616 Rn 8; Kort, in: GroßKomm AktG [5. Aufl 2015] § 84 Rn 415; Küchenhoff SGb 1981, 90 f; Maurer AuR 1955, 215 f; Mertens/Cahn, in: Zöllner/Noack [Hrsg], Kölner Komm AktG [3. Aufl 2010] § 84 Rn 62; Schimana AuR 1956, 325 ff; Trieschmann DB 1955, 801; Zöllner/Loritz/Hergenröder, Arbeitsrecht [7. Aufl 2015] § 21 Rn 37).

Das vollständige Entfallen des Vergütungsanspruches bei einer die Verhältnismäßig- 97
keitsgrenze überschreitenden Dienstverhinderung ist durch den **Zweck der Verhältnismäßigkeitsschranke** und deren systematische Integration in die **Normstruktur des § 616 S 1 BGB** gerechtfertigt. Die Verhältnismäßigkeitsschranke soll keinen generellen wirtschaftlichen Belastungsschutz des Dienstberechtigten etablieren, sondern – wie die Entstehungsgeschichte verdeutlicht (s oben Rn 4) – den Anwendungsbereich der Norm auf bestimmte Sachverhalte begrenzen, die zur Aufrechterhaltung des Vergütungsanspruches führen. Nur dieses Verständnis entspricht dem **Gesetzeswortlaut**, da die **Zeitkomponente** auf der **Tatbestandsebene** (deutlich hervorgehoben bereits von Oertmann § 616 Anm 1g; ebenso BeckOGK/Bieder [1. 1. 2019] § 616 Rn 35; MünchKomm/Henssler § 616 Rn 61; HWK/Krause § 616 BGB Rn 37; Schaub/Linck, Arbeitsrechts-Handbuch [17. Aufl 2017] § 97 Rn 18; ErfKomm/Preis § 616 BGB Rn 10; MHdB ArbR/Tillmanns § 77 Rn 28) und **nicht** auf der **Rechtsfolgenseite der Norm** angesiedelt ist. Eine andere Normstruktur weisen § 3 Abs 1 S 1 EFZG sowie § 19 Abs 1 BBiG auf, die ausdrücklich den Anspruchsumfang, also die Rechtsfolgenebene mit einer Zeitkomponente verknüpfen (unter Hinweis auf den unterschiedlichen Gesetzeswortlaut auch BAG [GS] 18. 12. 1959 – GS 8/58, AP BGB § 616 Nr 22).

In **§ 19 Abs 1 Nr 2 lit b BBiG** fehlt die in § 616 S 1 BGB enthaltene Begrenzung der 98
Dienstverhinderung auf eine „verhältnismäßig nicht erhebliche Zeit". Vielmehr erhält § 19 Abs 1 Einleitungssatz BBiG den Vergütungsanspruch **generell** für die Dauer von **sechs Wochen** aufrecht. Da § 19 Abs 1 Nr 2 lit b BBiG eine Dienstverhinderung voraussetzt, führen jedoch die Grundsätze zu § 616 S 1 BGB für die Bejahung einer tatsächlichen oder rechtlichen Unmöglichkeit der Dienstleistung (oben Rn 46 ff) regelmäßig dazu, dass sich die Fortzahlung der Vergütung auf wenige Tage beschränkt (s auch ErfKomm/Schlachter § 19 BBiG Rn 6). Wegen der von § 616 S 1 BGB abweichenden Regelungstechnik erhält § 19 Abs 1 Nr 2 lit b BBiG den Vergütungsanspruch allerdings stets für maximal sechs Wochen aufrecht, selbst dann, wenn der Verhinderungsgrund die Dauer von sechs Wochen übersteigt (HWK/Krause § 616 BGB Rn 38; ErfKomm/Schlachter § 19 BBiG Rn 5 sowie oben Rn 26).

Schwierigkeiten bereitet die Feststellung, ob der zur Dienstverhinderung führende 99
Zeitraum noch die **Grenzen der Verhältnismäßigkeit** wahrt (exemplarisch LG Frankfurt

aM 2. 12. 1999 – 2/1 S 163/99 ua, SP 2000, 269 f: 50 Arztkonsultationen auf Grund eines Unfalls in 13 Monaten). Der bewusste Verzicht des Gesetzgebers auf eine exakte zeitliche Grenzziehung (s oben Rn 4) führt zu erheblichen Unsicherheiten (BAG [GS] 17. 12. 1959 – GS 2/59, AP BGB § 616 Nr 21), die auch in den **Maßstäben für die Verhältnismäßigkeitsprüfung** zum Ausdruck kommen.

100 Die von der hM mit zT unterschiedlichen Nuancen favorisierte Ableitung der Vergütungsfortzahlung aus der Fürsorgepflicht (s oben Rn 9) legt eine **belastungsbezogene Abwägung** nahe, die vor allem auf das Verhältnis zwischen **Verhinderungsdauer** und **Gesamtdauer** des bisherigen und gegebenenfalls auch des voraussichtlichen Fortbestandes **des Dienstverhältnisses** abstellt (so zB BAG [GS] 17. 12. 1959 – GS 2/59, AP BGB § 616 Nr 21; BAG 13. 11. 1969 – 4 AZR 35/69, AP BGB § 616 Nr 41; Erman/Belling/Riesenhuber § 616 Rn 50; Gutzeit 30 ff; Hromadka/Maschmann, Arbeitsrecht 1 [7. Aufl 2018] § 8 Rn 119; Hueck/Nipperdey I § 44 III 1 a dd; NK-BGB/Klappstein § 616 Rn 12; Soergel/Kraft § 616 Rn 22; Kunz/Wedde, EFZR [2. Aufl 2005] § 616 BGB Rn 19; Larenz, Schuldrecht II/1 [13. Aufl 1986] § 52 II b; Löwisch DB 1979, 210; Staudinger/Mohnen/Neumann[10/11] § 616 Rn 18; Nikisch I § 43 II 2; Zöllner/Loritz/Hergenröder, Arbeitsrecht [7. Aufl 2015] § 21 Rn 37; im Grundsatz auch NK-GA/Boecken § 616 BGB Rn 19; Vogelsang, Entgeltfortzahlung Rn 896). Hierbei ist die aus der Interessenabwägung im Kündigungsschutzrecht bekannte Überlegung maßgebend, dass sich die Intensität der Fürsorgepflicht proportional zu der Dauer des Dienstverhältnisses verhält und deshalb die dem Dienstberechtigten zumutbare Belastung mit zunehmender Dauer des Dienstverhältnisses ansteigt.

101 Einer **belastungsbezogenen Konkretisierung** der Verhältnismäßigkeitsschranke **steht entgegen**, dass für den Hauptanwendungsbereich des § 616 S 1 BGB, der krankheitsbedingten Verhinderung zur Dienstleistung, § 3 Abs 1 EFZG zwar im Hinblick auf die wirtschaftliche Belastung des Arbeitgebers bei Arbeitsverhältnissen zeitliche Grenzen vorsieht (s unten Rn 186), diese aber unabhängig von der Dauer des Arbeitsverhältnisses bestehen. Auch für die Pflege erkrankter Kinder bemisst die höchstrichterliche Rechtsprechung den „verhältnismäßig nicht erheblichen" Zeitraum nicht nach der bisherigen Dauer des Dienstverhältnisses (vgl BAG 20. 6. 1979 – 5 AZR 361/78, AP BGB § 616 Nr 50). Entsprechendes gilt für die in den §§ 2 und 3 PflegeZG begründeten Rechte des Arbeitnehmers zur Betreuung pflegebedürftiger Angehöriger, die unabhängig von der Dauer des Arbeitsverhältnisses bestehen. Darüber hinaus ist die teleologische Rechtfertigung für eine belastungsbezogene Betrachtungsweise fragwürdig, da § 616 S 1 BGB nicht als Ausprägung der Fürsorgepflicht, sondern als dienstvertragsspezifische Umsetzung des allgemeinen Rechtsgrundsatzes „minima non curat praetor" zu verstehen ist (oben Rn 15 ff). Die hiermit verbundene Vorstellung, der Dienstberechtigte müsse mit geringfügigen Verhinderungen des Dienstverpflichteten rechnen und solle aus diesem Grunde nicht zu einer Kürzung der Vergütung berechtigt sein (s oben Rn 15), gilt unabhängig von der Dauer des Dienstvertrages (zustimmend Schmitt/Schmitt, EFZG/AAG [8. Aufl 2018] § 616 BGB Rn 40). Ferner bestätigt die Entstehungsgeschichte der Vorschrift die fehlende Harmonie einer belastungsbezogenen Betrachtungsweise mit der Systematik des Entgeltfortzahlungsrechts und dem Zweck des § 616 S 1 BGB, da sich die Bestrebungen bei der Schaffung des Gesetzes nicht durchsetzen konnten, den Anwendungsbereich der Vorschrift auf „dauernde" Dienstverhältnisse zu beschränken (s oben Rn 2). Aus diesen Gründen ist eine **ereignisbezogene Betrachtungsweise vorzugswürdig** (ebenso MünchKomm/Henssler § 616 Rn 60; HWK/Krause § 616 BGB Rn 41; Schmitt/Schmitt, EFZG/

AAG [8. Aufl 2018] § 616 BGB Rn 40; MHdB ArbR/Tillmanns § 77 Rn 27; im Grundsatz auch ErfKomm/Preis § 616 BGB Rn 10a; Schaub/Linck, Arbeitsrechts-Handbuch [17. Aufl 2017] § 97 Rn 18; wohl auch BeckOGK/Bieder [1. 1. 2019] § 616 Rn 37; kritisch gegenüber einem proportional zur Dauer des Dienstverhältnisses ansteigenden Verhinderungszeitraum schon Planck/Gunkel § 616 Anm 2b sowie nachfolgend BeckOK BGB/Fuchs/Baumgärtner § 616 Rn 9).

Ob sich der Grund für die Verhinderung auf einen noch verhältnismäßigen Zeitraum beschränkt, ist bei einer ereignisbezogenen Betrachtung **allein nach dem zur Dienstverhinderung führenden Grund zu beurteilen** und ob der Dienstberechtigte erfahrungsgemäß mit einer derartigen Nichtleistung über einen bestimmten Zeitraum rechnen konnte. Dies rechtfertigt es in der Regel, die von § 616 S 1 BGB erfassten „verhältnismäßig nicht erheblichen" Dienstverhinderungen auf Anlässe zu begrenzen, die **allenfalls wenige Tage** dauern (ebenso MünchKomm/Henssler § 616 Rn 60; HWK/Krause § 616 BGB Rn 41; Schmitt/Schmitt, EFZG/AAG [8. Aufl 2018] § 616 BGB Rn 40; Treber, EFZG [2. Aufl 2007] § 616 BGB Rn 30; iE auch Löwisch/Caspers/Klumpp, Arbeitsrecht [11. Aufl 2017] Rn 359; ebenso exemplarisch für die Erkrankung von Vorstandsmitgliedern einer Aktiengesellschaft [drei Tage bis zwei Wochen] Seibt, in: K Schmidt/Lutter [Hrsg], AktG [3. Aufl 2015] § 84 Rn 30; Spindler, in: MünchKomm AktG [5. Aufl 2019] § 84 Rn 95; Thüsing, in: Fleischer [Hrsg], Handbuch des Vorstandsrechts [2006] § 4 Rn 78; Weber, in: Hölters [Hrsg], AktG [3. Aufl 2017] § 84 Rn 47; weitergehend bei Organmitgliedern aber BGH 11. 7. 1953 – II ZR 126/52, BGHZ 10, 191 ff; Fleck, in: FS Hilger/Stumpf [1983] 217; für freie Mitarbeiter BGH 6. 4. 1995 – VII ZR 36/94, LM BGB § 632 Nr 17 = NJW 1995, 2629 f: Arbeitsunfähigkeit für $2^1/_2$ Wochen). 102

Die hier befürwortete Auffassung verbietet es, bei **Erkrankungen des Dienstverpflichteten** die „verhältnismäßig nicht erhebliche Zeit" mit dem in § 3 Abs 1 S 1 EFZG genannten **Sechs-Wochen-Zeitraum** gleichzusetzen (so auch Erman/Belling/Riesenhuber § 616 Rn 53; Haase GmbHR 2005, 1266 f; Schaub WiB 1994, 637; **aA** Schaub/Linck, Arbeitsrechts-Handbuch [17. Aufl 2017] § 97 Rn 18; ErfKomm/Preis § 616 BGB Rn 10a; Treber, EFZG [2. Aufl 2007] § 616 BGB Rn 30; in der Tendenz auch für den GmbH-Geschäftsführer Paefgen, in: Ulmer/Habersack/Löbbe [Hrsg], GmbH-Gesetz [2. Aufl 2014] § 35 Rn 388; ebenso für eine Orientierung an dem Sechs-Wochen-Zeitraum für Vorstandsmitglieder einer Aktiengesellschaft Kort, in: GroßKomm AktG [5. Aufl 2015] § 84 Rn 416; Mertens/Cahn, in: Zöllner/Noack [Hrsg] Kölner Komm AktG [3. Aufl 2010] § 84 Rn 62; MHdB GesR IV/Wiesner [4. Aufl 2015] § 21 Rn 68). Hiergegen spricht vor allem die frühere Regelung in § 616 Abs 2 S 2 BGB, die zwar den Sechs-Wochen-Zeitraum als verhältnismäßig nicht erheblich anerkannte, sich hierfür aber der Regelungstechnik einer Fiktion („gilt") bediente. 103

Entsprechendes gilt für die **Pflege von erkrankten bzw pflegebedürftigen Familienangehörigen**; bei diesen Sachverhalten dürfte die **Obergrenze** bei **fünf Arbeitstagen** liegen (BAG 19. 4. 1978 – 5 AZR 834/76, AP BGB § 616 Nr 48; Erman/Belling/Riesenhuber § 616 Rn 52; BeckOK ArbR/Joussen § 616 BGB Rn 48; ErfKomm/Preis § 616 BGB Rn 16; Schmitt/Schmitt, EFZG/AAG [8. Aufl 2018] § 616 BGB Rn 43; s auch Mertens NJW 1978, 1677 f; **aA** Stumpf/Trümner, in: Kittner/Zwanziger/Deinert/Heuschmid [Hrsg], Arbeitsrecht [9. Aufl 2017] § 36 Rn 6). Der spezialgesetzliche Freistellungsanspruch in **§ 45 SGB V** bewirkt nicht nur hinsichtlich des Lebensalters des Kindes (s oben Rn 59), sondern auch bezüglich des Freistellungszeitraumes **keine zwingende Konkretisierung** (BeckOK BGB/Fuchs/Baumgärtner § 616 Rn 7; MünchKomm/Henssler § 616 Rn 32; HWK/Krause § 616 BGB Rn 42; Schmitt/Schmitt, EFZG/AAG [8. Aufl 2018] § 616 BGB Rn 42; Treber, EFZG [2. Aufl 2007] § 616 BGB Rn 31; Vogelsang, Entgeltfortzahlung Rn 897; **aA** NK-GA/Boecken 104

§ 616 BGB Rn 20; Stumpf/Trümner, in: Kittner/Zwanziger/Deinert/Heuschmid [Hrsg], Arbeitsrecht [9. Aufl 2017] § 36 Rn 6; wohl auch Schaub/Linck, Arbeitsrechts-Handbuch [17. Aufl 2017] § 97 Rn 18), da er nicht das Synallagma von Leistung und Gegenleistung durchbricht und deshalb auf keinem mit § 616 S 1 BGB kongruenten Normzweck beruht. Auch das Bundesarbeitsgericht zog § 45 SGB V vor seiner am 1. 1. 1992 in Kraft getretenen Änderung, die den Freistellungsanspruch des Arbeitnehmers erheblich ausweitete, lediglich als „Anhaltspunkt" heran (BAG 19. 4. 1978 – 5 AZR 834/76, AP BGB § 616 Nr 48), sodass er für die Auslegung des § 616 S 1 BGB keine verbindlichen Interpretationsmaximen liefert (zutreffend Erman/Belling/Riesenhuber § 616 Rn 52; Erasmy NZA 1992, 922 f; Schmitt/Schmitt, EFZG/AAG [8. Aufl 2018] § 616 BGB Rn 42; Sowka RdA 1993, 34 f).

105 Die Grundsätze in Rn 104 gelten ebenfalls für kurzzeitige Arbeitsverhinderungen zwecks Betreuung **pflegebedürftiger naher Angehöriger**. Das in § 2 Abs 1 PflegeZG begründete Leistungsverweigerungsrecht konkretisiert zwar den relevanten Zeitraum (10 Arbeitstage), ohne dass hieraus aber zwingend folgt, dass der Vergütungsanspruch für den gleichen Zeitraum durch § 616 BGB aufrechterhalten bleibt (arg e § 2 Abs 3 PflegeZG; HWK/Krause § 616 BGB Rn 42; Linck BB 2008, 2738, 2741; **aA** NK-GA/Boecken § 616 BGB Rn 20, 21; ErfKomm/Gallner § 2 PflegeZG Rn 4; ErfKomm/Preis § 616 BGB Rn 10a; Stumpf/Trümner, in: Kittner/Zwanziger/Deinert/Heuschmid [Hrsg], Arbeitsrecht [9. Aufl 2017] § 38 Rn 6).

106 Eine **belastungsbezogene Betrachtungsweise** gelangt häufig zu **großzügigeren Resultaten**. Auch hiernach ist die Grenze der Verhältnismäßigkeit jedoch in Anlehnung an die frühere Regelung in § 616 Abs 2 BGB **regelmäßig bei sechs Wochen überschritten** (BAG 20. 7. 1977 – 5 AZR 325/76, AP BGB § 616 Nr 47; BAG 11. 8. 1988 – 8 AZR 721/85, AP BGB § 611 Gefährdungshaftung des Arbeitgebers Nr 7; Erman/Belling/Riesenhuber § 616 Rn 51; Thome 139). In einer Entscheidung v 6. 4. 1995 sah der Bundesgerichtshof bei einem freien Mitarbeiter eine krankheitsbedingte Arbeitsunfähigkeit von 2 1/2 Wochen für eine auf § 616 S 1 BGB gestützte Fortzahlung der Vergütung als unschädlich an (BGH 6. 4. 1995 – VII ZR 36/94, LM BGB § 632 Nr 17 = NJW 1995, 2629 f). Als **Konkretisierungshilfe** bot Schaub folgende Staffelung an: Beschäftigungszeit bis zu 6 Monate = 3 Tage, 6 bis 12 Monate = 1 Woche, ab 1 Jahr = 2 Wochen (Schaub, Arbeitsrechts-Handbuch [9. Aufl 2000] § 97 Rn 16; ebenso Erman/Belling/Riesenhuber § 616 Rn 51; Hromadka/Maschmann, Arbeitsrecht 1 [7. Aufl 2018] § 8 Rn 119; Kunz/Wedde, EFZR [2. Aufl 2005] § 616 BGB Rn 20; Stumpf/Trümner, in: Kittner/Zwanziger/Deinert/Heuschmid [Hrsg], Arbeitsrecht [9. Aufl 2017] § 38 Rn 6; s auch NK-BGB/Klappstein § 616 Rn 14). Bei Dienstverhältnissen, die nicht auf unbestimmte Dauer, sondern auf einmalige Dienste gerichtet sind oder weniger als drei Monate dauern, schlägt Hanau als Faustregel $^{1}/_{20}$ der vorgesehenen Dienstzeit vor (Erman/Hanau [9. Aufl 1993] § 616 Rn 62). Die Praktikabilität derartiger Richtwerte darf indes nicht über ihre fehlende normative Verankerung hinwegtäuschen (ebenfalls ablehnend BeckOGK/Bieder [1. 1. 2019] § 616 Rn 38; Schaub/Linck, Arbeitsrechts-Handbuch [17. Aufl 2017] § 97 Rn 24; ErfKomm/Preis § 616 BGB Rn 10a; MHdB ArbR/Tillmanns § 77 Rn 26 aE).

107 Eine ereignisbezogene Betrachtungsweise rechtfertigt es, die Rechtsfolge des § 616 S 1 BGB **bei jedem Verhinderungsfall neu** eingreifen zu lassen (so schon RAG 14. 12. 1935 – RAG 145/35, ARS 25, 200; ebenso Erman/Belling/Riesenhuber § 616 Rn 56; NK-GA/Boecken § 616 BGB Rn 22; MünchKomm/Henssler § 616 Rn 60; Hromadka/Maschmann, Arbeitsrecht 1 [7. Aufl 2018] § 8 Rn 119; Hueck/Nipperdey I § 44 III 1 a dd; BeckOK ArbR/Joussen § 616 BGB Rn 49; Soergel/Kraft § 616 Rn 23; HWK/Krause § 616 BGB Rn 43; Schaub/Linck, Arbeitsrechts-Handbuch [17. Aufl 2017] § 97 Rn 18; Nikisch I § 43 II 3; Schimana AuR 1956, 327; MHdB ArbR/Tillmanns § 77 Rn 29; **aA** für die Pflege erkrankter Kinder Löwisch DB 1979, 210 f, der in diesem Fall generell eine Zusammenrechnung befürwortet). Allerdings muss es sich **jeweils** um einen **neuen Grund** handeln. Beruht die Verhinderung auf **derselben Ursache** (zB wöchentlicher Schulbesuch, s RAG 18. 10. 1930 – RAG 207/30, ARS 10, 471; wiederholte Arztbesuche auf Grund eines Unfalls, s LG Frankfurt aM 2. 12. 1999 – 2/1 S 163/99 ua, SP 2000, 269 f), dann ist eine **Zusammenrechnung** trotz der unter Umständen eintretenden Pflicht zur Rückerstattung einer bereits fortgezahlten Vergütung vorzugswürdig (ebenso LG Frankfurt aM 2. 12. 1999 – 2/1 S 163/99 ua, SP 2000, 269 f; Erman/Belling/Riesenhuber § 616 Rn 56; MünchKomm/Henssler § 616 Rn 60; HWK/Krause § 616 BGB Rn 43; Nikisch I § 43 II 3; **aA** Kunz/Wedde, EFZR [2. Aufl 2005] § 616 BGB Rn 22; MHdB ArbR/Tillmanns § 77 Rn 29).

Die isolierte Würdigung jedes einzelnen Verhinderungsfalles kann dazu führen, dass **108** sich die aus § 616 S 1 BGB folgende Pflicht zur Vergütungsfortzahlung zu einem mehrere Wochen im Jahr in Anspruch nehmenden Zeitraum addiert. Gleichwohl ist eine schematische **Obergrenze pro Jahr** – wie sie zB § 45 Abs 2 SGB V für den Anspruch auf unbezahlte Freistellung wegen der Pflege erkrankter Kinder festlegt – de lege lata nicht anzuerkennen (NK-GA/Boecken § 616 BGB Rn 22; **aA** Erman/Belling/Riesenhuber § 616 Rn 56, der eine jährliche Gesamtdauer von allenfalls vier Wochen als hinnehmbar bewertet). Die wiederholte und über mehrere Jahre andauernde Pflicht zur Zahlung von Vergütungen ohne Dienstleistung kann jedoch eine **Störung des Austauschverhältnisses** bewirken und entsprechend den Grundsätzen der höchstrichterlichen Rechtsprechung für die krankheitsbedingte Kündigung (s BAG 16. 2. 1989 – 2 AZR 299/88, AP KSchG 1969 § 1 Krankheit Nr 20) bei Arbeitsverhältnissen eine **personenbedingte ordentliche Kündigung** sozial rechtfertigen (MHdB ArbR/Tillmanns § 77 Rn 29 aE; s auch unten Rn 186).

5. Fehlendes Verschulden

Die Pflicht zur Fortzahlung der Vergütung tritt nach § 616 S 1 BGB nur ein, wenn **109** ein **Verschulden** des Dienstverpflichteten hinsichtlich der zur Dienstverhinderung führenden Umstände **fehlt**; § 616 S 1 BGB enthält diese Voraussetzung als **negatives Tatbestandsmerkmal** (Fischer DB 1961, 1227; BeckOK ArbR/Joussen § 616 BGB Rn 41; HWK/Krause § 616 BGB Rn 44; Lepke DB 1972, 923; Sieg JZ 1963, 164; MHdB ArbR/Tillmanns § 77 Rn 25; Vogelsang, Entgeltfortzahlung Rn 899), es kehrt mit geringen sprachlichen Nuancen in § 3 Abs 1 S 1 EFZG und § 19 Abs 1 Nr 2 lit b BBiG wieder, sodass für die genannten Bestimmungen ein **einheitliches Begriffsverständnis** maßgebend ist (so auch BAG 19. 10. 1983 – 5 AZR 195/81, AP BGB § 616 Nr 62; BAG 23. 11. 1971 – 1 AZR 388/70, AP LohnFG § 1 Nr 8; BAG 7. 12. 1972 – 5 AZR 350/72, AP LohnFG § 1 Nr 26; BAG 28. 2. 1979 – 5 AZR 611/77, AP LohnFG § 1 Nr 44; BAG 7. 10. 1981 – 5 AZR 1113/79, AP LohnFG § 1 Nr 46; BAG 21. 4. 1982 – 5 AZR 1019/79, AP LohnFG § 1 Nr 49; BAG 1. 6. 1983 – 5 AZR 536/80, AP LohnFG § 1 Nr 52; BAG 11. 3. 1987 – 5 AZR 739/85, AP LohnFG § 1 Nr 71; BAG 30. 3. 1988 – 5 AZR 42/87, AP LohnFG § 1 Nr 77 sowie die Nachweise unten Rn 259; zurückhaltend jedoch BeckOGK/Bieder [1. 1. 2019] § 616 Rn 40. 1). Zudem verdeutlichen die Vorschriften, dass sich das **Verschulden** nicht auf die Dienstverhinderung, sondern auf den hierfür **ursächlichen Grund beziehen** muss (BAG 11. 8. 1988 – 8 AZR 721/85, AP BGB § 611 Gefährdungshaftung des Arbeitgebers Nr 7; BeckOK ArbR/Joussen § 616 BGB Rn 41; HWK/Krause § 616 BGB Rn 44; MHdB ArbR/Tillmanns § 77 Rn 25; Vogelsang, Entgeltfortzahlung Rn 899). Ob dieser „ohne" Verschulden des Dienstverpflichteten eingetreten ist, gehört zu den dogmatischen Grundfragen der Entgeltfortzahlung im Krankheitsfall (hierzu unten Rn 260 ff), hat aber generelle Bedeutung für den gesamten Anwendungsbereich des § 616 S 1v.

110 Eine unreflektierte **Anwendung des § 276 Abs 1 S 1 BGB** scheidet im Rahmen des § 616 S 1 BGB aus. Durch die Herbeiführung der Dienstverhinderung verletzt der Dienstverpflichtete keine Vertragspflichten gegenüber dem Dienstberechtigten und ist deshalb insoweit kein „Schuldner" im Sinne des § 276 Abs 1 BGB (so auch Erman/Belling/Riesenhuber § 616 Rn 42; NK-GA/Boecken § 616 BGB Rn 23; Fabricius, Leistungsstörungen im Arbeitsverhältnis [1970] 110 f; MHdB ArbR/Greiner § 80 Rn 47; MünchKomm/Henssler § 616 Rn 57; BeckOK ArbR/Joussen § 616 BGB Rn 42; Zöllner/Loritz/Hergenröder, Arbeitsrecht [7. Aufl 2015] § 21 Rn 21; iE ebenfalls BeckOGK/Bieder [1. 1. 2019] § 616 Rn 40; **aA** noch Oertmann § 616 Anm 1d; iE auch Hofmann ZfA 1979, 288 ff, 297 f, der jedoch mit Hilfe einer teleologischen Reduktion eine Begrenzung auf Vorsatz und grobe Fahrlässigkeit befürwortet).

111 Nicht überzeugen kann die im älteren Schrifttum und in der Judikatur des Bundesarbeitsgerichts verbreitet anzutreffende Tendenz, das Verschuldenserfordernis durch die Maximen von **Treu und Glauben** zu konkretisieren und ein Verschulden des Dienstverpflichteten zu bejahen, wenn das Herbeiführen der Dienstverhinderung als treuwidrig zu werten ist (so zB noch Hueck/Nipperdey I § 44 III 1 a cc; Staudinger/Mohnen/Neumann[10/11] § 616 Rn 14; aus der Rspr plastisch BAG 6. 9. 1973 – 5 AZR 182/73, AP LohnFG § 1 Nr 34: „Fürsorgepflichtüberspannung"; ablehnend auch Hofmann ZfA 1979, 282 f).

112 Da das Gesetz nicht positiv ein Verschulden des Dienstverpflichteten verlangt, sondern negativ auf dessen Abwesenheit abstellt, beruht das Erfordernis des fehlenden Verschuldens in § 616 S 1 BGB auf einem von § 276 Abs 1 S 1 BGB abweichenden Wertungsfundament. Das **(negative) Verschuldenserfordernis** wurzelt in dem **Rechtsgedanken des § 254 BGB** (grundlegend Hofmann ZfA 1979, 288 ff; Wiedemann, Das Arbeitsverhältnis als Austausch- und Gemeinschaftsverhältnis [1966] 52 ff; ebenso zB BeckOGK/Bieder [1. 1. 2019] § 616 Rn 40; GK-EFZR/Birk § 1 LFZG Rn 237; Gutzeit 34 f; BeckOK ArbR/Joussen § 616 BGB Rn 41; HWK/Krause § 616 BGB Rn 44; Larenz, Schuldrecht II/1 [13. Aufl 1986] § 52 II b; Schaub/Linck, Arbeitsrechts-Handbuch [17. Aufl 2017] § 97 Rn 17; vMaydell DB 1973 Beil 15, 6; MHdB ArbR/Tillmanns § 77 Rn 25; Weiland 85 f; in dieser Richtung auch BAG 28. 2. 1979 – 5 AZR 611/77, AP LohnFG § 1 Nr 44: BAG 7. 10. 1981 – 5 AZR 1113/79, AP LohnFG § 1 Nr 46 zu; kritisch aber Denck RdA 1980, 248; abweichend auch Sonnleitner, Entgeltfortzahlung bei Alkoholismus unter besonderer Berücksichtigung der Verschuldensproblematik [1994] 116 ff, der auf allgemeine Maximen einer Risikozuweisung zurückgreift). Der Begünstigte soll die Begünstigung nicht erhalten, wenn er diese selbst herbeigeführt hat (treffend Hofmann ZfA 1979, 282 ff).

113 Dieses Verständnis, das letztlich auf das allgemeingültige **Verbot des venire contra factum proprium** zurückgeht (treffend bereits Wiedemann, Das Arbeitsverhältnis als Austausch- und Gemeinschaftsverhältnis [1966] 54 f; ferner Hendel 92 ff sowie Gutzeit 35; MünchKomm/Henssler § 616 Rn 57; BeckOK ArbR/Joussen § 616 BGB Rn 41; HWK/Krause § 616 BGB Rn 44) schließt es nicht aus, das von § 616 S 1 BGB für eine Befreiung von der

Pflicht zur Fortzahlung der Vergütung geforderte „Verschulden" des Dienstverpflichteten als ein **„Verschulden gegen sich selbst"** zu charakterisieren (so zB BAG 28. 2. 1979 – 5 AZR 611/77, AP LohnFG § 1 Nr 44; BAG 7. 10. 1981 – 5 AZR 1113/79, AP LohnFG § 1 Nr 46; Erman/Belling/Riesenhuber § 616 Rn 42; NK-GA/Boecken § 616 BGB Rn 23; BeckOK BGB/Fuchs/Baumgärtner § 616 Rn 10; Gamillscheg, Arbeitsrecht I [8. Aufl 2000] 344; MünchKomm/Henssler § 616 Rn 57; Hromadka/Maschmann, Arbeitsrecht 1 [7. Aufl 2018] Rn 164; NK-BGB/Klappstein § 616 Rn 15; Soergel/Kraft § 616 Rn 20; Lieb/Jacobs, Arbeitsrecht [9. Aufl 2006] § 8 Rn 118; Schaub/Linck, Arbeitsrechts-Handbuch [17. Aufl 2017] § 97 Rn 17; Nikisch I § 43 II 1; Schaub AuA 1996, 83; Schimana AuR 1956, 324; kritisch aber Fabricius, Leistungsstörungen im Arbeitsverhältnis [1970] 111 f; Hofmann ZfA 1979, 282 ff, 290 ff; s auch Zeuner AuR 1975, 301; s ferner Staudinger/Schiemann [2017] § 254 Rn 30; **aA** Marienhagen/Künzl § 3 EFZG Rn 26 a).

Trotz des Rückgriffs auf den Rechtsgedanken des § 254 BGB bzw das hierin zum Ausdruck gelangte Verbot des venire contra factum proprium „bestraft" § 616 S 1 BGB nicht bereits die Verursachung des Verhinderungsgrundes, sondern verlangt durch die Beschränkung auf ein „Verschulden" ein **vorwerfbares Verhalten des Dienstverpflichteten**. Der Vergleich mit § 254 BGB zeigt zudem, dass dem Dienstverpflichteten **nicht jedes Verschulden** zur Last fällt, da § 616 S 1 BGB im Unterschied zu § 254 BGB und in der dogmatischen Tradition der Culpakompensation (dazu zusammenfassend Looschelders, Die Mitverantwortlichkeit des Geschädigten im Privatrecht [1999] 20 ff) stets zum gänzlichen Verlust des Vergütungsanspruches führt. Eine Wertungsharmonie mit dem Rechtsgedanken des § 254 BGB erfordert deshalb ein **bestimmtes qualitatives Gewicht** des Verhaltensvorwurfes. Dem Dienstberechtigten muss ein **vorwerfbares Verhalten** anzulasten sein, dessen Schwere es rechtfertigt, den Eintritt der Rechtsfolge in § 616 S 1 BGB gänzlich auszuschließen. 114

Diese qualitative Voraussetzung ist nach der von der ständigen höchstrichterlichen Rechtsprechung geprägten Formel erfüllt, wenn der Dienstverpflichtete **„gröblich gegen das von einem verständigen Menschen im eigenen Interesse zu erwartende Verhalten verstoßen hat"** (s BAG 5. 4. 1962 – 2 AZR 182/61, AP HGB § 63 Nr 28; BAG 23. 11. 1971 – 1 AZR 388/70, AP LohnFG § 1 Nr 8; BAG 7. 12. 1972 – 5 AZR 350/72, AP LohnFG § 1 Nr 26; BAG 28. 2. 1979 – 5 AZR 611/77, AP LohnFG § 1 Nr 44; BAG 7. 10. 1981 – 5 AZR 1113/79, AP LohnFG § 1 Nr 46; BAG 21. 4. 1982 – 5 AZR 1019/79, AP LohnFG § 1 Nr 49; BAG 1. 6. 1983 – 5 AZR 536/80, AP LohnFG § 1 Nr 52; BAG 19. 10. 1983 – 5 AZR 195/81, AP BGB § 616 Nr 62; BAG 11. 3. 1987 – 5 AZR 739/85, AP LohnFG § 1 Nr 71; BAG 11. 11. 1987 – 5 AZR 497/86, AP BGB § 616 Nr 75; BAG 30. 3. 1988 – 5 AZR 42/87, AP LohnFG § 1 Nr 77; BAG 11. 8. 1988 – 8 AZR 721/85, AP BGB § 611 Gefährdungshaftung des Arbeitgebers Nr 7; BAG 7. 8. 1991 – 5 AZR 410/90, AP LohnFG § 1 Nr 94; ebenso im Schrifttum zB Erman/Belling/Riesenhuber § 616 Rn 42; NK-GA/Boecken § 616 BGB Rn 23; BeckOK BGB/Fuchs/Baumgärtner § 616 Rn 10; Hromadka/Maschmann, Arbeitsrecht 1 [7. Aufl 2018] § 8 Rn 118; Hueck/Nipperdey I § 44 III 1 a cc; BeckOK ArbR/Joussen § 616 BGB Rn 42; NK-BGB/Klappstein § 616 Rn 15; Soergel/Kraft § 616 Rn 20; Schaub/Linck, Arbeitsrechts-Handbuch [17. Aufl 2017] § 97 Rn 17; Nikisch I § 43 II 1; Schmitt/Schmitt, EFZG/AAG [8. Aufl 2018] § 616 BGB Rn 45; Stumpf/Trümner, in: Kittner/Zwanziger/Deinert/Heuschmid [Hrsg], Arbeitsrecht [9. Aufl 2017] § 36 Rn 7; MHdB ArbR/Tillmanns § 77 Rn 25; kritisch hierzu Hofmann ZfA 1979, 282 ff). Sofern verbreitet eine **vorsätzliche oder grob fahrlässige Herbeiführung** des Verhinderungsgrundes gefordert wird (grdl Hofmann ZfA 1979, 298 ff sowie zB MünchKomm/Henssler § 616 Rn 57; MHdB ArbR/Tillmanns § 77 Rn 25), liegt hierin im Ergebnis keine sachliche 115

Abweichung (ebenso BeckOGK/Bieder [1. 1. 2019] § 616 Rn 40), da die namentlich von der höchstrichterlichen Rechtsprechung praktizierte Formel mit dem Erfordernis grober Fahrlässigkeit deckungsgleich ist (s zB BAG 11. 11. 1987 – 5 AZR 497/86, AP BGB § 616 Nr 75; BAG 11. 8. 1988 – 8 AZR 721/85, AP BGB § 611 Gefährdungshaftung des Arbeitgebers Nr 7).

116 Ungeachtet der dogmatischen Fundierung steht die von den Besonderheiten des Einzelfalles dominierte **Wertungsfrage** im Vordergrund, ob die Handlung des Dienstverpflichteten gegen das von einem verständigen Menschen im eigenen Interesse zu erwartende Verhalten gröblich verstößt bzw die im Verkehr erforderliche Sorgfalt in besonders schwerem Maße außer Acht lässt. Da § 616 S 1 BGB und die vergleichbaren Bestimmungen in § 3 Abs 1 S 1 EFZG und § 19 Abs 1 Nr 2 lit b BBiG die Privilegierung (Aufrechterhaltung des Vergütungsanspruches) bei Bejahung des Verschuldensvorwurfes gänzlich entfallen lassen, verlangt das Gesetz positiv formuliert, dass der Begünstigte sein Verhalten so einrichtet, dass er die durchschnittlichen Anforderungen beachtet, damit die Dienstverhinderung nicht eintritt. Dem Dienstverpflichteten fällt daher die Herbeiführung des Verhinderungsgrundes auch dann zur Last, wenn er dessen Eintritt hätte verhindern können. Eine „sittliche Schuld" oder ein moralisches Unwerturteil findet bei § 616 S 1 BGB keine Berücksichtigung (so aber noch Oertmann § 616 Anm 1d: „unverehelichte Arbeiterin lässt sich schwängern … Unmöglich kann man den Arbeitgeber dafür zahlen lassen müssen!" [so auch zB noch RAG 27. 7. 1932 – RAG 226/32, ARS 15, 568 ff]; hiergegen mit Nachdruck Nikisch I § 43 II 1: „… der Arbeitgeber ist nicht zum Sittenwächter über seine Arbeitnehmer bestellt"; ebenso Zeuner AuR 1975, 301 sowie auch schon RAG 29. 7. 1941 – RAG 78/41, ARS 42, 394 f).

6. Anzeige- und Nachweispflichten

117 § 616 BGB verzichtet auf eine explizite Normierung von Anzeige- und Nachweispflichten für den Dienstverpflichteten (s aber de lege ferenda § 56 Abs 2 des zum 59. DJT vorgelegten Entwurfs eines Arbeitsvertragsgesetzes, Verhandlungen des 59. DJT I [1992] D 36 sowie § 58 Abs 2 des Diskussionsentwurfs von Henssler/Preis NZA 2007, Beil 1). Derartige Pflichten kennen lediglich **§ 5 EFZG** für die **Entgeltfortzahlung im Krankheitsfall** und **§ 2 Abs 2 PflegeZG** für den Fall einer kurzzeitigen Arbeitsverhinderung zwecks **Betreuung pflegebedürftiger Angehöriger**. Für eine entsprechende Anwendung des § 5 EFZG auf alle von § 616 BGB erfassten Verhinderungsgründe fehlen die methodischen Voraussetzungen. Sie ist allenfalls für den Krankheitsfall zu erwägen, wenn der zur Dienstleistung Verpflichtete nicht in den personellen Anwendungsbereich des Entgeltfortzahlungsgesetzes einbezogen ist.

118 Auf Grund seiner **allgemeinen Interessenwahrungspflichten** muss der Dienstverpflichtete jedoch während der gesamten Dauer der Vertragsbeziehung auf die Belange des Dienstberechtigten Rücksicht nehmen (vgl § 241 Abs 2 BGB). Die Pflicht zur Rücksichtnahme besteht auch, wenn der Dienstverpflichtete aus in seiner Person liegenden Gründen an der Erbringung der Dienstleistung gehindert ist und der Dienstberechtigte ein für den Dienstverpflichteten erkennbares Interesse an einer Mitteilung der Verhinderung hat. Das gilt insbesondere, wenn der Dienstverpflichtete damit rechnen muss, dass der Dienstberechtigte wegen einer Verhinderung der Dienstleistung umdisponieren muss. In diesem Fall begründet die allgemeine Interessenwahrungspflicht einen **Dispositionsschutz zugunsten des Dienstberechtigten**; § 5

EFZG ist insofern Ausdruck eines allgemeinen Rechtsgedankens, der auch in den in verschiedenen Gesetzesbestimmungen verankerten Ankündigungsfristen eine normative Ausprägung findet (s zB § 12 Abs 2 TzBfG, § 16 BEEG; wie hier BAG 26. 3. 2015 – 2 AZR 517/14 Rn 25, AP BGB § 626 Nr 253 = NZA 2015, 1180).

Aus der allgemeinen Interessenwahrungspflicht folgt die nicht einklagbare und deshalb **unselbständige (Neben-)Pflicht** des Dienstverpflichteten (zustimmend insoweit BeckOGK/Bieder [1. 1. 2019] § 616 Rn 44; NK-GA/Boecken § 616 BGB Rn 27; BeckOK ArbR/Joussen § 616 BGB Rn 50; HWK/Krause § 616 BGB Rn 45; Treber, EFZG [2. Aufl 2007] § 616 BGB Rn 33), dem Dienstberechtigten den **Eintritt seiner Leistungsverhinderung anzuzeigen** (iE allgM vgl zB BAG 9. 4. 1960 – 2 AZR 457/57, AP HGB § 63 Nr 12; BAG 26. 3. 2015 – 2 AZR 517/14 Rn 25, AP BGB § 626 Nr 253 = NZA 2015, 1180; Erman/Belling/Riesenhuber § 616 Rn 57; BeckOGK/Bieder [1. 1. 2019] § 616 Rn 44; NK-GA/Boecken § 616 BGB Rn 27; BeckOK BGB/Fuchs/Baumgärtner § 616 Rn 10; MünchKomm/Henssler § 616 Rn 65; Hromadka/Maschmann, Arbeitsrecht 1 [7. Aufl 2018] § 8 Rn 120; Hueck/Nipperdey I § 44 III 1 e; BeckOK ArbR/Joussen § 616 BGB Rn 50; Soergel/Kraft § 616 Rn 26; HWK/Krause § 616 BGB Rn 45; Schaub/Linck, Arbeitsrechts-Handbuch [17. Aufl 2017] § 97 Rn 19; Schlechtriem/Mansel § 616 Rn 16; ArbR-BGB/Matthes § 616 Rn 47; Oertmann § 616 Anm 1 f; Schimana AuR 1956, 327; MHdB ArbR/Tillmanns § 77 Rn 30; Treber, EFZG [2. Aufl 2007] § 616 BGB Rn 33; ebenso für eine unselbständige Nebenpflicht bei § 5 Abs 1 S 2 EFZG LAG Sachsen-Anhalt 8. 9. 1998 – 8 Sa 676/97, NZA-RR 1999, 460). Ist dies vor dem Eintritt des Verhinderungsgrundes möglich, muss die Anzeige so rechtzeitig erfolgen, dass sich der Dienstberechtigte noch auf den Ausfall der Dienstleistung einstellen kann (Erman/Belling/Riesenhuber § 616 Rn 57; BeckOGK/Bieder [1. 1. 2019] § 616 Rn 44; BeckOK BGB/Fuchs/Baumgärtner § 616 Rn 11; Hueck/Nipperdey I § 44 III 1 e; Soergel/Kraft § 616 Rn 26; HWK/Krause § 616 BGB Rn 45; MHdB ArbR/Tillmanns § 77 Rn 30). Andernfalls entsteht die Anzeigepflicht mit der Dienstverhinderung. Der Dienstverpflichtete muss ihr in dieser Konstellation unverzüglich nachkommen (Erman/Belling/Riesenhuber § 616 Rn 57; MünchArbR/Boewer § 70 Rn 21; Soergel/Kraft § 616 Rn 26; HWK/Krause § 616 BGB Rn 45). 119

Die Anzeigepflicht umfasst den **Grund der Dienstverhinderung** sowie ihre (voraussichtliche) **Dauer** (Erman/Belling/Riesenhuber § 616 Rn 57; Hromadka/Maschmann, Arbeitsrecht 1 [7. Aufl 2018] § 8 Rn 120; BeckOK ArbR/Joussen § 616 BGB Rn 51; MHdB ArbR/Tillmanns § 77 Rn 30). Sie kann ganz oder teilweise entfallen, wenn dem Dienstberechtigten die betreffenden **Tatsachen bereits bekannt** sind (Erman/Belling/Riesenhuber § 616 Rn 57; BeckOGK/Bieder [1. 1. 2019] § 616 Rn 44). 120

Eine Pflicht zur **Vorlage eines Nachweises** besteht unter dem Gesichtspunkt der Interessenwahrung nur, wenn der Dienstberechtigte diesen aus **begründetem Anlass** verlangt (BeckOGK/Bieder [1. 1. 2019] § 616 Rn 45; BeckOK ArbR/Joussen § 616 BGB Rn 52; HWK/Krause § 616 BGB Rn 45; Jauernig/Mansel § 616 Rn 17; MHdB ArbR/Tillmanns § 77 Rn 30; Treber, EFZG [2. Aufl 2007] § 616 BGB Rn 33; weitergehend MünchKomm/Henssler § 616 Rn 65: im Allgemeinen; wohl auch Hromadka/Maschmann, Arbeitsrecht 1 [7. Aufl 2018] § 8 Rn 120). Eine generelle Pflicht zur Vorlage eines ärztlichen Attestes begründet nur § 5 Abs 1 S 2 und 3 EFZG für die Entgeltfortzahlung im Krankheitsfall. Eine entsprechende Anwendung der Norm bei allen von § 616 BGB erfassten Verhinderungsgründen kommt ebenso wenig in Betracht wie eine analoge Anwendung bei einer Erkrankung des Dienstverpflichteten, wenn dieser die Fortzahlung der Ver- 121 gütung auf § 616 S 1 BGB stützt (zustimmend BeckOK ArbR/Joussen § 616 BGB Rn 52; HWK/Krause § 616 BGB Rn 45; Treber, EFZG [2. Aufl 2007] § 616 BGB Rn 33). Möglich bleibt aber die Schaffung einer eigenständigen Rechtsgrundlage, insbesondere im Rahmen des zwischen den Parteien abgeschlossenen Dienstvertrages.

122 Eine materiellrechtliche Nachweispflicht besteht außerhalb des Anwendungsbereiches des § 45 Abs 3 SGB V grundsätzlich auch nicht bei der **Pflege erkrankter Kinder**. Deren Angewiesenheit auf die Pflege durch den Dienstverpflichteten muss dieser jedoch gegebenenfalls durch ärztliches Attest belegen. Von der materiellrechtlichen Nachweispflicht ist die **Darlegungs- und Beweislast** zu unterscheiden (hierzu unten Rn 158 ff). Im Prozess muss der Dienstverpflichtete regelmäßig durch **ärztliches Attest** nachweisen, dass die Betreuung des erkrankten Kindes durch ihn erforderlich war, um die Pflicht zur Dienstleistung als nachrangig bewerten zu können (vgl BAG 20. 6. 1979 – 5 AZR 361/78, AP BGB § 616 Nr 50). **Andere Formen** des Strengbeweises sind hierdurch **nicht ausgeschlossen**. Anders ist die Rechtslage jedoch bei der Freistellung zugunsten **pflegebedürftiger Angehöriger**. In diesem Fall verpflichtet § 2 Abs 2 S 1 PflegeZG den Arbeitnehmer nicht nur zu einer unverzüglichen Mitteilung, sondern § 2 Abs 2 S 2 PflegeZG erweitert diese um die Pflicht, auf Verlangen des Arbeitgebers eine ärztliche Bescheinigung über die Pflegebedürftigkeit vorzulegen.

123 Die **Verletzung der Anzeigepflicht** eröffnet dem Dienstberechtigten **kein Leistungsverweigerungsrecht** aus § 273 BGB (ebenso MHdB ArbR/Tillmanns § 77 Rn 30), da es sich bei ihr um eine unselbständige Nebenpflicht handelt (s oben Rn 119; BeckOGK/Bieder [1. 1. 2019] § 616 Rn 45; NK-GA/Boecken § 616 BGB Rn 27; **aA** Erman/Belling/Riesenhuber § 616 Rn 57). In Betracht kommen allenfalls **Schadensersatzansprüche** (§ 280 Abs 1 BGB; so iE zB zustimmend BeckOGK/Bieder [1. 1. 2019] § 616 Rn 45; NK-GA/Boecken § 616 BGB Rn 27; MünchKomm/Henssler § 616 Rn 65; Hueck/Nipperdey I § 44 III 1 e; BeckOK ArbR/Joussen § 616 BGB Rn 53; Soergel/Kraft § 616 Rn 26; HWK/Krause § 616 BGB Rn 45; Schaub/Linck, Arbeitsrechts-Handbuch [17. Aufl 2017] § 97 Rn 19; Jauernig/Mansel § 616 Rn 16; Schimana AuR 1956, 327; MHdB ArbR/Tillmanns § 77 Rn 30; Treber, EFZG [2. Aufl 2007] § 616 BGB Rn 33; arg auch § 7 Abs 1 S 1 Nr 1 EFZG), bei besonders groben Verstößen darüber hinaus eine **außerordentliche Kündigung** durch den Dienstberechtigten (BAG 9. 4. 1960 – 2 AZR 457/57, AP HGB § 63 Nr 12; BeckOK ArbR/Joussen § 616 BGB Rn 53; HWK/Krause § 616 BGB Rn 45) und die **Einrede des Rechtsmissbrauchs** gegenüber dem Zahlungsbegehren des Dienstverpflichteten (so BAG 9. 4. 1960 – 2 AZR 457/57, AP HGB § 63 Nr 12; Erman/Belling/Riesenhuber § 616 Rn 76; BeckOK ArbR/Joussen § 616 BGB Rn 53; Soergel/Kraft § 616 Rn 26). Ein **Leistungsverweigerungsrecht** des Arbeitgebers begründet **ausschließlich § 7 Abs 1 S 1 Nr 1 EFZG** für die Verletzung der Nachweispflicht (hierzu unten Rn 556 ff). Aus der allgemeinen Vorschrift in **§ 273 BGB** ist diese Rechtsfolge nicht abzuleiten, da es sich bei den aus dem dienstvertraglichen Pflichtengefüge abgeleiteten Anzeige- und Nachweispflichten um unselbständige Nebenpflichten handelt (s unten Rn 330; wie hier BeckOGK/Bieder [1. 1. 2019] § 616 Rn 45; NK-GA/Boecken § 616 BGB Rn 27; BeckOK ArbR/Joussen § 616 BGB Rn 53; HWK/Krause § 616 BGB Rn 45; **aA** Erman/Belling/Riesenhuber § 616 Rn 57, 74, die die Pflicht zur Anzeige als selbständige Nebenpflicht bewerten).

V. Rechtsfolgen

1. Umfang des Vergütungsanspruchs

Als Rechtsfolge ordnet § 616 S 1 BGB die **Aufrechterhaltung des dienstvertraglichen Vergütungsanspruches** an (s auch oben Rn 18 f, 21); es handelt sich nicht um einen durch § 616 S 1 BGB begründeten Schadensersatzanspruch, sondern um den von § 616 S 1 BGB aufrechterhaltenen arbeitsvertraglichen Erfüllungsanspruch (BeckOK ArbR/Joussen § 616 BGB Rn 58; HWK/Krause § 616 BGB Rn 46; Schmitt/Schmitt, EFZG/AAG [8. Aufl 2018] § 616 BGB Rn 49; MHdB ArbR/Tillmanns § 77 Rn 31). Der Dienstverpflichtete ist so zu stellen, als ob er die Dienstleistung erbracht hätte. Es gilt deshalb das sog **Entgeltausfallprinzip** (für die einhellige Ansicht BAG 5. 6. 1985 – 5 AZR 459/83, AP HGB § 63 Nr 39; BAG 14. 8. 1985 – 5 AZR 384/84, AP HGB § 63 Nr 40; BAG 6. 12. 1995 – 5 AZR 237/94, AP BGB § 611 Berufssport Nr 9; Erman/Belling/Riesenhuber § 616 Rn 60; BeckOGK/Bieder [1. 1. 2019] § 616 Rn 42; NK-GA/Boecken § 616 BGB Rn 25; BeckOK BGB/Fuchs/Baumgärtner § 616 Rn 12; Gutzeit 83 f; MünchKomm/Henssler § 616 Rn 62; Hromadka/Maschmann, Arbeitsrecht 1 [7. Aufl 2018] § 8 Rn 121; BeckOK ArbR/Joussen § 616 BGB Rn 59; NK-BGB/Klappstein § 616 Rn 16; Soergel/Kraft § 616 Rn 28; HWK/Krause § 616 BGB Rn 46; Schaub/Linck, Arbeitsrechts-Handbuch [17. Aufl 2017] § 97 Rn 21; ArbR-BGB/Matthes § 616 Rn 48; Schimana AuR 1956, 327; Schmitt/Schmitt, EFZG/AAG [8. Aufl 2018] § 616 BGB Rn 49; MHdB ArbR/Tillmanns § 77 Rn 31; Treber, EFZG [2. Aufl 2007] § 616 BGB Rn 34; Vogelsang, Entgeltfortzahlung Rn 902; ders, Vergütungsschutz bei flexibler variabler Arbeitszeit [2014] 153 ff sowie bereits RAG 20. 1. 1937 – RAG 219/36, ARS 29, 6 ff). Bemessungsgrundlage ist der Anspruch auf die **vertraglich geschuldete Vergütung**. Von Dritten **freiwillig gewährte Trinkgelder** gehören grundsätzlich nicht zum fortzuzahlenden Entgelt, sofern im Einzelfall keine Anhaltspunkte für einen vertraglichen Anspruch auf diese vorliegen (BAG 28. 6. 1995 – 7 AZR 1001/94, AP BetrVG 1972 § 37 Nr 112; GK-EFZR/Birk § 2 LFZG Rn 38). 124

Bei einer **Monatsvergütung** und einer auf einzelne Tage begrenzten Dienstverhinderung ist die monatlich geschuldete Vergütung durch die Zahl der Arbeitstage (einschließlich etwaiger Feiertage) zu dividieren und der so ermittelte Betrag mit der Zahl der tatsächlich ausgefallenen Arbeitstage zu multiplizieren (BAG 14. 8. 1985 – 5 AZR 384/84, AP HGB § 63 Nr 40). Zur Ausstrahlung eines gesetzlichen oder tarifvertraglichen auf die Arbeitsstunde bezogenen Mindestlohns auf die Höhe des fortzuzahlenden Entgelts s unten Rn 447, 526. 125

Hätte der Dienstverpflichtete gearbeitet und wären **Zuschläge wegen Überstunden oder Nachtarbeit** zu zahlen gewesen, so erhöhen diese den Anspruch (NK-BGB/Klappstein § 616 Rn 16; Soergel/Kraft § 616 Rn 31; Nikisch I § 43 II 4; s auch Vogelsang, Vergütungsschutz bei flexibler variabler Arbeitszeit [2014] 155 f, 164 ff; für den Krankheitsfall s unten Rn 455 f). Umgekehrt sind auch **Verdienstkürzungen** zu berücksichtigen, die der Dienstverpflichtete hätte hinnehmen müssen, wenn die Dienstverhinderung zB infolge **Kurzarbeit** oder **Werksurlaub** nicht bestanden hätte (Erman/Belling/Riesenhuber § 616 Rn 68; Hueck/Nipperdey I § 44 III 1 b; Soergel/Kraft § 616 Rn 31; Nikisch I § 43 II 4; Schimana AuR 1956, 328; MHdB ArbR/Tillmanns § 77 Rn 31; für den Erkrankungsfall s unten Rn 457). Kann bei Vereinbarung einer **kapazitätsorientierten variablen Arbeitszeit** (§ 12 TzBfG) die vereinbarte oder als vereinbart geltende wöchentliche Arbeitszeit (§ 12 Abs 1 TzBfG) nicht mehr erbracht werden (s oben Rn 36), bemisst sich die Vergütung nach dem noch nicht abgerufenen Arbeitszeitvolumen; § 12 Abs 4 TzBfG findet keine entsprechende 126

Anwendung, da § 616 BGB für die Aufrechterhaltung des Vergütungsanspruches nicht auf eine „regelmäßige Arbeitszeit“ abstellt, sondern entgegen § 326 Abs 1 BGB den Vergütungsanspruch für die tatsächlich ausgefallene Arbeitszeit aufrechterhält.

127 Die Anwendung des Entgeltausfallprinzips bereitet Schwierigkeiten, wenn der Dienstverpflichtete eine **leistungs- oder erfolgsabhängige Vergütung** erhält. Wegen der unterbliebenen Dienstleistung während der Dienstverhinderung fehlt zwar für diesen Zeitraum eine tatsächliche Bemessungsgrundlage, ihre Einbeziehung in die fortzugewährende Vergütung ist im Grundsatz aber unstreitig (s bereits RAG 20. 1. 1937 – RAG 219/36, ARS 29, 8; RAG 18. 11. 1941 – RAG 96/41, ARS 43, 273 f sowie BAG 6. 12. 1995 – 5 AZR 237/94, AP BGB § 611 Berufssport Nr 9; s aber auch für den Krankheitsfall näher unten Rn 449 f). Da der Dienstverpflichtete nach dem Zweck des § 616 S 1 BGB keine Einbuße seiner Vergütung erleiden soll, ist eine **hypothetische Betrachtung** erforderlich, die die von dem Dienstverpflichteten voraussichtlich erbrachte Leistung ermittelt (BAG 6. 12. 1995 – 5 AZR 237/94, AP BGB § 611 Berufssport Nr 9; MHdB ArbR/Tillmanns § 77 Rn 31). Kann auf eine tatsächlich eingetretene Entwicklung nicht abgestellt werden, dann entfalten die in der **Vergangenheit** durchschnittlich erbrachten Leistungen **indiziellen Charakter** (BAG 5. 6. 1985 – 5 AZR 459/83, AP HGB § 63 Nr 39). Ein **Referenzzeitraum** von einem Jahr verhindert regelmäßig Zufallsergebnisse (BAG 5. 6. 1985 – 5 AZR 459/83, AP HGB § 63 Nr 39), bei häufigen Abrechnungsperioden reichen jedoch auch kürzere Zeiträume aus.

128 Da § 616 S 1 BGB den Anspruch auf die vertraglich geschuldete Gegenleistung aufrechterhält, sind Zahlungen des Dienstberechtigten, die nicht den Charakter einer Vergütung besitzen, sondern **Aufwendungen** des Dienstverpflichteten ersetzen, während der Dienstverhinderung nicht fortzuzahlen (BAG 5. 6. 1985 – 5 AZR 459/83, AP HGB § 63 Nr 39; Erman/Belling/Riesenhuber § 616 Rn 66; BeckOGK/Bieder [1. 1. 2019] § 616 Rn 42. 2; BeckOK ArbR/Joussen § 616 BGB Rn 60; MHdB ArbR/Tillmanns § 77 Rn 31). Die **pauschalierte Gewährung** des Aufwendungsersatzes steht dem nicht entgegen. Eine Ausnahme gilt, wenn der pauschalierte Aufwendungsersatz eine **„versteckte“ Vergütung** enthält, dh wenigstens teilweise über das hinausgeht, was der Dienstverpflichtete im Fall der Dienstleistung erfahrungsgemäß für seine Aufwendungen in Anspruch genommen hätte. In dieser Konstellation ist der „versteckte“ Vergütungsanteil in die fortzugewährende Vergütung einzubeziehen (s auch unten Rn 451).

2. Anrechnungsbefugnis

129 § 616 S 2 BGB begründet zugunsten des Dienstberechtigten eine mit § 615 S 2 BGB vergleichbare Anrechnungsbefugnis; sie fehlt in § 19 Abs 1 Nr 2 BBiG und in § 3 Abs 1 S 1 EFZG, weil die dortige Pflicht des Arbeitgebers zur Fortzahlung der arbeitsvertraglich geschuldeten Vergütung gegenüber den Leistungen der gesetzlichen Kranken- bzw Unfallversicherung vorrangig ist (§ 44 Abs 1 SGB V). Die Anrechnung führt zu einer **Verringerung** oder einem **Wegfall des Vergütungsanspruches**. Diese Rechtsfolge tritt **nicht *ipso iure*** ein, sondern bedarf einer **Gestaltungserklärung** des Dienstberechtigten (näher zur Dogmatik der Anrechnungsbefugnis unten § 617 Rn 65 ff).

130 Das Gesetz beschränkt die Anrechnungsbefugnis auf **Leistungen der Kranken- oder Unfallversicherung**. Der Anrechnung unterliegen diese jedoch nur, wenn sie densel-

ben Zweck verfolgen, wie die vom Dienstberechtigten fortzuzahlende Vergütung (zustimmend TREBER, EFZG [2. Aufl 2007] § 616 BGB Rn 35). In Betracht kommen deshalb ausschließlich Leistungen, die einen **Verdienstausfall** des Dienstverpflichteten **ausgleichen** sollen (Krankengeld). Ausgeschlossen ist eine Anrechnung hingegen bei **sonstigen Leistungen** (zB Renten) **des Versicherungsträgers** (ERMAN/BELLING/RIESENHUBER § 616 Rn 70; SOERGEL/KRAFT § 616 Rn 36). Die praktische Bedeutung der Anrechnungsbefugnis ist gering, da zu den von § 616 S 2 BGB erfassten Leistungen vor allem das Krankengeld zählt (§§ 44 ff SGB V) und dieses nur subsidiär eingreift, solange und soweit der Versicherte kein Arbeitsentgelt erhält (vgl § 44 Abs 1 SGB V).

Das Gesetz beschränkt die Anrechnungsbefugnis im Hinblick auf die **Person des Leistenden** auf Leistungen eines **Trägers der Kranken- oder Unfallversicherung**, bei dem der Dienstverpflichtete **kraft Gesetzes versichert** ist. Es muss eine gesetzliche Verpflichtung zum Beitritt bestehen (PLANCK/GUNKEL § 616 Anm 3a). Leistungen einer vom Dienstberechtigten **freiwillig abgeschlossenen Versicherung** berechtigen unabhängig von der Person des Beitragszahlers nicht zur Anrechnung (RAG 16. 1. 1940 – RAG 140/39, ARS 38, 145; ERMAN/BELLING/RIESENHUBER § 616 Rn 70; NK-GA/BOECKEN § 616 BGB Rn 26; MünchKomm/HENSSLER § 616 Rn 63; HUECK/NIPPERDEY I § 44 III 1 d; BeckOK ArbR/JOUSSEN § 616 BGB Rn 63; SOERGEL/KRAFT § 616 Rn 35; HWK/KRAUSE § 616 BGB Rn 47; JAUERNIG/MANSEL § 616 Rn 12, SCHIMANA AuR 1956, 328). Das gilt unabhängig von der **Organisationsform des Versicherers**, entscheidend ist allein die kraft Gesetzes eintretende Versicherung. Die Anrechnungsbefugnis besteht deshalb auch dann nicht, wenn zwar ein Träger der **gesetzlichen Krankenversicherung** die Leistungen erbringt, der Dienstverpflichtete aber zum Kreis der **freiwillig Versicherten** (s § 9 SGB V) gehört. 131

Die Anrechnungsbefugnis erstreckt sich nicht auf Leistungen des Versicherungsträgers, die keinen Vergütungscharakter haben (ERMAN/BELLING/RIESENHUBER § 616 Rn 68) oder die nicht von einer Kranken- bzw Unfallversicherung erbracht werden. Sie erfasst insbesondere nicht **Entschädigungen** für den Dienstverpflichteten wegen eines Vergütungsausfalls, die Dritte gewähren (HUECK/NIPPERDEY I § 44 III 1 d; SOERGEL/KRAFT § 616 Rn 36; SCHAUB/LINCK, Arbeitsrechts-Handbuch [17. Aufl 2017] § 97 Rn 24; s insoweit auch STAUDINGER/MOHNEN/NEUMANN[10/11] § 616 Rn 49 ff). 132

Hat der **Dienstverpflichtete** die **Vergütung erhalten**, so steht dem **Dritten**, der eine **Entschädigung geleistet** hat, ein **Anspruch aus ungerechtfertigter Bereicherung** zu, wenn die Entschädigung einen Verdienstausfall abgelten soll (SOERGEL/KRAFT § 616 Rn 36; s auch BGH 30. 11. 1978 – III ZR 43/77, AP BSeuchG § 49 Nr 1). Eine Ausnahme gilt, wenn der Vergütungsanspruch tarifvertraglich für den Fall rechtswirksam abbedungen wird, dass Dritte den Arbeitnehmer wegen des Verdienstausfalls entschädigen (BAG 7. 12. 1956 – 3 AZR 393/54, AP BGB § 616 Nr 7). 133

3. Regress des Dienstberechtigten

a) Dogmatik des Ersatzanspruches

Tiefgreifende und die Fundamente des Schadensersatzrechts berührende Probleme wirft das Verhältnis zwischen der durch § 616 S 1 BGB oder vergleichbare Bestimmungen aufrechterhaltenen Pflicht zur Fortzahlung der Vergütung und einem **Schadensersatzanspruch** auf, der dem an der Dienstleistung verhinderten Dienstverpflichteten **gegenüber Dritten** zusteht. 134

135 Einigkeit besteht darin, dass der zur Fortzahlung der Vergütung verpflichtete **Dienstberechtigte keinen originären Schadensersatzanspruch** gegen den Dritten hat. Das geltende Deliktsrecht bietet für diesen keine tragfähige Grundlage (BGH 19. 6. 1952 – III ZR 295/51, BGHZ 7, 33 ff; Siebert, in: FS H Lehmann II [1956] 671 ff). Für einen Rückgriff auf die Figur des eingerichteten und ausgeübten Gewerbebetriebes (hierfür Dersch BB 1952, 891) fehlt es an der Unmittelbarkeit des Eingriffes (BGH 19. 6. 1952 – III ZR 295/51, BGHZ 7, 35 f; Selb, Schadensbegriff und Regressmethoden [1963] 54; Siebert, in: FS H Lehmann II [1956] 672 f; Sieg JZ 1954, 339).

136 Konstruktive Schwierigkeiten bereitet die Begründung eines **Schadensersatzanspruches des Dienstverpflichteten** hinsichtlich der vom Dienstberechtigten fortgezahlten Vergütung, der entweder im Wege einer cessio legis oder auf Grund einer Abtretung auf den Dienstberechtigten übergeht. Bei formaler Anwendung der das Schadensersatzrecht beherrschenden Differenzhypothese (zu dieser Staudinger/Schiemann [2017] § 249 Rn 4 ff) fehlt ein Schaden des Dienstverpflichteten, da er wegen der Vergütungsfortzahlung des Dienstberechtigten keinen **Verdienstausfallschaden** erleidet (RG 16. 11. 1940 – VI 65/40, RGZ 165, 239 f; Kollhosser AcP 166 [1966] 282 f; so auch noch Planck/Gunkel § 616 Anm 3e).

137 Trotz dieser Ausgangslage geht die inzwischen nahezu einhellige Ansicht davon aus, dass die vom Dienstberechtigten fortgezahlte Vergütung den **Schädiger nicht entlasten** darf (statt aller BGH 20. 6. 1974 – III ZR 27/73, BGHZ 62, 387; **aA** noch RG 16. 11. 1940 – VI 65/40, RGZ 165, 240; Siebert, in: FS H Lehmann II [1956] 270 ff). Im Wesentlichen sind **zwei** verschiedene konstruktive **Ansätze zur Begründung** eines Schadens zu unterscheiden.

138 Die wohl **überwiegende Auffassung**, namentlich die höchstrichterliche Rechtsprechung (zu deren Entwicklung Marschall vBieberstein, Reflexschäden und Regressrechte [1967] 75 ff), setzt bei der Differenzhypothese an und bejaht trotz der fortgezahlten Vergütung einen eigenen Schaden des Dienstverpflichteten (so vor allem BGH 19. 6. 1952 – III ZR 295/51, BGHZ 7, 49 ff; BGH 22. 6. 1956 – VI ZR 140/55, BGHZ 21, 119). Die Argumente für die **Durchbrechung der Differenzhypothese** sind allerdings schwankend. So berief sich der Bundesgerichtshof zunächst auf den Gedanken der **versagten Vorteilsausgleichung** (BGH 19. 6. 1952 – III ZR 295/51, BGHZ 7, 49), später zog er argumentativ einen **„normativen Schadensbegriff"** heran (BGH 27. 4. 1965 – VI ZR 124/64, BGHZ 43, 381 sowie auch BGH 16. 10. 2001 – VI ZR 408/00, NJW 2002, 129). Im Vordergrund steht bei diesem Verständnis der Zweck der vom Dienstberechtigten erbrachten Vergütungsleistung. Deren fürsorgerischer Charakter rechtfertige es nicht, dass sie den Schädiger entlaste (BGH 19. 6. 1952 – III ZR 295/51, BGHZ 7, 49 f; BGH 22. 6. 1956 – VI ZR 140/55, BGHZ 21, 114 ff).

139 Mit beiden Begründungsansätzen löste die Rechtsprechung vehementen **Widerspruch** aus, namentlich der Hinweis auf einen eigenen Schaden des Dienstverpflichteten über eine **versagte Vorteilsausgleichung** wurde kritisiert (so vor allem Kollhosser AcP 166 [1966] 282 ff; Siebert, in: FS H Lehmann II [1956] 677 ff; ablehnend bereits Wilburg JherJb 82 [1932] 80 f). Die Grundlage für die Kritik bildete bereits die Aussage des Reichsgerichtes, eine Berücksichtigung von Vorteilen, die der Geschädigte infolge des zum Schadensersatz verpflichtenden Ereignisses erhalte, komme erst in Betracht, wenn zuvor ein Vermögensnachteil entstanden sei (RG 16. 11. 1940 – VI 65/40,

RGZ 165, 239; so auch KOLLHOSSER AcP 166 [1966] 285; SIEBERT, in: FS H Lehmann II [1956] 678). Der Einwand gegenüber dem Reichsgericht ist im Kern berechtigt, wenn die Lehre von der Vorteilsausgleichung im Sinne einer streng logischen Abfolge begriffen wird. In Wirklichkeit geht es bei der Begründung eines eigenen Schadens des Dienstverpflichteten jedoch um das Problem, ob ein Umstand, der einen Vermögensschaden ausschließt, aus rechtlichen Gründen nicht berücksichtigt werden soll und deshalb eine Durchbrechung der Differenzhypothese eintritt (so mit Recht schon SIEBERT, in: FS H Lehmann II [1956] 678; SIEG JZ 1954, 338; s auch THIELE AcP 167 [1967] 216 ff).

Die **Gegenauffassung** im Schrifttum, die einen eigenen Schaden des Dienstverpflichteten verneint, gelangt jedoch nicht zu einer Entlastung des Schädigers, sondern greift auf die Figur der **Drittschadensliquidation** zurück, die den Dienstverpflichteten berechtigen soll, den beim Dienstberechtigten entstandenen Schaden geltend zu machen (so vor allem HUECK/NIPPERDEY I § 44 III 1 g bb mit Fn 84; KOLLHOSSER AcP 166 [1966] 306 f; SOERGEL/KRAFT § 616 Rn 40; SELB, Schadensbegriff und Regreßmethoden [1963] 63; offengelassen von BGH 19. 6. 1952 – III ZR 295/51, BGHZ 7, 51; ablehnend jedoch MARSCHALL vBIEBERSTEIN, Reflexschäden und Regreßrechte [1967] 230; SIEBERT, in: FS H Lehmann II [1956] 688 ff; SIEG JZ 1954, 339 f). Problematisch ist bei diesem Ansatz die Begründung eines Schadens beim Dienstberechtigten (s KOLLHOSSER AcP 166 [1966] 299; SIEG JZ 1954, 339 f). Der Rückgriff auf einen geminderten Gewinn des Dienstberechtigten (hierfür SIEBERT, in: FS H Lehmann II [1956] 690) ist in tatsächlicher Hinsicht zweifelhaft (LANGE, in: LANGE/SCHIEMANN, Schadensersatz [3. Aufl 2003] § 9 XI 1 c, S 529) und für eine alleinige Bezugnahme auf die fortgezahlte Vergütung fehlt der Kausalzusammenhang mit dem zum Schadensersatz verpflichtenden Ereignis, weil die Pflicht zur Fortzahlung der Vergütung kraft Gesetzes besteht und nicht auf einem freiwilligen Verhalten des Dienstberechtigten beruht (KOLLHOSSER AcP 166 [1966] 302 f, im Anschluss an TAUBE VersR 1954, 108). Wegen dieser Schwierigkeiten sei die Lehre von der Drittschadensliquidation fortzubilden, die sich hierfür von dem tradierten Dogma einer Schadensverlagerung lösen müsse (hierfür KOLLHOSSER AcP 166 [1966] 306 f; SOERGEL/KRAFT § 616 Rn 50; SELB, Schadensbegriff und Regreßmethoden [1963] 63 ff; dagegen aber SIEBERT, in: FS H Lehmann II [1956] 689 ff). 140

Im Ergebnis kann der konstruktive Weg der wohl herrschenden Meinung über einen **eigenen Schaden des Dienstverpflichteten** überzeugen. Die Differenzhypothese ist keine allgemeingültige, vorgesetzliche Maxime, sondern Ausdruck der normativen Basis des Schadensersatzrechts in § 249 Abs 1 BGB. Ungeachtet der allgemeinen Bestrebungen, die Differenzhypothese insbesondere wegen der von Dritten erlangten Vorteile von einer formal-rechnerischen zu einer normativ-wertenden Betrachtung fortzuentwickeln (s STAUDINGER/SCHIEMANN [2017] § 249 Rn 7, 137 ff), steht ihre Geltung und konkrete inhaltliche Ausgestaltung stets unter dem Vorbehalt abweichender spezieller gesetzlicher Regelungen und Wertungen. Dieser Aspekt entfaltet auch für die schadensersatzrechtliche Behandlung der vom Dienstberechtigten bzw Arbeitgeber geleisteten Entgeltfortzahlung entscheidende Bedeutung. 141

Hierfür bedarf es keines Rückgriffs auf § 843 Abs 4 BGB, dessen Verallgemeinerung (hierfür STAUDINGER/MOHNEN/NEUMANN[10/11] § 616 Rn 59; SCHIMANA AuR 1956, 328) zweifelhaft ist (s die Bedenken bei SIEBERT, in: FS H Lehmann II [1956] 684 f). Die **Durchbrechung der Differenzhypothese** ist vielmehr aus denjenigen **Vorschriften zur Entgeltfortzahlung im Krankheitsfall** abzuleiten, die einen gesetzlichen Übergang des Ersatzanspruches 142 auf den das Entgelt fortzahlenden Arbeitgeber anordnen. So sieht **§ 6 Abs 1 EFZG** den Übergang von Schadensersatzansprüchen „wegen des Verdienstausfalls" vor, obwohl der Arbeitgeber zur Fortzahlung der Vergütung verpflichtet ist. Als Schaden erkennt die genannte Vorschrift daher nicht die vom Arbeitgeber aufgewendete Vergütung, sondern einen beim Arbeitnehmer eingetretenen Verdienstausfall an (vgl BGH 20. 6. 1974 – III ZR 27/73, BGHZ 62, 386, wonach § 4 Abs 1 LFG [nunmehr: § 6 Abs 1 EFZG] einen Vermögensschaden des Arbeitnehmers fingiert). Hiermit hat das Gesetz die zuvor höchstrichterlich herausgearbeitete **Durchbrechung der Differenzhypothese** ausdrücklich **anerkannt** (ebenso Erman/Belling/Riesenhuber § 616 Rn 83, 156 sowie bereits vMaydell DB 1973 Beil 15, 9 mit Fn 119; **aA** jedoch Bickel DB 1970, 1128 ff, der unter der Geltung des § 4 LFG [nunmehr: § 6 EFZG] einen eigenen Schaden des Arbeiters verneinte und die Norm deshalb für gegenstandslos hielt; gegen diese Sichtweise treffend GK-EFZR/Steckhan § 4 LFZG Rn 14), sodass ein Schaden des Arbeitnehmers nicht deshalb verneint werden kann, weil der Arbeitgeber die Vergütung auf Grund gesetzlicher Verpflichtung fortgewährt hat. Diese gesetzliche Wertentscheidung besitzt einen verallgemeinerungsfähigen Inhalt, der im Interesse einer wertungskonsistenten Anwendung des Schadensersatzrechts auch **auf andere Fälle auszudehnen** ist, in denen ein Schaden des Dienstverpflichteten bei formaler Anwendung der Differenzhypothese wegen der Vergütungsfortzahlung des Dienstberechtigten nicht eintritt.

b) Umfang des Schadensersatzes

143 Bei dem in Rn 142 befürworteten Ansatz bereitet der Umfang des Schadensersatzes konstruktive Schwierigkeiten. Aus Sicht des Schadensersatzrechts muss dieser so bemessen werden, als ob der Dienstberechtigte nicht zur Fortzahlung der Vergütung verpflichtet gewesen wäre. Obwohl die dogmatischen Begründungen jeweils nicht zweifelsfrei sind, umfasst der Schadensersatz die vom Dienstberechtigten gezahlte **Bruttovergütung** (BGH 30. 6. 1964 – VI ZR 81/63, BGHZ 42, 84; BGH 27. 4. 1965 – VI ZR 124/64, BGHZ 43, 382; BGH 15. 11. 1994 – VI ZR 194/93, NJW 1995, 390; stellvertretend für den Meinungsstand Marschall vBieberstein, Reflexschäden und Regreßrechte [1967] 232 ff mwNw). **Beitragsleistungen zur Sozialversicherung** sind in vollem Umfang zu erstatten und umfassen auch die **Arbeitgeberanteile zur Sozialversicherung** (BGH 27. 4. 1965 – VI ZR 124/64, BGHZ 43, 382 f; ebenso im Schrifttum zB Marschall vBieberstein, Reflexschäden und Regreßrechte [1967] 236 ff; **aA** noch BGH 19. 6. 1952 – III ZR 295/51, BGHZ 7, 53 sowie Soergel/Kraft § 616 Rn 40). In § 6 Abs 1 EFZG geht das Gesetz ebenfalls davon aus, dass der Schädiger insoweit zum Ersatz verpflichtet ist. Leistungen für eine **betriebliche Altersversorgung** erhöhen nach § 6 Abs 1 EFZG ebenfalls den Schaden. Sie sind jedoch nach zutreffender dogmatischer Würdigung als Arbeitsentgelt zu qualifizieren (zum Entgeltcharakter Steinmeyer, Betriebliche Altersversorgung und Arbeitsverhältnis [1991] 54 ff, 60 ff). Im Übrigen kann zur weiteren Konkretisierung auf die Grundsätze zu § 6 EFZG zurückgegriffen werden (zu diesen unten Rn 421 ff).

c) Abtretung des Ersatzanspruches

144 Sofern das Gesetz nicht wie in § 6 Abs 1 EFZG eine cessio legis des Ersatzanspruches anordnet (hinsichtlich einer Analogie zu § 67 VVG aF s einerseits ablehnend BGH 11. 1. 1966 – VI ZR 173/64, VersR 1966, 234; andererseits Marschall vBieberstein, Reflexschäden und Regreßrechte [1967] 224 f mit Fn 7 sowie Bürge, in: FS Lange [1992] 425 ff), ist der Dienstverpflichtete nach einhelliger Ansicht zur **Abtretung des Anspruches an den Dienstberechtigten** verpflichtet. Unterschiedlich sind die **Begründungsansätze**: Namentlich diejenigen Autoren, die auf eine **Drittschadensliquidation** zurückgreifen (oben Rn 140),

plädieren für die Anwendung des **§ 285 BGB** (zB Kollhosser AcP 166 [1966] 308; Selb, Schadensbegriff und Regreßmethoden [1963] 69 f; so aber auch Thiele AcP 167 [1967] 218 f). Der Bundesgerichtshof zieht demgegenüber alternativ den Rechtsgedanken in **§ 255 BGB** (BGH 22. 6. 1956 – VI ZR 140/55, BGHZ 21, 119 f; BGH 23. 5. 1989 – VI ZR 284/88, BGHZ 107, 329; hierfür auch Sieg JZ 1954, 340) und den **Dienstvertrag** heran (BGH 22. 6. 1956 – VI ZR 140/55, BGHZ 21, 119 f).

Gegen die Anwendung des § 285 BGB spricht, dass die Vorschrift nach tradierter Auffassung nur eingreift, wenn die Leistung eines Gegenstandes geschuldet ist (s Staudinger/Caspers [2014] § 285 Rn 22 f; ablehnend auch Soergel/Kraft § 616 Rn 39), sodass lediglich eine Analogie in Betracht kommt, die dann jedoch auch durch eine Gesamtanalogie zu den §§ 255, 285 BGB gebildet werden kann (s Marschall vBieberstein, Reflexschäden und Regressrechte [1967] 228 mit Fn 26). Die hiermit verbundenen konstruktiven Schwierigkeiten entfallen bei einem Rückgriff auf den Dienstvertrag, da sich die **Pflicht zur Abtretung** zwanglos auf die **allgemeinen Interessenwahrungspflichten** des Dienstverpflichteten (§ 241 Abs 2 BGB) stützen lässt (s Erman/Belling/Riesenhuber § 616 Rn 84; NK-GA/Boecken § 616 BGB Rn 26; MünchKomm/Henssler § 616 Rn 64; Soergel/Kraft § 616 Rn 39; HWK/Krause § 616 BGB Rn 48; Lange, in: Lange/Schiemann, Schadensersatz [3. Aufl 2003] § 9 XI 1d, S 530; MHdB ArbR/Tillmanns § 77 Rn 33). 145

Da der Dienstverpflichtete seinen Ersatzanspruch an den Dienstberechtigten abtreten muss, steht diesem **bis zur Abtretung** nach § 273 BGB ein **Zurückbehaltungsrecht** hinsichtlich der Vergütung zu (statt aller Erman/Belling/Riesenhuber § 616 Rn 80, 85; Grunsky JZ 1989, 800; MünchKomm/Henssler § 616 Rn 64; HWK/Krause § 616 BGB Rn 48; MHdB ArbR/Tillmanns § 77 Rn 33; allg Staudinger/Bittner [2014] § 255 Rn 40). Zulässig ist auch eine **antizipierte Abtretung** zukünftiger Ersatzansprüche im Rahmen eines **Formulararbeitsvertrages** (Erman/Belling/Riesenhuber § 616 Rn 84). Verhindert der Dienstverpflichtete durch anderweitige Verfügung über den Ersatzanspruch dessen Übergang auf den Dienstberechtigten, so führt dies zu einer Schadensersatzpflicht gegenüber dem Dienstberechtigten aus § 280 Abs 1 BGB (Erman/Belling/Riesenhuber § 616 Rn 85). 146

Der **Schadensersatzanspruch verändert** durch den kraft Gesetzes oder Abtretung eintretenden Übergang auf den Dienstberechtigten **nicht seinen rechtlichen Inhalt**. Deshalb kann der Schädiger auch dem Dienstberechtigten ein **Mitverschulden des Dienstverpflichteten** entgegenhalten (§ 404 BGB; Erman/Belling/Riesenhuber § 616 Rn 86; zu § 6 EFZG unten Rn 418). Ein Übergang des Ersatzanspruches ist ausgeschlossen, wenn diesem die **§§ 104, 105 SGB VII** entgegenstehen (hierzu näher unten § 618 Rn 327 ff). Ferner gelangt der **Rechtsgedanke des § 86 Abs 3 VVG** auch dann zur Anwendung, wenn der Ersatzanspruch nicht kraft Gesetzes, sondern infolge einer Abtretung auf einen Dritten übergeht (so mit Recht Erman/Belling/Riesenhuber § 616 Rn 87 sowie bereits Marschall vBieberstein, Reflexschäden und Regreßrechte [1967] 228; zur Rechtslage im Rahmen des § 6 EFZG s unten Rn 417). 147

VI. Abweichende Vereinbarungen

Die Regelung in § 616 S 1 BGB ist – wie sich im Gegenschluss aus § 619 BGB ergibt – **dispositiver Natur** (allgM vgl BAG 6. 12. 1956 – 2 AZR 192/56, AP BGB § 616 Nr 8; BAG 16. 12. 1960 – 1 AZR 204/59, AP BGB § 616 Nr 30; BAG 14. 2. 1962 – 4 AZR 37/61, AP BGB 148

§ 616 Nr 35; BAG 25. 10. 1973 – 5 AZR 156/73, AP BGB § 616 Nr 43; BAG 20. 6. 1979 – 5 AZR 479/77, AP BGB § 616 Nr 49; BAG 25. 8. 1982 – 4 AZR 1064/79, AP BGB § 616 Nr 55; BAG 8. 12. 1982 – 4 AZR 134/80, AP BGB § 616 Nr 58; BGH 30. 11. 1978 – III ZR 43/77, AP BSeuchG § 49 Nr 1; sowie bereits RAG 16. 5. 1928 – RAG 1/28, ARS 3, 6; RAG 19. 1. 1929 – RAG 334/28, ARS 5, 123; RAG 10. 1. 1940 – RAG 70/39, ARS 38, 224; RAG 27. 2. 1942 – RAG 141/41, ARS 44, 156; für das Schrifttum zB Erman/Belling/Riesenhuber § 616 Rn 12; BeckOGK/Bieder [1. 1. 2019] § 616 Rn 47; MünchKomm/Henssler § 616 Rn 66; Hueck/Nipperdey I § 44 III 1 f; BeckOK ArbR/Joussen § 616 BGB Rn 6; NK-BGB/Klappstein § 616 Rn 19; Soergel/Kraft § 616 Rn 4; HWK/Krause § 616 BGB Rn 49; Kunze/Wedde, EFZR [2. Aufl 2005] § 616 BGB Rn 25; Schaub/Linck, Arbeitsrecht-Handbuch [17. Aufl 2017] § 97 Rn 22; Löwisch/Caspers/Klumpp, Arbeitsrecht [11. Aufl 2017] Rn 360; ArbR-BGB/Matthes § 616 Rn 53; ErfKomm/Preis § 616 BGB Rn 13; Schmitt/Schmitt, EFZG/AAG [8. Aufl 2018] § 616 BGB Rn 51; MHdB ArbR/Tillmanns § 77 Rn 12; Treber, EFZG [2. Aufl 2007] § 616 BGB Rn 38; Vogelsang, Entgeltfortzahlung Rn 904).

149 Der abweichenden Ansicht, die sich auf die teleologische Fundierung der Norm mittels der Fürsorgepflicht stützt und die Vorschrift zugunsten des Dienstverpflichteten einschränkungslos als zwingend ansieht (so Dersch RdA 1952, 56 f), stehen wegen § 619 BGB systematische Bedenken entgegen. Auch der Zweck der Fürsorgepflicht erfordert es nicht, dieser stets und in allen Ausprägungen zugunsten des Dienstverpflichteten zwingenden Charakter zuzuweisen (so mit Recht schon RAG 30. 10. 1940 – RAG 197/39, ARS 40, 286 f sowie allg BAG 5. 3. 1959 – 2 AZR 268/56, AP BGB § 611 Fürsorgepflicht Nr 26; MHdB ArbR/Reichold § 91 Rn 15).

150 Wegen der dispositiven Rechtsnatur des § 616 S 1 BGB darf von der Vorschrift stets **zugunsten des Dienstverpflichteten** abgewichen werden. Das gilt im Grundsatz auch bei einer für den Dienstverpflichteten **nachteiligen Abrede** (HWK/Krause § 616 BGB Rn 49; ErfKomm/Preis § 616 BGB Rn 13; MHdB ArbR/Tillmanns § 77 Rn 12). Dabei beschränkt sich die Dispositivität des § 616 S 1 BGB nicht nur auf die zur Fortzahlung der Vergütung führenden Gründe in der Person des Dienstverpflichteten. Vielmehr ist § 616 S 1 BGB auch hinsichtlich der **Rechtsfolgen** abdingbar. Statt des in § 616 S 1 BGB niedergelegten **Entgeltausfallprinzips** (s oben Rn 124) kann deshalb die Anwendung eines **Referenzprinzips** vereinbart werden (ebenso Erman/Belling/Riesenhuber § 616 Rn 60).

151 Teile des Schrifttums fordern zumindest für den **vollständigen Ausschluss** des § 616 S 1 BGB eine **sachliche Rechtfertigung** (zB durch die Besonderheiten des Wirtschaftszweiges oder eines Betriebes; so bereits Schimana AuR 1956, 330; einschränkend auch RAG 30. 10. 1940 – RAG 197/39, ARS 40, 287, wonach die abweichende Regelung nicht gegen den Rechtsgedanken der Treue- und Fürsorgepflicht verstoßen darf). Gegen eine uneingeschränkte Dispositivität zum Nachteil des Dienstverpflichteten wendet sich auch Kempen, der den Wesensgehalt der Grundrechte als Schranke heranzieht, die er jedoch als gewahrt ansieht, solange dem Dienstverpflichteten ein Anspruch auf unbezahlte Freistellung verbleibt (Kempen ArbRGegW 25 [1988] 91 ff).

152 Im Grundsatz ist diesem Versuch zur **Beschränkung der privatautonomen Gestaltungsfreiheit** – der seine allgemeine Grundlage in der Lehre von der Ordnungsfunktion der dispositiven Rechtssätze findet (s Enneccerus/Nipperdey, Allgemeiner Teil des Bürgerlichen Rechts I [15. Aufl 1959] § 49 III) – **nicht zu folgen**. Es widerspricht dem Zweck abdingbarer Vorschriften, wenn für eine Abweichung von ihnen ein generelles Rechtfertigungserfordernis bestünde (so auch Erman/Belling/Riesenhuber § 616 Rn 13; MünchKomm/Henssler § 616 Rn 67; BeckOK ArbR/Joussen § 616 BGB Rn 7; Soergel/Kraft § 616 Rn 4 [anders noch in der 11. Aufl]; HWK/Krause § 616 BGB Rn 49; Thome 209 f); eine Ausnahme ist wegen § 307 Abs 2 BGB nur bei **einseitig formulierten Vertragsbedingungen** zu erwägen (BGB-RGRK/Matthes § 616 Rn 56; MHdB ArbR/Tillmanns § 77 Rn 13; Thome 211 f). So sehen im Schrifttum beachtliche Stimmen in einem generellen Ausschluss des § 616 ohne sachliche Rechtfertigung eine unangemessene Benachteiligung im Sinne des § 307 Abs 1 und 2 BGB (so HWK/Krause § 616 BGB Rn 50; MHdB ArbR/Tillmanns § 77 Rn 13; Treber, EFZG [2. Aufl 2007] § 616 BGB Rn 40; im Grds auch Däubler, Arbeitsrecht 2 [12. Aufl 2009] Rn 853a sowie NK-GA/Boecken § 616 BGB Rn 4, wenn eine Kompensation fehlt; **aA** jedoch BeckOK ArbR/Joussen § 616 BGB Rn 7; Schaub/Linck, Arbeitsrechts-Handbuch [17. Aufl 2017] § 97 Rn 23; wohl auch BAG 7. 2. 2007 – 5 AZR 270/06, ZTR 2007, 392 f).

Eine abweichende Konzeption enthält **§ 19 Abs 1 Nr 2 lit b BBiG**. Wegen § 25 BBiG darf von dieser Norm **nur zugunsten des Auszubildenden** abgewichen werden; **Abweichungen zu Ungunsten des Auszubildenden** werden ausdrücklich **untersagt**. Das gilt entsprechend für die **Entgeltfortzahlung im Krankheitsfall**. Für diese ordnet § 12 EFZG an, dass – mit Ausnahme des § 4 Abs 4 EFZG – von den Vorschriften des Entgeltfortzahlungsgesetzes **nicht zu Ungunsten des Arbeitnehmers** abgewichen werden darf (s unten Rn 508 ff). Die in dem generellen Ausschluss abweichender Abreden zu Ungunsten des Auszubildenden bzw des Arbeitnehmers liegende Ungleichbehandlung gegenüber den von § 616 BGB erfassten Dienstverpflichteten ist durch die Besonderheiten des Berufsausbildungsverhältnisses bzw die gesteigerte Schutzbedürftigkeit des Arbeitnehmers im Krankheitsfall gerechtfertigt. 153

Hinsichtlich § 616 BGB sind Modifizierungen insbesondere durch **Tarifverträge** zulässig (zB BAG 7. 12. 1956 – 3 AZR 393/54, AP BGB § 616 Nr 7; BAG 6. 12. 1956 – 2 AZR 192/56, AP BGB § 616 Nr 8; BAG 25. 4. 1960 – 1 AZR 16/58, AP BGB § 616 Nr 23; BAG 16. 12. 1960 – 1 AZR 204/59, AP BGB § 616 Nr 30; BAG 14. 2. 1962 – 4 AZR 37/61, AP BGB § 616 Nr 35; BAG 23. 10. 1963 – 4 AZR 33/63, AP BGB § 616 Nr 37; BAG 26. 2. 1964 – 4 AZR 257/63, AP BGB § 616 Nr 38; BAG 25. 10. 1973 – 5 AZR 156/73, AP BGB § 616 Nr 43; BAG 20. 6. 1979 – 5 AZR 479/77, AP BGB § 616 Nr 49; BAG 20. 6. 1979 – 5 AZR 392/78, AP BGB § 616 Nr 51; BAG 25. 8. 1982 – 4 AZR 1064/79, AP BGB § 616 Nr 55; BAG 8. 12. 1982 – 4 AZR 134/80, AP BGB § 616 Nr 58; BAG 9. 3. 1983 – 4 AZR 62/80, AP BGB § 616 Nr 60; BAG 27. 4. 1983 – 4 AZR 506/80, AP BGB § 616 Nr 61; BAG 9. 1. 1985 – 5 AZR 415/82, AP LohnFG § 1 Nr 62; BAG 7. 3. 1990 – 5 AZR 189/89, AP BGB § 616 Nr 83; BAG 20. 6. 1995 – 3 AZR 857/94, AP BGB § 616 Nr 94; BAG 18. 1. 2001 – 6 AZR 492/99, AP BAT § 52 Nr 8; BAG 13. 12. 2001 – 6 AZR 30/01, AP MTArb § 33 Nr 1; bereits auch RAG 19. 1. 1929 – RAG 334/28, ARS 5, 123; ferner HKK/Rückert § 616 Rn 79; Schmücker, Der § 616 BGB in Tarifverträgen [1931]). Diese enthalten regelmäßig eine **Konkretisierung**, bei welchen Lebenssachverhalten eine **„verhältnismäßig nicht erhebliche" Dienstverhinderung** vorliegt. Die entsprechenden Tarifnormen haben – sofern deren Auslegung kein abweichendes Ergebnis rechtfertigt – **abschließenden Charakter** und versperren einen subsidiären Rückgriff auf § 616 S 1 BGB (BAG 6. 12. 1956 – 2 AZR 192/56, AP BGB § 616 Nr 8; BAG 14. 2. 1962 – 4 AZR 37/61, AP BGB § 616 Nr 35; BAG 26. 2. 1964 – 4 AZR 257/63, AP BGB § 616 Nr 38; BAG 25. 8. 1982 – 4 AZR 1064/79, AP BGB § 616 Nr 55; BAG 8. 12. 1982 – 4 AZR 134/80, AP BGB § 616 Nr 58; BAG 9. 3. 1983 – 4 AZR 62/80, AP BGB § 616 Nr 60; BAG 27. 4. 1983 – 4 AZR 506/80, AP BGB § 616 Nr 61; BAG 29. 2. 1984 – 5 AZR 455/81, AP BGB § 616 Nr 64; BAG 9. 1. 1985 – 5 AZR 415/82, AP LohnFG § 1 Nr 62; BAG 7. 3. 1990 – 5 AZR 189/89, AP 154

BGB § 616 Nr 83; BAG 20. 6. 1995 – 3 AZR 857/94, AP BGB § 616 Nr 94; BAG 18. 1. 2001 – 6 AZR 492/99, AP BAT § 52 Nr 8; BAG 13. 12. 2001 – 6 AZR 30/01, AP MTArb § 33 Nr 1; abweichend im Grundansatz noch BAG 13. 11. 1969 – 4 AZR 35/69, AP BGB § 616 Nr 41, wo umgekehrt für einen abschließenden Charakter der Regelung deutliche Anhaltspunkte verlangt wurden; ebenso Kunz/Wedde, EFZR [2. Aufl 2005] § 616 BGB Rn 26; Schmitt/Schmitt, EFZG/AAG [8. Aufl 2018] § 616 BGB Rn 52; hiergegen jedoch mit Recht Soergel/Kraft § 616 Rn 4). Das gilt nicht, wenn die aufgeführten Lebenssachverhalte ggf auf Grund einer Auslegung lediglich exemplarische Bedeutung haben sollen (BAG 25. 4. 1960 – 1 AZR 16/58, AP BGB § 616 Nr 23; BAG 25. 10. 1973 – 5 AZR 156/73, AP BGB § 616 Nr 43).

155 Sieht der Tarifvertrag eine Fortzahlung der Vergütung an bestimmten Tagen für **bestimmte Anlässe** vor, so weicht er auch von dem für § 616 S 1 BGB geltenden Grundsatz ab, dass eine Fortzahlung der Vergütung nur für den Fall geschuldet wird, dass die Arbeitsleistung für den Dienstverpflichteten unzumutbar gewesen sein muss (BAG 14. 2. 1962 – 4 AZR 37/61, AP BGB § 616 Nr 35; BAG 12. 12. 1973 – 4 AZR 75/73, AP BGB § 616 Nr 44). Diese Voraussetzung entfällt bei derartigen Abreden. Erforderlich ist jedoch stets ein **zeitlicher Zusammenhang** zwischen der Arbeitsversäumnis und dem Ereignis, für das der Tarifvertrag eine Fortzahlung der Vergütung anordnet (BAG 14. 2. 1962 – 4 AZR 37/61, AP BGB § 616 Nr 35; BAG 26. 2. 1964 – 4 AZR 257/63, AP BGB § 616 Nr 38). Wegen der Dispositivität des § 616 S 1 BGB ist es zumindest im Hinblick auf diese Vorschrift nicht zu beanstanden, wenn der Tarifvertrag eine Pflicht zur Vergütungsfortzahlung für den Fall ausschließt, dass der Arbeitnehmer von Dritten eine Aufwandsentschädigung erhält und diese auch einen Verdienstausfall ausgleicht (BAG 19. 4. 1956 – 2 AZR 416/54, AP BGB § 616 Nr 5).

156 Zu einer von § 616 BGB abweichenden Vereinbarung sind auch die **Individualvertragsparteien** berechtigt (BAG 6. 12. 1956 – 2 AZR 192/56, AP BGB § 616 Nr 8; BAG 25. 4. 1960 – 1 AZR 16/58, AP BGB § 616 Nr 23; BAG 25. 10. 1973 – 5 AZR 156/73, AP BGB § 616 Nr 43; BAG 20. 6. 1979 – 5 AZR 479/77, AP BGB § 616 Nr 49). Diese kann **ausdrücklich**, aber auch **konkludent** getroffen werden (OLG Dresden 25. 6. 1915, OLGRspr 34, 65; Erman/Belling/Riesenhuber § 616 Rn 17; BeckOGK/Bieder [1. 1. 2019] § 616 Rn 47; BeckOK ArbR/Joussen § 616 BGB Rn 6; MHdB ArbR/Tillmanns § 77 Rn 13). Ein konkludenter Ausschluss des § 616 S 1 BGB ist aber nicht bereits aus dem Umstand abzuleiten, dass andere gesetzliche Vorschriften Dritte zum Ersatz des Vergütungsausfalls verpflichten (so aber OLG Dresden 25. 6. 1915, OLGRspr 34, 65). Ob die Individualvertragsparteien den Anspruch auf Fortzahlung der Vergütung für den Eintritt einer persönlichen Dienstverhinderung vollständig ausschließen dürfen, ließ das Bundesarbeitsgericht ausdrücklich offen (BAG 20. 6. 1979 – 5 AZR 479/77, AP BGB § 616 Nr 49), Teile des Schrifttums verlangen eine sachliche Rechtfertigung für den vollständigen Ausschluss (s oben Rn 151). Den Ausschluss oder die Modifizierung des § 616 S 1 BGB können sowohl einzelvertragliche Abreden als auch **Allgemeine Arbeitsbedingungen** herbeiführen. Die Pflicht zur Fortzahlung der Vergütung nach § 616 S 1 BGB kann deshalb nicht nur in **Einheitlichen Arbeitsbedingungen**, sondern auch auf Grund einer **betrieblichen Übung** abbedungen sein (im Grundsatz auch Erman/Belling/Riesenhuber § 616 Rn 17).

157 Der gänzliche oder teilweise Ausschluss der durch § 616 S 1 BGB begründeten Pflicht zur Fortzahlung der Vergütung ist trotz der Dispositivität der Norm im Hinblick auf **§ 46 Abs 2 SGB I** zweifelhaft, wenn statt des Arbeitgebers ein **Sozial-**

versicherungsträger ganz oder teilweise zum **Ersatz der ausfallenden Vergütung** verpflichtet ist und dessen Leistungspflicht nur dadurch entsteht, dass die Vergütungspflicht des Arbeitgebers abbedungen wird (zB bei der Pflege erkrankter Kinder – § 45 Abs 3 SGB V). Sowohl das Verbot von Verträgen zu Lasten Dritter als auch der in § 46 Abs 2 SGB I zum Ausdruck gelangte Rechtsgedanke stehen in dieser Konstellation der Rechtswirksamkeit individual- oder tarifvertraglicher Ausschlüsse oder Einschränkungen der durch § 616 S 1 BGB vorgeschriebenen Pflicht des Dienstberechtigten zur Fortzahlung der Arbeitsvergütung entgegen (ebenso Heckelmann SAE 1977, 262; Hofmann, in: 25 Jahre Bundesarbeitsgericht [1979] 236; BeckOK ArbR/Joussen § 616 BGB Rn 8; Oetker SGb 1984, 196; s auch schon vMaydell DB 1973 Beil 15, 8, der aber keine Rückschlüsse auf die Rechtswirksamkeit des Verzichts ableitet; **aA** jedoch Eichenhofer VSSR 1991, 188 f, 196 f; MHdB ArbR/Tillmanns § 77 Rn 14; zurückhaltend auch Salje NZA 1990, 301 ff). Solange die zur Leistungspflicht des Sozialversicherungsträgers führende Abrede als rechtswirksam betrachtet wird, bleibt zu überlegen, ob der Sozialversicherungsträger der Geltendmachung der Sozialleistung das Verbot des venire contra factum proprium entgegenhalten kann oder dessen Leistungspflicht ruht (s näher unten Rn 537).

VII. Darlegungs- und Beweislast

1. Objektiver Tatbestand

Hinsichtlich der Verteilung der Darlegungs- und Beweislast ist – angesichts fehlender spezialgesetzlicher Vorschriften – zunächst von der **allgemeinen Regel** auszugehen, nach der der Anspruchssteller **alle anspruchsbegründenden Tatsachen** darlegen und beweisen muss (s zB BGH 25. 1. 1989 – IVb ZR 44/88, NJW 1989, 1729 mwNw). Da § 326 Abs 1 S 1 BGB zum Erlöschen des Anspruches führen würde und der Dienstberechtigte hierfür mit Ausnahme des fehlenden Verschuldens des Schuldners (§ 280 Abs 1 S 2 BGB) die Darlegungs- und Beweislast trägt, obliegt es dem **Dienstverpflichteten**, die **Voraussetzungen** für die Durchbrechung des § 326 Abs 1 S 1 BGB in **§ 616 S 1 BGB** darzulegen und zu beweisen. 158

Die Vorschrift des § 616 S 1 BGB hat im Hinblick auf die Rechtsfolge des § 326 Abs 1 S 1 BGB die Qualität einer **anspruchserhaltenden Norm** (ebenso Erman/Belling/Riesenhuber § 616 Rn 89: anspruchserhaltende Gegennorm; ähnlich Palandt/Weidenkaff § 616 Rn 7: „rechtserhaltende Einwendung"), die im Hinblick auf die Verteilung der Darlegungs- und Beweislast keine andere Behandlung erfahren kann als anspruchsbegründende Normen. Bei Anwendung der allgemeinen Grundsätze ist § 326 Abs 1 S 1 BGB eine Einwendung gegenüber dem Vergütungsanspruch und § 616 S 1 BGB eine Gegennorm, für deren Eingreifen stets der Gläubiger des Anspruchs die Darlegungs- und Beweislast trägt (s allg BGH 25. 1. 1989 – IVb ZR 44/88, NJW 1989, 1729 mwNw). 159

Deshalb muss der **Dienstverpflichtete** darlegen und gegebenenfalls beweisen, dass eine **Dienstverhinderung** eingetreten ist, der Grund für diese in seinen **persönlichen Verhältnissen** lag und eine **verhältnismäßig nicht erhebliche Zeit** in Anspruch nahm (allg Ansicht, s Erman/Belling/Riesenhuber § 616 Rn 90 ff; BeckOGK/Bieder [1. 1. 2019] § 616 Rn 52; NK-GA/Boecken § 616 BGB Rn 28; MünchKomm/Henssler § 616 Rn 68; BeckOK ArbR/Joussen § 616 BGB Rn 55; NK-BGB/Klappstein § 616 Rn 20; Soergel/Kraft § 616 Rn 37; Leisten, in: Baumgärtel/Laumen/Prütting [Hrsg], Handbuch der Beweislast [3. Aufl 2009] § 616 160

Rn 2; Schaub/Linck, Arbeitsrechts-Handbuch [17. Aufl 2017] § 97 Rn 20; Sieg JZ 1963, 162 f; MHdB ArbR/Tillmanns § 77 Rn 34). Bei der Betreuung erkrankter Kinder genügt in der Regel die **ärztliche Bescheinigung nach § 45 Abs 1 SGB V**, um die Pflegebedürftigkeit des Kindes durch den Dienstverpflichteten nachzuweisen (BAG 20. 6. 1979 – 5 AZR 361/78, AP BGB § 616 Nr 50); Entsprechendes gilt nach **§ 2 Abs 2 S 2 PflegeZG** bei einer Betreuung pflegebedürftiger Angehöriger. Zum Beweiswert einer **Arbeitsunfähigkeitsbescheinigung** (§ 5 Abs 1 S 2 EFZG) s Rn 539 ff sowie BGH 16. 10. 2001 – VI ZR 408/00, NJW 2002, 128 f.

2. Fehlendes Verschulden

161 Die Verteilung der Darlegungs- und Beweislast hinsichtlich des Merkmals **„ohne sein Verschulden"** ist umstritten. Nach dem allgemeinen Grundsatz ist für deren Vorliegen an sich der Dienstverpflichtete darlegungs- und beweispflichtig, da es sich um ein **(negatives) Tatbestandsmerkmal** derjenigen Norm handelt, die als Gegennorm die zum Erlöschen des Anspruchs führende Regel des § 326 Abs 1 S 1 BGB durchbricht (s oben Rn 18). Die Darlegungs- und Beweislast für die tatbestandlichen Voraussetzungen anspruchserhaltender (Gegen-)Normen, die Einwendungen des Schuldners ausräumen, trägt nach allgemeinen Grundsätzen der Anspruchssteller (BGH 25. 1. 1989 – IVb ZR 44/88, NJW 1989, 1729 mwNw).

162 Gleichwohl geht die **überwiegende Ansicht** sowohl zu § 616 S 1 BGB als auch zu den Vorschriften, die eine Fortzahlung der Vergütung im Krankheitsfall anordnen, davon aus, dass es dem **Dienstberechtigten** obliegt, das Verschulden des Dienstverpflichteten darzulegen und gegebenenfalls zu beweisen (so zB BAG 20. 5. 1959 – 2 AZR 452/58, AP ArbKrankhG § 2 Nr 1; BAG 9. 4. 1960 – 2 AZR 457/57, AP HGB § 63 Nr 12; BAG 23. 11. 1971 – 1 AZR 404/70, AP LohnFG § 1 Nr 9; BAG 7. 12. 1972 – 5 AZR 350/72, AP LohnFG § 1 Nr 26; BAG 1. 6. 1983 – 5 AZR 536/80, AP LohnFG § 1 Nr 52; BAG 11. 11. 1987 – 5 AZR 497/86, AP BGB § 616 Nr 75; BAG 7. 8. 1991 – 5 AZR 410/90, AP LohnFG § 1 Nr 94; Erman/Belling/Riesenhuber § 616 Rn 94; BeckOGK/Bieder [1. 1. 2019] § 616 Rn 52; NK-GA/Boecken § 616 BGB Rn 28; Brecht, Entgeltfortzahlung § 3 EFZG Rn 39; BeckOK BGB/Fuchs/Baumgärtner § 616 Rn 14; MünchKomm/Henssler § 616 Rn 68; Hueck/Nipperdey I § 44 III 1 c; BeckOK ArbR/Joussen § 616 BGB Rn 56; NK-BGB/Klappstein § 616 Rn 20; Soergel/Kraft § 616 Rn 38; Leisten, in: Baumgärtel/Laumen/Prütting [Hrsg], Handbuch der Beweislast [3. Aufl 2009] § 616 Rn 5; Schaub/Linck, Arbeitsrechts-Handbuch [17. Aufl 2017] § 97 Rn 20; ArbR-BGB/Matthes § 616 Rn 16; Staudinger/Mohnen/Neumann[10/11] § 616 Rn 26; Prütting Anm zu BAG EzA § 1 LohnFG Nr 69).

163 Dieser Abkehr von den allgemeinen Grundsätzen der Darlegungs- und Beweislast widersprechen indessen Teile des Schrifttums. Ihrer Ansicht nach trägt der Dienstverpflichtete die Darlegungs- und Beweislast für sein fehlendes Verschulden hinsichtlich der zur Dienstverhinderung führenden Umstände (so zB Fischer DB 1961, 1227; Hofmann ZfA 1979, 330 ff; Krasney DOK 1971, 61 ff; Lepke DB 1972, 923; Münkel 65 ff; Schmitt/Schmitt, EFZG/AAG [8. Aufl 2018] § 616 BGB Rn 47; Schneck DB 1972, 926; Sieg JZ 1963, 163 f; Sonnleitner, Entgeltfortzahlung bei Alkoholismus unter besonderer Berücksichtigung der Verschuldensproblematik [1994] 160 f; Thome 196 ff; MHdB ArbR/Tillmanns § 77 Rn 34; ebenso schon im älteren Schrifttum Planck/Gunkel § 616 Anm 2b; Oertmann § 616 Anm 3).

164 Mit den allgemeinen Grundsätzen zur Verteilung der Darlegungs- und Beweislast und der Normstruktur des § 616 S 1 BGB lässt sich die hM nicht vereinbaren (kritisch

auch Hofmann ZfA 1979, 326 ff). Das **fehlende Verschulden ist** kein anspruchshindernder Umstand, sondern eine **tatbestandliche Voraussetzung**, damit der Vergütungsanspruch des Dienstverpflichteten entgegen § 326 Abs 1 S 1 BGB aufrechterhalten bleibt (so mit Recht schon Fischer DB 1961, 1227; Lepke DB 1972, 923; Schmitt/Schmitt, EFZG/AAG [8. Aufl 2018] § 616 BGB Rn 48; Sieg JZ 1963, 163; MHdB ArbR/Tillmanns § 77 Rn 34). Mit den allgemeinen Grundsätzen zur Verteilung der Darlegungs- und Beweislast lässt sich die hM deshalb allenfalls vereinbaren, wenn § 616 Abs 1 BGB rechtsdogmatisch entgegen der hiesigen Ansicht nicht als Gegennorm, die die rechtsvernichtende Einwendung des § 326 Abs 1 S 1 BGB durchbricht, sondern als eigenständige Anspruchsgrundlage qualifiziert wird. Hierfür fehlen jedoch überzeugende Anhaltspunkte im geltenden Gesetzesrecht (zur fehlenden Anspruchsqualität des § 616 S 1 oben Rn 21). Der systematische Zusammenhang zwischen § 616 S 1 BGB und § 326 Abs 1 S 1 BGB rechtfertigt keine abweichende Würdigung.

Zur **Begründung der hM** stützte sich das Bundesarbeitsgericht zunächst auf den **Erfahrungssatz**, dass die schuldhafte Herbeiführung einer Erkrankung ein Einzelfall sei (BAG 9. 4. 1960 – 2 AZR 457/57, AP HGB § 63 Nr 12). Der hiermit angedeutete Rückgriff auf die Grundsätze des prima-facie-Beweises rechtfertigt keine Umkehr der Darlegungs- und Beweislast, sondern lediglich eine Beweiserleichterung zugunsten derjenigen Partei, der der wahrscheinliche Geschehensverlauf zu Gute kommt (so mit Recht Birk Anm zu BAG AP LohnFG § 1 Nr 9; Lepke DB 1972, 924). Auch der Hinweis auf die **Menschenwürde** (so BAG 9. 4. 1960 – 2 AZR 457/57, AP HGB § 63 Nr 12) kann nicht überzeugen, solange der Nachweis unterbleibt, dass die Belastung des Dienstverpflichteten mit der Darlegungs- und Beweislast gegen die Menschenwürde verstößt (kritisch auch Hofmann ZfA 1979, 329). 165

Zusätzlich verweist die hM zur Begründung auf den **fürsorgerischen Zweck** der Vorschrift, der es nicht rechtfertige, den Dienstverpflichteten mit dem Nachteil eines non liquet zu belasten (so noch Baumgärtel/Baumgärtel, Handbuch der Beweislast im Privatrecht I [2. Aufl 1991] § 616 BGB Rn 8). Die Überzeugungskraft dieser Erwägung beschränkt sich jedoch – wie die hiesigen Ausführungen zum Normzweck zeigen (s oben Rn 9 ff) – allenfalls auf die Gruppe der Arbeitsverhältnisse, lässt sich jedoch nicht auf alle Dienstverhältnisse ausdehnen. Darüber hinaus dürften auch die allgemeinen Grundsätze regelmäßig zu sachgerechten Ergebnissen führen, die selbst mit einem fürsorgerischen Normfundament vereinbar sind. 166

Selbst wenn der Dienstverpflichtete die Darlegungs- und Beweislast für sein fehlendes Verschulden trägt, bleibt zu beachten, dass das Merkmal **„ohne sein Verschulden“** die Qualität einer **„negativen Tatsache“** hat (Fischer DB 1961, 1227; Lepke DB 1972, 923; Schmitt/Schmitt, EFZG/AAG [8. Aufl 2018] § 616 BGB Rn 48; Sieg JZ 1963, 164; MHdB ArbR/Tillmanns § 77 Rn 34). Im Hinblick auf die mit ihrem Nachweis verbundenen Schwierigkeiten für die darlegungs- und beweisbelastete Partei tritt zwar keine Umkehr der Beweislast ein, diese beschränkt sich aber auf die **Widerlegung derjenigen Tatsachen, die der Dienstberechtigte für ein Verschulden des Dienstverpflichteten anführt** (mit Recht hervorgehoben von Fischer DB 1961, 1227 f; Lepke DB 1972, 923 f; Schmitt/Schmitt, EFZG/AAG [8. Aufl 2018] § 616 BGB Rn 48; Sieg JZ 1963, 164; MHdB ArbR/Tillmanns § 77 Rn 34; allg zum Beweis negativer Tatsachen BGH 19. 5. 1958 – II ZR 53/57, NJW 1958, 1189; BGH 19. 9. 1966 – II ZR 62/64, VersR 1966, 1022; BGH 13. 12. 1984 – III ZR 20/83, NJW 1985, 1775 sowie umfassend vGreyers, Der Beweis negativer Tatsachen [1963] 62 ff). 167

168 Der **Dienstberechtigte** ist deshalb auch nach den allgemeinen Maximen gezwungen, ein **Verschulden des Dienstverpflichteten substantiiert zu behaupten**, was wiederum für die prozessuale Wirksamkeit voraussetzt, dass die vom Dienstberechtigten vorgetragenen Tatsachen zu Lasten des Dienstverpflichteten einen Verschuldensvorwurf rechtfertigen. Andernfalls fehlt ein prozessual wirksames Bestreiten, sodass die vom Dienstverpflichteten behauptete negative Tatsache (sein fehlendes Verschulden) als zugestanden gilt (§ 138 Abs 4 ZPO). Der Dienstverpflichtete ist somit nur gezwungen, die vom Dienstberechtigten vorgetragenen (erheblichen) Tatsachen zu widerlegen, wenn der Dienstberechtigte das fehlende Verschulden des Dienstverpflichteten substantiiert bestreitet (iE auch Schmitt/Schmitt, EFZG/AAG [8. Aufl 2018] § 616 BGB Rn 48). Gelingt dem Dienstverpflichteten dies nicht, dann trägt er als beweisbelastete Partei das Risiko; die Grundsätze des prima-facie-Beweises mildern dies jedoch ab (s Birk Anm zu BAG AP LohnFG § 1 Nr 9; Hofmann ZfA 1979, 330; Thome 199 f).

169 Die **hM** überantwortet demgegenüber dem Dienstberechtigten die Darlegungs- und Beweislast für Umstände, die regelmäßig nicht seiner Kenntnissphäre zuzurechnen sind (s plastisch Hofmann ZfA 1979, 328). Sie ist deshalb zur Ableitung von **Offenbarungspflichten des Dienstverpflichteten** gezwungen, die aus seiner **prozessualen Mitwirkungspflicht** (§ 138 Abs 3 ZPO) folgen (s MHdB ArbR/Boewer [3. Aufl 2009] § 70 Rn 25, der eine abgestufte Darlegungslast befürwortet; s ausführlich auch unten Rn 552). Zusätzliche Erleichterungen zugunsten des Dienstberechtigten bewirkt die **Figur des Anscheinsbeweises**, die den Nachteil eines non liquet letztlich wieder auf den Dienstverpflichteten verlagert (zB für das Bestehen einer Fortsetzungserkrankung BAG 4. 12. 1985 – 5 AZR 656/84, AP HGB § 63 Nr 42 sowie näher unten Rn 553).

B. Entgeltfortzahlung im Krankheitsfall

I. Gesetzliche Entwicklung

170 Mit der Aufrechterhaltung der Vergütung im Krankheitsfall, der bei den Beratungen zu § 616 BGB den Hauptanwendungsbereich der Norm bildete (s oben Rn 55), beschritt das Bürgerliche Gesetzbuch bei rechtshistorischer Betrachtung keinen Sonderweg. In ähnlicher Weise ordnete zuvor bereits **§ 60 ADHGB** für den **„unverschuldeten Unglücksfall"** die Aufrechterhaltung des Vergütungsanspruches für Handlungsgehilfen an; das Arbeiterschutzgesetz v 1. 6. 1891 (RGBl 261) übertrug diese Regelung durch § 133c GewO auf die Personengruppe der technischen Angestellten.

171 Die mit den in Rn 170 genannten Vorschriften beabsichtigte Versorgung im Krankheitsfall war schon bei **Dienstverhältnissen des Mittelalters** anzutreffen (zu römischrechtlichen Ansätzen Mayer/Maly RdA 1975, 61 f), obwohl diese wegen ihres spezifischen Inhalts nicht stets eine Vergütung kannten, sondern den Anspruch des Dienstverpflichteten häufig auf den auch in § 617 Abs 1 BGB aufgegriffenen Versorgungsanspruch reduzierten (s zB Schwegmann 10 ff sowie R Schröder, Das Gesinde war immer frech und unverschämt [1992] 99 ff). Einen Fortbestand der Vergütungspflicht sahen jedoch in engen Grenzen bereits **partikularrechtliche Gesindeordnungen** vor. So statuierte zB PrALR II 5 § 87 ausdrücklich ein Verbot der Lohnkürzung, wenn die Krankheit durch den Dienst bzw bei dessen Gelegenheit verursacht wurde; § 87 der Preußischen Gesindeordnung v 8. 11. 1810 (GS 101) schrieb diese Regelung fort.

Ihre Fortsetzung erfuhren die gesetzlichen Bestrebungen zu einer wirtschaftlichen 172 Absicherung im Krankheitsfall durch **Ergänzungen des § 616 BGB**, die nach Inkrafttreten des Bürgerlichen Gesetzbuches eingefügt wurden. Von einschneidender Bedeutung waren vor allem die **früher in § 616 Abs 2 BGB** enthaltenen Regelungen. Sie gingen zurück auf die „Verordnung des Reichspräsidenten zur Sicherung von Wirtschaft und Finanzen" v 1. 12. 1930 (RGBl I 517) und ergänzten § 616 Abs 1 aF – ebenso wie § 63 HGB aF und § 133c GewO aF – dahin, dass der durch § 616 Abs 1 aF aufrechterhaltene Vergütungsanspruch „nicht durch Vertrag ausgeschlossen oder beschränkt werden" durfte (Art 3 Nr 4 der Verordnung). Die „Zweite Verordnung des Reichspräsidenten zur Sicherung von Wirtschaft und Finanzen" v 5. 6. 1931 (RGBl I 279) änderte mit Art IV § 1 diese Regelung. Er beschränkte erstens die einseitig zwingende Wirkung des § 616 Abs 1 aF auf den Vergütungsanspruch im Krankheitsfall und bestimmte zweitens in § 616 Abs 2 S 2 aF zusätzlich, dass im Krankheitsfall eine Zeit von sechs Wochen als eine nicht erhebliche Zeit gilt (zur Entstehungsgeschichte ausführlich BAG [GS] 18. 12. 1959 – GS 8/58, AP BGB § 616 Nr 22; BGH 19. 6. 1952 – III ZR 295/51, BGHZ 7, 47 f). Das „Erste Arbeitsrechtsbereinigungsgesetz" v 14. 8. 1969 (BGBl I 1106) passte nicht nur die frühere Verweisung im Gesetz auf das Angestelltenversicherungsgesetz an, sondern ergänzte § 616 Abs 2 aF zudem um die fortan in § 616 Abs 2 S 4 und 5 BGB enthaltenen Bestimmungen (Art 2 Nr 1 lit b). Das „Strafrechtsreform-Ergänzungsgesetz" v 28. 8. 1975 (BGBl I 2289) stellte mit § 7 die nicht rechtswidrige Sterilisation und den nicht rechtswidrigen Schwangerschaftsabbruch dem Krankheitsfall gleich. Seine letzte Fassung vor der Aufhebung durch Art 56 des Pflege-Versicherungsgesetzes v 26. 5. 1994 (BGBl I 1068) fand § 616 Abs 2 aF mit dem „Gesetz zur Reform der gesetzlichen Rentenversicherung" v 18. 12. 1989 (BGBl I 2261), dessen Art 58 Nr 1, der am 1. 1. 1992 in Kraft trat (Art 85 Abs 1), die vormalige Verweisung in § 616 Abs 2 S 1 BGB auf das Angestelltenversicherungsgesetz durch die Verweisung auf das Sechste Buch des Sozialgesetzbuches ersetzte (s § 616 Abs 2 S 6 aF).

Die Regelung in **§ 616 Abs 3 aF** ging zurück auf das „Gesetz über die Fortzahlung 173 des Arbeitsentgelts im Krankheitsfalle und über Änderungen des Rechts der gesetzlichen Krankenversicherung" v 27. 7. 1969 (BGBl I 946). Die dort in Art 3 § 1 angeordnete Ergänzung des § 616 BGB blieb bis zu ihrer Aufhebung im Wesentlichen unverändert, das „Strafrechtsreform-Ergänzungsgesetz" erweiterte mit seinem § 7 die Norm lediglich um die Sachverhalte der nicht rechtswidrigen Sterilisation und des nicht rechtswidrigen Schwangerschaftsabbruchs.

Die Rechtsentwicklung zur Entgeltfortzahlung im Krankheitsfall seit der Schaffung 174 des § 616 Abs 2 aF war dadurch gekennzeichnet, dass verschiedene legislative Entwicklungsschritte eine zunehmende **Rechtsangleichung der Arbeitnehmergruppen** vollzogen (zu den Einzelheiten Schmitt/Küfner-Schmitt, EFZG/AAG [8. Aufl 2018] Einleitung Rn 19 ff; zur Entstehungsgeschichte des Lohnfortzahlungsgesetzes ausführlich Geyer/Knorr/Krasney E 306 ff; zu der früheren Rechtslage nach dem „Gesetz zur Verbesserung der wirtschaftlichen Sicherung der Arbeiter im Krankheitsfalle" v 26. 6. 1957 Staudinger/Mohnen/Neumann[10/11] § 616 Rn 83 ff). Bestrebungen zur Rechtsvereinheitlichung im gesamten Bundesgebiet (s bereits die Forderungen von vMaydell DB 1973 Beil 15, 9; Trieschmann, in: FS Herschel [1982] 444), die der Gleichheitssatz (Art 3 Abs 1 GG) verfassungsrechtlich untermauerte (hierzu Staudinger/Oetker[12] § 616 Rn 135 ff; Schmitt, in: FS Kissel [1994] 1015 ff), erfuhren mit der Vereinigung Deutschlands zusätzliche Unterstützung. Im **Beitrittsgebiet**

(Art 3 EVertr) war mit den zunächst fortgeltenden §§ 115a ff AGB-DDR (hierzu Staudinger/Oetker[12] § 616 Rn 147 mwNw) eine geschlossene Regelung für alle Arbeitnehmergruppen anzuwenden, die für eine gesamtdeutsche Kodifikation Vorbildcharakter besaß, solange der Gesetzgeber eine arbeitsrechtliche Absicherung des Krankheitsrisikos beibehält (vgl Oetker NJ 1991, 151; Schmitt, Lohnfortzahlung in den neuen Bundesländern [1991] Rn 5).

175 Die **Vereinheitlichung der Bestimmungen zur Entgeltfortzahlung im Krankheitsfall** bei Arbeitnehmern wurde in die Koalitionsvereinbarung für die 12. Wahlperiode des Deutschen Bundestages aufgenommen (vgl DZWir 1991, 29; s auch die Antwort der BReg BT-Drucks 12/3592, 2); entsprechende Gesetzgebungsarbeiten (s de lege ferenda auch die §§ 57 bis 61 des zum 59. DJT vorgelegten Entwurfs eines Arbeitsvertragsgesetzes, Verhandlungen des 59. DJT I [1992] D 36 ff, 107 f; hierzu Däubler AuR 1992, 135 f; Henssler JZ 1992, 840 f; Hromadka, in: FS Gaul [1992] 375 f; Richardi NZA 1992, 776; Schmitt ZTR 1992, 282 f; Wank BB 1992, 1993 ff) wurden durch einen Entwurf der Fraktionen von CDU/CSU und FDP v 24. 6. 1993 (BT-Drucks 12/5263) eingeleitet (s auch den nahezu wortgleichen Regierungsentwurf, BT-Drucks 12/5616). Da die Beratungen zum **Entgeltfortzahlungsgesetz** unmittelbar mit der wirtschaftlichen Kompensation der Arbeitgeberbeiträge für die Einführung der Pflegeversicherung verknüpft worden waren, verzögerte sich die parlamentarische Beratung der Neuregelungen, so dass das Entgeltfortzahlungsgesetz als Art 35 des Pflege-Versicherungsgesetzes erst am 1. 6. 1994 in Kraft trat (näher zur Entstehungsgeschichte des Entgeltfortzahlungsgesetzes Geyer/Knorr/Krasney E 312 ff; Hold AuA 1994, 243 f; Schmitt/Küfner-Schmitt, EFZG/AAG [8. Aufl 2018] Einleitung Rn 65 ff).

176 Das **Entgeltfortzahlungsgesetz** vereinheitlichte die früher verstreut anzutreffenden Bestimmungen zur Entgeltfortzahlung im Krankheitsfall durch ein für alle Arbeitnehmer geltendes Gesetz (zur Beseitigung der Ungleichbehandlungen s im Überblick Schmitt RdA 1996, 5 ff). Infolgedessen wurden § 616 Abs 2 und 3 aF, § 63 HGB aF, § 133c GewO aF, §§ 1–9 LFG und §§ 115a ff AGB-DDR durch die Art 54, 56 bis 58 und 60 des Pflege-Versicherungsgesetzes aufgehoben und für **Berufsausbildungsverhältnisse** in § 12 Abs 1 S 2 BBiG aF eine Verweisung auf das Entgeltfortzahlungsgesetz eingefügt (Art 55 Pflege-Versicherungsgesetz) und damit die zuvor geltende eigenständige Regelung in § 12 Abs 1 S 1 Nr 2 lit b BBiG aF abgelöste. Da § 1 Abs 2 EFZG die zu ihrer Berufsbildung Beschäftigten als Arbeitnehmer im Sinne des Entgeltfortzahlungsgesetzes definiert und das Gesetz zugleich auf eine mit § 1 Abs 5 LFG vergleichbare Vorrangregelung zugunsten des Berufsbildungsgesetzes verzichtet, besaß die Verweisung in **§ 12 Abs 1 S 2 BBiG aF** auf das Entgeltfortzahlungsgesetz ausschließlich **klarstellende Bedeutung** (zum Verhinderungstatbestand s unten Rn 224). Hinsichtlich der Sonderregelungen, die das frühere **Seemannsgesetz** enthielt, beschränkte sich Art 65 Pflege-Versicherungsgesetz auf eine Änderung der §§ 48, 52a und 78 Abs 1 SeemG. Unberührt von dem Inkrafttreten des Entgeltfortzahlungsgesetzes blieben zunächst die Bestimmungen des Lohnfortzahlungsgesetzes zum **Ausgleich der Arbeitgeberaufwendungen** (§§ 10 ff LFG; s dazu unten Rn 178 aE).

177 Das **Arbeitsrechtliche Beschäftigungsförderungsgesetz v 25.9.1996** (BGBl I 1476) änderte das Entgeltfortzahlungsgesetz in entscheidenden Partien. Neben der Einführung einer **Wartezeit von vier Wochen** (§ 3 Abs 3 EFZG; näher hierzu unten Rn 305 ff) wurde vor allem die **Höhe** der vom Arbeitgeber geschuldeten **Entgeltfortzahlung** reduziert: an die Stelle des Entgeltausfallprinzips trat eine Höhe von 80 % des bei regelmäßiger

Arbeitszeit zustehenden Arbeitsentgelts (zu den Einzelheiten STAUDINGER/OETKER [1996] § 616 Rn 412 ff). Zusätzlich sollte durch das **Wachstums- und Beschäftigungsförderungs-Ergänzungsgesetz** nicht nur die Rechtsstellung des Arbeitgebers gegenüber dem Medizinischen Dienst (Art 2; hierzu unten Rn 580 ff) verstärkt, sondern zudem das Entgeltfortzahlungsgesetz um eine Mitwirkungspflicht des Arbeitnehmers an einer Prüfung der Arbeitsunfähigkeit durch den Medizinischen Dienst ergänzt werden (Art 5). Wegen der fehlenden Zustimmung des Bundesrates scheiterte das Inkrafttreten dieses Gesetzes.

Das sog **Korrekturgesetz v 19.12.1998** (BGBl I 3843) hob die mit dem Beschäftigungsförderungsgesetz v 25. 9. 1996 eingefügten Änderungen (s oben Rn 177) zT wieder auf. Dies betraf insbesondere die Reduzierung des fortzuzahlenden Arbeitsentgeltes auf 80% sowie die Anrechnungsbestimmungen bezüglich des Erholungsurlaubes (§ 4a EFZG aF, § 10 BUrlG aF); die Wartezeit in § 3 Abs 3 EFZG blieb von der Gesetzeskorrektur indes ausgenommen (s näher DÄUBLER NJW 1999, 605 f; HARTH 15 ff; HOLD ZTR 1999, 103 ff; SCHMITT/KÜFNER-SCHMITT, EFZG/AAG [8. Aufl 2018] Einleitung Rn 99 ff; LÖWISCH BB 1999, 105 f). Die deklaratorische Verweisung in § 12 Abs 1 S 2 BBiG aF auf das Entgeltfortzahlungsgesetz wurde mit der **Novellierung des Berufsbildungsgesetzes** (v 23. 3. 2005, BGBl I 931) aufgehoben. Die ursprünglich nach Inkrafttreten des Entgeltfortzahlungsgesetzes noch fortgeltenden Bestimmungen des Lohnfortzahlungsgesetzes zum Ausgleich der Arbeitgeberaufwendungen (§§ 10 ff LFG; s oben Rn 176 aE) wurden durch das **Gesetz über den Ausgleich der Arbeitgeberaufwendungen für Entgeltfortzahlung** (AAG) v 22. 12. 2005 (BGBl I 3686) ersetzt (näher unten Rn 482 ff). Bezüglich der Entgeltfortzahlung für **Besatzungsmitglieder** führt § 104 SeeArbG die früheren Bestimmungen in § 48a SeemG fort. 178

Die beiden letzten Änderungen des Entgeltfortzahlungsgesetzes betreffen die Entgeltfortzahlung des Arbeitgebers, wenn der Arbeitnehmer „infolge" einer **Organ- oder Gewebespende** an der Erbringung seiner Arbeitsleistung gehindert ist. Angesichts der eine Pflicht des Arbeitgebers zur Entgeltfortzahlung ablehnenden Haltung des Bundesarbeitsgerichtes (s unten Rn 218) fügte Art 1a des Gesetzes zur **Änderung des Transplantationsgesetzes** v 21. 7. 2012 (BGBl I 1601) mit § 3a EFZG eine Regelung in das Entgeltfortzahlungsgesetz ein, die zugunsten des Arbeitnehmers abweichend von der Regelungstechnik in § 9 Abs 1 EFZG (s unten Rn 286) nicht auf die Bestimmungen zur Erkrankung des Arbeitnehmers verweist, sondern in § 3a Abs 1 EFZG zugunsten des Arbeitnehmers einen eigenständigen und gegen den Arbeitgeber gerichteten Anspruch auf Entgeltfortzahlung begründet (s näher unten Rn 321 ff). Die wirtschaftlichen Lasten der Entgeltfortzahlung soll der Arbeitgeber gleichwohl – insoweit in Übereinstimmung mit der korrigierten Rechtsprechung des Bundesarbeitsgerichtes (s unten Rn 218) – nicht endgültig tragen müssen (s BT-Drucks 17/9773, 34). Deshalb begründet § 3a Abs 2 EFZG einen gegen den jeweiligen Versicherer des Empfängers gerichteten **Erstattungsanspruch** in Höhe der an den Arbeitnehmer für die Entgeltfortzahlung erbrachten Leistungen (s näher unten Rn 498 ff). Die ursprüngliche Beschränkung des Anspruches auf Entgeltfortzahlung auf die Spende von Organen und Gewebe wurde durch Art 7 des **GKV-Versorgungsstärkungsgesetzes** v 16. 7. 2015 (BGBl I 1211) dahin modifiziert, dass seitdem auch **Blutspenden** in den Anwendungsbereich des § 3a EFZG einbezogen sind (s Reg Begr BT-Drucks 18/4095 sowie unten Rn 322). 179

II. Entgeltfortzahlung im Krankheitsfall im System des Bürgerlichen Rechts

1. Normzweck der Entgeltfortzahlung

180 Die historische Entwicklung der wirtschaftlichen Absicherung der Arbeitnehmer im Krankheitsfall (s oben Rn 170 ff) zeigt plastisch die Schwierigkeiten einer konsistenten Integration dieser Materie in das Zivilrecht. Im Vordergrund stand lange Zeit die **sozialversicherungsrechtliche Lösung**, die die wirtschaftliche Absicherung der Arbeitnehmer im Krankheitsfall nicht unmittelbar dem Arbeitgeber, sondern einer Versichertengemeinschaft auferlegte. Lediglich bei Dienstverhältnissen, für die keine Sozialversicherungspflicht bestand, trug der Dienstberechtigte die wirtschaftlichen Lasten, auf Grund der Dispositivität der Norm konnte jedoch stets eine abweichende Lastenverteilung vereinbart werden. Die mit den Verordnungen des Reichspräsidenten zur Sicherung von Wirtschaft und Finanzen eingeleitete (s oben Rn 172) und mit dem Inkrafttreten des Lohnfortzahlungsgesetzes abgeschlossene Entwicklung zu einer arbeitsrechtlichen Lösung für die ersten sechs Wochen der Erkrankung (ebenso die Rechtsentwicklung in den Niederlanden, s NOORDAM ZIAS 1997, 53 ff) hat keine genuin privatrechtsdogmatischen Gründe, sondern resultiert ausschließlich aus dem Streben nach einer wirtschaftlichen Entlastung der gesetzlichen Krankenversicherung (treffend BAG 18. 3. 2015 – 10 AZR 99/14 Rn 15, AP EntgeltFG § 3 Nr 31 = NZA 2015, 801; ebenso MHdB ArbR/GREINER § 79 Rn 5; MünchKomm/MÜLLER-GLÖGE § 3 EFZG Rn 2; SCHULIN ZfA 1978, 230 ff; ders, in: FS Kissel [1994] 1062 f; zustimmend wohl auch vHOYNINGEN-HUENE, in: FS Adomeit [2008] 300).

181 Dem Arbeitgeber werden durch den **Rückgriff auf die arbeitsrechtliche Lösung** sozialstaatliche Versorgungsaufgaben übertragen (treffend hervorgehoben von BAG 14. 6. 1974 – 5 AZR 467/73, AP LohnFG § 1 Nr 36), die dem Austauschcharakter des Arbeitsverhältnisses widersprechen (für eine Reintegration in das Sozialversicherungsrecht deshalb zB SCHULIN, Verhandlungen des 59. DJT I [1992] E 128 f; ders, in: FS Kissel [1994] 1062 ff; WANK DtZ 1990, 47; ders, Arbeiter und Angestellte [1992] 151 ff; zustimmend vHOYNINGEN-HUENE, in: FS Adomeit [2008] 301; zugunsten der arbeitsrechtlichen Lösung aber zB NAENDRUP ZfA 1984, 401; allg HERDER/DORNEICH/NIEDERFAHRENHORST/GERDELMANN, Systemanalyse und Problemgeschichte der arbeitsrechtlichen und sozialversicherungsrechtlichen Lösung sozialer Aufgaben [1973]; MAYERHOFER NZA 1993, 400 sowie rechtsvergleichend BIRK, in: Festschrift zum 50-jährigen Bestehen der Arbeitsgerichtsbarkeit in Rheinland-Pfalz [1999] 39 ff). Funktional übernimmt der Arbeitgeber die **Aufgaben der gesetzlichen Krankenversicherung** (DENCK RdA 1980, 251 f; ähnlich BAG 18. 3. 2015 – 10 AZR 99/14 Rn 15, AP EntgeltFG § 3 Nr 31 = NZA 2015, 801; BRAUN, Der Begriff des Verschuldens im Recht der Lohnfortzahlung im Krankheitsfall [Diss Erlangen-Nürnberg 1993] 52 ff; BÜRGE, in: FS Lange [1982] 420 ff; LORENZ SAE 1983, 97; THOME 18; WELTE, Die Anwesenheitsprämie [1993] 93 ff, die dem Arbeitgeber die Stellung eines Individualversicherers zusprechen; ähnlich MHdB ArbR/GREINER § 79 Rn 7: privatisierte Sozialversicherung im arbeitsrechtlichen Gewand; s auch ALEWELL/NELL, in: Hamburger Jahrbuch für Wirtschafts- und Gesellschaftspolitik 45 [2000] 148 ff, 156 ff).

182 Eine abschließende **verfassungsgerichtliche Würdigung** der arbeitsrechtlichen Konzeption fehlt bislang; die 1. Kammer des 1. Senats wies lediglich auf Art 14 Abs 1 GG gestützte Einwände ausdrücklich zurück (BVerfG 18. 10. 1989 – 1 BvR 1013/89, AP LohnFG § 1 Nr 84a; s auch BVerfG 8. 2. 1971 – 1 BvR 472/69, DOK 1971, 751 sowie KRESSEL, in: FS Gitter [1995] 492 ff, 500 f; WANK, Arbeiter und Angestellte [1992] 154 ff).

Die Verpflichtung des Arbeitgebers zur Entgeltfortzahlung im Krankheitsfall lässt sich nur im Grundansatz mit privatrechtsdogmatischen Erklärungsmodellen rechtfertigen. Für die verhältnismäßig nicht erhebliche Dienstverhinderung konnte gezeigt werden, dass der auch in anderen Bestimmungen des Bürgerlichen Gesetzbuches zum Ausdruck gelangte Grundsatz „minima non curat praetor" in § 616 S 1 BGB eine dienstvertragstypische Ausprägung erfahren hat (oben Rn 15 ff). Hiermit lässt sich jedoch nur eine Pflicht zur Fortzahlung des Entgelts für verhältnismäßig nicht erhebliche Krankheitszeiträume rechtfertigen. Eine Dauer von sechs Wochen dürfte diesen Zeitraum fast immer übersteigen, wobei dahingestellt bleiben kann, ob die Bestimmung in § 616 Abs 2 S 2 aF wegen der Formulierung „gilt" den rechtsdogmatischen Charakter einer Fiktion oder einer unwiderlegbaren Vermutung aufwies. Einen hiervon abweichenden Ansatz formuliert indes vKOPPENFELS, die die vom Arbeitgeber im Krankheitsfall zu leistende Vergütung als im arbeitsvertraglichen Synallagma stehendes Arbeitsentgelt qualifiziert (vKOPPENFELS NZS 2002, 245 ff), hierfür aber gezwungen ist, von dem Krankheitszeitraum zu abstrahieren (s vKOPPENFELS NZS 2002, 245). Gewonnen ist durch diese dogmatische Fundierung indes wenig, da sich mit diesem Ansatz letztlich jede Leistung privatrechtsdogmatisch erklären ließe, die der Gesetzgeber dem Arbeitgeber auferlegt. Mit dem systematischen Zusammenspiel der auch im Arbeitsverhältnis geltenden §§ 275, 326 BGB ist diese Sichtweise unvereinbar (ablehnend auch BOERNER ZESAR 2003, 269). 183

Als privatrechtlicher Erklärungsansatz kann höchstens der nach tradierter Vorstellung das Arbeitsverhältnis beherrschende **Fürsorgegedanke** eine über § 616 S 1 BGB hinausgehende Pflicht zur Fortzahlung der Vergütung im Krankheitsfall legitimieren (hierauf abstellend zB BAG 3. 3. 1961 – 1 AZR 76/60, AP HGB § 63 Nr 27; BAG 5. 4. 1962 – 2 AZR 182/61, AP HGB § 63 Nr 28; BAG 25. 2. 1972 – 5 AZR 471/71, AP LohnFG § 1 Nr 18; BAG 6. 9. 1973 – 5 AZR 182/73, AP LohnFG § 1 Nr 34; BAG 6. 8. 1986 – 5 AZR 607/85, AP LohnFG § 1 Nr 68; BAG 26. 7. 1989 – 5 AZR 491/88, AP LohnFG § 1 Nr 87). Auch insoweit verbleiben jedoch Bedenken, da die Fürsorgepflicht – sofern diese im Rahmen einer modernen Arbeitsrechtsdogmatik überhaupt noch eine rechtsdogmatische Berechtigung hat (s STAUDINGER/RICHARDI/FISCHINGER [2016] § 611 Rn 1686 ff) – das Arbeitsverhältnis allenfalls als ancillarische Nebenpflicht prägt. Sie vermag nicht den Austauschcharakter des Arbeitsverhältnisses zu durchbrechen. Der Arbeitgeber ist nicht – wie dies dem vom Statusgedanken beherrschten Modell eines „personenrechtlichen Gemeinschaftsverhältnisses" entspricht – zur Alimentation des Arbeitnehmers verpflichtet (vgl plastisch RAG 13. 9. 1939 – RAG. 8/39, ARS 37, 236 ff), sondern die von ihm gewährte Vergütung bezieht sich auf die erbrachte Arbeitsleistung des Arbeitnehmers (ablehnend gegenüber dem Rückgriff auf die Fürsorgepflicht zB auch BIRK Anm zu BAG AP LohnFG § 1 Nr 34; GK-EFZR/BIRK § 1 LFZG Rn 13; BOERNER ZESAR 2003, 269 f; GAMILLSCHEG, Arbeitsrecht I [8. Aufl 2000] 336; vKOPPENFELS NZS 2002, 244 f; RICHARDI, in: TOMANDL [Hrsg], Treue- und Fürsorgepflicht im Arbeitsrecht [1975] 62; SCHULIN ZfA 1978, 231 Fn 57; kritisch auch DENCK RdA 1980, 250 f). 184

Die in § 3 Abs 3 S 1 EFZG und in der verwandten Bestimmung des Seearbeitsrechts (§ 104 SeeArbG) vorgeschriebene Fortzahlung der Vergütung im Krankheitsfall ruht deshalb auf einem **gemischten teleologischen Fundament**: Im Kern trägt sie privatrechtliche Züge, die jedoch von sozialversicherungsrechtlich geprägten Konkretisierungen insbesondere hinsichtlich des Zeitraums der fortzuzahlenden Vergütung überlagert werden, sodass die über eine „verhältnismäßig nicht erhebliche Zeit" 185 hinausgehende Pflicht zur Fortzahlung der Vergütung im Krankheitsfall die Qualität einer vom Arbeitgeber geschuldeten Versorgungsleistung zugunsten des erkrankten Arbeitnehmers aufweist (s BAG 24. 2. 1955 – 2 AZR 10/54, AP BGB § 616 Nr 2; BAG 12. 10. 1956 – 1 AZR 464/54, AP HGB § 63 Nr 4; vKoppenfels NZS 2002, 242). Für den gemischten Charakter der vom Arbeitgeber zu erbringenden Entgeltfortzahlung im Krankheitsfall liefert die Judikatur des Europäischen Gerichtshofes ein anschauliches Beispiel. Danach ist die Entgeltfortzahlung einerseits Entgelt im Sinne des Art 159 AEUV (ex Art 141 EG bzw ex Art 119 EG-Vertrag; s EuGH 13. 7. 1989 – 171/88, Amtl Slg 1989, 2743 „Rinner-Kühn" = EAS EG-Vertrag Art 119 Nr 16) andererseits eine Leistung der sozialen Sicherheit, die dem Anwendungsbereich der Verordnung (EG) Nr 883/2004 unterfällt (so zu der zuvor maßgebenden Verordnung [EWG] Nr 1408/71 EuGH 3. 6. 1992 – C-45/90, Amtl Slg I 1992, 3423 „Paletta I" = EAS VO 574/72 Art 18 Nr 2).

186 Die Integration der Existenzsicherung in das Arbeitsverhältnis ist mit dem Makel behaftet, dass die den Arbeitgeber treffenden wirtschaftlichen Belastungen infolge der Entgeltfortzahlungskosten den **Bestand des Arbeitsverhältnisses** gefährden können. Wegen der Entgeltfortzahlung im Krankheitsfall kann das **Austauschverhältnis** des Individualarbeitsverhältnisses **gestört** sein, wobei zur Entgeltfortzahlung verpflichtende Zeiträume, die sechs Wochen pro Kalenderjahr nicht überschreiten, aus kündigungsrechtlicher Sicht vom Arbeitgeber grundsätzlich hinzunehmen sind. Übersteigen die Entgeltfortzahlungskosten jedoch diese Grenze, dann kommt nach den Grundsätzen der höchstrichterlichen Rechtsprechung eine **ordentliche (personenbedingte) Kündigung** in Betracht (s vor allem BAG 16. 2. 1989 – 2 AZR 299/88, AP KSchG 1969 § 1 Krankheit Nr 20; aus dem Schrifttum stellvertretend Bezani, Die krankheitsbedingte Kündigung [1994] 77 ff; KR/Rachor [12. Aufl 2019] § 1 KSchG Rn 365 ff; vHoyningen-Huene/Linck/Krause, KSchG [15. Aufl 2013] § 1 Rn 404 ff; Lepke Rn 224 ff; Oetker Anm zu BAG EzA § 1 KSchG 1969 Krankheit Nr 28; Stahlhacke/Preis/Vossen, Kündigung und Kündigungsschutz im Arbeitsverhältnis [11. Aufl 2015] Rn 1255 f, 1266, jeweils mwNw). Die kündigungsrechtlichen Konsequenzen greifen unabhängig von der Höhe der vom Arbeitgeber geschuldeten Entgeltfortzahlung ein, da sie in der Störung des Austauschverhältnisses begründet liegen.

2. Rechtsnatur der Vergütung

187 Die durch § 616 S 1 BGB begründete Pflicht zur Entgeltfortzahlung dient zwar auch der wirtschaftlichen Absicherung des Arbeitnehmers im Krankheitsfall, dieser Zweck strahlt aber für sich allein noch nicht auf die **Rechtsnatur der fortzuzahlenden Vergütung** aus. Der die Entgeltfortzahlung prägende Versorgungscharakter rechtfertigt es nicht, die Geldleistung des Arbeitgebers als eigenständigen Versorgungsanspruch zu klassifizieren, der als Surrogat (Versicherungsleistung) an die Stelle des arbeitsvertraglichen Vergütungsanspruches tritt (so aber zB Lepke BB 1971, 1513; Sieg JZ 1954, 338; ähnlich Hofmann, in: FS Hilger/Stumpf [1983] 351: Umwandlung des Lohnanspruches in einen Anspruch auf Krankenlohn; zum Charakter der Entgeltfortzahlung als Versicherungsleistung Alewell/Nell, in: Hamburger Jahrbuch für Wirtschafts- und Gesellschaftspolitik 45 [2000] 156 ff).

188 Insoweit galten **vor der Neufassung des § 3 Abs 1 EFZG** durch das Gesetz v 25. 9. 1996 (BGBl I 1476) die zu § 616 S 1 BGB herausgearbeiteten allgemeinen Grundsätze (s oben Rn 21) auch für die Entgeltfortzahlung im Krankheitsfall: Bei dem fortzuzah-

lenden Entgelt handelte es sich dogmatisch um den im **Arbeitsvertrag** enthaltenen **Anspruch auf die vertraglich geschuldete Vergütung**, der unter Durchbrechung des Grundsatzes „ohne Arbeit kein Lohn" und der allgemeinen Vorschrift in § 326 Abs 1 S 1 BGB während des Erkrankungsfalles keine Gegenleistung des Arbeitnehmers gegenübersteht (ebenso BAG 27. 3. 1991 – 5 AZR 58/90, AP LohnFG § 1 Nr 92; BAG 26. 10. 1971 – 1 AZR 40/71, AP LohnFG § 6 Nr 1; BAG 20. 8. 1980 – 5 AZR 955/78, AP LohnFG § 6 Nr 12; Brecht, Lohnfortzahlung § 1 Rn 19; Göppner 148 ff; vKoppenfels NZS 2002, 247; vMaydell DB 1973 Beil 15, 5, 8; Pallasch JA 1995, 899; MHdB ArbR/Schlachter [3. Aufl 2009] § 72 Rn 9; Schulte/Mimberg/Sabel 30 ff; Stumpf/Trümner, in: Kittner/Zwanziger/Deinert/Heuschmid [Hrsg], Arbeitsrecht [9. Aufl 2017] § 39 Rn 21; Vogelsang, Entgeltfortzahlung Rn 421; ferner BAG 8. 3. 1973 – 5 AZR 491/72, AP LohnFG § 1 Nr 29; BAG 7. 11. 1975 – 5 AZR 459/74, AP LohnFG § 1 Nr 38; Schulin ZfA 1978, 229 Fn 51). Für die vormals in § 12 Abs 1 S 1 Nr 2 lit b BBiG aF begründete Pflicht zur Fortzahlung der Ausbildungsvergütung traf dies ebenfalls zu (so zu § 12 BBiG aF BAG 20. 8. 1980 – 5 AZR 955/78, AP LohnFG § 6 Nr 12). Dementsprechend war die **Anspruchsgrundlage** für den Vergütungsanspruch der **Arbeitsvertrag** und nicht die jeweilige Vorschrift, die den Arbeitgeber zur Fortzahlung der Vergütung verpflichtete (s oben Rn 20; wie hier zu § 1 LohnFG zB Brecht, Lohnfortzahlung § 1 Rn 19; vHoyningen/Huene Anm zu BAG EzA § 63 HGB Nr 42; vMaydell DB 1973 Beil 15, 5, 8; Schulte/Mimberg/Sabel 30 f; ebenso zu § 3 EFZG [1994] Schmitt, EFZG [2. Aufl 1995] § 3 EFZG Rn 143; Vogelsang, Entgeltfortzahlung Rn 421; **aA** zu § 1 LohnFG zB BAG 9. 5. 1984 – 5 AZR 412/81, AP LohnFG § 1 Nr 58). Die häufig anzutreffende Wendung eines „Lohnfortzahlungsanspruches" widersprach deshalb der Gesetzessystematik.

Das rechtsdogmatische Verständnis in Rn 188 beherrschte zunächst auch noch die **189** Rechtslage unter der Geltung von § 3 Abs 1 S 1 EFZG (1994), der ausdrücklich festlegte, dass der Arbeitnehmer den Anspruch auf Arbeitsentgelt beim Eintritt der im Gesetz genannten Fälle nicht verliert (Schmitt/Schmitt, EFZG/AAG [8. Aufl 2018] § 3 EFZG Rn 244; Vogelsang, Entgeltfortzahlung Rn 421). **§ 3 Abs 1 S 1 EFZG (1996)** weicht hiervon bei ausschließlich am Gesetzeswortlaut orientierter Betrachtung entscheidend ab. Die Vorschrift verhindert nicht mehr – wie es systematisch an sich zutreffend ist – den Untergang des vertraglichen Anspruches auf Arbeitsentgelt, sondern bestimmt, dass dem Arbeitnehmer ein **„Anspruch auf Entgeltfortzahlung"** zusteht. Konsequenterweise enthalten § 3 Abs 1 Satz 2 und Abs 3 EFZG die Formulierung „Anspruch nach Satz 1" bzw „Anspruch nach Abs 1". Diese Wortwahl deutet einen grundlegenden systematischen Wandel an, obwohl der historische Gesetzgeber mit der geänderten Gesetzesformulierung nur klarstellen wollte, dass die Vorschrift den Anspruch auf Entgeltfortzahlung dem Grunde nach regelt (s BT-Drucks 13/4612, 15). Wird das Gesetz wörtlich genommen, so ist **§ 3 Abs 1 S 1 EFZG nicht mehr** als **Gegennorm** zu § 326 Abs 1 S 1 BGB konzipiert, um den arbeitsvertraglichen Vergütungsanspruch aufrecht zu erhalten (ebenso Brecht, Entgeltfortzahlung § 3 Rn 4; Hromadka/Maschmann, Arbeitsrecht 1 [1998] § 8 Rn 63; Kunz/Wedde, EFZR [2. Aufl 2005] § 3 EFZG Rn 19; Schmitt/Schmitt, EFZG/AAG [8. Aufl 2018] § 3 EFZG Rn 245; Stückmann DB 1998, 1664; Vogelsang, Entgeltfortzahlung Rn 422 f; ebenso für die Zeit bis zum 1. 1. 1999 ErfKomm/Reinhard § 3 EFZG Rn 45; **aA** MHdB ArbR/Greiner § 79 Rn 12; Schneider, Entgeltfortzahlung und Konkurrenzen [2014] 78 f; Soergel/Kraft § 616 Rn 44; Waltermann NZA 1997, 177 Fn 2). Mit der Formulierung „Anspruch auf Entgeltfortzahlung" verwendet § 3 Abs 1 S 1 EFZG einen Wortlaut, der dazu zwingt, die Regelung als **eigenständige Anspruchsgrundlage** zu qualifizieren (ebenso Gutzeit 87; Hromadka/Maschmann, Arbeitsrecht 1 [7. Aufl 2018] § 8 Rn 64; Kamanabrou, Arbeitsrecht [2017] Rn 1109;

Kunz/Wedde, EFZR [2. Aufl 2005] § 3 EFZG Rn 19; Marienhagen/Künzl § 3 EFZG Rn 1a; Schmitt/Schmitt, EFZG/AAG [8. Aufl 2018] § 3 EFZG Rn 245; Stumpf/Trümner, in: Kittner/Zwanziger/Deinert/Heuschmid [Hrsg], Arbeitsrecht [9. Aufl 2017] § 39 Rn 21; Vogelsang, Entgeltfortzahlung Rn 422; ebenso für die bis zum 1. 1. 1999 geltende Gesetzesfassung ErfKomm/Dörner § 3 EFZG Rn 45; in diesem Sinne schon Hofmann, in: FS Hilger/Stumpf [1983] 351: Anspruch auf Krankenlohn [allerdings noch zu § 1 LFG]; sowie Sieg JZ 1954, 338; iE auch BAG 3. 8. 1999 – 1 AZR 735/98, AP GG Art 9 Arbeitskampf Nr 156). Das führt jedoch zu dem rechtssystematisch ungereimten Ergebnis, dass der Untergang des vertraglichen Vergütungsanspruches, der nach § 326 Abs 1 S 1 BGB eintritt, mit der Etablierung eines neuen Anspruches beantwortet wird (ebenso Schmitt/Schmitt, EFZG/AAG [8. Aufl 2018] § 3 EFZG Rn 245). Diese systematische Besonderheit in § 3 Abs 1 S 1 EFZG verändert allerdings nicht die rechtsdogmatische Qualität der vom Arbeitgeber geschuldeten Leistung (so mit Recht auch MHdB ArbR/Greiner § 79 Rn 12; Kunz/Wedde, EFZR [2. Aufl 2005] § 3 EFZG Rn 20; Schmitt/Schmitt, EFZG/AAG [8. Aufl 2018] § 3 EFZG Rn 244; Vogelsang, Entgeltfortzahlung Rn 424). Unter „Entgeltfortzahlung" kann nur die Gewährung der arbeitsvertraglich geschuldeten Vergütung verstanden werden.

190 Das Korrekturgesetz v 19. 12. 1998 (BGBl I 3843, s oben Rn 178) ließ den maßgeblichen Wortlaut des § 3 EFZG unverändert, sodass die Aussagen in Rn 189 auch für die **Rechtslage seit dem 1. 1. 1999** Gültigkeit beanspruchen (so mit Recht Gutzeit 88; ebenso Hromadka/Maschmann, Arbeitsrecht I [7. Aufl 2018] § 8 Rn 64; Kamanabrou, Arbeitsrecht [2017] Rn 1109; Schmitt/Schmitt, EFZG/AAG [8. Aufl 2018] § 3 EFZG Rn 9; Vogelsang, Entgeltfortzahlung Rn 423; wohl auch Brecht, Entgeltfortzahlung § 3 Rn 4; **aA** Erman/Belling/Riesenhuber § 616 Rn 99; MHdB ArbR/Greiner § 79 Rn 12; Kaiser/Dunkl/Hold/Kleinsorge § 3 EFZG Rn 184; MünchKomm/Müller-Glöge § 3 EFZG Rn 3; Reinhard/Reinhard, EFZG § 3 Rn 5; ErfKomm/Reinhard § 3 EFZG Rn 45; BeckOK ArbR/Ricken § 3 EFZG Rn 2; HWK/Schliemann § 3 EFZG Rn 5; Schneider, Entgeltfortzahlung und Konkurrenzen [2014] 78 f; Stumpf/Trümner, in: Kittner/Zwanziger/Deinert/Heuschmid [Hrsg], Arbeitsrecht [9. Aufl 2017] § 39 Rn 21; Treber, EFZG [2. Aufl 2007] § 3 EFZG Rn 5, ohne sich mit dem unverändert gebliebenen Wortlaut in § 3 Abs 1 S 1 EFZG auseinanderzusetzen). Allein auf § 4 Abs 1 EFZG lässt sich ein gegenteiliger Schluss nicht stützen (so aber MHdB ArbR/Greiner § 79 Rn 12; Kaiser/Dunkl/Hold/Kleinsorge § 3 EFZG Rn 184; Stumpf/Trümner, in: Kittner/Zwanziger/Deinert/Heuschmid [Hrsg], Arbeitsrecht [9. Aufl 2017] § 39 Rn 21), da die Norm lediglich die Höhe des Anspruches ausgestaltet.

191 Wegen der in Rn 189 f befürworteten rechtsdogmatischen Fundierung der vom Arbeitgeber während der Erkrankung des Arbeitnehmers fortzuzahlenden Vergütung sind auf diese **alle Bestimmungen** anzuwenden, die für die Zahlung der **arbeitsvertraglichen Vergütung** gelten (allg Ansicht vgl BAG 26. 10. 1971 – 1 AZR 40/71, AP LohnFG § 6 Nr 1; Erman/Belling/Riesenhuber § 616 Rn 99; Kunz/Wedde, EFZR [2. Aufl 2005] § 3 EFZG Rn 20 f; ArbR-BGB/Matthes § 616 Rn 182; vMaydell DB 1973 Beil 15, 8; BeckOK ArbR/Ricken § 3 EFZG Rn 2; HWK/Schliemann § 3 EFZG Rn 7; Schmitt/Schmitt, EFZG/AAG [8. Aufl 2018] § 3 EFZG Rn 246; Treber, EFZG [2. Aufl 2007] § 3 EFZG Rn 6), und zwar unabhängig davon, ob der „Anspruch auf Arbeitsentgelt" aufrechterhalten (§ 616 S 1 BGB) oder wegen dessen Untergang ein eigenständiger „Anspruch auf Entgeltfortzahlung" (so § 3 Abs 1 S 1 EFZG) begründet wird. Für die letztgenannte Regelungstechnik folgt dies aus der Bezugnahme auf das „Entgelt", dessen Fortzahlung das Gesetz anordnet. Anzuwenden sind deshalb die für die arbeitsvertraglich geschuldete Vergütung geltenden Regelungen für die **Fälligkeit** (BAG 26. 10. 1971 – 1 AZR 40/

71, AP LohnFG § 6 Nr 1; Schmitt/Schmitt, EFZG/AAG [8. Aufl 2018] § 3 EFZG Rn 247), die **Abtretung** (BAG 2. 6. 1966 – 2 AZR 325/65, AP HGB § 63 Nr 30), den **Pfändungsschutz** (Schmitt/Schmitt, EFZG/AAG [8. Aufl 2018] § 3 EFZG Rn 249; Treber, EFZG [2. Aufl 2007] § 3 EFZG Rn 6; Vogelsang, Entgeltfortzahlung Rn 427), die **Verjährungsfristen** (LAG Frankfurt aM 15. 2. 1995 – 1 Sa 1242/94, BB 1995, 2325) und die **tariflichen Ausschlussfristen** (BAG 26. 10. 1994 – 5 AZR 404/93, AP BAT § 70 Nr 22 = DB 1995, 2534; BAG 20. 6. 2018 – 5 AZR 377/17 Rn 17, BeckRS 2018, 14425), aber auch diejenigen für den **Insolvenzschutz** (s näher Geyer/Knorr/Krasney § 3 EFZG Rn 25 ff; Schmitt/Schmitt, EFZG/AAG [8. Aufl 2018] § 3 EFZG Rn 252; Vogelsang, Entgeltfortzahlung Rn 429 ff).

Zweifelhaft sind die aus dem Zweck der Entgeltfortzahlung folgenden Konsequenzen für die **Auslegung** der einschlägigen gesetzlichen Vorschriften. Die aus der Entstehungsgeschichte abzuleitende Entlastungsfunktion zugunsten der Träger der gesetzlichen Krankenversicherung (oben Rn 180) könnte es rechtfertigen, diesen Aspekt als wesentliches Auslegungskriterium heranzuziehen (so ausdrücklich MHdB ArbR/Boecken [2. Aufl 2000] § 82 Rn 34; Schulin SAE 1978, 199; s auch Gamillscheg, Arbeitsrecht I [8. Aufl 2000] 336). Hiergegen spricht, dass die entgeltfortzahlungsrechtlichen Bestimmungen das zweiseitige Verhältnis der Arbeitsvertragsparteien ausgestalten und auch dann eingreifen, wenn dem Arbeitnehmer keine Leistungsansprüche gegenüber dem Träger der gesetzlichen Krankenversicherung zustehen (ablehnend auch Heither, in: FS Hilger/Stumpf [1983] 301). 192

III. Voraussetzungen der Entgeltfortzahlung

1. Arbeitsverhältnis*

a) Allgemeines

Eine auf § 3 Abs 1 S 1 EFZG gestützte Entgeltfortzahlung im Krankheitsfall setzt das Vorliegen eines **Arbeitsverhältnisses** voraus (näher zur Abgrenzung Staudinger/Richardi/Fischinger [2016] § 611 Rn 16 ff). Ein Entgeltfortzahlungsanspruch scheidet deshalb während eines Rechtsverhältnisses zur **Wiedereingliederung** nach § 74 SGB V aus (Gitter ZfA 1995, 139; MHdB ArbR/Greiner § 80 Rn 2; MünchKomm/Müller-Glöge § 3 EFZG Rn 5; ErfKomm/Reinhard § 1 EFZG Rn 4), da der Arbeitgeber innerhalb dieses Rechtsverhältnisses keine Vergütung schuldet (BAG 29. 1. 1992 – 5 AZR 37/91, AP SGB V 193

* **Schrifttum**: Boecken, Entgeltfortzahlung bei nebentätigkeitsbedingtem Arbeitsunfall bzw Unfall, NZA 2001, 233; Gumpert, Anspruch auf Gehalt oder Krankengeldzuschuß in einem zweiten Arbeitsverhältnis, BB 1960, 524; Haase, Der Anspruch des Geschäftsführers einer GmbH auf Fortzahlung seiner Vergütung im Krankheitsfall, GmbHR 2005, 1260; Hartmann, Lohnfortzahlung für Aushilfskräfte insbesondere bei ein- oder mehrmaliger Verlängerung des Aushilfsverhältnisses, DB 1970, 1130; Kleveman, Befristetes Arbeitsverhältnis von maximal vier Wochen und Lohnfortzahlung, AiB 1988, 234; Marburger, Ausnahmen von der Lohnfortzahlung für Arbeiter nach § 1 Abs 3 LFZG, RdA 1984, 339; Sabel, Entgeltfortzahlung bei nebenberuflicher Tätigkeit, DOK 1973, 105; ders, Entgeltfortzahlung bei nebenberuflicher Tätigkeit, DOK 1975, 249; Schäfer, Zur Lohnzahlungspflicht des Arbeitgebers nach verlorenem Kündigungsschutzprozess, NZA 1984, 105; Schwerdtner, Lohnfortzahlung im Krankheitsfall und befristete Arbeitsverhältnisse, NZA 1988, 593; Wissmann, Lohnfortzahlung auch für geringfügig beschäftigte Arbeiter?, DB 1989, 1922; Zietsch, Zur Frage der Lohnfortzahlung im Krankheitsfall beim Job-Sharing, NZA 1997, 526.

§ 74 Nr 1; BAG 19. 4. 1994 – 9 AZR 462/92, AP SGB V § 74 Nr 2). Entsprechendes gilt für eine **Eingliederung** nach § 16d Abs 1 SGB II, da hierdurch kein Arbeitsverhältnis im arbeitsrechtlichen Sinne begründet wird (§ 16d Abs 7 S 2 SGB II). Aus diesem Grunde besteht auch im Rahmen eines **ruhenden Arbeitsverhältnisses** kein Anspruch auf Entgeltfortzahlung (LAG Rheinland-Pfalz 15. 1. 2013 – 1 Sa 363/12, LAGE § 2 EntgeltFG Nr 1). **Arbeitnehmerähnliche Personen** sind keine Arbeitnehmer im Sinne des § 3 Abs 1 S 1 EFZG (MHdB ArbR/Greiner § 80 Rn 3), ihren Vergütungsanspruch kann im Krankheitsfalle nur § 616 S 1 BGB aufrechterhalten (s oben Rn 55).

194 Wird die vertraglich geschuldete Tätigkeit nicht auf der Grundlage eines Arbeitsvertrages erbracht, ist das Vertragsverhältnis aber gleichwohl als **Dienstverhältnis** zu qualifizieren (zur Abgrenzung Staudinger/Richardi/Fischinger [2016] Vorbem 23 ff, 62 ff zu §§ 611 ff), dann ist im Erkrankungsfall **ausschließlich § 616 BGB** anzuwenden (MünchKomm/Henssler § 616 Rn 20; s auch oben Rn 55). Für eine analoge Anwendung des § 3 Abs 1 S 1 EFZG auf **GmbH-Geschäftsführer** fehlen die methodischen Voraussetzungen (Erman/Belling/Riesenhuber § 616 Rn 53; Haase GmbHR 2005, 1260 ff; ErfKomm/Reinhard § 1 EFZG Rn 2; Schaub WiB 1994, 637; Schmitt/Küfner-Schmitt, EFZG/AAG [8. Aufl 2018] § 1 EFZG Rn 24). Allenfalls beim Fremdgeschäftsführer kommt ein gegenteiliges Ergebnis in Betracht, das dann jedoch nicht auf einer analogen Anwendung des EFZG (in dieser Richtung noch Schmitt, EFZG/AAG [7. Aufl 2012] § 1 EFZG Rn 2), sondern auf dem Arbeitnehmerstatus des Fremdgeschäftsführers beruht (Schmitt/Küfner-Schmitt, EFZG/AAG [8. Aufl 2018] § 1 EFZG Rn 24). Für **Vorstandsmitglieder einer Aktiengesellschaft** fehlen ebenfalls die methodischen Voraussetzungen einer entsprechenden Anwendung (iE wie hier Fleischer, in: Spindler/Stilz [Hrsg], AktG [4. Aufl 2019] § 84 Rn 47; Seibt, in: K Schmidt/Lutter [Hrsg], AktG [3. Aufl 2015] § 84 Rn 30; Spindler, in: MünchKomm AktG [5. Aufl 2019] § 84 Rn 95; Weber, in: Hölters [Hrsg], AktG [3. Aufl 2017] § 84 Rn 47; **aA** Kort, in: GroßKomm AktG [5. Aufl 2015] § 84 Rn 416: sinngemäße Anwendung des Entgeltfortzahlungsgesetzes). Den Parteien des Anstellungsverhältnisses bleibt es indes unbenommen, die Bestimmungen des Entgeltfortzahlungsgesetzes im **Anstellungsvertrag** für anwendbar zu erklären. Sie gelten in diesem Fall jedoch als Vertragsrecht für das Anstellungsverhältnis und können deshalb von den Vertragsparteien unabhängig von den Bindungen durch § 12 EFZG jederzeit und in jeder Richtung modifiziert werden. Bei Vorstandsmitgliedern einer Aktiengesellschaft zieht § 87 Abs 1 AktG jedoch im Hinblick auf die Dauer der Vergütungsfortzahlung eine Schranke (ebenso Seibt, in: K Schmidt/Lutter [Hrsg], AktG [3. Aufl 2015] § 84 Rn 30; Seyfarth, Vorstandsrecht [2016] § 4 Rn 71; Spindler, in: MünchKomm AktG [5. Aufl 2019] § 84 Rn 95; Weber, in: Hölters [Hrsg], AktG [3. Aufl 2017] § 84 Rn 47; Zöllner, in: FS Koppensteiner [2001] 293), die jedoch bei einem Zeitraum von sechs Wochen nicht überschritten ist.

195 Sofern keine abweichenden privatautonomen Abreden getroffen werden, schuldet der Dienstberechtigte die Vergütungsfortzahlung bei ausschließlich **von § 616 BGB erfassten Personen** nur, wenn die Erkrankung eine verhältnismäßig nicht erhebliche Zeit in Anspruch nimmt. Eine analoge Anwendung der für Angestellte in § 616 Abs 2 S 2 aF festgelegten Fiktion („gilt"), nach der eine Erkrankung bis zur Dauer von **sechs Wochen** als nicht verhältnismäßige Zeit anzusehen war, ist methodengerecht nicht begründbar und abzulehnen (Schaub WiB 1994, 637; iE auch Schmitt/Küfner-Schmitt, EFZG/AAG [8. Aufl 2018] § 1 EFZG Rn 24; **aA** jedoch für den abhängigen GmbH-Geschäftsführer Gissel, Arbeitnehmerschutz für den GmbH-Geschäftsführer

[1987] 134; sehr weitgehend PAEFGEN, in: ULMER/HABERSACK/LÖBBE [Hrsg], GmbH-Gesetz [2. Aufl 2014] § 35 Rn 388, der § 3 Abs 1 S 1 EFZG einen „gewissen Anhaltspunkt" entnimmt und sogar auch längere Zeiträume zubilligen will; ebenso für eine Orientierung an dem Sechs-Wochen-Zeitraum für das Vorstandsmitglied einer Aktiengesellschaft KORT, in: GroßKomm AktG [5. Aufl 2015] § 84 Rn 416; MERTENS/CAHN, in: ZÖLLNER/NOACK [Hrsg], Kölner Komm AktG [3. Aufl 2010] § 84 Rn 62; MHdB GesR IV/WIESNER [4. Aufl 2015] § 21 Rn 68; jedenfalls bei fünfjährigem Dienstvertrag SEYFARTH, Vorstandsrecht [2016] § 4 Rn 70; ohne Problematisierung BGH 6. 4. 1995 – VII ZR 36/94, LM BGB § 632 Nr 17 = NJW 1995, 2629 f, der eine krankheitsbedingte Arbeitsunfähigkeit von 2½ Wochen als unschädlich für die Anwendung des § 616 ansieht). Der Sechs-Wochen-Zeitraum ist eine den Besonderheiten des Arbeitsverhältnisses und der sozialversicherungsrechtlichen Verzahnung mit dem Anspruch auf Krankengeld geschuldete Zeitgrenze, sodass eine Ausdehnung auf andere Dienstverhältnisse wegen fehlender Vergleichbarkeit der Interessenlage ausscheidet (in dieser Richtung auch ERMAN/BELLING/RIESENHUBER § 616 Rn 53; ebenso für Vorstandsmitglieder einer Aktiengesellschaft SEIBT, in: K SCHMIDT/LUTTER [Hrsg], AktG [3. Aufl 2015] § 84 Rn 30; SPINDLER, in: MünchKomm AktG [5. Aufl 2019] § 84 Rn 95; THÜSING, in: FLEISCHER [Hrsg], Handbuch des Vorstandsrechts [2006] § 4 Rn 78; WEBER, in: HÖLTERS [Hrsg], AktG [3. Aufl 2017] § 84 Rn 47; **aA** jedoch SCHAUB/LINCK, Arbeitsrechts-Handbuch [17. Aufl 2017] § 97 Rn 23; ErfKomm/PREIS § 616 BGB Rn 10 a; TREBER, EFZG [2. Aufl 2007] § 3 EFZG Rn 30). Vor allem die Entstehungsgeschichte der arbeitsrechtlichen Lösung zeigt, dass die Dauer der Entgeltfortzahlung gerade den Zweck verfolgte die gesetzlichen Krankenkassen von den wirtschaftlichen Belastungen durch das Krankengeld abzumildern. Außerhalb der hiervon erfassten Beschäftigungsverhältnisse besteht eine derartige Verknüpfung nicht.

Fehlerhaft begründete Arbeitsverhältnisse sind ebenfalls in den Anwendungsbereich **196**
des § 3 EFZG einbezogen (BAG 18. 4. 1968 – 2 AZR 145/67, AP HGB § 63 Nr 32; GK-EFZR/BIRK § 1 LFZG Rn 139; BRECHT, Entgeltfortzahlung § 3 EFZG Rn 4; FEICHTINGER, Entgeltfortzahlung Rn 24; MHdB ArbR/GREINER § 80 Rn 8; HROMADKA/MASCHMANN, Arbeitsrecht 1 [7. Aufl 2018] § 8 Rn 67; KAISER/DUNKL/HOLD/KLEINSORGE § 3 EFZG Rn 17 ff; SOERGEL/KRAFT § 616 Rn 45; MÜLLER/BERENZ § 3 EFZG Rn 6; SCHMITT/SCHMITT, EFZG/AAG [8. Aufl 2018] § 3 EFZG Rn 32; TREBER, EFZG [2. Aufl 2007] § 3 EFZG Rn 8; VOGELSANG, Entgeltfortzahlung Rn 44; AR/VOSSEN § 3 EFZG Rn 2; s ferner GÖPPNER 130 ff). Bis zu deren Beendigung sind diese wie rechtswirksam begründete Arbeitsverhältnisse zu behandeln.

Gekündigte Arbeitsverhältnisse unterliegen bis zum Beendigungszeitpunkt stets den **197**
Entgeltfortzahlungsvorschriften (MHdB ArbR/GREINER § 80 Rn 9; SCHMITT/SCHMITT, EFZG/AAG [8. Aufl 2018] § 3 EFZG Rn 33), gegebenenfalls ist der Arbeitgeber zur Entgeltfortzahlung auch nach diesem Zeitpunkt verpflichtet (§ 8 Abs 1 S 1 EFZG; hierzu unten Rn 415 ff). Erfolgt während des Kündigungsschutzprozesses eine **Weiterbeschäftigung** des Arbeitnehmers, dann trifft den Arbeitgeber die Pflicht zur Entgeltfortzahlung, wenn die Weiterbeschäftigung auf Grund einer **selbständigen Abrede** erfolgt (BAG 15. 1. 1986 – 5 AZR 237/84, AP LohnFG § 1 Nr 66; MHdB ArbR/GREINER § 80 Rn 10; HROMADKA/MASCHMANN, Arbeitsrecht 1 [7. Aufl 2018] § 8 Rn 67; KAISER/DUNKL/HOLD/KLEINSORGE § 3 EFZG Rn 22; SCHMITT/SCHMITT, EFZG/AAG [8. Aufl 2018] § 3 EFZG Rn 35; TREBER, EFZG [2. Aufl 2007] § 3 EFZG Rn 11; VOGELSANG, Entgeltfortzahlung Rn 49; AR/VOSSEN § 3 EFZG Rn 3). Im Übrigen gelten die zu § 616 S 1 BGB dargelegten Grundsätze (s oben Rn 44 f sowie auch MHdB ArbR/GREINER § 80 Rn 10).

198 Nach der Konzeption des Bundesarbeitsgerichtes ist eine Pflicht zur Entgeltfortzahlung zu verneinen, wenn der Arbeitnehmer während eines Kündigungsschutzprozesses **zur Abwendung der Zwangsvollstreckung** beschäftigt und die **Kündigung später für rechtswirksam erklärt** wird (so in der Konsequenz zB Barton/Hönsch NZA 1987, 725; Bengelsdorf SAE 1987, 265; Berkowsky BB 1986, 798; Feichtinger, Entgeltfortzahlung Rn 30; Hromadka/Maschmann, Arbeitsrecht 1 [7. Aufl 2018] § 8 Rn 67; Kaiser/Dunkl/Hold/Kleinsorge § 3 EFZG Rn 24; Lieb/Jacobs, Arbeitsrecht [9. Aufl 2006] Rn 391; Müller/Berenz § 3 EFZG Rn 10; Olderog BB 1989, 1688; Reinhard/Reinhard, EFZG § 3 Rn 27; Schmitt/Schmitt, EFZG/AAG [8. Aufl 2018] § 3 EFZG Rn 36; R Schulz, Rechtliche Folgeprobleme der Entscheidung des Großen Senats des Bundesarbeitsgerichts zum Allgemeinen Weiterbeschäftigungsanspruch [1993] 210; Treber, EFZG [2. Aufl 2007] § 3 EFZG Rn 12; Vogelsang, Entgeltfortzahlung Rn 50; Walker DB 1988, 1599; ebenso trotz abweichender Begründung Hanau/Adomeit, Arbeitsrecht [11. Aufl 1994] 253; Konzen, in: FS Hyung-Bae Kim [1995] 82; **aA** jedoch GK-EFZR/Birk § 1 LFZG Rn 140; Büring, Die Rechtsfolgen des allgemeinen Weiterbeschäftigungsanspruchs [Diss Münster 1995] 135 ff; MHdB ArbR/Greiner § 80 Rn 11; Schwerdtner, in: Brill/Schwerdtner, Aktuelle Rechtsfragen zum Weiterbeschäftigungsanspruch gekündigter Arbeitnehmer [1986] 77 sowie bereits Beuthien RdA 1969, 171). Praktikabel ist die retrospektive Sichtweise der höchstrichterlichen Rechtsprechung nicht (ablehnend auch GK-EFZR/Birk § 1 LFZG Rn 140), da in dem Zeitraum der Weiterbeschäftigung unklar bleibt, ob dem Arbeitnehmer während der Erkrankung ein Anspruch nach dem Entgeltfortzahlungsgesetz gegenüber dem Arbeitgeber zusteht oder von dem Träger der gesetzlichen Krankenversicherung Krankengeld (§ 44 SGB V) zu gewähren ist (zustimmend MHdB ArbR/Greiner § 80 Rn 11).

199 Auszubildende im Rahmen eines **Berufsausbildungsverhältnisses** sind wegen der Legaldefinition in § 1 Abs 2 EFZG ebenfalls Arbeitnehmer im Sinne des § 3 Abs 1 S 1 EFZG; § 12 Abs 1 S 2 BBiG aF, der die Bestimmungen des Entgeltfortzahlungsgesetzes bei Berufsausbildungsverhältnissen für anwendbar erklärte, hatte deshalb lediglich **klarstellende Bedeutung** (s oben Rn 176), sodass die unterbliebene Übernahme in § 19 Abs 1 BBiG nF für das Bestehen eines Anspruchs auf Entgeltfortzahlung ohne Bedeutung ist. Das gilt entsprechend für die **von § 26 BBiG erfassten Vertragsverhältnisse** (Volontäre, Praktikanten und Anlernlinge; nicht hingegen: Werkstudenten und Arbeitsstipendiaten), da diese ebenfalls dem Berufsbildungsbegriff in § 1 Abs 2 EFZG unterfallen (MHdB ArbR/Greiner § 80 Rn 4; Kaiser/Dunkl/Hold/Kleinsorge § 1 EFZG Rn 39; ErfKomm/Reinhard § 1 EFZG Rn 3; Schmitt/Schmitt, EFZG/AAG [8. Aufl 2018] § 3 EFZG Rn 43; Wedde/Kunz § 1 EFZG Rn 39 ff). Bei einem engeren Begriffsverständnis, das die in § 26 BBiG genannten Vertragsverhältnisse aus dem Berufsbildungsbegriff in § 1 Abs 2 EFZG ausklammert, ist zu beachten, dass § 26 BBiG ohne Einschränkungen auf § 10 BBiG und damit auf die Anordnung einer entsprechenden Anwendung der arbeitsrechtlichen Bestimmungen (§ 10 Abs 2 BBiG) verweist, zu denen auch die Vorschriften des Entgeltfortzahlungsgesetzes zählen.

200 Da § 1 Abs 2 EFZG ausdrücklich auf den weiten Begriff der **„Berufsbildung"** abstellt und hierdurch schon in grammatikalischer Hinsicht von anderen Vorschriften abweicht, die den enger gefassten Terminus der **„Berufsausbildung"** in den Gesetzeswortlaut aufnehmen (zB § 5 Abs 1 BetrVG), sind auch diejenigen Personen in den Arbeitnehmerbegriff des Entgeltfortzahlungsrechts einbezogen, die zum Zwecke der **beruflichen Fortbildung** (§ 1 Abs 4 BBiG) oder der **beruflichen Umschulung** (§ 1

Abs 5 BBiG) beschäftigt werden (MHdB ArbR/Greiner § 80 Rn 4; Schmitt/Schmitt, EFZG/AAG [8. Aufl 2018] § 3 EFZG Rn 43).

201 Keine Anwendung findet § 3 Abs 1 S 1 EFZG bei **Heimarbeitern** (Erman/Belling/Riesenhuber § 616 Rn 98; MHdB ArbR/Greiner § 80 Rn 3; Kaiser/Dunkl/Hold/Kleinsorge § 3 EFZG Rn 11; Kunz/Wedde, EFZR [2. Aufl 2005] § 3 EFZG Rn 18; ErfKomm/Reinhard § 1 EFZG Rn 13; BeckOK ArbR/Ricken § 1 EFZG Rn 5; Schmitt/Schmitt, EFZG/AAG [8. Aufl 2018] § 3 EFZG Rn 46); für sie trifft § 10 EFZG eine eigenständige und abschließende Regelung.

202 Gleiches gilt für **Besatzungsmitglieder** auf Kauffahrteischiffen. Bezüglich dieser Personengruppe wird § 3 Abs 1 S 1 EFZG durch die lex specialis in § 104 SeeArbG verdrängt, die jedoch die Bestimmungen des Entgeltfortzahlungsgesetzes – vorbehaltlich der Sonderregelung zu § 5 EFZG (s unten Rn 344) – für anwendbar erklärt (s auch Schmitt/Schmitt, EFZG/AAG [8. Aufl 2018] § 3 EFZG Rn 45; Vogelsang, Entgeltfortzahlung Rn 918).

203 Findet auf das Arbeitsverhältnis ein **ausländisches Vertragsstatut** Anwendung, so steht dieses – vorbehaltlich der Schranken für eine Rechtswahl durch Art 8 Abs 1 Rom I-VO – nicht der Einbeziehung des Arbeitnehmers in den Anwendungsbereich von **§ 3 EFZG** entgegen, soweit die Vorschrift als **Eingriffsnorm im Sinne von Art 9 Abs 1 Rom I-VO** zu qualifizieren ist. Hierfür hebt die Rechtsprechung des Bundesarbeitsgerichtes zutreffend die Entlastungsfunktion des arbeitsrechtlichen Anspruches auf Entgeltfortzahlung für die gesetzlichen Krankenkassen (s oben Rn 180 f) hervor, sodass § 3 EFZG sich nicht auf einen Interessenausgleich für das Vertragsverhältnis beschränkt, sondern dem Gesamtinteresse aller Beitragszahler dient (BAG 12. 12. 2001 – 5 AZR 255/00, AP EGBGB Art 30 Nr 10; BAG 18. 4. 2012 – 10 AZR 200/11 Rn 20, AP EntgeltFG § 2 Nr 14; MHdB ArbR/Greiner § 80 Rn 5; BeckOK ArbR/Ricken § 1 EFZG Rn 8; Schmitt/Schmitt, EFZG/AAG [8. Aufl 2018] § 3 EFZG Rn 26). Die für die Qualifizierung als Eingriffsnorm konstitutive Verknüpfung mit dem nach deutschem Sozialversicherungsrecht zu beurteilenden Anspruch auf Krankengeld zwingt indes zu einer differenzierenden Würdigung, die der Bewertung von § 3 EFZG als Eingriffsnorm stets dann entgegensteht, wenn die Anwendung der Norm seine Entlastungsfunktion verfehlt, weil der Arbeitnehmer nicht dem deutschen Sozialversicherungsrecht unterliegt (BAG 18. 4. 2012 – 10 AZR 200/11 Rn 21, AP EntgeltFG § 2 Nr 14; Schmitt/Schmitt, EFZG/AAG [8. Aufl 2018] § 3 EFZG Rn 26). Soweit § 3 EFZG jedoch als Eingriffsnorm wegen Art 9 Abs 1 Rom I-VO zur Anwendung gelangt, gilt dies gleicher Weise für die ergänzenden Normen des Entgeltfortzahlungsgesetzes, insbesondere **§ 4, § 5 und § 8 EFZG**. In der Konsequenz der vorstehenden Begründung liegt es indes auch, für **§ 3a Abs 1 EFZG** den Charakter als Eingriffsnorm abzulehnen, da der Erstattungsanspruch des Arbeitgebers in § 3a Abs 2 EFZG dazu führt, dass der gegen ihn gerichtete arbeitsrechtliche Anspruch die gesetzliche Krankenversicherung nicht entlastet.

b) Arbeitszeitvolumen

204 Das auf Grund des Arbeitsverhältnisses geschuldete **Arbeitszeitvolumen** ist für die Anwendung der Entgeltfortzahlungsbestimmungen **ohne Bedeutung**. Die gesetzlichen Vorschriften setzen nicht voraus, dass der Arbeitnehmer für seine wirtschaftliche Existenz auf die Vergütung angewiesen ist (BAG 7. 11. 1975 – 5 AZR 459/74, AP

LohnFG § 1 Nr 38). Für eine derartige Verknüpfung fehlen tragfähige normative Anhaltspunkte. § 3 Abs 1 S 1 EFZG ist deshalb auch bei Arbeitnehmern anzuwenden, deren Beschäftigung nach Maßgabe des **§ 8 SGB IV** nicht sozialversicherungspflichtig ist (Erman/Belling/Riesenhuber § 616 Rn 98; Kaiser/Dunkl/Hold/Kleinsorge § 3 EFZG Rn 6; BeckOK ArbR/Ricken § 1 EFZG Rn 1; Schmitt/Schmitt, EFZG/AAG [8. Aufl 2018] § 3 EFZG Rn 38; zu den Besonderheiten bei Teilzeitkräften näher Schmitt, in: FS Gitter [1995] 847 ff). Für Arbeitsverhältnisse mit **kapazitätsorientierter variabler Arbeitszeit** oder einer **Arbeitsplatzteilung** gelten die Grundsätze zu § 616 S 1 BGB entsprechend (s oben Rn 36). Kann bei kapazitätsorientierter variabler Arbeitszeit die vereinbarte oder als vereinbart geltende wöchentliche Arbeitszeit jedoch nicht mehr erbracht werden, kann der Arbeitnehmer für den Zeitraum der krankheitsbedingten Arbeitsverhinderung nach § 3 Abs 1 S 1 EFZG Entgeltfortzahlung beanspruchen; bestätigt wird dies durch § 12 Abs 4 TzBfG (s dazu unten Rn 454).

c) Kurzzeitig befristete Arbeitsverhältnisse

205 Für befristete Arbeitsverhältnisse, die die **Dauer von maximal vier Wochen** nicht überschritten, sahen **§ 1 Abs 3 Nr 1 LFG** und **§ 115a Abs 3 lit a AGB-DDR** einen Ausschluss des Anspruches vor (zur damaligen Rechtslage GK-EFZR/Birk § 1 LFZG Rn 78; Hartmann DB 1970 1130 ff; Schmitt, LFZG [1. Aufl 1992] § 1 LFZG Rn 166 ff). Der Ausschlusstatbestand in § 1 Abs 3 Nr 1 LFG erfasste nicht jedes befristete Arbeitsverhältnis mit einer Dauer von höchstens vier Wochen; Probearbeitsverhältnisse wurden ausdrücklich ausgenommen. Des Weiteren wendete das Bundesarbeitsgericht § 1 Abs 3 Nr 1 LFG nicht an, wenn die Befristung objektiv funktionswidrig eingesetzt wurde, weil diese nicht durch einen sachlichen Grund gerechtfertigt war (BAG 11. 12. 1985 – 5 AZR 135/85, AP LohnFG § 1 Nr 65). Dies sollte auch gelten, wenn eine Neueinstellung im Sinne des Art 1 § 1 BeschFG 1985 vorlag (BAG 27. 1. 1988 – 5 AZR 264/86, AP LohnFG § 1 Nr 75; kritisch hierzu zB Schwerdtner NZA 1988, 593 ff). Die Pflicht zur Entgeltfortzahlung griff zudem ein, wenn das Arbeitsverhältnis nach Ablauf des Vier-Wochen-Zeitraumes fortgesetzt wurde (§ 1 Abs 3 Nr 1 S 2 LFG).

206 Die Neuregelung der Entgeltfortzahlung im Krankheitsfall durch das **Entgeltfortzahlungsgesetz** verzichtet auf eine Übernahme des Ausnahmetatbestandes, da er für Angestellte in den alten Bundesländern keine Geltung besaß und § 3 Abs 1 S 1 EFZG aF insbesondere die Rechtsstellung der Arbeiter an diejenige der Angestellten angleichen sollte (zur früheren Problematik im Hinblick auf Art 3 Abs 1 GG Staudinger/Oetker[12] § 616 Rn 171; kritisch zum Verzicht auf den Ausnahmetatbestand Berenz DB 1995, 2166 f; Müller/Berenz § 1 EFZG Rn 16 f; Schmitt RdA 1996, 7). Wegen der Wartezeit von vier Wochen für das Entstehen eines Anspruches auf Entgeltfortzahlung in § 3 Abs 3 EFZG (s unten Rn 305 ff) kehrt der vormals in § 1 Abs 3 Nr 1 LFG enthaltene Ausschlusstatbestand jedoch in anderer rechtlicher Gestalt wieder (ebenso ErfKomm/Reinhard § 1 EFZG Rn 2; Schmitt/Schmitt, EFZG/AAG [8. Aufl 2018] § 3 EFZG Rn 23).

207 Da § 3 Abs 3 EFZG festlegt, dass der Anspruch auf Entgeltfortzahlung erst nach vierwöchiger ununterbrochener Dauer des Arbeitsverhältnisses entsteht, scheidet ein Anspruch auf Entgeltfortzahlung bei allen Arbeitsverhältnissen aus, die diese Zeitgrenze wegen der vereinbarten Befristung nicht erreichen können. Damit ist indirekt ein Anspruch auf Entgeltfortzahlung – entsprechend der früher in § 1 Abs 3

Nr 1 LFG getroffenen Regelung – bei allen Arbeitsverhältnissen ausgeschlossen, deren Dauer maximal vier Wochen nicht überschreitet (Kaiser/Dunkl/Hold/Kleinsorge § 3 EFZG Rn 126). Im Unterschied zu der Rechtslage nach § 1 Abs 3 Nr 1 LFG (s oben Rn 205) gilt dies auch für **Probearbeitsverhältnisse**.

Da § 3 Abs 3 EFZG befristete Arbeitsverhältnisse mit einer Dauer von maximal vier Wochen nicht direkt aus dem Anwendungsbereich des Entgeltfortzahlungsgesetzes ausschließt, sondern auf die Figur der Wartezeit zurückgreift, ist für die unter der Geltung des § 1 Abs 3 Nr 1 LFG vorgenommene Prüfung, ob die **Befristung des Arbeitsverhältnisses objektiv funktionswidrig** eingesetzt wurde (s oben Rn 205), kein Raum (Kaiser/Dunkl/Hold/Kleinsorge § 3 EFZG Rn 126). Sofern dies zu bejahen war, folgte hieraus lediglich, dass sich der Arbeitgeber nicht auf den Ausschlusstatbestand in § 1 Abs 3 Nr 1 LFG berufen konnte und auch bei diesen Arbeitsverhältnissen uneingeschränkt das Arbeitsentgelt fortzuzahlen war. Diese Rechtsfolge scheidet unter der Geltung des § 3 Abs 3 EFZG aus, da die vierwöchige Wartezeit bei allen Arbeitsverhältnissen Anwendung findet. 208

Wird ein zunächst **auf** maximal **vier Wochen befristet begründetes Arbeitsverhältnis fortgesetzt**, dann entsteht der Anspruch auf Entgeltfortzahlung nach Ablauf der vierwöchigen Wartezeit in § 3 Abs 3 EFZG. Zu Erkrankungen vor Ablauf der Wartezeit s unten Rn 316 ff. 209

2. Krankheitsbegriff*

Die Regelung in **§ 3 Abs 1 S 1 EFZG** setzt einen Krankheitsfall voraus und stimmt insoweit mit der früheren deklaratorischen Vorschrift in **§ 12 Abs 1 S 2 BBiG aF** überein. Gleiches gilt für **§ 104 SeeArbG**. Im Rahmen des § 3 Abs 1 S 1 EFZG ist – entsprechend der einhelligen Auffassung zu den zuvor geltenden Rechtsgrundlagen (für die stRspr zB BAG 17. 11. 1960 – 2 AZR 97/59, AP HGB § 63 Nr 21; BAG 14. 1. 1972 – 5 AZR 264/71, AP LohnFG § 1 Nr 12; BAG 5. 4. 1976 – 5 AZR 397/75, AP LohnFG § 1 Nr 40; BAG 1. 6. 1983 – 5 AZR 536/80, AP LohnFG § 1 Nr 52; BAG 29. 2. 1984 – 5 AZR 455/81, AP BGB § 616 Nr 64 BAG 9. 1. 1985 – 5 AZR 415/82, AP LohnFG § 1 Nr 62; BAG 26. 7. 1989 – 5 AZR 301/88, AP LohnFG § 1 Nr 86; BAG 7. 8. 1991 – 5 AZR 410/90, AP LohnFG § 1 Nr 94; s auch Schulin ZfA 1978, 247 ff) – der **medizinische Krankheitsbegriff** maßgebend (für eine autonome Begriffsbestimmung plädiert jedoch GK-EFZR/Birk § 1 LFZG Rn 189). Dieser stellt ausschließlich darauf ab, ob ein **regelwidriger Körper- oder Geisteszustand** vorliegt (BAG 9. 4. 2014 – 10 AZR 637/13 Rn 18, AP GewO § 106 Nr 29; BAG 26. 10. 2016 – 5 AZR 167/16 Rn 14, NJW 2017, 1129; BAG 25. 1. 2018 – 2 AZR 382/17 Rn 31, NZA 2018, 845; MHdB ArbR/Greiner § 80 Rn 13; Kaiser/Dunkl/Hold/Kleinsorge § 3 EFZG Rn 27; Soergel/Kraft § 616 Rn 50; 210

* **Schrifttum**: Dannecker, Der Krankheitsbegriff im Arbeits- und Sozialversicherungsrecht (Diss München 1968); Gauber, Der Begriff der krankheitsbedingten Arbeitsunfähigkeit im Entgeltfortzahlungs- und Krankenversicherungsrecht (1998); Lepke, Krankheitsbegriff im Arbeitsrecht, NZA-RR 1999, 57; Müller/Roden, Entgeltfortzahlung bei künstlicher Befruchtung, NZA 1989, 128; Oetker, Implikationen des arbeitsrechtlichen Krankheitsbegriffs, in: Beck (Hrsg), Krankheit und Recht (2017) 197; Reinecke, Krankheit und Arbeitsunfähigkeit – die zentralen Begriffe des Rechts der Entgeltfortzahlung, DB 1998, 130; Thivessen, Lohnfortzahlungsanspruch bei Organspenden, ZTR 1989, 267; Viefhues, Der medizinische Krankheitsbegriff, ZSR 1976, 394.

Oetker, in: Beck [Hrsg], Krankheit und Recht [2017] 203 f; BeckOK ArbR/Ricken § 3 EFZG Rn 10; Schmitt/Schmitt, EFZG/AAG [8. Aufl 2018] § 3 EFZG Rn 53; Vogelsang, Entgeltfortzahlung Rn 67; AR/Vossen § 3 EFZG Rn 11; ebenso trotz des abweichenden Grundansatzes GK-EFZR/Birk § 1 LFZG Rn 189). Dabei bezieht § 3 Abs 1 S 1 EFZG die Krankheit nicht auf beliebige Personen, sondern auf den anspruchsberechtigten Arbeitnehmer. Eine Krankheit anderer Personen (zB Kinder) wird von § 3 Abs 1 S 1 EFZG nicht erfasst (BAG 26. 10. 2016 – 5 AZR 167/16 Rn 24, NJW 2017, 1129 sowie bereits Schulz DB 2006, 839 f; zustimmend Greiner NZA 2007, 494 f; MHdB ArbR/Greiner § 80 Rn 12; Lepke Rn 301; ErfKomm/Reinhard § 3 EFZG Rn 5; Schmitt/Schmitt, EFZG/AAG [8. Aufl 2018] § 3 EFZG Rn 54; **aA** Kiessling DB 2006, 841 f; Kiessling/Jünemann DB 2005, 1684 ff). Dementsprechend kann ein Arbeitnehmer aus Sicht des Entgeltfortzahlungsrechts auch nicht allein deshalb als krank angesehen werden, weil bei dem Partner wegen dessen Unfruchtbarkeit eine Krankheit vorliegt (BAG 26. 10. 2016 – 5 AZR 167/16 Rn 24, NJW 2017, 1129).

211 Regelwidrig ist der Zustand, wenn er nach allgemeiner Erfahrung unter Berücksichtigung eines **natürlichen Verlaufs des Lebens** nicht bei jedem anderen Menschen gleichen Alters und gleichen Geschlechts zu erwarten ist (BAG 7. 12. 2005 – 5 AZR 228/05 Rn 35, AP TVG § 1 Tarifverträge: Lufthansa Nr 34; BAG 26. 10. 2016 – 5 AZR 167/16 Rn 14, NJW 2017, 1129; Feichtinger, Entgeltfortzahlung Rn 36; MHdB ArbR/Greiner § 80 Rn 13; Kaiser/Dunkl/Hold/Kleinsorge § 3 EFZG Rn 27; Kunz/Wedde, EFZR [2. Aufl 2005] § 3 EFZG Rn 40; Lepke Rn 76; MünchKomm/Müller-Glöge § 3 EFZG Rn 4; Treber, EFZG [2. Aufl 2007] § 3 EFZG Rn 14; ähnlich Marienhagen/Künzl § 3 EFZG Rn 4). **Altersschwäche** und ähnliche Beschwerden, die als **Folge der natürlichen Körperentwicklung** auftreten und das übliche Maß nicht überschreiten, sind keine regelwidrigen Körper- oder Geisteszustände und somit auch keine Krankheit im Sinne des Entgeltfortzahlungsrechtes (BAG 7. 12. 2005 – 5 AZR 228/05, AP TVG § 1 Tarifverträge: Lufthansa Nr 34 Rn 35; Becher 32; Brecht, Entgeltfortzahlung § 3 EFZG Rn 11; Feichtinger, Entgeltfortzahlung Rn 63; MHdB ArbR/Greiner § 80 Rn 15; Hromadka/Maschmann, Arbeitsrecht 1 [7. Aufl 2018] § 8 Rn 69; Kaiser/Dunkl/Hold/Kleinsorge § 3 EFZG Rn 31; Schaub/Linck, Arbeitsrechts-Handbuch [17. Aufl 2017] § 98 Rn 9; MünchKomm/Müller-Glöge § 3 EFZG Rn 4; ErfKomm/Reinhard § 3 EFZG Rn 5; BeckOK ArbR/Ricken § 3 EFZG Rn 13; HWK/Schliemann § 3 EFZG Rn 35; Schmitt/Schmitt, EFZG/AAG [8. Aufl 2018] § 3 EFZG Rn 64; Stumpf/Trümner, in: Kittner/Zwanziger/Deinert/Heuschmid [Hrsg], Arbeitsrecht [9. Aufl 2017] § 39 Rn 26; Treber, EFZG [2. Aufl 2007] § 3 EFZG Rn 14; Vogelsang, Entgeltfortzahlung Rn 72).

212 Der in Rechtsprechung und Schrifttum verbreitet anzutreffende Rückgriff auf die **Behandlungsbedürftigkeit** des Arbeitnehmers (so zB BAG 5. 4. 1976 – 5 AZR 397/75, AP LohnFG § 1 Nr 40; BAG 1. 6. 1983 – 5 AZR 536/80, AP LohnFG § 1 Nr 52; BAG 29. 2. 1984 – 5 AZR 455/81, AP BGB § 616 Nr 64; im Schrifttum zB Erman/Belling/Riesenhuber § 616 Rn 103; Brecht, Entgeltfortzahlung § 3 EFZG Rn 9; Gamillscheg, Arbeitsrecht I [8. Aufl 2000] 337; Hromadka/Maschmann, Arbeitsrecht 1 [7. Aufl 2018] § 8 Rn 69; Junker, Grundkurs Arbeitsrecht [18. Aufl 2019] Rn 279; Kunz/Wedde, EFZR [2. Aufl 2005] § 3 EFZG Rn 40; Lepke Rn 76; Schaub/Linck, Arbeitsrechts-Handbuch [17. Aufl 2017] § 98 Rn 9; Löwisch/Caspers/Klumpp, Arbeitsrecht [11. Aufl 2017] Rn 432; ArbR-BGB/Matthes § 616 Rn 61; vMaydell DB 1973 Beil 15, 4; MünchKomm/Müller-Glöge § 3 EFZG Rn 4; HWK/Schliemann § 3 EFZG Rn 34; Stumpf/Trümner, in: Kittner/Zwanziger/Deinert/Heuschmid [Hrsg], Arbeitsrecht [9. Aufl 2017] § 39 Rn 26; Treber, EFZG [2. Aufl 2007] § 3 EFZG Rn 15; Wedde/Kunz § 3 EFZG Rn 20) hat im Entgeltfortzahlungsrecht **keine Bedeutung** (treffend MHdB ArbR/Greiner § 80

Rn 14; Kaiser/Dunkl/Hold/Kleinsorge § 3 EFZG Rn 27; Marienhagen/Künzl § 3 EFZG Rn 4a; Oetker, in: Beck [Hrsg], Krankheit und Recht [2017] 203 f; Reinhard/Reinhard, EFZG § 3 Rn 34; BeckOK ArbR/Ricken § 3 EFZG Rn 9; Schmitt/Schmitt, EFZG/AAG [8. Aufl 2018] § 3 EFZG Rn 52; Schulin ZfA 1978, 248; ders Anm zu BAG EzA § 616 BGB Nr 27; **aA** Lepke Rn 76: unverzichtbar). Die Behandlungsbedürftigkeit ist ausschließlich im Krankenversicherungsrecht notwendig (Schmitt/Schmitt, EFZG/AAG [8. Aufl 2018] § 3 EFZG Rn 52), eine Gleichsetzung des krankenversicherungsrechtlichen Krankheitsbegriffs mit dem Begriffsverständnis im Entgeltfortzahlungsrecht ist deshalb verfehlt (so mit Recht auch Schmitt/Schmitt, EFZG/AAG [8. Aufl 2018] § 3 EFZG Rn 52) und entbehrlich (unter Verzicht hierauf auch zB BAG 17. 11. 1960 – 2 AZR 97/59, AP HGB § 63 Nr 21; BAG 14. 1. 1972 – 5 AZR 264/71, AP LohnFG § 1 Nr 12; BAG 9. 1. 1985 – 5 AZR 415/82, AP LohnFG § 1 Nr 62; BAG 26. 7. 1989 – 5 AZR 301/88, AP LohnFG § 1 Nr 86 sowie jüngst BAG 26. 10. 2016 – 5 AZR 167/16 Rn 14, NJW 2017, 1129). Dementsprechend hat auch das Bundesarbeitsgericht in einem Urteil v 9. 4. 2014 ausdrücklich das Erfordernis einer Heilbehandlung als nicht maßgebend dafür betrachtet, ob eine Krankheit im Sinne von § 3 Abs 1 S 1 EFZG vorliegt (BAG 9. 4. 2014 – 10 AZR 637/13, AP GewO § 106 Nr 29 = NZA 2014, 719).

Ein **eigenständiger arbeitsrechtlicher Krankheitsbegriff** hat im Entgeltfortzahlungs- **213**
recht **keine normative Grundlage** (so mit Recht Schulin ZfA 1978, 248). Entsprechende Formulierungen in der Judikatur (zB BAG 14. 1. 1972 – 5 AZR 264/71, AP LohnFG § 1 Nr 12 BAG 25. 10. 1973 – 5 AZR 141/73, AP BGB § 616 Nr 42) trennen nicht präzise zwischen den verschiedenen tatbestandlichen Voraussetzungen für die Pflicht zur Entgeltfortzahlung. Die Auswirkungen der Krankheit auf die **Fähigkeit zur Erfüllung** der **arbeitsvertraglichen Pflichten** (hierzu unten Rn 222 ff) nennt § 3 Abs 1 S 1 EFZG als **eigenständiges Tatbestandsmerkmal**, sodass die Bildung eines selbständigen (zweigliedrigen) Krankheitsbegriffs, der die letztgenannte Voraussetzung in sich aufnimmt, eher zu Missverständnissen Anlass gibt (ablehnend auch GK-EFZR/Birk § 1 LFZG Rn 193; Kaiser/Dunkl/Hold/Kleinsorge § 3 EFZG Rn 28; Schmitt/Schmitt, EFZG/AAG [8. Aufl 2018] § 3 EFZG Rn 53; Schulin ZfA 1978, 246 f; ders Anm zu BAG EzA § 616 BGB Nr 27; Sonnleitner, Entgeltfortzahlung bei Alkoholismus unter besonderer Berücksichtigung der Verschuldensproblematik [1994] 17; Thome 54 f; Weiland 36 f). Für die Anwendung der Bestimmungen zur Entgeltfortzahlung im Krankheitsfall ist deshalb von dem **medizinischen Krankheitsbegriff auszugehen** (so mit Recht auch BAG 29. 2. 1984 – 5 AZR 455/81, AP BGB § 616 Nr 64; BAG 7. 8. 1991 – 5 AZR 410/90, AP LohnFG § 1 Nr 94).

Die **Krankheitsursache** ist für die Entgeltfortzahlungspflicht des Arbeitgebers uner- **214**
heblich (BAG 24. 2. 1972 – 5 AZR 446/71, AP LohnFG § 1 Nr 17; BAG 25. 2. 1972 – 5 AZR 471/71, AP LohnFG § 1 Nr 18; BAG 5. 4. 1976 – 5 AZR 397/75, AP LohnFG § 1 Nr 40; Brecht, Entgeltfortzahlung § 3 EFZG Rn 9; Feichtinger, Entgeltfortzahlung Rn 33, 37; Geyer/Knorr/Krasney § 3 EFZG Rn 43; Helml § 3 EFZG Rn 25; Kaiser/Dunkl/Hold/Kleinsorge § 3 EFZG Rn 29; Soergel/Kraft § 616 Rn 50; Kunz/Wedde, EFZR [2. Aufl 2005] § 3 EFZG Rn 43; Lepke Rn 77; Schaub/Linck, Arbeitsrechts-Handbuch [17. Aufl 2017] § 98 Rn 9; vMaydell DB 1973 Beil 15, 4; Müller/Berenz § 3 EFZG Rn 25; MünchKomm/Müller-Glöge § 3 EFZG Rn 4; ErfKomm/Reinhard § 3 EFZG Rn 6; BeckOK ArbR/Ricken § 3 EFZG Rn 10; HWK/Schliemann § 3 EFZG Rn 38; Schmitt/Schmitt, EFZG/AAG [8. Aufl 2018] § 3 EFZG Rn 55; Treber, EFZG [2. Aufl 2007] § 3 EFZG Rn 19; Vogelsang, Entgeltfortzahlung Rn 69; AR/Vossen § 3 EFZG Rn 11). Das gilt auch für **Suchterkrankungen**; insbesondere für die Alkoholabhängigkeit gelten im Entgeltfortzahlungsrecht dieselben Grundsätze, die für jede andere Krankheit maßgebend sind (BAG 1. 6. 1983 – 5 AZR 536/80, AP LohnFG § 1 Nr 52;

BAG 11. 11. 1987 – 5 AZR 497/86, AP BGB § 616 Nr 75; BAG 7. 8. 1991 – 5 AZR 410/90, AP LohnFG § 1 Nr 94; BAG 18. 3. 2015 – 10 AZR 99/14 Rn 12, AP EntgeltFG § 3 Nr 31 = NZA 2015, 801; LAG Hamm 7. 8. 1985 – 1 Sa 939/85, LAGE § 1 LohnFG Nr 10 sowie MHdB ArbR/Greiner § 80 Rn 15; BeckOK ArbR/Ricken § 3 EFZG Rn 11; Schmitt/Schmitt, EFZG/AAG [8. Aufl 2018] § 3 EFZG Rn 56). Entsprechendes gilt für die Folgen einer **Nikotinabhängigkeit** (Erman/Belling/Riesenhuber § 616 Rn 120; MHdB ArbR/Greiner § 80 Rn 15; Schmitt/Schmitt, EFZG/AAG [8. Aufl 2018] § 3 EFZG Rn 56; Stumpf/Trümner, in: Kittner/Zwanziger/Deinert/Heuschmid [Hrsg], Arbeitsrecht [9. Aufl 2017] § 39 Rn 27; Treber, EFZG [2. Aufl 2007] § 3 EFZG Rn 19). In gleicher Weise sind **Geburtsfehler** als Ursache der Krankheit zu würdigen (BAG 5. 4. 1976 – 5 AZR 397/75, AP LohnFG § 1 Nr 40; MHdB ArbR/Greiner § 80 Rn 12; Lepke Rn 76; Schaub/Linck, Arbeitsrechts-Handbuch [17. Aufl 2017] § 98 Rn 9; MünchKomm/Müller-Glöge § 3 EFZG Rn 4; BeckOK ArbR/Ricken § 3 EFZG Rn 10; HWK/Schliemann § 3 EFZG Rn 35).

215 Auch die infolge eines **Arbeitsunfalls** oder einer **Berufskrankheit** eintretende Arbeitsunfähigkeit stellt eine Krankheit im Sinne des Entgeltfortzahlungsrechtes dar (Schmitt/Schmitt, EFZG/AAG [8. Aufl 2018] § 3 EFZG Rn 55). Die vormalige Legaldefinition in § 115a Abs 1 S 1 AGB-DDR, die Krankheit, Berufskrankheit und Arbeitsunfall durch einen Klammerzusatz unter dem Oberbegriff der „Krankheit" zusammenfasste, hatte nur klarstellende Bedeutung. Ob die Krankheit infolge eines Arbeitsunfalls eintritt oder als Berufskrankheit zu qualifizieren ist, betrifft ausschließlich die Zuständigkeit der Sozialversicherungsträger (Krankenversicherungs- oder Unfallversicherungsträger; vgl § 11 Abs 4 SGB V).

216 Keine Krankheit ist die **normal verlaufende Schwangerschaft** (BAG 14. 11. 1984 – 5 AZR 394/82, AP LohnFG § 1 Nr 61; Brecht, Entgeltfortzahlung § 3 EFZG Rn 11; Feichtinger, Entgeltfortzahlung Rn 60; MHdB ArbR/Greiner § 80 Rn 12; Hromadka/Maschmann, Arbeitsrecht 1 [7. Aufl 2018] § 8 Rn 69; Kaiser/Dunkl/Hold/Kleinsorge § 3 EFZG Rn 31; Kunz/Wedde, EFZR [2. Aufl 2005] § 3 EFZG Rn 42; ErfKomm/Reinhard § 3 EFZG Rn 5; BeckOK ArbR/Ricken § 3 EFZG Rn 12; HWK/Schliemann § 3 EFZG Rn 36; Schmitt/Schmitt, EFZG/AAG [8. Aufl 2018] § 3 EFZG Rn 63; Treber, EFZG [2. Aufl 2007] § 3 EFZG Rn 18; AR/Vossen § 3 EFZG Rn 11; in diesem Sinne auch für das „Unglück" noch RAG 19. 3. 1932 – RAG 526/31, ARS 14, 560; RAG 27. 7. 1932 – RAG 226/32, ARS 15, 569; diese Sachverhalte miteinbeziehend RAG 29. 7. 1941 – RAG 78/41, ARS 42, 391 ff). Eine gegenteilige Annahme ist erst gerechtfertigt, wenn **über das übliche Maß hinausgehende Beschwerden** oder sonstige krankhafte Störungen auftreten (BAG 5. 7. 1995 – 5 AZR 135/94, AP MuSchG 1968 § 3 Nr 7 sowie zuvor BAG 14. 10. 1954 – 2 AZR 30/53, AP MuSchG § 13 Nr 1; BAG 14. 11. 1984 – 5 AZR 394/82, AP LohnFG § 1 Nr 61; ebenso auch Feichtinger, Entgeltfortzahlung Rn 60; MHdB ArbR/Greiner § 80 Rn 15; Kaiser/Dunkl/Hold/Kleinsorge § 3 EFZG Rn 31; Kunz/Wedde, EFZR [2. Aufl 2005] § 3 EFZG Rn 42; Schaub/Linck, Arbeitsrechts-Handbuch [17. Aufl 2017] § 98 Rn 9; MünchKomm/Müller-Glöge § 3 EFZG Rn 4; ErfKomm/Reinhard § 3 EFZG Rn 5; BeckOK ArbR/Ricken § 3 EFZG Rn 12; HWK/Schliemann § 3 EFZG Rn 36; Schmitt/Schmitt, EFZG/AAG [8. Aufl 2018] § 3 EFZG Rn 63; AR/Vossen § 3 EFZG Rn 11; so auch schon für das „Unglück" RAG 27. 7. 1932 – RAG 226/32, ARS 15, 569; zur Konkurrenz zwischen Entgeltfortzahlung und Mutterschutz s unten Rn 250 ff).

217 Zweifelhaft ist die rechtliche Bewertung regelwidriger Körper- und Geisteszustände, die der **Arbeitnehmer selbst herbeigeführt** hat. Für den nicht rechtswidrigen **Schwangerschaftsabbruch** und die nicht rechtswidrige **Sterilisation** fingiert § 3 Abs 2 EFZG eine unverschuldete Arbeitsunfähigkeit (für die Sterilisation s auch schon RAG 14. 12. 1935 – RAG 145/35, ARS 25, 198; abweichend jedoch früher § 52a SeemG, der eine Gleichstellung anordnete); näher hierzu unten Rn 273 ff.

Bis zur Einfügung von § 3a in das EFZG durch Art 1 a Nr 1 des Gesetzes zur Änderung des Transplantationsgesetzes v 21. 7. 2012 (BGBl I 1601) war der dogmatische Ansatz für den Schwangerschaftsabbruch und die Sterilisation auch vorzugswürdig, wenn eine **Organspende** den Arbeitnehmer an der Arbeitsleistung verhinderte. Es war nach der hier befürworteten Auffassung ausschließlich zu prüfen, ob der Arbeitnehmer die Arbeitsunfähigkeit **verschuldet** hatte (weitergehend GK-EFZR/Birk § 1 LFZG Rn 47; Schmitt, EFZG/AAG [7. Aufl 2012] § 3 EFZG Rn 76; Vogelsang, Entgeltfortzahlung Rn 79; Wedde/Kunz § 3 EFZG Rn 66, die für eine generelle Pflicht zur Entgeltfortzahlung plädieren). Eine pauschale Gleichstellung mit einer „unverschuldeten Arbeitsunfähigkeit" schied aus, da es hierfür einer mit § 3 Abs 2 EFZG vergleichbaren Fiktion bedurft hätte. Das **Bundesarbeitsgericht** befürwortete demgegenüber eine **generelle Herausnahme** aus dem Entgeltfortzahlungsrecht, wenn die **Organspende komplikationslos** verlief. Zur Begründung verwies das Gericht auf den sozialen Schutzzweck des Entgeltfortzahlungsrechts, das den Arbeitgeber nur mit dem allgemeinen Krankheitsrisiko des Arbeitnehmers belasten soll (BAG 6. 8. 1986 – 5 AZR 607/85, AP LohnFG § 1 Nr 68; ebenso Feichtinger, Entgeltfortzahlung Rn 208; Löwisch, Arbeitsrecht [8. Aufl 2007] Rn 1070; ArbR-BGB/Matthes § 616 Rn 66; Müller/Berenz § 3 EFZG Rn 37; weitergehend Schmitt, EFZG/AAG [7. Aufl 2012] § 3 EFZG Rn 75 f; Schulin SAE 1987, 242 ff, die auf diese Differenzierung verzichten wollten; s auch LAG Köln 7. 8. 1985 – 5 Sa 497/85, LAGE § 1 LohnFG Nr 8). Die aus den Vorschriften zum nicht rechtswidrigen Schwangerschaftsabbruch und zur nicht rechtswidrigen Sterilisation abzuleitenden Wertungen (kritisch zur Risikoverteilung vMaydell SAE 1990, 131 [134] sowie bereits Naendrup ZfA 1984, 388) standen dieser Würdigung jedoch entgegen. Im Ergebnis gelangte aber auch der hier befürwortete Ansatz zu der von der Rechtsprechung herausgearbeiteten Differenzierung, da bei einem mit Komplikationen verbundenen Verlauf der Organspende regelmäßig ein Verschuldensvorwurf zu verneinen ist. In den übrigen Fallgestaltungen lag jedoch eine krankheitsbedingte Arbeitsunfähigkeit vor, die vom Arbeitnehmer willentlich herbeigeführt wurde, sodass es der Einzelfallprüfung bedurfte, ob ein „Verschulden" im Sinne des Entgeltfortzahlungsrechts vorlag (ebenso ErfKomm/Dörner [11. Aufl 2011] § 3 EFZG Rn 10; MünchKomm/Müller-Glöge § 3 EFZG Rn 13; HWK/Schliemann § 3 EFZG Rn 37; Treber, EFZG [2. Aufl 2007] § 3 EFZG Rn 33; gegen eine Verschuldensprüfung jedoch Schmitt, EFZG/AAG [7. Aufl 2012] § 3 EFZG Rn 75). 218

Mit der Einfügung des eigenständigen und verschuldensunabhängigen Entgeltfortzahlungsanspruchs in **§ 3a Abs 1 EFZG** (dazu näher unten Rn 321 ff) ist die in Rn 218 skizzierte Kontroverse erledigt. Hierdurch hat der Gesetzgeber die bisherige Rechtsprechung des Bundesarbeitsgerichtes zugunsten eines gegen den Arbeitgeber gerichteten **Anspruches auf Entgeltfortzahlung** korrigiert und trägt seiner hiermit verbundenen wirtschaftlichen Belastung durch einen eigenständigen **Ausgleichsanspruch** (§ 3a Abs 2 EFZG) Rechnung (zu diesem näher unten Rn 498 ff). Für die von § 3a Abs 1 EFZG erfassten Sachverhalte einer Organ- bzw Gewebe- oder Blutspende ist die **Anwendung von § 3 Abs 1 EFZG** zwar nicht gänzlich ausgeschlossen, hierfür ist aber nur noch dann Raum, wenn die Arbeitsunfähigkeit nicht mehr „infolge" der von § 3a Abs 1 EFZG privilegierten Organ- bzw Gewebe- oder Blutspende eintritt. Das betrifft insbesondere auf die Organ- bzw Gewebespende zurückzuführende **Folge-** 219

erkrankungen, wenn diese mit der hier befürworteten Ansicht (s unten Rn 324) aus dem Anwendungsbereich des § 3a Abs 1 S 1 EFZG ausgeklammert werden. Diesbezüglich bleibt zu beachten, dass der eigentliche Vorgang der Organ- bzw Gewebe- oder Blutspende wegen der aus § 3a Abs 1 S 1 EFZG abzuleitenden Wertung nicht den Vorwurf eines schuldhaften Verhaltens des Arbeitnehmers rechtfertigt (treffend Greiner NZS 2013, 244; in diesem Sinne auch BT-Drucks 17/9773, 34).

220 Mit einer Organspende vergleichbare Probleme treten auf, wenn der Arbeitnehmer infolge einer **künstlichen Insemination** (In-vitro-Fertilisation) an der Arbeitsleistung verhindert ist. Bei diesen Sachverhalten ist – wie bei der Organspende (s oben Rn 218) – eine ähnlich differenzierende Problemlösung vorzugswürdig (s Müller/Roden NZA 1989, 131, der die Grundsätze des Bundesarbeitsgerichts zur Organspende [6. 8. 1986 – 5 AZR 607/85, AP LohnFG § 1 Nr 68] heranzieht; im Grundsatz auch BAG 26. 10. 2016 – 5 AZR 167/16 Rn 41 ff, NJW 2017, 1129; ArbR-BGB/Matthes § 616 Rn 68; zu weitgehend LAG Düsseldorf 13. 6. 2008 – 10 Sa 449/08, BeckRS 2008, 57548; Feichtinger, Entgeltfortzahlung Rn 200; Schmitt, EFZG/AAG [7. Aufl 2012] § 3 EFZG Rn 75 f, Vogelsang, Entgeltfortzahlung Rn 80; die an § 27a SGB V anknüpfen und bei einer Leistungspflicht des Krankenversicherungsträgers stets eine Pflicht zur Entgeltfortzahlung bejahen [dagegen BAG 26. 10. 2016 – 5 AZR 167/16 Rn 40, NJW 2017, 1129; Treber, EFZG [2. Aufl 2007] § 3 EFZG Rn 34]; noch weiter Brecht, Entgeltfortzahlung § 3 EFZG Rn 11, der unter Berufung auf die Rechtslage beim Schwangerschaftsabbruch eine generelle Pflicht zur Entgeltfortzahlung befürwortet); zweifelhaft ist jedenfalls die generelle Verneinung einer Krankheit (hierfür aber Müller/Berenz § 3 EFZG Rn 27; wie hier im Grundsatz ErfKomm/Reinhard § 3 EFZG Rn 10), ebenso wie eine Analogie zu den Sonderbestimmungen über die nicht rechtswidrige Sterilisation (hierfür aber ArbG Düsseldorf 5. 6. 1986 – 2 Ca 1567/86, NJW 1986, 2394; ablehnend mit Recht Müller/Roden NZA 1989, 131 f). Nach dem Grundsatzurteil des Bundesarbeitsgerichtes vom 26. 10. 2016 kommt ein Verschulden im Sinne von § 3 Abs 1 S 1 EFZG jedenfalls dann in Betracht, wenn durch die In-vitro-Fertilisation willentlich und vorhersehbar eine zur Arbeitsunfähigkeit führende Erkrankung herbeigeführt wird oder sich Krankheitsrisiken realisieren, die auf einer erkennbar nicht nach anerkannten Maßstäben durchgeführten Maßnahme beruhen (s BAG 26. 10. 2016 – 5 AZR 167/16 Rn 42, 44, NJW 2017, 1129).

221 Da die gesetzlichen Bestimmungen keine Anhaltspunkte für den Ausschluss bestimmter Krankheitsursachen enthalten (s oben Rn 214), führt auch die bei einer selbständigen oder unselbständigen **Nebentätigkeit** zugezogene Erkrankung nicht zum Ausschluss dieser Erkrankungen aus dem Krankheitsbegriff (BAG 7. 11. 1975 – 5 AZR 459/74, AP LohnFG § 1 Nr 38; BAG 21. 4. 1982 – 5 AZR 1019/79, AP LohnFG § 1 Nr 49; Boecken NZA 2001, 233 ff; Hofmann SAE 1984, 39 f; Soergel/Kraft § 616 Rn 50; ErfKomm/Reinhard § 3 EFZG Rn 3; HWK/Schliemann § 3 EFZG Rn 38; Schmitt/Schmitt, EFZG/AAG [8. Aufl 2018] § 3 EFZG Rn 61; Zeuner AuR 1975, 301 ff sowie für den landwirtschaftlichen Nebenbetrieb bereits BAG 1. 10. 1971 – 1 AZR 193/71, AP LohnFG § 1 Nr 7; BAG 24. 2. 1972 – 5 AZR 446/71, AP LohnFG § 1 Nr 17; BAG 5. 5. 1972 – 5 AZR 413/71, AP LohnFG § 1 Nr 22; BAG 11. 10. 1972 – 5 AZR 250/72, AP LohnFG § 1 Nr 24; generell **aA** noch BAG 19. 12. 1967 – 1 AZR 292/67, AP ArbKrankhG § 1 Nr 43). Im Einzelfall kann die Inanspruchnahme des Arbeitgebers jedoch rechtsmissbräuchlich sein (Schmitt/Schmitt, EFZG/AAG [8. Aufl 2018] § 3 EFZG Rn 61; hierzu unten Rn 382 ff).

3. Arbeitsunfähigkeit und Arbeitsverhinderung*

a) Arbeitsunfähigkeit

222 Trotz der mit § 616 S 1 BGB gemeinsamen Anknüpfung in § 3 Abs 1 S 1 EFZG an die Arbeits- bzw Dienstverhinderung reicht es bei den von § 3 Abs 1 S 1 EFZG erfassten Arbeitnehmern nicht aus, wenn die Erkrankung eine Arbeitsverhinderung bewirkt. Vielmehr muss die **Krankheit** nach dem Wortlaut des § 3 Abs 1 S 1 EFZG **zur Arbeitsunfähigkeit** und diese wiederum **zur Arbeitsverhinderung** führen. Entsprechendes gilt für **Besatzungsmitglieder**, da § 104 Abs 1 S 2 SeeArbG für den Sachverhalt der Erkrankung auf das Entgeltfortzahlungsgesetz verweist und damit das Bestehen eines Anspruches auf Weiterzahlung der Heuer von den Voraussetzungen des § 3 Abs 1 S 1 EFZG abhängt.

223 Erkrankungen, die zwar eine **Arbeitsverhinderung**, aber **keine Arbeitsunfähigkeit** zur Folge haben, werden bei den von § 3 EFZG erfassten Arbeitnehmern nicht in die im Krankheitsfall zu leistende Entgeltfortzahlung einbezogen. Führt die Erkrankung **nur** zu einer **Arbeitsverhinderung**, ohne mit einer Arbeitsunfähigkeit verbunden zu sein, kann eine Pflicht zur Entgeltfortzahlung allenfalls aus **§ 616 S 1 BGB** abgeleitet

---

* **Schrifttum**: Blens/Vandieken, Entgeltfortzahlung bei Erkrankung vor Arbeitsaufnahme, DB 1968, 441; Breuer, Die Teilarbeitsfähigkeit-Lösungsmodell oder Problemfaktor, RdA 1984, 332; Brill, Arztbesuche während der Arbeitszeit, NZA 1984, 281; Bürger, Gehaltsfortzahlung bei Erkrankung im Zeitpunkt der Arbeitsaufnahme, BB 1968, 210; Compensis, Sozialrechtliche Auswirkungen der stufenweisen Wiedereingliederung arbeitsunfähiger Arbeitnehmer nach § 74 SGB V, NZA 1992, 631; Dosch, Die rechtliche Beurteilung der Teil-Arbeitsunfähigkeit, in: Boewer (Hrsg), Aktuelle Aspekte des Arbeitsrechts (1987) 245; Gesing, Lohnfortzahlung für Arbeiter nach Unfall auf dem ersten Weg zur Arbeit, AuR 1971, 291; Gitter, Arbeitsrechtliche Probleme der stufenweisen Wiedereingliederung arbeitsunfähiger Arbeitnehmer – zugleich ein Beitrag zum Rechtsbegriff der Teilarbeitsfähigkeit, ZfA 1995, 123; Hitzfeld, Wiedereingliederung und Teilarbeitsfähigkeit, in: Liber Discipulorum – Dankschrift für Wiese (1996) 55; vHoyningen/Huene, Das Rechtsverhältnis zur stufenweisen Wiedereingliederung arbeitsunfähiger Arbeitnehmer (§ 74 SGB V), NZA 1992, 49; Kippenberger, Die Arbeitsunfähigkeit im Sozial- und Arbeitsrecht (Diss Kassel 1993); Klages, Personaleinsatz bei bedingter Arbeitsfähigkeit, BB 1983, 1223; May, Die krankheitsbedingte Arbeitsunfähigkeit, SGb 1988, 477; Musculus, Der „Beginn der Beschäftigung" im Sinne des § 1 Abs 1 Satz 1 LFZG, Die Krankenversicherung 1973, 85; Reinecke, Krankheit und Arbeitsunfähigkeit – die zentralen Begriffe des Rechts der Entgeltfortzahlung, DB 1998, 130; Röwekamp, Probleme der Teilarbeitsfähigkeit-Ein Nachruf?, SozSich 1985, 204; Schmitz, Der Anspruch auf Entgeltfortzahlung bei Beginn eines Arbeitsverhältnisses, WzS 1995, 225; Schumann, „Beginn der Beschäftigung" im Sinne von § 1 Abs 1 Satz 1 LFZG, DB 1972, 1921; Schulin, Anfängliche Arbeitsunfähigkeit im Lohnfortzahlungsrecht, ZfA 1978, 215; ders, Zum Problem der Teilarbeitsunfähigkeit im Krankenversicherungs- und Entgeltfortzahlungsrecht, SGb 1984, 285; Stübing, Gehaltsfortzahlung bei Erkrankung im Zeitpunkt der Arbeitsaufnahme, BB 1968, 210; Stückmann, Teilarbeitsfähigkeit und teilweise Unmöglichkeit im System der Leistungsstörungen, in: FS Pieper (1998) 551; Unterhinninghofen, Arztbesuch während der Arbeitszeit, AiB 1984, 135; Weiland, Veränderte Rechtsprechung des Bundesarbeitsgerichts beim Unfall auf dem ersten Arbeitsweg?, BB 1979, 1506; Zwade, Die Teilarbeitsfähigkeit aus arbeits- und sozialrechtlicher Sicht (1995).

werden (MHdB ArbR/Greiner § 80 Rn 18; Kaiser/Dunkl/Hold/Kleinsorge § 3 EFZG Rn 33; Schmitt/Schmitt, EFZG/AAG [8. Aufl 2018] § 3 EFZG Rn 69; s auch oben Rn 55 ff).

224 Das gilt entsprechend für **Berufsausbildungsverhältnisse**. Auszubildende sind wegen der Legaldefinition in § 1 Abs 2 EFZG in den Anwendungsbereich des Entgeltfortzahlungsgesetzes einbezogen, sodass § 3 Abs 1 S 1 EFZG auf sie unmittelbar anwendbar ist. Deshalb muss die Erkrankung bei Berufsausbildungsverhältnissen zur **„Ausbildungsunfähigkeit“** führen (ebenso GK-EFZR/Birk/Veit § 12 BBiG Rn 54 f).

225 Wegen des entstehungsgeschichtlichen Kontextes des Lohnfortzahlungsgesetzes ging die höchstrichterliche Rechtsprechung vor Inkrafttreten des Entgeltfortzahlungsgesetzes, die im Schrifttum überwiegend gebilligt wurde, von einer **Identität des krankenversicherungs- und des entgeltfortzahlungsrechtlichen Arbeitsunfähigkeitsbegriffs** aus (grundlegend BAG 14. 1. 1972 – 5 AZR 264/71, AP LohnFG § 1 Nr 12; ebenso zB vMaydell DB 1973 Beil 15, 4; Schulin ZfA 1978, 234 ff; ders Anm zu BAG EzA § 616 BGB Nr 27; Weiland 32 f; s auch Gitter ZfA 1995, 149 ff, der treffend darauf hinweist, dass die Judikatur des Bundesarbeitsgerichts und des Bundessozialgerichts nicht stets deckungsgleich ist; umfassend zum Begriff Arbeitsunfähigkeit im Arbeits- und Sozialrecht Zwade 15 ff). **Arbeitsunfähigkeit und Arbeitsverhinderung** sind **nicht deckungsgleich**. Arbeitsunfähigkeit liegt erst vor, wenn die Krankheit den Arbeitnehmer außer Stande setzt, die von ihm nach dem **Arbeitsvertrag geschuldete Arbeitsleistung** zu verrichten, oder er diese nur unter der Gefahr fortsetzen könnte, in absehbarer naher Zeit seinen Zustand zu verschlimmern (so noch zu § 1 Abs 1 LFG BAG 17. 3. 1961 – 1 AZR 288/59, AP HGB § 63 Nr 23; BAG 14. 1. 1972 – 5 AZR 264/71, AP LohnFG § 1 Nr 12; BAG 1. 6. 1983 – 5 AZR 536/80, AP LohnFG § 1 Nr 52; BAG 1. 6. 1983 – 5 AZR 468/80, AP LohnFG § 1 Nr 54; BAG 29. 2. 1984 – 5 AZR 455/81, AP BGB § 616 Nr 64; BAG 9. 1. 1985 – 5 AZR 415/82, AP LohnFG § 1 Nr 62; BAG 26. 7. 1989 – 5 AZR 301/88, AP LohnFG § 1 Nr 86; BAG 7. 8. 1991 – 5 AZR 410/90, AP LohnFG § 1 Nr 94; ebenso im Schrifttum zB GK-EFZR/Birk § 1 LFZG Rn 196; Soergel/Kraft § 616 Rn 50). Zu den Fällen einer „teilweisen“ Arbeitsunfähigkeit unten Rn 229 ff.

226 Das Begriffsverständnis in Rn 225 beansprucht angesichts des im Vergleich zu § 1 Abs 1 S 1 LFG unveränderten Gesetzeswortlautes auch für § 3 Abs 1 S 1 EFZG Gültigkeit (s BAG 9. 4. 2014 – 10 AZR 637/13 Rn 21, AP GewO § 106 Nr 29; BAG 26. 10. 2016 – 5 AZR 167/16 Rn 14, NJW 2017, 1129; BAG 2. 11. 2016 – 10 AZR 596/13 Rn 30, NJW 2017, 906; BAG 25. 1. 2018 – 2 AZR 382/17 Rn 31, NZA 2018, 845; Feichtinger, Entgeltfortzahlung Rn 38; MHdB ArbR/Greiner § 80 Rn 20; Hromadka/Maschmann, Arbeitsrecht 1 [7. Aufl 2018] § 8 Rn 70; Kaiser/Dunkl/Hold/Kleinsorge § 3 EFZG Rn 34; Kunz/Wedde, EFZR [2. Aufl 2005] § 3 EFZG Rn 45; Schaub/Linck, Arbeitsrechts-Handbuch [17. Aufl 2017] § 98 Rn 11; Müller/Berenz § 3 EFZG Rn 29; Reinecke DB 1998, 132; ErfKomm/Reinhard § 3 EFZG Rn 9; BeckOK ArbR/Ricken § 3 EFZG Rn 14; HWK/Schliemann § 3 EFZG Rn 43; Schmitt/Schmitt, EFZG/AAG [8. Aufl 2018] § 3 EFZG Rn 66; Stumpf/Trümner, in: Kittner/Zwanziger/Deinert/Heuschmid [Hrsg], Arbeitsrecht [9. Aufl 2017] § 39 Rn 29; Treber, EFZG [2. Aufl 2007] § 3 EFZG Rn 21; AR/Vossen § 3 EFZG Rn 12; Wank, Anm zu BAG AP GewO § 106 Nr 29). Durch diesen Ausgangspunkt der hM besteht keine Pflicht zur Entgeltfortzahlung bei solchen Erkrankungen, die zwar eine Behandlungsbedürftigkeit zur Folge haben, die den Arbeitnehmer jedoch weder unmittelbar noch mittelbar außer Stande setzen, seine Pflichten aus dem Arbeitsvertrag zu erfüllen (vgl zB Schaub/Linck, Arbeitsrechts-Handbuch [17. Aufl 2017] § 98 Rn 15).

Bedeutsam ist die Arbeitsunfähigkeit als Voraussetzung für einen Anspruch auf Entgeltfortzahlung vor allem bei der krankheitsbedingten Notwendigkeit einer **ambulanten Behandlung** (vgl BAG 29. 2. 1984 – 5 AZR 455/81, AP BGB § 616 Nr 64 für Zahnarzttermin wegen Verlustes einer Plombe; LAG Hamm 23. 7. 1986 – 1 [9] Sa 528/86, LAGE § 1 LohnFG Nr 13 für die Entfernung einer Tätowierung; kritisch Schulin Anm zu BAG EzA § 616 BGB Nr 27; Wedde/Kunz § 3 EFZG Rn 27; ebenso Pallasch JA 1995, 900) oder wenn der Arbeitnehmer infolge der Erkrankung lediglich daran gehindert ist, den **Weg zur Arbeitsstätte** zurückzulegen (BAG 7. 8. 1970 – 3 AZR 484/69, AP MuSchG 1968 § 11 Nr 4; krit Schulin ZfA 1978, 256 f; Wedde/Kunz § 3 EFZG Rn 29). Die **hM verneint** bei derartigen Sachverhalten grundsätzlich die **Arbeitsunfähigkeit**, sodass eine auf § 3 Abs 1 S 1 EFZG gestützte Fortzahlung der Vergütung ausscheidet (BAG 29. 2. 1984 – 5 AZR 455/81, AP BGB § 616 Nr 64; Erman/Belling/Riesenhuber § 616 Rn 105; GK-EFZR/Birk § 1 LFZG Rn 28 ff; ErfKomm/Reinhard § 3 EFZG Rn 13; BeckOK ArbR/Ricken § 3 EFZG Rn 20; HWK/Schliemann § 3 EFZG Rn 45; AR/Vossen § 3 EFZG Rn 14; **aA** MHdB ArbR/Greiner § 80 Rn 22; Kunz/Wedde, EFZR [2. Aufl 2005] § 3 EFZG Rn 49; Vogelsang, Entgeltfortzahlung Rn 83). Bei **stationärer Behandlung** bejaht die hM hingegen eine **krankheitsbedingte Arbeitsunfähigkeit** (BAG 14. 1. 1972 – 5 AZR 264/71, AP LohnFG § 1 Nr 12; BAG 5. 4. 1976 – 5 AZR 397/75, AP LohnFG § 1 Nr 40; Schmitt/Schmitt, EFZG/AAG [8. Aufl 2018] § 3 EFZG Rn 67). Im Falle einer **ambulanten Behandlung** gilt dies **erst**, wenn diese eine Verschlimmerung der Krankheit verhindern soll, um dadurch eine **zukünftig eintretende Arbeitsunfähigkeit** zu **vermeiden** (BAG 9. 1. 1985 – 5 AZR 415/82, AP LohnFG § 1 Nr 62). Soweit die Rechtsprechung bei einer ambulanten Behandlung eine krankheitsbedingte Arbeitsunfähigkeit verneint und diese damit aus dem Anwendungsbereich des § 3 Abs 1 S 1 EFZG ausklammert, kann allenfalls § 616 S 1 BGB den Vergütungsanspruch des Arbeitnehmers aufrechterhalten (BAG 29. 2. 1984 – 5 AZR 92/82, AP TVG § 1 Tarifverträge: Metallindustrie Nr 2; HWK/Schliemann § 3 EFZG Rn 45; Schmitt, EFZG/AAG [7. Aufl 2012] § 3 EFZG Rn 62; s auch MHdB ArbR/Greiner § 80 Rn 22 sowie oben Rn 55). 227

Arbeitsunfähigkeit ist **nicht identisch mit Erwerbsminderung**. Trotz Gewährung einer **Rente wegen Erwerbsminderung** (§ 43 SGB VI) ist nicht per definitionem ausgeschlossen, dass der Arbeitnehmer seine arbeitsvertraglichen Pflichten ganz oder zumindest teilweise erfüllen kann (stRspr zB BAG 14. 5. 1986 – 8 AZR 604/84, AP BUrlG § 7 Abgeltung Nr 26; BAG 29. 9. 2004 – 5 AZR 558/03, AP EntgeltFG § 3 Nr 24; BAG 13. 5. 2015 – 2 AZR 565/14 Rn 21, AP KSchG 1969 § 1 Krankheit Nr 54 = NZA 2015, 1249 sowie Brecht, Entgeltfortzahlung § 3 EFZG Rn 12; Feichtinger, Entgeltfortzahlung Rn 56 f; Kaiser/Dunkl/Hold/Kleinsorge § 3 EFZG Rn 41; Schaub/Linck, Arbeitsrechts-Handbuch [17. Aufl 2017] § 98 Rn 29; Oetker SAE 1987, 79; ErfKomm/Reinhard § 3 EFZG Rn 9; HWK/Schliemann § 3 EFZG Rn 44; Schmitt/Schmitt, EFZG/AAG [8. Aufl 2018] § 3 EFZG Rn 80; Treber, EFZG [2. Aufl 2007] § 3 EFZG Rn 23; **aA** Künzl BB 1987, 688). Der Bezug einer Rente wegen Erwerbsminderung steht deshalb einem Anspruch auf Entgeltfortzahlung nicht zwingend entgegen (BAG 29. 9. 2004 – 5 AZR 558/03, AP EntgeltFG § 3 Nr 24). Die Erwerbsminderung des Arbeitnehmers begründet weder eine widerlegbare Vermutung noch ein Indiz – die Arbeitsunfähigkeit ist vielmehr eigenständig zu prüfen (ebenso BAG 13. 5. 2015 – 2 AZR 565/14 Rn 21, AP KSchG 1969 § 1 Krankheit Nr 54 = NZA 2015, 1249; Schmitt/Schmitt, EFZG/AAG [8. Aufl 2018] § 3 EFZG Rn 80). Das gilt insbesondere, wenn der Arbeitnehmer **teilweise erwerbsgemindert** ist, da dieser Tatbestand auch dann vorliegt, wenn der Arbeitnehmer dem Arbeitsmarkt für eine ggf geringfügige Teilzeitbeschäftigung zur Verfügung steht (s § 43 Abs 1 S 2 SGB VI). 228

229 Problematisch sind die Sachverhalte einer nur **teilweisen Arbeitsunfähigkeit**, die sowohl **qualitativ** als auch **quantitativ** auftreten kann (s Gitter ZfA 1995, 153). Hierfür fehlt in den entgeltfortzahlungsrechtlichen Bestimmungen eine ausdrückliche Problemlösung, insbesondere kann den entsprechenden Vorschriften – entgegen der Auffassung des Bundesarbeitsgerichtes (BAG 29. 1. 1992 – 5 AZR 37/91, AP SGB V § 74 Nr 1; s auch BAG 9. 4. 2014 – 10 AZR 637/13 Rn 24, AP GewO § 106 Nr 29; BAG 2. 11. 2016 – 10 AZR 596/13 Rn 31, NJW 2017, 906) – eine „Alles-oder-nichts-Lösung" nicht zwingend entnommen werden (so mit Recht bereits Thiele Anm zu BAG AP BGB § 616 Nr 42; ebenso Boecken NZA 1999, 675; MHdB ArbR/Greiner § 80 Rn 27 ff). Kein Fall der teilweisen Arbeitsunfähigkeit liegt indes vor, wenn sich die Krankheit lediglich auf die zeitliche Lage der arbeitsvertraglich geschuldeten Arbeitsleistung auswirkt (BAG 9. 4. 2014 – 10 AZR 637/13, AP GewO § 106 Nr 29 = NZA 2014, 719; **aA** MHdB ArbR/Greiner § 80 Rn 25; Schmitt/Schmitt, EFZG/AAG [8. Aufl 2018] § 3 EFZG Rn 77; Wank Anm zu BAG AP GewO § 106 Nr 29). Ein alleiniger Rückgriff auf die allgemeinen Vorschriften des Leistungsstörungsrechts muss zur Anerkennung einer teilweisen Arbeitsunfähigkeit infolge der Krankheit führen (ebenso Gitter ZfA 1995, 160 ff; Kressel, in: FS Gitter [1995] 502 f; Misera SAE 1992, 355; MHdB ArbR/Schlachter [3. Aufl 2009] § 73 Rn 18; HWK/Schliemann § 3 EFZG Rn 47 f; Zwade 47 ff; **aA** jedoch Kunz/Wedde, EFZR [2. Aufl 2005] § 3 EFZG Rn 58; ErfKomm/Reinhard § 3 EFZG Rn 12; diff Schmitt/Schmitt, EFZG/AAG [8. Aufl 2018] § 3 EFZG Rn 72 ff). Ausgangspunkt ist die Überlegung, dass die Bestimmungen zur Entgeltfortzahlung den allgemeinen Grundsatz des § 326 Abs 1 S 1 BGB durchbrechen (s oben Rn 187 ff).

230 Kann der Arbeitnehmer infolge der Krankheit zwar nicht mehr seine zuvor aktuell ausgeübte Arbeitsaufgabe ausführen, wohl aber **andere Tätigkeiten**, zu deren Erbringung er nach Maßgabe des Arbeitsvertrages ebenfalls verpflichtet ist **(qualitative Teilarbeitsfähigkeit)**, bleibt dem Arbeitnehmer die arbeitsvertraglich geschuldete Leistung möglich, er ist also nicht an der Erbringung der vertraglich geschuldeten Arbeitsleistung verhindert (s auch BAG 2. 11. 2016 – 10 AZR 596/13 Rn 31, NJW 2017, 906; Erman/Belling/Riesenhuber § 616 Rn 33; GK-EFZR/Birk § 1 LFZG Rn 197; Feichtinger, Entgeltfortzahlung Rn 51; Gaul DB 1992, 2190 f; Gitter ZfA 1995, 160 ff; MHdB ArbR/Greiner § 80 Rn 25; Kressel, in: FS Gitter [1995] 502 f; Kunz/Wedde, EFZR [2. Aufl 2005] § 3 EFZG Rn 57; Marienhagen/Künzl § 3 EFZG Rn 8 a f; Schaub/Linck, Arbeitsrechts-Handbuch [17. Aufl 2017] § 98 Rn 11, 12; ErfKomm/Reinhard § 3 EFZG Rn 11; BeckOK ArbR/Ricken § 3 EFZG Rn 16; Schmitt/Schmitt, EFZG/AAG [8. Aufl 2018] § 3 EFZG Rn 73; Schneider, Entgeltfortzahlung und Konkurrenzen [2014] 82; Treber, EFZG [2. Aufl 2007] § 3 EFZG Rn 24; Vogelsang, Entgeltfortzahlung Rn 86, 88; enger im Ansatz LAG München 31. 7. 1986 – 9 [2] Sa 972/84, LAGE § 1 LohnFG Nr 16, das jedoch die Übertragung einer anderen Arbeitsaufgabe im Rahmen des Direktionsrechts für zulässig erachtet; so im Grundsatz auch LAG Hamm 20. 7. 1988 – 1 Sa 729/88, LAGE § 1 LohnFG Nr 21; generell **aA** LAG Rheinland-Pfalz 4. 11. 1991 – 7 Sa 421/91, LAGE § 1 LohnFG Nr 32).

231 Liegt eine **zeitlich begrenzte Arbeitsunfähigkeit** vor, kann der Arbeitnehmer zB statt der vertraglich geschuldeten acht Stunden seine Arbeitsleistung nur für vier Stunden erbringen, so gelten diese Grundsätze entsprechend; es handelt sich um einen Fall der teilweisen Unmöglichkeit der vertraglich geschuldeten Leistung. Da in derartigen Sachverhalten wegen des Dauerschuldcharakters der Arbeitsleistung keine Teilleistungen im Sinne des § 266 BGB vorliegen (näher Oetker, Das Dauerschuldverhältnis und seine Beendigung [1994] 325; iE auch Gitter ZfA 1995, 169 f), können die

Bestimmungen zur Teilunmöglichkeit entsprechend angewendet werden. Deshalb ist darauf abzustellen, ob bei dem Arbeitgeber hinsichtlich der dem Arbeitnehmer noch möglichen Leistung ein Interessenfortfall vorliegt (so auch Erman/Hanau [9. Aufl 1993] § 616 Rn 32; allg Oetker, Das Dauerschuldverhältnis und seine Beendigung [1994] 346 ff; ähnlich MHdB ArbR/Greiner § 80 Rn 29, der jedoch unter Orientierung an § 8 Abs 4 S 1 TzBfG auf entgegenstehende betriebliche Gründe zurückgreift). Ist dieser zu bejahen, dann ist die teilweise einer vollständigen Arbeitsverhinderung gleichzustellen. Der Arbeitgeber kann sie ablehnen, sodass der Arbeitnehmer auch hinsichtlich der tatsächlich noch möglichen Arbeitsleistung gemäß § 326 Abs 1 S 1 BGB seinen Vergütungsanspruch verliert und damit § 3 Abs 1 S 1 EFZG eingreifen kann (Zwade 70; iE auch MHdB ArbR/Greiner § 80 Rn 29; **aA** MHdB ArbR/Schlachter [3. Aufl 2009] § 73 Rn 18, die jedoch über § 326 Abs 2 zum selben Ergebnis gelangt; hierfür auch Schneider, Entgeltfortzahlung und Konkurrenzen [2014] 83 f, der jedoch auf § 615 zurückgreift). Liegt ein derartiger Interessenfortfall des Arbeitgebers indes nicht vor, so bleibt der Arbeitnehmer im Rahmen des ihm trotz seiner Erkrankung noch möglichen Zeitvolumens unverändert zur Arbeitsleistung verpflichtet (s Gitter ZfA 1995, 166 ff; ebenso MHdB ArbR/Greiner § 80 Rn 29; Kressel, in: FS Gitter [1995] 502 f; Schaub/Linck, Arbeitsrechts-Handbuch [17. Aufl 2017] § 98 Rn 17; BeckOK ArbR/Ricken § 3 EFZG Rn 19; **aA** jedoch ErfKomm/Reinhard § 3 EFZG Rn 12; Schmitt/Schmitt, EFZG/AAG [8 Aufl 2018] § 3 EFZG Rn 74; Treber, EFZG [2. Aufl 2007] § 3 EFZG Rn 28; Vogelsang, Entgeltfortzahlung Rn 89); hinsichtlich des übrigen Zeitraums ist der Arbeitgeber zur Fortzahlung des Arbeitsentgelts verpflichtet.

Die **Rechtsprechung des Bundesarbeitsgerichtes** zu dieser Problematik vermittelte 232
zunächst keine klaren Konturen, da es sich jeweils um Ausnahmesachverhalte handelte. So hob das Gericht in einem Urteil v 25. 10. 1973 zunächst mit Recht hervor, dass eine durch Krankheit bedingte Arbeitsunfähigkeit nicht dadurch ausgeschlossen ist, dass der Arbeitnehmer seine Arbeitsleistung ganz oder teilweise erbringt. Missverständlich war allerdings die sich unmittelbar anschließende Wendung in den Urteilsgründen, dass es arbeitsrechtlich gleichbedeutend sei, ob der Arbeitnehmer durch die Krankheit ganz oder teilweise arbeitsunfähig werde, auch der vermindert Arbeitsfähige sei arbeitsunfähig krank (BAG 25. 10. 1973 – 5 AZR 141/73, AP BGB § 616 Nr 42). Die Argumentation bezog sich jedoch augenscheinlich auf denjenigen Zeitraum, in dem eine krankheitsbedingte Arbeitsverhinderung vorlag. Mit Urteil v 25. 6. 1981 bestätigte das Gericht diese Grundsätze, führte allerdings zusätzlich aus, dass die noch mögliche Teilleistung oder eine Leistung zu einer anderen Arbeitszeit nur dann als geschuldete Arbeitsleistung in Betracht kommt, wenn dem Arbeitgeber eine entsprechende Zuweisung der Tätigkeit zuzumuten ist (BAG 25. 6. 1981 – 6 AZR 940/78, AP BGB § 616 Nr 52; ebenso Soergel/Kraft § 616 Rn 49).

In der Entscheidung v 29. 1. 1992 stellte das Bundesarbeitsgericht seine Rechtspre- 233
chung klar und versagte der Figur einer teilweisen Arbeitsunfähigkeit die rechtliche Anerkennung (BAG 29. 1. 1992 – 5 AZR 37/91, AP SGB V § 74 Nr 1 sowie nachfolgend auch BAG 9. 4. 2014 – 10 AZR 637/13, AP GewO § 106 Nr 29; BAG 25. 1. 2018 – 2 AZR 382/17 Rn 31, NZA 2018, 845). Zur Begründung wies das Gericht vor allem darauf hin, dass eine Arbeitsunfähigkeit bereits dann vorliegt, wenn der Arbeitnehmer seine vertraglich geschuldete Arbeitsleistung nicht mehr vollständig erbringen kann (ebenso im Schrifttum zB Compensis NZA 1992, 634; vHoyningen/Huene NZA 1992, 50; ArbR-BGB/Matthes § 616 Rn 76; **aA** jedoch HWK/Schliemann § 3 EFZG Rn 47 f) und fasste hierunter sowohl

qualitative als auch quantitative Einschränkungen hinsichtlich der Möglichkeit zur Arbeitsleistung. Dies ist für die Fälle einer qualitativen Einschränkung jedoch fraglich, da § 74 SGB V die Arbeitsunfähigkeit voraussetzt, die gerade bei qualitativen Einschränkungen nach Maßgabe des Arbeitsvertrages unter Umständen zu verneinen ist (treffend GITTER ZfA 1995, 160 ff sowie im Anschluss ErfKomm/REINHARD § 3 EFZG Rn 11; SCHMITT/SCHMITT, EFZG/AAG [8. Aufl 2018] § 3 EFZG Rn 73).

234 Seit **Inkrafttreten des § 74 SGB V** sprechen gewichtige Gründe für die Position des Bundesarbeitsgerichtes und eine Abkehr von den allgemeinen Grundsätzen des Leistungsstörungsrechts (zu diesen oben Rn 231 ff). Obwohl der Arbeitnehmer trotz der Erkrankung seine bisherige Tätigkeit teilweise verrichten kann, geht § 74 SGB V von einer fortbestehenden Arbeitsunfähigkeit und inzident von einer fehlenden Pflicht zur Arbeitsleistung aus (ErfKomm/REINHARD § 3 EFZG Rn 12; SCHMITT/SCHMITT, EFZG/AAG [8. Aufl 2018] § 3 EFZG Rn 74). Deshalb dürfte der Gesetzgeber durch die spezialgesetzliche Regelung die allgemeinen Grundsätze für den Krankheitsfall verdrängt haben (vgl MISERA SAE 1992, 356; ebenso MARIENHAGEN/KÜNZL § 3 EFZG Rn 9; anders im konzeptionellen Ansatz GITTER ZfA 1995, 158; ZWADE 134 ff), sodass auch quantitative Einschränkungen zur vollständigen Arbeitsunfähigkeit führen (ebenso ErfKomm/REINHARD § 3 EFZG Rn 12; TREBER, EFZG [2. Aufl 2007] § 3 EFZG Rn 28 sowie SCHMITT/SCHMITT, EFZG/AAG [8. Aufl 2018] § 3 EFZG Rn 74, die dies jedoch für die Fälle einer qualitativen Abweichung verneint [s Rn 73]).

235 Der Gesetzeswortlaut zwingt nicht zu diesem Verständnis, da § 74 SGB V die Arbeitsunfähigkeit des Arbeitnehmers voraussetzt. Deshalb kann eine teilweise Arbeitsunfähigkeit nicht in den Anwendungsbereich der Norm fallen (treffend GITTER ZfA 1995, 158 f). Ein parallel neben dem Arbeitsverhältnis bestehendes Wiedereingliederungsverhältnis ist denknotwendig ausgeschlossen. Soll aus § 74 SGB V ein gegenüber dem allgemeinen Leistungsstörungsrecht abweichender Begriff der Arbeitsunfähigkeit abgeleitet werden, so setzt dies die Auslegung voraus, dass § 74 SGB V bereits dann eingreift, wenn die geschuldete Arbeitsleistung nicht mehr vollständig erbracht werden kann. Für ein derartiges (extensives) Verständnis des § 74 SGB V spricht, dass dem Gesetzgeber bei Schaffung der Norm die höchstrichterliche Rechtsprechung bekannt war, die darauf hindeutete, eine Teilarbeitsfähigkeit im Arbeitsrecht nicht anzuerkennen (s oben Rn 232; in diesem Sinne auch KIPPENBERGER, Die Arbeitsunfähigkeit im Sozial- und Arbeitsrecht [Diss Kassel 1993] 180 ff; **aA** SABATZUS, Das Fehlverhalten des Arbeitnehmers bei Arbeitsunfähigkeit [2006] 216 ff).

b) Verhinderung an der Arbeitsleistung

236 Die Pflicht zur Entgeltfortzahlung setzt nach § 3 Abs 1 S 1 EFZG nur ein, wenn der **Arbeitnehmer** infolge der Erkrankung verhindert ist, seine **vertraglich geschuldete Arbeitsleistung** zu erbringen. Für **Besatzungsmitglieder** gilt dies ebenfalls, da § 104 Abs 1 S 2 SeeArbG die Vorschriften des Entgeltfortzahlungsgesetzes für anwendbar erklärt und damit auch auf deren Tatbestandsvoraussetzungen Bezug nimmt. Bei **Berufsausbildungsverhältnissen** ist im Hinblick auf den besonderen Inhalt des Rechtsverhältnisses nicht die Arbeitsverhinderung, sondern die **Nichtteilnahme an der Berufsausbildung** maßgebend (s oben Rn 224).

237 Ob der Arbeitnehmer an der Arbeitsleistung verhindert ist, beurteilt sich **rein tatsächlich** im Sinne eines **Nichttätigwerden-Könnens** (MHdB ArbR/BOECKEN [2. Aufl 2000]

§ 83 Rn 56). Dafür ist auf die vom Arbeitnehmer **geschuldete Arbeitsleistung** abzustellen und zu werten, ob er diese noch erbringen kann. Ein solcher Fall liegt vor, wenn sich der Arbeitnehmer wegen der Erkrankung in **stationäre oder ambulante Behandlung** begibt. Bei dieser ist es unerheblich, ob die Erkrankung selbst bereits zur Arbeitsverhinderung führt, oder die Arbeitsverhinderung erst wegen der ambulanten oder stationären Behandlung eintritt (MHdB ArbR/Boecken [2. Aufl 2000] § 83 Rn 59). Eine Verhinderung an der Arbeitsleistung liegt auch vor, wenn der Arbeitnehmer zwar die vertraglich geschuldete Tätigkeit ausüben kann, es ihm infolge der Erkrankung aber nicht möglich ist, den **Weg zur Arbeitsstätte** zurückzulegen (**aA** MHdB ArbR/Greiner § 80 Rn 22; ErfKomm/Reinhard § 3 EFZG Rn 13). Zur hiervon zu trennenden Frage, ob die Arbeitsverhinderung durch eine **krankheitsbedingte Arbeitsunfähigkeit** verursacht wurde, s oben Rn 222 ff.

c) Zeitpunkt der Arbeitsunfähigkeit bzw Arbeitsverhinderung

§ 3 Abs 1 S 1 EFZG enthält ebenso wie § 616 S 1 BGB keine Anhaltspunkte für die rechtliche Behandlung einer **Arbeitsverhinderung bzw Arbeitsunfähigkeit**, die bereits **vor dem erstmaligen Beginn der Beschäftigung eingetreten** ist. Da die entsprechenden Vorschriften lediglich verlangen, dass die Krankheit eine Arbeitsverhinderung verursacht, können derartige Sachverhalte bei grammatikalischer Betrachtung **nicht** aus dem Anwendungsbereich des § 3 Abs 1 EFZG **ausgeschlossen** werden und verpflichten deshalb zur Zahlung der geschuldeten Vergütung. Diese Grundsätze, die zu den früheren Regelungen in § 616 Abs 2, § 63 Abs 1 S 1 HGB und § 133c GewO anerkannt waren (s zB BAG 26. 7. 1989 – 5 AZR 301/88, AP LohnFG § 1 Nr 86; BAG 26. 7. 1989 – 5 AZR 491/88, AP LohnFG § 1 Nr 87; Soergel/Kraft § 616 Rn 8; vMaydell DB 1973 Beil 15, 3; Schaub, Arbeitsrechts-Handbuch [7. Aufl 1992] § 98 II 7; Schmitt, LFZG [1. Aufl 1992] § 1 LFZG Rn 19; MHdB ArbR/Schulin [1. Aufl 1992] § 81 Rn 59; Zöllner/Loritz, Arbeitsrecht [4. Aufl 1992] § 18 II 2 b), beanspruchen auch für § 3 Abs 1 S 1 EFZG Gültigkeit (MHdB ArbR/Boecken [2. Aufl 2000] § 83 Rn 53; Schmitt/Schmitt, EFZG/AAG [8. Aufl 2018] § 3 EFZG Rn 218; ders RdA 1996, 6). Nach § 3 Abs 1 S 1 EFZG besteht somit auch dann ein Anspruch auf Fortzahlung des Entgelts, wenn der Arbeitnehmer die Erkrankung auf dem erstmaligen Weg zur Arbeitsstätte oder bei der Anreise erleidet (anders noch unter der Geltung von § 1 LFG aF statt aller GK-EFZR/Birk § 1 LFZG Rn 177 ff). 238

Das vorstehende Verständnis schloss durch die Pflicht zur Entgeltfortzahlung im Krankheitsfalle auch die Schutzlücken im **Krankenversicherungsrecht**, die mit der **Rechtsfigur des „missglückten Arbeitsversuchs“** verbunden waren, da diese zur Verneinung eines sozialversicherungsrechtlichen Beschäftigungsverhältnisses führte und dementsprechend ein (ersatzweise) eingreifender Anspruch auf Krankengeld (§ 44 SGB V) nicht entstand (so noch BSG 8. 7. 1959 – 4 RJ 58/58, BSGE 10, 159; BSG 7. 9. 1961 – 5 RKn 11/60, BSGE 15, 92; BSG 28. 10. 1982 – 8 RK 39/81, BSGE 54, 151; BSG 11. 5. 1993 – 12 RK 36/91, BSGE 72, 221; hierzu aus dem Schrifttum zB Kretschmer VSSR 1995, 171 ff; Rolfs RdA 2015, 249 f; Wollenschläger/Löcher SGb 1997, 137 ff, jeweils mit zahlreichen Nachweisen). Das Bundessozialgericht hat die Figur des „missglückten Arbeitsversuchs“ für das zum 1. 1. 1989 neu kodifizierte Recht der gesetzlichen Krankenversicherung im SGB V jedoch ausdrücklich **aufgegeben** (s BSG 4. 12. 1997 – 12 RK 3/97, BSGE 81, 231 ff = NZS 1998, 243 ff; bestätigt durch BSG 29. 9. 1998 – B 1 KR 10/96 R, NZS 1999, 500 ff; zu dessen Revitalisierung jedoch nunmehr BSG 4. 3. 2014 – B 1 KR 64/12 R Rn 11 ff, BSGE 115, 158 [abl dazu Rolfs RdA 2015, 250 f]). Zudem beginnt die **Mitgliedschaft in der gesetzlichen Krankenversicherung** seit dem 1. 1. 1998 wegen der Änderung des § 186 Abs 1 239

SGB V nicht erst mit Eintritt in die Beschäftigung, sondern bereits mit **Eintritt in das Beschäftigungsverhältnis**, sodass die Notwendigkeit zur Beseitigung einer Schutzlücke mittels einer vom Arbeitgeber zu gewährenden Entgeltfortzahlung nicht mehr besteht. Im Lichte der neueren Judikatur des Bundessozialgerichtes (s BSG 4. 3. 2014 – B 1 KR 64/12 R Rn 11 ff, BSGE 115, 158) ist die Schutzlücke jedoch wieder in den Fokus getreten, da die Rechtsprechung nunmehr für den Eintritt in das Beschäftigungsverhältnis grundsätzlich eine tatsächliche Arbeitsaufnahme fordert. Ob der alternativ eröffnete Weg eines abstrakt bestehenden Anspruches auf Entgeltfortzahlung wegen krankheitsbedingter Arbeitsunfähigkeit für den Eintritt in das Beschäftigungsverhältnis zum Zeitpunkt der vereinbarten Arbeitsaufnahme ausreicht, ist derzeit zweifelhaft.

240 Anders ist die Rechtslage, wenn die **Arbeitsunfähigkeit** bereits **bei Abschluss des Arbeitsvertrages** und auch noch im Zeitpunkt der vereinbarten Arbeitsaufnahme vorlag. In dieser Konstellation steht einem Anspruch auf Entgeltfortzahlung der Einwand des Rechtsmissbrauchs entgegen, wenn der **Arbeitnehmer** von der zur Arbeitsunfähigkeit führenden Erkrankung **Kenntnis hatte** (BAG 26. 7. 1989 – 5 AZR 301/88, AP LohnFG § 1 Nr 86; BAG 26. 7. 1989 – 5 AZR 491/88, AP LohnFG § 1 Nr 87 sowie schon RAG 7. 6. 1939 – RAG 246/38, ARS 36, 177 f; ebenso MHdB ArbR/Boecken [2. Aufl 2000] § 83 Rn 54; **aA** Schmitt/Schmitt, EFZG/AAG [8. Aufl 2018] § 3 EFZG Rn 223; ders RdA 1996, 6; s auch unten Rn 384).

241 Die **Wartezeit** in § 3 Abs 3 EFZG erzwingt keine Modifizierung der Grundsätze in Rn 238 bis 240. Diese legt lediglich fest, dass vor Ablauf von vier Wochen kein Anspruch auf Entgeltfortzahlung entsteht. Das schließt nicht aus, dass der Arbeitnehmer nach Ablauf der Wartezeit seinen Anspruch auf eine Erkrankung stützt, die bereits vor dem Zeitpunkt der vereinbarten Arbeitsaufnahme zur Arbeitsunfähigkeit führte und bei Ablauf der Wartezeit noch andauerte. Auch bei der Anwendung des § 3 Abs 3 EFZG können derartige Sachverhalte einen Anspruch auf Entgeltfortzahlung auslösen, wenn die krankheitsbedingte Arbeitsunfähigkeit über die vierwöchige Wartezeit hinausreicht (Schmitt/Schmitt, EFZG/AAG [8. Aufl 2018] § 3 EFZG Rn 220 f sowie zu Arbeitsunfähigkeitszeiten vor Ablauf der Wartezeit s unten Rn 316 ff).

242 Im Unterschied zu der bisherigen Rechtslage bewirkt die Wartezeit in § 3 Abs 3 EFZG jedoch, dass ein Entgeltfortzahlungsanspruch stets ausgeschlossen ist, wenn die krankheitsbedingte **Arbeitsunfähigkeit** und die hierauf beruhende Arbeitsverhinderung **vor Ablauf der vierwöchigen Wartezeit endet** (MHdB ArbR/Schlachter [3. Aufl 2009] § 73 Rn 64). Angesichts der krankenversicherungsrechtlichen Figur des „missglückten Arbeitsversuchs" (oben Rn 239) führt dies zu einer Schutzlücke, wenn der Arbeitnehmer in den hiervon erfassten Sachverhalten weder einen Anspruch auf Fortzahlung des Arbeitsentgelts noch einen (ersatzweise) eingreifenden Anspruch auf Krankengeld hatte. Wegen der scheinbaren Revitalisierung der Rechtsfigur des „missglückten Arbeitsversuchs" durch das Bundessozialgericht (s oben Rn 239 aE) ist dieses Schutzdefizit wieder akut geworden, da dem Arbeitnehmer während der Wartezeit des § 3 Abs 3 EFZG nicht stets ein Anspruch auf Krankengeld zustehen würde (s unten Rn 306).

4. Kausalität*

a) Theorie der alleinigen Ursache

Zwischen der Erkrankung, der Arbeitsunfähigkeit sowie der Arbeitsverhinderung muss jeweils ein ursächlicher Zusammenhang bestehen. Hieraus und aus der Funktion der Entgeltfortzahlung einer Entgeltsicherung folgt, dass die **Krankheit** die einzige **(alleinige) Ursache** für die Arbeitsunfähigkeit bzw -verhinderung sein muss (BAG 8. 3. 1973 – 5 AZR 491/72, AP LohnFG § 1 Nr 29; BAG 14. 6. 1974 – 5 AZR 467/73, AP LohnFG § 1 Nr 36; BAG 25. 5. 1983 – 5 AZR 236/80, AP LohnFG § 1 Nr 53; BAG 9. 5. 1984 – 5 AZR 412/81, AP LohnFG § 1 Nr 58; BAG 20. 3. 1985 – 5 AZR 229/83, AP LohnFG § 1 Nr 64; BAG 7. 9. 1988 – 5 AZR 558/87, AP LohnFG § 1 Nr 79; BAG 22. 6. 1988 – 5 AZR 526/87, AP BErzGG § 15 Nr 1; BAG 8. 3. 1989 – 5 AZR 116/88, AP LohnFG § 2 Nr 17; BAG 19. 1. 2000 – 5 AZR 637/98, AP BGB § 611 Berufssport Nr 19; BAG 22. 8. 2001 – 5 AZR 699/99, AP EntgeltFG § 3 Nr 11; BAG 28. 1. 2004 – 5 AZR 58/03, AP EntgeltFG § 3 Nr 21; BAG 24. 3. 2004 – 5 AZR 355/03, AP EntgeltFG § 3 Nr 22; BAG 13. 12. 2011 – 1 AZR 495/10 Rn 10, AP GG Art 9 Arbeitskampf Nr 175; ERMAN/BELLING/RIESENHUBER § 616 Rn 112; FEICHTINGER, Entgeltfortzahlung Rn 70; GAMILLSCHEG, Arbeitsrecht I [8. Aufl 2000] 340; MHdB ArbR/GREINER § 80 Rn 31; HROMADKA/MASCHMANN, Arbeitsrecht 1 [7. Aufl 2018] § 8 Rn 75; JUNKER, Grundkurs Arbeitsrecht [18. Aufl 2019] Rn 280; KAISER/DUNKL/HOLD/KLEINSORGE § 3 EFZG Rn 56; KUNZ/WEDDE, EFZR [2. Aufl 2005] § 3 EFZG Rn 59; ArbR-BGB/MATTHES § 616 Rn 97; MÜLLER/BERENZ § 3 EFZG Rn 31; ErfKomm/REINHARD § 3 EFZG Rn 14; BeckOK ArbR/RICKEN § 3 EFZG Rn 21; SCHMITT/SCHMITT, EFZG/AAG [8. Aufl 2018] § 3 EFZG Rn 81; TREBER, EFZG [2. Aufl 2007] § 3 EFZG Rn 36; AR/VOSSEN § 3 EFZG Rn 17; s auch SCHULIN Anm zu BAG EzA § 616 BGB Nr 27, der in die Kausalbeziehung nur rechtlich wesentliche Ursachen einbezieht; **aA** SCHNEIDER, Entgeltfortzahlung und Konkurrenzen [2014] 351 ff). 243

Wäre der **Vergütungsanspruch** auch ohne die Krankheit **aus anderen Gründen** nach § 326 Abs 1 S 1 BGB **tatsächlich entfallen** (zur Unbeachtlichkeit einer hypothetischen Nicht- 244

* **Schrifttum**: BELLING/HARTMANN, Ausschluss der Entgeltfortzahlung durch hypothetische Nichtleistung, ZfA 1994, 519; BRILL, Lohnfortzahlung und Arbeitskampf, DB 1972, 532; GUTZEIT, Die schwangere Kranke vor dem BAG-Monokausale Wirrungen, NZA 2003, 81; KITZELMANN, Lohnfortzahlung während der Schutzfristen des Mutterschutzgesetzes?, DB 1971, 288; LEMBKE, Mutterschutzlohn und Entgeltfortzahlung, NZA 1998, 349; MARBURGER, Der Anspruch auf Entgeltfortzahlung und auf Krankengeld im Zusammenhang mit einem Urlaub des Arbeitnehmers, BB 1978, 104; MAURER, Krankheit während bezahlten und unbezahlten Urlaubs, AuR 1972, 318; PROJAHN, Lohnfortzahlung bei unbezahltem Sonderurlaub, DB 1972, 1581; RAAB, Entgeltfortzahlung an arbeitsunfähig erkrankte Arbeitnehmer an Feiertagen nach der Neuregelung des EFZG, NZA 1997, 1144; REINECKE, Der Anspruch auf Entgeltfortzahlung beim Zusammentreffen mehrerer Verhinderungsgründe, DB 1991, 1168; SCHLIEMANN/KÖNIG, Ärztliches Beschäftigungsverbot und krankheitsbedingte Arbeitsunfähigkeit der werdenden Mutter, NZA 1998, 1030; SCHMITZ, Der Anspruch auf Entgeltfortzahlung bei Bezug von Mutterschaftsgeld oder während des Erziehungsurlaubs, WzS 1996, 129; SCHNEIDER, Entgeltfortzahlung und Konkurrenzen (2014); STRÖFER, Zur Lohnfortzahlung bei Krankheit im unbezahlten Sonderurlaub, DB 1984, 2406; VEIT, Der Anspruch auf Lohnfortzahlung für krankheitsbedingte Fehltage und auf Freizeitausgleich nach dem „Freischichtmodell", NZA 1990, 249; WALDEYER, Mutterschutz und Lohnfortzahlung im Krankheitsfall, AuR 1971, 185; WEYAND, Der Anspruch auf Mutterschutzlohn bei krankheitsbedingtem Beschäftigungsverbot, BB 1994, 1852.

leistung überzeugend Belling/Hartmann ZfA 1994, 532 ff; zustimmend LAG Rheinland-Pfalz 15. 11. 2018 – 4 Sa 435/17, BeckRS 2018, 38049; MHdB ArbR/Greiner § 80 Rn 31; Kunz/Wedde, EFZR [2. Aufl 2005] § 3 EFZG Rn 62; Schaub/Linck, Arbeitsrechts-Handbuch [17. Aufl 2017] § 98 Rn 21; ArbR-BGB/Matthes § 616 Rn 98; Schmitt/Schmitt, EFZG/AAG [8. Aufl 2018] § 3 EFZG Rn 82; **aA** Gutzeit 134 ff), so wird der Vergütungsanspruch nicht über die Bestimmungen zur Entgeltfortzahlung im Krankheitsfall wiederhergestellt (BAG 8. 3. 1973 – 5 AZR 491/72, AP LohnFG § 1 Nr 29; BAG 14. 6. 1974 – 5 AZR 467/73, AP LohnFG § 1 Nr 36; BAG 20. 3. 1985 – 5 AZR 229/83, AP LohnFG § 1 Nr 64; BAG 19. 1. 2000 – 5 AZR 637/98, AP BGB § 611 Berufssport Nr 19; BAG 13. 12. 2011 – 1 AZR 495/10 Rn 10, AP GG Art 9 Arbeitskampf Nr 175; vMaydell DB 1973 Beil 15, 5; ErfKomm/Reinhard § 3 EFZG Rn 14; BeckOK ArbR/Ricken § 3 EFZG Rn 21; Schmitt/Schmitt, EFZG/AAG [8. Aufl 2018] § 3 EFZG Rn 83). Insoweit sind die Grundsätze zu § 616 S 1 BGB für den Krankheitsfall entsprechend anzuwenden (s oben Rn 89 ff).

b) Ruhen des Arbeitsverhältnisses

245 Wegen der fehlenden Kausalität zwischen der Erkrankung und der Arbeitsverhinderung entfällt die Pflicht zur Entgeltfortzahlung, wenn die Pflicht zur Arbeitsleistung bereits vor der krankheitsbedingten Arbeitsverhinderung ruhte. Das ist vor allem anzunehmen, wenn der Arbeitnehmer **Elternzeit** in Anspruch genommen hat (BAG 22. 6. 1988 – 5 AZR 526/87, AP BErzGG § 15 Nr 1; Feichtinger, Entgeltfortzahlung Rn 80; MHdB ArbR/Greiner § 80 Rn 37; Kaiser/Dunkl/Hold/Kleinsorge § 3 EFZG Rn 71; Kunz/Wedde, EFZR [2. Aufl 2005] § 3 EFZG Rn 79; Schaub/Linck, Arbeitsrechts-Handbuch [17. Aufl 2017] § 98 Rn 19; BeckOK ArbR/Ricken § 3 EFZG Rn 30; Schmitt/Schmitt, EFZG/AAG [8. Aufl 2018] § 3 EFZG Rn 105; iE auch Schneider, Entgeltfortzahlung und Konkurrenzen [2014] 445 f) oder aus **anderen Gründen** (zB Sonderurlaub [BAG 10. 2. 1972 – 5 AZR 330/71, AP LohnFG § 1 Nr 15; BAG 14. 6. 1974 – 5 AZR 467/73, AP LohnFG § 1 Nr 36; BAG 25. 5. 1983 – 5 AZR 236/80, AP LohnFG § 1 Nr 53], Betriebsruhe [BAG 28. 1. 2004 – 5 AZR 58/03, AP EntgeltFG § 3 Nr 21]) von der **Pflicht zur Arbeitsleistung freigestellt** ist (s Reinecke DB 1991, 1171; zuvor auch vMaydell DB 1973 Beil 15, 5; **aA** Schmitt/Schmitt, EFZG/AAG [8. Aufl 2018] § 3 EFZG Rn 110). Zu den Auswirkungen auf die Dauer der Entgeltfortzahlung, wenn der Ruhenstatbestand endet, s unten Rn 397.

c) Freistellung von Betriebsratsmitgliedern

246 Bei **freigestellten Betriebsratsmitgliedern** beurteilt sich die Pflicht zur Entgeltfortzahlung auch im Krankheitsfall **ausschließlich** nach **§ 37 Abs 2 BetrVG**. Hierüber wird der Vergütungsanspruch in demselben Umfang aufrechterhalten, wie wenn der Arbeitnehmer nicht freigestellt worden wäre. Im Krankheitsfall erhält er deshalb die Vergütung ebenfalls für einen Zeitraum von maximal sechs Wochen fortgezahlt (MHdB ArbR/Greiner § 80 Rn 35; Schmitt/Schmitt, EFZG/AAG [8. Aufl 2018] § 3 EFZG Rn 117; ebenso iE Knipper, Das Arbeitsverhältnis des freigestellten Betriebsratsmitglieds [1992] 75 f, die jedoch § 1 LFG [nunmehr § 3 Abs 1 S 1 EFZG] unmittelbar anwendet). Entsprechendes gilt, wenn ein Betriebsratsmitglied für die Teilnahme an einer **Schulungs- oder Bildungsveranstaltung** nach § 37 Abs 6 oder 7 BetrVG freigestellt ist. Kann es krankheitsbedingt nicht an der Veranstaltung teilnehmen, beurteilt sich der Anspruch auf Fortzahlung des Arbeitsentgeltes allerdings nach § 3 Abs 1 EFZG und nicht nach § 37 Abs 2 BetrVG (s Schmitt/Schmitt, EFZG/AAG [8. Aufl 2018] § 3 EFZG Rn 115; Schneider, Entgeltfortzahlung und Konkurrenzen [2014] 463; **aA** HWK/Schliemann § 3 EFZG Rn 27).

d) Arbeitskampf

247 Die Pflicht zur Entgeltfortzahlung entfällt wegen fehlender Kausalität, wenn die Arbeitspflicht **infolge der Beteiligung an einem Arbeitskampf** suspendiert ist (MHdB ArbR/Greiner § 80 Rn 42; ErfKomm/Reinhard § 3 EFZG Rn 16; Schmitt/Schmitt, EFZG/AAG [8. Aufl 2018] § 3 EFZG Rn 86; Vogelsang, Entgeltfortzahlung Rn 99). Umgekehrt behalten Arbeitnehmer, die **nicht** an einem Streik **teilnehmen** (hierzu BAG 1. 10. 1991 – 1 AZR 147/91, AP GG Art 9 Arbeitskampf Nr 121), bei Eintritt der krankheitsbedingten Arbeitsunfähigkeit ihren Vergütungsanspruch, sofern der Arbeitgeber sie nicht zuvor aussperrt oder er den Betrieb in den personellen und zeitlichen Grenzen des gewerkschaftlichen Streikaufrufs stilllegt (BAG 22. 3. 1994 – 1 AZR 622/93, AP GG Art 9 Arbeitskampf Nr 130) und hierdurch ihre Pflicht zur Arbeitsleistung suspendiert (BAG 1. 10. 1991 – 1 AZR 147/91, AP GG Art 9 Arbeitskampf Nr 121; BAG 7. 6. 1988 – 1 AZR 597/86 AP GG Art 9 Arbeitskampf Nr 107; LAG Berlin 8. 3. 1991 – 5 Sa 40/90, LAGE Art 9 GG Arbeitskampf Nr 42; hierzu auch GK-EFZR/Birk § 1 LFZG Rn 155; MHdB ArbR/Greiner § 80 Rn 42; Reinecke DB 1991, 1169 f; ErfKomm/Reinhard § 3 EFZG Rn 16; Schmitt/Schmitt, EFZG/AAG [8 Aufl 2018] § 3 EFZG Rn 88, 90; Seiter, Streikrecht und Aussperrungsrecht [1975] 299 ff; Treber, EFZG [2. Aufl 2007] § 3 EFZG Rn 45). Die Pflicht zur Entgeltfortzahlung setzt jedoch voraus, dass der Arbeitnehmer seine Arbeitsleistung trotz der Arbeitsniederlegung hätte erbringen können (s BAG 13. 12. 2011 – 1 AZR 495/10 Rn 21 ff, AP GG Art 9 Arbeitskampf Nr 175 sowie als Vorinstanz LAG Nürnberg 20. 7. 2010 – 5 Sa 666/09, LAGE § 3 EntgeltfortzG Nr 11; ferner vMaydell DB 1973 Beil 15, 5; ErfKomm/Reinhard § 3 EFZG Rn 16; MHdB ArbR/Schlachter [3. Aufl 2009] § 73 Rn 35). Das Bundesarbeitsgericht verneint eine derartige Pflicht, wenn die Arbeitskampfmaßnahme zur **Stilllegung des Betriebes** führt (s BAG 8. 3. 1973 – 5 AZR 491/72, AP LohnFG § 1 Nr 29; im Anschluss an BAG 17. 12. 1964 – 2 AZR 72/64, AP ArbKrankhG § 1 Nr 39; ablehnend GK-EFZR/Birk § 1 LFZG Rn 156).

248 Schwierig ist die Rechtslage, wenn sich der **erkrankte Arbeitnehmer** zuvor **am Streik beteiligt** hat. Nach verbreiteter Ansicht soll ihm das Recht zur einseitigen **Beendigung der Suspendierungswirkung** zustehen (so vor allem Seiter, Streikrecht und Aussperrungsrecht [1975] 299 ff; ebenso GK-EFZR/Birk § 1 LFZG Rn 158; Schaub/Linck, Arbeitsrechts-Handbuch [17. Aufl 2017] § 98 Rn 25; ErfKomm/Reinhard § 3 EFZG Rn 16; Treber, EFZG [2. Aufl 2007] § 3 EFZG Rn 44; mit diesem Grundverständnis auch BAG 1. 10. 1991 – 1 AZR 147/91, AP GG Art 9 Arbeitskampf Nr 121; Vogelsang, Entgeltfortzahlung Rn 99; **aA** MHdB ArbR/Greiner § 80 Rn 43; Hueck/Nipperdey II/2 § 47 B VIII). Eine Pflicht zur Fortzahlung der Vergütung folgt hieraus jedoch nur, wenn die **Arbeitsleistung** in dem Betrieb noch **möglich** ist (Schaub/Linck, Arbeitsrechts-Handbuch [17. Aufl 2017] § 98 Rn 25; ErfKomm/Reinhard § 3 EFZG Rn 16; **aA** MHdB ArbR/Boecken [2. Aufl 2000] § 83 Rn 77: Einwand des Rechtsmissbrauchs; zustimmend Schmitt/Schmitt, EFZG/AAG [8. Aufl 2018] § 3 EFZG Rn 89; abl Treber, EFZG [2. Aufl 2007] § 3 EFZG Rn 44) und der **Arbeitgeber** den **Betrieb nicht** seinerseits in dem personellen und zeitlichen Rahmen des gewerkschaftlichen Streikaufrufs **stillgelegt** hat (s BAG 22. 3. 1994 – 1 AZR 622/93, AP GG Art 9 Arbeitskampf Nr 130; BAG 13. 12. 2011 – 1 AZR 495/10, AP GG Art 9 Arbeitskampf Nr 175; wie hier BeckOK ArbR/Ricken § 3 EFZG Rn 24; Vogelsang, Entgeltfortzahlung Rn 101).

e) Flexible Arbeitszeit

249 Die Kausalität ist ebenfalls zu verneinen, wenn der **Arbeitnehmer** infolge einer anderweitigen **Verteilung der Arbeitszeit** an dem entsprechenden Tag **nicht zur Arbeitsleistung verpflichtet** war (BAG 8. 3. 1989 – 5 AZR 116/88, AP LohnFG § 2 Nr 17; Schmitt/

SCHMITT, EFZG/AAG [8. Aufl 2018] § 3 EFZG Rn 101). Das gilt auch bei einer durch Betriebsvereinbarung festgelegten **Arbeitsruhe** (BAG 9. 5. 1984 – 5 AZR 412/81, AP LohnFG § 1 Nr 58; BAG 7. 9. 1988 – 5 AZR 558/87, AP LohnFG § 1 Nr 79; MHdB ArbR/SCHLACHTER [3. Aufl 2009] § 73 Rn 26) oder einem **Freizeitausgleich** zur Erreichung der tariflichen Regelarbeitszeit (BAG 2. 12. 1987 – 5 AZR 652/86, AP LohnFG § 1 Nr 76).

f) Mutterschutz

250 Schwierige Detailfragen löst das Konkurrenzverhältnis zwischen den **Beschäftigungsverboten** im **Mutterschutzgesetz** und den Bestimmungen zur Entgeltfortzahlung im Krankheitsfall aus. Nach der höchstrichterlichen Rechtsprechung ist zwischen den verschiedenen Beschäftigungsverboten zu differenzieren.

251 Während des **allgemeinen Beschäftigungsverbots** (§§ 3 Abs 2, 6 Abs 1 MuSchG) hat die Arbeitnehmerin Anspruch auf Mutterschaftsgeld. Dementsprechend sahen § 1 Abs 3 Nr 3 LFG und § 115a Abs 3 lit b AGB-DDR noch ausdrücklich vor, dass während dieses Zeitraums ein Anspruch auf Entgeltfortzahlung entfällt. Die allgemeinen Bestimmungen in § 18 MuSchG und § 49 Abs 1 Nr 3 SGB V bringen zum Ausdruck, dass dieser Grundsatz auch bei allen anderen Arbeitnehmergruppen gilt (vgl BAG 26. 8. 1960 – 1 AZR 202/59, AP HGB § 63 Nr 20). Trotz der fehlenden Übernahme des Ausschlusstatbestandes in § 1 Abs 3 Nr 2 LFG bzw § 115a Abs 3 lit b AGB-DDR in das Entgeltfortzahlungsgesetz finden diese auch im Rahmen des § 3 Abs 1 S 1 EFZG Anwendung (BAG 12. 3. 1997 – 5 AZR 226/96, AP MuSchG 1968 § 14 Nr 16; KAISER/DUNKL/HOLD/KLEINSORGE § 3 EFZG Rn 78; ErfKomm/REINHARD § 3 EFZG Rn 38; MHdB ArbR/SCHLACHTER [3. Aufl 2009] § 73 Rn 31; SCHMITT/SCHMITT, EFZG/AAG [8. Aufl 2018] § 3 EFZG Rn 95; KassHdb/VOSSEN 2. 2 Rn 68; iE ebenso BOECKEN NZA 1999, 676); es fehlt an der alleinigen Kausalität der krankheitsbedingten Arbeitsunfähigkeit für den Arbeitsausfall. Bei einer zulässigen Weiterarbeit innerhalb der Frist des § 3 Abs 2 MuSchG besteht indessen ein Anspruch auf Entgeltfortzahlung (ebenso WORZALLA/SÜLLWALD § 3 EFZG Rn 31).

252 Eine differenzierende rechtliche Würdigung erfordert **individuelle Beschäftigungsverbote** (zB § 3 Abs 1, § 16 Abs 1 MuSchG), da die Vergütungspflicht nach § 18 MuSchG nur eingreift, wenn das individuelle Beschäftigungsverbot die alleinige Ursache für das Aussetzen der Arbeit ist („wegen"; s BAG 5. 7. 1995 – 5 AZR 135/94, AP MuSchG 1968 § 3 Nr 7; BAG 12. 3. 1997 – 5 AZR 766/95, AP MuSchG 1968 § 3 Nr 10; BAG 1. 10. 1997 – 5 AZR 685/96, AP MuSchG 1968 § 3 Nr 11; BAG 13. 2. 2002 – 5 AZR 588/00, AP MuSchG 1968 § 11 Nr 22). Ein genereller **Vorrang des Mutterschutzlohns** (hierfür BOECKEN NZA 1999, 676; MHdB ArbR/GREINER § 80 Rn 40; iE auch GUTZEIT 108 f) lässt sich dem Gesetz **nicht** entnehmen. Vielmehr ist ein Anspruch auf Entgeltfortzahlung nach § 18 MuSchG ausgeschlossen, wenn die Arbeitnehmerin nach den allgemeinen Bestimmungen zur **Entgeltfortzahlung im Krankheitsfall** die Fortzahlung der Vergütung verlangen kann (BAG 5. 7. 1995 – 5 AZR 135/94, AP MuSchG 1968 § 3 Nr 7; BAG 12. 3. 1997 – 5 AZR 766/95, AP MuSchG 1968 § 3 Nr 10; BAG 1. 10. 1997 – 5 AZR 685/96, AP MuSchG 1968 § 3 Nr 11; BAG 13. 2. 2002 – 5 AZR 588/00, AP MuSchG 1968 § 11 Nr 22; BSG 17. 4. 1991 – 1/3 RK 21/88, NZA 1991, 910 f, jeweils mit zahlreichen Nachweisen; SCHAUB/LINCK, Arbeitsrechts-Handbuch [17. Aufl 2017] § 98 Rn 28; SCHLIEMANN/KÖNIG NZA 1998, 1033 f; AR/VOSSEN § 3 EFZG Rn 22; iE auch SCHNEIDER, Entgeltfortzahlung und Konkurrenzen [2014] 453 ff; **aA** LAG Bremen 28. 8. 1996 – 2 Sa 341/95 ua, NZA-RR 1997, 201 ff; ArbG Hameln 30. 1. 1992 – 2 Ca 54/91, BB 1992, 354 ff; GK-EFZR/BIRK § 1 LFZG Rn 224; MHdB ArbR/GREINER § 80 Rn 41; GUTZEIT 107 ff; ders NZA

2003, 85 [jedoch mit unionsrechtlich gebotener Korrektur zur Höhe des fortzuzahlenden Entgelts]; LEMBKE NZA 1998, 349 ff; WEYAND BB 1994, 1852 ff; zur Entgeltfortzahlungspflicht bei einer Arbeitsverhinderung infolge Schwangerschaft s oben Rn 216). In dieser Konstellation ist grundsätzlich eine **gesonderte ärztliche Bescheinigung** der Arbeitsunfähigkeit erforderlich (zu deren Beweiswert BAG 12. 3. 1997 – 5 AZR 766/95, AP MuSchG 1968 § 3 Nr 10; BAG 1. 10. 1997 – 5 AZR 685/96, AP MuSchG 1968 § 3 Nr 11). Durch die ausschließliche Vorlage eines ärztlichen Zeugnisses im Sinne des § 5 Abs 2 MuSchG genügt die Arbeitnehmerin ihren Nachweispflichten (§ 5 Abs 1 EFZG) nur, wenn dieses einen **anomalen Verlauf der Schwangerschaft** attestiert und zugleich die übrigen in § 3 Abs 1 S 1 EFZG genannten inhaltlichen Angaben enthält, insbesondere auch die Feststellung der Arbeitsunfähigkeit trifft (exemplarisch BAG 5. 7. 1995 – 5 AZR 135/94, AP MuSchG 1968 § 3 Nr 7 sowie SCHLIEMANN/KÖNIG NZA 1998, 1034 f).

g) Feiertage und Erholungsurlaub

Die Theorie der alleinigen Ursache erfährt zwei wesentliche Einschränkungen, wenn **253** die krankheitsbedingte Arbeitsverhinderung mit einem gesetzlichen Feiertag zusammenfällt oder während des Erholungsurlaubs eintritt.

Für **Feiertage** sieht § 4 Abs 2 EFZG ausdrücklich vor, dass der durch § 3 Abs 1 S 1 **254** EFZG begründete Anspruch auf Entgeltfortzahlung fortbesteht (vgl BAG 19. 4. 1989 – 5 AZR 248/88, AP FeiertagslohnzahlungsG § 1 Nr 62; MHdB ArbR/GREINER § 80 Rn 44; SCHMITT/KÜFNER-SCHMITT, EFZG/AAG [8. Aufl 2018] § 2 EFZG Rn 52). Diese gesetzliche Regelung war notwendig, weil § 2 Abs 1 EFZG den Entgeltanspruch nur begründet, wenn der Feiertag die alleinige Ursache des Arbeitsausfalls ist (BAG 19. 4. 1989 – 5 AZR 248/88, AP FeiertagslohnzahlungsG § 1 Nr 62; RAAB NZA 1997, 1145 ff). Der in § 4 Abs 2 EFZG zum Ausdruck gelangte Vorrang der Bestimmungen zur Entgeltfortzahlung im Krankheitsfall führt nicht dazu, dass sich die Höhe des an den erkrankten Arbeitnehmer fortzuzahlenden Arbeitsentgelts nach den Vorschriften bemisst, die für die Entgeltfortzahlung im Krankheitsfall gelten (ebenso MHdB ArbR/GREINER § 80 Rn 44; SCHNEIDER, Entgeltfortzahlung und Konkurrenzen [2014] 429 f). Das in § 2 Abs 1 EFZG niedergelegte Entgeltausfallprinzip verdrängt wegen § 4 Abs 2 EFZG die in § 4 EFZG bzw entsprechenden Tarifbestimmungen festgelegte Höhe des im Krankheitsfalle fortzuzahlenden Arbeitsentgelts. Dementsprechend war die in § 4 Abs 1 S 1 EFZG aF normierte grundsätzliche Begrenzung auf 80% des regelmäßigen Arbeitsentgelts (hierzu STAUDINGER/OETKER [1996] § 616 Rn 412 ff) nicht anzuwenden, wenn der Krankheitstag auf einen Feiertag fiel (RAAB NZA 1997, 1149 f). Wegen der Ausklammerung der Überstunden aus der „regelmäßigen Arbeitszeit" im Sinne des § 4 Abs 1 EFZG durch § 4 Abs 1a S 1 EFZG (s unten Rn 407) ist diese Unterscheidung auch nach der Rückkehr zur Entgeltfortzahlung in Höhe von 100% unverändert von Bedeutung (treffend STUMPF/TRÜMNER, in: KITTNER/ZWANZIGER/DEINERT/HEUSCHMID [Hrsg], Arbeitsrecht [9. Aufl 2017] § 39 Rn 184).

Darüber hinaus bedarf es einer ausdrücklichen gesetzlichen Regelung für den **Er-** **255** **holungsurlaub**, da die Pflicht zur Arbeitsleistung während des Urlaubs suspendiert ist. Im Interesse des Zwecks des Erholungsurlaubs, der während der Krankheit nicht erreicht werden kann, legt § 9 BUrlG fest, dass die durch den Erholungsurlaub suspendierte Pflicht zur Arbeitsleistung durch den Erkrankungsfall unterbrochen ist, sodass die Krankheit die alleinige Ursache für die Arbeitsverhinderung ist (BAG 16. 3. 1972 – 5 AZR 357/71, AP BUrlG § 9 Nr 3). Von einer verbreiteten Auffassung wird eine Ausnahme jedoch dann befürwortet, wenn der Urlaubszweck durch die Krankheit nicht vereitelt wird (so Neumann/Fenski/Kühn, BUrlG [11. Aufl 2016] § 9 Rn 7; Schelp DB 1962, 702; Schneider, Entgeltfortzahlung und Konkurrenzen [2014] 432 f; Sieara AuR 1964, 40; Trieschmann DB 1963, 731 sowie in der Rechtsprechung LAG Hamm 18. 4. 1979 – 11 Sa 197/79, BB 1979, 889; **aA** jedoch Friese, Urlaubsrecht [2003] Rn 116; ErfKomm/Gallner § 9 BUrlG Rn 4; Leinemann/Linck, BUrlG [2. Aufl 2001] § 9 Rn 9 f; Oetker, in: Beck [Hrsg], Krankheit und Recht [2017] 207 ff; HWK/Schinz § 9 BUrlG Rn 8 sowie LAG Frankfurt aM 20. 6. 1966 – 1 Sa 484/65, DB 1966, 1570).

256 Bei einem **unbezahlten Sonderurlaub** ist § 9 BUrlG entsprechend anzuwenden, wenn dieser ebenfalls zu (gegebenenfalls durch einen unmittelbaren zeitlichen Zusammenhang indizierten) **Erholungszwecken** gewährt wird (BAG 23. 12. 1971 – 1 AZR 217/71, AP BUrlG § 9 Nr 2; BAG 3. 10. 1972 – 5 AZR 209/72, AP BUrlG § 9 Nr 4; BAG 1. 7. 1974 – 5 AZR 600/73, AP BUrlG § 9 Nr 5; BAG 17. 11. 1977 – 5 AZR 599/76, AP BUrlG § 9 Nr 8 sowie Feichtinger, Entgeltfortzahlung Rn 105; Kunz/Wedde, EFZR [2. Aufl 2005] § 3 EFZG Rn 89; Neumann/Fenski/Kühn, BUrlG [11. Aufl 2016] § 9 Rn 17; HWK/Schliemann § 3 EFZG Rn 29; Schmitt/Schmitt, EFZG/AAG [8. Aufl 2018] § 3 EFZG Rn 110; Schneider, Entgeltfortzahlung und Konkurrenzen [2014] 435; Stahlhacke/Stahlhacke, GK-BUrlG [5. Aufl 1992] § 9 Rn 30 ff; AR/Vossen § 3 EFZG Rn 23, 74; wohl auch Treber, EFZG [2. Aufl 2007] § 3 EFZG Rn 56; **aA** GK-EFZR/Birk § 1 LFZG Rn 162; ErfKomm/Reinhard § 3 EFZG Rn 15; Schaub/Linck, Arbeitsrechts-Handbuch [17. Aufl 2017] § 98 Rn 18), sodass es einer gesonderten Vereinbarung (hierfür MHdB ArbR/Schlachter [3. Aufl 2009] § 73 Rn 29) nicht bedarf.

5. Fehlendes Verschulden*

a) Grundsätze

aa) Verschuldenserfordernis

257 Ebenso wie **§ 616 S 1 BGB** sieht **§ 3 Abs 1 S 1 EFZG** vor, dass die Pflicht zur Fortzahlung des Arbeitsentgelts nur besteht, wenn hinsichtlich der zur Arbeitsverhinderung führenden Erkrankung kein schuldhaftes Verhalten des Arbeitnehmers vorliegt

* **Schrifttum**: Barwasser, Regelwidriges Verhalten des Arbeitnehmers vor und während der Arbeitsunfähigkeit als Konfliktgegenstand, DB 1976, 1332; Becker/Schaffner, Die Rechtsprechung zur Frage des Verschuldens nach § 1 Abs 1 S 1 LFZG, BlStSozArbR 1974, 103; Bernsmann, Zum Zusammenspiel von strafrechtlicher Regelung und „flankierenden Gesetzen“ beim Schwangerschaftsabbruch, AuR 1989, 10; Birk, Selbstmordversuch und Lohnfortzahlung, AuR 1981, 95; Braun, Der Begriff des Verschuldens im Recht der Lohnfortzahlung im Krankheitsfall (Diss Erlangen-Nürnberg 1993); Brill, Verschuldete Arbeitsunfähigkeit nach dem Lohnfortzahlungsgesetz, BB 1971, 1370; Denck, Entgeltfortzahlung im Krankheitsfall und Gurtanschnallpflicht, RdA 1980, 246; ders, Ausschluss der Lohnfortzahlungspflicht bei Nichtanlegen des Sicherheitsgurtes, BB 1982, 682; Fey, Die Entgeltfortzahlung bei Arbeitsunfähigkeit infolge eines Schwangerschaftsabbruchs (1999); Fleck/Körkel, Der Rückfall von Alkoholabhängigen im Arbeitsrecht, DB 1990, 274; Frank, Kritik des BAG-Urteils zum Verlust der Lohnfortzahlung beim Nichtanlegen des Sicherheitsgurtes, DAR 1982, 118; Gerauer, Keine Vergütungsfortzahlung bei Verletzungsfolgen beim Bungee-Springen, NZA 1994, 496 f; Gericke, Zur Lohnzahlungspflicht des Arbeitgebers bei Sportunfällen, AuR 1959, 359; Giese, Verschuldete Arbeitsunfähigkeit bei Suchterkrankungen, BB 1972, 360; Gitter, Der Verkehrsunfall des Arbeitnehmers, DAR 1992, 409; Gola, Ist Trunksucht

(s zum Bezugspunkt der Verschuldensprüfung auch HWK/SCHLIEMANN § 3 EFZG Rn 52). Beide Bestimmungen weichen in ihrem Wortlaut zwar geringfügig voneinander ab (§ 616 S 1 BGB: „ohne sein Verschulden", § 3 Abs 1 S 1 EFZG: „ohne dass ihn ein Verschulden trifft"), hieraus folgt aber **kein sachlicher Unterschied**.

In der **seearbeitsrechtlichen Bestimmung** (§ 104 Abs 1 S 1 SeeArbG) fehlt das Verschuldenserfordernis, jedoch gilt die in **§ 3 Abs 1 S 1 EFZG** aufgestellte Voraussetzung eines fehlenden Verschuldens wegen der in § 104 Abs 1 S 2 SeeArbG angeordneten ergänzenden Anwendung des Entgeltfortzahlungsgesetzes **analog** (MHdB ArbR/BOECKEN [2. Aufl 2000] § 83 Rn 93; KUNZ/WEDDE, EFZR [1. Aufl 2000] § 48 SeemG Rn 5; TREBER, 258

eine selbstverschuldete Krankheit?, BlStSozArbR 1984, 35; HÄNDEL, Zur Anwendung des Sicherheitsgurt-Urteils des BGH, NJW 1979, 2289; HENDEL, Das sogenannte Verschulden gegen sich selbst im Arbeitsverhältnis (Diss Köln 1971); HOFMANN, Zum Problem des Verschuldens bei krankheitsbedingter Arbeitsunfähigkeit, ZfA 1979, 275; HOUBEN, Trifft den Arbeitnehmer eine vertragliche Pflicht, sich gesund zu halten?, NZA 2000, 128; KLEPPE, Arbeitsverhinderung durch Skiunfall, BB 1969, 47; KLINKHAMMER, Nichtanlegen des Sicherheitsgurtes und Lohnfortzahlung, AuR 1983, 127; KORKHAUS, Ist Trunksucht eine (selbst) verschuldete Krankheit?, BB 1979, 377; KOSSOW, Verschuldete Arbeitsunfähigkeit nach § 1 Lohnfortzahlungsgesetz bei Schlägereien und Raufhändeln, BlStSozArbR 1972, 281; KRASNEY, Sucht als selbstverschuldete Krankheit iSd § 1 LFZG, in: FS Sieg (1976) 309; KRUSE, Die Frage des Verschuldens beim Anspruch auf Entgeltfortzahlung im Krankheitsfall, BB 1976, 984; KUCKUK, Sicherheitsgurt und Lohnfortzahlung, DB 1980, 302; KÜNZL, Begriff des Verschuldens bei der Entgeltfortzahlung, BB 1989, 62; KÜNZL/WEINMANN, Arbeitsrechtliche Maßnahmen (Kündigung und Verweigerung der Entgeltfortzahlung) bei Vortäuschen einer Krankheit und wegen des Verhaltens des Arbeitnehmers während krankheitsbedingter Arbeitsunfähigkeit (II), AuR 1996, 306; LIPKE, Alkoholmißbrauch des Arbeitnehmers und Auswirkungen auf das Arbeitsverhältnis, DB 1978, 1543; MARBURGER, Die Auswirkungen von Trunksucht auf das Vorliegen eines Arbeitsunfalles und auf den Entgeltfortzahlungsanspruch, RdA 1977, 295; ders, Zum Verschuldensbegriff im Bereich der Entgeltfortzahlung, DB 1980, 399; MEYER, Der Verschuldensbegriff bei der Lohnfortzahlung im Krankheitsfall (Diss Berlin 1966); G MÜLLER, Lohnfortzahlung bei Arbeitsunfähigkeit infolge Schwangerschaftsabbruchs, DB 1986, 2667; MÜNKEL, Das Verschulden im System der Entgeltfortzahlung (1989); PALLASCH, Entgeltfortzahlung bei Schwangerschaftsabbruch nach der „Fristenlösungs-Entscheidung" des BVerfG vom 28. 5. 1993, NZA 1993, 973; ders, Entgeltfortzahlung bei Schwangerschaftsabbruch, NJW 1995, 3025; PALME, Zur Frage des Verschuldens bei Lohn- und Gehaltsfortzahlung im Falle krankheitsbedingter Arbeitsunfähigkeit, BlStSozArbR 1981, 166; SCHNEIDER, Lohnfortzahlung bei Selbstmordversuch des Arbeitnehmers, MDR 1975, 111; SONNLEITNER, Alkoholismus und Entgeltfortzahlung unter besonderer Berücksichtigung der Verschuldensproblematik (Diss Passau 1994); STOFFELS, Arbeitsrechtliche Konsequenzen des zweiten Abtreibungsurteils des Bundesverfassungsgerichts, DB 1993, 1718; STÜCKMANN, „Selbstverschuldete" Arbeitsunfähigkeit – spart nur der Zufall Kosten?, DB 1996, 1822; TRÖNDLE, Lohnfortzahlung bei Schwangerschaftsabbruch, NJW 1989, 2990; WEBER, Anschnallpflicht und Lohnfortzahlung, DAR 1983, 9; WEILAND, Sicherheitsgurt und Verschulden nach § 1 LFZG, DB 1979, 1653; W WEIMAR, Der Gehaltsanspruch des kaufmännischen Angestellten bei Sportunfällen, JR 1978, 367; WOLBER, Zur Rechtsprechung über die Verweigerung der Lohnfortzahlung bei Nichtanlegen von Sicherheitsgurten, BlStSozArbR 1980, 113; ders, Verweigerte Lohnfortzahlung nach Unfall wegen Telefonierens im Straßenverkehr?, Sozialversicherung 1995, 211.

EFZG [2. Aufl 2007] § 3 EFZG Rn 65; Wedde/Kunz Art 61 Rn 10 f; so auch die hM vor der Neufassung des § 48 Abs 1 SeemG durch Art 61 des Pflege-Versicherungsgesetzes v 26. 5. 1994, s für diese Bemm/Lindemann, SeemG [3. Aufl 1991] § 48 Rn 7; GK-EFZR/Birk/Veit § 48 SeemG Rn 32; Hofmann ZfA 1979, 278 mit Fn 12; Münkel 5 f; Schmitt, LFZG [1. Aufl 1992] § 48 SeemG Rn 12; **aA** BGB-RGRK/Matthes § 616 Rn 233; MHdB ArbR/Schulin [1. Aufl 1992] § 81 Rn 83; Thome 165 ff).

259 Hinsichtlich der **dogmatischen Fundierung** des Erfordernisses eines fehlenden Verschuldens wirft § 3 Abs 1 S 1 EFZG keine grundsätzlich anderen Probleme als im Rahmen des § 616 S 1 BGB auf, sodass die dortigen Überlegungen (s oben Rn 109 ff) für § 3 Abs 1 S 1 EFZG entsprechend gelten (s auch BAG 18. 3. 2015 – 10 AZR 99/14 Rn 14, AP EntgeltFG § 3 Nr 31 = NZA 2015, 801). Ungeachtet der Kontroversen um die exakte dogmatische Erfassung des fehlenden Verschuldens herrscht hinsichtlich der wesentlichen Ausgangspunkte weitgehend Einvernehmen. So ist insbesondere anerkannt, dass für das Verschuldenserfordernis ein **einheitliches Begriffsverständnis** gilt (statt aller BAG 23. 11. 1971 – 1 AZR 388/70, AP LohnFG § 1 Nr 8; BAG 7. 12. 1972 – 5 AZR 350/72, AP LohnFG § 1 Nr 26; BAG 28. 2. 1979 – 5 AZR 611/77, AP LohnFG § 1 Nr 44; BAG 7. 10. 1981 – 5 AZR 1113/79, AP LohnFG § 1 Nr 46; BAG 21. 4. 1982 – 5 AZR 1019/79, AP LohnFG § 1 Nr 49; BAG 1. 6. 1983 – 5 AZR 536/80, AP LohnFG § 1 Nr 52; BAG 11. 3. 1987 – 5 AZR 739/85, AP LohnFG § 1 Nr 71; BAG 30. 3. 1988 – 5 AZR 42/87, AP LohnFG § 1 Nr 77; Erman/Belling/Riesenhuber § 616 Rn 43; MünchKomm/Henssler § 616 Rn 56; Hofmann ZfA 1979, 280).

bb) Verschuldensmaßstab

260 Für den **Verschuldensmaßstab** besteht ungeachtet aller Schwierigkeiten bei der Suche nach einer konzisen dogmatischen Begründung (statt aller grdl Hofmann ZfA 1979, 275 ff sowie GK-EFZR/Birk § 1 LFZG Rn 234 ff; MHdB ArbR/Greiner § 80 Rn 47; Künzl BB 1989, 62 ff; ferner oben Rn 103 ff) im Ergebnis annähernd Einigkeit, obwohl die Begrifflichkeiten divergieren. So bejaht die höchstrichterliche **Rechtsprechung** ein „Verschulden" erst bei einer **„gröblich gegen die von einem verständigen Menschen im eigenen Interesse zu erwartenden Verhaltensweise"** (so zB BAG 5. 4. 1962 – 2 AZR 182/61, AP HGB § 63 Nr 28; BAG 23. 11. 1971 – 1 AZR 388/70, AP LohnFG § 1 Nr 8; BAG 7. 12. 1972 – 5 AZR 350/72, AP LohnFG § 1 Nr 26; BAG 28. 2. 1979 – 5 AZR 611/77, AP LohnFG § 1 Nr 44; BAG 7. 10. 1981 – 5 AZR 1113/79, AP LohnFG § 1 Nr 46; BAG 21. 4. 1982 – 5 AZR 1019/79, AP LohnFG § 1 Nr 49; BAG 1. 6. 1983 – 5 AZR 536/80, AP LohnFG § 1 Nr 52; BAG 11. 3. 1987 – 5 AZR 739/85, AP LohnFG § 1 Nr 71; BAG 11. 11. 1987 – 5 AZR 497/86, AP BGB § 616 Nr 75; BAG 30. 3. 1988 – 5 AZR 42/87, AP LohnFG § 1 Nr 77; BAG 7. 8. 1991 – 5 AZR 410/90, AP LohnFG § 1 Nr 94; BAG 18. 3. 2015 – 10 AZR 99/14 Rn 14, AP EntgeltFG § 3 Nr 31 = NZA 2015, 801; BAG 26. 10. 2016 – 5 AZR 167/16 Rn 35, 36, NJW 2017, 1129; s auch MünchKomm/Henssler § 616 Rn 56; BeckOK ArbR/Ricken § 3 EFZG Rn 34; Schmitt/Schmitt, EFZG/AAG [8. Aufl 2018] § 3 EFZG Rn 124).

261 Demgegenüber beschränkt namentlich das **Schrifttum** das dem Anspruch auf Entgeltfortzahlung entgegenstehende Verschulden auf **Vorsatz und grobe Fahrlässigkeit** (so zB trotz divergierender dogmatischer Begründungsansätze Erman/Belling/Riesenhuber § 616 Rn 34; MHdB ArbR/Greiner § 80 Rn 48; Hofmann ZfA 1979, 307 ff; ders SAE 1984, 41; Kaiser/Dunkl/Hold/Kleinsorge § 3 EFZG Rn 94; Künzl BB 1989, 66; Kunz/Wedde, EFZR [2. Aufl 2005] § 3 EFZG Rn 95; Schmitt/Schmitt, EFZG/AAG [8. Aufl 2018] § 3 EFZG Rn 125; Thome 163 ff; Treber, EFZG [2. Aufl 2007] § 3 EFZG Rn 64; ebenso iE auch der individualversicherungsrechtliche Ansatz [§ 61 VVG aF] von Lorenz SAE 1983, 97; ihm folgend Braun 52 ff, 64 ff;

weitergehend jedoch der sozialversicherungsrechtliche Ansatz von DENCK RdA 1980, 252, der für eine Beschränkung auf vorsätzliches Verhalten plädiert). Hierfür spricht vor allem die Parallelbestimmung in § 617 Abs 1 S 1 BGB, die für den Verschuldensmaßstab ausdrücklich auf Vorsatz und grobe Fahrlässigkeit abstellt. Im Ergebnis wirken sich die sprachlich voneinander abweichenden Verschuldensmaßstäbe zumeist nicht aus (ebenso BAG 18. 3. 2015 – 10 AZR 99/14 Rn 14, AP EntgeltFG § 3 Nr 31 = NZA 2015, 801; SCHMITT/SCHMITT, EFZG/AAG [8. Aufl 2018] § 3 EFZG Rn 124; s auch MHdB ArbR/BOECKEN [2. Aufl 2000] § 83 Rn 96; VOGELSANG, Entgeltfortzahlung Rn 126). So setzte zB das Bundesarbeitsgericht in dem Urteil v 11. 11. 1987 die dortige Umschreibung für das Verschulden des Arbeitnehmers mit dem Begriff der groben Fahrlässigkeit gleich (BAG 11. 11. 1987 – 5 AZR 497/86, AP BGB § 616 Nr 75).

Im Mittelpunkt der Rechtsprechung steht nicht die dogmatische Fundierung, sondern eine umfangreiche Kasuistik, die hier nicht in allen Verästelungen nachgezeichnet werden kann (s stattdessen zB GK-EFZR/BIRK § 1 LFZG Rn 247 ff; FEICHTINGER, Entgeltfortzahlung Rn 114 ff; GEYER/KNORR/KRASNEY § 3 EFZG Rn 102 ff; MHdB ArbR/GREINER § 80 Rn 52 ff; HOFMANN ZfA 1979, 313 ff; MünchKomm/MÜLLER-GLÖGE § 3 EFZG Rn 30 ff; KAISER/DUNKL/HOLD/KLEINSORGE § 3 EFZG Rn 99 ff; MÜNKEL 14 ff; HWK/SCHLIEMANN § 3 EFZG Rn 55 ff; SCHMITT/SCHMITT, EFZG/AAG [8. Aufl 2018] § 3 EFZG Rn 133 ff; SCHULTE/MIMBERG/SABEL 96 ff; THOME 168 ff; VOGELSANG, Entgeltfortzahlung Rn 130 ff). Als Grundtendenz vermittelt die höchstrichterliche Judikatur jedoch den Eindruck, dass diese ein Verschulden des Arbeitnehmers nur in extrem gelagerten Ausnahmefällen anerkennt; es werden stets besondere Umstände verlangt. 262

Sachverhalte, die einen **Verschuldensvorwurf** rechtfertigen, können vor allem dann vorliegen, wenn sich der Arbeitnehmer bewusst über **Verbote zum Schutz der Gesundheit** hinwegsetzt und infolgedessen erkrankt oder sich eine bereits bestehende Erkrankung verschlimmert (zB Unfälle im betrieblichen Bereich, Nichtbeachtung ärztlicher Verbote; hierzu BRECHT, Entgeltfortzahlung § 3 EFZG Rn 33; KÜNZL/WEINMANN AuR 1996, 308 ff). Die **Verletzung sonstiger Verhaltensregeln** (zB Straßenverkehr, Sport) kann ebenfalls einen Verschuldensvorwurf rechtfertigen, wenn deren Missachtung für die eingetretene krankheitsbedingte Arbeitsunfähigkeit ursächlich wurde (s zB BAG 7. 10. 1981 – 5 AZR 338/79, AP LohnFG § 1 Nr 45; BAG 7. 10. 1981 – 5 AZR 1113/79, AP LohnFG § 1 Nr 46; BAG 21. 4. 1982 – 5 AZR 1019/79, AP LohnFG § 1 Nr 49). Das gilt insbesondere im Straßenverkehr, wenn der Arbeitnehmer infolge seines **Alkoholkonsums** absolut fahruntüchtig war (1,1 Promille) und verunglückte. 263

cc) Zurechnungsfähigkeit

Der Verschuldensvorwurf setzt stets die Zurechnungsfähigkeit des Arbeitnehmers voraus (BAG 28. 2. 1979 – 5 AZR 611/77, AP LohnFG § 1 Nr 44; GK-EFZR/BIRK § 1 LFZG Rn 238). Er entfällt aber nicht erst, wenn die freie Willensbestimmung ausgeschlossen ist. Es genügt deren **erhebliche Beeinträchtigung** (BAG 28. 2. 1979 – 5 AZR 611/77, AP LohnFG § 1 Nr 44). Diese liegt insbesondere vor, wenn der Entschluss zur Eingehung eines besonderen Risikos (zB Teilnahme am Straßenverkehr) erst im **Stadium fehlender oder eingeschränkter Zurechnungsfähigkeit** gefasst wurde. 264

Eine **Ausnahme** gilt, wenn sich der Arbeitnehmer bewusst in den Zustand fehlender oder erheblich beeinträchtigter Zurechnungsfähigkeit versetzt hat und weiß oder ernstlich damit rechnet, dass er in seinem Zustand zu einem verkehrsgerechten 265

Verhalten nicht mehr in der Lage ist (BAG 11. 3. 1987 – 5 AZR 739/85, AP LohnFG § 1 Nr 71; BAG 30. 3. 1988 – 5 AZR 42/87, AP LohnFG § 1 Nr 77; LAG Frankfurt aM 24. 4. 1989 – 1 Sa 1544/88, LAGE § 1 LohnFG Nr 22), oder der Arbeitnehmer willentlich die Zurechnungsfähigkeit beseitigt, um im Zustand fehlender Zurechnungsfähigkeit risikoreiche Handlungen vorzunehmen, die er im Normalzustand nicht vorgenommen hätte.

dd) Mitverschulden Dritter

266 Ein **Mitverschulden Dritter entlastet** den Arbeitnehmer **nicht**, er **verliert** selbst in dieser Konstellation seinen **Anspruch** auf Entgeltfortzahlung (allgM s zB BAG 23. 11. 1971 – 1 AZR 388/70, AP LohnFG § 1 Nr 8; Brecht, Entgeltfortzahlung § 3 EFZG Rn 30; Feichtinger, Entgeltfortzahlung Rn 112; MHdB ArbR/Greiner § 80 Rn 49; MünchKomm/Müller-Glöge § 3 EFZG Rn 37; Kaiser/Dunkl/Hold/Kleinsorge § 3 EFZG Rn 98; Kamanabrou, Arbeitsrecht [2017] Rn 1123; ArbR-BGB/Matthes § 616 Rn 81; Müller/Berenz § 3 EFZG Rn 52; ErfKomm/Reinhard § 3 EFZG Rn 24; BeckOK ArbR/Ricken § 3 EFZG Rn 36; HWK/Schliemann § 3 EFZG Rn 53; Schmitt/Schmitt, EFZG/AAG [8. Aufl 2018] § 3 EFZG Rn 129; Schneider, Entgeltfortzahlung und Konkurrenzen [2014] 87; Vogelsang, Entgeltfortzahlung Rn 127; KassHdb/Vossen 2. 2 Rn 82; **aA** Kunz/Wedde, EFZR [2. Aufl 2005] § 3 EFZG Rn 98) **unabhängig von den Verschuldensanteilen**, selbst wenn der Verschuldensbeitrag des Dritten den des Arbeitnehmers deutlich überwiegt. Erst bei einem Alleinverschulden des Dritten bleibt der Anspruch auf Entgeltfortzahlung unberührt (Kamanabrou, Arbeitsrecht [2017] Rn 1123; MünchKomm/Müller-Glöge § 3 EFZG Rn 37; ErfKomm/Reinhard § 3 EFZG Rn 24; Schneider, Entgeltfortzahlung und Konkurrenzen [2014] 87; Treber, EFZG [2. Aufl 2007] § 3 EFZG Rn 66; **aA** Reinhard/Reinhard, EFZG § 3 Rn 81: auch bei einem geringen Mitverschulden des Arbeitnehmers).

267 Allerdings setzt der Verlust des Entgeltfortzahlungsanspruches stets voraus, dass der Verschuldensbeitrag des Arbeitnehmers die Schwelle eines vorwerfbaren Verhaltens im Sinne des Entgeltfortzahlungsrechts überschreitet. **Anders** ist die Rechtslage deshalb, wenn der **Arbeitnehmer** zwar **schuldhaft im Sinne des § 276 BGB** gehandelt hat, ihm aber **kein Verschulden im Sinne des Entgeltfortzahlungsrechts** zur Last fällt (zB bei einfacher oder normaler Fahrlässigkeit). In dieser Konstellation behält er seinen Anspruch auf Fortzahlung der Vergütung gegen den Arbeitgeber auch, wenn der Verhinderungsgrund durch einen Dritten mitverschuldet wurde (HWK/Schliemann § 3 EFZG Rn 53; Schmitt/Schmitt, EFZG/AAG [8. Aufl 2018] § 3 EFZG Rn 129).

268 Bleibt die Pflicht des Arbeitgebers zur Entgeltfortzahlung trotz des Mit- oder gegebenenfalls sogar Alleinverschuldens Dritter unberührt, so gehen etwaige Ersatzansprüche des Arbeitnehmers gegen den Dritten gemäß § 6 EFZG kraft Gesetzes auf den Arbeitgeber über (MHdB ArbR/Greiner § 80 Rn 49; Schaub/Linck, Arbeitsrechts-Handbuch [17. Aufl 2017] § 98 Rn 43; MünchKomm/Müller-Glöge § 3 EFZG Rn 37; ErfKomm/Reinhard § 3 EFZG Rn 24; HWK/Schliemann § 3 EFZG Rn 53; Schmitt/Schmitt, EFZG/AAG [8. Aufl 2018] § 3 EFZG Rn 129; Vogelsang, Entgeltfortzahlung Rn 127).

ee) Mitverschulden des Arbeitgebers

269 Dogmatische Schwierigkeiten bereitet die Behandlung eines Mitverschuldens des Arbeitgebers. Während beim **Alleinverschulden des Arbeitgebers ausschließlich § 326 Abs 2 BGB** anzuwenden ist und der Anspruch auf die arbeitsvertraglich geschuldete Vergütung hierdurch für unbegrenzte Dauer aufrechterhalten wird (s GK-EFZR/Birk § 1 LFZG Rn 8; Brecht, Entgeltfortzahlung § 3 EFZG Rn 30; Geyer/Knorr/Krasney § 3 EFZG

Rn 154; MHdB ArbR/Greiner § 80 Rn 50; Kamanabrou, Arbeitsrecht [2017] Rn 1123; Schaub/Linck, Arbeitsrechts-Handbuch [17. Aufl 2017] § 98 Rn 43; ArbR-BGB/Matthes § 616 Rn 96; MünchKomm/Müller-Glöge § 3 EFZG Rn 38; Neumann/Duesberg DB 1969, 261 ff, 305 ff; Reinhard/Reinhard, EFZG § 3 Rn 82; ErfKomm/Reinhard § 3 EFZG Rn 24; HWK/Schliemann § 3 EFZG Rn 54; Schmitt/Schmitt, EFZG/AAG [8. Aufl 2018] § 3 EFZG Rn 131; Treber, EFZG [2. Aufl 2007] § 3 EFZG Rn 67; Vogelsang, Entgeltfortzahlung Rn 128; abweichend aber vMaydell DB 1973 Beil 15, 9, der für eine Abwicklung über die Entgeltfortzahlung plädiert und insoweit einen Schaden des Arbeitnehmers verneint; ebenso im Ansatz Schneider, Entgeltfortzahlung und Konkurrenzen [2014] 423 f; zugunsten einer Parallelität Göppner 113 Fn 1), will eine verbreitete Ansicht bei einem **Mitverschulden des Arbeitgebers** diesem die Berufung auf das Verschulden des Arbeitnehmers abschneiden (so GK-EFZR/Birk § 1 LFZG Rn 243; Hofmann ZfA 1979, 311). Wegen § 326 Abs 2 S 1 BGB ist dem nicht zuzustimmen, solange der Arbeitgeber für den Umstand der Arbeitsverhinderung „weit überwiegend verantwortlich“ ist. Auch in dieser Konstellation erhält die vorgenannte Norm den Vergütungsanspruch aufrecht (treffend MHdB ArbR/Greiner § 80 Rn 50; Schaub/Linck, Arbeitsrechts-Handbuch [17. Aufl 2017] § 98 Rn 43; MünchKomm/Müller-Glöge § 3 EFZG Rn 38; ErfKomm/Reinhard § 3 EFZG Rn 24; BeckOK ArbR/Ricken § 3 EFZG Rn 36).

In den übrigen Fallgestaltungen ist es bedenklich, ob auch ein als geringfügig zu 270
bewertender Verschuldensbeitrag des Arbeitgebers es rechtfertigt, ihm die Berufung auf den Verschuldensbeitrag des Arbeitnehmers abzuschneiden. Einer analogen Anwendung des § 254 BGB steht entgegen, dass es sich bei der Entgeltfortzahlung im Krankheitsfall um einen fortzugewährenden Vergütungsanspruch und nicht um einen Ersatzanspruch handelt (ebenso MHdB ArbR/Greiner § 80 Rn 50; Schaub/Linck, Arbeitsrechts-Handbuch [17. Aufl 2017] § 98 Rn 43; ErfKomm/Reinhard § 3 EFZG Rn 24). Sachgerechter ist deshalb eine **schadensersatzrechtliche Lösung**, die die Entgeltfortzahlung entfallen lässt (für den hiesigen Lösungsweg auch MHdB ArbR/Greiner § 80 Rn 50; Schneider, Entgeltfortzahlung und Konkurrenzen [2014] 88; Treber, EFZG [2. Aufl 2007] § 3 EFZG Rn 68; Vogelsang, Entgeltfortzahlung Rn 129; iE auch bei Vorsatz des Arbeitnehmers MHdB ArbR/Boecken [2. Aufl 2000] § 83 Rn 98, der allerdings auf den Einwand des venire contra factum proprium zurückgreift) und den hierdurch beim Arbeitnehmer eintretenden Verdienstausfall als Schadensersatz entsprechend den Mitverschuldensanteilen über das Institut einer Schutzpflichtverletzung ausgleicht (allg Staudinger/Schiemann [2017] § 254 Rn 25). Aus diesem Grunde ist auch der Lösungsvorschlag abzulehnen, der die Entgeltfortzahlung nur entfallen lässt, wenn der Verschuldensanteil des Arbeitnehmers überwiegt (so aber MünchKomm/Müller-Glöge § 3 EFZG Rn 38; ErfKomm/Reinhard § 3 EFZG Rn 24; MHdB ArbR/Schlachter [3. Aufl 2009] § 73 Rn 41; HWK/Schliemann § 3 EFZG Rn 54).

b) Einzelfälle

Die **Rechtsprechung des Bundesarbeitsgerichts** verneint bei folgenden Sachverhalten 271
einen **Verschuldensvorwurf**:

- Aufnahme einer **Liebesbeziehung zu der Freundin eines Arbeitskollegen**, solange kein provozierendes oder herausforderndes Verhalten hinzutritt (BAG 13. 11. 1974 – 5 AZR 54/74, AP BGB § 616 Nr 45);
- **Ausübung einer Nebentätigkeit**, die nicht mit einer über das gewöhnliche Maß hinausgehenden Risikoerhöhung verbunden ist und den Arbeitnehmer auch nicht

in einer seine Kräfte übersteigenden Weise beansprucht (BAG 19. 10. 1983 – 5 AZR 195/81, AP BGB § 616 Nr 62);

– **Teilnahme am Sport**, ohne dass es sich um einen gefährlichen Sport handelt und seine Ausübung die Leistungsfähigkeit des Sporttreibenden nicht übersteigt (so für Amateurfußball BAG 21. 1. 1976 – 5 AZR 593/74, AP LohnFG § 1 Nr 39; für Amateurboxen BAG 1. 12. 1976 – 5 AZR 601/75, AP LohnFG § 1 Nr 42; für Drachenfliegen BAG 7. 10. 1981 – 5 AZR 338/79, AP LohnFG § 1 Nr 45; offengelassen für Oberligafußball von BAG 30. 5. 1958 – 2 AZR 451/55, AP HGB § 63 Nr 5; ebenso für Moto-Cross-Rennen von BAG 25. 2. 1972 – 5 AZR 471/71, AP LohnFG § 1 Nr 18);

– Unterziehen einer **ärztlich verordneten Heilbehandlung** (BAG 5. 4. 1976 – 5 AZR 397/75, AP LohnFG § 1 Nr 40);

– Arbeitsunfähigkeit infolge eines **misslungenen Suizidversuchs** (BAG 28. 2. 1979 – 5 AZR 611/77, AP LohnFG § 1 Nr 44; **aA** noch BAG 7. 12. 1972 – 5 AZR 301/72, AP LohnFG § 1 Nr 25; BAG 6. 9. 1973 – 5 AZR 182/73, AP LohnFG § 1 Nr 34).

272 **Bejaht wurde ein Verschulden** des Arbeitnehmers demgegenüber bei folgenden Sachverhalten:

– **Erneute Alkoholabhängigkeit** nach erfolgreicher Beendigung einer Entwöhnungskur (BAG 11. 11. 1987 – 5 AZR 497/86, AP BGB § 616 Nr 75; **aA** nunmehr jedoch BAG 18. 3. 2015 – 10 AZR 99/14 Rn 26 ff, AP EntgeltFG § 3 Nr 31 = NZA 2015, 801: nur noch im Einzelfall [dazu näher Brose RdA 2015, 198 ff]);

– **Ausübung eines besonders gefährlichen Sports**, bei dem das Verletzungsrisiko bei objektiver Betrachtung so groß ist, dass auch ein gut ausgebildeter Sportler bei sorgfältiger Beachtung aller Regeln dieses Risiko nicht vermeiden kann (BAG 7. 10. 1981 – 5 AZR 338/79, AP LohnFG § 1 Nr 45; offen gelassen für Oberligafußball von BAG 30. 5. 1958 – 2 AZR 451/55, AP HGB § 63 Nr 5 sowie von BAG 25. 2. 1972 – 5 AZR 471/71, AP LohnFG § 1 Nr 18 für Moto-Cross-Rennen; verneint für Inline-Skating von LAG Saarland 2. 7. 2003 – 2 Sa 147/02, NZA-RR 2003, 568 [569]; abweichend LAG Rheinland-Pfalz 29. 10. 1998 – 5 Sa 823/98, LAGE § 3 EFZG Nr 2, das für eine Motorradrennsportmeisterschaft ausschließlich auf die persönlichen Fähigkeiten abstellt);

– Teilnahme an einer **Sportart**, die die **individuellen Kräfte** und Fähigkeiten des Arbeitnehmers **deutlich übersteigt** (BAG 7. 10. 1981 – 5 AZR 338/79, AP LohnFG § 1 Nr 45);

– Unfallverursachung mit PKW infolge **überhöhter Geschwindigkeit** bei schlechten Sichtverhältnissen (BAG 5. 4. 1962 – 2 AZR 182/61, AP HGB § 63 Nr 28);

– **Unachtsames Überqueren der Fahrbahn**, ohne sich zuvor über die Verkehrslage zu vergewissern (BAG 23. 11. 1971 – 1 AZR 388/70, AP LohnFG § 1 Nr 8);

– **Nichtanlegen des Sicherheitsgurtes**, wenn die zur Arbeitsunfähigkeit führenden Verletzungen auf dieser Säumnis beruhen (BAG 7. 10. 1981 – 5 AZR 1113/79, AP LohnFG § 1 Nr 46);

- **Trunksucht infolge übermäßigem Alkoholkonsums** (BAG 7. 12. 1972 – 5 AZR 350/72, AP LohnFG § 1 Nr 26; BAG 22. 3. 1973 – 5 AZR 567/72, AP LohnFG § 1 Nr 31);

- Zur Arbeitsunfähigkeit führender **Unfall infolge Alkoholmissbrauchs** (BAG 11. 3. 1987 – 5 AZR 739/85, AP LohnFG § 1 Nr 71; BAG 30. 3. 1988 – 5 AZR 42/87, AP LohnFG § 1 Nr 77; ferner LAG Hessen 23. 7. 1997 – 1 Sa 2416/96, LAGE § 3 EFZG Nr 1);

- Eingehung eines **zweiten Arbeitsverhältnisses** unter **Verstoß gegen das öffentlich-rechtliche Arbeitszeitrecht**, wenn dieser Verstoß für die krankheitsbedingte Arbeitsunfähigkeit ursächlich wurde (BAG 21. 4. 1982 – 5 AZR 1019/79, AP LohnFG § 1 Nr 49);

- **Streicheln eines Hundes** nach vorheriger Warnung (ArbG Wetzlar 4. 4. 1995 – 1 Ca 589/94, NZA-RR 1996, 5);

- **Körperverletzung durch einen Dritten**, der sich mit Unterstützung des Arbeitnehmers exzessiv bei diesem betrinkt (LAG Baden-Württemberg 30. 3. 2000 – 4 Sa 108/99, NZA-RR 2000, 349; s auch LAG Hamm 24. 9. 2003 – 18 Sa 785/03, NZA-RR 2004, 68 f; LAG Köln 14. 2. 2006 – 9 Sa 1303/05, LAGE § 3 EFZG Nr 8: Teilnahme an einer Rauferei).

c) Schwangerschaftsabbruch und Sterilisation

Eine **unverschuldete Arbeitsunfähigkeit fingiert** (ebenso im Sinne einer Fiktion MHdB 273 ArbR/Boecken [2. Aufl 2000] § 83 Rn 123, 124; Geyer/Knorr/Krasney § 3 EFZG Rn 161; MHdB ArbR/Greiner § 80 Rn 63; Kaiser/Dunkl/Hold/Kleinsorge § 3 EFZG Rn 118; Kunz/Wedde, EFZR [2. Aufl 2005] § 3 EFZG Rn 164; HWK/Schliemann § 3 EFZG Rn 112; Treber, EFZG [2. Aufl 2007] § 3 EFZG Rn 150; Vogelsang, Entgeltfortzahlung Rn 167; AR/Vossen § 3 EFZG Rn 39; Wedde/Kunz § 3 EFZG Rn 115; **aA** [unwiderlegbare Vermutung] ErfKomm/Reinhard § 3 EFZG Rn 46; ebenso Schaub/Linck, Arbeitsrechts-Handbuch [17. Aufl 2017] § 98 Rn 44; MünchKomm/Müller-Glöge § 3 EFZG Rn 75; MHdB ArbR/Schlachter [3. Aufl 2009] § 73 Rn 54; Stumpf/Trümner, in: Kittner/Zwanziger/Deinert/Heuschmid [Hrsg], Arbeitsrecht [9. Aufl 2017] § 39 Rn 90) § 3 Abs 2 EFZG für den nicht rechtswidrigen Abbruch der Schwangerschaft durch einen Arzt und die nicht rechtswidrige Sterilisation (S 1) sowie einen Schwangerschaftsabbruch im Anschluss an eine Beratung (S 2). Diese Regelungstechnik gilt wegen des erweiterten Arbeitnehmerbegriffs (§ 1 Abs 2 EFZG) auch für **Berufsausbildungsverhältnisse** sowie wegen der Verweisung in § 104 Abs 1 S 2 SeeArbG für **Besatzungsmitglieder** (abweichend im konstruktiven Ansatz früher § 52a SeemG, der eine Gleichstellung vorsah).

aa) Nicht rechtswidrige Sterilisation

Eine Sterilisation ist nicht rechtswidrig, wenn eine **rechtswirksame Einwilligung** des 274 Arbeitnehmers vorliegt und der Eingriff in die körperliche Integrität nicht nach **§ 228 StGB** gegen die **guten Sitten** verstößt (ebenso Brecht, Entgeltfortzahlung § 3 EFZG Rn 38a; ErfKomm/Reinhard § 3 EFZG Rn 48; Kaiser/Dunkl/Hold/Kleinsorge § 3 EFZG Rn 119; Kunz/Wedde, EFZR [2. Aufl 2005] § 3 EFZG Rn 166; MünchKomm/Müller-Glöge § 3 EFZG Rn 77; MHdB ArbR/Schlachter [3. Aufl 2009] § 73 Rn 54; Schmitt/Schmitt, EFZG/AAG [8. Aufl 2018] § 3 EFZG Rn 330). Nach der in der Strafrechtsdogmatik nicht unumstrittenen Rechtsprechung des Bundesgerichtshofes ist die **freiwillige Sterilisation** bei vorhandener Einwilligung generell nicht strafbar (BGH 27. 10. 1964 – 5 StR 78/64, BGHSt 20, 81). Bei diesem Ansatz hat die ausdrückliche Hervorhebung der fehlenden

Rechtswidrigkeit bei einer freiwilligen Sterilisation keine praktische Bedeutung (MHdB ArbR/Greiner § 80 Rn 63; Schaub/Linck, Arbeitsrechts-Handbuch [17. Aufl 2017] § 98 Rn 53; Löwisch/Caspers/Klumpp, Arbeitsrecht [11. Aufl 2017] Rn 437; Schmitt/Schmitt, EFZG/AAG [8. Aufl 2018] § 3 EFZG Rn 331; kritisch MHdB ArbR/Boecken [2. Aufl 2000] § 83 Rn 125).

bb) Nicht rechtswidriger Schwangerschaftsabbruch

275 Als „unverschuldet" gilt ein Schwangerschaftsabbruch nach § 3 Abs 2 S 1 EFZG, wenn dieser nicht rechtswidrig ist. Bei ausschließlicher Betrachtung des Gesetzeswortlauts stimmt § 3 Abs 2 S 1 EFZG im Wesentlichen mit der früher in **§ 1 Abs 2 LFG aF** geregelten Fiktion überein. Ob der Schwangerschaftsabbruch nicht rechtswidrig im Sinne des Entgeltfortzahlungsrechts war, beurteilte sich nach der vorherrschenden Ansicht zum damaligen Recht nicht nach strafrechtlichen Kriterien zur Rechtswidrigkeit, sondern danach, ob der Schwangerschaftsabbruch unter den Voraussetzungen in § 218a StGB aF erlaubt und deshalb nicht strafbar war (BAG 5. 4. 1989 – 5 AZR 495/87, AP LohnFG § 1 Nr 84; LAG Hamm 13. 5. 1987 – 1 Sa 443/87, AP LohnFG § 1 Nr 70a; Bernsmann AuR 1989, 10 ff; Erman/Hanau [9. Aufl 1993] § 616 Rn 25; Münkel 44 ff; Schmitt, LFZG [1. Aufl 1992] § 1 LFZG Rn 156 f; **aA** ArbG Iserlohn 16. 1. 1987 – 3 Ca 1083/86, AP LohnFG § 1 Nr 70; G Müller DB 1986, 2667 ff; ders FamRZ 1990, 153 ff; Thome 84 ff; Tröndle NJW 1989, 2990 ff; kritisch auch GK-EFZR/Birk § 1 LFZG Rn 289; vMaydell SAE 1990, 132 f). Verfassungsrechtliche Einwände gegen diese Auslegung wies das Bundesverfassungsgericht zurück (BVerfG [1. Kammer des 1. Senats] 18. 10. 1989 – 1 BvR 1013/89, AP LohnFG § 1 Nr 84a) und wurde darin vom Bundesarbeitsgericht nachfolgend bestätigt (BAG 14. 12. 1994 – 5 AZR 524/89, AP EntgeltFG § 3 Nr 1 = AuR 1995, 275 mit krit Anm Frommel; ausführlich zu § 3 Abs 2 EFZG Fey 27 ff).

276 Für die nunmehr in **§ 3 Abs 2 EFZG** enthaltene Bestimmung kann das **frühere Begriffsverständnis keine Gültigkeit** beanspruchen (ebenso MHdB ArbR/Boecken [2. Aufl 2000] § 83 Rn 127; **aA** KassHdb/Vossen 2.2 Rn 108). Die ausdrückliche Regelung in § 3 Abs 2 S 2, die einen nach dem Beratungsmodell durchgeführten Schwangerschaftsabbruch (§ 218a Abs 1 StGB) dem nicht rechtswidrigen Schwangerschaftsabbruch gleichstellt, wäre bei unverändertem Festhalten an dem Begriffsverständnis zu der früheren Rechtslage überflüssig (konsequent deshalb KassHdb/Vossen 2.2 Rn 111, der § 3 Abs 2 S 2 EFZG lediglich deklaratorische Bedeutung beimisst).

277 Selbst wenn dem **Tatbestandsmerkmal „Rechtswidrigkeit"** eine eigenständige Bedeutung zukommt, bleibt dessen präzise Konturierung problematisch. Insoweit sind bei einem Rückgriff auf die strafrechtliche Dogmatik zwei Auslegungsvarianten in Betracht zu ziehen. Bei einem **weiten Verständnis** würde § 3 Abs 2 EFZG stets eingreifen, wenn auf Grund einer strafrechtlichen Beurteilung die Rechtswidrigkeit des Schwangerschaftsabbruchs entfällt. Dies kommt nicht nur beim Vorliegen der **Indikationstatbestände** in § 218a Abs 2 und 3 StGB (medizinische und kriminologische Indikation) in Betracht, sondern auch, wenn die **Rechtswidrigkeit aus anderen Gründen zu verneinen** ist. Neben den allgemeinen Rechtfertigungsgründen, deren Voraussetzungen tatsächlich vorliegen, ist ebenfalls die irrtümliche Annahme der tatbestandlichen Voraussetzungen eines anerkannten Rechtfertigungsgrundes (Erlaubnistatbestandsirrtum) zu beachten, da dieser nach vorherrschender Ansicht analog § 16 Abs 1 StGB zum Vorsatzausschluss (so BGH 9. 12. 1993 – 4 StR 416/93, NJW 1994, 1232; Jescheck/Weigend, Lehrbuch des Strafrechts – Allg Teil [5. Aufl 1996] § 41 IV 1 c; Schönke/

Schröder/Sternberg-Lieben/Schuster, StGB [30. Aufl 2019] § 16 Rn 14 ff) und damit zur Verneinung der Rechtswidrigkeit führt.

Der Gesetzeswortlaut gestattet auch ein **engeres Begriffsverständnis**, das die Rechtswidrigkeit im Rahmen des § 3 Abs 2 EFZG **ausschließlich** nach Maßgabe der speziellen **Regelungen des Strafgesetzbuches zum Schwangerschaftsabbruch** beurteilt. Demnach läge ein „nicht rechtswidriger Schwangerschaftsabbruch" nur vor, wenn sich die Arbeitnehmerin für den Schwangerschaftsabbruch auf die Indikationstatbestände in § 218a Abs 2 StGB (medizinische Indikation) oder § 218a Abs 3 StGB (kriminologische Indikation) stützen kann. **278**

Vorzugswürdig ist ein **enges Begriffsverständnis** (hierfür auch MHdB ArbR/Greiner § 80 Rn 63; Schaub/Linck, Arbeitsrechts-Handbuch [17. Aufl 2017] § 98 Rn 44; Reinhard/Reinhard, EFZG § 3 Rn 131; ErfKomm/Reinhard § 3 EFZG Rn 49; HWK/Schliemann § 3 EFZG Rn 113; Schmitt/Schmitt, EFZG/AAG [8. Aufl 2018] § 3 EFZG Rn 334 f), das angesichts der Offenheit des Gesetzeswortlautes vor allem aus der Entstehungsgeschichte der Norm abzuleiten ist. Die Regelung in § 3 Abs 2 EFZG geht historisch auf das „Strafrechtsreform-Ergänzungsgesetz" v 28. 8. 1975 zurück (s oben Rn 173). Die Entstehungsgeschichte der damaligen – heftig umstrittenen – Vorschrift (s BAG 7. 8. 1991 – 5 AZR 410/90, AP LohnFG § 1 Nr 94) verdeutlicht, dass mit dieser lediglich eine lohnfortzahlungsrechtliche Flankierung der ursprünglichen „Fristenlösung" beabsichtigt war und sicherstellen sollte, dass ein nach § 218a StGB nicht strafbarer Schwangerschaftsabbruch nicht zu einer Kürzung der arbeitsvertraglich geschuldeten Vergütung führt. Demgegenüber sind aus den Materialien keine Anhaltspunkte für die Annahme erkennbar, dass die entgeltfortzahlungsrechtliche Begleitgesetzgebung sämtliche Fälle erfassen sollte, bei denen nach Maßgabe strafrechtlicher Beurteilung die Rechtswidrigkeit zu verneinen ist. Da durch die Übernahme der Regelung in das Entgeltfortzahlungsgesetz von dieser Konzeption nicht abgewichen werden sollte, liegt ein „nicht rechtswidriger Schwangerschaftsabbruch" im Sinne des § 3 Abs 2 EFZG nur vor, wenn dieser objektiv die Voraussetzungen der Indikationstatbestände in § 218a Abs 2 und 3 StGB erfüllt. Hinsichtlich der hiervon nicht erfassten Sachverhalte einer fehlenden Rechtswidrigkeit des Schwangerschaftsabbruchs s unten Rn 284 f. **279**

Bei der **Überprüfung der Voraussetzungen** für einen Anspruch auf Entgeltfortzahlung ist das Vorliegen der **strafrechtlichen Anforderungen** für einen nicht rechtswidrigen Schwangerschaftsabbruch eigenständig festzustellen. Insbesondere muss das Arbeitsgericht überprüfen, ob die Voraussetzungen der entsprechenden strafrechtlichen Bestimmungen (§ 218a Abs 2 und 3 StGB) erfüllt sind, was auch die ärztliche Bescheinigung über das Vorliegen einer von § 218a Abs 2 und 3 StGB erfassten Indikationslage umfasst (vgl BAG 14. 12. 1994 – 5 AZR 524/89, AP EntgeltFG § 3 Nr 1). An die rechtliche Würdigung im Rahmen eines Strafverfahrens sind die Arbeitsgerichte nicht gebunden (arg e Art 14 Abs 2 Nr 1 EGZPO). **280**

cc) Schwangerschaftsabbruch nach dem Beratungsmodell

Dem Tatbestand eines nicht rechtswidrigen Schwangerschaftsabbruchs stellt § 3 Abs 2 S 2 EFZG den Schwangerschaftsabbruch nach dem in § 218a Abs 1 StGB geregelten Beratungsmodell gleich. **Verfassungsrechtliche Bedenken** gegen die Verpflichtung des Arbeitgebers zur Entgeltfortzahlung in dieser Konstellation hat das Bundesverfassungsgericht im Hinblick auf den grundrechtlichen Schutz des ungebo- **281** renen Lebens (Art 2 Abs 2 GG) verneint (BVerfG 28. 5. 1993 – 2 BvF 2/90 ua, BVerfGE 88, 322 ff; ebenso MHdB ArbR/Boecken [2. Aufl 2000] § 83 Rn 129; Fey 38 ff; ErfKomm/Reinhard § 3 EFZG Rn 47; Stumpf/Trümner, in: Kittner/Zwanziger/Deinert/Heuschmid [Hrsg], Arbeitsrecht [9. Aufl 2017] § 39 Rn 92; **aA** zuvor Kissel, in: FS Gnade [1992] 510).

282 Ein unverschuldetes Arbeitsversäumnis im Sinne des § 3 Abs 2 S 2 EFZG liegt nur vor, wenn die dort genannten Voraussetzungen erfüllt sind, die der Sache nach mit den Tatbestandsmerkmalen in **§ 218a Abs 1 StGB** übereinstimmen. Ebenso wie bei einem nicht rechtswidrigen Schwangerschaftsabbruch sind die Voraussetzungen der entgeltfortzahlungsrechtlichen Vorschriften auch bei einem Schwangerschaftsabbruch nach dem Beratungsmodell von den Arbeitsgerichten **eigenständig zu prüfen**. Insbesondere ist ein unverschuldetes Arbeitsversäumnis zu bejahen, wenn dem Arzt, der den Schwangerschaftsabbruch durchführt, eine Bescheinigung über die Beratung vorgelegen hat. Hierbei muss es sich um die in § 219 Abs 2 S 2 StGB genannte Bescheinigung einer anerkannten Schwangerschaftskonfliktberatungsstelle über die nach § 219 Abs 1 StGB durchgeführte Beratung handeln.

dd) Reichweite der Fiktion

283 § 3 Abs 2 EFZG legt für die dort genannten Sachverhalte verbindlich eine unverschuldete Arbeitsunfähigkeit fest. Ein auf das **„Verschulden“** bezogener **Gegenbeweis** ist deshalb **ausgeschlossen** (Kaiser/Dunkl/Hold/Kleinsorge § 3 EFZG Rn 120). Das gilt indes nicht uneingeschränkt. Vielmehr gelangt die Fiktion einer unverschuldeten Arbeitsversäumnis nur zur Anwendung, solange und soweit der **medizinische Eingriff** für die Arbeitsunfähigkeit der Arbeitnehmerin **ursächlich** ist. Treten **andere Umstände** hinzu, die zu einer **Verlängerung der Arbeitsunfähigkeit** führen, so greift diesbezüglich die Fiktion nicht ein (MHdB ArbR/Greiner § 80 Rn 63; Schmitt/Schmitt, EFZG/AAG [8. Aufl 2018] § 3 EFZG Rn 325; KassHdb/Vossen 2.2 Rn 102). In diesen Fällen ist bezüglich der zur Verlängerung führenden Umstände eigenständig zu prüfen, ob ein Verschuldensvorwurf erhoben werden kann (MHdB ArbR/Greiner § 80 Rn 63).

ee) Andere Sachverhalte

284 Erfüllt eine Sterilisation bzw ein Schwangerschaftsabbruch nicht die Voraussetzungen in § 3 Abs 2 EFZG, so kommt ein Anspruch auf Entgeltfortzahlung nur in Betracht, wenn die **allgemeinen Voraussetzungen** in **§ 3 Abs 1 S 1 EFZG** vorliegen (iE wie hier MHdB ArbR/Boecken [2. Aufl 2000] § 83 Rn 128). Umstritten ist allerdings, ob insoweit bezüglich des Verschuldens stets eine **Einzelfallprüfung** erforderlich ist (hierfür zB Brecht, Entgeltfortzahlung § 3 EFZG Rn 38 a aE; Kaiser/Dunkl/Hold/Kleinsorge § 3 EFZG Rn 122; Kunz/Wedde, EFZR [2. Aufl 2005] § 3 EFZG Rn 170; Münkel 47; Pallasch NJW 1995, 3026; Stumpf/Trümner, in: Kittner/Zwanziger/Deinert/Heuschmid [Hrsg], Arbeitsrecht [9. Aufl 2017] § 39 Rn 93). Hiergegen lässt sich die Regelungstechnik in § 3 Abs 2 EFZG anführen. Wenn das Gesetz dort anordnet, dass die Arbeitsunfähigkeit als unverschuldet „gilt“, so könnte hieraus per argumentum e contrario geschlossen werden, dass die Arbeitsunfähigkeit bei den nicht von diesen Normen privilegierten Sachverhalten verschuldet ist.

285 Einem formallogischen Umkehrschluss steht jedoch die Teleologie des § 3 Abs 2 EFZG entgegen. Die Vorschriften bezwecken keine abschließende Regelung hinsichtlich der Frage, unter welchen Voraussetzungen der Arbeitgeber im Falle eines Schwangerschaftsabbruchs zur Fortzahlung der arbeitsvertraglich geschuldeten Vergütung verpflichtet ist. Der Aussagegehalt der Bestimmungen beschränkt sich auf die strafrechtlichen Sonderbestimmungen zum Schwangerschaftsabbruch. Insbesondere bei Sachverhalten, in denen die Rechtswidrigkeit des Schwangerschaftsabbruchs wegen des Eingreifens eines allgemeinen Rechtfertigungsgrundes oder wegen eines Erlaubnistatbestandsirrtums zu verneinen ist, muss im Rahmen des allgemeinen Tatbestandes (§ 3 Abs 1 S 1 EFZG) ermittelt werden, ob der Arbeitnehmerin ein „Verschulden gegen sich selbst" hinsichtlich des durch den Schwangerschaftsabbruch eingetretenen regelwidrigen Körperzustandes zur Last fällt (s insoweit auch Pallasch NJW 1995, 3026 f mwNw).

6. Teilnahme an Maßnahmen der medizinischen Vorsorge und Rehabilitation*

a) Allgemeines

Die entsprechende Anwendung der Vorschriften zur Entgeltfortzahlung (§§ 3, 4, 4a, 6 bis 8 EFZG) ordnet § 9 Abs 1 EFZG an, wenn der Arbeitnehmer an einer Maßnahme der medizinischen Vorsorge oder Rehabilitation teilnimmt; lediglich hinsichtlich der Anzeige- und Nachweispflicht des Arbeitnehmers normiert § 9 Abs 2 EFZG Sonderregelungen. 286

Von dem Grundtatbestand in § 3 Abs 1 S 1 EFZG unterscheidet sich § 9 Abs 1 EFZG vor allem durch den Verzicht auf das Tatbestandsmerkmal der Arbeitsunfähigkeit. Die Gleichstellung mit der Erkrankung erfordert jedoch eine funktionale Ausrichtung der Kur auf die **Vorbeugung oder Rehabilitation** (s näher LAG Niedersachsen 27. 3. 2015 – 10 Sa 1005/14, LAGE § 9 EntgeltfortzG Nr 1; MHdB ArbR/Greiner § 84 Rn 18; ErfKomm/Reinhard § 9 EFZG Rn 3 ff; Schmitt/Schmitt, EFZG/AAG [8. Aufl 2018] § 9 EFZG Rn 20 ff). 287

Zur Entgeltfortzahlung verpflichteten bis zum Inkrafttreten des SGB IX am 1. 7. 2001 **nur stationäre Maßnahmen** (s näher BAG 19. 1. 2000 – 5 AZR 685/98, AP EntgeltFG § 9 Nr 1; LAG Berlin 28. 8. 2000 – 18 Sa 1926/99, ZTR 2001, 137 [LS]). **Ambulante Maßnahmen** lösten keine Verpflichtung zur Entgeltfortzahlung aus (BAG 19. 1. 2000 – 5 AZR 685/98, AP EntgeltFG § 9 Nr 1; MHdB ArbR/Boecken [2. Aufl 2000] § 86 Rn 12; Schmitt, EFZG/AAG [7. Aufl 2012] § 9 EFZG Rn 16). Art 33 des Begleitgesetzes zum SGB IX v 19. 6. 2001 (BGBl I 1046) strich in § 9 EFZG jeweils das Wort „stationär", sodass **seit dem 1. 7. 2001 auch** bei einer Teilnahme an **ambulanten Maßnahmen** der Vorbeugung und Rehabilitation eine Pflicht zur Entgeltfortzahlung besteht (s BT-Drucks 14/5074, 127; ebenso für die allg Ansicht BAG 25. 5. 2016 – 5 AZR 298/15 Rn 19, NZA 2016, 1028; LAG Rheinland-Pfalz 16. 3. 2016 – 4 Sa 218/15, BeckRS 2016, 71273; MHdB ArbR/Greiner § 84 Rn 17; MünchKomm/Müller-Glöge § 9 EFZG Rn 9; ErfKomm/Reinhard § 9 EFZG Rn 10; BeckOK ArbR/ 288

---

* **Schrifttum**: Brill, Die Kur im Arbeitsrecht, ZfS 1980, 195; Kramer, Hat die Neuregelung der Entgeltfortzahlung während Kuren (§ 9 EFG) Auswirkungen auf § 50 Abs 1 BAT?, ZTR 1995, 9; Leinemann, Keine Schonzeiten für Arbeitnehmer?, AuR 1995, 83 f; Marburger, Entgeltfortzahlung bei einer Kur, RdA 1982, 149; ders, Lohn- und Gehaltsfortzahlung bei Kuren nach dem Inkrafttreten des Gesundheits-Reformgesetzes, RdA 1990, 149; Molitor, Weiterzahlung des Arbeitsentgelts bei Heilverfahren, BB 1959, 921; Palme, Gehaltsfortzahlung für Angestellte bei Kur und Heilbehandlung, BlStSozArbR 1967, 301; Trappe, Die Kur im Arbeitsrecht, AuR 1966, 359; Zeuner, Rechtsschutz des Arbeitgebers gegenüber den Folgen einer Kurbewilligung im Sinne von § 7 Lohnfortzahlungsgesetz, in: Gedschr W Martens (1987) 529.

Ricken § 9 EFZG Rn 13; HWK/Schliemann § 9 EFZG Rn 6; Schmitt/Schmitt, EFZG/AAG [8. Aufl 2018] § 9 EFZG Rn 28; Treber, EFZG [2. Aufl 2007] § 9 EFZG Rn 20; Vogelsang, Entgeltfortzahlung Rn 745).

289 § 9 Abs 1 EFZG unterscheidet im Gegensatz zu der früheren Regelung in § 7 Abs 1 LFG hinsichtlich des Anspruches auf Entgeltfortzahlung für den Zeitraum der Vorsorge- oder Rehabilitationsmaßnahme zwischen der Bewilligung durch einen öffentlich-rechtlichen Sozialleistungsträger (S 1) und der ärztlichen Verordnung (S 2).

b) Bewilligung durch öffentlich-rechtlichen Sozialleistungsträger

290 Der Grundtatbestand in § 9 Abs 1 S 1 EFZG knüpft an die frühere Regelung in § 7 Abs 1 LFG an. Im Unterschied zu § 7 Abs 1 LFG stellt § 9 Abs 1 S 1 EFZG jedoch nicht mehr auf die „volle Kostenübernahme" ab, sondern lässt es ausreichen, wenn die Maßnahme in einer **Einrichtung der medizinischen Vorsorge oder Rehabilitation** durchgeführt wird. Zur **Konkretisierung** der von § 9 Abs 1 EFZG erfassten Einrichtungen kann auf die Legaldefinition in **§ 107 Abs 2 SGB V** zurückgegriffen werden (ebenso BAG 19. 1. 2000 – 5 AZR 685/98, AP EntgeltFG § 9 Nr 1; BAG 25. 5. 2016 – 5 AZR 298/15 Rn 21 f, NZA 2016, 1028; LAG Niedersachsen 27. 3. 2015 – 10 Sa 1005/14, LAGE § 9 EntgeltfortZG Nr 1; MHdB ArbR/Greiner § 84 Rn 16; Kunz/Wedde, EFZR [2. Aufl 2005] § 9 EFZG Rn 44; MünchKomm/Müller-Glöge § 9 EFZG Rn 10; ErfKomm/Reinhard § 9 EFZG Rn 11; HWK/Schliemann § 9 EFZG Rn 6; Schmitt/Schmitt, EFZG/AAG [8. Aufl 2018] § 9 EFZG Rn 30; Treber, EFZG [2. Aufl 2007] § 9 EFZG Rn 25; Vogelsang, Entgeltfortzahlung Rn 746; Wedde/Kunz § 9 EFZG Rn 28). Die Durchführung einer Maßnahme in einer derart konkretisierten Einrichtung betrifft nicht nur stationäre, sondern in gleicher Weise ambulante Maßnahmen (BAG 25. 5. 2016 – 5 AZR 298/15 Rn 23, NZA 2016, 1028).

291 Die Vorsorge- oder Rehabilitationsmaßnahme muss von einem öffentlich-rechtlichen Sozialleistungsträger (vor allem Träger der Sozialversicherung) **förmlich bewilligt** worden sein. Die Bewilligung ist ein **privatrechtsgestaltender Verwaltungsakt** und entfaltet für die Pflicht zur Fortzahlung der Vergütung grundsätzlich **Tatbestandswirkung** (so mit Recht auch ErfKomm/Reinhard § 9 EFZG Rn 8; MHdB ArbR/Schlachter [3. Aufl 2009] § 73 Rn 58; HWK/Schliemann § 9 EFZG Rn 13; Vogelsang, Entgeltfortzahlung Rn 743; Zeuner, in: Gedschr W Martens [1987] 531; **aA** Brecht, Entgeltfortzahlung § 9 EFZG Rn 3; MHdB ArbR/Greiner § 84 Rn 24; BeckOK ArbR/Ricken § 9 EFZG Rn 9). Sie ist in einem Prozess um die Fortzahlung der Vergütung wegen § 39 SGB X nur im Hinblick auf ihre Nichtigkeit von den Arbeitsgerichten überprüfbar (vgl ErfKomm/Reinhard § 9 EFZG Rn 8; HWK/Schliemann § 9 EFZG Rn 13; Vogelsang, Entgeltfortzahlung Rn 743 sowie Zeuner, in: Gedschr W Martens [1987] 531 f, der mit beachtlichen Gründen ein eigenständiges Anfechtungsrecht des Arbeitgebers gegenüber dem Bewilligungsbescheid bejaht; wenig präzise die Rechtsprechung des Bundesarbeitsgerichts, die auf das Institut der missbräuchlichen Rechtsausübung zurückgreift, s BAG 29. 11. 1973 – 5 AZR 205/73, AP LohnFG § 7 Nr 2; BAG 10. 5. 1978 – 5 AZR 15/77, AP LohnFG § 7 Nr 3; zustimmend Vogelsang, Entgeltfortzahlung Rn 743; schwächer auch Kaiser/Dunkl/Hold/Kleinsorge § 9 EFZG Rn 22: Beweis des ersten Anscheins; ähnlich MHdB ArbR/Greiner § 84 Rn 24: Vermutungswirkung des Bewilligungsbescheides; widersprüchlich MünchKomm/Müller-Glöge § 9 EFZG Rn 4: tatsächliche Vermutung [s aber auch Rn 7]). Die Bewilligung **verliert** wegen ihres situationsgebundenen Inhalts allerdings ihre **Tatbestandswirkung**, wenn zwischen der ärztlichen Begutachtung und dem Antritt der Maßnahme ein **längerer Zeitraum** liegt (s BAG 10. 5. 1978 – 5 AZR 15/77, AP LohnFG § 7 Nr 3: ein Jahr; ebenso Vogelsang, Entgeltfortzahlung Rn 743; kritisch MHdB

ArbR/Greiner § 84 Rn 23). Eine uneingeschränkte Justiziabilität der Bewilligung ist jedoch statthaft, wenn sie nicht die Qualität eines Verwaltungsaktes besitzt.

Umstritten ist, ob die Bewilligung stets vor dem Antritt der Kur vorliegen muss 292
(hierfür die hM, s zB Geyer/Knorr/Krasney § 9 EFZG Rn 21; Gola § 9 EFZG Anm 3. 4; MHdB ArbR/Greiner § 84 Rn 21; Kaiser/Dunkl/Hold/Kleinsorge § 9 EFZG Rn 9; Müller/Berenz § 9 EFZG Rn 8; MünchKomm/Müller-Glöge § 9 EFZG Rn 7; ErfKomm/Reinhard § 9 EFZG Rn 8; BeckOK ArbR/Ricken § 9 EFZG Rn 11; HWK/Schliemann § 9 EFZG Rn 13; Schmitt/Schmitt, EFZG/AAG [8. Aufl 2018] § 9 EFZG Rn 33; Treber, EFZG [2. Aufl 2007] § 9 EFZG Rn 19; Vogelsang, Entgeltfortzahlung Rn 744; AR/Vossen § 9 EFZG Rn 9) oder auch nachträglich erklärt werden kann (so Kunz/Wedde, EFZR [2. Aufl 2005] § 9 EFZG Rn 33 ff; Wedde/Kunz § 9 EFZG Rn 26). Der Gesetzeswortlaut „hat“ spricht für das Erfordernis einer **vorherigen Bewilligung** (so auch MHdB ArbR/Greiner § 84 Rn 21; Schmitt/Schmitt, EFZG/AAG [8. Aufl 2018] § 9 EFZG Rn 33; Treber, EFZG [2. Aufl 2007] § 9 EFZG Rn 19).

c) Ärztliche Verordnung

Im Unterschied zu der früheren Rechtslage, die Vorbeugungs- und Rehabilitations- 293
maßnahmen **privater Versicherungsträger** nicht einbezog (Feichtinger, Lohn- und Gehaltsfortzahlung Rn 149; Kehrmann/Pelikan § 7 Rn 5; Schmitt, LFZG [1. Aufl 1992] § 7 LFZG Rn 16; die Vereinbarkeit des Ausschlusses wurde im Hinblick auf Art 3 Abs 1 GG mit guten Gründen bezweifelt, vgl MHdB ArbR/Schulin [1. Aufl 1992] § 84 Rn 9; anders aber Becker DB 1987, 1091; Thome 78 f), weicht § 9 Abs 1 S 2 EFZG hiervon zumindest teilweise ab. Allerdings eröffnet das Gesetz (§ 9 Abs 1 S 2 EFZG) diese Möglichkeit nur für Arbeitnehmer, die nicht Mitglied einer gesetzlichen Krankenkasse oder nicht in der gesetzlichen Rentenversicherung versichert sind (ebenso MünchKomm/Müller-Glöge § 9 EFZG Rn 8; ErfKomm/Reinhard § 9 EFZG Rn 9; MHdB ArbR/Schlachter [3. Aufl 2009] § 73 Rn 58; HWK/Schliemann § 9 EFZG Rn 15; Schmitt/Schmitt, EFZG/AAG [8. Aufl 2018] § 9 EFZG Rn 75; Vogelsang, Entgeltfortzahlung Rn 748).

Erfüllen sie die Voraussetzung in Rn 293 nicht, dann begründet § 9 Abs 1 EFZG 294
ausschließlich dann einen Entgeltfortzahlungsanspruch, wenn die Maßnahme der medizinischen Rehabilitation oder Vorsorge von einem öffentlich-rechtlichen Sozialleistungsträger bewilligt wurde. Entsprechendes gilt, wenn der Arbeitnehmer eine **private Zusatzversicherung** abgeschlossen hat (Schmitt/Schmitt, EFZG/AAG [8. Aufl 2018] § 9 EFZG Rn 84, 85; ebenso Kunz/Wedde, EFZR [2. Aufl 2005] § 9 EFZG Rn 60; Treber, EFZG [2. Aufl 2007] § 9 EFZG Rn 21), da § 9 Abs 1 S 2 EFZG nur diejenigen Arbeitnehmer einbeziehen will, die nicht bei einem gesetzlichen Versicherungsträger versichert sind. Allerdings erfasst § 9 Abs 1 S 2 EFZG nicht nur Maßnahmen, die in Einrichtungen privater Versicherungsträger auf deren Kosten durchgeführt werden, sondern ein Entgeltfortzahlungsanspruch besteht auch, wenn der Arbeitnehmer an der medizinischen Vorsorge- oder Rehabilitationsmaßnahme auf eigene Kosten teilnimmt (Schmitt/Schmitt, EFZG/AAG [8. Aufl 2018] § 9 EFZG Rn 90).

§ 9 Abs 1 S 2 EFZG erfasst nicht nur Maßnahmen, die in einer Einrichtung der 295
medizinischen Vorsorge oder Rehabilitation durchgeführt werden, es genügt eine **„vergleichbare Einrichtung“**. Diese muss zwar nicht in allen Einzelheiten den Voraussetzungen in § 107 Abs 2 SGB V entsprechen, die Abweichungen dürfen aber die **Zweckerreichung der Maßnahme** nicht in Frage stellen (MHdB ArbR/Greiner § 84 Rn 16; Kunz/Wedde, EFZR [2. Aufl 2005] § 9 EFZG Rn 69; MünchKomm/Müller-Glöge § 9

EFZG Rn 11; ErfKomm/Reinhard § 9 EFZG Rn 2; BeckOK ArbR/Ricken § 9 EFZG Rn 17; Vogelsang, Entgeltfortzahlung Rn 750; Wedde/Kunz § 9 EFZG Rn 36; enger jedoch Kramer ZTR 1995, 11, die verlangt, dass die Einrichtung Vertragsbeziehungen zu Sozialleistungsträgern haben muss [dagegen auch Treber, EFZG [2. Aufl 2007] § 9 EFZG Rn 26]; schwächer Geyer/Knorr/Krasney § 9 EFZG Rn 56, die in dieser Konstellation die Vergleichbarkeit der Einrichtung stets bejahen).

296 Im Unterschied zu § 9 Abs 1 S 1 EFZG verzichtet § 9 Abs 1 S 2 EFZG auf ein förmliches Bewilligungsverfahren. Es reicht aus, dass die Maßnahme **ärztlich verordnet** wurde. Die Verordnung darf nur von einem **approbierten Arzt** ausgestellt werden (MHdB ArbR/Greiner § 84 Rn 22; Kunz/Wedde, EFZR [2. Aufl 2005] § 9 EFZG Rn 64; MünchKomm/Müller-Glöge § 9 EFZG Rn 8; ErfKomm/Reinhard § 9 EFZG Rn 9; BeckOK ArbR/Ricken § 9 EFZG Rn 16; MHdB ArbR/Schlachter [3. Aufl 2009] § 73 Rn 58; Schmitt/Schmitt, EFZG/AAG [8. Aufl 2018] § 9 EFZG Rn 82), unabhängig davon, ob dieser vom Arbeitgeber oder dem Arbeitnehmer ausgewählt wurde (für die allgM MünchKomm/Müller-Glöge § 9 EFZG Rn 9; BeckOK ArbR/Ricken § 9 EFZG Rn 16; Schmitt/Schmitt, EFZG/AAG [8. Aufl 2018] § 9 EFZG Rn 82; Treber, EFZG [2. Aufl 2007] § 9 EFZG Rn 24; Vogelsang, Entgeltfortzahlung Rn 749) Die **medizinische Notwendigkeit**, die sich nach den Konkretisierungen in den §§ 23 und 40 SGB V beurteilt, ist gerichtlich **uneingeschränkt nachprüfbar**, jedoch hat die ärztliche Verordnung einen mit der Arbeitsunfähigkeitsbescheinigung vergleichbaren hohen Beweiswert (ebenso Treber, EFZG [2. Aufl 2007] § 9 EFZG Rn 24; ähnlich MHdB ArbR/Boecken [2. Aufl 2000] § 86 Rn 21: Beweis des ersten Anscheins; weitergehend Kunz/Wedde, EFZR [2. Aufl 2005] § 9 EFZG Rn 64, die für eine Gleichstellung mit dem Bewilligungsbescheid plädieren; iE wohl auch HWK/Schliemann § 9 EFZG Rn 15).

d) Anrechnungsbefugnis des Arbeitgebers

297 Nach der mit dem **Arbeitsrechtlichen Beschäftigungsförderungsgesetz v 25.9. 1996** geänderten Vorschrift des **§ 10 BUrlG** entfiel der Anspruch auf Entgeltfortzahlung nach dem Entgeltfortzahlungsgesetz, solange und soweit der Arbeitgeber von seiner durch § 10 BUrlG eröffneten Befugnis Gebrauch machte, von jeweils fünf Tagen die ersten zwei Tage auf den Erholungsurlaub anzurechnen (hierzu Bauer/Lingemann BB 1996 Beil 17, 12 ff). In diesem Fall galten die anzurechnenden Tage hinsichtlich der Höhe der vom Arbeitgeber geschuldeten Vergütung als Urlaubstage und waren vom Arbeitgeber nach den dafür geltenden Grundsätzen zu vergüten. Gegen die Anrechnungsbefugnis wurden **verfassungsrechtliche Bedenken** im Hinblick auf **Art 9 Abs 3 S 1 GG** angemeldet (so zB Dörner NZA 1998, 566 f; ders, in: FS Schaub [1998] 152 ff; **aA** jedoch Gitter, in: FS Zöllner [1998] 737 ff), die das Bundesverfassungsgericht jedoch zurückgewiesen hat (BVerfG 3. 4. 2001 – 1 BvL 32/97, BVerfGE 103, 293 ff). Das **Korrekturgesetz v 19.12. 1998** (s oben Rn 178) beseitigte die Anrechnungsbefugnis des Arbeitgebers wieder; soweit ein Anspruch auf Entgeltfortzahlung besteht, schließt § 10 BUrlG nF seitdem wieder jegliche Anrechnung auf den gesetzlichen Erholungsurlaub aus.

e) Dauer der Entgeltfortzahlung

298 Wegen des für analog anwendbar erklärten § 3 Abs 1 S 1 EFZG besteht der Anspruch auf Entgeltfortzahlung nur für die **Dauer von sechs Wochen**. Das gilt selbst dann, wenn die Vorsorge oder Rehabilitationsmaßnahme mit einer Arbeitsunfähigkeit im Sinne von § 3 Abs 1 S 1 EFZG zusammentrifft, da der Grundsatz zur Einheit des Verhinderungsfalles (s unten Rn 389) in dieser Konstellation keine Anwendung findet (BAG 10. 9. 2014 – 10 AZR 651/12, AP EntgeltFG § 9 Nr 3 = NZA 2014, 1139 Rn 18 ff; zustimmend JOUSSEN SAE 2015, 11 f; SCHMITT/SCHMITT, EFZG/AAG [8. Aufl 2018] § 9 EFZG Rn 54). Etwas anderes gilt nur, wenn die Arbeitsunfähigkeit und der Anlass für die Maßnahme der Vorsorge oder Rehabilitation auf dasselbe Grundleiden zurückzuführen sind, da die Vorschrift über **Fortsetzungserkrankungen** (§ 3 Abs 1 S 2 EFZG) entsprechend Anwendung findet (BAG 10. 9. 2014 – 10 AZR 651/12 Rn 26 f, AP EntgeltFG § 9 Nr 3 = NZA 2014, 1139; LAG Rheinland-Pfalz 8. 3. 2017 – 4 Sa 294/16, BeckRS 2017, 113811; MHdB ArbR/GREINER § 84 Rn 26; JOUSSEN SAE 2015, 12 f; BeckOK ArbR/RICKEN § 9 EFZG Rn 20; SCHMITT/SCHMITT, EFZG/AAG [8. Aufl 2018] § 9 EFZG Rn 55). Ein Anspruch des Arbeitgebers gegen den Sozialversicherungsträger, dass eine auf derselben Krankheit beruhende Maßnahme der medizinischen Rehabilitation binnen sechs Monaten nach Ende der früheren Erkrankungen begonnen wird, ist nicht anzuerkennen (BAG 18. 1. 1995 – 5 AZR 818/93, AP LohnFG § 7 Nr 8; zustimmend MünchKomm/MÜLLER-GLÖGE § 9 EFZG Rn 15; HWK/SCHLIEMANN § 9 EFZG Rn 14; TREBER, EFZG [2. Aufl 2007] § 9 EFZG Rn 31; VOGELSANG, Entgeltfortzahlung Rn 756).

f) Anzeige- und Mitteilungspflichten

Hinsichtlich der Anzeige- und Mitteilungspflichten des Arbeitgebers trifft § 9 Abs 2 eine eigenständige Regelung (MHdB ArbR/GREINER § 84 Rn 28; MünchKomm/MÜLLER-GLÖGE § 9 EFZG Rn 21; ErfKomm/REINHARD § 9 EFZG Rn 20; TREBER, EFZG [2. Aufl 2007] § 9 EFZG Rn 37; VOGELSANG, Entgeltfortzahlung Rn 761). Sowohl die **Mitteilung** über den Zeitpunkt der Maßnahme einschließlich deren Dauer als auch die **Vorlage** des **Bewilligungsbescheides** bzw der **ärztlichen Bescheinigung** müssen **unverzüglich** erfolgen. 299

Ein **„schuldhaftes Zögern"** (§ 121 BGB) des Arbeitnehmers begründet für den Arbeitgeber ein **Leistungsverweigerungsrecht** (§ 9 Abs 1 S 1 EFZG in Verbindung mit § 7 Abs 1 Nr 1 EFZG). Allerdings gilt das nur bezüglich der vorzulegenden Unterlagen, nicht hingegen für die Mitteilungspflicht **nach § 9 Abs 2 EFZG** (so auch GEYER/KNORR/KRASNEY § 9 EFZG Rn 45; MHdB ArbR/GREINER § 84 Rn 30; KAISER/DUNKL/HOLD/KLEINSORGE § 9 EFZG Rn 41; KUNZ/WEDDE, EFZR [2. Aufl 2005] § 9 EFZG Rn 100; MünchKomm/MÜLLER-GLÖGE § 9 EFZG Rn 19; ErfKomm/REINHARD § 9 EFZG Rn 23; BeckOK ArbR/RICKEN § 9 EFZG Rn 24; SCHMITT/SCHMITT, EFZG/AAG [8. Aufl 2018] § 9 EFZG Rn 113; TREBER, EFZG [2. Aufl 2007] § 9 EFZG Rn 43), da § 7 Abs 1 Nr 1 EFZG die Verletzung einer Anzeigepflicht nicht in den Tatbestand des Leistungsverweigerungsrechts einbezieht (s unten Rn 566). 300

g) Schonungszeiten

Auf eine Übernahme der vormaligen Regelung in **§ 7 Abs 2 LFG** für Schonungszeiten verzichtet das Entgeltfortzahlungsgesetz. Der (bewusste) Verzicht ist problematisch, weil für die nicht von § 7 LFG erfassten Arbeitnehmer anerkannt war, dass deren Vergütungsanspruch durch § 616 Abs 1 aF aufrechterhalten wurde, wenn im Anschluss an die Kur eine **Schonungszeit ärztlich verordnet** wurde, ohne dass der Arbeitnehmer während dieses Zeitraumes arbeitsunfähig sein musste (BAG 11. 3. 1971 – 5 AZR 398/70, AP BUrlG § 10 Schonzeit Nr 10). Hieraus leitet ein Teil der Literatur ab, dass der arbeitsvertragliche Vergütungsanspruch nunmehr bei allen Arbeitnehmern über § 616 S 1 BGB aufrechterhalten wird (so LEINEMANN AuR 1995, 83 f sowie KUNZ/WEDDE, EFZR [2. Aufl 2005] § 616 BGB Rn 5, 15; WEDDE/KUNZ § 9 EFZG Rn 7; s auch 301

Schmitt RdA 1996, 10 f). Selbst bei diesem Ansatz bleibt indes zu beachten, dass § 616 S 1 BGB nur eingreift, wenn sich die Schonungszeit auf einen „verhältnismäßig nicht erheblichen" Zeitraum beschränkt.

302 Ungeachtet des vorgenannten Einwandes sprechen die ebenfalls durch das Pflege-Versicherungsgesetz v 26. 5. 1994 erfolgten Änderungen des Bundesurlaubsgesetzes **gegen** einen **Rückgriff auf § 616 S 1 BGB**, um während einer Schonungszeit den Vergütungsanspruch des Arbeitnehmers aufrechtzuerhalten (ebenfalls ablehnend Erman/Belling/Riesenhuber § 616 Rn 5, 110; Brecht, Entgeltfortzahlung § 9 EFZG Rn 16; Kaiser/Dunkl/Hold/Kleinsorge § 9 EFZG Rn 2; ErfKomm/Reinhard § 616 BGB Rn 19; Schmitt, EFZG/AAG [7. Aufl 2012] § 9 EFZG Rn 115; Treber, EFZG [2. Aufl 2007] § 616 BGB Rn 28; Vogelsang, Entgeltfortzahlung Rn 753).

303 Erstens sieht § 7 Abs 1 S 2 BUrlG ausdrücklich einen Anspruch auf Urlaubsbewilligung im Anschluss an Maßnahmen der medizinischen Vorsorge oder Rehabilitation vor. Zweitens ist das Verbot der Anrechnung auf den Urlaub in § 10 BUrlG nur verständlich, wenn eine Entgeltfortzahlung in Betracht kommt. Da die Vorschrift im Unterschied zu der früheren Fassung Schonungszeiten nicht mehr nennt, folgt hieraus indirekt, dass während dieses Zeitraums kein Anspruch auf Entgeltfortzahlung nach den Vorschriften über die Entgeltfortzahlung im Krankheitsfall, zu denen auch § 616 S 1 BGB zählt, besteht. Drittens ist gegen einen Rückgriff auf § 616 S 1 BGB anzuführen, dass das Krankenversicherungsrecht eine ärztlich verordnete Schonungszeit seit dem 1. 6. 1994 nicht mehr kennt (s BT-Drucks 12/5263, 15), diese jedoch auch nach der älteren Rechtsprechung für eine Aufrechterhaltung des Vergütungsanspruches nach § 616 S 1 BGB notwendig war.

304 Ein Anspruch auf Entgeltfortzahlung kommt deshalb ausschließlich in Betracht, wenn der Arbeitnehmer **nach Durchführung** einer Maßnahme der medizinischen Vorsorge und Rehabilitation infolge **krankheitsbedingter Arbeitsunfähigkeit** an seiner Arbeitsleistung verhindert ist (MünchKomm/Müller-Glöge § 9 EFZG Rn 12). In dieser Konstellation ist § 3 Abs 1 S 1 EFZG unmittelbar anwendbar. Allerdings kann der Anspruch nach § 3 Abs 1 S 2 EFZG ausgeschlossen sein.

7. Ablauf der Wartezeit*

305 Nach dem durch Art 3 Nr 1 des Arbeitsrechtlichen Beschäftigungsförderungsgesetzes v 25. 9. 1996 (BGBl I 1476; s oben Rn 177) eingefügten § 3 Abs 3 EFZG entsteht der Anspruch auf Entgeltfortzahlung erst nach vierwöchiger ununterbrochener Dauer des Arbeitsverhältnisses. Neben der hierdurch beabsichtigten Kostenentlastung der Arbeitgeber soll die Einfügung der Wartezeit das **Prinzip von Leistung und Gegenleistung** stärker betonen. Es erschien dem Gesetzgeber unbillig, dem Arbeitgeber die Kosten der Entgeltfortzahlung im Krankheitsfall auch dann aufzubürden, wenn ein gerade erst eingestellter Arbeitnehmer krankheitsbedingt ausfällt (BT-Drucks 13/4612, 11).

* **Schrifttum**: Gaumann/Schafft, Anspruch auf Entgeltfortzahlung bei Kündigung aus Anlass der Erkrankung innerhalb der Wartezeit des § 3 III EFZG?, NZA 2000, 811; Vossen, Die Wartezeit nach § 3 III EFZG, NZA 1998, 354.

Zur Umsetzung griff der Gesetzgeber eine Regelung auf, die bereits in § 1 Abs 2 des Gesetzes zur Verbesserung der wirtschaftlichen Sicherung der Arbeiter im Krankheitsfalle (ArbKrankhG) v 26. 6. 1957 (BGBl I 649) enthalten war. Den Anspruch des Arbeitnehmers auf **Krankengeld** (§ 44 SGB V) berührt die Einführung der Wartezeit nicht (Gesetzesbegründung, BT-Drucks 13/4612, 11; Bericht des BT-Ausschusses für Arbeit und Sozialordnung, BT-Drucks 13/5107, 18); er besteht auch vor deren Ablauf (Giesen RdA 1997, 194; Kunz/Wedde, EFZR [2. Aufl 2005] § 3 EFZG Rn 173; MünchKomm/Müller-Glöge § 3 EFZG Rn 50; ErfKomm/Reinhard § 3 EFZG Rn 33; BeckOK ArbR/Ricken § 3 EFZG Rn 62; MHdB ArbR/Schlachter [3. Aufl 2009] § 73 Rn 64; Treber, EFZG [2. Aufl 2007] § 3 EFZG Rn 105; Vogelsang, Entgeltfortzahlung Rn 64; Vossen NZA 1998, 356). Entsprechendes gilt für das Verletztengeld (§§ 45, 46, 52 Nr 1 SGB VII), das der Arbeitnehmer erhält, wenn die krankheitsbedingte Arbeitsunfähigkeit auf einem Arbeitsunfall beruht. 306

Die Abhängigkeit der Entgeltfortzahlung vom Ablauf der vierwöchigen Wartezeit schreibt § 3 Abs 3 EFZG für jedes vom Entgeltfortzahlungsgesetz erfasste Arbeitsverhältnis und unabhängig von der **Ursache des Erkrankungsfalles** vor. Die Wartezeit müssen auch solche Arbeitnehmer erfüllen, bei denen vor der vereinbarten Arbeitsaufnahme oder während der Wartezeit eine **Schwangerschaft** eingetreten ist. Bestrebungen im Gesetzgebungsverfahren (s den Antrag des Freistaats Bayern im Bundesrat, BR-Drucks 519/96), diesen Personenkreis vom Anwendungsbereich der Wartezeitregelung auszunehmen, konnten sich nicht durchsetzen. 307

Entsprechendes gilt, wenn die Erkrankung während der Wartezeit auf einem **Arbeitsunfall** beruht. Wegen des einschränkungslosen Gesetzeswortlautes ist für eine hierauf bezogene Reduktion der Norm kein Raum (ebenso Feichtinger, Entgeltfortzahlung Rn 192; Giesen RdA 1997, 195; Harth 22 f; MHdB ArbR/Greiner § 80 Rn 67; Schaub/Linck, Arbeitsrechts-Handbuch [17. Aufl 2017] § 98 Rn 47; Marienhagen/Künzl § 3 EFZG Rn 67e; ErfKomm/Reinhard § 3 EFZG Rn 33; BeckOK ArbR/Ricken § 3 EFZG Rn 62; Treber, EFZG [2. Aufl 2007] § 3 EFZG Rn 101; Vogelsang, Entgeltfortzahlung Rn 57; Vossen NZA 1998, 354; **aA** Löwisch NZA 1996, 1013; Waltermann NZA 1997, 179 f). Nur wenn der Arbeitgeber die Erkrankung des Arbeitnehmers während der Wartezeit zu vertreten hat, bleibt der Vergütungsanspruch uneingeschränkt bestehen, da in dieser Konstellation § 326 Abs 2 BGB eingreift (ebenso MHdB ArbR/Greiner § 80 Rn 67; Schaub/Linck, Arbeitsrechts-Handbuch [17. Aufl 2017] § 98 Rn 47; Löwisch NZA 1996, 1013; Vogelsang, Entgeltfortzahlung Rn 57; s auch oben Rn 269). 308

Für die Erfüllung der Wartezeit ist auf das Arbeitsverhältnis abzustellen, das mit demjenigen Arbeitgeber besteht, gegen den der Anspruch auf Entgeltfortzahlung geltend gemacht wird. Es muss sich um **denselben Arbeitgeber** handeln, mit dem das Arbeitsverhältnis während der Wartezeit bestand. Unschädlich ist ein **Betriebsübergang** oder eine **Gesamtrechtsnachfolge** auf der Arbeitgeberseite während der Wartezeit, da hierdurch lediglich ein Wechsel in der Person des Arbeitgebers eintritt, das Arbeitsverhältnis im Übrigen aber bestehen bleibt (Feichtinger, Entgeltfortzahlung Rn 188; MHdB ArbR/Greiner § 80 Rn 67; Hanau RdA 1997, 207; Harth 23; MünchKomm/Müller-Glöge § 3 EFZG Rn 51; Schmitt/Schmitt, EFZG/AAG [8. Aufl 2018] § 3 EFZG Rn 361 f; Treber, EFZG [2. Aufl 2007] § 3 EFZG Rn 109; Vogelsang, Entgeltfortzahlung Rn 61; Vossen NZA 1998, 354). 309

310 Vergleichbar mit § 1 Abs 1 KSchG verlangt § 3 Abs 3 EFZG, dass das **Arbeitsverhältnis** während der Wartezeit **ohne Unterbrechungen** existiert. **Frühere Arbeitszeiten** bei demselben Arbeitgeber sind deshalb grundsätzlich nicht auf die Wartezeit anzurechnen (ebenso zu § 1 Abs 2 ArbKrankhG BAG 27. 4. 1960 – 2 AZR 152/59, AP ArbKrankhG § 1 Nr 25; teilw abw NIKISCH § 43 IV 2 d). Im Hinblick auf die vergleichbare Problematik bei § 622 Abs 2 BGB, § 1 Abs 1 KSchG und § 4 BUrlG sind **Unterbrechungen zwischen zwei Arbeitsverhältnissen** jedoch unbeachtlich, wenn das neue Arbeitsverhältnis mit dem bisherigen Arbeitgeber in einem **engen sachlichen und zeitlichen Zusammenhang** mit dem früheren Arbeitsverhältnis zwischen denselben Vertragsparteien steht (BAG 22. 8. 2001 – 5 AZR 699/99, AP EntgeltFG § 3 Nr 11; BAG 20. 8. 2003 – 5 AZR 436/02, AP EntgeltFG § 3 Nr 20; MHdB ArbR/GREINER § 80 Rn 67; KUNZ/WEDDE, EFZR [2. Aufl 2005] § 3 EFZG Rn 176; SCHAUB/LINCK, Arbeitsrechts-Handbuch [17. Aufl 2017] § 98 Rn 45; MARIENHAGEN/KÜNZL § 3 EFZG Rn 67g; MünchKomm/MÜLLER-GLÖGE § 3 EFZG Rn 51; ErfKomm/REINHARD § 3 EFZG Rn 33; HWK/SCHLIEMANN § 3 EFZG Rn 114; SCHMITT/SCHMITT, EFZG/AAG [8. Aufl 2018] § 3 EFZG Rn 359; STUMPF/TRÜMNER, in: KITTNER/ZWANZIGER/DEINERT/HEUSCHMID [Hrsg], Arbeitsrecht [9. Aufl 2017] § 39 Rn 102; TREBER, EFZG [2. Aufl 2007] § 3 EFZG Rn 107; VOGELSANG, Entgeltfortzahlung Rn 59 f; VOSSEN NZA 1998, 355; im Grundsatz auch KAISER/DUNKL/HOLD/KLEINSORGE § 3 EFZG Rn 129; **aA** MHdB ArbR/BOECKEN [2. Aufl 2000] § 83 Rn 136; zu den vorgenannten Parallelnormen statt aller KR/RACHOR [12. Aufl 2019] § 1 KSchG Rn 115 ff mwNw).

311 Dementsprechend sind auch **Zeiten eines Berufsausbildungsverhältnisses** auf den Vier-Wochen-Zeitraum anzurechnen, wenn sich das Arbeitsverhältnis unmittelbar an dieses anschließt (BAG 20. 8. 2003 – 5 AZR 436/02, AP EntgeltFG § 3 Nr 20; LAG Sachsen 12. 6. 2002 – 9 Sa 170/02, NZA-RR 2003, 127; ebenso MHdB ArbR/GREINER § 80 Rn 67; SCHAUB/LINCK, Arbeitsrechts-Handbuch [17. Aufl 2017] § 98 Rn 45; MünchKomm/MÜLLER-GLÖGE § 3 EFZG Rn 51; ErfKomm/REINHARD § 3 EFZG Rn 33; BeckOK ArbR/RICKEN § 3 EFZG Rn 60; SCHMITT/SCHMITT, EFZG/AAG [8. Aufl 2018] § 3 EFZG Rn 360; TREBER, EFZG [2. Aufl 2007] § 3 EFZG Rn 107 sowie bereits zu § 1 Abs 2 ArbKrankhG SCHELP RdA 1957, 249). **Ausgeschlossen** ist die **Anrechnung** einer vorherigen Tätigkeit des Arbeitnehmers, die er bei dem Arbeitgeber auf einer **anderen rechtlichen Grundlage** (zB auf Grund oder in Durchführung eines von anderen abgeschlossenen Werkvertrages, als Leiharbeitnehmer) erbracht hat (ebenso TREBER, EFZG [2. Aufl 2007] § 3 EFZG Rn 107; VOGELSANG, Entgeltfortzahlung Rn 53).

312 Da das Gesetz auf das „Arbeitsverhältnis" abstellt, genügt dessen **rechtlicher Bestand** während der Wartezeit (BRECHT, Entgeltfortzahlung § 3 EFZG Rn 68; FEICHTINGER, Entgeltfortzahlung Rn 191; MHdB ArbR/GREINER § 80 Rn 66; HROMADKA/MASCHMANN, Arbeitsrecht 1 [7. Aufl 2018] § 8 Rn 81; KAISER/DUNKL/HOLD/KLEINSORGE § 3 EFZG Rn 128; KUNZ/WEDDE, EFZR [2. Aufl 2005] § 3 EFZG Rn 175; SCHAUB/LINCK, Arbeitsrechts-Handbuch [17. Aufl 2017] § 98 Rn 46; MÜLLER/BERENZ § 3 EFZG Rn 18; MünchKomm/MÜLLER-GLÖGE § 3 EFZG Rn 48; ErfKomm/REINHARD § 3 EFZG Rn 33; BeckOK ArbR/RICKEN § 3 EFZG Rn 60; SCHMITT/SCHMITT, EFZG/AAG [8. Aufl 2018] § 3 EFZG Rn 356; STUMPF/TRÜMNER, in: KITTNER/ZWANZIGER/DEINERT/HEUSCHMID [Hrsg], Arbeitsrecht [9. Aufl 2017] § 39 Rn 101; VOSSEN NZA 1998, 355; ebenso zu § 1 Abs 2 ArbKrankhG BAG 13. 5. 1958 – 2 AZR 656/57, AP ArbKrankhG § 1 Nr 4; DIEKHOFF AuR 1957, 300 f; STAUDINGER/MOHNEN/NEUMANN[10/11] § 616 Rn 92; NIKISCH I § 43 IV 2 d; SCHELP RdA 1957, 249).

313 Eine **ununterbrochene Arbeitsleistung** während der Wartezeit ist **nicht erforderlich** (BOECKEN NZA 1999, 677; FEICHTINGER, Entgeltfortzahlung Rn 191; MHdB ArbR/GREINER § 80

Rn 66; KUNZ/WEDDE, EFZR [2. Aufl 2005] § 3 EFZG Rn 175; SCHAUB/LINCK, Arbeitsrechts-Handbuch [17. Aufl 2017] § 98 Rn 46; MÜLLER/BERENZ § 3 EFZG Rn 18; ErfKomm/REINHARD § 3 EFZG Rn 33; BeckOK ArbR/RICKEN § 3 EFZG Rn 60; SCHMITT/SCHMITT, EFZG/AAG [8. Aufl 2018] § 3 EFZG Rn 356; TREBER, EFZG [2. Aufl 2007] § 3 EFZG Rn 101; ebenso zu § 1 Abs 2 ArbKrankhG BAG 13. 5. 1958 – 2 AZR 656/57, AP ArbKrankhG § 1 Nr 4; LAG Bayern DB 1958, 55; DIEKHOFF AuR 1957, 300 f; NIKISCH I § 43 IV 2 d; SCHELP RdA 1957, 249; SCHELP/TRIESCHMANN, Das Arbeitsverhältnis im Krankheitsfalle [1958] 140; **aA** BÜSCHGES BlStSozArbR 1957, 346). Wegen der von § 1 Abs 1 ArbKrankhG abweichenden Berechnung der nach § 3 Abs 1 S 1 EFZG zu gewährenden Entgeltfortzahlung ist es auch aus tatsächlichen Gründen nicht notwendig, dass der Arbeitnehmer während der Wartezeit ein Arbeitsentgelt bezogen hat (zu § 1 Abs 2 ArbKrankhG s aber DIEKHOFF AuR 1957, 301; STAUDINGER/MOHNEN/NEUMANN[10/11] § 616 Rn 92). Im Extremfall entsteht der Anspruch auf Entgeltfortzahlung nach Ablauf der Wartezeit deshalb auch, wenn der Arbeitnehmer **während der Wartezeit keine Arbeitsleistung** erbracht hat (ebenso BOECKEN NZA 1999, 677; MHdB ArbR/GREINER § 80 Rn 66; KUNZ/WEDDE, EFZR [2. Aufl 2005] § 3 EFZG Rn 175; ErfKomm/REINHARD § 3 EFZG Rn 33).

Zeiten, in denen das **Arbeitsverhältnis ruht**, führen nicht zu einer Unterbrechung der Wartezeit, da diese den Bestand des Arbeitsverhältnisses nicht berühren (ebenso VOGELSANG, Entgeltfortzahlung Rn 54). Das gilt entsprechend, wenn der Arbeitnehmer während der Wartezeit erkrankt und infolgedessen arbeitsunfähig ist; der Bestand des Arbeitsverhältnisses bleibt hiervon unberührt (ebenso MHdB ArbR/GREINER § 80 Rn 66; VOGELSANG, Entgeltfortzahlung Rn 54; VOSSEN NZA 1998, 355; zu § 1 Abs 2 ArbKrankhG BAG 13. 5. 1958 – 2 AZR 656/57, AP ArbKrankhG § 1 Nr 4). Da allein der rechtliche Bestand des Arbeitsverhältnisses maßgebend ist, **verlängert** sich die **Wartezeit nicht** durch Zeiten, in denen das Arbeitsverhältnis ruht. 314

Für die **Berechnung** des vierwöchigen Zeitraumes sind die **§§ 187 ff BGB** heranzuziehen. Er **beginnt** mit dem Tag der **vereinbarten Arbeitsaufnahme** (§ 187 Abs 2 BGB; ebenso FEICHTINGER, Entgeltfortzahlung Rn 188; HROMADKA/MASCHMANN, Arbeitsrecht 1 [7. Aufl 2018] § 8 Rn 81; KAISER/DUNKL/HOLD/KLEINSORGE § 3 EFZG Rn 127; KUNZ/WEDDE, EFZR [2. Aufl 2005] § 3 EFZG Rn 174; MHdB ArbR/SCHLACHTER [3. Aufl 2009] § 73 Rn 62; SCHMITT/SCHMITT, EFZG/AAG [8. Aufl 2018] § 3 EFZG Rn 344, VOSSEN NZA 1998, 354; **aA** BRECHT, Entgeltfortzahlung § 3 EFZG Rn 68: Antritt des ersten Ganges zur erstmaligen Arbeitsaufnahme). Das gilt auch, wenn der **Vertragsschluss** bereits zu einem früheren Zeitpunkt erfolgte (RAAB Anm zu BAG EzA § 3 EFZG Nr 7; MHdB ArbR/SCHLACHTER [3. Aufl 2009] § 73 Rn 62). Für den **Ablauf des Zeitraumes** greift § 188 Abs 2 HS 2 BGB ein. **§ 193 BGB** findet insoweit keine Anwendung, da die Voraussetzungen dieser Norm nicht erfüllt sind (MHdB ArbR/BOECKEN [2. Aufl 2000] § 83 Rn 135; FEICHTINGER, Entgeltfortzahlung Rn 190; VOSSEN NZA 1998, 355); bei der Wartezeit handelt es sich um keine „Frist" im Sinne des § 193 BGB (ebenso zur Wartezeit im Rahmen von § 1 Abs 1 KSchG BAG 24. 10. 2013 – 2 AZR 1057/12 Rn 46 ff, NZA 2014, 725). 315

Mit Ablauf der Wartezeit entsteht erstmals ein Anspruch auf Entgeltfortzahlung. Wegen fehlender Anhaltspunkte im Gesetzeswortlaut setzt der Entgeltfortzahlungsanspruch nicht voraus, dass der Arbeitnehmer erst nach Ablauf der Wartezeit erkrankt. Der **Anspruch auf Entgeltfortzahlung** entsteht **auch**, wenn der Arbeitnehmer bereits **vor Ablauf der Wartezeit** infolge Krankheit **arbeitsunfähig** war (ebenso BAG 26. 5. 1999 – 5 AZR 476/98, AP EntgeltFG § 3 Nr 10; LAG Niedersachsen 19. 1. 1998 – 11 Sa 1740/ 316

97, LAGE § 8 EFZG Nr 1; ERMAN/BELLING/RIESENHUBER § 616 Rn 128; BOECKEN NZA 1999, 677; FEICHTINGER, Entgeltfortzahlung Rn 187; MHdB ArbR/GREINER § 80 Rn 66; HARTH 28; KUNZ/WEDDE, EFZR [2. Aufl 2005] § 3 EFZG Rn 175; MARIENHAGEN/KÜNZL § 3 EFZG Rn 67b; PETERS-LANGE SAE 2000, 276; PREIS NJW 1996, 3374; RAAB Anm zu BAG EzA § 3 EFZG Nr 7; ErfKomm/REINHARD § 3 EFZG Rn 33; BeckOK ArbR/RICKEN § 3 EFZG Rn 59; HWK/SCHLIEMANN § 3 EFZG Rn 115; SCHMITT/SCHMITT, EFZG/AAG [8. Aufl 2018] § 3 EFZG Rn 349; STUMPF/TRÜMNER, in: KITTNER/ZWANZIGER/DEINERT/HEUSCHMID [Hrsg], Arbeitsrecht [9. Aufl 2017] § 39 Rn 104; VOGELSANG, Entgeltfortzahlung Rn 55; AR/VOSSEN § 3 EFZG Rn 9; **aA** SIEG BB 1996 Beil 17, 19 sowie bereits zu § 1 Abs 2 ArbKrankhG BAG 13. 5. 1958 – 2 AZR 656/57, AP ArbKrankhG § 1 Nr 4; NIKISCH I § 43 IV 2 d). Das gilt unabhängig davon, ob die Erkrankung vor oder nach der vereinbarten Arbeitsaufnahme eintrat (SCHMITT/SCHMITT, EFZG/AAG [8. Aufl 2018] § 3 EFZG Rn 347; VOGELSANG, Entgeltfortzahlung Rn 56).

317 Der Anspruch auf Entgeltfortzahlung entsteht **nur für Zeiten** krankheitsbedingter Arbeitsunfähigkeit, die **nach Ablauf der Wartezeit** liegen. Für ein rückwirkendes Entstehen des Anspruches (so BUSCHMANN AuR 1996, 290) enthält der Gesetzeswortlaut – im Unterschied zu § 4 BUrlG – keine Anhaltspunkte (wie hier BAG 26. 5. 1999 – 5 AZR 476/98, AP EntgeltFG § 3 Nr 10; BAUER/LINGEMANN BB 1996 Beil 17, 8; FEICHTINGER, Entgeltfortzahlung Rn 187; GIESEN RdA 1997, 194; HROMADKA/MASCHMANN, Arbeitsrecht 1 [7. Aufl 2018] § 8 Rn 81; KAISER/DUNKL/HOLD/KLEINSORGE § 3 EFZG Rn 125; KUNZ/WEDDE, EFZR [2. Aufl 2005] § 3 EFZG Rn 175; MARIENHAGEN/KÜNZL § 3 EFZG Rn 67b; MünchKomm/MÜLLER-GLÖGE § 3 EFZG Rn 48; RAAB Anm zu BAG EzA § 3 EFZG Nr 7; ErfKomm/REINHARD § 3 EFZG Rn 33; BeckOK ArbR/RICKEN § 3 EFZG Rn 59; MHdB ArbR/SCHLACHTER [3. Aufl 2009] § 73 Rn 64; SCHMITT/SCHMITT, EFZG/AAG [8. Aufl 2018] § 3 EFZG Rn 346; VOSSEN NZA 1998, 355). Das entspricht im Ergebnis auch der vorherrschenden Ansicht zu § 1 Abs 2 ArbKrankhG. Erkrankungen während der Wartezeit schlossen zwar die Gewährung eines Zuschusses zum Krankengeld nicht aus, dieser musste aber nicht rückwirkend für die Zeiträume während der Wartezeit geleistet werden (BAG 13. 5. 1958 – 2 AZR 656/57, AP ArbKrankhG § 1 Nr 4; STAUDINGER/MOHNEN/NEUMANN[10/11] § 616 Rn 92; NIKISCH § 43 IV 2 d).

318 Dem Gesetz lässt sich nicht zweifelsfrei entnehmen, ob der **Sechs-Wochen-Zeitraum** des § 3 Abs 1 S 1 EFZG bereits mit dem **Beginn der Erkrankung** oder erst mit dem **Entstehen eines Anspruches auf Entgeltfortzahlung** zu laufen beginnt, wenn der Arbeitnehmer vor Ablauf der Wartezeit erkrankt. Für die erste Lösung entschied sich die vorherrschende Ansicht zu § 1 Abs 2 ArbKrankhG, da sie den Anspruch auf Zuschuss zum Krankengeld als einen „bedingten Anspruch" qualifizierte (so BAG 13. 5. 1958 – 2 AZR 656/57, AP ArbKrankhG § 1 Nr 4).

319 Für das Entgeltfortzahlungsgesetz fehlt für diesen konzeptionellen Ansatz eine tragfähige normative Anknüpfung (ebenso ERMAN/BELLING/RIESENHUBER § 616 Rn 128; BOECKEN NZA 1999, 677; MHdB ArbR/SCHLACHTER [3. Aufl 2009] § 73 Rn 64; TREBER, EFZG [2. Aufl 2007] § 3 EFZG Rn 104; **aA** GIESEN RdA 1997, 194 f; HARTH 28; PETERS-LANGE SAE 2000, 275 ff; PREIS NJW 1996, 3374). Anders als § 1 Abs 2 ArbKrankhG, der lediglich die „Gewährung" des Zuschusses mit dem Ablauf der Wartezeit verknüpfte und wegen der Bezugnahme auf § 1 Abs 1 ArbKrankhG das rechtliche Entstehen des Anspruches vor Ablauf der Wartezeit nicht ausschloss (so ausdrücklich BAG 13. 5. 1958 – 2 AZR 656/57, AP ArbKrankhG § 1 Nr 4), legt § 3 Abs 3 EFZG ausdrücklich fest, dass der in § 3 Abs 1 S 1 EFZG begründete Anspruch erst nach Ablauf der Wartezeit entsteht. Da § 3 Abs 3 EFZG expressis verbis auf den „Anspruch nach Abs 1" abstellt, entsteht

der Anspruch nach Ablauf der Wartezeit nach Maßgabe der in § 3 Abs 1 EFZG genannten rechtlichen Rahmenbedingungen, sodass dem Arbeitnehmer hiernach ein Anspruch bis zur Dauer von sechs Wochen zusteht und der Sechs-Wochen-Zeitraum erst mit dem Entstehen des Anspruches, also mit Ablauf der Wartezeit beginnt. Selbst wenn der Arbeitnehmer **vor Ablauf der Wartezeit erkrankt**, steht ihm **mit deren Ablauf** somit für die sich anschließenden **sechs Wochen** ein Anspruch auf Entgeltfortzahlung zu (so auch BAG 26. 5. 1999 – 5 AZR 476/98, AP EntgeltFG § 3 Nr 10; BAG 20. 8. 2003 – 5 AZR 436/02, AP EntgeltFG § 3 Nr 20; Bauer/Lingemann BB 1996 Beil 17, 8 f; Erman/Belling/Riesenhuber § 616 Rn 128; Boecken NZA 1999, 677; Brecht, Entgeltfortzahlung § 3 EFZG Rn 68; Feichtinger, Entgeltfortzahlung Rn 230; Gaumann/Schafft NZA 2000, 814; MHdB ArbR/Greiner § 80 Rn 66; Hanau RdA 1997, 207; Hromadka/Maschmann, Arbeitsrecht 1 [7. Aufl 2018] § 8 Rn 81; Kaiser/Dunkl/Hold/Kleinsorge § 3 EFZG Rn 125; Kunz/Wedde, EFZR [2. Aufl 2005] § 3 EFZG Rn 175; Marienhagen/Künzl § 3 EFZG Rn 67b; MünchKomm/Müller-Glöge § 3 EFZG Rn 48; Raab Anm zu BAG EzA § 3 EFZG Nr 7; ErfKomm/Reinhard § 3 EFZG Rn 33; BeckOK ArbR/Ricken § 3 EFZG Rn 59, 61; HWK/Schliemann § 3 EFZG Rn 115; Schmitt/Schmitt, EFZG/AAG [8. Aufl 2018] § 3 EFZG Rn 349; Stumpf/Trümner, in: Kittner/Zwanziger/Deinert/Heuschmid [Hrsg], Arbeitsrecht [9. Aufl 2017] § 39 Rn 104; Treber, EFZG [2. Aufl 2007] § 3 EFZG Rn 104; Viethen 21; Vogelsang, Entgeltfortzahlung Rn 55; Vossen NZA 1998, 356; **aA** noch Peters-Lange SAE 2000, 276 f sowie in der Rechtsprechung der Instanzgerichte LAG Niedersachsen 19. 1. 1998 – 11 Sa 1740/97, LAGE § 8 EFZG Nr 1).

Bei einer krankheitsbedingten Arbeitsunfähigkeit während der Wartezeit schließt § 3 Abs 3 EFZG für diesen Zeitraum nicht nur einen auf § 3 Abs 1 S 1 EFZG gestützten Anspruch auf Entgeltfortzahlung aus. Der Zweck der Regelung verbietet es, den Vergütungsanspruch durch einen **Rückgriff auf § 616 S 1 BGB** aufrechtzuerhalten. Die Bestimmungen des Entgeltfortzahlungsgesetzes sind für sämtliche Zeiten einer krankheitsbedingten Arbeitsunfähigkeit leges speciales und sperren in ihrem Anwendungsbereich die lex generalis in § 616 S 1 BGB (zutreffend Erman/Belling/Riesenhuber § 616 Rn 5; ebenso zu § 1 Abs 2 ArbkrankhG Hessel BB 1957, 681; Staudinger/Mohnen/Neumann[10/11] § 616 Rn 85, 92; **aA** jedoch Diekhoff AuR 1957, 297 f; Schediwy RdA 1958, 52 f; Schelp/Trieschmann, Das Arbeitsverhältnis im Krankheitsfalle [1958] 155). Nur dieses Verständnis wird dem Zweck des § 3 Abs 3 EFZG gerecht. Die mit der Einführung der Wartezeit beabsichtigte wirtschaftliche Entlastung des Arbeitgebers (s oben Rn 305) würde konterkariert, wenn ein Rückgriff auf § 616 S 1 BGB den Ausschluss eines Entgeltfortzahlungsanspruches während der Wartezeit unterlaufen könnte. Eine andere Rechtsfolge gilt nur außerhalb des persönlichen oder sachlichen Anwendungsbereichs des Entgeltfortzahlungsgesetzes. Führt die Krankheit des Arbeitnehmers nicht zur Arbeitsunfähigkeit, so ist der Anwendungsbereich des Entgeltfortzahlungsgesetzes nicht eröffnet und deshalb § 616 S 1 BGB unabhängig davon anwendbar, ob die Wartezeit des § 3 Abs 3 EFZG erfüllt ist. 320

8. Organ-, Gewebe- und Blutspenden*

Unter Korrektur der früheren Rechtsprechung des Bundesarbeitsgerichtes zur Entgeltfortzahlung, wenn die zur Arbeitsverhinderung führende Arbeitsunfähigkeit auf einer Organ- bzw Gewebespende des Arbeitnehmers beruht (s oben Rn 218) begrün- 321

* **Schrifttum**: Greiner, Krankengeld und Entgeltfortzahlung bei Organ- oder Gewebespende, NZS 2013, 241; Knorr, Organlebendspende und Entgeltfortzahlung, NZA 2012, 1132.

det § 3a Abs 1 S 1 EFZG einen **eigenständigen Anspruch des spendenden Arbeitnehmers** gegen seinen Arbeitgeber auf Entgeltfortzahlung, der durch Art 7 GKV-Versorgungsstärkungsgesetz (s oben Rn 179) auf Blutspenden erweitert wurde. Im Unterschied zu § 9 Abs 1 S 1 EFZG nimmt § 3a Abs 1 EFZG nur eingeschränkt auf § 3 EFZG Bezug und begründet einen eigenständigen Anspruch auf Fortzahlung des Arbeitsentgelts, dessen Höhe sich wegen der Bezugnahme in § 4 Abs 1 EFZG auf § 3a Abs 1 EFZG nach § 4 EFZG richtet. Ebenso wie § 3 Abs 1 S 1 EFZG führt § 3a Abs 1 S 1 EFZG nicht unter Durchbrechung von § 326 BGB zur Aufrechterhaltung des arbeitsvertraglichen Vergütungsanspruches, sondern reagiert auf dessen Untergang mit einem eigenständigen Anspruch, für den § 3a Abs 1 S 1 EFZG die **Anspruchsgrundlage** bildet (Schmitt/Schmitt, EFZG/AAG [8. Aufl 2018] § 3a EFZG Rn 26; Stumpf/Trümner, in: Kittner/Zwanziger/Deinert/Heuschmid [Hrsg], Arbeitsrecht [9. Aufl 2017] § 39 Rn 97). Insofern verwendet die Norm zutreffend die Formulierung „Anspruch auf Entgeltfortzahlung".

322 Tatbestandlich knüpft § 3a Abs 1 S 1 EFZG an eine Spende des Arbeitnehmers von Organen oder Gewebe an, beschränkt dies jedoch auf die von dem § 8 und 8a TPG erfassten Sachverhalte. Wegen der Bezugnahme auf das TPG sind die Begriffe **„Organ und Gewebe"** in § 3a Abs 1 S 1 EFZG nicht autonom, sondern nach Maßgabe der Legaldefinitionen in § 1a Nr 1 und 4 TPG zu konkretisieren (ebenso Greiner NZS 2013, 242; MHdB ArbR/Greiner § 84 Rn 5; Knorr NZA 2012, 1134; ErfKomm/Reinhard § 3a EFZG Rn 2a; BeckOK ArbR/Ricken § 3a EFZG Rn 3a; HWK/Schliemann § 3a EFZG Rn 2; Schmitt/Schmitt, EFZG/AAG [8. Aufl 2018] § 3a EFZG Rn 10; Stumpf/Trümner, in: Kittner/Zwanziger/Deinert/Heuschmid [Hrsg], Arbeitsrecht [9. Aufl 2017] § 39 Rn 96). Hiervon ist zB die **Blutspende** nicht erfasst (Greiner NZS 2013, 242 f), sodass es für deren Einbeziehung in die Pflicht zur Entgeltfortzahlung einer Gesetzesergänzung bedurfte (s oben Rn 321). Die nunmehr geltende Fassung des § 3a Abs 1 S 1 EFZG bezieht jedoch nicht alle Formen einer Blutspende in den Anwendungsbereich von § 3a Abs 1 S 1 EFZG ein, sondern nur solche Blutspenden, die vom Geltungsbereich des § 9 TFG erfasst werden (s RegBegr, BT-Drucks 18/4095, 142; BeckOK ArbR/Ricken § 3a EFZG Rn 5a). Der Ort, an dem die Entnahme stattfindet, ist für das Bestehen des Anspruchs ohne Bedeutung (BeckOK ArbR/Ricken § 3a EFZG Rn 4).

323 Wegen der Bezugnahme auf die §§ 8 und 8a TPG führt nur die Entnahme zur **Übertragung auf andere**, von der Spenderperson verschiedene Personen, zur Entgeltfortzahlung. Die Spende zur eigenen medizinischen Versorgung wird nicht erfasst (Greiner NZS 2013, 242; MHdB ArbR/Greiner § 84 Rn 5; Schmitt/Schmitt, EFZG/AAG [8. Aufl 2018] § 3a EFZG Rn 11). Wegen der Bezugnahme auf die §§ 8 und 8a TPG ist darüber hinaus für das Bestehen eines Anspruches nach § 3a Abs 1 S 1 EFZG ausschließlich die **Entnahme** des Organs bzw Gewebes oder Blutes und dessen **Zweck** maßgebend. Nicht erforderlich ist, dass die Transplantation tatsächlich durchgeführt wurde oder erfolgreich war (Greiner NZS 2013, 243; MHdB ArbR/Greiner § 84 Rn 8; Knorr NZA 2012, 1134; HWK/Schliemann § 3a EFZG Rn 2, 4; Schmitt/Schmitt, EFZG/AAG [8. Aufl 2018] § 3a EFZG Rn 12). Ausgenommen sind **Spenden gegen Entgelt**, da § 17 TPG den Organ- bzw Gewebehandel ausdrücklich untersagt und die Begründung eines Anspruches auf Entgeltfortzahlung in dieser Konstellation das Entnahmeverbot (§ 17 Abs 2 TPG) konterkarieren würde (Greiner NZS 2013, 243; Knorr NZA 2012, 1135; BeckOK ArbR/Ricken § 3a EFZG Rn 5; Schmitt/Schmitt, EFZG/AAG [8. Aufl 2018] § 3a EFZG Rn 13).

Da § 3a Abs 1 S 1 EFZG darauf abstellt, dass die Organ- bzw Gewebeentnahme **324** nach den **§§ 8 und 8a TPG** erfolgt, bleibt offen, in welchem Umfang die dort genannten Voraussetzungen für eine Entnahme durch die Bezugnahme in § 3a Abs 1 S 1 EFZG **zugleich tatbestandliche Voraussetzung** für einen Anspruch auf Entgeltfortzahlung sind. Dies ist vor allem deshalb von Bedeutung, weil der Ausgleichsanspruch des Arbeitgebers nach § 3a Abs 2 EFZG (dazu unten Rn 498 ff) ausschließlich davon abhängt, dass das Arbeitsentgelt nach § 3a Abs 1 S 1 EFZG fortgezahlt wurde. Damit würde die nach § 3a Abs 2 EFZG ausgleichsverpflichtete Stelle letztlich die wirtschaftlichen Lasten tragen müssen, obwohl die gesetzlichen Voraussetzungen für eine legale Organ- bzw Gewebeentnahme nicht vorliegen. Gleichwohl bestehen erhebliche Bedenken, sämtliche Voraussetzungen der §§ 8 und 8a TPG für eine legale Organ- bzw Gewebeentnahme zugleich zur tatbestandlichen Voraussetzung eines Anspruches nach § 3a Abs 1 S 1 EFZG zu erheben, da diese für den Spender zumeist nicht erkennbar und überprüfbar sind (so im Ansatz auch Greiner NZS 2013, 243; Schmitt/Schmitt, EFZG/AAG [8. Aufl 2018] § 3a EFZG Rn 15). Deshalb kann auch die These nicht überzeugen, die nach § 19 TPG strafbewehrten Konstellationen stets aus dem Entgeltfortzahlungsanspruch auszuklammern und die übrigen Verstöße gegen die Voraussetzung in den §§ 8 und 8a TPG für das Entstehen des Anspruches nach § 3a Abs 1 S 1 EFZG für unbeachtlich zu erklären (so aber Knorr NZA 2012, 1135; in diesem Sinne auch MünchKomm/Müller-Glöge § 3a EFZG Rn 3; **aA** Greiner NZS 2013, 243; ErfKomm/Reinhard § 3a EFZG Rn 2a; Schmitt/Schmitt, EFZG/AAG [8. Aufl 2018] § 3a EFZG Rn 16).

Durch das Merkmal „infolge“ verlangt § 3a Abs 1 S 1 EFZG einen **sachlichen Zu-** **325** **sammenhang** zwischen der Organ- bzw Gewebespende und der Arbeitsunfähigkeit. Dieser ist nicht nur für den eigentlichen Vorgang der Entnahme, sondern auch bezüglich des **anschließenden Heilungsprozesses** einschließlich einer **stationären Nachbetreuung** zu bejahen (Greiner NZS 2013, 243; ErfKomm/Reinhard § 3a EFZG Rn 2; Schmitt/Schmitt, EFZG/AAG [8. Aufl 2018] § 3a EFZG Rn 20; Stumpf/Trümner, in: Kittner/Zwanziger/Deinert/Heuschmid [Hrsg], Arbeitsrecht [9. Aufl 2017] § 39 Rn 97). Teilweise wird unter Verweis auf den Normzweck dafür plädiert, **ambulante Vor- und Nachsorgetermine** ebenfalls in den Anspruch aus § 3a Abs 1 S 1 EFZG einzubeziehen (so Greiner NZS 2013, 243 f; BeckOK ArbR/Ricken § 3a EFZG Rn 6; Schmitt/Schmitt, EFZG/AAG [8. Aufl 2018] § 3a EFZG Rn 23; Stumpf/Trümner, in: Kittner/Zwanziger/Deinert/Heuschmid [Hrsg], Arbeitsrecht [9. Aufl 2017] § 39 Rn 97). Vom Normzweck gedeckt ist jedenfalls auch der Sachverhalt, dass eine Organ- bzw Gewebeentnahme auf Grund vorbereitender Untersuchungen unterbleibt (Knorr NZA 2012, 1134; HWK/Schliemann § 3a EFZG Rn 6; Schmitt/Schmitt, EFZG/AAG [8. Aufl 2018] § 3a EFZG Rn 22). Sehr weitgehend wird darüber hinaus vertreten, auch **Folgeerkrankungen** des Spenders, die kausal auf den Vorgang der Entnahme zurückzuführen sind, in den Anwendungsbereich von § 3a Abs 1 S 1 EFZG einzubeziehen (so Knorr NZA 2012, 1134). Dagegen spricht der systematische Zusammenhang des § 3a Abs 1 S 1 EFZG mit den §§ 27 Abs 2a, 44a SGB V (ebenso Greiner NZS 2013, 244; Schmitt/Schmitt, EFZG/AAG [8. Aufl 2018] § 3a EFZG Rn 24), sodass Folgeerkrankungen des Arbeitnehmers, die auf die Organ- bzw Gewebespende zurückzuführen sind, ausschließlich nach § 3 Abs 1 S 1 EFZG einen Anspruch auf Entgeltfortzahlung begründen können (ebenso MünchKomm/Müller-Glöge § 3a EFZG Rn 2; ErfKomm/Reinhard § 3a EFZG Rn 2; Schmitt/Schmitt, EFZG/AAG [8. Aufl 2018] § 3a EFZG Rn 24). Einschränkend ist wegen des systematischen Kontextes darüber hinaus zu fordern, dass die Organ- bzw Gewebespende die **alleinige Ursache** der

Arbeitsunfähigkeit ist (ErfKomm/REINHARD § 3a EFZG Rn 3; HWK/SCHLIEMANN § 3a EFZG Rn 3; SCHMITT/SCHMITT, EFZG/AAG [8. Aufl 2018] § 3a EFZG Rn 19); die Ergänzung in § 4 Abs 2 EFZG um § 3a Abs 1 EFZG liefert für die Übernahme der allgemeinen Grundsätze (s oben Rn 243) eine Bestätigung.

326 Den Anspruch nach § 3a Abs 1 S 1 EFZG hat der Gesetzgeber bewusst **verschuldensunabhängig** ausgestaltet (GREINER NZS 2013, 242; KNORR NZA 2012, 1133; ErfKomm/REINHARD § 3a EFZG; BeckOK ArbR/RICKEN § 3a EFZG Rn 9; SCHMITT/SCHMITT, EFZG/AAG [8. Aufl 2018] § 3a EFZG Rn 25; STUMPF/TRÜMNER, in: KITTNER/ZWANZIGER/DEINERT/HEUSCHMID [Hrsg], Arbeitsrecht [9. Aufl 2017] § 39 Rn 97); die von § 9 Abs 1 EFZG abweichende Regelungstechnik bestätigt dies aus systematischer Sicht. Da § 3a Abs 1 S 1 EFZG die Voraussetzungen des Anspruches eigenständig festlegt, besteht der Anspruch unabhängig davon, ob die **Wartezeit** des § 3 Abs 3 EFZG erfüllt ist (ErfKomm/REINHARD § 3a EFZG Rn 4; BeckOK ArbR/RICKEN § 3a EFZG Rn 9; iE auch HWK/SCHLIEMANN § 3a EFZG Rn 7; SCHMITT/SCHMITT, EFZG/AAG [8. Aufl 2018] § 3a EFZG Rn 28; STUMPF/TRÜMNER, in: KITTNER/ZWANZIGER/DEINERT/HEUSCHMID [Hrsg], Arbeitsrecht [9. Aufl 2017] § 39 Rn 97). Ebenso ist die **Versicherteneigenschaft** des Arbeitnehmers ohne Bedeutung (BT-Drucks 17/9773, 34; ebenso GREINER NZS 2013, 242; KNORR NZA 2012, 1134). Entsprechendes gilt für den Empfänger (GREINER NZS 2013, 242), insbesondere steht der Anspruch auf Entgeltfortzahlung nicht unter dem (ungeschriebenen) Vorbehalt, dass dem zur Entgeltfortzahlung verpflichteten Arbeitgeber ein Erstattungsanspruch nach § 3a Abs 2 EFZG zusteht.

327 Ebenso wie § 3 Abs 1 S 1 EFZG ist der Anspruch auf Entgeltfortzahlung auf die **Dauer** von sechs Wochen beschränkt, wobei sich die weiteren Einzelheiten der Fristberechnung nach den Grundsätzen zu § 3 Abs 1 S 1 EFZG richten (BeckOK ArbR/RICKEN § 3a EFZG Rn 10; HWK/SCHLIEMANN § 3a EFZG Rn 8; SCHMITT/SCHMITT, EFZG/AAG [8. Aufl 2018] § 3a EFZG Rn 30; näher unten Rn 392 ff). Wegen der Inbezugnahme von § 3 Abs 1 S 2 EFZG durch § 3a Abs 1 S 2 EFZG gilt dies auch für eine wiederholte Organ- bzw Gewebespende (s unten Rn 402 ff).

328 Keine Antwort gibt § 3a Abs 1 S 1 EFZG auf die den Arbeitnehmer treffenden **Anzeige- und Nachweispflichten** gegenüber dem Arbeitgeber; die mit § 6 Abs 2 EFZG vergleichbare Pflicht zur Information des Arbeitgebers in § 3a Abs 2 S 6 EFZG betrifft ausschließlich den Erstattungsanspruch des Arbeitgebers, nicht jedoch den Anspruch des Arbeitnehmers nach § 3a Abs 1 S 1 EFZG. Trotz der ausdrücklichen Bezugnahme in § 3a Abs 1 S 2 EFZG auf § 3 Abs 1 S 2 EFZG, des Verzichts auf die Regelungstechnik in § 9 EFZG sowie der ausdrücklichen Ergänzungen in § 4 Abs 1 und 2 EFZG und § 8 Abs 2 EFZG jeweils um den Anspruch nach § 3a Abs 1 EFZG bedarf es für die Anzeige- und Nachweispflichten des Arbeitnehmers keines Rückgriffes auf die allgemeinen Interessenwahrungspflichten (§ 241 Abs 2 BGB; s allg BAG 26. 3. 2015 – 2 AZR 517/14 Rn 25, AP BGB § 626 Nr 253 = NZA 2015, 1180). Da § 5 Abs 1 EFZG ausschließlich auf die Arbeitsunfähigkeit des Arbeitnehmers abstellt, ist die Norm auch dann anwendbar, wenn die Arbeitsunfähigkeit nicht auf einer Krankheit, sondern auf einer von § 3a Abs 1 S 1 EFZG erfassten Spende beruht (ebenso SCHMITT/SCHMITT, EFZG/AAG [8. Aufl 2018] § 3a EFZG Rn 32).

IV. Geltendmachung der Entgeltfortzahlung

Die Pflicht des Arbeitgebers zur Fortzahlung der Vergütung ist nicht mit einer besonderen Form der Geltendmachung verknüpft. Sie entsteht vielmehr ipso iure mit Eintritt der gesetzlichen Voraussetzungen (s unten Rn 385). Gleichwohl erlegt das Gesetz dem Arbeitnehmer für die Geltendmachung seines Anspruches Nebenpflichten auf, deren Verletzung zwar nicht das Entstehen des Anspruches berührt, den Arbeitgeber aber teilweise vorübergehend zur Leistungsverweigerung berechtigt (s § 7 Abs 1 Nr 1 EFZG; hierzu unten Rn 556 ff). 329

1. Anzeige- und Nachweispflicht*

a) Anzeigepflicht

Für die vom Entgeltfortzahlungsgesetz erfassten Arbeitnehmer begründet § 5 Abs 1 S 1 EFZG die **unselbständige arbeitsvertragliche Nebenpflicht** (Brecht, Entgeltfortzahlung § 5 EFZG Rn 4; MHdB ArbR/Greiner § 82 Rn 1; Geyer/Knorr/Krasney § 5 EFZG Rn 13; Hromadka/Maschmann, Arbeitsrecht 1 [7. Aufl 2018] § 8 Rn 87; Kaiser/Dunkl/Hold/Klein- 330

---

* **Schrifttum**: Aye, Vertrauensärztliche Untersuchung des Arbeitnehmers auf Verlangen des Arbeitgebers?, BB 1956, 1033; Berenz, Anzeige- und Nachweispflichten bei Erkrankung im Ausland, DB 1995, 1462; Bleistein, Die ärztliche Arbeitsunfähigkeitsbescheinigung, betrieb + personal 1995, 19; Borchert, Die Arbeitsunfähigkeitsbescheinigung im Arbeits- und Sozialrecht, AuR 1990, 375; ders, Die Arbeitsunfähigkeitsbescheinigung, DOK 1991, 634; Brill, Die ärztliche Arbeitsunfähigkeitsbescheinigung nach dem Lohnfortzahlungsgesetz, DOK 1971, 623; ders, Die Bedeutung der ärztlichen Arbeitsunfähigkeitsbescheinigung für den Lohnfortzahlungsanspruch des Arbeiters, DOK 1971, 665; ders, Der Nachweis der Arbeitsunfähigkeit des Arbeitnehmers, DOK 1984, 218; ders, Überprüfungsmöglichkeiten des Arbeitgebers bei Zweifeln an der Arbeitsunfähigkeit des Arbeitnehmers, DOK 1985, 64; Denecke, Vorlegen von ärztlichen Zeugnissen bei Erkrankungen, BB 1951, 279; Diller, Krankfeiern seit 1. 6. 1994 schwieriger?, NJW 1994, 1690; Fauth, Der Nachweis der Krankheit, BlStSozArbR 1961, 204; Feichtinger, Anzeige- und Nachweispflichten bei Arbeitsunfähigkeit, AR-Blattei, SD 1000. 2 (1995); Ferber, Die Arbeitsunfähigkeitsdiagnose des niedergelassenen Arztes und ihre Aussagefähigkeit, DOK 1980, 918; Fleischer, Die formellen und materiellen Voraussetzungen der für den Arbeitgeber bestimmten Arbeitsunfähigkeitsbescheinigungen nach § 3 Lohnfortzahlungsgesetz (Diss Erlangen-Nürnberg 1984); Galahn, Der Mißbrauch der Entgeltfortzahlung im Krankheitsfall und die Abwehrmöglichkeiten des Arbeitgebers (1994); Gaumann, Anordnung der vorzeitigen Vorlage einer Arbeitsunfähigkeitsbescheinigung nach § 5 Abs 1 Satz 3 EFZG – ein mitbestimmungspflichtiger Tatbestand?, FA 2001, 72; Gola, Krankenkontrolle, Datenschutz und Mitbestimmung, BB 1995, 2318; Hanau/Kramer, Zweifel an der Arbeitsunfähigkeit, DB 1995, 94; Kittner, Ärztliche Untersuchung des Arbeitnehmers auf Verlangen des Arbeitgebers (Diss München 1969); Kleinebrink, Die Arbeitsunfähigkeitsbescheinigung (Diss Augsburg 1994); Kramer, Die Vorlage der Arbeitsunfähigkeitsbescheinigung, BB 1996, 1662; Krent, Nachweis der Arbeitsunfähigkeit durch privatärztliches Attest, BB 1961, 99; Lepke, Schuldhaft unterlassene Krankmeldung des Arbeitnehmers und sog Lohnfortzahlungsanspruch, BB 1967, 1173; ders, Rechtsfolgen bei der Verletzung von Verhaltensobliegenheiten des Arbeitnehmers bei feststehender oder behaupteter, aber zweifelhafter krankheitsbedingter Arbeitsunfähigkeit, BB 1974, 430, 478; ders, Zur arbeitsrechtlichen Bedeutung ärztlicher Arbeitsunfähigkeitsbescheinigungen, DB 1993, 2025; ders, Pflichtverletzungen des Arbeitnehmers bei Krankheit als Kündigungsgrund, NZA

sorge § 5 EFZG Rn 84; Kunz/Wedde, EFZR [2. Aufl 2005] § 5 EFZG Rn 7; Lepke Rn 524; Schaub/Linck, Arbeitsrechts-Handbuch [17. Aufl 2017] § 98 Rn 94; Marienhagen/Künzl § 5 EFZG Rn 1; Müller/Berenz § 5 EFZG Rn 18; MünchKomm/Müller-Glöge § 5 EFZG Rn 1; ErfKomm/Reinhard § 5 EFZG Rn 2), dem Arbeitgeber die **Arbeitsunfähigkeit** und deren voraussichtliche **Dauer unverzüglich mitzuteilen.**

331 Auf Grund des weiten Arbeitnehmerbegriffs in § 1 Abs 2 EFZG gilt die Anzeigepflicht ebenfalls für **Berufsausbildungsverhältnisse** und **gleichgestellte Vertragsverhältnisse** (§ 26 BBiG) sowie wegen der Verweisung in § 104 Abs 1 S 2 SeeArbG auch für **Besatzungsmitglieder**. Zum Anspruch auf Entgeltfortzahlung nach § 3a Abs 1 EFZG s oben Rn 328.

332 Die Anzeigepflicht trägt dem **Dispositionsinteresse des Arbeitgebers** Rechnung, der für die Planung des Arbeitseinsatzes wissen muss, ob und für welchen Zeitraum er einen Ausfall des Arbeitnehmers zu berücksichtigen hat (BAG 31. 8. 1989 – 2 AZR 13/89, AP KSchG 1969 § 1 Verhaltensbedingte Kündigung Nr 23; Feichtinger, Entgeltfortzahlung Rn 476; MHdB ArbR/Greiner § 82 Rn 5; Kaiser/Dunkl/Hold/Kleinsorge § 5 EFZG Rn 3; Schmitt/Küfner-Schmitt, EFZG/AAG [8. Aufl 2018] § 5 EFZG Rn 11, 15; Kunz/Wedde, EFZR [2. Aufl 2005] § 5 EFZG Rn 6, 12; Schaub/Linck, Arbeitsrechts-Handbuch [17. Aufl 2017] § 98 Rn 94; Müller/Berenz § 5 EFZG Rn 8; ErfKomm/Reinhard § 5 EFZG Rn 3; MHdB ArbR/Schlachter [3. Aufl 2009] § 75 Rn 2; Schliemann AuR 1994, 323; Vogelsang, Entgeltfortzahlung Rn 264; ebenso noch zu § 3 LFG BAG 27. 8. 1971 – 1 AZR 107/71, AP LohnFG § 3 Nr 1). Soweit der Zweck der Anzeigepflicht teilweise auch darin gesehen wird, einer **missbräuchlichen Inanspruchnahme** der Entgeltfortzahlung entgegenzuwirken (so RegBegr, BT-Drucks 12/5263, 14; MünchKomm/Müller-Glöge § 5 EFZG Rn 2; ErfKomm/Reinhard § 5 EFZG Rn 2; MHdB ArbR/Schlachter [3. Aufl 2009] § 75 Rn 2), mag dies für die Nachweispflichten (s unten Rn 306 ff) zutreffen, davon zu trennen ist hingegen die Anzeigepflicht, da die Mitteilung an den Arbeitgeber kaum geeignet ist, eine zweckwidrige Geltendmachung der Entgeltfortzahlung auszuschließen.

1995, 1084; Marburger, Zweifelsfragen aus Anlass der Arbeitsunfähigkeitsmeldung im Zusammenhang mit der Entgeltfortzahlung, BB 1978, 1419; ders, Vertrauensärztliche Untersuchung auf Verlangen des Arbeitgebers, BB 1987, 1310; ders, Bescheinigung der Arbeitsunfähigkeit bei Erkrankung im Ausland, BB 1988, 557; Otten, Zur Arbeitsunfähigkeits-Bescheinigung im Sinne des Lohnfortzahlungsgesetzes, DB 1976, 389; Paschmann, Anzeige der Arbeitsversäumnis, ZTR 1991, 152; Peter, Die Arbeitsunfähigkeitsbescheinigung als europäisches Rechtsproblem (1999); ders, Die Arbeitsunfähigkeitsbescheinigung als europäisches Rechtsproblem, RdA 1999, 374; Reinecke, Die arbeitsrechtliche Bedeutung der ärztlichen Arbeitsunfähigkeitsbescheinigung, DB 1989, 2068; ders, Entgeltfortzahlung im Krankheitsfall – Arbeitsunfähigkeitsbescheinigung und Sozialversicherungsausweis, FA 1999, 82; Sabel, Zur Bedeutung der Krankenordnung und der vertrauensärztlichen Begutachtung der Arbeitsunfähigkeit im Entgeltfortzahlungsrecht, SozSich 1974, 111; Schaub, Rechtsfragen der Arbeitsunfähigkeitsbescheinigung nach dem Entgeltfortzahlungsgesetz, BB 1994, 1629; Stückmann, „Krankfeiern“ und „Krankschreiben“ – Überlegungen zur Entgeltfortzahlung im Krankheitsfalle, NZS 1994, 529; ders, Arbeiten trotz AUB: Wer entscheidet darüber?, AuA 1996, 197; Wanner, Arbeitsunfähigkeits-Richtlinien in Kraft, DB 1992, 93; Weiland, Die rückdatierte Arbeitsunfähigkeitsbescheinigung, BB 1979, 1096; Worzalla, Die Anzeige- und Nachweispflicht nach § 5 I EFZG, NZA 1996, 61.

Wegen des mit § 5 Abs 1 S 1 EFZG bezweckten Dispositionsschutzes (s oben Rn 332) sowie des einschränkungslosen Wortlautes der Vorschrift besteht die **Anzeigepflicht unabhängig** davon, ob der Arbeitgeber im konkreten Einzelfall zur **Fortzahlung der Vergütung verpflichtet ist** (BAG 11. 7. 2013 – 2 AZR 241/12 Rn 29, AP KSchG 1969 § 9 Nr 69; LAG Hamm 22. 2. 2013 – 10 Sa 960/12, BeckRS 2013, 68321; Brecht, Entgeltfortzahlung § 5 EFZG Rn 2; Feichtinger, Entgeltfortzahlung Rn 474; MHdB ArbR/Greiner § 82 Rn 5; Kaiser/Dunkl/Hold/Kleinsorge § 5 EFZG Rn 1; Schmitt/Küfner-Schmitt, EFZG/AAG [8. Aufl 2018] § 5 EFZG Rn 10; Kunz/Wedde, EFZR [2. Aufl 2005] § 5 EFZG Rn 6; Lepke NZA 1995, 1085; Lepke Rn 514; Müller/Berenz § 5 EFZG Rn 7; MünchKomm/Müller-Glöge § 5 EFZG Rn 2; ErfKomm/Reinhard § 5 EFZG Rn 3; Vogelsang, Entgeltfortzahlung Rn 267; AR/Vossen § 5 EFZG Rn 1; Worzalla NZA 1996, 61). Sie besteht nicht nur bei **Fortsetzungserkrankungen** (LAG Sachsen-Anhalt 24. 4. 1996 – 3 Sa 449/95, NZA 1997, 772; Schmitt/Küfner-Schmitt, EFZG/AAG [8. Aufl 2018] § 5 EFZG Rn 10; Vogelsang, Entgeltfortzahlung Rn 267) und bei einem **„Verschulden" des Arbeitnehmers** (MHdB ArbR/Greiner § 82 Rn 5; Kaiser/Dunkl/Hold/Kleinsorge § 5 EFZG Rn 1; Schmitt/Küfner-Schmitt, EFZG/AAG [8. Aufl 2018] § 5 EFZG Rn 10; Kunz/Wedde, EFZR [2. Aufl 2005] § 5 EFZG Rn 6; ErfKomm/Reinhard § 5 EFZG Rn 3; Vogelsang, Entgeltfortzahlung Rn 267), sondern auch, wenn der Arbeitnehmer **vor Ablauf der Wartezeit** (§ 3 Abs 3 EFZG) erkrankt (Bauer/Lingemann BB 1996 Beil 17; Brecht, Entgeltfortzahlung § 5 EFZG Rn 2; Feichtinger, Entgeltfortzahlung Rn 474; Giesen RdA 1997, 194; MHdB ArbR/Greiner § 82 Rn 5; Harth 146; Kaiser/Dunkl/Hold/Kleinsorge § 5 EFZG Rn 1; Schmitt/Küfner-Schmitt, EFZG/AAG [8. Aufl 2018] § 5 EFZG Rn 10; Kunz/Wedde, EFZR [2. Aufl 2005] § 5 EFZG Rn 6; Lepke Rn 514; Müller/Berenz § 5 EFZG Rn 8; Treber, EFZG [2. Aufl 2007] § 5 EFZG Rn 4; Vogelsang, Entgeltfortzahlung Rn 267; Vossen NZA 1998, 356). Insofern gelten keine anderen Grundsätze als für diejenigen Arbeitsverhältnisse, die früher wegen § 1 Abs 3 Nr 1 LFG keinen Anspruch auf Fortzahlung des Arbeitsentgelts besaßen (so die allgM zur damaligen Rechtslage, s LAG Hamm 23. 3. 1971 – 3 Sa 104/70, DB 1971, 872; Brecht, Lohnfortzahlung § 3 Rn 2; Feichtinger, Lohn- und Gehaltsfortzahlung Rn 105; Kehrmann/Pelikan § 3 Rn 1; Lepke [8. Aufl 1991] 177; Schmitt, LFZG [1. Aufl 1992] § 3 LFZG Rn 6 ff; Schulte/Mimberg/Sabel 159). 333

Wegen des Zwecks der Anzeigepflicht ist diese nicht nur bei einer erstmaligen Erkrankung, sondern auch zu beachten, wenn die **Erkrankung länger als ursprünglich angegeben** dauert (BAG 16. 8. 1991 – 2 AZR 604/90, AP KSchG 1969 § 1 Verhaltensbedingte Kündigung Nr 27; BAG 3. 11. 2011 – 2 AZR 748/10 Rn 30, AP KSchG 1969 § 1 Verhaltensbedingte Kündigung Nr 65; LAG Hamm 29. 7. 2009 – 3 Sa 223/09, BeckRS 2010, 65199; LAG Rheinland-Pfalz 31. 5. 2006 – 10 Sa 6/06, BeckRS 2006, 44647; LAG Rheinland-Pfalz 11. 12. 2014 – 5 Sa 406/14, BeckRS 2015, 65729; Feichtinger, Entgeltfortzahlung Rn 486; Hanau/Kramer DB 1995, 94; Harth 146; Kaiser/Dunkl/Hold/Kleinsorge § 5 EFZG Rn 8, 13; Schmitt/Küfner-Schmitt, EFZG/AAG [8. Aufl 2018] § 5 EFZG Rn 130 f; Lepke NZA 1995, 1085; Lepke Rn 514; Schaub/Linck, Arbeitsrechts-Handbuch [17. Aufl 2017] § 98 Rn 95; Marienhagen/Künzl § 5 EFZG Rn 5b; MünchKomm/Müller-Glöge § 5 EFZG Rn 9; Plocher DB 2015, 1599; BeckOK ArbR/Ricken § 5 EFZG Rn 23; Schliemann AuR 1994, 322; Treber, EFZG [2. Aufl 2007] § 5 EFZG Rn 7; Vogelsang, Entgeltfortzahlung Rn 270; AR/Vossen § 5 EFZG Rn 5; iE ErfKomm/Reinhard § 5 EFZG Rn 19). 334

Der **Inhalt der Anzeige** muss die **Arbeitsunfähigkeit als solche** sowie deren **voraussichtliche Dauer**, regelmäßig hingegen **nicht** die **Art** der Erkrankung umfassen (Brecht, Entgeltfortzahlung § 5 EFZG Rn 8; Feichtinger, Entgeltfortzahlung Rn 485; MHdB 335

ArbR/Greiner § 82 Rn 6; Kaiser/Dunkl/Hold/Kleinsorge § 5 EFZG Rn 9; Schmitt/Küfner-Schmitt, EFZG/AAG [8. Aufl 2018] § 5 EFZG Rn 30; Kunz/Wedde, EFZR [2. Aufl 2005] § 5 EFZG Rn 19; Müller/Berenz § 5 EFZG Rn 9 f; MünchKomm/Müller-Glöge § 5 EFZG Rn 8; ErfKomm/Reinhard § 5 EFZG Rn 5; BeckOK ArbR/Ricken § 5 EFZG Rn 5; HWK/Schliemann § 5 EFZG Rn 7; Vogelsang, Entgeltfortzahlung Rn 272; AR/Vossen § 5 EFZG Rn 8). Ausnahmsweise ist eine Mitteilung über die **Art der Erkrankung** auf Grund der arbeitsvertraglichen Interessenwahrungspflicht (§ 241 Abs 2 BGB) erforderlich, wenn der **Arbeitgeber** hieran ein **berechtigtes Interesse** hat. Das ist vor allem bei **ansteckenden Krankheiten** oder bei **Fortsetzungskrankheiten** (Brecht, Entgeltfortzahlung § 3 EFZG Rn 8; Feichtinger, Entgeltfortzahlung Rn 487 ff; Geyer/Knorr/Krasney § 5 EFZG Rn 21; MHdB ArbR/Greiner § 82 Rn 6; Harth 145; Helml § 5 EFZG Rn 8; Schmitt/Küfner-Schmitt, EFZG/AAG [8. Aufl 2018] § 5 EFZG Rn 31; Lepke NZA 1995, 1085; Schaub/Linck, Arbeitsrechts-Handbuch [17. Aufl 2017] § 98 Rn 97; Marienhagen/Künzl § 5 EFZG Rn 6a; Müller/Berenz § 5 EFZG Rn 11; MünchKomm/Müller-Glöge § 5 EFZG Rn 8; ErfKomm/Reinhard § 5 EFZG Rn 11; BeckOK ArbR/Ricken § 5 EFZG Rn 5 f; HWK/Schliemann § 5 EFZG Rn 7; Vogelsang, Entgeltfortzahlung Rn 274 f; Wedde/Kunz § 5 EFZG Rn 15; Worzalla NZA 1996, 62; Worzalla/Süllwald § 5 EFZG Rn 13; **aA** für Fortsetzungserkrankungen Kaiser/Dunkl/Hold/Kleinsorge § 5 EFZG Rn 11) anzuerkennen.

336 Eine besondere **Form** muss der Arbeitnehmer für seine Anzeige nicht einhalten, diese kann **(fern)mündlich oder schriftlich** erfolgen (Erman/Belling/Riesenhuber § 616 Rn 145; Brecht, Entgeltfortzahlung § 5 EFZG Rn 7; Feichtinger, Entgeltfortzahlung Rn 482; MHdB ArbR/Greiner § 82 Rn 7; Harth 145; Kaiser/Dunkl/Hold/Kleinsorge § 5 EFZG Rn 8; Schmitt/Küfner-Schmitt, EFZG/AAG [8. Aufl 2018] § 5 EFZG Rn 35; Kunz/Wedde, EFZR [2. Aufl 2005] § 5 EFZG Rn 18; Lepke NZA 1995, 1085; Schaub/Linck, Arbeitsrechts-Handbuch [17. Aufl 2017] § 98 Rn 97; Müller/Berenz § 5 EFZG Rn 11; MünchKomm/Müller-Glöge § 5 EFZG Rn 4; Plocher DB 2015, 1599; ErfKomm/Reinhard § 5 EFZG Rn 7; BeckOK ArbR/Ricken § 5 EFZG Rn 3; Vogelsang, Entgeltfortzahlung Rn 282; AR/Vossen § 5 EFZG Rn 7). Auch die Formen moderner Kommunikationsmittel (zB E-Mail, SMS, WhatsApp) kommen in Betracht (Erman/Belling/Riesenhuber § 616 Rn 145; Lepke Rn 513, 520; Schaub/Linck, Arbeitsrechts-Handbuch [17. Aufl 2017] § 98 Rn 96, 97; ErfKomm/Reinhard § 5 EFZG Rn 7; Schmitt/Küfner-Schmitt, EFZG/AAG [8. Aufl 2018] § 5 EFZG Rn 24, 35). Der Arbeitnehmer muss jedoch diejenige Form wählen, die den Anforderungen an die Unverzüglichkeit (s unten Rn 338) genügt. Da die Anzeige nicht auf die Herbeiführung einer Rechtsfolge gerichtet ist, unterliegt diese **nicht** den allgemeinen **Vorschriften über Willenserklärungen** (zustimmend MHdB ArbR/Greiner § 82 Rn 6 aE; Vogelsang, Entgeltfortzahlung Rn 282). Die **Kosten für die Mitteilung** sind – im Umkehrschluss zu § 5 Abs 2 S 2 EFZG – vom Arbeitnehmer zu tragen (zust Schmitt/Küfner-Schmitt, EFZG/AAG [8. Aufl 2018] § 5 EFZG Rn 39; Lepke Rn 524; MünchKomm/Müller-Glöge § 5 EFZG Rn 3; Treber, EFZG [2. Aufl 2007] § 5 EFZG Rn 19; Vogelsang, Entgeltfortzahlung Rn 285).

337 Die Anzeige muss dem Arbeitgeber bzw innerhalb des Betriebes demjenigen zugehen, der für deren **Entgegennahme zuständig** ist (Feichtinger, Entgeltfortzahlung Rn 484; MHdB ArbR/Greiner § 82 Rn 9; Kaiser/Dunkl/Hold/Kleinsorge § 5 EFZG Rn 6; Schmitt/Küfner-Schmitt, EFZG/AAG [8. Aufl 2018] § 5 EFZG Rn 36; Kunz/Wedde, EFZR [2. Aufl 2005] § 5 EFZG Rn 23; Lepke NZA 1995, 1085; Lepke Rn 520; MünchKomm/Müller-Glöge § 5 EFZG Rn 6; ErfKomm/Reinhard § 5 EFZG Rn 8; BeckOK ArbR/Ricken § 5 EFZG Rn 4; HWK/Schliemann § 5 EFZG Rn 11; KassHdb/Vossen 2.2 Rn 173; ebenso bereits zu § 3 LFG BAG 18. 2. 1965 – 2 AZR 274/64, AP MuSchG § 9 Nr 26; Feichtinger, Lohn- und Gehaltsfortzahlung Rn 107; Kehrmann/Pelikan § 3 Rn 2). Der Arbeitnehmer muss sie **nicht höchstpersönlich abgeben** (BAG 31. 8. 1989 – 2 AZR 13/89, AP KSchG 1969 § 1 Verhaltensbedingte Kündigung Nr 23; MHdB ArbR/Greiner § 82 Rn 7; Müller/Berenz § 5 EFZG Rn 14; Lepke Rn 520; AR/Vossen § 5 EFZG Rn 7); er kann sich auch eines **Erklärungsboten** bedienen, trägt in diesem Fall aber das Risiko, dass die Anzeige den Arbeitgeber nicht oder nicht rechtzeitig erreicht (MHdB ArbR/Greiner § 82 Rn 7; Helml § 5 EFZG Rn 9; Schmitt/Küfner-Schmitt, EFZG/AAG [8. Aufl 2018] § 5 EFZG Rn 35; Kunz/Wedde, EFZR [2. Aufl 2005] § 5 EFZG Rn 23; Lepke NZA 1995, 1085; Lepke Rn 520; Schaub/Linck, Arbeitsrechts-Handbuch [17. Aufl 2017] § 98 Rn 97; ErfKomm/Reinhard § 5 EFZG Rn 7; BeckOK ArbR/Ricken § 5 EFZG Rn 4; HWK/Schliemann § 5 EFZG Rn 11; Stumpf/Trümner, in: Kittner/Zwanziger/Deinert/Heuschmid [Hrsg], Arbeitsrecht [9. Aufl 2017] § 39 Rn 222, 225; Vogelsang, Entgeltfortzahlung Rn 280; Wedde/Kunz § 5 EFZG Rn 18).

Eine **Frist für die Anzeige** schreibt § 5 Abs 1 S 1 EFZG nicht vor, sie muss jedoch **unverzüglich**, dh ohne schuldhaftes Zögern (§ 121 BGB) zugehen (Erman/Belling/Riesenhuber § 616 Rn 145; Feichtinger, Entgeltfortzahlung Rn 476; MHdB ArbR/Greiner § 82 Rn 8; Hromadka/Maschmann, Arbeitsrecht 1 [7. Aufl 2018] § 8 Rn 87; Kaiser/Dunkl/Hold/Kleinsorge § 5 EFZG Rn 7; Kamanabrou, Arbeitsrecht [2017] Rn 1133; Kehrmann/Pelikan § 3 Rn 2; Schmitt/Küfner-Schmitt, EFZG/AAG [8. Aufl 2018] § 5 EFZG Rn 18; Kunz/Wedde, EFZR [2. Aufl 2005] § 5 EFZG Rn 14; Lepke NZA 1995, 1085; Lepke Rn 513; Schaub/Linck, Arbeitsrechts-Handbuch [17. Aufl 2017] § 98 Rn 96; Müller/Berenz § 5 EFZG Rn 15; MünchKomm/Müller-Glöge § 5 EFZG Rn 4; ErfKomm/Reinhard § 5 EFZG Rn 6; BeckOK ArbR/Ricken § 5 EFZG Rn 3; HWK/Schliemann § 5 EFZG Rn 9; Stumpf/Trümner, in: Kittner/Zwanziger/Deinert/Heuschmid [Hrsg], Arbeitsrecht [9. Aufl 2017] § 39 Rn 220; AR/Vossen § 5 EFZG Rn 6). Eine **briefliche Mitteilung** (zB durch Übersendung der Arbeitsunfähigkeitsbescheinigung) genügt **in der Regel nicht** den Anforderungen an eine „unverzügliche" Benachrichtigung (ebenso BAG 31. 8. 1989 – 2 AZR 13/89, AP KSchG 1969 § 1 Verhaltensbedingte Kündigung Nr 23; Erman/Belling/Riesenhuber § 616 Rn 145; Feichtinger, Entgeltfortzahlung Rn 478; MHdB ArbR/Greiner § 82 Rn 8; Kaiser/Dunkl/Hold/Kleinsorge § 5 EFZG Rn 7; Schmitt/Küfner-Schmitt, EFZG/AAG [8. Aufl 2018] § 5 EFZG Rn 24; Kunz/Wedde, EFZR [2. Aufl 2005] § 5 EFZG Rn 14; Lepke NZA 1995, 1085; Lepke Rn 513; Schaub/Linck, Arbeitsrechts-Handbuch [17. Aufl 2017] § 98 Rn 96; MünchKomm/Müller-Glöge § 5 EFZG Rn 5; Plocher DB 2015, 1599; BeckOK ArbR/Ricken § 5 EFZG Rn 3; HWK/Schliemann § 5 EFZG Rn 10; Stumpf/Trümner, in: Kittner/Zwanziger/Deinert/Heuschmid [Hrsg], Arbeitsrecht [9. Aufl 2017] § 39 Rn 220; Vogelsang, Entgeltfortzahlung Rn 282; Worzalla NZA 1996, 62), sofern der Arbeitnehmer trotz seiner Erkrankung den Arbeitgeber telefonisch unterrichten kann (Schaub/Linck, Arbeitsrechts-Handbuch [17. Aufl 2017] § 98 Rn 115; ErfKomm/Reinhard § 5 EFZG Rn 7). Ist er wegen seiner Erkrankung hierzu außerstande, dann besteht die Verpflichtung, einen **Dritten einzuschalten** (MHdB ArbR/Greiner § 82 Rn 8; Harth 145; Schmitt/Küfner-Schmitt, EFZG/AAG [8. Aufl 2018] § 5 EFZG Rn 25; Kunz/Wedde, EFZR [2. Aufl 2005] § 5 EFZG Rn 16; Müller/Berenz § 5 EFZG Rn 14; ErfKomm/Reinhard § 5 EFZG Rn 7; HWK/Schliemann § 5 EFZG Rn 12; Vogelsang, Entgeltfortzahlung Rn 280). Die Anzeige muss deshalb regelmäßig **am ersten Tag der Arbeitsunfähigkeit** erfolgen (BAG 31. 8. 1989 – 2 AZR 13/89, AP KSchG 1969 § 1 Verhaltensbedingte Kündigung Nr 23; Berenz DB 1995, 2169; Brecht, Entgeltfortzahlung § 5 EFZG Rn 6; MHdB ArbR/Greiner § 82 Rn 8; Schmitt/Küfner-Schmitt, EFZG/AAG [8. Aufl 2018] § 5 EFZG Rn 18; Schaub/Linck, Arbeitsrechts-Handbuch [17. Aufl 2017] § 98 Rn 96; MünchKomm/Müller-Glöge § 5 EFZG Rn 5; BeckOK ArbR/Ricken § 5 EFZG Rn 3; HWK/Schliemann § 5 EFZG Rn 10; Stumpf/Trümner, in: Kittner/Zwanziger/Deinert/Heuschmid [Hrsg], Arbeitsrecht [9. Aufl 2017] § 39 Rn 220; Vogelsang, 338

Entgeltfortzahlung Rn 279; AR/Vossen § 5 EFZG Rn 6). Das gilt auch bei **Teilzeitkräften** und einer **unregelmäßigen Verteilung der Arbeitszeit** (zutreffend Schmitt, in: FS Gitter [1995] 849 ff; ebenso Feichtinger, Entgeltfortzahlung Rn 477; Schmitt/Küfner-Schmitt, EFZG/AAG [8. Aufl 2018] § 5 EFZG Rn 21; Lepke Rn 515). Ein schuldhaftes Zögern ist jedoch zu verneinen, wenn der Arbeitnehmer auf Grund seiner Erkrankung (zB Bewusstlosigkeit) die Anzeige weder selbst vornehmen noch einen Dritten hiermit beauftragen konnte (ErfKomm/Reinhard § 5 EFZG Rn 7; HWK/Schliemann § 5 EFZG Rn 12; Treber, EFZG [2. Aufl 2007] § 5 EFZG Rn 12).

339 Die **Pflicht zur Anzeige entfällt** ganz oder teilweise, wenn sie ihren **Zweck nicht mehr erfüllen** muss. Das ist der Fall, wenn der **Arbeitgeber die Arbeitsunfähigkeit** und deren Dauer bereits **kennt** (Brecht, Entgeltfortzahlung § 5 EFZG Rn 6; Kaiser/Dunkl/Hold/Kleinsorge § 5 EFZG Rn 4; Kehrmann/Pelikan § 3 Rn 2; Schmitt/Küfner-Schmitt, EFZG/AAG [8. Aufl 2018] § 5 EFZG Rn 16; Kunz/Wedde, EFZR [2. Aufl 2005] § 5 EFZG Rn 12; Müller/Berenz § 5 EFZG Rn 9; MünchKomm/Müller-Glöge § 5 EFZG Rn 3; BeckOK ArbR/Ricken § 5 EFZG Rn 2; KassHdb/Vossen 2.2 Rn 171). In Betracht kommt dies insbesondere bei **Arbeitsunfällen**, insofern bleibt aber eine auf die **Dauer der Arbeitsunfähigkeit** beschränkte Pflicht zur Mitteilung bestehen (Geyer/Knorr/Krasney § 5 EFZG Rn 18; MHdB ArbR/Greiner § 82 Rn 5; Kaiser/Dunkl/Hold/Kleinsorge § 5 EFZG Rn 4; Schmitt/Küfner-Schmitt, EFZG/AAG [8. Aufl 2018] § 5 EFZG Rn 16; Kunz/Wedde, EFZR [2. Aufl 2005] § 5 EFZG Rn 12; Schaub/Linck, Arbeitsrechts-Handbuch [17. Aufl 2017] § 98 Rn 95; Müller/Berenz § 5 EFZG Rn 9; BeckOK ArbR/Ricken § 5 EFZG Rn 2; Stumpf/Trümner, in: Kittner/Zwanziger/Deinert/Heuschmid [Hrsg], Arbeitsrecht [9. Aufl 2017] § 39 Rn 221; Treber, EFZG [2. Aufl 2007] § 5 EFZG Rn 9; Vogelsang, Entgeltfortzahlung Rn 269).

340 Für den Fall, dass die **Erkrankung im Ausland** eintritt, wiederholt § 5 Abs 2 S 1 EFZG die Anzeigepflicht, erweitert diese jedoch um die Pflicht des Arbeitnehmers, dem Arbeitgeber die **Adresse am Aufenthaltsort mitzuteilen**. Hiermit trägt das Gesetz der Rechtsprechung des Gerichtshofes der Europäischen Union in der Rechtssache „Paletta I" (EuGH 3. 6. 1992 – C-45/90, Amtl Slg 1992 I, 3423 = EAS VO [EWG] 574/72 Art 18 Nr 2) Rechnung. Danach ist es Aufgabe der nationalen Gesetzgebung, eine Verbesserung der Informationsmöglichkeiten der Arbeitgeber herbeizuführen, um ihnen den Rückgriff auf das vormals in Art 18 Abs 5 der VO [EWG] 574/72 vorgesehene Verfahren (s nunmehr Art 27 Abs 5 der VO [EG] Nr 987/2009) zu erleichtern (s EuGH 3. 6. 1992 – C-45/90, EAS VO [EWG] 574/72 Art 18 Nr 2 Rn 27; ebenso MHdB ArbR/Greiner § 82 Rn 10). Durch abweichende **Regelungen der gesetzlichen Krankenkassen** (§ 5 Abs 2 S 5 EFZG) wird die Pflicht, die § 5 Abs 2 S 1 EFZG dem Arbeitnehmer gegenüber dem Arbeitgeber auferlegt, nicht berührt (Müller/Berenz § 5 EFZG Rn 91; Schmitt/Küfner-Schmitt, EFZG/AAG [8. Aufl 2018] § 5 Rn 172; HWK/Schliemann § 5 EFZG Rn 45; Treber, EFZG [2. Aufl 2007] § 5 EFZG Rn 87).

341 Ferner konkretisiert § 5 Abs 2 S 1 EFZG die Mitteilungspflicht dahin, dass der Arbeitnehmer die **schnellstmögliche Art der Übermittlung** wählen muss. Regelmäßig gewährleistet dies nur eine telefonische oder telegrafische bzw elektronische Übermittlung (Diller NJW 1994, 1693; MHdB ArbR/Greiner § 82 Rn 12; Kaiser/Dunkl/Hold/Kleinsorge § 5 EFZG Rn 38; Schmitt/Küfner-Schmitt, EFZG/AAG [8. Aufl 2018] § 5 EFZG Rn 142; Kunz/Wedde, EFZR [2. Aufl 2005] § 5 EFZG Rn 75; Müller/Berenz § 5 EFZG Rn 69; BeckOK ArbR/Ricken § 5 EFZG Rn 35; AR/Vossen § 5 EFZG Rn 5). Wenn dies nicht möglich ist, genügt auch die schnellstmögliche briefliche Unterrichtung (Kaiser/Dunkl/Hold/

Kleinsorge § 5 EFZG Rn 38; Schmitt/Küfner-Schmitt, EFZG/AAG [8. Aufl 2018] § 5 EFZG Rn 143; Kunz/Wedde, EFZR § 5 EFZG Rn 75; BeckOK ArbR/Ricken § 5 EFZG Rn 35; **aA** Diller NJW 1994, 1693). Im Unterschied zu Inlandserkrankungen (s oben Rn 336) gewährt **§ 5 Abs 2 S 2 EFZG** dem Arbeitnehmer gegenüber dem Arbeitgeber einen Anspruch auf **Erstattung der Kosten** für die Mitteilung an den Arbeitgeber. Dieser umfasst nach vereinzelt vertretener Auffassung jedoch **nicht** die **Gesamtkosten**, sondern lediglich die durch die schnellstmögliche Übermittlungsart gegenüber einer Inlandserkrankung entstandenen **Mehrkosten** (so Schaub/Linck, Arbeitsrechts-Handbuch [17. Aufl 2017] § 98 Rn 122; Müller/Berenz § 5 EFZG Rn 65 ff; MHdB ArbR/Schlachter [3. Aufl 2009] § 75 Rn 10; HWK/Schliemann § 5 EFZG Rn 44; **aA** MHdB ArbR/Greiner § 82 Rn 13; Schmitt/Küfner-Schmitt, EFZG/AAG [8. Aufl 2018] § 5 EFZG Rn 147; Kunz/Wedde, EFZR [2. Aufl 2005] § 5 EFZG Rn 77; MünchKomm/Müller-Glöge § 5 EFZG Rn 22; ErfKomm/Reinhard § 5 EFZG Rn 52; BeckOK ArbR/Ricken § 5 EFZG Rn 36; Stumpf/Trümner, in: Kittner/Zwanziger/Deinert/Heuschmid [Hrsg], Arbeitsrecht [9. Aufl 2017] § 39 Rn 266; Treber, EFZG [2. Aufl 2007] § 5 EFZG Rn 69; Vogelsang, Entgeltfortzahlung Rn 339).

Verletzt der Arbeitnehmer seine **Anzeigepflicht** nach § 5 Abs 1 S 1 EFZG oder § 5 **342**
Abs 2 S 1 EFZG, dann verstößt er gegen seine vertraglichen Interessenwahrungspflichten, ohne dass dies den **Anspruch auf Entgeltfortzahlung** berührt (BAG 27. 8. 1971 – 1 AZR 107/71, AP LohnFG § 3 Nr 1; MHdB ArbR/Greiner § 82 Rn 2; Hanau/Kramer DB 1995, 94; Kaiser/Dunkl/Hold/Kleinsorge § 5 EFZG Rn 5; Schmitt/Küfner-Schmitt, EFZG/AAG [8. Aufl 2018] § 5 EFZG Rn 175; Kunz/Wedde, EFZR [2. Aufl 2005] § 5 EFZG Rn 24; Müller/Berenz § 5 EFZG Rn 18; BeckOK ArbR/Ricken § 5 EFZG Rn 9; HWK/Schliemann § 5 EFZG Rn 16; Vogelsang, Entgeltfortzahlung Rn 400; Worzalla/Süllwald § 5 EFZG Rn 14). Ein **Leistungsverweigerungsrecht** begründet die Verletzung der Anzeigepflicht nicht, da § 7 Abs 1 Nr 1 EFZG diese Pflichtverletzung nicht erfasst (s unten Rn 563). In Betracht kommt jedoch ein **Schadensersatzanspruch** nach § 280 Abs 1 BGB (iE auch MHdB ArbR/Greiner § 82 Rn 3; Schmitt/Küfner-Schmitt, EFZG/AAG [8. Aufl 2018] § 5 EFZG Rn 176; Schaub/Linck, Arbeitsrechts-Handbuch [17. Aufl 2017] § 98 Rn 98; Müller/Berenz § 5 EFZG Rn 21; BeckOK ArbR/Ricken § 5 EFZG Rn 10; HWK/Schliemann § 5 EFZG Rn 16; Stumpf/Trümner, in: Kittner/Zwanziger/Deinert/Heuschmid [Hrsg], Arbeitsrecht [9. Aufl 2017] § 39 Rn 227; Treber, EFZG [2. Aufl 2007] § 5 EFZG Rn 88; Vogelsang, Entgeltfortzahlung Rn 403).

Zur Erklärung einer **ordentlichen oder außerordentlichen Kündigung** wegen einer **343**
Verletzung der Anzeigepflicht ist der Arbeitgeber regelmäßig erst nach einer vorherigen erfolglosen **Abmahnung** berechtigt (LAG Rheinland-Pfalz 10. 7. 2014 – 5 Sa 63/14, BeckRS 2014, 71700; Schmitt/Küfner-Schmitt, EFZG/AAG [8. Aufl 2018] § 5 EFZG Rn 177; Lepke NZA 1995, 1090; Schaub/Linck, Arbeitsrechts-Handbuch [17. Aufl 2017] § 98 Rn 98; BeckOK ArbR/Ricken § 5 EFZG Rn 41; HWK/Schliemann § 5 EFZG Rn 16; Vogelsang, Entgeltfortzahlung Rn 404). Der wiederholte Verstoß gegen die Anzeigepflicht wiegt wegen ihres Zwecks schwerer als die Nichtbeachtung der Nachweispflicht in § 5 Abs 1 S 2 EFZG (treffend BAG 15. 1. 1986 – 7 AZR 128/83, AP BGB § 626 Nr 93; BAG 31. 8. 1989 – 2 AZR 13/89, AP KSchG 1969 § 1 Verhaltensbedingte Kündigung Nr 23; LAG Köln 1. 6. 1995 – 5 Sa 250/95, LAGE § 611 BGB Abmahnung Nr 42; Hanau/Kramer DB 1995, 95 Fn 27); dieser kann deshalb nicht nur eine **ordentliche** (verhaltensbedingte) **Kündigung** (BAG 16. 8. 1991 – 2 AZR 604/90, AP KSchG 1969 § 1 Verhaltensbedingte Kündigung Nr 27; LAG Köln 1. 6. 1995 – 5 Sa 250/95, LAGE § 611 BGB Abmahnung Nr 42; Hanau/Kramer DB 1995, 94; **aA** Kunz/Wedde, EFZR [2. Aufl 2005] § 5 EFZG Rn 25), sondern bei besonderen Umständen auch eine **außer-**

ordentliche Kündigung rechtfertigen (BAG 30. 1. 1976 – 2 AZR 518/74, AP BGB § 626 Krankheit Nr 2; BAG 26. 3. 2015 – 2 AZR 517/14 Rn 26, AP BGB § 626 Nr 253 = NZA 2015, 1180; LAG Rheinland-Pfalz 31. 5. 2006 – 10 Sa 6/06, BeckRS 2006, 44647; LAG Rheinland-Pfalz 19. 1. 2012 – 10 Sa 593/11, BeckRS 2012, 67093; LAG Rheinland-Pfalz 10. 7. 2014 – 5 Sa 63/14, BeckRS 2014, 71700; KR/Fischermeier [12. Aufl 2019] § 626 BGB Rn 443; Staudinger/Preis [2019] § 626 Rn 176 f). Störungen des Betriebsablaufs oder des Betriebsfriedens sind weder für eine ordentliche Kündigung (so BAG 16. 8. 1991 – 2 AZR 604/90, AP KSchG 1969 § 1 Verhaltensbedingte Kündigung Nr 27; LAG Köln 22. 12. 2005 – 6 Sa 1398/04, BeckRS 2006, 41607) noch für eine außerordentliche Kündigung erforderlich (Schmitt/Küfner-Schmitt, EFZG/AAG [8. Aufl 2018] § 5 EFZG Rn 177; HWK/Schliemann § 5 EFZG Rn 16; Treber, EFZG [2. Aufl 2007] § 5 EFZG Rn 89; Vogelsang, Entgeltfortzahlung Rn 404; **aA** Kunz/Wedde, EFZR [2. Aufl 2005] § 5 EFZG Rn 25), umgekehrt jedoch im Rahmen der Interessenabwägung zu Lasten des Arbeitnehmers zu berücksichtigen, wenn diese tatsächlich eingetreten sind (Schmitt/Küfner-Schmitt, EFZG/AAG [8. Aufl 2018] § 5 EFZG Rn 177; Treber, EFZG [2. Aufl 2007] § 5 EFZG Rn 89; Vogelsang, Entgeltfortzahlung Rn 404).

b) Nachweispflicht

aa) Anwendungsbereich und Normzweck

344 § 5 Abs 1 S 2 EFZG erlegt dem Arbeitnehmer die **Pflicht eines Nachweises** über die Arbeitsunfähigkeit sowie deren Dauer auf und konkretisiert damit die **arbeitsvertraglichen Nebenpflichten**. Während diese Nachweispflicht für **Berufsausbildungsverhältnisse** wegen § 1 Abs 2 EFZG ebenfalls uneingeschränkt gilt, trifft § 104 Abs 1 S 3 SeeArbG für **Besatzungsmitglieder** teilweise eine Sonderregelung, die den Besonderheiten des Seearbeitsverhältnisses Rechnung trägt. Solange sich das Besatzungsmitglied **an Bord eines Schiffes** oder **im Ausland** aufhält, beschränkt das Gesetz seine Verpflichtung auf die **Anzeigepflicht** in § 5 EFZG. Eine ärztliche Bescheinigung muss in dieser Konstellation nicht vorgelegt werden (Bleistein betrieb + personal 1995, 19; MHdB ArbR/Boecken [2. Aufl 2000] § 85 Rn 22; Kunz/Wedde, EFZR [2. Aufl 2005] § 5 EFZG Rn 26; Lepke NZA 1995, 1087). In den **übrigen Fällen** unterliegen auch Besatzungsmitglieder der in § 5 Abs 1 S 2 EFZG normierten **Nachweispflicht** (Schmitt, EFZG [4. Aufl 1999] § 48 SeemG Rn 54 ff). Das gilt auch, wenn gemäß den §§ 11 ff SeeArbG die Seedienstuntauglichkeit festgestellt wird; diese ersetzt nicht den Nachweis der Arbeitsunfähigkeit (LAG Hamburg 18. 12. 2003 – 8 Sa 82/03, BeckRS 2014, 68305).

345 Die Nachweispflicht hat primär eine **Nachweisfunktion**; eine **Informationsfunktion** ist ihr allein hinsichtlich des voraussichtlichen Endtermins der Arbeitsunfähigkeit zuzusprechen (ebenso Schmitt/Küfner-Schmitt, EFZG/AAG [8. Aufl 2018] § 5 EFZG Rn 40). Bezüglich des Beginns der Arbeitsunfähigkeit erfolgt die Unterrichtung des Arbeitgebers bereits durch die Anzeige nach § 5 Abs 1 S 1 EFZG (näher zum Zweck der Arbeitsunfähigkeitsbescheinigung Fleischer 35 ff). Ebenso wie die Anzeigepflicht (s oben Rn 333) greift die Nachweispflicht **unabhängig von der Entgeltfortzahlungspflicht** des Arbeitgebers ein (statt aller BAG 11. 7. 2013 – 2 AZR 241/12 Rn 29, AP KSchG 1969 § 9 Nr 69; LAG Sachsen-Anhalt 24. 4. 1996 – 3 Sa 449/95, LAGE § 626 BGB Nr 99; MHdB ArbR/Greiner § 82 Rn 15; Schmitt/Küfner-Schmitt, EFZG/AAG [8. Aufl 2018] § 5 EFZG Rn 41 Kunz/Wedde, EFZR [2. Aufl 2005] § 5 EFZG Rn 26; Lepke NZA 1995, 1085; Lepke Rn 529; Schaub/Linck, Arbeitsrechts-Handbuch [17. Aufl 2017] § 98 Rn 99; Müller/Berenz § 5 EFZG Rn 23; HWK/Schliemann § 5 EFZG Rn 17). Sie besteht deshalb auch **während der Wartezeit** des § 3 Abs 3 EFZG (SG Nürnberg 10. 10. 2018 – S 11 KR 858/17, BeckRS 2018, 26357; Bauer/Lingemann BB 1996 Beil 17, 9; Giesen RdA 1997, 194; Schmitt/Küfner-Schmitt, EFZG/AAG

[8. Aufl 2018] § 5 EFZG Rn 41; Lepke Rn 529; Müller/Berenz § 5 EFZG Rn 23; Vossen NZA 1998, 356) sowie nach **Ablauf einer sechswöchigen Entgeltfortzahlung** (LAG Rheinland-Pfalz 4. 4. 2007 – 7 Sa 108/07, BeckRS 2007, 45736; LAG Rheinland-Pfalz 13. 1. 2015 – 8 Sa 373/14, NZA-RR 2016, 11; LAG Sachsen-Anhalt 24. 4. 1996 – 3 Sa 449/95, LAGE § 626 BGB Nr 99; Schmitt/Küfner-Schmitt, EFZG/AAG [8. Aufl 2018] § 5 EFZG Rn 41; Lepke Rn 529; Schaub/Linck, Arbeitsrechts-Handbuch [17. Aufl 2017] § 98 Rn 99; wohl auch BAG 21. 11. 2018 – 7 AZR 394/17 Rn 43, NZA 2019, 309: mag viel dafür sprechen).

Die Pflicht zur Vorlage eines Nachweises greift nicht bei jeder zur Arbeitsunfähigkeit führenden Erkrankung, sondern nur ein, wenn die **Arbeitsunfähigkeit länger als drei Kalendertage** dauert. **Kurzerkrankungen**, die den Drei-Tages-Zeitraum nicht überschreiten, sind – im Unterschied zu der früheren Rechtslage unter § 3 Abs 1 LFG (zu dieser BAG 23. 1. 1985 – 5 AZR 592/82, AP LohnFG § 1 Nr 63; Brecht, Lohnfortzahlung § 3 Rn 11; Doetsch/Schnabel/Paulsdorff § 3 Rn 4; Feichtinger, Lohn- und Gehaltsfortzahlung Rn 108 f; Kehrmann/Pelikan § 3 Rn 3; Lepke [8. Aufl 1991] Rn 180; MünchKomm/Schaub [2. Aufl 1988] § 616 Rn 120; MHdB ArbR/Schulin [1. Aufl 1992] § 83 Rn 21) – **grundsätzlich nicht** durch eine ärztliche Arbeitsunfähigkeitsbescheinigung **nachzuweisen** (Boecken NZA 1999, 679; Diller NJW 1994, 1692; Feichtinger, Entgeltfortzahlung Rn 492; Geyer/Knorr/Krasney § 5 EFZG Rn 26; Gola BB 1995, 2319; MHdB ArbR/Greiner § 82 Rn 20; Hallmann BKK 1994, 611; Hanau/Kramer DB 1995, 95; Kaiser/Dunkl/Hold/Kleinsorge § 5 EFZG Rn 15; Kleinebrink 48 f; Kleinsorge NZA 1994, 642; Kramer BB 1996, 1662; Schmitt/Küfner-Schmitt, EFZG/AAG [8. Aufl 2018] § 5 EFZG Rn 47 f; Kunz/Wedde, EFZR [2. Aufl 2005] § 5 EFZG Rn 28; Lepke NZA 1995, 1085; Lepke Rn 530; Marienhagen/Künzl § 5 EFZG Rn 7; MünchKomm/Müller-Glöge § 5 EFZG Rn 10; ErfKomm/Reinhard § 5 EFZG Rn 9; HWK/Schliemann § 5 EFZG Rn 29; Stückmann NZS 1994, 533; Treber, EFZG [2. Aufl 2007] § 5 EFZG Rn 21; Vogelsang, Entgeltfortzahlung Rn 286, 288; AR/Vossen § 5 EFZG Rn 9; Wedde/Kunz § 5 EFZG Rn 23; Worzalla NZA 1996, 62 f; Worzalla/Süllwald § 5 EFZG Rn 17 ff; **aA** Berenz DB 1995, 2170, nach dessen Auffassung § 5 Abs 1 S 2 EFZG lediglich den Zeitpunkt normiert, zu dem die Arbeitsunfähigkeitsbescheinigung spätestens vorzulegen ist; ebenso iE Müller/Berenz § 5 EFZG Rn 22 ff). Eine **Ausnahme** gilt nur, wenn ein entsprechendes **Verlangen des Arbeitgebers** vorliegt (zu diesem unten Rn 352 ff). 346

bb) Drei-Tages-Zeitraum

Der Drei-Tages-Zeitraum **beginnt** abweichend von § 187 BGB mit dem ersten Tag, an dem der **Arbeitnehmer erkrankt** (ebenso Erman/Belling/Riesenhuber § 616 Rn 146; Diller NJW 1994, 1691; Feichtinger, Entgeltfortzahlung Rn 496; Kramer BB 1996, 1663; Schmitt/Küfner-Schmitt, EFZG/AAG [8. Aufl 2018] § 5 EFZG Rn 57; Lepke NZA 1995, 1086; Lepke Rn 534; Schaub/Linck, Arbeitsrechts-Handbuch [17. Aufl 2017] § 98 Rn 99; Müller/Berenz § 5 EFZG Rn 34; MünchKomm/Müller-Glöge § 5 EFZG Rn 11; MHdB ArbR/Schlachter [3. Aufl 2009] § 75 Rn 19; HWK/Schliemann § 5 EFZG Rn 30; Stumpf/Trümner, in: Kittner/Zwanziger/Deinert/Heuschmid [Hrsg], Arbeitsrecht [9. Aufl 2017] § 39 Rn 229; Vogelsang, Entgeltfortzahlung Rn 291; AR/Vossen § 5 EFZG Rn 10; **aA** MHdB ArbR/Greiner § 82 Rn 21; Kaiser/Dunkl/Hold/Kleinsorge § 5 EFZG Rn 16; Kunz/Wedde, EFZR [2. Aufl 2005] § 5 EFZG Rn 29; Müller/Berenz § 5 EFZG Rn 39, die § 187 Abs 1 anwenden). 347

Da § 5 Abs 1 S 2 EFZG für den Beginn des Drei-Tages-Zeitraums ausschließlich auf den **Kalendertag** abstellt, beginnt dieser **unabhängig** davon, ob der Arbeitgeber an dem entsprechenden Tag bereits **zur Entgeltfortzahlung** verpflichtet ist, gegebenenfalls auch an **einem Sonn- oder Feiertag** (Schmitt/Küfner-Schmitt, EFZG/AAG 348

[8. Aufl 2018] § 5 EFZG Rn 52; MHdB ArbR/Schlachter [3. Aufl 2009] § 75 Rn 19; Vogelsang, Entgeltfortzahlung Rn 291; **aA** MHdB ArbR/Greiner § 82 Rn 21). Selbst wenn der Arbeitnehmer nach Arbeitsende, aber noch am selben Kalendertag erkrankt, beginnt der Drei-Tages-Zeitraum mit diesem Kalendertag zu laufen (ebenso Kaiser/Dunkl/Hold/Kleinsorge § 5 EFZG Rn 16; Kramer BB 1996, 1664; Schmitt/Küfner-Schmitt, EFZG/AAG [8. Aufl 2018] § 5 EFZG Rn 51; MHdB ArbR/Schlachter [3. Aufl 2009] § 75 Rn 19; Treber, EFZG [2. Aufl 2007] § 5 EFZG Rn 24; Vogelsang, Entgeltfortzahlung Rn 291; **aA** Kunz/Wedde, EFZR [2. Aufl 2005] § 5 EFZG Rn 29). Der Zeitraum bemisst sich nach Kalendertagen, er endet deshalb unabhängig davon, ob der dritte Kalendertag auf einen Samstag bzw Sonn- oder Feiertag fällt (Kaiser/Dunkl/Hold/Kleinsorge § 5 EFZG Rn 17; Treber, EFZG [2. Aufl 2007] § 5 EFZG Rn 25; AR/Vossen § 5 EFZG Rn 10).

cc) Vorlage der ärztlichen Bescheinigung

349 Die Pflicht zur Vorlage der ärztlichen Bescheinigung besteht am „darauffolgenden Arbeitstag“. Gemeint ist hiermit der **vierte Tag der Arbeitsunfähigkeit** (Erman/Belling/Riesenhuber § 616 Rn 146; Brecht, Entgeltfortzahlung § 5 EFZG Rn 10; Diller NJW 1994, 1691; Feichtinger, Entgeltfortzahlung Rn 496; Geyer/Knorr/Krasney § 5 EFZG Rn 26; Gola BB 1995, 2319; Hanau/Kramer DB 1995, 95; Harth 151 f; Helml § 5 EFZG 12; Hold AuA 1994, 195; Kaiser/Dunkl/Hold/Kleinsorge § 5 EFZG Rn 17; Kramer BB 1996, 1663; Schmitt/Küfner-Schmitt, EFZG/AAG [8. Aufl 2018] § 5 EFZG Rn 56; Kunz/Wedde, EFZR [2. Aufl 2005] § 5 EFZG Rn 30; Lepke NZA 1995, 1086; Schaub/Linck, Arbeitsrechts-Handbuch [17. Aufl 2017] § 98 Rn 99; Marienhagen/Künzl § 5 EFZG Rn 7; MünchKomm/Müller-Glöge § 5 EFZG Rn 11; BeckOK ArbR/Ricken § 5 EFZG Rn 13; Schaub BB 1994, 1629; MHdB ArbR/Schlachter [3. Aufl 2009] § 75 Rn 19; Schliemann AuR 1994, 322; Stückmann NZS 1994, 533; Treber, EFZG [2. Aufl 2007] § 5 EFZG Rn 26; Vogelsang, Entgeltfortzahlung Rn 290; AR/Vossen § 5 EFZG Rn 10).

350 Unter **„Arbeitstag“** ist nicht Kalender- oder Werktag (so aber Schwedes, in: FS Stahlhacke [1995] 499: Werktag), sondern der Tag zu verstehen, an dem **im Betrieb gearbeitet** wird (Feichtinger, Entgeltfortzahlung Rn 497; Gola BB 1995, 2319; Hanau/Kramer DB 1995, 95; Kramer BB 1996, 1663; Schmitt/Küfner-Schmitt, EFZG/AAG [8. Aufl 2018] § 5 EFZG Rn 58; Kunz/Wedde, EFZR [2. Aufl 2005] § 5 EFZG Rn 30; Lepke NZA 1995, 1086; Schaub/Linck, Arbeitsrechts-Handbuch [17. Aufl 2017] § 98 Rn 99; Müller/Berenz § 5 EFZG Rn 31; MünchKomm/Müller-Glöge § 5 EFZG Rn 11; MHdB ArbR/Schlachter [3. Aufl 2009] § 75 Rn 19; Vogelsang, Entgeltfortzahlung Rn 292; AR/Vossen § 5 EFZG Rn 10; **aA** MHdB ArbR/Greiner § 82 Rn 22; Kaiser/Dunkl/Hold/Kleinsorge § 5 EFZG Rn 17; ErfKomm/Reinhard § 5 EFZG Rn 11; BeckOK ArbR/Ricken § 5 EFZG Rn 14). Das kann unter dieser Voraussetzung auch ein **Samstag, Sonn- oder Feiertag** sein (Gola BB 1995, 2320; Hanau/Kramer DB 1995, 95; Schmitt/Küfner-Schmitt, EFZG/AAG [8. Aufl 2018] § 5 EFZG Rn 57 f; Treber, EFZG [2. Aufl 2007] § 5 EFZG Rn 27). Ob der erkrankte **Arbeitnehmer** an einem derartigen Tag **zur Arbeit verpflichtet** gewesen wäre, ist unerheblich (Feichtinger, Entgeltfortzahlung Rn 497; Hanau/Kramer DB 1995, 95; Schmitt/Küfner-Schmitt, EFZG/AAG [8. Aufl 2018] § 5 EFZG Rn 59; Kunz/Wedde, EFZR [2. Aufl 2005] § 5 EFZG Rn 30; Lepke NZA 1995, 1086; Lepke Rn 534; Schaub/Linck, Arbeitsrechts-Handbuch [17. Aufl 2017] § 98 Rn 99; Müller/Berenz § 5 EFZG Rn 31; MHdB ArbR/Schlachter [3. Aufl 2009] § 75 Rn 19; Schliemann AuR 1994, 323; Treber, EFZG [2. Aufl 2007] § 5 EFZG Rn 27; Vogelsang, Entgeltfortzahlung Rn 292; AR/Vossen § 5 EFZG Rn 10; **aA** für eine individuelle Betrachtung aber MHdB ArbR/Greiner § 82 Rn 22; Kaiser/Dunkl/Hold/Kleinsorge § 5 EFZG Rn 17; ErfKomm/Reinhard § 5 EFZG Rn 11; HWK/Schliemann § 5 EFZG Rn 33). Da das Gesetz für den „darauffolgenden Tag“ auf den „Arbeitstag“ abstellt, kommt es somit nur zu einer **Verlängerung des Drei-Tages-Zeitraums**, wenn der dritte Kalendertag auf einen Samstag, Sonn- oder Feiertag fällt und an diesem Tage **im Betrieb nicht gearbeitet** wird (Schmitt/Küfner-Schmitt, EFZG/AAG [8. Aufl 2018] § 5 EFZG Rn 58; Lepke NZA 1995, 1086; Schaub/Linck, Arbeitsrechts-Handbuch [17. Aufl 2017] § 98 Rn 99; MHdB ArbR/Schlachter [3. Aufl 2009] § 75 Rn 19; Vogelsang, Entgeltfortzahlung Rn 294).

Eine **fristgerechte Vorlage** ist zu bejahen, wenn dem Arbeitgeber die ärztliche Bescheinigung am „darauffolgenden“ Tag **zugeht**. Das setzt voraus, dass diese in den Machtbereich des Arbeitgebers gelangt (Kramer BB 1996, 1663; Worzalla NZA 1996, 64; Worzalla/Süllwald § 5 EFZG Rn 52 f). Die rechtzeitige **Absendung** der ärztlichen Bescheinigung **genügt** für eine fristgerechte Vorlage **nicht** (Gola § 5 EFZG Anm 4. 2. 4; Kaiser/Dunkl/Hold/Kleinsorge § 5 EFZG Rn 19; Kramer BB 1996, 1663; Schmitt/Küfner-Schmitt, EFZG/AAG [8. Aufl 2018] § 5 EFZG Rn 65; Kunz/Wedde, EFZR [2. Aufl 2005] § 5 EFZG Rn 32; Lepke NZA 1995, 1086; Marienhagen/Künzl § 5 EFZG Rn 7; MHdB ArbR/Schlachter [3. Aufl 2009] § 75 Rn 19; HWK/Schliemann § 5 EFZG Rn 35; Vogelsang, Entgeltfortzahlung Rn 295; AR/Vossen § 5 EFZG Rn 11; Wedde/Kunz § 5 EFZG Rn 27). Eine höchstpersönliche Vorlage durch den Arbeitnehmer fordert § 5 Abs 1 S 2 EFZG nicht, bei der Einschaltung von **Erfüllungsgehilfen** (§ 278 BGB) trägt er jedoch das Risiko eines fristgerechten Zugangs. Das gilt nicht nur bei der Übermittlung durch Angehörige oder den behandelnden Arzt, sondern auch, wenn der mittels einer **elektronischen Arbeitsunfähigkeitsbescheinigung** (§ 295 SGB V) gegenüber der Krankenkasse erbrachte Nachweis von dieser nicht fristgerecht dem Arbeitgeber weitergeleitet wird (s auch unten Rn 362). **351**

dd) Frühere Vorlage

§ 5 Abs 1 S 3 EFZG begründet für den Arbeitgeber das Recht, die Vorlage der ärztlichen Bescheinigung zu einem früheren Zeitpunkt zu verlangen. Hierdurch werden die arbeitsvertraglichen Nebenpflichten des Arbeitnehmers erweitert (Schaub BB 1994, 1629; ebenso Marienhagen/Künzl § 5 EFZG Rn 10) und **zugunsten des Arbeitgebers** kraft Gesetzes ein **Anspruch** begründet (Lepke NZA 1995, 1086). Ihm steht deshalb das Recht zur früheren Vorlage unabhängig davon zu, ob er darüber zuvor mit dem Arbeitnehmer eine Vereinbarung getroffen hat. **352**

§ 5 Abs 1 S 3 EFZG beschränkt die frühere Vorlage der Arbeitsunfähigkeitsbescheinigung nicht nur auf länger dauernde Erkrankungen, sondern greift auch bei **Kurzerkrankungen** ein (BAG 25. 1. 2000 – 1 ABR 3/99, AP BetrVG 1972 § 87 Ordnung des Betriebes Nr 34; BAG 14. 11. 2012 – 5 AZR 886/11 Rn 10, AP EntgeltFG § 5 Nr 10; Lepke Rn 538; Müller/Berenz § 5 EFZG Rn 33; Stückmann NZS 1994, 533; Treber, EFZG [2. Aufl 2007] § 5 EFZG Rn 31; AR/Vossen § 5 EFZG Rn 12; Worzalla/Süllwald § 5 EFZG Rn 56; **aA** Vogelsang, Entgeltfortzahlung Rn 312; Wedde/Kunz § 5 EFZG Rn 24). Die Vorschrift ermöglicht es dem Arbeitgeber nach hM, die Vorlage der ärztlichen Bescheinigung bereits am und für den **ersten Kalendertag** zu verlangen (ebenso BAG 1. 10. 1997 – 5 AZR 726/96, AP EntgeltFG § 5 Nr 5; BAG 14. 11. 2012 – 5 AZR 886/11 Rn 14, AP EntgeltFG § 5 Nr 10; LAG Hessen 5. 11. 2003 – 6 Sa 463/03, BeckRS 2003, 17015; LAG Schleswig-Holstein 13. 10. 2009 – 2 Sa 130/09, BeckRS 2011, 66401; Berenz DB 1995, 2170; Boecken NZA 1999, 679; Feichtinger, Entgeltfortzahlung Rn 501; Feldgen DB 1994, 1290; Hallmann BKK 1994, 611; Kleinsorge NZA 1994, 642; Schmitt/Küfner-Schmitt, EFZG/AAG [8. Aufl 2018] § 5 EFZG Rn 77 ff; Schaub/Linck, Arbeitsrechts-Handbuch [17. Aufl 2017] § 98 Rn 101; Löwisch/Caspers/Klumpp, Arbeitsrecht **353**

[11. Aufl 2017] Rn 446; MÜLLER/BERENZ § 5 EFZG Rn 35 f; ErfKomm/REINHARD § 5 EFZG Rn 12; MHdB ArbR/SCHLACHTER [3. Aufl 2009] § 75 Rn 20; SCHLIEMANN AuR 1994, 324; TREBER, EFZG [2. Aufl 2007] § 5 EFZG Rn 31; VIETHEN DZWir 1993, 481; ders 26; VOGELSANG, Entgeltfortzahlung Rn 309; AR/VOSSEN § 5 EFZG Rn 12; WORZALLA NZA 1996, 65 Fn 40). Im Hinblick auf die an einen kranken Arbeitnehmer zu stellenden Anforderungen wird indes teilweise die These geäußert, der Arbeitgeber könne die Vorlage der Arbeitsunfähigkeitsbescheinigung erst am zweiten Kalendertag fordern (hierfür HANAU/KRAMER DB 1995, 95; KRAMER BB 1996, 1666; LEPKE NZA 1995, 1086; ders Rn 538; MARIENHAGEN/KÜNZL § 5 EFZG Rn 8a; in dieser Richtung auch HWK/SCHLIEMANN § 5 EFZG Rn 36; dagegen SCHMITT/KÜFNER-SCHMITT, EFZG/AAG [8. Aufl 2018] § 5 EFZG Rn 77).

354 Ungeachtet des Zeitpunktes, zu dem die ärztliche Bescheinigung vorzulegen ist, lassen sich § 5 Abs 1 S 3 EFZG keine Anhaltspunkte entnehmen, die es dem Arbeitgeber verwehren, von dem Arbeitnehmer einen **Nachweis für den ersten Tag der krankheitsbedingten Arbeitsunfähigkeit** zu verlangen. Bezüglich des **Zeitpunktes** der Vorlage ist zu unterscheiden zwischen der **Geltendmachung des Anspruches** durch den Arbeitgeber und dem von ihm festgelegten Zeitpunkt, an dem die **ärztliche Bescheinigung vorgelegt werden muss**. Bezüglich der Geltendmachung des Anspruches auf Vorlage enthält der Gesetzeswortlaut keine Anhaltspunkte, die es dem Arbeitgeber verwehren, sein Vorlageverlangen bereits am ersten Krankheitstag zu äußern. Hinsichtlich des von dem Arbeitgeber festgelegten **Zeitpunktes zur Vorlage** der ärztlichen Bescheinigung sind von ihm jedoch die Grenzen einer „billigen Ermessensausübung" (§ 106 GewO; s unten Rn 355) zu beachten, die auch durch den allgemeinen Grundsatz „impossibilium nulla obligatio est" konkretisiert werden. Deshalb hängt es von den Umständen des Einzelfalles ab, ob das Verlangen des Arbeitgebers, die ärztliche Bescheinigung bereits am ersten Krankheitstag vorzulegen, den Grundsätzen einer „billigen" Ermessensausübung entspricht. Solange dem Arbeitnehmer dies unter Zuhilfenahme Dritter möglich und zumutbar ist, bestehen hinsichtlich der „Billigkeit" der Ermessensausübung keine Bedenken (ebenso VOGELSANG, Entgeltfortzahlung Rn 310; iE auch ErfKomm/REINHARD § 5 EFZG Rn 12; TREBER, EFZG [2. Aufl 2007] § 5 EFZG Rn 31; ähnlich HWK/SCHLIEMANN § 5 EFZG Rn 36).

355 Das Verlangen nach früherer Vorlage der ärztlichen Bescheinigung muss **keiner bestimmten Form** genügen (BERENZ DB 1995, 2170; DILLER NJW 1994, 1692; SCHMITT/KÜFNER-SCHMITT, EFZG/AAG [8. Aufl 2018] § 5 EFZG Rn 70; LEPKE Rn 540; SCHAUB/LINCK, Arbeitsrechts-Handbuch [17. Aufl 2017] § 98 Rn 100; MARIENHAGEN/KÜNZL § 5 EFZG Rn 11; MÜLLER/BERENZ § 5 EFZG Rn 39; MünchKomm/MÜLLER-GLÖGE § 5 EFZG Rn 12; SCHAUB BB 1994, 1629; HWK/SCHLIEMANN § 5 EFZG Rn 36; VOGELSANG, Entgeltfortzahlung Rn 298; AR/VOSSEN § 5 EFZG Rn 13), insbesondere bedarf es für seine Rechtswirksamkeit **keiner Begründung** gegenüber dem Arbeitnehmer (BAG 14. 11. 2012 – 5 AZR 886/11 Rn 11, AP EntgeltFG § 5 Nr 10; BERENZ DB 1995, 2170; BOECKEN NZA 1999, 679; HANAU/KRAMER DB 1995, 95; HROMADKA/MASCHMANN, Arbeitsrecht 1 [7. Aufl 2018] § 8 Rn 90; SCHMITT/KÜFNER-SCHMITT, EFZG/AAG [8. Aufl 2018] § 5 EFZG Rn 69; LEPKE NZA 1995, 1086; SCHAUB/LINCK, Arbeitsrechts-Handbuch [17. Aufl 2017] § 98 Rn 121; MARIENHAGEN/KÜNZL § 5 EFZG Rn 9; MünchKomm/MÜLLER-GLÖGE § 5 EFZG Rn 12; ErfKomm/REINHARD § 5 EFZG Rn 12; SCHAUB BB 1994, 1629; MHdB ArbR/SCHLACHTER [3. Aufl 2009] § 75 Rn 20; HWK/SCHLIEMANN § 5 EFZG Rn 36; TREBER, EFZG [2. Aufl 2007] § 5 EFZG Rn 35; VIETHEN 26; VOGELSANG, Entgeltfortzahlung Rn 299; AR/VOSSEN § 5 EFZG Rn 13). Es wird jedoch erst wirksam, wenn das Vorlageverlangen dem Arbeitnehmer **zugeht** (§ 130 BGB) und ist vom Arbeitgeber nach

billigem Ermessen auszuüben (LAG Hessen 5. 11. 2003 – 6 Sa 463/03, BeckRS 2003, 17015; BOECKEN NZA 1999, 679; FEICHTINGER, Entgeltfortzahlung Rn 502; GOLA BB 1995, 2320; HANAU/KRAMER DB 1995, 95; HARTH 163 f; KUNZ/WEDDE, EFZR [2. Aufl 2005] § 5 EFZG Rn 35; LEPKE NZA 1995, 1086; LEPKE Rn 541; MARIENHAGEN/KÜNZL § 5 EFZG Rn 10; SCHAUB BB 1994, 1629; MHdB ArbR/SCHLACHTER [3. Aufl 2009] § 75 Rn 20; SCHLIEMANN AuR 1994, 324; TREBER, EFZG [2. Aufl 2007] § 5 EFZG Rn 36; VOGELSANG, Entgeltfortzahlung Rn 300; AR/VOSSEN § 5 EFZG Rn 13; **aA** BAG 14. 11. 2012 – 5 AZR 886/11 Rn 14, AP EntgeltFG § 5 Nr 10; ERMAN/BELLING/RIESENHUBER § 616 Rn 146; MHdB ArbR/GREINER § 82 Rn 24; SCHMITT/KÜFNER-SCHMITT, EFZG/AAG [8. Aufl 2018] § 5 EFZG Rn 69 aE, 87: SCHAUB/LINCK, Arbeitsrechts-Handbuch [17. Aufl 2017] § 98 Rn 100; MünchKomm/MÜLLER-GLÖGE § 5 EFZG Rn 12; PLOCHER DB 2015, 1602; ErfKomm/REINHARD § 5 EFZG Rn 12; BeckOK ArbR/RICKEN § 5 EFZG Rn 22). Die Grundlage hierfür ist nicht in § 315 BGB, sondern in § 106 S 2 GewO zu sehen (so auch zB LEPKE Rn 541; TREBER, EFZG [2. Aufl 2007] § 5 EFZG Rn 36; AR/VOSSEN § 5 EFZG Rn 13), da die Verpflichtung des Arbeitnehmers dessen Ordnungsverhalten im Betrieb konkretisiert. Die gegenteilige Position des Bundesarbeitsgerichtes in dem Urteil v 14. 11. 2012 (BAG 14. 11. 2012 – 5 AZR 886/11, AP EntgeltFG § 5 Nr 10), die von beachtlichen Stimmen im Schrifttum Unterstützung erfährt (ERMAN/BELLING/RIESENHUBER § 616 Rn 146; MHdB ArbR/GREINER § 82 Rn 24; SCHMITT/KÜFNER-SCHMITT, EFZG/AAG [8. Aufl 2018] § 5 EFZG Rn 69 aE, 87: SCHAUB/LINCK, Arbeitsrechts-Handbuch [17. Aufl 2017] § 98 Rn 100; MünchKomm/MÜLLER-GLÖGE § 5 EFZG Rn 12; PLOCHER DB 2015, 1602; ErfKomm/REINHARD § 5 EFZG Rn 12; BeckOK ArbR/RICKEN § 5 EFZG Rn 22), stützt sich demgegenüber isoliert auf die in § 5 Abs 1 S 3 EFZG zugunsten des Arbeitgebers begründete voraussetzungslose Berechtigung und den andernfalls indirekt bestehenden Begründungszwang für den Arbeitgeber (s BAG 14. 11. 2012 – 5 AZR 886/11 Rn 14, AP EntgeltFG § 5 Nr 10). Hiernach unterliegt das Vorlageverlangen keiner Ermessensbindung, insbesondere ist der Arbeitgeber bei der Ausübung des Vorlageverlangens nicht an die Schranke der Billigkeit gebunden.

Ein **berechtigtes Interesse** oder ein **sachlicher Grund** ist für das Vorlageverlangen **356** angesichts fehlender Hinweise im Gesetzeswortlaut nicht erforderlich (BAG 14. 11. 2012 – 5 AZR 886/11 Rn 11 ff, AP EntgeltFG § 5 Nr 10; ERMAN/BELLING/RIESENHUBER § 616 Rn 146; BOECKEN NZA 1999, 679; DILLER NJW 1994, 1692; GEYER/KNORR/KRASNEY § 5 EFZG Rn 28; MHdB ArbR/GREINER § 82 Rn 24; HANAU/KRAMER DB 1995, 95; HARTH 160 ff; HELML § 5 EFZG Rn 12; HROMADKA/MASCHMANN, Arbeitsrecht 1 [7. Aufl 2018] § 8 Rn 90; KAISER/DUNKL/HOLD/KLEINSORGE § 5 EFZG Rn 22; LEPKE Rn 540; SCHAUB/LINCK, Arbeitsrechts-Handbuch [17. Aufl 2017] § 98 Rn 100; MARIENHAGEN/KÜNZL § 5 EFZG Rn 10; MünchKomm/MÜLLER-GLÖGE § 5 EFZG Rn 12; PLOCHER DB 2015, 1602; ErfKomm/REINHARD § 5 EFZG Rn 12; TREBER, EFZG [2. Aufl 2007] § 5 EFZG Rn 35; VOGELSANG, Entgeltfortzahlung Rn 300; AR/VOSSEN § 5 EFZG Rn 13; **aA** KUNZ/WEDDE, EFZR [2. Aufl 2005] § 5 EFZG Rn 34; WEDDE/KUNZ § 5 EFZG Rn 25, die begründete Zweifel am tatsächlichen Bestehen der Arbeitsunfähigkeit verlangen). Allerdings darf der Arbeitgeber zwischen verschiedenen Arbeitnehmergruppen nicht willkürlich differenzieren; er ist bei abstrakt-generellen Regelungen (s unten Rn 357) an den **Gleichbehandlungsgrundsatz** gebunden (BAG 14. 11. 2012 – 5 AZR 886/11 Rn 15, AP EntgeltFG § 5 Nr 10; ERMAN/BELLING/RIESENHUBER § 616 Rn 146; BOECKEN NZA 1999, 679; DILLER NJW 1994, 1692; FEICHTINGER, Entgeltfortzahlung Rn 503; MHdB ArbR/GREINER § 82 Rn 24; HROMADKA/MASCHMANN, Arbeitsrecht 1 [7. Aufl 2018] § 8 Rn 90; SCHMITT/KÜFNER-SCHMITT, EFZG/AAG [8. Aufl 2018] § 5 EFZG Rn 81 ff; KUNZ/WEDDE, EFZR [2. Aufl 2005] § 5 EFZG Rn 35; LEPKE NZA 1995, 1086; LEPKE Rn 541; BeckOK ArbR/RICKEN § 5 EFZG Rn 22; SCHAUB BB 1994, 1629; VOGELSANG, Entgeltfortzahlung Rn 304; AR/VOSSEN § 5 EFZG Rn 14), ferner ist es ihm verwehrt, bei seinem Vorlageverlangen nach den in **§ 1 AGG** aufgezählten Merkmalen zu differenzieren (zustimmend Erman/Belling/Riesenhuber § 616 Rn 146; MHdB ArbR/Greiner § 82 Rn 24; BeckOK ArbR/Ricken § 5 EFZG Rn 22). Das Vorlageverlangen kann sich jedoch auch auf **Stichproben** beschränken (Gola BB 1995, 2320; MHdB ArbR/Greiner § 82 Rn 23; Hanau/Kramer DB 1995, 96; Schmitt/Küfner-Schmitt, EFZG/AAG [8. Aufl 2018] § 5 EFZG Rn 84; Lepke NZA 1995, 1086 f; ders Rn 541; HWK/Schliemann § 5 EFZG Rn 36; Treber, EFZG [2. Aufl 2007] § 5 EFZG Rn 37; Vogelsang, Entgeltfortzahlung Rn 303).

357 Das Verlangen kann ad hoc **anlässlich einer konkreten Erkrankung** gestellt oder bereits **antizipiert** im Rahmen des Arbeitsvertrages vereinbart werden (BAG 1. 10. 1997 – 5 AZR 726/96, AP EntgeltFG § 5 Nr 5; BAG 25. 1. 2000 – 1 ABR 3/99, AP BetrVG 1972 § 87 Ordnung des Betriebes Nr 34; Erman/Belling/Riesenhuber § 616 Rn 146; MHdB ArbR/Greiner § 82 Rn 25; Lepke Rn 541; MünchKomm/Müller-Glöge § 5 EFZG Rn 13; ErfKomm/Reinhard § 5 EFZG Rn 12; HWK/Schliemann § 5 EFZG Rn 36; Viethen 26; Vogelsang, Entgeltfortzahlung Rn 297; AR/Vossen § 5 EFZG Rn 13; **aA** Kunz/Wedde, EFZR [2. Aufl 2005] § 5 EFZG Rn 38). Da das Gesetz einem bereits bei Abschluss des Arbeitsvertrages ausgeübten Verlangen nicht entgegensteht, bestehen gegenüber einer **abstrakt-generellen Regelung** in einer Vielzahl von Arbeitsverträgen keine durchgreifenden rechtlichen Bedenken (ebenso Berenz DB 1995, 2170; Bleistein betrieb + personal 1995, 19; Diller NJW 1994, 1692; Feichtinger, Entgeltfortzahlung Rn 502; MHdB ArbR/Greiner § 82 Rn 25; Hanau/Kramer DB 1995, 96; Harth 159 f; Kaiser/Dunkl/Hold/Kleinsorge § 5 EFZG Rn 23; Kleinebrink 50 f; Kramer BB 1996, 1666; Schmitt/Küfner-Schmitt, EFZG/AAG [8. Aufl 2018] § 5 EFZG Rn 70; Lepke NZA 1995, 1086; Marburger BB 1994, 1421; Müller/Berenz § 5 EFZG Rn 40; ErfKomm/Reinhard § 5 EFZG Rn 12; Schwedes, in: FS Stahlhacke [1995] 499; Vogelsang, Entgeltfortzahlung Rn 297; AR/Vossen § 5 EFZG Rn 14; Worzalla NZA 1996, 65; Worzalla/Süllwald § 5 EFZG Rn 63; **aA** Gola BB 1995, 2320; Kunz/Wedde, EFZR [2. Aufl 2005] § 5 EFZG Rn 38; Marienhagen/Künzl § 5 EFZG Rn 11; Schaub BB 1994, 1630; Stumpf/Trümner, in: Kittner/Zwanziger/Deinert/Heuschmid [Hrsg], Arbeitsrecht [9. Aufl 2017] § 39 Rn 236). Das ermöglicht dem Arbeitgeber auch, eine frühere Vorlage für bestimmte Zeiträume oder für bestimmte Arbeitnehmergruppen festzulegen (Schmitt/Küfner-Schmitt, EFZG/AAG [8. Aufl 2018] § 5 EFZG Rn 80, 81 ff). Der gegen die Rechtswirksamkeit eines antizipierten abstrakt-generellen Vorlageverlangens angeführte Hinweis auf § 12 EFZG (so Schaub BB 1994, 1630 sowie im Anschluss Stumpf/Trümner, in: Kittner/Zwanziger/Deinert/Heuschmid [Hrsg], Arbeitsrecht [9. Aufl 2017] § 39 Rn 236; dagegen mit Recht MHdB ArbR/Greiner § 82 Rn 25; Lepke Rn 541; Treber, EFZG [2. Aufl 2007] § 5 EFZG Rn 34; Vogelsang, Entgeltfortzahlung Rn 297) würdigt nicht hinreichend, dass eine derartige Regelung den durch § 5 Abs 1 S 3 EFZG eröffneten Spielraum ausfüllt und dieser Norm nicht entnommen werden kann, dass das Vorlageverlangen erst nach einer vorherigen Anzeige seitens des Arbeitnehmers (§ 5 Abs 1 S 1 EFZG) oder nur im Einzelfall ausgeübt werden darf (BAG 1. 10. 1997 – 5 AZR 726/96, AP EntgeltFG § 5 Nr 5; BAG 25. 1. 2000 – 1 ABR 3/99, AP BetrVG 1972 § 87 Ordnung des Betriebes Nr 34).

358 Da § 5 Abs 1 S 3 EFZG auch ein antizipiertes abstrakt-generelles Vorlageverlangen des Arbeitgebers gestattet (s oben Rn 357), darf eine **frühere Vorlage** der Arbeitsunfähigkeitsbescheinigung **auch in einem Tarifvertrag** vereinbart werden (BAG 25. 1. 2000 – 1 ABR 3/99, AP BetrVG 1972 § 87 Ordnung des Betriebes Nr 34; BAG 26. 2. 2003 – 5 AZR 112/02, AP EntgeltFG § 5 Nr 8; MHdB ArbR/Greiner § 82 Rn 25; Schmitt/Küfner-Schmitt, EFZG/AAG [8. Aufl 2018] § 5 EFZG Rn 74; Schaub/Linck, Arbeitsrechts-Handbuch [17. Aufl 2017]

§ 98 Rn 102; MünchKomm/Müller-Glöge § 5 EFZG Rn 14; ErfKomm/Reinhard § 5 EFZG Rn 12; Treber, EFZG [2. Aufl 2007] § 5 EFZG Rn 34; **aA** Kunz/Wedde, EFZR [2. Aufl 2005] § 5 EFZG Rn 38; Stumpf/Trümner, in: Kittner/Zwanziger/Deinert/Heuschmid [Hrsg], Arbeitsrecht [9. Aufl 2017] § 39 Rn 236; Vogelsang, Entgeltfortzahlung Rn 321) und bedarf in diesem Fall keiner gesonderten Erklärung des Arbeitgebers im Einzelfall. Entsprechendes gilt für die Regelung in einer **Betriebsvereinbarung** (MünchKomm/Müller-Glöge § 5 EFZG Rn 14; HWK/Schliemann § 5 EFZG Rn 36; **aA** Stumpf/Trümner, in: Kittner/Zwanziger/Deinert/Heuschmid [Hrsg], Arbeitsrecht [9. Aufl 2017] § 39 Rn 237), deren Rechtswirksamkeit jedoch § 77 Abs 3 BetrVG entgegenstehen kann (s BAG 26. 2. 2003 – 5 AZR 112/02, AP EntgeltFG § 5 Nr 8; Kunz/Wedde, EFZR [2. Aufl 2005] § 5 EFZG Rn 38; Schaub/Linck, Arbeitsrechts-Handbuch [17. Aufl 2017] § 98 Rn 103; Treber, EFZG [2. Aufl 2007] § 5 EFZG Rn 34).

Da der Arbeitgeber durch das Vorlageverlangen eine ihm vom Gesetz geschaffene **359** vertragliche Rechtsposition ausübt, bedarf er hierfür nicht der vorherigen **Zustimmung des Betriebsrates**. Das gilt jedenfalls dann, wenn er sie lediglich im **Einzelfall** ad-hoc ausübt (ebenso LAG Hessen 17. 9. 2008 – 8 Sa 1454/07, BeckRS 2008, 57685; LAG Nürnberg 7. 3. 2012 – 2 TaBV 60/10, BeckRS 2012, 70162; ArbG Hamburg 21. 10. 2008 – 19 BV 3/08, BeckRS 2008, 57834; Schmitt/Küfner-Schmitt, EFZG/AAG [8. Aufl 2018] § 5 EFZG Rn 73; Lepke Rn 540; MünchKomm/Müller-Glöge § 5 EFZG Rn 13; ErfKomm/Reinhard § 5 EFZG Rn 12; BeckOK ArbR/Ricken § 5 EFZG Rn 21; abweichend zum PersVG HB BVerwG 15. 10. 2018 – 5 P 9/17, BeckRS 2018, 35034). Bei **abstrakt-generellen Regelungen** ist demgegenüber umstritten, ob diese nach **§ 87 Abs 1 Nr 1 BetrVG** der Mitbestimmung des Betriebsrates unterliegen.

Entgegen einer **verbreiteten Ansicht im Schrifttum**, die dies im Hinblick auf die **360** Rechtsnatur und den Zweck des Vorlageverlangens **verneint** (so zB MHdB ArbR/Boecken [2. Aufl 2000] § 85 Rn 45; Diller NJW 1994, 1692; Gaumann FA 2001, 73 f; Harth 167 f; Kramer BB 1996, 1667; Lepke Rn 540; Marienhagen/Künzl § 5 EFZG Rn 3; Schmitt, EFZG/AAG [7. Aufl 2012] § 5 EFZG Rn 76; KassHdb/Vossen 2. 2 Rn 202; Worzalla NZA 1996, 66; Worzalla/Süllwald § 5 EFZG Rn 65 ff; **aA** Bleistein betrieb + personal 1995, 19; Feichtinger, Entgeltfortzahlung Rn 504 f; Kaiser/Dunkl/Hold/Kleinsorge § 5 EFZG Rn 25; Klebe, in: Däubler/Kittner/Klebe/Wedde [Hrsg], BetrVG [16. Aufl 2018] § 87 Rn 67; Kunz/Wedde, EFZR [2. Aufl 2005] § 5 EFZG Rn 37; Marienhagen/Künzl § 5 EFZG Rn 3b; Schaub BB 1994, 1630; s auch LAG Hamm 19. 9. 1995 – 13 TaBV 101/95, LAGE § 98 ArbGG 1979 Nr 28, das die offensichtliche Unzuständigkeit der Einigungsstelle verneint; diff Wiese, GK-BetrVG [11. Aufl 2018] § 87 Rn 226: Mitbestimmungsrecht nur hinsichtlich der Verfahrensmodalitäten), **bejaht** das **Bundesarbeitsgericht** ein Mitbestimmungsrecht des Betriebsrates, da § 5 Abs 1 S 3 EFZG das Bestimmungsrecht nur gegenüber den Arbeitnehmern, nicht aber im Verhältnis zum Betriebsrat begründe (BAG 25. 1. 2000 – 1 ABR 3/99, AP BetrVG 1972 § 87 Ordnung des Betriebes Nr 34 mit abl Anm Worzalla; BAG 23. 8. 2016 – 1 ABR 43/14 Rn 16 f, NZA 2016, 1483; abl auch Gaumann FA 2001, 73 f; tendenziell ebenfalls OVG Berlin-Brandenburg 17. 3. 2011 – OVG 60 PV 3.10, NZA-RR 2012, 55, 56: mitbestimmungsfreies Arbeitsverhalten; Lepke Rn 540; zustimmend jedoch LAG Berlin-Brandenburg 19. 6. 2012 – 3 TaBV 2149/11, RDV 2012, 254 ff; LAG Bremen 29. 11. 2012 – 3 TaBV 11/12, juris; LAG Düsseldorf 25. 3. 2014 – 8 TaBV 129/13, BeckRS 2014, 71533; LAG Köln 21. 8. 2013 – 11 Ta 87/13, BeckRS 2013, 73949; MHdB ArbR/Greiner § 82 Rn 26; Jacobs, Anm zu BAG EzA § 87 BetrVG 1972 Betriebliche Ordnung Nr 26; Schaub/Linck, Arbeitsrechts-Handbuch [17. Aufl 2017] § 98 Rn 103; MünchKomm/Müller-Glöge § 5 EFZG Rn 14; BeckOK ArbR/Ricken § 5 EFZG Rn 21; HWK/Schliemann § 5 EFZG

Rn 36; Stumpf/Trümner, in: Kittner/Zwanziger/Deinert/Heuschmid [Hrsg], Arbeitsrecht [9. Aufl 2017] § 39 Rn 235; Vogelsang, Entgeltfortzahlung Rn 306; AR/Vossen § 5 EFZG Rn 13; nur bezüglich der Verfahrensmodalitäten Wiese, GK-BetrVG [11. Aufl 2018] § 87 Rn 226; s auch LAG Hessen 6. 9. 2001 – 5 TaBV 5/01, DB 2002, 1224 [LS], bezüglich der Vorlage einer ärztlichen Bescheinigung, die das Vorliegen einer Fortsetzungserkrankung dokumentiert). Die Ausübung des Mitbestimmungsrechtes fällt grundsätzlich in die Zuständigkeit der örtlichen Betriebsräte (BAG 23. 8. 2016 – 1 ABR 43/14 Rn 19 f, NZA 2016, 1483). Allein das Bedürfnis des Arbeitgebers nach einer unternehmenseinheitlichen Regelung reicht für eine originäre Zuständigkeit des Gesamtbetriebsrates nicht aus (BAG 23. 8. 2016 – 1 ABR 43/14 Rn 20, NZA 2016, 1483).

ee) Ärztliche Bescheinigung

361 Den Nachweis muss der Arbeitnehmer mittels einer ärztlichen Bescheinigung führen, die ein **approbierter Arzt** ausgestellt hat (Erman/Belling/Riesenhuber § 616 Rn 147; Fleischer 71 ff; MHdB ArbR/Greiner § 82 Rn 16; Kaiser/Dunkl/Hold/Kleinsorge § 5 EFZG Rn 29; Schmitt/Küfner-Schmitt, EFZG/AAG [8. Aufl 2018] § 5 EFZG Rn 98; Kunz/Wedde, EFZR [2. Aufl 2005] § 5 EFZG Rn 39; Lepke NZA 1995, 1085; Marienhagen/Künzl § 5 EFZG Rn 6b; MünchKomm/Müller-Glöge § 5 EFZG Rn 16; ErfKomm/Reinhard § 5 EFZG Rn 13; HWK/Schliemann § 5 EFZG Rn 19; Stumpf/Trümner, in: Kittner/Zwanziger/Deinert/Heuschmid [Hrsg], Arbeitsrecht [9. Aufl 2017] § 39 Rn 237; AR/Vossen § 5 EFZG Rn 15). Es muss sich stets um eine Bescheinigung desjenigen Arztes handeln, der den Arbeitnehmer wegen der zur Arbeitsunfähigkeit führenden Krankheit behandelt (arg e § 5 Abs 1 S 5 EFZG; ebenso Kaiser/Dunkl/Hold/Kleinsorge § 5 EFZG Rn 29; Schmitt/Küfner-Schmitt, EFZG/AAG [8. Aufl 2018] § 5 EFZG Rn 100; Lepke Rn 528; MHdB ArbR/Schlachter [3. Aufl 2009] § 75 Rn 13; näher Fleischer 84 ff; Galahn 14 ff). Eine von **ärztlichen Hilfspersonen** ausgestellte Bescheinigung genügt selbst dann nicht den Anforderungen, wenn sie diese auf Veranlassung eines approbierten Arztes und entsprechend seinem ärztlichen Befund angefertigt haben (s MHdB ArbR/Greiner § 82 Rn 16; Schmitt/Küfner-Schmitt, EFZG/AAG [8. Aufl 2018] § 5 EFZG Rn 98; Kunz/Wedde, EFZR [2. Aufl 2005] § 5 EFZG Rn 39; Marienhagen/Künzl § 5 EFZG Rn 6b; Lepke Rn 528; ErfKomm/Reinhard § 5 EFZG Rn 13; BeckOK ArbR/Ricken § 5 EFZG Rn 18; HWK/Schliemann § 5 EFZG Rn 19; Treber, EFZG [2. Aufl 2007] § 5 EFZG Rn 40).

362 Da § 5 Abs 1 S 2 EFZG ausdrücklich eine Bescheinigung vorschreibt, reicht eine mündliche Mitteilung des Arztes an den Arbeitgeber nicht aus, es ist vielmehr **Schriftform** zu wahren (Brecht, Entgeltfortzahlung § 5 EFZG Rn 12; Geyer/Knorr/Krasney § 5 EFZG Rn 30; Kaiser/Dunkl/Hold/Kleinsorge § 5 EFZG Rn 28; Schmitt/Küfner-Schmitt, EFZG/AAG [8. Aufl 2018] § 5 EFZG Rn 100; Kunz/Wedde, EFZR [2. Aufl 2005] § 5 EFZG Rn 40; Marienhagen/Künzl § 5 EFZG Rn 6b; MünchKomm/Müller-Glöge § 5 EFZG Rn 19; Peter 69; MHdB ArbR/Schlachter [3. Aufl 2009] § 75 Rn 14; AR/Vossen § 5 EFZG Rn 16; ausführlich Fleischer 12 ff, 109 ff; schwächer MHdB ArbR/Greiner § 82 Rn 16: verkörperte und beweissichere Form), woraus verbreitet gefolgert wird, dass die in **§ 126 Abs 1 BGB** niedergelegten formellen Anforderungen zu beachten seien, insbesondere müsse die ärztliche Bescheinigung die Unterschrift des Arztes tragen (Schmitt/Küfner-Schmitt, EFZG/AAG [8. Aufl 2018] § 5 EFZG Rn 100; HWK/Schliemann § 5 EFZG Rn 20; Vogelsang, Entgeltfortzahlung Rn 327; **aA** MHdB ArbR/Greiner § 82 Rn 16: § 126 BGB nicht zwingend anzuwenden; s auch Lepke Rn 527). Gemessen an diesem Maßstab kann eine an die Krankenkasse übermittelte **elektronische Arbeitsunfähigkeitsbescheinigung (eAU)** mangels Unterschrift nicht den gesetzlichen Anforderungen in § 5 Abs 1

S 2 EFZG genügen. Entsprechendes gilt für eine digital per WhatsApp zugesandte Bescheinigung. Zweifelsfrei ist diese Sichtweise nicht, da aus dem Wort „Bescheinigung" zwar das Erfordernis einer verkörperten Erklärung, nicht aber ein Zwang zu einer den Anforderungen des § 126 Abs 1 BGB genügenden Schriftform abgeleitet werden kann (treffend MHdB ArbR/Greiner § 82 Rn 16). Vielmehr genügt auch im Hinblick auf den Normzweck eine verkörperte Erklärung, bei der sichergestellt ist, dass sie von dem behandelnden Arzt herrührt. Eine im Rahmen der Telematikinfrastruktur mit qualifizierter elektronischer Signatur versehene elektronische Arbeitsunfähigkeitsbescheinigung (§ 295 Abs 1 SGB V) ist deshalb grundsätzlich ein im Rahmen von § 5 Abs 1 S 2 EFZG geeigneter Nachweis, sofern sichergestellt ist, dass dieser den Arbeitgeber fristgerecht erreicht; eine höchstpersönliche Vorlage durch den Arbeitnehmer fordert § 5 Abs 1 S 2 EFZG nicht, sodass eine Übermittlung der elektronischen Arbeitsunfähigkeitsbescheinigung durch die Krankenkasse an den Arbeitgeber genügen kann (s oben Rn 351).

Hinsichtlich des **Inhalts der Arbeitsunfähigkeitsbescheinigung** schreibt § 5 Abs 1 S 2 EFZG zwingend vor, dass diese die **Arbeitsunfähigkeit** sowie ihre **voraussichtliche Dauer** feststellen muss (s auch Fleischer 124 ff). Sie darf sich nicht auf die Krankheit beschränken, sondern muss zugleich bescheinigen, dass die konkrete **arbeitsvertraglich geschuldete Tätigkeit** infolge der Krankheit nicht mehr erbracht werden kann (BAG 25. 6. 1981 – 6 AZR 940/78, AP BGB § 616 Nr 52; LAG Frankfurt aM 11. 6. 1993 – 9 Sa 123/93, LAGE § 626 BGB Nr 74; Fleischer 151 ff; Gaul DB 1992, 2192 f; Heither, in: FS Hilger/Stumpf [1983] 307; Schmitt/Küfner-Schmitt, EFZG/AAG [8. Aufl 2018] § 5 EFZG Rn 89; Naendrup ZfA 1984, 394 ff; Vogelsang, Entgeltfortzahlung Rn 322; s auch Stückmann AuA 1996, 197 ff sowie die treffende Kritik bei HWK/Schliemann § 3 EFZG Rn 42). 363

Einzelheiten zum Inhalt der Arbeitsunfähigkeitsbescheinigung regelt die **Arbeitsunfähigkeits-Richtlinie** idF v 14. 11. 2013 (BAnz AT v 27. 1. 2014 B 4; zuletzt geändert am 20. 10. 2016, BAnz AT v 23. 12. 2016 B 5) des Gemeinsamen Bundesausschusses, die jedoch für die Erfüllung der Nachweispflicht in § 5 Abs 1 S 2 EFZG **nicht verbindlich** sind (Gola § 5 EFZG Anm 4. 3. 1; MHdB ArbR/Greiner § 82 Rn 16; Kaiser/Dunkl/Hold/Kleinsorge § 5 EFZG Rn 28; Kunz/Wedde, EFZR [2. Aufl 2005] § 5 EFZG Rn 40; Lepke NZA 1995, 1087; Müller/Berenz § 5 EFZG Rn 21; MünchKomm/Müller-Glöge § 5 EFZG Rn 19; Peter 69; ErfKomm/Reinhard § 5 EFZG Rn 26; BeckOK ArbR/Ricken § 5 EFZG Rn 18; HWK/Schliemann § 5 EFZG Rn 26; Wedde/Kunz § 5 EFZG Rn 29). Es genügt, wenn die von § 5 Abs 1 S 2 EFZG geforderten Angaben der ärztlichen Bescheinigung zu entnehmen sind (Schmitt/Küfner-Schmitt, EFZG/AAG [8. Aufl 2018] § 5 EFZG Rn 100 aE). Weitergehende Informationen sind zur Einhaltung der gesetzlichen Nachweispflicht nicht notwendig, die Arbeitsunfähigkeitsbescheinigung darf insbesondere ohne Einwilligung des Arbeitnehmers keine Angaben über **Art und Ursache der Krankheit** enthalten (BAG 19. 3. 1986 – 5 AZR 86/85, AP LohnFG § 1 Nr 67; MHdB ArbR/Greiner § 82 Rn 18; Kaiser/Dunkl/Hold/Kleinsorge § 5 EFZG Rn 30; Schmitt/Küfner-Schmitt, EFZG/AAG [8. Aufl 2018] § 5 EFZG Rn 90; Kunz/Wedde, EFZR [2. Aufl 2005] § 5 EFZG Rn 41; Lepke NZA 1995, 1087; MünchKomm/Müller-Glöge § 5 EFZG Rn 17; ErfKomm/Reinhard § 5 EFZG Rn 27; HWK/Schliemann § 5 EFZG Rn 24; Stumpf/Trümner, in: Kittner/Zwanziger/Deinert/Heuschmid [Hrsg], Arbeitsrecht [9. Aufl 2017] § 39 Rn 238; Vogelsang, Entgeltfortzahlung Rn 325 sowie ausführlich Fleischer 200 ff). Eine **Ausnahme** kommt – wie bei der Anzeige der Arbeitsunfähigkeit (s oben Rn 335) – nur bei **ansteckenden Krankheiten** (treffend Schmitt/Küfner-Schmitt, EFZG/AAG [8. Aufl 2018] § 5 EFZG Rn 90 aE) und **Fortsetzungserkrankungen** in Betracht. 364

ff) Fortdauer der Erkrankung

365 Dauert die zur Arbeitsunfähigkeit bzw Arbeitsverhinderung führende Erkrankung länger als in der Bescheinigung angegeben, so ist eine erneute Bescheinigung vorzulegen, die die fortdauernde Arbeitsunfähigkeit sowie eine aktualisierte Prognose über ihre voraussichtliche Dauer enthalten muss (§ 5 Abs 1 S 4 EFZG). Nach **vorherrschender Ansicht** ist auf diese **§ 5 Abs 1 S 2 EFZG (entsprechend)** anzuwenden, sodass die neue Arbeitsunfähigkeitsbescheinigung **erst am vierten Tag** nach dem ursprünglich bescheinigten Endtermin beizubringen ist (hierfür Becher 67; Erman/Belling/Riesenhuber § 616 Rn 146; Schmitt/Küfner-Schmitt, EFZG/AAG [8. Aufl 2018] § 5 EFZG Rn 133; Kunz/Wedde, EFZR [2. Aufl 2005] § 5 EFZG Rn 61, 63; Lepke NZA 1995, 1087 [anders aber Lepke Rn 544]; Schaub/Linck, Arbeitsrechts-Handbuch [17. Aufl 2017] § 98 Rn 108; Marienhagen/Künzl § 5 EFZG Rn 12a; ErfKomm/Reinhard § 5 EFZG Rn 19; Treber, EFZG [2. Aufl 2007] § 5 EFZG Rn 39; Vogelsang, Entgeltfortzahlung Rn 315, 317; AR/Vossen § 5 EFZG Rn 17; Wedde/Kunz § 5 EFZG Rn 46, 48; **aA** Feichtinger, Entgeltfortzahlung Rn 509; Geyer/Knorr/Krasney § 5 EFZG Rn 34; Kaiser/Dunkl/Hold/Kleinsorge § 5 EFZG Rn 26; Kleinebrink 52 ff; Lepke Rn 544; BeckOK ArbR/Ricken § 5 EFZG Rn 24; MHdB ArbR/Schlachter [3. Aufl 2009] § 75 Rn 21: spätestens im Lauf des Tages, an dem der Arbeitnehmer seine Tätigkeit wieder hätte aufnehmen müssen; in diesem Sinne auch Müller/Berenz § 5 EFZG Rn 46; MünchKomm/Müller-Glöge § 5 EFZG Rn 20; Plocher DB 2015, 1600: „unverzüglich"). Der Arbeitgeber kann jedoch – folgt man der überwiegenden Auffassung – gestützt auf § 5 Abs 1 S 3 EFZG eine frühere Vorlage der ärztlichen Bescheinigung verlangen (Schmitt/Küfner-Schmitt, EFZG/AAG [8. Aufl 2018] § 5 EFZG Rn 134; Vogelsang, Entgeltfortzahlung Rn 318; AR/Vossen § 5 EFZG Rn 17).

gg) Rechtswirkungen der ärztlichen Bescheinigung

366 Die vom Arbeitnehmer vorgelegte ärztliche Bescheinigung lässt die gesetzlich festgelegten Voraussetzungen für die Pflicht des Arbeitgebers zur Fortzahlung der Vergütung unberührt; sie hat **keine anspruchsbegründende Bedeutung** (BAG 19. 2. 1997 – 5 AZR 83/96, AP EntgeltFG § 3 Nr 4). Das verdeutlicht bereits der Wortlaut des § 5 Abs 1 S 2 EFZG, der ausdrücklich anordnet, dass sich die ärztliche Bescheinigung auf die Feststellung der Arbeitsunfähigkeit beschränkt. Die Arbeitsunfähigkeitsbescheinigung trifft auf dem Boden der von der hM befürworteten Unterscheidung zwischen Arbeitsunfähigkeit und Arbeitsverhinderung (s oben Rn 223, 237) keine Feststellung darüber, ob der Arbeitnehmer infolge der Arbeitsunfähigkeit an der Arbeitsleistung verhindert ist. Vom Arbeitgeber sind die gesetzlichen Voraussetzungen der Entgeltfortzahlung vielmehr eigenständig zu prüfen.

367 Bei **Zweifeln an der Richtigkeit** der ärztlich bescheinigten Arbeitsunfähigkeit ist der Arbeitgeber nicht gehindert, neben einer Einschaltung des **Medizinischen Dienstes** der gesetzlichen Krankenversicherung (§ 275 Abs 1 Nr 3 lit b SGB V; hierzu unten Rn 579 ff) die **Zahlung der Vergütung einzustellen. Zweifel an der Richtigkeit** der Arbeitsunfähigkeitsbescheinigung können zB aus der **Ankündigung eines „Krankfeierns"**, einer über zwei Tage hinausgehenden **Rückdatierung** (s LAG Köln 21. 11. 2003 – 4 Sa 588/03, NZA-RR 2004, 572 f; LAG Köln 12. 1. 2018 – 4 Sa 290/17, BeckRS 2018, 3707; LAG Mecklenburg-Vorpommern 30. 5. 2008 – 3 Sa 195/07, LAGE § 1 KSchG Verhaltensbedingte Kündigung Nr 101; LAG Rheinland-Pfalz 13. 1. 2015 – 8 Sa 373/14, NZA-RR 2016, 10, 11; weitergehend nunmehr § 5 Abs 3 S 2 Arbeitsunfähigkeits-Richtlinie: „in der Regel nur bis zu drei Tagen"), der zeitlich lückenlosen Krankschreibung durch verschiedene Ärzte wegen jeweils anderer Beschwerden (LAG Hamm 10. 9. 2003 – 18 Sa 721/03, NZA-RR 2004, 292 [293]) oder

auch daraus resultieren, dass der Verdacht besteht, die **Arbeitsunfähigkeit** wurde **pauschal** und ohne Rücksicht auf die konkreten arbeitsvertraglichen Verpflichtungen des Arbeitnehmers an dessen Arbeitsplatz attestiert (vgl auch FEICHTINGER, Entgeltfortzahlung Rn 629; MHdB ArbR/GREINER § 82 Rn 29 f; SCHMITT/KÜFNER-SCHMITT, EFZG/AAG [8. Aufl 2018] § 5 EFZG Rn 115 ff; LEPKE Rn 562). Zahlt der Arbeitgeber die Vergütung aus diesen Gründen nicht fort, dann kann der Arbeitnehmer bei der gesetzlichen Krankenversicherung einen **Anspruch auf Krankengeld** (§ 44 SGB V) geltend machen. Sein **Anspruch** auf Zahlung der Vergütung geht bei einer Leistung der Krankenversicherung **kraft Gesetzes** auf diese **über** (§ 115 SGB X). Zum **Beweiswert der Arbeitsunfähigkeitsbescheinigung** s unten Rn 539 ff.

hh) Erkrankungen im Ausland

Bei Erkrankungen im Ausland trifft den Arbeitnehmer ebenfalls die Nachweispflicht **368** in § 5 Abs 1 EFZG (BLEISTEIN betrieb + personal 1995, 22; SCHMITT/KÜFNER-SCHMITT, EFZG/AAG [8. Aufl 2018] § 5 EFZG Rn 154; MünchKomm/MÜLLER-GLÖGE § 5 EFZG Rn 25; HWK/SCHLIEMANN § 5 EFZG Rn 47; STUMPF/TRÜMNER, in: KITTNER/ZWANZIGER/DEINERT/HEUSCHMID [Hrsg], Arbeitsrecht [9. Aufl 2017] § 39 Rn 266; VOGELSANG, Entgeltfortzahlung Rn 333; AR/VOSSEN 2.2 Rn 22). Die **Sonderregelung des § 5 Abs 2 EFZG** soll **nicht abschließend** die Anzeige- und Nachweispflichten bei Erkrankungen im Ausland regeln, sondern lediglich den Besonderheiten bei Auslandserkrankungen Rechnung tragen und damit für diesen Sachverhalt die allgemeine Bestimmung in § 5 Abs 1 EFZG ergänzen (KAISER/DUNKL/HOLD/KLEINSORGE § 5 EFZG Rn 36; SCHMITT/KÜFNER-SCHMITT, EFZG/AAG [8. Aufl 2018] § 5 EFZG Rn 154; KUNZ/WEDDE, EFZR [2. Aufl 2005] § 5 EFZG Rn 74; MÜLLER/BERENZ § 5 EFZG Rn 56; ErfKomm/REINHARD § 5 EFZG Rn 20; STUMPF/TRÜMNER, in: KITTNER/ZWANZIGER/DEINERT/HEUSCHMID [Hrsg], Arbeitsrecht [9. Aufl 2017] § 39 Rn 266).

Darüber hinaus ist der Arbeitnehmer bei einer Erkrankung im Ausland verpflichtet, **369** diese seiner **gesetzlichen Krankenkasse mitzuteilen** (§ 5 Abs 1 S 3 und 4 EFZG). Gegebenenfalls kann es ausreichen, dass er auf Grund einer Festlegung des Trägers der gesetzlichen Krankenversicherung seine diesem gegenüber bestehenden Anzeige- und Mitteilungspflichten auch gegenüber einem ausländischen Sozialversicherungsträger erfüllt. Weitere Abweichungen können aus zwischenstaatlichen Sozialversicherungsabkommen folgen (näher SCHMITT/KÜFNER-SCHMITT, EFZG/AAG [8. Aufl 2018] § 5 EFZG Rn 171 ff).

Bei Erkrankungen in einem **Mitgliedstaat der Europäischen Union** werden die vor- **370** stehenden Grundsätze ergänzt durch die **EG-Verordnung Nr 987/2009** (zuvor: Verordnung [EWG] Nr 574/72). Deren Art 27 ist auch auf die vom Arbeitgeber im Krankheitsfalle zu gewährende Entgeltfortzahlung anzuwenden (s zu Art 18 der Verordnung [EWG] Nr 574/72 EuGH 3. 6. 1992 – C-45/90, EAS VO 574/72 Art 18 Nr 2; EuGH 2. 5. 1996 – C-206/94, EAS VO 574/72 Art 18 Nr 3). Hinsichtlich dieser Geldleistung ist der **Arbeitgeber „zuständiger Träger"** im Sinne der vorgenannten Bestimmung (zustimmend zu Art 18 VO [EWG] Nr 574/72 HEINZE BB 1996, 1833; STEINMEYER, in: FS Kissel [1995] 1172; kritisch demgegenüber LEIPOLD, in: FS Kissel [1994] 643 ff).

Auf der Grundlage der Prämisse in Rn 370 gilt für das weitere Verfahren folgendes: **371** Wegen der nach deutschem Recht bestehenden Pflicht, eine vom behandelnden Arzt ausgestellte Arbeitsunfähigkeitsbescheinigung innerhalb von drei Tagen nach Eintritt der Arbeitsunfähigkeit vorzulegen (§ 5 Abs 1 S 2 EFZG) muss sich der Arbeitnehmer an den Träger des (im Ausland gelegenen) Wohnorts wenden (Art 27 Abs 1 und 2 VO [EG] Nr 987/2009). Auf Verlangen führt dieser unter Umständen eine ärztliche Kontrolluntersuchung durch. Der Bericht des Arztes, der die Kontrolluntersuchung durchgeführt hat, wird von dem Träger des Wohnortes innerhalb von drei Tagen nach der Kontrolluntersuchung an den zuständigen Träger, also im Falle der Entgeltfortzahlung an den Arbeitgeber übersandt (Art 27 Abs 5 der Verordnung). Dem Arbeitgeber bleibt vorbehalten, den Arbeitnehmer durch einen vom Arbeitgeber ausgewählten Arzt untersuchen zu lassen (Art 27 Abs 6 der Verordnung).

372 Im Hinblick auf die kontrovers diskutierte Problematik des **Beweiswerts ausländischer Arbeitsunfähigkeitsbescheinigungen** (s unten Rn 543 ff) ist im Anwendungsbereich der EG-Verordnung präzise zwischen **unterschiedlichen Arbeitsunfähigkeitsbescheinigungen** zu unterscheiden. Entweder kann eine **vom behandelnden Arzt ausgestellte Arbeitsunfähigkeitsbescheinigung** vorliegen oder aber es handelt sich bei der ärztlichen Bescheinigung um eine solche, die auf Grund einer vom Träger des Wohnortes veranlassten **Kontrolluntersuchung** angefertigt wurde. Gerade bezüglich der letztgenannten ist bereits im Ansatz zweifelhaft, ob diese überhaupt mit der nach deutschem Recht vom behandelnden Arzt ausgestellten Arbeitsunfähigkeitsbescheinigung vergleichbar ist. Auf Grund ihres amtlichen Charakters ähnelt die nach einer Kontrolluntersuchung ausgestellte Bescheinigung eher einem vom Medizinischen Dienst der Krankenkassen nach § 275 SGB V angefertigten Gutachten über die Arbeitsunfähigkeit des Arbeitnehmers (s auch unten Rn 550).

ii) Abweichende Regelungen

373 Die Nachweispflicht kann **kollektivvertraglich** beschränkt werden (BAG 31. 8. 1989 – 2 AZR 13/89, EzA § 3 LohnFG Nr 13; BAG 14. 11. 2012 – 5 AZR 886/11 Rn 19, AP EntgeltFG § 5 Nr 10; Lepke Rn 538a). Zulässig ist dies auch auf **individualvertraglicher** Basis, gegebenenfalls ist eine entsprechende **betriebliche Übung** anzuerkennen (s Fleischer 51 ff; zurückhaltend BAG 14. 11. 2012 – 5 AZR 886/11 Rn 24, AP EntgeltFG § 5 Nr 10). Da wegen § 12 EFZG von § 5 EFZG nur zugunsten des Arbeitnehmers abgewichen werden darf, kommen entsprechende Regelungen zumeist nur für prozedurale Fragen bei der Erfüllung der Anzeige- und Nachweispflicht in Betracht (s BAG 26. 2. 2003 – 5 AZR 112/02, AP EntgeltFG § 5 Nr 8; ErfKomm/Reinhard § 5 EFZG Rn 29). In diesem Rahmen kann der Arbeitgeber sich auch mit dem Verfahren einer **elektronischen Arbeitsunfähigkeitsbescheinigung** einverstanden erklären, die der Arzt der Krankenkasse übermittelt (§ 295 Abs 1 S 1 Nr 1 SGB V). Bezüglich solcher Vereinbarungen (Arbeitsvertrag, Tarifvertrag), die vor Inkrafttreten des Entgeltfortzahlungsgesetzes abgeschlossen wurden, ist die Überleitungsbestimmung in Art 67 Abs 2 Pflege-Versicherungsgesetz zu beachten. Danach bleiben bestehende Vereinbarungen von den neuen gesetzlichen Regelungen unberührt, sofern diese mit den §§ 4 Abs 4, 12 EFZG harmonieren.

374 Zulässig ist ein individual- oder kollektivvertraglich vereinbarter **Ausschluss** des dem Arbeitgeber in **§ 5 Abs 1 S 3 EFZG** eingeräumten Rechts, die Arbeitsunfähigkeitsbescheinigung zu einem früheren Zeitpunkt zu verlangen (BAG 14. 11. 2012 – 5 AZR 886/11 Rn 18 ff, AP EntgeltFG § 5 Nr 10; MHdB ArbR/Greiner § 82 Rn 23; Hanau/Kramer DB 1995, 96; Lepke Rn 538a; ErfKomm/Reinhard § 5 EFZG Rn 29; Schliemann AuR 1994, 324; AR/Vossen § 5 EFZG Rn 18; **aA** Berenz DB 1995, 2171; Vogelsang, Entgeltfortzahlung Rn 320;

WORZALLA NZA 1996, 66; WORZALLA/SÜLLWALD § 5 EFZG Rn 69). Entsprechendes gilt für eine Einschränkung des Vorlageverlangens auf begründete Einzelfälle (LAG Berlin-Brandenburg 14. 8. 2012 – 7 TaBV 468/12, LAGE § 87 BetrVG 2001 Betriebliche Ordnung Nr 10). Ob und in welchem Umfang von den Normen des Entgeltfortzahlungsgesetzes abgewichen werden darf, regelt abschließend § 12 EFZG. Zugunsten des Arbeitnehmers ist dies stets möglich (BAG 14. 11. 2012 – 5 AZR 886/11 Rn 19 ff, AP EntgeltFG § 5 Nr 10). Für ein gegenteiliges Verständnis, das Abweichungen zu Ungunsten des Arbeitgebers untersagt, bedarf es angesichts der Schutzrichtung des Entgeltfortzahlungsgesetzes und der in § 12 EFZG zum Ausdruck gelangten Regelungssystematik ausdrücklicher Anhaltspunkte im Gesetz, die jedoch nicht erkennbar sind.

Auch **tarifliche Regelungen vor Inkrafttreten des Entgeltfortzahlungsgesetzes** können 375 das Recht zur früheren Vorlage der ärztlichen Bescheinigung (hierzu oben Rn 352 ff) verdrängen. Das folgt aus Art 67 Abs 2 des Pflege-Versicherungsgesetzes, wonach frühere Vereinbarungen „unberührt“ bleiben (ebenso SCHLIEMANN AuR 1994, 324), wenn diese auch nach der neuen Rechtslage zulässig sind. Legen sie die Anzeige- und Nachweispflichten abweichend von der vor Inkrafttreten des Entgeltfortzahlungsgesetzes geltenden Rechtslage wirksam fest, so haben diese einen **konstitutiven Geltungsanspruch**, den § 5 Abs 1 S 3 EFZG nicht „berührt“.

Bei **deklaratorischen Wiederholungen der Rechtslage** greift hingegen die neue Geset- 376 zeslage ein, sodass auch ein Recht des Arbeitgebers zur früheren Vorlage der ärztlichen Bescheinigung anzuerkennen ist (zutreffend HANAU/KRAMER DB 1995, 96). Einer Auslegung des Tarifvertrages bedarf es, wenn dieser festlegt, dass die ärztliche Bescheinigung erst am vierten Tag vorgelegt werden muss. Die pauschale Annahme einer deklaratorischen Tarifbestimmung (so HANAU/KRAMER DB 1995, 96; **aA** iE BLEISTEIN betrieb + personal 1995, 20) greift zu kurz, wenn sich der Tarifregelung entnehmen lässt, dass die Pflicht zur Vorlage einer ärztlichen Bescheinigung – abweichend von der früheren Gesetzeslage – bei Kurzerkrankungen von geringerer Dauer nicht besteht (s BAG 14. 11. 2012 – 5 AZR 886/11 Rn 21, AP EntgeltFG § 5 Nr 10 [ablehnend im konkreten Fall]).

Zweifelhaft ist die Rechtswirksamkeit einer **tariflichen Norm**, die **generell** eine **frü-** 377 **here Vorlage der ärztlichen Bescheinigung** vorschreibt (bejahend: BAG 25. 1. 2000 – 1 ABR 3/99, AP BetrVG 1972 § 87 Ordnung des Betriebes Nr 34; BAG 26. 2. 2003 – 5 AZR 112/02, AP EntgeltFG § 5 Nr 8; MHdB ArbR/GREINER § 82 Rn 25; LEPKE NZA 1995, 1087; MARBURGER BB 1984, 1421; SCHMITT/KÜFNER-SCHMITT, EFZG/AAG [8. Aufl 2018] § 5 EFZG Rn 74; SCHWEDES, in: FS Stahlhacke [1995] 499; TREBER, EFZG [2. Aufl 2007] § 5 EFZG Rn 34; verneinend: KUNZ/WEDDE, EFZR [2. Aufl 2005] § 5 EFZG Rn 38; MARIENHAGEN § 5 EFZG Rn 11; SCHAUB BB 1994, 1630; SCHLIEMANN AuR 1994, 324; VOGELSANG, Entgeltfortzahlung Rn 321; KassHdb/VOSSEN 2. 2 Rn 215). Für derartige Regelungen gelten dieselben Überlegungen wie bei einer vergleichbaren einseitigen abstrakt-generellen Festlegung des Arbeitgebers (hierzu oben Rn 357). Gegen § 12 EFZG verstößt es demgegenüber, wenn der Anspruch auf Entgeltfortzahlung unter den Vorbehalt gestellt wird, dass sich der Arbeitnehmer auf Verlangen des Arbeitgebers von einem Betriebsarzt untersuchen lässt.

kk) Verletzung der Nachweispflicht

Die Verletzung der Nachweispflicht berechtigt den Arbeitgeber zur **vorübergehen-** 378 **den Einstellung der Entgeltfortzahlung** (§ 7 Abs 1 Nr 1 EFZG; näher u Rn 556 ff). Das

Leistungsverweigerungsrecht in § 7 Abs 1 Nr 1 EFZG ist keine abschließende Vorschrift, die **weitergehende Maßnahmen** des Arbeitgebers ausschließt (BAG 21. 11. 2018 – 7 AZR 394/17 Rn 43, NZA 2019, 309; **aA** aber für das österreichische Recht OGH öRdW 1996, 277). Durch einen Verstoß gegen § 5 Abs 1 S 2 und 3 EFZG verletzt der Arbeitnehmer seine arbeitsvertraglichen Nebenpflichten (s oben Rn 344), und § 7 Abs 1 Nr 1 EFZG regelt lediglich die Auswirkungen auf den Anspruch auf Entgeltfortzahlung. Rückschlüsse auf eine nicht bestehende Arbeitsunfähigkeit lassen sich auf die unterbliebene Vorlage einer Arbeitsunfähigkeitsbescheinigung nicht stützen, da sie lediglich dem Nachweis der Arbeitsunfähigkeit dient (BAG 21. 11. 2018 – 7 AZR 394/17 Rn 43, NZA 2019, 309).

379 Die Verletzung der Nachweispflicht berechtigt den Arbeitgeber deshalb zum Ausspruch einer **Abmahnung**. Die Erklärung einer **ordentlichen** oder **außerordentlichen Kündigung** ist regelmäßig erst bei einem wiederholten Verstoß und einer vorherigen erfolglosen Abmahnung gerechtfertigt (für eine außerordentliche Kündigung s BAG 15. 1. 1986 – 7 AZR 128/83, AP BGB § 626 Nr 93; LAG Hessen 13. 7. 1999 – 9 Sa 206/99, AuR 2000, 75 f [LS]; LAG Köln 17. 11. 2000 – 4 Sa 1066/00, NZA-RR 2001, 368; LAG Köln 9. 2. 2009 – 5 Sa 926/08, LAGE § 626 BGB 2002 Nr 19; LAG Köln 26. 11. 2009 – 7 Sa 714/09, BeckRS 2010, 73966; LAG Rheinland-Pfalz 3. 2. 2014 – 3 Sa 423/13, BeckRS 2014, 68667; LAG Sachsen-Anhalt 24. 4. 1996 – 3 Sa 449/95, LAGE § 626 BGB Nr 99; Hromadka/Maschmann, Arbeitsrecht 1 [7. Aufl 2018] § 8 Rn 91; BeckOK ArbR/Ricken § 5 EFZG Rn 41; ebenso für die ordentliche Kündigung Schmitt/Küfner-Schmitt, EFZG/AAG [8. Aufl 2018] § 5 EFZG Rn 182; **aA** generell Kunz/Wedde, EFZR [2. Aufl 2005] § 5 EFZG Rn 49; zur Nebenpflicht des Arbeitnehmers, an einer ärztlichen Untersuchung zur Feststellung seiner Arbeitsfähigkeit mitzuwirken s BAG 25. 1. 2018 – 2 AZR 382/17, NZA 2018, 845 Rn 27), da die Verletzung der Nachweispflicht geringer wiegt als der Verstoß gegen die Anzeigepflicht (treffend BAG 31. 8. 1989 – 2 AZR 13/89, AP KSchG 1969 § 1 Verhaltensbedingte Kündigung Nr 23; BAG 15. 1. 1986 – 7 AZR 128/83, AP BGB § 626 Nr 93; LAG Köln 1. 6. 1995 – 5 Sa 250/95, LAGE § 611 BGB Abmahnung Nr 42; LAG Köln 17. 11. 2000 – 4 Sa 1066/00, NZA-RR 2001, 368; Hanau/Kramer DB 1995, 95 Fn 27; Kramer BB 1996, 1665).

380 Ferner steht dem Arbeitgeber dem Grunde nach gemäß § 280 Abs 1 BGB ein **Anspruch auf Schadensersatz** zu (s iE auch BAG 21. 11. 2018 – 7 AZR 394/17 Rn 43, NZA 2019, 309; MHdB ArbR/Greiner § 82 Rn 36; Schmitt/Küfner-Schmitt, EFZG/AAG [8. Aufl 2018] § 5 EFZG Rn 185; Kunz/Wedde, EFZR [2. Aufl 2005] § 5 EFZG Rn 49), dessen Bezifferung jedoch kaum möglich ist (s auch MHdB ArbR/Greiner § 82 Rn 36; HWK/Schliemann § 5 EFZG Rn 42). In Betracht kommt ein Schadensersatzanspruch, wenn dem Arbeitgeber Kosten für einen Detektiv entstehen, um dem Arbeitnehmer nachzuweisen, dass er die Arbeitsunfähigkeitsbescheinigung erschlichen hat (BAG 17. 9. 1998 – 8 AZR 5/97, AP BGB § 611 Haftung des Arbeitnehmers Nr 113; LAG Rheinland-Pfalz 20. 8. 2008 – 7 Sa 197/08, BeckRS 2008, 56910; Schmitt/Küfner-Schmitt, EFZG/AAG [8. Aufl 2018] § 5 EFZG Rn 185 mwNw).

2. Hinterlegung des Sozialversicherungsausweises

381 Bis zum 1. 1. 2003 konnte der Arbeitgeber nach **§ 100 Abs 2 SGB IV aF** während einer Gehaltsfortzahlung wegen Arbeitsunfähigkeit von dem Arbeitnehmer die **Hinterlegung des Sozialversicherungsausweises** verlangen. Ebenso wie § 5 Abs 1 S 3 EFZG begründete § 100 Abs 2 S 1 SGB IV aF einen eigenständigen arbeitsrechtlichen **Anspruch des Arbeitgebers** (s näher Staudinger/Oetker [2002] § 616 Rn 335 ff). Durch Art 2 Nr 23 des Zweiten Gesetzes für moderne Dienstleistungen am Arbeitsmarkt v 23. 12. 2002 (BGBl I 4621) wurde die Bestimmung ersatzlos aufgehoben, da der Gesetzgeber zu der Einschätzung gelangt war, dass sich die Hinterlegungsmöglichkeit in der Praxis nicht bewährt habe (s BT-Drucks 15/26, 26).

3. Allgemeine Schranken der Rechtsausübung*

Die Geltendmachung des Vergütungsanspruches kann trotz Vorliegens der gesetzlichen Voraussetzungen für eine Pflicht des Arbeitgebers zur Fortzahlung des Arbeitsentgelts im **Einzelfall** die Voraussetzungen des **Rechtsmissbrauchs** erfüllen (hierzu MHdB ArbR/Greiner § 82 Rn 48; auch Hofmann SAE 1984, 42 f; Schmitt/Schmitt, EFZG/AAG [8. Aufl 2018] § 3 EFZG Rn 184 ff; Münkel 54 ff; HWK/Schliemann § 3 EFZG Rn 10; Treber, EFZG [2. Aufl 2007] § 3 EFZG Rn 96 ff). Allerdings muss es sich stets um besonders gelagerte **Ausnahmefälle** handeln. Umstände, die nicht die Wertung eines schuldhaften Verhaltens rechtfertigen, erlauben für sich allein nicht die Annahme, die Geltendmachung des Entgeltfortzahlungsanspruches sei rechtsmissbräuchlich (BAG 21. 4. 1982 – 5 AZR 1019/79, AP LohnFG § 1 Nr 49; Hofmann SAE 1984, 42 f; der Sache nach auch MHdB ArbR/Greiner § 82 Rn 48; Treber, EFZG [2. Aufl 2007] § 3 EFZG Rn 96). 382

Das **Bundesarbeitsgericht** greift zur Konkretisierung auf die Grundsätze von **Treu und Glauben** zurück, die der Geltendmachung des Entgeltfortzahlungsanspruches bei krankheitsbedingter Arbeitsverhinderung zB bei verbotenen oder vertragswidrigen **Nebentätigkeiten** entgegenstehen sollen (BAG 19. 10. 1983 – 5 AZR 195/81, AP BGB § 616 Nr 62; BAG 7. 11. 1975 – 5 AZR 459/74, AP LohnFG § 1 Nr 38; in diesem Sinne auch Zeuner AuR 1975, 302; weitergehend noch BAG 30. 5. 1958 – 2 AZR 451/55, AP HGB § 63 Nr 5: „Vertragsspieler" in der Oberliga; **aA** LAG Hamm 8. 2. 2006 – 18 Sa 1083/05, NZA-RR 2006, 407 f). Nach der älteren Rechtsprechung, die jedoch inzwischen aufgegeben wurde, galt dies auch, wenn die wirtschaftliche Absicherung des Arbeitnehmers durch eine außerhalb des Arbeitsverhältnisses liegende **selbständige Tätigkeit** erfolgte, die sich nicht auf eine Nebentätigkeit beschränkte (BAG 9. 3. 1973 – 5 AZR 523/72, AP LohnFG § 1 Nr 30; anders aber seit BAG 7. 11. 1975 – 5 AZR 459/74, AP LohnFG § 1 Nr 38 sowie BAG 21. 4. 1982 – 5 AZR 1019/79, AP LohnFG § 1 Nr 49; näher GK-EFZR/Birk § 1 LFZG Rn 357 ff; Geyer/Knorr/Krasney § 3 EFZG Rn 255 ff; Hofmann SAE 1984, 42 f; MHdB ArbR/Schlachter [3. Aufl 2009] § 75 Rn 34; Zeuner AuR 1975, 301 ff). In der Regel führt jedoch bereits die Verschuldensprüfung zu sachgerechten Ergebnissen, sodass ein Rückgriff auf den Einwand rechtsmissbräuchlichen Verhaltens entbehrlich ist (wie hier im Grundsatz auch Reinhard/Reinhard, EFZG § 3 Rn 12; HWK/Schliemann § 3 EFZG Rn 10; Schmitt/Schmitt, EFZG/AAG [8. Aufl 2018] § 3 EFZG Rn 190 f, 194 f; Treber, EFZG [2. Aufl 2007] § 3 EFZG Rn 98). 383

Eine rechtsmissbräuchliche Inanspruchnahme liegt vor, wenn der Arbeitnehmer bei **Abschluss des Arbeitsvertrages** und auch noch im Zeitpunkt der vereinbarten **Arbeitsaufnahme** wegen einer Erkrankung **arbeitsunfähig** ist (vgl BAG 26. 7. 1989 – 5 AZR 301/88, AP LohnFG § 1 Nr 86; BAG 26. 7. 1989 – 5 AZR 491/88, AP LohnFG § 1 Nr 87; GK-EFZR/ 384

* **Schrifttum**: Gola, Zur missbräuchlichen Geltendmachung eines Anspruchs auf Lohn- und Gehaltsfortzahlung im Krankheitsfall, DB 1985, 2044.

Birk § 1 LFZG Rn 355; Feichtinger, Entgeltfortzahlung Rn 203; Soergel/Kraft § 616 Rn 47; ablehnend Hanau RdA 1997, 207; Schmitt RdA 1996, 6; krit auch MHdB ArbR/Schlachter [3. Aufl 2009] § 75 Rn 34 sowie oben Rn 240). Der Einwand des rechtsmissbräuchlichen Verhaltens entfällt jedoch, sobald der Arbeitnehmer seine arbeitsvertraglich geschuldete Dienstleistung erbracht hat. Die **Wartezeit des § 3 Abs 3 EFZG** steht der Annahme eines rechtsmissbräuchlichen Verhaltens nicht entgegen, da diese nicht auf den Sonderfall reagiert, dass der Arbeitnehmer bereits bei Abschluss des Arbeitsvertrages wegen einer Erkrankung arbeitsunfähig war und dieser Zustand auch nach Ablauf der Wartezeit noch besteht (ebenso Kaiser/Dunkl/Hold/Kleinsorge § 3 EFZG Rn 125; **aA** Hanau RdA 1997, 207; Harth 29 f; Treber, EFZG [2. Aufl 2007] § 3 EFZG Rn 97; Vossen NZA 1998, 355 f; wohl auch ErfKomm/Reinhard § 3 EFZG Rn 9).

V. Dauer der Entgeltfortzahlung

1. Beginn der Entgeltfortzahlung

385 Die Pflicht zur Fortzahlung des Entgelts beginnt mit dem Zeitpunkt, ab dem der Arbeitnehmer an der **Arbeitsleistung verhindert** ist und die **gesetzlichen Voraussetzungen** für eine Entgeltfortzahlung **erfüllt** sind (BAG 4. 5. 1971 – 1 AZR 305/70, AP LohnFG § 1 Nr 3; BAG 21. 9. 1971 – 1 AZR 65/71, AP LohnFG § 1 Nr 6; Feichtinger, Entgeltfortzahlung Rn 213; Geyer/Knorr/Krasney § 3 EFZG Rn 186; MHdB ArbR/Greiner § 81 Rn 31; BeckOK ArbR/Ricken § 3 EFZG Rn 49; Schmitt/Schmitt, EFZG/AAG [8. Aufl 2018] § 3 EFZG Rn 198; Vogelsang, Entgeltfortzahlung Rn 174). In dem Augenblick, in dem die Vergütungspflicht des Arbeitgebers an sich nach § 326 Abs 1 S 1 BGB entfallen würde, muss nach dem Zweck des Entgeltfortzahlungsrechts die Rechtsfolge des § 3 Abs 1 S 1 EFZG eingreifen, da gerade der Anspruch auf Entgeltfortzahlung den krankheitsbedingten Verlust des arbeitsvertraglichen Vergütungsanspruches kompensieren soll.

386 Deshalb besteht ein Anspruch auf Entgeltfortzahlung auch, wenn die Arbeitsverhinderung **während einer Arbeitsschicht** eintritt (BAG 4. 5. 1971 – 1 AZR 305/70, AP LohnFG § 1 Nr 3; BAG 26. 2. 2003 – 5 AZR 112/02, AP EntgeltFG § 5 Nr 8; GK-EFZR/Birk § 1 LFZG Rn 295; Brecht, Entgeltfortzahlung § 3 EFZG Rn 46a; Feichtinger, Entgeltfortzahlung Rn 218; MHdB ArbR/Greiner § 81 Rn 35; Kaiser/Dunkl/Hold/Kleinsorge § 3 EFZG Rn 134; Soergel/Kraft § 616 Rn 56; Kunz/Wedde, EFZR [2. Aufl 2005] § 3 EFZG Rn 125; Müller/Berenz § 3 EFZG Rn 75; Schmitt/Schmitt, EFZG/AAG [8. Aufl 2018] § 3 EFZG Rn 201; Treber, EFZG [2. Aufl 2007] § 3 EFZG Rn 111; Vogelsang, Entgeltfortzahlung Rn 180; KassHdb/Vossen 2. 2 Rn 118; iE auch Marienhagen/Künzl § 3 EFZG Rn 45, die für den Tag der Arbeitsschicht einen Anspruch aus Gewohnheitsrecht befürworten; s auch MHdB ArbR/Schlachter [3. Aufl 2009] § 74 Rn 23, die auf die Fürsorgepflicht des Arbeitgebers zurückgreift sowie LAG Köln 12. 1. 2018 – 4 Sa 290/17, BeckRS 2018, 3707: Anspruch aus Arbeitsvertrag). Er greift ferner unabhängig davon ein, ob der Arbeitnehmer seinen **Anzeige- und Nachweispflichten** (dazu oben Rn 292 ff) nachkommt (MHdB ArbR/Greiner § 81 Rn 31; Kunz/Wedde, EFZR [2. Aufl 2005] § 3 EFZG Rn 124; Schmitt/Schmitt, EFZG/AAG [8. Aufl 2018] § 3 EFZG Rn 199), gegebenenfalls steht dem Arbeitgeber jedoch ein **Leistungsverweigerungsrecht** zu (hierzu unten Rn 556 ff).

2. Dauer der Entgeltfortzahlung*

a) Grundsatz der sechswöchigen Entgeltfortzahlung

Nach § 3 Abs 1 EFZG ist der Zeitraum der Entgeltfortzahlung auf **sechs Wochen** begrenzt. In Anlehnung an § 191 BGB **entspricht** dies **42 Kalendertagen** (BAG 8. 3. 1973 – 5 AZR 491/72, AP LohnFG § 1 Nr 29; BAG 22. 8. 2001 – 5 AZR 699/99, AP EntgeltFG § 3 Nr 11; Erman/Belling/Riesenhuber § 616 Rn 130; GK-EFZR/Birk § 1 LFZG Rn 295; Brecht, Entgeltfortzahlung § 3 EFZG Rn 49; Feichtinger, Entgeltfortzahlung Rn 225; Hofmann, in: 25 Jahre Bundesarbeitsgericht [1979] 241; Kunz/Wedde, EFZR [2. Aufl 2005] § 3 EFZG Rn 127; Schaub/Linck, Arbeitsrechts-Handbuch [17. Aufl 2017] § 98 Rn 57; ErfKomm/Reinhard § 3 EFZG Rn 34; BeckOK ArbR/Ricken § 3 EFZG Rn 53; HWK/Schliemann § 3 EFZG Rn 85; Schmitt/Schmitt, EFZG/AAG [8. Aufl 2018] § 3 EFZG Rn 224; Treber, EFZG [2. Aufl 2007] § 3 EFZG Rn 119). 387

Tarif- oder einzelvertraglich kann ein **längerer Zeitraum** festgelegt sein. Die für **Kapitäne** früher in § 78 Abs 2 SeemG aF vorgeschriebene Verlängerung der Entgeltfortzahlung auf 26 Wochen wurde durch Art 61 Nr 3 des Pflege-Versicherungsgesetzes v 26. 5. 1994 aufgehoben. Stattdessen gilt für sie die alle **Besatzungsmitglieder** umfassende Sonderregelung des § 104 Abs 1 S 1 SeeArbG, nach der die Heuer mindestens bis zum Verlassen des Schiffes fortzuzahlen ist. Hierfür ist die Sechs-Wochen-Grenze des § 3 Abs 1 S 1 EFZG bedeutungslos und kann auch überschritten werden (MHdB ArbR/Boecken [2. Aufl 2000] § 84 Rn 54; Kunz/Wedde, EFZR [1. Aufl 2000] § 48 SeemG Rn 7; Vogelsang, Entgeltfortzahlung Rn 919). 388

Der Sechs-Wochen-Zeitraum knüpft ausschließlich an die **Dauer der krankheitsbedingten Arbeitsverhinderung** an. § 3 Abs 1 S 1 EFZG geht – ebenso wie die früheren gesetzlichen Bestimmungen – von einem **einheitlichen Verhinderungsfall** aus (BAG 2. 12. 1981 – 5 AZR 89/80, AP LohnFG § 1 Nr 48; BAG 1. 6. 1983 – 5 AZR 468/80, AP LohnFG § 1 Nr 54; BAG 14. 9. 1983 – 5 AZR 70/81, AP LohnFG § 1 Nr 55; BAG 12. 7. 1989 – 5 AZR 377/88, AP BGB § 616 Nr 77; BAG 19. 6. 1991 – 5 AZR 304/90, AP LohnFG § 1 Nr 93; BAG 2. 2. 1994 – 5 AZR 345/93, AP LohnFG § 1 Nr 99; BAG 10. 9. 2014 – 10 AZR 651/12 Rn 13 ff, NZA 2014, 1139; BAG 25. 5. 2016 – 5 AZR 318/15 Rn 14, NZA 2016, 1076; LAG Köln 9. 2. 2015 – 5 Sa 831/14, LAGE § 3 EntgeltfortzG Nr 13; LAG Niedersachsen 26. 9. 2018 – 7 Sa 336/18, BeckRS 2018, 29924; Erman/ 389

* **Schrifttum**: Bulla, Beginn der Sechs-Wochen-Frist für Krankengehalt bei ruhendem Arbeitsverhältnis, DB 1962, 333; Glaubitz, Entgeltfortzahlung bei Arbeitsunfähigkeit wegen einer aus der Zeit des Wehrdienstes herrührenden Erkrankung, BB 1971, 359; Heither, Der Verhinderungsfall im Recht der Lohnfortzahlung im Krankheitsfall, in: FS Hilger/Stumpf (1983) 299; Hoppe, Berechnung der Fristen nach dem LFZG, BlStSozArbR 1971, 381; Joussen, Die Einheit des Verhinderungsfalls bei der Entgeltfortzahlung, SAE 2015, 7; Marburger, Aktuelle Zweifelsfragen im Zusammenhang mit der Dauer der Lohnfortzahlung im Krankheitsfall, RdA 1984, 28; Sabel, Dauer des Anspruchs auf Entgeltfortzahlung bei Wechsel des Arbeitsverhältnisses, DB 1973, 1601; ders, Die Dauer der Gehaltsfortzahlung für Angestellte bei wiederholter Arbeitsunfähigkeit wegen derselben Krankheit, AuR 1974, 166; Schneider, Die Anspruchsdauer nach dem LFZG, DB 1970, Beil Nr 6; Scholz, Zum Fristverlauf der Lohnfortzahlung bei Parallelereignissen unter besonderer Berücksichtigung des Streiks, BB 1978, 311; Schulz, Die Dauer des Anspruchs auf Lohnfortzahlung bei Hinzutritt einer weiteren Krankheit, WzS 1985, 36; ders, Die Dauer des Anspruchs auf Lohnfortzahlung im Krankheitsfall und befristete Arbeitsverhältnisse, NZA 1988, 593; Waldeyer, Die Lohnfortzahlungsdauer beim Zusammentreffen von Krankheit und Schlechtwettergeld, DB 1972, 679.

Belling/Riesenhuber § 616 Rn 136; GK-EFZR/Birk § 1 LFZG Rn 318; Feichtinger, Entgeltfortzahlung Rn 236; Gamillscheg, Arbeitsrecht I [8. Aufl 2000] 345 f; Geyer/Knorr/Krasney § 3 EFZG Rn 240; MHdB ArbR/Greiner § 80 Rn 72 f; Heither, in: FS Hilger/Stumpf [1983] 301 ff; Hofmann, in: 25 Jahre Bundesarbeitsgericht [1979] 233 ff; Joussen SAE 2015, 8 f; Kaiser/Dunkl/Hold/Kleinsorge § 3 EFZG Rn 152; Schaub/Linck, Arbeitsrechts-Handbuch [17. Aufl 2017] § 98 Rn 54; Marienhagen/Künzl § 3 EFZG Rn 52d; ErfKomm/Reinhard § 3 EFZG Rn 43; BeckOK ArbR/Ricken § 3 EFZG Rn 63; HWK/Schliemann § 3 EFZG Rn 93; Schmitt/Schmitt, EFZG/AAG [8. Aufl 2018] § 3 EFZG Rn 266, 300 ff; Treber, EFZG [2. Aufl 2007] § 3 EFZG Rn 142; Vogelsang, Entgeltfortzahlung Rn 207; AR/Vossen § 3 EFZG Rn 45; **aA** Kehrmann/Pelikan § 1 Rn 63a; Kunz/Wedde, EFZR [2. Aufl 2005] § 3 EFZG Rn 160; Wedde/Kunz § 3 EFZG Rn 112).

390 Der Sechs-Wochen-Zeitraum **verlängert sich nicht**, wenn der Arbeitnehmer während der Erkrankung eine **weitere Krankheit** erleidet, die erste noch innerhalb, die zweite jedoch erst nach Ablauf des Sechs-Wochen-Zeitraumes ausgeheilt ist (BAG 12. 7. 1989 – 5 AZR 377/88, AP BGB § 616 Nr 77 sowie zuvor BAG 12. 9. 1967 – 1 AZR 367/66, AP GewO § 133c Nr 27). Andererseits endet der Anspruch auf Fortzahlung der Vergütung nicht zu dem Zeitpunkt, an dem die erste Erkrankung ausgeheilt ist, da der Arbeitnehmer unverändert wegen einer zur Arbeitsunfähigkeit führenden Erkrankung an der Arbeitsleistung verhindert ist (BAG 12. 9. 1967 – 1 AZR 367/66, AP GewO § 133c Nr 27).

391 Die Dauer des Entgeltfortzahlungszeitraumes bemisst sich ausschließlich nach dem **aktuellen Arbeitsverhältnis**. Krankheitsbedingte Arbeitsverhinderungen im Rahmen eines **früheren Arbeitsverhältnisses** sind bei der Berechnung des Sechs-Wochen-Zeitraums nicht zu berücksichtigen (BAG 13. 1. 1972 – 5 AZR 314/71, AP LohnFG § 1 Nr 11; MHdB ArbR/Boecken [2. Aufl 2000] § 84 Rn 53; Kaiser/Dunkl/Hold/Kleinsorge § 3 EFZG Rn 148; Kehrmann/Pelikan § 1 Rn 71; Kunz/Wedde, EFZR [2. Aufl 2005] § 3 EFZG Rn 138; Schmitt/Schmitt, EFZG/AAG [8. Aufl 2018] § 3 EFZG Rn 227; Treber, EFZG [2. Aufl 2007] § 3 EFZG Rn 117). Der **Eintritt eines Betriebserwerbers** in das Arbeitsverhältnis (§ 613a BGB) während der krankheitsbedingten Arbeitsunfähigkeit begründet keinen neuen Entgeltfortzahlungszeitraum, da der Betriebsübergang die Identität des Arbeitsverhältnisses unberührt lässt (Erman/Belling/Riesenhuber § 616 Rn 134; Schmitt/Schmitt, EFZG/AAG [8. Aufl 2018] § 3 EFZG Rn 231; Treber, EFZG [2. Aufl 2007] § 3 EFZG Rn 118). Das gilt entsprechend, wenn das Arbeitsverhältnis im Wege einer (gegebenenfalls partiellen) **Gesamtrechtsnachfolge** auf einen neuen Arbeitgeber übergeht (ebenso Schmitt/Schmitt, EFZG/AAG [8. Aufl 2018] § 3 EFZG Rn 231).

b) Berechnung des Sechs-Wochen-Zeitraums

392 Für die **Berechnung** des Sechs-Wochen-Zeitraums sind die **§§ 187, 188 BGB** anzuwenden (BAG 21. 9. 1971 – 1 AZR 65/71, AP LohnFG § 1 Nr 6; BAG 22. 2. 1973 – 5 AZR 461/72, AP LohnFG § 1 Nr 28; Brecht, Entgeltfortzahlung § 3 EFZG Rn 47; Feichtinger, Entgeltfortzahlung Rn 215; Geyer/Knorr/Krasney § 3 EFZG Rn 189; Hofmann, in: 25 Jahre Bundesarbeitsgericht [1979] 240; ders, in: FS Hilger/Stumpf [1983] 349; Schaub/Linck, Arbeitsrechts-Handbuch [17. Aufl 2017] § 98 Rn 48; MünchKomm/Müller-Glöge § 3 EFZG Rn 52; Schmitt/Schmitt, EFZG/AAG [8. Aufl 2018] § 3 EFZG Rn 197; Vogelsang, Entgeltfortzahlung Rn 173), nicht hingegen **§ 193 BGB** (Feichtinger, Entgeltfortzahlung Rn 217; Geyer/Knorr/Krasney § 3 EFZG Rn 191; Kaiser/Dunkl/Hold/Kleinsorge § 3 EFZG Rn 134; Kunz/Wedde, EFZR [2. Aufl 2005] § 3 EFZG Rn 125; HWK/Schliemann § 3 EFZG Rn 86; Schmitt/Schmitt, EFZG/AAG [8. Aufl 2018] § 3 EFZG Rn 239; KassHdb/Vossen 2. 2 Rn 124; iE auch Vogelsang, Entgeltfortzahlung Rn 191), da es sich bei dem in § 3 Abs 1 EFZG genannten Sechs-Wochen-Zeitraum nicht um eine „Frist“ im Sinne des § 193 BGB handelt.

Bei der **Festlegung des Beginns** des Sechs-Wochen-Zeitraums sind diejenigen Fälle unproblematisch, in denen die **Arbeitsverhinderung während der Arbeitszeit** eintritt. In dieser Konstellation schreibt § 187 Abs 1 BGB vor, dass die Frist **ab dem nachfolgenden Tag** läuft (so BAG 12. 9. 1967 – 1 AZR 367/66, AP GewO § 133c Nr 27; BAG 4. 5. 1971 – 1 AZR 305/70, AP LohnFG § 1 Nr 3; BAG 26. 2. 2003 – 5 AZR 112/02, AP EntgeltFG § 5 Nr 8; LAG Köln 12. 1. 2018 – 4 Sa 290/17, BeckRS 2018, 3707; ebenso im Schrifttum zB MHdB ArbR/Boecken [2. Aufl 2000] § 84 Rn 57; Brecht, Entgeltfortzahlung § 3 EFZG Rn 48; Feichtinger, Entgeltfortzahlung Rn 218; Geyer/Knorr/Krasney § 3 EFZG Rn 192; MHdB ArbR/Greiner § 81 Rn 35; Kaiser/Dunkl/Hold/Kleinsorge § 3 EFZG Rn 134; Kunz/Wedde, EFZR [2. Aufl 2005] § 3 EFZG Rn 125; Schaub/Linck, Arbeitsrechts-Handbuch [17. Aufl 2017] § 98 Rn 48; Marienhagen/Künzl § 3 EFZG Rn 43; vMaydell DB 1973 Beil 15, 7; Müller/Berenz § 3 EFZG Rn 69; ErfKomm/Reinhard § 3 EFZG Rn 34; HWK/Schliemann § 3 EFZG Rn 75; Schmitt/Schmitt, EFZG/AAG [8. Aufl 2018] § 3 EFZG Rn 201; Vogelsang, Entgeltfortzahlung Rn 180; AR/Vossen § 3 EFZG Rn 41). Der **Beginn** der **Entgeltfortzahlung** (s oben Rn 344) und der **Beginn** des **Sechs-Wochen-Zeitraums** sind deshalb **nicht** stets **deckungsgleich** (Vogelsang, Entgeltfortzahlung Rn 180; AR/Vossen § 3 EFZG Rn 41). Die abweichende Regelung in § 48 Abs 1 S 2 SeemG aF (Beginn mit dem ersten Tag der Arbeitsunfähigkeit) trat mit der Neufassung des § 48 Abs 1 SeemG durch Art 61 Pflege-Versicherungsgesetz außer Kraft. 393

Zweifelhaft ist der **Beginn**, wenn die Arbeitsunfähigkeit **nach dem Ende der Arbeitszeit**, aber **vor Beginn der nächsten Arbeitsschicht** eintritt. Hierfür weicht die hM von dem Wortlaut des § 187 Abs 1 BGB ab, indem sie die dortige Formulierung „Tag“ im Sinne von „Arbeitsschicht“ interpretiert (stRspr seit BAG 21. 9. 1971 – 1 AZR 65/71, AP LohnFG § 1 Nr 6 sowie nachfolgend BAG 12. 7. 1989 – 5 AZR 377/88, AP BGB § 616 Nr 77; ebenso Erman/Belling/Riesenhuber § 616 Rn 130; GK-EFZR/Birk § 1 LFZG Rn 297; Brecht, Entgeltfortzahlung § 3 EFZG Rn 48; Doetsch/Schnabel/Paulsdorff § 1 Rn 22; Feichtinger, Entgeltfortzahlung Rn 219; Geyer/Knorr/Krasney § 3 EFZG Rn 191; Kaiser/Dunkl/Hold/Kleinsorge § 3 EFZG Rn 135; Soergel/Kraft § 616 Rn 56; Marienhagen/Künzl § 3 EFZG Rn 44; vMaydell DB 1973 Beil 15, 7; Müller/Berenz § 3 EFZG Rn 75; MünchKomm/Müller-Glöge § 3 EFZG Rn 52; ErfKomm/Reinhard § 3 EFZG Rn 34; BeckOK ArbR/Ricken § 3 EFZG Rn 49a; Vogelsang, Entgeltfortzahlung Rn 180; AR/Vossen § 3 EFZG Rn 41). Die in § 187 Abs 1 BGB festgelegte Rechtsfolge eines Fristbeginns am nachfolgenden Tag greift bei diesem Verständnis nur ein, wenn die Arbeitsverhinderung nach Beginn der Arbeitsschicht eintritt. Bei einem früheren Zeitpunkt (also vor Beginn der Arbeitsschicht) beginnt der Sechs-Wochen-Zeitraum bereits mit dem Tag, an dem der Arbeitnehmer seine Arbeitsleistung trotz an sich bestehender Arbeitspflicht nicht erbringen kann (**aA** jedoch MHdB ArbR/Boecken [2. Aufl 2000] § 84 Rn 58; MHdB ArbR/Greiner § 81 Rn 37; Hofmann, in: 25 Jahre Bundesarbeitsgericht [1979] 242; ders, in: FS Hilger/Stumpf [1983] 350; Kehrmann/Pelikan § 1 Rn 60a; Kunz/Wedde, EFZR [2. Aufl 2005] § 3 EFZG Rn 126, die auch in diesen Fällen § 187 Abs 1 anwenden wollen; kritisch ebenfalls Schmitt/Schmitt, EFZG/AAG [8. Aufl 2018] § 3 EFZG Rn 206). 394

Die unter der Geltung des § 3 Abs 1 S 1 EFZG aF noch relevante Problematik des Beginns des Sechs-Wochen-Zeitraums, wenn die Erkrankung **vor dem vereinbarten Beginn der Beschäftigung** auftritt (Fristbeginn erst mit dem vereinbarten Beginn der Arbeitsaufnahme, so BAG 6. 9. 1989 – 5 AZR 621/88, AP HGB § 63 Nr 45; Geyer/Knorr/ 395

Krasney § 3 EFZG Rn 187; Schmitt/Schmitt, EFZG/AAG [8. Aufl 2018] § 3 EFZG Rn 220 f; MHdB ArbR/Schulin [1. Aufl 1992] § 82 Rn 48; **aA** Brecht, Lohnfortzahlung § 1 Rn 24; Feichtinger, Lohn- und Gehaltsfortzahlung Rn 60; Erman/Hanau [9. Aufl 1993] § 616 Rn 53; MünchKomm/Schaub [2. Aufl 1988] § 616 Rn 83) ist wegen der Wartezeit von vier Wochen in § 3 Abs 3 EFZG entfallen. Der Sechs-Wochen-Zeitraum des § 3 Abs 1 S 1 EFZG beginnt erst nach Ablauf der Wartezeit, also mit dem Tag, an dem erstmals ein Anspruch auf Entgeltfortzahlung entsteht (s oben Rn 289).

396 Der Beginn der Entgeltfortzahlungspflicht ist nicht stets mit dem erstmaligen Eintritt der Erkrankung deckungsgleich. Die zeitliche Begrenzung der Entgeltfortzahlung soll die wirtschaftliche Belastung des Arbeitgebers beschränken und kann deshalb erst beginnen, wenn der Arbeitgeber ohne die krankheitsbedingte Arbeitsverhinderung zur Zahlung einer Vergütung verpflichtet gewesen wäre. Bestand **zu Beginn** der Erkrankung **kein Vergütungsanspruch**, weil zB die **beiderseitigen Hauptpflichten suspendiert** waren, so beginnt der Sechs-Wochen-Zeitraum erst, wenn dem Arbeitnehmer wieder ein Vergütungsanspruch zustehen kann (BAG 29. 9. 2004 – 5 AZR 558/03, AP EntgeltFG § 3 Nr 24; LAG Hamm 9. 7. 2003 – 18 Sa 215/03, NZA-RR 2004, 12 f sowie zuvor BAG 26. 8. 1960 – 1 AZR 202/59, AP HGB § 63 Nr 20; BAG 3. 3. 1961 – 1 AZR 76/60, AP HGB § 63 Nr 27; BAG 27. 8. 1971 – 1 AZR 69/71, AP LohnFG § 1 Nr 5; BAG 14. 6. 1974 – 5 AZR 467/73, AP LohnFG § 1 Nr 36; ebenso Brecht, Entgeltfortzahlung § 3 EFZG Rn 50; Feichtinger, Entgeltfortzahlung Rn 220; vHoyningen/Huene Anm zu BAG AP HGB § 63 Nr 42; Kaiser/Dunkl/Hold/Kleinsorge § 3 EFZG Rn 137; Soergel/Kraft § 616 Rn 56; Kunz/Wedde, EFZR [2. Aufl 2005] § 3 EFZG Rn 128; Schaub/Linck, Arbeitsrechts-Handbuch [17. Aufl 2017] § 98 Rn 49; ArbR-BGB/Matthes § 616 Rn 147; vMaydell DB 1973 Beil 15, 7; Müller/Berenz § 3 EFZG Rn 77; MünchKomm/Müller-Glöge § 3 EFZG Rn 56; ErfKomm/Reinhard § 3 EFZG Rn 34; BeckOK ArbR/Ricken § 3 EFZG Rn 50; HWK/Schliemann § 3 EFZG Rn 76; Schmitt/Schmitt, EFZG/AAG [8. Aufl 2018] § 3 EFZG Rn 207; Treber, EFZG [2. Aufl 2007] § 3 EFZG Rn 114; Vogelsang, Entgeltfortzahlung Rn 184).

397 Der Lauf des Sechs-Wochen-Zeitraums ist **gehemmt**, wenn **nach der Arbeitsunfähigkeit** ein Zustand eintritt, der dazu führt, dass die **Arbeitspflicht aus anderen Gründen entfällt** (BAG 22. 8. 2001 – 5 AZR 699/99, AP EntgeltFG § 3 Nr 11; Erman/Belling/Riesenhuber § 616 Rn 132; GK-EFZR/Birk § 1 LFZG Rn 151; Geyer/Knorr/Krasney § 3 EFZG Rn 208; MHdB ArbR/Greiner § 81 Rn 39; Hofmann, in: FS Hilger/Stumpf [1983] 352 f; Kaiser/Dunkl/Hold/Kleinsorge § 3 EFZG Rn 138; Kunz/Wedde, EFZR [2. Aufl 2005] § 3 EFZG Rn 128; Schaub/Linck, Arbeitsrechts-Handbuch [17. Aufl 2017] § 98 Rn 49; MünchKomm/Müller-Glöge § 3 EFZG Rn 56; Schmitt/Schmitt, EFZG/AAG [8. Aufl 2018] § 3 EFZG Rn 208). Der Wegfall einer Vergütungspflicht reicht für eine Fristhemmung nicht aus, abzustellen ist vielmehr auf die Pflicht zur Arbeitsleistung, da nur deren Fortfall dazu führen kann, dass die Krankheit nicht mehr die einzige Ursache für dic Arbeitsverhinderung ist.

398 Deshalb tritt **keine** Hemmung ein, wenn **während der Erkrankung im Betrieb gestreikt** wird und der vor Arbeitskampfbeginn erkrankte **Arbeitnehmer sich nicht** am Arbeitskampf **beteiligt**. Dies suspendiert nicht die Arbeitspflicht des erkrankten Arbeitnehmers und der Anspruch auf das Entgelt besteht zumindest dann fort, wenn die Arbeitsleistung beim Hinwegdenken der Erkrankung noch hätte erbracht werden können (s oben Rn 247). **Anders** ist die Rechtslage zu beurteilen, wenn die **Beteiligung an dem Streik** oder die Einbeziehung in eine Aussperrung oder eine Stilllegung des Betriebes in den Grenzen des gewerkschaftlichen Streikaufrufs (s BAG 22. 3. 1994 – 1 AZR 622/93, AP GG Art 9 Arbeitskampf Nr 130) zur Suspendierung der Arbeitspflicht des Arbeitnehmers führt. Ein Weiterlaufen des Sechs-Wochen-Zeitraums ist wegen des vorübergehenden Wegfalls der Entgeltfortzahlung (s oben Rn 245) in dieser Konstellation vom Normzweck der Frist nicht umfasst (aA BAG 8. 3. 1973 – 5 AZR 491/72, AP LohnFG § 1 Nr 29; zustimmend MünchKomm/Müller-Glöge § 3 EFZG Rn 55; wie hier MHdB ArbR/Greiner § 81 Rn 39; Hofmann, in: FS Hilger/Stumpf [1983] 352 f; Kaiser/Dunkl/Hold/Kleinsorge § 3 EFZG Rn 140; Kunz/Wedde, EFZR [2. Aufl 2005] § 3 EFZG Rn 131; ErfKomm/Reinhard § 3 EFZG Rn 34; Schmitt/Schmitt, EFZG/AAG [8. Aufl 2018] § 3 EFZG Rn 213; Vogelsang, Entgeltfortzahlung Rn 185).

c) Wiederholte Erkrankung

Liegen wiederholte Erkrankungen vor und ist der Arbeitnehmer nach vollständigem 399
Ausheilen der Erkrankung zwischenzeitlich nicht mehr krankheitsbedingt an der Arbeitsleistung verhindert, so beginnt – vorbehaltlich des Sonderfalles einer entgeltfortzahlungsschädlichen Fortsetzungserkrankung (s unten Rn 402 ff) – mit **jeder neuen Erkrankung** ein **neuer Anspruch** auf Entgeltfortzahlung für den **gesamten Zeitraum** von **sechs Wochen** (BAG 7. 5. 1956 – 2 AZR 259/55, AP HGB § 63 Nr 2; BAG 18. 5. 1957 – 2 AZR 600/56, AP HGB § 63 Nr 3; BAG 27. 7. 1977 – 5 AZR 318/76, AP LohnFG § 1 Nr 43; BAG 2. 12. 1981 – 5 AZR 89/80, AP LohnFG § 1 Nr 48; BAG 1. 6. 1983 – 5 AZR 468/80, AP LohnFG § 1 Nr 54; BAG 12. 7. 1989 – 5 AZR 377/88, AP BGB § 616 Nr 77; BAG 25. 5. 2016 – 5 AZR 318/15 Rn 10, NZA 2016, 1076; BAG 26. 10. 2016 – 5 AZR 167/16 Rn 50, NJW 2017, 1129; LAG Niedersachsen 26. 9. 2018 – 7 Sa 336/18, BeckRS 2018, 29924; Erman/Belling/Riesenhuber § 616 Rn 136; Feichtinger, Entgeltfortzahlung Rn 236; Hofmann, in: 25 Jahre Bundesarbeitsgericht [1979] 231; Kaiser/Dunkl/Hold/Kleinsorge § 3 EFZG Rn 150; Kunz/Wedde, EFZR [2. Aufl 2005] § 3 EFZG Rn 136; Schaub/Linck, Arbeitsrechts-Handbuch [17. Aufl 2017] § 98 Rn 51; MünchKomm/Müller-Glöge § 3 EFZG Rn 60; ErfKomm/Reinhard § 3 EFZG Rn 36, 43; BeckOK ArbR/Ricken § 3 EFZG Rn 63; MHdB ArbR/Schlachter [3. Aufl 2009] § 73 Rn 65; HWK/Schliemann § 3 EFZG Rn 92; Schmitt/Schmitt, EFZG [8. Aufl 2018] § 3 EFZG Rn 254; Vogelsang, Entgeltfortzahlung Rn 207; AR/Vossen § 3 EFZG Rn 44).

Eine **tatsächliche Arbeitsleistung** zwischen den Verhinderungsfällen ist **nicht erforderlich**, es genügt, wenn der Arbeitnehmer **zwischen den Erkrankungen arbeitsfähig** ist und lediglich wegen der individuellen oder betrieblichen Arbeitszeitverteilung keine Arbeitsleistung erbringen konnte (BAG 27. 7. 1977 – 5 AZR 318/76, AP LohnFG § 1 Nr 43; BAG 2. 12. 1981 – 5 AZR 89/80, AP LohnFG § 1 Nr 48; BAG 14. 9. 1983 – 5 AZR 70/81, LohnFG § 1 Nr 55; BAG 12. 7. 1989 – 5 AZR 377/88, AP BGB § 616 Nr 77; BAG 10. 9. 2014 – 10 AZR 651/12 Rn 13, 17, NZA 2014, 1139; BAG 25. 5. 2016 – 5 AZR 318/15 Rn 13, NZA 2016, 1076; LAG Niedersachsen 26. 9. 2018 – 7 Sa 336/18, BeckRS 2018, 29924; Hofmann, in: 25 Jahre Bundesarbeitsgericht [1979] 231; Kaiser/Dunkl/Hold/Kleinsorge § 3 EFZG Rn 152, 155; ErfKomm/Reinhard § 3 EFZG Rn 43; BeckOK ArbR/Ricken § 3 EFZG Rn 63; HWK/Schliemann § 3 EFZG Rn 92; Schmitt/Schmitt, EFZG/AAG [8. Aufl 2018] § 3 EFZG Rn 304). Im Extremfall können zwei Sechs-Wochen-Zeiträume unmittelbar hintereinander folgen, wenn der Arbeitnehmer an einem Sonnabend wieder arbeitsfähig ist, jedoch am Montag auf dem Weg zur Arbeitsstätte verunglückt (BAG 10. 9. 2014 – 10 AZR 651/12 Rn 17, NZA 2014, 1139; LAG Köln 9. 2. 2015 – 5 Sa 831/14, LAGE § 3 EntgeltFG Nr 13; GK-EFZR/Birk § 1 LFZG Rn 321; Schmitt/Schmitt, EFZG/AAG [8. Aufl 2018] § 3 EFZG Rn 304; Treber, EFZG [2. Aufl 2007] § 3 EFZG Rn 144). 400

401 Bei einem **Arbeitsversuch**, bei dem die Arbeitsfähigkeit noch nicht wiederhergestellt ist, liegt trotz tatsächlicher Arbeitsaufnahme keine neue Erkrankung vor (BAG 1. 6. 1983 – 5 AZR 468/80, AP LohnFG § 1 Nr 54; ebenso HWK/Schliemann § 3 EFZG Rn 94; diese Konstellation ist nicht zu verwechseln mit der krankenversicherungsrechtlichen Rechtsfigur des „missglückten Arbeitsversuchs" [zu dieser oben Rn 239]). Eine Ausnahme sieht ferner § 3 Abs 1 S 2 EFZG vor, wenn die wiederholten und nacheinander eintretenden krankheitsbedingten Arbeitsverhinderungen auf **„derselben Krankheit"** beruhen, es sich also um eine **Fortsetzungserkrankung** handelt (hierzu unten Rn 402 ff).

d) Begrenzung der Entgeltfortzahlung bei Fortsetzungserkrankungen*

402 Um die **wirtschaftliche Belastung des Arbeitgebers** durch die Aufwendungen für die Entgeltfortzahlung zu **begrenzen**, trifft § 3 Abs 1 S 2 EFZG eine Sonderregelung, wenn mehrere zeitlich nacheinanderliegende und zur Arbeitsverhinderung führende Erkrankungen auf **„dieselbe Krankheit"** zurückzuführen sind (zum Belastungsschutz als Normzweck BAG 23. 12. 1971 – 1 AZR 126/71, AP LohnFG § 1 Nr 10; BAG 2. 3. 1983 – 5 AZR 194/80, AP LohnFG § 1 Nr 51; BAG 22. 8. 1984 – 5 AZR 489/81, AP LohnFG § 1 Nr 60; BAG 19. 6. 1991 – 5 AZR 304/90, AP LohnFG § 1 Nr 93; BAG 10. 9. 2014 – 10 AZR 651/12 Rn 26, NZA 2014, 1139; Hofmann, in: FS Hilger/Stumpf [1983] 354). Hierauf reagiert die vorgenannte Bestimmung mit einem abgestuften System.

403 Tritt die durch **dieselbe Krankheit** ausgelöste Arbeitsverhinderung **innerhalb von zwölf Monaten mehrmals** nacheinander auf, so begrenzt das Gesetz die Pflicht zur Entgeltfortzahlung grundsätzlich auf einen **Gesamtzeitraum von sechs Wochen**. Hierbei sind die einzelnen Zeiten der krankheitsbedingten Arbeitsverhinderung zu addieren, wobei **42 Kalendertage** zugrunde zu legen sind (BAG 8. 3. 1973 – 5 AZR 491/72, AP LohnFG § 1 Nr 29; Brecht, Entgeltfortzahlung § 3 EFZG Rn 59; Geyer/Knorr/Krasney § 3 EFZG Rn 193; Hofmann, in: FS Hilger/Stumpf [1983] 349; Kaiser/Dunkl/Hold/Kleinsorge § 3 EFZG Rn 157; Kunz/Wedde, EFZR [2. Aufl 2005] § 3 EFZG Rn 144; BeckOK ArbR/Ricken § 3 EFZG Rn 53; MHdB ArbR/Schlachter [3. Aufl 2009] § 73 Rn 69; HWK/Schliemann § 3 EFZG Rn 90; Schmitt/Schmitt, EFZG/AAG [8. Aufl 2018] § 3 EFZG Rn 266; abweichend Kehrmann/Pelikan § 1 Rn 61). Nach Ablauf von zwölf Monaten erneuert sich die Pflicht zur sechswöchigen Fortzahlung des Entgelts. Allerdings setzt dies voraus, dass bei Beginn der erneuten Arbeitsunfähigkeit der Zeitraum von zwölf Monaten abgelaufen war; § 3 Abs 1 S 2 Nr 2 EFZG greift deshalb nicht ein, wenn die Arbeitsunfähigkeit bereits vor Fristablauf eintrat und über diesen Zeitpunkt hinausreicht (BAG 14. 3. 2007 – 5 AZR 514/06, AP EntgeltFG § 3 Nr 29; zustimmend MHdB ArbR/Greiner § 80 Rn 79; Schaub/Linck, Arbeitsrechts-Handbuch [17. Aufl 2017] § 98 Rn 57; kritisch Treber, EFZG [2. Aufl 2007] § 3 EFZG Rn 139).

* **Schrifttum**: Bieler, Lohnfortzahlung und Fortsetzungskrankheit, AuR 1970, 206; Bornemann, Gehaltsfortzahlungsanspruch des Angestellten bei Rückfallerkrankung, AuR 1981, 239; Etzel, Die Lohn- und Gehaltsfortzahlung bei wiederholter Arbeitsunfähigkeit des Arbeitnehmers, BlStSozArbR 1971, 215; Hanel, Die Dauer der Gehaltsfortzahlung für Angestellte bei wiederholter Arbeitsunfähigkeit wegen derselben Krankheit, AuR 1974, 166; Hofmann, Zur wiederholten Arbeitsunfähigkeit im Recht der Lohnfortzahlung, in: FS G Müller (1979) 225; ders, Fristenprobleme bei Fortsetzungserkrankungen, in: FS Hilger/Stumpf (1983) 343; Hoppe, Berechnung der Fristen nach dem Lohnfortzahlungsgesetz, BlStSozArbR 1971, 281; Ottow, Lohnfortzahlung nach ruhendem Arbeitsverhältnis: Berücksichtigung der vorherigen Krankheitsdauer, DB 1981, 1042.

Eine auf demselben Grundleiden beruhende **Vorerkrankung** (näher hierzu unten Rn 365) begründet einen Fortsetzungszusammenhang wegen des Zwecks der Sonderregelung nur, wenn diese zu einer **Entgeltfortzahlungspflicht** des Arbeitgebers geführt hat. Hieran kann es fehlen, wenn die **Vorerkrankung während einer anderen Erkrankung** eintrat und wegen des **Grundsatzes des einheitlichen Verhinderungsfalles** (s oben Rn 389) keine Pflicht zur Fortzahlung des Entgelts auslöste (BAG 19. 6. 1991 – 5 AZR 304/90, AP LohnFG § 1 Nr 93; Schmitt/Schmitt, EFZG/AAG [8. Aufl 2018] § 3 EFZG Rn 273). Das gilt allerdings nur solange und soweit die andere Erkrankung für sich alleine zur Entgeltfortzahlung verpflichtete. Die Vorerkrankung begründet deshalb trotz des Grundsatzes des einheitlichen Verhinderungsfalles einen Fortsetzungszusammenhang, wenn diese über das Ende der bereits bestehenden anderen Erkrankung hinausreicht und der Arbeitgeber in diesem Zeitraum wegen der Einheit des Verhinderungsfalles zur Entgeltfortzahlung verpflichtet ist (BAG 2. 2. 1994 – 5 AZR 345/93, AP LohnFG § 1 Nr 99; s oben Rn 389). 404

An einem Fortsetzungszusammenhang kann es des Weiteren fehlen, wenn die **Vorerkrankung während der Wartezeit** (§ 3 Abs 3 EFZG) eintrat. Erst wenn nach Ablauf der Wartezeit wegen der Vorerkrankung ein Anspruch auf Entgeltfortzahlung entsteht (s oben Rn 317), kommt ein Fortsetzungszusammenhang und ein Beginn des Zwölf-Monats-Zeitraums in Betracht. 405

Der **Zwölf-Monats-Zeitraum beginnt** mit der ersten auf derselben Ursache beruhenden Arbeitsunfähigkeit zu laufen (**Methode der Vorausberechnung**, s BAG 30. 8. 1973 – 5 AZR 202/73, AP LohnFG § 1 Nr 33; BAG 9. 11. 1983 – 5 AZR 204/81, AP LohnFG § 1 Nr 56; BAG 16. 12. 1987 – 5 AZR 510/86, AP LohnFG § 1 Nr 73; ebenso Etzel BlStSozArbR 1971, 217; Feichtinger, Entgeltfortzahlung Rn 252; Gamillscheg, Arbeitsrecht I [8. Aufl 2000] 346; Geyer/Knorr/Krasney § 3 EFZG Rn 231; MHdB ArbR/Greiner § 80 Rn 78; Kaiser/Dunkl/Hold/Kleinsorge § 3 EFZG Rn 176; Kunz/Wedde, EFZR [2. Aufl 2005] § 3 EFZG Rn 150; vMaydell DB 1973 Beil 15, 7; MünchKomm/Müller-Glöge § 3 EFZG Rn 72; ErfKomm/Reinhard § 3 EFZG Rn 40; BeckOK ArbR/Ricken § 3 EFZG Rn 69; Schmitt/Schmitt, EFZG/AAG [8. Aufl 2018] § 3 EFZG Rn 283). Die zu § 1 Abs 1 S 2 LFG vertretene Gegenmeinung **(Methode der Zurückrechnung)**, die vom Beginn der letzten Arbeitsunfähigkeit zurückrechnete (hierfür zB Brecht, Lohnfortzahlung § 1 Rn 56; Hofmann, in: FS Hilger/Stumpf [1983] 355 ff; Kehrmann/Pelikan § 1 Rn 69; zum Meinungsstand auch GK-EFZR/Birk § 1 LFZG Rn 311 f), lehnte das Bundesarbeitsgericht bereits zur damaligen Rechtslage ausdrücklich ab (BAG 9. 11. 1983 – 5 AZR 204/81, AP LohnFG § 1 Nr 56). Die Formulierung in § 3 Abs 1 S 2 EFZG „seit Beginn der ersten Arbeitsunfähigkeit" hat dieser Streitfrage die normative Grundlage entzogen (ebenso ErfKomm/Reinhard § 3 EFZG Rn 40; Schliemann AuR 1994, 321; Schmitt/Schmitt, EFZG/AAG [8. Aufl 2018] § 3 EFZG Rn 283; Schmitt, RdA 1996, 8; Treber, EFZG [2. Aufl 2007] § 3 EFZG Rn 138; AR/Vossen § 3 EFZG Rn 49). 406

Eine Ausnahme gilt bei einer **Auflösung des Fortsetzungszusammenhanges**. Dieser tritt nach § 3 Abs 1 S 2 EFZG ein, wenn der Arbeitnehmer in einem **Zeitraum** von **sechs Monaten nicht wegen derselben Krankheit** an der Arbeitsleistung **verhindert** ist (BAG 6. 10. 1976 – 5 AZR 500/75, AP LohnFG § 1 Nr 41; BAG 29. 9. 1982 – 5 AZR 130/80, AP LohnFG § 1 Nr 50; BAG 22. 8. 1984 – 5 AZR 489/81, AP LohnFG § 1 Nr 60; BAG 16. 12. 1987 – 5 AZR 510/86, AP LohnFG § 1 Nr 73; s auch Geyer/Knorr/Krasney § 3 EFZG Rn 232; Hofmann, in: FS Hilger/Stumpf [1983] 360 ff). In dieser Konstellation begründet § 3 Abs 1 S 2 EFZG eine Pflicht zur Vergütungsfortzahlung von noch einmal sechs Wochen. Einer 407

Auflösung des Fortsetzungszusammenhanges durch Ablauf der Sechs-Monats-Frist steht eine innerhalb des Sechs-Monats-Zeitraums eintretende Krankheit nicht entgegen, wenn sie auf **einer anderen Krankheitsursache (Grundleiden)** beruht (BAG 22. 8. 1984 – 5 AZR 489/81, AP LohnFG § 1 Nr 60; KAISER/DUNKL/HOLD/KLEINSORGE § 3 EFZG Rn 172; KUNZ/WEDDE, EFZR [2. Aufl 2005] § 3 EFZG Rn 146; ErfKomm/REINHARD § 3 EFZG Rn 39; SCHMITT/SCHMITT, EFZG/AAG [8. Aufl 2018] § 3 EFZG Rn 271 mwNw).

408 Im Hinblick auf den Normzweck sind bei der **Berechnung des Sechs-Monats-Zeitraums**, der zur Auflösung des Fortsetzungszusammenhanges führt, nur Zeiten innerhalb **desselben Arbeitsverhältnisses** zu berücksichtigen (BAG 23. 12. 1971 – 1 AZR 126/71, AP LohnFG § 1 Nr 10). **Zeitlich frühere Arbeitsverhältnisse** bleiben **außer Betracht** (BAG 13. 1. 1972 – 5 AZR 314/71, AP LohnFG § 1 Nr 11; BAG 2. 3. 1983 – 5 AZR 194/80, AP LohnFG § 1 Nr 51; FEICHTINGER, Entgeltfortzahlung Rn 262; KAISER/DUNKL/HOLD/KLEINSORGE § 3 EFZG Rn 181; KUNZ/WEDDE, EFZR [2. Aufl 2005] § 3 EFZG Rn 155 f; SCHAUB/LINCK, Arbeitsrechts-Handbuch [17. Aufl 2017] § 98 Rn 60; MünchKomm/MÜLLER-GLÖGE § 3 EFZG Rn 74; SCHMITT/SCHMITT, EFZG/AAG [8. Aufl 2018] § 3 EFZG Rn 292 ff). Eine **Ausnahme** gilt nur bei einer **Identität der Arbeitsvertragsparteien** und einem **engen sachlichen Zusammenhang** zwischen beiden Arbeitsverhältnissen (BAG 2. 3. 1983 – 5 AZR 194/80, AP LohnFG § 1 Nr 51; ebenso BRECHT, Entgeltfortzahlung § 3 EFZG Rn 61; FEICHTINGER, Entgeltfortzahlung Rn 263; MHdB ArbR/GREINER § 80 Rn 75; KAISER/DUNKL/HOLD/KLEINSORGE § 3 EFZG Rn 182; SCHAUB/LINCK, Arbeitsrechts-Handbuch [17. Aufl 2017] § 98 Rn 60; ErfKomm/REINHARD § 3 EFZG Rn 42; HWK/SCHLIEMANN § 3 EFZG Rn 97; SCHMITT/SCHMITT, EFZG/AAG [8. Aufl 2018] § 3 EFZG Rn 296; STUMPF/TRÜMNER, in: KITTNER/ZWANZIGER/DEINERT/HEUSCHMID [Hrsg], Arbeitsrecht [9. Aufl 2017] § 39 Rn 131; **aA** noch BAG 15. 9. 1961 – 1 AZR 157/60, AP ArbKrankhG § 1 Nr 33 sowie im neueren Schrifttum KUNZ/WEDDE, EFZR [2. Aufl 2005] § 3 EFZG Rn 157; WEDDE/KUNZ § 3 EFZG Rn 110).

409 Ein enger sachlicher Zusammenhang ist zB anzunehmen bei gleichen Arbeitsbedingungen, einer zuvor erteilten **Wiedereinstellungszusage** und wenn zwischen beiden Arbeitsverhältnissen nur eine **kurze Unterbrechung** (zB ein Monat) liegt (so BAG 2. 3. 1983 – 5 AZR 194/80, AP LohnFG § 1 Nr 51; s auch SCHMITT/SCHMITT, EFZG/AAG [8. Aufl 2018] § 3 EFZG Rn 296). Bei einer Identität der Vertragsparteien liegt ein enger sachlicher Zusammenhang auch vor, wenn das Arbeitsverhältnis **im Anschluss an ein Berufsausbildungsverhältnis** begründet und in diesem die Vergütung gem § 3 Abs 1 S 1 EFZG fortgezahlt wurde (DOETSCH/SCHNABEL/PAULSDORFF § 1 Rn 21a; SCHAUB/LINCK, Arbeitsrechts-Handbuch [17. Aufl 2017] § 98 Rn 70; MünchKomm/MÜLLER-GLÖGE § 3 EFZG Rn 74; ErfKomm/REINHARD § 3 EFZG Rn 42; HWK/SCHLIEMANN § 3 EFZG Rn 97; SCHMITT/SCHMITT, EFZG/AAG [8. Aufl 2018] § 3 EFZG Rn 297; STUMPF/TRÜMNER, in: KITTNER/ZWANZIGER/DEINERT/HEUSCHMID [Hrsg], Arbeitsrecht [9. Aufl 2017] § 39 Rn 131; **aA** GK-EFZR/BIRK § 1 LFZG Rn 149). Beim rechtsgeschäftlichen **Betriebsübergang** bleibt die Identität des Arbeitsverhältnisses wegen § 613a Abs 1 BGB erhalten, sodass die **beim Betriebsveräußerer aufgetretenen Erkrankungen** uneingeschränkt zu berücksichtigen sind (BRECHT, Entgeltfortzahlung § 3 EFZG Rn 63; FEICHTINGER, Entgeltfortzahlung Rn 265; ErfKomm/REINHARD § 3 EFZG Rn 42; BeckOK ArbR/RICKEN § 3 EFZG Rn 72; SCHMITT/SCHMITT, EFZG/AAG [8. Aufl 2018] § 3 EFZG Rn 297; SCHULTE/MIMBERG/SABEL 50; KassHdb/VOSSEN 2. 2 Rn 172; **aA** MHdB ArbR/GREINER § 80 Rn 75). Sinngemäß gilt das auch bei einem Übergang des Arbeitsverhältnisses im Wege der **Gesamtrechtsnachfolge** (ebenso HWK/SCHLIEMANN § 3 EFZG Rn 97; SCHMITT/SCHMITT, EFZG/AAG [8. Aufl 2018] § 3 EFZG Rn 297).

410 Die Regelung für Fortsetzungserkrankungen in § 3 Abs 1 S 2 EFZG erfordert in erster Linie eine Konkretisierung des Terminus **„derselben Krankheit"**. Hierbei ist **nicht** auf die **Krankheitsart** abzustellen, **sondern** auf dasselbe **Grundleiden**, das unter Umständen durch verschiedene Krankheitsarten in Erscheinung tritt (BAG 13. 7. 2005 – 5 AZR 389/04, AP EntgeltFG § 3 Nr 25; BAG 25. 5. 2016 – 5 AZR 318/15 Rn 11, NZA 2016, 1076; BAG 26. 10. 2016 – 5 AZR 167/16 Rn 52, NJW 2017, 1129; LAG Baden-Württemberg 8. 6. 2016 – 4 Sa 70/15, NZA-RR 2016, 513, 514 sowie zuvor BAG 14. 11. 1984 – 5 AZR 394/82, AP LohnFG § 1 Nr 61; BAG 4. 12. 1985 – 5 AZR 656/84, AP HGB § 63 Nr 42). Eine Fortsetzungserkrankung liegt dabei vor, „wenn die Krankheit, auf der die frühere Arbeitsunfähigkeit beruhte, in der Zeit zwischen dem Ende der vorausgegangenen und dem Beginn der neuen Arbeitsunfähigkeit medizinisch nicht vollständig ausgeheilt war, sondern das Grundleiden latent weiter bestanden hat, sodass die neue Erkrankung nur eine Fortsetzung der früheren Erkrankung darstellt" (BAG 13. 7. 2005 – 5 AZR 389/04, AP EntgeltFG § 3 Nr 25; ebenso zB BAG 14. 11. 1984 – 5 AZR 394/82, AP LohnFG § 1 Nr 61; BAG 4. 12. 1985 – 5 AZR 656/84, AP HGB § 63 Nr 42; LAG Baden-Württemberg 8. 6. 2016 – 4 Sa 70/15, NZA-RR 2016, 513, 514; s auch Feichtinger, Entgeltfortzahlung Rn 245 f; Geyer/Knorr/Krasney § 3 EFZG Rn 218 ff; Hofmann, in: 25 Jahre Bundesarbeitsgericht [1979] 228 ff; Kaiser/Dunkl/Hold/Kleinsorge § 3 EFZG Rn 159 ff; Schmitt/Schmitt, EFZG/AAG [8. Aufl 2018] § 3 EFZG Rn 241 ff; Treber, EFZG [2. Aufl 2007] § 3 EFZG Rn 129).

411 Die Begrenzung der Pflicht zur Vergütungsfortzahlung in § 3 Abs 1 S 2 EFZG greift nur ein, wenn die krankheitsbedingte Arbeitsverhinderung auf eine **Fortsetzungserkrankung** zurückzuführen ist. Beruht die Erkrankung **nicht auf demselben Grundleiden**, dann ist der Arbeitgeber für ihren Zeitraum uneingeschränkt zur Fortzahlung der Vergütung verpflichtet (BAG 22. 8. 1984 – 5 AZR 489/81, AP LohnFG § 1 Nr 60; Schmitt/Schmitt, EFZG/AAG [8. Aufl 2018] § 3 EFZG Rn 263). Zur **Mitteilung an den Arbeitgeber**, ob die wiederholten Erkrankungen auf derselben Krankheit beruhen, sind die gesetzlichen Krankenkassen nach § 69 Abs 4 SGB X befugt (weitergehend Müller/Berenz § 3 EFZG Rn 63, die eine Auskunftspflicht der Krankenkassen annehmen).

3. Ende der Entgeltfortzahlung

a) Wegfall der Arbeitsunfähigkeit

412 Die Pflicht zur Entgeltfortzahlung endet mit Wegfall der Umstände, die zu ihrem Entstehen führten. Entfällt die infolge der Krankheit eintretende Arbeitsunfähigkeit, so ist der Arbeitnehmer uneingeschränkt zur Erbringung der vertraglich geschuldeten Arbeitsleistung in der Lage und ein Vergütungsanspruch besteht nur, wenn er diese erbringt (s MHdB ArbR/Greiner § 81 Rn 40; Heither, in: FS Hilger/Stumpf [1983] 306 f; BeckOK ArbR/Ricken § 3 EFZG Rn 55; Schmitt/Schmitt, EFZG/AAG [8. Aufl 2018] § 3 EFZG Rn 232). Dieselbe Rechtsfolge tritt ein, wenn die Arbeitsverhinderung vor der in der ärztlichen Bescheinigung angegebenen voraussichtlichen Dauer der Arbeitsunfähigkeit endet (MHdB ArbR/Greiner § 81 Rn 40).

413 Legt die **Arbeitsunfähigkeitsbescheinigung** das Ende der Arbeitsunfähigkeit auf einen bestimmten Kalendertag fest, so bescheinigt diese nach der bisherigen Rechtsprechung des Bundesarbeitsgerichtes in der Regel Arbeitsunfähigkeit **bis zum Ende der üblichen Arbeitszeit** des Arbeitnehmers an diesem **Kalendertag** (BAG 2. 12. 1981 – 5 AZR 89/80, AP LohnFG § 1 Nr 48; BAG 12. 7. 1989 – 5 AZR 377/88, AP BGB § 616 Nr 77; BAG 10. 9. 2014 – 10 AZR 651/12 Rn 17, NZA 2014, 1139; Heither, in: FS Hilger/Stumpf [1983]

307 ff; MünchKomm/Müller-Glöge § 3 EFZG Rn 58; kritisch Vogelsang, Entgeltfortzahlung Rn 216), unabhängig davon, ob der Arbeitnehmer am nachfolgenden Tag zur Arbeitsleistung verpflichtet ist (BAG 12. 7. 1989 – 5 AZR 377/88, AP BGB § 616 Nr 77; BAG 25. 5. 2016 – 5 AZR 318/15 Rn 13, NZA 2016, 1076) oder die Arbeitsunfähigkeit für solche Tage bescheinigt, an denen im Betrieb überhaupt nicht gearbeitet wird (BAG 14. 9. 1983 – 5 AZR 70/81, AP LohnFG § 1 Nr 55; MünchKomm/Müller-Glöge § 3 EFZG Rn 58). In seiner neueren Judikatur hat das Bundesarbeitsgericht zwar an dem letztgenannten Grundsatz festgehalten, jedoch das Regel-Ausnahme-Verhältnis bezüglich der Angabe des Kalendertages umgekehrt und befürwortet nunmehr für den Regelfall eine von der individuellen Arbeitszeit des einzelnen Arbeitnehmers unabhängige Sichtweise; im Zweifel werde die Arbeitsunfähigkeit bis zum Ende des Kalendertages bescheinigt (BAG 25. 5. 2016 – 5 AZR 318/15 Rn 13, NZA 2016, 1076 unter ausdrücklicher Aufgabe der bisherigen Rechtsprechung). Hierfür spricht, dass dem ausstellenden Arzt die individuelle Arbeitszeit des Arbeitnehmers regelmäßig nicht bekannt ist, so dass der objektive Erklärungsgehalt der Bescheinigung ein an § 188 Abs 1 BGB („Ablauf des Tages") orientiertes Verständnis nahelegt.

b) Ablauf des Sechs-Wochen-Zeitraums

414 Die Pflicht zur Entgeltfortzahlung nach § 3 Abs 1 S 1 EFZG endet spätestens mit Ablauf des Sechs-Wochen-Zeitraums. Für die **Berechnung** des Zeitraums gilt § 188 Abs 2 BGB; § 193 BGB ist nicht anzuwenden (statt aller Geyer/Knorr/Krasney § 3 EFZG Rn 212; Kaiser/Dunkl/Hold/Kleinsorge § 3 EFZG Rn 143; Kunz/Wedde, EFZR [2. Aufl 2005] § 3 EFZG Rn 133 f; BeckOK ArbR/Ricken § 3 EFZG Rn 54; HWK/Schliemann § 3 EFZG Rn 86; Schmitt/Schmitt, EFZG/AAG [8. Aufl 2018] § 3 EFZG Rn 239; AR/Vossen § 3 EFZG Rn 43). Lediglich bei **Besatzungsmitgliedern** (s oben Rn 388) sowie auf Grund einer **kollektivvertraglichen** oder **individualvertraglichen Abrede** kann der Arbeitgeber verpflichtet sein, das Arbeitsentgelt für einen längeren Zeitraum fortzuzahlen.

c) Beendigung des Arbeitsverhältnisses*

aa) Grundsatz

415 Die Pflicht zur Fortzahlung der Vergütung hängt vorbehaltlich abweichender gesetzlicher Vorschriften davon ab, dass die vertragsrechtliche Wurzel des Vergütungsanspruches besteht. Der Anspruch auf Entgeltfortzahlung entfällt deshalb, wenn das **Arbeitsverhältnis endet** (s BAG 26. 8. 1960 – 1 AZR 202/59, AP HGB § 63 Nr 20; BAG 17. 4. 2002 – 5 AZR 2/01, AP EntgeltFG § 8 Nr 1 sowie schon RAG 20. 10. 1937 – RAG 128/37, ARS 31, 140; für das Schrifttum zB Erman/Belling/Riesenhuber § 616 Rn 138; Geyer/Knorr/Krasney § 3 EFZG Rn 215; MHdB ArbR/Greiner § 81 Rn 41; Schmitt/Küfner-Schmitt, EFZG/AAG [8. Aufl 2018] § 8 EFZG Rn 1; Kunz/Wedde, EFZR [2. Aufl 2005] § 3 EFZG Rn 135; Schaub/Linck, Arbeitsrechts-Handbuch [17. Aufl 2017] § 98 Rn 63; ArbR-BGB/

* **Schrifttum**: Brill, Lohnfortzahlung bei Beendigung des Arbeitsverhältnisses, WzS 1982, 1; Gaumann/Schafft, Anspruch auf Entgeltfortzahlung bei Kündigung aus Anlass der Erkrankung innerhalb der Wartezeit des § 3 III EFZG, NZA 2000, 811; Heither, Die Rechtsprechung des Bundesarbeitsgerichts zu § 6 LohnFG, ZIP 1984, 403; Hoppe, Kündigung und Entgeltfortzahlung im Krankheitsfall, BlStSozArbR 1971, 142; Laws, Die „Anlasskündigung" bei der Entgeltfortzahlung, FA 2018, 42; Süsse, Die Kündigung „aus Anlass" der Arbeitsunfähigkeit (§ 6 Abs 1 S 1 LFZG), DB 1972, 189; Tiedemann, Die Entgeltfortzahlung im Krankheitsfall bei der sog Anlasskündigung, ArbRB 2013, 248.

Matthes § 616 Rn 153; vMaydell DB 1973 Beil 15, 3; MünchKomm/Müller-Glöge § 3 EFZG Rn 59; ErfKomm/Reinhard § 3 EFZG Rn 35; HWK/Schliemann § 3 EFZG Rn 84; Treber, EFZG [2. Aufl 2007] § 3 EFZG Rn 125; Vogelsang, Entgeltfortzahlung Rn 219). Mit Beendigung des Arbeitsverhältnisses existiert kein Vergütungsanspruch mehr, der entgegen § 326 Abs 1 S 1 BGB durch hiervon abweichende Bestimmungen aufrechterhalten werden könnte.

Endet das Arbeitsverhältnis vor Ablauf des Sechs-Wochen-Zeitraums, so entfällt damit auch die Pflicht zur Fortzahlung der Vergütung. § 8 Abs 2 EFZG stellt diesen allgemeinen Grundsatz klar (Erman/Belling/Riesenhuber § 616 Rn 138; Schmitt/Küfner-Schmitt, EFZG/AAG [8. Aufl 2018] § 8 EFZG Rn 60; ErfKomm/Reinhard § 8 EFZG Rn 2; MHdB ArbR/Schlachter [3. Aufl 2009] § 74 Rn 26; Treber, EFZG [2. Aufl 2007] § 8 EFZG Rn 1). Als **Beendigungssachverhalte** kommen insbesondere die Kündigung, der Ablauf einer Befristung, der Eintritt einer auflösenden Bedingung sowie der Abschluss eines Aufhebungsvertrages in Betracht (s auch Geyer/Knorr/Krasney § 8 EFZG Rn 4 ff; Schmitt/Küfner-Schmitt, EFZG/AAG [8. Aufl 2018] § 8 EFZG Rn 61 ff). 416

bb) Beendigung aus Anlass der Arbeitsunfähigkeit

Von dem Grundsatz in Rn 415 weicht § 8 Abs 1 S 1 EFZG ab, wenn der **Arbeitgeber** das Arbeitsverhältnis **aus Anlass der Arbeitsunfähigkeit kündigt**. Wegen des weiten Arbeitnehmerbegriffes (§ 1 Abs 2 EFZG) ist § 8 EFZG auch bei **Berufsausbildungsverhältnissen** anzuwenden; für das **Seearbeitsrecht** gilt dies wegen der Verweisung in § 104 Abs 1 SeeArbG ebenfalls. 417

Kündigt der **Arbeitgeber** das Arbeitsverhältnis aus Anlass der Arbeitsunfähigkeit, so **bleibt er zur Fortzahlung** der Vergütung bis zum Ablauf des Sechs-Wochen-Zeitraumes **verpflichtet**, obwohl das Arbeitsverhältnis bereits zu einem früheren Zeitpunkt endet. Dem Arbeitgeber soll es hierdurch unmöglich gemacht werden, sich seiner Pflicht zur Fortzahlung der Vergütung durch Ausspruch einer Kündigung zu entziehen (BAG 22. 12. 1971 – 1 AZR 180/71, AP LohnFG § 6 Nr 2; BAG 15. 8. 1974 – 5 AZR 524/73, AP LohnFG § 6 Nr 3; BAG 2. 12. 1981 – 5 AZR 953/79, AP LohnFG § 6 Nr 19; BAG AP 26. 5. 1999 – 5 AZR 476/98, EntgeltFG § 3 Nr 10; Erman/Belling/Riesenhuber § 616 Rn 139; MHdB ArbR/Greiner § 81 Rn 43; Schmitt/Küfner-Schmitt, EFZG/AAG [8. Aufl 2018] § 8 EFZG Rn 3; Kunz/Wedde, EFZR [2. Aufl 2005] § 8 EFZG Rn 2; AR/Vossen § 8 EFZG Rn 2). Dieser Normzweck rechtfertigt die Anwendung des § 8 Abs 1 S 1 EFZG, wenn der Arbeitgeber das Arbeitsverhältnis **während der Wartezeit des § 3 Abs 3 kündigt**; mit Ablauf der Wartezeit kann der Arbeitnehmer gemäß § 8 Abs 1 S 1 EFZG das Arbeitsentgelt beanspruchen, obwohl den Arbeitgeber zuvor keine Pflicht zu dessen Fortzahlung traf (BAG 26. 5. 1999 – 5 AZR 476/98, AP EntgeltFG § 3 Nr 10; zustimmend Feichtinger, Entgeltfortzahlung Rn 275; Kaiser/Dunkl/Hold/Kleinsorge § 8 EFZG Rn 8; Schmitt/Küfner-Schmitt, EFZG/AAG [8. Aufl 2018] § 8 EFZG Rn 4; Kunz/Wedde, EFZR [2. Aufl 2005] § 8 EFZG Rn 8; Müller/Berenz § 8 EFZG Rn 7; MünchKomm/Müller-Glöge § 8 EFZG Rn 13; Raab Anm zu BAG EzA § 3 EFZG Nr 7; MHdB ArbR/Schlachter [3. Aufl 2009] § 75 Rn 36; Treber, EFZG [2. Aufl 2007] § 8 EFZG Rn 7; Vogelsang, Entgeltfortzahlung Rn 225; **aA** Gaumann/Schafft NZA 2000, 812 f; Lepke Rn 724). 418

Da § 8 Abs 1 S 1 EFZG das Bestehenbleiben eines Anspruches anordnet, knüpft die Regelung an den in § 3 Abs 1 S 1 EFZG genannten Anspruch an und verhindert dessen Untergang mit der Beendigung des Arbeitsverhältnisses. Deshalb führt § 8 419

Abs 1 S 1 EFZG zu einer **Verlängerung des in § 3 Abs 1 S 1 EFZG begründeten Anspruches** und ist keine eigenständige Anspruchsgrundlage (BAG 17. 4. 2002 – 5 AZR 2/01, AP EntgeltFG § 8 Nr 1; Schmitt/Küfner-Schmitt, EFZG/AAG [8. Aufl 2018] § 8 EFZG Rn 2; MünchKomm/Müller-Glöge § 8 EFZG Rn 4; Treber, EFZG [2. Aufl 2007] § 8 EFZG Rn 2; Vogelsang, Entgeltfortzahlung Rn 225; **aA** Kunz/Wedde, EFZR [2. Aufl 2005] § 8 EFZG Rn 7).

420 Der Wortlaut der Vorschrift („kündigt") erfasst sowohl die **außerordentliche** als auch die **ordentliche Kündigung** (allgM vgl statt aller MHdB ArbR/Greiner § 81 Rn 44; Schmitt/Küfner-Schmitt, EFZG/AAG [8. Aufl 2018] § 8 EFZG Rn 13; Lepke Rn 724; ErfKomm/Reinhard § 8 EFZG Rn 3). Ob es sich um eine **Beendigungskündigung** handeln muss oder auch der Ausspruch einer **Änderungskündigung** ausreicht (hierfür MHdB ArbR/Greiner § 81 Rn 47; Kunz/Wedde, EFZR [2. Aufl 2005] § 8 EFZG Rn 15; BeckOK ArbR/Ricken § 8 EFZG Rn 2; Wedde/Kunz § 8 Rn 17), lässt sich dem Gesetzeswortlaut nicht entnehmen. Da § 8 EFZG den allgemeinen Grundsatz durchbrechen will, dass die Beendigung des Arbeitsverhältnisses zum Ende der Entgeltfortzahlung durch den Arbeitgeber führt, sprechen die besseren Gründe dafür, den Anwendungsbereich der Norm auf Beendigungskündigungen zu beschränken (ebenso Schmitt/Küfner-Schmitt, EFZG/AAG [8. Aufl 2018] § 8 EFZG Rn 12; Lepke Rn 724; ErfKomm/Reinhard § 8 EFZG Rn 3; **aA** MHdB ArbR/Greiner § 81 Rn 47; Kunz/Wedde, EFZR [2. Aufl 2005] § 8 EFZG Rn 15; MünchKomm/Müller-Glöge § 8 EFZG Rn 6; Treber, EFZG [2. Aufl 2007] § 8 EFZG Rn 9; Vogelsang, Entgeltfortzahlung Rn 229).

421 Wegen des Zwecks des § 8 Abs 1 EFZG kommt es bei **ordentlichen Kündigungen** nicht darauf an, ob das Arbeitsverhältnis bereits den **Bestandsschutz des § 1 KSchG** genießt. Der Anspruch auf Entgeltfortzahlung wird deshalb auch aufrechterhalten, wenn das Arbeitsverhältnis **innerhalb der ersten sechs Monate beendet** wird und aus diesem Grunde nicht von § 1 Abs 1 KSchG erfasst wird (ebenso Helml § 8 EFZG Rn 17; Schmitt/Küfner-Schmitt, EFZG/AAG [8. Aufl 2018] § 5 EFZG Rn 19; MünchKomm/Müller-Glöge § 8 EFZG Rn 7; ErfKomm/Reinhard § 8 EFZG Rn 4). Das gilt entsprechend für **Berufsausbildungsverhältnisse**, wenn diese **innerhalb der Probezeit** gemäß § 22 Abs 1 BBiG gekündigt werden.

422 Die Aufrechterhaltung des Vergütungsanspruches setzt nicht voraus, dass die Kündigung wegen der **krankheitsbedingten Arbeitsverhinderung** ausgesprochen wird, sie muss **nicht das tragende Motiv der Kündigung** sein (BAG 26. 10. 1971 – 1 AZR 40/71, AP LohnFG § 6 Nr 1; BAG 22. 12. 1971 – 1 AZR 180/71, AP LohnFG § 6 Nr 2; BAG 15. 8. 1974 – 5 AZR 524/73, AP LohnFG § 6 Nr 3; BAG 17. 4. 2002 – 5 AZR 2/01, AP EntgeltFG § 8 Nr 1; LAG Schleswig-Holstein 6. 2. 2014 – 5 Sa 324/13, NZA-RR 2014, 291, 292; MHdB ArbR/Greiner § 81 Rn 44; Kaiser/Dunkl/Hold/Kleinsorge § 8 EFZG Rn 11; Soergel/Kraft § 616 Rn 59; Kunz/Wedde, EFZR [2. Aufl 2005] § 8 EFZG Rn 17; Lepke Rn 726; BeckOK ArbR/Ricken § 8 EFZG Rn 5; HWK/Schliemann § 8 EFZG Rn 15; AR/Vossen § 8 EFZG Rn 3). Wegen der Formulierung **„aus Anlass"** genügt bereits eine **schwächere Motivation**. Die krankheitsbedingte Arbeitsverhinderung muss lediglich eine **wesentlich mitbestimmende Bedingung** für den Kündigungsentschluss des Arbeitgebers sein (BAG 26. 10. 1971 – 1 AZR 40/71, AP LohnFG § 6 Nr 1; BAG 22. 12. 1971 – 1 AZR 180/71, AP LohnFG § 6 Nr 2; BAG 15. 8. 1974 – 5 AZR 524/73, AP LohnFG § 6 Nr 3; BAG 26. 4. 1978 – 5 AZR 5/77, AP LohnFG § 6 Nr 5; BAG 26. 4. 1978 – 5 AZR 7/77, AP LohnFG § 6 Nr 6; BAG 28. 11. 1979 – 5 AZR 725/77, AP LohnFG § 6 Nr 8; BAG 5. 2. 1998 – 2 AZR 270/97, AP TVG § 1 Tarifverträge: Apotheken Nr 3; BAG 17. 4. 2002 – 5 AZR 2/01, AP EntgeltFG § 8 Nr 1; LAG Berlin-Brandenburg 1. 3. 2018 – 10 Sa

1507/17, NZA-RR 2018, 298; LAG Schleswig-Holstein 6. 2. 2014 – 5 Sa 324/13, NZA-RR 2014, 292; Erman/Belling/Riesenhuber § 616 Rn 140; Feichtinger, Entgeltfortzahlung Rn 276; MHdB ArbR/Greiner § 81 Rn 44; Kaiser/Dunkl/Hold/Kleinsorge § 8 EFZG Rn 11; Soergel/Kraft § 616 Rn 59; Schmitt/Küfner-Schmitt, EFZG/AAG [8. Aufl 2018] § 8 EFZG Rn 28; Kunz/Wedde, EFZR [2. Aufl 2005] § 8 EFZG Rn 17; Lepke Rn 726; Schaub/Linck, Arbeitsrechts-Handbuch [17. Aufl 2017] § 98 Rn 64; ArbR-BGB/Matthes § 616 Rn 155; MünchKomm/Müller-Glöge § 8 EFZG Rn 8; ErfKomm/Reinhard § 8 EFZG Rn 6; BeckOK ArbR/Ricken § 8 EFZG Rn 5; HWK/Schliemann § 8 EFZG Rn 15; Treber, EFZG [2. Aufl 2007] § 8 EFZG Rn 15; Vogelsang, Entgeltfortzahlung Rn 236; AR/Vossen § 8 EFZG Rn 3 sowie bereits BAG 6. 10. 1961 – 1 AZR 349/60, AP ArbKrankhG § 3 Nr 1). Hierfür reicht es aus, wenn die Kündigung im Hinblick auf eine infolge der Krankheit bewilligte **Rente wegen Erwerbsminderung** erklärt wird (BAG 22. 12. 1971 – 1 AZR 180/71, AP LohnFG § 6 Nr 2) oder die Erkrankung zu einem **Beschäftigungsverbot** geführt hat und der Arbeitgeber deshalb das Arbeitsverhältnis kündigt (BAG 26. 4. 1978 – 5 AZR 7/77, AP LohnFG § 6 Nr 6).

Ein **zeitlicher Zusammenhang** zwischen der Kenntnis von der krankheitsbedingten 423
Arbeitsverhinderung und der Kündigung begründet den **Beweis des ersten Anscheins**, dass die Krankheit der Anlass für die Kündigung war (BAG 20. 8. 1980 – 5 AZR 218/78, AP LohnFG § 6 Nr 11; BAG 20. 8. 1980 – 5 AZR 896/79, AP LohnFG § 6 Nr 16; BAG 20. 8. 1980 – 5 AZR 1192/79, AP LohnFG § 6 Nr 17; BAG 2. 12. 1981 – 5 AZR 953/79, AP LohnFG § 6 Nr 19; BAG 5. 2. 1998 – 2 AZR 270/97, AP TVG § 1 Tarifverträge: Apotheken Nr 3; LAG Berlin-Brandenburg 1. 3. 2018 – 10 Sa 1507/17, NZA-RR 2018, 298; LAG Rheinland-Pfalz 20. 5. 2015 – 7 Sa 694/14, BeckRS 2015, 69778; LAG Schleswig-Holstein 6. 2. 2014 – 5 Sa 324/13, NZA-RR 2014, 292; generell auch Brecht, Entgeltfortzahlung § 8 EFZG Rn 9; Feichtinger, Entgeltfortzahlung Rn 277; Soergel/Kraft § 616 Rn 44; Schmitt/Küfner-Schmitt, EFZG/AAG [8. Aufl 2018] § 8 EFZG Rn 46; Kunz/Wedde, EFZR [2. Aufl 2005] § 8 EFZG En 25; Lepke Rn 731; ArbR-BGB/Matthes § 616 Rn 157; MHdB ArbR/Schlachter [3. Aufl 2009] § 74 Rn 27; s ferner Schreiber SAE 1981, 98 f; **aA** MünchKomm/Müller-Glöge § 8 EFZG Rn 18: kein Anscheinsbeweis, sondern Hilfstatsache; ErfKomm/Reinhard § 8 EFZG Rn 10; schwächer MHdB ArbR/Greiner § 81 Rn 46: deutliches Indiz). Das ist insbesondere von Bedeutung, wenn der Arbeitgeber das Arbeitsverhältnis ordentlich kündigen kann, ohne sich hierfür auf eine sachliche Rechtfertigung stützen zu müssen (zB keine Anwendbarkeit des Kündigungsschutzgesetzes oder Kündigung von Auszubildenden innerhalb der Probezeit).

Eine **„Anlasskündigung"** ist **zu verneinen**, wenn auf Grund des **äußeren Geschehens-** 424
ablaufs ausgeschlossen ist, dass die krankheitsbedingte Arbeitsverhinderung den Kündigungsentschluss mitbeeinflusst hat. Hierfür kommen vornehmlich **betriebsbedingte Kündigungen** in Betracht, es sei denn, der Arbeitgeber erklärt die Kündigung, um hierdurch betriebliche Störungen infolge der krankheitsbedingten Arbeitsverhinderung zu beseitigen (BAG 26. 10. 1971 – 1 AZR 40/71, AP LohnFG § 6 Nr 1), oder er den Arbeitnehmer ohne Rücksicht auf die soziale Auswahl kündigt (BAG 28. 11. 1979 – 5 AZR 725/77, AP LohnFG § 6 Nr 8; kritisch Lepke Rn 730).

Eine Anlasskündigung liegt nur vor, wenn der **Arbeitgeber** die Ursache der Arbeits- 425
verhinderung (Krankheit) **kennt** (BAG 15. 8. 1974 – 5 AZR 524/73, AP LohnFG § 6 Nr 3; BAG 26. 4. 1978 – 5 AZR 5/77, AP LohnFG § 6 Nr 5; BAG 20. 8. 1980 – 5 AZR 955/78, AP LohnFG § 6 Nr 12; BAG 20. 8. 1980 – 5 AZR 896/79, AP LohnFG § 6 Nr 16; LAG Rheinland-Pfalz 20. 5. 2015 – 7 Sa 694/14, BeckRS 2015, 69778; Erman/Belling/Riesenhuber § 616 Rn 141; Brecht, Entgeltfortzahlung § 8 EFZG Rn 4; Feichtinger, Entgeltfortzahlung Rn 290; Geyer/Knorr/Kras-

NEY § 8 EFZG Rn 28; MHdB ArbR/GREINER § 81 Rn 45; SCHMITT/KÜFNER-SCHMITT, EFZG/AAG [8. Aufl 2018] § 8 EFZG Rn 37; LEPKE Rn 727; SCHAUB/LINCK, Arbeitsrechts-Handbuch [17. Aufl 2017] § 98 Rn 64; ArbR-BGB/MATTHES § 616 Rn 157; MünchKomm/MÜLLER-GLÖGE § 8 EFZG Rn 10; ErfKomm/REINHARD § 8 EFZG Rn 8; BeckOK ArbR/RICKEN § 8 EFZG Rn 9; HWK/SCHLIEMANN § 8 EFZG Rn 20; GK-EFZR/STECKHAN § 6 LFZG Rn 18; TREBER, EFZG [2. Aufl 2007] § 8 EFZG Rn 22; VOGELSANG, Entgeltfortzahlung Rn 244; AR/VOSSEN § 8 EFZG Rn 6). Maßgebend sind die Verhältnisse bei **Abgabe der Kündigungserklärung** (BAG 20. 8. 1980 – 5 AZR 227/79, AP LohnFG § 6 Nr 14). Die **später erlangte Kenntnis** von der Krankheit ist selbst dann **unschädlich**, wenn sie nach Abgabe, aber **vor Zugang der Kündigungserklärung** eintritt (ebenso SCHMITT/KÜFNER-SCHMITT, EFZG/AAG [8. Aufl 2018] § 8 EFZG Rn 41). Hinsichtlich der Kenntnis ist das Wissen um die Abwesenheit des Arbeitnehmers, nicht das um die Arbeitsunfähigkeit entscheidend (BAG 20. 8. 1980 – 5 AZR 1086/78, AP LohnFG § 6 Nr 13). Erfolgt die Kündigung wegen einer bevorstehenden Erkrankung, so genügt es, wenn der Arbeitgeber mit deren Vorliegen und der Arbeitsunfähigkeit sicher rechnen muss (BAG 17. 4. 2002 – 5 AZR 2/01, AP EntgeltFG § 8 Nr 1).

426 Auf die **Unkenntnis von der Erkrankung** soll sich der Arbeitgeber nach der höchstrichterlichen Rechtsprechung **nicht berufen** können, solange er mit der Möglichkeit einer Erkrankung rechnen kann (BAG 26. 4. 1978 – 5 AZR 5/77, AP LohnFG § 6 Nr 5; LAG Rheinland-Pfalz 20. 5. 2015 – 7 Sa 694/14, juris). Dies gilt jedoch nur, wenn der Arbeitnehmer vor Abgabe der Kündigungserklärung arbeitsunfähig war (BAG 20. 8. 1980 – 5 AZR 227/79, AP LohnFG § 6 Nr 14; s ferner CORTS SAE 1981, 103 f).

427 Mit Ablauf des **Drei-Tage-Zeitraums** in § 5 Abs 1 S 2 EFZG soll sich der Arbeitgeber stets auf die Unkenntnis berufen können (BAG 26. 4. 1978 – 5 AZR 5/77, AP LohnFG § 6 Nr 5; BAG 20. 8. 1980 – 5 AZR 1086/78, AP LohnFG § 6 Nr 13; BAG 20. 8. 1980 – 5 AZR 896/79, AP LohnFG § 6 Nr 16; ebenso SCHMITT/KÜFNER-SCHMITT, EFZG/AAG [8. Aufl 2018] § 8 EFZG Rn 38 f). Die zu § 6 LFG entwickelte Auffassung kann unter der Geltung des § 5 Abs 1 S 2 EFZG nur noch eingeschränkt überzeugen. Abzustellen ist vielmehr auf den Zeitpunkt, bis zu dem der Arbeitgeber bei pflichtgemäßem Verhalten des Arbeitnehmers mit der Vorlage einer Arbeitsunfähigkeitsbescheinigung rechnen musste. Da dies im Rahmen des § 5 Abs 1 S 2 EFZG erst am „darauffolgenden Arbeitstag" erfolgen muss, kann sich der Arbeitgeber erst ab dem sich hieran anschließenden Tag stets auf die Unkenntnis berufen. Bei einem auf § 5 Abs 1 S 3 EFZG gestützten Verlangen nach früherer Vorlage der Arbeitsunfähigkeitsbescheinigung verschiebt sich der Zeitpunkt indes nach vorne (zutreffend SCHMITT/KÜFNER-SCHMITT, EFZG/AAG [8. Aufl 2018] § 5 EFZG Rn 40 aE; KUNZ/WEDDE, EFZR [2. Aufl 2005] § 8 EFZG Rn 22; WEDDE/KUNZ § 8 EFZG Rn 23). Das gilt – abweichend von der früheren Rechtsprechung (s BAG 29. 8. 1980 – 5 AZR 1051/79, AP LohnFG § 6 Nr 18) – entsprechend, wenn der Arbeitnehmer nach dem Ende der zunächst bescheinigten Arbeitsunfähigkeit seine Tätigkeit nicht aufnimmt, weil auch hier auf Grund einer entsprechenden Anwendung des § 5 Abs 1 S 2 EFZG erst nach Ablauf des Zeitraums von drei Kalendertagen für den Arbeitnehmer die Verpflichtung besteht, am „darauffolgenden Arbeitstag" die Arbeitsunfähigkeitsbescheinigung vorzulegen (s oben Rn 323; wie hier TREBER, EFZG [2. Aufl 2007] § 8 EFZG Rn 24; AR/VOSSEN § 8 EFZG Rn 7; WEDDE/KUNZ § 8 EFZG Rn 22; **aA** MHdB ArbR/BOECKEN [2. Aufl 2000] § 84 Rn 69).

Da § 8 Abs 1 S 1 EFZG voraussetzt, dass ein Anspruch auf Entgeltfortzahlung infolge der Kündigung vor Ablauf des Sechs-Wochen-Zeitraums an sich entfällt, verlängert § 8 Abs 1 S 1 EFZG den Entgeltfortzahlungsanspruch nur, wenn die **Kündigung** das Arbeitsverhältnis **rechtswirksam** beendet (BAG 22. 12. 1971 – 1 AZR 180/71, AP LohnFG § 6 Nr 2; Kaiser/Dunkl/Hold/Kleinsorge § 8 EFZG Rn 7; Schmitt/Küfner-Schmitt, EFZG/AAG [8. Aufl 2018] § 8 EFZG Rn 15; Kunz/Wedde, EFZR [2. Aufl 2005] § 8 EFZG Rn 9; MünchKomm/Müller-Glöge § 8 EFZG Rn 6; ErfKomm/Reinhard § 8 EFZG Rn 3; BeckOK ArbR/Ricken § 8 EFZG Rn 1; Treber, EFZG [2. Aufl 2007] § 8 EFZG Rn 6; Vogelsang, Entgeltfortzahlung Rn 226). Andernfalls besteht das Arbeitsverhältnis fort und die Pflicht zur Fortzahlung der Vergütung folgt unverändert aus § 3 Abs 1 S 1 EFZG (BAG 22. 12. 1971 – 1 AZR 180/71, AP LohnFG § 6 Nr 2; Brecht, Entgeltfortzahlung § 8 EFZG Rn 1; MHdB ArbR/Greiner § 81 Rn 43; Kaiser/Dunkl/Hold/Kleinsorge § 8 EFZG Rn 7; Schmitt/Küfner-Schmitt, EFZG/AAG [8. Aufl 2018] § 8 EFZG Rn 17; Kunz/Wedde, EFZR [2. Aufl 2005] § 8 EFZG Rn 9; MünchKomm/Müller-Glöge § 8 EFZG Rn 6; ErfKomm/Reinhard § 8 EFZG Rn 3; BeckOK ArbR/Ricken § 8 EFZG Rn 3; HWK/Schliemann § 8 EFZG Rn 7, 8; Vogelsang, Entgeltfortzahlung Rn 226). 428

Ist die ordentliche Kündigung **sozial ungerechtfertigt** (§ 1 Abs 2 KSchG) oder **fehlt** der **wichtige Grund** (§ 626 Abs 1 BGB) für eine rechtswirksame außerordentliche Kündigung, so gilt die Kündigung, wenn die übrigen Voraussetzungen für die Anwendung des Kündigungsschutzgesetzes vorliegen, mit **Ablauf der dreiwöchigen Klagefrist** (§§ 4 S 1, 13 Abs 1 S 2 KSchG) als von Anfang an, also seit ihrem Zugang beim Arbeitnehmer, als **rechtswirksam** (§§ 7, 13 Abs 1 S 2 KSchG). Der Fortbestand der Vergütungspflicht des Arbeitgebers beurteilt sich in dieser Konstellation mit Eintritt der Beendigungswirkung ausschließlich nach den für die Anlasskündigung des Arbeitgebers geltenden Bestimmungen (BAG 28. 11. 1979 – 5 AZR 849/77, AP LohnFG § 6 Nr 9; BAG 20. 8. 1980 – 5 AZR 227/79, AP LohnFG § 6 Nr 14; MHdB ArbR/Greiner § 81 Rn 43; Küchenhoff Anm zu BAG AP LohnFG § 6 Nr 7; Schmitt/Küfner-Schmitt, EFZG/AAG [8. Aufl 2018] § 8 EFZG Rn 19; MünchKomm/Müller-Glöge § 8 EFZG Rn 6; ErfKomm/Reinhard § 8 EFZG Rn 4; HWK/Schliemann § 8 EFZG Rn 7; Vogelsang, Entgeltfortzahlung Rn 227; KassHdb/Vossen 2. 2 Rn 277; iE auch Schreiber SAE 1981, 98). Die unwiderlegbare Vermutung der §§ 7, 13 Abs 1 S 2 KSchG greift selbst dann ein, wenn das Arbeitsverhältnis bei Zugang der Kündigungserklärung noch nicht an dem Bestandsschutz des Kündigungsschutzgesetzes partizipierte (**aA** noch BAG 29. 11. 1978 – 5 AZR 457/77, AP LohnFG § 6 Nr 7; BAG 2. 12. 1981 – 5 AZR 953/79, AP LohnFG § 6 Nr 19). 429

Die **Pflicht zur Fortzahlung der Vergütung endet** bei einer Anlasskündigung grundsätzlich mit **Ablauf des Sechs-Wochen-Zeitraums**, zu einem **früheren Zeitpunkt** nur, wenn die Vergütungspflicht auch bei einem fortbestehenden Arbeitsverhältnis **aus anderen Gründen** vor Ablauf des Sechs-Wochen-Zeitraums **geendet hätte**. Praktisch bedeutsam ist das, wenn infolge einer **Gesundung des Arbeitnehmers** nach Beendigung des Arbeitsverhältnisses, aber vor Ablauf des Sechs-Wochen-Zeitraumes die Arbeitsverhinderung entfällt (BAG 2. 12. 1981 – 5 AZR 953/79, AP LohnFG § 6 Nr 19; Kaiser/Dunkl/Hold/Kleinsorge § 8 EFZG Rn 19; Schmitt/Küfner-Schmitt, EFZG/AAG [8. Aufl 2018] § 8 EFZG Rn 56; Kunz/Wedde, EFZR [2. Aufl 2005] § 8 EFZG Rn 23; Müller/Berenz § 8 EFZG Rn 29; Vogelsang, Entgeltfortzahlung Rn 260). 430

Entsprechendes gilt, wenn der **Arbeitnehmer nur vorübergehend gesundet** und vor Ablauf des Sechs-Wochen-Zeitraums erneut erkrankt (Schmitt/Küfner-Schmitt, 431

EFZG/AAG [8. Aufl 2018] § 8 EFZG Rn 57; KUNZ/WEDDE, EFZR [2. Aufl 2005] § 8 EFZG Rn 23), da § 8 Abs 1 EFZG lediglich verhindern soll, dass sich der Arbeitgeber durch die Kündigung seiner Verpflichtung zur Entgeltfortzahlung entzieht (SCHMITT/KÜFNER-SCHMITT, EFZG/AAG [8. Aufl 2018] § 8 EFZG Rn 57; TREBER, EFZG [2. Aufl 2007] § 8 EFZG Rn 34 sowie oben Rn 418). Dieser Normzweck greift bei der zweiten Erkrankung nicht ein. Die Pflicht zur Fortzahlung der Vergütung erstreckt sich jedoch wegen der **Lehre vom einheitlichen Verhinderungsfall** (s oben Rn 389) auf den gesamten Sechs-Wochen-Zeitraum, wenn vor Beendigung der ersten Erkrankung eine andere Krankheitsursache hinzutritt und diese die erste überdauert BAG 2. 12. 1981 – 5 AZR 953/79, AP LohnFG § 6 Nr 19; KAISER/DUNKL/HOLD/KLEINSORGE § 8 EFZG Rn 19; SCHMITT/KÜFNER-SCHMITT, EFZG/AAG [8. Aufl 2018] § 8 EFZG Rn 58; HWK/SCHLIEMANN § 8 EFZG Rn 22; TREBER, EFZG [2. Aufl 2007] § 8 EFZG Rn 34; VOGELSANG, Entgeltfortzahlung Rn 260).

432 Zweifelhaft ist die Rechtslage, wenn der Arbeitgeber aus Anlass der krankheitsbedingten Arbeitsverhinderung statt der Kündigung auf **andere Instrumente zur Beendigung des Arbeitsverhältnisses** zurückgreift. In Betracht kommt hauptsächlich der Abschluss eines Aufhebungsvertrages, gegebenenfalls aber auch die Anfechtung und die Berufung auf die Nichtigkeit. Zumindest bei einem **vom Arbeitgeber initiierten Aufhebungsvertrag** sprechen gewichtige Gründe für eine entsprechende Anwendung des § 8 EFZG, da ein Rückgriff auf den **materiellen Auflösungsgrund** dem Zweck der Norm besser als das formelle Auflösungsinstrument Rechnung trägt (ebenso BAG 28. 11. 1979 – 5 AZR 955/77, AP LohnFG § 6 Nr 10; BAG 20. 8. 1980 – 5 AZR 589/79, AP LohnFG § 6 Nr 15; ERMAN/BELLING/RIESENHUBER § 616 Rn 139 für Aufhebungsvertrag; BRECHT, Entgeltfortzahlung § 8 EFZG Rn 3; HOFMANN, in: 25 Jahre Bundesarbeitsgericht [1979] 240; KAISER/DUNKL/HOLD/KLEINSORGE § 8 EFZG Rn 9 f; SCHMITT/KÜFNER-SCHMITT, EFZG/AAG [8. Aufl 2018] § 8 EFZG Rn 20, 23; KUNZ/WEDDE, EFZR [2. Aufl 2005] § 8 EFZG Rn 13; ArbR-BGB/MATTHES § 616 Rn 161; NEUMANN NJW 1978, 1843; SCHULTE/MIMBERG/SABEL 225 f; GK-EFZR/STECKHAN § 6 LFZG Rn 37, 40 ff; TRIESCHMANN Anm zu BAG AP LohnFG § 4 Nr 4; AR/VOSSEN § 8 EFZG Rn 10; WEDDE/KUNZ § 8 EFZG Rn 15; offengelassen noch von BAG 28. 7. 1976 – 5 AZR 315/75, AP LohnFG § 6 Nr 4; **aA** jedoch GEYER/KNORR/KRASNEY § 8 EFZG Rn 21; MHdB ArbR/GREINER § 81 Rn 47; LEPKE Rn 728; SCHAUB/LINCK, Arbeitsrechts-Handbuch [17. Aufl 2017] § 98 Rn 68; MünchKomm/MÜLLER-GLÖGE § 8 EFZG Rn 17; ErfKomm/REINHARD § 8 EFZG Rn 17; BeckOK ArbR/RICKEN § 8 EFZG Rn 3; HWK/SCHLIEMANN § 8 EFZG Rn 12; SCHULIN SAE 1978, 35; TREBER, EFZG [2. Aufl 2007] § 8 EFZG Rn 11; VOGELSANG, Entgeltfortzahlung Rn 231; grundsätzlich gegen eine Analogie bei Anfechtung wegen arglistiger Täuschung und Nichtigkeit ERMAN/BELLING/RIESENHUBER § 616 Rn 139). Selbst wenn dem unter Hinweis auf das Fehlen einer planwidrigen Regelungslücke widersprochen wird (so LEPKE Rn 728; MünchKomm/MÜLLER-GLÖGE § 8 EFZG Rn 17; ErfKomm/REINHARD § 8 EFZG Rn 16 f; BeckOK ArbR/RICKEN § 8 EFZG Rn 4; TREBER, EFZG [2. Aufl 2007] § 8 EFZG Rn 11; VOGELSANG, Entgeltfortzahlung Rn 231; in dieser Richtung auch HWK/SCHLIEMANN § 8 EFZG Rn 12), gebietet der Zweck des § 8 Abs 1 EFZG die Anwendung der Norm jedenfalls dann, wenn der Aufhebungsvertrag einer zuvor erklärten Anlasskündigung nachfolgt (so zB ErfKomm/REINHARD § 8 EFZG Rn 16; MHdB ArbR/SCHLACHTER [3. Aufl 2009] § 75 Rn 38; TREBER, EFZG [2. Aufl 2007] § 8 EFZG Rn 10; VOGELSANG, Entgeltfortzahlung Rn 230; wohl auch MünchKomm/MÜLLER-GLÖGE § 8 EFZG Rn 17).

433 Eine analoge Anwendung des § 8 Abs 1 S 1 EFZG scheidet aus, wenn der **Aufhebungsvertrag nicht aus Anlass** der krankheitsbedingten Arbeitsunfähigkeit abgeschlossen wird (BAG 28. 11. 1979 – 5 AZR 955/77, AP LohnFG § 6 Nr 10). Ebenso führt die Hinnahme einer Kündigung nicht zu einer einvernehmlichen Aufhebung des Arbeitsverhältnisses (BAG 2. 12. 1981 – 5 AZR 953/79, AP LohnFG § 6 Nr 19 sowie oben Rn 384). Auch die **Beendigung eines fehlerhaften Arbeitsverhältnisses** ist möglich, ohne dass die in § 8 Abs 1 EFZG normierte Aufrechterhaltung der Entgeltfortzahlung eingreift (MHdB ArbR/Greiner § 81 Rn 47; Schmitt/Küfner-Schmitt, EFZG/AAG [8. Aufl 2018] § 8 EFZG Rn 25; Vogelsang, Entgeltfortzahlung Rn 233; im Grundsatz auch GK-EFZR/Steckhan § 6 LFZG Rn 44 f), sofern nicht ausnahmsweise die Arbeitsverhinderung den Anlass für die Anfechtungserklärung bzw die Abstandnahme von dem Vertragsverhältnis lieferte (Kaiser/Dunkl/Hold/Kleinsorge § 8 EFZG Rn 10; Schmitt/Küfner-Schmitt, EFZG/AAG [8. Aufl 2018] § 8 EFZG Rn 25; Kunz/Wedde, EFZR [2. Aufl 2005] § 8 EFZG Rn 14; Lepke Rn 729; Treber, EFZG [2. Aufl 2007] § 8 EFZG Rn 14; **aA** Erman/Belling § 616 Rn 139; HWK/Schliemann § 8 EFZG Rn 13; Vogelsang, Entgeltfortzahlung Rn 233).

cc) Eigenkündigung des Arbeitnehmers

Eine weitere Durchbrechung des Grundsatzes in Rn 415 ordnet **§ 8 Abs 1 S 2 EFZG** für bestimmte Fälle einer **Eigenkündigung des Arbeitnehmers** an. In dieser Konstellation sind die für die Anlasskündigung des Arbeitgebers geltenden Grundsätze anzuwenden. Bei **Berufsausbildungsverhältnissen** und **gleichgestellten Vertragsverhältnissen** (§ 26 BBiG) gilt die Vorschrift wegen des weiten Arbeitnehmerbegriffs (§ 1 Abs 2 EFZG) ebenfalls. Im **Seearbeitsrecht** findet § 8 Abs 1 S 2 EFZG wegen § 104 Abs 1 S 2 SeeArbG Anwendung. 434

Nicht jede Eigenkündigung des Arbeitnehmers verlängert die Pflicht zur Fortzahlung der Vergütung über die Beendigung des Arbeitsverhältnisses hinaus. Diese Rechtsfolge tritt nach § 8 Abs 1 S 2 EFZG nur ein, wenn dem Arbeitnehmer wegen eines vom Arbeitgeber zu vertretenden Grundes die **Fortsetzung des Arbeitsverhältnisses nicht zugemutet** werden kann. Der vom **Arbeitnehmer** für die Eigenkündigung herangezogene Grund muss so gewichtig sein, dass er **berechtigt** wäre, das Arbeitsverhältnis **ohne Einhaltung einer Frist zu kündigen**. Hierfür sind die zu § 626 Abs 1 BGB entwickelten Grundsätze heranzuziehen (MHdB ArbR/Greiner § 81 Rn 48; Kaiser/Dunkl/Hold/Kleinsorge § 8 EFZG Rn 18; Schmitt/Küfner-Schmitt, EFZG/AAG [8. Aufl 2018] § 8 EFZG Rn 51; Kunz/Wedde, EFZR [2. Aufl 2005] § 8 EFZG Rn 30; MünchKomm/Müller-Glöge § 8 EFZG Rn 14; ErfKomm/Reinhard § 8 EFZG Rn 11; HWK/Schliemann § 8 EFZG Rn 28; Treber, EFZG [2. Aufl 2007] § 8 EFZG Rn 31; Vogelsang, Entgeltfortzahlung Rn 257 sowie näher Staudinger/Preis [2019] § 626 Rn 237 ff). 435

Liegt ein wichtiger Grund im Sinne des § 626 Abs 1 BGB vor, dann erhält § 8 Abs 1 S 2 EFZG den Anspruch auf Fortzahlung der Vergütung nicht nur bei einer **außerordentlichen**, sondern auch bei einer **ordentlichen Eigenkündigung** des Arbeitnehmers aufrecht (allgM vgl zB Erman/Belling/Riesenhuber § 616 Rn 144; Brecht, Entgeltfortzahlung § 8 Rn 7; Feichtinger, Entgeltfortzahlung Rn 294; Geyer/Knorr/Krasney § 8 EFZG Rn 37; MHdB ArbR/Greiner § 81 Rn 49; Kaiser/Dunkl/Hold/Kleinsorge § 8 EFZG Rn 18; Kehrmann/Pelikan § 6 Rn 10; Schmitt/Küfner-Schmitt, EFZG/AAG [8. Aufl 2018] § 8 EFZG Rn 53; Kunz/Wedde, EFZR [2. Aufl 2005] § 8 EFZG Rn 31; Schaub/Linck, Arbeitsrechts-Handbuch [17. Aufl 2017] § 98 Rn 67; Müller/Berenz § 8 EFZG Rn 27; MünchKomm/Müller-Glöge § 8 EFZG Rn 14; ErfKomm/Reinhard § 8 EFZG Rn 11; BeckOK ArbR/Ricken § 8 EFZG Rn 11; HWK/Schliemann § 8 EFZG Rn 28; Stumpf/Trümner, in: Kittner/Zwanziger/Deinert/Heuschmid [Hrsg], Arbeitsrecht [9. Aufl 2017] § 39 Rn 143; Vogelsang, Entgeltfortzahlung Rn 253; 436

AR/Vossen § 8 EFZG Rn 11). Die entsprechenden gesetzlichen Regelungen stellen lediglich an den Kündigungsgrund bestimmte qualitative Anforderungen, überlassen die Wahl der Kündigungsart jedoch dem Arbeitnehmer. Stets ist aber erforderlich, dass der Arbeitnehmer die Kündigung innerhalb der **Zwei-Wochen-Frist des § 626 Abs 2 BGB** erklärt. Das gilt auch für die ordentliche Kündigung, da nach Ablauf der Kündigungserklärungsfrist die Wichtigkeit des Kündigungsgrundes entfällt (Kaiser/Dunkl/Hold/Kleinsorge § 8 EFZG Rn 18; MünchKomm/Müller-Glöge § 8 EFZG Rn 14; AR/Vossen § 8 EFZG Rn 11; **aA** MHdB ArbR/Greiner § 81 Rn 49; Schmitt/Küfner-Schmitt, EFZG/AAG [8. Aufl 2018] § 8 EFZG Rn 54; Kunz/Wedde, EFZR [2. Aufl 2005] § 8 EFZG Rn 32; ErfKomm/Reinhard § 8 EFZG Rn 11; BeckOK ArbR/Ricken § 8 EFZG Rn 11; HWK/Schliemann § 8 EFZG Rn 28; Stumpf/Trümner, in: Kittner/Zwanziger/Deinert/Heuschmid [Hrsg], Arbeitsrecht [9. Aufl 2017] § 39 Rn 144; Treber, EFZG [2. Aufl 2007] § 8 EFZG Rn 29; Vogelsang, Entgeltfortzahlung Rn 253 f) und der Arbeitnehmer nicht mehr zur Kündigung „ohne Einhaltung einer Kündigungsfrist" berechtigt ist.

437 Ebenso wie bei der Anlasskündigung des Arbeitgebers (s oben Rn 432) sprechen auch bei der Eigenkündigung des Arbeitnehmers gewichtige Gründe für eine **entsprechende Anwendung** der jeweiligen Bestimmungen, wenn der Arbeitnehmer wegen des „wichtigen Grundes" das Arbeitsverhältnis nicht kündigt, sondern ein von ihm initiierter **Aufhebungsvertrag** das Arbeitsverhältnis einvernehmlich beendet. Den gesetzlichen Vorschriften ist die Wertentscheidung zu entnehmen, dass der Arbeitnehmer den Vergütungsanspruch nicht verlieren soll, wenn ein Grund vorliegt, der zur Unzumutbarkeit der weiteren Fortführung des Arbeitsverhältnisses führt. Dieser Zweck rechtfertigt eine von der Beendigungsart unabhängige Problemlösung (wie hier auch Schmitt/Küfner-Schmitt, EFZG/AAG [8. Aufl 2018] § 8 EFZG Rn 55; **aA** BeckOK ArbR/Ricken § 8 EFZG Rn 13; HWK/Schliemann § 8 EFZG Rn 27 sowie Vogelsang, Entgeltfortzahlung Rn 255, sofern der Arbeitnehmer nicht das Arbeitsverhältnis zuvor aus wichtigem Grund gekündigt hat).

VI. Höhe des fortzuzahlenden Entgelts*

1. Allgemeines

438 Die in § 3 Abs 1 S 1 EFZG aF getroffene Regelung ging davon aus, dass der Arbeitnehmer infolge der krankheitsbedingten Arbeitsverhinderung seinen vertraglichen Vergütungsanspruch nicht verliert. Deshalb war der Arbeitnehmer während der Zeit der Arbeitsverhinderung so zu stellen, als ob er seine arbeitsvertraglich

* **Schrifttum**: Buchner, Die vergütungsrechtlichen Konsequenzen des tarifvertraglichen Freischichtmodells der Metallindustrie, BB 1988, 1245; Gotzen, Die Berechnung des Krankenlohnes für Arbeiter nach dem LFG, BlStSozArbR 1969, 289; Kappenhagen, Lohnausfallprinzip und Bezugsmethode (1991); Landvogt, Überstunden und Gehalts- bzw Lohnfortzahlung bei Krankheit, DB 1970, 1883; Lieb, Zur Problematik der Provisionsfortzahlung im Urlaubs-, Krankheits- und Feiertagsfall, DB 1976, 2207; Marburger, Unterschiede und Gemeinsamkeiten zwischen der Berechnung des Krankengeldes und der Lohnfortzahlung im Krankheitsfalle, BB 1980, 473; Matthes, Lohnfortzahlung und Schlechtwettergeldregelung im Baugewerbe, BB 1970, 1400; Schmitt, Die Berücksichtigung von Überstunden bei der Entgeltfortzahlung im Krankheitsfall im Lichte der Rechtsprechung des Bundesarbeitsgerichts, in: 50 Jahre Bundesarbeitsgericht (2004) 197; Schneider, Lohnfortzahlung im Krankheitsfal-

geschuldeten Leistungen erbracht hätte; es galt nach der gesetzlichen Konzeption das **Entgeltausfallprinzip** (BAG 5. 6. 1985 – 5 AZR 459/83, AP HGB § 63 Nr 39; BAG 16. 7. 2014 – 10 AZR 242/13 Rn 16, NZA 2015, 499; BAG 13. 5. 2015 – 10 AZR 495/14 Rn 29, 31, NZA 2015, 1127; BAG 27. 4. 2016 – 5 AZR 229/15 Rn 22, NZA 2016, 1214; GK-EFZR/Birk § 2 LFZG Rn 1; Feichtinger, Entgeltfortzahlung Rn 299; Erman/Hanau [9. Aufl 1993] § 616 Rn 68; Soergel/Kraft § 616 Rn 39; Stumpf/Trümner, in: Kittner/Zwanziger/Deinert/Heuschmid [Hrsg], Arbeitsrecht [9. Aufl 2017] § 39 Rn 153).

Der Rückgriff auf das Entgeltausfallprinzip verdeutlicht, dass die Entgeltfortzahlung im Krankheitsfall **nicht** den **Lebensstandard** vor dem Krankheitsfall sichern soll (BAG 6. 10. 1976 – 5 AZR 503/75, AP LohnFG § 2 Nr 6; missverständlich BAG 14. 6. 1989 – 5 AZR 505/88, AP LohnFG § 2 Nr 18 wonach der bisherige Lebensstandard nicht beeinträchtigt werden soll; ähnlich zuvor BAG 21. 9. 1971 – 1 AZR 65/71, AP LohnFG § 1 Nr 6). Im Vordergrund steht vielmehr eine wirtschaftliche Absicherung des Arbeitnehmers für das Risiko der krankheitsbedingten Arbeitsverhinderung, die ihn jedoch nicht vor einem aus anderen Gründen eintretenden Verlust des Vergütungsanspruches bewahren soll (BAG 6. 10. 1976 – 5 AZR 503/75, AP LohnFG § 2 Nr 6). 439

Wegen der Änderungen des Entgeltfortzahlungsgesetzes durch das **Arbeitsrechtliche Beschäftigungsförderungsgesetz v 25. 9. 1996** (BGBl I 1476) gelten diese Grundsätze nicht mehr uneingeschränkt. **Erstens** bewirkt die veränderte Gesetzesformulierung in § 3 Abs 1 S 1 EFZG, dass es sich bei der Entgeltfortzahlung im Krankheitsfall nicht mehr um den entgegen § 326 Abs 1 S 1 BGB aufrechterhaltenen arbeitsvertraglichen Vergütungsanspruch handelt. Vielmehr tritt an dessen Stelle ein **eigenständiger Anspruch**, dessen Höhe jedoch nach Maßgabe des entfallenden arbeitsvertraglichen Vergütungsanspruches zu bemessen ist (s oben Rn 188 ff). **Zweitens** erforderte die Festlegung der Höhe des fortzuzahlenden Arbeitsentgelts nach § 4 Abs 1 EFZG idF des BeschFG 1996 zunächst die Bestimmung des dem Arbeitnehmer an sich (hypothetisch) zustehenden Arbeitsentgelts und sodann die Prüfung, ob die so ermittelte **Höhe des Arbeitsentgelts auf 80% zu kürzen** war (näher dazu Staudinger/Oetker [1996] § 616 Rn 412 ff). 440

Das **Korrekturgesetz v 19.12.1998** (s oben Rn 178) beseitigte die in Rn 440 skizzierte Kürzung des fortzuzahlenden Entgelts wieder und kehrte im Grundsatz zu der Rechtslage zurück, die vor Inkrafttreten des BeschFG 1996 galt; § 4 Abs 1 EFZG nF ist identisch mit § 4 Abs 1 S 1 EFZG 1994. Ergänzend zu der bisherigen Gesetzeslage legt § 4 Abs 1a S 1 EFZG nF allerdings fest, dass „das zusätzlich für Überstunden gezahlte Arbeitsentgelt" nicht zu dem nach § 4 Abs 1 EFZG fortzuzahlenden Arbeitsentgelt gehört (s unten Rn 455) und überträgt damit die Grundsätze für die Bemessung des Urlaubsentgelts (§ 11 Abs 1 S 1 BUrlG) in das Entgeltfortzahlungsrecht. § 4 Abs 1a EFZG idF des BeschFG 1996 enthielt diese Kürzung noch nicht, sie wurde aber teilweise von den Tarifvertragsparteien nach Inkrafttreten des BeschFG zur Kompensation vereinbart, um eine Entgeltfortzahlung in Höhe von 100% des bei 441

le bei Mitgliedern von Akkordgruppen, RdA 1973, 300; Veit, Der Anspruch auf Lohnfortzahlung für krankheitsbedingte Fehltage und auf Freizeitausgleich nach dem Freischichtmodell, NZA 1990, 249; Westhoff, Die Fortzahlung der Provision bei Krankheit, Urlaub und in anderen Fällen der Arbeitsverhinderung, NZA 1986 Beil 3, 25; Zietsch, Zur Frage der Lohnfortzahlung im Krankheitsfall beim Job-Sharing, NZA 1997, 526.

regelmäßiger Arbeitszeit zustehenden Arbeitsentgelts zu erreichen (s Harth 82 ff; Schmitt/Küfner-Schmitt, EFZG/AAG [8. Aufl 2018] § 4 EFZG Rn 24 f). Infolge der generellen Ausklammerung der Überstundenvergütungen aus dem fortzuzahlenden Arbeitsentgelt kommt es allerdings zu einer Verdoppelung der wirtschaftlichen Kompensation, wenn die Tarifvertragsparteien nach Inkrafttreten des BeschFG 1996 zu diesem Zweck andere Wege (zB Kürzung von Sonderzahlungen) beschritten hatten.

442 Vorbehaltlich abweichender Vereinbarungen schuldet der Arbeitgeber die fortzuzahlende Vergütung als **Bruttoentgelt** (BAG 31. 5. 1978 – 5 AZR 116/77, AP LohnFG § 2 Nr 9; BAG 27. 4. 2016 – 5 AZR 229/15 Rn 23, NZA 2016, 1214; Brecht, Entgeltfortzahlung § 4 EFZG Rn 4; Feichtinger, Entgeltfortzahlung Rn 320; Geyer/Knorr/Krasney § 4 EFZG Rn 8; Kehrmann/Pelikan § 2 Rn 8; Schmitt/Küfner-Schmitt, EFZG/AAG [8. Aufl 2018] § 4 EFZG Rn 70; Kunz/Wedde, EFZR [2. Aufl 2005] § 4 EFZG Rn 11; vMaydell DB 1973 Beil 15, 8; MünchKomm/Müller-Glöge § 4 EFZG Rn 9; ErfKomm/Reinhard § 4 EFZG Rn 11; BeckOK ArbR/Ricken § 4 EFZG Rn 4; MHdB ArbR/Schlachter [3. Aufl 2009] § 74 Rn 7; Vogelsang, Entgeltfortzahlung Rn 473; AR/Vossen § 4 EFZG Rn 5). Das gilt selbst dann, wenn bei einzelnen Zuschlägen die **Steuerfreiheit entfällt** (BAG 31. 5. 1978 – 5 AZR 116/77, AP LohnFG § 2 Nr 9; ebenso Schmitt/Küfner-Schmitt, EFZG/AAG [8. Aufl 2018] § 4 EFZG Rn 71; MünchKomm/Müller-Glöge § 4 EFZG Rn 9; Treber, EFZG [2. Aufl 2007] § 4 EFZG Rn 32). Der Arbeitgeber ist nicht verpflichtet, einen höheren Bruttolohn zu zahlen, um den bisherigen Nettoverdienst aufrecht zu erhalten (BAG 31. 5. 1978 – 5 AZR 116/77, AP LohnFG § 2 Nr 9). Eine abweichende Abrede, die auf die **Fortzahlung des Nettolohns** gerichtet ist, muss dies unmissverständlich deutlich machen (BAG 31. 5. 1978 – 5 AZR 116/77, AP LohnFG § 2 Nr 9).

2. Festlegung des (hypothetischen) Arbeitsentgelts

a) Bemessungsgrundlagen

443 Die konkrete Höhe der Entgeltfortzahlung ist auf Grund der ausdrücklichen Regelung in § 4 Abs 1 S 1 EFZG aus den (hypothetischen) Faktoren **Arbeitsentgelt** und **Arbeitszeit** zu ermitteln (ebenso BAG 19. 1. 2000 – 5 AZR 637/98, EzA § 4 EFZG Nr 3; BAG 21. 11. 2001 – 5 AZR 296/00, AP EntgeltFG § 4 Nr 56; BAG 26. 6. 2002 – 5 AZR 153/01, AP EntgeltFG § 4 Nr 62; BAG 24. 3. 2004 – 5 AZR 346/03, AP EntgeltFG § 4 Nr 66; BAG 13. 5. 2015 – 10 AZR 495/14 Rn 29, NZA 2015, 1127; BAG 8. 11. 2017 – 5 AZR 11/17 Rn 44, NZA 2018, 528; Schmitt/Küfner-Schmitt, EFZG/AAG [8. Aufl 2018] § 4 EFZG Rn 30; MünchKomm/Müller-Glöge § 4 EFZG Rn 9; ErfKomm/Reinhard § 4 EFZG Rn 11; BeckOK ArbR/Ricken § 4 EFZG Rn 2; MHdB ArbR/Schlachter [3. Aufl 2009] § 74 Rn 7; HWK/Schliemann § 4 EFZG Rn 4; Treber, EFZG [2. Aufl 2007] § 4 EFZG Rn 7; Vogelsang, Entgeltfortzahlung Rn 442; AR/Vossen § 4 EFZG Rn 3). Für den **Entgeltfaktor** folgt dies aus der **Anknüpfung an den vertraglichen Vergütungsanspruch** und für den **Zeitfaktor** aus dem Umstand, dass die Vergütung nur für die Zeit der Arbeitsverhinderung geschuldet ist und diese nur vorliegt, wenn der Arbeitnehmer ohne die krankheitsbedingte Arbeitsverhinderung **zur Arbeitsleistung verpflichtet gewesen wäre**.

b) Entgeltfaktor

444 Die in die Entgeltfortzahlung einzubeziehenden Entgeltfaktoren umfassen **alle geldwerten Leistungen des Arbeitgebers**, die der Arbeitnehmer im Hinblick auf die von ihm zu erbringende **Arbeitsleistung** von dem Arbeitgeber erhält. Das folgt unmittelbar aus dem Zweck der Entgeltfortzahlung, da diese die Rechtsfolge des § 326 Abs 1

S 1 BGB korrigieren und den Arbeitgeber zur Fortgewährung der an sich geschuldeten Gegenleistung verpflichten soll. In die Vergütungsfortzahlung sind deshalb alle Leistungen des Arbeitgebers einzubeziehen, die als **Gegenleistung** in diesem Sinne zu qualifizieren sind (treffend Treber, EFZG [2. Aufl 2007] § 4 EFZG Rn 31; Vogelsang, Entgeltfortzahlung Rn 472). Zum Ausschluss von **Vergütungen für Überstunden** s unten Rn 455 und 456.

Zu dem vom Arbeitgeber fortzuzahlenden Entgelt gehören nicht nur die **Grundvergütung**, sondern auch sonstige **Zuschläge und Zulagen**, die der Arbeitnehmer im Fall der Arbeitsleistung erhalten hätte (zB Erschwernis-, Schmutz- und Gefahrenzulagen sowie Zuschläge für Feiertags-, Wochenend- und Nachtarbeit; s auch MHdB ArbR/Greiner § 81 Rn 6; Schmitt/Küfner-Schmitt, EFZG/AAG [8. Aufl 2018] § 4 EFZG Rn 72; MünchKomm/Müller-Glöge § 4 EFZG Rn 11 f; ErfKomm/Reinhard § 4 EFZG Rn 12; HWK/Schliemann § 4 EFZG Rn 31). Nach Auffassung des Bundesarbeitsgerichtes gilt dies indes nicht für solche Zuschläge, die der Arbeitnehmer für bestimmte Arbeitsstunden erhält, ohne dass es sich bei diesen um „Überstunden" im Sinne von § 4 Abs 1a EFZG handelt (BAG 21. 11. 2001 – 5 AZR 296/00, AP EntgeltFG § 4 Nr 56; BAG 26. 6. 2002 – 5 AZR 592/00, AP EntgeltFG § 4 Nr 61; **aA** Schmitt SAE 2003, 112; Vogelsang, Vergütungsschutz bei flexibler variabler Arbeitszeit [2014] 100 ff). Die gesetzliche Festlegung einzelner Vergütungsbestandteile (Gebühren) steht ihrer Einbeziehung nicht entgegen (RAG 5. 8. 1941 – RAG 59/41, ARS 42, 384). Zu **Trinkgeldern** als vom Arbeitgeber fortzugewährendes Arbeitsentgelt s BAG 28. 6. 1995 – 7 AZR 1001/94, AP BetrVG 1972 § 37 Nr 112; GK-EFZR/Birk § 2 LFZG Rn 38; Treber SAE 1997, 124 sowie oben Rn 124. Sofern der Arbeitgeber als Teil der geschuldeten Arbeitsvergütung die Überlassung eines **Dienstwagens** zur privaten Nutzung schuldet, gilt dies auch für den Zeitraum der Entgeltfortzahlung (LAG Baden-Württemberg 27. 7. 2009 – 15 Sa 25/09, LAGE § 4 EntgeltfortzG Nr 7 sowie zuvor LAG Köln 29. 11. 1995 – 2 Sa 843/95, LAGE § 616 BGB Nr 8). **445**

Ist eine **Monatsvergütung** vereinbart und endet die krankheitsbedingte Arbeitsverhinderung während des laufenden Monats, so ist das monatliche Bruttogehalt durch die in dem betreffenden Monat tatsächlich anfallenden Arbeitstage (ohne gesetzliche Feiertage) zu teilen und der sich danach ergebende Betrag mit der Anzahl der krankheitsbedingten Ausfalltage zu multiplizieren (BAG 14. 8. 1985 – 5 AZR 384/84, AP HGB § 63 Nr 40). **446**

Richtet sich das Arbeitsentgelt nach einer gesetzlichen oder tarifvertraglichen **Mindestlohnbestimmung**, ist zunächst durch deren Auslegung zu ermitteln, ob diese auch für Zeiten krankheitsbedingter Nichtarbeit eine Regelung trifft. Regelmäßig ergibt die Auslegung jedoch, dass der Mindestlohn ausschließlich für Zeiten tatsächlich erbrachter Arbeitsleistung geschuldet ist (so für einen tarifvertraglichen Mindestlohn BAG 13. 5. 2015 – 10 AZR 495/14 Rn 24 ff, NZA 2015, 1127; ebenso für § 1 MiLoG BAG 25. 5. 2016 – 5 AZR 135/16 Rn 19, NZA 2016, 1327; BAG 20. 6. 2018 – 5 AZR 377/17 Rn 9, NZA 2018, 1494; ErfKomm/Franzen § 1 MiLoG Rn 18; MHdB ArbR/Greiner § 81 Rn 5; Greiner/Strippelmann BB 2015, 950 f; Riechert/Nimmerjahn, MiLoG [2. Aufl 2017] § 1 Rn 21 ff; Schaub/Vogelsang, Arbeitsrechts-Handbuch [17. Aufl 2017] § 66 Rn 35; Vogelsang/Wensing NZA 2016, 143 f; **aA** Bayreuther NZA 2015, 391, 392; Waltermann AuR 2015, 170). Gleichwohl strahlt ein gesetzlicher oder tarifvertraglicher Mindestlohn auch auf die Höhe des während der Krankheit vom Arbeitgeber fortzuzahlenden Arbeitsentgelts aus, solange sich dieses nach § 4 Abs 1 EFZG richtet. Da sich der Entgeltfaktor nach der Vergütungs- **447** höhe richtet, die der Arbeitnehmer bei tatsächlich erbrachter Arbeitsleistung erhalten hätte (s oben Rn 396), darf dieser den gesetzlich oder tarifvertraglich pro Arbeitsstunde festgelegten Mindestlohn nicht unterschreiten (so auch BAG 13. 5. 2015 – 10 AZR 495/14 Rn 29 ff, NZA 2015, 1127; BAG 6. 12. 2017 – 5 AZR 699/16 Rn 17, NZA 2018, 582; BAG 20. 6. 2018 – 5 AZR 377/17 Rn 10 f, NZA 2018, 1494; iE ebenso MHdB ArbR/Greiner § 81 Rn 5; Greiner/Strippelmann BB 2015, 950 f; Kocher AuR 2015, 175; MHdB ArbR/Krause § 61 Rn 15; ErfKomm/Reinhard § 4 EFZG Rn 5; BeckOK ArbR/Ricken § 4 EFZG Rn 7; Riechert/Nimmerjahn, MiLoG [2. Aufl 2017] § 1 Rn 27; Schaub/Vogelsang, Arbeitsrechts-Handbuch [17. Aufl 2017] § 66 Rn 35; Vogelsang/Wensing NZA 2016, 142; Waltermann AuR 2015, 170; **aA** ErfKomm/Franzen § 1 MiLoG Rn 20; ders ArbRGegW 52 [2015] 77). Zu von § 4 EFZG abweichenden Bemessungsgrundlagen s unten Rn 526.

448 **Einmalige Zuwendungen** bzw **Sonderzahlungen** (zB Gratifikationen, zusätzliche Monatsgehälter, Urlaubsgelder) beeinflussen nicht die Höhe des fortzuzahlenden Entgelts (allgM s BAG 9. 11. 1972 – 5 AZR 144/72, AP BGB § 611 Anwesenheitsprämie Nr 9; BAG 19. 5. 1982 – 5 AZR 466/80, AP BGB § 611 Anwesenheitsprämie Nr 12; Doetsch/Schnabel/Paulsdorff § 2 Rn 12; Geyer/Knorr/Krasney § 4 EFZG Rn 19; Kehrmann/Pelikan § 2 Rn 19; Schulte/Mimberg/Sabel 146 ff).

449 Besondere Schwierigkeiten bereitet die Bemessung des Entgeltfaktors bei **leistungsabhängigen Vergütungsbestandteilen**. § 4 Abs 1a S 2 EFZG lässt sich zumindest die allgemeingültige Wertentscheidung entnehmen, dass sie als Durchschnittsbetrag in die Entgeltfortzahlung einzubeziehen sind. Das gilt nicht nur für die **Akkordentlohnung**, sondern – ungeachtet der dogmatischen und strukturellen Unterschiede – nach der höchstrichterlichen Rechtsprechung auch für **Provisionen und ähnliche erfolgsbezogenen Vergütungsbestandteile** (vgl BAG 12. 10. 1956 – 1 AZR 464/54, AP HGB § 63 Nr 4; BAG 30. 6. 1960 – 5 AZR 48/59, AP HGB § 63 Nr 13; BAG 5. 6. 1985 – 5 AZR 459/83, AP HGB § 63 Nr 39; LAG Köln 8. 11. 2018 – 6 Sa 256/18, BeckRS 2018, 38289; s auch BAG 11. 1. 1978 – 5 AZR 829/76, AP LohnFG § 2 Nr 7 für Inkassoprämien; allg Westhoff NZA 1986 Beil 3, 25 ff; **aA** Lieb DB 1976, 2207 ff; kritisch auch schon Zöllner DB 1965, 1815 ff, für das Urlaubsentgelt).

450 Die Einbeziehung leistungsabhängiger Vergütungsbestandteile in die Entgeltfortzahlung erfordert stets den **Rückblick** auf einen in der **Vergangenheit** liegenden Zeitraum (BAG 5. 6. 1985 – 5 AZR 459/83, AP HGB § 63 Nr 39). Der **Referenzzeitraum für die Durchschnittsberechnung** kann nicht für alle Formen leistungsabhängiger Vergütungsbestandteile einheitlich bestimmt werden, sondern ist stets so zu bemessen, dass Zufallsergebnisse auszuschließen sind. Die notwendige Länge der Referenzperiode nimmt deshalb proportional mit der Häufigkeit der leistungsabhängigen Zahlungen ab. Bei **häufig oder öfters anfallenden Vergütungsbestandteilen** oder bei einem **Akkordentgelt** reicht deshalb regelmäßig eine auf den letzten Entgeltabrechnungszeitraum bezogene Referenzperiode für eine verlässliche Durchschnittsberechnung aus. Bei **Provisionen und Prämien** ist hingegen zumeist ein längerer Zeitraum erforderlich, normalerweise genügt jedoch eine Referenzperiode von einem Jahr (vgl BAG 5. 6. 1985 – 5 AZR 459/83, AP HGB § 63 Nr 39; s auch BAG 21. 11. 2001 – 5 AZR 296/00, AP EntgeltFG § 4 Nr 56 = EzA § 4 EFZG Nr 4; ferner LAG Köln 8. 11. 2018 – 6 Sa 256/18, BeckRS 2018, 38289). Auf eine Durchschnittsvergütung ist ebenfalls abzustellen, wenn der Arbeitnehmer eine **Akkordvergütung** erhält. Hätte er ohne die krankheitsbedingte Arbeitsverhinderung im **Gruppenakkord** gearbeitet, ist ein Vergleich mit den ver-

bliebenen Gruppenmitgliedern vorzunehmen (BAG 22. 10. 1980 – 5 AZR 438/78, AP LohnFG § 2 Nr 10).

Sämtliche Leistungen des Arbeitgebers, die nicht den Charakter einer Gegenleistung haben, sondern dem Arbeitnehmer tatsächlich entstehende **Aufwendungen** ersetzen sollen, sind nicht fortzuzahlen (§ 4 Abs 1a S 1 EFZG). Ausgenommen sind insbesondere Reisekostenvergütungen, Zuschüsse für Verpflegungsmehraufwendungen, Trennungsentschädigungen und Schmutzzulagen, die Reinigungskosten des Arbeitnehmers ausgleichen sollen. Eine aus Vereinfachungsgründen vorgenommene **Pauschalierung** steht dem Aufwendungsersatzcharakter nicht entgegen, solange die Höhe in der Regel den tatsächlichen Aufwendungen entspricht (zustimmend MHdB ArbR/Greiner § 81 Rn 16; Schmitt/Küfner-Schmitt, EFZG/AAG [8. Aufl 2018] § 4 EFZG Rn 138; Treber, EFZG [2. Aufl 2007] § 4 EFZG Rn 34 sowie AR/Vossen § 4 EFZG Rn 17; **aA** LAG Rheinland-Pfalz 19. 10. 2016 – 4 Sa 188/15, BeckRS 2016, 117339; HWK/Schliemann § 4 EFZG Rn 27, wenn die Pauschale ohne den Nachweis tatsächlicher Aufwendungen geleistet wird). Pauschalierter Aufwendungsersatz ist jedoch zumindest anteilig in das fortzuzahlende Entgelt einzubeziehen, wenn dieser „versteckt" Arbeitsentgelt enthält (ähnlich MHdB ArbR/Greiner § 81 Rn 16). Bei **Fernauslösungen** verneint dies die höchstrichterliche Rechtsprechung, bei **Nahauslösungen** bejaht sie hingegen den Entgeltcharakter unabhängig von dem jeweils steuerpflichtigen Anteil (BAG 2. 10. 1974 – 5 AZR 555/73, AP LohnFG § 2 Nr 5; abweichend wohl BAG 14. 8. 1985 – 5 AZR 76/85, AP LohnFG § 2 Nr 14). Tarifverträge können hinsichtlich der Auslösung auch andere Grundsätze festlegen (s zB BAG 2. 10. 1974 – 5 AZR 555/73, AP LohnFG § 2 Nr 5). 451

Die Grundsätze in Rn 444 bis 451 gelten nicht nur bei einer Bemessung der fortzuzahlenden Vergütung nach dem Entgeltausfallprinzip, sondern auch, wenn die Tarifvertragsparteien auf Grund der Öffnungsklausel in § 4 Abs 4 EFZG hiervon abweichen und das **Referenzprinzip** vereinbaren (s zB BAG 16. 3. 1988 – 5 AZR 40/87, AP LohnFG § 1 Nr 78 sowie unten Rn 522). Vorbehaltlich abweichender Tarifbestimmungen sind **Einmalzahlungen** jedoch nur solange und soweit in die Durchschnittsberechnung einzubeziehen, wie sie eine in dem Bezugszeitraum erbrachte Arbeitsleistung abgelten sollen (BAG 21. 9. 1971 – 1 AZR 88/71, AP LohnFG § 2 Nr 2). 452

c) Arbeitszeitfaktor

Hinsichtlich des Arbeitszeitfaktors ist bei Geltung des Entgeltausfallprinzips grundsätzlich das Arbeitszeitvolumen zugrunde zu legen, das der Arbeitnehmer erbracht hätte, wenn er infolge der Erkrankung nicht an der Arbeitsleistung verhindert gewesen wäre. Maßgeblich ist **nicht** die **betriebliche**, sondern die **individuelle Arbeitszeit**, die für den Arbeitnehmer während der Erkrankung gegolten hätte (BAG 18. 1. 1973 – 5 AZR 362/72, AP LohnFG § 2 Nr 4; BAG 21. 11. 2001 – 5 AZR 296/00, EzA § 4 EFZG Nr 4; BAG 26. 6. 2002 – 5 AZR 153/01, AP EntgeltFG § 4 Nr 62; BAG 24. 3. 2004 – 5 AZR 346/03, AP EntgeltFG § 4 Nr 66; BAG 8. 11. 2017 – 5 AZR 11/17 Rn 45, NZA 2018, 528; LAG Düsseldorf 18. 5. 2000 – 5 Sa 215/00, LAGE § 4 EFZG Nr 5; Feichtinger, Entgeltfortzahlung Rn 302; MHdB ArbR/Greiner § 81 Rn 19; Gutzeit 88; Kaiser/Dunkl/Hold/Kleinsorge § 4 EFZG Rn 54; Schmitt/Küfner-Schmitt, EFZG/AAG [8. Aufl 2018] § 4 EFZG Rn 31; Kunz/Wedde, EFZR [2. Aufl 2005] § 4 EFZG Rn 40; Schaub/Linck, Arbeitsrechts-Handbuch [17. Aufl 2017] § 98 Rn 75; MünchKomm/Müller-Glöge § 4 EFZG Rn 4; ErfKomm/Reinhard § 4 EFZG Rn 3; BeckOK ArbR/Ricken § 4 EFZG Rn 17; HWK/Schliemann § 4 EFZG Rn 6; Treber, EFZG [2. Aufl 2007] § 4 EFZG Rn 8; Vogelsang, Entgeltfortzahlung Rn 443; AR/Vossen § 4 EFZG Rn 22). 453

454 Es sind nur solche **geldwerten Leistungen** fortzuzahlen, auf die der Arbeitnehmer bei einem Hinwegdenken der krankheitsbedingten Arbeitsunfähigkeit einen **Anspruch** gehabt hätte, was voraussetzt, dass der Arbeitnehmer ohne die Krankheit eine Arbeitsleistung erbracht hätte. Ist dies unsicher, weil es hierfür eines im Ermessen des Arbeitgebers stehenden Abrufs bedarf, so steht dem Arbeitnehmer kein rechtlich gesicherter Vergütungsanspruch während der Zeit der krankheitsbedingten Arbeitsverhinderung zu. Das ist nicht nur bei einsatzabhängigen **Spiel- und Siegprämien von Lizenzfußballspielern** (hierzu BAG 6. 12. 1995 – 5 AZR 237/94, AP BGB § 611 Berufssport Nr 9; BAG 22. 8. 1984 – 5 AZR 539/81, AP BGB § 616 Nr 65; LAG Niedersachsen 11. 1. 1989 – 5 Sa 1345/88, LAGE § 616 BGB Nr 3), sondern auch bei Arbeitnehmern mit **kapazitätsorientierter variabler Arbeitszeit** (§ 12 TzBfG) von besonderer Bedeutung. Solange der Arbeitnehmer die vertraglich festgelegte Dauer der Arbeitszeit trotz der Erkrankung noch erfüllen kann, sprechen die besseren Gründe dafür, dass während der Erkrankung keine Vergütung geschuldet ist (so auch Hanau RdA 1987, 29; Schmitt/Küfner-Schmitt, EFZG/AAG [8. Aufl 2018] § 4 EFZG Rn 43; **aA** Meyer, Kapazitätsorientierte Variable Arbeitszeit [1989] 122 ff; Vogelsang, Vergütungsschutz bei flexibler variabler Arbeitszeit [2014] 74 f). Diese Grundsätze gelten bei einer **Arbeitsplatzteilung** entsprechend (job-sharing; hierzu Danne, Das Job-sharing [1985] 77 f; Schmitt/Küfner-Schmitt, EFZG/AAG [8. Aufl 2018] § 4 EFZG Rn 52 ff; Schüren, Job Sharing [1983] 139 ff; Vogelsang, Entgeltfortzahlung Rn 466). Trifft den Arbeitgeber bei **kapazitätsorientierter variabler Arbeitszeit** eine Pflicht zur Entgeltfortzahlung, weil der Arbeitnehmer das vertraglich vereinbarte oder als vereinbart geltende wöchentliche Arbeitszeitvolumen nicht mehr erfüllen kann (s oben Rn 204), dann ist der maßgebliche Arbeitszeitfaktor („regelmäßige Arbeitszeit“) nach einem Referenzzeitraum zu bestimmen, für den § 12 Abs 4 TzBfG regelmäßig die letzten drei Monate vor Beginn der Arbeitsunfähigkeit zugrundelegt.

455 Ähnlich wie bei der Bemessung des Urlaubsentgelts (§ 11 Abs 1 S 1 BUrlG) führen **Überstunden** bei der Entgeltfortzahlung im Krankheitsfalle selbst dann nicht zur Erhöhung des **Arbeitszeitfaktors**, wenn diese **während des Zeitraums der Arbeitsverhinderung** angefallen und normalerweise auch von dem erkrankten Arbeitnehmer erbracht worden wären. Damit korrigiert § 4 Abs 1a S 1 EFZG die einhellige frühere Ansicht, Überstunden stets dann bei dem Arbeitszeitfaktor zu berücksichtigen, wenn diese zur „regelmäßigen“ Arbeitszeit gehörten (s BAG 8. 5. 1972 – 5 AZR 428/71, AP LohnFG § 2 Nr 3; BAG 15. 2. 1978 – 5 AZR 739/76, AP LohnFG § 2 Nr 8; BAG 3. 5. 1989 – 5 AZR 249/88, AP LohnFG § 2 Nr 19; grdl zuvor BAG 24. 10. 1963 – 2 AZR 444/62, AP ArbKrankhG § 2 Nr 18). Überstunden im Sinne des § 4 Abs 1a S 1 EFZG sind nicht die über die betriebliche Arbeitszeit hinaus geleisteten Arbeitsstunden (so aber Kaiser/Dunkl/Hold/Kleinsorge § 4 EFZG Rn 33; Kunz/Wedde, EFZR [2. Aufl 2005] § 4 EFZG Rn 29). Wegen der Anknüpfung an die „regelmäßige Arbeitszeit“ in § 4 Abs 1 EFZG ist vielmehr die **einzel- oder kollektivvertraglich vereinbarte Arbeitszeit** des erkrankten Arbeitnehmers maßgebend (so auch BAG 21. 11. 2001 – 5 AZR 296/00, AP EntgeltFG § 4 Nr 56; BAG 24. 3. 2004 – 5 AZR 346/03, AP EntgeltFG § 4 Nr 66; BAG 8. 11. 2017 – 5 AZR 11/17 Rn 45, NZA 2018, 528; LAG Düsseldorf 16. 1. 2001 – 8 Sa 1457/00, NZA-RR 2001, 364; MHdB ArbR/Greiner § 81 Rn 23; Schmitt/Küfner-Schmitt, EFZG/AAG [8. Aufl 2018] § 4 EFZG Rn 132; Vogelsang, Vergütungsschutz bei flexibler variabler Arbeitszeit [2014] 78 ff; s auch BAG 21. 11. 2001 – 5 AZR 296/00, EzA § 4 EFZG Nr 4; LAG Düsseldorf 18. 5. 2000 – 5 Sa 215/00, NZA-RR 2000, 539). Die übliche Arbeitszeit im Betrieb ist erst heranzuziehen, wenn eine für das konkrete Arbeitsverhältnis maßgebende Abrede fehlt. Offen bleibt damit indes die Frage, ob Überstunden infolge ihrer regelmäßigen Erbringung in der Vergangenheit integraler Bestandteil der regelmäßigen individuellen Arbeitszeit werden und hierdurch ihren Charakter als „Überstunden" im Sinne von § 4 Abs 1a EFZG verlieren (hierfür VOGELSANG, Vergütungsschutz bei flexibler variabler Arbeitszeit [2014] 86 ff; im Grundsatz auch BAG 9. 7. 2003 – 5 AZR 611/01, BeckRS 2003, 31049244 sowie nachfolgend BAG 8. 11. 2017 – 5 AZR 11/17 Rn 45, NZA 2018, 528). Dieser Sichtweise steht jedoch die Absicht des Gesetzgebers entgegen, derartige Überstunden aus dem Arbeitszeitfaktor für das im Krankheitsfall zu leistende Arbeitsentgelt auszuklammern.

Zu den Überstunden im Sinne des § 4 Abs 1a S 1 EFZG zählt auch die sog **Mehrarbeit**, die über die im Arbeitszeitgesetz festgelegten zeitlichen Grenzen hinaus geleistet wird. Ihre Einbeziehung in das fortzuzahlende Arbeitsentgelt bei einem regelmäßigen Anfall (hierfür MHdB ArbR/SCHLACHTER [3. Aufl 2009] § 74 Rn 14) trägt dem Zweck des § 4 Abs 1a S 1 EFZG unzureichend Rechnung. Das gilt in vergleichbarer Weise, wenn der Arbeitnehmer außerhalb seiner individuellen Arbeitszeit wie Mehrarbeit vergütete **Betriebsratsarbeit** leistet; wird diese ständig zusätzlich der individuellen Arbeitszeit geleistet, ohne dass eine bezahlte Arbeitsbefreiung gewährt wird, erhöht sich die in die Entgeltfortzahlung einzubeziehende individuelle Arbeitszeit. Erhält der Arbeitnehmer eine **Überstundenpauschale**, die unabhängig von den tatsächlich zu leistenden Überstunden gezahlt wird, dann spricht der Zweck des § 4 Abs 1a S 1 EFZG gegen eine Ausklammerung dieser Pauschale aus dem fortzuzahlenden Arbeitsentgelt (so LAG Düsseldorf 16. 1. 2001 – 8 Sa 1457/00, NZA-RR 2001, 364 f). Da § 4 Abs 1a S 1 EFZG das für Überstunden gezahlte Arbeitsentgelt pauschal aus dem nach § 4 Abs 1 EFZG fortzuzahlenden Arbeitsentgelt ausklammert, werden nicht nur **Überstundenzuschläge**, sondern die Überstunden insgesamt unter Einschluss der **Grundvergütung** erfasst (BAG 19. 1. 2000 – 5 AZR 637/98, EzA § 4 EFZG Nr 3; BAG 21. 11. 2001 – 5 AZR 296/00, AP EntgeltFG § 4 Nr 56; BAG 26. 6. 2002 – 5 AZR 153/01, AP EntgeltFG § 4 Nr 62; BAG 24. 3. 2004 – 5 AZR 346/03, AP EntgeltFG § 4 Nr 66; BAG 8. 11. 2017 – 5 AZR 11/17 Rn 45, NZA 2018, 528; FEICHTINGER, Entgeltfortzahlung Rn 306; KAISER/DUNKL/HOLD/KLEINSORGE § 4 EFZG Rn 34; SCHMITT/KÜFNER-SCHMITT, EFZG/AAG [8. Aufl 2018] § 4 EFZG Rn 130; LÖWISCH BB 1999, 105; MARIENHAGEN/KÜNZL § 4 EFZG Rn 17a; MÜLLER/BERENZ § 4 EFZG Rn 10; MünchKomm/MÜLLER-GLÖGE § 4 EFZG Rn 11; VIETHEN 23; VOGELSANG, Vergütungsschutz bei flexibler variabler Arbeitszeit [2014] 83 ff). 456

Arbeitszeitausfälle (zB durch Kurzarbeit) während des Erkrankungszeitraumes führen in konsequenter Umsetzung des Entgeltausfallprinzips zur Minderung der fortzuzahlenden Vergütung, wenn diese auch den erkrankten Arbeitnehmer betroffen hätten und ohne die krankheitsbedingte Arbeitsverhinderung ebenfalls kein oder nur ein geringerer Vergütungsanspruch entstanden wäre (BAG 6. 10. 1976 – 5 AZR 503/75, AP LohnFG § 2 Nr 6). Das gilt auch, wenn per Tarifvertrag für die Höhe der fortzuzahlenden Vergütung statt des Entgeltausfallprinzips das Referenzprinzip zur Anwendung kommt (BAG 6. 10. 1976 – 5 AZR 503/75, AP LohnFG § 2 Nr 6). § 4 Abs 3 EFZG hält diesen aus dem Entgeltausfallprinzip folgenden allgemeinen Grundsatz für die Kurzarbeit ausdrücklich fest. 457

Besondere Probleme hinsichtlich der Bemessung des Arbeitszeitfaktors wirft die tarifliche Festlegung einer regelmäßigen wöchentlichen Arbeitszeit auf, wenn die **individuelle Arbeitszeit** nicht gleichmäßig, sondern **ungleichmäßig auf die einzelnen** 458

Arbeitstage verteilt ist und freie Tage die Differenz zur tariflichen Regelarbeitszeit ausgleichen. Solange sich die Entgeltfortzahlung nach dem **Entgeltausfallprinzip** bemisst, ist bezüglich des Arbeitszeitfaktors nicht auf die tarifliche Regelarbeitszeit, sondern auf die **konkrete individuelle Arbeitszeit an dem jeweiligen Ausfalltag** abzustellen (BAG 14. 6. 1989 – 5 AZR 505/88, AP LohnFG § 2 Nr 18; s bereits BAG 18. 1. 1973 – 5 AZR 362/72, AP LohnFG § 2 Nr 4). Bei einer längeren als der tariflichen Regelarbeitszeit, ist erstere als Zeitfaktor zugrunde zu legen, da der Arbeitnehmer in diesem Umfang keine Arbeit erbringen konnte (BAG 2. 12. 1987 – 5 AZR 602/86, AP FeiertagslohnzahlungsG § 1 Nr 53; BAG 14. 6. 1989 – 5 AZR 505/88, AP LohnFG § 2 Nr 18; GEYER/KNORR/KRASNEY § 4 EFZG Rn 38; LÖWISCH SAE 1989, 121; OETKER Anm zu BAG EzA § 4 TVG Metallindustrie Nr 40, 41; VEIT NZA 1990, 250 f; **aA** BUCHNER RdA 1990, 13 f sowie ders BB 1988, 1245 ff [für Feiertagslohnfortzahlung]).

459 Umgekehrt entfällt die Pflicht zur Fortzahlung der Vergütung, wenn die **Arbeitsverhinderung** an einem unbezahlten **Zeitausgleichstag** eintritt, da der Arbeitnehmer an diesem auch ohne die Erkrankung keine Arbeitsleistung erbracht hätte (so auch BUCHNER Anm zu BAG EzA § 1 LohnFG Nr 95; GK-EFZR/BIRK § 2 LFZG Rn 23; SCHMITT/KÜFNER-SCHMITT, EFZG/AAG [8. Aufl 2018] § 4 EFZG Rn 49). Diese Grundsätze können nur bei einer vom Gesetz abweichenden Festlegung des Entgeltfaktors zu anderen Ergebnissen führen, wenn sich die Bemessung des Arbeitsentgelts nicht nach der konkret-individuellen Arbeitszeit, sondern nach der tariflichen Regelarbeitszeit richtet und der Arbeitgeber auch für die Zeitausgleichstage eine Vergütung schuldet.

460 Die Grundsätze in den Rn 458 und 459 gelten nur, wenn für die Fortzahlung der Vergütung das **Entgeltausfallprinzip** anzuwenden ist. Jedoch sind die **Tarifvertragsparteien** auf Grund der Öffnungsklausel in § 4 Abs 4 EFZG berechtigt, hinsichtlich des Arbeitszeitfaktors ebenfalls das **Referenzprinzip** vorzusehen, sodass auf die Arbeitszeit in dem Referenzzeitraum abzustellen ist (s zB BAG 5. 10. 1988 – 5 AZR 352/87, AP LohnFG § 1 Nr 80; BAG 15. 2. 1989 – 5 AZR 351/87, AP LohnFG § 2 Nr 16 sowie unten Rn 461). Das gilt insbesondere bei den Sachverhalten in Rn 458 einer ungleichmäßigen Verteilung der individuellen Arbeitszeit (vgl BAG 5. 10. 1988 – 5 AZR 352/87, AP LohnFG § 1 Nr 80; BAG 8. 3. 1989 – 5 AZR 116/88, AP LohnFG § 2 Nr 17; s auch BUCHNER Anm zu BAG EzA § 1 LohnFG Nr 95).

3. Kürzung des hypothetischen Arbeitsentgelts

461 Das nach den Grundsätzen in Rn 443 bis 460 ermittelte hypothetische Arbeitsentgelt war nach der bis zum 1. 1. 1999 geltenden und auf Grund des **Arbeitsrechtlichen Beschäftigungsförderungsgesetzes v 25.9.1996** (s oben Rn 177) geschaffenen Regelung in § 4 Abs 1 EFZG aF auf **80% zu kürzen**. Einen Anspruch auf eine ungekürzte Fortzahlung des Arbeitsentgelts sah § 4 Abs 1 S 2 EFZG aF nur vor, wenn ein Arbeitsunfall oder eine Berufskrankheit den Anspruch ausgelöst oder der Arbeitnehmer die in § 4a EFZG aF ermöglichte Anrechnung auf den Erholungsurlaub ausgeübt hatte (näher STAUDINGER/OETKER [1996] § 616 Rn 412 ff). Das **Korrekturgesetz v 19.12.1998** (s oben Rn 178) stellte den zuvor geltenden Rechtszustand grundsätzlich wieder her. Abgesehen von der zugleich geschaffenen Sonderregelung für Überstunden in § 4 Abs 1a S 1 EFZG (s oben Rn 453 f) ist die pauschale Absenkung des fortzuzahlenden Arbeitsentgelts einschließlich ihrer Ausnahmen entfallen; der Arbeitgeber ist seit dem 1. 1. 1999 wieder verpflichtet, das dem Arbeitnehmer bei

„regelmäßiger Arbeitszeit" zustehende Arbeitsentgelt in Höhe von 100% fortzuzahlen.

4. Höhe der Entgeltfortzahlung bei Maßnahmen der medizinischen Vorsorge oder Rehabilitation

Sofern dem Arbeitnehmer nach § 9 EFZG während der Teilnahme an einer Maßnahme der medizinischen Vorsorge oder Rehabilitation ein Anspruch auf Entgeltfortzahlung zusteht (s oben Rn 286 ff), ordnet § 9 Abs 1 S 1 und 2 EFZG die entsprechende Geltung der §§ 3 bis 4a EFZG an. Auch in diesem Fall bemisst sich die Höhe des vom Arbeitgeber fortzuzahlenden Arbeitsentgelts nach der für den Arbeitnehmer maßgebenden regelmäßigen Arbeitszeit. Ebenso wie im Krankheitsfall ist das Arbeitsentgelt in Höhe von 100% fortzuzahlen; Überstunden bleiben bei der Ermittlung der „regelmäßigen Arbeitszeit" wegen § 4 Abs 1a S 1 EFZG unberücksichtigt. 462

Das durch **§ 10 BUrlG aF** eingeräumte Recht des Arbeitgebers zur Anrechnung auf den Erholungsurlaub (s oben Rn 297) hob das **Korrekturgesetz v 19.12.1998** (s oben Rn 178) wieder auf; seit dem 1. 1. 1999 legt § 10 BUrlG nF ausdrücklich fest, dass für den Zeitraum der Entgeltfortzahlung eine Anrechnung auf den Erholungsurlaub ausgeschlossen ist. 463

VII. Ausgleich der wirtschaftlichen Belastung des Arbeitgebers

1. Regress des Arbeitgebers*

Die wirtschaftlichen Belastungen der Entgeltfortzahlung im Krankheitsfall kann der Arbeitgeber vorbehaltlich einer Erstattung nach dem Aufwendungsausgleichsgesetz (AAG; hierzu unten Rn 482 ff) nur über einen Regress ausgleichen, wenn durch die 464

* **Schrifttum**: Benner, Entgeltfortzahlung und Dritthaftung, DB 1999, 482; Benz, Der Rückgriff des Arbeitgebers gegen Schädiger seines Arbeitnehmers, BB 1969, 585; Bickel, Gesetzlicher Übergang eines Schadensersatzanspruches eines Arbeiters wegen Verdienstausfalls auf den Arbeitgeber bei Lohnfortzahlung, DB 1970, 1128; Bomhard, Schadensersatzumfang bei Dritthaftung nach dem Lohnfortzahlungsgesetz (LFZG), VersR 1974, 316; Burmann/Jahnke, Lohnfortzahlung und Regress des Arbeitgebers bei nicht bewiesener Verletzung des Arbeitnehmers, NZV 2013, 313; Denck, Lohnfortzahlungsregress und „kranke" Haftpflichtversicherung des Schädigers, VersR 1980, 9; ders, Gehaltsfortzahlungsrückgriff im Krankheitsfall, ZfA 1992, 1; Hanau, Lohnfortzahlung, Haftung und „Direktanspruch" bei einer von Angehörigen des Arbeitnehmers zu vertretenden Krankheit, BB 1968, 1044; Lehmann, Umfang des Forderungsüberganges bei Dritthaftung nach § 4 LFZG, DB 1972, 1390; Marburger, Zweifelsfragen bei Anwendung des § 4 Lohnfortzahlungsgesetz, BB 1972, 320; ders, Zur Konkurrenz zwischen Ersatzansprüchen des Arbeitgebers und der Krankenkasse bei KfZ-Unfall des Arbeitnehmers, DB 1975, 932; ders, Ausschluss der Arbeitgeberhaftung bei Arbeitsunfällen und Arbeitgeberansprüche nach § 4 LFZG, DB 1976, 1528; ders, Regress des Arbeitgebers bei Fortzahlung des Arbeitsentgelts (1984); ders, Konkurrenz zwischen Arbeitgeber und Krankenkasse bei Schadensersatzansprüchen?, RdA 1987, 334; Mittelmeier, Nochmals: Schadensersatzumfang bei Dritthaftung nach dem Lohnfortzahlungsgesetz, VersR 1974, 1055; ders, Regress des Arbeitgebers bei Fortzahlung des Arbeitsentgelts (1984); ders, ArbeitgeberRegress bei Fortzahlung des Arbeitsentgelts – insbes beim Weihnachtsgeld

Krankheit des Arbeitnehmers eine zum Schadensersatz verpflichtende Handlung eines Dritten verursacht worden ist. Trotz der Entgeltfortzahlung des Arbeitgebers erleidet der Arbeitnehmer einen eigenen Verdienstausfallschaden, den der Schädiger ersetzen muss (s allg oben Rn 134 ff).

465 In Ergänzung dazu ordnet § 6 EFZG den Übergang des dem Arbeitnehmer gegen den Dritten zustehenden Schadensersatzanspruches auf den Arbeitgeber an. Der Gesetzeswortlaut legt eine Beschränkung auf einen **Ersatz des Schadens im Sinne der §§ 249 ff BGB** nahe; **Aufwendungsersatzansprüche** des Arbeitnehmers gegen den Dritten sind durch dieses enge Verständnis ausgeschlossen (ErfKomm/Reinhard § 6 EFZG Rn 10 aE; MHdB ArbR/Greiner § 83 Rn 28; BeckOK ArbR/Ricken § 6 EFZG Rn 3; **aA** MünchKomm/Müller-Glöge § 6 EFZG Rn 9; Treber, EFZG [2. Aufl 2007] § 6 EFZG Rn 25; kritisch auch Sieg BB 1996, 1766 f). Der **Übergang** des Schadensersatzanspruches ist **aufschiebend bedingt** durch die **tatsächliche Leistung des Arbeitgebers**, er geht – anders als nach § 116 SGB X – nicht bereits mit dem Entstehen der Leistungspflicht auf den Arbeitgeber über (LG Saarbrücken 15. 7. 2016 – 13 S 51/16, NJW-RR 2017, 409; Brecht, Entgeltfortzahlung § 6 EFZG Rn 6; Feichtinger, Entgeltfortzahlung Rn 435; MHdB ArbR/Greiner § 83 Rn 29; Kehrmann/Pelikan § 4 Rn 3; Kunz/Wedde, EFZR [2. Aufl 2005] § 6 EFZG Rn 82; MünchKomm/Müller-Glöge § 6 EFZG Rn 11; ErfKomm/Reinhard § 6 EFZG Rn 15; BeckOK ArbR/Ricken § 6 EFZG Rn 23; Schmitt/Schmitt, EFZG/AAG [8. Aufl 2018] § 6 EFZG Rn 62; GK-EFZR/Steckhan § 4 LFZG Rn 35; Treber, EFZG [2. Aufl 2007] § 6 EFZG Rn 28; Vogelsang, Entgeltfortzahlung Rn 689).

466 Der Übergang des Anspruches auf den Arbeitgeber verändert nicht dessen Rechtsnatur, er behält den Charakter eines **zivilrechtlichen Schadensersatzanspruches** (zustimmend LG Saarbrücken 15. 7. 2016 – 13 S 51/16, NJW-RR 2017, 409) und ist deshalb nicht vor den Arbeitsgerichten, sondern vor den **ordentlichen Gerichten** geltend zu machen (Feichtinger, Entgeltfortzahlung Rn 422; Geyer/Knorr/Krasney § 6 EFZG Rn 7; MHdB ArbR/Greiner § 83 Rn 59; Kunz/Wedde, EFZR [2. Aufl 2005] § 6 EFZG Rn 123; ErfKomm/Reinhard § 6 EFZG Rn 3; BeckOK ArbR/Ricken § 6 EFZG Rn 38; GK-EFZR/Steckhan § 4 LFZG Rn 7; Treber, EFZG [2. Aufl 2007] § 6 EFZG Rn 6). Eine Ausnahme kommt allenfalls dann in Betracht, wenn der Arbeitnehmer im Rahmen eines Zweitarbeitsverhältnisses von dem Zweitarbeitgeber geschädigt wurde, sodass ein Ersatzanspruch auf arbeitsvertraglicher Grundlage besteht (LG Ravensburg 15. 3. 2010 – 4 O 416/09, BeckRS 2010, 08980).

---

und Urlaubsentgelt, VersR 1987, 846; Neumann/Duesberg, Forderungsübergang auf den Arbeitgeber bei Dritthaftung im Falle der Gehaltsfortzahlung an Angestellte, BB 1970, 493; Ortlepp, Die Behandlung des Unfallversicherungsbeitrages im Rahmen des § 4 LFZG, BlStSozArbR 1971, 118; ders, Schadensausgleich zwischen Betrieb und Drittschädiger im Rahmen des § 4 LFZG, BlStSozArbR 1972, 201; Peters, Der Schadensausgleich im Falle der Lohnfortzahlung (Diss Bochum 1968); Platzer, Der Umfang des Forderungsübergangs bei Dritthaftung im Baugewerbe, BB 1993, 1212; Riedmaier, Übergang der Schadensersatzansprüche unfallverletzter Arbeitnehmer (Beamter) auf Arbeitgeber (Dienstherren) – Zur Problematik des sog Arbeitgeberschadens, DB 1980, 64; Schleich, Arbeitsentgeltfortzahlung und Schadensersatz, DAR 1993, 409; Schlünder, Forderungsübergang bei Dritthaftung, NZA 2012, 1126; Schmidt, Umfang des Schadensersatzes bei Dritthaftung nach dem Lohnfortzahlungsgesetz, DB 1972, 190; Sieg, Mechanismen zur Minderung des Risikos der Entgeltfortzahlung bei Krankheit, BB 1996, 1766.

Im Hinblick auf den Rechtsgedanken in **§ 86 Abs 3 VVG** bzw **§ 116 Abs 6 S 1 SGB X** scheidet der Übergang des Anspruches bei einer **nicht vorsätzlichen Schädigung durch Familienangehörige** des Arbeitnehmers aus (stRspr s BGH 4. 3. 1976 – VI ZR 60/75, AP LohnFG § 4 Nr 2; OLG Dresden 8. 9. 1999 – 8 U 2048/99, VersR 2001, 1036; für das Schrifttum zB Boecken NZA 1999, 681; Brecht, Entgeltfortzahlung § 6 EFZG Rn 4; Denck RdA 1980, 252; Feichtinger, Entgeltfortzahlung Rn 424 ff; Gamillscheg, Arbeitsrecht I [8. Aufl 2000] 357; Hanau BB 1968, 1044 ff; Kaiser/Dunkl/Hold/Kleinsorge § 6 EFZG Rn 14; Kehrmann/Pelikan § 4 Rn 2; vKoppenfels-Spies, Die cessio legis [2006] 261; Kunz/Wedde, EFZR [2. Aufl 2005] § 6 EFZG Rn 34 ff; Schaub/Linck, Arbeitsrechts-Handbuch [17. Aufl 2017] § 98 Rn 130; ArbR-BGB/Matthes § 616 Rn 210; ErfKomm/Reinhard § 6 EFZG Rn 7; BeckOK ArbR/Ricken § 6 EFZG Rn 8; HWK/Schliemann § 6 EFZG Rn 8; Schmitt/Schmitt, EFZG/AAG [8. Aufl 2018] § 6 EFZG Rn 27; Schulte/Mimberg/Sabel 177 ff; Sieg BB 1996, 1768; GK-EFZR/Steckhan § 4 LFZG Rn 31; Treber, EFZG [2. Aufl 2007] § 6 EFZG Rn 15; Vogelsang, Entgeltfortzahlung Rn 652). **467**

Wegen der Fiktion der Familienangehörigkeit in § 11 Abs 1 LPartG gilt das Familienprivileg in § 86 Abs 3 VVG bzw § 116 Abs 6 S 1 SGB X ebenfalls für die Partner einer **eingetragenen Lebenspartnerschaft** (MHdB ArbR/Greiner § 83 Rn 31; Schaub/Linck, Arbeitsrechts-Handbuch [17. Aufl 2017] § 98 Rn 130; Kunz/Wedde, EFZR [2. Aufl 2005] § 6 EFZG Rn 45; ErfKomm/Reinhard § 6 EFZG Rn 8; HWK/Schliemann § 6 EFZG Rn 8; Schmitt/Schmitt, EFZG/AAG [8. Aufl 2018] § 6 EFZG Rn 30; Treber, EFZG [2. Aufl 2007] § 6 EFZG Rn 17; Vogelsang, Entgeltfortzahlung Rn 656; iE auch MünchKomm/Müller-Glöge § 6 EFZG Rn 5). Analog § 116 Abs 6 S 1 SGB X muss hinzukommen, dass der geschädigte Arbeitnehmer mit dem schädigenden Familienangehörigen in **häuslicher Gemeinschaft** lebt (Schaub/Linck, Arbeitsrechts-Handbuch [17. Aufl 2017] § 98 Rn 130; HWK/Schliemann § 6 EFZG Rn 8; einschränkend MHdB ArbR/Greiner § 83 Rn 31). **468**

Im Unterschied zu § 67 Abs 2 VVG aF dehnt § 86 Abs 3 VVG das Haftungsprivileg auf alle Personen aus, die mit dem Versicherten in häuslicher Gemeinschaft leben, verzichtet also auf eine besondere und durch die Familienangehörigkeit vermittelte familienrechtliche Beziehung. Deshalb sind auch die Partner einer **nichtehelichen Lebensgemeinschaft** in die Privilegierung durch § 86 Abs 3 VVG einbezogen (s BGH 22. 4. 2009 – IV ZR 160/07, BGHZ 180, 272 Rn 17 ff, zur analogen Anwendung von § 67 Abs 2 VVG aF). Wegen des mit § 116 Abs 6 S 1 SGB X intendierten Gleichlaufs mit der privatversicherungsrechtlichen Parallelnorm hat der Bundesgerichtshof zu § 116 Abs 6 S 1 SGB X seine frühere gegenläufige Judikatur (s BGH 1. 12. 1987 – VI ZR 50/87, NJW 1988, 1092 f) aufgegeben und erstreckt den personellen Schutzbereich des § 116 Abs 6 S 1 SGB X mittels einer entsprechenden Anwendung auch auf die Partner einer nichtehelichen Lebensgemeinschaft (BGH 5. 2. 2013 – VI ZR 274/12, BGHZ 196, 122 ff). Entgegen der früher hier vertretenen Auffassung (s Staudinger/Oetker [2011] § 616 Rn 417) gilt die hiermit verbundene Ausdehnung der Regressprivilegierung auch im Rahmen von § 6 EFZG (so bereits iE auch Boecken NZA 1999, 681; Kunz/Wedde, EFZR [2. Aufl 2005] § 6 EFZG Rn 44; ferner MünchKomm/Müller-Glöge § 6 EFZG Rn 11; BeckOK ArbR/Ricken § 6 EFZG Rn 12; MHdB ArbR/Schlachter [3. Aufl 2009] § 76 Rn 7; Schmitt/Schmitt, EFZG/AAG [8. Aufl 2018] § 6 EFZG Rn 32 ff; Stumpf/Trümner, in: Kittner/Zwanziger/Deinert/Heuschmid [Hrsg], Arbeitsrecht [9. Aufl 2017] § 39 Rn 277; Treber, EFZG [2. Aufl 2007] § 6 EFZG Rn 17; **aA** noch ErfK/Reinhard § 6 EFZG Rn 8; HWK/Schliemann § 6 EFZG Rn 8; Schlünder NZA 2012, 1127; Schmitt, EFZG/AAG [7. Aufl 2012] § 6 EFZG Rn 31). **469**

470 Eine Inanspruchnahme des Dritten ist ferner ausgeschlossen, wenn ein Schadensersatzanspruch des geschädigten Arbeitnehmers nach den **§§ 104, 105 SGB VII** (hierzu unten § 618 Rn 327 ff) entfällt (allgM vgl zB Brecht, Entgeltfortzahlung § 6 EFZG Rn 4; Feichtinger, Entgeltfortzahlung Rn 430; MHdB ArbR/Greiner § 83 Rn 33; Kunz/Wedde, EFZR [2. Aufl 2005] § 6 EFZG Rn 47 ff; Schaub/Linck, Arbeitsrechts-Handbuch [17. Aufl 2017] § 98 Rn 131; ErfKomm/Reinhard § 6 EFZG Rn 9; BeckOK ArbR/Ricken § 6 EFZG Rn 14; HWK/Schliemann § 6 EFZG Rn 9; Schlünder NZA 2012, 1127 ff; Schmitt/Schmitt, EFZG/AAG [8. Aufl 2018] § 6 EFZG Rn 43; Schulte/Mimberg/Sabel 181; Stumpf/Trümner, in: Kittner/Zwanziger/Deinert/Heuschmid [Hrsg], Arbeitsrecht [9. Aufl 2017] § 39 Rn 278; Treber, EFZG [2. Aufl 2007] § 6 EFZG Rn 18).

471 Dem **Schädiger** bleiben seine **Einwendungen** gegenüber dem geschädigten Arbeitnehmer gemäß **§ 412 BGB in Verbindung mit § 404 BGB** erhalten, insbesondere kann er sich gegenüber einer Inanspruchnahme durch den Arbeitgeber auf ein **Mitverschulden des Arbeitnehmers** berufen (Feichtinger, Entgeltfortzahlung Rn 445; Kehrmann/Pelikan § 4 Rn 6; ArbR-BGB/Matthes § 616 Rn 215; ErfKomm/Reinhard § 6 EFZG Rn 14; MHdB ArbR/Schlachter [3. Aufl 2009] § 76 Rn 12; Schulte/Mimberg/Sabel 197 f; GK-EFZR/Steckhan § 4 LFZG Rn 28; Stumpf/Trümner, in: Kittner/Zwanziger/Deinert/Heuschmid [Hrsg], Arbeitsrecht [9. Aufl 2017] § 39 Rn 280; Vogelsang, Entgeltfortzahlung Rn 692; AR/Vossen § 6 EFZG Rn 10; **aA** de lege ferenda Benner DB 1999, 483), sofern der Mitverschuldensbeitrag des Arbeitnehmers nicht ohnehin einer Pflicht zur Entgeltfortzahlung entgegensteht (s oben Rn 266; zur irrtümlichen Zahlung unten Rn 474).

472 Der Schadensersatzanspruch geht nur insoweit nach § 6 EFZG auf den Arbeitgeber über, als zwischen diesem und dem vom Arbeitgeber fortgezahlten Entgelt eine **sachliche Kongruenz** besteht (MHdB ArbR/Greiner § 83 Rn 34 f).

473 Sachlich kongruent mit dem Schadensersatzanspruch sind nur solche **Zahlungen des Arbeitgebers**, die er **nach § 3 EFZG** zu erbringen hat („nach diesem Gesetz Arbeitsentgelt fortgezahlt … hat"). Zusätzliche Leistungen (zB für einen längeren Fortzahlungszeitraum oder einen Zuschuss zum Krankengeld) sind nach dem Wortlaut des § 6 EFZG nicht in dessen Anwendungsbereich einbezogen (OLG Köln 6. 3. 2007 – 3 U 188/06, SP 2007, 427; Brecht, Entgeltfortzahlung § 6 EFZG Rn 7; Geyer/Knorr/Krasney § 6 EFZG Rn 39; Kaiser/Dunkl/Hold/Kleinsorge § 6 EFZG Rn 25; Kunz/Wedde, EFZR [2. Aufl 2005] § 6 EFZG Rn 79, 80; Schaub/Linck, Arbeitsrechts-Handbuch [17. Aufl 2017] § 98 Rn 135; ArbR-BGB/Matthes § 616 Rn 212; Müller/Berenz § 6 EFZG Rn 16; ErfKomm/Reinhard § 6 EFZG Rn 11; BeckOK ArbR/Ricken § 5 EFZG Rn 17; MHdB ArbR/Schlachter [3. Aufl 2009] § 76 Rn 9; HWK/Schliemann § 6 EFZG Rn 12; Schlünder NZA 2012, 1130; Schmitt/Schmitt, EFZG/AAG [8. Aufl 2018] § 6 EFZG Rn 47; Treber, EFZG [2. Aufl 2007] § 6 EFZG Rn 22; Vogelsang, Entgeltfortzahlung Rn 676; AR/Vossen § 6 EFZG Rn 7; **aA** MünchKomm/Müller-Glöge § 6 EFZG Rn 9: § 6 EFZG analog [dagegen OLG Köln 6. 3. 2007 – 3 U 188/06, SP 2007, 427]; iE auch MHdB ArbR/Greiner § 83 Rn 37).

474 Dementsprechend überzeugt es nicht, dass ein Forderungsübergang nach teilweise vertretener Auffassung auch dann eintreten soll, wenn der Arbeitgeber die **Entgeltfortzahlung irrtümlich** erbringt, weil er fälschlich (zB wegen eines Verschuldens des Arbeitnehmers) vom Bestehen eines Anspruches des Arbeitnehmers ausging (so OLG Düsseldorf 29. 6. 1976 – 4 U 281/75, AP LohnFG § 4 Nr 3; OLG Koblenz 14. 7. 1993 – 5 U 239/92, MDR 1994, 386; Brecht, Entgeltfortzahlung § 6 EFZG Rn 7; Gola § 6 EFZG Anm 3. 4;

MHdB ArbR/Greiner § 83 Rn 38; GK-EFZR/Steckhan § 4 LFZG Rn 47; hiergegen jedoch mit Recht Geyer/Knorr/Krasney § 6 EFZG Rn 41; Kaiser/Dunkl/Hold/Kleinsorge § 6 EFZG Rn 26; Kunz/Wedde, EFZR [2. Aufl 2005] § 6 EFZG Rn 73 ff; MHdB ArbR/Schlachter [3. Aufl 2009] § 76 Rn 9; Schmitt/Schmitt, EFZG/AAG [8. Aufl 2018] § 6 EFZG Rn 48, 49; Treber, EFZG [2. Aufl 2007] § 6 EFZG Rn 24; KassHdb/Vossen 2. 2 Rn 437; Wedde/Kunz § 6 EFZG Rn 36 f; Worzalla/Süllwald § 6 EFZG Rn 19).

Hinsichtlich solcher **Leistungen**, zu denen der Arbeitgeber nicht wegen des Entgeltfortzahlungsgesetzes, sondern **kraft tarif- oder einzelvertraglicher Regelung** verpflichtet ist, kann dieser den Schädiger nur in Anspruch nehmen, wenn der Arbeitnehmer seinen Schadensersatzanspruch in diesem Umfang an den Arbeitgeber abtritt (Kaiser/Dunkl/Hold/Kleinsorge § 6 EFZG Rn 25; Kunz/Wedde, EFZR [2. Aufl 2005] § 6 EFZG Rn 79, 80; Müller/Berenz § 6 EFZG Rn 16; ErfKomm/Reinhard § 6 EFZG Rn 10; MHdB ArbR/Schlachter [3. Aufl 2009] § 76 Rn 9; HWK/Schliemann § 8 EFZG Rn 12; Schmitt/Schmitt, EFZG/AAG [8. Aufl 2018] § 6 EFZG Rn 47; Treber, EFZG [2. Aufl 2007] § 6 EFZG Rn 22; Vogelsang, Entgeltfortzahlung Rn 677; AR/Vossen § 6 EFZG Rn 7 sowie oben Rn 144 ff). Auf Grund der arbeitsvertraglichen Interessenwahrungspflichten ist er zu einer derartigen Abtretung verpflichtet (s oben Rn 144; iE auch Vogelsang, Entgeltfortzahlung Rn 677, der jedoch § 255 BGB analog anwenden will). 475

Der Forderungsübergang erstreckt sich auf das gesamte nach § 4 EFZG fortgezahlte **Arbeitsentgelt** (s oben Rn 438 ff). Die Rechtsprechung des Bundesgerichtshofes befürwortet darüber hinaus eine extensive Interpretation des Begriffs „Arbeitsentgelt“ und dehnt dieses auf **alle Vorteile** aus, die dem Arbeitnehmer **aus seiner Arbeit** zufließen und ausschließlich ihm zugutekommen (BGH 28. 1. 1986 – VI ZR 30/85, DB 1986, 1016). Hierzu zählen anteilig **auch** ein später gezahltes **Urlaubsgeld** (BGH 4. 7. 1972 – VI ZR 114/71, BGHZ 59, 113 f; BGH 13. 8. 2013 – VI ZR 389/12 Rn 15, NJW 2014, 300; OLG München 27. 5. 2015 – 3 U 545/15, BeckRS 2015, 10016; s auch BGH 22. 11. 2016 – VI ZR 40/16 Rn 21, NZV 2017, 318; ebenso Feichtinger, Entgeltfortzahlung Rn 437; MHdB ArbR/Greiner § 83 Rn 43; Kaiser/Dunkl/Hold/Kleinsorge § 6 EFZG Rn 29; MünchKomm/Müller-Glöge § 6 EFZG Rn 7; BeckOK ArbR/Ricken § 6 EFZG Rn 18; **aA** Kunz/Wedde, EFZR [2. Aufl 2005] § 6 EFZG Rn 66; ErfKomm/Reinhard § 6 EFZG Rn 10; MHdB ArbR/Schlachter [3. Aufl 2009] § 76 Rn 10; Schmitt/Schmitt, EFZG/AAG [8. Aufl 2018] § 6 EFZG Rn 59; Schulte/Mimberg/Sabel 188 f; Treber, EFZG [2. Aufl 2007] § 6 EFZG Rn 25; Vogelsang, Entgeltfortzahlung Rn 683; Wedde/Kunz § 6 EFZG Rn 30) und gegebenenfalls die Beiträge zugunsten einer für das Urlaubsgeld gegründeten **Gemeinsamen Einrichtung der Tarifvertragsparteien** (BGH 28. 1. 1986 – VI ZR 30/85, DB 1986, 1016; **aA** insoweit Geyer/Knorr/Krasney § 6 EFZG Rn 60; MHdB ArbR/Greiner § 83 Rn 41; Kunz/Wedde, EFZR [2. Aufl 2005] § 6 EFZG Rn 67; ErfKomm/Reinhard § 6 EFZG Rn 13; HWK/Schliemann § 6 EFZG Rn 14; Schmitt/Schmitt, EFZG/AAG [8. Aufl 2018] § 6 EFZG Rn 56; Treber, EFZG [2. Aufl 2007] § 6 EFZG Rn 27; Vogelsang, Entgeltfortzahlung Rn 686; AR/Vossen § 6 EFZG Rn 9). 476

Mit dem Wortlaut des § 6 Abs 1 EFZG ist die vorgenannte Judikatur nicht vereinbar (ebenso ErfKomm/Reinhard § 6 EFZG Rn 10; Schlünder NZA 2012, 1131 f; Schmitt/Schmitt, EFZG/AAG [8. Aufl 2018] § 6 EFZG Rn 59), da die zusätzlich einbezogenen Leistungen kein Bestandteil des „nach diesem Gesetz“ fortzuzahlenden Arbeitsentgelts sind. Methodisch gangbar ist allenfalls eine entsprechende Anwendung. Die wertungsmäßige Vergleichbarkeit ist jedoch problematisch, wenn der Arbeitgeber die Leistungen auch ohne das zum Schadensersatz verpflichtende Ereignis hätte aufwenden 477 müssen. Die Judikatur des Bundesgerichtshofes beruht auf der Grundüberlegung, dass dem Arbeitgeber durch die Arbeitsverhinderung zeitweilig kein Äquivalent für seine Leistung gegenübersteht. Dieses Defizit soll § 6 EFZG jedoch nicht ausgleichen. Die cessio legis beschränkt sich auf den Ersatz eines fiktiven Verdienstausfalls des Arbeitnehmers und dient nicht dazu, einen Arbeitsausfallschaden des Arbeitgebers zu kompensieren.

478 Der Forderungsübergang umfasst nach § 6 Abs 1 EFZG auch die vom Arbeitgeber zu tragenden **Beiträge zur Arbeitslosenversicherung** sowie seine Anteile an den **Beiträgen zur Sozialversicherung** (Kranken-, Renten-und Pflegeversicherung). Das gilt entsprechend für die Leistungen des Arbeitgebers zugunsten einer **zusätzlichen Alters- und Hinterbliebenenversorgung** (zB Prämien zu einer Kapitallebensversicherung, vgl BGH 28. 1. 1986 – VI ZR 30/85, DB 1986, 1016 sowie MünchKomm/Müller-Glöge § 6 EFZG Rn 10; MHdB ArbR/Schlachter [3. Aufl 2009] § 76 Rn 11; HWK/Schliemann § 6 EFZG Rn 14; Schmitt/Schmitt, EFZG/AAG [8. Aufl 2018] § 6 EFZG Rn 56; Treber, EFZG [2. Aufl 2007] § 6 EFZG Rn 26; Vogelsang, Entgeltfortzahlung Rn 688).

479 Nach der nicht unbestrittenen Rechtsprechung des Bundesgerichtshofes, die sich allerdings auf den Gesetzeswortlaut stützen kann, erstreckt sich der Forderungsübergang nicht auf die vom Arbeitgeber allein zu erbringenden **Beiträge zur gesetzlichen Unfallversicherung** (BGH 11. 11. 1975 – VI ZR 128/74, NJW 1976, 327; ebenso Feichtinger, Entgeltfortzahlung Rn 439; Geyer/Knorr/Krasney § 6 EFZG Rn 56; MHdB ArbR/Greiner § 83 Rn 40; Kehrmann/Pelikan § 4 Rn 5; Kunz/Wedde, EFZR [2. Aufl 2005] § 6 EFZG Rn 67; Marienhagen/Künzl § 6 EFZG Rn 10; Schaub/Linck, Arbeitsrechts-Handbuch [17. Aufl 2017] § 98 Rn 134; MünchKomm/Müller-Glöge § 6 EFZG Rn 10; ErfKomm/Reinhard § 6 EFZG Rn 13; Schmitt/Schmitt, EFZG/AAG [8. Aufl 2018] § 6 EFZG Rn 53 f; Schulte/Mimberg/Sabel 190 f; Stumpf/Trümner, in: Kittner/Zwanziger/Deinert/Heuschmid [Hrsg], Arbeitsrecht [9. Aufl 2017] § 39 Rn 279; AR/Vossen § 6 EFZG Rn 9; **aA** aber MHdB ArbR/Boecken [2. Aufl 2000] § 87 Rn 26; Brecht, Entgeltfortzahlung § 6 EFZG Rn 8; Doetsch/Schnabel/Paulsdorff § 4 Rn 2; Müller/Berenz § 6 EFZG Rn 18; BeckOK ArbR/Ricken § 6 EFZG Rn 20).

480 Reicht das Vermögen des Schädigers nicht zur Befriedigung aller Schadensersatzansprüche aus oder ist der Ersatzanspruch der Höhe nach begrenzt (zB § 12 StVG), so begründet **§ 6 Abs 3 EFZG** ein **(Quoten-)Vorrecht zugunsten des Arbeitnehmers**, dh dessen Befriedigung genießt den Vorrang (näher MHdB ArbR/Greiner § 83 Rn 53; Schmitt/Schmitt, EFZG/AAG [8. Aufl 2018] § 6 EFZG Rn 75 ff). Dem Arbeitnehmer gegenüber ist wiederum der **Sozialversicherungsträger** grundsätzlich bevorrechtigt, wenn er Leistungen der gesetzlichen Sozialversicherung erbringt (§ 116 Abs 1 SGB X). Ein Quotenvorrecht des Arbeitnehmers greift in diesem Verhältnis nur bei Haftungsobergrenzen ein (§ 116 Abs 2 SGB X); schließlich gilt für das Mitverschulden des Arbeitnehmers eine Sonderbestimmung (§ 116 Abs 3 SGB X).

481 Ist der Anspruch **sowohl** auf den **Arbeitgeber als auch** auf den **Sozialversicherungsträger** übergegangen, so sind zunächst die Forderungen des Sozialversicherungsträgers, anschließend die des Arbeitnehmers und zuletzt die des Arbeitgebers zu befriedigen (s BGH 3. 4. 1984 – VI ZR 253/82, NJW 1984, 2629; Schmitt/Schmitt, EFZG/AAG [8. Aufl 2018] § 6 EFZG Rn 94). Diese Rangfolge resultiert aus den unterschiedlichen Zeitpunkten, zu denen die Ansprüche übergehen; § 116 Abs 1 SGB X knüpft an das Entstehen des Anspruches, § 6 Abs 1 EFZG hingegen an die Leistung des Arbeitgebers an.

2. Ausgleichsverfahren (Aufwendungsausgleichsgesetz-AAG)*

Für **Kleinarbeitgeber** mildert das Gesetz über den Ausgleich der Arbeitgeberaufwendungen für Entgeltfortzahlung (Aufwendungsausgleichsgesetz-AAG) v 22. 12. 2005 (BGBl I 3686) die wirtschaftlichen Belastungen der Entgeltfortzahlung im Krankheitsfall durch einen in dem genannten Gesetz näher ausgestalteten **Erstattungsanspruch** ab (zum Normzweck s BSG 15. 5. 1974 – 3 RK 73/73, NJW 1974, 2104; BSG 10. 5. 2005 – B 1 KR 22/03 R, NJW 2005, 3450), der teilweise als „Lohnfortzahlungsversicherung" charakterisiert wird. Auf freiwilliger Basis kann das Ausgleichsverfahren auf Arbeitgeber ausgedehnt werden, die § 1 AAG nicht in seinen Anwendungsbereich einbezieht (§ 12 AAG). 482

Organisatorisch ist das Erstattungsverfahren bei den in § 2 Abs 1 AAG abschließend aufgezählten **Körperschaften** angesiedelt. Die finanziellen **Mittel** für die Erstattung werden durch ein in § 7 AAG näher ausgestaltetes **Umlageverfahren** aufgebracht (sog U1-Verfahren). **Verfassungsrechtliche Bedenken** gegenüber dem Ausgleichsverfahren haben sich im Grundsatz nicht durchgesetzt (zu Art 3 Abs 1 GG BSG 24. 5. 1973 – 3 RK 76/71, BSGE 36, 16 ff; zu Art 2 Abs 1 GG vor allem BSG 15. 5. 1974 – 3 RK 73/73, NJW 1974, 2104). 483

Das Ausgleichsverfahren nach dem Aufwendungsausgleichsgesetz bezieht nur solche Arbeitgeber ein, die **in der Regel nicht mehr als 30 Arbeitnehmer** beschäftigen. Abzustellen ist hierbei **nicht** auf den **Betrieb**, sondern auf die von einer natürlichen oder juristischen Person bzw rechtsfähigen Personengesellschaft beschäftigten Arbeitnehmer, § 1 Abs 1 S 1 AAG knüpft ausdrücklich an den **„Arbeitgeber"** an (Schaub/Linck, Arbeitsrechts-Handbuch [17. Aufl 2017] § 100 Rn 4). 484

Da der Einleitungssatz in § 1 Abs 1 AAG einschränkungslos auf die Beschäftigung von „Arbeitnehmern" abstellt, werden auch solche Arbeitgeber erfasst, die **ausschließlich Angestellte beschäftigen**. Für die alleinige Beschäftigung von Personen, die in einem **Berufsausbildungsverhältnis** oder einem **gleichgestellten Vertragsverhältnis** (§ 26 BBiG) stehen, ordnet dies § 1 Abs 3 AAG ausdrücklich an. 485

Bei der **Ermittlung der maßgeblichen Arbeitnehmerzahl** (30) sind die zu ihrer **Berufsausbildung** beschäftigten Personen nicht mitzuzählen (§ 1 Abs 1 AAG). Das gilt entsprechend der früheren Rechtslage (§ 10 Abs 2 S 5 LFG) für **Schwerbehinderte** (§ 3 Abs 1 S 5 AAG). Im Hinblick auf den Zweck einer wirtschaftlichen Entlastung des Arbeitgebers sind **längerfristig ruhende Arbeitsverhältnisse** ebenfalls unbeachtlich (s Schmitt/Küfner-Schmitt, EFZG/AAG [8. Aufl 2018] § 1 AAG Rn 17; Treber, EFZG [2. Aufl 2007] § 1 AAG Rn 8). 486

Teilzeitbeschäftigte sind nach Maßgabe eines abgestuften Systems in die Ermittlung der Arbeitnehmerzahl einzubeziehen. Arbeitnehmer mit einer geringeren Arbeitszeit als wöchentlich zehn oder monatlich 45 Stunden sind mit 0,25, Teilzeitbeschäftigte mit wöchentlich nicht mehr als 20 Stunden sind mit 0,5 und solche mit regel- 487

---

* **Schrifttum**: Heidenreich, Die neue Entgeltfortzahlungsversicherung (2006); Hufnagel, Das Aufwendungsausgleichsgesetz in der verkehrsrechtlichen Praxis, NJW 2008, 1626; Kossens, Das Aufwendungsausgleichsgesetz, WzS 2006, 97.

mäßig nicht mehr als 30 stündiger Arbeitszeit mit 0,75 zu berücksichtigen (§ 3 Abs 1 S 6 AAG). Im Hinblick auf den Zweck des Erstattungsanspruches bleiben **Beschäftigungsverhältnisse bei anderen Arbeitgebern** bei der Festlegung der in § 3 Abs 1 S 6 AAG genannten Arbeitszeitgrenzen außer Betracht (Schmitt/Küfner-Schmitt, EFZG/AAG [8. Aufl 2018] § 1 AAG Rn 21, § 3 AAG Rn 16).

488 Die für die Zahl der beschäftigten Arbeitnehmer notwendige **„Regelmäßigkeit"** beurteilt sich nach den speziellen Regelungen in § 3 Abs 1 S 1 bis 4 AAG. Arbeitnehmer, denen kein Anspruch auf Entgeltfortzahlung nach § 3 EFZG zusteht, sind gleichwohl bei der Ermittlung der Beschäftigtenzahl zu berücksichtigen (LSG Bayern 13. 5. 1981 – I 4/Kr 65/79, Breithaupt 1982, 13).

489 Hinsichtlich der vom Arbeitgeber erbrachten Entgeltfortzahlung im Krankheitsfall (zu den übrigen Erstattungstatbeständen Schmitt/Küfner-Schmitt, EFZG/AAG [8. Aufl 2018] § 1 AAG Rn 31 ff) begründet § 1 Abs 1 AAG nur für Leistungen an die dort genannten Arbeitnehmer einen Erstattungsanspruch.

490 Im Unterschied zu § 10 Abs 1 S 1 Nr 1 LFG steht dem Arbeitgeber der Erstattungsanspruch generell für alle Arbeitnehmer zu (s § 1 Abs 1 Nr 1 AAG), und **nicht nur** hinsichtlich der **Entgeltfortzahlung an Arbeiter**. Damit trägt das Gesetz den Bedenken gegen den noch in § 10 Abs 1 S 1 Nr 1 LFG normierten Ausschluss der an Angestellte geleisteten Entgeltfortzahlung von dem Erstattungsanspruch im Hinblick auf **Art 3 Abs 1 GG** (vgl vor allem Canaris RdA 1997, 269 ff; ebenso MHdB ArbR/Boecken [2. Aufl 2000] § 87 Rn 77; ders NZA 1999, 683; Harth 41 f), Rechnung, die das Bundessozialgericht allerdings ausdrücklich zurückgewiesen hatte (BSG 20. 4. 1999 – B 1 KR 1/97 R, NZA-RR 1999, 595 f).

491 **Entgeltfortzahlungen an Auszubildende** sind unabhängig davon zu erstatten, ob die Berufsausbildung für einen **Arbeiter- oder Angestelltenberuf** durchgeführt wird. Die an Auszubildende geleistete Entgeltfortzahlung wird zwar im Unterschied zu § 10 Abs 1 S 1 Nr 1 LFG in § 1 Abs 1 Nr 1 AAG nicht gesondert angesprochen. Dies steht der Einbeziehung dieser Personen in den Erstattungsanspruch aber nicht entgegen. Wegen der ausdrücklichen Verknüpfung mit den Bestimmungen des Entgeltfortzahlungsgesetzes ist der dortige Arbeitnehmerbegriff auch für das Aufwendungsausgleichsgesetz maßgebend. Zu den Arbeitnehmern im Sinne des Entgeltfortzahlungsgesetzes zählen nach § 1 Abs 2 EFZG auch die zu ihrer Berufsbildung Beschäftigten.

492 Der Erstattungsanspruch umfasst die in § 3 Abs 1 und 2 EFZG und in § 9 Abs 1 EFZG genannten Zeiträume.

493 Der Erstattungsanspruch wird mit **Erfüllung des Entgeltfortzahlungsanspruches fällig**, nicht bereits mit dessen Entstehen (§ 2 Abs 2 S 2 AAG; s auch Schmitt/Küfner-Schmitt, EFZG/AAG [8. Aufl 2018] § 2 AAG Rn 11); er beläuft sich der **Höhe** nach auf 80 % des vom Arbeitgeber gezahlten Betrages, sofern die Statuten des Leistungsträgers keine Beschränkung vorsehen (§ 9 Abs 2 Nr 1 AAG).

494 **Erstattungsfähig** sind nur das **nach § 3 Abs 1 EFZG fortgezahlte Arbeitsentgelt** und die in § 1 Abs 1 Nr 2 AAG abschließend genannten **Sozialversicherungsbeiträge**, zu denen bei einer Befreiung von der Versicherungspflicht in der gesetzlichen Rentenversicherung auch die Beiträge für ein berufsständisches Versorgungswerk zählen (s BSG 10. 5. 2005 – B 1 KR 22/03 R, NJW 2005, 3450 f). Leistungen des Arbeitgebers, zu denen er nicht auf Grund des Entgeltfortzahlungsgesetzes, sondern allein wegen einer einzel- oder kollektivvertraglichen Regelung verpflichtet ist, sind nicht zu erstatten (Schmitt/Küfner-Schmitt, EFZG/AAG [8. Aufl 2018] § 1 AAG Rn 23; Schaub/Linck, Arbeitsrechts-Handbuch [17. Aufl 2017] § 100 Rn 8; AR/Vossen § 1 AAG Rn 8). Das gilt auch, wenn der Arbeitgeber einen höheren als den nach § 4 EFZG geschuldeten Betrag (zB unter Einschluss von Überstundenvergütungen) zahlt. Beiträge des Arbeitgebers zu anderen Sozialversicherungen (zB gesetzliche Unfallversicherung) sind wegen der abschließenden Aufzählung in § 1 Abs 1 Nr 1 AAG bei der Höhe des Erstattungsanspruches nicht zu berücksichtigen (ebenso Schmitt/Küfner-Schmitt, EFZG/AAG [8. Aufl 2018] § 1 AAG Rn 29; Treber, EFZG [2. Aufl 2007] § 1 AAG Rn 16).

Eine **Vergütungsfortzahlung nach § 616 S 1 BGB** (zB Arztbesuch, Pflege erkrankter 495
Kinder) ist nicht in den Kreis erstattungsfähiger Zahlungen einbezogen (SG Berlin 25. 4. 1980 – S 75 Kr 345/79, Breithaupt 1981, 391; SG Marburg 9. 3. 1993 – S 6 Kr 496/92, SGb 1993, 476; Schmitt/Küfner-Schmidt, EFZG/AAG [8. Aufl 2018] § 1 AAG Rn 23; Schaub/Linck, Arbeitsrechts-Handbuch [17. Aufl 2017] § 100 Rn 8).

Sind **Ersatzansprüche** gemäß § 6 Abs 1 EFZG auf den Arbeitgeber übergegangen, so 496
ist die zuständige Krankenkasse nur gegen **Abtretung des Ersatzanspruches** zur Erstattung verpflichtet (§ 5 AAG). Die Abtretungspflicht deckt sich prozentual mit der Erstattung. Ist statutarisch ein Erstattungsbetrag von weniger als 80% festgelegt (s § 9 Abs 2 Nr 1 AAG), so verringert sich die Pflicht zur Abtretung im gleichen Umfange (Schmitt/Küfner-Schmitt, EFZG/AAG [8. Aufl 2018] § 5 AAG Rn 8; Sieg SGb 1996, 1770; Treber, EFZG [2. Aufl 2007] § 5 AAG Rn 3). Die Pflicht zur Abtretung beschränkt sich auf die kraft Gesetzes nach § 6 EFZG auf den Arbeitgeber übergegangenen Ansprüche; zur Abtretung der auf anderer Rechtsgrundlage auf den Arbeitgeber übergegangenen Ansprüche ist er nicht verpflichtet (Schmitt/Küfner-Schmitt, EFZG/AAG [8. Aufl 2018] § 5 AAG Rn 7).

Der Erstattungsanspruch des Arbeitgebers **verjährt** vier Jahre nach Ablauf des 497
Kalenderjahres, in dem er entstanden ist (§ 6 Abs 1 AAG). Die **gerichtliche Durchsetzung** erfolgt nach § 51 Abs 3 SGG vor den **Sozialgerichten** (BSG 24. 5. 1973 – 3 RK 76/71, BSGE 36, 16; MHdB ArbR/Boecken [2. Aufl 2000] § 87 Rn 66). Dem **Schuldner des Erstattungsanspruches** ist die **Aufrechnung** nur mit den in § 6 Abs 2 AAG abschließend aufgezählten Ansprüchen gestattet; für den Arbeitgeber bestehen mit Ausnahme der §§ 394 ff BGB keine Beschränkungen (Schmitt/Küfner-Schmitt, EFZG/AAG [8. Aufl 2018] § 6 AAG Rn 7).

3. Erstattung der Entgeltfortzahlung bei Organ-, Gewebe- und Blutspenden

Zum Ausgleich der wirtschaftlichen Belastungen, die für den Arbeitgeber mit der 498
Entgeltfortzahlung bei Organ-, Gewebe- und Blutspenden nach § 3a Abs 1 EFZG verbunden sind, begründet § 3a Abs 2 EFZG zugunsten des Arbeitgebers einen eigenständigen Erstattungsanspruch (s BeckOK ArbR/Ricken § 3a EFZG Rn 12; Schmitt/Schmitt, EFZG/AAG [8. Aufl 2018] § 3a EFZG Rn 34) gegen den Versicherer des Empfängers, da die Arbeitsunfähigkeit des Arbeitnehmers in den von § 3a Abs 1 EFZG

erfassten Sachverhalten vom Gesetzgeber nicht zu den vom Arbeitgeber zu tragenden allgemeinen Krankheitsrisiken gezählt werden (s BT-Drucks 17/9773, 34; MHdB ArbR/Greiner § 84 Rn 11; ErfKomm/Reinhard § 3a EFZG Rn 5; BeckOK ArbR/Ricken § 3a EFZG Rn 11; Schmitt/Schmitt, EFZG/AAG [8. Aufl 2018] § 3a EFZG Rn 33). Der Erstattungsanspruch entsteht nicht bereits mit der Leistungspflicht des Arbeitgebers, sondern – wie im Rahmen von § 6 Abs 1 EFZG (s oben Rn 465) – erst, wenn er das Arbeitsentgelt auch **tatsächlich** nach § 3a Abs 1 S 1 EFZG an den Arbeitnehmer **fortgezahlt hat**.

499 Der Erstattungsanspruch des Arbeitgebers richtet sich der **Höhe** nach auf einen Ausgleich für das an den Arbeitnehmer fortgezahlte Bruttoarbeitsentgelt und erhöht sich – wie im Rahmen von § 6 Abs 1 EFZG – um die vom Arbeitgeber zu tragenden Beiträge zur gesetzlichen Sozialversicherung sowie die Beiträge zu einer betrieblichen Altersversorgung, die vom Arbeitgeber zu tragen sind. Wegen der ausdrücklichen Verknüpfung des Erstattungsanspruches mit der gesetzlichen Verpflichtung zur Entgeltfortzahlung richtet sich die Höhe des Erstattungsanspruches bezüglich des Arbeitsentgelts nach § 4 EFZG, da § 4 Abs 1 EFZG ausdrücklich auch den Anspruch nach § 3a Abs 1 S 1 EFZG einbezieht. Hieraus folgt zugleich, dass vom Arbeitgeber darüber hinaus erbrachte Leistungen während des Zeitraums der Entgeltfortzahlung nicht erstattungsfähig sind (s zu § 6 Abs 1 EFZG oben Rn 473; ferner ErfKomm/Reinhard § 3a EFZG Rn 7; Schmitt/Schmitt, EFZG/AAG [8. Aufl 2018] § 3a EFZG Rn 36).

500 Zur Erstattung verpflichtet ist der **Versicherer des Empfängers**, zu dessen Gunsten die Spende bezweckt ist. Das gilt auch, wenn die bezweckte Transplantation aus tatsächlichen Gründen unterbleibt (zust Schmitt/Schmitt, EFZG/AAG [8. Aufl 2018] § 3a EFZG Rn 35), da es für den Anspruch auf Entgeltfortzahlung ausreicht, wenn die Entnahme zum Zweck der Transplantation erfolgt (s oben Rn 323). Die Erstattungspflicht des Versicherers besteht zudem unabhängig davon, in welchem Umfang er im Verhältnis zum Empfänger verpflichtet ist, den Verdienstausfall des Spenders zu tragen (in diesem Sinne auch Greiner NZS 2013, 244). Wegen den §§ 27 Abs 1a, 44a SGB V ist dies zwar nicht für die gesetzliche Krankenversicherung, wohl aber für privatversicherte Empfänger relevant. Bei ihnen beschränkt § 3a Abs 2 S 2 EFZG die Höhe des Erstattungsanspruches auf die Höhe des tariflichen Erstattungssatzes. Umgekehrt stellt § 3a Abs 2 S 2 EFZG hierdurch klar, dass im Verhältnis zum Empfänger vereinbarte Selbstbehalte bei der Höhe des Erstattungsanspruches des Arbeitgebers nicht zu berücksichtigen sind (s BT-Drucks 17/9773, 34; Greiner NZS 2013, 244; MHdB ArbR/Greiner § 84 Rn 13; Knorr NZA 2012, 1135; Schaub/Linck, Arbeitsrechts-Handbuch [17. Aufl 2017] § 98 Rn 37; ErfKomm/Reinhard § 3a EFZG Rn 6; BeckOK ArbR/Ricken § 3a EFZG Rn 13; Schmitt/Schmitt, EFZG/AAG [8. Aufl 2018] § 3a EFZG Rn 38).

501 Ebenso wie im Rahmen von § 6 EFZG trifft den **Arbeitnehmer** eine Obliegenheit zur **Mitwirkung** bei der Geltendmachung des Erstattungsanspruches durch den Arbeitgeber (s § 3a Abs 2 S 6 EFZG). Wegen des mit § 6 Abs 2 EFZG übereinstimmenden Gesetzeswortlautes können die zu § 6 Abs 2 EFZG anerkannten Grundsätze auch für die Konkretisierung der Mitteilungsobliegenheit nach § 3a Abs 2 S 6 EFZG herangezogen werden (zustimmend Schmitt/Schmitt, EFZG/AAG [8. Aufl 2018] § 3a EFZG Rn 40). Sofern der Arbeitgeber für die Geltendmachung des Erstattungsanspruches auf Angaben des Empfängers der Spende angewiesen ist, fehlt für einen unmittelbar gegen diesen gerichteten Anspruch des Arbeitgebers eine tragfähige Rechtsgrundlage (treffend auch SCHMITT/SCHMITT, EFZG/AAG [8. Aufl 2018] § 3a EFZG Rn 41). Insoweit kann nur das Rechtsverhältnis zwischen Spender und Empfänger Abhilfe bieten (treffend GREINER NZS 2013, 244; MHdB ArbR/GREINER § 84 Rn 14). Aus der arbeitsvertraglichen Interessenwahrungspflicht (§ 241 Abs 2 BGB) folgt regelmäßig eine Rechtspflicht des Arbeitnehmers, die für die Geltendmachung des Erstattungsanspruches notwendigen Informationen von dem Empfänger einzuholen und an den Arbeitgeber weiterzuleiten (MHdB ArbR/GREINER § 84 Rn 14; zurückhaltend SCHMITT/SCHMITT, EFZG/AAG [8. Aufl 2018] § 4 EFZG Rn 41) oder einen entsprechenden Auskunftsanspruch gegen den Empfänger an den erstattungsberechtigten Arbeitgeber abzutreten.

Nicht ausdrücklich geregelt sind die **Rechtsfolgen**, wenn der Arbeitnehmer seiner Mitwirkungsobliegenheit nach § 3a Abs 2 S 6 EFZG nicht oder nicht ausreichend nachkommt. Insoweit besteht eine vergleichbare Regelungslücke wie bei der Mitwirkungsobliegenheit nach § 6 Abs 2 EFZG, sodass gute Gründe dafür sprechen, analog § 7 Abs 1 Nr 1 und 2 EFZG ein vorübergehendes bzw ggf ein dauerndes **Leistungsverweigerungsrecht** zugunsten des Arbeitgebers im Hinblick auf seine Leistungspflicht nach § 3a Abs 1 S 1 EFZG anzuerkennen (zust SCHMITT/SCHMITT, EFZG/AAG [8. Aufl 2018] § 3a EFZG Rn 42; s dazu unten Rn 577; **aA** wohl BeckOK ArbR/RICKEN § 3a EFZG Rn 16, der ausschließlich das Bestehen eines Schadensersatzanspruches bejaht). 502

VIII. Individualvertragliche und kollektivvertragliche Gestaltungsbefugnisse*

1. Normative Ausgangslage

Hinsichtlich der Zulässigkeit kollektiv- oder individualvertraglicher Abweichungen von den gesetzlichen Bestimmungen zur Entgeltfortzahlung im Krankheitsfalle weisen die einschlägigen Normen ein einheitliches Bild auf. § 12 EFZG legt ausdrück- 503

* **Schrifttum**: BECKER/SCHAFFNER, Verzicht auf Lohnfortzahlung nach dem Lohnfortzahlungsgesetz, AuR 1972, 237; BOERNER, Die Reform der Entgeltfortzahlung und der Urlaubsanrechnung im Lichte der Tarifautonomie, ZTR 1996, 435; BUCHNER, Entgeltfortzahlung im Spannungsfeld zwischen Gesetzgebung und Tarifautonomie, NZA 1996, 1177; EICHENHOFER, Sozialrechtliche Grenzen der Privatautonomie, VSSR 1991, 185; FEICHTINGER, Entgeltfortzahlung bei Kündigung aus Anlass der Arbeitsunfähigkeit und Verzicht, DB 1983, 1202; HARTH, Die Neuregelung der Entgeltfortzahlung im Krankheitsfall (2000) 45 ff; HOFMANN, Grenzen gesetzlicher Unabdingbarkeitsnormen im Arbeitsrecht, in: 25 Jahre Bundesarbeitsgericht (1979) 217; KAMANABROU, Die Auslegung tariflicher Entgeltfortzahlungsklauseln – zugleich ein Beitrag zum Verhältnis der Tarifautonomie zu zwingenden Gesetzen, RdA 1997, 22; KNORR, „Zuungunsten des Arbeitsnehmers" – entgeltfortzahlungsrechtliche Zweifelsfragen, NZA 2018, 1449; KREBS, Der Verzicht auf den Lohnfortzahlungsanspruch und seine Auswirkungen auf den Krankengeldanspruch, DOK 1972, 927; KREFT, Ein Jahr Rechtsprechung zur tariflichen Entgeltfortzahlung, FA 1999, 242; KUNZE, Anspruch auf Krankengeld bei Verzicht auf Lohnfortzahlung?, DOK 1980, 77; LAMBECK, Zum Beweiswert ärztlicher Arbeitsunfähigkeitsbescheinigungen im Entgeltfortzahlungsprozess, NZA 1990, 88; LEPKE, Der Verzicht des Arbeitnehmers auf den Lohnfortzahlungsanspruch im Krankheitsfalle, BB 1971, 1509; MARBURGER, Krankengeld bei Verzicht auf Lohnfortzahlung und bei Beendigung des Beschäftigungsverhältnisses, BB 1982, 2055; MAURER, Verzicht auf Lohnfortzahlung im

lich fest, dass von den Vorschriften des Entgeltfortzahlungsgesetzes – mit Ausnahme der Regelung in § 4 Abs 4 EFZG – nicht zu Ungunsten des Arbeitnehmers abgewichen werden darf. Entsprechendes gilt nach § 9 S 1 SeeArbG für die seearbeitsrechtliche Bestimmung in § 104 SeeArbG.

2. Abweichungen zu Gunsten des Arbeitnehmers

504 Da § 12 EFZG den **Unabdingbarkeitsgrundsatz** auf Abweichungen beschränkt, die für den Arbeitnehmer ungünstiger sind, bleiben Abreden, die die **Rechtsstellung des Arbeitnehmers verbessern**, uneingeschränkt **zulässig**. Für den hierbei erforderlichen **Günstigkeitsvergleich** ist ein **Einzelvergleich** vorzunehmen, dh die individual- oder kollektivvertragliche Regelung ist mit der Bestimmung des Entgeltfortzahlungsgesetzes zu vergleichen, von der sie abweicht (BAG 22. 8. 2001 – 5 AZR 699/99, AP EntgeltFG § 3 Nr 11; BAG 6. 12. 2017 – 5 AZR 118/17 Rn 27, NZA 2018, 597; Feichtinger, Entgeltfortzahlung Rn 806; Kaiser/Dunkl/Hold/Kleinsorge § 12 EFZG Rn 6; MünchKomm/Müller-Glöge § 12 EFZG Rn 4; ErfKomm/Reinhard § 12 EFZG Rn 7; Schmitt/Schmitt, EFZG/AAG [8. Aufl 2018] § 12 EFZG Rn 33; Stumpf/Trümner, in: Kittner/Zwanziger/Deinert/Heuschmid [Hrsg], Arbeitsrecht [9. Aufl 2017] § 39 Rn 345; GK-EFZR/Steckhan § 9 LFZG Rn 13; Vogelsang, Entgeltfortzahlung Rn 863; AR/Vossen § 12 EFZG Rn 3; Wedde/Kunz § 12 EFZG Rn 28; Wendt 258 ff; Worzalla/Süllwald § 12 EFZG Rn 16). Für eine Kompensation ungünstigerer Abreden durch Regelungen, die den Arbeitnehmer besserstellen, fehlt deshalb eine gesetzliche Grundlage (BAG 22. 8. 2001 – 5 AZR 699/99, AP EntgeltFG § 3 Nr 11; BAG 6. 12. 2017 – 5 AZR 118/17 Rn 27, NZA 2018, 597).

505 Vereinbarungen, die zB die **Dauer des Entgeltfortzahlungszeitraums** über sechs Wochen hinaus **verlängern** oder eine **Nachweispflicht** des Arbeitnehmers nur für Erkrankungen vorsehen, die länger als den in § 5 Abs 1 S 2 EFZG genannte Zeitraum dauern (zum Letztgenannten BAG 23. 1. 1985 – 5 AZR 592/82, AP LohnFG § 1 Nr 63), sind ebenso zulässig wie Abreden, die das Recht des Arbeitgebers in § 5 Abs 1 S 3 EFZG ausschließen oder beschränken, die ärztliche Bescheinigung zu einem früheren Zeitpunkt zu verlangen (näher oben Rn 352 ff). Entsprechendes gilt für Vereinbarungen, die die **Höhe der Entgeltfortzahlung** im Krankheitsfall zu Gunsten des Arbeitnehmers abweichend von § 4 EFZG festlegen. Nicht untersagt ist insbesondere eine generelle Erhöhung des fortzuzahlenden Arbeitsentgelts um die als „regelmäßig" zu bewertenden Überstunden. Zu Gunsten des Arbeitnehmers wird die Rechtslage

Krankheitsfall, DB 1972, 2481; Oetker, Einführung von Karenztagen für die Lohnfortzahlung im Krankheitsfalle qua Tarifvertrag?, SGb 1984, 193 f; ders, Gesetz und Tarifvertrag als komplementäre Instrumente zur Regulierung des Arbeitsrechts, ZG 1998, 155; Ortlepp, Die Verzichtbarkeit der Ansprüche aus dem Lohnfortzahlungsgesetz, BlStSozArbR 1971, 172; Preis, Konstitutive und deklaratorische Klauseln in Tarifverträgen, in: FS Schaub (1998) 571; Rieble, Die Einschränkung der gesetzlichen Entgeltfortzahlung im Krankheitsfall und ihre Auswirkung auf inhaltsgleiche Regelungen in Tarifverträgen, RdA 1997, 134; Salje, Der Vertrag zu Lasten Dritter im Sozialrecht, NZA 1990, 299; Trieschmann, Zum Verzicht des Arbeitnehmers auf unabdingbare gesetzliche Ansprüche, RdA 1976, 68; Wendt, Der Günstigkeitsvergleich im Verhältnis Einzelarbeitsvertrag zu Tarifvertrag – mit einem Ausblick auf das Verhältnis Einzelarbeitsvertrag zu Gesetz am Beispiel der Entgeltfortzahlung (2000); Zachert, Auslegungsgrundsätze und Auslegungsschwerpunkte bei der aktuellen Diskussion um die Entgeltfortzahlung, DB 1996, 2078.

auch dann verändert, wenn der Anspruch auf Entgeltfortzahlung unabhängig von dem Ablauf einer **Wartezeit** entsteht (für die Zulässigkeit auch BAG 12. 12. 2001 – 5 AZR 248/00, AP EntgeltFG § 3 Nr 12; KUNZ/WEDDE, EFZR [2. Aufl 2005] § 3 EFZG Rn 173; MünchKomm/MÜLLER-GLÖGE § 3 EFZG Rn 49, § 12 EFZG Rn 3; SCHMITT/SCHMITT, EFZG/AAG [8. Aufl 2018] § 12 EFZG Rn 39; VOGELSANG, Entgeltfortzahlung Rn 62) oder die Entgeltfortzahlung unabhängig davon geleistet werden soll, ob die krankheitsbedingte Arbeitsunfähigkeit die alleinige Ursache für den Arbeitsausfall ist (BAG 9. 10. 2002 – 5 AZR 356/01, AP EntgeltFG § 4 Nr 63).

Kontroverse Diskussionen löste die rechtliche Behandlung von tariflichen Regelungen zur Höhe der Entgeltfortzahlung aus, die vor der Neuregelung des § 4 Abs 1 S 1 EFZG durch das Arbeitsrechtliche Beschäftigungsförderungsgesetz v 25. 9. 1996 (s oben Rn 177) abgeschlossen wurden. Insofern war vor allem zu unterscheiden, ob es sich bei ihnen überhaupt um konstitutive Regelungen handelte, oder lediglich deklaratorische Bestimmungen vorlagen, die auf die nach dem Gesetz bestehende Rechtslage Bezug nahmen. Die umfangreiche Judikatur zu dieser Problematik (s im Überblick KREFT FA 1999, 245 f; NICOLAI ZfA 1999, 689; WALTERMANN ZfA 2000, 607 f sowie HARTH 50 ff; aus der literarischen Diskussion s vor allem KAMANABROU RdA 1997, 22; PREIS, in: FS Schaub [1998] 571; RIEBLE RdA 1997, 134; MHdB ArbR/SCHLACHTER [3. Aufl 2009] § 72 Rn 4) ist durch die Rückkehr des Gesetzes zu einer Entgeltfortzahlung in Höhe von 100% des fortzuzahlenden Arbeitsentgelts (s oben Rn 178, 441) weitgehend obsolet; die seitens des Bundesarbeitsgerichtes herausgearbeiteten Auslegungsgrundsätze sind jedoch bei der Höhe der Entgeltfortzahlung zu beachten, da bei Tarifverträgen, die vor dem 1. 1. 1999 abgeschlossen wurden stets zu klären ist, ob Überstunden entgegen § 4 Abs 1a S 1 EFZG Bestandteil der „regelmäßigen Arbeitszeit" im Sinne des § 4 Abs 1 EFZG sind (s dazu HARTH 119 ff; ErfKomm/REINHARD § 4 EFZG Rn 19). **506**

Will der Gesetzgeber **Abreden ausschließen**, die die Rechtsstellung des Arbeitnehmers verbessern, so muss er dies ausdrücklich anordnen. Das gilt auch für Bestimmungen der Tarifvertragsparteien. Im Hinblick auf die Koalitionsbetätigungsgarantie (Art 9 Abs 3 S 1 GG), die auch die Entgeltfortzahlung im Krankheitsfall einschließt (s BAG 26. 9. 2001 – 5 AZR 539/00, AP EntgeltFG § 4 Nr 55 sowie näher OETKER SGb 1984, 194, und allg GITTER und SÄCKER, in: Sozialrecht und Tarifrecht [1984] 15 ff, 64 ff), wäre die Verfassungskonformität einer gesetzlichen Regelung, die verbessernde Tarifverträge ausschließt, zumindest zweifelhaft (für ihre Zulässigkeit HEINZE NZA 1996, 785 ff; s a BUCHNER NZA 1996, 1179 f; SÖLLNER NZA 1996, 900, die eine gesetzliche Regelung als wirksam ansehen, die das Außerkrafttreten abweichender Tarifverträge anordnet; s ferner OETKER ZG 1998, 155 ff). **507**

3. Abreden zu Ungunsten des Arbeitnehmers

a) Art der Abreden

Untersagen die Bestimmungen zur Entgeltfortzahlung im Krankheitsfall eine Abweichung vom Gesetz (so § 12 EFZG, § 9 S 1 SeeArbG), so erfassen diese bei zweckgerechtem Verständnis **jede Vereinbarung**, die für das Einzelarbeitsverhältnis vom Gesetz abweichende und für den Arbeitnehmer ungünstigere Bedingungen herbeiführen soll. Im Gegensatz zu § 4 Abs 3 TVG, der lediglich Abweichungen zugunsten des Arbeitnehmers gestattet und damit auch neutralen bzw ambivalenten Abreden entgegensteht, begründet § 12 EFZG einen Verbotstatbestand, der erst dann eingreift, wenn die vom Gesetz abweichende Abrede für den Arbeitnehmer **508** ungünstiger ist. Neutrale bzw ambivalente Abreden untersagt § 12 EFZG deshalb nicht (BAG 6. 12. 2017 – 5 AZR 118/17 Rn 29, NZA 2018, 597).

509 § 12 EFZG und § 9 S 1 SeeArbG erfassen jegliche Regelungen, die Bestandteil des Arbeitsvertrages sind. Hierzu zählen nicht nur **individuelle Bestimmungen im Arbeitsvertrag**, sondern auch **abstrakt-generelle Abreden** in Allgemeinen Arbeitsbedingungen (Einheitliche Arbeitsbedingungen, Betriebliche Übung oder Gesamtzusage; für die allg Ansicht statt aller SCHMITT/SCHMITT, EFZG/AAG [8. Aufl 2018] § 12 EFZG Rn 18 mwNw). Obwohl diese nicht frei ausgehandelt werden, sind sie dogmatisch Bestandteil des Individualarbeitsverhältnisses (STAUDINGER/RICHARDI/FISCHINGER [2016] § 611 Rn 883 ff, 970 ff).

510 Wegen der weiten Formulierung der einschlägigen gesetzlichen Regelungen untersagen diese auch alle **kollektivrechtlichen Abreden**, die wegen ihrer normativen Geltung unmittelbare Wirkung für das Arbeitsverhältnis entfalten. Hierzu gehören **Tarifverträge, Betriebsvereinbarungen** und ggf Vereinbarungen zwischen dem **Arbeitgeber** und dem **Sprecherausschuss für leitende Angestellte** (SCHMITT/SCHMITT, EFZG/AAG [8. Aufl 2018] § 12 EFZG Rn 16; TREBER, EFZG [2. Aufl 2007] § 12 EFZG Rn 6; VOGELSANG, Entgeltfortzahlung Rn 862).

511 Das Verbot verschlechternder Vereinbarungen gilt auch für Abreden zwischen den **Kollektivvertragsparteien**, die sich auf eine **schuldrechtliche Wirkung** zwischen den am Abschluss Beteiligten beschränken (schuldrechtlicher Teil des Tarifvertrages, Regelungsabrede, Richtlinie zwischen Arbeitgeber und Sprecherausschuss). Sie begründen gegenüber dem Vertragspartner einen einklagbaren Anspruch des kollektivrechtlichen Gegenspielers auf Durchführung und führen damit indirekt den von den entgeltfortzahlungsrechtlichen Vorschriften untersagten Rechtserfolg herbei.

512 Untersagen die gesetzlichen Bestimmungen **verschlechternde Tarifverträge**, so ist dies nicht nur konzeptionell fragwürdig (s HANAU, in: FS der Rechtswissenschaftlichen Fakultät zur 600-Jahr-Feier der Universität zu Köln [1988] 201), sondern auch im Hinblick auf die Koalitionsbetätigungsgarantie (Art 9 Abs 3 GG) zweifelhaft (**aA** BAG 26. 9. 2001 – 5 AZR 539/00, AP EntgeltFG § 4 Nr 55, das Bedenken im Hinblick auf die Koalitionsfreiheit verneint sowie ausf BOCK, Tarifdispositives Arbeitnehmerschutzrecht und Tarifautonomie [2005] 409 ff; zu einem partiellen Verstoß gelangt hingegen KNIPPER, Konkurrenz staatlicher und tarifautonomer Regelungsbefugnisse im Arbeitsrecht [2005] 135 ff). Allenfalls die Entlastungsfunktion der arbeitsrechtlichen Lösung für die gesetzlichen Krankenkassen (s oben Rn 180) kann eine derartige Einschränkung der Tarifautonomie rechtfertigen (s demgegenüber BAG 26. 9. 2001 – 5 AZR 539/00, AP EntgeltFG § 4 Nr 55, das auf die Verwirklichung und Durchsetzung des Sozialstaatsprinzips abstellt).

b) Inhalt der untersagten Vereinbarungen

513 Allen entgeltfortzahlungsrechtlichen Bestimmungen ist gemeinsam, dass sie den gänzlichen oder teilweisen Ausschluss des Anspruches auf Fortzahlung der Vergütung untersagen. Das betrifft insbesondere den **Zeitraum** für die vom Arbeitgeber fortzuzahlende Vergütung. Die gesetzlich festgelegte **Dauer von sechs Wochen** darf nicht unterschritten werden (BAG 24. 3. 2004 – 5 AZR 346/03, AP EntgeltFG § 4 Nr 66; MHdB ArbR/GREINER § 81 Rn 2; SCHMITT/KÜFNER-SCHMITT, EFZG/AAG [8. Aufl 2018] § 4 EFZG Rn 199). Hiergegen verstößt auch eine Vereinbarung, die den Arbeitnehmer

verpflichtet, infolge krankheitsbedingter Arbeitsunfähigkeit ausgefallene Arbeitszeit nachzuarbeiten (LAG Rheinland-Pfalz 18. 1. 2018 – 5 Sa 305/17, BeckRS 2018, 4502).

Dies gilt ebenfalls hinsichtlich des Zeitpunktes, ab dem der Arbeitgeber zur Fortzahlung der Vergütung verpflichtet ist. **Karenztage** können de lege lata weder durch Individualarbeitsvertrag noch durch Tarifvertrag eingeführt werden (s ausführlich Oetker SGb 1984, 194 ff; Hagemeier/Kempen/Zachert/Zilius, TVG [2. Aufl 1992] Einleitung Rn 169b). Auch die in § 3 Abs 3 EFZG normierte **Wartezeit** für das Entstehen eines Entgeltfortzahlungsanspruches darf nicht verlängert werden (MHdB ArbR/Greiner § 81 Rn 2; ErfKomm/Reinhard § 12 EFZG Rn 8; Schmitt/Schmitt, EFZG/AAG [8. Aufl 2018] § 12 EFZG Rn 35; Vogelsang, Entgeltfortzahlung Rn 864). 514

Untersagt sind ferner Abreden, die die **Anzeige- und Nachweispflichten** des Arbeitnehmers entgegen § 5 EFZG zu seinen Lasten verschärfen (Vogelsang, Entgeltfortzahlung Rn 864; zum Recht auf frühere Vorlage der Arbeitsunfähigkeitsbescheinigung s oben Rn 313 f) oder den Arbeitnehmer zur Untersuchung durch einen vom Arbeitgeber bestimmten Arzt verpflichten (ErfKomm/Reinhard § 12 EFZG Rn 8; Schmitt/Schmitt, EFZG/AAG [8. Aufl 2018] § 12 EFZG Rn 34; Vogelsang, Entgeltfortzahlung Rn 864). Unzulässig ist auch die Etablierung im Gesetz nicht vorgesehener **Leistungsverweigerungsrechte** zugunsten des Arbeitgebers (zB bei einer Verletzung der Anzeigepflicht; ebenso Schmitt/Küfner-Schmitt, EFZG/AAG [8. Aufl 2018] § 4 EFZG Rn 199; offen gelassen noch in BAG 4. 10. 1978 – 5 AZR 326/77, AP LohnFG § 3 Nr 3) oder die Aufwertung des vorübergehenden Leistungsverweigerungsrechts (s unten Rn 560) zu einem dauernden Leistungsverweigerungsrecht (ErfKomm/Reinhard § 12 EFZG Rn 8). Unbeanstandet lässt das Bundesarbeitsgericht hingegen Tarifbestimmungen, die den Arbeitnehmer verpflichten, sich auf Veranlassung des Arbeitgebers im Hinblick auf seine **Arbeitsfähigkeit** durch den Medizinischen Dienst oder das Gesundheitsamt **untersuchen zu lassen** (s zB BAG 25. 1. 2018 – 2 AZR 382/17 Rn 15 ff, NZA 2018, 845; zu § 275 SGB V s unten Rn 579 ff). 515

Zu den unabdingbaren Vorschriften des Entgeltfortzahlungsrechts zählt ebenfalls der in § 3 Abs 1 S 2 EFZG festgelegte Bezugsrahmen von zwölf Monaten für **Fortsetzungserkrankungen** (BAG 16. 12. 1987 – 5 AZR 510/86, AP LohnFG § 1 Nr 73). Eine Regelung, nach der der Fortsetzungszusammenhang nicht erst nach sechs Monaten, sondern bereits nach vier Wochen unterbrochen wird, ist als für den Arbeitnehmer günstigere Bestimmung demgegenüber zulässig (BAG 16. 12. 1987 – 5 AZR 510/86, AP LohnFG § 1 Nr 73). Untersagt sind hingegen Abreden, die den Bezugsrahmen verlängern oder die Unterbrechung des Fortsetzungszusammenhanges erst nach Ablauf eines längeren als dem gesetzlichen Sechs-Monats-Zeitraum vorsehen (ErfKomm/Reinhard § 4 EFZG Rn 27). 516

Zu den nicht zu Ungunsten des Arbeitnehmers abdingbaren Vorschriften gehört – vorbehaltlich der Sonderregelung in § 4 Abs 4 EFZG (s unten Rn 519 ff) – auch die in § 4 Abs 1 EFZG festgelegte **Höhe der Entgeltfortzahlung** im Krankheitsfalle. Sie kann nicht auf einen geringeren Prozentsatz als den im Gesetz angegebenen abgesenkt werden (BAG 24. 3. 2004 – 5 AZR 346/03, AP EntgeltFG § 4 Nr 66; BAG 27. 4. 2016 – 5 AZR 229/15 Rn 25, NZA 2016, 1214; MHdB ArbR/Greiner § 81 Rn 2; Vogelsang, Entgeltfortzahlung Rn 559, 865; s aber auch Knipper, Konkurrenz staatlicher und tarifautonomer Regelungsbefugnisse im Arbeitsrecht [2005] 135 ff, die im Hinblick auf Tarifverträge einen Vorstoß gegen 517

Art 9 Abs 3 GG bejaht; dagegen jedoch Bock, Tarifdispositives Arbeitnehmerschutzrecht und Tarifautonomie [2005] 410 ff).

518 Das **Verbot abweichender Vereinbarungen** zu Ungunsten des Arbeitnehmers beschränkt sich auf die **Vorschriften des Entgeltfortzahlungsgesetzes**. Soweit insbesondere Tarifverträge über den Standard des Entgeltfortzahlungsgesetzes hinaus die Rechtsstellung des Arbeitnehmers verbessern, sind die Tarifvertragsparteien nicht an den Unabdingbarkeitsgrundsatz gebunden. Bedeutsam ist dies vor allem bei einer Verlängerung der Entgeltfortzahlung über den Sechs-Wochen-Zeitraum. Die Voraussetzungen für die Gewährung eines derartigen Anspruches außerhalb des Entgeltfortzahlungsgesetzes können frei festgelegt werden. So könnte zB ein Anspruch auf Entgeltfortzahlung nach Ablauf der sechsten Woche oder während der Wartezeit (§ 3 Abs 3 EFZG) mit einer vorherigen Untersuchung durch den Betriebsarzt verknüpft oder aber ein Leistungsverweigerungsrecht für den Fall einer nicht rechtzeitigen Anzeige der Arbeitsunfähigkeit begründet werden.

4. Vereinbarungen zur Bemessungsgrundlage der fortzuzahlenden Vergütung

519 Hinsichtlich der Höhe des fortzuzahlenden Entgelts räumt § 4 Abs 4 EFZG den Tarifvertragsparteien eine gesonderte Regelungsbefugnis ein, deren Besonderheit darin besteht, dass die Öffnungsklausel zu Regelungen berechtigt, die zu Ungunsten des Arbeitnehmers von den Bestimmungen des Entgeltfortzahlungsgesetzes abweichen (arg e § 12 EFZG). Hierzu bedarf es einer klaren Regelung (BAG 20. 1. 2010 – 5 AZR 53/09, AP EntgeltFG § 4 Nr 69; BAG 27. 4. 2016 – 5 AZR 229/15 Rn 34, NZA 2016, 1214). Zudem entbindet § 4 Abs 4 EFZG nicht von der allgemeinen Voraussetzung, dass sich die Tarifvertragsparteien in den Grenzen ihrer Rechtsetzungsmacht bewegen müssen. Dies verwehrt es ihnen, über- oder außertarifliche Vergütungsbestandteile im Hinblick auf die im Krankheitsfall fortzuzahlende Vergütung abzusenken (BAG 24. 4. 2016 – 5 AZR 229/15 Rn 33, NZA 2016, 1214); § 4 Abs 4 S 1 EFZG begründet keine Rechtsetzungsmacht, sondern setzt diese voraus und beschränkt sich auf die partielle Aufhebung der durch zwingendes Gesetzesrecht gezogenen Schranken.

520 Die Öffnungsklausel in § 4 Abs 4 EFZG steht in einem latenten Spannungsverhältnis zu dem unabdingbaren Grundsatz, dass dem Arbeitnehmer bei krankheitsbedingter Arbeitsverhinderung ein **Anspruch auf Entgeltfortzahlung** zusteht. Deshalb bedarf die Reichweite der tariflichen Gestaltungsmacht einer restriktiven Interpretation. Die Tarifvertragsparteien sind zwar nicht an das Lebensstandardprinzip gebunden, müssen den Anspruch auf Fortzahlung der Vergütung aber in seiner Substanz unangetastet belassen (BAG 24. 3. 2004 – 5 AZR 346/03, AP EntgeltFG § 4 Nr 66; BAG 16. 7. 2014 – 10 AZR 242/13 Rn 18, NZA 2015, 499; BAG 27. 4. 2016 – 5 AZR 229/15 Rn 25, NZA 2016, 1214; ErfKomm/Reinhard § 4 EFZG Rn 23; BeckOK ArbR/Ricken § 4 EFZG Rn 31); sie dürfen diesen durch eine Regelung zur Höhe der fortzuzahlenden Arbeitsvergütung nicht so bemessen, dass die mit § 3 Abs 1 S 1 EFZG intendierte **wirtschaftliche Absicherung des Arbeitnehmers** in ihr Gegenteil verkehrt wird (in diesem Sinne auch Feichtinger, Entgeltfortzahlung Rn 414; Geyer/Knorr/Krasney § 4 EFZG Rn 62; MHdB ArbR/Greiner § 81 Rn 2; Schmitt/Küfner-Schmitt, EFZG/AAG [8. Aufl 2018] § 4 EFZG Rn 197; Vogelsang, Entgeltfortzahlung Rn 559).

Die Sichtweise in Rn 520 entspricht auch dem **Zweck der Öffnungsklausel**, die vor allem auf Tarifverträge reagiert, die verschiedene Prinzipien für die Berechnung des fortzuzahlenden Arbeitsentgeltes kennen und die die Entgeltfortzahlung im Krankheitsfall und die Berechnung des Urlaubsentgelts häufig einheitlich strukturieren. Diese bewährte Tarifpraxis soll durch § 4 Abs 4 EFZG unverändert zulässig bleiben (ausführlich OETKER SGb 1984, 195). 521

Deshalb erlaubt § 4 Abs 4 EFZG insbesondere einen **Wechsel des Berechnungssystems** vom Lohnausfallprinzip zum **Referenzprinzip** (BAG 26. 9. 2001 – 5 AZR 539/00, AP EntgeltFG § 4 Nr 55; BAG 13. 3. 2002 – 5 AZR 648/00, AP EntgeltFG § 4 Nr 58; BAG 24. 3. 2004 – 5 AZR 346/03, AP EntgeltFG § 4 Nr 66; BAG 16. 7. 2014 – 10 AZR 242/13 Rn 17, NZA 2015, 499; BAG 24. 4. 2016 – 5 AZR 229/15 Rn 24, NZA 2016, 1214 sowie zuvor BAG 21. 9. 1971 – 1 AZR 336/70, AP LohnFG § 2 Nr 1; BAG 6. 10. 1976 – 5 AZR 503/75, AP LohnFG § 2 Nr 6; BAG 15. 6. 1983 – 5 AZR 399/82, AP LohnFG § 2 Nr 13; BAG 8. 3. 1989 – 5 AZR 116/88, AP LohnFG § 2 Nr 17; BAG 3. 3. 1993 – 5 AZR 132/92, AP LohnFG § 2 Nr 25; ebenso BRECHT, Entgeltfortzahlung § 4 EFZG Rn 26; FEICHTINGER, Entgeltfortzahlung Rn 413a; GEYER/KNORR/KRASNEY § 4 EFZG Rn 61; MHdB ArbR/GREINER § 81 Rn 2; KUNZ/WEDDE, EFZR [2. Aufl 2005] § 4 EFZG Rn 76; SCHAUB/LINCK, Arbeitsrechts-Handbuch [17. Aufl 2017] § 98 Rn 89; MünchKomm/MÜLLER-GLÖGE § 4 EFZG Rn 29; BeckOK ArbR/RICKEN § 4 EFZG Rn 30; SCHMITT RdA 1996, 9; SCHMITT/KÜFNER-SCHMITT, EFZG/AAG [8. Aufl 2018] § 4 EFZG Rn 187; STUMPF/TRÜMNER, in: KITTNER/ZWANZIGER/DEINERT/HEUSCHMID [Hrsg], Arbeitsrecht [9. Aufl 2017] § 39 Rn 194; VOGELSANG, Entgeltfortzahlung Rn 557; AR/VOSSEN § 4 EFZG Rn 45 f; WEDDE/KUNZ § 4 EFZG Rn 58). Die Bezugnahme in § 4 Abs 4 EFZG auf die „Bemessungsgrundlage" steht dieser Auslegung nicht entgegen (ErfKomm/REINHARD § 4 EFZG Rn 28; MHdB ArbR/SCHLACHTER [3. Aufl 2009] § 74 Rn 4 aE; VOGELSANG, Entgeltfortzahlung Rn 557; zweifelnd jedoch SCHLIEMANN AuR 1994, 321 f). Der von der früheren Regelung in § 2 Abs 3 LFG abweichende Wortlaut sollte lediglich die höchstrichterliche Rechtsprechung zu § 2 Abs 3 LFG korrigieren, die die inhaltliche Reichweite der Öffnungsklausel ausschließlich auf das Berechnungssystem beschränkte (s BAG 3. 3. 1993 – 5 AZR 132/92, AP LohnFG § 2 Nr 25). Eine weitergehende Einschränkung der Tarifautonomie war mit der Formulierung „Bemessungsgrundlage" nicht beabsichtigt (treffend auch VOGELSANG, Entgeltfortzahlung Rn 557). 522

Da § 4 Abs 4 EFZG klarstellt, dass die Bemessungsgrundlage Gegenstand einer abweichenden tariflichen Regelung sein kann, sind auch tarifliche Regelungen zulässig, die den **Arbeitszeitfaktor** anders als im Gesetz festlegen (s für den Arbeitszeitfaktor BAG 15. 2. 1989 – 5 AZR 351/87, AP LohnFG § 2 Nr 16; BAG 9. 10. 2002 – 5 AZR 356/01, AP EntgeltFG § 4 Nr 63; BAG 24. 3. 2004 – 5 AZR 346/03, AP EntgeltFG § 4 Nr 66; BAG 16. 7. 2014 – 10 AZR 242/13 Rn 17, NZA 2015, 499; BAG 27. 4. 2016 – 5 AZR 229/15 Rn 24, NZA 2016, 1214), sofern diese nicht den Zweck des § 3 Abs 1 S 1 EFZG beeinträchtigen (s oben Rn 459). Insbesondere eine von der individuellen Arbeitszeit abweichende und auf die tarifliche Regelarbeitszeit abstellende Modifikation des Arbeitszeitfaktors ist den Tarifvertragsparteien gestattet (BAG 24. 3. 2004 – 5 AZR 346/03, AP EntgeltFG § 4 Nr 66; BAG 16. 7. 2014 – 10 AZR 242/13 Rn 19, NZA 2015, 499 sowie zuvor BAG 8. 3. 1989 – 5 AZR 116/88, AP LohnFG § 2 Nr 17; ebenso MHdB ArbR/GREINER § 81 Rn 2 aE; SCHMITT/KÜFNER-SCHMITT EFZG/AAG [8. Aufl 2018] § 4 EFZG Rn 192; MünchKomm/MÜLLER-GLÖGE § 4 EFZG Rn 30; ErfKomm/REINHARD § 4 EFZG Rn 25; VOGELSANG, Entgeltfortzahlung Rn 560; AR/VOSSEN § 4 EFZG Rn 45). 523

524 Das in Rn 523 Ausgeführte gilt entsprechend für die **Konkretisierung des Entgeltfaktors**, indem zB einzelne **Vergütungsbestandteile** aus dem vom Arbeitgeber fortzuzahlenden Entgelt **ausgenommen** (s zB BAG 13. 3. 2002 – 5 AZR 648/00, AP EntgeltFG § 4 Nr 58 für Nachtschichtzulage; BAG 21. 9. 1971 – 1 AZR 336/70, AP LohnFG § 2 Nr 1 für eine Antrittsprämie; BAG 15. 6. 1983 – 5 AZR 399/82, AP LohnFG § 2 Nr 13 für die gesamte Nahauslösung; BAG 28. 1. 1982 – 6 AZR 911/78, AP LohnFG § 2 Nr 11 und BAG 15. 6. 1983 – 5 AZR 598/80, AP LohnFG § 2 Nr 12 für Fernauslösung sowie allg BAG 27. 4. 2016 – 5 AZR 229/15 Rn 19, NZA 2016, 1214) oder **einbezogen** werden (s zB BAG 2. 10. 1974 – 5 AZR 555/73, AP LohnFG § 2 Nr 5 und BAG 14. 8. 1985 – 5 AZR 76/85, AP LohnFG § 2 Nr 14 für den steuerpflichtigen Anteil der Nahauslösung). Der gegenteiligen Rechtsprechung des Bundesarbeitsgerichtes in dem Urteil v 3. 3. 1993 zu § 2 Abs 3 LFG (BAG 3. 3. 1993 – 5 AZR 132/92, AP LohnFG § 2 Nr 25) wurde durch die in § 4 Abs 4 S 1 EFZG enthaltene Formulierung „Bemessungsgrundlage" bewusst der normative Boden entzogen (Brecht, Entgeltfortzahlung § 4 EFZG Rn 26; Feichtinger, Entgeltfortzahlung Rn 414; Geyer/Knorr/Krasney § 4 EFZG Rn 62; Gola § 4 EFZG Anm 7. 1. 2; Kaiser/Dunkl/Hold/Kleinsorge § 4 EFZG Rn 106; Schmitt/Küfner-Schmitt, EFZG/AAG [8. Aufl 2018] § 4 EFZG Rn 194; Müller/Berenz § 4 EFZG Rn 49; ErfKomm/Reinhard § 4 EFZG Rn 24; Worzalla/Süllwald § 4 EFZG Rn 48). Die Herausnahme einzelner Vergütungsbestandteile aus der Bemessung des fortzuzahlenden Arbeitsentgelts darf die Substanz des Anspruches jedoch nicht berühren (s oben Rn 520; zu restriktiv Helml § 4 EFZG Rn 27; Kunz/Wedde, EFZR [2. Aufl 2005] § 4 EFZG Rn 77; Stumpf/Trümner, in: Kittner/Zwanziger/Deinert/Heuschmid [Hrsg], Arbeitsrecht [9. Aufl 2017] § 39 Rn 195; Wedde/Kunz § 4 EFZG Rn 59, die die völlige Herausnahme einzelner Vergütungsbestandteile für unzulässig halten; ähnlich Vogelsang, Entgeltfortzahlung Rn 559; AR/Vossen § 4 EFZG Rn 47, die die Ausklammerung regelmäßig anfallender Vergütungsbestandteile ausschließen; dagegen jedoch BAG 13. 2. 2002 – 5 AZR 470/00, AP EntgeltFG § 4 Nr 57; Schmitt/Küfner-Schmitt, EFZG/AAG [8. Aufl 2018] § 4 EFZG Rn 193). Fehlt es bezüglich einer Zulage an einer klaren Regelung zur Herausnahme aus dem fortzuzahlenden Entgelt (s o Rn 519), dann bleibt es bei dem Grundsatz des § 4 Abs 1 EFZG und der Einbeziehung in die fortzuzahlende Vergütung (s exemplarisch BAG 27. 4. 2016 – 5 AZR 229/15 Rn 38, NZA 2016, 1214 für eine Besitzstandszulage).

525 Wegen der tatbestandlichen Anknüpfung der Öffnungsklausel an die „Bemessungsgrundlage" können **nur die Berechnungsfaktoren** für das fortzuzahlende Arbeitsentgelt zu Ungunsten der Arbeitnehmer per Tarifvertrag geregelt werden. Das schließt tarifliche Bestimmungen aus, die einen **prozentualen Abschlag** von dem fortzuzahlenden Arbeitsentgelt vorsehen (BAG 24. 3. 2004 – 5 AZR 346/03, AP EntgeltFG § 4 Nr 66; MHdB ArbR/Greiner § 81 Rn 2; MünchKomm/Müller-Glöge § 4 EFZG Rn 6 sowie oben Rn 517). Diese würden unmittelbar die Höhe des fortzuzahlenden Arbeitsentgelts berühren. Nicht von § 4 Abs 4 EFZG gedeckt sind deshalb tariflichen Normen, die die Höhe des fortzuzahlenden Arbeitsentgelts unter 100 % (§ 4 Abs 1 EFZG) herabsenken (Feichtinger, Entgeltfortzahlung Rn 415 sowie oben Rn 517).

526 Keine Auswirkungen auf tarifvertragliche Regelungen zu einer von § 4 Abs 1 EFZG abweichenden Bemessungsgrundlage haben gesetzliche oder tarifvertragliche Bestimmungen zum **Mindestlohn**, da diese nicht den Arbeitszeitfaktor, sondern ausschließlich den Entgeltfaktor betreffen. Dieser steht jedoch nur hinsichtlich der Berechnungsfaktoren, nicht jedoch im Hinblick auf die Höhe des maßgebenden Stundenentgelts zur Disposition der Tarifvertragsparteien. Soweit diese in dem durch § 4 Abs 4 EFZG eröffneten Rahmen den Arbeitszeit- und/oder den Entgeltfaktor abweichend von § 4 Abs 1 EFZG ausgestalten, kann das nach dem Referenzprinzip bemessene Arbeitsentgelt einen gesetzlichen oder tarifvertraglichen Mindestlohn unterschreiten (ebenso Greiner/Strippelmann BB 2015, 951; Schaub/Vogelsang, Arbeitsrechts-Handbuch [17. Aufl 2017] § 66 Rn 35), da § 4 Abs 4 EFZG im Verhältnis zu den Mindestlohnregelungen lex specialis ist (aA Kocher AuR 2015, 176; Waltermann AuR 2015, 170) und insbesondere aus § 3 S 1 MiLoG keine Anhaltspunkte erkennbar sind, dass dieser den durch § 4 Abs 4 EFZG eröffnete Gestaltungsspielraum der Tarifvertragsparteien einschränkt. Es bleibt den Tarifvertragsparteien vorbehalten, im Rahmen ihrer Regelung eine Unterschreitung des gesetzlichen oder tarifvertraglichen Mindestlohns auszuschließen.

Die durch § 4 Abs 4 EFZG eröffnete Gestaltungsmacht steht **nur den Tarifvertragsparteien** zu. Aus diesem Grunde müssen sie die vom Gesetz abweichende Regelung zur Bemessungsgrundlage selbst treffen. Die Öffnungsklausel gestattet es ihnen hingegen nicht, die Festlegung der Bemessungsgrundlage an Dritte zu „delegieren“. Nicht von § 4 Abs 4 S 1 EFZG gedeckt ist deshalb auch eine Tarifbestimmung, die Dritten die nähere Ausgestaltung (zB durch Betriebsvereinbarung) überlässt (ebenso Schmitt/Küfner-Schmitt, EFZG/AAG [8. Aufl 2018] § 4 EFZG Rn 184; Kunz/Wedde, EFZR [2. Aufl 2005] § 4 EFZG Rn 75; Vogelsang, Entgeltfortzahlung Rn 555; Wedde/Kunz § 4 EFZG Rn 57). Zulässig sind derartige Regelungen jedoch, wenn sichergestellt ist, dass sie zu Gunsten des Arbeitnehmers die im Gesetz festgelegte Höhe des Entgelts abändern. 527

Für **nicht tarifgebundene Arbeitsverhältnisse** kann die tarifliche Vorschrift per individualvertraglicher Bezugnahme **übernommen** werden (§ 4 Abs 4 S 2 EFZG). Die Zulässigkeit einer einzelvertraglichen Bezugnahme beschränkt sich auf die Arbeitsvertragsparteien, die ausschließlich wegen fehlender Tarifbindung nicht den Bestimmungen des für sie fachlich, regional und persönlich einschlägigen Tarifvertrages unterliegen (Feichtinger, Entgeltfortzahlung Rn 418; MHdB ArbR/Greiner § 81 Rn 3; Kaiser/Dunkl/Hold/Kleinsorge § 4 EFZG Rn 125; Schmitt/Küfner-Schmitt, EFZG/AAG [8. Aufl 2018] § 4 EFZG Rn 202; ErfKomm/Reinhard § 4 EFZG Rn 28; HWK/Schliemann § 4 EFZG Rn 50; Stumpf/Trümner, in: Kittner/Zwanziger/Deinert/Heuschmid [Hrsg], Arbeitsrecht [9. Aufl 2017] § 39 Rn 193; Vogelsang, Entgeltfortzahlung Rn 562). Die Vorschrift des § 4 Abs 4 S 2 EFZG eröffnet deshalb nicht die Möglichkeit, durch Inbezugnahme eines branchenfremden Tarifvertrages von § 4 Abs 1, 1a und 3 EFZG abzuweichen (MHdB ArbR/Greiner § 81 Rn 3; Schmitt/Küfner-Schmitt, EFZG/AAG [8. Aufl 2018] § 4 EFZG Rn 201; MünchKomm/Müller-Glöge § 4 EFZG Rn 31; ErfKomm/Reinhard § 4 EFZG Rn 28; HWK/Schliemann § 4 EFZG Rn 50; Vogelsang, Entgeltfortzahlung Rn 562). Beiderseits fehlende Tarifgebundenheit ist jedoch nicht erforderlich (GK-EFZR/Birk § 2 LFZG Rn 86; Feichtinger, Entgeltfortzahlung Rn 418; Geyer/Knorr/Krasney § 4 EFZG Rn 66). 528

Da § 4 Abs 4 S 2 EFZG auf die **„tarifliche Regelung“** abstellt, wird die Vorschrift verbreitet so verstanden, dass die tariflichen Regelungen zur Entgeltfortzahlung im Krankheitsfall insgesamt in Bezug genommen werden müssen, sodass eine Beschränkung auf die tariflichen Bestimmungen zur **„Bemessungsgrundlage“** nicht ausreicht (so MHdB ArbR/Greiner § 81 Rn 3; Kaiser/Dunkl/Hold/Kleinsorge § 4 EFZG Rn 124; Kunz/Wedde, EFZR [2. Aufl 2005] § 4 EFZG Rn 80; MünchKomm/Müller-Glöge § 4 EFZG Rn 31; ErfKomm/Reinhard § 4 EFZG Rn 28; BeckOK ArbR/Ricken § 4 EFZG Rn 32; HWK/Schliemann § 4 EFZG Rn 50; Schmitt/Küfner-Schmitt, EFZG/AAG [8. Aufl 2018] § 4 EFZG 529

Rn 203; Stumpf/Trümner, in: Kittner/Zwanziger/Deinert/Heuschmid [Hrsg], Arbeitsrecht [9. Aufl 2017] § 39 Rn 193; Treber, EFZG [2. Aufl 2007] § 4 EFZG Rn 75; Vogelsang, Entgeltfortzahlung Rn 162 sowie allg Bock, Tarifdispositives Arbeitnehmerschutzrecht und Tarifautonomie [2005] 184 ff). Für die Notwendigkeit einer umfassenden Bezugnahme streitet der Gesetzeswortlaut, der sich nicht auf die abweichenden tarifvertraglichen Bestimmungen beschränkt (zB „dieser tarifvertraglichen Regelung"), sondern ausdrücklich auf die „Fortzahlung des Arbeitsentgelts im Krankheitsfalle" abstellt.

530 Für die einzelvertragliche Vereinbarung stellt das Gesetz **keine Formerfordernisse** auf, sie kann mündlich oder schriftlich erfolgen (GK-EFZR/Birk § 2 LFZG Rn 84; Feichtinger, Entgeltfortzahlung Rn 418a; Schmitt/Küfner-Schmitt, EFZG/AAG [8. Aufl 2018] § 4 EFZG Rn 206; ErfKomm/Reinhard § 4 EFZG Rn 28; Vogelsang, Entgeltfortzahlung Rn 563 sowie allg Bock, Tarifdispositives Arbeitnehmerschutzrecht und Tarifautonomie [2005] 190 ff). Trotz der Formulierung „vereinbart" ist auch eine **Bezugnahme in Allgemeinen Arbeitsbedingungen** zulässig (Schmitt/Küfner-Schmitt, EFZG/AAG [8. Aufl 2018] § 4 EFZG Rn 206). Für Einheitliche Arbeitsbedingungen ergibt sich dies vor allem aus dem Gesetzeszweck, da die Bezugnahme eine Gleichstellung mit den tarifgebundenen Arbeitnehmern eröffnen soll (Feichtinger, Entgeltfortzahlung Rn 417) und diese regelmäßiger Bestandteil Einheitlicher Arbeitsbedingungen ist (näher dazu Bock, Tarifdispositives Arbeitnehmerschutzrecht und Tarifautonomie [2005] 199 ff).

531 Wegen der ausdrücklichen Beschränkung in § 4 Abs 4 S 1 EFZG auf die Tarifvertragsparteien steht den **Betriebsvereinbarungsparteien** keine vergleichbare Regelungsbefugnis zu (ebenso Feichtinger, Entgeltfortzahlung Rn 419; Kaiser/Dunkl/Hold/Kleinsorge § 4 EFZG Rn 122; Schmitt/Küfner-Schmitt, EFZG/AAG [8. Aufl 2018] § 4 EFZG Rn 184; Kunz/Wedde, EFZR [2. Aufl 2005] § 4 EFZG Rn 80; ErfKomm/Reinhard § 4 EFZG Rn 64; Stumpf/Trümner, in: Kittner/Zwanziger/Deinert/Heuschmid [Hrsg], Arbeitsrecht [9. Aufl 2017] § 39 Rn 193; Wedde/Kunz § 4 EFZG Rn 57); insbesondere können sie nicht einzelne Entgeltbestandteile aus der im Krankheitsfall fortzuzahlenden Vergütung ausklammern (BAG 11. 1. 1978 – 5 AZR 829/76, AP LohnFG § 2 Nr 7). Verwehrt ist ihnen ebenfalls eine Erstreckung der tariflichen Regelung auf Außenseiter, indem sie den Inhalt des Tarifvertrages in eine Betriebsvereinbarung übernehmen (Kaiser/Dunkl/Hold/Kleinsorge § 4 EFZG Rn 122; MünchKomm/Müller-Glöge § 4 EFZG Rn 30; ErfKomm/Reinhard § 4 EFZG Rn 28; Schmitt/Küfner-Schmitt, EFZG/AAG [8. Aufl 2018] § 4 EFZG Rn 204; Vogelsang, Entgeltfortzahlung Rn 563). Dies folgt nicht nur aus dem Wortlaut des § 4 Abs 4 S 2 EFZG, zudem verstieße eine derartige Betriebsvereinbarung nach hM gegen § 77 Abs 3 BetrVG (s Kreutz, in: GK-BetrVG [11. Aufl 2018] § 77 Rn 150 mwNw).

5. Grenzen privatautonomer Verzichtserklärungen

532 Wegen des Verbots abweichender Vereinbarungen zu Ungunsten des Arbeitnehmers in § 12 EFZG kann dieser **nicht** rechtswirksam **ex ante** auf seinen Anspruch auf Fortzahlung der Vergütung im Krankheitsfall **verzichten** (allgM vgl zB BAG 26. 10. 1971 – 1 AZR 40/71, AP LohnFG § 6 Nr 1; BAG 28. 11. 1979 – 5 AZR 955/77, AP LohnFG § 6 Nr 10; MHdB ArbR/Greiner § 82 Rn 47; Hofmann, in: 25 Jahre Bundesarbeitsgericht [1979] 218; vMaydell DB 1973 Beil 15, 8; MünchKomm/Müller-Glöge § 12 EFZG Rn 8; ErfKomm/Reinhard § 12 EFZG Rn 45; Schmitt/Schmitt, EFZG/AAG [8. Aufl 2018] § 12 EFZG Rn 23; Vogelsang, Entgeltfortzahlung Rn 868; Wedde/Kunz § 12 EFZG Rn 14). Das gilt entsprechend, wenn der Anspruch auf Fortzahlung der Vergütung nicht auf dem Gesetz, sondern einer entsprechenden Tarifbestimmung beruht (§ 4 Abs 4 TVG).

533 Bei isolierter Betrachtung der Bestimmungen in Rn 532 ist ein **Verzicht** auf bereits entstandene und fällige Ansprüche zumindest dann nicht ausgeschlossen, wenn er **nach Beendigung des Arbeitsverhältnisses** vereinbart wird (BAG 11. 6. 1976 – 5 AZR 506/75, AP LohnFG § 9 Nr 2; BAG 20. 8. 1980 – 5 AZR 218/78, AP LohnFG § 6 Nr 11; BAG 20. 8. 1980 – 5 AZR 955/78, AP LohnFG § 6 Nr 12; so auch mit ausführlicher Begründung Hofmann, in: 25 Jahre Bundesarbeitsgericht [1979] 229 ff; ebenso Feichtinger, Entgeltfortzahlung Rn 819; MHdB ArbR/Greiner § 82 Rn 46; Kaiser/Dunkl/Hold/Kleinsorge § 12 EFZG Rn 24; MünchKomm/Müller-Glöge § 12 EFZG Rn 8; HWK/Schliemann § 12 EFZG Rn 6; Schmitt/Schmitt, EFZG/AAG [8. Aufl 2018] § 12 EFZG Rn 28; offengelassen von BAG 26. 10. 1971 – 1 AZR 40/71, AP LohnFG § 6 Nr 1; **aA** Trieschmann Anm zu BAG AP LohnFG § 6 Nr 18; ablehnend auch ErfKomm/Reinhard § 12 EFZG Rn 6; MHdB ArbR/Schlachter [3. Aufl 2009] § 75 Rn 33; Treber, EFZG [2. Aufl 2007] § 12 EFZG Rn 14; Vogelsang, Entgeltfortzahlung Rn 869; Wedde/Kunz § 12 EFZG Rn 20 f, wenn Krankengeldansprüche in Betracht kommen).

534 Die besseren Gründe sprechen dafür, einen Verzicht auf **bereits entstandene Entgeltfortzahlungsansprüche** auch dann als vereinbar mit den entgeltfortzahlungsrechtlichen Bestimmungen zu bewerten, wenn er **während des nicht beendeten Arbeitsverhältnisses** abgeschlossen wird (ebenso Erman/Belling/Riesenhuber § 616 Rn 98; Feichtinger, Entgeltfortzahlung Rn 820; MHdB ArbR/Greiner § 82 Rn 46; Kaiser/Dunkl/Hold/Kleinsorge § 12 EFZG Rn 25; Lepke BB 1971, 1512 f; Schaub/Linck, Arbeitsrechts-Handbuch [17. Aufl 2017] § 98 Rn 150; vMaydell DB 1973 Beil 15, 8; Schmitt/Schmitt, EFZG [8. Aufl 2018] § 12 EFZG Rn 24 f; **aA** jedoch Hofmann, in: 25 Jahre Bundesarbeitsgericht [1979] 229 ff; ErfKomm/Reinhard § 12 EFZG Rn 6; MHdB ArbR/Schlachter [3. Aufl 2009] § 75 Rn 33; HWK/Schliemann § 12 EFZG Rn 7; Stumpf/Trümner, in: Kittner/Zwanziger/Deinert/Heuschmid [Hrsg], Arbeitsrecht [9. Aufl 2017] § 39 Rn 343; GK-EFZR/Steckhan § 9 LFZG Rn 24; Treber, EFZG [2. Aufl 2007] § 12 EFZG Rn 14; Vogelsang, Entgeltfortzahlung Rn 869). Hierfür ist aber stets erforderlich, dass der Verzicht **nach Fälligkeit des Anspruches** vereinbart wird (BAG 20. 8. 1980 – 5 AZR 218/78, AP LohnFG § 6 Nr 11). Problematisch ist die Möglichkeit eines Verzichts, wenn der Anspruch auf Fortzahlung der Vergütung eine tarifvertragliche Grundlage hat (offengelassen von BAG 20. 8. 1980 – 5 AZR 955/78, AP LohnFG § 6 Nr 12).

535 Ein rechtswirksamer Verzicht auf den Vergütungsanspruch wegen der krankheitsbedingten Arbeitsverhinderung setzt stets voraus, dass der **Arbeitnehmer** noch **Inhaber des Anspruches** ist. Das ist zu verneinen, wenn der **Träger der Krankenversicherung** bereits **Krankengeld** (§ 44 SGB V) gezahlt hat, da der Anspruch des Arbeitnehmers mit der Leistung der Krankenversicherung im Wege einer cessio legis (§ 115 SGB X) auf diese übergeht (BAG 20. 8. 1980 – 5 AZR 589/79, AP LohnFG § 6 Nr 15). Eine Ausnahme soll nur gelten, wenn prozessuale Handlungen im Rahmen eines **Kündigungsschutzprozesses** (zB Vergleich) den Verzicht auf die Fortzahlung der Vergütung herbeiführen (BAG 20. 8. 1980 – 5 AZR 227/79, AP LohnFG § 6 Nr 14; Corts SAE 1981, 104 f; kritisch Trieschmann Anm zu BAG AP LohnFG § 6 Nr 18).

536 Die Überlegungen in Rn 534 zur Zulässigkeit eines Verzichts beschränkten sich auf eine Analyse der entgeltfortzahlungsrechtlichen Vorschriften. Diese ist jedoch unvollständig, da die bei den Sozialversicherungsträgern hierdurch entstehenden Belastungen nicht einbezogen werden. Deshalb sprechen gewichtige Gründe dafür,

entsprechende Vereinbarungen nach dem Rechtsgedanken des **§ 46 Abs 2 SGB I** als unwirksam anzusehen, soweit diese eine ansonsten nicht bestehende **Leistungspflicht zu Lasten des Sozialversicherungsträgers** begründen (so bereits HECKELMANN SAE 1977, 262; HOFMANN, in: 25 Jahre Bundesarbeitsgericht [1979] 236; OETKER SGb 1984, 196; SCHULTE/MIMBERG/SABEL 237; wie hier iE auch MHdB ArbR/SCHLACHTER [3. Aufl 2009] § 75 Rn 33, da sie auf Grund einer teleologischen Würdigung der Unabdingbarkeitsnormen einen Verzicht nur als rechtswirksam erachtet, wenn dieser die Entlastungsfunktion zugunsten der Krankenkasse nicht beeinträchtigt; s auch schon vMAYDELL DB 1973 Beil 15, 8, der hieraus jedoch keine Rückschlüsse auf die Rechtswirksamkeit des Verzichts ableitet; **aA** aber EICHENHOFER VSSR 1991, 188 f, 196 f; SIMON, Unabdingbarkeit und vertraglicher Verzicht [2008] 371 f; TREBER, EFZG [2. Aufl 2007] § 12 EFZG Rn 15; zurückhaltend auch SALJE NZA 1990, 301 ff).

537 Der Wortlaut des § 46 SGB I erfasst zwar nur Sozialleistungen im Sinne des § 11 SGB I, im Rahmen der teleologischen Fundierung der Entgeltfortzahlung im Krankheitsfall wurde aber dargelegt (s oben Rn 180 f), dass die Leistungen des Arbeitgebers einen sozialstaatlich geprägten Versorgungscharakter haben und bei materieller Würdigung Aufgaben der Sozialversicherung übernehmen. Aus diesem Grunde ist der konstruktive Weg einer Analogie zu § 46 Abs 2 SGB I nicht per se von der Hand zu weisen (**aA** SIMON, Unabdingbarkeit und vertraglicher Verzicht [2008] 371 f; TREBER, EFZG [2. Aufl 2007] § 12 EFZG Rn 15). Zu erwägen ist auch die Anwendung des **§ 32 Abs 1 SGB I** (hierfür zB BÜRCK VSSR 1990, 304 f; **aA** SIMON, Unabdingbarkeit und vertraglicher Verzicht [2008] 369 ff). Wird die zur Leistungspflicht des Sozialversicherungsträgers führende Abrede hingegen als rechtswirksam betrachtet, so bleibt zu überlegen, ob der Geltendmachung der Sozialleistung das Verbot des venire contra factum proprium entgegensteht. Die Notwendigkeit einer analogen Anwendung der §§ 32 Abs 1, 46 Abs 2 SGB I besteht allerdings nur, wenn es tatsächlich infolge des Verzichts zu einer Leistungspflicht des Trägers der gesetzlichen Krankenversicherung kommt. Das Bundessozialgericht vermeidet dies, indem es ein **Ruhen des Anspruches auf Krankengeld** befürwortet und sich hierfür auf eine entsprechende Anwendung von § 189 Abs 1 RVO (nunmehr § 49 Abs 1 Nr 1 SGB V) stützt (BSG 16. 12. 1980 – 3 RK 27/79, BKK 1981, 268 f; zustimmend SIMON, Unabdingbarkeit und vertraglicher Verzicht [2008] 373 ff, 378).

IX. Darlegungs- und Beweislast*

1. Grundsatz

538 Hinsichtlich der Darlegungs- und Beweislast gelten die Grundsätze zu § 616 S 1 BGB entsprechend (zu ihnen oben Rn 158 ff). Der **Arbeitnehmer** trägt hiernach die Beweislast für das Vorliegen des **objektiven Tatbestandes** in § 3 Abs 1 S 1 EFZG,

* **Schrifttum**: BECKER, Die Widerlegung ärztlicher Arbeitsunfähigkeitsatteste seit der Änderung der §§ 368m, 368n, 369b RVO, DB 1983, 1253; BERENZ, Lohnfortzahlung an im Urlaub erkrankte Arbeitnehmer, DB 1992, 2442; BLEISTEIN, Die ärztliche Arbeitsunfähigkeitsbescheinigung: Ihre Bedeutung und ihr Beweiswert, betrieb + personal 1995, 19; BRILL, Beweiswert ärztlicher Arbeitsunfähigkeitsbescheinigung, AuA 1993, 197; CLAUSEN, Beweiswert einer Arbeitsunfähigkeitsbescheinigung im Entgeltfortzahlungsprozess, AuR 1989, 330; FEICHTINGER/POHL, Verminderter Beweiswert der Arbeitsunfähigkeitsbescheinigung, DB 1984 Beil 4, 1; GALAHN, Der Mißbrauch der Entgeltfortzahlung im Krankheitsfall und die

der zum Ausgleich für die Rechtsfolgen der allgemeinen Regel des § 326 Abs 1 S 1 BGB einen eigenständigen Anspruch auf Entgeltfortzahlung begründet (BAG 20. 3. 1985 – 5 AZR 229/83, AP LohnFG § 1 Nr 64; BAG 13. 7. 2005 – 5 AZR 389/04, AP EntgeltFG § 3 Nr 25). Er muss insbesondere die **Erkrankung** sowie deren **Ursächlichkeit** für die **Arbeitsunfähigkeit** bzw die **Arbeitsverhinderung** darlegen und beweisen (BAG 20. 2. 1985 – 5 AZR 180/83, AP LohnFG § 3 Nr 4; BAG 19. 2. 1997 – 5 AZR 83/96, AP EntgeltFG § 3 Nr 4; BAG 1. 10. 1997 – 5 AZR 726/96, AP EntgeltFG § 5 Nr 5; BAG 25. 5. 2016 – 5 AZR 318/15 Rn 20, NZA 2016, 1076). Ebenso trifft den Arbeitnehmer die Beweislast für **Beginn und Ende** der Entgeltfortzahlung, so dass es ihm ggf auch obliegt, den vom Arbeitgeber erhobenen Einwand, wegen der Einheit des Verhinderungsfalles (s o Rn 389) sei eine Entgeltfortzahlung ausgeschlossen, auszuräumen (BAG 25. 5. 2016 – 5 AZR 318/15 Rn 19 f, NZA 2016, 1076; LAG Berlin-Brandenburg 27. 9. 2018 – 26 Sa 513/18, BeckRS 2018, 33994; LAG Niedersachsen 26. 9. 2018 – 7 Sa 336/18, BeckRS 2018, 29924). Ferner trägt der Arbeitnehmer die Darlegungs- und Beweislast dafür, dass die Entgeltfortzahlung wegen einer **Anlasskündigung** (§ 8 Abs 1 EFZG) auch nach Beendigung des Arbeitsverhältnisses geschuldet ist (LAG Berlin-Brandenburg 1. 3. 2018 – 10 Sa 1507/17, NZA-RR 2018, 298). Umgekehrt trägt der Arbeitgeber die Darlegungs- und Beweislast hinsichtlich derjenigen Tatsachen, die einem Anspruch auf Entgeltfortzahlung entgegenstehen, so zB für den Vortrag, dass der Arbeitsausfall nicht allein auf der krankheitsbedingten Arbeitsunfähigkeit beruht habe (BAG 29. 9. 2004 – 5 AZR 558/03, AP EntgeltFG § 3 Nr 24). Zum Verschulden des Arbeitnehmers s unten Rn 551.

Abwehrmöglichkeiten des Arbeitgebers (1994); HEINZE/GIESEN, Die Arbeitsunfähigkeitsbescheinigung und der Europäische Gerichtshof, BB 1996, 1830; HUNOLD, Beweiswert einer Arbeitsunfähigkeitsbescheinigung, BB 1989, 845; KLEINEBRINK, Die Arbeitsunfähigkeitsbescheinigung (Diss Augsburg 1994); KRASNEY, Zur Beweislast für die Erkrankung „ohne Verschulden" im Sinne des § 1 LFZG, DOK 1971, 57; KÜHN, Die Vermeidung prozessualer Risiken bei Zweifeln an der Arbeitsunfähigkeit, NZA 2012, 1249; LAMBECK, Zum Beweiswert ärztlicher Arbeitsunfähigkeitsbescheinigungen im Entgeltfortzahlungsprozess, NZA 1990, 88; LAWS, Darlegungs- und Beweislast bei der Arbeitsunfähigkeit, FA 2017, 101; LEIPOLD, Schwer zu fassen: die Arbeitsunfähigkeitsbescheinigung nach deutschem und europäischem Recht, in: FS Kissel (1994) 629; LEPKE, Die Beweislast für das Verschulden bei Krankheit des Arbeitnehmers, DB 1972, 922; ders, Zur Darlegungs- und Beweislast für das Vorliegen einer sog Fortsetzungserkrankung im Sinne von § 1 Abs 1 S 1 1. Halbsatz LFZG, DB 1983, 447; MARBURGER, Bescheinigung der Arbeitsunfähigkeit bei Erkrankung im Ausland, BB 1988, 557; PETER, Die Arbeitsunfähigkeitsbescheinigung als europäisches Rechtsproblem (1999); ders, Die Arbeitsunfähigkeitsbescheinigung als europäisches Rechtsproblem, RdA 1999, 374; REINECKE, Die arbeitsrechtliche Bedeutung der ärztlichen Arbeitsunfähigkeitsbescheinigung, DB 1989, 2069; REWOLLE, Die Beweislast für Verschulden bei Krankheit des Arbeitnehmers, DB 1971, 919; RÜHLE, Der Beweiswert ärztlicher Arbeitsunfähigkeitsbescheinigungen, BB 1989, 2046; SCHNECK, Die Beweislast für das Verschulden bei Krankheit des Arbeitnehmers, DB 1972, 926; SUBATZUS, Beweiswert von EU-Arbeitsunfähigkeitsbescheinigungen: Änderungen durch die EU-VO 1206/01, DB 2004, 1613; STEINMEYER, Die Austauschbarkeit arbeitsrechtlicher und sozialrechtlicher Gestaltungsformen und das Europäische Gemeinschaftsrecht, in: FS Kissel (1994) 1165; STÜCKMANN, Beweiswert der Arbeitsunfähigkeitsbescheinigung, AuA 1995, 44; WETH, in: FS zum 50-jährigen Bestehen der Arbeitsgerichtsbarkeit in Rheinland-Pfalz (1999) 145.

2. Beweiswert der Arbeitsunfähigkeitsbescheinigung

539 Die den Arbeitnehmer treffende Darlegungs- und Beweislast (s oben Rn 538) wird durch die **Arbeitsunfähigkeitsbescheinigung** (s zu ihr oben Rn 361 ff) erleichtert. Sie begründet nach bislang hM jedoch **keine gesetzliche Vermutung** für die Erkrankung oder für die Arbeitsunfähigkeit (BAG 11. 8. 1976 – 5 AZR 422/75, AP LohnFG § 3 Nr 2; LAG Berlin 27. 5. 1991 – 9 Sa 16/91, LAGE § 3 LohnFG Nr 12; LAG Köln 12. 1. 2018 – 4 Sa 290/17, BeckRS 2018, 3707; ebenso zB Boecken NZA 1999, 679; Galahn 156 f; Kleinebrink 102 ff; MünchKomm/Müller-Glöge § 3 EFZG Rn 79; Vogelsang, Entgeltfortzahlung Rn 351; **aA** Borchert DOK 1990, 648; in Richtung einer gesetzlichen Vermutung auch Leipold, in: FS Kissel [1994] 637 ff; Schmitt EFZG [7. Aufl 2012] § 5 EFZG Rn 111; für eine **tatsächliche Vermutung** indes LAG Köln 16. 8. 1990 – 10 (9) Sa 480/90, LAGE § 616 BGB Nr 6; LAG Köln 12. 1. 2018 – 4 Sa 290/17, BeckRS 2018, 3707; LG Saarbrücken 15. 7. 2016 – 13 S 51/16, NJW-RR 2017, 409; MHdB ArbR/Greiner § 82 Rn 28; ErfKomm/Reinhard § 5 EFZG Rn 14; HWK/Schliemann § 5 EFZG Rn 39; Schmitt/Küfner-Schmitt, EFZG/AAG [8. Aufl 2018] § 5 EFZG Rn 111; Treber, EFZG [2. Aufl 2007] § 5 EFZG Rn 51; hiergegen jedoch Reinecke DB 1989, 2072 f).

540 Die ärztliche Bescheinigung hat nach der Rechtsprechung des Bundesarbeitsgerichtes und der überwiegenden Ansicht im Schrifttum aber zumindest einen **hohen Beweiswert**, den allerdings nach tradierter Vorstellung Zweifel an der inhaltlichen Richtigkeit der Bescheinigung beeinträchtigen können (BAG 11. 8. 1976 – 5 AZR 422/75, AP LohnFG § 3 Nr 2; BAG 4. 10. 1978 – 5 AZR 326/77, AP LohnFG § 3 Nr 3; BAG 15. 7. 1992 – 5 AZR 312/91, DB 1992, 2347; BAG 19. 2. 1997 – 5 AZR 83/96, AP EntgeltFG § 3 Nr 4; BAG 1. 10. 1997 – 5 AZR 499/96, AP EntgeltFG § 5 Nr 4; BAG 1. 10. 1997 – 5 AZR 726/96, AP EntgeltFG § 5 Nr 5; BAG 26. 10. 2016 – 5 AZR 167/16 Rn 17, NJW 2017, 1129; BGH 16. 10. 2001 – VI ZR 408/00, NJW 2002, 128; LAG Berlin 27. 5. 1991 – 9 Sa 16/91, LAGE § 3 LohnFG Nr 12; LAG Köln 16. 8. 1990 – 10 [9] Sa 480/90, LAGE § 3 LohnFG Nr 11; LAG Köln 7. 7. 2017 – 4 Sa 936/16, BeckRS 2017, 121232; LAG Köln 12. 1. 2018 – 4 Sa 290/17, BeckRS 2018, 3707; LAG München 5. 4. 1991 – 2 Sa 809/90, LAGE § 3 LohnFG Nr 10; aus dem Schrifttum zB Galahn 169 ff; Schmitt/Küfner-Schmitt, EFZG/AAG [8. Aufl 2018] § 5 EFZG Rn 81 ff; Lepke Rn 555 ff; ArbR-BGB/Matthes § 616 Rn 156 ff; Peter 78 ff; Reinecke DB 1989, 2070 f; iE auch Kleinebrink 179 ff; Vogelsang, Entgeltfortzahlung Rn 352; gegen einen Beweiswert LAG München 21. 10. 1981 – 22 Sa 196/81, LAGE § 63 HGB Nr 4; LAG München 9. 11. 1988 – 5 Sa 292/88, LAGE § 63 HGB Nr 8; LAG München 27. 3. 1991 – 5 Sa 374/90, LAGE § 3 LohnFG Nr 9 sowie Hunold BB 1989, 845 ff; Schilken Anm zu LAG München LAGE § 63 HGB Nr 8; einschränkend LAG München 29. 11. 1988 – 2 Sa 673/88, LAGE § 3 LohnFG Nr 3; ferner Weth, in: FS zum 50-jährigen Bestehen der Arbeitsgerichtsbarkeit in Rheinland-Pfalz [1999] 151 ff. Zum Parallelproblem im Rahmen des § 3 Abs 1 MuSchG aF s BAG 12. 3. 1997 – 5 AZR 766/95, AP MuSchG 1968 § 3 Nr 10; BAG 1. 10. 1997 – 5 AZR 685/96, AP MuSchG 1968 § 3 Nr 11). Neuere empirische Untersuchungen dokumentieren allerdings erhebliche Kenntnisdefizite der Ärzteschaft hinsichtlich der Voraussetzungen für die Entgeltfortzahlung im Krankheitsfall (vgl Stückmann 33 ff; s auch HWK/Schliemann § 3 EFZG Rn 42), sodass die beweisrechtliche Privilegierung der Arbeitsunfähigkeitsbescheinigung auf einer empirisch nur wenig fundierten Basis ruht. Dieses Defizit kann nur dadurch überwunden werden, dass auf die Funktion der Arbeitsunfähigkeitsbescheinigung abgestellt wird, die ihr § 5 Abs 1 S 2 EFZG zubilligt (s auch BGH 16. 10. 2001 – VI ZR 408/00, NJW 2002, 128). Das Gesetz misst der Arbeitsunfähigkeitsbescheinigung eine so hohe Richtigkeitswahrscheinlichkeit bei, dass allein deren Vorlage ausreicht, um dem Arbeitgeber das Recht zur Leistungsverweigerung zu entziehen. Diese gesetzgeberische Wertentscheidung muss auch auf die beweisrechtliche Würdigung ausstrahlen. Für eine **ärztliche Arbeitsfähigkeitsbescheinigung** gilt dies entsprechend (BAG 11. 10. 2006 – 5 AZR 755/05, AP EntgeltFG § 5 Nr 9).

Zweifel an der Richtigkeit der ärztlichen Bescheinigung (zusammenfassend BAG 27. 4. 1994 – 5 AZR 747/93 [A] ua, AP LohnFG § 1 Nr 100) können aus **Erklärungen des Arbeitnehmers** vor der Erkrankung (BAG 4. 10. 1978 – 5 AZR 326/77, AP LohnFG § 3 Nr 3; zur Ablehnung eines Urlaubs und einer späteren ärztlichen Bescheinigung für den Zeitraum des ursprünglich beantragten Urlaubs LAG Köln 7. 7. 2017 – 4 Sa 936/16, BeckRS 2017, 121232), dem **Verhalten während der Arbeitsunfähigkeit** (zB Nachgehen einer Nebentätigkeit BAG 26. 8. 1993 – 2 AZR 154/93, AP BGB § 626 Nr 112; LAG Nürnberg 27. 11. 2013 – 8 Sa 89/13, LAGE § 102 BetrVG 2001 Nr 18), dem Entziehen einer ärztlichen **Untersuchung durch den Medizinischen Dienst** (BAG 3. 10. 1972 – 5 AZR 215/72, AP LohnFG § 5 Nr 1; vgl auch BAG 4. 10. 1978 – 5 AZR 326/77, AP LohnFG § 3 Nr 3; Edenfeld DB 1997, 2276), dem Bescheinigen einer Arbeitsunfähigkeit mit Rückwirkung (LAG Köln 12. 1. 2018 – 4 Sa 290/17, BeckRS 2018, 3707; s auch oben Rn 367) oder dem Ausstellen der **Arbeitsunfähigkeitsbescheinigung ohne vorherige Untersuchung** (BAG 11. 8. 1976 – 5 AZR 422/75, AP LohnFG § 3 Nr 2; LAG Köln 12. 1. 2018 – 4 Sa 290/17, BeckRS 2018, 3707; ArbG München 18. 9. 2014 – 22 Ca 11325/13, NZA-RR 2014, 635 f; s auch LAG Frankfurt aM 11. 6. 1993 – 9 Sa 123/93, LAGE § 626 BGB Nr 74: fehlende Auseinandersetzung mit den Auswirkungen der Krankheit auf die zu leistende Arbeit) resultieren (s näher Feichtinger, Entgeltfortzahlung Rn 606 ff; MHdB ArbR/Greiner § 82 Rn 29 f; Schmitt/Küfner-Schmitt, EFZG/AAG [8. Aufl 2018] § 5 EFZG Rn 115 ff; Lepke 386 ff; MünchKomm/Müller-Glöge § 3 EFZG Rn 80; Vogelsang, Entgeltfortzahlung Rn 353 ff). Zu erwägen ist auch, eine Erschütterung des Beweiswertes der Arbeitsunfähigkeitsbescheinigung stets dann anzuerkennen, wenn **Zweifel an der Arbeitsunfähigkeit im Sinne des § 275 Abs 1a S 1 SGB V** bestehen (so MHdB ArbR/Greiner § 82 Rn 29; MünchKomm/Müller-Glöge § 3 EFZG Rn 79; ErfKomm/Reinhard § 5 EFZG Rn 15 sowie Schmitt/Küfner-Schmitt, EFZG/AAG [8. Aufl 2018] § 5 EFZG Rn 122 f; Hanau/Kramer DB 1995, 99, die jedoch eine Erschütterung des Beweiswerts nur anerkennen wollen, wenn der Arbeitgeber das in § 275 SGBV vorgesehene Verfahren zur Überprüfung der Arbeitsunfähigkeit eingeleitet hat; gegen diese Einschränkung jedoch LAG Hamm 9. 4. 2008 – 18 Sa 1938/07, BeckRS 2008, 54151; Gola BB 1995, 2322; Hunold DB 1995, 676 f; Schmitt/Küfner-Schmitt, EFZG/AAG [8. Aufl 2018] § 5 EFZG Rn 124; Lepke NZA 1995, 1089). 541

Bei Zweifeln an der inhaltlichen Richtigkeit der Arbeitsunfähigkeitsbescheinigung, die der Arbeitgeber darzulegen und gegebenenfalls zu beweisen hat (BAG 15. 7. 1992 – 5 AZR 312/91, AP LohnFG § 1 Nr 98; BAG 19. 2. 1997 – 5 AZR 83/96, AP EntgeltFG § 3 Nr 4), muss der Arbeitnehmer den **Beweis auf andere Weise** mit prozessual zulässigen Beweismitteln, insbesondere durch Vernehmung des behandelnden Arztes führen (LAG Berlin 27. 5. 1991 – 9 Sa 16/91, LAGE § 3 LohnFG Nr 12 sowie MHdB ArbR/Greiner § 82 Rn 28; Schmitt/Küfner-Schmitt, EFZG/AAG [8. Aufl 2018] § 5 EFZG Rn 127; Lepke Rn 560; s auch BAG 1. 10. 1997 – 5 AZR 499/96, AP EntgeltFG § 5 Nr 4; BAG 1. 10. 1997 – 5 AZR 726/96, AP EntgeltFG § 5 Nr 5). 542

Die Grundsätze über den Beweiswert einer **Arbeitsunfähigkeitsbescheinigung** gelten nach der höchstrichterlichen Rechtsprechung auch, wenn diese **im Ausland außerhalb des Anwendungsbereichs der VO (EG) Nr 987/2009** (früher VO [EWG] Nr 574/72) **ausgestellt** wurde (BAG 20. 2. 1985 – 5 AZR 180/83, AP LohnFG § 3 Nr 4; BAG 19. 2. 1997 – 5 AZR 83/96, AP EntgeltFG § 3 Nr 4; LAG Hamm 12. 4. 1989 – 1 Sa 1435/88, LAGE § 3 LohnFG 543

Nr 5; mit erheblichen Einschränkungen jedoch LAG München 29. 11. 1988 – 2 Sa 673/88, LAGE § 3 LohnFG Nr 3). Zweifel an der inhaltlichen Richtigkeit der ärztlichen Bescheinigung können insbesondere daraus resultieren, dass der ausländische Arzt nicht zwischen bloßer Erkrankung und krankheitsbedingter Arbeitsunfähigkeit unterschieden und damit keine den Begriffen des deutschen Arbeits- und Sozialversicherungsrechts entsprechende Beurteilung vorgenommen hat (BAG 20. 2. 1985 – 5 AZR 180/83, AP LohnFG § 3 Nr 4; BAG 19. 2. 1997 – 5 AZR 83/96, AP EntgeltFG § 3 Nr 4; BAG 1. 10. 1997 – 5 AZR 499/96, AP EntgeltFG § 5 Nr 4; s auch Lepke Rn 565; Peterek Anm zu BAG EzA § 3 LohnFG Nr 5). Ferner können **wiederholte Krankschreibungen** jeweils am Ende eines Urlaubs, insbesondere wenn sie zu einer Verlängerung des Aufenthalts am Urlaubsort führen, ernsthafte Zweifel an der krankheitsbedingten Arbeitsunfähigkeit begründen (BAG 19. 2. 1997 – 5 AZR 83/96, AP EntgeltFG § 3 Nr 4). Im Rahmen der Beweiserleichterungen ist auch zu berücksichtigen, ob der Arbeitnehmer den **Mitteilungspflichten** nach § 5 Abs 2 Satz 1 EFZG entsprochen hat; deren Verletzung kann dazu führen, dass der Beweis für das Vorliegen der krankheitsbedingten Arbeitsunfähigkeit als nicht erbracht anzusehen ist (BAG 19. 2. 1997 – 5 AZR 83/96, AP EntgeltFG § 3 Nr 4).

544 Von den Grundsätzen in Rn 540 bis 543 weicht die Entscheidung des Europäischen Gerichtshofes v 3. 6. 1992 in der Rechtssache **„Paletta I"** für einen eng begrenzten Teilbereich ab. Sie betrifft nicht sämtliche in der **Europäischen Union ausgestellte Arbeitsunfähigkeitsbescheinigungen**, sondern nur solche, die auf Grund einer vom Träger des Wohnorts nach **Art 27 Abs 5 VO (EG) Nr 987/2009** (früher Art 18 Abs 3 VO [EWG] Nr 574/72) **angeordneten Kontrolluntersuchung** erstellt wurden. Unabhängig von den seitens der Judikatur des Europäischen Gerichtshofes herausgearbeiteten Grundsätzen sind die Grundsätze in Rn 543 zum Beweiswert ausländischer Arbeitsunfähigkeitsbescheinigungen auch im Geltungsbereich der VO (EG) Nr 987/2009 anzuwenden, wenn es sich lediglich um eine **Bescheinigung des behandelnden Arztes** und nicht um eine auf Grund einer Kontrolluntersuchung angefertigte amtliche Bescheinigung handelt (ebenso LAG Düsseldorf 25. 8. 1999 – 17 Sa 812/99, NZA-RR 2000, 13 f sowie zB BAG 1. 10. 1997 – 5 AZR 499/96, AP EntgeltFG § 5 Nr 4).

545 Im Anwendungsbereich der **EG-Verordnung Nr 574/72** sah der Europäische Gerichtshof in der Rechtssache „Paletta I" den Arbeitgeber jedoch an die im Ausland auf Grund einer Kontrolluntersuchung erstellte **amtliche Arbeitsunfähigkeitsbescheinigung** als **gebunden** an, wenn der „zuständige Träger" den Arbeitnehmer nicht durch einen Arzt nach Wahl des „zuständigen Trägers" untersuchen lässt (EuGH 3. 6. 1992 – C-45/90, EAS VO 574/72 Art 18 Nr 2; s zuvor bereits EuGH 12. 3. 1987 – 22/86, EAS VO 574/72 Art 18 Nr 1 „Rindone"). Auf Grund zahlreicher kritischer Stellungnahmen im Schrifttum (s zB Abele EuZW 1992, 482 f; Berenz DB 1992, 2443 ff; Buchner ZfA 1993, 303 f; Franzen SAE 1995, 59 ff; Kleinebrink 171 ff; Leipold, in: FS Kissel [1994] 629 ff; Lepke DB 1993, 2028; Reuter DZWir 1992, 375 f; Schlachter, Der Europäische Gerichtshof und die Arbeitsgerichtsbarkeit [1995] 49 ff; Steinmeyer, in: FS Kissel [1994] 1165 ff; zustimmend jedoch Bobke/vCamen/Veit RdA 1993, 333 f; Zuleeg AuR 1994, 82) legte das Bundesarbeitsgericht in demselben Rechtsstreit die Rechtsfrage dem Europäischen Gerichtshof erneut zur Überprüfung vor (BAG 27. 4. 1994 – 5 AZR 747/93 [A] ua, AP LohnFG § 1 Nr 100).

546 In seinem Urteil v 2. 5. 1996 (**„Paletta II"**) hielt der Europäische Gerichtshof im Grundsatz an seiner Entscheidung in der Rechtssache „Paletta I" fest (EuGH 2. 5.

1996 – C-206/94, NJW 1996, 1881 f = EAS VO 574/72 Art 18 Nr 3; hierzu HEINZE BB 1996, 1830 ff; SCHLACHTER EuZW 1996, 377 f; zum nachfolgenden Verfahrensgang BAG 19. 2. 1997 – 5 AZR 747/93, AP EWG-Verordnung Nr 574/72 Art 18 Nr 3 sowie das abschließende Urteil des LAG Baden-Württemberg 9. 5. 2000 – 10 Sa 85/97, NZA-RR 2000, 514 ff). Insbesondere betonte der Gerichtshof, dass die dem Arbeitnehmer auferlegte Beweislast bei ernsthaften Zweifeln an der inhaltlichen Richtigkeit der Arbeitsunfähigkeitsbescheinigung nicht mit den Zielen des Art 18 der Verordnung (EWG) Nr 574/72 (= Art 27 der VO [EG] Nr 987/2009) vereinbar sei (EuGH 2. 5. 1996 – C-206/94 Rn 26, NJW 1996, 1881). In derartigen Fällen ist der Arbeitgeber deshalb auf die in der Rechtssache „Paletta I" aufgezeigte Möglichkeit angewiesen, dass der „zuständige Träger" den Arbeitnehmer nach Art 18 Abs 5 der Verordnung (EWG) Nr 574/72 (= Art 27 der VO [EG] Nr 987/2009) durch einen Arzt seiner Wahl untersuchen lässt (EuGH 3. 6. 1992 – C-45/90, EAS VO 574/72 Art 18 Nr 2). Allerdings erkannte der Gerichtshof in der Rechtssache „Paletta II" ausdrücklich die Möglichkeit an, dass der Arbeitgeber den Beweis erbringen kann, dass der Arbeitnehmer missbräuchlich oder betrügerisch die durch ärztliche Bescheinigung festgestellte Arbeitsunfähigkeit gemeldet hat, ohne krank gewesen zu sein (EuGH 2. 5. 1996 – C-206/94 Rn 27, NJW 1996, 1881; so bereits STAUDINGER/OETKER[12] § 616 Rn 328; REUTER DZWir 1992, 376).

Auf der Grundlage der aktuellen Rechtsprechung des Europäischen Gerichtshofes konnte die Judikatur des Bundesarbeitsgerichtes zum Beweiswert der Arbeitsunfähigkeitsbescheinigung, die dem Anwendungsbereich der EG-Verordnung Nr 987/2009 (früher VO [EWG] Nr 574/72) unterliegt und auf Grund einer vom Träger des Wohnortes angeordneten Kontrolluntersuchung erstellt wurde, nicht mehr aufrechterhalten werden und wurde inzwischen auch in diesem Sinne korrigiert (BAG 19. 2. 1997 – 5 AZR 747/93, AP EWG-Verordnung Nr 574/72 Art 18 Nr 3; anders jedoch HEINZE/GIESEN BB 1996, 1832 f). Eine amtliche Arbeitsunfähigkeitsbescheinigung hat nach der Rechtsprechung des Europäischen Gerichtshofes eine Rechtsqualität, die am ehesten einer gesetzlichen Vermutung entspricht, da diese durch **bloße Zweifel nicht erschüttert** werden kann. Insbesondere rechtfertigen diese es nicht, dem Arbeitnehmer die Beweislast für die krankheitsbedingte Arbeitsunfähigkeit allein auf Grund bestehender Zweifel aufzuerlegen. 547

Nach der Rechtsprechung des Europäischen Gerichtshofes kann der **Arbeitgeber** die gesetzliche Vermutung durch die **Führung des Gegenbeweises** widerlegen. Ihm obliegt der Nachweis, dass der Arbeitnehmer die ärztliche Bescheinigung erlangt hat, ohne krank gewesen zu sein (ebenso BAG 19. 2. 1997 – 5 AZR 747/93, AP EWG-Verordnung Nr 574/72 Art 18 Nr 3). Gelingt dem Arbeitgeber dies, so sind die vom Europäischen Gerichtshof hinzugefügten subjektiven Merkmale („missbräuchlich", „betrügerisch") regelmäßig erfüllt (ebenso BAG 19. 2. 1997 – 5 AZR 747/93, AP EWG-Verordnung Nr 574/72 Art 18 Nr 3). Damit trägt die Judikatur des Europäischen Gerichtshofes zumindest teilweise den Forderungen des Schrifttums Rechnung, die die Zulassung eines Gegenbeweises gefordert hatten (so zB FRANZEN SAE 1995, 60; SCHLACHTER, Der Europäische Gerichtshof und die Arbeitsgerichtsbarkeit [1995] 50; WANK Anm zu EuGH AR-Blattei ES 1000. 3. 1 Nr 164). Allerdings ist nicht zu übersehen, dass das Bundesarbeitsgericht eine derartige Verteidigung des Arbeitgebers noch im Jahre 1976 in die Nähe einer Unmöglichkeit gerückt hatte (BAG 11. 8. 1976 – 5 AZR 422/75, AP LohnFG § 3 Nr 2). Gleichwohl hat sie nunmehr auch das Bundesarbeitsgericht aufgegriffen und festgehalten, dass dem Arbeitgeber nicht der Nachweis abgeschnitten sei, dass der 548

Arbeitnehmer missbräuchlich oder betrügerisch Arbeitsunfähigkeit gemeldet hat, ohne krank zu sein (BAG 19. 2. 1997 – 5 AZR 747/93, AP EWG-Verordnung Nr 574/72 Art 18 Nr 3). Teilweise können die **Beweisschwierigkeiten** durch einen **Indizienbeweis** gemildert werden, wenn aus dem Beweis von Hilfstatsachen auf das Vorliegen der zu beweisenden rechtserheblichen Tatsache geschlossen werden kann (BAG 19. 2. 1997 – 5 AZR 747/93, AP EWG-Verordnung Nr 574/72 Art 18 Nr 3; SCHMITT/KÜFNER-SCHMITT, EFZG/AAG [8. Aufl 2018] § 5 EFZG Rn 165; MHdB ArbR/SCHLACHTER [3. Aufl 2009] § 75 Rn 27). Ferner kann die Weigerung des Arbeitnehmers, den behandelnden Arzt von der **Schweigepflicht** zu entbinden, als **Beweisvereitelung** zu würdigen sein (BAG 19. 2. 1997 – 5 AZR 747/93, AP EWG-Verordnung Nr 574/72 Art 18 Nr 3).

549 Die wegen der Rechtsprechung des Europäischen Gerichtshofes notwendige Korrektur der höchstrichterlichen Rechtsprechung zum Beweiswert der Arbeitsunfähigkeitsbescheinigung beschränkt sich auf solche Arbeitsunfähigkeitsbescheinigungen, die erstens im **räumlichen Geltungsbereich der VO (EWG) Nr 574/72** bzw **VO (EG) Nr 987/2009** und zweitens auf Grund einer **amtlich angeordneten Kontrolluntersuchung** ausgestellt wurden. Gleichwohl wirft die Rechtsprechung des Europäischen Gerichtshofes die Frage auf, ob diese mittelbar auch für „nationale" Sachverhalte oder andere ausländischen Arbeitsunfähigkeitsbescheinigungen eine Korrektur der höchstrichterlichen Rechtsprechung erzwingt (mit dieser Tendenz ErfKomm/REINHARD § 5 EFZG Rn 28). Eine derartige Forderung könnte auf das Argument gestützt werden, dass andernfalls eine mit **Art 3 Abs 1 GG** unvereinbare **Ungleichbehandlung** eintreten würde (so REUTER DZWir 1992, 376; hierzu PETER 154 ff; allg zu einer mit Art 3 Abs 1 GG unvereinbaren Inländerdiskriminierung KÖNIG AöR 118 [1993] 591 ff mwNw). Allerdings setzt dies voraus, dass keine sachlichen Gründe erkennbar sind, die es rechtfertigen, der im Inland ausgestellten Arbeitsunfähigkeitsbescheinigung lediglich einen „hohen Beweiswert", amtlichen Arbeitsunfähigkeitsbescheinigungen im Anwendungsbereich der EG-Verordnung Nr 987/2009 hingegen die stärkere Qualität einer gesetzlichen Vermutung beizumessen (so aber SCHLACHTER, Der Europäische Gerichtshof und die Arbeitsgerichtsbarkeit [1995] 50).

550 Als **Sachgrund für eine differenzierende Würdigung** lässt sich immerhin die in Art 27 der EG-Verordnung Nr 987/2009 bzw Art 18 der EG-Verordnung Nr 574/72 vorgesehene Beteiligung des Sozialversicherungsträgers am Wohnort des Arbeitnehmers bei dem Verfahren zur Feststellung der Arbeitsunfähigkeit anführen (so SCHLACHTER, Der Europäische Gerichtshof und die Arbeitsgerichtsbarkeit [1995] 50; s auch MünchKomm/MÜLLER-GLÖGE § 3 EFZG Rn 84 aE, der auf die höhere Autorität der bescheinigenden Stellen verweist). Bei der im Verfahren nach Art 27 Abs 5 VO (EG) Nr 987/2009 (früher: Art 18 Abs 3 VO [EWG] 574/72) ausgestellten ärztlichen Bescheinigung handelt es sich um eine solche, die nicht vom behandelnden Arzt stammt, sondern auf Grund einer amtlicherseits angeordneten Kontrolluntersuchung angefertigt wurde. Wird dieser Unterschied hinreichend beachtet, so entspricht eine derartige Arbeitsunfähigkeitsbescheinigung eher einem vom Medizinischen Dienst der gesetzlichen Krankenkassen erstellten Gutachten, das ebenfalls zur Überprüfung der vom behandelnden Arzt attestierten Arbeitsunfähigkeit eingeholt wird. Dieser Umstand rechtfertigt es, der auf Grund einer Kontrolluntersuchung erstellten Arbeitsunfähigkeitsbescheinigung einen höheren Beweiswert beizumessen als einer solchen, die von dem behandelnden Arzt angefertigt wurde (in diesem Sinne auch VOGELSANG, Entgeltfortzahlung Rn 375).

3. Fehlendes Verschulden des Arbeitnehmers

551 Das Verschulden des Arbeitnehmers bewertet die ständige Rechtsprechung des Bundesarbeitsgerichtes als anspruchshindernden Umstand, für den der **Arbeitgeber die Beweislast** trägt (BAG 9. 4. 1960 – 2 AZR 457/57, AP HGB § 63 Nr 12; BAG 23. 11. 1971 – 1 AZR 404/70, AP LohnFG § 1 Nr 9; BAG 7. 12. 1972 – 5 AZR 350/72, AP LohnFG § 1 Nr 26; BAG 1. 6. 1983 – 5 AZR 536/80, AP LohnFG § 1 Nr 52; BAG 11. 11. 1987 – 5 AZR 497/86, AP BGB § 616 Nr 75; BAG 7. 8. 1991 – 5 AZR 410/90 AP LohnFG § 1 Nr 94; BAG 18. 3. 2015 – 10 AZR 99/14 Rn 16, AP EntgeltFG § 3 Nr 31 = NZA 2015, 801; ebenso im Schrifttum zB Brecht, Entgeltfortzahlung § 3 EFZG Rn 39; Fey, Die Entgeltfortzahlung bei Arbeitsunfähigkeit infolge eines Schwangerschaftsabbruchs [1999] 89 ff; Soergel/Kraft § 616 Rn 62; Prütting Anm zu BAG EzA § 1 LohnFG Nr 69; sowie die Nachweise oben Rn 153). Die Bedenken in Rn 164 ff gegenüber dieser Verteilung der Darlegungs- und Beweislast haben auch im Rahmen der Entgeltfortzahlung im Krankheitsfall Gültigkeit.

552 Die mit dem **Beweis einer** in der persönlichen Sphäre des Arbeitnehmers liegenden **negativen Tatsache** verbundenen Schwierigkeiten für den beweisbelasteten Arbeitgeber (s Hofmann ZfA 1979, 328) mildert die höchstrichterliche Rechtsprechung durch eine **Pflicht des Arbeitnehmers zur Mithilfe und Mitwirkung** an der Aufklärung aller Umstände ab (BAG 1. 6. 1983 – 5 AZR 536/80, AP LohnFG § 1 Nr 52; BAG 11. 11. 1987 – 5 AZR 497/86, AP BGB § 616 Nr 75; BAG 7. 8. 1991 – 5 AZR 410/90, AP LohnFG § 1 Nr 94; ebenso zB Prütting Anm zu BAG EzA § 1 LohnFG Nr 69; Treber, EFZG [2. Aufl 2007] § 3 EFZG Rn 94; Vogelsang, Entgeltfortzahlung Rn 159). Das umfasst auch die **Entbindung des behandelnden Arztes oder eines gerichtlichen Sachverständigen von seiner ärztlichen Schweigepflicht** (BAG 19. 3. 1986 – 5 AZR 86/85, AP LohnFG § 1 Nr 67; BAG 11. 11. 1987 – 5 AZR 497/86, AP BGB § 616 Nr 75; ablehnend insoweit Prütting Anm zu BAG EzA § 1 LohnFG Nr 69). **Rechtsgrundlage** für die Mitwirkungspflicht ist sowohl die arbeitsvertragliche Nebenpflicht (BAG 7. 8. 1991 – 5 AZR 410/90, AP LohnFG § 1 Nr 94; Prütting Anm zu BAG EzA § 1 LohnFG Nr 69) als auch die prozessuale Aufklärungspflicht (§ 138 Abs 3 ZPO).

553 Ferner greift die Rechtsprechung für den Nachweis des Verschuldens auf das Institut des **prima-facie-Beweises** zurück (zB BAG 11. 11. 1987 – 5 AZR 497/86, AP BGB § 616 Nr 75). Einen allgemeinen Erfahrungssatz, dass krankhafte **Alkoholabhängigkeit** selbst verschuldet ist, lehnt das Bundesarbeitsgericht indes in gefestigter Rechtsprechung ab (BAG 1. 6. 1983 – 5 AZR 536/80, AP LohnFG § 1 Nr 52; BAG 7. 8. 1991 – 5 AZR 410/90, AP LohnFG § 1 Nr 94; BAG 18. 3. 2015 – 10 AZR 99/14 Rn 17 ff, AP EntgeltFG § 3 Nr 31 = NZA 2015, 801; **aA** noch BAG 7. 12. 1972 – 5 AZR 350/72, AP LohnFG § 1 Nr 26). Einen prima-facie-Beweis erkannte das Bundesarbeitsgericht nur bei einem **Rückfall** an, wenn der Arbeitnehmer nach erfolgreich beendeter Entwöhnungskur und längerer Zeit der Abstinenz dennoch wieder rückfällig wird (BAG 27. 1. 1988 – 5 AZR 264/86, AP LohnFG § 1 Nr 75; so auch LAG Frankfurt aM 28. 4. 1986 – 1 Sa 521/85, LAGE § 1 LohnFG Nr 12; **aA** LAG Frankfurt aM 6. 2. 1991 – 1 Sa 1185/89, LAGE § 1 LohnFG Nr 30); hiervon ist das Bundesarbeitsgericht indes nunmehr abgerückt und erwägt ein Verschulden nur noch im Einzelfall (BAG 18. 3. 2015 – 10 AZR 99/14 Rn 26 ff, AP EntgeltFG § 3 Nr 31 = NZA 2015, 801).

4. Fortsetzungserkrankungen

554 Die Begrenzung des Zeitraums der Entgeltfortzahlung bei Fortsetzungserkrankungen (hierzu oben Rn 402 ff) ist eine zugunsten des **Arbeitgebers** eingreifende Aus-

nahme, für die er die **Beweislast** trägt (BAG 4. 12. 1985 – 5 AZR 656/84, AP HGB § 63 Nr 42; BAG 19. 3. 1986 – 5 AZR 86/85, AP LohnFG § 1 Nr 67; BAG 10. 9. 2014 – 10 AZR 651/12 Rn 27, NZA 2014, 1139; BAG 25. 5. 2016 – 5 AZR 318/15 Rn 18, NZA 2016, 1076; LAG Baden-Württemberg 8. 6. 2016 – 4 Sa 70/15, NZA-RR 2016, 513, 514; LEPKE DB 1983, 448; MünchKomm/MÜLLER-GLÖGE § 3 EFZG Rn 87; SCHMITT/SCHMITT, EFZG/AAG [8. Aufl 2018] § 3 EFZG Rn 309; VOGELSANG, Entgeltfortzahlung Rn 210). Hieraus würde an sich zugleich folgen, dass dem Arbeitgeber obliegt, die entsprechenden Tatsachen für das Vorliegen einer Fortsetzungserkrankung darzulegen. Da ihm die Krankheitsursache vom Arbeitnehmer nicht mitzuteilen ist und auch die nach § 5 Abs 1 S 2 EFZG vorzulegende ärztliche Bescheinigung hierzu keine Aussage trifft, befürwortet das Bundesarbeitsgericht eine von der Beweislast abweichende Verteilung der Darlegungslast (BAG 13. 7. 2005 – 5 AZR 389/04, AP EntgeltFG § 3 Nr 25; BAG 10. 9. 2014 – 10 AZR 651/12 Rn 27, NZA 2014, 1139; BAG 25. 5. 2016 – 5 AZR 318/15 Rn 18, NZA 2016, 1076; BAG 26. 10. 2016 – 5 AZR 167/16 Rn 52, NJW 2017, 1129; s auch LAG Baden-Württemberg 8. 6. 2016 – 4 Sa 70/15, NZA-RR 2016, 515; LAG Berlin-Brandenburg 27. 9. 2018 – 26 Sa 513/18, BeckRS 2018, 33994; LAG Köln 9. 2. 2015 – 5 Sa 831/14, LAGE § 3 EntgeltFG Nr 13), die an die in § 3 Abs 1 S 2 EFZG genannten Zeiträume anknüpft. Tritt in diesen eine krankheitsbedingte Arbeitsunfähigkeit ein, so muss der Arbeitnehmer darlegen, dass es sich bei dieser (zweiten) Erkrankung nicht um eine Fortsetzungserkrankung handelt (BAG 25. 5. 2016 – 5 AZR 318/15 Rn 18, NZA 2016, 1076). Der Arbeitgeber kann dies bestreiten, sodass der Arbeitnehmer weitere Tatsachen vortragen muss, die den Schluss erlauben, es liege keine Fortsetzungserkrankung vor. Hierfür kann der Arbeitnehmer den behandelnden Arzt von seiner Schweigepflicht entbinden (s auch BAG 19. 3. 1986 – 5 AZR 86/85, AP LohnFG § 1 Nr 67; BAG 10. 9. 2014 – 10 AZR 651/12 Rn 27, NZA 2014, 1139; BAG 25. 5. 2016 – 5 AZR 318/15 Rn 18, NZA 2016, 1076; BAG 26. 10. 2016 – 5 AZR 167/16 Rn 51, NJW 2017, 1129; s auch LAG Baden-Württemberg 8. 6. 2016 – 4 Sa 70/15, NZA-RR 2016, 513, 515; LAG Berlin-Brandenburg 27. 9. 2018 – 26 Sa 513/18, BeckRS 2018, 33994). Verbleiben auch danach unverändert Zweifel am Vorliegen einer Fortsetzungserkrankung, so gehen diese zu Lasten des Arbeitgebers, da ihn unverändert die Beweislast trifft (BAG 13. 7. 2005 – 5 AZR 389/04, AP EntgeltFG § 3 Nr 25; BAG 10. 9. 2014 – 10 AZR 651/12 Rn 67, NZA 2014, 1139; BAG 25. 5. 2016 – 5 AZR 318/15 Rn 18, NZA 2016, 1076; BAG 26. 10. 2016 – 5 AZR 167/16 Rn 51, NJW 2017, 1129; LAG Baden-Württemberg 8. 6. 2016 – 4 Sa 70/15, NZA-RR 2016, 515; LAG Köln 15. 11. 2016 – 12 Sa 453/16, BeckRS 2016, 117176; MünchKomm/MÜLLER-GLÖGE § 3 EFZG Rn 87; ErfKomm/REINHARD § 3 EFZG Rn 44 aE; SCHMITT/SCHMITT, EFZG/AAG [8. Aufl 2018] § 3 EFZG Rn 314; TREBER, EFZG [2. Aufl 2007] § 3 EFZG Rn 148).

X. Rechtsschutz des Arbeitgebers

1. Allgemeines

555 Ist der Arbeitgeber der Ansicht, dem Arbeitnehmer stehe im Krankheitsfall kein Vergütungsanspruch zu, da hierfür die gesetzlichen Voraussetzungen fehlen, so kann er die **Zahlung verweigern**. In diesem Fall ist die Krankenkasse zur Gewährung von **Krankengeld** verpflichtet (§ 44 SGB V), der Anspruch des Arbeitnehmers geht gegebenenfalls auf diese nach § 115 SGB X über.

2. Verletzung der Anzeige- und Nachweispflichten

a) Allgemeines

Bei einer Verletzung der in **§ 7 Abs 1 Nr 1 EFZG** aufgezählten Anzeige- und Nachweispflichten begründet die genannte Bestimmung zugunsten des Arbeitgebers ein **Leistungsverweigerungsrecht** (näher zu den erfassten Pflichtverletzungen unten Rn 579 ff). 556

Im Unterschied zu § 273 BGB steht dem Arbeitgeber das Recht zur Leistungsverweigerung nicht bereits zu, wenn der Arbeitnehmer objektiv gegen die in § 7 Abs 1 Nr 1 EFZG genannten Pflichten verstößt. Ein **Leistungsverweigerungsrecht** des Arbeitgebers ist nach **§ 7 Abs 2 EFZG** vielmehr **ausgeschlossen**, wenn der **Arbeitnehmer** die Verletzung der ihm obliegenden Verpflichtungen **nicht zu vertreten** hat. Aus der Formulierung in § 7 Abs 2 EFZG folgt, dass den Arbeitnehmer die **Darlegungs- und Beweislast** für sein fehlendes Verschulden trifft (Brecht, Entgeltfortzahlung § 7 EFZG Rn 15; MHdB ArbR/Greiner § 82 Rn 41 aE; Helml § 7 EFZG Rn 18; Kaiser/Dunkl/Hold/Kleinsorge § 7 EFZG Rn 32; Schmitt/Küfner-Schmitt, EFZG/AAG [8. Aufl 2018] § 7 EFZG Rn 59; Kunz/Wedde, EFZR [2. Aufl 2005] § 7 EFZG Rn 34; Müller/Berenz § 7 EFZG Rn 33; MünchKomm/Müller-Glöge § 7 EFZG Rn 13; ErfKomm/Reinhard § 7 EFZG Rn 18; BeckOK ArbR/Ricken § 7 EFZG Rn 15; HWK/Schliemann § 7 EFZG Rn 20; Stumpf/Trümner, in: Kittner/Zwanziger/Deinert/Heuschmid [Hrsg], Arbeitsrecht [9. Aufl 2017] § 39 Rn 299; Vogelsang, Entgeltfortzahlung Rn 414; Wedde/Kunz § 7 EFZG Rn 31). 557

Der Arbeitnehmer ist hinsichtlich der Anzeige- und Nachweispflichten in § 7 Abs 1 Nr 1 EFZG Schuldner im Sinne des **§ 276 BGB**, sodass sich der **Verschuldensmaßstab** nach der letztgenannten Vorschrift bestimmt (ebenso Brecht, Entgeltfortzahlung § 7 EFZG Rn 15; MHdB ArbR/Greiner § 82 Rn 41; Helml § 7 EFZG Rn 16; Kaiser/Dunkl/Hold/Kleinsorge § 7 EFZG Rn 15; Schmitt/Küfner-Schmitt, EFZG/AAG [8. Aufl 2018] § 7 EFZG Rn 53; Kunz/Wedde, EFZR [2. Aufl 2005] § 7 EFZG Rn 31; Schaub/Linck, Arbeitsrechts-Handbuch [17. Aufl 2017] § 98 Rn 141; Müller/Berenz § 7 EFZG Rn 30; MünchKomm/Müller-Glöge § 7 EFZG Rn 13; ErfKomm/Reinhard § 7 EFZG Rn 15; BeckOK ArbR/Ricken § 7 EFZG Rn 14; HWK/Schliemann § 7 EFZG Rn 20; GK-EFZR/Steckhan § 5 LFZG Rn 43; Vogelsang, Entgeltfortzahlung Rn 411; AR/Vossen § 7 EFZG Rn 8; Worzalla/Süllwald § 7 EFZG Rn 21), deren Anwendbarkeit nicht durch die Grundsätze einer begrenzten Arbeitnehmerhaftung beschränkt wird (Gola § 7 EFZG Anm 4. 1; Worzalla/Süllwald § 7 EFZG Rn 21). Der Arbeitnehmer muss somit darlegen und gegebenenfalls beweisen, dass er seine Pflichten weder vorsätzlich noch fahrlässig verletzt hat. Das Verhalten von **Erfüllungsgehilfen** muss er sich gemäß **§ 278 BGB** zurechnen lassen (MHdB ArbR/Greiner § 82 Rn 41; Helml § 7 EFZG Rn 16; Kaiser/Dunkl/Hold/Kleinsorge § 7 EFZG Rn 15; Schmitt/Küfner-Schmitt, EFZG/AAG [8. Aufl 2018] § 7 EFZG Rn 54; Kunz/Wedde, EFZR [2. Aufl 2005] § 7 EFZG Rn 32; Müller/Berenz § 7 EFZG Rn 30; MünchKomm/Müller-Glöge § 7 EFZG Rn 13; ErfKomm/Reinhard § 7 EFZG Rn 15; BeckOK ArbR/Ricken § 7 EFZG Rn 14; Stumpf/Trümner, in: Kittner/Zwanziger/Deinert/Heuschmid [Hrsg], Arbeitsrecht [9. Aufl 2017] § 39 Rn 297; GK-EFZR/Steckhan § 5 LFZG Rn 44; Vogelsang, Entgeltfortzahlung Rn 412; Wedde/Kunz § 7 EFZG Rn 29; Worzalla/Süllwald § 7 EFZG Rn 21). 558

Zweifelhaft ist das Verschulden des Arbeitnehmers, wenn der **behandelnde Arzt** eine den in § 5 Abs 1 S 2 EFZG genannten Anforderungen nicht entsprechende (fehlerhafte) ärztliche Bescheinigung ausgestellt hat. Während Teile des Schrifttums es generell ablehnen, dem Arbeitnehmer ein Fehlverhalten des Arztes zuzurechnen 559 (so MHdB ArbR/Greiner § 82 Rn 41; Kaiser/Dunkl/Hold/Kleinsorge § 7 EFZG Rn 15; Kunz/Wedde, EFZR [2. Aufl 2005] § 7 EFZG Rn 12, 33; MünchKomm/Müller-Glöge § 7 EFZG Rn 13; ErfKomm/Reinhard § 7 EFZG Rn 5, 19; Treber, EFZG [2. Aufl 2007] § 7 EFZG Rn 23; Vogelsang, Entgeltfortzahlung Rn 413; Wedde/Kunz § 7 EFZG Rn 30), plädieren andere Autoren für eine uneingeschränkte Zurechnung (so Schmitt/Küfner-Schmitt, EFZG/AAG [8. Aufl 2018] § 7 EFZG Rn 58; BeckOK ArbR/Ricken § 7 EFZG Rn 3). Vorzugswürdig ist eine differenzierende Problemlösung. Eine gänzliche Freistellung des Arbeitnehmers scheidet aus, da ihm im Rahmen von § 276 BGB zumindest ein Auswahlverschulden zur Last fällt (zustimmend wohl Treber, EFZG [2. Aufl 2007] § 7 EFZG Rn 23). Außerhalb dieser Sachverhalte kommt eine Zurechnung nur über § 278 BGB in Betracht, was voraussetzt, dass der behandelnde **Arzt als Erfüllungsgehilfe** zu qualifizieren ist (ablehnend MHdB ArbR/Greiner § 82 Rn 41; Kaiser/Dunkl/Hold/Kleinsorge § 7 EFZG Rn 15; MünchKomm/Müller-Glöge § 7 EFZG Rn 13; BeckOK ArbR/Ricken § 7 EFZG Rn 14; Treber, EFZG [2. Aufl 2007] § 7 EFZG Rn 23; Vogelsang, Entgeltfortzahlung Rn 413; Wedde/Kunz § 7 EFZG Rn 30). Da den Arbeitnehmer gegenüber dem Arbeitgeber eine Pflicht zur Vorlage einer ordnungsgemäßen ärztlichen Bescheinigung trifft (Schaub/Linck, Arbeitsrechts-Handbuch [17. Aufl 2017] § 98 Rn 140; Treber, EFZG [2. Aufl 2007] § 7 EFZG Rn 10; **aA** Vogelsang, Entgeltfortzahlung Rn 413), ist der Arzt bezüglich dieser Pflicht ein Erfüllungsgehilfe des Arbeitnehmers. Eine fehlerhafte ärztliche Bescheinigung hat der Arbeitnehmer jedoch nur zu vertreten, wenn der behandelnde Arzt seinerseits schuldhaft gehandelt hat (BeckOK ArbR/Ricken § 7 EFZG Rn 3).

560 Dem Arbeitgeber steht – wie sich aus dem Wortlaut („solange") ergibt – im Hinblick auf die Fortzahlung des Arbeitsentgelts eine **dilatorische Einrede** zu (so zutreffend LAG Rheinland-Pfalz 4. 8. 2011 – 10 Sa 156/11, BeckRS 2011, 76989; MHdB ArbR/Greiner § 82 Rn 40; Münkel 49; Treber, EFZG [2. Aufl 2007] § 7 EFZG Rn 12; Walter ArbRGegW 10 [1973] 49), sodass der Anspruch auf Fortzahlung der Vergütung bestehen bleibt (BAG 19. 2. 1997 – 5 AZR 83/96, AP EntgeltFG § 3 Nr 4 im Anschluss an BAG 9. 1. 1985 – 5 AZR 415/82, AP LohnFG § 1 Nr 62; BAG 27. 8. 1971 – 1 AZR 107/71, AP LohnFG § 3 Nr 1; BAG 11. 8. 1976 – 5 AZR 422/75, AP LohnFG § 3 Nr 2). Kommt der Arbeitnehmer den gesetzlichen Verpflichtungen – wenn auch verspätet – nach, so ist der Arbeitgeber für den gesamten Zeitraum der ärztlich bescheinigten Arbeitsunfähigkeit zur Zahlung der Vergütung verpflichtet (BAG 27. 8. 1971 – 1 AZR 107/71, AP LohnFG § 3 Nr 1; BAG 9. 1. 1985 – 5 AZR 415/82, AP LohnFG § 1 Nr 62; BAG 19. 2. 1997 – 5 AZR 83/96, AP EntgeltFG § 3 Nr 4; BAG 1. 10. 1997 – 5 AZR 726/96, AP EntgeltFG § 5 Nr 5; LAG Düsseldorf 27. 1. 1971 – 2 Sa 404/70, EzA § 5 LohnFG Nr 1; LAG Rheinland-Pfalz 4. 8. 2011 – 10 Sa 156/11, BeckRS 2011, 76989; Brecht, Entgeltfortzahlung § 7 Rn 10; Geyer/Knorr/Krasney § 7 EFZG Rn 13; MHdB ArbR/Greiner § 82 Rn 40; Hromadka/Maschmann, Arbeitsrecht 1 [7. Aufl 2018] § 8 Rn 91; Schmitt/Küfner-Schmitt, EFZG/AAG [8. Aufl 2018] § 7 EFZG Rn 29 f; Kunz/Wedde, EFZR [2. Aufl 2005] § 7 EFZG Rn 19; Schaub/Linck, Arbeitsrechts-Handbuch [17. Aufl 2017] § 98 Rn 140; ArbR-BGB/Matthes § 616 Rn 132; vMaydell DB 1973 Beil 15, 4; MünchKomm/Müller-Glöge § 7 EFZG Rn 7; ErfKomm/Reinhard § 7 EFZG Rn 9; BeckOK ArbR/Ricken § 7 EFZG Rn 8; HWK/Schliemann § 7 EFZG Rn 10; AR/Vossen § 7 EFZG Rn 3; einschränkend Müller/Berenz § 7 EFZG Rn 9: nur wenn der Mangel innerhalb einer angemessenen Zeitspanne geheilt wird).

561 Weder die Säumnis des Arbeitnehmers noch die Beendigung des Arbeitsverhältnisses führen – wie sich im Umkehrschluss aus § 7 Abs 1 Nr 2 EFZG ergibt – dazu, dass die dilatorische zu einer peremptorischen Einrede wird (BAG 27. 8. 1971 – 1 AZR 107/71, AP LohnFG § 3 Nr 1). Faktisch kann das Leistungsverweigerungsrecht jedoch die

Qualität einer **peremptorischen Einrede** erlangen (MHdBArbR/Schlachter [3. Aufl 2009] § 75 Rn 30), wenn der Arbeitnehmer die in § 7 Abs 1 Nr 1 EFZG genannten Pflichten nicht mehr erfüllen kann (ebenso Brecht, Entgeltfortzahlung § 7 EFZG Rn 11; Müller/Berenz § 7 EFZG Rn 34; ErfKomm/Reinhard § 7 EFZG Rn 9; HWK/Schliemann § 7 EFZG Rn 11; iE auch Schmitt/Küfner-Schmitt, EFZG/AAG [8. Aufl 2018] § 7 EFZG Rn 34; **aA** MHdB ArbR/Greiner § 82 Rn 42; BeckOK ArbR/Ricken § 7 EFZG Rn 8; Treber, EFZG [2. Aufl 2007] § 7 EFZG Rn 14; AR/Vossen § 7 EFZG Rn 4). Denkbar ist dies insbesondere, wenn der Arbeitnehmer zu spät einen Arzt aufsucht und eine Rückdatierung der ärztlichen Bescheinigung bis zum Beginn der Erkrankung keine Anerkennung finden kann (s Bleistein betrieb + personal 1995, 22; Schmitt/Küfner-Schmitt, EFZG/AAG [8. Aufl 2018] § 7 EFZG Rn 34; MünchKomm/Müller-Glöge § 7 EFZG Rn 8; ErfKomm/Reinhard § 7 EFZG Rn 9; Vogelsang, Entgeltfortzahlung Rn 417; in diesem Sinne auch Müller/Berenz § 7 EFZG Rn 34; **aA** Wedde/Kunz § 7 EFZG Rn 19). Das gilt jedoch nur, solange es dem Arbeitnehmer nicht gelingt, den Nachweis der krankheitsbedingten Arbeitsunfähigkeit anderweitig zu führen. Hierdurch ist es dem Arbeitnehmer möglich, das Zurückbehaltungsrecht des Arbeitgebers nach § 7 EFZG zu beenden (BAG 1. 10. 1997 – 5 AZR 726/96, AP EntgeltFG § 5 Nr 5; BAG 26. 2. 2003 – 5 AZR 112/02, AP EntgeltFG § 5 Nr 8; Schmitt/Küfner-Schmitt, EFZG/AAG [8. Aufl 2018] § 7 EFZG Rn 34; Müller/Berenz § 7 EFZG Rn 7; MünchKomm/Müller-Glöge § 7 EFZG Rn 9; ErfKomm/Reinhard § 7 EFZG Rn 9; HWK/Schliemann § 7 EFZG Rn 6; Treber, EFZG [2. Aufl 2007] § 7 EFZG Rn 14; Vogelsang, Entgeltfortzahlung Rn 417).

Die spezialgesetzlichen Rechtsfolgen in § 7 Abs 1 Nr 1 EFZG beziehen sich aus- **562**
schließlich auf die Pflicht zur Fortzahlung der Vergütung. Das dort normierte **Leistungsverweigerungsrecht** ist **keine abschließende Regelung**, die weitergehende Maßnahmen des Arbeitgebers ausschließt (BAG 21. 11. 2018 – 7 AZR 394/17 Rn 43, NZA 2019, 309; **aA** aber für das österreichische Recht OGH 13. 9. 1995 – 9 Ob A 120/95, öRdW 1996, 277), da der Arbeitnehmer durch die Nichtbeachtung der Pflichten in § 5 Abs 1 S 2 und 3 EFZG gegen seine arbeitsvertraglichen Nebenpflichten verstößt. Andere arbeitsrechtliche Reaktionen bei einer Verletzung der Nachweispflichten, insbesondere die Erteilung einer Abmahnung oder die Erklärung einer ordentlichen oder außerordentlichen Kündigung schließt § 7 Abs 1 Nr 1 EFZG deshalb nicht aus (BAG 21. 11. 2018 – 7 AZR 394/17 Rn 43, NZA 2019, 309; ErfKomm/Reinhard § 7 EFZG Rn 3; s oben Rn 379). Das gilt entsprechend für einen Schadensersatzanspruch, den der Arbeitgeber auf § 280 Abs 1 BGB stützen kann (vgl Schmitt/Küfner-Schmitt, EFZG/AAG [8. Aufl 2018] § 5 EFZG Rn 185; Vogelsang, Entgeltfortzahlung Rn 403, sowie oben Rn 380).

b) Anzeigepflichten

Das Leistungsverweigerungsrecht in § 7 Abs 1 Nr 1 EFZG besteht nur bezüglich der **563**
Vorlage einer ärztlichen Bescheinigung und der Mitteilung der in § 5 Abs 2 EFZG genannten Angaben. Hieraus folgt per argumentum e contrario, dass die Verletzung der **Anzeigepflicht** in **§ 5 Abs 1 S 1 EFZG** (zu ihr oben Rn 330 ff) **nicht von** dem Leistungsverweigerungsrecht in **§ 7 Abs 1 Nr 1 EFZG erfasst** ist (Bleistein betrieb + personal 1995, 22; Brecht, Entgeltfortzahlung § 7 EFZG Rn 6; MHdB ArbR/Greiner § 82 Rn 39; Hanau/Kramer DB 1995, 94; Helml § 7 EFZG Rn 5; Kaiser/Dunkl/Hold/Kleinsorge § 5 EFZG Rn 5, § 7 EFZG Rn 5; Schmitt/Küfner-Schmitt, EFZG/AAG [8. Aufl 2018] § 7 EFZG Rn 20; Kunz/Wedde, EFZR [2. Aufl 2005] § 5 EFZG Rn 25, § 7 EFZG Rn 10; Schaub/Linck, Arbeitsrechts-Handbuch [17. Aufl 2017] § 98 Rn 140; MünchKomm/Müller-Glöge § 7 EFZG Rn 3; ErfKomm/

Reinhard § 7 EFZG Rn 3; Vogelsang, Entgeltfortzahlung Rn 401; Wedde/Kunz § 7 EFZG Rn 9; **aA** Müller/Berenz § 7 EFZG Rn 14).

564 Ein Verstoß gegen die Pflicht zur unverzüglichen Mitteilung der Arbeitsunfähigkeit an den Arbeitgeber berechtigt diesen aber zu **anderweitigen arbeitsrechtlichen Maßnahmen** (Abmahnung, Kündigung). Gegebenenfalls begründet eine Verletzung der Anzeigepflicht auch eine Schadensersatzpflicht des Arbeitnehmers nach § 280 Abs 1 BGB (Schmitt/Küfner-Schmitt, EFZG/AAG [8. Aufl 2018] § 7 EFZG Rn 20; Vogelsang, Entgeltfortzahlung Rn 403 sowie oben Rn 342). Ein **Rückgriff auf § 273 BGB** scheidet aus, weil die **Anzeigepflicht** in § 5 Abs 1 S 1 EFZG als **unselbständige Nebenpflicht** ausgestaltet ist (zutreffend Brecht, Entgeltfortzahlung § 7 EFZG Rn 1; Helml § 7 EFZG Rn 1; Kaiser/Dunkl/Hold/Kleinsorge § 7 EFZG Rn 2; Schmitt/Küfner-Schmitt, EFZG/AAG [8. Aufl 2018] § 7 EFZG Rn 1; Müller/Berenz § 7 EFZG Rn 4; **aA** Erman/Belling/Riesenhuber § 616 Rn 149). Auf § 273 BGB kann sich der Arbeitgeber erst stützen, wenn ihm infolge der Anzeigepflichtverletzung ein Schadensersatzanspruch gegen den Arbeitnehmer zusteht (Brecht, Entgeltfortzahlung § 7 EFZG Rn 2; Gola § 7 EFZG Anm 1; Schmitt/Küfner-Schmitt, EFZG/AAG [8. Aufl 2018] § 7 EFZG Rn 2).

565 Die Verletzung von Anzeigepflichten begründet jedoch ein **Leistungsverweigerungsrecht**, wenn sich der Arbeitnehmer bei Beginn der **Arbeitsunfähigkeit im Ausland aufhält**. Da § 7 Abs 1 Nr 1 EFZG ohne Ausnahmen die Verletzung der Pflichten in **§ 5 Abs 2 EFZG** in den Tatbestand des Leistungsverweigerungsrechts einbezieht, berechtigt auch die Verletzung der in § 5 Abs 2 S 1 EFZG genannten Mitteilungspflicht den Arbeitgeber vorübergehend zur Leistungsverweigerung (BAG 1. 10. 1997 – 5 AZR 499/96, AP EntgeltFG § 5 Nr 4; Schmitt/Küfner-Schmitt, EFZG/AAG [8. Aufl 2018] § 7 EFZG Rn 24; Schaub/Linck, Arbeitsrechts-Handbuch [17. Aufl 2017] § 98 Rn 141; ErfKomm/Reinhard § 7 EFZG Rn 11). Das gilt wegen des einschränkungslosen Wortlautes in § 7 Abs 1 Nr 1 EFZG auch, wenn der Arbeitnehmer seine **Anzeigepflichten gegenüber der Krankenkasse** bzw dem ausländischen Sozialversicherungsträger nicht erfüllt (Bleistein betrieb + personal 1995, 22; Gola § 7 EFZG Anm 2. 3; Helml § 7 EFZG Rn 7; Kaiser/Dunkl/Hold/Kleinsorge § 7 EFZG Rn 12; Schmitt/Küfner-Schmitt, EFZG/AAG [8. Aufl 2018] § 7 EFZG Rn 24; Kunz/Wedde, EFZR [2. Aufl 2005] § 7 EFZG Rn 13; Müller/Berenz § 7 EFZG Rn 17; MünchKomm/Müller-Glöge § 7 EFZG Rn 6; ErfKomm/Reinhard § 7 EFZG Rn 8; MHdB ArbR/Schlachter [3. Aufl 2009] § 75 Rn 29; Treber, EFZG [2. Aufl 2007] § 7 EFZG Rn 11; Vogelsang, Entgeltfortzahlung Rn 402; weitergehend im Sinne eines endgültigen Leistungsverweigerungsrechts Peter 117 f).

566 Zweifelhaft ist die Rechtslage, wenn der Arbeitnehmer seine Mitteilungspflicht bei **Maßnahmen der medizinischen Vorsorge und Rehabilitation** verletzt. Da § 9 Abs 1 S 1 EFZG pauschal die entsprechende Anwendung des § 7 EFZG anordnet und § 7 Abs 1 Nr 1 EFZG – abgesehen von dem Ausnahmefall der Auslandserkrankung – lediglich die Nichtvorlage der ärztlichen Bescheinigung in den Tatbestand des Leistungsverweigerungsrechts einbezieht, beschränkt sich die entsprechende Anwendung des § 7 Abs 1 Nr 1 EFZG auf die **Nichtvorlage der in § 9 Abs 2 EFZG genannten Bescheinigungen** (MHdB ArbR/Greiner § 84 Rn 30; ErfKomm/Reinhard § 7 EFZG Rn 6; Schmitt/Schmitt, EFZG/AAG [8. Aufl 2018] § 9 EFZG Rn 71; Treber, EFZG [2. Aufl 2007] § 7 EFZG Rn 6). Die Verletzung der **Mitteilungspflichten** in § 9 Abs 2 EFZG berechtigt hingegen **nicht zur Leistungsverweigerung** (so auch Geyer/Knorr/Krasney § 9 EFZG Rn 45; MHdB ArbR/Greiner § 84 Rn 30; Kaiser/Dunkl/Hold/Kleinsorge § 7 EFZG Rn 14,

§ 9 EFZG Rn 30; KUNZ/WEDDE, EFZR [2. Aufl 2005] § 7 EFZG Rn 15; MünchKomm/MÜLLER-GLÖGE § 7 EFZG Rn 5; ErfKomm/REINHARD § 7 EFZG Rn 6; BeckOK ArbR/RICKEN § 7 EFZG Rn 7; SCHMITT/SCHMITT, EFZG/AAG [8. Aufl 2018] § 9 EFZG Rn 69 f; VOGELSANG, Entgeltfortzahlung Rn 759; WEDDE/KUNZ § 7 EFZG Rn 16).

Im Unterschied zu der Rechtslage unter der Geltung des § 5 S 1 Nr 1 LFG bezieht § 7 Abs 1 Nr 1 EFZG die Verletzung der in § 6 Abs 2 EFZG normierten Pflicht, dem Arbeitgeber die zur Geltendmachung von **Schadensersatzansprüchen erforderlichen Angaben** unverzüglich zu erteilen, nicht mehr in dem Tatbestand des Leistungsverweigerungsrechts ein. Hierbei handelt es sich nicht um ein redaktionelles Versehen. Zwar sollte das Leistungsverweigerungsrecht nach den Vorstellungen des historischen Gesetzgebers in § 5 S 1 Nr 1 LFG lediglich redaktionell geändert werden (s BT-Drucks 12/5798, 26), aus den Gesetzesmaterialien ergibt sich aber, dass der Verstoß gegen § 6 Abs 2 EFZG durch § 7 Abs 1 Nr 2 EFZG erfasst wird (s näher unten Rn 576 ff). 567

Eine **entsprechende Anwendung des § 7 Abs 1 Nr 1 EFZG** kommt in Betracht (s BAG 19. 3. 1986 – 5 AZR 86/85, AP LohnFG § 1 Nr 67), wenn den Arbeitnehmer eine **besondere**, aus den arbeitsvertraglichen Interessenwahrungspflichten folgende **Mitwirkungspflicht** trifft (zB bei Alkoholabhängigkeit [BAG 11. 11. 1987 – 5 AZR 497/86, AP BGB § 616 Nr 75; BAG 1. 6. 1983 – 5 AZR 536/80, AP LohnFG § 1 Nr 52; BAG 7. 8. 1991 – 5 AZR 410/90, AP LohnFG § 1 Nr 94], bei Fortsetzungserkrankungen [BAG 19. 3. 1986 – 5 AZR 86/85, AP LohnFG § 1 Nr 67]) und er dieser nicht nachkommt (**aA** ErfKomm/REINHARD § 7 EFZG Rn 3, der sich gegen jede Analogie ausspricht). 568

c) Nachweispflichten

Hinsichtlich der Verletzung der Nachweispflichten begründet § 7 Abs 1 Nr 1 EFZG ein Leistungsverweigerungsrecht, wenn der Arbeitnehmer die in § 5 Abs 1 S 2 genannte **ärztliche Bescheinigung** nicht vorlegt. Es existiert erst, wenn der **Arbeitnehmer zur Vorlage verpflichtet** ist. Sofern der Arbeitgeber nicht sein Recht zur früheren Vorlage der ärztlichen Bescheinigung ausübt (§ 5 Abs 1 S 3 EFZG), besteht das Leistungsverweigerungsrecht deshalb erst mit Ablauf des auf den Drei-Tages-Zeitraum folgenden Arbeitstages (§ 5 Abs 1 S 2 EFZG; näher hierzu oben Rn 347 f). 569

Der Tatbestand des Leistungsverweigerungsrechts ist nicht nur erfüllt, wenn der Arbeitnehmer seiner Pflicht zur Vorlage der ärztlichen Bescheinigung überhaupt nicht oder dieser nicht ordnungsgemäß nachkommt. Da § 7 Abs 1 Nr 1 EFZG die Einhaltung der dem Arbeitnehmer obliegenden Nebenpflichten sicherstellen soll, entfällt das Leistungsverweigerungsrecht nur, wenn der Arbeitnehmer eine ärztliche Bescheinigung vorlegt, die den **inhaltlichen Anforderungen** in § 5 Abs 1 EFZG entspricht. Zur Leistungsverweigerung ist der Arbeitgeber deshalb auch berechtigt, wenn die ärztliche Bescheinigung diese Voraussetzungen nicht erfüllt (ebenso KAISER/DUNKL/HOLD/KLEINSORGE § 7 EFZG Rn 6; SCHMITT/KÜFNER-SCHMITT, EFZG/AAG [8. Aufl 2018] § 7 EFZG Rn 14; MÜLLER/BERENZ § 7 EFZG Rn 10; MünchKomm/MÜLLER-GLÖGE § 7 EFZG Rn 4; im Grundsatz auch HWK/SCHLIEMANN § 7 EFZG Rn 5; **aA** ErfKomm/REINHARD § 7 EFZG Rn 5; MHdB ArbR/SCHLACHTER [3. Aufl 2009] § 75 Rn 29; TREBER, EFZG [2. Aufl 2007] § 7 EFZG Rn 10; VOGELSANG, Entgeltfortzahlung Rn 409, 413, die zwar von einer Verletzung der Nachweispflicht ausgehen, die der Arbeitnehmer aber nicht zu vertreten habe [s dazu oben Rn 559]). 570

571 In den Tatbestand des Leistungsverweigerungsrechts in § 7 Abs 1 Nr 1 EFZG sind sämtliche in § 5 Abs 1 EFZG genannten ärztlichen Bescheinigungen einbezogen. Deshalb ist der Arbeitgeber auch zur Verweigerung der Entgeltfortzahlung berechtigt, wenn der Arbeitnehmer die bei einer Fortdauer der Arbeitsunfähigkeit erforderliche **Folgebescheinigung** (§ 5 Abs 1 S 4 EFZG) nicht vorlegt (Müller/Berenz § 7 EFZG Rn 12; Schmitt/Küfner-Schmitt, EFZG/AAG [8. Aufl 2018] § 7 EFZG Rn 16; MünchKomm/Müller-Glöge § 7 EFZG Rn 3; ErfKomm/Reinhard § 7 EFZG Rn 4; MHdB ArbR/Schlachter [3. Aufl 2009] § 75 Rn 29; HWK/Schliemann § 7 EFZG Rn 5 aE; Treber, EFZG [2. Aufl 2007] § 7 EFZG Rn 7; Vogelsang, Entgeltfortzahlung Rn 408; Wedde/Kunz § 7 EFZG Rn 10).

572 Wegen der in § 9 Abs 1 S 1 EFZG angeordneten entsprechenden Anwendung des § 7 EFZG ist der Arbeitgeber auch bei **Maßnahmen der medizinischen Vorsorge und Rehabilitation** zur Verweigerung der Entgeltfortzahlung nach § 7 Abs 1 Nr 1 EFZG berechtigt, wenn der Arbeitnehmer den **Bewilligungsbescheid** des Sozialleistungsträgers bzw die **ärztliche Bescheinigung** (§ 9 Abs 2 EFZG) nicht vorlegt (ErfKomm/Reinhard § 7 EFZG Rn 6).

3. Vereitelung des Forderungsüberganges

573 Ein **endgültiges Leistungsverweigerungsrecht** begründet § 7 Abs 1 Nr 2 EFZG, wenn der Arbeitnehmer den Übergang eines Schadensersatzanspruches nach § 6 Abs 1 EFZG verhindert.

574 Das endgültige Leistungsverweigerungsrecht soll den Arbeitgeber vor Verfügungen des Arbeitnehmers über den Schadensersatzanspruch schützen, da dieser erst mit der Fortzahlung der Vergütung durch den Arbeitgeber auf ihn übergeht (s oben Rn 465). Der Arbeitgeber wird hierdurch insbesondere vor einem Verzicht des Arbeitnehmers auf seinen Schadensersatzanspruch gesichert (ErfKomm/Reinhard § 7 EFZG Rn 12).

575 Zweifelhaft ist die Rechtslage, wenn der **Arbeitnehmer** auf seinen Schadensersatzanspruch nicht vollständig, sondern nur **teilweise verzichtet**. Der Wortlaut des § 7 Abs 1 Nr 2 EFZG spricht dafür, dass auch in dieser Konstellation hinsichtlich der gesamten Entgeltfortzahlung ein dauerndes Leistungsverweigerungsrecht besteht (so auch Brecht, Entgeltfortzahlung § 7 Rn 13; Geyer/Knorr/Krasney § 7 EFZG Rn 18; ErfKomm/Reinhard § 7 EFZG Rn 13; BeckOK ArbR/Ricken § 7 EFZG Rn 12; HWK/Schliemann § 7 EFZG Rn 18; ebenfalls MHdB ArbR/Schlachter [3. Aufl 2009] § 75 Rn 31, die jedoch konzediert, dass der Normzweck für ein gegenteiliges Verständnis spreche). Im Hinblick auf den Zweck des Leistungsverweigerungsrechtes ist jedoch eine **anteilige Beschränkung des Leistungsverweigerungsrechtes** vorzugswürdig (ebenso Feichtinger, Entgeltfortzahlung Rn 463; Gola § 7 EFZG Anm 2. 5. 3. 2; MHdB ArbR/Greiner § 83 Rn 51; Helml § 7 EFZG Rn 11; Kaiser/Dunkl/Hold/Kleinsorge § 7 EFZG Rn 27; Schmitt/Küfner-Schmitt, EFZG/AAG [8. Aufl 2018] § 7 EFZG Rn 51; Kunz/Wedde, EFZR [2. Aufl 2005] § 7 EFZG Rn 28; MünchKomm/Müller-Glöge § 7 EFZG Rn 12; Stumpf/Trümner, in: Kittner/Zwanziger/Deinert/Heuschmid [Hrsg], Arbeitsrecht [9. Aufl 2017] § 39 Rn 296; Vogelsang, Entgeltfortzahlung Rn 701; Wedde/Kunz § 7 EFZG Rn 26; wohl auch Kehrmann/Pelikan § 5 Rn 7; **aA** Brecht, Entgeltfortzahlung § 7 EFZG Rn 13; ErfKomm/Reinhard § 7 EFZG Rn 13; BeckOK ArbR/Ricken § 7 EFZG Rn 13).

576 Nach dem Gesetzeswortlaut muss der Arbeitnehmer den **Übergang** des Schadensersatzanspruches auf den Arbeitgeber **verhindert** haben. Eine **Verletzung der Mitteilungspflichten (§ 6 Abs 2 EFZG)** kann diesen Rechtserfolg nicht herbeiführen, da der Übergang des Anspruches kraft Gesetzes und unabhängig von der Kenntnis der Beteiligten eintritt. Nach den Vorstellungen des historischen Gesetzgebers sollte gleichwohl auch eine Verletzung der Mitteilungspflichten zur (endgültigen) Leistungsverweigerung berechtigen (vgl BT-Drucks 12/5263, 17). Dies setzt indes voraus, dass die Formulierung „Übergang" im Sinne von **„Durchsetzung"** verstanden wird (so im Ansatz zutreffend Boecken NZA 1999, 682; Helml § 7 EFZG Rn 15; Schmitt/Küfner-Schmitt, EFZG/AAG [8. Aufl 2018] § 7 EFZG Rn 47; ErfKomm/Reinhard § 7 EFZG Rn 12; Treber, EFZG [2. Aufl 2007] § 7 EFZG Rn 18).

577 Die Grenzen des natürlichen Wortsinns werden durch das in den Gesetzesmaterialien zum Ausdruck gelangte extensive Verständnis indes überschritten, sodass lediglich eine entsprechende Gesetzesanwendung in Betracht kommt (ebenso im methodischen Ansatz MHdB ArbR/Greiner § 83 Rn 49; Schmitt/Küfner-Schmitt, EFZG/AAG [8. Aufl 2018] § 7 EFZG Rn 47; Treber, EFZG [2. Aufl 2007] § 7 EFZG Rn 18; Worzalla/Süllwald § 7 EFZG Rn 12; für eine unmittelbare Gesetzesanwendung aber Boecken NZA 1999, 682; Kaiser/Dunkl/Hold/Kleinsorge § 7 EFZG Rn 27; ErfKomm/Reinhard § 7 EFZG Rn 12; wohl auch HWK/Schliemann § 7 EFZG Rn 19; Schmitt/Küfner-Schmitt, EFZG/AAG [8. Aufl 2018] § 7 EFZG Rn 47; wiederum anders Schaub/Linck, Arbeitsrechts-Handbuch [17. Aufl 2017] § 98 Rn 144; MünchKomm/Müller-Glöge § 7 EFZG Rn 11, die auf § 273 zurückgreifen). Dieser steht jedoch zumindest dann die Rechtsfolge eines endgültigen Leistungsverweigerungsrechts entgegen, wenn der Arbeitnehmer die in § 6 Abs 2 EFZG normierten Mitteilungspflichten lediglich verspätet erfüllt. Erst die **gänzliche Verhinderung** einer Geltendmachung des Schadensersatzanspruches durch eine Verletzung der in § 6 Abs 2 EFZG normierten Pflichten rechtfertigt es, dem Arbeitgeber ein **dauerndes Leistungsverweigerungsrecht** zuzubilligen (ebenso iE Becher 78; MHdB ArbR/Greiner § 83 Rn 49; Schmitt/Küfner-Schmitt, EFZG/AAG [8. Aufl 2018] § 7 EFZG Rn 33; **aA** Boecken NZA 1999, 682; Worzalla/Süllwald § 7 EFZG Rn 12, die stets für eine entsprechende Anwendung des § 7 Abs 1 Nr 1 EFZG plädieren; generell ablehnend gegenüber einer Anwendung des § 7 Abs 1 Nr 2 EFZG bei einem Verstoß gegen § 6 Abs 2 EFZG Kunz/Wedde, EFZR [2. Aufl 2005] § 7 EFZG Rn 17; Wedde/Kunz § 7 EFZG Rn 25). Erfüllt der Arbeitnehmer die in § 6 Abs 2 EFZG genannten Pflichten hingegen **nicht rechtzeitig**, so ist es vorzugswürdig, dem Arbeitgeber unter **entsprechender Anwendung des § 7 Abs 1 Nr 1 EFZG** bei einer Verletzung der Pflichten aus § 6 Abs 2 EFZG ein **vorläufiges Leistungsverweigerungsrecht** zu gewähren (iE wie hier Becher 79; Feichtinger, Entgeltfortzahlung Rn 457; Gola § 7 EFZG Anm 2. 5. 3. 1; MHdB ArbR/Greiner § 83 Rn 49; Kaiser/Dunkl/Hold/Kleinsorge § 7 EFZG Rn 27; Schmitt/Küfner-Schmitt, EFZG/AAG [8. Aufl 2018] § 7 EFZG Rn 47; Treber, EFZG [2. Aufl 2007] § 7 EFZG Rn 19; weitergehend iE ebenso jedoch über § 273 MünchKomm/Müller-Glöge § 7 EFZG Rn 11; Boecken NZA 1999, 682; Worzalla/Süllwald § 7 EFZG Rn 12, die § 7 Abs 1 Nr 1 EFZG stets analog anwenden wollen; **aA** Kunz/Wedde, EFZR [2. Aufl 2005] § 7 EFZG Rn 18).

578 Das dauernde Leistungsverweigerungsrecht setzt ebenso wie das in § 7 Abs 1 Nr 1 EFZG begründete vorübergehende Leistungsverweigerungsrecht ein **schuldhaftes Verhalten des Arbeitnehmers** voraus (s insoweit auch oben Rn 558).

4. Zweifel an der Arbeitsunfähigkeit

579 Bei Zweifeln an der Arbeitsunfähigkeit des Arbeitnehmers kann sich der Arbeitgeber **nicht** auf ein **Leistungsverweigerungsrecht** stützen. Das gilt auch, wenn er die Einholung einer gutachterlichen Stellungnahme des Medizinischen Dienstes (§ 275 SGB V) verlangt (Feichtinger AR-Blattei SD 1000. 2 Rn 110; Worzalla/Süllwald Änderungen SGB V Rn 7). Ihm steht es jedoch frei, die Voraussetzungen für einen Anspruch auf Entgeltfortzahlung zu verneinen und kein Entgelt an den Arbeitnehmer zu zahlen (ErfKomm/Reinhard § 7 EFZG Rn 3). Der Arbeitgeber kann seine Leistung unabhängig davon verweigern, ob er bei der Krankenkasse die Einholung einer gutachterlichen Stellungnahme des Medizinischen Dienstes fordert (ebenso LAG Hamm 9. 4. 2008 – 18 Sa 1938/07, BeckRS 2008, 54151; ArbG Hannover 4. 5. 1992 – 3 Ca 318/91, ARST 1993, 105; Hunold DB 1995, 676 f). Im Streitfall obliegt es dem Arbeitnehmer, das Vorliegen einer zur Arbeitsunfähigkeit führenden Erkrankung zu beweisen. Zum Beweiswert der Arbeitsunfähigkeitsbescheinigung im Rahmen eines Prozesses s oben Rn 539 ff.

580 Nach § 275 Abs 1a S 3 SGB V kann der Arbeitgeber lediglich von der Krankenkasse verlangen, dass diese eine gutachterliche **Stellungnahme des Medizinischen Dienstes** zur Überprüfung der Arbeitsunfähigkeit einholt. Ein unmittelbares Recht gegenüber dem Medizinischen Dienst zur Abgabe einer gutachterlichen Stellungnahme steht dem Arbeitgeber nicht zu (Kaiser/Dunkl/Hold/Kleinsorge § 5 EFZG Rn 74). Hiervon wollte die durch das Wachstums- und Beschäftigungsförderungs-Ergänzungsgesetz (BT-Drucks 13/4611) beabsichtigte Änderung von § 275 Abs 1a S 3 SGB V abweichen. Der Arbeitgeber sollte eine Prüfung der Arbeitsunfähigkeit unmittelbar vom Medizinischen Dienst verlangen können. Zugleich sollte die Rechtsgrundlage für einen unmittelbaren Anspruch gegen die Krankenkasse entfallen. Bei ihr hätte der Arbeitgeber aber unverändert die Einholung eines Gutachtens des Medizinischen Dienstes anregen können. Das Gesetz scheiterte jedoch im Bundesrat (s oben Rn 177).

581 **Begründete Zweifel** muss der Arbeitgeber für ein Verlangen gegenüber der Krankenkasse **nicht** vortragen. Diese Voraussetzung wurde durch Art 68 des Pflege-Versicherungsgesetzes v 26. 5. 1994 ausdrücklich gestrichen (s insoweit noch § 275 Abs 1 Nr 3 lit b SGB V aF; zur damaligen Rechtslage Galahn, Der Mißbrauch der Entgeltfortzahlung im Krankheitsfall und die Abwehrmöglichkeiten des Arbeitgebers [1994] 102 ff mwNw). Problematisch ist allerdings, ob der Arbeitgeber sein **Verlangen** zumindest durch die **Angabe von „Zweifeln"** begründen muss (hierfür zu § 275 Abs 1a S 3 SGB V Hanau/Kramer DB 1995, 97; Krauskopf, Soziale Krankenversicherung § 275 SGB V Rn 8; Worzalla/Süllwald Änderungen SGB V Rn 4; wohl auch Kaiser/Dunkl/Hold/Kleinsorge § 5 EFZG Rn 72; Wedde/Kunz § 5 EFZG Rn 53; im gegenteiligen Sinne Berenz DB 1995, 2168: keine konkreten Angaben erforderlich; Gola BB 1995, 2321: keine Begründung notwendig; so auch Feichtinger AR-Blattei SD 1000. 2 Rn 94; Nebendahl, in: Spickhoff, Medizinrecht [3. Aufl 2018] § 275 SGB V Rn 9), wobei er sich insbesondere auf die exemplarische Aufzählung in § 275 Abs 1a S 1 SGB V (hierzu Hanau/Kramer DB 1995, 97 f; Schmitt RdA 1996, 13 f) stützen kann. Dem Wortlaut des § 275 Abs 1a S 3 SGB V lässt sich die Voraussetzung nicht entnehmen, sie folgt aber aus dem Umstand, dass die Krankenkasse eine gutachterliche Stellungnahme des Medizinischen Dienstes nur zur Beseitigung von „Zweifeln" an der Arbeitsunfähigkeit einholen kann (§ 275 Abs 1 Nr 3 lit b SGB V). Es fehlen ausreichende Anhaltspunkte für die Annahme, dass zu Gunsten des Arbeit-

gebers gegenüber der Krankenkasse eine weitergehende Rechtsmacht als der Krankenkasse gegenüber dem Medizinischen Dienst begründet werden sollte.

Seine Zweifel muss der Arbeitgeber auf **Tatsachen** stützen. Ein bloßer Verdacht „ins Blaue" verpflichtet die Krankenkasse nicht zur Prüfung der Arbeitsunfähigkeit (Hanau/Kramer DB 1995, 97; Lepke NZA 1995, 1089). Andererseits ist vom Arbeitgeber nicht zu verlangen, dass die von ihm mitgeteilten Tatsachen den sicheren Rückschluss erlauben, dass die Zweifel an der Arbeitsunfähigkeit begründet sind. Es genügt die Angabe von Umständen, die es zumindest gegebenenfalls auf Grund allgemeiner Erfahrungen als **möglich erscheinen** lassen, dass die in der ärztlichen Bescheinigung attestierte Arbeitsunfähigkeit nicht oder zumindest nicht so wie angegeben vorliegt. **582**

Da die **Krankenkasse** nur unter der in § 275 Abs 1a S 5 SGB V genannten Voraussetzung von einer Untersuchung des Arbeitnehmers absehen darf, ist sie verpflichtet, einem **Verlangen des Arbeitgebers nachzukommen**. Dem Arbeitgeber steht insoweit gegenüber der Krankenkasse ein einklagbarer Rechtsanspruch zu (ebenso Hanau/Kramer DB 1995, 98; Kaiser/Dunkl/Hold/Kleinsorge § 5 EFZG Rn 72; Schmitt/Küfner-Schmitt, EFZG/AAG [8. Aufl 2018] § 5 EFZG Rn 187). Verweigert der Arbeitnehmer die Untersuchung durch den Medizinischen Dienst, verletzt er hierdurch in der Regel seine arbeitsvertragliche Nebenpflicht, was den Arbeitgeber unter Umständen zu einer ordentlichen oder außerordentlichen Kündigung berechtigen kann (s BAG 25. 1. 2018 – 2 AZR 382/17 Rn 27, NZA 2018, 845). **583**

Das **Ergebnis des** vom Medizinischen Dienst erstellten **Gutachtens** ist dem Arbeitgeber **nicht stets mitzuteilen**, sondern nur, wenn dieses mit der ärztlichen Bescheinigung nicht übereinstimmt (§ 277 Abs 2 S 1 SGB V). Angaben über die Krankheit des Arbeitnehmers darf die Mitteilung nicht enthalten (§ 277 Abs 2 S 2 SGB V). Zur Schadensersatzpflicht des behandelnden Arztes, wenn er vorsätzlich oder grob fahrlässig zu Unrecht die Arbeitsunfähigkeit festgestellt hat, s § 106 Abs 3 a SGB V. **584**

XI. Rechtsschutz des Arbeitnehmers

Verweigert der Arbeitgeber die Entgeltfortzahlung, so wird die wirtschaftliche Absicherung vor allem durch den Anspruch auf Krankengeld (§ 44 SGB V) realisiert. Dieser soll sogar die Kraft besitzen, dem Arbeitnehmer den einstweiligen Rechtsschutz gegen den Arbeitgeber abzuschneiden (GK-EFZR/Birk § 1 LFZG Rn 349 f). Der Anspruch des Arbeitnehmers geht mit der Leistung des Sozialversicherungsträgers auf ihn über (§ 115 SGB X). **585**

Der in Rn 585 aufgezeigte Weg scheidet bei solchen Arbeitnehmern aus, die nicht zu den Leistungsberechtigten der gesetzlichen Krankenversicherung gehören. Sie sind darauf angewiesen, ihren Anspruch vor den Arbeitsgerichten im Rahmen eines Urteilsverfahrens einzuklagen. Hierfür können sie sich auch des einstweiligen Rechtsschutzes bedienen. Angesichts des Versorgungscharakters der Entgeltfortzahlung ist eine Leistungsverfügung statthaft. **586**

§ 617
Pflicht zur Krankenfürsorge

(1) Ist bei einem dauernden Dienstverhältnis, welches die Erwerbstätigkeit des Verpflichteten vollständig oder hauptsächlich in Anspruch nimmt, der Verpflichtete in die häusliche Gemeinschaft aufgenommen, so hat der Dienstberechtigte ihm im Falle der Erkrankung die erforderliche Verpflegung und ärztliche Behandlung bis zur Dauer von sechs Wochen, jedoch nicht über die Beendigung des Dienstverhältnisses hinaus, zu gewähren, sofern nicht die Erkrankung von dem Verpflichteten vorsätzlich oder durch grobe Fahrlässigkeit herbeigeführt worden ist. Die Verpflegung und ärztliche Behandlung kann durch Aufnahme des Verpflichteten in eine Krankenanstalt gewährt werden. Die Kosten können auf die für die Zeit der Erkrankung geschuldete Vergütung angerechnet werden. Wird das Dienstverhältnis wegen der Erkrankung von dem Dienstberechtigten nach § 626 gekündigt, so bleibt die dadurch herbeigeführte Beendigung des Dienstverhältnisses außer Betracht.

(2) Die Verpflichtung des Dienstberechtigten tritt nicht ein, wenn für die Verpflegung und ärztliche Behandlung durch eine Versicherung oder durch eine Einrichtung der öffentlichen Krankenpflege Vorsorge getroffen ist.

Materialien: E I –; II –; III –; Mot –; Prot II 284 ff.

Schrifttum

Bonn, Die Fälle der Aufrechnung im Dienstvertrag nach BGB und GewO (1905)

Hilse, Wechselbeziehung zwischen der Fürsorgepflicht des Dienstberechtigten und den Leistungen der Krankenkasse bzw des Armenverbandes für das erkrankte Hausgesinde, Recht 1902, 203

Schultzenstein, § 617 BGB, ArchBürgR 23 (1904) 219

Springer, Der Begriff des dauernden Dienstverhältnisses im Bürgerlichen Gesetzbuche, Gruchot 50 (1906) 753.

Systematische Übersicht

Alphabetische Übersicht

I. Entstehungsgeschichte

1 Weder die Entwürfe der I. und II. Kommission noch die Regierungsvorlage enthielten eine § 617 BGB entsprechende Vorschrift. Hierauf abzielende Vorschläge lehnte die II. Kommission mit knapper Mehrheit (10:9) ab (Mugdan II 901 ff; zur Kritik vGierke, Der Entwurf des Bürgerlichen Gesetzbuchs und das deutsche Recht [1889] 247; sowie die Erwiderung von Planck AcP 75 [1889] 408). Erst im Rahmen der Beratungen der XII. Kommission des Reichstages setzte sich ein die Regelung in § 617 BGB beinhaltender Antrag durch (Mugdan II 1286 ff; s ferner HKK/Deutsch §§ 617–619 Rn 15 ff). Bestrebungen, statt der Bestimmung in § 617 BGB die Krankenversicherungspflicht auf den von § 617 BGB erfassten Personenkreis auszudehnen, fanden weder in der XII. Kommission noch im Plenum des Reichstages eine Mehrheit (Mugdan II 1287, 1342 ff).

2 Mit § 617 BGB vergleichbare Vorschriften kennt das schweizerische Dienstvertragsrecht. Allerdings weist die Regelung des **schweizerischen Obligationenrechts** (Art 328a OR), auf die schon in den Beratungen der II. Kommission hingewiesen wurde (Mugdan II 902), gravierende dogmatische Unterschiede auf. Obwohl Art 328a OR für den in Hausgemeinschaft mit dem Arbeitnehmer lebenden Arbeitgeber eine Pflicht zur Pflege und ärztlichen Behandlung begründet, haben diese Leistungen vorbehaltlich abweichender Abreden den Charakter einer im Erkrankungsfall fortzuzahlenden

Vergütung (vgl Art 322 Abs 2 OR; zu § 617 unten Rn 7). Die § 617 BGB ähnlichen Bestimmungen, die das **österreichische Dienstvertragsrecht** in den §§ 1156 bis 1156b ABGB bis zum Jahre 2000 enthielt, wurden durch das Arbeitsrechtsänderungsgesetz 2000 (BGBl I 44/2000) aufgehoben.

II. Normzweck

Den Normzweck des § 617 BGB hellt vor allem die Entstehungsgeschichte auf. 3
Anlass der Vorschrift waren **sozialpolitische Erwägungen** (Oertmann § 617 Anm 1), da insbesondere das **Gesinde** zur damaligen Zeit nicht in die gesetzliche Krankenversicherung einbezogen war. Die hiermit verbundenen Schutzdefizite kompensierten **partikularrechtliche Gesindeordnungen** nur teilweise (vgl aber zB die §§ 86 ff Preußische Gesindeordnung v 8. 11. 1810 [GS 101]; s auch HKK/Deutsch §§ 617–619 Rn 35 f; R Schröder, Das Gesinde war immer frech und unverschämt [1992] 99 ff). Da deren Schutzdichte zudem unterschiedlich ausgeprägt war, sollte § 617 BGB – wie die Beratungen der II. Kommission verdeutlichen (Mugdan II 901 ff) – eine reichseinheitliche Absicherung des Gesindes im Krankheitsfall erreichen. Nach dem inzwischen gegenstandslos gewordenen Art 95 Abs 2 EGBGB blieben jedoch günstigere partikularrechtliche Bestimmungen des Gesinderechts vorrangig anzuwenden.

Auf Grund dieser Regelungsabsicht und wegen des in § 617 Abs 2 BGB normierten 4
Ausschlusstatbestandes hat die Vorschrift eine **Auffangfunktion** für diejenigen Dienstverhältnisse, die nicht von der **gesetzlichen Krankenversicherung** erfasst werden (Erman/Belling/Riesenhuber § 617 Rn 1; NK-GA/Boecken § 617 BGB Rn 1, 10; MünchKomm/Henssler § 617 Rn 1; BeckOK ArbR/Joussen § 617 BGB Rn 1; ArbR-BGB/Matthes § 617 Rn 1; ErfKomm/Preis § 617 BGB Rn 1; Treber, EFZG [2. Aufl 2007] § 617 BGB Rn 1; BeckOGK/Witschen [1. 2. 2019] § 617 Rn 3). Wegen der seit Inkrafttreten des BGB eingetretenen personellen Ausdehnung der gesetzlichen Krankenversicherung (vgl §§ 5 ff SGB V) und der stark zurückgegangenen Anzahl von Dienstverpflichteten, die (patriarchalisch) in häuslicher Gemeinschaft mit dem Dienstberechtigten leben (vgl BAG 8. 6. 1955 – 2 AZR 200/54, AP BGB § 618 Nr 1), hat § 617 BGB nur noch einen **geringen praktischen Anwendungsbereich** (Erman/Belling/Riesenhuber § 617 Rn 2; NK-GA/Boecken § 617 BGB Rn 1; BeckOK BGB/Fuchs/Baumgärtner § 617 Rn 2; AR/Kamanabrou § 617 BGB Rn 1; Soergel/Kraft § 617 Rn 1; Jauernig/Mansel § 617 Rn 1; ArbR-BGB/Matthes § 617 Rn 2; ErfKomm/Preis § 617 BGB Rn 1; BeckOGK/Witschen [1. 2. 2019] § 617 Rn 2, 7). Selbst die auf Grund der demografischen Entwicklung zukünftig zu erwartende Aufnahme von Personen zur Betreuung und Pflege in den häuslichen Bereich wird diesen Befund nicht wesentlich verändern (BeckOGK/Witschen [1. 2. 2019] § 617 Rn 2), da es sich hierbei oftmals um sozialversicherungsrechtliche Beschäftigungsverhältnisse handelt, wenn es zu einer unmittelbaren Vertragsbeziehung zwischen dem Pflegepersonal und der zu pflegenden Person kommt.

III. Rechtsnatur

Wegen der sozialpolitischen Intention und des Normzwecks (oben Rn 3 f) ist der 5
privatrechtliche Charakter der Vorschrift zT infrage gestellt worden (so Oertmann § 617 Anm 3a). Dieser Einwand kann nicht überzeugen, da die Aufnahme des Dienstverpflichteten in die häusliche Gemeinschaft ein besonderes Näheverhältnis begründet, das den Dienstberechtigten nicht nur moralisch, sondern auch rechtlich

in gesteigertem Maße dazu verpflichtet, auf die Interessen des Vertragspartners Rücksicht zu nehmen (vgl auch § 241 Abs 2 BGB sowie BeckOK BGB/Fuchs/Baumgärtner § 617 Rn 3). Die Norm gehört deshalb trotz ihrer sozialpolitischen Implikationen dem Privatrecht an (MünchKomm/Henssler § 617 Rn 1; ArbR-BGB/Matthes § 617 Rn 3; BeckOGK/Witschen [1. 2. 2019] § 617 Rn 9) und konkretisiert die gesteigerten **Interessenwahrungspflichten** bei einer Aufnahme des Dienstverpflichteten in die häusliche Gemeinschaft des Dienstberechtigten, die als **Nebenpflichten** integraler Bestandteil des Dienstvertrages sind (anders im konstruktiven Ansatz Schultzenstein ArchBürgR 23 [1904] 229 ff, der ein selbständiges, neben dem Dienstvertrag stehendes Fürsorgeverhältnis annimmt [232] und § 617 Abs 1 als „sozialpolitische Legalobligation" charakterisiert; ebenso Bonn 53; kritisch insoweit Oertmann § 617 Anm 3a). Diese rechtsdogmatische Begründung entspricht in der Sache der überwiegenden Ansicht im Schrifttum, die auf die **Fürsorgepflicht** des Dienstberechtigten verweist (so Erman/Belling/Riesenhuber § 617 Rn 1; MünchKomm/Henssler § 617 Rn 1; BeckOK ArbR/Joussen § 617 BGB Rn 2; Hueck/Nipperdey I § 48 II 6; Soergel/Kraft § 617 Rn 1; Lepke DB 1972, 925; Jauernig/Mansel § 617 Rn 1; ArbR-BGB/Matthes § 617 Rn 3; Sieg JZ 1963, 163; Treber, EFZG [2. Aufl 2007] § 617 BGB Rn 1; Palandt/Weidenkaff § 617 Rn 1; **aA** Oertmann § 617 Anm 3a).

6 Die vor allem aus der Entstehungsgeschichte abzuleitenden Ansätze, die der Norm eine dem **Familienrecht angenäherte Rechtsnatur** beilegen (vgl Mugdan II 902; ähnlich Planck/Gunkel § 617 Anm 1) und aus der Aufnahme in die häusliche Gemeinschaft folgen soll, verkennen die schuldrechtliche Natur des Dienstvertrages (ablehnend bereits Bonn 50 f; Oertmann § 617 Anm 3a; Schultzenstein ArchBürgR 23 [1904] 224 ff; ebenso in neuerer Zeit BeckOGK/Witschen [1. 10. 2018] § 617 Rn 9). Ein schuldrechtlicher Austauschvertrag ist nicht in der Lage, familienähnliche Rechtsbeziehungen zu begründen.

7 Der durch § 617 Abs 1 BGB geschaffene **Anspruch** ist – im Unterschied zu der Rechtslage in der Schweiz (Art 322 Abs 2 OR) – kein Bestandteil der dem Dienstverpflichteten geschuldeten Vergütung (Erman/Belling/Riesenhuber § 617 Rn 3; MünchKomm/Henssler § 617 Rn 4; Soergel/Kraft § 617 Rn 1; Jauernig/Mansel § 617 Rn 8; BeckOGK/Witschen [1. 2. 2019] § 617 Rn 10 sowie schon Lotmar I 662; ArbR-BGB/Matthes § 617 Rn 5). Er ist vielmehr **eigenständiger Natur** (MünchKomm/Henssler § 617 Rn 1; Soergel/Kraft § 617 Rn 1; ErfKomm/Preis § 617 BGB Rn 1), und hat den Charakter einer **vertraglichen Nebenpflicht** (Erman/Belling/Riesenhuber § 617 Rn 3; MünchKomm/Henssler § 617 Rn 1; BeckOK ArbR/Joussen § 617 BGB Rn 2; AR/Kamanabrou § 617 BGB Rn 1; HJ Weber RdA 1980, 298; BeckOGK/Witschen [1. 2. 2019] § 617 Rn 9). Der Anspruch ist weder mit der Dienstleistung des Dienstverpflichteten noch mit dessen Interessenwahrungspflichten synallagmatisch verknüpft (AR/Kamanabrou § 617 BGB Rn 1; ArbR-BGB/Matthes § 617 Rn 5; BeckOGK/Witschen [1. 2. 2019] § 617 Rn 10). Der aktuelle Versorgungszweck der Leistung schließt ein auf § 273 BGB gestütztes **Zurückbehaltungsrecht des Dienstberechtigten** wegen anderweitig fälliger Ansprüche gegen den Dienstverpflichteten aus (zustimmend NK-GA/Boecken § 617 BGB Rn 11). Keine Aussage trifft § 617 BGB im Hinblick auf die vom Dienstberechtigten **während der Erkrankung** des Dienstverpflichteten **geschuldete Vergütung**; dies beurteilt sich unabhängig von § 617 BGB ausschließlich nach § 616 BGB bzw den Bestimmungen des Entgeltfortzahlungsgesetzes (MünchKomm/Henssler § 617 Rn 26; Schmitt/Schmitt, EFZG/AAG [8. Aufl 2018] § 617 BGB Rn 1; BeckOGK/Witschen [1. 2. 2019] § 617 Rn 10).

Der Leistungszweck ist untrennbar mit der Person des Dienstverpflichteten verbunden, sodass gem § 399 1. Alt eine **Abtretung der Ansprüche** ausgeschlossen ist (allgM s Erman/Belling/Riesenhuber § 617 Rn 3; NK-GA/Boecken § 617 BGB Rn 11; MünchKomm/Henssler § 617 Rn 4; BeckOK ArbR/Joussen § 617 BGB Rn 2; Soergel/Kraft § 617 Rn 1; Jauernig/Mansel § 617 Rn 8; ArbR-BGB/Matthes § 617 Rn 7; ErfKomm/Preis § 617 BGB Rn 1; Schmitt/Schmitt, EFZG/AAG [8. Aufl 2018] § 617 BGB Rn 2; Schultzenstein ArchBürgR 23 [1904] 236; BeckOGK/Witschen [1. 2. 2019] § 617 Rn 11). Wegen § 851 Abs 1 ZPO ist der Anspruch deshalb **nicht pfändbar** (Erman/Belling/Riesenhuber § 617 Rn 3; NK-GA/Boecken § 617 BGB Rn 11; MünchKomm/Henssler § 617 Rn 1; BeckOK ArbR/Joussen § 617 BGB Rn 2; Soergel/Kraft § 617 Rn 1; Jauernig/Mansel § 617 Rn 8; ErfKomm/Preis § 617 Rn 1; Schmitt/Schmitt, EFZG/AAG [8. Aufl 2018] § 617 BGB Rn 2; Schultzenstein ArchBürgR 23 [1904] 236; BeckOGK/Witschen [1. 2. 2019] § 617 Rn 11). Das durch § 399 1. Alt vermittelte Pfändungsverbot wird nicht durch § 851 Abs 2 ZPO überwunden (BGH NJW 1985, 2264). Die Vorschrift ist **zwingend** (§ 619 BGB) und kann **nicht zum Nachteil** des Dienstverpflichteten **abbedungen werden** (Erman/Belling/Riesenhuber § 617 Rn 3; MünchKomm/Henssler § 617 Rn 1; BeckOK ArbR/Joussen § 617 BGB Rn 1; Hueck/Nipperdey I § 48 II 7; ArbR-BGB/Matthes § 617 Rn 36; ErfKomm/Preis § 617 Rn 1; Schmitt/Schmitt, EFZG/AAG [8. Aufl 2018] § 617 BGB Rn 2; Treber, EFZG [2. Aufl 2007] § 617 BGB Rn 2; BeckOGK/Witschen [1. 2. 2019] § 617 Rn 12; näher unten § 619 Rn 1 ff). 8

IV. Sonderregelungen

Der praktische Anwendungsbereich der Vorschrift wird neben den in Rn 4 genannten Gründen zusätzlich durch **vorrangige Spezialregelungen** in § 30 Abs 1 Nr 2 JArbSchG für **Jugendliche** (§ 2 Abs 2 JArbSchG) sowie in den §§ 97, 99 bis 102 SeeArbG für **Besatzungsmitglieder** (§ 3 SeeArbG) und **Kapitäne** (§ 5 Abs 1 SeeArbG) verringert. 9

Ebenso wie § 617 BGB setzt **§ 30 Abs 1 Nr 2 JArbSchG** voraus, dass der Jugendliche in die häusliche Gemeinschaft des Arbeitgebers aufgenommen ist. Bezüglich der „häusliche Gemeinschaft" gelten dieselben Grundsätze wie zu § 617 BGB (s unten Rn 22 ff). Ansonsten weicht § 30 Abs 1 Nr 2 JArbSchG erheblich von § 617 BGB ab. In tatbestandlicher Hinsicht ist zunächst nicht erforderlich, dass ein „dauerndes" Beschäftigungsverhältnis vorliegt. Hieraus folgert die hM, dass auch **vorübergehende oder kurzfristige Beschäftigungsverhältnisse** dem Anwendungsbereich der Norm unterfallen (so Molitor/Vollmer/Germelmann, JArbSchG [3. Aufl 1986] § 30 Rn 12; BeckOGK/Witschen [1. 2. 2019] § 617 Rn 15). Die Verpflichtung zur Krankenfürsorge besteht darüber hinaus unabhängig von einem **Verschulden des Jugendlichen** (Schmitt/Schmitt, EFZG/AAG [8. Aufl 2018] § 30 JArbSchG Rn 7; Zmarzlik/Anzinger, JArbSchG [5. Aufl 1998] § 30 Rn 7; BeckOGK/Witschen [1. 2. 2019] § 617 Rn 15). Des Weiteren lässt § 30 Abs 1 Nr 2 JArbSchG die Verpflichtung des Arbeitgebers nur entfallen, wenn die erforderliche Pflege und ärztliche Behandlung von einem **Sozialversicherungsträger** geleistet wird. Das Vorliegen einer **Privatversicherung** genügt hierfür nicht (Molitor/Vollmer/Germelmann, JArbSchG [3. Aufl 1986] § 30 Rn 13; Schmitt/Schmitt, EFZG/AAG [8. Aufl 2018] § 30 JArbSchG Rn 16; Zmarzlik/Anzinger, JArbSchG [5. Aufl 1998] § 30 Rn 9). Im Unterschied zu § 617 BGB endet die Verpflichtung zur Krankenfürsorge stets mit der **Beendigung der Beschäftigung**. Die Norm kennt weder eine mit § 617 Abs 1 S 4 BGB vergleichbare Aufrechthaltung der Krankenfürsorge über die Beendigung der Beschäftigung hinaus (zust BeckOGK/Witschen [1. 2. 2019] § 617 Rn 16; weitergehend aber ErfKomm/Schlachter § 30 JArb- 10

SchG Rn 2; Zmarzlik/Anzinger, JArbSchG [5. Aufl 1998] § 30 Rn 7 sowie Schmitt/Schmitt, EFZG/AAG [8. Aufl 2018] § 30 JArbSchG Rn 13, die für eine Analogie zu § 8 EFZG plädiert; iE auch MünchKomm/Henssler § 617 Rn 31; Lepke, Kündigung bei Krankheit [16. Aufl 2018] Rn 733: § 617 Abs 1 S 4 analog) noch sieht diese eine Begrenzung auf einen **Sechs-Wochen-Zeitraum** vor (ErfKomm/Schlachter § 30 JArbSchG Rn 2; Schmitt/Schmitt, EFZG/AAG [8. Aufl 2018] § 30 JArbSchG Rn 12; Treber, EFZG [2. Aufl 2007] § 617 BGB Rn 12; BeckOGK/Witschen [1. 2. 2019] § 617 Rn 16). Die mit der Erfüllung der Verpflichtungen aus § 30 Abs 1 Nr 2 JArbSchG verbundenen **Kosten** sind vom Arbeitgeber zu tragen (HWK/Tillmanns § 30 JArbSchG Rn 1; Zmarzlik/Anzinger, JArbSchG [5. Aufl 1998] § 30 Rn 10). Trotz des Spezialitätscharakters des § 30 Abs 1 Nr 2 JArbSchG entspricht es der allgemeinen Ansicht, dass dem Arbeitgeber die **Anrechnungsbefugnis** in § 617 Abs 1 S 3 BGB zusteht, wenn er während der Erkrankung das Arbeitsentgelt fortzahlt (Molitor/Vollmer/Germelmann, JArbSchG [3. Aufl 1986] § 30 Rn 16; HWK/Tillmanns § 30 JArbSchG Rn 1; Zmarzlik/Anzinger, JArbSchG [5. Aufl 1998] § 30 Rn 10; **aA** jedoch BeckOGK/Witschen [1. 2. 2019] § 617 Rn 17). Ein **Verstoß des Arbeitgebers** gegen die Verpflichtungen aus § 30 Abs 1 Nr 2 JArbSchG berechtigt nicht nur die Aufsichtsbehörde zum Erlass entsprechender Anordnungen (§ 30 Abs 2 JArbSchG). Zugleich verletzt der Arbeitgeber hierdurch seine vertraglichen Nebenpflichten (Molitor/Vollmer/Germelmann, JArbSchG [3. Aufl 1986] § 30 Rn 23); die Grundsätze zu § 617 BGB (s unten Rn 69 ff) gelten insoweit entsprechend.

11 **Besatzungsmitglieder**, deren Heuerverhältnis innerhalb des Geltungsbereichs des Grundgesetzes begründet wurde, haben nach § 99 Abs 1 SeeArbG während des Aufenthalts an Bord und außerhalb des Geltungsbereichs des Grundgesetzes im Falle einer Erkrankung Anspruch auf ausreichende und zweckmäßige **Krankenfürsorge** auf Kosten des Reeders. Diese umfasst die Heilbehandlung, einschließlich der Versorgung mit Arznei- und Heilmitteln, die Verpflegung und die Unterbringung des Erkrankten (§ 99 Abs 3 SeeArbG). Bei einer unberechtigten Weigerung des Besatzungsmitgliedes, die angebotene Krankenfürsorge des Reeders anzunehmen, ruht der Anspruch für die Dauer der unberechtigten Weigerung (§ 102 SeeArbG). Für **Kapitäne** gelten diese Bestimmungen ebenfalls, da sie zu den Besatzungsmitgliedern zählen (s § 5 Abs 1 SeeArbG).

V. Anspruchsvoraussetzungen

1. Dienstverhältnis

12 Der durch § 617 BGB normierte Anspruch besteht nur für solche Rechtsbeziehungen, die als Dienstverhältnis zu qualifizieren sind (zur Abgrenzung des Dienstvertrages von anderen Vertragsverhältnissen Staudinger/Richardi/Fischinger [2016] Vorbem 26 ff, 62 ff zu §§ 611 ff). § 617 BGB ist nicht anwendbar, wenn die geschuldete Tätigkeit den Charakter einer **Werkleistung** hat (ebenso Lotmar II 842; Oertmann § 617 Anm 6; ErfKomm/Preis § 617 BGB Rn 2; Schultzenstein ArchBürgR 23 [1904] 238; vgl aber auch Staudinger/Richardi/Fischinger [2016] Vorbem 37 zu §§ 611 ff sowie für § 618 Hahn Gruchot 45 [1901] 215 ff). Einer entsprechenden Anwendung der Vorschrift steht nicht ihr Ausnahmecharakter, wohl aber die geringere Intensität der Interessenwahrungspflichten des Bestellers entgegen (im Grundsatz schon hervorgehoben von Hahn Gruchot 45 [1901] 216). Durch die Annahme eines in den Werkvertrag „eingebauten" Dienstverhältnisses ließe sich die Ausdehnung der Vorschrift auf werkvertragliche Beziehungen zwar konstruktiv bewältigen (so zB Rümelin, Dienstvertrag und Werkvertrag [1905] 274); dieser

rechtsdogmatischen Fundierung des Werkvertrages kann aber bereits im Ansatz nicht gefolgt werden (näher OETKER, Das Dauerschuldverhältnis und seine Beendigung [1994] 156 f).

13 In den Anwendungsbereich der Vorschrift ist nicht nur der auf selbständige Dienste gerichtete **„freie" Dienstvertrag** einbezogen (NK-GA/BOECKEN § 617 BGB Rn 4; BeckOK ArbR/JOUSSEN § 617 BGB Rn 4; AR/KAMANABROU § 617 BGB Rn 2; HWK/KRAUSE § 617 BGB Rn 4; ArbR-BGB/MATTHES § 617 Rn 12; BeckOGK/WITSCHEN [1. 2. 2019] § 617 Rn 28). Der insbesondere aus der Entstehungsgeschichte abzuleitende Normzweck (oben Rn 3) erzwingt darüber hinaus die Einbeziehung der auf Grundlage eines **Arbeitsvertrages** erbrachten „abhängigen" Dienstleistung (ERMAN/BELLING/RIESENHUBER § 617 Rn 2; SOERGEL/KRAFT § 617 Rn 1; HWK/KRAUSE § 617 BGB Rn 4; ErfKomm/PREIS § 617 BGB Rn 2; SCHMITT/SCHMITT, EFZG/AAG [8. Aufl 2018] § 617 BGB Rn 5; TREBER, EFZG [2. Aufl 2007] § 617 BGB Rn 4; BeckOGK/WITSCHEN [1. 2. 2019] § 617 Rn 28). Wegen der regelmäßig bestehenden Krankenversicherungspflicht bei Arbeitsverhältnissen (§ 5 Abs 1 Nr 1 SGB V) und des Ausschlusstatbestandes in § 617 Abs 2 BGB hat § 617 Abs 1 BGB für diese aber kaum praktische Bedeutung (s oben Rn 4).

14 Nach der Seh- und Wertungsweise des historischen Gesetzgebers sind **Berufsausbildungsverhältnisse** (§ 1 Abs 3 BBiG) nicht in den Anwendungsbereich der Vorschrift einbezogen (so ausdrücklich noch PLANCK/GUNKEL § 617 Anm 3a). Dies belegt vor allem ein systematischer Vergleich mit § 1822, der zwischen dem Lehrvertrag (Nr 6) und dem Dienst- oder Arbeitsverhältnis (Nr 7) unterscheidet. In den Anwendungsbereich arbeitsrechtlicher Vorschriften sind Berufsausbildungsverhältnisse jedoch einzubeziehen, wenn deren Zweck einer entsprechenden Anwendung nicht entgegensteht (§ 10 Abs 2 BBiG). Derartige Aspekte sind zwar für § 617 BGB nicht ersichtlich (treffend MünchKomm/HENSSLER § 617 Rn 4; iE auch BeckOGK/WITSCHEN [1. 2. 2019] § 617 Rn 28), die Anwendung des § 617 Abs 1 BGB ist aber regelmäßig durch das Bestehen einer Versicherung (§ 617 Abs 2 BGB sowie § 5 Abs 1 Nr 1 SGB V) versperrt. Bei der Vermittlung von Kenntnissen außerhalb eines Berufsausbildungsverhältnisses (§ 26 BBiG) gelten die vorstehenden Erwägungen gleichermaßen. Solange das **18. Lebensjahr nicht vollendet** ist, scheidet die Anwendung des § 617 BGB zudem wegen der lex specialis in **§ 30 Abs 1 Nr 2 JArbSchG** aus (MünchKomm/HENSSLER § 617 Rn 4; ArbR-BGB/MATTHES § 617 Rn 12; BeckOGK/WITSCHEN [1. 2. 2019] § 617 Rn 28; näher zu § 30 Abs 1 Nr 2 JArbSchG oben Rn 10).

15 Rechtliche Mängel in der Begründung des Dienstvertrages stehen dem Anspruch nicht zwingend entgegen (so iE aber SCHULTZENSTEIN ArchBürgR 23 [1904] 238). Nach der Lehre vom fehlerhaften Vertragsverhältnis ist das **fehlerhafte Arbeits- bzw Dienstverhältnis** bis zur Geltendmachung des Begründungsmangels grundsätzlich wie ein wirksames Vertragsverhältnis zu behandeln (näher STAUDINGER/RICHARDI/FISCHINGER [2016] § 611 Rn 701 ff). Deshalb sind die zuvor nach § 617 BGB erbrachten Leistungen nicht ohne Rechtsgrund erbracht worden (iE auch BeckOK ArbR/JOUSSEN § 617 BGB Rn 4; HWK/KRAUSE § 617 BGB Rn 4; ArbR-BGB/MATTHES § 617 Rn 12; **aA** bei Anfechtung wegen arglistiger Täuschung BeckOGK/WITSCHEN [1. 2. 2019] § 617 Rn 29).

2. „Dauerndes" Dienstverhältnis

16 Der Anspruch aus § 617 Abs 1 S 1 BGB besteht nur, wenn das Dienstverhältnis als „dauernd" zu bewerten ist. Diese zusätzliche Qualifizierung kehrt in den §§ **627**

Abs 1, 629, 630 S 1 BGB wieder, sodass von einem **einheitlichen Begriffsverständnis** des Gesetzes auszugehen ist (ebenso Staudinger/Preis [2019] § 629 Rn 7 ff, § 630 Rn 4; näher Oetker, Das Dauerschuldverhältnis und seine Beendigung [1994] 196; **aA** wohl MünchKomm/Henssler § 617 Rn 5, der den Zweck des jeweiligen Gesetzes betont). Der Begriff wurde allerdings bereits frühzeitig als unklar und farblos kritisiert (Schultzenstein ArchBürgR 23 [1904] 239; Springer Gruchot 50 [1906] 756); auf ihn verzichteten Art 328a OR sowie die vormals in § 1156 ABGB enthaltene Regelung. Zu beachten ist aber, dass § 1156 Abs 3 ABGB aF solche Dienstverhältnisse von dem Anspruch ausschloss, die für die Zeit eines vorübergehenden Bedarfs eingegangen wurden und nicht einen Monat gedauert hatten.

17 In Übernahme der unverändert grundlegenden Untersuchungen von Schultzenstein (ArchBürgR 23 [1904] 239 ff) und Springer (Gruchot 50 [1906] 753 ff) liegt nach verbreiteter Ansicht ein „dauerndes" Dienstverhältnis immer dann vor, „wenn das Dienstverhältnis rechtlich auf längere Zeit angelegt ist, oder wenn es faktisch auf längere Zeit angelegt ist, oder wenn es längere Zeit gedauert hat" (so Schultzenstein ArchBürgR 23 [1904] 254; ebenso Oertmann § 617 Anm 2a; in der Sache ebenfalls Schaub/Ahrendt, Arbeitsrechts-Handbuch [17. Aufl 2017] § 106 Rn 31; Erman/Belling/Riesenhuber § 617 Rn 4; NK-GA/Boecken § 617 BGB Rn 5; BeckOK BGB/Fuchs/Baumgärtner § 617 BGB Rn 4; Planck/Gunkel § 617 Anm 3b; MünchKomm/Henssler § 617 Rn 5; BeckOK ArbR/Joussen § 617 BGB Rn 5; AR/Kamanabrou § 617 BGB Rn 2; Soergel/Kraft § 617 Rn 2; ArbR-BGB/Matthes § 617 Rn 9; Schmitt/Schmitt, EFZG/AAG [8. Aufl 2018] § 617 BGB Rn 7; im grundsätzlichen Ansatz verwandt Springer Gruchot 50 [1906] 775). Mit dieser Umschreibung ist für den Einzelfall allerdings wenig Klarheit gewonnen. Das gilt im Grundsatz auch für die bereits in der Rechtsprechung des Reichsgerichtes anzutreffende Negativabgrenzung zu den „vorübergehenden" Dienstverhältnissen, die im Ergebnis jedoch zu Recht aus dem Anwendungsbereich des § 617 BGB ausgeklammert werden (ebenso MünchKomm/Henssler § 617 Rn 5; Soergel/Kraft § 617 Rn 2; ArbR-BGB/Matthes § 617 Rn 10; Oertmann § 617 Anm 2; so auch zu § 627 Abs 1 RG 11. 12. 1934 – III 111/34, RGZ 146, 117; BGH 31. 3. 1967 – VI ZR 288/64, BGHZ 47, 307 f; hiergegen jedoch Springer Gruchot 50 [1906] 770 ff).

18 Eine sachgerechte Konkretisierung der „dauernden" Dienstverhältnisse lässt sich nicht durch eine begriffliche Gegensatzpaarbildung, sondern nur durch einen Rückgriff auf den **Normzweck** erzielen. Die extensivere Struktur der Rechte und Pflichten für „dauernde" Dienstverhältnisse ist angesichts des ansonsten im Vordergrund stehenden Austauschcharakters nur gerechtfertigt, wenn das Dienstverhältnis eine **gesteigerte Intensität der Leistungsbeziehungen** aufweist (Oetker, Das Dauerschuldverhältnis und seine Beendigung [1994] 197). Weder der personale Aspekt noch der Umfang der Tätigkeit ist hierfür alleinentscheidend, sondern vielmehr ist die **Art der Dienstleistung** maßgebend (so im Ansatz zu § 627 Abs 1 BGH 31. 3. 1967 – VI ZR 288/64, BGHZ 47, 307; BGH 28. 2. 1985 – IX ZR 92/84, NJW 1985, 2585; BGH 19. 11. 1992 – IX ZR 77/92, DB 1993, 530). Hierfür liefert – wie bereits Springer (Gruchot 50 [1906] 779) darlegte – das Kriterium der **Einzelleistungen** einen geeigneten Ansatz, um die spezifische Besonderheit des „dauernden" Dienstverhältnisses aufzuzeigen (**aA** HWK/Krause § 617 BGB Rn 5). Sind auf Grund des Dienstvertrages einzelne oder mehrere Einzelleistungen geschuldet, so weist die Vertragsbeziehung hinsichtlich des Leistungsaustausches eine **geringere Intensität** auf. In dieser Konstellation ist weder eine Krankenfürsorge (§ 617 BGB) noch eine Freistellung zur Stellungssuche (§ 629 BGB) oder ein Zeugnisanspruch (§ 630 BGB) gerechtfertigt (näher Oetker, Das Dauerschuldverhältnis und seine Beendigung [1994] 198 f).

19 Ein „dauerndes" Dienstverhältnis auch im Sinne des § 617 BGB liegt somit vor, wenn sich die vom Dienstverpflichteten geschuldeten Dienste nicht in der Erbringung **einmaliger oder mehrmalig wiederholender Einzelleistungen** erschöpfen (ebenso Erman/Belling/Riesenhuber § 617 Rn 4; NK-GA/Boecken § 617 BGB Rn 5; MünchKomm/Henssler § 617 Rn 5; BeckOK ArbR/Joussen § 617 BGB Rn 5; BeckOGK/Witschen [1. 2. 2019] § 617 Rn 30). Bei einer **ständigen und langfristigen Aufgabe** liegt ein „dauerndes" Dienstverhältnis vor (BGH 31. 3. 1967 – VI ZR 288/64, BGHZ 47, 307; BGH 28. 2. 1985 – IX ZR 92/84, NJW 1985, 2585; vgl auch KG 15. 6. 1904, OLGRspr 9, 291 f). Die **Vertretung für einen begrenzten Zeitraum** erfüllt diese Voraussetzung nicht (vgl OLG Frankfurt 9. 11. 1903, OLGRspr 9, 289; KG 21. 9. 1903, OLGRspr 7, 472). Hieraus folgt, dass nicht nur unbefristete, sondern auch **befristete Dienstverhältnisse** die Qualität eines „dauernden" Dienstverhältnisses aufweisen können (Erman/Belling/Riesenhuber § 617 Rn 4; NK-GA/Boecken § 617 BGB Rn 5; MünchKomm/Henssler § 617 Rn 5; Soergel/Kraft § 617 Rn 2; ErfKomm/Preis § 617 BGB Rn 2; Schmitt/Schmitt, EFZG/AAG [8. Aufl 2018] § 617 BGB Rn 7; Treber, EFZG [2. Aufl 2007] § 617 BGB Rn 5; BeckOGK/Witschen [1. 2. 2019] § 617 Rn 30; ebenso zu § 627 Abs 1 BGH 31. 3. 1967 – VI ZR 288/64, BGHZ 47, 307; BGH 28. 2. 1985 – IX ZR 92/84, NJW 1985, 2585; BGH 19. 11. 1992 – IX ZR 77/92, DB 1993, 530). Ebenso erlaubt weder die Absicht, das Dienstverhältnis auf längere Zeit fortzusetzen, noch die tatsächliche Dauer zwingende Rückschlüsse, ob ein „dauerndes" Dienstverhältnis vorliegt (in diesem Sinne aber Schmitt/Schmitt, EFZG/AAG [8. Aufl 2018] § 617 BGB Rn 7). Eine **zeitliche Mindestdauer** ist für ein „dauerndes" Dienstverhältnis – im Unterschied zu der früheren österreichischen Rechtslage (s § 1156 Abs 1 ABGB aF) – nicht notwendig. Die abweichende Regelung in Österreich zeigte, dass eine Interpretation, die für ein „dauerndes" Dienstverhältnis eine **sechsmonatige Beschäftigung** verlangt (so Schmitt/Schmitt, EFZG/AAG [8. Aufl 2018] § 617 BGB Rn 8; ebenso für die nunmehr hM MünchKomm/Henssler § 617 Rn 5; HWK/Krause § 617 BGB Rn 5; ErfKomm/Preis § 617 BGB Rn 2; Treber, EFZG [2. Aufl 2007] § 617 BGB Rn 5), im geltenden Recht **keine Grundlage** hat (ebenso NK-GA/Boecken § 617 BGB Rn 5; BeckOK ArbR/Joussen § 617 BGB Rn 5; BeckOGK/Witschen [1. 2. 2019] § 617 Rn 30). Die Forderung nach einer sechsmonatigen Mindestbeschäftigung kann sich zwar auf parallele Regelungstechniken in arbeitsrechtlichen Schutzgesetzen stützen (zB § 1 Abs 1 KSchG, § 8 Abs 1 TzBfG, § 4 BUrlG), die aber – wie § 3 EFZG zeigt – nicht verallgemeinerungsfähig sind. Vor allem steht einer Mindestbeschäftigungsdauer der mit § 617 BGB verfolgte Zweck, Lücken der gesetzlichen Krankenversicherungspflicht zu schließen (s oben Rn 4), entgegen. Da diese Absicherung unabhängig von einer Mindestbeschäftigungsdauer besteht, muss dies auch für § 617 BGB gelten. Die Rechtfertigung für die gesteigerte Interessenwahrungspflicht des Dienstberechtigten erfolgte in erster Linie über den Umfang der Erwerbstätigkeit, was den vorgenannten arbeitsrechtlichen Schutzgesetzen fremd ist.

3. Erwerbstätigkeit

20 Die Leistungspflicht des Dienstberechtigten setzt – in Übereinstimmung mit § 1156 Abs 1 ABGB aF – voraus, dass das Dienstverhältnis die Erwerbstätigkeit des Dienstverpflichteten **vollständig oder hauptsächlich** in Anspruch nimmt. Hiermit konkretisiert das Gesetz die Anforderungen an die durch § 617 BGB etablierte intensivierte

Interessenwahrungspflicht. Diese soll erst einsetzen, wenn der Dienstverpflichtete durch das Vertragsverhältnis hauptsächlich in Anspruch genommen wird und deshalb typischerweise nicht die **Möglichkeit einer anderweitigen Eigenvorsorge** hat (ebenso MünchKomm/Henssler § 617 Rn 6; BeckOK ArbR/Joussen § 617 BGB Rn 6; AR/Kamanabrou § 617 BGB Rn 3; HK-BGB/Schreiber §§ 617–619 Rn 5; BeckOGK/Witschen [1. 2. 2019] § 617 Rn 31).

21 Das Gesetz lässt die Leistungspflicht des Dienstberechtigten nicht bereits entfallen, wenn der Dienstverpflichtete über die Fähigkeit zu einer anderweitigen Erwerbstätigkeit verfügt. Es stellt vielmehr auf die **tatsächlich ausgeübte Erwerbstätigkeit** ab (vgl Schultzenstein ArchBürgR 23 [1904] 258 f). Deshalb ist ein **tägliches oder wöchentliches Mindestvolumen** der Erwerbstätigkeit nicht erforderlich (Erman/Belling/Riesenhuber § 617 Rn 5; NK-GA/Boecken § 617 BGB Rn 6; BeckOK BGB/Fuchs/Baumgärtner § 617 Rn 5; **aA** Schaub/Ahrendt, Arbeitsrechts-Handbuch [17. Aufl 2017] § 106 Rn 31; HWK/Krause § 617 BGB Rn 6; ArbR-BGB/Matthes § 617 Rn 11; ErfKomm/Preis § 617 BGB Rn 2; Schmitt/Schmitt, EFZG/AAG [8. Aufl 2018] § 617 BGB Rn 10; Treber, EFZG [2. Aufl 2007] § 617 BGB Rn 6; BeckOGK/Witschen [1. 2. 2019] § 617 Rn 32; im Grds ebenso BeckOK ArbR/Joussen § 617 BGB Rn 6; wohl auch MünchKomm/Henssler § 617 Rn 6), da hieraus nicht ersichtlich ist, ob die tatsächliche Erwerbstätigkeit des Dienstverpflichteten vollständig oder hauptsächlich für den Dienstberechtigten geleistet wird. Erst eine anderweitig tatsächlich ausgeübte Erwerbstätigkeit ist in der Lage, die Anwendung des § 617 BGB auszuschließen (zustimmend BeckOK BGB/Fuchs/Baumgärtner § 617 Rn 5). Fehlt es hieran, dann steht auch eine geringe tägliche oder wöchentliche Arbeitszeit dem Anspruch aus § 617 Abs 1 BGB nicht entgegen (**aA** HWK/Krause § 617 BGB Rn 6; BeckOGK/Witschen [1. 2. 2019] § 617 Rn 32). Andernfalls würde entgegen dem Gesetzeswortlaut nicht auf die Erwerbstätigkeit, sondern auf die Erwerbsfähigkeit abgestellt (**aA** BeckOGK/Witschen [1. 2. 2019] § 617 Rn 32). Als anderweitige Erwerbstätigkeit kommen nur entgeltliche Tätigkeiten in Betracht, da das Gesetz ausdrücklich eine auf „Erwerb" gerichtete Tätigkeit verlangt (so mit Recht Schultzenstein ArchBürgR 23 [1904] 257 f).

22 Ob die Erwerbstätigkeit in der **Hauptsache** bei dem Dienstberechtigten erfolgt, beurteilt sich **nicht** nach dem **Verhältnis der Vergütungen**, die der Dienstverpflichtete für seine Tätigkeiten erhält (so auch Erman/Belling/Riesenhuber § 617 Rn 5; NK-GA/Boecken § 617 BGB Rn 6; MünchKomm/Henssler § 617 Rn 6; BeckOK ArbR/Joussen § 617 BGB Rn 6; Soergel/Kraft § 617 Rn 3; HWK/Krause § 617 BGB Rn 6; Oertmann § 617 Anm 2b; ErfKomm/Preis § 617 BGB Rn 2; Schmitt/Schmitt, EFZG/AAG [8. Aufl 2018] § 617 BGB Rn 10; Schultzenstein ArchBürgR 23 [1904] 258; BeckOGK/Witschen [1. 2. 2019] § 617 Rn 32). Das Gesetz stellt ausdrücklich auf die Inanspruchnahme durch die Erwerbstätigkeit bei dem Dienstberechtigten ab, sodass das Schwergewicht der Tätigkeit ausschließlich durch den **Zeitfaktor** zu bestimmen ist (so treffend bereits Lotmar I 403 Fn 4). Hierbei ist nicht auf das Zeitvolumen der tatsächlich erbrachten Arbeitsleistung, sondern auf den Zeitraum abzustellen, während dem der Dienstverpflichtete rechtlich verpflichtet ist, seine Dienste anzubieten (Erman/Belling/Riesenhuber § 617 Rn 5; Soergel/Kraft § 617 Rn 3; Schmitt/Schmitt, EFZG/AAG [8. Aufl 2018] § 617 BGB Rn 10; Schultzenstein ArchBürgR 23 [1904] 258). Deshalb sind auch Zeiten einer **Arbeitsbereitschaft** zu berücksichtigen (Erman/Belling/Riesenhuber § 617 Rn 5; MünchKomm/Henssler § 617 Rn 6; BeckOK ArbR/Joussen § 617 BGB Rn 6; HWK/Krause § 617 BGB Rn 6; BeckOGK/Witschen [1. 2. 2019] § 617 Rn 32).

Bei dem **Zeitvergleich** ist nicht auf den Arbeitstag (so noch OERTMANN § 617 Anm 2b), sondern entsprechend den in anderen Kodifikationen aufgegriffenen Maßstäben (zB § 138 Abs 3 SGB III, § 8 SGB IV, § 12 Abs 1 TzBfG) auf **wöchentliche Zeitspannen** abzustellen (ebenso im Grundansatz NK-GA/BOECKEN § 617 BGB Rn 6; MünchKomm/HENSSLER § 617 Rn 6; ArbR-BGB/MATTHES § 617 Rn 11; ErfKomm/PREIS § 617 BGB Rn 2; SCHMITT/SCHMITT, EFZG/AAG [8. Aufl 2018] § 617 BGB Rn 10). Nur so kann einer unterschiedlichen Verteilung der Erwerbstätigkeit auf verschiedene Tage Rechnung getragen werden. Ist die zeitliche Inanspruchnahme bei **zwei Erwerbstätigkeiten gleich groß**, so liegt keine hauptsächliche Tätigkeit vor. Ein subsidiärer Rückgriff auf die erzielte Vergütung (hierfür SCHULTZENSTEIN ArchBürgR 23 [1904] 258) ist wegen des Gesetzeswortlautes, der ausschließlich auf die Inanspruchnahme des Dienstverpflichteten durch die Erwerbstätigkeit abstellt, nicht möglich. Bei **mehr als zwei Erwerbstätigkeiten** liegt eine hauptsächliche Erwerbstätigkeit für den Dienstberechtigten nur vor, wenn diese mehr als die Hälfte des Gesamtzeitraumes in Anspruch nimmt (ebenso ERMAN/BELLING/RIESENHUBER § 617 Rn 5; **aA** NK-GA/BOECKEN § 617 BGB Rn 6). 23

4. Häusliche Gemeinschaft

Die intensivierte Interessenwahrungspflicht des Dienstberechtigten ist nur wegen der Aufnahme in die häusliche Gemeinschaft gerechtfertigt. Diese wird regelmäßig dadurch geprägt, dass mehrere Personen zu einem gemeinschaftlichen Haushalt verbunden sind. Von einem **„Haushalt"** kann nur gesprochen werden, wenn sowohl **Verpflegung** als auch **Wohnung** kumulativ vorliegen (SCHAUB/AHRENDT, Arbeitsrechts-Handbuch [17. Aufl 2017] § 106 Rn 31; ERMAN/BELLING/RIESENHUBER § 617 Rn 6; PLANCK/GUNKEL § 617 Anm 3d; MünchKomm/HENSSLER § 617 Rn 7; HUECK/NIPPERDEY I § 48 II 6; BeckOK ArbR/JOUSSEN § 617 BGB Rn 7; SOERGEL/KRAFT § 617 Rn 4; ArbR-BGB/MATTHES § 617 Rn 13; ErfKomm/PREIS § 617 BGB Rn 2; SCHMITT/SCHMITT, EFZG/AAG [8. Aufl 2018] § 617 BGB Rn 11; BeckOGK/WITSCHEN [1. 2. 2019] § 617 Rn 33). Die Abwesenheit einzelner Elemente führt jedoch nicht zwingend zur Verneinung einer häuslichen Gemeinschaft, solange der Dienstverpflichtete **keinen eigenen Haushalt** begründet (ähnlich ERMAN/BELLING/RIESENHUBER § 617 Rn 6; BeckOK BGB/FUCHS/BAUMGÄRTNER § 617 Rn 6; MünchKomm/HENSSLER § 617 Rn 7; BeckOK ArbR/JOUSSEN § 617 BGB Rn 7; SOERGEL/KRAFT § 617 Rn 4; LEPKE, Kündigung bei Krankheit [16. Aufl 2018] Rn 732; SCHMITT/SCHMITT, EFZG/AAG [8. Aufl 2018] § 617 BGB Rn 11; BeckOGK/WITSCHEN [1. 2. 2019] § 617 Rn 33; abweichend SCHULTZENSTEIN ArchBürgR 23 [1904] 266). Die alleinige Verpflegung reicht jedoch ebenso wenig für eine häusliche Gemeinschaft aus, wie das ausschließliche Zurverfügungstellen einer Schlafstätte (**aA** BeckOK ArbR/JOUSSEN § 617 BGB Rn 7). Für die Aufnahme in die häusliche Gemeinschaft ist der **zeitliche Umfang der Dienstleistung unbeachtlich**, da das Ausmaß der Erwerbstätigkeit für den Dienstberechtigten in § 617 Abs 1 BGB ein eigenständiges Tatbestandsmerkmal ist (s aber VerwGH [Österreich] DRdA 1992, 269 ff, der zu § 1156 ABGB aF bei einer 20 stündigen Arbeitsverpflichtung eine Aufnahme in die „Hausgemeinschaft" verneint). 24

Der Dienstverpflichtete muss in die häusliche Gemeinschaft **integriert** sein. Nur dann ist es gerechtfertigt, ihn als Teil der häuslichen Gemeinschaft zu bewerten. Mithilfe im Haushalt ist hierfür nicht zwingend erforderlich, die **Teilhabe an der Versorgungs- und Wohngemeinschaft** reicht aus. Die Rechtsgrundlage für die Aufnahme in die häusliche Gemeinschaft ist unerheblich und liegt deshalb auch vor, wenn diese Teil der vertraglichen Vergütung ist oder der Dienstverpflichtete hierfür ein Entgelt entrichten muss (LOTMAR I 657, 658; OERTMANN § 617 Anm 2c; SCHULTZENSTEIN ArchBürgR 25

23 [1904] 266 f; so auch NK-GA/Boecken § 617 BGB Rn 7; BeckOGK/Witschen [1. 2. 2019] § 617 Rn 33). Der **Zeitpunkt der Aufnahme** ist bedeutungslos; diese kann vor, bei oder nach Abschluss des Dienstvertrages erfolgen (Oertmann § 617 Anm 2c; Schultzenstein ArchBürgR 23 [1904] 259).

26 Nach dem Sinnzusammenhang der Vorschrift muss eine häusliche **Gemeinschaft des Dienstberechtigten** vorliegen. Diese setzt zumindest voraus, dass die häusliche Gemeinschaft dem Dienstberechtigten zuzurechnen ist. Die räumliche Zusammenfassung mehrerer Dienstverpflichteter kann daher erst dann eine häusliche Gemeinschaft des Dienstberechtigten begründen, wenn ihm diese zuzurechnen ist, was stets zu bejahen ist, wenn der **Dienstberechtigte** ebenfalls in die Gemeinschaft **integriert** ist (zustimmend BeckOGK/Witschen [1. 2. 2019] § 617 Rn 34).

27 Kontroverse Diskussionen löst die **fehlende Integration des Dienstberechtigten** in die häusliche Gemeinschaft aus. Als Beispiel sind vor allem vom Dienstberechtigten unterhaltene **Wohnheime** zu nennen, die ausschließlich von mehreren Dienstverpflichteten bewohnt werden. Nach der Seh- und Wertungsweise des historischen Gesetzgebers wurde die Leistungspflicht des Dienstberechtigten vor allem mit dem persönlichen Näheverhältnis zwischen den Vertragsparteien gerechtfertigt (vgl Mugdan II 902 ff). Wird unverändert an dieser Anforderung festgehalten, dann ist eine Integration des Dienstberechtigten in die häusliche Gemeinschaft unerlässlich (so auch Erman/Belling/Riesenhuber § 617 Rn 6; NK-GA/Boecken § 617 BGB Rn 7; Soergel/Kraft § 617 Rn 4; HWK/Krause § 617 BGB Rn 8; Lepke, Kündigung bei Krankheit [16. Aufl 2018] Rn 732 sowie aus damaliger Sicht Lotmar I 660). Die **überwiegende Ansicht im Schrifttum** hat sich indessen unter dem Eindruck der höchstrichterlichen Rechtsprechung zu § 618 Abs 2 BGB (vgl BAG 8. 6. 1955 – 2 AZR 200/54, AP BGB § 618 Nr 1 sowie iE LAG Hamburg 2. 3. 1954 – 1 Sa 58/53, RdA 1954, 360; näher hierzu unten § 618 Rn 151 ff) von diesem Ausgangspunkt gelöst und lässt eine Gemeinschaft der Dienstverpflichteten untereinander auch im Rahmen von § 617 Abs 1 BGB genügen (Schaub/Ahrendt, Arbeitsrechts-Handbuch [17. Aufl 2017] § 106 Rn 31; AK-BGB/Derleder § 617 Rn 1; Planck/Gunkel § 617 Anm 3d; MünchKomm/Henssler § 617 Rn 7 aE; BeckOK ArbR/Joussen § 617 BGB Rn 8; Jauernig/Mansel § 617 Rn 3; ArbR-BGB/Matthes § 617 Rn 14; ErfKomm/Preis § 617 BGB Rn 2; Schmitt/Schmitt, EFZG/AAG [8. Aufl 2018] § 617 BGB Rn 11; Treber, EFZG [2. Aufl 2007] § 617 BGB Rn 7; BeckOGK/Witschen [1. 2. 2019] § 617 Rn 34).

28 Die von der hM befürwortete **extensive Anwendung** der Norm ist **abzulehnen** (ebenso Erman/Belling/Riesenhuber § 617 Rn 6; Soergel/Kraft § 617 Rn 4; HWK/Krause § 617 BGB Rn 8; Lepke, Kündigung bei Krankheit [16. Aufl 2018] Rn 732 mit Fn 48). An der Vorstellung des historischen Gesetzgebers einer mit dem Dienstberechtigten bestehenden häuslichen Gemeinschaft ist unverändert festzuhalten, da nur diese Auslegung dem Zweck der Vorschrift gerecht wird und die durch § 617 Abs 1 BGB ausgeformte gesteigerte Interessenwahrungspflicht des Dienstberechtigten legitimiert. Obwohl ein vom historischen Gesetzgeber zugrunde gelegtes patriarchalisches Zusammenleben der Dienstvertragsparteien heute nur noch selten anzutreffen ist, rechtfertigt der Wandel der Normsituation allenfalls eine entsprechende Anwendung der Vorschrift. In diesem Sinne befürwortete auch das Bundesarbeitsgericht zu § 618 Abs 2 BGB mit Recht keine direkte, sondern lediglich eine „sinngemäße“ Anwendung der Norm (BAG 8. 6. 1955 – 2 AZR 200/54, AP BGB § 618 Nr 1). Während es angesichts des Normzweckes bei § 618 Abs 2 BGB ausreicht, dass die häusliche Gemeinschaft der

Herrschafts- und Verfügungsmacht des Dienstberechtigten unterliegt (s unten § 618 Rn 239), sind die gesteigerten Interessenwahrungspflichten im Rahmen des § 617 Abs 1 BGB vor allem der aus der personalen Gemeinschaft folgenden Rücksichtnahme geschuldet (s oben Rn 5). Dies steht einer analogen Anwendung entgegen, wenn wegen der fehlenden Integration des Dienstberechtigten in die häusliche Gemeinschaft die personale Komponente fehlt (ebenso Erman/Belling/Riesenhuber § 617 Rn 6; HWK/Krause § 617 BGB Rn 8).

29 Ist der **Dienstberechtigte** eine **juristische Person**, so schließt dies die Anwendung des § 617 BGB nicht aus (NK-GA/Boecken § 617 BGB Rn 7; MünchKomm/Henssler § 617 Rn 7; BeckOK ArbR/Joussen § 617 BGB Rn 7; BGB-RGRK/Matthes § 617 Rn 15; BeckOGK/Witschen [1. 2. 2019] § 617 Rn 35). Die teleologisch unerlässliche personale Verbundenheit wird in dieser Konstellation durch die Integration der zur **gesetzlichen Vertretung berufenen Personen** in die häusliche Gemeinschaft vermittelt (iE auch Lotmar I 661; NK-GA/Boecken § 617 BGB Rn 7; MünchKomm/Henssler § 617 Rn 7; HWK/Krause § 617 BGB Rn 7; Schultzenstein ArchBürgR 23 [1904] 267; weitergehend ArbR-BGB/Matthes § 617 Rn 15; BeckOGK/Witschen [1. 2. 2019] § 617 Rn 35, die die Aufnahme bei „leitenden Bediensteten" ausreichen lassen). Methodisch folgt dies aus einer entsprechenden Anwendung der Norm (so im Ansatz schon Bonn 47, der bei juristischen Personen eine entsprechende Anwendung befürwortet; zustimmend auch BeckOGK/Witschen [1. 2. 2019] § 617 Rn 35). Ansprüche dieser Personen aus § 617 Abs 1 BGB sind hierdurch nicht ausgeschlossen.

30 Treten **mehrere Personen als Dienstberechtigte** auf (Gesamtgläubigerschaft), so reicht es aus, wenn eine von ihnen in die häusliche Gemeinschaft integriert ist. Bei juristischen Personen gilt dies entsprechend.

5. Erkrankung

31 Der auf Verpflegung und ärztliche Behandlung gerichtete Anspruch in § 617 BGB setzt die Erkrankung des Dienstverpflichteten voraus. Für den **Begriff der Erkrankung** ist grundsätzlich das Verständnis im **Entgeltfortzahlungsrecht** maßgebend (Erman/Belling/Riesenhuber § 617 Rn 7; NK-GA/Boecken § 617 BGB Rn 8; Soergel/Kraft § 617 Rn 5; HWK/Krause § 617 BGB Rn 9; ErfKomm/Preis § 617 BGB Rn 2; Schmitt/Schmitt, EFZG/AAG [8. Aufl 2018] § 617 BGB Rn 12; Treber, EFZG [2. Aufl 2007] § 617 BGB Rn 8 sowie oben § 616 Rn 197 ff). Wegen des Normzwecks reicht eine **Krankheit im medizinischen Sinne**, infolge der eine medizinische **Behandlung notwendig** ist (BeckOK BGB/Fuchs/Baumgärtner § 617 Rn 7; Planck/Gunkel § 617 Anm 3e; MünchKomm/Henssler § 617 Rn 8; BeckOK ArbR/Joussen § 617 BGB Rn 9; AR/Kamanabrou § 617 BGB Rn 5; HWK/Krause § 617 BGB Rn 9; ArbR-BGB/Matthes § 617 Rn 17; Oertmann § 617 Anm 2d; Oetker in: Beck [Hrsg], Krankheit und Recht [2017] 200; Schultzenstein ArchBürgR 23 [1904] 272 f; BeckOGK/Witschen [1. 2. 2019] § 617 Rn 36; **aA** MünchKomm/Henssler § 617 Rn 8). Anders als für einen Anspruch auf Entgeltfortzahlung (§ 3 Abs 1 S 1 EFZG) ist eine **Arbeitsunfähigkeit** oder eine **Arbeitsverhinderung** des Dienstverpflichteten **nicht erforderlich** (ebenso NK-GA/Boecken § 617 BGB Rn 8; MünchKomm/Henssler § 617 Rn 9; BeckOK ArbR/Joussen § 617 BGB Rn 9; AR/Kamanabrou § 617 BGB Rn 5; HWK/Krause § 617 BGB Rn 9; Oetker in: Beck [Hrsg], Krankheit und Recht [2017] 200; BeckOGK/Witschen [1. 2. 2019] § 617 Rn 36). Der Anspruch aus § 617 Abs 1 BGB besteht deshalb auch, wenn der Dienstverpflichtete noch in der Lage ist, seine Dienste ganz oder teilweise zu erbringen (ArbR-BGB/Matthes § 617 Rn 19; BeckOGK/Witschen [1. 2. 2019] § 617 Rn 36).

32 Die **Ursache der Erkrankung** ist für den Anspruch aus § 617 Abs 1 BGB grundsätzlich unbeachtlich (MünchKomm/Henssler § 617 Rn 9; BeckOK ArbR/Joussen § 617 BGB Rn 9; Schmitt/Schmitt, EFZG/AAG [8. Aufl 2018] § 617 BGB Rn 12; BeckOGK/Witschen [1. 2. 2019] § 617 Rn 39). Erst bei einem **Verschulden des Dienstverpflichteten** am Eintritt der Erkrankung kommt ein Ausschluss des Anspruchs in Betracht (s unten Rn 33). Bei einem **Verschulden des Dienstberechtigten** bleibt eine Schadensersatzpflicht zu erwägen (ArbR-BGB/Matthes § 617 Rn 6). Ein **Zusammenhang** zwischen der Erkrankung und der **Dienstleistung** ist nicht erforderlich (OLG Frankfurt 9. 11. 1903, OLGRspr 9, 289; Erman/Belling/Riesenhuber § 617 Rn 7; MünchKomm/Henssler § 617 Rn 13; Hueck/Nipperdey I § 48 II 6b; BeckOK ArbR/Joussen § 617 BGB Rn 9; Soergel/Kraft § 617 Rn 5; Oertmann § 617 Anm 2d; Schultzenstein ArchBürgR 23 [1904] 275). Die Erkrankung infolge einer **Freizeitbetätigung** steht dem Anspruch aus § 617 BGB nicht entgegen (Oertmann § 617 Anm 2d; Schultzenstein ArchBürgR 23 [1904] 275).

33 Der Anspruch auf Verpflegung und ärztliche Behandlung besteht erst nach Beginn des Dienstverhältnisses und der Aufnahme in die häusliche Gemeinschaft. Das Gesetz stellt nicht generell auf die „Krankheit" ab, sondern verlangt eine „Erkrankung" des Dienstverpflichteten. Deshalb darf diese **erst nach Beginn des Dienstverhältnisses und der Aufnahme in die häusliche Gemeinschaft eingetreten** sein, wenn sie die in § 617 Abs 1 BGB genannten Ansprüche auslösen soll (so die hM: Erman/Belling/Riesenhuber § 617 Rn 7; NK-GA/Boecken § 617 BGB Rn 8; Planck/Gunkel § 617 Anm 3e; MünchKomm/Henssler § 617 Rn 15; Hueck/Nipperdey I § 48 II 6b; BeckOK ArbR/Joussen § 617 BGB Rn 9; HWK/Krause § 617 BGB Rn 9; Jauernig/Mansel § 617 Rn 4; ArbR-BGB/Matthes § 617 Rn 17; Nikisch I § 36 II 3 b Fn 24; **aA** noch OLG Frankfurt 9. 11. 1903, OLGRspr 9, 289 f; Bonn 48; Oertmann § 617 Anm 2d; Schultzenstein ArchBürgR 23 [1904] 269 ff sowie unter Aufgabe der in der 11. Aufl vertretenen gegenteiligen Auffassung Soergel/Kraft § 617 Rn 5; ebenso jüngst BeckOGK/Witschen [1. 2. 2019] § 617 Rn 37). Erkrankte der Dienstverpflichtete bereits vor Beginn der Tätigkeit oder der Aufnahme in die häusliche Gemeinschaft, so setzt die Leistungspflicht des Dienstberechtigten erst nach einer zwischenzeitlichen Gesundung ein und eine neue Erkrankung vorliegt (MünchKomm/Henssler § 617 Rn 15; **aA** BeckOGK/Witschen [1. 2. 2019] § 617 Rn 37). Bei **chronischen Erkrankungen** oder der **Disposition zu einer Krankheit** entsteht der Anspruch jedoch gleichwohl (so auch Planck/Gunkel § 617 Anm 3e; Schultzenstein ArchBürgR 23 [1904] 274; iE ebenso NK-GA/Boecken § 617 BGB Rn 8; MünchKomm/Henssler § 617 Rn 15), wenn die Gesundheit vor dem Beginn des Dienstverhältnisses und der Aufnahme in die häusliche Gemeinschaft so weit hergestellt war, dass keine Behandlungsbedürftigkeit bestand.

34 Das Gesetz verzichtet auf eine Beschränkung des Anspruches nach der **Art der Erkrankung**. Insbesondere fehlt eine mit § 3 Abs 1 S 1 EFZG vergleichbare Karenzzeit, wenn eine **Wiederholungserkrankung** vorliegt. Der Anspruch aus § 617 BGB entsteht stets bei jeder Erkrankung neu für den gesamten Sechs-Wochen-Zeitraum, wenn der Dienstberechtigte zwischenzeitlich gesund war (Erman/Belling/Riesenhuber § 617 Rn 7; NK-GA/Boecken § 617 BGB Rn 8; BeckOGK/Witschen [1. 2. 2019] § 617 Rn 38, 54; **aA** ArbR-BGB/Matthes § 617 Rn 30, der die Bestimmungen zur Entgeltfortzahlung im Krankheitsfall heranziehen will). Die in § 3 Abs 2 EFZG normierte Fiktion für den Fall einer **Sterilisation** oder eines **Abbruchs der Schwangerschaft** ist im Rahmen von § 617 BGB bedeutungslos (ebenso BeckOK BGB/Fuchs/Baumgärtner § 617 Rn 6; MünchKomm/Henssler § 617 Rn 8; BeckOGK/Witschen [1. 2. 2019] § 617 Rn 36). Die Gleichstellung in § 3

Abs 2 EFZG bezieht sich nicht auf die Erkrankung, sondern auf die unverschuldete Arbeitsunfähigkeit, die im Rahmen von § 617 BGB jedoch nicht relevant ist (s oben Rn 31). Kommt es jedoch infolge des Eingriffs zu einer Erkrankung, so ist § 617 BGB anwendbar (zust BeckOGK/Witschen [1. 2. 2019] § 617 Rn 36).

6. Ausschluss des Anspruches

a) Schuldhafte Krankheitsverursachung

Der Anspruch des Dienstverpflichteten ist ausgeschlossen, wenn er die Erkrankung vorsätzlich oder infolge grober Fahrlässigkeit herbeigeführt hat. Obwohl das Gesetz hiermit von der Formulierung in § 616 S 1 BGB („ohne sein Verschulden") abweicht, sind im Ergebnis dieselben **Maßstäbe** anzulegen, die für die **Entgeltfortzahlung im Krankheitsfall** gelten (Erman/Belling/Riesenhuber § 617 Rn 8; AR/Kamanabrou § 617 BGB Rn 6; Soergel/Kraft § 617 Rn 7; HWK/Krause § 617 BGB Rn 10; ArbR-BGB/Matthes § 617 Rn 20; ErfKomm/Preis § 617 BGB Rn 2; Schmitt/Schmitt, EFZG/AAG [8. Aufl 2018] § 617 BGB Rn 13 f; **aA** Schaub/Ahrendt, Arbeitsrechts-Handbuch [17. Aufl 2017] § 106 Rn 32; MünchKomm/Henssler § 617 Rn 10; Schultzenstein ArchBürgR 23 [1904] 300; BeckOGK/Witschen [1. 2. 2019] § 617 Rn 39). Dogmatisch handelt es sich auch im Rahmen des § 617 Abs 1 BGB um ein **Verschulden gegen sich selbst** (iE ebenso NK-GA/Boecken § 617 BGB Rn 9; BeckOK ArbR/Joussen § 617 BGB Rn 10; BeckOGK/Witschen [1. 2. 2019] § 617 Rn 39). Durch die Begrenzung des Verschuldens in § 616 BGB bzw in § 3 Abs 1 S 1 EFZG auf vorsätzliches oder grob fahrlässiges Verhalten (s oben § 616 Rn 103 ff, 240 ff) sind die subjektiven Ausschlusstatbestände beider Vorschriften deckungsgleich. Diejenigen Umstände, die zum Fortfall der Entgeltfortzahlungspflicht im Krankheitsfall führen, lassen auch den Anspruch in § 617 Abs 1 BGB entfallen (ebenso iE NK-GA/Boecken § 617 BGB Rn 9; MünchKomm/Henssler § 617 Rn 10; Schmitt/Schmitt, EFZG/AAG [8. Aufl 2018] § 617 BGB Rn 15; BeckOGK/Witschen [1. 2. 2019] § 617 Rn 39; **aA** Schaub/Ahrendt, Arbeitsrechts-Handbuch [17. Aufl 2017] § 106 Rn 32: höheres Verschulden erforderlich). 35

b) Versicherung

Der Verpflegungs- und Behandlungsanspruch ist nach § 617 Abs 2 1. Alt ausgeschlossen, wenn durch eine Versicherung für Verpflegung und ärztliche Behandlung im Krankheitsfall Vorsorge getroffen wurde. Diese negative Voraussetzung stellt sicher, dass **§ 617 Abs 1 BGB** im Verhältnis zur gesetzlichen Krankenversicherung lediglich eine **Auffangfunktion** entfaltet (s oben Rn 4; ebenso Erman/Belling/Riesenhuber § 617 Rn 9; NK-GA/Boecken § 617 BGB Rn 10; MünchKomm/Henssler § 617 Rn 11; BeckOK ArbR/Joussen § 617 BGB Rn 11; Soergel/Kraft § 617 Rn 8; Schmitt/Schmitt, EFZG/AAG [8. Aufl 2018] § 617 BGB Rn 32; BeckOGK/Witschen [1. 2. 2019] § 617 Rn 40). 36

Die in § 617 Abs 2 1. Alt verlangte Vorsorge muss auf einer Versicherung beruhen. Das ist wegen des Normzwecks **nicht im versicherungsrechtlichen Sinne** zu verstehen (zutreffend Schultzenstein ArchBürgR 23 [1904] 304). Ausreichend ist die **Sicherstellung der Versorgung** des Dienstverpflichteten. Hierfür genügt **jede rechtsverbindliche Verpflichtung eines Dritten**, im Erkrankungsfall die Versorgung des Dienstverpflichteten zu gewährleisten (so auch NK-GA/Boecken § 617 BGB Rn 10; ArbR/Joussen § 617 BGB Rn 11). Eine mit dem Anspruch aus § 617 Abs 1 BGB gleichwertige „Versicherung" liegt aber nur vor, wenn zugunsten des Dienstverpflichteten ein **eigenständiger Leistungsanspruch** begründet worden ist. Erst dann rechtfertigt es der Normzweck, den Dienstberechtigten von seinen durch § 617 Abs 1 BGB begründeten Leistungspflich- 37 ten zu entbinden (Erman/Belling/Riesenhuber § 617 Rn 9). Die **Versicherungsfähigkeit** des Dienstverpflichteten (zB gemäß § 9 SGB V) **genügt hierfür nicht** (Erman/Belling/Riesenhuber § 617 Rn 9; Soergel/Kraft § 617 Rn 8).

38 Die **Finanzierung der Versicherung** ist für die Anwendung des Abs 2 unbeachtlich. Die Beiträge können von einer Vertragspartei allein oder von beiden Teilen gleichermaßen geleistet werden (Erman/Belling/Riesenhuber § 617 Rn 9; NK-GA/Boecken § 617 BGB Rn 10; Bonn 55 f; Planck/Gunkel § 617 Anm 5a; MünchKomm/Henssler § 617 Rn 12; Soergel/Kraft § 617 Rn 9; ArbR-BGB/Matthes § 617 Rn 21; Schmitt/Schmitt, EFZG/AAG [8. Aufl 2018] § 617 BGB Rn 32; BeckOGK/Witschen [1. 2. 2019] § 617 Rn 40). Dem Zweck des § 617 BGB ist schon dann entsprochen, wenn die Krankenpflege des Dienstberechtigten infolge der Versicherung gewährleistet ist (mit Recht hervorgehoben von Bonn 56). Die vollständige oder teilweise Pflicht des Dienstverpflichteten zur Beitragszahlung steht einer zum Ausschluss des Anspruchs führenden Versicherung nicht entgegen (im hiesigen Sinne bereits Heise Recht 1902, 204 sowie jetzt auch Erman/Belling/Riesenhuber § 617 Rn 9; NK-GA/Boecken § 617 BGB Rn 10; MünchKomm/Henssler § 617 Rn 32; AR/Kamanabrou § 617 BGB Rn 7; HWK/Krause § 617 BGB Rn 11), da die Krankenfürsorge durch den Dienstberechtigten – wie dessen Anrechnungsbefugnis in § 617 Abs 1 S 3 BGB zeigt – für den Dienstverpflichteten nicht kostenlos sein muss (vgl unten Rn 63).

39 Im Gegenschluss zu § 616 S 2 BGB ist die Anwendung von § 617 BGB nicht nur bei einer gesetzlich begründeten Pflicht zur Krankenversicherung ausgeschlossen. Nach dem Zweck der Norm genügt der Abschluss einer **freiwilligen Versicherung** (Schultzenstein ArchBürgR 23 [1904] 302 f). Auch eine **Privatversicherung** schließt den Verpflegungs- und Behandlungsanspruch des Dienstverpflichteten aus (allgM s Schaub/Ahrendt, Arbeitsrechts-Handbuch [17. Aufl 2017] § 106 Rn 32; Erman/Belling/Riesenhuber § 617 Rn 9; NK-GA/Boecken § 617 BGB Rn 10; BeckOK BGB/Fuchs/Baumgärtner § 617 Rn 18; Planck/Gunkel § 617 Anm 5a; MünchKomm/Henssler § 617 Rn 12; Hueck/Nipperdey I § 48 II 6b; AR/Kamanabrou § 617 BGB Rn 7; Soergel/Kraft § 617 Rn 9; HWK/Krause § 617 BGB Rn 11; Nikisch I § 36 II 3b; Oertmann § 617 Anm 5c; ErfKomm/Preis § 617 BGB Rn 6; Schmitt/Schmitt, EFZG/AAG [8. Aufl 2018] § 617 BGB Rn 32; Schultzenstein ArchBürgR 23 [1904] 302 f; Palandt/Weidenkaff § 617 Rn 3; BeckOGK/Witschen [1. 2. 2019] § 617 Rn 40).

40 Eine Versicherung schließt den Anspruch aus § 617 Abs 1 BGB nur aus, wenn diese Verpflegung und ärztliche Behandlung des Dienstverpflichteten **in dem gleichen Umfang** sicherstellt, wie er diese nach § 617 Abs 1 BGB von dem Dienstberechtigten verlangen kann (Erman/Belling/Riesenhuber § 617 Rn 9; MünchKomm/Henssler § 617 Rn 13; Schultzenstein ArchBürgR 23 [1904] 301; in diesem Sinne auch Schmitt/Schmitt, EFZG/AAG [8. Aufl 2018] § 617 BGB Rn 33; so ausdrücklich ebenfalls noch § 1156a Abs 2 S 2 ABGB aF). Deckt die Versicherung nur einen **Teilbereich** ab, so bleibt hinsichtlich der nicht abgesicherten Leistungen der Anspruch aus § 617 Abs 1 BGB bestehen (Erman/Belling/Riesenhuber § 617 Rn 9; BeckOK BGB/Fuchs/Baumgärtner § 617 Rn 19; MünchKomm/Henssler § 617 Rn 13; BeckOK ArbR/Joussen § 617 BGB Rn 11; Soergel/Kraft § 617 Rn 8; ArbR-BGB/Matthes § 617 Rn 21; ErfKomm/Preis § 617 BGB Rn 6; Schultzenstein ArchBürgR 23 [1904] 302; BeckOGK/Witschen [1. 2. 2019] § 617 Rn 42; teilweise **aA** Hilse Recht 1902, 204).

41 Vom Gesetz nicht erfasst wird eine **Eigenbeteiligung des Dienstverpflichteten** für Verpflegung oder ärztliche Behandlung. Ein Ersatzanspruch hinsichtlich des vom Dienstverpflichteten zu tragenden Differenzbetrages kann nicht auf § 617 Abs 1

BGB gestützt werden (iE auch NK-GA/BOECKEN § 617 BGB Rn 10 aE). Die Vorschrift gewährleistet dem Dienstverpflichteten nicht die kostenfreie Krankenfürsorge, sondern lediglich die ärztliche und medizinische Versorgung (näher oben Rn 3 f). Dieses Auslegungsresultat wird durch die Anrechnungsbefugnis des Dienstberechtigten in § 617 Abs 1 S 3 BGB gestützt (zu dieser unten Rn 61 ff). Erst wenn die auf Grund der „Versicherung" geschuldete Krankenfürsorge ohne eine vorherige Eigenleistung nicht erbracht wird, bleibt der Anspruch aus § 617 Abs 1 BGB bestehen.

c) Anderweitige Vorsorge

Der Ausschlusstatbestand in § 617 Abs 2 2. Alt, die Versorgung durch Einrichtungen 42
der öffentlichen Krankenpflege, ist praktisch bedeutungslos (zur früheren Rechtslage in Bayern GÖSSMANN SeuffBl 74 [1909] 335 f). Hierzu gehören nicht die von den Sozialhilfeträgern im Krankheitsfall zB nach § 48 SGB XII zu erbringenden Leistungen (zust MünchKomm/HENSSLER § 617 Rn 14; BeckOGK/WITSCHEN [1. 2. 2019] § 617 Rn 43; im Grundsatz bereits BONN 56; SCHULTZENSTEIN ArchBürgR 23 [1904] 309).

VI. Dauer und Inhalt des Anspruches

1. Beginn

Der Verpflegungs- und Behandlungsanspruch beginnt mit der Erkrankung des 43
Dienstverpflichteten, nicht jedoch, wenn diese vor Beginn des Dienstverhältnisses oder der Aufnahme in die häusliche Gemeinschaft eintritt (näher oben Rn 31).

2. Inhalt des Anspruches

a) Verpflegung

Der Anspruch des Dienstverpflichteten richtet sich auf die „Verpflegung". Diese 44
beschränkt sich nicht auf die Versorgung mit Nahrungsmitteln (Speisen und Getränke), da der Anspruch aus § 617 Abs 1 BGB ein Substitut für fehlende Ansprüche des Dienstverpflichteten aus einer gesetzlichen Krankenversicherung ist (ERMAN/BELLING/RIESENHUBER § 617 Rn 12; ErfKomm/PREIS § 617 BGB Rn 3; SCHMITT/SCHMITT, EFZG/AAG [8. Aufl 2018] § 617 BGB Rn 18). Der Wortlaut der Vorschrift deckt auf Grund einer teleologischen Betrachtung ein extensives Verständnis, das den Anspruch auf **alle zur Krankenpflege erforderlichen sachlichen Mittel** ausdehnt (SCHAUB/AHRENDT, Arbeitsrechts-Handbuch [17. Aufl 2017] § 106 Rn 32; ERMAN/BELLING/RIESENHUBER § 617 Rn 12; MünchKomm/HENSSLER § 617 Rn 18; BeckOK ArbR/JOUSSEN § 617 BGB Rn 13; HWK/KRAUSE § 617 BGB Rn 12; ArbR-BGB/MATTHES § 617 Rn 25; ErfKomm/PREIS § 617 BGB Rn 3; SCHMITT/SCHMITT, EFZG/AAG [8. Aufl 2018] § 617 BGB Rn 18; SCHULTZENSTEIN ArchBürgR 23 [1904] 281; TREBER, EFZG [2. Aufl 2007] § 617 BGB Rn 10), zu deren **Konkretisierung** wegen des Normzwecks vor allem auf die **krankenversicherungsrechtlichen Vorschriften** zurückzugreifen ist (ERMAN/BELLING/RIESENHUBER § 617 Rn 12; NK-GA/BOECKEN § 617 BGB Rn 12; BeckOK BGB/FUCHS/BAUMGÄRTNER § 617 Rn 8; MünchKomm/HENSSLER § 617 Rn 18; AR/KAMANABROU § 617 BGB Rn 8; HWK/KRAUSE § 617 BGB Rn 12; SCHMITT/SCHMITT, EFZG/AAG [8. Aufl 2018] § 617 BGB Rn 18; BeckOGK/WITSCHEN [1. 2. 2019] § 617 Rn 45 sowie schon SCHULTZENSTEIN ArchBürgR 23 [1904] 280). Hierzu zählen insbesondere **Arznei- und Verbandsmittel** (§ 31 SGB V) sowie **Heilmittel** (§ 32 SGB V). **Hilfsmittel** (§ 33 SGB V) sind allenfalls dann geschuldet, wenn diese zur Beseitigung der Erkrankung notwendig sind (vgl SCHULTZENSTEIN ArchBürgR 23 [1904] 281 f; ebenso NK-GA BOECKEN

§ 617 BGB Rn 12; MünchKomm/Henssler § 617 Rn 18, BeckOK ArbR/Joussen § 617 BGB Rn 13; AR/Kamanabrou § 617 BGB Rn 8; HWK/Krause § 617 BGB Rn 12; kritisch insoweit auch Schmitt/Schmitt, EFZG/AAG [8. Aufl 2018] § 617 BGB Rn 18).

45 Die Verpflichtung des Dienstberechtigten wird durch die in § 617 Abs 1 S 1 BGB ausdrücklich verankerte Bindung an den **Erforderlichkeitsgrundsatz** begrenzt. Es reicht nicht, dass die Sachmittel für die Krankenpflege nützlich sind, vielmehr müssen diese notwendig sein, um bei objektiver Betrachtung die Gesundheit des Dienstverpflichteten wiederherzustellen (MünchKomm/Henssler § 617 Rn 19; BeckOK ArbR/Joussen § 617 BGB Rn 14). Bei mehreren gleichermaßen geeigneten Sachmitteln richtet sich der Anspruch auf die für den Dienstberechtigten finanziell günstigere Alternative (zustimmend BeckOK ArbR/Joussen § 617 BGB Rn 14; BeckOGK/Witschen [1. 2. 2019] § 617 Rn 47; so auch schon Schultzenstein ArchBürgR 23 [1904] 278).

b) Ärztliche Behandlung

46 Im Unterschied zur Verpflegung richtet sich der Anspruch auf ärztliche Behandlung auf **persönliche Hilfsleistungen** zur Wiederherstellung der Gesundheit. Wegen der Auffangfunktion des § 617 Abs 1 BGB zur fehlenden gesetzlichen Krankenversicherung (s oben Rn 4) ist die Behandlung der Erkrankung durch einen **approbierten (Fach-)Arzt** geschuldet (Schaub/Ahrendt, Arbeitsrechts-Handbuch [17. Aufl 2017] § 106 Rn 31; Erman/Belling/Riesenhuber § 617 Rn 11; BeckOK BGB/Fuchs/Baumgärtner § 617 Rn 8; MünchKomm/Henssler § 617 Rn 17; BeckOK ArbR/Joussen § 617 BGB Rn 15; AR/Kamanabrou § 617 BGB Rn 8; HWK/Krause § 617 BGB Rn 12; ErfKomm/Preis § 617 BGB Rn 3; Schmitt/Schmitt, EFZG/AAG [8. Aufl 2018] § 617 BGB Rn 19; Schultzenstein ArchBürgR 23 [1904] 282; BeckOGK/Witschen [1. 2. 2019] § 617 Rn 46). Die ärztliche Behandlung umfasst auch persönliche Dienstleistungen durch **nichtärztliches Hilfspersonal**, wenn und soweit dies aus medizinischen Gründen indiziert ist (ebenso MünchKomm/Henssler § 617 Rn 17).

47 Bezüglich der ärztlichen Behandlung besteht der Anspruch ebenfalls nur in den Grenzen des **Erforderlichkeitsgrundsatzes**. Er kann deshalb bei **leichteren Erkrankungen** zu verneinen sein, die nach allgemeiner Auffassung keiner ärztlichen Therapie bedürfen (Erman/Belling/Riesenhuber § 617 Rn 11; Planck/Gunkel § 617 Anm 4a; MünchKomm/Henssler § 617 Rn 19; Soergel/Kraft § 617 Rn 10). Ein Auswahlrecht hinsichtlich der **Person des Arztes** steht dem Dienstverpflichteten grundsätzlich nicht zu (Planck/Gunkel § 617 Anm 4a; MünchKomm/Henssler § 617 Rn 17; HWK/Krause § 617 BGB Rn 12; ErfKomm/Preis § 617 BGB Rn 3; Schmitt/Schmitt, EFZG/AAG [8. Aufl 2018] § 617 BGB Rn 20; Schultzenstein ArchBürgR 23 [1904] 283; BeckOGK/Witschen [1. 2. 2019] § 617 Rn 46; **aA** NK-GA/Boecken § 617 BGB Rn 13; BeckOK BGB/Fuchs/Baumgärtner § 617 Rn 10). Der Dienstberechtigte muss jedoch nach **§ 315 BGB** bei der Ausübung seines Leistungsbestimmungsrechts auf die berechtigten Interessen des Dienstverpflichteten Rücksicht nehmen (ebenso MünchKomm/Henssler § 617 Rn 17; Schmitt/Schmitt, EFZG/AAG [8. Aufl 2018] § 617 BGB Rn 20; BeckOGK/Witschen [1. 2. 2019] § 617 Rn 46; so auch NK-GA/Boecken § 617 BGB Rn 13, wenn der Dienstverpflichtete die Wahl des Arztes nicht ausüben kann oder will). Wegen der aus therapeutischen Gründen unerlässlichen Vertrauensbeziehung zu dem behandelnden Arzt ist ein **Vorschlag des Dienstverpflichteten** zu berücksichtigen, wenn nicht gewichtige Interessen des Dienstberechtigten (zB Vergütungshöhe) seiner Hinzuziehung entgegenstehen (ebenso BeckOK ArbR/Joussen § 617 BGB Rn 15; ErfKomm/Preis § 617 BGB Rn 3; Schmitt/Schmitt, EFZG/AAG [8. Aufl 2018] § 617 BGB Rn 20; BeckOGK/Witschen [1. 2. 2019] § 617 Rn 46).

c) Aufnahme in eine Krankenanstalt

Der Dienstberechtigte kann den Verpflegungs- und Behandlungsanspruch des Dienstverpflichteten nicht nur im Rahmen der häuslichen Gemeinschaft durch eine stationäre Behandlung erfüllen, sondern seinen Verpflichtungen nach § 617 Abs 1 S 2 BGB auch durch Aufnahme des Dienstverpflichteten in eine Krankenanstalt nachkommen, wobei sowohl eine **öffentliche als auch eine private Krankenanstalt** in Betracht kommt (NK-GA/Boecken § 617 BGB Rn 14; BeckOK ArbR/Joussen § 617 BGB Rn 16; BeckOGK/Witschen [1. 2. 2019] § 617 Rn 49 sowie bereits Schultzenstein ArchBürgR 23 [1904] 387). Hierdurch wird zugunsten des Dienstberechtigten **keine Wahlschuld** (so aber Gernsheim, Die Ersetzungsbefugnis im deutschen bürgerlichen Recht [1906] 249 f sowie nachfolgend NK-GA/Boecken § 617 BGB Rn 14; MünchKomm/Henssler § 617 Rn 20; BGB-RGRK/Matthes § 617 Rn 28; BeckOGK/Witschen [1. 2. 2019] § 617 Rn 50), sondern eine **facultas alternativa** begründet (so auch Bonn 50; Erman/Belling/Riesenhuber § 617 Rn 12; BeckOK ArbR/Joussen § 617 BGB Rn 16; HWK/Krause § 617 BGB Rn 13; Langheineken, Anspruch und Einrede nach dem deutschen Bürgerlichen Gesetzbuch [1903] 208; Jauernig/Mansel § 617 Rn 4; Oertmann § 617 Anm 3b; Schultzenstein ArchBürgR 23 [1904] 286; Palandt/Weidenkaff § 617 Rn 3; wohl auch Soergel/Kraft § 617 Rn 10, der von einem „Wahlrecht" spricht). 48

Wegen der Rechtsnatur einer facultas alternativa kann der Dienstverpflichtete von dem Dienstberechtigten nicht die Ausübung in einer bestimmten Weise verlangen (anders § 1156 Abs 2 S 2 ABGB aF). Ihm steht auch nicht das für die Wahlschuld in § 264 BGB normierte Instrumentarium zur Verfügung, sodass er nicht die Aufnahme in eine Krankenanstalt verlangen kann. Die Ersetzungsbefugnis bezieht sich auf die Erfüllung des Anspruches, der dem Dienstverpflichteten zusteht. Deshalb wird diese nicht durch Erklärung, sondern durch Vornahme der vom Gesetz alternativ zur Verfügung gestellten Erfüllungshandlung (Aufnahme in die Krankenanstalt) ausgeübt. 49

Übt der Dienstberechtigte seine Ersetzungsbefugnis aus, dann ist er an die **getroffene Wahl gebunden** (Schultzenstein ArchBürgR 23 [1904] 288). Dies schließt allerdings nicht aus, die Behandlung in einer Krankenanstalt zu beginnen und anschließend in der häuslichen Gemeinschaft fortzusetzen. Das Gesetz zwingt nicht zu einem „entweder-oder", sondern lässt auch die Möglichkeit eines „sowohl-als-auch" zu, wenn dies aus therapeutischen Gründen gerechtfertigt ist (ebenso BGB-RGRK/Matthes § 617 Rn 23). 50

Die Ersetzungsbefugnis wird nur dann wirksam ausgeübt, wenn die **Krankenanstalt geeignet** ist, den nach § 617 Abs 1 S 1 BGB begründeten Anspruch zu erfüllen. Andernfalls bleibt der Anspruch des Dienstverpflichteten nach § 617 Abs 1 S 1 BGB bestehen. Die **Weigerung zur Aufnahme** in eine ungeeignete Krankenanstalt löst in dieser Konstellation keine für den Dienstverpflichteten nachteiligen Rechtsfolgen aus. An die vom Dienstberechtigten getroffene Entscheidung ist der Dienstverpflichtete nur gebunden, wenn die Krankenanstalt die Leistungen in dem nach § 617 Abs 1 S 1 BGB geschuldeten Umfang erbringt. 51

Nach verbreiteter Ansicht ist der Dienstberechtigte von seiner Leistungspflicht befreit, wenn der **Dienstverpflichtete** die **Aufnahme** in die Krankenanstalt **verweigert** (so Planck/Gunkel § 617 Anm 4b; MünchKomm/Henssler § 617 Rn 20; Schmitt/Schmitt, EFZG/AAG [8. Aufl 2018] § 617 BGB Rn 21; Schultzenstein ArchBürgR 23 [1904] 286; Treber, EFZG [2. Aufl 2007] § 617 BGB Rn 11; mit Einschränkungen auch Bonn 50; Hueck/Nipperdey I § 48 II 6b; Nikisch I § 36 II 3b Fn 26; s auch § 102 SeeArbG). Dem ist nur teilweise zuzustimmen. 52

Lehnt der Dienstverpflichtete die Aufnahme in die Krankenanstalt bei einer rechtswirksamen Ausübung der Ersetzungsbefugnis (vgl oben Rn 51) ab, dann gerät er in Annahmeverzug (zust HWK/Krause § 617 BGB Rn 13 sowie bereits Bonn 50), der grundsätzlich nicht zum **Erlöschen der Leistungspflicht** führt. Diese Rechtsfolge tritt vielmehr erst wegen einer Unmöglichkeit ein, die bei einer rechtswirksamen Ausübung der Ersetzungsbefugnis vom Schuldner (= Dienstberechtigten) nicht zu vertreten ist (§ 275 Abs 1 BGB). Deshalb erlischt die Leistungspflicht des Dienstberechtigten **nur für die Vergangenheit**, nicht aber für die Zukunft (so mit Recht Schultzenstein ArchBürgR 23 [1904] 288; ebenso Erman/Belling/Riesenhuber § 617 Rn 12; BeckOK ArbR/Joussen § 617 BGB Rn 16; Soergel/Kraft § 617 Rn 10; HWK/Krause § 617 BGB Rn 13; Treber, EFZG [2. Aufl 2007] § 617 BGB Rn 11; iE auch BGB-RGRK/Matthes § 617 Rn 28).

53 Durch den hier befürworteten konstruktiven Ansatz entfällt das in § 102 SeeArbG aufgegriffene Problem einer „berechtigten" Weigerung (s zu § 46 SeemG Bonn 50; Hueck/Nipperdey I § 48 II 6b; Nikisch I § 36 II 3b Fn 26). Neben den Erwägungen, die dazu führen, dass die Ersetzungsbefugnis nicht rechtswirksam ausgeübt wurde (s oben Rn 51), bleibt für eine „berechtigte" Weigerung des Dienstverpflichteten kein Raum. Wurde die Ersetzungsbefugnis nicht wirksam ausgeübt, dann bleibt der Anspruch aus § 617 Abs 1 BGB bestehen; für die Vergangenheit erlischt er jedoch gemäß § 275 Abs 1 BGB, an seine Stelle treten Schadensersatzansprüche nach den §§ 280 Abs 1, 283 BGB.

3. Dauer des Anspruches

a) Genesung

54 Der Anspruch endet, wenn er seinen **Zweck erfüllt** hat, der Dienstverpflichtete also von der Erkrankung genesen ist. Im Einzelfall kann dieser Zeitpunkt problematisch sein. Die völlige Beseitigung der Krankheit ist nicht notwendig, es genügt, dass die **Behandlungsbedürftigkeit entfällt** (zustimmend NK-GA/Boecken § 617 BGB Rn 15; MünchKomm/Henssler § 617 Rn 22; BeckOK ArbR/Joussen § 617 Rn 17; Schmitt/Schmitt, EFZG/AAG [8. Aufl 2018] § 617 BGB Rn 27; BeckOGK/Witschen [1. 2. 2019] § 617 Rn 51; vgl bereits Schultzenstein ArchBürgR 23 [1904] 275).

b) Sechs-Wochen-Frist

55 Im Einklang mit den Vorschriften zur Entgeltfortzahlung im Krankheitsfall (§ 3 Abs 1 S 1 EFZG) begrenzt das Gesetz den Verpflegungs- und Behandlungsanspruch auf die Dauer von sechs Wochen. Eine nach der Länge des Dienstverhältnisses abgestufte Dauer des Anspruches (so noch § 1156 Abs 1 ABGB aF) kennt § 617 Abs 1 BGB nicht.

56 Das Gesetz knüpft **nicht** an die **Dauer der Erkrankung** an, sodass die Sechs-Wochen-Frist nicht zwingend mit dem ersten Tag der Erkrankung beginnt (so mit Recht schon Bonn 50; Oertmann § 617 Anm 3a; Schultzenstein ArchBürgR 23 [1904] 284). Dem Dienstverpflichteten soll vielmehr eine sechswöchige Behandlung gesichert werden, die das Gesetz wegen des Gebots einer zumutbaren Belastung des Dienstberechtigten auf diesen Zeitraum begrenzt. Wegen dieses Zwecks der Sechs-Wochen-Frist kann sich der Dienstberechtigte nur dann auf den Ablauf der Sechs-Wochen-Frist stützen, wenn er die nach § 617 Abs 1 BGB geschuldeten **Leistungen** in diesem Zeitraum auch **tatsächlich erbracht hat**. Sie beginnt erst, wenn der Dienstberechtigte erstmals die nach § 617 Abs 1 BGB geschuldeten Leistungen erbringt (Oertmann § 617 Anm 3c) oder hätte erbringen müssen (Erman/Belling/Riesenhuber § 617 Rn 14; MünchKomm/Henssler § 617 Rn 23; BeckOK ArbR/Joussen § 617 BGB Rn 17; ArbR-BGB/Matthes § 617 Rn 29; Schmitt/Schmitt, EFZG/AAG [8. Aufl 2018] § 617 BGB Rn 25; Schultzenstein ArchBürgR 23 [1904] 284 f; BeckOGK/Witschen [1. 2. 2019] § 617 Rn 53). Zur **Berechnung der Frist** sind die §§ 186, 187 BGB heranzuziehen (NK-GA/Boecken § 617 BGB Rn 15 sowie bereits Planck § 617 Anm 4c; Schultzenstein ArchBürgR 23 [1904] 285).

c) Beendigung des Dienstverhältnisses

Der Anspruch des Dienstverpflichteten besteht grundsätzlich nur während eines bestehenden Dienstverhältnisses und entfällt mit dessen Beendigung. Das gilt auch, wenn die **Beendigung** des Dienstverhältnisses **während einer Erkrankung** eintritt und die Sechs-Wochen-Frist noch nicht abgelaufen ist (Erman/Belling/Riesenhuber § 617 Rn 14; NK-GA/Boecken § 617 BGB Rn 16; MünchKomm/Henssler § 617 Rn 24; BeckOK ArbR/Joussen § 617 BGB Rn 17; Soergel/Kraft § 617 Rn 12; HWK/Krause § 617 BGB Rn 14; ArbR-BGB/Matthes § 617 Rn 31; Schmitt/Schmitt, EFZG/AAG [8. Aufl 2018] § 617 BGB Rn 23; BeckOGK/Witschen [1. 2. 2019] § 617 Rn 55). Ein Anspruch entfällt deshalb für die Zukunft nicht nur bei einer einvernehmlichen Beendigung infolge Fristablaufs oder Aufhebungsvertrags (ebenso § 8 Abs 2 EFZG für die Entgeltfortzahlung im Krankheitsfall), sondern regelmäßig auch bei einer einseitigen Beendigung des Dienstverhältnisses auf Grund einer Kündigung durch den Dienstberechtigten. 57

Eine Ausnahme sieht § 617 Abs 1 S 4 BGB nur vor, wenn der Dienstberechtigte das Dienstverhältnis **wegen der Erkrankung außerordentlich kündigt**. Der Anspruch besteht in dieser Konstellation bis zum Ablauf des Sechs-Wochen-Zeitraums uneingeschränkt fort. Hierdurch wird sichergestellt, dass sich der Dienstberechtigte seinen gesetzlichen Pflichten nicht durch Erklärung einer außerordentlichen Kündigung entzieht (zust BeckOGK/Witschen [1. 2. 2019] § 617 Rn 56). Eine außerordentliche **Kündigung aus anderen Gründen** führt jedoch wegen der konditionalen Verknüpfung („wegen") zur Beendigung der Leistungspflicht (ebenso BeckOGK/Witschen [1. 2. 2019] § 617 Rn 56 sowie bereits Oertmann § 617 Anm 3c; Schultzenstein ArchBürgR 23 [1904] 285). 58

Ob das Dienstverhältnis **„wegen"** der Erkrankung außerordentlich gekündigt wurde, kann nicht ausschließlich mittels einer objektiven Kausalitätsprüfung entschieden werden. Da mehrere Ursachen für die Kündigung kausal geworden sein können, reicht ein willensmäßig ursächlicher Zusammenhang nicht stets aus. Die Erkrankung muss bei der Möglichkeit mehrerer Ursachen **tragender Beweggrund** für die außerordentliche Kündigung gewesen sein (Erman/Belling/Riesenhuber § 617 Rn 14; NK-GA/Boecken § 617 BGB Rn 16; Soergel/Kraft § 617 Rn 13; BeckOGK/Witschen [1. 2. 2019] § 617 Rn 56). 59

Wird wegen der Erkrankung eine **ordentliche Kündigung** ausgesprochen, so erhält § 617 Abs 1 BGB im Unterschied zu der Parallelbestimmung im Entgeltfortzahlungsrecht (§ 8 Abs 1 S 1 EFZG) und der früheren österreichischen Rechtslage (§ 1156b S 1 ABGB aF) die Leistungspflicht des Dienstberechtigten nicht aufrecht; diese besteht in dieser Konstellation lediglich bis zum Ablauf der Kündigungsfrist. Einer Anwendung des § 617 Abs 1 S 4 BGB auf die ordentliche Kündigung im Wege einer ergänzenden Gesetzesauslegung (hierfür MünchKomm/Henssler § 617 Rn 24; Lepke, Kündigung bei Krankheit [16. Aufl 2018] Rn 732; ArbR-BGB/Matthes § 617 Rn 31) steht der Gesetzeswortlaut entgegen (ebenso Erman/Belling/Riesenhuber § 617 Rn 14; NK-GA/ 60

Boecken § 617 BGB Rn 16; BeckOK ArbR/Joussen § 617 BGB Rn 18; Soergel/Kraft § 617 Rn 13; HWK/Krause § 617 BGB Rn 14; Schmitt/Schmitt, EFZG/AAG [8. Aufl 2018] § 617 BGB Rn 29 f; Treber, EFZG [2. Aufl 2007] § 617 BGB Rn 12; BeckOGK/Witschen [1. 2. 2019] § 617 Rn 57; iE auch ErfKomm/Preis § 617 BGB Rn 4). Gegen eine entsprechende Anwendung des § 617 Abs 1 S 4 BGB spricht vor allem, dass die Vorschriften des Entgeltfortzahlungsrechts keine Auskunft über die Regelungsvorstellungen bezüglich des in § 617 Abs 1 BGB normierten Verpflegungs- und Behandlungsanspruchs geben.

61 **Kündigt der Dienstverpflichtete** während des Sechs-Wochen-Zeitraumes das Dienstverhältnis, so endet die Leistungspflicht des Dienstberechtigten unabhängig von dem Grund der Kündigung. Das gilt abweichend von § 8 Abs 1 S 2 EFZG auch, wenn dem Dienstverpflichteten ein Grund zur außerordentlichen Kündigung zustand. Im Einzelfall können die nach § 617 Abs 1 BGB zu gewährenden Leistungen aber als Schadensersatz gemäß § 628 Abs 2 BGB geschuldet sein (BeckOGK/Witschen [1. 2. 2019] § 617 Rn 58 sowie unten Rn 72).

4. Kostentragung

a) Grundsatz

62 Der Anspruch des Dienstverpflichteten richtet sich auf Erbringung von Sachleistungen. Deshalb ist der Dienstberechtigte zunächst zur Tragung der Kosten verpflichtet (Erman/Belling/Riesenhuber § 617 Rn 13; NK-GA/Boecken § 617 BGB Rn 17; MünchKomm/Henssler § 617 Rn 25; BeckOK ArbR/Joussen § 617 BGB Rn 19; Soergel/Kraft § 617 Rn 11; ArbR-BGB/Matthes § 617 Rn 32; Nikisch I § 36 II 3b; ErfKomm/Preis § 617 BGB Rn 5; Schmitt/Schmitt, EFZG/AAG [8. Aufl 2018] § 617 BGB Rn 31; Palandt/Weidenkaff § 617 Rn 3; BeckOGK/Witschen [1. 2. 2019] § 617 Rn 59). Ob der Dienstberechtigte die Sachleistung persönlich oder durch andere Personen erbringt, bleibt ihm überlassen.

b) Anrechnungsbefugnis

63 Dem Dienstverpflichteten steht **kein Anspruch auf kostenlose Krankenfürsorge** zu, da § 617 Abs 1 S 3 BGB dem Dienstberechtigten die Befugnis einräumt, die ihm entstehenden Kosten auf eine für die Zeit der Erkrankung geschuldete Vergütung anzurechnen. Ob dem Dienstverpflichteten ein **Vergütungsanspruch** für die Zeit der Erkrankung zusteht, beurteilt sich nach Maßgabe der allgemeinen Vorschriften (zB § 3 Abs 1 S 1 EFZG). Ein Anspruch auf Vergütungsfortzahlung lässt sich auch nicht inzident aus § 617 Abs 1 BGB ableiten (MünchKomm/Henssler § 617 Rn 26; BeckOGK/Witschen [1. 2. 2019] § 617 Rn 61).

64 Die Anrechnungsbefugnis ist auf diejenigen **Vergütungsansprüche** beschränkt, die dem Dienstverpflichteten **während der Erkrankung** zustehen. Ob es sich bei dem Vergütungsanspruch um die Gegenleistung für die trotz der Erkrankung geleisteten Dienste oder um eine Fortzahlung der Vergütung ohne Dienstleistung handelt, ist für die Anrechnungsbefugnis unerheblich. Der Dienstberechtigte ist nicht befugt, die Kosten auf solche Vergütungsansprüche anzurechnen, die aus vorhergehenden oder späteren Zeiträumen herrühren (Erman/Belling/Riesenhuber § 617 Rn 13; BeckOK ArbR/Joussen § 617 BGB Rn 19; HWK/Krause § 617 BGB Rn 15; Schultzenstein ArchBürgR 23 [1904] 291; BeckOGK/Witschen [1. 2. 2019] § 617 Rn 59; **aA** ArbR-BGB/Matthes § 617 Rn 33, für Ansprüche aus der Zeit vor der Erkrankung).

Die dogmatische Konstruktion der Anrechnungsbefugnis ist § 615 S 2 BGB nachgebildet. Die Anrechnung führt zu einer Verringerung oder einem Wegfall des Vergütungsanspruches. Diese Rechtsfolge tritt nicht *ipso iure* ein (so aber Lotmar I 663; Schultzenstein ArchBürgR 23 [1904] 294), sondern bedarf – wie sich aus dem Gesetzeswortlaut („können") ergibt – einer **Gestaltungserklärung** des Dienstberechtigten (zustimmend NK-GA/Boecken § 617 BGB Rn 17; MünchKomm/Henssler § 617 Rn 25; BeckOK ArbR/Joussen § 617 BGB Rn 19; HWK/Krause § 617 BGB Rn 15; BeckOGK/Witschen [1. 2. 2019] § 617 Rn 62; ebenso schon Bonn 79, 90; Planck/Gunkel § 617 Anm 4d). Da das Gesetz keine Gegenforderung zugunsten des Dienstberechtigten begründet, handelt es sich bei der **Anrechnung nicht** um eine **Aufrechnung** (zustimmend NK-GA/Boecken § 617 BGB Rn 17; MünchKomm/Henssler § 617 Rn 25; HWK/Krause § 617 BGB Rn 15 sowie bereits Oertmann § 617 Anm 4; Schultzenstein ArchBürgR 23 [1904] 293 f; Sinzheimer, Lohn und Aufrechnung [1902] 44 sowie zu § 615 S 2 Staudinger/Richardi/Fischinger § 615 Rn 151), auf sie finden insbesondere die §§ 387 ff BGB keine Anwendung. Deshalb wird die Anrechnung nicht durch die **Pfändungsschutzvorschriften** (§§ 850 ff ZPO) beschränkt (Erman/Belling/Riesenhuber § 617 Rn 13; NK-GA/Boecken § 617 BGB Rn 17; BeckOK BGB/Fuchs/Baumgärtner § 617 Rn 15; MünchKomm/Henssler § 617 Rn 25; BeckOK ArbR/Joussen § 617 BGB Rn 19; ArbR-BGB/Matthes § 617 Rn 34; BeckOGK/Witschen [1. 2. 2019] § 617 Rn 62; ebenso zu § 615 S 2 Staudinger/Richardi/Fischinger § 615 Rn 151). Es handelt sich vielmehr um ein spezielles Gestaltungsrecht, durch dessen Ausübung der Berechtigte eine gegen ihn gerichtete Forderung ganz oder teilweise zum Erlöschen bringt. 65

Die **Anrechnungserklärung** ist eine empfangsbedürftige Willenserklärung (Bonn 90 f). Ihre Rechtswirkungen treten erst mit ihrem **Zugang** beim Dienstverpflichteten ein (Bonn 90 f). Bei der Ausübung der Anrechnungsbefugnis soll der Dienstberechtigte nach einer teilweise in der Literatur geäußerten Ansicht an **§ 315 BGB** gebunden sein (so Palandt/Weidenkaff § 617 Rn 3). Da die Anrechnungsbefugnis keine Bestimmung der Leistung ist, kommt allenfalls eine entsprechende Anwendung des § 315 BGB in Betracht, gegen die indes der Normzweck der Anrechnungsbefugnis spricht. 66

Bei wirksamer Ausübung des Anrechnungsrechts entfällt ex nunc der Rechtsgrund für eine vom Dienstberechtigten **bereits gewährte Vergütung**; ihm steht ein bereicherungsrechtlicher **Rückforderungsanspruch** aus § 812 Abs 1 S 2 1. Alt (condictio ob causam finitam) zu (im Grundsatz schon Planck/Gunkel § 617 Anm 4d, der jedoch die Konditionsart offen lässt; iE auch NK-GA/Boecken § 617 BGB Rn 17; MünchKomm/Henssler § 617 Rn 25; Schultzenstein ArchBürgR 23 [1904] 291; **aA** Bonn 98, der § 812 Abs 1 S 2 1. Alt übersieht). Unter Beachtung der pfändungsrechtlichen Grenzen kann er diesen mit anderweitigen Vergütungsansprüchen des Dienstverpflichteten aufrechnen (MünchKomm/Henssler § 617 Rn 25). 67

Das Anrechnungsrecht des Dienstberechtigten besteht nur soweit er Kosten aufwenden musste, um seine **durch § 617 Abs 1 BGB begründeten Verpflichtungen** zu erfüllen. War die Verpflegung hingegen Bestandteil der vom Arbeitgeber geschuldeten Vergütung, so kommt eine Anrechnung nicht in Betracht, da es sich bei den hierfür erforderlichen Aufwendungen nicht um die Erfüllung der in § 617 Abs 1 BGB normierten Verpflichtung, sondern um die des arbeitsvertraglichen Vergütungsanspruches handelt (Erman/Belling/Riesenhuber § 617 Rn 13; MünchKomm/Henssler § 617 Rn 25; BeckOK ArbR/Joussen § 617 BGB Rn 19; HWK/Krause § 617 BGB 68

Rn 15; ArbR-BGB/Matthes § 617 Rn 33; ErfKomm/Preis § 617 BGB Rn 5; Schmitt/Schmitt, EFZG/AAG [8. Aufl 2018] § 617 BGB Rn 31; BeckOGK/Witschen [1. 2. 2019] § 617 Rn 60 sowie schon Lotmar II 217 Fn 5). Das gilt entsprechend, wenn der Dienstberechtigte aus schadensersatzrechtlichen Gründen zum Ersatz der Heilbehandlungskosten verpflichtet ist (Erman/Belling/Riesenhuber § 617 Rn 13; MünchKomm/Henssler § 617 Rn 25; Soergel/Kraft § 617 Rn 11; Lotmar I 663 Fn 1, II 217 Fn 2; ArbR-BGB/Matthes § 617 Rn 35; Schultzenstein ArchBürgR 23 [1904] 295; BeckOGK/Witschen [1. 2. 2019] § 617 Rn 60; **aA** Planck/Gunkel § 617 Anm 4d, der dem Dienstverpflichteten lediglich eine Aufrechnungsbefugnis zubilligt, hierbei aber übersieht, dass der Dienstberechtigte seine Leistungen nicht wegen § 617, sondern auf Grund der Schadensersatzpflicht erbringt).

VII. Beweislast

69 Der **Dienstverpflichtete** trägt hinsichtlich der anspruchsbegründenden Tatsachen die Beweislast. Diese erstreckt sich auf das Vorliegen eines **dauernden Dienstverhältnisses**, das Ausmaß seiner **Erwerbstätigkeit**, die Aufnahme in die **häusliche Gemeinschaft**, seine **Erkrankung** sowie die **Erforderlichkeit** der begehrten Maßnahmen (Erman/Belling/Riesenhuber § 617 Rn 19; NK-GA/Boecken § 617 BGB Rn 18; MünchKomm/Henssler § 617 Rn 27; Soergel/Kraft § 617 Rn 14; BeckOGK/Witschen [1. 2. 2019] § 617 Rn 63). Der Dienstverpflichtete ist ebenfalls für den **Zeitpunkt der Erkrankung** beweisbelastet (NK-GA/Boecken § 617 BGB Rn 18; BGB-RGRK/Denecke [11. Aufl] § 617 Anm 2; Schultzenstein ArchBürgR 23 [1904] 301).

70 Dem **Dienstberechtigten** obliegt demgegenüber die Beweislast für die **schuldhafte Herbeiführung** der Erkrankung (Erman/Belling/Riesenhuber § 617 Rn 19; NK-GA/Boecken § 617 BGB Rn 18; BGB-RGRK/Denecke [11. Aufl] § 617 Anm 2; Planck/Gunkel § 617 Anm 3g; MünchKomm/Henssler § 617 Rn 27; Soergel/Kraft § 617 Rn 14; Lepke DB 1972, 925; Nikisch I § 36 II 3b; Schultzenstein ArchBürgR 23 [1904] 301; BeckOGK/Witschen [1. 2. 2019] § 617 Rn 63; **aA** Leonhard, Die Beweislast [2. Aufl 1926] 372) und andere Tatsachen, die dazu führen, dass seine Verpflichtung entfällt. Hierzu zählt sowohl das **Vorliegen einer anderweitigen Vorsorge** im Sinne des § 617 Abs 2 BGB (Erman/Belling/Riesenhuber § 617 Rn 19; NK-GA/Boecken § 617 BGB Rn 18; BGB-RGRK/Denecke [11. Aufl] § 617 Anm 2; Planck/Gunkel § 617 Anm 5b; MünchKomm/Henssler § 617 Rn 25; Soergel/Kraft § 617 Rn 14; BeckOGK/Witschen [1. 2. 2019] § 617 Rn 63) als auch eine rechtswirksame Ausübung der **Ersetzungsbefugnis** nach § 617 Abs 1 S 3 BGB (ebenso NK-GA/Boecken § 617 BGB Rn 18). Beruft sich der Dienstberechtigte für die Beendigung seiner Leistungspflicht auf die **Beendigung des Dienstverhältnisses**, so ist er hinsichtlich der zur Beendigung führenden Umstände beweispflichtig (NK-GA/Boecken § 617 BGB Rn 18). Der **Fortbestand der Leistungspflicht** trotz Beendigung des Dienstverhältnisses (§ 617 Abs 1 S 4 BGB) ist demgegenüber als anspruchserhaltende Tatsache vom **Dienstverpflichteten** zu beweisen (NK-GA/Boecken § 617 BGB Rn 18).

VIII. Rechtsschutz

71 Kommt der Dienstberechtigte seinen Verpflichtungen nicht oder nicht ordnungsgemäß nach, so kann der Dienstverpflichtete auf **Erfüllung** klagen (Erman/Belling/Riesenhuber § 617 Rn 15; NK-GA/Boecken § 617 BGB Rn 19; Planck/Gunkel § 617 Anm 5a; Soergel/Kraft § 617 Rn 14; Jauernig/Mansel § 617 Rn 7; Schultzenstein ArchBürgR 23 [1904] 314; BeckOGK/Witschen [1. 2. 2019] § 617 Rn 64). Hierfür ist der Rechtsweg zu

den Arbeitsgerichten eröffnet, wenn ein Arbeitsverhältnis vorliegt. Wegen der besonderen Dringlichkeit der Leistung kommt auch eine **einstweilige Verfügung** (§§ 935 ff ZPO) in Gestalt der **Leistungsverfügung** in Betracht (zustimmend NK-GA/Boecken § 617 BGB Rn 19; BeckOGK/Witschen [1. 2. 2019] § 617 Rn 64).

Ergreift der Dienstverpflichtete selbst die nach § 617 BGB erforderlichen Maßnahmen, so stehen ihm **Aufwendungsersatzansprüche** nach den Regeln der Geschäftsführung ohne Auftrag zu (Erman/Belling/Riesenhuber § 617 Rn 16; NK-GA/Boecken § 617 BGB Rn 19; BeckOK BGB/Fuchs/Baumgärtner § 617 Rn 16; Planck/Gunkel § 617 Anm 6b; MünchKomm/Henssler § 617 Rn 28; Soergel/Kraft § 617 Rn 14; BGB-RGRK/Matthes § 617 Rn 4; Schultzenstein ArchBürgR 23 [1904] 316; BeckOGK/Witschen [1. 2. 2019] § 617 Rn 64). Ein **entgegenstehender Wille des Dienstberechtigten** soll nach verbreiteter Auffassung wegen § 679 BGB unbeachtlich sein. Verpflegung und Behandlung des Dienstverpflichteten haben zwar nicht den Charakter einer gesetzlichen Unterhaltspflicht, diese liegen aber – wie sich aus der Anordnung der zwingenden Normwirkung durch § 619 BGB ergibt – im öffentlichen Interesse. Hat der Dienstverpflichtete den Dienstberechtigten ordnungsgemäß in Verzug gesetzt (§ 286 BGB), so stehen ihm **Schadensersatzansprüche** zu (§§ 280 Abs 1, 281 Abs 1 BGB; ebenso NK-GA/Boecken § 617 BGB Rn 19; BeckOGK/Witschen [1. 2. 2019] § 617 Rn 64). Die Weigerung des Dienstberechtigten, die Ansprüche aus § 617 Abs 1 BGB zu erfüllen, kann den Dienstverpflichteten im Einzelfall zur **außerordentlichen Kündigung** (§ 626 BGB) berechtigen (Erman/Belling/Riesenhuber § 617 Rn 17; NK-GA/Boecken § 617 BGB Rn 19; BGB-RGRK/Denecke [11. Aufl] § 617 Anm 3; Planck/Gunkel § 617 Anm 6b; MünchKomm/Henssler § 617 Rn 28; Soergel/Kraft § 617 Rn 14; Jauernig/Mansel § 617 Rn 7; Schultzenstein ArchBürgR 23 [1904] 315; BeckOGK/Witschen [1. 2. 2019] § 617 Rn 64). In diesem Fall folgt aus § 628 Abs 2 BGB ein eigenständiger **Schadensersatzanspruch des Dienstverpflichteten** (Erman/Belling/Riesenhuber § 617 Rn 17; NK-GA/Boecken § 617 BGB Rn 19; MünchKomm/Henssler § 617 Rn 28; BeckOGK/Witschen [1. 2. 2019] § 617 Rn 64). 72

§ 618
Pflicht zu Schutzmaßnahmen

(1) Der Dienstberechtigte hat Räume, Vorrichtungen oder Gerätschaften, die er zur Verrichtung der Dienste zu beschaffen hat, so einzurichten und zu unterhalten und Dienstleistungen, die unter seiner Anordnung oder seiner Leitung vorzunehmen sind, so zu regeln, dass der Verpflichtete gegen Gefahr für Leben und Gesundheit soweit geschützt ist, als die Natur der Dienstleistung es gestattet.

(2) Ist der Verpflichtete in die häusliche Gemeinschaft aufgenommen, so hat der Dienstberechtigte in Ansehung des Wohn- und Schlafraums, der Verpflegung sowie der Arbeits- und Erholungszeit diejenigen Einrichtungen und Anordnungen zu treffen, welche mit Rücksicht auf die Gesundheit, die Sittlichkeit und die Religion des Verpflichteten erforderlich sind.

(3) Erfüllt der Dienstberechtigte die ihm in Ansehung des Lebens und der Gesundheit des Verpflichteten obliegenden Verpflichtungen nicht, so finden auf seine Verpflichtung zum Schadensersatz die für unerlaubte Handlungen geltenden Vorschriften der §§ 842 bis 846 entsprechende Anwendung.

Materialien: E I –, II § 558, III § 619; Mot –, Prot II 289 ff.

Schrifttum

Birk, Arbeitnehmerschutz – Vom internationalen zum supranationalen Recht, ZfA 1991, 355
Bücker/Feldhoff/Kohte, Vom Arbeitsschutz zur Arbeitsumwelt (1994)
Deinert, Unfallversicherung und Arbeitsschutz, Jura 2014, 1033
Denck, Arbeitsschutz und Anzeigerecht des Arbeitnehmers, DB 1980, 2132
Deppe/Kannengiesser/Kickhut, Arbeitsschutzsystem Bd I bis V (1980)
Ehmann, Arbeitsschutz und Mitbestimmung bei neuen Technologien (1981)
Faber, Die arbeitsschutzrechtlichen Grundpflichten des § 3 ArbSchG (2004)
Fuchs, Die gesicherten arbeitswissenschaftlichen Erkenntnisse (1984)
Führich, Die Einordnung des Arbeitsschutzrechts in das öffentliche oder private Recht und die internationalrechtlichen Folgen dieser Einordnung (Diss Würzburg 1979)
Galperin, Die Einwirkung öffentlichrechtlicher Arbeitsschutznormen auf das Arbeitsverhältnis, BB 1963, 739
Gross, Arbeitsschutz und Arbeitsverhältnis, AuR 1955, 75
Hahn, Anwendung von § 618 BGB auf Arbeitsverhältnisse im weiteren Sinne, Gruchot 45 (1901) 213
Hanau, Arbeitsvertragliche Konsequenzen des Arbeitsschutzes, in: FS Wlotzke (1996) 37
Herschel, Arbeitsschutz im sozialen Rechtsstaat, BArbBl 1955, 571
ders, Die rechtliche Bedeutung schutzgesetzlicher Vorschriften im Arbeitsrecht, RdA 1964, 7, 44
ders, Staatsentlastende Tätigkeiten im Arbeitsschutz, in: FS Nipperdey II (1965) 221
ders, Der Arbeitsschutz vor neuen Aufgaben, BB 1967, 929
ders, Zur Dogmatik des Arbeitsschutzrechts, RdA 1978, 69
Herzberg, Die Verantwortung für Arbeitsschutz und Unfallverhütung im Betrieb (1984)
Hofbauer, Der öffentlich-rechtliche Gefahrenschutz für Arbeitnehmer (Diss Würzburg 1976)
A Hueck/Fikentscher, Die Einwirkung von Arbeitsschutznormen auf das Arbeitsverhältnis, ArbSch 1957, 63
Kaskel, Die rechtliche Natur des Arbeitsschutzes, in: FS H Brunner (1914) 163
Kloepfer/Veit, Grundstrukturen des technischen Arbeitsschutzrechts, NZA 1990, 121
Kohte, Arbeitsschutzrecht im Wandel – Strukturen und Erfahrungen, ArbRGegW 37 (1999), 2000, 21
ders, in: Kiel/Lunk/Oetker (Hrsg), Münchener Handbuch zum Arbeitsrecht Bd 2 (4. Aufl 2018) §§ 172–180
Kohte/Faber/Feldhoff (Hrsg), Gesamtes Arbeitsschutzrecht (HK-ArbSchR) (2. Aufl 2018)
Kollar, Gesundheitsschutz als Aufgabe der Betriebs- und Tarifparteien (2015)
Kollmer, Grundlagen des Arbeitssicherheits- und Arbeitsschutzrechts, AR-Blattei SD 210. 1 (1999)
Kort, Inhalt und Grenzen der arbeitsrechtlichen Personenfürsorgepflicht, NZA 1996, 854
Leisner, Arbeitsschutz im öffentlichen Dienst (1991)
Lewer, Die Haftung des Werkbestellers nach Dienstleistungsrecht gem den §§ 618, 619 BGB, JZ 1983, 336
Märtins, Arbeitsschutz und Unfallverhütung im öffentlichen Dienst, ZTR 1992, 223, 267
Möx, Außerbetriebliche Beschwerde bei Gesundheitsgefährdung am Arbeitsplatz, AiB 1992, 382
Müller, Die Arbeitnehmerähnliche Person im Arbeitsschutzrecht (2009)
Nebe, Decent work und § 618 BGB – klassisches Zivilrecht und moderne Arbeitsschutzkonzepte, in: FS Lörcher (2013) 84
Neumann-Duesberg, Das Verhältnis von „Verkehrssicherungs- und Fürsorgepflicht" des Arbeitgebers und die „Teilnahme am allgemeinen Verkehr", VersR 1968, 1

NIPPERDEY, Die privatrechtliche Bedeutung des Arbeiterschutzrechts, in: Festgabe zum 50-jährigen Bestehen des Reichsgerichts Bd IV (1929) 203
PIEPER, Das Arbeitsschutzrecht in der deutschen und europäischen Arbeits- und Sozialordnung (1998)
ders, ArbSchR – Arbeitsschutzrecht (6. Aufl 2017)
SASSE/SCHÖNFELD, Rechtliche Aspekte psychischer Belastungen am Arbeitsplatz, RdA 2016, 346
SCHMIDT AM BUSCH, Verfassungsrechtliche Grundlagen des Arbeitsschutzes, GewArch 2011, 1
SCHWARZ, Öffentliches und privates Recht in der arbeitsrechtlichen Systembildung (Graz 1973)
STEVENS/BARTOL, Arbeitsvertragsrecht ohne Umweltschutz, AuR 1992, 262
TERPITZ, Zum Recht des Arbeitsschutzes, WM 1982, 682
THOMSCHKE, Der Betriebsschutz im Arbeits- und Sozialrecht (Diss Würzburg 1976)
WALTERMANN, Der Arbeitsunfall im Bürgerlichen Recht, Arbeitsrecht und Sozialrecht, RdA 1998, 330
WANK, Kommentar zum technischen Arbeitsschutz (1999)
WANK/BÖRGMANN, Deutsches und europäisches Arbeitsschutzrecht (1992)
WIEBAUER, Arbeitsschutz im Fremdbetrieb, ZfA 2014, 29
WIESE, Der Schutz von Leben und Gesundheit sowie eingebrachter Sachen von Mitgliedern der Schiffsbesatzung (§ 3 Abs 2 BSchG) und mitfahrenden Familienangehörigen gegenüber dem Arbeitgeber, in: BARTELSBERGER/KRAUSE/LORENZ/WIESE, Probleme des Binnenschiffahrtsrechts (1975) 83
WLOTZKE, Zur Aufgabe einer Neuordnung des Arbeitsschutzrechts, in: FS Herschel (1982) 504
ders, Öffentlich-rechtliche Arbeitsschutznormen und privatrechtliche Rechte und Pflichten des einzelnen Arbeitnehmers, in: FS Hilger/Stumpf (1983) 723
ders, Technischer Arbeitsschutz im Spannungsverhältnis von Arbeits- und Wirtschaftsrecht, RdA 1992, 85
ders, Auf dem Weg zu einer grundlegenden Neuregelung des betrieblichen Arbeitsschutzes, NZA 1994, 602
ders, Zur Neuordnung des technischen Arbeitsschutzrechts, in: FS Raisch (1995) 327
ders, Zur stufenweisen Neuordnung des Arbeitsschutzrechts, in: FS Kehrmann (1997) 141
ders, Das Arbeitsschutzgesetz und die Arbeitsschutzpflichten der Beschäftigten, in FS Hanau (1999) 317
ders, Ausgewählte Leitlinien des Arbeitsschutzgesetzes, in: FS Däubler (1999) 654
ders, in: RICHARDI/WLOTZKE (Hrsg), Münchener Handbuch zum Arbeitsrecht Bd 2 (2. Aufl 2000) §§ 206–216.

Weitere Nachweise bei den jeweiligen Einzelerläuterungen sowie zum älteren Schrifttum s auch STAUDINGER/NIPPERDEY/MOHNEN/NEUMANN[11].

Systematische Übersicht

Alphabetische Übersicht

A. Entstehungsgeschichte

1 Der seit Inkrafttreten des BGB unveränderte § 618 BGB war in dem Entwurf der I. Kommission noch nicht enthalten. Den Regelungsinhalt des **§ 618 Abs 1** und **Abs 3 BGB** fügte erst die II. Kommission auf Grund einer Initiative des Reichsjustizamtes (vgl Jakobs/Schubert 783; ferner HKK/Deutsch §§ 617–619 Rn 46 ff) in das Gesetzeswerk ein (Mugdan II 904 ff). Als Vorbild für § 618 Abs 1 BGB diente vor allem

§ 120a GewO aF, der kurz zuvor mit der Novelle v 1. 6. 1891 (RGBl 261) Eingang in die Gewerbeordnung gefunden hatte (vgl zB Denkschrift, bei: Mugdan II 1255; Jakobs/Schubert 783 f).

2 Die Bestrebungen in den Beratungen der II. Kommission, den Kreis der von § 618 Abs 1 BGB **geschützten Rechtsgüter** in Anlehnung an § 120a Abs 1 GewO aF um die „Sittlichkeit" zu erweitern (Mugdan II 905), wies die Kommissionsmehrheit zurück, weil in der Regel kein durch Geld auszugleichender Schaden vorliege und es zudem „keinem Zweifel" unterliege, dass der Dienstverpflichtete den der Sittlichkeit widerstreitenden Anordnungen ohnehin entgegentreten könne und gegebenenfalls zur Kündigung berechtigt sei (Mugdan II 905 f).

3 Die mit § 617 BGB im systematischen Zusammenhang stehende Bestimmung in **§ 618 Abs 2 BGB** geht auf die Arbeiten der XII. Kommission des Reichstages zurück, die einen entsprechenden Antrag mit knapper Mehrheit (9:8) annahm (Mugdan II 1288).

4 Gegen die Ausdehnung des § 120a GewO aF auf alle **Dienstverhältnisse** (so die Denkschrift, bei: Mugdan II 1255; Jakobs/Schubert 783 f) wurde in den Gesetzesberatungen vor allem angeführt, dass eine zivilrechtliche Haftungsvorschrift neben den gewerbeaufsichtsrechtlichen Normen entbehrlich sei (vgl Mugdan II 905). Zusätzlich wurde bis zum Schluss des Gesetzgebungsverfahrens erbittert um den **Pflichtenmaßstab** gerungen, der dem Dienstberechtigten aufzuerlegen ist. Das in der II. Kommission und auch noch im Justizausschuss des Bundesrates vorgetragene Plädoyer zugunsten einer Beschränkung der Pflichten auf die „Üblichkeit" (Mugdan II 906; zur Diskussion im Bundesrat Jakobs/Schubert 786 ff) setzte sich nicht durch. Das beruhte sowohl auf der durch das Arbeiterschutzgesetz (s oben Rn 1) eingeleiteten rechtspolitischen Entwicklung als auch auf der höchstrichterlichen Judikatur zum gemeinen Recht, das eine Haftungsbegrenzung auf die „übliche" Sorgfalt nicht kannte (vgl RG 30. 12. 1882 – I 466/82, RGZ 8, 151; RG 4. 11. 1886 – IIIa 193/86, RGZ 18, 176; RG 6. 7. 1888 – III 80/88, RGZ 21, 79). Eine haftungsrechtliche Verschlechterung des Dienstverpflichteten, die durch eine Begrenzung auf die „Üblichkeit" eingetreten wäre, lehnte die II. Kommission mehrheitlich ab (Mugdan II 907).

B. Reichweite und Bedeutung der Vorschrift

5 Die an den Dienstberechtigten adressierten Verpflichtungen **in § 618 Abs 1 und 2 BGB** gelten uneingeschränkt im **gesamten Bundesgebiet**. Im Gegensatz zu speziellen Bestimmungen für einzelne Arbeitsverhältnisse (s unten Rn 7) sowie den Vorschriften des technischen Arbeitsschutzrechts (vgl Anl I Kap VIII Sachgeb B Abschn II und III EVertr; s dazu unten Rn 92 f) erstreckte der Einigungsvertrag die Geltung des § 618 BGB bereits zum 3. 10. 1990 auch auf das in Art 3 EVertr umschriebene Beitrittsgebiet.

6 Der **Gesetzgebungsauftrag** in **Art 30 Abs 1 Nr 2 EVertr** beschränkt sich auf den „öffentlich-rechtlichen Arbeitsschutz", lässt den zivilrechtlichen Pflichtenkreis des Arbeitgebers und damit auch § 618 BGB indes unberührt. Seine Integration in ein Arbeitsvertragsrecht (Art 30 Abs 1 Nr 1 EVertr) ist gleichwohl von dem Kodifika-

tionsauftrag an den gesamtdeutschen Gesetzgeber umfasst (vgl § 77 des zum 59. DJT vorgelegten Entwurfs eines Arbeitsvertragsgesetzes, Verhandlungen des 59. DJT I [1992] D 43 f [hierzu STEVENS/BARTOL AuR 1992, 262 ff]; ebenso § 77 des Arbeitsvertragsgesetzentwurfs des Freistaates Sachsen, s BR-Drucks 293/95 sowie § 65 des von HENSSLER/PREIS vorgelegten Diskussionsentwurfs eines Arbeitsvertragsgesetzes [s NZA 2007, Beil 1]).

Obwohl § 618 BGB nach seinem Wortlaut **alle Dienstverhältnisse** erfasst, ist sein **Anwendungsbereich bei Arbeitsverhältnissen** auf Grund verdrängender Spezialnormen stark **eingeschränkt**. So ist für die Verpflichtung in § 618 Abs 1 BGB neben den §§ 3 und 9 ArbSchG vor allem **§ 62 Abs 1 HGB** (hierzu WAGNER, Die Besonderheiten beim Arbeitsverhältnis der Handlungsgehilfen [1993] 117 ff) zu nennen, der bundeseinheitlich gilt. Das trifft indes nicht für **§ 62 Abs 2 bis 4 HGB** zu, der die §§ 618 Abs 2 und 3, 619 BGB für das Recht der Handlungsgehilfen wörtlich wiederholt. Die letztgenannten Vorschriften sind nur in dem Teil des Bundesgebietes anzuwenden, in dem das Grundgesetz schon vor dem 3. 10. 1990 galt (Anl I Kap VIII Sachgeb A Abschn III Nr 2 EVertr), sodass die **§§ 618 Abs 2 und 3, 619 BGB im Beitrittsgebiet** auch für **Handlungsgehilfen** einschlägig sind. Spezielle Regelungen, die die Pflichten in § 618 Abs 1 BGB wiederholen, enthalten ferner zB § 11 Abs 6 AÜG, § 22 Abs 1, 28 Abs 1 S 1 JArbSchG, §§ 9–14 MuSchG, § 12 HAG, § 114 SeeArbG, § 164 Abs 4 SGB IX sowie § 61 Abs 1 S 2 Nr 1 lit a BBergG. 7

§ 618 BGB hat auf Grund des dichten Netzes **öffentlich-rechtlicher Arbeitsschutznormen** heute nur noch eine **geringe praktische Bedeutung**. Die entsprechenden Vorschriften auf nationaler und supranationaler Ebene (zu diesen unten Rn 28 ff) tasten zwar nicht die formale Geltung der Norm an, führen aber durch das **aufsichtsrechtliche Instrumentarium** (§§ 21 ff ArbSchG; zur Bergaufsicht s §§ 69 ff BBergG), die präventive und überwachende Tätigkeit der **Berufsgenossenschaften** (§§ 14 ff SGB VII; näher hierzu unten Rn 88 f) sowie die flankierenden Beteiligungsrechte der **Betriebsräte** (§§ 80 Abs 1 Nr 1, 87 Abs 1 Nr 7, 88 Nr 1, 89 und 91 BetrVG; hierzu unten Rn 195 ff) dazu, dass eine individualrechtliche Durchsetzung der in § 618 Abs 1 BGB genannten Verpflichtungen häufig entbehrlich ist (ebenso in der Bewertung ERMAN/BELLING/RIESENHUBER § 618 Rn 8; ArbR-BGB/FRIEDRICH § 618 Rn 7 ff; MünchKomm/HENSSLER § 618 Rn 6; HWK/KRAUSE § 618 BGB Rn 7; HK-BGB/SCHREIBER §§ 617–619 Rn 9; zurückhaltend PIEPER, ArbSchR [6. Aufl 2017] BGB/HGB Rn 3). 8

Auch der **zivilrechtliche Haftungsanspruch** mit seiner Sonderregelung in **§ 618 Abs 3 BGB** (unten Rn 303 ff) hat seine Relevanz durch die **Ausschlusstatbestände** in den **§§ 104, 105 SGB VII** weitgehend verloren. Sobald der Dienstverpflichtete in den personellen Anwendungsbereich der gesetzlichen Unfallversicherung einbezogen ist (§§ 2 ff SGB VII), kommt eine zivilrechtliche Haftung des Dienstberechtigten wegen eines Personenschadens nur noch in Betracht, wenn kein Arbeitsunfall vorliegt oder dieser vorsätzlich herbeigeführt wurde bzw bei einem Wegeunfall im Sinne des § 8 Abs 2 Nr 1–4 SGB VII eintrat (näher unten Rn 362 ff). 9

C. Rechtsnatur und Normzweck

§ 618 BGB ist auch in seinem Abs 1 nicht öffentlich-rechtlicher, sondern **zivilrechtlicher Natur** (statt aller bereits NIPPERDEY, in: Festgabe zum 50-jährigen Bestehen des Reichs- 10 gerichts Bd IV [1929] 217 sowie Hueck/Nipperdey I § 24 I). Er wird von einer verbreiteten Auffassung, die sich unter anderem auf die dogmatische Einordnung in der Denkschrift zum Bürgerlichen Gesetzbuch (Mugdan II 1255) stützen kann, als Ausdruck der dem Dienstberechtigten obliegenden **Fürsorgepflicht** verstanden (zB RAG 5. 6. 1940 – RAG 265/39, ARS 40, 12 f; BAG 10. 3. 1976 – 5 AZR 34/75, AP BGB § 618 Nr 17; BAG 17. 2. 1998 – 9 AZR 130/97, AP BGB § 618 Nr 27; BAG 12. 8. 2008 – 9 AZR 1117/06, AP BGB § 618 Nr 29; BAG 10. 5. 2016 – 9 AZR 347/15 Rn 13, NZA 2016, 1134; BAG 14. 6. 2016 – 9 AZR 181/15 Rn 21, NZA-RR 2016, 565; BGH 7. 11. 1960 – VII ZR 148/59, BGHZ 33, 249; BGH 17. 1. 1974 – II ZR 61/73, VersR 1974, 566; Erman/Belling/Riesenhuber § 618 Rn 1; ArbR-BGB/Friedrich § 618 Rn 1, 2; MünchKomm/Henssler § 618 Rn 1; Hueck/Nipperdey I § 24, § 48 II 1; BeckOK ArbR/Joussen § 618 BGB Rn 1; AR/Kamanabrou § 618 BGB Rn 4; NK-BGB/Klappstein § 618 Rn 1; Soergel/Kraft § 618 Rn 1; Jauernig/Mansel §§ 618, 619 Rn 1; Nipperdey, in: Festgabe zum 50-jährigen Bestehen des Reichsgerichts Bd IV [1929] 217; Schaub/Koch, Arbeitsrechts-Handbuch [17. Aufl 2017] § 106 Rn 12; Waltermann RdA 1998, 330; ErfKomm/Wank § 618 BGB Rn 2).

11 Dieser Deutungsansatz verschleiert den dogmatischen Kern der Vorschrift mehr, als er in der Lage ist, das dogmatische und teleologische Fundament des § 618 BGB präzise aufzuhellen. Insbesondere für dessen analoge Anwendung in vergleichbar strukturierten Vertragsbeziehungen ist dies indes unerlässlich. Ein Blick auf die dem Dienstberechtigten obliegenden Pflichten zeigt, dass die Vorschrift **keinen genuin arbeitsrechtlichen Inhalt** aufweist, sondern Ausdruck einer **gesteigerten Interessenwahrungspflicht** ist (vgl auch Weber, Das aufgespaltene Arbeitsverhältnis [1992] 237; zustimmend MHdB ArbR/Kohte § 175 Rn 10; HK-ArbSchR/Nebe § 618 BGB Rn 2; Pieper, ArbSchR [6. Aufl 2017] BGB/HGB Rn 4; Röckrath VersR 2001, 1201 f; BeckOGK/Witschen [1. 2. 2019] § 618 Rn 67; im Grundsatz ebenso ArbR-BGB/Friedrich § 618 Rn 1; HWK/Krause § 618 BGB Rn 5), die aus dem Umstand resultiert, dass die Dienstleistung in der **Herrschafts- und Einflusssphäre des Dienstberechtigten** zu erbringen ist. Hierdurch wird der Dienstverpflichtete einer **besonderen Gefahrenlage** ausgesetzt, die seiner Einflussnahme regelmäßig entzogen ist (dies wird von Boemke, Schuldvertrag und Arbeitsverhältnis [1999] 335; AK-BGB/Derleder § 618 Rn 1; ArbR-BGB/Friedrich § 618 Rn 1; MHdB ArbR/Kohte § 175 Rn 10; Jauernig/Mansel §§ 618, 619 Rn 1, HK-ArbSchR/Nebe § 618 BGB Rn 2; BeckOGK/Witschen [1. 2. 2019] § 618 Rn 67, mit Recht hervorgehoben). Entsprechend den Überlegungen zur **Dogmatik der Verkehrssicherungspflicht** (hierzu Staudinger/Hager [2009] § 823 Rn E1 ff) führt dies zu einer gesteigerten Pflicht des Dienstberechtigten, die Interessen des Dienstverpflichteten im Hinblick auf diese Gefahrenlage zu wahren (s RG 20. 12. 1939 – III 46/38, RGZ 159, 270; vgl auch schon Kohler AcP 84 [1895] 22 f sowie mit deutlicher Bezugnahme auf die Verkehrssicherungspflicht HWK/Krause § 618 BGB Rn 5; Neumann-Duesberg VersR 1968, 2; BeckOGK/Witschen [1. 2. 2019] § 618 Rn 67; ähnlich Erman/Belling/Riesenhuber § 618 Rn 1; NK-GA/Otto § 618 BGB Rn 1: vertragsrechtliche Verkehrssicherungspflicht).

12 Die allgemeine Interessenwahrungspflicht des Dienstberechtigten erstreckt sich nicht nur auf die **körperliche Integrität** (Leben und Gesundheit), sondern umfasst auch die **Persönlichkeitssphäre** des Dienstverpflichteten einschließlich der psychischen Integrität (zustimmend Pieper, ArbSchR [6. Aufl 2017] BGB/HGB Rn 5 aE). In § 62 Abs 1 HGB erfährt dies durch die Einbeziehung „der guten Sitten und des Anstands" in den Pflichtenkreis des Prinzipals eine positivrechtliche Anerkennung, die letztlich diejenigen Verpflichtungen konkretisiert, die den Dienstberechtigten auf Grund seiner allgemeinen Interessenwahrungspflichten treffen (s MünchKomm/Henssler § 618 Rn 3; näher unten Rn 127 ff).

13 **§ 618 BGB** ist auch bei der in Rn 11 befürworteten dogmatischen Fundierung eine **spezielle Ausprägung** der allgemeinen, aus Treu und Glauben folgenden **vertraglichen Nebenpflichten**, die ohne diese Vorschrift aus § 241 Abs 2 BGB folgen würden (so bereits Rümelin, Dienstvertrag und Werkvertrag [1905] 265 ff sowie Oertmann § 618 Anm 1; s ferner RG 28. 10. 1919 – III 168/19, RGZ 97, 44, das § 618 als Ausdruck eines allgemeinen Rechtsgedankens wertete; im hier befürworteten Sinne zB auch MünchKomm/Henssler § 618 Rn 1; MHdB ArbR/Kohte § 175 Rn 10). Die Unabdingbarkeit steht diesem Verständnis nicht entgegen, da diese aus § 619 BGB und nicht aus § 618 BGB folgt.

14 Aus der zivilrechtsdogmatischen Fundierung der Norm in Rn 10 ff, die ungeachtet der seitens der herrschenden Meinung postulierten Ableitung aus der Fürsorgepflicht des Dienstberechtigten allgemein anerkannt ist, folgt nach inzwischen ebenfalls vorherrschender Ansicht zugleich eine **zivilrechtliche Absicherung und Integration** der Normen des **technischen Arbeitsschutzes** in das Zivilrecht (zu früheren Konzeptionen Galperin BB 1963, 739 f; A Hueck/Fikentscher ArbSch 1957, 63 f; s auch Schwarz 33 ff). Die verschiedenen Vorschriften auf nationaler und supranationaler Ebene sowie die Bestimmungen in den Unfallverhütungsvorschriften der Berufsgenossenschaften schreiben nach Maßgabe ihres jeweiligen personellen Anwendungsbereichs den zugunsten des Dienstverpflichteten einzuhaltenden Schutzstandard verbindlich fest, sodass das **technische Arbeitsschutzrecht** für den Tatbestand in § 618 BGB eine wichtige **Konkretisierungsfunktion** entfaltet (BAG 10. 3. 1976 – 5 AZR 34/75, AP BGB § 618 Nr 17; BAG 16. 3. 2004 – 9 AZR 93/03, AP ArbZG § 2 Nr 2; BAG 11. 7. 2006 – 9 AZR 519/05, AP BGB § 611 Dienstreise Nr 10; BAG 12. 8. 2008 – 9 AZR 1117/06, AP BGB § 618 Nr 29; BAG 19. 5. 2009 – 9 AZR 241/08, AP BGB § 618 Nr 30; BAG 6. 5. 2014 – 9 AZR 575/12 Rn 14, AP BGB § 618 Nr 31; BAG 10. 5. 2016 – 9 AZR 347/15 Rn 13, NZA 2016, 1134; BGH 17. 1. 1974 – II ZR 61/73, VersR 1974, 566; ebenso im Schrifttum zB ArbR-BGB/Friedrich § 618 Rn 44; Galperin BB 1963, 742; Gross AuR 1955, 76 f; MünchKomm/Henssler § 618 Rn 8; BeckOK ArbR/Joussen § 618 BGB Rn 2; AR/Kamanabrou § 618 BGB Rn 4; NK-BGB/Klappstein § 618 Rn 4; Schaub/Koch, Arbeitsrechts-Handbuch [17. Aufl 2017] § 106 Rn 12; MHdB ArbR/Kohte § 175 Rn 1; HWK/Krause § 618 BGB Rn 6; Nebe, in: FS Lörcher [2013] 90 f; HK-ArbSchR/Nebe § 618 BGB Rn 9, 18 f; NK-GA/Otto § 618 BGB Rn 1; Staudinger/Richardi/Fischinger [2016] § 611 Rn 1731; Waltermann RdA 1998, 331; ErfKomm/Wank § 618 BGB Rn 4; Wiebauer ZfA 2014, 49 f; BeckOGK/Witschen [1. 2. 2019] § 618 Rn 74; Wlotzke, in: FS Hilger/Stumpf [1983] 738 ff; grundlegend Nipperdey, in: Festgabe zum 50-jährigen Bestehen des Reichsgerichts Bd IV [1929] 216 ff; für eine strikte Trennung hingegen noch vor allem Kaskel, in: FS H Brunner [1914] 163 ff).

15 Die Norm des **§ 618 BGB** ist bildlich gesprochen das **privatrechtliche Medium**, durch das das öffentlich-rechtliche Arbeitsschutzrecht im Zivilrecht seine Rechtswirkungen entfaltet (so treffend Schwarz 47; ebenso BeckOK ArbR/Joussen § 618 BGB Rn 2; NK-GA/Otto § 618 BGB Rn 1; näher zur Reichweite der Konkretisierungsfunktion des technischen Arbeitsschutzrechts unten Rn 144 ff). Die Entstehungsgeschichte des „Gesetzes über die Mindestanforderungen an Unterkünfte für Arbeitnehmer" v 23. 7. 1973 (BGBl I 905) liefert für dieses konzeptionelle Verständnis eine plastische Bestätigung. Die hierdurch erfolgte Einfügung des mit Wirkung zum 1. 1. 2003 aufgehobenen § 120c GewO diente expressis verbis dazu, die vorherige höchstrichterliche Rechtsprechung zu § 618 Abs 2 BGB (BAG 8. 6. 1955 – 2 AZR 200/54, AP BGB § 618 Nr 1; s dazu unten Rn 238 f) in das öffentlich-rechtliche Arbeitsschutzrecht zu integrieren, ohne hierdurch die zivilrechtliche Verpflichtung aus § 618 Abs 2 BGB anzutasten (BT-Aus-

schuss für Arbeit und Sozialordnung, BT-Drucks 7/527, 3 f). Keinen Erfolg hatten hingegen die Bestrebungen, diesen allgemeinen Grundsatz in dem Arbeitsschutzgesetz (hierzu unten Rn 63 ff) ausdrücklich festzuschreiben. Die noch in dem Referentenentwurf v Dezember 1992 (s unten Rn 65) als § 19 Abs 2 vorgesehene Regelung, nach der die den Arbeitgeber treffenden Pflichten „zugleich unabdingbare Mindestpflichten aus dem Beschäftigungsverhältnis gegenüber dem Beschäftigten" sein sollten, fand in das später verabschiedete Arbeitsschutzgesetz keinen Eingang (s auch BAG 12. 8. 2008 – 9 AZR 1117/06, AP BGB § 618 Nr 29).

16 Die namentlich von Herschel befürwortete **originäre Gestaltungswirkung des technischen Arbeitsschutzrechts**, sofern die jeweiligen Normen den Gegenstand einer vertraglichen Vereinbarung bilden können (s Herschel RdA 1964, 11 f; ebenso zB Wiese, in: Bartelsberger ua, Probleme des Binnenschiffahrtsrechts [1975] 87 f; offen jetzt Gutzeit, GK-BetrVG [11. Aufl 2018] § 89 Rn 12; wohl auch Dieckmann AcP 213 [2013] 5 f sowie bereits Sinzheimer 161 ff; de lege ferenda auch § 77 Abs 2 des zum 59. DJT vorgelegten Entwurfs eines Arbeitsvertragsgesetzes, Verhandlungen des 59. DJT I [1992] D 44; ebenso § 77 Abs 2 des Arbeitsvertragsgesetzentwurfes des Freistaates Sachsen [s BR-Drucks 293/95] und § 65 Abs 2 des von Henssler/Preis vorgelegten Diskussionsentwurfs eines Arbeitsvertragsgesetzes, NZA 2007, Beil 1), kann demgegenüber nicht überzeugen (abl auch zB MHdB ArbR/Kohte § 175 Rn 10; HWK/Krause § 618 BGB Rn 6), da eine originäre, unmittelbar auf die Gestaltung privatrechtlicher Vertragsbeziehungen abzielende Rechtswirkung den öffentlichrechtlich strukturierten Normen des technischen Arbeitsschutzrechts regelmäßig nicht im Wege der Auslegung entnommen werden kann. Das gilt insbesondere, wenn diese auch den öffentlichen Dienst in ihren Geltungsbereich einbeziehen (s Märtins ZTR 1992, 225 ff). In diesem Fall ist eine originäre Gestaltungswirkung bereits aus Gründen der eingeschränkten Gesetzgebungskompetenz des Bundes rechtlich nur bedingt möglich (hierzu Leisner 44 ff; Märtins ZTR 1992, 268 ff).

17 Soweit der **Einigungsvertrag** im Rahmen der Übergangsregelungen zur Inkraftsetzung des technischen Arbeitsschutzrechts für das Beitrittsgebiet (Art 3 EVertr) Privilegierungen vorsah (vgl Anl I Kap VIII Sachgeb B Abschn III Nr 9 lit b EVertr; näher unten Rn 92 f), strahlten diese auch auf die Pflichten des Dienstberechtigten nach § 618 Abs 1 BGB aus. Etabliert das technische Arbeitsschutzrecht einen spezifischen Bestandsschutz für Altanlagen, so widerspricht es zumindest im Grundansatz den Zielsetzungen dieser Vorschriften, wenn dieser über das allgemeine zivilrechtliche Instrumentarium unterlaufen werden könnte. Eine Ausnahme gilt jedoch, wenn konkrete Gefahren für Leben oder Gesundheit der Beschäftigten zu befürchten und diese vermeidbar sind. Da in diesem Fall auch die zuständige Behörde einschreiten darf (s Anl I Kap VIII Sachgeb B Abschn III Nr 9 lit b cc EVertr), erstreckt sich die Einschränkung der Privilegierung ebenfalls auf die zivilrechtliche Haftung.

18 Durch das hier befürwortete dogmatische Grundverständnis wird das öffentlichrechtliche und das betriebsverfassungsrechtliche Instrumentarium zur **Einhaltung des technischen Arbeitsschutzrechts zivilrechtlich flankiert**, da zugunsten des Dienstverpflichteten ein einklagbarer **Anspruch auf Einhaltung des technischen Arbeitsschutzrechts** besteht (BAG 10. 3. 1976 – 5 AZR 34/75, AP BGB § 618 Nr 17; BAG 17. 2. 1998 – 9 AZR 130/97, AP BGB § 618 Nr 27; BAG 12. 8. 2008 – 9 AZR 1117/06, AP BGB § 618 Nr 29; BAG 19. 5. 2009 – 9 AZR 241/08, AP BGB § 618 Nr 30; ArbR-BGB/Friedrich § 618 Rn 45;

Galperin BB 1963, 739 f; MünchKomm/Henssler § 618 Rn 8; Herschel RdA 1978, 73 f; HWK/Krause § 618 BGB Rn 6; BeckOGK/Witschen [1. 2. 2019] § 618 Rn 76; Wlotzke, in: FS Hilger/Stumpf [1983] 744 mwNw; näher zum Erfüllungsanspruch unten Rn 248 ff), den eine etwaige Schadensersatzpflicht des Dienstberechtigten (hierzu unten Rn 284 ff) zusätzlich absichert.

Hieraus folgt zugleich, dass – in Anlehnung an die früher in § 6 JArbSchG 1960 (s Staudinger/Richardi[12] Vorbem 767 zu §§ 611 ff) positivrechtlich verankerte Konzeption – nur solche Vorschriften des technischen Arbeitsschutzrechts den von § 618 BGB umfassten Pflichtenkreis des Dienstberechtigten konkretisieren, die **Gegenstand einer arbeitsvertraglichen Verpflichtung** sein können (vgl BAG 10. 3. 1976 – 5 AZR 34/75, AP BGB § 618 Nr 17; BAG 12. 8. 2008 – 9 AZR 1117/06, AP BGB § 618 Nr 29; ArbR-BGB/Friedrich § 618 Rn 47; Galperin BB 1963, 743; Gutzeit, GK-BetrVG [11. Aufl 2018] § 89 Rn 12; MünchKomm/Henssler § 618 Rn 9; A Hueck/Fikentscher ArbSch 1957, 66; AR/Kamanabrou § 618 BGB Rn 4; NK-BGB/Klappstein § 618 Rn 4; MHdB ArbR/Kohte § 175 Rn 1; ErfKomm/Wank § 618 BGB Rn 5; BeckOGK/Witschen [1. 2. 2019] § 618 Rn 76; Wlotzke, in: FS Hilger/Stumpf [1983] 740 ff; grundlegend Nipperdey, in: Festgabe zum 50-jährigen Bestehen des Reichsgerichts Bd IV [1929] 219; ebenso § 19 Abs 2 des Referentenentwurfs zu einem Arbeitsschutzrahmengesetz [Dezember 1992], dazu Oetker ZRP 1994, 225). Hiervon weicht die neuere Judikatur des Bundesarbeitsgerichtes jedoch im Hinblick auf Organisationsvorschriften ab, da diese bei einem individualschützenden Normzweck ebenfalls in die Transformationswirkung einbezogen werden (s BAG 12. 8. 2008 – 9 AZR 1117/06, NZA 2009, 102; BAG 19. 5. 2009 – 9 AZR 241/08, NZA 2009, 775; zustimmend MHdB ArbR/Kohte § 175 Rn 15; HK-ArbSchR/Nebe § 618 BGB Rn 19; Pieper, ArbSchR [6. Aufl 2017] BGB/HGB Rn 7 f; Wiebauer ZfA 2014, 51; dagegen wohl NK-BGB/Klappstein § 618 Rn 4; HWK/Krause § 618 BGB Rn 6). Zu dem selten vertieft erörterten Problem, ob das technische Arbeitsschutzrecht auch den **arbeitsvertraglichen Pflichtenkreis des Arbeitnehmers** gegenüber dem Arbeitgeber konkretisiert, s ArbR-BGB/Friedrich § 618 Rn 48; Hanau, in: FS Wlotzke (1996) 38 f; Vogel, Die Rechtsbindung der Arbeitnehmer an Unfallverhütungsvorschriften gemäß § 15 Abs 1 S 1 Nr 2 SGB VII (2000) 66 ff; Wlotzke, in: FS Hanau (1999) 317 ff sowie die §§ 16 und 17 ArbSchG (s auch unten Rn 296 ff). Zum Verstoß des Arbeitnehmers gegen elementare Sicherheitsvorschriften als Grund für eine außerordentliche Kündigung s LAG Schleswig-Holstein 14. 8. 2007 – 5 Sa 150/07, LAGE § 626 BGB 2002 Nr 12. 19

Obwohl sich der Schutzzweck des § 618 BGB weitgehend mit den Zielen des technischen Arbeitsschutzrechts deckt, kann hieraus nicht abgeleitet werden, dass sich § 618 Abs 1 BGB auf den Schutz vor denjenigen Gefahren beschränkt, die von technischen Einrichtungen eines Betriebes her drohen (so aber MünchKomm/Lorenz [4. Aufl 2005] § 618 Rn 20, 56). Eine **Ausklammerung des sozialen Arbeitsschutzes** und damit insbesondere des öffentlich-rechtlichen Arbeitszeitrechts aus dem Anwendungsbereich des § 618 Abs 1 BGB (hierfür noch MünchKomm/Lorenz [4. Aufl 2005] § 618 Rn 20, 56) findet im Gesetz keine Stütze (so auch MünchKomm/Henssler § 618 Rn 24; gegen eine Ausklammerung des sozialen Arbeitsschutzes ebenfalls BeckOK BGB/Fuchs/Baumgärtner § 618 Rn 9; NK-BGB/Klappstein § 618 Rn 4; Nebe, in: FS Lörcher [2013] 91 f; HK-ArbSchR/Nebe § 618 BGB Rn 26 sowie iE BAG 16. 3. 2004 – 9 AZR 93/03, AP ArbZG § 2 Nr 2; BAG 6. 5. 2014 – 9 AZR 575/12 Rn 14, AP BGB § 618 Nr 31). Zwar bezieht § 618 Abs 1 BGB den Gesundheitsschutz durch die Trias „Räume, Vorrichtungen und Gerätschaften" auf technische Einrichtungen, die Vorschrift erstreckt die Schutzpflicht des Dienstberechtigten 20 aber ebenfalls auf die Regelung der Dienstleistung (s dazu unten Rn 123 ff), ohne sich diesbezüglich auf die Benutzung der Räume, Vorrichtungen und Gerätschaften zu beschränken. Deshalb umfasst § 618 Abs 1 BGB auch **sonstige Anordnungen des Dienstberechtigten**, die die Dienstleistung regeln und aus denen Gefahren für das Leben und insbesondere die Gesundheit des Dienstverpflichteten resultieren können. Das gilt insbesondere für die Festlegung von **Umfang und Lage** der täglichen bzw wöchentlichen **Arbeitszeit** (wie hier zB BAG 16. 3. 2004 – 9 AZR 93/03, AP ArbZG § 2 Nr 2; BAG 6. 5. 2014 – 9 AZR 575/12 Rn 14, AP BGB § 618 Nr 31 sowie für die tägliche Arbeitszeit eines leitenden Angestellten BAG 13. 3. 1967 – 2 AZR 133/66, AP BGB § 618 Nr 15; näher unten Rn 126).

D. § 618 als bürgerlich-rechtliche Grundnorm des Arbeitsschutzrechts

I. Systematik des Arbeitsschutzrechts

21 Die mit **§ 618 Abs 1 BGB** in das Zivilrecht aufgenommenen Schutzpflichten führen dazu, dass die Vorschrift als **bürgerlich-rechtliche Grundnorm des Arbeitsschutzrechts** zu bewerten ist (zustimmend HK-ArbSchR/Nebe § 618 BGB Rn 1). Über **Gegenstand und Systematik des Arbeitsschutzrechts** herrscht bislang allerdings kein Einvernehmen. Während zB Henssler zwischen dem technischen, dem medizinischen und dem sozialen Arbeitsschutz differenziert (MünchKomm/Henssler § 618 Rn 10 ff), plädieren Zöllner/Loritz/Hergenröder für eine extensivere Umschreibung und beziehen neben dem Betriebs- und Gefahrenschutz sowie dem Arbeitszeitschutz auch den Entgeltschutz, den Datenschutz und den Umweltschutz in das Arbeitsschutzrecht ein (Zöllner/Loritz/Hergenröder, Arbeitsrecht [7. Aufl 2015] § 32 Rn 9 ff; im Ansatz ähnlich, aber deutlich enger ArbR-BGB/Friedrich § 618 Rn 27). Waltermann befürwortet demgegenüber eine Dreiteilung des Arbeitsschutzrechts, das sich aus den Komponenten Gefahrenschutz, Arbeitszeitschutz und Arbeitsvertragsschutz zusammensetzen soll (Waltermann, Arbeitsrecht [19. Aufl 2018] Rn 441 ff; ähnlich schon Nipperdey, in: Festgabe zum 50-jährigen Bestehen des Reichsgerichts Bd IV [1929] 207).

22 Für die Dogmatik des Arbeitsschutzrechts haben diese Systematisierungsversuche untergeordnete Bedeutung, da sie – soweit ersichtlich – nicht von dem Bestreben geleitet sind, gemeinsame oder trennende Ordnungsstrukturen für das Gesamtgebiet oder die jeweiligen Teilgebiete aufzuzeigen. Das einzig verbindende Ordnungskriterium ist die öffentlich-rechtliche Struktur der zum Schutz des Arbeitnehmers erlassenen Vorschriften, deren Einhaltung durch ein System hoheitlicher Aufsicht überwacht und durch öffentlich-rechtliche Eingriffsbefugnisse sichergestellt wird (so bereits Nipperdey, in: Festgabe zum 50-jährigen Bestehen des Reichsgerichts Bd IV [1929] 204; ferner Hueck/Nipperdey I § 24; Leisner 18 f; Staudinger/Richardi[12] Vorbem 763 zu §§ 611 ff; Waltermann, Arbeitsrecht [19. Aufl 2018] Rn 440; Wank/Börgmann 11; Zöllner/Loritz/Hergenröder, Arbeitsrecht [7. Aufl 2015] § 32 Rn 1; ausführlich zur systematischen Ausdifferenzierung des Arbeitsschutzrechts Schwarz 9 ff). Dieses eher formale Abgrenzungskriterium schließt eine thematisch abschließende Umschreibung des Arbeitsschutzrechts aus; es handelt sich um einen **offenen Ordnungsbegriff**, der durch den aktuellen Status quo des Normbestandes geprägt wird, gleichwohl aber unter dem Vorbehalt einer **kontinuierlichen und dynamischen Fortentwicklung** steht (treffend Leisner 15 ff, der das Arbeitsschutzrecht als uneinheitliches Regelungskonglomerat bzw Rechtsmaterienbündel charakterisiert; ähnlich schon Herschel RdA 1978, 69).

In seinem **Kernbereich** lässt sich das **Arbeitsschutzrecht** in den **technischen** und den **sozialen Arbeitsschutz** unterteilen (statt aller BeckOK BGB/Fuchs/Baumgärtner § 618 Rn 7; AR/Kamanabrou § 618 BGB Rn 5; MHdB ArbR/Kohte § 172 Rn 1; zustimmend Staudinger/Richardi/Fischinger [2016] Vorbem 183 zu §§ 611 ff). Die Systematik der Anlagen zum Einigungsvertrag (jeweils Kap VIII Sachgeb B [Technischer Arbeitsschutz], Sachgebiet C [Sozialer Arbeitsschutz]) verleiht dieser Unterteilung des Arbeitsschutzrechts nicht nur normative Kraft (Art 45 Abs 2 EVertr), sondern zugleich liefern die Zuordnungen zu den jeweiligen Sachgebieten trotz einzelner Durchbrechungen (s MHdBArbR/Wlotzke [2. Aufl 2000] § 207 Rn 7) wichtige Anhaltspunkte für die systematische Zuordnung der jeweiligen Vorschriften und Gesetze. Eine legislative Bestätigung für diese Systematisierung des Arbeitsschutzrechts lieferte das früher im Seemannsgesetz kodifizierte Seearbeitsrecht, das in seinem Vierten Abschnitt („Arbeitsschutz") sowohl den Schutz gegen Betriebsgefahren (§§ 80–83 SeemG) als auch den Arbeitszeit- (§§ 84–91) sowie den Frauen- (§ 92 SeemG) und Jugendarbeitsschutz (§§ 94–100a SeemG) zusammenfasste. Das Seearbeitsgesetz v 26. 4. 2013 hat diese Systematik nicht fortgeführt und regelt die Arbeitszeit im 3. Abschnitt zu den Beschäftigungsbedingungen (§§ 42–56 SeeArbG), während Sicherheit und Gesundheitsschutz in den 6. Abschnitt integriert sind (§§ 114–118 SeeArbG). 23

Der **technische Arbeitsschutz** umfasst vor allem den Schutz der Arbeitnehmer vor den mit der **Art der Arbeitsleistung** verbundenen **Gefahren für Leben und Gesundheit**. Hierzu zählen neben dem **Arbeitsschutzgesetz**, dem **Produktsicherheitsgesetz** einschließlich der zu ihrer Durchführung erlassenen Rechtsverordnungen (unten Rn 71 ff), sowie der **Arbeitsstättenverordnung** (unten Rn 77 ff) und der **Gefahrstoffverordnung** (unten Rn 80 ff) auch die **Vorschriften zur institutionellen Optimierung des Gesundheitsschutzes** am Arbeitsplatz unter anderem im Gesetz über Betriebsärzte, Sicherheitsingenieure und andere Fachkräfte für Arbeitssicherheit (unten Rn 84). 24

Der **soziale Arbeitsschutz** betrifft demgegenüber **Umfang und Lage der Arbeitszeit**. Zu diesem gehören deshalb die Vorschriften über die Zulässigkeit von **Sonn- und Feiertagsarbeit** in den Gesetzen der Bundesländer über Ladenöffnungszeiten (zB § 9 HessLöG, § 10 LÖG NRW, § 13 LÖffZGSH, § 12 ThürLadOffG) sowie die Bestimmungen des **Arbeitszeitgesetzes** und ergänzender Gesetze und Verordnungen, die Dauer und Lage der Arbeitszeit regeln (näher unten Rn 171). 25

Für den **Anwendungsbereich des § 618 Abs 1 BGB** lassen sich aus der systematischen Unterteilung des Arbeitsschutzrechts in Rn 23 ff keine verbindlichen Anhaltspunkte ableiten (**aA** aber MünchKomm/Lorenz [4. Aufl 2005] § 618 Rn 20, 56, der den sozialen Arbeitsschutz aus dem Anwendungsbereich des § 618 Abs 1 ausschließen wollte [dazu oben Rn 20]). Die Entstehungsgeschichte des § 618 BGB bestätigt zwar, dass diese Norm die dem technischen Arbeitsschutzrecht zuzuordnende Vorschrift in § 120a GewO aF in das Zivilrecht transformieren sollte (oben Rn 1). Eine statische Fixierung des Anwendungsbereichs von § 618 Abs 1 BGB im Sinne des damals geltenden Arbeitsschutzrechts kann hieraus aber nicht abgeleitet werden. Im Vordergrund steht vielmehr der auf den Schutz von Leben und Gesundheit des Dienstverpflichteten ausgerichtete Normzweck. Deshalb umfasst § 618 Abs 1 BGB **auch den sozialen Arbeitsschutz**, sofern dieser Gefahren für die Gesundheit abwehren soll, die aus Umfang und Lage der Arbeitszeit folgen (s auch oben Rn 20). 26

27 Die teilweise anzutreffende Differenzierung zwischen einem **gesetzlichen** und einem **autonomen Arbeitsschutz**, wobei der letztgenannte unterhalb objektiv feststellbarer Gefahren für Leben und Gesundheit anzusiedeln sei und auf die **Humanisierung der Arbeitswelt** abziele (so zB Fitting/Kaiser/Heither/Engels BetrVG [18. Aufl 1996] vor § 89 Rn 2; MünchKomm/Lorenz [4. Aufl 2005] § 618 Rn 11 f), ist bereits wegen des schillernden Autonomiebegriffs für eine sinnvolle Systematik des Arbeitsschutzrechts ungeeignet (s einerseits MünchKomm/Lorenz [4. Aufl 2005] § 618 Rn 11 f, der auf den Regelungsinhalt abstellt; andererseits Ehmann, in: FS zum 50-jährigen Bestehen der Arbeitsgerichtsbarkeit in Rheinland-Pfalz [1999] 27 f; Märtins ZTR 1992, 224; MHdB ArbR/Wlotzke [2. Aufl 2000] § 207 Rn 2 f, die eine Differenzierung nach den normerzeugenden Institutionen befürworten; in diesem Sinne auch Wank/Börgmann 12 f). Die Bestrebungen zur Humanisierung der Arbeitsbedingungen richten sich zudem allgemein auf deren Verbesserung und gehen damit weit über den Bereich des klassischen Arbeitsschutzes hinaus (ablehnend auch Ehmann 41 Fn 51; MünchKomm/Henssler § 618 Rn 13; Weber, GK-BetrVG [11. Aufl 2018] vor § 90 Rn 3; Zöllner/Loritz/Hergenröder, Arbeitsrecht [7. Aufl 2015] § 32 Rn 19, 21). Die arbeitsschutzrechtliche Verpflichtung des Arbeitgebers in § 3 Abs 1 ArbSchG bestätigt dieses Verständnis, da die dort von ihm verlangten Maßnahmen expressis verbis auf „Sicherheit und Gesundheitsschutz der Beschäftigten" abzielen. Zu den vom Arbeitgeber zu ergreifenden Maßnahmen gehören nach der Legaldefinition in § 2 Abs 1 ArbSchG zwar auch solche zur menschengerechten Gestaltung der Arbeit, hierdurch ändert sich aber nicht die in § 3 Abs 1 S 1 ArbSchG vorgegebene finale Ausrichtung der Maßnahmen (s MünchKomm/Henssler § 618 Rn 13). Nur bei Beachtung dieser Zielrichtung ist es gerechtfertigt, die menschengerechte Gestaltung der Arbeit in einen weitgefassten technischen Arbeitsschutz einzubeziehen (s aber Weber, GK-BetrVG [11. Aufl 2018] vor § 90 Rn 2 sowie MünchKomm/Henssler § 618 Rn 11, 13; MHdB ArbR/Kohte § 172 Rn 5).

II. Rechtsquellen des technischen Arbeitsschutzrechts

1. Überblick

28 Im Gegensatz zu den Vorschriften, die Umfang und Lage der Arbeitszeit regeln, zeichnet sich das technische Arbeitsschutzrecht durch eine Vielzahl unterschiedlicher Rechtsgrundlagen aus, die ein dichtes und sich partiell überschneidendes Normengeflecht zum Schutz der Arbeitnehmer vor den Gefahren am Arbeitsplatz für Leben und Gesundheit knüpfen (s auch die Gesamtdarstellung von Bücker/Feldhoff/Kohte, Vom Arbeitsschutz zur Arbeitsumwelt [1994]; MHdB ArbR/Kohte §§ 172, 176–180; Wank/Börgmann, Deutsches und europäisches Arbeitsschutzrecht [1992]) und hierdurch auch den Handlungsdirektiven der grundrechtlichen Schutzpflicht aus Art 2 Abs 2 S 1 GG Rechnung trägt (Schmidt am Busch GewArch 2011, 2 f; ebenso MHdB ArbR/Kohte § 172 Rn 9 f). Von zentraler Bedeutung für den technischen Arbeitsschutz ist das supranationale Recht, das die Ausgestaltung des nationalen Arbeitsschutzrechts vornehmlich durch das primäre und sekundäre Unionsrecht prägt und zugleich die Gestaltungsspielräume der jeweiligen nationalen Normsetzungsinstanzen begrenzt (näher unten Rn 34 ff).

29 Auf der Ebene des nationalen Rechts existiert traditionell ein **duales System von Arbeitsschutzvorschriften** (s zB Märtins ZTR 1992, 224 f; MHdB ArbR/Kohte § 174 Rn 1 ff). Im Vordergrund stehen diejenigen **staatlichen Gesetze**, die den technischen Arbeitsschutz entweder selbst regeln oder aber Ermächtigungen zum Erlass von **Rechtsverordnungen** enthalten (näher unten Rn 62 ff; sowie STAUDINGER/RICHARDI[12] Vorbem 769 ff zu §§ 611 ff). Ein vollständiges Verzeichnis der aktuellen Arbeitsschutzvorschriften des Bundes enthält der Bericht der Bundesregierung über den Stand von Sicherheit und Gesundheit bei der Arbeit, den diese jedes Jahr mit Textteil erstattet (§ 25 Abs 1 SGB VII; zuletzt: BT-Drucks 19/6500, 278 ff [Stand: 20. 9. 2018]).

Ergänzend treten die nach § 15 SGB VII erlassenen **Unfallverhütungsvorschriften der Berufsgenossenschaften** hinzu (näher unten Rn 85 f). Die mit der dualistischen Konzeption des deutschen technischen Arbeitsschutzrechts verbundene Unübersichtlichkeit wird kompensiert durch die Vorteile eines flexiblen und auf die spezifischen Bedürfnisse und Gefahren der unterschiedlichen Gewerbezweige zugeschnittenen Arbeitsschutzrechts (s die exemplarischen [allerdings weitgehend veralteten] Untersuchungen von BETZLER, Betriebsschutz und Arbeitszeitschutz in der Tabakindustrie [Diss Würzburg 1977]; BREMER, Arbeitsschutz im Baubereich [2007]; ECKART, Der Betriebsschutz in der Zement- und zementverarbeitenden Industrie [Diss Würzburg 1981]; GÜNDERMANN, Der Betriebsschutz in Betrieben zur Gewinnung von Blei und seinen Verbindungen [Diss Würzburg 1977]; KOERNER, Der Betriebsschutz in den Abwrackwerften [Diss Würzburg 1976]; KREUZER, Der Betriebsschutz im Bergbau [Diss Würzburg 1976]; KUNZE/HIERONYMI, Sicherheit und Unfallverhütung in der landwirtschaftlichen Arbeit unter bes Berücks des Maschinenschutzgesetzes [Diss Würzburg 1975]; ZIMMERMANN, Der Betriebsschutz in der Lederindustrie [Diss Würzburg 1979]). 30

Keine Rechtsquellen sind die **Durchführungsanweisungen, Richtlinien, Sicherheitsregeln und Merkblätter der Berufsgenossenschaften**. Das gilt entsprechend für die **technischen Normen** (zum fehlenden Rechtsnormencharakter der technischen Regeln MARBURGER, Die Regeln der Technik im Recht [1979] 286 ff; vgl auch HERSCHEL, Rechtsfragen der technischen Überwachung [2. Aufl 1980] 116 ff; MÜLLER-FOELL, Die Bedeutung technischer Normen für die Konkretisierung von Rechtsvorschriften [1987] 117 ff; s auch SCHMIDT-PREUSS, in: KLOEPFER [Hrsg], Selbst-Beherrschung im technischen und ökologischen Bereich [1998] 89 ff), die jedoch ungeachtet ihrer präzisen rechtsdogmatischen Stellung immer dann wichtige Hinweise für die Rechtsanwendung geben, wenn Rechtsnormen des technischen Arbeitsschutzrechts – wie zB § 3a Abs 1 S 2 ArbStättV – auf die „allgemein anerkannten Regeln der Technik", den „Stand der Technik" oder den „Stand von Wissenschaft und Technik" Bezug nehmen (vgl BVerfG 8. 8. 1978 – 2 BvL 8/77, BVerfGE 49, 143 ff; BGH 14. 5. 1998 – VII ZR 184/97, BGHZ 139, 19 f; BGH 13. 3. 2001 – VI ZR 142/00, VersR 2001, 1041; BGH 3. 2. 2004 – VI ZR 95/03, NJW 2004, 1450; BayObLG 30. 7. 2002 – 1 ObOWi 15/02, VersR 2003, 746 f; OLG Celle 28. 5. 2003 – 9 U 7/03, NJW 2003, 2544; aus dem Schrifttum zB ArbR-BGB/FRIEDRICH § 618 Rn 52, 58 ff; MHdB ArbR/KOHTE § 174 Rn 17 ff; HK-ArbSchR/NEBE § 618 BGB Rn 13, 28; NICKLISCH, in: NICKLISCH/SCHOTTELIUS/WAGNER [Hrsg], Die Rolle des wissenschaftlich-technischen Sachverstandes bei der Genehmigung chemischer und kerntechnischer Anlagen [1982] 67 ff; SEIBEL NJW 2013, 3000 ff; BeckOGK/WITSCHEN [1. 2. 2019] § 618 Rn 78, jeweils mwNw; ebenso für die früheren Arbeitsstätten-Richtlinien BVerwG 31. 1. 1997 – 1 C 20/95, NZA 1997, 484; OVG NW 15. 10. 1997 – 4 A 4806/95, GewArch 1998, 202). 31

Aufgestellt werden die **technischen Normen** von verschiedenen **privaten Fachausschüssen** der Wirtschafts-, Fach- oder Berufsverbände (sog Normenorganisationen), zB Deutsches Institut für Normung, Verband Deutscher Elektrotechniker (ausführlich MARBURGER, Die Regeln der Technik im Recht [1979] 195 ff; MÜLLER-FOELL, Die Bedeutung der technischen Normen für die Konkretisierung von Rechtsvorschriften [1987] 59 ff), sowie zuneh- 32 mend auch unionsweit durch die europäischen Normungsorganisationen CEN und CENELEC (Comité Européen de Normalisation, Comité Européen de Normalisation Électrotechnique; hierzu Rossnagel DVBl 1996, 1181 ff; Lamarche, Arbeitsschutz und Normung im europäischen Gemeinschaftsrecht [2009]; Röthel, Normkonkretisierung im Privatrecht [2004] 271 ff; Wiesendahl, Technische Normung in der Europäischen Union [2007] sowie im Überblick MHdB ArbR/Kohte § 174 Rn 33; zur psychischen Belastung am Arbeitsplatz Lützeler BB 2014, 310 ff). Von großer praktischer Bedeutung für die Ermittlung der jeweiligen Regeln sind die durch Rechtsverordnung gebildeten Ausschüsse (s § 18 Abs 2 Nr 5 ArbSchG), zu deren Aufgabe es auch gehört, die Regeln zu ermitteln, die eingehalten werden müssen, um die in den nach § 18 Abs 1 ArbSchG erlassenen Rechtsverordnungen gestellten Anforderungen zu erfüllen (s näher MHdB ArbR/Kohte § 174 Rn 35 ff; exemplarisch § 33 ProdSG: Ausschuss für Produktsicherheit, § 20 GefStoffV: Ausschuss für Gefahrstoffe, § 7 ArbStättV: Ausschuss für Arbeitsstätten).

33 Auch die **Arbeitsstättenregeln** (unten Rn 78) sowie die **Technischen Regeln nach § 20 Abs 3 S 1 Nr 2 GefStoffV** (unten Rn 81) sind keine Rechtsnormen (Herschel RdA 1978, 71; exemplarisch für die TRGS 900 OVG NW 20. 1. 1993 – 4 A 1351/90, GewArch 1994, 60 f sowie für die früheren Arbeitsstätten-Richtlinien BVerwG 31. 1. 1997 – 1 C 20/95, NZA 1997, 484). Eine abweichende Bewertung kommt für **Spezifikationen** nach § 21 Abs 1 S 1 Nr 3 ProdSG (s unten Rn 76) in Betracht (s Marburger, Die Regeln der Technik im Recht [1979] 476; Wlotzke, in: FS Hilger/Stumpf [1983] 733 Fn 41, jeweils zur Rechtslage nach § 24 GewO aF).

2. Internationale und supranationale Rechtsquellen

a) Übereinkommen der Internationalen Arbeitsorganisation

34 Als internationale Rechtsquellen für das technische Arbeitsschutzrecht sind vor allem die **Übereinkommen der Internationalen Arbeitsorganisationen** (ILO) zu erwähnen, die bereits frühzeitig den Schutz der Arbeitnehmer vor den Gefahren am Arbeitsplatz für Leben und Gesundheit als ein auf internationaler Ebene lösungsbedürftiges Problem aufgriffen und damit eine Initiative fortführten, die die **Internationale Arbeitsschutzkonferenz** von Berlin v 15.-29. 3. 1890 eingeleitet hatte (zu dieser Birk ZfA 1991, 355; Kaufhold ZfA 1991, 277 ff; Kern ZfA 1991, 323 ff; Maute, Die Februar-Erlasse Kaiser Wilhelms II. und ihre gesetzliche Ausführung, unter besonderer Berücksichtigung der Berliner Internationalen Arbeitsschutzkonferenz von 1890 [1984]). Dementsprechend fordert die Präambel der Verfassung der Internationalen Arbeitsorganisation (BGBl 1957 II 317) einen „Schutz der Arbeitnehmer gegen allgemeine und Berufskrankheiten sowie Arbeitsunfälle".

35 Bezüglich dieser Materie hat die **Bundesrepublik Deutschland** ua folgende Übereinkommen **ratifiziert**:

- Übereinkommen Nr 3 v 29. 11. 1919 betreffend die **Beschäftigung der Frauen vor und nach der Niederkunft** (RGBl 1927 II 497);

- Übereinkommen Nr 45 v 21. 6. 1935 über die **Beschäftigung von Frauen bei Untertagearbeiten in Bergwerken jeder Art** (BGBl 1954 II 624);

- Übereinkommen Nr 62 v 23. 6. 1937 über **Unfallverhütungsvorschriften bei Hochbauarbeiten** (BGBl 1955 II 178);

- Übereinkommen Nr 73 v 29. 6. 1946 über die **ärztliche Untersuchung der Schiffsleute** (BGBl 1976 II 1225);
- Übereinkommen Nr 92 v 18. 6. 949 über die **Quartierräume der Besatzung an Bord von Schiffen** (BGBl 1974 II 841);
- Übereinkommen Nr 115 v 22. 6. 1960 über den **Schutz der Arbeitnehmer vor ionisierenden Strahlen** (BGBl 1973 II 933);
- Übereinkommen Nr 120 v 8. 7. 1964 über den **Gesundheitsschutz in Handel und Büros** (BGBl 1973 II 1255);
- Übereinkommen Nr 134 v 30. 10. 1970 über den **Schutz der Seeleute gegen Arbeitsunfälle** (BGBl 1974 II 900);
- Übereinkommen Nr 136 v 23. 6. 1971 über den **Schutz vor den durch Benzol verursachten Vergiftungsgefahren** (BGBl 1973 II 958);
- Übereinkommen Nr 139 v 24. 6. 1974 über die Verhütung und Bekämpfung der durch **krebserzeugende Stoffe und Einwirkungen** verursachten Berufsgefahren (BGBl 1976 II 577);
- Übereinkommen Nr 148 v 20. 6. 1977 über den Schutz der Arbeitnehmer gegen Berufsgefahren infolge **Luftverunreinigung, Lärm und Vibrationen an den Arbeitsplätzen** (BGBl 1993 II 74; zuvor aber noch die Ablehnung BT-Drucks 10/2125);
- Übereinkommen Nr 152 v 25. 6. 1979 über den **Arbeitsschutz der Hafenarbeiter** (BGBl 1982 II 694);
- Übereinkommen Nr 162 v 24. 6. 1986 über Sicherheit bei der **Verwendung von Asbest** (BGBl 1993 II 83);
- Übereinkommen Nr 167 v 20. 6. 1988 über den **Arbeitsschutz im Bauwesen** (BGBl 1993 II 94; zur Gegenäußerung der BReg zur Stellungnahme des BRates BT-Drucks 12/1509);
- Übereinkommen Nr 170 v 25. 6. 1990 über Sicherheit bei der Verwendung **chemischer Stoffe** bei der Arbeit (BGBl 2007 II 131);
- Übereinkommen Nr 176 v 22. 6. 1995 über den **Arbeitsschutz in Bergwerken** (BGBl 1998 II 795);
- Übereinkommen Nr 182 v 17. 6. 1999 über das Verbot und unverzügliche Maßnahmen zur Beseitigung der schlimmsten Formen der **Kinderarbeit** (BGBl 2001 II 1291);
- **Seearbeitsübereinkommen** v 23. 2. 2006 (BGBl 2013 II 763; dazu Gräf ZfA 2012, 557 ff; Lagoni ArchVölkerR 48 [2010] 58 ff; Schäfer TranspR 2008, 290 ff; Schäfer/Kaplijc ZESAR 2009, 170 ff; R Zimmer EuZA 2015, 297 ff);

– Übereinkommen Nr 187 v 31. 5. 2006 über den **Förderungsrahmen für den Arbeitsschutz** (BGBl 2010 II 379);

– Übereinkommen Nr 189 v 16. 6. 2011 über menschenwürdige Arbeit für **Hausangestellte** (BGBl 2013 II 922; dazu Kocher NZA 2013, 929 ff; Scheiwe/Schwach NZA 2013, 1116 ff; Steinke RdA 2018, 232 ff; Trebilcock SR 2018, 240 ff; ergänzend dazu die Empfehlung [Recommendation] Nr 201 v 16. 6. 2011).

36 Demgegenüber wurde eine **Ratifizierung** der folgenden, ebenfalls die Materie des technischen Arbeitsschutzes betreffenden Übereinkommen **abgelehnt** bzw bislang **nicht vorgenommen**:

– Übereinkommen Nr 155 v 22. 6. 1981 über **Arbeitsschutz und Arbeitsumwelt** (BT-Drucks 10/2126, mit ablehnender Stellungnahme der Bundesregierung);

– Übereinkommen Nr 183 v 30. 6. 2000 über **Mutterschutz**;

– Übereinkommen Nr 184 v 21. 6. 2001 über den Arbeitsschutz in der **Landwirtschaft**;

– Übereinkommen Nr 188 v 14. 6. 2007 über die Arbeit im **Fischereisektor**.

37 Die Übereinkommen der Internationalen Arbeitsorganisation sind mit ihrer Ratifizierung sowie infolge des Zustimmungsgesetzes **Bestandteil des innerstaatlichen Rechts** (BVerfG 20. 10. 1981 – 1 BvR 404/78, BVerfGE 58, 255; MHdBArbR/Birk [2. Aufl 2000] § 17 Rn 52; MHdB ArbR/Kohte § 172 Rn 44; ausführlich Morhard, Die Rechtsnatur der Übereinkommen der Internationalen Arbeitsorganisation [1988]) und stehen in der Normhierarchie mit dem einfachen Gesetzesrecht auf einer Stufe. Sie gestalten zwar grundsätzlich nicht durch unmittelbar wirkende Rechtssätze die Beziehungen der Arbeitsvertragsparteien, begründen aber rechtliche Verpflichtungen der Signatarstaaten (zB BGH 9. 5. 1980 – I ZR 76/78, NJW 1980, 2018), zu deren Einhaltung die Verfassung der Internationalen Arbeitsorganisation (BGBl 1957 II 317) ein differenziertes Berichts- und Beschwerdesystem etabliert (Art 22 ff; hierzu MHdB ArbR/Birk [2. Aufl 2000] § 17 Rn 63 ff; Böhmert, Das Recht der ILO und sein Einfluss auf das deutsche Arbeitsrecht im Zeichen der europäischen Integration [2002] 83 ff; Haase ZfSH/SGB 1990, 241 ff; Kern ZfA 1991, 347 ff; Schregele RdA 1956, 51 ff, 95 ff; Stauner ZfSH/SGB 1990, 175 f).

38 Ob **einzelne Vorschriften** der jeweiligen Übereinkommen **„self-executing"** sind (hierfür im Ausnahmefall Zöllner/Loritz/Hergenröder, Arbeitsrecht [7. Aufl 2015] § 11 Rn 3; exemplarisch Haase ZfSH/SGB 1990, 247 f; R Zimmer, in: FS Lörcher [2013] 32 ff; ferner Wank, in: Hanau/Steinmeyer/Wank, Handbuch des Europäischen Arbeits- und Sozialrechts [2002] § 34 Rn 95 ff), kann für die Materie des technischen Arbeitsschutzes regelmäßig dahingestellt bleiben. Die offenen Formulierungen der Generalklauseln des technischen Arbeitsschutzrechts (zB § 3 Abs 1 und 2 ArbSchG) ermöglichen es zumeist, das nationale Recht im Zweifel so anzuwenden und auszulegen, dass sich dieses im Einklang mit den von der Bundesrepublik Deutschland ratifizierten Übereinkommen der Internationalen Arbeitsorganisation befindet. Solange keine gegenteiligen Anhaltspunkte erkennbar sind, ist auf Grund der jeweiligen Zustimmungsgesetze anzunehmen, dass der Gesetzgeber seine völkerrechtlichen Verpflichtungen erfüllen

will. Insbesondere bei nachträglich verkündeten Gesetzen ist regelmäßig nicht davon auszugehen, dass der Gesetzgeber mit ihnen seine völkerrechtlichen Pflichten verletzen oder deren Verletzung ermöglichen will (BVerfG 26. 3. 1987 – 2 BvR 589/79 ua, BVerfGE 74, 370; BVerfG 14. 10. 2004 – 2 BvR 1481/04, BVerfGE 111, 307 Rn 62; BVerfG 4. 5. 2011 – 2 BvR 2333/08 ua, BVerfGE 128, 326 Rn 88 ff). Über eine systematische Auslegung des nationalen Rechts, die allerdings die Grenzen des Gesetzeswortlautes nicht überschreiten darf, kann diese Auslegungsregel methodengerecht umgesetzt werden (wie hier Haase ZfSH/SGB 1990, 245; MHdB ArbR/Kohte § 172 Rn 44; Lörcher AuR 1991, 103 f; R Zimmer, in: FS Lörcher [2013] 39 ff; ausführlich Böhmert, Das Recht der ILO und sein Einfluss auf das deutsche Arbeitsrecht im Zeichen der europäischen Integration [2002] 163 ff).

b) Europäische Sozialcharta (ESC)

Die **Europäische Sozialcharta** v 18. 10. 1961 (BGBl 1964 II 1262 = EAS A 1400) ist wegen ihrer abstrakten Formulierungen hinsichtlich des technischen Arbeitsschutzrechts von **relativ geringer Bedeutung**. Teil I proklamiert unter Nr 3 ein Recht auf **sichere und gesunde Arbeitsbedingungen** und Art 3 ESC konkretisiert dies durch die Verpflichtung der Vertragspartner zum **Erlass von Sicherheits- und Gesundheitsvorschriften** sowie zur Schaffung von **Kontrollmaßnahmen zur Einhaltung** dieser Vorschriften (s MHdB ArbR/Kohte § 172 Rn 45 ff; EuArbRK/Schubert [2. Aufl 2018] Art 3 ESC Rn 3 ff, 6 sowie ausführlich Kohte, in: FS Birk [2008] 417 ff). Obwohl sie die Intensität des nationalen technischen Arbeitsschutzrechts nicht beeinflussen, sind die entsprechenden Regelungen der Europäischen Sozialcharta Bestandteil des innerstaatlichen Rechts (BVerfG 20. 10. 1981 – 1 BvR 404/78, BVerfGE 58, 254) und bewirken zumindest eine Selbstbindung des nationalen Gesetzgebers, ein effektives technisches Arbeitsschutzrecht zu etablieren (näher EuArbRK/Schubert [2. Aufl 2018] Teil I ESC Rn 24 ff; zu weiterreichenden Rechtswirkungen am Beispiel von Art 6 ESC zB Seiter, Streikrecht und Aussperrungsrecht [1975] 129 ff; s auch MHdB ArbR/Birk [2. Aufl 2000] § 17 Rn 98). 39

c) Unionsrecht*

aa) Technischer Arbeitsschutz als Aufgabe der Europäischen Union

Neben den punktuellen Vorgaben in den Übereinkommen der Internationalen Arbeitsorganisation überlagert auf der supranationalen Ebene vor allem das Recht der Europäischen Union den Schutz des Dienstverpflichteten bzw Arbeitnehmers in 40

* **Schrifttum**: Balze, Die sozialpolitischen Kompetenzen der Europäischen Union (1994); Becker, Der Anwendungsbereich der EG-Maschinen-Richtlinie, BerGen 1995, 544; ders, Harmonisierte Normen und Konformitätsbewertungsverfahren – Elemente der Neuen Konzeption, in: FS Woltzke (1996) 445; Beglinger, Die Harmonisierungsbestrebungen der EG auf dem Gebiet des technischen Arbeitsschutzes (1991); Bieneck, Der Beitrag der Arbeitswissenschaft zur Weiterentwicklung des Arbeitsschutzes, ZArbWiss 1992, 129; Birk, in: Richardi/Wlotzke (Hrsg), Münchener Handbuch des Arbeitsrechts Bd 1 (2. Aufl 2000) § 18 Rn 155; ders, Die Rahmenrichtlinie über die Sicherheit und den Gesundheitsschutz am Arbeitsplatz – Umorientierung des Arbeitsschutzes und bisherige Umsetzung in den Mitgliedstaaten der Europäischen Union, in: FS Wlotzke (1996) 645; Börgmann, Die Gefahrstoffverordnung im Spannungsfeld zwischen Verfassungs- und EG-Recht (1996); vBorries/Petschke, Gleichwertigkeitsklauseln als Instrument zur Gewährleistung des freien Warenverkehrs in der Europäischen Gemeinschaft, DVBl 1996, 1343; Brandes, System des europäischen Arbeitsschutzrechts (1999); Bücker, Von der Gefahrenabwehr zu Risikovorsorge und Risikomanagement im Arbeitsschutzrecht (1997); ders, in: Schlachter/Heinig, Euro-

§ 618 Abs 1 BGB sowie das innerstaatliche technische Arbeitsschutzrecht (s Bieneck ZArbWiss 1992, 130 ff; Brandes 95 ff, 171 ff; ArbR-BGB/Friedrich § 618 Rn 185 ff; MHdB ArbR/Kohte § 173 Rn 1 ff; Koll DB 1989, 1234 ff; Steinmeyer ZIAS 1989, 227 f; Tegtmeier, BArbBl 1991, Heft 12, 5 ff; Wank, in: vMaydell/Schnapp [Hrsg], Die Auswirkungen des EG-Rechts auf das Arbeits- und Sozialrecht der Bundesrepublik [1992] 63 ff; ders, in: Hanau/Steinmeyer/Wank,

---

päisches Arbeits- und Sozialrecht [2016] § 19; Bücker/Feldhoff/Kohte, Vom Arbeitsschutz zur Arbeitsumwelt (1994); Dertinger, Europa und Arbeitssicherheit, BerGen 1989, 174; Doll, Richtlinien der Europäischen Union, die für den Arbeitsschutz von Bedeutung sind, PersV 1997, 488; Eiermann, Europäischer Binnenmarkt und berufsgenossenschaftliche Unfallverhütung, ZfSH/SGB 1990, 477; Feldhoff/Kohte, Betriebliches Arbeitsumweltrecht: Neue Regeln aus Brüssel, AiB 1992, 389; Fischer/Schierbaum, Bildschirmarbeit und Gesundheit – Bringt die EG-Richtlinie zur Bildschirmarbeit Fortschritte?, PersR 1994, 351; Gaul, Praktische Konsequenzen aus der Nichtumsetzung der EU-Arbeitsschutzrichtlinien, AuR 1995, 445; Hollich, Die arbeitsschutzrechtliche Rahmenrichtlinie 89/391/EWG und ihre Umsetzung in den Mitgliedstaaten, ZIAS 1998, 279; vHoyningen-Huene/Compensis, Deutsche Unfallverhütungsvorschriften im EG-Binnenmarkt – insbesondere für die Gerätesicherheit, NZS 1993, 233; Jansen/Römer, Die EG-Politik zur Verwirklichung eines gemeinsamen Binnenmarktes und ihre Auswirkungen auf den Arbeitsschutz, BerGen 1988, 438, 498; Joerges, Die Verwirklichung des Binnenmarktes und die Europäisierung des Produktsicherheitsrechts, in: FS Steindorff (1990) 1247; Kaufmann, EG-Gleichwertigkeitsverordnung, DB 1996, 277; Kiesche/Schierbaum, Neue Anforderungen an Software-Ergonomie durch die EG-Richtlinie zur Bildschirmarbeit, AuR 1995, 41; Kohte, Neue Impulse aus Brüssel zur Mitbestimmung im betrieblichen Gesundheitsschutz, in: FS Gnade (1992) 675; ders, Arbeitsschutzrahmenrichtlinie, in: Oetker/Preis (Hrsg), Europäisches Arbeits- und Sozialrecht Teil B, 6100 (1998); ders, Die Umsetzung der Richtlinie 89/391 in den Mitgliedstaaten der EU, ZIAS 1999, 85; ders, in: Kiel/Lunk/Oetker (Hrsg), Münchener Handbuch zum Arbeitsrecht (4. Aufl 2018) § 173; Koll, Arbeitsschutz im europäischen Binnenmarkt, DB 1989, 1234; ders, Die Beurteilung von Gefährdungen am Arbeitsplatz und ihre Dokumentation nach der EG-Rahmenrichtlinie Arbeitsschutz, in: FS Wlotzke (1996) 713; Kollmer, Richtlinien zur Geräte- und Anlagensicherheit, in: Oetker/Preis (Hrsg), Europäisches Arbeits- und Sozialrecht Teil B, 6300 (1995); ders, Europäisches Gefahrstoff-, Geräte- und Maschinensicherheitsrecht (1997); Kreizberg, Einzelrichtlinien zur Arbeitsschutzrahmenrichtlinie, in: Oetker/Preis (Hrsg), Europäisches Arbeits- und Sozialrecht, B 6200 (2009); ders, Europäisches Gefahrstoffrecht, in: Oetker/Preis (Hrsg), Europäisches Arbeits- und Sozialrecht, B 6400 (2009); Lehmann, Europäische und internationale Normung, BerGen 1989, 554; Müller-Petzer, Fürsorgepflichten des Arbeitgebers nach europäischem und nationalem Arbeitsschutzrecht (2003); Opfermann, Das EG-Recht und seine Auswirkungen auf das deutsche Arbeitsschutzrecht, in: FS Wlotzke (1996) 729; Partikel, Europäische Arbeitsschutzpolitik, SozSich 1989, 146; Pieper, Arbeitsschutz im Umbruch? – Verzögerungen bei der Umsetzung des EG-Arbeitsumweltrechts, AuR 1993, 355; Reihlen, Technische Normung und Zertifizierung für den EG-Binnenmarkt, EuZW 1990, 444; A Reuter, Die neue Maschinenrichtlinie: Ein europäischer Binnenmarkt im Maschinen- und Anlagenbau, BB 1990, 1213; Richenhagen, Die EU-Bildschirm-Richtlinie: Rechtslage, Umsetzungsprobleme und Lösungsvorschläge, WSI-Mitteilungen 1996, 118; ders, Arbeitsplatzanalysen nach der EU-Bildschirm-Richtlinie, CR 1996, 482; Riese/Rückert, Bildschirmarbeit – Umsetzung der EG-Richtlinie, BArbBl 1992, Heft 9, 20; Rosenthal, Die Bedeutung der EG-Richtlinie zum „Heben und Tragen von Lasten" für den Arbeits- und Gesundheitsschutz des Krankenpflegepersonals,

Handbuch des Europäischen Arbeits- und Sozialrechts [2002] § 18 Rn 430 ff; WLOTZKE BArbBl 1989, Heft 6, 14 ff; ders NZA 1990, 417 ff; ders RdA 1992, 85 ff; zum Arbeitsschutzrecht einzelner Mitgliedstaaten den Überblick bei WANK/BÖRGMANN 149 ff).

So forderte bereits die Präambel der **„Gemeinschaftscharta der Sozialen Grundrechte der Arbeitnehmer“** v 9. 12. 1989 (abgedruckt in: EAS A 1500; zum Entwurf der EG-Kommission CLEVER ZfSH/SGB 1989, 393 ff) nicht nur eine Verbesserung des Gesundheitsschutzes und der Sicherheit in der Arbeitsumwelt, sondern Nr 19 der Gemeinschaftscharta postulierte zusätzlich, dass jeder Arbeitnehmer „in seiner Arbeitsumwelt zufriedenstellende Bedingungen für Gesundheitsschutz und Sicherheit vorfinden“ muss. Hierauf aufbauend sah das zur Anwendung der Gemeinschaftscharta vorgelegte **Aktionsprogramm der Kommission v 29. 11. 1989** (BR-Drucks 717/89 = BIRK [Hrsg], Europäisches Arbeitsrecht [1990] 51 ff; hierzu BLANPAIN/SCHMIDT/SCHWEIBERT, Europäisches Arbeitsrecht [2. Aufl 1996] 141 f; STROHMEIER DB 1992, 38 ff) zur Konkretisierung zahlreiche Initiativen für den „Gesundheitsschutz und die Sicherheit am Arbeitsplatz“ vor. Obwohl beide Dokumente keine unmittelbaren Rechtswirkungen entfalteten (BALZE, Die sozialpolitischen Kompetenzen der Europäischen Union [1994] 194 f; HANAU ArbRGegW Bd 28 [Dok 1990] 1991, 99) belegen sie die herausragende Bedeutung des Gesundheitsschutzes am Arbeitsplatz für den europäischen Binnenmarkt. Diese findet ihren Niederschlag nunmehr auch in der **Charta der Grundrechte der Europäischen Union** v 7. 12. 2000 (ABl EG Nr C 364 v 18. 12. 2000, 1 = EAS A 1510), die in Anlehnung an die Gemeinschaftscharta in Art 31 Abs 1 das Recht jedes Arbeitnehmers auf „gesunde, sichere und würdige Arbeitsbedingungen“ festlegt und in Art 32 Abs 2 den besonderen Schutz 41

PersR 1992, 276; ROSSNAGEL, Europäische Techniknormen im Lichte des Gemeinschaftsvertragsrechts, DVBl 1996, 1181; SALISCH, EWG-Vertrag fordert Verbesserung der Arbeitsumwelt, Die Mitbestimmung 1988, 679; SCHEEL, Auslegung von EU-Richtlinien und Entscheidungsbefugnis der Kommission – Die Kompetenz der EU-Kommission zur Auslegung von grundlegenden Sicherheitsanforderungen der Maschinenrichtlinie: ein Problemfall des europäischen Verwaltungsrechts, GewArch 1999, 129; ders, Die Richtlinie zum Schutz von Gesundheit und Sicherheit der Arbeitnehmer vor der Gefährdung durch chemische Arbeitsstoffe bei der Arbeit, DB 1999, 1654; SCHÖLER, Gesundheitsschutz in der Arbeitsumwelt, SozSich 1991, 97; SCHUBERT, Europäisches Arbeitsschutzrecht und betriebliche Mitbestimmung (2005); SEHMSDORF, Europäischer Arbeitsschutz und seine Umsetzung in das deutsche Arbeitsschutzsystem (1995); STREFFER, Freier Warenverkehr und Arbeitsschutz im europäischen Recht, in: FS Wlotzke (1996) 769; TEGTMEIER, Veränderungen in Europa, BArbBl 1991, Heft 12, 5; THEURER, Die Gründung einer europäischen „MAK-Kommission“, DB 1996, 273; WANK, Der Einfluß des europäischen Arbeitsschutzrechts auf die Rechtslage in der Bundesrepublik Deutschland, in: vMAYDELL/SCHNAPP (Hrsg), Die Auswirkungen des EG-Rechts auf das Arbeits- und Sozialrecht der Bundesrepublik (1992) 63; ders, Technischer Arbeitsschutz der EU im Überblick, in: OETKER/PREIS (Hrsg), Europäisches Arbeits- und Sozialrecht, B 6000 (2009); ders, in: HANAU/STEINMEYER/WANK, Handbuch des Europäischen Arbeits- und Sozialrechts (2002) § 18 Rn 430 ff; WANK/BÖRGMANN, Deutsches- und europäisches Arbeitsschutzrecht (1992); WLOTZKE, Arbeitsschutz und Wettbewerb, BArbBl 1989, Heft 6, 14; ders, Umsetzung des EG-Richtlinienwerkes für Maschinen in das deutsche Arbeitsschutzrecht, BerGen 1990, 6; ders, EG-Binnenmarkt und Arbeitsrechtsordnung – Eine Orientierung, NZA 1990, 417; ders, Technischer Arbeitsschutz im Spannungsverhältnis von Arbeits- und Wirtschaftsrecht, RdA 1992, 85; ZAPKA, Europarechtlicher Gesundheitsschutz in Transportmitteln, AuR 1996, 100.

jugendlicher Arbeitnehmer aufgreift (s näher Bücker, in: Schlachter/Heinig [Hrsg], Europäisches Arbeits- und Sozialrecht [2016] § 19 Rn 70 ff; HK-ArbSchR/Lörcher Grundrecht Rn 27 ff; EuArbRK/Schubert [2. Aufl 2018] Art 31 GRC Rn 7 ff, Art 32 GRC Rn 10 ff).

42 Die vorgenannten Dokumente knüpfen an eine sozialpolitische Entwicklung an, die bereits durch die Entschließung des Rates v 21. 1. 1974 über ein sozialpolitisches Aktionsprogramm (ABl EG Nr C 13 v 12. 2. 1974, 1) eingeleitet, in den Aktionsprogrammen des Rates zu Sicherheit und Gesundheitsschutz am Arbeitsplatz v 29. 6. 1978 (ABl EG Nr C 165 v 11. 7. 1978, 1) und v 27. 2. 1984 (ABl EG Nr C 67 v 8. 3. 1984, 2) umgesetzt und in der Entschließung des Rates v 21. 12. 1987 (ABl EG Nr C 28 v 3. 2. 1988, 1) zu Sicherheit, Arbeitshygiene und Gesundheitsschutz am Arbeitsplatz nochmals bekräftigt wurde (näher MHdB ArbR/Birk [2. Aufl 2000] § 18 Rn 11 ff; Curall/Pipkorn, in: Groeben/Thiesing/Ehlermann, EWG-Vertrag [4. Aufl 1991] Vorbem 27 ff zu Art 117 bis 119). Der „Beratende Ausschuss für Sicherheit, Arbeitshygiene und Gesundheitsschutz am Arbeitsplatz“ (eingesetzt durch Beschluss des Rates v 27. 6. 1974 [ABl EG Nr L 185 v 9. 7. 1974, 15]), der insbesondere die Kommission bei ihrer Tätigkeit (zB bei Vorschlägen für Richtlinien) unterstützt, trägt diesem sozialpolitischen Anliegen in institutioneller Hinsicht Rechnung.

bb) Primäres Unionsrecht

43 Der Schutz der Gesundheit am Arbeitsplatz besaß auf der Ebene des primären Unionsrechts zunächst nur eine untergeordnete Bedeutung. Lediglich im Rahmen von **Harmonisierungsrichtlinien** (ex Art 100 EWG-Vertrag) wurden zahlreiche Einzelregelungen erlassen, die zumindest teilweise auch dem Gesundheitsschutz am Arbeitsplatz dienen (näher Balze, Die sozialpolitischen Kompetenzen der Europäischen Union [1994] 118 ff; Wlotzke RdA 1992, 86). Das gilt insbesondere für die Richtlinien zum Gefahrstoffrecht und für technische Arbeitsmittel im weitesten Sinne (Koll DB 1989, 1236, 1237).

44 Einen Umschwung bewirkte die am 1. 7. 1987 in Kraft getretene **„Einheitliche Europäische Akte“** (BGBl II 1102 = ABl EG Nr L 169 v 29. 6. 1987, 1), die mit den **Art 100a und 118a EWG-Vertrag** zwei zentrale Kompetenznormen für weitere Rechtssetzungsakte auf der Ebene des sekundären Unionsrechts etablierte (Art 18 bzw 21 EEA). Beide Vertragsbestimmungen, die später in Art 95 EG und in Art 137 EG wiederkehrten und nunmehr in Art 114 AEUV und Art 153 AEUV enthalten sind, sind vor allem deshalb von zentraler Bedeutung für die unionsrechtlichen Determinanten des technischen Arbeitsschutzrechts, weil sie von dem Einstimmigkeitsdogma abweichen und für den Erlass von Richtlinien eine **qualifizierte Mehrheitsentscheidung** des Rates ausreichen lassen.

45 **Art 114 Abs 1 AEUV** (ex Art 95 Abs 1 EG, Art 100a EG-Vertrag) ermöglicht Rechtsakte zur Harmonisierung der nationalen Rechtsvorschriften allerdings nur, soweit diese die Errichtung und das Funktionieren des Binnenmarktes zum Gegenstand haben (zur Abgrenzung zwischen Art 100 und Art 100a EWG-Vertrag Pipkorn, in: Groeben/Thiesing/Ehlermann, EWG-Vertrag [4. Aufl 1991] Art 100 a Rn 7 ff; s ferner Mohr, Technische Normen und freier Warenverkehr in der EWG [1990]; Streffer, in: FS Wlotzke [1996] 770 ff). Insbesondere erstreckt sich der Verzicht auf das Einstimmigkeitserfordernis nicht auf „Bestimmungen über die Rechte und die Interessen der Arbeitnehmer“ (Art 114 Abs 2 AEUV [ex Art 95 Abs 2 EG, Art 100a Abs 2 EG-Vertrag]; hierzu Balze, Die

sozialpolitischen Kompetenzen der Europäischen Union [1994] 136 ff; Korte, in: Callies/Ruffert, EUV/AEUV [5. Aufl 2016] Art 114 AEUV Rn 18).

Sekundäres Unionsrecht auf den Gebieten des **Gefahrstoffrechts** und der **Gerätesicherheit** partizipiert gleichwohl an den durch Art 114 Abs 1 AEUV (ex Art 95 Abs 1 EG, Art 100a EG-Vertrag) geschaffenen Privilegierungen für die Rechtssetzung (s auch unten Rn 55 f). Der mit ihnen verbundene arbeitnehmerschützende Charakter steht nicht im Vordergrund, sondern ist als Schutzreflex infolge der Verwirklichung des Primärziels, der Realisierung der in Art 26 Abs 2 AEUV genannten Wirtschaftsfreiheiten, zu bewerten (Wlotzke RdA 1992, 87; s auch Balze, Die sozialpolitischen Kompetenzen der Europäischen Union [1994] 115 ff; Korte, in: Callies/Ruffert, EUV/AEUV [5. Aufl 2016] Art 114 AEUV Rn 18; Wank, in: vMaydell/Schnapp [Hrsg], Die Auswirkungen des EG-Rechts auf das Arbeits- und Sozialrecht der Bundesrepublik [1992] 64 f). 46

Zum **Schutz der „Arbeitsumwelt“** berechtigt **Art 114 Abs 4 AEUV** (ex Art 95 Abs 4 EG, Art 100a Abs 4 EG-Vertrag) die einzelnen Mitgliedstaaten zu einer **Abweichung** von den mit qualifizierter Mehrheit erlassenen Harmonisierungsrichtlinien, wenn dies durch diesen Zweck gerechtfertigt ist (näher Balze, Die sozialpolitischen Kompetenzen der Europäischen Union [1994] 167 ff; Korte, in: Callies/Ruffert, EUV/AEUV [5. Aufl 2016] Art 114 AEUV Rn 81 ff). Ungeachtet der in zahlreichen Harmonisierungsrichtlinien aufgenommenen Schutzklauselverfahren, die dem Schutzanliegen der Mitgliedstaaten Rechnung tragen sollen (exemplarisch Art 11 der Maschinen-Richtlinie [2006/42/EG]; zu der Vorgängerbestimmung in Art 7 der Richtlinie 89/392/EWG Lindl, Arbeitsschutzrecht [1992] 105 ff), ermöglicht Art 114 Abs 4 AEUV den Mitgliedstaaten, das verbindliche Normengefüge der Harmonisierungsrichtlinien zugunsten eines Schutzes der „Arbeitsumwelt“ zu durchbrechen. Wegen der unterschiedlichen Normstruktur in Art 114 Abs 4 AEUV und Art 153 Abs 1 AEUV ist der in beiden Bestimmungen enthaltene Begriff der „Arbeitsumwelt“ nicht deckungsgleich (ebenso Balze, Die sozialpolitischen Kompetenzen der Europäischen Union [1994] 169, zu den Art 100a Abs 4 und Art 118a EG-Vertrag). 47

Sicherheit und Gesundheit der Arbeitnehmer am Arbeitsplatz sind vor allem nach **Art 153 AEUV** (ex Art 137 EG, Art 118a EG-Vertrag) Gegenstand der Rechtssetzungsmacht des Rates der Europäischen Union (zur Problematik einer ausschließlichen Zuständigkeit der Gemeinschaft auf diesem Gebiet s EuGH 19. 3. 1993 – 2/91, EAS EG-Vertrag Art 118a Nr 1). Ihm ist für diese Materie die Kompetenz zum **Erlass von Mindestvorschriften** eingeräumt (Art 153 Abs 2 AEUV), wobei es ausreicht, dass er sich für Rechtssetzungsakte auf eine qualifizierte Mehrheit stützen kann. Im Unterschied zu Art 114 Abs 1 AEUV berechtigt Art 153 AEUV den Rat nur zum **Erlass von Richtlinien**, die zudem auf die Schaffung eines unionsweiten Mindeststandards ausgerichtet sein müssen. 48

Wegen der konzeptionellen Ausrichtung des europäischen „Arbeitsumweltrechts“ auf die Etablierung eines gemeinschaftsweit geltenden Mindeststandards steht Art 153 AEUV innerstaatlichen Rechtsvorschriften nicht entgegen, die im Hinblick auf den technischen Arbeitsschutz eine **stärkere Absicherung der Arbeitnehmer** vorsehen. Das gilt – wie der Europäische Gerichtshof in dem Urteil v 25. 11. 1992 für die Strahlenschutzrichtlinie 80/836/Euratom festgestellt hat – auch im sekundären Unionsrecht, wenn keine Anhaltspunkte dafür erkennbar sind, dass der Unionsgesetz- 49 geber den Mitgliedstaaten keinen Spielraum für einen stärkeren als den von der Richtlinie geforderten Schutz belassen wollte (EuGH 25. 11. 1992 – C-376/90, EAS RL 80/836/Euratom Art 10 Nr 1; s auch EuGH 11. 7. 2000 – C-473/98, EuZW 2000, 638 ff). Eine Grenze für ein (ungeschriebenes) Günstigkeitsprinzip ist jedoch in den nach Art 100 Abs 1 AEUV (ex Art 95 EG, Art 100a EG-Vertrag) verabschiedeten Harmonisierungsrichtlinien zu sehen, da diese gerade den Zweck verfolgen, den einheitlichen Binnenmarkt zu ermöglichen.

50 Wegen des Verzichts auf das Einstimmigkeitserfordernis ist vor allem die Interpretation des in Art 153 Abs 1 lit a AEUV bzw vormals in Art 137 EG bzw Art 118a Abs 1 EG-Vertrag enthaltenen **Begriffs der „Arbeitsumwelt"** (hierzu zB vAlvensleben, Die Rechte der Arbeitnehmer bei Betriebsübergang im Europäischen Gemeinschaftsrecht [1992] 77 ff; Balze, Die sozialpolitischen Kompetenznormen der Europäischen Union [1994] 87 ff; EuArbRK/Franzen [2. Aufl 2018] Art 153 AEUV Rn 18; Heinz DVBl 1990, 1388; Krebber, in: Callies/Ruffert [Hrsg], EUV/AEUV [5. Aufl 2016] Art 153 AEUV Rn 24; Pipkorn, in: Groeben/Thiesing/Ehlermann, EWG-Vertrag [4. Aufl 1991] Art 118a Rn 23 f, 25 ff; Schulte EuR 1990 Beiheft 1, 40 ff; Sehmsdorf 52 ff; Steinmeyer, in: Magiera [Hrsg], Das Europa der Bürger in einer Gemeinschaft ohne Binnengrenzen [1990] 80; Veit ZTR 1990, 64 f; Wank, in: vMaydell/Schnapp [Hrsg], Die Auswirkungen des EG-Rechts auf das Arbeits- und Sozialrecht der Bundesrepublik [1992] 66 ff; s auch BReg BT-Drucks 11/4699, 11) von zentraler Bedeutung für die Reichweite der unionsrechtlichen Kompetenznormen. Nach dem **Zweck der Bestimmung** können nur solche Richtlinien an dem Privileg eines qualifizierten Mehrheitserfordernisses partizipieren, die final dem Schutz der Sicherheit und der Gesundheit der Arbeitnehmer dienen. Hieraus folgt zugleich, dass sich die Verbesserung der „Arbeitsumwelt" auf den Arbeitsplatz und die dort für den Arbeitnehmer bestehenden Gefahren für Sicherheit und Gesundheit beziehen muss. Die Entstehungsgeschichte bestätigt dieses Verständnis, da die Vorläuferregelung in Art 118a EG-Vertrag auf einen Vorschlag Dänemarks zurückgeht und der Begriff der „Arbeitsumwelt" im skandinavischen Rechtskreis nach tradierter Vorstellung zwar nicht auf Sicherheit und Gesundheit am Arbeitsplatz beschränkt ist, wohl aber unmittelbar mit der Organisation der Arbeitsabläufe (Ergonomische Maßnahmen, Umgang mit Werkzeugen und Werkstoffen) verbunden ist (näher hierzu Balze, Die sozialpolitischen Kompetenzen der Europäischen Union [1994] 84 ff; Bücker/Feldhoff/Kohte 225 ff; Heilmann, in: Heilmann/Schubert [Hrsg], Europa-Verfassung, Arbeit, Umwelt [2007] 29; Pipkorn, in: Groeben/Thiesing/Ehlermann, EWG-Vertrag [4. Aufl 1991] Art 118a Anm 23 f). Von einer Anknüpfung an Sicherheit und Gesundheit der Arbeitnehmer geht auch der Europäische Gerichtshof in seinem Urteil v 12. 11. 1996 aus (EuGH 12. 11. 1996 – C-84/94, EuZW 1996, 751 ff), er erstreckte den Anwendungsbereich des Art 118a EG-Vertrag aber auf sämtliche körperlichen und sonstigen Faktoren, die die Gesundheit und Sicherheit der Arbeitnehmer in ihrem Arbeitsumfeld unmittelbar oder mittelbar berühren. Mit dieser Maßgabe plädierte der Gerichtshof für eine weite Auslegung der dem Rat in Art 118a EG-Vertrag zum Schutz der Sicherheit und der Gesundheit der Arbeitnehmer übertragenen Zuständigkeit (EuGH 12. 11. 1996 – C-84/94, EuZW 1996, 752, Tz 15), die auch für die Reichweite von Art 153 AEUV maßgebend ist (zustimmend Bücker, in: Schlachter/Heinig [Hrsg], Europäisches Arbeits- und Sozialrecht [2016] § 19 Rn 87; kritisch Krebber, in: Callies/Ruffert, EUV/AEUV [5. Aufl 2016] Art 153 AEUV Rn 24).

51 Deshalb umfasst Art 153 Abs 1 lit a AEUV – wie zuvor Art 137 Abs 1 EG und Art 118a EG-Vertrag – zumeist nur diejenigen Materien, die mit dem Begriff des

technischen Arbeitsschutzes umschrieben werden (EuArbRK/Franzen [2. Aufl 2018] Art 153 AEUV Rn 19; Krebber, in: Callies/Ruffert, EUV/AEUV [5. Aufl 2016] Art 153 AEUV Rn 24). Da der Gesundheitsschutz des Arbeitnehmers im Vordergrund steht und der Vertragstext die „Arbeitsumwelt" lediglich exemplarisch nennt, rechtfertigt Art 153 Abs 1 lit a AEUV darüber hinaus auch den Erlass sonstiger Richtlinien, die zB die **Länge der Arbeitszeit** im Hinblick auf den **Gesundheitsschutz und die Arbeitssicherheit** regeln (ebenso zu Art 118a EG-Vertrag Bleckmann/Coen, Europarecht [5. Aufl 1990] Rn 1861; Pipkorn, in: Groeben/Thiesing/Ehlermann, EWG-Vertrag [4. Aufl 1991] Art 118a Anm 30; Wank, in: vMaydell/Schnapp [Hrsg], Die Auswirkungen des EG-Rechts auf das Arbeits- und Sozialrecht der Bundesrepublik [1992] 68 f). Die exakte Präzisierung der „Arbeitsumwelt", die unter der Geltung von Art 118a EG-Vertrag noch äußerst umstritten war (s im Überblick Staudinger/Oetker [1997] § 618 Rn 51 f), hat im Rahmen von Art 153 Abs 1 AEUV – wie zuvor bereits zu Art 137 Abs 1 EG – erheblich an Bedeutung verloren. Die Möglichkeit einer Richtliniensetzung auf Grund qualifizierter Mehrheitsentscheidung (Art 153 Abs 2 AEUV) ist nicht auf die Verbesserung der „Arbeitsumwelt zum Schutz der Gesundheit und Sicherheit der Arbeitnehmer" beschränkt, sondern umfasst nach Art 153 Abs 1 lit b AEUV gleichermaßen die „Arbeitsbedingungen". Richtlinien zum Schutz der Gesundheit am Arbeitsplatz sind deshalb jedenfalls als „Arbeitsbedingung" in den Anwendungsbereich des Art 153 Abs 1 AEUV einbezogen.

cc) Sekundäres Unionsrecht

Bei den auf der Grundlage von Art 114 AEUV bzw zuvor Art 100a EG-Vertrag und Art 95 Abs 1 EG verkündeten Rechtssetzungsakten ist im Hinblick auf den technischen Arbeitsschutz vor allem die **Richtlinie 89/392/EWG** v 14. 6. 1989 zur **Angleichung der Rechtsvorschriften der Mitgliedstaaten für Maschinen** (ABl EG Nr L 183 v 29. 6. 1989, 9, sog Maschinenrichtlinie; näher Becker BerGen 1995, 544 ff; Börner DB 1989, 614; Bücker, Von der Gefahrenabwehr zu Risikovorsorge und Risikomanagement im Arbeitsschutzrecht [1997] 179 ff; Bücker/Feldhoff/Kohte 134 ff; Clever ZfSH/SGB 1989, 231 f; vHoyningen/Huene/Compensis NZS 1993, 233 ff; Joerges, in: FS Steindorff [1990] 1247 ff; Lindl, Arbeitsschutzrecht [1992] 60 ff; A Reuter BB 1990, 1213 ff; Wank, in: vMaydell/Schnapp [Hrsg], Die Auswirkungen des EG-Rechts auf das Arbeits- und Sozialrecht der Bundesrepublik [1992], 69 ff, 85 ff; Wank/Börgmann 101 ff; Wlotzke BerGen 1990, 6 ff; ders RdA 1992, 88 ff; vgl auch EuGH 28. 1. 1986 – 188/84, Amtl Slg 1986 I 419 ff = EAS EG-Vertrag Art 30 Nr 4 sowie zuvor EuGH 20. 2. 1979 – 120/78, Amtl Slg 1979, 649 ff = EAS EG-Vertrag Art 30 Nr 2) hervorzuheben, die zunächst durch die Richtlinie 98/37/EG (ABl EG Nr L 207 v 23. 7. 1998, 1 = EAS A 3570) geändert und nachfolgend durch die **Richtlinie 2006/42/EG** (ABl EU Nr L 157 v 9. 6. 2006, 24 = EAS A 3830; zuletzt geändert durch die Richtlinie 2014/33/EU v 26. 2. 2014, ABl EU Nr L 96 v 29. 3. 2014, 251) neu gefasst wurde (s Kreizberg, EAS B 6300 Rn 234 ff). 52

Von ihr ist primär der Regelungsgegenstand des **Gesetzes über die Bereitstellung von Produkten auf dem Markt** (Produktsicherheitsgesetz – ProdSG) v 8. 11. 2011 betroffen, das an die Stelle des Geräte- und Produktsicherheitsgesetzes (GPSG) v 6. 1. 2004 (BGBl I 2) getreten ist, das seinerseits das bereits durch Gesetz v 26. 8. 1992 (BGBl I 1564) umfassend novellierte Gerätesicherheitsgesetz des GSG abgelöst hatte (zur damaligen Neuregelung des GSG Kalawa BerGen 1993, 296 ff; Lindl, Arbeitsschutzrecht [1992] 140 ff; Sattler EuZW 1992, 764 ff; Tegtmeier BArbBl 1991, Heft 12, 5; Wlotzke RdA 1992, 89 ff; s auch unten Rn 71 ff). Der gravierendste Unterschied zu der ursprünglichen Rechtslage betrifft die Sicherheitsanforderungen. Während das Gerätesicherheits- 53 gesetz ursprünglich generell auf die Einhaltung der „allgemein anerkannten Regeln der Technik" abstellte und expressis verbis auch die Arbeitsschutz- und Unfallverhütungsvorschriften einbezog (§ 3 Abs 1 S 1 GSG aF) knüpft die Maschinenrichtlinie an gemeinschaftsweit festgelegte „grundlegende Sicherheits- und Gesundheitsanforderungen" an (Art 3; zum Konformitätsbewertungsverfahren Becker, in: FS Wlotzke [1996] 445 ff). Deren Einhaltung verbietet nationale Einschränkungen für das Inverkehrbringen und die Inbetriebnahme (Art 4). Zusätzliche Anforderungen im Hinblick auf den Arbeitnehmerschutz sind zulässig, deren Einhaltung darf aber keine Veränderung der Maschine zur Folge haben (vgl näher insbes zur innerstaatlichen Umsetzung unten Rn 74 f). Zu den Produkten im Sinne des novellierten Produktsicherheitsgesetzes zählen auch technische Arbeitsmittel, die zuvor in § 2 Abs 2 GPSG definiert wurden (s Polly/Lach BB 2012, 71 f). Sofern das technische Arbeitsmittel den Anforderungen einer nach § 8 Abs 1 ProdSG erlassenen Rechtsverordnung oder bei hiervon nicht erfassten Arbeitsmitteln entsprechenden Normen oder sonstigen technischen Spezifikationen entspricht, wird vermutet, dass das technische Arbeitsmittel den Anforderungen an Sicherheit und Gesundheit genügt (§ 4 Abs 2 ProdSG).

54 Von zentraler Bedeutung für das europäische Arbeitsschutzrecht ist die **Richtlinie 89/391/EWG** v 12. 6. 1989 über die Durchführung von Maßnahmen zur Verbesserung der Sicherheit und des Gesundheitsschutzes der Arbeitnehmer bei der Arbeit (ABl EG Nr L 183 v 29. 6. 1989, 1 = EAS A 3200; hierzu: Birk, in: FS Wlotzke [1996] 645 ff; Blanpain/Schmidt/Schweibert, Europäisches Arbeitsrecht [2. Aufl 1996] 307 ff; Bücker/Feldhoff/Kohte 82 ff; Hollich ZIAS 1998, 279 ff; EuArbRK/Klindt/Schucht [2. Aufl 2018] RL 89/391/EWG; Kohte, EAS B 6100; ders ZIAS 1999, 85; MHdB ArbR/Kohte § 173 Rn 9 ff; Koll, in: FS Wlotzke [1996] 701 ff; Riesenhuber, Europäisches Arbeitsrecht [2009] § 13; Wank/Börgmann 87 ff). Diese legt unter anderem allgemeine und von den Mitgliedstaaten umzusetzende Grundsätze für die Verhütung berufsbedingter Gefahren, für die Sicherheit und den Gesundheitsschutz sowie die Ausschaltung von Risiken und Unfallfaktoren fest. Ergänzend zu der Rahmenrichtlinie haben die Rechtsetzungsinstanzen der Europäischen Union – gestützt auf Art 16 Abs 1 der Richtlinie 89/391/EWG – inzwischen 20 **Einzelrichtlinien** erlassen, die die Mitgliedstaaten zu Regelungen im Hinblick auf bestimmte Gefahrenquellen verpflichten. Nach derzeitigem Stand (31. 12. 2018) handelt es sich um folgende Einzelrichtlinien (im Überblick auch EuArbRK/Klindt/Schucht [2. Aufl 2018] Art 16 RL 89/391/EWG Rn 25 ff; MHdB ArbR/Kohte § 173 Rn 27 ff):

- **Richtlinie 89/654/EWG** v 30. 11. 1989 über Mindestvorschriften für Sicherheit und Gesundheitsschutz in **Arbeitsstätten** – **Erste Einzelrichtlinie** im Sinne des Art 16 Abs 1 der Richtlinie 89/391/EWG (ABl EG Nr L 393 v 30. 12. 1989, 1 = EAS A 3220; hierzu: Kreizberg, EAS B 6200 Rn 5 ff; Wank/Börgmann 95);

- **Richtlinie 2009/104/EG** v 16. 9. 2009 über Mindestvorschriften für Sicherheit und Gesundheitsschutz bei **Benutzung von Arbeitsmitteln** durch Arbeitnehmer bei der Arbeit – **Zweite Einzelrichtlinie** im Sinne des Art 16 Abs 1 der Richtlinie 89/391/EWG (ABl EU Nr L 260 v 3. 10. 2009, 5 = EAS A 3930; hierzu: Kreizberg, EAS B 6200 Rn 24 ff; Wank/Börgmann 109 f);

- **Richtlinie 89/656/EWG** v 30. 11. 1989 über Mindestvorschriften für Sicherheit und Gesundheitsschutz bei **Benutzung persönlicher Schutzausrüstungen** durch Arbeitnehmer bei der Arbeit – **Dritte Einzelrichtlinie** im Sinne des Art 16 Abs 1 der

Richtlinie 89/391/EWG (ABl EG Nr L 393 v 30. 12. 1989, 18 = EAS A 3240; hierzu: KREIZBERG, EAS B 6200 Rn 78 ff; WANK/BÖRGMANN 110 f);

- **Richtlinie 90/269/EWG** v 29. 5. 1990 über die Mindestvorschriften bezüglich der Sicherheit und des Gesundheitsschutzes bei der manuellen **Handhabung von Lasten**, die für die Arbeitnehmer insbesondere eine Gefährdung der Lendenwirbelsäule mit sich bringt – **Vierte Einzelrichtlinie** im Sinne des Art 16 Abs 1 der Richtlinie 89/391/EWG (ABl EG Nr L 156 v 21. 6. 1990, 9 = EAS A 3250; hierzu: BÜCKER/FELDHOFF/KOHTE 340 ff; KREIZBERG, EAS B 6200 Rn 104 ff; ROSENTHAL PersR 1992, 276 ff; WANK/BÖRGMANN 96 f);

- **Richtlinie 90/270/EWG** v 29. 5. 1990 über die Mindestvorschriften bezüglich der Sicherheit und des Gesundheitsschutzes bei der **Arbeit an Bildschirmgeräten** – **Fünfte Einzelrichtlinie** im Sinne des Art 16 Abs 1 der Richtlinie 89/391/EWG (ABl EG Nr L 156 v 21. 6. 1990, 14 = EAS A 3260; hierzu: EuGH 12. 12. 1996 – C-74/95 ua, EAS RL 90/270/EWG Art 4 Nr 1; EuGH 6. 7. 2000 – C-11/99, EAS RL 90/270/EWG Art 2 Nr 1 [zum Vorlagebeschluss ArbG Siegen 7. 1. 1999 – 1 Ca 2299/97, NZA-RR 2000, 183 f]; BÜCKER/FELDHOFF/KOHTE 94 ff; FISCHER/SCHIERBAUM PersR 1994, 351 ff; KIESCHE/SCHIERBAUM AuR 1995, 41 ff; KREIZBERG, EAS B 6200 Rn 122 ff; RICHENHAGEN WSI-Mitteilungen 1996, 118 ff; ders CR 1996, 482 ff; RIESE/RÜCKERT BArbBl 1992, Heft 9, 20 ff; WANK/BÖRGMANN 97 ff);

- **Richtlinie 2004/37/EG** v 29. 4. 2004 über den Schutz der Arbeitnehmer gegen Gefährdung durch **Karzinogene oder Mutagene** bei der Arbeit – **Sechste Einzelrichtlinie** im Sinne des Art 16 Abs 1 der Richtlinie 89/391/EWG (ABl EU Nr L 158 v 30. 4. 2004, 50 = EAS A 3770; hierzu: KREIZBERG, EAS B 6200 Rn 159 ff);

- **Richtlinie 2000/54/EG** v 18. 9. 2000 über den Schutz der Arbeitnehmer gegen Gefährdung durch **biologische Arbeitsstoffe** bei der Arbeit – **Siebte Einzelrichtlinie** im Sinne von Artikel 16 Abs 1 der Richtlinie 89/391/EWG (ABl EG Nr L 262 v 17. 10. 2000, 21 = EAS A 3640; hierzu KREIZBERG, EAS B 6200 Rn 187 ff; zu der hierdurch aufgehobenen Richtlinie 90/679/EWG [ABl EG Nr L 374 v 31. 12. 1990, 1 = EAS 3290] s WANK/BÖRGMANN 134 ff);

- **Richtlinie 92/57/EWG** v 24. 6. 1992 über die auf zeitlich begrenzten oder ortsveränderlichen **Baustellen** anzuwendenden Mindestvorschriften für die Sicherheit und den Gesundheitsschutz – **Achte Einzelrichtlinie** im Sinne von Art 16 Abs 1 der Richtlinie 89/391/EWG (ABl EG Nr 245 v 26. 8. 1992, 6 = EAS A 3360; hierzu: KREIZBERG, EAS B 6200 Rn 233 ff; LITTBARSKI, Zur Notwendigkeit der Umsetzung der Baustellensicherheitsrichtlinie [1998]);

- **Richtlinie 92/58/EWG** v 24. 6. 1992 über Mindestvorschriften für die **Sicherheits- und/oder Gesundheitsschutzkennzeichnung** am Arbeitsplatz – **Neunte Einzelrichtlinie** im Sinne des Art 16 Abs 1 der Richtlinie 89/391/EWG (ABl EG Nr L 245 v 26. 8. 1992, 23 = EAS A 3370; hierzu: KREIZBERG, EAS B 6200 Rn 272 ff);

- **Richtlinie 92/85/EWG** v 19. 10. 1992 über die Durchführung von Maßnahmen zur Verbesserung der Sicherheit und des Gesundheitsschutzes von **schwangeren Arbeitnehmerinnen, Wöchnerinnen und stillenden Arbeitnehmerinnen** am Arbeitsplatz – **Zehnte Einzelrichtlinie** im Sinne des Art 16 Abs 1 der Richtlinie 89/391/

EWG (ABl EG Nr L 348 v 28. 11. 1992, 1 = EAS A 3380; hierzu: Kreizberg, EAS B 6200 Rn 281 ff; Riesenhuber, Europäisches Arbeitsschutzrecht [2009] § 20);

- **Richtlinie 92/91/EWG** v 3. 11. 1992 über Mindestvorschriften zur Verbesserung der Sicherheit und des Gesundheitsschutzes der Arbeitnehmer in den Betrieben, in denen **durch Bohrungen Mineralien gewonnen** werden – **Elfte Einzelrichtlinie** im Sinne des Art 16 Abs 1 der Richtlinie 89/391/EWG (ABl EG Nr L 348 v 28. 11. 1992, 9 = EAS A 3390; hierzu: Kreizberg, EAS B 6200 Rn 306 ff);

- **Richtlinie 92/104/EWG** v 3. 12. 1992 über Mindestvorschriften zur Verbesserung der Sicherheit und des Gesundheitsschutzes der Arbeitnehmer in übertägigen oder untertägigen **mineralgewinnenden Betrieben** – **Zwölfte Einzelrichtlinie** im Sinne des Art 16 Abs 1 der Richtlinie 89/391/EWG (ABl EG Nr L 404 v 31. 12. 1992, 10 = EAS A 3400; hierzu: Kreizberg, EAS B 6200 Rn 320 ff);

- **Richtlinie 93/103/EG** v 23. 11. 1993 über Mindestvorschriften für Sicherheit und Gesundheitsschutz bei der Arbeit an Bord von **Fischereifahrzeugen** – **Dreizehnte Einzelrichtlinie** im Sinne von Art 16 Abs 1 der Richtlinie 89/391/EWG (ABl EG Nr L 307 v 13. 12. 1993, 1 = EAS A 3430; hierzu: Kreizberg, EAS B 6200 Rn 334 ff);

- **Richtlinie 98/24/EG** v 7. 4. 1998 zum Schutz von Gesundheit und Sicherheit der Arbeitnehmer vor der Gefährdung durch **chemische Arbeitsstoffe** bei der Arbeit – **Vierzehnte Einzelrichtlinie** im Sinne von Art 16 Abs 1 der Richtlinie 89/391/EWG (ABl EG Nr L 131 v 5. 5. 1998, 11 = EAS A 3560; hierzu: Kreizberg, EAS B 6200 Rn 344 ff; Scheel DB 1999, 1654 ff);

- **Richtlinie 1999/92/EG** v 16. 12. 1999 über Mindestvorschriften zur Verbesserung des Gesundheitsschutzes und der Sicherheit der Arbeitnehmer, die durch **explosionsfähige Atmosphären** gefährdet werden können – **Fünfzehnte Einzelrichtlinie** im Sinne von Art 16 Abs 1 der Richtlinie 89/391/EWG (ABl EG Nr L 23 v 28. 1. 2000, 57 = EAS A 3620; hierzu: Kreizberg, EAS B 6200 Rn 398 ff);

- **Richtlinie 2002/44/EG** v 25. 6. 2002 über Mindestvorschriften zum Schutz von Sicherheit und Gesundheit der Arbeitnehmer vor der Gefährdung durch physikalische Einwirkungen **(Vibrationen)** – **Sechszehnte Einzelrichtlinie** im Sinne von Art 16 Abs 1 der Richtlinie 89/391/EWG (ABl EG Nr 177 v 6. 7. 2002, 13 = EAS A 3700; hierzu: Kreizberg, EAS B 6200 Rn 423 ff);

- **Richtlinie 2003/10/EG** v 6. 2. 2003 über Mindestvorschriften zum Schutz von Sicherheit und Gesundheit der Arbeitnehmer vor der Gefährdung durch physikalische Einwirkungen **(Lärm)** – **Siebzehnte Einzelrichtlinie** im Sinne von Art 16 Abs 1 der Richtlinie 89/391/EWG (ABl EG Nr L 42 v 15. 2. 2003, 38 = EAS A 3710; hierzu: Kreizberg, EAS B 6200 Rn 436 ff);

- **Richtlinie 2006/25/EG** v 5. 4. 2006 über Mindestvorschriften zum Schutz von Sicherheit und Gesundheit der Arbeitnehmer vor der Gefährdung durch physikalische Einwirkungen **(künstliche optische Strahlung)** – **Neunzehnte Einzelrichtlinie** im Sinne von Artikel 16 Abs 1 der Richtlinie 89/391/EWG (ABl EU Nr L 114 v 27. 4. 2006, 38 = EAS A 3820; hierzu: Kreizberg, EAS B 6200 Rn 494 ff);

– **Richtlinie 2013/35/EU** v 26. 6. 2013 über Mindestvorschriften zum Schutz von Sicherheit und Gesundheit der Arbeitnehmer vor der Gefährdung durch physikalische Einwirkungen **(elektromagnetische Felder)** – **Zwanzigste Einzelrichtlinie** im Sinne von Artikel 16 Abs 1 der Richtlinie 89/391/EWG (ABl EU Nr L 179 v 29. 6. 2013, 1 = EAS A 3980; hierzu: Kreizberg, EAS B 6200 Rn 522 ff).

Innerstaatliche Abweichungen von den Vorgaben der vorstehend aufgeführten Richtlinien, die den dort geforderten Schutz verstärken, sind zumindest dann **zulässig**, wenn es sich um Richtlinien im Anwendungsbereich des Art 153 Abs 1 AEUV (ex Art 137 Abs 1 EG bzw zuvor Art 118a EG-Vertrag) handelt. Das folgt entweder bereits aus einer ausdrücklichen Regelung in der Richtlinie selbst (zB Art 1 Abs 3 Richtlinie 89/391/EWG) oder ist dieser im Wege der Auslegung zu entnehmen (s [allerdings außerhalb des Anwendungsbereichs von Art 153 AEUV] exemplarisch EuGH 25. 11. 1992 – C-376/90, EAS RL 80/836/Euratom Art 10 Nr 1). Soweit eine Auslegung der Richtlinie erforderlich ist, kann vor allem auf die aus Art 153 Abs 1 AEUV folgende Zielsetzung der Richtlinien zum Schutz der „Arbeitsumwelt" zurückgegriffen werden, da diese nicht der Harmonisierung dienen, sondern einen gemeinschaftsweit geltenden Mindeststandard etablieren sollen. Keine Anwendung findet das Günstigkeitsprinzip im Bereich der technischen Arbeitsmittel, soweit dieser Sektor bereits durch Harmonisierungsrichtlinien strukturiert ist. Andernfalls würde deren Zielsetzung, einen einheitlichen Binnenmarkt herbeizuführen und abzusichern, unterlaufen. Zu den durch ex Art 30 EG bzw Art 36 EG-Vertrag gezogenen Grenzen für strengere nationale Vorschriften bezüglich gefährlicher Stoffe s EuGH 11. 7. 2000 – C-473/98, EuZW 2000, 638 ff. 55

Insbesondere die **Arbeitsschutz-Rahmenrichtlinie 89/391/EWG** sowie die hierzu erlassenen **Einzelrichtlinien** erforderten eine umfassende Überarbeitung des technischen Arbeitsschutzrechts. Entgegen den ursprünglichen Plänen, am Ende der 12. Legislaturperiode des Deutschen Bundestages ein umfassendes „Gesetz über Sicherheit und Gesundheitsschutz bei der Arbeit" zu verabschieden (s den Entwurf der BReg BT-Drucks 12/6752 sowie hierzu Bücker/Feldhoff/Kohte 185 ff; Konstanty/Zwingmann WSI-Mitteilungen 1995, 61 ff; Oetker ZRP 1994, 219 ff; Sehmsdorf 287 ff; Tegtmeier BArbBl 1991, Heft 12, 5 ff; Wank, in: FS Wlotzke [1996] 617 ff; Wlotzke RdA 1992, 92 ff; ders NZA 1994, 602 ff; ders, in: FS Raisch [1995] 344 ff; zur Kritik des Deutschen Bundesrates an dem Regierungsentwurf BR-Drucks 440/92; ferner Brückner AiB 1994, 66 ff; ders PersR 1994, 149 ff; Pfarr AiB 1993, 260 ff; zu älteren Bestrebungen eines Arbeitsschutzgesetzes Wlotzke, in: FS Herschel [1982] 504 ff; s des Weiteren unten Rn 66), beschränkt sich das am 21. 8. 1996 in Kraft getretene **Arbeitsschutzgesetz** (BGBl 1996 I 1246 ff; zum Gesetzesentwurf BT-Drucks 13/3540 [hierzu: Fischer BArbBl 1996, Heft 1, 21 ff; Konstanty/Zwingmann WSI-Mitteilungen 1996, 65 ff; Wank DB 1996, 1134 ff; zum Referentenentwurf Kreizberg AuA 1995, 361 ff]; zu den Beschlüssen des Ausschusses für Arbeit und Sozialordnung BT-Drucks 13/4756 und BT-Drucks 13/4854) vorrangig auf eine innerstaatliche Transformation der allgemeinen Vorgaben in der Arbeitsschutz-Rahmenrichtlinie (89/391/EWG) und greift hinsichtlich der weiteren Umsetzungsakte – ähnlich wie das Produktsicherheitsgesetz (§ 8 Abs 1 ProdSG) – auf die Etablierung einer Ermächtigungsnorm für den Erlass von Rechtsverordnungen zurück (Art 18 und 19 ArbSchG; zu den erlassenen Rechtsverordnungen s unten Rn 67). Zur Umsetzung der Richtlinien der Europäischen Union durch **Unfallverhütungsvorschriften** der Berufsgenossenschaften s vHoyningen-Huene/Compensis NZS 1993, 233 ff; Sehmsdorf, Europäischer Arbeitsschutz und seine Um- 56 setzung in das deutsche Arbeitsschutzsystem (1995) 142 ff; Steiger SGb 1992, 525 ff; Wank, in: FS Wlotzke (1996) 638 ff.

57 Auch nach einer formellen Umsetzung der auf Grund von Art 153 Abs 1 AEUV (ex Art 137 Abs 1 EG bzw Art 118a EG-Vertrag) erlassenen Richtlinien in das innerstaatliche technische Arbeitsschutzrecht entfalten die in Rn 54 aufgelisteten Richtlinien richtungweisende Bedeutung für die **Anwendung und die Auslegung des innerstaatlichen Rechts** zum technischen Arbeitsschutz (zur Auslegung von Richtlinien allg zB Bleckmann ZGR 1992, 364; Lutter JZ 1992, 598 ff jeweils mwNw). Im Gegensatz zu einer unmittelbaren Wirkung einzelner Richtlinienbestimmungen (hierzu zB den Überblick von EuArbRK/Höpfner [2. Aufl 2018] Art 288 AEUV Rn 26 ff mwNw; zur Haftung des Mitgliedstaats bei Nichtumsetzung einer Richtlinie EuGH 19. 11. 1991 – C-6/90 ua, Amtl Slg 1991, 5357 ff = EAS RL 80/987/EWG Art 11 Nr 2 „Francovich I"; EuGH 14. 7. 1994 – C-91/92, Amtl Slg 1994, 3325 ff = EAS EG-Vertrag Art 189 Nr 10 „Faccini Dori"; EuGH 9. 11. 1995 – C-479/93, EAS RL 80/987/EWG Art 2 Nr 1 „Francovich II"; EuGH 5. 3. 1996 – C-46/93 ua, NJW 1996, 1267 ff „Brasserie du Pêcheur"), die nur selten und wenn überhaupt nur gegenüber staatlichen Stellen in Betracht kommt (s EuGH 26. 2. 1986 – 152/84, Amtl Slg 1986, 723 ff = EAS RL 76/207/EWG Art 5 Nr 4 „Marshall I"; sowie EuGH 14. 7. 1994 – C-91/92, Amtl Slg 1994, 3325 ff = EAS EG-Vertrag Art 189 Nr 10 „Faccini Dori"; EuGH 7. 3. 1996 – C-192/94, NJW 1996, 1401 f „Rivero"; speziell zu Art 5 Abs 4 der Richtlinie 89/391/EWG OGH 12. 8. 1999 – 8 ObA 324/98z, DRdA 2000, 238 [mit Anm Kohte]; OGH 3. 11. 1999 – 9 ObA 150/99w, DRdA 2000, 500 [mit Anm Kohte]), entspricht es der ständigen Rechtsprechung des Gerichtshofes der Europäischen Union, dass das nationale Recht jedenfalls nach Ablauf der in der Richtlinie festgelegten Umsetzungsfrist **richtlinien- bzw unionsrechtskonform auszulegen** ist (so seit EuGH 10. 4. 1984 – 14/83, Amtl Slg 1984, 1909 = EAS RL 76/207/EWG Art 6 Nr 1 „Colson und Kammann"; in neuerer Zeit EuGH 15. 4. 2008 – C-268/06, NZA 2008, 581 „Impact"; EuGH 19. 1. 2010 – C-555/07 Rn 47 f, NJW 2010, 427 „Kücükdeveci"; EuGH 24. 1. 2012 – C-282/10 Rn 24 ff, NJW 2012, 509 „Dominguez"; EuGH 10. 10. 2013 – C-306/12 Rn 29 f, NJW 2014, 44; EuGH 19. 4. 2016 – C-441/14 Rn 31, 33, NZA 2016, 537 „Dansk Industri"; EuGH 21. 4. 2016 – C-377/14 Rn 79, EuZW 2016, 474). Die deutsche Rechtslehre ist diesem Verständnis im Grundsatz gefolgt (aus dem umfangreichen Schrifttum zB Bach JZ 1990, 1112 f; Brechmann, Die richtlinienkonforme Auslegung [1994]; Ehricke RabelsZ 59 [1995] 598 ff; Everling, in: FS Carl Carstens I [1984] 101, 107; ders ZGR 1992, 376; Götz NJW 1992, 1853 f; Grundmann ZEuP 1996, 399 ff; Herrmann/Michl JuS 2009, 1065; EuArbRK/Höpfner [2. Aufl 2018] Art 288 AEUV Rn 37 ff; Jarass EuR 1991, 211; Kaiser ZEuS 2010, 219; Kirchhoff DB 1989, 2264; Konzen, in: FS Birk [2008] 439; Lutter JZ 1992, 604 f; Michael/Payandeh NJW 2015, 2394 ff; Schmidt RabelsZ 59 [1995] 569 ff; M Weber, Grenzen EU-rechtskonformer Auslegung und Rechtsfortbildung [2010]; Zuleeg ZGR 1980, 478; zurückhaltend jedoch Di Fabio NJW 1990, 947 ff). Entsprechendes gilt für die Rechtsprechung des Bundesarbeitsgerichtes (s exemplarisch BAG 18. 2. 2003 – 1 ABR 2/02, AP BGB § 611 Arbeitsbereitschaft Nr 12; BAG 19. 8. 2003 – 9 AZR 619/02, AP BUrlG § 7 Nr 29; BAG 23. 5. 2018 – 5 AZR 263/17 Rn 33, NJW 2018, 3532).

58 Insbesondere die **Generalklauseln des technischen Arbeitsschutzrechts** (zB § 3 Abs 1 ArbSchG, § 3a Abs 1 ArbStättV), aber auch die allgemeine privatrechtliche Generalklausel in § 618 Abs 1 ermöglichen auf Grund ihres elastischen Wortlauts eine methodengerechte Umsetzung des Gebots einer unionsrechtskonformen Auslegung (zu § 87 Abs 1 Nr 7 BetrVG BAG 2. 4. 1996 – 1 ABR 47/95, AP BetrVG 1972 § 87 Gesundheitsschutz Nr 5). Die Regelung des § 618 Abs 1 BGB ist somit nicht nur für das öffentlich-rechtlich strukturierte innerstaatliche Recht des technischen Arbeitsschutzes, sondern auch für das sekundäre Unionsrecht das Medium, durch das die vorgenannten

Rechtsakte ihre Wirkungen im Privatrecht entfalten. Den durch § 618 Abs 1 BGB geforderten Gefahrenschutz konkretisieren deshalb nicht nur das nationale technische Arbeitsschutzrecht (s unten Rn 59 ff), sondern auch die Rechtsakte der Europäischen Union. Das hat insbesondere dann praktische Bedeutung, wenn die innerstaatlichen Umsetzungsakte nicht fristgerecht oder nicht richtlinienkonform erfolgen (s B Gaul AuR 1995, 445).

3. Innerstaatliche Rechtsquellen

a) Staatliches Recht

aa) Überblick

Für das nationale staatliche Recht zum technischen Arbeitsschutz (zur historischen Entwicklung Wank/Börgmann 6 ff; MHdB ArbR/Wlotzke [2. Aufl 2000] § 206 Rn 57 ff) ist auch nach in Kraft treten des Arbeitsschutzgesetzes v 7. 8. 1996 eine weitreichende (aber kaum vermeidbare) Rechtszersplitterung kennzeichnend (vgl Deppe/Kannengiesser/Kickuth, Arbeitsschutzsystem [1980]), da nicht nur für verschiedene Gefahrenquellen unterschiedliche Gesetze bzw Rechtsverordnungen anzuwenden sind (Übersicht zu den Arbeitsschutzvorschriften des Bundes im Bericht der Bundesregierung über den Stand von Sicherheit und Gesundheit bei der Arbeit, BT-Drucks 19/6500, 278 ff [Stand: 20. 9. 2018]), sondern diese in personeller Hinsicht zT einen divergierenden Anwendungsbereich aufweisen (zur Reichweite des technischen Arbeitsschutzrechts im öffentlichen Dienst s Grassl/Zakrzewski DöD 2001, 49 ff; MünchKomm/Henssler § 618 Rn 76 ff; Leisner, Arbeitsschutz im öffentlichen Dienst [1991]; Märtins ZTR 1992, 223 ff, 267 ff), der nicht stets mit den Vorgaben des sekundären Unionsrechts harmoniert. 59

Trotz der kaum überschaubaren Normenvielfalt ragen aus dem Recht des staatlichen technischen Arbeitsschutzrecht einige zentrale Regelwerke hervor, die die wichtigsten Elemente des technischen Arbeitsschutzrechts strukturieren. Von grundlegender Bedeutung ist das **Arbeitsschutzgesetz** v 7. 8. 1996 (BGBl 1996 I 1246 ff; hierzu unten Rn 63 ff), das in allgemeiner Form die Rechte und Pflichten auf dem Gebiet des technischen Arbeitsschutzes festlegt und für diese Materie den Charakter eines Rahmengesetzes bzw eines „Grundgesetzes" hat. Eine weitere Konkretisierung existiert vor allem für **technische Arbeitsmittel** durch das **Produktsicherheitsgesetz** (s unten Rn 71 ff) sowie die **Betriebssicherheitsverordnung** v 3. 2. 2015 (BGBl I 49; zuletzt geändert durch Verordnung v 18. 10. 2017 [BGBl I 3584]), hinsichtlich der **Arbeitsstätten** durch die **Arbeitsstättenverordnung** (s unten Rn 77 ff) sowie bezüglich des Umgangs mit **Gefahrstoffen** am Arbeitsplatz durch die **Gefahrstoffverordnung** (s unten Rn 80 ff). Eine **organisatorische Unterstützung** erfährt die Durchsetzung des technischen Arbeitsschutzrechts vor allem durch Betriebsärzte, Sicherheitsingenieure und andere Fachkräfte für Arbeitssicherheit, deren Aufgaben, Rechte und Pflichten im **Arbeitssicherheitsgesetz** ausgestaltet sind (s unten Rn 84). 60

Als arbeitsschutzrechtlicher Sonderbereich ist das **Bergrecht** einzustufen (hierzu Kremer NZA 2000, 132 ff; Naendrup/Kohte, in: FS Fabricius [1989] 133 ff; Weller ZfB 126 [1985] 290 ff; ders ZfB 133 [1992] 30 ff; s auch Kreuzer, Arbeitsschutz im Bergbau [Diss Würzburg 1976]), da die vorgenannten Regelwerke diesen Sektor regelmäßig nicht erfassen. Das gilt auch für das Arbeitsschutzgesetz; es enthält in § 1 Abs 2 ArbSchG einen ausdrücklichen Anwendungsvorbehalt für die dem Bundesberggesetz unterliegenden Betriebe. Für die bergbaurechtlichen Bereiche gestalten Bergverordnungen 61

(§ 66 BBergG) das Arbeitsschutzrecht aus, wobei die Allgemeine Bundesbergverordnung (ABBergV) v 23. 10. 1995 (BGBl I 1466; zuletzt geändert durch Verordnung v 18. 10. 2017 [BGBl I 3584]) eine allgemeine Rahmenregelung trifft (weitere den Arbeitsschutz betreffenden Bergverordnungen sind in dem Bericht der Bundesregierung über den Stand von Sicherheit und Gesundheit bei der Arbeit, BT-Drucks 19/6500, 280 f, aufgezählt).

62 Als ein mit dem Bergrecht vergleichbarer arbeitsschutzrechtlicher Sonderbereich ist der **Arbeitsschutz auf Seeschiffen** zu bewerten. Insoweit enthält **§ 114 Abs 1 SeeArbG** eine **allgemeine Generalklausel**, die sich inhaltlich an § 120a GewO aF anlehnt und die Pflichten des Dienstberechtigten in § 618 Abs 1 und 2 BGB spezialgesetzlich konkretisiert, ohne allerdings hierdurch die privatrechtliche Vorschrift in § 618 BGB zu verdrängen. Neben den einschlägigen Unfallverhütungsvorschriften der See-Berufsgenossenschaft wird die Sicherheit auf Seeschiffen zumindest auch durch die **Schiffssicherheits-Verordnung** v 18. 9. 1998 (BGBl I 3023; zuletzt geändert durch Verordnung v 19. 12. 2018 [BGBl I 2701]) strukturiert. Besondere Bestimmungen zum **Jugendarbeitsschutz** enthält § 117 SeeArbG. Ebenso wie im Bergrecht findet für den Arbeitsschutz der Beschäftigten auf Seeschiffen das **Arbeitsschutzgesetz keine Anwendung** (§ 1 Abs 2 ArbSchG).

bb) Arbeitsschutzgesetz*

63 Bestrebungen zur Schaffung eines allgemeinen Arbeitsschutzgesetzes lassen sich bis in die Weimarer Republik zurückverfolgen; über einen in den Reichstag eingebrachten Gesetzesentwurf kamen die damaligen Vorarbeiten indes nicht hinaus (s hierzu im

* **Schrifttum**: Berger/Delhey, Das neue Arbeitsschutzrecht, PersV 1996, 518; Buchholz, Gesetz zur Umsetzung der EG-Rahmenrichtlinie Arbeitsschutz und weiterer Arbeitsschutz-Richtlinien, ZTR 1996, 495; Dötsch, Die europäische Rahmenrichtlinie Arbeitsschutz und ihre Umsetzung in deutsches Recht, AuA 1996, 329; Faber, Die arbeitsschutzrechtlichen Grundpflichten des § 3 ArbSchG (2004); N Fabricius, Die Mitbestimmung des Betriebsrats bei der Umsetzung des neuen Arbeitsschutzrechts, BB 1997, 1254; O Fischer, Die Implementation des Arbeitsschutzgesetzes (2004); Heilmann/Aufhauser, Arbeitsschutzgesetz (2. Aufl 2005); Kittner/Pieper, Beteiligungsrechte des Betriebsrats im betrieblichen Arbeitsschutz nach dem neuen Arbeitsschutzgesetz, AiB 1997, 325 = PersR 1997, 247; dies, Arbeitsschutzgesetz (3. Aufl 2003); Klindt, Arbeitsschutzgesetz, AR-Blattei SD 200. 1 (2006); MHdB ArbR/Kohte § 176 Rn 1 ff; Kohte/Faber/Feldhoff (Hrsg), Gesamtes Arbeitsschutzrecht (2. Aufl 2018); Koll, Arbeitsschutzgesetz (Loseblatt); Kollmer, Verordnungen zum Arbeitsschutzgesetz, AR-Blattei SD 200. 2 (1999); ders (Hrsg), Praxiskommentar-Arbeitsschutzgesetz (Loseblatt); ders, Arbeitsschutzgesetz und -verordnungen (3. Aufl 2008); Kollmer/Blachnitz/Kossens, Die neuen Arbeitsschutzverordnungen (1999); Kollmer/Klindt/Schucht, Arbeitsschutzgesetz-Kommentar (3. Aufl 2016); Kollmer/Vogl, Das neue Arbeitsschutzgesetz (2. Aufl 1999); Leube, Arbeitsschutzgesetz: Pflichten des Arbeitgebers und der Beschäftigten zum Schutz anderer Personen, BB 2000, 302; Lörcher, Gilt das Arbeitsschutzgesetz für Beamtinnen und Beamte?, PersR 1999, 13; Pieper, Das Arbeitsschutzgesetz, AuR 1996, 465; ders, Verordnungen zur Umsetzung der EG-Arbeitsschutzrichtlinie, AuR 1997, 21; ders, Arbeitsschutzrecht – Kommentar (6. Aufl 2017); ders, Arbeitsschutzgesetz (8. Aufl 2018); Schlüter, Arbeitsschutzgesetz (1998); Vogel, Das neue Arbeitsschutzgesetz, NJW 1996, 2753; Wank, Kommentar zum technischen Arbeitsschutz (1999) 1; Wlotzke, Das neue Arbeitsschutzgesetz – zeitgemäßes Grund-

Überblick BOHLE, Einheitliches Arbeitsrecht in der Weimarer Republik [1990] 128 ff). Das gilt ebenso für entsprechende Bemühungen Anfang der 80er Jahre, insoweit blieb es bei Referentenentwürfen (s WLOTZKE, in: FS Herschel [1982] 504).

Die mit dem **Arbeitsschutzgesetz** v 7. 8. 1996 (BGBl I 1246 ff; zuletzt geändert durch Verordnung v 31. 8. 2015 [BGBl I 1474]) zum Abschluss gelangten Gesetzgebungsarbeiten wurden vor allem von zwei **Gesetzgebungsaufträgen bzw -verpflichtungen** geleitet. Erstens zwangen die Arbeitsschutz-Rahmenrichtlinie (89/391/EWG) und die hierzu verabschiedeten Einzelrichtlinien (s oben Rn 54) die Bundesrepublik Deutschland zu einer umfangreichen Harmonisierung des technischen Arbeitsschutzrechts mit dem Recht der Europäischen Union. Zweitens verpflichtet Art 30 Abs 1 Nr 2 EVertr den gesamtdeutschen Gesetzgeber, den „öffentlich-rechtlichen Arbeitsschutz in Übereinstimmung mit dem Recht der Europäischen Gemeinschaften und dem damit konformen Teil des Arbeitsschutzrechts der Deutschen Demokratischen Republik zeitgemäß neu zu regeln“. 64

Erstes Ergebnis der Gesetzgebungsarbeiten war ein noch in der **12. Legislaturperiode** in das Gesetzgebungsverfahren eingebrachter Entwurf für ein Gesetz über Sicherheit und Gesundheitsschutz bei der Arbeit (Arbeitsschutzrahmengesetz). Dem **Referentenentwurf** v 22. 12. 1992 (hierzu GÜNTHER AuA 1993, 97 ff; TEGTMEIER BArbBl 1991, Heft 2, 5 ff; WIRMER BArbBl 1993, Heft 2, 15 ff; WLOTZKE RdA 1992, 92 ff sowie die Ankündigung der BReg BT-Drucks 12/3592) folgte der **Gesetzesentwurf der Bundesregierung** (BT-Drucks 12/6752; hierzu BÜCKER/FELDHOFF/KOHTE 185 ff; KONSTANTY/ZWINGMANN WSI-Mitt 1995, 61 ff; OETKER ZRP 1994, 219 ff; SEHMSDORF 287 ff; WANK, in: FS Wlotzke [1996] 618 ff; WLOTZKE NZA 1994, 602 ff; ders, in: FS Raisch [1995] 344 ff; zur Kritik des Deutschen Bundesrates an dem Regierungsentwurf BR-Drucks 440/92; sowie BRÜCKNER AiB 1994, 66 ff; ders PersR 1994, 149 ff; PFARR AiB 1993, 260 ff), der jedoch in der 12. Legislaturperiode nicht mehr zur Verabschiedung gelangte (zur weiteren Diskussion s ZWINGMANN AiB 1995, 375 ff; ders SozSich 1995, 134 ff). 65

Das am 21. 8. 1996 in Kraft getretene **Arbeitsschutzgesetz** basiert auf dem **Regierungsentwurf** v 23. 11. 1995 (BT-Drucks 13/3540 = BR-Drucks 881/95; hierzu FISCHER BArbBl 1996, Heft 1, 21 ff; KONSTANTY/ZWINGMANN WSI-Mitt 1996, 65 ff; WANK DB 1996, 1134 ff; zum Referentenentwurf KREIZBERG AuA 1995, 361 ff), der durch die **Beschlüsse des BT-Ausschusses für Arbeit und Sozialordnung** einige wesentliche Änderungen erfuhr (s BT-Drucks 13/4756 und BT-Drucks 13/4854). 66

Konzeptionell beschränkt sich das Arbeitsschutzgesetz vor allem auf die **Umsetzung der Arbeitsschutz-Rahmenrichtlinie 89/391/EWG**. Für weitere rechtlich erforderliche Anpassungen des innerstaatlichen technischen Arbeitsschutzrechts enthält § 19 ArbSchG eine Ermächtigung zum Erlass von **Rechtsverordnungen**, die in ihrer Regelungstechnik der parallelen Vorschrift im Produktsicherheitsgesetz (§ 4 Abs 1 S 1) gleicht. Auf dieser Rechtsgrundlage wurden bislang die folgenden Rechtsverordnungen erlassen: 67

---

lagengesetz für den betrieblichen Arbeitsschutz, NZA 1996, 1017; ders, Fünf Verordnungen zum Arbeitsschutzgesetz von 1996, NJW 1997, 1469; ders, Ausgewählte Leitlinien des Arbeitsschutzgesetzes, in: FS Däubler (1999) 654.

– Verordnung über Sicherheit und Gesundheitsschutz bei der **Verwendung von Arbeitsmitteln** (BetrSichV) v 3. 2. 2015 (BGBl I 49; zuletzt geändert durch Verordnung v 18. 10. 2017 [BGBl I 3584]; hierzu KELLER, Die Betriebssicherheitsverordnung [2003]; MHdB ArbR/KOHTE § 178 Rn 33 ff; LEGERLOTZ/SCHMIDT-RICHARZ ArbRB 2015, 285 ff; MATTES ua, Die Betriebssicherheitsverordnung [2003]; PAULI, in: KOHTE/FABER/FELDHAUS [Hrsg], Gesamtes Arbeitsschutzrecht [2. Aufl 2018] 657 ff; PIEPER, Betriebssicherheitsverordnung, 2015; SCHUCHT NZA 2015, 333 ff; ders CCZ 2015, 41 ff; WILRICH DB 2002, 1533 ff; ders DB 2015, 981 ff);

– Verordnung über Sicherheit und Gesundheitsschutz auf **Baustellen** (BaustellV) v 10. 6. 1998 (BGBl I 1283; zuletzt geändert durch Gesetz v 27. 6. 2017 [BGBl I 1966]; hierzu: BREMER, Arbeitsschutz im Baubereich [2007]; ders, in: KOHTE/FABER/FELDHOFF [Hrsg], Gesamtes Arbeitsschutzrecht [2. Aufl 2018] 636 ff; KLINDT AR-Blattei SD 370. 2 [2007]; MHdB ArbR/KOHTE § 177 Rn 42 ff; KOLLMER NJW 1998, 2634 ff; ders, Baustellenverordnung [2. Aufl 2004]; KOLLMER/BLACHNITZ/KOSSENS 38 ff, 89 ff, 179 ff; KOSSENS AiB 1998, 550 ff; MEYER BauR 2006, 597 ff; ders BauR 2015, 913 ff; MOOG BauR 1999, 795 ff);

– Sicherheit und Gesundheitsschutz bei der Arbeit an **Bildschirmgeräten** wurde zunächst durch die Verordnung über Sicherheit und Gesundheitsschutz bei der Arbeit an Bildschirmgeräten (BildscharbV) v 4. 12. 1996 (BGBl I 1841; zuletzt geändert durch Verordnung v 31. 8. 2015 [BGBl I 1474]; hierzu: ArbG Kaiserslautern 12. 6. 2001 – 5 Ca 316/01, NZA-RR 2001, 628 f; ArbG Siegen 8. 5. 2001 – 1 Ca 2299/97, NZA-RR 2001, 629 ff; CALLE LAMBACH/PRÜMPER RdA 2014, 345 ff; DOLL PersV 1998, 420 ff; FELDHOFF, in: KOHTE/FABER/FELDHOFF [Hrsg], Gesamtes Arbeitsschutzrecht [2014] 596 ff; FISCHER/SCHIERBAUM PersR 1997, 95 ff; vHARTEN/RICHENHAGEN WSI-Mitteilungen 1997, 884 ff; KIESCHE AiB 1997, 624 ff; MHdB ArbR/KOHTE [3. Aufl 2009] § 293 Rn 39 ff; KOLLMER/BLACHNITZ/KOSSENS 34 ff, 108 ff; LOHBECK, ZTR 2001, 502 ff; LORENZ AR-Blattei SD 555 [2004]; MERTEN, Gesundheitsschutz und Mitbestimmung bei der Bildschirmarbeit [2000] 63 ff; NAHRMANN/SCHIERBAUM RDV 1997, 156 ff; OPFERMANN/RÜCKERT AuA 1997, 69 ff; RENTROP BerGen 1998, 198 ff; RIESE CR 1997, 27 ff; WANK, Kommentar zum technischen Arbeitsschutz [1999] 59 ff; speziell zur Mitbestimmung des Betriebsrates nach § 87 Abs 1 Nr 7 BetrVG MERTEN, Gesundheitsschutz und Mitbestimmung bei der Bildschirmarbeit [2000]; SCHIERBAUM/FRANZ AuR 1999, 82 ff; SIEMES NZA 1998, 232 ff) geregelt, sind seit der Änderung der Arbeitsstättenverordnung durch die Verordnung v 30. 11. 2016 (BGBl I 2681) jedoch unter Aufhebung der Bildschirmarbeitsverordnung (s Art 3 der Verordnung v 30. 11. 2016, BGBl I 2681) integraler **Bestandteil der Arbeitsstättenverordnung**, die in Nr 6 des Anhangs die Einzelheiten zur Gestaltung von Bildschirmarbeitsplätzen (s § 2 Abs 5 ArbStättV) festlegt (s HK-ArbSchR/FISCHER/FELDHOFF [2. Aufl 2018] ArbStättV Rn 210 ff; MHdB ArbR/KOHTE § 177 Rn 31 ff);

– Verordnung über Sicherheit und Gesundheitsschutz bei Tätigkeiten mit **biologischen Arbeitsstoffen** (BioStoffV) v 15. 7. 2013 (BGBl I 2514; zuletzt geändert durch Gesetz v 29. 3. 2017, BGBl I 626; hierzu: ALLESCHER BArbBl 1999, Heft 5, 15 ff; GRÜNEBERG/KOHTE, in: KOHTE/FABER/FELDHOFF [Hrsg], Gesamtes Arbeitsschutzrecht [2. Aufl 2018] 683 ff; MHdB ArbR/KOHTE § 179 Rn 68 ff; KOLLMER/BLACHNITZ/KOSSENS 47 ff, 123 ff);

– Verordnung über Sicherheit und Gesundheitsschutz bei der manuellen **Handhabung von Lasten** bei der Arbeit (LasthandhabV) v 4. 12. 1996 (BGBl I 1841; zuletzt geändert durch Verordnung v 18. 10. 2017 [BGBl I 3584]; hierzu: GERAY AiB 1997, 520 ff; MHdB ArbR/KOHTE § 177 Rn 39 ff; KOLLMER/BLACHNITZ/KOSSENS 32 ff, 148 ff; OPFERMANN/

Rückert AuA 1997, 187; Wank, Kommentar zum technischen Arbeitsschutz [1999] 55 ff; Ziprich/Feldhoff, in: Kohte/Faber/Feldhoff [Hrsg], Gesamtes Arbeitsschutzrecht [2. Aufl 2018] 739 ff);

- Verordnung über Sicherheit und Gesundheitsschutz bei der **Benutzung persönlicher Schutzausrüstungen** (PSA-BV) v 4. 12. 1996 (BGBl I 1841; hierzu: Bücker, in: Kohte/Faber/Feldhoff [Hrsg], Gesamtes Arbeitsschutzrecht [2. Aufl 2018] 860 ff; Kollmer/Blachnitz/Kossens 30 ff, 170 ff; Opfermann/Rückert, Neuregelungen für Persönliche Schutzausrüstungen, AuA 1997, 124 ff; Wank, Kommentar zum technischen Arbeitsschutz [1999] 51 ff);
- Verordnung über **Arbeitsstätten** (ArbStättV) v 12. 8. 2004 (BGBl I 2179; zuletzt geändert durch Verordnung v 18. 10. 2017 [BGBl I 3584]; hierzu unten Rn 77 ff);
- Verordnung zum Schutz der Beschäftigten vor Gefährdungen durch **Lärm und Vibrationen** (LärmVibrationsArbSchV) v 6. 3. 2007 (BGBl I 261; zuletzt geändert durch Verordnung v 18. 10. 2017 [BGBl I 3584]; hierzu Kohte, in: Kohte/Faber/Feldhoff [Hrsg], Gesamtes Arbeitsschutzrecht [2. Aufl 2018] 802 ff; MHdB ArbR/Kohte § 177 Rn 34 ff);
- Verordnung zum Schutz der Beschäftigten vor Gefährdungen durch **künstliche optische Strahlung** (OStrV) v 19. 7. 2010 (BGBl I 960; zuletzt geändert durch Verordnung v 18. 10. 2017, BGBl I 3584; hierzu Volkmann, in: Kohte/Faber/Feldhoff [Hrsg], Gesamtes Arbeitsschutzrecht [2. Aufl 2018] 841 ff);
- Verordnung zum Schutz der Beschäftigten vor Gefährdungen durch **elektromagnetische Felder** (EMFV) v 15. 11. 2016 (BGBl I 2531; s näher Volkmann, in: Kohte/Faber/Feldhoff [Hrsg], Gesamtes Arbeitsschutzrecht [2. Aufl 2018] 724 ff).

Der **Anwendungsbereich des Arbeitsschutzgesetzes** beschränkt sich nicht auf das Ar- 68
beitsverhältnis, sondern das Gesetz bezieht – auf Grund der unionsrechtlichen Vorgaben – alle **„Beschäftigten"** in seinen **personellen Schutzbereich** ein. Zu ihnen zählen nach der abschließenden Aufzählung in § 2 Abs 2 ArbSchG neben Arbeitnehmern, arbeitnehmerähnlichen Personen und zur Berufsbildung beschäftigten Personen auch Richter, Beamte und Soldaten (näher hierzu zB Kohte, in: Kollmer/Klindt/Schucht, ArbSchG § 2 Rn 32 ff; HK-ArbSchR/Schulze-Doll § 2 ArbSchG Rn 13 ff). Hierfür greift das Gesetz durchgängig auf den Oberbegriff der „Beschäftigten" zurück. Dieser ist indes nicht deckungsgleich mit dem personellen Anwendungsbereich des § 618 Abs 1 BGB (s unten Rn 94 ff), da Dienstverpflichtete, die nicht von dem Beschäftigtenbegriff in § 2 Abs 2 ArbSchG erfasst sind, wegen des abschließenden Charakters der dortigen Aufzählung nicht in den Anwendungsbereich des Arbeitsschutzgesetzes einbezogen sind. Umgekehrt geht der Beschäftigtenbegriff in § 2 Abs 2 ArbSchG durch die Einbeziehung der Beamten, Richter und Soldaten (s auch unten Rn 110) über den personellen Anwendungsbereich des § 618 BGB hinaus.

Im Zentrum des **dem Arbeitgeber durch das Arbeitsschutzgesetz auferlegten Pflich- 69
tenkatalogs** steht die Verpflichtung, die erforderlichen **Maßnahmen des Arbeitsschutzes** zu treffen (**§ 3 Abs 1 S 1 ArbSchG**). Damit ist die **arbeitsschutzrechtliche Generalklausel** noch dehnbarer formuliert als die frühere Regelung in § 120a GewO. Die diesbezügliche **Legaldefinition in § 2 Abs 1 ArbSchG** präzisiert die Verpflichtung des Arbeitgebers jedoch in zweierlei Hinsicht. Erstens müssen sich die Maßnahmen auf

die **Verhütung von Unfällen bei der Arbeit und arbeitsbedingten Gesundheitsgefahren** beziehen und zweitens stellt die Legaldefinition klar, dass hierzu auch Maßnahmen der **menschengerechten Gestaltung der Arbeit** zählen, die sich auf Grund der finalen Ausrichtung der Generalklausel jedoch stets auf die Sicherheit und die Gesundheit der Beschäftigten beziehen müssen. Dogmatisch begründet die arbeitsschutzrechtliche Generalklausel nicht nur eine öffentlich-rechtliche Verpflichtung des Arbeitgebers, sondern konkretisiert über § 618 Abs 1 BGB auch die **Verpflichtungen innerhalb des „Beschäftigungsverhältnisses"** (ebenso zu der vergleichbaren früheren Regelung in § 120a GewO mit überzeugender Argumentation bereits NIPPERDEY, in: Festgabe zum 50-jährigen Bestehen des Reichsgerichts Bd IV [1929] 215 f), die das Arbeitsschutzgesetz ausweislich der §§ 15, 16 ArbSchG auch **auf die Beschäftigten ausdehnt** (s dazu näher HANAU, in: FS Wlotzke [1996] 38 f; MHdB ArbR/KOHTE § 176 Rn 63 ff; VOGEL, Die Rechtsbindung der Arbeitnehmer an Unfallverhütungsvorschriften gemäß § 15 Abs 1 S 1 Nr 2 SGB VII [2000] 66 ff; WLOTZKE, in: FS Hanau [1999] 317 ff).

70 Hinsichtlich der weiteren Bestimmungen des Arbeitsschutzgesetzes sind neben den umfassenden **Dokumentations- und Evaluationspflichten** (§§ 5 und 6 ArbSchG; hierzu EuGH 7. 2. 2002 – C-5/00, NZA 2002, 321 ff; BAG 12. 8. 2008 – 9 AZR 1117/06, AP BGB § 618 Nr 29; BIERMANN AiB 1997, 619 ff; BÜRKERT AuA 1997, 190 ff; MHdB ArbR/KOHTE § 176 Rn 22 ff; KOLL, in: FS Wlotzke [1996] 701 ff; RIEGER AiB 1998, 24 ff) vor allem das **Verbot der Kostenabwälzung auf die Beschäftigten** (§ 3 Abs 3 ArbSchG; hierzu unten Rn 183 ff), die Pflicht zur **Unterweisung der Beschäftigten** (§ 12 ArbSchG), die **Pflicht der Beschäftigten zu arbeitsschutzförderlichem Verhalten** (§§ 15, 16 ArbSchG), das **Recht zur Arbeitsverweigerung** bei einer unmittelbaren und erheblichen Gefahr (§ 9 Abs 3 ArbSchG; hierzu unten Rn 267 ff), das Recht zur **arbeitsmedizinischen Untersuchung** (§ 11 ArbSchG) sowie das **Vorschlags- und Anzeigerecht** (§ 17 ArbSchG; hierzu unten Rn 387 ff) hervorzuheben.

cc) Produktsicherheitsgesetz*

71 Den Schutz vor den mit technischen Arbeitsmitteln verbundenen Gefahren regelte bis zum 1. 12. 2011 in erster Linie das „Gesetz über technische Arbeitsmittel und Verbraucherprodukte (Geräte- und Produktsicherheitsgesetz-GPSG)" v 6. 1. 2004 (BGBl I 9; zur historischen Entwicklung PEINE, Gesetz über technische Arbeitsmittel [1986] Ein-

* **Schrifttum**: FISCHER/SCHUCHT, Organpflichten und Organhaftung im Produktsicherheits- und Produkthaftungsrecht, BB 2018, 67; GEISS/DOLL, Geräte- und Produktsicherheitsgesetz (2005); KAPOOR/KLINDT, Das neue Produktsicherheitsgesetz (ProdSG), NVwZ 2012, 719; KLINDT, Das neue Geräte- und Produktsicherheitsgesetz, NJW 2004, 465; ders, Geräte- und Produktsicherheitsgesetz (2007); ders, Produktsicherheitsgesetz (3. Aufl 2019); MHdB ArbR/KOHTE § 178 Rn 1 ff; KOLLMER, Zivilrechtliche und arbeitsrechtliche Wirkungen des Gerätesicherheitsgesetzes, NJW 1997, 2015; KREIZBERG, Richtlinien der Europäischen Union zur Geräte- und Anlagensicherheit, in: OETKER/PREIS (Hrsg), Europäisches Arbeits- und Sozialrecht (EAS) Teil B, B 6300 (2011); LENZ, Das neue Geräte- und Produktsicherheitsgesetz, MDR 2004, 918; LITTBARSKI, Das neue Geräte- und Produktsicherheitsgesetz: Grundzüge und Auswirkungen auf die Haftungslandschaft, VersR 2005, 448; LUKES, Vom Arbeitnehmerschutz zum Verbraucherschutz – Überlegungen zum Maschinengesetz, RdA 1969, 220; MOLITORIS/KLINDT, Entwicklungen im Produktsicherheits- und Produkthaftungsrecht 2014, NJW 2015, 1568; dies, Aktuelle Entwicklungen im Produktsicherheits- und Produkthaftungsrecht, NJW 2016, 2464; MORITZ, Die neue Struktur der Normenverzeichnisse zum GPSG, BArbBl 2004,

führung Rn 5 ff). Konkretisiert wurde dieses vor allem durch die sog Maschinen-Verordnung v 12. 5. 1993 (9. GPSGV; BGBl I 704, zuletzt geändert durch Verordnung v 18. 6. 2008 [BGBl I 1060]), deren Aufgabe es vor allem war, die unionsrechtlichen Vorgaben in das innerstaatliche Recht zu transformieren. Das Geräte- und Produktsicherheitsgesetz wurde zum oben genannten Stichtag durch das Produktsicherheitsgesetz v 8. 11. 2011 (BGBl I 2178; zuletzt geändert durch Verordnung v 31. 8. 2015 [BGBl I 1474]) abgelöst, das zwar nicht mehr den Begriff der technischen Arbeitsmittel kennt, durch den weit gefassten Produktbegriff diese aber einschließt (s Polly/Lach BB 2012, 71 f).

Ergänzt wird das Produktsicherheitsgesetz ua durch die **Niederspannungsanschlussverordnung** v 1. 11. 2006 (BGBl I 2477; zuletzt geändert durch Gesetz v 17. 12. 2018, BGBl I 2549), die Verordnung über das Inverkehrbringen von **einfachen Druckbehältern** v 6. 4. 2016 (6. ProdSV; BGBl I 597; s auch die Richtlinie 87/404/EWG v 25. 6. 1987 [ABl EG Nr L 220, 48), die Verordnung über die **Bereitstellung von persönlichen Schutzausrüstungen** idF v 20. 2. 1997 (8. ProdSV; BGBl I 316; zuletzt geändert durch Gesetz v 8. 11. 2011 [BGBl I 2178]), die Verordnung über **Gasverbrauchseinrichtungen** v 26. 1. 1993 (7. ProdSV; BGBl I 133; zuletzt geändert durch Gesetz v 8. 11. 2011 [BGBl I 2178]; s nunmehr auch Verordnung [EU] 2016/427 v 9. 3. 2016, ABl EU Nr L 81 v 31. 3. 2016, 99), die **Explosionsschutzprodukteverordnung** v 6. 1. 2016 (11. ProdSV; BGBl I 39). 72

Nach § 3 ProdSG ist zwischen solchen Produkten, die in den Anwendungsbereich einer nach § 8 Abs 1 S 1 ProdSG erlassenen Rechtsverordnung fallen, und „verordnungsfreien" Produkten zu differenzieren. Während die in Rechtsvorschriften der Europäischen Union normierten Vorgaben durch Rechtsverordnungen im Sinne des § 8 Abs 1 ProdSG umgesetzt werden, verbleibt es für die „verordnungsfreien" Produkten bei einer Prüfung anhand der Generalklausel in § 3 Abs 2 ProdSG. Bei denjenigen Produkten, deren Sicherheitsanforderungen in Rechtsverordnungen festgelegt sind und diesen genügen, ist zu vermuten, dass sie den Voraussetzungen in § 3 Abs 1 ProdSG entsprechen (§ 4 Abs 2 ProdSG). Sie dürfen stets in Verkehr gebracht werden, wenn sie die in der Rechtsverordnung festgelegten Anforderungen, die durch einen unionsweiten Standard geprägt sind (vgl Bickel BArbBl 1990, 10; Reihlen EuZW 1990, 444 ff), erfüllen (näher Kreizberg, in: EAS B 6300 Rn 234 ff; speziell zur Gleichwertigkeitsklausel Kaufmann DB 1996, 277 sowie allg vBorries/Petschke DVBl 1996, 1343 ff). 73

Dem Schutz der Beschäftigten vor den **Gefahren besonders gefährlicher Anlagen** (sog **überwachungsbedürftige Anlagen**; vgl die Aufzählung in § 2 Nr 30 ProdSG) dienen zusätzlich die §§ 34 ff ProdSG (hierzu im Überblick MHdB ArbR/Kohte § 178 Rn 44 ff). Die durch § 34 ProdSG eingeräumte Ermächtigung zur Festlegung der jeweils maßgebenden technischen Anforderungen wird insbesondere durch die **Betriebssicherheits-** 74

Heft 9, 14; Peine, Gesetz über technische Arbeitsmittel (Gerätesicherheitsgesetz) (3. Aufl 2002); Polly/Lach, Das neue Produktsicherheitsgesetz, BB 2012, 71; Schucht, Entwicklungslinien im deutschen Produktsicherheitsrecht, DVBl 2013, 760; ders, 10 Jahre neue EG-Maschinenrichtlinie – Eine Zwischenbilanz zum Stand des Maschinenrechts, GewArch 2016, 106; ders, Produktsicherheit durch Information, NVwZ 2017, 434; ders, Produktsicherheit durch Kennzeichnung, DÖV 2018, 431; Wilrich, Geräte- und Produktsicherheitsgesetz (2004).

verordnung v 3. 2. 2015 (BGBl I 49; zuletzt geändert durch Verordnung v 18. 10. 2017 [BGBl I 3584]) ausgefüllt, die in den §§ 15 ff BetrSichV besondere Vorschriften für überwachungsbedürftige Anlagen trifft (s näher MHdB ArbR/KOHTE § 178 Rn 33 ff; PAULI, in: KOHTE/FABER/FELDHOFF [Hrsg], Gesamtes Arbeitsschutzrecht [2. Aufl 2018] 657 ff). Der für deren Betrieb maßgebliche Stand der Technik ergibt sich vor allen aus den Regeln und Erkenntnissen, die der Ausschuss für Betriebssicherheit (§ 21 BetrSichV) ermittelt (s § 6 Abs 1 BetrSichV).

75 Die Sicherheitsanforderungen an **medizinisch-technische Geräte**, die früher in der Medizingeräte-Verordnung (BGBl 1985 I 93) geregelt waren, ergeben sich aus dem **Medizinproduktegesetz** v 2. 8. 1994 (BGBl I 1963), das durch Gesetz v 7. 8. 2002 (BGBl I 3146) neu gefasst und zuletzt durch Gesetz v 18. 7. 2017 (BGBl I 2757) geändert wurde (näher dazu zB LÜCKER, in: SPICKHOFF [Hrsg], Medizinrecht [3. Aufl 2018] 1280 ff).

76 Die nach den Rechtsverordnungen jeweils einzuhaltenden **technischen Anforderungen** werden von den ua nach § 33 ProdSG gebildeten **technischen Ausschüssen** (zB Ausschuss für brennbare Flüssigkeiten etc) vorgeschlagen und gehen in **technische Regeln** (zB TRbF etc) ein.

dd) Arbeitsstättenverordnung*

77 Dem Schutz von Leben und Gesundheit hinsichtlich der Arbeitsstätte trugen früher in erster Linie die §§ 120a ff GewO Rechnung, die ihrerseits durch die **Arbeitsstättenverordnung** (ArbStättV) v 20. 3. 1975 (BGBl I 729, zuletzt geändert durch Verordnung v 4. 12. 1996 [BGBl I 1845]) konkretisiert wurden (hierzu im Überblick MHdB ArbR/WLOTZKE [2. Aufl 2000] § 212 Rn 1 ff). Wegen der Aufhebung des § 120a GewO aF durch Art 4 Nr 1 des Gesetzes v 7. 8. 1996 (BGBl I 1246 ff) ist zwar die speziell auf die Arbeitsstätte zugeschnittene Vorschrift der Gewerbeordnung entfallen, dieses Defizit wird aber durch die arbeitsschutzrechtliche Generalklausel in § 3 Abs 1 S 1 ArbSchG kompensiert (s BVerwG 31. 1. 1997 – 1 C 20/95, NZA 1997, 482 f; OVG NW

---

* **Schrifttum**: EBERSTEIN/MEYER, Arbeitsstättenrecht (Loseblatt); FABER, Die betriebliche Umsetzung der neuen Arbeitsstättenverordnung, AiB 2005, 515; ders, Die entbürokratisierte Arbeitsstättenverordnung 2004 – „Arbeitsschutz light"?, WSI-Mitteilungen 2005, 511; ders, Die neue Arbeitsstättenverordnung, AiB 2006, 528: ders/FELDHOFF, in: KOHTE/FABER/FELDHOFF (Hrsg), Gesamtes Arbeitsschutzrecht (2. Aufl 2018) 537 ff; HEILMANN, Die neue Arbeitsstättenverordnung, AiB 2004, 598; HEINEN/TENTROP/WIENECKE/ZERLETT, Arbeitsstättenverordnung (Loseblatt); MHdB ArbR/KOHTE § 177 Rn 1 ff; KOHTE/FABER, Novellierung des Arbeitsstättenrechts – Risiken und Nebenwirkungen einer legislativen Schlankheitskur, DB 2005, 224; KOLLMER/WIEBAUER/SCHUCHT, Arbeitsstättenverordnung (4. Aufl 2019); KRÄMMER, Anforderungen an Arbeitsstätten Bd 1 und 2 (Loseblatt); Arbeitsplatzgestaltung, PersR 1997, 470 = AiB 1998, 273; NÖTHLICHS, Arbeitsstätten (Loseblatt); OPFERMANN/STREIT, Arbeitsstätten (Loseblatt); PIEPER, Die novellierte Arbeitsstättenverordnung 2004, PersR 2005, 281; ders, Arbeitsstättenverordnung (4. Aufl 2019); ders, Menschengerechte Gestaltung von Arbeitsplätzen, Arbeitsräumen, Arbeitsstätten, AuR 2017, 188; SCHURIG, Novellierte Arbeitsstättenverordnung in Kraft – zuviel Spielraum?, ZTR 2004, 626; SCHMATZ/NÖTHLICHS, Arbeitsstättenverordnung (Loseblatt); TAEGER/ROSE, Kontroverse um das neue Arbeitsstättenrecht: „Umkehr der Beweislast" ohne dramatische Folgen, DB 2005, 1852; TAEGER/ROSE/WEHMEIER, Die neue Arbeitsstättenverordnung (2004); WIEBAUER, Die Novelle der Arbeitsstättenverordnung 2016, NZA 2017, 220.

15. 10. 1997 – 4 A 4806/95, GewArch 1998, 202). Die Geltung der Arbeitsstättenverordnung wurde von der Aufhebung des § 120a GewO nicht beeinträchtigt (s BVerwG 31. 1. 1997 – 1 C 20/95, NZA 1997, 482 f; OVG NW 15. 10. 1997 – 4 A 4806/95, GewArch 1998, 202). Umfassend überarbeitet wurde das Arbeitsstättenrecht durch eine **Neufassung** der Arbeitsstättenverordnung v 12. 8. 2004 (BGBl I 2179; zuletzt geändert durch Verordnung v 18. 10. 2017, BGBl I 3584), das sich seitdem durch einen dreistufigen Aufbau auszeichnet. Dabei wird die 1. Stufe durch die Generalklausel in § 3 Abs 1 ArbStättV gebildet, die in einem Anhang der Arbeitsstättenverordnung konkretisiert wird (2. Stufe). Ergänzt werden die hiernach bestehenden Anforderungen auf der 3. Stufe durch Arbeitsstättenregeln, die schrittweise bis zum 31. 12. 2012 an die Stelle der zuvor maßgeblichen Arbeitsstätten-Richtlinien getreten sind (s unten Rn 78, 152).

Die nach § 3a Abs 1 ArbStättV hinsichtlich der Arbeitsstätte einzuhaltenden allgemein anerkannten sicherheitstechnischen, arbeitsmedizinischen und hygienischen Regeln sowie die sonstigen gesicherten arbeitswissenschaftlichen Erkenntnisse sind für die einzelnen Bereiche der Arbeitsstätte in **Arbeitsstättenregeln** (früher: Arbeitsstätten-Richtlinien) ausgeführt, die das Bundesministerium für Arbeit und Soziales bekannt geben kann (§ 7 Abs 4 ArbStättV). Sofern der Arbeitgeber die dort niedergelegten Anforderungen einhält, vermutet § 3a Abs 1 S 3 ArbStättV, dass die Arbeitsstätte so eingerichtet ist, dass von ihr keine Gefährdungen für die Sicherheit und die Gesundheit der Beschäftigten ausgehen. Ferner muss der Arbeitgeber Schutzmaßnahmen treffen (§ 3a Abs 1 S 2 ArbStättV), die ua der Anhang zur Arbeitsstätten-Verordnung konkretisiert. Besondere Bestimmungen enthält zudem Nr 4 des Anhangs zu § 3 Abs 1 ArbStättV für Sanitärräume, Pausen- und Bereitschaftsräume sowie Unterkünfte. Ferner verpflichtet § 5 ArbStättV den Arbeitgeber zu wirksamen Maßnahmen, um nichtrauchende Beschäftigte vor durch Tabakrauch verursachten Gefahren zu schützen (s unten Rn 176 ff). 78

Ergänzend ist auf die **Druckluftverordnung** v 4. 10. 1972 (BGBl I 1909; zuletzt geändert durch Gesetz v 29. 3. 2017 [BGBl I 626]) sowie die **Störfallverordnung** in der Fassung v 15. 3. 2017 (BGBl I 483; zuletzt geändert durch Verordnung v 8. 12. 2017 [BGBl I 3882]; s hierzu MHdB ArbR/Kohte § 178 Rn 63 ff; Mechtritz DVBl 2017, 659; zu den Vorgängerregelungen Büge DB 2000, 1501 ff; Feldhaus UPR 2000, 121 ff; Heinze UPR 2002, 53 ff; Kohte WSI-Mitteilungen 2000, 567 ff; Müggenberg NVwZ 2000, 1096 ff; Posser/Müller NuR 2001, 321 ff sowie ferner Bücker/Feldhoff/Kohte 165 ff; Kohte, in: Jahrbuch des Umwelt- und Technikrechts 1995 [1996] 37 ff; ders BB 1981, 1277 ff; MHdB ArbR/Wlotzke [2. Aufl 2000] § 212 Rn 54 ff; zum Störfallbeauftragten Schwab DöD 2000, 57 f sowie unten Rn 229) hinzuweisen. 79

ee) Gefahrstoffverordnung*

Der Schutz des Arbeitnehmers vor für Leben und Gesundheit gefährlichen Arbeitsstoffen ist in § 19 des „Gesetzes zum Schutz vor gefährlichen Stoffen (Chemikaliengesetz – ChemG)“ in der Neufassung v 28. 8. 2013 (BGBl I 3498, 3991, zuletzt geändert durch Gesetz v 18. 7. 2017 [BGBl I 2774]; hierzu im Überblick MHdB ArbR/Kohte § 179 80

* **Schrifttum**: Au, Gefahrstoffverordnung 2005 (2005); Beyermann, Verfahrens- und Argumentationsmuster bei der Festlegung von Grenzwerten im Ausschuss für gefährliche Arbeitsstoffe (AgA), in: Winter (Hrsg), Grenzwerte (1986) 86; Birett, Umgang mit Gefahrstoffen (4. Aufl 2002); Börgmann, Die Gefahrstoffverordnung im Spannungsfeld zwischen

Rn 1 ff, 16 ff) auf der Ebene des einfachen Gesetzesrechts geregelt. Die Vorschrift zeichnet sich dadurch aus, dass sie sich auf Ermächtigungen zum Erlass von Rechtsverordnungen beschränkt. Dementsprechend ist der Schutz vor Gefahrstoffen am Arbeitsplatz vor allem in der Gefahrstoffverordnung (GefStoffV) in der Fassung v 26. 11. 2010 (BGBl I 1644; zuletzt geändert durch Gesetz v 29. 3. 2017 [BGBl I 626])

Verfassungs- und EG-Recht (1996); Bötticher, Zurückbehaltungsrecht nach der Gefahrstoffverordnung, AiB 1987, 34; Däubler, Arbeitseinstellung wegen Asbestemission?, AiB 1989, 136; Dolde, Die Bestimmungen der Gefahrstoffverordnung für krebsverdächtige Stoffe, BB 1990, 1074; Falke, Rechtliche Kriterien für und Folgerungen aus Grenzwerten im Arbeitsschutz, in: Winter (Hrsg), Grenzwerte (1986) 164; B Gaul, Pflichten des Arbeitgebers beim Umgang mit Gefahrstoffen, AuA 1996, 75; Grüneberg, Die neue Gefahrstoffverordnung, AiB 2011, 588; Grüneberg/Kohte, in: Kohte/Faber/Feldhoff (Hrsg), Gesamtes Arbeitsschutzrecht (2. Aufl 2018) 751 ff; Heilmann, Gefahrstoffe und Mitbestimmung im Betrieb, BetrR 1989, 179; ders (Hrsg), Gefahrstoffrecht (3. Aufl 2005); ders, Die Europäische Union und das neue Gefahrstoffrecht, WSI-Mitteilungen 2005, 504; Heilmann/Hien, Die neue Gefahrstoffverordnung, AiB 2005, 520; Hörath, Gefährliche Stoffe und Zubereitungen (6. Aufl 2002); Kaufmann, Die neue Verordnung über gefährliche Arbeitsstoffe, DB 1980, 1795; ders, Die neue Gefahrstoffverordnung, DB 1986, 2229; ders, Verbesserter Schutz – Gefahrstoffverordnung, BArbBl 1986, Heft 12, 12; Klein, Überblick über die neue Gefahrstoffverordnung, SGb 1987, 138; ders, Änderung der Gefahrstoffverordnung, DB 1988, 181; ders, Die Rechtsentwicklung im Gefahrstoffrecht, in: FS Wlotzke (1996) 533; Klein/Weinmann/Thomas, Gefahrstoffrecht und Chemikaliensicherheit (2005); Klein/Streffer, Die Vorschriften der neuen Gefahrstoffverordnung über krebserzeugende Gefahrstoffe, DB 1987, 2307; Kloepfer, Das Gesetz zum Schutz vor gefährlichen Stoffen (Chemikaliengesetz), NJW 1981, 17; Kollmer, Grundzüge des europäischen Gefahrstoffrechts, AR-Blattei SD 210. 4 (1998); Kreizberg, Europäisches Gefahrstoffrecht, in: Oetker/Preis (Hrsg), Europäisches Arbeits- und Sozialrecht (EAS) Teil B, 6400 (2009); Maass, Schutz vor Gefahrstoffen am Arbeitsplatz, NZA 1998, 688; B Meyer, Gefahrstoffverordnung – Kommentar der §§ 17–22 GefStoffV, AiB 1987, 80; Möx, Arbeitnehmerrechte in der Gefahrstoffverordnung (1992); ders, Das Zurückbehaltungsrecht an der Arbeitsleistung gem § 21 Abs 6 Satz 2 GefStoffVO, AuR 1992, 235; Morich, Die neue Gefahrstoffverordnung, NZA 1987, 266; Müller-Knöss, Die Gefahrstoffverordnung in der betrieblichen Praxis, AiB 2006, 539; Pieper, Die neue Gefahrstoffverordnung 2005, AiB 2005, 299; ders, Gefahrstoffverordnung-Kommentar, 2013; Purnhagen, Die neuen Einstufungs- und Kennzeichnungsvorschriften im Chemikalienrecht – Europäischer Kosmos und Deutsches Chaos?, EuZW 2009, 523; Quellmalz, Verordnung über gefährliche Arbeitsstoffe Bd I (3. Aufl 1977), Bd II (1977); ders, Das neue Chemikaliengesetz (Loseblatt); Rottmann, Zur Mitbestimmung des Betriebsrats beim Umgang mit Gefahrstoffen, BB 1989, 1115; Semmler, Grundzüge der Arbeitsstoffverordnung, ArbuSozR 1981, 115; Sommer/Schmidt/Töpner, Gefährliche Stoffe (Loseblatt); Tentrop/Zerlett, Kommentar zum medizinischen und technischen Arbeitsschutz Bd 2: Gefährliche Arbeitsstoffe (Loseblatt); Theuer, Die 4. Novelle der Gefahrstoffverordnung, BB 1994, 208; Tilmann, Zum Rechtsschutz gegenüber Veröffentlichungen der MAK-Werte-Kommission, BB 1981, 521; ders, Rechtsschutz gegen Festsetzungen der MAK-Werte-Kommission, BB 1986, 1587; ders, Technische Richtkonzentration für nur krebsverdächtige Stoffe?, BB 1988, 1397; Titze, Die neue Gefahrstoffverordnung, SiöD 1986, 3; Wank, Kommentar zum technischen Arbeitsschutz (1999) 121; Weber, Recht der gefährlichen Arbeitsstoffe (Loseblatt); Weinmann, Die neue Gefahrstoffverordnung, BerGen 1986, 700;

und dort in den §§ 6 ff geregelt (im Überblick s hierzu zB MHdB ArbR/KOHTE § 179 Rn 29 ff; zur Entwicklung des Gefahrstoffrechts KLEIN, in: FS Wlotzke [1996] 533 ff).

Die im Einzelnen jeweils zu beachtenden sicherheitstechnischen, arbeitsmedizinischen und hygienischen Regeln sowie die sonstigen gesicherten wissenschaftlichen Erkenntnisse für Tätigkeiten mit Gefahrstoffen (§ 20 Abs 3 S 1 Nr 1 GefStoffV) werden durch die **Technischen Regeln für gefährliche Stoffe** (TRgA und TRGS) konkretisiert, die von dem **Ausschuss für Gefahrstoffe** (§ 20 GefStoffV; früher: Ausschuss für gefährliche Arbeitsstoffe [AgA]) ermittelt werden (s näher unten Rn 161; zur europäischen Dimension der Arbeitsplatzgrenzwerte THEURER DB 1996, 273 ff). 81

Als spezielle Rechtsquellen ist zusätzlich auf das **Sprengstoffgesetz** in der Fassung v 10. 9. 2002 (BGBl I 3518, zuletzt geändert durch Gesetz v 11. 6. 2017 [BGBl I 1586]) sowie das **Strahlenschutzgesetz** v 27. 6. 2017 (BGBl I 1966; zuletzt geändert durch Gesetz v 27. 6. 2017 [BGBl I 1966]) zu nennen, das an die Stelle der zuvor geltenden **Röntgenverordnung** v 30. 4. 2003 (BGBl I 604; zuletzt geändert durch Verordnung v 11. 12. 2014 [BGBl I 2010]; hierzu: MHdB ArbR/KOHTE [3. Aufl 2009] § 295 Rn 117 ff) und die **Strahlenschutzverordnung** (§§ 54 ff) v 20. 7. 2001 (BGBl I 1714; zuletzt geändert durch Verordnung v 11. 12. 2014 [BGBl I 2010], s auch die Richtlinie 2013/59/Euratom, ABl EU Nr L 13 v 17. 1. 2014, 1 = EAS A 3985) getreten ist (s näher MHdB ArbR/KOHTE § 179 Rn 105 ff). Den Schutz vor **nichtionisierenden Strahlen** gestalten im Hinblick auf **elektromagnetische Felder** die Verordnung v 15. 11. 2016 (BGBl I 2531; s näher VOLKMANN, in: KOHTE/FABER/FELDHOFF [Hrsg], Gesamtes Arbeitsschutzrecht [2. Aufl 2018] 724 ff) sowie bezüglich **künstlicher optischer Strahlungen** die Verordnung v 19. 7. 2010 (BGBl I 960; zuletzt geändert durch Verordnung v 18. 10. 2017 [BGBl I 3584]; näher dazu VOLKMANN, in: KOHTE/FABER/FELDHOFF [Hrsg], Gesamtes Arbeitsschutzrecht [2. Aufl 2018] 841 ff) aus (s im Überblick MHdB ArbR/KOHTE § 179 Rn 121 ff). 82

Der Schutz vor **biologischen Arbeitsstoffen** ist Gegenstand des **Gentechnikgesetzes** in der Fassung v 16. 12. 1993 (BGBl I 2066, zuletzt geändert durch Gesetz v 17. 7. 2017 [BGBl I 2421]; dazu im Überblick MHdB ArbR/KOHTE § 179 Rn 87 ff), das in § 30 Abs 2 eine § 19 ChemG nachgebildete Ermächtigungsnorm zum Erlass von Rechtsverordnungen bezüglich des Arbeitsschutzes enthält. Diese liegt in Gestalt der **Gentechnik-Sicherheitsverordnung** in der Fassung v 14. 3. 1995 (BGBl I 297; zuletzt geändert durch Verordnung v 31. 8. 2015 [BGBl I 1474]) vor. 83

ff) Arbeitssicherheitsgesetz**

Das „Gesetz über Betriebsärzte, Sicherheitsingenieure und andere Fachkräfte für Arbeitssicherheit" v 12. 12. 1973 (BGBl I 1885; zuletzt geändert durch Gesetz v 20. 4. 2013 [BGBl I 868]) verpflichtet den Arbeitgeber demgegenüber nicht zur Einhaltung 84

WEINMANN/THOMAS, Gefahrstoffverordnung mit Chemikaliengesetz (Loseblatt); WINTER, Regelungsmaßstäbe im Gefahrstoffrecht, DVBl 1994, 913.

** **Schrifttum**: ANZINGER/BIENECK, Arbeitssicherheitsgesetz (1998); ARENDT, Das Arbeitssicherheitsgesetz, Arbeitsschutz 1974, 345; AUFHAUSER/BRUNHÖBER/IGL, Arbeitssicherheitsgesetz (4. Aufl 2010); BIENECK, Das Arbeitssicherheitsgesetz – Grundlage für den betrieblichen Arbeitsschutz, in: FS Wlotzke (1996) 465; GIESE/IBELS/REHKOPF, Gesetz über Betriebsärzte und Sicherheitsingenieure (3. Aufl 1977); GRAEFF, Gesetz über Betriebsärzte, Sicherheitsingenieure und andere Fachkräfte für Arbeitssicherheit (2. Aufl 1979); HERZBERG, bestimmter technischer Regeln hinsichtlich der Arbeitsstätte und der Arbeitsmittel, sondern institutionalisiert auf betrieblicher Ebene einen **präventiven Unfallverhütungsschutz**; es dient primär der Unterstützung bei der Einhaltung der Normen des technischen Arbeitsschutzes und ergänzt damit zugleich das Aufsichts- und Überwachungsinstrumentarium des öffentlich-rechtlichen Arbeitsschutzrechts (s näher unten Rn 209 ff).

b) Unfallverhütungsvorschriften der Berufsgenossenschaften***

85 Der für das deutsche Recht zum technischen Arbeitsschutz charakteristische Dualismus (s zB Märtins ZTR 1992, 224 f) resultiert vor allem daraus, dass die Rechtssetzung nicht ausschließlich staatlichen Instanzen obliegt (hierzu Bauerdick, Arbeitsschutz zwischen staatlicher und verbandlicher Regulierung [1994]; Vogel, Die Rechtsbindung der Arbeit-

Die rechtliche Verantwortung von Betriebsärzten und Fachkräften für Arbeitssicherheit, BerGen 1997, 632; Hütig, Die Rechtsstellung des Betriebsrats nach dem Gesetz über Betriebsärzte, Sicherheitsingenieure und andere Fachkräfte für Arbeitssicherheit, DB 1975, 594; Kliesch, Zum Inhalt des Arbeitssicherheitsgesetzes, Arbeitsschutz 1974, 346; Kliesch/Nöthlichs/Wagner, Arbeitssicherheitsgesetz (1978); Kollmer, Fachkraft für Arbeitssicherheit, AR-Blattei SD 210. 2 (2002); Krebs, Arbeitssicherheitsgesetz (Loseblatt); ders, Das Gesetz über Betriebsärzte, Sicherheitsingenieure und andere Fachkräfte für Arbeitssicherheit, RdA 1975, 153; Nitschki, Arbeitssicherheitsgesetz (5. Aufl 1985); Mertens, Arbeitssicherheitsgesetz, Arbeitsschutz 1975, 156; Schelter, Arbeitssicherheitsgesetz (Loseblatt); Spinnarke/Schork, Arbeitssicherheitsrecht (Loseblatt); Wollenschläger, Das Gesetz über Betriebsärzte Sicherheitsingenieure und andere Fachkräfte für Arbeitssicherheit vom 12. Dezember 1973, ZAS 1975, 135.

*** **Schrifttum**: Andrée, Entstehung, rechtliche Bedeutung und Folgen der Nichtbeachtung von Unfallverhütungsvorschriften, DB 1961, 1583, 1616; Asanger, Die rechtliche Bedeutung der Unfallverhütungsvorschriften, in: FS Lauterbach (1961) 297; Bauerdick, Arbeitsschutz zwischen staatlicher und verbandlicher Regulierung (1994); Baum, Das berufsgenossenschaftliche Regelwerk, BerGen 1986, 364; Buss, Vorschriften der Berufsgenossenschaften – Systematik und Gestaltung, BerGen 1978, 93; Buss/Eiermann, Die neue UVV „Allgemeine Vorschriften" (VBG 1), BerGen 1977, 109; Deinert, Unfallversicherung und Arbeitsschutz, Jura 2014, 1033; Eiermann, Unfallverhütungsvorschriften der Berufsgenossenschaften, AR-Blattei Unfallverhütung I (1979); ders, Europäischer Binnenmarkt und berufsgenossenschaftliche Unfallverhütung, ZfSH/SGB 1990, 477; Lazarus, Umsetzung der neuen UVV-Lärm und der EG-Richtlinie in der Praxis, AiB 1992, 677; Lukes, Untersuchungen der Bestimmtheitsanforderungen an Unfallverhütungsvorschriften unter Berücksichtigung des gesetzlichen Auftrags zum Erlaß von Unfallverhütungsvorschriften, ihrer Durchsetzbarkeit und Praktikabilität, BerGen 1973, 429; Mertens, Die neue VBG 1, Arbeitsschutz 1977, 87; Osthaus, Wesen und Durchführung der berufsgenossenschaftlichen Unfallversicherung (Diss Köln 1965); Pinter, Berufsgenossenschaftliche Richtlinien und Sicherheitsregeln, BerGen 1983, 600; ders, Rechtliche Bedeutung von berufsgenossenschaftlichen Pflichten, BerGen 1987, 381; Pflaum, Die Bedeutung der Unfallverhütungsvorschriften in der gesetzlichen Unfallversicherung (Diss Göttingen 1960); Spilling, Die neuen Unfallverhütungsvorschriften (Diss Würzburg 1979); Steiger, Europarechtliche Vorgaben für die Umsetzung von Richtlinien im Bereich der Unfallverhütung am Arbeitsplatz, SGb 1992, 525; Vogel, Die Rechtsbindung der Arbeitnehmer an Unfallverhütungsvorschriften gemäß § 15 Abs 1 S 1 Nr 2 SGB VII (2000); Wiese, Zur rechtlichen Bedeutung der Richtlinien der Berufsgenossenschaften, RdA 1976, 77; Wilhelm, Die Unfallverhütungsvorschriften im System des deutschen und des europäischen Rechts (2002).

nehmer an Unfallverhütungsvorschriften gemäß § 15 Abs 1 S 1 Nr 2 SGB VII [2000] 19 ff). Insbesondere die Umsetzung der aus dem staatlichen Recht folgenden Vorgaben ist den Berufsgenossenschaften überantwortet. Sie sind nach § 15 Abs 1 Nr 1 SGB VII zum Erlass von **Unfallverhütungsvorschriften** berechtigt, die den Unternehmer jeweils zu Einrichtungen, Anordnungen und Maßnahmen zur Verhütung von Arbeitsunfällen verpflichten. Hierbei handelt es sich um **autonome Rechtsnormen** der Berufsgenossenschaften, die für ihre Mitglieder gelten, soweit die Berufsgenossenschaften zu deren Erlass gesetzlich ermächtigt sind (BSG 14. 12. 1967 – 2 RU 60/65, BSGE 27, 240; BSG 26. 6. 1980 – 8a RU 106/79, BSGE 50, 172; BSG 25. 1. 1983 – 2 RU 1/82, BSGE 54, 244; BSG 22. 3. 1983 – 2 RU 27/81, BSGE 55, 27; BSG 24. 10. 1985 – 2 RU 13/85, NZA 1986, 205 f; BSG 1. 3. 1989 – 2 RU 51/88, NZA 1989, 575; BSG 2. 11. 1999 – B 2 U 25/98 R, NZS 2000, 255; STAUDINGER/RICHARDI/FISCHINGER [2011] Vorbem 608 zu §§ 611 ff mwNw sowie MHdB ArbR/KOHTE § 172 Rn 32, § 174 Rn 7 ff; ausführlich VOGEL, Die Rechtsbindung der Arbeitnehmer an Unfallverhütungsvorschriften gemäß § 15 Abs 1 S 1 Nr 2 SGB VII [2000] 83 ff; abweichend noch JACOBI 142 Fn 8: „statutarische Vorschriften"; zur Rechtsnormenqualität s auch BayObLG 14. 7. 1986 – 3 Ob OWi 28/86, AP RVO § 708 Nr 1).

Dieser Dualismus ermöglicht es, dass das technische Arbeitsschutzrecht flexibel auf **86** die branchenspezifischen Risiken und Gefahren am Arbeitsplatz für Leben und Gesundheit der Arbeitnehmer reagieren und dadurch einen optimalen Schutz des Arbeitnehmers vor den jeweiligen Gefahren sicherstellen kann. **Durchführungsanweisungen, Richtlinien, Sicherheitsregeln** und **Merkblätter** der Berufsgenossenschaften (zu ihren Inhalten siehe die Übersicht bei MHdB ArbR/WLOTZKE [2. Aufl 2000] § 207 Rn 42 ff) ergänzen die jeweiligen Unfallverhütungsvorschriften, sind jedoch im Unterschied zu diesen keine Rechtsnormen (ebenso für Richtlinien WIESE RdA 1976, 79 f).

c) Kollektivvertragliche Regelung des technischen Arbeitsschutzes

Neben dem staatlichen Recht und den Unfallverhütungsvorschriften der Berufsge- **87** nossenschaften steht den **Tarifvertragsparteien** die Kompetenz zu, die verbleibenden Gestaltungsspielräume durch Tarifnormen zu strukturieren. In der Regel handelt es sich bei Vorschriften zum Schutz des Arbeitnehmers vor Gefahren für Leben und Gesundheit am Arbeitsplatz um **Betriebsnormen** (so zB auch ArbR-BGB/FRIEDRICH § 618 Rn 178; GAMILLSCHEG, Arbeitsrecht I [8. Aufl 2000] 463; MHdB ArbR/KLUMPP § 240 Rn 11; LÖWISCH/RIEBLE, TVG [4. Aufl 2017] § 1 Rn 410; THÜSING, in: WIEDEMANN [Hrsg], TVG [8. Aufl 2019] § 1 Rn 700; BeckOGK/WITSCHEN [1. 2. 2019] § 618 Rn 62), die ihre Rechtswirkungen bereits entfalten, wenn der Arbeitgeber tarifgebunden ist (§ 3 Abs 2 TVG). Das gilt stets, wenn die tarifliche Regelung Vorschriften über die Beschaffenheit von Arbeitsstätten und Arbeitsmitteln aufstellt.

Sollen durch die Tarifnorm **Rechte des einzelnen Arbeitnehmers** begründet werden, **88** dann handelt es sich regelmäßig um **Inhaltsnormen**, die auf die Vorschriften nur zwischen den beiderseits Tarifgebundenen unmittelbar und zwingend wirken (§ 4 Abs 1 TVG). Häufig liegen hierbei indes **Doppelnormen** vor (näher DIETERICH, Die betrieblichen Normen [1964] 69 ff, 95 f; s auch LÖWISCH/RIEBLE, TVG [4. Aufl 2017] § 1 Rn 505; MHdB ArbR/KLUMPP § 240 Rn 6), da die Materie des technischen Arbeitsschutzes zumeist aus tatsächlichen oder rechtlichen Gründen einheitlich, dh ohne Differenzierung zwischen organisierten Arbeitnehmern und tariflichen Außenseitern geregelt werden muss (näher SÄCKER/OETKER, Grundlagen und Grenzen der Tarifautonomie [1992] 136 ff).

89 Als kollektivvertragliche Regelungen zur Strukturierung des technischen Arbeitsschutzes kommen in den durch zweiseitig zwingendes staatliches Recht oder die Unfallverhütungsvorschriften der Berufsgenossenschaften gezogenen Grenzen auch **Vereinbarungen zwischen Arbeitgeber und Betriebsrat** in Betracht. Die Rechtsmacht für derartige Vereinbarungen folgt unmittelbar aus den §§ 87 Abs 1 Nr 7, 88 Nr 1 BetrVG; eines Umkehrschlusses zu § 77 Abs 3 BetrVG (hierfür vor allem Kreutz, Grenzen der Betriebsautonomie [1979] 208 ff) bedarf es nicht. Die Betriebspartner sind nicht nur innerhalb des durch die gesetzlichen Vorschriften und die Unfallverhütungsvorschriften gezogenen Rahmens zur Normsetzung berechtigt; diese Grenze ist ausschließlich für die Frage von Bedeutung, ob der Betriebsrat hinsichtlich der betreffenden Angelegenheit über die Einigungsstelle eine Regelung erzwingen kann (§ 87 Abs 1 Nr 7 BetrVG; hierzu unten Rn 195 ff).

90 Nach **§ 88 Nr 1 BetrVG** können die Betriebspartner für Bestimmungen zum technischen Arbeitsschutz auf das Regelungsinstrument der **Betriebsvereinbarung** zurückgreifen (s auch Gutzeit, GK-BetrVG [11. Aufl 2018] § 88 Rn 14 ff; zum Umweltschutz als Gegenstand der Betriebsvereinbarung Froschauer, Arbeitsrecht und Umweltschutz [1994] 206 ff sowie § 88 Nr 1a BetrVG). Ob dies auch gilt, wenn zugunsten des einzelnen Arbeitnehmers weder ein Erfüllungsanspruch noch ein Leistungsverweigerungsrecht begründet werden soll (hiergegen Kreutz, GK-BetrVG [11. Aufl 2018] § 77 Rn 208; weitergehend aber Richardi/Richardi, BetrVG [16. Aufl 2018] § 77 Rn 89, 150, wonach sich die Gestaltungsmacht der Betriebsvereinbarung auch auf das betriebliche Rechtsverhältnis erstreckt), kann dahingestellt bleiben, denn eine entsprechende „Betriebsvereinbarung" wäre nicht nichtig, sondern würde im Hinblick auf die Grundsätze der falsa demonstratio non nocet als Regelungsabrede eine Bindungswirkung zwischen den Betriebspartnern begründen, sofern hinsichtlich des Inhalts der Regelung die funktionale Zuständigkeit des Betriebsrates zu bejahen ist (zu diesem Vorbehalt Kreutz, GK-BetrVG [11. Aufl 2018] § 77 Rn 14). Werden durch Vereinbarungen zwischen Arbeitgeber und Betriebsrat **rechtliche Interessen der leitenden Angestellten** berührt, so ist vor deren Abschluss der **Sprecherausschuss** der leitenden Angestellten rechtzeitig **anzuhören** (§ 2 Abs 1 S 2 SprAuG).

91 **Vereinbarungen** zwischen **Arbeitgeber und Sprecherausschuss der leitenden Angestellten** können sich ebenfalls auf den technischen Arbeitsschutz beziehen. Da § 28 Abs 1 SprAuG die Vereinbarungsbefugnis jedoch auf das **Arbeitsverhältnis** beschränkt, müssen Erfüllungsansprüche oder zumindest Leistungsverweigerungsrechte zugunsten der leitenden Angestellten den Regelungsgegenstand bilden. Andernfalls überschreitet der Sprecherausschuss seine Vereinbarungsbefugnis. Abreden zum technischen Arbeitsschutz, die die Arbeitnehmer im Sinne von § 5 Abs 1 BetrVG und die leitenden Angestellten gleichermaßen betreffen, können unter Beachtung dieser Grenze auch als **trilateraler Normenvertrag** zwischen Arbeitgeber, Betriebsrat und Sprecherausschuss abgeschlossen werden (s allg BAG 10. 2. 2009 – 1 AZR 767/07, AP SprAuG § 28 Nr 1; Oetker ZfA 1990, 83 f).

d) Abweichende Regelungen im Beitrittsgebiet

92 Für das Beitrittsgebiet (Art 3 EVertr) verzichtete der Einigungsvertrag darauf, eine Fortgeltung des **technischen Arbeitsschutzrechts der ehem DDR** anzuordnen. Es behielt lediglich indirekt seine Bedeutung über den in den Maßgaben zum Inkrafttreten des Bundesrechts vorgesehenen Bestandsschutz für diejenigen Anlagen und Arbeitsmittel, die vor dem Wirksamwerden des Beitritts befugt errichtet oder be-

trieben bzw in Verkehr gebracht worden waren. Für diese blieben grundsätzlich die bisher geltenden Vorschriften maßgebend (zu diesen zuletzt WILHELM ua, Gesundheits- und Arbeitsschutz [2. Aufl Berlin-Ost 1989] sowie im Überblick WANK/BÖRGMANN 75 f). Die zuständige Behörde konnte jedoch Änderungen verlangen, wenn nach der Art des Betriebes vermeidbare Gefahren für Leben und Gesundheit der Beschäftigten oder Dritter zu befürchten waren. Die Maßgaben zum Inkrafttreten des Bundesrechts übernahmen diese Konzeption zumeist auch für solche Anlagen, mit deren Errichtung vor dem Wirksamwerden des Beitritts begonnen worden war (s im Einzelnen Anl I Kap VIII Sachgeb B Abschn III EVertr; hierzu auch WANK RdA 1990, 10 f; WLOTZKE/LORENZ BB 1990 Beil 35, 10 ff).

Da das Recht der ehem DDR kein **duales System des technischen Arbeitsschutzrechts** 93
kannte (WANK/BÖRGMANN 77), waren für dessen Errichtung ab dem 1. 1. 1991 zahlreiche **organisatorische Sonderregelungen** erforderlich (s Anl I Kap VIII Sachgeb I Abschn III EVertr; hierzu WLOTZKE/LORENZ BB 1990 Beil 35, 12 f sowie BECHMANN AiB 1995, 54 ff; RADEK/GERHARDT NZA 1992, 481 ff). Insbesondere waren die im bisherigen Geltungsbereich des Grundgesetzes bekanntgemachten **Unfallverhütungsvorschriften** vorübergehend entsprechend anzuwenden (Anl I Kap VIII Sachgeb I Abschn III Nr 2d Abs 1 EVertr), die **Einsatzzeiten für Betriebsärzte und Fachkräfte für Arbeitssicherheit** (s unten Rn 210) legte der Einigungsvertrag indessen selbst fest (Anl I Kap VIII Sachgeb B Abschn III Nr 12 lit d und e EVertr).

E. Inhalt des § 618 Abs 1

I. Erfasste Vertragsverhältnisse

Nach seinem Wortlaut gilt § 618 Abs 1 BGB für **Dienstverhältnisse** (exemplarisch BGH 94
6. 4. 1995 – VII ZR 36/94, LM BGB § 632 Nr 17 = NJW 1995, 2629 f: freier Mitarbeiter; ebenso ERMAN/BELLING/RIESENHUBER § 618 Rn 2; BeckOK ArbR/JOUSSEN § 618 BGB Rn 5; JAUERNIG/MANSEL §§ 618, 619 Rn 1; BeckOGK/WITSCHEN [1. 2. 2019] § 618 Rn 68 sowie für **arbeitnehmerähnliche Personen** auch BeckOK ArbR/JOUSSEN § 618 BGB Rn 5; M MÜLLER, Die arbeitnehmerähnliche Person im Arbeitsschutzrecht [2009] 221; HK-ArbSchR/NEBE § 618 BGB Rn 20; ROSENFELDER, Der arbeitsrechtliche Status freier Mitarbeiter [1982] 303; SCHUBERT, Der Schutz der arbeitnehmerähnlichen Personen [2004] 374 ff; BeckOGK/WITSCHEN [1. 2. 2019] § 618 Rn 71) und – soweit nicht spezielle Vorschriften eingreifen (s oben Rn 7) – auch für die hierzu einen Unterfall bildenden **Arbeitsverhältnisse** sowie ebenfalls bei dem sog **Weiterbeschäftigungsverhältnis** (PALLASCH, Der Beschäftigungsanspruch des Arbeitnehmers [1993] 138; nachfolgend auch BeckOK ArbR/JOUSSEN § 618 BGB Rn 5). Aus einem Umkehrschluss zu § 617 BGB folgt, dass sich die Verpflichtung des Dienstberechtigten **nicht nur** auf **„dauernde Dienstverhältnisse“** erstreckt, § 618 Abs 1 BGB erfasst **auch kurzfristige Dienstverhältnisse** (ebenso KG 14. 1. 1909, Recht 1909 Nr 1475; BeckOK BGB/FUCHS/BAUMGÄRTNER § 618 Rn 4; MünchKomm/HENSSLER § 618 Rn 25; BeckOK ArbR/JOUSSEN § 618 BGB Rn 5; NK-BGB/KLAPPSTEIN § 618 Rn 5; HWK/KRAUSE § 618 BGB Rn 8; OERTMANN § 618 Anm 1, 3; NK-GA/OTTO § 618 BGB Rn 10; PIEPER, ArbSchR [6. Aufl 2017] BGB/HGB Rn 6; HK-BGB/SCHREIBER §§ 617–619 Rn 9; ErfKomm/WANK § 618 BGB Rn 1). Auch **Hausangestellte** sind in den Anwendungsbereich der Vorschrift einbezogen (ebenso HK-ArbSchR/NEBE § 618 BGB Rn 20), sodass hierdurch Art 13 Nr 1 des IAO-Übereinkommens Nr 189 (s oben Rn 35) Rechnung getragen wird. Die besondere Pflichtenstruktur des **Berufs-**

ausbildungsverhältnisses steht einer entsprechenden Anwendung (§ 10 Abs 2 BBiG) des § 618 Abs 1 BGB nicht entgegen (so bereits RG 17. 1. 1913 – 286/12 III, JW 1913, 372 [Nr 4]; OLG Dresden 22. 2. 1907, OLGRspr 17, 411 f; ebenso MünchKomm/Henssler § 618 Rn 25; HK-ArbSchR/Nebe § 618 BGB Rn 23; BeckOGK/Witschen [1. 2. 2019] § 618 Rn 68). Wird die Dienstleistung im **räumlichen Herrschaftsbereich des Dienstverpflichteten** erbracht (zB Telearbeitsplatz), so berührt dies zwar nicht generell die Einbeziehung des Vertragsverhältnisses in den Anwendungsbereich des § 618 Abs 1 BGB, wohl aber dessen Pflichtenprogramm, da dieses nur soweit reicht, wie der Dienstberechtigte in der Lage ist, die Bedingungen zu beeinflussen, unter denen die Dienstleistung erbracht wird; insofern bringt § 16 HAG einen allgemeinen Rechtsgedanken zum Ausdruck, der auch die Auslegung des § 618 Abs 1 BGB prägt (s auch Rieble/Picker ZfA 2013, 412 f).

95 Bei **Arbeitsverhältnissen mit gespaltener Arbeitgeberstellung**, wenn die Arbeitsleistung also nicht in der **Arbeitsstätte** des Arbeitgebers, sondern in der **eines Dritten** erbracht wird, ist der Arbeitgeber nicht von seinen Plichten aus § 618 Abs 1 BGB entbunden (BGH 6. 4. 1995 – VII ZR 36/94, LM BGB § 632 Nr 17 = NJW 1995, 2629 f; ebenso im Schrifttum Oertmann § 618 Anm 2; Hueck/Nipperdey I § 48 II 5 c bb Fn 26; BeckOK ArbR/Joussen § 618 BGB Rn 6; Wiebauer ZfA 2014, 49 f; für den Fall einer Arbeitnehmerüberlassung s auch § 12 Abs 2 S 3 ArbSchG sowie BGH 18. 11. 2014 – VI ZR 47/13 Rn 15, NJW 2015, 940; BAG 7. 6. 2016 – 1 ABR 25/14 Rn 16, NZA 2016, 1420; OLG Hamm 14. 4. 2000 – 9 U 3/00, NZA-RR 2000, 650; ebenso für die Haftung aus unerlaubter Handlung wegen Verletzung der Verkehrssicherungspflichten OLG Frankfurt 30. 4. 1998 – 24 U 61/96, VersR 1999, 1380). Er muss auch in dieser Konstellation die erforderlichen Vorkehrungen treffen, um den Arbeitnehmer vor den in § 618 Abs 1 BGB genannten Gefahren zu schützen. Der **Dritte** ist im Hinblick auf die Schutzpflichten **Erfüllungsgehilfe** des Arbeitgebers (so bereits RAG 5. 6. 1940 – RAG 265/39, ARS 40, 13 sowie für freie Mitarbeiter BGH 6. 4. 1995 – VII ZR 36/94, LM BGB § 632 Nr 17 = ZIP 1995, 1280; zust zB BeckOK ArbR/Joussen § 618 BGB Rn 6; BeckOGK/Witschen [1. 2. 2019] § 618 Rn 69; nicht erwogen von OLG Frankfurt 30. 4. 1998 – 24 U 61/96, VersR 1999, 1380 f, das ausschließlich Ansprüche aus unerlaubter Handlung prüfte; **aA** Wiebauer ZfA 2014, 53 ff). Unmittelbare Ansprüche des Arbeitnehmers gegen den Dritten können sich aus dem **Vertrag zwischen dem Arbeitgeber und dem Dritten** ergeben, der bezüglich der Pflichten aus § 618 Abs 1 BGB als Vertrag mit **Schutzwirkung zugunsten Dritter** zu qualifizieren ist (MünchKomm/Henssler § 618 Rn 25; Hueck/Nipperdey I § 48 II 5 c bb Fn 26; Soergel/Kraft § 618 Rn 3; BeckOGK/Witschen [1. 2. 2019] § 618 Rn 69; iE auch Becker NJW 1976, 1828; Erman/Belling/Riesenhuber § 618 Rn 3; Wiebauer ZfA 2014, 58 ff sowie allg Weber, Das aufgespaltene Arbeitsverhältnis [1992] 343 ff; iE ebenfalls OLG Koblenz 2. 4. 2014 – 5 U 311/12, BeckRS 2014, 08625; weitergehend für einen unmittelbar gegen den Dritten gerichteten und auf § 618 analog gestützten Anspruch BeckOK ArbR/Joussen § 618 BGB Rn 6; HWK/Krause § 618 BGB Rn 9; HK-ArbSchR/Nebe § 618 BGB Rn 24 [s dazu unten Rn 97]; offen BGH 18. 11. 2014 – VI ZR 47/13 Rn 21, NJW 2015, 940; s nunmehr für einen Rückgriff auf die Figur des Vertrages mit Schutzwirkung zugunsten Dritter für im Betrieb des Bestellers auf Grund eines Werkvertrages eingesetzte Arbeitnehmer eines Unternehmens BGH 7. 12. 2017 – VII ZR 204/14 Rn 23, NJW 2018, 1537). In dieser Konstellation besteht eine **gesamtschuldnerische Haftung** des Arbeitgebers sowie des Dritten, da die Haftung des Dritten den Arbeitgeber nicht entlastet (§ 278 BGB; zust BeckOGK/Witschen [1. 2. 2019] § 618 Rn 69).

96 Die Grundsätze in Rn 95 gelten nicht nur beim **mittelbaren Arbeitsverhältnis** (für dieses ArbR-BGB/Friedrich § 618 Rn 13; MünchKomm/Henssler § 618 Rn 25; Soergel/Kraft

§ 618 Rn 3; HWK/Krause § 618 BGB Rn 14), sondern auch beim **Leiharbeitsverhältnis** (BGH 18. 11. 2014 – VI ZR 47/13 Rn 15, NJW 2015, 940; BAG 7. 6. 2016 – 1 ABR 25/14 Rn 16, NZA 2016, 1420; ArbR-BGB/Friedrich § 618 Rn 12; MünchKomm/Henssler § 618 Rn 25; BeckOK ArbR/Joussen § 618 BGB Rn 6; HWK/Krause § 618 BGB Rn 9; HK-ArbSchR/Nebe § 618 BGB Rn 24; NK-GA/Otto § 618 BGB Rn 13; BeckOGK/Witschen [1. 2. 2019] § 618 Rn 69; iE auch OLG Hamm 14. 4. 2000 – 9 U 3/00, NZA-RR 2000, 649). Beim Letztgenannten wird hierdurch auf zivilrechtlicher Ebene eine Konkordanz mit § 11 Abs 6 AÜG erzielt, der den Entleiher zur Einhaltung der geltenden öffentlich-rechtlichen Vorschriften des Arbeitsschutzrechts auch gegenüber dem Leiharbeitnehmer verpflichtet (BAG 7. 6. 2016 – 1 ABR 25/14 Rn 15 f, NZA 2016, 1420; s auch § 12 Abs 2 S 1 ArbSchG iVm § 12 Abs 1 ArbSchG), ohne dass dies – wie § 12 Abs 2 S 3 ArbSchG klarstellt – den Verleiher von seinen in Rn 95 skizzierten Verpflichtungen befreit. Diesen treffen insbesondere Kontroll- und Überwachungspflichten im Hinblick auf die Einhaltung der arbeitsschutzrechtlichen Standards gegenüber den von ihm eingesetzten Leiharbeitnehmern (BAG 7. 6. 2016 – 1 ABR 25/14 Rn 16, NZA 2016, 1420; NK-GA/Otto § 618 BGB Rn 13).

Ergänzend schreibt § 12 Abs 2 ArbSchG für den **Entleiher** eine **Pflicht zur Unterweisung** vor, die zusätzlich durch dessen Pflicht flankiert wird, sich bei einem Einsatz von Leiharbeitnehmern in seinem Betrieb darüber zu vergewissern, dass diese angemessenen **Anweisungen** hinsichtlich der Gefahren für ihre Sicherheit und Gesundheit erhalten haben (§ 8 Abs 2 ArbSchG; s auch § 11 Abs 6 S 2 AÜG). Trotz der arbeitsschutzrechtlichen Pflichten, die die vorgenannten Normen dem Entleiher auferlegen, scheidet eine privatrechtliche Haftung des Entleihers gegenüber den bei ihm eingesetzten Leiharbeitnehmern aus, da § 618 BGB nur innerhalb einer Vertragsbeziehung Ansprüche begründet, sodass die durch § 618 BGB begründeten Pflichten ihre Wirkungen ausschließlich im Verhältnis zwischen Verleiher und Leiharbeitnehmer entfalten (**aA** für Analogieschluss jedoch BeckOK ArbR/Joussen § 618 BGB Rn 6; HWK/Krause § 618 BGB Rn 9; HK-ArbSchR/Nebe § 618 BGB Rn 24; offen BGH 18. 11. 2014 – VI ZR 47/13 Rn 21, NJW 2015, 940). Lediglich über die Figur eines **Vertrages mit Schutzwirkungen zugunsten Dritter**, der zwischen Verleiher und Entleiher abgeschlossen wurde, lässt sich ein eigener Ersatzanspruch des Leiharbeitnehmers gegenüber dem Entleiher begründen (s oben Rn 95). 97

Wird § 618 BGB von seinem fürsorgerechtlichen Telos befreit und als integraler Bestandteil der allgemeinen Interessenwahrungspflicht bewertet (s oben Rn 10 ff), dann ist dessen Ratio auch bei **anderen Vertragsverhältnissen** einschlägig, für die das Gesetz auf eine ausdrückliche Normierung gleichgerichteter Pflichten verzichtet. Die vom Tatbestand des § 618 Abs 1 BGB vorausgesetzte Einbeziehung in den Herrschafts- und Organisationsbereich des Gläubigers der Dienstleistung und die hieraus für den Schuldner der Dienstleistung resultierende Gefahrenlage für seine physische und psychische Integrität ist kein spezifisch auf Dienst- und Arbeitsverhältnisse beschränktes Phänomen, sondern kann bei allen Verträgen auftreten, die auf die Erbringung einer Tätigkeit gerichtet sind (so mit Recht AK-BGB/Derleder § 618 Rn 1; Loritz, Die Mitarbeit Unternehmensbeteiligter [1984] 256 f; Jauernig/Mansel § 618 Rn 1). Eine **entsprechende Anwendung des § 618 Abs 1 BGB**, die trotz der lex generalis in § 241 Abs 2 BGB methodisch statthaft ist, trägt diesem Anliegen Rechnung (zu § 618 Abs 3 Röckrath VersR 2001, 1201 f). 98

99 Allerdings kommt eine analoge Anwendung des § 618 Abs 1 BGB nur in Betracht, wenn der **Schuldner der Tätigkeit** in vergleichbarer Weise der **räumlichen oder organisatorischen Herrschaft des Gläubigers** unterliegt (RG 20. 12. 1939 – III 46/38, RGZ 159, 270; so bereits vergleichbar allgemein Hahn Gruchot 45 [1901] 213 ff; gegen eine analoge Anwendung des § 618 aber noch RG 20. 12. 1924 – IV 392/24, HRR 1925, Nr 247 sowie Planck/Gunkel § 618 Anm 7; exemplarisch OLG Karlsruhe 16. 5. 1990 – 1 U 307/89, NJW-RR 1991, 1245 f). Mit diesem dogmatischen Ansatz ist noch keine Vorentscheidung darüber getroffen, ob auch der mit § 618 BGB korrespondierende § 619 BGB entsprechend anzuwenden ist und damit die Verpflichtungen in § 618 Abs 1 BGB zwingenden Charakter erhalten (vgl BGH 15. 6. 1971 – VI ZR 262/69, BGHZ 56, 274 f; näher unten § 619 Rn 5 ff). Hierfür ist vielmehr eigenständig eine Analogie zu § 619 BGB zu prüfen. Darüber hinaus kann aus der entsprechenden Anwendung bei bestimmten Vertragsverhältnissen nicht zwingend geschlossen werden, dass jeder Schuldner der Tätigkeit stets in den persönlichen Schutzbereich der Norm einbezogen ist (s unten Rn 111 f).

100 Wegen der teleologisch vergleichbaren Ausgangslage befürwortet die nahezu einhellige Ansicht unter der Voraussetzung in Rn 99 mit Recht die entsprechende Anwendung des § 618 Abs 1 BGB bei **Werkverträgen** (RG 20. 12. 1939 – III 46/38, RGZ 159, 270; BGH [GS] 5. 2. 1952 – GSZ 4/51, BGHZ 5, 66 f, zu § 618 Abs 3; BGH 15. 6. 1971 – VI ZR 262/69, NJW 1971, 1932; BGH 7. 12. 2017 – VII ZR 204/14 Rn 23, NJW 2018, 1537; OLG Düsseldorf 21. 10. 1994 – 22 U 33/94, NJW-RR 1995, 403; OLG Düsseldorf 29. 6. 2001 – 22 U 204/00, NJW-RR 2002, 1319; OLG Hamm 14. 4. 2000 – 9 U 3/00, NZA-RR 2000, 649; OLG Köln 16. 5. 2013 – 19 U 9/13, NJW-RR 2014, 276; OLG Saarbrücken 18. 3. 2010 – 8 U 3/09, MDR 2010, 919; Erman/Belling/Riesenhuber § 618 Rn 3; AK-BGB/Derleder § 618 Rn 1; ArbR-BGB/Friedrich § 618 Rn 14 f; MünchKomm/Henssler § 618 Rn 25; AR/Kamanabrou § 618 BGB Rn 2; NK-BGB/Klappstein § 618 Rn 6; Schaub/Koch, Arbeitsrechts-Handbuch [17. Aufl 2017] § 106 Rn 14; Soergel/Kraft § 618 Rn 4; HWK/Krause § 618 BGB Rn 8; Oertmann § 618 Anm 8a; Palandt/Weidenkaff § 618 Rn 1; BeckOGK/Witschen [1. 2. 2019] § 618 Rn 70; aus dem älteren Schrifttum vor allem Rümelin, Dienstvertrag und Werkvertrag [1905] 272 f; abweichend in der Begründung noch RG 9. 10. 1934 – VII 113/34, HRR 1935, Nr 336, das aber über „allgemeine Grundsätze aus dem Werkvertrag" zum selben Ergebnis gelangte; gegen eine entsprechende Anwendung des § 618 zu Lasten des Werkbestellers Lewer JZ 1983, 337 f [dagegen jedoch überzeugend ArbR-BGB/Friedrich § 618 Rn 15]).

101 Bei **Auftragsverhältnissen** ist § 618 Abs 1 BGB ebenfalls analog anzuwenden, wobei es vom Grundgedanken einer entsprechenden Anwendung her keinen Unterschied bedeutet, ob die zu erbringende Tätigkeit beim Vorliegen einer Vergütungsabrede dem Dienstvertrags- oder dem Werkvertragsrecht unterliegen würde (ebenso allg OLG Stuttgart 21. 12. 1983 – 1 U 114/83, NJW 1984, 1904; Erman/Belling/Riesenhuber § 618 Rn 3; AK-BGB/Derleder § 618 Rn 1; MünchKomm/Henssler § 618 Rn 25; BeckOK ArbR/Joussen § 618 BGB Rn 5; NK-GA/Otto § 618 BGB Rn 12; Palandt/Weidenkaff § 618 Rn 1; BeckOGK/Witschen [1. 2. 2019] § 618 Rn 73; **aA** NK-BGB/Klappstein § 618: nur wenn die Leistungen bei vereinbarter Bezahlung dienst- oder werkvertraglicher Art wären). Für einen auf die Erbringung einer Dienstleistung gerichteten Auftrag entspricht dies heute der einhelligen Ansicht (vgl BGH 9. 2. 1955 – VI ZR 286/53, BGHZ 16, 267 f = AP BGB § 618 Nr 4; Erman/Belling/Riesenhuber § 618 Rn 3; ArbR-BGB/Friedrich § 618 Rn 16; Soergel/Kraft § 618 Rn 5; abweichend noch RG 20. 12. 1924 – IV 392/24, HRR 1925, Nr 247). Auch bei **ehrenamtlichen Tätigkeiten** ist § 618 Abs 1 BGB entsprechend anwendbar (s Engel, Ehrenamt

und Arbeitsrecht [1994] 155 ff; HK-ArbSchG/Nebe § 618 BGB Rn 20; Pieper, ArbSchR [6. Aufl 2017] BGB/HGB Rn 6; BeckOGK/Witschen [1. 2. 2019] § 618 Rn 73).

Der **Geschäftsbesorgungscharakter** einer Vertragsbeziehung steht einer entsprechenden Anwendung des § 618 BGB nicht entgegen. Deshalb sind auch **Handelsvertreter** (zB bezüglich zur Verfügung gestellter Muster [§ 86a Abs 1 HGB]) in den (gegebenenfalls unmittelbaren) Anwendungsbereich des § 618 Abs 1 BGB einbezogen (allgM, s Staub/Emde, HGB [5. Aufl 2008] vor § 84 Rn 61; Baumbach/Hopt, HGB [38. Aufl 2018] § 86 Rn 4; G Löwisch, in: Ebenroth/Boujong/Joost/Strohn [Hrsg], HGB [3. Aufl 2014] § 84 Rn 56). 102

Bei **werkvertragsähnlichen Vertragsverhältnissen**, wie zB dem **Maklervertrag**, kommt eine analoge Anwendung des § 618 Abs 1 BGB angesichts der typischen Modalitäten hinsichtlich der vom Makler zu erbringenden Leistung zwar zumeist nicht in Betracht, ist jedoch nicht denknotwendig ausgeschlossen. So ist eine entsprechende Anwendung des § 618 Abs 1 BGB zB in Erwägung zu ziehen, wenn der Makler seine Vermittlungstätigkeit auf Grund des Vertragsverhältnisses in den Räumlichkeiten des Auftraggebers erbringt oder sich zur Durchführung seiner Tätigkeit in dessen Räumlichkeiten aufhält (zB Präsentation des Objekts). 103

Wird das Wertungsfundament des § 618 Abs 1 BGB – wie hier befürwortet – von dem Fürsorgegedanken befreit (s oben Rn 10 ff), dann steht weder die **soziale** noch die **wirtschaftliche Stellung** des zur Tätigkeit Verpflichteten einem Analogieschluss entgegen bzw ist für diesen unabdingbare Voraussetzung (BGH [GS] 5. 2. 1952 – GSZ 4/51, BGHZ 5, 67; BGH 9. 2. 1955 – VI ZR 286/53, BGHZ 16, 270 = AP BGB § 618 Nr 4; einschränkend aber noch Hahn Gruchot 45 [1901] 215 f, der die analoge Anwendung auf „wirtschaftlich Unselbständige" beschränkte). Das Ausmaß der Interessenwahrungspflichten richtet sich ausschließlich nach der vom Gläubiger geschaffenen Gefahrenlage, unter der der Schuldner seine Tätigkeit erbringen muss. Deshalb ist ein **„persönlicher Einschlag"** in den Vertragsbeziehungen nicht erforderlich, um § 618 Abs 1 BGB entsprechend anzuwenden (treffend BGH [GS] 5. 2. 1952 – GSZ 4/51, BGHZ 5, 67). Auch die unter Umständen **kurze Dauer** des Vertragsverhältnisses schließt eine Analogie zu § 618 Abs 1 BGB nicht aus (so BGH 17. 1. 1974 – II ZR 61/73, VersR 1974, 565, für einen Lotsenvertrag; ebenso MünchKomm/Henssler § 618 Rn 25; abweichend Lewer JZ 1983, 337 f; s auch oben Rn 94). 104

Problematisch ist die entsprechende Anwendung des § 618 Abs 1 BGB, wenn die Tätigkeit für einen anderen in dessen Herrschafts- und Organisationsbereich erbracht wird, es jedoch an einer **vertraglichen Bindung** zu diesem **fehlt**. Da § 618 Abs 1 BGB von einer Tätigkeit ausgeht, die auf übereinstimmenden Willenserklärungen beruht, dürfte eine Analogie zu § 618 Abs 1 BGB in dieser Konstellation zu verneinen sein. Dementsprechend lehnte das Reichsgericht bei **Gefälligkeitsverhältnissen** eine entsprechende Anwendung ab (RG 2. 1. 1908 – 105/07 II, JW 1908, 107 [Nr 4]). Neben einer deliktischen Haftung kommt in derartigen Sachverhalten jedoch auch die Haftung auf Grund eines **gesetzlichen Schutzpflichtverhältnisses** (§ 242 BGB) in Betracht (s allg Staudinger/Olzen [2015] § 241 Rn 393 ff). Die **fehlende familienrechtliche Mitarbeitspflicht** steht der Annahme eines unentgeltlichen Auftrages nicht entgegen (A Hueck Anm zu BGH AP BGB § 618 Nr 4). 105

106 Wegen der Eingliederung in den betrieblichen Organisationsbereich ist § 618 BGB auch bei (stufenweisen) **Wiedereingliederungsverhältnissen** im Sinne von **§ 74 SGB V** und **§ 44 SGB IX** analog anzuwenden (ebenso GITTER ZfA 1995, 140; BeckOGK/WITSCHEN [1. 2. 2019] § 618 Rn 72; ZWADE, Die Teilarbeitsfähigkeit aus arbeits- und sozialrechtlicher Sicht [1995] 159), da in dieser Konstellation zwar kein Arbeitsverhältnis (so BAG 29. 1. 1992 – 5 AZR 37/91, AP SGB V § 74 Nr 1), wohl aber ein Vertragsverhältnis vorliegt (s auch NEBE SGb 2015, 130). Das gilt ebenfalls bei einer Eingliederung nach **§ 16d Abs 1 SGB II**, jedoch ordnet § 16d Abs 7 S 2 SGB II die entsprechende Anwendung des Arbeitsschutzrechts bereits ausdrücklich an (ebenso § 52 S 3 SGB IX).

107 Bei **gesellschaftsvertraglich oder statutarisch geschuldeter Mitarbeit** soll § 618 Abs 1 BGB nach einer teilweise befürworteten Ansicht nicht entsprechend anwendbar sein (A HUECK Anm zu BGH AP BGB § 618 Nr 4). Dem ist – unabhängig von der generellen dogmatischen Bewertung der Arbeitsleistung auf gesellschaftsrechtlicher Grundlage (Überblick zum Diskussionsstand bei LORITZ RdA 1992, 313 ff sowie umfassend KRAUSE, Mitarbeit in Unternehmen [2002]) – zumindest dann nicht zuzustimmen, wenn der Gesellschafter hinsichtlich seiner Tätigkeit den Weisungen der Geschäftsführung unterliegt. Der Zweck des § 618 Abs 1 BGB erfordert bei einer derartigen Fallgestaltung eine entsprechende Anwendung der Norm, da die Gesellschafterstellung die Geschäftsführung nicht davon entbindet, die physische und psychische Integrität eines zur Tätigkeit verpflichteten Gesellschafters zu wahren (ebenso zB KRAUSE, Mitarbeit in Unternehmen [2002] 459 f; LORITZ, Die Mitarbeit Unternehmensbeteiligter [1984] 406 f; SCHNORR vCAROLSFELD, in: FS A Hueck [1959] 276 f sowie bereits HAHN Gruchot 45 [1901] 217).

108 Im **öffentlichen Dienst** gilt § 618 Abs 1 BGB für die Arbeitsverhältnisse der **Arbeiter und Angestellten** (allg Ansicht RAG 16. 9. 1936 – RAG 91/36, ARS 28, 109; ArbR-BGB/FRIEDRICH § 618 Rn 11; MünchKomm/HENSSLER § 618 Rn 26, 76; BeckOK ArbR/JOUSSEN § 618 BGB Rn 7; SOERGEL/KRAFT § 618 Rn 3; HWK/KRAUSE § 618 BGB Rn 9; HK-ArbSchR/NEBE § 618 BGB Rn 22; NK-GA/OTTO § 618 Rn 8; ErfKomm/WANK § 618 BGB Rn 1; BeckOGK/WITSCHEN [1. 2. 2019] § 618 Rn 68). Bei **Beamtenverhältnissen** und vergleichbar **öffentlich-rechtlich strukturierten Rechtsverhältnissen** ist § 618 BGB hingegen weder unmittelbar noch entsprechend anzuwenden (RG 28. 10. 1919 – III 168/19, RGZ 97, 44; RG 16. 6. 1925 – III 391/24, RGZ 111, 182; RG 20. 6. 1933 – III 5/33, RGZ 141, 389; BVerwG 13. 9. 1984 – 2 C 33/82, NJW 1985, 877; ERMAN/BELLING/RIESENHUBER § 618 Rn 2; ArbR-BGB/FRIEDRICH § 618 Rn 17; MünchKomm/HENSSLER § 618 Rn 26, 76; BeckOK ArbR/JOUSSEN § 618 BGB Rn 7; SOERGEL/KRAFT § 618 Rn 6; HWK/KRAUSE § 618 BGB Rn 9; HK-ArbSchR/NEBE § 618 BGB Rn 22; ErfKomm/WANK § 618 BGB Rn 1). Die hierdurch verbleibende Lücke schloss die herrschende Meinung früher dadurch, dass § 618 Abs 1 BGB als Ausdruck eines allgemeinen Rechtsgedankens verstanden wurde, der im Wege lückenschließender Rechtsfortbildung auf das öffentlich-rechtliche Beamtenverhältnis übertragbar sein (RG 28. 10. 1919 – III 168/19, RGZ 97, 44; RG 12. 5. 1925 – III 304/24, RGZ 111, 22; RG 16. 6. 1925 – III 391/24, RGZ 111, 182; RG 20. 6. 1933 – III 5/33, RGZ 141, 389; weitere Nachweise bei PLANCK/GUNKEL Anm 2a) und die Gestalt eines öffentlich-rechtlichen Rechtssatzes annehmen sollte (RG 16. 6. 1925 – III 391/24, RGZ 111, 182).

109 Spezialgesetzliche Normierungen in den **Beamtengesetzen des Bundes und der Länder** (zB § 78 BBG, § 45 BeamtStG) machen den methodisch zweifelhaften Weg einer Lückenschließung weitgehend entbehrlich, jedoch ist der Inhalt des § 618 BGB unverändert zur Beseitigung verbleibender Regelungslücken geeignet, da die dem

Dienstherrn obliegende Fürsorgepflicht nicht schwächer ist als die Integritäts- und Interessenwahrungspflicht im Rahmen privatrechtlicher Vertragsbeziehungen (BVerwG 13. 9. 1984 – 2 C 33/82, NJW 1985, 877; BVerwG 25. 2. 1993 – 2 C 14/91, NVwZ 1993, 693; VG Augsburg 20. 9. 2012 – Au 2 K 11.1082, BeckRS 2012, 58931; Erman/Belling/Riesenhuber § 618 Rn 2; ArbR-BGB/Friedrich § 618 Rn 17; MünchKomm/Henssler § 618 Rn 26, 76; BeckOK ArbR/Joussen § 618 BGB Rn 7; HWK/Krause § 618 BGB Rn 9; NK-GA/Otto § 618 BGB Rn 8; BeckOGK/Witschen [1. 2. 2019] § 618 Rn 68; exemplarisch BVerwG 22. 9. 1993 – 2 C 32/91, BVerwGE 94, 163 ff [Schutzpflicht des Dienstherrn für in den Dienst eingebrachte Sachen der Beamten]; zur Konkretisierung durch das technische Arbeitsschutzrecht und den für den öffentlichen Dienst zu beachtenden Besonderheiten s ArbR-BGB/Friedrich § 618 Rn 180 ff; MünchKomm/Henssler § 618 Rn 76 ff; Leisner, Arbeitsschutz im öffentlichen Dienst [1991]; Märtins ZTR 1992, 233 ff, 267 ff).

Eine teilweise Rechtsvereinheitlichung für die im öffentlichen Dienst Tätigen bewirkt das **Arbeitsschutzgesetz** (hierzu oben Rn 63 ff), da die hierin für den „Arbeitgeber" und die „Beschäftigten" festgelegten Rechte und Pflichten auf Grund der Legaldefinition des Beschäftigtenbegriffs in § 2 Abs 2 ArbSchG nicht nur für Arbeiter und Angestellte, sondern auch für Beamte, Richter und Soldaten gelten (s auch MünchKomm/Henssler § 618 Rn 77 f; HK-ArbSchR/Schulze-Doll § 2 ArbSchG Rn 24 f). Die privatrechtliche Regelung des § 618 Abs 1 BGB bleibt hiervon unberührt, sodass diese auf Beamtenverhältnisse unverändert weder unmittelbar noch mittelbar Anwendung findet (s oben Rn 108). 110

II. Anspruchsberechtigte

Inhaber des durch § 618 Abs 1 BGB begründeten Anspruchs ist der **Dienstverpflichtete**, also derjenige, der auf Grund des Dienstvertrages verpflichtet ist, seine Dienstleistung zu erbringen. Aus dem systematischen Kontext folgt jedoch, dass § 618 BGB auf § 613 BGB aufbaut und damit inzident voraussetzt, dass der Schuldner seine Dienste **höchstpersönlich** leistet. § 618 BGB privilegiert deshalb nur Dienstverpflichtete, die ihre Dienstleistung in eigener Person erbringen. Ein unmittelbarer Anspruch gegen den Gläubiger der Tätigkeit steht auf Grund des Zwecks der Vorschrift nur demjenigen zu, der die Arbeitsleistung in eigener Person erbringt. 111

Diese Konkretisierung ist auch bei einer entsprechenden Anwendung des § 618 Abs 1 BGB innerhalb anderer Vertragstypen (vgl oben Rn 98 ff) zu beachten. Gegebenenfalls steht dem **Erfüllungsgehilfen eines Werkunternehmers** über die Figur eines Vertrages mit Schutzwirkung zugunsten Dritter ein Anspruch zu (BGH 7. 11. 1960 – VII ZR 148/59, BGHZ 33, 248 f; OLG Stuttgart 21. 12. 1983 – 1 U 114/83, NJW 1984, 1904; Erman/Belling/Riesenhuber § 618 Rn 3; NK-BGB/Klappstein § 618 Rn 6; so bereits RAG 27. 4. 1938 – RAG 288/37, ARS 33, 63 f; s auch oben Rn 95). Das gilt im Einzelfall auch für **Familienangehörige eines Arbeitnehmers**, wenn sich diese mit ausdrücklicher oder zumindest stillschweigender Zustimmung des Arbeitgebers in der Arbeitsstätte aufhalten (näher Hueck/Nipperdey I § 48 II 5 c bb mit Fn 26). Nicht zu dem Kreis der Anspruchsberechtigten zählt hingegen ein **Vertragspartner**, wenn er die **Tätigkeit** dem Leitbild des Dienstvertrages widersprechend nicht in eigener Person, sondern **durch andere** erbringt. 112

III. Gegenstand der Schutzpflichten

1. Arbeitsstätte

113 In räumlicher Hinsicht erstreckt § 618 Abs 1 BGB die Schutzpflicht des Dienstberechtigten auf **„Räume"**. Diese sind nicht in einem engen, auf umschlossene Bauwerke begrenzten Sinne zu verstehen, sondern der Zweck der Norm erfordert eine **extensive Auslegung**, die den Pflichtenkreis des Dienstberechtigten auf die **Arbeitsumgebung** erstreckt. Im Unterschied zu den „Vorrichtungen und Gerätschaften", die die zur Erfüllung der Dienstleistung eingesetzten Arbeitsmittel umfassen (s unten Rn 120), verfolgt die Benennung der „Räume" in § 618 Abs 1 BGB den Zweck, denjenigen Ort in die Schutzpflicht des Dienstberechtigten einzubeziehen, an dem der Dienstverpflichtete seine Dienste leistet. „Raum" im Sinne des § 618 Abs 1 BGB ist deshalb im Sinne von **Arbeitsraum** zu verstehen und erstreckt sich wegen des Normzwecks auf jeden **Ort**, an dem der Dienstverpflichtete nach dem Vertrag und etwaiger Leistungsbestimmung durch den Dienstberechtigten seine **Dienstleistung erbringt oder** sich im Zusammenhang mit dieser **aufhält** (RG 12. 5. 1902 – VI 69/1902, Gruchot 46, 931; BAG 19. 2. 1997 – 5 AZR 982/94, AP BGB § 618 Nr 24; Erman/Belling/Riesenhuber § 618 Rn 10; AK-BGB/Derleder § 616 Rn 2; ArbR-BGB/Friedrich § 618 Rn 64; BeckOK BGB/Fuchs/Baumgärtner § 618 Rn 15; MünchKomm/Henssler § 618 Rn 32; Hueck/Nipperdey I § 48 II 2 a Fn 9; BeckOK ArbR/Joussen § 618 BGB Rn 9; AR/Kamanabrou § 618 BGB Rn 7; NK-BGB/Klappstein § 618 Rn 8; HWK/Krause § 618 BGB Rn 14; Neumann-Duesberg VersR 1968, 2; ErfKomm/Wank § 618 BGB Rn 7; Palandt/Weidenkaff § 618 Rn 3; BeckOGK/Witschen [1. 2. 2019] § 618 Rn 90).

114 Zu den „Räumen" im Sinne des § 618 Abs 1 BGB zählt zunächst der Ort, an dem der Dienstverpflichtete seine Dienste leistet. Wegen des Normzwecks steht es der Anwendung des § 618 Abs 1 BGB nicht entgegen, wenn sich dieser **im Freien** befindet (BGH 20. 2. 1958 – VII ZR 76/57, BGHZ 26, 370 f; BGH 14. 4. 1958 – II ZR 45/57, BGHZ 27, 81 f; OLG Saarbrücken 18. 3. 2010 – 8 U 3/09 ua, MDR 2010, 919; Erman/Belling/Riesenhuber § 618 Rn 10; ArbR-BGB/Friedrich § 618 Rn 64; BeckOK ArbR/Joussen § 618 BGB Rn 9; AR/Kamanabrou § 618 BGB Rn 7; HWK/Krause § 618 BGB Rn 14; HK-ArbSchR/Nebe § 618 BGB Rn 29; NK-GA/Otto § 618 BGB Rn 20; s auch Neumann-Duesberg VersR 1968, 4). Darüber hinaus erfasst § 618 Abs 1 BGB alle sonstigen Örtlichkeiten, die der Dienstverpflichtete im Zusammenhang mit der Erbringung der geschuldeten Dienste aufsucht (RG 12. 5. 1902 – VI. 69/1902, Gruchot 46, 931; BAG 19. 2. 1997 – 5 AZR 982/94, AP BGB § 618 Nr 24; Erman/Belling/Riesenhuber § 618 Rn 7; ArbR-BGB/Friedrich § 618 Rn 64; MünchKomm/Henssler § 618 Rn 32; Hueck/Nipperdey I § 48 II 2 a Fn 9; BeckOK ArbR/Joussen § 618 BGB Rn 9; AR/Kamanabrou § 618 BGB Rn 7; Schaub/Koch, Arbeitsrechts-Handbuch [17. Aufl 2017] § 106 Rn 15; Soergel/Kraft § 618 Rn 12; HWK/Krause § 618 BGB Rn 14; Neumann-Duesberg VersR 1968, 2; Palandt/Weidenkaff § 618 Rn 3; BeckOGK/Witschen [1. 2. 2019] § 618 Rn 90). Die Schutzpflicht des Dienstberechtigten erstreckt sich deshalb auch auf **Waschräume und Toiletten** (RG 6. 11. 1903 – II 133/1903, Gruchot 48, 346), **Räume für die Lohnauszahlung** (RG 17. 12. 1908 – VI 31/1908, Gruchot 53, 968 = WarnR 1909 Nr 205 = Recht 1909 Nr 456), **Treppen** (RG 4. 11. 1886 – IIIa 193/86, RGZ 18, 173; LAG Gleiwitz 1. 12. 1936 – 9 Sa 64/36, ARS 29, 78), **Fahrstühle** (RG 20. 12. 1919 – 128/19 III, JW 1920, 378 [Nr 7]), **Zugänge zur Arbeitsstelle** (RG 2. 7. 1912 – III 496/11, RGZ 80, 27); **Zugänge zur Toilette** (RG 24. 9. 1907 – 73/07 III, JW 1907, 673 [Nr 7]), **Wege innerhalb eines Betriebs** (RG 8. 6. 1926 – III 603/25, SeuffA 81 Nr 5), **Böden, Dienstwohnungen** (RAG 12. 7. 1933 – RAG 124/33,

ARS 18, 328 ff; RAG 31. 7. 1940 – RAG 61/40, ARS 39, 415) und **Kantinen** (Erman/Belling/Riesenhuber § 618 Rn 7; BeckOK ArbR/Joussen § 618 BGB Rn 9).

115 Da § 618 Abs 1 BGB dem Dienstberechtigten die Interessenwahrungspflicht wegen der von ihm geschaffenen Gefahrenquelle auferlegt, findet diese ihre Grenze dort, wo diese **außerhalb seiner Herrschafts- und Organisationssphäre** anzusiedeln ist. Deshalb erstreckt sich die Schutzpflicht nicht auf **öffentliche Wege**, auf denen der Dienstverpflichtete zur Arbeitsstätte gelangt (allg Ansicht RG 12. 5. 1902 – VI 69/1902, Gruchot 46, 931; BGH 20. 2. 1958 – VII ZR 76/57, BGHZ 26, 370; Hueck/Nipperdey I § 48 II 2 a Fn 9; Soergel/Kraft § 618 Rn 12; HWK/Krause § 618 BGB Rn 14; Neumann-Duesberg VersR 1968, 3, 5; Oertmann § 618 Anm 2c). Das gilt unabhängig von der **Nähe zu dem Betriebsgelände** (RG 12. 5. 1902 – VI. 69/1902, Gruchot 46, 932). Ein anderes Resultat kommt nur in Betracht, wenn der Zugang außerhalb der eigentlichen Arbeitsstätte liegt, dieser aber über ein Grundstück führt, das im Eigentum des Dienstberechtigten steht (Neumann-Duesberg VersR 1968, 3). Ebenso erstreckt sich die Interessenwahrungspflicht des Dienstberechtigten nicht auf solche Arbeitsstätten, die der **Herrschafts- und Organisationsgewalt des Dienstverpflichteten** unterliegen (s Rieble/Picker ZfA 2013, 412 f; BeckOGK/Witschen [1. 2. 2019] § 618 Rn 90, 91). Mangels Zugriffs- und Einwirkungsmöglichkeiten des Dienstberechtigten bedarf § 618 Abs 1 BGB in dieser Konstellation einer teleologischen Reduktion, die sich auf die in § 16 Abs 2 HAG zum Ausdruck gelangte Wertentscheidung stützen lässt.

116 Wird der Dienstverpflichtete nicht in der Arbeitsstätte seines Vertragspartners eingesetzt, sondern erbringt er die **Dienstleistung** – wie zB bei der Arbeitnehmerüberlassung (hierzu auch oben Rn 96 f) – **in der Arbeitsstätte eines Dritten**, so entbindet dies den Vertragspartner nicht von der Einhaltung der Pflichten aus § 618 Abs 1 BGB (so iE auch OLG Hamm 14. 4. 2000 – 9 U 3/00, NZA-RR 2000, 650; Oertmann § 618 Anm 2; Palandt/Weidenkaff § 618 Rn 4). Zwar unterliegt die Arbeitsstätte des Dritten nicht dem Herrschafts- und Organisationsbereich des Vertragspartners, § 618 Abs 1 BGB dehnt die Interessenwahrungspflichten aber auf sonstige Regelungen der Dienstleistung aus (s unten Rn 123 ff), zu denen auch die Zuweisung des Arbeitsortes gehört.

117 Bei einer **gewerbsmäßigen Arbeitnehmerüberlassung** erlegt § 12 Abs 2 S 1 ArbSchG die Pflicht zur Unterweisung über Sicherheit und Gesundheitsschutz bei der Arbeit dem **Entleiher** auf (s auch § 11 Abs 6 AÜG sowie oben Rn 97). Da hierdurch die sonstigen Arbeitsschutzpflichten des Verleihers nicht berührt werden (§ 12 Abs 2 S 3 ArbSchG sowie § 11 Abs 6 S 1 AÜG), verbleibt es hinsichtlich der Pflichten in § 618 Abs 1 BGB bei der **Verantwortlichkeit des Verleihers**, der für ein Fehlverhalten des Entleihers (zB durch unzureichende Unterweisung nach § 12 Abs 2 S 1 ArbSchG) über § 278 BGB einzustehen hat (s oben Rn 95 ff).

118 Die Interessenwahrungspflicht des Dienstberechtigten knüpft an die vertragsgemäße Erbringung der Dienstleistung an, sodass nur solche Örtlichkeiten als „Räume" im Sinne des § 618 Abs 1 BGB in Betracht kommen, in denen sich der Dienstberechtigte gerade **wegen seiner Verpflichtung zur Dienstleistung aufhält**. Die Schutzpflicht des Dienstberechtigten erstreckt sich daher nicht auf Räume, deren **Betreten** dem Dienstverpflichteten ausdrücklich oder konkludent **untersagt** ist (RG 17. 12. 1908 – VI 31/1908, Gruchot 53, 968 = WarnR 1909 Nr 205 = Recht 1909 Nr 456; zustimmend zB BeckOK ArbR/Joussen § 618 BGB Rn 10; NK-BGB/Klappstein § 618 Rn 8; BeckOGK/Witschen

[1. 2. 2019] § 618 Rn 90), oder die in **keinem Zusammenhang mit der Dienstleistung** stehen, wie zB Privaträume (s Boemke, Schuldvertrag und Arbeitsverhältnis [1999] 336; ErfKomm/Wank § 618 BGB Rn 7).

119 Die allgemeinen Überlegungen in den Rn 116 bis 118 einschließlich ihrer Konkretisierungen in der älteren Rechtsprechung (s die Nachweise bei Planck/Gunkel § 618 Anm 2c) werden bestätigt und zusammengefasst in § 2 der **Arbeitsstättenverordnung** (ArbStättV) v 12. 8. 2004 (BGBl I 2179, s oben Rn 77 ff), der die **„Arbeitsstätte"** im Sinne dieser Verordnung umschreibt. Arbeitsstätten sind hiernach Arbeitsräume in Gebäuden einschließlich Ausbildungsstätten; Arbeitsplätze auf dem Betriebsgelände im Freien; Baustellen; Verkaufsstände im Freien, die im Zusammenhang mit Ladengeschäften stehen; Wasserfahrzeuge und schwimmende Anlagen auf Binnengewässern. Zur Arbeitsstätte gehören nach § 2 Abs 4 ArbStättV ferner Verkehrswege; Lager-, Maschinen- und Nebenräume; Pausen-, Bereitschafts-, Liegeräume und Räume für körperliche Ausgleichsübungen; Umkleide-, Wasch- und Toilettenräume (Sanitärräume); Sanitätsräume. Der Geltungsbereich dieser Umschreibung ist zwar beschränkt (s § 1 ArbStättV), hat aber einen **verallgemeinerungsfähigen Inhalt**, da diese zumeist mit denjenigen Konkretisierungen übereinstimmt, die Judikatur und Doktrin zuvor zum Begriff der „Räume" in § 618 Abs 1 BGB herausgearbeitet hatten (s oben Rn 114). § 2 Abs 1 und 4 ArbStättV enthält keine für § 618 Abs 1 BGB verbindliche Legaldefinition, wohl aber eine verallgemeinerungsfähige exemplarische Umschreibung über die räumliche Reichweite der den Dienstberechtigten treffende Schutzpflicht (in diesem Sinne auch Erman/Belling/Riesenhuber § 618 Rn 10; Boemke, Schuldvertrag und Arbeitsverhältnis [1999] 335; MünchKomm/Henssler § 618 Rn 33; BeckOK ArbR/Joussen § 618 BGB Rn 10; AR/Kamanabrou § 618 BGB Rn 7; NK-BGB/Klappstein § 618 Rn 8; HWK/Krause § 618 BGB Rn 15; HK-ArbSchR/Nebe § 618 BGB Rn 29; ErfKomm/Wank § 618 BGB Rn 7; BeckOGK/Witschen [1. 2. 2019] § 618 Rn 90).

2. Arbeitsmittel

120 Die Schutzpflicht des Dienstberechtigten erstreckt § 618 Abs 1 BGB auch auf **Vorrichtungen** und **Gerätschaften**. Hierzu zählen alle Gegenstände, die zur Erbringung der vertraglich geschuldeten Dienstleistung aus tatsächlichen oder rechtlichen Gründen benutzt werden müssen und die der Dienstberechtigte hierfür zur Verfügung stellt (ebenso BeckOK ArbR/Joussen § 618 BGB Rn 11; AR/Kamanabrou § 618 BGB Rn 9; NK-BGB/Klappstein § 618 Rn 10; HK-ArbSchR/Nebe § 618 BGB Rn 30; BeckOGK/Witschen [1. 2. 2019] § 618 Rn 103). Die Schutzpflicht bezieht sich deshalb nicht nur auf **Maschinen**, sondern auch auf die **eingesetzten Arbeitsstoffe** sowie **sämtliche Hilfsmittel** wie zB Werkzeuge, Leitern, Hebe- und Fördereinrichtungen, Beförderungsmittel, Arbeitsstühle und -tische, Schutzausrüstungen (Schutzhelme, Schutzanzüge, Schutzbrillen, Sicherheitsgurte, Sicherheitsschuhe; nicht aber die sog Bildschirmarbeitsbrille, LAG Berlin 4. 4. 1986 – 14 Sa 9/86, LAGE § 618 BGB Nr 2; s dazu aber nach Aufhebung von § 6 BildscharbV die allg Bestimmung in § 3 Abs 1 ArbSchG) sowie **Einrichtungen zum Belüften, Beleuchten und Beheizen der Arbeitsstätte**.

121 Die Schutzpflicht aus § 618 Abs 1 BGB umfasst nicht nur vom Produktsicherheitsgesetz (ProdSG) v 8. 11. 2011 (BGBl I 2178; hierzu oben Rn 74 ff) erfasste technische Arbeitsmittel, sondern auch den Bereich der **Gefahrstoffe** im Sinne von § 2 Abs 1 der Gefahrstoffverordnung v 26. 11. 2010 (BGBl I 1644; hierzu oben Rn 80 ff).

Auf **Arbeitsmittel**, die nicht der Dienstberechtigte, sondern **der Schuldner der Dienstleistung beschafft**, erstreckt sich die Schutzpflicht aus § 618 Abs 1 BGB nicht (BeckOK ArbR/Joussen § 618 BGB Rn 11; **aA** HK-ArbSchR/Nebe § 618 BGB Rn 31). Ist für den Dienstberechtigten jedoch erkennbar, dass der Einsatz dieser Arbeitsmittel für den Dienstverpflichteten mit besonderen Gefahren verbunden ist, dann kann sich eine Schutzpflicht des Dienstberechtigten daraus ergeben, dass er den Dienstverpflichteten auch bei Anordnungen zur Dienstleistung vor Gefahren an Leben und Gesundheit zu schützen hat (RG 29. 6. 1917 – 54/17 III, JW 1917, 970 [Nr 8]; Hueck/Nipperdey I § 48 II 2 a Fn 10; BeckOK ArbR/Joussen § 618 BGB Rn 11; iE auch HK-ArbSchR/Nebe § 618 BGB Rn 31; BeckOGK/Witschen [1. 2. 2019] § 618 Rn 88; allg unten Rn 156 ff). Diese beruht jedoch nicht auf einer unmittelbaren oder analogen Anwendung des § 618 BGB, sondern auf der den Arbeitgeber treffenden und in § 241 Abs 2 BGB begründeten allgemeinen Interessenwahrungspflicht (ähnlich BeckOK ArbR/Joussen § 618 BGB Rn 11: allgemeine vertragliche Nebenpflicht). 122

3. Regelungen des Dienstberechtigten

§ 618 Abs 1 BGB dehnt die Schutzpflicht auf **Regelungen** des Dienstberechtigten aus, die dieser **zur Durchführung der Dienstleistung** trifft. Dies umfasst alle Anordnungen, die final darauf gerichtet sind, **Inhalt** sowie **Art und Weise** der vom Dienstverpflichteten zu erbringenden **Dienstleistung** festzulegen (ebenso BAG 28. 4. 2011 – 8 AZR 769/09 Rn 47, NZA-RR 2012, 290; MünchKomm/Henssler § 618 Rn 66; HK-ArbSchR/Nebe § 618 BGB Rn 33; BeckOGK/Witschen [1. 2. 2019] § 618 Rn 109). Ob es sich um generelle oder auf den Einzelfall bezogene Regelungen bzw Anordnungen handelt, ist für die Anwendung des § 618 Abs 1 BGB unerheblich (Erman/Belling/Riesenhuber § 618 Rn 12; ArbR-BGB/Friedrich § 618 Rn 103; MünchKomm/Henssler § 618 Rn 46; Soergel/Kraft § 618 Rn 14; BeckOGK/Witschen [1. 2. 2019] § 618 Rn 109). 123

Zu den Regelungen im Sinne des § 618 Abs 1 BGB gehören nicht nur Anordnungen, ohne die die **Dienstleistung** nicht erbracht werden kann, sondern auch **sonstige Unterweisungen** des Dienstberechtigten, die sich auf die **Benutzung der Arbeitsstätte und** der **Arbeitsmittel** beziehen (s Soergel/Kraft § 618 Rn 14 sowie ArbR-BGB/Friedrich § 618 Rn 122; BeckOK ArbR/Joussen § 618 BGB Rn 13). Eine spezialgesetzliche Ausformung der Pflichten aus § 618 Abs 1 BGB enthalten ua die **§§ 7 und 12 ArbSchG** (vgl Erman/Belling/Riesenhuber § 618 Rn 12). Hiernach hat der Arbeitgeber bei der Übertragung von Aufgaben auf Beschäftigte nicht nur zu berücksichtigen, ob die Beschäftigten befähigt sind, die für Sicherheit und Gesundheitsschutz zu beachtenden Bestimmungen einzuhalten (§ 7 ArbSchG), sondern er ist darüber hinaus verpflichtet, die Beschäftigten während der Arbeitszeit über Sicherheit und Gesundheitsschutz bei der Arbeit zu unterweisen (§ 12 Abs 1 ArbSchG; dazu zB MHdB ArbR/Kohte § 176 Rn 30 ff). Das gilt entsprechend für den Zugang zu besonders gefährlichen Arbeitsbereichen (§ 9 Abs 1 ArbSchG). Weitere Pflichten zur Unterweisung sehen § 81 Abs 1 S 2 BetrVG sowie § 9 BetrSichV und § 14 GefStoffV vor. 124

Von § 618 Abs 1 BGB wird auch die **Zuweisung des Arbeitsortes** erfasst; insoweit erlangen „Regelungen zur Dienstleistung“ vor allem dann eine eigenständige Bedeutung, wenn die Tätigkeit – wie zB bei der Arbeitnehmerüberlassung – außerhalb des Herrschafts- und Organisationsbereichs des Dienstberechtigten zu erbringen ist 125

(AK-BGB/Derleder § 618 Rn 3; BeckOK ArbR/Joussen § 618 BGB Rn 13; Palandt/Weidenkaff § 618 Rn 4; s auch oben Rn 116).

126 Eine Beschränkung auf Regelungen und Anordnungen, die sich auf die Arbeitsstätte und die Arbeitsmittel beziehen, nicht hingegen auch auf **zeitliche Aspekte der Dienstleistung** (Umfang und Lage), ist dem Gesetz nicht zu entnehmen (so im Ergebnis aber noch MünchKomm/Lorenz [4. Aufl 2005] § 618 Rn 20, 56, der § 618 Abs 1 auf den technischen Arbeitsschutz beschränkt, den sozialen Arbeitsschutz in Gestalt des Arbeitszeitschutzes hingegen aus dem Anwendungsbereich der Norm ausklammert; wie hier hingegen zB BAG 6. 5. 2014 – 9 AZR 575/12 Rn 14, AP BGB § 618 Nr 31; ArbR-BGB/Friedrich § 618 Rn 105; MünchKomm/Henssler § 618 Rn 46; Nebe, in: FS Lörcher [2013] 91 f; HK-ArbSchR/Nebe § 618 BGB Rn 22, 33; näher hierzu oben Rn 20 sowie unten Rn 169 ff).

4. Schutz der „guten Sitten"

127 § 618 Abs 1 BGB erstreckt die Interessenwahrungspflicht des Dienstberechtigten nicht wie § 62 Abs 1 HGB und früher § 120b Abs 1 GewO (ähnlich noch § 114 Abs 1 SeeArbG: „Sittlichkeit") expressis verbis auf die „guten Sitten" und den „Anstand". Hieraus folgt jedoch nicht im Umkehrschluss, dass diese Pflicht außerhalb des Anwendungsbereichs der vorgenannten Vorschriften entfällt. Für eine entsprechende Anwendung des § 618 BGB auf die Wahrung der „guten Sitten" fehlen angesichts der Entstehungsgeschichte (oben Rn 2) und der qualitativen Wertunterschiede zwischen „Leben und Gesundheit" einerseits und den „guten Sitten" andererseits indes die methodischen Voraussetzungen. Es greift aber diesbezüglich die aus § 241 Abs 2 BGB abzuleitende allgemeine **Interessenwahrungspflicht** des Dienstberechtigten ein, wegen der er über § 618 Abs 1 BGB hinaus verpflichtet ist, die **Persönlichkeitssphäre des Dienstverpflichteten** zu wahren, was die Wahrung der „guten Sitten" und des „Anstands" einschließt (iE ebenso Erman/Belling/Riesenhuber § 618 Rn 1; ArbR-BGB/Friedrich § 618 Rn 6, 154; MünchKomm/Henssler § 618 Rn 3; Hueck/Nipperdey I § 48 II 4; AR/Kamanabrou § 618 BGB Rn 1; Soergel/Kraft § 618 Rn 8; HWK/Krause § 618 BGB Rn 1).

128 Vereinzelt hat der Gesetzgeber die vom Dienstberechtigten im Hinblick auf die Sittlichkeit einzuhaltenden Pflichten **spezialgesetzlich konkretisiert**:

129 So enthält **§ 22 Abs 1 Nr 2 JArbSchG** ein allgemeines Verbot, Jugendliche mit Arbeiten zu beschäftigen, bei denen sie sittlichen Gefahren ausgesetzt sind (ebenso § 117 Abs 2 S 1 Nr 2 SeeArbG). Dieses wird durch die „Verordnung über das Verbot der Beschäftigung von Personen unter 18 Jahren mit sittlich gefährdenden Tätigkeiten" v 3. 4. 1964 (BGBl I 262, zuletzt geändert durch Verordnung v 8. 10. 1986 [BGBl I 1634]) ergänzt. Hiernach dürfen weibliche Jugendliche zB nicht als Nackttänzerin, Schönheitstänzerin, Schleiertänzerin, Tanzdame, Eintänzerin, Tisch- oder Bardame beschäftigt werden (s näher Molitor/Volmer/Germelmann, JArbSchG [3. Aufl 1986] § 22 Rn 19 ff; Zmarzlik/Anzinger, JArbSchG [5. Aufl 1998] § 22 Rn 9 f). Damit entspricht das Jugendarbeitsschutzgesetz der Forderung in Art 1 Abs 3 der Richtlinie 94/33/EG (ABl EG Nr L 216 v 20. 8. 1994, 12), junge Menschen vor Arbeiten zu schützen, die ua ihrer „moralischen oder sozialen Entwicklung schaden oder ihre Gesamtbildung beeinträchtigen können".

130 Teilweise wird zur Wahrung der „guten Sitten" eine **Trennung der Geschlechter** vorgeschrieben. Die vormals in § 120b Abs 2 und 3 GewO normierten Trennungsgebote haben ihre Bedeutung mit Aufhebung der Vorschrift jedoch eingebüßt. Geblieben ist aber die Pflicht Umkleide-, Wasch- und Toilettenräume für Männer und Frauen getrennt einzurichten oder eine getrennte Nutzung der genannten Räume zu ermöglichen (Nr 4.1 Abs 2 S 2, Abs 3 S 2 des Anhangs zur ArbStättV; dazu HK-ArbSchR/Faber ArbStättV Rn 61; MHdB ArbR/Kohte § 177 Rn 26; Kollmer, ArbStättV [3. Aufl 2009] § 6 Rn 11 f).

131 Dem Schutz der „guten Sitten" dient auch das **Allgemeine Gleichbehandlungsgesetz** v 14. 8. 2006 (BGBl I 1897), das den Arbeitgeber in § 12 Abs 1 S 1 dazu verpflichtet, die Beschäftigten vor **sexueller Belästigung am Arbeitsplatz** zu schützen. Zum Begriff der sexuellen Belästigung enthält § 3 Abs 4 eine mit zahlreichen Interpretationsproblemen behaftete Legaldefinition (näher hierzu zB BAG 9. 6. 2011 – 2 AZR 323/10 Rn 18 f, AP BGB § 626 Nr 236; BAG 20. 11. 2014 – 2 AZR 651/13 Rn 17 f, NZA 2015, 294; BAG 2. 3. 2017 – 2 AZR 698/15 Rn 36, NJW 2017, 3547; BAG 29. 6. 2017 – 2 AZR 302/16 Rn 15 ff, NJW 2017, 3018; Wendeling-Schröder, in: Wendeling-Schröder/Stein, AGG [2008] § 3 Rn 41 ff; ferner Petersen, Sexuelle Belästigung am Arbeitsplatz und die Organisationsmaßnahmen privater Arbeitgeber [2017] 201 ff sowie zu der zuvor in § 2 Abs 2 des Beschäftigtenschutzgesetzes v 24. 6. 1994 [BGBl I 1406] enthaltenen Legaldefinition Schlachter NZA 2001, 121 ff).

5. Schutz eingebrachter Sachen*

132 § 618 Abs 1 BGB regelt nicht, ob sich die Schutzpflicht des Dienstberechtigten auch auf das Eigentum des Dienstverpflichteten erstreckt, wenn sich dieser zur Erbringung der Dienstleistung in den „Räumen" des Dienstberechtigten aufhalten muss (anders § 77 Abs 1 des zum 59. DJT vorgelegten Entwurfs eines Arbeitsvertragsgesetzes, der diesen Aspekt in die konzeptionell an § 618 Abs 1 angelehnte Regelung aufnimmt, vgl Verhandlungen des 59. DJT I [1992] D 43; ebenso § 77 Abs 1 des Arbeitsvertragsgesetzentwurfs des Freistaates Sachsen [s BR-Drucks 293/95] sowie § 65 Abs 3 des von Henssler/Preis vorgelegten Diskussionsentwurfs eines Arbeitsvertragsgesetzes [NZA 2007, Beil 1], der dem Arbeitgeber die Pflicht auferlegen will, die vom Arbeitnehmer nach der betrieblichen Üblichkeit in den Betrieb eingebrachten Sachen gegen Verlust und Beschädigung zu sichern).

* **Schrifttum**: Becker-Schaffner, Ist der Arbeitgeber verpflichtet, die vom Arbeitnehmer in den Betrieb eingebrachten Sachen zu versichern?, VersR 1972, 322; Bulla, Die Sorgepflicht des Arbeitgebers um eingebrachtes Arbeitnehmereigentum, RdA 1950, 88; Butz, Sorgepflicht des Arbeitgebers für Fahrzeuge der Arbeitnehmer, DB 1958, 80; Denecke, Haftung des Arbeitgebers bei Verlust oder Beschädigung von Sachen des Arbeitnehmers, BB 1950, 27; Frey, Versicherungspflicht für eingebrachte Arbeitnehmersachen, AuR 1953, 340; Gumpert, Haftung des Arbeitgebers für eingebrachte Sachen der Arbeitnehmer, BB 1957, 114; Hohn, Haftung des Arbeitgebers für eingebrachte Sachen des Arbeitnehmers, BB 1960, 1291; vKamptz, Besteht eine Fürsorgepflicht des Arbeitgebers für mitgebrachte Personenkraftwagen der Arbeitnehmer?, DB 1960, 412; Kressel, Parkplätze für Betriebsangehörige, RdA 1992, 169; Monjau, Die Sorgepflicht des Arbeitgebers für das Eigentum des Arbeitnehmers, DB 1972, 1435; Schäcker, Das Mitbringen von Fahrrädern und motorgetriebenen Fahrzeugen zur Arbeitsstätte, BB 1962, 641; Vogt, Die Haftung des Arbeitgebers für in den Betrieb eingebrachte Verkehrsmittel des Arbeitnehmers, BB 1955, 514; Weychardt, Zur Sorgepflicht des Arbeitgebers für eingebrachte Sachen des Arbeitnehmers, AuR 1966, 330.

133 **§ 618 Abs 1 BGB** kann wegen der unterschiedlichen Qualität der Rechtsgüter **nicht analog** angewendet werden (Erman/Belling/Riesenhuber § 618 Rn 1; ArbR-BGB/Friedrich § 618 Rn 5; MünchKomm/Henssler § 618 Rn 4; Schaub/Koch, Arbeitsrechts-Handbuch [17. Aufl 2017] § 106 Rn 14; HWK/Krause § 618 BGB Rn 2; MHdB ArbR/Reichold § 93 Rn 15; **aA** aber noch Oertmann § 618 Anm 2c). Der Schutz der vom Dienstverpflichteten eingebrachten Sachen richtet sich ausschließlich nach der aus § 241 Abs 2 BGB abzuleitenden allgemeinen **Interessenwahrungspflicht** des Dienstberechtigten (BAG 5. 3. 1959 – 2 AZR 268/56, AP BGB § 611 Fürsorgepflicht Nr 26; BAG 1. 7. 1965 – 5 AZR 264/64, AP BGB § 611 Fürsorgepflicht Nr 75; BAG 25. 5. 2000 – 8 AZR 518/99, AP BGB § 611 Parkplatz Nr 8; LAG Bremen 24. 11. 1954 – Sa 92/54, AP BGB § 618 Nr 2; s auch BAG [GS] 10. 11. 1961 – GS 1/60, AP BGB § 611 Gefährdungshaftung Nr 2; ebenso bereits Planck/Gunkel § 618 Anm 2c sowie Boemke, Schuldvertrag und Arbeitsverhältnis [1999] 336 f; ArbR-BGB/Friedrich § 618 Rn 5; MünchKomm/Henssler § 618 Rn 4; Schaub/Koch, Arbeitsrechts-Handbuch [17. Aufl 2017] § 106 Rn 28; HWK/Krause § 618 BGB Rn 2; MHdB ArbR/Reichold § 93 Rn 15; s auch Neumann-Duesberg VersR 1968, 6; zur beamtenrechtlichen Fürsorgepflicht hinsichtlich in den Dienst eingebrachter Gegenstände des Beamten BVerwG 22. 9. 1993 – 2 C 32/91, BVerwGE 94, 163 ff; für Werkverträge s OLG Karlsruhe 16. 5. 1990 – 1 U 307/89, NJW-RR 1991, 1245 f), die sich auch auf die Vermögensinteressen des Dienstberechtigten erstrecken, sofern diese durch die Vertragsabwicklung berührt werden (s allg BAG 21. 1. 2014 – 3 AZR 807/11 Rn 15, AP BetrAVG § 1a Nr 3).

134 Für das **Ausmaß der** den Dienstberechtigten treffenden **Obhuts- und Verwahrungspflicht** lassen sich **keine generellen Maßstäbe** aufstellen, im Vordergrund stehen jeweils die **Besonderheiten des Einzelfalls**. Gleichwohl ist die Aussage möglich, dass die Intensität der Interessenwahrungspflicht proportional mit der Nähe der eingebrachten Sachen zur Dienstleistung zunimmt. Eine durch die Verletzung der Interessenwahrungspflicht begründete Haftung des Dienstberechtigten für Sachen des Dienstverpflichteten, die mit der Dienstleistung in keinem inneren Zusammenhang stehen, scheidet deshalb aus. Im Übrigen ist zu unterscheiden zwischen **persönlich unentbehrlichen, unmittelbar arbeitsdienlichen** und **mittelbar arbeitsdienlichen Sachen** (Schaub/Koch, Arbeitsrechts-Handbuch [17. Aufl 2017] § 106 Rn 27; ähnlich für das Beamtenrecht BVerwG 22. 9. 1993 – 2 C 32/91, BVerwGE 94, 163 ff).

135 Wegen des engen Zusammenhangs mit der Dienstleistung besteht eine gesteigerte Schutzpflicht des Dienstberechtigten für **persönlich unentbehrliche und unmittelbar arbeitsdienliche Sachen** des Dienstverpflichteten. Zu den **persönlich unentbehrlichen Sachen** zählen vor allem Kleidungsgegenstände, Hygieneartikel, Taschen zur Aufbewahrung persönlich unentbehrlicher Sachen, Fahrkarten, Uhr, Schlüssel, kleinere Geldbeträge, Kreditkarten, Smartphone, gegebenenfalls auch Schmuck (Ehering) (s. auch MHdB ArbR/Reichold § 93 Rn 16 aE). **Unmittelbar arbeitsdienlich** sind solche Sachen, deren Verwendung bei der Dienstleistung nicht nur zweckmäßig, sondern **als Hilfsmittel nützlich** ist. Bei den vorgenannten Gegenständen muss der Dienstberechtigte Vorkehrungen treffen, um die Sachen vor Verlust oder Beschädigung zu bewahren. Die hieraus im Einzelfall für den Dienstberechtigten folgenden Pflichten bestimmen sich insbesondere nach den betrieblichen und örtlichen Verhältnissen sowie der Zumutbarkeit für den Dienstberechtigten.

136 Die Schutzpflicht bei persönlich unentbehrlichen und unmittelbar arbeitsdienlichen Sachen des Dienstverpflichteten ist **nicht** mit einer **Garantiehaftung** vergleichbar. Es

reicht deshalb aus, wenn der Dienstberechtigte die konkreten Verhältnisse in der Arbeitsstätte so einrichtet, dass für den Dienstverpflichteten die **Möglichkeit einer ausreichend sicheren Verwahrung** besteht (BAG 1. 7. 1965 – 5 AZR 264/64, AP BGB § 611 Fürsorgepflicht Nr 75; konkretisierend für Umkleideräume Nr 4. 1 Abs 3 S 3 lit b des Anhangs zu § 3 Abs 1 ArbStättV: verschließbare Einrichtungen für die Aufbewahrung persönlicher Kleidung). Da sich die Pflicht des Dienstberechtigten auf die Verwahrungsmöglichkeit und nicht auf die Sicherheit bezieht, ist er regelmäßig nicht verpflichtet, Sicherheitsschlösser zur Verfügung zu stellen (BAG 1. 7. 1965 – 5 AZR 264/64, AP BGB § 611 Fürsorgepflicht Nr 75). Ebenso ist der Dienstberechtigte zumeist nicht zum Abschluss einer Versicherung gegen Diebstahl und sonstige Gefahren verpflichtet, die nicht dem Betrieb, sondern dem allgemeinen Lebensrisiko zuzuordnen sind (BAG 5. 3. 1959 – 2 AZR 268/56, AP BGB § 611 Fürsorgepflicht Nr 26; Löwisch/Caspers/Klumpp, Arbeitsrecht [11. Aufl 2017] Rn 540; weitergehend Becker-Schaffner VersR 1972, 323 f).

Bei Sachen des Dienstverpflichteten, die lediglich **mittelbar arbeitsdienlich** sind, besteht nur eine **eingeschränkte Interessenwahrungspflicht**. Mittelbar arbeitsdienlich sind in erster Linie eigene Verkehrsmittel, die der Dienstverpflichtete einsetzt, um seine Dienstleistung in der Arbeitsstätte zu erbringen. Die Reichweite der Interessenwahrungspflicht des Dienstberechtigten lässt sich auch bei diesen Gegenständen nicht abstrakt, sondern nur unter Berücksichtigung der Besonderheiten des Einzelfalles sowie auf Grund einer Abwägung zwischen dem Interesse des Dienstverpflichteten und den für den Dienstberechtigten entstehenden finanziellen Belastungen festlegen. 137

Die Pflicht eines Arbeitgebers, ausreichend **Stellflächen für eigene Verkehrsmittel** der Arbeitnehmer (Fahrräder, Krafträder, PKWs) zur Verfügung zu stellen, entzieht sich einer generellen Beurteilung. Es ist vielmehr zwischen der Angewiesenheit des Arbeitnehmers auf das Verkehrsmittel, um die Arbeitsstätte zu erreichen, und den für Einrichtung und Unterhaltung der Stellflächen notwendigen Aufwendungen des Arbeitgebers abzuwägen. Deshalb besteht eine Pflicht zur Schaffung von Stellflächen regelmäßig nur für Fahrräder und Motorräder (s aber noch mit Einschränkungen BAG 5. 3. 1959 – 2 AZR 268/56, AP BGB § 611 Fürsorgepflicht Nr 26 sowie LAG Hessen 11. 4. 2003 – 12 Sa 243/02, NZA-RR 2004, 69 f). 138

Für PKWs ist eine Pflicht zur Schaffung von Stellflächen nur **ausnahmsweise** zu bejahen, wenn nicht nur einzelne Arbeitnehmer auf die Benutzung des PKWs angewiesen sind, die Arbeitsstätte mit öffentlichen Verkehrsmitteln nur mit einem höheren Zeitaufwand erreichbar ist, geeignete Stellflächen außerhalb der Arbeitsstätte nicht in ausreichender Anzahl zur Verfügung stehen und die Kosten für die Stellflächen dem Arbeitgeber zumutbar sind (BAG 25. 6. 1975 – 5 AZR 260/74, AP BGB § 611 Parkplatz Nr 4; BAG 28. 9. 1989 – 8 AZR 120/88, AP BGB § 611 Parkplatz Nr 5 sowie bereits BAG 4. 2. 1960 – 2 AZR 290/57, AP BGB § 618 Nr 7; BAG 5. 3. 1959 – 2 AZR 268/56, AP BGB § 611 Fürsorgepflicht Nr 26; Kressel RdA 1992, 171 f; Löwisch/Caspers/Klumpp, Arbeitsrecht [11. Aufl 2017] Rn 540). Eine aus dem **öffentlichen Baurecht** der Länder folgende Pflicht zur Schaffung von Stellplätzen (zB Schleswig-Holstein: § 50 Landesbauordnung [GVOBl 2009, 6] iVm dem Stellplatzerlass [AmtsBl SH 1995, 611], 1 Stellplatz je 50–70 qm Nutzfläche oder je 3 Beschäftigte) strahlt nicht auf die zivilrechtliche Pflicht des Arbeitgebers gegenüber dem Arbeitnehmer aus (offengelassen auf Grund fehlenden Tatsachenvortrags von BAG 5. 3. 1959 – 2 AZR 268/56, AP BGB § 611 Fürsorgepflicht Nr 26). 139

140 Ist der Dienstberechtigte vertraglich zur **Einrichtung von Stellplätzen verpflichtet**, so ist diese Leistung in einer **Treu und Glauben (§ 242 BGB)** entsprechenden Art und Weise zu erbringen. Das bezieht sich vor allem auf die **Vermeidung von Gefahren**, die von dem Parkplatz selbst oder dessen Benutzung ausgehen, also in erster Linie **Straßenschäden, Beleuchtung** und **Glätte** (zusammenfassend BAG 25. 6. 1975 – 5 AZR 260/74, AP BGB § 611 Parkplatz Nr 4; bestätigt durch BAG 25. 5. 2000 – 8 AZR 518/99, AP BGB § 611 Parkplatz Nr 8; exemplarisch für vermeidbare Sturmschäden LAG Düsseldorf 11. 9. 2017 – 9 Sa 42/17, BeckRS 2017, 124514; Kressel RdA 1992, 173 f); insofern hat der Arbeitgeber auch für das Verhalten hinzugezogener Erfüllungsgehilfen (zB Parkwächter, Pförtner) nach § 278 BGB einzustehen (BAG 25. 5. 2000 – 8 AZR 518/99, AP BGB § 611 Parkplatz Nr 8). Der Arbeitgeber ist nicht verpflichtet, den Arbeitnehmer vor solchen Gefahren zu schützen, die für ihn auch bei der Teilnahme am allgemeinen Verkehr bestehen (BAG 25. 6. 1975 – 5 AZR 260/74, AP BGB § 611 Parkplatz Nr 4; s auch LAG Hessen 11. 4. 2003 – 12 Sa 243/02, NZA-RR 2004, 69 f; ArbG Marburg 15. 8. 1997 – 2 Ca 8/97, BB 1999, 852 [LS]). Insbesondere trifft den Arbeitgeber keine generelle Pflicht zur **Bewachung der Stellplätze** (BAG 16. 3. 1966 – 1 AZR 340/65, AP BGB § 611 Parkplatz Nr 1). Hierzu ist er allenfalls auf Grund der besonderen Umstände des Einzelfalles (zB erhöhtes Diebstahlrisiko) verpflichtet (LAG Hessen 11. 4. 2003 – 12 Sa 243/02, NZA-RR 2004, 69 f; MHdB ArbR/Reichold § 93 Rn 19). Die **Modalitäten für die Benutzung** der Stellplätze kann der Arbeitgeber nur unter Beachtung eines etwaigen **Mitbestimmungsrechts des Betriebsrates** festlegen (s näher Kressel RdA 1992, 176 f; Wiese, GK-BetrVG [11. Aufl 2018] § 87 Rn 228 ff mwNw). Der **Abschluss einer Betriebsvereinbarung** ist zulässig (Kressel RdA 1992, 174 f).

141 Die **Haftung des Dienstberechtigten** kann für eingebrachte Sachen, insbesondere bei mittelbar arbeitsdienlichen Gegenständen grundsätzlich **einzelvertraglich ausgeschlossen werden**. § 619 BGB steht einem Haftungsausschluss nicht entgegen, da die Haftung des Dienstberechtigten nicht auf § 618 BGB, sondern auf einer Verletzung der arbeitsvertraglichen Interessenwahrungspflicht beruht (vgl BAG 5. 3. 1959 – 2 AZR 268/56, AP BGB § 611 Fürsorgepflicht Nr 26 sowie unten § 619 Rn 12). Ein Haftungsausschluss für Vorsatz und grobe Fahrlässigkeit ist indes nach der Rechtsprechung des Bundesarbeitsgerichtes nicht zulässig (BAG 5. 3. 1959 – 2 AZR 268/56, AP BGB § 611 Fürsorgepflicht Nr 26; ebenso Kressel RdA 1992, 175). Entsprechende Freizeichnungsklauseln in vom Arbeitgeber vorformulierten Arbeitsbedingungen sind ebenfalls rechtsunwirksam (s Staudinger/Richardi/Fischinger [2016] § 611 Rn 926; ferner MHdB ArbR/Reichold § 93 Rn 22). Eine **Betriebsvereinbarung**, die sich ausschließlich auf den Ausschluss einer Haftung des Arbeitgebers beschränkt, ist regelmäßig wegen einer zweckwidrigen Inanspruchnahme der Normsetzungsbefugnis nichtig (BAG 5. 3. 1959 – 2 AZR 268/56, AP BGB § 611 Fürsorgepflicht Nr 26; s auch BAG 6. 8. 1991 – 1 AZR 3/90, AP BetrVG 1972 § 77 Nr 52).

IV. Umfang der Schutzpflichten

1. Allgemeines

a) Ausrichtung der Schutzpflicht

142 Die in § 618 Abs 1 BGB normierte Schutzpflicht des Dienstberechtigten richtet sich auf die Abwehr von Gefahren für Leben und Gesundheit des Dienstverpflichteten. Hierunter ist die **körperliche bzw physische Integrität des Dienstverpflichteten** zu verstehen (Erman/Belling/Riesenhuber § 618 Rn 9; ArbR-BGB/Friedrich § 618 Rn 21;

MünchKomm/Henssler § 618 Rn 13; HWK/Krause § 618 BGB Rn 10; BeckOGK/Witschen [1. 2. 2019] § 618 Rn 64). § 618 Abs 1 BGB soll den Dienstverpflichteten davor bewahren, dass sich sein Gesundheitszustand infolge der vom Dienstberechtigten zu verantwortenden Gefahrenquellen verschlechtert.

Wegen dieses Schutzzwecks ist der von der **Weltgesundheitsorganisation (WHO)** 143
geprägte **Gesundheitsbegriff**, der auf einen Zustand „physischen, geistigen und sozialen Wohlbefindens" abstellt, im Rahmen des § 618 Abs 1 BGB ohne Bedeutung (ebenso Erman/Belling/Riesenhuber § 618 Rn 9; ArbR-BGB/Friedrich § 618 Rn 21; MünchKomm/Henssler § 618 Rn 13; NK-BGB/Klappstein § 618 Rn 7; HWK/Krause § 618 BGB Rn 10; Lützeler BB 2014, 310 f; BeckOGK/Witschen [1. 2. 2019] § 618 Rn 64; weitergehend aber für Art 118a EG-Vertrag [nunmehr Art 153 Abs 1 AEUV] EuGH 12. 11. 1996 – C-84/94, EuZW 1996, 752 Tz 15; kritisch Krebber, in: Callies/Ruffert [Hrsg], EUV/AEUV [5. Aufl 2016] Art 153 AEUV Rn 24). Die infolge der Begrenzung der Schutzpflicht auf Leben und Gesundheit verbleibenden Defizite sind unter Umständen durch einen Rückgriff auf die aus § 241 Abs 2 BGB abzuleitende allgemeine Interessenwahrungspflicht zu kompensieren (s oben Rn 12). Die spezielle Regelung in § 618 Abs 1 BGB steht dem nicht entgegen.

b) Stellenwert des technischen Arbeitsschutzrechts

Früher wurde der Umfang der dem Dienstberechtigten obliegenden Schutzpflichten 144
vor allem aus allgemeinen Überlegungen heraus gewonnen. Die hierzu in Literatur und Rechtsprechung entwickelte Kasuistik (s zB Staudinger/Mohnen/Neumann[10/11] § 618 Rn 20 ff) hat inzwischen weitgehend an Bedeutung verloren, da das umfangreiche und detaillierte Normengefüge des technisches Arbeitsschutzrechts den aus arbeitsmedizinischer Sicht erforderlichen Schutz des Dienstverpflichteten konkretisiert (BAG 10. 3. 1976 – 5 AZR 34/75, AP BGB § 618 Nr 17; s für das nationale Recht oben Rn 59 ff).

Das technische Arbeitsschutzrecht liefert regelmäßig einen verlässlichen Anhalts- 145
punkt für die Pflichten des Dienstberechtigten zum Schutz von Leben und Gesundheit des Dienstverpflichteten. Eine verbindliche Konkretisierung der individualrechtlichen Pflichten des Dienstberechtigten aus § 618 Abs 1 BGB entfalten die Vorschriften des technischen Arbeitsschutzes jedoch nur, wenn sie a) dem Schutz von Leben und Gesundheit dienen, b) geeignet sind, den Gegenstand einer vertraglichen Vereinbarung zu bilden, und c) den Dienstberechtigten durch die jeweilige Vorschrift verpflichten (BAG 10. 3. 1976 – 5 AZR 34/75, AP BGB § 618 Nr 17; s auch oben Rn 14 ff). Insbesondere ist die jeweilige Vorschrift des technischen Arbeitsschutzrechts stets daraufhin zu überprüfen, ob diese dem Gesundheitsschutz dient und nicht ausschließlich durch einen Humanisierungszweck geprägt ist (Ehmann 72).

Unter dieser Voraussetzung entfalten die Vorschriften des technischen Arbeits- 146
schutzrechts im Rahmen ihres Anwendungsbereichs für § 618 Abs 1 BGB eine doppelte Wirkung: Erstens legen sie auch für § 618 Abs 1 BGB verbindlich den vom Dienstberechtigten zu beachtenden Schutzstandard im Sinne eines **Mindestniveaus** fest und zweitens bewirken sie eine **Privilegierung des Dienstberechtigten**, da von ihm über § 618 Abs 1 BGB regelmäßig nicht mehr verlangt werden darf, als das technische Arbeitsschutzrecht von ihm fordert (so bereits Nipperdey, in: Festgabe zum 50-jährigen Bestehen des Reichsgericht Bd IV [1929] 217 sowie aus neuerer Zeit ArbR-BGB/

Friedrich § 618 Rn 18; MünchKomm/Henssler § 618 Rn 59; BeckOK ArbR/Joussen § 618 BGB Rn 3, 17; NK-BGB/Klappstein § 618 Rn 4; HWK/Krause § 618 BGB Rn 12; Löwisch/Caspers/Klumpp, Arbeitsrecht [11. Aufl 2017] Rn 529; ErfKomm/Wank § 618 BGB Rn 4; BeckOGK/Witschen [1. 2. 2019] § 618 Rn 75; kritisch dazu MHdB ArbR/Kohte § 175 Rn 13). Das technische Arbeitsschutzrecht entfaltet zugunsten des Dienstberechtigten somit eine **Entlastungsfunktion**, da er durch die Einhaltung der entsprechenden Regeln grundsätzlich auch seinen Pflichten aus § 618 Abs 1 BGB ausreichend nachkommt. Diesem Anliegen tragen verschiedene neuere arbeitsschutzrechtliche Regelungen Rechnung, die zugunsten des Arbeitgebers die Vermutung begründen, dass bei Einhaltung der regelmäßig von speziellen Ausschüssen (zB Ausschuss für Arbeitsstätten, Ausschuss für Gefahrstoffe, Ausschuss für Betriebssicherheit, Ausschuss für Produktsicherheit) aufgestellten Standards keine Gefährdungen für die Sicherheit und die Gesundheit der Arbeitnehmer bestehen (so zB § 3a Abs 1 S 3 ArbStättV, § 7 Abs 1 S 3 GefStoffV, § 4 Abs 2 und § 5 Abs 2 ProdSG). Der Arbeitgeber kann zwar von den vorgenannten Standards abweichen, muss dann aber ein vergleichbares Schutzniveau gewährleisten (§ 3a Abs 1 S 4 ArbStättV, § 7 Abs 2 S 4 GefStoffV).

147 Allenfalls in extrem gelagerten, durch die Besonderheiten des Einzelfalles geprägten **Ausnahmekonstellationen** können aus **§ 618 Abs 1 BGB** Pflichten abgeleitet werden, die **über das technische Arbeitsschutzrecht hinausgehen** (BAG 17. 2. 1998 – 9 AZR 84/97, AP BGB § 618 Nr 26; Erman/Belling/Riesenhuber § 618 Rn 7; ArbR-BGB/Friedrich § 618 Rn 20; BeckOK BGB/Fuchs/Baumgärtner § 618 Rn 10; BeckOK ArbR/Joussen § 618 BGB Rn 3; NK-BGB/Klappstein § 618 Rn 4; HWK/Krause § 618 BGB Rn 12; Löwisch/Caspers/Klumpp, Arbeitsrecht [11. Aufl 2017] Rn 530; ErfKomm/Wank § 618 BGB Rn 4; BeckOGK/Witschen [1. 2. 2019] § 618 Rn 75; offener hingegen MHdB ArbR/Kohte § 175 Rn 13). Das kommt vor allem in Betracht, wenn die **technischen Regeln veraltet** sind oder **Gefahren nicht erfassen**, die bei ihrer Aufstellung noch nicht berücksichtigt werden konnten. Insofern gelten keine anderen Grundsätze als sie auch im Produkthaftungsrecht für DIN-Normen anerkannt sind (hierzu zB BGH 27. 9. 1994 – VI ZR 150/93, DZWir 1995, 107; BGH 25. 2. 2014 – VI ZR 144/13 Rn 8, BGHZ 200, 242; ebenso für Unfallverhütungsvorschriften im Hinblick auf die Verkehrssicherungspflicht BGH 3. 2. 2004 – VI ZR 95/03 Rn 9, NJW 2004, 1449; BGH 15. 2. 2011 – VI ZR 176/10 Rn 14, NJW-RR 2011, 888 sowie im Hinblick auf DIN-Normen zB BGH 13. 3. 2001 – VI ZR 142/00, NJW 2001, 2019). Weitergehende Pflichten des Arbeitgebers können sich zudem aus **gesundheitlichen Dispositionen des Arbeitnehmers** ergeben, der gegen bestimmte Schadstoffe besonders anfällig ist (BAG 17. 2. 1998 – 9 AZR 84/97, AP BGB § 618 Nr 26; ArbR-BGB/Friedrich § 618 Rn 20; MünchKomm/Henssler § 618 Rn 59; NK-BGB/Klappstein § 618 Rn 4; HWK/Krause § 618 BGB Rn 12; Löwisch/Caspers/Klumpp, Arbeitsrecht [11. Aufl 2017] Rn 530; ErfKomm/Wank § 618 BGB Rn 4).

148 **Außerhalb ihres persönlichen Anwendungsbereichs** entfalten die Vorschriften zum technischen Arbeitsschutz eine **schwächere Konkretisierungsfunktion** (zustimmend HK-ArbSchR/Nebe § 618 BGB Rn 21; BeckOGK/Witschen [1. 2. 2019] § 618 Rn 81). Es würde den ausdrücklich normierten Einschränkungen des jeweiligen persönlichen Geltungsbereichs zuwiderlaufen, wenn die Pflichten in den Normen des technischen Arbeitsschutzes über § 618 Abs 1 BGB pauschal auf alle Dienstverhältnisse und gegebenenfalls auf Grund einer analogen Anwendung (s oben Rn 98 ff) auch auf vergleichbar strukturierte Vertragsbeziehungen ausgedehnt werden (zust BeckOGK/Witschen [1. 2. 2019] § 618 Rn 81). Gleichwohl können die Vorschriften des technischen Arbeitsschutzes in den vorgenannten Konstellationen zumindest dann die nach § 618

Abs 1 BGB einzuhaltenden Pflichten konkretisieren, wenn sie a) geeignet sind, den Gegenstand einer vertraglichen Vereinbarung zu bilden, b) dem Schutz von Leben und Gesundheit dienen und c) nicht auf die besonderen Bedingungen und Gefahrenlagen bestimmter Dienstleistungen bzw Gewerbezweige zugeschnitten sind (s auch Nebe, in: FS Lörcher [2013] 95; HK-ArbSchR/Nebe § 618 BGB Rn 21). Darüber hinaus kommt die mit der Einhaltung des technischen Arbeitsschutzrechts verbundene Privilegierung (s oben Rn 146) auch demjenigen zugute, der nicht in den persönlichen Geltungsbereich der jeweiligen Norm des technischen Arbeitsschutzrechts einbezogen ist (zustimmend BeckOGK/Witschen [1. 2. 2019] § 618 Rn 81).

2. Arbeitsstätte

Über den Umfang der aus § 618 Abs 1 BGB folgenden Schutzpflichten hinsichtlich der Arbeitsstätte lassen sich vornehmlich den Normen des technischen Arbeitsschutzes konkrete Anhaltspunkte entnehmen. Im Einzelfall ist jedoch im Wege der Auslegung zu ermitteln, ob die jeweilige Vorschrift die allgemeinen Voraussetzungen für eine Konkretisierung der Pflichten aus § 618 Abs 1 BGB erfüllt (s oben Rn 145). **149**

Zur **Konkretisierung** der aus § 618 Abs 1 BGB folgenden Pflichten für „Räume" ist insbesondere auf die **Arbeitsstättenverordnung** (ArbStättV) v 12. 8. 2004 (BGBl I 2179; näher oben Rn 77 ff) zurückzugreifen (ebenso Erman/Belling/Riesenhuber § 618 Rn 10; BeckOK BGB/Fuchs/Baumgärtner § 618 Rn 15; MünchKomm/Henssler § 618 Rn 28; BeckOK ArbR/Joussen § 618 BGB Rn 14; AR/Kamanabrou § 618 BGB Rn 7; HWK/Krause § 618 BGB Rn 15). Diese verzichtet jedoch weitgehend auf Detailbestimmungen und beschränkt sich auf eine allgemeine an den Arbeitgeber adressierte Pflicht zur Vornahme einer Gefährdungsbeurteilung (§ 3 ArbStättV) sowie die Verpflichtung, die Arbeitsstätte so einzurichten, dass von dieser keine Gefährdungen für die Sicherheit und die Gesundheit der Beschäftigten ausgehen (§ 3a Abs 1 S 1 ArbStättV). **150**

Die vormals in der Arbeitsstättenverordnung festgelegten Detailregelungen für einzelne Arbeitsstätten sind nunmehr in einem **Anhang zu der Verordnung** enthalten, der neben allgemeinen Anforderungen (zB für Fußböden, Fenster, Türen und Verkehrswege) und Maßnahmen zum Schutz vor besonderen Gefahren Vorgaben für die Arbeitsbedingungen (zB für Bewegungsfläche, Beleuchtung, Raumtemperatur, Lüftung und Lärm) sowie Sanitärräume, Pausen- und Bereitschaftsräume und Unterkünfte festlegt. Die dortigen Vorgaben sind für den Arbeitgeber verbindlich und auch für die Gefährdungsbeurteilung maßgebend (§ 3 Abs 1 S 3 ArbStättV). Zusätzliche Pflichten statuieren die von den Berufsgenossenschaften gemäß § 15 Abs 1 SGB VII erlassenen **Unfallverhütungsvorschriften** (s MünchKomm/Henssler § 618 Rn 36; BeckOK ArbR/Joussen § 618 BGB Rn 16; AR/Kamanabrou § 618 BGB Rn 8), die für die Mitglieder oder Versicherten der jeweiligen Berufsgenossenschaften zwingend (vgl § 17 SGB VII) zu beachtende (autonome) Rechtsnormen enthalten (s auch oben Rn 85 f). **151**

Die früher zur Konkretisierung der Arbeitsstättenverordnung bestehenden **Arbeitsstättenrichtlinien** büßten ihre Bedeutung zunehmend ein und wurden abgelöst durch die von dem Ausschuss für Arbeitsstätten ermittelten Regeln und gesicherten wissenschaftlichen Erkenntnisse (TRA), die im Gemeinsamen Ministerialblatt bekannt gemacht werden können (s § 7 ArbStättV). Noch nicht vom Ausschuss für Arbeits- **152** stätten überarbeitete Arbeitsstättenrichtlinien galten längstens bis zum 31. 12. 2012 fort. Maßgebend sind die Regeln und Erkenntnisse insbesondere für die Pflichten des Arbeitgebers, die er beim Einrichten und Betreiben von Arbeitsstätten zu beachten hat (§ 3a Abs 1 S 2 ArbStättV). Bei deren Beachtung ist zu vermuten, dass von der Arbeitsstätte keine Gefahren für Sicherheit und Gesundheit der Arbeitnehmer ausgehen (§ 3a Abs 1 S 3 ArbStättV). Inzwischen ist der Überarbeitungsprozess abgeschlossen, sodass die bisherigen Arbeitsstättenrichtlinien fast vollständig durch neue technische Regeln für Arbeitsstätten abgelöst worden sind. Außer Kraft getreten sind mangels Überarbeitung wegen § 8 Abs 2 ArbStättV die ASR 7/1 (Sichtverbindung nach außen) und die ASR 25/1 (Sitzgelegenheiten).

153 Aus den detaillierten Vorgaben, die aus der Arbeitsstättenverordnung, den Arbeitsstättenregeln und den Unfallverhütungsvorschriften der Berufsgenossenschaften folgen, lässt sich **nicht zwingend** auf den Umfang der Schutzpflichten des Dienstberechtigten nach § 618 Abs 1 BGB schließen. Das gilt zumindest für die nach § 7 Abs 4 ArbStättV bekanntgemachten Regeln und Erkenntnisse, da diese dem Arbeitgeber lediglich die Sicherheit geben sollen, dass die Einhaltung der dortigen Regeln zur Ausfüllung des durch die Arbeitsstättenverordnung verbliebenen Rahmens ausreicht (s § 3a Abs 1 S 3 ArbStättV; MünchKomm/Henssler § 618 Rn 30; BeckOGK/Witschen [1. 2. 2019] § 618 Rn 95). Soweit jedoch keine Anhaltspunkte für eine Fehlbeurteilung vorliegen, dokumentieren sie allgemein anerkannte Regeln oder gesicherte arbeitswissenschaftliche Erkenntnisse und bringen sachverständige Erfahrungen zum Ausdruck (BVerwG 31. 1. 1997 – 1 C 20/95, NZA 1997, 484; ebenso OVG NW 15. 10. 1997 – 4 A 4806/95, GewArch 1998, 202, das jedoch für Nr 2. 1 lit e der inzwischen überholten ASR 6/1, 3 „Raumtemperaturen" eine derartige Fehlbeurteilung bejahte).

154 Ist der Dienstberechtigte nach der Arbeitsstättenverordnung zur Einhaltung bestimmter Arbeitsschutzstandards verpflichtet, so ist er dies auch zivilrechtlich gegenüber dem Dienstverpflichteten, wenn die jeweilige Verpflichtung geeignet ist, den Gegenstand einer vertraglichen Vereinbarung zu bilden (oben Rn 145). Das gilt entsprechend für Unfallverhütungsvorschriften der Berufsgenossenschaften (BAG 10. 3. 1976 – 5 AZR 34/75, AP BGB § 618 Nr 17; MünchKomm/Henssler § 618 Rn 12 aE). Umgekehrt entfaltet die Einhaltung des öffentlich-rechtlichen Arbeitsschutzrechts und der Unfallverhütungsvorschriften der Berufsgenossenschaften für den Umfang der zivilrechtlichen Pflichten eine privilegierende Wirkung, da von dem Dienstberechtigten grundsätzlich nicht mehr verlangt werden darf, als ihm das öffentliche Recht auferlegt (oben Rn 146; Soergel/Kraft § 618 Rn 10; s aber auch BGH 15. 2. 2011 – VI ZR 176/10, NJW-RR 2011, 888 Rn 14).

155 Problematisch ist eine über das Zivilrecht erfolgende **Ausdehnung des Geltungsbereichs** der Arbeitsstättenverordnung bzw der jeweiligen Unfallverhütungsvorschriften der Berufsgenossenschaften auf Dienstberechtigte, die die Verordnung nicht einbezieht. Methodisch könnte hierfür zwar § 618 Abs 1 BGB eine tragfähige Grundlage liefern, es bleibt aber zu beachten, dass die Arbeitsstättenverordnung und die jeweiligen Unfallverhütungsvorschriften der Berufsgenossenschaften auf typische Gefahrenlagen reagieren. Deshalb können die Vorschriften außerhalb ihres Geltungsbereichs allenfalls einen Anhaltspunkt für die Pflichten des Dienstberechtigten nach § 618 Abs 1 BGB liefern. Deren indirekte Anwendung steht jedoch stets unter dem Vorbehalt einer durch die Besonderheiten der jeweiligen Dienstleistung

bedingten Abweichung (vgl allgemein oben Rn 148). Lediglich bezüglich der privilegierenden Wirkung, die mit der Einhaltung des technischen Arbeitsschutzrechts verbunden ist, können die Überlegungen in Rn 146 herangezogen werden.

3. Arbeitsmittel

Der Umfang der Schutzpflichten des Dienstberechtigten bezüglich der Arbeitsmittel ist ebenfalls weitgehend durch die Normen des technischen Arbeitsschutzes vorgezeichnet (s Erman/Belling/Riesenhuber § 618 Rn 11; ArbR-BGB/Friedrich § 618 Rn 71 ff; MünchKomm/Henssler § 618 Rn 39; HWK/Krause § 618 Rn 17). Hinsichtlich der Auswirkungen für die Pflichten des Dienstberechtigten nach § 618 Abs 1 gelten die Überlegungen zu den allgemeinen Pflichten (o Rn 14 ff) und zu den Schutzpflichten bezüglich der Arbeitsstätte (oben Rn 149 ff) entsprechend. 156

Für die Pflichten hinsichtlich der Arbeitsmittel lassen sich zunächst aus dem **Produktsicherheitsgesetz** (ProdSG) v 8. 11. 2011 (BGBl I 2178; hierzu oben Rn 71 ff) konkrete Anhaltspunkte gewinnen. Obwohl dieses nur für den Hersteller oder Importeur von Arbeitsmitteln unmittelbare Pflichten begründet, strahlt es auch auf den Pflichtenkreis des Dienstberechtigten aus, wenn dieser technische Arbeitsmittel (Produkte) für die Dienstleistung zur Verfügung stellt. 157

Da das Produktsicherheitsgesetz dem Schutz des Benutzers dient und zu diesen auch Arbeitnehmer gehören, genügt der Dienstberechtigte zumindest dann regelmäßig den aus § 618 Abs 1 BGB folgenden Schutzpflichten, wenn die von ihm eingesetzten Arbeitsmittel den Bestimmungen des Produktsicherheitsgesetzes entsprechen (ebenso MünchKomm/Henssler § 618 Rn 39; AR/Kamanabrou § 618 BGB Rn 9; HWK/Krause § 618 BGB Rn 17; BeckOK ArbR/Joussen § 618 BGB Rn 17; ErfKomm/Wank § 618 BGB Rn 14). Wegen des konkreten Einsatzes der Arbeitsmittel am Arbeitsplatz können jedoch **zusätzliche Schutzmaßnahmen** erforderlich sein. 158

Neben der privilegierenden Wirkung (oben Rn 158) sprechen gewichtige Gründe dafür, aus § 618 Abs 1 BGB auch eine positive Verpflichtung des Dienstberechtigten abzuleiten, nur solche Arbeitsmittel einzusetzen, die den Anforderungen des Produktsicherheitsgesetzes entsprechen (ebenso MünchKomm/Henssler § 618 Rn 39; BeckOK ArbR/Joussen § 618 BGB Rn 18; Kollmer NJW 1997, 2018; HWK/Krause § 618 BGB Rn 17; BeckOGK/Witschen [1. 2. 2019] § 618 Rn 107; iE auch MHdB ArbR/Kohte § 178 Rn 31; **aA** ErfKomm/Wank § 618 BGB Rn 14; offen AR/Kamanabrou § 618 BGB Rn 9). § 618 Abs 1 BGB verpflichtet zum Gefahrenschutz für Leben und Gesundheit und relativiert diesen nur durch die Natur der Dienstleistung. Damit stellt § 618 Abs 1 BGB dieselben Anforderungen auf, die § 3 Abs 1 und 2 ProdSG für das Bereitstellen technischer Arbeitsmittel (Produkte) festlegt (ebenso BeckOK ArbR/Joussen § 618 BGB Rn 18: gleiche Schutzrichtung). 159

Weitere Anforderungen an die vom Dienstberechtigten eingesetzten Arbeitsmittel sind bei **überwachungsbedürftigen Anlagen** aus den nach § 34 Abs 1 ProdSG erlassenen **Rechtsverordnungen** zu entnehmen (s im Einzelnen oben Rn 75). Sie etablieren einen Mindeststandard, der gewährleistet, dass Gefahren für Leben und Gesundheit – soweit möglich – vermieden werden. 160

161 Die vom Dienstberechtigten beim Einsatz und der Zurverfügungstellung von **Gefahrstoffen** zu beachtenden Pflichten konkretisiert vor allem die **Gefahrstoffverordnung** (GefStoffV) v 26. 11. 2010 (BGBl I 1644; s auch oben Rn 80 ff), die in dem Dritten und Vierten Abschnitt (§§ 6 ff GefStoffV) dem Arbeitgeber umfangreiche Verpflichtungen zugunsten der Arbeitnehmer auferlegt.

162 Hierzu zählt insbesondere die Pflicht, im Rahmen der **Gefährdungsbeurteilung** nach § 5 ArbSchG auch zu prüfen, ob Beschäftigte Tätigkeiten mit Gefahrstoffen ausüben oder solche bei ihrer Tätigkeit entstehen (§ 6 Abs 1 S 1 GefStoffV). Erst im Anschluss und nach Ergreifen der gegebenenfalls erforderlichen Schutzmaßnahmen darf der Arbeitgeber die Tätigkeit mit Gefahrstoffen aufnehmen lassen (§ 7 Abs 1 GefStoffV).

163 Ferner hat er bei Tätigkeiten mit Gefahrstoffen **allgemeine Schutzmaßnahmen** zu ergreifen (§ 8 GefStoffV sowie der Anhang zu den §§ 8 Abs 8, 11 Abs 3 GefStoffV), die insbesondere dann durch **zusätzliche Schutzmaßnahmen** zu ergänzen sind, wenn **Arbeitsplatzgrenzwerte** oder **biologische Grenzwerte** überschritten werden. Hierzu zählt vor allem die Bereitstellung persönlicher Schutzausrüstungen (§ 9 Abs 3 S 2 GefStoffV). Des Weiteren verpflichtet § 13 GefStoffV den Arbeitgeber zu bestimmten Maßnahmen bei Betriebsstörungen, Unfällen und Notfällen. Zur **Unterrichtung der Beschäftigten** ist diesen eine Betriebsanweisung zugänglich zu machen (§ 14 GefStoffV).

164 Die Gefahrstoffverordnung verpflichtet den Arbeitgeber in § 7 Abs 2 S 2 in allgemeiner Form zur Beachtung der allgemein anerkannten **sicherheitstechnischen, medizinischen und hygienischen Regeln** und der sonstigen gesicherten **Erkenntnisse für Tätigkeiten mit Gefahrstoffen**, wenn diese nach § 20 Abs 4 GefStoffV bekanntgemacht werden. Diese ermittelt nach § 20 Abs 3 Nr 1 GefStoffV der **„Ausschuss für Gefahrstoffe“** (§ 20 Abs 1 GefStoffV; hierzu Beyermann, in: Winter [Hrsg], Grenzwerte [1986] 86 ff; Falke, in: Winter [Hrsg], Grenzwerte [1986] 164 ff sowie Röthel JZ 2013, 1140 f). Die von ihm festgestellten **„Technischen Regeln für Gefahrstoffe“** (TRGS) beziehen sich vor allem auf die Arbeitsplatzgrenzwerte, die biologischen Grenzwerte und andere Beurteilungsmaßstäbe für Gefahrstoffe. Werden die nach § 20 Abs 4 GefStoffV bekannt gegebenen Regeln und Erkenntnisse beachtet, dann begründet § 7 Abs 2 S 3 GefStoffV die Vermutung, dass den Anforderungen der Gefahrstoffverordnung an Sicherheit und Gesundheit der Beschäftigten ausreichend Rechnung getragen ist.

165 **Zusätzliche Vorgaben** für einen Leben und Gesundheit der Arbeitnehmer schützenden Umgang mit Arbeitsmitteln enthalten zahlreiche, gemäß § 15 Abs 1 Nr 1 SGB VII erlassene **Unfallverhütungsvorschriften der Berufsgenossenschaften**. Zu weiteren speziellen staatlichen Vorschriften hinsichtlich des Einsatzes von Arbeitsmitteln s die Nachweise oben Rn 71 ff.

4. Regelungen des Dienstberechtigten

166 Regelungen und Anordnungen des Dienstberechtigten oder der von ihm hiermit Beauftragten müssen ebenfalls so erfolgen, dass der Dienstverpflichtete vor Gefahren für Leben und Gesundheit geschützt ist (s oben Rn 123 ff). **§ 618 Abs 1 BGB kon-**

kretisiert auch die allgemeine Vorschrift in **§ 106 GewO**, sodass insbesondere das **Weisungsrecht des Arbeitgebers** über § 618 Abs 1 BGB eine spezialgesetzliche Präzisierung erfährt (BAG 6. 5. 2014 – 9 AZR 575/12 Rn 14, AP BGB § 618 Nr 31; s auch BAG 28. 6. 2018 – 2 AZR 436/17 Rn 23, NZA 2018, 1259). Da sich § 618 Abs 1 BGB auf die Pflichten des Dienstberechtigten beschränkt und selbst keine Rechtsfolgen anordnet, wenn der Dienstberechtigte seinen Pflichten aus § 618 Abs 1 BGB zuwiderhandelt, konkretisiert § 618 Abs 1 BGB die Grenzen des vom Dienstberechtigten nach § 106 GewO bzw § 315 BGB einzuhaltenden billigen Ermessens. Dabei führt allerdings nicht jeder Verstoß gegen § 618 Abs 1 BGB bzw öffentlich-rechtliche Arbeitsschutznormen zur Unbilligkeit der Weisung; geringfügige oder kurzzeitige Verstöße, die keinen nachhaltigen Schaden bewirken, bleiben hiervon ausgenommen (BAG 28. 6. 2018 – 2 AZR 436/17 Rn 23, NZA 2018, 1259).

167 Der Schutz des Dienstverpflichteten bei Regelungen der Dienstleistung erstreckt sich in erster Linie auf **Weisungen**, die unmittelbar die **Dienstleistung** als solche betreffen (s BAG 6. 5. 2014 – 9 AZR 575/12 Rn 14, AB BGB § 618 Nr 31). Darüber hinaus trifft den Dienstberechtigten eine umfassende Pflicht zur Regelung der Dienstleistung, um den Dienstverpflichteten vor Gefahren für Leben und Gesundheit zu schützen. Hieraus folgt die Verpflichtung, die **Dienstleistung** im Hinblick auf Gefährdungen des Dienstverpflichteten zu **beaufsichtigen**, den Dienstverpflichteten **über Gefahren** zu **unterrichten**, vor ihnen zu **warnen** und Möglichkeiten zu ihrer **Vermeidung** aufzuzeigen. Dies ist bereits seit jeher anerkannt (statt aller ArbR-BGB/Friedrich § 618 Rn 103; BeckOK ArbR/Joussen § 618 BGB Rn 21; NK-BGB/Klappstein § 618 Rn 12; BeckOGK/Witschen [1. 2. 2019] § 618 Rn 114) und wurde schon in der Rechtsprechung des Reichsgerichtes und des Reichsarbeitsgerichtes ausgeformt (s RG 5. 5. 1908 – 493/07 III, JW 1908, 450 [Nr 14]; RG 4. 11. 1910 – 1 V 99/10, Recht 1910 Nr 3748; RG 17. 1. 1913 – 286/12 III, JW 1913, 372 [Nr 4]; RG 29. 6. 1917 – 54/17 III, JW 1917, 970 [Nr 8]; RG 20. 12. 1919 – 128/19 III, JW 1920, 378 [Nr 7]; RG 30. 11. 1915 – III 269/15, LZ 1916, 752 [Nr 12]; RG 8. 2. 1918 – III 423/17, LZ 1918, 841 [Nr 9] = Gruchot 62, 619; RAG 5. 1. 1929 – RAG 299/28, ARS 5, 120; RAG 10. 8. 1931 – RAG 687/30, ARS 12, 486 f). Hinsichtlich der Intensität der Unterrichtung ist der Dienstberechtigte verpflichtet, auf die besonderen Umstände des Einzelfalles einzugehen; die hierauf bezogene Sonderregelung für Jugendliche im Seearbeitsrecht (§ 117 Abs 3 S 2 SeeArbG) bringt diesen allgemeinen Grundsatz präzise zum Ausdruck.

168 Eine spezialgesetzliche Ausformung der allgemeinen privatrechtlichen Pflichten des Dienstberechtigten in Rn 167 sehen zB § 14 GefStoffV für **Gefahrstoffe**, § 9 BetrSichV für **Arbeitsmittel**, § 4 LasthandhabV für manuelle **Handhabung von Lasten**, § 3 PSA-BV für **persönliche Schutzausrüstungen**, § 12 BioStoffV für **biologische Arbeitsstoffe**, § 11 LärmVibrationsArbSchV für **Lärm und Vibrationen** und § 8 OStrV für **künstliche optische Strahlungen** vor (s ferner auch § 81 Abs 1 S 2 BetrVG, § 29 JArbSchG), die zusätzlich durch Art 10 und 12 der Richtlinie 89/391/EWG sowie die jeweiligen Einzelrichtlinien (oben Rn 54) unionsrechtlich überlagert und in § 12 ArbSchG bzw § 14 ArbSchG in allgemeiner Form wiederholt werden.

169 Die durch § 618 Abs 1 BGB begründete Schranke für Regelungen des Dienstberechtigten erstreckt sich insbesondere auf **Umfang sowie Art und Weise der Dienstleistung**, wie zB bei der Übertragung von Tätigkeiten, bei denen der Dienstverpflichtete mit Asbestfasern in Kontakt kommt (BAG 28. 4. 2011 – 8 AZR 769/09 Rn 47, NZA-RR 2012, 290). Das gilt auch für **zeitliche Aspekte der Dienstleistung** (BAG

16. 3. 2004 – 9 AZR 93/03, AP ArbZG § 2 Nr 2; ferner BAG 13. 3. 1967 – 2 AZR 133/66, AP BGB § 618 Nr 15 [tägliche Arbeitszeit eines leitenden Angestellten]; BAG 6. 5. 2014 – 9 AZR 575/12 Rn 14, AP BGB § 618 Nr 31; Erman/Belling/Riesenhuber § 618 Rn 13; ArbR-BGB/Friedrich § 618 Rn 120; MünchKomm/Henssler § 618 Rn 46 f; Hueck/Nipperdey I § 48 II 2 b Fn 14; BeckOK ArbR/Joussen § 618 BGB Rn 23; AR/Kamanabrou § 618 BGB Rn 12; Soergel/Kraft § 618 Rn 17; HWK/Krause § 618 BGB Rn 21; HK-ArbSchR/Nebe § 618 BGB Rn 33; BeckOGK/Witschen [1. 2. 2019] § 618 Rn 119; näher hierzu oben Rn 126). Der Dienstberechtigte muss die Dienstleistung ua so regeln, dass **Überanstrengungen und Gefährdungen** bei der Arbeit vermieden werden (Erman/Belling/Riesenhuber § 618 Rn 13; ArbR-BGB/Friedrich § 618 Rn 120; BeckOK BGB/Fuchs/Baumgärtner § 618 Rn 9; MünchKomm/Henssler § 618 Rn 47; BeckOK ArbR/Joussen § 618 BGB Rn 23; Schaub/Koch, Arbeitsrechts-Handbuch [17. Aufl 2017] § 106 Rn 17; HWK/Krause § 618 BGB Rn 21; ErfKomm/Wank § 618 BGB Rn 13; BeckOGK/Witschen [1. 2. 2019] § 618 Rn 120). Dies kann den Dienstberechtigten auch dazu zwingen, die **zeitliche Lage** der vertraglich geschuldeten Dienstleistung so festzulegen, dass bestimmte Zeiträume (zB Nachtschicht) ausgeklammert sind. Dies hat das Bundesarbeitsgericht in seinem Urteil vom 9. 4. 2014 (BAG 9. 4. 2014 – 10 AZR 637/13, AP GewO § 106 Nr 29) im Ergebnis zutreffend festgestellt, sich zur Begründung indes nicht auf § 618 Abs 1 BGB, sondern ausschließlich auf die Bindung des arbeitsvertraglichen Weisungsrechts (§ 106 GewO) an die Maxime einer der Billigkeit entsprechenden Ermessensausübung gestützt (s BAG 9. 4. 2014 – 10 AZR 637/13 Rn 25 ff, AP GewO § 106 Nr 29).

170 Hinsichtlich des **zeitlichen Umfangs der Dienstleistung** hat § 618 Abs 1 BGB auf Grund der staatlichen und kollektivvertraglichen Arbeitszeitgrenzen weitgehend an praktischer Relevanz eingebüßt. Die Vorschrift setzt jedoch dann Höchstgrenzen für die tägliche bzw wöchentliche Arbeitszeit, wenn der Dienstverpflichtete nicht in den Schutzbereich des **Arbeitszeitgesetzes** einbezogen ist (MünchKomm/Henssler § 618 Rn 47). Die dortigen Vorschriften konkretisieren regelmäßig auch die Verpflichtungen des Dienstberechtigten aus § 618 Abs 1 BGB, da diese – im Unterschied zu den tariflichen Arbeitszeitregelungen – ausschließlich dem Gesundheitsschutz verpflichtet sind und damit eine gleiche Schutzrichtung wie § 618 Abs 1 BGB aufweisen. Praktisch bedeutsam ist dies insbesondere für die tägliche bzw wöchentliche Arbeitszeit von leitenden Angestellten (§ 5 Abs 3 BetrVG), da § 18 Abs 1 Nr 1 ArbZG diese vom Anwendungsbereich des Arbeitszeitgesetzes ausnimmt (s auch BAG 13. 3. 1967 – 2 AZR 133/66, AP BGB § 618 Nr 15; BeckOK ArbR/Joussen § 618 BGB Rn 23; **aA** BeckOGK/Witschen [1. 2. 2019] § 618 Rn 119).

171 Das **öffentlich-rechtliche Arbeitszeitrecht**, das zusätzlich durch die Arbeitszeitrichtlinie der Europäischen Union (2003/88/EG [ABl EU Nr L 299 v 18. 11. 2003, 9 = EAS A 3750]; hierzu: Balze, in: Oetker/Preis [Hrsg], Europäisches Arbeits- und Sozialrecht, B 3100; Bayreuther, in: Schlachter/Heinig [Hrsg], Europäisches Arbeits- und Sozialrecht [2016] § 11; EuArbRK/Gallner [2. Aufl 2018] 1893 ff; Riesenhuber, Europäisches Arbeitsrecht [2009] § 14; Ulber, in: Preis/Sagan [Hrsg], Europäisches Arbeitsrecht [2. Aufl 2019] § 7) überlagert wird, findet seinen Niederschlag vor allem in folgenden Regelungen:

- Arbeitszeitgesetz v 6. 6. 1994 (BGBl I 1170; zuletzt geändert durch Gesetz v 11. 11. 2016 [BGBl I 2500]; hierzu: MHdB ArbR/Anzinger § 181 ff; Tietje, Grundfragen des Arbeitsrechts [2001]);

– Gesetze der Bundesländer über den Ladenschluss (s oben Rn 25);

– Gesetz über das Fahrpersonal von Kraftfahrzeugen und Straßenbahnen (Fahrpersonalgesetz) in der Fassung v 19. 2. 1987 (BGBl I 640, zuletzt geändert durch Gesetz v 16. 5. 2017 [BGBl I 1214]; hierzu auch die Verordnung [EG] Nr 561/2006 v 15. 3. 2006 [ABl EU Nr L 102 v 11. 4. 2006, 1 = EAS A 2200]);

– Verordnung zur Durchführung des Fahrpersonalgesetzes in der Fassung v 27. 6. 2005 (BGBl I 1882, zuletzt geändert durch Verordnung v 8. 8. 2017 [BGBl I 3158]);

– §§ 4 bis 6 des Gesetzes zum Schutz der erwerbstätigen Mutter (Mutterschutzgesetz) v 23. 5. 2017 (BGBl I 1228);

– §§ 4, 8 bis 21 des Gesetzes zum Schutz der arbeitenden Jugend (Jugendarbeitsschutzgesetz) v 12. 4. 1976 (BGBl I 965; zuletzt geändert durch Gesetz v 10. 3. 2017 [BGBl I 420]).

Sofern die ältere Judikatur und Doktrin aus § 618 Abs 1 BGB eine **Pflicht zur** 172 **Gewährung eines Urlaubs** unter Fortzahlung des Entgelts abgeleitet hat (BAG 13. 3. 1967 – 2 AZR 133/66, AP BGB § 618 Nr 15; s ferner Staudinger/Mohnen/Neumann[10/11] § 618 Rn 25 mwNw), ist diese wegen des **Bundesurlaubsgesetzes** weitgehend überholt. Da dieses auch arbeitnehmerähnliche Personen in seinen Geltungsbereich einbezieht (§ 2 BUrlG), sind die Überlegungen in Rn 169 f regelmäßig nur noch für den Zeitpunkt des Urlaubs relevant. Von Bedeutung kann eine auf § 618 Abs 1 BGB zu stützende Pflicht zur Urlaubsgewährung aber bei leitenden Angestellten sowie Organmitgliedern juristischer Personen (insbesondere GmbH-Geschäftsführern) sein. Im Einzelfall kann die Interessenwahrungspflicht den Dienstberechtigten zudem dazu zwingen, auf den Dienstverpflichteten einzuwirken, seinen Urlaubsanspruch geltend zu machen (BAG 13. 3. 1967 – 2 AZR 133/66, AP BGB § 618 Nr 15; BAG 27. 2. 1970 – 1 AZR 258/69, AP BGB § 618 Nr 16; ebenso ArbR-BGB/Friedrich § 618 Rn 120; MünchKomm/Henssler § 618 Rn 47; BeckOK ArbR/Joussen § 618 BGB Rn 23; HWK/Krause § 618 BGB Rn 21; BeckOGK/Witschen [1. 2. 2019] § 618 Rn 119).

Seine Hauptbedeutung entfaltet § 618 Abs 1 BGB für Regelungen zum **Inhalt einer** 173 **konkreten Arbeitsaufgabe**. Diesbezüglich verpflichtet § 618 Abs 1 BGB den Dienstberechtigten vor allem zu einer **Regelung der Arbeitsdichte**, die Gefährdungen für die Gesundheit vermeidet, wobei in der Regel von dem Leistungsvermögen eines durchschnittlichen Arbeitnehmers ausgegangen werden kann (s MünchKomm/Henssler § 618 Rn 47; BeckOK ArbR/Joussen § 618 BGB Rn 23; AR/Kamanabrou § 618 BGB Rn 12; NK-BGB/Klappstein § 618 Rn 13; Schaub/Koch, Arbeitsrechts-Handbuch [17. Aufl 2017] § 106 Rn 17; Pieper, ArbSchR [6. Aufl 2017] BGB/HGB Rn 10). Das gilt insbesondere für Dienstleistungen im Rahmen eines arbeitsteiligen Prozesses und Maschinengeschwindigkeiten, die den Umfang der Arbeitsleistung vorgeben. Zur Vermeidung von Gefahren für die Gesundheit kann es unter Umständen geboten sein, **Unterbrechungen der Dienstleistung** zur Erholung vorzusehen. Das gilt sinngemäß, wenn die Dienstleistung an bestimmten Maschinen zB infolge Wärme- oder sonstiger **Strahlungen** mit Gefährdungen für die Gesundheit verbunden ist. Des Weiteren untersagt § 618 Abs 1 BGB die Zuweisung solcher Dienstleistungen, die gesundheitsgefährdende **Kraftanstrengungen** (zB Heben von Lasten) erfordern (RAG 4. 5. 1932 – RAG 9/32, ARS 15, 145 ff), wobei zT spezielle Schutzbestimmungen gelten (s zB § 11 Abs 5 S 2 Nr 1 und 2 MuSchG, § 22 Abs 1 Nr 1 JArbSchG, LasthandhabV). Entsprechendes gilt für die Zuweisung von Tätigkeiten, die mit **psychischen Belastungen** verbunden sind, die die Schwelle der Gesundheitsgefährdung erreichen (s auch Sasse/Schönfeld RdA 2016, 346 ff). In diesem Sinne erstreckt § 4 Nr 1 ArbSchG die Organisationspflicht des Arbeitgebers zur Vermeidung von Gefährdungen nicht nur auf die physische, sondern auch auf die psychische Gesundheit (s auch § 5 Abs 3 Nr 6 ArbSchG, der in die Gefährdungsbeurteilung auch „psychische Belastungen" bei der Arbeit einbezieht; ferner § 9 Abs 1 S 1 MuSchG: Schutz der psychischen Gesundheit).

174 Hinsichtlich zahlreicher Aspekte in Rn 173 konkretisiert das **technische Arbeitsschutzrecht** die Schutzpflichten des Dienstberechtigten. Insbesondere die gemäß § 15 Abs 1 SGB VII erlassenen **Unfallverhütungsvorschriften der Berufsgenossenschaften** spannen ein dichtes Netz, das die für den Dienstberechtigten auch im Rahmen des § 618 Abs 1 BGB maßgebenden Pflichten verbindlich festlegt. Für bestimmte Personengruppen (werdende oder stillende Mütter, Jugendliche, schwerbehinderte Menschen) legen gesetzliche Bestimmungen zusätzliche Konkretisierungen fest, die verhindern, dass Gefährdungen der Gesundheit infolge der Dienstleistung eintreten. Hinsichtlich **werdender oder stillender Mütter** ist exemplarisch auf § 2 MuSchG für die **Gestaltung des Arbeitsplatzes** sowie die **Beschäftigungsverbote** in den §§ 3–6, 11, 12 und 16 MuSchG hinzuweisen. Aus dem Bereich des **Jugendarbeitsschutzes** sind die §§ 4, 8, 11 bis 18, 22 bis 24 JArbSchG zu nennen. Bei der Beschäftigung von **schwerbehinderten Menschen** sind die §§ 164 Abs 4, 207 SGB IX zu beachten.

175 Für die **Zuweisung des Arbeitsortes** ist die Schutzpflicht bei Regelungen der Arbeitsleistung bedeutsam, wenn der Dienstverpflichtete – wie zB bei der Arbeitnehmerüberlassung oder dem mittelbaren Arbeitsverhältnis – **außerhalb des Herrschafts- und Organisationsbereichs des Dienstberechtigten** eingesetzt wird. Dies entbindet den Dienstberechtigten nicht von seinen Schutzpflichten aus § 618 Abs 1 BGB (s für freie Mitarbeiter BGH 6. 4. 1995 – VII ZR 36/94, LM BGB § 632 Nr 17 = NJW 1995, 2629 f; iE auch Oertmann § 618 Anm 2; näher oben Rn 95). Er muss sich insbesondere nach den Arbeitsumständen erkundigen und die erforderlichen Anordnungen zur Sicherung vor Gefahren treffen. Wenn der Dienstberechtigte nicht ausreichend dafür Sorge tragen kann, dass die erforderlichen Schutzvorrichtungen und Anordnungen an dem Arbeitsort eingehalten werden, muss er die Zuweisung der entsprechenden Arbeiten unterlassen. Zu den Pflichten des Entleihers bei einer Arbeitnehmerüberlassung s § 12 Abs 2 ArbSchG sowie § 11 Abs 6 AÜG (s hierzu auch oben Rn 96).

5. Einzelfälle

a) Nichtraucherschutz am Arbeitsplatz*

176 Die Pflicht des Dienstberechtigten zum Schutz der Gesundheit des Dienstverpflichteten kann zur Durchführung von Maßnahmen gegenüber den durch Tabakrauch verursachten Gefahren (sog Passivrauchen) zwingen (s ArbR-BGB/Friedrich § 618 Rn 144 ff). Spezialgesetzlich lässt sich dies im Einzelfall auf **§ 5 Abs 1 ArbStättV** stützen,

* **Schrifttum**: Adlkofer, Probleme mit dem Passivrauchen, SozVers 1988, 204, 227; Ahrens, Rauchverbot, AR-Blattei SD 1310 (1999); Bergwitz, Das betriebliche Rauchverbot, NZA-RR 2004, 169; Binz/Sorg, Noch einmal: Rauchen am Arbeitsplatz?, BB 1994, 1709;

ohne dass an dem konkreten Arbeitsplatz von dem Passivrauchen **konkrete Gesundheitsschäden oder -gefahren** für die dort Beschäftigten ausgehen müssen. Vielmehr erlegt § 5 Abs 1 S 1 ArbStättV dem Arbeitgeber in allgemeiner Form Maßnahmen auf, um die Beschäftigten in Arbeitsstätten wirksam vor den Gesundheitsgefahren durch Tabakrauch zu schützen. Zudem gebieten die **grundrechtlichen Schutzpflichten**, bei der Interpretation der arbeitsrechtlichen Vorschriften den Schutz vor den Ge-

---

Börgmann, Arbeitsrechtliche Aspekte des Rauchens im Betrieb, RdA 1993, 275; B Buchner, Nichtraucherschutz am Arbeitsplatz, BB 2002, 2382; Cosack, Verpflichtung des Arbeitgebers bzw Dienstherrn zum Erlaß eines generellen Rauchverbots am Arbeitsplatz?, DB 1999, 1450; Dietrich, Nichtraucherschutz am Arbeitsplatz (2007); Faber, Gesundheitliche Gefahren des Tabakrauchens und staatliche Schutzpflichten, DVBl 1998, 745; Hauber, Passivrauchen am Arbeitsplatz – ein sozialer Konflikt im Wandel des Umweltbewußtseins, Verwaltungsrundschau 1994, 37; Heilmann, Rauchen am Arbeitsplatz?, BB 1994, 715; Hien, Nichtraucherschutz am Arbeitsplatz, SozSich 2009, 185; Jahn, (Nicht-)Raucherschutz als Grundrechtsproblem, DöV 1989, 850; ders, (Nicht-)Raucherschutz als Rechtsproblem, in: FG Blumenwitz (1989) 113; ders, Schutz des „passiven Rauchers" durch Erlaß von Rauchverboten, MedR 1989, 227; Kock, Nichtraucherschutz am Arbeitsplatz, NJW 2017, 198; Kühn, Rauchfreier Arbeitsplatz? Zur Beschäftigung von Arbeitnehmern in Raucherräumen, BB 2010, 120; Künzl, Nochmals: Das betriebliche Rauchverbot, BB 1999, 2187; ders, Rauchen und Nichtraucherschutz im Arbeitsverhältnis, ZTR 1999, 531; Kummer, Passivrauchen am Arbeitsplatz (2012); J Lessmann, Rauchverbote am Arbeitsplatz (1991); ders, Neues über Rauchverbote am Arbeitsplatz, AuR 1995, 241; Löwisch, Der Erlaß von Rauchverboten zum Schutz vor Passivrauchen am Arbeitsplatz, DB 1979 Beil 1; Lorenz, Nichtraucherschutz am Arbeitsplatz, DB 2003, 721; ders, Überblick zum Nichtraucherschutz nach § 5 ArbStättV, ArbRB 2007, 273; Moderegger, No Smoking? – Neuerungen der Arbeitsstättenverordnung, ArbRB 2003, 15; Möllers, Rechtsschutz des Passivrauchers, JZ 1996, 1050; Mummenhoff, Rauchen am Arbeitsplatz, RdA 1976, 364; Nicolaysen, Tabakrauch, Gemeinschaftsrecht und Grundgesetz, EuR 1989, 215; Rahmede, Passivrauchen – Gesundheitliche Wirkungen und rechtliche Konsequenzen (1983); H Remmer, Kanzerogene und toxische Wirkungen von passiv inhaliertem Tabakrauch, Bundesgesundheitsblatt 1987, 307; Richardi, Inhalt und Reichweite der Mitbestimmungsrechte beim Erlaß von Rauchverboten, PersV 1998, 81; Schillo/Behling, Rauchen am Arbeitsplatz, DB 1997, 2022; Schmieding, Nichtraucherschutz am Arbeitsplatz, ZTR 2004, 12; F Schmidt, Tabakrauch als wichtigste Schädigung am Arbeitsplatz, RdA 1987, 337; ders, Wissenschaftliches Gutachten zur Problematik des Passivrauchens, DöD 1990, 177; ders, Gesetzlicher Nichtraucherschutz – ein Gebot der Stunde, BB 1994, 1213; Scholz, Verfassungsfragen zum Schutz des Nichtrauchers, DB 1979 Beil 10; Schulze-Osterloh, Öffentlich-rechtlicher Nichtraucherschutz am Arbeitsplatz, in: FS Kreutz (2010), 463; Stammkötter, Rauchen und Rauchverbote aus rechtlicher Sicht unter besonderer Berücksichtigung des Passivrauchens (1993); Suhr, Die Freiheit vom staatlichen Eingriff als Freiheit zum privaten Eingriff, JZ 1980, 166; Tehlen, Nichtraucherschutz am Arbeitsplatz (2016); Thiele, Schutz des Nichtrauchers vor dem „Passivrauchen", GewArch 1980, 249; Uhl/Polloczek, Die Auswirkungen des neuen Passivrauchschutzgesetzes auf das Rauchen im Betrieb, BB 2008, 1114; Wellenhofer-Klein, Der rauchfreie Arbeitsplatz, RdA 2003, 155; Wischnath, Nichtraucherschutz am Arbeitsplatz, DB 1977, 1365; ders, Nichtraucherschutz: Abwehr- oder Förderanspruch, DB 1979, 1133; ders, Der Raucher muß vor dem Nichtraucher zurückstehen, DÖD 1994, 258; Zapka, Passivrauchen – Wissenschaft in Beweisnot, DöD 1991, 269; ders, Passivrauchen und Rechtsprechung, BB 1992, 1847; ders, Passivrauchen und Recht (1993); Zöllner, Das Rauchverbot, DB 1957, 117.

fahren des Passivrauchens zu gewährleisten (vgl näher BVerfG 9. 2. 1998 – 1 BvR 2234/97, NJW 1998, 2962; BAG 10. 5. 2016 – 9 AZR 347/15 Rn 18, NZA 2016, 1134; Faber DVBl 1998, 749 ff); Entsprechendes gilt für Arbeitgeber und Betriebsrat gemäß **§ 75 Abs 2 BetrVG** (s BAG 19. 1. 1999 – 1 AZR 499/98, AP BetrVG 1972 § 87 Ordnung des Betriebes Nr 28).

177 Ob das nicht nur kurzzeitige **Passivrauchen** (hierzu OLG Stuttgart 19. 2. 1992 – 3 U 160/91, NJW 1992, 2708) generell und unabhängig von der Konstitution des Einzelnen die Grenze einer Belästigung überschreitet und die **Qualität einer Gesundheitsbeeinträchtigung** erreicht, wurde im (medizinischen) Schrifttum früher nicht einheitlich beurteilt (vgl einerseits H Remmer Bundesgesundheitsblatt 1987, 307 ff; F Schmidt RdA 1987, 337 ff; ders DöD 1990, 177 ff; andererseits Zapka DöD 1991, 269 ff; ders BB 1992, 1847 ff; s auch Adlkofer Sozialversicherung 1988, 204 ff, 227 ff; exemplarisch für die divergierende Würdigung des medizinischen Erkenntnisstandes durch die Rechtsprechung einerseits OVG Münster 22. 5. 1980 – 12 A 1415/78, NJW 1981, 245 f; andererseits BayVGH 28. 4. 1992 – M 12 K 90. 3016, BB 1992, 1854 f). Der Rat der Europäischen Gemeinschaften stellte demgegenüber bereits in einer Entschließung v 18. 7. 1989 (ABl EG Nr C 189 v 26. 7. 1989, 1) fest, dass das Passivrauchen die Schwelle der Belästigungen überschreitet und das Risiko von Erkrankungen der Atemwege erhöht (zurückhaltender noch BReg BT-Drucks 7/3597, 3). Dies entspricht heute der überwiegend vertretenen Ansicht (s Schulze-Osterloh, in: FS Kreutz [2010] 465 f), der sich in seiner neueren Rechtsprechung auch das Bundesarbeitsgericht angeschlossen (BAG 17. 2. 1998 – 9 AZR 84/97, AP BGB § 618 Nr 26; s ferner BAG 19. 1. 1999 – 1 AZR 499/98, AP BetrVG 1972 § 87 Ordnung des Betriebes Nr 28: „kann nach dem heutigen medizinischen Kenntnisstand nicht mehr ernsthaft in Abrede gestellt werden"; s auch BVerfG 30. 7. 2008 – BvR 3262/07 ua, BVerfGE 121, 350 ff; BAG 10. 5. 2016 – 9 AZR 347/15 Rn 16 ff, NZA 2016, 1134) und die der Gesetzgeber in § 5 Abs 1 ArbStättV übernommen hat („Gesundheitsgefahren durch Tabakrauch"; s auch MünchKomm/Henssler § 618 Rn 52; BeckOK ArbR/Joussen § 618 BGB Rn 25 f; MHdB ArbR/Kohte § 177 Rn 20 ff).

178 Die in § 5 Abs 1 S 1 ArbStättV angeordnete Verpflichtung des Arbeitgebers zu einem wirksamen Schutz nichtrauchender Beschäftigter strahlt wegen der Doppelwirkung des technischen Arbeitsschutzrechts (s oben Rn 14 ff) ebenfalls auf den Inhalt der nach § 618 Abs 1 BGB bestehenden privatrechtlichen Pflichten aus, da § 5 Abs 1 ArbStättV auch ein individuelles Schutzziel verfolgt (BAG 19. 5. 2009 – 9 AZR 241/08, AP BGB § 618 Nr 30; MünchKomm/Henssler § 618 Rn 51). Hieraus folgt, dass der Dienstberechtigte nach **§ 618 Abs 1 BGB verpflichtet ist**, die erforderlichen **Abwehrmaßnahmen** zu treffen (BAG 17. 2. 1998 – 9 AZR 84/97, AP BGB § 618 Nr 26; BAG 10. 5. 2016 – 9 AZR 347/15 Rn 13 ff, NZA 2016, 1134; BVerwG 13. 9. 1984 – 2 C 33/82, NJW 1985, 877; BeckOK ArbR/Joussen § 618 BGB Rn 26; ErfKomm/Wank § 618 BGB Rn 20; s auch LAG Baden-Württemberg 9. 12. 1977 – 7 Sa 163/77, DB 1978, 213). Dies beinhaltet allerdings lediglich einen **allgemeinen Anspruch** des Dienstverpflichteten auf Durchführung organisatorischer Maßnahmen zur Abwendung einer Gesundheitsgefährdung, deren **Auswahl im Ermessen des Dienstberechtigten** steht (LAG München 27. 11. 1990 – 2 Sa 542/90, NZA 1991, 521; MünchKomm/Henssler § 618 Rn 51, 53; BeckOK ArbR/Joussen § 618 BGB Rn 27; AR/Kamanabrou § 618 BGB Rn 14; Künzl ZTR 1999, 539; ErfKomm/Wank § 618 BGB Rn 21; s auch BVerwG 13. 9. 1984 – 2 C 33/82, NJW 1985, 877; BVerwG 25. 2. 1993 – 2 C 14/91, NVwZ 1993, 693; zur Parallelproblematik bei den grundrechtlichen Schutzpflichten im Hinblick auf den Gesetzgeber BVerfG 30. 7. 2008 – 1 BvR 3262/07 ua, BVerfGE 121, 356 f; Faber DVBl 1998, 751 f). Auf dieses kann er sich jedoch nur im Rahmen einer gesetzeskonformen Ausübung seiner unternehmerischen Betätigung berufen. Untersagen die Nichtraucherschutz-

gesetze des Bundes und der Länder das Rauchen an bestimmten Orten, die zugleich Arbeitsstätten sind, so stehen einem Anspruch auf Zuweisung eines tabakrauchfreien Arbeitsplatzes keine schutzwürdigen Belange des Arbeitgebers entgegen (s BAG 19. 5. 2009 – 9 AZR 241/08, AP BGB § 618 Nr 30; NK-GA/Otto § 618 BGB Rn 16; BeckOGK/Witschen [1. 2. 2019] § 618 Rn 100; ähnlich BeckOK ArbR/Joussen § 618 BGB Rn 28; zum Vorbehalt in § 5 Abs 2 ArbStättV BAG 10. 5. 2016 – 9 AZR 347/15 Rn 24 ff, NZA 2016, 1134; ferner MHdB ArbR/Kohte § 177 Rn 22).

Wenn **technische Maßnahmen** (zB Klimaanlagen) **nicht ausreichen**, kann aus § 618 Abs 1 BGB im Einzelfall ein Anspruch auf **Zuweisung eines (anderen) rauchfreien Arbeitsplatzes** folgen (ebenso BAG 17. 2. 1998 – 9 AZR 84/97, AP BGB § 618 Nr 26; BAG 14. 12. 2006 – 8 AZR 628/05, AP BGB § 618 Nr 28; LAG Hamm 26. 4. 1990 – 17 Sa 128/90, LAGE § 618 BGB Nr 3; LAG München 2. 3. 1990 – 6 Sa 88/90, LAGE § 618 BGB Nr 4; LAG München 27. 11. 1990 – 2 Sa 542/90, LAGE § 618 BGB Nr 5; LAG Hessen 13. 6. 1994 – 10 Sa 1019/93, ARST 1995, 122 ff = AuR 1995, 285 f; Gamillscheg, Arbeitsrecht I [8. Aufl 2000] 383; BeckOK ArbR/Joussen § 618 BGB Rn 27; AR/Kamanabrou § 618 BGB Rn 14; Löwisch DB 1979 Beil 1, 15; Mummenhoff RdA 1976, 371; HK-ArbSchR/Nebe § 618 BGB Rn 36; ErfKomm/Wank § 618 BGB Rn 21; BeckOGK/Witschen [1. 2. 2019] § 618 Rn 98; s auch BVerwG 26. 11. 1987 – 2 C 53/86, NJW 1988, 785; s ferner allg unten Rn 193 f). Ein derartiger Anspruch ist aber erst auf Grund einer umfassenden Abwägung aller Umstände, insbesondere der für den Dienstberechtigten entstehenden organisatorischen Schwierigkeiten und den gegebenenfalls damit verbundenen finanziellen Belastungen zu bejahen. Neben technischen und organisatorischen Maßnahmen kann hierzu auch ein vollständiges oder partielles **Rauchverbot** in der Arbeitsstätte zählen (§ 5 Abs 1 S 2 ArbStättV; BeckOK ArbR/Joussen § 618 BGB Rn 27; BeckOGK/Witschen [1. 2. 2019] § 618 Rn 98). 179

Im Einzelfall kann die **Einführung eines Rauchverbotes am Arbeitsplatz** als weniger einschneidendes Mittel vorrangig sein. Ein unmittelbar auf Einführung eines Rauchverbots am Arbeitsplatz gerichteter **Anspruch** ist nur in Ausnahmefällen anzuerkennen, wenn dies unter Beachtung aller Belange, die für alle Beteiligten mildeste Maßnahme und zum Schutz der Gesundheit des Arbeitnehmers erforderlich ist. Die **gesetzeskonforme unternehmerische Betätigung** (s aber BVerwG 19. 1. 1996 – 11 B 90/95, DVBl 1996, 563 f) steht einem Anspruch auf Einführung eines Rauchverbots am Arbeitsplatz in der Regel entgegen – insoweit prägt die unternehmerische Betätigung die **„Natur der Dienstleistung“** (BAG 8. 5. 1996 – 5 AZR 971/94, AP BGB § 618 Nr 20 = EzA § 618 BGB Nr 11; ebenso die Vorinstanz LAG Hessen 13. 6. 1994 – 10 Sa 1019/93, ARST 1995, 122 ff = AuR 1995, 285 f [zustimmend hierzu Lessmann AuR 1995, 244 f]; BAG 10. 5. 2016 – 9 AZR 347/15 Rn 25, NZA 2016, 1134), innerhalb derer der Dienstverpflichtete Gefährdungen seiner Gesundheit hinzunehmen hat (kritisch Möllers JZ 1996, 1053 f). In § 5 Abs 2 ArbStättV ist dieser Vorbehalt ausdrücklich anerkannt worden (s auch BAG 10. 5. 2016 – 9 AZR 347/15 Rn 20 ff, NZA 2016, 1134; BeckOK ArbR/Joussen § 618 BGB Rn 28; BeckOGK/Witschen [1. 2. 2019] § 618 Rn 99). Der Dienstverpflichtete kann aus § 618 Abs 1 BGB lediglich die **Abwesenheit von** gesundheitsgefährdenden **Rauch am Arbeitsplatz** verlangen, regelmäßig hingegen **nicht** die Durchführung einer **konkreten Schutzmaßnahme** (vgl LAG Berlin 14. 3. 1989 – 3 Sa 109/88, DB 1989, 935 f). 180

Bei der **Einführung eines Rauchverbotes im gesamten Betrieb** oder an einzelnen Arbeitsplätzen muss der Arbeitgeber das **Mitbestimmungsrecht des Betriebsrates** nach § 87 Abs 1 Nr 1 und Nr 7 BetrVG beachten (vgl BAG 19. 1. 1999 – 1 AZR 499/98, 181

AP BetrVG 1972 § 87 Ordnung des Betriebes Nr 28, zu § 87 Abs 1 Nr 1 BetrVG). Das gilt insbesondere, wenn unabhängig von einer konkreten Gesundheitsbeeinträchtigung einzelner Arbeitnehmer im Betrieb oder einzelnen Betriebsabteilungen ein Rauchverbot eingeführt werden soll. Will der Arbeitgeber durch dessen Verhängung seiner allgemeinen **Schutzpflicht** aus § 618 Abs 1 BGB bzw § 5 ArbStättV nachkommen, so folgt die Mitbestimmungspflichtigkeit der Maßnahme zumeist aus **§ 87 Abs 1 Nr 7 BetrVG**, da ihn diese Vorschriften regelmäßig nicht zur Durchführung einer bestimmten Maßnahme verpflichten. Lediglich das „ob", nicht aber das „wie" ist dem Arbeitgeber gesetzlich vorgegeben. Dient das Rauchverbot lediglich der **betrieblichen Ordnung**, dann folgt das Mitbestimmungsrecht des Betriebsrats aus **§ 87 Abs 1 Nr 1 BetrVG** (BAG 19. 1. 1999 – 1 AZR 499/98, AP BetrVG 1972 § 87 Ordnung des Betriebes Nr 28). Eine entsprechende **Betriebsvereinbarung** kann abgeschlossen werden, muss im Hinblick auf die allgemeine Handlungsfreiheit der rauchenden Arbeitnehmer aber die Schranken der **Verhältnismäßigkeit** wahren (vgl näher BAG 19. 1. 1999 – 1 AZR 499/98, AP BetrVG 1972 § 87 Ordnung des Betriebes Nr 28). Wegen des **Gesetzesvorrangs** entfällt das Mitbestimmungsrecht, wenn Gesetz oder Rechtsverordnung den Arbeitgeber zur **Verhängung eines Rauchverbotes verpflichten** (zB die Verordnung über das Rauchverbot in feuergefährdeten gewerblichen Betrieben v 23. 5. 1940 [RGBl I 840] sowie die Nichtraucherschutzgesetze des Bundes und der Bundesländer). Das gilt entsprechend, wenn der Arbeitgeber auf Grund der Besonderheiten des Einzelfalles an einem Arbeitsplatz nach § 618 Abs 1 BGB bzw § 5 ArbStättV ein Rauchverbot verhängen muss (s oben Rn 178). Das Mitbestimmungsrecht entfällt ferner, wenn die Arbeitsleistung ohne Rauchverbot nicht ordnungsgemäß erbracht werden kann (LAG München 30. 10. 1985 – 8 TaBV 15/85, LAGE § 87 BetrVG 1972 Betriebliche Ordnung Nr 2; Richardi/Richardi, BetrVG [16. Aufl 2018] § 87 Rn 192; Richardi/Vogel PersV 1998, 84; Wiese, GK-BetrVG [11. Aufl 2018] § 87 Rn 223; Zöllner DB 1957, 118; inzidenter auch BAG 19. 1. 1999 – 1 AZR 499/98, AP BetrVG 1972 § 87 Ordnung des Betriebes Nr 28).

182 Solange sich der Anspruch des Arbeitnehmers gegen den Arbeitgeber darauf beschränkt, dass dieser zur Umsetzung von § 5 Abs 1 S 1 ArbStättV die „erforderlichen Maßnahmen" trifft, verbleibt dem Arbeitgeber ein Beurteilungsspielraum, der eine Mitbestimmung des Betriebsrates nach § 87 Abs 1 Nr 7 BetrVG nicht ausschließt; der Anspruch des Arbeitnehmers ist in diesem Fall darauf gerichtet, dass der Arbeitgeber sein Initiativrecht ausübt, um mit dem Betriebsrat zu einer Einigung zu gelangen (BAG 12. 8. 2008 – 9 AZR 1117/06, AP BGB § 618 Nr 29). Das gilt indes dann nicht, wenn sich der Beurteilungsspielraum des Arbeitgebers auf Grund der individualrechtlichen Rechtsposition des Arbeitnehmers soweit reduziert, dass er zur Vornahme einer bestimmten Maßnahme verpflichtet ist. In diesem Fall fehlt der für eine Mitbestimmung des Betriebsrates konstitutive Gestaltungsspielraum.

b) Beschaffungspflicht für Schutzgegenstände*

183 Das technische Arbeitsschutzrecht verpflichtet den Dienstberechtigten regelmäßig zur Beschaffung der erforderlichen Schutzausrüstungen, um Gefährdungen der Gesundheit des Arbeitnehmers infolge der Arbeitsleistung zu verhindern. Dies folgt zumeist aus den **Unfallverhütungsvorschriften der Berufsgenossenschaften** sowie an-

---

* **Schrifttum**: Beckmann, Wer trägt die Kosten für Bildschirmarbeitsbrillen, NZA 1985, 386; Brill, Zum Anspruch des Arbeitnehmers auf Arbeits-, Berufs-, Dienst- und Schutzkleidung, DB 1975, 1076; Klindt, Persönliche Schutzausrüstungen als Gegenstand gerichtlicher Ur-

deren **speziellen Rechtsvorschriften** des technischen Arbeitsschutzrechts (zB § 7 Abs 4 S 4 Nr 3, § 9 Abs 3 S 2, Abs 4, § 10 Abs 4 S 2, § 13 Abs 3 S 1 GefStoffV; § 11 Abs 1 S 1 BioStoffV; § 7 Abs 2 Nr 7 OStrV; für die sog Bildschirmarbeitsbrille s vor dessen Aufhebung § 6 BildscharbV [hierzu LAG Hamm 29. 10. 1999 – 5 Sa 2158/98, NZA-RR 2000, 351 ff; ArbG Neumünster 20. 1. 2000 – 4 Ca 1034 b/99, NZA-RR 2000, 237 ff]), kommt aber zusätzlich auch in der allgemeinen Regelung des **§ 3 Abs 2 Nr 1 ArbSchG** zum Ausdruck (s ferner die Verordnung über Sicherheit und Gesundheitsschutz bei der Benutzung persönlicher Schutzausrüstungen bei der Arbeit v 4. 12. 1996 [BGBl I 1841] sowie die Verordnung über die Bereitstellung von persönlichen Schutzausrüstungen auf dem Markt [8. ProdSV] in der Fassung v 20. 2. 1997 [BGBl I 316], zuletzt geändert durch Gesetz v 8. 11. 2011 [BGBl I 2178]). Wegen der Konkretisierungsfunktion des öffentlich-rechtlichen Arbeitsschutzrechts (s oben Rn 14 ff, 146 ff) folgt aus § 618 Abs 1 BGB ein zivilrechtlicher Anspruch des Dienstverpflichteten, dass ihm der Dienstberechtigte die erforderlichen Schutzgegenstände zur Verfügung stellt (BAG 10. 3. 1976 – 5 AZR 34/75, AP BGB § 618 Nr 17; BAG 18. 8. 1982 – 5 AZR 493/80, AP BGB § 618 Nr 18; BAG 21. 8. 1985 – 7 AZR 199/83, AP BGB § 618 Nr 19 sowie BAG 14. 2. 1996 – 5 AZR 978/94, AP BGB § 611 Aufwandsentschädigung Nr 5; s auch LAG Berlin-Brandenburg 28. 2. 2014 – 2 Sa 19/14, BeckRS 2014, 67073; für das Schrifttum statt aller BeckOGK/Witschen [1. 2. 2019] § 618 Rn 106).

Das gilt auch, wenn spezielle Bestimmungen des technischen Arbeitsschutzrechts fehlen, die Schutzausrüstungen aber gleichwohl erforderlich sind, um Gefahren für Leben und Gesundheit des Dienstverpflichteten abzuwehren. Die Verpflichtung des Dienstberechtigten, seine Regelung der Dienstleistung so zu treffen, dass Gefährdungen des Dienstverpflichteten soweit möglich ausgeschlossen sind (s oben Rn 123 ff), impliziert die Rechtspflicht, die zur Abwendung oder Verringerung einer Gefahrenlage erforderlichen Maßnahmen zu ergreifen. Der Dienstberechtigte ist gegebenenfalls nicht nur zu technischen Veränderungen der Arbeitsstätte oder der von ihm zur Verfügung gestellten Arbeitsmittel verpflichtet, sondern auch zur **Bereitstellung persönlicher Schutzausrüstungen**, wenn der Dienstverpflichtete die Dienstleistung sonst nicht ohne Gefährdungen für Leben und Gesundheit erbringen kann. Aus § 618 Abs 1 BGB folgt somit zumindest dann eine Beschaffungspflicht für den Dienstberechtigten, wenn er andernfalls bei Zuweisung der entsprechenden Tätigkeit gegen seine Pflichten aus § 618 Abs 1 BGB verstoßen würde (s BAG 10. 3. 1976 – 5 AZR 34/75, AP BGB § 618 Nr 17; BAG 21. 8. 1985 – 7 AZR 199/83, AP BGB § 618 Nr 19; ebenso iE Herschel Anm zu BAG AP BGB § 618 Nr 17; s ferner LAG Berlin-Brandenburg 28. 2. 2014 – 2 Sa 19/14, BeckRS 2014, 67073: Stellung von Winterbekleidung). 184

Da der Dienstberechtigte nach **§ 618 Abs 1 BGB** zur **Beschaffung** der persönlichen Schutzgegenstände verpflichtet ist, muss er auch die hierdurch anfallenden **Kosten tragen** (BAG 18. 8. 1982 – 5 AZR 493/80, AP BGB § 618 Nr 18; BAG 21. 8. 1985 – 7 AZR 199/83, AP BGB § 618 Nr 19; ferner BeckOGK/Witschen [1. 2. 2019] § 618 Rn 126). **Spezialgesetzlich** enthält diese Pflicht **§ 3 Abs 3 ArbSchG**, der zugleich die Forderung der **EG-Richtlinie 89/391/EWG** (s oben Rn 54) umsetzt, dass die Kosten für Sicherheits- und Gesundheitsschutzmaßnahmen in keinem Fall zu Lasten der Arbeitnehmer gehen dürfen (Art 6 Abs 5 der Richtlinie). Entsprechendes gilt für die **Reinigung** der Schutz- 185

teile, BerGen 2009, 174; Mertens, Bereitstellen und Tragen persönlicher Schutzausrüstungen, BerGen 1986, 486; Wolber, Kostentragungspflicht bei persönlichen Schutzausrüstungen, BlStSozArbR 1983, 197.

kleidung (LAG Düsseldorf 26. 4. 2001 – 13 Sa 1804/00, NZA-RR 2001, 409; BeckOGK/Witschen [1. 2. 2019] § 618 Rn 127), was spezielle Vorschriften des Arbeitsschutzrechts zT ausdrücklich festlegen (s §§ 7 Abs 6 Nr 2, 8 Abs 5 S 2 GefStoffV; § 2 Abs 4 PSA-BV; § 11 Abs 1 S 3 BioStoffV).

186 Eine **einzelvertragliche** oder **kollektivvertragliche** Regelung, die den **Arbeitnehmer verpflichtet**, die **Kosten** der persönlichen Schutzausrüstung ganz oder teilweise **zu tragen**, verstößt grundsätzlich gegen § 619 BGB in Verbindung mit § 618 Abs 1 BGB und ist nichtig (BAG 18. 8. 1982 – 5 AZR 493/80, AP BGB § 618 Nr 18; BAG 21. 8. 1985 – 7 AZR 199/83, AP BGB § 618 Nr 19; BAG 14. 2. 1996 – 5 AZR 978/94, AP BGB § 611 Aufwandsentschädigung Nr 5; LAG Niedersachsen 16. 7. 2007 – 9 Sa 1894/06, NZA-RR 2008, 14; s auch u § 619 Rn 16). Eine Ausnahme gilt nur, wenn der Arbeitnehmer aus der Schutzausrüstung persönliche Vorteile ziehen kann, vor allem, wenn ihm diese auch zur privaten Benutzung überlassen wird (BAG 18. 8. 1982 – 5 AZR 493/80, AP BGB § 618 Nr 18; BAG 21. 8. 1985 – 7 AZR 199/83, AP BGB § 618 Nr 19).

187 Wird der **Arbeitnehmer** kraft Weisungsrechts oder kollektivvertraglicher Vereinbarung **mit der Anschaffung** persönlicher Schutzausrüstungen **beauftragt**, so steht ihm ein **Aufwendungsersatzanspruch aus § 670 BGB** zu (BAG 14. 2. 1996 – 5 AZR 978/94, AP BGB § 611 Aufwandsentschädigung Nr 5). Legt der Arbeitgeber in diesem Rahmen **Obergrenzen für den Aufwendungsersatz** fest, so bestehen hiergegen keine Bedenken, wenn der Höchstbetrag zur Anschaffung der Schutzausrüstungen ausreichend bemessen ist (BAG 21. 8. 1985 – 7 AZR 199/83, AP BGB § 618 Nr 19; BAG 14. 2. 1996 – 5 AZR 978/94, AP BGB § 611 Aufwandsentschädigung Nr 5). **Unterlässt der Arbeitgeber die Anschaffung** persönlicher Schutzausrüstungen, obwohl er hierzu auf Grund der Vorschriften des technischen Arbeitsschutzrechts oder nach § 618 Abs 1 BGB verpflichtet ist, steht dem Arbeitnehmer nach **§ 683 Satz 1 BGB in Verbindung mit § 670 BGB** ein **Aufwendungsersatzanspruch** zu (BAG 19. 5. 1998 – 9 AZR 307/96, AP BGB § 670 Nr 31; ebenso schon Planck/Gunkel § 618 Anm 4e; ferner BeckOGK/Witschen [1. 2. 2019] § 618 Rn 129). Mit der Anschaffung erfüllt der Arbeitnehmer ein Geschäft, das das zwingende Gesetzesrecht nicht ihm, sondern dem Arbeitgeber auferlegt (BAG 21. 8. 1985 – 7 AZR 199/83, AP BGB § 618 Nr 19; BAG 19. 5. 1998 – 9 AZR 307/96, AP BGB § 670 Nr 31). Ein entgegenstehender Wille des Arbeitgebers ist nach § 679 BGB unbeachtlich (so schon Planck/Gunkel § 618 Anm 4e), da die Erfüllung der Pflichten in § 618 Abs 1 BGB im öffentlichen Interesse liegt.

c) Schutz vor Infektionen*

188 Der Schutz der Gesundheit des Dienstverpflichteten kann den Dienstberechtigten auch dazu zwingen, die Art der Dienstleistung so zu regeln, dass die Gesundheit des Dienstverpflichteten nicht durch **Erkrankungen anderer**, in derselben Arbeitsstätte

* **Schrifttum**: Eich, Aids und Arbeitsrecht, NZA 1987 Beil 2, 10; Falter, Schutzpflichten und Direktionsrecht des Arbeitgebers in der Pandemie, in: FS Bauer (2010) 291; Haesen, Zur Aids-Problematik im Arbeitsrecht und öffentlichen Dienstrecht, RdA 1988, 158; Klak, AIDS und die Folgen für das Arbeitsrecht, BB 1987, 1382; Lichtenberg/Schücking, Stand der arbeitsrechtlichen Diskussion zur HIV-Infektion und Aids-Erkrankung, NZA 1990, 41; Löwisch, Arbeitsrechtliche Fragen von AIDS-Erkrankung und AIDS-Infektion, DB 1987, 936; Richardi, Arbeitsrechtliche Probleme bei Einstellung und Entlassung Aids-infizierter Arbeitnehmer, NZA 1988, 73.

oder am selben Arbeitsplatz beschäftigter **Dienstverpflichteter** gefährdet wird (BGH 30. 11. 1978 – III ZR 43/77, AP BSeuchG § 49 Nr 1; ArbR-BGB/Friedrich § 618 Rn 117; Gamillscheg, Arbeitsrecht I [8. Aufl 2000] 382; MünchKomm/Henssler § 618 Rn 48; BeckOK ArbR/Joussen § 618 BGB Rn 24; AR/Kamanabrou § 618 BGB Rn 12; NK-BGB/Klappstein § 618 Rn 13; HWK/Krause § 618 BGB Rn 22; ErfKomm/Wank § 618 BGB Rn 13; BeckOGK/Witschen [1. 2. 2019] § 618 Rn 122; s auch allg BAG 21. 12. 2017 – 8 AZR 853/16 Rn 30 ff, NZA 2018, 708 zur Gefahrenabwehr bei freiwilliger Grippeschutzimpfung im Betrieb). Anerkannt ist dies vor allem hinsichtlich **Lungenerkrankungen** anderer Dienstverpflichteter, die in derselben Arbeitsstätte oder am selben Arbeitsplatz tätig sind (RAG 27. 11. 1935 – RAG 208/35, ARS 26, 14 = SeuffA 90 Nr 49; RG 7. 10. 1932 – III 139/32, RGZ 138, 37 ff; LAG Düsseldorf 31. 5. 1940 – 18 Sa 80/39, ARS 39, 88; s auch RAG 14. 4. 1937 – RAG 217/36, ARS 29, 355 ff), gilt zB aber auch für **Geschlechtskrankheiten** (vgl RG 8. 2. 1918 – III 423/17, LZ 1918, 841 [Nr 9] = Gruchot 62, 618: Syphilis). Erkrankungen anderer Dienstverpflichteter lösen die Schutzpflicht des Dienstberechtigten jedoch erst aus, wenn dieser die Infektionsgefahr kennt oder sich ihrer Kenntnis infolge grober Fahrlässigkeit verschließt (RAG 29. 1. 1936 – RAG 257/35, ARS 26, 124). In allgemeiner Form greift § 4 Abs 2 ArbStättV die vorstehenden Grundsätze auf und verpflichtet den Arbeitgeber zu einer den hygienischen Anforderungen entsprechenden Reinigung der Arbeitsstätte.

Diese Grundsätze gelten bei **HIV-Infektionen** von in der Arbeitsstätte beschäftigten Arbeitnehmern nur eingeschränkt. Zwar umfasst die Schutzpflicht des Dienstberechtigten aus § 618 Abs 1 BGB auch die Vermeidung einer Infektion mit dem Aids-Virus (vgl vor allem Richardi NZA 1988, 77 f), die aus dieser Vorschrift folgenden Pflichten des Arbeitgebers beschränken sich aber regelmäßig auf **Information und Aufklärung** (Eich NZA 1987 Beil 2, 14; s auch Richardi NZA 1988, 78; BeckOGK/Witschen [1. 2. 2019] § 618 Rn 122) sowie die **Einhaltung der Unfallverhütungsvorschriften** der Berufsgenossenschaften (s ArbR-BGB/Friedrich § 618 Rn 118) und entsprechender **Hygieneregeln** (ebenso Löwisch DB 1987, 938; Richardi NZA 1988, 78). 189

Eine ernstliche Gesundheitsgefahr ist bei normalen Arbeitskontakten nach derzeitigem medizinischen Erkenntnisstand nicht gegeben (zB Klak BB 1987, 1383; Löwisch DB 1987, 936 f), sodass ein Arbeitnehmer nicht verlangen kann, dass **Arbeitskontakte** mit HIV infizierten Mitarbeitern an seinem Arbeitsplatz unterbleiben (ebenso Haesen RdA 1988, 159; Lichtenberg/Schücking NZA 1990, 41 f; iE auch Eich NZA 1987 Beil 2, 14 f). Eine **Ausnahme** ist nur anzuerkennen, wenn die Arbeitsaufgabe bei objektiver Betrachtung mit einem **gesteigerten Infektionsrisiko** verbunden ist (Haesen RdA 1988, 159; Lichtenberg/Schücking NZA 1991, 42; s auch ArbR-BGB/Friedrich § 618 Rn 118; MünchKomm/Henssler § 618 Rn 48; BeckOGK/Witschen [1. 2. 2019] § 618 Rn 122). Ein Rückgriff auf **seuchenrechtliche Vorschriften** ist allenfalls statthaft, wenn ein HIV-Infizierter mit einem Tätigkeitsverbot (§ 31 IfSG) belegt wurde. Die Annahme eines generell gesteigerten Übertragungsrisikos beim Umgang mit Lebensmitteln (§ 42 IfSG) geht angesichts des derzeitigen medizinischen Erkenntnisstandes zu weit. 190

d) Umweltbelastungen am Arbeitsplatz

Umweltbelastungen am Arbeitsplatz (zB Radioaktivität, Ozon, Hitze [dazu Arnold/vMedem ArbRB 2010, 435 ff; Grimm DB 2004, 1666 ff; Rieble/Jachums BB 2009, 1897 ff]), die vornehmlich bei Arbeiten im Freien auftreten können und bei denen der Dienstberechtigte ebenfalls die in § 618 Abs 1 BGB niedergelegten Interessenwahrungspflichten beachten muss (s oben Rn 114, 149 ff), sind durch das technische Arbeitsschutz- 191 recht nicht detailliert erfasst. Nr 3. 5 des Anhangs zu § 3 Abs 1 ArbStättV verpflichtet den Arbeitgeber jedoch dazu, für eine gesundheitlich zuträgliche **Raumtemperatur** Sorge zu tragen und eine Abschirmung gegen übermäßige Sonneneinstrahlung zu ermöglichen (zur Konkretisierung s die Arbeitsstättenregel [ASR] A3. 5 vom Juni 2010 [GMBl 2010, 751; zuletzt geändert GMBl 2018, 474; dazu Arnold/vMedem ArbRB 2010, 435 ff; Grimm DB 2010, 1588 ff; Kolbe BB 2010, 2762 ff] sowie oben Rn 152). So ist ein Raum grundsätzlich nicht mehr als Arbeitsraum geeignet, wenn die Lufttemperatur im Raum +35 Grad C überschreitet (s Nr 4. 4 Abs 4 ASR A3. 5). Im Übrigen legt Nr 4. 2 ASR A3. 5 in Abhängigkeit von Arbeitsschwere und Körperhaltung die Lufttemperatur in Räumen fest (zB +19 Grad C bei mittlerer Arbeitsschwere und überwiegend sitzender Körperhaltung). Bei Arbeitsstätten im Freien hat der Arbeitgeber die Beschäftigten gegen Witterungseinflüsse zu schützen oder geeignete persönliche Schutzausrüstungen zur Verfügung zu stellen sowie die Arbeitsplätze nach Möglichkeit so einzurichten, dass die Beschäftigten keinen gesundheitsgefährdenden äußeren Einwirkungen ausgesetzt sind (Nr 5. 1 des Anhangs zu § 3 Abs 1 ArbStättV).

192 Sind die Umweltbelastungen nachweislich mit einer generellen oder einer durch die besondere Konstitution des Dienstverpflichteten bedingten Gefährdung der Gesundheit verbunden, so muss der Dienstberechtigte die Dienstleistung gegebenenfalls so regeln, dass eine Gesundheitsgefährdung ausgeschlossen ist (s zur **Ozonbelastung** auch die Bekanntmachung des Bundesministeriums für Arbeit und Sozialordnung v 2. 5. 1996, BArbBl 1996, Heft 6, 73 f). Im Ausnahmefall kann der Dienstberechtigte verpflichtet sein, den Dienstverpflichteten nicht im Freien, sondern nur in geschlossenen Räumen zu beschäftigen (s auch unten Rn 193 f). Voraussetzung ist jedoch, dass eine derartige Beschäftigung in tatsächlicher Hinsicht möglich ist.

e) Versetzungspflicht

193 Die Pflicht des Dienstberechtigten zum Schutz der Gesundheit des Dienstverpflichteten kann Regelungen zu einer **Änderung des derzeitigen Arbeitsplatzes** erfordern, wenn die aktuelle Arbeitsumgebung infolge der besonderen Konstitution des Dienstverpflichteten zu einer Gesundheitsbeeinträchtigung führt und dem Dienstberechtigten dies bekannt ist (BAG 17. 2. 1998 – 9 AZR 130/97, AP BGB § 618 Nr 27 sowie bereits RG 29. 6. 1917 – III 125/17, LZ 1917, 1342 [Nr 10]; RAG 30. 9. 1936 – RAG 108/36, ARS 28, 132 f; RAG 14. 1. 1941 – RAG 149/40, ARS 41, 221; RAG 6. 5. 1941 – RAG 207/40, ARS 42, 137; ebenso im Schrifttum zB BeckOK ArbR/Joussen § 618 BGB Rn 24; ErfKomm/Wank § 618 BGB Rn 13). Zum Anspruch auf Zuweisung eines tabakrauchfreien Arbeitsplatzes s oben Rn 178 f.

194 Eine derartige **Versetzungspflicht** ist **nur in Ausnahmefällen** anzuerkennen (s RG 29. 6. 1917 – III 125/17, LZ 1917, 1342 [Nr 10]: Lungenleiden und Arbeitsplatz mit beträchtlicher Staubentwicklung) und setzt voraus, dass die Versetzung auf Grund eines **freien Arbeitsplatzes** für den Arbeitgeber möglich ist (RG 29. 6. 1917 – III 125/17, LZ 1917, 1342 [Nr 10]; RAG 6. 5. 1941 – RAG 207/40, ARS 42, 137). Zur **Schaffung zusätzlicher Arbeitsplätze** ist der Arbeitgeber über § 618 Abs 1 BGB nicht gezwungen (zust BeckOK ArbR/Joussen § 618 BGB Rn 24). Kann der Dienstberechtigte die Gefährdung am Arbeitsplatz weder durch Versetzung an einen anderen Arbeitsplatz noch durch technische Schutzmaßnahmen vermeiden, so ist er gegebenenfalls zur **Kündigung des Dienstverhältnisses** gezwungen, wenn er nicht eine Verletzung seiner Schutzpflichten und die hiermit verbundenen haftungsrechtlichen Folgen in Kauf nehmen will (zur sozialen Rechtfertigung einer krankheitsbedingten Kündigung bei fehlender Umsetzungsmöglichkeit BAG 5. 7. 1990 – 2 AZR 154/90, AP KSchG 1969 § 1 Krankheit Nr 26 sowie BERKOWSKY NZA-RR 2001, 400 ff).

f) Beteiligung des Betriebsrats*

195 Maßnahmen und Regelungen des Arbeitgebers zur Abwendung von Gefahren für Leben und Gesundheit des Arbeitnehmers unterliegen regelmäßig der notwendigen Mitbestimmung des Betriebsrates. Zumeist folgt diese aus § 87 Abs 1 Nr 7 oder Nr 1 BetrVG.

* **Schrifttum**: AHRENS, Eingeschränkte Rechtskontrolle von Betriebsvereinbarungen, NZA 1999, 686; BIEBACK, Die Arbeitsstättenverordnung und die Mitbestimmung des Betriebsrats beim Technischen Arbeitsschutz, BlStSozArbR 1977, 305; DAHL, Mitbestimmung des Betriebsrats bei Maßnahmen des Gesundheitsschutzes, BB 2018, 1972; DENCK, Arbeitsschutz und Mitbestimmung des Betriebsrats, ZfA 1976, 447; DIETZ/MÜHLHAUSEN, Wenig Raum für Mitbestimmung in puncto Bildschirmarbeit, AuA 1999, 15; EGGER, Die Rechte der Arbeitnehmer und des Betriebsrats auf dem Gebiet des Arbeitsschutzes, BB 1992, 629; EHMANN, Arbeitsschutz und Mitbestimmung des Betriebsrats bei neuen Technologien (1981); ders, Europäischer Gesundheitsschutz kraft deutscher Mitbestimmung?, in: FS zum 50-jährigen Bestehen der Arbeitsgerichtsbarkeit in Rheinland-Pfalz (1999) 19; FABER/RICHENHAGEN, Die Mitbestimmung des Betriebsrats bei Gefährdungsanalysen, AiB 1998, 317; N FABRICIUS, Die Mitbestimmung des Betriebsrats bei der Umsetzung des neuen Arbeitsschutzrechts, BB 1997, 1254; FELDHOFF, Mitbestimmung des Betriebsrats, AuA 1997, 72; FIESELER/BERGER, Mitbestimmung von Maßnahmen des Gesundheitsschutzes, NZA 2018, 1520; GLAUBITZ, Mitbestimmung des Betriebsrats gemäß § 87 Abs 1 Nr 7 BetrVG bei Regelungen über den Arbeitsschutz, BB 1977, 1403; GÜNTHER, Probleme bei der Interpretation und der praktischen Umsetzung von § 87 Abs 1 Ziff 7 BetrVG, BlStSozArbR 1981, 244; HÄHN/OPPOLZER, Mitbestimmung des Betriebsrats im Arbeitsschutz, AiB 2003, 604; HEILMANN, Gefahrstoffe und Mitbestimmung, BetrR 1989, 179; HIEN, Mitbestimmung bei Gefahrstoffen: noch viele ungenutzte Möglichkeiten, AiB 1995, 645; HUNOLD, Zum Einfluß der ArbStättV auf die Mitwirkungs- und Mitbestimmungsrechte des Betriebsrats bei der menschengerechten Gestaltung der Arbeit, DB 1976, 1059; KITTNER, Die Mitbestimmung des Betriebsrats beim Arbeitsschutz – zur Reichweite des § 87 Abs 1 Nr 7 BetrVG, in: FS Däubler (1999) 690; KITTNER/PIEPER, Beteiligungsrechte des Betriebsrats im betrieblichen Arbeitsschutz nach dem neuen Arbeitsschutzgesetz, AiB 1997, 325 = PersR 1997, 247; dies, Sicherheit und Gesundheitsschutz als Handlungsfeld des Betriebsrats, AiB 2005, 525; KOHTE, Ein Rahmen ohne Regelungsgehalt?, AuR 1984, 263; ders, Arbeit, Leben und Gesundheit – Betriebsverfassungsrechtliche Herausforderungen und Perspektiven, in: FS Kissel (1994) 547; LÜDERS/WELLER, Erzwingbare Mitbestimmungsrechte des Betriebsrates bei Fragen des Gesundheitsschutzes und der Gesundheitsprävention, BB 2016, 116; MERTEN, Gesundheitsschutz und Mitbestimmung bei der Bildschirmarbeit (2000); MERTEN/KLEIN, Die Auswirkungen des Arbeitsschutzgesetzes auf die Mitbestimmungsrechte des Betriebsrats nach § 87 Abs 1 Nr 7 BetrVG, DB 1998, 673; NITSCHKI, Arbeitsschutz – ein wichtiges Arbeitsgebiet des Personalrats, PersR 1992, 390; OBERBERG/HIEN, Gefahr oder Gefährdung? – Mitbestimmung des Betriebsrats im Gesundheitsschutz, NZA 2018, 18; RÖHL, Das Verhältnis von § 87 I Nr 7 BetrVG zu § 88 Nr 1 BetrVG (Diss FU Berlin 2001); ROTTMANN, Zur Mitbestimmung des Betriebsrats beim Umgang mit Gefahrstoffen, BB 1989, 1115; SCHUBERT, Europäisches Arbeitsschutzrecht und betriebliche Mitbestimmung, 2005; SIEMES, Die Neuregelung der Mitbestimmung des Betriebsrates nach § 87 I Nr 7 BetrVG bei Bildschirmarbeit, NZA 1998, 232; WAGNER, Rechtsprechung zur Mitbestimmung des Betriebsrats bei der Umsetzung des Arbeits-

196 Die **Mitbestimmungspflichtigkeit einer Maßnahme** entbindet den Arbeitgeber im Verhältnis zu dem Arbeitnehmer nicht davon, seine **Pflichten aus § 618 Abs 1 BGB** einzuhalten (statt aller bereits Hueck/Nipperdey I § 48 II 2 b). Er muss deshalb gegebenenfalls die **Einigungsstelle anrufen**, um die fehlende Zustimmung des Betriebsrates zu ersetzen, wenn dieser die Zustimmung zu erforderlichen Schutzmaßnahmen verweigert (s auch BAG 12. 8. 2008 – 9 AZR 1117/06, AP BGB § 618 Nr 29). Beschließt die Einigungsstelle Regelungen, die den Schutzpflichten aus § 618 Abs 1 BGB nicht ausreichend entsprechen, so ist der Arbeitgeber ohne sein Verschulden daran gehindert, seinen Pflichten aus § 618 Abs 1 BGB nachzukommen.

197 Im Hinblick auf die Beteiligung des Betriebsrates nach **§ 87 Abs 1 Nr 7 BetrVG** ist zu differenzieren, ob der Arbeitgeber seine Pflichten aus § 618 Abs 1 BGB oder seine Pflichten aus dem öffentlich-rechtlichen Arbeitsschutzrecht erfüllen will. Das Mitbestimmungsrecht aus § 87 Abs 1 Nr 7 BetrVG greift nach Systematik und Zweck nur ein, wenn die Regelungen **öffentlich-rechtliche Arbeitsschutznormen** betreffen (hM zB Gutzeit, GK-BetrVG [11. Aufl 2018] § 87 Rn 616 mwNw). Regelmäßig lässt sich wegen der Konkretisierungsfunktion des öffentlich-rechtlichen Arbeitsschutzrechts jedoch nicht exakt zwischen beiden Bereichen trennen. Im Hinblick auf den Schutzzweck des Mitbestimmungsrechts aus § 87 Abs 1 Nr 7 BetrVG reicht es aus, wenn sich die beabsichtigte Regelung des Arbeitgebers auf seine Verpflichtungen aus dem öffentlich-rechtlichen Arbeitsschutzrecht bezieht.

198 Das Mitbestimmungsrecht aus § 87 Abs 1 Nr 7 BetrVG besteht nur **im Rahmen der Vorschriften des öffentlich-rechtlichen Arbeitsschutzrechts**. Der Mitbestimmung des Betriebsrates unterliegen nicht sämtliche Regelungen des Gesundheitsschutzes, sondern nur solche, die den durch das öffentlich-rechtliche Arbeitsschutzrecht **vorstrukturierten Rahmen ausfüllen**. Fehlen entsprechende gesetzliche Rahmenvorschriften, so entfällt das Mitbestimmungsrecht aus § 87 Abs 1 Nr 7 BetrVG, kann jedoch unter Umständen aus anderen Tatbeständen des § 87 Abs 1 BetrVG folgen (s unten Rn 204). Als **Rahmenvorschriften** kommen vor allem diejenigen Normen des technischen Arbeitsschutzrechts in Betracht, die den Arbeitgeber zu konkreten Maßnahmen verpflichten, hierfür aber lediglich das „ob" vorschreiben, das „wie" hingegen in seinem Ermessen belassen (s im Einzelnen Gutzeit, GK-BetrVG [11. Aufl 2018] § 87 Rn 621 ff sowie zu den einzelnen Arbeitsschutznormen ausführlich Rn 635 ff). Eine derartige Rahmenvorschrift ist zB § 5 ArbSchG (s BAG 8. 6. 2004 – 1 ABR 13/03, AP BetrVG 1972 § 87 Gesundheitsschutz Nr 13; BAG 8. 6. 2004 – 1 ABR 4/03, AP BetrVG 1972 § 76 Nr 20; BAG 12. 8. 2008 – 9 AZR 1117/06, AP BGB § 618 Nr 29; BAG 30. 9. 2014 – 1 ABR 106/12 Rn 13, NZA 2015, 314) sowie früher § 3 BildscharbV (s BAG 8. 6. 2004 – 1 ABR 13/03, AP BetrVG 1972 § 87 Gesundheitsschutz Nr 13; BAG 8. 6. 2004 – 1 ABR 4/03, AP BetrVG 1972 § 76 Nr 20).

199 Umstritten war lange, ob auch die **Generalklauseln des technischen Arbeitsschutzrechts** (zB § 3 ArbSchG, § 3 ArbStättV) Rahmenvorschriften im Sinne des § 87 Abs 1 Nr 7 BetrVG sind (offengelassen noch von BAG 28. 7. 1981 – 1 ABR 65/79, AP BetrVG 1972 § 87 Arbeitssicherheit Nr 3, zu § 120a GewO aF). Hierfür lässt sich der Zweck des Mitbestimmungsrechts und der dem Arbeitgeber bei einer Ausfüllung der General-

---

schutzgesetzes und der Bildschirmarbeitsverordnung, DB 1998, 2366; Wlotzke, Das Mitbestimmungsrecht nach § 87 Abs 1 Nr 7 BetrVG und das erneuerte Arbeitsschutzrecht, in: FS Wißmann (2005) 426.

klausel verbleibende Gestaltungsspielraum anführen (so zu § 3 ArbSchG u § 120a GewO aF Gutzeit, GK-BetrVG [11. Aufl 2018] § 87 Rn 625 ff; s auch Colneric NZA 1992, 398). Hiergegen wird neben der Sonderregelung in § 91 BetrVG (hierauf abstellend Dietz/Richardi, BetrVG Bd II [6. Aufl 1982] § 87 Rn 350; s aber auch Richardi/Richardi, BetrVG [16. Aufl 2018] § 87 Rn 570 ff) vor allem der systematische Zusammenhang zwischen § 88 BetrVG und § 87 BetrVG angeführt (s dazu allg Röhl, Das Verhältnis von § 87 I Nr 7 BetrVG zu § 88 Nr 1 BetrVG [Diss FU Berlin 2001]). Wenn bereits die Ausfüllung der Generalklauseln des technischen Arbeitsschutzrechts ausreichen würde, um ein Mitbestimmungsrecht des Betriebsrates auszulösen, so bliebe für zusätzliche Maßnahmen zur Verhütung von Gesundheitsschädigungen (§ 88 Nr 1 BetrVG), bei denen dem Betriebsrat auf Grund der Gesetzessystematik kein Mitbestimmungsrecht zusteht, kein Raum, denn diese würden regelmäßig auch die Generalklauseln des öffentlich-rechtlichen Arbeitsschutzrechts konkretisieren.

Die gegen eine Heranziehung des § 120a GewO aF als „Rahmenvorschrift" im Sinne **200** von § 87 Abs 1 Nr 7 BetrVG vorgetragenen Erwägungen (s oben Rn 199) wies das **Bundesarbeitsgericht** in seiner Grundsatzentscheidung v 2. 4. 1996 (BAG 2. 4. 1996 – 1 ABR 47/95, AP BetrVG § 87 Gesundheitsschutz 1972 Nr 5 = EzA § 87 BetrVG 1972 Bildschirmarbeit Nr 1) zurück (bestätigt durch BAG 16. 6. 1998 – 1 ABR 68/97, AP BetrVG 1972 § 87 Gesundheitsschutz Nr 7). Der 1. Senat stützte sich vor allem auf die von § 120a GewO aF im Unterschied zu den §§ 88 und 91 BetrVG geforderte konkrete bzw unmittelbare Gefahr für die Gesundheit. Deshalb bleibe für die vorgenannten betriebsverfassungsrechtlichen Bestimmungen auch dann noch ein Anwendungsbereich, wenn die arbeitsschutzrechtliche Generalklausel als Rahmenregelung im Sinne des § 87 Abs 1 Nr 7 BetrVG bewertet werde. Bei dieser Auffassung, die das Bundesarbeitsgericht in seinem Beschluss vom 16. 6. 1999 für § 2 Abs 1 VBG 1 nochmals bekräftigte (BAG 16. 6. 1999 – 1 ABR 68/97, AP BetrVG 1972 § 87 Gesundheitsschutz Nr 7; iE zustimmend Carl SAE 2000, 338), bleibt allerdings klärungsbedürftig, ob der durch die Generalklausel gezogene weite Rahmen nicht nur durch präzisierende Unfallverhütungsvorschriften, sondern auch durch **technische Regeln** beschränkt wird. Bei ihnen handelt es sich zwar nicht um die in § 87 Abs 1 Nr 7 BetrVG genannten Rechtsnormen, sie konkretisieren aber den Rahmen der arbeitsschutzrechtlichen Generalklauseln, sodass gute Gründe dafür sprechen, dass sich das Mitbestimmungsrecht des Betriebsrates bei der Ausgestaltung des durch die Generalklauseln eröffneten Rahmens nur innerhalb der trotz der technischen Regeln noch verbleibenden Spielräume entfalten kann (ebenso MünchKomm/Henssler § 618 Rn 71; s ferner näher Gutzeit, GK-BetrVG [11. Aufl 2018] § 87 Rn 650).

Angesichts der Argumentation des Bundesarbeitsgerichts, sowie wegen des Gestal- **201** tungsspielraums des Arbeitgebers, ist auch die an die Stelle des § 120a GewO getretene **Generalklausel in § 3 ArbSchG** als „Rahmenvorschrift" im Sinne des § 87 Abs 1 Nr 7 BetrVG anzuerkennen (ebenso BAG 18. 3. 2014 – 1 ABR 73/12 Rn 25, NZA 2014, 855; BAG 28. 3. 2017 – 1 ABR 25/15 Rn 21 f, NZA 2017, 1132; LAG Nürnberg 4. 2. 2003 – 6 [2] TaBV 39/01, NZA-RR 2003, 589; MünchKomm/Henssler § 618 Rn 71; Kittner, in: FS Däubler [1999] 649 f; Waltermann RdA 1998, 332; Gutzeit, GK-BetrVG [11. Aufl 2018] § 87 Rn 627 mwNw; zweifelnd Carl SAE 2000, 338). Der Rückgriff auf die arbeitsschutzrechtliche Generalklausel in § 3 ArbSchG ist jedoch ausgeschlossen, wenn der Gesetzgeber den Anwendungsbereich der Norm durch **spezielle Vorschriften**, insbesondere eine auf der Grundlage des Arbeitsschutzgesetzes erlassene Rechtsverordnung (s oben Rn 67) **konkretisiert und präzisiert** hat. In diesem Fall beurteilt sich der für das Mitbestimmungsrecht notwendige Ausgestaltungsspielraum ausschließlich nach dieser speziellen Bestimmung (s ausführlich hierzu Gutzeit, GK-BetrVG [11. Aufl 2018] § 87 Rn 635 ff).

202 Ein Mitbestimmungsrecht des Betriebsrats besteht nur, wenn dem **Arbeitgeber** im Rahmen öffentlich-rechtlicher Vorschriften des technischen Arbeitsschutzrechts **ein Gestaltungsspielraum verbleibt** (für die einhellige Ansicht statt aller BAG 16. 6. 1998 – 1 ABR 68/97, AP BetrVG 1972 § 87 Gesundheitsschutz Nr 7; BAG 15. 4. 2014 – 1 ABR 82/12 Rn 13, NZA 2014, 1094; BAG 7. 6. 2016 – 1 ABR 25/14 Rn 11, NZA 2016, 1420; LAG Berlin-Brandenburg 25. 3. 2015 – 23 TaBV 1448/14, BeckRS 2015, 68950; Gutzeit, GK-BetrVG [11. Aufl 2018] § 87 Rn 621). Dieser kann zwar hinsichtlich des „ob" einer Regelung zu verneinen sein, die Bestimmungen des technischen Arbeitsschutzrechts belassen dem Arbeitgeber aber regelmäßig die Wahlfreiheit über die jeweils zu ergreifenden Maßnahmen. Erforderlich ist stets, dass die Regelung noch der Ausfüllung der gesetzlichen Rahmenvorschriften dient. Schreibt die einschlägige Unfallverhütungsvorschrift zB die Bereitstellung eines Schutzhelms vor, so besteht ein Gestaltungsspielraum vor allem hinsichtlich der als geeignet anzusehenden Helme. Die Farbe der Helme unterliegt hingegen nicht der Mitbestimmung nach § 87 Abs 1 Nr 7 BetrVG, da eine derartige Regelung keinen Zusammenhang mit dem Gesundheitsschutz oder der Verhütung von Arbeitsunfällen aufweist. Anerkannt hat die Rechtsprechung des Bundesarbeitsgerichts einen durch das Mitbestimmungsrecht ausfüllbaren Gestaltungsspielraum zB für die vom Arbeitgeber nach **§ 5 ArbSchG** vorzunehmende **Gefährdungsbeurteilung** (BAG 8. 6. 2004 – 1 ABR 13/03, AP BetrVG 1972 § 87 Gesundheitsschutz Nr 13; BAG 8. 6. 2004 – 1 ABR 4/03, AP BetrVG 1972 § 76 Nr 20; BAG 12. 8. 2008 – 9 AZR 1117/06, AP BGB § 618 Nr 29; BAG 30. 9. 2014 – 1 ABR 106/12 Rn 13, NZA 2015, 314) die **Unterweisung der Beschäftigten** über Sicherheit und Gesundheitsschutz nach **§ 12 ArbSchG** (BAG 8. 6. 2004 – 1 ABR 13/03, AP BetrVG 1972 § 87 Gesundheitsschutz Nr 13; BAG 8. 6. 2004 – 1 ABR 4/03, AP BetrVG 1972 § 76 Nr 20; BAG 30. 9. 2014 – 1 ABR 106/12 Rn 13, NZA 2015, 314) sowie der Verpflichtung des Arbeitgebers nach **§ 3a ArbStättV** zur Einrichtung und Betreiben von **Arbeitsstätten** (BAG 28. 3. 2017 – 1 ABR 25/15 Rn 27, NZA 2017, 1132). Dieser muss indes stets einer Ausfüllung durch abstrakt-generelle Regelungen bedürfen (BAG 18. 3. 2014 – 1 ABR 73/12 Rn 19, NZA 2014, 855). Deshalb hat das Bundesarbeitsgericht mit Recht festgestellt, dass der Betriebsrat auf § 87 Abs 1 Nr 7 BetrVG keinen Anspruch auf Einrichtung eines Arbeitsschutzausschusses (§ 9 ASiG) stützen kann (BAG 15. 4. 2014 – 1 ABR 82/12 Rn 13, NZA 2014, 1094). Andererseits ist eine Externalisierung von Arbeitsschutzpflichten zB im Rahmen von § 13 Abs 2 ArbSchG nicht in der Lage, ein bezüglich der Unterweisung der Arbeitnehmer nach § 12 ArbSchG bestehendes Mitbestimmungsrecht zu verkürzen (BAG 30. 9. 2014 – 1 ABR 106/12 Rn 18 f, NZA 2015, 314). **Einzelmaßnahmen** des Arbeitgebers (zB Aufgabenübertragung auf betriebsexterne Personen nach § 13 Abs 2 ArbSchG) unterliegen nicht der Mitbestimmung nach § 87 Abs 1 Nr 7 BetrVG (s zu § 13 Abs 2 ArbSchG BAG 18. 8. 2009 – 1 ABR 43/08, AP BetrVG 1972 § 87 Gesundheitsschutz Nr 16; BAG 18. 3. 2014 – 1 ABR 73/12 Rn 21, NZA 2014, 855). Hierfür bedarf es vielmehr einer gesonderten gesetzlichen Regelung, wie zB in § 9 Abs 3 ASiG und § 10 Abs 2 S 3 ArbSchG. Anders hat das Bundesarbeitsgericht jedoch für die Schaffung einer Aufbau- und Ablauforganisation zum Gesundheitsschutz entschieden (BAG 18. 3. 2014 – 1 ABR 73/12 Rn 22 ff, NZA 2014, 855).

Führt der Arbeitgeber eine der Mitbestimmung nach § 87 Abs 1 Nr 7 BetrVG unterliegende Regelung **ohne Zustimmung des Betriebsrats** durch, so ist diese gegenüber den einzelnen Arbeitnehmern **unwirksam** (Gutzeit, GK-BetrVG [11. Aufl 2018] § 87 Rn 669). Ein Schutzdefizit zu Lasten der Arbeitnehmer tritt auf Grund ihrer individualrechtlichen Rechtsstellung (s unten Rn 248 ff) nicht ein. 203

Außerhalb des in Rn 197 bis 202 umschriebenen Rahmens kann das Mitbestimmungsrecht des Betriebsrats aus **§ 87 Abs 1 Nr 1 BetrVG** folgen. Das setzt jedoch voraus, dass die Regelung nicht dem Anwendungsbereich des § 87 Abs 1 Nr 7 unterliegt. Sobald dies zu verneinen ist, kann ein Mitbestimmungsrecht aus § 87 Abs 1 Nr 1 BetrVG nicht mit der Erwägung verneint werden, § 87 Abs 1 Nr 7 BetrVG enthalte hinsichtlich des Arbeits- und Gesundheitsschutzes am Arbeitsplatz eine abschließende Sonderregelung, die einen Rückgriff auf allgemeine, nicht speziell den Arbeitsschutz erfassende Vorschriften ausschließe (BAG 24. 3. 1981 – 1 ABR 32/78, AP BetrVG 1972 § 87 Arbeitssicherheit Nr 2). Diese Annahme ist nur gerechtfertigt, wenn die vom Arbeitgeber geplante Regelung dem Anwendungsbereich des § 87 Abs 1 Nr 7 BetrVG unterliegt (BAG 24. 3. 1981 – 1 ABR 32/78, AP BetrVG 1972 § 87 Arbeitssicherheit Nr 2; Gutzeit, GK-BetrVG [11. Aufl 2018] § 87 Rn 607). 204

Soweit dem Betriebsrat nach § 87 Abs 1 Nr 7 oder Nr 1 BetrVG ein Mitbestimmungsrecht zusteht, ist hiermit auch ein **Initiativrecht des Betriebsrates** verbunden (allg Gutzeit, GK-BetrVG [11. Aufl 2018] § 87 Rn 667 mwNw). Das ist insbesondere dann von gravierender Bedeutung, wenn mit dem Bundesarbeitsgericht auch bezüglich des durch die arbeitsschutzrechtlichen Generalklauseln (zB § 3 Abs 1 S 1 ArbSchG) abgesteckten Rahmens ein Mitbestimmungsrecht nach § 87 Abs 1 Nr 7 BetrVG bejaht wird (s oben Rn 202 f). Mit Hilfe des Initiativrechts kann der Betriebsrat Regelungen zur Ausfüllung des durch die Generalklauseln eröffneten Rahmens über die Einigungsstelle erzwingen (so inzident BAG 2. 4. 1996 – 1 ABR 47/95, AP BetrVG 1972 § 87 Gesundheitsschutz Nr 5 = EzA § 87 BetrVG 1972 Bildschirmarbeit Nr 1, da eine vom Betriebsrat begehrte Regelung den Verfahrensgegenstand bildete). 205

g) Innerbetriebliche Einrichtungen zur Umsetzung des technischen Arbeitsschutzrechts

aa) Allgemeines

Die Überwachung, ob die Vorschriften des technischen Arbeitsschutzrechts ausreichend beachtet werden, obliegt primär hoheitlichen Einrichtungen. Hierzu gehören vor allem die jeweils zuständigen Behörden (zB §§ 21 ff ArbSchG, § 24 ProdSG; zur Bergaufsicht vgl §§ 69 ff BBergG; näher dazu MHdB ArbR/Kohte § 174 Rn 85 ff); ferner die von den Berufsgenossenschaften angestellten **Aufsichtspersonen** (§§ 18 f SGB VII), die insbesondere die Einhaltung der Unfallverhütungsvorschriften kontrollieren, darüber hinaus aber auch Beratungs- und Unterstützungsfunktionen wahrnehmen (s im Überblick MHdB ArbR/Kohte § 174 Rn 103 ff; zur Entstehung des dualen Aufsichtssystems s Simons, Staatliche Gewerbeaufsicht und gewerbliche Berufsgenossenschaften [1984]). 206

Zusätzlich gewährleistet das **Betriebsverfassungsrecht** die Einhaltung des technischen Arbeitsschutzrechts (dazu im Überblick MünchKomm/Henssler § 618 Rn 68 ff; MHdB ArbR/Kohte § 174 Rn 56 ff). Neben den speziellen Mitbestimmungstatbeständen (§§ 87 Abs 1 Nr 7, 91 BetrVG; s oben Rn 195 ff) zählt es zu den allgemeinen Aufgaben des Betriebsrats, die Einhaltung der zugunsten der Arbeitnehmer geltenden Vorschriften zu 207 überwachen. Diese umfassen nicht nur staatliches Recht, sondern auch die Unfallverhütungsvorschriften der Berufsgenossenschaften (§ 80 Abs 1 Nr 1 BetrVG). Zudem verpflichtet § 89 BetrVG den Arbeitgeber zu einer gesteigerten Unterstützung.

208 Parallel zu dem Instrumentarium in Rn 206 f ist der Arbeitgeber gesetzlich verpflichtet, ein **innerbetriebliches System** zu installieren, um die Einhaltung der Normen des technischen Arbeitsschutzrechts sicherzustellen. Hierzu gehören primär sowohl die **Betriebsärzte** als auch die **Fachkräfte für Arbeitssicherheit** sowie die **Sicherheitsbeauftragten** und der **Arbeitsschutz- bzw Sicherheitsausschuss**. Ergänzend ist auf den **Strahlenschutzbeauftragten** (§ 31 Abs 2 StrlSchV) sowie die mit Aufgaben der **Ersten Hilfe, der Brandbekämpfung und der Evakuierung** betreuten Beschäftigten (§ 10 Abs 2 S 1 ArbSchG) hinzuweisen.

bb) Betriebsärzte und Fachkräfte für Arbeitssicherheit*

209 Die innerbetriebliche Einhaltung der öffentlich-rechtlichen Vorschriften zum technischen Arbeitschutz sollen primär Betriebsärzte sowie Fachkräfte für Arbeitssicherheit gewährleisten; zu deren Bestellung ist der Arbeitgeber nach Maßgabe des „Gesetzes über Betriebsärzte, Sicherheitsingenieure und andere Fachkräfte für Ar-

* **Schrifttum**: Benz, Rechtsstellung und Verantwortung der Betriebsärzte und Sicherheitsfachkräfte, BerGen 1975, 148; Bloesinger, Die Auswirkungen eines Verstoßes gegen § 9 III 1 ASiG auf Kündigungen des Arbeitgebers, NZA 2004, 467; Budde/Witting, Funktion und rechtliche Stellung des Betriebsarztes in privatwirtschaftlichen Unternehmen (1984); Deneke, Zur rechtlichen Problematik der überbetrieblichen Dienste von Betriebsärzten nach § 19 des Arbeitssicherheitsgesetzes (Diss Bonn 1981); Eiermann, Die Schweigepflicht des Betriebsarztes bei arbeitsmedizinischen Untersuchungen nach dem Arbeitssicherheitsgesetz, BB 1980, 214; Eylert, Der Streit um die Arbeitssicherheit, JuS 1982, 444; Fritsche, Die rechtliche Stellung der Betriebsärzte im Unternehmen (Diss Bayreuth 1984); Gitter, Zur Haftung des Betriebsarztes, RdA 1983, 156; Glatzel, Der Betriebsarzt, AR-Blattei SD 470 (1998); Herzberg, Die rechtliche Verantwortung von Betriebsärzten und Fachkräften für Arbeitssicherheit, BerGen 1997, 632; Hoffmann, Beteiligung der Personalvertretung bei der Bestellung freiberuflicher Betriebsärzte und Fachkräfte für Arbeitssicherheit, PersV 2003, 174; Hütig, Die Rechtsstellung des Betriebsrats nach dem Gesetz über Betriebsärzte, Sicherheitsingenieure und andere Fachkräfte für Arbeitssicherheit, DB 1975, 594; Kollmer, Fachkraft für Arbeitssicherheit, AR-Blattei SD 210. 2 (2002); Kunze, Der Sicherheitsingenieur (2. Aufl 1983); Rehhahn, Die Rolle des Sicherheitsingenieurs bei der Gewährleistung der betrieblichen Arbeitssicherheit, ArbSch 1974, 349; Rudolph, Die Mitwirkungsrechte des Betriebsrats nach § 9 Abs 3 des Gesetzes über Betriebsärzte, Sicherheitsingenieure und andere Fachkräfte für Arbeitssicherheit, BB 1976, 370; Schal, Die Schweigepflicht des Betriebsarztes (1989); Spinnarke, Mitbestimmungsrechte des Betriebsrats nach dem Arbeitssicherheitsgesetz, BB 1976, 798; Sund, Arbeitssicherheitsgesetz – Mitbestimmung des Betriebsrats, ArbSch 1977, 66; Wagner, Die Aufgaben des Betriebsarztes nach dem Arbeitssicherheitsgesetz, ArbSch 1974, 358; Wegener, Der Betriebsarzt (Diss Köln 1978); Wolber, Die Bestellung von Betriebsärzten und Fachkräften für Arbeitssicherheit bei Unternehmen mit Zweigniederlassungen, BlStSozArbR 1979, 119; ders, Die Festlegung der Anzahl der erforderlichen Betriebsärzte und Fachkräfte für Arbeitssicherheit in Unfallverhütungsvorschriften, BlStSozArbR 1979, 212; ders, Anhörung des Betriebsrats vor Anordnungen nach § 712 RVO bei Bestellung von Sicherheitsfachkräften und Betriebsärzten, BlStSozArbR 1981, 107; Wunderlich, Die Rechtsstellung des Betriebsarztes (1995).

beitssicherheit“ (ASiG) v 12. 12. 1973 (BGBl I 1885, s auch oben Rn 84; zu den Übergangsregelungen im Beitrittsgebiet Anl I Kap VIII Sachgeb B Abschn III Nr 12 EVertr; sowie oben Rn 93 f) verpflichtet (im Überblick auch MHdB ArbR/Kohte § 176 Rn 43 ff).

Ob und in welchem **Umfang** den Arbeitgeber diese Pflicht trifft, beurteilt sich nach den Unfallverhütungsvorschriften der zuständigen Berufsgenossenschaft (§ 15 Abs 1 Nr 5 SGB VII; s auch BGV A 6 [Fachkräfte für Arbeitssicherheit], BGV A 7 [Betriebsärzte]; zur gesetzlichen Ermächtigungsgrundlage OVG Hamburg 17. 2. 2004 – 1 Bf 34/03, DB 2004, 2819), die im Einzelnen die Einsatzzeiten in Abhängigkeit von der Zahl der Beschäftigten und der Gefährlichkeit des Betriebes festlegen (§ 2 Abs 1 ASiG; s hierzu BSG 24. 10. 1985 – 2 RU 13/85, NZA 1986, 205 sowie OVG Hamburg 19. 2. 2004 – 1 Bf 484/03, GewArch 2004, 351 f; BayVGH 4. 11. 2004 – 22 ZB 04.2690, GewArch 2005, 167 f). Aus den so festgelegten Gesamteinsatzzeiten ergibt sich die vom Arbeitgeber zu bestellende Zahl der Betriebsärzte und der Fachkräfte für Arbeitssicherheit. Gegebenenfalls können Technische Aufsichtsbeamte der Berufsgenossenschaften nach § 17 Abs 1 Satz 2 SGB VII deren Bestellung erzwingen (näher Wolber NZA 1989, 919 ff [noch zu § 712 Abs 1 S 2 RVO]). Wegen der Betriebsbezogenheit des Arbeitssicherheitsgesetzes ist der Einzelbetrieb und nicht das Unternehmen die Bezugsgröße für die Unfallverhütungsvorschrift der Berufsgenossenschaft (BSG 8. 5. 1980 – 8a RU 44/79, BSGE 50, 109; BSG 26. 6. 1980 – 8a RU 106/79, BSGE 50, 174; BSG 1. 3. 1989 – 2 RU 51/88, NZA 1989, 576). 210

Zu den **Aufgaben** der Betriebsärzte und der Fachkräfte für Arbeitssicherheit zählen vor allem die **Beratung des Arbeitgebers** sowie die **Beobachtung der Durchführung** des Arbeitsschutzes und der Unfallverhütung (§§ 3 und 6 ASiG). Hierzu sind sie insbesondere berechtigt, die **Arbeitsstätte** in regelmäßigen Abständen zu **begehen**, festgestellte **Mängel** dem Arbeitgeber oder der sonst für den Arbeitsschutz und die Unfallverhütung verantwortlichen Person **mitzuteilen, Maßnahmen zur Beseitigung** der Mängel **vorzuschlagen** und auf deren **Durchführung hinzuwirken** (§§ 3 Abs 1 S 2 Nr 3 lit a, 6 S 2 Nr 3 lit a ASiG). Gleichwohl wäre es teleologisch verfehlt, die Betriebsärzte und Fachkräfte für Arbeitssicherheit als ein dem behördlichen Aufsichtssystem vergleichbares Überwachungsorgan zu bewerten. Zielsetzung des Arbeitssicherheitsgesetzes ist nicht die Überwachung des Arbeitgebers, sondern dessen Unterstützung bei der Einhaltung der durch das technische Arbeitsschutzrecht vorgeschriebenen Anforderungen (§ 1 S 2 ASiG). Die Betriebsärzte und die Fachkräfte für Arbeitssicherheit üben deshalb eine **Unterstützungsfunktion** zur Effektuierung und Optimierung bei der Anwendung des technischen Arbeitsschutzrechts aus. 211

Soweit der Arbeitgeber zur Bestellung eines Betriebsarztes und/oder einer Fachkraft für Arbeitssicherheit verpflichtet ist, räumt ihm das Gesetz verschiedene **Gestaltungsmöglichkeiten** zur Erfüllung seiner Pflichten ein. Der Arbeitgeber kann wählen, ob er **Arbeitnehmer einstellt, freiberufliche Kräfte beschäftigt** oder einen **überbetrieblichen Dienst** (§ 19 ASiG) mit der Wahrnehmung der in den §§ 3 und 6 ASiG genannten Aufgaben beauftragt. Die Entscheidung steht in seinem Ermessen, das auch dann nicht eingeschränkt ist, wenn die Satzung der zuständigen Berufsgenossenschaft einen Zwang zum Anschluss an einen überbetrieblichen Dienst (§ 24 SGB VII) vorsieht (vgl zur Verfassungs- und Unionsrechtskonformität des Anschlusszwanges BSG 2. 11. 1999 – B 2 U 25/98 R, NZS 2000, 254 ff), da der Arbeitgeber hiervon zu befreien ist, wenn er die Erfüllung seiner Pflichten zur Bestellung von Betriebsärzten und Fachkräften für Arbeitssicherheit nachweist. 212

213 Wegen des Gestaltungs- und Entscheidungsspielraumes des Arbeitgebers nach dem Arbeitssicherheitsgesetz und § 24 SGB VII unterliegt die **konkrete Entscheidung für** eines der vom Gesetz vorgegebenen **Modelle** der **Mitbestimmung des Betriebsrats** nach § 87 Abs 1 Nr 7 BetrVG (BAG 10. 4. 1979 – 1 ABR 34/77, AP BetrVG 1972 § 87 Arbeitssicherheit Nr 1; Ehrich, Amt, Anstellung und Mitbestimmung bei betrieblichen Beauftragten [1993] 73 ff; Richardi/Richardi, BetrVG [16. Aufl 2018] § 87 Rn 590; Gutzeit, GK-BetrVG [11. Aufl 2018] § 87 Rn 679 ff mwNw). Das gilt wegen des Befreiungsanspruchs in § 24 Abs 2 S 2 SGB VII auch, wenn die Satzung der Berufsgenossenschaft den Anschluss an einen überbetrieblichen Dienst vorschreibt (Gutzeit, GK-BetrVG [11. Aufl 2018] § 87 Rn 681 mwNw). Ein Mitbestimmungsrecht des Betriebsrats nach § 87 Abs 1 Nr 7 BetrVG entfällt, wenn der Arbeitgeber wegen einer Anordnung der Unfallversicherungsträger (§ 17 Abs 1 S 2 SGB VII) zur Bestellung eines Betriebsarztes oder einer Fachkraft für Arbeitssicherheit verpflichtet ist und dem Arbeitgeber auf Grund dessen keine Wahlmöglichkeit verbleibt (vgl allg BAG 26. 5. 1988 – 1 ABR 9/87, EzA § 87 BetrVG 1972 Nr 11).

214 Nicht nur die allgemeine Grundsatzentscheidung, sondern auch deren **konkrete Ausführung** unterliegt der Mitbestimmung des Betriebsrates. Hierfür etabliert **§ 9 Abs 3 ASiG** einen **speziellen Beteiligungstatbestand**, der die in § 87 Abs 1 Nr 7 BetrVG umschriebene **Rechtsstellung des Betriebsrates erweitert** (BT-Ausschuss für Arbeit und Sozialordnung, BT-Drucks 7/1085, 7). Seine in den allgemeinen Vorschriften des Betriebsverfassungsgesetzes begründete Rechtsstellung bleibt hiervon jedoch unberührt (Richardi/Richardi, BetrVG [16. Aufl 2018] § 87 Rn 590, 593). Insbesondere verdrängt § 9 Abs 3 ASiG nicht die **allgemeinen Beteiligungsrechte** bei der **Einstellung** (§ 99 BetrVG) und der **Kündigung** (§ 102 BetrVG).

215 Dem Arbeitssicherheitsgesetz liegt ein differenzierendes Modell zugrunde, das die Beteiligung des Betriebsrates nach den in Rn 212 genannten verschiedenen Gestaltungsvarianten qualitativ abstuft. Am intensivsten ist das Beteiligungsrecht, wenn **Arbeitnehmer des Betriebs** zu Betriebsärzten oder Fachkräften für Arbeitssicherheit bestellt werden sollen. In diesem Fall unterliegt sowohl deren Bestellung als auch deren Abberufung der **Zustimmung des Betriebsrates** (§ 9 Abs 3 S 1 ASiG). Das gilt entsprechend für die Erweiterung oder Einschränkung ihres Aufgabenbereiches. Sollen **freiberufliche Kräfte** beschäftigt oder die Aufgaben von einem **überbetrieblichen Dienst** wahrgenommen werden, so beschränkt sich die Beteiligung des Betriebsrates auf ein **Anhörungsrecht** (§ 9 Abs 3 S 3 ASiG).

216 Im Unterschied zu der fehlenden Zustimmung des Betriebsrats zur Bestellung eines Arbeitnehmers hat die **unterbliebene Anhörung des Betriebsrats nach § 9 Abs 3 S 3 ASiG** keine Auswirkungen für die Wirksamkeit der Bestellung (Gutzeit, GK-BetrVG [11. Aufl 2018] § 87 Rn 688 mwNw). Anders ist dies, wenn die **Zustimmung des Betriebsrates nach § 9 Abs 3 S 1 ASiG erforderlich** ist, aber nicht vorliegt. In diesem Fall darf der Arbeitgeber die Bestellung oder Abberufung nur vornehmen, nachdem die Einigungsstelle die Zustimmung des Betriebsrates ersetzt hat (§ 9 Abs 3 S 2 HS 2 ASiG; Richardi/Richardi, BetrVG [16. Aufl 2018] § 87 Rn 597; Gutzeit, GK-BetrVG [11. Aufl 2018] § 87 Rn 685 mwNw). Fehlt diese Entscheidung der Einigungsstelle, dann ist die Bestellung bzw die Abberufung unwirksam (BAG 24. 3. 1988 – 2 AZR 369/87, AP ASiG § 9 Nr 1; LAG Bremen 9. 1. 1998 – 4 Sa 11/97, NZA-RR 1998, 252; Gutzeit, GK-BetrVG [11. Aufl 2018] § 87 Rn 685 mwNw).

Da § 9 Abs 3 ASiG die Beteiligungsrechte des Betriebsrates nach dem Betriebsverfassungsgesetz nicht berührt (oben Rn 214), muss der Arbeitgeber den **Betriebsrat nach den §§ 99 ff BetrVG beteiligen**, wenn er einen Arbeitnehmer als Betriebsarzt oder als Fachkraft für Arbeitssicherheit einstellen will. Das gilt lediglich dann nicht, wenn der Betriebsarzt oder die Fachkraft für Arbeitssicherheit auf Grund der herausgehobenen Stellung in der Unternehmensorganisation als **leitender Angestellter** zu qualifizieren ist (vgl zB BAG 8. 2. 1977 – 1 ABR 22/76, AP BetrVG 1972 § 5 Nr 16 [Sicherheitsingenieur]; zu weitgehend R Weber, Der Betriebsbeauftragte [1988] 211 ff, der Betriebsärzten und Fachkräften für Arbeitssicherheit stets den Status eines leitenden Angestellten zuspricht); die Beteiligung des Betriebsrates beschränkt sich dann auf eine Unterrichtung (§ 105 BetrVG), ohne dass hierdurch das Beteiligungsrecht aus § 9 Abs 3 Satz 1 ASiG entfällt (Richardi/Richardi, BetrVG [16. Aufl 2018] § 87 Rn 601; Gutzeit, GK-BetrVG [11. Aufl 2018] § 87 Rn 682 mwNw). 217

Unterlässt der Arbeitgeber die Beteiligung nach den §§ 99 ff BetrVG, so richten sich die Rechtsfolgen nach den allgemeinen Vorschriften des Betriebsverfassungsgesetzes. Die **unterbliebene Beteiligung nach § 9 Abs 3 ASiG** wirkt sich grundsätzlich nicht auf die **Rechtswirksamkeit individualvertraglicher Rechtsgeschäfte**, insbesondere auch nicht auf eine Kündigung aus. Eine Ausnahme ist im Hinblick auf eine Umgehung des in § 9 Abs 3 S 1 ASiG normierten Mitbestimmungsrechts und dessen Schutzzwecks jedoch anzuerkennen, wenn die Kündigung des Arbeitsverhältnisses auf Tatbestände gestützt wird, die mit der Verrichtung der Tätigkeiten als Betriebsarzt oder Fachkraft für Arbeitssicherheit im Zusammenhang stehen (BAG 24. 3. 1988 – 2 AZR 369/87, AP ASiG § 9 Nr 1; so auch Ehrich, Amt, Anstellung und Mitbestimmung bei betrieblichen Beauftragten [1993] 159 ff). Ob dies auch gilt, wenn der Arbeitgeber aus betriebsbedingten oder solchen personen- und verhaltensbedingten Gründen kündigt, die keinen Bezug zu der Tätigkeit des Betriebsarztes oder der Fachkraft für Arbeitssicherheit aufweisen, ist höchstrichterlich bislang nicht entschieden (so ausdrücklich BAG 24. 3. 1988 – 2 AZR 369/87, AP ASiG § 9 Nr 1), dürfte aber zu verneinen sein (ebenso Ehrich, Amt, Anstellung und Mitbestimmung bei betrieblichen Beauftragten [1993] 187 ff; **aA** im Grundsatz Wunderlich, Die Rechtsstellung des Betriebsarztes [1995] 219 ff sowie Bloesinger NZA 2004, 467 ff, der analog den §§ 17, 18 KSchG für eine Entlassungssperre plädiert, bis die Zustimmung des Betriebsrates vorliegt oder durch die Einigungsstelle ersetzt worden ist). 218

cc) Sicherheitsbeauftragte*

Zusätzlich zu den Betriebsärzten und den Fachkräften für Arbeitssicherheit schreibt § 22 SGB VII **die Bestellung eines Sicherheitsbeauftragten** vor. Ihm obliegt vor allem die **Unterstützung des Arbeitgebers** bei der Durchführung des Unfallschutzes und die 219

* **Schrifttum**: Coulin, Mitbestimmung des Personalrats bei der Bestellung von Sicherheitsbeauftragten und Fachkräften für Arbeitssicherheit, PersR 1989, 65; Dangers, Der Sicherheitsbeauftragte, BerGen 1973, 83; Ehrich, Amt, Anstellung und Mitbestimmung bei betrieblichen Beauftragten (1993) 214; Kohte, Die Sicherheitsbeauftragten nach geltendem und künftigem Recht, in: FS Wlotzke (1996) 563; Kreutzberg, Der Einsatz des Sicherheitsbeauftragten, BerGen 1974, 235; Nickenig, Sicherheitsbeauftragte in der Unfallversicherung, BlStSozArbR 1966, 136; Oetker, Rechtliche Probleme bei der Bestellung eines Sicherheitsbeauftragten (§ 719 I 1 RVO), BlStSozArbR 1983, 247; Wiedemann, Die Arbeit des Sicherheitsbeauftragten aus psychologischer Sicht, BerGen 1969, 143; Wolber, Die Verpflichtung des Unternehmers zur Bestellung von Sicherheitsbeauftragten, BlStSozArbR 1977, 359.

fortlaufende Überzeugung von dem Vorhandensein und der ordnungsgemäßen Benutzung der vorgeschriebenen Schutzvorrichtungen (§ 22 Abs 2 SGB VII; näher hierzu Dangers BerGen 1973, 83 ff). Er ist deshalb **kein amtliches (Aufsichts- und Überwachungs-)Organ**, sondern wird als beobachtende und beratende **Hilfsperson des Unternehmers** tätig (BSG 28. 5. 1974 – 2 RU 79/72, BSGE 37, 265; BVerwG 18. 5. 1994 – 6 P 27/92, AP RVO § 719 Nr 1; Kohte, in: FS Wlotzke [1996] 572 ff; MHdB ArbR/Kohte § 176 Rn 60).

220 Die **Anzahl der zu bestellenden Sicherheitsbeauftragten** legen die **Unfallverhütungsvorschriften der Berufsgenossenschaften** fest (§ 15 Abs 1 Nr 7 SGB VII). Ebenso wie bei den Betriebsärzten und den Fachkräften für Arbeitssicherheit richtet sich diese nach den vom Betrieb ausgehenden Gefährdungen und der Zahl der Arbeitnehmer (s auch § 22 Abs 1 S 3 und 4 SGB VII). Die Bestellung zum Sicherheitsbeauftragten hängt vom **Einverständnis des Arbeitnehmers** ab. Ein Recht des Arbeitgebers zur einseitigen Bestellung lässt sich aus den arbeitsvertraglichen Nebenpflichten nicht ableiten, wohl aber kann dieses nach vorherrschender Ansicht eine Betriebsvereinbarung festlegen (vgl BSG 28. 5. 1974 – 2 RU 79/72, BSGE 37, 266; Ehrich, Amt, Anstellung und Mitbestimmung bei betrieblichen Beauftragten [1993] 222 f; **aA** hinsichtlich der Festlegung in einer Betriebsvereinbarung Kohte, in: FS Wlotzke [1996] 577). Die **Bestellung eines Betriebsarztes** oder einer **Fachkraft für Arbeitssicherheit** zum Sicherheitsbeauftragten **(Doppel- oder Mehrfachbestellung)** ist **unzulässig**, da das Arbeitssicherheitsgesetz davon ausgeht, dass jeweils verschiedene Personen die Aufgaben wahrnehmen (näher Oetker BlStSozArbR 1983, 248; zustimmend Kohte, in: FS Wlotzke [1996] 577 f; **aA** Ehrich, Amt, Anstellung und Mitbestimmung bei betrieblichen Beauftragten [1993] 216; s aber auch allg R Weber, Der Betriebsbeauftragte [1988] 68 ff). In diesem Sinne betont auch das Bundesverwaltungsgericht, dass beide Funktionen jedenfalls mit Rücksicht auf die Zielsetzungen des Gesetzes nicht zusammenfallen sollen (BVerwG 18. 5. 1994 – 6 P 27/92, AP RVO § 719 Nr 1).

221 Die **Bestellung eines Sicherheitsbeauftragten** muss unter **„Beteiligung" des Betriebsrates** bzw des **Personalrates** erfolgen (§ 22 Abs 1 S 1 SGB VII). Allerdings lässt sich die **Intensität der Beteiligung** dem Gesetzeswortlaut nicht zweifelsfrei entnehmen. Hinsichtlich des vormals in **§ 719 Abs 1 S 2 RVO** niedergelegten Rechts zur **„Mitwirkung"** stand die überwiegende Ansicht auf dem Standpunkt, dass § 719 Abs 1 S 2 RVO zumindest bezüglich des **Betriebsrates** als eigenständiges Beteiligungsrecht zu qualifizieren war und nicht nur ein Anhörungs-, sondern ein **Beratungsrecht**, jedoch **kein Mitbestimmungsrecht** umfasste (so die hM zu § 719 RVO aF, vgl Ehrich, Amt, Anstellung und Mitbestimmung bei betrieblichen Beauftragten [1993] 224 ff; Oetker BlStSozArbR 1983, 248 f; Wank/Börgmann 62; Wiese, GK-BetrVG Bd II [5. Aufl 1995] § 89 Rn 34; MHdB ArbR/Wlotzke [2. Aufl 2000] § 208 Rn 27; im Grundsatz auch Kohte, in: FS Wlotzke [1996] 582, der jedoch partiell zu einem Mitbestimmungsrecht aus § 87 Abs 1 Nr 7 BetrVG gelangt; **aA** LAG Düsseldorf 25. 3. 1977 – 4 Sa 171/77, DB 1977, 915; LAG Hamburg 27. 9. 1995 – 4 TaBV 2/95, NZA-RR 1996, 214). Für die **„Mitwirkung" des Personalrates** bejahte das Bundesverwaltungsgericht indes ein **Mitbestimmungsrecht**, stützte sich hierfür jedoch auf § 75 Abs 3 Nr 11 BPersVG (so BVerwG 18. 5. 1994 – 6 P 27/92, AP RVO § 719 Nr 1; zustimmend Kohte, in: FS Wlotzke [1996] 581 f).

222 Für den gegenüber § 719 Abs 1 S 2 RVO geringfügig modifizierten Wortlaut in **§ 22 Abs 1 S 1 SGB VII** ist diese Diskrepanz klärungsbedürftig, weil der nunmehr im Gesetz enthaltene Terminus der **„Beteiligung"** wegen der unterschiedlichen Inten-

sität, die eine „Beteiligung" des Betriebs- oder Personalrates haben kann, unscharf und vage ist. Angesichts dieser Offenheit des Gesetzeswortlautes lässt sich § 22 Abs 1 S 1 SGB VII auch die Qualität eines eigenständigen Beteiligungsrechtes absprechen und lediglich als ein Hinweis verstehen, dass die nach den allgemeinen Bestimmungen des Betriebsverfassungsrechts bzw des Personalvertretungsrechts bestehenden Beteiligungsrechte bei der Bestellung von Sicherheitsbeauftragten zu beachten sind (weitergehend Gutzeit, GK-BetrVG [11. Aufl 2018] § 89 Rn 76: eigenständiger Anspruch auf Anhörung und Beratung; ebenso Richardi/Annuss, BetrVG [16. Aufl 2018] § 89 Rn 34: Recht auf Beratung; für ein Mitbestimmungsrecht sogar Buschmann, in: Däubler/Kittner/Klebe/Wedde, BetrVG [16. Aufl 2018] § 89 Rn 40). Bei diesem Verständnis verbleibt es bei einer Beteiligung des Betriebsrates nach § 99 BetrVG, sofern die Übertragung der Aufgaben eines Sicherheitsbeauftragten als Versetzung im Sinne des § 95 Abs 3 BetrVG zu qualifizieren ist. Dem Personalrat steht demgegenüber ein Mitbestimmungsrecht nach § 75 Abs 3 Nr 11 BPersVG zu (BVerwG 18. 5. 1994 – 6 P 27/92, AP RVO § 719 Nr 1).

Erfüllt die Bestellung die Voraussetzungen einer **Versetzung** (§ 95 Abs 3 BetrVG), so ist stets das **Beteiligungsverfahren nach § 99 BetrVG** durchzuführen; **§ 22 Abs 1 S 1 SGB VII konsumiert** dieses selbst dann **nicht**, wenn aus dieser Vorschrift im Wege der Auslegung ein eigenständiges Beteiligungsrecht des Betriebsrates abgeleitet wird (so Richardi/Annuss, BetrVG [16. Aufl 2018] § 89 Rn 34; Gutzeit, GK-BetrVG [11. Aufl 2018] § 89 Rn 76 sowie zu § 719 RVO Oetker BlStSozArbR 1983, 249; R Weber, Der Betriebsbeauftragte [1988] 211 ff). Entsprechendes gilt für das Personalvertretungsrecht und den in § 75 Abs 3 Nr 11 BPersVG normierten Beteiligungstatbestand (s BVerwG 18. 5. 1994 – 6 P 27/92, AP RVO § 719 Nr 1). 223

Bei der **Abberufung des Sicherheitsbeauftragten** ist § 22 Abs 1 S 1 SGB VII entsprechend anzuwenden (Gutzeit, GK-BetrVG [11. Aufl 2018] § 89 Rn 78; so auch die hM zu § 719 Abs 1 S 2 RVO, vgl LAG Hamburg 27. 9. 1995 – 4 TaBV 2/95, NZA-RR 1996, 214; Ehrich, Amt, Anstellung und Mitbestimmung bei betrieblichen Beauftragten [1993] 228 f; Kohte, in: FS Wlotzke [1996] 590; Oetker BlStSozArbR 1983, 249; Wiese, GK-BetrVG Bd II [5. Aufl 1995] § 89 Rn 34 mwNw). 224

Die **unterbliebene Beteiligung des Betriebsrates** berührt nicht die Rechtswirksamkeit der Bestellung bzw der Abberufung (str einerseits Oetker BlStSozArbR 1983, 249; Gutzeit, GK-BetrVG [11. Aufl 2018] § 89 Rn 78; andererseits R Weber, Der Betriebsbeauftragte [1988] 103 ff; ebenso für die Abberufung Kohte, in: FS Wlotzke [1996] 590 f). Ein anderes Resultat kommt nur bei einer fehlenden Beteiligung des Personalrates nach § 75 Abs 3 Nr 11 BPersVG in Betracht, da das vorgenannte Beteiligungsrecht ein Mitbestimmungsrecht im engeren Sinne ist. 225

dd) Arbeitsschutzausschuss*

Um eine effektive Zusammenarbeit der im Betrieb mit dem technischen Arbeitsschutz befassten Personen zu gewährleisten, verpflichtet **§ 11 ASiG** den Arbeitgeber zur **Bildung eines Arbeitsschutzausschusses** im Betrieb (nicht Unternehmen: LAG Hessen 1. 2. 1996 – 12 TaBV 32/95, NZA 1997, 114). Das Gesetz verknüpft diese Verpflichtung mit 226

* **Schrifttum**: Wolber, Bestellung und Abberufung der Mitglieder des Arbeitsschutzausschusses und Sicherheitsausschusses, BlStSozArbR 1977, 228; ders, Der Arbeitsschutzausschuss, BlStSozArbR 1980, 219.

der Bestellung eines Betriebsarztes oder einer Fachkraft für Arbeitssicherheit (zur Ermessensausübung der zuständigen Behörde beim Erlass einer Verwaltungsverfügung VG Hannover 6. 10. 1995 – 7 A 4246/95, GewArch 1996, 28 f). Sieht die einschlägige **Unfallverhütungsvorschrift** keine derartige Verpflichtung vor, so kann die **Bildung eines Arbeitsschutzausschusses** unterbleiben. Dessen Errichtung kann auch nicht durch den Betriebsrat erzwungen werden, da diesem kein für die Annahme eines **Initiativrechts** notwendiges Mitbestimmungsrecht zusteht (BAG 15. 4. 2014 – 1 ABR 82/12 Rn 9 ff, NZA 2014, 1094; LAG Hamburg 27. 9. 1995 – 4 TaBV 2/95, NZA-RR 1996, 213 ff). Die früher in § 719 Abs 3 RVO für Kleinbetriebe vorgesehene Möglichkeit, dass die Sicherheitsbeauftragten einen **Sicherheitsausschuss** zum Zwecke eines Erfahrungsaustausches zwischen den Sicherheitsbeauftragten, dem Arbeitgeber und gegebenenfalls dem Betriebs- oder Personalrat (s auch § 89 Abs 3 BetrVG aF) bilden, wurde in § 22 SGB VII bewusst nicht übernommen (s RegBegr BT-Drucks 13/2204, 82).

227 Der nach § 11 ASiG zu bildende Arbeitsschutzausschuss **setzt sich zusammen** aus dem Arbeitgeber oder einem von ihm Beauftragten, zwei Betriebsratsmitgliedern, den Betriebsärzten und den Fachkräften für Arbeitssicherheit sowie den Sicherheitsbeauftragten im Sinne von § 22 SGB VII. Der Arbeitsschutzausschuss hat primär die **Funktion eines Beratungsgremiums** zum wechselseitigen Erfahrungsaustausch, um die Durchführung des technischen Arbeitsschutzes zu optimieren (§ 11 Abs 2 ASiG; näher Wolber BlStSozArbR 1980, 219 f). Zur **Beteiligung des Betriebsrates** bei der **Bildung des Arbeitsschutzausschusses** statt aller Richardi/Richardi, BetrVG (16. Aufl 2018) § 87 Rn 615; Gutzeit, GK-BetrVG (11. Aufl 2018) § 87 Rn 697 ff. Zur **Teilnahme des Seebetriebsrates** an den **Sitzungen des Arbeitsschutzausschusses** BAG 10. 8. 1994 – 7 ABR 48/93, AP BetrVG 1972 § 115 Nr 1.

ee) Weitere Betriebsbeauftragte

228 In verschiedenen Verordnungen und Gesetzen werden zur Gewährleistung des Gesundheitsschutzes der Arbeitnehmer dem Arbeitgeber weitere Organisationspflichten auferlegt und zugleich die Bestellung von speziell geschulten Beauftragten vorgesehen. Neben dem **Störfallbeauftragten** nach § 58a Abs 1 BlmSchG ist exemplarisch der **Strahlenschutzbeauftragte** zu nennen, der nach § 70 Abs 1 StrlSchG von dem Strahlenschutzverantwortlichen zu bestellen ist, wenn dies für die Gewährleistung des Strahlenschutzes bei der Tätigkeit notwendig ist (s auch MHdB ArbR/Kohte § 179 Rn 114 ff).

229 Der **Strahlenschutzbeauftragte** hat für die Einhaltung der in § 72 Abs 1 Nr 2 StrlSchG genannten Schutzvorschriften Sorge zu tragen (§ 72 Abs 2 Nr 1 StrlSchG) und etwaige Mängel dem Strahlenschutzverantwortlichen mitzuteilen (§ 71 Abs 2 S 1 StrlSchG). Kommt bezüglich deren Behebung keine Einigung zustande, so ist dem Strahlenschutzbeauftragten die Ablehnung des Vorschlags schriftlich mitzuteilen und zu begründen (§ 71 Abs 2 S 2 StrlSchG). Ferner ist der Strahlenschutzbeauftragte über die für seine Aufgaben relevanten Verwaltungsakte und Maßnahmen zu unterrichten (§ 71 Abs 1 StrlSchG). Auf Verlangen hat der Strahlenschutzbeauftragte den Betriebs- oder Personalrat in Angelegenheiten des Strahlenschutzes zu beraten (§ 71 Abs 3 S 2 StrlSchG). Schließlich normiert § 70 Abs 6 StrlSchG ein umfassendes Behinderungs- und Benachteiligungsverbot. Für den **Störfallbeauftragten** gilt dies entsprechend, insbesondere ist ihm gegenüber nur eine außerordentliche Kündigung aus wichtigem Grund rechtswirksam (§ 58d BlmSchG iVm § 58 Abs 2 BlmSchG).

ff) Aufgabenübertragung an Beschäftigte (§ 10 ArbSchG)

Das Arbeitsschutzgesetz verpflichtet den Arbeitgeber zu Maßnahmen im Bereich der **Ersten Hilfe**, der **Brandbekämpfung** und der **Evakuierung** (§ 10 Abs 1 ArbSchG). Die mit diesen Aufgaben betrauten Arbeitnehmer hat der Arbeitgeber zu benennen (§ 10 Abs 2 S 1 ArbSchG). Dem Betriebsrat steht diesbezüglich ein Beteiligungsrecht zu, das § 10 Abs 2 S 3 ArbSchG jedoch auf ein Anhörungsrecht beschränkt. 230

6. Relativität der Schutzpflicht

Die **Schutzpflicht** des Dienstberechtigten ist **nicht** als eine **absolute**, sondern – ebenso wie in § 62 Abs 1 HGB – als eine **relative Schutzpflicht** ausgestaltet. Nach der ausdrücklichen Regelung in § 618 Abs 1 BGB findet die Schutzpflicht ihre Grenze in der **Natur der Dienstleistung**. Der Dienstverpflichtete kann nicht die Beseitigung von Gefahren verlangen, die untrennbar mit den Besonderheiten der Dienstleistung verbunden sind und die nach dem jeweiligen Stand der Technik nicht beseitigt oder abgemildert werden können (vgl RAG 27. 4. 1938 – RAG 288/37, ARS 33, 65; MünchKomm/Henssler § 618 Rn 57; BeckOK ArbR/Joussen § 618 BGB Rn 29; AR/Kamanabrou § 618 BGB Rn 16; NK-BGB/Klappstein § 618 Rn 14). Solange eine unternehmerische Tätigkeit erlaubt ist, kann diese nicht durch Maßnahmen des Arbeitsschutzes unterbunden werden (BAG 8. 5. 1996 – 5 AZR 971/94, AP BGB § 618 Nr 20 = EzA § 618 BGB Nr 11; BAG 19. 5. 2009 – 9 AZR 241/08, AP BGB § 618 Nr 30; BAG 10. 5. 2016 – 9 AZR 347/15 Rn 25, NZA 2016, 1134; zustimmend BeckOK ArbR/Joussen § 618 BGB Rn 30; BeckOGK/Witschen [1. 2. 2019] § 618 Rn 83; kritisch Möllers JZ 1996, 1053 f). 231

Hinsichtlich der mit der konkreten Dienstleistung unter gewöhnlichen Umständen verbundenen Gefahren und den hieraus resultierenden Schäden für die Gesundheit liegt eine **konkludent mit Abschluss des Vertrages erklärte Einwilligung** vor (so im Ansatz bereits RG 5. 3. 1912 – III 427/11, LZ 1912, 453 [Nr 2]; ebenso jetzt auch BeckOGK/Witschen [1. 2. 2019] § 618 Rn 82), die durch die Möglichkeit des Dienstberechtigten begrenzt ist, die mit der Dienstleistung verbundenen Gefahren zu beseitigen oder zu verringern. **Kann der Arbeitgeber** die mit der Dienstleistung verbundenen **Gefahren verringern** und dadurch seine Schutzpflicht aus § 618 Abs 1 BGB erfüllen, so scheitert eine Einwilligung bereits daran, dass § 618 Abs 1 BGB nicht dispositiv ist (§ 619 BGB) und der Dienstverpflichtete deshalb nicht auf die Einhaltung der Schutzpflichten verzichten kann. Die konkludent erteilte Einwilligung erstreckt sich nur auf das verbleibende, **nicht vermeidbare Gefahrenpotential** (ebenso BeckOGK/Witschen [1. 2. 2019] § 618 Rn 83). In diesen Grenzen ist die Gesundheitsgefährdung zulässiger Inhalt arbeitsvertraglicher Pflichten, der nicht per se als Verstoß gegen die guten Sitten stigmatisiert werden kann (kritisch aber Däubler, Arbeitsrecht 2 [12. Aufl 2009] Rn 380 ff). 232

Dementsprechend löst die technisch **nicht zu vermeidende Staubentwicklung** an der Arbeitsstätte keine Ansprüche nach § 618 Abs 1 BGB aus (RAG 27. 4. 1938 – RAG 288/37, ARS 33, 66 f). Das gilt entsprechend für die mit einem **Fußbodenbelag** üblicherweise verbundene **Glätte** (RAG 2. 3. 1932 – RAG 504/31, ARS 14, 554) und die **Raumtemperatur** in einem Delikatessengeschäft, wenn diese durch die Art der angebotenen Waren bedingt ist (RG 5. 3. 1912 – III 427/11, LZ 1912, 453 [Nr 2]; zur Mindesttemperatur für Verkaufsräume im Blumenhandel OVG Bremen 28. 6. 1994 – 1 Ba 59/93, NZA 1995, 945 ff; für Baumärkte OVG NW 15. 10. 1997 – 4 A 4806/95, GewArch 1998, 202 f; s auch oben Rn 191). Der Dienstberechtigte bleibt in diesen Fällen verpflichtet, die wegen der Natur der Dienstleis- 233 tung hinzunehmenden Gefahren dadurch auszugleichen, dass er sich um den technisch jeweils realisierbaren Schutz bemüht und die mit der Dienstleistung verbundenen Gefahren durch sorgfältige und genaue Anweisungen sowie gegebenenfalls die Überprüfung ihrer Beachtung so gering wie möglich hält (Hueck/Nipperdey I § 48 II 3; so auch BeckOGK/Witschen [1. 2. 2019] § 618 Rn 83). Das gilt entsprechend im Hinblick auf den Schutz vor Tabakrauch bei Arbeitsstätten mit Publikumsverkehr (§ 5 Abs 2 ArbStättV; s BAG 10. 5. 2016 – 9 AZR 347/15 Rn 20 ff, NZA 2016, 1134).

234 Im Geltungsbereich des Betriebsverfassungsgesetzes liegt eine spezialgesetzliche Regelung vor; § 81 Abs 1 S 2 BetrVG verpflichtet zur Belehrung über die Unfall- und Gesundheitsgefahren sowie über die Maßnahmen und Einrichtungen zur Abwehr dieser Gefahren (hierzu zB Franzen, GK-BetrVG [11. Aufl 2018] § 81 Rn 12 ff; Richardi/Thüsing, BetrVG [16. Aufl 2018] § 81 Rn 6 ff; ebenso § 78 Abs 1 S 2 des zum 59. DJT vorgelegten Entwurfs eines Arbeitsvertragsgesetzes, Verhandlungen des 59. DJT I [1992] D 44; so auch § 78 Abs 1 S 2 des Arbeitsvertragsgesetzentwurfs des Freistaates Sachsen [s BR-Drucks 293/95] und § 67 Abs 1 S 2 des von Henssler/Preis vorgelegten Diskussionsentwurfs eines Arbeitsvertragsgesetzes [NZA 2007, Beil 1]). § 12 Abs 1 ArbSchG wiederholt diese Verpflichtung in allgemeiner Form. Diese hat jedoch wegen des weiten „Beschäftigtenbegriffs" (s § 2 Abs 2 ArbSchG) einen im Vergleich zu § 81 Abs 1 S 2 BetrVG extensiveren personellen Anwendungsbereich und legt zudem – auf Grund der unionsrechtlichen Vorgabe in Art 12 Abs 4 der Richtlinie 89/391/EWG – die Unterweisung während der Arbeitszeit der Arbeitnehmer ausdrücklich fest. Zu weiteren Unterrichtungspflichten s oben Rn 167 f.

235 Die Pflichten des Dienstberechtigten aus § 618 Abs 1 BGB werden nur durch die Natur der Dienstleistung und die Unzumutbarkeit relativiert. Der Dienstberechtigte kann sich deshalb – wie die Entstehungsgeschichte der Vorschrift bestätigt (oben Rn 4) – nicht darauf berufen, er habe die **lokal üblichen Vorkehrungen** zur Vermeidung von Gefahren getroffen. Eine Abschwächung der Schutzpflichten des Dienstberechtigten durch verbreitet auftretende und daher übliche Missstände ist mit dem Normzweck unvereinbar (so mit Recht bereits RG 12. 7. 1919 – 787/19 III, JW 1919, 820 [Nr 1] sowie Planck/Gunkel § 618 Anm 2c; Hueck/Nipperdey I § 48 II 3; Oertmann § 618 Anm 2c). Deshalb sind Unannehmlichkeiten mit Kunden oder für die interne Betriebsorganisation sowie die aufzuwendenden Kosten nicht geeignet, die Pflicht zur Beseitigung gesundheitsgefährdender Zustände zu verringern (RAG 10. 5. 1930 – RAG 33/30, ARS 9, 383; ArbR-BGB/Friedrich § 618 Rn 18; BeckOK ArbR/Joussen § 618 BGB Rn 30).

F. Erweiterung des Pflichtenkreises durch § 618 Abs 2

I. Räumliche Anknüpfung für die erweiterte Interessenwahrungspflicht

1. Häusliche Gemeinschaft

236 Die **Erweiterung der Interessenwahrungspflicht** in § 618 Abs 2 BGB, die erst zum Ende des Gesetzgebungsverfahrens eingefügt wurde (oben Rn 1), trägt in erster Linie den besonderen Gefahren für diejenigen Dienstverpflichteten Rechnung, die im Zusammenhang mit ihrer Dienstleistung in eine **häusliche Gemeinschaft des Dienstberechtigten** aufgenommen werden. Die Mehrheit der XII. Kommission des Reichstags bejahte insofern ein besonderes, in einer Gesindeordnung nicht ausreichend regelbares Schutzbedürfnis (MUGDAN II 1288). Der historische Gesetzgeber wertete – wie der gleichfalls auf die Reichstagskommission zurückgehende § 617 BGB zeigt (s oben § 617 Rn 1) – diese Vorschrift sowie § 618 Abs 2 BGB als Sinneinheit, um Schutzdefizite der nur teilweise vorliegenden Gesindeordnungen zu kompensieren (s auch oben § 617 Rn 3). Es entspricht deshalb der Seh- und Wertungsweise des historischen Gesetzgebers, der „häuslichen Gemeinschaft" in § 618 Abs 2 BGB denselben Begriffsinhalt wie bei § 617 BGB beizulegen.

Der in der Literatur teilweise vertretenen Auffassung, der Begriff der häuslichen Gemeinschaft sei in § 618 Abs 2 BGB weiter auszulegen als bei § 617 BGB (so BeckOK ArbR/JOUSSEN § 618 BGB Rn 31; SOERGEL/KRAFT § 618 Rn 19; MünchKomm/LORENZ [4. Aufl 2005] § 618 Rn 50; STAUDINGER/MOHNEN/NEUMANN[10/11] § 618 Rn 36), kann wegen des zu § 617 BGB befürworteten engeren Begriffsverständnisses (s oben § 617 Rn 25 f) nicht beigetreten werden. Solange im Rahmen des § 617 BGB stets eine auch den Dienstberechtigten einschließende Gemeinschaft gefordert wird (s oben § 617 Rn 25 f), überschreitet eine hierauf verzichtende Auslegung des § 618 Abs 2 BGB – bei der vor allem auf Grund der Entstehungsgeschichte gebotenen Prämisse eines kongruenten Begriffsverständnisses – die Grenze des Gesetzeswortlauts (für ein weites Begriffsverständnis bei beiden Normen jedoch MünchKomm/HENSSLER § 618 Rn 61). Jede Anwendung des § 618 Abs 2 BGB, die über diesen hinausgeht und die Vorschrift auf **Gemeinschaftsunterkünfte** ausdehnt, die ausschließlich von Dienstverpflichteten bzw Arbeitnehmern bewohnt werden, ist nur unter den Voraussetzungen einer **Gesetzesanalogie** methodisch statthaft (zustimmend AR/KAMANABROU § 618 BGB Rn 17; HWK/KRAUSE § 618 BGB Rn 27; ErfKomm/WANK § 618 BGB Rn 22). Dementsprechend plädierte auch das **Bundesarbeitsgericht** in seinem Urteil v 8. 6. 1955, in dem es § 618 BGB auf **Arbeitnehmerwohnheime** anwandte, nicht für eine weite Auslegung des § 618 Abs 2 BGB, sondern stützte sich expressis verbis und methodisch zutreffend auf eine „sinngemäße" Anwendung dieser Norm (BAG 8. 6. 1955 – 2 AZR 200/54, AP BGB § 618 Nr 1 sowie näher unten Rn 238 ff). 237

2. Gemeinschaftsunterkünfte

Ungeachtet der exakten methodischen Begründung lässt die inzwischen einhellige Ansicht die besonderen Schutzpflichten in **§ 618 Abs 2 BGB** auch eingreifen, wenn der Dienstverpflichtete in eine **häusliche Gemeinschaft** aufgenommen ist, **ohne** dass diese den **Dienstberechtigten** umfasst. Die Vorschrift soll auch bei einem vom Dienstberechtigten bzw Arbeitgeber unterhaltenen **Arbeiterwohnheim** anzuwenden sein (BAG 8. 6. 1955 – 2 AZR 200/54, AP BGB § 618 Nr 1; LAG Hamburg 2. 3. 1954 – 1 Sa 58/53, BB 1954, 629; für das Schrifttum zB ArbR-BGB/FRIEDRICH § 618 Rn 156; MünchKomm/HENSSLER § 618 Rn 61; HUECK/NIPPERDEY I § 48 II 6 mit Fn 50; BeckOK ArbR/JOUSSEN § 618 BGB Rn 31; AR/KAMANABROU § 618 BGB Rn 17; NK-BGB/KLAPPSTEIN § 618 Rn 18; SOERGEL/KRAFT § 618 Rn 19; HWK/KRAUSE § 618 BGB Rn 27; ErfKomm/WANK § 618 BGB Rn 22; **aA** noch LAG Stuttgart 26. 3. 1954 – II Sa 19/54, BB 1954, 629). 238

Im Ergebnis ist dies **überzeugend**, da der historische Gesetzgeber das Phänomen von Arbeiterwohnheimen nicht berücksichtigt hat und der Zweck, der der Erweiterung der Interessenwahrungspflichten zugrunde liegt, zumindest partiell eine Anwendung der Norm verlangt, wenn der Dienstberechtigte nicht in die Gemeinschaft integriert 239 ist. Anders als die enge persönliche Nähebeziehung zu dem Dienstberechtigten, die die Regelung in § 617 BGB trägt (s oben § 617 Rn 5), liegt der für § 618 BGB sinngebende erweiterte Gefahrenbereich für den Dienstverpflichteten unabhängig davon vor, ob der Dienstberechtigte Teil der häuslichen Gemeinschaft ist. Entscheidend ist allein, dass die Aufnahme in die häusliche Gemeinschaft im Hinblick auf die dienstvertraglich begründete Pflicht zur Arbeitsleistung erfolgte und die Gemeinschaftsunterkunft der unmittelbaren oder mittelbaren Herrschafts- und Organisationsgewalt des Dienstberechtigten unterliegt (ebenso MünchKomm/Henssler § 618 Rn 61; HWK/Krause § 618 BGB Rn 27). Das „Gesetz über die Mindestanforderungen an Unterkünfte für Arbeitnehmer" v 23. 7. 1973 (BGBl I 905), das den inzwischen aufgehobenen § 120c GewO in die Gewerbeordnung einfügte, bestätigte dies im Ergebnis, da mit diesem die aus § 618 Abs 2 BGB abzuleitende privatrechtliche Schutzpflicht in eine öffentlich-rechtliche Arbeitsschutzpflicht umgewandelt wurde (Reg Begr BT-Drucks 7/262, 5).

240 Die in Rn 237 befürwortete, lediglich entsprechende Anwendung des § 618 Abs 2 BGB auf Gemeinschaftsunterkünfte führt allerdings dazu, dass die Schutzpflichten dieser Vorschrift bei Gemeinschaftsunterkünften nur eingeschränkt zur Anwendung gelangen. Die Reichweite der bei Gemeinschaftsunterkünften bestehenden besonderen **Herrschafts- und Organisationsgewalt des Dienstberechtigten begrenzt** die für den Analogieschluss unerlässliche teleologische Vergleichbarkeit. Es ist stets erforderlich, dass die von § 618 Abs 2 BGB vorausgesetzte besondere Gefahrenlage für die von § 618 Abs 2 BGB geschützten Rechtsgüter infolge der Aufnahme in die Gemeinschaftsunterkunft besteht.

241 Hinsichtlich der **Beschaffenheit der Wohn- und Schlafräume** ist dies regelmäßig der Fall. Bezüglich der **Verpflegung** trifft dies hingegen nur zu, wenn diese der Verantwortung des Dienstberechtigten unterliegt, nicht aber, wenn die Bewohner diese eigenverantwortlich organisieren und tragen. Für die **Arbeits- und Erholungszeiten** ist nur noch begrenzt erkennbar, inwiefern die Aufnahme in eine Gemeinschaftsunterkunft eine besondere Gefahrenlage vermittelt. Die Notwendigkeit einer den Telos der Norm beachtenden differenzierenden Betrachtung gilt entsprechend bei den in § 618 Abs 2 BGB genannten **Gefahren für Gesundheit, Sittlichkeit und Religion**.

II. Umfang der Schutzpflicht

1. Wohn- und Schlafräume

242 Bezüglich der Wohn- und Schlafräume werden die Pflichten des Dienstberechtigten nach § 618 Abs 2 BGB weitgehend durch den **notwendigen Gesundheitsschutz** bestimmt. Dieser beeinflusst vor allem die Anforderungen an **Größe und Lage** der Wohn- und Schlafräume, deren **Beleuchtungs- und Belüftungsmöglichkeiten**, den **Feuchtigkeits-, Wärme- und Lärmschutz** sowie die **sanitären Einrichtungen**. Im Übrigen ist auf die Verkehrssitte abzustellen, die auch durch die Art der Dienstleistung geprägt wird.

243 Bei Gemeinschaftsunterkünften konkretisierten vor allem **§ 120c GewO** und die dort in Abs 1 S 2 sowie Abs 3 getroffenen Regelungen (hierzu zB Kollmer, in: Landmann/

Rohmer, GewO, § 120c) den Pflichtenkreis des Dienstberechtigten (ebenso ErfKomm/Wank § 618 BGB Rn 25). Diese waren **über den Geltungsbereich der Gewerbeordnung hinaus** für jeden Arbeitgeber verbindlich (§ 120c Abs 5 GewO aF; s auch Reg Begr BT-Drucks 7/262, 5), galten – vermittelt durch § 618 Abs 2 BGB – aber auch **außerhalb des Arbeitsrechts**. Hierfür waren in erster Linie die für die Einfügung des § 120c GewO durch das „Gesetz über die Mindestanforderungen an Unterkünfte für Arbeitnehmer" v 23. 7. 1973 (BGBl I 905) tragenden Erwägungen maßgebend. Entsprechend der einhelligen Ansicht ging der Gesetzgeber bei der Schaffung des § 120c GewO davon aus, dass § 618 Abs 2 BGB auch bei der Unterbringung in Gemeinschaftsunterkünften anzuwenden ist; § 120c GewO sollte „diese Fürsorgepflicht in eine öffentlich-rechtliche Arbeitsschutzpflicht umwandeln" (Reg Begr BT-Drucks 7/262, 5), sodass sich der Gesetzgeber augenscheinlich von der Überzeugung leiten ließ, dass der Regelungsinhalt des § 120c GewO in § 618 Abs 2 BGB enthalten war. Die Verpflichtungen der letztgenannten Vorschrift sollten parallel bestehen bleiben (BT-Ausschuss für Arbeit und Sozialordnung, BT-Drucks 7/527, 3 f).

Den **räumlichen Umfang der Interessenwahrungspflicht** erstreckte § 120c Abs 3 GewO nicht nur auf den **Wohn- und Schlafraum** im engeren Sinne, sondern auch auf **Nebenräume**, die mit der Benutzung der Wohn- und Schlafräume denknotwendig verbunden sind. Zu ihnen gehören insbesondere Küchen und Vorratsräume sowie die Räumlichkeiten für sanitäre Anlagen. Darüber hinaus enthielt **§ 120c Abs 1 Satz 2 GewO** einen **Katalog**, der die Sachverhalte festlegte, in denen ein **Verstoß gegen die Pflicht** zum Schutz der Gesundheit vorlag. Durch das in die jeweiligen Tatbestände aufgenommene **Adjektiv „unzureichend"** war allerdings nur wenig Klarheit für die im Einzelfall zu beachtenden Pflichten gewonnen. 244

Die mit der Aufhebung von § 120c GewO entstandene Lücke wird durch die Vorgaben des **Arbeitsstättenrechts** geschlossen (BeckOGK/Witschen [1. 2. 2019] § 618 Rn 135 f). So müssen vom Arbeitgeber bereitgestellte Unterkünfte eine ausreichende Grundfläche und Höhe sowie einen ausreichenden Luftraum aufweisen (Nr 1. 2 Abs 2 des Anhangs zu § 3 ArbStättV). Ferner müssen diese entsprechend ihrer Belegungszahl mit einem Wohn- und Schlafbereich, einem Essbereich und Sanitäreinrichtungen ausgestattet sein (Nr 4. 4 des Anhangs zu § 3 Abs 1 ArbStättV) und ausreichend mit Tageslicht beleuchtet sein, mit ausreichend zuträglicher Atemluft versorgt sein und sie müssen über eine gesundheitlich zuträgliche Raumtemperatur verfügen (Nr 3. 4 Abs 2, 3. 5 Abs 2 u 3. 6 Abs 1 des Anhangs zu § 3 Abs 1 ArbStättV). Detaillierte Vorgaben für die Beschaffenheit von Unterkünften legt die Arbeitsstättenregel (ASR) A4. 4 (GMBl Nr 35 v 23. 6. 2010, 751) fest, bei deren Einhaltung davon auszugehen ist, dass von der Unterkunft keine Gefährdungen für Sicherheit und Gesundheit der untergebrachten Arbeitnehmer ausgehen (§ 3a Abs 1 S 3 ArbStättV). Abweichungen sind dem Arbeitgeber zwar gestattet, müssen aber das gleiche Niveau für Sicherheit und Gesundheitsschutz gewährleisten (§ 3a Abs 1 S 4 ArbStättV). Bei **Hausangestellten** greifen wegen § 1 Abs 2 S 1 ArbSchG die Konkretisierungen des Arbeitsstättenrechts nicht ein; der Empfehlung Nr 201 zum ILO-Übereinkommen Nr 185 (s oben Rn 35) sind in Art 17 jedoch Anhaltspunkte für die Auslegung von § 618 Abs 2 BGB zu entnehmen. 245

2. Verpflegung

246 Die Verpflegung darf, wenn sie dem Verantwortungsbereich des Dienstberechtigten zuzuordnen ist, **nicht gesundheitsgefährdend** sein (RAG 9. 6. 1937 – RAG 51/37, ARS 30, 232). Auf **hochwertige Vollwertkost** besteht im Regelfall kein Anspruch, solange die vom Dienstberechtigten dargebotenen Nahrungsmittel lebensmittelrechtlich unbedenklich sind (zust BeckOK ArbR/Joussen § 618 BGB Rn 32). Ob der Dienstberechtigte bei der **Zusammenstellung der Verpflegung** auf **religiös motivierte Essgewohnheiten** der Dienstberechtigten (Fastenzeit, bestimmte Art der Schlachtung bei Fleischwaren, Ausschluss bestimmter Fleischsorten) Rücksicht nehmen muss, hängt von den Umständen des Einzelfalles ab (Erman/Belling/Riesenhuber § 618 Rn 20; BeckOK ArbR/Joussen § 618 BGB Rn 32; AR/Kamanabrou § 618 BGB Rn 18; NK-BGB/Klappstein § 618 Rn 19; BeckOGK/Witschen [1. 2. 2019] § 618 Rn 138). Eine generelle Pflicht, einem Katholiken an Fastentagen die hierfür entsprechende Kost zu verabreichen (so Staudinger/Mohnen/Neumann[10/11] § 618 Rn 38), die bei anderen religiös geprägten Essgewohnheiten entsprechend anzuerkennen wäre, ist im Hinblick auf die Unzumutbarkeit als Grenze der Pflicht zu weitgehend (plastisch Oertmann § 618 Anm 2c: „unmöglich kann die ganze Hausordnung sich nach den Angestellten richten"; zurückhaltend auch HWK/Krause § 618 BGB Rn 27; großzügiger indes BeckOGK/Witschen [1. 2. 2019] § 618 Rn 138). Da sich § 618 Abs 2 BGB auf die Art und Weise der Verpflegung bezieht, schafft die Vorschrift keinen Rechtsanspruch auf Verpflegung, sondern setzt diesen voraus (BeckOGK/Witschen [1. 2. 2019] § 618 Rn 138).

3. Arbeits- und Erholungszeiten

247 Bezüglich Dauer und Lage der Arbeits- und Erholungszeit hat § 618 Abs 2 BGB nur begrenzt eine eigenständige Bedeutung, da die aus Gründen des Gesundheitsschutzes gebotenen Schutzpflichten bereits aus § 618 Abs 1 BGB folgen (s oben Rn 127, 169 ff; zust BeckOK ArbR/Joussen § 618 BGB Rn 33; BeckOGK/Witschen [1. 2. 2019] § 618 Rn 140). Allerdings umfasst § 618 Abs 1 keine Rücksichtnahmepflicht hinsichtlich der Sittlichkeit und der Religion (s oben Rn 127). Insofern sichert § 618 Abs 2 BGB, dass die **Religionsausübungsfreiheit** zumindest dann die Lage der Arbeitszeit und die hierzu dienende Leistungsbestimmung des Dienstberechtigten beeinflusst, wenn dies auf Grund einer Abwägung mit den Belangen des Dienstberechtigten diesem zuzumuten ist (treffend schon Oertmann § 618 Anm 2c, der mit Recht auf das Übermaß als Grenze der den Dienstberechtigten treffenden Pflicht hinweist; s auch BeckOGK/Witschen [1. 2. 2019] § 618 Rn 140). Dem Dienstverpflichteten ist unter diesen Voraussetzungen ausreichend Zeit für die **Ausübung religiöser Gebräuche** zu belassen bzw die Arbeitszeit so zu legen, dass der Dienstverpflichtete an dem Leben der Religionsgemeinschaft ausreichend teilnehmen kann. In Betracht kommt vor allem der Besuch des Gottesdienstes (Erman/Belling/Riesenhuber § 618 Rn 20; ArbR-BGB/Friedrich § 618 Rn 160; MünchKomm/Henssler § 618 Rn 67; BeckOK ArbR/Joussen § 618 BGB Rn 33; Soergel/Kraft § 618 Rn 19; HWK/Krause § 618 BGB Rn 32; Staudinger/Mohnen/Neumann[10/11] § 618 Rn 38; Oertmann § 618 Anm 2c; BeckOGK/Witschen [1. 2. 2019] § 618 Rn 140).

G. Rechtsfolgen der Pflichtverletzung

I. Erfüllungsanspruch des Dienstverpflichteten

248 Erfüllt der Dienstberechtigte seine aus § 618 Abs 1 oder 2 BGB folgenden Pflichten nicht oder nicht ordnungsgemäß, so steht dem Dienstverpflichteten ein **Erfüllungsanspruch** zu (so im Grundsatz die herrschende Ansicht trotz Abweichungen im Detail, s BAG 17. 2. 1998 – 9 AZR 130/97, AP BGB § 618 Nr 27; BAG 12. 8. 2008 – 9 AZR 1117/06, AP BGB § 618 Nr 29; ArbG Siegen 7. 1. 1999 – 1 Ca 2299/97, NZA-RR 2001, 630; Erman/Belling/Riesenhuber § 618 Rn 21; Bücker/Feldhoff/Kohte 15; AK-BGB/Derleder § 618 Rn 5; ArbR-BGB/Friedrich § 618 Rn 198; BeckOK BGB/Fuchs/Baumgärtner § 618 Rn 21; Galperin BB 1963, 742; MünchKomm/Henssler § 618 Rn 86; Herschel RdA 1978, 73 f; Hromadka/Maschmann, Arbeitsrecht 1 [7. Aufl 2018] § 7 Rn 129; Hueck/Nipperdey I § 48 II 5 a; BeckOK ArbR/Joussen § 618 BGB Rn 35; AR/Kamanabrou § 618 BGB Rn 19; NK-BGB/Klappstein § 618 Rn 20; Schaub/Koch, Arbeitsrechts-Handbuch [16. Aufl 2015] § 106 Rn 18; MHdB ArbR/Kohte § 175 Rn 17; Kollmer NJW 1997, 2018; Soergel/Kraft § 618 Rn 21; HWK/Krause § 618 BGB Rn 28; Larenz I § 52 II c 3 [263]; Löwisch/Caspers/Klumpp, Arbeitsrecht [11. Aufl 2017] Rn 528; Jauernig/Mansel §§ 618, 619 Rn 5; HK-ArbSchR/Nebe § 618 BGB Rn 47; Nipperdey, in: Festgabe zum 50-jährigen Bestehen des Reichsgerichts Bd IV [1929] 222; Oertmann § 618 Anm 4; NK-GA/Otto § 618 BGB Rn 32; Pieper, ArbSchR [6. Aufl 2017] BGB/HGB Rn 14, HK-BGB/Schreiber §§ 617–619 Rn 12; Waltermann RdA 1998, 331 f; ErfKomm/Wank § 618 BGB Rn 23; BeckOGK/Witschen [1. 2. 2019] § 618 Rn 141; Wlotzke, in: FS Hilger/Stumpf [1983] 744 ff; Zöllner/Loritz/Hergenröder, Arbeitsrecht [7. Aufl 2015] § 32 Rn 7; **aA** noch Planck/Gunkel § 611 Anm 5b; Jacobi 188 f). Zumindest im Rahmen des § 618 BGB begegnet die Ausdehnung des Erfüllungsanspruches auf die **Schutzpflichten** eines Vertragspartners keinen grundsätzlichen Bedenken, ohne dass mit der Anerkennung des Anspruchs zugleich die Qualifizierung als „Leistung" im Sinne des allgemeinen Leistungsstörungsrechts verbunden ist.

249 Die Kontroverse um die Anerkennung eines Erfüllungsanspruches zugunsten des Dienstverpflichteten hat **keine große praktische Bedeutung** (MünchKomm/Henssler § 618 Rn 86; BeckOK ArbR/Joussen § 618 BGB Rn 35; MHdB ArbR/Kohte § 175 Rn 18; ErfKomm/Wank § 618 BGB Rn 23). Der vertragliche Schadensersatzanspruch des Dienstverpflichteten bei einer Verletzung der Pflichten aus § 618 Abs 1 und 2 BGB (unten Rn 284 ff), das Leistungsverweigerungsrecht des Dienstverpflichteten (unten Rn 257 ff), die fortbestehende Vergütungspflicht des Dienstberechtigten bei einer auf die Pflichtverletzung gestützten Vorenthaltung der Dienstleistung (unten Rn 276 ff) sowie die Möglichkeit einer Feststellungsklage, dass der Dienstberechtigte verpflichtet ist, die erforderlichen Maßnahmen zu treffen, sind für den Arbeitnehmer wirksame Instrumente, um die Einhaltung der Pflichten aus § 618 Abs 1 und 2 auf privatrechtlichem Wege zu erzwingen (zustimmend Pieper, ArbSchR [6. Aufl 2017] BGB/HGB Rn 14). Ungeachtet dessen wird der grundsätzlichen Existenz des Erfüllungsanspruches teilweise eine zentrale Bedeutung für den Rechtsschutz und die Interessendurchsetzung beigemessen (so MHdBArbR/Kohte § 175 Rn 18).

250 Bei den öffentlich-rechtlichen Vorschriften des technischen Arbeitsschutzrechts ist schließlich die als ultima-ratio zulässige Anrufung (§ 17 Abs 2 ArbSchG) der staatlichen Aufsichtsbehörden (§§ 21 ff ArbSchG) und deren Verwaltungszwang bzw die Einschaltung der Unfallversicherungsträger und deren Befugnis zum Erlass von Anordnungen (§ 17 Abs 1 S 2 SGB VII) ein schnelleres und sichereres Hilfsmittel

als der Gerichtsschutz (zum außerbetrieblichen Beschwerderecht des Arbeitnehmers unten Rn 384 ff). Ergänzend tritt das Recht des Arbeitnehmers hinzu, den Betriebsrat nach § 85 BetrVG zur Behebung etwaiger Mängel bei der Einhaltung des technischen Arbeitsschutzrechts einzuschalten. Praktisch relevant ist die Problematik eines Erfüllungsanspruches jedoch im Hinblick auf dessen Durchsetzung unter Zuhilfenahme des **einstweiligen Rechtsschutzes** (ArbR-BGB/Friedrich § 618 Rn 204; Hueck/Nipperdey I § 48 II 5 a; MHdB ArbR/Kohte § 175 Rn 17; Pieper, ArbSchR [6. Aufl 2017] BGB/HGB Rn 14; BeckOGK/Witschen [1. 2. 2019] § 618 Rn 141; exemplarisch LAG München 2. 3. 1990 – 6 Sa 88/90, LAGE § 618 BGB Nr 4).

251 Im Grundsatz überzeugt die herrschende Ansicht. Zwar begründen § 618 Abs 1 und 2 BGB bei einer streng am Gesetzeswortlaut orientierten Betrachtung lediglich eine Pflicht des Dienstberechtigten und keinen Anspruch des Dienstverpflichteten, jedoch vernachlässigt dessen Ablehnung den **untrennbaren Zusammenhang** zwischen den **Pflichten aus § 618 Abs 1 BGB** und der **Tätigkeit des Dienstverpflichteten**. Solange und soweit diesem kraft seines Vertrages ein Anspruch auf Beschäftigung zusteht (s dazu Staudinger/Richardi/Fischinger [2016] § 611 Rn 1039 ff), umfasst dieser nicht nur die Beschäftigung als solche, sondern auch einen Anspruch auf Beschäftigung zu den vertraglich vereinbarten Bedingungen. Hierzu gehört als notwendiger Teilaspekt auch die **Einhaltung der Schutzpflichten** durch den Dienstberechtigten im Hinblick auf die ihm zuzurechnenden Gefahren für Leben und Gesundheit, denen der Dienstverpflichtete im Zusammenhang mit der Dienstleistung ausgesetzt ist. Der **Erfüllungsanspruch** des Dienstverpflichteten auf Beachtung der Schutzpflichten in § 618 BGB ist deshalb **akzessorischer Bestandteil seines Beschäftigungsanspruches** (so im Begründungsansatz auch Erman/Belling/Riesenhuber § 618 Rn 21; AK-BGB/Derleder § 618 Rn 5; ArbR-BGB/Friedrich § 618 Rn 198; MünchKomm/Henssler § 618 Rn 86; Hueck/Nipperdey I § 48 II 5 a; BeckOK ArbR/Joussen § 618 BGB Rn 36; MHdB ArbR/Kohte § 175 Rn 17; Soergel/Kraft § 618 Rn 21; HWK/Krause § 618 BGB Rn 28; Wlotzke, in: FS Hilger/Stumpf [1983] 744 f sowie schon Sinzheimer 158; **aA** BeckOGK/Witschen [1. 2. 2019] § 618 Rn 141 mit in der Sache ähnlicher Argumentation), der jedoch trotzdem selbständig neben dem Beschäftigungsanspruch steht.

252 Aus der dogmatischen Fundierung des Erfüllungsanspruches in Rn 251 folgen zugleich dessen **sachliche Grenzen**. Anzuerkennen ist er nur solange und soweit dem Dienstverpflichteten auf Grund des Vertrages ein Beschäftigungsanspruch zusteht (deutlich hervorgehoben von AK-BGB/Derleder § 618 Rn 5; ArbR-BGB/Friedrich § 618 Rn 198; NK-BGB/Klappstein § 618 Rn 20; Soergel/Kraft § 618 Rn 21; ErfKomm/Wank § 618 BGB Rn 28; Wlotzke, in: FS Hilger/Stumpf [1983] 745 sowie bereits Sinzheimer 158). Dieser besteht nicht bei allen Dienstverträgen, sondern regelmäßig nur bei solchen, die als **Arbeitsvertrag** zu qualifizieren sind (hierzu vor allem BAG [GS] 27. 2. 1985 – GS 1/84, AP BGB § 611 Beschäftigungspflicht Nr 14; näher Staudinger/Richardi/Fischinger [2016] § 611 Rn 1694 ff). **Entfällt der Beschäftigungsanspruch** im Arbeitsverhältnis, so scheidet auch ein Anspruch auf Erfüllung der Pflichten in § 618 BGB aus (ebenso MHdB ArbR/Kohte § 175 Rn 17; kritisch HK-ArbSchR/Nebe § 618 BGB Rn 48; missverständlich Hueck/Nipperdey I § 48 II 5 a; Soergel/Kraft § 618 Rn 21, die den Erfüllungsanspruch verneinen wollen, wenn der Arbeitgeber die Beschäftigung ablehnen darf).

253 Wird der Arbeitnehmer beschäftigt, obwohl **keine Beschäftigungspflicht** besteht, so billigt ihm die hM ebenfalls einen Erfüllungsanspruch zu (Erman/Belling/Riesenhuber

§ 618 Rn 21; ArbR-BGB/Friedrich § 618 Rn 198; MünchKomm/Henssler § 618 Rn 86; BeckOK ArbR/Joussen § 618 BGB Rn 36; MHdB ArbR/Kohte § 175 Rn 17; HK-ArbSchR/Nebe § 618 BGB Rn 47; ErfKomm/Wank § 618 BGB Rn 23). Dem ist im Grundsatz zuzustimmen, jedoch ist ein Vertragsverhältnis unverzichtbar; gegebenenfalls genügt ein **fehlerhaftes Arbeitsverhältnis** (ebenso MHdB ArbR/Kohte § 175 Rn 17), da dieses bis zu seiner Beendigung einem wirksamen Arbeitsverhältnis gleichzustellen ist (vgl Staudinger/Richardi/Fischinger [2016] § 611 Rn 692 ff). Umgekehrt setzt der Erfüllungsanspruch nicht voraus, dass der Dienstberechtigte den Dienstverpflichteten tatsächlich beschäftigt (so wohl Palandt/Weidenkaff § 618 Rn 6). Der Anspruch auf Einhaltung der in § 618 BGB genannten Pflichten besteht nach deren Zweck bereits, wenn der Dienstverpflichtete einen Beschäftigungsanspruch geltend macht (so zutreffend Hueck/Nipperdey I § 48 II 5 Fn 20).

254 Wegen der Akzessorietät des Erfüllungsanspruches zu einem Beschäftigungsanspruch steht dem Arbeitnehmer nicht stets ein Anspruch auf Erfüllung der in § 618 BGB genannten Pflichten zu. Voraussetzung ist zusätzlich, dass sich die jeweilige **Interessenwahrungspflicht auf** die vom Dienstverpflichteten zu erbringende **Dienstleistung bezieht**. Deshalb ist ein **Erfüllungsanspruch nur** hinsichtlich der Pflichten in **§ 618 Abs 1 BGB, nicht** aber hinsichtlich der erweiterten **Interessenwahrungspflichten in § 618 Abs 2 BGB** zu bejahen.

255 Inhaltlich richtet sich der Erfüllungsanspruch **primär** auf ein **positives Tun** des Dienstberechtigten, wenn dieser seine Pflichten aus § 618 Abs 1 BGB verletzt. Lässt die Arbeitsschutznorm dem **Arbeitgeber** einen **Spielraum**, mit welchen Mitteln er die Gefahren für Leben und Gesundheit des Dienstverpflichteten abwendet, dann richtet sich der Erfüllungsanspruch des Arbeitnehmers nur auf eine **fehlerfreie Ausübung des Ermessens** (BAG 12. 8. 2008 – 9 AZR 1117/06, AP BGB § 618 Nr 29; ArbR-BGB/Friedrich § 618 Rn 199; BeckOK BGB/Fuchs/Baumgärtner § 618 Rn 21; MünchKomm/Henssler § 618 Rn 87; BeckOK ArbR/Joussen § 618 BGB Rn 37; AR/Kamanabrou § 618 BGB Rn 19; NK-BGB/Klappstein § 618 Rn 20; MHdB ArbR/Kohte § 175 Rn 19; HWK/Krause § 618 BGB Rn 28; HK-ArbSchR/Nebe § 618 BGB Rn 49; Pieper, ArbSchR [6. Aufl 2017] BGB/HGB Rn 14; ErfKomm/Wank § 618 BGB Rn 24; BeckOGK/Witschen [1. 2. 2019] § 618 Rn 85, 141; Wlotzke, in: FS Hilger/Stumpf [1983] 745; s auch LAG Berlin 14. 3. 1989 – 3 Sa 109/88, DB 1989, 935 f; LAG München 27. 11. 1990 – 2 Sa 542/90, NZA 1991, 521). Zur Konkretisierung ist auf § 315 BGB zurückzugreifen (zust BAG 12. 8. 2008 – 9 AZR 1117/06, AP BGB § 618 Nr 29). Soweit der Arbeitgeber zur Ausübung des Ermessens auf die **Zustimmung des Betriebsrates** angewiesen ist (insbesondere § 87 Abs 1 Nr 7 BetrVG), soll sich der Erfüllungsanspruch zudem darauf beschränken, dass der Arbeitgeber im Verhältnis zum Betriebsrat sein Initiativrecht ausübt (BAG 12. 8. 2008 – 9 AZR 1117/06, AP BGB § 618 Nr 29; zust BeckOK ArbR/Joussen § 618 BGB Rn 38; BeckOGK/Witschen [1. 2. 2019] § 618 Rn 142 sowie oben Rn 196). Das gilt allerdings dann nicht, wenn der Arbeitgeber individualrechtlich zur Vornahme einer bestimmten Maßnahme verpflichtet ist.

256 Der Erfüllungsanspruch kann auch auf ein **Unterlassen des Dienstberechtigten** abzielen (Wlotzke, in: FS Hilger/Stumpf [1983] 745; ebenso NK-GA/Otto § 618 BGB Rn 32;) und so die Qualität eines Unterlassungsanspruchs gewinnen (Bücker/Feldhoff/Kohte 14; MHdB ArbR/Kohte § 175 Rn 21; HK-ArbSchR/Nebe § 618 BGB Rn 52; Pieper, ArbSchR [6. Aufl 2017] BGB/HGB Rn 14). Ob für dessen Geltendmachung ein **Rechtsschutzbedürfnis**

besteht (verneinend WLOTZKE; in: FS Hilger/Stumpf [1983] 747), ist eine unabhängig vom materiellen Recht zu beurteilende Frage des Prozessrechts.

II. Leistungsverweigerung des Dienstverpflichteten*

1. Zurückbehaltungsrecht (§ 273)

257 Anders als für den Erfüllungsanspruch (s oben Rn 248 ff) ist in Doktrin und Judikatur im Ergebnis einmütig anerkannt, dass der Dienstverpflichtete die **Erbringung der** vertraglich geschuldeten **Dienstleistung verweigern** kann, wenn der Dienstberechtigte seine Schutzpflichten in § 618 Abs 1 und 2 BGB nicht erfüllt (im Grundsatz auch § 39 Abs 1 Nr 3 des zum 59. DJT vorgelegten Entwurfs eines Arbeitsvertragsgesetzes, der jedoch ebenso wie § 9 Abs 3 ArbSchG eine „unmittelbare Gefahr" für Leben oder Gesundheit verlangt, Verhandlungen des 59. DJT I [1992] D 31; abweichend demgegenüber § 33 Abs 1 Nr 2 lit a des von HENSSLER/PREIS vorgelegten Diskussionsentwurfs eines Arbeitsvertragsgesetzes [NZA 2007, Beil 1], der ausschließlich auf eine „erhebliche Gefahr" abstellt; zu § 9 Abs 3 ArbSchG s unten Rn 267 ff).

258 Umstritten ist die **Rechtsgrundlage** des Leistungsverweigerungsrechts. Während **Einzelne** die **Einrede des nicht erfüllten Vertrages** (§ 320 BGB) angeben (so noch BGB-RGRK/DENECKE[11] Anm 8; JACOBI 188 Fn 18; widersprüchlich STAUDINGER/MOHNEN/NEUMANN[10/11] § 618 Rn 68 [anders aber Rn 59]; hierzu unten Rn 263), zieht die **überwiegende Ansicht** als Rechtsgrundlage das Zurückbehaltungsrecht in **§ 273 BGB** heran (so BAG 8. 5. 1996 – 5 AZR 315/95, AP BGB § 618 Nr 23; BAG 17. 2. 1998 – 9 AZR 130/97, AP BGB § 618 Nr 27; ERMAN/BELLING/RIESENHUBER § 618 Rn 23; STAUDINGER/BITTNER [2014] § 273 Rn 89; AK-BGB/DERLEDER § 618 Rn 5; ArbR-BGB/FRIEDRICH § 618 Rn 205; BeckOK BGB/FUCHS/BAUMGÄRTNER § 618 Rn 22; MünchKomm/HENSSLER § 618 Rn 91; BeckOK ArbR/JOUSSEN § 618 BGB Rn 39; AR/KAMANABROU § 618 BGB Rn 21; NK-BGB/KLAPPSTEIN § 618 Rn 21; SCHAUB/KOCH, Arbeitsrechts-Handbuch [17. Aufl 2018] § 106 Rn 19; MHdB ArbR/KOHTE § 175 Rn 24; KOLLMER NJW 1997, 2018; KORT NZA 1996, 855; SOERGEL/KRAFT § 618 Rn 22; HWK/KRAUSE § 618 BGB Rn 30; LÖWISCH/CASPERS/KLUMPP, Arbeitsrecht [11. Aufl 2017] Rn 528; JAUERNIG/MANSEL §§ 618, 619 Rn 5; HK-ArbSchR/NEBE § 618 BGB Rn 51; NIPPERDEY, in: Festgabe zum 50-jährigen Bestehen des Reichsgerichts Bd IV [1929] 223; NK-GA/OTTO § 618 BGB Rn 33; HK-BGB/SCHREIBER §§ 617–619 Rn 12; WALTERMANN RdA 1998, 32; ErfKomm/WANK § 618 BGB Rn 25; BeckOGK/WITSCHEN [1. 2. 2019] § 618 Rn 147; WLOTZKE, in: FS Hilger/Stumpf [1983] 748; im Grundsatz auch N FABRICIUS, Einstellung der Arbeitsleistung bei gefährlichen und normwidrigen Tätigkeiten [1997] 139 ff, der jedoch auch auf § 320 zurückgreift, wenn die Erfüllung der fraglichen Arbeitsschutzpflicht zum Arbeitssubstrat zu rechnen ist; für eine „entsprechende" Anwendung des § 273 SÖLLNER ZfA 1973, 15 ff; dazu auch unten Rn 262 f).

259 Einen hiervon abweichenden Standpunkt vertritt eine von HERSCHEL und NIKISCH formulierte Lehre, die die Heranziehung eines der gesetzlich geregelten zivilrechtlichen Leistungsverweigerungsrechte für entbehrlich erachtet und ein **eigenständiges Recht zur Nichtleistung** befürwortet (HERSCHEL RdA 1964, 45; ders RdA 1978, 72 f; NIKISCH I § 36 V 2). Eines Leistungsverweigerungsrechts bedürfe es nur, solange eine Leistungspflicht besteht. Verletze der Dienstberechtigte seine Schutzpflichten aus § 618 BGB,

* **Schrifttum**: N FABRICIUS, Einstellung der Arbeitsleistung bei gefährlichen und normwidrigen Tätigkeiten (1997); MOLKENTIN, Das Recht auf Arbeitsverweigerung bei Gesundheitsgefährdung des Arbeitnehmers, NZA 1997, 849.

so **entfalle** bereits die **Leistungspflicht des Dienstverpflichteten**, sodass für ein **Leistungsverweigerungsrecht kein Raum** bleibe (so neben den Vorgenannten auch Capodistrias, in: FS Nipperdey II [1965] 107 f; Otto AR-Blattei, Zurückbehaltungsrecht I [1981], B II 1 c aa; im dogmatischen Ansatz ebenso Söllner ZfA 1973, 16 f, da er für eine entsprechende Anwendung des § 273 plädiert; teilweise auch N Fabricius, Einstellung der Arbeitsleistung bei gefährlichen und normwidrigen Tätigkeiten [1997] 113 ff, bei höchster Wahrscheinlichkeit eines schweren Gesundheitsschadens).

Der in Rn 259 referierte konstruktive Ansatz überdehnt den im Wege der Auslegung zu ermittelnden Inhalt der Arbeitspflicht (abl auch HWK/Krause § 618 BGB Rn 35). Zwar besteht diese stets nur im Rahmen der durch den Arbeitsvertrag festgelegten Grenzen, es geht aber zu weit, die Einhaltung der Arbeitsschutznormen generell in den Rang einer immanenten Voraussetzung für die Pflicht zur Dienstleistung zu erheben (ebenso HWK/Krause § 618 BGB Rn 30). Die Schutzpflichten in § 618 Abs 1 BGB regeln nicht die Voraussetzungen der Dienstleistungspflicht im Sinne einer notwendigen Mitwirkungshandlung (so aber Capodistrias, in: FS Nipperdey II [1965] 108), sondern verpflichten den Dienstberechtigten, während der Erfüllung der Dienstleistung durch den Dienstverpflichteten bestimmte Rahmenbedingungen einzuhalten. Der von Herschel und Nikisch begründete Ansatz hebt jedoch zu Recht hervor, dass die Pflicht zur Dienstleistung stets nur in den Grenzen des Vertrages besteht. 260

Die Bestrebungen zu einer dogmatisch präzisen Verankerung des Rechts zur Nichtleistung können nicht bereits deshalb vernachlässigt werden, weil eine § 618 Abs 1 BGB widersprechende **Weisung des Dienstberechtigten** gegen § 134 BGB verstoße und deshalb unbeachtlich sei. Hieran ist richtig, dass die konkretisierende Weisung des Dienstberechtigten, die den **Pflichten aus § 618 BGB widerspricht**, regelmäßig **nach § 134 BGB nichtig** ist (s MHdB ArbR/Kohte § 175 Rn 29) bzw die Grenzen billigen Ermessens (§ 106 GewO bzw § 315 BGB) überschreitet und deshalb für den Dienstverpflichteten unbeachtlich ist (s oben Rn 166), hiermit ist aber keine Aussage über die generelle Pflicht zur Dienstleistung verbunden. Insbesondere für die Zukunft lässt sich ein Recht zur Vorenthaltung der vertraglich geschuldeten Dienstleistung nur über ein Zurückbehaltungsrecht dogmatisch befriedigend begründen. 261

Die Lösung der Streitfrage nach der Rechtsgrundlage für das Leistungsverweigerungsrecht des Dienstverpflichteten, die im Hinblick auf den Zeitpunkt des Annahmeverzugs von praktischer Bedeutung ist, hängt untrennbar mit der dogmatischen Einstufung der Schutzpflichten in § 618 BGB zusammen. Wer diese zumindest für das Arbeitsverhältnis als Ausprägung der Fürsorgepflicht versteht und diese wiederum in den Rang einer vertraglichen Hauptpflicht erhebt sowie damit in das Synallagma des vertraglichen Leistungsaustausches einbezieht, muss konsequenterweise das Leistungsverweigerungsrecht aus § 320 BGB ableiten. 262

Nach den Erwägungen in Rn 10 ff ist der dogmatischen Würdigung in Rn 262 nicht beizutreten. Bei den Schutzpflichten in § 618 Abs 1 und 2 BGB handelt es sich nicht um eigenständige und im Synallagma des Leistungsaustausches stehende Hauptpflichten, sondern um eine spezialgesetzliche Ausprägung der allgemeinen **Interessenwahrungspflichten**, die im Grundsatz bei jedem Vertragsverhältnis anzuerkennen sind. Dieses Verständnis schließt es aus, das Leistungsverweigerungsrecht aus § 320 BGB abzuleiten (so mit Recht bereits Nipperdey, in: Festgabe zum 50-jährigen Bestehen des 263

Reichsgerichts Bd IV [1929] 223 sowie Erman/Belling/Riesenhuber § 618 Rn 23; ArbR-BGB/Friedrich § 618 Rn 205; MünchKomm/Henssler § 618 Rn 93; Herschel RdA 1978, 72; BeckOK ArbR/Joussen § 618 BGB Rn 39; AR/Kamanabrou § 618 BGB Rn 21; NK-BGB/Klappstein § 618 Rn 21; Soergel/Kraft § 618 Rn 7, 22; HWK/Krause § 618 BGB Rn 30; Söllner ZfA 1973, 17; ErfKomm/Wank § 618 BGB Rn 27; BeckOGK/Witschen [1. 2. 2019] § 618 Rn 147; Wlotzke, in: FS Hilger/Stumpf [1983] 748). Vielmehr ist für dieses entsprechend der herrschenden Meinung (s die Nachweise oben Rn 258) **§ 273 BGB** heranzuziehen.

264 Das aus § 273 BGB abzuleitende Leistungsverweigerungsrecht hängt von dem **Bestehen eines Erfüllungsanspruches** des Dienstverpflichteten ab (treffend auch NK-BGB/Klappstein § 618 Rn 22). Aus diesem Grunde muss die **Pflichtverletzung** des Dienstberechtigten **objektiv feststehen**. Die subjektive Einschätzung des Dienstverpflichteten begründet für sich alleine noch keinen Erfüllungsanspruch und damit auch kein Leistungsverweigerungsrecht (ebenso MünchKomm/Henssler § 618 Rn 91; AR/Kamanabrou § 618 BGB Rn 21; HWK/Krause § 618 BGB Rn 31).

265 Die Befugnis zur **Abwendung** des Zurückbehaltungsrechts **durch Sicherheitsleistung** (§ 273 Abs 3 BGB) steht dem Dienstberechtigten **nicht** zu (Erman/Belling/Riesenhuber § 618 Rn 23; ArbR-BGB/Friedrich § 618 Rn 205; MünchKomm/Henssler § 618 Rn 91; Hromadka/Maschmann, Arbeitsrecht 1 [7. Aufl 2018] § 7 Rn 133; BeckOK ArbR/Joussen § 618 BGB Rn 40; AR/Kamanabrou § 618 BGB Rn 22; NK-BGB/Klappstein § 618 Rn 23; Soergel/Kraft § 618 Rn 22; HWK/Krause § 618 BGB Rn 31; ErfKomm/Wank § 618 BGB Rn 26; BeckOGK/Witschen [1. 2. 2019] § 618 Rn 147; Wlotzke, in: FS Hilger/Stumpf [1983] 748). Ein derartiges Recht würde dem Zweck der Interessenwahrungspflichten in § 618 Abs 1 BGB und dem zwingenden Charakter der Vorschrift widersprechen (§ 619 BGB). Darüber hinaus steht das Leistungsverweigerungsrecht des Dienstverpflichteten nicht unter dem Vorbehalt der Unzumutbarkeit der weiteren Dienstleistung (wohl auch HWK/Krause § 618 BGB Rn 30 aE; **aA** aber Larenz I § 52 II c 3 [263]). Ungeachtet dessen steht auch die Ausübung des Zurückbehaltungsrechts unter dem Vorbehalt von **Treu und Glauben (§ 242 BGB)**. In Fortsetzung des in § 320 Abs 2 BGB zum Ausdruck gelangten Rechtsgedankens ist ein Zurückbehaltungsrecht bei einem **geringfügigen oder kurzzeitigen Verstoß** gegen § 618 Abs 1 BGB bzw die Normen des öffentlich-rechtlichen Arbeitsschutzrechts unter Rückgriff auf § 242 BGB abzulehnen, wenn dieses bei dem Dienstverpflichteten keinen nachhaltigen Schaden bewirken kann (BAG 28. 6. 2018 – 2 AZR 436/17 Rn 23, NZA 2018, 1259; AR/Kamanabrou § 618 BGB Rn 28; NK-BGB/Klappstein § 618 Rn 23; ErfKomm/Wank § 618 BGB Rn 26 sowie allg Staudinger/Bittner [2014] § 273 Rn 89). Ungeachtet der dogmatischen Unterschiede zu dem in § 9 Abs 3 ArbSchG begründeten **Recht zur Arbeitsverweigerung** (s unten Rn 269) sprechen gute Gründe dafür, ein Zurückbehaltungsrecht erst dann anzuerkennen, wenn die tatbestandlichen Voraussetzungen des § 9 Abs 3 ArbSchG (s dazu unten Rn 271 ff) erfüllt sind, so dass unterhalb der dortigen Schwelle der Ausübung des Zurückbehaltungsrechts der Einwand von Treu und Glauben (§ 242 BGB) entgegensteht.

266 Die Klassifizierung der **Dienstleistung als absolute Fixschuld**, die vor allem beim Arbeitsvertrag in Betracht kommt (Staudinger/Richardi/Fischinger [2016] § 611 Rn 1064), schließt die Anerkennung eines Zurückbehaltungsrechts zugunsten des Dienstverpflichteten nicht aus. Hinsichtlich der Schutzpflichten des Dienstberechtigten in § 618 BGB erkennen dies selbst diejenigen Autoren an, die ansonsten ein Leistungsverweigerungsrecht bei absoluten Fixschulden ablehnen (Grunsky JuS 1967, 61; zuvor Abel JW

1922, 554). So rechtfertigt GRUNSKY die herrschende Meinung mit der Erwägung, dass auch die Leistung des Dienstberechtigten nicht nachholbar ist, sodass sich der für den Dienstverpflichteten erforderliche Schutz nur durch die Zubilligung eines Leistungsverweigerungsrechts erreichen lässt (GRUNSKY JuS 1967, 61).

2. Recht zur Arbeitsverweigerung (§ 9 Abs 3 ArbSchG)

Parallel zu dem Zurückbehaltungsrecht aus § 273 BGB eröffnet das Arbeitsschutz- 267
recht, bei einer unmittelbaren und erheblichen Gefahr die Arbeit zu verweigern, ohne dass hierfür erforderlich ist, dass der Arbeitgeber seine arbeitsschutzrechtlichen Pflichten verletzt hat (ebenso BeckOGK/WITSCHEN [1. 2. 2019] § 618 Rn 151). Spezialgesetzlich war ein derartiges Arbeitsverweigerungsrecht zunächst in § 21 Abs 6 S 2 GefStoffV aF geregelt, wenn die in der Gefahrstoffverordnung festgelegten Grenzwerte überschritten wurden (s näher STAUDINGER/OETKER [2002] § 618 Rn 267 ff). In die neu gefasste Gefahrstoffverordnung v 26. 11. 2010 (BGBl I 1644; s oben Rn 80) wurde dieser spezielle Rechtsbehelf nicht übernommen, sodass die allgemeine Vorschrift in § 9 Abs 3 ArbSchG eingreift.

Ein spezielles Recht zur Arbeitsverweigerung enthalten noch die bergrechtlichen 268
Arbeitsschutzbestimmungen; § 22 S 1 Nr 3 ABBergV (zu dieser oben Rn 61) legt ausdrücklich fest, dass die Beschäftigten bei einer unmittelbaren und erheblichen Gefahr berechtigt sind, ihre **Arbeit einzustellen** und ihren **Arbeitsplatz zu verlassen**. Dieses Recht steht jedoch unter dem ausdrücklichen Vorbehalt, dass Sicherheit und Gesundheit anderer Beschäftigter dem nicht entgegenstehen. Sofern die Voraussetzungen des § 22 S 1 Nr 3 ABBergV vorliegen, untersagt § 22 S 2 ABBergV eine **Benachteiligung** des Arbeitnehmers. Dies verbietet nicht nur eine **Abmahnung** oder eine **Kündigung** wegen einer Inanspruchnahme des Rechts zur Arbeitsverweigerung. Ebenso ist es dem Arbeitgeber verwehrt, wegen der berechtigten Arbeitsverweigerung die arbeitsvertraglich geschuldete **Vergütung zu kürzen**.

Eine **Verallgemeinerung** der speziellen Regelung in § 22 S 1 Nr 3 ABBergV enthält **§ 9** 269
Abs 3 ArbSchG. Ebenso wie diese konkretisiert § 9 Abs 3 ArbSchG wegen des Verzichts auf das Erfordernis einer Pflichtverletzung (s oben Rn 267) nicht das Zurückbehaltungsrecht in § 273 BGB, sondern ist auf den **Unzumutbarkeitsgrundsatz** (§ 275 Abs 3 BGB) zurückzuführen (HK-ArbSchR/FABRICIUS § 9 ArbSchG Rn 19; MünchKomm/HENSSLER § 618 Rn 94; AR/KAMANABROU § 618 BGB Rn 24; MHdB ArbR/KOHTE § 175 Rn 25; HWK/KRAUSE § 618 BGB Rn 32; ErfKomm/WANK § 618 BGB Rn 28; BeckOGK/WITSCHEN [1. 2. 2019] § 618 Rn 151; ebenso zu § 21 Abs 6 S 2 GefStoffV aF N FABRICIUS, Einstellung der Arbeitsleistung bei gefährlichen und normwidrigen Tätigkeiten [1997] 159 f; KOHTE ArbRGegW 37 [1999] 2000, 36 sowie im dogmatischen Ansatz § 33 Abs 2 des von HENSSLER/PREIS vorgelegten Diskussionsentwurfs eines Arbeitsvertragsgesetzes [NZA 2007, Beil 1]). Die **Rechtsfolge** eines **Rechts zur Arbeitsverweigerung** erschließt sich – im Unterschied zu § 22 S 1 Nr 3 ABBergV und der noch im Entwurf für ein Arbeitsschutzrahmengesetz vorgesehenen Regelung (§ 18 Abs 3 ArbSchRGE; hierzu OETKER ZRP 1994, 222; WANK, in: FS Wlotzke [1996] 622 ff) – indes nicht ohne Weiteres aus dem Gesetzeswortlaut (mit Recht kritisch N FABRICIUS, Einstellung der Arbeitsleistung bei gefährlichen und normwidrigen Tätigkeiten [1997] 165).

Diese Rechtsposition folgt jedoch aus dem Sinnzusammenhang, da der Arbeitgeber 270
die für das Verlassen des Arbeitsplatzes erforderlichen Maßnahmen treffen muss

und die Arbeitnehmer nur unter besonderen Voraussetzungen auffordern darf, ihre Tätigkeit wiederaufzunehmen (§ 9 Abs 3 S 3 ArbSchG). Dies setzt denknotwendig ein **Recht der Arbeitnehmer** voraus, **die Arbeit** beim Vorliegen der tatbestandlichen Voraussetzungen des § 9 Abs 3 S 1 ArbSchG **zu verweigern** (ebenso HK-ArbSchR/Fabricius § 9 ArbSchG Rn 17; MünchKomm/Henssler § 618 Rn 94; AR/Kamanabrou § 618 BGB Rn 24; MHdB ArbR/Kohte § 175 Rn 25; verneinend jedoch Wank DB 1996, 1136). Nur so lässt sich rechtfertigen, dass der Arbeitgeber die erforderlichen Maßnahmen (zB Fluchtwege) treffen muss und die Arbeitnehmer nur unter eingeschränkten Voraussetzungen zur Tätigkeit heranziehen darf. Die hier befürwortete Ansicht entspricht zudem den unionsrechtlichen Vorgaben der Arbeitsschutz-Rahmenrichtlinie 89/391/EWG, die in Art 8 Abs 4 ausdrücklich festlegt, dass dem Arbeitnehmer bei einem Verlassen des Arbeitsplatzes keine Nachteile entstehen dürfen. Das impliziert, dass das Verlassen des Arbeitsplatzes nicht als eine Verletzung der arbeitsvertraglichen Pflichten zu bewerten ist (EuArbRK/Klindt/Schucht [2. Aufl 2018] RL 89/391/EWG Art 8 Rn 3).

271 **Tatbestandlich verlangt § 9 Abs 3 S 1 ArbSchG** für das Recht der Arbeitsverweigerung erstens eine **Gefahr**, die zweitens **erheblich** und drittens **unmittelbar** sein muss. Damit rückt das Gesetz deutlich von den Vorstellungen ab, die noch die Diskussion zu dem in der 12. Legislaturperiode vorgelegten Arbeitsschutzrahmengesetz (s oben Rn 56) beherrscht hatten. Neben dem mit § 9 Abs 3 S 1 ArbSchG vergleichbaren Vorschlag in § 9 Abs 4 ArbSchRGE sah § 18 Abs 3 ArbSchRGE ein allgemeines Recht zur Einstellung der Arbeit bereits dann vor, wenn eine „erhebliche" Gefahr auf Grund einer Pflichtverletzung des Arbeitgebers vorlag und ließ es zudem ausreichen, wenn die Gefahr für „andere Personen" bestand.

272 Aus dem Sinnzusammenhang des Arbeitsschutzgesetzes ergibt sich, dass nicht jede Gefahr ausreicht, sondern diese muss im Hinblick auf die **Sicherheit und die Gesundheit des Arbeitnehmers** bestehen. Die **Gefahr** muss zudem in Übereinstimmung mit § 22 S 1 Nr 3 ABBergV und der früheren Regelung in § 21 Abs 6 S 2 GefStoffV **objektiv** vorliegen (MünchKomm/Henssler § 618 Rn 94; HWK/Krause § 618 BGB Rn 32; BeckOGK/Witschen [1. 2. 2019] § 618 Rn 151; Wlotzke NZA 1996, 1021). Eine **Anscheinsgefahr** genügt nicht (Wank, Kommentar zum technischen Arbeitsschutz [1999] § 9 ArbSchG Rn 9; Wlotzke NZA 1996, 1021; weitergehend Kohte, in: Kollmer/Klindt/Schucht, ArbSchG [3. Aufl 2016] § 9 Rn 78 ff, der es ausreichen lässt, wenn die Beschäftigten guten Grund zur Annahme einer objektiven Gefahr hatten [ebenso MHdB ArbR/Kohte § 175 Rn 26 sowie HK-ArbSchR/Fabricius § 9 ArbSchG Rn 21] ferner iE auch BeckOGK/Witschen [1. 2. 2019] § 618 Rn 152, der sich jedoch auf § 275 Abs 3 stützt).

273 Bezüglich der **Unmittelbarkeit der Gefahr** muss es sich um eine Gefahr für Leben oder Gesundheit desjenigen Arbeitnehmers handeln, der ein Recht zur Arbeitsverweigerung geltend macht (Froschauer, Arbeitsrecht und Umweltschutz [1994] 91 f). Eine **Gefahr für Dritte** berechtigt auf Grund der dogmatischen Wurzel des § 9 Abs 3 ArbSchG im Unzumutbarkeitsgrundsatz (s oben Rn 269) nicht zur Arbeitsverweigerung (ebenso zu § 21 Abs 6 S 2 GefStoffV aF Heilmann, Gefahrstoffe am Arbeitsplatz [2. Aufl 1995] Rn 171, der das Recht zur Arbeitsverweigerung dem unmittelbar bedrohten Arbeitnehmer zubilligte). Für die **Konkretisierung des Unmittelbarkeitserfordernisses** ist eine Auslegung vorzugswürdig, die auf eine zeitliche Präzisierung abstellt und verlangt, dass eine **hohe Wahrscheinlichkeit** für das Umschlagen der Gefahr in einen **Schaden**

bestehen muss (ebenso MHdB ArbR/Wlotzke [2. Aufl 2000] § 209 Rn 31 sowie nachfolgend BeckOK ArbR/Joussen § 618 BGB Rn 42). Eine **unmittelbare Gefahr** ist deshalb **zu verneinen**, wenn mit hinreichender Wahrscheinlichkeit ein **Schadenseintritt ausgeschlossen** werden kann.

Interpretationsprobleme löst zudem das zusätzlich in den Tatbestand des § 9 Abs 3 S 1 ArbSchG aufgenommene Erfordernis einer **„erheblichen" Gefahr** aus, das zuvor bereits in § 22 S 1 Nr 3 ABBergV Aufnahme gefunden hat. Vor dem Hintergrund der ähnlichen Formulierung in Art 8 Abs 4 der Richtlinie 89/391/EWG („ernster") dürften hierdurch lediglich solche Gefahren ausgeschlossen sein, die zu einer als **geringfügig zu bewertenden Gesundheitsbeeinträchtigung** führen können (zust AR/Kamanabrou § 618 BGB Rn 24; s zu dieser Divergenz mit dem Unionsrecht auch Hanau, in: FS Wlotzke [1996] 44; ferner im Hinblick auf § 273 oben Rn 265). 274

Da § 9 Abs 3 S 2 ArbSchG ein **Benachteiligungsverbot** zugunsten des Arbeitnehmers etabliert, der bei einer „unmittelbaren erheblichen Gefahr" berechtigt seinen Arbeitsplatz verlässt, verletzt der Arbeitnehmer hierdurch nicht seine **arbeitsvertraglichen Pflichten**. Darüber hinaus steht dem Arbeitgeber wegen des Nachteilsverbots kein Recht zur **Kürzung der Vergütung** zu. § 9 Abs 3 S 2 ArbSchG durchbricht insoweit die allgemeine Grundregel in § 326 Abs 1 S 1 BGB und erhält entgegen der letztgenannten Norm den Anspruch auf die arbeitsvertraglich geschuldete Vergütung aufrecht (HK-ArbSchR/Fabricius § 9 ArbSchG Rn 19; MünchKomm/Henssler § 618 Rn 95; MHdB ArbR/Kohte § 175 Rn 25; HWK/Krause § 618 BGB Rn 33; Schneider, Entgeltfortzahlung und Konkurrenzen [2014] 201 f; BeckOGK/Witschen [1. 2. 2019] § 618 Rn 151). Eines Rückgriffs auf § 615 S 1 BGB bedarf es für diese Rechtsfolge nicht (s auch unten Rn 279). Ebenso wie § 22 S 2 ABBergV steht § 9 Abs 3 S 2 ArbSchG eine **Abmahnung** oder eine **Kündigung** entgegen, wenn der Arbeitnehmer nach Maßgabe der Voraussetzungen in § 9 Abs 3 S 1 ArbSchG berechtigt ist, die Arbeit zu verweigern (ebenso HK-ArbSchR/Fabricius § 9 ArbSchG Rn 22; MünchKomm/Henssler § 618 Rn 95; Kohte, in: Kollmer/Klindt/Schucht, ArbSchG [3. Aufl 2016] § 9 Rn 83). 275

III. Annahmeverzug des Dienstberechtigten

In Annahmeverzug (§ 615 BGB) gerät der Dienstberechtigte nur, wenn der Dienstverpflichtete seine Nichtleistung auf das **Zurückbehaltungsrecht aus § 273 BGB** stützt (BAG 7. 6. 1973 – 5 AZR 563/72, AP BGB § 615 Nr 28; BeckOK ArbR/Joussen § 618 BGB Rn 41; BeckOGK/Witschen [1. 2. 2019] § 618 Rn 150). Bei der Ausübung des Leistungsverweigerungsrechts handelt es sich nicht um ein Angebot im Sinne des § 295 BGB, sondern der Dienstverpflichtete als Schuldner der Dienstleistung signalisiert hiermit seine eigene Leistungsbereitschaft (arg e § 297 BGB), deren Vorliegen konstitutive Voraussetzung für einen Annahmeverzug des Dienstberechtigten ist (BAG 10. 5. 1973 – 5 AZR 493/72, AP BGB § 615 Nr 27). 276

Konstruktive Schwierigkeiten bereiten die weiteren Voraussetzungen für einen Annahmeverzug des Dienstberechtigten. Die **überwiegende Meinung** im Schrifttum begreift die **Einhaltung der Pflichten** in § 618 BGB als **Mitwirkungshandlung im Sinne des § 295 BGB** (AK-BGB/Derleder § 618 Rn 5; ArbR-BGB/Friedrich § 618 Rn 207; MünchKomm/Henssler § 618 Rn 92; BeckOK ArbR/Joussen § 618 BGB Rn 41; Soergel/Kraft § 618 Rn 22; HWK/Krause § 618 BGB Rn 33; Jauernig/Mansel §§ 618, 619 Rn 5; Nipperdey, in: 277

Festgabe zum 50-jährigen Bestehen des Reichsgerichts Bd IV [1929] 223; Otto AR-Blattei, Zurückbehaltungsrecht I [1981], B II 1 c aa; Sinzheimer 159; Palandt/Weidenkaff § 618 Rn 7; Wiese, in: Bartlsberger ua, Probleme des Binnenschiffahrtsrechts [1975] 92; iE auch Wlotzke, in: FS Hilger/Stumpf [1983] 748) **bzw § 296 BGB** (Erman/Hanau [9. Aufl 1993] § 618 Rn 15; MHdB ArbR/Kohte § 175 Rn 31).

278 Dem Begründungsansatz in Rn 277 hat Söllner unter Hinweis auf den Anspruch des Arbeitnehmers auf Erfüllung der Arbeitsschutznormen mit Recht widersprochen (Söllner ZfA 1973, 17). Dieser Einwand rechtfertigt indessen nicht die von ihm befürwortete analoge Anwendung des § 295 BGB. Bei dem hiesigen konzeptionellen Verständnis, das den Dienstverpflichteten auf sein Zurückbehaltungsrecht aus § 273 BGB verweist (s oben Rn 263), greift vielmehr **§ 298 BGB** ein, der den Annahmeverzug des Gläubigers bereits dann eintreten lässt, wenn er nicht bereit ist, seine eigene, Zug-um-Zug zu erbringende Leistung, hier die Erfüllung der Interessenwahrungspflichten aus § 618 BGB, anzubieten (ebenso Erman/Belling/Riesenhuber § 618 Rn 24; NK-BGB/Klappstein § 618 Rn 21; abl jedoch HWK/Krause § 618 BGB Rn 33; BeckOGK/Witschen [1. 2. 2019] § 618 Rn 150).

279 Seinen **Vergütungsanspruch** behält der Arbeitnehmer auch dann, wenn er gestützt auf **§ 9 Abs 3 S 1 ArbSchG** seine Arbeitsleistung wegen einer unmittelbaren Gefahr für Leben oder Gesundheit einstellt (Möx AuR 1992, 240). Für den Fortbestand des Vergütungsanspruches bedarf es keines Rückgriffs auf die Betriebsrisikolehre (§ 615 S 3 BGB). Vielmehr durchbricht das **Benachteiligungsverbot** in § 9 Abs 3 S 1 ArbSchG die allgemeine Regelung in § 326 Abs 1 S 1 BGB und erhält damit den Vergütungsanspruch des Arbeitnehmers aufrecht (s oben Rn 275). Dieses Verständnis trägt zugleich den Vorgaben in § 9 Abs 3 S 2 ArbSchG (s auch Art 8 Abs 4 EG-Richtlinie 89/391/EWG [oben Rn 54]) Rechnung, der ausdrücklich ein Benachteiligungsverbot vorsieht, wenn der Arbeitnehmer bei unmittelbarer erheblicher Gefahr seinen Arbeitsplatz bzw den gefährlichen Bereich verlässt.

IV. Schadensersatzansprüche des Dienstverpflichteten

1. Allgemeines

280 Der Verstoß gegen die Pflichten in § 618 Abs 1 und 2 BGB kann den Dienstberechtigten zum Schadensersatz verpflichten. **§ 618 Abs 3 BGB** scheidet hierfür **als Anspruchsgrundlage** aus, da diese Norm einen Schadensersatzanspruch voraussetzt (MünchKomm/Henssler § 618 Rn 96; BeckOK ArbR/Joussen § 618 BGB Rn 44; AR/Kamanabrou § 618 BGB Rn 26; HWK/Krause § 618 BGB Rn 34; NK-GA/Otto § 618 BGB Rn 34; Palandt/Weidenkaff § 618 Rn 8; BeckOGK/Witschen [1. 2. 2019] § 618 Rn 154). Die (Rechtsfolgen-)Verweisung in § 618 Abs 3 BGB auf Vorschriften des Deliktsrechts zeigt, dass das Gesetz bei einer Verletzung der Pflichten aus § 618 Abs 1 und 2 BGB Schadensersatzansprüche wegen einer Vertragspflichtverletzung für möglich erachtet; andernfalls wäre die partielle Rechtsfolgenverweisung auf das Deliktsrecht sinnlos. Für § 618 Abs 3 BGB ist nur dann ein eigenständiger Anwendungsbereich eröffnet, wenn die Verletzung der Pflichten aus § 618 Abs 1 und 2 zum Schadensersatz auf Grund einer außerhalb des Deliktsrechts anzusiedelnden Anspruchsgrundlage führen kann.

Wegen der Integration des § 618 Abs 1 und 2 in die vertragliche Pflichtenstruktur (oben Rn 14 ff) leitete die allg Ansicht den Schadensersatzanspruch bis zum Inkrafttreten des Schuldrechtsmodernisierungsgesetzes aus dem Gesichtspunkt einer Vertragsverletzung, also den allgemeinen Regeln der **Positiven Vertragsverletzung**, ab (allg Ansicht AK-BGB/Derleder § 618 Rn 5; ArbR-BGB/Friedrich § 618 Rn 209; Galperin BB 1963, 741; Hueck/Nipperdey I § 48 II 5 c aa; Soergel/Kraft § 618 Rn 23; Nipperdey, in: Festgabe zum 50-jährigen Bestehen des Reichsgerichts Bd IV [1929] 224; Oertmann § 618 Anm 5a; Söllner, Arbeitsrecht [12. Aufl 1998] § 25 III; Wiese, in: Bartelsberger ua, Probleme des Binnenschifffahrtsrechts [1975] 92; Wlotzke, in: FS Hilger/Stumpf [1983] 749; bereits auch RG 1. 11. 1907 – III 96/07, Recht 1907, 1535 [Nr 3811]; Planck/Gunkel § 618 Anm 4a; s auch § 77 Abs 3 des zum 59. DJT vorgelegten Entwurfs eines Arbeitsvertragsgesetzes, der unter dem Vorbehalt von § 636 RVO einen eigenständigen Schadensersatzanspruch vorsieht, von einer Verweisung auf das Deliktsrecht aber absieht, s Verhandlungen des 59. DJT Bd I [1992] D 44; ebenso § 77 Abs 3 des Arbeitsvertragsgesetzesentwurfes des Freistaates Sachsen [s BR-Drucks 293/95]). 281

Das **Schuldrechtsmodernisierungsgesetz** hat insoweit im Ergebnis keine Veränderungen bewirkt. Statt auf das rechtsfortbildend entwickelte Institut der Positiven Forderungsverletzung ist der Schadensersatzanspruch des Dienstverpflichteten jedoch seitdem auf **§ 280 Abs 1 BGB** zu stützen (BGH 18. 11. 2014 – VI ZR 47/13 Rn 21, NJW 2015, 940; BeckOK BGB/Fuchs/Baumgärtner § 618 Rn 25; MünchKomm/Henssler § 618 Rn 96; BeckOK ArbR/Joussen § 618 BGB Rn 44; AR/Kamanabrou § 618 BGB Rn 26; NK-BGB/Klappstein § 618 Rn 24; Schaub/Koch, Arbeitsrechts-Handbuch [17. Aufl 2017] § 106 Rn 20; MHdB ArbR/Kohte § 175 Rn 34; HWK/Krause § 618 BGB Rn 34; HK-ArbSchR/Nebe § 618 BGB Rn 53; NK-GA/Otto § 618 BGB Rn 34; ErfKomm/Wank § 618 BGB Rn 29; BeckOGK/Witschen [1. 2. 2019] § 618 Rn 154). Ein Anspruch auf **Schadensersatz statt der Leistung** (§§ 280 Abs 3, 282 BGB) kommt regelmäßig schon deshalb nicht in Betracht, weil die Pflichtverletzung selbst noch keinen Schaden bewirkt, sondern dieser an hiervon abgrenzbaren Rechtsgütern des Dienstverpflichteten eintritt. 282

2. Anspruch aus § 280 Abs 1

a) Pflichtverletzung

Die Verpflichtung zum Schadensersatz beschränkt sich nicht auf die zum **Schutz von Leben und Gesundheit** bestehenden Pflichten. Der Dienstberechtigte kann auch zum Schadensersatz verpflichtet sein, wenn er die Pflichten in § 618 Abs 2 zur **Rücksichtnahme auf die Sittlichkeit und die Religion** des Dienstverpflichteten verletzt (zustimmend AR/Kamanabrou § 618 BGB Rn 26; HWK/Krause § 618 BGB Rn 34; im Grundsatz ebenso BeckOGK/Witschen [1. 2. 2019] § 618 Rn 157). Etwaige Ersatzansprüche nach § 15 Abs 1 und 2 AGG stehen dem nicht entgegen (§ 15 Abs 5 AGG). Die Begrenzung auf Leben und Gesundheit in § 618 Abs 3 BGB entfaltet ihre Rechtswirkungen nur für die Rechtsfolgen der Pflichtverletzung, hindert aber nicht das Entstehen eines Schadensersatzanspruches. 283

b) Haftungsbegründende Kausalität

Die Schadensersatzpflicht ist nur bei einem adäquaten ursächlichen Zusammenhang zwischen Pflichtverletzung und Schaden begründet (BeckOK ArbR/Joussen § 618 BGB Rn 44; Soergel/Kraft § 618 Rn 24; HWK/Krause § 618 BGB Rn 34; s auch RAG 25. 7. 1936 – RAG 99/36, ARS 27, 234 f). Zu den hierbei zu beachtenden Besonderheiten hinsichtlich der Verteilung der Darlegungs- und Beweislast s unten Rn 308 ff. 284

c) Verschulden des Dienstberechtigten

aa) Eigenes Verschulden

285 Die Verletzung der Interessenwahrungspflichten in § 618 Abs 1 und 2 BGB löst einen Schadensersatzanspruch des Dienstverpflichteten nur aus, wenn diesbezüglich ein **Verschulden** vorliegt (einhellige Ansicht zB BeckOK ArbR/Joussen § 618 BGB Rn 44; AR/Kamanabrou § 618 BGB Rn 27; Soergel/Kraft § 618 Rn 24 sowie bereits Oertmann § 618 Anm 5c).

286 Für eine **Gefährdungshaftung** des Dienstberechtigten enthält das Gesetz **keine Anhaltspunkte** (so mit Recht BAG [GS] 10. 11. 1961 – GS 1/60, AP BGB § 611 Gefährdungshaftung Nr 2; Kort NZA 1996, 855 ff; Soergel/Kraft § 618 Rn 24; HWK/Krause § 618 BGB Rn 34). Ein verschuldensunabhängiger Ersatz für Schäden ist nur in Ausnahmefällen aus dem Gesichtspunkt eines **Aufwendungsersatzanspruches** zu bejahen (s hierzu Staudinger/Richardi/Fischinger [2016] § 611 Rn 1746; s auch ArbR-BGB/Friedrich § 618 Rn 223, 260 ff; AR/Kamanabrou § 618 BGB Rn 27; HWK/Krause § 618 BGB Rn 34).

287 Die Frage, wann ein Verschulden, namentlich Fahrlässigkeit vorliegt, deckt sich regelmäßig mit der Frage, welche Handlungen erforderlich sind, um die Pflichten des § 618 BGB zu erfüllen (Soergel/Kraft § 618 Rn 24). Der Fahrlässigkeitsvorwurf entfällt nicht bereits deshalb, weil der betreffende **Pflichtverstoß lokal üblich** ist (RG 12. 7. 1919 – 78/19 III, JW 1919, 820 [Nr 1] sowie oben Rn 4). Maßgebend ist nicht die im Verkehr übliche, sondern die im Verkehr erforderliche Sorgfalt (RAG 19. 4. 1939 – RAG 196/38, ARS 36, 36).

288 Über das **Maß der erforderlichen Sorgfalt** geben nicht nur die **Vorschriften des staatlichen Arbeitsschutzrechts** und die **Unfallverhütungsvorschriften** der Berufsgenossenschaften Auskunft, sondern auch diejenigen Regelwerke, denen die Rechtsnormenqualität fehlt. Hierzu zählen neben **Richtlinien und Merkblättern der Berufsgenossenschaften** auch die **technischen Normen** (s oben Rn 31 ff; ausführlich Marburger, Die Regeln der Technik im Recht [1979] 441 f, 462 ff; Müller/Foell, Die Bedeutung technischer Normen für die Konkretisierung von Rechtsvorschriften [1987] 26 f; s auch Staudinger/Merten [2018] Art 2 EGBGB Rn 91).

289 Insbesondere bei **technischen Normen** ist jedoch zu beachten, dass ein Verschuldensvorwurf **auch bei deren Beachtung** bejaht werden kann, wenn die technische Norm auf Grund der technischen Entwicklung **veraltet** ist oder sich bei der Benutzung des Geräts **Gefahren** gezeigt haben, die bei der Aufstellung der technischen Norm **noch nicht berücksichtigt** wurden (vgl zB BGH 27. 9. 1994 – VI ZR 150/93, DZWir 1995, 107; BayObLG 30. 7. 2002 – 1 ObOWi 15/02, VersR 2003, 747 sowie oben Rn 147).

290 Besondere Probleme wirft im Bereich des technischen Arbeitsschutzrechts die teilweise anzutreffende **Gleichwertigkeitsklausel** auf, wie sie zB § 3a Abs 1 S 4 ArbStättV und § 7 Abs 2 S 4 GefStoffV enthält (zur früher in § 3 Abs 1 S 3 GSG enthaltenen Gleichwertigkeitsklausel v Borries/Petschke DVBl 1996, 1343 ff; Kaufmann DB 1996, 277). Sie lässt Abweichungen insbesondere von den Arbeitsschutz- und Unfallverhütungsvorschriften zu, „soweit die gleiche Sicherheit auf andere Weise gewährleistet ist". Aus diesem Grund kann aus der fehlenden Einhaltung einer Arbeitsschutz- und Unfallverhütungsvorschrift nicht stets zwingend auf ein Verschulden geschlossen werden (MünchKomm/Henssler § 618 Rn 98). Allerdings bedarf es hierfür eines Nachweises,

dass die Sicherheit des technischen Arbeitsmittels auf andere Weise gewährleistet ist.

bb) Haftung für Erfüllungsgehilfen

Die Rechtsnatur des Ersatzanspruches als Anspruch aus Vertragsverletzung ist von besonderer Bedeutung wegen der Haftung für Hilfspersonen. Der Dienstberechtigte haftet für das Verschulden seiner Vertreter und Gehilfen, derer er sich zur Erfüllung der Pflichten aus § 618 Abs 1 und 2 BGB bedient, wie für eigenes Verschulden (§ 278 BGB), verfügt also anders als bei einer deliktischen Haftung nicht über die Möglichkeit eines Entlastungsbeweises (allg Ansicht BAG 28. 4. 2011 – 8 AZR 769/09 Rn 46, NZA-RR 2012, 290; ArbR-BGB/Friedrich § 618 Rn 210; MünchKomm/Henssler § 618 Rn 99; Hueck/Nipperdey I § 48 II 5 c aa; BeckOK ArbR/Joussen § 618 BGB Rn 44; AR/Kamanabrou § 618 BGB Rn 27; Schaub/Koch, Arbeitsrechts-Handbuch [17. Aufl 2017] § 106 Rn 20; Soergel/Kraft § 618 Rn 26; HWK/Krause § 618 BGB Rn 35; Enneccerus/Lehmann § 146 III c; HK-ArbSchR/Nebe § 618 BGB Rn 54; Nipperdey, in: Festgabe zum 50-jährigen Bestehen des Reichsgerichts Bd IV [1929] 224; NK-GA/Otto § 618 BGB Rn 34; BeckOGK/Witschen [1. 2. 2019] § 618 Rn 155 sowie schon Planck/Gunkel § 618 Anm 4a). 291

Eine Haftung des Dienstberechtigten für seine Erfüllungsgehilfen greift nur ein, wenn ein **Verschulden des Erfüllungsgehilfen** vorliegt und die Schadenszufügung durch den Gehilfen **im Zusammenhang mit der Erfüllung** der in § 618 BGB genannten Interessenwahrungspflichten (nicht aber bei Gelegenheit ihrer Erfüllung) erfolgte (BAG 28. 4. 2011 – 8 AZR 769/09 Rn 46, NZA-RR 2012, 290; OLG München 31. 5. 2000 – 3 U 2207/00, OLG Report 2000, 350; Soergel/Kraft § 618 Rn 26; allg Staudinger/Caspers [2014] § 278 Rn 52 ff). Hinsichtlich der letztgenannten Voraussetzung ist darauf abzustellen, ob der Dienstberechtigte selbst gegen seine Pflichten aus § 618 Abs 1 und 2 BGB verstieße, wenn er sich so wie der Gehilfe verhalten hätte; ist diese Frage im Einzelfall zu bejahen, so ist das Tatbestandsmerkmal „in Erfüllung der Verbindlichkeit" gegeben. Eine engere Sichtweise, die dieses Tatbestandsmerkmal nur dann als erfüllt ansieht, wenn das Verhalten des Gehilfen sich im Rahmen des ihm vom Schuldner erteilten Auftrages gehalten hat und somit vom Schuldner selbst erwartet werden konnte, ist abzulehnen. 292

Hinsichtlich der Pflichten in § 618 Abs 1 und 2 BGB können auch **selbständige Unternehmer** Erfüllungsgehilfen sein (Erman/Belling/Riesenhuber § 618 Rn 26; ArbR-BGB/Friedrich § 618 Rn 210; MünchKomm/Henssler § 618 Rn 99; Hueck/Nipperdey I § 48 II 5 c aa; Soergel/Kraft § 618 Rn 26; HWK/Krause § 618 BGB Rn 35; HK-ArbSchR/Nebe § 618 BGB Rn 54; Neumann-Duesberg VersR 1968, 7; BeckOGK/Witschen [1. 2. 2019] § 618 Rn 155). So haftet der Dienstberechtigte dem Dienstverpflichteten zB auch, wenn dieser durch Verschulden eines Werkunternehmers (oder dessen Gehilfen) bei Ausführung eines zwischen dem Dienstberechtigten und dem Werkunternehmer geschlossenen Werkvertrages während seiner Dienstleistung geschädigt wird. Der Dienstverpflichtete ist in diesem Fall nicht auf Ersatzansprüche gegen den Dienstberechtigten beschränkt, sondern ihm steht auch ein eigener, unmittelbar gegen den Werkunternehmer gerichteter Schadensersatzanspruch zu, der sich aus der Figur des Vertrags mit Schutzwirkung zugunsten Dritter ergibt (s auch MHdB ArbR/Kohte § 175 Rn 38). Die Haftung des Werkunternehmers befreit den Dienstberechtigten nicht von dessen Haftung, sondern tritt gesamtschuldnerisch daneben (näher oben Rn 95). 293

294 Verschuldet ein Dienstverpflichteter bei Ausführung der Dienstleistung die Verletzung eines anderen Dienstverpflichteten, so haftet der Dienstberechtigte nicht ohne Weiteres, da **nicht jeder Dienstverpflichtete** hinsichtlich der Pflichten in § 618 Abs 1 und 2 BGB **Erfüllungsgehilfe** des Dienstberechtigten ist (BAG 28. 4. 2011 – 8 AZR 769/09, NZA-RR 2012, 290 Rn 46; ArbR-BGB/Friedrich § 618 Rn 210; MünchKomm/Henssler § 618 Rn 99; Hueck/Nipperdey I § 48 II 5 c aa; Soergel/Kraft § 618 Rn 26; Neumann-Duesberg VersR 1968, 7; Nipperdey, in: Festgabe zum 50-jährigen Bestehen des Reichsgerichts Bd IV [1929] 224; ErfKomm/Wank § 618 BGB Rn 29; BeckOGK/Witschen [1. 2. 2019] § 618 Rn 155; s auch OLG München 31. 5. 2000 – 3 U 2207/00, BeckRS 2000, 30115709). Dies ist aber stets hinsichtlich solcher Personen zu bejahen, die als **Aufsichtsperson im Sinne des § 130 Abs 1 S 2 OWiG** für die Erfüllung der Pflichten verantwortlich sind (Erman/Belling/Riesenhuber § 618 Rn 26; Wlotzke, in: FS Hilger/Stumpf [1983] 749 f; iE auch MünchKomm/Henssler § 618 Rn 99; Hueck/Nipperdey I § 48 II 5 c aa; Soergel/Kraft § 618 Rn 26; Neumann-Duesberg VersR 1968, 7; ErfKomm/Wank § 618 BGB Rn 29; **aA** wohl ArbR-BGB/Friedrich § 618 Rn 210) oder denen die **Erfüllung von Arbeitsschutzpflichten nach § 13 Abs 2 ArbSchG** (s dazu Gerhard AuA 1998, 2636 ff) **übertragen** worden ist (MünchKomm/Henssler § 618 Rn 99; NK-BGB/Klappstein § 618 Rn 24; NK-GA/Otto § 618 BGB Rn 34; ErfKomm/Wank § 618 BGB Rn 29; BeckOGK/Witschen [1. 2. 2019] § 618 Rn 155).

295 Gegebenenfalls kommt auch eine **Haftung des Arbeitgebers aus eigenem Verschulden** in Betracht, zB wegen **mangelhafter Beaufsichtigung, ungenügender Aufklärung, Übertragung** der Arbeit **an einen nicht geschulten Arbeitnehmer** usw (ArbR-BGB/Friedrich § 618 Rn 211; Hueck/Nipperdey I § 48 II 5 c aa; Soergel/Kraft § 618 Rn 26; Nipperdey, in: Festgabe zum 50-jährigen Bestehen des Reichsgerichts Bd IV [1929] 224). Zum Ausschluss des Anspruches nach den **§§ 104, 105 SGB VII** s unten Rn 324 ff.

d) Mitverschulden des Dienstverpflichteten

296 Erhebliche Bedeutung für den Ersatzanspruch wegen einer Verletzung der Pflichten aus § 618 Abs 1 und 2 BGB hat die Minderung oder Beseitigung des Anspruches durch ein Mitverschulden (§ 254 BGB) des Dienstverpflichteten (zB BAG 8. 6. 1955 – 2 AZR 200/54, AP BGB § 618 Nr 1; BAG 27. 2. 1970 – 1 AZR 258/69, AP BGB § 618 Nr 16; s auch Nipperdey, in: Festgabe zum 50-jährigen Bestehen des Reichsgerichts Bd IV [1929] 225).

297 Die Obliegenheiten des Beschäftigten werden in diesem Zusammenhang auch durch dessen **Pflichten nach den §§ 15 Abs 1, 16 Abs 1 ArbSchG** konkretisiert (ebenso MünchKomm/Henssler § 618 Rn 100; BeckOK ArbR/Joussen § 618 BGB Rn 44; AR/Kamanabrou § 618 BGB Rn 28; MHdB ArbR/Kohte § 175 Rn 34; HWK/Krause § 618 BGB Rn 41; HK-ArbSchR/Nebe § 618 BGB Rn 56; NK-GA/Otto § 618 BGB Rn 38; BeckOGK/Witschen [1. 2. 2019] § 618 Rn 160). Ein Mitverschulden lässt sich allerdings nicht schon darauf stützen, dass es der Dienstverpflichtete bzw der Beschäftigte unterließ, sich auf eigene Kosten Schutzmittel zu beschaffen (Hueck/Nipperdey I § 48 II 5 c dd; zu weitgehend RAG 19. 4. 1939 – RAG 196/38, ARS 36, 37).

298 **Fehlen die erforderlichen Schutzmittel**, so ist der Dienstverpflichtete gehalten, den Dienstberechtigten auf den Mangel etwaiger Schutzvorrichtungen, auch von Sicherungseinrichtungen für das Eigentum des Dienstverpflichteten und **auf Gefahren aufmerksam zu machen**, wenn er fähig war, diese zu erkennen (RG 21. 1. 1912 – 208/

11 III, JW 1912, 530 [Nr 6]; RAG 19. 4. 1939 – RAG 196/38, ARS 36, 37; BAG 27. 2. 1970 – 1 AZR 258/69, AP BGB § 618 Nr 16; Erman/Belling/Riesenhuber § 618 Rn 28; ArbR-BGB/Friedrich § 618 Rn 215; MünchKomm/Henssler § 618 Rn 100; Hueck/Nipperdey I § 48 II 5 c dd; BeckOK ArbR/Joussen § 618 BGB Rn 44; Soergel/Kraft § 618 Rn 27; HWK/Krause § 618 BGB Rn 36; Oertmann § 618 Anm 5c). Mündliche Hinweise reichen hierfür regelmäßig aus (RAG 1. 12. 1928 – RAG 194/28, ARS 4, 260), gegebenenfalls sind diese aber zu wiederholen (RAG 19. 4. 1939 – RAG 196/38, ARS 36, 37). Die unterlassene Mitteilung rechtfertigt dann keinen Mitverschuldensvorwurf, wenn der Dienstberechtigte die Mängel bereits kannte oder wegen ihrer Offensichtlichkeit hätte kennen können (RG 19. 3. 1912 – III 312/11, Recht 1912 Nr 1290; Hueck/Nipperdey I § 48 II 5 c dd; Soergel/Kraft § 618 Rn 27).

In der **Übernahme einer gefährlichen Arbeit** liegt nicht ohne Weiteres ein Mitverschulden (RAG 1. 12. 1928 – RAG 194/28, ARS 4, 257 ff; ArbR-BGB/Friedrich § 618 Rn 215; Planck/Gunkel § 618 Anm 4c; MünchKomm/Henssler § 618 Rn 101; Hueck/Nipperdey I § 48 II 5 c dd; MHdB ArbR/Kohte § 175 Rn 34; Soergel/Kraft § 618 Rn 27). Dieses kann jedoch zu bejahen sein, wenn der Dienstverpflichtete in Kenntnis seines Gesundheitszustandes eine Tätigkeit übernimmt, der er gesundheitlich nicht gewachsen ist (BAG 13. 3. 1967 – 2 AZR 133/66, AP BGB § 618 Nr 15; ArbR-BGB/Friedrich § 618 Rn 215; BeckOK ArbR/Joussen § 618 BGB Rn 44; HWK/Krause § 618 BGB Rn 41; NK-GA/Otto § 618 BGB Rn 38; BeckOGK/Witschen [1. 2. 2019] § 618 Rn 160). Bei der nach § 254 BGB erforderlichen **Abwägung** des beiderseitigen Verschuldens trifft in der Regel den Dienstberechtigten das entscheidende Verschulden, wenn er dem Dienstverpflichteten gefahrbringende Räume oder Gerätschaften überlässt (RAG 1. 12. 1928 – RAG 194/28, ARS 4, 260; ArbR-BGB/Friedrich § 618 Rn 215; MHdB ArbR/Kohte § 175 Rn 34; Soergel/Kraft § 618 Rn 27; BeckOGK/Witschen [1. 2. 2019] § 618 Rn 160; s insoweit auch § 7 ArbSchG) oder Anweisungen zur Ausführung der Tätigkeit erteilt (OLG Hamm 2. 9. 2016 – I-9 U 75/15, NJW-RR 2017, 349). 299

Im Arbeitsverhältnis ist die **Ausführung von Anweisungen des Arbeitgebers** dem Arbeitnehmer regelmäßig nicht als Mitverschulden anzurechnen (OLG Hamm 2. 9. 2016 – I-9 U 75/15, NJW-RR 2017, 349; MünchKomm/Henssler § 618 Rn 101; AR/Kamanabrou § 618 BGB Rn 28; BeckOGK/Witschen [1. 2. 2019] § 618 Rn 160). Bei der Prüfung, ob und inwieweit dem Dienstverpflichteten wegen der Übernahme einer gefährlichen Arbeit ein Verschulden trifft, ist insbesondere seine Gewöhnung an die für seinen Beruf eigentümlichen gefährlichen Verrichtungen und die dadurch hervorgerufene Abstumpfung gegen die Gefahr (RG 24. 3. 1916 – III 463/15, WarnR 1916 Nr 102; BGH 9. 2. 1955 – VI ZR 286/53, AP BGB § 618 Nr 4) sowie die Zwangslage in Betracht zu ziehen, die ihn, wenn er nicht seinen Arbeitsplatz verlieren will, unter Umständen nötigt, trotz besserer Einsicht gefährliche Tätigkeiten zu übernehmen (BAG 27. 2. 1970 – 1 AZR 258/69, AP BGB § 618 Nr 16; OLG Hamm 2. 9. 2016 – I-9 U 75/15, NJW-RR 2017, 349; Erman/Belling/Riesenhuber § 618 Rn 28; ArbR-BGB/Friedrich § 618 Rn 215; MünchKomm/Henssler § 618 Rn 101; Hueck/Nipperdey I § 48 II 5 c dd; AR/Kamanabrou § 618 BGB Rn 28; Soergel/Kraft § 618 Rn 27; HWK/Krause § 618 BGB Rn 36; BeckOGK/Witschen [1. 2. 2019] § 618 Rn 160). 300

Beim **Ausharren in einem gesundheitsschädigenden Dienstverhältnis** sind für die Annahme eines stillschweigenden Verzichts auf Beseitigung der die Gesundheit schädigenden Umstände (und damit eines eigenen Verschuldens), der etwa in der Fort- 301 setzung des Dienstverhältnisses an sich liegen kann, die gleichen Erfordernisse aufzustellen, die für die Zulässigkeit eines ausdrücklichen Verzichts gelten (s unten § 619 Rn 10, 13 f). Auch hier wird stets von Einfluss sein, ob sich der Dienstverpflichtete der in der Zukunft liegenden schweren Folgen seiner Gesundheitsbeschädigung bewusst war. Erkennt der Dienstberechtigte, dass das Ausharren eines schon mit einem Leiden behafteten Dienstverpflichteten an seinem bisherigen Arbeitsplatz zu schweren Gesundheitsschädigungen führen wird, so gebieten es Treu und Glauben, dem Dienstverpflichteten die weitere Tätigkeit zu untersagen; das gilt selbst dann, wenn dieser von sich aus zur Weiterarbeit bereit ist.

e) Umfang des Schadensersatzes

302 Bei zu bejahender Schadensersatzpflicht ist der Dienstberechtigte zur **Naturalrestitution** verpflichtet. Soweit diese möglich ist, kann der Dienstverpflichtete auch einen **Nichtvermögensschaden** ersetzt verlangen (s bereits Nipperdey, in: Festgabe zum 50-jährigen Bestehen des Reichsgerichts Bd IV [1929] 224 sowie in neuerer Zeit zB BeckOK ArbR/Joussen § 618 BGB Rn 46; HWK/Krause § 618 BGB Rn 37). Das kann praktisch relevant werden, wenn der Dienstberechtigte einen Zustand hergestellt hat, der im Fall des § 618 Abs 2 BGB den sittlichen oder religiösen Rücksichtnahmepflichten widerspricht. In dieser Konstellation kann der Dienstverpflichtete die **Beseitigung des pflichtwidrigen Zustandes** verlangen. Der Grundsatz der Naturalrestitution hat zudem dann besondere Bedeutung, wenn nach der hier befürworteten Konzeption (s oben Rn 252 ff) ein Erfüllungsanspruch im Einzelfall ausscheidet oder im Sinne der gegenteiligen Ansicht (s die Nachweise oben Rn 248) dessen Existenz generell verneint wird. Der (Erfüllungs-)Herstellungsanspruch ist in diesem Fall jedoch verschuldensabhängig.

303 Seine charakteristische Ausprägung erlangt der vertragliche Schadensersatzanspruch durch die Sonderregelung in **§ 618 Abs 3 BGB**, die Art und Umfang des Schadensersatzes näher ausgestaltet (Oertmann § 618 Anm 5a), ohne hierdurch jedoch die allgemeinen Regeln der §§ 249 ff BGB zu verdrängen. Häufig würde die Anwendung der allgemeinen Vorschriften im Ergebnis zu keinen Abweichungen führen (BGH [GS] 5. 2. 1952 – GSZ 4/51, BGHZ 5, 63; Hueck/Nipperdey I § 48 II 5 c ee; AR/Kamanabrou § 618 BGB Rn 29; HWK/Krause § 618 BGB Rn 37), jedoch billigt die Verweisung auf das Deliktsrecht auch einem **Dritten Ansprüche** aus einer Vertragsverletzung zu, die er ohne diese Vorschrift nur auf das Deliktsrecht stützen könnte (BGH [GS] 5. 2. 1952 – GSZ 4/51, BGHZ 5, 62 ff; AR/Kamanabrou § 618 BGB Rn 29; HWK/Krause § 618 BGB Rn 37; BeckOGK/Witschen [1. 2. 2019] § 618 Rn 159).

304 Die entsprechende Anwendung der §§ 842 bis 846 BGB verändert wegen ihres Charakters als **Rechtsfolgenverweisung** nicht die **Rechtsnatur des Schadensersatzanspruches** (ArbR-BGB/Friedrich § 618 Rn 209; BeckOK BGB/Fuchs/Baumgärtner § 618 Rn 29; MünchKomm/Henssler § 618 Rn 102; BeckOK ArbR/Joussen § 618 BGB Rn 46; Soergel/Kraft § 618 Rn 23; ErfKomm/Wank § 618 BGB Rn 30; Palandt/Weidenkaff § 618 Rn 8; BeckOGK/Witschen [1. 2. 2019] § 618 Rn 159). Durch die Bezugnahme auf die §§ 844, 845 BGB steht auch den dort genannten **Dritten** ein **selbständiger (vertraglicher) Schadensersatzanspruch** gegen den Dienstberechtigten zu (BGH [GS] 5. 2. 1952 – GSZ 4/51, BGHZ 5, 62 ff; MünchKomm/Henssler § 618 Rn 102; BeckOK ArbR/Joussen § 618 BGB Rn 46; BeckOGK/Witschen [1. 2. 2019] § 618 Rn 159).

Die **Aufzählung** in § 618 Abs 3 BGB ist **abschließend**; deshalb umfasst die Ersatzpflicht des Dienstberechtigten gegenüber Dritten keinen Ausgleich für den erlittenen Nichtvermögensschaden **(Schmerzensgeld)**, da § 618 Abs 3 BGB nicht auf § 253 BGB verweist (RG 1. 11. 1907 – III 96/07, Recht 1907, 1535 [Nr 3811]; RAG 19. 4. 1939 – RAG 196/38, ARS 36, 37; Erman/Belling/Riesenhuber § 618 Rn 27; Gamillscheg, Arbeitsrecht I [2000] 382; Planck/Gunkel § 618 Anm 4c; Hueck/Nipperdey I § 48 II 5 c ee mit Fn 36; Soergel/Kraft § 618 Rn 25; Enneccerus/Lehmann § 146 III 2 c; MünchKomm/Lorenz [4. Aufl] § 618 Rn 76; Nipperdey, in: Festgabe zum 50-jährigen Bestehen des Reichsgerichts Bd IV [1929] 224; Oertmann § 618 Anm 5a). Ein Anspruch auf Ausgleich für den Nichtvermögensschaden steht dem Dritten nur zu, wenn der Dienstberechtigte infolge seiner Pflichtverletzung gegenüber dem Dritten zugleich den Tatbestand einer unerlaubten Handlung (§§ 823 ff BGB) verwirklichte (RG 1. 11. 1907 – III 96/07, Recht 1907, 1535 [Nr 3811]; RAG 19. 4. 1939 – RAG 196/38, ARS 36, 37; Hueck/Nipperdey I § 48 II 5 c ee; Soergel/Kraft § 618 Rn 25; Enneccerus/Lehmann § 146 III 2 c). Im Übrigen umfasst der Anspruch des Dienstverpflichteten gegenüber dem Dienstberechtigten jedoch auch den Ausgleich des Nichtvermögensschadens durch eine Entschädigung in Geld, wenn es infolge der Pflichtverletzung zu einer Verletzung des Körpers oder der Gesundheit gekommen ist (§ 253 Abs 2; BeckOK ArbR/Joussen § 618 BGB Rn 46; Pieper, ArbSchR [6. Aufl 2017] BGB/HGB Rn 16; BeckOGK/Witschen [1. 2. 2019] § 618 Rn 156). Geringfügig werden die verbleibenden Defizite durch den in § 844 Abs 3 BGB begründeten Anspruch auf **Hinterbliebenengeld** abgemildert. 305

f) Verjährung des Anspruchs

Da die Verweisung in § 618 Abs 3 BGB auf das Deliktsrecht nicht die Rechtsnatur des Ersatzanspruches verändert (ArbR-BGB/Friedrich § 618 Rn 209; Soergel/Kraft § 618 Rn 23; ErfKomm/Wank § 618 BGB Rn 39; Palandt/Weidenkaff § 618 Rn 8 sowie oben Rn 304), findet die für deliktische Ansprüche geltende Verjährungsbestimmung keine Anwendung (so zu § 852 aF LAG Breslau 19. 6. 1936 – 15a Sa 50/36, ARS 28, 36; Hueck/Nipperdey I § 48 II 5 c ee Fn 35; Soergel/Kraft § 618 Rn 23; Oertmann § 618 Anm 5a). Das gilt auch, wenn die in den §§ 842 bis 846 BGB genannten Rechtsfolgen geltend gemacht werden; die Verweisung in § 618 Abs 3 BGB hat abschließenden Charakter. Durch die Neugestaltung des Verjährungsrechts ist diese Beschränkung der Verweisung jedoch bedeutungslos geworden; die Sonderregelung in § 852 BGB aF kehrt teilweise in § 199 Abs 3 BGB wieder, beschränkt sich aber nicht auf die Schadensersatzansprüche aus unerlaubter Handlung, sondern gilt auch für solche wegen einer Verletzung der Pflichten aus einem Schuldverhältnis. 306

Für den auf § 280 Abs 1 BGB gestützten Ersatzanspruch gilt die **Regelfrist des § 195 BGB** (RAG 27. 4. 1938 – RAG 288/37, ARS 33, 63; Planck/Gunkel § 618 Anm 4a; Hueck/Nipperdey I § 48 II 5 c ee Fn 35; Soergel/Kraft § 618 Rn 23; Nipperdey, in: Festgabe zum 50-jährigen Bestehen des Reichsgerichts Bd IV [1929] 224; abweichend LAG Breslau 19. 6. 1936 – 15a Sa 50/36, ARS 28, 36). Diese betrug bis zum 1. 1. 2002 30 Jahre, auf Grund der Neugestaltung des Verjährungsrechts durch das Schuldrechtsmodernisierungsgesetz seitdem **drei Jahre** und läuft ohne Rücksicht auf die Kenntnis oder grob fahrlässige Unkenntnis des Dienstverpflichteten spätestens entweder **10 Jahre nach Eintritt der Fälligkeit** (§ 199 Abs 2 S 1 BGB) oder **30 Jahre nach der Pflichtverletzung** (§ 199 Abs 3 BGB) ab. 307

g) Darlegungs- und Beweislast*

aa) Grundsätze

308 Entsprechend den **allgemeinen Regeln** muss der **Dienstverpflichtete** alle anspruchsbegründenden Tatsachen seines vertraglichen Ersatzanspruches darlegen und gegebenenfalls beweisen. Hierzu gehört zunächst der **objektive Tatbestand einer Pflichtverletzung** durch den Dienstberechtigten sowie ferner der **adäquate Kausalzusammenhang** zwischen Pflichtverletzung und Schaden (RAG 19. 4. 1939 – RAG 196/38, ARS 36, 36; BAG 8. 6. 1955 – 2 AZR 200/54, AP BGB § 618 Nr 1; BAG 27. 2. 1970 – 1 AZR 258/69, AP BGB § 618 Nr 16; Erman/Belling/Riesenhuber § 618 Rn 29; Soergel/Kraft § 618 Rn 29; wohl auch ArbR-BGB/Friedrich § 618 Rn 209; für eine Beweislastumkehr hinsichtlich der haftungsbegründenden Kausalität hingegen MünchKomm/Henssler § 618 Rn 104; BeckOK ArbR/Joussen § 618 BGB Rn 47; AR/Kamanabrou § 618 BGB Rn 30; NK-BGB/Klappstein § 618 Rn 29; Schaub/Koch, Arbeitsrechts-Handbuch [17. Aufl 2017] § 106 Rn 21; MHdB ArbR/Kohte § 175 Rn 35; HWK/Krause § 618 BGB Rn 38; Leisten, in: Baumgärtel/Laumen/Prütting [Hrsg], Handbuch der Beweislast [3. Aufl 2009] § 618 BGB Rn 2; Reinecke, Die Beweislastverteilung im bürgerlichen Recht und im Arbeitsrecht als rechtspolitische Regelungsaufgabe [1976] 140 ff; Wahrendorf, Die Prinzipien der Beweislast im Haftungsrecht [1976] 73; BeckOGK/Witschen [1. 2. 2019] § 618 Rn 161; iE ebenso AK-BGB/Derleder § 618 Rn 5; ErfKomm/Wank § 618 BGB Rn 31; mit Einschränkungen auch Musielak, Die Grundlagen der Beweislast im Zivilprozeß [1975] 184 ff). Zu den **Beweiserleichterungen** bezüglich des adäquaten Kausalzusammenhanges durch die Figur des prima-facie-Beweises unten Rn 311.

309 Das **Verschulden des Dienstberechtigten** ist auf Grund der Systematik des § 280 Abs 1 BGB **zu vermuten**; ihn trifft die Last, sein fehlendes Verschulden darzulegen und gegebenenfalls zu beweisen (MünchKomm/Henssler § 618 Rn 104; BeckOK ArbR/Joussen § 618 BGB Rn 47; NK-BGB/Klappstein § 618 Rn 29; MHdB ArbR/Kohte § 175 Rn 35; HWK/Krause § 618 BGB Rn 43; ErfKomm/Wank § 618 BGB Rn 31; BeckOGK/Witschen [1. 2. 2019] § 618 Rn 155). Dies entspricht auch der bis zum 1. 1. 2002 geltenden Rechtslage, wenn er einen Anspruch aus Positiver Vertragsverletzung (s oben Rn 285), der auf eine Verletzung der in § 618 Abs 1 und 2 BGB genannten Pflichten gestützt wurde, abwehren wollte (BAG 8. 6. 1955 – 2 AZR 200/54, AP BGB § 618 Nr 1; BAG 27. 2. 1970 – 1 AZR 258/69, AP BGB § 618 Nr 16; Baumgärtel, in: Baumgärtel, Handbuch der Beweislast I [2. Aufl 1991] § 618 Rn 3; Gamillscheg, Arbeitsrecht I [8. Aufl 2000] 382; Soergel/Kraft § 618 Rn 29; Schaub, Arbeitsrechts-Handbuch [9. Aufl 2000] § 108 Rn 25; abweichend noch Hueck/Nipperdey I § 48 II 5 c cc mit Fn 26a). Die Darlegungs- und Beweislast des Dienstberechtigten erstreckt sich ebenfalls auf ein etwaiges **Mitverschulden des Dienstverpflichteten** (BAG 27. 2. 1970 – 1 AZR 258/69, AP BGB § 618 Nr 16; Erman/Belling/Riesenhuber § 618 Rn 29; ArbR-BGB/Friedrich § 618 Rn 213; MünchKomm/Henssler § 618 Rn 104; NK-BGB/Klappstein § 618 Rn 29; Leisten, in: Baumgärtel/Laumen/Prütting [Hrsg], Handbuch der Beweislast [3. Aufl 2009] § 618 BGB Rn 3) sowie einen **Haftungsausschluss nach § 104 SGB VII** (zustimmend Leisten, in: Baumgärtel/Laumen/Prütting [Hrsg], Handbuch der Beweislast [3. Aufl 2009] § 618 BGB Rn 3).

* **Schrifttum**: Musielak, Grundlagen der Beweislast im Zivilprozeß (1976) 184; Reinecke, Die Beweislastverteilung im Bürgerlichen Recht und im Arbeitsrecht als rechtspolitische Regelungsaufgabe (1976) 140; Wahrendorf, Die Prinzipien der Beweislast im Haftungsrecht (1976) 65.

Bleibt ungeklärt, ob der Kausalzusammenhang vorliegt, so muss die Entscheidung zu Ungunsten der Partei ausfallen, die insoweit die Beweislast trägt, also zu Ungunsten des Dienstverpflichteten; bleibt ungeklärt, ob ein Verschulden des Dienstberechtigten vorlag, so fällt die Entscheidung zu seinem Nachteil aus, da ihn die Beweislast für seine Schuldlosigkeit trifft. 310

bb) Beweiserleichterungen

Ob eine Pflichtverletzung des Dienstberechtigten den vom Dienstverpflichteten geltend gemachten Schaden adäquat verursachte, kann im Einzelfall schwer nachzuweisen sein, können es die **Grundsätze des prima-facie-Beweises** dem Dienstverpflichteten erleichtern, seiner Beweislast zu genügen (exemplarisch RAG 1. 12. 1928 – RAG 194/28, ARS 4, 259; BAG 8. 6. 1955 – 2 AZR 200/54, AP BGB § 618 Nr 1; BAG 4. 2. 1960 – 2 AZR 290/57, AP BGB § 618 Nr 7 sowie ArbR-BGB/Friedrich § 618 Rn 213; Hueck/Nipperdey I § 48 II 5 c cc). Diese allgemeine Figur des Beweisrechts trägt zugleich dem für die Verteilung der Darlegungs- und Beweislast häufig in den Vordergrund gerückten sozialen Schutzcharakter des § 618 BGB (so zB RG 7. 10. 1932 – III 139/32, RGZ 138, 38; RAG 12. 10. 1935 – RAG 159/35, ARS 25, 117; RAG 19. 4. 1939 – RAG 196/38, ARS 36, 36; ArbR-BGB/Friedrich § 618 Rn 213; MünchKomm/Henssler § 618 Rn 104) ausreichend Rechnung, ohne die tradierten allgemeinen zivilprozessualen Bahnen verlassen zu müssen. Die Anwendung der Grundsätze über den prima-facie-Beweis bedarf keiner eigenständigen Rechtfertigung durch den Schutzcharakter des § 618 BGB. Es handelt sich vielmehr um den Rückgriff auf allgemeine Maximen des Zivilprozessrechts. 311

Die Grundsätze des prima-facie-Beweises besagen, dass dann, wenn ein gewisser Tatbestand feststeht, der nach den Erfahrungen des Lebens, nach dem typischen Geschehensablauf, nach dem natürlichen Verlauf der Dinge auf eine bestimmte Ursache hinweist, derjenige, der einen von dem gewöhnlichen Verlauf abweichenden Gang des Geschehen behauptet, diesen darzutun und die ihm zugrunde liegenden Tatsachen im Fall des Bestreitens zu beweisen hat (allg zB BGH 11. 12. 2018 – KZR 26/17 Rn 50, NJW 2019, 661 mwNw). Die Grundsätze über den prima-facie-Beweis führen allerdings **nicht** zu einer **Umkehr der Beweislast** in dem Sinne, dass sich der Dienstberechtigte nun voll entlasten müsste (so iE aber Baumgärtel, in: Baumgärtel, Handbuch der Beweislast I [2. Aufl 1991] § 618 Rn 2; Reinecke, Die Beweislastverteilung im Bürgerlichen Recht und im Arbeitsrecht als rechtspolitische Regelungsaufgabe [1976] 140 ff; zustimmend Erman/Belling/Riesenhuber § 618 Rn 29). Die Regeln des prima-facie-Beweises begründen nur eine **tatsächliche Vermutung** (nicht etwa eine Rechtsvermutung oder gar eine Fiktion), dass ein bestimmtes Ergebnis die Folge eines nach der Lebenserfahrung immer wieder vorkommenden typischen Geschehens gewesen ist und lassen es zu, dass zB der Dienstverpflichtete, der sich im zugigen Arbeitsraum eine Erkältung zugezogen hat, sich auf diese Typik beruft. 312

Zur **Entkräftung der tatsächlichen Vermutung** ist nicht erforderlich, dass der Arbeitgeber den strengen Beweis führt, dass in dem gegebenen Beispiel der Dienstverpflichtete sich anderweitig erkältet hat, sondern es genügt, dass er die **ernsthafte Möglichkeit**, nicht notwendig auch die Wahrscheinlichkeit **eines atypischen Geschehensablaufes** darlegt (Hueck/Nipperdey I § 48 II 5 c cc mit Fn 26c sowie allg zB BGH 11. 12. 2018 – KZR 26/17 Rn 50, NJW 2019, 661 mwNw), wobei nur die Tatsachen bewiesen werden müssen, die die anderweitige Möglichkeit stützen. Im gegebenen Beispiel obläge es also dem Dienstberechtigten, darzulegen und zu beweisen, dass der 313

Dienstverpflichtete zB in unzureichender Kleidung Motorradfahrten unternommen hat, durch die er sich eine Erkältung zugezogen haben kann; es obliegt ihm hingegen nicht, darüber hinaus zu beweisen, dass sich der Dienstverpflichtete auch tatsächlich auf diese Weise erkältet hat. Ist durch den Nachweis der anderweitigen Möglichkeit des Geschehensablaufes die prima-facie-Vermutung entkräftet, nehmen die allgemeinen Beweislastregeln wieder Platz (Soergel/Kraft § 618 Rn 29; Musielak, Die Grundlagen der Beweislast im Zivilprozeß [1975] 188; weitergehend aber Erman/Belling/Riesenhuber § 618 Rn 29, der vom Verständnis einer Beweislastumkehr aus gesehen dem Dienstberechtigten konsequenterweise für die Nichtursächlichkeit den Strengbeweis auferlegt).

314 Wenn Mängel der Arbeitsstätte, der Arbeitsmittel, der Dienstwohnung oder der Dienstregelung nachgewiesen sind, die nach dem natürlichen Verlauf der Dinge geeignet waren, eine Erkältung oder Ansteckung oder einen Unfall der beschäftigten Personen hervorzurufen, dann bedarf es keines Beweises durch den Dienstverpflichteten, dass die tatsächlich eingetretene Erkältung oder Ansteckung oder der Unfall durch diesen Mangel hervorgerufen wurde, sondern es muss nun umgekehrt der Dienstberechtigte, wenn er den Schadensersatzanspruch abwehren will, entweder seine und seiner Erfüllungsgehilfen Schuldlosigkeit oder besondere Umstände nachweisen, die selbst als Ursache des Schadens in Betracht kommen und dabei von der Art sind, dass sie Mängel der Arbeitsstätte als Ursache oder Mitursache ausschließen (s auch Hueck/Nipperdey I § 48 II 5 c cc).

3. Deliktische Schadensersatzansprüche

a) Anspruchskonkurrenz

315 Die schuldhafte Verletzung der Pflichten in § 618 Abs 1 und 2 BGB kann zugleich den Tatbestand einer unerlaubten Handlung verwirklichen und außervertragliche Schadensersatzansprüche nach den §§ 823 ff BGB begründen. Diese treten eigenständig neben einen vertraglichen Ersatzanspruch aus § 280 Abs 1 BGB (s allg Staudinger/Hager [2017] Vorbem zu §§ 823 ff Rn 38); im Gesetz fehlen jegliche Anhaltspunkte dafür, dass deliktische Ersatzansprüche durch das Bestehen eines vertraglichen Schadensersatzanspruches ausgeschlossen oder eingeschränkt sein sollen (so ausdrücklich RG 13. 10. 1916 – III 145/16, RGZ 88, 434 f; RG 6. 2. 1917 – III 306/16, RGZ 89, 385; RAG 19. 4. 1939 – RAG 196/38, ARS 36, 37; s auch RAG 27. 11. 1935 – RAG 208/35, ARS 26, 15; Erman/Belling/Riesenhuber § 618 Rn 30; ArbR-BGB/Friedrich § 618 Rn 217; Planck/Gunkel § 618 Anm 4a; MünchKomm/Henssler § 618 Rn 104; Hueck/Nipperdey I § 48 II 5 c ff Fn 37 a; BeckOK ArbR/Joussen § 618 BGB Rn 48; MHdB ArbR/Kohte § 175 Rn 34; Kollmer NJW 1997, 2017; HWK/Krause § 618 BGB Rn 39; Jauernig/Mansel §§ 618, 619 Rn 5; Nipperdey, in: Festgabe zum 50-jährigen Bestehen des Reichsgerichts Bd IV [1929] 224; im gegenteiligen Sinne zB noch Oertmann § 618 Anm 5a).

b) Anspruch aus § 823 Abs 1

316 Eine deliktische Haftung des Dienstberechtigten kommt vor allem aus § 823 Abs 1 BGB in Betracht (s zB RAG 27. 11. 1935 – RAG 208/35, ARS 26, 15). Auf Grund der vom Dienstberechtigten geschaffenen Gefahrenlage ist die Verletzung der Pflichten in § 618 Abs 1 BGB bezüglich der „Räume, Gerätschaften und Vorrichtungen" zumeist auch eine **Verletzung seiner Verkehrssicherungspflichten** (ebenso AK-BGB/Derleder § 618 Rn 1; BeckOK BGB/Fuchs/Baumgärtner § 618 Rn 33; MünchKomm/Henssler § 618 Rn 105; BeckOK ArbR/Joussen § 618 BGB Rn 48; AR/Kamanabrou § 618 BGB Rn 31; Kollmer

NJW 1997, 2017; HWK/Krause § 618 BGB Rn 39; Spickhoff, Gesetzesverstoß und Haftung [1997] 143; BeckOGK/Witschen [1. 2. 2019] § 618 Rn 163; s auch OLG Düsseldorf 29. 6. 2001 – 22 U 204/00, NJW-RR 2002, 1319; Marburger, Die Regeln der Technik im Recht [1979] 442 ff; HK-ArbSchR/Nebe § 618 BGB Rn 54 sowie allg Staudinger/Hager [2009] § 823 Rn E 1 ff).

c) Haftung aus § 823 Abs 2

Regelmäßig verstößt der Dienstberechtigte durch die Verletzung der Pflichten in § 618 Abs 1 und 2 BGB zugleich gegen die **Vorschriften des staatlichen Arbeitsschutzrechts** oder die **Unfallverhütungsvorschriften der Berufsgenossenschaften**. Sofern gesetzliche Vorschriften zumindest auch den Zweck verfolgen, Leben und Gesundheit des Dienstverpflichteten zu schützen, kommen sie als **Schutzgesetze im Sinne des § 823 Abs 2 BGB** in Betracht (unstr zB ArbR-BGB/Friedrich § 618 Rn 219; Galperin BB 1963, 742; Hueck/Nipperdey I § 24 II 3; BeckOK ArbR/Joussen § 618 BGB Rn 48; AR/Kamanabrou § 618 BGB Rn 31; NK-BGB/Klappstein § 618 Rn 27; MHdB ArbR/Kohte § 175 Rn 34; Kollmer NJW 1997, 2017; HWK/Krause § 618 BGB Rn 39; HK-ArbSchR/Nebe § 618 BGB Rn 53; Nipperdey, in: Festgabe zum 50-jährigen Bestehehen des Reichsgerichts Bd IV [1929] 224 f; BeckOGK/Witschen [1. 2. 2019] § 618 Rn 163; Wlotzke, in: FS Hilger/Stumpf [1983] 732 f; Zöllner/Loritz/Hergenröder, Arbeitsrecht [7. Aufl 2015] § 32 Rn 6). Erforderlich ist stets eine genaue Prüfung, ob der Dienstverpflichtete in den personellen Schutzbereich der Norm einbezogen ist und ob die Vorschrift dazu dient, den eingetretenen Schaden zu verhindern. 317

Problematisch ist die Schutzgesetzeigenschaft bei den **Generalklauseln des technischen Arbeitsschutzrechts**, die wegen ihrer tatbestandlichen Vagheit indirekt auf die zur Konkretisierung unerlässlichen technischen Normen verweisen. Bei ihnen steht deshalb der Verstoß gegen die technischen Normen, die keine Gesetze im Sinne des Art 2 EGBGB sind und damit auch keine Schutzgesetze im Sinne des § 823 Abs 2 BGB sein können (s oben Rn 31), im Vordergrund (für die Schutzgesetzqualität ArbR-BGB/Friedrich § 618 Rn 220; MünchKomm/Henssler § 618 Rn 106; BeckOK ArbR/Joussen § 618 BGB Rn 48; HWK/Krause § 618 BGB Rn 39; Marburger, Die Regeln der Technik im Recht [1979] 480 ff; BeckOGK/Witschen [1. 2. 2019] § 618 Rn 163; Wlotzke, in: FS Hilger/Stumpf [1983] 735 f; s auch Spickhoff, Gesetzesverstoß und Haftung [1997] 77 f). 318

Wegen ihrer Integration in das duale System des technischen Arbeitsschutzrechts sind die **Unfallverhütungsvorschriften der Berufsgenossenschaften** Schutzgesetze im Sinne des § 823 Abs 2 BGB, da diese zumindest auch den Schutz des Arbeitnehmers bezwecken und nicht allein die finanziellen Interessen der Versicherungsträger wahren sollen (wie hier ArbR-BGB/Friedrich § 618 Rn 219; BeckOK BGB/Fuchs/Baumgärtner § 618 Rn 32; Gamillscheg, Arbeitsrecht I [8. Aufl 2000] 463; Staudinger/Hager [2009] § 823 Rn G 14; MünchKomm/Henssler § 618 Rn 106; Herschel RdA 1964, 11; ders RdA 1978, 72; Kaskel/Dersch 257; HWK/Krause § 618 BGB Rn 39; Marburger, Die Regeln der Technik im Recht [1979] 477 ff; Spickhoff, Gesetzesverstoß und Haftung [1997] 77; MünchKomm/Wagner § 823 Rn 488; Wiese, in: Bartlsberger ua, Probleme des Binnenschiffahrtsrechts [1975] 91; BeckOGK/Witschen [1. 2. 2019] § 618 Rn 164; Wlotzke, in: FS Hilger/Stumpf [1983] 734 f; in diese Richtung deuten auch die Ausführungen in BGH 7. 12. 1967 – III ZR 178/65, NJW 1968, 642, da das Gericht dort zwar den Schutzgesetzcharakter verneint, gleichwohl aber den arbeitnehmerschützenden Zweck der Unfallverhütungsvorschriften betont; anderer Ansicht indessen vor allem noch RG 3. 4. 1919 – VI 11/19, RGZ 95, 240; RG 28. 4. 1930 – VI 458/29, RGZ 128, 329; OLG Celle 19. 3. 2003 – 9 U 223/02, NZS 2003, 667; ebenso Galperin BB 1963, 742; unentschieden OLG Frankfurt 319

30. 4. 1998 – 24 U 61/96, VersR 1999, 1381). Die Verletzung des technischen Arbeitsschutzrechts führt deshalb nicht nur zu einem vertraglichen Pflichtenverstoß, sondern löst zusätzlich eine deliktische Haftung aus. Dies gilt indessen nicht für die **technischen Normen**, da es sich bei diesen nicht um Rechtsnormen handelt, sodass bereits aus diesem Grunde deren Klassifizierung als Schutzgesetz ausscheidet (ebenso Staudinger/Hager [2009] § 823 Rn G 13; HWK/Krause § 618 BGB Rn 44; Marburger, Die Regeln der Technik im Recht [1979] 475 f; Spickhoff, Gesetzesverstoß und Haftung [1997] 77 f; MünchKomm/Wagner § 823 Rn 489; BeckOGK/Witschen [1. 2. 2019] § 618 Rn 163; Wlotzke, in: FS Hilger/Stumpf [1983] 736 Fn 53).

320 Hiervon zu trennen ist die Frage, ob auch die Vorschriften in **§ 618 Abs 1 und 2 BGB** selbst **Schutzgesetze im Sinne des § 823 Abs 2 BGB** sind. Im Einklang mit der herrschenden Meinung ist dies zu verneinen (so auch Erman/Belling/Riesenhuber § 618 Rn 30; ArbR-BGB/Friedrich § 618 Rn 221; BeckOK BGB/Fuchs/Baumgärtner § 618 Rn 32; Planck/Gunkel § 618 Anm 4c; MünchKomm/Henssler § 618 Rn 106; Hueck/Nipperdey I § 48 II 5 c ee Fn 37; AR/Kamanabrou § 618 BGB Rn 31; NK-BGB/Klappstein § 618 Rn 27; Kort NZA 1996, 855; Soergel/Kraft § 618 Rn 7; HWK/Krause § 618 BGB Rn 39; Enneccerus/Lehmann § 146 III 2 c Fn 13; Jauernig/Mansel §§ 618, 619 Rn 5; Neumann-Duesberg VersR 1968, 4; Nikisch I § 36 V 5; Oertmann § 618 Anm 5a; Spickhoff, Gesetzesverstoß und Haftung [1997] 143; ErfKomm/Wank § 618 BGB Rn 39; Wiese, in: Bartlsberger ua, Probleme des Binnenschiffahrtsrechts [1975] 91; allenfalls inzident auch RAG 27. 11. 1935 – RAG 208/35, ARS 26, 15, das einen parallelen deliktsrechtlichen Anspruch ausschließlich auf § 823 Abs 1 stützte, ohne auf § 823 Abs 2 einzugehen; offengelassen von OLG Hamm 14. 4. 2000 – 9 U 3/00, NZA-RR 2000, 649; **aA** aber RG 1. 11. 1907 – III 96/07, Recht 1907, 1535 [Nr 3811]; Staudinger/Hager [2009] § 823 Rn G 41; Herschel RdA 1964, 10 f; ders RdA 1978, 72; Schaub/Koch, Arbeitsrechts-Handbuch [17. Aufl 2017] § 106 Rn 20; BeckOGK/Witschen [1. 2. 2019] § 618 Rn 165; Wlotzke, in: FS Hilger/Stumpf [1983] 735; anders wohl auch RAG 12. 10. 1935 – RAG 159/35, ARS 25, 116, das seine Aussage allerdings pauschal auf die Pflichten aus § 618, § 120a GewO bezieht). Das folgt in erster Linie aus dem Zweck der Norm, die die vertraglichen Verhaltenspflichten konkretisieren soll. Zudem wäre die Sonderregelung in § 618 Abs 3 BGB überflüssig, wenn jeder Verstoß gegen § 618 Abs 1 BGB gleichzeitig zu einer Schutzgesetzverletzung und damit zu einer deliktischen Haftung führen würde (so bereits Oertmann § 618 Anm 5a; ebenso ArbR-BGB/Friedrich § 618 Rn 221; MünchKomm/Henssler § 618 Rn 106; AR/Kamanabrou § 618 BGB Rn 31; HWK/Krause § 618 BGB Rn 44; Spickhoff, Gesetzesverstoß und Haftung [1997] 143; gegen diese Erwägung aber Herschel RdA 1964, 11; BeckOGK/Witschen [1. 2. 2019] § 618 Rn 165).

d) Anwendbarkeit deliktsrechtlicher Vorschriften

321 Haftet der Dienstberechtigte zusätzlich oder ausschließlich nach deliktsrechtlichen Vorschriften, so muss er für das Fehlverhalten Dritter nur unter den eingeschränkten Voraussetzungen des **§ 831 BGB** einstehen (Hueck/Nipperdey I § 48 II 5 c ff Fn 37 a). Ihm steht im Unterschied zu einer Inanspruchnahme wegen eines Anspruchs aus § 280 Abs 1 BGB insbesondere die **Möglichkeit der Exkulpation** zur Verfügung (MünchKomm/Henssler § 618 Rn 107; BeckOGK/Witschen [1. 2. 2019] § 618 Rn 166).

322 Ist außer der vertraglichen Haftung des Dienstberechtigten zugleich seine deliktische Haftung begründet, so umfasst der Ersatzanspruch des Dienstverpflichteten auch die Zahlung einer **Entschädigung wegen eines Nichtvermögensschadens** nach § 253 Abs 2 BGB.

323 Liegt nach Maßgabe der Erläuterungen in den Rn 315 bis 320 neben einem vertraglichen Schadensersatzanspruch eine Haftung aus Delikt vor, so gilt die regelmäßige **Verjährungsfrist des § 195 BGB** von **drei Jahren** (RAG 27. 11. 1935 – RAG 208/35, ARS 26, 15; HUECK/NIPPERDEY I § 48 II 5 c ff Fn 37a; NIPPERDEY, in: Festgabe zum 50-jährigen Bestehen des Reichsgerichts Bd IV [1929] 225), die jedoch spätestens entweder **10 Jahre nach Eintritt der Fälligkeit** (§ 199 Abs 2 BGB) oder **30 Jahre nach Begehung der unerlaubten Handlung** (§ 199 Abs 3 BGB) abläuft.

4. Haftungsausschluss nach den §§ 104, 105 SGB VII*

a) Vorbemerkung

324 Eine Inanspruchnahme des Dienstberechtigten durch den Dienstverpflichteten auf Schadensersatz ist nach den §§ 104, 105 SGB VII ausgeschlossen, wenn das schadenstiftende Ereignis einen **Arbeitsunfall** im Sinne des § 8 SGB VII darstellt und der

* **Schrifttum**: BALTZER, Zum Begriff der Eingliederung im Rahmen der §§ 539 II, 637 I 1 RVO, in: FG Grüner (1982) 33; BAUER, Rechtsprechungsbericht zum Verhältnis von Sozialversicherungsrecht und Schadensersatzrecht, JA 1977, 249; BENZ, Der Arbeitsunfall im Sinne des § 8 SGB VII – Notwendigkeit und Grenzen der Kasuistik, SGb 2001, 220; ders, Der Betriebsweg nach § 8 Abs 1 Satz 1 SGB VII, SGb 2003, 12; BÖHMER, Ist die Auslegung des § 636 Abs 1 Satz 1 RVO hinsichtlich des Ausschlusses von Schmerzensgeldansprüchen verfassungswidrig?, VersR 1973, 21; BOMMERMANN, Kausalität und Gelegenheitsursache in der gesetzlichen Unfallversicherung, SGb 2001, 13 f; BOUDON, Arbeitsunfall und sozialversicherungsrechtliche Haftungsbefreiung, BB 1993, 2446; BROSE, Haftung und Risiken nach den arbeitsrechtlichen Grundsätzen und dem SGB VII, RdA 2011, 205; BULTMANN, Neue Ansätze bei der Theorie der wesentlichen Bedingung im Sozialrecht, SGb 2016, 143; DAHM, Das Haftungsprivileg gemäß §§ 636, 637 RVO und seine Ausnahmetatbestände in der neueren Rechtsprechung, ZfS 1994, 267; ders, Die Bedeutung der Bindungswirkung des § 108 SGB VII für Gerichte außerhalb der Sozialgerichtsbarkeit, NZV 2011, 118; DEINERT, Unfallversicherungsregress und innerbetrieblicher Schadensausgleich, RdA 2013, 146; ENGELBRECHT, Der Wegeunfall, DAR 2017, 617; FAECKS, Haftungsausschluss im Betrieb – ein Beitrag zur Klärung einer Schnittstelle zwischen Arbeits- und Sozialrecht, in: FS 25 Jahre ARGE Arbeitsrecht im DAV (2006) 1207; FLORSCHÜTZ, Der Haftungsausschluss von Unternehmern und Versicherten nach dem Unfallversicherungs-Neuregelungsgesetz (Diss Würzburg 1966); FRAHM, Die Auswirkungen versäumter Drittbeteiligung im sozialverwaltungsrechtlichen Verfahren auf die Bindungswirkung des § 638 RVO, VersR 1995, 1002; FREYBERGER, Haftungsprivilegierung – Der Begriff der „gemeinsamen Betriebsstätte", MDR 2001, 541; FUCHS, Arbeitgeber- und Arbeitnehmerhaftung für Personenschäden, in: FS Gitter (1995) 253; FUHLROTT, Der Schmerzensgeldausschluss durch die Unfallversicherung, NZS 2007, 237; GAMILLSCHEG/HANAU, Die Haftung des Arbeitnehmers (2. Aufl 1974); GITTER, Haftungsausschluss und gesetzlicher Forderungsübergang bei Arbeitsunfällen im Ausland, NJW 1965, 1108; ders, Schadensausgleich im Arbeitsunfallrecht (1969); ders, Finalität und Kausalität in der gesetzlichen Unfallversicherung, BerGen 1996, 95; ders, Die Neuregelung der Haftungsfreistellung des Unternehmers und anderer im Betrieb tätiger Personen in der gesetzlichen Unfallversicherung, in: FS Wiese (1998) 131; HANAU, Ist der Haftungsausschluss bei Arbeitsunfällen (§§ 636, 637 RVO) noch gerechtfertigt?, JurA 1970, 112; ders, Schadensersatz und Sozialversicherung, AR-Blattei Schadensersatz im Arbeitsrecht IV (1973); HORST/KATZENSTEIN, Die Bindung der Gerichte nach § 108 SGB VII, VersR 2009, 165; HUSMANN, Ärztliche Fehlbehandlung – Ein Arbeitsunfall mit erfolgter Haftungsbefreiung nach § 636 RVO?, VersR 1978, 793; IMBUSCH, Neue Tendenzen zur Aus-

Dienstverpflichtete zu den in der gesetzlichen Unfallversicherung versicherten Personen zählt. In diesem Fall hindern die §§ 104, 105 SGB VII zwar nicht das Entstehen des Ersatzanspruches, dieser kann jedoch – wie der Regressanspruch des Trägers der gesetzlichen Unfallversicherung zeigt (§ 110 SGB VII) – dauerhaft nicht gegen den Schädiger durchgesetzt werden (treffend Fuchs, Zivilrecht und Sozialrecht [1992] 200). Es gilt das Prinzip **Haftungsersetzung durch Versicherungsschutz** (Gitter, Scha-

legung des Haftungsausschlusses nach § 106 Abs 3 Alt 3 SGB VII, VersR 2001, 547; Jahnke, Haftungsausschluss wegen Arbeitsunfalls „auf gemeinsamer Betriebsstätte" (§ 106 Abs 3 Alt 3 SGB VII), NJW 2000, 265 = VersR 2000, 155; Jahnke/Vatter, Das sozialrechtliche Angehörigenprivileg beim Arbeitsunfall im Familienkreis, NJW 2016, 1477; Kampen, Die gemeinsame Betriebsstätte, NJW 2012, 2234; Keller, Rechtsfragen des Versicherungsschutzes nach dem Recht der gesetzlichen Unfallversicherung bei Unfällen aus innerer Ursache während einer versicherten Tätigkeit, NZS 1995, 58; Kock, Arbeitsunfälle von Unternehmern (2002); ders, Entsperrung der Haftungsprivilegierung gem §§ 104 ff SGB VII wegen Vorsatzes und bei sog Hol- und Bringunfällen jetzt höchstrichterlich geklärt, NZS 2005, 18; Köhler, Finalität im Recht der gesetzlichen Unfallversicherung, SGb 2002, 144; ders, Die Gelegenheitsursache im Recht der gesetzlichen Unfallversicherung, VSSR 2013, 47; ders, Der Unfallbegriff der gesetzlichen Unfallversicherung im Lichte der neueren Rechtsprechung und Literatur, SGb 2014, 69; ders, Unfallversicherungsschutz beim Hantieren mit Arbeitsgerät, VSSR 2015, 319; ders, Probleme des immateriellen Schadensausgleichs im Recht der gesetzlichen Unfallversicherung, VSSR 2018, 109; vKoppenfels-Spies, Der Risikobereich des Haftungsausschlusses gem § 105 Abs 1 SGB VII – Betrieb oder Unternehmen?, NZS 2006, 561; dies, Irrwege bei Wegeunterbrechungen?, NZS 2014, 831; Krasney, Die Handlungstendenz als Kriterium für die Zurechnung in der gesetzlichen Unfallversicherung, NZS 2000, 373; ders, Haftungsbeschränkung bei Verursachung von Arbeitsunfällen, NZS 2004, 7, 68; ders, Versicherungsschutz bei betrieblichen Gemeinschaftsveranstaltungen, NZS 2006, 57; ders, Grenzziehungen bei Wegeunfällen, SGb 2013, 313; ders, Die Handlungstendenz als Kriterium für die Zurechnung in der gesetzlichen Unfallversicherung, NZS 2013, 681; Leichsenring/Petermann, Die Reichweite des Haftungsausschlusses nach §§ 636, 637 RVO bei Arbeitsunfällen, Berufskrankheiten und arbeitsbedingten Erkrankungen, SGb 1989, 464; Leube, Gesetzliche Unfallversicherung – Haftungsfreistellung bei Personenschäden im öffentlichen Dienst, ZTR 1999, 302; ders, Haftungsbegrenzung auf gemeinsamer Betriebsstätte – Begriff der „Betriebsstätte" (§ 106 Abs 3 Alt 3 SGB VII), VersR 2005, 622; Lemcke, Die Beschränkung der Schadensersatzpflicht im Unfallversicherungsrecht nach §§ 636 ff RVO, recht und schaden 1995, 161; M Lepa, Haftungsbeschränkungen bei Personenschäden nach dem Unfallversicherungsrecht (2004); Marburger, Haftungsfreistellung bei Arbeitsunfällen, BB 2000, 1781; Maschmann, Haftung und Haftungsbeschränkung bei Arbeitsunfällen nach neuem Unfallversicherungsrecht (§§ 104 ff SGB VII), SGb 1998, 54; Möhlenkamp, Die gemeinsame Betriebsstätte nach § 106 Abs 3 Alt 3 SGB VII – Bestandsaufnahme und Bewertung der aktuellen Rechtsprechung, VersR 2016, 224; ders, Wie-Beschäftigung, Bindungswirkung und Sonderfälle der Haftungsprivilegien nach den §§ 104 ff SGB VII abseits des klassischen Arbeitsunfalls, VersR 2019, 200; Müller, Die gesetzliche Unfallversicherung im Homeoffice, NZS 2019, 177; Mummenhoff, Unfälle ausländischer Arbeitnehmer im Inland, IPRax 1988, 215; Neumann/Duesberg, Das Verhältnis von „Verkehrssicherungs- und Fürsorgepflicht" des Arbeitgebers und die „Teilnahme am allgemeinen Verkehr", VersR 1968, 1; Otto/Schwarze/Krause, Die Haftung des Arbeitnehmers (4. Aufl 2014); Prochaska, Der Rechtsgrund des Instituts des innerbetrieblichen Schadensausgleichs unter besonderer Berücksichtigung der Regelung des § 637 RVO (Diss Köln 1970); Ricke, Unternehmer- und Kollegenhaftung (§§ 104, 105 SGB VII) bei densausgleich im Arbeitsunfallrecht [1969] 211; ebenso BGH 2. 12. 2003 – VI ZR 349/02, NJW 2004, 950; BGH 6. 2. 2007 – VI ZR 55/06, NJW-RR 2007, 1396; BGH 8. 3. 2012 – III ZR 191/11 Rn 10, VersR 2012, 724 Rn 10; BAG 22. 4. 2004 – 8 AZR 159/03, AP SGB VII § 105 Nr 3; Schwarze, in: Otto/Schwarze/Krause, Die Haftung des Arbeitnehmers [4. Aufl 2014] § 21 Rn 1 ff; Rolfs, Die Haftung unter Arbeitskollegen [1995] 2 ff, 43 ff; sowie allg Fuchs, Zivilrecht und Sozialrecht [1992] 174 ff). Der Haftungsausschluss verstößt weder gegen Art 3 Abs 1 GG noch gegen das Unionsrecht (LAG Köln 29. 9. 1994 – 6 Sa 763/94, NZA 1995, 470 f).

Deshalb haben Schadensersatzansprüche im Verhältnis zwischen Dienstverpflichteten und Dienstberechtigten auf ihrem potenziellen Hauptanwendungsgebiet, dem Arbeitsverhältnis, häufig keine praktische Bedeutung. Die hiesige Darstellung beschränkt sich deshalb auf diejenigen Fragen, die den Ausschluss eines Schadensersatzanspruches gegen den Dienstberechtigten wegen einer Verletzung der Pflich- 325

Wegeunfällen, VersR 2002, 413; ders, Haftungsbeschränkung nach §§ 104 ff SGB VII, VersR 2003, 540; ders, Haftungsbeschränkung nach § 104 SGB VII für „weitere" Unternehmer, NZS 2011, 454; ders, Die zivilgerichtliche Bindung nach § 108 SGB VII an unfallversicherungsrechtliche Entscheidungen für Schadensersatzansprüche nach möglichen Arbeitsunfällen, NZV 2017, 559; Risthaus, Die Haftungsprivilegierung betriebsfremder Unternehmer gem § 106 Abs 3 3. Fall SGB VII, VersR 2000, 1203 ff; Rolfs, Die Haftung unter Arbeitskollegen und verwandte Tatbestände (1995); ders, Die Neuregelung der Arbeitgeber- und Arbeitnehmerhaftung bei Arbeitsunfällen durch das SGB VII, NJW 1996, 3177; ders, Der Personenschaden des Arbeitnehmers, AR-Blattei SD 860. 2 (2001); ders, Aktuelle Entwicklungen beim unfallversicherungsrechtlichen Haftungsausschluss (§§ 104 ff SGB VII), DB 2001, 2294; ders, Die Bindungswirkung sozialrechtlicher Entscheidungen beim unfallversicherungsrechtlichen Haftungsausschluss, in: FS Wank (2014) 221; ders, Schadensausgleich im Arbeitsunfallrecht heute, SGb 2018, 523; Rosenzweig, Zum Schadensausgleich beim Arbeitsunfall, insbesondere unter Beteiligung eines Zweitschädigers (Diss Hamburg 1970); Schiller, Die Problematik des Schmerzensgeldausschlusses in der gesetzlichen Unfallversicherung (Diss Würzburg 1976); B Schmidt, Der Umfang der Haftungsfreistellungen bei Personenschäden – insbesondere nach § 106 Abs 3 SGB VII, BB 2002, 1859; Schmude, Zivilrechtliche Haftungsbeschränkung im Sozialversicherungsrecht – Zur Auslegung von § 106 Abs 3 SGB VII, in: FS Isensee (2002) 467; Schur/Spellbrink, Unfallversicherungsschutz auf dem Weg von und nach der Arbeitsstelle, SGb 2014, 589; Seewald, Arbeitgeberhaftung trotz Unfallversicherungsrecht?, BerGen 1990, 146, 232; Sieg, Der Schmerzensgeldanspruch des Arbeitnehmers beim Arbeitsunfall, SGb 1972, 41; ders, Betrachtungen zu §§ 636, 637 RVO und den beamtenrechtlichen Parallelvorschriften, SGb 1994, 613; Spellbrink, Gibt es eine neue BSG-Rechtsprechung zur Kausalitätsprüfung in der Gesetzlichen Unfallversicherung?, SGb 2017, 1; Stöhr, Haftungsprivileg bei einer gemeinsamen Betriebsstätte und bei Verkehrsunfällen, VersR 2004, 809; Tischendorf, Zur Auseinandersetzung über die unfallversicherungsrechtlichen Haftungsbeschränkungen in den §§ 104 ff SGB VII, VersR 2002, 1188; ders, Zum Begriff der Gefahrengemeinschaft und seiner Bedeutung bei der Auslegung und Anwendung des § 106 Abs 3 Alt 3 SGB VII, VersR 2003, 1361; Waltermann, Änderungen im Schadensrecht durch das neue SGB VII, NJW 1997, 3401; ders, Aktuelle Fragen der Haftungsbeschränkung bei Personenschäden, NJW 2002, 1225; ders, Haftungsfreistellung bei Personenschäden – Grenzfälle und neue Rechtsprechung, NJW 2004, 901; ders, Haftungsfreistellung gegenüber versichertem Unternehmer bei Arbeitsunfall auf gemeinsamer Betriebsstätte, NJW 2008, 2895; Watermann, Die Ordnungsfunktionen von Kausalität und Finalität im Recht – unter besonderer Berücksichtigung des Rechts der gesetzlichen Unfallversicherung (1969).

ten in § 618 BGB betreffen; eine umfassende Erörterung der dem Dienstverpflichteten bei einem Arbeitsunfall zustehenden Ersatzansprüche gegen den Träger der gesetzlichen Unfallversicherung würde den Rahmen sprengen, sodass sich die Ausführungen zudem auf die tragenden Grundlinien konzentrieren, die vor allem seitens der höchstrichterlichen Judikatur herausgearbeitet wurden.

b) Versicherungsverhältnis

aa) Allgemeines

326 Der Haftungsausschluss im Verhältnis zwischen den Parteien des Dienstvertrages setzt in personeller Hinsicht voraus, dass der Dienstberechtigte „Unternehmer" im Sinne des § 136 Abs 3 SGB VII ist und der Dienstverpflichtete nach § 2 SGB VII zu den versicherten Personen gehört. Fehlt eine dieser Voraussetzungen, so entfällt für einen Haftungsausschluss nach den §§ 104, 105 SGB VII die rechtliche Grundlage, der Dienstverpflichtete kann seine vertraglichen oder deliktischen Ersatzansprüche uneingeschränkt gegenüber dem Dienstberechtigten geltend machen.

bb) Unternehmensbegriff

327 Der Unternehmensbegriff der gesetzlichen Unfallversicherung ist auf Grund der Notwendigkeit eines teleologischen, dem Zweck der gesetzlichen Unfallversicherung Rechnung tragenden Begriffsverständnisses nicht identisch mit dem Unternehmensbegriff in anderen Rechtsgebieten. **Unternehmen im Sinne der gesetzlichen Unfallversicherung** ist nach der ständigen Rechtsprechung des Bundessozialgerichts „eine planmäßige, für eine gewisse Dauer bestimmte Vielzahl von Tätigkeiten, die auf einen einheitlichen Zweck gerichtet sind und mit einer gewissen Regelmäßigkeit ausgeübt werden" (so noch zu der früheren Regelung in § 658 Abs 2 RVO aF zB BSG 20. 12. 1961 – 2 RU 136/60, BSGE 16, 81; BSG 9. 8. 1973 – 2 RU 5/72, BSGE 36, 115; BSG 17. 3. 1992 – 2 RU 22/91, NZA 1992, 863; BSG 5. 5. 1998 – B 2 U 23/97 R, NZS 1999, 39).

328 § 136 Abs 3 Nr 1 SGB VII sieht zwar in sprachlicher Abweichung von der früheren Regelung in § 658 Abs 2 Nr 1 RVO denjenigen als Unternehmer an, „dem das Ergebnis des Unternehmens unmittelbar zum Vor- oder Nachteil gereicht". Hiermit soll aber nur eine Klarstellung der bisherigen Rechtslage verbunden sein (Reg Begr BT-Drucks 13/2204, 108). In diesem Sinne bewertete das Bundessozialgericht schon in seiner Rechtsprechung zu § 658 Abs 2 Nr 1 RVO denjenigen als „Unternehmer", „dem das wirtschaftliche Ergebnis des Unternehmens, der Wert oder Unwert der im und mit dem Unternehmen verrichteten Arbeiten unmittelbar oder mittelbar zum Vorteil oder Nachteil gereicht" (so BSG 12. 11. 1986 – 9b RU 8/84, BSGE 61, 17).

329 Deshalb behalten die Grundsätze in Judikatur und Doktrin zu § 685 Abs 2 Nr 1 RVO auch im Rahmen des § 136 Abs 3 Nr 1 SGB VII grundsätzlich ihre Gültigkeit. Eine Modifizierung der Rechtsprechungsgrundsätze dürfte jedoch in der Beschränkung auf „unmittelbare" Vor- oder Nachteile liegen, die § 136 Abs 3 Nr 1 SGB VII für die Unternehmereigenschaft verlangt. „Mittelbare" Vor- oder Nachteile, die das Bundessozialgericht als ausreichend für die Unternehmereigenschaft ansah, werden in § 136 Abs 3 Nr 1 SGB VII nicht genannt.

330 Wegen der Erweiterung des Kreises der in der gesetzlichen Unfallversicherung versicherten Tätigkeiten (s § 2 Abs 1 SGB VII) ist die Verfolgung wirtschaftlicher

Zwecke für die Unternehmereigenschaft nicht zwingend erforderlich. Insbesondere ist eine Absicht, aus der Tätigkeit wirtschaftliche Vorteile zu erzielen, kein notwendiges Merkmal für den Unternehmensbegriff in der gesetzlichen Unfallversicherung (BSG 20. 12. 1961 – 2 RU 136/60, BSGE 16, 81; BSG 17. 3. 1992 – 2 RU 22/91, NZA 1992, 863).

Bei Gesellschaften mit eigener Rechtspersönlichkeit ist Unternehmer nur die Gesellschaft, nicht hingegen die gesetzlichen Vertreter (BSG 12. 11. 1986 – 9b RU 8/84, BSGE 61, 17) oder die Gesellschafter (s auch BGH 11. 11. 2003 – VI ZR 13/03, NJW 2004, 953). Bei Gesellschaften ohne eigene Rechtsfähigkeit sind demgegenüber auch diejenigen Gesellschafter „Unternehmer", die nach dem Gesellschaftsvertrag als vertretungsbefugte Gesellschafter unmittelbar Rechte und Pflichten begründen (BSG 12. 11. 1986 – 9b RU 8/84, BSGE 61, 17). 331

cc) Versicherte Personen

Zu den versicherten Personen zählen vorbehaltlich der Ausnahmen in den §§ 4 und 5 SGB VII vor allem die auf Grund eines **Arbeitsverhältnisses** Beschäftigten (§ 2 Abs 1 Nr 1 SGB VII). Mit dem Begriff der **„Beschäftigten"** in § 2 Abs 1 Nr 1 SGB VII knüpft das Gesetz an den **allgemeinen Beschäftigtenbegriff** des Sozialversicherungsrechts in **§ 7 SGB IV** an (ebenso Reg Begr BT-Drucks 13/2204, 74). Dieser erfasst jede nichtselbständige Arbeit, insbesondere die im Rahmen eines Arbeitsverhältnisses erbrachte Tätigkeit. Wegen der Anknüpfung an den Beschäftigtenbegriff in § 7 SGB IV sind nicht alle Dienstverpflichteten im Sinne der §§ 611 ff BGB in den Schutz der gesetzlichen Unfallversicherung einbezogen (vgl BSG 14. 12. 1999 – B 2 U 38/98 R, NZA-RR 2000, 434 ff, für die Mitglieder des Vorstands einer Aktiengesellschaft). 332

Für das Vorliegen einer **nichtselbständigen Tätigkeit** im Sinne des § 7 Abs 1 SGB IV ist vor allem darauf abzustellen, ob die Tätigkeit **fremdbestimmt** bzw der zur Dienstleistung Verpflichtete in das „Unternehmen" **eingegliedert** ist (BSG 12. 2. 1970 – 7/2 RU 51/67, BSGE 31, 3; BSG 29. 1. 1986 – 9b RU 68/84, BSGE 59, 286; BSG 14. 12. 1999 – B 2 U 38/98 R, NZA-RR 2000, 435). Im Unterschied zu anderen Versicherungszweigen ist die **Dauer der Tätigkeit** und die **Höhe der Vergütung** unbeachtlich für die Frage, ob der Dienstverpflichtete zu den in der gesetzlichen Unfallversicherung versicherten Personen gehört. Versicherungspflichtig sind auch solche Dienstverpflichteten, die eine **geringfügige Beschäftigung** im Sinne des § 8 SGB IV ausüben. Wird die Dienstleistung für einen anderen hingegen **freiberuflich**, dh selbständig erbracht, so ist der Dienstverpflichtete nicht in den Kreis der in der gesetzlichen Unfallversicherung versicherten Personen einbezogen (BSG 29. 9. 1965 – 2 RU 169/63, BSGE 24, 30) und kann seine Ersatzansprüche ohne die Einschränkungen der §§ 104, 105 SGB VII gegen den Dienstberechtigten durchsetzen. 333

Insbesondere wenn eine Versicherungspflicht nach § 2 Abs 1 Nr 1 SGB VII wegen eines fehlenden Beschäftigungsverhältnisses zu verneinen ist, bleibt zu prüfen, ob der Dienstverpflichtete seine **Dienstleistung wie ein nach § 2 Abs 1 Nr 1 SGB VII Versicherter** erbringt, da er dann ebenfalls zu den in der gesetzlichen Unfallversicherung versicherten Personen gehört **(§ 2 Abs 2 SGB VII**; hierzu Krasney NZS 1999, 577 ff; Möhlenkamp VersR 2019, 201 ff; zusammenfassend zu der früheren Regelung in § 539 Abs 2 RVO Krasney, in: FS Steffen [1995] 235 ff). Die zu § 539 Abs 2 RVO entwickelten Grund- 334 sätze haben trotz geringer Korrekturen im Gesetzeswortlaut auch im Rahmen des § 2 Abs 2 S 1 SGB VII Gültigkeit (BGH 23. 3. 2004 – VI ZR 160/03, NJW-RR 2004, 886). Allerdings beschränkt § 2 Abs 2 S 1 SGB VII die Gleichstellung auf die nach § 2 Abs 1 Nr 1 SGB VII versicherten Tätigkeiten (anders noch § 539 Abs 2 RVO, der sich pauschal auf § 539 Abs 1 RVO bezog).

335 Die Anwendung des § 2 Abs 2 S 1 SGB VII setzt voraus, dass es sich um „eine ernstliche, dem in Betracht kommenden Unternehmen dienende Tätigkeit handelt und dass sie dem mutmaßlichen Willen des Unternehmers entspricht" (BSG 5. 7. 2005 – B 2 U 22/04 R, NZS 2006, 375; zu § 539 Abs 2 RVO aF s BSG 28. 5. 1957 – 2 RU 150/55, BSGE 5, 171; BSG 29. 6. 1966 – 2 RU 104/65, BSGE 25, 103, 104; BSG 17. 3. 1992 – 2 RU 22/91, NZA 1992, 862). Dem Unternehmen dient eine Tätigkeit bereits dann, wenn der vorgestellte Erfolg einer Tätigkeit, wenn er eingetreten wäre, den **Unternehmenszweck irgendwie gefördert** hätte (BSG 28. 5. 1957 – 2 RU 150/55, BSGE 5, 171). Ein persönliches Abhängigkeitsverhältnis, kraft dessen der Unternehmer die Art und Weise der Tätigkeit leitet, muss nicht vorliegen (so zu der früheren Regelung in § 539 Abs 2 RVO aF BSG 28. 5. 1957 – 2 RU 150/55, BSGE 5, 173; BSG 17. 3. 1992 – 2 RU 22/91, NZA 1992, 863; BGH 28. 10. 1986 – VI ZR 181/85, AP RVO § 636 Nr 14; BGH 11. 10. 1988 – VI ZR 67/88, AP RVO § 636 Nr 15; BGH 9. 7. 1996 – VI ZR 155/95, NJW 1996, 2937; BGH 30. 6. 1998 – VI ZR 286/97, NZA-RR 1998, 455; BAG 15. 1. 1985 – 3 AZR 59/82, AP RVO § 637 Nr 16).

336 Da § 2 Abs 2 SGB VII eine Gleichstellung mit den nach § 2 Abs 1 Nr 1 SGB VII versicherten Personen vornimmt, müssen die von § 2 Abs 2 SGB VII erfassten Personen eine Tätigkeit ausüben, die ihrer Art nach sonst von Personen geleistet werden könnte, die zu dem Unternehmer in einem von § 2 Abs 1 Nr 1 SGB VII erfassten Beschäftigungsverhältnis stehen (so zu § 537 Nr 10 iVm Nr 1 RVO aF BSG 28. 5. 1957 – 2 RU 150/55, BSGE 5, 174; BSG 28. 11. 1961 – 2 RU 53/58, BSGE 15, 294; BSG 20. 12. 1961 – 2 RU 146/56, BSGE 16, 76; zu § 539 Abs 2 RVO aF BSG 25. 8. 1970 – 2 RU 51/68, BSGE 31, 277 f; BSG 17. 3. 1992 – 2 RU 22/91, NZA 1992, 862). Hierfür reicht es nicht aus, dass es sich um Verrichtungen handelt, die losgelöst von den tatsächlichen Umständen, ihrer Art nach üblicherweise sonst **dem allgemeinen Arbeitsmarkt zugänglich** sind (BSG 28. 6. 1984 – 2 RU 63/83, BSGE 57, 92; ablehnend Spitzlei/Schneider NZS 2018, 633 [636 ff]). Entscheidend sind die konkreten Umstände des Einzelfalles und ob die Tätigkeit hiernach einem Beschäftigungsverhältnis gleichzustellen ist (zB BSG 29. 1. 1986 – 9b RU 68/84, BSGE 59, 287; BGH 30. 6. 1998 – VI ZR 286/97, NZA-RR 1998, 455: Ausmisten eines Pferdestalls; LSG Rheinland-Pfalz 23. 2. 2011 – L 4 U 164/10, NZS 2011, 952). Erfüllt ist diese Voraussetzung stets, wenn ein dem Entleiher **überlassener Arbeitnehmer** im Unternehmen des Entleihers eingesetzt wird (BGH 18. 11. 2014 – VI ZR 141/13 Rn 19, NZS 2015, 114; BGH 18. 11. 2014 – VI ZR 47/13 Rn 34, NJW 2015, 940).

337 Es ist stets erforderlich, dass die Tätigkeit für den Dienstberechtigten als Unternehmer und **nicht für ein eigenes oder ein anderes Unternehmen** erbracht wird (vgl BSG 28. 6. 1984 – 2 RU 63/83, BSGE 57, 92; BSG 17. 3. 1992 – 2 RU 22/91, NZA 1992, 863; BGH 28. 10. 1986 – VI ZR 181/85, AP RVO § 636 Nr 14; BGH 11. 10. 1988 – VI ZR 67/88, AP RVO § 636 Nr 15; BAG 18. 10. 1990 – 8 AZR 344/89, AP RVO § 636 Nr 17; BGH 23. 3. 2004 – VI ZR 160/03, NJW-RR 2004, 885; BAG 15. 1. 1985 – 3 AZR 59/82, AP RVO § 637 Nr 16). Im Zweifelsfall ist darauf abzustellen, welche Aufgaben der Tätigkeit das Gepräge geben (BGH 23. 3. 2004 – VI ZR 160/03, NJW-RR 2004, 886; BGH 18. 11. 2014 – VI ZR 141/13 Rn 19, NZS 2015, 114; BGH 18. 11. 2014 – VI ZR 47/13 Rn 34, NJW 2015, 940; OLG Hamm 17. 1. 2002 – 6 U 132/01, NJW-RR

2002, 1318). Dient die Tätigkeit zumindest **auch den Interessen des eigenen Unternehmens**, so ist nach der Rechtsprechung des Bundesgerichtshofes in der Regel anzunehmen, dass der Verletzte allein zur Förderung seines eigenen Unternehmens tätig geworden ist (BGH 28. 10. 1986 – VI ZR 181/85, AP RVO § 636 Nr 14; BGH 11. 10. 1988 – VI ZR 67/88, AP RVO § 636 Nr 15; BGH 2. 11. 1989 – III ZR 133/88, AP RVO § 636 Nr 18; s auch BSG 5. 7. 2005 – B 2 U 22/04 R, NZS 2006, 375 f). Der **zeitliche Umfang der Tätigkeit** (Teilzeittätigkeit) ist für die Anwendung des § 2 Abs 2 SGB VII bedeutungslos (kritisch de lege ferenda Keller Sozialversicherung 1994, 325).

Die **Dauer der Tätigkeit** ist für die Gleichstellung unerheblich, es genügt eine **vorübergehende Tätigkeit** (BSG 12. 2. 1970 – 7/2 RU 51/67, BSGE 31, 4; BSG 17. 3. 1992 – 2 RU 22/91, NZA 1992, 862). Im Unterschied zu § 539 Abs 2 RVO, der dies ausdrücklich festschrieb, verzichtet § 2 Abs 2 S 1 SGB VII auf eine Erwähnung der „vorübergehenden“ Tätigkeit, sondern stellt ausschließlich auf ein Tätigwerden ab. Auf Grund des weit gefassten Gesetzeswortlauts lassen sich vorübergehende Tätigkeiten nicht aus dem Anwendungsbereich des § 2 Abs 2 S 1 SGB VII ausklammern. Das entspricht auch dem Willen des historischen Gesetzgebers, der die bisherige Rechtslage in diesem Punkt nicht korrigieren wollte (s Reg Begr BT-Drucks 13/2204, 75 f). 338

c) Arbeitsunfall

aa) Allgemeines

Der in § 104 SGB VII angeordnete Ausschluss von Ersatzansprüchen, die dem Dienstverpflichteten gegenüber dem Dienstberechtigten wegen einer Verletzung der Pflichten in § 618 BGB zustehen, greift nur ein, wenn das schädigende Ereignis ein Arbeitsunfall im Sinne des Rechts der gesetzlichen Unfallversicherung ist. Ist dies zu verneinen (aber auch nur dann), scheidet eine Anwendung der §§ 104, 105 SGB VII aus, sodass die allgemeinen zivilrechtlichen Schadensersatzansprüche uneingeschränkt bestehen, wenn der Dienstberechtigte seine Pflichten aus § 618 Abs 1 BGB verletzt hat (s exemplarisch Fuchs, in: FS Gitter [1995] 262 ff). 339

Ein Arbeitsunfall liegt nach der **Legaldefinition in § 8 Abs 1 SGB VII** und vorbehaltlich der Erweiterungen in den § 8 Abs 2 SGB VII nur vor, wenn ein Unfall (s die Definition in § 8 Abs 1 S 2 SGB VII) „infolge“ der versicherten Tätigkeit eintritt (kritisch zu dieser gegenüber § 548 Abs 1 S 1 RVO abweichenden Formulierung Schulin BerGen 1996, 141). Zwischen dem Unfall und der versicherten Tätigkeit muss deshalb ein ursächlicher Zusammenhang bestehen. 340

Ein Arbeitsunfall im Sinne des § 8 Abs 1 SGB VII setzt voraus, dass die zum Unfall führende Tätigkeit auf Grund einer wertenden Betrachtung noch als **„versicherte“ Tätigkeit** anzusehen ist (s BSG 10. 10. 2002 – B 2 U 6/02 R, NZS 2003, 268 f). Erst dann stellt sich die Frage, ob zwischen dem Unfall und der versicherten Tätigkeit ein ursächlicher Zusammenhang vorlag. Fehlt eine dieser Voraussetzungen, so ist das Vorliegen eines Arbeitsunfalls zu verneinen, mit der Folge, dass der in § 104 SGB VII normierte Haftungsausschluss nicht eingreift und der Dienstverpflichtete seine Ersatzansprüche wegen einer Verletzung der Pflichten in § 618 BGB uneingeschränkt gegen den Dienstberechtigten geltend machen kann. 341

Da den §§ 104, 105 SGB VII das Prinzip Haftungsersetzung für Versicherungsschutz zugrunde liegt (Gitter, Schadensausgleich im Arbeitsunfallrecht [1969] 211; s oben Rn 324), ist 342 es für die Anwendung dieser Vorschriften unbeachtlich, ob der Arbeitsunfall eine **Leistungspflicht des Trägers der gesetzlichen Unfallversicherung** begründet. Für ein Prinzip Haftungsersetzung bei Versicherungsleistung fehlen jegliche normativen Anhaltspunkte. Insbesondere greift der Haftungsausschluss auch ein, wenn zwar ein Arbeitsunfall vorliegt, die haftungsausfüllende Kausalität für den eingetretenen Schaden (hierzu statt aller SCHULIN, Handbuch des Sozialversicherungsrecht Bd 2 [1996] § 31 Rn 1, 15 ff) hingegen zu verneinen ist. Das gilt entsprechend, wenn Leistungsansprüche des Versicherten ausgeschlossen sind, da dies das Vorliegen eines Arbeitsunfalls nicht in Frage stellt.

343 Die Feststellung, ob der durch die Verletzung der in § 618 Abs 1 BGB genannten Pflichten ursächlich herbeigeführte Schaden, ein Arbeitsunfall im Sinne des Rechts der gesetzlichen Unfallversicherung ist, kann im Einzelfall vielfältige Zweifelsfragen auslösen. Um divergierende Entscheidungen zu vermeiden, sieht § 108 Abs 1 SGB VII – ebenso wie zuvor § 638 RVO – eine **Bindung an Entscheidungen der Sozialgerichte** über die Frage vor, ob ein Arbeitsunfall vorliegt. Diese Bindungswirkung entfalten mit ihrer Bestandskraft auch **Entscheidungen der Unfallversicherungsträger** (näher zur Bindungswirkung SCHWARZE, in: OTTO/SCHWARZE/KRAUSE, Die Haftung des Arbeitnehmers [4. Aufl 2014] § 22 Rn 56; ROLFS, Die Haftung unter Arbeitskollegen und verwandte Tatbestände [1995] 219 ff mwNw sowie ders, in: FS Wank [2014] 483 ff; MÖHLENKAMP VersR 2019, 204 ff). Die Bindungswirkung erstreckt sich auch auf die Zuordnung des Unfalls zu einem Unternehmer (BGH 22. 4. 2008 – VI ZR 202/07, NJW-RR 2008, 1239; BGH 19. 5. 2009 – VI ZR 56/08, NJW 2009, 3236 f; BGH 18. 11. 2014 – VI ZR 141/13 Rn 10, NZS 2015, 114; BGH 18. 11. 2014 – VI ZR 47/13 Rn 25, NJW 2015, 940), und ob der Verletzte den Unfall als Versicherter auf Grund eines Beschäftigungsverhältnisses im Sinne des § 2 Abs 1 Nr 1 oder Abs 2 S 1 SGB VII erlitten hat (BGH 30. 4. 2013 – VI ZR 155/12 Rn 9, NJW 2013, 2031; BGH 18. 11. 2014 – VI ZR 141/13 Rn 10, NZS 2015, 114; BGH 18. 11. 2014 – VI ZR 47/13 Rn 25, NJW 2015, 940; BGH 30. 5. 2017 – VI ZR 501/16 Rn 12, NZS 2018, 35), nicht aber auf die Entscheidung, welche Gesundheitsstörungen Folge des Versicherungsfalls sind (BGH 25. 4. 2006 – VI ZR 109/05, NZS 2006, 600). Eine unanfechtbare Entscheidung im Sinne des § 108 Abs 1 SGB VII liegt allerdings erst vor, wenn der Bescheid des Unfallversicherungsträgers bestandskräftig geworden oder das Sozialgerichtsverfahren rechtskräftig abgeschlossen ist. Um den Vorrang der sachnäheren Entscheidungsträger bzw der Sozialgerichte abzusichern, ist ein Zivilrechtsstreit nach § 108 Abs 2 SGB VII von Amts wegen auszusetzen (BGH 20. 4. 2004 – VI ZR 189/03, NJW-RR 2004, 1093 f; BGH 30. 5. 2017 – VI ZR 501/16 Rn 10 f, NZS 2018, 35).

344 Wurde ein **nach § 12 Abs 2 SGB X zu Beteiligender** im Verwaltungsverfahren **nicht beteiligt**, so entfaltet der Bescheid des Unfallversicherungsträgers ihm gegenüber **keine Bindungswirkung** (BGH 4. 4. 1995 – VI ZR 327/93, SGb 1995, 560; BGH 20. 4. 2004 – VI ZR 189/03, NJW-RR 2004, 1094; BGH 19. 5. 2009 – VI ZR 56/08, NJW 2009, 3238; BGH 30. 5. 2017 – VI ZR 501/16 Rn 15, NZS 2018, 35; hierzu auch FRAHM VersR 1995, 1002 ff). Das gilt insbesondere für einen Rentenbescheid des Unfallversicherungsträgers, der ohne Beteiligung des Unternehmers an den Arbeitnehmer gerichtet ist. Die dort getroffenen Feststellungen, insbesondere über das Vorliegen eines Arbeitsunfalles, entfalten gegenüber dem Unternehmer erst dann die in § 108 Abs 1 SGB VII normierte Bindungswirkung für die Gerichte, wenn die **Beteiligung** des Unternehmers **nachgeholt wird** oder er hierauf **verzichtet** (BGH 4. 4. 1995 – VI ZR 327/93, SGb 1995, 560).

bb) „Versicherte" Tätigkeit

Eine „versicherte" Tätigkeit im Sinne des § 8 Abs 1 S 1 SGB VII setzt voraus, dass die zum Unfall führende Tätigkeit wertungsmäßig mit derjenigen identisch ist, die die Versicherteneigenschaft begründet. Erforderlich ist ein **innerer Zusammenhang** zwischen der **versicherten und der unfallverursachenden Tätigkeit** (BSG 30. 6. 1960 – 2 RU 132/59, BSGE 12, 250; BSG 20. 1. 1987 – 2 RU 27/86, BSGE 61, 128; BSG 10. 10. 2002 – B 2 U 6/02 R, NZS 2003, 268 f; BSG 5. 7. 2016 – B 2 U 19/14 R Rn 12, NJW 2017, 506; hierzu KELLER NZS 1995, 58 ff; KRASNEY NZS 2000, 373 ff; SCHULIN, Handbuch des Sozialversicherungsrechts Bd 2 [1996] § 27 Rn 71 ff, § 30). 345

Im Hinblick auf den Zweck der gesetzlichen Unfallversicherung liegt ein „innerer Zusammenhang" erst vor, wenn die Tätigkeit **final dem betrieblichen Zweck oder Interesse dient** (vgl zB BGH 30. 4. 2013 – VI ZR 155/12 Rn 13, NJW 2013, 2031; BAG 19. 3. 2015 – 8 AZR 67/14 Rn 20 f, NZA 2015, 1057; BSG 31. 5. 1988 – 2/9b RU 16/87, BREITHAUPT 1989, 291; grdl WATERMANN, Die Ordnungsfunktionen von Kausalität und Finalität im Recht [1968] 142 ff), da der Unfallversicherungsschutz das Risiko einer fremdnützigen Tätigkeit absichern soll. Der bloße **räumlich oder zeitlich vermittelte Bezug** zu einer grundsätzlich versicherten Tätigkeit **reicht nicht aus.** 346

Für einen „inneren Zusammenhang" genügt es, wenn die Tätigkeit nach der Vorstellung des Handelnden **betrieblichen Zwecken** dienlich ist (BSG 24. 6. 1981 – 2 RU 87/80, BSGE 52, 59; BSG 5. 7. 2016 – B 2 U 19/14 R Rn 12, NJW 2017, 506; BSG 5. 7. 2016 – B 2 U 5/15 R Rn 15, NJW 2017, 508; BSG 30. 3. 2017 – B 2 U 15/15 R Rn 14 f, NJW 2017, 2858; s ferner BRACKMANN, Handbuch der Sozialversicherung Bd II 479 h II ff; GITTER, GK-Sozialversicherung § 548 RVO Anm 4; SCHULIN, Handbuch des Sozialversicherungsrechts Bd 2 [1996] § 30 Rn 13 ff, jeweils mwNw) insbesondere darauf gerichtet ist, Haupt- oder Nebenpflichten aus dem zugrundeliegenden Rechtsverhältnis zu erfüllen (statt aller BSG 30. 3. 2017 – B 2 U 15/15 R Rn 15, NJW 2017, 2858 mwNw). Subjektive Vorstellungen sind hierfür nur relevant, wenn sie in den objektiven Verhältnissen eine hinreichende Stütze finden (BSG 24. 1. 1995 – 8 RKnU 1/94, BREITHAUPT 1995, 606 f). Nicht berücksichtigt werden solche Vorstellungen des Tätigwerdenden, die offensichtlich den Rahmen vernünftigen Verhaltens überschreiten (BSG 30. 1. 1970 – 2 RU 197/67, BSGE 30, 283; zutreffend iE LAG Düsseldorf 27. 5. 1998 – 12 [18] Sa 196/98, BB 1998, 1695, das bei einem Tritt in das Gesäß einer unterstellten Mitarbeiterin eine „betriebliche Tätigkeit" verneinte; ebenso BAG 19. 3. 2015 – 8 AZR 67/14 Rn 20 f, NZA 2015, 1057: Wurf mit einem Wuchtgewicht). 347

Verbotswidriges Handeln, also auch das Hinwegsetzen über Unfallverhütungsvorschriften, schließt – wie die frühere Regelung des § 548 Abs 3 RVO belegt – das Vorliegen einer versicherten Tätigkeit grundsätzlich nicht aus (s näher SCHULIN, Handbuch des Sozialversicherungsrechts Bd 2 [1996] § 30 Rn 65 ff). 348

Eine **versicherte Tätigkeit** ist **zu verneinen**, wenn zwischen dem Verhalten des Versicherten, mag es auch räumlich dem Betrieb zuzuordnen sein, und der Tätigkeit, wegen der er zum Kreis der versicherten Personen gehört, **kein Zusammenhang** besteht (BSG 2. 11. 1988 – 2 RU 7/88, BSGE 64, 160 f). Das umfasst sämtliche Tätigkeiten, die der **privaten Sphäre** zuzurechnen sind, wenn also ein **eigenwirtschaftliches Verhalten** vorliegt (s zB BSG 27. 7. 1989 – 2 RU 3/89, BREITHAUPT 1990, 123 f; BSG 6. 12. 1989 – 2 RU 5/89, BREITHAUPT 1990, 400 f; BSG 12. 6. 1990 – 2 RU 57/89, BREITHAUPT 1991, 303; BSG 24. 1. 1995 – 8 RKnU 1/94, BREITHAUPT 1995, 602 ff; s ferner BRACKMANN, Handbuch der Sozial- 349 versicherung Bd II 480 p ff; Schulin, Handbuch des Sozialversicherungsrechts Bd 2 [1996] § 30 Rn 25 ff). Im Einzelfall ist die Abgrenzung schwierig und muss sich am Zweck der gesetzlichen Unfallversicherung orientieren.

350 So ist zB die **Nahrungsaufnahme** selbst dann nicht dem betrieblichen Bereich zuzuordnen, wenn dies auf dem Betriebsgelände erfolgt (s BSG 10. 10. 2002 – B 2 U 6/02 R, NZS 2003, 268 ff). Andererseits gehören die Wege zu und von der Nahrungsaufnahme nicht mehr zum persönlichen Bereich, wenn der Versicherte durch seine Anwesenheit auf dem Betriebsgelände gezwungen ist, diese an einem anderen Ort vorzunehmen, als er dies von seinem häuslichen Bereich aus getan hätte (BSG 6. 12. 1989 – 2 RU 5/89, Breithaupt 1990, 400 f; BSG 5. 8. 1993 – 2 RU 2/93, BB 1993, 2454; BSG 5. 7. 2016 – B 2 U 5/15 R Rn 30 f, NJW 2017, 508; s auch BSG 11. 5. 1995 – 2 RU 30/94, NJW 1995, 2943, für den Einkauf von Lebensmitteln in der Mittagspause [dazu auch BSG 31. 8. 2017 – B 2 U 11/16 R Rn 18, NJW 2018, 1200]; BSG 2. 7. 1996 – 2 RU 34/95, NJW 1997, 2261, für den Weg zur Nahrungsaufnahme in ein Einkaufszentrum; BSG 5. 7. 2016 – B 2 U 5/15 R Rn 22 ff, NJW 2017, 508, Wasserholen im häuslichen Bereich bei Tätigkeit in Home-Office [dazu näher Müller NZS 2019, 177 ff]). Entsprechendes gilt für das Aufsuchen von Toilettenräumen (BSG 30. 3. 2017 – B 2 U 15/15 R Rn 17, NJW 2017, 2858 mwNw). Auch sonstige Maßnahmen, die der **Erhaltung bzw Wiederherstellung der Gesundheit** oder der **Körperreinigung** dienen, sind selbst dann dem persönlichen Lebensbereich zuzurechnen, wenn hierfür betriebliche Sozialeinrichtungen in Anspruch genommen werden (BSG 27. 7. 1989 – 2 RU 3/89, Breithaupt 1990, 124). Zum Bereich der eigenwirtschaftlichen Tätigkeit zählt auch die **Betätigung als Streikposten** (LAG Hamm 17. 2. 1999 – 14 [1] Sa 2383/98, NZA-RR 1999, 656 f).

351 In einem „inneren Zusammenhang" mit der versicherten Tätigkeit stehen auch **Dienst- und Geschäftsreisen**, die dazu bestimmt sind, den betrieblichen Interessen wesentlich zu dienen und als Teil des innerbetrieblichen Organisations- und Funktionsbereichs erscheinen (BSG 21. 12. 1977 – 2 RU 49/77, BSGE 45, 256; BSG 31. 3. 1981 – 2 RU 29/79, BSGE 51, 259; BSG 14. 12. 1995 – 2 RU 21/94, NZS 1996, 340 f; BSG 13. 11. 2012 – B 2 U 19/11 R Rn 22, NJW 2013, 3676; BGH 2. 12. 2003 – VI ZR 349/02, NJW 2004, 950 f; BGH 9. 3. 2004 – VI ZR 439/02, NJW-RR 2004, 884; BGH 15. 7. 2008 – VI ZR 212/07, NJW 2009, 682 f); entsprechendes gilt für **betriebliche Gemeinschaftsveranstaltungen** wie Betriebsfeiern (BSG 5. 7. 2016 – B 2 U 19/14 R Rn 13 ff, NJW 2017, 506; BSG 30. 3. 2017 – B 2 U 15/15 R Rn 21, NJW 2017, 2858 mwNw; OLG Hamm 30. 9. 1998 – 32 U 6/98, VersR 2000, 601). Anders ist die Rechtslage regelmäßig bei einer sog **Incentive-Reise**, die der Arbeitgeber als Belohnung für gute Arbeitsergebnisse finanziert (s BSG 16. 3. 1995 – 2 RU 17/94, NJW 1995, 3340 ff; zu weiteren Einzelfällen vgl Brackmann, Handbuch der Sozialversicherung Bd II 480 v ff).

352 Lässt sich die Tätigkeit **sowohl betrieblichen als auch eigenwirtschaftlichen Zwecken** zuordnen, so handelt es sich um eine **gemischte Tätigkeit**, wenn sich diese nicht in zwei Teile zerlegen lässt (BSG 2. 11. 1988 – 2 RU 7/88, BSGE 64, 161). In diesem Fall liegt eine **versicherte Tätigkeit** immer dann noch vor, wenn diese **dem Unternehmenszweck wesentlich dient** (BSG 31. 8. 1956 – 2 RU 129/54, BSGE 3, 245; BSG 28. 2. 1964 – 2 RU 30/61, BSGE 20, 217; BSG 2. 11. 1988 – 2 RU 7/88, BSGE 64, 161; BSG 31. 5. 1988 – 2/9b RU 16/87, Breithaupt 1989, 293; BSG 14. 12. 1995 – 2 RU 21/94, NZS 1996, 341; Schulin, Handbuch des Sozialversicherungsrechts Bd 2 [1996] § 30 Rn 28 ff; ferner BGH 30. 4. 2013 – VI ZR 155/12 Rn 13, NJW 2013, 2031). Ist die Förderung des Unternehmenszweckes lediglich **Nebenzweck der Tätigkeit**, so scheidet dies aus (BSG 31. 8. 1956 – 2 RU 129/54, BSGE 3, 245; BSG 28. 2.

1964 – 2 RU 30/61, BSGE 20, 217). Der **Unternehmenszweck muss** jedoch **nicht überwiegen** (BSG 31. 8. 1956 – 2 RU 129/54, BSGE 3, 245; BSG 28. 2. 1964 – 2 RU 30/61, BSGE 20, 217; BSG 2. 11. 1988 – 2 RU 7/88, BSGE 64, 161; BSG 31. 5. 1988 – 2/9b RU 16/87, Breithaupt 1989, 293; BSG 14. 12. 1995 – 2 RU 21/94, NZS 1996, 341), es genügt, dass die Aufgaben des Unternehmens der Tätigkeit ihr Gepräge vermittelt haben (BGH 30. 4. 2013 – VI ZR 155/12, NJW 2013, 2031 Rn 13). Hierfür ist weniger auf den Zeitaufwand, sondern vor allem auf **qualitative Merkmale** wie zB die Bedeutung der Tätigkeit für das Unternehmen abzustellen (BSG 31. 8. 1956 – 2 RU 129/54, BSGE 3, 246; BSG 31. 5. 1988 – 2/9b RU 16/87, Breithaupt 1989, 293). Entscheidendes Abgrenzungskriterium ist die Frage, ob die Tätigkeit hypothetisch auch dann vorgenommen worden wäre, wenn der private Zweck entfallen wäre (BSG 14. 12. 1995 – 2 RU 21/94, NZS 1996, 341).

Eine **vom Versicherten herbeigeführte Erhöhung** der der versicherten Tätigkeit inne- 353
wohnenden **Gefahr** (selbstgeschaffene Gefahr) berührt das Vorliegen einer versicherten Tätigkeit solange nicht, wie der Versicherte mit der Tätigkeit **ausschließlich betriebliche Zwecke** verfolgt (BSG 2. 11. 1988 – 2 RU 7/88, BSGE 64, 161; näher zB Schulin, Handbuch des Sozialversicherungsrechts Bd 2 [1996] § 30 Rn 55 ff). Die Problematik der selbstgeschaffenen Gefahr hat deshalb nur bei gemischten Tätigkeiten (hierzu oben Rn 355) Bedeutung (BSG 2. 11. 1988 – 2 RU 7/88, BSGE 64, 161). Liegen einer selbstgeschaffenen Gefahr **betriebsfremde Motive** zugrunde, ist zwar nicht bereits eine versicherte Tätigkeit zu verneinen, wohl aber wird hierdurch deren Ursächlichkeit für den Unfall in Frage gestellt (vgl BSG 29. 2. 1968 – 2 RU 246/64, BSGE 28, 16; BSG 2. 11. 1988 – 2 RU 7/88, BSGE 64, 161; näher hierzu unten Rn 359).

cc) Ursachenzusammenhang zwischen versicherter Tätigkeit und Unfall

Der ursächliche Zusammenhang zwischen der versicherten Tätigkeit und dem Unfall 354
(haftungsbegründende Kausalität) beurteilt sich nicht nach den Maßstäben einer zivilrechtlichen Kausalitätsprüfung, sondern nach der **Lehre von der rechtlich wesentlichen Ursache** (st Rspr seit BSG 10. 6. 1955 – 10 RV 390/54, BSGE 1, 76 sowie zB BSG 20. 1. 1987 – 2 RU 27/86, BSGE 61, 128; BSG 28. 6. 1988 – 2/9b RU 28/87, BSGE 63, 278, 280; BSG 22. 8. 1990 – 8 RKn 5/90, Breithaupt 1991, 472 f; BSG 13. 11. 2012 – B 2 U 19/11 R Rn 20, 31 ff, NJW 2013, 3676; BAG 19. 2. 2009 – 8 AZR 188/08, AP SGB VII § 105 Nr 4; BSG 5. 7. 2016 – B 2 U 19/14 R Rn 11, NJW 2017, 506; BSG 5. 7. 2016 – B 2 U 5/15 R Rn 13, NJW 2017, 508; BSG 31. 8. 2017 – B 2 U 11/16 R Rn 10, NJW 2018, 1200; weitere Nachweise bei Brackmann, Handbuch der Sozialversicherung Bd II 480 a f; aus dem Schrifttum s Gitter BerGen 1996, 95 f; Köhler VSSR 2013, 50 ff; Krasney NZS 1993, 91; ders VSSR 1993, 92 f; Ricke BerGen 1994, 360 f; Schulin, Handbuch des Sozialversicherungsrechts Bd 2 [1996] § 27 Rn 84 ff, § 29; zum Beweismaß Kunst, Der Kausalitätsnachweis im Arbeitsunfallversicherungsrecht [1994]).

Diese Modifikation (zu den Unterschieden statt aller Brackmann, Handbuch der Sozialversi- 355
cherung Bd II 480 k II ff; Gitter, Schadensausgleich im Arbeitsunfallrecht [1969] 110 ff; ders BerGen 1996, 97 f; Watermann, Die Ordnungsfunktion von Kausalität und Finalität im Recht [1968] 97 ff jeweils mwNw; ferner Brose RdA 2011, 210; kritisch gegenüber der Anknüpfung an die zivilrechtlichen Kategorien Schulin, in: FS Gitter [1995] 911 ff) folgt aus dem **Zweck des Schutzsystems der gesetzlichen Unfallversicherung**, das nur die der betrieblich-unternehmerischen Sphäre zurechenbaren Schadensrisiken absichert (s ausführlich BSG 13. 11. 2012 – B 2 U 19/11 R Rn 32, 37 ff, NJW 2013, 3676; kritisch Barta, Entstehung und Funktion der sog Theorie der wesentlichen Bedingung [1983]). Im Einklang mit den vorherrschenden Auffassungen zur zivilistischen Kausalitätslehre (vgl Staudinger/Schiemann [2017] § 249

Rn 92 ff) beseitigt ein **hypothetischer Kausalverlauf** jedoch auch nach der Theorie der wesentlichen Bedingung nicht die haftungsbegründende Kausalität (BSG 28. 6. 1988 – 2/9b RU 28/87, BSGE 63, 281).

356 In Abgrenzung zu dem nicht versicherten **persönlichen Lebensbereich** ist die Kausalität im Sinne des Unfallversicherungsrechts stets noch anzuerkennen, wenn die **versicherte Tätigkeit** bei wertender Betrachtung die **wesentliche Ursache** für den Unfall war. Liegen **mehrere Ursachen** im naturwissenschaftlichen Sinne vor, so ist zwischen den verschiedenen Ursachenbeiträgen abzuwägen (BSG 22. 8. 1990 – 8 RKn 5/90, Breithaupt 1991, 473). Zur Bejahung der Kausalität reicht es, wenn die **versicherte Tätigkeit zumindest in gleicher Weise** wie eine dem allgemein-persönlichen Lebensbereich zuzuordnende Bedingung als wesentliche Ursache angesehen werden kann. Erst wenn die dem **persönlichen Lebensbereich zuzurechnende Ursache weit in den Vordergrund tritt**, ist sie die alleinige Ursache für das schädigende Ereignis. Der durch die versicherte Tätigkeit vermittelte Ursachenbeitrag bleibt in diesem Fall gänzlich außer Betracht, er wird zur bloßen **Gelegenheitsursache** (zum Vorstehenden statt aller BSG 20. 1. 1987 – 2 RU 27/86, BSGE 61, 129 f; BSG 22. 8. 1990 – 8 RKn 5/90, Breithaupt 1991, 473; BSG 13. 11. 2012 – B 2 U 19/11 R Rn 37 ff, NJW 2013, 3676; sowie Brackmann, Handbuch der Sozialversicherung Bd II 480 g I ff; Köhler VSSR 2013, 47 ff; Schulin, Handbuch des Sozialversicherungsrechts Bd 2 [1996] § 29 Rn 23 ff).

357 Liegen einer **selbstgeschaffenen Gefahr** (s oben Rn 353) **betriebsfremde Motive** zugrunde, so ist die versicherte Tätigkeit dann nicht mehr die wesentliche Bedingung für den Unfall, wenn die selbstgeschaffene Gefahr in **hohem Grade unvernünftig** war (BSG 2. 11. 1988 – 2 RU 7/88, BSGE 64, 161 f). Hierfür ist ein wertender Vergleich zwischen der mit der versicherten Tätigkeit verbundenden gewöhnlichen Betriebsgefahr und der dem eigenwirtschaftlichen Verhalten zuzurechnenden Gefahrerhöhung vorzunehmen (BSG 2. 11. 1988 – 2 RU 7/88, BSGE 64, 162). Ist die selbstgeschaffene Gefahr als alleinige Ursache im Rechtssinne zu bewerten, so entfällt die Ursächlichkeit der versicherten Tätigkeit für den Unfall. Diese Grundsätze gelten indes nicht, wenn der Versicherte mit der Tätigkeit **ausschließlich betriebsbedingte Zwecke** verfolgte. Unter dieser Voraussetzung steht die selbstgeschaffene Gefahr einem wesentlichen Kausalzusammenhang zwischen der versicherten Tätigkeit und dem Unfall nicht entgegen (BSG 2. 11. 1988 – 2 RU 7/88, BSGE 64, 161; BSG 27. 7. 1989 – 2 RU 6/89, BSGE 65, 214).

d) Reichweite des Haftungsausschlusses

358 Der Haftungsausschluss nach den §§ 104, 105 SGB VII ergreift nur solche Ansprüche, die auf **Ersatz von Personenschäden** gerichtet sind. Deren **Rechtsnatur** (Vertrag oder Delikt) ist wegen des Gesetzeswortlauts und des Normzwecks **unbeachtlich** (BAG 19. 8. 2004 – 8 AZR 349/03, AP SGB VII § 104 Nr 4; LAG Köln 3. 8. 2011 – 9 Sa 1469/10, BeckRS 2012, 66859; BGB-RGRK/Schick § 618 Rn 193). Da die §§ 104, 105 SGB VII von dem Prinzip Haftungsersetzung durch Versicherungsschutz geleitet sind (Gitter, Schadensausgleich im Arbeitsunfallrecht [1969] 211), führen diese Vorschriften zu einem **inkongruenten Haftungsausschluss** (Gitter, Schadensausgleich im Arbeitsunfallrecht [1969] 247 f; Rolfs, Die Haftung unter Arbeitskollegen und verwandte Tatbestände [1995] 205; BGB-RGRK/Schick § 618 Rn 188). Ersatzansprüche des Versicherten werden auch für den Fall ausgeschlossen, dass der Versicherte **keine korrespondierenden Versicherungsleistungen** erhält (BGH 6. 2. 2007 – VI ZR 55/06, NJW-RR 2007, 1396; BGH 8. 3. 2012 –

III ZR 191/11 Rn 9 ff, VersR 2012, 724); den §§ 104, 105 SGB VII liegt nicht das Prinzip Haftungsersetzung bei Versicherungsleistung zugrunde (s oben Rn 344).

Der Haftungsausschluss umfasst den Ersatz sämtlicher durch die Verletzung der Person verursachten Schäden. Zu diesen zählen nicht nur die **Heilbehandlungskosten**, sondern auch solche **Vermögenseinbußen**, die der Versicherte infolge des Personenschadens erlitten hat (s BGH 8. 3. 2012 – III ZR 191/11 Rn 8, VersR 2012, 724; BAG 10. 10. 2002 – 8 AZR 103/02, NJW 2003, 1890). Dem Haftungsausschluss unterliegen ferner die an sich nach § 844 BGB zu ersetzenden **Beerdigungskosten** (BAG 24. 5. 1989 – 8 AZR 240/87, AP RVO § 636 Nr 16). Auch die durch einen Arbeitsunfall beschädigten **Körperersatzstücke** oder **größeren orthopädischen Hilfsmittel** (§ 31 SGB VII) sind als Personenschaden zu werten (ebenso Rolfs, Die Haftung unter Arbeitskollegen und verwandte Tatbestände [1995] 207); § 8 Abs 3 SGB VII stellt dies ausdrücklich klar. 359

Der Haftungsausschluss ergreift nach ständiger höchstrichterlicher Rechtsprechung ebenfalls **Ansprüche auf Ausgleich eines Nichtvermögensschadens (Schmerzensgeld)** (vgl BAG 14. 3. 1967 – 1 AZR 310/66, AP RVO § 636 Nr 1; BAG 23. 9. 1969 – 1 AZR 493/68, AP RVO § 636 Nr 3; BAG 8. 12. 1970 – 1 AZR 81/70, AP RVO § 636 Nr 4; BAG 27. 6. 1975 – 3 AZR 457/74, AP RVO § 636 Nr 9; zuvor auch BGH 25. 10. 1951 – III ZR 165/50, BGHZ 3, 302; BAG 25. 3. 1957 – 2 AZR 290/56, AP RVO §§ 898, 899 Nr 10). Dies war zu § 636 RVO anerkannt, gilt aber auch für § 104 SGB VII (s Gitter, in: FS Wiese [1998] 134). Die hiergegen erhobenen **verfassungsrechtlichen Bedenken** (s den Vorlagebeschluss ArbG Marburg 1. 12. 1970 – Ca 387/70, AP RVO § 636 Nr 5) wies das Bundesverfassungsgericht zurück (BVerfG 7. 11. 1972 – 1 BvL 4/71 ua, BVerfGE 34, 118 ff; zustimmend Gitter SGb 1973, 356 ff; bestätigt durch BVerfG 8. 2. 1995 – 1 BvR 753/94, AP RVO § 636 Nr 21 = EzA § 636 RVO Nr 13; ebenso BGH 4. 6. 2009 – III ZR 229/07, NJW 2009, 2957 f; LAG Köln 3. 8. 2011 – 9 Sa 1469/10, BeckRS 2012, 66859; ferner allgemein BGH 8. 3. 2012 – III ZR 191/11 Rn 10, VersR 2012, 724; kritisch zur Rechtfertigung zB Köhler VSSR 2018, 119 ff). Die Ausdehnung der §§ 104, 105 SGB VII auf Schmerzensgeldansprüche ist angesichts ihrer unzureichenden Kompensation durch Leistungen der gesetzlichen Unfallversicherung (zur Verletztenrente als Kompensation jüngst Köhler VSSR 2018, 114 ff) jedoch rechtspolitisch wenig überzeugend (s Brose RdA 2011, 218 f; Fuchs, in: FS Gitter [1995] 256; Hanau JurA 1970, 114 ff; ferner Deinert RdA 2013, 149; Gitter, Schadensausgleich im Arbeitsunfallrecht [1969] 190 ff, 247 f; Rolfs, Die Haftung unter Arbeitskollegen und verwandte Tatbestände [1995] 208 ff; zum letztlich gescheiterten Vorhaben eines Gesundheitsschadensausgleich Köhler VSSR 2018, 133 ff). 360

Hinsichtlich **Sachschäden**, die ein Dienstverpflichteter infolge einer Verletzung der in § 618 BGB genannten Pflichten erleidet, bleiben zivilrechtliche Ersatzansprüche gegen den Dienstberechtigten uneingeschränkt bestehen (BGH 10. 11. 1958 – III ZR 118/57, NJW 1959, 385; BGH 19. 5. 1969 – VII ZR 9/67, BGHZ 52, 116 f; ArbR-BGB/Friedrich § 618 Rn 233; Rolfs, Die Haftung unter Arbeitskollegen und verwandte Tatbestände [1995] 211 ff). Das gilt auch für **Aufwendungsersatzansprüche nach § 670 BGB**, soweit diese nicht auf den Ersatz eines Personenschadens gerichtet sind. Ansprüche von **Angehörigen oder Hinterbliebenen**, die auf einen eigenen Schaden gestützt werden (sog Schockschäden), werden von dem Haftungsausschluss ebenfalls nicht umfasst (BGH 6. 2. 2007 – VI ZR 55/06, NJW-RR 2007, 1396 f). Das gilt auch für den Ausgleich eines Nichtvermögensschadens (BGH 6. 2. 2007 – VI ZR 55/06, NJW-RR 2007, 1396 f). 361

e) Begrenzung des Haftungsausschlusses

362 Die Haftung des Dienstberechtigten bleibt bei einer Verletzung der Pflichten aus § 618 Abs 1 BGB trotz des Vorliegens eines Personenschadens bestehen, wenn der Dienstberechtigte den Arbeitsunfall **vorsätzlich herbeigeführt** hat oder dieser bei einem **Wegeunfall** im Sinne des § 8 Abs 2 Nr 1–4 SGB VII eintrat. Bei einer Haftung des Dienstberechtigten wegen einer Verletzung der Pflichten in § 618 BGB ist vor allem die vorsätzliche Herbeiführung des Arbeitsunfalls praktisch bedeutsam, wobei der Unternehmer nach § 278 S 1 BGB auch für das Verschulden seiner gesetzlichen Vertreter sowie seiner Erfüllungsgehilfen einzustehen hat (BAG 28. 4. 2011 – 8 AZR 769/09 Rn 41, NZA-RR 2012, 290). Zur Abgrenzung zwischen Wegeunfall und nach § 8 Abs 1 SGB VII versicherten Betriebsweg BGH 2. 12. 2003 – VI ZR 349/02, NJW 2004, 950 f; BAG 30. 10. 2003 – 8 AZR 548/02, AP SGB VII § 104 Nr 2; BSG 5. 7. 2016 – B 2 U 5/15 R Rn 20 f, NJW 2017, 508; Engelbrecht DAR 2017, 620 ff; allg zu den Voraussetzungen eines in der gesetzlichen Unfallversicherung versicherten Wegeunfalles BSG 23. 1. 2018 – B 2 U 3/16 R Rn 12 ff, NJW 2018, 2149.

363 Für die Annahme einer **vorsätzlichen Herbeiführung des Arbeitsunfalles** genügt **bedingter Vorsatz** (dolus eventualis). Das Gesetz verlangt **Vorsatz hinsichtlich des Arbeitsunfalles**; die vorsätzliche Verletzung der in § 618 BGB genannten Pflichten reicht deshalb nicht aus, wenn der **Eintritt des Arbeitsunfalles** nicht vom Wissen und Wollen des Dienstberechtigten umfasst ist. Der Vorsatz muss vielmehr auch den **Verletzungserfolg** umfassen (BGH 11. 2. 2003 – VI ZR 34/02, VersR 2003, 595 f; BGH 8. 3. 2012 – III ZR 191/11 Rn 14, VersR 2012, 724; BAG 27. 6. 1975 – 3 AZR 457/74, AP RVO § 636 Nr 9; BAG 10. 10. 2002 – 8 AZR 103/02, AP SGB VII § 104 Nr 1; BAG 22. 4. 2004 – 8 AZR 159/03, AP SGB VII § 105 Nr 3; BAG 19. 2. 2009 – 8 AZR 188/08, AP SGB VII § 105 Nr 4; BAG 28. 4. 2011 – 8 AZR 769/09 Rn 50, NZA-RR 2012, 290; OLG Celle 6. 10. 1999 – 9 U 24/99, VersR 1999, 1551; OLG Hamm 28. 1. 2002 – 6 U 63/01, NJW-RR 2002, 1321; LAG Hessen 23. 11. 2001 – 9 Sa 175/01, NZA-RR 2002, 572; LAG Hessen 14. 12. 2001 – 9/2 Sa 1983/00, NZA-RR 2002, 289; LAG Köln 11. 8. 2000 – 4 Sa 553/00, LAGE § 104 SGB VII Nr 1; LAG Köln 3. 8. 2011 – 9 Sa 1469/10, BeckRS 2012, 66859; LAG Schleswig-Holstein 23. 8. 2004 – 1 Ta 106/04, NZA-RR 2004, 659; Rolfs, Die Haftung unter Arbeitskollegen und verwandte Tatbestände [1995] 141 f; Waltermann NJW 1997, 3402).

364 Selbst wenn der Schadensersatzanspruch des Dienstverpflichteten nach **§ 104 SGB VII** bestehen bleibt, schreibt dessen **Abs 3** eine Minderung des Anspruches um diejenigen **Leistungen** vor, die infolge des Arbeitsunfalles von **Trägern der gesetzlichen Sozialversicherung**, also vornehmlich der gesetzlichen Unfallversicherung, erbracht wurden. Bei zusätzlichen **Leistungen einer Privatversicherung** an den Dienstverpflichteten ist § 86 VVG zu beachten, da § 104 Abs 3 SGB VII den Schadensersatzanspruch lediglich mindert.

f) Bedeutung der §§ 105, 106 Abs 3 SGB VII für den Haftungsausschluss

365 Den Haftungsausschluss in § 104 SGB VII dehnt § 105 SGB VII im Interesse des Betriebsfriedens (so zB BGH 2. 3. 1971 – VI ZR 146/69, AP RVO § 637 Nr 6; BGH 8. 3. 2012 – III ZR 191/11 Rn 10, VersR 2012, 724; BGH 30. 4. 2013 – VI ZR 155/12 Rn 19, NJW 2013, 2031; BAG 13. 4. 1983 – 7 AZR 650/79, AP RVO § 637 Nr 13; BAG 14. 12. 2000 – 8 AZR 92/00, AP SGB VII § 105 Nr 1; BAG 28. 4. 2011 – 8 AZR 769/09 Rn 39, NZA-RR 2012, 290; s aber auch Gitter, Schadensausgleich im Arbeitsunfallrecht [1969] 243 ff; Schwarze, in: Otto/Schwarze/Krause, Die Haftung des Arbeitnehmers [4. Aufl 2014] § 21 Rn 19 f) auf die Fälle aus, in denen der

Arbeitsunfall durch einen **Versicherten desselben Betriebes** infolge einer **betrieblichen Tätigkeit** herbeigeführt wurde. Für Ersatzansprüche des Dienstverpflichteten wegen einer Verletzung der in § 618 BGB genannten Pflichten ist dieser Ausschlusstatbestand insbesondere dann relevant, wenn sich der Dienstberechtigte zur Erfüllung seiner Pflichten eines Erfüllungsgehilfen oder eines Beauftragten bedient. Auch der in § 105 SGB VII normierte Haftungsausschluss greift nur ein, wenn der Dienstberechtigte Unternehmer im Sinne des § 136 Abs 3 Nr 1 SGB VII ist und der geschädigte Dienstverpflichtete zum Kreis der nach § 2 Abs 1 oder 2 SGB VII versicherten Personen gehört.

Der dem Dienstverpflichteten aus dem Gesichtspunkt eines Vertrages mit Schutzwirkung zugunsten Dritter oder einer deliktischen Haftung nach den §§ 823 ff BGB gegen einen Dritten zustehende Schadensersatzanspruch ist nur ausgeschlossen, wenn der Arbeitsunfall durch eine **betriebliche Tätigkeit** verursacht wurde (hierzu eingehend Rolfs, Die Haftung unter Arbeitskollegen [1995] 72 ff). Das ist zu bejahen, wenn das **Verhalten des Schädigers betriebsbezogen** ist, dh die **Tätigkeit** muss ihm vom Betrieb oder für den Betrieb **übertragen** oder von ihm **im Betriebsinteresse ausgeführt** worden sein (BAG 9. 8. 1966 – 1 AZR 426/65, AP RVO § 637 Nr 1; BAG 14. 3. 1974 – 2 AZR 155/73, AP RVO § 637 Nr 8; s auch BAG 14. 12. 2000 – 8 AZR 92/00, NJW 2001, 2039 f; BAG 22. 4. 2004 – 8 AZR 159/03, NZA 2005, 166 f). Hierfür ist eine wertende Betrachtung ausschlaggebend, auf Grund der sich der **Arbeitsunfall als ein innerbetrieblicher Vorgang** darstellen muss (BAG 14. 3. 1974 – 2 AZR 155/73, AP RVO § 637 Nr 8). 366

Ob die den Arbeitsunfall verursachende Tätigkeit des Schädigers zu seinem Aufgabengebiet gehört, ist für die Anwendung von § 105 SGB VII unbeachtlich; es **genügt**, wenn er diese (vermeintlich) **im Interesse des Betriebes** vornahm (BGH 2. 3. 1971 – VI ZR 146/69, AP RVO § 637 Nr 6). Ein **Ersatzanspruch** des Dienstverpflichteten wegen einer Verletzung der Pflichten in § 618 BGB **bleibt** jedoch **bestehen**, wenn die zum Arbeitsunfall führende Tätigkeit des Schädigers weder auf den Betrieb oder die Betriebszwecke bezogen war noch dem Betrieb und dessen Zwecken dienlich und förderlich sein sollte (BAG 9. 8. 1966 – 1 AZR 426/65, AP RVO § 637 Nr 1), **zu dem Betrieb also kein oder nur ein loser Zusammenhang bestand** (BAG 14. 3. 1974 – 2 AZR 155/73, AP RVO § 637 Nr 8; exemplarisch BGH 30. 6. 1998 – VI ZR 286/97, NZA-RR 1998, 455 f: Peitschenhieb beim Ausmisten eines Pferdestalls, um den Geschädigten zu erschrecken; BAG 19. 3. 2015 – 8 AZR 67/14 Rn 20 f, NZA 2015, 1057: Wurf mit einem Wuchtgewicht; LAG Düsseldorf 27. 5. 1998 – 12 [18] Sa 196/98, BB 1998, 1695: Tritt in das Gesäß einer unterstellten Mitarbeiterin; LAG Baden-Württemberg 6. 7. 1999 – 10 Sa 26/99, NZA-RR 2000, 18 f: Stichverletzung im Umkleideraum; andererseits aber BAG 22. 4. 2004 – 8 AZR 159/03, AP SGB VII § 105 Nr 3: Schubser bei Beanstandung der Arbeitsleistung). 367

Der Haftungsausschluss in § 105 SGB VII greift unabhängig davon ein, ob der Schädiger in demselben Betrieb wie der Dienstverpflichtete tätig ist. Im Unterschied zu der früheren Rechtslage (hierzu umfassend Rolfs, Die Haftung unter Arbeitskollegen und verwandte Tatbestände [1995] 87 ff), die ausdrücklich verlangte, dass es sich bei dem Schädiger um einen **„Betriebsangehörigen“** gehandelt haben musste, kommt es hierauf im Rahmen von § 105 SGB VII nicht an (BGH 23. 3. 2004 – VI ZR 160/03, NJW-RR 2004, 886). Das folgt nicht nur aus dem weit gefassten Gesetzeswortlaut, sondern auch aus der Entstehungsgeschichte der Norm. Die Regierungsbegründung hob ausdrücklich hervor, dass der Anwendungsbereich des Haftungsausschlusses ausgeweitet werden sollte (s BT-Drucks 13/2204, 100). 368

369 Nach § 105 Abs 1 S 1 SGB VII ist deshalb **nicht erforderlich**, dass der Geschädigte in den Betrieb des Dienstberechtigten **eingegliedert** war, dh eine Tätigkeit ausgeführt hat, die dazu bestimmt war, die Zwecke des Betriebs des Dienstberechtigten zu fördern, und eine **Weisungsberechtigung** des Dienstberechtigten gegenüber dem Schädiger des Dienstverpflichteten vorlag (statt aller GITTER, in: FS Wiese [1998] 135; zu § 637 RVO s BAG 15. 2. 1974 – 2 AZR 57/73, AP RVO § 637 Nr 7; BAG 23. 2. 1978 – 3 AZR 695/76, AP RVO § 637 Nr 9; BAG 13. 4. 1983 – 7 AZR 650/79, AP RVO § 637 Nr 13; BGH 30. 6. 1998 – VI ZR 286/97, NZA-RR 1998, 455; BGH 23. 3. 2004 – VI ZR 160/03, NJW-RR 2004, 886; OLG Rostock 4. 6. 1998 – 1 U 84/97, OLG-NL 2000, 268 f; OLG Schleswig 27. 1. 2000 – 7 U 56/99, MDR 2000, 886 f). Die vom Gesetzgeber bewusst vollzogene Ausweitung des Anwendungsbereiches des Haftungsausschlusses beseitigt die nach früherem Recht bestehende **Inkongruenz zwischen „Betriebsangehörigkeit" und Versicherteneigenschaft** nach § 539 Abs 2 RVO aF (BAG 13. 4. 1983 – 7 AZR 650/79, AP RVO § 637 Nr 13; BAG 15. 1. 1985 – 3 AZR 59/82, AP RVO § 637 Nr 16; BGH 6. 12. 1977 – VI ZR 79/76, AP RVO § 637 Nr 10; BGH 10. 5. 1983 – VI ZR 252/81, AP RVO § 637 Nr 14; BGH 3. 5. 1983 – VI ZR 68/81, AP RVO § 637 Nr 15; kritisch DENCK, Der Schutz des Arbeitnehmers vor der Außenhaftung [1980] 99 ff; GAMILLSCHEG/HANAU, Die Haftung des Arbeitnehmers [2. Aufl 1974] 170 ff jeweils mwNw; s auch ROLFS, Die Haftung unter Arbeitskollegen und verwandte Tatbestände [1995] 128 ff; STAUDINGER/OETKER[12] § 618 Rn 241); § 105 Abs 1 S 1 SGB VII privilegiert auch diejenigen Schädiger, die nach **§ 2 Abs 2 SGB VII** dem Kreis der versicherten Personen angehören (so ausdrücklich Reg Begr BT-Drucks 13/2204, 100; ebenso BAG 19. 2. 2009 – 8 AZR 188/08, AP SGB VII § 105 Nr 4; OLG Hamm 15. 6. 1998 – 6 U 34/98, NJW 1998, 2833; AG Bremen 8. 10. 1998 – 5 C 156/98, NZA-RR 1999, 321; GITTER, in: FS Wiese [1998] 135; WALTERMANN NJW 1997, 3402).

370 Eine weitere Einschränkung der Ersatzansprüche des Arbeitnehmers bewirkt **§ 106 Abs 3 SGB VII**, der die §§ 104, 105 SGB VII auf den Sonderfall ausdehnt, dass Versicherte mehrerer Unternehmen vorübergehend betriebliche Tätigkeiten auf einer **gemeinsamen Betriebsstätte** verrichten. In diesem Fall sind Ersatzansprüche nicht nur gegenüber den für andere Unternehmen tätigen Versicherten ausgeschlossen; der andere Unternehmer ist nach Ansicht des Bundesgerichtshofes hingegen grundsätzlich nicht in das Haftungsprivileg einbezogen (vgl BGH 3. 7. 2001 – VI ZR 284/00, NJW 2001, 3126 f; BGH 25. 6. 2002 – VI ZR 279/01, NJW-RR 2002, 1386; BGH 29. 10. 2002 – VI ZR 283/01, NJW-RR 2003, 239; BGH 16. 12. 2003 – VI ZR 103/03, NJW 2004, 947; BGH 14. 9. 2004 – VI ZR 32/04, NJW 2005, 289 f; LEMCKE, Aktuelle Probleme beim Regreß des Sozialversicherungsträgers und der Zessionare [1999] 36; **aA** noch OLG Brandenburg 5. 7. 2000 – 13 U 253/99, r + s 2000, 374 f; OLG Dresden 17. 10. 2000 – 3 U 1761/00, NJW-RR 2001, 748; OLG Karlsruhe 23. 6. 1999 – 7 U 30/99, NJW 2000, 297; OLG Karlsruhe 30. 11. 2000 – 4 U 8/00, VersR 2001, 374; LSG Stuttgart 3. 8. 2001 – L 1 U 5070/00, VersR 2002, 1395; LG Kassel 24. 6. 1999 – 1 S 92/99, VersR 1999, 1552; LG Memmingen 16. 1. 2001 – 2 O 1355/00, NZA-RR 2001, 267 f; iE auch OLG Saarbrücken 25. 5. 1999 – 7 U 894/98 – 158, 7 U 894/98, NVersZ 1999, 544; ebenso im Schrifttum zB IMBUSCH VersR 2001, 552 ff; RISTHAUS VersR 2000, 1203 ff), sofern dieser nicht selbst auf einer gemeinsamen Betriebsstätte eine betriebliche Tätigkeit verrichtet (BGH 18. 11. 2014 – VI ZR 47/13 Rn 23, NJW 2015, 940). Die Kontroverse zu den **Anforderungen an eine „gemeinsame Betriebsstätte"** hat der Bundesgerichtshof im Sinne einer vermittelnden Auffassung beigelegt (ebenso im Anschluss auch BAG 12. 12. 2002 – 8 AZR 94/02, AP SGB VII § 105 Nr 2). Hiernach ist ein bewusstes Miteinander im Arbeitsablauf erforderlich, das sich zumindest tatsächlich als ein aufeinander bezogenes betriebliches Zusammenwirken mehrerer Unternehmen darstellt. Die Vereinbarung eines gemeinsamen Ziels und Zwecks der Aktivitäten oder eine gemeinsame Organisation

und Verantwortung ist nicht notwendig; andererseits reicht das bloße lokale Nebeneinander zweier Unternehmensaktivitäten für eine Haftungsbefreiung des Schädigers nicht aus (vgl BGH 17. 10. 2000 – VI ZR 67/00, VersR 2001, 337 [hierzu IMBUSCH VersR 2001, 547 ff]; BGH 23. 1. 2001 – VI ZR 70/00, NJW-RR 2001, 741; BGH 8. 4. 2003 – VI ZR 251/02, VersR 2003, 904; BGH 24. 6. 2003 – VI ZR 434/01, NJW 2003, 2984; BGH 16. 12. 2003 – VI ZR 103/03, BGHZ 157, 216 f; BGH 16. 12. 2003 – VI ZR 103/03, NJW 2004, 948; BGH 14. 9. 2004 – VI ZR 32/04, NJW 2005, 289; BGH 14. 6. 2005 – VI ZR 25/04, NJW 2005, 3145; BGH 13. 3. 2007 – VI ZR 178/05, NJW-RR 2007, 1027; BGH 22. 1. 2008 – VI ZR 17/07, NJW 2008, 2117; BGH 1. 2. 2011 – VI ZR 227/09 Rn 7, NJW 2011, 3296; BGH 10. 5. 2011 – VI ZR 152/10 Rn 12, NJW 2011, 3298; BGH 11. 10. 2011 – VI ZR 248/10 Rn 9, NZV 2012, 223; BGH 22. 1. 2013 – VI ZR 175/11 Rn 10, NZS 2013, 431; BGH 30. 4. 2013 – VI ZR 155/12 Rn 16, NJW 2013, 2031; KG 9. 7. 2001 – 12 U 1397/00, VersR 2002, 573; OLG Bremen 31. 10. 2003 – 4 U 10/03, VersR 2005, 1436; OLG Hamm 7. 2. 2001 – 13 U 154/00, VersR 2002, 1109; OLG Koblenz 5. 3. 2001 – 12 U 1355/99, VersR 2002, 574 f; OLG Köln 2. 8. 2001 – 8 U 19/01, VersR 2002, 576; LAG Hessen 14. 12. 2001 – 9/2 Sa 1983/00, NZA-RR 2002, 290). Nach hM begründet auch das **Zusammenwirken von Generalunternehmer und Subunternehmer** auf einer Baustelle eine „gemeinsame Betriebsstätte" (OLG Dresden 17. 10. 2000 – 3 U 1761/00, NJW-RR 2001, 747 mwNw; anders noch zu § 636 Abs 2 RVO BGH 24. 3. 1998 – VI ZR 337/96, AP RVO § 636 Nr 25).

g) Ersatzanspruch des Trägers der gesetzlichen Unfallversicherung*

aa) Grundlagen des Ersatzanspruches

Sind Ersatzansprüche des Dienstverpflichteten infolge der §§ 104, 105 SGB VII ausgeschlossen oder eingeschränkt, so regeln sich Ersatzansprüche des zur Leistung jeweils verpflichteten Sozialversicherungsträgers, also vornehmlich des Trägers der 371

* **Schrifttum**: BAUMEISTER, Die Rechtsnatur, der Ausschluß und die Einschränkungen des Rückgriffsanspruchs der Sozialversicherungsträger nach § 640 RVO (Diss Köln 1968); BENZ, Rechtsnatur und gerichtliche Nachprüfbarkeit der Entscheidung nach § 640 Abs 2 RVO, VersR 1970, 109; BROX, Der Rückgriffsanspruch der Sozialversicherungsträger gegen den Unternehmer und ihm gleichgestellte Personen, DB 1966, 489; DAHM, Mitwirkendes Verschulden des Verletzten und Mitverantwortung des Unfallversicherungsträgers im Rahmen des Regreßanspruchs gemäß § 640 RVO, ZfS 1995, 134; DEINERT, Unfallversicherungsregress und innerbetrieblicher Schadensausgleich, RdA 2013, 146; ELLESER, Haftung der Unternehmer und Betriebsangehörigen gegenüber den Trägern der Sozialversicherung, BB 1964, 1493; ders, Verzicht auf das Rückgriffsrecht der Sozialversicherungsträger, BB 1965, 378; FEYOCK, Die Rechtsnatur des Rückgriffsanspruchs der Sozialversicherungsträger aus § 640 RVO, NJW 1964, 1706; GAMILLSCHEG/HANAU, Die Haftung des Arbeitnehmers (2. Aufl 1974); GREGOR, Regreßanspruch der Berufsgenossenschaft gegen Unternehmen bei Inanspruchnahme aus einem Arbeitsunfall, DB 1965, 999; HORN, Der Begriff der groben Fahrlässigkeit als Tatbestandsmerkmal des § 640 RVO, BerGen 1989, 93; JAHNKE/VATTER, Das sozialrechtliche Angehörigenprivileg beim Arbeitsunfall im Familienkreis, NJW 2016, 1477; KONERTZ, Der Rückgriffsanspruch des Sozialversicherungsträgers nach § 640 RVO, VersR 1980, 209; KONRADI, Zur Ermessensausübung bei der Haftung gegenüber Sozialversicherungsträgern (§ 110 Abs 2 SGB VII), SGb 2016, 195; KÜHNE, Die rechtliche Bedeutung des Tatbeitrages des Verletzten, der Berufsgenossenschaft oder Dritter beim Rückgriff nach § 640 RVO (Diss Berlin 1970); ders, Zur Bindungswirkung des § 638 RVO beim Regreß nach § 640 RVO, VersR 1971, 998; KÜNNEL, Haftungsverzicht nach § 640 RVO, SozVers 1980, 96; MARSCHALL v BIEBERSTEIN, Zur Anwendung der §§ 640, 641 RVO bei Amtspflichtverletzungen und bei Mitverschulden des Verletzten, SGb 1974, 89; ders, Rechtsweg und Überprüfung der Ermes-

gesetzlichen Unfallversicherung (s näher zu den erfassten Sozialversicherungsträgern BGH 17. 10. 2017 – VII ZR 477/16 Rn 10 ff, NJW 2018, 618), ausschließlich nach § 110 SGB VII. Für eine Anwendung des § 116 SGB X fehlt in dieser Konstellation die Grundlage, da die §§ 104, 105 SGB VII die Durchsetzung des Schadensersatzanspruches dauerhaft ausschließen, sodass eine cessio legis denknotwendig ausscheidet (GITTER, Schadensausgleich im Arbeitsunfallrecht [1969] 256; so auch BSG 11. 12. 1973 – 2 RU 30/71, BSGE 37, 21 f); § 104 Abs 1 S 2 SGB VII stellt dies ausdrücklich klar (Reg Begr BT-Drucks 13/2204, 100).

372 Der Ersatzanspruch des Trägers der Sozialversicherung setzt voraus, dass der Dienstberechtigte oder ein Versicherter desselben Betriebes (s oben Rn 365) den Arbeitsunfall **vorsätzlich** oder infolge **grober Fahrlässigkeit** herbeigeführt hat (BGH 15. 7. 2008 – VI ZR 212/07, NJW 2009, 683; kritisch zur Einbeziehung grober Fahrlässigkeit FUCHS, Zivilrecht und Sozialrecht [1992] 202). Der Vorwurf grober Fahrlässigkeit erfordert einen objektiv schweren und subjektiv nicht entschuldbaren Verstoß gegen die Anforderungen der im Verkehr erforderlichen Sorgfalt (BGH 30. 1. 2001 – VI ZR 49/00, NJW 2001, 2093; BGH 15. 7. 2008 – VI ZR 212/07, NJW 2009, 684; BGH 18. 11. 2014 – VI ZR 141/13 Rn 21, NZS 2015, 114; OLG Dresden 15. 8. 2018 – 1 U 242/18, NZA-RR 2019, 171; OLG Düsseldorf 24. 9. 2003 – I-15 U 188/02, 15 U 188/02, VersR 2004, 66; OLG Hamm 2. 9. 2016 – I-9 U 75/15, NJW-RR 2017, 346; OLG Rostock 17. 8. 2000 – 1 U 191/99, OLG-NL 2002, 255; LG Hanau 25. 5. 2004 – 1 O 1183/03, VersR 2006, 220; LG Saarbrücken 28. 7. 2005 – 4 O 19/04, VersR 2006, 975; s ferner SCHWARZE SR 2017, 132 ff). Dieses subjektive Erfordernis muss – wie § 110 Abs 1 S 3 SGB VII klarstellt – nur hinsichtlich der **Verletzung der Verhaltensnorm** vorliegen. Damit korrigiert das Gesetz die frühere Rechtsprechung des Bundesgerichtshofes (s BGH 20. 11. 1979 – VI ZR 238/78, BGHZ 75, 330), der wegen des Zwecks der §§ 636, 637 RVO noch gefordert hatte, dass sich der Vorsatz auch auf den Eintritt und den Umfang des Schadens erstrecken muss (BGH 15. 7. 2008 – VI ZR 212/07, NJW 2009, 684; zustimmend BROSE RdA 2011, 214; kritisch hierzu BALTZER SGb 1987, 532 ff; **aA** ROLFS, Die Haftung unter Arbeitskollegen und verwandte Tatbestände [1995] 237 ff). Für diese Voraussetzung fehlt angesichts der ausdrücklichen Regelung in § 110 Abs 1 S 3 SGB VII nunmehr eine normative Grundlage (ebenso GITTER, in: FS Wiese [1998] 138; GRAEFF SGb 1996, 302; WAL-

---

sensentscheidung nach § 640 RVO, JZ 1975, 118; MITTELMEIER, Nochmals: Rechtsnatur des Regreßanspruchs der Sozialversicherungsträger (§ 640 RVO), VersR 1969, 876; MÜLLER, Darlegung der Höhe des Schadensersatzanspruchs nach § 110 Abs 1 SGB VII durch den Sozialversicherungsträger, SGb 2016, 680; NEUMANN-DUESBERG, Rechtsnatur des Regreßanspruchs der Sozialversicherungsträger (§ 640 RVO), VersR 1969, 103; ders, Rechtsnatur des Regreßanspruchs der Sozialversicherungsträger (§ 640 RVO), SGb 1969, 321; OTTO/SCHWARZE/KRAUSE, Die Haftung des Arbeitnehmers (4. Aufl 2014); SANDEN, Versicherungsschutz bei Ansprüchen aus § 640 RVO, VersR 1968, 12; SAUM § 640 RVO und § 67 Abs 2 VVG – eine Klarstellung, VersR 1979, 698; SCHIFFAUER, Das Verhältnis von arbeitsrechtlichem Freistellungsanspruch und dem Rückgriffsanspruch des Trägers der Unfallversicherung aus § 640 RVO, NJW 1974, 983; SCHWARZE, Der unfallversicherungsrechtliche Regress (§ 110 SGB VII) im Spiegel aktueller Rechtsprechung, SR 2017, 129; SEITZ, Die Ersatzansprüche des Sozialversicherungsträgers nach §§ 640, 1542 RVO (2. Aufl 1974); SONDERMANN, Der Ersatzanspruch der Berufsgenossenschaft gemäß § 640 RVO (1970); WEYER, Verstoß gegen Unfallverhütungsvorschriften und Rückgriff gemäß § 640 RVO, VersR 1971, 93; WITTMANN, Der Rückgriffsanspruch des Sozialversicherungsträgers aus § 110 SGB VII im Lichte der aktuellen Rechtsprechung, MDR 2009, 901; WUSSOW, Inanspruchnahme eines Zweitschädigers bei pauschalen Regreß-Verzichtsabkommen zu § 640 RVO?, VersR 1977, 605.

TERMANN NJW 1997, 3404; s auch BGH 11. 2. 2003 – VI ZR 34/02, VersR 2003, 596; BGH 15. 7. 2008 – VI ZR 212/07, NJW 2009, 684; OLG Celle 6. 10. 1999 – 9 U 24/99, VersR 1999, 1551).

Nach der höchstrichterlichen Rechtsprechung hat der Ersatzanspruch in § 110 SGB VII **privatrechtlichen Charakter** (BGH 14. 4. 2015 – VI ZB 50/14 Rn 15, NJW 2015, 3718; zu der früheren Regelung in § 640 RVO aF s zB BSG 11. 12. 1973 – 2 RU 30/71, BSGE 37, 21 ff; ROLFS, Die Haftung unter Arbeitskollegen und verwandte Tatbestände [1995] 234 ff mwNw). Für dessen Durchsetzung ist deshalb der **Rechtsweg zu den ordentlichen Gerichten** und nicht der zu der Sozialgerichtsbarkeit eröffnet (BSG 11. 12. 1973 – 2 RU 30/71, BSGE 37, 20 ff; s auch BGH 14. 4. 2015 – VI ZB 50/14, NJW 2015, 3718 ff). 373

Auf Grund des Umfangs des Anspruches, der auf Ersatz der vom Sozialversicherungsträger erbrachten Leistungen gerichtet ist, steht er rechtsdogmatisch einem Aufwendungsersatzanspruch näher als einem Schadensersatzanspruch (s zu § 640 RVO bereits RG 22. 2. 1934 – VI 435/33, RGZ 144, 35 f: Ersatzanspruch eigener Art). Trotz gewisser Ähnlichkeiten zu den Schadensersatzansprüchen, können weder die §§ 249 ff BGB noch die allgemeinen **Grundsätze des Haftungsrechts** Anwendung finden (BGH 30. 11. 1971 – VI ZR 53/70, BGHZ 57, 317). Dies gilt insbesondere auch für **§ 254 BGB** (RG 22. 2. 1934 – VI 435/33, RGZ 144, 36; BGH 30. 11. 1971 – VI ZR 53/70, BGHZ 57, 317, 319; BSG 11. 12. 1973 – 2 RU 30/71, BSGE 37, 22; LG Hanau 25. 5. 2004 – 1 O 1183/03, VersR 2006, 221; hierzu auch DAHM ZfS 1995, 134 ff). Das **Privileg in § 116 Abs 6 SGB X** sowie die Privilegierung der mit dem Versicherten in **häuslicher Gemeinschaft** lebenden Personen in **§ 86 Abs 3 VVG** finden weder unmittelbar noch entsprechend Anwendung (BGH 16. 8. 2016 – VI ZR 497/15, BeckRS 2016, 15402 = ZfS 2017, 381; zustimmend SCHWARZE SR 2017, 139; kritisch FUCHS, Zivilrecht und Sozialrecht [1992] 203; ROLFS SGb 2018, 528; **aA** JAHNKE/VATTER NJW 2016, 1477 ff). 374

Nach der Regelung in § 110 Abs 1 S 1 SGB VII beeinflussen die schadensersatzrechtlichen Grundsätze, insbesondere auch § 254 BGB jedoch indirekt den Umfang des Ersatzanspruches, da dieser der Höhe nach durch den zivilrechtlichen Schadensersatzanspruch begrenzt ist. Ist Letzterer wegen eines Mitverschuldens zu kürzen, so strahlt dies im Sinne einer Obergrenze auch auf die Höhe der Aufwendungen aus, die der Sozialversicherungsträger von dem Schädiger ersetzt verlangen kann (GITTER, in: FS Wiese [1998] 138; SCHWARZE, in: OTTO/SCHWARZE/KRAUSE, Die Haftung des Arbeitnehmers [4. Aufl 2014] § 25 Rn 10; WALTERMANN NJW 1997, 3404). Die Darlegungs- und Beweislast für den (fiktiven) zivilrechtlichen Schadensersatzanspruch des Geschädigten liegt auf Seiten des Sozialversicherungsträgers (BGH 29. 1. 2008 – VI ZR 70/07, NJW 2008, 2034 f). 375

bb) Verzicht auf den Ersatzanspruch

Da das Unfallversicherungsrecht den Ersatzanspruch des Sozialversicherungsträgers in erster Linie aus präventiven und erzieherischen Gründen gewährt (BGH 20. 11. 1979 – VI ZR 238/78, BGHZ 75, 331; anders aber BSG 11. 12. 1973 – 2 RU 30/71, BSGE 37, 23 f, das die Ausgleichsfunktion in den Vordergrund rückt; in dieser Richtung auch noch BGH 30. 11. 1971 – VI ZR 53/70, BGHZ 57, 322), räumt § 110 Abs 2 SGB VII dem Anspruchsberechtigten die Möglichkeit ein, auf den Ersatzanspruch zu verzichten. 376

Die **Entscheidung über einen Verzicht** darf der Sozialversicherungsträger nicht willkürlich, sondern nur unter Beachtung des **„billigen Ermessens"** treffen. Hieraus kann auf Grund der besonderen Umstände des Einzelfalles auch eine **Pflicht zum Verzicht** auf den Ersatzanspruch folgen (BSG 11. 12. 1973 – 2 RU 30/71, BSGE 37, 26). Hinsichtlich 377 der in die Ermessensprüfung einzubeziehenden Gesichtspunkte rückt § 110 Abs 2 SGB VII die wirtschaftlichen Verhältnisse des Schädigers in den Vordergrund. Die präventive und erzieherische Zielsetzung des Ersatzanspruches findet ihre Grenze deshalb in der **wirtschaftlichen Existenz des Ersatzpflichtigen**.

378 Da § 110 Abs 2 SGB VII die Berücksichtigung der wirtschaftlichen Verhältnisse lediglich beispielhaft nennt („insbesondere"), können auch **andere Gesichtspunkte** einen Verzicht auf den Ersatzanspruch rechtfertigen, insbesondere wenn bereits anderweitige Umstände den Zweck des Ersatzanspruches wahren.

379 Der Sozialversicherungsträger ist weder nach dem Gesetzeswortlaut noch nach dem Zweck des Ersatzanspruches gezwungen, auf diesen vollständig zu verzichten oder hiervon abzusehen. Da der Verzicht insbesondere eine wirtschaftliche Existenzgefährdung des Schädigers vermeiden soll (BSG 11. 12. 1973 – 2 RU 30/71, BSGE 37, 26 f), darf der Sozialversicherungsträger auf den Ersatzanspruch auch **teilweise verzichten**, wenn dies dem Zweck des Verzichts bereits ausreichend Rechnung trägt, zB eine wirtschaftliche Existenzgefährdung ausschließt (in diesem Sinne auch BSG 11. 12. 1973 – 2 RU 30/71, BSGE 37, 26).

380 Ob und gegebenenfalls in welchem **Umfang** der Sozialversicherungsträger auf den Ersatzanspruch verzichtet, steht **in seinem Ermessen**. Obwohl ein **Mitverschulden des Versicherten** auf Grund der Rechtsnatur des Ersatzanspruches an sich nicht zu berücksichtigen ist (s oben Rn 374), kann dieser Aspekt bei der Ermessensausübung Bedeutung erlangen. Wenn der **Verschuldensanteil des Schädigers nur** als **gering** zu werten ist, widerspricht es im Hinblick auf den Zweck des Ersatzanspruches den Grundsätzen einer billigen Ermessensausübung, wenn er in gleichem Umfang in Anspruch genommen wird wie ein Schädiger, der den Arbeitsunfall ausschließlich verschuldet hat. Auf Grund der Umstände des Einzelfalles können es die Grundsätze einer billigen Ermessensausübung daher gebieten, dass der Sozialversicherungsträger zumindest teilweise auf seinen Ersatzanspruch verzichtet.

381 Die **Entscheidung des Sozialversicherungsträgers** über den Verzicht wird nicht eigenständig durch Verwaltungsakt getroffen, sondern ist konkludent **mit der Geltendmachung des Ersatzanspruches verbunden**. Der auf Zahlung in Anspruch genommene Schädiger hat jedoch einen Anspruch auf **fehlerfreie Ermessensausübung**, die hinsichtlich ihrer Grenzen justiziabel ist (BGH 28. 9. 1971 – VI ZR 216/69, BGHZ 57, 99) und für den ebenfalls die **ordentlichen Gerichte** zuständig sind (BGH 28. 9. 1971 – VI ZR 216/69, BGHZ 57, 99 f; BSG 11. 12. 1973 – 2 RU 30/71, BSGE 37, 27).

382 Werden die **Ermessensgrenzen überschritten**, so berührt dies nicht die Rechtsgrundlage des Anspruchs. Vielmehr steht seiner Geltendmachung der **Einwand einer unzulässigen Rechtsausübung** (§ 242 BGB) entgegen (BGH 28. 9. 1971 – VI ZR 216/69, BGHZ 57, 103; BSG 11. 12. 1973 – 2 RU 30/71, BSGE 37, 27). Wird dem Schädiger ein Anspruch auf fehlerfreie Ermessensausübung zugebilligt, so kann dies auch dazu führen, dass er sich **lediglich vorübergehend** auf den Rechtsmissbrauchseinwand berufen kann. Ausschließlich in der Ausnahmekonstellation, dass der Sozialversicherungsträger nur dann sein Ermessen fehlerfrei ausübt, wenn er auf den Ersatzanspruch verzichtet, steht der Geltendmachung des Ersatzanspruches dauerhaft der Einwand des Rechtsmissbrauchs entgegen.

V. Recht zur außerordentlichen Kündigung

Sofern dem Dienstverpflichteten infolge der Verletzung der Interessenwahrungspflichten in § 618 Abs 1 und 2 BGB eine weitere Fortsetzung des Vertragsverhältnisses bis zum Ablauf der für eine ordentliche Kündigung geltenden Kündigungsfrist unzumutbar ist, steht ihm ein Recht zur außerordentlichen Kündigung (§ 626 BGB) zu (ERMAN/BELLING/RIESENHUBER § 618 Rn 32; ArbR-BGB/FRIEDRICH § 618 Rn 224; MünchKomm/HENSSLER § 618 Rn 119; AR/KAMANABROU § 618 BGB Rn 33; NK-BGB/KLAPPSTEIN § 618 Rn 28; SCHAUB/KOCH, Arbeitsrechts-Handbuch [17. Aufl 2017] § 106 Rn 20; KOLLMER NJW 1997, 2019; SOERGEL/KRAFT § 618 Rn 21; HWK/KRAUSE § 618 Rn 41; JAUERNIG/MANSEL §§ 618, 619 Rn 5; OERTMANN § 618 Anm 4; NK-GA/OTTO § 618 BGB Rn 40; SINZHEIMER 159; WIESE, in: BARTLSBERGER ua, Probleme des Binnenschiffahrtsrechts [1975] 93; BeckOGK/WITSCHEN [1. 2. 2019] § 618 Rn 181; MHdB ArbR/WLOTZKE [2. Aufl 2000] § 209 Rn 39). Zur außerordentlichen Kündigung des Vertragsverhältnisses ist der Dienstverpflichtete jedoch regelmäßig erst nach einer vorherigen **erfolglosen Abmahnung** berechtigt (ebenso MünchKomm/HENSSLER § 618 Rn 119; AR/KAMANABROU § 618 BGB Rn 33; KOLLMER NJW 1997, 2019; HWK/KRAUSE § 618 Rn 41; PIEPER, ArbSchR [6. Aufl 2017] BGB/HGB Rn 17; BeckOGK/WITSCHEN [1. 2. 2019] § 618 Rn 181; MHdB ArbR/WLOTZKE [2. Aufl 2000] § 209 Rn 39). Wegen eines infolge der Beendigung des Dienstverhältnisses eintretenden Beendigungsschadens kann der Dienstberechtigte zusätzlich aus **§ 628 Abs 2 BGB** zum **Schadensersatz** verpflichtet sein (MünchKomm/HENSSLER § 618 Rn 119; SOERGEL/KRAFT § 618 Rn 21; HWK/KRAUSE § 618 Rn 46; BeckOGK/WITSCHEN [1. 2. 2019] § 618 Rn 181; MHdB ArbR/WLOTZKE [2. Aufl 2000] § 209 Rn 39 sowie bereits SINZHEIMER 159). 383

VI. Außerbetriebliches Beschwerderecht*

1. Allgemeine Grundlagen

Ob sich der Dienstverpflichtete und insbesondere der Arbeitnehmer bei einem Verstoß gegen die Pflichten in § 618 BGB bzw die Verhaltensanforderungen des technischen Arbeitsschutzrechts an außerbetriebliche Stellen (zB Gewerbeaufsicht, Aufsichtspersonen der Berufsgenossenschaften) wenden darf, entzieht sich einer allgemeinen Beurteilung, da insoweit eine Abwägung zwischen den Interessen des Dienstverpflichteten und denen des Dienstberechtigten erforderlich ist (s BAG 3. 7. 2003 – 2 AZR 235/02, AP KSchG 1969 § 1 Verhaltensbedingte Kündigung Nr 45 sowie nachfolgend EGMR 21. 7. 2011 – 28274/08 Rn 64 ff, NZA 2011, 1269). Die vertragliche Pflicht zur Rück- 384

* **Schrifttum**: ALIGBE, Die außerbetriebliche Beschwerde oder: Wann darf der Beschäftigte seinen Arbeitgeber bei der Arbeitsschutzbehörde „anzeigen“?, Arbeitsrecht aktuell 2014, 242; DENCK, Arbeitsschutz und Anzeigerecht des Arbeitnehmers, DB 1980, 2132; GACH/RÜTZEL, Verschwiegenheitspflicht und Behördenanzeigen von Arbeitnehmern, BB 1997, 1959; HERBERT/OBERRATH, Schweigen ist Gold? – Rechtliche Vorgaben für den Umgang des Arbeitnehmers mit seiner Kenntnis über Rechtsverstöße im Betrieb, NZA 2005, 193; KORT, Individualarbeitsrechtliche Fragen des Whistleblowing, in: FS Kreutz (2010) 247; LE FRIANT, Die straf- und verwaltungsrechtliche Verantwortung des Arbeitgebers (1987) 61; MÖX, Außerbetriebliche Beschwerde bei Gesundheitsgefährdungen am Arbeitsplatz, AiB 1992, 382; MÜLLER, Whistleblowing – Ein Kündigungsgrund?, NZA 2002, 424; PREIS/REINFELD, Schweigepflicht und Anzeigerecht im Arbeitsverhältnis, AuR 1989, 361; WISSKIRCHEN, Außerdienstliches Verhalten von Arbeitnehmern (1999) 57 ff.

sichtnahme besteht für beide Vertragsparteien und zwingt insbesondere dann zur Rücksichtnahme, wenn andere Mittel gleichermaßen geeignet sind, die Einhaltung der Pflichten aus § 618 BGB bzw den Normen des technischen Arbeitsschutzes im Betrieb bzw am Arbeitsplatz sicherzustellen, die die Interessen des Dienstberechtigten bzw Arbeitgebers indessen weniger beeinträchtigen (s EGMR 21. 7. 2011 – 28274/08 Rn 65, 73, NZA 2011, 1269).

385 In Vollzug der in Rn 384 skizzierten Abwägung entsprach es lange Zeit einer verbreiteten Ansicht, dass der innerbetrieblichen Klärung regelmäßig der Vorrang gebühre (s Staudinger/Oetker [2002] § 618 Rn 385). Hiervon ist das Bundesarbeitsgericht in seiner neueren Judikatur deutlich abgewichen und verneint jedenfalls dann eine Pflichtverletzung des Arbeitnehmers, wenn innerbetriebliche Abhilfe nicht zu erwarten ist sowie schwerwiegende Straftaten begangen wurden (BAG 3. 7. 2003 – 2 AZR 235/02, AP KSchG 1969 § 1 Verhaltensbedingte Kündigung Nr 45; s auch BVerfG 2. 7. 2001 – 1 BvR 2049/00, AP BGB § 626 Nr 170). Insoweit gelten bei Verstößen des Arbeitgebers gegen strafbewehrte Vermögensdelikte andere Maßstäbe als bei der Verletzung von Bestimmungen des technischen Arbeitsschutzrechts. Das gilt insbesondere, wenn diese nicht vom Arbeitgeber selbst oder seinen gesetzlichen Vertretern, sondern von einzelnen Mitarbeitern begangen werden (BAG 3. 7. 2003 – 2 AZR 235/02, AP KSchG 1969 § 1 Verhaltensbedingte Kündigung Nr 45). Eine vertragliche Pflicht zur Rücksichtnahme entfällt jedenfalls stets dann, wenn sich der Arbeitnehmer durch die Nichtanzeige selbst der Strafverfolgung aussetzen würde oder der Arbeitgeber trotz eines entsprechenden Hinweises nicht für Abhilfe sorgt (s auch EGMR 21. 7. 2011 – 28274/08 Rn 73, NZA 2011, 1269). Unter dieser Voraussetzung ist auch die Erstattung einer Anzeige des Arbeitnehmers beim Amt für Arbeitsschutz wegen der Verletzung des Arbeitszeitgesetzes nicht als ein Verstoß gegen die arbeitsvertragliche Pflicht zur Rücksichtnahme zu bewerten (s LAG Köln 10. 7. 2003 – 5 Sa 151/03, LAGE § 626 BGB 2002 Nr 1b).

386 Die allgemeinen Grundsätze in Rn 384 f haben in der neueren Gesetzgebung eine **spezialgesetzliche** und deshalb im Einzelfall vorrangige **Konkretisierung** erfahren. Neben der Sonderregelung im **Bergrecht** (§ 22 S 1 Nr 2 ABBergV; s dazu unten Rn 399) liegt mit **§ 17 Abs 2 ArbSchG** eine allgemeine Bestimmung vor, die die Grundsätze in Rn 384 f weitgehend überlagert und die zugleich die unionsrechtlichen Vorgaben in **Art 11 Abs 6 der Arbeitsschutz-Rahmenrichtlinie (89/391/EWG)** umsetzt. Das Gefahrstoffrecht, das früher in § 21 Abs 6 S 1 GefStoffV aF ausdrücklich das Recht des Arbeitnehmers regelte, sich an außerbetriebliche Stellen zu wenden (s Staudinger/Oetker [2002] § 618 Rn 399 ff), sieht seit der Novellierung des Gefahrstoffrechts mit Wirkung zum 1. 1. 2005 (s oben Rn 80) von einer eigenständigen Vorschrift ab. Auch bei Verstößen des Arbeitgebers gegen das Gefahrstoffrecht gilt deshalb die allgemeine Rechtsposition, die § 17 Abs 2 ArbSchG zugunsten der Beschäftigten begründet. Die vorstehenden spezialgesetzlichen Bestimmungen sind nicht in einem abschließenden Sinne zu verstehen, da sie dem Arbeitnehmer eine gesicherte Rechtsposition verschaffen sollen. Insbesondere kann aus ihnen nicht der Umkehrschluss gezogen werden, dass der Arbeitnehmer außerhalb der durch § 17 Abs 2 ArbSchG gezogenen Rahmens mit einer Anzeige stets gegen die vertragliche Pflicht zur Rücksichtnahme verstößt. Vielmehr ist das Vorliegen einer etwaigen Pflichtverletzung im Einzelfall zu prüfen.

2. Das Recht zur außerbetrieblichen Beschwerde nach § 17 Abs 2 ArbSchG

a) Nicht ausreichende Gewährleistung von Sicherheit und Gesundheitsschutz

Das Recht zur Anzeige setzt nach § 17 Abs 2 ArbSchG voraus, dass die vom Arbeitgeber zur Gewährleistung von Sicherheit und Gesundheitsschutz bei der Arbeit getroffenen Maßnahmen nicht ausreichen, wobei es nicht auf die objektiven Verhältnisse, sondern auf die **subjektive Einschätzung des Beschäftigten** ankommt (HK-ArbSchR/Feldhoff §§ 15–17 ArbSchG Rn 26; Wank, Kommentar zum technischen Arbeitsschutz [1999] § 17 ArbSchG Rn 6; MHdB ArbR/Wlotzke [2. Aufl 2000] § 209 Rn 42). Allerdings muss er sich hierbei auf **konkrete Anhaltspunkte** stützen (ebenso HK-ArbSchR/Feldhoff §§ 15–17 ArbSchG Rn 25; Wank, Kommentar zum technischen Arbeitsschutz [1999] § 17 ArbSchG Rn 6; MHdB ArbR/Wlotzke [2. Aufl 2000] § 209 Rn 42), sodass § 17 Abs 2 ArbSchG einen „ins Blaue“ hinein geäußerten Verdacht nicht erfasst und privilegiert. 387

b) Erfolgloses Abhilfeverlangen

Das Recht zur Anzeige bei der Behörde hängt davon ab, dass der Arbeitgeber der Beschwerde nicht abhilft. Auf die Notwendigkeit eines vorherigen erfolglosen Abhilfeverlangens verzichten zwar die **unionsrechtlichen Vorgaben**, das Anzeigerecht in **Art 11 Abs 6 der Richtlinie 89/391/EWG** steht aber unter dem ausdrücklichen Vorbehalt der nationalen Rechtsvorschriften und Praktiken. Dies ermöglicht den Mitgliedstaaten eine Konkretisierung des Anzeigerechts, solange hierdurch nicht der Zweck der Richtlinienbestimmung unterlaufen wird. Bezüglich des allgemeinen ultima-ratio-Grundsatzes ist das nicht der Fall (ebenso Wank, Kommentar zum technischen Arbeitsschutz [1999] § 17 ArbSchG Rn 7; Wlotzke, in: FS Kehrmann [1997] 165; krit jedoch HK-ArbSchR/Feldhoff §§ 15–17 ArbSchG Rn 29 f; MHdB ArbR/Kohte § 176 Rn 70). 388

Dem Gesetzeswortlaut lässt sich nicht zweifelsfrei entnehmen, ob zwischen dem **Beschäftigten**, der sich an die Behörde wendet, und demjenigen, der den Arbeitgeber um Abhilfe ersucht, eine **Identität** bestehen muss. Hierfür spricht zumindest die Formulierung „diese“ in § 17 Abs 2 S 1 ArbSchG. Allerdings sollte es im Hinblick auf den Zweck des Anzeigerechts ausreichen, wenn die **Personenidentität mittelbar** besteht. Das ist insbesondere dann der Fall, wenn sich der **Beschäftigte** zunächst **an den Betriebsrat wendet** (§ 85 BetrVG) und dieser sodann den Arbeitgeber um Abhilfe ersucht (vgl auch Wisskirchen, Außerdienstliches Verhalten von Arbeitnehmern [1999] 59). Mittelbar ist auch in diesen Fällen das Abhilfeverlangen auf den Beschäftigten zurückzuführen (zustimmend MHdB ArbR/Wlotzke [2. Aufl 2000] § 209 Rn 44). 389

Der Beschäftigte darf sich erst – gestützt auf § 17 Abs 2 ArbSchG – an die zuständige Behörde wenden, wenn der **Arbeitgeber** der Beschwerde **nicht abhilft**. Diese Voraussetzung ist stets erfüllt, wenn der Arbeitgeber ausdrücklich oder konkludent seine **mangelnde Abhilfebereitschaft bekundet**. Schwierigkeiten bereiten Sachverhalte, in denen der **Arbeitgeber untätig** bleibt. Selbst auf die Etablierung einer vormals in § 21 Abs 6 S 1 GefStoffV aF enthaltenen vagen Zeitgrenze („unverzüglich“) verzichtet § 17 Abs 2 S 1 ArbSchG. Soll das Recht zur Anzeige bei der zuständigen Behörde nicht leerlaufen, so muss dem Beschäftigten auch bei einem Schweigen des Arbeitgebers das Recht zustehen, sich an die zuständige Behörde zu wenden. Im Hinblick auf den Zweck des Abhilfeverlangens muss er jedoch zuvor eine nach den Umständen des Einzelfalles zu bestimmende **angemessene Frist** verstreichen lassen (ebenso MHdB ArbR/Wlotzke [2. Aufl 2000] § 209 Rn 44). Diese ist so zu bemessen, dass 390 der Arbeitgeber den unterbreiteten Sachverhalt prüfen und zu einer Entscheidung über das Abhilfeverlangen gelangen kann.

391 Das Erfordernis in § 17 Abs 2 S 1 ArbSchG, den Arbeitgeber vor einer Anzeige um Abhilfe zu ersuchen, beruht auf dem ultima-ratio-Grundsatz. Dem Arbeitgeber soll Gelegenheit zur Abhilfe gegeben werden, ohne dass es hierzu eines Eingreifens der zuständigen Behörde bedarf. Das vorherige **Abhilfeverlangen** darf jedoch nicht zu einem sinnentleerten Formalismus denaturieren. Es **entfällt** deshalb, wenn dieses **offensichtlich keinen Erfolg** verspricht (s insoweit auch BAG 3. 7. 2003 – 2 AZR 235/02, AP KSchG 1969 § 1 Verhaltensbedingte Kündigung Nr 45). Dieser Sonderfall ist nur für extrem gelagerte Ausnahmekonstellationen anzuerkennen, die zB vorliegen, wenn der Arbeitgeber bereits zu einem früheren Zeitpunkt zu erkennen gegeben hat, dass er eine Gefahr für Sicherheit und Gesundheit generell in Abrede stellt (ebenso Preis/Reinfeld AuR 1989, 372; s auch Pieper, ArbSchG [6. Aufl 2017] § 17 Rn 7; HK-ArbSchR/Feldhoff §§ 15–17 ArbSchG Rn 30; MHdB ArbR/Kohte § 176 Rn 70).

392 § 17 Abs 2 S 1 ArbSchG beschränkt die Notwendigkeit eines Abhilfeverlangens ausdrücklich auf den Arbeitgeber. Die früher in § 21 Abs 6 S 1 GefStoffV aF geregelte Einschränkung, dass der Beschäftigte die **innerbetrieblichen Möglichkeiten** ausgeschöpft haben muss (zu dieser Voraussetzung Möx, Arbeitnehmerrechte in der Gefahrstoffverordnung [1992] 96 ff), wurde in § 17 Abs 2 S 1 ArbSchG nicht übernommen. Angesichts der Tatsache, dass dem Gesetzgeber bei der Schaffung des § 17 Abs 2 ArbSchG die Regelung in der Gefahrstoffverordnung bekannt war, ist die unterbliebene Übernahme dieser einschränkenden Voraussetzung als ein bewusster Verzicht zu bewerten, der nicht durch einen Rückgriff auf den allgemeinen ultima-ratio-Grundsatz unterlaufen werden kann (wie hier HWK/Krause § 618 BGB Rn 47).

c) Zuständige Behörde als Adressat der Beschwerde

393 Der Beschäftigte darf sich nach § 17 Abs 2 S 1 ArbSchG ausschließlich an die „zuständige Behörde" wenden. Hierzu zählen nur solche Einrichtungen, die auf Grund ihres gesetzlich definierten Kompetenzbereiches rechtlich in der Lage sind, beim Arbeitgeber auf die Beseitigung der Defizite im Hinblick auf Sicherheit und Gesundheitsschutz zu dringen (ebenso MHdB ArbR/Wlotzke [2. Aufl 2000] § 209 Rn 45). Dem Beschäftigten räumt das Gesetz daher nicht die Möglichkeit ein, sich allgemein an die **Öffentlichkeit** (zB Presse) oder an solche **Behörden** zu wenden, denen die **Zuständigkeit** für die Beseitigung der Gefahren für Sicherheit und Gesundheit **fehlt** (zustimmend BeckOGK/Witschen [1. 2. 2019] § 618 Rn 145).

394 Im Hinblick auf den Zweck der Norm ist der **Behördenbegriff** weit zu verstehen. Er umfasst nicht nur die nach § 21 ArbSchG zuständigen **staatlichen Aufsichtsbehörden**, sondern auch den für den Arbeitgeber **zuständigen Unfallversicherungsträger**. Das folgt aus der ihm durch § 17 Abs 1 S 2 Nr 2 SGB VII eingeräumten Befugnis zur Anordnung der erforderlichen Maßnahmen, um besondere Unfall- und Gesundheitsgefahren abzuwenden. Die Sonderregelung in § 22 S 1 Nr 2 ABBergV, die den Träger der gesetzlichen Unfallversicherung ausdrücklich neben der „zuständigen Behörde" nennt, hat lediglich klarstellende Bedeutung und berechtigt nicht zu dem formallogischen Gegenschluss, dass die Träger der gesetzlichen Unfallversicherung in anderen Kodifikationen nicht in den Behördenbegriff einzubeziehen sind. Hiergegen streitet vor allem der Normzweck (wie hier HWK/Krause § 618 BGB Rn 47;

Wank, Kommentar zum technischen Arbeitsschutz [1999] § 17 ArbSchG Rn 9; BeckOGK/Witschen [1. 2. 2019] § 618 Rn 145; MHdB ArbR/Wlotzke [2. Aufl 2000] § 209 Rn 45).

Zweifelhaft ist, ob sich aus § 17 Abs 2 S 1 ArbSchG auch das Recht des Beschäftigten ableiten lässt, sich wegen der von ihm als gegeben erachteten Gefahren für Sicherheit und Gesundheit an die **Polizeibehörden** oder die **Staatsanwaltschaft** mit dem Ziel zu wenden, die Einleitung eines Straf- oder Bußgeldverfahrens zu erreichen. Gegen eine derartige Ausdehnung der Norm spricht die ausdrückliche Verknüpfung im Gesetzeswortlaut zwischen den Gefahren für Sicherheit und Gesundheit sowie der Zuständigkeit der Behörde (ebenso HWK/Krause § 618 BGB Rn 47; MHdB ArbR/Wlotzke [2. Aufl 2000] § 209 Rn 45). Wendet sich der Arbeitnehmer gleichwohl mit einer Anzeige an die Staatsanwaltschaft, dann kann er sich hierfür zwar nicht auf § 17 Abs 2 ArbSchG stützen, sein Verhalten ist aber nicht per se als ein Verstoß gegen die arbeitsvertragliche Pflicht zur Rücksichtnahme zu bewerten (s oben Rn 384 f). 395

Auf Grund des ausdrücklichen Rückgriffs in § 17 Abs 2 S 1 ArbSchG auf den Behördenbegriff kann sich der Beschäftigte nicht auf diese Norm stützen, um sich im Hinblick auf eine Gefahr für Sicherheit und Gesundheit an die **zuständige Gewerkschaft** zu wenden. Diese hat keine gesetzlichen Kompetenzen, um vom Arbeitgeber die Beseitigung der Gefahrenlage zu verlangen (BeckOGK/Witschen [1. 2. 2019] § 618 Rn 145; MHdB ArbR/Wlotzke [2. Aufl 2000] § 209 Rn 45; so auch zu § 21 Abs 6 S 1 GefStoffV Möx, Arbeitnehmerrechte in der Gefahrstoffverordnung [1992] 98 f). 396

d) Benachteiligungsverbot

Dem Beschäftigten dürfen durch sein Herantreten an die zuständige Behörde keine Nachteile entstehen (§ 17 Abs 2 S 2 ArbSchG). Als lex specialis konkretisiert und verdrängt § 17 Abs 2 S 2 ArbSchG das allgemeine Benachteiligungsverbot in § 612a (zustimmend BeckOGK/Witschen [1. 2. 2019] § 618 Rn 145). § 17 Abs 2 S 2 ArbSchG verbietet dem Arbeitgeber in erster Linie **Kündigungen** und **Abmahnungen**, wenn der Beschäftigte mit seiner Anzeige bei der zuständigen Behörde, die durch § 17 Abs 2 S 1 ArbSchG gezogenen Grenzen beachtet (MünchKomm/Henssler § 618 Rn 90; HWK/Krause § 618 BGB Rn 43). Überschreitet er diese, indem er sich zB ohne vorheriges Abhilfeverlangen bei dem Arbeitgeber unmittelbar an die zuständige Behörde oder gar an eine unzuständige Behörde wendet, dann steht das Benachteiligungsverbot in § 17 Abs 2 S 1 ArbSchG weder einer Abmahnung noch einer ordentlichen oder außerordentlichen Kündigung entgegen. 397

Keine Antwort gibt das Gesetz auf die Frage, ob das Benachteiligungsverbot auch einer **Entgeltkürzung** entgegensteht, weil der Beschäftigte während der arbeitsvertraglich festgelegten Arbeitszeit seine Beschwerde bei der zuständigen Behörde vorträgt. Im Hinblick auf den ultima-ratio-Grundsatz und den Zweck des Benachteiligungsverbots ist dies zu verneinen (ebenso HWK/Krause § 618 BGB Rn 48). § 17 Abs 2 S 2 ArbSchG will lediglich sicherstellen, dass sich der Beschäftigte überhaupt an die zuständige Behörde wenden kann. Hierbei hat er jedoch ebenfalls die Grenzen des Verhältnismäßigkeitsgrundsatzes zu wahren. § 17 Abs 2 S 2 ArbSchG steht deshalb allenfalls dann einer Entgeltkürzung entgegen, wenn der Beschäftigte auf Grund besonderer Umstände des Einzelfalles ausschließlich während der Arbeitszeit durch unmittelbare Vorsprache an die Behörde herantreten kann (ebenso MHdB 398

ArbR/Wlotzke [2. Aufl 2000] § 209 Rn 46). Regelmäßig reicht es jedoch aus, wenn der Beschäftigte schriftlich mit der zuständigen Behörde Kontakt aufnimmt.

3. Das Recht zur außerbetrieblichen Beschwerde nach § 22 S 1 Nr 2 ABBergV

399 Die bergrechtliche Sonderregelung in § 22 S 1 Nr 2 ABBergV stimmt mit der allgemeinen Vorschrift in **§ 17 Abs 2 ArbSchG** überein. Zur Klarstellung hebt § 22 S 1 Nr 2 ABBergV jedoch hervor, dass sich der Beschäftigte mit seiner Anzeige auch an den **technischen Aufsichtsdienst** des zuständigen Trägers der **gesetzlichen Unfallversicherung** wenden darf. Auf eine vorherige **Ausschöpfung der innerbetrieblichen Möglichkeiten** verzichtet § 22 S 1 Nr 2 ABBergV ebenso wie die allgemeine Regelung in § 17 Abs 2 S 1 ArbSchG.

VII. Arbeitsschutzrecht und Lauterkeitsrecht

400 Ob die Verletzung der in § 618 Abs 1 BGB genannten Pflichten bzw der Normen des technischen Arbeitsschutzrechts zugleich unlautere geschäftliche Handlungen sind, mit der Folge, dass **Wettbewerbern** oder **Verbänden** (§ 8 Abs 3 UWG) ein **Unterlassungsanspruch** zusteht (s § 8 Abs 1 UWG), hängt von zahlreichen lauterkeitsrechtlichen Vorfragen ab, die hier nicht erschöpfend diskutiert werden können.

401 Als unlautere geschäftliche Handlung kommt nach **§ 3a UWG** der Verstoß gegen gesetzliche Vorschriften in Betracht, sofern es sich bei diesen um solche handelt, die auch dazu bestimmt sind, das Marktverhalten der Marktteilnehmer zu regeln und nicht den Geschäftsverkehr zwischen Unternehmern und Verbrauchern betreffen. Dies ist bei arbeitsschutzrechtlichen Vorschriften regelmäßig nicht der Fall (Köhler, in: Köhler/Bornkamm/Feddersen, UWG [37. Aufl 2019] § 3a UWG Rn 1. 70 mwNw; ebenso Elskamp, Gesetzesverstoß und Wettbewerbsrecht [2008] 195; Ziegler, Arbeitsrecht und UWG [2011] 116; exemplarisch BGH 23. 6. 2016 – I ZR 71/15 Rn 12 ff, NJW-RR 2017, 419 – Arbeitnehmerüberlassung [kritisch dazu Fechner AuR 2018, 459 f]). Zu bejahen ist der notwendige Wettbewerbsbezug nach vorherrschendem Verständnis allerdings für die Ladenschluss- bzw Ladenöffnungszeitengesetze, die trotz ihrer sozialpolitischen Zielsetzung der Wahrung gleicher Wettbewerbschancen dienen (Köhler, in: Köhler/Bornkamm/Feddersen, UWG [37. Aufl 2019] § 3a UWG Rn 1. 263; so auch noch zu § 4 Nr 11 UWG aF OLG Hamm 26. 3. 2013 – 4 U 176/12, GRUR-RR 2013, 297; Köhler, in: Köhler/Bornkamm/Feddersen, UWG [37. Aufl 2019] § 3a UWG Rn 1. 264; Metzger, in: Großkommentar UWG [2. Aufl 2013] § 4 Nr 11 Rn 167; Schaffert, in: Münchener Kommentar Lauterkeitsrecht [2. Aufl 2014] § 4 Nr 11 UWG Rn 376 ff; ebenso noch zu § 1 UWG aF BGH 11. 5. 2000 – I ZR 28/98, GRUR 2000, 1079 – Abgasemissionen; **aA** Elskamp, Gesetzesverstoß und Wettbewerbsrecht [2008] 191 ff). Anders ist hingegen bezüglich der Bestimmungen des Arbeitszeitgesetzes zu entscheiden, da diesen ein Bezug zu dem Verhalten der Marktteilnehmer am Markt fehlt (Elskamp, Gesetzesverstoß und Wettbewerbsrecht [2008] 194 f; Köhler, in: Köhler/Bornkamm/Feddersen, UWG [37. Aufl 2019] § 3a UWG Rn 1. 70; Metzger, in: Großkommentar UWG [2. Aufl 2013] § 4 Nr 11 Rn 169; Sack WRP 2004, 1309; **aA** Hasselblatt, in: Gloy/Loschelder/Erdmann [Hrsg], Handbuch des Wettbewerbsrechts [4. Aufl 2010] § 58 Rn 97). Die frühere Rechtsprechung, die unter der Geltung des allein auf den Verstoß gegen die „guten Sitten“ abstellenden § 1 UWG aF zu einem gegenteiligen Ergebnis gelangt war (s BGH 3. 11. 1988 – I ZR 12/87, GRUR 1989, 118 f – Nachtbackverbot; s ferner Franke, Arbeitsschutz und unlauterer Wettbewerb [1992] 33 ff), ist wegen § 3a UWG überholt.

Aus der fehlenden wettbewerbsrechtlichen Relevanz der verletzten gesetzlichen Vorschrift (s näher auch BGH 23. 6. 2016 – I ZR 71/15 Rn 14 ff, NJW-RR 2017, 419, zum Verstoß gegen § 1 Abs 1 AÜG) folgt indes nur, dass ein Unlauterkeitsurteil nicht auf § 3a UWG gestützt werden kann. Daneben ist es jedenfalls im Ausgangspunkt nicht ausgeschlossen, den Rechtsbruch über die Generalklausel in **§ 3 Abs 1 UWG** zu erfassen, wenn der gesetzeswidrig Handelnde hierdurch einen Vorteil erlangt, der ihm die Möglichkeit verschafft, die Wettbewerbslage zu seinen Gunsten zu beeinflussen (Wettbewerbsvorsprung). Im Hinblick auf die spezielle Regelung in § 3a UWG (= § 4 Nr 11 UWG aF) lehnt es der Bundesgerichtshof im Einklang mit der überwiegenden Ansicht im Schrifttum indes ab, Verstöße gegen außerwettbewerbsrechtliche Normen, die keine Marktverhaltensregelungen im Sinne von § 3a UWG sind, mit Hilfe des Vorsprungsgedankens als unlauter im Sinne von § 3 Abs 1 UWG zu bewerten (BGH 2. 12. 2009 – I ZR 152/07 Rn 25, GRUR 2010, 654 – Zweckbetrieb, mwNw; BGH 23. 6. 2016 – I ZR 71/15 Rn 45, NJW-RR 2017, 419 – Arbeitnehmerüberlassung sowie Köhler, in: Köhler/Bornkamm/Feddersen, UWG [37. Aufl 2019] § 3 UWG Rn 2. 29; Metzger, in: Großkommentar UWG [2. Aufl 2013] § 4 Nr 11 Rn 16; Oetker, in: FS Bepler [2012] 477; Peukert, in: Großkommentar UWG [2. Aufl 2014] § 3 Rn 564; **aA** Elskamp, Gesetzesverstoß und Wettbewerbsrecht [2008] 216 f, 221 ff; Fleischer, Gesetzesverletzung als Lauterkeitsrechtsverstoß [2014] 203 f). 402

Das gilt auch im Hinblick auf abweichende Anforderungen, die die **Normen des technischen Arbeitsschutzes in anderen Staaten** im Hinblick auf den Gesundheitsschutz am Arbeitsplatz aufstellen. In dieser Konstellation ist nicht die Fallgruppe des „Rechtsbruchs" einschlägig, sodass ein Wettbewerbsverstoß nur unter dem Gesichtspunkt einer nach früherem Recht unlauteren **Ausnutzung des internationalen Rechtsgefälles** in Betracht kam (vgl BGH 13. 5. 1977 – I ZR 115/75, NJW 1977, 2212 – Weltweit-Club; s auch Sack, in: FS Wiese [1998] 510 ff sowie bereits Schricker GRUR 1977, 648 f). Nach dem bis zum Jahr 2004 geltenden UWG konnte dieser Fallgruppe noch durch die ausschließlich auf den Verstoß gegen die „guten Sitten" abstellende Generalklausel in § 1 UWG aF Rechnung getragen werden. Bei Normen des technischen Arbeitsschutzes war ein Verstoß gegen § 1 UWG aF jedoch allenfalls dann zu bejahen, wenn der ausländische Arbeitsschutzstandard den **sittlichen Grundanforderungen**, die an jede menschliche und staatliche Ordnung zu richten sind, in einem so starken Maße widerspricht, dass auch der Handel mit den unter diesen Bedingungen hergestellten Produkten mit den guten kaufmännischen Sitten unvereinbar ist (s Franke, Arbeitsschutz und unlauterer Wettbewerb [1992] 98 ff; Sack, in: FS Wiese [1998] 511 f). 403

Für die Unterschreitung des deutschen Schutzstandards vor **Asbestgefahren** bei im Ausland gelegenen Arbeitsplätzen hat der Bundesgerichtshof unter der Geltung von § 1 UWG aF die in Rn 403 genannte Voraussetzung verneint (BGH 9. 5. 1980 – I ZR 76/78, NJW 1980, 2019 – Asbestimporte; zustimmend Franke, Arbeitsschutz und unlauterer Wettbewerb [1992] 93 ff; Herrnberger, Wettbewerbsrechtlicher Schutz vor Kinderarbeit [2013] 226 ff, 232 ff), Oppenhoff GRUR 1980, 861 f; ablehnend Knieper/Fromm NJW 1980, 2020; Däubler, Arbeitsrecht 2 [12. Aufl 2009] Rn 426; iE auch Sack, in: FS Wiese [1998] 512, da die tatsächlichen Grundlagen der Entscheidung inzwischen überholt seien). Eine andere Beurteilung war allenfalls zu erwägen, wenn ein inländisches Unternehmen in das Ausland ausweicht, um sich durch den dort zu beachtenden geringeren Arbeitsschutzstandard einen Wettbewerbsvorteil gegenüber inländischen Wettbewerbern zu verschaffen (s Baumbach/Hefermehl, Wettbewerbsrecht [22. Aufl 2001] § 1 UWG Rn 219 c). 404

405 Der alleinige Rückgriff auf die **„guten kaufmännischen Sitten"** mag unter der früheren Fassung der Generalklausel in § 1 UWG aF ein tauglicher Ansatz gewesen sein, um die Unterschreitung deutscher Arbeitsschutzstandards über das Lauterkeitsrecht zu erfassen. De lege lata bietet **§ 3 Abs 1 UWG** hierfür jedoch keinen belastbaren Anknüpfungspunkt mehr (**aA** Herrnberger, Wettbewerbsrechtlicher Schutz vor Kinderarbeit [2013] 236 f; Weber/Weber GRUR Int 2008, 899 ff sowie im grundsätzlichen Ausgangspunkt Peukert, in: Großkommentar UWG [2. Aufl 2014] § 3 Rn 360, 524 ff). In diesem Sinne hat es auch der Bundesgerichtshof abgelehnt, dem „Anstandsgefühl des verständigen Durchschnittsgewerbetreibenden" im Rahmen von § 3 Abs 1 UWG eine Bedeutung beizumessen (BGH 7. 2. 2006 – KZR 33/04 Rn 19, BGHZ 166, 154 – Probeabonnement). Dies schließt es aus, den konzeptionellen Ansatz in Rn 404 de lege lata unter der nunmehr maßgeblichen Generalklausel in § 3 Abs 1 UWG fortzuschreiben (s auch Sosnitza, in: Münchener Kommentar Lauterkeitsrecht [2. Aufl 2014] § 3 UWG Rn 61). Allenfalls extrem gelagerte Ausnahmefälle können bei einem Verstoß gegen Arbeitsschutznormen insbesondere auch im Ausland die Wertung rechtfertigen, eine geschäftliche Handlung sei wegen einer **Verletzung der Menschenwürde** unlauter im Sinne von § 3 Abs 1 UWG (s allg Köhler, in: Köhler/Bornkamm/Feddersen, UWG [37. Aufl 2019] § 3 UWG Rn 2. 33 ff). Auch Verstöße gegen **Verhaltenskodizies**, die zB die Einhaltung bestimmter Arbeitsschutzstandards bei einer Produktion im Ausland vorgeben, führen nicht per se zur Unlauterkeit einer geschäftlichen Handlung (s Köhler, in: Köhler/Bornkamm/Feddersen, UWG [37. Aufl 2019] § 3 UWG Rn 2. 31; ferner BGH 9. 9. 2010 – I ZR 157/08 Rn 11, GRUR 2011, 431 – FSA-Kodex I). Entsprechendes gilt für transnationale Vereinbarung, die multinationale Unternehmen mit international agierenden Arbeitnehmerorganisationen abschließen (**International Framework Agreement-IFA**; dazu zB Krebber EuZA 2008, 141 ff; Thüsing RdA 2010, 78 ff sowie ausführlich Hauch, International Framework Agreements [2015], insbesondere zum Lauterkeitsrecht [S 145 ff]).

VIII. Arbeitsschutzrecht und Vergaberecht

406 Verstöße gegen Vorschriften des Arbeitsschutzrechts können indirekt im Vergaberecht Bedeutung erlangen. So kann ein Unternehmer nach **§ 124 Abs 1 Nr 1 GWB** von der Teilnahme an einem Vergabeverfahren ausgeschlossen werden, wenn dieser in der Vergangenheit bei der Ausführung öffentlicher Aufträge gegen arbeitsrechtliche Verpflichtungen verstoßen hat (zum früheren Eignungskriterium der Gesetzestreue s § 97 Abs 4 GWB aF). Zudem verpflichtet **§ 128 Abs 1 GWB** Unternehmen, die einen öffentlichen Auftrag ausführen, ua auch zur Einhaltung der für sie geltenden arbeitsschutzrechtlichen Regelungen. Ferner eröffnet § 128 Abs 2 GWB zusätzlich die Etablierung weiterer Zuschlagskriterien (Ausführungsbedingen), die von den Auftragnehmern zu erfüllen sind und insbesondere auch soziale Aspekte betreffen können. Hierdurch kann die Einhaltung arbeitsschutzrechtlicher Standards insbesondere auch bei Subunternehmen des Auftragnehmers jedenfalls dann zu einem in die Leistungsbeschreibung aufzunehmenden Zuschlagskriterium erhoben werden, wenn diese mit dem Auftragsgegenstand in Verbindung stehen.

407 Das **Vergaberecht der Bundesländer** sieht in den entsprechenden Landesgesetzen von weitergehenden Vorgaben für die Vergabeentscheidung in der Regel ab. Verbreitet fordern diese jedoch von dem Bieter die Abgabe einer Erklärung, in der sich dieser verpflichtet, bei der Ausführung des Auftrages nur Waren einzusetzen, die

nachweislich oder gemäß einer entsprechenden Zusicherung unter Beachtung der sog **ILO-Kernarbeitsnormen** gewonnen oder hergestellt worden sind (so § 18 Tariftreue- und Vergabegesetz NRW, § 12 Tariftreue- und Vergabegesetz Niedersachsen, § 12 Landesvergabegesetz Sachsen-Anhalt, § 8 Ausschreibungs- und Vergabegesetz Berlin, § 11 Vergabegesetz Thüringen; schwächer im Sinne einer an den Auftraggeber adressierten Hinwirkungspflicht gegenüber dem Auftragnehmer § 3a Vergabegesetz Hamburg, § 11 Vergabegesetz Mecklenburg-Vorpommern, § 18 Tariftreue- und Vergabegesetz Schleswig-Holstein, § 18 Tariftreue- und Vergabegesetz Bremen, § 11 Tariftreuegesetz Saarland; s auch Germelmann GewArch 2016, 60 ff, 110 ff; Meissner ZfBR 2013, 26 f). Die abschließende Auflistung der zum Kreis der ILO-Kernarbeitsnormen zählenden ILO-Übereinkommen in den jeweiligen Landesgesetzen zeigt jedoch die geringe Bedeutung dieser Vorgabe für die Durchsetzung des Arbeitsschutzrechts. Relevant sind insoweit ausschließlich die ILO-Übereinkommen zur Zwangsarbeit und zur Kinderarbeit (ILO-Übereinkommen Nr 29, 105, 138 und 182; s oben Rn 35). Bedenken gegen die Kompetenz der Landesgesetzgeber, die Bieter an die Einhaltung der ILO-Kernarbeitsnormen zu binden, hat das OLG Düsseldorf zurückgewiesen (OLG Düsseldorf 29. 1. 2014 – VII-Verg 28/13, NZBau 2014, 316 – ILO-Kernarbeitsnormen I; s auch BVerwG 16. 10. 2013 – 8 CN 1/12 Rn 19, BVerwGE 148, 133), jedoch zu Recht betont, dass die Abgabe einer entsprechenden Verpflichtungserklärung wegen Art 48 RL 2004/18/EG nicht als Nachweis für die Eignung des Unternehmens verlangt werden darf (OLG Düsseldorf 29. 1. 2014 – VII-Verg 28/13, NZBau 2014, 315 – ILO-Kernarbeitsnormen I; OLG Düsseldorf 25. 6. 2014 – VII-Verg 39/13, ZfBR 2014, 816 – ILO-Kernarbeitsnormen II). Keine Bedenken hatte das OLG Düsseldorf, die Einhaltung der ILO-Kernarbeitsnormen als zusätzliche Anforderung an die Auftragsausführung im Sinne von § 97 Abs 4 S 2 GWB aF zu bewerten (OLG Düsseldorf 29. 1. 2014 – VII-Verg 28/13, NZBau 2014, 315 f – ILO-Kernarbeitsnormen I; OLG Düsseldorf 25. 6. 2014 – VII-Verg 39/13, ZfBR 2014, 816 – ILO-Kernarbeitsnormen II); Entsprechendes gilt nach § 97 Abs 3 GWB nF, wonach auch soziale Aspekte bei der Vergabeentscheidung zu berücksichtigen sind (s auch § 127 Abs 1 S 3 GWB nF).

§ 619
Unabdingbarkeit der Fürsorgepflichten

Die dem Dienstberechtigten nach den §§ 617, 618 obliegenden Verpflichtungen können nicht im Voraus durch Vertrag aufgehoben oder beschränkt werden.

Materialien: E I –, II § 558, III § 610, Mot –, Prot II 293 f.

Systematische Übersicht

Alphabetische Übersicht

I. Entstehungsgeschichte und Normzweck

1 Die in § 619 BGB angeordnete zwingende Geltung der §§ 617, 618 BGB steht auf Grund ihres Zwecks, und ihrer Entstehungsgeschichte in einem untrennbaren Zusammenhang mit den vorgenannten Vorschriften. Sowohl die Mehrheit der II. Kommission als auch die Denkschrift ließen sich von dem sozialpolitischen Charakter der §§ 617, 618 BGB leiten. Der durch sie beabsichtigte Schutz der Dienstverpflichteten hätte nach der in der II. Kommission vorherrschenden Auffassung seine Wirkung verfehlt, wenn der Grundsatz der Vertragsfreiheit aufrechterhalten geblieben wäre (MUGDAN II 907). Die Denkschrift griff diese Vorstellung auf und hob hervor, dass die §§ 617, 618 BGB nur dann ihren Zweck erfüllen, wenn „sie auch gegenüber der Vertragsfreiheit der Beteiligten sichergestellt werden" (MUGDAN II 1255; s ferner HKK/DEUTSCH §§ 617–619 Rn 77 f). Dementsprechend rechtfertigt die einhellige Ansicht im Schrifttum die zwingende Wirkung der §§ 617, 618 BGB mit den sozialpolitischen Intentionen dieser Vorschriften (so zB NK-GA/BOECKEN § 619 BGB Rn 1; BeckOK BGB/

Fuchs/Baumgärtner § 619 Rn 1; Soergel/Kraft § 619 Rn 1; BeckOGK/Witschen [1. 2. 2019] § 619 Rn 2; mit Nachdruck bereits Schultzenstein ArchBürgR 23 [1904] 311). Der Bundesgerichtshof schloss sich dieser Sichtweise ausdrücklich an (BGH 15. 6. 1971 – VI ZR 262/69, BGHZ 56, 274).

2 Für die inhaltliche Reichweite des § 619 BGB ist aus der Entstehungsgeschichte die Feststellung der XII. Kommission des Reichstages hervorzuheben, dass sich die Untersagung eines „im Voraus" erklärten Verzichts nicht nur auf Abreden vor Abschluss des Dienstvertrages bezieht, sondern auch solche Vereinbarungen umfassen soll, die nach Vertragsschluss, aber vor der vollständigen Beendigung des Dienstverhältnisses getroffen werden (Mugdan II 1288). Missverständnisse über den Anwendungsbereich der Norm löste in diesem Zusammenhang die erläuternde Wendung in dem Kommissionsbericht aus, nach der „im Voraus" gleichbedeutend sei mit „bis das Arbeitsverhältnis völlig abgelaufen sei" (Mugdan II 1288; hierzu unten Rn 20 ff).

II. Dogmatik des Verbotsbefehls

3 Nach einhelliger Ansicht sind Vereinbarungen, die gegen § 619 BGB verstoßen, nichtig (zB Soergel/Kraft § 619 Rn 1). Nur selten wird allerdings problematisiert, ob die Nichtigkeitssanktion bereits unmittelbar aus § 619 BGB folgt oder es hierfür eines Rückgriffs auf § 134 BGB bedarf. Da das Gesetz selbst lediglich den Verbotsbefehl enthält und auf eine explizite Rechtsfolgenanordnung verzichtet, folgt die **Nichtigkeit** einer gegen § 619 BGB verstoßenden Vereinbarung nicht bereits aus dieser Vorschrift selbst (so aber noch Erman/Belling [14. Aufl] § 619 Rn 4), sondern aus **§ 134 BGB** (so mit Recht schon Schultzenstein ArchBürgR 23 [1904] 313; ebenso Erman/Belling/Riesenhuber § 619 Rn 4; NK-GA/Boecken § 619 BGB Rn 10; BeckOK BGB/Fuchs/Baumgärtner § 619 Rn 6; MünchKomm/Henssler § 619 Rn 9; BeckOK ArbR/Joussen § 619 BGB Rn 7; AR/Kamanabrou § 619 BGB Rn 1; NK-BGB/Klappstein § 619 Rn 4; HWK/Krause § 619 BGB Rn 1; Nipperdey, in: Festgabe zum 50-jährigen Bestehen des Reichsgerichts Bd IV [1929] 204; BGB-RGRK/Schick § 619 Rn 4; HK-BGB/Schreiber §§ 617–619 Rn 13; Treber, EFZG [2. Aufl 2007] § 619 BGB Rn 2; ErfKomm/Wank § 619 BGB Rn 1; BeckOGK/Witschen [1. 2. 2019] § 619 Rn 15; für den Regelfall auch Wiese, in: Bartlsberger ua, Probleme des Binnenschiffahrtsrechts [1975] 114 Fn 63). Der Verbotsbefehl richtet sich nicht nur gegen die Art und Weise des Vertrages, sondern will Abreden mit einem den §§ 617, 618 BGB widersprechenden Inhalt generell die Rechtswirksamkeit versagen. Zu den Rechtsfolgen im Übrigen s unten Rn 23.

III. Anwendungsbereich des Verbotstatbestandes

1. Erfasste Vertragsverhältnisse

4 Durch die Bezugnahme auf die §§ 617, 618 BGB erfasst § 619 BGB sämtliche Vertragsverhältnisse, die dem Anwendungsbereich dieser Vorschriften unterliegen. Der Verbotsbefehl erstreckt sich deshalb auf alle **Dienstverhältnisse**, insbesondere auch auf **Arbeitsverhältnisse**. Eine Sonderregelung trifft § 62 Abs 4 HGB für **Handlungsgehilfen**, die gegenüber § 619 BGB lex specialis ist (ebenso NK-BGB/Klappstein § 619 Rn 2) und auf die mit den §§ 617, 618 BGB vergleichbaren Pflichten des Prinzipals nach § 62 Abs 1 und 2 HGB Bezug nimmt. Für eine auf individualisierende Schutzbedürftigkeitserwägungen gestützte teleologische Reduktion des Verbotsbefehls feh-

len die methodischen Grundlagen (zustimmend BeckOGK/Witschen [1. 2. 2019] § 619 Rn 4). Er entfaltet seine Rechtswirkungen daher auch bei allen **freien Dienstverträgen** (zB Handelsvertreter, vgl Staub/Emde, HGB [5. Aufl 2008] vor § 84 Rn 61; BeckOK ArbR/Joussen § 619 BGB Rn 1; BeckOGK/Witschen [1. 2. 2019] § 619 Rn 4), obwohl bei ihnen die fehlende Dispositivität im Hinblick auf das Verhandlungsgleichgewicht rechtspolitisch keineswegs zwingend ist (s aber für Handelsvertreter BVerfG 7. 2. 1990 – 1 BvR 26/84, BVerfGE 81, 260: bei typisierender Betrachtungsweise keine ausreichende Verhandlungsstärke, um ihre Rechte und Pflichten mit den Unternehmern frei aushandeln zu können).

5 Die Anwendung des Verbotstatbestandes bedarf stets dann einer kritischen Prüfung, wenn die in den §§ 617, 618 BGB genannten Verpflichtungen auf Grund einer entsprechenden Anwendung auch **außerhalb des Dienstvertragsrechts** gelten. Es wurde bereits an anderer Stelle herausgearbeitet, dass die in den §§ 617, 618 BGB genannten Pflichten nur begrenzt auf einem sozialpolitisch fundierten, traditionell mit dem Terminus der Fürsorgepflicht umschriebenen Fundament beruhen (s oben § 617 Rn 5 ff, § 618 Rn 10 ff). Die dominierende Bedeutung sozialpolitischer Erwägungen hat deshalb nur für die in § 619 BGB angeordnete zwingende Wirkung ihre Berechtigung. Die ältere Rechtsprechung des Bundesgerichtshofes, die eine einheitliche Anwendung der §§ 618, 619 BGB auch dann bejahte, wenn die Heranziehung von § 618 BGB auf einer Gesetzesanalogie beruhte (so vor allem BGH 9. 2. 1955 – VI ZR 286/53, BGHZ 16, 273), kann bei der hier befürworteten Ratio der Pflichten in den §§ 617, 618 BGB teleologisch nicht befriedigen (kritisch auch G Hueck Anm zu BAG AP RVO § 1542 Nr 1).

6 Der Bundesgerichtshof weicht in seiner neueren Rechtsprechung ebenfalls von der ursprünglichen „Einheitslösung" ab und befürwortet insbesondere bei einer Anwendung des § 618 Abs 1 BGB auf Werkverträge eine differenzierende Betrachtung. Bereits in seinem Urteil vom 20. 2. 1958 stellte der VII. Zivilsenat klar, dass sich das Verbot abweichender Vereinbarungen zumindest auf die von dem Unternehmer in dem Betrieb des Werkbestellers eingesetzten Arbeitnehmer im Wege einer entsprechenden Anwendung beziehen muss (BGH 20. 2. 1958 – VII ZR 76/57, BGHZ 26, 372). In seinem Urteil vom 15. 6. 1971 (BGH 15. 6. 1971 – VI ZR 262/69, BGHZ 56, 269 ff) schloss sich der VI. Zivilsenat dieser Rechtsprechung an, sprach sich expressis verbis zugleich aber auch dafür aus, die zwingende Wirkung einer entsprechenden Anwendung des § 618 BGB nicht auf das Verhältnis zwischen Werkbesteller und Unternehmer auszudehnen (BGH 15. 6. 1971 – VI ZR 262/69, BGHZ 56, 274). Diese Abkehr von den früheren Rechtsprechungsgrundsätzen rechtfertigte der Senat vor allem mit dem sozialpolitischen Zweck des § 619 BGB, der eine Anwendung der Vorschrift auf selbständige Unternehmer als sachlich nicht begründet erscheinen lasse (BGH 15. 6. 1971 – VI ZR 262/69, BGHZ 56, 274; zustimmend NK-BGB/Klappstein § 619 Rn 2).

7 Diese Auflockerung der starren „Einheitslösung" kann teleologisch überzeugen (zustimmend auch BeckOK BGB/Fuchs/Baumgärtner § 619 Rn 2; MünchKomm/Henssler § 619 Rn 4; **aA** BeckOGK/Witschen [1. 2. 2019] § 619 Rn 6), sie sollte gänzlich zugunsten einer differenzierenden Betrachtung aufgegeben werden. Bei dem hiesigen teleologischen Verständnis insbesondere bezüglich der in § 618 Abs 1 BGB genannten Pflichten und der hieraus folgenden „großzügigen" entsprechenden Anwendung dieser Vorschrift außerhalb des Dienstvertragsrechts ist es geboten, die in § 619 BGB angeordnete zwingende Wirkung nur dann mittels einer Analogie auszudehnen, wenn gerade der mit dieser Vorschrift verfolgte Zweck auch außerhalb des Dienstvertragsrechts zutrifft. Vor allem wegen des sozialpolitischen Charakters des § 619 BGB ist es deshalb regelmäßig nicht berechtigt, die Vorschrift zugunsten solcher Personen anzuwenden, denen die vom Gesetz unterstellte Schutzbedürftigkeit fehlt. Insbesondere die Fähigkeit einer Vertragspartei, durch eine reale Einflussnahme auf die Vertragsbedingungen eigenverantwortlich über diese zu disponieren, und damit auch die dem „Dienstberechtigten" obliegenden Pflichten durch eine eigene Risikovorsorge zu substituieren, schließt eine entsprechende Anwendung des § 619 BGB aus (BGH 15. 6. 1971 – VI ZR 262/69, BGHZ 56, 274 f; ebenso MünchKomm/Henssler § 619 Rn 4; BeckOK ArbR/Joussen § 619 BGB Rn 1; **aA** BeckOGK/Witschen [1. 2. 2019] § 619 Rn 6, der sich jedoch für eine restriktive Auslegung der Schutzpflichten ausspricht).

2. Untersagte „Verträge"

8 Nach dem Wortlaut untersagt § 619 BGB nur den Abschluss von Verträgen. Hierdurch werden zunächst sämtliche Vereinbarungen erfasst, die in formaler Hinsicht die Struktur eines **Individualvertrages** aufweisen. Dem Zweck der Vorschrift wird indessen nur unzureichend Rechnung getragen, wenn deren Anwendungsbereich hierauf beschränkt bleibt. Bei teleologischer Auslegung ist vielmehr ein extensives Verständnis des Vertragsbegriffes in § 619 BGB erforderlich, das den Verbotsbefehl auch auf **Einheitliche Arbeitsbedingungen** erstreckt (zustimmend BeckOK ArbR/Joussen § 619 BGB Rn 2).

9 Die Absicht des Gesetzgebers, die §§ 617, 618 BGB als Mindeststandard zugunsten des Dienstverpflichteten festzuschreiben, verlangt darüber hinaus die Einbeziehung **kollektivrechtlicher Vereinbarungen** (NK-GA/Boecken § 619 BGB Rn 5; BeckOK ArbR/Joussen § 619 BGB Rn 2; Soergel/Kraft § 619 Rn 1; HWK/Krause § 619 BGB Rn 1; BeckOGK/Witschen [1. 2. 2019] § 619 Rn 11). Das muss zumindest dann gelten, wenn deren Regelungen unmittelbare (normative) Wirkung für das Arbeitsverhältnis entfalten. § 619 BGB untersagt die Aufhebung oder Einschränkung der in §§ 617, 618 BGB genannten Pflichten daher auch, wenn diese in **Tarifverträgen** enthalten ist (Erman/Belling/Riesenhuber § 619 Rn 1; NK-GA/Boecken § 619 BGB Rn 5; BeckOK BGB/Fuchs/Baumgärtner § 619 Rn 4; MünchKomm/Henssler § 619 Rn 6; BeckOK ArbR/Joussen § 619 BGB Rn 2; NK-BGB/Klappstein § 619 Rn 1; BGB-RGRK/Schick § 619 Rn 1; Schmitt/Schmitt, EFZG/AAG [8. Aufl 2018] § 619 BGB Rn 2; ErfKomm/Wank § 619 BGB Rn 1; BeckOGK/Witschen [1. 2. 2019] § 619 Rn 11). Entsprechendes gilt für **Betriebsvereinbarungen** (BAG 18. 8. 1982 – 5 AZR 493/80, AP BGB § 618 Nr 18; Erman/Belling/Riesenhuber § 619 Rn 1; NK-GA/Boecken § 619 BGB Rn 5; BeckOK BGB/Fuchs/Baumgärtner § 619 Rn 4; MünchKomm/Henssler § 619 Rn 6; BeckOK ArbR/Joussen § 619 BGB Rn 2; NK-BGB/Klappstein § 619 Rn 1; BGB-RGRK/Schick § 619 Rn 1; Schmitt/Schmitt, EFZG/AAG [8. Aufl 2018] § 619 BGB Rn 2; ErfKomm/Wank § 619 BGB Rn 1; BeckOGK/Witschen [1. 2. 2019] § 619 Rn 11; iE auch BAG 10. 3. 1976 – 5 AZR 34/75, AP BGB § 618 Nr 17), für Vereinbarungen im Sinne von § 28 Abs 2 SprAuG, die zwischen **Arbeitgeber und Sprecherausschuss** abgeschlossen werden, sowie für **Dienstvereinbarungen** (zustimmend NK-GA/Boecken § 619 BGB Rn 5; BeckOGK/Witschen [1. 2. 2019] § 619 Rn 11).

10 Der Schutzzweck der Unabdingbarkeitsanordnung in § 619 BGB wird darüber hinaus auch dann unvollkommen verwirklicht, wenn er auf Verträge im Sinne einer

zweiseitigen rechtsgeschäftlichen Einigung beschränkt bleibt. Die Sicherung des durch die §§ 617, 618 BGB etablierten gesetzlichen Mindeststandards und die hierfür notwendige Zurückdrängung der Vertragsfreiheit erfordert eine Ausdehnung des Verbotsbefehls auf solche rechtsgeschäftlichen Erklärungen, denen zwar die formale Struktur eines Vertrages fehlt, die aber in gleicher Weise den von § 619 BGB inkriminierten Rechtserfolg herbeiführen (ebenso im Anschluss BeckOGK/Witschen [1. 2. 2019] § 619 Rn 12). Deshalb umfasst das Verbot des § 619 BGB auch einen vom Dienstverpflichteten einseitig erklärten **Verzicht** (ebenso NK-GA/Boecken § 619 BGB Rn 5; BeckOK ArbR/Joussen § 619 BGB Rn 2; HWK/Krause § 619 BGB Rn 1). Da dieses vom Normzweck gebotene Verständnis die Grenzen des Wortsinns übersteigt, bedarf es hierfür einer entsprechenden Anwendung. Dies gilt umgekehrt auch für **einseitige Anordnungen des Dienstberechtigten** (BAG 21. 8. 1985 – 7 AZR 199/83, AP BGB § 618 Nr 19: Erlass eines Ministers; ebenso LAG Hamm 9. 12. 1999 – 17 Sa 1455/99, ZTR 2000, 182 f; NK-GA/Boecken § 619 BGB Rn 5; BeckOK ArbR/Joussen § 619 BGB Rn 2; HWK/Krause § 619 BGB Rn 1).

3. Unzulässiger Inhalt

a) Verpflichtungen des Dienstberechtigten

aa) Pflichten aus den §§ 617, 618

11 Der Verbotstatbestand in § 619 BGB umfasst alle Verpflichtungen, die die §§ 617, 618 BGB dem Dienstberechtigten auferlegen. Wegen der insbesondere bei § 618 Abs 1 BGB zum Durchbruch gelangenden Konkretisierungsfunktion des Arbeitsschutzrechts (s oben § 618 Rn 14 ff, 146 ff) erlangen zudem vornehmlich die Vorschriften des technischen Arbeitsschutzrechts die Qualität unabdingbarer Rechtsnormen – eine Seh- und Wertungsweise, die im Regelfall bereits aus dem Zweck der jeweiligen Vorschriften folgt, durch § 619 BGB jedoch eine zusätzliche privatrechtliche normative Absicherung erfährt (s MünchKomm/Henssler § 619 Rn 2).

bb) Allgemeine Interessenwahrungspflichten

12 Der Verbotstatbestand erstreckt sich nicht auf sonstige Pflichten des Dienstberechtigten auf Grund seiner allgemeinen, aus den §§ 241 Abs 2, 242 BGB abzuleitenden Interessenwahrungspflichten. Insbesondere die Schutzpflichten des Dienstberechtigten hinsichtlich des Eigentums des Dienstverpflichteten sind grundsätzlich dispositiv (BGB-RGRK/Schick § 619 Rn 3; BeckOGK/Witschen [1. 2. 2019] § 619 Rn 14). Eine analoge Anwendung des § 619 BGB auf die allgemeinen Interessenwahrungspflichten verbietet sich – ebenso wie bereits die Analogie zu § 618 BGB (s oben § 618 Rn 101 f) – wegen der unterschiedlichen Qualität der jeweils geschützten Rechtsgüter (treffend bereits BAG 5. 3. 1959 – 2 AZR 268/56, AP BGB § 611 Fürsorgepflicht Nr 26; ebenso NK-GA/Boecken § 619 BGB Rn 6; MünchKomm/Henssler § 619 Rn 5; BeckOK ArbR/Joussen § 619 BGB Rn 3; BeckOGK/Witschen [1. 2. 2019] § 619 Rn 7). Eine Aufhebung oder Einschränkung der aus den §§ 241 Abs 2, 242 BGB folgenden Interessenwahrungspflichten ist allerdings stets nur hinsichtlich einzelner Pflichten oder Ansprüche zulässig (s Nikisch I § 36 IV 2). Zumindest beim Arbeitsverhältnis darf zudem die Haftung des Dienstberechtigten für Vorsatz und grobe Fahrlässigkeit nicht ausgeschlossen werden (BAG 5. 3. 1959 – 2 AZR 268/56, AP BGB § 611 Fürsorgepflicht Nr 26); bei vorformulierten Vertragsbedingungen ist ferner das absolute Klauselverbot in § 309 Nr 7 BGB zu beachten (s auch BeckOGK/Witschen [1. 2. 2019] § 619 Rn 14.).

b) Aufhebung der Verpflichtung

Der Verbotstatbestand untersagt die völlige Aufhebung der in den §§ 617, 618 BGB genannten Pflichten des Dienstberechtigten. Dies gilt nicht nur für einen Ausschluss, der sich auf alle Pflichten erstreckt, sondern auch für den gänzlichen Ausschluss einzelner Pflichten. 13

Der Dienstverpflichtete kann nicht in eine Gefahr für Leben und Gesundheit **einwilligen**, die über das von § 618 Abs 1 BGB tolerierte Ausmaß hinausgeht. Hierdurch träte eine Befreiung des Dienstberechtigten von seinen in § 618 Abs 1 BGB auferlegten Pflichten ein, die § 619 BGB gerade verhindern will. Insbesondere liegt in der freiwilligen Übernahme einer gefährlichen Arbeit keine wirksame Einwilligung hinsichtlich der über die Natur der Dienstleistung hinausgehenden Gefahren (so bereits RG 29. 6. 1917 – III 125/17, LZ 1917, 1342 [Nr 10]; Planck/Gunkel § 619 Anm 2 sowie ebenso BeckOGK/Witschen [1. 2. 2019] § 619 Rn 12); diese würde wegen eines Verstoßes gegen § 619 BGB über § 134 BGB nichtig sein. 14

c) Beschränkung der Verpflichtung

Seinen Hauptanwendungsbereich hat der Verbotstatbestand bei solchen Abreden, die die Verpflichtungen des Dienstberechtigten aus den §§ 617, 618v beschränken. Hierdurch werden jegliche **Einschränkungen der Pflichten** des Dienstberechtigten untersagt, die ihm die genannten Vorschriften und die entsprechenden Konkretisierungen durch das Arbeitsschutzrecht auferlegen. 15

Eine Einschränkung der Pflichten des Dienstberechtigten liegt vor allem vor, wenn ihm gestattet wird, das durch staatliches Arbeitsschutzrecht oder Unfallverhütungsvorschriften der Berufsgenossenschaften festgelegte Sicherheitsniveau zu unterschreiten (so im Anschluss auch BeckOK ArbR/Joussen § 619 BGB Rn 4). Entsprechendes gilt, wenn der Dienstverpflichtete an den hierfür erforderlichen Kosten beteiligt werden soll. Insbesondere die dem Dienstverpflichteten auferlegte finanzielle **Beteiligung an den Aufwendungen für Schutzgegenstände**, obwohl das Gesetz dem Dienstberechtigten eine Beschaffungspflicht auferlegt, gehört zu den von § 619 BGB untersagten Vereinbarungen (BAG 10. 3. 1976 – 5 AZR 34/75, AP BGB § 618 Nr 17; BAG 18. 8. 1982 – 5 AZR 493/80, AP BGB § 618 Nr 18; BAG 21. 8. 1985 – 7 AZR 199/83, AP BGB § 618 Nr 19; BAG 14. 2. 1996 – 5 AZR 978/94, AP BGB § 611 Aufwandsentschädigung Nr 5; LAG Hamm 9. 12. 1999 – 17 Sa 1455/99, ZTR 2000, 182 f; Erman/Belling/Riesenhuber § 619 Rn 1; NK-GA/Boecken § 619 BGB Rn 7; MünchKomm/Henssler § 619 Rn 1; BeckOK ArbR/Joussen § 619 BGB Rn 4; HWK/Krause § 619 BGB Rn 1; BeckOGK/Witschen [1. 2. 2019] § 619 Rn 10; zur Beschaffungspflicht des Dienstberechtigten o § 618 Rn 183 ff; s ferner BAG 14. 6. 2016 – 9 AZR 181/15 Rn 19 ff, NZA-RR 2016, 565, für vom Arbeitgeber aus anderen Gründen bestehende Pflicht, Schutzkleidung zur Verfügung zu stellen). Spezialgesetzlich hält § 3 Abs 3 ArbSchG dieses Verbot ausdrücklich fest, sodass hierzu im Widerspruch stehende Abreden bereits nach § 3 Abs 3 ArbSchG in Verbindung mit § 134 BGB nichtig sind (s MünchKomm/Henssler § 619 Rn 6). Das gilt auch für die mit der Reinigung der Schutzgegenstände verbundenen Kosten (LAG Düsseldorf 26. 4. 2001 – 13 Sa 1804/00, NZA-RR 2001, 409; BeckOK ArbR/Joussen § 619 BGB Rn 4). Rechtswirksam ist eine **Kostenbeteiligung** nur, wenn der Dienstverpflichtete aus den Schutzgegenständen **persönliche Vorteile**, zB durch private Mitbenutzung, ziehen kann und der Beitrag des Arbeitnehmers im Verhältnis zu den Vorteilen angemessen ist (BAG 18. 8. 1982 – 5 AZR 493/80, AP BGB § 618 Nr 18; BAG 21. 8. 1985 – 7 AZR 199/83, AP BGB § 618 Nr 19; NK-GA/Boecken § 619 BGB Rn 7; 16

MünchKomm/Henssler § 619 Rn 6; BeckOK ArbR/Joussen § 619 BGB Rn 4; Soergel/Kraft § 619 Rn 1; BGB-RGRK/Schick § 619 Rn 1; BeckOGK/Witschen [1. 2. 2019] § 619 Rn 10). Hierfür genügt es allerdings nicht, dass ihm eine private Nutzungsmöglichkeit eingeräumt wird. Dem Arbeitnehmer darf kein von ihm nicht erwünschter Vorteil aufgezwungen werden, sodass eine Kostenbeteiligung nur dann in Betracht kommt, wenn er die Gebrauchsvorteile im Rahmen seiner persönlichen Lebensführung **tatsächlich nutzt** (BAG 10. 3. 1976 – 5 AZR 34/75, AP BGB § 618 Nr 17; BAG 21. 8. 1985 – 7 AZR 199/83, AP BGB § 618 Nr 19). Verzichtet er hierauf, so steht die Auferlegung einer Pflicht zur Kostenbeteiligung im Widerspruch zu dem zwingenden Charakter der §§ 618, 619 BGB (BAG 10. 3. 1976 – 5 AZR 34/75, AP BGB § 618 Nr 17; LAG Hamm 9. 12. 1999 – 17 Sa 1455/99, ZTR 2000, 182 f).

17 Der Verbotsbefehl in § 619 BGB erfasst auf Grund eines vom Normzweck her gebotenen weiten Verständnisses nicht nur Vereinbarungen, die die Pflichten des Dienstberechtigten unmittelbar einschränken, sondern auch solche, die diesen Rechtserfolg mittelbar herbeiführen, indem sie die **Durchsetzung** der in den §§ 617, 618 BGB genannten Pflichten gegenüber dem Dienstberechtigten **ausschließen oder erschweren** (ebenso NK-GA/Boecken § 619 BGB Rn 7; MünchKomm/Henssler § 619 Rn 6; BeckOK ArbR/Joussen § 619 BGB Rn 2; BeckOGK/Witschen [1. 2. 2019] § 619 Rn 9). Hierunter fallen nicht nur solche Vereinbarungen, in denen der Dienstverpflichtete auf die Geltendmachung seiner Rechte bei einer Pflichtverletzung des Dienstberechtigten verzichtet. Der Verbotsbefehl erstreckt sich gleichermaßen auf solche Abreden, die deren Ausübung mittels eines **Vertragsstrafeversprechens** sanktionieren (so bereits Planck/Gunkel § 619 Anm 2; Schultzenstein ArchBürgR 23 [1904] 313 sowie NK-GA/Boecken § 619 BGB Rn 7; MünchKomm/Henssler § 619 Rn 6; BeckOK ArbR/Joussen § 619 BGB Rn 2). Die allgemeine Regelung in § 612a BGB wird durch die lex specialis des § 619 BGB verdrängt. In dessen Anwendungsbereich sind deshalb auch solche Abreden einzubeziehen, die die Rechte des Dienstverpflichteten bei einer Pflichtverletzung des Dienstberechtigten einschränken, zB ein **Leistungsverweigerungsrecht** des Dienstverpflichteten an im Gesetz nicht enthaltene Voraussetzungen binden (s MünchKomm/Henssler § 619 Rn 6; BeckOGK/Witschen [1. 2. 2019] § 619 Rn 9).

d) Günstigere Vereinbarungen

18 Nur wenige Probleme bereiten auf den ersten Blick Vereinbarungen, die dem Dienstberechtigten strengere Pflichten auferlegen, als dies durch die §§ 617, 618 BGB geschieht. Wegen des Normzwecks ist der Abschluss für den Dienstverpflichteten günstigerer Vereinbarungen – sei es einzelvertraglicher, sei es kollektivvertraglicher Art – stets zulässig (so schon Schultzenstein ArchBürgR 23 [1904] 314; ebenso NK-GA/Boecken § 619 BGB Rn 8; MünchKomm/Henssler § 619 Rn 7; BeckOK ArbR/Joussen § 619 BGB Rn 5; NK-GA/Klappstein § 619 Rn 1; BeckOGK/Witschen [1. 2. 2019] § 619 Rn 13). Schwierigkeiten verursachen jedoch Vereinbarungen, die die Pflichten des Dienstberechtigten sowohl erweitern als auch einschränken. Im Hinblick auf den Normzweck, der zugunsten des Dienstverpflichteten einen Mindeststandard sichern soll, ist hierfür ein **Einzelvergleich** erforderlich (ebenso NK-GA/Boecken § 619 BGB Rn 8; BeckOK ArbR/Joussen § 619 BGB Rn 5; Schmitt/Schmitt, EFZG/AAG [8. Aufl 2018] § 619 BGB Rn 3; Treber, EFZG [2. Aufl 2007] § 619 BGB Rn 1). Ein Gruppen- oder Gesamtvergleich würde dem Zweck des Gesetzes zuwiderlaufen (zustimmend Treber, EFZG [2. Aufl 2007] § 619 BGB Rn 1). Enthält eine Abrede sowohl günstigere als auch ungünstigere Regelungen, so unterliegt diese insgesamt dem Verbotstatbestand, da andern-

falls die regelmäßig vorliegende wechselbezügliche Abhängigkeit der Vorteile von den Nachteilen durchbrochen und ein Widerspruch zu dem Willen zumindest einer der Vertragsparteien eintritt.

4. Zeitpunkt der Vereinbarung

Das Gesetz beschränkt den Verbotsbefehl auf solche Vereinbarungen, die den untersagten Rechtserfolg „im Voraus" herbeiführen. Diesbezüglich steht bereits auf Grund des Gesetzeswortlauts und des Normzwecks fest, dass hierdurch stets solche Vereinbarungen untersagt werden, die **vor oder bei Abschluss des Dienstvertrages** getroffen werden (für die einhellige Ansicht zB ERMAN/BELLING/RIESENHUBER § 619 Rn 2; NK-GA/BOECKEN § 619 BGB Rn 9; PLANCK/GUNKEL § 619 Anm 2; MünchKomm/HENSSLER § 619 Rn 8; BeckOK ArbR/JOUSSEN § 619 BGB Rn 6; SOERGEL/KRAFT § 619 Rn 1; HWK/KRAUSE § 619 BGB Rn 2; OERTMANN Anm zu § 619; ErfKomm/WANK § 619 BGB Rn 2). Dies gilt nach unbestrittener, bereits in der Entstehungsgeschichte zum Ausdruck gelangter Ansicht (s den Bericht der XII. Kommission des Reichstags, abgedruckt bei MUGDAN II 1288) auch, wenn die Abrede **während des laufenden Dienstvertrages**, aber vor der Entstehung etwaiger Ansprüche – zB wegen einer Verletzung der in den §§ 617, 618 BGB genannten Pflichten – abgeschlossen wird (NK-GA/BOECKEN § 619 BGB Rn 9; PLANCK/GUNKEL § 619 Anm 2; MünchKomm/HENSSLER § 619 Rn 8; BeckOK ArbR/JOUSSEN § 619 BGB Rn 6; NK-BGB/KLAPPSTEIN § 619 Rn 3; SOERGEL/KRAFT § 619 Rn 3; LEPKE BB 1971, 1510 f; OERTMANN Anm zu § 619; SCHULTZENSTEIN ArchBürgR 23 [1904] 311 f). 19

Der Vorschrift lässt sich allerdings nicht mit der wünschenswerten Deutlichkeit entnehmen, ob diese jeglichen, den Dienstverpflichteten benachteiligenden Vereinbarungen entgegensteht, oder zumindest solche zulässt, die den Ausschluss oder die Einschränkung eines **bereits entstandenen Anspruches** betreffen. Eine im älteren Schrifttum vereinzelt vertretene Ansicht erstreckte den Verbotsbefehl unter dem Eindruck der missverständlichen Erläuterungen in dem Bericht der Reichstagskommission (s oben Rn 2 aE) grundsätzlich auch auf diese Vereinbarungen. Der gänzliche oder teilweise Erlass von Forderungen, die aus einer Verletzung der in den §§ 617, 618 BGB genannten Pflichten resultieren, sollte hiernach erst zulässig sein, wenn das Dienstverhältnis beendet ist (so noch STAUDINGER/KOBER$^{7/8}$ Anm zu § 619). 20

Die vorgenannte Auffassung hat sich mit Recht nicht durchgesetzt, soweit sie den Erlass entstandener Forderungen bereits vor Beendigung des Dienstverhältnisses in den Verbotstatbestand einbezog. Bereits bei einer grammatikalischen Betrachtung muss die inkriminierte Vereinbarung den Verpflichtungen des Dienstberechtigten zeitlich vorgelagert sein. Der Abschluss einer Vereinbarung, die dem Entstehen der Verpflichtung zeitlich nachfolgt, wird vom Wortlaut nicht mehr erfasst, da sich diese nicht auf die Verpflichtung, sondern auf die aus der Pflichtverletzung erwachsenen Rechtspositionen bezieht. Darüber hinaus soll § 619 BGB die Einhaltung des durch die §§ 617, 618 BGB festgelegten Mindeststandards sicherstellen. Dieser Zweck erfordert zwar den Ausschluss eines antizipierten Verzichts, steht einem **Erlass** aber nicht entgegen, wenn die Vereinbarung eine in der Vergangenheit liegende und abgeschlossene Pflichtverletzung betrifft. Hierdurch wird der Normzweck nicht beeinträchtigt, da bereits feststeht, dass der Dienstberechtigte seinen gesetzlichen Pflichten nicht ausreichend entsprochen hat. Die Formulierung „im Voraus" will somit zum Ausdruck bringen, dass der Erlass auf eine entstandene, auf einem in der 21

Vergangenheit liegenden Ereignis beruhende Rechtsposition, also in der Regel ein Ersatzanspruch zulässig ist. Das gilt unabhängig davon, ob die entsprechende Vereinbarung vor oder nach Beendigung des Dienstverhältnisses abgeschlossen wird (wie hier Erman/Belling/Riesenhuber § 619 Rn 2; NK-GA/Boecken § 619 BGB Rn 9; Planck/Gunkel § 619 Anm 3; MünchKomm/Henssler § 619 Rn 8; Hueck/Nipperdey I § 48 II 7; AR/Kamanabrou § 619 BGB Rn 1; NK-BGB/Klappstein § 619 Rn 3; Soergel/Kraft § 619 Rn 3; HWK/Krause § 619 BGB Rn 2; Nikisch I § 36 IV 2 mit Fn 48; Nipperdey, in: Festgabe zum 50-jährigen Bestehen des Reichsgerichts Bd IV [1929] 224; Oertmann Anm zu § 619; BGB-RGRK/Schick § 619 Rn 1, 5; Staudinger/Rieble [2017] § 397 Rn 219; Treber, EFZG [2. Aufl 2007] § 619 BGB Rn 3; ErfKomm/Wank § 619 BGB Rn 2; BeckOGK/Witschen [1. 2. 2019] § 619 Rn 8; im Grundsatz auch Schultzenstein ArchBürgR 23 [1904] 312 f sowie bereits Hachenburg, Dienstvertrag und Werkvertrag [1898] 65). Deshalb können die in der Vergangenheit entstandenen Ansprüche auch Gegenstand einer **Ausgleichsquittung** sein.

22 Insbesondere hinsichtlich eines in der Vergangenheit entstandenen Schadensersatzanspruches darf eine Vereinbarung mit dem Dienstverpflichteten abgeschlossen werden, in der dieser auf die Durchsetzung seines Anspruches ganz oder teilweise „verzichtet" (**Erlassvertrag**, § 397 BGB). Zulässig ist insoweit auch der Abschluss eines **Vergleichs** (NK-GA/Boecken § 619 BGB Rn 9; Planck/Gunkel § 619 Anm 3; BeckOK ArbR/Joussen § 619 BGB Rn 6; HWK/Krause § 619 BGB Rn 2; BGB-RGRK/Schick § 619 Rn 5; Schultzenstein ArchBürgR 23 [1904] 313; ErfKomm/Wank § 619 BGB Rn 2). Besonderheiten sind bei **Dauerverpflichtungen**, insbesondere im Rahmen von § 617 BGB zu beachten. Auch hier dürfen sich die Vereinbarungen nicht auf die zukünftige Leistungspflicht des Dienstberechtigten erstrecken (mit Recht Schultzenstein ArchBürgR 23 [1904] 312). Nach Eintritt der Erkrankung kann der Dienstverpflichtete auch auf den in § 617 BGB begründeten **Verpflegungsanspruch** verzichten (Erman/Belling/Riesenhuber § 619 Rn 2; Soergel/Kraft § 619 Rn 3), sofern sich dies auf den vorherigen Zeitraum beschränkt.

IV. Rechtsfolgen verbotswidriger Vereinbarungen

23 Verstößt die Vereinbarung gegen § 619 BGB, so ist diese nach § 134 BGB nichtig (s oben Rn 3). Ist die Vereinbarung Teil einer Gesamtabrede, so liegt eine **Teilnichtigkeit** im Sinne des § 139 BGB vor (anders Schultzenstein ArchBürgR 23 [1904] 313 f, der eine gegen § 619 verstoßende Abrede stets von dem Gesamtvertrag separieren will). Aus dem Zweck des Verbotsbefehls folgt jedoch, dass die Teilnichtigkeit nicht zur Nichtigkeit der Gesamtabrede führt (einhellige Ansicht zB Erman/Belling/Riesenhuber § 619 Rn 4; NK-GA/Boecken § 619 BGB Rn 10; MünchKomm/Henssler § 619 Rn 9; BeckOK ArbR/Joussen § 619 BGB Rn 7; NK-BGB/Klappstein § 619 Rn 4; Soergel/Kraft § 619 Rn 2; HWK/Krause § 619 BGB Rn 2; Nipperdey, in: Festgabe zum 50-jährigen Bestehen des Reichsgerichts Bd IV [1929] 224; BGB-RGRK/Schick § 619 Rn 4; Schmitt/Schmitt, EFZG/AAG [8. Aufl 2018] § 619 BGB Rn 4; iE Schultzenstein ArchBürgR 23 [1904] 313 f; Treber, EFZG [2. Aufl 2007] § 619 BGB Rn 2; BeckOGK/Witschen [1. 2. 2019] § 619 BGB Rn 15). Diese bleibt vielmehr wirksam und der nichtige Teil wird durch das zwingende Gesetzesrecht ersetzt (zustimmend Treber, EFZG [2. Aufl 2007] § 619 BGB Rn 2; BeckOGK/Witschen [1. 2. 2019] § 619 BGB Rn 15). Ein Rückgriff auf den Parteiwillen (so Planck/Gunkel § 619 Anm 2), der regelmäßig zum selben Ergebnis führt (vgl Planck/Gunkel § 619 Anm 2), ist deshalb entbehrlich.

V. Darlegungs- und Beweislast

24 Die dogmatische Einordnung des Verbotsbefehls präjudiziert zugleich die Entscheidung über die Verteilung der Darlegungs- und Beweislast. Die Nichtigkeit einer Vereinbarung muss stets derjenige darlegen und beweisen, der sich auf die Nichtigkeit beruft (MünchKomm/Henssler § 619 Rn 9; BeckOK ArbR/Joussen § 619 BGB Rn 8; BeckOGK/Witschen [1. 2. 2019] § 619 BGB Rn 16).

§ 619a
Beweislast bei Haftung des Arbeitnehmers

Abweichend von § 280 Abs. 1 hat der Arbeitnehmer dem Arbeitgeber Ersatz für den aus der Verletzung einer Pflicht aus dem Arbeitsverhältnis entstehenden Schaden nur zu leisten, wenn er die Pflichtverletzung zu vertreten hat.

Materialien: BT-Drucks 14/6857, 11, 48; BT-Drucks 14/7052, 64, 204.

Schrifttum

Fischinger, Haftungsbeschränkung im Bürgerlichen Recht (2015)
Henssler, Arbeitsrecht und Schuldrechtsreform, RdA 2002, 120
Joussen, Arbeitsrecht und Schuldrechtsreform, NZA 2001, 745
Krause, Die Haftung des Arbeitnehmers für Mankoschäden – Bilanz und Perspektiven, RdA 2013, 129
Löwisch, Zweifelhafte Folgen des geplanten Leistungsstörungsrechts für das Arbeitsvertragsrecht, NZA 2001, 465
Oetker, Neues zur Arbeitnehmerhaftung durch § 619a BGB?, BB 2002, 43
Otto/Schwarze/Krause, Die Haftung des Arbeitnehmers (4. Aufl 2014)
Richardi, „Die im Arbeitsrecht geltenden Besonderheiten“ als integraler Bestandteil der Zivilrechtsordnung, in: FS Picker (2010) 1095.

Systematische Übersicht

Alphabetische Übersicht

1. Zu § 619a:

2. Zu den materiell-rechtlichen Regeln der Arbeitnehmerhaftung und zur Mankohaftung:

I. Entstehungsgeschichte und Normzweck

1 Die Vorschrift beruht auf den Beschlussempfehlungen des Rechtsausschusses des Bundestages anlässlich des Gesetzes zur Modernisierung des Schuldrechts (BT-Drucks 14/7052, 64 [Text], 214 [Begründung]) und ist mit diesem zum 1. 1. 2002 in Kraft getreten.

2 Auslöser für die neu eingefügte Bestimmung war die im Rahmen der Reformdis-

kussion geäußerte Befürchtung, dass infolge der aus der Gesetzessystematik des § 280 Abs 1 S 2 BGB folgenden **Beweislastumkehr**, nach der der Schuldner des Schadensersatzanspruches seine fehlende Verantwortlichkeit für die Pflichtverletzung zu beweisen hat (vgl BT-Drucks 14/6040, 136), ohne gesonderte Regelung bei der Arbeitnehmerhaftung einschließlich der Mankohaftung eine Veränderung des status quo zu Lasten des Arbeitnehmers eintreten könnte (so vor allem Löwisch NZA 2001, 466; anders in der Würdigung Joussen NZA 2001, 748; s auch Canaris JZ 2001, 512). Der Bundesrat griff im Rahmen seiner Stellungnahme zu dem Gesetzesentwurf der Bundesregierung diese Diskussion auf und forderte in allgemeiner Form, dass „die gesicherten Grundsätze des Arbeitsrechts durch die Neuregelung keinen Schaden nehmen“ (BT-Drucks 14/6857, 11). Diesem Anliegen trat die Bundesregierung im Rahmen ihrer Gegenäußerung bei und sicherte, unter dem Vorbehalt weiterer Prüfung, ggf Ergänzungen zu, um den „arbeitsrechtlichen Besitzstand ungeschmälert“ zu erhalten (BT-Drucks 14/6857, 48). Mit seiner Beschlussempfehlung (s Rn 1) kam der Rechtsausschuss des Bundestages diesem Anliegen nach, um die seinerzeit bestehende Rechtsprechung des BAG zur Beweislast bei der Haftung des Arbeitnehmers aufrechtzuerhalten (BT-Drucks 14/7052, 204). Nach dieser Rechtsprechung war § 282 aF, nach dem es Sache des Schuldners war, das Nichtvertretenmüssen der Unmöglichkeit nachzuweisen, nicht anzuwenden, soweit dadurch die Regelungen über die privilegierte Arbeitnehmerhaftung unterlaufen würden (BAG 13. 3. 1968 – 1 AZR 362/67, AP Nr 42 zu § 611 BGB Haftung des Arbeitnehmers; BAG 17. 9. 1998 – 8 AZR 175/97, NZA 1999, 141 [143]).

3 Der **Zweck der Norm** ergibt sich – wie die Entstehungsgeschichte andeutet (vgl Rn 2) – aus dem Zusammenhang mit der Grundnorm für Ersatzansprüche bei der Verletzung von Pflichten aus einem Schuldverhältnis in § 280 Abs 1 BGB. Diese gilt auch bei der Verletzung von Pflichten aus einem Arbeitsverhältnis, insbesondere kann sie den Arbeitnehmer zum Schadensersatz verpflichten. Hieran soll § 619a BGB nichts ändern, ebenso wenig enthält die Vorschrift eine Aussage über den Haftungsmaßstab (vgl BT-Drucks 14/7052, 204 [Rechtsausschuss]). § 619a BGB bezieht sich ausschließlich auf das **Vertretenmüssen** des Arbeitnehmers und ist deshalb auf **§ 280 Abs 1 S 2 BGB** zugeschnitten, der eine **Umkehr der Beweislast** in dem Sinne herbeiführt, dass derjenige, der den objektiven Tatbestand einer Pflichtverletzung verwirklicht hat, die Beweislast dafür trägt, dass er die Pflichtverletzung nicht zu vertreten hat (vgl BT-Drucks 14/6040, 136). Diese **Beweislastumkehr soll § 619a BGB revidieren** (vgl BT-Drucks 14/7052, 204), was neben den Gesetzesmaterialien (vgl Rn 2) auch durch die amtliche Überschrift der Norm bestätigt wird. Bei einer Pflichtverletzung des Arbeitnehmers trifft deshalb – soweit der Anwendungsbereich der Norm eröffnet ist (s Rn 7 ff) – den Arbeitgeber die **Beweislast** dafür, dass der Arbeitnehmer die Pflichtverletzung zu vertreten hat.

4 Der Wortlaut ist in mehrfacher Hinsicht **missglückt** (kritisch hinsichtlich des Inhalts des § 619a auch Richardi, in: FS Picker [2010] 1095). So hätte durch eine Einschränkung des Verweises auf § 280 Abs 1 *Satz 2* BGB klarer herausgestellt werden können, dass es sich bei § 619a BGB nur um eine Beweislastregelung, nicht aber um eine Anspruchsgrundlage handelt (vgl Oetker BB 2002, 42 [44]). Gravierender erscheint, dass der Wortlaut teilweise zu weit, teilweise zu eng ist. **Zu eng** ist er insoweit, als er sich nur auf Arbeitnehmer und Arbeitgeber erstreckt, der vertragstypologische Anwendungsbereich aber richtigerweise breiter ist (s Rn 7 ff). **Zu weit** geraten ist er hin-

gegen, soweit er dem Arbeitgeber die Beweislast unterschiedslos für jegliche Pflichtverletzungen des Arbeitnehmers aufbürdet (s Rn 11 ff).

II. Abdingbarkeit

5 Umstritten ist, ob § 619a BGB durch **Individualabrede** abbedungen werden kann. Die mangelnde Abdingbarkeit wird zum Teil mit Verweis auf die systematische Nähe zu § 619 BGB begründet (Däubler NZA 2001, 1332), zum Teil damit, dass es sich bei § 619a BGB nur um die prozessuale „Verlängerung" der vom BAG als „einseitig zwingendes Arbeitnehmerschutzrecht" charakterisierten, materiell-rechtlichen Regelungen über die beschränkte Arbeitnehmerhaftung (BAG 17. 9. 1998 – 8 AZR 175/97, AP Nr 2 zu § 611 BGB Mankohaftung; BAG 5. 2. 2004 – 8 AZR 91/03, AP Nr 126 zu § 611 BGB Haftung des Arbeitnehmers, s Rn 90 f) handle (so Erman/Belling/Riesenhuber § 619a Rn 13). Beides überzeugt nicht, § 619a BGB ist in Individualvereinbarungen richtigerweise **dispositiv** (ebenso Henssler RdA 2002, 129 [133]; ErfK/Preis § 619a Rn 11). Allein aus der systematischen Stellung – resp Nähe – zu § 619 BGB lässt sich nicht auf den zwingenden Charakter des § 619a BGB schließen; würde sich die Regelung des § 619a BGB statt dort in zB einem (fiktiven) § 611 Abs 3 BGB finden, käme niemand auf die Idee, unter Verweis auf § 619 BGB eine Unabdingbarkeit herzuleiten. Im Übrigen überzeugt der Verweis auf § 619 BGB auch deshalb nicht, weil dieser einen ganz anderen, mit § 619a BGB schwerlich vergleichbaren Inhalt hat, denn dort geht es um die Unabdingbarkeit von Pflichten des *Arbeitgebers,* bei deren Verletzung *er dem Arbeitnehmer* auf Schadensersatz haftet, wohingegen § 619a BGB die umgekehrte Konstellation regelt. Für die Abdingbarkeit des § 619a BGB spricht zudem der Gegenschluss zu § 619 BGB und zu zB den § 22 Abs 1 TzBfG, § 13 Abs 1 S 3 BUrlG, § 8 PflegeZG, § 31 AGG, die alle die Dispositivität der von ihnen erfassten Vorschriften explizit einschränken oder ganz aufheben, während § 619a BGB keine entsprechende Anordnung trifft. Dieser klare gesetzliche Befund kann auch nicht mit Verweis auf die vom BAG angenommene Unabdingbarkeit der materiell-rechtlichen Sonderregelungen der Arbeitnehmerhaftung überspielt werden. Erstens ist auch dieses Sonderhaftungsregime entgegen dem BAG nach zutreffender Auffassung nicht apodiktisch unabdingbar (s Rn 91 f) und zweitens ist es ein erheblicher (dogmatischer) Unterschied, ob die Lage des Arbeitnehmers durch eine Modifikation des materiellen Rechts verschlechtert wird, oder ob diese zunächst unangetastet und nur seine Verteidigungsmöglichkeiten in einem möglichen Haftungsprozess eingeschränkt werden.

6 Die praktische Relevanz der Streitfrage dürfte begrenzt sein, enthält die Mehrzahl der Arbeitsverträge doch ohnehin **vorformulierte Vertragsbedingungen** (§ 310 Abs 3 Nr 1 BGB). Dann aber steht § 309 Nr 12 BGB einer zum Nachteil des Arbeitnehmers von § 619a BGB abweichenden Regelung entgegen; eine Ausnahme wegen arbeitsrechtlicher Besonderheiten (§ 310 Abs 4 S 2 BGB) ist nicht möglich, stellt doch § 619a BGB gerade die Kodifizierung der arbeitsrechtlichen Besonderheiten dar (so zu Recht Henssler RdA 2002, 129 [133]). Etwas anderes kann richtigerweise auch nicht gelten, soweit die Beweislastverteilung nur für Umstände geändert werden soll, die einem vom Arbeitnehmer beherrschbaren Bereich entstammen (so aber MünchKomm/Henssler § 619a Rn 54). Entgegen Henssler spricht schon der Wortlaut für die hier vertretene Auffassung, ist die Aufzählung in § 309 Nr 12 BGB doch nur beispielhaft („insbesondere"); entscheidend ist aber der Wille des Gesetzgebers (vgl 1. Teilbericht S 87), der mit § 309 Nr 12 BGB bewusst über die bis 2002 geltende

Rechtsprechung, nach der eine AGB-Beweislastregelung (nur) dann als unangemessen angesehen wurde, wenn sie dem Vertragspartner die Beweislast für Umstände im Verantwortungsbereich des Verwenders aufbürdet (vgl BGH 17. 2. 1964 – II ZR 98/62, NJW 1964, 1123), hinausgehen wollte (vgl Staudinger/Coester-Waltjen [2013] § 309 Nr 12 Rn 9; MünchKomm/Wurmnest § 309 Nr 12 Rn 1). In AGB ist § 619a BGB daher nicht zu Lasten des Arbeitnehmers abdingbar.

III. Anwendungsbereich der Norm

1. Erfasste Vertragsverhältnisse

7 Die Aufhebung der aus § 280 Abs 1 S 2 BGB folgenden Beweislast ordnet § 619a BGB seinem Wortlaut nach nur für **Arbeitsverhältnisse** an, wobei dies nur für die Haftung des Arbeitnehmers gegenüber dem Arbeitgeber gilt, nicht vice versa. Wegen § 10 Abs 2 BBiG gilt § 619a BGB – wie auch die Regelungen über die beschränkte Arbeitnehmerhaftung (s Rn 64) – auch für **Ausbildungsverhältnisse**. Gleiches gilt für **Leiharbeitnehmer** (vgl BGH 22. 5. 1978 – II ZR 111/76, VersR 1978, 819; Erman/Belling/Riesenhuber § 619a Rn 3). Weil Freiwillige nach dem **Bundesfreiwilligengesetz** und dem Gesetz zur Förderung von **Jugendfreiwilligendiensten** wie Arbeitnehmer haften (§ 9 Abs 2 BFDG, § 13 S 2 JFDG), ist § 619a BGB auch auf sie anwendbar; Gleiches gilt wegen § 16d Abs 7 S 3 SGB II für **Ein-Euro-Jobber**. Auch auf das Benutzungsverhältnis eines wissenschaftlichen Mitarbeiters mit der Universitätsbibliothek ist es anwendbar, soweit es um den Verlust von ausgeliehenen Büchern geht (VG Freiburg 16. 3. 2018 – 1 K 1182/16, juris Rn 44).

8 Bei Pflichtverletzungen im Rahmen **anderer Dienstverhältnisse** verbleibt es hingegen grundsätzlich bei der allgemeinen Vorschrift des § 280 Abs 1 S 2 BGB. Es obliegt daher dem Dienstverpflichteten, bei einer Pflichtverletzung seine fehlende Verantwortlichkeit für diese darzulegen und ggf zu beweisen. Das betrifft insbesondere **freie Dienstverträge**, die Haftung von **Handelsvertretern** sowie die **Anstellungsverhältnisse** von Organmitgliedern, wobei beim GmbH-Geschäftsführer eine Ausnahme zu machen ist, wenn dieser (ausnahmsweise) als Arbeitnehmer anzusehen ist (s Rn 70 f). Da die Grundsätze der privilegierten Arbeitnehmerhaftung nach zutreffender Ansicht nicht auf **arbeitnehmerähnliche Personen** erstreckt werden (s Rn 68 f), ist § 619a BGB auch auf sie nicht anwendbar; Gleiches gilt für den **Auftragnehmer** (s Rn 73) sowie für **ehrenamtliche Vereinsmitglieder** (s Rn 74). Auf **leitende Angestellte** ist die materiellrechtliche Haftungsprivilegierung – wenn auch mit Modifikationen – anwendbar, daher ist auch § 619a BGB auf sie anzuwenden (ebenso MünchKomm/Henssler § 619a Rn 46).

9 Weil die Anwendbarkeit des § 619a BGB eine für den Arbeitnehmer günstige Tatsache ist, trägt er die **Darlegungs- und Beweislast** für den Umstand, dass es sich um ein Arbeitsverhältnis oder um ein sonstiges, unter § 619a BGB fallendes Rechtsverhältnis handelt.

2. Erfasste Anspruchsgrundlagen

10 § 619a BGB gilt nur bei einer Schadensersatzverpflichtung des Arbeitnehmers aus § 280 Abs 1 BGB. Beruht die Ersatzpflicht des Arbeitnehmers auf einer **anderen**

Rechtsgrundlage (zB Delikt), verbleibt es bei den dafür maßgebenden Grundsätzen (Gotthardt, Arbeitsrecht nach der Schuldrechtsreform [2. Aufl 2003] Rn 188; Oetker BB 2002, 42 [44]). Das gilt vor allem, wenn der Arbeitnehmer nicht gegenüber dem Arbeitgeber, sondern Dritten zum Schadensersatz verpflichtet ist (Gotthardt, Arbeitsrecht nach der Schuldrechtsreform [2. Aufl 2003] Rn 187).

3. Erfasste Pflichtverletzungen

§ 619a BGB rekurriert auf die „Verletzung einer Pflicht aus dem Arbeitsverhältnis". Er ist damit einerseits zu eng, andererseits zu weit gefasst, und ist folglich jeweils entsprechend teleologisch zu korrigieren. 11

a) Zu eng ist er insoweit, als **vorvertragliche Pflichtverletzungen**, die durch eine betriebliche Tätigkeit (vgl Rn 14) verursacht wurden, dem Wortlaut nach nicht erfasst sind. Gründe für eine Ungleichbehandlung von positiver Forderungsverletzung und culpa in contrahendo sind aber nicht ersichtlich, auf sie ist daher § 619a BGB im Wege der teleologischen Extension anwendbar (so auch MünchKomm/Henssler § 619a Rn 48; Erman/Belling/Riesenhuber § 619a Rn 11). Weil § 619a BGB letztlich die gleichen Erwägungen zugrunde liegen wie der materiell-rechtlichen Beschränkung der Arbeitnehmerhaftung, die ihrerseits maßgeblich auf die Eingliederung des Arbeitnehmers in den Betrieb des Arbeitgebers und seine Weisungsunterworfenheit zurückzuführen ist (näher Rn 51 ff), kann § 619a BGB für vorvertragliche Pflichtverletzungen allerdings nur eingreifen, wenn der Schaden in einer Situation verursacht wurde, in der der präsumtive Arbeitnehmer vergleichbar eingegliedert und weisungsunterworfen war wie ein bereits eingestellter Arbeitnehmer. Das ist zB beim schadensverursachenden Unfall in einem Assessment-Center anzunehmen, nicht hingegen, wenn der Bewerber den Arbeitgeber im Bewerbungsgespräch unzulässig belügt oder Zeugnisse fälscht. 12

b) Teilweise zu weit geraten ist der Wortlaut hingegen, soweit *sämtliche* Pflichtverletzungen im laufenden Arbeitsverhältnis erfasst werden. Eine Anwendung des § 619a BGB auf all diese Konstellationen ist mit dem vom Gesetzgeber verfolgten Zweck, die vor der Schuldrechtsreform bestehende Rechtsprechung des BAG zur Beweislast bei der Haftung des Arbeitnehmers aufrechtzuerhalten (s Rn 2 f), nicht zu vereinbaren und die Norm daher entsprechend teleologisch zu reduzieren. 13

aa) Auszunehmen sind zunächst Schäden, die **nicht** durch eine **betriebliche Tätigkeit** verursacht wurden. Erleidet der Arbeitgeber zB einen Schaden, weil der Arbeitnehmer gegen ein wirksames Wettbewerbsverbot verstoßen hat, sind die Grundsätze über die privilegierte Arbeitnehmerhaftung ebenso wenig anwendbar wie § 619a; Gleiches gilt im Falle eines Vertragsbruchs des Arbeitnehmers (Lindemann AuR 2002, 85; HWK/Krause § 619a Rn 43; vgl auch ErfK/Preis § 619a Rn 4). 14

bb) Ebenfalls keine Geltung kann § 619a BGB beanspruchen, wenn der Arbeitnehmer mit der **Arbeitsleistung** in **Verzug** gerät oder sie ihm auf Grund von Umständen, die nicht in der Sphäre des Arbeitgebers liegen, **unmöglich** wird. Erscheint der Arbeitnehmer also gar nicht oder verspätet zur Arbeit, so ist es seine Sache, darzulegen und ggf zu beweisen, warum er dies nicht zu vertreten hat. Etwas anderes wäre regelmäßig sinnwidrig, denn der Arbeitgeber kann zu solchen Sachverhalten 15 meist keinerlei Angaben machen; es genügt daher nicht, solche Konstellationen über eine abgestufte Darlegungs- und Beweislast zu lösen (ebenso Henssler RdA 2002, 129 [132]; HWK/Krause § 619a Rn 44; BeckOGK/Feuerborn [1. 10. 2018] § 619a Rn 25).

16 **cc)** Problematisch sind Fälle, in denen der Arbeitnehmer **Gegenstände, die ihm vom Arbeitgeber überlassen** wurden oder die er von Dritten im Rahmen seiner Tätigkeit zum Zwecke der Ablieferung an den Arbeitgeber erhalten hat, gar nicht, nicht vollständig, nicht rechtzeitig oder nicht in ordnungsgemäßem Zustand zurückgeben kann. Ein klassisches Beispiel hierfür stellt es dar, wenn einem Arbeitnehmer ein Kassen- oder Warenbestand zur eigenverantwortlichen „Verwaltung" überlassen wird **(Mankohaftung)**. Verkompliziert wird die Problematik dadurch, dass das BAG in solchen Konstellationen ein zweiteiliges Haftungskonzept verfolgt, auf das die Grundsätze über die Beschränkung der Arbeitnehmerhaftung Anwendung finden (näher Rn 109). Für die Frage, ob § 619a BGB auch hier eingreift, sind folgende Überlegungen maßgebend: Der Gesetzgeber wollte mit der Schaffung des § 619a BGB eine Änderung des status quo zu Lasten des Arbeitnehmers verhindern und daher die vor 2002 bestehende Rechtsprechung des BAG zur Beweislast bei der Haftung des Arbeitnehmers aufrechterhalten (BT-Drucks 14/6857, 11; BT-Drucks 14/7052, 204; s Rn 2). Daraus folgt, dass § 619a BGB zwingend immer dann anzuwenden ist, wenn das BAG unter Geltung der vormaligen Rechtslage eine Anwendung des § 282 aF ablehnte; insoweit kam es durch Schaffung des § 619a BGB also quasi zu einer „Versteinerung" der bis dato geltenden Rechtsprechung. Die aufgeworfene Frage kann daher nur durch eine Analyse der Rechtsprechung des vor der Schuldrechtsreform zuletzt allein zuständigen (BAG 17. 9. 1998 – 8 AZR 175/97, NZA 1999, 141 [143]) – und damit im Rahmen einer historischen Auslegung allein maßgebenden – 8. Senats beantwortet werden:

17 Der 8. Senat unterschied für den Bereich der Mankohaftung getreu seines zweiteiligen Haftungskonzepts zwischen Ansprüchen aus „positiver Forderungsverletzung" (jetzt: §§ 280 Abs 1, 241 Abs 2 BGB) und solchen aus Unmöglichkeit der Rückgabe im Rahmen eines Verwahrungs- bzw Auftragsverhältnisses (§§ 695, 667 BGB, dazu Rn 109). Hinsichtlich der Ansprüche aus positiver Forderungsverletzung sah das BAG stets den **Arbeitgeber** als beweisbelastet dafür an, dass der Arbeitnehmer die Pflichtverletzung zu vertreten habe (BAG 2. 12. 1999 – 8 AZR 386/98, NZA 2000, 715 [716]; BAG 17. 9. 1998 – 8 AZR 175/97, NZA 1999, 141 [142 f]; tendenziell auch BAG 22. 9. 1982 [3. Senat] – 3 AZR 570/82, NZA 1986, 23 [24]; anders noch BAG 6. 6. 1984 [7. Senat] – 7 AZR 292/81, NZA 1985, 183 [183 f]); § 282 aF sei hier nicht anzuwenden, zugunsten des Arbeitgebers greifen aber ggf Beweiserleichterungen ein (dazu näher Rn 109). Dahinter stand die Überlegung, dass der Arbeitnehmer regelmäßig nur Besitzdiener (§ 855 BGB) an den ihm zur Erfüllung seiner Arbeitsleistung überlassenen Sachen ist. Zu einem anderen Ergebnis kam der 8. Senat bei den im Rahmen seines zweiteiligen Haftungskonzepts angewandten §§ 695, 667 BGB, wenn der Arbeitnehmer ausnahmsweise **Alleinbesitzer** der Sache war. Denn dann sah es das BAG als gerechtfertigt an, im Rahmen der Ansprüche aus §§ 695, 667 BGB dem **Arbeitnehmer** nach **§§ 280, 282 aF** die Beweislast für sein fehlendes Vertretenmüssen aufzubürden. Die Annahme eines Alleinbesitzes des Arbeitnehmers setzt nach dem BAG aber dessen *alleinigen Zugang zu der Sache* und deren *selbständige Verwaltung* voraus; dazu gehöre, „daß der Arbeitnehmer wirtschaftliche Überlegungen anzustellen und Entscheidungen über die Verwendung der Sache zu treffen hat, zB wenn ihm eigene Vertriebsbemühun-

gen obliegen oder er Preise selbständig kalkulieren muß" (BAG 2. 12. 1999 – 8 AZR 386/98, NZA 2000, 715 [716]; BAG 17. 9. 1998 – 8 AZR 175/97, NZA 1999, 141 [142 f]; für gestufte Darlegungs- und Beweislast, wenn das Schadensereignis näher beim Arbeitnehmer als beim Arbeitgeber liegt auch VG Freiburg 16. 3. 2018 – 1 K 1182/16, juris Rn 48).

Wie ausgeführt, kann man nach Inkrafttreten des § 619a BGB von diesem Rechtsstand nicht mehr zu Lasten des Arbeitnehmers abweichen. Zugleich ist es aber zulässig und zudem in der Sache überzeugend, an dem *Ergebnis* der Rechtsprechung des 8. Senats auch insoweit festzuhalten, als der Arbeitnehmer, der nach den obigen Kriterien **Alleinbesitzer** einer ihm zur Erfüllung seiner Arbeitspflicht überlassenen Sache ist, die Beweislast für sein fehlendes Vertretenmüssen trägt, sprich § 619a BGB nicht angewandt wird, sondern es bei der Regelung des § 280 Abs 1 S 2 BGB bewendet. Daran ändert es auch nichts, dass nach der hier vertretenen Auffassung und entgegen dem BAG in solchen Fällen die Ersatzpflicht nicht „künstlich" mit der Verletzung einer Pflicht aus einem neben dem Arbeitsvertrag konstruierten Verwahrungs- oder Auftragsverhältnis begründet wird, sondern sie direkt auf eine arbeitsvertragliche Grundlage (Unmöglichkeit der Herausgabe als Schlechtleistung des Arbeitnehmers, §§ 280 Abs 1, 241 Abs 2 BGB) gestellt wird (siehe Rn 109). Dass der Arbeitnehmer hier nach § 280 Abs 1 S 2 BGB sein fehlendes Vertretenmüssen darlegen und ggf beweisen muss, ist richtig, ist doch nur er in der Lage, sachdienliche Angaben zum Geschehen zu machen; es genügt daher nicht, die Beweislast beim Arbeitgeber zu belassen und ihn nur über die Regelungen der abgestuften Darlegungs- und Beweislast zu schützen (so aber Boemke SAE 2000, 1; ErfK/Preis § 619a Rn 30). Daher ist es gerechtfertigt, die Anwendungsbereiche des § 619a BGB und der materiell-rechtlichen Regelung über die beschränkte Arbeitnehmerhaftung ausnahmsweise auseinanderfallen zu lassen (so auch MünchKomm/Henssler § 619a Rn 51; ders RdA 2002, 129 [132]; Krause RdA 2013, 129 [135]). 18

Gemessen an diesen Maßstäben ist § 619a BGB daher anzuwenden, wenn der als Taxifahrer beschäftigte Arbeitnehmer ein ihm vom Arbeitgeber zur Diensterfüllung überlassenes Taxi beschädigt zurückgibt (LAG Mecklenburg-Vorpommern 11. 1. 2006 – 2 Sa 397/05, juris Rn 18), denn der Arbeitnehmer war hier nur Besitzdiener, nicht aber Alleinbesitzer (vgl OLG Karlsruhe 28. 4. 2005 – 19 U 33/05, NJW-RR 2005, 1344); es greifen aber die Grundsätze über die abgestufte Darlegungslast ein (näher Rn 25). Hingegen kann § 280 Abs 1 S 2 BGB anwendbar sein, wenn der Arbeitgeber dem Arbeitnehmer den Pkw nicht nur zu geschäftlichen, sondern auch zu privaten Fahrten überlassen hat, denn der Arbeitnehmer kann hier als Alleinbesitzer anzusehen sein (vgl LAG Düsseldorf 4. 7. 1975 – 11 Sa 689/75, DB 1975, 1849). § 619a BGB ist aber wiederum anwendbar, wenn einem Arbeitnehmer der in einem Auswärtstermin vereinnahmte Versteigerungserlös auf dem Weg zur Betriebsstätte gestohlen wird (so iE auch LAG Rheinland-Pfalz 12. 2. 2010 – 6 Sa 251/09; vgl auch LAG Berlin-Brandenburg 13. 7. 2007 – 6 Sa 808/07, BB 2007, 2300). 19

c) Das **BAG** hat sich – soweit ersichtlich – zum Anwendungsbereich des § 619a BGB bislang nur ein einziges Mal geäußert; es scheint der Auffassung zu sein, dass § 619a BGB „grundsätzlich für sämtliche Pflichtverletzungen des Arbeitnehmers" gilt (BAG 18. 7. 2006 – 1 AZR 578/05, NZA 2007, 462 [463]). Das ist abzulehnen, weil damit der Normzweck verkannt wird (so zu Recht MünchKomm/Henssler § 619a Rn 50). 20

21 **d)** Unproblematisch anwendbar ist § 619a BGB auf alle Fälle der **Schlechtleistung** der Arbeit oder der Verletzung von **Schutz-** und **Rücksichtnahmepflichten** des Arbeitnehmers. Er ist aber auf Ersatzansprüche wegen Pflichtverletzungen beschränkt und daher nicht auf Sachverhalte anwendbar, in denen Pflichtverletzungen des Arbeitnehmers zu anderen Rechten des Arbeitgebers führen (Oetker BB 2002, 42 [44]). Dazu gehören zB Unterlassungsansprüche des Arbeitgebers bei Pflichtverletzungen des Arbeitnehmers sowie eine aus diesem Grunde ausgesprochene Kündigung. Angesichts der systematischen Verknüpfung mit § 280 Abs 1 BGB lässt sich § 619a BGB nicht dafür fruchtbar machen, dass der Arbeitnehmer in diesen Fällen die Pflichtverletzung zu vertreten haben muss. Auch bei vom Arbeitnehmer begangenen Compliance-Verstößen ist die Vorschrift anwendbar (vgl Eufinger CCZ 2017, 130 [133]).

22 **e)** Keine Anwendung findet § 619a BGB wiederum, soweit es um eine auf § 280 Abs 1 BGB gestützte **Ersatzpflicht des Arbeitgebers** geht (Däubler NZA 2001, 1332; ErfK/Preis § 619a Rn 3; Oetker BB 2002, 42 [44]). Hier bleibt es bei der Umkehr der Beweislast durch § 280 Abs 1 S 2 BGB; daher ist es Sache des Arbeitgebers, sein fehlendes Verschulden hinsichtlich seiner Pflichtverletzung zu beweisen.

IV. Rechtsfolgen

23 § 619a BGB betrifft nicht den Rechtsgrund für die Haftung des Arbeitnehmers gegenüber dem Arbeitgeber; **Anspruchsgrundlage** hierfür bleibt bei vertraglichen Ansprüchen § 280 Abs 1 S 1 BGB. Das gilt auch für den **Haftungsmaßstab** (vgl BT-Drucks 14/7052, 204). Ob der Arbeitnehmer die Pflichtverletzung „zu vertreten" hat, richtet sich nach den bislang anerkannten Grundsätzen (vgl Rn 28 ff).

24 **Schon nach allgemeinen Grundsätzen trägt der** Arbeitgeber die **Beweislast** für die **Pflichtverletzung** des Arbeitnehmers. Wegen § 619a BGB muss er zudem – abweichend von § 280 Abs 1 S 2 BGB – darlegen und ggf beweisen, dass der Arbeitnehmer die Pflichtverletzung **zu vertreten** hat (s auch Richardi, in: FS Picker [2010] 1095 [1106]; LAG Rheinland-Pfalz 30. 11. 2016 – 7 Sa 96/16, juris Rn 35). Das gilt nicht nur für das **„Ob"** des Vertretenmüssens, dh dafür, dass der Arbeitnehmer die Pflichtverletzung überhaupt zu vertreten hat, sondern auch für den **Grad** des Vertretenmüssens. Daher trifft den Arbeitgeber zB die Beweislast dafür, dass dem Arbeitnehmer grobe Fahrlässigkeit vorzuwerfen ist (ebenso HWK/Krause § 619a Rn 44; vgl LAG Rheinland-Pfalz 7. 9. 2009 – 5 Sa 269/09, juris Rn 34). Nach seinem Zweck gilt § 619a BGB ferner, soweit sich das Verschulden des Arbeitnehmers für eine Haftung auch auf die **Herbeiführung des Schadens** beziehen muss (s Rn 77). Macht der Arbeitnehmer aber einen **Rechtfertigungs- oder Entschuldigungsgrund** geltend, trägt er hierfür die Beweislast (LAG München 22. 5. 2006 – 2 Sa 1110/05, juris Rn 27).

25 Zu Gunsten des Arbeitgebers können **Beweiserleichterungen** eingreifen. So gelten die vor 2002 entwickelten Grundsätze über die **abgestufte Darlegungs- und Beweislast** im Bereich der Mankohaftung (s Rn 109 ff) fort (ebenso Gotthardt, Arbeitsrecht nach der Schuldrechtsreform [2. Aufl 2003] Rn 189; vgl BT-Drucks 14/7052, 204). Danach genügt es, dass der Arbeitgeber zunächst Tatsachen vorträgt, die auf ein haftungsbegründendes Verschulden des Arbeitnehmers hinweisen, insbesondere wenn dem Arbeitnehmer ein bestimmter Arbeitsbereich zur alleinigen Kontrolle zugewiesen war. Es ist sodann Sache des Arbeitnehmers, sich substantiiert darauf einzulassen; tut er dies

nicht, können aus seinem Verhalten die entsprechenden Schlüsse gezogen werden (LAG Rheinland-Pfalz 13. 11. 2007 – 3 Sa 975/06, juris Rn 59; vgl BAG 17. 9. 1998 – 8 AZR 175/97, NZA 1999, 141 [144]). Man wird diese Grundsätze über die Mankohaftung hinaus auf alle Fälle erstrecken können, in denen der **Arbeitnehmer der Schadensursache näher steht als der Arbeitgeber** (so zu Recht MünchKomm/Henssler § 619a Rn 53; BeckOGK/Feuerborn [1. 10. 2018] § 619a Rn 35; in diese Richtung auch Erman/Belling/Riesenhuber § 619a Rn 2, 17). Im Übrigen können dem Arbeitgeber die allgemeinen Grundsätze über den **Beweis des ersten Anscheins** zugutekommen. Erforderlich hierfür ist, dass der Arbeitgeber Tatsachen eines typischen Geschehensablaufs vorträgt, bei denen nach allgemeiner Lebenserfahrung darauf geschlossen werden kann, dass der Arbeitnehmer ihn schuldhaft geschädigt hat. In einem solchen Fall obliegt es sodann dem Arbeitnehmer, seinerseits wiederum Tatsachen darzulegen und – falls nötig – zu beweisen, die im Wege eines sog Gegenbeweises den Anscheinsbeweis erschüttern; nicht notwendig ist hingegen der Beweis des Gegenteils. Gelingt es dem Arbeitnehmer, den Anscheinsbeweis zu entkräften, so gelten wieder die allgemeinen Darlegungs- und Beweislastgrundsätze (BeckOGK/Feuerborn [1. 10. 2018] § 619a Rn 36).

Keine Bedeutung entfaltet § 619a BGB hinsichtlich des **Mitverschuldens** des Arbeitgebers (§ 254 BGB). Darlegungs- und beweisbelastet hierfür ist der Arbeitnehmer (vgl allg Staudinger/Schiemann [2017] Vorbem 91 zu §§ 249 ff), ihm kann aber unter Umständen ein Anscheinsbeweis helfen (zB BGH 3. 7. 1990 – VI ZR 239/89, NJW 1991, 230 [231]) bzw er kann beanspruchen, dass der geschädigte Arbeitgeber insoweit an der Beweisführung mitwirkt, als es sich um Umstände aus der Arbeitgebersphäre handelt (BAG 21. 5. 2015 – 8 AZR 116/14, juris Rn 47). 26

Die Beweislastregel des § 619a BGB gilt nicht nur, wenn der Arbeitgeber den Arbeitnehmer aus § 280 Abs 1 S 1 BGB auf Schadensersatz in Anspruch nimmt, sondern auch bei einem **Übergang des Ersatzanspruchs auf Dritte** (zB nach § 67 VVG). In diesem Fall obliegt es nicht dem Arbeitnehmer, sich zu entlasten; über § 412 iVm § 404 BGB analog kann der Arbeitnehmer vielmehr dem Zessionar die Beweislastregel des § 619a BGB entgegenhalten, da sich andernfalls die Lage des Schuldners (= Arbeitnehmers) entgegen dem Zweck des § 404 BGB (vgl Staudinger/Busche [2017] § 404 Rn 1) verschlechtern würde. 27

V. Materiell-rechtliche Regeln der Arbeitnehmerhaftung*

1. Grundlagen

a) Bei Leistungsstörungen des Arbeitnehmers ergibt sich für die **„Pflichtverletzung" als den zentralen Anknüpfungspunkt der Schadensersatzpflicht** in der Grundnorm des § 280 Abs 1 BGB die folgende **systematische Gliederung**: Die Pflichtverlet- 28

* **Schrifttum**: Achterberg, Der Rechtsgrund der Haftungsbeschränkung und der Ersatzansprüche des Arbeitnehmers bei schadengeneigter Arbeit, AcP 164 (1964) 14; Ahrens, Arbeitnehmerhaftung bei betrieblich veranlaßter Tätigkeit, DB 1996, 934; Annuss, Die Haftung des Arbeitnehmers ([Diss Regensburg 1997] 1998); Canaris, Risikohaftung bei schadensgeneigter Tätigkeit in fremdem Interesse, RdA 1966, 41; Denck, Der Schutz des Arbeitnehmers vor der Außenhaftung (1980); Deutscher Juristentag, Ist es erforderlich, die Verteilung des Schadensrisikos bei unselbständiger Arbeit neu zu ordnen?, Gutachten von Otto

zung kann darin bestehen, dass die rechtsgeschäftlich zugesagte Dienstleistung gar nicht, verspätet oder schlecht erbracht wird. Sie kann aber auch darin liegen, dass die in § 241 Abs 2 BGB statuierte Pflicht zur „Rücksicht auf die Rechte, Rechtsgüter und Interessen des anderen Teils“ verletzt wird, die zwar auch Gegenstand rechtsgeschäftlicher Gestaltung sein kann, aber nach dem Begründungstatbestand in § 311 Abs 2 BGB von Gesetzes wegen unter den dort genannten Voraussetzungen entsteht.

29 b) **Inhalt und Umfang der Arbeitnehmerhaftung** lassen sich nur dann richtig bestimmen, wenn man auch für sie beachtet, dass die **Leistungspflicht** und die **Schadensersatzpflicht** bei einer Integritätsverletzung des Gläubigers auf **heterogenen Geltungsgründen** beruhen (s Staudinger/Richardi/Fischinger [2016] § 611 Rn 6 f, 1299; s auch Richardi, in: FS Picker [2010] 1095 [1107]). Die Vertragspflicht des Schuldners besteht in seiner rechtsgeschäftlich übernommenen Pflicht, das Vermögen des Gläubigers um

und Seewald, in: Verhandlungen des 56. DJT (1986) I/E und F sowie Referate von Mayer-Maly und Gitter ebd II/N 7 und 38; Fischinger, Haftungsbeschränkung im Bürgerlichen Recht (2015); Fischinger/Hofer, Die beschränkte Arbeitnehmerhaftung im Lichte der Restschuldbefreiung, NZA 2017, 349; Gamillscheg, Empfiehlt es sich, die Haftung des Arbeitnehmers gegenüber dem Arbeitgeber abweichend vom Schuldrecht des BGB zu regeln?, in: Verhandlungen des 45. DJT (1965) II/G 77; ders, Zum Vorsatz bei der Haftung des Arbeitnehmers, RdA 1967, 375; ders, Die Haftung des Arbeitnehmers gegenüber Dritten, in: FS Rheinstein II (1969) 1044; Gamillscheg/Hanau, Die Haftung des Arbeitnehmers (2. Aufl 1974); Hammen, Die Gattungshandlungsschulden (1995); Hanau/Rolfs, Abschied von der gefahrgeneigten Arbeit, NJW 1994, 1439; Koller, Die Risikozurechnung bei Vertragsstörungen in Austauschverträgen (1979); Kohte, Arbeitnehmerhaftung und Arbeitgeberrisiko (1981); Koch, Der Eigenschaden des Arbeitnehmers (1982); Krause, Geklärte und ungeklärte Probleme der Arbeitnehmerhaftung, NZA 2003, 577; Langenbucher, Risikohaftung und Schutzpflichten im innerbetrieblichen Schadensausgleich, ZfA 1997, 523; Mayer-Maly, Die Wiederkehr der culpa levissima, AcP 163 (1964) 114; ders, Plädoyer für einen Abschied von der Gefahrengeneigtheit, in: FS Hilger/Stumpf (1983) 467; Michels-Holl, Die Rechtsprechung des Bundesarbeitsgerichts in Fragen der Arbeitnehmerhaftung, ArbRGegw 27 (1990) 253; Motzer, Die „positive Vertragsverletzung“ des Arbeitnehmers (1982); Otto/Schwarze/Krause, Die Haftung des Arbeitnehmers (4. Aufl 2014); Reinhardt, Die dogmatische Begründung der Haftungsbeschränkung des Arbeitnehmers (1977); Richardi, Ist es erforderlich, die Verteilung des Schadensrisikos bei unselbständiger Arbeit neu zu ordnen?, JZ 1986, 796; ders, Abschied von der gefahrgeneigten Arbeit als Voraussetzung für die Beschränkung der Arbeitnehmerhaftung, NZA 1994, 241; ders, Das Individualarbeitsrecht als Teil der Zivilrechtsordnung, in: Festgabe 50 Jahre BGH (2000) II 29 (50–56); ders, in: FS Picker (2010) 1095; Sandmann, Die Haftung von Arbeitnehmern, Geschäftsführern und leitenden Angestellten (2001); Scheuerle, Der arbeitsrechtliche Fahrlässigkeitsbegriff und das Problem des innerbetrieblichen Schadensausgleichs, RdA 1958, 247; Schumacher, Die privilegierte Haftung des Arbeitnehmers (2012); Steindorff, Fahrlässigkeit der Arbeitnehmer, JZ 1959, 1; Wacke, Ursprung der eingeschränkten Arbeitnehmerhaftung, RdA 1987, 321; Walker, Die Verteilung des Schadensrisikos bei unselbständiger Arbeit, NZA 1988, 753; ders, Die eingeschränkte Haftung des Arbeitnehmers unter Berücksichtigung der Schuldrechtsmodernisierung, JuS 2002, 736; ders, Haftungsvereinbarungen im Arbeitsrecht unter besonderer Berücksichtigung der Schuldrechtsreform, in: FS Canaris (2007) 1503; Waltermann, Risikozuweisung nach den Grundsätzen der beschränkten Arbeitnehmerhaftung, RdA 2005, 98 – mwNw des Schrifttums bis 1988 Staudinger/Richardi[12] § 611 Fn vor Rn 469.

die Erbringung der Dienstleistung aufzustocken, während es bei dem Integritätsschutz eines Gläubigers ausschließlich darum geht, dass eine bei der Vertragsdurchführung herbeigeführte Verletzung seiner schon vorhandenen Güter und damit also eine Einbuße wiedergutzumachen ist (vgl zu dieser Unterscheidung Picker JZ 1987, 1041 [1044]). Der Rechtsgrund für die Leistungspflicht und für die Wiedergutmachungspflicht ist daher wesensverschieden. Für die Leistungspflicht ist Rechtsgrund die privatautonom gesetzte rechtsgeschäftliche Bindung. Die Wiedergutmachungspflicht tritt dagegen ohne und sogar gegen den Willen des Haftenden ein; sie beruht auf dem neminem-laedere-Prinzip (grundlegend Picker AcP 183 [1983] 369 [460 ff]; ders JZ 1987, 1041 [1047 ff]; Richardi, in: FS Picker [2010] 1095 [1110]).

Bei der **Erbringung der vertraglich zugesagten Leistung** hat der Arbeitnehmer die **im Verkehr erforderliche Sorgfalt zu beobachten** (s Staudinger/Richardi/Fischinger [2016] § 611 Rn 1053, 1300); insoweit gilt für ihn auch § 276 Abs 2 BGB. Bei einer Integritätsverletzung des Arbeitgebers geht es aber nicht um die rechtsgeschäftlich zugesagte Leistungspflicht, sondern um eine *Wiedergutmachungspflicht,* die auf einer willensunabhängigen Zurechnung des objektiven Rechts beruht. Der Rechtsgrund für die Haftung ist derselbe wie für die Deliktshaftung: Er besteht in dem Gebot des „neminem laedere", das die Wiedergutmachung von Schäden, die durch ein Fehlverhalten herbeigeführt werden, sachlich rechtfertigt. Der Unterschied besteht ausschließlich darin, dass das Deliktsrecht den Anspruchsberechtigten durch die Verletzung eines absoluten Rechts oder einer ihn schützenden Vorschrift individualisiert und festlegt (vgl Picker AcP 183 [1983] 369 [480]; ders JZ 1987, 1041 [1053]). Beim Bestehen einer rechtlichen Sonderverbindung steht dagegen der Anspruchsberechtigte fest. Der Schuldner kann sich bei der Wahrung seiner Sorgfalt auf den Schutz der Interessen seines Partners einrichten. 30

Bei einem **Arbeitsverhältnis** muss berücksichtigt werden, dass der Arbeitnehmer im Rahmen einer **fremdbestimmten Arbeitsorganisation** tätig wird. Dadurch ist er einem erhöhten Schadensrisiko ausgesetzt, dem er anders als bei Zufallskontakten nicht ausweichen kann. Er hat auch keinen Einfluss auf Höhe und Umfang des Schadensrisikos. Der Arbeitnehmer steht also in einer Drucksituation, wie sie sonst nicht besteht. Das rechtfertigt es, die Haftung des Arbeitnehmers zu begrenzen (s ausf unten Rn 75 ff). 31

Wie die Sonderbeziehung es rechtfertigen kann, dass ein Integritätsschutz über die Deliktshaftung hinaus besteht, so ist die **Sonderbeziehung** auch der **Ansatzpunkt für eine Haftungsbegrenzung**, wenn ihre Besonderheit und Eigenart es erfordert, dass selbst bei einem sozial unerwünschten Verhalten keine Ersatzpflichten eintreten, die für den Betroffenen eine unzumutbare Belastung darstellen würden. Wer im Dienst eines anderen tätig wird, kann nicht mit Risiken belastet werden, die für ihn wegen der Tätigkeitsgestaltung nicht beherrschbar sind. Daraus ergeben sich Grenzen seiner Haftung. Sie gelten nicht nur bei Inanspruchnahme aus „positiver Forderungsverletzung" des Arbeitsverhältnisses, sondern auch für die Deliktshaftung (vgl BAG 12. 5. 1960 – 2 AZR 78/58, AP Nr 16 zu § 611 BGB Haftung des Arbeitnehmers; BAG 30. 8. 1966 – 1 AZR 456/65, BAGE 19, 66 [70]). 32

c) Da die von Rechtsprechung und Lehre entwickelte Haftungsbegrenzung aus der zwischen Arbeitnehmer und Arbeitgeber bestehenden Sonderrechtsbeziehung 33 abzuleiten ist, beschränkt sich ihre Wirkung auf deren Verhältnis. Sie findet deshalb **keine Anwendung auf die deliktische Außenhaftung des Arbeitnehmers gegenüber betriebsfremden Dritten oder Kollegen** (vgl BGH 19. 9. 1989 – VI ZR 349/88, AP Nr 99 zu § 611 BGB Haftung des Arbeitnehmers; bestätigt durch BGH 21. 12. 1993 – VI ZR 103/93, AP Nr 104 zu § 611 BGB Haftung des Arbeitnehmers; schon BAG [GS] 25. 9. 1957 – GS 4/56, BAGE 5, 1 [8]). Der BGH meint: „Wortlaut und Systematik des positiven Deliktsrechts bieten für eine haftungsrechtliche Sonderbehandlung von Schäden durch Arbeitnehmer keinen Ansatz" (BGH 19. 9. 1989 – VI ZR 344/88, BGHZ 108, 305 [308]). Dies sei um so bemerkenswerter, als der Gedanke, Arbeitnehmer haftungsrechtlich zu privilegieren, dem bei Schaffung des BGB vorgefundenen Recht nicht vollkommen fremd gewesen sei. Der BGH zitiert ALR I 11 § 889, nach dem der „gemeine Handarbeiter" sowohl gegenüber dem Dingenden „als auch gegen einen Dritten" nur „grobes oder mäßiges" Verschulden zu vertreten habe, bei culpa levissima also von der Haftung frei sei. Derartige Differenzierungen seien dem Haftungsrecht des BGB fremd.

34 Nicht gewürdigt wird, dass bereits bei Erlass des BGB die Erwartung ausgesprochen worden war, für Arbeitsverträge „einschließlich der schadensersatzrechtlichen Fragen" eine einheitliche Regelung „baldthunlichst" zu treffen (s Staudinger/Richardi/Fischinger [2016] Vorbem 16 zu §§ 611 ff). Dazu ist es bisher nicht gekommen. Nur im Rahmen der sozialen Unfallversicherung wurde durch das Unfallversicherungs-Neuregelungsgesetz vom 30. 4. 1963 (BGBl I 241) § 637 RVO geschaffen, der bei gleichem Regelungsinhalt durch § 105 SGB VII ersetzt ist. Ist der Dritte ein sog Arbeitskollege, so gilt für Personenschäden das sozialversicherungsrechtliche Haftungsprivileg.

35 **d)** Das durch das **Schuldrechtsmodernisierungsgesetz 2001** neu geschaffene System des Schadensersatzrechts enthält **keine Sonderregelung für Arbeitsverhältnisse**. Die durch richterliche Rechtsfortbildung entwickelte Haftungseinschränkung des Arbeitnehmers wird aber dadurch nicht berührt, sondern es bleibt bei der großen Regelungslücke, die für die Arbeitnehmerhaftung besteht (Richardi, in: FS Picker [2010] 1095 [1110 f]; ebenso HWK/Krause § 619a Rn 11; Faust, in: Huber/Faust, Schuldrechtsmodernisierung [2002] 75; Henssler RdA 2002, 129 [133]; ders, in: MünchKomm § 619a Rn 5 mit der These, das Schuldrechtsmodernisierungsgesetz bestätige die Geltung der richterrechtlich entwickelten Grundsätze des innerbetrieblichen Schadensausgleichs durch § 619a; anders Reichold ZTR 2002, 209 [209], nach dem die Grundsätze der Arbeitnehmerhaftung auf § 276 Abs 1 S 2 gestützt werden können; vgl auch die Gegenäußerungen der Bundesregierung, BT-Drucks 14/6857, 48 = Canaris, Schuldrechtsmodernisierung 2002, 1006; s auch Rn 87). Eingefügt wurde lediglich für das Arbeitsverhältnis die Sonderregelung des § 619a, wonach abweichend von § 280 Abs 1 S 2 BGB der Arbeitnehmer dem Arbeitgeber Ersatz für den aus der Verletzung einer Pflicht aus dem Arbeitsverhältnis entstehenden Schaden nur zu leisten hat, wenn er die Pflichtverletzung zu vertreten hat. Die Beweislast ist also anders als sonst in einem Schuldverhältnis nicht dem Schuldner, sondern dem Gläubiger zugewiesen (s Rn 23 ff; zur teleologischen Reduktion des Anwendungsbereichs des § 619a bei Verzug und Unmöglichkeit vgl Rn 15). Auch in § 243 Abs 1 BGB lässt sich die Haftungsbegrenzung nicht festmachen, da im Arbeitsrecht der subjektive Leistungsbegriff gilt und daher der Arbeitnehmer gerade keine Leistung mittlerer Art und Güte schuldet (MünchKomm/Henssler § 619a Rn 10).

Das **Zweite Schadensersatzrechtsänderungsgesetz** vom 19. 7. 2002 (BGBl I 2674) enthält überhaupt **keine auf das Arbeitsverhältnis bezogene Bestimmung**, wofür ausschlaggebend war, dass es sich auf das Recht der außervertraglichen Haftung konzentrierte, diese Begrenzung aber gerade für die Einführung eines allgemeinen Anspruchs auf Schmerzensgeld durchbrach (§ 253 Abs 2 BGB). Ob wegen der Einbeziehung des Schmerzensgeldanspruchs in das Recht der Leistungsstörungen der Gleichheitssatz des Art 3 Abs 1 GG verletzt ist, soweit der in § 104 und § 105 SGB VII angeordnete Haftungsausschluss den Schmerzensgeldanspruch einbezieht, ist umstritten, richtigerweise aber zu verneinen (s ausf dazu FISCHINGER, Haftungsbeschränkung im Bürgerlichen Recht [2015] 500 ff; so auch die hM, vgl zB BVerfG 27. 2. 2009 – 1 BvR 3505/08, NZA 2009, 509 [510]; BGH 4. 6. 2009 – III ZR 229/07, NJW 2009, 2956 [2958]; LAG Berlin-Brandenburg 1. 6. 2010 – 12 Sa 320/10, BeckRS 2011, 67196; Kasseler Kommentar/RICKE § 104 SGB VII Rn 2d; BECKER/BURCHARDT/KRASNEY/KRUSCHINSKY, SGB VII, § 104 Rn 18; KATER/LEUBE, SGB VII, § 104 Rn 36; SCHMITT, SGB VII, § 104 Rn 16; **aA** mit unterschiedlichen Begründungen RICHARDI NZA 2002, 1004 [1009]; ders, NZA 2003 Sonderbeilage zu Heft 16, S 14 [18]; FUCHS, Delikts- und Schadensersatzrecht [8. Aufl 2013] 296; FUHLROTT, Der geschädigte Arbeitnehmer [2006] 82 ff; ders NZS 2007, 237 [241]). 36

2. Geschichtliche Entwicklung

a) Haftungseinschränkung durch richterliche Rechtsfortbildung

Die Rechtsprechung hat unter Billigung des Schrifttums die Arbeitnehmerhaftung durch **Rechtsfortbildung** eingeschränkt, wobei der typische Ausgangsfall die Haftung für die Beschädigung eines Kraftwagens war (vgl BAG [GS] 25. 9. 1957 – GS 4/56, BAGE 5, 1 [7 ff]; BAG 19. 3. 1959 – 2 AZR 402/55, AP Nr 8 zu § 611 BGB Haftung des Arbeitnehmers; BGH 10. 1. 1955 – III ZR 153/53, BGHZ 16, 111 [116 ff]; HUECK/NIPPERDEY I 232 f; NIKISCH I 304 f; GAMILLSCHEG/HANAU, Haftung des Arbeitnehmers 7 ff). 37

Die **Anerkennung einer Haftungsbegrenzung** beginnt mit einem Urteil des **ArbG Plauen** vom 4. 11. 1936 (ARS 29, 62). Der Fall betraf die Beschädigung eines Kraftwagens durch einen Kraftfahrer. Für ihn entschied das ArbG Plauen, dass eine Haftungseinschränkung eingreift, weil ein anderer Parteiwille als den guten Sitten widerstreitend angesehen werden müsste. Die Natur der Tätigkeit bringe es nämlich mit sich, dass jedes auch nur vorübergehende Außerachtlassen der im Verkehr erforderlichen Sorgfalt Schäden von unter Umständen außerordentlicher Höhe im Gefolge haben könne. Angesichts der Unvollkommenheit der menschlichen Natur könne aber auch bei dem gewissenhaftesten Menschen hier und da einmal ein Nachlassen der geistigen Anspannung, ein Außerachtlassen der im Verkehr an sich erforderlichen Sorgfalt eintreten. Würde der Arbeitnehmer gleichwohl für die Schadensfolgen uneingeschränkt haften, so müsste auch der Lohn derart bemessen sein, dass er in der Lage wäre, davon solche Schäden abzudecken. 38

Das ArbG Plauen hat damit bereits die wesentlichen Gesichtspunkte genannt (vgl RICHARDI JZ 1986, 796 [797]). Das RAG hat sich dem angeschlossen (vgl RAG ARS 30, 1); BAG und BGH folgten (BAG [GS] 25. 9. 1957 – GS 4/56, BAGE 5, 1 [7 ff]; BGH 10. 1. 1955 – III ZR 153/55, BGHZ 16, 111 [116 ff]). Die genannten Gesichtspunkte führen zu einer Beschränkung der Arbeitnehmerhaftung. Bei ihr geht es nicht nur um die Frage, ob *überhaupt* ein Schadensersatzanspruch besteht, sondern vor allem auch darum, ob bei Anerkennung einer Schadensersatzpflicht der Arbeitnehmer mit den Schadensfolgen *in voller Höhe* belastet wird (s näher Rn 75 ff). 39

b) Von der gefahrengeneigten zur betrieblich veranlassten Tätigkeit als Voraussetzung der Haftungsbegrenzung

40 Die Haftungsbegrenzung des Arbeitnehmers wurde ursprünglich für sog **gefahren-** oder **schadensgeneigte Arbeit** entwickelt, vor allem für die Tätigkeit eines Kraftfahrers (so schon ArbG Plauen ARS 29, 62; vgl BAG 19. 3. 1959 – 2 AZR 402/55, BAGE 7, 290 [295]; BAG 30. 8. 1966 – 1 AZR 456/65, BAGE 19, 66 [68]; BAG 13. 3. 1968 – 1 AZR 362/67, AP Nr 42 zu § 611 BGB Haftung des Arbeitnehmers; BAG 7. 7. 1970 – 1 AZR 507/69, AP Nr 59 zu § 611 BGB Haftung des Arbeitnehmers). Deshalb sah man zunächst in der Gefahrengeneigtheit der Arbeit eine Voraussetzung der Haftungsbegrenzung. Da das BAG aber die Gefahrneigung von den **konkreten Umständen des Einzelfalles** abhängig machte, ließ es nicht genügen, ob die Tätigkeit als solche gefahrengeneigt ist, sondern prüfte, ob eine konkrete Gefahrenlage bestand (vgl BAG 3. 3. 1960 – 2 AZR 377/58, AP Nr 22 zu § 611 BGB Haftung des Arbeitnehmers; BAG 29. 9. 1961 – 1 AZR 505/59, AP Nr 26 zu § 611 BGB Haftung des Arbeitnehmers; BAG 13. 3. 1968 – 1 AZR 362/67, AP Nr 42 zu § 611 BGB Haftung des Arbeitnehmers; BAG 10. 6. 1969 – 1 AZR 339/68, AP Nr 47 zu § 611 BGB Haftung des Arbeitnehmers; BAG 3. 2. 1970 – 1 AZR 188/69, AP Nr 53 zu § 611 BGB Haftung des Arbeitnehmers; BAG 11. 9. 1975 – 3 AZR 561/74, AP Nr 78 zu § 611 BGB Haftung des Arbeitnehmers; BAG 11. 11. 1976 – 3 AZR 266/75, AP Nr 80 zu § 611 BGB Haftung des Arbeitnehmers). Die Tätigkeit eines Kraftfahrers wurde deshalb dann nicht als gefahrengeneigt angesehen, wenn er bei gutem Wetter auf einer verkehrsarmen, übersichtlichen Nebenstraße mit guter Fahrbahn fuhr (BAG 3. 3. 1960 – 2 AZR 377/58, AP Nr 22 zu § 611 BGB Haftung des Arbeitnehmers; ebenso BAG 29. 9. 1961 – 1 AZR 505/59, AP Nr 26 zu § 611 BGB Haftung des Arbeitnehmers; BAG 13. 5. 1970 – 1 AZR 336/69, AP Nr 56 zu § 611 BGB Haftung des Arbeitnehmers). Umgekehrt gilt natürlich, dass wenn man auf die konkrete Situation abstellt, eine gefahrengeneigte Arbeit auch dann vorliegen kann, wenn die Art der übertragenen Tätigkeit an sich nicht gefahrengeneigt ist (vgl BAG 26. 11. 1969 – 1 AZR 200/69, AP Nr 50 zu § 611 BGB Haftung des Arbeitnehmers; BAG 3. 2. 1970 – 1 AZR 188/69, AP Nr 53 zu § 611 BGB Haftung des Arbeitnehmers). Das BAG war sogar zu einer Aufspaltung gelangt, wenn für die Entstehung des Schadens ein nicht in Zusammenhang mit der Verrichtung der gefahrengeneigten Arbeit stehender Umstand ursächlich war (BAG 18. 12. 1970 – 1 AZR 171/70, AP Nr 62 zu § 611 BGB Haftung des Arbeitnehmers).

41 Das Kriterium der Gefahrengeneigtheit erwies sich jedoch auf Grund seiner Konturlosigkeit als nicht mehr geeignet, einen besonderen Sachverhalt abzugrenzen, auf den sich die Haftungserleichterung für den Arbeitnehmer beschränkt (bereits Hanau, Anm zu BAG 13. 5. 1970 – 1 AZR 336/69, AP Nr 56 zu § 611 BGB Haftung des Arbeitnehmers [Bl 4 R/5]).

42 Nachdem das Schrifttum schon seit langem gefordert hatte, die Differenzierung der Arbeitnehmerhaftung nach der Gefahrengeneigtheit der Tätigkeit aufzugeben (vgl Koller, Risikozurechnung 408; Mayer-Maly, in: FS Hilger/Stumpf [1983] 467 f; bereits Gamillscheg, in: Verhandlungen des 45. DJT II/G [1965] 33), und auch das BAG durch Anrufung seines Großen Senats zunächst ohne Erfolg versucht hatte, die Haftungsbeschränkung auf betriebliche Tätigkeiten ohne Rücksicht darauf zu erstrecken, ob sie gefahrengeneigt sind (vgl BAG 21. 10. 1983 – 7 AZR 488/80, AP Nr 84 zu § 611 BGB Haftung des Arbeitnehmers; BAG 13. 2. 1985 – 3 AZR 487/80, AP Nr 86 zu § 611 BGB Haftung des Arbeitnehmers), gelang es dem Großen Senat des BAG durch Beschluss vom 27. 9. 1994 nach Einschaltung des BGH abschließend zu entscheiden, dass die Beschränkung der Arbeitnehmerhaftung nicht mehr die Gefahrengeneigtheit der Arbeit voraussetzt, sondern für alle Arbeiten gilt, die durch den Betrieb veranlasst sind und auf Grund des Arbeitsverhältnisses geleistet werden (BAG [GS] 27. 9. 1994 – GS 1/89 [A], BAGE 78, 56 = AP Nr 103 zu § 611 BGB Haftung des Arbeitnehmers; vgl zu den Einzelheiten dieser Rechtsentwicklung STAUDINGER/RICHARDI [1999] § 611 Rn 499–501). Die Gefahrgeneigtheit sinkt daher nunmehr auf die Ebene der **Kriterien**, von deren Gewichtung abhängt, ob und in welcher Höhe der Arbeitgeber an den Schadensfolgen beteiligt wird (BAG [GS] 27. 9. 1994 – GS 1/89 [A], BAGE 78, 56 [67]; s Rn 84).

Die **Gefahrgeneigtheit der Arbeit ist keine Voraussetzung für die Beschränkung der Arbeitnehmerhaftung**. Wie der Gesetzgeber zur Arbeitnehmerhaftung gegenüber Arbeitskollegen durch § 637 RVO (nunmehr § 105 SGB VII) klargestellt hat, liegt die richtige Abgrenzung stattdessen darin, ob der Arbeitnehmer den Schaden durch eine **betriebliche Tätigkeit** verursacht hat. Bei ihr nämlich muss der Arbeitgeber sich zurechnen lassen, dass er den Arbeitsprozess organisiert. Damit prägt, wie es im Beschluss des Großen Senats des BAG heißt, „die vom Arbeitgeber gesetzte Organisation des Betriebs das Haftungsrisiko für den Arbeitnehmer" (BAG [GS] 27. 9. 1994 – GS 1/89 [A], BAGE 78, 56 [65]). Da insoweit die Gefahrgeneigtheit der Arbeit keine Rolle spielt, ist die Verantwortung für die Organisation des Betriebs und die Gestaltung der Arbeitsbedingungen dem Arbeitgeber bei allen Tätigkeiten zuzurechnen, die durch den Betrieb veranlasst sind. 43

c) Beibehaltung des Inhalts der Haftungsbegrenzung

Der Große Senat des BAG hat im Beschluss vom 27. 9. 1994 nur die Voraussetzung der Haftungsbegrenzung, nicht aber deren Inhalt geändert (BAG [GS] 27. 9. 1994 – GS 1/89 [A], BAGE 78, 56). In seinen Urteilen vom 23. 3. 1983 und 21. 10. 1983 hatte der damals für das Schadensersatzrecht zuständige 7. Senat des BAG unter Bruch mit dessen bisheriger Rechtsprechung die Arbeitnehmerhaftung bei gefahrgeneigter Arbeit generell **auf Vorsatz und grobe Fahrlässigkeit beschränkt** (BAG 23. 3. 1983 – 7 AZR 391/79, AP Nr 82 zu § 611 BGB Haftung des Arbeitnehmers; BAG 21. 10. 1983 – 7 AZR 488/80, AP Nr 84 zu § 611 BGB Haftung des Arbeitnehmers). Er hatte damit aber die **Grenzen richterlicher Rechtsfortbildung überschritten**. Der 8. Senat ist ihm deshalb, als er die Zuständigkeit für das Schadensersatzrecht erhielt, nicht gefolgt (BAG 24. 11. 1987 – 8 AZR 524/82, AP Nr 93 zu § 611 BGB Haftung des Arbeitnehmers). Etwas anderes kann auch nicht mit Verweis auf die §§ 708, 1359, 1364 BGB bzw §§ 690, 780, 277 BGB begründet werden. Jedenfalls seit den Reformen des Schuldrechts (2001) und Schadensersatzrechts (2002) fehlt es bereits an der notwendigen planwidrigen Regelungslücke, war dem Gesetzgeber das Problem doch bekannt und sah er dennoch von einer Regelung ab. Überdies ist die Interessenlage im Arbeitsrecht mit den von den genannten Vorschriften erfassten Konstellationen nicht vergleichbar (näher FISCHINGER, Haftungsbeschränkung im Bürgerlichen Recht [2015] 510 ff). 44

Daher gilt: Verursacht der Arbeitnehmer bei Ausführung einer betrieblichen Tätigkeit einen Schaden, wobei keine Rolle mehr spielt, ob die Tätigkeit gefahrgeneigt war, so greift deshalb bei Fahrlässigkeit wie bisher das **Rechtsinstitut des innerbetrieblichen Schadensausgleichs** ein. Dabei kommt es maßgeblich auf den Grad des Verschuldens an (ausführlich Rn 75 ff). 45

3. Methodische Ausgestaltung der beschränkten Arbeitnehmerhaftung

46 Für die Begrenzung der Arbeitnehmerhaftung nennt das Schrifttum eine Vielzahl von Haftungsgrundsätzen (vgl Otto/Schwarze/Krause, Haftung des Arbeitnehmers Rn 25 ff). Die vielfältigen methodischen Ausgestaltungsversuche (vgl näher Otto/Schwarze/Krause Rn 71 ff; Fischinger, Haftungsbeschränkung im Bürgerlichen Recht [2015] 509 ff) gehören weitgehend der Vergangenheit an. Dennoch sind sie nicht bedeutungslos, weil über eine Einordnung bisher noch keine Einigkeit erzielt wurde. Die verschiedenen Erklärungsversuche kann man im Kern auf zwei Ansätze zurückführen, die diametral entgegengesetzt sind: Die Haftungseinschränkung wird entweder mit einer Begrenzung der **haftungsbegründenden Voraussetzungen** oder mit einer **Korrektur auf der Rechtsfolgenseite** der zum Schadensersatz verpflichtenden Norm erklärt.

a) Lösungsversuche auf der Ebene des Haftungstatbestands

47 Bei den Erklärungsversuchen, die bereits ein Vorliegen der Haftungsvoraussetzungen bestreiten, ist vereinzelt so weit gegangen worden, eine konkludente Vertragsabsprache dergestalt zu unterstellen, dass der Arbeitnehmer nur beschränkt haften solle (RAG ARS 30, 7; 37, 271). Diese Auffassung hat sich aber zu Recht nicht durchsetzen können, weil vor allem dem Arbeitgeber kein entsprechender rechtsgeschäftlicher Wille unterstellt werden kann (Canaris RdA 1966, 41 [42]; Achterberg AcP 164 [1964] 14 [42 f]; Brox/Walker DB 1985, 1469). Des Weiteren wurde auf den Charakter des Arbeitsverhältnisses als Dauer- und Gattungsschuldverhältnis rekurriert und daraus abzuleiten versucht, dass der Arbeitnehmer nur insgesamt eine Leistung mittlerer Art und Güte schulde, sodass für die Frage, ob eine Pflichtverletzung vorliegt, nicht auf das einzelne schadensverursachende Verhalten, sondern auf das gesamte (prognostizierte) Verhalten während der Gesamtdauer der Arbeitsvertragsbeziehung abzustellen sei (Rother, Haftungsbeschränkung im Schadensrecht [1965] 251 ff, 266 ff; Hammen, Die Gattungshandlungsschulden [1995] 178 ff, 327 ff). Dagegen spricht nicht nur, dass sich handhabbare Kriterien, wie eine derartige Gesamtwürdigung erfolgen soll, kaum finden lassen, sondern auch, dass eine derartige Gesamtbetrachtung dem auf die einzelne Pflichtverletzung zugeschnittenen System des Schadensersatzrechts widerspricht (Canaris RdA 1966, 41 [44]; s auch Schumacher, Haftung [2012] 65 ff, 74 ff).

48 Auf der Ebene der Rechtswidrigkeit setzte Schnorr v Carolsfeld an, nach dem im Arbeitsverhältnis nicht jede pflichtwidrige Handlung auch rechtswidrig sei (Arbeitsrecht [2. Aufl 1954] 304 f). Das ist nicht nur ein Zirkelschluss, sondern ein derart relativer Rechtswidrigkeitsbegriff passt auch nicht zum geltenden Recht (Herschel JZ 1958, 257 [258]; Annuss NZA 1998, 1089 [1091]). Schließlich wurde auf verschiedengestaltige Weise auf der Schuldebene angesetzt. So haben Scheuerle (RdA 1958, 247 ff) und Steindorff (JZ 1959, 1 ff) den Versuch unternommen, durch eine Neuorientierung des Fahrlässigkeitsbegriffs das Haftungsproblem bei gefahrengeneigter Arbeit zu lösen. Scheuerle stellt einen besonderen arbeitsrechtlichen Fahrlässigkeitsbegriff auf, in dessen Mittelpunkt die erforderliche Sorgfalt steht, die unter Berücksichtigung des „wohlverstandene[n] Glück[s] der arbeitenden Person" zu bestimmen sei. Steindorff will dagegen unmittelbar aus § 276 BGB einen dem Arbeitsverhältnis angepassten Fahrlässigkeitsmaßstab entnehmen, weil bei Dauerrechtsverhältnissen die im Verkehr erforderliche Sorgfalt nicht auf die Einzelhandlung, sondern auf das Verhalten des Schuldners bei der Abwicklung des Schuldverhältnisses im Ganzen zu beziehen sei (Steindorff JZ 1959, 1 [4, 6]). Diese Ansicht

führt zu einer Relativierung der Fahrlässigkeit, die dem bürgerlichen Recht fremd ist (ebenso BUCHNER NJW 1967, 2381 ff; SCHUMACHER, Haftung [2012] 98 ff). Zudem ist sie mit kaum lösbaren Abgrenzungsschwierigkeiten behaftet (FISCHINGER, Haftungsbeschränkung im Bürgerlichen Recht [2015] 511 ff).

Abgesehen von den oben angeführten Einwänden löst ein Ansetzen am Haftungstatbestand ohnehin nicht das hier bestehende Haftungsproblem; denn es ändert nicht die Rechtsfolge, dass der schuldhaft handelnde Arbeitnehmer bei Zurechnung der Pflichtverletzung den vollen Schaden zu ersetzen hat und lässt dementsprechend den Grundsatz des Schadensersatzrechts unangetastet: Entweder alles oder nichts. Die Haftungsbegrenzung beruht richtigerweise aber gerade nicht darauf, dass der Arbeitnehmer bei der Erbringung der Arbeitsleistung weniger sorgfältig sein darf als sonst ein Schuldner, sondern darauf, dass er von den Haftungsfolgen (teilweise) befreit wird. 49

b) Ansatz bei den Haftungsfolgen

Die heute ganz herrschende Auffassung setzt deshalb nicht bei den Haftungsvoraussetzungen, sondern bei den Haftungsfolgen an. Statt eines starren Alles-oder-Nichts-Schemas ermöglicht dies eine flexible Handhabung, die unter Berücksichtigung der Einzelfallumstände ein den Interessen aller Beteiligten gerecht werdendes Ergebnis erreicht. Neben einer Reihe weiterer Umstände steht im Mittelpunkt dieser Einzelfallabwägung traditionell der Verschuldensgrad des Arbeitnehmers (s im Einzelnen Rn 75 ff). 50

4. Rechtsdogmatische Begründung

Unabhängig von der methodischen Ausgestaltung der Haftungsprivilegierung (s Rn 46 ff) bedarf sie angesichts der mit ihr verbundenen Abweichung von allgemein zivilrechtlichen Grundsätzen einer rechtsdogmatischen Begründung. 51

a) Entwicklungslinien

Die ältere Rechtsprechung war zunächst der Ansicht, es gehöre zur **Fürsorgepflicht** des Arbeitgebers, einen Schaden, den der Arbeitnehmer aus einem bei der Natur der ihm übertragenen Arbeit und der menschlichen Unzulänglichkeit erklärlichen Versehen herbeigeführt habe, nach den Umständen ganz oder teilweise auf sich zu nehmen, wobei es gleichgültig sei, ob der Schaden dem Arbeitgeber selber oder einem Dritten entstanden sei (RAG ARS 30, 1; 41, 259; BAG [GS] 25. 9. 1957 – GS 4/56, AP Nr 4 zu §§ 898, 899 RVO; BAG 12. 5. 1960 – 2 AZR 78/58, AP Nr 16 zu § 611 BGB Haftung des Arbeitnehmers; BGH 10. 1. 1955 – III ZR 153/53, NJW 1955, 458 [459]; ebenso HUECK/NIPPERDEY I 233; NIKISCH I 304 f). Dieser Ansatz wurde vom BAG im Laufe der Zeit aber stillschweigend aufgegeben (vgl implizit BAG 28. 4. 1970 – 1 AZR 146/69, AP Nr 55 zu § 611 BGB Haftung des Arbeitnehmers; BAG 23. 3. 1983 – 7 AZR 391/79, NJW 1983, 1693 [1694]). Auch in der Literatur wird er weit überwiegend als untauglich zur Begründung der Haftungsprivilegierung angesehen (CANARIS RdA 1966, 41 [44 f]; ANNUSS, Die Haftung des Arbeitnehmers [1998] 96; DÄUBLER NJW 1986, 867 [869]; PALLASCH RdA 2013, 338 [340]; BROX/WALKER DB 1985, 1469 [1470]; RICHARDI JZ 1986, 796 [798]; LARENZ JuS 1965, 373 [375]). 52

Seit 1970 trat deshalb in der Rechtsprechung des BAG ein anderer Gesichtspunkt in den Vordergrund: das **Betriebsrisiko** des Arbeitgebers als verschuldensunabhängiger 53

Zurechnungsfaktor (BAG 28. 4. 1970 – 1 AZR 146/69, AP Nr 55 zu § 611 BGB Haftung des Arbeitnehmers; vor allem BAG 23. 3. 1983 – 7 AZR 391/79, BAGE 42, 130 [136]; BAG 21. 10. 1983 – 7 AZR 488/80, BAGE 44, 170 [173]; so auch noch BAG [GS] 27. 9. 1994 – GS 1/89 [A], BAGE 78, 56 [63 f]; BAG 18. 4. 2002 – 8 AZR 348/01, BAGE 101, 107 [113]; zu ihm näher Rn 56 ff). Es sei dem Betriebsrisiko des Arbeitgebers zuzurechnen, „wenn der Mensch, den er für seine Zwecke beschäftigt, einmal versagt, nicht anders, wie es sein Risiko ist, dass eine Maschine einmal ausfällt" (Gamillscheg/Hanau, Haftung des Arbeitnehmers 46). Diese Auffassung teilt auch die herrschende Lehre (vgl zB Walker, in: FS Canaris I [2007] 1503 [1503 f]; ders JuS 2002, 736 [737]; MünchKomm/Henssler § 619a Rn 9; HWK/Krause § 619a Rn 13; ErfK/Preis § 619a Rn 10; NK-BGB/Franzen § 619a Rn 6; Annuss, Die Haftung des Arbeitnehmers [1998] 100; Brose RdA 2011, 205 [207]; Larenz JuS 1965, 373 [375]).

54 Zeitweise berief sich das BAG zusätzlich auf **Grundrechtspositionen** des Arbeitnehmers, namentlich seine Berufsfreiheit und sein Recht auf freie Entfaltung der Persönlichkeit, würden sich doch exorbitante Schadensersatzverpflichtungen massiv auf die allgemeine Lebensgestaltung und Möglichkeit zur Teilnahme am Berufsleben auswirken (BAG [GS] 12. 6. 1992 – GS 1/89, NZA 1993, 547 [549] und va BAG [GS] 27. 9. 1994 – GS 1/89 [A], NZA 1994, 1083 [1085]). Diese, in der Literatur auf ein geteiltes Echo stoßende (zustimmend zB Schlachter, in: FS OLG Jena [1994] 253 [259]; Kothe ZBB 1994, 172 [178]; ablehnend Langenbucher ZfA 1997, 523 [545]; Schumacher, Haftung [2012] 135 ff; Krause NZA 2003, 577 [581]; Otto AuR 1995, 72 [73]; Schwirtzek NZA 2005, 437 [439]; Richardi NZA 1994, 241 [243 f]), grundrechtliche Überlagerung spielt in den neueren Entscheidungen des Gerichts keine erkennbare Rolle mehr (vgl zB BAG 18. 4. 2002 – 8 AZR 348/01, NZA 2003, 37 [39]; BAG 5. 2. 2004 – 8 AZR 91/03, NZA 2004, 649; BAG 18. 1. 2007 – 8 AZR 250/06, NZA 2007, 1230 [1233]; BAG 28. 10. 2010 – 8 AZR 418/09, NZA 2011, 345 [347]; so auch die Analyse der Rechtsprechung von Annuss NZA 1998, 1089 [1094]).

55 Einen anderen Weg postuliert vor allem Richardi (s JZ 1986, 796 [801 f]; Staudinger/Richardi [2005] § 611 Rn 570 f, 598 ff), nach dem die am Modell der selbständigen Erwerbstätigkeit entwickelte und ausgebaute Haftung nicht auf das Arbeitsverhältnis übertragen werden dürfe. Soweit die Haftung bei beruflich erbrachten Dienstleistungen nicht mehr dem Verschuldensprinzip folgt, könne dies nicht für das Verhältnis des Arbeitnehmers zum Arbeitgeber gelten. Entsprechend könne die am **Modell der selbständigen Erwerbstätigkeit entwickelte Objektivierung des Fahrlässigkeitsmaßstabs für die Arbeitnehmerhaftung keine Geltung** haben (vgl Richardi JZ 1986, 796 [801 f]). Das sei richtigerweise aber kein **arbeitsrechtlicher Sonderweg** in „Abkehr vom BGB", sondern vielmehr **Konsequenz der vom BGB rezipierten Verschuldenshaftung für die Verteilung des Schadensrisikos bei unselbständiger Arbeit**. Die Haftungsbegrenzung müsse daher überall dort Anerkennung finden, wo jemand **in fremdem Interesse** tätig wird (vgl auch Larenz JuS 1965, 373 [375 f]; Canaris RdA 1966, 41 ff; Richardi ZfA 1974, 3 [21]; weiterhin Otto/Schwarze/Krause, Haftung des Arbeitnehmers Rn 37 f; vgl auch Richardi, in: FS Picker [2010] 1095 [1111 ff]; s jetzt auch Pallasch RdA 2013, 338 [342 ff]). Inhaltlich beziehe sich die Festlegung des Haftungsmaßstabs in § 276 BGB primär auf die *Nichterfüllung eines rechtsgeschäftlichen Leistungsversprechens* (vgl Jakobs, Unmöglichkeit und Nichterfüllung [1969] 17 ff). Für die Beurteilung, ob der Schuldner die Nichterfüllung zu vertreten hat, sei es im Regelfall sinnvoll, dass die objektive Definition des Fahrlässigkeitsbegriffs ihm „eine der Gefährdungshaftung nahekommende Einstandspflicht für die sorgfältige Ausführung einer einmal übernommenen Tätigkeit" auferlegt (Soergel/Reimer Schmidt [10. Aufl 1967] § 276 Rn 17). Soweit es um den *Integritätsschutz* geht, könne darin aber eine *lex barbarorum* liegen (so auch Brodmann AcP 99 [1906] 327 [356]). Für die selbständige Erwerbstätigkeit möge es gerechtfertigt sein, dass man durch die Objektivierung des Fahrlässigkeitsmaßstabs die Verschuldenshaftung um die Garantie einer nach Berufsgruppen unterschiedlich gestalteten Sorgfalt ergänzt. Mit einer derartigen Haftung könne aber nur belegt werden, wem zugemutet werden kann, sich auf sie einzurichten. Notwendig sei daher, dass er durch seine Arbeitsorganisation das Risiko beherrschen und begrenzen kann. Diese Voraussetzung sei nicht gegeben, wenn jemand im Rahmen eines Arbeitsverhältnisses tätig wird. Deshalb unterliege auch nicht der Gefährdungshaftung, wer im Rahmen eines Arbeitsverhältnisses den haftungsbegründenden Tatbestand verwirklicht. Der Umstand, dass der Arbeitnehmer in fremdem Interesse tätig wird, entziehe ihn der Gefährdungshaftung (so bereits Müller-Erzbach AcP 106 [1910] 309 [384]). Beachte man also, dass man den Arbeitnehmer nicht neben dem Unternehmer in die Gefährdungshaftung einbezieht, so sei der dafür maßgebliche Gesichtspunkt ein Hinweis dafür, dass den Arbeitnehmer für den Integritätsschutz keine der Gefährdungshaftung nahekommende Einstandspflicht trifft. Der Arbeitnehmer hafte in jedem Fall nur für sein Verschulden, wobei ein zurechenbares Verschulden erst anzuerkennen sei, wenn es sich **nicht bloß um eine culpa levissima** handelt (vgl Brodmann AcP 99 [106] 327 [346]), die bei geringfügigen Sorgfaltsverstößen wie zB dem „Sich-Verschreiben“, „Sich-Vertun“ usw vorliege (MünchKomm/Henssler § 619a Rn 35). Im Übrigen kommt Richardi zu ähnlichen Ergebnissen wie die herrschende, sich auf das Betriebsrisiko stützende Auffassung (Staudinger/Richardi [2005] § 611 Rn 604, 607 ff).

b) Stellungnahme

aa) Mit der herrschenden Meinung ist im Grundsatz die beschränkte Arbeitnehmerhaftung vor allem mit dem **Betriebsrisikogedanken** zu legitimieren. Dass die Wahl des Terminus „Betriebsrisiko“ nicht besonders glücklich ist, weil dieser Begriff ursprünglich aus dem Bereich der Gefahrtragungsregelungen für das Arbeitsentgelt stammt (s § 615 Rn 196 ff, 203 ff), wo er einen ganz anderen Inhalt hat, ist zwar zutreffend (kritisch Mayer-Maly, in: FS Hilger/Stumpf [1983] 467 [472]; Richardi JZ 1986, 796 [798 f]), liefert aber kein Argument gegen die Richtigkeit dagegen, dass die unter diesem Topos zusammengefassten Faktoren im vorliegenden Kontext relevant sind (vgl Gamillscheg AuR 1988, 354 [355]; Annuss, Die Haftung des Arbeitnehmers [1998] 100). Entscheidend ist vielmehr, dass das Konglomerat der von ihm erfassten Umstände eine rechtsdogmatisch überzeugende Begründung für die Haftungsprivilegierung des Arbeitnehmers zu liefern imstande ist (ausf Fischinger, Haftungsbeschränkung im Bürgerlichen Recht [2015] 517 ff): 56

(1) Das beginnt damit, dass der Arbeitgeber weisungsberechtigt ist und die Organisationshoheit hat, maW im Rahmen höherrangigen Rechts darüber entscheiden kann, wann, wo und unter welchen, mehr oder weniger haftungsträchtigen Bedingungen der Arbeitnehmer tätig wird. Aus der Warte des Arbeitnehmers bedeutet dies ein fremdbestimmtes, vor allem aus seiner Eingliederung in die vom Arbeitgeber vorgegebene Betriebsorganisation und seine Weisungsunterworfenheit resultierendes Tätigwerden. Der Umstand, dass der Arbeitnehmer **fremdbestimmt** tätig wird und die maßgeblichen, sein Haftungsrisiko prägenden äußeren Parameter nicht beeinflussen kann, spricht für sein besonderes, gegenüber normalen Schädigern gesteigertes Schutzbedürfnis.

(2) Neben der Fremdbestimmtheit des Tätigwerdens des Arbeitnehmers spricht dessen **Fremdnützigkeit** für eine Haftungsbeschränkung. Entsprechend des alten Rechtsgrundsatzes *cuius commodum, eius periculum* ist es sachgerecht, denjenigen (= Arbeitgeber), der die (potenziellen) Vorteile aus dem Betrieb zieht, mit den möglichen Nachteilen zu belasten (Annuss, Die Haftung des Arbeitnehmers [1998] 73; Däubler NJW 1986, 867 [869]). Dies ist nichts anderes als das auf das Arbeitsverhältnis angewandte Axiom einer marktwirtschaftlichen Ordnung, die vom Zusammenspiel von Chance und Risiko, Gewinn und Haftung lebt.

(3) Angeführt werden kann überdies, dass es der Arbeitnehmer angesichts der natürlichen **Unzulänglichkeiten der menschlichen Natur** statistisch betrachtet gar nicht vermeiden kann, in einem konzeptionell auf **Dauer angelegten Rechtsverhältnis** irgendwann einen Fehler zu machen, der zu einem mehr oder weniger bedeutsamen materiellen Schaden führt (vgl Gamillscheg/Hanau, Die Haftung des Arbeitnehmers [2. Aufl 1974] 54). Dieser Umstand entlastet den Arbeitnehmer zwar nicht vom grundsätzlichen Vorwurf pflichtwidrigen Verhaltens, er rechtfertigt es aber, diesem auf der Haftungsfolgenseite weniger Gewicht zuzumessen, „kauft" der Arbeitgeber doch dieses statistische Risiko bei Abschluss des Arbeitsvertrags quasi mit ein. Der Arbeitnehmer ist insoweit in gewisser Weise einem sachlichen Betriebsmittel, einer Maschine vergleichbar, bei deren schadensverursachendem Versagen ebenfalls der Arbeitgeber die finanziellen Lasten zu tragen hat, so er diesen nicht (ausnahmsweise) auf den Hersteller/Verkäufer der Maschine verlagern kann (vgl Preis AuR 1986, 360 [365]; Wohlgemuth DB 1991, 910; **aA** Staudinger/Richardi [2005] § 611 Rn 595).

57 Diese, unter dem Schlagwort des Betriebsrisikos zusammengefassten Umstände vermögen überzeugend eine Beschränkung der Arbeitnehmerhaftung zu legitimieren, weil sie als **Schadensverursachungszurechnungsgründe** fungieren, die es erlauben, dem Arbeitgeber einen Verursachungsanteil am eingetretenen Schaden zuzurechnen. Dabei wird **abstrakt-typisierend** und letztlich im Sinne einer Fiktion unterstellt, dass der Arbeitgeber angesichts seiner Organisationshoheit und seines Weisungsrechts den konkreten Schaden mitverursacht hat; ökonomisch betrachtet bedeutet dies eine in gewisser Weise mit einer Gefährdungshaftung vergleichbare verschuldensunabhängige „Einstandspflicht" des Arbeitgebers (Fischinger, Haftungsbeschränkung im Bürgerlichen Recht [2015] 523 f).

58 Die Einstufung als Schadensverursachungszurechnungsgrund hat mannigfache **Auswirkungen**, nicht nur auf die Überzeugungskraft der grundsätzlichen Ausgestaltung der beschränkten Arbeitnehmerhaftung selbst, sondern auch für die Fragen, welche Kriterien im Einzelnen berücksichtigt werden können und wie der haftungsprivilegierte Personenkreis zu bestimmen ist. Darauf wird an den entsprechenden Stellen zurückzukommen sein (s Rn 75 ff, 84 f und 65 ff).

59 **bb)** Eines Rückgriffs auf **grundrechtliche Wertungen** bedarf es demgegenüber zur Legitimation der Arbeitnehmerhaftungsprivilegierung nicht und er ist auch in der Sache nicht überzeugend. So ist es grundrechtsdogmatisch schon nicht richtig, wenn das BAG auf die Schutzpflichtkomponente der Grundrechte rekurriert; wenn überhaupt, so stellt sich die Problematik im Rahmen eines Eingriffs der kraft Gesetzes begründeten Schadensersatzverpflichtung (Krause NZA 2003, 577 [581]; Otto/Schwarze/Krause, Haftung Rn 55). Hinzu kommt, dass sich aus den Grundrechten des Arbeit-

nehmers – so aus ihnen überhaupt das Gebot einer Haftungsprivilegierung abgeleitet werden kann – jedenfalls keine konkreten Vorgaben für die nähere Ausgestaltung dieser Haftungsbeschränkung deduzieren lassen (das räumt auch BAG [GS] 27. 9. 1994 – GS 1/89 [A], NZA 1994, 1083 [1085] ein). Greifbare praktische Konsequenzen lässt die vom BAG zeitweise postulierte grundrechtliche Verortung also vermissen, insbesondere können die „kritischen", vom Betriebsrisiko nicht gedeckten Kriterien wie zB die persönlichen Verhältnisse des Arbeitgebers oder das Missverhältnis von Schaden und Lohnhöhe nicht darauf gestützt werden (ausf Fischinger, Haftungsbeschränkung im Bürgerlichen Recht [2015] 538 ff). Eine Anknüpfung an Grundrechte überschätzt mit anderen Worten deren Aussagekraft (ebenso Krause NZA 2003, 577 [581]).

cc) Wie erwähnt, zieht die heute herrschende Meinung (auch) den **Fürsorgegedanken** nicht mehr heran (näher Rn 52). Das überzeugt nicht (für eine Berücksichtigung des Fürsorgegedankens mit im Detail abweichendem Inhalt auch LAG Frankfurt 4. 11. 1987 – 10 Sa 1552/87, DB 1988, 2652 [2653]; HWK/Krause § 619a Rn 14; Joussen GmbHR 2005, 441 [443]; einschränkend auch Bydlinski SAE 1994, 93 [101 f]; Sandmann, Die Haftung von Arbeitnehmern, Geschäftsführern und leitenden Angestellten [2001] 134 ff). Die herrschende Ansicht stützt sich vor allem darauf, dass die Fürsorgepflicht nur geeignet sei, Verhaltenspflichten des Arbeitgebers zu statuieren, bei deren Verletzung er dem Arbeitnehmer auf Schadensersatz haftet, im Rahmen der hier interessierenden Schadenszurechnung könne sie hingegen nicht herangezogen werden (Canaris RdA 1966, 41 [45]; Däubler NJW 1986, 867 [869]; Brox/Walker DB 1985, 1469 [1470]). Daran ist richtig, dass die Fürsorgepflicht im Gegensatz zum Betriebsrisikogedanken im vorliegenden Kontext in der Tat nicht als Schadensverursachungszurechnungsgrund herangezogen werden kann (s im Einzelnen Fischinger, Haftungsbeschränkung im Bürgerlichen Recht [2015] 550 ff). Das steht aber nicht entgegen, dass sie in anderer Weise fruchtbar gemacht werden kann, und zwar im Sinne einer **Rücksichtnahmepflicht** dahingehend, bei der Wahrung der eigenen Interessen die berechtigten Anliegen des Arbeitnehmers zu berücksichtigen, dh im vorliegenden Kontext: seine Ansprüche vollumfänglich durchzusetzen; der so verstandene Fürsorgegedanke ist insoweit nichts anderes als das arbeitsrechtliche Spezifikum der einfachgesetzlichen Regelung des § 241 Abs 2 BGB. Um zu vermeiden, dass der Fürsorgegedanke zum „Einfallstor für eine Treue- und Fürsorge-Ideologie" wird, mittels dem nur ein aus dem allgemeinen Gerechtigkeitsempfinden resultierenden Ergebnis pseudo-juristische Legitimität zu verschaffen versucht wird, ist bei der Deduktion konkreter Rechtsfolgen aber Zurückhaltung zu üben (vgl auch Annuss NZA 1998, 1089 [1092]; Richardi ZfA 1974, 3 [20 f]). Deshalb können über den Fürsorgegedanken – ebenso wenig wie über das Betriebsrisiko – solche Faktoren nicht berücksichtigt werden, die *keinen konkreten Bezug zum Arbeitsverhältnis* aufweisen. Überdies ist zu beachten, dass die so verstandene Fürsorgepflicht letztlich Gegenstück zur Eingliederung des Arbeitnehmers in eine fremde Betriebsorganisation und Unterwerfung unter das Direktionsrecht des Arbeitgebers ist. In Anlehnung an den in § 81 Abs 4 S 3 SGB IX kodifizierten Rechtsgedanken kann die Fürsorgepflicht überdies eine über den Betriebsrisikogedanken bereits erreichte Haftungsprivilegierung des Arbeitnehmers nur nach einer *Abwägung der widerstreitenden Interessen* von Arbeitgeber und Arbeitnehmer unter Wahrung des *Verhältnismäßigkeitsgrundsatzes* erreichen (s zum Ganzen Fischinger, Haftungsbeschränkung im Bürgerlichen Recht [2015] 554 ff). Auf die konkrete Bedeutung des Fürsorgegedankens für die Haftungsbeschränkung und seine Grenzen wird im jeweils relevanten Kontext näher eingegangen (s Rn 75 ff, 84 f und 65 ff). 60

c) Zwischenergebnis

61 Die Arbeitnehmerhaftungsprivilegierung ist mit der herrschenden Meinung im Grundsatz auf das Konglomerat der unter dem Schlagwort **„Betriebsrisiko"** zusammenzufassenden Umstände und Faktoren zu stützen. Diese sind daher grundsätzlich geeignet, das im Folgenden auszuführende Haftungsbeschränkungssystem zu legitimieren. Allerdings, so viel sei vorausgeschickt, subsumiert die herrschende Ansicht unter den Betriebsrisikogedanken auch Umstände, die bei einem richtigen Verständnis desselben als Schadensverursachungszurechnungsgrund nicht darunter gefasst werden können. Die dadurch gerissene „Legitimationslücke" kann, wie zu zeigen sein wird, nur teilweise unter Berücksichtigung des **Fürsorgegedankens** geschlossen werden. Wo dies aber nicht der Fall ist, überzeugt die herrschende Ansicht weder in der Begründung noch im Ergebnis und ist daher korrekturbedürftig.

5. Anwendungsbereich

a) Sachlicher Anwendungsbereich: Haftungsmilderung für betrieblich veranlasste Tätigkeiten

62 Der Große Senat des BAG beschränkt die Haftungseinschränkung der Arbeitnehmer nicht mehr auf gefahrengeneigte Arbeiten; er hat sie vielmehr auf **alle Tätigkeiten** erweitert, die durch den **Betrieb veranlasst** sind und auf Grund des Arbeitsverhältnisses geleistet werden (BAG [GS] 27. 9. 1994 – GS 1/89 [A], AP Nr 103 zu § 611 BGB Haftung des Arbeitnehmers; s Rn 40 ff). Die Gefahrengeneigtheit spielt jedoch für die Verteilung der Schadensquote innerhalb des innerbetrieblichen Schadensausgleichs eine Rolle (so vor allem BAG [GS] 12. 6. 1992 – GS 1/89, AP Nr 102 zu § 611 BGB Haftung des Arbeitnehmers; s auch Rn 84). Sie ist aber nicht der materielle Rechtfertigungsgrund für die Begrenzung der Arbeitnehmerhaftung, sondern er liegt in der Abhängigkeit des Haftungsrisikos von der Organisationsbefugnis des Arbeitgebers. Daraus folgt zugleich, dass die Haftungsbegrenzung nur eingreift, wenn zwischen betrieblicher Tätigkeit und dem Schadensereignis ein **innerer Zusammenhang** besteht – eine bloße Schädigung „bei Gelegenheit" der Tätigkeit im Betrieb genügt nicht (BAG 19. 3. 2015 – 8 AZR 67/14, NZA 2015, 1057 [1058]; BAG 22. 3. 2018 – 8 AZR 779/16, NZA 2018, 1216 [1216]).

63 Für die Annahme einer betrieblichen Veranlassung genügt ein bloß räumlicher oder zeitlicher Zusammenhang zwischen der Arbeit und der Schadensentstehung nicht. Erforderlich ist vielmehr, dass die Tätigkeit des Arbeitnehmers, die zum Schadenseintritt führte, ihm von dem Betrieb oder für den Betrieb übertragen war, die er im Betriebsinteresse ausführte oder die in engem Zusammenhang mit dem Betrieb stand und daher betriebsbezogen war (vgl BAG 9. 8. 1966 – 1 AZR 426/65, AP Nr 1 zu § 637 RVO; BAG 22. 3. 2018 – 8 AZR 779/16, NZA 2018, 1216 [1216]). Dabei kann auf die zum Begriff der betrieblichen Tätigkeit im Sinne von § 105 Abs 1 SGB VII entwickelten Grundsätze abgestellt werden. Von einer betrieblichen Veranlassung ist demnach auszugehen, wenn bei objektiver Betrachtungsweise aus der Sicht des Schädigers im Betriebsinteresse zu handeln war, sein Verhalten unter Berücksichtigung der Verkehrsinteressen nicht untypisch war und keinen Exzess darstellte. Allein der Verstoß des Arbeitnehmers gegen eine explizite dienstliche Weisung oder eine grob fahrlässige oder auch vorsätzliche Verletzung seiner Verhaltenspflichten hebt den betrieblichen Zusammenhang nicht auf (BAG 18. 4. 2002 – 8 AZR 348/01, AP Nr 122 zu § 611 BGB Haftung des Arbeitnehmers; BAG 28. 10. 2010 – 8 AZR 418/09, NZA 2011, 345 [347]; BAG

22. 3. 2018 – 8 AZR 779/16, NZA 2018, 1216 [1216]). Zur Anwendung auf Compliance-Verstöße durch den Arbeitnehmer vgl näher Eufinger CCZ 2017, 130.

b) Persönlicher Anwendungsbereich

Unproblematisch gelten die Grundsätze über die Haftungsprivilegierung für **Arbeitnehmer, Auszubildende** (§ 10 Abs 2 BBiG, BAG 7. 7. 1970 – 1 AZR 507/69, AP Nr 59 zu § 611 BGB Haftung des Arbeitnehmers; BAG 18. 4. 2002 – 8 AZR 348/01, AP Nr 122 zu § 611 BGB Haftung des Arbeitnehmers) und **Leiharbeitnehmer** (BGH 22. 5. 1978 – II ZR 111/76, VersR 1978, 819; vgl dazu auch näher B Schwab NZA-RR 2017, 517). Keinen Unterschied macht auch, ob der Arbeitnehmer „voll" arbeitet, oder ob es sich um einen geringfügig Beschäftigten im Sinne des § 8 Abs 1 SGB IV handelt. Kraft gesetzlicher Anordnung gilt sie auch für Freiwillige nach dem **Bundesfreiwilligengesetz** (§ 9 Abs 2 BFDG, dazu Leube ZTR 2013, 542) und nach dem Gesetz zur Förderung von **Jugendfreiwilligendiensten** (§ 13 S 2 JFDG) sowie **Ein-Euro-Jobber** (§ 16d Abs 7 S 3 SGB II). Keine Anwendung finden diese Grundsätze auf **Beamte** (so auch VG Augsburg 13. 4. 2018 – Au 2 K 17. 1704) sowie auf **Selbständige** (vgl zB für Binnenlotsen BGH 26. 7. 2016 – VI ZR 322/15, NJW-RR 2017, 146). 64

Im Übrigen aber ist der **Anwendungsbereich umstritten**. Zutreffend lässt er sich nur bestimmen, wenn man von zwei Grundüberlegungen ausgeht: Erstens stellt die privilegierte Arbeitnehmerhaftung eine richterliche Rechtsfortbildung dar, die sich nur deshalb rechtsdogmatisch rechtfertigen lässt, weil das BGB insoweit eine planwidrige Regelungslücke aufweist. Entsprechend kann die Haftungsprivilegierung nicht herangezogen werden, wenn das einfache Gesetzesrecht ein spezielles Haftungsregime zur Verfügung stellt, mag auch der Handelnde vergleichbar einem Arbeitnehmer schutzbedürftig erscheinen. Zweitens hängt der persönliche Anwendungsbereich – wie bereits die oben genannten Beispiele der Freiwilligen nach dem BFDG oder Ein-Euro-Jobber zeigen – nicht von der formalen Frage ab, ob der Handelnde Arbeitnehmer ist, sondern man hat „den materiellen Geltungsgrund arbeitsrechtlicher Regelungen in die Beurteilung mit ein[zu]beziehen" (vgl Richardi JZ 1986, 796 [805]). Daher wirkt sich die rechtsdogmatische Legitimation der Haftungsprivilegierung (s Rn 51 ff) maßgeblich auf ihren Anwendungsbereich aus (Fischinger, Haftungsbeschränkung im Bürgerlichen Recht [2015] 566 ff). Im Einzelnen gilt Folgendes: 65

aa) Leitende Angestellte

Meinungsstand: Auf leitende Angestellte wendet das BAG die Haftungserleichterung jedenfalls dann an, wenn die schädigende Handlung nicht in Wahrnehmung der spezifisch herausgehobenen Leitungsfunktion erfolgte (BAG 11. 11. 1976 – 3 AZR 266/75, NJW 1977, 598). Der BGH lehnte eine Anwendung auf leitende Angestellte und Justiziare hingegen früher stets ab, da es an der sie rechtfertigenden Weisungsgebundenheit fehlt (BGH 25. 2. 1969 – VI ZR 225/67, VersR 1969, 474; BGH 7. 10. 1969 – VI ZR 223/67, NJW 1970, 34 [35]); nun scheint sich der BGH dem BAG anschließen zu wollen (BGH 25. 6. 2001 – II ZR 38/99, NJW 2001, 3123 [3124]). In der Literatur sind die Positionen gespalten: Einige folgen dem BAG (zB Fleck, in: FS Hilger/Stumpf [1983] 197 [216]), andere (Kaiser, AR-Blattei SD, Nr 70, 2, Rn 217 f; so im Wesentlichen auch Pallasch RdA 2013, 338 [348]) lehnen umgekehrt eine Haftungsprivilegierung apodiktisch ab und die wohl hL plädiert für eine umfassende Haftungserleichterung auch im Rahmen des eigentlichen Aufgabenbereichs des leitenden Angestellten (Otto/Schwarze/Krause, Haftung Rn 128; Schumacher, Haftung [2012] 29 f; Krause, NZA 2003, 577 [581]; Waltermann, 66

RdA 2005, 98 [100]; HANAU, in: FS Lorenz [2004] 283 [284 ff]; SANDMANN, Haftung 543 ff, der als Ausgleich aber den weit größeren Raum für individualvertragliche Haftungsverschärfungen betont [560]; so auch FRITZ NZA 2017, 673 [676 f]).

67 **Stellungnahme**: Zwar ist nicht zu verkennen, dass leitende Angestellte in der Regel wesentlich freier und „selbständiger" als normale Arbeitnehmer tätig werden. Trotz dieses größeren Freiraums sind aber auch sie letzten Endes in die Betriebsorganisation des Arbeitgebers eingebunden und dessen Weisungsrecht unterworfen, sodass sie die Umstände, unter denen sie tätig werden und die für die Größe ihres Haftungsrisikos mitprägend sind, kaum kontrollieren können. Im Grundsatz können sich daher richtigerweise auch leitende Angestellte – und zwar auch in ihrem spezifischen Leitungsbereich – auf die Haftungsprivilegierung berufen. Allerdings sind die Grundsätze der beschränkten Arbeitnehmerhaftung nur modifiziert zur Anwendung zu bringen, und zwar dergestalt, dass im Rahmen des flexiblen Haftungsumfangs die konkrete, herausgehobene Stellung des leitenden Angestellten berücksichtigt wird (näher FISCHINGER, Haftungsbeschränkung im Bürgerlichen Recht [2015] 569 ff).

bb) Arbeitnehmerähnliche Personen/Freie Mitarbeiter

68 **Meinungsstand**: Während nach einer Auffassung eine Anwendung der Grundsätze privilegierter Arbeitnehmerhaftung ausscheidet, weil Arbeitnehmerähnliche zwar wirtschaftlich, aber nicht persönlich abhängig sind (BGH 7. 10. 1969 – VI ZR 223/67, NJW 1970, 34 [35]; LAG Berlin 29. 10. 1990 – 9 Sa 67/90, LAGE Nr 15 zu § 611 BGB Arbeitnehmerhaftung; ErfK/PREIS § 619a Rn 19; BeckOGK/FEUERBORN [1. 10. 2018] § 619a Rn 56 f), sehen andere genügend Parallelen, um auch arbeitnehmerähnliche Personen in deren „Schutzbereich" einzubeziehen (BSG 24. 6. 2003 – B 2 U 39/02 R, NJW 2004, 966 [967]; LAG Hessen 17. 5. 2013 – 13 Sa 857/12, BeckRS 2013, 70404; JOUSSEN, RdA 2006, 129 [136 f]; ZEUNER RdA 1975, 84 [87]; KRAUSE NZA 2003, 577 [582]). Vermittelnd wird dafür plädiert, auf eine Prüfung der Umstände des Einzelfalls dahingehend abzustellen, ob der Arbeitnehmerähnliche einem Arbeitnehmer vergleichbar persönlich abhängig ist (MünchKomm/HENSSLER § 619a Rn 18; MüHdB/REICHOLD § 57 Rn 65; ähnlich DÄUBLER NJW 1986, 867 [874]; PALLASCH RdA 2013, 338 [347]; SCHUMACHER, Haftung [2012] 32 ff).

69 **Stellungnahme**: Eine Übertragung der Grundsätze beschränkter Arbeitnehmerhaftung auf arbeitnehmerähnliche Personen ist **abzulehnen**. Gegen sie spricht bereits, dass der moderne Gesetzgeber sie in einer Reihe von Fällen Arbeitnehmern gleichgestellt hat (§ 6 Abs 1 S 1 Nr 3 AGG, § 7 Abs 1 Nr 3 PflegeZG, § 5 Abs 1 S 2 ArbGG, § 2 S 2 BUrlG), in Bezug auf die Haftung aber von einer Gleichstellung abgesehen hat, was umso schwerer wiegt, als er für andere Gruppen – zB Ein-Euro-Jobber oder Freiwillige nach dem BFDG (s Rn 64) – dies gerade explizit angeordnet hat; es fehlt mithin bereits an einer planwidrigen Regelungslücke (s zu deren Notwendigkeit im vorliegenden Kontext Rn 65), die mittels richterlicher Rechtsfortbildung geschlossen werden könnte (vgl auch BAG 8. 5. 2007 – 9 AZR 777/06, BB 2007, 2298 [2299 f], wo unter Verweis auf die für andere Bereiche erfolgte Gleichstellung mit Arbeitnehmern die Anwendung der Kündigungsfristen des § 622 auf arbeitnehmerähnliche Personen abgelehnt wird). Hinzu kommt, dass es gerade maßgebliches Charakteristikum des arbeitnehmerähnlich Tätigen ist, dass er „nur" in wirtschaftlicher, nicht aber persönlicher Abhängigkeit wirkt. Es fehlt bei ihm also qua definitionem an der die Haftungsprivilegierung gerade erst legitimierenden, durch Eingliederung in die Betriebsorganisation des Arbeitgebers und Unterwerfung unter sein Weisungsrecht begründeten Fremdbe-

stimmtheit seiner Tätigkeit. Damit aber bricht jegliche Legitimation dafür, in Bezug auf seine Haftungsverantwortung von den allgemeinen Grundsätzen des BGB abzuweichen, in sich zusammen. Für **freie Mitarbeiter** kann nichts anderes gelten.

cc) GmbH-Geschäftsführer

Meinungsstand: Eine Anwendung der Grundsätze der privilegierten Arbeitnehmerhaftung auf GmbH-Geschäftsführer wird in der Literatur einerseits vollständig abgelehnt (Lohr NZG 2000, 1204 [1207 f]; Joussen RdA 2006, 129 [135]; MünchKomm/Henssler § 619a Rn 19; Podewils DB 2018, 2304), andererseits aber unter Verweis darauf, dass der Geschäftsführer in Bezug auf das Haftungsrisiko einem leitenden Angestellten vergleichbar sei, einschränkungslos bejaht (Brox/Walker DB 1985, 1469 [1477]). Die herrschende Auffassung differenziert hingegen. Für Schäden aus der spezifischen Organtätigkeit sei eine Haftungsmilderung abzulehnen, bei solchen aus „atypischen Tätigkeiten“ wie zB dem Führen eines Dienstfahrzeugs aber anzunehmen (Scholz/Schneider GmbHG § 43 Rn 256 f; Sandmann, Haftung, 333; Baumbach/Hueck/Zöllner/Noack GmbHG § 43 Rn 6; Kust WM 1980, 758 [762]; Pullen BB 1984, 989 [991]; Lutter GmbHR 2000, 301 [312]; vgl auch Pallasch RdA 2013, 338 [349]; so wohl auch Fritz NZA 2017, 673 [677 ff]; gegen „analoge“ Anwendung der beschränkten Arbeitnehmerhaftung, aber für „freie“ Rechtsfortbildung im Gesellschaftsrecht Bachmann ZIP 2017, 841). 70

Stellungnahme: Soweit es sich um aus der spezifischen Organtätigkeit resultierende Schäden handelt, scheidet eine Haftungsprivilegierung bereits deshalb aus, weil § 43 Abs 1, 2 GmbHG insoweit eine Spezialregelung trifft und es daher an der für die Anwendung der beschränkten Arbeitnehmerhaftung notwendigen Regelungslücke (s Rn 65) fehlt. Aber auch bei für Geschäftsführer „atypischen“, nicht zum Bereich der Organaufgaben zählenden Tätigkeiten findet richtigerweise keine Haftungsprivilegierung statt. Dafür spricht zunächst, dass der Kreis dessen, was zum atypischen Bereich und was zur spezifischen Organtätigkeit gehört, gerade in Randbereichen nicht rechtssicher abgrenzbar ist; die Gefahr, dass das im konkreten Einzelfall gewünschte Ergebnis (Haftungsprivilegierung oder nicht) faktisch zum maßgebenden Abgrenzungskriterium würde, wäre nicht von der Hand zu weisen. Unabhängig davon dürfte ein Gesellschafter selbst außerhalb typischer Geschäftsleitungsmaßnahmen nicht einer einem Arbeitnehmer vergleichbaren Fremdbestimmtheit unterliegen. Eine Haftungsprivilegierung für GmbH-Geschäftsführer ist deshalb **grundsätzlich abzulehnen**. Etwas anderes gilt nur, wenn der Geschäftsführer – ausnahmsweise – im konkreten Einzelfall Arbeitnehmer ist oder einem Arbeitnehmer vergleichbar fremdbestimmt tätig wird, dh in den Betrieb eingegliedert ist und einem weitgehenden Weisungsrecht unterliegt. Hier ist eine Haftungsprivilegierung geboten, allerdings nicht, soweit es um die Sonderhaftungstatbestände des § 43 Abs 3 S 3 GmbHG geht und der Ersatzanspruch zur Befriedigung der Gesellschaftsgläubiger erforderlich ist (s näher Fischinger, Haftungsbeschränkung im Bürgerlichen Recht [2015] 572 ff). 71

dd) AG-Vorstände/Aufsichtsratsmitglieder

Auf AG-Vorstände und Aufsichtsratsmitglieder ist die Haftungsprivilegierung **nicht anwendbar**. Angesichts der §§ 93, 116 AktG fehlt es schon an einer ausfüllungsbedürftigen und -fähigen Regelungslücke (s Rn 65). Zudem sind Vorstände keinen Weisungen der Gesellschafter (Aktionäre) unterworfen, sodass es auch an der die Haftungsprivilegierung legitimierenden Fremdbestimmtheit ihrer Tätigkeit gebricht. 72

ee) Beauftragte

73 Auch auf Auftragnehmer sind die Grundsätze beschränkter Arbeitnehmerhaftung nach zutreffender herrschender Meinung nicht anwendbar (Staudinger/Martinek [2006] § 662 Rn 43; Soergel[13]/Beuthien § 662 Rn 16; Palandt/Sprau § 662 Rn 11; Pallasch RdA 2013, 338 [347]; vgl auch BGH 22. 6. 1956 – I ZR 198/54, BGHZ 21, 102 [110]; BGH 30. 4. 1959 – II ZR 126/57, NJW 1959, 1221 [1223]; OLG Hamm 29. 11. 2004 – 13 U 59/04, NJW-RR 2006, 104), weil sich aus den historischen Gesetzgebungsmaterialien der klare Wille ableiten lässt, Auftragnehmer nicht in den Genuss einer Haftungsprivilegierung gelangen zu lassen (s näher Fischinger, Haftungsbeschränkung im Bürgerlichen Recht [2015] 581 ff).

ff) Ehrenamtliche Vereinsmitglieder

74 Nach früher vertretener Meinung konnten unter bestimmten Voraussetzungen auch ehrenamtlich tätige Vereinsmitglieder einer der beschränkten Arbeitnehmerhaftung vergleichbaren Haftungsprivilegierung unterfallen (vgl BGH 5. 12. 1983 – II ZR 252/82, NJW 1984, 789 [790]). Ob dies zutreffend war, kann offenbleiben, weil sie nunmehr unter den in **§§ 31a, 31b** BGB genannten Voraussetzungen nur für Vorsatz und grobe Fahrlässigkeit haften. Eine diese Vorschriften ergänzende Anwendung der für Arbeitnehmer entwickelten Haftungsmilderung ist mangels Regelungslücke abzulehnen.

6. Inhaltliche Ausgestaltung der Haftungsbeschränkung

75 Herzstück der herrschenden, hier geteilten Auffassung ist eine rechtsfolgenorientierte Haftungsbeschränkung, wobei der dem Arbeitnehmer anzulastende Verschuldensgrad einen bedeutsamen Grobfilter darstellt. Klassischerweise werden insoweit vier Stufen unterschieden, die Terminologie weicht dabei im Detail ab. Die folgenden Grundsätze gelten gleichermaßen für vertragliche wie deliktische Schadensersatzansprüche des Arbeitgebers (BAG 12. 5. 1960 – 2 AZR 78/58, AP Nr 16 zu § 611 BGB Haftung des Arbeitnehmers).

a) Vorsatz

76 Bei vorsätzlichem Handeln des Arbeitnehmers **scheidet eine Haftungsprivilegierung** (unstreitig) **aus** (vgl statt aller BAG 18. 4. 2002 – 8 AZR 348/01, NZA 2003, 37 [39]; HWK/Krause § 619a Rn 29). Das gilt auch dann, wenn zwischen Lohn und Schaden ein krasses Missverhältnis besteht und/oder der Arbeitnehmer durch die vollständige Schadensersatzverpflichtung in seiner wirtschaftlichen Existenz gefährdet würde. Denn wer wissentlich und willentlich einen anderen schädigt, ist nach den Grundwertungen des Zivilrechts nicht schutzwürdig (vgl §§ 202 Abs 1, 276 Abs 3 BGB); überdies tritt hinter einem derart maliziös handelnden Arbeitnehmer der abstrakttypisierte Verschuldensbeitrag des Arbeitgebers vollkommen zurück.

77 Eingeschränkt wird die Bedeutung dieser Fallkonstellation allerdings dadurch, dass sich im Rahmen der beschränkten Arbeitnehmerhaftung das **Verschulden** nach zutreffender herrschender Meinung nicht wie im allgemeinen Zivilrecht (vgl zB BGH 30. 5. 1972 – VI ZR 6/71, NJW 1972, 1366 [1368]) nur **auf die Pflichtverletzung**, sondern darüber hinaus **auch auf den konkret eingetretenen Schaden** beziehen muss (BAG 18. 4. 2002 – 8 AZR 348/01, NZA 2003, 37 [40]; BAG 18. 1. 2007 – 8 AZR 250/06, NZA 2007, 1230 [1233]; Deutsch RdA 1996, 1 [3]; Brose RdA 2011, 205 [210 ff]; Gamillscheg RdA 1967, 375 f; Richardi

SAE 1968, 195; ders JZ 1986, 796 [805 f]; Benitz, Schadenszurechnung bei qualifiziertem Verschuldenserfordernis [1973] 98 ff; **aA** Krause NZA 2003, 577 [583]; Heinze NZA 1986, 545 [552]). Würde man anders entscheiden, wäre in zahlreichen Fällen keine Haftungsentlastung möglich, würde doch bereits das vorsätzliche Sichhinwegsetzen über eine Arbeitgeberweisung die Privilegierung apodiktisch ausschließen. Das aber wäre mit dem Zweck der beschränkten Arbeitnehmerhaftung, von der Risikozurechnung des *Schadens* zu entlasten, nicht vereinbar. Daher: Handelte der Arbeitnehmer zwar in vollem Bewusstsein entgegen einer eindeutigen, wirksamen Weisung des Arbeitgebers, fehlte es aber an der willentlichen oder wissentlichen Schadensverursachung, ist die Fallgruppe der groben Fahrlässigkeit einschlägig (BAG 9. 11. 1967 – 5 AZR 147/67, AP Nr 1 zu § 67 VVG; BAG 18. 6. 1970 – 1 AZR 520/69, AP Nr 57 zu § 611 BGB Haftung des Arbeitnehmers; BAG 18. 4. 2002 – 8 AZR 348/01, BAGE 101, 107 [114 ff]; nach hier vertretener Auffassung macht das aber letztlich auf materiell-rechtlicher Ebene keinen Unterschied, da auch bei grober Fahrlässigkeit der Arbeitnehmer vollumfänglich haftet [Rn 80]; ein Unterschied ergibt sich allerdings im Rahmen eines möglichen Restschuldbefreiungsverfahrens, weil bei Vorsatz bzgl Pflichtverletzung *und* Schaden eine Befreiung nach § 302 Nr 1 InsO ausscheidet, wohingegen dann, wenn sich der Vorsatz auf die Pflichtverletzung beschränkt, eine Restschuldbefreiung möglich ist [vgl zum „doppelten Vorsatzerfordernis" bei § 302 Nr 1 InsO BGH 21. 6. 2007 – IX ZR 29/06, NZI 2007, 532 [533]; Fischinger, Haftungsbeschränkung im Bürgerlichen Recht [2015] 621 ff mwNw).

b) Grobe Fahrlässigkeit

Auch wenn der Arbeitnehmer grob fahrlässig handelte, **scheidet** nach ganz herr- **78**
schender Meinung eine **Haftungsbeschränkung grundsätzlich aus** (vgl zB BAG 19. 3. 1959 – 2 AZR 402/55, BAGE 7, 290 [299 f]). Grob fahrlässig handelt, wer die im Verkehr erforderliche Sorgfalt nach den ganzen Umständen in einem ungewöhnlich hohen Grad verletzt und dasjenige unbeachtet lässt, was im gegebenen Fall jedem hätte einleuchten müssen (BAG 28. 5. 1960 – 2 AZR 548/59, BAGE 9, 243 [248]; BAG 18. 4. 2002 – 8 AZR 348/01, BAGE 101, 107 [114]; vgl auch Staudinger/Caspers [2014] § 276 Rn 92 ff; grobe Fahrlässigkeit ist zB anzunehmen, wenn ein Kraftfahrer wegen Übermüdung am Steuer einschläft [BAG 29. 6. 1964 – 1 AZR 434/63, AP Nr 33 zu § 611 BGB Haftung des Arbeitnehmers; vgl aber auch BAG 13. 3. 1968 – 1 AZR 362/67, AP Nr 42 zu § 611 BGB Haftung des Arbeitnehmers; anders jedoch, wenn vom Arbeitgeber verursacht, BAG 18. 1. 1972 – 1 AZR 125/71, AP Nr 69 zu § 611 BGB Haftung des Arbeitnehmers]). Anders als bei der leichten Fahrlässigkeit genügt der bloß objektiv besonders schwerwiegende Pflichtverstoß nicht; es kommt auch darauf an, ob der Schädigende nach seinen individuellen Fähigkeiten die objektiv gebotene Sorgfalt erkennen und erbringen konnte (BAG 12. 11. 1998 – 8 AZR 221/97, AP Nr 117 zu § 611 BGB Haftung des Arbeitnehmers).

Von der strikten Haftung bei grober Fahrlässigkeit erkennt das BAG traditionell **79**
Ausnahmen an für Fälle, in denen entweder ein deutliches **Missverhältnis zwischen Arbeitslohn und Schadensrisiko** der Tätigkeit besteht und/oder eine vollumfängliche Schadensersatzpflicht die wirtschaftliche **Existenzgrundlage** des Arbeitnehmers gefährden würde (BAG 12. 10. 1989 – 8 AZR 276/88, NZA 1990, 97 [98 f]; BAG 23. 1. 1997 – 8 AZR 893/95, NZA 1998, 140 [140 f]; BAG 25. 9. 1997 – 8 AZR 288/96, NZA 1998, 310 [311]; BAG 15. 11. 2001 – 8 AZR 95/01, NZA 2002, 612 [614]; vgl auch schon BAG [GS] 25. 9. 1957 – GS 4/56, BAGE 5, 1 [18]; so zuletzt auch LAG Sachsen 13. 6. 2017 – 3 Sa 556/16, BeckRS 2017, 127707; vgl zudem § 99 Abs 2 ArbVG 92, in: Verhandlungen des 59. DJT I/D [1992] 50; zust MünchKomm/Henssler § 619a Rn 36; BeckOGK/Feuerborn [1. 10. 2018] § 619a Rn 70). Darüber noch hinausgehend hat das Gericht die Maßstäbe in den letzten Jahren noch weiter zu

Gunsten der Arbeitnehmer verschoben, spricht es nunmehr doch ganz unabhängig vom Vorliegen einer dieser beiden Fallgruppen davon, dass „bei grober Fahrlässigkeit des Arbeitnehmers […] eine Haftungserleichterung zu seinen Gunsten nicht ausgeschlossen, sondern von einer Abwägung im Einzelfall abhängig“ sei (BAG 18. 4. 2002 – 8 AZR 348/01, NZA 2003, 37 [39]; vgl auch BAG 18. 1. 2007 – 8 AZR 250/06, NZA 2007, 1230 [1235]). Angeblich wollte das BAG eine „Rück-“Ausnahme dahingehend machen, dass ein Arbeitnehmer, dem der Vorwurf besonders grober, sog **gröbster Fahrlässigkeit** gemacht werden kann, wie ein vorsätzlich Handelnder stets vollumfänglich haften solle; diese Interpretation wurde der Rechtsprechung aber noch nie gerecht, hieß es doch schon bei einer der ersten, den Unterfall gröbster Fahrlässigkeit erwähnenden Entscheidung im zweiten Leitsatz: *„Im Einzelfall können* Haftungserleichterungen deshalb ausscheiden, weil der Arbeitnehmer mit besonders grober [gröbster] Fahrlässigkeit handelte“ (BAG 25. 9. 1997 – 8 AZR 288/86, NZA 1998, 310, Hervorhebungen hier). Inzwischen hat das Gericht diese, von der Literatur weitgehend unbemerkte Tatsache, sogar ausdrücklich klargestellt (BAG 28. 10. 2010 – 8 AZR 418/09, NZA 2011, 345 [348]: „Denn auch bei ‚gröbster‘ Fahrlässigkeit scheiden Haftungserleichterungen für den Arbeitnehmer nicht grundsätzlich aus“). Die gröbste Fahrlässigkeit ist in der Rechtsprechung des BAG mithin keine gesonderte, eigenen Regelungen unterfallende Zwischenstufe zwischen grober Fahrlässigkeit und Vorsatz. So man sie als Kategorie überhaupt anerkennen will, erschöpft sich ihr (äußerst geringer) Aussagegehalt darin, dass einem gröbst fahrlässig handelnden Arbeitnehmer nur unter noch erschwerten Voraussetzungen ausnahmsweise eine Haftungsprivilegierung zugutekommen kann.

80 **Bewertung**: Die von der herrschenden Meinung offen gelassene Hintertür für eine Haftungsmilderung selbst bei grober – oder gar gröbster – Fahrlässigkeit überzeugt nicht. Richtigerweise haftet ein grob fahrlässig seinen Arbeitgeber schadender Arbeitnehmer **vollumfänglich** (vgl auch Annuss NZA 1998, 1089 [1094]; Fischinger/Hofer NZA 2017, 349). Die Gegenansicht ist schon nicht mit der an vielen Stellen im Zivilrecht zutagetretenden Grundwertung vereinbar, dass selbst bei Modifikationen des Haftungsmaßstabes niemals eine Freizeichnung von grober Fahrlässigkeit erfolgt (vgl zB §§ 31a Abs 1 S 1, 300 Abs 1, 521, 599, 680, 968 BGB; § 277 iVm §§ 690, 708, 1359, 1364 BGB). Das zeigt, dass ein grob fahrlässig handelnder Schädiger nach der Konzeption unserer Zivilrechtsordnung nicht schutz*würdig* ist. Eine Durchbrechung dieses Grundsatzes kann mit den Besonderheiten des Arbeitsrechts nicht legitimiert werden. Der **Betriebsrisikogedanke** hilft hier richtigerweise nicht weiter, ist er doch, wie oben ausgeführt (s Rn 57 f), nur Schadensverursachungszurechnungsgrund und damit ein Instrument, um den abstrakt-typisierten Verursachungsbeitrag des Arbeitgebers am entstandenen Schaden „einzupreisen“. Er bietet aber keine Plattform für die Berücksichtigung aller denkbaren, „billigerweise“ zu berücksichtigenden Umstände. Entsprechend kann er nur in Bezug auf solche Umstände fruchtbar gemacht werden, die aus dem Arbeitsverhältnis resultieren und zumindest theoretisch einen Bezug zur Schadensentstehung haben können. An letzterem fehlt es aber sowohl im Hinblick auf ein mögliches Missverhältnis von Lohnhöhe und Schadensrisiko wie bei einer potenziellen Existenzgefährdung des schädigenden Arbeitnehmers (Fischinger, Haftungsbeschränkung im Bürgerlichen Recht [2015] 535 ff). Auch aus dem nach hier vertretener Auffassung im Kontext der Haftungsprivilegierung unter Umständen durchaus relevanten **Fürsorgegedanken** folgt richtigerweise nichts anderes. Im Hinblick auf die mögliche Existenzgefährdung fehlt es schon

am notwendigen (s Rn 60) Bezug zum Arbeitsverhältnis. Unabhängig davon ist zu berücksichtigen, dass seit Schaffung des **Restschuldbefreiungsverfahrens** (§§ 286 ff InsO) zum 1. 1. 1999 ein Schädiger, der sich exorbitanten Forderungen ausgesetzt sieht, nach der Wertung des Gesetzgebers auf materiell-rechtlicher Ebene nicht mehr schutz*bedürftig* ist. Denn den Problemen der wirtschaftlichen Überforderung eines grob fahrlässig handelnden Schädigers und seiner drohenden Existenzvernichtung tritt unsere Rechtsordnung nach der gesetzgeberischen Konzeption nicht mehr auf materiell-rechtlicher Ebene entgegen, sondern bürdet dies dem Prozessrecht auf. Durch das Zusammenwirken der §§ 811 ff, 850 ff ZPO einerseits, den §§ 286 ff InsO andererseits wird nicht nur eine Kahlpfändung des Schuldners verhindert, sondern auch sichergestellt, dass er nicht dauerhaft auf die Pfändungsfreigrenzen beschränkt leben muss. Die Chance auf einen „fresh start" hat aber nur der Schuldner, der sich vorher dem Restschuldbefreiungsverfahren unterzieht. Angesichts dieser gewollten Verlagerung der Problematik auf die prozessuale Ebene besteht keine Legitimation mehr für einen zusätzlichen Schutz auf materiell-rechtlicher Ebene (näher Fischinger, Haftungsbeschränkung im Bürgerlichen Recht [2015] 560 ff; Fischinger/Hofer NZA 2017, 349; **aA** P Hanau ZfA 2018, 65 [71]).

c) Leichte (mittlere) Fahrlässigkeit

Bei leichter Fahrlässigkeit (teils auch als mittlere Fahrlässigkeit bezeichnet), verteilt **81**
das BAG den Schaden zwischen Arbeitgeber und Arbeitnehmer **(innerbetrieblicher Schadensausgleich)**. Die konkrete Aufteilung der Haftungsfolgen erfolgt dabei durch eine Gesamtabwägung der Einzelfallumstände unter Heranziehung unterschiedlicher Kriterien. Der Große Senat des BAG hat bereits im Beschluss vom 25. 9. 1957 darauf entscheidend abgestellt: „Ob und gegebenenfalls in welcher Höhe der Arbeitnehmer an der Wiedergutmachung des Schadens zu beteiligen ist, richtet sich nach der Größe der in seiner Arbeit liegenden Gefahr, nach dem vom Arbeitgeber einkalkulierten oder durch Versicherung deckbaren Risiko, nach der Stellung des Arbeitnehmers im Betrieb, nach der Höhe des Arbeitsentgelts, in dem möglicherweise eine Risikoprämie für den Arbeitnehmer enthalten sein kann, nach der Höhe des Schadens, weiter besonders nach dem Grad seines Verschuldens und überhaupt nach den persönlichen Umständen des Arbeitnehmers, wie der Dauer der Betriebszugehörigkeit in der vorausgegangenen Zeit, seinem Lebensalter, den Familienverhältnissen, seinem bisherigen Verhalten u. ä." (BAG [GS] 25. 9. 1957 – GS 4/56, BAGE 5, 1 [7]; so auch BAG [GS] 27. 9. 1994 – GS 1/89 [A], BAGE 78, 56 [67]; BAG 22. 3. 2018 – 8 AZR 779/16, NZA 2018, 1216 [1216]).

Bewertung: Das BAG geht **im Grundsatz zutreffend** davon aus, dass ein Schaden, den **82**
ein Arbeitnehmer mit leichter/mittlerer Fahrlässigkeit verursacht hat, zwischen ihm und dem Arbeitgeber aufzuteilen ist. Denn einerseits ist es angesichts des nicht vollkommen irrelevanten Verschuldensgrads sachgerecht und billig, den Arbeitnehmer an den Schadensfolgen zu beteiligen, andererseits hat man aber auch zu beachten, dass der Arbeitgeber die Arbeitsorganisation gestaltet (vgl auch BAG [GS] 27. 9. 1994 – GS 1/89 [A], AP Nr 103 zu § 611 BGB Haftung des Arbeitnehmers) und daher bei abstrakt-typisierender Betrachtung die vom Arbeitgeber vorgegebene Betriebsorganisation einen Beitrag zum Schadenseintritt geleistet hat (s Rn 57 f).

Damit ist aber noch keine Aussage über die Validität der genannten, vom BAG bei **83**
dieser Abwägung herangezogenen **Kriterien** (s Rn 81) getroffen. Auch wenn die be-

schränkte Arbeitnehmerhaftung grundsätzlich auf den Betriebsrisikogedanken gestützt werden kann, entbindet dies nicht von dem Erfordernis, die exakte Tragweite dieses Begründungsansatzes kritisch zu hinterfragen. Wenn oben ausgeführt wurde, dass die unter dem Schlagwort des **Betriebsrisikos** zusammengefassten Umstände als Schadensverursachungszurechnungsgründe fungieren, so begründet dies zwar eine Schadensaufbürdung auf den Arbeitgeber, begrenzt sie zugleich aber auch. Insbesondere erlaubt sie **keine „konturlose Sozialabwägung"** (Hanau/Preis JZ 1988, 1072 [1075]), in die Kriterien einbezogen werden, die weder mit dem Arbeitsverhältnis noch dem Schadensfall im Zusammenhang stehen können (vgl auch Gamillscheg AuR 1988, 354 [355]: „Kasseler Allerlei"; Koller SAE 1996, 5; Reichold, MünchArbR § 57 Rn 40, 44 ff: „Haftungspotpourri"; Denck AuR 1988, 325 [327]). Erfüllt ein Kriterium diese Anforderungen nicht, kann es nach hier vertretener Auffassung nur berücksichtigt werden, wenn es (ausnahmsweise) auf den **Fürsorgegedanken** gestützt werden kann; ist auch das nicht der Fall, kann es für die Frage der Aufteilung der Schadenslasten keine Rolle spielen. Dabei darf auch der Fürsorgegedanke nicht dazu instrumentalisiert werden, unter seinem Deckmantel eine allgemeine Billigkeitskontrolle durchzuführen. Vielmehr erlaubt er die Berücksichtigung von Faktoren nur, wenn diese (1) einen konkreten Bezug zum Arbeitsverhältnis aufweisen, (2) Korrelat zur Unterwerfung unter die Weisungshoheit des Arbeitgebers sind und (3) unter Wahrung des Verhältnismäßigkeitsgrundes nach Abwägung der beiderseitigen Interessen das Interesse des Arbeitnehmers an einer Berücksichtigung Vorrang hat (s schon Rn 60).

84 Im Einzelnen gilt dementsprechend Folgendes:

– Eine Berücksichtigung der **persönlichen Verhältnisse des Arbeitnehmers**, insbesondere seines Lebensalters, seines Familienstands, seiner Vermögensverhältnisse und seiner Unterhaltsverpflichtungen kann weder auf den Betriebsrisiko- noch den Fürsorgegedanken gestützt werden, weil all diese Faktoren vollkommen außerhalb des Arbeitsverhältnisses liegen, vom Arbeitgeber in keiner Weise beeinflusst werden können und auch mit dem Schadensereignis in keinem Zusammenhang stehen (so auch LAG Köln 20. 2. 1991 – 7 Sa 706/90, BeckRS 1991, 30983128; Langenbucher ZfA 1997, 523 [552]; Annuss NZA 1998, 1089 [1094]; Hanau/Preis JZ 1988, 1072 [1075]; Joussen AuR 2005, 432 [434]; vHoyningen-Huene BB 1989, 1889 [1896]; Koller SAE 1996, 5; s Fischinger, Haftungsbeschränkung im Bürgerlichen Recht [2015] 532 ff, 565 f; **aA** BAG [GS] 27. 9. 1994 – GS 1/89 [A], NZA 1994, 1083 [1084]; BAG 24. 11. 1987 – 8 AZR 66/82, NZA 1988, 584 [586]; BAG 18. 4. 2002 – 8 AZR 348/01, NZA 2003, 37 [39]; BAG 5. 2. 2004 – 8 AZR 91/03, NZA 2004, 649 [650]; BAG 18. 1. 2007 – 8 AZR 250/06, NZA 2007, 1230 [1233]; dem folgend Erman/Edenfeld § 611 Rn 340; BeckOK-BGB/Fuchs/Baumgärtner § 611a Rn 75). Hohe Unterhaltsverpflichtungen können deshalb beispielsweise nicht haftungsmildernd berücksichtigt werden.

– Ebenso wenig überzeugt es, die bloße Tatsache einer **langen Betriebszugehörigkeit** haftungsmildernd zu berücksichtigen. Zwar ist es denkbar, dass der Arbeitgeber über Jahre oder gar Jahrzehnte von der stets einwandfreien Arbeitsleistung profitierte, sodass ihm ein einmaliges „Fehlgehen" der „menschlichen Maschine" eher zumutbar ist. Die reine Betriebszugehörigkeitsdauer ist nicht zwingend Ausdruck dieses Umstands, vielmehr ist durchaus auch möglich, dass der Arbeitnehmer immer wieder schadensverursachende Fehler begangen hat (vorsichtig kritisch gegenüber der hM auch Otto AuR 1995, 72 [76]). An die Stelle der reinen Dauer der Betriebszugehörigkeit hat stattdessen richtigerweise das **bisherige dienstliche Verhalten** des Arbeitnehmers zu treten, wobei es sich hierbei um ein zweischneidiges Schwert handelt, weil dieses bei einem oft unsorgfältig arbeitenden Arbeitnehmer im Vergleich zu einem stets peniblen Mitarbeiter, dem nach Jahren beanstandungslosen Arbeitens einmal ein Fehler unterläuft, eben zu seinen Lasten zu bewerten ist.

- Zutreffend ist es hingegen, wenn das BAG die **Stellung des Arbeitnehmers im Betrieb** berücksichtigen will (BAG [GS] 27. 9. 1994 – GS 1/89 [A], NZA 1994, 1083 [1086]; BAG 18. 4. 2002 – 8 AZR 348/01, NZA 2003, 37 [39]; BAG 5. 2. 2004 – 8 AZR 91/03, NZA 2004, 649 [650]), so man darunter die Position des Arbeitnehmers in der Betriebshierarchie versteht. Denn dieser Umstand kann unproblematisch auf den Betriebsrisikogedanken zurückgeführt werden, verringert sich doch mit dem Aufstieg in der Betriebshierarchie typischerweise die persönliche Abhängigkeit und, damit korrespondierend, die „Herrschaftsgewalt" des Arbeitgebers mit der Folge, dass sein aus Organisationsgewalt und Weisungsgebundenheit gespeister abstrakttypisierter Schadensverursachungszurechnungsbeitrag abnimmt.

- Ein mögliches **Missverhältnis zwischen Lohnhöhe und Schadensrisiko** kann ebenso wenig berücksichtigt werden wie eine drohende **Existenzgefährdung** des Arbeitnehmers. Wie bereits im Rahmen der groben Fahrlässigkeit ausgeführt, ist diesen Umständen nach der gesetzlichen Konzeption auf prozessualer Ebene mittels der §§ 811 ff, 850 ff ZPO und (vor allem) §§ 286 ff InsO Rechnung zu tragen (näher Rn 80).

- Eine Berücksichtigung der **Gefahrgeneigtheit** der Tätigkeit (dafür vor allem BAG [GS] 12. 6. 1992 – GS 1/89, AP Nr 102 zu § 611 BGB Haftung des Arbeitnehmers) ist hingegen unter dem Gesichtspunkt des Betriebsrisikos unschwer möglich, ist diese doch Ausfluss des vom Unternehmer durch seine Betriebsorganisation gesetzten und, wenn überhaupt, von ihm beherrschbaren Schadensrisikos.

- Zuzustimmen ist der herrschenden Meinung auch insoweit, als die Haftungserleichterung nicht deshalb ausgeschlossen ist, weil der **Arbeitnehmer freiwillig** eine **Privathaftpflichtversicherung** abgeschlossen hat (vgl BAG 25. 9. 1997 – 8 AZR 288/96, AP Nr 111 zu § 611 BGB Haftung des Arbeitnehmers; BAG 28. 10. 2010 – 8 AZR 418/09, NZA 2011, 345 [349]; ebenso mit Ausnahme der Fälle grober Fahrlässigkeit Otto/Schwarze/Krause, Haftung des Arbeitnehmers Rn 214; dazu auch Otto, in: FS 50 Jahre BAG [2004] 97 [111 ff]). Das gilt auch für die D & O-Versicherung eines leitenden Angestellten (MünchKomm/Henssler § 619a Rn 39). Besteht dagegen ein **gesetzlicher Pflichtversicherungsschutz**, so überlagert er die Grundsätze der beschränkten Arbeitnehmerhaftung (vgl BAG 11. 1. 1966 – 1 AZR 361/65, AP Nr 36 zu § 611 BGB Haftung des Arbeitnehmers; BGH 8. 12. 1971 – IV ZR 102/70, AP Nr 68 zu § 611 BGB Haftung des Arbeitnehmers; BAG 23. 6. 1988 – 8 AZR 300/85, AP Nr 94 zu § 611 BGB Haftung des Arbeitnehmers; BAG 25. 9. 1997 – 8 AZR 288/96, AP Nr 111 zu § 611 BGB Haftung des Arbeitnehmers; BAG 13. 12. 2012 – 8 AZR 432/11, NZA 2013, 622 [623]).

- Zu Recht berücksichtigt es die herrschende Meinung im Rahmen der Abwägung zu Lasten des Arbeitgebers, wenn dieser **den Abschluss einer gebotenen Schadensversicherung unterließ** (BAG 9. 8. 1966 – 1 AZR 473/65, NJW 1966, 2233 [2234]; BAG 22. 3. 1968 – 1 AZR 392/67, NJW 1968, 1846 [1847]; BAG 5. 2. 2004 – 8 AZR 91/03, NZA 2004, 649

[650]; ErfK/Preis § 619a Rn 16; MünchKomm/Henssler § 619a Rn 39; Otto, in: FS BAG [2004] 97 [108 f]). Zwar ginge es zu weit, im Verhältnis zwischen Arbeitgeber und Arbeitnehmer eine *Pflicht* des Ersteren zum Abschluss bestimmter Versicherungen anzunehmen (ebenso BGH 10. 1. 1955 – III ZR 153/53, NJW 1955, 458 [459]; BAG 22. 3. 1968 – 1 AZR 392/67, NJW 1968, 1846 [1847]; BAG 24. 11. 1987 – 8 AZR 66/82, NZA 1988, 584 [585]; **aA** Becker-Schaffner VersR 1970, 893 [894 f]; Arens BB 1990, 67 [69]), jedoch besteht in Bezug auf gebotene Versicherungen eine entsprechende *Obliegenheit.* Diese lässt sich allerdings entgegen der herrschenden Meinung nicht auf den Betriebsrisikogedanken stützen, hängt doch die unterlassene Gelegenheit, den Schaden auf einen Versicherer abzuwälzen, nicht mit der eigentlichen Schadensverursachung zusammen (so auch Otto/Schwarze/Krause, Haftung des Arbeitnehmers 130 f). Jedoch lässt sich insoweit die Fürsorgepflicht des Arbeitgebers anführen, die genannten Grundvoraussetzungen (s Rn 60, 83) hierfür liegen vor: Das Unterlassen der Versicherung wirkt sich im Falle eines Schadenseintritts unmittelbar auf den Arbeitnehmer aus und weist daher den notwendigen Bezug zum Arbeitsverhältnis auf; zudem ist es Ausfluss der Weisungsabhängigkeit des Arbeitnehmers, hat dieser doch in aller Regel keinen Einfluss auf die Entscheidung des Arbeitgebers über den Abschluss einer Versicherung. Die Frage, in Bezug auf **welche Versicherung** eine Obliegenheit zum Abschluss besteht, hängt letztlich vom Einzelfall ab, wobei eine Abwägung der widerstreitenden Interessen unter Wahrung des Verhältnismäßigkeitsgrundsatzes – immerhin trifft den Arbeitgeber die finanzielle Last der Prämienzahlung, vgl § 1 S 2 VVG – entscheidend ist (näher Fischinger, Haftungsbeschränkung im Bürgerlichen Recht [2015] 537, 557 ff). In Betracht kommt insbesondere die Obliegenheit zum Abschluss einer (Voll-)Kaskoversicherung für dienstlich genutzte Fahrzeuge, bei deren Unterlassung eine Haftungsbeschränkung des Arbeitnehmers auf die Höhe der Selbstbeteiligung in Betracht kommt (BAG 24. 11. 1987 – 8 AZR 66/82, AP Nr 92 zu § 611 BGB Haftung des Arbeitnehmers).

d) Leichteste Fahrlässigkeit

85 Bei leichtester Fahrlässigkeit, die teilweise auch als leichte Fahrlässigkeit oder culpa levissima bezeichnet wird, **haftet der Arbeitnehmer überhaupt nicht** (BAG 18. 4. 2002 – 8 AZR 348/01, NZA 2003, 37 [39]). Das lässt sich damit begründen, dass bei solch leichten Fehlern, die während eines Dauerschuldverhältnisses auch dem Sorgfältigsten einmal passieren können, der im Betriebsrisiko steckende abstrakt-typisierte Verschuldensbeitrag des Arbeitgebers (s Rn 57 f) gänzlich im Vordergrund steht.

7. Normative Verankerung

86 Diese Haftungsbeschränkungsgrundsätze werden von der herrschenden Meinung traditionell **analog § 254 Abs 1 BGB** normativ verankert (BAG 7. 7. 1970 – 1 AZR 505/69, AP Nr 58 zu § 611 BGB Haftung des Arbeitnehmers; BAG 24. 11. 1987 – 8 AZR 66/82, NZA 1988, 584; BAG [GS] 27. 9. 1994 – GS 1/89 [A], NZA 1994, 1083 [1084 f]; BGH 21. 12. 1993 – VI ZR 103/93, NJW 1994, 852 [854]; BGH 11. 3. 1996 – II ZR 230/94, NJW 1996, 1532; Dütz NJW 1986, 1779 [1784]; Kohte BB 1983, 1603 [1604]; Gick JuS 1980, 393 [398]; Eich NZA 1984, 65 [72]; ist dem Arbeitgeber ein „normales" Mitverschulden anzulasten, findet, wie sonst auch, § 254 direkt Anwendung).

87 Dem ist, soweit die Haftungsprivilegierung auf den **Betriebsrisikogedanken** zu stützen ist, zuzustimmen, geht es doch auch im Rahmen der beschränkten Arbeitnehmerhaf-

tung in der Sache um die Abwägung von Schadensverursachungsbeiträgen. Daran hat sich auch durch die Schuldrechtsmodernisierung 2002 richtigerweise nichts geändert. Zwar wird vereinzelt argumentiert, die Haftungsprivilegierung könne – mindestens teilweise – unter die Wendung „sonstigen Inhalt des Schuldverhältnisses" in § 276 Abs 1 S 1 BGB subsumiert werden (BT-Drucks 14/6857, 48; Reichold ZTR 2002, 202 [209]; Preis, in: FS BAG [2004] 123 [151]). Das überzeugt nicht, weil § 276 BGB mit dem Verschulden gerade eine Haftungsvoraussetzung regelt und daher zu einer bei den Haftungsfolgen ansetzenden Haftungsprivilegierung dogmatisch nicht passt. Aus den Gesetzgebungsmaterialien zur Schuldrechtsreform folgt nichts anderes. Zwar hielt der Gesetzgeber es in der Tat für möglich, nunmehr bei § 276 BGB anzuknüpfen. Eine Bindung für die Normanwendung folgt daraus aber schon deshalb nicht, weil er ausdrücklich die Fortsetzung der bisherigen Handhabung für zulässig erklärte (BT-Drucks 14/6857, 48: „Es bleibt ihr [der Rechtsprechung] aber unbenommen, bei der bisherigen dogmatischen Begründung der Beschränkung der Arbeitnehmerhaftung zu bleiben."; s zum Ganzen auch Fischinger, Haftungsbeschränkung im Bürgerlichen Recht [2015] 700 f). Es bleibt also auch nach der Schuldrechtsmodernisierung richtigerweise dabei, dass die Haftungsprivilegierung grundsätzlich **analog § 254 Abs 1 BGB** anzuknüpfen ist (so auch die ganz hM, vgl zB BAG 5. 2. 2004 – 8 AZR 91/03, NZA 2004, 649 [650]; Pallasch RdA 2013, 338 [339]; Schumacher, Haftung [2012] 148 ff; Henssler RdA 2002, 129 [133]; Waltermann RdA 2005, 98 [99]; Servatius JURA 2005, 838 [841 f]; Fischinger, Haftungsbeschränkung im Bürgerlichen Recht [2015] 585 ff).

Dies kann aber nicht ausnahmslos, sondern nur insoweit gelten, als auch tatsächlich 88
der Betriebsrisikogedanke zur Legitimation der beschränkten Arbeitnehmerhaftung herangezogen werden kann. Eine darüber hinausgehende, mit dem **Fürsorgegedanken** zu begründende Haftungsbeschränkung kann hingegen nicht auf § 254 BGB (analog) gestützt werden, weil die darüber zu berücksichtigenden Faktoren auch bei weitester Auslegung nicht als Schadensverursachungsgrund angesehen werden können; insoweit bleibt nur der Rückgriff auf **§ 242 BGB** (Fischinger, Haftungsbeschränkung im Bürgerlichen Recht [2015] 589 f).

8. Darlegungs- und Beweislast

Abweichend von dem allgemeinen Prinzip, dass den Kläger die Beweislast für alle 89
Anspruchsvoraussetzungen trifft, kann der Gläubiger sich bei Pflichtverletzungen im Rahmen eines Schuldverhältnisses darauf beschränken, die objektive Pflichtwidrigkeit darzutun, während der Schuldner sich von der subjektiven Verantwortung entlasten muss (§ 280 Abs 1 BGB). Diese Beweislastregel gilt auch im Arbeitsverhältnis. Wird der Arbeitnehmer aber für einen Schaden in Anspruch genommen, den er durch betriebliche Tätigkeit verursacht hat, so findet die Beweislastregel auf diesen Fall keine Anwendung; denn sie beruht darauf, dass die Schadensursache aus dem Gefahrenbereich des Schuldners hervorgegangen ist (§ 619a). Der Arbeitgeber hat dann auch die Beweislast für das Maß des Verschuldens des Arbeitnehmers (BAG 13. 3. 1968 – 1 AZR 362/67, AP Nr 42 zu § 611 BGB Haftung des Arbeitnehmers). Letzterer muss aber die Voraussetzungen für das Eingreifen des innerbetrieblichen Schadensausgleichs, dh insbesondere die betriebliche Veranlassung der zum Schaden führenden Tätigkeit darlegen und beweisen (BAG 18. 4. 2002 – 8 AZR 348/01, AP Nr 122 zu § 611 BGB Haftung des Arbeitnehmers).

9. Abdingbarkeit

90 Ohne dass dies begründet wird, bezeichnet das BAG die dargelegten Grundsätze als **„einseitig zwingendes Arbeitnehmerschutzrecht"**, das weder durch Einzel- noch durch Kollektivvertrag zu Lasten des Arbeitnehmers geändert werden dürfe (BAG 17. 9. 1998 – 8 AZR 175/97, NZA 1999, 141 [144]; BAG 2. 12. 1999 – 8 AZR 386/98, NZA 2000, 715 [716]; BAG 5. 2. 2004 – 8 AZR 91/03, NZA 2004, 649 [650]; vgl auch schon BAG [GS] 27. 9. 1994 – GS 1/89 [A], NZA 1994, 1083 [1086]; so auch die hL, vgl zB Waltermann RdA 2005, 98 [108 f]; Krause RdA 2013, 129 [138]; Brose RdA 2011, 205 [215 ff]; Peifer ZfA 1996, 69 [74 f]; Schwarze RdA 2001, 178 [179 f]; MünchKomm/Henssler § 619a Rn 13). Das ist seit der Schuldrechtsreform umstritten. Dagegen wird angeführt, dass diese Grundsätze nunmehr ins allgemeine System des BGB integriert wurden, und zwar entweder über § 276 Abs 1 BGB oder über eine entsprechende Anwendung des § 254 BGB; beide Normen seien aber abdingbar (ErfK/Preis § 619a Rn 11).

91 Auch wenn dies – entgegen Preis – mit der Schuldrechtsreform nichts zu tun hat, ist ihm im Ergebnis zuzustimmen. Die beschränkte Arbeitnehmerhaftung ist (und war es auch schon vor der Schuldrechtsreform) **grundsätzlich auch zu Lasten des Arbeitnehmers abdingbar**. Die vom BAG behauptete Unabdingbarkeit lässt sich dem einfachen Gesetzesrecht nicht entnehmen, weil eine Analogie zu den eine einseitig zwingende Wirkung anordnenden Vorschriften wie zB § 13 Abs 1 S 3 BUrlG oder § 8 PflegeZG mangels planwidriger Regelungslücke nicht anzunehmen ist. Vielmehr spricht eine Analyse des einfachen Gesetzesrechts gerade für die Abdingbarkeit, wird dogmatisch für die Haftungsprivilegierung doch bei § 254 BGB (analog) angeknüpft (s Rn 86 ff). Da dieser selbst aber richtigerweise abdingbar ist, weil nicht einsichtig ist, warum zwar über die Haftung des potenziellen Schädigers, nicht aber auch über einen eventuellen Verschuldens- und Verursachungsbeitrag des Geschädigten eine Abrede möglich sein soll, spricht dies dafür, dass auch die Arbeitnehmerhaftungsprivilegierung im Grundsatz abdingbar ist (Preis, in: FS 50 Jahre BAG [2004] 123 [151]; Gotthardt, Arbeitsrecht, Rn 195; Schumacher, Haftung [2012] 181 ff; **aA** BeckOK-ArbR/Hesse § 619a Rn 16; MünchKomm/Henssler § 619a Rn 13; Waltermann RdA 2005, 98 [108]). Hinzu kommt, dass die Rechtsprechung in sich widersprüchlich ist: So erlaubt sie, unter bestimmten Voraussetzungen, die vertragliche Vereinbarung einer Mankohaftung, ohne jedoch erklären zu können, warum die dort entwickelten Grundsätze nicht auch im Übrigen Geltung beanspruchen können. Schließlich stellt eine ausnahmslose Versagung der Abdingbarkeit einen nicht gerechtfertigten Eingriff in die Privatautonomie der Arbeitsvertragspartner dar. Deren Beschränkung ist zwar zulässig, wo dies zum Schutz des schwächeren Vertragspartners im Einzelfall erforderlich ist. Dies ist im Verhältnis zwischen Arbeitnehmer und Arbeitgeber zwar meist, aber eben nicht immer der Fall.

92 **Details**: Richtigerweise ist deshalb die grundsätzliche Abdingbarkeit zu bejahen, für Absprachen, die zu Lasten des Arbeitnehmers von den Rechtsprechungsgrundsätzen abweichen, sind aber (enge) Schranken zu ziehen. In Individualverträgen gilt § 138 BGB, in AGB ist § 307 Abs 1, 2 BGB zu beachten. So ist zunächst eine **vollständige Abbedingung** der Rechtsprechungsgrundsätze **unzulässig**, weil das bestehende Richterrecht nicht nur für die AGB-Kontrolle (als Leitbild des dispositiven Rechts, § 307 Abs 2 Nr 1 BGB, ganz hM, vgl zB BGH 12. 3. 1987 – VII ZR 37/86, NJW 1987, 1931 [1932 f]; BGH 10. 12. 1992 – I ZR 186/90, NJW 1993, 721 [722]) von großer Bedeutung ist, sondern

auch im Rahmen der Sittenwidrigkeitsprüfung einen wichtigen Maßstab liefert (vgl zB OLG Koblenz 20. 6. 2002 – 5 U 1608/01, NJW-RR 2002, 1504; Ohly AcP 201 [2001] 1 [16 ff]; Staudinger/Sack/Fischinger [2017] § 138 Rn 108 ff). In Anlehnung an die zur Mankohaftung entwickelten Grundsätze, ist nach hier vertretener Auffassung dagegen – selbst in AGB – eine Absprache möglich, nach der der Arbeitgeber dem Arbeitnehmer einen bestimmten **Zuschlag** zum regulären Arbeitsentgelt zahlt, der Arbeitnehmer im Falle eines von ihm verursachten Schadens bis zur Höhe dieses Zuschlags aber auch dann einzustehen hat, wenn er dies nach den richterrechtlichen Regeln nicht müsste, solange nur für darüber hinausgehende Schäden die allgemeinen Grundsätze gelten (vgl auch Schwarze RdA 2001, 178 [179]; Peifer ZfA 1996, 69 [74 f]; Krause NZA 2003, 577 [585]; zu Mankoabreden siehe näher Rn 112 ff). Dagegen rechtfertigen sonstige, dem Arbeitnehmer eingeräumte Vorteile (zB private Dienstwagennutzung) grundsätzlich keine Haftungsverschärfung (so im Ausgangspunkt zutreffend BAG 5. 2. 2004 – 8 AZR 91/03, NZA 2004, 649 [650]; s aber auch Fischinger Haftungsbeschränkung im Bürgerlichen Recht [2015] 706 f). Dagegen kann bei **leichtester Fahrlässigkeit** richtigerweise keine Haftungsmodifikation zulasten des Arbeitnehmers vorgesehen werden, ist hier doch ein Handlungsbereich betroffen, in dem der Arbeitnehmer während eines langfristigen Arbeitsverhältnisses auch bei Anstrengung all seiner Kräfte einem statistisch nicht vermeidbaren Schadensrisiko unterliegt. Für zulässig wird man es dagegen halten können, wenn die Parteien die Haftungsmaßstäbe bei **grober Fahrlässigkeit** abweichend von der hM (s Rn 78) verschärfen und hier eine apodiktische Haftung vorsehen – entspricht das doch gerade dem gesetzlichen Leitbild (s Rn 80) –, so dass ein Verstoß gegen § 307 Abs 2 Nr 1 ausscheidet (s im Einzelnen näher Fischinger, Haftungsbeschränkung im Bürgerlichen Recht [2015] 704 ff).

10. Haftung des Arbeitnehmers gegenüber einem betriebsfremden Dritten

Schädigt der Arbeitnehmer einen betriebsfremden Dritten, so haftet er diesem 93
gegenüber in aller Regel (s aber Rn 98) nach den **allgemeinen Grundsätzen**, auf eine Haftungsbeschränkung entsprechend der Grundsätze über die beschränkte Arbeitnehmerhaftung kann er sich also im Außenverhältnis zum geschädigten Dritten nicht berufen. Das resultiert ganz allgemein daraus, dass das Arbeitsverhältnis als relatives Schuldverhältnis nur zwischen dem Arbeitnehmer und dem Arbeitgeber besteht und dementsprechend nur zwischen ihnen Rechte und Pflichten entfaltet bzw Rechtspositionen zu beschränken vermag. Vor allem folgt es aber aus der rechtsdogmatischen Legitimation der beschränkten Arbeitnehmerhaftung, die maßgeblich auf dem fremdnützigen und -bestimmten Tätigwerden des Arbeitnehmers *für den Arbeitgeber* beruht (s ausf Rn 51 ff). Der **Dritte kann den Arbeitnehmer dagegen in vollem Umfang in Anspruch nehmen** (ebenso BGH 19. 9. 1989 – VI ZR 349/88, NZA 1990, 100; BGH 21. 12. 1993 – VI ZR 103/93, AP Nr 104 zu § 611 BGB Haftung des Arbeitnehmers; bereits BAG [GS] 25. 9. 1957 – GS 4/56, BAGE 5, 1 [8]). Das gilt nach der – umstrittenen – Auffassung des BGH auch dann, wenn die beschädigten Sachen dem Arbeitgeber von einem Dritten als **Betriebsmittelgeber** per zB Miete oder unter Eigentumsvorbehalt überlassen wurden (BGH 19. 9. 1989 – VI ZR 349/88, NZA 1990, 100; ebenso MüHdB/Reichold § 58 Rn 10 ff; **aA** – mit im Einzelnen unterschiedlicher Begründung – Otto/Schwarze/Krause, Haftung des Arbeitnehmers, Rn 493 ff; Schlachter, in: FS OLG Jena [1994] 253 [264 ff]; Gamillscheg AuR 1990, 167 [168]); jedenfalls im Falle einer **Betriebsaufspaltung** ist das abzulehnen mit der Folge, dass der Arbeitnehmer sich auch der Besitzgesellschaft gegenüber auf die Grundsätze der beschränkten Arbeitnehmer-

haftung berufen kann (LAG Baden-Württemberg 4. 11. 1986 – 14 Sa 42/86, LAGE § 611 BGB Arbeitnehmerhaftung Nr 8).

94 Soweit es sich um Schäden handelt, die in Ausführung einer betrieblichen Tätigkeit verursacht wurden, kann man allerdings, ökonomisch betrachtet, bei diesem Ergebnis nicht stehenbleiben. Denn dann hinge die wirtschaftliche Belastung des Arbeitnehmers von dem aus seiner Warte rein zufälligen Faktor ab, ob er den Arbeitgeber „trifft" – und ggf überhaupt nicht haftet – oder ob er einen betriebsfremden Dritten „erwischt" und vollständig haftet. Zwischen beiden Konstellationen muss daher, soweit möglich, ein **ökonomischer Gleichlauf** hergestellt werden (vgl BAG [GS] 25. 9. 1957 – GS 4/56, BAGE 5, 1 [8]; BAG 18. 1. 1996 – 1 AZR 247/63, AP Nr 37 zu § 611 BGB Haftung des Arbeitnehmers; s auch den Fall in BAG 13. 2. 1985 – 3 AZR 487/80, AP Nr 86 zu § 611 BGB Haftung des Arbeitnehmers). Da dies, wie gezeigt (s Rn 93), nicht über eine Beschränkung der Außenhaftung zu Lasten des geschädigten Dritten erfolgen kann, bleibt nur, die Problematik in einem zweiten Schritt auf das **Innenverhältnis** von Arbeitnehmer und Arbeitgeber zu verlagern. Für die genaue „technische Abwicklung" ist sodann zu unterscheiden:

95 – Wenn neben dem Arbeitnehmer auch der Arbeitgeber vom geschädigten Dritten in Anspruch genommen werden kann, zB nach § 831 BGB, haften Arbeitgeber und Arbeitnehmer im Außenverhältnis als Gesamtschuldner (vgl § 840 Abs 1 BGB). In diesem Fall findet der ökonomische Ausgleich zwischen Arbeitgeber und Arbeitnehmer über die Regeln des **Gesamtschuldnerausgleichs nach § 426 Abs 1 bzw 2 BGB** statt. Dieses ist allerdings durch die Grundsätze des innerbetrieblichen Schadensausgleichs zu modifizieren: So wäre nach § 426 Abs 1 BGB eine hälftige Schadensteilung vorzunehmen und nach § 840 Abs 2 BGB hätte der Arbeitnehmer den Schaden im Verhältnis zum Arbeitgeber eigentlich sogar vollständig zu tragen und hätte daher keinen Regressanspruch. Das aber widerspricht dem obigen Postulat, dass ein ökonomischer Gleichlauf zwischen Konstellationen einer Schädigung des Arbeitgebers und betriebsfremder Dritter herzustellen ist. Die in §§ 426 Abs 1, 840 Abs 2 BGB normierten Verteilungsgrundsätze sind deshalb durch das spezielle Haftungsfolgenregime der privilegierten Arbeitnehmerhaftung zu ersetzen. Nach dem oben Gesagten (s Rn 75 ff) kommt es daher auf eine Einzelfallabwägung an, bei der der dem Arbeitnehmer anzulastende Verschuldensgrad eine entscheidende Rolle spielt. Schädigte der Arbeitnehmer den Dritten beispielsweise („doppelt", vgl Rn 77) vorsätzlich, ist es gerechtfertigt, ihn allein ökonomisch für die daraus entstehenden Schäden zur Verantwortung zu ziehen und mithin einen Regressanspruch gegen den Arbeitgeber vollständig abzulehnen; ist ihm umgekehrt nur leichteste Fahrlässigkeit anzulasten, kann er zu 100 % Regress beim Arbeitgeber nehmen, bei leichter/mittlerer Fahrlässigkeit hingegen erfolgt eine Schadensteilung mit der Folge eines entsprechend reduzierten Rückgriffsanspruchs.

96 – Haftet der Arbeitgeber dem geschädigten Dritten hingegen im Außenverhältnis nicht, versagt der Weg über den Gesamtschuldnerausgleich. Am ökonomischen Ergebnis ändert dies allerdings nichts, das notwendige „Korrektiv", mittels dem der Arbeitnehmer ggf den wirtschaftlichen Schaden auf den Arbeitgeber verlagern kann, ist hier ein **Aufwendungsersatzanspruch aus § 670 BGB** (vgl allgemein zum Aufwendungsersatz Staudinger/Richardi/Fischinger [2016] § 611 Rn 1740 ff). Dieser be-

steht, wenn der Arbeitnehmer den Dritten nur mit leichtester Fahrlässigkeit schädigte, vollumfänglich. Bei mittlerer Fahrlässigkeit oder einem stärkeren Verschuldensgrad ist der Anspruch hingegen analog § 254 BGB zu kürzen.

Wenn der Arbeitnehmer den Dritten bereits befriedigt hat, richtet sich sein Anspruch gegen den Arbeitgeber auf **Geldzahlung**. Diese „Abwicklung übers Eck" ist für den Arbeitnehmer insoweit riskant, als er das Insolvenzrisiko des Arbeitgebers trägt. Um dieses Risiko zu verringern, kann sich der Arbeitnehmer schon vor Befriedigung des Dritten an den Arbeitgeber halten und von ihm **Freistellung** von der gegenüber dem Geschädigten bestehenden Verpflichtung verlangen (vgl zB BAG 15. 9. 2016 – 8 AZR 187/15, AP Nr 143 zu § 611 BGB Haftung des Arbeitnehmers). Dieser Freistellungsanspruch wird fällig, wenn feststeht, dass der Arbeitnehmer von dem Dritten mit Erfolg in Anspruch genommen werden kann; das setzt nicht die formelle Rechtskraft eines Urteils voraus, es genügt, dass der Arbeitnehmer die für ihn ungünstige Gerichtsentscheidung nicht mehr verhindern oder abändern lassen kann (BAG 25. 6. 2009 – 8 AZR 236/08, AP Nr 40 zu § 70 BAT). Soweit der Arbeitnehmer gegen den Arbeitgeber einen Freistellungsanspruch hat, kann der Dritte ihn pfänden und sich zur Einziehung überweisen lassen, sodass er unmittelbar gegen den Arbeitgeber vorgehen kann (vgl BAG 18. 1. 1966 – 1 AZR 247/63, AP Nr 37 zu § 611 BGB Haftung des Arbeitnehmers; BAG 11. 2. 1969 – 1 AZR 280/68, AP Nr 45 zu § 611 BGB Haftung des Arbeitnehmers; BAG 15. 9. 2016 – 8 AZR 187/15, AP Nr 143 zu § 611 BGB Haftung des Arbeitnehmers). Hatten Arbeitgeber und geschädigter Dritter allerdings vertraglich einen Haftungsausschluss vereinbart, so ist zu beachten, dass dieser regelmäßig auch den Anspruch des Dritten gegenüber dem Arbeitnehmer beschränkt, die Vereinbarung sich also insoweit als Vertrag mit Schutzwirkung zugunsten Dritter darstellt (vgl BGH 7. 12. 1961 – VII ZR 134/60, NJW 1962, 388; BGH 21. 12. 1993 – VI ZR 103/93, AP Nr 104 zu § 611 BGB Haftung des Arbeitnehmers; Otto/Schwarze/Krause, Haftung des Arbeitnehmers Rn 503). 97

Ausnahmsweise scheidet bereits eine Außenhaftung des Arbeitnehmers gegenüber dem geschädigten Dritten aus, sodass sich das Problem einer zivilrechtlichen Schadensverteilung zwischen Arbeitgeber und Arbeitnehmer gar nicht stellt. Dies ist in den Konstellationen des **§ 106 Abs 4 SGB IV** der Fall, der vor allem Besucher erfasst, die sich mit Willen des Arbeitgebers (vgl zu diesem Erfordernis Schmitt, SGB VII § 3 Rn 12) auf der Unternehmensstätte aufhalten. Insoweit gilt, wie bei Schädigung eines Arbeitskollegen (§ 105 SGB VII, s Rn 99 ff), dass die zivilrechtliche Haftung durch einen Versicherungsschutz über die gesetzliche Unfallversicherung abgelöst wird. 98

11. Schädigung eines Arbeitskollegen

Der Arbeitskollege steht dem Arbeitnehmer grundsätzlich wie ein sonstiger Dritter gegenüber, die Grundsätze über die beschränkte Arbeitnehmerhaftung finden daher auch Arbeitskollegen gegenüber keine Anwendung. Diese rein zivilrechtliche Betrachtung wird allerdings, soweit es sich um **Personenschäden** handelt (zu Sachschäden s Rn 106), durch das Recht der **gesetzlichen Unfallversicherung** überlagert, deren §§ 104 ff SGB VII eine **Haftungsersetzung durch Versicherungsschutz** vorsehen. Bei der Schädigung von Arbeitskollegen (und im Übrigen auch des Unternehmers) ist **§ 105 SGB VII** einschlägig. Kurzgefasst schließt dieser unter den dort genannten Voraussetzungen die zivilrechtliche Haftung des Schädigers aus; dieser Anspruchs- 99 verlust aus Sicht des Geschädigten wird dadurch kompensiert, dass dieser Anspruch auf die sozialrechtlichen Leistungen des Unfallversicherungsträgers hat, die letztlich durch den Unternehmer finanziert werden (vgl § 150 SGB VII). Entgegen einer zT anzutreffenden Auffassung handelt es sich bei den §§ 104 ff SGB VII nicht (erst) um rechtsvernichtende, sondern bereits um **rechtshindernde Einwendungen** (Fischinger, Haftungsbeschränkung im Bürgerlichen Recht [2015] 450 f; **aA** Fuchs, Zivilrecht und Sozialrecht [1992] 200 f; s auch oben Staudinger/Oetker § 618 Rn 324).

100 Eine derartige, der Grundkonzeption des BGB widersprechende Entlastung des Schädigers bedarf einer **rechtsdogmatischen Rechtfertigung**. Die nach wie vor herrschende Ansicht erblickt sie (auch) im sog *Betriebsfriedensargument,* sprich darin, dass über die §§ 104 ff SGB VII eine Belastung der Beziehungen zwischen Schädiger und Geschädigtem und damit eine Störung des Betriebsfriedens vermieden werden kann (RGZ 74, 27, 29; BSG 24. 1. 2006 – VI ZR 290/04, NZS 2006, 539 [540]; BGH 27. 6. 2006 – VI ZR 143/05, NJW 2006, 3563 [3563 f]; BGH 6. 2. 2007 – VI ZR 55/06, NJW-RR 2007, 1395 [1396]; Maschmann SGb 1998, 54 [54 f]; Waltermann NJW 2008, 2895 [2896]; Kampen NJW 2012, 2234 [2238]; Brose RdA 2011, 205 [206]; Kasseler Kommentar/Ricke § 104 SGB VII Rn 2c, § 105 SGB VII Rn 2). Das überzeugt schon deshalb nicht, weil dieses Argument antiquiert ist und im 21. Jahrhundert nicht mehr in der Lage ist, die Versagung privatrechtlicher Ansprüche zu rechtfertigen; überdies ist mit Blick auf Art 3 Abs 1 GG nicht einsichtig, warum der Betriebsfrieden vor Rechtsstreitigkeiten zwischen Arbeitskollegen über Personenschäden bewahrt werden muss, nicht aber vor Disputen über Sachschäden (so iE auch Lepa, Haftungsbeschränkungen bei Personenschäden nach dem Unfallversicherungsrecht [2004], 44 f; Bogs, in: FS Gitter [1995] 123 [129]; Rolfs, Das Versicherungsprinzip im Sozialversicherungsrecht [2000] 469 f; s näher Fischinger, Haftungsbeschränkung im Bürgerlichen Recht [2015] 457 ff). Auch mit einer *Betriebs- oder Gefahrengemeinschaft* zwischen Arbeitskollegen kann der Haftungsausschluss des § 105 SGB VII nicht überzeugend begründet werden. Wäre dies richtig, müsste konsequenterweise auch die Haftung für Sachschäden ausgeschlossen sein, was aber gerade nicht der Fall ist. Vor allem aber zeigt ein Vergleich mit anderen Gefahrengemeinschaften, dass dieser Gedanke zwar eine gewisse Haftungsreduktion (zB auf die diligentia quam in suis [zB §§ 708, 277 BGB] oder in Form eines Ausschlusses der Haftung für leichte Fahrlässigkeit [§§ 1359, 1364 BGB]), nicht aber einen vollständigen Haftungsausschluss zu tragen vermag (so iE auch Tischendorf VersR 2003, 1361 [1364]; näher Fischinger, Haftungsbeschränkung im Bürgerlichen Recht [2015] 473 ff; **aA** BGH 3. 7. 2001 – VI ZR 284/00, NJW 2001, 3125 [3127]; BGH 17. 6. 2008 – VI ZR 257/06, NJW 2008, 2916 [2917]; BSG 26. 6. 2007 – B 2 U 17/06 R, SozR 4–2700 § 105 Nr 2; Kater/Leube, SGB VII Vor §§ 104–133 Rn 4; Fuchs/Preis, Sozialversicherungsrecht [2. Aufl 2009] 679 f). Überzeugend begründen lässt sich die Haftungsersetzung durch arbeitgeberfinanzierten (§ 150 SGB VII) Versicherungsschutz aber mit der **besonderen Schutzbedürftigkeit des Schädigers bei fremdbestimmter und -nütziger Tätigkeit** (vgl auch Lepa, Haftungsbeschränkungen bei Personenschäden nach dem Unfallversicherungsrecht [2004] 49 ff; Denck, Der Schutz des Arbeitnehmers vor der Außenhaftung [1980] 106; Leichsenring/Petermann SGb 1989, 464 [465]; s näher Fischinger, Haftungsbeschränkung im Bürgerlichen Recht [2015] 463 ff): Weil konzeptionell in erster Linie der Arbeitgeber die wirtschaftlichen Vorteile aus der Arbeitsleistung des Arbeitnehmers zieht, ist es gerechtfertigt, ihn – ökonomisch betrachtet – haften zu lassen, wenn die von ihm eingesetzte „menschliche Maschine" einen anderen schädigt. Das gilt sowohl bei Schädigung eines außenstehenden Betriebsfremden wie bei der Verletzung eines Kollegen. Nur die „technische Abwicklung" erfolgt unterschiedlich: Im ersten Fall über den Ausgleichs- oder

Freistellungsanspruch des schädigenden Arbeitnehmers aus § 426 Abs 1, 2 BGB bzw § 670 BGB (s Rn 95 f), im letzteren über die mittelbar vom Arbeitgeber zu finanzierenden Leistungen der gesetzlichen Unfallversicherung. Auch wenn man auf die Interessen des Geschädigten blickt, ist das nicht unbillig, bietet die Schadensabwicklung über den Unfallversicherungsträger doch eine Reihe von Vorteilen gegenüber dem privatrechtlichen Ausgleichssystem (s zu den Vorteilen beider Wege näher FISCHINGER, Haftungsbeschränkung im Bürgerlichen Recht [2015] 435 ff).

Voraussetzung für den Haftungsausschluss nach § 105 SGB VII ist, dass 101

(1) ein Versicherungsfall vorliegt,

(2) der Arbeitnehmer durch eine betriebliche Tätigkeit einen Versicherungsfall von Versicherten desselben Betriebs verursacht hat,

(3) der Arbeitnehmer den Versicherungsfall nicht vorsätzlich und auch nicht auf einem nach § 8 Abs 2 Nr 1 bis 4 SGB VII versicherten Weg herbeigeführt hat.

Ein **Versicherungsfall** ist insbesondere ein **Arbeitsunfall** (§ 7 Abs 1 SGB VII). Ar- 102
beitsunfälle sind nach der Legaldefinition des § 8 Abs 1 SGB VII „Unfälle von Versicherten infolge einer den Versicherungsschutz nach §§ 2, 3 oder 6 begründenden Tätigkeit (versicherte Tätigkeit)", wobei als Unfälle „zeitlich begrenzte, von außen auf den Körper einwirkende Ereignisse" definiert werden, „die zu einem Gesundheitsschaden oder zum Tod führen". Erfasst wird deshalb ein Unfall, den ein Arbeitnehmer im Rahmen seiner Arbeitstätigkeit erleidet. Es muss auf die Person des Verletzten abgestellt werden (BAG 14. 3. 1967 – 1 AZR 310/66, AP Nr 1 zu § 636 RVO). Sollte zwischen den Parteien streitig sein, ob ein Versicherungsfall vorliegt, so ist das Gericht in dieser Frage nach § 108 SGB VII an die endgültige Entscheidung gebunden, die in einem Verfahren nach dem SGB VII oder dem Sozialgerichtsgesetz ergeht.

Weitere Voraussetzung ist, dass der Schädiger den Versicherungsfall durch eine 103
betriebliche Tätigkeit verursacht hat. Für die Feststellung, ob es sich um eine betriebliche Tätigkeit handelt, spielt die Art, wie eine Arbeit verrichtet wird, keine Rolle; es ist also unerheblich, ob sie sachgemäß oder fehlerhaft ausgeführt oder bei ihr vorsichtig oder leichtsinnig gehandelt wird (BAG 9. 8. 1966 – 1 AZR 426/65, BAGE 19, 41 [48]). Sogar verbotswidriges Handeln schließt einen Versicherungsfall nicht aus (§ 7 Abs 2 SGB VII). Keine Verursachung des Arbeitsunfalls durch eine betriebliche Tätigkeit liegt aber vor, wenn der Arbeitnehmer den Schaden bei Gelegenheit seiner Arbeit im Betrieb verursacht hat, zB ein brennendes Streichholz an eine „Benzinglocke" hält, die sich um den Körper eines Arbeitskollegen gebildet hat (BAG 9. 8. 1966 – 1 AZR 426/65, BAGE 19, 41 [45 ff]). Regelmäßig ist noch eine betriebliche Tätigkeit das Verlassen des Arbeitsplatzes einschließlich des Weges auf dem Werksgelände bis zum Werkstor (BAG 14. 12. 2000 – 8 AZR 92/00, AP Nr 1 zu § 105 SGB VII). Wenn man von einer Dienstreise absieht, ist aber der Weg vom Ort der Tätigkeit nicht mehr eine betriebliche Tätigkeit; er ist aber aus sozialpolitischen Gründen in der gesetzlichen Unfallversicherung nach § 8 Abs 2 SGB VII mitversichert (vgl BAG 14. 12. 2000 – 8 AZR 92/00, AP Nr 1 zu § 105 SGB VII).

104 Der Haftungsausschluss gilt nicht nur zwischen Arbeitnehmern *desselben Betriebs,* sondern auch dann, wenn Geschädigter und Schädiger **Arbeitnehmer verschiedener Betriebe** sind, beide aber in demselben Betrieb tätig sind und der betriebsfremde Arbeitnehmer in dem Betrieb, in dem er vorübergehend arbeitet, eingegliedert ist (vgl BAG 15. 2. 1974 – 2 AZR 57/73, BAGE 25, 514 = AP Nr 7 zu § 637 RVO; BAG 23. 2. 1978 – 3 AZR 695/76, AP Nr 9 zu § 637 RVO; BAG 19. 2. 2009 – 8 AZR 188/08, DB 2009, 1134).

105 Ein Haftungsausschluss scheidet aber aus, wenn entweder der Versicherungsfall auf einem nach **§ 8 Abs Nr 1–4 SGB VII** versicherten Weg oder **vorsätzlich** herbeigeführt wird. Wie der Gegenschluss zu § 110 Abs 1 S 3 SGB VII zeigt, erfordert ein vorsätzliches Handeln in diesem Sinne – unter Abweichung von allgemein-zivilrechtlichen Grundsätzen – nach hM nicht nur Vorsatz hinsichtlich der zur Verletzung führenden Handlung, sondern auch bezüglich des Schadens (BGH 11. 2. 2003 – VI ZR 34/02, NJW 2003, 1605 [1606]; LAG Rheinland-Pfalz 27. 6. 2014 – 7 Sa 112/14, juris Rn 33; BeckOK-SozR/Stelljes § 104 SGB VII Rn 24; Kasseler Kommentar/Ricke § 104 SGB VII Rn 12; **aA** Rolfs NJW 1996, 3177 [3178]).

106 Der Haftungsausschluss bezieht sich nur auf den Ersatz des Personenschadens und umfasst insoweit in verfassungsrechtlich zulässiger Weise auch den Anspruch auf Schmerzensgeld (s auch Rn 36). Für **Sachschäden** haftet er – mit Ausnahme solcher für die Beschädigung oder den Verlust von Hilfsmitteln, die Personenschäden gleichgestellt werden (§§ 8 Abs 3, 31 SGB VII) – nach den gleichen Grundsätzen wie gegenüber einem betriebsfremden Dritten.

12. Forderung nach einer gesetzlichen Regelung der Arbeitnehmerhaftung

107 Bereits der 45. und der 56. DJT haben sich mit der Regelungsnotwendigkeit der Arbeitnehmerhaftung befasst (vgl Verhandlungen des 45. DJT [1965] II/G und des 56. DJT [1987] I/E und F, II/N). Der 56. DJT hat empfohlen, die Risikoverteilung bei unselbständiger Arbeit alsbald durch Gesetz zu regeln. Der auf dem 59. DJT behandelte Professorenentwurf eines Arbeitsvertragsgesetzes regelt die Arbeitnehmerhaftung in seinem § 99 BGB (vgl Verhandlungen des 59. DJT [1992] I/D 50 f, 117 ff; s auch Vorentwurf eines Zweiten Arbeitsrechtsbereinigungsgesetzes, abgedruckt in RdA 1971, 355; s dazu Gamillscheg/Hanau, Haftung des Arbeitnehmers 119 f; weiterhin §§ 26–26i des Entwurfs der Arbeitsgesetzbuchkommission), der Entwurf eines Arbeitsvertragsgesetzes der Bertelsmann Stiftung (Henssler/Preis, Entwurf eines Arbeitsvertragsgesetzes [2015]) in seinem § 89 BGB.

108 Eine gesetzliche Regelung darf sich nicht nur darauf beschränken, die Haftung des Arbeitnehmers gegenüber dem Arbeitgeber für einen durch eine betriebliche Tätigkeit entstandenen Schaden zu begrenzen, sondern es muss auch klargestellt werden, dass der Arbeitnehmer gegen den Arbeitgeber einen Freistellungsanspruch hat, soweit er von einem Dritten für einen durch eine betriebliche Tätigkeit verursachten Schaden in Anspruch genommen wird. Dabei stellt sich das Problem, ob und in welchen Grenzen der Arbeitnehmer mit dem Haftungsrisiko belegt ist, wenn der Freistellungsanspruch wegen Zahlungsunfähigkeit des Arbeitgebers versagt. Regelungsnotwendig ist in diesem Fall eine Begrenzung der Arbeitnehmerhaftung auch im Außenverhältnis, soweit Gegenstände, mit denen der Arbeitnehmer dienstlich in Berührung kommt, nicht im Eigentum des Arbeitnehmers stehen, sondern von ihm gemietet, geleast oder auf ähnliche Weise benutzt werden (Otto/Schwarze/Krause,

Haftung des Arbeitnehmers Rn 492 ff; vgl auch ANNUSS, Die Haftung des Arbeitnehmers [1998] 17 ff).

VI. Mankohaftung*

1. Gesetzliche Mankohaftung

Wenn Arbeitnehmern eine Kasse oder ein Warenlager anvertraut ist, spielt die Haftung für etwaige in ihrem Tätigkeitsbereich festgestellte Fehlbeträge, die sog Mankohaftung, eine erhebliche Rolle. Manko ist jeder Fehlbestand an Gegenständen, der sich aus einem Vergleich des Soll- und Ist-Bestandes ergibt (KRAUSE RdA 2013, 129). Das BAG verfolgt dabei traditionell ein **zweiteiliges Haftungskonzept**: Neben einer Schadensersatzhaftung im Rahmen des Arbeitsvertrages („positive Forderungsverletzung", nun §§ 280 Abs 1, 241 Abs 2 BGB) stellt es zudem auf die Regelungen der Verwahrung (§ 695 BGB) und des Auftragsrechts (§ 667 BGB) ab, wenn der Arbeitnehmer Alleinbesitzer der Sache war, deren Herausgabe ihm nun unmöglich ist (BAG 22. 5. 1997 – 8 AZR 562/95, AP Nr 1 zu § 611 BGB Mankohaftung; BAG 2. 12. 1999 – 8 AZR 386/98, AP Nr 3 zu § 611 BGB Mankohaftung; kritisch gegenüber dieser Differenzierung anhand der Besitzposition HERRMANN, in: FS Reuter [2010] 525 [535 f]). Hintergrund ist, dass das BAG insoweit die Beweislastregelung des § 282 aF (nun § 280 Abs 1 S 2 BGB) anwenden will. Auch wenn der Anwendungsbereich dieser Judikatur eher gering ist, da der Arbeitnehmer in der Regel nur Besitzdiener (§ 855 BGB) ist, ist sie **abzulehnen**. Beim Arbeitsvertrag handelt es sich nicht um einen typengemischten Vertrag, die Heranziehung der Regelungen anderer Vertragstypen ist daher verfehlt (PREIS/KELLERMANN SAE 1998, 133 [135]; HERRMANN, in: FS Reuter [2010] 525 [538 ff]; KRAUSE RdA 2013, 129 [132 f] mwNw). Sie ist im Übrigen unnötig. Die arbeitsvertragliche Haftung ist ausreichend, da die Unmöglichkeit der Herausgabe zugleich eine Schlechtleistung des Arbeitnehmers darstellt, für die er nach §§ 280 Abs 1, 241 Abs 2 BGB haftet. Soweit die tatbestandlichen Voraussetzungen gegeben sind, kann sich eine Schadensersatzpflicht zudem aus Deliktsrecht ergeben (vgl BAG 11. 11. 1969 – 1 AZR 216/69, AP Nr 49 zu § 611 BGB Haftung des Arbeitnehmers). Der Schadensersatz geht beim Warenmanko auf den Wiederbeschaffungswert zzgl eines nicht erzielten Verkaufserlöses (§ 252 S 1 BGB, ErfK/PREIS § 619a Rn 34). 109

Dabei finden die Grundsätze über die **Beschränkung der Arbeitnehmerhaftung** Anwendung (vgl BAG 17. 9. 1998 – 8 AZR 175/97, BAGE 90, 9 [17 f]; KRAUSE RdA 2013, 129 [133]). Für den Grad des Verschuldens ist entscheidend, ob der Arbeitnehmer bezogen auf den Schadenserfolg vorsätzlich oder fahrlässig gehandelt hat (vgl auch Rn 77 f). Zu berücksichtigen ist im Rahmen des **Mitverschuldens (§ 254 BGB)** auch ein „originäres" Organisationsverschulden des Arbeitgebers in Form von zB mangelhafter Dieb- 110

* **Schrifttum**: BARTON, Die Mankohaftung von Filialleitern (1961); DEINERT, Mankohaftung, RdA 2000, 22; HERRMANN, Von einem verschwiegenen Landstrich, einem Schlüsselbegriff und Typenproblem, in: FS Reuter (2010) 525 (533 ff); KRAUSE, Die Haftung des Arbeitnehmers für Mankoschäden – Bilanz und Perspektiven, RdA 2013, 129; JUNG, Mankohaftung aus dem Arbeitsvertrag (1985); LANGER, Die Mankohaftung (1957); REINECKE, Die Mankohaftung des Arbeitnehmers, ZfA 1976, 215; WOLTERECK, Mankohaftung im Arbeitsverhältnis (1966).

stahlvorsorge (vgl BAG 27. 2. 1970 – 1 AZR 150/69, AP Nr 54 zu § 611 BGB Haftung des Arbeitnehmers).

111 Für die **Beweislastverteilung** gilt zwar grds § 619a; etwas anderes ist richtigerweise aber dann anzunehmen, wenn dem Arbeitnehmer die Herausgabe der Sache, deren Alleinbesitzer (und nicht nur Besitzdiener) er war, unmöglich ist (näher Rn 16 ff).

2. Vertragliche Mankohaftung

112 Möglich ist, die Mankohaftung durch besondere vertragliche Abreden derart zu erweitern, dass der Arbeitnehmer auch **ohne Verschulden** für die im Rahmen seiner Beschäftigung entstehenden Fehlbeträge aufzukommen hat. Die Zulässigkeit einer derartigen Abrede setzt sowohl in Individual- wie Formulararbeitsverträgen aber voraus, dass erstens neben dem Arbeitnehmer nicht noch andere Personen Zugriff auf den Bestand haben, und dass zweitens der Arbeitgeber einen **angemessenen wirtschaftlichen Ausgleich** gewährt (vgl BAG 22. 5. 1997 – 8 AZR 562/95, AP Nr 1 zu § 611 BGB Mankohaftung; BAG 17. 9. 1998 – 8 AZR 175/97, AP Nr 2 zu § 611 BGB Mankohaftung; BAG 2. 12. 1999 – 8 AZR 386/98, AP Nr 3 zu § 611 BGB Mankohaftung; BAG 18. 5. 1965 – 1 AZR 386/64, AP Nr 4 zu § 611 BGB Haftung des Arbeitnehmers; BAG 27. 2. 1970 – 1 AZR 150/69, AP Nr 54 zu § 611 BGB Haftung des Arbeitnehmers; LAG Rheinland-Pfalz 1. 10. 2007 – 5 Sa 358/07). Das kann durch den Empfang eines angemessen erhöhten Gehalts geschehen, aber nur, wenn die Mankovereinbarung nicht zu einer Tarifunterschreitung führt, § 4 Abs 3 TVG; in Betracht kommt aber auch die Zahlung sog **Mankogelder**. Bei ihnen handelt es sich um feste Beträge, die zum Ausgleich für die Übernahme der Mankohaftung gezahlt werden. Sie gelten als angemessen, wenn ihre Höhe dem Durchschnitt der erfahrungsgemäß zu erwartenden Fehlbeträge entspricht. Fehlt ein angemessener wirtschaftlicher Risikoausgleich, so verstößt die Mankoabrede als einseitige Belastung des Arbeitnehmers durch die ungerechtfertigte Abwälzung des ursprünglich vom Arbeitgeber selbst zu tragenden Geschäftsrisikos gegen die guten Sitten. Das BAG sieht die maßgebliche Begründung in der richterrechtlich entwickelten Haftungserleichterung für Arbeitnehmer; sie seien „einseitig zwingendes Arbeitnehmerschutzrecht" (BAG 17. 9. 1998 – 8 AZR 175/97, BAGE 90, 9 [21]; BAG 2. 12. 1999 – 8 AZR 386/98, AP Nr 3 zu § 611 BGB Mankohaftung; zust HWK/Krause § 619a Rn 51); das überzeugt nicht (s näher Rn 90 ff). Soweit die Mankoabrede in Allgemeinen Geschäftsbedingungen enthalten ist, ist eine Mankoabrede bei Überschreitung der hier gezogenen Zulässigkeitsgrenzen als unangemessene Benachteiligung entgegen den Geboten von Treu und Glauben iS des § 307 Abs 1 S 1 BGB anzusehen, der auch auf Arbeitsverträge Anwendung findet, weil insoweit im Arbeitsrecht geltende Besonderheiten nicht entgegenstehen (§ 310 Abs 4 S 2 BGB).

113 Eine Mankoabrede ist regelmäßig dahingehend auszulegen, dass der Arbeitnehmer auch bei größeren Schäden nur bis zur Höhe des Mankogeldes haften soll (vgl BAG 2. 12. 1999 – 8 AZR 386/98, AP Nr 3 zu § 611 BGB Mankohaftung). Soweit der Schaden über diese Höhe hinausgeht, ist die Mankoabrede aber nicht als Haftungsausschluss zu interpretieren, sondern es haftet in diesem Fall der Arbeitnehmer gegebenenfalls nach den Grundsätzen der gesetzlichen Mankohaftung (ebenso HWK/Krause § 619a Rn 55).

114 Überschreitet eine Mankoabrede die Zulässigkeitsgrenzen, so ist sie insgesamt unwirksam; es findet also keine geltungserhaltende Reduktion statt (ebenso HWK/

Krause § 619a Rn 56; ErfK/Preis § 619a Rn 37, 46). In diesen Fällen gilt nur die gesetzliche Mankohaftung.

Ob in einer formularmäßigen Mankoabrede eine **Beweislastregelung**, der zufolge es Sache des Arbeitnehmers ist, sich zu entlasten, vereinbart werden kann (so Schwirtzek NZA 2005, 437 [442]) oder ob dies gegen § 309 Nr 12 BGB verstößt (ErfK/Preis §§ 305–310 Rn 90), ist noch nicht entschieden. Richtigerweise ist ein Verstoß gegen § 309 Nr 12 BGB anzunehmen; auch § 310 Abs 4 S 2 BGB spricht nicht gegen, sondern für diese Ansicht, ist § 619a BGB als Ausnahme zu § 280 Abs 1 S 2 BGB doch gerade eine arbeitsrechtliche Besonderheit. **115**

Sachregister

Die fetten Zahlen beziehen sich auf die Paragraphen, die mageren Zahlen auf die Randnummern.

J. von Staudingers Kommentar zum Bürgerlichen Gesetzbuch mit Einführungsgesetz und Nebengesetzen

Übersicht vom 1. 6. 2019
Die Übersicht informiert über die Erscheinungsjahre der Kommentierungen in der 13. Bearbeitung und deren Neubearbeitungen (= Gesamtwerk Staudinger). *Kursiv* geschrieben sind die geplanten Erscheinungsjahre.

Die Übersicht ist für die 13. Bearbeitung und für deren Neubearbeitungen zugleich ein Vorschlag für das Aufstellen des „Gesamtwerk Staudinger" (insbesondere für solche Bände, die nur eine Sachbezeichnung haben). Es wird empfohlen, die Austauschbände chronologisch neben den überholten Bänden einzusortieren, um bei Querverweisungen auf diese schnell Zugriff zu haben. Bei Platzmangel sollten die ausgetauschten Bände an anderem Ort in gleicher Reihenfolge verwahrt werden.

	Neubearbeitungen				
Buch 1. Allgemeiner Teil					
Einl BGB; §§ 1–14; VerschG	2004	2013	2018		
§§ 21–79	2005	2019			
§§ 80–89	2011	2017			
§§ 90–124; 130–133		2012	2016		
§§ 125–129; BeurkG			2012	2017	
§§ 134–163	2003				
§§ 134–138		2011	2017		
§§ 139–163		2010	2015		
§§ 164–240	2004	2009	2014		
Buch 2. Recht der Schuldverhältnisse					
§§ 241–243	2005	2009	2014		
§§ 244–248	2016				
§§ 249–254	2005	2016			
§§ 255–314	2001				
§§ 255–304	2004	2009	2014		
§§ 305–310; UKlaG	2006	2013			
§§ 311, 311a, 312, 312a–i	2013				
§§ 311, 311a–c		2018			
§§ 311b, 311c	2012				
§§ 312, 312a–k		2019			
§§ 313, 314	*2021*				
§§ 315–327	2001	2004	2009	2015	
§§ 328–361b	2001				
§§ 328–359		2004			
§§ 328–345			2009	2015	
§§ 346–361			2012		
§§ 358–360				2016	
§§ 362–396	2000	2006	2011	2016	
§§ 397–432	2005	2012	2017		
§§ 433–487; Leasing	2004				
§§ 433–480		2013			
Wiener UN-Kaufrecht (CISG)	1999	2005	2013	2017	
§§ 488–490; 607–609	2011	2015			
VerbrKrG; HWiG; § 13a UWG; TzWrG	2001				
§§ 491–512	2004	2012			
§§ 516–534	2005	2013			
§§ 535–562d (Mietrecht 1)	2003	2006	2011		
§§ 563–580a (Mietrecht 2)	2003	2006	2011		
§§ 535–555f (Mietrecht 1)				2014	
§§ 556–561; HeizkostenV; BetrKV (Mietrecht 2)				2014	
§§ 562–580a; Anh AGG (Mietrecht 3)				2014	
§§ 535–556g (Mietrecht 1)					2017
§§ 557–580a; Anh AGG (Mietrecht 2)					2017
Leasing		2014	2018		
§§ 581–606	2005	2013	2018		
§§ 607–610 (siehe §§ 488–490; 607–609)	./.				
§§ 611–615	2005				
§§ 611–613		2011	2015		
§§ 613a–619a		2011	2016	2019	
§§ 616–630	2002				
§§ 620–630		2012	2016		
§§ 631–651	2003	2008	2013		
§§ 651a–651m	2003	2011	2015		
§§ 652–656	2003	2010			
§§ 652–661a			2015		
§§ 657–704	2006				
§§ 662–675b		2017			
§§ 675c–676c		2012			
§§ 677–704		2015			
§§ 741–764	2002	2008	2015		
§§ 765–778	2013				
§§ 779–811	2002	2009	2015		
§§ 812–822	1999	2007			
§§ 823 A-D	2016				
§§ 823 E-I, 824, 825	2009				
§§ 826–829; ProdHaftG	2003	2009	2013	2018	
§§ 830–838	2002	2008	2012	2017	
§§ 839, 839a	2007	2013			
§§ 840–853	2007	2015			
AGG	2017				
UmweltHR	2002	2010	2017		

Neubearbeitungen

Buch 3. Sachenrecht				
§§ 854–882	2000	2007	2012	2018
§§ 883–902	2002	2008	2013	
§§ 889–902				2019
§§ 903–924	2002	2009	2015	
§§ 925–984; Anh §§ 929 ff	2004	2011	2016	
§§ 985–1011	1999	2006	2013	
ErbbauRG; §§ 1018–1112	2002	2009	2016	
§§ 1113–1203	2002	2009	2014	
§§ 1204–1296; §§ 1–84 SchiffsRG	2002	2009	2018	
§§ 1–19 WEG	2017			
§§ 20–64 WEG	2017			
Buch 4. Familienrecht				
§§ 1297–1320; Anh §§ 1297 ff; §§ 1353–1362	2007			
§§ 1297–1352		2012	2015	2018
LPartG		2010		
§§ 1353–1362		2012	2018	
§§ 1363–1563	2000	2007		
§§ 1363–1407			2017	
§§ 1408–1563			2018	
§§ 1564–1568; §§ 1–27 HausratsVO	2004			
§§ 1564–1568; §§ 1568 a+b		2010	2018	
§§ 1569–1586b	2014			
§§ 1587–1588; VAHRG	2004			
§§ 1589–1600d	2000	2004	2011	
§§ 1601–1615n	2000	2018		
§§ 1616–1625	2007	2014		
§§ 1626–1633; §§ 1–11 RKEG	2007	2015		
§§ 1638–1683	2004	2009	2015	
§§ 1684–1717	2006	2013	2018	
§§ 1741–1772	2007	2019		
§§ 1773–1895; Anh §§ 1773–1895 (KJHG)	2004			
§§ 1773–1895		2013		
§§ 1896–1921	2006	2013	2017	
Buch 5. Erbrecht				
§§ 1922–1966	2000	2008	2016	
§§ 1967–2063	2002	2010	2016	
§§ 2064–2196	2003	2013		
§§ 2197–2264	2003			
§§ 2197–2228		2012	2016	
§§ 2229–2264		2012	2017	
§§ 2265–2338	2006			
§§ 2265–2302		2013	2018	
§§ 2303–2345		2014		
§§ 2339–2385	2004			
§§ 2346–2385		2010	2016	
EGBGB				
Einl EGBGB; Art 1, 2, 50–218	2005	2013	2018	
Art 219–245	2003			
Art 219–232		2015		
Art 233–248		2015		
EGBGB/Internationales Privatrecht				
Einl IPR; Art 3–6	2003			
Einl IPR		2012	2018	
Art 3–6		2013		
Art 7, 9–12, 47, 48	2007	2013	2018	
IntGesR	1998			
Art 13–17b	2003	2011		
Art 18; Vorbem A + B zu Art 19	2003			
Haager Unterhaltsprotokoll		2016		
Vorbem C–H zu Art 19	2009			
EU-VO u Übk z Schutz v Kindern		2018		
IntVerfREhe	2005			
IntVerfREhe 1		2014		
IntVerfREhe 2		2016		
Art 19–24	2002	2008	2014	2018
Art 25, 26	2000	2007		
Art 1–10 Rom I VO	2011	2016		
Art 11–29 Rom I-VO; Art 46b, c; IntVertrVerfR	2011	2016		
Art 38–42	2001			
IntWirtschR	2006	2010	2015	
Art 43–46	2014			
Eckpfeiler des Zivilrechts	2011	2012	2014	2018
Demnächst erscheinen				
§§ 305–310; UKlaG	2006	2013	2019	
Anh zu §§ 305–310			2019	
§§ 620–630	2012	2016	2019	

oHG Dr. Arthur L. Sellier & Co. KG – Walter de Gruyter GmbH, Berlin
Postfach 30 34 21, D-10728 Berlin, Telefon (030) 2 60 05-0, Fax (030) 2 60 05-222